SANTA BIBLIA

VERSIÓN REINA-VALERA 1995

SANTA BIBLIA

VERSIÓN REINA-VALERA 1995

SOCIEDAD BÍBLICA AMERICANA
NUEVA YORK – PLANTATION

SANTA BIBLIA
Versión Reina-Valera 1995

Reina-Valera 1995
Copyright © 1995 Sociedades Bíblicas Unidas
Antigua Versión de Casiodoro de Reina (1569)
Revisada por Cipriano de Valera (1602)
Otras revisiones: 1862, 1909 y 1960

Texto: © 1995, Sociedades Bíblicas Unidas
Mapas: © 1976, Sociedades Bíblicas Unidas

ISBN 1-58516-188-8
Printed in the United States of America
Span. Bible RVR'95-050-109876
ABS-11-04-15,000-75,000-DPI 1 (4)

PREFACIO

La Biblia: su tema y naturaleza

La Biblia es el libro que contiene el mensaje de Dios para la humanidad. También es, sin lugar a dudas, uno de los textos clásicos de la literatura universal. Nadie medianamente informado podría negar la evidencia del gran tesoro cultural encerrado en esta colección de antiguos escritos judeo-cristianos, que alternan la narrativa histórica con los códigos legales, las normas de conducta con la delicada belleza de la lírica hebrea, los discursos didácticos o morales con la interpretación de sueños y visiones.

Sin embargo, el valor principal de la Biblia no reside en sus méritos culturales o literarios, sino en que es palabra de Dios. En este libro, sagrado por excelencia tanto para el pueblo de Israel como para el mundo cristiano, Dios se revela como el autor de la vida y de todo cuanto existe; no como un ser oculto en la hondura de su divinidad y ajeno a los altibajos de la historia humana, sino como un Padre amoroso y perdonador. Lo divino y lo humano, la naturaleza de Dios y la condición humana se manifiestan aquí del *Génesis* al *Apocalipsis*. Si en el Antiguo Testamento el pueblo del Pacto recibe la encomienda de llevar el conocimiento del único Dios a todas las naciones, en el Nuevo la Palabra de ese Dios se hace carne, vive entre nosotros y resucita para reconciliar a los seres humanos con su creador.

La fe cristiana, de modo unánime, expresa su convicción respecto al valor y la vigencia permanentes de la Biblia en declaraciones como la que hallamos en 2 Pedro 1.19-21: «Tenemos también la palabra profética más segura, a la cual hacéis bien en estar atentos como a una antorcha que alumbra en lugar oscuro, hasta que el día amanezca y el lucero de la mañana salga en vuestros corazones. Pero ante todo entended que ninguna profecía de la Escritura es de interpretación privada, porque nunca la profecía fue traída por voluntad humana, sino que los santos hombres de Dios hablaron siendo inspirados por el Espíritu Santo». Esta autoridad última de la Biblia como palabra de Dios y obra inspirada por el Espíritu Santo la reconocen todos aquellos que han experimentado el poder transformador de su mensaje. Quienes se acercan a ella con fe, reciben inspiración, confianza, orientación, aliento y estímulo para la vida personal y comunitaria.

Pasada la época en que se redactaron los escritos del NT, la Iglesia cristiana reconoció en ellos valores de revelación divina y autoridad doctrinal y ética idénticos a los del AT (cf. San Marcos 16.15-16; San Lucas 1.1-4; San Juan 20.31; 1 Tesalonicenses 2.13). En el mismo NT se ofrece un avance explícito de tal reconocimiento al equiparar las epístolas de Pablo a «las otras Escrituras» (2 Pedro 3.15-16). Pero, sobre todo, fue a lo largo del siglo II cuando, paso a paso, el pueblo cristiano recibió como libros sagrados, junto con los del Antiguo Testamento, la totalidad de los que constituyen el Nuevo, quedando de este modo completada la Biblia en su forma definitiva.

Características de esta edición

La presente edición es resultado de un detenido proceso de adaptación al castellano actual de la revisión hecha en 1960 de la *Biblia* de Casiodoro de Reina y Cipriano de Valera. Al volver una vez más sobre el texto de aquella versión clásica nacida en la segunda mitad del siglo XVI, se ha tratado de poner el mensaje bíblico de vida y esperanza al alcance del lector hispano contemporáneo, independientemente de su origen, nacionalidad y peculiaridades idiomáticas. Con ese fin se ha adoptado una estructura expositiva en la que:

(a) el texto se organiza en párrafos (donde radica la unidad de sentido);

(b) los diálogos aparecen claramente identificados por medio de guiones;

(c) se destaca el carácter directo o indirecto de las citas, o sea, la persona o personas que hablan, gracias al uso de tres niveles de comillas.

El comité encargado de realizar esta tarea mantuvo en todos los casos la traducción y el estilo literario de Reina. También sustituyó algunas palabras y expresiones caídas en desuso o de difícil comprensión en nuestros días; realizó modificaciones sintácticas para hacer más diáfanos los textos; revisó y actualizó la ortografía de acuerdo con las normas modernas y conservó las estructuras poéticas allí donde los manuscritos hebreos y griegos lo exigen.

En cuanto a los niveles de comillas y el uso de guiones debe aclararse lo siguiente: El guión largo señala a quien habla en un diálogo (aunque, en algunos casos, la respuesta esté implícita). Las citas aparecen entre comillas españolas o angulares (« »). Cuando en lo que va entre comillas se incluye otra cita, se indica esta con las comillas regulares (" "). En el tercer nivel se usan las comillas simples (' '). Nótese que cuando un párrafo comienza con guión, la primera vez que se cita algo en él corresponde al segundo nivel.

El deseo de Sociedades Bíblicas Unidas es que esta edición de las Sagradas Escrituras produzca en las iglesias y en el corazón de cada lector una cosecha abundante (San Mateo 13.2-9,18-23).

ÍNDICE

ANTIGUO TESTAMENTO

NUEVO TESTAMENTO

Glosario
Tabla de Pesos y Medidas
Mapas
Ayudas especiales para los lectores

ÍNDICE ALFABÉTICO

LIBROS Y SUS ABREVIATURAS

SANTA BIBLIA

Versión Reina-Valera, 1995

ANTIGUO TESTAMENTO

GÉNESIS

INTRODUCCIÓN

Génesis («origen» o «principio») es el término griego con el que la Septuaginta da nombre al primer libro de la Biblia. Los hebreos lo habían titulado Bereshit, de acuerdo con la palabra inicial de un texto que narra los orígenes del universo, la tierra, el género humano y, en particular, el pueblo de Israel. La primera de sus dos secciones (cap. 1–11), llamada «historia de los orígenes» o «historia primordial», de gran belleza poética, aparece seguida por el relato de los comienzos de la historia humana en el mundo creado por Dios. La segunda parte (cap. 12—50), conocida como «historia de los patriarcas», está dedicada a la familia de Abraham, Isaac y Jacob, germen de un pueblo nuevo.

En la «historia de los orígenes», el Génesis (=Gn) afirma el poder total y absoluto de Dios, creador de todo cuanto existe; la dignidad del ser humano, creado a imagen de Dios (1.26-27); la igual responsabilidad del hombre y la mujer en el gobierno del mundo que Dios les confía (1.28-30; 2.19-20). El precepto de no comer del «árbol de la ciencia del bien y del mal» establece, de un lado, la soberanía de Dios; del otro, el uso responsable de la libertad humana. Al pretender ser como Dios (3.5), el ser humano pierde el acceso al «árbol de la vida» (3.22-24) y cae bajo el imperio del pecado, cuyas consecuencias son el dolor y la muerte.

La segunda parte (cap.12–50) inaugura una nueva etapa en la historia de la humanidad. En ella comienza el relato de lo que Dios hizo para liberar a los seres humanos de la situación creada por el pecado. Dios le revela a Abraham un mandato y una promesa: Le ordena emigrar, al tiempo que le promete hacer de él una gran nación, prosperarlo y bendecirlo. Un pacto (15.18; 17.2) confirmaría la promesa, según la cual en Abraham serían benditas «todas las naciones de la tierra». Así se pone de manifiesto la universalidad del plan divino de salvación; algo que también revela el simbólico cambio de nombre del patriarca (17.5). A la muerte de Abraham, Isaac pasó a ser el depositario de la promesa de Dios, trasmitida después a Jacob y, así, de padres a hijos, a varias generaciones de patriarcas.

Tras el episodio acaecido a Jacob en Peniel (32.28; 35.10), se inicia la historia de José (cap. 37–50), que concluye con la llegada de sus hermanos al reino del faraón, escenario principal del próximo relato: el éxodo de Egipto. El traslado del cuerpo de Jacob a Canaán, donde Abraham había comprado una tumba para enterrar a su esposa (23.16-20), prefigura la toma de posesión por los israelitas del territorio donde sus antepasados habían vivido como extranjeros.

Esquema del contenido

1. *Historia de los orígenes (1–11)*
2. *Historia de los patriarcas (12–50)*

La creación

1 ¹En el principio creó Dios los cielos y la tierra.[a] ²La tierra estaba desordenada y vacía, las tinieblas estaban sobre la faz del abismo y el espíritu de Dios se movía sobre la faz de las aguas.[b] ³Dijo Dios: «Sea la luz».[c] Y fue la luz.[d] ⁴Vio Dios que la luz era buena, y separó la

---

a **1.1** Los antiguos hebreos utilizaban la expresión *el cielo y la tierra* para designar el universo en su totalidad (cf. Gn 14.22; Sal 124.8; Mt 28.18). *b* **1.2** La palabra hebrea traducida por *espíritu* puede significar también *viento* , *soplo* o *aliento*. *c* **1.1-3** Jn 1.1-4. *d* **1.3** 2 Co 4.6.

luz de las tinieblas. [5] Llamó a la luz «Día», y a las tinieblas llamó «Noche». Y fue la tarde y la mañana del primer día.

[6] Luego dijo Dios: «Haya un firmamento en medio de las aguas, para que separe las aguas de las aguas». [7] E hizo Dios un firmamento que separó las aguas que estaban debajo del firmamento, de las aguas que estaban sobre el firmamento. Y fue así. [8] Al firmamento llamó Dios «Cielos».[e] Y fue la tarde y la mañana del segundo día.

[9] Dijo también Dios: «Reúnanse las aguas que están debajo de los cielos en un solo lugar, para que se descubra lo seco». Y fue así.[f] [10] A la parte seca llamó Dios «Tierra», y al conjunto de las aguas lo llamó «Mares». Y vio Dios que era bueno.

[11] Después dijo Dios: «Produzca la tierra[g] hierba verde, hierba que dé semilla; árbol que dé fruto según su especie, cuya semilla esté en él, sobre la tierra». Y fue así. [12] Produjo, pues, la tierra hierba verde, hierba que da semilla según su naturaleza, y árbol que da fruto, cuya semilla está en él, según su especie. Y vio Dios que era bueno. [13] Y fue la tarde y la mañana del tercer día.

[14] Dijo luego Dios: «Haya lumbreras en el firmamento de los cielos para separar el día de la noche, que sirvan de señales para las estaciones, los días y los años, [15] y sean por lumbreras en el firmamento celeste para alumbrar sobre la tierra». Y fue así. [16] E hizo Dios las dos grandes lumbreras: la lumbrera mayor para que señoreara en el día, y la lumbrera menor para que señoreara en la noche; e hizo también las estrellas. [17] Las puso Dios en el firmamento de los cielos para alumbrar sobre la tierra, [18] señorear en el día y en la noche y para separar la luz de las tinieblas. Y vio Dios que era bueno. [19] Y fue la tarde y la mañana del cuarto día.

[20] Dijo Dios: «Produzcan las aguas seres vivientes, y aves que vuelen sobre la tierra, en el firmamento de los cielos». [21] Y creó Dios los grandes monstruos marinos y todo ser viviente que se mueve, que las aguas produjeron según su especie, y toda ave alada según su especie. Y vio Dios que era bueno. [22] Y los bendijo Dios, diciendo: «Fructificad y multiplicaos, llenad las aguas en los mares y multiplíquense las aves en la tierra». [23] Y fue la tarde y la mañana del quinto día.

[24] Luego dijo Dios: «Produzca la tierra seres vivientes según su especie: bestias, serpientes y animales de la tierra según su especie».

Y fue así. [25] E hizo Dios los animales de la tierra según su especie, ganado según su especie y todo animal que se arrastra sobre la tierra según su especie. Y vio Dios que era bueno.

[26] Entonces dijo Dios: «Hagamos al hombre a nuestra imagen,[h] conforme a nuestra semejanza; y tenga potestad sobre los peces del mar, las aves de los cielos y las bestias, sobre toda la tierra y sobre todo animal que se arrastra sobre la tierra».

[27] Y creó Dios al hombre[i] a su
    imagen,[j]
a imagen de Dios lo creó;
    varón y hembra los creó.[k]

[28] Los bendijo[l] Dios y les dijo: «Fructificad y multiplicaos; llenad la tierra y sometedla; ejerced potestad sobre los peces del mar, las aves de los cielos y todas las bestias que se mueven sobre la tierra». [29] Después dijo Dios: «Mirad, os he dado toda planta que da semilla, que está sobre toda la tierra, así como todo árbol en que hay fruto y da semilla. De todo esto podréis comer. [30] »Pero a toda bestia de la tierra, a todas las aves de los cielos y a todo lo que tiene vida y se arrastra sobre la tierra, les doy toda planta verde para comer».

Y fue así. [31] Y vio Dios todo cuanto había hecho, y era bueno en gran manera. Y fue la tarde y la mañana del sexto día.

---

[e] **1.6-8** 2 P 3.5.   [f] **1.9** Job 38.8-11; Sal 104.6-9; Pr 8.27-30; Jer 5.22.   [g] **1.11** En el AT la fecundidad es una bendición otorgada por Dios y no una fuerza divina a la que se rendía culto, como en otras culturas.   [h] **1.26** Sal 8.4-8.   [i] **1.27** *Hombre*: heb. *adam*, designa aquí a todo el género humano.   [j] **1.27** Gn 5.1; 9.6; 1 Co 11.7; Stg 3.9.   [k] **1.27** Mt 19.4; Mc 10.6.   [l] **1.28** Gn 5.1-2. La bendición divina, en el AT, aparece vinculada con frecuencia al don de la fecundidad. Cf. Gn 17.16,20; 22.17; 26.12,24; 28.3.

2 ¹ Fueron, pues, acabados los cielos y la tierra, y todo lo que hay en ellos. ² El séptimo día concluyó Dios la obra que hizo, y reposó el séptimo día de todo cuanto había hecho.ᵃ ³ Entonces bendijo Dios el séptimo díaᵇ y lo santificó, porque en él reposó de toda la obra que había hecho en la creación. ⁴ Estos son los orígenes de los cielos y de la tierra cuando fueron creados.

Adán y Eva en el Edén

Cuando Jehová Diosᶜ hizo la tierra y los cielos, ⁵ aún no había ninguna planta del campo sobre la tierra ni había nacido ninguna hierba del campo, porque Jehová Dios todavía no había hecho llover sobre la tierra ni había hombre para que labrara la tierra, ⁶ sino que subía de la tierra un vapor que regaba toda la faz de la tierra. ⁷ Entonces Jehová Dios formó al hombre del polvo de la tierra, sopló en su nariz aliento de vida y fue el hombre un ser viviente.ᵈ

⁸ Jehová Dios plantó un huerto en Edén, al oriente, y puso allí al hombre que había formado. ⁹ E hizo Jehová Dios nacer de la tierra todo árbol delicioso a la vista y bueno para comer; también el árbol de la vidaᵉ en medio del huerto, y el árbol del conocimiento del bien y del mal.

¹⁰ Salía de Edén un río para regar el huerto, y de allí se repartía en cuatro brazos. ¹¹ El primero se llama Pisón; es el que rodea toda la tierra de Havila, donde hay oro. ¹² El oro de aquella tierra es bueno; y hay allí también bedelio y ónice. ¹³ El segundo río se llama Gihón; es el que rodea toda la tierra de Cus. ¹⁴ El tercer río se llama Hidekel; es el que va al oriente de Asiria. El cuarto río es el Éufrates.

¹⁵ Tomó, pues, Jehová Dios al hombre y lo puso en el huerto de Edén, para que lo labrara y lo cuidara. ¹⁶ Y mandó Jehová Dios al hombre, diciendo: «De todo árbol del huerto podrás comer; ¹⁷ pero del árbol del conocimiento del bien y del mal no comerás, porque el día que de él comas, ciertamente morirás».

¹⁸ Después dijo Jehová Dios: «No es bueno que el hombre esté solo: le haré ayuda idónea para él». ¹⁹ Jehová Dios formó, pues, de la tierra toda bestia del campo y toda ave de los cielos, y las trajo a Adán para que viera cómo las había de llamar; y el nombre que Adán dio a los seres vivientes, ese es su nombre. ²⁰ Y puso Adán nombre a toda bestia, a toda ave de los cielos y a todo ganado del campo; pero no se halló ayuda idónea para él. ²¹ Entonces Jehová Dios hizo caer un sueño profundo sobre Adán y, mientras este dormía, tomó una de sus costillas y cerró la carne en su lugar. ²² De la costilla que Jehová Dios tomó del hombre, hizo una mujer, y la trajo al hombre. ²³ Dijo entonces Adán:

«¡Esta sí que es hueso de mis
      huesos
y carne de mi carne!
Será llamada "Mujer",
porque del hombre fue tomada».ᶠ

²⁴ Por tanto dejará el hombre a su padre y a su madre, se unirá a su mujer y serán una sola carne.ᵍ

²⁵ Estaban ambos desnudos, Adán y su mujer, pero no se avergonzaban.

Desobediencia de Adán y Eva

3 ¹ La serpienteᵃ era más astuta que todos los animales del campo que Jehová Dios había hecho, y dijo a la mujer:

—¿Conque Dios os ha dicho: "No comáis de ningún árbol del huerto"?

² La mujer respondió a la serpiente:

—Del fruto de los árboles del huerto podemos comer, ³ pero del fruto del árbol que está en medio del huerto dijo Dios: "No comeréis de él, ni lo tocaréis, para que no muráis".

ᵃ **2.2** Ex 20.11; 31.17; cf. Heb 4.4,10.   ᵇ **2.3** En la Biblia, el número *siete* representa lo completo y perfecto.   ᶜ **2.4** El nombre propio del Dios de Israel. Cf. Gn 4.26; Ex 3.14-15.   ᵈ **2.7** Citado en 1 Co 15.45.   ᵉ **2.9** Es decir, cuyos frutos dan la vida. Cf. Gn 3.22; Ap 2.7; 22.2,14.   ᶠ **2.23** En hebreo, las palabras traducidas por *hombre* y *mujer* tienen un sonido muy parecido. Ello destaca, junto con el relato de la formación de la mujer, la unidad de naturaleza, la íntima afinidad entre ambos sexos y, por tanto, la igualdad esencial de derechos.   ᵍ **2.24** Mt 19.5; Mc 10.7-8; 1 Co 6.16; Ef 5.31.   ᵃ **3.1** Jn 8.44; Ap 12.9; 20.2.

⁴ Entonces la serpiente dijo a la mujer:
—No moriréis. ⁵ Pero Dios sabe que el día que comáis de él serán abiertos vuestros ojos y seréis como Dios, conocedores del bien y el mal.

⁶ Al ver la mujer que el árbol era bueno para comer, agradable a los ojos y deseable para alcanzar la sabiduría, tomó de su fruto y comió; y dio también a su marido, el cual comió al igual que ella. ⁷ Entonces fueron abiertos los ojos de ambos y se dieron cuenta de que estaban desnudos. Cosieron, pues, hojas de higuera y se hicieron delantales.

⁸ Luego oyeron la voz de Jehová Dios que se paseaba por el huerto, al aire del día; y el hombre y su mujer se escondieron de la presencia de Jehová Dios entre los árboles del huerto. ⁹ Pero Jehová Dios llamó al hombre, y le preguntó:
—¿Dónde estás?
¹⁰ Él respondió:
—Oí tu voz en el huerto y tuve miedo, porque estaba desnudo; por eso me escondí.
¹¹ Entonces Dios le preguntó:
—¿Quién te enseñó que estabas desnudo? ¿Acaso has comido del árbol del cual yo te mandé que no comieras?
¹² El hombre le respondió:
—La mujer que me diste por compañera me dio del árbol, y yo comí.
¹³ Entonces Jehová Dios dijo a la mujer:
—¿Qué es lo que has hecho?
Ella respondió:
—La serpiente me engañó,ᵇ y comí.
¹⁴ Y Jehová Dios dijo a la serpiente:

—Por cuanto esto hiciste,
maldita serás entre todas las bestias
y entre todos los animales del
campo.
Sobre tu vientre te arrastrarás
y polvo comerás todos los días de
tu vida.
¹⁵ Pondré enemistad entre ti y
la mujer,

y entre tu simiente y la simiente
suya;
esta te herirá en la cabeza,
y tú la herirás en el talón.ᶜ

¹⁶ A la mujer dijo:

—Multiplicaré en gran manera los
dolores en tus embarazos,
con dolor darás a luz los hijos,
tu deseo será para tu marido
y él se enseñoreará de ti.

¹⁷ Y al hombre dijo:

—Por cuanto obedeciste a la voz de
tu mujer
y comiste del árbol de que te
mandé diciendo: "No comerás
de él",
maldita será la tierra por tu causa;
con dolor comerás de ella
todos los días de tu vida,
¹⁸ espinos y cardos te producirá
y comerás plantas del campo.ᵈ
¹⁹ Con el sudor de tu rostro comerás
el pan,
hasta que vuelvas a la tierra,
porque de ella fuiste tomado;
pues polvo eres
y al polvo volverás.

²⁰ A su mujer Adán le puso por nombre Eva,ᵉ por cuanto ella fue la madre de todos los vivientes. ²¹ Y Jehová Dios hizo para el hombre y su mujer túnicas de pieles, y los vistió. ²² Luego dijo Jehová Dios: «El hombre ha venido a ser como uno de nosotros, conocedor del bien y el mal; ahora, pues, que no alargue su mano, tome también del árbol de la vida,ᶠ coma y viva para siempre».
²³ Y lo sacó Jehová del huerto de Edén, para que labrara la tierra de la que fue tomado. ²⁴ Echó, pues, fuera al hombre, y puso querubines al oriente del huerto de Edén, y una espada encendida que se revolvía por todos lados para guardar el camino del árbol de la vida.

ᵇ 3.13 2 Co 11.3; 1 Ti 2.14.   ᶜ 3.15 Ro 16.20; Ap 12.17. Los cristianos han visto en esta mención de la descendencia de la mujer una referencia al Mesías en su lucha contra Satanás y en su victoria final sobre las fuerzas del mal.   ᵈ 3.17-18 Ro 8.20; Heb 6.8.   ᵉ 3.20 En hebreo, el nombre *Eva* y la palabra que significa *vida* o *viviente* tienen un sonido semejante.   ᶠ 3.22 Ap 22.14.

Caín y Abel

4 ¹ Conoció Adán a su mujer Eva, la cual concibió y dio a luz a Caín, y dijo: «Por voluntad de Jehová he adquirido un varón».ᵃ ² Después dio a luz a su hermano Abel. Fue Abel pastor de ovejas y Caín, labrador de la tierra.

³ Pasado un tiempo, Caín trajo del fruto de la tierra una ofrenda a Jehová. ⁴ Y Abel trajo también de los primogénitos de sus ovejas, y de la grasa de ellas. Y miró Jehová con agrado a Abel y a su ofrenda;ᵇ ⁵ pero no miró con agrado a Caín ni a su ofrenda, por lo cual Caín se enojó en gran manera y decayó su semblante. ⁶ Entonces Jehová dijo a Caín:

—¿Por qué te has enojado y por qué ha decaído tu semblante? ⁷ Si hicieras lo bueno, ¿no serías enaltecido?; pero si no lo haces, el pecado está a la puerta, acechando. Con todo, tú lo dominarás.

⁸ Caín dijo a su hermano Abel: «Salgamos al campo». Y aconteció que estando ellos en el campo, Caín se levantó contra su hermano Abel y lo mató.ᶜ ⁹ Entonces Jehová preguntó a Caín:

—¿Dónde está Abel, tu hermano?

Y él respondió:

—No sé. ¿Soy yo acaso guarda de mi hermano?

¹⁰ Jehová le dijo:

—¿Qué has hecho? La voz de la sangre de tu hermano clama a mí desde la tierra. ¹¹ Ahora, pues, maldito seas de la tierra, que abrió su boca para recibir de tu mano la sangre de tu hermano. ¹² Cuando labres la tierra, no te volverá a dar sus frutos; errante y extranjero serás en ella.

¹³ Entonces Caín respondió a Jehová:

—Grande es mi culpa para ser soportada. ¹⁴ Hoy me echas de la tierra, y habré de esconderme de tu presencia, errante y extranjero en la tierra; y sucederá que cualquiera que me encuentre, me matará.

¹⁵ Le respondió Jehová:

—Ciertamente cualquiera que mate a Caín, siete veces será castigado.

Entonces Jehová puso señal en Caín, para que no lo matara cualquiera que lo encontrase.

¹⁶ Salió, pues, Caín de delante de Jehová, y habitó en tierra de Nod,ᵈ al oriente de Edén.

Los descendientes de Caínᵉ

¹⁷ Conoció Caín a su mujer, la cual concibió y dio a luz a Enoc; y edificó una ciudad, a la cual dio el nombre de su hijo, Enoc. ¹⁸ A Enoc le nació Irad, e Irad engendró a Mehujael; Mehujael engendró a Metusael, y Metusael engendró a Lamec. ¹⁹ Lamec tomó para sí dos mujeres: el nombre de la una fue Ada, y el nombre de la otra, Zila. ²⁰ Ada dio a luz a Jabal, el cual fue padre de los que habitan en tiendas y crían ganados. ²¹ Y el nombre de su hermano fue Jubal, el cual fue padre de todos los que tocan arpa y flauta. ²² También Zila dio a luz a Tubal-caín, artífice de toda obra de bronce y de hierro, y a Naama, hermana de Tubal-caín.ᶠ

²³ Un día, Lamec dijo a sus mujeres:

«Ada y Zila, oíd mi voz;
mujeres de Lamec, escuchad mis palabras:
A un hombre maté por haberme herido
y a un joven por haberme golpeado.
²⁴ Si siete veces será vengado Caín,
Lamec lo será setenta veces siete».ᵍ

El tercer hijo de Adán y Eva

²⁵ Conoció de nuevo Adán a su mujer, la cual dio a luz un hijo, y llamó su nombre

---

ᵃ **4.1** El nombre *Caín* y el verbo hebreo que significa *adquirir* suenan muy parecidos. ᵇ **4.4** Heb 11.4. ᶜ **4.8** Mt 23.35; Lc 11.51; 1 Jn 3.12. ᵈ **4.16** *Nod*: Quizá se trate de un nombre simbólico que alude a la vida errante de Caín. Significa *vagabundo*; cf. v. 12,14. ᵉ **4.17-24** Estas listas genealógicas establecen un nexo entre los orígenes de la humanidad (Gn 1—11) y la historia de los patriarcas (Gn 12—50). Así se pone de manifiesto que la revelación de Dios a Abraham y, después de él, a Israel, forma parte de un plan divino de salvación que abarca a todas las naciones. Cf. Gn 12.4; 26.4; 28.14. ᶠ **4.20-22** En el AT, las artes y artesanías tienen su origen en la inventiva y el trabajo de los seres humanos; no constituyeron un regalo de los dioses, como afirman varios mitos del antiguo Oriente. Cf. Gn 1.28; Job 28.1-10; Sal 8.3-8; 115.16. ᵍ **4.23-24** Mt 18.21-22.

Set,[h] pues dijo: «Dios me ha dado otro hijo en lugar de Abel, a quien mató Caín». [26] Y a Set también le nació un hijo, al que puso por nombre Enós.[i] Entonces los hombres comenzaron a invocar el nombre de Jehová.

Descendientes de Adán
(1 Cr 1.1-4)

5 [1] Este es el libro de los descendientes de Adán.

El día en que creó Dios al hombre, a semejanza de Dios lo hizo. [2] Hombre y mujer[a] los creó; y los bendijo, y les puso por nombre Adán el día en que fueron creados.

[3] Vivió Adán ciento treinta años, y engendró un hijo a su semejanza, conforme a su imagen, y le puso por nombre Set. [4] Fueron los días de Adán después que engendró a Set, ochocientos años, y engendró hijos e hijas. [5] Así que Adán vivió novecientos treinta años, y murió.

[6] Vivió Set ciento cinco años, y engendró a Enós. [7] Después que engendró a Enós, Set vivió ochocientos siete años, y engendró hijos e hijas. [8] Así, todos los días de Set fueron novecientos doce años, y murió.

[9] Vivió Enós noventa años, y engendró a Cainán. [10] Después que engendró a Cainán, Enós vivió ochocientos quince años, y engendró hijos e hijas. [11] Así, todos los días de Enós fueron novecientos cinco años, y murió.

[12] Vivió Cainán setenta años, y engendró a Mahalaleel. [13] Después que engendró a Mahalaleel, Cainán vivió ochocientos cuarenta años, y engendró hijos e hijas. [14] Así, todos los días de Cainán fueron novecientos diez años, y murió.

[15] Vivió Mahalaleel sesenta y cinco años, y engendró a Jared. [16] Después que engendró a Jared, Mahalaleel vivió ochocientos treinta años, y engendró hijos e hijas. [17] Así, todos los días de Mahalaleel fueron ochocientos noventa y cinco años, y murió.

[18] Vivió Jared ciento sesenta y dos años, y engendró a Enoc. [19] Después que engendró a Enoc, Jared vivió ochocientos años, y engendró hijos e hijas. [20] Así, todos los días de Jared fueron novecientos sesenta y dos años, y murió.

[21] Vivió Enoc sesenta y cinco años, y engendró a Matusalén. [22] Después que engendró a Matusalén, caminó Enoc con Dios trescientos años, y engendró hijos e hijas. [23] Así, todos los días de Enoc fueron trescientos sesenta y cinco años. [24] Caminó, pues, Enoc con Dios, y desapareció, porque lo llevó Dios.[b]

[25] Vivió Matusalén ciento ochenta y siete años, y engendró a Lamec. [26] Después que engendró a Lamec, Matusalén vivió setecientos ochenta y dos años, y engendró hijos e hijas. [27] Así, pues, todos los días de Matusalén fueron novecientos sesenta y nueve años, y murió.

[28] Vivió Lamec ciento ochenta y dos años, engendró un hijo [29] y le puso por nombre Noé,[c] pues dijo: «Este nos aliviará de nuestras obras y del trabajo de nuestras manos en la tierra que Jehová maldijo». [30] Después que engendró a Noé, Lamec vivió quinientos noventa y cinco años, y engendró hijos e hijas. [31] Así, todos los días de Lamec fueron setecientos setenta y siete años, y murió.

[32] Noé tenía quinientos años cuando engendró a Sem, a Cam y a Jafet.

La maldad de los seres humanos

6 [1] Aconteció que cuando comenzaron los hombres a multiplicarse sobre la faz de la tierra y les nacieron hijas, [2] al ver los hijos de Dios que las hijas de los hombres eran hermosas tomaron para sí mujeres, escogiendo entre todas. [3] Entonces dijo Jehová: «No contenderá mi espíritu con el hombre para siempre, porque ciertamente él es carne; pero vivirá ciento veinte años».

[4] Había gigantes en la tierra en aquellos días, y también después que se llegaron los hijos de Dios a las hijas de los hombres y les engendraron hijos. Estos fueron los hombres valientes que desde la antigüedad alcanzaron renombre.

---

[h] **4.25** El nombre *Set* tiene un sonido semejante al de la forma verbal hebrea que significa *ha dado*.   [i] **4.26** Esto es, *hombre* , *varón* , aunque en algunos contextos significa lo mismo que *Adán*.   [a] **5.2** Citado en Mt 19.4; Mc 10.6.   [b] **5.24** Heb 11.5; Jud 14.   [c] **5.29** El nombre de *Noé* tiene cierta semejanza con la forma verbal hebrea que significa *nos hará descansar*.

⁵ Vio Jehová que la maldad de los hombres era mucha en la tierra, y que todo designio de los pensamientos de su corazón solo era de continuo el mal; ⁶ y se arrepintió Jehová de haber hecho al hombre en la tierra, y le dolió en su corazón. ⁷ Por eso dijo Jehová: «Borraré de la faz de la tierra a los hombres que he creado, desde el hombre hasta la bestia, y hasta el reptil y las aves del cielo, pues me arrepiento de haberlos hecho».

⁸ Pero Noé halló gracia ante los ojos de Jehová.ᵃ

Noé construye el arca

⁹ Estos son los descendientes de Noé:

Noé, hombre justo, era perfecto entre los hombres de su tiempo; caminó Noé con Dios.ᵇ ¹⁰ Y engendró Noé tres hijos: Sem, Cam y Jafet.

¹¹ La tierra se corrompió delante de Dios, y estaba la tierra llena de violencia. ¹² Y miró Dios la tierra, y vio que estaba corrompida, porque toda carne había corrompido su camino sobre la tierra. ¹³ Dijo, pues, Dios a Noé: «He decidido el fin de todo ser, porque la tierra está llena de violencia a causa de ellos; y yo los destruiré con la tierra. ¹⁴ Hazte un arca de madera de gofer; harás aposentos en el arca y la calafatearás con brea por dentro y por fuera. ¹⁵ De esta manera la harás: de trescientos codos será la longitud del arca, de cincuenta codos su anchura y de treinta codos su altura. ¹⁶ Una ventana harás al arca, la acabarás a un codo de elevación por la parte de arriba y a su lado pondrás la puerta del arca; y le harás tres pisos. ¹⁷ Yo enviaré un diluvio de aguas sobre la tierra, para destruir todo ser en que haya espíritu de vida debajo del cielo; todo lo que hay en la tierra morirá. ¹⁸ Pero estableceré mi pacto contigo, y tú entrarás en el arca, con tus hijos, tu mujer y las mujeres de tus hijos. ¹⁹ Y de todo lo que vive, de todo ser, dos de cada especie meterás en el arca, para que tengan vida contigo; macho y hembra serán. ²⁰ De las aves según su especie, de las bestias según su especie, de todo reptil de la tierra según su especie, dos de cada especie entrarán contigo, para que tengan vida. ²¹ Toma contigo de todo alimento que se come y almacénalo, para que te sirva de sustento a ti y a ellos».

²² Noé lo hizo así; todo lo hizo conforme a lo que Dios había mandado.ᶜ

El diluvio

7 ¹ Dijo luego Jehová a Noé: «Entra tú y toda tu familia en el arca, porque solo a ti he visto justo delante de mí en esta generación. ² De todo animal limpio tomarás siete parejas, cada macho con su hembra; pero de los animales que no son limpios, una pareja, un macho con su hembra.ᵃ ³ También de las aves de los cielos siete parejas, macho y hembra, para conservar viva la especie sobre la faz de la tierra. ⁴ Y pasados aún siete días, yo haré llover sobre la tierra cuarenta días y cuarenta noches; y borraré de la faz de la tierra a todo ser viviente que hice». ⁵ E hizo Noé conforme a todo lo que le mandó Jehová.

⁶ Era Noé de seiscientos años cuando el diluvio de las aguas vino sobre la tierra. ⁷ Y por causa de las aguas del diluvio entró Noé en el arca,ᵇ y con él sus hijos, su mujer y las mujeres de sus hijos. ⁸ De los animales limpios, de los animales que no eran limpios, de las aves y de todo lo que se arrastra sobre la tierra, ⁹ de dos en dos, entraron con Noé en el arca; macho y hembra, como Dios mandó a Noé.

¹⁰ Al séptimo día, las aguas del diluvio vinieron sobre la tierra. ¹¹ Aquel día del año seiscientos de la vida de Noé, en el mes segundo, a los diecisiete días del mes, fueron rotas todas las fuentes del gran abismo y abiertas las cataratas de los cielos, ¹² y hubo lluvia sobre la tierra cuarenta días y cuarenta noches.ᶜ ¹³ Aquel mismo día entraron en el arca Noé, sus hijos Sem, Cam y Jafet, la mujer de Noé y las tres mujeres de sus hijos; ¹⁴ todos ellos, y

---

ᵃ **6.5-8** Mt 24.37; Lc 17.26; 1 P 3.20. ᵇ **6.9** 2 P 2.5. ᶜ **6.22** Heb 11.7. ᵃ **7.2** Lv 11; Dt 14.3-21. *Limpio* y no limpio son términos característicos del lenguaje sacerdotal y se refieren a la pureza e impureza rituales. ᵇ **7.7** Mt 24.38-39; Lc 17.27. ᶜ **7.12** El número *cuarenta* indica con frecuencia, en la Biblia, un período relativamente largo (cf. Gn 50.3; Ex 16.35; 24.18; Nm 13.25). A veces se refiere a un tiempo de prueba o de grave peligro (cf. Nm 14.34; Dt 8.2-3; Mc 1.13).

todos los animales salvajes según sus especies, todos los animales domésticos según sus especies, todo reptil que se arrastra sobre la tierra según su especie, toda ave según su especie y toda clase de pájaros y seres alados. ¹⁵Entraron, pues, con Noé en el arca, de dos en dos, de todo ser en que había espíritu de vida. ¹⁶Los que entraron eran macho y hembra de cada especie, como le había mandado Dios; y Jehová le cerró la puerta.

¹⁷El diluvio duró cuarenta días sobre la tierra. Las aguas crecieron y alzaron el arca, que se elevó sobre la tierra. ¹⁸Las aguas siguieron subiendo y creciendo en gran manera sobre la tierra y flotaba el arca sobre la superficie de las aguas. ¹⁹Las aguas subieron mucho sobre la tierra; todos los montes altos que había debajo de todos los cielos quedaron cubiertos. ²⁰Quince codos más alto subieron las aguas después que quedaron cubiertos los montes. ²¹Y murieron todos los seres que se mueven sobre la tierra, así las aves como el ganado y las bestias, y todo reptil que se arrastra sobre la tierra, y todo hombre. ²²Todo lo que tenía aliento de espíritu de vida en sus narices, todo lo que había en la tierra, murió.ᵈ ²³Así fue destruido todo ser que vivía sobre la faz de la tierra, desde el hombre hasta la bestia, los reptiles y las aves del cielo; fueron borrados de la tierra. Solamente quedó Noé y los que con él estaban en el arca. ²⁴Y permanecieron las aguas ciento cincuenta días sobre la tierra.

8 ¹Entonces se acordóᵃ Dios de Noé y de todos los animales y todas las bestias que estaban con él en el arca; e hizo pasar Dios un viento sobre la tierra y disminuyeron las aguas. ²Se cerraron las fuentes del abismo y las cataratas de los cielos; y la lluvia de los cielos fue detenida. ³Las aguas decrecían gradualmente sobre la tierra; y se retiraron las aguas al cabo de ciento cincuenta días. ⁴Reposó el arca en el mes séptimo, a los diecisiete días del mes, sobre los montes Ararat.ᵇ

⁵Las aguas fueron decreciendo hasta el mes décimo, cuando, el primer día del mes, se descubrieron las cimas de los montes.

⁶Sucedió que al cabo de cuarenta días abrió Noé la ventana del arca que había hecho ⁷y envió un cuervo, el cual salió y estuvo yendo y volviendo hasta que las aguas se secaron sobre la tierra. ⁸Envió también una paloma, para ver si las aguas se habían retirado de sobre la faz de la tierra. ⁹Pero no halló la paloma dónde posarse, y volvió a él, al arca, porque las aguas estaban aún sobre la faz de toda la tierra. Entonces Noé extendió la mano y, tomándola, la hizo entrar consigo en el arca. ¹⁰Esperó aún otros siete días, y volvió a enviar la paloma fuera del arca. ¹¹La paloma volvió a él a la hora de la tarde trayendo una hoja de olivo en el pico; y supo Noé que las aguas se habían retirado de sobre la tierra. ¹²Esperó aún otros siete días, y envió la paloma, la cual no volvió ya más a él.

¹³Sucedió que en el año seiscientos uno de Noé, en el mes primero, el primer día del mes, las aguas se secaron sobre la tierra; y quitó Noé la cubierta del arca, miró y vio que la faz de la tierra estaba seca. ¹⁴En el mes segundo, a los veintisiete días del mes, se secó la tierra.

¹⁵Entonces dijo Dios a Noé: ¹⁶«Sal del arca con tu mujer, tus hijos y las mujeres de tus hijos. ¹⁷También sacarás todos los animales que están contigo de toda especie, de aves, de bestias y de todo reptil que se arrastra sobre la tierra; y vayan por la tierra, fructifiquen y multiplíquense sobre la tierra».

¹⁸Salió, pues, Noé con sus hijos, su mujer y las mujeres de sus hijos. ¹⁹Todos los animales, todo reptil y toda ave; todo lo que se mueve sobre la tierra según sus especies, salió del arca.

²⁰Luego edificó Noé un altar a Jehová, y tomando de todo animal limpio y de toda ave limpia, ofreció holocaustoᶜ en el altar. ²¹Al percibir Jehová olor grato,ᵈ dijo

---

ᵈ **7.21-22** 2 P 3.6.   ᵃ **8.1** En el lenguaje bíblico, decir que Dios *se acuerda* de alguien o de algo significa que le presta atención particular, y no que lo hubiera olvidado. Cf. Ex 6.5; Sal 74.2.
ᵇ **8.4** Región que los antiguos llamaban Urartu. Corresponde aproximadamente a la actual Armenia.   ᶜ **8.20** Sacrificio en el que la víctima se consume totalmente sobre el altar, sin que ninguna de sus partes sea reservada para otros fines (Lv 1.3-17).   ᵈ **8.21** Esta expresión indica que el sacrificio fue aceptable al Señor. Cf. Lv 1.9,13,17; 2.1-2.

en su corazón: «No volveré a maldecir la tierra por causa del hombre, porque el corazón del hombre se inclina al mal desde su juventud; ni volveré a destruir todo ser viviente, como he hecho.

²² »Mientras la tierra permanezca
no cesarán la sementera y la siega,
el frío y el calor,
el verano y el invierno,
el día y la noche».

Pacto de Dios con Noé

9 ¹ Bendijo Dios a Noé y a sus hijos, y les dijo: «Fructificad, multiplicaos y llenad la tierra.ᵃ ² Infundiréis temor y miedo a todo animal sobre la tierra, a toda ave de los cielos, a todo lo que se mueva sobre la tierra y a todos los peces del mar; en vuestras manos son entregados. ³ Todo lo que se mueve y vive os servirá de alimento, lo mismo que las legumbres y las plantas verdes. Os lo he dado todo. ⁴ Pero carne con su vida, que es su sangre, no comeréis,ᵇ ⁵ porque ciertamente demandaré la sangre de vuestras vidas; de manos de todo animal la demandaré, y de manos del hombre. A cada hombre demandaré la vida de su prójimo.

⁶ »El que derrame la sangre de un
hombre,ᶜ
por otro hombre su sangre será
derramada,
porque a imagen de Dios es hecho
el hombre.ᵈ
⁷ Mas vosotros fructificad y
multiplicaos,
procread abundantemente en
la tierra
y multiplicaos en ella».ᵉ

⁸ También dijo Dios a Noé y a sus hijos: ⁹ «Yo establezco mi pacto con vosotros, y con vuestros descendientes después de vosotros; ¹⁰ con todo ser viviente que está con vosotros: aves, animales y toda bestia de la tierra que está con vosotros, desde todos los que salieron del arca hasta todo animal de la tierra. ¹¹ Estableceré mi pacto con vosotros, y no volveré a exterminar a todos los seres vivos con aguas de diluvio, ni habrá más diluvio para destruir la tierra».

¹² Asimismo dijo Dios: «Esta es la señal del pacto que yo establezco a perpetuidad con vosotros y con todo ser viviente que está con vosotros: ¹³ Mi arco he puesto en las nubes, el cual será por señal de mi pacto con la tierra. ¹⁴ Y sucederá que cuando haga venir nubes sobre la tierra, se dejará ver mi arco en las nubes. ¹⁵ Y entonces me acordaré de mi pacto con vosotros y todo ser viviente de toda especie; y no habrá más diluvio de aguas para destruir todo ser vivo. ¹⁶ Estará el arco en las nubes; lo veré y me acordaré del pacto perpetuo entre Dios y todo ser viviente, con todo lo que tiene vida sobre la tierra».

¹⁷ Dijo, pues, Dios a Noé: «Esta es la señal del pacto que he establecido entre mí y todo lo que tiene vida sobre la tierra».

Embriaguez de Noé

¹⁸ Los hijos de Noé que salieron del arca fueron Sem, Cam y Jafet. Cam es el padre de Canaán. ¹⁹ Estos tres fueron los hijos de Noé, y de ellos se pobló toda la tierra.

²⁰ Después comenzó Noé a labrar la tierra y plantó una viña. ²¹ Bebió el vino, se embriagó y se desnudó en medio de su tienda. ²² Cam, padre de Canaán, vio la desnudez de su padre y lo dijo a sus dos hermanos que estaban fuera. ²³ Entonces Sem y Jafet tomaron la ropa, la pusieron sobre sus propios hombros, y andando hacia atrás cubrieron la desnudez de su padre. Al tener vueltos sus rostros, no vieron la desnudez de su padre. ²⁴ Cuando despertó Noé de su embriaguez y supo lo que le había hecho su hijo más joven, ²⁵ dijo:

«¡Maldito sea Canaán!
¡Siervo de siervos será a sus
hermanos!»

²⁶ Y añadió:

«¡Bendiga Jehová, mi Dios, a Sem
y sea Canaán su siervo!
²⁷ ¡Engrandezca Dios a Jafet,

ᵃ **9.1** Gn 1.28. ᵇ **9.4** Lv 7.26-27; 17.10-14; 19.26; Dt 12.16,23; 15.23. ᶜ **9.6** Ex 20.13. ᵈ **9.6** Gn 1.27. ᵉ **9.7** Gn 1.28.

que habite en las tiendas de Sem y sea Canaán su siervo!»

²⁸ Después del diluvio, Noé vivió trescientos cincuenta años. ²⁹ Todos los días de Noé fueron novecientos cincuenta años, y murió.

Descendientes de los hijos de Noé [a]
(1 Cr 1.5-23)

10 ¹ Estos son los descendientes de los hijos de Noé: Sem, Cam y Jafet, a quienes nacieron hijos después del diluvio.

² Los hijos de Jafet: Gomer, Magog, Madai, Javán, Tubal, Mesec y Tiras. ³ Los hijos de Gomer: Askenaz, Rifat y Togarma. ⁴ Los hijos de Javán: Elisa, Tarsis, Quitim y Dodanim. ⁵ De estos se poblaron las costas, cada cual según su lengua, conforme a sus linajes y naciones.

⁶ Los hijos de Cam: Cus, Mizraim, Fut y Canaán.[b] ⁷ Los hijos de Cus: Seba, Havila, Sabta, Raama y Sabteca. Y los hijos de Raama: Seba y Dedán. ⁸ Cus engendró a Nimrod, quien llegó a ser el primer poderoso en la tierra. ⁹ Este fue vigoroso cazador delante de Jehová, por lo cual se dice: «Así como Nimrod, vigoroso cazador delante de Jehová». ¹⁰ Y fueron cabeceras de su reino Babel, Erec, Acad y Calne, ciudades en la tierra de Sinar. ¹¹ De esta tierra salió para Asiria,[c] y edificó Nínive, Rehobot, Cala ¹² y Resén entre Nínive y Cala, la cual es ciudad grande.

¹³ Mizraim engendró a Ludim, a Anamim, a Lehabim, a Naftuhim, ¹⁴ a Patrusim, a Casluhim, de donde salieron los filisteos, y a Caftorim.

¹⁵ Canaán engendró a Sidón, su primogénito, a Het, ¹⁶ al jebuseo, al amorreo, al gergeseo, ¹⁷ al heveo, al araceo, al sineo, ¹⁸ al arvadeo, al zemareo y al hamateo; y después se dispersaron las familias de los cananeos. ¹⁹ El territorio de los cananeos iba desde Sidón, en dirección a Gerar, hasta Gaza; y en dirección de Sodoma, Gomorra, Adma y Zeboim, hasta Lasa.[d] ²⁰ Estos son los hijos de Cam por sus familias, sus lenguas, territorios y naciones.

²¹ También le nacieron hijos a Sem, padre de todos los hijos de Heber, y hermano mayor de Jafet. ²² Los hijos de Sem fueron Elam, Asur, Arfaxad, Lud y Aram. ²³ Los hijos de Aram: Uz, Hul, Geter y Mas. ²⁴ Arfaxad engendró a Sala, y Sala engendró a Heber. ²⁵ A Heber le nacieron dos hijos: el primero tuvo por nombre Peleg, porque en sus días fue repartida la tierra; y su hermano se llamó Joctán.[e] ²⁶ Joctán engendró a Almodad, Selef, Hazar-mavet, Jera, ²⁷ Adoram, Uzal, Dicla, ²⁸ Obal, Abimael, Seba, ²⁹ Ofir, Havila y Jobab; todos estos fueron hijos de Joctán. ³⁰ Y la tierra en que habitaron iba desde Mesa, en dirección de Sefar, hasta la región montañosa del oriente.[f] ³¹ Estos fueron los hijos de Sem por sus familias, sus lenguas, sus territorios y naciones.

³² Estos son los linajes de los hijos de Noé según sus descendencias y naciones. De estos se esparcieron las naciones en la tierra después del diluvio.

La torre de Babel

11 ¹ Tenía entonces toda la tierra una sola lengua y unas mismas palabras. ² Aconteció que cuando salieron de oriente hallaron una llanura en la tierra de Sinar,[a] y se establecieron allí. ³ Un día se dijeron unos a otros: «Vamos, hagamos ladrillo y cozámoslo con fuego». Así el ladrillo les sirvió en lugar de piedra, y el asfalto en lugar de mezcla. ⁴ Después dijeron:

---

[a] **10.1-32** En este capítulo, los principales pueblos conocidos por los antiguos israelitas aparecen distribuidos en tres grandes grupos. El hecho de reunir a todos los pueblos en un árbol genealógico pone de relieve la unidad del género humano. [b] **10.6** *Cus, Mizraim, Fut* : Etiopía, Egipto y el territorio de la costa africana al sur del Mar Rojo. *Canaán* se menciona en este lugar porque estuvo mucho tiempo bajo el dominio de Egipto. [c] **10.11** La capital de *Asiria* , a partir del 705 a.C., fue Nínive. Cf. Jon 1.2; Nah 1—3. [d] **10.19** *Gerar* : Cf. Gn 20.1. *Gaza* : ciudad filistea, al sudeste de Palestina. *Sodoma, Gomorra, Adma y Zeboim* : al sudeste y sudoeste del Mar Muerto. [e] **10.25** Como *Peleg* significa, en hebreo, *división* , aquí hay un juego de palabras con el verbo *dividir*. Probablemente se establece una división entre los semitas del norte (*Peleg*) y los del sur (*Joctán*). [f] **10.26-30** Los nombres de los trece hijos de *Joctán* corresponden a tribus o lugares de Arabia. [a] **11.2** Nombre bíblico de la *llanura* comprendida entre los ríos Éufrates y Tigris, llamada Mesopotamia. Cf. Gn 10.10; 14.1.

«Vamos, edifiquémonos una ciudad y una torre cuya cúspide llegue al cielo; y hagámonos un nombre, por si fuéramos esparcidos sobre la faz de toda la tierra».

⁵ Jehová descendió para ver la ciudad y la torre que edificaban los hijos de los hombres. ⁶ Y dijo Jehová: «El pueblo es uno, y todos estos tienen un solo lenguaje; han comenzado la obra y nada los hará desistir ahora de lo que han pensado hacer. ⁷ Ahora, pues, descendamos y confundamos allí su lengua, para que ninguno entienda el habla de su compañero».

⁸ Así los esparció Jehová desde allí sobre la faz de toda la tierra, y dejaron de edificar la ciudad. ⁹ Por eso se la llamó Babel, porque allí confundió Jehová el lenguaje de toda la tierra, y desde allí los esparció sobre la faz de toda la tierra.ᵇ

Descendientes de Sem
(1 Cr 1.24-27)

¹⁰ Estos son los descendientes de Sem: Sem, de edad de cien años engendró a Arfaxad, dos años después del diluvio. ¹¹ Vivió Sem, después que engendró a Arfaxad, quinientos años, y engendró hijos e hijas.

¹² Arfaxad vivió treinta y cinco años, y engendró a Sala. ¹³ Vivió Arfaxad, después que engendró a Sala, cuatrocientos tres años, y engendró hijos e hijas.

¹⁴ Sala vivió treinta años, y engendró a Heber. ¹⁵ Vivió Sala, después que engendró a Heber, cuatrocientos tres años, y engendró hijos e hijas.

¹⁶ Heber vivió treinta y cuatro años, y engendró a Peleg. ¹⁷ Vivió Heber, después que engendró a Peleg, cuatrocientos treinta años, y engendró hijos e hijas.

¹⁸ Peleg vivió treinta años, y engendró a Reu. ¹⁹ Vivió Peleg, después que engendró a Reu, doscientos nueve años, y engendró hijos e hijas.

²⁰ Reu vivió treinta y dos años, y engendró a Serug. ²¹ Vivió Reu, después que engendró a Serug, doscientos siete años, y engendró hijos e hijas.

²² Serug vivió treinta años, y engendró a Nacor. ²³ Vivió Serug, después que engendró a Nacor, doscientos años, y engendró hijos e hijas.

²⁴ Nacor vivió veintinueve años, y engendró a Taré. ²⁵ Vivió Nacor, después que engendró a Taré, ciento diecinueve años, y engendró hijos e hijas.

²⁶ Taré vivió setenta años, y engendró a Abram, a Nacor y a Harán.

Descendientes de Taré

²⁷ Estos son los descendientes de Taré: Taré engendró a Abram, a Nacor y a Harán, y Harán engendró a Lot. ²⁸ Harán murió antes que su padre Taré en Ur de los caldeos, la tierra donde había nacido.ᶜ ²⁹ Abram y Nacor tomaron para sí mujeres; el nombre de la mujer de Abram era Sarai, y el nombre de la mujer de Nacor, Milca, hija de Harán, padre de Milca y de Isca. ³⁰ Pero Sarai era estéril y no tenía hijos.

³¹ Tomó Taré a su hijo Abram, y a Lot hijo de Harán, hijo de su hijo, y a Sarai, su nuera, mujer de su hijo Abram, y salió con ellos de Ur de los caldeos para ir a la tierra de Canaán. Pero cuando llegaron a Harán se quedaron allí. ³² Y fueron los días de Taré doscientos cinco años, y murió Taré en Harán.

Llamamiento de Abram

12 ¹ Jehová había dicho a Abram: «Vete de tu tierra, de tu parentela y de la casa de tu padre, a la tierra que te mostraré.ᵃ ² Haré de ti una nación grande, te bendeciré, engrandeceré tu nombre y serás bendición. ³ Bendeciré a los que te bendigan, y a los que te maldigan maldeciré; y serán benditas en ti todas las familias de la tierra».ᵇ

⁴ Se fue Abram, como Jehová le dijo, y con él marchó Lot. Tenía Abram setenta y cinco años de edad cuando salió de Harán. ⁵ Tomó, pues, Abram a Sarai, su mujer, y a Lot, hijo de su hermano, y todos los bienes que habían ganado y las personas que habían adquirido en Harán, y salieron para ir a tierra de Canaán.

ᵇ **11.9** Es decir, Babilonia. El relato bíblico asocia el nombre de esta ciudad, no sin ironía, con el verbo hebreo *balal* , que significa *confundir*. ᶜ **11.28** *Ur* , una de las ciudades más antiguas al sur de Mesopotamia, estaba ubicada en la desembocadura del Éufrates. ᵃ **12.1** Hch 7.2-3; Heb 11.8. ᵇ **12.3** Gn 18.18; 22.18; 26.4; 28.14; Hch 3.25; Gl 3.8.

Llegaron a Canaán, [6] y pasó Abram por aquella tierra hasta el lugar de Siquem,[c] donde está la encina de More. El cananeo vivía entonces en la tierra. [7] Y se apareció Jehová a Abram, y le dijo: «A tu descendencia[d] daré esta tierra». Y edificó allí un altar a Jehová, quien se le había aparecido. [8] De allí pasó a un monte al oriente de Bet-el, y plantó su tienda entre Bet-el[e] al occidente y Hai al oriente; edificó en ese lugar un altar a Jehová, e invocó el nombre de Jehová. [9] Luego Abram partió de allí, avanzando poco a poco hacia el Neguev.[f]

Abram en Egipto

[10] Hubo entonces hambre en la tierra; y descendió Abram a Egipto para vivir allí, porque era mucha el hambre en la tierra. [11] Y aconteció que cuando estaba próximo a entrar en Egipto, dijo a Sarai, su mujer: «Sé que eres mujer de hermoso aspecto; [12] en cuanto te vean los egipcios, dirán: "Es su mujer". Entonces me matarán a mí, y a ti te dejarán con vida. [13] Di, pues, que eres mi hermana, para que me vaya bien por causa tuya; así, gracias a ti, salvaré mi vida».[g]

[14] Aconteció que cuando entró Abram en Egipto, los egipcios vieron que la mujer era muy hermosa. [15] También la vieron los príncipes del faraón, quienes la alabaron delante de él; y fue llevada la mujer a casa del faraón. [16] Este trató bien por causa de ella a Abram, que tuvo ovejas, vacas, asnos, siervos, criadas, asnas y camellos.

[17] Pero Jehová hirió al faraón y a su casa con grandes plagas, por causa de Sarai, mujer de Abram. [18] Entonces el faraón llamó a Abram, y le dijo: «¿Qué es esto que has hecho conmigo? ¿Por qué no me declaraste que era tu mujer? [19] ¿Por qué dijiste: "Es mi hermana", poniéndome en ocasión de tomarla para mí por mujer? Ahora, pues, aquí está tu mujer; tómala y vete». [20] Y el faraón ordenó a su gente que escoltara a Abram y a su mujer, con todo lo que tenía.

Separación de Abram y Lot

13 [1] Subió, pues, Abram de Egipto hacia el Neguev, con su mujer y con todo lo que tenía, y con él iba Lot. [2] Abram era riquísimo en ganado, y en plata y oro. [3] Caminó de jornada en jornada desde el Neguev hasta Bet-el, hasta el lugar donde había estado antes su tienda, entre Bet-el y Hai, [4] al lugar del altar que antes había edificado; e invocó allí Abram el nombre de Jehová.

[5] También Lot, que iba con Abram, tenía ovejas, vacas y tiendas. [6] Y la tierra no era suficiente para que habitaran juntos, pues sus posesiones eran muchas y no podían habitar en un mismo lugar. [7] Hubo contienda entre los pastores del ganado de Abram y los pastores del ganado de Lot. (El cananeo y el ferezeo habitaban entonces en la tierra.) [8] Entonces Abram dijo a Lot: «No haya ahora altercado entre nosotros dos ni entre mis pastores y los tuyos, porque somos hermanos. [9] ¿No está toda la tierra delante de ti? Yo te ruego que te apartes de mí. Si vas a la mano izquierda, yo iré a la derecha; y si a la mano derecha, yo iré a la izquierda».

[10] Alzó Lot sus ojos y vio toda la llanura del Jordán, toda ella era de riego, como el huerto de Jehová,[a] como la tierra de Egipto en la dirección de Zoar, antes que Jehová destruyera Sodoma y Gomorra. [11] Entonces Lot escogió para sí toda la llanura del Jordán; se fue, pues, Lot hacia el oriente, y se apartaron el uno del otro. [12] Abram acampó en la tierra de Canaán, en tanto que Lot habitó en las ciudades de la llanura y fue poniendo sus tiendas hasta Sodoma. [13] Pero los habitantes de Sodoma eran malos y cometían horribles pecados contra Jehová.

[14] Jehová dijo a Abram, después que

---

[c] **12.6** Antigua ciudad de Palestina, situada entre los montes Ebal y Gerizim. Cf. Dt 11.29-30. Antes que los israelitas la conquistaran, había sido un importante centro político y religioso de los cananeos. [d] **12.7** Hch 7.5; Gl 3.16. [e] **12.8** Significa, en hebreo, *casa de Dios* (Gn 28.19). Era un antiguo centro religioso de los cananeos, situado a unos 15 km. al norte de Jerusalén. Allí se encontraba, en tiempos de la monarquía israelita, uno de los principales santuarios del reino del Norte (1 R 12.28-30; Am 7.13). [f] **12.9** Zona desértica que se extiende al sur de Palestina. [g] **12.13** Gn 20.2; 26.7. [a] **13.10** Gn 2.10.

Lot se apartó de él: «Alza ahora tus ojos y, desde el lugar donde estás, mira al norte y al sur, al oriente y al occidente. ¹⁵ Toda la tierra que ves te la daré a ti y a tu descendencia para siempre.^b ¹⁶ Haré tu descendencia como el polvo de la tierra: que si alguno puede contar el polvo de la tierra, también tu descendencia será contada. ¹⁷ Levántate y recorre la tierra a lo largo y a lo ancho, porque a ti te la daré».

¹⁸ Así pues, Abram levantó su tienda, se fue y habitó en el encinar de Mamre, que está en Hebrón,^c donde edificó un altar a Jehová.

Liberación de Lot

14 ¹ Aconteció en los días de Amrafel, rey de Sinar, Arioc, rey de Elasar, Quedorlaomer, rey de Elam, y Tidal, rey de Goim, ² que estos hicieron guerra contra Bera, rey de Sodoma, contra Birsa, rey de Gomorra, contra Sinab, rey de Adma, contra Semeber, rey de Zeboim, y contra el rey de Bela, la cual es Zoar.^a ³ Todos estos se juntaron en el valle del Sidim, que es el Mar Salado.^b ⁴ Doce años habían servido a Quedorlaomer, y en el decimotercero se rebelaron. ⁵ En el año decimocuarto vino Quedorlaomer con los reyes que estaban de su parte y derrotaron a los refaítas en Astarot Karnaim, a los zuzitas en Ham, a los emitas^c en Save-quiriataim ⁶ y a los horeos^d en los montes de Seir, hasta la llanura de Parán, que está junto al desierto. ⁷ Después regresaron y llegaron a En-mispat, que es Cades, y destruyeron todo el país de los amalecitas^e y también al amorreo que habitaba en Hazezon-tamar.

⁸ Entonces salieron el rey de Sodoma, el rey de Gomorra, el rey de Adma, el rey de Zeboim y el rey de Bela, que es Zoar, y pelearon contra ellos en el valle del Sidim;

⁹ esto es, contra Quedorlaomer, rey de Elam, Tidal, rey de Goim, Amrafel, rey de Sinar, y Arioc, rey de Elasar; cuatro reyes contra cinco.

¹⁰ El valle del Sidim^f estaba lleno de pozos de asfalto; y cuando huyeron el rey de Sodoma y el de Gomorra, cayeron allí; los demás huyeron al monte. ¹¹ Los vencedores tomaron toda la riqueza de Sodoma y de Gomorra, y todas sus provisiones, y se fueron. ¹² Tomaron también a Lot, hijo del hermano de Abram,^g que habitaba en Sodoma, y sus bienes, y se fueron. ¹³ Uno de los que escaparon fue y dio aviso a Abram, el hebreo, que habitaba en el encinar de Mamre, el amorreo, hermano de Escol y hermano de Aner, los cuales eran aliados de Abram.

¹⁴ Al oir Abram que su pariente estaba prisionero, armó a trescientos dieciocho criados nacidos en su casa, y los persiguió hasta Dan. ¹⁵ Cayó sobre ellos de noche, él con sus siervos, y los atacó, y los fue siguiendo hasta Hoba, al norte de Damasco. ¹⁶ Recobró así todos los bienes, y también a su pariente Lot, los bienes de este, las mujeres y demás gente.

Melquisedec bendice a Abram

¹⁷ Cuando volvía de derrotar a Quedorlaomer y a los reyes que con él estaban, salió el rey de Sodoma a recibirlo al valle de Save, que es el valle del Rey.^h ¹⁸ Entonces Melquisedec,ⁱ rey de Salem^j y sacerdote^k del Dios Altísimo, sacó pan y vino; ¹⁹ y lo bendijo, diciendo:

«Bendito sea Abram del Dios
    Altísimo,
creador de los cielos y de la tierra;
²⁰ y bendito sea el Dios Altísimo,
    que entregó a tus enemigos en tus
    manos».

^b **13.15** Hch 7.5.   ^c **13.18** Ciudad de los montes de Judá, a 36 km. al sur de Jerusalén.
^a **14.2** Las ciudades aquí mencionadas se hallaban al sur del Mar Muerto.   ^b **14.3** *Mar Salado* o *Mar Muerto* , llamado también *Mar de Arabá.*   ^c **14.5** Antiguos pobladores de las regiones al este del Jordán.   ^d **14.5-6** Habitantes de los montes de Seir, al sudeste de Canaán, donde más tarde se instalaron los edomitas (Dt 2.12).   ^e **14.7** Tribus nómadas de la península del Sinaí.
^f **14.10** Profunda depresión donde se encuentra el Mar Muerto, cuya superficie está a 392 m. por debajo del nivel del mar.   ^g **14.12** Gn 13.12; 19.1-29.   ^h **14.17** Valle cercano a la ciudad de Jerusalén. Cf. 2 S 18.18.   ⁱ **14.18** Heb 7.1-10.   ^j **14.18** Es decir, Jerusalén, la ciudad conquistada por David, que llegó a ser la capital de su reino.   ^k **14.18** *Melquisedec* era a la vez *rey* y *sacerdote* , como solían serlo los reyes y soberanos en el antiguo Oriente (cf. 2 S 6.13-14,18; 1 R 8.14-15,55).

Y le dio Abram los diezmos de todo.
²¹ Entonces el rey de Sodoma dijo a Abram:

—Dame las personas y toma para ti los bienes.

²² Respondió Abram al rey de Sodoma:

—He jurado a Jehová, Dios Altísimo, creador de los cielos y de la tierra, ²³ que ni un hilo ni una correa de calzado tomaré de todo lo que es tuyo, para que no digas: "Yo enriquecí a Abram"; ²⁴ excepto solamente lo que comieron los jóvenes. Pero los hombres que fueron conmigo, Aner, Escol y Mamre, sí tomarán su parte.

La promesa de un hijo

15 ¹ Después de estas cosas vino la palabra de Jehová a Abram en visión, diciendo:

—No temas, Abram, yo soy tu escudo, y tu recompensa será muy grande.

² Respondió Abram:

—Señor Jehová, ¿qué me darás, si no me has dado hijos y el mayordomo de mi casa es ese Eliezer, el damasceno?

³ Dijo también Abram:

—Como no me has dado prole, mi heredero será un esclavo nacido en mi casa.

⁴ Luego vino a él palabra de Jehová, diciendo:

—No te heredará este, sino que un hijo tuyo será el que te herede.

⁵ Entonces lo llevó fuera y le dijo:

—Mira ahora los cielos y cuenta las estrellas, si es que las puedes contar.

Y añadió:

—Así será tu descendencia.ᵃ

⁶ Abram creyó a Jehováᵇ y le fue contado por justicia. ⁷ Jehová le dijo:

—Yo soy Jehová, que te saqué de Ur de los caldeos para darte a heredar esta tierra.

⁸ Abram respondió:

—Señor Jehová, ¿en qué conoceré que la he de heredar?

⁹ Jehová le dijo:

—Tráeme una becerra de tres años, una cabra de tres años y un carnero de tres años; y una tórtola y un palomino.

¹⁰ Tomó Abram todos estos animales, los partió por la mitad y puso cada mitad enfrente de la otra; pero no partió las aves. ¹¹ Y descendían aves de rapiña sobre los cuerpos muertos, pero Abram las ahuyentaba. ¹² A la caída del sol cayó sobre Abram un profundo sopor, y el temor de una gran oscuridad cayó sobre él.

¹³ Entonces Jehová le dijo:

—Ten por cierto que tu descendencia habitará en tierra ajena, será esclava allí y será oprimida cuatrocientos años.ᶜ ¹⁴ Pero también a la nación a la cual servirán juzgaré yo; y después de esto saldrán con gran riqueza.ᵈ ¹⁵ Tú, en tanto, te reunirás en paz con tus padres y serás sepultado en buena vejez. ¹⁶ Y tus descendientes volverán acá en la cuarta generación, porque hasta entonces no habrá llegado a su colmo la maldad del amorreo.ᵉ

¹⁷ Cuando se puso el sol y todo estaba oscuro, apareció un horno humeante y una antorcha de fuego que pasaba por entre los animales divididos. ¹⁸ Aquel día hizo Jehová un pacto con Abram, diciendo:

—A tu descendencia daré esta tierra, desde el río de Egiptoᶠ hasta el río grande, el Éufrates: ¹⁹ la tierra de los ceneos, los cenezeos, los cadmoneos, ²⁰ los heteos, los ferezeos, los refaítas, ²¹ los amorreos, los cananeos, los gergeseos y los jebuseos.

Agar e Ismael

16 ¹ Sarai, mujer de Abram, no le daba hijos; pero tenía una sierva egipcia que se llamaba Agar. ² Dijo Sarai a Abram:

—Ya ves que Jehová me ha hecho estéril; te ruego, pues, que te llegues a mi sierva, y quizá tendré hijos de ella.

Atendió Abram el ruego de Sarai. ³ Así, al cabo de diez años de habitar Abram en Canaán, su mujer Sarai tomó a Agar, su sierva egipcia, y la dio por mujer a su marido Abram. ⁴ Él se llegó, pues, a Agar, la cual concibió; pero al ver que había concebido, miraba con desprecio a su señora. ⁵ Entonces Sarai dijo a Abram:

—¡Mi agravio sea sobre ti! Yo te di a mi

ᵃ **15.5** Ro 4.18; Heb 11.12.   ᵇ **15.6** Ro 4.3,9,22; Gl 3.6; Stg 2.23.   ᶜ **15.13** Ex 1.1-14; 12.40-41; Hch 7.6.   ᵈ **15.13-14** Ex 12.40-41; cf. Hch 7.6-7.   ᵉ **15.16** Designa aquí a los antiguos pobladores de Canaán, antes de la formación del pueblo de Israel. Cf. Ex 23.23-24; 34.11-16.   ᶠ **15.18** No el Nilo, sino el llamado también *arroyo de Egipto* (Jos 15.4), hoy el-Arish, al sudoeste de Palestina, cerca de la costa del Mediterráneo.

sierva por mujer, pero al verse encinta me mira con desprecio. ¡Juzgue Jehová entre tú y yo!

⁶ Respondió Abram a Sarai:

—Mira, tu sierva está en tus manos. Haz con ella lo que bien te parezca.

Y como Sarai la afligía, Agar huyó de su presencia.

⁷ La halló el Ángel de Jehová junto a una fuente de agua en el desierto, junto a la fuente que está en el camino de Shur. ⁸ Y le dijo:

—Agar, sierva de Sarai, ¿de dónde vienes y a dónde vas?

Ella respondió:

—Huyo de delante de Sarai, mi señora.

⁹ Le dijo el Ángel de Jehová:

—Vuélvete a tu señora y ponte sumisa bajo su mano.

¹⁰ Le dijo también el Ángel de Jehová:

—Multiplicaré tanto tu
　descendencia,
que por ser tanta no podrá ser
　contada.

¹¹ Y añadió el Ángel de Jehová:

—Has concebido y darás a luz un
　hijo,
y le pondrás por nombre Ismael*a*
porque Jehová ha oído tu aflicción.
¹² Será un hombre fiero,
su mano se levantará contra todos
y la mano de todos contra él;
y habitará delante de todos sus
　hermanos.

¹³ Entonces dio Agar a Jehová, que hablaba con ella, el nombre de: «Tú eres el Dios que me ve», porque dijo: «¿Acaso no he visto aquí al que me ve?». ¹⁴ Por lo cual llamó al pozo: «Pozo del Viviente-que-me-ve». Este pozo está entre Cades y Bered.

¹⁵ Agar dio a luz un hijo a Abram, y Abram puso por nombre Ismael al hijo que le dio Agar. ¹⁶ Abram tenía ochenta y seis años de edad cuando Agar dio a luz a Ismael.

La circuncisión, señal del pacto

17 ¹ Abram tenía noventa y nueve años de edad cuando se le apareció Jehová y le dijo:

—Yo soy el Dios Todopoderoso. Anda delante de mí y sé perfecto. ² Yo haré un pacto contigo y te multiplicaré en gran manera.

³ Entonces Abram se postró sobre su rostro, y Dios habló con él, diciendo:

⁴ —Este es mi pacto contigo: serás padre de muchedumbre de gentes. ⁵ No te llamarás más Abram, sino que tu nombre*a* será Abraham, porque te he puesto por padre de muchedumbre de gentes.*b* ⁶ Te multiplicaré en gran manera, y de ti saldrán naciones y reyes. ⁷ Estableceré un pacto contigo y con tu descendencia después de ti, de generación en generación: un pacto perpetuo, para ser tu Dios y el de tu descendencia después de ti.*c* ⁸ Te daré a ti y a tu descendencia después de ti la tierra en que habitas, toda la tierra de Canaán, en heredad perpetua; y seré el Dios de ellos.

⁹ Dijo de nuevo Dios a Abraham:

—En cuanto a ti, guardarás mi pacto, tú y tu descendencia después de ti de generación en generación. ¹⁰ Este es mi pacto, que guardaréis entre mí y vosotros y tu descendencia después de ti: Todo varón de entre vosotros será circuncidado.*d* ¹¹ Circuncidaréis la carne de vuestro prepucio, y será por señal del pacto entre mí y vosotros. ¹² A los ocho días de edad será circuncidado todo varón entre vosotros, de generación en generación, tanto el nacido en casa como el comprado por dinero a cualquier extranjero que no sea de tu linaje. ¹³ Debe ser circuncidado el nacido en tu casa y el comprado por tu dinero, de modo que mi pacto esté en vuestra carne por pacto perpetuo. ¹⁴ El incircunciso, aquel a quien no se le haya cortado la carne del prepucio, será eliminado de su pueblo por haber violado mi pacto.

¹⁵ Dijo también Dios a Abraham:

—A Sarai,*e* tu mujer, no la llamarás Sarai, sino que su nombre será Sara. ¹⁶ Yo la

---

a **16.11** Esto es, *Dios oye* o *Que Dios oiga.*　　*a* **17.5** Ro 4.17-18.　　*b* **17.5** Abram: Es decir, *Padre enaltecido* ; y *Abraham,* entendido aquí, *padre de muchedumbre de gentes.*　　*c* **17.7** Lc 1.55.
d **17.10-14** Hch 7.8; Ro 4.11.　　*e* **17.15** Esto es, *Princesa.* El cambio de nombre simboliza la nueva situación en la que ella se encuentra a causa de la promesa de Dios (cf. v. 5).

bendeciré, y también te daré un hijo de ella. Sí, la bendeciré y vendrá a ser madre de naciones; reyes de pueblos nacerán de ella. [17]Entonces Abraham se postró sobre su rostro, y se rió y dijo en su corazón: «¿A un hombre de cien años habrá de nacerle un hijo? ¿Y Sara, ya de noventa años, habrá de concebir?». [18]Y dijo Abraham a Dios:

—Ojalá viva Ismael delante de ti.

[19]Respondió Dios:

—Ciertamente Sara, tu mujer, te dará a luz un hijo y le pondrás por nombre Isaac.[f] Confirmaré mi pacto con él como pacto perpetuo para sus descendientes después de él. [20]Y en cuanto a Ismael, también te he oído. Lo bendeciré, lo haré fructificar y multiplicar mucho en gran manera, engendrará doce príncipes y haré de él una gran nación. [21]Pero yo estableceré mi pacto con Isaac, el que Sara te dará a luz el año que viene por este tiempo. [22]Acabó Dios de hablar con Abraham, y se alejó de él.

[23]Entonces tomó Abraham a su hijo Ismael, a todos los siervos nacidos en su casa y a todos los comprados por su dinero, a todo varón de la casa de Abraham, y circuncidó la carne del prepucio de ellos en aquel mismo día, como Dios le había dicho. [24]Tenía Abraham noventa y nueve años de edad cuando circuncidó la carne de su prepucio. [25]E Ismael, su hijo, tenía trece años cuando fue circuncidada la carne de su prepucio. [26]En el mismo día fueron circuncidados Abraham y su hijo Ismael; [27]todos los varones de su casa, tanto el siervo nacido en casa como el comprado del extranjero por dinero, fueron circuncidados con él.

Promesa del nacimiento de Isaac

18 [1]Jehová se le apareció a Abraham en el encinar de Mamre, estando él sentado a la puerta de su tienda, a la hora de más calor. [2]Alzó los ojos y vio a tres varones que estaban junto a él. Al verlos salió corriendo de la puerta de su tienda a recibirlos, se postró en tierra [3]y dijo:

—Señor, si he hallado gracia en tus ojos, te ruego que no pases de largo junto a tu siervo. [4]Haré traer ahora un poco de agua para que lavéis vuestros pies, y luego os recostaréis debajo de un árbol. [5]Traeré también un bocado de pan para que repongáis vuestras fuerzas antes de seguir, pues por eso habéis pasado cerca de vuestro siervo.

Ellos dijeron:

—Haz como has dicho.

[6]Entonces Abraham fue de prisa a la tienda donde estaba Sara, y le dijo:

—Toma enseguida tres medidas de flor de harina, amásala y haz panes cocidos debajo del rescoldo.

[7]Corrió luego Abraham a donde estaban las vacas, tomó un becerro tierno y bueno, lo dio al criado y este se dio prisa a prepararlo. [8]Después tomó mantequilla y leche, y el becerro que había preparado, y lo puso delante de ellos. Él se quedó con ellos debajo del árbol, y comieron.

[9]Después le preguntaron:

—¿Dónde está Sara, tu mujer?

Él respondió:

—Aquí, en la tienda.

[10]Entonces dijo:

—De cierto volveré a ti el próximo año, y para entonces Sara, tu mujer, tendrá un hijo.

Sara escuchaba a la puerta de la tienda, que estaba detrás de él. [11]Abraham y Sara eran viejos, de edad avanzada, y a Sara ya le había cesado el período de las mujeres. [12]Y se rió Sara para sus adentros, pensando: «¿Después que he envejecido tendré deleite, siendo también mi señor[a] ya viejo?». [13]Entonces Jehová dijo a Abraham:

—¿Por qué se ha reído Sara diciendo: "Será cierto que he de dar a luz siendo ya vieja"? [14]¿Acaso hay alguna cosa difícil para Dios? Al tiempo señalado volveré a ti, y para entonces Sara tendrá un hijo.[b]

[15]Entonces Sara tuvo miedo y negó, diciendo:

—No me reí.

Y él dijo:

—No es así, sino que te has reído.

---

[f] **17.19** Esto es, *Risa*.   [a] **18.12** 1 P 3.6.   [b] **18.14** Jer 32.17,27; Lc 1.37; Ro 9.9.

Abraham intercede por Sodoma

¹⁶ Los varones se levantaron de allí y miraron hacia Sodoma, y Abraham iba con ellos, acompañándolos. ¹⁷ Jehová dijo: «¿Encubriré yo a Abraham lo que voy a hacer, ¹⁸ habiendo de ser Abraham una nación grande y fuerte y habiendo de ser benditas en él todas las naciones de la tierra?, ¹⁹ pues yo sé que mandará a sus hijos, y a su casa después de sí, que guarden el camino de Jehová haciendo justicia y juicio, para que haga venir Jehová sobre Abraham lo que ha hablado acerca de él». ²⁰ Entonces Jehová le dijo:

—Por cuanto el clamor contra Sodoma y Gomorra aumenta más y más y su pecado se ha agravado en extremo, ²¹ descenderé ahora y veré si han consumado su obra según el clamor que ha llegado hasta mí; y si no, lo sabré.

²² Se apartaron de allí los varones y fueron hacia Sodoma; pero Abraham permaneció delante de Jehová. ²³ Se acercó Abraham y le dijo:

—¿Destruirás también al justo con el impío? ²⁴ Quizá haya cincuenta justos dentro de la ciudad: ¿destruirás y no perdonarás a aquel lugar por amor a los cincuenta justos que estén dentro de él? ²⁵ Lejos de ti el hacerlo así, que hagas morir al justo con el impío y que el justo sea tratado como el impío. ¡Nunca tal hagas! El Juez de toda la tierra, ¿no ha de hacer lo que es justo?

²⁶ Entonces respondió Jehová:

—Si encuentro en Sodoma cincuenta justos dentro de la ciudad, perdonaré a todo este lugar por amor a ellos.

²⁷ Abraham replicó y dijo:

—Te ruego, mi Señor, que me escuches, aunque soy polvo y ceniza. ²⁸ Quizá falten de cincuenta justos cinco: ¿destruirás por aquellos cinco toda la ciudad?

Jehová respondió:

—No la destruiré, si encuentro allí cuarenta y cinco.

²⁹ Volvió a hablarle Abraham:

—Quizá se encuentren allí cuarenta.

—No lo haré, por amor a los cuarenta —dijo Jehová.

³⁰ Abraham volvió a suplicar:

—No se enoje ahora mi Señor si le digo: quizá se encuentren allí treinta.

—No lo haré si encuentro allí treinta —respondió Jehová.

³¹ Abraham insistió:

—Soy muy atrevido al hablar así a mi Señor, pero quizá se encuentren allí veinte.

—No la destruiré —respondió—, por amor a los veinte.

³² Volvió Abraham a decir:

—No se enoje ahora mi Señor; solo hablaré esta vez: quizá se encuentren allí diez.

—No la destruiré —respondió Jehová—, por amor a los diez.

³³ Luego que acabó de hablar a Abraham, Jehová se fue y Abraham volvió a su lugar.

Destrucción de Sodoma y Gomorra

19 ¹ Llegaron, pues, los dos ángeles a Sodoma a la caída de la tarde; y Lot estaba sentado a la puerta de Sodoma. Al verlos, Lot se levantó a recibirlos, se inclinó hacia el suelo ² y les dijo:

—Ahora, mis señores, os ruego que vengáis a casa de vuestro siervo para alojaros y lavar vuestros pies. Por la mañana os levantaréis y seguiréis vuestro camino.

Ellos respondieron:

—No, esta noche nos quedaremos en la calle.

³ Pero Lot porfió tanto con ellos que fueron con él y entraron en su casa. Allí les hizo banquete, coció panes sin levadura y comieron.

⁴ Pero, antes que se acostaran, rodearon la casa los hombres de la ciudad, los varones de Sodoma, todo el pueblo, desde el más joven hasta el más viejo. ⁵ Y llamaron a Lot, gritando:

—¿Dónde están los hombres que vinieron a ti esta noche? Sácalos, para que los conozcamos.

⁶ Entonces Lot salió a ellos a la puerta, cerró la puerta tras sí ⁷ y dijo:

—Os ruego, hermanos míos, que no hagáis tal maldad. ⁸ Mirad, yo tengo dos hijas que no han conocido varón; os las traeré y podréis hacer con ellas lo que bien os parezca; solamente que a estos varones no les hagáis nada, ya que han venido al amparo de mi tejado.

⁹ Ellos respondieron:

—¡Quítate de ahí!

Y añadieron:

—Vino este extraño para habitar entre nosotros, ¿y habrá de erigirse en juez? Ahora te trataremos peor que a ellos.

Enseguida comenzaron a forcejear con Lot, y se acercaron para romper la puerta. ¹⁰ Pero los huéspedes alargaron la mano, metieron a Lot en la casa con ellos y cerraron la puerta. ¹¹ Y a los hombres que estaban a la puerta de la casa los hirieron con ceguera, desde el menor hasta el mayor, de manera que se fatigaban buscando la puerta.

¹² Después dijeron los huéspedes a Lot:

—¿Tienes aquí alguno más? Saca de este lugar a tus yernos, hijos e hijas, y todo lo que tienes en la ciudad, ¹³ porque vamos a destruir este lugar, por cuanto el clamor contra la gente de esta ciudad ha subido de punto delante de Jehová. Por tanto, Jehová nos ha enviado a destruirla.

¹⁴ Entonces salió Lot y habló a sus yernos, los que habían de tomar sus hijas, y les dijo:

—¡Levantaos, salid de este lugar, porque Jehová va a destruir esta ciudad!

Pero sus yernos pensaron que bromeaba. ¹⁵ Y al rayar el alba los ángeles daban prisa a Lot, diciendo:

—Levántate, toma a tu mujer y a tus dos hijas que se hallan aquí, para que no perezcas en el castigo de la ciudad.

¹⁶ Como él se demoraba, los varones los asieron de la mano, a él, a su mujer y a sus dos hijas, según la misericordia de Jehová para con él; lo sacaron y lo pusieron fuera de la ciudad.ᵃ ¹⁷ Cuando ya estaban fuera, le dijeron:

—Escapa por tu vida; no mires atrás ni te detengas en ningún lugar de esta llanura; escapa al monte, no sea que perezcas.

¹⁸ Pero Lot les dijo:

—No, yo os ruego, señores míos. ¹⁹ Vuestro siervo ha hallado gracia en vuestros ojos y habéis tenido mucha misericordia conmigo al salvarme la vida, pero no podré escapar al monte, no sea que me alcance el mal y muera. ²⁰ Cerca de aquí hay una pequeña ciudad, a la cual puedo huir.

Dejadme ir allá (¿no es en verdad pequeña?) y salvaré mi vida.

²¹ Uno de ellos le respondió:

—También he escuchado tu súplica sobre esto, y no destruiré la ciudad de que has hablado. ²² Date prisa y escápate allá, porque nada podré hacer hasta que hayas llegado.

Por eso fue llamado Zoar el nombre de la ciudad.ᵇ

²³ El sol salía sobre la tierra cuando Lot llegó a Zoar. ²⁴ Entonces Jehová hizo llover desde los cielos azufre y fuego sobre Sodoma y sobre Gomorra; ²⁵ y destruyó las ciudades y toda aquella llanura, con todos los habitantes de aquellas ciudades y el fruto de la tierra.ᶜ ²⁶ Entonces la mujer de Lot miró atrás, a espaldas de él, y se volvió estatua de sal.ᵈ

²⁷ Subió Abraham por la mañana al lugar donde había estado delante de Jehová. ²⁸ Miró hacia Sodoma y Gomorra, y hacia toda la tierra de aquella llanura, y vio que el humo subía de la tierra como el humo de un horno. ²⁹ Así, cuando Dios destruyó las ciudades de la llanura, se acordó de Abraham, y sacó a Lot de en medio de la destrucción con que asoló las ciudades donde Lot estaba.

³⁰ Pero Lot subió de Zoar y habitó en el monte, junto a sus dos hijas, porque tuvo miedo de quedarse en Zoar. Él y sus dos hijas habitaron en una cueva. ³¹ Entonces la mayor dijo a la menor:

—Nuestro padre es viejo y no queda hombre en la tierra que se una a nosotras, conforme a la costumbre de toda la tierra. ³² Ven, demos a beber vino a nuestro padre; durmamos con él, y conservaremos de nuestro padre descendencia.

³³ Dieron a beber vino a su padre aquella noche, y entró la mayor y durmió con su padre; pero él no sintió cuándo se acostó ella ni cuándo se levantó. ³⁴ Al día siguiente dijo la mayor a la menor:

—Yo dormí la noche pasada con mi padre; démosle a beber vino también esta noche, y entra tú y duerme con él, para que conservemos de nuestro padre descendencia.

³⁵ Dieron, pues, a beber vino a su padre

ᵃ **19.16** 2 P 2.7.   ᵇ **19.22** Es decir, *Pequeña*.   ᶜ **19.25** Mt 10.15; 11.23-24; Lc 10.12; 17.29; 2 P 2.6; Jud 7.   ᵈ **19.26** Lc 7.32.

también aquella noche, y se levantó la menor y durmió con él; pero él no echó de ver cuándo se acostó ella ni cuándo se levantó. ³⁶ Las dos hijas de Lot concibieron de su padre. ³⁷ La mayor dio a luz un hijo, y le puso por nombre Moab, el cual es padre de los actuales moabitas. ³⁸ La menor también dio a luz un hijo, y llamó su nombre Ben-ammi, el cual es padre de los actuales amonitas.

Abraham y Abimelec[a]

20 ¹ Del lugar donde estaba partió Abraham a la tierra del Neguev, acampó entre Cades y Shur, y habitó como forastero en Gerar. ² Allí Abraham decía de Sara, su mujer: «Es mi hermana».

Entonces Abimelec, rey de Gerar, envió por Sara y la tomó. ³ Pero Dios vino a Abimelec en sueños, de noche, y le dijo: «Vas a morir a causa de la mujer que has tomado, la cual es casada y tiene marido».

⁴ Pero como Abimelec no se había llegado a ella, le respondió: «Señor, ¿matarás también al inocente? ⁵ ¿No me dijo él: "Mi hermana es", y ella también dijo: "Es mi hermano"? Con sencillez de mi corazón y con limpieza de mis manos he hecho esto».

⁶ Le dijo Dios en sueños: «Yo también sé que con integridad de tu corazón has hecho esto. Y también yo te detuve de pecar contra mí; por eso no permití que la tocaras. ⁷ Ahora, pues, devuelve la mujer a su marido, porque es profeta y orará por ti para que vivas. Pero si no la devuelves, debes saber que de cierto morirás tú, y todos los tuyos».

⁸ A la mañana siguiente se levantó Abimelec y llamó a todos sus siervos. Contó todas estas cosas a oídos de ellos, y los hombres sintieron mucho temor. ⁹ Después llamó Abimelec a Abraham y le dijo:

—¿Qué nos has hecho? ¿En qué pequé yo contra ti, que has atraído sobre mí y sobre mi reino tan gran pecado? Lo que no debiste hacer, has hecho conmigo.

¹⁰ Dijo también Abimelec a Abraham:

—¿Qué pensabas al hacer esto?

¹¹ Abraham respondió:

—Dije para mí: "Ciertamente no hay temor de Dios en este lugar, y me matarán por causa de mi mujer". ¹² Pero ella a la verdad es también mi hermana, hija de mi padre aunque no hija de mi madre, y la tomé por mujer. ¹³ Cuando Dios me hizo salir errante de la casa de mi padre, yo le dije: "Te pido este favor: En todos los lugares adonde lleguemos, dirás de mí: 'Es mi hermano' ".

¹⁴ Entonces Abimelec tomó ovejas y vacas, siervos y siervas, se los dio a Abraham y le devolvió a Sara, su mujer. ¹⁵ Y dijo Abimelec:

—Mi tierra está delante de ti; habita donde bien te parezca.

¹⁶ Y a Sara dijo:

—He dado mil monedas de plata a tu hermano; mira que él es para ti como un velo ante los ojos de todos los que están contigo, y así quedarás justificada.

¹⁷ Entonces Abraham oró a Dios, y Dios sanó a Abimelec, a su mujer y a sus siervas, las cuales tuvieron hijos, ¹⁸ porque Jehová, a causa de Sara, mujer de Abraham, había cerrado completamente toda matriz de la casa de Abimelec.

Nacimiento de Isaac

21 ¹ Visitó Jehová a Sara, como había dicho, e hizo Jehová con Sara como le había prometido. ² Sara concibió y dio a Abraham un hijo en su vejez,[a] en el plazo que Dios le había dicho. ³ Al hijo que le nació, y que dio a luz Sara, Abraham le puso por nombre Isaac. ⁴ Circuncidó Abraham a su hijo Isaac a los ocho días,[b] como Dios había mandado. ⁵ Tenía Abraham cien años cuando nació su hijo Isaac. ⁶ Entonces dijo Sara: «Dios me ha hecho reir, y cualquiera que lo oiga se reirá conmigo». ⁷ Y añadió: «¿Quién le hubiera dicho a Abraham que Sara había de amamantar hijos? Pues le he dado un hijo en su vejez».

Agar e Ismael expulsados de la casa de Abraham

⁸ El niño creció y fue destetado, y ofreció Abraham un gran banquete el día que fue destetado Isaac. ⁹ Pero Sara vio que el hijo de Agar, la egipcia, el cual esta le

---

a **20.1-18** Gn 12.10-20. Cf. Gn 26.6-11.   *a* **21.2** Heb 11.11.   *b* **21.4** Gn 17.12; Hch 7.8.

había dado a luz a Abraham, se burlaba de su hijo Isaac. [10] Por eso dijo a Abraham: «Echa a esta sierva y a su hijo, porque el hijo de esta sierva no ha de heredar con Isaac, mi hijo».[c] [11] Estas palabras le parecieron muy graves a Abraham, por tratarse de su hijo. [12] Entonces dijo Dios a Abraham: «No te preocupes por el muchacho ni por tu sierva. Escucha todo cuanto te diga Sara, porque en Isaac te será llamada descendencia.[d] [13] También del hijo de la sierva haré una nación, porque es tu descendiente».

[14] Al día siguiente, Abraham se levantó muy de mañana, tomó pan y un odre de agua y se lo dio a Agar. Lo puso sobre su hombro, le entregó el muchacho y la despidió. Ella salió y anduvo errante por el desierto de Beerseba.[e] [15] Cuando le faltó el agua del odre, puso al muchacho debajo de un arbusto, [16] se fue y se sentó enfrente, a distancia de un tiro de arco, porque decía: «No veré cuando el muchacho muera». Cuando ella se sentó enfrente, el muchacho alzó la voz y lloró.

[17] Oyó Dios la voz del muchacho, y el ángel de Dios llamó a Agar desde el cielo y le dijo: «¿Qué tienes, Agar? No temas, porque Dios ha oído la voz del muchacho ahí donde está. [18] Levántate, toma al muchacho y tenlo de la mano, porque yo haré de él una gran nación». [19] Entonces Dios le abrió los ojos, y vio una fuente de agua. Fue Agar, llenó de agua el odre y dio de beber al muchacho. [20] Dios asistió al muchacho, el cual creció, habitó en el desierto y fue tirador de arco. [21] Vivió en el desierto de Parán,[f] y su madre tomó para él mujer de la tierra de Egipto.

Pacto entre Abraham y Abimelec

[22] Aconteció en aquel mismo tiempo que Abimelec y Ficol, jefe de su ejército, le dijeron a Abraham:

—Dios está contigo en todo cuanto haces. [23] Ahora, pues, júrame aquí, por Dios, que no nos harás mal a mí ni a mi hijo ni a mi nieto, sino que, conforme a la bondad que yo tuve contigo, harás tú conmigo y con la tierra en la que ahora habitas.

[24] Y respondió Abraham:

—Lo juro.

[25] Pero Abraham reconvino a Abimelec a causa de un pozo de agua que los siervos de Abimelec le habían quitado. [26] Abimelec respondió:

—No sé quién haya hecho esto, ni tampoco tú me lo hiciste saber ni yo lo había oído hasta hoy.

[27] Entonces tomó Abraham ovejas y vacas y se las dio a Abimelec, e hicieron ambos un pacto. [28] Pero Abraham puso aparte siete corderas del rebaño, [29] por lo que Abimelec le preguntó:

—¿Qué significan esas siete corderas que has puesto aparte?

[30] Abraham respondió:

—Que estas siete corderas recibirás de mi mano, para que me sirvan de testimonio de que yo cavé este pozo.

[31] Por esto llamó a aquel lugar Beerseba,[g] porque allí juraron ambos. [32] Hicieron, pues, pacto en Beerseba. Luego se levantaron Abimelec y Ficol, jefe de su ejército, y volvieron a tierra de los filisteos. [33] Plantó Abraham un tamarisco en Beerseba, e invocó allí el nombre de Jehová, Dios eterno. [34] Y habitó Abraham muchos días en tierra de los filisteos.

Dios ordena a Abraham que sacrifique a Isaac

22 [1] Aconteció después de estas cosas, que Dios probó a Abraham. Le dijo:

—Abraham.

Este respondió:

—Aquí estoy.

[2] Y Dios le dijo:

—Toma ahora a tu hijo, tu único, Isaac, a quien amas, vete a tierra de Moriah y ofrécelo allí en holocausto sobre uno de los montes que yo te diré.

[3] Abraham se levantó muy de mañana,

---

[c] **21.10** Gl 4.29-30.   [d] **21.12** Ro 9.7; Heb 11.18.   [e] **21.14** Ciudad situada al sur de Palestina, al borde del desierto del Neguev. La expresión *desde Dan hasta Beerseba* designa frecuentemente en el AT la totalidad del territorio israelita, de norte a sur. Cf. Jue 20.1; 1S 3.20; 2 S 3.10; 1 R 4.15.   [f] **21.21** Región semidesértica al sur de Canaán, colindante con el desierto del Sinaí propiamente dicho. Cf. Nm 10.12; 1 R 11.18.   [g] **21.31** Es decir, *Pozo del juramento* o *Pozo de los siete*. Cf. Gn 26.31-33.

ensilló su asno, tomó consigo a dos de sus siervos y a Isaac, su hijo. Después cortó leña para el holocausto, se levantó y fue al lugar que Dios le había dicho. ⁴ Al tercer día alzó Abraham sus ojos y vio de lejos el lugar. ⁵ Entonces dijo Abraham a sus siervos:

—Esperad aquí con el asno. Yo y el muchacho iremos hasta allá, adoraremos y volveremos a vosotros.

⁶ Tomó Abraham la leña del holocausto y la puso sobre Isaac, su hijo; luego tomó en su mano el fuego y el cuchillo y se fueron los dos juntos. ⁷ Después dijo Isaac a Abraham, su padre:

—Padre mío.

Él respondió:

—Aquí estoy, hijo mío.

Isaac le dijo:

—Tenemos el fuego y la leña, pero ¿dónde está el cordero para el holocausto?

⁸ Abraham respondió:

—Dios proveerá el cordero para el holocausto, hijo mío.

E iban juntos.

⁹ Cuando llegaron al lugar que Dios le había dicho, edificó allí Abraham un altar, compuso la leña, ató a Isaac, su hijo, y lo puso en el altar sobre la leña. ¹⁰ Extendió luego Abraham su mano y tomó el cuchillo para degollar a su hijo. ¹¹ Entonces el ángel de Jehová lo llamó desde el cielo:

—¡Abraham, Abraham!

Él respondió:

—Aquí estoy.

¹² El ángel le dijo:

—No extiendas tu mano sobre el muchacho ni le hagas nada, pues ya sé que temes a Dios, por cuanto no me rehusaste a tu hijo, tu único hijo.

¹³ Entonces alzó Abraham sus ojos y vio a sus espaldas un carnero trabado por los cuernos en un zarzal; fue Abraham, tomó el carnero y lo ofreció en holocausto en lugar de su hijo. ¹⁴ Y llamó Abraham a aquel lugar «Jehová proveerá». Por tanto se dice hoy: «En el monte de Jehová será provisto».[a]

¹⁵ Llamó el ángel de Jehová a Abraham por segunda vez desde el cielo, ¹⁶ y le dijo:

—Por mí mismo he jurado, dice Jehová, que por cuanto has hecho esto y no me has rehusado a tu hijo, tu único hijo, ¹⁷ de cierto te bendeciré y multiplicaré tu descendencia como las estrellas del cielo y como la arena que está a la orilla del mar;[b] tu descendencia se adueñará de las puertas de sus enemigos. ¹⁸ En tu simiente serán benditas todas las naciones de la tierra, por cuanto obedeciste a mi voz.

¹⁹ Regresó Abraham adonde estaban sus siervos, y juntos se levantaron y se fueron a Beerseba. Y habitó Abraham en Beerseba.

²⁰ Después de estas cosas se anunció a Abraham: «Milca ha dado a luz hijos a tu hermano Nacor: ²¹ Uz, el primogénito; Buz, su hermano; Kemuel, padre de Aram; ²² Quesed, Hazo, Pildas, Jidlaf y Betuel». ²³ Betuel fue el padre de Rebeca. Estos son los ocho hijos que Milca dio a luz de Nacor, hermano de Abraham.

²⁴ Y su concubina, que se llamaba Reúma, dio a luz también a Teba, a Gaham, a Tahas y a Maaca.

Muerte y sepultura de Sara

23 ¹ Fueron ciento veintisiete los años de la vida de Sara; tantos fueron los años de la vida de Sara. ² Sara murió en Quiriat-arba (que es Hebrón), en la tierra de Canaán; y vino Abraham a hacer duelo por Sara y a llorarla. ³ Luego se levantó Abraham de delante de su muerta y habló a los hijos de Het, diciendo:

⁴ —Extranjero y forastero soy entre vosotros;[a] dadme en propiedad una sepultura entre vosotros para llevarme a mi muerta y sepultarla.[b]

⁵ Respondieron los hijos de Het a Abraham, diciendo:

⁶ —Óyenos, señor nuestro. Tú eres un príncipe de Dios entre nosotros; sepulta a tu muerta en lo mejor de nuestros sepulcros, pues ninguno de nosotros te negará su sepulcro ni te impedirá que entierres a tu muerta.

ᵃ **22.14** En hebreo, la frase traducida por *Jehová proveerá* y el nombre del monte Moriah tienen un sonido semejante.   ᵇ **22.15-17** Heb 6.13-14; 11.12.   ᵃ **23.4** Heb 11.9,13   ᵇ **23.4** Gn 49.29-32; 1 R 13.22; Hch 7.16.

⁷ Abraham se levantó, se inclinó ante el pueblo de aquella tierra, los hijos de Het, ⁸ y habló con ellos, diciendo:

—Si en verdad queréis que yo me lleve y sepulte a mi muerta, oídme e interceded por mí ante Efrón hijo de Zohar, ⁹ para que me dé la cueva de Macpela, que tiene al extremo de su heredad; que me la dé por su justo precio y así poseeré una sepultura en medio de vosotros.

¹⁰ Como Efrón, el heteo, estaba entre los hijos de Het, respondió a Abraham en presencia de los hijos de Het y de todos los que entraban por la puerta de su ciudad:

¹¹ —No, señor mío, óyeme: te doy la heredad y te doy también la cueva que está en ella. En presencia de los hijos de mi pueblo te la doy; sepulta a tu muerta.

¹² Entonces Abraham se inclinó delante del pueblo de la tierra ¹³ y respondió a Efrón en presencia del pueblo del lugar, diciendo:

—Antes, si te place, te ruego que me oigas. Yo pagaré el precio de la heredad; acéptalo y sepultaré en ella a mi muerta.

¹⁴ Respondió Efrón a Abraham:

¹⁵ —Señor mío, escúchame: la tierra vale cuatrocientos siclos de plata, pero ¿qué es esto entre tú y yo? Entierra, pues, a tu muerta.

¹⁶ Entonces Abraham aceptó la oferta de Efrón y, en presencia de los hijos de Het, pesó a Efrón el dinero que este le había pedido, cuatrocientos siclos de plata de buena ley entre mercaderes. ¹⁷ Así, pues, la heredad de Efrón que estaba en Macpela, al oriente de Mamre, la heredad, con la cueva que había en ella y con todos los árboles que había en la heredad y en todos sus contornos, ¹⁸ quedó como propiedad de Abraham, en presencia de los hijos de Het y de todos los que entraban por la puerta de la ciudad.

¹⁹ Después de esto, Abraham sepultó a Sara, su mujer, en la cueva de la heredad de Macpela, al oriente de Mamre (que es Hebrón), en la tierra de Canaán.ᶜ ²⁰ Y la heredad, con la cueva que en ella había, quedó en manos de Abraham como una posesión para sepultura, recibida de los hijos de Het.

Abraham busca esposa para Isaac

24 ¹ Ya Abraham era viejo, bien avanzado en años; y Jehová había bendecido en todo a Abraham. ² Dijo Abraham a un criado suyo, el más viejo de su casa, quien gobernaba todo lo que él tenía:

—Pon ahora tu mano debajo de mi muslo ³ y júrame por Jehová, Dios de los cielos y Dios de la tierra, que no tomarás para mi hijo mujer de las hijas de los cananeos, entre los cuales yo habito, ⁴ sino que irás a mi tierra y a mi parentela a tomar mujer para mi hijo Isaac.

⁵ El criado le respondió:

—Quizá la mujer no quiera venir conmigo a esta tierra. ¿Debo, entonces, volver y llevar a tu hijo a la tierra de donde saliste?

⁶ Abraham le dijo:

—¡Cuidado con llevar allá a mi hijo! ⁷ Jehová, Dios de los cielos, que me tomó de la casa de mi padre y de la tierra de mi parentela, y que me habló y me juró, diciendo: "A tu descendencia daré esta tierra", él enviará su ángel delante de ti, para que tú traigas de allá mujer para mi hijo. ⁸ Pero si la mujer no quiere venir contigo, quedarás libre de mi juramento; solamente que no lleves allá a mi hijo.

⁹ Entonces el criado puso su mano debajo del muslo de Abraham, su señor, y le juró sobre este negocio. ¹⁰ El criado tomó diez camellos de los de su señor, y se fue, no sin antes escoger toda clase de regalos de lo mejor que tenía su señor; se puso en camino y llegó a la ciudad de Nacor, en Mesopotamia.ᵃ ¹¹ Fuera de la ciudad hizo arrodillar a los camellos junto a un pozo de agua, a la hora de la tarde, la hora en que salen las muchachas a buscar agua. ¹² Y dijo: «Jehová, Dios de mi señor Abraham, haz, te ruego, que hoy tenga yo un buen encuentro, y ten misericordia de mi señor Abraham. ¹³ Aquí estoy junto a la fuente de agua, cuando salen a buscar agua las hijas de los hombres de esta

---

ᶜ **23.19** En la cueva de *Macpela* fueron enterrados, además de Sara, el propio Abraham (Gn 25.9-10), Isaac (Gn 35.29), Rebeca, Lea y Jacob (Gn 49.31; 50.13).   ᵃ **24.10** *Nacor*: población de Mesopotamia, no lejos de Harán. Según Gn 11.24,26, este era también el nombre del abuelo y de un hermano de Abraham.

ciudad. ¹⁴ Sea, pues, que la muchacha a quien yo diga: "Baja tu cántaro, te ruego, para que yo beba", y ella responda: "Bebe, y también daré de beber a tus camellos", que sea esta la que tú has destinado para tu siervo Isaac. En esto conoceré que has hecho misericordia con mi señor».ᵇ

¹⁵ Aconteció que antes que él acabara de hablar, salió Rebeca con su cántaro sobre el hombro. Rebeca era hija de Betuel, hijo de Milca, mujer de Nacor, hermano de Abraham. ¹⁶ Esta muchacha era de aspecto muy hermoso y virgen, pues ningún hombre la había conocido; descendió a la fuente, llenó su cántaro, y se dispuso a regresar. ¹⁷ Entonces el criado corrió hacia ella y le dijo:

—Te ruego que me des a beber un poco de agua de tu cántaro.

¹⁸ Ella respondió:

—Bebe, señor mío.

Se dio prisa a bajar su cántaro, lo sostuvo entre las manos y le dio a beber. ¹⁹ Cuando acabó de darle de beber, dijo:

—También para tus camellos sacaré agua, hasta que acaben de beber.

²⁰ Se dio prisa y vació su cántaro en la pila; luego corrió otra vez al pozo a sacar agua y sacó para todos sus camellos. ²¹ El hombre, maravillado, la contemplaba en silencio, pues quería saber si Jehová había prosperado su viaje, o no.

²² Cuando los camellos acabaron de beber, le dio el hombre un pendiente de oro que pesaba medio siclo y dos brazaletes que pesaban diez, ²³ y le preguntó:

—¿De quién eres hija? Te ruego que me digas si en casa de tu padre hay lugar donde podamos pasar la noche.

²⁴ Ella respondió:

—Soy hija de Betuel, hijo de Milca, el hijo que ella dio a Nacor.

²⁵ Y añadió:

—También hay en nuestra casa paja y mucho forraje, y lugar donde pasar la noche.

²⁶ El hombre entonces se inclinó y adoró a Jehová, ²⁷ y dijo: «Bendito sea Jehová, Dios de mi amo Abraham, que no apartó de mi amo su misericordia y su verdad, y que me ha guiado en el camino a casa de los hermanos de mi amo».

²⁸ La muchacha corrió e hizo saber estas cosas en casa de su madre. ²⁹ Rebeca tenía un hermano que se llamaba Labán, el cual corrió afuera hacia el hombre, a la fuente. ³⁰ Y cuando vio el pendiente y los brazaletes en las manos de su hermana, que decía: «Así me habló aquel hombre», fue adonde él estaba; lo encontró con los camellos, junto a la fuente, ³¹ y le dijo:

—Ven, bendito de Jehová, ¿por qué estás fuera? He preparado la casa, y el lugar para los camellos.

³² Entonces el hombre vino a la casa y Labán desató los camellos; les dio paja y forraje, y a él le dio agua para lavar sus pies, y los pies de los hombres que con él venían. ³³ Luego le pusieron delante qué comer; pero él dijo:

—No comeré hasta que haya dicho mi mensaje.

—Habla —dijo Labán.

³⁴ Y el hombre dijo:

—Soy criado de Abraham. ³⁵ Jehová ha bendecido mucho a mi amo, y él se ha engrandecido; le ha dado ovejas y vacas, plata y oro, siervos y siervas, camellos y asnos. ³⁶ Sara, mujer de mi amo, dio a luz en su vejez un hijo a mi señor, quien le ha dado a él todo cuanto tiene. ³⁷ Mi amo me hizo jurar, diciendo: "No tomarás para mi hijo mujer de las hijas de los cananeos, en cuya tierra habito, ³⁸ sino que irás a la casa de mi padre, a mi parentela, y tomarás mujer para mi hijo". ³⁹ Yo dije: "Quizá la mujer no quiera seguirme". ⁴⁰ Entonces él me respondió: "Jehová, en cuya presencia he andado, enviará contigo su ángel y prosperará tu camino; y tomarás para mi hijo mujer de mi familia y de la casa de mi padre. ⁴¹ Entonces quedarás libre de mi juramento, cuando hayas llegado a mi familia: si no te la dan, quedarás libre de mi juramento".

⁴² »Llegué, pues, hoy a la fuente y dije: "Jehová, Dios de mi señor Abraham, si tú has de prosperar ahora el camino por el cual ando, ⁴³ permite que, mientras estoy junto a la fuente de agua, la muchacha que salga a buscar agua y a quien yo diga: 'Dame de beber, te ruego, un poco de agua de tu cántaro', ⁴⁴ y ella me responda:

ᵇ **24.14** Jue 6.36-40 y 1 S 14.6-10.

'Bebe tú, y también para tus camellos sacaré agua', sea esta la mujer que destinó Jehová para el hijo de mi señor". ⁴⁵ Antes que acabara de hablar en mi corazón, vi a Rebeca que salía con su cántaro sobre el hombro; descendió a la fuente, y sacó agua. Entonces le dije: "Te ruego que me des de beber". ⁴⁶ Ella, al punto, bajó su cántaro del hombro y dijo: "Bebe, y también a tus camellos daré de beber". Yo bebí, y dio también de beber a mis camellos. ⁴⁷ Entonces le pregunté: "¿De quién eres hija?". Ella respondió: "Soy hija de Betuel hijo de Nacor, el hijo que le dio Milca". Le puse, pues, un pendiente en la nariz, y brazaletes en los brazos. ⁴⁸ Luego me incliné, adoré a Jehová y bendije a Jehová, Dios de mi señor Abraham, que me había guiado por un camino recto para tomar la hija del hermano de mi señor para su hijo. ⁴⁹ Ahora, pues, si estáis dispuestos a hacer misericordia y ser leales con mi señor, declarádmelo; y si no, declarádmelo también, y así sabré qué debo hacer.

⁵⁰ Entonces Labán y Betuel respondieron diciendo:

—De Jehová ha salido esto; no podemos hablarte ni mal ni bien. ⁵¹ Ahí está Rebeca, delante de ti: tómala y vete, y sea mujer del hijo de tu señor, como lo ha dicho Jehová.

⁵² Cuando el criado de Abraham oyó estas palabras, se inclinó a tierra ante Jehová. ⁵³ Después sacó el criado alhajas de plata, alhajas de oro y vestidos, y lo dio a Rebeca; también dio cosas preciosas a su hermano y a su madre. ⁵⁴ Luego comieron y bebieron, él y los hombres que venían con él, y pasaron allí la noche. Por la mañana, al levantarse, el criado dijo:

—Enviadme a mi señor.

⁵⁵ Pero el hermano y la madre de Rebeca respondieron:

—Espere la muchacha con nosotros al menos diez días, y después irá.

⁵⁶ Él les dijo:

—No me detengáis, ya que Jehová ha prosperado mi camino; despachadme para que regrese donde está mi señor.

⁵⁷ Ellos respondieron entonces:

—Llamemos a la muchacha y preguntémosle.

⁵⁸ Llamaron, pues, a Rebeca y le preguntaron:

—¿Irás tú con este hombre?

Ella respondió:

—Sí, iré.

⁵⁹ Entonces dejaron ir a su hermana Rebeca, a su nodriza y también al criado de Abraham y a sus hombres. ⁶⁰ Y bendijeron a Rebeca, diciendo:

«Hermana nuestra,
sé madre de millares de millares,
y conquisten tus descendientes
la puerta de sus enemigos».

⁶¹ Rebeca y sus doncellas se levantaron, montaron en los camellos y siguieron al hombre. Así, pues, el criado tomó a Rebeca y se fue.

⁶² Mientras tanto, Isaac había vuelto del pozo del «Viviente-que-me-ve», pues habitaba en el Neguev. ⁶³ Había salido Isaac a meditar al campo, a la hora de la tarde, y alzando sus ojos vio los camellos que venían. ⁶⁴ Rebeca también alzó sus ojos, vio a Isaac y descendió del camello, ⁶⁵ pues había preguntado al criado:

—¿Quién es ese hombre que viene por el campo hacia nosotros?

Y el criado había respondido:

—Este es mi señor.

Tomó ella entonces el velo y se cubrió.

⁶⁶ El criado le contó a Isaac todo lo que había hecho. ⁶⁷ Luego Isaac la trajo a la tienda de su madre Sara, y tomó a Rebeca por mujer y la amó. Así se consoló Isaac de la muerte de su madre.

Descendientes de Abraham y Cetura[a]
(1 Cr 1.32-33)

25 ¹ Abraham tomó otra mujer, cuyo nombre era Cetura, ² la cual le dio a luz a Zimram, Jocsán, Medán, Madián, Isbac y Súa. ³ Jocsán engendró a Seba y a Dedán; e hijos de Dedán fueron Asurim, Letusim y Leumim. ⁴ E hijos de Madián: Efa, Efer, Hanoc, Abida y Elda. Todos estos fueron hijos de Cetura.

---

[a] 25.1-6 Según esta genealogía, Abraham es el antepasado de varias tribus árabes, incluidos los madianitas.

⁵ Abraham dejó a Isaac todo cuanto tenía. ⁶ A los hijos de sus concubinas les dio Abraham regalos; pero, cuando aún vivía, los separó de su hijo Isaac enviándolos hacia las tierras del oriente.

Muerte y sepultura de Abraham

⁷ Los días que vivió Abraham fueron ciento setenta y cinco años. ⁸ Exhaló, pues, el espíritu, y murió Abraham en buena vejez, anciano y lleno de años; y fue reunido a su pueblo. ⁹ Lo sepultaron Isaac e Ismael, sus hijos, en la cueva de Macpela, en la heredad de Efrón hijo de Zohar, el heteo, que está enfrente de Mamre, ¹⁰ la heredad que compró Abraham de los hijos de Het.ᵇ Allí fueron sepultados Abraham y Sara, su mujer. ¹¹ Y sucedió, después de muerto Abraham, que Dios bendijo a Isaac, su hijo; y habitó Isaac junto al pozo del «Viviente-que-me-ve».

Descendientes de Ismael
(1 Cr 1.28-31)

¹² Estos son los descendientes de Ismael hijo de Abraham, que le dio a luz Agar, la egipcia, sierva de Sara. ¹³ Estos, pues, son los nombres de los hijos de Ismael, nombrados en el orden de su nacimiento: el primogénito de Ismael, Nebaiot; luego Cedar, Adbeel, Mibsam, ¹⁴ Misma, Duma, Massa, ¹⁵ Hadar, Tema, Jetur, Nafis y Cedema. ¹⁶ Estos son los hijos de Ismael y estos sus nombres, por sus villas y por sus campamentos; doce jefes por sus familias. ¹⁷ Los años de la vida de Ismael fueron ciento treinta y siete; exhaló el espíritu Ismael, murió y fue reunido a su pueblo. ¹⁸ Habitaron los ismaelitas desde Havila hasta Shur, que está enfrente de Egipto, en la vía hacia Asiria; y murió en presencia de todos sus hermanos.

Nacimiento de Jacob y Esaú

¹⁹ Estos son los descendientes de Isaac hijo de Abraham: Abraham engendró a Isaac. ²⁰ Isaac tenía cuarenta años cuando tomó por mujer a Rebeca, hija de Betuel, arameo de Padan-aram,ᶜ hermana de Labán, arameo. ²¹ Isaac oró a Jehová por su mujer, Rebeca, que era estéril; lo aceptó Jehová, y Rebeca concibió. ²² Pero como los hijos luchaban dentro de ella, Rebeca pensó: «Si es así, ¿para qué vivo yo?». Y fue a consultar a Jehová; ²³ y Jehová le respondió:

«Dos naciones hay en tu seno,
dos pueblos divididos desde tus
        entrañas.
Un pueblo será más fuerte que el
        otro pueblo,
y el mayor servirá al menor».ᵈ

²⁴ Cuando se cumplieron sus días para dar a luz, había gemelos en su vientre. ²⁵ El primero salió rubio; era todo velludo como una pelliza, y le pusieron por nombre Esaú. ²⁶ Después salió su hermano, trabada su mano al talón de Esaú, y le pusieron por nombre Jacob.ᵉ Isaac tenía sesenta años de edad cuando ella los dio a luz.

Esaú vende su primogenitura

²⁷ Crecieron los niños. Esaú fue diestro en la caza, hombre del campo; pero Jacob era hombre tranquilo, que habitaba en tiendas. ²⁸ Y amó Isaac a Esaú, porque comía de su caza; pero Rebeca amaba a Jacob.

²⁹ Guisó Jacob un potaje; y volviendo Esaú del campo, cansado, ³⁰ dijo a Jacob:

—Te ruego que me des a comer de ese guiso rojo, pues estoy muy cansado.

(Por eso fue llamado Edom.)ᶠ

³¹ Jacob respondió:

—Véndeme en este día tu primogenitura.ᵍ

³² Entonces dijo Esaú:

—Me estoy muriendo, ¿para qué, pues, me servirá la primogenitura?

³³ Dijo Jacob:

—Júramelo en este día.

Él se lo juró, y vendió a Jacob su primogenitura. ³⁴ Entonces Jacob dio a Esaú pan

---

ᵇ **25.10** Gn 23.3-16.   ᶜ **25.20** Designa, probablemente, un sitio particular dentro de la región llamada Aram-naharaim o Mesopotamia.   ᵈ **25.23** Ro 9.10-13.   ᵉ **25.26** Esto es, *el que toma por el talón* o *el que suplanta*.   ᶠ **25.30** O sea, *Rojo*.   ᵍ **25.31** Al primogénito o hijo mayor le correspondía el primer puesto después del padre y una doble porción de la herencia familiar (cf. Dt 21.17).

y del guisado de las lentejas; él comió y bebió, se levantó y se fue. Así menospreció Esaú la primogenitura.[h]

Isaac en Gerar

26 [1] En aquel tiempo hubo hambre en la tierra —además de la primera que hubo en los días de Abraham—, y se fue Isaac a Gerar, adonde estaba Abimelec, rey de los filisteos. [2] Allí se le apareció Jehová, y le dijo: «No desciendas a Egipto; habita en la tierra que yo te diré. [3] Habita como forastero en esta tierra. Yo estaré contigo y te bendeciré, porque a ti y a tu descendencia daré todas estas tierras y confirmaré el juramento que hice a Abraham, tu padre. [4] Multiplicaré tu descendencia como las estrellas del cielo y daré a tu descendencia todas estas tierras, y todas las naciones de la tierra serán benditas en tu simiente, [5] por cuanto oyó Abraham mi voz y guardó mi precepto, mis mandamientos, mis estatutos y mis leyes».[a]

[6] Habitó, pues, Isaac en Gerar. [7] Y cuando los hombres de aquel lugar le preguntaron acerca de su mujer, él respondió: «Es mi hermana», pues tuvo miedo de decir: «Es mi mujer», pensando que tal vez los hombres del lugar lo matarían por causa de Rebeca, pues ella era de hermoso aspecto.

[8] Sucedió después de muchos días de estar él allí, que Abimelec, rey de los filisteos, mirando por una ventana vio a Isaac que acariciaba a Rebeca, su mujer. [9] Entonces llamó Abimelec a Isaac y le dijo:

—Ciertamente ella es tu mujer. ¿Por qué, pues, dijiste: "Es mi hermana"?

Isaac le respondió:

—Porque me dije: "Quizá moriré por causa de ella".

[10] Pero Abimelec replicó:

—¿Por qué nos has hecho esto? Un poco más y habría dormido alguno del pueblo con tu mujer, y tú habrías traído el pecado sobre nosotros.

[11] Entonces Abimelec amenazó a todo el pueblo, diciendo:

—El que toque a este hombre o a su mujer, de cierto morirá.[b]

[12] Sembró Isaac en aquella tierra, y cosechó aquel año el ciento por uno; y lo bendijo Jehová. [13] Se enriqueció y fue prosperado, y se engrandeció hasta hacerse muy poderoso. [14] Poseía hato de ovejas, hato de vacas y mucha servidumbre; y los filisteos le tuvieron envidia. [15] Todos los pozos que habían abierto los criados de su padre, Abraham, en sus días, los filisteos los habían cegado y llenado de tierra. [16] Entonces dijo Abimelec a Isaac:

—Apártate de nosotros, porque te has hecho mucho más poderoso que nosotros.

[17] Isaac se fue de allí y acampó en el valle de Gerar, y allí habitó. [18] Volvió Isaac a abrir los pozos de agua que habían sido abiertos en los días de Abraham, su padre, y que los filisteos habían cegado después de la muerte de Abraham; y los llamó por los nombres que su padre los había llamado. [19] Pero cuando los siervos de Isaac cavaron en el valle y hallaron allí un pozo de aguas vivas, [20] los pastores de Gerar riñeron con los pastores de Isaac, diciendo: «El agua es nuestra». Por eso, al pozo le puso por nombre «Esek»,[c] porque se habían peleado por él. [21] Después abrieron otro pozo y también riñeron por causa de él, y le puso por nombre «Sitna». [22] Se apartó de allí y abrió otro pozo, y ya no riñeron por él; le puso por nombre Rehobot, y dijo: «Ahora Jehová nos ha prosperado y fructificaremos en la tierra».

[23] De allí subió a Beerseba. [24] Aquella noche se le apareció Jehová y le dijo:

«Yo soy el Dios de tu padre
     Abraham.
No temas, porque yo estoy contigo.
Te bendeciré, y multiplicaré tu
     descendencia
por amor de Abraham, mi siervo».

[25] Entonces edificó allí un altar e invocó el nombre de Jehová. Plantó allí su tienda, y abrieron allí un pozo los siervos de Isaac.

---

[h] **25.34** Heb 12.16-17.   [a] **26.3-5** Gn 12.1-3; 13.14-15; 15.18-21; 22.16-18.   [b] **26.6-11** Gn 12.13-20; 20.2-14.   [c] **26.20-22** Las palabras *Esek, Sitna* y *Rehobot* significan, *Contención, Enemistad* y *Lugares amplios o espaciosos* , respectivamente.

²⁶Abimelec vino desde Gerar adonde él estaba. Y con él vinieron Ahuzat, amigo^d suyo, y Ficol, capitán de su ejército. ²⁷Isaac les dijo:

—¿Por qué venís a mí, si me habéis aborrecido y me habéis echado de entre vosotros?

²⁸Ellos respondieron:

—Hemos visto que Jehová está contigo, y dijimos: "Haya ahora juramento entre nosotros". Haremos contigo este pacto: ²⁹Tú no nos harás ningún mal, pues nosotros no te hemos tocado; solamente te hemos hecho bien y te dejamos partir en paz. Tú eres ahora bendito de Jehová.

³⁰Entonces él les ofreció un banquete, y comieron y bebieron. ³¹Se levantaron de madrugada y se hicieron mutuo juramento. Luego Isaac los despidió, y ellos se despidieron de él en paz.

³²Aquel mismo día sucedió que vinieron los criados de Isaac y le dieron la noticia del pozo que habían abierto, y le dijeron: «Hemos hallado agua». ³³Isaac lo llamó «Seba»; por esta causa el nombre de aquella ciudad es Beerseba hasta este día.

³⁴Cuando Esaú tenía cuarenta años, tomó por mujer a Judit, hija de Beeri, el heteo, y a Basemat, hija de Elón, el heteo; ³⁵y fueron amargura de espíritu para Isaac y para Rebeca.

Jacob obtiene la bendición de Isaac

27 ¹Aconteció que cuando Isaac envejeció y sus ojos se oscurecieron quedando sin vista, llamó a Esaú, su hijo mayor, y le dijo:

—¡Hijo mío!

Él respondió:

—Aquí estoy.

²—Ya soy viejo —dijo Isaac— y no sé el día de mi muerte. ³Toma, pues, ahora tus armas, tu aljaba y tu arco, y sal al campo a cazarme algo.^a ⁴Hazme un guisado como a mí me gusta; tráemelo y comeré, para que yo te bendiga antes que muera.

⁵Rebeca estaba escuchando cuando Isaac hablaba a su hijo Esaú; y se fue Esaú al campo para buscar la caza que había de traer. ⁶Entonces Rebeca habló a su hijo Jacob, diciendo:

—Mira, yo he oído a tu padre, que hablaba con tu hermano Esaú diciendo: ⁷«Tráeme caza y hazme un guisado, para que coma y te bendiga en presencia de Jehová antes que me muera». ⁸Ahora, pues, hijo mío, obedece a mi voz en lo que te mando. ⁹Ve ahora al ganado y tráeme de allí dos buenos cabritos de las cabras, y haré con ellos un guisado para tu padre, como a él le gusta. ¹⁰Tú lo llevarás a tu padre, y él comerá, para que te bendiga antes de su muerte.

¹¹Pero Jacob dijo a Rebeca, su madre:

—Mi hermano Esaú es hombre velloso,^b y yo lampiño. ¹²Quizá me palpará mi padre; me tendrá entonces por burlador y traeré sobre mí maldición y no bendición.

¹³Su madre respondió:

—Hijo mío, sea sobre mí tu maldición; solamente obedece a mi voz: vé y tráemelos.

¹⁴Entonces él fue, los tomó y los trajo a su madre, y su madre hizo un guisado como a su padre le gustaba. ¹⁵Después tomó Rebeca los vestidos de Esaú, su hijo mayor, los más preciosos que ella tenía en casa, y vistió a Jacob, su hijo menor. ¹⁶Luego, con las pieles de los cabritos, cubrió sus manos y la parte de su cuello donde no tenía vello, ¹⁷y puso el guisado y el pan que había preparado en manos de su hijo Jacob.

¹⁸Entonces este fue a su padre y dijo:

—Padre mío.

Isaac respondió:

—Aquí estoy, ¿quién eres tú, hijo mío?

¹⁹—Yo soy Esaú tu primogénito —respondió Jacob—. He hecho como me dijiste. Levántate ahora, siéntate y come de mi caza, para que me bendigas.

²⁰Entonces Isaac dijo a su hijo:

—¿Cómo es que la hallaste tan pronto, hijo mío?

Jacob respondió:

—Porque Jehová, tu Dios, hizo que la encontrara delante de mí.

²¹Isaac dijo a Jacob:

—Acércate ahora y te palparé, hijo mío, para ver si eres o no mi hijo Esaú.

²²Se acercó Jacob a su padre Isaac, quien lo palpó, y dijo: «La voz es la voz de Jacob, pero las manos, las de Esaú».

²³Y no lo reconoció, porque sus manos

^d**26.26** Gn 21.22   ^a**27.3** Gn 25.27.   ^b**27.11** Gn 25.25.

eran vellosas como las manos de Esaú; y lo bendijo.

24 Volvió a preguntar Isaac:

—¿Eres tú mi hijo Esaú?

Jacob respondió:

—Yo soy.

25 Dijo entonces:

—Acércamela, y comeré de la caza de mi hijo, para que yo te bendiga.

Jacob se la acercó, e Isaac comió; le trajo también vino, y bebió. 26 Y le dijo Isaac, su padre:

—Acércate ahora y bésame, hijo mío.

27 Jacob se acercó y lo besó. Olió Isaac el olor de sus vestidos, y lo bendijo, diciendo:

> «Mira, el olor de mi hijo,
> como el olor del campo que Jehová
>   ha bendecido.
> 28 Dios, pues, te dé del rocío del cielo
> y de los frutos de la tierra,
> y abundancia de trigo y de mosto.*c*
> 29 Sírvante pueblos
> y las naciones se inclinen delante
>   de ti.
> Sé señor de tus hermanos
> y ante ti se inclinen los hijos de tu
>   madre.
> Malditos sean los que te maldigan
> y benditos los que te bendigan».

30 Aconteció, luego que Isaac acabó de bendecir a Jacob, y apenas había salido Jacob de delante de su padre Isaac, que Esaú, su hermano, volvió de cazar. 31 Ehizo él también un guisado, lo trajo a su padre y le dijo:

—Levántese mi padre y coma de la caza de su hijo, para que me bendiga.

32 Entonces Isaac, su padre, le dijo:

—¿Quién eres tú?

Y él le dijo:

—Yo soy tu hijo, Esaú, tu primogénito.

33 Entonces se estremeció Isaac grandemente, y dijo:

—¿Quién es el que vino aquí, que trajo caza, y me dio y comí de todo antes que tú vinieras? Yo lo bendije, y será bendito.

34 Cuando Esaú oyó las palabras de su padre, lanzó una muy grande y muy amarga exclamación, y le dijo:

—Bendíceme también a mí, padre mío.

35 Este le dijo:

—Vino tu hermano con engaño y tomó tu bendición.

36 Esaú respondió:

—Bien llamaron su nombre Jacob, pues ya me ha suplantado dos veces: se apoderó de mi primogenitura y ahora ha tomado mi bendición.

Y añadió:

—¿No has guardado bendición para mí?*d*

37 Isaac respondió a Esaú, diciéndole:

—Yo lo he puesto por señor tuyo, y le he dado por siervos a todos sus hermanos; de trigo y de vino lo he provisto; ¿qué, pues, haré por ti ahora, hijo mío?

38 Dijo entonces Esaú a su padre:

—¿No tienes más que una sola bendición, padre mío? ¡Bendíceme también a mí, padre mío!

Y alzó Esaú la voz, y lloró.*e*

39 Entonces Isaac, su padre, habló y le dijo:

> «Será tu morada lejos de la tierra
>   fértil
> y del rocío que cae de los cielos.
> 40 De tu espada vivirás,
> y a tu hermano servirás;
> pero cuando te fortalezcas
> sacudirás su yugo de tu cerviz».*f*

Jacob huye de Esaú

41 Aborreció Esaú a Jacob por la bendición con que su padre lo había bendecido, y dijo en su corazón: «Llegarán los días del luto por mi padre, y yo mataré a mi hermano Jacob».

42 Fueron dichas a Rebeca las palabras de Esaú, su hijo mayor; y ella envió a llamar a Jacob, su hijo menor, y le dijo:

—Esaú, tu hermano, se consuela pensando en matarte. 43 Ahora, pues, hijo mío, obedece a mi voz: levántate y huye a casa de mi hermano Labán, en Harán, 44 y

---

c **27.27-28** En el AT, la fecundidad es la manifestación más característica y apreciada de la bendición divina (cf. Gn 1.28; 49.25; Sal 128.3-4). *d* **27.36** Gn 25.29-34. *e* **27.38** Heb 12.17. *f* **27.40** 1 R 11.14-25; cf. 2 R 8.20; 2 Cr 21.8.

quédate con él algunos días, hasta que el enojo de tu hermano se mitigue, 45 hasta que se aplaque la ira de tu hermano contra ti y olvide lo que le has hecho; entonces enviaré yo a que te traigan de allá. ¿Por qué seré privada de vosotros dos en un solo día?

46 Luego dijo Rebeca a Isaac:

—Fastidio tengo de mi vida a causa de las hijas de Het. Si Jacob toma mujer de entre las hijas de Het, como estas, de entre las hijas de esta tierra, ¿para qué quiero la vida?

28 ¹ Entonces Isaac llamó a Jacob, lo bendijo y le mandó diciendo: «No tomes mujer de las hijas de Canaán. ² Levántate, ve a Padan-aram, a casa de Betuel, padre de tu madre, y toma allí mujer de las hijas de Labán, hermano de tu madre. ³ Que el Dios omnipotente te bendiga, te haga fructificar y te multiplique hasta llegar a ser multitud de pueblos; ⁴ que te dé la bendición de Abraham, y a tu descendencia contigo, para que heredes la tierra en que habitas, la que Dios dio a Abraham».ᵃ

⁵ Así envió Isaac a Jacob, el cual fue a Padan-aram, a Labán hijo de Betuel, el arameo, hermano de Rebeca, madre de Jacob y de Esaú.

⁶ Vio Esaú cómo Isaac había bendecido a Jacob y lo había enviado a Padan-aram, para tomar allí mujer para sí; y que cuando lo bendijo le había mandado diciendo: «No tomarás mujer de las hijas de Canaán»; ⁷ y que Jacob había obedecido a su padre y a su madre, y se había ido a Padan-aram. ⁸ Vio asimismo Esaú que las hijas de Canaán no agradaban a Isaac, su padre; ⁹ y se fue Esaú a Ismael, y tomó para sí por mujer, además de sus otras mujeres, a Mahalat, hija de Ismael hijo de Abraham, hermana de Nebaiot.ᵇ

Dios se aparece a Jacob en Bet-el

¹⁰ Jacob, pues, salió de Beerseba y fue a Harán. ¹¹ Llegó a un cierto lugar y durmió allí, porque ya el sol se había puesto. De las piedras de aquel paraje tomó una para su cabecera y se acostó en aquel lugar. ¹² Y

tuvo un sueño: Vio una escalera que estaba apoyada en tierra, y su extremo tocaba en el cielo. Ángeles de Dios subían y descendían por ella.ᶜ ¹³ Jehová estaba en lo alto de ella y dijo: «Yo soy Jehová, el Dios de Abraham, tu padre, y el Dios de Isaac; la tierra en que estás acostado te la daré a ti y a tu descendencia. ¹⁴ Será tu descendencia como el polvo de la tierra, y te extenderás al occidente, al oriente, al norte y al sur; y todas las familias de la tierra serán benditas en ti y en tu simiente.ᵈ ¹⁵ pues yo estoy contigo, te guardaré dondequiera que vayas y volveré a traerte a esta tierra, porque no te dejaré hasta que haya hecho lo que te he dicho».

¹⁶ Cuando Jacob despertó de su sueño, dijo: «Ciertamente Jehová está en este lugar, y yo no lo sabía». ¹⁷ Entonces tuvo miedo y exclamó: «¡Cuán terrible es este lugar! No es otra cosa que casa de Dios y puerta del cielo».

¹⁸ Se levantó Jacob de mañana, y tomando la piedra que había puesto de cabecera, la alzó por señal y derramó aceite encima de ella. ¹⁹ Y a aquel lugar le puso por nombre Bet-el,ᵉ aunque Luzᶠ era el nombre anterior de la ciudad.

²⁰ Allí hizo voto Jacob, diciendo: «Si va Dios conmigo y me guarda en este viaje en que estoy, si me da pan para comer y vestido para vestir ²¹ y si vuelvo en paz a casa de mi padre, Jehová será mi Dios. ²² Y esta piedra que he puesto por señal será casa de Dios; y de todo lo que me des, el diezmo apartaré para ti».

Jacob sirve a Labán por Raquel y Lea

29 ¹ Siguió luego Jacob su camino y fue a la tierra de los orientales. ² Vio un pozo en el campo y tres rebaños de ovejas que yacían cerca de él, porque de aquel pozo abrevaban los ganados; y había una gran piedra sobre la boca del pozo. ³ Cuando se juntaban allí todos los rebaños, los pastores corrían la piedra de la boca del pozo y abrevaban las ovejas; luego volvían la piedra a su lugar sobre la boca del pozo. ⁴ Jacob les preguntó:

—Hermanos míos, ¿de dónde sois?

ᵃ **28.4** Gn 17.4-8.   ᵇ **28.8-9** Gn 26.34-35.   ᶜ **28.12** Jn 1.51.   ᵈ **28.13-14** Gn 12.1-3; 13.14-15; 15.18-21; 22.16-18; 26.3-5; 46.3.   ᵉ **28.19** Esto es, *Casa de Dios.*   ᶠ **28.19** Es decir, *Almendro.*

—De Harán somos —respondieron ellos.

⁵ —¿Conocéis a Labán hijo de Nacor? —volvió a preguntar.

—Sí, lo conocemos —respondieron.

⁶ —¿Está bien? —insistió Jacob.

—Muy bien —dijeron los pastores—. Mira, ahí viene su hija Raquel con las ovejas.

⁷ Él dijo:

—Es aún muy de día; no es tiempo todavía de recoger el ganado. Abrevad las ovejas e id a apacentarlas.

⁸ Ellos respondieron:

—No podemos, hasta que se junten todos los rebaños y se remueva la piedra de la boca del pozo. Entonces daremos de beber a las ovejas.

⁹ Mientras él aún hablaba con ellos, Raquel vino con el rebaño de su padre, porque ella era la pastora. ¹⁰ Y sucedió que cuando Jacob vio a Raquel, hija de Labán, hermano de su madre, y las ovejas de Labán, el hermano de su madre, se acercó Jacob y removió la piedra de la boca del pozo, y abrevó el rebaño de Labán, hermano de su madre. ¹¹ Luego Jacob besó a Raquel, alzó la voz y lloró. ¹² Jacob le contó a Raquel que él era hermano de su padre e hijo de Rebeca, y ella corrió a dar la noticia a su padre.

¹³ Cuando Labán oyó las noticias de Jacob, hijo de su hermana, corrió a recibirlo y lo abrazó, lo besó y lo trajo a su casa. Entonces él contó a Labán todas estas cosas. ¹⁴ Y Labán le dijo:

—Ciertamente eres hueso mío y carne mía.ᵃ

Y estuvo con él durante un mes.

¹⁵ Entonces dijo Labán a Jacob:

—¿Por ser tú mi hermano me vas a servir de balde? Dime cuál ha de ser tu salario.

¹⁶ Labán tenía dos hijas: el nombre de la mayor era Lea, y el nombre de la menor, Raquel. ¹⁷ Los ojos de Lea eran delicados, pero Raquel era de lindo semblante y hermoso parecer. ¹⁸ Jacob amó a Raquel, y dijo:

—Yo te serviré siete años por Raquel, tu hija menor.

¹⁹ Labán respondió:

—Mejor es dártela a ti que a otro hombre; quédate conmigo.

²⁰ Así sirvió Jacob siete años por Raquel; y le parecieron como pocos días, porque la amaba.

²¹ Un día dijo Jacob a Labán:

—Dame mi mujer, porque se ha cumplido el plazo para unirme a ella.

²² Entonces Labán juntó a todos los hombres de aquel lugar y ofreció un banquete. ²³ Pero sucedió que al llegar la noche tomó a su hija Lea y se la trajo; y Jacob se llegó a ella. ²⁴ Labán dio además su sierva Zilpa a su hija Lea por criada. ²⁵ Cuando llegó la mañana, Jacob vio que era Lea, y dijo a Labán:

—¿Qué es esto que me has hecho? ¿No te he servido por Raquel? ¿Por qué, pues, me has engañado?

²⁶ Labán respondió:

—No es costumbre en nuestro lugar que se dé la menor antes de la mayor. ²⁷ Cumple la semana de esta, y se te dará también la otra por el servicio que me prestes otros siete años.

²⁸ Así lo hizo Jacob. Cumplió aquella semana y él le dio a su hija Raquel por mujer. ²⁹ Asimismo, Labán dio su sierva Bilha a su hija Raquel por criada. ³⁰ Jacob se llegó también a Raquel, y la amó más que a Lea; y sirvió a Labán aún otros siete años.

Los hijos de Jacob

³¹ Vio Jehová que Lea era menospreciada, y le dio hijos; en cambio Raquel era estéril. ³² Concibió Lea y dio a luz un hijo, y le puso por nombre Rubén, porque dijo: «Ha mirado Jehová mi aflicción: ahora me amará mi marido».

³³ Concibió otra vez y dio a luz un hijo, y dijo: «Por cuanto oyó Jehová que yo era menospreciada, me ha dado también este». Y le puso por nombre Simeón.

³⁴ Concibió otra vez y dio a luz un hijo, y dijo: «Desde ahora se unirá mi marido conmigo, porque le he dado a luz tres hijos». Por tanto, le puso por nombre Leví.

³⁵ Concibió otra vez y dio a luz un hijo, y dijo: «Esta vez alabaré a Jehová»; por

ᵃ **29.14** Gn 2.23.

esto llamó su nombre Judá. Y dejó de dar a luz.[b]

30 [1] Al ver Raquel que no daba hijos a Jacob tuvo envidia de su hermana, y dijo a Jacob:

—Dame hijos, o si no, me muero.

[2] Jacob se enojó con Raquel y le dijo:

—¿Soy yo acaso Dios, que te ha negado el fruto de tu vientre?

[3] Entonces ella le dijo:

—Aquí está mi sierva Bilha; llégate a ella, y que dé a luz sobre mis rodillas.[a] Así yo también tendré hijos de ella.

[4] Le dio a Bilha, su sierva, por mujer, y Jacob se llegó a ella. [5] Bilha concibió y dio a luz un hijo a Jacob. [6] Dijo entonces Raquel: «Me juzgó Dios, pues ha oído mi voz y me ha dado un hijo». Por tanto, llamó su nombre Dan.[b]

[7] Concibió otra vez Bilha, la sierva de Raquel, y dio a luz un segundo hijo a Jacob. [8] Y dijo Raquel: «En contienda de Dios[c] he luchado con mi hermana y he vencido». Le puso por nombre Neftalí.

[9] Al ver Lea que había dejado de dar a luz, tomó a su sierva Zilpa, y la dio a Jacob por mujer. [10] Y Zilpa, sierva de Lea, dio a luz un hijo a Jacob. [11] Entonces dijo Lea: «Vino la ventura»; y le puso por nombre Gad.

[12] Luego Zilpa, la sierva de Lea, dio a luz otro hijo a Jacob. [13] Y dijo Lea: «Para dicha mía, porque las mujeres me llamarán dichosa»; y le puso por nombre Aser.[d]

[14] En el tiempo de la siega del trigo halló Rubén en el campo unas mandrágoras que trajo a Lea, su madre. Y dijo Raquel a Lea:

—Te ruego que me des de las mandrágoras de tu hijo.

[15] Ella respondió:

—¿Te parece poco que hayas tomado mi marido, para que también quieras llevarte las mandrágoras de mi hijo?

Raquel dijo:

—Pues dormirá contigo esta noche a cambio de las mandrágoras de tu hijo.

[16] A la tarde, cuando Jacob volvía del campo, salió Lea a su encuentro y le dijo:

—Llégate a mí, porque a la verdad te he alquilado por las mandrágoras de mi hijo.

Y durmió con ella aquella noche. [17] Dios oyó a Lea, que concibió y dio a luz el quinto hijo a Jacob. [18] Y dijo Lea: «Dios me ha dado mi recompensa, por cuanto di mi sierva a mi marido»; por eso lo llamó Isacar.

[19] Después concibió Lea otra vez, y dio a luz el sexto hijo a Jacob. [20] Y dijo Lea: «Dios me ha dado una buena dote; ahora vivirá conmigo mi marido, porque le he dado a luz seis hijos». Y le puso por nombre Zabulón. [21] Por último dio a luz una hija, y le puso por nombre Dina.

[22] Pero se acordó Dios de Raquel, la oyó Dios y le concedió hijos. [23] Concibió ella y dio a luz un hijo. Y exclamó: «Dios ha quitado mi afrenta»; [24] y le puso por nombre José, diciendo: «Añádame Jehová otro hijo».[e]

Tretas de Jacob y de Labán

[25] Cuando Raquel dio a luz a José, Jacob dijo a Labán:

—Déjame ir a mi lugar, a mi tierra. [26] Dame a mis mujeres, por las cuales te he servido, y a mis hijos, y déjame ir; pues tú sabes los servicios que te he prestado.

[27] Labán le respondió:

—Halle yo ahora gracia en tus ojos, y quédate; he experimentado que Jehová me ha bendecido por tu causa.

[28] Y añadió:

—Señálame tu salario y yo te lo pagaré.

[29] Jacob respondió:

—Tú sabes cómo te he servido y cómo ha estado tu ganado conmigo, [30] porque

---

[b] **29.32-35** Los nombres de los hijos de Jacob se asemejan en el sonido a palabras hebreas que significan: *Rubén: Ved, un hijo y él vio mi tristeza* ; *Simeón: Oir* ; *Leví: Unir* ; y *Judá: Alabar.*
[a] **30.3** Este modismo hebreo describe el acto por medio del cual la esposa estéril adoptaba como propios a los hijos que su marido había tenido con una de sus esclavas. [b] **30.6** Esto es, *Dios me ha hecho justicia.* [c] **30.8** La expresión *de Dios* tiene aquí valor de superlativo y sugiere la idea de una lucha sobrehumana. [d] **30.8-13** Los nombres de *Neftalí, Gad* y *Aser* tienen sonido semejante al de las palabras hebreas que significan, respectivamente, *contender , ventura y dichoso.*
[e] **30.18-24** En hebreo, los nombres de *Isacar* y *Zabulón* significan, respectivamente, *recompensar y apreciar.* El de *José , quitar* y *añadir* ; quizá sea también la forma abreviada de: *Añádame Jehová.*

poco tenías antes de mi venida, y ha crecido en gran número; Jehová te ha bendecido con mi llegada. Y ahora, ¿cuándo trabajaré también para mi propia casa?

31 Labán le preguntó entonces:

—¿Qué te daré?

Y respondió Jacob:

—No me des nada. Si haces esto por mí, volveré a apacentar tus ovejas. ³²Hoy pasaré por entre tu rebaño y apartaré todas las ovejas manchadas y salpicadas de color y todas las ovejas de color oscuro, y las manchadas y salpicadas de color entre las cabras. Eso será mi salario, ³³y la garantía de mi honradez el día de mañana. Cuando vengas a ver lo que he ganado, toda la que no sea pintada ni manchada en las cabras, y de color oscuro entre las ovejas, se me habrá de tener por robada.

³⁴Dijo entonces Labán:

—Bien, sea como tú dices.

³⁵Pero Labán apartó aquel mismo día los machos cabríos manchados y rayados, todas las cabras manchadas y salpicadas de color, toda aquella que tenía en sí algo de blanco y todas las de color oscuro entre las ovejas, y las puso en manos de sus hijos. ³⁶Y puso tres días de camino entre él y Jacob. Mientras tanto, Jacob apacentaba las otras ovejas de Labán.

³⁷Tomó entonces Jacob varas verdes de álamo, de avellano y de castaño, y labró en ellas unas franjas blancas, descubriendo así lo blanco de las varas. ³⁸Puso las varas que había descortezado delante del ganado, en los canales de los abrevaderos adonde venían a beber agua las ovejas, las cuales procreaban cuando venían a beber. ³⁹Así concebían las ovejas delante de las varas; y parían borregos listados, pintados y salpicados de diversos colores. ⁴⁰Apartaba Jacob los corderos, y ponía con su propio rebaño los listados y todo lo que era oscuro del hato de Labán. Y ponía su hato aparte, no con las ovejas de Labán. ⁴¹Y sucedía que cuantas veces se hallaban en celo las ovejas más fuertes, Jacob ponía las varas delante de ellas en los abrevaderos, para que concibieran a la vista de las varas. ⁴²Pero cuando venían las ovejas más débiles, no las ponía; así,

las más débiles eran para Labán y las más fuertes para Jacob. ⁴³Y se enriqueció Jacob muchísimo, y tuvo muchas ovejas, siervas y siervos, camellos y asnos.

31 ¹Jacob oía las palabras de los hijos de Labán, que decían: «Jacob ha tomado todo lo que era de nuestro padre, y de lo que era de nuestro padre ha adquirido toda esta riqueza». ²Miraba también Jacob el semblante de Labán, y veía que no era para con él como había sido antes. ³Entonces Jehová dijo a Jacob: «Vuélvete a la tierra de tus padres, a tu parentela, y yo estaré contigo».

⁴Envió, pues, Jacob a llamar a Raquel y a Lea al campo donde estaban sus ovejas, ⁵y les dijo:

—Veo que vuestro padre ya no me mira como antes; pero el Dios de mi padre ha estado conmigo. ⁶Vosotras sabéis que con todas mis fuerzas he servido a vuestro padre; ⁷pero vuestro padre me ha engañado y me ha cambiado el salario diez veces,ᵃ si bien Dios no le ha permitido que me hiciera daño. ⁸Si él decía: «Los pintados serán tu salario», entonces todas las ovejas parían pintados; y si decía: «Los listados serán tu salario», entonces todas las ovejas parían listados. ⁹Así quitó Dios el ganado de vuestro padre y me lo dio a mí.

¹⁰»Sucedió, cuando las ovejas estaban en celo, que alcé yo mis ojos y vi en sueños que los machos que cubrían a las hembras eran listados, pintados y abigarrados. ¹¹Y me dijo el ángel de Dios en sueños: "Jacob". Y yo respondí: "Aquí estoy". ¹²Entonces él dijo: "Alza ahora tus ojos, y verás que todos los machos que cubren a las hembras son listados, pintados y abigarrados, pues yo he visto todo lo que Labán te ha hecho. ¹³Yo soy el Dios de Bet-el,ᵇ donde tú ungiste la piedra y donde me hiciste un voto. Levántate ahora y sal de esta tierra; vuélvete a la tierra donde naciste".

¹⁴Respondieron Raquel y Lea, y le dijeron:

—¿Tenemos acaso parte o heredad en la casa de nuestro padre? ¹⁵¿No nos tiene ya por extrañas, pues que nos vendió y

ᵃ **31.7** O sea, muchísimas veces.   ᵇ **31.13** Gn 28.18-22.

hasta se ha comido del todo lo que recibió por nosotras? [16] Toda la riqueza que Dios le ha quitado a nuestro padre es nuestra y de nuestros hijos; ahora, pues, haz todo lo que Dios te ha dicho.

Jacob huye de Labán

[17] Se levantó, pues, Jacob y montó a sus hijos y a sus mujeres sobre los camellos; [18] y puso en camino todo su ganado y todo cuanto había adquirido (el ganado de la ganancia que había obtenido en Padan-aram), para volverse a Isaac, su padre, en la tierra de Canaán. [19] Como Labán había ido a trasquilar sus ovejas, Raquel hurtó los ídolos de su padre; [20] y Jacob engañó a Labán, el arameo, no diciéndole que se iba. [21] Huyó, pues, con todo lo que tenía; se levantó, pasó el Éufrates y se dirigió a los montes de Galaad. [22] Al tercer día le dijeron a Labán que Jacob había huido. [23] Entonces Labán tomó consigo a sus parientes, y fue tras Jacob. Siete días después lo alcanzó en los montes de Galaad. [24] Pero aquella noche vino Dios en sueños a Labán, el arameo, y le dijo: «Cuídate de no hablarle a Jacob descomedidamente».

[25] Alcanzó, pues, Labán a Jacob, que había fijado su tienda en el monte; y acampó Labán con sus parientes en los montes de Galaad. [26] Entonces dijo Labán a Jacob:

—¿Qué has hecho? ¿Por qué me has engañado y te has llevado a mis hijas como prisioneras de guerra? [27] ¿Por qué te escondiste para huir, y me engañaste, y no me lo hiciste saber para que yo te despidiera con alegría y con cantares, con tamborín y arpa? [28] Pues ni aun me dejaste besar a mis hijos y a mis hijas. Esta vez has obrado locamente. [29] Poder hay en mi mano para haceros daño; pero el Dios de tu padre me habló anoche diciendo: "Cuídate de no hablarle a Jacob descomedidamente". [30] Y ya que te ibas, pues añorabas la casa de tu padre, ¿por qué hurtaste mis dioses?

[31] Respondió Jacob a Labán:

—Porque tuve miedo, pues pensé que quizá me quitarías por fuerza tus hijas.

[32] Aquel en cuyo poder halles tus dioses, ¡que no viva! Reconoce delante de nuestros hermanos lo que yo tenga tuyo, y llévatelo.

Ciertamente Jacob no sabía que Raquel los había hurtado.

[33] Entró Labán en la tienda de Jacob, en la tienda de Lea y en la tienda de las dos siervas,[c] y no los halló. Salió de la tienda de Lea y entró en la tienda de Raquel. [34] Pero Raquel tomó los ídolos y los puso en la montura de un camello, y se sentó sobre ellos. Labán rebuscó por toda la tienda y no los encontró. [35] Entonces ella dijo a su padre:

—No se enoje mi señor, si no me puedo levantar delante de ti, pues estoy con el período de las mujeres.

Como Labán siguió rebuscando sin hallar los ídolos, [36] Jacob se enojó y riñó con Labán, diciéndole:

—¿Qué falta cometí? ¿Cuál es mi pecado, para que con tanto ardor hayas venido en mi persecución? [37] Al registrar todas mis cosas, ¿qué has hallado de todos los enseres de tu casa? Ponlo aquí delante de mis hermanos y de los tuyos, y juzguen entre nosotros. [38] Estos veinte años he estado contigo; tus ovejas y tus cabras nunca abortaron, ni yo comí carnero de tus ovejas. [39] Nunca te traje lo arrebatado por las fieras: yo pagaba el daño; lo hurtado, así de día como de noche, a mí me lo cobrabas. [40] De día me consumía el calor y de noche la helada, y el sueño huía de mis ojos. [41] Así he estado veinte años en tu casa: catorce años te serví por tus dos hijas y seis años por tu ganado, y has cambiado mi salario diez veces. [42] Si el Dios de mi padre, Dios de Abraham y Terror de Isaac, no estuviera conmigo, de cierto me enviarías ahora con las manos vacías; pero Dios ha visto mi aflicción y el trabajo de mis manos, y anoche te reprendió.

[43] Respondió Labán y dijo a Jacob:

—Las hijas son hijas mías; los hijos, hijos míos son; las ovejas son mis ovejas, y todo lo que tú ves es mío: ¿qué les puedo yo hacer hoy a estas mis hijas, o a los hijos que ellas han dado a luz? [44] Ven ahora,

---

[c] **31.33** Zilpa y Bilha (Gn 29.24,29).

pues, y hagamos pacto tú y yo, y sirva por testimonio entre nosotros dos.

⁴⁵ Entonces Jacob tomó una piedra y la levantó por señal. ⁴⁶ Y dijo Jacob a sus hermanos:

—Recoged piedras.

Tomaron, pues, piedras e hicieron un montón, y comieron allí sobre aquel montón. ⁴⁷ Labán lo llamó «Jegar Sahaduta»; y Jacob lo llamó «Galaad».ᵈ

⁴⁸ Entonces Labán dijo:

—Este montón de piedras es testigo hoy entre nosotros dos.

Por eso fue llamado su nombre Galaad; ⁴⁹ y también Mizpa,ᵉ por cuanto dijo:

—Vigile Jehová entre tú y yo cuando nos apartemos el uno del otro. ⁵⁰ Si maltratas a mis hijas o si tomas otras mujeres además de mis hijas, aunque nadie esté con nosotros, mira, Dios es testigo entre nosotros dos.

⁵¹ Dijo más Labán a Jacob:

—Mira este montón de piedras y esta señal que he erigido entre tú y yo. ⁵² Testigo sea este montón de piedras y testigo sea esta señal, que ni yo pasaré de este montón de piedras para ir contra ti ni tú pasarás de este montón ni de esta señal para ir contra mí, para nada malo. ⁵³ Que el Dios del padre de nuestros padres, el Dios de Abraham y el Dios de Nacor, juzgue entre nosotros.

Jacob juró por aquel a quien temía Isaac, su padre. ⁵⁴ Luego Jacob inmoló víctimas en el monte, y llamó a sus hermanos a comer pan. Ellos comieron pan y durmieron aquella noche en el monte.

⁵⁵ Se levantó Labán de mañana y besó a sus hijos y a sus hijas; los bendijo, partió y se volvió a su lugar.

Jacob se prepara para el encuentro con Esaú

32 ¹ Jacob siguió su camino, y le salieron al encuentro unos ángeles de Dios. ² Dijo Jacob cuando los vio: «Campamento de Dios es este», y llamó a aquel lugar Mahanaim.ᵃ

³ Envió Jacob mensajeros por delante al encuentro de su hermano Esaú, a la tierra de Seir, campo de Edom.ᵇ ⁴ Y los mandó diciendo: «Diréis a mi señor Esaú: "Así dice tu siervo Jacob: 'Con Labán he vivido, y con él he estado hasta ahora; ⁵ tengo vacas, asnos, ovejas, siervos y siervas; y envío este mensaje a mi señor, para hallar gracia en tus ojos' "».

⁶ Los mensajeros regresaron a Jacob, y le dijeron:

—Fuimos a ver a tu hermano Esaú; él también viene a recibirte, y cuatrocientos hombres vienen con él.

⁷ Jacob tuvo entonces gran temor y se angustió; distribuyó en dos campamentos el pueblo que tenía consigo, y las ovejas, las vacas y los camellos, ⁸ porque pensó: «Si viene Esaú contra un campamento y lo ataca, el otro campamento escapará».

⁹ Luego dijo Jacob: «Dios de mi padre Abraham y Dios de mi padre Isaac, Jehová, que me dijiste: "Vuélvete a tu tierra y a tu parentela, y yo te haré bien", ¹⁰ ¡no merezco todas las misericordias y toda la verdad con que has tratado a tu siervo!; pues con mi cayado pasé este Jordán, y ahora he de atender a dos campamentos. ¹¹ Líbrame ahora de manos de mi hermano, de manos de Esaú, porque le temo; no venga acaso y me hiera a la madre junto con los hijos. ¹² Y tú has dicho: "Yo te haré bien, y tu descendencia será como la arena del mar, que por ser tanta no se puede contar"».ᶜ

¹³ Durmió allí aquella noche, y tomó de lo que le vino a la mano un regalo para su hermano Esaú: ¹⁴ doscientas cabras y veinte machos cabríos, doscientas ovejas y veinte carneros, ¹⁵ treinta camellas paridas con sus crías, cuarenta vacas y diez novillos, veinte asnas y diez borricos. ¹⁶ Lo entregó a sus siervos, cada manada por separado, y dijo a sus siervos:

—Pasad delante de mí y poned espacio entre manada y manada.

¹⁷ Mandó al primero, diciendo:

—Si mi hermano Esaú te encuentra y te pregunta: "¿De quién eres? ¿y adónde vas? ¿y para quién es esto que llevas delante de

---

ᵈ **31.47** *Jegar Sahaduta... Galaad* : Estos dos nombres significan, en arameo y en hebreo respectivamente, *Montón del testimonio.* ᵉ **31.49** Esto es, *Atalaya.* ᵃ **32.2** O sea, *Dos campamentos.* ᵇ **32.3** Gn 36.6-8. ᶜ **32.12** Gn 22.17.

ti?", [18] entonces dirás: "Es un regalo que tu siervo Jacob envía a mi señor Esaú. También él viene detrás de nosotros".

[19] Mandó también al segundo, al tercero y a todos los que iban detrás de aquellas manadas, diciendo:

—Esto mismo diréis a Esaú, cuando lo halléis. [20] Y diréis también: "Tu siervo Jacob viene detrás de nosotros".

Pues Jacob pensó: «Apaciguaré su ira con el regalo que va delante de mí, y después veré su rostro. Quizá así me acepte». [21] Pasó, pues, el regalo delante de él, y él durmió aquella noche en el campamento.

Jacob lucha con el ángel en Peniel

[22] Se levantó aquella noche, tomó a sus dos mujeres, a sus dos siervas y a sus once hijos, y pasó el vado de Jaboc. [23] Los tomó, pues, y les hizo pasar el arroyo a ellos y a todo lo que tenía. [24] Así se quedó Jacob solo; y luchó con él un varón hasta que rayaba el alba. [25] Cuando el hombre vio que no podía con él, tocó en el sitio del encaje de su muslo, y se descoyuntó el muslo de Jacob mientras con él luchaba. [26] Y dijo:

—Déjame, porque raya el alba.

Jacob le respondió:

—No te dejaré, si no me bendices.

[27] —¿Cuál es tu nombre? —le preguntó el hombre.

—Jacob —respondió él.

[28] Entonces el hombre dijo:

—Ya no te llamarás Jacob,[d] sino Israel, porque has luchado con Dios y con los hombres, y has vencido.[e]

[29] —Declárame ahora tu nombre —le preguntó Jacob.

—¿Por qué me preguntas por mi nombre? —respondió el hombre.

Y lo bendijo allí mismo.

[30] Jacob llamó Peniel[f] a aquel lugar, porque dijo: «Vi a Dios cara a cara, y fue librada mi alma».

[31] Ya había pasado de Peniel cuando salió el sol; y cojeaba a causa de su cadera. [32] Por esto, hasta el día de hoy no comen los hijos de Israel del tendón que se contrajo, el cual está en el encaje del muslo, porque Jacob fue tocado en este sitio de su muslo, en el tendón que se contrajo.

Reconciliación entre Jacob y Esaú

33 [1] Alzó Jacob sus ojos y vio que venía Esaú con cuatrocientos hombres; entonces repartió él los niños entre Lea, Raquel y las dos siervas. [2] Puso las siervas y sus niños delante, luego a Lea y sus niños, y detrás a Raquel y a José. [3] Y él pasó delante de ellos y se inclinó a tierra siete veces, hasta que llegó a su hermano. [4] Pero Esaú corrió a su encuentro y, echándose sobre su cuello, lo abrazó y besó; los dos lloraron. [5] Después Esaú levantó sus ojos, vio a las mujeres y los niños y dijo:

—¿Quiénes son estos?

—Son los niños que Dios ha dado a tu siervo —dijo Jacob.

[6] Luego vinieron las siervas y sus hijos, y se inclinaron. [7] Vino Lea con sus hijos, y se inclinaron; y después llegaron José y Raquel, y también se inclinaron. [8] Preguntó entonces Esaú:

—¿Qué te propones con todos estos grupos que he encontrado?

—Hallar gracia a los ojos de mi señor —respondió Jacob.

[9] Dijo entonces Esaú:

—Suficiente tengo yo, hermano mío; sea para ti lo que es tuyo.

[10] Jacob replicó:

—No, yo te ruego; si he hallado ahora gracia a tus ojos, acepta mi regalo, porque he visto tu rostro como si hubiera visto el rostro de Dios, pues que con tanta bondad me has recibido. [11] Acepta, te ruego, el regalo que te he traído, pues Dios me ha favorecido y todo lo que hay aquí es mío.

E insistió hasta que Esaú lo tomó. [12] Y dijo Esaú:

—Anda, vamos; yo iré delante de ti.

[13] Jacob respondió:

—Mi señor sabe que los niños son tiernos, y que tengo ovejas y vacas paridas; si las fatigan, en un día morirán todas las ovejas. [14] Pase ahora mi señor delante de su siervo, y yo me iré poco a poco al paso del ganado que va delante de mí y al paso de los niños, hasta que llegue a Seir, donde está mi señor.

[15] Dijo Esaú:

—Dejaré ahora contigo parte de la gente que viene conmigo.

---

[d] **32.28** El cambio de nombre representa un cambio en el carácter y en la vida de Jacob (Gn 35.10). [e] **32.28** Esto es, *Dios lucha*. [f] **32.30** Es decir, *Rostro de Dios*.

Jacob respondió:

—¿Para qué, si he hallado gracia a los ojos de mi señor?

¹⁶ Así volvió Esaú aquel día por su camino a Seir. ¹⁷ Y Jacob fue a Sucot; allí se edificó una casa e hizo cabañas para su ganado; por tanto, puso por nombre Sucot a aquel lugar.ᵃ

¹⁸ Después Jacob, cuando regresaba de Padan-aram, llegó sano y salvo a la ciudad de Siquem, que está en la tierra de Canaán, y acampó delante de la ciudad. ¹⁹ Compró a los hijos de Hamor, padre de Siquem, por cien monedas,ᵇ la parte del campo donde había plantado su tienda, ²⁰ erigió allí un altar y lo llamó «El-Elohe-Israel».

Venganza por la deshonra de Dina

34 ¹ Dina, la hija que Lea había dado a luz a Jacob, salió a ver a las hijas del país. ² Y la vio Siquem hijo de Hamor, el heveo, príncipe de aquella tierra; la tomó, se acostó con ella y la deshonró. ³ Pero su alma se apegó a Dina, la hija de Lea; se enamoró de la joven y habló a su corazón. ⁴ Entonces dijo Siquem a Hamor, su padre:

—Tómame por mujer a esta joven.

⁵ Se enteró Jacob de que Siquem había deshonrado a Dina, su hija. Sus hijos estaban con su ganado en el campo, y calló Jacob hasta que ellos regresaran. ⁶ Mientras tanto, Hamor, el padre de Siquem, se dirigió a Jacob para hablar con él.

⁷ Los hijos de Jacob regresaron del campo cuando lo supieron; se entristecieron los hombres y se enojaron mucho, porque se había cometido una ofensa contra Israel al acostarse con la hija de Jacob, lo que no se debía haber hecho. ⁸ Hamor habló con ellos, y les dijo:

—El alma de mi hijo Siquem se ha apegado a vuestra hija; os ruego que se la deis por mujer. ⁹ Emparentad con nosotros, dadnos vuestras hijas y tomad vosotros las nuestras. ¹⁰ Habitad con nosotros, porque la tierra estará delante de vosotros; morad y negociad en ella, y tomad en ella posesión.

¹¹ Siquem dijo también al padre y a los hermanos de Dina:

—Halle yo gracia en vuestros ojos y os daré lo que me pidáis. ¹² Aumentad a mi cargo mucha dote y regalos, que yo os daré cuanto me pidáis; pero dadme la joven por mujer.

¹³ Los hijos de Jacob respondieron a Siquem y a Hamor, su padre, con palabras engañosas, por cuanto había deshonrado a Dina, hermana de ellos. ¹⁴ Les dijeron:

—No podemos hacer esto de dar nuestra hermana a hombre incircunciso, porque entre nosotros es abominación. ¹⁵ Pero con esta condición os complaceremos: que os hagáis como nosotros, y se circuncide entre vosotros todo varón. ¹⁶ Entonces os daremos nuestras hijas, y tomaremos nosotros las vuestras; habitaremos con vosotros y seremos un pueblo. ¹⁷ Pero si no nos prestáis oído en lo de circuncidaros, tomaremos nuestra hija y nos iremos.

¹⁸ Parecieron bien sus palabras a Hamor y a Siquem hijo de Hamor. ¹⁹ Y no tardó el joven en hacer aquello, porque la hija de Jacob le había agradado. Él mismo era el más distinguido en toda la casa de su padre. ²⁰ Entonces Hamor y su hijo Siquem fueron a la puerta de su ciudad y hablaron a los hombres del lugar, diciéndoles:

²¹ —Estos hombres son pacíficos con nosotros; que habiten, pues, en el país y comercien en él, porque la tierra es bastante ancha para ellos; nosotros tomaremos sus hijas por mujeres y les daremos las nuestras. ²² Pero solo con esta condición consentirán estos hombres en habitar con nosotros para que seamos un pueblo: que se circuncide todo varón entre nosotros, como ellos son circuncidados. ²³ Su ganado, sus bienes y todas sus bestias serán nuestros; solamente convengamos con ellos, y habitarán con nosotros.

²⁴ Obedecieron a Hamor y a su hijo Siquem todos los que salían por la puerta de la ciudad, y circuncidaron a todo varón, a cuantos salían por la puerta de su ciudad.

²⁵ Pero sucedió que al tercer día, cuando ellos sentían el mayor dolor, dos de los hijos de Jacob, Simeón y Leví, hermanos de Dina, tomaron cada uno su espada,

---

ᵃ **33.17** Esto es, *Cabañas* o *Enramadas*.   ᵇ **33.19** Jos 24.32; Jn 4.5.

fueron contra la ciudad, que estaba desprevenida, y mataron a todo varón. ²⁶ A filo de espada mataron a Hamor y a su hijo Siquem, y tomando a Dina de casa de Siquem, se fueron. ²⁷ Los hijos de Jacob pasaron sobre los muertos y saquearon la ciudad, por cuanto habían deshonrado a su hermana. ²⁸ Tomaron sus ovejas, vacas y asnos, lo que había en la ciudad y en el campo, ²⁹ y todos sus bienes; llevaron cautivos a todos sus niños y sus mujeres, y robaron todo lo que había en las casas. ³⁰ Entonces dijo Jacob a Simeón y a Leví:

—Me habéis puesto en un grave aprieto al hacerme odioso a los habitantes de esta tierra, el cananeo y el ferezeo. Como tengo pocos hombres, se juntarán contra mí, me atacarán, y me destruirán a mí y a mi casa.

³¹ Pero ellos respondieron:

—¿Acaso tenía él que tratar a nuestra hermana como a una ramera?

Dios bendice a Jacob en Bet-el

35 ¹ Dijo Dios a Jacob: «Levántate, sube a Bet-el y quédate allí; y haz allí un altar al Dios que se te apareció cuando huías de tu hermano Esaú».ª ² Entonces Jacob dijo a su familia y a todos los que con él estaban:

—Quitad los dioses ajenos que hay entre vosotros, limpiaos y mudad vuestros vestidos. ³ Levantémonos y subamos a Bet-el, pues allí haré un altar al Dios que me respondió en el día de mi angustia y que ha estado conmigo en el camino que he andado.

⁴ Ellos entregaron a Jacob todos los dioses ajenos que tenían en su poder y los zarcillos que llevaban en sus orejas, y Jacob los escondió debajo de una encina que había junto a Siquem. ⁵ Cuando salieron, el terror de Dios cayó sobre las ciudades de sus alrededores, y no persiguieron a los hijos de Jacob.

⁶ Llegó Jacob a Luz, es decir, a Bet-el, que está en tierra de Canaán, él y todo el pueblo que con él estaba. ⁷ Edificó allí un altar y llamó al lugar «El-bet-el»,ᵇ porque allí se le había aparecido Dios cuando

huía de su hermano. ⁸ Entonces murió Débora, nodriza de Rebeca, y fue sepultada al pie de Bet-el, debajo de una encina, la cual fue llamada «Alón-bacut».ᶜ

⁹ Se le apareció otra vez Dios a Jacob a su regreso de Padan-aram, y lo bendijo. ¹⁰ Le dijo Dios:

«Tu nombre es Jacob;
pero ya no te llamarás Jacob,
sino que tu nombre será Israel»;

y lo llamó Israel.ᵈ ¹¹ También le dijo Dios:

«Yo soy el Dios omnipotente:
crece y multiplícate;
una nación y un conjunto de
naciones saldrán de ti,
y reyes saldrán de tus entrañas.
¹² La tierra que he dado a Abraham y
a Isaac
te la daré a ti,
y a tu descendencia después
de ti».ᵉ

¹³ Y se fue Dios de su lado, del lugar desde el cual había hablado con él. ¹⁴ Jacob erigió entonces una señal en el lugar donde había hablado con él, una señal de piedra; derramó sobre ella una libación y echó sobre ella aceite. ¹⁵ Y Jacob llamó Bet-el a aquel lugar donde Dios le había hablado.ᶠ

Muerte de Raquel

¹⁶ Partieron de Bet-el, y cuando aún faltaba como media legua para llegar a Efrata, Raquel dio a luz, pero tuvo un mal parto. ¹⁷ Aconteció que, como había trabajo en el parto, la partera le dijo: «No temas, porque también tendrás este hijo». ¹⁸ Ella, al salírsele el alma —pues murió—, le puso por nombre Benoni;ᵍ pero su padre lo llamó Benjamín.ʰ

¹⁹ Así murió Raquel, y fue sepultada en el camino de Efrata, la cual es Belén. ²⁰ Levantó Jacob un pilar sobre su sepultura, y esta es la señal de la sepultura de Raquel hasta hoy.

ª **35.1** Gn 28.11-17.   ᵇ **35.7** Esto es, *Dios de Bet-el.*   ᶜ **35.8** A saber, *La encina del llanto.*
ᵈ **35.10** Gn 32.28.   ᵉ **35.11-12** Gn 17.4-8.   ᶠ **35.14-15** Gn 28.18-19.   ᵍ **35.18** Esto es, *Hijo de mi tristeza.*   ʰ **35.18** Esto es, *Hijo de mi mano derecha*, en el sentido de *hijo preferido* o *heredero.*

²¹ Israel salió de allí y plantó su tienda más allá de Migdal-edar. ²² Aconteció que, cuando habitaba Israel en aquella tierra, Rubén fue y durmió con Bilha, la concubina de su padre; de esto se enteró Israel.

Los hijos de Jacob
(1 Cr 2.1-2)

Los hijos de Israel fueron doce. ²³ Hijos de Lea: Rubén, primogénito de Jacob, Simeón, Leví, Judá, Isacar y Zabulón. ²⁴ Hijos de Raquel: José y Benjamín. ²⁵ Hijos de Bilha, sierva de Raquel: Dan y Neftalí. ²⁶ Hijos de Zilpa, sierva de Lea: Gad y Aser. Estos fueron los hijos de Jacob, que le nacieron en Padan-aram.

Muerte de Isaac

²⁷ Fue Jacob junto a Isaac, su padre, a Mamre, a la ciudad de Arba, que es Hebrón, donde habitaron Abraham e Isaac.ⁱ ²⁸ Los días de Isaac fueron ciento ochenta años. ²⁹ Exhaló Isaac el espíritu; murió y fue reunido a su pueblo, viejo y lleno de días. Lo sepultaron sus hijos Esaú y Jacob.

Descendientes de Esaú
(1 Cr 1.34-54)

36 ¹ Estos son los descendientes de Esaú, o sea Edom: ² Esaú tomó sus mujeres de las hijas de Canaán:ᵃ a Ada, hija de Elón, el heteo; a Aholibama, hija de Aná hijo de Zibeón, el heveo; ³ y a Basemat,ᵇ hija de Ismael, hermana de Nebaiot. ⁴ A Esaú, Ada le dio a luz a Elifaz; Basemat le dio a luz a Reuel; ⁵ y Aholibama le dio a luz a Jeús, a Jaalam y a Coré. Estos son los hijos que le nacieron a Esaú en la tierra de Canaán.

⁶ Esaú tomó sus mujeres, sus hijos, sus hijas y todas las personas de su casa; sus ganados, todas sus bestias y todo cuanto había adquirido en la tierra de Canaán, y se fue a otra tierra, separándose de su hermano Jacob, ⁷ porque los bienes de ambos eran tantos que no podían habitar juntos, ni la tierra en donde habitaban los podía sostener a causa de sus ganados. ⁸ Por eso Esaú, o sea Edom, habitó en los montes de Seir.

⁹ Estos son los descendientes de Esaú, padre de Edom, en los montes de Seir, ¹⁰ y estos son los nombres de sus hijos: Elifaz, hijo de Ada, mujer de Esaú; Reuel, hijo de Basemat, mujer de Esaú. ¹¹ Los hijos de Elifaz fueron Temán, Omar, Zefo, Gatam y Cenaz. ¹² Timna fue concubina de Elifaz hijo de Esaú, y ella le dio a luz a Amalec; estos son los hijos de Ada, mujer de Esaú. ¹³ Los hijos de Reuel fueron Nahat, Zera, Sama y Miza; estos son los hijos de Basemat, mujer de Esaú. ¹⁴ Y estos fueron los hijos que dio a luz Aholibama, mujer de Esaú, hija de Aná hijo de Zibeón: Jeús, Jaalam y Coré, hijos de Esaú.

¹⁵ Estos son los jefes de entre los hijos de Esaú: Hijos de Elifaz, primogénito de Esaú: los jefes Temán, Omar, Zefo, Cenaz, ¹⁶ Coré, Gatam y Amalec. Estos son los jefes de Elifaz, en la tierra de Edom. Estos fueron los hijos de Ada. ¹⁷ Estos son los hijos de Reuel hijo de Esaú: los jefes Nahat, Zera, Sama y Miza. Estos son los jefes de la línea de Reuel en la tierra de Edom; son los que proceden de Basemat, mujer de Esaú. ¹⁸ Estos son los hijos de Aholibama, mujer de Esaú: los jefes Jeús, Jaalam y Coré; y estos son los jefes que salieron de Aholibama, mujer de Esaú, hija de Aná. ¹⁹ Todos ellos fueron los hijos de Esaú, o sea Edom; y fueron sus jefes.

²⁰ Estos son los hijos de Seir, el horeo, habitantes de aquella tierra: Lotán, Sobal, Zibeón, Aná, ²¹ Disón, Ezer y Disán. Estos son los jefes de los horeos, hijos de Seir, en la tierra de Edom. ²² Los hijos de Lotán fueron Hori y Hemam. Timna fue hermana de Lotán. ²³ Los hijos de Sobal fueron Alván, Manahat, Ebal, Sefo y Onam; ²⁴ y los de Zibeón fueron Aja y Aná. Este Aná es el que descubrió manantiales en el desierto, cuando apacentaba los asnos de Zibeón, su padre. ²⁵ Los hijos de Aná fueron Disón y Aholibama, hija de Aná. ²⁶ Estos fueron los hijos de Disón: Hemdán, Esbán, Itrán y Querán; ²⁷ y estos los hijos de Ezer: Bilhán, Zaaván y Acán. ²⁸ Estos fueron los hijos de Disán: Uz y Arán; ²⁹ y estos los jefes de los horeos: los jefes Lotán, Sobal, Zibeón, Aná, ³⁰ Disón, Ezer y Disán; estos fueron los jefes de los horeos, por sus mandos en la tierra de Seir.

ⁱ **35.27** Gn 13.18.   ᵃ **36.2** Gn 26.34-35.   ᵇ **36.3** Llamada *Mahalat* en Gn 28.9.

³¹ Estos fueron los reyes que reinaron en la tierra de Edom antes que tuvieran rey los hijos de Israel: ³² Bela hijo de Beor, reinó en Edom, y el nombre de su ciudad fue Dinaba. ³³ Murió Bela y reinó en su lugar Jobab hijo de Zera, de Bosra. ³⁴ Murió Jobab y en su lugar reinó Husam, de tierra de Temán. ³⁵ Murió Husam y reinó en su lugar Hadad hijo de Bedad, el que derrotó a Madián en el campo de Moab; y el nombre de su ciudad fue Avit. ³⁶ Murió Hadad y en su lugar reinó Samla, de Masreca. ³⁷ Murió Samla y reinó en su lugar Saúl, de Rehobot, que está junto al Éufrates. ³⁸ Murió Saúl y en lugar suyo reinó Baal-hanán hijo de Acbor. ³⁹ Murió Baal-hanán hijo de Acbor y reinó Hadar en lugar suyo; el nombre de su ciudad fue Pau, y el nombre de su mujer, Mehetabel, hija de Matred, hija de Mezaab.

⁴⁰ Estos, pues, son los nombres de los jefes de Esaú por sus familias, por sus lugares y sus nombres: Timna, Alva, Jetet, ⁴¹ Aholibama, Ela, Pinón, ⁴² Cenaz, Temán, Mibzar, ⁴³ Magdiel e Iram. Estos fueron los jefes de Edom, según los lugares que ocupan en la tierra de su posesión. Edom es el mismo Esaú, padre de los edomitas.

José, vendido por sus hermanos[a]

37 ¹ Jacob habitó en la tierra donde había vivido su padre, en la tierra de Canaán. ² Esta es la historia de la familia de Jacob: José tenía diecisiete años y apacentaba las ovejas con sus hermanos; el joven estaba con los hijos de Bilha y con los hijos de Zilpa, mujeres de su padre; e informaba José a su padre de la mala fama de ellos. ³ Israel amaba a José más que a todos sus hijos, porque lo había tenido en su vejez; y le hizo una túnica de diversos colores. ⁴ Al ver sus hermanos que su padre lo amaba más que a todos ellos, lo aborrecían y no podían hablarle pacíficamente.

⁵ Tuvo José un sueño y lo contó a sus hermanos, y ellos llegaron a aborrecerlo más todavía. ⁶ Él les dijo:

—Oíd ahora este sueño que he tenido: ⁷ estábamos atando manojos en medio del campo, y mi manojo se levantaba y se quedaba derecho, y vuestros manojos estaban alrededor y se inclinaban ante el mío.

⁸ Entonces le respondieron sus hermanos:

—¿Reinarás tú sobre nosotros, o dominarás sobre nosotros?

Y lo aborrecieron aún más a causa de sus sueños y sus palabras.

⁹ Después tuvo otro sueño y lo contó a sus hermanos. Les dijo:

—He tenido otro sueño. Soñé que el sol, la luna y once estrellas se inclinaban hacia mí.

¹⁰ Y lo contó a su padre y a sus hermanos; su padre le reprendió, y le dijo:

—¿Qué sueño es este que tuviste? ¿Acaso vendremos yo, tu madre y tus hermanos a postrarnos en tierra ante ti?

¹¹ Sus hermanos le tenían envidia, pero su padre meditaba en esto.[b]

¹² Un día, sus hermanos fueron a apacentar las ovejas de su padre en Siquem. ¹³ Entonces Israel dijo a José:

—Tus hermanos apacientan las ovejas en Siquem. Ven, y te enviaré a ellos.

—Aquí estoy —respondió él.

¹⁴ —Ve ahora, mira cómo están tus hermanos y cómo están las ovejas, y tráeme la noticia —dijo Israel.

Lo envió, pues, desde el valle del Hebrón, y José llegó a Siquem. ¹⁵ Lo halló un hombre, andando él errante por el campo; y aquel hombre le preguntó:

—¿Qué buscas?

¹⁶ —Busco a mis hermanos; te ruego que me muestres dónde están apacentando —respondió José.

¹⁷ —Ya se han ido de aquí; pero yo les oí decir: "Vamos a Dotán" —dijo el hombre.

Entonces José fue tras sus hermanos y los halló en Dotán.[c]

¹⁸ Cuando ellos lo vieron de lejos, antes que llegara cerca de ellos conspiraron contra él para matarlo. ¹⁹ Se dijeron el uno al otro:

---

[a] **37.1—50.26** A diferencia de las narraciones relativas a los otros patriarcas, la historia de José y sus hermanos forma un relato continuo desde el principio hasta el fin.   [b] **37.11** Hch 7.9.   [c] **37.17** Ciudad situada a unos 30 km. al norte de Siquem. Por allí pasaba la ruta de las caravanas que iban a Egipto.

—¡Ahí viene el soñador! ²⁰ Ahora pues, venid, matémoslo y echémoslo en una cisterna, y diremos: "Alguna mala bestia lo devoró". Veremos entonces qué será de sus sueños.

²¹ Cuando Rubén oyó esto, lo libró de sus manos. Dijo:

—No lo matemos.

²² Y añadió:

—No derraméis sangre; echadlo en esta cisterna que está en el desierto, pero no le pongáis las manos encima.

Quiso librarlo así de sus manos y hacerlo volver a su padre. ²³ Sucedió, pues, que cuando llegó José junto a sus hermanos, ellos quitaron a José su túnica —la túnica de colores que llevaba puesta—, ²⁴ lo agarraron y lo echaron en la cisterna; pero la cisterna estaba vacía, no había en ella agua. ²⁵ Luego se sentaron a comer. En esto, al alzar la vista, vieron una compañía de ismaelitas que venía de Galaad, con camellos cargados de aromas, bálsamo y mirra, que llevaban a Egipto. ²⁶ Entonces Judá dijo a sus hermanos:

—¿Qué vamos a ganar con matar a nuestro hermano y ocultar su muerte? ²⁷ Venid y vendámoslo a los ismaelitas; pero no le pongamos las manos encima, porque es nuestro hermano, nuestra propia carne.

Y sus hermanos convinieron con él.

²⁸ Cuando pasaban los mercaderes madianitas, sacaron ellos a José de la cisterna, lo trajeron arriba y lo vendieron a los ismaelitas por veinte piezas de plata. Y estos se llevaron a José a Egipto.^d

²⁹ Después Rubén volvió a la cisterna y, al no hallar dentro a José, rasgó sus vestidos. ³⁰ Luego volvió a sus hermanos y dijo:

—El joven no aparece; y yo, ¿adónde iré yo?

³¹ Entonces tomaron ellos la túnica de José, degollaron un cabrito del rebaño y tiñeron la túnica con la sangre. ³² Enviaron la túnica de colores a su padre, con este mensaje: «Esto hemos hallado; reconoce ahora si es o no la túnica de tu hijo».

³³ Cuando él la reconoció, dijo: «Es la túnica de mi hijo; alguna mala bestia lo devoró; José ha sido despedazado». ³⁴ Entonces Jacob rasgó sus vestidos, se puso ropa áspera sobre su cintura y guardó luto por su hijo durante muchos días. ³⁵ Se levantaron todos sus hijos y todas sus hijas para consolarlo, pero él no quiso recibir consuelo, diciendo: «¡Descenderé enlutado junto a mi hijo hasta el seol!».^e Y lo lloró su padre.

³⁶ En Egipto, los madianitas lo vendieron a Potifar,^f oficial del faraón y capitán de la guardia.

Judá y Tamar

38 ¹ Aconteció en aquel tiempo que Judá se apartó de sus hermanos, y se fue a casa de un adulamita que se llamaba Hira. ² Allí conoció Judá a la hija de un cananeo, el cual se llamaba Súa; la tomó y se llegó a ella. ³ Ella concibió y dio a luz un hijo, al que llamó Er. ⁴ Concibió otra vez y dio a luz un hijo, al que llamó Onán. ⁵ Volvió a concebir y dio a luz un hijo, al que llamó Sela. Ella se hallaba en Quezib cuando lo dio a luz.

⁶ Después Judá tomó para su primogénito Er a una mujer llamada Tamar. ⁷ Pero Er, el primogénito de Judá, fue malo ante los ojos de Jehová, y Jehová le quitó la vida. ⁸ Entonces Judá dijo a Onán:

—Llégate a la mujer de tu hermano,^a despósate con ella y levanta descendencia a tu hermano.

⁹ Sabiendo Onán que la descendencia no sería suya, cuando se llegaba a la mujer de su hermano vertía en tierra, para no dar descendencia a su hermano. ¹⁰ Como desagradó a Jehová lo que hacía, a él también le quitó la vida. ¹¹ Entonces Judá dijo a su nuera Tamar:

—Permanece viuda en casa de tu padre, hasta que crezca mi hijo Sela.

^d **37.25-28** Hch 7.9-16.   ^e **37.35** Nombre hebreo del lugar de los muertos.   ^f **37.36** Transcripción del nombre egipcio *Pa-di-pa-Re* , que significa *dado por* (el dios) *Re*.   ^a **38.8** Según la ley del levirato, si un hombre casado moría sin tener hijos, su hermano o pariente más cercano estaba obligado a casarse con la viuda; el primer hijo nacido de esa unión era considerado hijo y heredero legal del difunto. Cf. Rt 4.5; Mc 12.19-22. Esta costumbre fue incorporada más tarde a la legislación mosaica (Dt 25.5-10).

(Esto dijo pues pensaba: «No sea que muera él también, como sus hermanos».)

Tamar se fue y se quedó en casa de su padre. ¹²Pasaron muchos días y murió la hija de Súa, la mujer de Judá. Cuando Judá se consoló, subió a Timnat (donde estaban los trasquiladores de sus ovejas) junto a su amigo Hira, el adulamita. ¹³Y avisaron a Tamar, diciéndole: «Tu suegro sube a Timnat a trasquilar sus ovejas». ¹⁴Entonces se quitó ella los vestidos de su viudez, se cubrió con un velo para no ser reconocida y se puso a la entrada de Enaim, junto al camino de Timnat, pues veía que Sela había crecido y que ella no le era dada por mujer.

¹⁵Cuando Judá la vio, la tuvo por una ramera, pues ella había cubierto su rostro. ¹⁶Entonces se apartó del camino para acercarse a ella y, sin saber que era su nuera, le dijo:

—Déjame ahora llegarme a ti.

—¿Qué me darás por llegarte a mí? —dijo ella.

¹⁷—Te enviaré un cabrito de mi rebaño —respondió él.

—Dame una prenda, hasta que lo envíes —dijo ella.

¹⁸—¿Qué prenda te daré? —preguntó Judá.

Ella respondió:

—Tu sello, tu cordón y el bastón que tienes en tu mano.

Judá se los dio, se llegó a ella y ella concibió de él. ¹⁹Luego se levantó y se fue; se quitó el velo que la cubría y se vistió las ropas de su viudez.

²⁰Judá envió el cabrito del rebaño por medio de su amigo, el adulamita, para que este rescatara la prenda de la mujer; pero no la halló. ²¹Entonces preguntó a los hombres de aquel lugar, diciendo:

—¿Dónde está la ramera que había en Enaim, junto al camino?

—No ha estado aquí ramera alguna —dijeron ellos.

²²Entonces él se volvió a Judá y le dijo:

—No la he hallado. Además, los hombres del lugar me dijeron: "Aquí no ha estado ninguna ramera".

²³Judá respondió:

—Pues que se quede con todo, para que no seamos objetos de burla. Yo le he enviado este cabrito, pero tú no la hallaste.

²⁴Sucedió que al cabo de unos tres meses fue dado aviso a Judá, diciendo:

—Tamar, tu nuera, ha fornicado, y ciertamente está encinta a causa de las fornicaciones.

Entonces dijo Judá:

—¡Sacadla y quemadla!

²⁵Pero ella, cuando la sacaban, envió a decir a su suegro: «Del dueño de estas cosas estoy encinta». También dijo: «Mira ahora de quién son estas cosas: el sello, el cordón y el bastón». ²⁶Cuando Judá los reconoció, dijo: «Más justa es ella que yo, por cuanto no la he dado a mi hijo Sela». Y nunca más la conoció.

²⁷Aconteció que, al tiempo de dar a luz, había gemelos en su seno. ²⁸Y sucedió durante el parto que uno de ellos sacó la mano, y la partera tomó y ató a su mano un hilo de grana, diciendo: «Este salió primero». ²⁹Pero volviendo él a meter la mano, salió su hermano; y ella dijo: «¡Cómo te has abierto paso!». Por eso lo llamó Fares.[b] ³⁰Después salió su hermano, el que tenía en su mano el hilo de grana, y lo llamó Zara.

José y la esposa de Potifar[a]

39 ¹Llevado, pues, José a Egipto, Potifar, un egipcio oficial del faraón, capitán de la guardia, lo compró de los ismaelitas[b] que lo habían llevado allá. ²Pero Jehová estaba con José,[c] quien llegó a ser un hombre próspero, y vivía en la casa del egipcio, su amo. ³Vio su amo que Jehová estaba con él, que Jehová lo hacía prosperar en todas sus empresas. ⁴Así halló José gracia a sus ojos, y lo servía; lo hizo mayordomo de su casa y entregó en su poder todo lo que tenía. ⁵Desde el momento en que le dio el encargo de su casa y de todo lo que tenía, Jehová bendijo la casa del egipcio a causa de José, y la bendición de Jehová estaba sobre todo lo que tenía, tanto en la casa como en el campo. ⁶Él mismo dejó todo lo que tenía en manos de

---

[b] **38.29** Esto es, *Abertura* o *Brecha*.   [a] **39.1-23** Aquí continúa la historia de José, interrumpida por el episodio de Judá y Tamar.   [b] **39.1** Gn 25.12-18; 37.25-28.   [c] **39.2** Hch 7.9.

José, y con él no se preocupaba de cosa alguna sino del pan que comía.

José era de hermoso semblante y bella presencia, [7] y aconteció después de esto, que la mujer de su amo puso sus ojos en José, y le dijo:

—Duerme conmigo.

[8] Pero él no quiso, y dijo a la mujer de su amo:

—Mi señor no se preocupa conmigo de lo que hay en casa, y ha puesto en mis manos todo lo que tiene. [9] No hay otro mayor que yo en esta casa, y ninguna cosa me ha reservado sino a ti, por cuanto tú eres su mujer. ¿Cómo, pues, haría yo este gran mal, y pecaría contra Dios? [10] Hablaba ella a José cada día, pero él no la escuchaba para acostarse al lado de ella, para estar con ella. [11] Pero aconteció un día, cuando entró él en casa a hacer su oficio, que no había nadie de los de casa allí. [12] Entonces ella lo asió por la ropa, diciendo:

—Duerme conmigo.

Pero él, dejando su ropa en las manos de ella, huyó y salió. [13] Cuando ella vio que le había dejado la ropa en sus manos y había huido fuera, [14] llamó a los de casa, y les dijo:

—Mirad, nos ha traído un hebreo para que hiciera burla de nosotros. Ha venido a mí para dormir conmigo, y yo di grandes voces. [15] Al ver que yo alzaba la voz y gritaba, dejó junto a mí su ropa, y salió huyendo.

[16] Puso ella junto a sí la ropa de José, hasta que llegó su señor a la casa. [17] Entonces le repitió las mismas palabras, diciendo:

—El siervo hebreo que nos trajiste, vino a mí para deshonrarme. [18] Y cuando yo alcé mi voz y grité, él dejó su ropa junto a mí y huyó fuera.

[19] Al oír el amo de José las palabras de su mujer, que decía: «Así me ha tratado tu siervo», se encendió su furor. [20] Tomó su amo a José y lo puso en la cárcel, donde estaban los presos del rey; y allí lo mantuvo. [21] Pero Jehová estaba con José y extendió a él su misericordia, pues hizo que se ganara el favor del jefe de la cárcel. [22] El jefe de la cárcel puso en manos de José el cuidado de todos los presos que había en aquella prisión; todo lo que se hacía allí,

él lo hacía. [23] No necesitaba atender el jefe de la cárcel cosa alguna de las que estaban al cuidado de José, porque Jehová estaba con José, y lo que él hacía, Jehová lo prosperaba.

José, intérprete de sueños

40 [1] Aconteció después de estas cosas, que el copero y el panadero del rey de Egipto delinquieron contra su señor, el rey de Egipto. [2] Y se enojó el faraón contra sus dos oficiales, el jefe de los coperos y el jefe de los panaderos, [3] y los puso en prisión en la casa del capitán de la guardia, en la cárcel donde José estaba preso. [4] El capitán de la guardia encargó de ellos a José, para que los sirviera; y estuvieron durante un tiempo en la prisión.

[5] Sucedió que ambos, el copero y el panadero del rey de Egipto, que estaban arrestados en la prisión, tuvieron un sueño en la misma noche, cada uno su propio sueño, cada uno con su propio significado. [6] Vino a ellos José por la mañana y vio que estaban tristes. [7] Entonces preguntó a aquellos oficiales del faraón que estaban con él en la prisión de la casa de su señor:

—¿Por qué tienen hoy mal aspecto vuestros semblantes?

[8] Ellos le dijeron:

—Hemos tenido un sueño y no hay quien lo interprete.

José les dijo:

—¿No son de Dios las interpretaciones? Contádmelo ahora.

[9] Entonces el jefe de los coperos contó su sueño a José, y le dijo:

—Yo soñaba que veía una vid delante de mí [10] y en la vid, tres sarmientos; y ella echaba brotes, florecía y maduraban sus racimos de uvas. [11] Y que la copa del faraón estaba en mi mano, y tomando yo las uvas las exprimía en la copa del faraón, y ponía la copa en la mano del faraón.

[12] José le dijo:

—Esta es su interpretación: los tres sarmientos son tres días. [13] Al cabo de tres días levantará el faraón tu cabeza, te restituirá a tu puesto y darás la copa al faraón en su mano, como solías hacer cuando eras su copero. [14] Acuérdate, pues, de mí cuando te vaya bien; te ruego que tengas misericordia y hagas mención de mí al faraón, y que me saques de esta casa, [15] porque fui raptado de la tierra de los hebreos y nada he hecho aquí para que me pusieran en la cárcel.

[16] Viendo el jefe de los panaderos que aquella interpretación había sido para bien, dijo a José:

—También yo soñé que veía tres canastillos blancos sobre mi cabeza. [17] En el canastillo más alto había toda clase de manjares de pastelería para el faraón, y las aves los comían del canastillo de sobre mi cabeza.

[18] Entonces respondió José, y dijo:

—Esta es su interpretación: Los tres canastillos son tres días. [19] Al cabo de tres días quitará el faraón tu cabeza de sobre ti. Te hará colgar en la horca, y las aves comerán la carne que te cubre.

[20] Al tercer día, que era el día del cumpleaños del faraón, el rey ofreció un banquete a todos sus sirvientes; y alzó la cabeza del jefe de los coperos y la cabeza del jefe de los panaderos en presencia de sus servidores. [21] Hizo volver a su oficio al jefe de los coperos, y volvió este a poner la copa en la mano del faraón. [22] Pero hizo ahorcar al jefe de los panaderos, como José lo había interpretado. [23] Sin embargo, el jefe de los coperos no se acordó de José, sino que lo olvidó.

José y el sueño del faraón

41 [1] Aconteció, pasados dos años, que el faraón tuvo un sueño. Le parecía que estaba junto al río, [2] y que del río subían siete vacas hermosas a la vista, muy gordas, y que pacían en el prado. [3] Tras ellas subían del río otras siete vacas de feo aspecto y enjutas de carne, que se pararon cerca de las vacas hermosas a la orilla del río; [4] y las vacas de feo aspecto y enjutas de carne devoraban a las siete vacas hermosas y muy gordas.

El faraón se despertó, [5] pero se durmió de nuevo, y soñó la segunda vez: Siete espigas llenas y hermosas crecían de una sola caña, [6] y después de ellas salían otras siete espigas menudas y quemadas por el viento del este; [7] y las siete espigas menudas devoraban a las siete espigas gruesas y llenas.

El faraón se despertó y vio que era un sueño. [8] Sucedió que por la mañana estaba agitado su espíritu, y envió llamar a todos los magos de Egipto y a todos sus sabios. Les contó sus sueños, pero no había quien se los pudiera interpretar al faraón. [9] Entonces el jefe de los coperos dijo al faraón:

—Me acuerdo hoy de mis faltas. [10] Cuando el faraón se enojó contra sus siervos, nos echó a la prisión de la casa del capitán de la guardia a mí y al jefe de los panaderos. [11] Él y yo tuvimos un sueño en la misma noche, y cada sueño tenía su propio significado. [12] Estaba allí con nosotros un joven hebreo, siervo del capitán de la guardia. Se lo contamos, y él nos interpretó nuestros sueños y declaró a cada uno conforme a su sueño. [13] Y aconteció que como él nos los interpretó, así ocurrió: yo fui restablecido en mi puesto y el otro fue colgado.

[14] Entonces el faraón envió a llamar a José; lo sacaron apresuradamente de la cárcel, se afeitó, mudó sus vestidos y vino ante el faraón. [15] El faraón dijo a José:

—Yo he tenido un sueño, y no hay quien lo interprete; pero he oído decir de ti que oyes sueños para interpretarlos.

[16] Respondió José al faraón:

—No está en mí; Dios será el que dé respuesta propicia al faraón.

[17] Entonces el faraón dijo a José:

—En mi sueño me parecía que estaba a la orilla del río, [18] y que del río subían siete vacas de gruesas carnes y hermosa apariencia, que pacían en el prado. [19] Y que otras siete vacas subían después de ellas, flacas y de muy feo aspecto; tan extenuadas, que no he visto otras semejantes en fealdad en toda la tierra de Egipto. [20] Las vacas flacas y feas devoraban a las siete primeras vacas gordas; [21] pero, aunque las tenían en sus entrañas, no se conocía que hubieran entrado, pues la apariencia de las flacas seguía tan mala como al principio. Entonces me desperté.

[22] »Luego, de nuevo en sueños, vi que siete espigas crecían en una misma caña, llenas y hermosas. [23] Y que otras siete espigas, menudas, marchitas y quemadas por el viento solano, crecían después de ellas; [24] y las espigas menudas devoraban a las siete espigas hermosas. Esto lo he contado a los magos, pero no hay quien me lo interprete.

²⁵ Entonces respondió José al faraón:

—El sueño del faraón es uno y el mismo. Dios ha mostrado al faraón lo que va a hacer. ²⁶ Las siete vacas hermosas siete años son, y las espigas hermosas son siete años: el sueño es uno y el mismo. ²⁷ También las siete vacas flacas y feas que subían tras ellas son siete años, y las siete espigas menudas y quemadas por el viento solano siete años serán de hambre. ²⁸ Esto es lo que respondo al faraón. Lo que Dios va a hacer, lo ha mostrado al faraón. ²⁹ Vienen siete años de gran abundancia en toda la tierra de Egipto. ³⁰ Tras ellos seguirán siete años de hambre: toda la abundancia será olvidada en la tierra de Egipto, y el hambre consumirá la tierra. ³¹ Y aquella abundancia no se echará de ver, a causa del hambre que la seguirá, la cual será gravísima. ³² Y que el faraón haya tenido el sueño dos veces significa que la cosa es firme de parte de Dios, y que Dios se apresura a hacerla.

³³ »Por tanto, es necesario que el faraón se provea de un hombre prudente y sabio, y que lo ponga sobre la tierra de Egipto. ³⁴ Haga esto el faraón: ponga gobernadores sobre el país, que recojan la quinta parte de las cosechas de Egipto en los siete años de la abundancia. ³⁵ Junten toda la provisión de estos buenos años que vienen, recojan el trigo bajo la mano del faraón para mantenimiento de las ciudades y guárdenlo. ³⁶ Y esté aquella provisión en depósito para el país, para los siete años de hambre que habrá en la tierra de Egipto; y el país no perecerá de hambre.

José, gobernador de Egipto

³⁷ El asunto pareció bien al faraón y a sus siervos, ³⁸ y dijo el faraón a sus siervos:

—¿Acaso hallaremos a otro hombre como este, en quien esté el espíritu de Dios?

³⁹ Y dijo el faraón a José:

—Después de haberte dado a conocer Dios todo esto, no hay entendido ni sabio como tú. ⁴⁰ Tú estarás sobre mi casa y por tu palabra se gobernará todo mi pueblo; solamente en el trono seré yo mayor que tú.ᵃ

⁴¹ Dijo además el faraón a José:

—Yo te he puesto sobre toda la tierra de Egipto.

⁴² Entonces el faraón se quitó el anillo de su mano y lo puso en la mano de José; lo hizo vestir de ropas de lino finísimo y puso un collar de oro en su cuello. ⁴³ Lo hizo subir en su segundo carro, y pregonaban delante de él: «¡Doblad la rodilla!».ᵇ Así quedó José sobre toda la tierra de Egipto.

⁴⁴ Luego dijo el faraón a José:

—Yo soy el faraón; pero sin ti nadie alzará su mano ni su pie en toda la tierra de Egipto.

⁴⁵ El faraón puso a José el nombre de Zafnat-panea, y le dio por mujer a Asenat, hija de Potifera, sacerdote de On. Así quedó José al frente de toda la tierra de Egipto.

⁴⁶ Era José de edad de treinta años cuando fue presentado delante del faraón, el rey de Egipto; y salió José de delante del faraón y recorrió toda la tierra de Egipto. ⁴⁷ En aquellos siete años de abundancia la tierra produjo en gran cantidad. ⁴⁸ Y él recogió todo el alimento de los siete años de abundancia que hubo en la tierra de Egipto, y almacenó alimento en las ciudades, poniendo en cada ciudad el alimento de los campos de alrededor. ⁴⁹ Recogió José trigo como si fuera arena del mar; tanto que no se podía contar, porque era incalculable.

⁵⁰ Antes que llegara el primer año de hambre, le nacieron a José dos hijos, los cuales le dio a luz Asenat, hija de Potifera, sacerdote de On. ⁵¹ Llamó José al primogénito Manasés,ᶜ porque dijo: «Dios me hizo olvidar todos mis sufrimientos, y a toda la casa de mi padre». ⁵² Al segundo lo llamó Efraín,ᵈ porque dijo: «Dios me hizo fructificar en la tierra de mi aflicción».

⁵³ Se cumplieron así los siete años de abundancia que hubo en la tierra de Egipto, ⁵⁴ y comenzaron a llegar los siete años

---

ᵃ **41.40** Sal 105.16-22. Cf. Hch 7.10.   ᵇ **41.43** Heb. *Abrek*: Probablemente una palabra de procedencia egipcia con sonido semejante al término hebreo que significa *arrodillarse*.
ᶜ **41.51** Esto es, *El que hace olvidar*.   ᵈ **41.52** De una palabra hebrea que significa *fructífero*.

de hambre, como José había predicho. Hubo hambre en todos los países, pero en toda la tierra de Egipto había pan. ⁵⁵ Cuando se sintió el hambre en toda la tierra de Egipto, el pueblo clamó por pan al faraón. Y dijo el faraón a todos los egipcios: «Id a José, y haced lo que él os diga».

⁵⁶ Cuando el hambre se extendió por todo el país, abrió José todos los graneros donde estaba el trigo, y lo vendía a los egipcios, porque había crecido el hambre en la tierra de Egipto. ⁵⁷ Y de todos los países venían a Egipto para comprar grano a José, porque por toda la tierra había crecido el hambre.

Los hermanos de José en busca de alimentos

42 ¹ Viendo Jacob que en Egipto había alimentos, dijo a sus hijos: «¿Por qué os estáis ahí mirando? ² Yo he oído que hay víveres en Egipto; descended allá y comprad de allí para nosotros, para que podamos vivir y no muramos».

³ Descendieron los diez hermanos de José a comprar trigo en Egipto. ⁴ Pero Jacob no envió a Benjamín, hermano de José, con sus hermanos, porque dijo: «No sea que le acontezca algún desastre». ⁵ Fueron, pues, los hijos de Israel entre los que iban a comprar, porque había hambre en la tierra de Canaán.

⁶ José era el señor de la tierra, quien le vendía trigo a todo el mundo. Cuando llegaron los hermanos de José, se inclinaron a él el rostro en tierra.[a] ⁷ José reconoció a sus hermanos en cuanto los vio; pero hizo como que no los conocía, y hablándoles ásperamente les dijo:

—¿De dónde habéis venido?

Ellos respondieron:

—De la tierra de Canaán, para comprar alimentos.

⁸ Reconoció, pues, José a sus hermanos, pero ellos no lo reconocieron. ⁹ Entonces se acordó José de los sueños que había tenido acerca de ellos, y les dijo:

—Espías sois; para ver las regiones indefensas del país habéis venido.

¹⁰ —No, señor nuestro —respondieron ellos—, sino que tus siervos han venido a comprar alimentos. ¹¹ Todos nosotros somos hijos del mismo padre y somos hombres honrados; tus siervos nunca fueron espías.

¹² Pero José les dijo:

—No; para ver las regiones indefensas del país habéis venido.

¹³ —Tus siervos somos doce hermanos —respondieron ellos—, hijos de un hombre en la tierra de Canaán. El menor está hoy con nuestro padre y el otro ha desaparecido.

¹⁴ Y José les dijo:

—Eso es lo que os he dicho al afirmar que sois espías. ¹⁵ En esto seréis probados: ¡Por vida del faraón, que no saldréis de aquí hasta que vuestro hermano menor venga! ¹⁶ Enviad a uno de vosotros para que traiga a vuestro hermano, y vosotros quedad presos. Vuestras palabras serán probadas, si hay verdad en vosotros; y si no, ¡por la vida del faraón, que sois espías!

¹⁷ Entonces los puso juntos en la cárcel por tres días. ¹⁸ Al tercer día les dijo José:

—Haced esto y vivid: Yo temo a Dios. ¹⁹ Si sois hombres honrados, uno de vuestros hermanos se quedará en la cárcel, mientras los demás vais a llevar el alimento para remediar el hambre de vuestra familia. ²⁰ Pero traeréis a vuestro hermano menor; así serán verificadas vuestras palabras y no moriréis.

Ellos lo hicieron así, ²¹ pero se decían el uno al otro:

—Verdaderamente hemos pecado contra nuestro hermano, pues vimos la angustia de su alma cuando nos rogaba y no lo escuchamos; por eso ha venido sobre nosotros esta angustia.

²² Entonces Rubén les respondió, diciendo:

—¿No os hablé yo y dije: "No pequéis contra el joven"?[b] Pero no me escuchasteis; por eso ahora se nos demanda su sangre.

²³ Ellos no sabían que José los entendía, porque este tenía un intérprete para hablar con ellos. ²⁴ Entonces se apartó José de su lado, y lloró; cuando volvió a ellos, les habló y, tomando de entre ellos a Simeón, lo apresó en su presencia. ²⁵ Después mandó José que llenaran sus sacos de trigo y devolvieran el dinero a cada

---

ᵃ **42.6** Gn 37.5-11.   ᵇ **42.22** Gn 37.21-22.

uno de ellos, poniéndolo en su saco, y que les dieran comida para el camino; así se hizo con ellos. ²⁶ Entonces pusieron ellos su trigo sobre sus asnos y se fueron de allí.

²⁷ Pero al abrir uno de ellos el saco para dar de comer a su asno en el mesón, vio el dinero que estaba en la boca de su costal. ²⁸ Y dijo a sus hermanos:

—¡Me han devuelto mi dinero; aquí está, en mi saco!

Entonces se les sobresaltó el corazón, y espantados se dijeron el uno al otro:

—¿Qué es esto que Dios nos ha hecho?

²⁹ Cuando llegaron junto a Jacob, su padre, en tierra de Canaán, le contaron todo lo que les había acontecido, diciendo:

³⁰—Aquel hombre, el señor de la tierra, nos habló ásperamente y nos trató como a espías de la tierra. ³¹ Pero nosotros le dijimos: "Somos hombres honrados, nunca fuimos espías. ³² Somos doce hermanos, hijos de nuestro padre; uno ha desaparecido y el menor está hoy con nuestro padre en la tierra de Canaán". ³³ Entonces aquel hombre, el señor de la tierra, nos dijo: "En esto conoceré que sois hombres honrados: dejad conmigo a uno de vuestros hermanos, tomad para remediar el hambre de vuestras familias y andad, ³⁴ traedme a vuestro hermano menor; así sabré que no sois espías, sino hombres honrados; entonces os entregaré a vuestro hermano y comerciaréis libremente por el país".

³⁵ Aconteció que cuando vaciaban ellos sus sacos, vieron que en el saco de cada uno estaba la bolsita con su dinero; y tanto ellos como su padre, al ver las bolsitas con el dinero, tuvieron temor.

³⁶ Entonces su padre Jacob les dijo:

—Me habéis privado de mis hijos: José no aparece, Simeón tampoco y ahora os llevaréis a Benjamín. Estas cosas acabarán conmigo.

³⁷ Rubén respondió a su padre:

—Quítales la vida a mis dos hijos, si no te lo devuelvo. Confíamelo a mí y yo te lo devolveré.

³⁸ Pero Jacob replicó:

—No descenderá mi hijo con vosotros, pues su hermano ha muerto y él ha quedado solo; si le acontece algún desastre en el camino por donde vais, haréis descender mis canas con dolor al seol.

Regreso, con Benjamín, de los hermanos de José

43 ¹ El hambre era grande en la tierra; ² y aconteció que cuando acabaron de consumir el trigo que trajeron de Egipto, les dijo su padre:

—Volved y comprad para nosotros un poco de alimento.

³ Respondió Judá:

—Aquel hombre nos advirtió con ánimo resuelto: "No veréis mi rostro si no traéis a vuestro hermano con vosotros". ⁴ Si envías a nuestro hermano con nosotros, descenderemos y te compraremos alimento. ⁵ Pero si no lo envías, no descenderemos, porque aquel hombre nos dijo: "No veréis mi rostro si no traéis a vuestro hermano con vosotros".

⁶ Dijo entonces Israel:

—¿Por qué me hicisteis tanto mal, declarando a ese hombre que teníais otro hermano?

⁷ Ellos respondieron:

—Aquel hombre nos preguntó expresamente por nosotros y por nuestra familia, diciendo: «¿Vive aún vuestro padre? ¿Tenéis otro hermano?». Y le declaramos conforme a estas palabras. ¿Acaso podíamos saber que él nos diría: «Haced venir a vuestro hermano»?

⁸ Entonces Judá dijo a su padre Israel:

—Envía al joven conmigo; nos levantaremos e iremos enseguida, a fin de que vivamos y no muramos, ni nosotros, ni tú, ni nuestros niños. ⁹ Yo te respondo por él; a mí me pedirás cuenta. Si no te lo traigo de vuelta y no lo pongo delante de ti, seré ante ti el culpable para siempre. ¹⁰ Si no nos hubiéramos demorado, ciertamente hubiéramos ya ido y vuelto dos veces.

¹¹ Entonces su padre Israel les respondió:

—Pues que así es, hacedlo; tomad de lo mejor de la tierra en vuestros sacos y llevad a aquel hombre un regalo, un poco de bálsamo, un poco de miel, aromas y mirra, nueces y almendras. ¹² Tomad también en vuestras manos doble cantidad de dinero, y llevad así en vuestras manos el dinero devuelto en las bocas de vuestros costales; quizá fue equivocación. ¹³ Asimismo, tomad a vuestro hermano, levantaos y volved a aquel hombre. ¹⁴ Que el Dios omnipotente haga que ese hombre tenga misericordia de vosotros, y os suelte al otro hermano vuestro y a este Benjamín. Y si he de ser privado de mis hijos, que lo sea.

¹⁵ Entonces tomaron aquellos hombres el regalo, y tomaron en sus manos el doble del dinero, así como a Benjamín, y se levantaron, descendieron a Egipto y se presentaron delante de José. ¹⁶ José vio con ellos a Benjamín, y dijo al mayordomo de su casa:

—Lleva a casa a esos hombres, y degüella una res y prepárala, pues estos hombres comerán conmigo al mediodía.

¹⁷ Hizo el hombre como José había dicho, y llevó a los hombres a casa de José. ¹⁸ Entonces aquellos hombres tuvieron temor, porque los llevaban a casa de José. Se decían:

—Por el dinero que fue devuelto en nuestros costales la primera vez, nos han traído aquí; para tendernos lazo, atacarnos y tomarnos por siervos a nosotros y a nuestros asnos.

¹⁹ Se acercaron, pues, al mayordomo de la casa de José, y le hablaron a la entrada de la casa. ²⁰ Le dijeron:

—¡Ay, señor nuestro! Nosotros, en realidad de verdad, descendimos al principio a comprar alimentos. ²¹ Y aconteció que cuando llegamos al mesón y abrimos nuestros costales, vimos que el dinero de cada uno estaba en la boca de su costal, nuestro dinero en su justo peso; y lo hemos vuelto a traer con nosotros. ²² Hemos traído también en nuestras manos otro dinero para comprar alimentos. Nosotros no sabemos quién haya puesto nuestro dinero en nuestros costales.

²³ Él les respondió:

—Paz a vosotros, no temáis. Vuestro Dios y el Dios de vuestro padre os puso ese tesoro en vuestros costales; yo recibí vuestro dinero.

Y les sacó a Simeón. ²⁴ Luego llevó aquel varón a los hombres a casa de José; les dio agua y lavaron sus pies, y dio de comer a sus asnos. ²⁵ Ellos prepararon el regalo mientras venía José a mediodía, pues oyeron que habrían de comer allí.

²⁶ Al entrar José en casa, ellos le trajeron el regalo que habían traído consigo, y se inclinaron ante él hasta tocar la tierra.

²⁷ Entonces les preguntó José cómo estaban, y les dijo:

—¿Vuestro padre, el anciano que dijisteis, lo pasa bien? ¿Vive todavía?

²⁸ Ellos respondieron:

—Tu siervo, nuestro padre, está bien; aún vive.

Y se inclinaron e hicieron reverencia.

²⁹ Alzó José sus ojos y vio a su hermano Benjamín, hijo de su madre, y dijo:

—¿Es este vuestro hermano menor, de quien me hablasteis?

Y añadió:

—Dios tenga misericordia de ti, hijo mío.

³⁰ Entonces José se apresuró, porque se conmovieron sus entrañas a causa de su hermano, y buscó dónde llorar; entró en su habitación y lloró allí. ³¹ Cuando pudo contener el llanto, lavó su rostro, salió y dijo: «Servid la comida».

³² Sirvieron para él aparte, y separadamente para ellos, y aparte para los egipcios que con él comían, porque los egipcios no pueden comer pan con los hebreos, lo cual es abominación para los egipcios. ³³ Y se sentaron delante de él, el mayor conforme a su primogenitura, y el menor conforme a su menor edad; y estaban aquellos hombres atónitos mirándose el uno al otro. ³⁴ José tomó viandas de delante de sí para ellos; pero la porción de Benjamín era cinco veces mayor que la de cualquiera de los demás. Y bebieron y se alegraron con él.

La copa de José

44 ¹ Mandó José al mayordomo de su casa, diciendo:

—Llena de alimento los costales de estos hombres, de todo cuanto puedan llevar, y pon el dinero de cada uno en la boca de su costal. ² También pondrás mi copa, la copa de plata, en la boca del costal del menor, con el dinero de su trigo.

El mayordomo hizo como había dicho José.

³ Al amanecer, los hombres fueron despedidos con sus asnos. ⁴ Ya ellos habían salido de la ciudad, pero todavía no se habían alejado, cuando José dijo a su mayordomo:

—Levántate y sigue a esos hombres. Cuando los alcances, diles: "¿Por qué habéis pagado mal por bien? ¿Por qué habéis robado mi copa de plata? [5] ¿No es esta en la que bebe mi señor, y la que usa para adivinar? ¡Habéis hecho mal al hacer esto!"

[6] Cuando él los alcanzó, les dijo estas palabras. [7] Y ellos le respondieron:

—¿Por qué dice nuestro señor tales cosas? Nunca tal hagan tus siervos. [8] Si el dinero que hallamos en la boca de nuestros costales te lo volvimos a traer desde la tierra de Canaán, ¿cómo íbamos a hurtar de casa de tu señor plata ni oro? [9] Aquel de tus siervos a quien se le encuentre la copa, que muera, y aun nosotros seremos siervos de mi señor.

[10] Entonces el mayordomo dijo:

—También ahora sea conforme a vuestras palabras: aquel a quien se le encuentre será mi siervo; los demás quedaréis sin culpa.

[11] Ellos entonces se dieron prisa, bajó cada uno su costal a tierra y cada cual abrió el suyo. [12] El mayordomo buscó, comenzando por el mayor y terminando por el menor; y la copa fue hallada en el costal de Benjamín. [13] Entonces ellos rasgaron sus vestidos, cargó cada uno su asno y volvieron a la ciudad.

[14] Entró Judá con sus hermanos a casa de José, que aún estaba allí, y se postraron en tierra delante de él. [15] Y les dijo José:

—¿Qué acción es esta que habéis hecho? ¿No sabéis que un hombre como yo sabe adivinar?

[16] Entonces dijo Judá:

—¿Qué diremos a mi señor? ¿Qué hablaremos o con qué nos justificaremos? Dios ha hallado la maldad de tus siervos. Nosotros somos siervos de mi señor, nosotros y también aquel en cuyo poder se halló la copa.

[17] José respondió:

—Nunca haga yo tal cosa. El hombre en cuyo poder se halló la copa, ese será mi siervo; vosotros id en paz junto a vuestro padre.

Judá intercede por Benjamín

[18] Entonces Judá se acercó a él y le dijo:

—¡Ay, señor mío!, te ruego que permitas a tu siervo decir una palabra a oídos de mi señor, y no se encienda tu enojo contra tu siervo, pues tú eres como el faraón. [19] Mi señor preguntó a sus siervos: "¿Tenéis padre o hermano?". [20] Y nosotros respondimos a mi señor: "Sí, tenemos un padre anciano y un hermano joven, pequeño aún, que le nació en su vejez; un hermano suyo murió, y solo él quedó de los hijos de su madre, y su padre lo ama". [21] Tú dijiste a tus siervos: "Traédmelo, pues quiero verlo". [22] Y nosotros dijimos a mi señor: "El joven no puede dejar a su padre, porque si lo deja, su padre morirá". [23] Y dijiste a tus siervos: "Si vuestro hermano menor no viene con vosotros, no veréis más mi rostro".

[24] »Aconteció, pues, que cuando llegamos a mi padre, tu siervo, le contamos las palabras de mi señor. [25] Y dijo nuestro padre: "Volved a comprarnos un poco de alimento". [26] Pero nosotros respondimos: "No podemos ir. Si nuestro hermano va con nosotros, iremos, porque no podremos presentarnos ante aquel hombre, si no está con nosotros nuestro hermano menor". [27] Entonces tu siervo, mi padre, nos dijo: "Vosotros sabéis que dos hijos me dio a luz mi mujer; [28] uno de ellos se fue de mi lado, y pienso de cierto que fue despedazado. Hasta ahora no lo he vuelto a ver. [29] Si ahora os lleváis también a este y le acontece algún desastre, haréis que con dolor desciendan mis canas al seol".

[30] »Ahora, pues, cuando vuelva yo a tu siervo, mi padre, si el joven no va conmigo, como su vida está ligada a la vida de él, [31] sucederá que cuando no vea al joven, morirá; y tus siervos harán que con dolor desciendan al seol las canas de nuestro padre, tu siervo. [32] Como tu siervo salió fiador del joven ante mi padre, diciendo: "Si no te lo traigo de vuelta, entonces yo seré culpable ante mi padre para siempre", [33] por eso te ruego que se quede ahora tu siervo en lugar del joven como siervo de mi señor, y que el joven vaya con sus hermanos, [34] pues ¿cómo volveré yo a mi padre sin el joven? No podré, por no ver el mal que sobrevendrá a mi padre.

José se da a conocer a sus hermanos

45 [1] No podía ya José contenerse delante de todos los que estaban a su lado, y clamó: «¡Haced salir de mi presencia a todos!» Así no quedó nadie con él cuando José se dio a conocer a sus hermanos. ²Entonces se echó a llorar a gritos; lo oyeron los egipcios, y lo oyó también la casa del faraón. ³Y dijo José a sus hermanos:

—Yo soy José. ¿Vive aún mi padre?

Sus hermanos no pudieron responderle, porque estaban turbados delante de él. ⁴Pero José les dijo:

—Acercaos ahora a mí.

Ellos se acercaron, y él les dijo:

—Yo soy José, vuestro hermano, el que vendisteis a los egipcios. ⁵Ahora, pues, no os entristezcáis ni os pese haberme vendido acá, porque para salvar vidas me envió Dios delante de vosotros. ⁶Pues ya ha habido dos años de hambre en medio de la tierra, y aún quedan cinco años en los cuales no habrá arada ni siega. ⁷Dios me envió delante de vosotros para que podáis sobrevivir sobre la tierra, para daros vida por medio de una gran liberación. ⁸Así, pues, no me enviasteis acá vosotros, sino Dios, que me ha puesto por padre del faraón, por señor de toda su casa y por gobernador en toda la tierra de Egipto. ⁹Daos prisa, id a mi padre y decidle: "Así dice tu hijo José: Dios me ha puesto por señor de todo Egipto; ven a mí, no te detengas. ¹⁰Habitarás en la tierra de Gosén,ᵃ y estarás cerca de mí, tú, tus hijos y los hijos de tus hijos, tus ganados y tus vacas, y todo lo que tienes. ¹¹Allí te alimentaré, pues aún quedan cinco años de hambre, para que no perezcas de pobreza tú, tu casa y todo lo que tienes". ¹²Vuestros ojos ven, y también los ojos de mi hermano Benjamín, que mi boca os habla. ¹³Haréis, pues, saber a mi padre toda mi gloria en Egipto, y todo lo que habéis visto. ¡Daos prisa, y traed a mi padre acá!

¹⁴José se echó sobre el cuello de su hermano Benjamín y lloró; también Benjamín lloró sobre su cuello. ¹⁵Luego besó a todos sus hermanos y lloró sobre ellos. Después de esto, sus hermanos hablaron con él.

¹⁶Se oyó la noticia en la casa del faraón, y se decía: «Los hermanos de José han venido». Esto agradó a los ojos del faraón y de sus siervos. ¹⁷Y dijo el faraón a José:

—Di a tus hermanos: "Haced esto: cargad vuestras bestias y marchaos; volved a la tierra de Canaán, ¹⁸tomad a vuestro padre y a vuestras familias y venid a mí, porque yo os daré lo bueno de la tierra de Egipto y comeréis de la abundancia de la tierra". ¹⁹Y tú manda: "Haced esto: tomaos de la tierra de Egipto carros para vuestros niños y vuestras mujeres, tomad a vuestro padre y venid. ²⁰Y no os preocupéis por vuestros enseres, porque la riqueza de la tierra de Egipto será vuestra".

²¹Así lo hicieron los hijos de Israel; y José les dio carros conforme a la orden del faraón y les suministró víveres para el camino. ²²A cada uno de ellos le dio un vestido nuevo, y a Benjamín le dio trescientas piezas de plata y cinco vestidos nuevos. ²³A su padre le envió esto: diez asnos cargados de lo mejor de Egipto y diez asnas cargadas de trigo, pan y comida; esto para el viaje de su padre. ²⁴Luego despidió a sus hermanos, y cuando se iban, les dijo:

—No riñáis por el camino.

²⁵Subieron, pues, de Egipto, y llegaron a la tierra de Canaán, junto a su padre Jacob. ²⁶Y le dieron las nuevas, diciendo: «¡José aún vive!, y es señor en toda la tierra de Egipto». Pero el corazón de Jacob desfalleció porque no les creía. ²⁷Entonces ellos le repitieron todas las palabras que José les había hablado; y viendo Jacob los carros que José enviaba para llevarlo, su espíritu revivió. ²⁸Y dijo Israel:

—¡Con esto me basta! ¡José, mi hijo, vive todavía! Iré y lo veré antes de morir.

Jacob y su familia en Egipto

46 ¹Salió Israel con todo lo que tenía. Cuando llegó a Beerseba ofreció sacrificios al Dios de su padre Isaac. ²Y habló Dios a Israel en visiones de noche, y dijo:

—Jacob, Jacob.

Él respondió:

—Aquí estoy.

³Entonces Dios dijo:

—Yo soy Dios, el Dios de tu padre; no

ᵃ **45.10** Región oriental del delta del Nilo, una de las más fértiles de Egipto.

temas descender a Egipto, porque allí haré de ti una gran nación. ⁴ Yo descenderé contigo a Egipto, y yo también te haré volver; y la mano de José cerrará tus ojos.

⁵ Jacob salió de Beerseba; y subieron los hijos de Israel a su padre Jacob, a sus niños y a sus mujeres en los carros que el faraón había enviado para llevarlo. ⁶ También tomaron sus ganados y los bienes que habían adquirido en la tierra de Canaán, y fueron a Egipto Jacob y toda su descendencia consigo: ⁷ sus hijos y los hijos de sus hijos; y sus hijas y las hijas de sus hijos. A toda su descendencia llevó consigo a Egipto.

⁸ Estos son los nombres de los hijos de Israel que entraron en Egipto, Jacob y sus hijos:

Rubén, primogénito de Jacob. ⁹ Y los hijos de Rubén: Hanoc, Falú, Hezrón y Carmi.

¹⁰ Los hijos de Simeón: Jemuel, Jamín, Ohad, Jaquín, Zohar y Saúl, hijo de la cananea.

¹¹ Los hijos de Leví: Gersón, Coat y Merari.

¹² Los hijos de Judá: Er, Onán, Sela, Fares y Zara; pero Er y Onán murieron en la tierra de Canaán. Y los hijos de Fares fueron Hezrón y Hamul.

¹³ Los hijos de Isacar: Tola, Fúa, Job y Simrón.

¹⁴ Los hijos de Zabulón: Sered, Elón y Jahleel.

¹⁵ Estos fueron los hijos de Lea, los que dio a luz a Jacob en Padan-aram, y además su hija Dina; treinta y tres las personas todas de sus hijos e hijas.

¹⁶ Los hijos de Gad: Zifión, Hagui, Ezbón, Suni, Eri, Arodi y Areli.

¹⁷ Los hijos de Aser: Imna, Isúa, Isúi, Bería y Sera, hermana de ellos. Los hijos de Bería: Heber y Malquiel.

¹⁸ Estos fueron los hijos de Zilpa, la esclava que Labán regaló a su hija Lea, le dio a luz a Jacob; en total dieciséis personas.

¹⁹ Los hijos de Raquel, mujer de Jacob: José y Benjamín.

²⁰ A José le nacieron en la tierra de Egipto Manasés y Efraín, los que le dio a luz Asenat, hija de Potifera, sacerdote de On.ᵃ

²¹ Los hijos de Benjamín fueron Bela, Bequer, Asbel, Gera, Naamán, Ehi, Ros, Mupim, Hupim y Ard.

²² Estos fueron los hijos de Raquel, que nacieron a Jacob; en total catorce personas.

²³ Los hijos de Dan: Husim.

²⁴ Los hijos de Neftalí: Jahzeel, Guni, Jezer y Silem.

²⁵ Estos fueron los hijos que Bilha, la que dio Labán a Raquel, su hija, dio a luz de Jacob; en total siete personas.

²⁶ Todas las personas que llegaron con Jacob a Egipto, nacidas de él, sin contar las mujeres de los hijos de Jacob, todas ellas fueron sesenta y seis. ²⁷ Y los hijos de José, que le nacieron en Egipto, dos personas. Todas las personas de la casa de Jacob que entraron en Egipto fueron setenta.ᵇ

²⁸ Envió Jacob a Judá delante de sí a José, para que lo viniera a ver en Gosén; y llegaron a la tierra de Gosén. ²⁹ José unció su carro y fue a recibir a Israel, su padre, en Gosén. Al verlo, se echó sobre su cuello, y sobre su cuello lloró largamente. ³⁰ Entonces Israel dijo a José:

—Muera yo ahora, ya que he visto tu rostro y sé que aún vives.

³¹ Luego José dijo a sus hermanos y a la casa de su padre:

—Subiré y lo haré saber al faraón; le diré: "Mis hermanos y la casa de mi padre, que estaban en la tierra de Canaán, han venido a mí. ³² Los hombres son pastores de ovejas, hombres ganaderos; han traído sus ovejas, sus vacas y todo lo que tenían". ³³ Y cuando el faraón os llame y os pregunte: "¿Cuál es vuestro oficio?", ³⁴ entonces diréis: "Hombres de ganadería hemos sido nosotros tus siervos, desde nuestra juventud hasta ahora, nosotros y nuestros padres". Así podréis habitar en la tierra de Gosén, porque para los egipcios es abominación todo pastor de ovejas.

47 ¹ Fue José y lo hizo saber al faraón. Le dijo:

—Mi padre y mis hermanos, con sus

ᵃ **46.20** Gn 41.45,50-52.   ᵇ **46.27** Ex 1.5; Dt 10.22. La versión griega (LXX) añade cinco descendientes de los hijos de José, lo cual arroja el total de *setenta y cinco* personas que se menciona en Hch 7.14.

ovejas, sus vacas y todo lo que tienen, han venido de la tierra de Canaán y están en la tierra de Gosén.

² Escogió a cinco de sus hermanos y los presentó delante del faraón.

³ Entonces el faraón dijo a sus hermanos:

—¿Cuál es vuestro oficio?

Ellos respondieron al faraón:

—Pastores de ovejas son tus siervos, así nosotros como nuestros padres.

⁴ Dijeron además al faraón:

—Para habitar en esta tierra hemos venido, porque no hay pasto para las ovejas de tus siervos, pues el hambre es grave en la tierra de Canaán; por tanto, te rogamos ahora que permitas que habiten tus siervos en la tierra de Gosén.

⁵ Entonces el faraón dijo a José:

—Tu padre y tus hermanos han venido a ti. ⁶ Delante de ti está la tierra de Egipto. En lo mejor de la tierra haz habitar a tu padre y a tus hermanos; que habiten en la tierra de Gosén, y si sabes que hay entre ellos hombres capaces, ponlos por mayorales de mi ganado.

⁷ José introdujo también a Jacob, su padre, y lo presentó delante del faraón. Jacob bendijo al faraón, ⁸ y el faraón preguntó a Jacob:

—¿Cuántos años tienes?

⁹ Jacob respondió al faraón:

—Los años de mi peregrinación son ciento treinta. Pocos y malos han sido los años de mi vida, y no han llegado a los años de la vida de mis padres en los días de su peregrinación.

¹⁰ Jacob bendijo al faraón y salió de su presencia. ¹¹ Así José hizo habitar a su padre y a sus hermanos, y les dio posesión en la tierra de Egipto, en lo mejor de la tierra, en la tierra de Ramesés, como mandó el faraón. ¹² Y alimentaba José con pan a su padre, a sus hermanos y a toda la casa de su padre, según el número de los hijos.

¹³ No había pan en toda la tierra, y el hambre era muy grave, por lo que desfallecían de hambre la tierra de Egipto y la tierra de Canaán. ¹⁴ Recogió entonces José todo el dinero que la tierra de Egipto y la tierra de Canaán le habían pagado por los alimentos que de él compraban; y metió José el dinero en casa del faraón. ¹⁵ Cuando se acabó el dinero de la tierra de Egipto

y de la tierra de Canaán, vino todo Egipto a José, diciendo:

—Danos pan; ¿por qué moriremos delante de ti, por haberse acabado el dinero?

¹⁶ José respondió:

—Si se ha acabado el dinero, entregad vuestros ganados, y yo os daré trigo por vuestros ganados.

¹⁷ Trajeron ellos sus ganados a José, y José les dio alimentos a cambio de caballos, ovejas, vacas y asnos; los abasteció de pan aquel año a cambio de todos sus ganados. ¹⁸ Acabado aquel año, vinieron a él el segundo año, y le dijeron:

—No ocultamos a nuestro señor que el dinero ciertamente se ha acabado, y también el ganado es ya de nuestro señor. Nada ha quedado delante de nuestro señor, sino nuestros cuerpos y nuestra tierra. ¹⁹ ¿Por qué moriremos delante de tus ojos, así nosotros como nuestra tierra? Cómpranos a nosotros y a nuestra tierra por pan, y nosotros y nuestra tierra seremos siervos del faraón; danos semilla para que vivamos y no muramos, y que no sea asolada la tierra.

²⁰ Entonces compró José para el faraón toda la tierra de Egipto, pues los egipcios vendieron cada uno sus tierras, porque se agravó el hambre que pesaba sobre ellos. La tierra pasó así a ser del faraón. ²¹ Y al pueblo lo hizo pasar a las ciudades, desde un extremo al otro del territorio de Egipto. ²² Solamente la tierra de los sacerdotes no compró, por cuanto los sacerdotes recibían trigo del faraón y comían del trigo que el faraón les daba; por eso no vendieron su tierra.

²³ Luego José dijo al pueblo:

—Os he comprado hoy, a vosotros y a vuestra tierra, para el faraón; aquí tenéis semilla para sembrar la tierra. ²⁴ De los frutos daréis la quinta parte al faraón; las otras cuatro partes serán vuestras, para sembrar las tierras y para vuestra manutención, y también de los que están en vuestras casas, para que coman vuestros niños.

²⁵ Ellos respondieron:

—La vida nos has dado. Hallemos gracia a los ojos de nuestro señor, y seamos siervos del faraón.

²⁶ Entonces José puso por ley hasta hoy sobre la tierra de Egipto que se diera al

faraón la quinta parte de las cosechas. Tan solo la tierra de los sacerdotes no pasó a ser del faraón.

²⁷ Así habitó Israel en la tierra de Egipto, en la tierra de Gosén; tomaron posesión de ella, se aumentaron y se multiplicaron en gran manera. ²⁸ Jacob vivió en la tierra de Egipto diecisiete años, y fueron los días de Jacob, los años de su vida, ciento cuarenta y siete años.

²⁹ Cuando los días de Israel tocaban a su fin, llamó a José, su hijo, y le dijo:

—Si he hallado ahora gracia a tus ojos, te ruego que pongas tu mano debajo de mi muslo y que me trates con misericordia y lealtad. Te ruego que no me entierres en Egipto. ³⁰ Cuando duerma con mis padres, me llevarás de Egipto y me sepultarás en el sepulcro de ellos.

—Haré como tú dices —respondió José.

³¹ —Júramelo —dijo Israel.

Y José se lo juró. Entonces Israel se inclinó sobre la cabecera de la cama.

Jacob bendice a Efraín y a Manasés

48 ¹ Sucedió después de estas cosas que dijeron a José:

—Tu padre está enfermo.

Entonces él tomó consigo a sus dos hijos, Manasés y Efraín. ² Y se le hizo saber a Jacob, diciendo:

—Aquí está tu hijo José, que viene a ti.

Haciendo un esfuerzo, Israel se sentó sobre la cama ³ y dijo a José:

—El Dios omnipotente se me apareció en Luz, en la tierra de Canaán, me bendijo ⁴ y me dijo: "Yo te haré crecer, te multiplicaré y te pondré por estirpe de naciones; y daré esta tierra a tu descendencia después de ti por heredad perpetua".ᵃ ⁵ Ahora bien, tus dos hijos, Efraín y Manasés, que te nacieron en la tierra de Egipto antes de venir a reunirme contigo a la tierra de Egipto, son míos; al igual que Rubén y Simeón, serán míos. ⁶ Los que después de ellos has engendrado, serán tuyos; por el nombre de sus hermanos serán llamados en sus heredades. ⁷ Cuando yo venía de Padan-aram se me murió Raquel en la tierra de Canaán, en el camino, como media

legua antes de llegar a Efrata; y la sepulté allí, en el camino de Efrata, que es Belén.ᵇ

⁸ Vio entonces Israel a los hijos de José, y dijo:

—¿Quiénes son estos?

⁹ —Son mis hijos, los que Dios me ha dado aquí —respondió José a su padre.

—Acércalos ahora a mí, y los bendeciré —dijo Israel.

¹⁰ Los ojos de Israel estaban tan debilitados por la vejez, que no podía ver. Los hizo, pues, acercarse a él, y él los besó y los abrazó. ¹¹ Y dijo Israel a José:

—No pensaba yo ver más tu rostro, y Dios me ha dejado ver también a tu descendencia.

¹² Entonces José los sacó de entre sus rodillas y se inclinó a tierra. ¹³ Los tomó José a ambos, Efraín a su derecha, a la izquierda de Israel, y Manasés a su izquierda, a la derecha de Israel; y los acercó a él. ¹⁴ Israel extendió su mano derecha y la puso sobre la cabeza de Efraín, que era el menor, y su mano izquierda sobre la cabeza de Manasés, colocando así sus manos adrede, aunque Manasés era el primogénito. ¹⁵ Y bendijo a José, diciendo:

> «El Dios en cuya presencia
> anduvieron mis padres Abraham e
>   Isaac,
> el Dios que me mantiene
> desde que yo soy hasta este día,
> ¹⁶ el Ángel que me liberta de todo
>   mal,
> bendiga a estos jóvenes.
> Sea perpetuado en ellos mi nombre
> y el nombre de mis padres
>   Abraham e Isaac,
> y multiplíquense y crezcan en
>   medio de la tierra».

¹⁷ Al ver José que su padre ponía la mano derecha sobre la cabeza de Efraín, se sintió disgustado; y tomó la mano de su padre para cambiarla de la cabeza de Efraín a la cabeza de Manasés. ¹⁸ Y dijo José a su padre:

—Así no, padre mío, porque este es el primogénito; pon tu mano derecha sobre su cabeza.

ᵃ 48.3-4 Gn 28.10-22.   ᵇ 48.7 Gn 35.16-20.

19 Pero su padre no quiso hacerlo, y le respondió:

—Lo sé, hijo mío, lo sé; también él llegará a ser un pueblo, y será también grande; pero su hermano menor será más grande que él, y su descendencia formará multitud de naciones.

20 Y los bendijo aquel día, diciendo:

—Que con vuestro nombre se bendiga en Israel, y se diga: "Hágate Dios como a Efraín y como a Manasés".

Y puso a Efraín antes de Manasés.

21 Luego dijo Israel a José:

—Yo muero; pero Dios estará con vosotros y os hará volver a la tierra de vuestros padres. **22** A ti te he dado una parte más que a tus hermanos, la cual tomé al amorreo con mi espada y con mi arco.

Profecía de Jacob sobre sus hijos

49 **1** Llamó Jacob a sus hijos, y dijo:

—Acercaos y os declararé lo que ha de aconteceros en los días venideros.

2 »Acercaos y oíd, hijos de Jacob;
  escuchad a vuestro padre Israel.
3 Rubén, tú eres mi primogénito,
  mi fortaleza y el principio de mi
    vigor;
  el primero en dignidad,
  el primero en poder.
4 Impetuoso como las aguas, ya no
    serás el primero,[a]
  por cuanto subiste al lecho de tu
    padre;
  entonces te envileciste, al subir a mi
    lecho.

5 »Simeón y Leví[b] son hermanos;
  armas de maldad son sus armas.
6 En su consejo no entre mi alma,
  ni mi espíritu se junte en su
    compañía,
  porque en su furor mataron
    hombres
  y en su temeridad desjarretaron
    toros.

7 Maldito sea su furor, que fue fiero,
  y su ira, que fue dura.
  Yo los apartaré en Jacob,
  los esparciré en Israel.

8 »Judá, te alabarán tus hermanos;
  tu mano estará sobre el cuello de
    tus enemigos;
  los hijos de tu padre se inclinarán
    a ti.
9 Cachorro de león, Judá;[c]
  de la presa subiste, hijo mío.
  Se encorvó, se echó como león,
  como león viejo: ¿quién lo
    despertará?
10 No será quitado el cetro de Judá
  ni el bastón de mando de entre
    sus pies,
  hasta que llegue Siloh;
  a él se congregarán los pueblos.
11 Atando a la vid su pollino
  y a la cepa el hijo de su asna,
  lavó en el vino su vestido
  y en la sangre de uvas su manto.
12 Sus ojos son más rojos que el vino
  y sus dientes más blancos que la
    leche.

13 »Zabulón habitará en puertos
    de mar;
  será puerto para las naves
  y llegará hasta Sidón.[d]

14 »Isacar, asno fuerte
  que se recuesta entre los apriscos.
15 Al ver que el descanso era bueno
  y la tierra deleitosa,
  bajó su hombro para llevar carga,
  y sirvió como un esclavo.

16 »Dan juzgará a su pueblo
  como una de las tribus de Israel.
17 Será Dan serpiente junto al camino,
  víbora junto a la senda,
  que muerde los talones del caballo
  y hace caer hacia atrás al jinete.
18 Tu salvación he esperado, oh
  Jehová.

---

[a] **49.4** Rubén fue privado del derecho que le correspondía como primogénito a causa de su relación incestuosa con Bilha, la criada de Raquel y concubina de Israel (Gn 35.22; cf. 29.29).
[b] **49.5** Antes de llegar a ejercer la función sacerdotal en Israel (cf. Nm 3.6-10), la tribu de *Leví* era una tribu como las demás, con su territorio cercano al de *Simeón* (cf. Gn 34.25).
[c] **49.9** Ap 5.5; cf. Nm 24.9.   [d] **49.13** Dt 33.18-19; Jos 19.10-16.

¹⁹ »A Gad, un ejército lo asaltará,
mas él acometerá al final.

²⁰ »El pan de Aser será substancioso;
él dará deleites al rey.

²¹ »Neftalí, cierva suelta
que da hermosos cervatillos.

²² »Rama fructífera es José,
rama fructífera junto a una fuente,
sus vástagos se extienden sobre el
muro.

²³ Le causaron amargura,
le lanzaron flechas,
lo aborrecieron los arqueros,

²⁴ mas su arco se mantuvo poderoso
y los brazos de sus manos se
fortalecieron
por las manos del Fuerte de Jacob,
por el nombre del Pastor, la Roca de
Israel,

²⁵ por el Dios de tu padre, el cual te
ayudará,
por el Dios omnipotente, el cual te
bendecirá
con bendiciones de los cielos de
arriba,
con bendiciones del abismo que
está abajo,
con bendiciones de los pechos y del
vientre.

²⁶ Las bendiciones de tu padre
fueron mayores que las de mis
progenitores;
hasta el término de los collados
eternos
serán sobre la cabeza de José,
sobre la frente del que fue apartado
de entre sus hermanos.

²⁷ »Benjamín es lobo arrebatador:
por la mañana comerá la presa
y a la tarde repartirá los despojos.

Muerte y entierro de Jacob

²⁸ Todas estas son las tribus de Israel,
doce en total, y esto es lo que su padre les
dijo al bendecirlas; a cada una le dio su
bendición.

²⁹ Les ordenó luego, diciendo: «Voy a
ser reunido con mi pueblo. Sepultadme
con mis padres en la cueva que está en el
campo de Efrón, el heteo, ³⁰ en la cueva
que está en el campo de Macpela, al oriente de Mamre, en la tierra de Canaán, la
que compró Abraham junto con el mismo
campo de Efrón, el heteo, para heredad de
sepultura.ᵉ ³¹ Allí sepultaron a Abraham y
a Sara, su mujer; allí sepultaron a Isaacᶠ y
a Rebeca, su mujer; allí también sepulté
yo a Lea. ³² El campo y la cueva que está
en él fueron comprados a los hijos de
Het».

³³ Cuando acabó Jacob de dar mandamientos a sus hijos, encogió sus pies en la
cama y expiró, y se reunió con sus pa-
dres.ᵍ

50

¹ Entonces se echó José sobre el rostro de su padre, lloró sobre él y lo
besó. ² Después mandó José a los médicos
que estaban a su servicio que embalsama-
ran a su padre, y los médicos embalsamaron a Israel. ³ Cumplieron así cuarenta
días, que eran los días requeridos para
embalsamar.

Y los egipcios lo lloraron setenta días.
⁴ Pasados los días de su luto, habló José a
los de la casa del faraón, diciendo:

—Si he hallado gracia a vuestros ojos,
os ruego que habléis ahora a oídos del faraón, y le digáis: ⁵ "Mi padre me hizo jurar, diciendo: 'Yo voy a morir; en el
sepulcro que cavé para mí en la tierra de
Canaán,ᵃ allí me sepultarás'. Permite,
pues, que yo vaya ahora a sepultar a mi
padre, y después volveré".

⁶ El faraón dijo:

—Ve y sepulta a tu padre, como él te
hizo jurar.

⁷ Entonces José subió para sepultar a
su padre; y subieron con él todos los siervos del faraón, los ancianos de su casa y
todos los ancianos de la tierra de Egipto,
⁸ toda la casa de José, sus hermanos y la
casa de su padre; solamente dejaron en la
tierra de Gosén sus niños, sus ovejas y sus
vacas. ⁹ Subieron también con él carros y
gente de a caballo, y se hizo un escuadrón
muy grande. ¹⁰ Llegaron hasta la era de
Atad, al otro lado del Jordán, y lloraron e
hicieron grande y muy triste lamentación. Allí José hizo duelo por su padre durante siete días.

ᵉ **49.30** Gn 23.1-20. 　ᶠ **49.31** Gn 25.9-10; 35.27-29. 　ᵍ **49.33** Hch 7.15. 　ᵃ **50.5** Gn 47.29-31.

[11] Al ver los habitantes de la tierra, los cananeos, el llanto en la era de Atad, dijeron: «Llanto grande es este de los egipcios». Por eso, a aquel lugar que está al otro lado del Jordán se le llamó Abel-mizraim.[b]

[12] Sus hijos, pues, hicieron con él según les había mandado, [13] pues sus hijos lo llevaron a la tierra de Canaán y lo sepultaron en la cueva del campo de Macpela, la que había comprado Abraham de manos de Efrón, el heteo, junto con el mismo campo, para heredad de sepultura, al oriente de Mamre.[c] [14] Después que lo hubo sepultado, regresó José a Egipto, él, sus hermanos y todos los que subieron con él a sepultar a su padre.

Muerte de José

[15] Al ver los hermanos de José que su padre había muerto, dijeron:

—Quizá nos aborrecerá José, y nos dará el pago de todo el mal que le hicimos.

[16] Entonces enviaron a decir a José: «Tu padre mandó antes de su muerte, diciendo: [17] "Así diréis a José: 'Te ruego que perdones ahora la maldad de tus hermanos y su pecado, porque te trataron mal' "»; por eso, ahora te rogamos que perdones la maldad de los siervos del Dios de tu padre». Y José lloró mientras hablaban.

[18] Llegaron también sus hermanos, se postraron delante de él y dijeron:

—Aquí nos tienes. Somos tus esclavos.

[19] Pero José les respondió:

—No temáis, pues ¿acaso estoy yo en lugar de Dios? [20] Vosotros pensasteis hacerme mal, pero Dios lo encaminó a bien, para hacer lo que vemos hoy, para mantener con vida a mucha gente. [21] Ahora, pues, no tengáis miedo; yo os sustentaré a vosotros y a vuestros hijos.

Así los consoló, pues les habló al corazón.

[22] Habitó José en Egipto, él y la casa de su padre; y vivió José ciento diez años. [23] Vio José los hijos de Efraín hasta la tercera generación; y también los hijos de Maquir hijo de Manasés fueron criados sobre las rodillas de José.

[24] Un día, José dijo a sus hermanos:

—Yo voy a morir, pero Dios ciertamente os visitará y os hará subir de esta tierra a la tierra que juró a Abraham, a Isaac y a Jacob.

[25] É hizo jurar José a los hijos de Israel, diciendo:

—Dios ciertamente os visitará, y haréis llevar de aquí mis huesos.[d]

[26] Murió José a la edad de ciento diez años; lo embalsamaron, y lo pusieron en un ataúd en Egipto.[e]

---

[b] **50.11** Esto es, *Pradera de los egipcios*. Una expresión hebrea muy parecida, *Ebel-mizraim*, significa *luto de los egipcios*.   [c] **50.13** Gn 23.19-20; cf. Hch 7.16.   [d] **50.25** Ex 13.19; Jos 24.32; cf. Heb 11.22.   [e] **50.24-26** El libro del *Génesis* culmina con una referencia a la liberación de los israelitas de su esclavitud en Egipto, tema central de *Éxodo*.

ÉXODO

INTRODUCCIÓN

Este libro toma su nombre Éxodo (=Ex) del hecho que constituye el hilo conductor de todo el relato: la salida de Egipto de los israelitas y los años que vivieron en el desierto antes de llegar a Canaán. Los datos que ofrece no bastan para establecer fechas precisas, pero son de un innegable valor histórico. La primera parte del Éxodo (1.1—15.21) relata el cambio de situación que para los descendientes de Jacob supuso el ascenso de «un nuevo rey, que no conocía a José» (1.8). Aun cuando la narración no se ajusta a una cronología estricta, contiene evidencias de que, entre el asentamiento de Jacob en Gosén (Gn 46.1—47.6) y el reinado del nuevo faraón, transcurrieron los 430 años de la permanencia de los israelitas en Egipto (cf. 1.7). Al final de este período, la hospitalidad egipcia (Gn 47.5-10) se trocó en opresión y esclavitud (1.13). Por medio de Moisés, a quien se había revelado en «Horeb», Dios liberó al pueblo con señales portentosas. Tras celebrar la primera Pascua, los israelitas cruzan a pie enjuto el mar, que luego cubre a sus perseguidores. Entonces, junto con Moisés y María, todos entonan un cántico de gratitud a Dios (15.1-18,21).

La segunda parte del libro (15.22—18.27) recoge una serie de episodios relacionados con la marcha de los israelitas por el desierto, llena de graves dificultades y peligros que dieron lugar a frecuentes murmuraciones contra Moisés y contra el Señor (15.24; 16.2; 17.2-7). Moisés intercedió en repetidas ocasiones en favor de los israelitas, y el Señor atendió una y otra vez todas sus necesidades.

La marcha por el desierto tenía como objetivo final el país de Canaán. Allí estaba la Tierra prometida, «tierra que fluye leche y miel» (3.8). Antes de llegar a ella, Dios mismo le dio a conocer al pueblo, en la ley proclamada en el Sinaí, el pacto que lo consagraba como «gente santa» y «pueblo de su heredad»: una comunidad creada para la solidaridad y la justicia, y dedicada por entero al culto del Dios único y verdadero (25–31; 35–40).

Esquema del contenido

1. Israel es liberado de su esclavitud en Egipto (1.1—15.21)
2. Los israelitas caminan hacia el monte Sinaí (15.22—18.27)
3. El pacto de Dios en el Sinaí (19–24)
4. Prescripciones para la construcción del Tabernáculo (25–31)
5. El becerro de oro. Renovación del pacto (32–34)
6. La construcción del Tabernáculo (35–40)

Aflicción de los israelitas en Egipto

1 ¹Estos son los nombres de los hijos de Israel que entraron en Egipto con Jacob, cada uno con su familia: ²Rubén, Simeón, Leví, Judá, ³Isacar, Zabulón, Benjamín, ⁴Dan, Neftalí, Gad y Aser. ⁵Todas las personas de la descendencia de Jacob fueron setenta. José ya estaba en Egipto.

⁶Murieron José, todos sus hermanos y toda aquella generación.[a] ⁷Pero los hijos de Israel[b] fructificaron y se multiplicaron,[c]

---

a **1.6** Gn 50.26.   *b* **1.7** Ya no se está relatando, como en el *Génesis*, la historia de una sola familia, sino la de todo un pueblo, de acuerdo con la promesa de Gn 46.3-4.   *c* **1.7** Hch 7.17.

llegaron a ser numerosos y fuertes en extremo, y se llenó de ellos la tierra.[d]

[8] Entretanto, se levantó sobre Egipto un nuevo rey que no conocía a José,[e] y dijo a su pueblo: [9] «Mirad, el pueblo de los hijos de Israel es más numeroso y fuerte que nosotros. [10] Ahora, pues, seamos sabios[f] para con él, para que no se multiplique y acontezca que, en caso de guerra, él también se una a nuestros enemigos para pelear contra nosotros, y se vaya de esta tierra».

[11] Entonces pusieron sobre ellos comisarios de tributos para que los oprimieran con sus cargas. Así edificaron para el faraón las ciudades de almacenaje,[g] Pitón y Ramesés. [12] Pero cuanto más los oprimían, tanto más se multiplicaban y crecían, de manera que los egipcios temían a los hijos de Israel.

[13] Los egipcios hicieron servir a los hijos de Israel con dureza, [14] y amargaron su vida con dura servidumbre en la fabricación de barro y ladrillo, en toda labor del campo y en todo su servicio, al cual los obligaban con rigor. [15] También habló el rey de Egipto a las parteras de las hebreas, una de las cuales se llamaba Sifra y la otra Fúa, y les dijo:

[16] —Cuando asistáis a las hebreas en sus partos, observad el sexo: si es hijo, matadlo; si es hija, dejadla vivir.

[17] Pero las parteras temieron a Dios y no hicieron como les mandó el rey de Egipto, sino que preservaron la vida a los niños. [18] Entonces el rey de Egipto hizo llamar a las parteras, y les dijo:

—¿Por qué habéis hecho esto? ¿Por qué habéis preservado la vida a los niños?

[19] Las parteras respondieron al faraón:

—Porque las mujeres hebreas no son como las egipcias; son robustas y dan a luz antes que llegue la partera.

[20] Dios favoreció a las parteras; el pueblo se multiplicó y se fortaleció mucho. [21] Y por haber las parteras temido a Dios, él prosperó sus familias.

[22] Entonces el faraón dio a todo su pueblo esta orden: «Echad al río a todo hijo que nazca,[h] y preservad la vida a toda hija».

Nacimiento de Moisés

2 [1] Un hombre de la familia de Leví fue y tomó por mujer a una hija de Leví, [2] la que concibió y dio a luz un hijo. Al ver que era hermoso, lo tuvo escondido durante tres meses.[a] [3] Pero no pudiendo ocultarlo más tiempo, tomó una canasta, la calafateó con asfalto y brea, colocó en ella al niño y la puso entre los juncos a la orilla del río. [4] Y una hermana suya se puso a lo lejos para ver lo que le acontecería.[b]

[5] La hija del faraón descendió a lavarse al río y, mientras sus doncellas se paseaban por la ribera del río, vio ella la canasta entre los juncos y envió una criada suya para que la tomara. [6] Cuando la abrió, vio al niño, que estaba llorando. Llena de compasión por él, exclamó:

—Este es un niño de los hebreos.

[7] Entonces la hermana del niño dijo a la hija del faraón:

—¿Quieres que te llame a una nodriza de las hebreas para que se críe a este niño?

[8] —Ve —respondió la hija del faraón.

La joven fue y llamó a la madre del niño, [9] a la cual dijo la hija del faraón:

—Llévate a este niño y críamelo; yo te lo pagaré.

La mujer tomó al niño y lo crió. [10] Y cuando el niño creció, se lo entregó a la hija del faraón, la cual lo crió como hijo suyo[c] y le puso por nombre Moisés, diciendo: «Porque de las aguas lo saqué».[d]

Moisés huye de Egipto

[11] En aquellos días sucedió que, crecido ya Moisés,[e] salió a visitar a sus hermanos. Los vio en sus duras tareas,[f] y observó a un egipcio que golpeaba a uno de sus hermanos hebreos. [12] Entonces miró a todas partes, y viendo que no había nadie, mató al egipcio y lo escondió en la arena.

[d] **1.7** Gn 47.27.   [e] **1.8** Hch 7.18.   [f] **1.10** Hch 7.19.   [g] **1.11** 1 R 9.19; 2 Cr 16.4; 32.28.
[h] **1.22** Hch 7.19.   [a] **2.1-2** Hch 7.20; Heb 11.23.   [b] **2.4** En Ex 15.20, la hermana de Moisés es llamada *María, la profetisa* (heb. *Míriam*). Cf. Nm 12.1-16; 20.1; 26.59; Dt 24.9; 1 Cr 6.3; Miq 6.4.
[c] **2.10** Hch 7.21-22.   [d] **2.10** Explicación popular del nombre *Moisés* , en la que se lo asocia a un verbo hebreo cuyo sonido es semejante y significa *sacar*.   [e] **2.11** Heb 11.24-26.
[f] **2.11-14** Hch 7.23-28.

¹³ Al día siguiente salió, vio a dos hebreos que reñían, y preguntó al que maltrataba al otro:

—¿Por qué golpeas a tu prójimo?

¹⁴ Él respondió:

—¿Quién te ha puesto a ti por príncipe y juez sobre nosotros? ¿Piensas matarme como mataste al egipcio?

Entonces Moisés tuvo miedo, y pensó: «Ciertamente esto ha sido descubierto».

¹⁵ Cuando el faraón oyó acerca de este hecho, procuró matar a Moisés; pero Moisés huyó de la presencia del faraón y habitó en la tierra de Madián.ᵍ Allí se sentó junto a un pozo.

¹⁶ El sacerdote de Madián tenía siete hijas, que fueron a sacar agua para llenar las pilas y dar de beber a las ovejas de su padre. ¹⁷ Pero llegaron los pastores y las echaron de allí; entonces Moisés se levantó, las defendió y dio de beber a sus ovejas. ¹⁸ Cuando ellas volvieron junto a su padre Reuel,ʰ este les preguntó:

—¿Por qué habéis venido hoy tan pronto?

¹⁹ —Un varón egipcio nos libró de manos de los pastores; también nos sacó el agua y dio de beber a las ovejas —respondieron ellas.

²⁰ Preguntó entonces Reuel a sus hijas:

—¿Dónde está? ¿Por qué habéis dejado marchar a ese hombre? Llamadlo para que coma.

²¹ Moisés aceptó vivir en casa de aquel hombre; y este dio a su hija Séfora por mujer a Moisés.

²² Ella le dio a luz un hijo, y él le puso por nombre Gersón, pues dijo: «Forasteroⁱ soy en tierra ajena».

²³ Aconteció que después de muchos días murió el rey de Egipto. Los hijos de Israel, que gemían a causa de la servidumbre, clamaron; y subió a Dios el clamor de ellos desde lo profundo de su servidumbre. ²⁴ Dios oyó el gemido de ellos y se acordóʲ de su pacto con Abraham, Isaac y Jacob. ²⁵ Y miró Dios a los hijos de Israel, y conoció su condición.

Llamamiento de Moisés

3 ¹ Apacentando Moisés las ovejas de su suegro Jetro, sacerdote de Madián, llevó las ovejas a través del desierto y llegó hasta Horeb,ᵃ monte de Dios. ² Allí se le apareció el Ángelᵇ de Jehová en una llama de fuego, en medio de una zarza. Al fijarse, vio que la zarza ardía en fuego, pero la zarza no se consumía. ³ Entonces Moisés se dijo: «Iré ahora para contemplar esta gran visión, por qué causa la zarza no se quema».

⁴ Cuando Jehová vio que él iba a mirar, lo llamó de en medio de la zarza:

—¡Moisés, Moisés!

—Aquí estoy —respondió él.

⁵ Dios le dijo:

—No te acerques; quita el calzado de tus pies, porque el lugar en que tú estás, tierra santa es.

⁶ Y añadió:

—Yo soy el Dios de tu padre, el Dios de Abraham, el Dios de Isaac y el Dios de Jacob.

Entonces Moisés cubrió su rostro, porque tuvo miedo de mirar a Dios.

⁷ Dijo luego Jehová:

—Bien he visto la aflicción de mi pueblo que está en Egipto, y he oído su clamor a causa de sus opresores, pues he conocido sus angustias. ⁸ Por eso he descendido para librarlos de manos de los egipcios y sacarlos de aquella tierra a una tierra buena y ancha, a una tierra que fluye leche y miel,ᶜ a los lugares del cananeo, del heteo, del amorreo, del ferezeo, del heveo y del jebuseo.ᵈ ⁹ El clamor, pues, de los hijos de Israel ha llegado ante mí, y también he visto la opresión con que los egipcios los oprimen. ¹⁰ Ven, por tanto, ahora, y te enviaré al faraón para que saques de Egipto a mi pueblo, a los hijos de Israel.ᵉ

¹¹ Entonces Moisés respondió a Dios:

—¿Quién soy yo para que vaya al faraón y saque de Egipto a los hijos de Israel?

¹² Dios le respondió:

—Yo estaré contigo;ᶠ y esto te será por

ᵍ **2.15** Hch 7.29; Heb 11.27.   ʰ **2.18** Luego suegro de Moisés (v. 21). También se llama Jetro (Ex 3.1; 18.1) y Hobab (Jue 4.11).   ⁱ **2.22** Heb. ger.   ʲ **2.24** Gn 12.1-3; 15.13-14; Ex 6.5.   ᵃ **3.1** Más conocido como monte *Sinaí*.   ᵇ **3.2** Jue 6.22-23; 13.21-22.   ᶜ **3.8** Expresión que describe la abundancia y fecundidad de la Tierra prometida. Cf. Dt 8.7-9.   ᵈ **3.8** Ex 13.5; 23.23; 33.2; Dt 7.1; Jos 3.10; 9.1; Jue 3.5.   ᵉ **3.2-10** Hch 7.30-34.   ᶠ **3.12** Gn 28.15; Jos 1.9; Jue 6.12-16; 2 S 7.9; Jer 1.8; Lc 1.28.

señal de que yo te he enviado: cuando hayas sacado de Egipto al pueblo, serviréis a Dios sobre este monte.*g*

13 Dijo Moisés a Dios:

—Si voy a los hijos de Israel y les digo: "Jehová, el Dios de vuestros padres,*h* me ha enviado a vosotros", me preguntarán: "¿Cuál es su nombre?". Entonces ¿qué les responderé?

14 Respondió Dios a Moisés:

—"Yo soy el que soy".*i*

Y añadió:

—Así dirás a los hijos de Israel: " 'Yo soy' me envió a vosotros".

15 Además, Dios dijo a Moisés:

—Así dirás a los hijos de Israel: "Jehová,*j* el Dios de vuestros padres, el Dios de Abraham, el Dios de Isaac y el Dios de Jacob, me ha enviado a vosotros". Este es mi nombre para siempre; con él se me recordará por todos los siglos. 16 Ve, reúne a los ancianos de Israel y diles: "Jehová, el Dios de vuestros padres, el Dios de Abraham, de Isaac y de Jacob, se me apareció y me dijo: En verdad os he visitado y he visto lo que se os hace en Egipto. 17 Y he dicho: Yo os sacaré de la aflicción de Egipto a la tierra del cananeo, del heteo, del amorreo, del ferezeo, del heveo y del jebuseo, a una tierra que fluye leche y miel". 18 Ellos oirán tu voz; tú irás con los ancianos de Israel al rey de Egipto y le dirás: "Jehová, el Dios de los hebreos, se nos ha manifestado; por tanto, nosotros iremos ahora tres días de camino por el desierto a ofrecer sacrificios a Jehová, nuestro Dios". 19 Yo sé que el rey de Egipto no os dejará ir sino por la fuerza. 20 Pero yo extenderé mi mano y heriré a Egipto con todas las maravillas que obraré en el país, y entonces os dejará ir. 21 Yo haré que este pueblo halle gracia a los ojos de los egipcios, para que cuando salgáis no vayáis con las manos vacías, 22 sino que cada mujer pedirá a su vecina, y a la que se hospeda en su casa, alhajas de plata, alhajas de oro y vestidos, los cuales pondréis sobre vuestros hijos y vuestras hijas. Así despojaréis a los egipcios.*k*

4 1 Entonces Moisés respondió y dijo:

—Ellos no me creerán, ni oirán mi voz, pues dirán: "No se te ha aparecido Jehová".

2 —¿Qué es eso que tienes en tu mano? —le preguntó Jehová.

—Una vara —le respondió Moisés.

3 —Échala al suelo —le dijo Jehová.

Él la echó al suelo y se convirtió en una culebra; y Moisés huía de ella. 4 Entonces Jehová dijo a Moisés:

—Extiende tu mano y tómala por la cola.

Él extendió su mano y la tomó, y volvió a ser vara en su mano.

5 —Por esto creerán que se te ha aparecido Jehová, el Dios de tus padres, el Dios de Abraham, el Dios de Isaac y el Dios de Jacob.

6 Le dijo además Jehová:

—Mete ahora tu mano en el seno.

Él metió la mano en su seno y, cuando la sacó, vio que su mano estaba leprosa como la nieve.

7 Le dijo Jehová:

—Vuelve a meter la mano en tu seno.

Él volvió a meter la mano en su seno, y al sacarla de nuevo del seno, vio que estaba como el resto de su carne.

8 —Si acontece que no te creen ni obedecen a la voz de la primera señal, creerán a la voz de la segunda. 9 Y si aún no creen a estas dos señales, ni oyen tu voz, tomarás de las aguas del río y las derramarás en tierra; y las aguas que saques del río se convertirán en sangre sobre la tierra.

10 Entonces dijo Moisés a Jehová:

—¡Ay, Señor! nunca he sido hombre de fácil palabra, ni antes ni desde que tú hablas con tu siervo, porque soy tardo en el habla y torpe de lengua.

11 Jehová le respondió:

—¿Quién dio la boca al hombre? ¿o quién hizo al mudo y al sordo, al que ve y al ciego? ¿No soy yo, Jehová? 12 Ahora, pues, ve, que yo estaré en tu boca y te enseñaré lo que has de hablar.

13 Y él dijo:

—¡Ay, Señor! envía, te ruego, a cualquier otra persona.

---

g **3.12** Hch 7.7. *h* **3.13** Ex 6.2-3. *i* **3.14** Ap 1.4,8. *j* **3.15** Nombre propio del Dios de Israel en esta traducción. En hebreo se escribe con las cuatro consonantes *YHWH*. Hacia el siglo IV a.C., los judíos dejaron de pronunciarlo y decían en su lugar *Adonai* (*el Señor*). *k* **3.21-22** Ex 11.2-3; 12.35-36.

¹⁴ Entonces Jehová se enojó contra Moisés, y dijo:

—¿No conozco yo a tu hermano Aarón, el levita, y que él habla bien? Él saldrá a recibirte, y al verte se alegrará en su corazón. ¹⁵ Tú le hablarás y pondrás en su boca las palabras, y yo estaré en tu boca y en la suya, y os enseñaré lo que habéis de hacer. ¹⁶ Él hablará por ti al pueblo; será como tu boca, y tú ocuparás para él el lugar de Dios. ¹⁷ Y tomarás en tu mano esta vara, con la cual harás las señales.

Moisés vuelve a Egipto

¹⁸ Así se fue Moisés, regresó junto a su suegro Jetro y le dijo:

—Me iré ahora y volveré a Egipto, a donde están mis hermanos, para ver si aún viven.

—Ve en paz —dijo Jetro a Moisés.

¹⁹ Dijo también Jehová a Moisés en Madián:

—Regresa a Egipto, porque han muerto todos los que procuraban tu muerte.

²⁰ Entonces Moisés tomó a su mujer y a sus hijos, los puso sobre un asno y volvió a la tierra de Egipto. Tomó también Moisés la vara de Dios en su mano. ²¹ Y Jehová le dijo:

—Cuando hayas vuelto a Egipto, ocúpate de hacer delante del faraón todas las maravillas que he puesto en tus manos; pero yo endureceré su corazón, de modo que no dejará ir al pueblo. ²² Entonces dirás al faraón: "Jehová ha dicho así: Israel es mi hijo, mi primogénito. ²³ Ya te he dicho que dejes ir a mi hijo, para que me sirva; pero si te niegas a dejarlo ir, yo mataré a tu hijo, a tu primogénito".[a]

²⁴ Aconteció que, en el camino, Jehová le salió al encuentro en una posada y quiso matarlo. ²⁵ Entonces Séfora tomó un pedernal afilado, cortó el prepucio de su hijo y lo echó a los pies de Moisés, diciendo:

—A la verdad, tú eres mi esposo de sangre.

²⁶ Luego Jehová lo dejó ir. Ella había dicho: «Esposo de sangre», a causa de la circuncisión.

²⁷ Jehová dijo a Aarón:

—Ve a recibir a Moisés al desierto.

Él fue, lo encontró en el monte de Dios y lo besó. ²⁸ Entonces contó Moisés a Aarón todas las palabras que le enviaba Jehová, y todas las señales que le había dado. ²⁹ Fueron, pues, Moisés y Aarón, y reunieron a todos los ancianos de los hijos de Israel. ³⁰ Aarón les contó todas las cosas que Jehová había dicho a Moisés, e hizo las señales delante de los ojos del pueblo.

³¹ El pueblo creyó, y al oir que Jehová había visitado a los hijos de Israel y que había visto su aflicción, se inclinaron y adoraron.

Moisés y Aarón ante el faraón

5 ¹ Después Moisés y Aarón entraron a la presencia del faraón, y le dijeron:

—Jehová, el Dios de Israel, dice así: "Deja ir a mi pueblo para que me celebre una fiesta en el desierto".

² Pero el faraón respondió:

—¿Quién es Jehová para que yo oiga su voz y deje ir a Israel? Yo no conozco a Jehová, ni tampoco dejaré ir a Israel.

³ Ellos dijeron:

—El Dios de los hebreos se nos ha manifestado; iremos, pues, ahora, tres días de camino por el desierto, y ofreceremos sacrificios a Jehová, nuestro Dios, para que no venga sobre nosotros con peste o con espada.

⁴ Entonces el rey de Egipto les dijo:

—Moisés y Aarón, ¿por qué buscáis apartar al pueblo de su trabajo? Volved a vuestras tareas.

⁵ Dijo también el faraón:

—Ahora que el pueblo de la tierra es numeroso, vosotros queréis apartarlo de sus tareas.

⁶ Aquel mismo día el faraón dio esta orden a los cuadrilleros encargados de las labores del pueblo y a sus capataces:

⁷ —De aquí en adelante no daréis paja al pueblo para hacer ladrillo, como hasta ahora; que vayan ellos y recojan por sí mismos la paja. ⁸ Les impondréis la misma tarea de ladrillo que hacían antes, y no les disminuiréis nada, pues están

---

[a] 4.23 Ex 12.29.

ociosos. Por eso claman diciendo: "Vamos y ofrezcamos sacrificios a nuestro Dios". [9] Que se les aumente el trabajo, para que estén ocupados y no atiendan a palabras mentirosas.

[10] Los cuadrilleros y sus capataces salieron y dijeron al pueblo:

—Así ha dicho el faraón: "Ya no os daré paja. [11] Id vosotros y recoged la paja donde la halléis, pero nada se disminuirá de vuestra tarea".

[12] Entonces el pueblo se esparció por toda la tierra de Egipto para recoger rastrojo en lugar de paja. [13] Y los cuadrilleros los apremiaban diciendo:

—Acabad vuestra obra, la tarea de cada día en su día, como cuando se os daba paja.

[14] Y azotaban a los capataces de los hijos de Israel que los cuadrilleros del faraón habían puesto sobre ellos, y les decían:

—¿Por qué no habéis cumplido ni ayer ni hoy vuestra tarea de ladrillos como antes?

[15] Los capataces de los hijos de Israel fueron a quejarse ante el faraón y le dijeron:

—¿Por qué tratas así a tus siervos? [16] No se da paja a tus siervos, y con todo nos dicen: "Haced el ladrillo". Además, tus siervos son azotados, y el pueblo tuyo es el culpable.

[17] Él respondió:

—Estáis ociosos, sí, ociosos, y por eso decís: "Vamos y ofrezcamos sacrificios a Jehová". [18] Id, pues, ahora, y trabajad. No se os dará paja, y habéis de entregar la misma tarea de ladrillo.

[19] Los capataces de los hijos de Israel se sintieron afligidos cuando les dijeron: «No se disminuirá nada de vuestro ladrillo, de la tarea de cada día». [20] Cuando salían de la presencia del faraón, se encontraron con Moisés y Aarón, que los estaban esperando, [21] y les dijeron:

—Que Jehová os examine y os juzgue, pues nos habéis hecho odiosos ante el faraón y sus siervos, y les habéis puesto la espada en la mano para que nos maten.

Jehová comisiona a Moisés y a Aarón

[22] Entonces Moisés se volvió a Jehová y preguntó:

—Señor, ¿por qué afliges a este pueblo? ¿Para qué me enviaste?, [23] porque desde que yo fui al faraón para hablarle en tu nombre, ha afligido a este pueblo, y tú no has librado a tu pueblo.

6 [1] Jehová respondió a Moisés:

—Ahora verás lo que yo haré al faraón, porque con mano fuerte los dejará ir, y con mano fuerte los echará de su tierra.

[2] Habló Dios a Moisés y le dijo:

—Yo soy Jehová. [3] Yo me aparecí a Abraham, a Isaac y a Jacob como Dios Omnipotente,[a] pero con mi nombre Jehová no me di a conocer a ellos.[b] [4] También establecí mi pacto con ellos, para darles la tierra de Canaán,[c] la tierra en que fueron forasteros y en la cual habitaron. [5] Asimismo yo he oído el gemido de los hijos de Israel, a quienes hacen servir los egipcios, y me he acordado de mi pacto. [6] Por tanto, dirás a los hijos de Israel: "Yo soy Jehová. Yo os sacaré de debajo de las pesadas tareas de Egipto, os libraré de su servidumbre y os redimiré con brazo extendido y con gran justicia. [7] Os tomaré como mi pueblo y seré vuestro Dios.[d] Así sabréis que yo soy Jehová, vuestro Dios, que os sacó de debajo de las pesadas tareas de Egipto. [8] Os meteré en la tierra por la cual alcé mi mano jurando que la daría a Abraham, a Isaac y a Jacob. Yo os la daré por heredad. Yo soy Jehová".

[9] De esta manera habló Moisés a los hijos de Israel; pero ellos no escuchaban a Moisés, debido al desaliento que los embargaba a causa de la dura servidumbre. [10] Entonces Jehová dijo a Moisés:

[11] —Entra y dile al faraón, rey de Egipto, que deje ir de su tierra a los hijos de Israel.

[12] Moisés respondió ante Jehová:

—Los hijos de Israel no me escuchan, ¿cómo me escuchará el faraón, a mí, que soy torpe de labios?

[13] Entonces Jehová habló a Moisés y a Aarón, y les dio órdenes para los hijos de Israel y para el faraón, rey de Egipto, a fin

---

[a] **6.3** Heb. *El Shaddai*. También se encuentra en Gn 17.1.   [b] **6.3** Ex 3.13-15.   [c] **6.4** Gn 17.1-8.
[d] **6.7** Jer 31.33; Os 2.23.

de que sacaran a los hijos de Israel de la tierra de Egipto.

14 Estos son los jefes de las casas paternas:

Hijos de Rubén, el primogénito de Israel: Hanoc, Falú, Hezrón y Carmi. Estas son las familias de Rubén.

15 Hijos de Simeón: Jemuel, Jamín, Ohad, Jaquín, Zohar y Saúl, hijo de una cananea. Estas son las familias de Simeón.

16 Estos son los nombres de los hijos de Leví por sus generaciones: Gersón, Coat y Merari. Leví vivió ciento treinta y siete años. 17 Hijos de Gersón fueron: Libni y Simei, por sus familias. 18 Hijos de Coat: Amram, Izhar, Hebrón y Uziel. Coat vivió ciento treinta y tres años. 19 Hijos de Merari: Mahli y Musi. Estas son las familias de Leví por sus generaciones.[e]

20 Amram tomó por mujer a Jocabed, su tía,[f] la cual dio a luz a Aarón y a Moisés. Amram vivió ciento treinta y siete años.

21 Hijos de Izhar: Coré, Nefeg y Zicri. 22 Hijos de Uziel: Misael, Elzafán y Sitri. 23 Tomó Aarón por mujer a Elisabet, hija de Aminadab, hermana de Naasón, la cual dio a luz a Nadab, Abiú, Eleazar e Itamar.

24 Hijos de Coré: Asir, Elcana y Abiasaf. Estas son las familias de los coreítas. 25 Eleazar hijo de Aarón tomó para sí mujer de las hijas de Futiel, la cual dio a luz a Finees. Estos son los jefes de los padres de los levitas por sus familias.

26 Estos son aquel Aarón y aquel Moisés, a los cuales Jehová dijo: «Sacad a los hijos de Israel de la tierra de Egipto por grupos». 27 Estos fueron los que hablaron al faraón, rey de Egipto, para sacar de Egipto a los hijos de Israel. Fueron Moisés y Aarón.

28 Cuando Jehová habló a Moisés en la tierra de Egipto, 29 le dijo:

—Yo soy Jehová; di al faraón, rey de Egipto, todas las cosas que yo te digo a ti.

30 Moisés respondió ante Jehová:

—Yo soy torpe de labios; ¿cómo, pues, me ha de oír el faraón?

7 1 Jehová dijo a Moisés:

—Mira, yo te he constituido dios para el faraón, y tu hermano Aarón será tu profeta. 2 Tú dirás todas las cosas que yo te mande, y Aarón, tu hermano, hablará al faraón para que deje ir de su tierra a los hijos de Israel. 3 Pero yo endureceré el corazón[a] del faraón, y multiplicaré en la tierra de Egipto mis señales y mis maravillas.[b] 4 El faraón no os oirá, pero yo pondré mi mano sobre Egipto y sacaré a mis ejércitos, a mi pueblo, los hijos de Israel, de la tierra de Egipto, con grandes juicios. 5 Y sabrán los egipcios que yo soy Jehová, cuando extienda mi mano sobre Egipto y saque a los hijos de Israel de en medio de ellos.

6 Moisés y Aarón hicieron como Jehová les mandó; así lo hicieron. 7 Tenía Moisés ochenta años de edad, y Aarón ochenta y tres, cuando hablaron al faraón.

La vara de Aarón

8 Habló Jehová a Moisés y a Aarón, diciendo:

9 —Si el faraón os responde: "Mostrad un milagro", dirás a Aarón: "Toma tu vara y échala delante del faraón, para que se convierta en una culebra".

10 Fueron, pues, Moisés y Aarón ante el faraón, e hicieron como lo había mandado Jehová. Y echó Aarón su vara delante del faraón y de sus siervos, y se convirtió en una culebra. 11 Entonces llamó también el faraón a los sabios y hechiceros, e hicieron también lo mismo los hechiceros de Egipto con sus encantamientos; 12 pues cada uno echó su vara, las cuales se volvieron culebras; pero la vara de Aarón devoró las varas de ellos. 13 Sin embargo, el corazón del faraón se endureció, y no los escuchó, como lo había dicho Jehová.

La plaga de sangre

14 Entonces Jehová dijo a Moisés:

—El corazón del faraón está endurecido, y no quiere dejar ir al pueblo. 15 Ve por la mañana al faraón, cuando baje al río. Saldrás a su encuentro en la ribera llevando en tu mano la vara que se volvió culebra, 16 y le dirás:

---

[e] **6.16-19** Nm 3.1,7-20; 26.57-58; 1 Cr 6.16-19.   [f] **6.20** El matrimonio en este grado de parentesco quedó prohibido posteriormente por la ley mosaica (Lv 18.12-13).   [a] **7.3** v. 13,22; Ex 8.15,19,32; 9.7,12,35; 10.20,27; 11.10; 14.4,8.   [b] **7.3** Hch 7.36.

"Jehová, el Dios de los hebreos me ha enviado a ti, diciendo: 'Deja ir a mi pueblo, para que me sirva en el desierto'; pero hasta ahora no has querido oir. ¹⁷ Así ha dicho Jehová: En esto conocerás que yo soy Jehová: Voy a golpear con la vara que tengo en mi mano el agua que está en el río, y se convertirá en sangre.ᶜ ¹⁸ Los peces que hay en el río morirán; apestará el río, y los egipcios tendrán asco de beber sus aguas".

¹⁹ Jehová dijo a Moisés:

—Di a Aarón: "Toma tu vara y extiende tu mano sobre las aguas de Egipto, sobre sus ríos, sobre sus arroyos, sobre sus estanques y sobre todos sus depósitos de aguas, para que se conviertan en sangre y haya sangre por toda la región de Egipto, hasta en los vasos de madera y en los de piedra".

²⁰ Moisés y Aarón hicieron como lo mandó Jehová. Alzando la vara, golpeó las aguas que había en el río, en presencia del faraón y de sus siervos, y todas las aguas que había en el río se convirtieron en sangre. ²¹ Asimismo, los peces que había en el río murieron; el río se corrompió, tanto que los egipcios no podían beber de él. Y hubo sangre por toda la tierra de Egipto.

²² Pero los hechiceros de Egipto hicieron lo mismo con sus encantamientos, así que el corazón del faraón se endureció y no los escuchó, como lo había dicho Jehová. ²³ El faraón se volvió y regresó a su casa, sin prestar atención tampoco a esto. ²⁴ Y en todo Egipto hicieron pozos alrededor del río para beber, porque no podían beber de las aguas del río. ²⁵ Así pasaron siete días después que Jehová hirió el río.

La plaga de ranas

8 ¹ Entonces Jehová dijo a Moisés:

—Entra a la presencia del faraón, y dile: "Jehová ha dicho así: 'Deja ir a mi pueblo para que me sirva, ² porque si no lo dejas partir, yo castigaré con ranas todos tus territorios. ³ El río criará ranas, las cuales subirán y entrarán en tu casa, en la habitación donde duermes y sobre tu cama; en las casas de tus siervos, en tu pueblo, en tus hornos y en tus artesas. ⁴ Las ranas subirán sobre ti, sobre tu pueblo y sobre todos tus siervos' ".

⁵ Y Jehová dijo a Moisés:

—Di a Aarón: "Extiende tu mano con tu vara sobre los ríos, arroyos y estanques, y haz subir ranas sobre la tierra de Egipto".

⁶ Entonces Aarón extendió su mano sobre las aguas de Egipto, y subieron ranas que cubrieron la tierra de Egipto. ⁷ Pero los hechiceros hicieron lo mismo con sus encantamientos, e hicieron venir ranas sobre la tierra de Egipto. ⁸ Entonces el faraón llamó a Moisés y a Aarón, y les dijo:

—Orad a Jehová para que aparte las ranas de mí y de mi pueblo, y dejaré ir a tu pueblo para que ofrezca sacrificios a Jehová.

⁹ Respondió Moisés al faraón:

—Dígnate indicarme cuándo debo orar por ti, por tus siervos y por tu pueblo, para que las ranas se aparten de ti y de tus casas, y queden solamente en el río.

¹⁰ —Mañana —dijo él.

Moisés respondió:

—Se hará conforme a tu palabra, para que conozcas que no hay como Jehová, nuestro Dios. ¹¹ Las ranas se apartarán de ti y de tus casas, de tus siervos y de tu pueblo, y solamente quedarán en el río.

¹² Entonces salieron Moisés y Aarón de la presencia del faraón. Moisés clamó a Jehová tocante a las ranas que había mandado sobre el faraón. ¹³ E hizo Jehová conforme a la palabra de Moisés: murieron las ranas de las casas, de los cortijos y de los campos. ¹⁴ Las juntaron en montones, y apestaba la tierra. ¹⁵ Pero al ver el faraón que le habían dado reposo, endureció su corazón y no los escuchó, tal como Jehová lo había dicho.

La plaga de piojos

¹⁶ Entonces Jehová dijo a Moisés:

—Di a Aarón: "Extiende tu vara y golpea el polvo de la tierra, para que se convierta en piojos por todo el país de Egipto".

¹⁷ Ellos lo hicieron así; Aarón extendió su mano con la vara y golpeó el polvo de la tierra, el cual se convirtió en piojos que

ᶜ 7.17 Ap 16.4.

se lanzaron sobre los hombres y las bestias. Todo el polvo de la tierra se convirtió en piojos en todo el país de Egipto. ¹⁸ Los hechiceros también intentaron sacar piojos con sus encantamientos, pero no pudieron. Hubo, pues, piojos tanto en los hombres como en las bestias. ¹⁹ Entonces los hechiceros dijeron al faraón:

—Es el dedo de Dios.

Pero el corazón del faraón se endureció, y no los escuchó, tal como Jehová lo había dicho.

La plaga de moscas

²⁰ Jehová dijo a Moisés:

—Levántate de mañana y ponte delante del faraón, cuando él salga al río, y dile: "Jehová ha dicho así: Deja ir a mi pueblo para que me sirva, ²¹ porque si no dejas ir a mi pueblo, yo enviaré sobre ti, sobre tus siervos, sobre tu pueblo y sobre tus casas toda clase de moscas; las casas de los egipcios se llenarán de toda clase de moscas, y asimismo la tierra donde ellos estén. ²² Aquel día yo apartaré la tierra de Gosén, en la cual habita mi pueblo, para que no haya en ella ninguna clase de moscas, a fin de que sepas que yo soy Jehová en medio de la tierra. ²³ Y yo pondré redención entre mi pueblo y el tuyo. Mañana será esta señal".

²⁴ Jehová lo hizo así, y vino toda clase de moscas molestísimas sobre la casa del faraón, sobre las casas de sus siervos y sobre todo el país de Egipto; la tierra fue corrompida a causa de ellas.

²⁵ Entonces el faraón llamó a Moisés y a Aarón, y les dijo:

—Andad, ofreced sacrificio a vuestro Dios, pero dentro del país.

²⁶ Moisés respondió:

—No conviene que hagamos así, porque ofreceríamos a Jehová, nuestro Dios, lo que es la abominación para los egipcios. Si sacrificáramos lo que es abominación para los egipcios delante de ellos, ¿no nos apedrearían? ²⁷ Iremos por el desierto, tres días de camino, y ofreceremos sacrificios a Jehová, nuestro Dios, como él nos diga.

²⁸ Dijo el faraón:

—Yo os dejaré ir para que ofrezcáis sacrificios a Jehová, vuestro Dios, en el desierto, con tal que no vayáis más lejos; orad por mí.

²⁹ Y Moisés respondió:

—Al salir yo de tu presencia, rogaré a Jehová que las diversas clases de moscas se alejen del faraón, de sus siervos y de su pueblo mañana; con tal de que el faraón no nos engañe más, impidiendo que el pueblo vaya a ofrecer sacrificios a Jehová.

³⁰ Entonces Moisés salió de la presencia del faraón, y oró a Jehová. ³¹ Jehová hizo conforme a la palabra de Moisés y apartó todas aquellas moscas del faraón, de sus siervos y de su pueblo, sin que quedara una. ³² Pero también esta vez el faraón endureció su corazón y no dejó partir al pueblo.

La plaga en el ganado

9 ¹ Entonces Jehová dijo a Moisés:

—Entra a la presencia del faraón, y dile: "Jehová, el Dios de los hebreos, dice así: Deja ir a mi pueblo para que me sirva, ² porque si no lo dejas ir, y lo sigues deteniendo, ³ la mano de Jehová caerá, con plaga gravísima, sobre el ganado que está en los campos: sobre caballos, asnos, camellos, vacas y ovejas. ⁴ Pero Jehová hará distinción entre los ganados de Israel y los de Egipto, de modo que nada muera de todo lo que pertenece a los hijos de Israel".

⁵ Y Jehová fijó el plazo, diciendo:

—Mañana hará Jehová esta cosa en la tierra.

⁶ Al día siguiente Jehová hizo aquello, y murió todo el ganado de Egipto; pero del ganado de los hijos de Israel no murió ni un animal. ⁷ El faraón hizo averiguar, y se supo que del ganado de los hijos de Israel no había muerto ni un animal. Pero el corazón del faraón se endureció, y no dejó ir al pueblo.

La plaga de úlceras

⁸ Entonces Jehová dijo a Moisés y a Aarón:

—Tomad puñados de ceniza de un horno, y la esparcirá Moisés hacia el cielo delante del faraón. ⁹ Se convertirá en polvo sobre toda la tierra de Egipto, y producirá sarpullido con úlceras en los hombres y en las bestias por todo el país de Egipto.

¹⁰Ellos tomaron ceniza del horno y se pusieron delante del faraón; la esparció Moisés hacia el cielo, y hubo sarpullido que produjo úlceras[a] tanto en los hombres como en las bestias. ¹¹Ni los hechiceros podían permanecer delante de Moisés a causa del sarpullido, pues los hechiceros tenían sarpullido como todos los egipcios. ¹²Pero Jehová endureció el corazón del faraón, y no los oyó, tal como Jehová lo había dicho a Moisés.

La plaga de granizo

¹³Luego Jehová dijo a Moisés:

—Levántate de mañana, ponte delante del faraón y dile: "Jehová, el Dios de los hebreos, dice así: Deja ir a mi pueblo, para que me sirva, ¹⁴porque yo enviaré esta vez todas mis plagas sobre tu corazón, sobre tus siervos y sobre tu pueblo, para que entiendas que no hay otro como yo en toda la tierra. ¹⁵Por tanto, ahora yo extenderé mi mano para herirte a ti y a tu pueblo con una plaga, y desaparecerás de la tierra. ¹⁶A la verdad yo te he puesto para mostrar en ti mi poder, y para que mi nombre sea anunciado en toda la tierra.[b] ¹⁷¿Todavía te opones a mi pueblo y no lo dejas ir? ¹⁸Mañana, a esta hora, yo haré llover granizo muy pesado, cual nunca hubo en Egipto, desde el día que se fundó hasta ahora. ¹⁹Envía, pues, a recoger tu ganado y todo lo que tienes en el campo, porque todo hombre o animal que se halle en el campo y no sea recogido en casa, el granizo caerá sobre él, y morirá".

²⁰De los siervos del faraón, el que tuvo temor de la palabra de Jehová recogió a sus criados y a su ganado en casa, ²¹pero el que no puso en su corazón la palabra de Jehová, dejó a sus criados y a su ganado en el campo. ²²Entonces Jehová dijo a Moisés:

—Extiende tu mano hacia el cielo, para que caiga granizo en toda la tierra de Egipto sobre los hombres, sobre las bestias y sobre toda la hierba del campo en el país de Egipto.

²³Moisés extendió su vara hacia el cielo, y Jehová hizo tronar y granizar; el fuego se descargó sobre la tierra, y Jehová hizo llover granizo sobre la tierra de Egipto. ²⁴Hubo, pues, granizo, y fuego[c] mezclado con el granizo, tan grande cual nunca hubo en toda la tierra de Egipto desde que fue habitada. ²⁵Aquel granizo hirió en toda la tierra de Egipto todo lo que estaba en el campo, así hombres como bestias; también destrozó el granizo toda la hierba del campo, y desgajó todos los árboles del país. ²⁶Solamente en la tierra de Gosén, donde estaban los hijos de Israel, no hubo granizo.

²⁷Entonces el faraón envió a llamar a Moisés y a Aarón, y les dijo:

—He pecado esta vez; Jehová es justo, y yo y mi pueblo impíos. ²⁸Orad a Jehová para que cesen los truenos de Dios y el granizo. Yo os dejaré ir; y no os detendréis más.

²⁹Moisés le respondió:

—Tan pronto salga yo de la ciudad, extenderé mis manos a Jehová; los truenos cesarán y no habrá más granizo, para que sepas que de Jehová es la tierra. ³⁰Pero yo sé que ni tú ni tus siervos temeréis todavía la presencia de Jehová Dios.

³¹El lino, pues, y la cebada fueron destrozados, porque la cebada estaba ya espigada, y el lino en caña. ³²Pero el trigo y el centeno no fueron destrozados, porque eran tardíos.

³³Cuando Moisés salió de la presencia del faraón, fuera de la ciudad, extendió sus manos a Jehová, y cesaron los truenos y el granizo, y la lluvia no cayó más sobre la tierra. ³⁴Al ver el faraón que la lluvia, el granizo y los truenos habían cesado, se obstinó en pecar, y endurecieron su corazón él y sus siervos. ³⁵Se endureció el corazón del faraón, y no dejó ir a los hijos de Israel, tal como Jehová lo había dicho por medio de Moisés.

La plaga de langostas

10 ¹Jehová dijo a Moisés:

—Entra a la presencia del faraón, porque yo he endurecido su corazón y el corazón de sus siervos, para mostrar entre ellos estas mis señales, ²para que cuentes a tus hijos y a tus nietos las cosas que yo hice en Egipto y las señales que hice entre ellos, y así sepáis que yo soy Jehová.

---

[a] **9.10** Ap 16.2.   [b] **9.16** Citado en Ro 9.17.   [c] **9.24** Ap 8.7; 16.21.

³ Entonces fueron Moisés y Aarón ante el faraón, y le dijeron:

—Jehová, el Dios de los hebreos, ha dicho así: "¿Hasta cuándo no querrás humillarte delante de mí? Deja ir a mi pueblo, para que me sirva. ⁴ Y si aún rehusas dejarlo ir, mañana yo traeré sobre tu territorio la langosta, ⁵ la cual cubrirá la faz de la tierra, de modo que no pueda verse la tierra. Ella comerá lo que escapó, lo que os quedó del granizo; comerá asimismo todo árbol que crece en el campo. ⁶ Llenará tus casas, las casas de todos tus siervos y las casas de todos los egipcios, cual nunca vieron tus padres ni tus abuelos, desde que ellos aparecieron sobre la tierra hasta hoy".

Y dándose vuelta, salió de la presencia del faraón. ⁷ Entonces los siervos del faraón le dijeron:

—¿Hasta cuándo será este hombre una amenaza para nosotros? Deja ir a estos hombres, para que sirvan a Jehová, su Dios. ¿Acaso no sabes todavía que Egipto está ya destruido?

⁸ Llamaron, pues, de nuevo a Moisés y Aarón ante el faraón, el cual les dijo:

—Andad, servid a Jehová, vuestro Dios. ¿Quiénes son los que han de ir?

⁹ Moisés respondió:

—Hemos de ir con nuestros niños y con nuestros viejos, con nuestros hijos y con nuestras hijas; con nuestras ovejas y con nuestras vacas hemos de ir, porque es nuestra fiesta solemne para Jehová.

¹⁰ Él les dijo:

—¡Así sea Jehová con vosotros! ¿Cómo os voy a dejar ir a vosotros y a vuestros niños? ¡Mirad cómo el mal está delante de vuestro rostro! ¹¹ No será así; id ahora vosotros los hombres y servid a Jehová, pues esto es lo que vosotros pedisteis.

Y los echaron de la presencia del faraón. ¹² Entonces Jehová dijo a Moisés:

—Extiende tu mano sobre la tierra de Egipto, para traer la langosta, a fin de que suba sobre el país de Egipto y consuma todo lo que el granizo dejó.

¹³ Extendió Moisés su vara sobre la tierra de Egipto, y Jehová trajo un viento oriental sobre el país todo aquel día y toda aquella noche; y al venir la mañana, el viento oriental trajo la langosta. ¹⁴ La langosta subió sobre toda la tierra de Egipto y se asentó en todo el país de Egipto en tan gran cantidad como no la hubo antes ni la habrá después; ¹⁵ cubrió la faz de todo el país y oscureció la tierra;ᵃ consumió toda la hierba de la tierra y todo el fruto de los árboles que había dejado el granizo; no quedó cosa verde en los árboles ni en la hierba del campo en toda la tierra de Egipto.

¹⁶ Entonces el faraón se apresuró a llamar a Moisés y a Aarón, y dijo:

—He pecado contra Jehová, vuestro Dios, y contra vosotros. ¹⁷ Pero os ruego ahora que perdonéis mi pecado solamente esta vez, y que oréis a Jehová, vuestro Dios, para que aparte de mí al menos esta plaga mortal.

¹⁸ Salió Moisés de delante del faraón, y oró a Jehová. ¹⁹ Entonces Jehová trajo un fortísimo viento occidental que se llevó la langosta y la arrojó en el Mar Rojo; ni una langosta quedó en todo el país de Egipto. ²⁰ Pero Jehová endureció el corazón del faraón, y este no dejó ir a los hijos de Israel.

La plaga de tinieblas

²¹ Jehová dijo a Moisés:

—Extiende tu mano hacia el cielo, para que haya tinieblasᵇ sobre la tierra de Egipto, tanto que cualquiera las palpe.

²² Extendió Moisés su mano hacia el cielo, y por tres días hubo densas tinieblas sobre toda la tierra de Egipto. ²³ Ninguno vio a su prójimo, ni nadie se levantó de su lugar en tres días; pero todos los hijos de Israel tenían luz en sus habitaciones.

²⁴ Entonces el faraón hizo llamar a Moisés, y dijo:

—Id, servid a Jehová; que solamente queden vuestras ovejas y vuestras vacas. Vayan también vuestros niños con vosotros.

²⁵ Moisés respondió:

—Tú nos darás los animales para los sacrificios y holocaustos que ofreceremos a Jehová, nuestro Dios. ²⁶ Y nuestro ganado irá también con nosotros. No quedará ni una pezuña, porque de él hemos de

---

ᵃ **10.14-15** Ap 9.2-3.   ᵇ **10.21** Ap 16.10.

tomar para servir a Jehová, nuestro Dios, y no sabemos con qué hemos de servir a Jehová hasta que lleguemos allá.

²⁷ Pero Jehová endureció el corazón del faraón, y este no quiso dejarlos ir. ²⁸ Y le dijo el faraón:

—Retírate de mi presencia. Cuídate de no ver más mi rostro, pues el día en que veas mi rostro, morirás.

²⁹ Y Moisés respondió:

—¡Bien has dicho! No veré más tu rostro.

Anuncio de la muerte de los primogénitos

11 ¹ Jehová dijo a Moisés:
—Una plaga más traeré sobre el faraón y sobre Egipto, después de la cual él os dejará ir de aquí. De seguro que os echará de aquí definitivamente. ² Habla ahora al pueblo, que cada uno pida a su vecino y cada una a su vecina, alhajas de plata[a] y de oro.

³ Jehová hizo que el pueblo se ganara el favor de los egipcios. También Moisés era considerado un gran hombre en la tierra de Egipto, a los ojos de los siervos del faraón y a los ojos del pueblo.

⁴ Dijo, pues, Moisés:

—Jehová ha dicho así: "Hacia la medianoche yo atravesaré el país de Egipto, ⁵ y morirá todo primogénito en tierra de Egipto, desde el primogénito del faraón que se sienta en su trono, hasta el primogénito de la sierva que está tras el molino, y todo primogénito de las bestias. ⁶ Y habrá gran clamor por toda la tierra de Egipto, cual nunca hubo ni jamás habrá. ⁷ Pero contra todos los hijos de Israel, desde el hombre hasta la bestia, ni un perro moverá su lengua, para que sepáis que Jehová hace diferencia entre los egipcios[b] y los israelitas".[c] ⁸ Entonces vendrán a mí todos estos tus siervos, e inclinados delante de mí dirán: "Vete, tú y todo el pueblo que está bajo tus órdenes". Y después de esto yo saldré.

Y salió muy enojado de la presencia del faraón. ⁹ Luego Jehová dijo a Moisés:

—El faraón no os oirá, para que mis maravillas se multipliquen en la tierra de Egipto.

¹⁰ Moisés y Aarón hicieron todos estos prodigios delante del faraón, pues Jehová había endurecido el corazón del faraón, y este no dejó salir a los hijos de Israel fuera de su país.

Institución de la Pascua

12 ¹ Habló Jehová a Moisés y a Aarón en la tierra de Egipto, y les dijo:

² «Este mes será para vosotros el principal entre los meses; os será el primero de los meses[a] del año. ³ Hablad a toda la congregación de Israel, y decid: "El día diez de este mes tomará cada uno un cordero según las familias de los padres, un cordero por familia. ⁴ Pero si la familia es demasiado pequeña, que no baste para comer el cordero, entonces él y el vecino más cercano a su casa tomarán uno según el número de las personas; conforme al comer de cada hombre os repartiréis el cordero. ⁵ El animal será sin defecto, macho de un año; lo tomaréis de las ovejas o de las cabras. ⁶ Lo guardaréis hasta el día catorce de este mes, y lo inmolará toda la congregación del pueblo de Israel entre las dos tardes. ⁷ Tomarán de la sangre y la pondrán en los dos postes y en el dintel de las casas en que lo han de comer. ⁸ Esa noche comerán la carne asada al fuego y panes sin levadura; con hierbas amargas lo comerán. ⁹ Ninguna cosa comeréis de él cruda ni cocida en agua, sino asada al fuego; comeréis también su cabeza, sus patas y sus entrañas. ¹⁰ Ninguna cosa dejaréis de él hasta la mañana; y lo que quede hasta la mañana, lo quemaréis en el fuego. ¹¹ Lo habéis de comer así: ceñidos con un cinto, con vuestros pies calzados y con el bastón en la mano; y lo comeréis apresuradamente. Es la Pascua de Jehová.[b] ¹² Pues yo pasaré aquella noche por la tierra de Egipto y heriré a todo primogénito en la tierra de Egipto, así de los hombres como de las bestias, y ejecutaré mis juicios en todos los dioses de Egipto. Yo, Jehová.

---

[a] **11.2** Ex 3.21-22; 12.35-36.   [b] **11.7** Ex 8.22-23; 9.4.   [c] **11.7** Ex 9.26; 10.23.   [a] **12.2** El de Abib (marzo-abril; cf. Ex 13.4), llamado también de Nisán (Neh 2.1; Est 3.7).   [b] **12.1-13** Relacionada con la liberación de los israelitas en Egipto, es la conmemoración anual más importante para el pueblo judío (Lv 23.5; Nm 9.1-5; 28.16; Dt 16.1-2).

13 »La sangre os será por señal en las casas donde vosotros estéis; veré la sangre y pasaré de largo ante vosotros, y no habrá entre vosotros plaga de mortandad cuando hiera la tierra de Egipto. 14 Este día os será memorable, y lo celebraréis como fiesta solemne para Jehová durante vuestras generaciones; por estatuto perpetuo lo celebraréis. 15 Siete días comeréis panes sin levadura. El primer día haréis desaparecer toda levadura de vuestras casas, porque cualquiera que coma algo leudado desde el primer día hasta el séptimo, será eliminado de Israel. 16 El primer día habrá santa convocación, y asimismo en el séptimo día tendréis una santa convocación. Ninguna obra se hará en ellos, excepto solamente que preparéis lo que cada cual haya de comer. 17 Guardaréis la fiesta de los Panes sin levadura,c porque en ese mismo día saqué vuestras huestes de la tierra de Egipto; por tanto, guardaréis este mandamiento a lo largo de vuestras generaciones como una costumbre perpetua. 18 En el mes primero comeréis los panes sin levadura, desde el día catorce del mes por la tarde hasta el veintiuno del mes por la tarde. 19 Durante siete días no se hallará levadura en vuestras casas, porque cualquiera que coma algo leudado, tanto extranjero como natural del país, será eliminado de la congregación de Israel. 20 Ninguna cosa leudada comeréis; en todas vuestras habitaciones comeréis panes sin levadura"».

21 Moisés convocó a todos los ancianos de Israel y les dijo: «Salid y buscad corderos para vuestras familias, y sacrificad la pascua. 22 Tomad un manojo de hisopo, mojadlo en la sangre que estará en un lebrillo, y untad el dintel y los dos postes con la sangre que estará en el lebrillo. Que ninguno de vosotros salga de las puertas de su casa hasta la mañana, 23 pues Jehová pasará hiriendo a los egipcios, y cuando vea la sangre en el dintel y en los dos postes, pasará Jehová de largo por aquella puerta, y no dejará entrar al heridor en vuestras casas para herir.d 24 Guardaréis esto por estatuto para vosotros y para vuestros hijos para siempre. 25 Cuando entréis en la tierra que Jehová os dará, como prometió, también guardaréis este rito. 26 Y cuando os pregunten vuestros hijos: "¿Qué significa este rito?", 27 vosotros responderéis: "Es la víctima de la Pascua de Jehová, el cual pasó por encima de las casas de los hijos de Israel en Egipto, cuando hirió a los egipcios y libró nuestras casas"».

Entonces el pueblo se inclinó y adoró. 28 Luego los hijos de Israel fueron e hicieron puntualmente tal como Jehová había mandado a Moisés y a Aarón.

Muerte de los primogénitos

29 Aconteció que a la medianoche Jehová hirió a todo primogénitoe en la tierra de Egipto, desde el primogénito del faraón que se sentaba sobre su trono hasta el primogénito del cautivo que estaba en la cárcel, y todo primogénito de los animales. 30 Se levantó aquella noche el faraón, todos sus siervos y todos los egipcios, y hubo un gran clamor en Egipto, porque no había casa donde no hubiera un muerto. 31 E hizo llamar a Moisés y a Aarón de noche, y les dijo:

—Salid de en medio de mi pueblo vosotros y los hijos de Israel, e id a servir a Jehová, como habéis dicho. 32 Tomad también vuestras ovejas y vuestras vacas, como habéis dicho, e idos; y bendecidme también a mí.

33 Los egipcios apremiaban al pueblo, dándose prisa a echarlos de la tierra, porque decían: «Todos moriremos». 34 Y llevó el pueblo su masa antes que fermentara, la envolvieron en sábanas y la cargaron sobre sus hombros. 35 E hicieron los hijos de Israel conforme a la orden de Moisés, y pidieron a los egipcios alhajas de plata y de oro, y vestidos. 36 Jehová hizo que el pueblo se ganara el favor de los egipcios, y estos les dieron cuanto pedían. Así despojaron a los egipcios.f

Los israelitas salen de Egipto

37 Partieron los hijos de Israel de Ramesés hacia Sucot. Eran unos seiscientos mil hombres de a pie, sin contar los niños.

---

c 12.14-20 Ex 23.15; 34.18; Lv 23.6-8; Nm 28.17-25; Dt 16.1-8.   d 12.23 2 S 24.16-17. Cf. 1 Co 10.10; Heb 11.28.   e 12.29 Ex 4.22-23.   f 12.35-36 Ex 3.21-22; 11.2-3; Sal 105.37.

³⁸ También subió con ellos una gran multitud de toda clase de gentes,ᵍ ovejas y muchísimo ganado. ³⁹ Cocieron tortas sin levadura de la masa que habían sacado de Egipto, pues no había leudado, porque al echarlos fuera los egipcios no habían tenido tiempo ni para prepararse comida.ʰ

⁴⁰ El tiempo que los hijos de Israel habitaron en Egipto fue de cuatrocientos treinta años.ⁱ ⁴¹ El mismo día en que se cumplían los cuatrocientos treinta años, todas las huestes de Jehová salieron de la tierra de Egipto. ⁴² Es noche de guardar para Jehová, por haberlos sacado en ella de la tierra de Egipto. Esta noche deben guardarla para Jehová todos los hijos de Israel a lo largo de sus generaciones.

⁴³ Jehová dijo a Moisés y a Aarón: «Esta es la ley para la Pascua: ningún extraño comerá de ella. ⁴⁴ Pero todo siervo humano comprado por dinero comerá de ella, después que lo hayas circuncidado. ⁴⁵ El extranjero y el jornalero no comerán de ella. ⁴⁶ Se comerá en una casa, y no llevarás de aquella carne fuera de ella ni le quebraréis ningún hueso.ʲ ⁴⁷ Toda la congregación de Israel lo hará. ⁴⁸ Si algún extranjero habita contigo y quiere celebrar la Pascua para Jehová, que le sea circuncidado todo varón, y entonces la celebrará, pues será como uno de vuestra nación; pero ningún incircunciso comerá de ella. ⁴⁹ La misma ley regirá para el natural y para el extranjero que habite entre vosotros».ᵏ

⁵⁰ Así lo hicieron todos los hijos de Israel. Tal como mandó Jehová a Moisés y a Aarón, así lo hicieron. ⁵¹ Y en aquel mismo día sacó Jehová a los hijos de Israel de la tierra de Egipto por grupos.

Consagración de los primogénitos

13 ¹ Jehová habló a Moisés y le dijo: ² «Conságrame todo primogénito. Todo lo que abre la matriz entre los hijos de Israel, tanto de los hombres como de los animales, mío es».ᵃ

³ Moisés dijo al pueblo: «Tened memoria de este día, en el cual habéis salido de Egipto, de la casa de servidumbre, pues Jehová os ha sacado de aquí con mano fuerte; por tanto, no comeréis cosa leudada. ⁴ Vosotros salís hoy, en el mes de Abib. ⁵ Y cuando Jehová te haya metido en la tierra del cananeo, del heteo, del amorreo, del heveo y del jebuseo, la cual juró a tus padres que te daría, tierra que destila leche y miel, harás esta celebración en este mes. ⁶ Siete días comerás pan sin leudar, pero el séptimo día será fiesta para Jehová. ⁷ Durante los siete días se comerán los panes sin levadura, y no tendrás contigo nada leudado, ni levadura, en todo tu territorio. ⁸ En aquel día lo explicarás a tu hijo diciendo: "Se hace esto con motivo de lo que Jehová hizo conmigo cuando me sacó de Egipto". ⁹ Te será como una señal en la mano y como un memorial delante de tus ojos,ᵇ para que la ley de Jehová esté en tu boca, por cuanto con mano fuerte te sacó Jehová de Egipto. ¹⁰ Por tanto, tú guardarás este rito de año en año, a su debido tiempo.

¹¹ »Cuando Jehová te haya llevado a la tierra del cananeo, como lo ha jurado a ti y a tus padres, y cuando te la haya dado, ¹² dedicarás a Jehová a todo aquel que abre la matriz.ᶜ Asimismo, todo primer nacido de tus animales, si es macho, será de Jehová. ¹³ Pero todo primogénito de asno lo redimirás con un cordero; y si no lo redimes, quebrarás su cuello. También redimirás al primogénito de tus hijos. ¹⁴ Y cuando el día de mañana te pregunte tu hijo: "¿Qué es esto?", le dirás: "Jehová nos sacó con mano fuerte de Egipto, de casa de servidumbre; ¹⁵ y cuando se endureció el faraón para no dejarnos ir, Jehová hizo morir en la tierra de Egipto a todo primogénito, desde el primogénito humano hasta el primogénito de la bestia. Por esta causa yo sacrifico para Jehová todo primogénito macho, y redimo al primogénito de mis hijos. ¹⁶ Te será, pues,

---

ᵍ **12.38** A la salida de Egipto, el pueblo de Israel no solamente estaba integrado por los descendientes directos de Jacob, sino que a ellos se les había agregado *una gran multitud de toda clase de gentes.* ʰ **12.39** v. 34; Dt 16.3. ⁱ **12.40** Gn 15.13-16; Hch 7.6; Gl 3.17. ʲ **12.46** Nm 9.12; Sal 34.20; Jn 19.36. ᵏ **12.48-49** Nm 9.14. ᵃ **13.2** Esta ley se cita en Lc 2.23. Cf. Ex 22.29-30; 34.19-20; Nm 3.13. ᵇ **13.9** Dt 6.6-9; 11.18-20. Entendido al pie de la letra, este precepto dio origen al uso de las filacterias: dos correas que sujetan una cajita con textos de la ley mosaica y que se fijan en el brazo izquierdo y en la frente. ᶜ **13.12** Lc 2.13.

como una señal en la mano y como un memorial delante de tus ojos, por cuanto Jehová nos sacó de Egipto con mano fuerte"».

La columna de nube y de fuego

¹⁷ Luego que el faraón dejó ir al pueblo, Dios no los llevó por el camino de la tierra de los filisteos, que estaba cerca, pues dijo Dios: «Para que no se arrepienta el pueblo cuando vea la guerra, y regrese a Egipto». ¹⁸ Por eso hizo Dios que el pueblo diera un rodeo por el camino del desierto del Mar Rojo.

Los hijos de Israel salieron de Egipto armados. ¹⁹ Moisés tomó también consigo los huesos de José, el cual había hecho jurar a los hijos de Israel, diciéndoles: «Dios ciertamente os visitará, y entonces os llevaréis mis huesos de aquí con vosotros».ᵈ

²⁰ Partieron de Sucot y acamparon en Etam, a la entrada del desierto. ²¹ Jehová iba delante de ellos, de día en una columna de nube para guiarlos por el camino, y de noche en una columna de fuego para alumbrarlos, a fin de que anduvieran de día y de noche. ²² Nunca se apartó del pueblo la columna de nube durante el día, ni la columna de fuego durante la noche.ᵉ

Los israelitas cruzan el Mar Rojo

14 ¹ Habló Jehová a Moisés y le dijo: ² «Di a los hijos de Israel que regresen y acampen delante de Pi-hahirot, entre Migdol y el mar, enfrente de Baal-zefón. Acamparéis frente a ese lugar, junto al mar. ³ Y el faraón dirá de los hijos de Israel: "Encerrados están en la tierra; el desierto los ha encerrado". ⁴ Yo endureceré el corazón del faraón, para que los siga; entonces seré glorificado en el faraón y en todo su ejército, y sabrán los egipcios que yo soy Jehová».

Ellos lo hicieron así.

⁵ Cuando fue dado aviso al rey de Egipto, que el pueblo huía, el corazón del faraón y de sus siervos se volvió contra el pueblo, y dijeron: «¿Cómo hemos hecho esto? Hemos dejado ir a Israel, para que no nos sirva».

⁶ Unció entonces su carro y tomó consigo a su ejército. ⁷ Tomó seiscientos carros escogidos y todos los carros de Egipto, junto con sus capitanes. ⁸ Endureció Jehová el corazón del faraón, rey de Egipto, el cual siguió a los hijos de Israel; pero los hijos de Israel habían salido con mano poderosa.

⁹ Los egipcios los siguieron con toda la caballería y los carros del faraón, su gente de a caballo y todo su ejército; los alcanzaron donde estaban acampados junto al mar, cerca de Pi-hahirot, frente a Baal-zefón. ¹⁰ Cuando el faraón se hubo acercado, los hijos de Israel alzaron sus ojos y vieron que los egipcios venían tras ellos, por lo que los hijos de Israel clamaron a Jehová llenos de temor, ¹¹ y dijeron a Moisés:

—¿No había sepulcros en Egipto, que nos has sacado para que muramos en el desierto? ¿Por qué nos has hecho esto? ¿Por qué nos has sacado de Egipto? ¹² Ya te lo decíamos cuando estábamos en Egipto: Déjanos servir a los egipcios, porque mejor nos es servir a los egipcios que morir en el desierto.

¹³ Moisés respondió al pueblo:

—No temáis; estad firmes y ved la salvación que Jehová os dará hoy,ᵃ porque los egipcios que hoy habéis visto, no los volveréis a ver nunca más. ¹⁴ Jehová peleará por vosotros, y vosotros estaréis tranquilos.

¹⁵ Entonces Jehová dijo a Moisés:

—¿Por qué clamas a mí? Di a los hijos de Israel que marchen. ¹⁶ Y tú, alza tu vara, extiende tu mano sobre el mar y divídelo, para que los hijos de Israel pasen por medio del mar en seco. ¹⁷ Yo endureceré el corazón de los egipcios, para que los sigan; entonces me glorificaré en el faraón y en todo su ejército, en sus carros y en su caballería. ¹⁸ Y sabrán los egipcios que yo soy Jehová, cuando me glorifique en el faraón, en sus carros y en su gente de a caballo.

¹⁹ El ángel de Dios, que iba delante del campamento de Israel, se apartó y se puso detrás de ellos; asimismo la columna de nube que iba delante de ellos se apartó

ᵈ **13.19** Gn 50.25; Jos 24.32.   ᵉ **13.21-22** Ex 40.34-38; Nm 9.15-23.   ᵃ **14.13** Jos 1.9; 10.8; 2 Cr 32.7; Is 7.4.

y se puso a sus espaldas, ²⁰e iba entre el campamento de los egipcios y el campamento de Israel; para aquellos era una nube tenebrosa, pero a Israel lo alumbraba de noche; por eso, en toda aquella noche nunca se acercaron los unos a los otros.

²¹Moisés extendió su mano sobre el mar, e hizo Jehová que el mar se retirara por medio de un recio viento oriental que sopló toda aquella noche. Así se secó el mar y las aguas quedaron divididas. ²²Entonces los hijos de Israel entraron en medio del mar,^b en seco, y las aguas eran como un muro a su derecha y a su izquierda.

²³Los egipcios los siguieron, y toda la caballería del faraón, sus carros y su gente de a caballo entraron tras ellos hasta la mitad del mar. ²⁴Aconteció a la vigilia de la mañana,^c que Jehová miró el campamento de los egipcios desde la columna de fuego y nube, y trastornó el campamento de los egipcios; ²⁵quitó además las ruedas de sus carros y los trastornó gravemente. Entonces los egipcios dijeron:

—Huyamos ante Israel, porque Jehová pelea por ellos contra los egipcios.

²⁶Pero Jehová dijo a Moisés:

—Extiende tu mano sobre el mar, para que las aguas se vuelvan contra los egipcios, sus carros y su caballería.

²⁷Moisés extendió su mano sobre el mar y, cuando amanecía, el mar se volvió con toda su fuerza; al huir, los egipcios se encontraban con el mar. Así derribó Jehová a los egipcios en medio del mar, ²⁸pues al volver las aguas, cubrieron los carros, la caballería y todo el ejército del faraón que había entrado tras ellos en el mar; no quedó ni uno de ellos. ²⁹En cambio, los hijos de Israel fueron por en medio del mar, en seco, y las aguas eran como un muro a su derecha y a su izquierda.

³⁰Así salvó Jehová aquel día a Israel de manos de los egipcios; e Israel vio a los egipcios muertos a la orilla del mar. ³¹Al ver Israel aquel gran hecho que Jehová ejecutó contra los egipcios, el pueblo temió a Jehová, y creyeron a Jehová y a Moisés, su siervo.

Cánticos de Moisés y de María

15 ¹Entonces Moisés y los hijos de Israel entonaron este cántico^a a Jehová:

«Cantaré yo a Jehová,
porque se ha cubierto de gloria;
ha echado en el mar al caballo y al
    jinete.
² Jehová es mi fortaleza y mi cántico.
Ha sido mi salvación.^b
Este es mi Dios, a quien yo alabaré;
el Dios de mi padre, a quien yo
    enalteceré.
³ Jehová es un guerrero.^c
¡Jehová es su nombre!
⁴ Echó en el mar los carros del faraón
    y su ejército.
Lo mejor de sus capitanes, en el
    Mar Rojo se hundió.
⁵ Los abismos los cubrieron;
descendieron a las profundidades
    como piedra.
⁶ Tu diestra, Jehová, ha magnificado
    su poder.
Tu diestra, Jehová, ha aplastado al
    enemigo.
⁷ Con la grandeza de tu poder
has derribado a los que se
    levantaron contra ti.
Enviaste tu ira y los consumió
    como a hojarasca.
⁸ Al soplo de tu aliento se
    amontonaron las aguas,
se juntaron las corrientes como en
    un montón,
los abismos se cuajaron en medio
    del mar.

⁹ »El enemigo dijo:
"Perseguiré, apresaré,
repartiré despojos;
mi alma se saciará de ellos.
Sacaré mi espada,
los destruirá mi mano".
¹⁰ Soplaste con tu viento, los cubrió el
    mar;
se hundieron como plomo en las
    impetuosas aguas.

---

^b**14.21-22** Sal 77.16-20; 1 Co 10.1-2; Heb 11.29.   ^c**14.24** Es decir, en la última de las tres partes en que se dividía la noche, entre las dos y las seis horas.   ^a**15.1-18** A este canto se alude en Ap 15.3.   ^b**15.2** Ex 14.13-14; Sal 118.14; Is 12.2.   ^c**15.3** Sal 24.8.

¹¹ ¿Quién como tú, Jehová, entre los
dioses?
¿Quién como tú, magnífico en
santidad,
terrible en maravillosas hazañas,
hacedor de prodigios?
¹² Extendiste tu diestra;
la tierra los tragó.
¹³ Condujiste en tu misericordia
a este pueblo que redimiste.
Lo llevaste con tu poder a tu santa
morada.
¹⁴ Lo oirán los pueblos y temblarán.
El dolor se apoderará de la tierra de
los filisteos.
¹⁵ Entonces los caudillos de Edom se
turbarán,
a los valientes de Moab los asaltará
temblor,
se acobardarán todos los
habitantes de Canaán.ᵈ
¹⁶ ¡Que caiga sobre ellos temblor y
espanto!
Ante la grandeza de tu brazo
enmudezcan como una piedra,
hasta que haya pasado tu pueblo,
oh Jehová,
hasta que haya pasado este pueblo
que tú rescataste.
¹⁷ Tú los introducirás y los plantarás
en el monte de tu heredad,ᵉ
en el lugar donde has preparado,
oh Jehová, tu morada,
en el santuario que tus manos, oh
Jehová, han afirmado.
¹⁸ ¡Jehová reinará eternamente y para
siempre!».

¹⁹ Cuando el faraón entró cabalgando
con sus carros y su gente de a caballo en el
mar, Jehová hizo que las aguas del mar se
volvieran contra ellos, mientras los hijos
de Israel pasaron en seco por en medio
del mar.
²⁰ Entonces María, la profetisa,ᶠ hermana de Aarón, tomó un pandero en su
mano, y todas las mujeres salieron detrás
de ella con panderos y danzas. ²¹ Y María
repetía:

«Cantad a Jehová,
porque se ha cubierto de gloria;
ha echado en el mar al caballo y al
jinete».

El agua amarga de Mara

²² Moisés hizo partir a Israel del Mar
Rojo. Salieron al desierto de Shur y anduvieron tres días por el desierto sin hallar
agua. ²³ Llegaron a Mara,ᵍ pero no pudieron beber las aguas de Mara, porque eran
amargas; por eso le pusieron el nombre
de Mara.
²⁴ El pueblo se puso a murmurar contra Moisés, diciendo: «¿Qué hemos de beber?». ²⁵ Entonces Moisés clamó a Jehová,
y Jehová le mostró un árbol; lo echó en las
aguas, y las aguas se endulzaron.
Allí les dio estatutos y ordenanzas, y
allí los probó. ²⁶ Les dijo: «Si escuchas
atentamente la voz de Jehová, tu Dios, y
haces lo recto delante de sus ojos, das oído a sus mandamientos y guardas todos
sus estatutos, ninguna enfermedad de las
que envié sobre los egipcios traeré sobre
ti, porque yo soy Jehová, tu sanador».
²⁷ Después llegaron a Elim, donde había doce fuentes de aguas y setenta palmeras, y acamparon allí junto a las aguas.

Dios da el maná

16 ¹ Partió luego de Elim toda la congregación de los hijos de Israel, y
llegó al desierto de Sin, que está entre
Elim y Sinaí, a los quince días del segundo mes después de su salida de la tierra
de Egipto. ² En el desierto, toda la congregación de los hijos de Israel murmuró contra Moisés y Aarón. ³ Los hijos de Israel les
decían:
—Ojalá hubiéramos muerto a manos
de Jehová en la tierra de Egipto, cuando
nos sentábamos ante las ollas de carne,
cuando comíamos pan hasta saciarnos,
pues nos habéis sacado a este desierto para matar de hambre a toda esta multitud.
⁴ Jehová dijo a Moisés:
—Mira, yo os haré llover pan del cie-
lo.ᵃ El pueblo saldrá y recogerá diariamente la porción de un día, para que yo lo

---

ᵈ **15.15** Nm 20.14-21; 21.13-15.   ᵉ **15.17** Es decir, el monte Sión, donde más tarde se construyó el
templo de Jerusalén.   ᶠ **15.20** Heb. *Míriam*. Cf. Ex 2.4.   ᵍ **15.23** Esto es, *Amargura*.   ᵃ **16.4** Jn 6.31.

pruebe si anda en mi ley, o no. ⁵Pero en el sexto día se prepararán para guardar el doble de lo que suelen recoger cada día.

⁶Entonces dijeron Moisés y Aarón a todos los hijos de Israel:

—En la tarde sabréis que Jehová os ha sacado de la tierra de Egipto, ⁷y por la mañana veréis la gloria de Jehová, porque él ha oído vuestras murmuraciones contra Jehová; pues ¿qué somos nosotros para que murmuréis contra nosotros?

⁸Y Moisés añadió:

—Jehová os dará por la tarde carne para comer, y por la mañana pan hasta saciaros, porque Jehová ha oído lo que habéis murmurado contra él; pues ¿qué somos nosotros? Vuestras murmuraciones no son contra nosotros, sino contra Jehová.

⁹Luego dijo Moisés a Aarón:

—Di a toda la congregación de los hijos de Israel: "Acercaos a la presencia de Jehová,ᵇ porque él ha oído vuestras murmuraciones".

¹⁰Mientras Aarón hablaba a toda la congregación de los hijos de Israel, ellos miraron hacia el desierto, y vieron que la gloria de Jehová aparecía en la nube. ¹¹Y Jehová dijo a Moisés:

¹²—Yo he oído las murmuraciones de los hijos de Israel. Háblales y diles: "Al caer la tarde comeréis carne, y por la mañana os saciaréis de pan. Así sabréis que yo soy Jehová, vuestro Dios".

¹³Al llegar la tarde, subieron codornices que cubrieron el campamento, y por la mañana descendió rocío alrededor del campamento. ¹⁴Cuando el rocío cesó de descender, apareció sobre la faz del desierto una cosa menuda, redonda, menuda como escarcha sobre la tierra. ¹⁵Al verlo, los hijos de Israel se dijeron unos a otros: «¿Qué es esto?», porque no sabían qué era. Entonces Moisés les dijo:

—Es el pan que Jehová os da para comer.ᶜ ¹⁶Esto es lo que Jehová ha mandado: Recoged de él cada uno según lo que pueda comer, un gomerᵈ por cabeza, conforme al número de personas en su familia; tomaréis cada uno para los que están en su tienda.

¹⁷Los hijos de Israel lo hicieron así, y recogieron unos más, otros menos. ¹⁸Lo medían por gomer, y no sobró al que había recogido mucho, ni faltó al que había recogido poco;ᵉ cada uno recogió conforme a lo que había de comer.

¹⁹Luego les dijo Moisés:

—Ninguno deje nada de ello para mañana.

²⁰Pero ellos no obedecieron a Moisés, sino que algunos dejaron algo para el otro día; pero crió gusanos, y apestaba. Y se enojó con ellos Moisés.

²¹Lo recogían cada mañana, cada uno según lo que había de comer; y luego que el sol calentaba, se derretía. ²²En el sexto día recogieron doble porción de comida, dos gomeres para cada uno. Todos los príncipes de la congregación fueron y se lo hicieron saber a Moisés. ²³Él les dijo:

—Esto es lo que ha dicho Jehová: "Mañana es sábado, el día de reposo consagrado a Jehová;ᶠ lo que tengáis que cocer, cocedlo hoy, y lo que tengáis que cocinar, cocinadlo; y todo lo que os sobre, guardadlo para mañana".

²⁴Ellos lo guardaron hasta el día siguiente, según lo que Moisés había mandado, y no se agusanó ni apestó. ²⁵Entonces dijo Moisés:

—Comedlo hoy, porque hoy es sábado dedicado a Jehová; hoy no hallaréis nada en el campo. ²⁶Seis días lo recogeréis, pero el séptimo día, que es sábado, nada se hallará.

²⁷Aconteció que algunos del pueblo salieron en el séptimo día a recoger, y no hallaron nada. ²⁸Y Jehová dijo a Moisés:

—¿Hasta cuándo os negaréis a guardar mis mandamientos y mis leyes? ²⁹Mirad que Jehová os dio el sábado, y por eso en el sexto día os da pan para dos días. Quédese, pues, cada uno en su lugar, y nadie salga de él en el séptimo día.

³⁰Así el pueblo reposó el séptimo día. ³¹La casa de Israel lo llamó «maná»;ᵍ era como una semilla de culantro, blanco, y su sabor como de hojuelas con miel.ʰ

³²Después dijo Moisés:

—Esto es lo que Jehová ha mandado:

ᵇ **16.9** Se refiere aquí al Arca del pacto o del testimonio (cf. v. 33-34).   ᶜ **16.15** 1 Co 10.3.
ᵈ **16.16** Más o menos dos litros.   ᵉ **16.18** Citado en 2 Co 8.15.   ᶠ **16.23** Ex 20.8-11; 31.12-17;
35.1-3.   ᵍ **16.31** Es decir, ¿Qué es esto?   ʰ **16.31** Nm 11.7-8.

"Llenad un gomer de él y guardadlo para vuestros descendientes, a fin de que vean el pan que yo os di a comer en el desierto, cuando yo os saqué de la tierra de Egipto".

³³ A Aarón dijo Moisés:

—Toma una vasija, pon en ella un gomer de maná[i] y colócalo delante de Jehová, a fin de que sea guardado para vuestros descendientes.

³⁴ Aarón lo puso delante del Testimonio para guardarlo, tal como Jehová lo mandó a Moisés.

³⁵ Así comieron los hijos de Israel maná[j] durante cuarenta años, hasta que llegaron a tierra habitada; maná comieron hasta que llegaron a los límites de la tierra de Canaán.[k]

³⁶ Un gomer es la décima parte de un efa.

Agua de la roca

17 ¹ Toda la congregación de los hijos de Israel partió del desierto de Sin avanzando por jornadas, conforme al mandamiento de Jehová, y acamparon en Refidim, donde no había agua para que el pueblo bebiera. ² Y disputó el pueblo con Moisés, diciéndole:

—Danos agua para que bebamos.

—¿Por qué disputáis conmigo? ¿Por qué tentáis a Jehová? —les respondió Moisés.

³ Así que el pueblo tuvo allí sed, y murmuró contra Moisés:

—¿Por qué nos hiciste subir de Egipto para matarnos de sed a nosotros, a nuestros hijos y a nuestros ganados?

⁴ Entonces clamó Moisés a Jehová, y dijo:

—¿Qué haré con este pueblo? ¡Poco falta para que me apedreen!

⁵ Jehová respondió a Moisés:

—Pasa delante del pueblo y toma contigo algunos ancianos de Israel; toma también en tu mano la vara con que golpeaste el río, y ve. ⁶ Allí yo estaré ante ti sobre la peña, en Horeb; golpearás la peña, y saldrán de ella aguas para que beba el pueblo.[a]

Moisés lo hizo así en presencia de los ancianos de Israel. ⁷ Y dio a aquel lugar el nombre de Masah[b] y Meriba,[c] por la rencilla de los hijos de Israel y porque tentaron a Jehová al decir: «¿Está, pues, Jehová entre nosotros o no?».

La batalla contra Amalec

⁸ Después vino Amalec y peleó contra Israel en Refidim. ⁹ Y dijo Moisés a Josué:

—Escoge a algunos hombres y sal a pelear contra Amalec. Mañana yo estaré sobre la cumbre del collado con la vara de Dios en mi mano.

¹⁰ Josué hizo como le dijo Moisés y salió a pelear contra Amalec. Moisés, Aarón y Hur subieron a la cumbre del collado. ¹¹ Y sucedía que cuando alzaba Moisés su mano, Israel vencía; pero cuando él bajaba su mano, vencía Amalec. ¹² Como las manos de Moisés se cansaban, tomaron una piedra y la pusieron debajo de él. Moisés se sentó sobre ella, mientras Aarón y Hur sostenían sus manos, uno de un lado y el otro del otro; así se mantuvieron firmes sus manos hasta que se puso el sol. ¹³ Y Josué deshizo a Amalec y a su pueblo a filo de espada.

¹⁴ Entonces Jehová dijo a Moisés:

—Escribe esto para que sea recordado en un libro, y di a Josué que borraré del todo la memoria de Amalec de debajo del cielo.[d]

¹⁵ Luego Moisés edificó un altar, al que puso por nombre Jehová-nisi,[e] ¹⁶ diciendo: «Por cuanto la mano de Amalec se levantó contra el trono de Jehová, Jehová estará en guerra con Amalec de generación en generación».

Jetro visita a Moisés

18 ¹ Oyó Jetro, sacerdote de Madián, suegro de Moisés, todas las cosas que Dios había hecho con Moisés y con Israel, su pueblo, y cómo Jehová había sacado a Israel de Egipto. ² Entonces tomó Jetro, suegro de Moisés, a Séfora, la mujer de Moisés, después que él la envió, ³ y a sus dos hijos;[a] el uno se llamaba Gersón,

---

[i] **16.33** Heb 9.4.   [j] **16.35** Nm 11.4-6; 21.5; Neh 9.15,20; Sal 78.24-25; 105.40; Jn 6.31-32; 1 Co 10.3.
[k] **16.35** Jos 5.12.   [a] **17.1-7** Nm 20.2-13.   [b] **17.7** Esto es, *Prueba*.   [c] **17.7** Esto es, *Querella* o *Pleito*.   [d] **17.14** Dt 25.17-19; 1 S 15.2-9.   [e] **17.15** O sea, *Jehová es mi bandera*.   [a] **18.3** Hch 7.29.

porque dijo: «Forastero[b] he sido en tierra ajena»;[c] [4] y el otro se llamaba Eliezer,[d] porque dijo: «El Dios de mi padre me ayudó y me libró de la espada del faraón».

[5] Cuando Jetro, el suegro de Moisés, llegó con los hijos y la mujer de este junto al monte de Dios en el desierto, donde estaba acampado Moisés, [6] le dijo:

—Yo, tu suegro Jetro, vengo a ti, con tu mujer y sus dos hijos.

[7] Moisés salió a recibir a su suegro, se inclinó y lo besó. Se preguntaron el uno al otro cómo estaban, y entraron a la tienda. [8] Moisés contó a su suegro todas las cosas que Jehová había hecho al faraón y a los egipcios por amor de Israel, todo el trabajo que habían pasado en el camino y cómo los había librado Jehová.

[9] Se alegró Jetro de todo el bien que Jehová había hecho a Israel al haberlo librado de manos de los egipcios. [10] Y Jetro dijo:

—Bendito sea Jehová, que os libró de manos de los egipcios y de manos del faraón. Él ha librado al pueblo de manos de los egipcios. [11] Ahora conozco que Jehová es más grande que todos los dioses, porque en lo que se ensoberbecieron prevaleció contra ellos.

[12] Luego tomó Jetro, suegro de Moisés, holocaustos y sacrificios para Dios; y Aarón y todos los ancianos de Israel fueron a comer con el suegro de Moisés delante de Dios.

Nombramiento de jueces
(Dt 1.9-18)

[13] Aconteció que al día siguiente se sentó Moisés a juzgar al pueblo; y el pueblo estuvo delante de Moisés desde la mañana hasta la tarde. [14] Al ver el suegro de Moisés todo lo que él hacía por el pueblo, le preguntó:

—¿Qué es esto que haces tú con el pueblo? ¿Por qué te sientas tú solo, mientras todo el pueblo permanece delante de ti desde la mañana hasta la tarde?

[15] Moisés respondió a su suegro:

—Porque el pueblo viene a mí para consultar a Dios. [16] Cuando tienen algún pleito, vienen a mí; yo juzgo entre el uno y el otro, y declaro los preceptos de Dios y sus leyes.

[17] Entonces el suegro de Moisés le dijo:

—No está bien lo que haces. [18] Desfallecerás del todo, tú y también este pueblo que está contigo, porque el trabajo es demasiado pesado para ti y no podrás hacerlo tú solo. [19] Oye ahora mi voz: yo te aconsejaré y Dios estará contigo. Preséntate tú por el pueblo delante de Dios, y somete tú los asuntos a Dios. [20] Enséñales los preceptos y las leyes, muéstrales el camino por donde deben andar y lo que han de hacer. [21] Además escoge tú de entre todo el pueblo a hombres virtuosos, temerosos de Dios, hombres veraces, que aborrezcan la avaricia, y ponlos sobre el pueblo como jefes de mil, de cien, de cincuenta y de diez. [22] Ellos juzgarán al pueblo en todo tiempo; todo asunto grave lo traerán a ti, y ellos juzgarán todo asunto pequeño. Así se aliviará tu carga, pues ellos la llevarán contigo. [23] Si esto haces, y Dios te lo manda, tú podrás sostenerte, y también todo este pueblo irá en paz a su lugar.

[24] Oyó Moisés la voz de su suegro, e hizo todo lo que él le dijo. [25] Escogió Moisés hombres de virtud de entre todo Israel, y los puso sobre el pueblo como jefes sobre mil, sobre cien, sobre cincuenta y sobre diez, [26] los cuales juzgaban al pueblo en todo tiempo. Los asuntos difíciles los traían a Moisés, y ellos juzgaban todo asunto pequeño. [27] Luego Moisés despidió a su suegro, y este se fue a su tierra.

Israel en Sinaí

19 [1] Al tercer mes de haber salido los hijos de Israel de la tierra de Egipto, ese mismo día, llegaron al desierto de Sinaí. [2] Habían salido de Refidim, y al llegar al desierto de Sinaí acamparon en el desierto. Israel acampó allí frente al monte, [3] y Moisés subió a encontrarse con Dios. Jehová lo llamó desde el monte y le dijo:

—Así dirás a la casa de Jacob, y anunciarás a los hijos de Israel: [4] "Vosotros visteis lo que hice con los egipcios, y cómo os tomé sobre alas de águila y os he traído a mí. [5] Ahora, pues, si dais oído a mi voz y guardáis mi pacto, vosotros seréis mi

---

[b] **18.3** Heb. *ger.*   [c] **18.3** Ex 2.21-22   [d] **18.4** Esto es, *mi Dios (es mi) ayuda.*

especial tesoro[a] sobre todos los pueblos, porque mía es toda la tierra. 6 Vosotros me seréis un reino de sacerdotes y gente santa".[b] Estas son las palabras que dirás a los hijos de Israel.

7 Entonces regresó Moisés, llamó a los ancianos del pueblo y expuso en su presencia todas estas palabras que Jehová le había mandado. 8 Todo el pueblo respondió a una diciendo:

—Haremos todo lo que Jehová ha dicho.

Moisés refirió a Jehová las palabras del pueblo, 9 y Jehová le dijo:

—Yo vendré a ti en una nube espesa, para que el pueblo oiga mientras yo hablo contigo, y así te crean para siempre.

Moisés refirió las palabras del pueblo a Jehová, 10 y Jehová le dijo:

—Ve al pueblo, y santifícalos hoy y mañana. Que laven sus vestidos 11 y estén preparados para el tercer día, porque al tercer día Jehová descenderá a la vista de todo el pueblo sobre el monte Sinaí. 12 Señalarás límites alrededor del pueblo, y dirás: "Guardaos, no subáis al monte ni toquéis sus límites; cualquiera que toque el monte, de seguro morirá". 13 No lo tocará mano alguna, porque será apedreado o muerto a flechazos; sea animal o sea hombre, no quedará con vida.[c] Cuando resuene la bocina, subirán al monte.

14 Descendió, pues, Moisés del monte al pueblo, y santificó al pueblo y ellos lavaron sus vestidos. 15 Dijo al pueblo:

—Estad preparados para el tercer día, y absteneos de mujer.

16 Aconteció que al tercer día, cuando vino la mañana, hubo truenos y relámpagos,[d] una espesa nube cubrió el monte y se oyó un sonido de bocina muy fuerte. Todo el pueblo que estaba en el campamento se estremeció. 17 Moisés sacó del campamento al pueblo para recibir a Dios, y ellos se detuvieron al pie del monte. 18 Todo el monte Sinaí humeaba, porque Jehová había descendido sobre él en medio del fuego.[e] El humo subía como el humo de un horno, y todo el monte se estremecía violentamente. 19 El sonido de la bocina se hacía cada vez más fuerte. Moisés hablaba, y Dios le respondía con voz de trueno.

20 Descendió Jehová sobre el monte Sinaí, sobre la cumbre del monte. Llamó Jehová a Moisés a la cumbre del monte, y Moisés subió. 21 Jehová dijo a Moisés:

—Desciende y ordena al pueblo que no traspase los límites para ver a Jehová, porque caerá multitud de ellos. 22 Que también se santifiquen los sacerdotes que se acercan a Jehová, para que Jehová no haga entre ellos estrago.

23 Moisés dijo a Jehová:

—El pueblo no podrá subir al monte Sinaí, porque tú nos has mandado diciendo: "Señala límites al monte y santifícalo".

24 Pero Jehová le dijo:

—Ve, desciende, y luego subirás junto con Aarón; pero que los sacerdotes y el pueblo no traspasen el límite para subir adonde está Jehová, no sea que haga entre ellos estrago.

25 Entonces Moisés descendió, y se lo dijo al pueblo.

Los Diez Mandamientos[a]
(Dt 5.1-21)

20 1 Habló Dios todas estas palabras: 2 «Yo soy Jehová, tu Dios, que te saqué de la tierra de Egipto, de casa de servidumbre.

3 »No tendrás dioses ajenos delante de mí.

4 »No te harás imagen ni ninguna semejanza de lo que esté arriba en el cielo, ni abajo en la tierra, ni en las aguas debajo de la tierra. 5 No te inclinarás a ellas ni las honrarás,[b] porque yo soy Jehová, tu Dios, fuerte, celoso, que visito la maldad de los padres sobre los hijos hasta la tercera y cuarta generación de los que me aborrecen, 6 y hago misericordia por millares a los que me aman y guardan mis mandamientos.[c]

[a] **19.5** Dt 7.6; 14.2; 26.18; Sal 135.4; Mal 3.17; cf. Tit 2.14.   [b] **19.5-6** 1 P 2.9; Ap 1.6; 5.10.
[c] **19.12-13** Citado en Heb 12.18-20.   [d] **19.16** Ap 4.5.   [e] **19.16-18** Dt 4.11-12; 5.4.   [a] **20.1-17** Los diez mandamientos se llaman en el original hebreo de Ex 34.28; Dt 4.13 y 10.4, *las diez palabras*, expresión de la que proviene, a través del griego, el término *decálogo*. Su texto, con algunas variantes, se encuentra dos veces en el AT: aquí y en Dt 5.6-21.   [b] **20.4-5** Ex 34.17; Lv 19.4; Dt 4.15-18; 27.15.   [c] **20.5-6** Ex 34.6-7; Nm 14.18; Dt 7.9-10.

⁷»No tomarás el nombre de Jehová, tu Dios, en vano, porque no dará por inocente Jehová al que tome su nombre en vano.ᵈ

⁸»Acuérdate del sábado para santificarlo.ᵉ ⁹Seis días trabajarás y harás toda tu obra, ¹⁰pero el séptimo día es de reposo para Jehová, tu Dios; no hagas en él obra alguna,ᶠ tú, ni tu hijo, ni tu hija, ni tu siervo, ni tu criada, ni tu bestia, ni el extranjero que está dentro de tus puertas, ¹¹porque en seis días hizo Jehová los cielos y la tierra, el mar, y todas las cosas que en ellos hay, y reposó en el séptimo día; por tanto, Jehová bendijo el sábado y lo santificó.ᵍ

¹²»Honra a tu padre y a tu madre,ʰ para que tus días se alarguen en la tierra que Jehová, tu Dios, te da.ⁱ

¹³»No matarás.ʲ

¹⁴»No cometerás adulterio.

¹⁵»No hurtarás.ᵏ

¹⁶»No dirás contra tu prójimo falso testimonio.

¹⁷»No codiciarásˡ la casa de tu prójimo: no codiciarás la mujer de tu prójimo, ni su siervo, ni su criada, ni su buey, ni su asno, ni cosa alguna de tu prójimo».

El terror del pueblo
(Dt 5.22-33)

¹⁸Todo el pueblo observaba el estruendo, los relámpagos, el sonido de la bocina y el monte que humeaba. Al ver esto, el pueblo tuvo miedo y se mantuvo alejado. ¹⁹Entonces dijeron a Moisés:

—Habla tú con nosotros, y nosotros oiremos; pero no hable Dios con nosotros, para que no muramos.ᵐ

²⁰Moisés respondió al pueblo:

—No temáis, pues Dios vino para probaros, para que su temor esté ante vosotros y no pequéis.

²¹Y mientras el pueblo se mantenía alejado, Moisés se acercó a la oscuridad en la cual estaba Dios.

²²Jehová dijo a Moisés:

«Así dirás a los hijos de Israel: "Vosotros habéis visto que os he hablado desde el cielo. ²³No os hagáis dioses de plata ni dioses de oro para ponerlos junto a mí. ²⁴Me harás un altar de tierra, y sacrificarás sobre él tus holocaustos y tus ofrendas de paz, tus ovejas y tus vacas. En todo lugar donde yo haga que se recuerde mi nombre, vendré a ti y te bendeciré. ²⁵Y si me haces un altar de piedras, no las labres de cantería,ⁿ porque si alzas tus herramientas sobre él, lo profanarás. ²⁶Tampoco subirás por gradas a mi altar, para que tu desnudez no se descubra junto a él".

Leyes sobre los esclavos
(Dt 15.12-18)

21 ¹»Estas son las leyes que les propondrás.

²»Si compras un siervo hebreo, seis años servirá, pero al séptimo saldrá libre, de balde. ³Si entró solo, solo saldrá; si tenía mujer, su mujer saldrá con él. ⁴Si su amo le dio una mujer, y ella le dio hijos o hijas, la mujer y sus hijos serán de su amo, y él saldrá solo. ⁵Pero si el siervo dice: "Yo amo a mi señor, a mi mujer y a mis hijos; no quiero salir libre", ⁶entonces su amo lo llevará ante los jueces, lo arrimará a la puerta o al poste, y le horadará la oreja con lesna. Así será su siervo para siempre.ᵃ

⁷»Cuando alguien venda a su hija como sierva, ella no saldrá libre como suelen salir los siervos. ⁸Si no agrada a su señor, por lo cual la tomó como esposa, se le permitirá que se rescate, y no la podrá vender a pueblo extraño cuando la deseche. ⁹Pero si la desposa con su hijo, hará con ella según se acostumbra con las hijas. ¹⁰Si toma para él otra mujer, no disminuirá su alimento, ni su vestido, ni el deber conyugal. ¹¹Y si ninguna de estas tres cosas le provee, ella saldrá de gracia, sin dinero.

ᵈ**20.7** Lv 19.12. ᵉ**20.8** Ex 16.23-30; 31.12-14. ᶠ**20.9-10** Ex 23.12; 31.15; 34.21; 35.2; Lv 23.3. ᵍ**20.11** Gn 2.1-3; Ex 31.17. ʰ**20.12** Dt 27.16; Mt 15.4; 19.19; Mc 7.10; 10.19; Lc 18.20; Ef 6.2. ⁱ**20.12** Ef 6.3. ʲ**20.13** Lv 19.11; 20.10; 24.17; Mt 5.27; 19.18; Mc 10.19; Lc 18.20; Ro 13.9; Stg 2.11. ᵏ**20.15** Lv 9.11; Mt 19.18; Mc 10.19; Lc 18.20; Ro 13.9. ˡ**20.17** Ro 7.7; 13.9. ᵐ**20.18-19** Dt 5.23-31; Heb 12.18-19. ⁿ**20.25** Dt 27.5-7; Jos 8.31. ᵃ**21.2-6** Lv 25.39-46; Dt 15.12-18.

Leyes sobre actos de violencia

12 »El que hiera a alguien, haciéndolo así morir, él morirá.[b] 13 Pero el que no pretendía herirlo, sino que Dios lo puso en sus manos, entonces yo te señalaré el lugar al cual ha de huir.[c] 14 Pero si alguien se enoja contra su prójimo y lo mata con alevosía, de mi altar lo apartarás para que muera.

15 »El que hiera a su padre o a su madre, morirá.

16 »Asimismo el que secuestre una persona y la venda, o si es hallada en sus manos, morirá.[d]

17 »Igualmente el que maldiga a su padre o a su madre, morirá.[e]

18 »Además, si algunos riñen, y uno hiere a su prójimo con piedra o con el puño, y este no muere, sino que después de guardar cama 19 se levanta y anda por fuera, apoyado en su bastón, entonces será absuelto el que lo hirió; solamente le pagará por lo que estuvo sin trabajar, y hará que lo curen.

20 »Si alguien hiere a su siervo o a su sierva con un palo, y muere entre sus manos, será castigado; 21 pero si sobrevive por un día o dos, no será castigado, porque es propiedad suya.

22 »Si algunos riñen y hieren a una mujer embarazada, y esta aborta, pero sin causarle ningún otro daño, serán penados conforme a lo que les imponga el marido de la mujer y juzguen los jueces. 23 Pero si le causan otro daño, entonces pagarás vida por vida, 24 ojo por ojo, diente por diente,[f] mano por mano, pie por pie, 25 quemadura por quemadura, herida por herida, golpe por golpe.

Leyes sobre responsabilidades de amos y dueños

26 »Si alguien hiere el ojo de su siervo o el ojo de su sierva, y lo daña, le dará libertad por razón de su ojo. 27 Y si hace saltar un diente de su siervo o un diente de su sierva, por su diente le dejará en libertad.

28 »Si un buey cornea a un hombre o a una mujer y le causa la muerte, el buey será apedreado y no se comerá su carne,

pero el dueño del buey será absuelto. 29 Pero si el buey acostumbraba a cornear, y su dueño no lo hubiera guardado, aunque se le hubiera notificado, y mata a un hombre o a una mujer, el buey será apedreado, y también morirá su dueño. 30 Si le es impuesto un precio de rescate, entonces dará por el rescate de su persona cuanto le sea impuesto. 31 Haya corneado a un hijo o haya corneado a una hija, conforme a este juicio se hará con él. 32 Si el buey cornea a un siervo o a una sierva, su dueño pagará treinta siclos de plata, y el buey será apedreado.

33 »Si alguien abre un pozo o cava una cisterna, y no la tapa, y cae allí un buey o un asno, 34 el dueño de la cisterna pagará el daño, resarciendo a su dueño, y el animal muerto será suyo.

35 »Pero si el buey de alguien hiere al buey de su prójimo causándole la muerte, entonces venderán el buey vivo y se repartirán el dinero, y también se repartirán el buey muerto. 36 Pero si era notorio que el buey acostumbraba cornear, y su dueño no lo hubiera guardado, pagará buey por buey, y el buey muerto será suyo.

Leyes sobre la restitución

22 1 »Cuando alguien robe un buey o una oveja, y los degüelle o los venda, por el buey pagará cinco bueyes, y por la oveja, cuatro ovejas.

2 »Si el ladrón, sorprendido forzando una casa, es herido y muere, el que lo hirió no será culpado de su muerte. 3 Pero si es de día, el autor de la muerte será reo de homicidio.

»El ladrón hará completa restitución; si no tiene con qué, será vendido para pagar lo robado.

4 »Si lo robado, sea buey, asno u oveja, es hallado vivo en sus manos, pagará el doble.

5 »Si alguien hace pastar en un campo o una viña, y mete su bestia en campo de otro, de lo mejor de su campo y de lo mejor de su viña pagará.

6 »Cuando se prenda fuego, y al quemar espinos se quema también mieses

b 21.12 Lv 24.17.   c 21.13 Nm 35.10-29; Dt 19.1-13; Jos 20.1-9.   d 21.16 Dt 24.7.   e 21.17 Lv 20.9; Mt 15.4; Mc 7.10.   f 21.24 Esta ley, que se repite en Lv 24.19-20 y Dt 19.21, fue llamada posteriormente «ley del talión». Cf. Mt 5.38.

amontonadas o en pie, o un campo, el que encendió el fuego pagará lo quemado.

7 »Cuando alguien dé a su prójimo plata o alhajas a guardar, y las roben de la casa de aquel hombre, si el ladrón es hallado, pagará el doble. 8 Si el ladrón no es hallado, entonces el dueño de la casa será presentado a los jueces, para que se vea si ha metido su mano en los bienes de su prójimo.

9 »En toda clase de fraude, ya se trate de buey, asno, oveja, vestido o cualquier cosa perdida, cuando alguien diga: "Esto es mío", la causa de ambos vendrá ante los jueces; y aquel a quien los jueces condenen, pagará el doble a su prójimo.

10 »Si alguien da a guardar a su prójimo un asno, un buey, una oveja o cualquier otro animal, y este muere, es estropeado o robado sin que nadie lo vea, 11 juramento de Jehová mediará entre ambos de que no metió sus manos en los bienes de su prójimo: su dueño lo aceptará, y el otro no pagará. 12 Pero si le fue robado, resarcirá a su dueño. 13 Y si le fue arrebatado por una fiera, le traerá testimonio y no pagará lo arrebatado.

14 »Pero si alguien toma prestada una bestia de su prójimo, y es estropeada o muerta estando ausente su dueño, deberá pagarla. 15 Si el dueño estaba presente, no la pagará. Si era alquilada, reciba el dueño el alquiler.

Leyes humanitarias

16 »Si alguien engaña a una joven que no ha sido desposada y duerme con ella, deberá dotarla*a* y tomarla por mujer. 17 Si su padre no quiere dársela, él le pagará conforme a la dote de las vírgenes.*b*

18 »A la hechicera*c* no la dejarás con vida.

19 »Cualquiera que cohabite con una bestia, morirá.*d*

20 »El que ofrezca sacrificio a otros dioses en vez de ofrecérselo solamente a Jehová, será muerto.*e*

21 »Al extranjero no engañarás ni angustiarás, porque extranjeros fuisteis vosotros en la tierra de Egipto.

22 »A ninguna viuda ni huérfano afligiréis,*f* 23 porque si tú llegas a afligirlos, y ellos claman a mí, ciertamente oiré yo su clamor, 24 mi furor se encenderá y os mataré a espada; vuestras mujeres serán viudas, y huérfanos vuestros hijos.

25 »Cuando prestes dinero a uno de mi pueblo, al pobre que está contigo, no te portarás con él como usurero ni le cobrarás intereses.*g* 26 Si tomas en prenda el vestido de tu prójimo, a la puesta del sol se lo devolverás, 27 porque solo eso es su abrigo, el vestido para cubrir su cuerpo. ¿Con qué dormirá? Y cuando él clame a mí, yo le oiré, porque soy misericordioso.*h*

28 »No ofenderás a los jueces*i* ni maldecirás al príncipe de tu pueblo.*j*

29 »No demorarás en traerme la primicia de tu cosecha ni de tu lagar.

»Me darás el primogénito de tus hijos. 30 Lo mismo harás con el de tu buey y el de tu oveja; siete días estará con su madre, y al octavo día me lo darás.

31 »Me seréis hombres santos.

»No comeréis carne destrozada por las fieras*k* en el campo; a los perros la echaréis.

23 1 »No admitirás falso rumor.*a* No te pondrás de acuerdo con el malvado para ser testigo falso.

2 »No seguirás a la mayoría para hacer mal, ni responderás a un litigio inclinándote a la mayoría para hacer agravios. 3 Tampoco favorecerás al pobre en su causa.*b*

4 »Si encuentras el buey de tu enemigo o su asno extraviado, regresa a llevárselo. 5 Si ves el asno del que te aborrece caído debajo de su carga, ¿lo dejarás sin ayuda? Antes bien le ayudarás a levantarlo.*c*

6 »No violarás el derecho del pobre en su pleito.

a **22.16** O sea, entregar la suma que según la costumbre debía pagar el novio a la familia de la novia. *b* **22.16-17** Dt 22.28-29. *c* **22.18** Dt 18.10-11. *d* **22.19** Lv 18.23; 20.15-16; Dt 27.21. *e* **22.20** Dt 17.2-7. *f* **22.21-22** Ex 23.9; Lv 19.33-34; Dt 24.17-18; 27.19; Sal 68.5; 146.9. *g* **22.25** Lv 25.35-38; Dt 15.7-11. En Dt 23.19-20 se prohíbe igualmente exigir el pago de intereses a un israelita, pero se permite cobrarlos a un extranjero. *h* **22.26-27** Dt 24.10-13. *i* **22.28** O, *a Dios.* *j* **22.28** Citado en Hch 23.5. La blasfemia se castigaba con la pena capital (Lv 24.15-16). *k* **22.31** Lv 7.24; 17.15. Cf. Hch 15.29. *a* **23.1** Ex 20.16; Lv 19.11-12; Dt 5.20. *b* **23.2-3** Lv 19.15. *c* **23.4-5** Dt 22.1-4.

⁷»De palabra de mentira te alejarás, y no matarás al inocente y justo, porque yo no justificaré al malvado.

⁸»No recibirás soborno, porque el soborno ciega a los que ven y pervierte las palabras de los justos.ᵈ

⁹»No oprimirás al extranjero, porque vosotros sabéis cómo es el alma del extranjero, ya que extranjeros fuisteis en la tierra de Egipto.ᵉ

¹⁰»Seis años sembrarás tu tierra y recogerás su cosecha, ¹¹ pero el séptimo año la dejarás libre, para que coman los pobres de tu pueblo, y de lo que quede comerán las bestias del campo. Así harás con tu viña y con tu olivar.ᶠ

¹²»Seis días trabajarás, pero el séptimo día reposarás,ᵍ para que descansen tu buey y tu asno, y tomen refrigerio el hijo de tu sierva y el extranjero.

¹³»Guardad todo lo que os he dicho. No invocaréis el nombre de otros dioses ni los mencionará vuestra boca.

Las tres fiestas anuales
(Ex 34.18-26; Dt 16.1-17)

¹⁴»Tres veces al año me celebraréis fiesta. ¹⁵ La fiesta de los Panes sin levadura guardarás.ʰ Siete días comerás los panes sin levadura, como yo te mandé, en el tiempo del mes de Abib, porque en él saliste de Egipto; y ninguno se presentará ante mí con las manos vacías.

¹⁶»También la fiesta de la Siega, los primeros frutos de tus labores,ⁱ de lo que hayas sembrado en el campo, y la fiesta de la Cosecha a la salida del año, cuando hayas recogido del campo los frutos de tus labores.ʲ

¹⁷»Tres veces al año se presentará todo hombre delante de Jehová, el Señor.

¹⁸»No ofrecerás con pan leudado la sangre de mi sacrificio, ni la grasa de la víctima quedará de la noche hasta la mañana.

¹⁹»Las primicias de los primeros frutos de tu tierra traerás a la casa de Jehová, tu Dios.ᵏ

»No guisarás el cabrito en la leche de su madre.ˡ

El ángel de Jehová enviado para guiar a Israel

²⁰»Yo envío mi ángel delante de ti, para que te guarde en el camino y te introduzca en el lugar que yo he preparado. ²¹ Compórtate delante de él y oye su voz; no le seas rebelde, porque él no perdonará vuestra rebelión, pues mi nombre está en él. ²² Pero si en verdad oyes su voz y haces todo lo que yo te diga, seré enemigo de tus enemigos y afligiré a los que te aflijan. ²³ Mi ángel irá delante de ti y te llevará a la tierra del amorreo, del heteo, del ferezeo, del cananeo, del heveo y del jebuseo, a los cuales yo haré destruir. ²⁴ No te inclinarás ante sus dioses ni los servirás, ni harás como ellos hacen, sino que los destruirás del todo y quebrarás totalmente sus estatuas. ²⁵ Pero serviréis a Jehová, vuestro Dios, y él bendecirá tu pan y tus aguas.

»Yo apartaré de ti toda enfermedad. ²⁶ En tu tierra no habrá mujer que aborte ni que sea estéril, y alargaré el número de tus días.

²⁷»Yo enviaré mi terror delante de ti; turbaré a todos los pueblos donde entres y haré que todos tus enemigos huyan delante de ti. ²⁸ Enviaré delante de ti la avispa, que eche de tu presencia al heveo, al cananeo y al heteo. ²⁹ No los expulsaré de tu presencia en un año, para que no quede la tierra desierta ni se multipliquen contra ti las fieras del campo. ³⁰ Poco a poco los echaré de tu presencia, hasta que te multipliques y tomes posesión de la tierra. ³¹ Fijaré tus límites desde el Mar Rojo hasta el mar de los filisteos y desde el desierto hasta el Éufrates, porque pondré en tus manos a los habitantes de la tierra y tú los arrojarás de delante de ti.

³²»No harás alianza con ellos ni con sus dioses. ³³ En tu tierra no habitarán, no sea que te hagan pecar contra mí sirviendo a sus dioses, porque te será tropiezo».

ᵈ **23.6-8** Lv 19.15; Dt 16.19.   ᵉ **23.9** Ex 22.21; Lv 19.33-34; Dt 24.17-18; 27.19.
ᶠ **23.10-11** Lv 25.2-7; Dt 5.12-15; 15.1-3.   ᵍ **23.12** Ex 20.9-11; 31.15; 34.21; 35.2; Lv 23.3; Dt 5.13-14.
ʰ **23.15** Ex 12.14-20; Lv 23.6-8; Nm 28.17-25.   ⁱ **23.16** Lv 23.15-21; Nm 28.26-31.
ʲ **23.16** Lv 23.33-43.   ᵏ **23.19** Dt 26.2.   ˡ **23.19** Ex 34.26; Dt 14.21.

Moisés y los ancianos en el Monte Sinaí

24 ¹ Dijo Jehová a Moisés:

—Sube ante Jehová, junto con Aarón, Nadab, Abiú y setenta de los ancianos de Israel; y os inclinaréis de lejos. ² Pero solo Moisés se acercará a Jehová; que ellos no se acerquen ni suba el pueblo con él.

³ Moisés fue y le contó al pueblo todas las palabras de Jehová, y todas las leyes. Y todo el pueblo respondió a una voz:

—Cumpliremos todas las palabras que Jehová ha dicho.

⁴ Entonces Moisés escribió todas las palabras de Jehová, y levantándose de mañana edificó un altar y doce columnas al pie del monte, una por cada tribu de Israel. ⁵ Luego envió jóvenes de los hijos de Israel, los cuales ofrecieron holocaustos y becerros como sacrificios de paz a Jehová. ⁶ Moisés tomó la mitad de la sangre, la puso en tazones y esparció la otra mitad de la sangre sobre el altar. ⁷ Después tomó el libro del pacto y lo leyó a oídos del pueblo, el cual dijo:

—Obedeceremos y haremos todas las cosas que Jehová ha dicho.

⁸ Entonces Moisés tomó la sangre, la roció sobre el pueblo y dijo:

—Esta es la sangre del pacto*a* que Jehová ha hecho con vosotros sobre todas estas cosas.

⁹ Subieron Moisés y Aarón, Nadab y Abiú, junto con setenta de los ancianos de Israel, ¹⁰ y vieron al Dios de Israel. Debajo de sus pies había como un embaldosado de zafiro, semejante al cielo cuando está sereno. ¹¹ Pero no extendió su mano contra los príncipes de los hijos de Israel: ellos vieron a Dios, comieron y bebieron.

¹² Entonces Jehová dijo a Moisés:

—Sube a mí al monte y espera allá, y te daré tablas de piedra con la ley y los mandamientos que he escrito para enseñarles.

¹³ Se levantó Moisés junto con Josué, su servidor, y Moisés subió al monte de Dios. ¹⁴ A los ancianos les dijo:

—Esperadnos aquí hasta que volvamos.

Aarón y Hur estarán con vosotros; el que tenga algún asunto, acuda a ellos.

¹⁵ Entonces Moisés subió al monte. Una nube cubrió el monte, ¹⁶ y la gloria de Jehová reposó sobre el monte Sinaí. La nube lo cubrió por seis días, y al séptimo día llamó a Moisés de en medio de la nube. ¹⁷ La apariencia de la gloria de Jehová era, a los ojos de los hijos de Israel, como un fuego abrasador en la cumbre del monte. ¹⁸ Moisés entró en medio de la nube y subió al monte. Y estuvo Moisés en el monte cuarenta días y cuarenta noches.*b*

La ofrenda para el Tabernáculo
(Ex 35.4-9)

25 ¹ Jehová habló a Moisés y le dijo: ² «Di a los hijos de Israel que recojan para mí una ofrenda. De todo hombre que la dé voluntariamente, de corazón, recogeréis mi ofrenda. ³ Esta es la ofrenda que aceptaréis de ellos: oro, plata, cobre, ⁴ azul, púrpura, carmesí, lino fino, pelo de cabras, ⁵ pieles de carneros teñidas de rojo, pieles de tejones, madera de acacia, ⁶ aceite para el alumbrado, especias para el aceite de la unción y para el incienso aromático, ⁷ piedras de ónice y piedras de engaste para el efod y para el pectoral.*a* ⁸ Me erigirán un santuario, y habitaré en medio de ellos. ⁹ Conforme a todo lo que yo te muestre, así haréis el diseño del Tabernáculo y el diseño de todos sus utensilios.

El Arca del testimonio*b*
(Ex 37.1-9)

¹⁰ »Harán también un arca de madera de acacia, cuya longitud será de dos codos y medio, su anchura de codo y medio, y su altura de codo y medio. ¹¹ La recubrirás de oro puro por dentro y por fuera, y pondrás encima y alrededor de ella una cornisa de oro. ¹² Fundirás para ella cuatro argollas de oro, que pondrás en sus cuatro esquinas; dos argollas a un lado de ella y dos argollas al otro lado. ¹³ Harás unas varas de madera de acacia, las cuales

---

a **24.8** Mt 26.28; Mc 14.24; Lc 22.20; 1 Co 11.25; Heb 9.19-20; 10.29.   *b* **24.18** Dt 9.9. Aquí se interrumpe este relato y continúa en Ex 32.   *a* **25.7** Ex 28.6-8,15-30.   *b* **25.10-22** Esta arca o cofre recibe el nombre de *Arca del testimonio* (v.16,22) porque contenía las tablas de la Ley. Cf. Ex 24.12; Dt 10.1-5.

cubrirás de oro. ¹⁴ Y meterás las varas por las argollas a los lados del Arca, para llevar el Arca con ellas. ¹⁵ Las varas quedarán en las argollas del Arca; no se quitarán de ella. ¹⁶ En el Arca pondrás el Testimonio que yo te daré.

¹⁷ »Harás un propiciatorio[c] de oro fino, cuya longitud será de dos codos y medio, y su anchura de codo y medio. ¹⁸ Harás también dos querubines[d] de oro; los harás labrados a martillo en los dos extremos del propiciatorio. ¹⁹ Harás, pues, un querubín en un extremo, y un querubín en el otro extremo; de una pieza con el propiciatorio harás los querubines en sus dos extremos. ²⁰ Los querubines extenderán por encima las alas, cubriendo con ellas el propiciatorio; estarán uno frente al otro, con sus rostros mirando hacia al propiciatorio. ²¹ Después pondrás el propiciatorio encima del Arca, y en el Arca pondrás el Testimonio que yo te daré. ²² Allí me manifestaré a ti, y hablaré contigo desde encima del propiciatorio, de entre los dos querubines que están sobre el Arca del testimonio, todo lo que yo te mande para los hijos de Israel.

La mesa para el pan de la proposición
(Ex 37.10-16)

²³ »Harás asimismo una mesa de madera de acacia; su longitud será de dos codos, de un codo su anchura, y su altura de codo y medio. ²⁴ La recubrirás de oro puro y le harás una cornisa de oro alrededor. ²⁵ Le harás también una moldura alrededor, de un palmo menor de anchura, y harás alrededor de la moldura una cornisa de oro. ²⁶ Le harás cuatro argollas de oro, las cuales pondrás en las cuatro esquinas que corresponden a sus cuatro patas. ²⁷ Las argollas estarán debajo de la moldura, y por ellas entrarán las varas para llevar la mesa. ²⁸ Harás las varas de madera de acacia, las cubrirás de oro, y con ellas será llevada la mesa. ²⁹ Harás también sus platos, cucharas, cubiertas y los tazones con que se libará; de oro fino los harás. ³⁰ Y pondrás siempre sobre la mesa el pan de la proposición delante de mí.[e]

El candelabro de oro
(Ex 37.17-24)

³¹ »Harás además un candelabro de oro puro; labrado a martillo se hará el candelabro; su pie, su caña, sus copas, sus manzanas y sus flores serán de lo mismo. ³² Y saldrán seis brazos de sus lados: tres brazos del candelabro a un lado y tres brazos al otro lado. ³³ Tres copas en forma de flor de almendro en un brazo, una manzana y una flor; y tres copas en forma de flor de almendro en otro brazo, una manzana y una flor; así en los seis brazos que salen del candelabro. ³⁴ En la caña central del candelabro habrá cuatro copas en forma de flor de almendro, sus manzanas y sus flores. ³⁵ Habrá una manzana debajo de dos brazos del mismo, otra manzana debajo de otros dos brazos del mismo y otra manzana debajo de los otros dos brazos del mismo; así para los seis brazos que salen del candelabro. ³⁶ Sus manzanas y sus brazos serán de una pieza, todo ello una pieza labrada a martillo, de oro puro. ³⁷ Y le harás siete lámparas, las cuales encenderás para que alumbren hacia adelante. ³⁸ También sus despabiladeras y sus platillos, de oro puro. ³⁹ De un talento de oro fino lo harás, con todos estos utensilios. ⁴⁰ Mira y hazlos conforme al modelo que te ha sido mostrado en el monte.[f]

El Tabernáculo
(Ex 36.8-38)

26 ¹ »Harás el Tabernáculo[a] de diez cortinas de lino torcido, azul, púrpura y carmesí; lo harás con querubines de obra primorosa. ² La longitud de cada cortina será de veintiocho codos, y su anchura de cuatro codos; todas las cortinas tendrán una misma medida. ³ Cinco cortinas

---

[c] **25.17** Al principio designaba concretamente la *tapa* del Arca del pacto o testimonio, lugar donde el Señor se encontraba con Moisés para impartirle sus órdenes (cf. v. 22). Más tarde (Lv 16), pasó a significar *lugar del perdón.* Cf. Ro 3.25; Heb 9.5.   [d] **25.18** *Querubines:* heb. *kerubim,* palabra traducida ocasionalmente por *seres alados.*   [e] **25.30** Lv 24.5-9; 1 S 21.4,6.
[f] **25.40** Hch 7.44; Heb 8.5.   [a] **26.1** Llamado también *santuario* y *Tabernáculo de reunión* Nm 4.15,24-26,31-32.

estarán unidas una con la otra, y las otras cinco cortinas unidas una con la otra. ⁴Y harás lazadas de azul en la orilla de la última cortina de la primera unión; lo mismo harás en la orilla de la cortina de la segunda unión. ⁵Cincuenta lazadas harás en la primera cortina, y cincuenta lazadas harás en la orilla de la cortina que está en la segunda unión; las lazadas estarán contrapuestas la una a la otra. ⁶Harás también cincuenta corchetes de oro, con los cuales enlazarás las cortinas la una con la otra, de modo que el Tabernáculo forme un todo.

⁷»Harás asimismo cortinas de pelo de cabra para una cubierta sobre el Tabernáculo; once cortinas harás. ⁸La longitud de cada cortina será de treinta codos, y la anchura de cada cortina, de cuatro codos; una misma medida tendrán las once cortinas. ⁹Unirás cinco cortinas aparte y las otras seis cortinas aparte, y doblarás la sexta cortina sobre el frente del Tabernáculo. ¹⁰Después harás cincuenta lazadas en la orilla de la cortina, al borde de la unión, y cincuenta lazadas en la orilla de la cortina de la segunda unión. ¹¹Harás asimismo cincuenta corchetes de bronce, los cuales meterás por las lazadas; y enlazarás las uniones para que se haga una sola cubierta. ¹²La parte que sobra en las cortinas de la tienda, la mitad de la cortina que sobra, colgará a espaldas del Tabernáculo. ¹³Un codo de un lado y otro codo del otro lado, que sobran a lo largo de las cortinas de la tienda, colgarán sobre los lados del Tabernáculo a un lado y al otro, para cubrirlo.

¹⁴»Harás también a la tienda una cubierta de pieles de carneros teñidas de rojo, y una cubierta de pieles de tejones encima.

¹⁵»Harás además para el Tabernáculo tablas de madera de acacia, que estén derechas. ¹⁶La longitud de cada tabla será de diez codos, y de codo y medio la anchura. ¹⁷Dos espigas tendrá cada tabla, para unirlas una con otra; así harás todas las tablas del Tabernáculo. ¹⁸Harás, pues, las tablas del Tabernáculo; veinte tablas al lado del mediodía, al sur. ¹⁹Y harás cuarenta basas de plata debajo de las veinte

tablas: dos basas debajo de una tabla para sus dos espigas y dos basas debajo de otra tabla para sus dos espigas.

²⁰»Y para el otro lado del Tabernáculo, el lado del norte, harás veinte tablas ²¹con sus cuarenta basas de plata: dos basas debajo de una tabla y dos basas debajo de otra tabla. ²²Para el lado posterior del Tabernáculo, hacia el occidente, harás seis tablas. ²³Harás además dos tablas para las esquinas del Tabernáculo en los dos ángulos posteriores, ²⁴las cuales se unirán desde abajo, y asimismo se juntarán por su alto con un gozne. Así será con las otras dos; serán para las dos esquinas. ²⁵De suerte que serán ocho tablas, con sus basas de plata: dieciséis basas, dos basas debajo de una tabla y dos basas debajo de otra tabla.

²⁶»Harás también cinco barras de madera de acacia para las tablas de un lado del Tabernáculo, ²⁷cinco barras para las tablas del otro lado del Tabernáculo y cinco barras para las tablas del lado posterior del Tabernáculo, hacia el occidente. ²⁸La barra central pasará en medio de las tablas, de un extremo al otro. ²⁹Recubrirás de oro las tablas, y harás sus argollas de oro para meter por ellas las barras; también recubrirás de oro las barras. ³⁰Erigirás el Tabernáculo conforme al modelo que te fue mostrado en el monte.

³¹»También harás un velo de azul, púrpura, carmesí y lino torcido; será hecho de obra primorosa, con querubines. ³²Lo pondrás sobre cuatro columnas de madera de acacia recubiertas de oro, con capiteles de oro y sobre basas de plata. ³³Pondrás el velo debajo de los corchetes, y allí, detrás del velo, colocarás el Arca del testimonio. Así el velo servirá para separar el Lugar santo del Lugar santísimo.ᵇ ³⁴Pondrás el propiciatorio sobre el Arca del testimonio en el Lugar santísimo. ³⁵Fuera del velo pondrás la mesa, y frente a ella, en el lado sur del Tabernáculo, el candelabro. Así quedará la mesa hacia el lado del norte.

³⁶»Harás para la puerta del Tabernáculo una cortina de azul, púrpura, carmesí y lino torcido, obra de recamador.

ᵇ**26.33** Heb 6.19; 9.3-5.

³⁷ Y harás para la cortina cinco columnas de madera de acacia, las cuales cubrirás de oro, con sus capiteles de oro, y fundirás cinco basas de bronce para ellas.

El altar de bronce
(Ex 38.1-7)

27 ¹»Harás también un altar de madera de acacia, de cinco codos de longitud y de cinco codos de anchura; será cuadrado el altar, y su altura de tres codos. ² Le harás cuernos*ᵃ* en sus cuatro esquinas; los cuernos serán parte del mismo, y lo recubrirás de bronce. ³ Harás también sus calderos para recoger la ceniza, sus paletas, sus tazones, sus garfios y sus braseros; harás todos sus utensilios de bronce. ⁴ Le harás un enrejado de bronce de obra de rejilla, y sobre la rejilla harás cuatro argollas de bronce a sus cuatro esquinas. ⁵ La pondrás bajo el cerco interior del altar, y llegará la rejilla hasta la mitad del altar. ⁶ Harás también varas para el altar, varas de madera de acacia, las cuales recubrirás de bronce. ⁷ Las varas se meterán por las argollas, y estarán aquellas varas a ambos lados del altar cuando sea llevado. ⁸ Lo harás hueco, de tablas; de la manera que se te ha mostrado en el monte, así lo harás.

El atrio del Tabernáculo*ᵇ*
(Ex 38.9-20)

⁹»Asimismo harás el atrio del Tabernáculo. Al lado meridional, hacia el sur, tendrá el atrio cortinas de lino torcido, de cien codos de longitud a uno de los lados. ¹⁰ Sus veinte columnas y sus veinte basas serán de bronce; los capiteles de las columnas y sus molduras, de plata. ¹¹ De la misma manera, a lo largo del lado del norte habrá cortinas de cien codos de longitud, con sus veinte columnas apoyadas sobre veinte basas de bronce; los capiteles de las columnas y sus molduras serán de plata. ¹² El ancho del atrio, del lado occidental, tendrá cortinas de cincuenta codos; sus columnas serán diez, con sus diez basas. ¹³ El ancho del atrio por el lado del oriente, hacia el este, tendrá cincuenta codos. ¹⁴ Las cortinas a un lado de la entrada serán de quince codos, y habrá tres columnas y tres basas. ¹⁵ Al otro lado, otros quince codos de cortinas, con sus tres columnas y tres basas. ¹⁶ Para la puerta del atrio habrá una cortina de veinte codos, de azul, púrpura y carmesí, y lino torcido, obra de recamador. Tendrá cuatro columnas y cuatro basas. ¹⁷ Todas las columnas alrededor del atrio estarán ceñidas de plata; sus capiteles serán de plata y sus basas de bronce. ¹⁸ El atrio tendrá cien codos de largo, cincuenta de ancho por cada lado y cinco codos de alto. Sus cortinas serán de lino torcido y sus basas de bronce. ¹⁹ Todos los utensilios del Tabernáculo para todo género de servicio, todas sus estacas y todas las estacas del atrio, serán de bronce.

Aceite para las lámparas
(Lv 24.1-4)

²⁰»Mandarás a los hijos de Israel que te traigan aceite puro de olivas machacadas, para el alumbrado, a fin de hacer arder continuamente las lámparas. ²¹ Aarón y sus hijos las pondrán en orden delante de Jehová desde la tarde hasta la mañana en el Tabernáculo de reunión, fuera del velo que está delante del Testimonio, como estatuto perpetuo para las generaciones de los hijos de Israel.

Las vestiduras de los sacerdotes
(Ex 39.1-31)

28 ¹»Harás que Aarón, tu hermano, junto a sus hijos, se acerquen a ti para que sean mis sacerdotes entre los hijos de Israel; Aarón con sus hijos Nadab, Abiú, Eleazar e Itamar. ² Harás vestiduras sagradas a Aarón, tu hermano, que le den honra y hermosura. ³ Y tú hablarás con todos los sabios de corazón, a quienes yo he llenado de espíritu de sabiduría, para que hagan las vestiduras de Aarón y así consagrarlo para que sea mi sacerdote. ⁴ Las vestiduras que harán son estas: el pectoral, el efod, el manto, la túnica bordada, la mitra y el cinturón. Hagan, pues, las vestiduras

---

ᵃ **27.2** Las esquinas del altar tenían la apariencia de *cuernos*, que en el antiguo Oriente simbolizaban la fuerza. Cf. Dt 33.17. *ᵇ* **27.9** Es decir, el patio o recinto sagrado alrededor del Tabernáculo. Allí estaban el altar para los holocaustos (v. 1-8) y la fuente de bronce (Ex 30.17-21).

sagradas a Aarón, tu hermano, y a sus hijos, para que sean mis sacerdotes. 5 Tomarán oro, azul, púrpura, carmesí y lino torcido.

6 »Harán el efod[a] de oro, azul, púrpura, carmesí y lino torcido, todo de obra primorosa. 7 Tendrá dos hombreras que se junten a sus dos extremos, y así se juntará. 8 El cinto de obra primorosa que estará sobre él, formará con él una sola pieza, y será también de oro, azul, púrpura, carmesí y lino torcido.

9 »Tomarás dos piedras de ónice y grabarás en ellas los nombres de los hijos de Israel: 10 seis de sus nombres en una piedra y los otros seis nombres en la otra piedra, conforme al orden de su nacimiento. 11 De obra de grabador en piedra, como grabaduras de sello, harás grabar las dos piedras con los nombres de los hijos de Israel; les harás alrededor engastes de oro. 12 Y pondrás las dos piedras sobre las hombreras del efod, como piedras memoriales para los hijos de Israel. Así llevará Aarón sus nombres delante de Jehová sobre sus dos hombros como un memorial. 13 Harás, pues, los engastes de oro 14 y dos cordones de oro fino; los harás en forma de trenza y fijarás los cordones trenzados en los engastes.

15 »Harás asimismo el pectoral[b] del juicio de obra primorosa, lo harás conforme a la obra del efod, de oro, azul, púrpura, carmesí y lino torcido. 16 Será cuadrado y doble, de un palmo de largo y un palmo de ancho. 17 Lo llenarás de pedrería en cuatro hileras de piedras:[c] la primera hilera llevará una piedra sárdica, un topacio y un carbunclo; 18 la segunda hilera, una esmeralda, un zafiro y un diamante; 19 la tercera hilera, un jacinto, una ágata y una amatista; 20 la cuarta hilera, un berilo, un ónice y un jaspe. Todas estarán montadas en engastes de oro. 21 Las piedras serán doce, como los nombres de los hijos de Israel; grabadas como los sellos, cada

una con su nombre, conforme a las doce tribus.

22 »Harás para el pectoral cordones torcidos como trenzas de oro fino, 23 y también dos argollas de oro, las cuales pondrás a los dos extremos del pectoral. 24 Fijarás los dos cordones de oro en las dos argollas a los dos extremos del pectoral, 25 pondrás los dos extremos de los dos cordones sobre los dos engastes, y los fijarás a las hombreras del efod en su parte delantera. 26 Harás otras dos argollas de oro, las cuales pondrás a los dos extremos del pectoral, en su borde interior, el que está al lado del efod. 27 Harás asimismo las dos argollas de oro, las cuales fijarás en la parte delantera de las dos hombreras del efod, hacia abajo, delante de su unión, por encima del cinto del efod. 28 Entonces se sujetará el pectoral por sus argollas a las dos argollas del efod con un cordón azul, para que esté sobre el cinto del efod y no se separe el pectoral del efod. 29 Así llevará Aarón los nombres de los hijos de Israel en el pectoral del juicio sobre su corazón, cuando entre en el santuario, como memorial perpetuo delante de Jehová. 30 Pondrás en el pectoral del juicio el Urim y el Tumim,[d] para que estén sobre el corazón de Aarón cuando entre delante de Jehová, y llevará siempre Aarón el juicio de los hijos de Israel sobre su corazón en la presencia de Jehová.

31 »Harás el manto del efod todo de azul. 32 En su centro, por arriba, habrá una abertura, alrededor de la cual tendrá un borde de obra tejida, como el cuello de un coselete, para que no se rompa. 33 En sus orlas harás granadas de azul, púrpura y carmesí, y entre ellas, también alrededor del borde, campanillas de oro. 34 Una campanilla de oro y una granada, otra campanilla de oro y otra granada, en toda la orla alrededor del manto. 35 Aarón lo llevará puesto cuando ministre; su sonido se oirá cuando él entre en el santuario

---

[a] 28.6 Aquí se trata de un distintivo del sumo sacerdote; probablemente una especie de chaleco, sostenido sobre el pecho por dos tirantes (v. 7). En cada uno de estos había una piedra preciosa con los nombres grabados de las doce tribus de Israel, seis en cada piedra (v. 9-12).
[b] 28.15 Prenda que se llevaba sobre el efod. [c] 28.17 No es posible establecer el significado exacto de todas las palabras hebreas que designan estas piedras preciosas. [d] 28.30 Objetos para echar suertes y obtener una respuesta de Dios acerca de las decisiones que era preciso tomar. Cf. Nm 27.21; Dt 33.8; Esd 2.63; Neh 7.65.

delante de Jehová, y cuando salga, para que no muera.

³⁶»Harás además una lámina de oro fino, y grabarás en ella como se graba en los sellos: "Santidad a Jehová". ³⁷La sujetarás con un cordón azul y estará sobre la mitra; por la parte delantera de la mitra estará. ³⁸Así estará sobre la frente de Aarón, y llevará Aarón las faltas cometidas por los hijos de Israel en todas las cosas santas, en todas las santas ofrendas que hayan consagrado. Sobre su frente estará siempre, para que obtengan gracia delante de Jehová.

³⁹»Bordarás una túnica de lino y harás una mitra de lino; harás también un cinto de obra de recamador. ⁴⁰A los hijos de Aarón les harás túnicas; también les harás cintos, y les harás tiaras que les den honra y hermosura.

⁴¹»Con ellos vestirás a Aarón, tu hermano, y a sus hijos; los ungirás, y los consagrarás y santificarás, para que sean mis sacerdotes. ⁴²Les harás calzoncillos de lino para cubrir su desnudez desde la cintura hasta los muslos. ⁴³Aarón y sus hijos los llevarán puestos cuando entren en el Tabernáculo de reunión, o cuando se acerquen al altar para servir en el santuario, para que no cometan pecado y mueran. Este es estatuto perpetuo para él, y para su descendencia después de él.

Consagración de Aarón y de sus hijos
(Lv 8.1-36)

29 ¹»Esto es lo que les harás para consagrarlos, para que sean mis sacerdotes: Toma un becerro de la vacada y dos carneros sin defecto; ²panes sin levadura, tortas sin levadura amasadas con aceite y hojaldres sin levadura untadas con aceite; las harás de flor de harina de trigo. ³Las pondrás en un canastillo y en el canastillo las ofrecerás, con el becerro y los dos carneros. ⁴Llevarás a Aarón y a sus hijos a la puerta del Tabernáculo de reunión, donde los lavarás con agua. ⁵Tomarás las vestiduras y vestirás a Aarón la túnica, el manto del efod, el efod y el pectoral, y lo ceñirás con el cinto del efod; ⁶pondrás la mitra sobre su cabeza, y sobre la mitra pondrás la diadema santa. ⁷Luego tomarás el aceite de la unción, lo derramarás sobre su cabeza y lo ungirás. ⁸También harás

que se acerquen sus hijos y los vestirás con las túnicas. ⁹Les ceñirás el cinto a Aarón y a sus hijos y les atarás las tiaras. Así consagrarás a Aarón y a sus hijos, y tendrán el sacerdocio por derecho perpetuo.

¹⁰»Después llevarás el becerro delante del Tabernáculo de reunión, y Aarón y sus hijos pondrán sus manos sobre la cabeza del becerro. ¹¹Luego matarás el becerro delante de Jehová, a la puerta del Tabernáculo de reunión. ¹²Tomarás de la sangre del becerro, la pondrás sobre los cuernos del altar con tu dedo, y derramarás todo el resto de la sangre al pie del altar. ¹³Tomarás también toda la grasa que cubre los intestinos, la grasa que está sobre el hígado, los dos riñones y la grasa que está sobre ellos, y lo quemarás sobre el altar. ¹⁴Pero la carne del becerro, su piel y su estiércol, los quemarás al fuego fuera del campamento, pues es ofrenda por el pecado.

¹⁵»Asimismo tomarás uno de los carneros, y Aarón y sus hijos pondrán sus manos sobre la cabeza del carnero. ¹⁶Matarás el carnero, y rociarás su sangre en el altar, por todos sus lados. ¹⁷Cortarás el carnero en pedazos, lavarás sus intestinos y sus piernas, y las pondrás sobre sus trozos y sobre su cabeza. ¹⁸Después quemarás todo el carnero sobre el altar. Es holocausto de olor grato para Jehová; es ofrenda quemada a Jehová.

¹⁹»Tomarás luego el otro carnero, y Aarón y sus hijos pondrán sus manos sobre la cabeza del carnero. ²⁰Matarás el carnero, tomarás de su sangre y la pondrás sobre el lóbulo de la oreja derecha de Aarón, sobre el lóbulo de la oreja de sus hijos, sobre el dedo pulgar de sus manos derechas y sobre el dedo pulgar de sus pies derechos, y rociarás la sangre en el altar, por todos sus lados. ²¹Con la sangre que estará sobre el altar, y el aceite de la unción, rociarás a Aarón, sus vestiduras, sus hijos y las vestiduras de estos. Así quedará santificado él y sus vestiduras, y con él sus hijos y las vestiduras de sus hijos.

²²»Luego tomarás del carnero la grasa, la cola, la grasa que cubre los intestinos, la grasa del hígado, los dos riñones con la grasa que está sobre ellos, y la pierna derecha, porque es carnero de consagración.

²³ También una torta grande de pan, una torta de pan de aceite y una hojaldre del canastillo de los panes sin levadura presentado a Jehová. ²⁴ Lo pondrás todo en las manos de Aarón y en las manos de sus hijos, y lo mecerás como ofrenda mecida delante de Jehová. ²⁵ Después lo tomarás de sus manos y lo harás arder en el altar, junto con el holocausto, como olor grato delante de Jehová. Es ofrenda quemada a Jehová.

²⁶ »Tomarás el pecho del carnero de las consagraciones, que es de Aarón, y lo mecerás como ofrenda mecida delante de Jehová. Esta será tu porción. ²⁷ Apartarás*a* el pecho de la ofrenda mecida y la pierna de la ofrenda reservada, lo que fue mecido y lo que fue reservado del carnero de las consagraciones de Aarón y de sus hijos, ²⁸ pues será para Aarón y para sus hijos, según estatuto perpetuo dado a los hijos de Israel, porque es ofrenda reservada. Será una ofrenda reservada por los hijos de Israel de sus sacrificios de paz, una porción de ellos reservada como ofrenda a Jehová.

²⁹ »Las vestiduras santas de Aarón serán después de él para sus hijos, para que sean ungidos con ellas y consagrados con ellas. ³⁰ Durante siete días las vestirá aquel de sus hijos que tome su lugar como sacerdote, cuando venga al Tabernáculo de reunión para servir en el santuario.

³¹ »Tomarás el carnero de las consagraciones y cocerás su carne en un lugar santo. ³² Aarón y sus hijos comerán la carne del carnero, y el pan que estará en el canastillo, a la puerta del Tabernáculo de reunión. ³³ Comerán aquellas cosas con las cuales se hizo expiación para ordenarlos y consagrarlos; pero el extraño no las comerá, porque son santas. ³⁴ Si sobra hasta la mañana algo de la carne de las consagraciones y del pan, quemarás al fuego lo que haya sobrado; no se comerá, porque es cosa santa.

³⁵ »Así, pues, harás a Aarón y a sus hijos conforme a todo lo que yo te he mandado; por siete días los consagrarás. ³⁶ Cada día ofrecerás el becerro del sacrificio de expiación por el pecado; purificarás el altar cuando hagas expiación por él, y lo ungirás para santificarlo. ³⁷ Durante siete días harás expiación por el altar y lo santificarás; será un altar santísimo: cualquier cosa que toque el altar quedará santificada.

Las ofrendas diarias
(Nm 28.1-8)

³⁸ »Esto es lo que ofrecerás sobre el altar: dos corderos de un año cada día, perpetuamente. ³⁹ Ofrecerás uno de los corderos por la mañana, y el otro cordero lo ofrecerás a la caída de la tarde. ⁴⁰ Además, con cada cordero ofrecerás la décima parte de un efa de flor de harina amasada con la cuarta parte de un hin de aceite de olivas machacadas y, como libación, la cuarta parte de un hin de vino. ⁴¹ A la caída de la tarde ofrecerás el otro cordero; harás conforme a la ofrenda de la mañana, y conforme a su libación, como olor grato de ofrenda quemada a Jehová. ⁴² Esto será el holocausto perpetuo que todas vuestras generaciones ofrecerán a la puerta del Tabernáculo de reunión, delante de Jehová, en el cual me reuniré con vosotros, para hablaros allí. ⁴³ Allí me reuniré con los hijos de Israel, y el lugar será santificado con mi gloria. ⁴⁴ Santificaré el Tabernáculo de reunión y el altar. También santificaré a Aarón y a sus hijos, para que sean mis sacerdotes. ⁴⁵ Yo habitaré entre los hijos de Israel y seré su Dios. ⁴⁶ Así conocerán que yo soy Jehová, su Dios, que los saqué de la tierra de Egipto para habitar en medio de ellos. Yo, Jehová, su Dios.

El altar del incienso
(Ex 37.25-28)

30 ¹ »Harás asimismo un altar para quemar el incienso; de madera de acacia lo harás. ² Su longitud será de un codo y su anchura de un codo; será cuadrado, y su altura de dos codos; sus cuernos serán parte del mismo. ³ Lo recubrirás de oro puro, su cubierta, sus costados y sus cuernos. Le harás una cornisa de oro alrededor. ⁴ Le harás también dos argollas de oro debajo de la cornisa, a sus dos esquinas y a ambos lados, para meter las

---

a **29.27** O, *santificarás.*

varas con que será llevado. ⁵ Harás las varas de madera de acacia y las recubrirás de oro. ⁶ Después lo pondrás delante del velo que está junto al Arca del testimonio, delante del propiciatorio que está sobre el Testimonio, donde me encontraré contigo. ⁷ Cada mañana, al preparar las lámparas, Aarón quemará incienso aromático sobre él. ⁸ Cuando Aarón encienda las lámparas al anochecer, quemará también el incienso; y será rito perpetuo delante de Jehová para vuestras generaciones. ⁹ No ofreceréis sobre él incienso extraño ni holocausto ni ofrenda, ni tampoco derramaréis sobre él libación. ¹⁰ Aarón hará expiación una vez al año sobre los cuernos del altar con la sangre del sacrificio, como expiación por el pecado; una vez al año hará expiación sobre él en vuestras sucesivas generaciones. Muy santo será a Jehová».

El dinero del rescate

¹¹ Habló también Jehová a Moisés y le dijo:

¹² «Cuando hagas un censo de los hijos de Israel conforme a su número, cada uno dará a Jehová el rescate de su persona al ser empadronado, para que no haya entre ellos mortandad a causa del censo. ¹³ Esto dará todo aquel que sea censado: medio siclo,ᵃ conforme al siclo del santuario. El siclo es de veinte geras. La mitad de un siclo será la ofrenda reservada a Jehová. ¹⁴ Todo el que sea censado, de veinte años para arriba, dará la ofrenda a Jehová. ¹⁵ Ni el rico dará más ni el pobre dará menos del medio siclo, cuando den la ofrenda a Jehová para hacer expiación por vuestras personas. ¹⁶ Tomarás de los hijos de Israel el dinero de las expiaciones y lo darás para el servicio del Tabernáculo de reunión; y será como un memorial para los hijos de Israel delante de Jehová, para hacer expiación por vuestras personas».

La fuente de bronce

¹⁷ Continuó hablando Jehová a Moisés, y le dijo:

¹⁸ «Harás también una fuente de bronce, con su base de bronce,ᵇ para lavarse. La colocarás entre el Tabernáculo de reunión y el altar, y pondrás en ella agua. ¹⁹ En ella se lavarán Aarón y sus hijos las manos y los pies. ²⁰ Cuando entren en el Tabernáculo de reunión, se lavarán con agua, para que no mueran, y cuando se acerquen al altar para ministrar y presentar la ofrenda quemada para Jehová, ²¹ se lavarán las manos y los pies, para que no mueran. Y lo tendrán por estatuto perpetuo él y su descendencia a través de las generaciones».

El aceite y el incienso sagrados

²² Continuó hablando Jehová a Moisés, y le dijo:

²³ «Tomarás especias finas: de mirra excelente, quinientos siclos, y de canela aromática, la mitad, esto es, doscientos cincuenta; de cálamo aromático, doscientos cincuenta; ²⁴ de casia, quinientos, según el siclo del santuario, y de aceite de olivas, un hin. ²⁵ Prepararás con ello el aceite de la santa unción, un ungüento superior, preparado según el arte del perfumista. Este será el aceite de la unción santa. ²⁶ Con él ungirás el Tabernáculo de reunión, el Arca del testimonio, ²⁷ la mesa con todos sus utensilios, el candelabro con todos sus utensilios, el altar del incienso, ²⁸ el altar del holocausto con todos sus utensilios, y la fuente con su base. ²⁹ Así los consagrarás, y serán cosas santísimas; todo aquello que los toque será santificado.

³⁰ »Ungirás también a Aarón y a sus hijos, y los consagrarás para que sean mis sacerdotes. ³¹ Hablarás a los hijos de Israel, y les dirás: "Este será el aceite de la santa unción para vuestras generaciones. ³² Sobre carne de hombre no será derramado, ni haréis otro semejante conforme a su composición; santo es, y por santo lo tendréis vosotros. ³³ Cualquiera que componga un ungüento semejante o ponga de él sobre algún extraño, será eliminado de su pueblo"».

³⁴ Dijo además Jehová a Moisés:

«Toma especias aromáticas, estacte y uña aromática, gálbano aromático e incienso puro; todo en cantidades iguales, ³⁵ y harás con ello, según el arte del perfumador, un incienso perfumado, bien

---

ᵃ **30.13** Ex 38.25-26; Mt 17.24.   ᵇ **30.18** Ex 38.8.

mezclado, puro y santo. [36] Molerás parte de él en polvo fino y lo pondrás delante del Testimonio en el Tabernáculo de reunión, donde yo me mostraré a ti. Os será cosa santísima. [37] Como este incienso que harás, no os haréis otro según su composición; te será cosa sagrada para Jehová. [38] Cualquiera que haga otro como este para olerlo, será eliminado de su pueblo».[c]

Llamamiento de Bezaleel y de Aholiab
(Ex 35.30—36.1)

31 [1] Habló Jehová a Moisés y le dijo: [2] «Mira, yo he llamado por su nombre a Bezaleel hijo de Uri hijo de Hur, de la tribu de Judá, [3] y lo he llenado del espíritu de Dios, en sabiduría y en inteligencia, en ciencia y en todo arte, [4] para inventar diseños, para trabajar en oro, en plata y en bronce, [5] para labrar piedras y engastarlas, tallar madera y trabajar en toda clase de labor. [6] He puesto junto a él a Aholiab hijo de Ahisamac, de la tribu de Dan, y he puesto sabiduría en el ánimo de todo sabio de corazón, para que hagan todo lo que te he mandado: [7] el Tabernáculo de reunión, el Arca del testimonio, el propiciatorio que está sobre ella y todos los utensilios del Tabernáculo; [8] la mesa y sus utensilios, el candelabro de oro puro con todos sus utensilios, el altar del incienso, [9] el altar del holocausto y todos sus utensilios, la fuente y su base, [10] los vestidos del servicio, las vestiduras santas para Aarón, el sacerdote, las vestiduras de sus hijos para que ejerzan el sacerdocio, [11] el aceite de la unción y el incienso aromático para el santuario. Ellos harán conforme a todo lo que te he mandado».

La celebración del sábado

[12] Continuó hablando Jehová a Moisés, y le dijo: [13] «Tú hablarás a los hijos de Israel y les dirás: "En verdad vosotros guardaréis mis sábados, porque es una señal entre mí y vosotros por vuestras generaciones, para que sepáis que yo soy Jehová que os santifico. [14] Así que guardaréis el sábado, porque santo es para vosotros; el que lo profane, de cierto morirá. Cualquier persona que haga alguna obra en él, será eliminada de su pueblo. [15] Seis días se trabajará, pero el día séptimo es día de descanso consagrado a Jehová. Cualquiera que trabaje en sábado, ciertamente morirá".[a] [16] Guardarán, pues, el sábado los hijos de Israel, celebrándolo a lo largo de sus generaciones como un pacto perpetuo. [17] Para siempre será una señal entre mí y los hijos de Israel, porque en seis días hizo Jehová los cielos y la tierra, y en el séptimo día cesó y descansó».

El becerro de oro
(Dt 9.6-29)

[18] Y dio a Moisés, cuando acabó de hablar con él en el monte Sinaí,[b] dos tablas del Testimonio, tablas de piedra escritas por el dedo de Dios.

32 [1] Al ver el pueblo que Moisés tardaba en descender del monte, se acercaron a Aarón y le dijeron:

—Levántate, haznos dioses que vayan delante de nosotros, porque a Moisés, ese hombre que nos sacó de la tierra de Egipto, no sabemos qué le haya acontecido.[a]

[2] Aarón les dijo:

—Quitad los zarcillos de oro que están en las orejas de vuestras mujeres, de vuestros hijos y de vuestras hijas, y traédmelos.

[3] Entonces todo el pueblo se quitó los zarcillos de oro que tenían en sus orejas y los trajeron a Aarón. [4] Él los recibió de sus manos, le dio forma con un buril e hizo de ello un becerro de fundición.[b] Entonces ellos dijeron:

—¡Israel, estos son tus dioses, que te sacaron de la tierra de Egipto!

[5] Cuando Aarón vio esto, edificó un altar delante del becerro y proclamó:

—¡Mañana será un día de fiesta dedicado a Jehová!

[6] Al día siguiente madrugaron, ofrecieron holocaustos y presentaron ofrendas de paz. Luego se sentó el pueblo a comer y a beber, y se levantó a regocijarse.[c] [7] Entonces Jehová dijo a Moisés:

—Anda, desciende, porque tu pueblo,

---

[c] 30.22-38 Ex 37.29.   [a] 31.15 Ex 20.8-11; 23.12; 34.21; 35.2; Lv 23.3; Dt 5.12-14.   [b] 31.18 Ex 24.18.
[a] 32.1 Hch 7.40.   [b] 32.4 Hch 7.41.   [c] 32.6 Citado en 1 Co 10.7 como un caso representativo de la infidelidad e idolatría de los israelitas en el desierto.

el que sacaste de la tierra de Egipto, se ha corrompido. 8 Pronto se han apartado del camino que yo les mandé; se han hecho un becerro de fundición, lo han adorado, le han ofrecido sacrificios y han dicho: "¡Israel, estos son tus dioses, que te sacaron de la tierra de Egipto!".*d*

9 Continuó diciendo Jehová a Moisés:

—Yo he visto a este pueblo, que por cierto es un pueblo muy terco.*e* 10 Ahora, pues, déjame que se encienda mi ira contra ellos y los consuma; pero de ti yo haré una nación grande.

11 Entonces Moisés oró en presencia de Jehová, su Dios, y dijo:

—¿Por qué, Jehová, se encenderá tu furor contra tu pueblo, el que tú sacaste de la tierra de Egipto con gran poder y con mano fuerte? 12 ¿Por qué han de decir los egipcios: "Para mal los sacó, para matarlos en los montes y para exterminarlos de sobre la faz de la tierra"? Vuélvete del ardor de tu ira y arrepiéntete de este mal contra tu pueblo. 13 Acuérdate de Abraham, de Isaac y de Israel, tus siervos, a los cuales has jurado por ti mismo y les has dicho: "Yo multiplicaré vuestra descendencia como las estrellas del cielo,*f* y le daré a vuestra descendencia toda esta tierra de que os he hablado, y ellos la poseerán como heredad para siempre".*g*

14 Entonces Jehová se arrepintió del mal que dijo habría de hacer a su pueblo.*h* 15 Moisés se volvió y descendió del monte, trayendo en sus manos las dos tablas del Testimonio, tablas escritas por ambos lados; de uno y otro lado estaban escritas.*i* 16 Las tablas eran obra de Dios, y la escritura era escritura de Dios grabada sobre las tablas.

17 Cuando Josué oyó el clamor del pueblo que gritaba, dijo a Moisés:

—Hay gritos de pelea en el campamento.

18 Pero Moisés respondió:

—No son voces de vencedores, ni alaridos de vencidos; oigo cánticos de coros.

19 Aconteció que cuando Moisés llegó al campamento y vio el becerro y las danzas, se enfureció y arrojó de sus manos las tablas, y las quebró al pie del monte. 20 Luego tomó el becerro que habían hecho, lo quemó en el fuego y lo molió hasta reducirlo a polvo, que esparció sobre las aguas y lo dio a beber a los hijos de Israel. 21 Y dijo Moisés a Aarón:

—¿Qué te ha hecho este pueblo para que hayas traído sobre él tan gran pecado?

22 Aarón le respondió:

—No se enoje mi señor. Tú conoces al pueblo, que es inclinado al mal. 23 Ellos me dijeron: "Haznos dioses que vayan delante de nosotros, porque a Moisés, ese hombre que nos sacó de la tierra de Egipto, no sabemos qué le haya acontecido". 24 Y yo les respondí: "El que tenga oro, que lo aparte". Me lo dieron, lo eché en el fuego y salió este becerro.

25 Al ver Moisés que el pueblo estaba desenfrenado, pues Aarón lo había permitido, para vergüenza en medio de sus enemigos, 26 se puso a la puerta del campamento y dijo:

—Quien esté de parte de Jehová, únase a mí.

Y se unieron a él todos los hijos de Leví.

27 Él les dijo:

—Así ha dicho Jehová, el Dios de Israel: "Que cada uno se ciña su espada, regrese al campamento y vaya de puerta en puerta matando cada uno a su hermano, a su amigo y a su pariente".

28 Los hijos de Leví hicieron conforme a lo dicho por Moisés, y cayeron del pueblo en aquel día como tres mil hombres. 29 Entonces Moisés dijo:

—Hoy os habéis consagrado a Jehová, pues cada uno se ha consagrado en su hijo y en su hermano, para que él os dé hoy la bendición.

30 Aconteció que al día siguiente dijo Moisés al pueblo:

—Vosotros habéis cometido un gran pecado, pero yo subiré ahora a donde está Jehová; quizá le aplacaré acerca de vuestro pecado.

31 Entonces volvió Moisés ante Jehová y le dijo:

—Puesto que este pueblo ha cometido

d 32.7-8 Dt 9.11-12. *e* 32.9-10 Gn 12.2; Dt 9.13-14. *f* 32.13 Gn 22.16-17; 26.3-4; 28.13-14.
g 32.13 Gn 17.8. *h* 32.11-14 Nm 14.13-19; Dt 9.25-29. *i* 32.15 Dt 9.15.

un gran pecado al hacerse dioses de oro, ³²te ruego que perdones ahora su pecado, y si no, bórrame del libro que has escrito.ʲ

³³Jehová respondió a Moisés:

—Al que peque contra mí, lo borraré yo de mi libro. ³⁴Ve, pues, ahora, lleva a este pueblo a donde te he dicho. Mi ángel irá delante de ti, pero en el día del castigo, los castigaré por su pecado.

³⁵Y Jehová hirió al pueblo a causa del becerro que hizo Aarón.

El Tabernáculo de reunión

33 ¹Jehová dijo a Moisés:

—Anda, vete de aquí, tú y el pueblo que sacaste de la tierra de Egipto, a la tierra de la cual juré a Abraham, Isaac y Jacob diciendo: "A tu descendencia la daré".ᵃ ²Yo enviaré delante de ti el ángel, y echaré fuera al cananeo, al amorreo, al heteo, al ferezeo, al heveo y al jebuseo. ³Subirás a la tierra que fluye leche y miel, pero yo no subiré contigo, no sea que te destruya en el camino, pues eres un pueblo muy terco.

⁴Al oir el pueblo esta mala noticia, guardó luto, y ninguno se puso sus galas, ⁵pues Jehová había dicho a Moisés: «Di a los hijos de Israel: "Vosotros sois un pueblo muy terco. Si yo subiera un momento en medio de ti, te consumiría. Quítate, pues, ahora tus atavíos, para que yo sepa lo que te he de hacer"».

⁶Entonces los hijos de Israel se despojaron de sus galas desde el monte Horeb.

⁷Moisés tomó el Tabernáculo y lo erigió lejos, fuera del campamento, y lo llamó «Tabernáculo de reunión». Y cualquiera que buscaba a Jehová, salía al Tabernáculo de reunión que estaba fuera del campamento. ⁸Y sucedía que cuando salía Moisés al Tabernáculo, todo el pueblo se levantaba y se quedaba en pie a la entrada de su tienda, con la mirada puesta en Moisés, hasta que él entraba en el Tabernáculo. ⁹Cuando Moisés entraba en el Tabernáculo, la columna de nube descendía y se ponía a la puerta del Tabernáculo, y Jehová hablaba con Moisés. ¹⁰Cuando el pueblo veía que la columna de nube se detenía a la entrada del Tabernáculo, se levantaba cada uno a la entrada de su tienda y adoraba.

¹¹Jehová hablaba con Moisés cara a cara, como habla cualquiera con su compañero.ᵇ Luego Moisés volvía al campamento, pero el joven Josué hijo de Nun, su servidor, nunca se apartaba de en medio del Tabernáculo.

¹²Dijo Moisés a Jehová:

—Mira, tú me dices: "Saca a este pueblo", pero no me has indicado a quién enviarás conmigo. Sin embargo, tú dices: "Yo te he conocido por tu nombre y has hallado también gracia a mis ojos". ¹³Pues bien, si he hallado gracia a tus ojos, te ruego que me muestres ahora tu camino, para que te conozca y halle gracia a tus ojos; y mira que esta gente es tu pueblo.

¹⁴Jehová le dijo:

—Mi presencia te acompañará y te daré descanso.

¹⁵Moisés respondió:

—Si tu presencia no ha de acompañarnos, no nos saques de aquí. ¹⁶Pues ¿en qué se conocerá aquí que he hallado gracia a tus ojos, yo y tu pueblo, sino en que tú andas con nosotros, y que yo y tu pueblo hemos sido apartados de entre todos los pueblos que están sobre la faz de la tierra?ᶜ

¹⁷—También haré esto que has dicho, por cuanto has hallado gracia a mis ojos y te he conocido por tu nombre —respondió Jehová a Moisés.

¹⁸Entonces dijo Moisés:

—Te ruego que me muestres tu gloria.

¹⁹Jehová le respondió:

—Yo haré pasar toda mi bondad delante de tu rostro y pronunciaré el nombre de Jehová delante de ti, pues tengo misericordia del que quiero tener misericordia, y soy clemente con quien quiero ser clemente;ᵈ ²⁰pero no podrás ver mi rostro —añadió—, porque ningún hombre podrá verme y seguir viviendo.

²¹Luego dijo Jehová:

—Aquí hay un lugar junto a mí. Tú estarás sobre la peña,ᵉ ²²y cuando pase mi gloria, yo te pondré en una hendidura de la peña, y te cubriré con mi mano hasta

---

ʲ**32.32** Ap 3.5   ᵃ**33.1** Gn 12.7; 26.3; 28.13; Ex 32.13.   ᵇ**33.11** Nm 12.7-8; Dt 34.10.
ᶜ**33.16** Nm 23.9.   ᵈ**33.19** Citado en Ro 9.15.   ᵉ**33.21** 1 R 19.11.

que haya pasado. ²³Después apartaré mi mano y verás mis espaldas, pero no se verá mi rostro.

El pacto renovado
(Dt 10.1-5)

34 ¹Jehová dijo a Moisés:

—Prepara dos tablas de piedra, como las primeras, y escribiré sobre esas tablas las palabras que estaban en las tablas primeras que quebraste.ᵃ ²Prepárate, pues, para mañana, sube de mañana al monte Sinaí y preséntate ante mí sobre la cumbre del monte. ³Que no suba nadie contigo ni aparezca nadie en todo el monte. Ni ovejas ni bueyes pasten frente al monte.ᵇ

⁴Moisés preparó dos tablas de piedra como las primeras, se levantó de mañana y subió al monte Sinaí, como le mandó Jehová, llevando en sus manos las dos tablas de piedra. ⁵Descendió Jehová en la nube y permaneció allí junto a él; y él proclamó el nombre de Jehová. ⁶Jehová pasó por delante de él y exclamó:

—¡Jehová! ¡Jehová! Dios fuerte, misericordioso y piadoso; tardo para la ira y grande en misericordia y verdad, ⁷que guarda misericordia a millares, que perdona la iniquidad, la rebelión y el pecado, pero que de ningún modo tendrá por inocente al malvado; que castiga la maldad de los padres en los hijos y en los hijos de los hijos, hasta la tercera y cuarta generación.ᶜ

⁸Entonces Moisés, apresurándose, bajó la cabeza hasta el suelo y adoró, ⁹diciendo:

—Señor, si en verdad he hallado gracia a tus ojos, que vaya ahora el Señor en medio de nosotros. Este es un pueblo muy terco, pero perdona nuestra maldad y nuestro pecado, y acéptanos como tu heredad.

Advertencia contra la idolatría de Canaán
(Dt 7.1-5)

¹⁰Jehová le dijo:

«Mira, voy a hacer un pacto delante de todo tu pueblo. Haré maravillas que no han sido hechas en toda la tierra, ni en nación alguna, y verá todo el pueblo en medio del cual tú estás la obra de Jehová, porque será cosa tremenda la que yo haré contigo.

¹¹»Guarda lo que yo te mando hoy. Yo echo de delante de tu presencia al amorreo, al cananeo, al heteo, al ferezeo, al heveo y al jebuseo.

¹²»Guárdate de hacer alianza con los habitantes de la tierra donde has de entrar, para que no sean una trampa en medio de ti. ¹³Derribaréis sus altares, quebraréis sus estatuas y destruiréis sus imágenes de Asera.ᵈ

¹⁴»No te inclinarás ante ningún otro dios, pues Jehová, cuyo nombre es Celoso, es un Dios celoso.ᵉ

¹⁵»Por tanto, no harás alianza con los habitantes de aquella tierra, no sea que cuando se prostituyan siguiendo a sus diosesᶠ y les ofrezcan sacrificios, te inviten y comas de sus sacrificios; ¹⁶o que tomen de sus hijas para tus hijos, y al prostituirse ellas tras sus dioses, hagan que tus hijos se prostituyan también yendo tras los dioses de ellas.

¹⁷»No te harás dioses de fundición.ᵍ

Fiestas anuales
(Ex 23.14-19; Dt 16.1-17)

¹⁸»La fiesta de los Panes sin levadura guardarás;ʰ siete días comerás pan sin levadura, según te he mandado, en el tiempo señalado del mes de Abib, porque en el mes de Abib saliste de Egipto.

¹⁹»Todo primer nacido, mío es;ⁱ y todo macho de tu ganado que sea primogénito de vaca o de oveja. ²⁰Pero redimirás con un cordero al primogénito del asno; y si no lo redimes, lo desnucarás. Redimirás todo primogénito de tus hijos,ʲ y nadie se presentará ante mí con las manos vacías.

²¹»Seis días trabajarás, pero en el séptimo día descansarás;ᵏ aun en tiempo de siembra y de cosecha, descansarás.

²²»También celebrarás la fiesta de las Semanas, la de las primicias de la cosecha

del trigo[l] y la fiesta de la cosecha a la salida del año.[m]

²³»Tres veces en el año se presentará todo hombre tuyo delante de Jehová, el Señor, Dios de Israel. ²⁴Yo arrojaré de tu presencia a las naciones y ensancharé tu territorio. Nadie codiciará tu tierra cuando subas tres veces al año a presentarte delante de Jehová, tu Dios.

²⁵»No ofrecerás cosa leudada junto con la sangre de mi sacrificio, ni se dejará hasta la mañana nada del sacrificio de la fiesta de la Pascua.[n]

²⁶»Llevarás las primicias de los primeros frutos de tu tierra a la casa de Jehová, tu Dios.[ñ]

»No cocerás el cabrito en la leche de su madre».[o]

Moisés y las tablas de la Ley

²⁷Jehová dijo a Moisés: «Escribe tú estas palabras, porque conforme a estas palabras he hecho un pacto contigo y con Israel».

²⁸Moisés estuvo allí con Jehová cuarenta días y cuarenta noches; no comió pan ni bebió agua. Y escribió en tablas las palabras del pacto, los diez mandamientos.

²⁹Después descendió Moisés del monte Sinaí con las dos tablas del Testimonio en sus manos. Al descender del monte, la piel de su rostro resplandecía por haber estado hablando con Dios, pero Moisés no lo sabía. ³⁰Aarón y todos los hijos de Israel miraron a Moisés, y al ver que la piel de su rostro resplandecía, tuvieron miedo de acercarse a él. ³¹Entonces Moisés los llamó; Aarón y todos los príncipes de la congregación se acercaron a él, y Moisés les habló. ³²Luego se acercaron todos los hijos de Israel, a los cuales mandó todo lo que Jehová le había dicho en el monte Sinaí. ³³Cuando acabó Moisés de hablar con ellos, puso un velo sobre su rostro.

³⁴Cuando Moisés iba ante Jehová para hablar con él, se quitaba el velo hasta que salía. Al salir, comunicaba a los hijos de Israel lo que le era mandado. ³⁵Al mirar los hijos de Israel el rostro de Moisés, veían que la piel de su rostro resplandecía, y entonces Moisés volvía a ponerse el velo sobre el rostro, hasta que entraba a hablar con Dios.[p]

El sábado, día santo

35 ¹Moisés convocó a toda la congregación de los hijos de Israel y les dijo: «Estas son las cosas que Jehová ha mandado que se hagan: ²Seis días se trabajará, pero el día séptimo os será santo, día de descanso para Jehová; cualquiera que haga en él algún trabajo, morirá.[a] ³No encenderéis fuego en ninguna de vuestras casas en sábado».

La ofrenda para el Tabernáculo
(Ex 25.1-9)

⁴Así habló Moisés a toda la congregación de los hijos de Israel: «Esto es lo que Jehová ha mandado: ⁵Tomad de entre vosotros una ofrenda para Jehová; todo generoso de corazón la traerá a Jehová: oro, plata, bronce, ⁶azul, púrpura, carmesí, lino fino, pelo de cabras, ⁷pieles de carneros teñidas de rojo, pieles de tejones, madera de acacia, ⁸aceite para el alumbrado, especias para el aceite de la unción y para el incienso aromático, ⁹piedras de ónice y piedras de engaste para el efod y para el pectoral.

La obra del Tabernáculo
(Ex 39.32-43)

¹⁰»Todo sabio de corazón de entre vosotros vendrá y hará todas las cosas que Jehová ha mandado: ¹¹el Tabernáculo, su tienda, su cubierta, sus corchetes, sus tablas, sus barras, sus columnas y sus basas; ¹²el Arca y sus varas, el propiciatorio, el velo de la tienda; ¹³la mesa con sus varas y todos sus utensilios, y el pan de la proposición; ¹⁴el candelabro del alumbrado y sus utensilios, sus lámparas, y el aceite para el alumbrado; ¹⁵el altar del incienso y sus varas, el aceite de la unción, el incienso aromático, la cortina de la puerta para la entrada del Tabernáculo; ¹⁶el altar del holocausto, su enrejado de bronce y

[l] **34.22** Lv 23.15-21; Nm 28.26-31.   [m] **34.22** Lv 23.39-43.   [n] **34.25** Ex 12.10.   [ñ] **34.26** Dt 26.2.
[o] **34.26** Dt 14.21.   [p] **34.29-35** 2 Co 3.7-16.   [a] **35.2** Ex 20.8-11; 23.12; 31.15; 34.21; y Lv 23.3;
Dt 5.12-14.

sus varas, y todos sus utensilios, y la fuente con su base; ¹⁷ las cortinas del atrio, sus columnas y sus basas, la cortina de la puerta del atrio; ¹⁸ las estacas del Tabernáculo, y las estacas del atrio y sus cuerdas; ¹⁹ las vestiduras del servicio para ministrar en el santuario, las sagradas vestiduras de Aarón, el sacerdote, y las vestiduras de sus hijos para servir en el sacerdocio».

El pueblo trae la ofrenda

²⁰ Entonces salió toda la congregación de los hijos de Israel de delante de Moisés. ²¹ Todo aquel a quien su corazón impulsó, y todo aquel a quien su espíritu le dio voluntad, trajo una ofrenda a Jehová para la obra del Tabernáculo de reunión, para toda su obra y para las sagradas vestiduras. ²² Vinieron tanto hombres como mujeres, todos de corazón generoso, y trajeron cadenas, zarcillos, anillos, brazaletes y toda clase de joyas de oro; todos presentaban una ofrenda de oro a Jehová. ²³ Todo hombre que tenía azul, púrpura, carmesí, lino fino, pelo de cabras, pieles de carneros teñidas de rojo, o pieles de tejones, lo traía. ²⁴ Todo el que ofrecía una ofrenda de plata o de bronce, traía a Jehová la ofrenda; y todo el que tenía madera de acacia, la traía para toda la obra del servicio. ²⁵ Además, todas las mujeres sabias de corazón hilaban con sus manos, y traían lo que habían hilado: azul, púrpura, carmesí o lino fino. ²⁶ Y todas las mujeres cuyo corazón las impulsó, hilaron hábilmente pelo de cabra. ²⁷ Los príncipes trajeron piedras de ónice y las piedras de los engastes para el efod y el pectoral, ²⁸ las especias aromáticas y el aceite para el alumbrado, para la unción y para el incienso aromático.

²⁹ De los hijos de Israel, tanto hombres como mujeres, todos los que tuvieron corazón generoso para traer algo a la obra que Jehová había mandado por medio de Moisés que hicieran, trajeron ofrenda voluntaria a Jehová.

Llamamiento de Bezaleel y de Aholiab
(Ex 31.1-11)

³⁰ Entonces Moisés dijo a los hijos de Israel: «Mirad, Jehová ha nombrado a Bezaleel hijo de Uri hijo de Hur, de la tribu de Judá, ³¹ y lo ha llenado del espíritu de Dios, en sabiduría, en inteligencia, en ciencia y en todo arte, ³² para proyectar diseños, para trabajar en oro, en plata y en bronce, ³³ en la talla de piedras de engaste y en obra de madera, para trabajar en toda labor ingeniosa. ³⁴ Ha puesto en su corazón el don de enseñar, tanto a él como a Aholiab hijo de Ahisamac, de la tribu de Dan, ³⁵ y los ha llenado de habilidades para que hagan toda obra de arte y de invención, de bordado en azul, en púrpura, en carmesí, en lino fino y en telar, para que hagan toda labor e inventen todo diseño.

36 ¹ »Así, pues, Bezaleel y Aholiab, y todo hombre de talento a quien Jehová haya dado sabiduría e inteligencia para saber hacer toda la obra del servicio del santuario, harán todas las cosas que ha mandado Jehová».

Moisés suspende la ofrenda del pueblo

² Moisés llamó a Bezaleel, a Aholiab y a todo hombre de talento en cuyo corazón había puesto Jehová sabiduría, todo hombre a quien su corazón le movió a venir a la obra para trabajar en ella. ³ Ellos recibieron de Moisés todas las ofrendas que los hijos de Israel habían traído para la obra del servicio del santuario, a fin de hacerla. Y ellos seguían trayéndole ofrendas voluntarias cada mañana. ⁴ Tanto, que todos los maestros que hacían la obra del santuario, dejaron el trabajo que cada uno hacía, ⁵ y fueron a decirle a Moisés: «El pueblo trae mucho más de lo que se necesita para la obra que Jehová ha mandado que se haga».

⁶ Entonces Moisés mandó pregonar por el campamento: «Ningún hombre ni mujer haga más labores para la ofrenda del santuario».

Así se le impidió al pueblo ofrecer más, ⁷ pues tenían material abundante para hacer toda la obra, y aún sobraba.

Construcción del Tabernáculo
(Ex 26.1-37)

⁸ Los más hábiles de entre todos los que realizaban la obra, hicieron el Tabernáculo de diez cortinas de lino torcido, azul, púrpura y carmesí; las hicieron con querubines de obra primorosa. ⁹ La longitud de una cortina era de veintiocho codos, y

la anchura de cuatro codos. Todas las cortinas tenían la misma medida. ¹⁰ Unieron entre sí cinco de las cortinas, y lo mismo hicieron con las otras cinco cortinas. ¹¹ Luego pusieron lazadas azules en la orilla de la cortina que estaba al extremo de la primera serie, y lo mismo hicieron en la orilla de la cortina final de la segunda serie. ¹² Cincuenta lazadas pusieron en la primera cortina, y otras cincuenta en la orilla de la cortina de la segunda serie; las lazadas de cada una se correspondían con las de la otra. ¹³ Hicieron también cincuenta corchetes de oro, con los cuales enlazaron las cortinas una con otra, y así el Tabernáculo formó un todo.

¹⁴ Hizo cortinas de pelo de cabra para una tienda que cubriera el Tabernáculo; once cortinas hizo. ¹⁵ La longitud de cada cortina era de treinta codos, y la anchura de cuatro codos; las once cortinas tenían una misma medida. ¹⁶ Y unió cinco de las cortinas aparte, y las otras seis cortinas aparte. ¹⁷ Hizo además cincuenta lazadas en la orilla de la cortina que estaba al extremo de la primera serie, y otras cincuenta lazadas en la orilla de la cortina final de la segunda serie. ¹⁸ También hizo cincuenta corchetes de bronce para enlazar la tienda, de modo que formara un todo.

¹⁹ Para la tienda hizo una cubierta de pieles de carnero teñidas de rojo, y otra cubierta de pieles de tejones encima. ²⁰ Además, hizo de madera de acacia las tablas para el Tabernáculo, y las puso derechas. ²¹ La longitud de cada tabla era de diez codos, y de codo y medio la anchura. ²² Cada tabla tenía dos espigas, para unirlas una con otra; así hizo todas las tablas del Tabernáculo. ²³ Hizo, pues, las tablas para el Tabernáculo: veinte tablas para el lado sur. ²⁴ Hizo también cuarenta basas de plata debajo de las veinte tablas: dos basas debajo de una tabla para sus dos espigas, y dos basas debajo de otra tabla para sus dos espigas. ²⁵ Y para el otro lado del Tabernáculo, al lado norte, hizo otras veinte tablas, ²⁶ con sus cuarenta basas de plata: dos basas debajo de una tabla, y dos basas debajo de otra tabla. ²⁷ Y para el lado occidental del Tabernáculo hizo seis tablas. ²⁸ Para las esquinas del Tabernáculo, en los dos lados, hizo dos tablas, ²⁹ las cuales se unían desde abajo, y por arriba se ajustaban con un gozne; así hizo a la una y a la otra en las dos esquinas. ³⁰ Eran, pues, ocho tablas, y sus basas de plata dieciséis: dos basas debajo de cada tabla.

³¹ Hizo también las barras de madera de acacia: cinco para las tablas de un lado del Tabernáculo, ³² cinco barras para las tablas del otro lado del Tabernáculo y cinco barras para las tablas del lado posterior del Tabernáculo, hacia el occidente. ³³ E hizo que la barra pasara por en medio de las tablas de un extremo al otro. ³⁴ Recubrió de oro las tablas y les hizo argollas de oro para pasar por ellas las barras; también recubrió de oro las barras.

³⁵ Hizo asimismo el velo de azul, púrpura, carmesí y lino torcido; lo hizo con querubines de obra primorosa. ³⁶ Para colgarlo, hizo cuatro columnas de madera de acacia y las recubrió de oro. Sus capiteles eran también de oro; y fundió para ellas cuatro basas de plata.

³⁷ Hizo también el velo para la puerta del Tabernáculo, de azul, púrpura, carmesí y lino torcido, obra de recamador, ³⁸ con sus cinco columnas y sus capiteles. Recubrió de oro los capiteles y las molduras, e hizo de bronce sus cinco basas.

Mobiliario del Tabernáculo
(Ex 25.10-40; 27.1-8; 30.1-10)

37 ¹ Hizo también Bezaleel el Arca de madera de acacia; su longitud era de dos codos y medio, su anchura de codo y medio y su altura de codo y medio.ᵃ ² La recubrió de oro puro por dentro y por fuera, y le hizo una cornisa de oro alrededor. ³ Además fundió cuatro argollas de oro para sus cuatro esquinas; en un lado dos argollas y en el otro lado dos argollas. ⁴ Hizo también varas de madera de acacia y las recubrió de oro. ⁵ Y metió las varas por las argollas a los lados del Arca, para transportar el Arca.

⁶ Hizo asimismo el propiciatorio de oro puro, de dos codos y medio de largo y codo y medio de ancho. ⁷ Hizo también los dos querubines de oro, labrados a martillo, en los dos extremos del propiciatorio. ⁸ Un querubín a un extremo y otro querubín al otro extremo; de una pieza con el propiciatorio hizo los querubines en sus dos extremos. ⁹ Los querubines tenían sus alas extendidas por encima, y

con ellas cubrían el propiciatorio; colocados uno frente al otro, sus rostros miraban hacia el propiciatorio.

[10] Hizo también la mesa de madera de acacia, de dos codos de largo, un codo de ancho y codo y medio de altura, [11] la recubrió de oro puro y le hizo una cornisa de oro alrededor. [12] Hizo también en torno a ella una moldura de un palmo menor de ancho, e hizo una cornisa de oro alrededor de la moldura. [13] Le hizo asimismo cuatro argollas de oro de fundición, y las puso en las cuatro esquinas que correspondían a las cuatro patas de ella. [14] Debajo de la moldura estaban las argollas, por las cuales se metían las varas para llevar la mesa.

[15] Hizo las varas de madera de acacia para llevar la mesa y las recubrió de oro. [16] También hizo de oro fino los utensilios que habían de estar sobre la mesa: platos, cucharas, cubiertos y los tazones con que se había de libar.

[17] Hizo asimismo el candelabro de oro puro, labrado a martillo; su pie, su caña, sus copas, sus manzanas y sus flores eran de lo mismo. [18] De sus lados salían seis brazos: tres brazos de un lado del candelabro y otros tres brazos del otro lado del candelabro. [19] En un brazo había tres copas en forma de flor de almendro, una manzana y una flor, y en el otro brazo había tres copas en forma de flor de almendro, una manzana y una flor; así en los seis brazos que salían del candelabro. [20] También en la caña del candelabro había cuatro copas en forma de flor de almendro, con sus manzanas y sus flores: [21] una manzana debajo de dos brazos del candelabro, otra manzana debajo de los siguientes dos brazos del candelabro, otra manzana debajo de los siguientes dos brazos, conforme a los seis brazos que salían de él. [22] Las manzanas y los brazos formaban con el candelabro una sola pieza de oro puro labrada a martillo. [23] Hizo asimismo de oro puro sus siete lámparas, sus despabiladeras y sus platillos. [24] De un talento de oro puro lo hizo, con todos sus utensilios.

[25] Hizo también de madera de acacia el altar del incienso, de un codo de largo y un codo de ancho, cuadrado, y de dos codos de altura. Sus cuernos formaban una sola pieza con él. [26] Recubrió de oro puro su cubierta, sus lados y sus cuernos, y le hizo una cornisa de oro alrededor. [27] Le hizo también dos argollas de oro debajo de la cornisa en las dos esquinas a los dos lados, para meter por ellas las varas con que había de ser conducido. [28] Hizo las varas de madera de acacia y las recubrió de oro.

[29] Hizo asimismo el aceite santo de la unción y el incienso puro, aromático, según el arte del perfumador.[a]

38 [1] Igualmente hizo de madera de acacia el altar del holocausto, de cinco codos de largo, cinco codos de ancho, cuadrado, y tres codos de altura. [2] En sus cuatro extremos hizo unos cuernos, los cuales formaban una sola pieza con él, y lo recubrió de bronce. [3] Hizo asimismo todos los utensilios del altar: calderos, tenazas, tazones, garfios y palas; todos sus utensilios los hizo de bronce. [4] Hizo para el altar un enrejado de bronce de obra de rejilla, que puso por debajo de su cerco hasta la mitad del altar. [5] También fundió cuatro argollas a los cuatro extremos del enrejado de bronce, para meter las varas. [6] Hizo las varas de madera de acacia y las recubrió de bronce. [7] Y metió las varas por las argollas a los lados del altar, para transportarlo con ellas. El altar era hueco y estaba hecho de tablas.

[8] También hizo la fuente de bronce y su base de bronce,[a] con los espejos de las mujeres que servían a la puerta del Tabernáculo de reunión.

El atrio del Tabernáculo
(Ex 27.9-19)

[9] Hizo asimismo el atrio. Por el lado sur, al mediodía, el atrio de cortinas de lino torcido tenía cien codos. [10] Sus columnas eran veinte, y veinte sus basas de bronce; los capiteles de las columnas y sus molduras eran de plata. [11] Por el lado norte había también cortinas de cien codos; sus columnas eran veinte, y veinte sus basas de bronce; los capiteles de las columnas y sus molduras eran de plata. [12] Por el lado occidental había cortinas de cincuenta

[a] 37.29 Ex 30.22-38.   [a] 38.8 Ex 30.18.

codos; sus columnas eran diez, y diez sus basas; los capiteles de las columnas y sus molduras eran de plata. ¹³ Por el lado oriental había cortinas de cincuenta codos; ¹⁴ a un lado había cortinas de quince codos, con sus tres columnas y sus tres basas; ¹⁵ por el otro lado, a uno y otro lado de la puerta del atrio, había cortinas de quince codos, con sus tres columnas y sus tres basas. ¹⁶ Todas las cortinas alrededor del atrio eran de lino torcido. ¹⁷ Las basas de las columnas eran de bronce; los capiteles de las columnas y sus molduras eran de plata; también las cubiertas de sus cabezas eran de plata, y todas las columnas del atrio tenían molduras de plata.

¹⁸ La cortina de la entrada del atrio era obra de recamador, de azul, púrpura, carmesí y lino torcido. Tenía veinte codos de largo, y su ancho, o sea su altura, era de cinco codos, lo mismo que las cortinas del atrio. ¹⁹ Sus columnas eran cuatro, con sus cuatro basas de bronce y sus capiteles de plata; las cubiertas de sus capiteles y sus molduras eran de plata. ²⁰ Todas las estacas del Tabernáculo y del atrio que lo rodeaba eran de bronce.

Dirección de la obra

²¹ Estas son las cuentas del Tabernáculo, del tabernáculo del Testimonio, las que se hicieron por orden de Moisés y ejecutaron los levitas bajo la dirección de Itamar, hijo del sacerdote Aarón.

²² Bezaleel hijo de Uri hijo de Hur, de la tribu de Judá, hizo todas las cosas que Jehová mandó a Moisés, ²³ y con él estaba Aholiab hijo de Ahisamac, de la tribu de Dan, artífice, diseñador y recamador en azul, púrpura, carmesí y lino fino.

Metales usados en el santuario

²⁴ Todo el oro empleado en la obra, en toda la obra del santuario, o sea, el oro de la ofrenda, fue de veintinueve talentos y setecientos treinta siclos, según el siclo del santuario.

²⁵ La plata de los empadronados de la congregación fue de cien talentos y mil setecientos setenta y cinco siclos, según el siclo del santuario; ²⁶ medio siclo[b] por cabeza, según el siclo del santuario, para todos los que pasaron por el censo, de veinte años de edad para arriba, que sumaron seiscientos tres mil quinientos cincuenta.[c] ²⁷ Hubo además cien talentos de plata para fundir las basas del santuario y las basas del velo; en cien basas, cien talentos, a talento por basa. ²⁸ Con los mil setecientos setenta y cinco siclos hizo los capiteles de las columnas, recubrió sus capiteles y las unió.

²⁹ El bronce ofrendado fue de setenta talentos y dos mil cuatrocientos siclos, ³⁰ y con él fueron hechas las basas de la puerta del Tabernáculo de reunión y el altar de bronce, su enrejado de bronce y todos los utensilios del altar, ³¹ las basas del atrio y las basas de la puerta del atrio, todas las estacas del Tabernáculo y todas las estacas del atrio que lo rodeaba.

Las vestiduras sacerdotales
(Ex 28.1-43)

39 ¹ De azul, púrpura y carmesí hicieron las vestiduras del ministerio para el servicio en el santuario, y asimismo hicieron las vestiduras sagradas para Aarón, como Jehová lo había mandado a Moisés.

² El efod también lo hizo de oro, de azul, púrpura, carmesí y lino torcido. ³ Forjaron láminas de oro y las cortaron en hilos para tejerlos entre el azul, la púrpura, el carmesí y el lino, con labor primorosa. ⁴ Le hicieron las hombreras que se unían en sus dos extremos. ⁵ El cinto que sujetaba el efod formaba una sola pieza con él y era de lo mismo, de igual labor: era de oro, azul, púrpura, carmesí y lino torcido, como Jehová lo había mandado a Moisés.

⁶ Labraron las piedras de ónice montadas en engastes de oro, con grabaduras de sello, con los nombres de los hijos de Israel; ⁷ las puso sobre las hombreras del efod, como piedras memoriales para los hijos de Israel, según Jehová lo había mandado a Moisés.

⁸ Hizo también el pectoral de obra primorosa, como la obra del efod, de oro, azul, púrpura, carmesí y lino torcido.

---

b **38.26** Mt 17.24. *c* **38.25-26** Ex 30.11-16; cf. Nm 1.46.

⁹Era cuadrado y doble. Su largo era de un palmo, y de un palmo su ancho, cuando se doblaba. ¹⁰Engastaron en él cuatro hileras de piedras. En la primera hilera un sardio, un topacio y un carbunclo; esta era la primera hilera. ¹¹En la segunda hilera, una esmeralda, un zafiro y un diamante. ¹²En la tercera hilera, un jacinto, una ágata y una amatista. ¹³En la cuarta hilera, un berilo, un ónice y un jaspe. Todas ellas estaban montadas y encajadas en engastes de oro. ¹⁴Las piedras eran doce, conforme a los nombres de los hijos de Israel, según los nombres de ellos; como grabaduras de sello, cada una con su nombre, según las doce tribus.

¹⁵Hicieron también sobre el pectoral los cordones en forma de trenza, de oro puro. ¹⁶Hicieron asimismo dos engastes y dos argollas de oro y pusieron dos argollas de oro en los dos extremos del pectoral, ¹⁷y fijaron los dos cordones de oro en aquellas dos argollas a los extremos del pectoral. ¹⁸Fijaron también los otros dos extremos de los dos cordones de oro en los dos engastes que pusieron sobre las hombreras del efod por delante. ¹⁹E hicieron otras dos argollas de oro que pusieron en los dos extremos del pectoral, en su borde, frente a la parte baja del efod. ²⁰Hicieron además dos argollas de oro que pusieron en la parte delantera de las dos hombreras del efod, hacia abajo, cerca de la costura, sobre el cinto del efod. ²¹Y ataron el pectoral por sus argollas a las argollas del efod con un cordón de azul, para que estuviera sobre el cinto del mismo efod y no se separara el pectoral del efod, tal como Jehová lo había mandado a Moisés.

²²Hizo también el manto del efod todo tejido de azul, ²³con una abertura en el centro, como el cuello de un coselete, con un borde alrededor de la abertura, para que no se rompiera. ²⁴E hicieron en las orillas del manto granadas de azul, púrpura, carmesí y lino torcido. ²⁵Hicieron también campanillas de oro puro, y pusieron campanillas entre las granadas en todas las orillas del manto, alternando entre las granadas; ²⁶una campanilla y una granada, otra campanilla y otra granada en las orillas del manto, que se

usaba para ministrar, como Jehová lo había mandado a Moisés.

²⁷Igualmente hicieron las túnicas, tejidas de lino fino, para Aarón y sus hijos; ²⁸la mitra de lino fino, los adornos de las tiaras de lino fino y los calzoncillos de lino, de lino torcido; ²⁹también el cinto de lino torcido, de azul, púrpura y carmesí, de obra de recamador, como Jehová lo mandó a Moisés.

³⁰Hicieron asimismo la lámina de la diadema santa de oro puro, y escribieron en ella como grabado de sello: «SANTIDAD A JEHOVÁ». ³¹Y pusieron en ella un cordón de azul, para colocarla sobre la mitra, por arriba, como Jehová lo había mandado a Moisés.

Terminación de la obra del Tabernáculo
(Ex 35.10-19)

³²Así fue acabada toda la obra del Tabernáculo, del Tabernáculo de reunión; e hicieron los hijos de Israel como Jehová había mandado a Moisés; así lo hicieron. ³³Y trajeron el Tabernáculo a Moisés, el Tabernáculo y todos sus utensilios; sus corchetes, sus tablas, sus barras, sus columnas, sus basas; ³⁴la cubierta de pieles de carnero teñidas de rojo, la cubierta de pieles finas, el velo del frente; ³⁵el Arca del testimonio y sus varas, el propiciatorio; ³⁶la mesa, todos sus vasos, el pan de la proposición; ³⁷el candelabro de oro puro, sus lámparas, las lámparas que debían mantenerse en orden y todos sus utensilios, el aceite para el alumbrado; ³⁸el altar de oro, el aceite de la unción, el incienso aromático, la cortina para la entrada del Tabernáculo; ³⁹el altar de bronce con su enrejado de bronce, sus varas y todos sus utensilios, la fuente y su base; ⁴⁰las cortinas del atrio, sus columnas y sus basas, la cortina para la entrada del atrio, sus cuerdas y sus estacas, y todos los utensilios del servicio del Tabernáculo, del Tabernáculo de reunión; ⁴¹las vestiduras del servicio para ministrar en el santuario, las sagradas vestiduras para Aarón, el sacerdote, y las vestiduras de sus hijos, para ministrar en el sacerdocio.

⁴²Conforme a todas las cosas que Jehová había mandado a Moisés, así hicieron los

hijos de Israel toda la obra. ⁴³Cuando Moisés vio toda la obra, y que la habían hecho como Jehová había mandado, los bendijo.

Moisés erige el Tabernáculo

40 ¹Luego Jehová habló a Moisés y le dijo:

²«En el primer día del mes primero harás levantar el Tabernáculo, el Tabernáculo de reunión; ³pondrás en él el Arca del testimonio y la cubrirás con el velo. ⁴Meterás la mesa y la pondrás en orden; meterás también el candelabro y encenderás sus lámparas. ⁵Pondrás el altar de oro para el incienso delante del Arca del testimonio y colgarás la cortina a la entrada, delante del Tabernáculo. ⁶Después pondrás el altar del holocausto ante la entrada del Tabernáculo, del Tabernáculo de reunión. ⁷Luego pondrás la fuente entre el Tabernáculo de reunión y el altar, y la llenarás de agua. ⁸Finalmente, alrededor levantarás el atrio y colgarás la cortina a la entrada del atrio.

⁹»Después tomarás el aceite de la unción, ungirás el Tabernáculo y todo lo que está en él; lo santificarás con todos sus utensilios, y será santo. ¹⁰Ungirás también el altar del holocausto y todos sus utensilios; santificarás el altar, y será un altar santísimo. ¹¹Asimismo ungirás la fuente y su base, y la santificarás.

¹²»Luego llevarás a Aarón y a sus hijos a la puerta del Tabernáculo de reunión, y los lavarás con agua. ¹³Harás vestir a Aarón las vestiduras sagradas, lo ungirás y lo consagrarás, para que sea mi sacerdote. ¹⁴Después harás que se acerquen sus hijos, y los vestirás con túnicas; ¹⁵los ungirás como ungiste a su padre, y serán mis sacerdotes. Su unción les conferirá un sacerdocio perpetuo a lo largo de sus generaciones».

¹⁶Moisés hizo conforme a todo lo que Jehová le mandó. Así lo hizo. ¹⁷En el primer mes del año segundo, el día primero del mes, fue erigido el Tabernáculo. ¹⁸Moisés hizo levantar el Tabernáculo, asentó sus basas, colocó sus tablas, puso sus barras e hizo alzar sus columnas. ¹⁹Levantó la tienda sobre el Tabernáculo y puso la sobrecubierta encima del mismo, como Jehová había mandado a Moisés.

²⁰Después tomó el Testimonio y lo puso dentro del Arca; colocó las varas en el Arca, y encima, sobre el Arca, el propiciatorio. ²¹Luego metió el Arca en el Tabernáculo, puso el velo extendido y ocultó el Arca del testimonio, como Jehová había mandado a Moisés. ²²Puso la mesa en el Tabernáculo de reunión, al lado norte de la cortina, fuera del velo, ²³y sobre ella puso por orden los panes delante de Jehová, como Jehová había mandado a Moisés.

²⁴Puso el candelabro en el Tabernáculo de reunión, enfrente de la mesa, al lado sur de la cortina, ²⁵y encendió las lámparas delante de Jehová, como Jehová había mandado a Moisés.

²⁶Puso también el altar de oro en el Tabernáculo de reunión, delante del velo, ²⁷y quemó sobre él incienso aromático, como Jehová había mandado a Moisés.

²⁸Puso asimismo la cortina a la entrada del Tabernáculo. ²⁹Y colocó el altar del holocausto a la entrada del Tabernáculo, del Tabernáculo de reunión, y sacrificó sobre él el holocausto y la ofrenda, como Jehová había mandado a Moisés.

³⁰Puso la fuente entre el Tabernáculo de reunión y el altar, y la llenó de agua para lavarse. ³¹Moisés, Aarón y sus hijos se lavaban en ella las manos y los pies. ³²Cuando entraban en el Tabernáculo de reunión, y cuando se acercaban al altar, se lavaban, como Jehová había mandado a Moisés.

³³Finalmente erigió el atrio alrededor del Tabernáculo y del altar, y puso la cortina a la entrada del atrio. Así acabó Moisés la obra.

La gloria de Jehová llena el Tabernáculo
(Nm 9.15-23)

³⁴Entonces una nube cubrió el Tabernáculo de reunión, y la gloria de Jehová^a llenó el Tabernáculo. ³⁵Moisés no podía entrar en el Tabernáculo de reunión, porque la nube estaba sobre él, y la gloria de Jehová lo llenaba.

^a **40.34** 1 R 8.10-11; Is 6.4; Ez 43.4-5; Ap 15.8.

³⁶ En todas sus jornadas, cuando la nube se alzaba de encima del Tabernáculo, los hijos de Israel se ponían en marcha; ³⁷ pero si la nube no se alzaba, no se movían hasta el día en que ella se alzaba, ³⁸ porque la nube de Jehová estaba de día sobre el Tabernáculo, y el fuego estaba de noche sobre él, a la vista de toda la casa de Israel. Así ocurría en todas sus jornadas.ᵇ

ᵇ **40.34-38** Ex 13.21-22.

LEVÍTICO

INTRODUCCIÓN

La Septuaginta llamó Levítico (=Lv) al tercer libro de la Biblia probablemente para indicar que era un texto destinado de modo particular a los miembros de la tribu de Leví (o levitas). Estos no recibieron tierras en el reparto de Canaán, sino cuarenta y ocho «ciudades donde habitar» (Nm 35.2-8; cf. Jos 21.1-42; 1 Cr 6.54-81). Los levitas debían servir a Dios, cuidar los objetos sagrados y atender los múltiples detalles del culto al Dios de Israel, sobre todo después que los oficios religiosos quedaron centralizados en el templo de Jerusalén.

Formado en su mayor parte por minuciosas disposiciones y preceptos rituales, el Levítico encierra un mensaje de alto valor espiritual, en el que la santidad aparece como el principio teológico predominante. Jehová, el Dios de Israel, el Dios santo, requiere del pueblo escogido como suyo que igualmente sea santo: «Santos seréis, porque santo soy yo, Jehová, vuestro Dios» (19.2). En consecuencia, todas las prescripciones ceremoniales, las leyes sobre pureza ritual, festividades religiosas y alimentos prohibidos y permitidos están ordenados al fin último de establecer sobre la tierra una nación santa, diferente de las demás. Las fórmulas legales y los elementos simbólicos del culto —vestiduras, ornamentos, ofrendas y sacrificios— sirven para rendir la debida adoración al Dios eterno, creador y señor de todas las cosas, al tiempo que contribuyen a que Israel entienda el significado de la santidad y disponga de instrumentos jurídicos, morales y religiosos para observar una vida de pureza, consagrada enteramente al sevicio de su Dios.

Esquema del contenido

1. *Ofrendas y sacrificios (1–7)*
2. *Consagración del sacerdote (8–10)*
3. *Leyes sobre la pureza y la impureza rituales (11–16)*
4. *Preceptos sobre la santidad en la vida y el culto (17–27)*

Los holocaustos

1 ¹ Llamó Jehová a Moisés y habló con él desde el Tabernáculo de reunión, diciendo: ² «Habla a los hijos de Israel y diles: Cuando alguno de entre vosotros presente una ofrenda a Jehová, podrá hacerla de ganado vacuno u ovejuno.

³ »Si su ofrenda es un holocausto[a] vacuno, ofrecerá un macho sin defecto; lo ofrecerá a la puerta del Tabernáculo de reunión, para que sea aceptado por Jehová. ⁴ Pondrá su mano sobre la cabeza del holocausto, y le será aceptado como expiación. ⁵ Entonces degollará el becerro en la presencia de Jehová; los hijos de Aarón, los sacerdotes, ofrecerán la sangre[b] y la rociarán sobre los lados del altar, el cual está a la puerta del Tabernáculo de reunión. ⁶ Desollará después el holocausto y lo dividirá en sus piezas. ⁷ Los hijos del sacerdote Aarón pondrán fuego sobre el altar y compondrán la leña sobre el fuego. ⁸ Luego los hijos de Aarón, los sacerdotes, acomodarán las piezas, la cabeza y la grasa de los intestinos sobre la leña

---

[a] **1.3** Este sacrificio era ofrecido a Jehová como acto de adoración (1 Cr 29.20-21), en acción de gracias (Sal 66.13-15), para obtener algún favor (Sal 20.3-5), y en diversos ritos de purificación (Lv 12.6-8; 14.19,21-22; 5.15,30; 16.24; cf. Job 1.5). La ofrenda del holocausto se quemaba totalmente. [b] **1.5** Los antiguos hebreos identificaban la sangre con la vida. Cf. Gn 9.4.

que está sobre el fuego que habrá encima del altar. [9] Él lavará con agua los intestinos y las piernas, y el sacerdote lo quemará todo sobre el altar. Es un holocausto: ofrenda quemada de olor grato para Jehová.

[10] »Si su ofrenda para el holocausto es del rebaño, de las ovejas o de las cabras, ofrecerá un macho sin defecto. [11] Lo degollará al lado norte del altar, delante de Jehová, y los hijos de Aarón, los sacerdotes, rociarán su sangre en el altar, por todos sus lados. [12] Luego lo dividirá en sus piezas, con su cabeza y la grasa de los intestinos, y el sacerdote las acomodará sobre la leña que está sobre el fuego que habrá encima del altar. [13] Él lavará las entrañas y las piernas con agua, y el sacerdote lo ofrecerá todo y lo hará arder sobre el altar. Es un holocausto: ofrenda quemada de olor grato para Jehová.

[14] »Si la ofrenda para Jehová es un holocausto de aves, presentará su ofrenda de tórtolas o de palominos. [15] El sacerdote la ofrecerá sobre el altar, le quitará la cabeza y hará que arda en el altar; su sangre será exprimida a un lado del altar. [16] Le quitará entonces el buche y las plumas, lo cual echará junto al altar, hacia el oriente, en el lugar de las cenizas. [17] La abrirá por sus alas, sin llegar a dividirla en dos, y el sacerdote la hará arder sobre el altar, sobre la leña que estará en el fuego. Es un holocausto: ofrenda quemada de olor grato para Jehová.

Las ofrendas

2 [1] »Cuando alguna persona ofrezca una oblación[a] a Jehová, su ofrenda será flor de harina, sobre la que echará aceite y pondrá incienso. [2] La llevará luego a los hijos de Aarón, a los sacerdotes; de ello tomará el sacerdote un puñado de la flor de harina con aceite, junto con todo el incienso, y lo hará arder sobre el altar, como memorial. Ofrenda quemada es, de

olor grato a Jehová. [3] Lo que resta de la ofrenda, cosa santísima de las ofrendas que se queman para Jehová, será de Aarón y de sus hijos.

[4] »Cuando presentes una ofrenda cocida al horno, será de tortas de flor de harina sin levadura, amasadas con aceite, y de hojaldres sin levadura, untadas con aceite.

[5] »Pero si presentas una ofrenda de sartén, será de flor de harina sin levadura, amasada con aceite. [6] La partirás en trozos y echarás aceite sobre ella. Es una ofrenda.

[7] »Si presentas una ofrenda cocida en cazuela, se hará de flor de harina con aceite. [8] La ofrenda preparada con estas cosas se la llevarás a Jehová y la presentarás al sacerdote, el cual la llevará hasta el altar. [9] El sacerdote tomará de aquella ofrenda lo que sea para memorial y lo hará arder sobre el altar, como ofrenda quemada de olor grato a Jehová. [10] Y lo que resta de la ofrenda, cosa santísima de las ofrendas que se queman para Jehová, será de Aarón y de sus hijos.

[11] »Ninguna ofrenda que presentéis a Jehová será preparada con levadura,[b] pues ninguna cosa leudada, ni ninguna de miel, se ha de quemar como ofrenda para Jehová. [12] Como ofrenda de primicias las ofreceréis a Jehová, pero no subirán al altar como ofrenda de olor grato.

[13] »Sazonarás con sal toda ofrenda que presentes, y no permitirás que falte jamás en tu ofrenda la sal del pacto de tu Dios. En todas tus ofrendas ofrecerás sal.[c]

[14] »Si presentas a Jehová una ofrenda de primicias, tostarás al fuego las espigas verdes y ofrecerás el grano desmenuzado como ofrenda de tus primicias. [15] Pondrás sobre ella aceite, y le echarás además incienso. Es una ofrenda. [16] Como memorial, el sacerdote hará arder parte del grano desmenuzado y del aceite, junto con todo el incienso. Es una ofrenda quemada para Jehová.

---

a **2.1** Forma de sacrificio incruento, es decir, sin derramamiento de sangre, en la que se ofrendaba cereales.   *b* **2.11** Se excluían de los sacrificios la *levadura* , que produce fermentación, y la *miel* , que puede fermentarse. La fermentación se consideraba algo inmundo.   *c* **2.13** Como la sal preserva de la corrupción, un *pacto* perpetuo y solemne era denominado *pacto de sal.* Nm 18.19; 2 Cr 13.5; cf. Mc 9.50.

Ofrendas de paz

3 ¹»Si su ofrenda es un sacrificio de paz,ᵃ y lo que ha de ofrecer es de ganado vacuno, ofrecerá delante de Jehová un macho y una hembra sin defecto. ²Pondrá su mano sobre la cabeza de su ofrenda, la degollará a la puerta del Tabernáculo de reunión, y después los hijos de Aarón, los sacerdotes, rociarán su sangre en el altar, por todos sus lados.

³»Luego ofrecerá del sacrificio de paz, como ofrenda quemada a Jehová, la grasa que cubre los intestinos, y toda la que está sobre las entrañas, ⁴y los dos riñones y la grasa que está sobre ellos y sobre los ijares; con los riñones quitará la grasa de los intestinos que está sobre el hígado. ⁵Los hijos de Aarón harán arder todo esto en el altar, sobre el holocausto que estará sobre la leña que habrá encima del fuego. Es una ofrenda de olor grato para Jehová.

⁶»Pero si su ofrenda para el sacrificio de paz a Jehová es de ovejas, ofrecerá un macho y una hembra sin defecto. ⁷Si presenta un cordero como su ofrenda, lo presentará delante de Jehová. ⁸Pondrá la mano sobre la cabeza de su ofrenda, y después la degollará delante del Tabernáculo de reunión. Luego los hijos de Aarón rociarán su sangre en el altar, por todos sus lados.

⁹»Del sacrificio de paz presentará como ofrenda quemada a Jehová la grasa, la cola entera, que cortará desde la raíz del espinazo, la grasa que cubre todos los intestinos, y toda la que está sobre las entrañas. ¹⁰Asimismo los dos riñones y la grasa que está sobre ellos y sobre los ijares; con los riñones quitará la grasa que cubre el hígado. ¹¹El sacerdote hará arder todo esto sobre el altar. Es manjar de ofrenda quemada para Jehová.

¹²»Si es una cabra su ofrenda, la presentará delante de Jehová. ¹³Pondrá la mano sobre su cabeza y la degollará delante del Tabernáculo de reunión. Los hijos de Aarón rociarán su sangre en el altar, por todos sus lados.

¹⁴»Después presentará de ella, como su ofrenda quemada a Jehová, la grasa que cubre los intestinos y toda la que está sobre las entrañas, ¹⁵los dos riñones, la grasa que está sobre ellos y sobre los ijares; con los riñones quitará la grasa que cubre el hígado. ¹⁶Luego el sacerdote hará arder todo esto sobre el altar. Es manjar de ofrenda de olor grato que se quema a Jehová. Toda la grasa es de Jehová.

¹⁷»Estatuto perpetuo será para vuestros descendientes, dondequiera que habitéis: ninguna grasa ni ninguna sangre comeréis».

Ofrendas por el pecadoᵃ

4 ¹Habló Jehová a Moisés y le dijo: ²«Habla a los hijos de Israel y diles: Cuando alguna persona peque involuntariamenteᵇ contra alguno de los mandamientos de Jehová sobre cosas que no se han de hacer, y hace alguna de ellas:

³»Si el que peca es el sacerdote ungido,ᶜ haciendo así culpable al pueblo, ofrecerá a Jehová, por el pecado que ha cometido, un becerro sin defecto, como expiación. ⁴Llevará el becerro a la puerta del Tabernáculo de reunión delante de Jehová, pondrá su mano sobre la cabeza del becerro y lo degollará delante de Jehová. ⁵Después el sacerdote ungido tomará parte de la sangre del becerro y la traerá al Tabernáculo de reunión. ⁶Mojará el sacerdote su dedo en la sangre, y rociará con aquella sangre siete veces delante de Jehová frente al velo del santuario. ⁷El sacerdote pondrá de esa sangre sobre los cuernos del altar del incienso aromático, que está en el Tabernáculo de reunión delante de Jehová, y echará el resto de la sangre del becerro al pie del altar del holocausto, que está a la puerta del Tabernáculo de reunión. ⁸Luego tomará del becerro de la expiación toda su grasa, la que cubre los intestinos y la que está sobre las entrañas, ⁹los dos riñones y la grasa que está sobre ellos y sobre los ijares; con los riñones le quitará la grasa que cubre el hígado, ¹⁰de la manera que se le quita al buey del sacrificio de paz, y el sacerdote la hará arder sobre el altar del holocausto. ¹¹Pero la piel del becerro, toda su carne, con su cabeza, sus piernas, sus intestinos y su estiércol, ¹²en fin, todo el becerro, lo sacará fuera del campamento a

---

ᵃ **3.1** Llamado también *sacrificio de reconciliación* o *de comunión*. Cf. Dt 12.7; 1 S 1.4.
ᵃ **4.1-35** Lv 14.19; 15.15; Nm 15.22-29.   ᵇ **4.2** Nm 15.27-31.   ᶜ **4.3** Ex 29.7; Lv 8.12.

un lugar limpio,[d] donde se echan las cenizas, y lo quemará al fuego sobre la leña. Será quemado donde se echan las cenizas.

¹³ »Si ha sido toda la congregación de Israel la que ha errado involuntariamente, aunque la falta haya quedado oculta a los ojos del pueblo, son culpables de haber hecho algo contra alguno de los mandamientos de Jehová en cosas que no se han de hacer, ¹⁴ y en cuanto llegue a ser conocido el pecado que han cometido, la congregación ofrecerá un becerro, como expiación. Lo llevarán delante del Tabernáculo de reunión, ¹⁵ los ancianos de la congregación pondrán sus manos sobre la cabeza del becerro delante de Jehová, y en presencia de Jehová degollarán aquel becerro. ¹⁶ Luego el sacerdote ungido llevará parte de la sangre del becerro al Tabernáculo de reunión, ¹⁷ el sacerdote mojará su dedo en la sangre, y con ella rociará siete veces delante de Jehová frente al velo. ¹⁸ De aquella sangre pondrá sobre los cuernos del altar que está delante de Jehová en el Tabernáculo de reunión, y derramará el resto de la sangre al pie del altar del holocausto, que está a la puerta del Tabernáculo de reunión. ¹⁹ Le quitará toda la grasa y la hará arder sobre el altar, ²⁰ haciendo con aquel becerro como hizo con el becerro de la expiación. Lo mismo hará con él. Así hará el sacerdote expiación por ellos, y obtendrán perdón. ²¹ Sacará luego el becerro fuera del campamento y lo quemará como quemó el primer becerro. Es un sacrificio de expiación por la congregación.

²² »Si el que peca involuntariamente es un jefe, cometiendo una falta contra alguno de todos los mandamientos de Jehová, su Dios, sobre cosas que no se han de hacer, es culpable. ²³ Luego que se le dé a conocer el pecado que cometió, presentará como su ofrenda un macho cabrío sin defecto. ²⁴ Pondrá su mano sobre la cabeza del macho cabrío y lo degollará en el lugar donde se degüella el holocausto, delante de Jehová. Es un sacrificio de expiación. ²⁵ El sacerdote tomará con su dedo de la sangre de la expiación, la pondrá sobre los cuernos del altar del holocausto y derramará el resto de la sangre al pie del altar del holocausto. ²⁶ Luego quemará toda su grasa sobre el altar, como la grasa del sacrificio de paz. Así hará el sacerdote expiación por él, por su pecado, y obtendrá perdón.

²⁷ »Si alguna persona del pueblo peca involuntariamente, cometiendo una falta contra alguno de los mandamientos de Jehová en cosas que no se han de hacer, es culpable. ²⁸ Luego que se le dé a conocer el pecado cometido, presentará como ofrenda una cabra, una cabra sin defecto, por el pecado que cometió. ²⁹ Pondrá su mano sobre la cabeza de la ofrenda de expiación y la degollará en el lugar del holocausto. ³⁰ Luego el sacerdote tomará con su dedo de la sangre, la pondrá sobre los cuernos del altar del holocausto y derramará el resto de la sangre al pie del altar. ³¹ Después le quitará toda su grasa, de la manera que le fue quitada la grasa al sacrificio de paz, y el sacerdote la hará arder sobre el altar en olor grato a Jehová. Así hará el sacerdote expiación por él, y será perdonado.[e]

³² »Si trae un cordero como su ofrenda por el pecado, deberá ser una hembra sin defecto. ³³ Pondrá su mano sobre la cabeza de la ofrenda de expiación y la degollará como expiación en el lugar donde se degüella el holocausto. ³⁴ Después tomará el sacerdote con su dedo de la sangre de la expiación, la pondrá sobre los cuernos del altar del holocausto y derramará el resto de la sangre al pie del altar. ³⁵ Le quitará toda su grasa, como le fue quitada la grasa al sacrificio de paz, y el sacerdote la hará arder en el altar sobre la ofrenda quemada a Jehová. Así hará el sacerdote expiación por el pecado que haya cometido, y será perdonado.

5 ¹ »Si alguien es llamado a testificar por ser testigo de algo que vio o supo, y no lo denuncia, comete pecado y cargará con la culpa.

² »Asimismo la persona que haya tocado cualquier cosa inmunda, sea cadáver de bestia inmunda, o cadáver de animal inmundo, o cadáver de reptil inmundo, aunque no lo sepa, será impura y habrá pecado.

[d] 4.12 Es decir, un lugar ritualmente puro.   [e] 4.27-31 Nm 15.27-28.

³»Si alguien toca cualquiera de las inmundicias humanas que lo pueden hacer impuro, sin darse cuenta, y después llega a saberlo, será culpable.

⁴»Si alguien jura a la ligera con sus labios hacer mal o hacer bien, en cualquier cosa que el hombre acostumbra a jurar, y él no lo entiende, si después lo entiende, será culpable por cualquiera de estas cosas.

⁵»Cuando peque en alguna de estas cosas, confesará aquello en que pecó, ⁶y para su expiación presentará a Jehová, como ofrenda de expiación por el pecado que cometió, una hembra de los rebaños, una cordera o una cabra. Así le hará el sacerdote expiación por su pecado.

⁷»Y si no tiene lo suficiente para un cordero, presentará a Jehová, como expiación por el pecado que cometió, dos tórtolas o dos palominos, uno para la expiación y el otro para un holocausto. ⁸Los llevará al sacerdote, el cual ofrecerá primero el destinado a la expiación; le arrancará de su cuello la cabeza, pero no la separará por completo. ⁹Luego rociará de la sangre de la expiación sobre un lado del altar, y lo que sobre de la sangre lo exprimirá al pie del altar. Es un sacrificio de expiación. ¹⁰Con el otro hará un holocausto conforme al rito. Así hará el sacerdote expiación por el pecado en favor de aquel que lo cometió, y será perdonado.

¹¹»Pero si no tiene lo suficiente para dos tórtolas o dos palominos, el que pecó presentará como ofrenda por el pecado la décima parte de un efa de flor de harina. No pondrá sobre ella aceite, ni sobre ella pondrá incienso, pues es un sacrificio de expiación. ¹²La llevará entonces al sacerdote, el cual tomará de ella un puñado como memorial, y la hará arder en el altar sobre las ofrendas quemadas a Jehová. Es un sacrificio de expiación. ¹³El sacerdote hará expiación por él, a causa del pecado que cometió en alguna de estas cosas, y será perdonado. Lo que sobre será del sacerdote, como en la ofrenda de oblación».

Ofrendas expiatorias

¹⁴Habló Jehová a Moisés y le dijo: ¹⁵«Si alguna persona comete una falta y peca involuntariamente en las cosas santas de Jehová, presentará por su culpa a Jehová un carnero de los rebaños, sin defecto, valorado en siclos de plata, según el siclo del santuario, como ofrenda por el pecado. ¹⁶Restituirá lo que haya defraudado de las cosas santas, añadirá a ello la quinta parte, y lo dará al sacerdote. Luego el sacerdote hará expiación por él con el carnero del sacrificio por el pecado, y será perdonado.

¹⁷»Finalmente, si una persona peca, o hace alguna de todas aquellas cosas que por mandamiento de Jehová no se han de hacer, aun sin hacerlo a sabiendas, es culpable y llevará su pecado. ¹⁸Llevará, pues, al sacerdote para la expiación, según tú lo estimes, un carnero sin defecto de los rebaños; y el sacerdote le hará expiación por el pecado que cometió por ignorancia, y será perdonado. ¹⁹Es una infracción, y ciertamente pecó contra Jehová».

6 ¹Habló Jehová a Moisés y le dijo: ²«Si alguien peca y comete fraude contra Jehová, por haber negado a su prójimo lo encomendado o dejado en su mano, o bien por haber robado o despojado a su prójimo, ³o por haber hallado lo perdido y negarlo después, o por jurar en falso en alguna de aquellas cosas en que suele pecar el hombre; ⁴entonces, si ha pecado y ofendido, restituirá aquello que robó, o el daño del despojo, o el depósito que se le encomendó, o lo perdido que halló, ⁵o todo aquello sobre lo que hubiera jurado falsamente; lo restituirá por entero a aquel a quien pertenece, y añadirá la quinta parte en el día de su expiación. ⁶Para la expiación de su culpa llevará a Jehová un carnero sin defecto de los rebaños, conforme a tu estimación, y lo dará al sacerdote para la expiación. ⁷El sacerdote hará expiación por él delante de Jehová, y obtendrá el perdón de cualquiera de aquellas cosas en que suele ofender».ᵃ

Ritual del sacrificio

⁸Habló Jehová a Moisés y le dijo: ⁹«Diles a Aarón y a sus hijos que estas son las instrucciones en cuanto al holocausto: el holocausto estará sobre el fuego encendido sobre el altar, toda la noche y hasta la

ᵃ **6.1-7** Nm 5.5-8.

mañana, consumiéndose en el fuego del altar. ¹⁰El sacerdote se pondrá su vestidura de lino y cubrirá su cuerpo con calzoncillos de lino. Cuando el fuego haya consumido el holocausto, recogerá las cenizas de encima del altar y las pondrá junto al altar. ¹¹Después se quitará sus vestiduras, se pondrá otras ropas y sacará las cenizas fuera del campamento a un lugar limpio.

¹²»El fuego encendido sobre el altar no se apagará, sino que el sacerdote pondrá leña en él cada mañana, acomodará el holocausto sobre él y quemará sobre él las grasas de los sacrificios de paz. ¹³El fuego arderá continuamente en el altar: no se apagará.

¹⁴»Esta es la ley de la ofrenda: La ofrecerán los hijos de Aarón delante de Jehová ante el altar. ¹⁵Uno de ellos tomará un puñado de la flor de harina de la ofrenda, con su aceite y todo el incienso que está sobre la ofrenda, y lo hará arder sobre el altar como un memorial de olor grato a Jehová. ¹⁶Aarón y sus hijos comerán lo que sobre de ella. Sin levadura se comerá en lugar santo; en el atrio del Tabernáculo de reunión lo comerán. ¹⁷No se cocerá con levadura: la he dado a ellos como su porción de mis ofrendas quemadas; es cosa santísima, lo mismo que el sacrificio por el pecado y el sacrificio por la culpa. ¹⁸Todos los hombres entre los hijos de Aarón comerán de ella. Estatuto perpetuo será para vuestras generaciones en lo tocante a las ofrendas quemadas para Jehová. Toda cosa que las toque quedará santificada».

¹⁹Habló Jehová a Moisés y le dijo: ²⁰«Esta es la ofrenda que Aarón y sus hijos ofrecerán a Jehová el día que sean ungidos: la décima parte de un efa de flor de harina, la mitad por la mañana y la otra mitad por la tarde, como ofrenda perpetua. ²¹En una sartén se preparará con aceite; frita la presentarás, y ofrecerás los pedazos cocidos como ofrenda de olor grato a Jehová. ²²Igual ofrenda hará el sacerdote que sea ungido en lugar de Aarón de entre sus hijos. Es estatuto perpetuo de Jehová: toda ella será quemada. ²³Toda ofrenda de sacerdote será enteramente quemada: no se comerá».

²⁴Habló Jehová a Moisés y le dijo: ²⁵«Diles a Aarón y a sus hijos que esta es la ley del sacrificio expiatorio: En el lugar donde se degüella el holocausto, será degollada la ofrenda por el pecado[b] delante de Jehová. Es cosa santísima. ²⁶La comerá el sacerdote que la ofrezca por el pecado; en lugar santo será comida, en el atrio del Tabernáculo de reunión. ²⁷Todo lo que toque su carne quedará santificado, y si su sangre salpica sobre el vestido, lavarás aquello sobre lo cual caiga en lugar santo. ²⁸La vasija de barro en que sea cocida, será quebrada, y si es cocida en vasija de bronce, esta será fregada y lavada con agua.

²⁹»Todo hombre de entre los sacerdotes la comerá: es cosa santísima. ³⁰Pero no se comerá ninguna ofrenda cuya sangre se haya llevado al Tabernáculo de reunión para hacer la expiación en el santuario: deberá consumirse en el fuego.

7 ¹»Asimismo esta es la ley del sacrificio por la culpa:[a]

»Es cosa muy santa. ²En el lugar donde se degüella el holocausto, degollarán la víctima por la culpa, y rociará su sangre en el altar, por todos sus lados. ³De ella se ofrecerá toda la grasa, la cola y la grasa que cubre los intestinos, ⁴los dos riñones y la grasa que está sobre ellos y sobre los ijares; junto con los riñones se quitará la grasa que cubre el hígado. ⁵Luego el sacerdote lo hará arder sobre el altar como ofrenda quemada a Jehová. Es un sacrificio de expiación. ⁶Todo varón de entre los sacerdotes la comerá. Será comida en lugar santo: es cosa muy santa.

⁷»Como el sacrificio por el pecado, así es el sacrificio por la culpa: una misma ley tendrán. Será del sacerdote que haga la expiación con ella. ⁸El sacerdote que ofrezca el holocausto de alguien, se quedará con la piel del holocausto que ofreció. ⁹Asimismo toda ofrenda cocida al horno y toda la preparada en sartén o cazuela, será del sacerdote que la ofrece. ¹⁰Pero toda ofrenda amasada con aceite, o seca, será, por igual, para todos los hijos de Aarón.

¹¹»Esta es la ley del sacrificio de paz[b] que se ofrecerá a Jehová: ¹²Si se ofrece en

acción de gracias, se ofrecerá, además del sacrificio de acción de gracias, tortas sin levadura amasadas con aceite, hojaldres sin levadura untadas con aceite, y flor de harina frita en tortas amasadas con aceite. ¹³ Con tortas de pan leudado presentará su ofrenda en el sacrificio de acción de gracias y de paz. ¹⁴ De toda la ofrenda se tomará una parte como ofrenda reservada a Jehová, la cual será del sacerdote que haya rociado la sangre de los sacrificios de paz.

¹⁵ »La carne del sacrificio de paz en acción de gracias se comerá el mismo día en que sea ofrecida; no dejarán de ella nada para el día siguiente. ¹⁶ Pero si el sacrificio de la ofrenda es debido a un voto o es una ofrenda voluntaria, será comido el mismo día en que se ofrezca el sacrificio, y lo que de él quede lo comerán al día siguiente. ¹⁷ Pero lo que quede de la carne del sacrificio será quemado el tercer día en el fuego. ¹⁸ Si se come de la carne del sacrificio de paz al tercer día, el que lo ofrezca no será aceptado ni su ofrenda será tenida en cuenta: abominación será, y la persona que de él coma cargará con su pecado.

¹⁹ »La carne que toque alguna cosa inmunda no se comerá; al fuego será quemada.

»Toda persona limpia podrá comer la carne.

²⁰ »La persona que, estando impura, coma la carne del sacrificio de paz, el cual es de Jehová, será eliminada de su pueblo.

²¹ »Además, la persona que toque alguna cosa inmunda, ya sea inmundicia de hombre, o animal inmundo o cualquier abominación inmunda, y coma la carne del sacrificio de paz, el cual es de Jehová, esa persona será eliminada de su pueblo».

²² Habló Jehová a Moisés y le dijo: ²³ «Di a los hijos de Israel: Ninguna grasa de buey ni de cordero ni de cabra comeréis. ²⁴ La grasa de un animal muerto, y la grasa del que fue despedazado por fieras, se dispondrá para cualquier otro uso, pero no la comeréis. ²⁵ »Cualquiera que coma grasa de animal del que se ofrece a Jehová ofrenda quemada, la persona que la coma será eliminada de su pueblo.

²⁶ »Además, no comeréis nada de sangre en ningún lugar donde habitéis, ni de aves ni de bestias. ²⁷ La persona que coma cualquier clase de sangre, será eliminada de su pueblo».ᶜ

²⁸ Habló más Jehová a Moisés y le dijo: ²⁹ «Di a los hijos de Israel: El que ofrezca un sacrificio de paz a Jehová, llevará la ofrenda del sacrificio de paz ante Jehová. ³⁰ Con sus manos presentará las ofrendas que se han de quemar ante Jehová; ofrecerá la grasa con el pecho; el pecho para que sea mecido como sacrificio mecido delante de Jehová. ³¹ El sacerdote hará arder la grasa sobre el altar, pero el pecho será para Aarón y sus hijos. ³² Al sacerdote daréis, como ofrenda reservada, la pierna derecha de vuestros sacrificios de paz. ³³ Aquel de los hijos de Aarón que ofrezca la sangre de los sacrificios de paz, y la grasa, recibirá la pierna derecha como su porción. ³⁴ Yo he tomado de los sacrificios de paz de los hijos de Israel el pecho que se mece y la pierna reservada como ofrenda, y se los he dado a Aarón, el sacerdote, y a sus hijos. Este es un estatuto perpetuo para los hijos de Israel».

³⁵ Esta es la porción de Aarón y la porción de sus hijos, de las ofrendas que se queman a Jehová, desde el día en que él los consagró para ser sacerdotes de Jehová; ³⁶ esto mandó Jehová que los hijos de Israel les dieran, como estatuto perpetuo para sus generaciones, desde el día que él los ungió.

³⁷ Esta es la ley del holocausto, de la ofrenda, del sacrificio por el pecado, del sacrificio por la culpa, de las consagraciones y del sacrificio de paz, ³⁸ que Jehová dio a Moisés en el monte Sinaí, el día en que mandó a los hijos de Israel que presentaran sus ofrendas a Jehová en el desierto de Sinaí.

Consagración de Aarón y de sus hijosᵃ
(Ex 29.1-37)

8 ¹ Habló Jehová a Moisés y le dijo: ² «Toma a Aarón y a sus hijos con él, también las vestiduras, el aceite de la unción, el becerro de la expiación, los dos

---

ᶜ 7.26-27 Gn 9.4; Lv 10.14; 19.26; Dt 12.16,23; 15.23.   ᵃ 8.1-30 Ex 29.1-37.

carneros y el canastillo de los panes sin levadura, [3] y congrega a toda la comunidad a la puerta del Tabernáculo de reunión».

[4] Hizo, pues, Moisés como Jehová le mandó, y se reunió la congregación a la puerta del Tabernáculo de reunión. [5] Y dijo Moisés a la comunidad: «Esto es lo que Jehová ha mandado hacer».

[6] Entonces Moisés hizo acercarse a Aarón y a sus hijos, y los lavó con agua. [7] Puso sobre él la túnica y se la ciñó con el cinto; lo vistió después con el manto y, poniéndole encima el efod, se lo ciñó con el cinto del efod y se lo ajustó con él. [8] Luego le impuso el pectoral, y dentro de él depositó los Urim y Tumim.[b] [9] También puso la mitra sobre su cabeza, y encima de la mitra, en la frente, puso la lámina de oro, la diadema santa, como Jehová había mandado a Moisés.

[10] Después tomó Moisés el aceite de la unción, ungió el Tabernáculo y todas las cosas que estaban en él, y las santificó. [11] Roció con él sobre el altar siete veces, y ungió el altar con todos sus utensilios, así como la fuente con su base, para santificarlos.[c]

[12] Derramó el aceite de la unción sobre la cabeza de Aarón, y lo ungió para santificarlo. [13] Después Moisés hizo acercarse a los hijos de Aarón, los vistió con las túnicas, los ciñó con cintos y les ajustó las tiaras, tal como Jehová lo había mandado a Moisés.

[14] Luego hizo traer el becerro de la expiación. Aarón y sus hijos pusieron sus manos sobre la cabeza del becerro de la expiación, [15] y Moisés lo degolló. Tomó entonces la sangre y la untó con sus dedos sobre los cuernos y alrededor del altar, para purificarlo, y derramó el resto de la sangre al pie del altar. Así lo santificó para reconciliar sobre él.

[16] Tomó Moisés toda la grasa que estaba sobre los intestinos, la grasa del hígado y los dos riñones con su grasa, y lo hizo arder todo sobre el altar. [17] Pero el becerro, su piel, su carne y su estiércol los quemó al fuego fuera del campamento, tal como Jehová lo había mandado a Moisés.

[18] Después hizo que trajeran el carnero del holocausto. Aarón y sus hijos pusieron sus manos sobre la cabeza del carnero. [19] Moisés lo degolló y roció la sangre en el altar, por todos sus lados. [20] Cortó Moisés el carnero en trozos e hizo arder la cabeza, los trozos y la grasa. [21] Luego de lavar con agua los intestinos y las piernas, Moisés quemó todo el carnero sobre el altar, como un holocausto de olor grato, una ofrenda que se quema para Jehová, tal como Jehová lo había mandado a Moisés.

[22] Después hizo que trajeran el otro carnero, el carnero de las consagraciones. Aarón y sus hijos pusieron sus manos sobre la cabeza del carnero, [23] y Moisés lo degolló. Entonces tomó de su sangre, y la puso sobre el lóbulo de la oreja derecha de Aarón, sobre el dedo pulgar de su mano derecha y sobre el dedo pulgar de su pie derecho. [24] Moisés hizo acercarse luego a los hijos de Aarón, les puso de la sangre sobre el lóbulo de sus orejas derechas, sobre los pulgares de sus manos derechas y sobre los pulgares de sus pies derechos, y roció la sangre en el altar, por todos sus lados.

[25] Luego tomó la grasa, la cola, toda la grasa que estaba sobre los intestinos, la grasa del hígado, los dos riñones con su grasa y la pierna derecha. [26] Del canastillo de los panes sin levadura, que estaba delante de Jehová, tomó una torta sin levadura, y una torta de pan de aceite y una hojaldre, y las puso con la grasa y la pierna derecha. [27] Lo puso todo en manos de Aarón y en manos de sus hijos, e hizo mecerlo como ofrenda mecida delante de Jehová. [28] Moisés tomó de nuevo aquellas cosas de sus manos, y las hizo arder en el altar sobre el holocausto. Eran las consagraciones de olor grato, una ofrenda quemada a Jehová.

[29] Moisés tomó entonces el pecho, y lo meció como ofrenda mecida delante de Jehová; aquella era la parte del carnero de las consagraciones que pertenecía a Moisés, tal como Jehová lo había mandado a Moisés.

[30] Tomó luego Moisés del aceite de la unción y de la sangre que estaba sobre el altar, roció sobre Aarón y sobre sus vestiduras, sobre sus hijos y también sobre las vestiduras de sus hijos. Así santificó a

[b] **8.8** Ex 28.30 n.   [c] **8.10-11** Ex 40.9-11.

Aarón y sus vestiduras, a sus hijos, y también las vestiduras de sus hijos.

³¹ Moisés dijo a Aarón y a sus hijos: «Hervid la carne a la puerta del Tabernáculo de reunión, y comedla allí con el pan que está en el canastillo de las consagraciones, según yo lo he mandado diciendo: Aarón y sus hijos la comerán. ³² Quemaréis al fuego lo que sobre de la carne y del pan. ³³ De la puerta del Tabernáculo de reunión no saldréis en siete días, hasta el día en que se cumplan los días de vuestras consagraciones, porque durante siete días seréis consagrados. ³⁴ De la manera que hoy se ha hecho, mandó hacer Jehová para hacer expiación por vosotros. ³⁵ A la puerta, pues, del Tabernáculo de reunión estaréis día y noche durante siete días, y guardaréis la ordenanza delante de Jehová, para que no muráis, pues así me ha sido mandado».

³⁶ Aarón y sus hijos hicieron todas las cosas que mandó Jehová por medio de Moisés.

Los sacrificios de Aarón

9 ¹ Al octavo día, Moisés llamó a Aarón, a sus hijos y a los ancianos de Israel, ² y dijo a Aarón: «Toma de la vacada un becerro para la expiación y un carnero para el holocausto, ambos sin defecto, y ofrécelos delante de Jehová. ³ Luego hablarás a los hijos de Israel y les dirás: "Tomad un macho cabrío para la expiación, y un becerro y un cordero de un año, ambos sin defecto, para el holocausto. ⁴ Asimismo un buey y un carnero para el sacrificio de paz, los cuales inmolaréis delante de Jehová, y una ofrenda amasada con aceite, porque Jehová se manifestará hoy a vosotros"».

⁵ Ellos llevaron delante del Tabernáculo de reunión lo que mandó Moisés; vino toda la congregación y se puso delante de Jehová. ⁶ Entonces Moisés dijo: «Esto es lo que mandó Jehová; hacedlo, y la gloria de Jehová se os manifestará».

⁷ Después dijo Moisés a Aarón: «Acércate al altar, ofrece tu sacrificio de expiación y tu holocausto, y haz la reconciliación por ti y por el pueblo; presenta también la ofrenda del pueblo, y haz la reconciliación por ellos, como ha mandado Jehová».ᵃ

⁸ Entonces se acercó Aarón al altar y degolló el becerro de su sacrificio de expiación. ⁹ Los hijos de Aarón le trajeron la sangre, y él, mojando su dedo en la sangre, untó con ella los cuernos del altar y derramó el resto de la sangre al pie del altar. ¹⁰ Luego hizo arder sobre el altar la grasa, los riñones y la grasa del hígado de la víctima de la expiación, como Jehová lo había mandado a Moisés. ¹¹ Pero la carne y la piel las quemó al fuego fuera del campamento.

¹² Degolló asimismo el holocausto, y los hijos de Aarón le presentaron la sangre, la cual él roció en el altar, por todos sus lados. ¹³ Después le presentaron el holocausto pieza por pieza, junto con la cabeza, y lo hizo quemar todo sobre el altar. ¹⁴ Luego de haber lavado los intestinos y las piernas, los quemó en el altar sobre el holocausto.

¹⁵ Presentó también la ofrenda del pueblo: Tomó el macho cabrío que era para la expiación del pueblo, lo degolló y lo ofreció por el pecado, como el primero. ¹⁶ Ofreció el holocausto, y lo hizo según el rito. ¹⁷ Presentó asimismo la oblación, de la que tomó un puñado y la hizo quemar sobre el altar, además del holocausto de la mañana.

¹⁸ Degolló también el buey y el carnero en sacrificio de paz por el pueblo.ᵇ Los hijos de Aarón le presentaron la sangre, la cual él roció en el altar, por todos sus lados. ¹⁹ También le presentaron las grasas del buey y del carnero, la cola, la grasa que cubre los intestinos, los riñones y la grasa del hígado, ²⁰ y pusieron las grasas sobre los pechos. Entonces quemó las grasas sobre el altar, ²¹ pero los pechos, junto con la pierna derecha, los meció Aarón, como ofrenda mecida delante de Jehová, tal como Jehová lo había mandado a Moisés.

²² Aarón alzó sus manos hacia el pueblo, y lo bendijo;ᶜ y después de hacer la expiación, el holocausto y el sacrificio de paz, descendió. ²³ Luego entraron Moisés y Aarón en el Tabernáculo de reunión.

ᵃ **9.7** Heb 5.1-3; 7.27.   ᵇ **9.18** Lv 3.1-11.   ᶜ **9.22** Nm 6.22-26.

Cuando salieron, bendijeron al pueblo, y la gloria de Jehová se manifestó a todo el pueblo. ²⁴Salió fuego de la presencia de Jehová y consumió el holocausto con las grasas que estaban sobre el altar. Al ver esto, todos los del pueblo alabaron y se postraron sobre sus rostros.ᵈ

El pecado de Nadab y Abiú

10 ¹Nadab y Abiú, hijos de Aarón, tomaron cada uno su incensario, pusieron en ellos fuego, le echaron incienso encima, y ofrecieron delante de Jehová un fuego extraño, que él nunca les había mandado. ²Entonces salió de la presencia de Jehová un fuego que los quemó, y murieron delante de Jehová.

³Luego dijo Moisés a Aarón:

«Esto es lo que Jehová afirmó cuando dijo:

"En los que a mí se acercan me
    santificaré,
y en presencia de todo el pueblo
    seré glorificado"».

Y Aarón calló.

⁴Después Moisés llamó a Misael y a Elzafán, hijos de Uziel, tío de Aarón, y les dijo:

«Acercaos y sacad a vuestros hermanos de delante del santuario, fuera del campamento».

⁵Ellos se acercaron y los sacaron en sus túnicas fuera del campamento, como dijo Moisés.

⁶Entonces Moisés dijo a Aarón y a sus hijos Eleazar e Itamar:

«No descubráis vuestras cabezas ni rasguéis vuestros vestidos en señal de duelo, para que no muráis, ni se levante la ira sobre toda la congregación; pero vuestros hermanos, toda la casa de Israel, sí se lamentarán por el fuego que ha encendido Jehová. ⁷No os alejéis de la puerta del Tabernáculo de reunión, porque moriréis, pues el aceite de la unción de Jehová está sobre vosotros».

Y ellos hicieron conforme al dicho de Moisés.

⁸Entonces Jehová habló a Aarón y le dijo: ⁹«Ni tú ni tus hijos debéis beber vino ni sidra cuando entréis en el Tabernáculo de reunión, para que no muráis. Estatuto perpetuo será para vuestras generaciones, ¹⁰para poder discernir entre lo santo y lo profano, y entre lo inmundo y lo limpio, ¹¹y enseñar a los hijos de Israel todos los estatutos que Jehová les ha dado por medio de Moisés».

¹²Moisés dijo a Aarón y a Eleazar e Itamar, los hijos que le habían quedado:

«Tomad la ofrenda que queda de las ofrendas encendidas a Jehová, y comedla sin levadura junto al altar, porque es cosa muy santa. ¹³La comeréis, pues, en lugar santo, porque esto es lo reservado a ti y a tus hijos de las ofrendas quemadas a Jehová, pues así me ha sido mandado.ᵃ ¹⁴Comeréis asimismo en lugar limpio, tú y contigo tus hijos y tus hijas, el pecho mecido y la pierna reservada, porque por derecho son tuyos y de tus hijos, dados de los sacrificios de paz de los hijos de Israel. ¹⁵Con las ofrendas de las grasas que se han de quemar, traerán la pierna que se ha de reservar y el pecho que será mecido como ofrenda mecida delante de Jehová; serán para ti y tus hijos por derecho perpetuo, como Jehová lo ha mandado».ᵇ

¹⁶Entonces Moisés preguntó por el macho cabrío de la expiación, pero se encontró con que ya había sido quemado. Enojado contra Eleazar e Itamar, los hijos que habían quedado de Aarón, dijo:

¹⁷—¿Por qué no comisteis la expiación en lugar santo? Pues es muy santa,ᶜ y él os la dio para llevar el pecado de la comunidad, para que sean reconciliados delante de Jehová. ¹⁸Ved que la sangre no fue llevada dentro del santuario, por lo que vosotros debíais comer la ofrenda en el lugar santo, como yo mandé.

¹⁹Aarón respondió a Moisés:

—Mira, hoy han ofrecido su expiación y su holocausto delante de Jehová, pero a mí me han sucedido estas cosas. Si yo hubiera comido hoy del sacrificio de expiación, ¿sería esto grato a Jehová?

²⁰Cuando Moisés oyó esto, se dio por satisfecho.

ᵈ 9.24 Jue 6.21; 1 R 18.38; 1 Cr 21.26.   ᵃ 10.12-13 Lv 6.14-18.   ᵇ 10.14-15 Lv 7.28-34.
ᶜ 10.17 Lv 6.24-26.

Animales limpios y animales inmundos
(Dt 14.3-21)

11 ¹ Habló Jehová a Moisés y a Aarón, y les dijo: ² «Hablad a los hijos de Israel y decidles: "Estos son los animales que comeréis de entre todos los animales que hay sobre la tierra. ³ De entre los animales, comeréis todo el que tiene pezuña hendida y que rumia. ⁴ Pero de los que rumian o que tienen pezuña, no comeréis: El camello, porque rumia pero no tiene pezuña hendida, lo tendréis por inmundo. ⁵ También el conejo, porque rumia pero no tiene pezuña, lo tendréis por inmundo. ⁶ Asimismo la liebre, porque rumia pero no tiene pezuña, la tendréis por inmunda. ⁷ También el cerdo, porque tiene pezuñas, y es de pezuñas hendidas pero no rumia, lo tendréis por inmundo. ⁸ De su carne no comeréis, ni tocaréis su cuerpo muerto: los tendréis por inmundos.

⁹ »De todos los animales que viven en las aguas comeréis estos: todos los que tienen aletas y escamas, ya sean de mar o de río, los podréis comer. ¹⁰ Pero tendréis como cosa abominable todos los que no tienen aletas ni escamas, ya sean de mar o de río, entre todo lo que se mueve y entre toda cosa viviente que está en las aguas. ¹¹ Os serán, pues, abominación: de su carne no comeréis, y abominaréis sus cuerpos muertos. ¹² Tendréis por abominable todo lo que en las aguas no tiene aletas y escamas.

¹³ »Entre las aves tendréis por abominables, y no se comerán por ser abominación, las siguientes: el águila, el quebrantahuesos, el azor, ¹⁴ el gallinazo, el milano según su especie; ¹⁵ toda clase de cuervos; ¹⁶ el avestruz, la lechuza, la gaviota, el gavilán según su especie; ¹⁷ el búho, el somormujo, el ibis, ¹⁸ el calamón, el pelícano, el buitre, ¹⁹ la cigüeña, la garza según su especie, la abubilla y el murciélago.

²⁰ »Tendréis por abominable todo insecto alado que anda sobre cuatro patas. ²¹ Pero de todo insecto alado que anda sobre cuatro patas comeréis el que, además de sus patas, tiene zancas para saltar con ellas sobre la tierra. ²² De ellos comeréis estos: toda clase de langosta, de langostín, de grillo y saltamontes. ²³ Cualquier otro insecto alado que tenga cuatro patas, os será abominación.

²⁴ »Por estas cosas quedaréis impuros:

»Cualquiera que toque los cuerpos muertos de estos animales, quedará impuro hasta la noche.

²⁵ »Cualquiera que levante el cadáver de alguno de ellos, lavará sus vestidos, y quedará impuro hasta la noche.

²⁶ »Tendréis por inmundo todo animal de pezuña, pero que no tiene pezuña hendida ni rumia; cualquiera que los toque quedará impuro.

²⁷ »De todos los animales que andan en cuatro patas, tendréis por inmundo a cualquiera que se apoye sobre sus garras; todo el que toque sus cadáveres quedará impuro hasta la noche. ²⁸ Y el que levante sus cadáveres lavará sus vestidos y quedará impuro hasta la noche: los tendréis por inmundos.

²⁹ »Y tendréis por inmundos a los siguientes animales que se mueven sobre la tierra: la comadreja, el ratón, las distintas especies de rana, ³⁰ el erizo, el cocodrilo, el lagarto, la lagartija y el camaleón. ³¹ »Estos tendréis por inmundos de entre los animales que se mueven, y cualquiera que los toque cuando estén muertos quedará impuro hasta la noche.

³² »También será inmundo todo aquello sobre lo que caiga algo de ellos después de muertos; sea objeto de madera, vestido, piel, saco, sea cualquier instrumento con el que se trabaja. Será metido en agua y quedará inmundo hasta la noche: entonces quedará limpio.

³³ »Toda vasija de barro dentro de la cual caiga alguno de ellos será inmunda, así como todo lo que esté dentro de ella; y la vasija deberá quebrarse. ³⁴ Toda cosa comestible sobre la cual caiga el agua de tales vasijas será inmunda, y toda bebida que haya en esas vasijas será inmunda. ³⁵ Todo aquello sobre lo que caiga alguno de esos cadáveres será inmundo: el horno u hornillos se derribarán; son inmundos, y por inmundos los tendréis.

³⁶ »Sin embargo, la fuente y la cisterna donde se recogen las aguas permanecerán limpias, pero lo que haya tocado los cadáveres será inmundo.

³⁷ »Y si cae uno de esos cadáveres sobre alguna semilla que se haya de sembrar, será limpia. ³⁸ Pero si se ha puesto agua en la

semilla, y cae uno de los cadáveres sobre ella, la tendréis por inmunda.

39 »Si muere algún animal que tienes para comer, el que toque su cadáver quedará impuro hasta la noche. **40** El que coma del cuerpo muerto lavará sus vestidos y quedará impuro hasta la noche; también el que saque el cuerpo muerto lavará sus vestidos y quedará impuro hasta la noche.

41 »Todo reptil que se arrastra sobre la tierra es abominación: no se comerá.

42 »No comeréis ningún animal que anda sobre el vientre, que anda sobre cuatro o más patas, o se arrastra sobre la tierra, porque es abominación. **43** No hagáis abominables vuestras personas con ningún animal que se arrastra, ni os contaminéis con ellos, ni seáis impuros por ellos. **44** Yo soy Jehová, vuestro Dios. Vosotros por tanto os santificaréis y seréis santos, porque yo soy santo.ª Así que no contaminéis vuestras personas con ningún animal que se arrastre sobre la tierra. **45** Yo soy Jehová, que os hago subir de la tierra de Egipto para ser vuestro Dios: seréis, pues, santos, porque yo soy santo».

46 »Esta es la ley acerca de las bestias, de las aves, de todo ser viviente que se mueve en las aguas y de todo animal que se arrastra sobre la tierra, **47** para que hagáis distinción entre lo inmundo y lo limpio, y entre los animales que se pueden comer y los animales que no se pueden comer».

Purificación de la parturienta

12 **1** Habló Jehová a Moisés y le dijo: **2** «Habla a los hijos de Israel y diles: La mujer, cuando conciba y dé a luz un hijo varón, quedará impuraª durante siete días; como en los días de su menstruación será impura. **3** Al octavo día se circuncidará al niño.ᵇ **4** Pero ella permanecerá treinta y tres días purificándose de su sangre. Ninguna cosa santa tocará, ni vendrá al santuario hasta que se cumplan los días de su purificación. **5** Si da a luz una hija, quedará impura durante dos semanas, conforme a su separación, y sesenta y seis días estará purificándose de su sangre.

6 »Cuando los días de su purificación se cumplan, ya sea por un hijo o una hija, llevará al sacerdote un cordero de un año para holocausto, y un palomino o una tórtola para expiación, a la puerta del Tabernáculo de reunión. **7** El sacerdote los ofrecerá delante de Jehová y hará expiación por ella. Así quedará limpia del flujo de su sangre».

Esta es la ley para la que da a luz un hijo o una hija. **8** Y si no tiene lo suficiente para un cordero, tomará entonces dos tórtolas o dos palominos,ᶜ uno para holocausto y otro para expiación. El sacerdote hará expiación por ella, y quedará limpia.

Leyes acerca de la lepra

13 **1** Habló Jehová a Moisés y a Aarón, y les dijo: **2** «Cuando el hombre tenga en la piel de su cuerpo una hinchazón o una erupción o una mancha blanca, y haya en la piel de su cuerpo como una llaga de lepra, será llevado a Aarón, el sacerdote, o a uno de sus hijos, los sacerdotes. **3** El sacerdote mirará la llaga en la piel del cuerpo; si el vello en la llaga se ha vuelto blanco y se ve la llaga más profunda que la piel de la carne, llaga de lepra es. El sacerdote lo reconocerá y lo declarará impuro.

4 »Si en la piel de su cuerpo hay una mancha blanca, pero no se ve más profunda que la piel ni el vello se ha vuelto blanco, entonces el sacerdote encerrará al llagado durante siete días. **5** Al séptimo día el sacerdote lo examinará, y si la llaga conserva el mismo aspecto y no se ha extendido en la piel, entonces el sacerdote lo volverá a encerrar por otros siete días. **6** Al séptimo día el sacerdote lo reconocerá de nuevo; si ve que se ha oscurecido la llaga, y que no se ha extendido en la piel, entonces el sacerdote lo declarará limpio: era una erupción. Lavará sus vestidos y quedará limpio.

7 »Pero si se extiende la erupción en la

ª **11.44** Lv 19.2; 1 P 1.16.   ª **12.2** Las impurezas mencionadas en esta sección no siempre presuponían una falta moral; se trataba de la impureza «cultual» o «legal», causada a veces por razones totalmente ajenas a la voluntad (p.e., la *menstruación* y algunas enfermedades); cf. Lv 13.8; 15.2-3,25). En estos casos, las personas estaban incapacitadas para participar en el culto y debían, además, practicar ciertos ritos de purificación.   ᵇ **12.3** Gn 17.12; Lc 2.21.   ᶜ **12.8** Lc 2.24.

piel después que él se mostró al sacerdote para ser limpio, deberá mostrarse otra vez al sacerdote. 8 El sacerdote lo reconocerá, y si ve que la erupción se ha extendido en la piel, lo declarará impuro: es lepra.

9 »Cuando haya llaga de lepra en el hombre, será llevado al sacerdote. 10 Si al examinarlo el sacerdote observa un tumor blanco en la piel, el cual ha hecho que el vello mude de color, y también se descubre la carne viva, 11 es lepra crónica en la piel de su cuerpo. El sacerdote lo declarará impuro, aunque no lo encerrará, porque ya es impuro.

12 »Pero si la lepra brota y se extiende por la piel, de modo que cubre toda la piel del llagado desde la cabeza hasta los pies, hasta donde pueda ver el sacerdote, 13 entonces este lo reconocerá. Si la lepra ha cubierto todo su cuerpo, declarará limpio al llagado; toda ella se ha vuelto blanca, y él es limpio. 14 Pero el día que aparezca en él la carne viva, quedará impuro. 15 El sacerdote examinará la carne viva y lo declarará impuro, pues la carne viva es impura: es lepra.

16 »Pero cuando la carne viva cambie y se vuelva blanca, entonces irá al sacerdote, 17 y el sacerdote lo examinará. Si la llaga se ha vuelto blanca, el sacerdote declarará limpio al que tenía la llaga, y quedará limpio.

18 »Cuando una persona tenga en su piel una llaga, que luego sana, 19 pero en el lugar de la llaga aparece una hinchazón o una mancha blanca rojiza, será mostrado al sacerdote. 20 El sacerdote lo examinará; si ve que está más profunda que la piel, y que su vello se ha vuelto blanco, el sacerdote lo declarará impuro: es lepra que brota de la llaga. 21 Pero si el sacerdote la examina y no ve en ella vello blanco, ni que es más profunda que la piel, sino oscura, entonces el sacerdote lo encerrará por siete días. 22 Si se ha extendido por la piel, entonces el sacerdote lo declarará impuro: es una llaga. 23 Pero si la mancha blanca permanece en su lugar y no se ha extendido, es la cicatriz de la llaga, y el sacerdote lo declarará limpio.

24 »Asimismo cuando haya en la piel del cuerpo una quemadura de fuego, y aparezca en la parte quemada una mancha blanquecina, rojiza o blanca, 25 el sacerdote la examinará. Si el vello se ha vuelto blanco en la mancha, y esta es más profunda que la piel, es lepra que salió en la quemadura. El sacerdote lo declarará impuro por ser llaga de lepra. 26 Pero si el sacerdote la examina y no hay en la mancha vello blanco, ni es más profunda que la piel, sino que es oscura, lo encerrará el sacerdote por siete días. 27 Al séptimo día el sacerdote la reconocerá; y si se ha ido extendiendo por la piel, el sacerdote lo declarará impuro: es llaga de lepra. 28 Pero si la mancha permanece en su lugar y no se ha extendido en la piel, sino que es oscura, se trata de la cicatriz de la quemadura. El sacerdote lo declarará limpio, porque señal de la quemadura es.

29 »Cuando a un hombre o a una mujer le salga una llaga en la cabeza, o en la barba, 30 el sacerdote examinará la llaga. Si ve que es más profunda que la piel y que el pelo en ella es amarillento y delgado, entonces el sacerdote lo declarará impuro: es tiña, lepra de la cabeza o de la barba. 31 Pero si, al examinar la llaga de la tiña, el sacerdote ve que no es más profunda que la piel ni hay en ella pelo negro, encerrará por siete días al llagado de la tiña. 32 Al séptimo día el sacerdote examinará la llaga, y si la tiña no se ha extendido ni hay en ella pelo amarillento, ni se ve la tiña más profunda que la piel, 33 entonces hará que se rasure, salvo en el lugar afectado, y el sacerdote encerrará por otros siete días al que tiene la tiña. 34 Al séptimo día el sacerdote examinará la tiña, y si la tiña no se ha extendido en la piel ni es más profunda que la piel, el sacerdote lo declarará limpio; lavará sus vestidos y quedará limpio. 35 Pero si la tiña se ha ido extendiendo en la piel después de su purificación, 36 entonces el sacerdote la examinará, y si la tiña se ha extendido en la piel, no busque el sacerdote el pelo amarillento: es impuro. 37 Pero si le parece que la tiña está detenida y que ha salido en ella el pelo negro, la tiña está sanada; la persona está limpia, y limpia la declarará el sacerdote.

38 »Asimismo cuando un hombre o una mujer tenga en la piel de su cuerpo manchas, manchas blancas, 39 el sacerdote lo examinará, y si en la piel de su cuerpo aparecen manchas blancas algo oscurecidas, es

una erupción que brotó en la piel: la persona está limpia.

⁴⁰»Si a un hombre se le cae el cabello, se queda calvo, pero limpio. ⁴¹Si se le cae el cabello de la frente, se queda calvo por delante, pero es limpio. ⁴²Pero cuando en la calva o en las entradas haya una llaga blanca rojiza, lepra es que brota en su calva o en sus entradas. ⁴³Entonces el sacerdote lo examinará, y si la hinchazón de la llaga blanca rojiza en su calva o en sus entradas se parece a la de la lepra de la piel del cuerpo, ⁴⁴leproso es, es impuro. El sacerdote lo declarará luego impuro; en su cabeza tiene la llaga.

⁴⁵»El leproso que tenga llagas llevará vestidos rasgados y su cabeza descubierta, y con el rostro semicubierto gritará: "¡Impuro! ¡Impuro!" ⁴⁶Todo el tiempo que tenga las llagas, será impuro. Estará impuro y habitará solo; fuera del campamento vivirá.

⁴⁷»Cuando en un vestido aparezca una mancha de lepra, ya sea vestido de lana o de lino, ⁴⁸o en urdimbre o en trama de lino o de lana, o en cuero, o en cualquier objeto de cuero, ⁴⁹y si la mancha es verdosa o rojiza, en vestido o en cuero, en urdimbre o en trama, o en cualquier objeto de cuero, es mancha de lepra y se ha de mostrar al sacerdote. ⁵⁰El sacerdote examinará la mancha, y encerrará la cosa manchada durante siete días. ⁵¹Al séptimo día examinará la mancha, y si se ha extendido en el vestido, en la urdimbre o en la trama, en el cuero o en cualquier objeto hecho de cuero, la mancha es lepra maligna: el objeto será inmundo. ⁵²Será quemado el vestido, la urdimbre o trama de lana o de lino, o cualquier objeto de cuero en que haya tal mancha, porque lepra maligna es: al fuego será quemado. ⁵³Pero si el sacerdote, al examinarlo, ve que la mancha no se ha extendido en el vestido, en la urdimbre o en la trama, o en cualquier objeto de cuero, ⁵⁴entonces el sacerdote mandará que laven donde está la mancha, y lo encerrará otra vez por siete días.

⁵⁵»Después que la mancha haya sido lavada, el sacerdote la examinará, y si ve que la mancha no ha cambiado de aspecto, aunque no se haya extendido, el objeto es inmundo y lo quemarás al fuego: es corrosión penetrante, esté lo raído en el derecho o en el revés de aquella cosa. ⁵⁶Pero si el sacerdote la ve, y parece que la mancha se ha oscurecido después que fue lavada, la cortará del vestido, del cuero, de la urdimbre o de la trama. ⁵⁷Si aparece de nuevo en el vestido, la urdimbre o la trama, o en cualquier cosa de cuero, extendiéndose en ellos, quemarás al fuego aquello en que esté la mancha. ⁵⁸Pero el vestido, la urdimbre o la trama, o cualquier cosa de cuero que laves, y que se le quite la mancha, se lavará por segunda vez, y entonces quedará limpia».

⁵⁹Esta es la ley para la mancha de la lepra en los vestidos de lana o de lino, de urdimbre o de trama, o de cualquier objeto de cuero, para que sean declarados limpios o inmundos.

14 ¹Habló Jehová a Moisés y le dijo: ²«Esta será la ley para el leproso cuando se limpie: Será presentado al sacerdote,ª ³el cual saldrá fuera del campamento y lo examinará. Si ve que está sana la llaga de la lepra del leproso, ⁴el sacerdote mandará traer para el que se purifica dos avecillas vivas, limpias, y madera de cedro, grana e hisopo. ⁵Luego el sacerdote mandará matar una avecilla en un vaso de barro sobre aguas corrientes. ⁶Después tomará la avecilla viva, el cedro, la grana y el hisopo, y los mojará con la avecilla viva en la sangre de la avecilla muerta sobre las aguas corrientes. ⁷Rociará siete veces sobre el que se purifica de la lepra y, tras declararlo limpio, soltará la avecilla viva en el campo.

⁸»El que se purifica lavará sus vestidos, afeitará todo su pelo y se lavará con agua, y quedará limpio. Después entrará en el campamento, pero permanecerá fuera de su tienda siete días. ⁹Al séptimo día se afeitará todo el pelo de su cabeza, la barba, las cejas de sus ojos, o sea, todo su pelo; lavará sus vestidos y bañará su cuerpo en agua, y quedará limpio. ¹⁰El día octavo tomará dos corderos sin defecto, una cordera de un año sin tacha, tres décimas de efa de flor de harina para ofrenda amasada con aceite, y un log de aceite. ¹¹Y el

ª 14.2 Mt 8.4; Mc 1.44; Lc 5.14; 17.14.

sacerdote que lo purifica presentará delante de Jehová al que se ha de limpiar con aquellas cosas a la puerta del Tabernáculo de reunión. ¹² El sacerdote tomará un cordero y lo ofrecerá por la culpa, con el log de aceite, y lo mecerá como ofrenda mecida delante de Jehová. ¹³ Degollará el cordero en el lugar donde se degüella el sacrificio por el pecado y el holocausto, en el lugar del santuario, pues como la víctima por el pecado, así también la víctima por la culpa pertenece al sacerdote: es cosa muy sagrada.

¹⁴»Después el sacerdote tomará de la sangre de la víctima por la culpa, la pondrá sobre el lóbulo de la oreja derecha del que se purifica, sobre el pulgar de su mano derecha y sobre el pulgar de su pie derecho. ¹⁵ Asimismo el sacerdote tomará del log de aceite, lo echará sobre la palma de su mano izquierda, ¹⁶ mojará su dedo derecho en el aceite que tiene en su mano izquierda, y esparcirá del aceite con su dedo siete veces delante de Jehová. ¹⁷ Y de lo que quede del aceite que tiene en su mano, pondrá el sacerdote sobre el lóbulo de la oreja derecha del que se purifica, sobre el pulgar de su mano derecha y sobre el pulgar de su pie derecho, encima de la sangre del sacrificio por la culpa. ¹⁸ Lo que quede del aceite que tiene en su mano, lo pondrá sobre la cabeza del que se purifica. Así hará el sacerdote expiación por él delante de Jehová. ¹⁹ Ofrecerá luego el sacerdote el sacrificio por el pecado y hará expiación por el que se ha de purificar de su inmundicia; después degollará el holocausto ²⁰ y hará subir el holocausto y la ofrenda sobre el altar. Así hará el sacerdote expiación por él, y quedará limpio.

²¹»Pero si es pobre, y no tiene para tanto, entonces tomará un cordero para ser ofrecido como ofrenda mecida por la culpa, para reconciliarse, y una décima de efa de flor de harina amasada con aceite para la ofrenda, un log de aceite ²² y dos tórtolas o dos palominos, según pueda; uno será para la expiación por el pecado y el otro para el holocausto. ²³ Al octavo día de su purificación traerá estas cosas al sacerdote, a la puerta del Tabernáculo de reunión, delante de Jehová. ²⁴ El sacerdote tomará el cordero de la expiación por la culpa y el log de aceite, y los mecerá como ofrenda mecida delante de Jehová. ²⁵ Luego degollará el cordero de la culpa, y el sacerdote tomará de la sangre de la víctima y la pondrá sobre el lóbulo de la oreja derecha del que se purifica, sobre el pulgar de su mano derecha y sobre el pulgar de su pie derecho. ²⁶ Y el sacerdote echará del aceite sobre la palma de su mano izquierda, ²⁷ y con su dedo derecho rociará del aceite que tiene en su mano izquierda, siete veces delante de Jehová. ²⁸ También el sacerdote pondrá del aceite que tiene en su mano sobre el lóbulo de la oreja derecha del que se purifica, sobre el pulgar de su mano derecha y sobre el pulgar de su pie derecho, en el lugar donde puso la sangre de la víctima. ²⁹ Y lo que sobre del aceite que el sacerdote tiene en su mano, lo pondrá sobre la cabeza del que se purifica, para reconciliarlo delante de Jehová. ³⁰ Asimismo ofrecerá una de las tórtolas o uno de los palominos, según lo que pueda; ³¹ uno como sacrificio de expiación por el pecado y el otro como holocausto, además de la ofrenda. Así hará el sacerdote expiación por el que se ha de purificar, delante de Jehová».

³² Esta es la ley para el que haya tenido llaga de lepra, y no tenga más para su purificación.

³³ Habló también Jehová a Moisés y a Aarón, y les dijo: ³⁴ «Cuando hayáis entrado en la tierra de Canaán, la cual yo os doy en posesión, si yo mando una plaga de lepra sobre alguna casa de la tierra de vuestra posesión, ³⁵ aquel a quien pertenezca la casa irá a dar aviso al sacerdote, y le dirá: "Algo como plaga ha aparecido en mi casa".

³⁶»Entonces el sacerdote mandará desocupar la casa antes de entrar a examinar la plaga, para que no sea contaminado todo lo que esté en la casa. Después el sacerdote entrará a examinarla.

³⁷»Examinará la plaga, y si se ven manchas en las paredes de la casa, manchas verdosas o rojizas, las cuales son más profundas que la superficie de la pared, ³⁸ el sacerdote saldrá a la puerta de la casa y cerrará la casa por siete días. ³⁹ Al séptimo día volverá el sacerdote y la examinará; si la plaga se ha extendido en las paredes de la casa, ⁴⁰ entonces el sacerdote mandará arrancar las piedras en que esté la plaga, y

las echarán en un lugar inmundo fuera de la ciudad. **41** Después hará raspar todo el interior de la casa, y echarán fuera de la ciudad, en lugar inmundo, el barro que raspen. **42** Entonces tomarán otras piedras y las pondrán en lugar de las piedras quitadas, y tomarán otro barro y recubrirán la casa.

43 »Si la plaga vuelve a brotar en aquella casa después que hizo arrancar las piedras y raspar la casa, y después que fue recubierta, **44** entonces el sacerdote entrará y la examinará; y si parece haberse extendido la plaga en la casa, se trata de lepra maligna en la casa, y esta es inmunda. **45** Derribará, por tanto, la tal casa, sus piedras, sus maderos y toda la mezcla de la casa, y sacarán todo a un lugar inmundo fuera de la ciudad. **46** Cualquiera que entre en aquella casa durante los días en que la mandó cerrar, quedará impuro hasta la noche. **47** El que duerma en aquella casa lavará sus vestidos; también el que coma en la casa lavará sus vestidos.

48 »Pero si entra el sacerdote y la examina, y ve que la plaga no se ha extendido en la casa después que fue recubierta, el sacerdote declarará limpia la casa, porque la plaga ha desaparecido. **49** Entonces tomará para limpiar la casa dos avecillas, y madera de cedro, grana e hisopo; **50** degollará una avecilla en una vasija de barro sobre aguas corrientes. **51** Tomará el cedro, el hisopo, la grana y la avecilla viva, los mojará en la sangre de la avecilla muerta y en las aguas corrientes, y rociará la casa siete veces. **52** Así purificará la casa con la sangre de la avecilla, con las aguas corrientes, con la avecilla viva, la madera de cedro, el hisopo y la grana. **53** Luego soltará la avecilla viva fuera de la ciudad, sobre la faz del campo. Así hará expiación por la casa, y quedará limpia».

54 Esta es la ley acerca de toda plaga de lepra y de tiña, **55** de la lepra del vestido y de la casa, **56** y acerca de la hinchazón, de la erupción y de la mancha blanca, **57** para enseñar cuándo se es impuro y cuándo limpio. Esta es la ley tocante a la lepra.

Impurezas de carácter sexual

15 **1** Habló Jehová a Moisés y a Aarón, y les dijo: **2** «Hablad a los hijos de Israel y decidles: Cualquier hombre, cuando tenga flujo de semen, será impuro. **3** Esta será la impureza ocasionada por su flujo: sea que su cuerpo destiló a causa de su flujo o que haya dejado de destilar a causa de su flujo, él será impuro. **4** Toda cama en que se acueste el que tenga flujo, será inmunda. Toda cosa sobre que se siente, inmunda será. **5** Cualquiera que toque su cama lavará sus vestidos, y se lavará también a sí mismo con agua, y quedará impuro hasta la noche. **6** El que se siente sobre aquello en que se haya sentado el que tiene flujo, lavará sus vestidos, se lavará también a sí mismo con agua, y quedará impuro hasta la noche. **7** Asimismo el que toque el cuerpo del que tiene flujo lavará sus vestidos, y a sí mismo se lavará con agua, y quedará impuro hasta la noche. **8** Si el que tiene flujo escupe sobre el limpio, este lavará sus vestidos y, después de haberse lavado con agua, quedará impuro hasta la noche. **9** Toda montura sobre la que cabalgue el que tenga flujo, será inmunda. **10** Cualquiera que toque cualquier cosa que haya estado debajo de él, quedará impuro hasta la noche. El que la lleve, lavará sus vestidos y, después de lavarse con agua, quedará impuro hasta la noche. **11** Todo aquel a quien toque el que tiene flujo, sin haberse lavado con agua las manos, lavará sus vestidos, a sí mismo se lavará con agua, y quedará impuro hasta la noche. **12** La vasija de barro que toque el que tiene flujo será quebrada, y toda vasija de madera será lavada con agua.

13 »Cuando se haya limpiado de su flujo el que tiene flujo, contará siete días desde su purificación. Entonces lavará sus vestidos y lavará su cuerpo en aguas corrientes, y quedará limpio. **14** Al octavo día, tomará dos tórtolas o dos palominos, vendrá delante de Jehová a la puerta del Tabernáculo de reunión y los dará al sacerdote. **15** El sacerdote ofrecerá uno como ofrenda por el pecado y el otro como holocausto. Así el sacerdote lo purificará de su flujo delante de Jehová.

16 »Cuando el hombre tenga emisión de semen, lavará en agua todo su cuerpo, y quedará impuro hasta la noche. **17** Toda vestidura, o toda piel sobre la cual caiga la emisión del semen, se lavará con agua, y quedará inmunda hasta la noche.

¹⁸»Cuando un hombre duerma con una mujer y tenga emisión de semen, ambos se lavarán con agua, y quedarán impuros hasta la noche.

¹⁹»Cuando la mujer tenga flujo de sangre y su flujo esté en su cuerpo, siete días permanecerá apartada. Cualquiera que la toque quedará impuro hasta la noche. ²⁰Todo aquello sobre lo que ella se acueste mientras permanezca separada, será inmundo. También todo aquello sobre lo que se siente, será inmundo. ²¹Cualquiera que toque su cama lavará sus vestidos y, después de lavarse con agua, quedará impuro hasta la noche. ²²También cualquiera que toque cualquier mueble sobre el que ella se haya sentado, lavará sus vestidos; se lavará luego a sí mismo con agua, y quedará impuro hasta la noche. ²³El que toque lo que esté sobre la cama o sobre la silla en que ella se haya sentado, quedará impuro hasta la noche. ²⁴Si alguno duerme con ella, y su menstruo cae sobre él, quedará impuro durante siete días; y toda cama sobre la que duerma, será inmunda.

²⁵»Cuando una mujer tenga flujo de sangre por muchos días fuera del tiempo de su menstruación, o cuando tenga flujo de sangre más allá de su menstruación, todo el tiempo de su flujo quedará impura como en los días de su menstruación. ²⁶Toda cama en que duerma mientras dura su flujo será como la cama de su menstruación, y todo mueble sobre que se siente será inmundo como la impureza de su menstruación. ²⁷Cualquiera que toque esas cosas será impuro y lavará sus vestidos, se lavará a sí mismo con agua, y quedará impuro hasta la noche.

²⁸»Cuando quede libre de su flujo, contará siete días, y después quedará limpia. ²⁹Al octavo día tomará consigo dos tórtolas o dos palominos y los llevará al sacerdote, a la puerta del Tabernáculo de reunión. ³⁰El sacerdote los ofrecerá, uno como sacrificio por el pecado y el otro como holocausto. Así el sacerdote la purificará delante de Jehová del flujo de su impureza.

³¹»Apartaréis de sus impurezas a los hijos de Israel, a fin de que no mueran a causa de sus impurezas, por haber contaminado mi Tabernáculo, que está en medio de ellos».

³²Esta es la ley para el que tiene flujo, para el que tiene emisión de semen y se vuelve impuro a causa de ello; ³³para la que padece su flujo menstrual, para el que tiene flujo, sea hombre o mujer, y para el hombre que duerma con una mujer impura.

El día de la expiación

16 ¹Habló Jehová a Moisés después de la muerte de los dos hijos de Aarón,ᵃ que murieron cuando se acercaron a la presencia de Jehová. ²Y Jehová dijo a Moisés: «Di a Aarón, tu hermano, que no entre en todo tiempo en el santuario detrás del velo,ᵇ delante del propiciatorio que está sobre el Arca, para que no muera, pues yo apareceré en la nube sobre el propiciatorio. ³Aarón entrará en el santuario con esto: un becerro para la expiación y un carnero para el holocausto.ᶜ ⁴Se vestirá con la túnica santa de lino, se pondrá los calzoncillos de lino, se ceñirá el cinto de lino y con la mitra de lino se cubrirá. Estas son las santas vestiduras; con ellas se ha de vestir después de lavar su cuerpo con agua.

⁵»De la congregación de los hijos de Israel tomará dos machos cabríos para la expiación y un carnero para el holocausto. ⁶Aarón hará traer su becerro de la expiación, y hará la reconciliación por sí y por su casa. ⁷Después tomará los dos machos cabríos y los presentará delante de Jehová, a la puerta del Tabernáculo de reunión. ⁸Luego echará suertes Aarón sobre los dos machos cabríos, una suerte por Jehová y otra suerte por Azazel. ⁹Y hará traer Aarón el macho cabrío sobre el cual caiga la suerte por Jehová, y lo ofrecerá como expiación. ¹⁰Pero el macho cabrío sobre el cual caiga la suerte por Azazel, lo presentará vivo delante de Jehová para hacer la reconciliación sobre él y enviarlo al desierto para Azazel.

¹¹»Hará traer Aarón el becerro destinado a su propia expiación, hará la reconciliación por sí y por su casa, y lo degollará como sacrificio de expiación. ¹²Después tomará un incensario lleno de brasas de fuego del altar que está delante de Jehová, y dos puñados del perfume aromático molido, y lo llevará detrás del velo. ¹³Pondrá el

ᵃ **16.1** Es decir, Nadab y Abiú (Lv 10.1-2).   ᵇ **16.2** Heb 6.19.   ᶜ **16.3** Heb 9.7.

perfume sobre el fuego delante de Jehová, y la nube del perfume cubrirá el propiciatorio que está sobre el Testimonio, para que no muera. ¹⁴ Tomará luego de la sangre del becerro y la rociará con su dedo en el lado oriental del propiciatorio, y delante del propiciatorio esparcirá con su dedo siete veces de aquella sangre. ¹⁵ Después degollará el macho cabrío como expiación por el pecado del pueblo, llevará la sangre detrás del velo adentro*d* y hará con su sangre como hizo con la sangre del becerro: la esparcirá sobre el propiciatorio y delante del propiciatorio. ¹⁶ Así purificará el santuario, a causa de las impurezas de los hijos de Israel, de sus rebeliones y de todos sus pecados. De la misma manera hará también con el Tabernáculo de reunión, que está entre ellos en medio de sus impurezas.

¹⁷ »Ningún hombre estará en el Tabernáculo de reunión cuando él entre a hacer la expiación en el santuario, hasta que él salga. Cuando haya hecho expiación por sí mismo, por su casa y por toda la comunidad de Israel ¹⁸ saldrá hacia el altar que está delante de Jehová, y lo expiará: tomará de la sangre del becerro y de la sangre del macho cabrío, y la pondrá sobre los cuernos alrededor del altar.*e* ¹⁹ Esparcirá sobre él de la sangre con su dedo siete veces. Así lo limpiará y lo santificará de las impurezas de los hijos de Israel.

²⁰ »Cuando haya acabado de expiar el santuario, el Tabernáculo de reunión y el altar, hará traer el macho cabrío vivo. ²¹ Pondrá Aarón sus dos manos sobre la cabeza del macho cabrío vivo y confesará sobre él todas las iniquidades de los hijos de Israel, todas sus rebeliones y todos sus pecados. Así los pondrá sobre la cabeza del macho cabrío, y lo enviará al desierto por medio de un hombre destinado para esto. ²² Aquel macho cabrío llevará sobre sí todas sus iniquidades a tierra inhabitada; y dejará ir el macho cabrío por el desierto. ²³ Después vendrá Aarón al Tabernáculo de reunión y se quitará las vestiduras de lino que había vestido para entrar en el santuario, y las pondrá allí.*f* ²⁴ Lavará luego su cuerpo con agua allí mismo en el santuario y, después de ponerse sus vestidos, saldrá a ofrecer su holocausto y el holocausto del pueblo; hará la expiación por sí mismo y por el pueblo, ²⁵ y quemará en el altar la grasa del sacrificio por el pecado. ²⁶ El que haya llevado el macho cabrío a Azazel, lavará sus vestidos, lavará también con agua su cuerpo y después entrará en el campamento.

²⁷ »Después sacarán fuera del campamento*g* el becerro y el macho cabrío inmolados por el pecado, cuya sangre fue llevada al santuario para hacer la expiación, y quemarán en el fuego su piel, su carne y su estiércol. ²⁸ El que los queme lavará sus vestidos y lavará también su cuerpo con agua, y después podrá entrar en el campamento.

²⁹ »Esto tendréis por estatuto perpetuo: En el mes séptimo, a los diez días del mes, afligiréis vuestras almas,*h* y ninguna obra haréis, ni el natural ni el extranjero que habita entre vosotros, ³⁰ porque en este día se hará expiación por vosotros,*i* y seréis limpios de todos vuestros pecados delante de Jehová. ³¹ Día de reposo es para vosotros, y afligiréis vuestras almas. Es un estatuto perpetuo. ³² Hará la expiación el sacerdote que sea ungido y consagrado para ser sacerdote en lugar de su padre; se vestirá con las vestiduras de lino, las vestiduras sagradas, ³³ y hará la expiación por el santuario santo y el Tabernáculo de reunión; también hará expiación por el altar, por los sacerdotes y por todo el pueblo de la congregación.

³⁴ »Esto tendréis como estatuto perpetuo, para hacer expiación una vez al año por todos los pecados de Israel».*j*

Y Moisés lo hizo como Jehová le mandó.

El santuario único*a*

17 ¹ Habló Jehová a Moisés y le dijo: ² «Habla a Aarón, a sus hijos y a todos los hijos de Israel, y diles: Esto es lo que ha mandado Jehová:*b*

---

d **16.15** Heb 9.3-4,6-7,12. *e* **16.18** Ex 27.2. *f* **16.23** Ez 44.19. *g* **16.27** Heb 13.11. *h* **16.29** Is 58.1-12. *i* **16.29-34** Lv 23.26-32; Nm 29.7-11. *j* **16.34** Tras la destrucción por los romanos del templo de Jerusalén (año 70 d.C), el día de Expiación (heb. *Yom Kipur*) se ha seguido celebrando en todas las sinagogas judías como un día de penitencia y ayuno. *a* **17.1—26.46** Esta sección se conoce como «código de santidad». Cf. Lv 19.2. *b* **17.1-9** Dt 12.1-28.

³»Cualquier hombre de la casa de Israel que degüelle un buey o un cordero o una cabra, en el campamento o fuera de él, ⁴y no lo lleve a la puerta del Tabernáculo de reunión para presentarlo como ofrenda a Jehová delante del tabernáculo de Jehová, será culpado de la sangre derramada. Tal hombre derramó sangre y será por tanto eliminado de su pueblo, ⁵a fin de que los hijos de Israel traigan sus sacrificios, los que sacrifican en medio del campo, que los traigan al sacerdote, ante Jehová, a la puerta del Tabernáculo de reunión, y así ofrezcan sus sacrificios de paz a Jehová. ⁶El sacerdote esparcirá la sangre sobre el altar de Jehová a la puerta del Tabernáculo de reunión, y quemará la grasa como olor grato a Jehová. ⁷Y nunca más sacrificarán sus sacrificios a los demonios, tras los cuales se han prostituido. Tendrán esto por estatuto perpetuo para sus generaciones.

⁸»Les dirás también: Cualquier hombre de la casa de Israel, o de los extranjeros que habitan entre vosotros, que ofrezca holocausto o sacrificio ⁹y no lo traiga a la puerta del Tabernáculo de reunión para ofrecerlo a Jehová, tal hombre será igualmente eliminado de su pueblo.

Prohibición de comer sangre

¹⁰»Si cualquier hombre de la casa de Israel, o de los extranjeros que habitan entre ellos, come alguna sangre, yo pondré mi rostro contra la persona que coma sangre, y la eliminaré de su pueblo,ᶜ ¹¹porque la vida de la carne en la sangre está, y yo os la he dado para hacer expiación sobre el altar por vuestras almas, pues la misma sangre es la que hace expiaciónᵈ por la persona.

¹²»Por tanto, he dicho a los hijos de Israel: "Ninguna persona de vosotros comerá sangre, ni el extranjero que habita entre vosotros comerá sangre". ¹³Cualquier hombre de los hijos de Israel, o de los extranjeros que habitan entre ellos, que cace un animal o un ave que sea de comer, derramará su sangre y la cubrirá con tierra, ¹⁴porque la vida de toda carne es su sangre. Por eso he dicho a los hijos de Israel: "No comeréis la sangre de ninguna carne, porque la vida de toda carne es su sangre, y cualquiera que la coma será eliminado".

¹⁵»Cualquier persona, tanto de los naturales como de los extranjeros, que coma de un animal muerto o despedazado por una fiera, lavará sus vestidos y se lavará a sí misma con agua, y será impura hasta la noche: entonces quedará limpia. ¹⁶Y si no los lava ni lava su cuerpo, cargará con su pecado».

Relaciones sexuales prohibidas

18 ¹Habló Jehová a Moisés y le dijo: ²«Habla a los hijos de Israel y diles:

»Yo soy Jehová, vuestro Dios.

³»No haréis como hacen en la tierra de Egipto, en la cual habitasteis.

»No haréis como hacen en la tierra de Canaán, a la cual yo os conduzco, ni andaréis en sus estatutos.

⁴»Mis ordenanzas pondréis por obra, y mis estatutos guardaréis, andando en ellos. Yo, Jehová, vuestro Dios.

⁵»Por tanto, guardaréis mis estatutos y mis ordenanzas, porque el hombre que los cumpla, gracias a ellos vivirá.ᵃ Yo, Jehová.

⁶»Ningún hombre se llegue a parienta próxima alguna para descubrir su desnudez. Yo, Jehová.

⁷»La desnudez de tu padre, o la desnudez de tu madre, no descubrirás; tu madre es, no descubrirás su desnudez.

⁸»La desnudez de la mujer de tu padre no descubrirás; es la desnudez de tu padre.ᵇ

⁹»No descubrirás la desnudez de tu hermana, hija de tu padre o hija de tu madre, nacida en casa o nacida fuera.ᶜ

¹⁰»La desnudez de la hija de tu hijo, o de la hija de tu hija, su desnudez no descubrirás, pues es tu propia desnudez.

¹¹»No descubrirás la desnudez de la hija de la mujer de tu padre, engendrada de tu padre, que es tu hermana.

ᶜ **17.10** Gn 9.4; Lv 7.26-27; 19.26; Dt 12.16,23; 15.23. ᵈ **17.11** Heb 9.22.
ᵃ **18.5** Neh 9.29; Ez 18.9; 20.11-13; Lc 10.28; Ro 10.5. ᵇ **18.8** Lv 20.11; Dt 22.30; 27.20.
ᶜ **18.9** Lv 20.17; Dt 27.22.

¹²»La desnudez de la hermana de tu padre no descubrirás; es parienta de tu padre.

¹³»La desnudez de la hermana de tu madre no descubrirás, porque parienta de tu madre es.

¹⁴»La desnudez del hermano de tu padre no descubrirás; no te acercarás a su mujer; es mujer del hermano de tu padre.ᵈ

¹⁵»La desnudez de tu nuera no descubrirás; mujer es de tu hijo: no descubrirás su desnudez.ᵉ

¹⁶»La desnudez de la mujer de tu hermano no descubrirás: es la desnudez de tu hermano.ᶠ

¹⁷»La desnudez de la mujer y de su hija no descubrirás, ni tomarás la hija de su hijo, ni la hija de su hija para descubrir su desnudez; son parientas, es maldad.ᵍ

¹⁸»No tomarás una mujer juntamente con su hermana, haciéndola su rival y descubriendo su desnudez mientras la primera viva.

¹⁹»Tampoco te acercarás a la mujer para descubrir su desnudez mientras esté con su impureza menstrual.ʰ

²⁰»Además, no tendrás acto carnal con la mujer de tu prójimo, contaminándote con ella.ⁱ

²¹»No darás un hijo tuyo para ofrecerlo por fuego a Moloc; no profanarás así el nombre de tu Dios.ʲ Yo, Jehová.

²²»No te acostarás con varón como con mujer; es abominación.ᵏ

²³»Con ningún animal tendrás ayuntamiento, haciéndote impuro con él, ni mujer alguna se pondrá delante de animal para ayuntarse con él; es perversión.ˡ

²⁴»En ninguna de estas cosas os haréis impuros, pues en todas estas cosas se han corrompido las naciones que yo expulso de delante de vosotros, ²⁵ y también la tierra fue contaminada. Pero yo visité su maldad, y la tierra vomitó a sus habitantes. ²⁶ Guardad, pues, vosotros mis estatutos y mis ordenanzas, y no hagáis ninguna de estas abominaciones, ni el

natural ni el extranjero que habita entre vosotros ²⁷ (porque todas estas abominaciones hicieron los hombres de aquella tierra que fueron antes de vosotros, y la tierra fue contaminada), ²⁸ no sea que la tierra os vomite por haberla contaminado, como vomitó a la nación que la habitó antes que vosotros. ²⁹ Cualquiera que haga alguna de todas estas abominaciones, las personas que las hagan, serán eliminadas de su pueblo. ³⁰ Guardad, pues, mi ordenanza, y no sigáis ninguna de estas costumbres abominables que practicaron antes de vosotros, para que no os contaminéis en ellas. Yo, Jehová, vuestro Dios».

Leyes de santidad y de justicia

19 ¹ Habló Jehová a Moisés y le dijo: ² «Habla a toda la congregación de los hijos de Israel y diles:

»Santos seréis, porque santo soy yo, Jehová, vuestro Dios.ᵃ

³»Cada uno temerá a su madre y a su padre.ᵇ

»Mis sábados guardaréis. Yo, Jehová, vuestro Dios.

⁴»No os volveréis a los ídolos,ᶜ ni haréis para vosotros dioses de fundición. Yo, Jehová, vuestro Dios.

⁵»Cuando ofrezcáis un sacrificio de ofrenda de paz a Jehová, ofrecedlo de tal manera que él os acepte. ⁶ Será comido el día que lo ofrezcáis, o al día siguiente; y lo que quede para el tercer día, será quemado en el fuego. ⁷ Si se come al tercer día, será abominación; no será aceptado, ⁸ y el que lo coma cargará con su delito, por cuanto profanó lo santo de Jehová. La tal persona será eliminada de su pueblo.

⁹»Cuando siegues la mies de tu tierra, no segarás hasta el último rincón de ella ni espigarás tu tierra segada. ¹⁰ No rebuscarás tu viña ni recogerás el fruto caído de tu viña; para el pobre y para el extranjero lo dejarás.ᵈ Yo, Jehová, vuestro Dios.

¹¹»No robaréis,ᵉ no mentiréis ni os engañaréisᶠ el uno al otro.

¹²»No juraréis en falso por mi nombre,ᵍ

ᵈ **18.12-14** Lv 20.19-20.   ᵉ **18.15** Lv 20.12.   ᶠ **18.16** Lv 20.21.   ᵍ **18.17** Lv 20.14; Dt 27.23.
ʰ **18.19** Lv 20.18 (cf. Lv 15.19,24).   ⁱ **18.20** Lv 20.10.   ʲ **18.21** 20.1-5.   ᵏ **18.22** Lv 20.13;
Ro 1.26-27; 1 Co 6.9-10.   ˡ **18.23** Ex 22.19; Lv 20.15-16; Dt 27.21.   ᵃ **19.2** Ex 19.6; Lv 11.44-45. Cf.
Mt 5.48; 1 P 1.16.   ᵇ **19.3** Ex 20.8-12; Dt 5.12-15.   ᶜ **19.4** Ex 20.4; 20.23; 34.17; Lv 26.1; Dt 5.8;
27.15.   ᵈ **19.9-10** Lv 23.22; Dt 24.19-22.   ᵉ **19.11** Ex 20.15; Dt 5.19.   ᶠ **19.11** Ex 20.16; Dt 5.20.
ᵍ **19.12** Ex 20.7; Nm 30.2; Dt 5.11; 23.21; Mt 5.33.

profanando así el nombre de tu Dios. Yo, Jehová.

13 »No oprimirás a tu prójimo ni le robarás.

»No retendrás el salario del jornalero en tu casa hasta la mañana siguiente.[h]

14 »No maldecirás al sordo, ni delante del ciego pondrás tropiezo,[i] sino que tendrás temor de tu Dios. Yo, Jehová.

15 »No cometerás injusticia en los juicios, ni favoreciendo al pobre ni complaciendo al grande: con justicia juzgarás a tu prójimo.[j]

16 »No andarás chismeando entre tu pueblo.

»No atentarás contra la vida de tu prójimo. Yo, Jehová.

17 »No aborrecerás a tu hermano en tu corazón.

»Reprenderás a tu prójimo, para que no participes de su pecado.

18 »No te vengarás ni guardarás rencor a los hijos de tu pueblo, sino amarás a tu prójimo como a ti mismo.[k] Yo, Jehová.

19 »Mis estatutos guardarás.

»No harás ayuntar tu ganado con animales de otra especie.

»Tu campo no sembrarás con mezcla de semillas.

»No te pondrás vestidos con mezcla de hilos.[l]

20 »Si un hombre se acuesta con una sierva desposada con otro, que no ha sido rescatada ni ha recibido la libertad, ambos serán castigados, pero no morirán, por cuanto ella no es libre. 21 Él ofrecerá a Jehová, a la puerta del Tabernáculo de reunión, un carnero como expiación por su culpa. 22 Con el carnero de la expiación lo reconciliará el sacerdote delante de Jehová, por el pecado que cometió, y se le perdonará el pecado que ha cometido.

23 »Cuando entréis en la tierra y plantéis toda clase de árboles frutales, consideraréis como incircunciso lo primero de su fruto. Tres años os será como incircunciso: su fruto no se comerá. 24 Al cuarto año,

todo su fruto será consagrado en alabanzas a Jehová. 25 Pero al quinto año comeréis de su fruto, para que os haga crecer su fruto. Yo, Jehová, vuestro Dios.

26 »No comeréis cosa alguna con sangre.[m]

»No seréis agoreros ni adivinos.[n]

27 »No haréis tonsura en vuestras cabezas ni dañaréis la punta de vuestra barba.

28 »No haréis incisiones en vuestro cuerpo por un muerto, ni imprimiréis en vosotros señal alguna.[ñ] Yo, Jehová.

29 »No contaminarás a tu hija prostituyéndola,[o] para que no se prostituya la tierra y se llene de maldad.

30 »Mis sábados guardaréis, y por mi santuario tendréis reverencia. Yo, Jehová.[p]

31 »No os volváis a los encantadores ni a los adivinos;[q] no los consultéis, contaminándoos con ellos. Yo, Jehová, vuestro Dios.

32 »Delante de las canas te levantarás y honrarás el rostro del anciano. De tu Dios tendrás temor. Yo, Jehová.

33 »Cuando el extranjero habite con vosotros en vuestra tierra, no lo oprimiréis. 34 Como a uno de vosotros trataréis al extranjero que habite entre vosotros, y lo amarás como a ti mismo, porque extranjeros fuisteis en la tierra de Egipto.[r] Yo, Jehová, vuestro Dios.

35 »No cometáis injusticia en los juicios, en medidas de tierra, ni en peso ni en otra medida. 36 Balanzas justas, pesas justas y medidas justas tendréis.[s] Yo soy Jehová, vuestro Dios, que os saqué de la tierra de Egipto.

37 »Guardad, pues, todos mis estatutos y todas mis ordenanzas, y ponedlos por obra. Yo, Jehová».

Reprobaciones y castigos

20 1 Habló Jehová a Moisés y le dijo: 2 «Dirás asimismo a los hijos de Israel:

»Cualquier hombre de los hijos de Israel, o de los extranjeros que habitan en Israel, que ofrezca alguno de sus hijos a

h 19.13 Dt 24.14-15. i 19.14 Dt 27.18. j 19.15 Ex 23.6-8; Dt 16.19. k 19.18 Jesús y los escritores del NT dieron a este mandamiento alcance universal. Mt 22.39; Mc 12.31,33; Lc 10.27; Ro 13.9; Gl 5.14; Stg 2.8. Cf. Mt 5.43. l 19.19 Dt 22.9-11. m 19.26 Gn 9.4; Lv 7.26-27; 17.10-14; Dt 12.16,23; 15.23. n 19.26 Dt 18.10-12. ñ 19.27-28 Lv 21.5; Dt 14.1. o 19.29 Dt 23.17. p 19.30 Lv 26.2. q 19.31 Dt 18.11; Is 8.19; cf. 1 S 28.3. r 19.33-34 Ex 22.21; Dt 24.17-18; 27.19. s 19.35-36 Dt 25.13-15; Pr 20.10; Ez 45.10; Am 8.5; Miq 6.11.

Moloc, de seguro morirá: el pueblo de la tierra lo apedreará. ³ Yo pondré mi rostro contra tal hombre, y lo eliminaré de su pueblo, por cuanto dio uno de sus hijos a Moloc, contaminando mi santuario y profanando mi santo nombre. ⁴ Si el pueblo de la tierra cierra sus ojos respecto de aquel hombre que dio uno de sus hijos a Moloc, para no matarlo, ⁵ entonces yo pondré mi rostro contra aquel hombre y contra su familia, y lo apartaré de su pueblo, junto con todos los que como él se prostituyan tras Moloc.

⁶ »La persona que preste atención a encantadores o adivinos, para prostituirse detrás de ellos, yo pondré mi rostro contra la tal persona, y la eliminaré de su pueblo.ᵃ

⁷ »Santificaos, pues, y sed santos, porque yo, Jehová, soy vuestro Dios. ⁸ Guardad mis estatutos y ponedlos por obra. Yo soy Jehová, el que os santifico.

⁹ »Todo hombre que maldiga a su padre o a su madre, de cierto morirá,ᵇ pues a su padre o a su madre maldijo: su sangre caerá sobre él.

¹⁰ »Si un hombre comete adulterio con la mujer de su prójimo, el adúltero y la adúltera indefectiblemente serán muertos.ᶜ

¹¹ »Cualquiera que se acueste con la mujer de su padre, la desnudez de su padre descubrió; ambos han de ser muertos: su sangre caerá sobre ellos.ᵈ

¹² »Si alguien duerme con su nuera, ambos han de morir; cometieron grave perversión: su sangre caerá sobre ellos.ᵉ

¹³ »Si alguien se acuesta con otro hombre como se hace con una mujer, abominación hicieron; ambos han de ser muertos: sobre ellos caerá su sangre.ᶠ

¹⁴ »El que tome como esposas a una mujer y a la madre de ella, comete vileza. Tanto él como ellas serán quemados, para que no haya tal vileza entre vosotros.ᵍ

¹⁵ »Cualquiera que tenga cópula con una bestia, ha de ser muerto. También mataréis a la bestia.

¹⁶ »Si una mujer se acerca a algún animal para ayuntarse con él, a la mujer y al animal matarás; morirán indefectiblemente: su sangre caerá sobre ellos.ʰ

¹⁷ »Si alguno toma a su hermana, hija de su padre o hija de su madre, y ve su desnudez, y ella ve la suya, es cosa execrable; por tanto serán muertos a ojos de los hijos de su pueblo; descubrió la desnudez de su hermana: cargará con su pecado.ⁱ

¹⁸ »Cualquiera que duerma con una mujer durante su menstruación y descubra su desnudez, su fuente descubrió, y ella descubrió la fuente de su sangre; ambos serán eliminados de su pueblo.ʲ

¹⁹ »La desnudez de la hermana de tu madre o de la hermana de tu padre, no descubrirás, porque al descubrir la desnudez de tu parienta, cargarán con su pecado.

²⁰ »Cualquiera que duerma con la mujer del hermano de su padre, la desnudez del hermano de su padre descubrió; cargarán con su pecado: morirán sin hijos.ᵏ

²¹ »El que tome la mujer de su hermano, comete impureza; la desnudez de su hermano descubrió: no tendrán hijos.ˡ

²² »Guardad, pues, todos mis estatutos y todas mis ordenanzas, y ponedlos por obra, no sea que os vomite la tierra en la cual yo os introduzco para que habitéis en ella. ²³ No andéis en las prácticas de las naciones que yo expulsaré de delante de vosotros, porque ellos hicieron todas estas cosas, y fueron para mí abominables. ²⁴ Pero a vosotros os he dicho: "Vosotros poseeréis la tierra de ellos, y yo os la daré para que la poseáis por heredad, tierra que fluye leche y miel".

»Yo soy Jehová, vuestro Dios, que os he apartado de los demás pueblos. ²⁵ Por tanto, vosotros haréis distinción entre animal limpio e inmundo, y entre ave inmunda y limpia. No contaminéis vuestras personas con los animales, ni con las aves, ni con nada que se arrastra sobre la tierra, los cuales os he apartado por inmundos. ²⁶ Habéis, pues, de serme santos, porque yo, Jehová, soy santo, y os he

---

ᵃ **20.2-6** Dt 18.9-14.   ᵇ **20.9** Ex 21.17; Mt 15.4; Mc 7.10.   ᶜ **20.10** Ex 20.14; Lv 18.20; Dt 5.18; 22.22-24; Jn 8.5.   ᵈ **20.11** Lv 18.8; Dt 22.30; 27.20.   ᵉ **20.12** Lv 18.15.   ᶠ **20.13** Lv 18.22. ᵍ **20.14** Lv 18.17; Dt 27.23.   ʰ **20.15-16** Ex 22.19; Lv 18.23; Dt 27.21.   ⁱ **20.17** Lv 18.9; Dt 27.22. ʲ **20.18** Lv 18.19; cf. Lv 15.19,24.   ᵏ **20.19-20** Lv 18.12-14.   ˡ **20.21** Lv 18.16.

apartado de entre los pueblos para que seáis míos.

27 »El hombre o la mujer que consulten espíritus de muertos o se entreguen a la adivinación, han de morir; serán apedreados, y su sangre caerá sobre ellos».

Santidad de los sacerdotes

21 ¹ Jehová dijo a Moisés: «Habla a los sacerdotes, hijos de Aarón, y diles que no se contaminen por un muerto en sus pueblos, ² a no ser por un pariente cercano, por su madre o por su padre, o por su hijo o por su hermano, ³ o por su hermana virgen, a él cercana, la cual no haya tenido marido; por ella puede contaminarse. ⁴ No se contaminará como cualquier hombre de su pueblo, haciéndose impuro.

⁵ »No harán tonsura en su cabeza, ni raerán la punta de su barba, ni en su carne harán incisiones.ᵃ ⁶ Santos serán para su Dios, y no profanarán el nombre de su Dios, porque ofrecen las ofrendas quemadas para Jehová y el pan de su Dios; por tanto, serán santos.

⁷ »Con una mujer ramera o infame no se casarán, ni con una mujer repudiada por su marido, porque el sacerdote está consagrado a su Dios. ⁸ Por tanto, lo santificarás, pues el pan de tu Dios ofrece; santo será para ti, porque santo soy yo, Jehová, el que os santifico.

⁹ »La hija del sacerdote, si comienza a prostituirse, a su padre deshonra; quemada será al fuego.

¹⁰ »El sumo sacerdote entre sus hermanos, sobre cuya cabeza fue derramado el aceite de la unción, y que fue consagrado para llevar las vestiduras, no descubrirá su cabeza ni rasgará sus vestidos ¹¹ ni entrará donde haya alguna persona muerta; ni por su padre ni por su madre se contaminará. ¹² No saldrá del santuario ni profanará el santuario de su Dios, porque tiene sobre él la consagración del aceite de la unción de su Dios. Yo, Jehová.

¹³ »Tomará por esposa a una mujer virgen. ¹⁴ No tomará viuda, ni repudiada, ni infame ni ramera, sino que tomará de su pueblo una virgen por mujer, ¹⁵ para que no profane su descendencia entre su pueblo, porque yo, Jehová, soy el que los santifico».

¹⁶ Jehová habló a Moisés y le dijo: ¹⁷ «Habla a Aarón y dile: Ninguno de tus descendientes que tenga algún defecto se acercará, a lo largo de las generaciones, para ofrecer el pan de su Dios. ¹⁸ Ningún hombre en el cual haya defecto se acercará: sea ciego o cojo, mutilado o deforme; ¹⁹ que tenga quebradura de pie o rotura de mano, ²⁰ que sea jorobado o enano, o tenga una nube en el ojo, o sarna o erupción o testículo magullado. ²¹ Ningún hombre de la descendencia del sacerdote Aarón, en el cual haya defecto, se acercará para ofrecer las ofrendas quemadas para Jehová. Hay defecto en él; no se acercará a ofrecer el pan de su Dios. ²² Del pan de su Dios, de lo muy santo y de las cosas santificadas podrá comer. ²³ Pero no se acercará tras el velo, ni se acercará al altar, por cuanto hay defecto en él; para que no profane mi santuario, porque yo, Jehová, soy el que los santifico».

²⁴ Así habló Moisés a Aarón y a sus hijos, y a todos los hijos de Israel.

Santidad de las ofrendas

22 ¹ Habló Jehová a Moisés y le dijo: ² «Di a Aarón y a sus hijos que se abstengan de las cosas santas que los hijos de Israel me han dedicado, para que no profanen mi santo nombre. Yo, Jehová.

³ »Diles que todo hombre de vuestra descendencia, en todas vuestras generaciones, que se acerque a las cosas sagradas que los hijos de Israel consagran a Jehová, estando impuro, será eliminado de mi presencia. Yo, Jehová.

⁴ »Cualquier hombre de la descendencia de Aarón que sea leproso o padezca flujo, no comerá de las cosas sagradas hasta que esté limpio.

»El que toque cualquier cosa de cadáveres, o el hombre que haya tenido derramamiento de semen, ⁵ o el hombre que haya tocado cualquier reptil, por el cual haya quedado impuro, o a un hombre que le haya hecho impuro con cualquier impureza suya; ⁶ la persona que toque estas cosas será impura hasta la noche, y no

---

ᵃ 21.5 Lv 19.27-28; Dt 14.1.

comerá de las cosas sagradas antes que haya lavado su cuerpo con agua. ⁷Cuando el sol se ponga, quedará limpio, y después podrá comer las cosas sagradas, pues es su alimento. ⁸No comerá animal muerto ni despedazado por las fieras, pues se contaminaría con ello. Yo, Jehová.

⁹»Guarden, pues, mi ordenanza, no sea que carguen con algún pecado cuando la profanen, y mueran a causa de ello. Yo soy Jehová, que los santifico.

¹⁰»Ningún extraño comerá de las cosas sagradas. Ni el huésped del sacerdote ni el jornalero comerán cosas sagradas.ᵃ

¹¹»Pero cuando el sacerdote compre algún esclavo por dinero, este podrá comer de ellas, así como también el nacido en su casa podrá comer de su alimento.

¹²»La hija del sacerdote, si se casa con un hombre que no es sacerdote, no comerá de la ofrenda de las cosas sagradas. ¹³Pero si la hija del sacerdote queda viuda o es repudiada, no tiene prole y ha regresado a la casa de su padre, podrá comer del alimento de su padre como en su juventud; pero ningún extraño comerá de él.

¹⁴»El que involuntariamente coma de cosa sagrada, la restituirá al sacerdote con la cosa sagrada y le añadirá una quinta parte. ¹⁵No profanarán, pues, las cosas santas de los hijos de Israel, las cuales apartan para Jehová, ¹⁶pues les harían cargar la iniquidad del pecado, por comer esas cosas santas. Yo, Jehová, soy el que los santifico».

¹⁷También habló Jehová a Moisés y le dijo: ¹⁸«Habla a Aarón y a sus hijos, y a todos los hijos de Israel, y diles: Cualquier hombre de la casa de Israel, o de los extranjeros en Israel, que presente su ofrenda en pago de sus votos o como ofrenda voluntaria presentada en holocausto a Jehová, ¹⁹para que sea aceptado deberá ofrecer un macho sin defecto de entre el ganado vacuno, de entre los corderos o de entre las cabras. ²⁰Ninguna cosa en que haya defecto ofreceréis, pues no os será aceptado.ᵇ

²¹»Asimismo, cuando alguno ofrezca un sacrificio en ofrenda de paz a Jehová para cumplir un voto, o como ofrenda voluntaria, sea de vacas o de ovejas, para que sea aceptado será sin defecto. ²²No ofreceréis a Jehová un animal ciego, perniquebrado, mutilado, verrugoso, sarnoso o roñoso, ni de ellos pondréis ofrenda quemada sobre el altar de Jehová. ²³Podrás ofrecer como ofrenda voluntaria un buey o un carnero que tenga de más o de menos, pero en pago de un voto no será aceptado. ²⁴No ofreceréis a Jehová un animal con testículos heridos o magullados, rasgados o cortados, ni en vuestra tierra lo ofreceréis. ²⁵Ni de mano de extranjeros tomarás estos animales para ofrecerlos como alimento de vuestro Dios, porque su corrupción está en ellos; hay en ellos defecto, no se os aceptarán».

²⁶Habló Jehová a Moisés y le dijo: ²⁷«El becerro o el cordero o la cabra, cuando nazca, siete días estará mamando de su madre, pero desde el octavo día en adelante será aceptado como ofrenda de sacrificio que se quema para Jehová. ²⁸»No degollaréis en un mismo día una vaca o una oveja junto con su cría.

²⁹»Cuando ofrezcáis un sacrificio de acción de gracias a Jehová, lo sacrificaréis de manera que sea aceptable. ³⁰En el mismo día se comerá; no dejaréis de él para otro día. Yo, Jehová.

³¹»Guardad, pues, mis mandamientos, y cumplidlos. Yo, Jehová.

³²»No profanéis mi santo nombre, para que yo sea santificado en medio de los hijos de Israel. Yo soy Jehová, que os santifico, ³³y os saqué de la tierra de Egipto para ser vuestro Dios. Yo, Jehová».

Ritual de las fiestas solemnesᵃ
(Nm 28.16—29.40)

23 ¹Habló Jehová a Moisés y le dijo: ²«Habla a los hijos de Israel y diles: Las fiestas solemnes de Jehová, las cuales proclamaréis como santas convocaciones, serán estas:

³»Seis días se trabajará, pero el séptimo día será de descanso, santa convocación; ningún trabajo haréis.ᵇ Es el día de descanso dedicado a Jehová dondequiera que habitéis.

ᵃ **22.10** Una excepción a esta regla se halla en 1 S 21.1-9; cf. Mt 12.3-4.   ᵇ **22.18-20** Lv 1.3; Dt 17.1; cf. Mal 1.8.   ᵃ **23.1-8** Ex 23.14-19; 34.18-23; Nm 28—29; Dt 16.1-17.   ᵇ **23.3** Ex 20.8-10; 23.12; 31.15; 34.21; 35.2; Dt 5.12-14.

⁴»Estas son las fiestas solemnes de Jehová, las reuniones santas que convocaréis en las fechas señaladas:

⁵»En el primer mes, el día catorce del mes, al atardecer, es la Pascua de Jehová.ᶜ

⁶»A los quince días de este mes es la fiesta solemne de los Panes sin levaduraᵈ en honor a Jehová; siete días comeréis panes sin levadura. ⁷El primer día tendréis santa convocación; ningún trabajo de siervos haréis. ⁸Durante siete días ofreceréis a Jehová ofrendas quemadas. El séptimo día será de santa convocación y ningún trabajo de siervo haréis».

⁹Habló Jehová a Moisés y le dijo: ¹⁰«Habla a los hijos de Israel y diles: Cuando hayáis entrado en la tierra que yo os doy, y seguís su mies, traeréis al sacerdote una gavilla como primicia de los primeros frutos de vuestra siega. ¹¹El sacerdote mecerá la gavilla delante de Jehová, para que seáis aceptados. El día siguiente al sábado la mecerá. ¹²Y el día que ofrezcáis la gavilla, sacrificaréis un cordero de un año, sin defecto, en holocausto a Jehová. ¹³Su ofrenda será dos décimas de efa de flor de harina amasada con aceite, ofrenda que se quema con olor gratísimo para Jehová; y su libación será de vino, la cuarta parte de un hin. ¹⁴No comeréis pan, ni grano tostado, ni espiga fresca, hasta este mismo día, hasta que hayáis ofrecido la ofrenda de vuestro Dios. Estatuto perpetuo os será por vuestras generaciones, dondequiera que habitéis.

¹⁵»Contaréis siete semanas cumplidas desde el día que sigue al sábado, desde el día en que ofrecisteis la gavilla de la ofrenda mecida. ¹⁶Hasta el día siguiente al séptimo sábado contaréis cincuenta días; entonces ofreceréis el nuevo grano a Jehová. ¹⁷De vuestras habitaciones llevaréis dos panes como ofrenda mecida, que serán de dos décimas de efa de flor de harina, cocidos con levadura, como primicias para Jehová. ¹⁸Junto con el pan ofreceréis siete corderos de un año, sin defecto, un becerro de la vacada y dos carneros: serán el holocausto para Jehová, además de su ofrenda y sus libaciones, ofrenda de olor grato que se quema a Jehová.

¹⁹»Ofreceréis además un macho cabrío como expiación, y dos corderos de un año en sacrificio de ofrenda de paz. ²⁰El sacerdote los presentará como ofrenda mecida delante de Jehová, con el pan de las primicias y los dos corderos; serán cosa consagrada a Jehová para el sacerdote.

²¹»En este mismo día convocaréis una reunión santa; ningún trabajo de siervos haréis. Estatuto perpetuo os será, dondequiera que habitéis, por vuestras generaciones.ᵉ

²²»Cuando seguéis la mies de vuestra tierra, no segaréis hasta el último rincón de ella, ni espigarás tu siega; para el pobre y para el extranjero la dejarás. Yo, Jehová, vuestro Dios».ᶠ

²³Habló Jehová a Moisés y le dijo: ²⁴«Habla a los hijos de Israel y diles: El primer día del séptimo mesᵍ tendréis día de descanso, una conmemoración al son de trompetas y una santa convocación. ²⁵Ningún trabajo de siervos haréis, y presentaréis una ofrenda quemada a Jehová».

²⁶Habló Jehová a Moisés y le dijo: ²⁷«A los diez días de este séptimo mes será el día de expiación;ʰ tendréis santa convocación, afligiréis vuestras almas y presentaréis una ofrenda quemada a Jehová. ²⁸Ningún trabajo haréis en este día, pues es día de expiación, para reconciliaros delante de Jehová, vuestro Dios. ²⁹Toda persona que no ayune en este día, será eliminada de su pueblo. ³⁰Y cualquier persona que haga algún trabajo en este día, yo haré perecer a la tal persona en medio de su pueblo.

³¹»Así pues, ningún trabajo haréis. Estatuto perpetuo os será por vuestras generaciones, dondequiera que habitéis. ³²Día de descanso será para vosotros, y ayunaréis, comenzando el día nueve del mes en la tarde; de tarde a tarde guardaréis vuestro descanso».

ᶜ **23.5** Ex 12.1-13; Dt 16.1-2. ᵈ **23.6-8** Ex 12.14-20; 23.15; 34.18; Dt 16.3-8. ᵉ **23.15-21** Ex 23.16; 34.22; Dt 16.9-12. ᶠ **23.22** Lv 19.9-10; Dt 24.19-22. ᵍ **23.24** Según el calendario que situaba el primer mes del año en la primavera. Más tarde, cuando el comienzo del año se trasladó al otoño (septiembre-octubre), esta fiesta fue llamada *Rosh ha-Shaná* (o del *Año Nuevo*). ʰ **23.26-32** Lv 16.29-34.

³³Habló Jehová a Moisés y le dijo: ³⁴«Habla a los hijos de Israel y diles: A los quince días de ese mes séptimo celebraréis durante siete días la fiesta solemne de los Tabernáculos[i] en honor a Jehová. ³⁵El primer día habrá santa convocación; ningún trabajo de siervos haréis. ³⁶Durante siete días presentaréis ofrenda quemada a Jehová. El octavo día tendréis santa convocación, y presentaréis ofrenda quemada a Jehová; es fiesta, ningún trabajo de siervos haréis.

³⁷»Estas son las fiestas solemnes de Jehová, en las que convocaréis santas reuniones, para ofrecer ofrenda quemada a Jehová, holocausto y ofrenda, sacrificio y libaciones, cada cosa en su día, ³⁸además de los sábados de Jehová, de vuestros dones, de todos vuestros votos y de todas las ofrendas voluntarias que acostumbráis dar a Jehová.

³⁹»Pero a los quince días del séptimo mes, cuando hayáis recogido el fruto de la tierra, haréis fiesta a Jehová por siete días;[j] el primer día será de descanso, y el octavo día será también día de descanso. ⁴⁰Tomaréis el primer día ramas con frutos de los mejores árboles, ramas de palmeras, ramas de árboles frondosos y sauces de los arroyos, y durante siete días os regocijaréis delante de Jehová, vuestro Dios. ⁴¹Le haréis fiesta a Jehová durante siete días cada año. Os será estatuto perpetuo por vuestras generaciones; en el séptimo mes la haréis. ⁴²En tabernáculos habitaréis siete días; todo natural de Israel habitará en tabernáculos, ⁴³para que sepan vuestros descendientes que en tabernáculos hice yo habitar a los hijos de Israel cuando los saqué de la tierra de Egipto. Yo, Jehová, vuestro Dios».

⁴⁴Así habló Moisés a los hijos de Israel sobre las fiestas solemnes de Jehová.

La iluminación del Tabernáculo
(Ex 27.20-21)

24 ¹Habló Jehová a Moisés y le dijo: ²«Manda a los hijos de Israel que te traigan para el alumbrado aceite puro de olivas machacadas, para hacer arder las lámparas continuamente. ³Fuera del velo del Testimonio, en el Tabernáculo de reunión, las dispondrá Aarón delante de Jehová desde la tarde hasta la mañana. Estatuto perpetuo os será por vuestras generaciones. ⁴Sobre el candelabro de oro puro dispondrá las lámparas, para que ardan siempre delante de Jehová.

Los panes de la proposición

⁵»Tomarás flor de harina, y cocerás con ella doce tortas; cada torta será de dos décimas de efa. ⁶Y las pondrás en dos hileras, seis en cada hilera, sobre la mesa de oro puro delante de Jehová.[a] ⁷Pondrás también sobre cada hilera incienso puro, y será para el pan como perfume, como ofrenda que se quema a Jehová. ⁸Cada sábado lo dispondrá sin falta delante de Jehová, en nombre de los hijos de Israel, como pacto perpetuo. ⁹Será, por derecho perpetuo, de Aarón y de sus hijos,[b] los cuales lo comerán en lugar santo, porque es una cosa muy santa que les pertenece de las ofrendas que se queman a Jehová».

Castigo del blasfemo

¹⁰En aquel tiempo, el hijo de una mujer israelita, pero de padre egipcio, salió entre los israelitas. Cuando el hijo de la israelita y un hombre de Israel riñeron en el campamento, ¹¹el hijo de la mujer israelita blasfemó, y maldijo el Nombre.[c] Entonces lo llevaron a Moisés (su madre se llamaba Selomit, hija de Dibri, de la tribu de Dan). ¹²Lo pusieron en la cárcel, hasta que les fuera declarado qué hacer por palabra de Jehová. ¹³Y Jehová habló a Moisés, y le dijo: ¹⁴«Saca al blasfemo fuera del campamento, y todos los que lo oyeron pongan sus manos sobre su cabeza, y apedréelo toda la congregación. ¹⁵Y a los hijos de Israel hablarás así: Cualquiera que maldiga a su Dios cargará con su pecado. ¹⁶El que blasfeme contra el nombre de Jehová ha de ser muerto; toda la congregación lo apedreará. Tanto el extranjero como el natural, si blasfema contra el Nombre, que muera. ¹⁷»Asimismo el hombre que hiere de

---

[i] **23.33-36** Dt 16.13-15.   [j] **23.39-43** Ex 23.16; 34.22.   [a] **24.5-6** Ex 25.30.   [b] **24.9** Mt 12.4; Mc 2.26; Lc 6.4.   [c] **24.10-11** Es decir, *el nombre del Señor*, aquel con que Jehová se reveló a su pueblo Israel (Ex 3.15).

muerte a cualquier persona, que sufra la muerte.[d]

[18]»El que hiere a algún animal ha de restituirlo, animal por animal.

[19]»El que cause una lesión a su prójimo, según lo hizo, así le sea hecho: [20]rotura por rotura, ojo por ojo, diente por diente;[e] según la lesión que le haya causado al otro, igual se hará con él.

[21]»El que hiera algún animal ha de restituirlo, pero el que hiere de muerte a un hombre, que muera.

[22]»Un mismo estatuto tendréis para el extranjero y para el natural,[f] porque yo soy Jehová, vuestro Dios».

[23]Entonces habló Moisés a los hijos de Israel, y ellos sacaron del campamento al blasfemo y lo apedrearon. Los hijos de Israel hicieron según Jehová había mandado a Moisés.

El año de reposo de la tierra y el año del jubileo

25 [1]Jehová habló a Moisés en el monte Sinaí y le dijo: [2]«Habla a los hijos de Israel y diles: Cuando hayáis entrado en la tierra que yo os doy, la tierra guardará reposo para Jehová. [3]Seis años sembrarás tu tierra, seis años podarás tu viña y recogerás sus frutos. [4]Pero el séptimo año la tierra tendrá descanso, reposo para Jehová; no sembrarás tu tierra ni podarás tu viña. [5]No segarás lo que de por sí nazca en tu tierra segada, y las uvas de tu viñedo no vendimiarás; año de reposo será para la tierra. [6]Aun en descanso, la tierra te dará de comer a ti, a tu siervo, a tu sierva, a tu criado y al extranjero que habite contigo. [7]También a tu animal y a la bestia que haya en tu tierra, servirán de alimento todos sus frutos.[a]

[8]»Contarás siete semanas de años, siete veces siete años, de modo que los días de las siete semanas de años vendrán a sumar cuarenta y nueve años. [9]Entonces harás tocar fuertemente la trompeta en el séptimo mes; el día diez del mes —el día de la expiación— haréis tocar la trompeta por toda vuestra tierra. [10]Así santificaréis el año cincuenta y pregonaréis libertad en la tierra a todos sus habitantes. Ese año os

será de jubileo, y volveréis cada uno a vuestra posesión, y cada cual volverá a su familia. [11]El año cincuenta os será jubileo; no sembraréis, ni segaréis lo que nazca de por sí en la tierra, ni vendimiaréis sus viñedos, [12]porque es el jubileo: santo será para vosotros. Del producto de la tierra comeréis.

[13]»En este año de jubileo volveréis cada uno a vuestra posesión. [14]Cuando vendáis algo a vuestro prójimo o compréis de manos de vuestro prójimo, no engañe ninguno a su hermano. [15]Conforme al número de los años transcurridos después del jubileo comprarás de tu prójimo; conforme al número de los años de cosecha te venderá él a ti. [16]Cuanto mayor sea el número de los años, aumentarás el precio, y cuanto menor sea el número, disminuirás el precio, porque según el número de las cosechas te venderá él.

[17]»No engañe ninguno a su prójimo, sino temed a vuestro Dios, porque yo soy Jehová, vuestro Dios. [18]Ejecutad, pues, mis estatutos y guardad mis ordenanzas; ponedlos por obra y habitaréis en la tierra seguros. [19]La tierra dará su fruto, comeréis hasta saciaros y habitaréis en ella con seguridad.

[20]»Quizás os preguntéis: "¿Qué comeremos el séptimo año, ya que no hemos de sembrar ni hemos de recoger nuestros frutos?". [21]Yo os enviaré mi bendición el sexto año, y ella hará que haya fruto por tres años. [22]En el octavo año sembraréis, y comeréis del fruto añejo; hasta el año noveno, hasta que venga su fruto, comeréis del añejo.

[23]»La tierra no se venderá a perpetuidad, porque la tierra mía es, y vosotros como forasteros y extranjeros sois para mí. [24]Por tanto, en toda tierra de vuestra posesión otorgaréis derecho a rescatar la tierra.

[25]»Si tu hermano empobrece y vende algo de su posesión, entonces su pariente más próximo vendrá y rescatará lo que su hermano haya vendido.

[26]»Cuando el hombre no tenga quien rescate, y consigue lo suficiente para el rescate, [27]entonces contará los años desde

---

[d]**24.17** Ex 21.12.   [e]**24.20** Ex 21.23-25; Dt 19.21; Mt 5.38.   [f]**24.22** Nm 15.16.
[a]**25.1-7** Ex 23.10-11.

que vendió, y pagará lo que falta al hombre a quien vendió, y volverá a su posesión. ²⁸ Pero si no consigue lo suficiente para que se la devuelvan, lo que vendió estará en poder del que lo compró hasta el año del jubileo; y al jubileo quedará libre, y él volverá a su posesión.

²⁹ »El hombre que venda una vivienda en una ciudad amurallada tendrá facultad de redimirla hasta el término de un año desde la venta; un año entero será el término para poderla redimir. ³⁰ Y si no es rescatada dentro de ese año, la casa que esté en la ciudad amurallada quedará para siempre en poder de aquel que la compró, y de sus descendientes; no quedará libre en el jubileo. ³¹ Pero las casas de las aldeas que no tienen muros alrededor serán estimadas como los terrenos del campo: podrán ser rescatadas y quedarán libres en el jubileo.

³² »Pero en cuanto a las ciudades de los levitas, estos podrán rescatar en cualquier tiempo las casas en las ciudades de su posesión. ³³ En el jubileo, el que haya comprado de los levitas saldrá de la casa vendida o de la ciudad de su posesión, por cuanto las casas de las ciudades de los levitas son la posesión de ellos entre los hijos de Israel. ³⁴ Pero la tierra del ejido de sus ciudades no se venderá, porque es posesión suya a perpetuidad.

³⁵ »Si tu hermano empobrece y recurre a ti, tú lo ampararás; como forastero y extranjero vivirá contigo.ᵇ ³⁶ No tomarás de él usura ni ganancia, sino tendrás temor de tu Dios, y tu hermano vivirá contigo. ³⁷ No le darás tu dinero a usuraᶜ ni tus víveres a ganancia. ³⁸ Yo soy Jehová, vuestro Dios, que os saqué de la tierra de Egipto para daros la tierra de Canaán y para ser vuestro Dios.

³⁹ »Si tu hermano empobrece estando contigo, y se vende a ti, no lo harás servir como esclavo. ⁴⁰ Como criado, como extranjero estará contigo; hasta el año del jubileo te servirá. ⁴¹ Entonces saldrá libre de tu casa junto con sus hijos, volverá a su familia y regresará a la posesión de sus padres, ⁴² porque son mis siervos, los cuales saqué yo de la tierra de Egipto: no

serán vendidos a manera de esclavos. ⁴³ No te enseñorearás de él con dureza, sino tendrás temor de tu Dios.

⁴⁴ »Los esclavos y las esclavas que tengas serán de las gentes que están a vuestro alrededor; de ellos podréis comprar esclavos y esclavas. ⁴⁵ También podréis comprar esclavos de entre los hijos y familiares de los forasteros que han nacido en vuestra tierra y viven en medio de vosotros, los cuales podrán ser de vuestra propiedad. ⁴⁶ Los podréis dejar en herencia a vuestros hijos después de vosotros, como posesión hereditaria. Para siempre os serviréis de ellos, pero sobre vuestros hermanos, los hijos de Israel, no os enseñorearéis; nadie tratará a su hermano con dureza.ᵈ

⁴⁷ »Si el forastero o el extranjero que está contigo se enriquece, y tu hermano que está junto a él empobrece y se vende al forastero o extranjero que está contigo, o a alguno de la familia del extranjero, ⁴⁸ después que se haya vendido podrá ser rescatado. Uno de sus hermanos lo rescatará, ⁴⁹ o su tío o el hijo de su tío lo rescatará, o un pariente cercano de su familia lo rescatará o, si sus medios alcanzan, él mismo se rescatará. ⁵⁰ Contará junto con el que lo compró, desde el año en que se vendió a él hasta el año del jubileo; y el precio de la venta ha de apreciarse conforme al número de los años, y se contará el tiempo que estuvo con él conforme al tiempo de un criado asalariado. ⁵¹ Si faltan aún muchos años, conforme a ellos devolverá para su rescate parte del dinero por el cual se vendió. ⁵² Y si queda poco tiempo hasta el año del jubileo, entonces hará un cálculo con él, y devolverá su rescate conforme a los años que falten. ⁵³ Como a un asalariado contratado anualmente se le tratará. No se enseñoreará sobre él con rigor ante tus ojos.

⁵⁴ »Si no se rescata en esos años, en el año del jubileo quedará libre él junto con sus hijos, ⁵⁵ porque los hijos de Israel son mis siervos; son siervos míos, a quienes yo saqué de la tierra de Egipto. Yo, Jehová, vuestro Dios.

ᵇ **25.35** Dt 15.7-8.   ᶜ **25.37** Ex 22.25; Dt 23.19-20.   ᵈ **25.39-46** Ex 21.2-6; Dt 15.12-18.

Bendiciones de la obediencia
(Dt 7.12-24; 28.1-14)

26 ¹»No haréis para vosotros ídolos ni escultura, ni os levantaréis estatua, ni pondréis en vuestra tierra piedra pintada para inclinaros ante ella, porque yo soy Jehová, vuestro Dios.ᵃ ²Guardad mis sábados y reverenciad mi santuario. Yo, Jehová.ᵇ

³»Si andáis en mis preceptos y guardáis mis mandamientos, y los ponéis por obra, ⁴yo os enviaré las lluvias a su tiempo, y la tierra y el árbol del campo darán su fruto. ⁵Vuestra trilla alcanzará hasta la vendimia y la vendimia alcanzará hasta la siembra; comeréis vuestro pan hasta saciaros y habitaréis seguros en vuestra tierra. ⁶Yo daré paz en la tierra y dormiréis sin que haya quien os espante; haré desaparecer de vuestra tierra las malas bestias y la espada no pasará por vuestro país. ⁷Perseguiréis a vuestros enemigos, que caerán a espada delante de vosotros. ⁸Cinco de vosotros perseguirán a cien y cien de vosotros perseguirán a diez mil, y vuestros enemigos caerán a filo de espada delante de vosotros, ⁹porque yo me volveré a vosotros, os haré crecer, os multiplicaré y afirmaré mi pacto con vosotros. ¹⁰Comeréis lo añejo de mucho tiempo, y desecharéis lo añejo para guardar lo nuevo.

¹¹»Yo pondré mi morada en medio de vosotros, y mi alma no os abominará. ¹²Andaré entre vosotros: seré vuestro Dios y vosotros seréis mi pueblo.ᶜ ¹³Yo soy Jehová, vuestro Dios, que os saqué de la tierra de Egipto para que no fuerais sus siervos; rompí las coyundas de vuestro yugo y os he hecho andar con el rostro erguido.

Consecuencias de la desobediencia
(Dt 28.15-68)

¹⁴»Pero si no me escucháis ni cumplís todos estos mandamientos, ¹⁵si despreciáis mis preceptos y vuestra alma menosprecia mis estatutos, si no ponéis en práctica todos mis mandamientos e invalidáis mi pacto, ¹⁶yo también haré con vosotros esto: enviaré sobre vosotros terror, extenuación y calentura, que consuman los ojos y atormenten el alma. Sembraréis en vano vuestra semilla, pues vuestros enemigos la comerán. ¹⁷Pondré mi rostro contra vosotros y seréis heridos delante de vuestros enemigos. Los que os aborrecen se enseñorearán de vosotros, y huiréis sin que haya quien os persiga.

¹⁸»Si aun con estas cosas no me escucháis, yo volveré a castigaros siete veces más por vuestros pecados. ¹⁹Quebrantaré la soberbia de vuestro orgullo, y haré vuestro cielo como hierro y vuestra tierra como bronce. ²⁰Vuestra fuerza se consumirá en vano, porque vuestra tierra no producirá nada y los árboles del campo no darán su fruto.

²¹»Si continuáis oponiéndoos a mí, y no me queréis oir, yo enviaré sobre vosotros siete veces más plagas por vuestros pecados. ²²Enviaré también contra vosotros fieras salvajes que os arrebaten vuestros hijos, destruyan vuestro ganado y os reduzcan en número, de modo que vuestros caminos queden desiertos.

²³»Si con estas cosas no os corregís, sino que continuáis oponiéndoos a mí, ²⁴yo también procederé en contra de vosotros, y os heriré aún siete veces por vuestros pecados. ²⁵Traeré sobre vosotros espada vengadora, en vindicación del pacto, y si buscáis refugio en vuestras ciudades, yo enviaré pestilencia entre vosotros y seréis entregados en manos del enemigo.

²⁶»Cuando yo os quebrante el sustento del pan, cocerán diez mujeres todo vuestro pan en un horno, y os lo devolverán tan bien medido que comeréis y no os saciaréis.

²⁷»Si aun con esto no me escucháis, sino que continuáis oponiéndoos a mí, ²⁸yo procederé en contra de vosotros con ira, y os castigaré aun siete veces por vuestros pecados. ²⁹Comeréis la carne de vuestros hijos y comeréis la carne de vuestras hijas. ³⁰Destruiré vuestros lugares altos, derribaré vuestras imágenes, pondré vuestros cuerpos muertos sobre los cuerpos muertos de vuestros ídolos, y mi alma os abominará. ³¹Dejaré desiertas vuestras ciudades, asolaré vuestros santuarios y no oleré la fragancia de vuestro suave perfume.

ᵃ **26.1** Ex 20.4; Lv 19.4; Dt 5.8; 16.21-22. ᵇ **26.2** Lv 19.30. ᶜ **26.11-12** 2 Co 6.16; Ap 21.3.

³²»Asolaré también la tierra, y se pasmarán por ello vuestros enemigos que en ella habiten. ³³A vosotros os esparciré entre las naciones, y desenvainaré la espada en pos de vosotros. Vuestra tierra quedará asolada y desiertas vuestras ciudades. ³⁴Entonces la tierra gozará sus días de reposo durante todos los días que esté asolada, mientras vosotros estéis en la tierra de vuestros enemigos; la tierra descansará entonces y gozará sus días de reposo. ³⁵Durante todo el tiempo que esté asolada, descansará por lo que no reposó en los días de reposo cuando habitabais en ella.

³⁶»A los que queden de vosotros, les infundiré tal cobardía en sus corazones, en la tierra de sus enemigos, que el sonido de una hoja que se mueva los hará huir como se huye ante la espada, y caerán sin que nadie los persiga. ³⁷Tropezarán los unos con los otros como si huyeran ante la espada, aunque nadie los persiga, y no podréis resistir en presencia de vuestros enemigos. ³⁸Pereceréis entre las naciones, y la tierra de vuestros enemigos os consumirá. ³⁹Y los que queden de vosotros, se consumirán en las tierras de vuestros enemigos por su iniquidad, y se consumirán junto con sus padres por la iniquidad de ellos.

⁴⁰»Entonces confesarán su iniquidad y la iniquidad de sus padres, la rebeldía con que se rebelaron contra mí, y también porque se opusieron a mí. ⁴¹Por eso yo me enfrentaré a ellos y los haré entrar en la tierra de sus enemigos. Entonces se humillará su corazón incircunciso y reconocerán su pecado. ⁴²Y yo me acordaré de mi pacto con Jacob, y asimismo de mi pacto con Isaac, y también de mi pacto con Abraham*d* me acordaré, y haré memoria de la tierra. ⁴³Pero la tierra será abandonada por ellos y gozará sus días de reposo, mientras quede desierta a causa de ellos, y entonces se someterán al castigo de sus iniquidades, por cuanto menospreciaron mis ordenanzas y su alma desdeñó mis estatutos.

⁴⁴»Aun con todo esto, cuando ellos estén en tierra de sus enemigos, yo no los desecharé, ni los abominaré hasta consumirlos, invalidando mi pacto con ellos, porque yo, Jehová, soy su Dios. ⁴⁵Antes me acordaré de ellos por el pacto antiguo, cuando los saqué de la tierra de Egipto a los ojos de las naciones para ser su Dios. Yo, Jehová».

⁴⁶Estos son los estatutos, preceptos y leyes que estableció Jehová entre él y los hijos de Israel en el monte Sinaí por medio de Moisés.

Cosas consagradas a Dios

27 ¹Habló Jehová a Moisés y le dijo: ²«Habla a los hijos de Israel y diles: Cuando alguien haga un voto especial a Jehová, según la estimación de las personas que se hayan de redimir, lo estimarás así: ³Al hombre de veinte años hasta sesenta, lo estimarás en cincuenta siclos de plata, según el siclo del santuario. ⁴Si es mujer, la estimarás en treinta siclos. ⁵Si tiene entre cinco y veinte años de edad, al hombre lo estimarás en veinte siclos, y a la mujer en diez siclos. ⁶Entre un mes y cinco años de edad, entonces estimarás al hombre en cinco siclos de plata, y a la mujer en tres siclos de plata. ⁷Pero si tiene sesenta años de edad o más, al hombre lo estimarás en quince siclos, y a la mujer en diez siclos. ⁸Pero si es muy pobre para pagar tu estimación, entonces será llevado ante el sacerdote, quien fijará el precio; conforme a la posibilidad del que hizo el voto, le fijará precio el sacerdote.

⁹»Si se trata de un animal de los que se pueden ofrecer a Jehová, todo lo que de los tales se dé a Jehová será santo. ¹⁰No será cambiado ni trocado, bueno por malo, ni malo por bueno; y si se permuta un animal por otro, tanto él como su sustituto serán sagrados.

¹¹»Si se trata de algún animal inmundo, de los que no se pueden ofrecer a Jehová, entonces el animal será puesto delante del sacerdote, ¹²y el sacerdote lo valorará, sea bueno o sea malo; conforme a la estimación del sacerdote, así será. ¹³Y si lo quiere rescatar, añadirá a tu valuación la quinta parte.

¹⁴»Cuando alguien dedique su casa consagrándola a Jehová, la valorará el sacerdote, sea buena o sea mala; según la valore el sacerdote, así quedará. ¹⁵Pero si

---

d **26.42** Sobre este *pacto* de Dios con *Abraham* y ratificado a sus descendientes, cf. Gn 17.7-8; 26.3-4; 28.13-14.

el que dedicó su casa desea rescatarla, añadirá a tu valuación la quinta parte de su valor, y será suya.

¹⁶ »Si alguien dedica una parte de la tierra de su posesión a Jehová, tu estimación será conforme a su siembra: un homer de siembra de cebada se valorará en cincuenta siclos de plata. ¹⁷ Y si dedica su tierra desde el año del jubileo, conforme a tu estimación quedará. ¹⁸ Pero si después del jubileo dedica su tierra, entonces el sacerdote sacará la cuenta del dinero conforme a los años que queden hasta el año del jubileo, y se rebajará de tu estimación.

¹⁹ »Si el que dedicó la tierra quiere redimirla, añadirá a tu estimación la quinta parte de su precio, y así volverá a ser suyo. ²⁰ Pero si él no rescata la tierra, y la tierra se vende a otro, no la rescatará más, ²¹ sino que cuando quede libre en el jubileo, la tierra será santa para Jehová, como tierra consagrada: será la posesión del sacerdote.

²² »Si alguien dedica a Jehová un terreno que compró y que no forma parte de la tierra de su herencia, ²³ entonces el sacerdote calculará con él la suma de tu estimación hasta el año del jubileo, y aquel día él pagará el precio señalado, como cosa consagrada a Jehová. ²⁴ En el año del jubileo volverá la tierra a aquel de quien él la compró, es decir, al verdadero heredero de la tierra.

²⁵ »Todo lo que valores será conforme al siclo del santuario; el siclo tiene veinte geras.

²⁶ »Pero el primogénito de los animales, que por la primogenitura es de Jehová, nadie lo dedicará; sea buey u oveja, de Jehová es.ᵃ ²⁷ Si se trata de un animal inmundo, lo rescatarán conforme a tu estimación, y añadirán sobre ella la quinta parte de su precio; y si no lo rescatan, se venderá conforme a tu estimación.

²⁸ »No se venderá ni se rescatará ninguna cosa consagrada que alguien haya dedicado a Jehová; de todo lo que tenga, ya sea hombres, animales o tierras de su posesión, todo lo consagradoᵇ será cosa santísima para Jehová. ²⁹ Ninguna persona separada como anatema podrá ser rescatada; indefectiblemente ha de ser muerta.

³⁰ »El diezmo de la tierra, tanto de la simiente de la tierra como del fruto de los árboles, es de Jehová: es cosa dedicada a Jehová. ³¹ Si alguien quiere rescatar algo del diezmo, añadirá la quinta parte de su precio por ello.

³² »Todo diezmo de vacas o de ovejas, de todo lo que pasa bajo la vara, el diezmo será consagrado a Jehová. ³³ No mirará si es bueno o malo, ni lo cambiará; y si lo cambia, tanto él como el que se dio a cambio serán cosas sagradas: no podrán ser rescatados».ᶜ

³⁴ Estos son los mandamientos que ordenó Jehová a Moisés para los hijos de Israel en el monte Sinaí.

ᵃ **27.26** Ex 13.1-2,11-16; 22.29-30. ᵇ **27.28** Nm 18.14. ᶜ **27.30-33** Nm 18.21; Dt 14.22-29; Mal 3.8-10.

NÚMEROS

INTRODUCCIÓN

El cuarto libro del Pentateuco se titula Números (=Nm) debido a que en su texto aparecen dos censos del pueblo de Israel (cap. 1 y 26), el reparto del botín de guerra tras la victoria de los israelitas sobre los madianitas (31) y ciertas precisiones de orden cuantitativo relacionadas con los sacrificios y las ofrendas (7; 15; 28–29).

En Números se pone de relieve la personalidad y la obra de Moisés, el gran libertador y legislador del pueblo de Israel. A esta misión añade ahora la de organizar a los israelitas y guiarlos durante los años de su peregrinación en busca de la Tierra prometida. A causa de los agobios del penoso caminar hacia una meta todavía desconocida, el pueblo protesta y se rebela una y otra vez. En sus quejas, incluso añora como mejores tiempos los pasados bajo el yugo egipcio. Con esta actitud, los israelitas no cesan de provocar la ira de Dios, y atraen mayores desventuras sobre Israel (cf., p.e., cap. 14). Pese a tan constantes faltas de fidelidad, el Señor no deja de manifestarse compasivo y perdonador: Así Jehová, hablando con Moisés «cara a cara... y no con enigmas» (12.8), lo escucha cuando este intercede a favor del pueblo y le ruega que perdone a los culpables (11.2; 12.13; 14.13-19; 21.7).

El relato de Números continúa de cierta manera la historia del Éxodo e informa de los movimientos de Israel después de su permanencia en el Sinaí, hasta la llegada al Jordán: los preparativos para reanudar el camino (cap. 1–8), la celebración de la Pascua (cap. 9), la marcha hasta Moab (cap. 10.11–21.35), su permanencia allí (cap. 22–32) y las instrucciones junto al Jordán (cap. 33—36). La estructura literaria del libro consiste más bien en una cadena de secuencias yuxtapuestas, independientes entre sí, que alternan contenidos narrativos de fácil lectura con otros muy densos, de carácter jurídico, legal, censual o cúltico.

Esquema del contenido

1. La permanencia en el Sinaí (1.1—10.10)
2. La larga marcha hasta Moab (10.11—21.35)
3. En las llanuras de Moab (22.1—36.13)

Censo de Israel en Sinaí

1 ¹ Habló Jehová a Moisés en el desierto de Sinaí, en el Tabernáculo de reunión, el primer día del segundo mes, el año segundo de su salida de la tierra de Egipto, y le dijo: ² «Haced el censo*a* de toda la congregación de los hijos de Israel, por sus familias y por las casas de sus padres, registrando uno por uno los nombres de todos los hombres. ³ De veinte años para arriba, tú y Aarón registraréis a todos los que pueden salir a la guerra en Israel, según el orden de sus ejércitos. ⁴ Y estará con vosotros un hombre de cada tribu, uno que sea jefe de la casa de sus padres. ⁵ Estos son los nombres de los hombres que estarán con vosotros:

»de la tribu de Rubén, Elisur hijo de Sedeur;

⁶ »de Simeón, Selumiel hijo de Zurisadai;

⁷ »de Judá, Naasón hijo de Aminadab;

⁸ »de Isacar, Natanael hijo de Zuar;

⁹ »de Zabulón, Eliab hijo de Helón;

¹⁰ »de los hijos de José: de Efraín, Elisama hijo de Amiud; de Manasés, Gamaliel hijo de Pedasur;

a **1.2-3** Ex 30.11-16. Cf. el censo posterior en Nm 26.1-51.

11 »de Benjamín, Abidán hijo de Gedeoni;

12 »de Dan, Ahiezer hijo de Amisadai;

13 »de Aser, Pagiel hijo de Ocrán;

14 »de Gad, Eliasaf hijo de Deuel;*b*

15 »de Neftalí, Ahira hijo de Enán».

16 Estos fueron los nombrados de entre la congregación, príncipes de las tribus de sus padres, capitanes de los millares de Israel.

17 Tomaron, pues, Moisés y Aarón a estos hombres que fueron designados por sus nombres, 18 y reunieron a toda la congregación el día primero del mes segundo. Entonces fueron registrados por familias y según las casas de sus padres, anotando uno por uno los nombres de los de veinte años para arriba. 19 Tal como Jehová se lo había mandado, Moisés los contó en el desierto de Sinaí.

20 Hijos y descendientes de Rubén, primogénito de Israel, registrados por familias y según las casas de sus padres, y anotados uno por uno los nombres de todos los hombres de veinte años para arriba, o sea, todos los que podían salir a la guerra; 21 fueron contados de la tribu de Rubén cuarenta y seis mil quinientos.

22 Hijos y descendientes de Simeón, registrados por familias y según las casas de sus padres, y anotados uno por uno los nombres de todos los hombres de veinte años para arriba, o sea, todos los que podían salir a la guerra; 23 fueron contados de la tribu de Simeón cincuenta y nueve mil trescientos.

24 Hijos y descendientes de Gad, registrados por familias y según las casas de sus padres, y anotados los nombres de los de veinte años para arriba, o sea, todos los que podían salir a la guerra; 25 fueron contados de la tribu de Gad cuarenta y cinco mil seiscientos cincuenta.

26 Hijos y descendientes de Judá, registrados por familias y según las casas de sus padres, y anotados los nombres de los de veinte años para arriba, o sea, todos los que podían salir a la guerra; 27 fueron contados de la tribu de Judá setenta y cuatro mil seiscientos.

28 Hijos y descendientes de Isacar, registrados por familias y según las casas de sus padres, y anotados los nombres de los de veinte años para arriba, o sea, todos los que podían salir a la guerra; 29 fueron contados de la tribu de Isacar cincuenta y cuatro mil cuatrocientos.

30 Hijos y descendientes de Zabulón, registrados por familias y según las casas de sus padres, y anotados los nombres de los de veinte años para arriba, o sea, todos los que podían salir a la guerra; 31 fueron contados de la tribu de Zabulón cincuenta y siete mil cuatrocientos.

32 Hijos de José: los hijos y descendientes de Efraín, registrados por familias y según las casas de sus padres, y anotados los nombres de los de veinte años para arriba, o sea, todos los que podían salir a la guerra; 33 fueron contados de la tribu de Efraín cuarenta mil quinientos. 34 Y de los hijos y descendientes de Manasés, registrados por familias y según las casas de sus padres, y anotados los nombres de los de veinte años para arriba, o sea, todos los que podían salir a la guerra; 35 fueron contados de la tribu de Manasés treinta y dos mil doscientos.

36 Hijos y descendientes de Benjamín, registrados por familias y según las casas de sus padres, y anotados los nombres de los de veinte años para arriba, o sea, todos los que podían salir a la guerra; 37 fueron contados de la tribu de Benjamín treinta y cinco mil cuatrocientos.

38 Hijos y descendientes de Dan, registrados por familias y según las casas de sus padres, y anotados los nombres de los de veinte años para arriba, o sea, todos los que podían salir a la guerra; 39 fueron contados de la tribu de Dan sesenta y dos mil setecientos.

40 Hijos y descendientes de Aser, registrados por familias y según las casas de sus padres, y anotados los nombres de los de veinte años para arriba, o sea, todos los que podían salir a la guerra; 41 fueron contados de la tribu de Aser cuarenta y un mil quinientos.

42 Hijos y descendientes de Neftalí, registrados por familias y según las casas de sus padres, y anotados los nombres de los de veinte años para arriba, o sea, todos los que podían salir a la guerra; 43 fueron

---

b **1.14** *Reuel*, según Nm 2.14 y la versión griega (LXX). Cf. Nm 7.42; 10.20.

contados de la tribu de Neftalí cincuenta y tres mil cuatrocientos.

44 Estos fueron los registrados por Moisés y Aarón, junto con los príncipes de Israel, uno por cada casa paterna. **45** Y todos los hijos de Israel de veinte años para arriba, todos los que podían salir a la guerra en Israel, **46** fueron registrados por familias; y fueron contados seiscientos tres mil quinientos cincuenta.

Nombramiento de los levitas

47 Pero los levitas, por sus familias, no fueron registrados junto con ellos, **48** porque Jehová le había dicho a Moisés: **49** «Solamente no contarás a la tribu de Leví, ni harás el censo de ellos entre los hijos de Israel, **50** sino que confiarás a los levitas el tabernáculo del Testimonio,ᶜ con todos sus utensilios y todas las cosas que le pertenecen. Ellos llevarán el Tabernáculo y todos sus enseres, servirán en él y acamparán alrededor del Tabernáculo. **51** Cuando el Tabernáculo haya de trasladarse, los levitas lo desarmarán, y cuando el Tabernáculo haya de detenerse, los levitas lo armarán. Y el extraño que se acerque, morirá. **52** Los hijos de Israel acamparán cada uno en su campamento, y cada uno junto a su bandera, según el orden de sus ejércitos. **53** Pero los levitas acamparán alrededor del tabernáculo del Testimonio, para que no se desate la ira sobre la congregación de los hijos de Israel. Los levitas tendrán la custodia del tabernáculo del Testimonio».

54 E hicieron los hijos de Israel conforme a todas las cosas que mandó Jehová a Moisés. Así lo hicieron.

Campamentos y jefes de las tribus

2 **1** Habló Jehová a Moisés y a Aarón, y les dijo: **2** «Los hijos de Israel acamparán alrededor del Tabernáculo de reunión, cada uno junto a su bandera, bajo las enseñas de las casas de sus padres.

3 »Estos acamparán al frente, hacia el este: la bandera del campamento de Judá, según el orden de sus ejércitos. El jefe de los hijos de Judá era Naasón hijo de Aminadab. **4** Su cuerpo de ejército, según el censo: 74.600 hombres. **5** Junto a él acamparán los de la tribu de Isacar. El jefe de los hijos de Isacar era Natanael hijo de Zuar. **6** Su cuerpo de ejército, según el censo: 54.400 hombres. **7** También acampará la tribu de Zabulón. El jefe de los hijos de Zabulón era Eliab hijo de Helón. **8** Su cuerpo de ejército, según el censo: 57.400. **9** Todos los censados en el campamento de Judá, 186.400 hombres, marcharán delante según el orden de sus ejércitos.

10 »La bandera del campamento de Rubén estará al sur, según el orden de sus ejércitos. El jefe de los hijos de Rubén era Elisur hijo de Sedeur. **11** Su cuerpo de ejército, según el censo: 46.500. **12** Acamparán junto a él los de la tribu de Simeón. El jefe de los hijos de Simeón era Selumiel hijo de Zurisadai. **13** Su cuerpo de ejército, según el censo: 59.300. **14** También acampará la tribu de Gad. El jefe de los hijos de Gad era Eliasaf hijo de Reuel. **15** Su cuerpo de ejército, según el censo: 45.650. **16** Todos los censados en el campamento de Rubén, 151.450 hombres, marcharán los segundos según el orden de sus ejércitos.

17 »Luego irá el Tabernáculo de reunión, con el campamento de los levitas, en medio de los campamentos. En el orden en que acamparon, así marchará cada uno junto a su bandera.

18 »Al occidente, la bandera del campamento de Efraín, según el orden de sus ejércitos. El jefe de los hijos de Efraín era Elisama hijo de Amiud. **19** Su cuerpo de ejército, según el censo: 40.500. **20** Junto a él estará la tribu de Manasés. El jefe de los hijos de Manasés era Gamaliel hijo de Pedasur. **21** Su cuerpo de ejército, según el censo: 32.200. **22** También acampará la tribu de Benjamín. El jefe de los hijos de Benjamín era Abidán hijo de Gedeoni. **23** Su cuerpo de ejército, según el censo: 35.400. **24** Todos los censados en el campamento de Efraín, 108.100 hombres, marcharán los terceros según el orden de sus ejércitos.

25 »La bandera del campamento de Dan estará al norte, según el orden de sus ejércitos. El jefe de los hijos de Dan era Ahiezer hijo de Amisadai. **26** Su cuerpo de ejército, según el censo: 62.700. **27** Junto a él acamparán los de la tribu de Aser. El

---

ᶜ **1.50** Es decir, *el Tabernáculo de reunión* ; cf. Ex 26; 27.21.

jefe de los hijos de Aser era Pagiel hijo de Ocrán. [28] Su cuerpo de ejército, según el censo: 41.500. [29] También acampará la tribu de Neftalí. El jefe de los hijos de Neftalí era Ahira hijo de Enán. [30] Su cuerpo de ejército, según el censo: 53.400. [31] Todos los censados en el campamento de Dan, 157.600, marcharán los últimos tras sus banderas».

[32] Estos fueron los hijos de Israel censados según las casas de sus padres. Todos los registrados por campamentos, según el orden de sus ejércitos: 603.550. [33] Pero los levitas no fueron contados entre los hijos de Israel, como Jehová lo mandó a Moisés.

[34] E hicieron los hijos de Israel conforme a todas las cosas que Jehová mandó a Moisés. Así acamparon bajo sus banderas, y así marcharon cada uno por sus familias, según las casas de sus padres.

Censo y deberes de los levitas

3 [1] Estos eran los descendientes de Aarón y de Moisés, en el día en que Jehová habló a Moisés en el monte Sinaí. [2] Estos son los nombres de los hijos de Aarón:[a] Nadab, el primogénito, Abiú, Eleazar e Itamar. [3] Estos son los nombres de los hijos de Aarón, sacerdotes ungidos, a los cuales consagró para ejercer el sacerdocio. [4] Pero Nadab y Abiú murieron delante de Jehová cuando ofrecieron fuego extraño delante de Jehová[b] en el desierto de Sinaí. Y no tuvieron hijos. Eleazar e Itamar ejercieron el sacerdocio en presencia de Aarón su padre.

[5] Jehová habló a Moisés y le dijo: [6] «Haz que se acerque la tribu de Leví, y ponla delante del sacerdote Aarón, para que lo sirvan. [7] Estarán a su servicio y al de toda la congregación delante del Tabernáculo de reunión, sirviendo en el ministerio del Tabernáculo. [8] Cuidarán de todos los utensilios del Tabernáculo de reunión, y de todo lo encargado a ellos por los hijos de Israel, ministrando en el servicio del Tabernáculo. [9] Confiarás los levitas a Aarón y a sus hijos, pues le son enteramente dados de entre los hijos de Israel.[c] [10] A

Aarón y a sus hijos les encargarás que ejerzan su sacerdocio. Y el extraño que se acerque, morirá».

[11] Jehová habló a Moisés y le dijo: [12] «Yo he tomado a los levitas de entre los hijos de Israel en lugar de todos los primogénitos, los primeros nacidos entre los hijos de Israel; serán, pues, míos los levitas [13] porque mío es todo primogénito. Desde el día en que yo hice morir a todos los primogénitos en la tierra de Egipto, santifiqué para mí a todos los primogénitos en Israel, tanto de hombres como de animales.[d] Míos serán. Yo, Jehová».

[14] Jehová habló a Moisés en el desierto de Sinaí, y le dijo: [15] «Haz un censo de los hijos de Leví según las casas de sus padres y por familias: registrarás a todos los varones de un mes para arriba». [16] Y Moisés los registró conforme a la palabra de Jehová, como le fue mandado.

[17] Los nombres de los hijos de Leví fueron estos: Gersón, Coat y Merari. [18] Los nombres de los hijos de Gersón por sus familias son estos: Libni y Simei. [19] Los hijos de Coat por sus familias son: Amram, Izhar, Hebrón y Uziel. [20] Los hijos de Merari por sus familias: Mahli y Musi. Estas son las familias de Leví, según las casas de sus padres.[e] [21] De Gersón procedía la familia de Libni y la de Simei; esas son las familias de Gersón. [22] Los registrados de ellos, contando a todos los varones de un mes para arriba, fueron 7.500. [23] Las familias de Gersón acampaban a espaldas del Tabernáculo, al occidente. [24] El jefe del linaje de los gersonitas era Eliasaf hijo de Lael. [25] Los hijos de Gersón estaban encargados, en el Tabernáculo de reunión, de la tienda y su cubierta, la cortina de la puerta del Tabernáculo de reunión, [26] las cortinas del atrio y la cortina de la puerta del atrio que rodea el Tabernáculo y el altar; así como de las cuerdas necesarias para todo el servicio.[f] [27] De Coat procedía la familia de los amramitas, la familia de los izharitas, la familia de los hebronitas y la familia de los uzielitas; esas son las familias coatitas.

---

[a] **3.2** Ex 6.23; Nm 26.60.   [b] **3.4** Lv 10.1-2; Nm 26.61.   [c] **3.9** Aarón y sus hijos eran los sacerdotes; los demás *levitas* estaban al servicio de ellos. Cf. Nm 8.19.   [d] **3.13** Ex 13.2,11-16.
[e] **3.17-20** Ex 6.16-19.   [f] **3.25-26** Nm 4.24-28.

²⁸ El número de todos los varones de un mes para arriba era de 8.600. Tenían la custodia del santuario. ²⁹ Las familias de los hijos de Coat acampaban al lado del Tabernáculo, hacia el sur. ³⁰ El jefe del linaje de las familias de Coat era Elizafán hijo de Uziel. ³¹ A su cuidado estaban el Arca, la mesa, el candelabro, los altares, los utensilios del santuario con que ministran, el velo y todo su servicio.^{g}

³² El principal de los jefes de los levitas era Eleazar, hijo del sacerdote Aarón, jefe de los que tienen la custodia del santuario.

³³ De Merari era la familia de los mahlitas y la familia de los musitas; esas son las familias de Merari. ³⁴ Los registrados de ellos, contando a todos los varones de un mes para arriba, fueron 6.200 hombres. ³⁵ El jefe de la casa paterna de Merari era Zuriel hijo de Abihail. Acampaban al lado del Tabernáculo, hacia el norte. ³⁶ A cargo de los hijos de Merari estaba la custodia de las tablas del Tabernáculo, sus barras, sus columnas, sus basas y todos sus enseres, con todo su servicio, ³⁷ así como las columnas alrededor del atrio, sus basas, sus estacas y sus cuerdas.

³⁸ Al oriente, frente al santuario y delante del Tabernáculo de reunión, hacia el este, acampaban Moisés, Aarón y sus hijos, que estaban a cargo de la custodia del santuario en nombre de los hijos de Israel. Y el extraño que se acercara, debería morir.

³⁹ Todos los levitas censados, que Moisés y Aarón registraron por familias, conforme a la palabra de Jehová, todos los varones de un mes para arriba, fueron 22.000.

Rescate de los primogénitos

⁴⁰ Jehová dijo a Moisés:

«Haz un censo de todos los primogénitos varones entre los hijos de Israel de un mes para arriba, y registra sus nombres. ⁴¹ Luego tomarás para mí a los levitas en lugar de todos los primogénitos de los hijos de Israel, y los animales de los levitas en lugar de todos los primogénitos de los animales de los hijos de Israel. Yo, Jehová».

⁴² Moisés hizo el censo, como Jehová le mandó, de todos los primogénitos de los hijos de Israel. ⁴³ Y todos los primogénitos varones registrados por nombre, de un mes para arriba, fueron 22.273.

⁴⁴ Luego habló Jehová a Moisés y le dijo: ⁴⁵ «Toma a los levitas en lugar de todos los primogénitos de los hijos de Israel, y los animales de los levitas en lugar de sus animales, y los levitas serán míos. Yo, Jehová. ⁴⁶ Pero para el rescate de los doscientos setenta y tres primogénitos de los hijos de Israel que exceden a los levitas, ⁴⁷ tomarás cinco siclos por cabeza; conforme al siclo del santuario los tomarás (el siclo tiene veinte geras). ⁴⁸ Entregarás a Aarón y a sus hijos el dinero del rescate de los que exceden».

⁴⁹ Tomó, pues, Moisés el dinero del rescate de los que excedían el número de los redimidos por los levitas, ⁵⁰ y recibió de los primogénitos de los hijos de Israel, en dinero, mil trescientos sesenta y cinco siclos, conforme al siclo del santuario. ⁵¹ Después Moisés entregó el dinero de los rescates a Aarón y a sus hijos, conforme a la palabra de Jehová, según lo que Jehová le había mandado.

El servicio de los levitas

4 ¹ Habló Jehová a Moisés y a Aarón, y les dijo: ² «Haced un censo de los hijos de Coat entre los hijos de Leví, por sus familias y según las casas de sus padres, ³ de treinta años^a para arriba, hasta los cincuenta años de edad, de todos los que puedan entrar en el servicio del Tabernáculo de reunión.

⁴ »El oficio de los hijos de Coat en el Tabernáculo de reunión, en el Lugar santísimo, será este: ⁵ Cuando haya que mudar el campamento, vendrán Aarón y sus hijos, desarmarán el velo de la tienda y cubrirán con él el Arca del testimonio. ⁶ Pondrán sobre ella la cubierta de pieles de tejones, extenderán encima un paño todo de azul y le pondrán sus varas. ⁷ Sobre la mesa de la proposición^b extenderán un paño azul, y pondrán sobre ella las escudillas, las cucharas, las copas y los tazones para libar; el pan estará continuamente

---

^{g} **3.31** Nm 4.14-15. ^{a} **4.3** La edad mínima para servir en el culto del *Tabernáculo* fue variando en Israel de tiempo en tiempo. Cf. Nm 8.24; 1 Cr 23.3,27-32. ^{b} **4.7** Ex 25.30; Lv 24.5-8.

sobre ella. [8] También extenderán sobre ella un paño carmesí que cubrirán con la cubierta de pieles de tejones. Luego le pondrán sus varas. [9] Tomarán un paño azul y cubrirán el candelabro del alumbrado, sus lámparas, sus despabiladeras, sus platillos y todos los utensilios del aceite con que se sirve. [10] Lo pondrán con todos sus utensilios en una cubierta de pieles de tejones y lo colocarán sobre unas varas para transportarlo.

[11] »Sobre el altar de oro extenderán un paño azul, lo cubrirán con la cubierta de pieles de tejones, y le pondrán sus varas. [12] Tomarán todos los utensilios del servicio de que hacen uso en el santuario, los pondrán en un paño azul, los cubrirán con una cubierta de pieles de tejones y los colocarán sobre unas varas para transportarlo. [13] Quitarán la ceniza del altar[c] y extenderán sobre él un paño de púrpura. [14] Pondrán sobre él todos los instrumentos que se emplean en su servicio: las paletas, los garfios, los braseros y los tazones, todos los utensilios del altar. Extenderán sobre él la cubierta de pieles de tejones y le pondrán además las varas. [15] Después que acaben Aarón y sus hijos de cubrir el santuario y todos los utensilios del santuario, cuando haya que mudar el campamento, llegarán los hijos de Coat para llevarlos, pero no tocarán ninguna cosa santa, no sea que mueran. Estas serán las cosas que cargarán los hijos de Coat en el Tabernáculo de reunión. [16] Pero a cargo de Eleazar, hijo del sacerdote Aarón, estará el aceite del alumbrado, el incienso aromático, la ofrenda continua y el aceite de la unción. También cuidará de todo el Tabernáculo y de todo lo que está en él, del santuario y de sus utensilios».[d]

[17] Habló Jehová a Moisés y a Aarón, y les dijo: [18] «No permitáis que desaparezca la tribu de las familias de Coat de entre los levitas. [19] Para que ellos vivan y no mueran cuando se acerquen a los objetos santísimos, haréis esto: Aarón y sus hijos irán y pondrán a cada uno de ellos en su oficio y junto a su carga. [20] No entrarán para ver cuando cubran las cosas santas, porque morirán».

[21] Jehová habló a Moisés y le dijo: [22] «Haz también un censo de los hijos de Gersón según las casas de sus padres y por familias. [23] Registrarás a los de treinta años para arriba hasta cincuenta años de edad; es decir, todos los que puedan entrar en el servicio del Tabernáculo de reunión.

[24] »Este será el oficio de las familias de Gersón, su ministerio y su carga: [25] Llevarán las cortinas del Tabernáculo, el Tabernáculo de reunión, su cubierta, la cubierta de pieles de tejones que está encima de él, la cortina de la puerta del Tabernáculo de reunión, [26] las cortinas del atrio, la cortina de la puerta del atrio que rodea el Tabernáculo y el altar, sus cuerdas y todos los instrumentos de su servicio, y para todo lo que será hecho por ellos; así servirán. [27] Bajo las órdenes de Aarón y de sus hijos desempeñarán todo su ministerio los hijos de Gersón, en todas sus funciones y en todo su servicio. Les encomendaréis el cuidado de toda su carga. [28] Este es el servicio de las familias de los hijos de Gersón en el Tabernáculo de reunión. Lo llevarán a cabo bajo la dirección de Itamar, hijo del sacerdote Aarón.

[29] »Harás un censo de los hijos de Merari, por familias y según las casas de sus padres. [30] Registrarás desde el de treinta años para arriba hasta el de cincuenta años de edad; es decir, todos los que puedan entrar en el servicio del Tabernáculo de reunión. [31] Su responsabilidad en cuanto a su servicio en el Tabernáculo de reunión será transportar las tablas del Tabernáculo, sus barras, sus columnas y sus basas, [32] las columnas del atrio que lo rodea y sus basas, sus estacas y sus cuerdas, con todos sus instrumentos y todo lo que se necesita para su servicio. Asignaréis por sus nombres todos los utensilios que ellos tienen que transportar. [33] Este será el servicio de las familias de los hijos de Merari durante todo su ministerio en el Tabernáculo de reunión, bajo la dirección de Itamar, hijo del sacerdote Aarón».

[34] Moisés, pues, y Aarón, y los jefes de la congregación, hicieron el censo de los hijos de Coat por familias y según las casas de sus padres, [35] desde el de edad de treinta años para arriba hasta el de

---

[c] 4.13 Ex 27.1-8; 38.1-7.   [d] 4.4-16 Nm 3.27-32.

cincuenta años de edad; es decir, todos los que podían entrar en el servicio del Tabernáculo de reunión. ³⁶ Y los registrados por familias fueron dos mil setecientos cincuenta. ³⁷ Estos fueron los registrados de las familias de Coat, todos los que ministran en el Tabernáculo de reunión, los cuales registraron Moisés y Aarón, como lo mandó Jehová por medio de Moisés.

³⁸ Se hizo el censo de los hijos de Gersón por familias y según las casas de sus padres, ³⁹ desde el de edad de treinta años para arriba hasta el de cincuenta años de edad; es decir, de todos los que podían entrar en el servicio del Tabernáculo de reunión. ⁴⁰ Los registrados, por familias y según las casas de sus padres, fueron dos mil seiscientos treinta. ⁴¹ Estos fueron los registrados de las familias de los hijos de Gersón, todos los que ministran en el Tabernáculo de reunión, los cuales registraron Moisés y Aarón por mandato de Jehová.

⁴² Se hizo el censo de las familias de los hijos de Merari por familias y según las casas de sus padres, ⁴³ desde el de edad de treinta años para arriba hasta el de cincuenta años de edad; es decir, de todos los que podían entrar en el servicio del Tabernáculo de reunión. ⁴⁴ Los registrados por familias fueron tres mil doscientos. ⁴⁵ Estos fueron los registrados de las familias de los hijos de Merari, según el censo hecho por Moisés y Aarón, según lo mandó Jehová por medio de Moisés.

⁴⁶ Todos los levitas que Moisés, Aarón y los jefes de Israel registraron por familias y según las casas de sus padres, ⁴⁷ desde el de edad de treinta años para arriba hasta el de cincuenta años de edad, todos los que podían entrar en el servicio y el transporte del Tabernáculo de reunión, ⁴⁸ fueron, según el censo, ocho mil quinientos ochenta. ⁴⁹ Como lo mandó Jehová por medio de Moisés, fueron registrados, cada uno según su oficio y según su carga: su censo lo hizo él, como le fue mandado.

Expulsión de los impuros

5 ¹ Jehová habló a Moisés y le dijo: ² «Manda a los hijos de Israel que echen del campamento a todo leproso, a todos los que padecen flujo⁷ de semen y a todo impuro por contacto con muerto. ³ Tanto a hombres como a mujeres echaréis; fuera del campamento los echaréis, para que no contaminen el campamento de aquellos entre los cuales yo habito».

⁴ Así lo hicieron los hijos de Israel: los echaron fuera del campamento. Como Jehová lo dijo a Moisés, así lo hicieron los hijos de Israel.

Ley sobre la restitución

⁵ Jehová habló a Moisés y le dijo: ⁶ «Di a los hijos de Israel: El hombre o la mujer que cometa cualquiera de los pecados con que los hombres son infieles contra Jehová, se hace culpable. ⁷ Aquella persona confesará el pecado que cometió, compensará enteramente el daño, añadirá sobre ello la quinta parte y lo dará a aquel contra quien pecó. ⁸ Y si aquel hombre no tiene pariente al cual sea compensado el daño, se dará la indemnización del agravio a Jehová entregándola al sacerdote, además del carnero de las expiaciones, con que el sacerdote hará expiación por él.ᵇ

⁹ »Cualquier ofrenda de todas las cosas santas que los hijos de Israel presenten al sacerdote, suya será. ¹⁰ Y lo santificado por cualquiera será suyo; asimismo lo que cualquiera dé al sacerdote, suyo será».

Ley sobre los celos

¹¹ Jehová habló a Moisés y le dijo: ¹² «Habla a los hijos de Israel y diles: Si la mujer de alguien se descarría y le es infiel, ¹³ y alguien cohabita con ella sin que su marido lo haya visto, por haberse ella mancillado ocultamente, ni haya ningún testigo contra ella ni ella haya sido sorprendida en el acto; ¹⁴ si viene sobre él un espíritu de celos y siente celos de su mujer, habiéndose ella mancillado; o bien, si viene sobre él un espíritu de celos y siente celos de su mujer, aunque ella no se haya mancillado, ¹⁵ entonces el marido llevará su mujer al sacerdote, y con ella presentará su ofrenda, la décima parte de un efa de harina de cebada. No derramará sobre ella aceite ni pondrá sobre ella incienso, porque es

ofrenda de celos, ofrenda recordativa, que trae a la memoria el pecado.

[16]»El sacerdote hará que ella se acerque y se ponga delante de Jehová. [17]Luego echará el sacerdote un poco de agua santa en un vaso de barro, y tomando del polvo que haya en el suelo del Tabernáculo, lo mezclará con el agua. [18]Asimismo el sacerdote hará que la mujer se mantenga en pie delante de Jehová, descubrirá la cabeza de la mujer y pondrá sobre sus manos la ofrenda recordativa, que es la ofrenda de celos. El sacerdote sostendrá en sus manos las aguas amargas que acarrean maldición. [19]Entonces el sacerdote le tomará juramento y le dirá: "Si ninguno ha dormido contigo, y si no te has apartado de tu marido ni te has mancillado, libre seas de estas aguas amargas que traen maldición; [20]pero si te has descarriado de tu marido y te has mancillado, y ha cohabitado contigo alguien que no sea tu marido [21](el sacerdote proferirá sobre la mujer este juramento de maldición, y le dirá): Que Jehová te haga objeto de maldición y execración en medio de tu pueblo, y haga Jehová que tu muslo caiga y que tu vientre se hinche, [22]que estas aguas que dan maldición entren en tus entrañas y hagan hinchar tu vientre y caer tu muslo". Y la mujer dirá: "Amén, amén".

[23]»El sacerdote escribirá estas maldiciones en un libro y las borrará con las aguas amargas. [24]Dará a beber a la mujer las aguas amargas que traen maldición, y las aguas que obran maldición entrarán en ella para provocarle amargura. [25]Después el sacerdote tomará de la mano de la mujer la ofrenda de los celos, la mecerá en presencia de Jehová y la ofrecerá delante del altar. [26]El sacerdote tomará un puñado de la ofrenda en memoria de ella y lo quemará sobre el altar.

»Después que el sacerdote le haya dado a beber las aguas a la mujer, [27]si esta es impura y ha sido infiel a su marido, las aguas que obran maldición entrarán en ella para provocarle amargura, su vientre se hinchará, caerá su muslo y la mujer será objeto de maldición en medio de su pueblo. [28]Pero si la mujer no es impura, sino que esta limpia, será libre y será fecunda.

[29]»Esta es la ley de los celos, cuando la mujer cometa infidelidad contra su marido y se mancille, [30]o cuando del marido se apodere un espíritu de celos y sienta celos de su mujer: entonces la presentará delante de Jehová, y el sacerdote hará con ella como manda esta ley. [31]El hombre quedará libre de culpa y la mujer cargará con su pecado».

El voto de los nazareos

6 [1]Habló Jehová a Moisés y le dijo: [2]«Habla a los hijos de Israel y diles: El hombre o la mujer que se aparte haciendo voto de nazareo,[a] para dedicarse a Jehová, [3]se abstendrá de vino y de sidra. No beberá vinagre de vino ni vinagre de sidra, ni beberá ningún licor de uvas, ni tampoco comerá uvas frescas ni secas.[b] [4]En todo el tiempo de su nazareato, de todo lo que se hace de la vid, desde los granillos hasta el hollejo, no comerá. [5]En todo el tiempo del voto de su nazareato no pasará navaja por su cabeza: hasta que se cumplan los días de su consagración a Jehová, será santo y se dejará crecer el cabello. [6]Durante todo el tiempo que se aparte para Jehová, no se acercará a persona muerta. [7]Ni aun por su padre ni por su madre, ni por su hermano ni por su hermana, podrá contaminarse cuando mueran, pues la consagración de su Dios lleva sobre su cabeza. [8]Todo el tiempo de su nazareato estará consagrado a Jehová.

[9]»Si alguien muere súbitamente junto a él y contamina su cabeza consagrada, el día de su purificación, es decir, el séptimo día, se afeitará la cabeza. [10]Al octavo día traerá dos tórtolas o dos palominos al sacerdote, a la puerta del Tabernáculo de reunión. [11]El sacerdote ofrecerá uno como expiación y el otro como holocausto, y hará expiación por lo que pecó a causa del muerto. Aquel día volverá a santificar su cabeza: [12]se consagrará a Jehová por los días de su nazareato, y traerá un cordero de un año en expiación por la culpa. Los

---

[a] **6.2** Del heb. *nazir* , que significa *separado* o *consagrado* (a Jehová). Se distinguía de los demás porque no se cortaba el cabello y no bebía vino ni otras bebidas alcohólicas. Cf. Jue 13.4-5; 1 S 1.11; Hch 18.18. [b] **6.3** Lc 1.15.

días anteriores serán anulados, por cuanto fue contaminado su nazareato.

¹³ »Esta es, pues, la ley del nazareo el día que se cumpla el tiempo de su nazareato: Vendrá a la puerta del Tabernáculo de reunión, ¹⁴ y presentará su ofrenda a Jehová, un cordero de un año sin tacha para un holocausto, una cordera de un año, sin defecto, para expiación, y un carnero sin defecto para una ofrenda de paz. ¹⁵ Además, un canastillo de tortas sin levadura, de flor de harina amasadas con aceite, hojaldres sin levadura untadas con aceite, su ofrenda y sus libaciones. ¹⁶ El sacerdote lo ofrecerá delante de Jehová, y hará su expiación y su holocausto.ᶜ ¹⁷ Luego ofrecerá el carnero como sacrificio de pazᵈ a Jehová, junto con el canastillo de los panes sin levadura; ofrecerá asimismo el sacerdote su ofrenda y sus libaciones. ¹⁸ Entonces el nazareo se afeitará su cabeza consagrada a la puerta del Tabernáculo de reunión, tomará los cabellos de su cabeza consagrada y los pondrá sobre el fuego que está debajo de la ofrenda de paz. ¹⁹ Después tomará el sacerdote la pierna cocida del carnero, una torta sin levadura del canastillo y una hojaldre sin levadura, y las pondrá sobre las manos del nazareo, después que sea afeitada su cabeza consagrada. ²⁰ El sacerdote presentará aquello como ofrenda mecida delante de Jehová, lo cual será cosa santa, destinada al sacerdote, además del pecho mecido y de la pierna reservada. Después el nazareo podrá beber vino.

²¹ »Esta es la ley del nazareo que haga un voto de ofrenda a Jehová por su nazareato, además de lo que sus recursos le permitan. Según el voto que haga, así lo cumplirá, conforme a la ley de su nazareato».ᵉ

La bendición sacerdotal

²² Jehová habló a Moisés y le dijo: ²³ «Habla a Aarón y a sus hijos, y diles: Así bendeciréis a los hijos de Israel. Les diréis:

²⁴ "Jehová te bendiga y te guarde.

²⁵ Jehová haga resplandecer su rostro
      sobre ti
   y tenga de ti misericordia;
²⁶ Jehová alce sobre ti su rostro
   y ponga en ti paz".ᶠ

²⁷ »Así invocarán mi nombre sobre los hijos de Israel, y yo los bendeciré».

Ofrendas para la dedicación del altar

7 ¹ Aconteció que cuando Moisés acabó de levantar el Tabernáculo,ᵃ lo ungióᵇ y lo santificó junto con todos sus utensilios. Asimismo ungió y santificó el altar y todos sus utensilios. ² Entonces los príncipes de Israel, los jefes de las casas de sus padres, los cuales eran los príncipes de las tribus que estaban sobre los registrados en el censo, se acercaron ³ y trajeron sus ofrendas delante de Jehová: seis carros cubiertos y doce bueyes; por cada dos príncipes un carro, y por cada uno un buey, y los ofrecieron delante del Tabernáculo.

⁴ Jehová habló a Moisés y le dijo: ⁵ «Recíbelos de ellos: serán para el servicio del Tabernáculo de reunión. Los darás a los levitas, a cada uno según su ministerio».

⁶ Entonces Moisés recibió los carros y los bueyes, y los dio a los levitas. ⁷ A los hijos de Gersón dio dos carros y cuatro bueyes, conforme a su ministerio, ⁸ y a los hijos de Merari dio cuatro carros y ocho bueyes, conforme a su ministerio, bajo la dirección de Itamar, hijo del sacerdote Aarón. ⁹ Pero a los hijos de Coat no les dio, porque tenían que llevar sobre sus hombros los objetos más santos.

¹⁰ Los príncipes presentaron las ofrendas para la dedicación del altar el día en que fue ungido. Hicieron los príncipes su ofrenda delante del altar. ¹¹ Y Jehová dijo a Moisés: «Presentarán su ofrenda, un príncipe un día y otro príncipe otro día, para la dedicación del altar».

¹² El que presentó su ofrenda el primer día fue Naasón hijo de Aminadab, de la tribu de Judá. ¹³ Su ofrenda fue un plato de plata de ciento treinta siclos de peso y un jarro de plata de setenta siclos, según

---

ᶜ **6.16** Lv 1.   ᵈ **6.17** Lv 3.   ᵉ **6.13-21** Hch 21.23-24.   ᶠ **6.24-26** Los sacerdotes pronunciaban esta misma bendición durante el culto en el templo de Jerusalén.   ᵃ **7.1** Ex 40.17.   ᵇ **7.1** Ex 40.9-11.

el siclo del santuario, ambos llenos de flor de harina amasada con aceite, para la ofrenda; [14] una cuchara de oro de diez siclos, llena de incienso; [15] un becerro, un carnero, un cordero de un año, para el holocausto; [16] un macho cabrío para la expiación; [17] y para la ofrenda de paz, dos bueyes, cinco carneros, cinco machos cabríos y cinco corderos de un año. Esta fue la ofrenda de Naasón hijo de Aminadab.

[18] El segundo día presentó su ofrenda Natanael hijo de Zuar, príncipe de Isacar. [19] Presentó como su ofrenda un plato de plata de ciento treinta siclos de peso y un jarro de plata de setenta siclos, según el siclo del santuario, ambos llenos de flor de harina amasada con aceite, para la ofrenda; [20] una cuchara de oro de diez siclos, llena de incienso; [21] un becerro, un carnero, un cordero de un año, para el holocausto; [22] un macho cabrío para la expiación; [23] y para la ofrenda de paz, dos bueyes, cinco carneros, cinco machos cabríos y cinco corderos de un año. Esta fue la ofrenda de Natanael hijo de Zuar.

[24] El tercer día, Eliab hijo de Helón, príncipe de los hijos de Zabulón, [25] presentó su ofrenda: un plato de plata de ciento treinta siclos de peso y un jarro de plata de setenta siclos, según el siclo del santuario, ambos llenos de flor de harina amasada con aceite, para la ofrenda; [26] una cuchara de oro de diez siclos, llena de incienso; [27] un becerro, un carnero, un cordero de un año, para el holocausto; [28] un macho cabrío para la expiación; [29] y para la ofrenda de paz, dos bueyes, cinco carneros, cinco machos cabríos y cinco corderos de un año. Esta fue la ofrenda de Eliab hijo de Helón.

[30] El cuarto día, Elisur hijo de Sedeur, príncipe de los hijos de Rubén, [31] presentó su ofrenda: un plato de plata de ciento treinta siclos de peso y un jarro de plata de setenta siclos, según el siclo del santuario, ambos llenos de flor de harina amasada con aceite, para la ofrenda; [32] una cuchara de oro de diez siclos, llena de incienso; [33] un becerro, un carnero, un cordero de un año, para el holocausto; [34] un macho cabrío para la expiación; [35] y para la ofrenda de paz, dos bueyes, cinco

carneros, cinco machos cabríos y cinco corderos de un año. Esta fue la ofrenda de Elisur hijo de Sedeur.

[36] El quinto día, Selumiel hijo de Zurisadai, príncipe de los hijos de Simeón, [37] presentó su ofrenda: un plato de plata de ciento treinta siclos de peso y un jarro de plata de setenta siclos, según el siclo del santuario, ambos llenos de flor de harina amasada con aceite, para la ofrenda; [38] una cuchara de oro de diez siclos, llena de incienso; [39] un becerro, un carnero, un cordero de un año, para el holocausto; [40] un macho cabrío para la expiación; [41] y para la ofrenda de paz, dos bueyes, cinco carneros, cinco machos cabríos y cinco corderos de un año. Esta fue la ofrenda de Selumiel hijo de Zurisadai.

[42] El sexto día, Eliasaf hijo de Deuel,[c] príncipe de los hijos de Gad, [43] presentó su ofrenda: un plato de plata de ciento treinta siclos de peso y un jarro de plata de setenta siclos, según el siclo del santuario, ambos llenos de flor de harina amasada con aceite, para la ofrenda; [44] una cuchara de oro de diez siclos, llena de incienso; [45] un becerro, un carnero, un cordero de un año, para el holocausto; [46] un macho cabrío para la expiación; [47] y para la ofrenda de paz, dos bueyes, cinco carneros, cinco machos cabríos y cinco corderos de un año. Esta fue la ofrenda de Eliasaf hijo de Deuel.

[48] El séptimo día, el príncipe de los hijos de Efraín, Elisama hijo de Amiud, [49] presentó su ofrenda: un plato de plata de ciento treinta siclos de peso y un jarro de plata de setenta siclos, según el siclo del santuario, ambos llenos de flor de harina amasada con aceite, para la ofrenda; [50] una cuchara de oro de diez siclos, llena de incienso; [51] un becerro, un carnero, un cordero de un año, para el holocausto; [52] un macho cabrío para la expiación; [53] y para la ofrenda de paz, dos bueyes, cinco carneros, cinco machos cabríos y cinco corderos de un año. Esta fue la ofrenda de Elisama hijo de Amiud.

[54] El octavo día, el príncipe de los hijos de Manasés, Gamaliel hijo de Pedasur, [55] presentó su ofrenda: un plato de plata de ciento treinta siclos de peso y un jarro

c 7.42 Nm 1.14.

de plata de setenta siclos, según el siclo del santuario, ambos llenos de flor de harina amasada con aceite, para la ofrenda; ⁵⁶una cuchara de oro de diez siclos, llena de incienso; ⁵⁷un becerro, un carnero, un cordero de un año, para el holocausto; ⁵⁸un macho cabrío para la expiación; ⁵⁹y para la ofrenda de paz, dos bueyes, cinco carneros, cinco machos cabríos y cinco corderos de un año. Esta fue la ofrenda de Gamaliel hijo de Pedasur.

⁶⁰El noveno día, el príncipe de los hijos de Benjamín, Abidán hijo de Gedeoni, ⁶¹presentó su ofrenda: un plato de plata de ciento treinta siclos de peso y un jarro de plata de setenta siclos, según el siclo del santuario, ambos llenos de flor de harina amasada con aceite, para la ofrenda; ⁶²una cuchara de oro de diez siclos, llena de incienso; ⁶³un becerro, un carnero, un cordero de un año, para el holocausto; ⁶⁴un macho cabrío para la expiación; ⁶⁵y para la ofrenda de paz, dos bueyes, cinco carneros, cinco machos cabríos y cinco corderos de un año. Esta fue la ofrenda de Abidán hijo de Gedeoni.

⁶⁶El décimo día, el príncipe de los hijos de Dan, Ahiezer hijo de Amisadai, ⁶⁷presentó su ofrenda: un plato de plata de ciento treinta siclos de peso y un jarro de plata de setenta siclos, según el siclo del santuario, ambos llenos de flor de harina amasada con aceite, para la ofrenda; ⁶⁸una cuchara de oro de diez siclos, llena de incienso; ⁶⁹un becerro, un carnero, un cordero de un año, para el holocausto; ⁷⁰un macho cabrío para la expiación; ⁷¹y para la ofrenda de paz, dos bueyes, cinco carneros, cinco machos cabríos y cinco corderos de un año. Esta fue la ofrenda de Ahiezer hijo de Amisadai.

⁷²El undécimo día, el príncipe de los hijos de Aser, Pagiel hijo de Ocrán, ⁷³presentó su ofrenda: un plato de plata de ciento treinta siclos de peso y un jarro de plata de setenta siclos, según el siclo del santuario, ambos llenos de flor de harina amasada con aceite, para la ofrenda; ⁷⁴una cuchara de oro de diez siclos, llena de incienso; ⁷⁵un becerro, un carnero, un cordero de un año, para el holocausto; ⁷⁶un macho cabrío para la expiación; ⁷⁷y para la ofrenda de paz, dos bueyes, cinco carneros, cinco machos cabríos y cinco

corderos de un año. Esta fue la ofrenda de Pagiel hijo de Ocrán.

⁷⁸El duodécimo día, el príncipe de los hijos de Neftalí, Ahira hijo de Enán, ⁷⁹presentó su ofrenda: un plato de plata de ciento treinta siclos de peso y un jarro de plata de setenta siclos, según el siclo del santuario, ambos llenos de flor de harina amasada con aceite, para la ofrenda; ⁸⁰una cuchara de oro de diez siclos, llena de incienso; ⁸¹un becerro, un carnero, un cordero de un año, para el holocausto; ⁸²un macho cabrío para la expiación; ⁸³y para la ofrenda de paz, dos bueyes, cinco carneros, cinco machos cabríos y cinco corderos de un año. Esta fue la ofrenda de Ahira hijo de Enán.

⁸⁴Esta fue la ofrenda que los príncipes de Israel presentaron para la dedicación del altar, el día en que fue ungido: doce platos de plata, doce jarros de plata, doce cucharas de oro. ⁸⁵Cada plato de ciento treinta siclos, y cada jarro de setenta; toda la plata de la vajilla era dos mil cuatrocientos siclos, según el siclo del santuario. ⁸⁶Las doce cucharas de oro llenas de incienso, de diez siclos cada cuchara, según el siclo del santuario; todo el oro de las cucharas era ciento veinte siclos.

⁸⁷Todos los bueyes para el holocausto fueron doce becerros; doce los carneros, doce los corderos de un año, con su ofrenda, y doce los machos cabríos para la expiación. ⁸⁸Y todos los bueyes de la ofrenda de paz fueron veinticuatro novillos, sesenta los carneros, sesenta los machos cabríos y sesenta los corderos de un año. Esta fue la ofrenda para la dedicación del altar, después que fue ungido.

⁸⁹Cuando entraba Moisés en el Tabernáculo de reunión para hablar con Dios, oía la voz que le hablaba de encima del propiciatorio que estaba sobre el Arca del testimonio, de entre los dos querubines. Así hablaba con él.

Aarón enciende las lámparas

8 ¹Habló Jehová a Moisés y le dijo: ²«Habla a Aarón y dile: Cuando enciendas las lámparas, las siete lámparas del candelabro alumbrarán hacia adelante». ³Aarón lo hizo así: colocó las lámparas en la parte anterior del candelabro, tal como Jehová lo mandó a Moisés. ⁴El candelabro estaba hecho de oro labrado a martillo; desde el pie hasta las flores era labrado a martillo. Conforme al modelo que Jehová le mostró a Moisés, así hizo el candelabro.[a]

Consagración de los levitas

[5] Jehová habló a Moisés y le dijo: [6] «Aparta a los levitas de entre los demás hijos de Israel, y haz expiación por ellos. [7] Así harás para purificarlos: Rocía sobre ellos el agua de la expiación[b] y haz pasar la navaja por todo su cuerpo; ellos lavarán sus vestidos y así quedarán purificados. [8] Luego tomarán un novillo, con su ofrenda de flor de harina amasada con aceite, y tú tomarás otro novillo para la expiación. [9] Harás que los levitas se acerquen al Tabernáculo de reunión, y reunirás a toda la congregación de los hijos de Israel. [10] Cuando hayas acercado a los levitas a la presencia de Jehová, pondrán los hijos de Israel sus manos sobre los levitas. [11] Entonces presentará Aarón a los levitas delante de Jehová como ofrenda de los hijos de Israel, y servirán en el ministerio de Jehová. [12] Después los levitas pondrán sus manos sobre las cabezas de los novillos: uno lo ofrecerás como expiación y el otro como holocausto a Jehová, para hacer expiación por los levitas. [13] Colocarás luego a los levitas delante de Aarón y de sus hijos, y los presentarás como ofrenda a Jehová. [14] Así apartarás a los levitas de entre los hijos de Israel, y serán míos los levitas. [15] Después de eso vendrán los levitas a ministrar en el Tabernáculo de reunión. Serán purificados y los presentarás como una ofrenda. [16] Porque enteramente me son dedicados a mí los levitas de entre los hijos de Israel, en lugar de todo primer nacido; los he tomado para mí en lugar de los primogénitos de todos los hijos de Israel.[c] [17] Porque mío es todo primogénito de entre los hijos de Israel, así de hombres como de animales; desde el día en que yo herí a todo primogénito en la tierra de Egipto, los santifiqué para mí.[d] [18] Y he tomado a los levitas en lugar de todos los primogénitos de los hijos de Israel. [19] Yo he dado los levitas,

como un don, a Aarón y a sus hijos, de entre los hijos de Israel, para que ejerzan el ministerio de los hijos de Israel en el Tabernáculo de reunión, y reconcilien a los hijos de Israel, y no haya plaga entre los hijos de Israel cuando se acerquen al santuario».

[20] Moisés, Aarón y toda la congregación de los hijos de Israel hicieron con los levitas conforme a todas las cosas que mandó Jehová a Moisés acerca de los levitas; así hicieron con ellos los hijos de Israel. [21] Los levitas se purificaron y lavaron sus vestidos. Luego Aarón los presentó como ofrenda delante de Jehová, e hizo expiación por ellos para purificarlos. [22] Después de esto, los levitas fueron para ejercer su ministerio en el Tabernáculo de reunión delante de Aarón y delante de sus hijos. De la manera que mandó Jehová a Moisés acerca de los levitas, así hicieron con ellos.

[23] Luego habló Jehová a Moisés diciendo: [24] «Los levitas de veinticinco años para arriba entrarán a ejercer su ministerio en el servicio del Tabernáculo de reunión. [25] Pero desde los cincuenta años dejarán de ejercer su ministerio, y nunca más lo ejercerán. [26] Servirán con sus hermanos en el Tabernáculo de reunión, para hacer la guardia, pero no servirán en el ministerio. Así harás con los levitas en cuanto a su ministerio».

Celebración de la Pascua

9 [1] Habló Jehová a Moisés en el desierto de Sinaí, el primer mes[a] del segundo año de su salida de la tierra de Egipto, y le dijo: [2] «Los hijos de Israel celebrarán la Pascua a su debido tiempo. [3] La celebraréis el decimocuarto día de este mes, al atardecer, a su debido tiempo; conforme a todos sus ritos y conforme a todas sus leyes la celebraréis».

[4] Entonces dijo Moisés a los hijos de Israel que celebraran la Pascua. [5] Celebraron la Pascua el primer mes, el día catorce del mes, al atardecer, en el desierto de Sinaí; conforme a todas las cosas que mandó Jehová a Moisés, así hicieron los hijos de Israel.[b]

---

a 8.1-4 Ex 25.31-40; 37.17-24. **b 8.7** Nm 19.9. **c 8.16** Ex 32.26-29. **d 8.17** Ex 13.2,11-16.
a 9.1 El mes de Abib (marzo-abril). Cf. Nm 7.1; Ex 12.2. **b 9.1-5** Ex 12.1-13.

⁶ Pero ocurrió que algunos estaban impuros a causa de un muerto,ᶜ y no pudieron celebrar la Pascua aquel día. Aquellos hombres se presentaron ese mismo día delante de Moisés y delante de Aarón, ⁷ y les dijeron:

—Nosotros estamos impuros a causa de un muerto. ¿Por qué seremos impedidos de presentar la ofrenda a Jehová a su debido tiempo con los demás hijos de Israel?

⁸ Moisés les respondió:

—Esperad, y oiré lo que ordena Jehová acerca de vosotros.

⁹ Entonces Jehová dijo a Moisés: ¹⁰ «Habla a los hijos de Israel, y diles: Cualquiera de vosotros o de vuestros descendientes que esté impuro a causa de un muerto, o esté de viaje lejos, celebrará la Pascua a Jehová. ¹¹ La celebrarán el segundo mes, el día catorce del mes, al atardecer; con panes sin levadura y hierbas amargas la comerán. ¹² No dejarán nada del animal sacrificado para la mañana, ni le quebrarán ningún hueso;ᵈ conforme a todos los ritos de la Pascua la celebrarán. ¹³ Pero el que esté limpio y no se encuentre de viaje, si deja de celebrar la Pascua, la tal persona será eliminada de en medio de su pueblo. Tal hombre cargará con su pecado, por cuanto no ofreció a su debido tiempo la ofrenda de Jehová.

¹⁴ »Y si habita con vosotros algún extranjero; y celebra la Pascua a Jehová, conforme al rito de la Pascua y conforme a sus leyes la celebrará: un mismo rito tendréis, tanto el extranjero como el natural de la tierra».ᵉ

La nube sobre el Tabernáculo

(Ex 40.34-38)

¹⁵ El día que el Tabernáculo fue erigido, la nube cubrió el Tabernáculo sobre la tienda del Testimonio. Por la tarde había sobre el Tabernáculo como una apariencia de fuego, hasta la mañana. ¹⁶ Así era continuamente: la nube lo cubría de día, y de noche la apariencia de fuego.ᶠ ¹⁷ Cuando se alzaba la nube del Tabernáculo, los hijos de Israel partían; y en el lugar donde la nube paraba, allí acampaban los hijos de Israel. ¹⁸ Al mandato de Jehová los hijos de Israel partían, y al mandato de Jehová acampaban; todos los días que la nube estaba sobre el Tabernáculo permanecían acampados. ¹⁹ Cuando la nube se detenía sobre el Tabernáculo muchos días, entonces los hijos de Israel guardaban la ordenanza de Jehová y no partían. ²⁰ Y cuando la nube estaba sobre el Tabernáculo pocos días, al mandato de Jehová acampaban, y al mandato de Jehová partían. ²¹ Cuando la nube se detenía desde la tarde hasta la mañana, y a la mañana la nube se levantaba, ellos partían; o si había estado un día, y a la noche la nube se levantaba, entonces partían. ²² Si la nube se detenía sobre el Tabernáculo dos días, un mes o un año, mientras la nube permanecía sobre él, los hijos de Israel seguían acampados y no se movían. Pero cuando ella se alzaba, ellos partían. ²³ Al mandato de Jehová acampaban, y al mandato de Jehová partían. Así guardaban la ordenanza de Jehová, como Jehová lo había dicho por medio de Moisés.

Las trompetas de plata

10 ¹ Jehová habló a Moisés y le dijo: ² «Hazte dos trompetas de plata: forjadas a martillo las harás. Te servirán para convocar la congregación y para hacer mover los campamentos. ³ Cuando las toquen, toda la congregación se reunirá ante ti en la puerta del Tabernáculo de reunión. ⁴ Pero cuando toquen solo una, entonces se congregarán ante ti los príncipes, los jefes de millares de Israel. ⁵ Cuando toquéis alarma, entonces moverán los campamentos de los que están acampados al oriente. ⁶ Y cuando toquéis con aclamaciones la segunda vez, entonces moverán los campamentos de los que están acampados al sur; con aclamaciones tocarán para sus partidas. ⁷ Pero para reunir la congregación tocaréis, pero no con sonidos de aclamación. ⁸ Los hijos de Aarón, los sacerdotes, tocarán las trompetas: las tendréis como estatuto perpetuo por vuestras generaciones.

⁹ »Cuando salgáis a la guerra en vuestra tierra contra el enemigo que os ataque,

---

ᶜ **9.6** Lv 21.1-2.   ᵈ **9.12** Ex 12.46; citado en Jn 19.36. Cf. Sal 34.20; 1 Co 5.7.   ᵉ **9.14** Ex 12.48-49.
ᶠ **9.16** Ex 13.21-22.

tocaréis alarma con las trompetas. Así seréis recordados por Jehová, vuestro Dios, y seréis salvos de vuestros enemigos. [10] En vuestros días de alegría, como en vuestras solemnidades y principios de mes, tocaréis las trompetas sobre vuestros holocaustos y sobre los sacrificios de paz, y os servirán de memorial delante de vuestro Dios. Yo, Jehová, vuestro Dios».

Los israelitas salen de Sinaí

[11] El segundo mes del año segundo, el día veinte del mes, la nube se alzó del tabernáculo del Testimonio, [12] y los hijos de Israel partieron del desierto de Sinaí según el orden de marcha. La nube se detuvo en el desierto de Parán.[a] [13] Partieron la primera vez según el mandato que Jehová les había dado por medio de Moisés. [14] La bandera del campamento de los hijos de Judá abrió la marcha según el orden de sus ejércitos. Naasón hijo de Aminadab estaba sobre su cuerpo de ejército. [15] Sobre el cuerpo de ejército de la tribu de los hijos de Isacar estaba Natanael hijo de Zuar. [16] Y sobre el cuerpo de ejército de la tribu de los hijos de Zabulón estaba Eliab hijo de Helón.

[17] Después que estaba ya desarmado el Tabernáculo, se movieron los hijos de Gersón y los hijos de Merari, que lo llevaban.

[18] Luego comenzó a marchar la bandera del campamento de Rubén, según el orden de sus ejércitos. Elisur hijo de Sedeur estaba sobre su cuerpo de ejército. [19] Sobre el cuerpo de ejército de la tribu de los hijos de Simeón estaba Selumiel hijo de Zurisadai. [20] Y sobre el cuerpo de ejército de la tribu de los hijos de Gad estaba Eliasaf hijo de Deuel.[b] [21] Luego comenzaron a marchar los coatitas llevando el santuario; entretanto ellos llegaban, los otros acondicionaron el Tabernáculo.

[22] Después comenzó a marchar la bandera del campamento de los hijos de Efraín, según el orden de sus ejércitos. Elisama hijo de Amiud estaba sobre su cuerpo de ejército. [23] Sobre el cuerpo de ejército de la tribu de los hijos de Manasés estaba Gamaliel hijo de Pedasur. [24] Y sobre el cuerpo de ejército de la tribu de los

hijos de Benjamín estaba Abidán hijo de Gedeoni. [25] Luego comenzó a marchar la bandera del campamento de los hijos de Dan, según el orden de sus ejércitos, a la retaguardia de todos los campamentos. Ahiezer hijo de Amisadai estaba sobre su cuerpo de ejército. [26] Sobre el cuerpo de ejército de la tribu de los hijos de Aser estaba Pagiel hijo de Ocrán. [27] Y sobre el cuerpo de ejército de la tribu de los hijos de Neftalí estaba Ahira hijo de Enán.

[28] Este era el orden de marcha de los hijos de Israel, repartidos por ejércitos, cuando partían.

[29] Entonces dijo Moisés a su suegro Hobab hijo de Ragüel, el madianita:

—Nosotros partimos para el lugar del cual Jehová ha dicho: "Yo os lo daré". Ven con nosotros y te trataremos bien, porque Jehová ha prometido el bien a Israel.

[30] Él le respondió:

—Yo no iré, sino que me marcharé a mi tierra y a mi parentela.[c]

[31] Moisés insistió:

—Te ruego que no nos dejes, pues tú conoces los lugares donde hemos de acampar en el desierto y serás como nuestros ojos. [32] Y si vienes con nosotros, cuando tengamos el bien que Jehová nos ha de conceder, lo compartiremos contigo.

[33] Así partieron del monte de Jehová para una jornada de tres días. El Arca del pacto de Jehová fue delante de ellos los tres días de camino, buscándoles un lugar de descanso. [34] Desde que salieron del campamento, la nube de Jehová iba sobre ellos de día. [35] Cuando el Arca se movía, Moisés decía:

> «¡Levántate, Jehová!
> ¡Que sean dispersados tus
>   enemigos
> y huyan de tu presencia los que te
>   aborrecen!»[d]

[36] Y cuando ella se detenía, decía:

> «¡Descansa, Jehová,
> entre los millares de millares de
>   Israel!»

---

[a] **10.12** Situado al norte del desierto de Sinaí.   [b] **10.20** Nm 1.14.   [c] **10.30** Ex 18.27.
[d] **10.35** Sal 68.1.

Jehová envía codornices

11 ¹ Aconteció que el pueblo se quejó a oídos de Jehová; lo oyó Jehová y ardió su ira. Se encendió entre ellos un fuego de Jehová que consumió uno de los extremos del campamento. ² El pueblo clamó a Moisés, y Moisés oró a Jehová. Entonces el fuego se extinguió. ³ Por eso llamaron a aquel lugar Tabera,ᵃ porque el fuego de Jehová se encendió en ellos.

⁴ La gente extranjeraᵇ que se mezcló con ellos se dejó llevar por el hambre, y los hijos de Israel también volvieron a sus llantos, diciendo: «¡Quién nos diera a comer carne! ⁵ Nos acordamos del pescado que comíamos en Egipto de balde, de los pepinos, los melones, los puerros, las cebollas y los ajos. ⁶ ¡Ahora nuestra alma se seca, pues nada sino este maná ven nuestros ojos!»

⁷ El maná era como semilla de culantro, y su color como color de bedelio. ⁸ El pueblo se esparcía y lo recogía, lo molía en molinos o lo majaba en morteros, y lo cocía en caldera o hacía de él tortas. Su sabor era como sabor de aceite nuevo.ᶜ ⁹ Cuando descendía el rocío sobre el campamento de noche, el maná descendía sobre él.ᵈ

¹⁰ Moisés oyó al pueblo que lloraba, cada uno con su familia a la entrada de su tienda. La ira de Jehová se encendió mucho, y también le pareció mal a Moisés, ¹¹ quien dijo a Jehová:

—¿Por qué has hecho mal a tu siervo? ¿Y por qué no he hallado gracia a tus ojos, que has puesto la carga de todo este pueblo sobre mí? ¹² ¿Concebí yo a todo este pueblo? ¿Lo engendré yo, para que me digas: "Llévalo en tu seno, como lleva la que cría al que mama, a la tierra que juraste dar a sus padres"? ¹³ ¿De dónde conseguiré yo carne para dar a todo este pueblo? Porque vienen a mí llorando y diciendo: "Danos carne para comer". ¹⁴ No puedo yo solo soportar a todo este pueblo: es una carga demasiado pesada para mí. ¹⁵ Y si así vas a hacer tú conmigo, te ruego que me des muerte, si he hallado gracia a tus ojos, para que yo no vea mi mal.

¹⁶ Entonces Jehová dijo a Moisés:

—Reúneme a setenta hombres entre los ancianos de Israel, de los que tú sabes que son ancianos del pueblo y sus principales, tráelos a la puerta del Tabernáculo de reunión, y que esperen allí contigo. ¹⁷ Yo descenderé y hablaré allí contigo; tomaré del espíritu que está en ti y lo pondré en ellos, para que lleven contigo la carga del pueblo y no la lleves tú solo. ¹⁸ Pero al pueblo dirás: "Santificaos para mañana y comeréis carne, porque habéis llorado a oídos de Jehová, diciendo: '¡Quién nos diera a comer carne! ¡Ciertamente mejor nos iba en Egipto!'. Jehová, pues, os dará carne, y comeréis. ¹⁹ No comeréis un día, ni dos días, ni cinco días, ni diez días, ni veinte días, ²⁰ sino hasta un mes entero, hasta que os salga por las narices y la aborrezcáis, por cuanto menospreciasteis a Jehová que está en medio de vosotros, y llorasteis delante de él, diciendo: '¿Para qué salimos acá de Egipto?' "

²¹ Entonces dijo Moisés:

—Seiscientos mil de a pie es el pueblo en medio del cual yo estoy, ¡y tú dices: "Les daré carne, y comerán un mes entero"! ²² ¿Se degollarán para ellos ovejas y bueyes que les basten? ¿o se juntarán para ellos todos los peces del mar para que tengan lo suficiente?

²³ Entonces Jehová respondió a Moisés:

—¿Acaso se ha acortado la mano de Jehová? Ahora verás si se cumple mi palabra, o no.

²⁴ Salió Moisés y comunicó al pueblo las palabras de Jehová. Luego reunió a los setenta hombres entre los ancianos del pueblo, y los reunió alrededor del Tabernáculo. ²⁵ Entonces Jehová descendió en la nube y le habló. Luego tomó del espíritu que estaba en él, y lo puso en los setenta hombres ancianos. Y en cuanto se posó sobre ellos el espíritu, profetizaron; pero no volvieron a hacerlo.

²⁶ En el campamento habían quedado dos hombres, uno llamado Eldad y el otro Medad, sobre los cuales también reposó el espíritu. Estaban estos entre los inscritos, pero no habían venido al Tabernáculo. Y profetizaron en el campamento. ²⁷ Un joven corrió a avisar a Moisés, y le dijo:

ᵃ **11.3** Esto es, *Incendio*.   ᵇ **11.4** Ex 12.38.   ᶜ **11.7-8** Ex 16.31.   ᵈ **11.9** Ex 16.13-15.

—Eldad y Medad profetizan en el campamento.

²⁸ Entonces respondió Josué hijo de Nun, ayudante de Moisés, uno de sus jóvenes, y le dijo:

—Señor mío Moisés, no se lo permitas.

²⁹ Moisés le respondió:

—¿Tienes tú celos por mí? Ojalá todo el pueblo de Jehová fuera profeta, y que Jehová pusiera su espíritu sobre ellos.

³⁰ Luego Moisés volvió al campamento con los ancianos de Israel.

³¹ Entonces Jehová envió un viento que trajo codornices del mar y las dejó sobre el campamento, un día de camino de un lado y un día de camino del otro lado, alrededor del campamento, y casi dos codos sobre la superficie de la tierra. ³² El pueblo estuvo levantado todo aquel día y toda la noche y todo el día siguiente, recogiendo codornices. El que menos, recogió diez montones,ᵉ y las tendieron a secar alrededor de todo el campamento. ³³ Aún tenían la carne entre sus dientes, antes de haberla masticado, cuando la ira de Jehová se encendió contra el pueblo, y lo hirió Jehová con una plaga muy grande. ³⁴ Y llamaron a aquel lugar Kibrot-hataava,ᶠ por cuanto allí sepultaron al pueblo codicioso.

³⁵ De Kibrot-hataava partió el pueblo a Hazerot, y se quedó en Hazerot.

María y Aarón murmuran contra Moisés

12 ¹ María y Aarón hablaron contra Moisés a causa de la mujer cusita que había tomado, pues él había tomado una mujer cusita. ² Decían: «¿Solamente por Moisés ha hablado Jehová? ¿No ha hablado también por nosotros?» Y lo oyó Jehová.

³ Moisés era un hombre muy manso, más que todos los hombres que había sobre la tierra. ⁴ Luego dijo Jehová a Moisés, a Aarón y a María: «Salid vosotros tres al Tabernáculo de reunión».

Y salieron ellos tres. ⁵ Entonces Jehová descendió en la columna de la nube y se puso a la puerta del Tabernáculo. Llamó a Aarón y a María, y se acercaron ambos.

⁶ Y Jehová les dijo: «Oíd ahora mis palabras. Cuando haya entre vosotros un profeta de Jehová, me apareceré a él en visión, en sueños le hablaré. ⁷ No así con mi siervo Moisés, que es fiel en toda mi casa.ᵃ ⁸ Cara a caraᵇ hablaré con él, claramente y no con enigmas, y verá la apariencia de Jehová. ¿Por qué, pues, no tuvisteis temor de hablar contra mi siervo Moisés?»

⁹ Entonces la ira de Jehová se encendió contra ellos; luego se fue. ¹⁰ Tan pronto la nube se apartó del Tabernáculo, María se llenó de lepra, y tenía la piel blanca como la nieve. Cuando Aarón miró a María y vio que estaba leprosa, ¹¹ dijo a Moisés: «¡Ah! señor mío, no pongas ahora sobre nosotros este pecado, porque locamente hemos actuado y hemos pecado. ¹² No quede ella ahora como el que nace muerto, que al salir del vientre de su madre tiene ya medio consumida su carne».

¹³ Entonces Moisés clamó a Jehová diciendo: «Te ruego, Dios, que la sanes ahora».

¹⁴ Respondió Jehová a Moisés: «Si su padre hubiera escupido en su rostro, ¿no se avergonzaría durante siete días? Sea expulsada, pues, fuera del campamento durante siete días,ᶜ y después volverá a la congregación».

¹⁵ Así María fue expulsada del campamento durante siete días, y el pueblo no siguió adelante hasta que se reunió María con ellos. ¹⁶ Después el pueblo partió de Hazerot, y acamparon en el desierto de Parán.ᵈ

Los doce exploradores de Canaán
(Dt 1.19-33)

13 ¹ Jehová habló a Moisés y le dijo: ² «Envía unos hombres que reconozcan la tierra de Canaán, la cual yo doy a los hijos de Israel; enviaréis un hombre por cada tribu paterna, todos ellos príncipes».

³ Entonces los envió Moisés desde el desierto de Parán, conforme a la palabra de Jehová. Todos aquellos hombres eran príncipes de los hijos de Israel. ⁴ Estos son

---

ᵉ **11.32** Es decir, una cantidad enorme. ᶠ **11.34** Esto es, *Tumbas del apetito* (o de *la gula*).
ᵃ **12.7** Heb 3.2. ᵇ **12.8** Ex 33.11; Dt 34.10. ᶜ **12.14** Nm 5.2-3; cf. Lv 13.1-8,24-28. Escupir a alguien en la cara era una manera de maldecirlo (Dt 25.9). ᵈ **12.16** Nm 10.12.

sus nombres: De la tribu de Rubén, Samúa hijo de Zacur. [5] De la tribu de Simeón, Safat hijo de Horí. [6] De la tribu de Judá, Caleb hijo de Jefone. [7] De la tribu de Isacar, Igal hijo de José. [8] De la tribu de Efraín, Oseas hijo de Nun. [9] De la tribu de Benjamín, Palti hijo de Rafú. [10] De la tribu de Zabulón, Gadiel hijo de Sodi. [11] De la tribu de José, por la tribu de Manasés, Gadi hijo de Susi. [12] De la tribu de Dan, Amiel hijo de Gemali. [13] De la tribu de Aser, Setur hijo de Micael. [14] De la tribu de Neftalí, Nahbi hijo de Vapsi. [15] De la tribu de Gad, Geuel hijo de Maqui.

[16] Estos son los nombres de los hombres que Moisés envió a reconocer la tierra. A Oseas hijo de Nun le puso Moisés el nombre de Josué.

[17] Los envió, pues, Moisés a reconocer la tierra de Canaán, diciéndoles:

«Subid de aquí al Neguev y luego subid al monte. [18] Observad cómo es la tierra y el pueblo que la habita, si es fuerte o débil, escaso o numeroso; [19] cómo es la tierra habitada, si es buena o mala; cómo son las ciudades habitadas, si son campamentos o plazas fortificadas, [20] y cómo es el terreno, si es fértil o estéril, si en él hay árboles o no. Esforzaos y traed de los frutos del país».

Era el tiempo de las primeras uvas. [21] Ellos subieron y reconocieron la tierra desde el desierto de Zin hasta Rehob, junto a la entrada de Hamat. [22] Subieron al Neguev y llegaron hasta Hebrón. Allí vivían Ahimán, Sesai y Talmai, hijos de Anac. Hebrón fue edificada siete años antes de Zoán en Egipto. [23] Llegaron hasta el arroyo Escol y allí cortaron un sarmiento con un racimo de uvas, el cual llevaron entre dos en un palo, y también granados e higos. [24] Y se llamó aquel lugar el valle del Escol,[a] por el racimo que allí cortaron los hijos de Israel.

[25] Al cabo de cuarenta días regresaron de reconocer la tierra. [26] Fueron y se presentaron ante Moisés, Aarón y toda la congregación de los hijos de Israel, en el desierto de Parán, en Cades.[b] Les dieron la información a ellos y a toda la congregación, y les mostraron los frutos de la tierra. [27] También les contaron:

«Nosotros llegamos a la tierra a la cual nos enviaste, la que ciertamente fluye leche y miel; estos son sus frutos. [28] Pero el pueblo que habita aquella tierra es fuerte, y las ciudades muy grandes y fortificadas; también vimos allí a los hijos de Anac. [29] Amalec habita el Neguev; el heteo, el jebuseo y el amorreo habitan en el monte; el cananeo habita junto al mar y a la ribera del Jordán».

[30] Entonces Caleb hizo callar al pueblo delante de Moisés, y dijo:

—Subamos luego, y tomemos posesión de ella, porque más podremos nosotros que ellos.

[31] Pero los hombres que subieron con él dijeron:

—No podemos subir contra aquel pueblo, porque es más fuerte que nosotros.

[32] Y hablaron mal entre los hijos de Israel de la tierra que habían reconocido, diciendo:

—La tierra que recorrimos y exploramos es tierra que se traga a sus habitantes.[c] Todo el pueblo que vimos en medio de ella es gente de gran estatura. [33] También vimos allí gigantes,[d] hijos de Anac, raza de los gigantes. Nosotros éramos, a nuestro parecer, como langostas, y así les parecíamos a ellos.

Los israelitas se rebelan contra Jehová

14 [1] Entonces toda la congregación gritó y dio voces; y el pueblo lloró aquella noche. [2] Todos los hijos de Israel se quejaron contra Moisés y contra Aarón, y toda la multitud les dijo: «¡Ojalá hubiéramos muerto en la tierra de Egipto! ¡Ojalá muriéramos en este desierto! [3] ¿Por qué nos trae Jehová a esta tierra para morir a espada, y para que nuestras mujeres y nuestros niños se conviertan en botín de guerra? ¿No nos sería mejor regresar a Egipto?» [4] Y se decían unos a otros: «Designemos un capitán y volvamos a Egipto».

---

[a] **13.24** Esto es, *Racimo de uvas.* [b] **13.26** Llamado también *Cades-barnea.* Oasis situado entre el *desierto de Parán* y el de Zin (Nm 34.3-4; Jos 15.1,3). [c] **13.32** Es decir, un país donde no se puede vivir, porque es estéril y malsano o porque allí siempre hay guerras y conflictos.
[d] **13.33** Grupo de cananeos famosos por su gran estatura. Cf. Gn 6.1-4; Dt 2.10-11.

⁵ Moisés y Aarón se postraron sobre sus rostros delante de toda la multitud de la congregación de los hijos de Israel. ⁶ Y Josué hijo de Nun y Caleb hijo de Jefone, que eran de los que habían reconocido la tierra, rompieron sus vestidos ⁷ y dijeron a toda la congregación de los hijos de Israel:

—La tierra que recorrimos y exploramos es tierra muy buena. ⁸ Si Jehová se agrada de nosotros, él nos llevará a esta tierra y nos la entregará; es una tierra que fluye leche y miel. ⁹ Por tanto, no seáis rebeldes contra Jehová*ᵃ* ni temáis al pueblo de esta tierra, pues vosotros los comeréis como pan. Su amparo se ha apartado de ellos y Jehová está con nosotros: no los temáis.

¹⁰ Entonces toda la multitud propuso apedrearlos. Pero la gloria de Jehová se mostró en el Tabernáculo de reunión a todos los hijos de Israel.*ᵇ* ¹¹ Y Jehová dijo a Moisés:

—¿Hasta cuándo me ha de irritar este pueblo? ¿Hasta cuándo no me creerán, con todas las señales que he hecho en medio de ellos? ¹² Yo los heriré de mortandad y los destruiré, y a ti te pondré sobre gente más grande y más fuerte que ellos.

¹³ Pero Moisés respondió a Jehová:

—Lo oirán luego los egipcios, porque de en medio de ellos sacaste a este pueblo con tu poder, ¹⁴ y se lo dirán a los habitantes de esta tierra, los cuales han oído que tú, Jehová, estabas en medio de este pueblo, que cara a cara aparecías tú, Jehová, y que tu nube estaba sobre ellos, que de día ibas delante de ellos en una columna de nube, y de noche en una columna de fuego. ¹⁵ Si haces morir a este pueblo como a un solo hombre, las gentes que hayan oído tu fama dirán: ¹⁶ "Por cuanto no pudo Jehová introducir a este pueblo en la tierra que había jurado darle, los ha matado en el desierto". ¹⁷ Ahora, pues, yo te ruego que sea magnificado el poder del Señor, como lo prometiste al decir: ¹⁸ "Jehová es tardo para la ira y grande en misericordia, perdona la maldad y la rebelión, aunque de ningún modo tendrá por inocente al culpable, pues castiga el pecado de los padres sobre los hijos hasta la tercera y la cuarta generación".*ᶜ* ¹⁹ Perdona ahora la maldad de este pueblo según la grandeza de tu misericordia, como has perdonado a este pueblo desde Egipto hasta aquí.

Jehová castiga a Israel
(Dt 1.34-40)

²⁰ Entonces Jehová dijo:

—Yo lo he perdonado, conforme a tu dicho. ²¹ Pero tan ciertamente como vivo yo y mi gloria llena toda la tierra, ²² que ninguno de los que vieron mi gloria y las señales que he hecho en Egipto y en el desierto, los que me han tentado ya diez veces y no han oído mi voz, ²³ verá la tierra que juré dar a sus padres; no, ninguno de los que me han irritado la verá.*ᵈ* ²⁴ Pero a mi siervo Caleb, por cuanto lo ha animado otro espíritu y decidió ir detrás de mí, yo lo haré entrar en la tierra donde estuvo, y su descendencia la tendrá en posesión.*ᵉ* ²⁵ Ahora bien, el amalecita y el cananeo habitan en el valle; volveos mañana y salid al desierto, camino del Mar Rojo.

²⁶ Jehová habló a Moisés y a Aarón, y les dijo:

²⁷ —¿Hasta cuándo soportaré a esta depravada multitud que murmura contra mí? Ya he oído las querellas de los hijos de Israel que de mí se quejan. ²⁸ Diles: Vivo yo, dice Jehová, que según habéis hablado a mis oídos, así haré yo con vosotros. ²⁹ En este desierto caerán vuestros cuerpos*ᶠ* todo el número de los que fueron contados de entre vosotros, de veinte años para arriba, los cuales han murmurado contra mí. ³⁰ A excepción de Caleb hijo de Jefone y Josué hijo de Nun, ninguno de vosotros entrará en la tierra por la cual alcé mi mano y juré que os haría habitar en ella. ³¹ Pero a vuestros niños, de los cuales dijisteis que se convertirían en botín de guerra, yo los introduciré, y ellos conocerán la tierra que vosotros despreciasteis. ³² En cuanto a vosotros, vuestros cuerpos caerán en este desierto. ³³ Vuestros hijos andarán pastoreando en el desierto cuarenta años,*ᵍ* y cargarán con vuestras rebeldías, hasta que vuestros

---

ᵃ **14.9** Heb 3.16.   *ᵇ* **14.10** Ex 16.6-7.   *ᶜ* **14.18** Ex 20.5-6; 34.6-7; Dt 5.9-10; 7.9-10.
ᵈ **14.21-23** Heb 3.18.   *ᵉ* **14.24** Jos 14.9-12.   *ᶠ* **14.29** Heb 3.17.   *ᵍ* **14.33** Hch 7.36.

cuerpos sean consumidos en el desierto. ³⁴Conforme al número de los días, de los cuarenta días que empleasteis en reconocer la tierra, cargaréis con vuestras iniquidades: cuarenta años, un año por cada día. Así conoceréis mi castigo. ³⁵Yo, Jehová, he hablado. Así haré a toda esta multitud perversa que se ha juntado contra mí. En este desierto serán consumidos, y ahí morirán.

³⁶Los hombres que Moisés envió a reconocer la tierra, y que al volver habían hecho murmurar contra él a toda la congregación, desacreditando aquel país, ³⁷aquellos hombres que habían hablado mal de la tierra, murieron de plaga delante de Jehová. ³⁸Pero Josué hijo de Nun y Caleb hijo de Jefone quedaron con vida de entre aquellos hombres que habían ido a reconocer la tierra.

La derrota en Horma
(Dt 1.41-46)

³⁹Moisés dijo estas cosas a todos los hijos de Israel, y el pueblo se enlutó mucho. ⁴⁰Se levantaron muy de mañana y subieron a la cumbre del monte, diciendo:

—Aquí estamos para subir al lugar del cual ha hablado Jehová, porque hemos pecado.

⁴¹Moisés les respondió:

—¿Por qué quebrantáis el mandamiento de Jehová? Esto tampoco os saldrá bien. ⁴²No subáis, pues Jehová no está en medio de vosotros: no seáis heridos delante de vuestros enemigos. ⁴³Porque el amalecita y el cananeo están allí delante de vosotros, y caeréis bajo su espada, pues Jehová no estará con vosotros, por cuanto os habéis negado a seguirlo.

⁴⁴Ellos, sin embargo, se obstinaron en subir a la cima del monte; pero ni el Arca del pacto de Jehová ni Moisés se apartaron de en medio del campamento. ⁴⁵Entonces descendieron el amalecita y el cananeo que habitaban en aquel monte, los hirieron, los derrotaron y los persiguieron hasta Horma.

Leyes sobre las ofrendas[a]

15 ¹Jehová habló a Moisés y le dijo: ²«Habla a los hijos de Israel y diles:

Cuando hayáis entrado en la tierra que yo os daré por habitación, ³y presentéis ofrenda que se quema a Jehová, holocausto o sacrificio de vacas o de ovejas, como voto especial o como ofrenda voluntaria, o para ofrecer en vuestras fiestas solemnes olor grato a Jehová, ⁴entonces, el que presente su ofrenda a Jehová traerá como ofrenda la décima parte de un efa de flor de harina, amasada con la cuarta parte de un hin de aceite. ⁵De vino para la libación ofrecerás por cada cordero la cuarta parte de un hin, además del holocausto o del sacrificio. ⁶Por cada carnero presentarás una ofrenda de dos décimas de flor de harina, amasada con la tercera parte de un hin de aceite; ⁷y de vino para la libación presentarás la tercera parte de un hin, como ofrenda de olor grato a Jehová. ⁸Cuando ofrezcas un novillo como holocausto o sacrificio, como voto especial o de paz a Jehová, ⁹ofrecerás con el novillo una ofrenda de tres décimas de flor de harina, amasada con la mitad de un hin de aceite; ¹⁰y de vino para la libación presentarás la mitad de un hin, como ofrenda quemada de olor grato a Jehová. ¹¹Así se hará con cada buey o carnero o cordero de las ovejas o cabrito. ¹²Sea cual sea el número de animales, así haréis con cada uno de ellos. ¹³Todo natural hará estas cosas así, para presentar una ofrenda quemada de olor grato a Jehová.

¹⁴»Si un extranjero que habita con vosotros, o cualquiera que viva entre vosotros, quiere presentar una ofrenda de olor grato a Jehová, lo hará tal como vosotros lo hacéis, por vuestras generaciones. ¹⁵Un mismo estatuto tendréis en la congregación para vosotros y para el extranjero que con vosotros vive. Será estatuto perpetuo por vuestras generaciones; igual que vosotros, así será el extranjero delante de Jehová. ¹⁶Una misma ley y un mismo decreto tendréis, vosotros y el extranjero que con vosotros vive».[b]

¹⁷Habló Jehová a Moisés y le dijo: ¹⁸«Habla a los hijos de Israel y diles: Cuando hayáis entrado en la tierra a la cual yo os llevo, ¹⁹cuando comencéis a comer del pan de la tierra, presentaréis una ofrenda a Jehová. ²⁰De lo primero que

---

^a **15.1-31** Los v. 1-16 complementan las leyes de Lv 1—3 sobre los sacrificios. *^b* **15.16** Lv 24.22.

amaséis, presentaréis una torta como ofrenda; como la ofrenda de la era, así la ofreceréis. ²¹ De las primicias de vuestra masa daréis a Jehová una ofrenda por vuestras generaciones.

²²»Cuando involuntariamente dejéis de cumplir cualquiera de estos mandamientos que Jehová ha comunicado a Moisés, ²³ cualquiera de las cosas que Jehová os ha mandado por medio de Moisés, desde el día que Jehová lo mandó en adelante, por generaciones, ²⁴ si el pecado involuntario fue cometido ignorándolo la congregación, toda la congregación ofrecerá un novillo como holocausto de olor grato a Jehová, con su ofrenda y su libación conforme a la ley, y un macho cabrío como expiación. ²⁵ Luego el sacerdote hará expiación por toda la congregación de los hijos de Israel, y les será perdonado, porque se trata de un error involuntario. Ellos presentarán sus ofrendas, ofrenda que se quema a Jehová, y sus expiaciones delante de Jehová, por esos errores. ²⁶ Y será perdonado a toda la congregación de los hijos de Israel, y al extranjero que vive entre ellos, por cuanto es una falta involuntaria de todo el pueblo.

²⁷»Si una persona peca involuntariamente, ofrecerá una cabra de un año para expiación. ²⁸ El sacerdote hará expiación por la persona que haya pecado involuntariamente delante de Jehová, la reconciliará, y le será perdonado.ᶜ ²⁹ Una misma ley tendréis para el que peque involuntariamente, ya se trate de uno de los hijos de Israel o del extranjero que viva entre ellos.

³⁰»Pero la persona que haga algo con soberbia, sea el natural o el extranjero, ultraja a Jehová; esa persona será eliminada de en medio de su pueblo.ᵈ ³¹ Por cuanto tuvo en poco la palabra de Jehová y menospreció su mandamiento, esa persona será eliminada por completo y su pecado caerá sobre ella».

Lapidación de un violador del sábado

³² Cuando los hijos de Israel estaban en el desierto, hallaron a un hombre que recogía leña en sábado. ³³ Los que lo hallaron recogiendo leña lo llevaron ante Moisés, Aarón y toda la congregación. ³⁴ Lo pusieron en la cárcel, porque no estaba determinado qué se le había de hacer. ³⁵ Entonces Jehová dijo a Moisés: «Irremisiblemente ese hombre debe morir: apedréelo toda la congregación fuera del campamento». ³⁶ La congregación lo sacó fuera del campamento, y lo apedrearon hasta que murió, como Jehová había mandado a Moisés.

Los flecos en los vestidos

³⁷ Jehová habló a Moisés y le dijo: ³⁸ «Habla a los hijos de Israel y diles que se hagan unos flecos en los bordes de sus vestidos,ᵉ por sus generaciones; y pongan en cada fleco de los bordes un cordón de azul. ³⁹ Llevaréis esos flecos para que cuando lo veáis os acordéis de todos los mandamientos de Jehová. Así los pondréis por obra y no seguiréis los apetitos de vuestro corazón y de vuestros ojos, que han hecho que os prostituyáis. ⁴⁰ Así os acordaréis y cumpliréis todos mis mandamientos, para que seáis santos ante vuestro Dios. ⁴¹ Yo soy Jehová, vuestro Dios, que os saqué de la tierra de Egipto para ser vuestro Dios. Yo, Jehová, vuestro Dios».

La rebelión de Coré

16 ¹ Coré hijo de Izhar hijo de Coat hijo de Leví, con Datán y Abiram hijos de Eliab, y On hijo de Pelet, descendientes de Rubén, tomaron gente ² y se levantaron contra Moisés con doscientos cincuenta hombres de los hijos de Israel, príncipes de la congregación, miembros del consejo, hombres de renombre. ³ Se juntaron contra Moisés y Aarón, y les dijeron:

—¡Basta ya de vosotros! Toda la congregación, todos ellos son santos y en medio de ellos está Jehová. ¿Por qué, pues, os encumbráis vosotros sobre la congregación de Jehová?

⁴ Cuando oyó esto Moisés, se postró sobre su rostro. ⁵ Luego habló a Coré y a todo su séquito, y les dijo:

—Mañana mostrará Jehová quién le pertenece y quién es santo, y hará que se acerque a él. Al que él escoja, lo acercará a

---

ᶜ **15.27-28** Lv 4.27-31.   ᵈ **15.30** Lv 7.20.   ᵉ **15.38** Dt 22.12; Mt 23.5.

sí. ⁶ Haced esto: tomad los incensarios de Coré y de todo su séquito, ⁷ poned fuego en ellos y echad en ellos incienso delante de Jehová mañana. Aquel a quien Jehová escoja, ese será el santo; esto os baste, hijos de Leví.

⁸ Dijo Moisés a Coré:

—Oíd ahora, hijos de Leví: ⁹ ¿Os es poco que el Dios de Israel os haya apartado de la congregación de Israel, acercándoos a él para que ministréis en el servicio del tabernáculo de Jehová y estéis delante de la congregación para ministrarles? ¹⁰ Hizo que te acercaras, junto con todos tus hermanos, los hijos de Leví, ¿y ahora procuráis también el sacerdocio? ¹¹ Por tanto, tú y todo tu séquito sois los que os juntáis contra Jehová; porque ¿quién es Aarón para que contra él murmuréis?

¹² Luego Moisés mandó llamar a Datán y Abiram, hijos de Eliab. Pero ellos respondieron:

—No iremos allá. ¹³ ¿Es poco que nos hayas hecho venir de una tierra que destila leche y miel, para hacernos morir en el desierto, sino que también te quieres enseñorear de nosotros imperiosamente? ¹⁴ Tampoco nos has metido tú en tierra que fluya leche y miel, ni nos has dado heredades de tierras y viñas. ¿Sacarás los ojos de estos hombres? ¡No subiremos!

¹⁵ Entonces Moisés se enojó mucho, y dijo a Jehová:

—¡No aceptes su ofrenda! Ni aun un asno he tomado de ellos, ni a ninguno de ellos he hecho mal.

¹⁶ Después dijo Moisés a Coré:

—Tú y todo tu séquito, poneos mañana delante de Jehová; tú, ellos y Aarón. ¹⁷ Que cada uno tome su incensario, le ponga incienso y se acerque a la presencia de Jehová cada uno con su incensario: doscientos cincuenta incensarios en total. Tú también, y Aarón, cada uno con su incensario.

¹⁸ Tomó cada uno su incensario, pusieron en ellos el fuego, echaron en ellos incienso y se pusieron a la puerta del Tabernáculo de reunión junto con Moisés y Aarón. ¹⁹ Ya Coré había reunido contra ellos a toda la congregación[a] a la puerta del Tabernáculo de reunión; entonces la gloria de Jehová se apareció a toda la congregación. ²⁰ Jehová habló a Moisés y a Aarón, y les dijo:

²¹ —¡Apartaos de esta congregación, y los consumiré en un momento!

²² Ellos se postraron sobre sus rostros y dijeron:

—Dios, Dios de los espíritus de toda carne, ¿no es un solo hombre el que pecó? ¿Por qué airarte contra toda la congregación?

²³ Jehová habló a Moisés y le dijo:

²⁴ —Habla a la congregación y diles: Apartaos de los alrededores de la tienda de Coré, Datán y Abiram.

²⁵ Moisés se levantó y fue adonde estaban Datán y Abiram, y los ancianos de Israel lo siguieron. ²⁶ Y habló a la congregación, diciendo:

—Apartaos ahora de las tiendas de estos hombres impíos, y no toquéis ninguna cosa suya, para que no perezcáis por todos sus pecados.

²⁷ Ellos se apartaron de los alrededores de las tiendas de Coré, de Datán y de Abiram; y Datán y Abiram salieron y se pusieron a la entrada de sus tiendas, con sus mujeres, sus hijos y sus pequeñuelos. ²⁸ Moisés dijo:

—En esto conoceréis que Jehová me ha enviado para que hiciera todas estas cosas, y que no las hice de mi propia voluntad. ²⁹ Si como mueren todos los hombres mueren estos, o si al ser visitados ellos corren la suerte de todos los hombres, Jehová no me envió. ³⁰ Pero si Jehová hace algo nuevo, si la tierra abre su boca y se los traga con todas sus cosas, y descienden vivos al seol, entonces conoceréis que estos hombres irritaron a Jehová.

³¹ Aconteció que cuando terminó de decir todas estas palabras, se abrió la tierra que estaba debajo de ellos. ³² Abrió la tierra su boca y se los tragó a ellos, a sus casas, a todos los hombres de Coré y a todos sus bienes.[b] ³³ Ellos, con todo lo que tenían, descendieron vivos al seol;[c] los cubrió la tierra y desaparecieron de en medio de la congregación. ³⁴ Al oír sus gritos, todo Israel, los que estaban en

---

ᵃ **16.19** Es decir, *todo el pueblo.*   ᵇ **16.31-32** Ex 20.5-6; 34.6-7; Jos 7.22-26. Cf. Ez 18.1-20.
ᶜ **16.33** Es decir, *al fondo de la tierra* o *al reino de la muerte* (Sal 6.5).

derredor de ellos, huyeron, diciendo: «¡No sea que nos trague también la tierra!». [35] También salió fuego de la presencia de Jehová, que consumió a los doscientos cincuenta hombres que ofrecían el incienso.[d]

[36] Jehová habló a Moisés y le dijo: [37] «Di a Eleazar, hijo del sacerdote Aarón, que tome los incensarios de en medio del incendio y derrame más allá el fuego, porque están santificados [38] los incensarios de estos que pecaron contra sus almas. Harán de ellos planchas batidas para cubrir el altar, por cuanto ofrecieron con ellos delante de Jehová y están santificados. Serán como una señal para los hijos de Israel».

[39] El sacerdote Eleazar tomó los incensarios de bronce con que los quemados habían ofrecido, y los convirtieron en láminas para cubrir el altar, [40] como recuerdo a los hijos de Israel de que ningún extraño que no sea de la descendencia de Aarón se acerque para ofrecer incienso delante de Jehová, no sea que le ocurra como a Coré y como a su séquito, según se lo dijo Jehová por medio de Moisés.

[41] Al día siguiente, toda la congregación de los hijos de Israel murmuró contra Moisés y Aarón, diciendo:

«Vosotros habéis dado muerte al pueblo de Jehová».

[42] Aconteció que cuando se juntó la congregación contra Moisés y Aarón, miraron hacia el Tabernáculo de reunión y vieron que la nube lo había cubierto, y apareció la gloria de Jehová.[e] [43] Entonces fueron Moisés y Aarón delante del Tabernáculo de reunión, [44] y Jehová dijo a Moisés:

[45] «¡Apartaos de en medio de esta congregación, y los consumiré en un momento!»

Ellos se postraron sobre sus rostros. [46] Y Moisés dijo a Aarón:

«Toma el incensario, pon en él fuego del altar y échale incienso; vete enseguida adonde está la congregación, y haz expiación por ellos, porque el furor ha salido de la presencia de Jehová y la mortandad ha comenzado».

[47] Aarón tomó el incensario, como Moisés

dijo, y corrió en medio de la congregación; la mortandad había comenzado ya en el pueblo. Puso el incienso e hizo expiación por el pueblo. [48] Luego se puso entre los muertos y los vivos, y cesó la mortandad. [49] Los que murieron en aquella mortandad fueron catorce mil setecientos, sin contar los muertos por la rebelión de Coré. [50] Después, cuando la mortandad había cesado, volvió Aarón con Moisés a la puerta del Tabernáculo de reunión.

La vara de Aarón

17 [1] Habló Jehová a Moisés y le dijo: [2] «Habla a los hijos de Israel, y toma de todos sus príncipes una vara por cada casa paterna: doce varas en total, conforme a las casas de sus padres. Tú escribirás el nombre de cada uno sobre su vara, [3] y sobre la vara de Leví escribirás el nombre de Aarón, pues cada jefe de familia paterna tendrá una vara. [4] Las pondrás en el Tabernáculo de reunión delante del Testimonio, donde yo me manifestaré a vosotros. [5] Florecerá la vara del hombre que yo escoja, y así haré cesar delante de mí las quejas que murmuran los hijos de Israel contra vosotros».

[6] Moisés habló a los hijos de Israel, y todos los príncipes de ellos le dieron varas; cada príncipe una vara en representación de sus casas paternas: en total doce varas. La vara de Aarón estaba entre las varas de ellos. [7] Moisés puso las varas delante de Jehová en el tabernáculo del Testimonio. [8] Y aconteció que al día siguiente fue Moisés al tabernáculo del Testimonio y vio que la vara de Aarón de la casa de Leví había reverdecido, echado flores, arrojado renuevos y producido almendras. [9] Entonces sacó Moisés todas las varas de delante de Jehová ante todos los hijos de Israel; ellos lo vieron, y tomó cada uno su vara. [10] Y Jehová dijo a Moisés: «Vuelve a colocar la vara de Aarón delante del Testimonio,[a] para que se guarde como señal para los hijos rebeldes. Así harás cesar sus quejas delante de mí, para que no mueran».

[11] Moisés hizo como le mandó Jehová: así lo hizo. [12] Entonces los hijos de Israel dijeron a Moisés: «¡Nos estamos muriendo!

---

[d] **16.35** Sal 106.16-18. Cf. Lv 10.1-2. [e] **16.42** Ex 40.34. [a] **17.8-10** Heb 9.4.

¡Estamos perdidos! ¡Todos nosotros estamos perdidos! [13] Cualquiera que se acerque, el que se llegue al tabernáculo de Jehová, morirá. ¿Acabaremos por perecer todos?».

Sostenimiento de sacerdotes y levitas

18 [1] Jehová dijo a Aarón: «Tú, tus hijos y tu casa paterna cargaréis con el pecado del santuario; y tú y tus hijos cargaréis con el pecado de vuestro sacerdocio. [2] Haz que también tus hermanos se acerquen a ti y se reúnan contigo: la tribu de Leví, la tribu de tu padre, y te servirán. Tú y tus hijos serviréis delante del tabernáculo del Testimonio. [3] Harán lo que tú ordenes y cuidarán de todo el Tabernáculo, pero no se acercarán a los utensilios santos ni al altar, para que no mueran ellos y vosotros. [4] Colaborarán, pues, contigo, y desempeñarán el ministerio del Tabernáculo de reunión, todo el servicio del Tabernáculo, y ningún extraño se ha de acercar a vosotros. [5] Tendréis el cuidado del santuario, y el cuidado del altar, para que no venga más la ira sobre los hijos de Israel. [6] Porque yo he tomado a vuestros hermanos, los levitas, de entre los hijos de Israel, dados a vosotros como un don de Jehová, para que sirvan en el ministerio del Tabernáculo de reunión. [7] Pero tú y tus hijos contigo os ocuparéis de vuestro sacerdocio en todo lo relacionado con el altar, del velo adentro,[a] y ministraréis. Yo os he dado como un don el servicio de vuestro sacerdocio; el extraño que se acerque, morirá».

[8] Jehová dijo a Aarón: «Yo te he dado también el cuidado de mis ofrendas. Todas las cosas consagradas de los hijos de Israel te las he dado a ti y a tus hijos en virtud de la unción, por estatuto perpetuo. [9] Esto será tuyo de la ofrenda de las cosas santas, reservadas del fuego: todas las ofrendas que me han de presentar, todo presente suyo, toda expiación por su pecado y toda expiación por su culpa, será cosa muy santa para ti y para tus hijos. [10] En el santuario la comerás; todo varón comerá de ella. Cosa santa será para ti.

[11] »Esto también será tuyo: la ofrenda elevada[b] de sus dones y todas las ofrendas mecidas de los hijos de Israel; te las he dado a ti, a tus hijos y a tus hijas por estatuto perpetuo. Cualquiera que esté limpio en tu casa, comerá de ellas. [12] De aceite, de mosto y de trigo, todo lo más escogido, las primicias de ello, que presentarán a Jehová, para ti las he dado. [13] Las primicias de todas las cosas de su tierra, las cuales traerán a Jehová, serán tuyas. Cualquiera que esté limpio en tu casa, comerá de ellas. [14] Todo lo consagrado por voto[c] en Israel será tuyo.

[15] »Todo lo que abre matriz, de toda carne, tanto de hombres como de animales que se ofrecen a Jehová, será tuyo.[d] Pero harás que se redima el primogénito del hombre y harás también redimir el primogénito de animal inmundo. [16] De un mes de nacidos harás efectuar su rescate, conforme a tu estimación, por el precio de cinco siclos, conforme al siclo del santuario, que es de veinte geras. [17] Pero no redimirás el primogénito de vaca, el primogénito de oveja y el primogénito de cabra: santificados son. Rociarás su sangre sobre el altar y quemarás su grasa, ofrenda quemada de olor grato a Jehová. [18] Su carne será tuya; así como el pecho de la ofrenda mecida y la pierna derecha. [19] Todas las ofrendas elevadas de las cosas santas que los hijos de Israel presenten a Jehová, las he dado para ti, tus hijos y tus hijas por estatuto perpetuo. Un pacto de sal[e] perpetuo es este delante de Jehová para ti y tu descendencia».

[20] Jehová dijo a Aarón: «De la tierra de ellos no tendrás heredad ni entre ellos tendrás parte. Yo soy tu parte y tu heredad en medio de los hijos de Israel. [21] Yo he dado a los hijos de Leví todos los diezmos[f] en Israel como heredad por su ministerio, por cuanto ellos sirven en el ministerio del Tabernáculo de reunión. [22] Los hijos de Israel no se acercarán al Tabernáculo de reunión, para que no carguen con un pecado por el cual mueran. [23] Pero los levitas harán el servicio del Tabernáculo de reunión, y ellos cargarán

---

[a] **18.7** Es decir, en el Lugar santísimo (Ex 26.1-37).   [b] **18.11** Ex 29.24; v. 18,26.   [c] **18.14** Lv 27.28.
[d] **18.15-17** Ex 13.11-14; 34.19-20.   [e] **18.19** Lv 2.13.   [f] **18.21** Lv 27.30-33; Dt 14.22-29; cf.
Mal 3.8-10.

con su iniquidad. Es estatuto perpetuo para vuestros descendientes: no poseerán heredad entre los hijos de Israel. ²⁴ Porque a los levitas les he dado como heredad los diezmos de los hijos de Israel, que presentarán como ofrenda a Jehová, por lo cual les he dicho: "Entre los hijos de Israel no poseerán heredad"».

²⁵ Jehová dijo a Moisés: ²⁶ «Hablarás a los levitas y les dirás: Cuando toméis los diezmos de los hijos de Israel que os he dado como vuestra heredad, vosotros presentaréis de ellos, como ofrenda mecida a Jehová, el diezmo de los diezmos. ²⁷ Se os contará vuestra ofrenda como grano de la era y como producto del lagar. ²⁸ Así presentaréis también vuestra ofrenda a Jehová de todos los diezmos que recibáis de los hijos de Israel; se la daréis al sacerdote Aarón como ofrenda reservada a Jehová. ²⁹ De todos los dones que recibáis, reservaréis la ofrenda a Jehová; de todo lo mejor de ellos separaréis la porción que ha de ser consagrada.

³⁰ »También les dirás: Cuando hayáis separado lo mejor de los dones, que le será contado a los levitas como producto de la era y como producto del lagar, ³¹ lo comeréis en cualquier lugar, vosotros y vuestras familias, pues es vuestra remuneración por vuestro ministerio en el Tabernáculo de reunión. ³² No cargaréis con ningún pecado, cuando presentéis lo mejor. Así no contaminaréis las cosas santas de los hijos de Israel, y no moriréis».

La purificación de los impuros

19 ¹ Jehová habló a Moisés y a Aarón, y les dijo: ² «Esta es la ordenanza de la ley que Jehová ha prescrito, diciendo: Di a los hijos de Israel que te traigan una vaca rojiza, perfecta, en la cual no haya falta, sobre la cual no se haya puesto yugo. ³ La daréis a Eleazar, el sacerdote, quien la sacará fuera del campamento y la hará degollar en su presencia. ⁴ Entonces Eleazar, el sacerdote, tomará de la sangre con su dedo y rociará siete veces con ella hacia la parte delantera del Tabernáculo de reunión. ⁵ Después hará quemar la vaca ante sus ojos; hará quemar su cuero, su carne, su sangre y hasta su estiércol.

⁶ Luego tomará el sacerdote madera de cedro, hisopo*ᵃ* y tela roja, y lo echará en medio del fuego en que arde la vaca. ⁷ El sacerdote lavará luego sus vestidos, lavará también su cuerpo con agua y después entrará en el campamento; y el sacerdote quedará impuro hasta la noche. ⁸ Asimismo el que la quemó lavará sus vestidos en agua, también lavará en agua su cuerpo, y quedará impuro hasta la noche. ⁹ Un hombre que esté puro recogerá las cenizas de la vaca y las pondrá fuera del campamento en lugar limpio, y las guardará la congregación de los hijos de Israel para el agua de purificación; es un sacrificio de expiación.*ᵇ* ¹⁰ El que recogió las cenizas de la vaca lavará sus vestidos, y quedará impuro hasta la noche. Este será estatuto perpetuo para los hijos de Israel y para el extranjero que habita entre ellos.

¹¹ »El que toque un cadáver de cualquier persona, quedará impuro siete días. ¹² Al tercer día se purificará con aquella agua, y al séptimo día será limpio. Si al tercer día no se purifica, no será limpio al séptimo día. ¹³ Todo aquel que toque un cadáver de cualquier persona, y no se purifique, contamina el tabernáculo de Jehová. Esa persona será eliminada de Israel, por cuanto el agua de la purificación no fue rociada sobre él: impuro quedará, y su impureza permanecerá sobre él.*ᶜ*

¹⁴ »Esta es la ley para cuando alguien muera en la tienda: cualquiera que entre en la tienda, y todo el que esté en ella, quedará impuro durante siete días. ¹⁵ Y toda vasija abierta, cuya tapa no esté bien ajustada, será inmunda.

¹⁶ »Cualquiera que en campo abierto toque a algún muerto a espada, o algún cadáver o hueso humano o sepulcro, siete días quedará impuro.

¹⁷ »Para el impuro tomarán de la ceniza de la vaca quemada de la expiación, y echarán sobre ella agua corriente en un recipiente. ¹⁸ Luego un hombre que esté puro tomará hisopo, lo mojará en el agua y rociará sobre la tienda, sobre todos los muebles, sobre las personas que allí estén, y sobre aquel que haya tocado el hueso, el asesinado, el muerto o el sepulcro.

ᵃ **19.6** Ex 12.22.   ᵇ **19.9** Heb 9.13.   ᶜ **19.11-13** Lv 21.1-3.

¹⁹ El hombre que esté puro rociará sobre el impuro los días tercero y séptimo, y cuando lo haya purificado al séptimo día, lavará sus vestidos, se lavará a sí mismo con agua y quedará limpio por la noche. ²⁰ La persona impura que no se purifique, será eliminada de en medio de la congregación, por cuanto contaminó el tabernáculo de Jehová; no fue rociada sobre él el agua de la purificación: es impuro. ²¹ Les será estatuto perpetuo. También el que rocíe el agua de la purificación lavará sus vestidos, y el que toque el agua de la purificación quedará impuro hasta la noche. ²² Y todo lo que el impuro toque, será inmundo; y la persona que lo toque a él, quedará impura hasta la noche».

Agua de la roca

20 ¹ Llegaron los hijos de Israel, toda la congregación, al desierto de Zin, en el primer mes, y acampó el pueblo en Cades. Allí murió María, y allí fue sepultada.

² Porque no había agua para la congregación, se juntaron contra Moisés y Aarón.ª ³ Y el pueblo se quejó contra Moisés, diciendo:

«¡Ojalá hubiéramos muerto cuando perecieron nuestros hermanos delante de Jehová!ᵇ ⁴ ¿Por qué hiciste venir la congregación de Jehová a este desierto, para que muramos aquí nosotros y nuestras bestias? ⁵ ¿Y por qué nos has hecho subir de Egipto, para traernos a este horrible lugar? No es un lugar de sementera, de higueras, de viñas ni de granados, ni aun de agua para beber».

⁶ Moisés y Aarón, apartándose de la congregación, fueron a la puerta del Tabernáculo de reunión y se postraron sobre sus rostros. Entonces la gloria de Jehová se les apareció. ⁷ Y Jehová dijo a Moisés:

⁸ «Toma la vara y reúne a la congregación, tú con tu hermano Aarón, y hablad a la peña a la vista de ellos. Ella dará su agua; así sacarás para ellos aguas de la peña, y darás de beber a la congregación y a sus bestias».

⁹ Entonces Moisés tomó la vara de delante de Jehová, como él le mandó. ¹⁰ Reunieron Moisés y Aarón a la congregación delante de la peña, y él les dijo:

«¡Oíd ahora, rebeldes! ¿Haremos salir agua de esta peña para vosotros?»

¹¹ Y alzando su mano, Moisés golpeó la peña con su vara dos veces. Brotó agua en abundancia, y bebió la congregación y sus bestias. ¹² Pero Jehová dijo a Moisés y a Aarón:

«Por cuanto no creísteis en mí, para santificarme delante de los hijos de Israel, por tanto, no entraréis con esta congregación en la tierra que les he dado».

¹³ Estas son las aguas de la rencilla,ᶜ por las cuales contendieron los hijos de Israel con Jehová, y él manifestó su santidad en medio de ellos.

Edom niega el paso a Israel

¹⁴ Envió Moisés embajadores al rey de Edom desde Cades, con este mensaje: «Así dice Israel, tu hermano:ᵈ "Tú has sabido todas las dificultades por las que hemos pasado: ¹⁵ cómo nuestros padres descendieron a Egipto, cómo estuvimos en Egipto largo tiempo y cómo los egipcios nos maltrataron a nosotros y a nuestros padres. ¹⁶ Entonces clamamos a Jehová, que oyó nuestra voz, envió un ángelᵉ y nos sacó de Egipto. Ahora estamos en Cades, ciudad cercana a tus fronteras. ¹⁷ Te rogamos que nos dejes pasar por tu tierra. No pasaremos por los campos de labranza ni por las viñas, ni beberemos agua de los pozos; por el camino real iremos, sin apartarnos a diestra ni a siniestra, hasta que hayamos atravesado tu territorio"».

¹⁸ Edom le respondió:

—No pasarás por mi país; de otra manera, saldré contra ti armado.

¹⁹ Los hijos de Israel le dijeron:

—Por el camino principal iremos, y si bebemos tus aguas yo y mis ganados, pagaremos su precio. Déjame solamente pasar a pie, nada más.

²⁰ Pero él respondió:

—No pasarás.

Y salió Edom contra él con mucho pueblo y mano fuerte. ²¹ No quiso, pues,

---

ª **20.2-13** Ex 17.1-7.   ᵇ **20.3** Nm 16.23-33.   ᶜ **20.13** En hebreo, *Meriba.* Ex 17.7.
ᵈ **20.14** Gn 36.1-43.   ᵉ **20.16** Ex 23.20-33.

Edom dejar pasar a Israel por su territorio. Entonces Israel se desvió de él.*f*

Aarón muere en el Monte Hor

²² Los hijos de Israel, toda aquella congregación, partieron de Cades y llegaron al monte Hor.*g* ²³ Jehová habló a Moisés y a Aarón en el monte Hor, en la frontera de la tierra de Edom, diciendo: ²⁴ «Aarón va a ser reunido a su pueblo, pues no entrará en la tierra que yo di a los hijos de Israel, por cuanto fuisteis rebeldes a mi mandamiento en las aguas de la rencilla. ²⁵ Toma a Aarón y a Eleazar, su hijo, y hazlos subir al monte Hor; ²⁶ desnuda a Aarón de sus vestiduras y viste con ellas a Eleazar, su hijo, porque Aarón será reunido a su pueblo, y allí morirá».

²⁷ Moisés hizo como Jehová le mandó. Subieron al monte Hor a la vista de toda la congregación. ²⁸ Luego Moisés desnudó a Aarón de sus vestiduras y se las puso a Eleazar,*h* su hijo. Aarón murió allí en la cumbre del monte,*i* y Moisés y Eleazar descendieron del monte. ²⁹ Al saber toda la congregación que Aarón había muerto, le hicieron duelo por treinta días todas las familias de Israel.

Derrota de Arad, rey cananeo

21 ¹ Cuando el cananeo, el rey de Arad, que habitaba en el Neguev, oyó que venía Israel*a* por el camino de Atarim, peleó contra Israel y le tomó algunos prisioneros. ² Entonces Israel hizo este voto a Jehová: «Si en efecto entregas este pueblo en mis manos, yo destruiré sus ciudades». ³ Jehová escuchó la voz de Israel y le entregó al cananeo, y los destruyó a ellos y a sus ciudades. Por eso recibió aquel lugar el nombre de Horma.*b*

La serpiente de bronce

⁴ Después partieron del monte Hor, camino del Mar Rojo,*c* para rodear la tierra de Edom. Pero se desanimó el pueblo por el camino ⁵ y comenzó a hablar contra Dios y contra Moisés:

«¿Por qué nos hiciste subir de Egipto para que muramos en este desierto?*d* Pues no hay pan ni agua, y estamos cansados de este pan tan liviano».

⁶ Entonces Jehová envió contra el pueblo unas serpientes venenosas que mordían al pueblo, y así murió mucha gente de Israel.*e* ⁷ Entonces el pueblo acudió a Moisés y le dijo:

«Hemos pecado por haber hablado contra Jehová y contra ti; ruega a Jehová para que aleje de nosotros estas serpientes».

Moisés oró por el pueblo, ⁸ y Jehová le respondió:

«Hazte una serpiente ardiente y ponla sobre una asta; cualquiera que sea mordido y la mire, vivirá».

⁹ Hizo Moisés una serpiente de bronce, y la puso sobre una asta.*f* Y cuando alguna serpiente mordía a alguien, este miraba a la serpiente de bronce y vivía.

Los israelitas rodean la tierra de Moab*g*

¹⁰ Después partieron los hijos de Israel y acamparon en Obot. ¹¹ Luego partieron de Obot y acamparon en Ije-abarim, en el desierto que está enfrente de Moab, hacia el nacimiento del sol. ¹² Partieron de allí y acamparon en el valle de Zered. ¹³ De allí partieron y acamparon al otro lado del Arnón, que está en el desierto y que sale del territorio del amorreo, pues el Arnón sirve de límite entre Moab y el amorreo. ¹⁴ Por eso se dice en el libro de las batallas de Jehová:*h*

«Lo que hizo en el Mar Rojo
y en los arroyos del Arnón;
¹⁵ y a la corriente de los arroyos
que va a parar en Ar
y descansa en el límite de Moab».

¹⁶ De allí pasaron a Beer: este es el pozo del cual Jehová dijo a Moisés: «Reúne al pueblo, y les daré agua». ¹⁷ Entonces, entonó Israel este cántico:

---

f **20.21** Dt 2.4-7.   *g* **20.22-23** De ubicación incierta y distinto del monte Hor mencionado en Nm 34.7-8.   *h* **20.25-28** Ex 29.29.   *i* **20.28** Nm 33.38; Dt 10.6.   *a* **21.1** Nm 33.40.   *b* **21.3** Esto es, *(consagrado a la) destrucción.*   *c* **21.4** Dt 2.1; Nm 33.37-49.   *d* **21.5** Nm 20.4.   *e* **21.5-6** 1 Co 10.9. *f* **21.9** Jn 3.14.   *g* **21.10-20** Nm 33.37-49; cf. Dt 2.   *h* **21.14** Colección de cantos guerreros que no se ha conservado hasta el presente (cf. en Jos 10.13; 2 S 1.18 la referencia al *Libro del Justo*).

«¡Sube, pozo! ¡A él cantad!
18 Pozo que cavaron los señores,
que cavaron los príncipes del
pueblo,
con sus cetros, con sus bastones».

Del desierto fueron a Matana, 19 de
Matana a Nahaliel, de Nahaliel a Bamot,
20 y de Bamot al valle que está en los campos de Moab, y a la cumbre del Pisga,[i]
que mira hacia el desierto.

Derrota de Sehón, rey amorreo
(Dt 2.26-37)

21 Entonces envió Israel embajadores a
Sehón, rey de los amorreos, con este mensaje: 22 «Pasaré por tu tierra; no nos iremos por los sembrados ni por las viñas, ni
beberemos las aguas de los pozos. Por el
camino real iremos, hasta que atravese-
mos tu territorio».

23 Pero Sehón no dejó pasar a Israel por
su territorio, sino que juntó Sehón todo su
pueblo y salió contra Israel en el desierto,
llegó a Jahaza y allí peleó contra Israel.
24 Israel lo hirió a filo de espada y se apoderó de su tierra desde el Arnón hasta el
Jaboc, hasta los límites de los hijos de
Amón, porque la frontera de los hijos de
Amón estaba fortificada. 25 Tomó Israel
todas estas ciudades, y habitó Israel en todas las ciudades del amorreo, en Hesbón
y en todas sus aldeas. 26 Porque Hesbón
era la ciudad de Sehón, rey de los amorreos, el cual había estado en guerra antes
con el rey de Moab, y le había quitado todo su territorio hasta el Arnón. 27 Por eso
dicen los proverbistas:

«¡Venid a Hesbón! ¡Que sea
reedificada!
Que sea restaurada la ciudad de
Sehón.
28 Porque fuego ha salido de Hesbón,
y llama de la ciudad de Sehón,
que consumió a Ar de Moab,
a los señores de las alturas del
Arnón.
29 ¡Ay de ti, Moab!

¡Pereciste, pueblo de Quemos!
Fueron puestos en fuga sus hijos,
y sus hijas en cautividad,
por Sehón, rey de los amorreos.[j]
30 Mas devastamos su reino;
pereció Hesbón hasta Dibón,
y destruimos hasta Nofa y
Medeba».

Israel derrota a Og, rey de Basán
(Dt 3.1-11)

31 Así habitó Israel en la tierra del amorreo. 32 También envió Moisés a reconocer
a Jazer; y tomaron sus aldeas y echaron al
amorreo que estaba allí. 33 Después volvieron y subieron camino de Basán.[k] Salió contra ellos Og, rey de Basán, junto
con toda su gente, para pelear en Edrei.
34 Entonces Jehová dijo a Moisés: «No le
tengas miedo, porque en tus manos lo he
entregado, a él con todo su pueblo y su
tierra. Harás con él como hiciste con
Sehón, rey de los amorreos, que habitaba
en Hesbón».

35 Así lo hirieron a él, a sus hijos y a toda su gente, sin que quedara uno con vida, y se apoderaron de su tierra.

Balac manda llamar a Balaam

22 1 Partieron los hijos de Israel y acamparon en los campos de Moab,[a] junto al Jordán, frente a Jericó.

2 Vio Balac hijo de Zipor todo lo que
Israel había hecho al amorreo, 3 y sintió
Moab un gran temor por aquel pueblo,
pues era muy numeroso. Se angustió
Moab a causa de los hijos de Israel, 4 y dijo
a los ancianos de Madián: «Ahora esta
gente va a devorar todos nuestros contornos, como devora el buey la grama del
campo».

Balac hijo de Zipor, que entonces era
rey de Moab, 5 envió mensajeros a Balaam
hijo de Beor, en Petor, que está junto al río
en la tierra de los hijos de su pueblo, para
que lo llamaran, diciendo: «Un pueblo
que ha salido de Egipto cubre toda la tierra y se ha establecido frente a mí. 6 Ven
pues, ahora, te ruego, y maldíceme a este

---

[i] **21.20** Montaña alta situada a unos 15 km. al este de la desembocadura del Jordán en el Mar
Muerto. Cf. Dt 34.1.   [j] **21.28-29** Jer 48.45-46.   [k] **21.33** Región situada al oriente del Jordán y al
norte del territorio amorreo.   [a] **22.1** Región que se extiende unos 13 km. por la ribera oriental
del río Jordán, al norte del Mar Muerto.

pueblo, porque es más fuerte que yo; quizá yo pueda herirlo y echarlo de la tierra, pues yo sé que el que tú bendigas bendito quedará, y el que tú maldigas maldito quedará».

⁷ Partieron los ancianos de Moab y los ancianos de Madián con las dádivas de adivinación en sus manos. Llegaron a Balaam y le comunicaron las palabras de Balac. ⁸ Balaam les respondió:

—Reposad aquí esta noche, y yo os responderé según Jehová me hable.

Así los príncipes de Moab se quedaron con Balaam. ⁹ Entonces se le apareció Dios a Balaam y le preguntó:

—¿Quiénes son estos que están contigo?

¹⁰ Balaam respondió a Dios:

—Balac hijo de Zipor, rey de Moab, ha enviado a decirme: ¹¹ "Este pueblo que ha salido de Egipto cubre toda la tierra. Ven pues, ahora, y maldícemelo; quizá podré pelear contra él y echarlo".

¹² Entonces dijo Dios a Balaam:

—No vayas con ellos ni maldigas al pueblo, porque bendito es.

¹³ Balaam se levantó por la mañana y dijo a los príncipes de Balac:

—Volveos a vuestra tierra, porque Jehová no me quiere dejar ir con vosotros.

¹⁴ Los príncipes de Moab se levantaron, regresaron a donde estaba Balac y le dijeron:

—Balaam no quiso venir con nosotros.

¹⁵ Otra vez volvió Balac a enviar príncipes, en mayor número y más honorables que los otros, ¹⁶ los cuales fueron a ver a Balaam y le dijeron:

—Así dice Balac hijo de Zipor: "Te ruego que no dejes de venir a mí, ¹⁷ pues sin duda te honraré mucho y haré todo lo que me digas. Ven, pues, ahora, y maldíceme a este pueblo".

¹⁸ Balaam respondió a los siervos de Balac:

—Aunque Balac me diera su casa llena de plata y oro, no puedo traspasar la palabra de Jehová, mi Dios, para hacer cosa chica ni grande. ¹⁹ Os ruego, por tanto, ahora, que reposéis aquí esta noche, para que yo sepa qué me vuelve a decir Jehová.

²⁰ Y se le apareció Dios a Balaam de noche, y le dijo:

«Si vinieron para llamarte estos hombres, levántate y vete con ellos; pero harás lo que yo te diga».

El ángel y el asna de Balaam

²¹ Balaam se levantó por la mañana, ensilló su asna y se fue con los príncipes de Moab.

²² Pero la ira de Dios se encendió porque él iba, y el ángel de Jehová*ᵇ* se puso en el camino como un adversario suyo. Iba, pues, él montado sobre su asna, y con él dos criados suyos. ²³ Cuando el asna vio al ángel de Jehová, que estaba en el camino con la espada desnuda en la mano, se apartó del camino y se fue por el campo. Entonces azotó Balaam al asna para hacerla volver al camino. ²⁴ Pero el ángel de Jehová se puso en una senda de viñas que tenía pared a un lado y pared al otro. ²⁵ Al ver el asna al ángel de Jehová, se pegó a la pared, y apretó contra la pared el pie de Balaam. Él volvió a azotarla. ²⁶ El ángel de Jehová pasó más allá, y se puso en un sendero angosto donde no había camino para apartarse ni a la derecha ni a la izquierda. ²⁷ Cuando el asna vio al ángel de Jehová, se echó al suelo debajo de Balaam. Balaam se enojó y azotó al asna con un palo. ²⁸ Entonces Jehová abrió la boca al asna, la cual dijo a Balaam:

—¿Qué te he hecho, que me has azotado estas tres veces?

²⁹ —Porque te has burlado de mí —respondió Balaam al asna—. ¡Si tuviera una espada en mi mano, ahora mismo te mataría!

³⁰ El asna dijo a Balaam:

—¿No soy yo tu asna? Sobre mí has cabalgado desde que tú me tienes hasta este día ¿Acaso acostumbro a portarme así contigo?

—No —respondió él.

³¹ Entonces Jehová abrió los ojos de Balaam, que vio al ángel de Jehová en medio del camino, con la espada desnuda en la mano. Balaam hizo una reverencia y se postró sobre su rostro. ³² El ángel de Jehová le dijo:

ᵇ **22.22** Gn 16.7.

—¿Por qué has azotado a tu asna estas tres veces? Yo soy el que ha salido a resistirte, porque tu camino es perverso delante de mí. ³³El asna me ha visto y se ha apartado de mí estas tres veces. Y si de mí no se hubiera apartado, ya te hubiera matado a ti, y a ella la habría dejado viva.

³⁴Entonces Balaam dijo al ángel de Jehová:

—He pecado, porque no sabía que tú te ponías delante de mí en el camino; pero ahora, si te parece mal, yo regresaré.

³⁵Pero el ángel de Jehová respondió a Balaam:

—Ve con esos hombres; pero la palabra que yo te diga, esa hablarás.

Así Balaam se fue con los príncipes de Balac.

³⁶Cuando Balac oyó que Balaam venía, salió a recibirlo a la ciudad de Moab, que está junto al límite de Arnón, en los confines de su territorio. ³⁷Y Balac dijo a Balaam:

—¿No envié yo a llamarte? ¿Por qué no has venido ante mí? ¿No puedo yo honrarte?

³⁸Balaam respondió a Balac:

—Mira, ya he venido ante ti; pero ¿podré ahora decir alguna cosa? La palabra que Dios ponga en mi boca, esa hablaré.

³⁹Luego fue Balaam con Balac, y llegaron a Quiriat-huzot. ⁴⁰Balac hizo matar bueyes y ovejas, y lo envió a Balaam y a los príncipes que estaban con él.

Balaam bendice a Israel

⁴¹Al día siguiente, Balac tomó a Balaam y lo hizo subir a Bamot-baal, y desde allí vio una parte del pueblo.

23 ¹Balaam dijo a Balac:

—Edifícame aquí siete altares, y prepárame aquí siete becerros y siete carneros.

²Balac hizo como le dijo Balaam, y ofrecieron Balac y Balaam un becerro y un carnero en cada altar.

³Luego Balaam dijo a Balac:

—Ponte junto a tu holocausto, y yo iré; quizá Jehová salga a mi encuentro, y cualquier cosa que me muestre, te la haré saber.

Y se fue a un monte descubierto. ⁴Entonces vino Dios al encuentro de Balaam, y este le dijo:

—Siete altares he ordenado, y en cada altar he ofrecido un becerro y un carnero.

⁵Jehová puso una palabra en la boca de Balaam y le dijo:

—Vuelve donde está Balac y comunícale lo que yo te he dicho.

⁶Volvió a él y lo halló junto a su holocausto, acompañado de todos los príncipes de Moab. ⁷Entonces Balaam pronunció esta profecía:

«De Aram me trajo Balac,
    rey de Moab, desde los montes del
      oriente.
"¡Ven, maldíceme a Jacob;
    ven, execra a Israel!".
⁸¿Por qué maldeciré yo al que Dios
    no maldijo?
¿Por qué he de execrar al que
    Jehová no ha execrado?
⁹Porque desde la cumbre de las
    peñas puedo verlo,
desde los collados puedo mirarlo;
es un pueblo que habita confiado*ᵃ*
    y no se cuenta entre las naciones.
¹⁰¿Quién contará el polvo de Jacob
    o el número de la cuarta parte de
      Israel?
Que muera yo la muerte de los
    rectos
    y mi fin sea como el suyo».

¹¹Entonces Balac dijo a Balaam:

—¿Qué me has hecho? Te he traído para que maldigas a mis enemigos, y tú has proferido bendiciones.

¹²Él respondió y dijo:

—¿No debo cuidarme de decir lo que Jehová ponga en mi boca?*ᵇ*

¹³Entonces dijo Balac:

—Te ruego que vengas conmigo a otro lugar desde el cual los veas, si no a todos, por lo menos a una parte de ellos, y desde allí me los maldecirás.

¹⁴Y lo llevó al campo de Zofim, a la cumbre de Pisga. Allí edificó siete altares, y ofreció un becerro y un carnero en cada altar. ¹⁵Entonces Balaam dijo a Balac:

«Ponte aquí, junto a tu holocausto, y yo iré a encontrar a Dios allí».

ᵃ **23.9** O, *solo.*   *ᵇ* **23.12** Nm 22.20.

¹⁶ Jehová salió al encuentro de Balaam, puso una palabra en su boca, y le dijo: «Vuelve donde está Balac, y dile así».

¹⁷ Volvió a él y lo halló junto a su holocausto, acompañado de los príncipes de Moab. Balac le preguntó: «¿Qué ha dicho Jehová?».

¹⁸ Entonces Balaam pronunció esta profecía:

«Balac, levántate y oye;
escucha mis palabras, hijo de
Zipor:
¹⁹ Dios no es hombre, para que
mienta,
ni hijo de hombre para que se
arrepienta.
¿Acaso dice y no hace?
¿Acaso promete y no cumple?
²⁰ He recibido orden de bendecir;
él dio una bendición, y no podré
revocarla.
²¹ No ha notado iniquidad en Jacob
ni ha visto perversidad en Israel.
Jehová, su Dios, está con él,
y ellos lo aclaman como rey.
²² Dios, que los ha sacado de Egipto,
tiene fuerzas como de búfalo.
²³ Porque contra Jacob no vale
agüero,
ni adivinación contra Israel.
Como ahora, será dicho de Jacob y
de Israel:
¡Lo que ha hecho Dios!
²⁴ Este pueblo, como león se levanta,
como león se yergue.
No se echará hasta que devore la
presa
y beba la sangre de los muertos».

²⁵ Entonces Balac dijo a Balaam:
—Ya que no lo maldices, tampoco lo bendigas.

²⁶ Balaam respondió y dijo a Balac:
—¿No te he dicho que todo lo que Jehová me diga, eso tengo que hacer?

²⁷ Luego dijo Balac a Balaam:
—Te ruego que vengas, te llevaré a otro lugar. Quizás le parezca bien a Dios que desde allí me lo maldigas.

²⁸ Y Balac llevó a Balaam a la cumbre de Peor,ᶜ que mira hacia el desierto.ᵈ
²⁹ Entonces Balaam dijo a Balac:
—Edifícame aquí siete altares, y prepárame aquí siete becerros y siete carneros.

³⁰ Balac hizo como Balaam le dijo, y ofreció un becerro y un carnero en cada altar.

24 ¹ Cuando vio Balaam que le parecía bien a Jehová que él bendijera a Israel, no fue, como la primera y la segunda vez, en busca de agüero, sino que puso su rostro hacia el desierto. ² Al alzar sus ojos, vio a Israel acampado por tribus, y el espíritu de Dios vino sobre él. ³ Entonces pronunció esta profecía:

«Dice Balaam hijo de Beor,
dice el varón de ojos abiertos,
⁴ dice el que oyó los dichos de Dios,
el que vio la visión del
Omnipotente;
caído, pero abiertos los ojos:
⁵ ¡Cuán hermosas son tus tiendas,
Jacob,
y tus habitaciones, Israel!
⁶ Como arroyos están extendidas,
como huertos junto al río,
como áloes plantados por Jehová,
como cedros junto a las aguas.
⁷ De sus manos destilan aguas,
y su descendencia tiene agua en
abundancia.
Su rey es más grande que Agag,
y su reino es engrandecido.ᵃ
⁸ Dios, que lo sacó de Egipto,
tiene fuerzas como de búfalo.
Devora a las naciones enemigas,
desmenuza sus huesos
y las traspasa con sus flechas.
⁹ Se agazapa y se echa como un león,
como una leona. ¿Quién lo
despertará?
¡Benditos sean los que te bendigan
y malditos los que te maldigan!».

La profecía de Balaam
¹⁰ Entonces se encendió la ira de Balac contra Balaam, y batiendo las manos le dijo:

ᶜ **23.28** Donde se adoraba al dios Baal con el nombre de Baal-peor (Nm 25.3).   ᵈ **23.28** O, *Jesimón.*   ᵃ **24.7** 1 S 15.8,32-33.

—Para maldecir a mis enemigos te he llamado, pero tú los has bendecido ya tres veces. ¹¹ Ahora huye a tu lugar; yo dije que te honraría, pero Jehová te ha privado de honra.

¹² Balaam le respondió:

—¿No lo declaré yo también a los mensajeros que me enviaste, diciendo: ¹³ "Aunque Balac me diera su casa llena de plata y oro, yo no podré traspasar el dicho de Jehová para hacer cosa buena ni mala de mi arbitrio, pero lo que hable Jehová, eso diré yo"?^b ¹⁴ Yo me voy ahora a mi pueblo; por tanto, ven, te indicaré lo que este pueblo ha de hacer a tu pueblo en los últimos días.

¹⁵ Entonces pronunció esta profecía:

«Dice Balaam hijo de Beor,
dice el varón de ojos abiertos;
¹⁶ dice el que oyó los dichos de
Jehová,
el que sabe la ciencia del Altísimo,
el que vio la visión del
Omnipotente;
caído, pero abiertos los ojos:
¹⁷ Lo veo, mas no ahora;
lo contemplo, mas no de cerca:
Saldrá estrella de Jacob,
se levantará cetro de Israel,
y herirá las sienes de Moab
y destruirá a todos los hijos de Set.
¹⁸ Será tomada Edom,
será también tomada Seir por sus
enemigos,
Israel realizará grandes prodigios.
¹⁹ De Jacob saldrá el vencedor
y destruirá lo que quede de la
ciudad».

²⁰ Al ver a Amalec, pronunció esta profecía:

«Amalec es la cabeza de las
naciones,
mas al fin perecerá para siempre».

²¹ Al ver al ceneo, pronunció esta profecía:

«Fuerte es tu habitación;
en la peña está tu nido.

²² Pero el ceneo será destruido,
cuando Asiria te lleve cautivo».

²³ Después pronunció esta profecía:

«¡Ay!, ¿quién vivirá cuando haga
Dios estas cosas?
²⁴ Vendrán naves de la costa de
Quitim,
afligirán a Asiria y afligirán
también a Heber,
mas él también perecerá para
siempre».

²⁵ Entonces se levantó Balaam y se fue de regreso a su lugar, y también Balac se fue por su camino.

Israel en Baal-peor

25 ¹ Israel estaba en Sitim^a cuando el pueblo empezó a prostituirse con las hijas de Moab, ² las cuales invitaban al pueblo a los sacrificios de sus dioses; el pueblo comió y se inclinó a sus dioses. ³ Así acudió el pueblo a Baal-peor,^b y el furor de Jehová se encendió contra Israel. ⁴ Jehová dijo a Moisés:

«Toma a todos los príncipes del pueblo y ahórcalos ante Jehová a plena luz del día, para que el ardor de la ira de Jehová se aparte de Israel».

⁵ Moisés dijo a los jueces de Israel:

«Matad cada uno a aquellos de los vuestros que se han juntado con Baal-peor».

⁶ Uno de los hijos de Israel llegó trayendo una madianita adonde estaban sus hermanos, ante los ojos de Moisés y de toda la congregación de los hijos de Israel, mientras ellos lloraban a la puerta del Tabernáculo de reunión. ⁷ Al ver esto, Finees hijo de Eleazar, hijo del sacerdote Aarón, se levantó de en medio de la congregación, tomó una lanza en su mano, ⁸ entró tras aquel hombre de Israel a la tienda y los traspasó a ambos por el vientre, al varón de Israel y a la mujer. Y cesó la mortandad de los hijos de Israel. ⁹ Los que murieron a causa de aquella plaga fueron veinticuatro mil.

¹⁰ Entonces Jehová habló a Moisés y le dijo:

¹¹ «Finees hijo de Eleazar, hijo del sacerdote

^b **24.13** Nm 22.20; 23.12,26.   ^a **25.1** Nm 33,48-49; Jos 2.1.   ^b **25.1-3** Sal 106.28-19; Os 9.10.

Aarón, ha hecho apartar mi furor de los hijos de Israel, porque ha mostrado entre ellos un celo como el mío; por eso yo no he consumido en mi celo a los hijos de Israel. [12] Diles, por tanto: "Yo establezco mi pacto de paz con él. [13] Será para él, y para su descendencia después de él, el pacto del sacerdocio perpetuo, por cuanto tuvo celo por su Dios e hizo expiación por los hijos de Israel"».[c]

[14] El nombre del hombre que fue muerto junto con la madianita era Zimri hijo de Salu, jefe de una familia de la tribu de Simeón. [15] Y el nombre de la mujer madianita muerta era Cozbi, hija de Zur, príncipe de pueblos, padre de familia en Madián.

[16] Jehová habló a Moisés y le dijo: [17] «Atacad a los madianitas y heridlos, [18] por cuanto ellos os afligieron a vosotros engañándoos con sus ardides en lo tocante a Baal-peor, y en lo tocante a Cozbi, hija del príncipe de Madián, hermana de ellos, la cual fue muerta el día de la mortandad que vino por lo de Baal-peor».

Censo del pueblo en Moab

26 [1] Aconteció después de la mortandad, que Jehová habló a Moisés y a Eleazar, hijo del sacerdote Aarón, y le dijo: [2] «Haced el censo[a] de toda la congregación de los hijos de Israel, de veinte años para arriba, por las casas de sus padres, de todos los que pueden salir a la guerra en Israel».

[3] Moisés y el sacerdote Eleazar hablaron con ellos en los campos de Moab, junto al Jordán, frente a Jericó, y les dijeron: [4] «Registraréis a la gente de veinte años para arriba, como mandó Jehová a Moisés».

Los hijos de Israel que salieron de tierra de Egipto fueron:

[5] Rubén, el primogénito de Israel; los hijos de Rubén: de Enoc, la familia de los enoquitas; de Falú, la familia de los faluitas; [6] de Hezrón, la familia de los hezronitas; de Carmi, la familia de los carmitas. [7] Estas son las familias de los rubenitas; y fueron registrados de ellas 43.730.

[8] Los hijos de Falú: Eliab. [9] Y los hijos de Eliab: Nemuel, Datán y Abiram. Estos Datán y Abiram fueron los del consejo de la congregación que se rebelaron contra Moisés y Aarón con el grupo de Coré, cuando este se rebeló contra Jehová. [10] La tierra abrió su boca y se los tragó junto con Coré; así murió aquel grupo, cuando el fuego consumió a doscientos cincuenta hombres, para que sirvieran de escarmiento. [11] Pero los hijos de Coré no murieron.

[12] Los hijos de Simeón, por familias: de Nemuel, la familia de los nemuelitas; de Jamín, la familia de los jaminitas; de Jaquín, la familia de los jaquinitas; [13] de Zera, la familia de los zeraítas; de Saúl, la familia de los saulitas. [14] Estas son las familias de los simeonitas: 22.200.

[15] Los hijos de Gad, por familias: de Zefón, la familia de los zefonitas; de Hagui, la familia de los haguitas; de Suni, la familia de los sunitas; [16] de Ozni, la familia de los oznitas; de Eri, la familia de los eritas; [17] de Arod, la familia de los aroditas; de Areli, la familia de los arelitas. [18] Estas son las familias de Gad; y fueron registrados de ellas 40.500.

[19] Los hijos de Judá: Er y Onán; y Er y Onán murieron en la tierra de Canaán. [20] Y fueron los hijos de Judá, por familias: de Sela, la familia de los selaítas; de Fares, la familia de los faresitas; de Zera, la familia de los zeraítas. [21] Los hijos de Fares fueron: de Hezrón, la familia de los hezronitas; de Hamul, la familia de los hamulitas. [22] Estas son las familias de Judá; y fueron registrados de ellas 76.500.

[23] Los hijos de Isacar, por familias: de Tola, la familia de los tolaítas; de Fúa, la familia de los funitas; [24] de Jasub, la familia de los jasubitas; de Simrón, la familia de los simronitas. [25] Estas son las familias de Isacar; y fueron registrados de ellas 64.300.

[26] Los hijos de Zabulón, por familias: de Sered, la familia de los sereditas; de Elón, la familia de los elonitas; de Jahleel, la familia de los jahleelitas. [27] Estas son las familias de los zabulonitas; y fueron registrados de ellas 60.500.

[28] Los hijos de José, por familias: Manasés y Efraín. [29] Los hijos de Manasés: de Maquir, la familia de los maquiritas; y

---

[c] **25.7-13** Sal 106.30-31.   [a] **26.1-51** Nm 1.1-46.

Maquir engendró a Galaad; de Galaad, la familia de los galaaditas. ³⁰ Estos son los hijos de Galaad: de Jezer, la familia de los jezeritas; de Helec, la familia de los heléquitas; ³¹ de Asriel, la familia de los asrielitas; de Siquem, la familia de los siquemitas; ³² de Semida, la familia de los semidaítas; de Hefer, la familia de los heferitas. ³³ Zelofehad hijo de Hefer no tuvo hijos sino hijas. Los nombres de las hijas de Zelofehad fueron Maala, Noa, Hogla, Milca y Tirsa. ³⁴ Estas son las familias de Manasés; y fueron registrados de ellas 52.700.

³⁵ Estos son los hijos de Efraín, por familias: de Sutela, la familia de los sutelaítas; de Bequer, la familia de los bequeritas; de Tahán, la familia de los tahanitas. ³⁶ Y estos son los hijos de Sutela: de Erán, la familia de los eranitas. ³⁷ Estas son las familias de los hijos de Efraín; y fueron registrados de ellas 32.500. Estos son los hijos de José, por familias.

³⁸ Los hijos de Benjamín, por familias: de Bela, la familia de los belaítas; de Asbel, la familia de los asbelitas; de Ahiram, la familia de los ahiramitas; ³⁹ de Sufam, la familia de los sufamitas; de Hufam, la familia de los hufamitas. ⁴⁰ Y los hijos de Bela fueron Ard y Naamán: de Ard, la familia de los arditas; de Naamán, la familia de los naamitas. ⁴¹ Estos son los hijos de Benjamín, por familias; y fueron registrados de ellos 45.600.

⁴² Estos son los hijos de Dan, por familias: de Súham, la familia de los suhamitas. Estas son las familias de los descendientes de Dan. ⁴³ De las familias de los suhamitas fueron registrados 64.400.

⁴⁴ Los hijos de Aser, por familias: de Imna, la familia de los imnitas; de Isúi, la familia de los isuitas; de Bería, la familia de los beriaítas. ⁴⁵ Los hijos de Bería: de Heber, la familia de los heberitas; de Malquiel, la familia de los malquielitas. ⁴⁶ El nombre de la hija de Aser fue Sera. ⁴⁷ Estas son las familias de los hijos de Aser; y fueron registrados de ellas 53.400.

⁴⁸ Los hijos de Neftalí, por familias: de Jahzeel, la familia de los jahzeelitas; de Guni, la familia de los gunitas; ⁴⁹ de Jezer, la familia de los jezeritas; de Silem, la familia de los silemitas. ⁵⁰ Estas son los descendientes de Neftalí, por familias; y fueron registrados de ellas 45.400.

⁵¹ Estos son los registrados de los hijos de Israel: 601.730.

Orden para la repartición de la tierra

⁵² Habló Jehová a Moisés y le dijo: ⁵³ «Entre estos se repartirá la tierra como heredad, conforme al número de los registrados. ⁵⁴ A los más numerosos darás mayor heredad; a los menos numerosos, menor heredad. A cada uno se le dará su heredad según el número de los registrados. ⁵⁵ Pero la tierra será repartida por suertes;ᵇ heredarán según el número de los registrados por cada tribu paterna. ⁵⁶ Conforme a la suerte será repartida su heredad entre el grande y el pequeño».

Censo de la tribu de Leví ᶜ

⁵⁷ Los registrados de los levitas, por familias, son estos: de Gersón, la familia de los gersonitas; de Coat, la familia de los coatitas; de Merari, la familia de los meraritas. ⁵⁸ Estas son las familias de los levitas: la familia de los libnitas, la familia de los hebronitas, la familia de los mahlitas, la familia de los musitas, la familia de los coreítas.

Coat engendró a Amram. ⁵⁹ La mujer de Amram se llamó Jocabed, hija de Leví, que le nació a Leví en Egipto. Ella le dio de Amram estos hijos: Aarón, Moisés y María, su hermana. ⁶⁰ A Aarón le nacieron Nadab, Abiú, Eleazar e Itamar. ⁶¹ Pero Nadab y Abiú murieron cuando ofrecieron fuego extraño delante de Jehová.ᵈ ⁶² De los levitas fueron registrados 23.000, todos hombres de un mes para arriba; porque no fueron registrados entre los hijos de Israel, pues no se les había de dar heredad entre los hijos de Israel.

Caleb y Josué, los sobrevivientes del éxodo

⁶³ Estos son los censados por Moisés y el sacerdote Eleazar, los cuales hicieron el censo de los hijos de Israel en los campos de Moab, junto al Jordán, frente a Jericó. ⁶⁴ Entre estos no había ninguno de los registrados por Moisés y el sacerdote Aarón, quienes hicieron el censo de los hijos

ᵇ 26.55 Nm 34.14; Jos 14.1-2.   ᶜ 26.57-65 Nm 3.14-39.   ᵈ 26.61 Lv 10.1-2; Nm 3.4.

de Israel en el desierto de Sinaí. ⁶⁵ Porque Jehová había dicho de ellos: «Morirán en el desierto», y no quedó ninguno de ellos, excepto Caleb hijo de Jefone y Josué hijo de Nun.

Las hijas de Zelofehad

27 ¹ Se acercaron las hijas de Zelofehad hijo de Hefer hijo de Galaad, hijo de Maquir, hijo de Manasés, de las familias de Manasés hijo de José, los nombres de las cuales eran Maala, Noa, Hogla, Milca y Tirsa. ² Se presentaron delante de Moisés y delante del sacerdote Eleazar, delante de los príncipes y de toda la congregación, a la puerta del Tabernáculo de reunión, y dijeron: ³ «Nuestro padre murió en el desierto. Él no estuvo en la compañía de los que se juntaron contra Jehová en el grupo de Coré, sino que por su propio pecado murió, y no tuvo hijos. ⁴ ¿Por qué será borrado el nombre de nuestro padre de su familia? ¿Por no haber tenido hijos? Danos alguna heredad entre los hermanos de nuestro padre».

⁵ Moisés llevó su causa delante de Jehová, ⁶ y Jehová respondió a Moisés: ⁷ «Bien dicen las hijas de Zelofehad. Les darás la posesión de una heredad entre los hermanos de su padre, y traspasarás la heredad de su padre a ellas.^a ⁸ Y a los hijos de Israel les dirás: Cuando alguien muera sin dejar hijos, traspasaréis su herencia a su hija. ⁹ Si no tiene hija, daréis su herencia a sus hermanos; ¹⁰ y si no tiene hermanos, daréis su herencia a los hermanos de su padre. ¹¹ Si su padre no tiene hermanos, daréis su herencia al pariente más cercano de su familia, y de este será». Para los hijos de Israel esto será una norma de derecho, como Jehová mandó a Moisés.

Josué, sucesor de Moisés

¹² Jehová dijo a Moisés:

—Sube a este monte Abarim^b y verás la tierra que he dado a los hijos de Israel. ¹³ Después que la hayas visto, tú también serás reunido con tu pueblo, como fue reunido tu hermano Aarón. ¹⁴ Pues fuisteis rebeldes a mi mandato en el desierto de Zin, en la rencilla de la congregación, no santificándome en las aguas a los ojos de ellos. Estas son las aguas de la rencilla de Cades, en el desierto de Zin.

¹⁵ Entonces respondió Moisés a Jehová:

¹⁶ —Jehová, Dios de los espíritus de toda carne, ponga sobre la congregación un hombre ¹⁷ que salga delante de ellos y que entre delante de ellos, que los saque y los introduzca, para que la congregación de Jehová no sea como rebaño sin pastor.^c

¹⁸ Jehová dijo a Moisés:

—Toma a Josué^d hijo de Nun, hombre en el cual hay espíritu, y pon tu mano sobre él. ¹⁹ Preséntalo luego ante el sacerdote Eleazar y ante toda la congregación, y le darás el cargo en presencia de ellos. ²⁰ Pon parte de tu dignidad sobre él, para que toda la congregación de los hijos de Israel le obedezca.^e ²¹ Él se presentará ante el sacerdote Eleazar y le consultará por el juicio del Urim delante de Jehová. Por el dicho de él saldrán y por el dicho de él entrarán, él y toda la comunidad de los hijos de Israel junto con él.

²² Moisés hizo como Jehová le había mandado, pues tomó a Josué y lo presentó ante el sacerdote Eleazar y ante toda la congregación. ²³ Puso sobre él sus manos y le dio el cargo, como Jehová había mandado por medio de Moisés.

La ofrenda diaria
(Ex 29.38-46)

28 ¹ Habló Jehová a Moisés y le dijo: ² «Manda a los hijos de Israel y diles: Cuidaréis de presentarme a su tiempo mis ofrendas, mi pan con las ofrendas quemadas de olor grato para mí.

³ »También les dirás: Esta es la ofrenda quemada que presentaréis a Jehová: dos corderos sin tacha, de un año, cada día, será el holocausto continuo. ⁴ Ofrecerás un cordero por la mañana, y el otro cordero lo ofrecerás a la caída de la tarde; ⁵ y como oblación, la décima parte de un efa de flor de harina amasada con un cuarto de

---

^a **27.1-7** Jos 17.3-4. ^b **27.12** Nombre de la cordillera situada al este del Mar Muerto, en la cual se encuentra el monte Nebo, donde murió Moisés (Dt 32.49-52; 34.1-7). ^c **27.16-17** 1 R 22.17; Ez 34.5; Mt 9.36; Mc 6.34. ^d **27.18** Ex 24.13. ^e **27.18-20** Dt 34.9; Jos 1.16-18.

un hin de aceite de olivas machacadas. ⁶Es el holocausto continuo de olor grato que fue ordenado en el monte Sinaí como ofrenda quemada para Jehová. ⁷Su libación: la cuarta parte de un hin con cada cordero. Derramarás la libación de vino superior ante Jehová en el santuario. ⁸Ofrecerás el segundo cordero a la caída de la tarde; conforme a la ofrenda de la mañana y conforme a su libación ofrecerás. Es una ofrenda quemada de olor grato a Jehová.

La ofrenda semanal y mensual

⁹»Pero el sábado ofrecerás dos corderos de un año, sin defecto, y dos décimas de flor de harina amasada con aceite como oblación, con su libación. ¹⁰Es el holocausto de cada sábado, además del holocausto continuo y su libación.

¹¹»Al comienzo de vuestros meses[a] ofreceréis en holocausto a Jehová dos becerros de la vacada, un carnero y siete corderos de un año, sin defecto; ¹²tres décimas de flor de harina amasada con aceite, como oblación por cada becerro; dos décimas de flor de harina amasada con aceite, como oblación por el carnero, ¹³y una décima de flor de harina amasada con aceite, como oblación que se ofrecerá por cada cordero. Es un holocausto de olor grato, ofrenda que se quema a Jehová. ¹⁴Sus libaciones de vino: medio hin por cada becerro, la tercera parte de un hin por cada carnero y la cuarta parte de un hin por cada cordero. Este es el holocausto de cada mes para todos los meses del año. ¹⁵También un macho cabrío en expiación se ofrecerá a Jehová, además del holocausto continuo con su libación.

Ofrendas de las fiestas solemnes
(Lv 23.1-44)

¹⁶»Pero en el primer mes, el día catorce del mes, será la Pascua de Jehová,[b] ¹⁷y el día quince de este mes será la fiesta solemne: durante siete días se comerán panes sin levadura.[c] ¹⁸El primer día habrá santa convocación: ninguna obra de siervos haréis. ¹⁹Presentaréis, como ofrenda

que se quema en holocausto a Jehová, dos becerros de la vacada, un carnero y siete corderos de un año, sin defecto. ²⁰Su ofrenda de harina amasada con aceite: tres décimas por cada becerro, dos décimas por el carnero, ²¹y por cada uno de los siete corderos ofreceréis una décima. ²²También ofreceréis un macho cabrío como expiación para reconciliaros. ²³Esto ofreceréis además del holocausto de la mañana, que es el holocausto continuo. ²⁴Conforme a esto ofreceréis cada uno de los siete días, vianda y ofrenda que se quema con olor grato para Jehová: se ofrecerá además del holocausto continuo y de su libación. ²⁵Y el séptimo día tendréis santa convocación: ninguna obra de siervos haréis.

²⁶»Además, el día de las primicias, cuando presentéis la ofrenda de los nuevos frutos a Jehová en la fiesta de las Semanas,[d] tendréis santa convocación: ninguna obra de siervos haréis. ²⁷Ofreceréis, como holocausto de olor grato a Jehová, dos becerros de la vacada, un carnero y siete corderos de un año. ²⁸La ofrenda correspondiente será de flor de harina amasada con aceite, tres décimas por cada becerro, dos décimas por el carnero, ²⁹y por cada uno de los siete corderos una décima. ³⁰También un macho cabrío para hacer la expiación por vosotros. ³¹Los ofreceréis, además del holocausto continuo con sus ofrendas y sus libaciones. Los animales serán sin defecto.

29 ¹»En el séptimo mes, el primero de mes, tendréis santa convocación: ninguna obra de siervos haréis. Os será día de tocar las trompetas. ²Ofreceréis como holocausto de olor grato a Jehová un becerro de la vacada, un carnero y siete corderos de un año, sin defecto, ³y su ofrenda de flor de harina amasada con aceite; tres décimas de efa por el becerro, dos décimas por el carnero ⁴y una décima por cada uno de los siete corderos; ⁵y un macho cabrío como expiación para reconciliaros, ⁶además del holocausto del mes y su ofrenda, del holocausto continuo, su

---

[a] **28.11** Sal 81.3; Nm 10.10; 1 S 20.5; Is 1.14.   [b] **28.16** Ex 12.1-13; Nm 9.1-3; Dt 16.1-2.
[c] **28.17-25** Ex 12.14-20; 23.15; 34.18; Dt 16.3-8.   [d] **28.26-31** Ex 23.16; 34.22; Dt 16.9-12.

ofrenda y sus libaciones, conforme a la Ley, como ofrenda de olor grato quemada a Jehová.

7 »El diez de este mes séptimo tendréis santa convocación, y afligiréis vuestras almas:[a] ninguna obra haréis. 8 Ofreceréis como holocausto de olor grato a Jehová un becerro de la vacada, un carnero y siete corderos de un año, que serán sin defecto. 9 Sus ofrendas: flor de harina amasada con aceite, tres décimas de efa por el becerro, dos décimas por el carnero 10 y una décima por cada uno de los siete corderos; 11 y un macho cabrío como expiación, además de la ofrenda de las expiaciones por el pecado, del holocausto continuo, de sus ofrendas y sus libaciones.

12 »También el día quince del séptimo mes tendréis santa convocación: ninguna obra de siervos haréis y celebraréis fiesta solemne a Jehová durante siete días.[b] 13 Ofreceréis como holocausto, como ofrenda de olor grato que se quema a Jehová, trece becerros de la vacada, dos carneros y catorce corderos de un año, que han de ser sin defecto. 14 Sus ofrendas serán de flor de harina amasada con aceite, tres décimas de efa por cada uno de los trece becerros, dos décimas por cada uno de los dos carneros 15 y una décima por cada uno de los catorce corderos; 16 y un macho cabrío como expiación, además del holocausto continuo, su ofrenda y su libación.

17 »El segundo día ofreceréis doce becerros de la vacada, dos carneros y catorce corderos de un año, sin defecto, 18 con sus ofrendas y sus libaciones por los becerros, los carneros y los corderos, según su número, conforme a la Ley; 19 y un macho cabrío como expiación, además del holocausto continuo, su ofrenda y su libación.

20 »El tercer día ofreceréis once becerros, dos carneros y catorce corderos de un año, sin defecto, 21 con sus ofrendas y sus libaciones por los becerros, los carneros y los corderos, según su número, conforme a la ley; 22 y un macho cabrío como expiación, además del holocausto continuo, su ofrenda y su libación.

23 »El cuarto día ofreceréis diez becerros, dos carneros y catorce corderos de

un año, sin defecto, 24 con sus ofrendas y sus libaciones por los becerros, los carneros y los corderos, según su número, conforme a la Ley; 25 y un macho cabrío como expiación, además del holocausto continuo, su ofrenda y su libación.

26 »El quinto día ofreceréis nueve becerros, dos carneros y catorce corderos de un año, sin defecto, 27 con sus ofrendas y sus libaciones por los becerros, los carneros y los corderos, según su número, conforme a la Ley; 28 y un macho cabrío como expiación, además del holocausto continuo, su ofrenda y su libación.

29 »El sexto día ofreceréis ocho becerros, dos carneros y catorce corderos de un año, sin defecto, 30 con sus ofrendas y sus libaciones por los becerros, los carneros y los corderos, según su número, conforme a la Ley; 31 y un macho cabrío como expiación, además del holocausto continuo, su ofrenda y su libación.

32 »El séptimo día ofreceréis siete becerros, dos carneros y catorce corderos de un año, sin defecto, 33 con sus ofrendas y sus libaciones por los becerros, los carneros y los corderos, según su número, conforme a la Ley; 34 y un macho cabrío como expiación, además del holocausto continuo, su ofrenda y su libación.

35 »El octavo día tendréis solemnidad: ninguna obra de siervos haréis. 36 Ofreceréis como holocausto, como ofrenda de olor grato que se quema a Jehová, un becerro, un carnero y siete corderos de un año, sin defecto, 37 con sus ofrendas y sus libaciones por el becerro, el carnero y los corderos, según su número, conforme a la Ley; 38 y un macho cabrío como expiación, además del holocausto continuo, su ofrenda y su libación.

39 »Estas cosas ofreceréis a Jehová en vuestras fiestas solemnes, además de vuestros votos y ofrendas voluntarias, de vuestros holocaustos, ofrendas y libaciones, y de vuestras ofrendas de paz».

40 Y Moisés comunicó a los hijos de Israel todo lo que Jehová le había mandado.

Ley de los votos

30 1 Habló Moisés a los príncipes de las tribus de los hijos de Israel y les

dijo: «Esto es lo que Jehová ha mandado: [2] Cuando alguien haga un voto a Jehová, o haga un juramento ligando su alma con alguna obligación, no quebrantará su palabra; hará conforme a todo lo que salió de su boca.[a]

[3] »Pero cuando una mujer joven, que todavía vive en la casa de su padre, haga un voto a Jehová o asuma alguna obligación, [4] si su padre sabe de su voto o de la obligación con que ligó su alma, y su padre no dice nada, todos los votos de ella serán firmes, y toda obligación con que haya ligado su alma, firme será. [5] Pero si su padre se lo prohíbe el día en que se entera, ninguno de los votos y las obligaciones con que ella haya ligado su alma será firme. Y Jehová la perdonará, por cuanto su padre se lo prohibió.

[6] »Pero si es casada y hace votos, o pronuncia con sus labios cosa con que obligue su alma, [7] y al enterarse su marido no dice nada, los votos de ella serán firmes, y la obligación con que ligó su alma, firme será. [8] Pero si cuando su marido se entera, se lo prohíbe, entonces queda anulado el voto que ella hizo y el compromiso de sus labios con que ligó su alma. Y Jehová la perdonará.

[9] »Pero todo voto de viuda o repudiada con que ligue su alma será firme.

[10] »Si una mujer hace un voto en casa de su marido, y ha ligado su alma con alguna obligación bajo juramento, [11] y al enterarse su marido no dice nada ni se lo prohíbe, entonces todos sus votos serán firmes, y toda obligación con que haya ligado su alma, firme será. [12] Pero si su marido los anuló el día que se enteró, todo lo que salió de sus labios en cuanto a sus votos y en cuanto a la obligación de su alma, será nulo; su marido los anuló, y Jehová la perdonará.

[13] »Todo voto y todo juramento que obligue a afligir el alma, su marido lo confirmará, o su marido lo anulará. [14] Pero si su marido calla ante ello, día tras día, entonces confirmó todos sus votos y todas las obligaciones que pesan sobre ella; los confirmó, por cuanto calló ante ello el día que se enteró. [15] Pero si los anula después de haberse enterado, entonces él cargará con el pecado de ella».

[16] Estas son las ordenanzas que Jehová mandó a Moisés entre el marido y su mujer, y entre el padre y la hija que, durante su juventud, todavía vive en casa de su padre.

Israel toma venganza de Madián

31 [1] Jehová habló a Moisés y le dijo: [2] «Ejecuta la venganza de los hijos de Israel contra los madianitas; después irás a reunirte con tu pueblo».

[3] Entonces Moisés dijo al pueblo:

«Armaos algunos de vosotros para la guerra contra Madián, y vayan a ejecutar la venganza de Jehová en Madián. [4] Enviaréis a la guerra a mil de cada tribu de todas las tribus de los hijos de Israel».

[5] Así fueron aportados, de los millares de Israel, mil por cada tribu: doce mil hombres en pie de guerra. [6] Moisés los envió a la guerra; mil de cada tribu envió. Finees, hijo del sacerdote Eleazar, fue a la guerra con los vasos del santuario y con las trompetas en sus manos para tocar. [7] Pelearon contra Madián como Jehová lo mandó a Moisés, y mataron a todos los hombres. [8] Además de estas víctimas, mataron también a los reyes de Madián, Evi, Requem, Zur, Hur y Reba: cinco reyes de Madián. También mataron a espada a Balaam hijo de Beor. [9] Los hijos de Israel se llevaron cautivas a las mujeres de los madianitas con sus niños, y les arrebataron todas sus bestias, todos sus ganados y bienes. [10] Incendiaron todas sus ciudades, aldeas y habitaciones. [11] Tomaron todo el despojo y todo el botín, tanto de hombres como de bestias, [12] y llevaron los cautivos, el botín y los despojos ante Moisés, ante el sacerdote Eleazar y ante la congregación de los hijos de Israel, al campamento en los llanos de Moab, que están junto al Jordán, frente a Jericó.

[13] Salieron Moisés y el sacerdote Eleazar, y todos los príncipes de la congregación, a recibirlos fuera del campamento. [14] Pero Moisés se enojó contra los capitanes del ejército, contra los jefes de millares y de centenas que volvían de la guerra. [15] Les dijo Moisés:

---

[a] **30.2** Dt 23.21-23; Mt 5.33.   [a] **31.16** Nm 25.1-9; cf. Ap 2.14.

«¿Por qué habéis dejado con vida a todas las mujeres? [16] Ellas, por consejo de Balaam, fueron causa de que los hijos de Israel pecaran contra Jehová en lo tocante a Baal-peor,[a] y por eso hubo mortandad en la congregación de Jehová. [17] Matad, pues, ahora a todos los niños varones; matad también a toda mujer que haya tenido relaciones carnales con un hombre. [18] Pero dejaréis con vida a todas las niñas entre las mujeres que no hayan conocido hombre. [19] En cuanto a vosotros, cualquiera que haya dado muerte a una persona, y cualquiera que haya tocado un muerto, permaneced fuera del campamento siete días. Os purificaréis al tercer día y al séptimo; vosotros y vuestros cautivos. [20] Asimismo purificaréis todo vestido, toda prenda de pieles, toda obra de pelo de cabra y todo utensilio de madera».

Repartición del botín

[21] El sacerdote Eleazar dijo a los hombres de guerra que venían de la guerra:

«Esta es la ordenanza de la ley que Jehová ha mandado a Moisés: [22] Ciertamente el oro y la plata, el bronce, el hierro, el estaño y el plomo, [23] todo lo que resiste el fuego, por fuego lo haréis pasar, y quedará limpio, bien que en las aguas de purificación[b] habrá de purificarse. Pero haréis pasar por agua todo lo que no resiste el fuego. [24] Además lavaréis vuestros vestidos el séptimo día, y así quedaréis limpios; después entraréis en el campamento».

[25] Jehová habló a Moisés y le dijo: [26] «Sacad la cuenta del botín que se ha hecho, tanto de las personas como de las bestias, tú y el sacerdote Eleazar, y los jefes de los padres de la congregación. [27] Luego partirás por mitades el botín entre los que pelearon, los que salieron a la guerra y toda la congregación. [28] Apartarás para Jehová el tributo de los hombres de guerra que salieron a la guerra; uno por cada quinientos, tanto de las personas como de los bueyes, de los asnos como de las ovejas. [29] De la mitad de ellos lo tomarás, y darás al sacerdote Eleazar la ofrenda de Jehová. [30] De la mitad perteneciente a los hijos de Israel tomarás uno por cada cincuenta, de las personas, los bueyes, los asnos, las ovejas y de todo animal, y los darás a los levitas, que tienen el cuidado del tabernáculo de Jehová».

[31] Moisés y el sacerdote Eleazar hicieron como Jehová mandó a Moisés. [32] El total del botín, sin contar lo que tomaron los hombres de guerra fue de seiscientas setenta y cinco mil ovejas, [33] setenta y dos mil bueyes, [34] y sesenta y un mil asnos. [35] En cuanto a las personas, las mujeres que no habían conocido hombre eran por todas treinta y dos mil. [36] La mitad correspondiente a la parte de los que habían salido a la guerra sumó trescientas treinta y siete mil quinientas ovejas, [37] y el tributo de las ovejas para Jehová fue de seiscientas setenta y cinco. [38] De los bueyes: treinta y seis mil; y de ellos el tributo para Jehová fue de setenta y dos. [39] De los asnos: treinta mil quinientos; y de ellos el tributo para Jehová fue de sesenta y uno. [40] De las personas: dieciséis mil; y de ellas el tributo para Jehová fue de treinta y dos personas. [41] Moisés dio el tributo, para ofrenda reservada a Jehová, al sacerdote Eleazar, como Jehová lo mandó a Moisés.

[42] La mitad perteneciente a los hijos de Israel, que apartó Moisés del botín de los hombres que habían ido a la guerra [43] (la mitad para la congregación fue de trescientas treinta y siete mil quinientas ovejas, [44] treinta y seis mil bueyes, [45] treinta mil quinientos asnos [46] y dieciséis mil personas). [47] De esta mitad, correspondiente a los hijos de Israel, tomó Moisés uno de cada cincuenta, tanto de las personas como de los animales, y los dio a los levitas, que tenían el cuidado del tabernáculo de Jehová, como Jehová lo había mandado a Moisés.

[48] Se acercaron a Moisés los jefes de las tropas de aquel ejército, los jefes de millares y de centenas, [49] y dijeron a Moisés: «Tus siervos han hecho el recuento de los hombres de guerra que están a cargo nuestro, y no falta ninguno. [50] Por lo cual hemos traído a Jehová como ofrenda lo que cada uno ha hallado: alhajas de oro, brazaletes, manillas, anillos, zarcillos y cadenas, para hacer expiación por nuestras almas delante de Jehová».

[51] Moisés y el sacerdote Eleazar recibieron de ellos el oro y las alhajas, todas

elaboradas. ⁵²Todo el oro de la ofrenda que ofrecieron a Jehová los jefes de millares y de centenas sumó 16.750 siclos. ⁵³Los hombres del ejército habían tomado cada uno su botín. ⁵⁴Recibieron, pues, Moisés y el sacerdote Eleazar el oro de los jefes de millares y de centenas, y lo llevaron al Tabernáculo de reunión, como memorial de los hijos de Israel delante de Jehová.

Rubén y Gad se establecen al oriente del Jordán
(Dt 3.12-22)

32 ¹Los hijos de Rubén y los hijos de Gad tenían una inmensa cantidad de ganado. Vieron la tierra de Jazer y de Galaad, y les pareció el país un lugar apropiado para el ganado. ²Fueron, pues, los hijos de Gad y los hijos de Rubén, y dijeron a Moisés, al sacerdote Eleazar y a los príncipes de la congregación:

³—Atarot, Dibón, Jazer, Nimra, Hesbón, Eleale, Sebam,ᵃ Nebo y Beón, ⁴la tierra que Jehová hirió delante de la congregación de Israel, es tierra de ganado, y tus siervos tienen ganado. ⁵Por tanto —dijeron— si hallamos gracia a tus ojos, dése esta tierra a tus siervos en heredad y no nos hagas pasar el Jordán.

⁶Pero Moisés respondió a los hijos de Gad y a los hijos de Rubén:

—¿Irán vuestros hermanos a la guerra, y vosotros os quedaréis aquí? ⁷¿Por qué desanimáis a los hijos de Israel para que no pasen a la tierra que les ha dado Jehová? ⁸Así hicieron vuestros padres, cuando los envié desde Cades-barnea para que vieran la tierra. ⁹Subieron hasta el torrente Escol y, después que vieron la tierra, desalentaron a los hijos de Israel para que no fueran a la tierra que Jehová les había dado.ᵇ ¹⁰La ira de Jehová se encendió entonces, y juró diciendo: ¹¹"Los hombres que subieron de Egipto, de veinte años para arriba, no verán la tierra que prometí con juramento a Abraham, Isaac y Jacob, por cuanto no me han sido fieles, ¹²excepto Caleb hijo de Jefone, el cenezeo, y Josué hijo de Nun, que fueron fieles a Jehová". ¹³Así la ira de Jehová se encendió contra Israel, y los hizo andar errantes

durante cuarenta años por el desierto, hasta que se extinguió toda aquella generación que había obrado mal delante de Jehová.ᶜ ¹⁴Y ahora vosotros, prole de hombres pecadores, ocupáis el lugar de vuestros padres para añadir aún más a la ira de Jehová contra Israel. ¹⁵Si os apartáis de él, él volverá otra vez a dejaros en el desierto, y destruiréis a todo este pueblo.

¹⁶Entonces fueron ellos ante Moisés, y le dijeron:

—Edificaremos aquí corrales para nuestro ganado y ciudades para nuestros niños. ¹⁷Pero nosotros nos armaremos e iremos con diligencia delante de los hijos de Israel, hasta que los hagamos entrar en su territorio, mientras nuestros niños se quedan en ciudades fortificadas a causa de los habitantes del país. ¹⁸No volveremos a nuestras casas hasta que cada uno de los hijos de Israel tome posesión de su heredad. ¹⁹Porque no reclamaremos heredad junto con ellos al otro lado del Jordán, ni más allá, por cuanto tendremos ya nuestra heredad al oriente, a este otro lado del Jordán.

²⁰Entonces les respondió Moisés:

—Si lo hacéis así, si os disponéis para ir delante de Jehová a la guerra, ²¹y todos vosotros pasáis armados el Jordán delante de Jehová, hasta que haya echado a sus enemigos de delante de sí, ²²y sea el país sojuzgado delante de Jehová, entonces podréis volver. Así quedaréis libres de culpa para con Jehová y para con Israel, y esta tierra será vuestra heredad delante de Jehová. ²³Pero si así no lo hacéis, entonces habréis pecado ante Jehová, y sabed que vuestro pecado os alcanzará. ²⁴Edificaos ciudades para vuestros niños y corrales para vuestras ovejas, pero haced lo que ha prometido vuestra boca.

²⁵Los hijos de Gad y los hijos de Rubén respondieron a Moisés:

—Tus siervos harán como mi señor ha mandado. ²⁶Nuestros niños, nuestras mujeres, nuestros ganados y todas nuestras bestias, estarán ahí en las ciudades de Galaad. ²⁷Pero tus siervos, armados todos para la guerra, pasarán delante de Jehová para combatir de la manera que mi señor dice.

ᵃ **32.3** En el v. 38, *Sibma.*　　ᵇ **32.8-9** Nm 13.17-33.　　ᶜ **32.10-13** Nm 14.26-35.

²⁸ Entonces les encomendó Moisés al sacerdote Eleazar, a Josué hijo de Nun y a los príncipes de los padres de las tribus de los hijos de Israel.

²⁹ Les dijo Moisés:

—Si los hijos de Gad y los hijos de Rubén pasan con vosotros el Jordán, armados todos para la guerra delante de Jehová, luego que el país sea sojuzgado delante de vosotros, les daréis la tierra de Galaad en posesión; ³⁰ pero si no pasan armados con vosotros, entonces tendrán su posesión entre vosotros, en la tierra de Canaán.

³¹ Los hijos de Gad y los hijos de Rubén respondieron:

—Haremos lo que Jehová ha dicho a tus siervos. ³² Nosotros pasaremos armados delante de Jehová a la tierra de Canaán, pero la heredad que poseamos estará a este lado del Jordán.ᵈ

³³ Así Moisés dio a los hijos de Gad, a los hijos de Rubén y a la media tribu de Manasés hijo de José, el reino de Sehón, rey amorreo, y el reino de Og, rey de Basán, la tierra con sus ciudades y sus territorios, o sea, las ciudades de los alrededores. ³⁴ Los hijos de Gad edificaron Dibón, Atarot, Aroer, ³⁵ Atarot-sofán, Jazer, Jogbeha, ³⁶ Bet-nimra y Bet-arán, ciudades fortificadas; hicieron también corrales para las ovejas. ³⁷ Los hijos de Rubén edificaron Hesbón, Eleale, Quiriataim, ³⁸ Nebo, Baal-meón, cambiándoles sus nombres, y Sibma; y pusieron nuevos nombres a las ciudades que edificaron.

³⁹ Los hijos de Maquir hijo de Manasés fueron a Galaad, la tomaron y echaron al amorreo que estaba en ella. ⁴⁰ Entonces Moisés dio Galaad a Maquir hijo de Manasés, el cual habitó en ella. ⁴¹ También Jair hijo de Manasés fue y tomó sus aldeas, y las llamó Havot-jair.ᵉ ⁴² Asimismo Noba fue y tomó Kenat y sus aldeas, y le puso su propio nombre: Noba.

Jornadas de Israel desde Egipto hasta el Jordán

33 ¹ Estas son las jornadas de los hijos de Israel que salieron de la tierra de Egipto, según el orden de sus ejércitos, bajo el mando de Moisés y Aarón. ² Moisés escribió sobre el punto de partida de sus jornadas por mandato de Jehová. Estas, pues, son sus jornadas con arreglo al punto de partida.

³ De Ramesés salieron el mes primero, el día quince del mes primero. El segundo día de la Pascuaᵃ salieron los hijos de Israel con mano poderosa, a la vista de todos los egipcios, ⁴ mientras enterraban los egipcios a los que Jehová había herido de muerte, a todos sus primogénitos; Jehová había hecho justicia también a sus dioses.

⁵ Salieron, pues, los hijos de Israel de Ramesésᵇ y acamparon en Sucot.

⁶ Salieron de Sucot y acamparon en Etam, que está en los límites del desierto.

⁷ Salieron de Etam y fueron hacia Pi-hahirot, que está delante de Baal-zefón, y acamparon delante de Migdol.

⁸ Salieron de Pi-hahirot, atravesaron el mar y llegaron al desierto. Anduvieron tres días de camino por el desierto de Etam y acamparon en Mara.

⁹ Salieron de Mara y llegaron a Elim, donde había doce fuentes de aguas y setenta palmeras; allí acamparon.

¹⁰ Salieron de Elim y acamparon junto al Mar Rojo.

¹¹ Salieron del Mar Rojo y acamparon en el desierto de Sin.

¹² Salieron del desierto de Sin y acamparon en Dofca.

¹³ Salieron de Dofca y acamparon en Alús.

¹⁴ Salieron de Alús y acamparon en Refidim, donde el pueblo no tuvo aguas para beber.

¹⁵ Salieron de Refidim y acamparon en el desierto de Sinaí.

¹⁶ Salieron del desierto de Sinaíᶜ y acamparon en Kibrot-hataava.

¹⁷ Salieron de Kibrot-hataava y acamparon en Hazerot.

¹⁸ Salieron de Hazerot y acamparon en Ritma.

¹⁹ Salieron de Ritma y acamparon en Rimón-peres.

²⁰ Salieron de Rimón-peres y acamparon en Libna.

ᵈ 32.28-32 Jos 1.12-15.   ᵉ 32.41 Esto es, *las aldeas de Jair.*   ᵃ 33.3 Ex 12.6,31,37.
ᵇ 33.5-15 Ex 12.37—19.2.   ᶜ 33.16-36 Nm 10.11—20.1.

²¹ Salieron de Libna y acamparon en Rissa.

²² Salieron de Rissa y acamparon en Ceelata.

²³ Salieron de Ceelata y acamparon en el monte Sefer.

²⁴ Salieron del monte Sefer y acamparon en Harada.

²⁵ Salieron de Harada y acamparon en Macelot.

²⁶ Salieron de Macelot y acamparon en Tahat.

²⁷ Salieron de Tahat y acamparon en Tara.

²⁸ Salieron de Tara y acamparon en Mitca.

²⁹ Salieron de Mitca y acamparon en Hasmona.

³⁰ Salieron de Hasmona y acamparon en Moserot.

³¹ Salieron de Moserot y acamparon en Bene-jaacán.

³² Salieron de Bene-jaacán y acamparon en el monte Gidgad.

³³ Salieron del monte Gidgad y acamparon en Jotbata.

³⁴ Salieron de Jotbata y acamparon en Abrona.

³⁵ Salieron de Abrona y acamparon en Ezión-geber.

³⁶ Salieron de Ezión-geber y acamparon en el desierto de Zin, que es Cades.

³⁷ Salieron de Cades y acamparon en el monte Hor, en la frontera del país de Edom. ³⁸ El sacerdote Aarón subió al monte Hor, conforme al dicho de Jehová, y allí murió[d] a los cuarenta años de la salida de los hijos de Israel de la tierra de Egipto, en el quinto mes, el primero del mes. ³⁹ Aarón tenía ciento veintitrés años de edad cuando murió en el monte Hor.

⁴⁰ El cananeo, rey de Arad, que habitaba en el Neguev, en la tierra de Canaán, oyó entonces que habían llegado los hijos de Israel.[e]

⁴¹ Salieron del monte Hor y acamparon en Zalmona.

⁴² Salieron de Zalmona y acamparon en Punón.

⁴³ Salieron de Punón y acamparon en Obot.

⁴⁴ Salieron de Obot y acamparon en Ije-abarim, en la frontera de Moab.

⁴⁵ Salieron de Ije-abarim y acamparon en Dibón-gad.

⁴⁶ Salieron de Dibón-gad y acamparon en Almón-diblataim.

⁴⁷ Salieron de Almón-diblataim y acamparon en los montes de Abarim, delante de Nebo.

⁴⁸ Salieron de los montes de Abarim y acamparon en los campos de Moab, junto al Jordán, frente a Jericó. ⁴⁹ Finalmente acamparon junto al Jordán, desde Bet-jesimot hasta Abel-sitim, en los campos de Moab.

Límites y repartición de Canaán[f]

⁵⁰ Habló Jehová a Moisés en los campos de Moab, junto al Jordán, frente a Jericó, y le dijo: ⁵¹ «Habla a los hijos de Israel y diles: Cuando hayáis pasado el Jordán y entréis en la tierra de Canaán, ⁵² echaréis de delante de vosotros a todos los habitantes del país, destruiréis todos sus ídolos de piedra y todas sus imágenes de fundición, y destruiréis todos sus lugares altos. ⁵³ Echaréis a los habitantes de la tierra y habitaréis en ella, pues yo os la he dado para que sea vuestra propiedad. ⁵⁴ Heredaréis la tierra por sorteo, según vuestras familias. A las más numerosas daréis mucho como herencia, y a las menos numerosas daréis menos como herencia; donde le caiga la suerte, allí la tendrá cada uno. Por las tribus de vuestros padres heredaréis.[g] ⁵⁵ Pero si no echáis a los habitantes del país de delante de vosotros, sucederá que los que de ellos dejéis serán como aguijones en vuestros ojos y como espinas en vuestros costados, y os afligirán en la tierra sobre la que vais a habitar.[h] ⁵⁶ Además, haré con vosotros como pensaba hacer con ellos».

34 ¹ᵃ Jehová habló a Moisés y le dijo: ² «Manda a los hijos de Israel y

---

[d] **33.38** Nm 20.22-28; Dt 10.6; 32.50. [e] **33.40** Nm 21.1. [f] **33.50-56** Ex 23.23-33.
[g] **33.54** Nm 26.52-56. [h] **33.55** Dt 7.1-6, donde se justifica de otra manera la orden de expulsar a los habitantes del país. [a] **34.1-12** Jos 15.1-14; Ez 47.13-20. Las fronteras de Israel cambiaron en el curso de la historia y no todo este territorio fue dominado por los israelitas antes del reinado de David y Salomón.

diles: Cuando hayáis entrado en la tierra de Canaán, esta será la tierra que os ha de caer en herencia, y estos serán sus límites:

3 »Tendréis el lado del sur desde el desierto de Zin hasta la frontera de Edom, y su límite estará en el extremo del Mar Salado, hacia el oriente. **4** Este límite os irá rodeando desde el sur hasta la subida de Acrabim, y pasará hasta Zin; se extenderá del sur a Cades-barnea, continuará a Hasar-adar y pasará hasta Asmón. **5** Rodeará este límite desde Asmón hasta el torrente de Egipto, y terminará en el mar.

6 »El límite occidental será el Mar Grande; este límite será el límite occidental.

7 »El límite del norte será este: desde el Mar Grande trazaréis una línea hasta el monte Hor. **8** Del monte Hor trazaréis una línea hasta la entrada de Hamat, y seguirá aquel límite hasta Zedad. **9** Seguirá luego hasta Zifrón y terminará en Hazar-enán. Este será el límite del norte.

10 »Como límite al oriente trazaréis una línea desde Hazar-enán hasta Sefam. **11** Este límite bajará desde Sefam a Ribla, al oriente de Aín. Seguirá descendiendo el límite y llegará a la costa del mar de Cineret,[b] al oriente. **12** Después descenderá este límite al Jordán y terminará en el Mar Salado:

»Esta será vuestra tierra con los límites que la rodean».

13 Moisés dijo a los hijos de Israel: «Esta es la tierra que se os repartirá en heredades por sorteo, que mandó Jehová que diera a las nueve tribus y a la media tribu,[c] **14** pues la tribu de los hijos de Rubén y la tribu de los hijos de Gad, con sus familias, y la media tribu de Manasés, han tomado ya su heredad. **15** Dos tribus y media tomaron su heredad a este lado del Jordán, al oriente de Jericó, hacia el nacimiento del sol».[d]

16 Habló Jehová a Moisés y le dijo: **17** «Estos son los nombres de los hombres que os repartirán la tierra: El sacerdote Eleazar y Josué hijo de Nun. **18** Tomaréis también de cada tribu un príncipe para dar la posesión de la tierra. **19** Estos son sus nombres:

»De la tribu de Judá, Caleb hijo de Jefone.

20 »De la tribu de los hijos de Simeón, Samuel hijo de Amiud.

21 »De la tribu de Benjamín, Elidad hijo de Quislón.

22 »De la tribu de los hijos de Dan, el príncipe Buqui hijo de Jogli.

23 »De los hijos de José: de la tribu de los hijos de Manasés, el príncipe Haniel hijo de Efod, **24** y de la tribu de los hijos de Efraín, el príncipe Kemuel hijo de Siftán.

25 »De la tribu de los hijos de Zabulón, el príncipe Elizafán hijo de Parnac.

26 »De la tribu de los hijos de Isacar, el príncipe Paltiel hijo de Azán.

27 »De la tribu de los hijos de Aser, el príncipe Ahiud hijo de Selomi.

28 »Y de la tribu de los hijos de Neftalí, el príncipe Pedael hijo de Amiud».

29 A estos mandó Jehová que hicieran la repartición de las heredades a los hijos de Israel en la tierra de Canaán.

Ciudades de los levitas[a]

35 **1** Habló Jehová a Moisés en los campos de Moab, junto al Jordán, frente a Jericó, y le dijo: **2** «Manda a los hijos de Israel que den a los levitas, de la heredad que les pertenece, ciudades en que habiten; también daréis a los levitas los ejidos que están alrededor de esas ciudades. **3** Ellos tendrán ciudades donde habitar, y sus ejidos serán para sus animales, su ganado y todas sus bestias. **4** Los ejidos de las ciudades que daréis a los levitas se extenderán mil codos a su alrededor, desde el muro de la ciudad hacia afuera. **5** Luego mediréis, fuera de la ciudad, dos mil codos hacia el lado del oriente, dos mil codos hacia el lado del sur, dos mil codos hacia el lado del occidente y dos mil codos hacia el lado del norte, y la ciudad quedará en el medio. Estos serán los ejidos de las ciudades.

6 »De las ciudades que daréis a los levitas, seis de ellas serán de refugio,[b] las cuales

---

[b] **34.11** Conocido en el NT como Lago o Mar de Genesaret o de Galilea.   [c] **34.13** Nm 26.52-56.
[d] **34.13-15** Nm 32.33-42; Jos 14.1-5.   [a] **35.1-8** Lv 25.32-34; Jos 21.1-42; 1 Cr 6.54-81.
[b] **35.6** Jos 20.7-9.

daréis para que el homicida se refugie allá. Además de estas, daréis cuarenta y dos ciudades. ⁷Todas las ciudades que daréis a los levitas serán cuarenta y ocho ciudades con sus ejidos. ⁸Y en cuanto a las ciudades que deis de la heredad de los hijos de Israel, del que tiene mucho tomaréis mucho y del que tiene poco tomaréis poco. Cada uno dará de sus ciudades a los levitas según la posesión que heredará».

Ciudades de refugio
(Dt 19.1-13)

⁹Habló Jehová a Moisés y le dijo: ¹⁰«Habla a los hijos de Israel y diles: Cuando hayáis pasado al otro lado del Jordán hacia la tierra de Canaán, ¹¹señalaréis ciudades, ciudades que os sirvan de refugio, donde huya el homicida que hiera a alguien de muerte, sin intención. ¹²Esas ciudades serán para refugiarse del vengador, y así no morirá el homicida antes de haber comparecido a juicio delante de la congregación. ¹³De las ciudades, pues, que daréis, tendréis seis ciudades de refugio. ¹⁴Tres ciudades daréis a este lado del Jordán, y tres ciudades daréis en la tierra de Canaán, las cuales serán ciudades de refugio. ¹⁵Estas seis ciudades serán de refugio para los hijos de Israel, para el extranjero y el que habite entre ellos, para que huya allá cualquiera que hiera de muerte a otro sin intención.

¹⁶»Si con instrumento de hierro lo hiere y muere, homicida es: el homicida morirá.

¹⁷»Si lo hiere con una piedra que puede causar la muerte, y muere, homicida es: el homicida morirá.

¹⁸»Si lo hiere con un palo que puede causar la muerte, y muere, homicida es: el homicida morirá. ¹⁹El vengador de la sangre dará muerte al homicida; cuando lo encuentre, lo matará.

²⁰»Si por odio lo empujó, o lanzó sobre él alguna cosa intencionalmente, y muere; ²¹o por enemistad lo hirió con sus manos, y murió, el que lo ha herido morirá: es un homicida. El vengador de la sangre matará al homicida cuando lo encuentre.

²²»Pero si lo empujó casualmente y sin enemistad, o lanzó sobre él cualquier instrumento sin mala intención, ²³o bien, sin verlo, hizo caer sobre él alguna piedra capaz de matarlo, y muere, pero él no era su enemigo ni procuraba su mal, ²⁴entonces la congregación juzgará entre el que causó la muerte y el vengador de la sangre conforme a estas leyes, ²⁵y la congregación librará al homicida de manos del vengador de la sangre. La congregación lo hará volver a la ciudad de refugio en la que se había refugiado, y allí se quedará hasta que muera el sumo sacerdote, el cual fue ungido con el aceite santo.

²⁶»Pero si el homicida sale fuera de los límites de la ciudad de refugio en la que se asiló, ²⁷y el vengador de la sangre lo encuentra fuera del límite de la ciudad de su refugio, y el vengador de la sangre mata al homicida, no se le culpará por ello, ²⁸pues en su ciudad de refugio debería aquel habitar hasta la muerte del sumo sacerdote. Después que haya muerto el sumo sacerdote, el homicida volverá a la tierra de su posesión.ᶜ

Ley sobre los testigos y sobre el rescate

²⁹»Estas cosas serán una norma de derecho para vosotros y vuestros descendientes en todos los lugares donde habitéis.

³⁰»Cualquiera que dé muerte a alguien, según la declaración de los testigos morirá el homicida; pero un solo testigo no bastará para condenar a una persona a muerte.ᵈ

³¹»No aceptaréis rescate por la vida del homicida, porque está condenado a muerte: indefectiblemente morirá.

³²»Tampoco aceptaréis rescate por el que huyó a la ciudad de refugio, para que vuelva a vivir en su tierra antes que muera el sumo sacerdote.

³³»No contaminaréis la tierra donde viváis, porque esta sangre mancillará la tierra, y la tierra no puede ser purificada de la sangre derramada en ella si no es por la sangre del que la derramó.

³⁴»No contaminéis la tierra donde habitáis, en medio de la cual yo habito, pues yo, Jehová, habito en medio de los hijos de Israel».

ᶜ**35.9-28** Jos 20.1-9.   ᵈ**35.30** Dt 17.6; 19.15.

Normas para el casamiento de las herederas

36 [1] Los príncipes de los padres de la familia de Galaad hijo de Maquir hijo de Manasés, de las familias de los hijos de José, se presentaron delante de Moisés y de los príncipes, los jefes de las casas paternas de los hijos de Israel, [2] y dijeron:

—Jehová mandó a mi señor que por sorteo diera la tierra a los hijos de Israel en posesión. También ha mandado Jehová a mi señor que dé la posesión de Zelofehad, nuestro hermano, a sus hijas.[a] [3] Pero si ellas se casan con algunos de los hijos de las otras tribus de los hijos de Israel, su parte de la herencia será quitada de la herencia de nuestros padres y será añadida a la herencia de la tribu a la cual se unan. Así disminuirá la porción de nuestra heredad. [4] Cuando llegue el jubileo[b] de los hijos de Israel, la heredad de ellas será añadida a la heredad de la tribu de sus maridos, y la heredad de ellas será restada de la heredad de la tribu de nuestros padres.

[5] Entonces Moisés, según el mandato de Jehová, ordenó a los hijos de Israel:

—La tribu de los hijos de José habla rectamente. [6] Esto es lo que ha mandado Jehová acerca de las hijas de Zelofehad: "Cásense como a ellas les plazca, pero en la familia de la tribu de su padre se casarán, [7] para que la heredad de los hijos de Israel no sea traspasada de tribu en tribu, porque cada uno de los hijos de Israel estará ligado a la heredad de la tribu de sus padres. [8] Y cualquier hija que tenga heredad en las tribus de los hijos de Israel, con alguien de la familia de la tribu de su padre se casará, para que los hijos de Israel posean cada uno la heredad de sus padres, [9] y no ande la heredad rodando de una tribu a otra, sino que cada una de las tribus de los hijos de Israel estará ligada a su heredad".

[10] Como Jehová mandó a Moisés, así hicieron las hijas de Zelofehad. [11] Maala, Tirsa, Hogla, Milca y Noa, hijas de Zelofehad, se casaron con hijos de sus tíos paternos. [12] Se casaron en la familia de los hijos de Manasés hijo de José, y así quedó su heredad en la tribu de la familia de su padre.

[13] Estos son los mandamientos y los estatutos que dio Jehová, por medio de Moisés, a los hijos de Israel en los campos de Moab, junto al Jordán, frente a Jericó.

---

[a] **36.2** Nm 27.7.   [b] **36.4** Lv 25.8-16.

DEUTERONOMIO

INTRODUCCIÓN

La Septuaginta llamó al cuarto libro de la Biblia Deuteronomio (=Dt), que significa «segunda ley» o «repetición de la ley». El texto pone de relieve la personalidad de Moisés, el gran legislador y profeta que, al llegar a las llanuras de Moab, próximo a concluir el peregrinaje iniciado cuarenta años antes (1.3), reúne a todo el pueblo (1.1) para evocar los tiempos pasados en el desierto y entregarle lo que podría llamarse su «testamento espiritual».

Lo esencial de esta segunda proclamación de la ley recibida en el Sinaí (llamado «Horeb» en Dt, salvo en 33.2), y las instrucciones y advertencias que la acompañan, se resume en el mandamiento que Jesús calificó de «principal»: «Amarás a Jehová, tu Dios, de todo tu corazón, de toda tu alma y con todas tus fuerzas» (6.5; cf. Mc 12.30).

Un lugar destacado ocupa en el libro el llamado «código deuteronómico» (cap. 12–26), que comienza con una serie de «estatutos y decretos» (12.1) relativos al establecimiento de un solo lugar de culto al que todo Israel estaría obligado a acudir. Precedido de dos grandes discursos (cap. 1.6—4.40 y 5.1—11.32), este núcleo de carácter legal aparece seguido de algunas disposiciones complementarias (p.e., en cap. 31, el nombramiento de Josué como sucesor de Moisés), y también de exhortaciones de índole varia (cap. 27–31). Los últimos capítulos contienen el «cántico de Moisés», las «bendiciones a las doce tribus» (cap. 32–33), la muerte del caudillo (34.5) y su sepultura en un ignorado lugar de Moab (34.6).

Advertido Moisés de que no entraría en la Tierra prometida (1.37), le recordó al pueblo de Dios que su permanencia en ella dependía de la fidelidad con que observara los mandamientos y preceptos divinos (8.11- 20): «Amarás, pues, a Jehová, tu Dios, y guardarás sus ordenanzas, sus estatutos, sus decretos y sus mandamientos, todos los días» (11.1).

Esquema del contenido

1. Los dos discursos de Moisés (1–4; 5–11)
2. El código deuteronómico (12–26)
3. Bendiciones y maldiciones (27–28)
4. El pacto de Dios con Israel (29–30)
5. Últimas disposiciones. Muerte de Moisés (31–34)

Moisés recuerda a Israel las promesas de Jehová en Horeb

1 [1] Estas son las palabras que habló Moisés a todo Israel a este lado del Jordán, en el desierto, en el Arabá, frente al Mar Rojo, entre Parán, Tofel, Labán, Hazerot y Dizahab. [2] Once jornadas hay desde Horeb, camino de los montes de Seir,[a] hasta Cades-barnea.[b] [3] Y aconteció que a los cuarenta años, el primer día del undécimo mes, Moisés habló a los hijos de Israel conforme a todas las cosas que Jehová le había mandado acerca de ellos, [4] después que derrotó a Sehón, rey de los amorreos, el cual habitaba en Hesbón, y a Og, rey de Basán,[c] que habitaba en Astarot, en Edrei.

---

[a] **1.2** Zona montañosa al sudeste de Palestina, donde habitaban los edomitas. Cf. Gn 36.8; Dt 2.22. [b] **1.2** Nm 13.26. [c] **1.4** La derrota de estos dos reyes se relata en Nm 21.21-35.

⁵De este lado del Jordán, en tierra de Moab, resolvió Moisés proclamar esta ley, diciendo:

⁶«Jehová, nuestro Dios, nos habló así en Horeb: "Habéis estado bastante tiempo en este monte. ⁷Volveos e id al monte del amorreo*d* y a todas sus comarcas, en el Arabá, en el monte, en los valles, en el Neguev y junto a la costa del mar, a la tierra del cananeo y al Líbano, hasta el gran río, el río Éufrates. ⁸Mirad, yo os he entregado la tierra; entrad y poseed la tierra que Jehová juró dar a vuestros padres Abraham, Isaac y Jacob, y a su descendencia después de ellos".

Nombramiento de jueces
(Ex 18.13-27)

⁹»En aquel tiempo yo os hablé y os dije: "Yo solo no puedo llevaros. ¹⁰Jehová, vuestro Dios, os ha multiplicado tanto que hoy vosotros sois tan numerosos como las estrellas del cielo. ¹¹¡Jehová, Dios de vuestros padres, os haga mil veces más numerosos de lo que ahora sois y os bendiga, como os ha prometido! ¹²¿Cómo llevaré yo solo vuestras molestias, vuestras cargas y vuestros pleitos? ¹³Dadme de entre vosotros, de vuestras tribus, hombres sabios, entendidos y expertos, para que yo los ponga como vuestros jefes".

¹⁴»Me respondisteis y dijisteis: "Bueno es hacer lo que has dicho".

¹⁵»Entonces tomé a los principales de vuestras tribus, hombres sabios y expertos, y los puse como jefes sobre vosotros, jefes de mil, de cien, de cincuenta y de diez, y gobernadores de vuestras tribus.*e* ¹⁶Y di a vuestros jueces esta orden: "Oíd entre vuestros hermanos, y juzgad justamente entre el hombre y su hermano, o un extranjero. ¹⁷No hagáis distinción de persona en el juicio: tanto al pequeño como al grande oiréis. No tendréis temor de ninguno, porque el juicio es de Dios.*f* La causa que os sea difícil, la traeréis a mí, y yo la oiré".

¹⁸»Os mandé, pues, en aquel tiempo, todo lo que habíais de hacer.

Misión de los doce exploradores
(Nm 13.1-33)

¹⁹»Cuando salimos de Horeb, anduvimos todo aquel grande y terrible desierto que habéis visto, por el camino del monte del amorreo, como Jehová, nuestro Dios, nos lo mandó, y llegamos hasta Cades-barnea. ²⁰Entonces os dije: "Habéis llegado al monte del amorreo, el cual Jehová, nuestro Dios, nos da. ²¹Mira, Jehová, tu Dios, te ha entregado la tierra: sube y toma posesión de ella, como Jehová, el Dios de tus padres, te ha dicho. No temas ni desmayes". ²²Pero os acercasteis todos a decirme: "Enviemos hombres delante de nosotros, que reconozcan la tierra y a su regreso nos traigan razón del camino por donde hemos de subir y de las ciudades adonde hemos de llegar".

²³»La propuesta me pareció bien, y tomé doce hombres de entre vosotros, un hombre por cada tribu. ²⁴Ellos se encaminaron y subieron al monte; llegaron hasta el valle de Escol*g* y reconocieron la tierra. ²⁵Tomaron en sus manos de los frutos del país, nos los trajeron y nos dieron este informe: "Es buena la tierra que Jehová nuestro Dios nos da". ²⁶Sin embargo, no quisisteis subir, sino que fuisteis rebeldes al mandato de Jehová, vuestro Dios.*h* ²⁷Os pusisteis a murmurar en vuestras tiendas, diciendo: "Porque Jehová nos aborrece, nos ha sacado de la tierra de Egipto, para entregarnos en manos del amorreo y destruirnos. ²⁸¿A dónde subiremos? Nuestros hermanos han atemorizado nuestro corazón, al decir: 'Este pueblo es mayor y más alto que nosotros, las ciudades son grandes y están amuralladas hasta el cielo. Allí también vimos a los hijos de Anac'".

²⁹»Entonces os dije: "No temáis ni tengáis miedo de ellos. ³⁰Jehová, vuestro Dios, el cual va delante de vosotros, peleará por vosotros, conforme a todas las cosas que hizo por vosotros en Egipto ante vuestros ojos.*i* ³¹En el desierto*j* has visto que Jehová, tu Dios, te ha traído, como trae el hombre a su hijo, por todo el camino que habéis andado, hasta llegar a este

---

d **1.7** El término *amorreo* a veces designa a los cananeos en general. Cf. Nm 21.21.
e **1.15** Ex 18.25. *f* **1.17** 2 Cr 19.6-7; Pr 16.33. *g* **1.24** Nm 13.23-24. *h* **1.26** Dt 9.23; Heb 3.16.
i **1.29-30** Ex 14.13-14. *j* **1.31** Hch 13.17-18.

lugar". [32] Pero ni aun así creísteis a Jehová, vuestro Dios,[k] [33] quien iba delante de vosotros por el camino para buscaros el lugar donde habíais de acampar, con el fuego de noche para mostraros el camino que debías seguir, y con la nube de día.[l]

Dios castiga a Israel
(Nm 14.20-35)

[34] »Cuando Jehová oyó la voz de vuestras palabras, se enojó e hizo este juramento: [35] "Ni un solo hombre de esta mala generación verá la buena tierra que juré que había de dar a vuestros padres,[m] [36] excepto Caleb hijo de Jefone; él la verá, y yo le daré a él y a sus hijos la tierra que pisó, porque ha seguido fielmente a Jehová". [37] »También contra mí se enojó Jehová por vosotros, y me dijo: "Tampoco tú entrarás allá." [n] [38] Josué hijo de Nun, el cual te sirve, él entrará allá; anímalo, porque él la entregará a Israel. [39] Y vuestros niños, de los cuales dijisteis que servirían de botín, y vuestros hijos, que no saben hoy lo bueno ni lo malo, ellos entrarán allá; a ellos la daré y ellos la heredarán. [40] Pero vosotros volveos e id al desierto, camino del Mar Rojo".

La derrota en Horma
(Nm 14.39-45)

[41] »Entonces respondisteis y me dijisteis: "Hemos pecado contra Jehová. Nosotros subiremos y pelearemos, conforme a todo lo que Jehová, nuestro Dios, nos ha mandado". Os armasteis cada uno con vuestras armas de guerra y os preparasteis para subir al monte. [42] Pero Jehová me dijo: "Diles: No subáis ni peleéis, pues no estoy entre vosotros; para que no seáis derrotados por vuestros enemigos".

[43] »Yo os hablé, pero no me escuchasteis; antes fuisteis rebeldes al mandato de Jehová, y persistiendo con altivez subisteis al monte. [44] Pero salió a vuestro encuentro el amorreo que habitaba en aquel monte, os persiguieron como hacen las avispas y os derrotaron en Seir hasta llegar a Horma. [45] Entonces volvisteis y llorasteis delante de Jehová, pero Jehová no

escuchó vuestra voz ni os prestó atención. [46] Por eso os tuvisteis que quedar en Cades todo ese tiempo que habéis estado allí.

Los años en el desierto

2 [1] »Luego volvimos y salimos al desierto, camino del Mar Rojo, como Jehová me había dicho, y durante mucho tiempo estuvimos rodeando los montes de Seir.[a] [2] Entonces Jehová me dijo: [3] "Bastante habéis rodeado este monte: volveos al norte. [4] Dile al pueblo: Cuando paséis por el territorio de vuestros hermanos,[b] los hijos de Esaú, que habitan en Seir, ellos tendrán miedo de vosotros; pero vosotros tened mucho cuidado. [5] No os metáis con ellos, pues no os daré de su tierra ni aun lo que cubre la planta de un pie, porque yo he dado como heredad a Esaú los montes de Seir. [6] Compraréis de ellos por dinero los alimentos, y comeréis; también compraréis de ellos el agua, y beberéis. [7] Porque Jehová, tu Dios, te ha bendecido en todas las obras de tus manos; él sabe que andas por este gran desierto, y durante estos cuarenta años Jehová, tu Dios, ha estado contigo sin que nada te haya faltado".[c]

[8] »Después nos alejamos del territorio de nuestros hermanos, los hijos de Esaú, que habitaban en Seir, por el camino del Arabá que viene de Elat y Ezión-geber; luego volvimos y tomamos el camino del desierto de Moab. [9] Entonces Jehová me dijo: "No molestes a Moab[d] ni le hagas la guerra, pues no te daré posesión de su tierra, porque yo he dado a Ar como heredad a los hijos de Lot. [10] (Antes habitaron en ella los emitas, un pueblo grande, numeroso y alto como los hijos de Anac. [11] Por gigantes eran ellos tenidos también, como los hijos de Anac; pero los moabitas los llaman emitas. [12] También en Seir habitaron antes los horeos, los cuales fueron expulsados por los hijos de Esaú, que los arrojaron de su presencia y se establecieron en su lugar, como hizo Israel en la tierra que Jehová les dio en posesión.) [13] Levantaos ahora, y pasad el arroyo de

---

[k] **1.32** Heb 3.19.   [l] **1.33** Ex 13.21-22.   [m] **1.34-35** Heb 3.17-18.   [n] **1.37** Dt 3.25-26; 32.51-52.
[a] **2.1** Nm 21.4.   [b] **2.4** Nm 20.14-21; cf. Gn 36.8.   [c] **2.7** Dt 8.2-4.   [d] **2.9** Gn 19.37.

Zered". Entonces pasamos el arroyo Zered.[e]

14 »Los años que anduvimos desde Cades-barnea hasta que pasamos el arroyo Zered fueron treinta y ocho; hasta que desapareció de en medio del campamento toda la generación de los hombres de guerra, como Jehová les había jurado.[f] 15 También la mano de Jehová vino sobre ellos para exterminarlos, hasta hacerlos desaparecer del campamento.

16 »Aconteció que, después que murieron todos los hombres de guerra del pueblo, 17 Jehová me habló y me dijo: 18 "Tú pasarás hoy el territorio de Moab rumbo a Ar. 19 Y cuando te acerques a los hijos de Amón, no los molestes ni pelees con ellos, pues no te daré posesión de la tierra de los hijos de Amón,[g] porque a los hijos de Lot la he dado como heredad. 20 (Por tierra de gigantes fue también ella tenida; habitaron en ella gigantes en otro tiempo, a los cuales los amonitas llamaban zomzomeos. 21 Eran un pueblo grande, numeroso y alto, como los hijos de Anac, a los cuales Jehová exterminó delante de los amonitas. Estos desalojaron a aquellos y habitaron en su lugar, 22 como hizo Jehová con los hijos de Esaú que habitaban en Seir, delante de los cuales exterminó a los horeos; aquellos desalojaron a estos y habitaron en su lugar hasta hoy. 23 Y a los aveos que habitaban en aldeas hasta Gaza, los caftoreos que salieron de Caftor los exterminaron y habitaron en su lugar). 24 Levantaos, salid, y pasad el arroyo Arnón. Yo he entregado en tus manos a Sehón, rey de Hesbón, el amorreo, y a su tierra. Comienza a tomar posesión de ella y entra en guerra con él. 25 Hoy comenzaré a poner tu temor y tu espanto sobre los pueblos debajo de todo el cielo, que al escuchar tu fama temblarán y se angustiarán delante de ti".

Derrota de Sehón, rey amorreo
(Nm 21.21-30)

26 »Envié mensajeros desde el desierto de Cademot a Sehón, rey de Hesbón, con estas palabras de paz: 27 "Pasaré por tu tierra por el camino; por el camino iré, sin apartarme a la derecha ni a la izquierda. 28 La comida me la venderás por dinero, y comeré; el agua también me la darás por dinero, y beberé; solamente pasaré a pie, 29 como me han dejado hacer los hijos de Esaú que habitaban en Seir, y los moabitas que habitaban en Ar, hasta que cruce el Jordán y llegue a la tierra que nos da Jehová, nuestro Dios".

30 »Pero Sehón, rey de Hesbón, no quiso que pasáramos por su territorio; porque Jehová, tu Dios, había endurecido su espíritu y obstinado su corazón para entregarlo en tus manos, hasta el día de hoy. 31 »Entonces me dijo Jehová: "Yo he comenzado a entregar delante de ti a Sehón y a su tierra. Empieza a tomar posesión de ella, para que la heredes".

32 »Sehón nos salió al encuentro, él y todo su pueblo, para pelear en Jahaza. 33 Pero Jehová, nuestro Dios, nos lo entregó y lo derrotamos a él, a sus hijos y a todo su pueblo. 34 Tomamos entonces todas sus ciudades y las destinamos al exterminio: hombres, mujeres y niños, sin dejar a nadie con vida. 35 Solamente tomamos para nosotros los ganados y los despojos de las ciudades que habíamos tomado. 36 Desde Aroer, que está junto a la ribera del arroyo Arnón, y la ciudad que está en el valle, hasta Galaad,[h] no hubo ciudad que escapara de nosotros; todas las entregó Jehová, nuestro Dios, en nuestro poder. 37 Solamente no llegamos a la tierra de los hijos de Amón, ni a todo lo que está a la orilla del arroyo Jaboc,[i] ni a las ciudades del monte, ni a lugar alguno que Jehová, nuestro Dios, había prohibido.

Israel derrota a Og, rey de Basán
(Nm 21.31-35)

3 1 »Volvimos, pues, y subimos camino de Basán. Entonces Og, rey de Basán,[a] nos salió al encuentro con todo su pueblo para pelear en Edrei. 2 »Pero me dijo Jehová: "No tengas temor de él, porque en tus manos lo he

---

[e] **2.13** Nm 21.12-13. [f] **2.14** Nm 14.28-35. [g] **2.19** Gn 19.38. [h] **2.36** Región montañosa, al este del Jordán. [i] **2.37** Río de la Transjordania, uno de los principales afluentes del Jordán (cf. Gn 32.22; Nm 21.24). [a] **3.1** Región de altas mesetas, al este y al nordeste del Lago de Galilea, célebre por la fertilidad de sus praderas.

entregado junto con todo su pueblo y su tierra. Harás con él como hiciste con Sehón, el rey amorreo que habitaba en Hesbón".

3 »Jehová, nuestro Dios, entregó también en nuestras manos a Og, rey de Basán, y a todo su pueblo, al cual derrotamos hasta acabar con todos. 4 Tomamos entonces todas sus ciudades. No quedó ciudad que no les tomáramos: sesenta ciudades, toda la tierra de Argob, del reino de Og en Basán. 5 Todas estas eran ciudades fortificadas con muros altos, con puertas y barras, sin contar otras muchas ciudades sin muro. 6 Y las destinamos al exterminio, como hicimos a Sehón, rey de Hesbón, matando en cada ciudad a hombres, mujeres y niños. 7 Pero nos quedamos con todo el ganado y los despojos de las ciudades.

8 »También tomamos en aquel tiempo la tierra desde el arroyo Arnón hasta el monte Hermón de manos de los dos reyes amorreos que estaban a este lado del Jordán 9 (los sidonios llaman a Hermón, Sirión, y los amorreos, Senir): 10 todas las ciudades de la llanura, todo Galaad y todo Basán, hasta Salca y Edrei, ciudades del reino de Og en Basán. 11 Og, el rey de Basán, era el único que quedaba de los gigantes. Su cama, una cama de hierro, ¿no está en Rabá de los hijos de Amón? Nueve codos mide de largo y cuatro codos de ancho, según el codo de un hombre.

Rubén, Gad y la media tribu de Manasés se establecen al oriente del Jordán
(Nm 32.1-42)

12 »Esta tierra que heredamos en aquel tiempo, desde Aroer, que está junto al arroyo Arnón, hasta la mitad de los montes de Galaad con sus ciudades, la di a los rubenitas y a los gaditas.*b* 13 El resto de Galaad y todo Basán, del reino de Og: toda la tierra de Argob, que se llamaba la tierra de los gigantes, lo di a la media tribu de Manasés. 14 Jair hijo de Manasés tomó toda la tierra de Argob hasta el límite con Gesur y Maaca, y le puso el nombre que aún conserva: Basán-havot-jair. 15 Galaad se lo di

a Maquir.*c* 16 A los rubenitas y gaditas les di desde Galaad hasta el arroyo Arnón —con la mitad del valle como límite—, y hasta el arroyo Jaboc, el cual sirve de límite a los hijos de Amón; 17 y también el Arabá, con el Jordán como límite desde Cineret hasta el mar del Arabá, el Mar Salado, al pie de las laderas del Pisga, al oriente.

18 »Entonces os dije: "Jehová, vuestro Dios, os ha dado esta tierra como heredad; pero iréis armados todos los valientes delante de vuestros hermanos, los hijos de Israel. 19 Solamente vuestras mujeres, vuestros hijos y vuestros ganados (yo sé que tenéis mucho ganado), quedarán en las ciudades que os he dado, 20 hasta que Jehová dé reposo a vuestros hermanos, así como a vosotros, y hereden ellos también la tierra que Jehová, vuestro Dios, les da al otro lado del Jordán. Entonces os volveréis cada uno a la heredad que yo os he dado".*d*

21 »Ordené también a Josué en aquel tiempo: "Tus ojos vieron todo lo que Jehová, vuestro Dios, ha hecho a aquellos dos reyes;*e* así hará Jehová a todos los reinos por donde tú pasarás. 22 No los temáis, porque Jehová, vuestro Dios, es el que pelea por vosotros".

Moisés no entrará en Canaán

23 »En aquel tiempo oré a Jehová y le dije: 24 "Señor Jehová, tú has comenzado a mostrar a tu siervo tu grandeza y tu mano poderosa; porque ¿qué dios hay en el cielo o en la tierra que haga obras y proezas como las tuyas? 25 Pase yo, te ruego, y vea aquella tierra buena que está más allá del Jordán, aquel buen monte y el Líbano". 26 Pero Jehová se había enojado contra mí a causa de vosotros, por lo cual no me escuchó, sino que me dijo: "¡Basta!, no me hables más de este asunto. 27 Sube a la cumbre del Pisga y alza tus ojos hacia el oeste, el norte, el sur y el este, y mira con tus propios ojos, porque no pasarás el Jordán.*f* 28 Instruye a Josué, anímalo y fortalécelo, porque él ha de pasar delante de este pueblo, y él les entregará la tierra que verás".

---

b **3.12-22** Jos 13.8-33.   *c* **3.15** Nm 32.39-40.   *d* **3.18-20** Jos 1.12-15.   *e* **3.21** Sehón y Og (Dt 2.26—3.11).   *f* **3.23-27** Nm 27.12-14; Dt 32.48-52.

²⁹»Y nos quedamos en el valle, enfrente de Bet-peor.

Moisés exhorta a la obediencia

4 ¹»Ahora, pues, Israel, oye los estatutos y decretos que yo os enseño, para que los ejecutéis y viváis, y entréis y poseáis la tierra que Jehová, el Dios de vuestros padres, os da. ²No añadiréis a la palabra que yo os mando ni disminuiréis de ella,ᵃ para que guardéis los mandamientos de Jehová, vuestro Dios, que yo os ordeno. ³Vuestros ojos vieron lo que hizo Jehová con motivo de Baal-peor: a todo hombre que siguió a Baal-peor lo exterminó Jehová, tu Dios, de en medio de ti.ᵇ ⁴Pero vosotros, que seguisteis a Jehová, vuestro Dios, todos estáis vivos hoy. ⁵Mirad, yo os he enseñado estatutos y decretos, como Jehová, mi Dios, me mandó, para que hagáis así en medio de la tierra en la que vais a entrar para tomar posesión de ella. ⁶Guardadlos, pues, y ponedlos por obra, porque ellos son vuestra sabiduría y vuestra inteligencia ante los ojos de los pueblos, los cuales oirán todos estos estatutos, y dirán: "Ciertamente pueblo sabio y entendido, nación grande es esta". ⁷Porque ¿qué nación grande hay que tenga dioses tan cercanos a ellos como lo está Jehová, nuestro Dios, en todo cuanto le pedimos? ⁸Y ¿qué nación grande hay que tenga estatutos y juicios justos como es toda esta Ley que yo pongo hoy delante de vosotros? ⁹Por tanto, guárdate y guarda tu alma con diligencia, para que no te olvides de las cosas que tus ojos han visto ni se aparten de tu corazón todos los días de tu vida; antes bien, las enseñarás a tus hijos y a los hijos de tus hijos.

La experiencia de Israel en Horeb

¹⁰»El día que estuviste delante de Jehová, tu Dios, en Horeb, cuando Jehová me dijo: "Reúneme el pueblo, para que yo les haga oír mis palabras, las cuales aprenderán para temerme todos los días que vivan sobre la tierra, y las enseñarán a sus hijos", ¹¹os acercasteis y os pusisteis al pie del monte, mientras el monte ardía envuelto en un fuego que llegaba hasta el mismo cielo, entre tinieblas, nube y oscuridad. ¹²Entonces Jehová habló con vosotros de en medio del fuego;ᶜ oísteis la voz de sus palabras, pero a excepción de oir la voz, ninguna figura visteis. ¹³Y él os anunció su pacto, el cual os mandó poner por obra: los diez mandamientos,ᵈ y los escribió en dos tablas de piedra.ᵉ ¹⁴A mí también me mandó Jehová en aquel tiempo que os enseñara los estatutos y juicios,ᶠ para que los pusierais por obra en la tierra a la que vais a pasar para tomar posesión de ella.

Advertencia contra la idolatría

¹⁵»Guardad, pues, mucho vuestras almas, pues ninguna figura visteis el día que Jehová habló con vosotros de en medio del fuego, ¹⁶para que no os corrompáis y hagáis para vosotros escultura, imagen de figura alguna, efigie de hombre o de mujer, ¹⁷figura de algún animal que esté en la tierra, figura de algún ave alada que vuele por el aire, ¹⁸figura de algún reptil que se arrastre sobre la tierra, figura de algún pez que haya en el agua debajo de la tierra.ᵍ ¹⁹No sea que alces tus ojos al cielo, y viendo el sol, la luna, las estrellas y todo el ejército del cielo, te dejes seducir, te inclines ante ellos y los sirvas, porque Jehová, tu Dios, los ha concedido a todos los pueblos debajo de todos los cielos. ²⁰Pero a vosotros Jehová os tomó, y os ha sacado del horno de hierro, de Egipto, para que seáis el pueblo de su heredadʰ como en este día.

²¹»Pero Jehová se enojó contra mí por causa de vosotros, y juró que yo no pasaría el Jordán ni entraría en la buena tierra que Jehová, tu Dios, te da por heredad.ⁱ ²²Así que yo voy a morir en esta tierra, y no pasaré el Jordán; pero vosotros pasaréis y poseeréis aquella buena tierra. ²³Guardaos, no os olvidéis del pacto que Jehová, vuestro Dios, estableció con vosotros, y no os hagáis escultura o imagen de ninguna cosa que Jehová, tu Dios, te ha

---

ᵃ 4.2 Dt 12.32; Pr 30.6; cf. Ap 22.18-19.   ᵇ 4.3 Nm 25.1-9.   ᶜ 4.11-12 Ex 19.16-18; cf. Heb 12.18-19.   ᵈ 4.13 Ex 20.1-17.   ᵉ 4.13 Ex 31.18; 34.28; Dt 9.10.   ᶠ 4.14 Ex 21.1.   ᵍ 4.15-18 Ex 20.4; Lv 26.1; Dt 5.8; 27.15; cf. Ro 1.23.   ʰ 4.20 Ex 19.5; Dt 7.6; 14.2; 26.18; 1 R 8.51; Jer 11.4; Tit 2.14; 1 P 2.9.   ⁱ 4.21 Nm 20.12.

prohibido. ²⁴ Porque Jehová, tu Dios, es fuego consumidor,ʲ Dios celoso.

²⁵ »Cuando hayáis engendrado hijos y nietos, y hayáis envejecido en la tierra, si os corrompéis y hacéis alguna escultura o imagen de cualquier cosa, y hacéis lo malo ante los ojos de Jehová, vuestro Dios, para enojarlo, ²⁶ yo pongo hoy por testigos al cielo y a la tierra que pronto desapareceréis totalmente de la tierra que vais a tomar en posesión al pasar el Jordán. No estaréis en ella largos días sin que seáis destruidos. ²⁷ Jehová os esparcirá entre los pueblos, y quedaréis solo unos pocos entre las naciones a las cuales os llevará Jehová. ²⁸ Allí serviréis a dioses hechos por manos de hombres, de madera y piedra,ᵏ que no ven ni oyen ni comen ni huelen. ²⁹ Pero si desde allí buscas a Jehová, tu Dios, lo hallarás, si lo buscas de todo tu corazón y de toda tu alma.ˡ ³⁰ Cuando estés en angustia y te alcancen todas estas cosas, si en los últimos días te vuelves a Jehová, tu Dios, y oyes su voz, ³¹ porque Dios misericordioso es Jehová, tu Dios: No te dejará ni te destruirá ni se olvidará del pacto que juró a tus padres.

³² »Porque pregunta ahora si en los tiempos pasados que han sido antes de ti, desde el día en que creó Dios al hombre sobre la tierra, si desde un extremo del cielo al otro se ha hecho cosa semejante a esta gran cosa, o se haya oído otra como ella. ³³ ¿Ha oído pueblo alguno la voz de Dios hablando de en medio del fuego, como tú la has oído, sin perecer?ᵐ ³⁴ ¿O ha intentado Dios venir a tomar para sí una nación de en medio de otra nación, con pruebas, con señales, con milagros y con guerra, y mano poderosa y brazo extendido, y hechos aterradores, como todo lo que hizo con vosotros Jehová, vuestro Dios, en Egipto ante tus ojos? ³⁵ A ti te fue mostrado, para que supieras que Jehová es Dios y que no hay otro fuera de él.ⁿ ³⁶ Desde los cielos te hizo oír su voz para enseñarte, y sobre la tierra te mostró su gran fuego, y has oído sus palabras de en medio del fuego. ³⁷ Por cuanto él amó a tus padres, escogió a su descendencia

después de ellos y te sacó de Egipto con su presencia y con su gran poder, ³⁸ para echar de tu presencia naciones grandes y más fuertes que tú, y para introducirte y darte su tierra por heredad, como sucede hoy.

³⁹ »Aprende pues, hoy, y reflexiona en tu corazón que Jehová es Dios arriba en el cielo y abajo en la tierra; no hay otro. ⁴⁰ Guarda sus estatutos y sus mandamientos, los cuales yo te mando hoy, para que te vaya bien a ti y a tus hijos después de ti, y prolongues tus días sobre la tierra que Jehová, tu Dios, te da para siempre».

Las ciudades de refugio al oriente del Jordán

⁴¹ Entonces apartó Moisés tres ciudades a este lado del Jordán, hacia el nacimiento del sol, ⁴² para que huyera allí el homicida que matara a su prójimo sin intención, sin haber tenido enemistad con él nunca antes y, huyendo a una de esas ciudades, salvara su vida. ⁴³ Estas ciudades fueron: Beser, en el desierto, en tierra de la llanura, para los rubenitas; Ramot, en Galaad, para los gaditas, y Golán, en Basán, para los de Manasés.ñ

Moisés recapitula la promulgación de la Ley

⁴⁴ Esta, pues, es la ley que Moisés puso delante de los hijos de Israel. ⁴⁵ Estos son los testimonios, los estatutos y los decretos que dictó Moisés a los hijos de Israel cuando salieron de Egipto, ⁴⁶ a este lado del Jordán, en el valle delante de Bet-peor,ᵒ en la tierra de Sehón, rey de los amorreos, que habitaba en Hesbón, al cual derrotó Moisés con los hijos de Israel, cuando salieron de Egipto. ⁴⁷ Y poseyeron su tierra, y la tierra de Og, rey de Basán —dos reyes de los amorreos que estaban de este lado del Jordán, al oriente—, ⁴⁸ desde Aroer, que está junto a la ribera del arroyo Arnón, hasta el monte Sión, que es Hermón, ⁴⁹ con todo el Arabá, de este lado del Jordán, al oriente, hasta el mar del Arabá, al pie de las laderas del Pisga.

ʲ 4.24 Heb 12.29.   ᵏ 4.27-28 Dt 28.36.   ˡ 4.29 Jer 29.13; cf. 2 Cr 15.2; Mt 7.7-8.   ᵐ 4.33 Ex 19.17-19.   ⁿ 4.35 Ex 20.2-3; Is 43.10-13; Mc 12.32.   ñ 4.41-43 Jos 20.8-9. Cf. Nm 35.6-15; Dt 19.1-14; Jos 20.   ᵒ 4.46 Dt 3.29.

Los Diez Mandamientos
(Ex 20.1-17)

5 [1] Llamó Moisés a todo Israel y les dijo: «Oye, Israel, los estatutos y decretos que yo pronuncio hoy en vuestros oídos. Aprendedlos y guardadlos, para ponerlos por obra.

[2] »Jehová, nuestro Dios, hizo un pacto con nosotros en Horeb. [3] No con nuestros padres hizo Jehová este pacto, sino con nosotros, todos los que estamos aquí hoy vivos. [4] Cara a cara habló Jehová con vosotros en el monte, de en medio del fuego. [5] Yo estaba entonces entre Jehová y vosotros para comunicaros la palabra de Jehová, porque vosotros tuvisteis temor del fuego y no subisteis al monte. Él dijo:

[6] »"Yo soy Jehová, tu Dios, que te saqué de tierra de Egipto, de casa de servidumbre.[a]

[7] »No tendrás dioses ajenos delante de mí.

[8] »No harás para ti escultura ni imagen alguna de cosa que está arriba en los cielos, ni abajo en la tierra, ni en las aguas debajo de la tierra. [9] No te inclinarás a ellas ni las servirás,[b] porque yo soy Jehová, tu Dios, fuerte, celoso, que visito la maldad de los padres sobre los hijos hasta la tercera y la cuarta generación de los que me aborrecen, [10] y hago misericordia a millares, a los que me aman y guardan mis mandamientos.[c]

[11] »No tomarás el nombre de Jehová, tu Dios, en vano,[d] porque Jehová no considerará inocente al que tome su nombre en vano.

[12] »Guardarás el sábado para santificarlo, como Jehová, tu Dios, te ha mandado.[e] [13] Seis días trabajarás y harás toda tu obra, [14] pero el séptimo día es de reposo para Jehová, tu Dios. Ninguna obra harás tú,[f] ni tu hijo, ni tu hija, ni tu siervo, ni tu sierva, ni tu buey, ni tu asno, ni ningún animal tuyo, ni el extranjero que está dentro de tus puertas, para que tu siervo y tu sierva puedan descansar como tú.

[15] Acuérdate de que fuiste siervo en tierra de Egipto, y que Jehová, tu Dios, te sacó de allá con mano fuerte y brazo extendido, por lo cual Jehová, tu Dios, te ha mandado que guardes el sábado.

[16] »Honra a tu padre y a tu madre, como Jehová, tu Dios, te ha mandado, para que sean prolongados tus días y para que te vaya bien sobre la tierra que Jehová, tu Dios, te da.[g]

[17] »No matarás.[h]

[18] »No cometerás adulterio.[i]

[19] »No hurtarás.[j]

[20] »No dirás falso testimonio contra tu prójimo.[k]

[21] »No codiciarás[l] la mujer de tu prójimo, ni desearás la casa de tu prójimo, ni su tierra, ni su siervo, ni su sierva, ni su buey, ni su asno, ni cosa alguna de tu prójimo".

El terror del pueblo
(Ex 20.18-26)

[22] »Estas palabras las pronunció Jehová con potente voz ante toda vuestra congregación, en el monte, de en medio del fuego, la nube y la oscuridad, y no añadió más. Luego las escribió en dos tablas de piedra, que me entregó a mí. [23] Cuando oísteis la voz de en medio de las tinieblas y visteis el monte que ardía en llamas, vinisteis a mí todos vosotros, príncipes de las tribus y ancianos, [24] y dijisteis: "Jehová, nuestro Dios, nos ha mostrado su gloria y su grandeza, y hemos oído su voz, que sale de en medio del fuego. Hoy hemos visto que Jehová habla al hombre, y este aún vive. [25] Ahora, pues, ¿por qué vamos a morir? —porque este gran fuego nos consumirá—; si seguimos oyendo la voz de Jehová, nuestro Dios, moriremos. [26] Pues, ¿qué es el hombre para que oiga la voz del Dios viviente hablando de en medio del fuego, como nosotros la oímos, y aún viva? [27] Acércate tú, y oye todas las cosas que diga Jehová, nuestro Dios. Tú nos dirás todo lo que Jehová, nuestro

---

[a] **5.6-21** Ex 20.1-17.   [b] **5.8-9** Ex 34.17; Lv 19.4; 26.1; Dt 4.15-18; 27.15.   [c] **5.9-10** Ex 34.6-7; Nm 14.18; Dt 7.9-10.   [d] **5.11** Ex 20.7; Lv 19.12.   [e] **5.12** Ex 16.23-30; 31.12-14.   [f] **5.13-14** Ex 23.12; 31.15; 34.21; 35.2; Lv 23.3.   [g] **5.16** Dt 27.16; Mt 15.4; 19.19; Mc 7.10; 10.19; Lc 18.20; Ef 6.2-3.   [h] **5.17** Gn 9.6; Lv 24.17; Mt 5.21; 19.18; Mc 10.19; Lc 18.20; Ro 13.9; Stg 2.11.   [i] **5.18** Lv 20.10; Mt 5.27; 19.18; Mc 10.19; Lc 18.20; Ro 13.9; Stg 2.11.   [j] **5.19** Lv 19.11; Mt 19.18; Mc 10.19; Lc 18.20; Ro 13.9.   [k] **5.20** Ex 23.1; Mt 19.18; Mc 10.19; Lc 18.20.   [l] **5.21** Ro 7.7; 13.9.

Dios, te diga, y nosotros oiremos y obedeceremos".[m]

28 »Jehová oyó vuestras palabras cuando me hablabais, y me dijo: "He oído las palabras de este pueblo, lo que ellos te han dicho; bien está todo lo que han dicho. 29 ¡Ojalá siempre tuvieran tal corazón, que me temieran y guardaran todos los días todos mis mandamientos, para que a ellos y a sus hijos les fuera bien para siempre! 30 Ve y diles: Volveos a vuestras tiendas. 31 Y tú quédate aquí conmigo; yo te diré todos los mandamientos, estatutos y decretos que les enseñarás, a fin de que los pongan ahora por obra en la tierra que yo les doy en posesión". 32 Mirad, pues, que hagáis como Jehová, vuestro Dios, os ha mandado. No os apartéis a la derecha ni a la izquierda. 33 Andad en todo el camino que Jehová, vuestro Dios, os ha mandado, para que viváis, os vaya bien y prolonguéis vuestros días en la tierra que habéis de poseer.

El gran mandamiento

6 ¹ »Estos, pues, son los mandamientos, estatutos y decretos que Jehová, vuestro Dios, mandó que os enseñara, para que los pongáis por obra en la tierra a la que vais a pasar para tomarla en posesión, ² a fin de que temas a Jehová, tu Dios, guardando todos los estatutos y mandamientos que yo te mando, tú, tu hijo y el hijo de tu hijo, todos los días de tu vida, para que se prolonguen tus días. ³ Oye, pues, Israel, y cuida de ponerlos por obra, para que te vaya bien en la tierra que fluye leche y miel,[a] y os multipliquéis, como te ha dicho Jehová, el Dios de tus padres.

⁴ »Oye, Israel:[b] Jehová, nuestro Dios, Jehová uno es.[c]

⁵ »Amarás a Jehová, tu Dios, de todo tu corazón, de toda tu alma y con todas tus fuerzas.[d]

⁶ »Estas palabras que yo te mando hoy, estarán sobre tu corazón. ⁷ Se las repetirás a tus hijos, y les hablarás de ellas estando en tu casa y andando por el camino, al acostarte y cuando te levantes. ⁸ Las atarás como una señal en tu mano, y estarán como frontales entre tus ojos; ⁹ las escribirás en los postes de tu casa y en tus puertas.[e]

Exhortaciones a la obediencia

10 »Cuando Jehová, tu Dios, te haya introducido en la tierra que juró a tus padres Abraham, Isaac y Jacob[f] que te daría, en ciudades grandes y buenas que tú no edificaste, 11 con casas llenas de toda clase de bienes, las cuales tú no llenaste, con cisternas cavadas, que tú no cavaste, y viñas y olivares que no plantaste, luego que comas y te sacies, 12 cuídate de no olvidarte de Jehová, que te sacó de la tierra de Egipto, de casa de servidumbre. 13 A Jehová, tu Dios, temerás,[g] a él solo servirás[h] y por su nombre jurarás. 14 No vayáis detrás de dioses ajenos, de los dioses de los pueblos que están en vuestros contornos, 15 porque Jehová, tu Dios, que está en medio de ti, es un Dios celoso; su furor se inflamaría contra ti y te haría desaparecer de sobre la tierra.

16 »No tentaréis a Jehová, vuestro Dios,[i] como lo tentasteis en Masah.[j] 17 Guardad cuidadosamente los mandamientos de Jehová, vuestro Dios, sus testimonios y los estatutos que te ha mandado. 18 Haz lo recto y bueno ante los ojos de Jehová, para que te vaya bien y llegues a poseer la buena tierra que Jehová juró dar a tus padres, 19 y para que él arroje a tus enemigos de delante de ti, como Jehová ha dicho.

20 »Mañana, cuando te pregunte tu hijo: "¿Qué significan los testimonios, estatutos y decretos que Jehová nuestro Dios os mandó?", 21 dirás a tu hijo: "Nosotros éramos siervos del faraón en Egipto, y Jehová nos sacó de Egipto con mano poderosa. 22 Jehová hizo delante de nuestros ojos señales y milagros grandes y terribles en Egipto, contra el faraón y contra toda su casa. 23 Y nos sacó de allá para

---

[m] 5.22-27 Heb 12.18-19.   [a] 6.3 Ex 3.8,17; 13.5; 33.3; Lv 20.24; Nm 13.27; 14.8; 16.13-14.
[b] 6.4 Dt 5.1; 9.1; 20.3; 27.9. Con este v. comienza la confesión de fe de Israel, llamada *Shemá* («*Oye*») por su palabra inicial.   [c] 6.4 Mc 12.29.   [d] 6.5 Mt 22.37; Mc 12.30; Lc 10.27.
[e] 6.6-9 Dt 11.18-20.   [f] 6.10 *Abraham, Isaac y Jacob*: Gn 12.7; 26.3; 28.13.   [g] 6.13 El temor de Jehová, en el sentido bíblico, no es miedo, sino una actitud de profundo respeto, adoración y amor, y la disposición de servir al Señor y obedecer sus mandamientos. Cf. Dt 10.12,20; 31.12-13.
[h] 6.13 Mt 4.10; Lc 4.8.   [i] 6.16 Mt 4.7; Lc 4.12.   [j] 6.16 Ex 17.1-7.

traernos y darnos la tierra que prometió a nuestros padres.*k* ²⁴ Jehová nos mandó que cumplamos todos estos estatutos, y que temamos a Jehová, nuestro Dios, para que nos vaya bien todos los días y para que nos conserve la vida, como hasta hoy. ²⁵ Y tendremos justicia cuando cuidemos de poner por obra todos estos mandamientos delante de Jehová, nuestro Dios, como él nos ha mandado".

Advertencias contra la idolatría
(Ex 34.11-17)

7 ¹ »Cuando Jehová, tu Dios, te haya introducido en la tierra a la que vas a entrar para tomarla, y haya expulsado de delante de ti a muchas naciones: al heteo, al gergeseo, al amorreo, al cananeo, al ferezeo, al heveo y al jebuseo; siete naciones mayores y más poderosas que tú,*a* ²y Jehová, tu Dios, te las haya entregado y las hayas derrotado, las destruirás del todo. No harás con ellas alianza ni tendrás de ellas misericordia.*b* ³ No emparentarás con ellas, no darás tu hija a su hijo ni tomarás a su hija para tu hijo. ⁴ Porque apartará de mí a tu hijo, que serviría a dioses ajenos. Entonces el furor de Jehová se encenderá contra vosotros y os destruirá bien pronto. ⁵ Pero así habéis de hacer con ellos: sus altares destruiréis, quebraréis sus estatuas, destruiréis sus imágenes de Asera y quemaréis sus esculturas en el fuego.*c* ⁶ Porque tú eres pueblo santo para Jehová, tu Dios; Jehová, tu Dios, te ha escogido para que le seas un pueblo especial,*d* más que todos los pueblos que están sobre la tierra.

Un pueblo santo para Jehová

⁷ »No por ser vosotros el más numeroso de todos los pueblos os ha querido Jehová y os ha escogido, pues vosotros erais el más insignificante de todos los pueblos,*e* ⁸ sino porque Jehová os amó y quiso guardar el juramento que hizo a vuestros padres; por eso os ha sacado Jehová con mano poderosa, y os ha rescatado de la servidumbre, de manos del faraón, rey de Egipto. ⁹ Conoce, pues, que

Jehová, tu Dios, es Dios, Dios fiel, que guarda el pacto y la misericordia a los que le aman y guardan sus mandamientos, hasta por mil generaciones, ¹⁰ pero que da su merecido, en su propia persona, al que le aborrece, destruyéndolo; a quien le odia, no se demora en darle en su propia persona el pago.*f* ¹¹ Guarda, por tanto, los mandamientos, estatutos y decretos que yo te mando hoy que cumplas.

Bendiciones de la obediencia
(Lv 26.3-13; Dt. 28.1-14)

¹² »Por haber oído estos decretos, haberlos guardado y puesto por obra, Jehová, tu Dios, guardará contigo el pacto y la misericordia que juró a tus padres. ¹³ Te amará, te bendecirá y te multiplicará, bendecirá el fruto de tu vientre y el fruto de tu tierra, tu grano, tu mosto, tu aceite, la cría de tus vacas y los rebaños de tus ovejas, en la tierra que juró a tus padres que te daría. ¹⁴ Bendito serás más que todos los pueblos; no habrá en ti hombre ni mujer estéril, ni en tus ganados. ¹⁵ Apartará Jehová de ti toda enfermedad, y ninguna de las malas plagas de Egipto que tú conoces hará caer sobre ti, sino que las hará caer sobre todos los que te aborrezcan. ¹⁶ Destruirás a todos los pueblos que Jehová, tu Dios, te entrega. No tendrás piedad de ellos ni servirás a sus dioses, porque te será tropiezo.*g*

¹⁷ »Si dices en tu corazón: "Estas naciones son mucho más numerosas que yo, ¿cómo las podré exterminar?", ¹⁸ no les tengas temor. Acuérdate bien de lo que hizo Jehová, tu Dios, con el faraón y con todo Egipto, ¹⁹ de las grandes pruebas que vieron tus ojos, de las señales y milagros, de la mano poderosa y el brazo extendido con que Jehová, tu Dios, te sacó. Así hará Jehová, tu Dios, con todos los pueblos en cuya presencia tú temes. ²⁰ También enviará Jehová, tu Dios, avispas contra ellos, hasta que perezcan los que queden y los que se hayan escondido de tu presencia. ²¹ No desmayes delante de ellos, porque Jehová, tu Dios, está en medio de ti, Dios grande y temible.

k **6.21-23** Dt 26.5-10.   *a* **7.1** Hch 13.19.   *b* **7.2** Dt 20.16-18.   *c* **7.5** Dt 12.3.   *d* **7.6** Ex 19.5-6; Dt 4.20; 14.2; 26.18; Tit 2.14; 1 P 2.9.   *e* **7.7** Jn 15.16; 1 Jn 4.10.   *f* **7.9-10** Ex 20.5-6; 34.6-7; Nm 14.18; Dt 5.9-10.   *g* **7.12-16** Dt 11.13-17.

²²Jehová, tu Dios, irá expulsando a estas naciones de delante de ti poco a poco; no podrás acabar con ellas en seguida, para que las fieras del campo no se multipliquen contra ti. ²³Pero Jehová, tu Dios, las entregará delante de ti, y les causará grandes destrozos hasta que sean destruidas. ²⁴Él entregará sus reyes en tus manos, y tú borrarás sus nombres de debajo del cielo. Nadie te podrá resistir, hasta que los destruyas. ²⁵Quemarás las esculturas de sus dioses en el fuego; no codiciarás la plata ni el oro que las recubren, ni los tomarás para ti, no sea que tropieces por ello, pues es una abominación para Jehová, tu Dios. ²⁶No llevarás ninguna cosa abominable a tu casa, para que no seas anatema. Del todo la aborrecerás y la abominarás, porque es anatema.

La buena tierra que han de poseer

8 ¹»Cuidaréis de poner por obra todo mandamiento que yo os ordeno hoy, para que viváis, seáis multiplicados y entréis a poseer la tierra que Jehová prometió con juramento a vuestros padres. ²Te acordarás de todo el camino por donde te ha traído Jehová, tu Dios, estos cuarenta años en el desierto, para afligirte, para probarte, para saber lo que había en tu corazón, si habías de guardar o no sus mandamientos. ³Te afligió, te hizo pasar hambre y te sustentó con maná, comida que ni tú ni tus padres habían conocido, para hacerte saber que no sólo de pan vivirá el hombre, sino de todo lo que sale de la boca de Jehová vivirá el hombre.ᵃ ⁴El vestido que llevabas puesto nunca envejeció, ni el pie se te ha hinchado en estos cuarenta años.ᵇ ⁵Reconoce asimismo en tu corazón, que, como castiga el hombre a su hijo, así Jehová, tu Dios, te castiga.ᶜ ⁶Guardarás, pues, los mandamientos de Jehová, tu Dios, andando en sus caminos y temiéndolo. ⁷Porque Jehová, tu Dios, te introduce en la buena tierra, tierra de arroyos, de aguas, de fuentes y de manantiales, que brotan en vegas y montes; ⁸tierra de trigo y cebada, de vides, higueras y granados; tierra de olivos, de aceite y de miel; ⁹tierra

en la cual no comerás el pan con escasez, y donde no te faltará nada; tierra cuyas piedras son de hierro y de cuyos montes sacarás cobre. ¹⁰Allí comerás y te saciarás, y bendecirás a Jehová, tu Dios, por la buena tierra que te habrá dado.

Amonestación de no olvidar a Dios

¹¹»Cuídate de no olvidarte de Jehová, tu Dios, para cumplir los mandamientos, decretos y estatutos que yo te ordeno hoy;ᵈ ¹²no suceda que comas y te sacies, edifiques buenas casas y las habites, ¹³cuando tus vacas y tus ovejas aumenten, la plata y el oro se te multipliquen y todo lo que tengas se acreciente, ¹⁴se ensoberbezca tu corazón y te olvides de Jehová, tu Dios, que te sacó de tierra de Egipto, de casa de servidumbre; ¹⁵que te hizo caminar por un desierto grande y espantoso, lleno de serpientes venenosasᵉ y de escorpiones; que en una tierra de sed y sin agua te sacó agua de la roca del pedernal; ¹⁶que te sustentó con maná en el desierto, comida que tus padres no habían conocido, afligiéndote y probándote, para a la postre hacerte bien,ᶠ ¹⁷y digas en tu corazón: "Mi poder y la fuerza de mi mano me han traído esta riqueza"; ¹⁸sino acuérdate de Jehová, tu Dios, porque él es quien te da el poder para adquirir las riquezas, a fin de confirmar el pacto que juró a tus padres, como lo hace hoy.

¹⁹»Pero si llegas a olvidarte de Jehová, tu Dios, y vas tras dioses ajenos, los sirves y ante ellos te inclinas, yo lo afirmo hoy contra vosotros, que de cierto pereceréis. ²⁰Como las naciones que Jehová destruirá delante de vosotros, así pereceréis, por cuanto no habréis atendido a la voz de Jehová, vuestro Dios.

Dios destruirá a las naciones de Canaán

9 ¹»Oye, Israel: tú vas hoy a pasar el Jordán, para entrar a desposeer a naciones más numerosas y más poderosas que tú, ciudades grandes y amuralladas hasta el cielo, ²un pueblo grande y alto, los hijos de los anaceos, de los cuales tienes tú conocimiento, y de quienes has oído decir:

ᵃ **8.3** Mt 4.4; Lc 4.4.   ᵇ **8.4** Dt 29.5; Neh 9.21.   ᶜ **8.5** Pr 3.11-12; Os 11.1-4; Heb 12.3-11.
ᵈ **8.10-11** Dt 6.10-12.   ᵉ **8.11-16** Os 13.4-6.   ᶠ **8.15** Ex 17.1-7; Nm 20.1-13; cf. Dt 32.13; Sal 114.8.

"¿Quién se sostendrá delante de los hijos de Anac?" [3] Entiende, pues, hoy, que es Jehová, tu Dios, el que pasa delante de ti como fuego consumidor,[a] quien los destruirá y humillará en tu presencia. Tú los echarás y los destruirás en seguida, como Jehová te ha dicho.

[4] »Cuando Jehová, tu Dios, los haya echado de delante de ti, no digas en tu corazón: "Por mi justicia me ha traído Jehová a poseer esta tierra", pues por la impiedad de estas naciones Jehová las arroja de delante de ti. [5] No por tu justicia ni por la rectitud de tu corazón entras a poseer la tierra de ellos, sino por la impiedad de estas naciones Jehová, tu Dios, las arroja de delante de ti, y para confirmar la palabra que Jehová juró a tus padres Abraham, Isaac y Jacob. [6] Por tanto, has de saber que Jehová, tu Dios, no te da en posesión esta buena tierra por tu justicia, porque pueblo terco eres tú.

La rebelión de Israel en Horeb
(Ex 31.18—32.35)

[7] »Acuérdate, no olvides que has provocado la ira de Jehová, tu Dios, en el desierto; desde el día en que saliste de la tierra de Egipto, hasta que entrasteis en este lugar, habéis sido rebeldes a Jehová. [8] En Horeb provocasteis a ira a Jehová, y se enojó Jehová contra vosotros para destruiros. [9] Cuando yo subí al monte para recibir las tablas de piedra, las tablas del pacto que Jehová hizo con vosotros, estuve entonces en el monte cuarenta días y cuarenta noches,[b] sin comer pan ni beber agua. [10] Jehová me dio las dos tablas de piedra escritas por el dedo de Dios, y en ellas estaban escritas todas las palabras que os habló Jehová en el monte, de en medio del fuego, el día de la asamblea. [11] Al cabo de los cuarenta días y cuarenta noches, Jehová me dio las dos tablas de piedra, las tablas del pacto, [12] y me dijo: "Levántate, desciende pronto de aquí, porque el pueblo que sacaste de Egipto se ha corrompido. Bien pronto se han apartado del camino que yo les mandé y se han hecho una imagen de fundición".[c]

[13] »También me dijo Jehová: "He observado a este pueblo y he visto que es un pueblo terco. [14] Déjame que los destruya y borre su nombre de debajo del cielo, y yo te pondré sobre una nación fuerte y mucho más numerosa que ellos".[d]

[15] »Yo me volví y descendí del monte, el cual ardía en llamas, con las tablas del pacto en mis dos manos.[e] [16] Miré y vi que habíais pecado contra Jehová, vuestro Dios: os habíais hecho un becerro de fundición, apartándoos bien pronto del camino que Jehová os había señalado. [17] Entonces tomé las dos tablas, las arrojé de mis dos manos y las quebré delante de vuestros ojos. [18] Luego me postré delante de Jehová, y como antes hice, durante cuarenta días y cuarenta noches no comí pan ni bebí agua, a causa de todo el pecado que habíais cometido haciendo el mal ante los ojos de Jehová para enojarlo.[f] [19] Porque temí[g] a causa del furor y de la ira con que Jehová estaba enojado contra vosotros hasta querer destruiros. Pero Jehová me escuchó una vez más. [20] Contra Aarón también se enojó mucho Jehová hasta querer destruirlo. Yo también oré por Aarón en aquel entonces. [21] Luego tomé el objeto de vuestro pecado, el becerro que habíais hecho, lo quemé en el fuego y lo desmenucé, moliéndolo muy bien, hasta que quedó reducido a polvo, y eché aquel polvo en el arroyo que descendía del monte.

[22] »También en Tabera,[h] en Masah[i] y en Kibrot-hataava[j] provocasteis a ira a Jehová. [23] Y cuando desde Cades-barnea[k] Jehová os mandó: "Subid y poseed la tierra que yo os he dado",[l] también fuisteis rebeldes al mandato de Jehová, vuestro Dios,[m] y no le creísteis ni obedecisteis a su voz. [24] Rebeldes habéis sido a Jehová desde el día en que yo os conozco.

[25] »Me postré, pues, delante de Jehová; cuarenta días y cuarenta noches estuve postrado, porque Jehová dijo que os había de destruir. [26] Y oré a Jehová diciendo: Señor Jehová, no destruyas a tu pueblo, a la heredad que has redimido con tu grandeza y que sacaste de Egipto con mano

---

[a] **9.3** Dt 4.24.   [b] **9.9** Ex 24.15-18.   [c] **9.12** Ex 32.7-8.   [d] **9.13-14** Ex 32.10.   [e] **9.15** Ex 32.15.
[f] **9.18** Ex 34.28.   [g] **9.19** He 12.21.   [h] **9.22** Nm 11.3.   [i] **9.22** Ex 17.7. d.   [j] **9.22** Nm 11.34.
[k] **9.23** Nm 13.17.   [l] **9.23** Dt 1.21.   [m] **9.23** Nm 13.31; Dt 1.26; Heb 3.16.

poderosa. [27] Acuérdate de tus siervos Abraham, Isaac y Jacob; no mires la dureza de este pueblo, su impiedad ni su pecado, [28] no sea que digan los de la tierra de donde nos sacaste: "Por cuanto no pudo Jehová introducirlos en la tierra que les había prometido, o porque los aborrecía, los sacó para matarlos en el desierto". [29] Ellos son tu pueblo, la heredad que sacaste con tu gran poder y con tu brazo extendido.[n]

El pacto renovado
(Ex 34.1-10)

10 [1] »En aquel tiempo Jehová me dijo: "Lábrate dos tablas de piedra como las primeras, y sube hasta mí al monte. Hazte también un arca de madera. [2] Yo escribiré en esas tablas las palabras que estaban en las primeras tablas que quebraste, y tú las pondrás en el Arca".[a]

[3] »Hice un arca de madera de acacia,[b] labré dos tablas de piedra como las primeras y subí al monte con las dos tablas en mis manos. [4] Él escribió en las tablas lo mismo que había escrito antes: los diez mandamientos que Jehová había proclamado en el monte de en medio del fuego, el día de la asamblea. Y me las entregó Jehová. [5] Entonces me volví, descendí del monte y puse las tablas en el Arca que había hecho. Allí están todavía, como Jehová me lo mandó.

[6] »(Después salieron los hijos de Israel de Beerot-bene-jaacán[c] a Mosera. Allí murió Aarón[d] y allí fue sepultado. Le sucedió en el sacerdocio su hijo Eleazar. [7] De allí partieron a Gudgoda, y de Gudgoda a Jotbata, tierra de arroyos de aguas. [8] En aquel tiempo apartó Jehová la tribu de Leví[e] para que llevara el Arca del pacto de Jehová, para que estuviera delante de Jehová y lo sirviera, y para bendecir en su nombre, hasta el día de hoy. [9] Por eso Leví no tuvo parte ni heredad entre sus hermanos: Jehová es su heredad, como Jehová, tu Dios, le dijo.)

[10] »Yo estuve en el monte, como la primera vez, cuarenta días y cuarenta noches.[f] Jehová también me escuchó esta vez y no quiso destruirte. [11] Me dijo Jehová: "Levántate, disponte a marchar delante del pueblo, para que entren y tomen posesión de la tierra que juré a sus padres que les había de dar".

Lo que Dios exige

[12] »Ahora, pues, Israel, ¿qué pide de ti Jehová, tu Dios, sino que temas a Jehová, tu Dios, que andes en todos sus caminos, que ames y sirvas a Jehová, tu Dios, con todo tu corazón y con toda tu alma, [13] que guardes los mandamientos de Jehová y sus estatutos, que yo te prescribo hoy, para que tengas prosperidad? [14] De Jehová, tu Dios, son los cielos y los cielos de los cielos, la tierra y todas las cosas que hay en ella.[g] [15] Sin embargo, solamente de tus padres se agradó Jehová y los amó; y después de ellos escogió su descendencia, a vosotros, de entre todos los pueblos, como sucede hoy.

[16] »Circuncidad, pues, el prepucio de vuestro corazón,[h] y no endurezcáis más vuestra cerviz. [17] Porque Jehová, vuestro Dios, es Dios de dioses y Señor de señores, Dios grande, poderoso y temible, que no hace acepción de personas,[i] ni recibe sobornos, [18] que hace justicia al huérfano y a la viuda, que ama también al extranjero y le da pan y vestido. [19] Amaréis, pues, al extranjero, porque extranjeros fuisteis en la tierra de Egipto.

[20] »A Jehová, tu Dios, temerás, a él solo servirás, a él seguirás y en su nombre jurarás. [21] Él es el objeto de tu alabanza y él es tu Dios, que ha hecho contigo estas cosas grandes y terribles que tus ojos han visto. [22] Con setenta personas[j] descendieron tus padres a Egipto, pero ahora Jehová ha hecho que te multipliques como las estrellas del cielo.[k]

---

[n] **9.26-29** Ex 32.11-14. [a] **10.1-2** Ex 34.1. [b] **10.3** Ex 25.10; 37.1. [c] **10.6** O, *los pozos de los hijos de Jaacán.* [d] **10.6** Nm 20.22-29; 33.38. [e] **10.8** Nm 3.5-8; Dt 33.8. [f] **10.10** Ex 34.28.
[g] **10.14** Sal 24.1-2. [h] **10.16** Significa tener una actitud interior de fidelidad a Jehová y obedecer sus mandamientos. Cf. Dt 30.6; Jer 4.4; Ro 2.25-29. [i] **10.17** 2 Cr 19.7; Hch 10.34; Ro 2.11; Gl 2.6; Ef 6.9. [j] **10.22** Gn 46.27; cf. Ex 1.5. [k] **10.22** Gn 15.5; 22.17.

La grandeza de Jehová

11 ¹»Amarás, pues, a Jehová, tu Dios, y guardarás sus ordenanzas, sus estatutos, sus decretos y sus mandamientos, todos los días. ²Comprended hoy —no hablo de vuestros hijos, que no han sabido ni visto el castigo de Jehová, vuestro Dios, su grandeza, su mano poderosa, ni su brazo extendido ³las señales y las obras que hizo en medio de Egipto contra el faraón, rey de Egipto, y toda su tierra;ᵃ ⁴lo que hizo con el ejército de Egipto, con sus caballos y sus carros; cómo precipitó Jehová las aguas del Mar Rojo sobre ellos cuando venían tras vosotrosᵇ y los destruyó hasta hoy; ⁵lo que ha hecho con vosotros en el desierto hasta vuestra llegada a este lugar; ⁶lo que hizo con Datán y Abiram, hijos de Eliab hijo de Rubén; cómo abrió su boca la tierra y los tragó con sus familias, sus tiendas y todo su ganado en medio de todo Israel—,ᶜ ⁷pues vuestros ojos han visto todas las grandes obras que Jehová ha hecho.

Bendiciones de la Tierra Prometida

⁸»Guardad, pues, todos los mandamientos que yo os prescribo hoy, para que seáis fortalecidos y entréis a poseer la tierra a la cual vais a pasar para tomarla, ⁹y para que os sean prolongados los días sobre la tierra, de la cual juró Jehová a vuestros padres que se la había de dar a ellos y a su descendencia, tierra que fluye leche y miel. ¹⁰La tierra a la que vas a entrar para tomarla no es como la tierra de Egipto, de donde habéis salido, donde sembrabas tu semilla y regabas con tu pie, como huerto de hortaliza. ¹¹La tierra a la que vais a entrar para tomarla es tierra de montes y de vegas, que bebe las aguas de la lluvia del cielo; ¹²una tierra de la que cuida Jehová, tu Dios. Siempre están sobre ella los ojos de Jehová, tu Dios, desde el principio del año hasta el fin.

¹³»Si obedecéis cuidadosamente a los mandamientos que yo os prescribo hoy, amando a Jehová, vuestro Dios, y sirviéndolo con todo vuestro corazón y con toda vuestra alma, ¹⁴yo daré la lluvia a vuestra tierra a su tiempo, la temprana y la tardía, y tú recogerás tu grano, tu vino y tu aceite. ¹⁵Daré también hierba en tu campo para tus ganados, y comerás hasta saciarte. ¹⁶Guardaos, pues, que vuestro corazón no se deje engañar y os apartéis para servir a dioses ajenos e inclinaros delante de ellos; ¹⁷no sea que se encienda el furor de Jehová sobre vosotros, cierre los cielos y no haya lluvia, ni la tierra dé su fruto, y perezcáis bien pronto en esa buena tierra que os da Jehová.ᵈ

¹⁸»Por tanto, pondréis estas mis palabras en vuestro corazón y en vuestra alma, las ataréis como señal en vuestra mano y serán como insignias entre vuestros ojos. ¹⁹Las enseñaréis a vuestros hijos, hablando de ellas cuando te sientes en tu casa, cuando andes por el camino, cuando te acuestes y cuando te levantes. ²⁰Las escribirás en los postes de tu casa y en tus puertas, ²¹para que sean vuestros días, y los días de vuestros hijos, tan numerosos sobre la tierra que Jehová juró a vuestros padres que les había de dar, como los días de los cielos sobre la tierra.ᵉ

²²»Porque si guardáis cuidadosamente todos estos mandamientos que yo os prescribo para que los cumpláis, y si amáis a Jehová, vuestro Dios, andando en todos sus caminos y siguiéndolo a él, ²³Jehová también echará de vuestra presencia a todas estas naciones, y desposeeréis a naciones grandes y más poderosas que vosotros. ²⁴Todo lugar que pise la planta de vuestro pie será vuestro: desde el desierto hasta el Líbano, desde el río Éufrates hasta el mar occidental será vuestro territorio. ²⁵Nadie se sostendrá delante de vosotros;ᶠ miedo y temor de vosotros pondrá Jehová, vuestro Dios, sobre toda la tierra que piséis, como él os ha dicho.

²⁶»Mirad: Yo pongo hoy delante de vosotros la bendición y la maldición:ᵍ ²⁷la bendición, si obedecéis los mandamientos de Jehová, vuestro Dios, que yo os prescribo hoy, ²⁸y la maldición, si no obedecéis los mandamientos de Jehová, vuestro Dios y os apartáis del camino que yo os ordeno hoy, para ir tras dioses ajenos que no habéis conocido.ʰ

ᵃ **11.3** Ex 7.8—12.30. ᵇ **11.4** Ex 14.28. ᶜ **11.6** Nm 16.31-32. ᵈ **11.13-17** Lv 26.3-5; Dt 7.12-16; 28.1-14. ᵉ **11.18-20** Dt 6.6-9. ᶠ **11.24-25** Jos 1.3-5. ᵍ **11.26** Dt 30.15,19. ʰ **11.27-28** Dt 28.

²⁹ »Cuando Jehová, tu Dios, te haya introducido en la tierra a la cual vas para tomarla, pondrás la bendición sobre el monte Gerizim y la maldición sobre el monte Ebal,ⁱ ³⁰ los cuales están al otro lado del Jordán, tras el camino del occidente, en la tierra del cananeo, que habita en el Arabá, frente a Gilgal, junto al encinar de More. ³¹ Porque vosotros pasáis el Jordán para ir a poseer la tierra que os da Jehová, vuestro Dios. La tomaréis y habitaréis en ella. ³² Cuidaréis, pues, de cumplir todos los estatutos y decretos que yo presento hoy delante de vosotros.

El santuario único

12 ¹ »Estos son los estatutos y decretos que cuidaréis de poner por obra en la tierra que Jehová, el Dios de tus padres, te ha dado para que tomes posesión de ella, todos los días que vosotros viváis sobre la tierra.

² »Destruiréis enteramente todos los lugares donde las naciones que vosotros heredaréis sirvieron a sus dioses, sobre los montes altos, sobre los collados y bajo todo árbol frondoso. ³ Derribaréis sus altares, quebraréis sus estatuas, quemaréis sus imágenes de Asera, destruiréis las esculturas de sus dioses y borraréis su nombre de aquel lugar.ᵃ

⁴ »No haréis así a Jehová, vuestro Dios, ⁵ sino que el lugar que Jehová, vuestro Dios, escoja entre todas vuestras tribus, para poner allí su nombre y habitar en él, ese buscaréis, y allá iréis. ⁶ Allí llevaréis vuestros holocaustos, vuestros sacrificios, vuestros diezmosᵇ y la ofrenda reservada de vuestras manos, vuestros votos, vuestras ofrendas voluntarias y las primicias de vuestras vacas y de vuestras ovejas; ⁷ allí comeréis delante de Jehová, vuestro Dios, y os alegraréis, vosotros y vuestras familias, de toda obra de vuestras manos en que Jehová, tu Dios, te haya bendecido.

⁸ »No haréis como todo lo que hacemos nosotros aquí ahora, cada uno lo que bien le parece,ᶜ ⁹ porque hasta ahora no habéis entrado al reposo y a la heredad que os da Jehová, vuestro Dios. ¹⁰ Pero pasaréis el Jordán y habitaréis en la tierra que Jehová, vuestro Dios, os hace heredar. Él os hará descansar de todos vuestros enemigos de alrededor, y habitaréis seguros. ¹¹ Y al lugar que Jehová, vuestro Dios, escoja para poner en él su nombre, allí llevaréis todas las cosas que yo os mando: vuestros holocaustos, vuestros sacrificios, vuestros diezmos, las ofrendas reservadas de vuestras manos, y todo lo escogido de los votos que hayáis prometido a Jehová. ¹² Y os alegraréis delante de Jehová, vuestro Dios, vosotros, vuestros hijos, vuestras hijas, vuestros siervos y vuestras siervas, así como el levita que habite en vuestras poblaciones, por cuanto no tiene parte ni heredad con vosotros.

¹³ »Cuídate de no ofrecer tus holocaustos en cualquier lugar que veas; ¹⁴ sólo en el lugar que Jehová escoja en una de tus tribus ofrecerás tus holocaustos, y allí harás todo lo que yo te mando.

¹⁵ »Con todo, podrás sacrificar y comer la carne en todas tus poblaciones conforme a tu deseo, según la bendición que Jehová, tu Dios, te haya dado. Tanto el impuro como el limpio la podrán comer, como si fuera una gacela o un ciervo. ¹⁶ Solamente que sangre no comeréis;ᵈ sobre la tierra la derramaréis como agua.

¹⁷ »Tampoco comerás en tus poblaciones el diezmo de tu grano, de tu vino o de tu aceite, ni las primicias de tus vacas ni de tus ovejas, ni los votos que prometas, ni las ofrendas voluntarias, ni ninguna otra ofrenda reservada de tus manos, ¹⁸ sino que delante de Jehová, tu Dios, las comerás, en el lugar que Jehová, tu Dios, haya escogido, tú, tu hijo, tu hija, tu siervo, tu sierva y el levita que habita en tus poblaciones. Te alegrarás delante de Jehová, tu Dios, de toda la obra de tus manos. ¹⁹ Ten cuidado de no desamparar al levita mientras vivas sobre la tierra.

²⁰ »Cuando Jehová, tu Dios, ensanche tu territorio, como él te ha dicho, y tú digas: "Comeré carne", porque deseaste comerla, siempre que lo desees podrás comerla. ²¹ Si está lejos de ti el lugar que Jehová, tu Dios, escoja para poner allí su nombre, podrás matar de las vacas y de

las ovejas que Jehová te haya dado, como te he mandado yo, y comerás en tus ciudades todo lo que desees. ²²Lo mismo que se come la gacela y el ciervo, así las podrás comer; el impuro y el limpio podrán comer también de ellas. ²³Solamente que te mantengas firme en no comer sangre, porque la sangre es la vida, y no comerás la vida junto con la carne. ²⁴No la comerás; en tierra la derramarás como si fuera agua.ᵉ ²⁵No comerás de ella, para que te vaya bien a ti y a tus hijos después de ti, cuando hagas lo recto ante los ojos de Jehová.

²⁶»Pero las cosas que hayas consagrado y las que ofrezcas como voto, las tomarás y las llevarás al lugar que Jehová haya escogido. ²⁷Ofrecerás tus holocaustos, la carne y la sangre, sobre el altar de Jehová, tu Dios; la sangre de tus sacrificios será derramada sobre el altar de Jehová, tu Dios, y podrás comer la carne.

²⁸»Guarda y escucha todas estas palabras que yo te mando, para que haciendo lo bueno y lo recto ante los ojos de Jehová, tu Dios, te vaya bien, a ti y a tus hijos después de ti, para siempre.

Advertencias contra la idolatría

²⁹»Cuando Jehová, tu Dios, haya destruido delante de ti las naciones que tú vas a poseer, y las heredes y habites en su tierra, ³⁰guárdate que no tropieces siguiendo el ejemplo de ellas, después que sean destruidas delante de ti; no preguntes acerca de sus dioses, diciendo: "¿De qué manera servían aquellas naciones a sus dioses, para que yo también les sirva de igual modo?" ³¹No harás así a Jehová, tu Dios, porque todas las cosas abominables que Jehová aborrece las hicieron ellos a sus dioses, pues aun a sus hijos y a sus hijas quemaban al fuego en honor de sus dioses.ᶠ

³²»Cuidarás de hacer todo lo que yo te mando; no añadirás a ello, ni de ello quitarás.ᵍ

13 ¹»Cuando se levante en medio de ti un profeta o soñador de sueños, y te anuncie una señal o un prodigio, ²si se cumple la señal o el prodigio que él te anunció, y te dice: "Vayamos tras dioses ajenos —que tú no conoces— y sirvámoslos", ³no escucharás las palabras de tal profeta ni de tal soñador de sueños, porque Jehová, vuestro Dios, os está probando para saber si amáis a Jehová, vuestro Dios, con todo vuestro corazón y con toda vuestra alma. ⁴A Jehová, vuestro Dios, seguiréis y a él temeréis, guardaréis sus mandamientos y escucharéis su voz, a él serviréis y a él le seréis fieles. ⁵Tal profeta o soñador de sueños deberá morir, por cuanto aconsejó la rebelión contra Jehová, vuestro Dios, que te sacó de tierra de Egipto y te rescató de la casa de servidumbre, y trató de apartarte del camino por el cual Jehová, tu Dios, te mandó que anduvieras. Así apartarás el mal de en medio de ti.ᵃ

⁶»Si te incita tu hermano, el hijo de tu madre, o tu hijo, tu hija, tu mujer o tu amigo íntimo, diciéndote en secreto: "Vayamos y sirvamos a dioses ajenos", que ni tú ni tus padres conocisteis, ⁷—los dioses de los pueblos que están en vuestros alrededores, cerca de ti o lejos de ti, desde un extremo de la tierra hasta el otro extremo de ella—, ⁸no consentirás con él ni le prestarás oído, tu ojo no lo compadecerá, no le tendrás misericordia ni lo encubrirás, ⁹sino que lo matarás; tu mano se alzará primero sobre él para matarlo, y después la mano de todo el pueblo. ¹⁰Lo apedrearás hasta que muera, por cuanto procuró apartarte de Jehová, tu Dios, que te sacó de tierra de Egipto, de la casa de servidumbre, ¹¹para que todo Israel lo sepa y tema, y no vuelva a hacer en medio de ti cosa semejante a esta.

¹²»Si oyes decir que en alguna de las ciudades que Jehová, tu Dios, te da para vivir en ellas, ¹³han salido de entre los tuyos hombres impíos que han instigado a los habitantes de su ciudad, diciendo: "Vayamos y sirvamos a dioses ajenos", que vosotros no conocisteis, ¹⁴tú investigarás, buscarás y preguntarás con diligencia. Si resulta ser cierto que en medio de ti se ha cometido tal abominación, ¹⁵irremisiblemente herirás a filo de espada a los habitantes de aquella ciudad, destruyéndola con todo lo que haya en ella, y también matarás sus ganados a filo

---

ᵉ **12.23-24** Lv 1.5; 17.10-14.   ᶠ **12.31** Lv 18.21.   ᵍ **12.32** Dt 4.2; Ap 22.18-19.   ᵃ **13.5** 1 Co 5.13.

de espada. [16] Juntarás todo su botín en medio de la plaza y prenderás fuego a la ciudad con todo su botín, todo ello como holocausto a Jehová, tu Dios. Quedará convertido en un montón de ruinas para siempre; nunca más será edificada.[b]

[17] »No te quedarás con nada del anatema, para que Jehová se aparte del ardor de su ira, tenga misericordia y compasión de ti, y te multiplique, como lo juró a tus padres, [18] cuando obedezcas a la voz de Jehová, tu Dios, guardando todos sus mandamientos que yo te he dado hoy, para hacer lo recto ante los ojos de Jehová, tu Dios.

14 [1] »Hijos sois de Jehová, vuestro Dios;[a] no os haréis incisiones ni os raparéis[b] a causa de un muerto.[c] [2] Porque eres pueblo santo a Jehová, tu Dios, y Jehová te ha escogido para que le seas un pueblo único[d] entre todos los pueblos que están sobre la tierra.

Animales limpios y animales inmundos
(Lv 11.1-47)

[3] »Nada abominable comerás.

[4] »Estos son los animales que podréis comer: el buey, la oveja, la cabra, [5] el ciervo, la gacela, el corzo, la cabra montés, el íbice, el antílope y el carnero montés. [6] También podréis comer todo animal de pezuñas partidas, o sea, hendida en dos mitades, y que rumia. [7] Pero estos no comeréis entre los que rumian o entre los que tienen la pezuña hendida: el camello, la liebre y el conejo, porque rumian, pero no tienen la pezuña hendida; os serán inmundos. [8] Tampoco el cerdo, porque tiene la pezuña hendida, pero no rumia; os será inmundo. De la carne de estos no comeréis, ni tocaréis sus cuerpos muertos.

[9] »De entre los que viven en el agua, estos podréis comer: todo lo que tiene aletas y escamas. [10] Pero no comeréis lo que no tiene aletas y escama; os será inmundo.

[11] »Podréis comer toda ave limpia. [12] Pero estas son las que no podréis comer: el águila, el quebrantahuesos, el azor, [13] el gallinazo, el milano según su especie, [14] todo cuervo según su especie, [15] el avestruz, la lechuza, la gaviota y el gavilán según sus especies, [16] el búho, el ibis, el calamón, [17] el pelícano, el buitre, el somormujo, [18] la cigüeña, la garza según su especie, la abubilla y el murciélago.

[19] »Todo insecto alado os será inmundo: no se comerá. [20] Podréis comer toda ave limpia.

[21] »No comeréis ningún animal muerto. Al extranjero que está en tus poblaciones se lo darás, y él podrá comerlo; o véndelo a un extranjero, porque tú eres un pueblo consagrado a Jehová, tu Dios.

»No cocerás el cabrito en la leche de su madre.[e]

La ley del diezmo

[22] »Indefectiblemente diezmarás[f] todo el producto del grano que rinda tu campo cada año. [23] Comerás delante de Jehová, tu Dios, en el lugar que él escoja para poner allí su nombre, el diezmo de tu grano, de tu vino y de tu aceite, y las primicias de tus manadas y de tus ganados, para que aprendas a temer a Jehová, tu Dios, todos los días. [24] Si el camino es tan largo que no puedas llevarlo, por estar lejos de ti el lugar que Jehová, tu Dios, haya escogido para poner en él su nombre, cuando Jehová, tu Dios, te haya bendecido, [25] entonces lo venderás, llevarás el dinero contigo e irás al lugar que Jehová, tu Dios, escoja. [26] Allí entregarás el dinero por todo lo que deseas: por vacas, por ovejas, por vino, por sidra o por cualquier cosa que tú desees. Comerás allí delante de Jehová, tu Dios, y te alegrarás, tú y tu familia.

[27] »No desampararás al levita que habite en tus poblaciones, porque no tiene parte ni heredad contigo.

[28] »Al cabo de tres años sacarás todo el diezmo de tus productos de aquel año, y lo guardarás en tus ciudades. [29] Allí vendrá el levita, que no tiene parte ni heredad contigo, el extranjero, el huérfano y la viuda que haya en tus poblaciones, y

[b] **13.15-16** Dt 20.16-18; Jos 6.17.   [a] **14.1** Ex 4.22; Dt 1.31; 8.5; Sal 103.13; Os 11.1; cf. Dt 32.5,19; Is 1.2-4; 30.1.   [b] **14.1** Esta prohibición parece estar destinada a evitar toda posible contaminación con el rito pagano de hacerse incisiones en señal de duelo (cf. 1 R 18.28). [c] **14.1** Lv 19.28; 21.5; Is 22.12; Jer 16.6; 41.5; Ez 7.18.   [d] **14.2** Ex 19.5-6; Dt 4.20; 7.6; 26.28; Tit 2.14; 1 P 2.9.   [e] **14.21** Ex 23.19; 34.26.   [f] **14.22-29** Lv 27.30-33; Nm 18.21; Mal 3.8-10.

comerán y se saciarán, para que Jehová, tu Dios, te bendiga en toda obra que tus manos hagan.

El año de remisión

15 ¹»Cada siete años harás remisión. ²»En esto consiste la remisión: perdonará a su deudor todo aquel que haya prestado algo de su pertenencia, con lo cual obligó a su prójimo; no lo demandará más a su prójimo, o a su hermano, porque ha sido proclamada la remisión de Jehová. ³Del extranjero demandarás el reintegro; pero lo que tu hermano tenga de ti, se lo perdonarás. ⁴Así no habrá mendigos entre los tuyos, pues Jehová te bendecirá con abundancia en la tierra que Jehová, tu Dios, te da por heredad, para que la tomes en posesión, ⁵si escuchas fielmente la voz de Jehová, tu Dios, para guardar y cumplir todos estos mandamientos que yo te ordeno hoy. ⁶Ya que Jehová, tu Dios, te habrá bendecido, como te ha dicho, prestarás entonces a muchas naciones, pero tú no tomarás prestado; tendrás dominio sobre muchas naciones, pero sobre ti no tendrán dominio.

Préstamos a los pobres

⁷»Cuando haya algún pobre entre tus hermanos en alguna de tus ciudades, en la tierra que Jehová, tu Dios, te da, no endurecerás tu corazón ni le cerrarás tu mano a tu hermano pobre, ⁸sino que le abrirás tu mano liberalmente y le prestarás lo que en efecto necesite.[a] ⁹Guárdate de albergar en tu corazón este pensamiento perverso: "Cerca está el séptimo año, el de la remisión", para mirar con malos ojos a tu hermano pobre y no darle nada, pues él podría clamar contra ti a Jehová, y se te contaría como pecado. ¹⁰Sin falta le darás, y no serás de mezquino corazón cuando le des, porque por ello te bendecirá Jehová, tu Dios, en todas tus obras y en todo lo que emprendas. ¹¹Pues nunca faltarán pobres en medio de la tierra;[b] por eso yo te mando: Abrirás tu mano

a tu hermano, al pobre y al menesteroso en tu tierra.

Leyes sobre los esclavos
(Ex 21.1-11)

¹²»Si se vende a ti tu hermano hebreo o hebrea, te servirá seis años, y al séptimo le dejarás libre. ¹³Y cuando lo dejes libre, no lo enviarás con las manos vacías. ¹⁴Lo abastecerás liberalmente de tus ovejas, de tu era y de tu lagar; le darás de aquello con que Jehová te haya bendecido. ¹⁵Te acordarás de que fuiste siervo en la tierra de Egipto, y que Jehová, tu Dios, te rescató; por eso yo te mando esto hoy.

¹⁶»Pero si él te dice: "No te dejaré", porque te ama a ti y a tu casa, y porque le va bien contigo, ¹⁷entonces tomarás una lesna y horadarás su oreja contra la puerta, y será tu siervo para siempre. Así también harás con tu criada. ¹⁸No te parezca duro cuando lo dejes libre, pues por la mitad del costo de un jornalero te sirvió seis años. Y Jehová, tu Dios, te bendecirá en todo cuanto hagas.[c]

Consagración de los primogénitos machos

¹⁹»Consagrarás a Jehová, tu Dios, todo primogénito macho de tus vacas y de tus ovejas.[d]

»No te servirás del primogénito de tus vacas ni trasquilarás al primogénito de tus ovejas. ²⁰Delante de Jehová, tu Dios, los comerás cada año, tú y tu familia, en el lugar que Jehová escoja. ²¹Pero si tiene algún defecto, si es ciego, o cojo, o tiene cualquier otra falta, no lo sacrificarás a Jehová, tu Dios. ²²En tus poblaciones lo comerás; lo mismo el impuro que el limpio lo comerán, como si fuera una gacela o un ciervo. ²³Solamente que no comas su sangre;[e] sobre la tierra la derramarás como si fuera agua.

Fiestas anuales
(Ex 23.14-17; 34.18-24)

16 ¹»Guardarás el mes de Abib[a] y celebrarás la Pascua[b] a Jehová, tu Dios,

[a]**15.7-8** Lv 25.35.   [b]**15.11** Mt 26.11; Mc 14.7; Jn 12.8.   [c]**15.12-18** Ex 21.2-11; Lv 25.39-43.
[d]**15.19** Ex 13.12.   [e]**15.23** Gn 9.4; Lv 7.26-27; 17.10-14; 19.26; Dt 12.16,23.   [a]**16.1** Ex 12.2.
[b]**16.1-8** Ex 12.1-20; Lv 23.5-8; Nm 28.16-25.

porque en el mes de Abib, por la noche, te sacó Jehová, tu Dios, de Egipto.

2 »Sacrificarás la víctima de la Pascua a Jehová, tu Dios, de las ovejas y las vacas, en el lugar que Jehová escoja para que habite allí su nombre.

3 »No comerás con ella pan con levadura; durante siete días comerás con ella pan sin levadura, pan de aflicción, porque aprisa saliste de tierra de Egipto, para que todos los días de tu vida te acuerdes del día en que saliste de la tierra de Egipto. 4 No se verá levadura junto a ti en todo tu territorio durante siete días. Y de la carne que sacrifiques en la tarde del primer día, no quedará nada hasta la mañana. 5 No podrás sacrificar la víctima de la Pascua en cualquiera de las ciudades que Jehová, tu Dios, te da, 6 sino en el lugar que Jehová, tu Dios, escoja para que habite su nombre. Allí sacrificarás la víctima de la Pascua por la tarde, a la puesta del sol, a la hora que saliste de Egipto. 7 La asarás y comerás en el lugar que Jehová, tu Dios, haya escogido, y por la mañana regresarás y volverás a tu habitación. 8 Seis días comerás pan sin levadura, y el séptimo día será fiesta solemne dedicada a Jehová, tu Dios: no trabajarás en él.

9 »Siete semanas contarás; desde que comience a meterse la hoz en las mieses comenzarás a contar las siete semanas. 10 Y celebrarás la fiesta solemne de las Semanas[c] en honor de Jehová, tu Dios, presentando tus ofrendas voluntarias según lo abundantes que hayan sido las bendiciones de Jehová, tu Dios. 11 Te alegrarás delante de Jehová, tu Dios, tú, tu hijo, tu hija, tu siervo, tu sierva, el levita que habita en tus ciudades, y el extranjero, el huérfano y la viuda que viven entre los tuyos, en el lugar que Jehová, tu Dios, haya escogido para poner allí su nombre. 12 Acuérdate de que fuiste siervo en Egipto; por tanto, guardarás y cumplirás estos estatutos.

13 »Celebrarás la fiesta solemne de los Tabernáculos[d] durante siete días, cuando hayas hecho la cosecha de tu era y de tu lagar. 14 Te alegrarás en tus fiestas solemnes, tú, tu hijo, tu hija, tu siervo, tu sierva, y el levita, el extranjero, el huérfano y la viuda que viven en tus poblaciones. 15 Durante siete días celebrarás la fiesta solemne en honor de Jehová, tu Dios, en el lugar que Jehová escoja, porque te habrá bendecido Jehová, tu Dios, en todos tus frutos y en todas las obras de tus manos, y estarás verdaderamente alegre.

16 »Tres veces cada año se presentarán todos tus varones delante de Jehová,[e] tu Dios, en el lugar que él escoja: en la fiesta solemne de los Panes sin levadura, en la fiesta solemne de las Semanas y en la fiesta solemne de los Tabernáculos. Y ninguno se presentará delante de Jehová con las manos vacías; 17 cada uno presentará su ofrenda conforme a la bendición que Jehová, tu Dios, te haya dado.

Administración de la justicia

18 »En todas las ciudades que Jehová, tu Dios, te dará, pondrás jueces y oficiales, por tribus, los cuales juzgarán al pueblo con justo juicio. 19 No tuerzas el derecho, no hagas acepción de personas ni tomes soborno, porque el soborno ciega los ojos de los sabios y pervierte las palabras de los justos.[f] 20 La justicia, sólo la justicia seguirás, para que vivas y heredes la tierra que Jehová, tu Dios, te da.

21 »No plantarás ningún árbol para Asera[g] cerca del altar de Jehová, tu Dios, que hayas edificado, 22 ni te levantarás estatua,[h] lo cual aborrece Jehová, tu Dios.

17 1 »No ofrecerás en sacrificio a Jehová, tu Dios, buey o cordero en el cual haya defecto o alguna cosa mala, pues es cosa abominable para Jehová, tu Dios.[a]

2 »Cuando se halle entre los tuyos, en alguna de las ciudades que Jehová, tu Dios, te da, un hombre o una mujer que haya hecho lo malo ante los ojos de Jehová, tu Dios, traspasando su pacto, 3 que haya ido a servir a dioses ajenos y se haya inclinado ante ellos,[b] ya sea ante el sol, la luna o todo el ejército del cielo, lo cual yo he prohibido, 4 y te sea dado aviso, entonces investiga muy bien. Si resulta ser

---

c 16.9-12 Lv 23.15-21; Nm 28.26-31.   d 16.13-15 Lv 23.33-36,39-43; Nm 29.12-38.
e 16.16 Ex 23.14,17; 34.23.   f 16.19 Ex 23.6-8; Lv 19.15.   g 16.21 Ex 34.13.   h 16.22 Lv 26.1.
a 17.1 Lv 22.17-28; Dt 15.21; Mal 1.8.   b 17.3 Ex 22.20.

cierto que tal abominación ha sido hecha en Israel, [5] sacarás a las puertas de tu ciudad al hombre o a la mujer que haya cometido esta mala acción, sea hombre o mujer, y los apedrearás hasta que mueran.

[6] »Por testimonio de dos o de tres testigos morirá el que haya de morir; no morirá por el testimonio de un solo testigo.[c] [7] La mano de los testigos caerá primero sobre él para matarlo, y después la mano de todo el pueblo. Así apartarás el mal de en medio de ti.[d]

[8] »Cuando alguna cosa te sea difícil en el juicio, entre una clase de homicidio y otra, entre una clase de derecho legal y otra, y entre una clase de herida y otra, en negocios de litigio en tus ciudades; entonces te levantarás y recurrirás al lugar que Jehová, tu Dios, escoja. [9] Acudirás a los sacerdotes levitas y al juez que haya en aquellos días, y preguntarás. Ellos te enseñarán la sentencia del juicio. [10] Y harás lo que indique la sentencia que te dicten los del lugar que Jehová escoja, cuidando de cumplir todo lo que te manifiesten. [11] Procederás según las instrucciones que te den y el juicio que te pronuncien; no te apartarás ni a la derecha ni a la izquierda de la sentencia que te dicten. [12] El hombre que proceda con soberbia, no obedeciendo al sacerdote que está para ministrar allí delante de Jehová, tu Dios, o al juez, ese morirá. Así apartarás el mal de en medio de Israel. [13] Y cuando todo el pueblo lo sepa, temerá y no se ensoberbecerá.

Previsiones para un estado monárquico

[14] »Cuando hayas entrado en la tierra que Jehová, tu Dios, te da, tomes posesión de ella, la habites y digas: "Voy a poner un rey sobre mí, como todas las naciones que están en mis alrededores",[e] [15] ciertamente pondrás como rey sobre ti al que Jehová, tu Dios, escoja. A uno de tus hermanos pondrás sobre ti como rey; no podrás poner sobre ti a un hombre extranjero que no sea tu hermano. [16] Pero él no deberá tener muchos caballos, ni hará volver al pueblo a Egipto con el fin de adquirir caballos,[f] pues Jehová os ha dicho: "No volváis nunca por este camino". [17] Tampoco deberá tener muchas mujeres, para que su corazón no se desvíe;[g] ni amontonará para sí demasiada plata ni oro.[h]

[18] »Cuando se siente sobre el trono de su reino, entonces escribirá para sí en un libro una copia de esta Ley, del original que está al cuidado de los sacerdotes levitas. [19] Lo tendrá consigo y lo leerá todos los días de su vida, para que aprenda a temer a Jehová, su Dios, guardando todas las palabras de esta Ley y estos estatutos, y poniéndolos por obra. [20] Así no se elevará su corazón sobre sus hermanos, no se apartará de estos mandamientos a la derecha ni a la izquierda, a fin de que él y sus hijos prolonguen los días de su reino en medio de Israel.

Las porciones de los levitas

18 [1] »Los sacerdotes levitas, es decir, toda la tribu de Leví, no tendrán parte ni heredad en Israel; de las ofrendas quemadas a Jehová y de la heredad de él comerán. [2] No tendrán, pues, heredad entre sus hermanos; Jehová es su heredad, como él les ha dicho.[a]

[3] »Este será el derecho[b] de los sacerdotes sobre aquellos del pueblo que ofrezcan en sacrificio un buey o un cordero: darán al sacerdote la pierna, las quijadas y el cuajar. [4] Las primicias de tu grano, de tu vino y de tu aceite, y las primicias de la lana de tus ovejas le darás, [5] porque a él ha escogido Jehová, tu Dios, de entre todas tus tribus, para que él y sus hijos ministren en el nombre de Jehová para siempre.

[6] »Cuando salga un levita de cualquiera de las ciudades de Israel donde haya vivido, y vaya con todo el deseo de su alma al lugar que Jehová escoja, [7] ministrará en el nombre de Jehová, su Dios, como todos sus hermanos, los levitas que estén allí delante de Jehová. [8] Igual ración a la de los otros comerá, además de sus patrimonios.

---

[c] **17.6** Nm 35.30; Dt 19.15; Mt 18.16; 2 Co 13.1; 1 Ti 5.19; Heb 10.28.   [d] **17.7** 1 Co 5.13.
[e] **17.14** 1 S 8.5,19-20; 10.19; 12.12.   [f] **17.16** 1 R 10.28; 2 Cr 16; 9.28.   [g] **17.17** 1 R 11.1-8.
[h] **17.17** 1 R 10.27; 2 Cr 1.17; 9.27.   [a] **18.2** Nm 18.20.   [b] **18.3** Lv 7.31-34; 10.14; Nm 6.20; 18.18-19.

Amonestación contra costumbres paganas

⁹»Cuando entres a la tierra que Jehová, tu Dios, te da, no aprenderás a hacer según las abominaciones de aquellas naciones. ¹⁰No sea hallado en ti quien haga pasar a su hijo o a su hija por el fuego, ni quien practique adivinación, ni agorero,ᶜ ni sortílego, ni hechicero,ᵈ ¹¹ni encantador, ni adivino,ᵉ ni mago, ni quien consulte a los muertos. ¹²Porque es abominable para Jehová cualquiera que hace estas cosas, y por estas cosas abominables Jehová, tu Dios, expulsa a estas naciones de tu presencia. ¹³Perfecto serás delante de Jehová, tu Dios.ᶠ ¹⁴Porque estas naciones que vas a heredar, a agoreros y a adivinos oyen, pero a ti no te ha permitido esto Jehová, tu Dios.ᵍ

Dios promete un profeta como Moisés

¹⁵»Un profeta como yo te levantará Jehová, tu Dios, de en medio de ti, de tus hermanos; a él oiréis.ʰ ¹⁶Conforme a todo lo que pediste a Jehová, tu Dios, en el Horeb, el día de la asamblea, al decir: "No vuelva yo a oir la voz de Jehová, mi Dios, ni vea yo más este gran fuego, para que no muera".ⁱ ¹⁷Y Jehová me dijo: "Bien está eso que han dicho". ¹⁸Un profeta como tú les levantaré en medio de sus hermanos; pondré mis palabras en su boca y él les dirá todo lo que yo le mande. ¹⁹Pero a cualquiera que no oiga las palabras que él pronuncie en mi nombre, yo le pediré cuenta.ʲ ²⁰El profeta que tenga la presunción de pronunciar en mi nombre una palabra que yo no le haya mandado pronunciar, o que hable en nombre de dioses ajenos, ese profeta morirá. ²¹Tal vez digas en tu corazón: "¿Cómo conoceremos que esta no es palabra de Jehová?". ²²Si el profeta habla en nombre de Jehová, y no se cumple ni acontece lo que dijo, esa palabra no es de Jehová. Por presunción habló el tal profeta; no tengas temor de él.

Las ciudades de refugio
(Nm 35.9-28)

19 ¹»Cuando Jehová, tu Dios, destruya a las naciones cuya tierra Jehová, tu Dios, te va a dar, y tú las heredes y habites en sus ciudades y en sus casas, ²apartarás tres ciudadesᵃ en medio de la tierra que Jehová, tu Dios, te da para que la poseas. ³Arreglarás los caminos y dividirás en tres partes la tierra que Jehová, tu Dios, te dará en heredad, a fin de que todo homicida huya allí. ⁴Este es el caso del homicida que podrá huir allí y salvar su vida: aquel que hiera a su prójimo sin intención y sin haber tenido enemistad con él anteriormente; ⁵como el que va con su prójimo al monte a cortar leña, y al dar su mano el golpe con el hacha para cortar algún leño, se suelta el hierro del cabo, y da contra su prójimo y este muere. Aquel podrá huir a una de estas ciudades y salvar su vida: ⁶no sea que el vengador de la sangre,ᵇ enfurecido, persiga al homicida, lo alcance por ser largo el camino, y lo hiera de muerte, cuando no debía ser condenado a muerte por cuanto no tenía enemistad con su prójimo anteriormente. ⁷Por tanto yo te mando que separes tres ciudades. ⁸Y si Jehová, tu Dios, ensancha tu territorio, como lo juró a tus padres, y te da toda la tierra que prometió dar a tus padres ⁹—siempre y cuando guardes todos estos mandamientos que yo te prescribo hoy para ponerlos por obra: que ames a Jehová, tu Dios, y andes en sus caminos todos los días—, entonces añadirás tres ciudades más a estas tres, ¹⁰para que no sea derramada sangre inocente en medio de la tierra que Jehová, tu Dios, te da por heredad, y no seas culpado de derramamiento de sangre.

¹¹»Pero si hay alguien que aborrece a su prójimo y lo acecha, se levanta contra él, lo hiere de muerte y muere, y luego huye a alguna de estas ciudades, ¹²entonces los ancianos de su ciudad mandarán a sacarlo de allí y lo entregarán en manos del vengador de la sangre, para que muera. ¹³No le compadecerás; así extirparás de

ᶜ **18.10** Lv 19.26.   ᵈ **18.10** Ex 22.18.   ᵉ **18.11** Lv 19.31   ᶠ **18.13** Mt 5.48.   ᵍ **18.10-14** 2 R 23.24.
ʰ **18.15** Hch 3.22; 7.37.   ⁱ **18.16** Dt 5.25-27.   ʲ **18.19** Hch 3.23.   ᵃ **19.1-13** Jos 20.1-9.
ᵇ **19.6** Nm 35.12.

Israel todo derramamiento de sangre inocente, y te irá bien.

14 »En la heredad que poseas en la tierra que Jehová, tu Dios, te da, no reducirás los límites de la propiedad de tu prójimo[c] que fijaron los antiguos.

Leyes sobre el testimonio

15 »No se tomará en cuenta a un solo testigo contra alguien en cualquier delito ni en cualquier pecado, en relación con cualquier ofensa cometida. Sólo por el testimonio de dos o tres testigos se mantendrá la acusación.[d]

16 »Cuando se levante un testigo falso contra alguien, para testificar contra él, 17 entonces los dos litigantes se presentarán delante de Jehová y delante de los sacerdotes y de los jueces que haya en aquellos días. 18 Los jueces investigarán bien, y si aquel testigo resulta falso y ha acusado falsamente a su hermano, 19 entonces haréis con él como él pensó hacer con su hermano. Así extirparás el mal de en medio de ti.[e] 20 Los que queden, cuando lo sepan, temerán y no volverán a cometer más una maldad semejante en medio de ti. 21 No lo compadecerás: vida por vida, ojo por ojo, diente por diente, mano por mano, pie por pie.[f]

Leyes sobre la guerra

20 1 »Cuando salgas a la guerra contra tus enemigos, si ves caballos, carros y un pueblo más numeroso que tú, no les tengas temor, porque Jehová, tu Dios, el que te sacó de la tierra de Egipto, está contigo. 2 Y cuando os acerquéis para combatir, se pondrá en pie el sacerdote y hablará al pueblo. 3 Les dirá: "Oye, Israel, vosotros os juntáis hoy en batalla contra vuestros enemigos; no desmaye vuestro corazón, no temáis ni os azoréis ni tampoco os desalentéis delante de ellos, 4 porque Jehová, vuestro Dios, va con vosotros, para pelear por vosotros contra vuestros enemigos, para salvaros". 5 Luego hablarán los oficiales al pueblo, y dirán: "¿Quién ha edificado una casa nueva y no la ha estrenado? Que se vaya y vuelva a

su casa, no sea que muera en la batalla y algún otro la estrene. 6 ¿Y quién ha plantado una viña y no la ha disfrutado? Que se vaya y vuelva a su casa, no sea que muera en la batalla y algún otro la disfrute.[a] 7 ¿Y quién se ha desposado con una mujer y no la ha tomado? Que se vaya y vuelva a su casa, no sea que muera en la batalla y algún otro la tome".[b]

8 »Después volverán los oficiales a hablar al pueblo y dirán: "¿Quién es hombre medroso y pusilánime? Que se vaya y vuelva a su casa, para que no apoque el corazón de sus hermanos como ocurre con el corazón suyo". 9 Y cuando los oficiales acaben de hablar al pueblo, entonces los capitanes del ejército tomarán el mando a la cabeza del pueblo.

10 »Cuando te acerques a una ciudad para combatirla, le propondrás la paz. 11 Y si responde: "Paz", y te abre sus puertas, todo el pueblo que en ella se encuentre te será tributario y te servirá.[c] 12 Pero si no hace la paz contigo, sino que emprende la guerra contra ti, entonces la sitiarás. 13 Luego que Jehová, tu Dios, la entregue en tus manos, herirás a todos sus hombres a filo de espada. 14 Solamente las mujeres y los niños, los animales y todo lo que haya en la ciudad, todo su botín, lo tomarás para ti, y comerás del botín de tus enemigos, los cuales Jehová, tu Dios, te entregó. 15 Así harás con todas las ciudades que estén muy lejos de ti y no pertenezcan a estas naciones. 16 Pero en las ciudades de estos pueblos que Jehová, tu Dios, te da por heredad, ninguna persona dejarás con vida, 17 sino que destruirás completamente al heteo, al amorreo, al cananeo, al ferezeo, al heveo y al jebuseo, como Jehová, tu Dios, te ha mandado, 18 para que no os enseñen a imitar todas esas abominaciones que ellos han hecho en honor de sus dioses, y pequéis contra Jehová, vuestro Dios.

19 »Cuando sities alguna ciudad y pelees contra ella muchos días para tomarla, no destruirás sus árboles a golpe de hacha, porque de ellos podrás comer. No los talarás, pues el árbol del campo no es

---

c 19.14 Dt 27.17; Job 24.2; Pr 22.28; Os 5.10.   d 19.15 Nm 35.30; Dt 17.6; Mt 18.16; 2 Co 13.1; 1 Ti 5.19; Heb 10.28.   e 19.19 Dt 17.7,12; cf. 1 Co 5.13.   f 19.21 Ex 21.23-25; cf. Lv 24.19-20; Mt 5.38.   a 20.6 Lv 19.23-25.   b 20.7 Dt 24.5.   c 20.11 Jos 9.21; 16.10.

hombre que venga contra ti en el sitio. [20] Pero el árbol que sepas que no lleva fruto, podrás destruirlo y talarlo para construir baluartes contra la ciudad que te hace la guerra, hasta sojuzgarla.

Expiación de un asesinato de autor desconocido

21 [1] »Si en la tierra que Jehová, tu Dios, te da para que la poseas, es hallado alguien muerto, tendido en el campo, y no se sabe quién lo mató, [2] tus ancianos y tus jueces saldrán y medirán la distancia hasta las ciudades que están alrededor del muerto. [3] Entonces los ancianos de la ciudad más cercana al lugar donde fue hallado el muerto, tomarán de entre las vacas una becerra que no haya trabajado ni llevado yugo. [4] Los ancianos de aquella ciudad traerán la becerra a un valle escabroso, que nunca haya sido arado ni sembrado, y quebrarán la cerviz de la becerra allí en el valle.

[5] »Entonces se acercarán los sacerdotes hijos de Leví, porque a ellos los escogió Jehová, tu Dios, para que lo sirvan y bendigan en el nombre de Jehová, y por su veredicto se decidirá toda disputa y toda ofensa. [6] Luego todos los ancianos de la ciudad más cercana al lugar donde se halló el muerto lavarán sus manos sobre la becerra cuya cerviz fue quebrada en el valle, [7] y harán esta declaración: "Nuestras manos no han derramado esta sangre, ni nuestros ojos lo han visto. [8] Perdona, Jehová, a tu pueblo Israel, al cual redimiste, y no culpes de sangre inocente a tu pueblo Israel". Así les será perdonada esa sangre, [9] y tú apartarás la culpa de la sangre inocente de en medio de ti, cuando hagas lo que es recto ante los ojos de Jehová.

Diversas leyes

[10] »Cuando salgas a la guerra contra tus enemigos, y Jehová, tu Dios, los entregue en tus manos y tomes algunos cautivos, [11] si ves entre ellos una mujer hermosa, y la codicias y la tomas para ti por mujer, [12] la meterás en tu casa. Ella se rapará la cabeza y se cortará las uñas, [13] se quitará el vestido de cautiva y se quedará en tu casa llorando a su padre y a su madre un mes entero. Después podrás llegarte a ella; tú serás su marido y ella será tu mujer. [14] Si después resulta que no te agrada, la dejarás en libertad; no la venderás por dinero ni la tratarás como esclava, por cuanto la humillaste.

[15] »Si un hombre que tiene dos mujeres ama a una y a la otra no, y tanto la que ama como la otra le han dado hijos, y el hijo primogénito es de la mujer que no ama, [16] en el día que haga heredar a sus hijos lo que tenga, no podrá dar el derecho de primogenitura al hijo de la mujer que ama con preferencia al hijo de la mujer que no ama, que es el primogénito. [17] Al hijo de la que no ama reconocerá como primogénito, para darle el doble de lo que corresponda a cada uno de los demás, porque él es el principio de su vigor, y suyo es el derecho de la primogenitura.

[18] »Si alguien tiene un hijo contumaz y rebelde, que no obedece a la voz de su padre ni a la voz de su madre, y que ni aun castigándolo los obedece, [19] su padre y su madre lo tomarán y lo llevarán ante los ancianos de su ciudad, a la puerta del lugar donde viva, [20] y dirán a los ancianos de la ciudad: "Este hijo nuestro es contumaz y rebelde, no obedece a nuestra voz; es glotón y borracho". [21] Entonces todos los hombres de su ciudad lo apedrearán, y morirá. Así extirparás el mal de en medio de ti, y cuando todo Israel lo sepa, temerá.

[22] »Si alguien ha cometido algún crimen digno de muerte, y lo hacéis morir colgado en un madero, [23] no dejaréis que su cuerpo pase la noche sobre el madero; sin falta lo enterrarás el mismo día, porque maldito por Dios es el colgado.[a] Así no contaminarás la tierra que Jehová, tu Dios, te da como heredad.

22 [1] »Si ves extraviado el buey de tu hermano, o su cordero, no le negarás tu ayuda; lo devolverás a tu hermano. [2] Pero si tu hermano no es tu vecino, o no lo conoces, lo recogerás en tu casa, estará contigo hasta que tu hermano lo busque, y se lo devolverás. [3] Así harás con su asno, también con su vestido, y lo mismo harás con toda cosa que se le

---

[a] **21.23** Gl 3.13.

pierda a tu hermano y tú halles; no podrás negarle tu ayuda.

4»Si ves el asno de tu hermano, o su buey, caído en el camino, no te apartarás de él; le ayudarás a levantarlo.*ª*

5»No vestirá la mujer traje de hombre ni el hombre vestirá ropa de mujer; porque es abominable para Jehová, tu Dios, cualquiera que esto hace.

6»Cuando encuentres por el camino algún nido de ave en cualquier árbol, o sobre la tierra, con pollos o huevos, y la madre echada sobre los pollos o sobre los huevos, no tomarás la madre con los hijos. 7Dejarás ir a la madre y tomarás los pollos para ti, para que te vaya bien y prolongues tus días.

8»Cuando edifiques una casa nueva, harás pretil a tu terrado; así evitarás que caiga sobre tu casa la culpa de la sangre, si de él se cae alguien.

9»No sembrarás tu viña con semillas diversas, no sea que se pierda todo, tanto la semilla que sembraste como el fruto de la viña.

10»No ararás con buey y con asno juntamente.

11»No vestirás ropa hecha de lana y lino.*ᵇ*

12»Te harás flecos en las cuatro puntas del manto con que te cubras.*ᶜ*

Leyes sobre la conducta sexual

13»Cuando alguien tome mujer y la desprecie después de haberse llegado a ella, 14le atribuya faltas que den que hablar, y diga: "A esta mujer tomé y, al llegarme a ella, no la hallé virgen", 15entonces el padre y la madre de la joven tomarán las señales de su virginidad y las llevarán a los ancianos, a la puerta de la ciudad. 16El padre de la joven dirá a los ancianos: "Yo di mi hija a este hombre por mujer, y él la menosprecia; 17ahora le atribuye faltas que dan que hablar, diciendo: 'No he hallado virgen a tu hija'. Pero ved aquí las señales de la virginidad de mi hija". Y extenderán la vestidura delante de los ancianos de la ciudad. 18Entonces los ancianos de la ciudad tomarán al hombre y lo castigarán; 19multándolo con cien piezas de plata, las cuales darán al padre

de la joven, por cuanto esparció mala fama sobre una virgen de Israel. Ella seguirá siendo su mujer, y él no podrá despedirla en toda su vida.

20»Pero si resulta ser verdad que no se halló virginidad en la joven, 21entonces la sacarán a la puerta de la casa de su padre, y la apedrearán los hombres de su ciudad hasta que muera, por cuanto cometió una vileza en Israel al prostituirse en casa de su padre. Así extirparás el mal de en medio de ti.

22»Si alguien es sorprendido acostado con una mujer casada y con marido, ambos morirán, el hombre que se acostó con la mujer, y la mujer también. Así extirparás el mal de Israel.

23»Si hay una muchacha virgen comprometida con un hombre, y alguien la halla en la ciudad y se acuesta con ella, 24los sacaréis a ambos a la puerta de la ciudad y los apedrearéis hasta que mueran; la joven, porque no pidió socorro en la ciudad, y el hombre, porque humilló a la mujer de su prójimo. Así extirparás el mal de en medio de ti.*ᵈ*

25»Pero si un hombre halla en el campo a la joven desposada, y aquel hombre la fuerza, acostándose con ella, morirá solamente el hombre que se acostó con ella, 26pero a la joven no le harás nada; no hay en ella culpa digna de muerte. Este caso es como cuando alguien se levanta contra su prójimo y le quita la vida. 27Porque él la halló en el campo, y la joven desposada gritó sin que hubiera quien la librara.

28»Cuando algún hombre halle a una joven virgen que no ha sido desposada, la toma y se acuesta con ella, y son descubiertos, 29el hombre que se acostó con ella dará al padre de la joven cincuenta piezas de plata; ella será su mujer, por cuanto la humilló, y no la podrá despedir en toda su vida.*ᵉ*

30»Nadie tomará la mujer de su padre, ni profanará el lecho de su padre.*ᶠ*

Los excluidos de la congregación

23 1»No entrará en la congregación de Jehová el que tenga magullados los testículos o amputado su miembro viril.

---

*ª***22.1-4** Ex 23.4-5.   *ᵇ***22.9-11** Lv 19.19.   *ᶜ***22.12** Nm 15.37-41.   *ᵈ***22.20-24** Lv 20.10; Jn 8.5; cf. 1 Co 5.13.   *ᵉ***22.28-29** Ex 22.16-17.   *ᶠ***22.30** Lv 18.8; 20.11; Dt 27.20.

²»No entrará el bastardo en la congregación de Jehová; ni aun en la décima generación entrarán en la congregación de Jehová.

³»No entrará el amonita ni el moabita en la congregación de Jehová, ni siquiera en su décima generación; no entrarán nunca en la congregación de Jehová, ⁴por cuanto no se adelantaron a recibiros con pan y agua al camino cuando salisteis de Egipto, y porque alquilaron contra ti a Balaam hijo de Beor, de Petor, en Mesopotamia, para maldecirte.ᵃ ⁵Pero no quiso Jehová, tu Dios, oir a Balaam; y Jehová, tu Dios, cambió la maldición en bendición,ᵇ porque Jehová, tu Dios, te amaba.ᶜ ⁶No procurarás su paz ni su bien mientras vivas, y esto para siempre.

⁷»No aborrecerás al edomita, porque es tu hermano; no aborrecerás al egipcio, porque forastero fuiste en su tierra.ᵈ ⁸Los hijos que nazcan de ellos, en la tercera generación entrarán en la congregación de Jehová.

Leyes sanitarias

⁹»Cuando salgas a una campaña contra tus enemigos, te guardarás de toda cosa mala. ¹⁰Si hay en medio de ti alguien que no sea limpio, por razón de alguna impureza acontecida de noche, saldrá fuera del campamento y no entrará en él. ¹¹Pero al caer la noche se lavará con agua, y cuando se haya puesto el sol, podrá entrar en el campamento.

¹²»Tendrás un lugar fuera del campamento para hacer tus necesidades. ¹³Tendrás también, como parte de tu equipo, una estaca, y cuando estés allí fuera, cavarás con ella, y luego te volverás para cubrir tus excrementos. ¹⁴Porque Jehová, tu Dios, anda en medio de tu campamento, para librarte y para entregar a tus enemigos delante de ti; por tanto, tu campamento ha de ser santo, para que él no vea en ti ninguna cosa inmunda y se aparte de ti.

Leyes humanitarias

¹⁵»No entregarás a su señor el siervo que huye de él y acude a ti. ¹⁶Habitará contigo, en medio de ti, en el lugar que escoja en alguna de tus ciudades, donde tenga a bien; no lo oprimirás.

¹⁷»No haya ramera entre las hijas de Israel,ᵉ ni haya sodomita de entre los hijos de Israel. ¹⁸No traerás la paga de una ramera ni el precio de un perro a la casa de Jehová, tu Dios, por ningún voto, porque abominable es para Jehová, tu Dios, tanto lo uno como lo otro.

¹⁹»No exigirás de tu hermano interés por el dinero, ni por los comestibles, ni por cosa alguna de la que se suele exigir interés. ²⁰Del extraño podrás exigir interés, pero de tu hermano no lo exigirás,ᶠ para que te bendiga Jehová, tu Dios, en toda la obra de tus manos, en la tierra adonde vas a entrar para tomarla en posesión.

²¹»Cuando hagas voto a Jehová, tu Dios, no tardes en pagarlo,ᵍ porque ciertamente te lo demandará Jehová, tu Dios, y cargarías con un pecado. ²²Si te abstienes de prometer, no habrá en ti pecado. ²³Pero lo que haya salido de tus labios, lo guardarás y lo cumplirás, conforme lo prometiste a Jehová, tu Dios, pagando la ofrenda voluntaria que prometiste con tu boca.

²⁴»Cuando entres en la viña de tu prójimo, podrás comer uvas hasta saciarte, pero no pondrás ninguna en tu cesto. ²⁵Cuando entres en la mies de tu prójimo, podrás arrancar espigas con tu mano, pero no aplicarás la hoz a la mies de tu prójimo.

24 ¹»Cuando alguien toma una mujer y se casa con ella, si no le agrada por haber hallado en ella alguna cosa indecente, le escribirá carta de divorcio,ᵃ se la entregará en la mano y la despedirá de su casa. ²Una vez que esté fuera de su casa, podrá ir y casarse con otro hombre. ³Pero si este último la rechaza y le escribe una carta de divorcio, se la entrega en la mano y la despide de su casa, o si muere el último hombre que la tomó por mujer, ⁴no podrá su primer marido, que la despidió, volverla a tomar para que sea su mujer, después que fue envilecida, pues

---

ᵃ**23.4** Nm 22.1-6.   ᵇ**23.5** Nm 23.7—24.9.   ᶜ**23.3-5** Neh 13.1-2.   ᵈ**23.7** Dt 10.19; 15.15; 24.18,22; 26.5.   ᵉ**23.17** Lv 19.29; 1 R 14.24; 15.12; 22.46.   ᶠ**23.19-20** Ex 22.25; Lv 25.36-37; Dt 15.7-11.   ᵍ**23.21** Mt 5.33; cf. Nm 30.1-16.   ᵃ**24.1** Mt 5.31; 19.7; Mc 10.4.

sería algo abominable delante de Jehová, y tú no debes pervertir la tierra que Jehová, tu Dios, te da como heredad.

5 »Cuando alguien esté recién casado, no saldrá a la guerra, ni en ninguna cosa se le ocupará; libre quedará en su casa durante un año para alegrar a la mujer que tomó.[b]

6 »No tomarás en prenda la muela del molino, ni la de abajo ni la de arriba, pues sería tomar en prenda la vida del hombre.

7 »Cuando sea hallado alguien que haya secuestrado a uno de sus hermanos entre los hijos de Israel, para esclavizarlo o venderlo, ese ladrón morirá.[c] Así extirparás el mal de en medio de ti.

8 »En cuanto a la plaga de la lepra, ten cuidado de observar diligentemente y hacer todo según lo que os enseñen los sacerdotes levitas; según yo les he mandado, así cuidaréis de hacer.[d] 9 Acuérdate de lo que hizo Jehová, tu Dios, a María[e] en el camino, después que salisteis de Egipto.

10 »Cuando entregues a tu prójimo alguna cosa prestada, no entrarás en su casa para tomarle la prenda. 11 Te quedarás fuera, y el hombre a quien prestaste te sacará la prenda. 12 Y si el hombre es pobre, no te acostarás reteniendo aún su prenda. 13 Sin falta le devolverás la prenda cuando el sol se ponga, para que pueda dormir con su ropa y te bendiga; para ti será como una obra de justicia delante de Jehová, tu Dios.[f]

14 »No explotarás[g] al jornalero pobre y necesitado, ya sea de tus hermanos o de los extranjeros que habitan en tu tierra dentro de tus ciudades. 15 En su día le darás su jornal, y no se pondrá el sol sin dárselo; pues es pobre, y con él sustenta su vida. Así no clamará contra ti a Jehová, y no serás responsable de pecado.[h]

16 »Los padres no morirán por los hijos ni los hijos por los padres; cada uno morirá por su pecado.[i]

17 »No torcerás el derecho del extranjero ni del huérfano, ni tomarás en prenda la ropa de la viuda, 18 sino que te acordarás de que fuiste siervo en Egipto y que de allí te rescató Jehová, tu Dios. Por tanto, yo te mando que hagas esto.[j]

19 »Cuando siegues tu mies en tu campo y olvides alguna gavilla en el campo, no volverás para recogerla; será para el extranjero, el huérfano y la viuda, a fin de que te bendiga Jehová, tu Dios, en toda la obra de tus manos.

20 »Cuando sacudas tus olivos, no recorrerás las ramas que hayas dejado detrás de ti; serán para el extranjero, el huérfano y la viuda.

21 »Cuando vendimies tu viña, no rebuscarás tras de ti; será para el extranjero, el huérfano y la viuda.[k] 22 Acuérdate que fuiste siervo en tierra de Egipto. Por tanto, yo te mando que hagas esto.

25 1 »Cuando haya pleito entre algunos, y acudan al tribunal para que los jueces los juzguen, estos absolverán al justo y condenarán al culpable. 2 Si el delincuente merece ser azotado, entonces el juez lo hará echarse en tierra y lo hará azotar en su presencia; según su delito será el número de azotes. 3 Se le podrán dar cuarenta azotes, no más; no sea que, castigándolo con muchos más azotes que estos, se sienta tu hermano envilecido delante de tus ojos.

4 »No pondrás bozal al buey cuando trille.[a]

5 »Si dos hermanos habitan juntos y uno de ellos muere sin tener hijos, la mujer del muerto no se casará fuera de la familia, con un hombre extraño; su cuñado se llegará a ella, y estableciendo con ella el parentesco, la tomará como su mujer. 6 El primogénito que ella dé a luz llevará el nombre de su hermano muerto, para que el nombre de este no sea borrado de Israel.[b] 7 Pero si el hombre no quiere tomarla por mujer, irá entonces su cuñada a la puerta donde están los ancianos, y dirá: "Mi cuñado no quiere perpetuar el nombre de su hermano en Israel, no quiere emparentar conmigo". 8 Entonces los ancianos de aquella ciudad lo harán venir, y hablarán con él. Y si él se levanta y dice: "No quiero tomarla", 9 se acercará entonces

[b] 24.5 Dt 20.7.   [c] 24.7 Ex 21.16; 1 Co 5.13.   [d] 24.8 Lv 13.1—14.54.   [e] 24.9 Nm 12.10.
[f] 24.10-13. Ex 22.26-27.   [g] 24.14 Stg 5.4.   [h] 24.14-15 Lv 19.13.   [i] 24.16 2 R 14.6; 2 Cr 25.4;
Jer 31.29-30; Ez 18.1-20.   [j] 24.17-18 Ex 23.9; Lv 19.33-34; Dt 27.19.   [k] 24.19-21 Lv 19.9-10;
23.22.   [a] 25.4 1 Co 9.9; 1 Ti 5.18.   [b] 25.5-6 Mt 22.24; Mc 12.19; Lc 20.28.

su cuñada a él delante de los ancianos, le quitará el calzado del pie, le escupirá en el rostro y dirá estas palabras: "Así se hace con el hombre que no quiere edificar la casa de su hermano". [10] Y se le dará este nombre en Israel: "La casa del descalzado".[c]

[11] »Si dos hombres riñen uno con otro, y acercándose la mujer del uno para librar a su marido de manos del que lo hiere, extiende su mano y lo agarra por las partes genitales, [12] le cortarás entonces la mano; no la perdonarás.

[13] »No tendrás en tu bolsa una pesa grande y otra pesa chica, [14] ni tendrás en tu casa un efa grande y otro efa pequeño. [15] Una pesa exacta y justa tendrás; un efa cabal y justo tendrás, para que tus días sean prolongados sobre la tierra que Jehová, tu Dios, te da. [16] Porque abominable es para Jehová, tu Dios, cualquiera que hace esto, y cualquiera que hace injusticia.[d]

Orden de exterminar a Amalec

[17] »Acuérdate de lo que hizo Amalec contigo en el camino, cuando salías de Egipto; [18] de cómo te salió al encuentro en el camino y, sin ningún temor de Dios, te desbarató la retaguardia de todos los débiles que iban detrás de ti, cuando tú estabas cansado y sin fuerzas. [19] Por tanto, cuando Jehová, tu Dios, te dé descanso de todos los enemigos que te rodean, en la tierra que Jehová, tu Dios, te da como heredad para que la poseas, borrarás la memoria de Amalec de debajo del cielo; no lo olvides.[e]

Primicias y diezmos

26 [1] »Cuando hayas entrado en la tierra que Jehová, tu Dios, te da por heredad, y tomes posesión de ella y la habites, [2] entonces tomarás las primicias de todos los frutos que saques de la tierra que Jehová, tu Dios, te da, las pondrás en una canasta e irás al lugar que Jehová, tu Dios, escoja para hacer habitar allí su nombre.[a] [3] Te presentarás al sacerdote que haya en aquellos días, y le dirás: "Declaro hoy ante Jehová, tu Dios, que he entrado en la tierra que juró Jehová a nuestros padres que nos daría". [4] El sacerdote tomará la canasta de tu mano y la pondrá delante del altar de Jehová, tu Dios. [5] Entonces dirás estas palabras delante de Jehová, tu Dios:

»"Un arameo a punto de perecer fue mi padre, el cual descendió a Egipto y habitó allí con pocos hombres. Allí creció y llegó a ser una nación grande, fuerte y numerosa. [6] Los egipcios nos maltrataron, nos afligieron y nos impusieron una dura servidumbre. [7] Entonces clamamos a Jehová, el Dios de nuestros padres, y Jehová oyó nuestra voz y vio nuestra aflicción, nuestro trabajo y nuestra opresión. [8] Jehová nos sacó de Egipto con mano fuerte, con brazo extendido, con grande espanto, con señales y milagros; [9] nos trajo a este lugar y nos dio esta tierra, tierra que fluye leche y miel. [10] Y ahora, Jehová, he traído las primicias del fruto de la tierra que me diste".

»Tú dejarás las primicias delante de Jehová, tu Dios, y adorarás delante de Jehová, tu Dios. [11] Luego te alegrarás de todo el bien que Jehová, tu Dios, te haya dado a ti y a tu casa, tanto tú como el levita y el extranjero que está en medio de ti.

[12] »El tercer año, el año del diezmo, cuando acabes de separar todo el diezmo de tus frutos, darás también al levita, al extranjero, al huérfano y a la viuda, para que coman en tus aldeas hasta saciarse.[b] [13] Y dirás delante de Jehová, tu Dios:

»"He sacado lo consagrado de mi casa, y también lo he dado al levita, al extranjero, al huérfano y a la viuda, conforme a todo lo que me has mandado; no he transgredido tus mandamientos ni me he olvidado de ellos. [14] No he comido de ello en mi luto, ni he gastado de ello estando yo impuro, ni de ello he ofrecido a los muertos. He obedecido a la voz de Jehová, mi Dios, y he hecho conforme a todo lo que me has mandado. [15] Mira desde tu morada santa, desde el cielo, y bendice a tu pueblo Israel, y a la tierra que nos has dado, como juraste a nuestros padres, tierra que fluye leche y miel".

[16] »Jehová, tu Dios, te manda hoy que

---

[c] **25.7-10** Rt 4.7-8.   [d] **25.13-16** Lv 19.35-36; Am 8.5; Miq 6.10-11; Pr 11.1; 20.10.
[e] **25.17-19** Ex 17.8-14; Nm 24.20; 1 S 15.2-9.   [a] **26.2** Ex 23.19.   [b] **26.12** Dt 14.28-29.

cumplas estos estatutos y decretos; cuida, pues, de ponerlos por obra con todo tu corazón y con toda tu alma.

[17]»Has declarado solemnemente hoy que Jehová es tu Dios, que andarás en sus caminos, que guardarás sus estatutos, sus mandamientos y sus decretos, y que escucharás su voz. [18] Y Jehová ha declarado hoy que tú eres pueblo suyo, de su exclusiva posesión,[c] como te lo ha prometido, para que guardes todos sus mandamientos; [19] a fin de exaltarte sobre todas las naciones que hizo, para loor, fama y gloria, y para que seas un pueblo consagrado a Jehová, tu Dios, como él ha dicho».

La Ley, escrita en piedra

27 [1] Moisés y los ancianos de Israel dijeron al pueblo:

«Guardaréis todos los mandamientos que yo os prescribo hoy. [2] El día que pases el Jordán para entrar a la tierra que Jehová, tu Dios, te da, levantarás piedras grandes, las revocarás con cal [3] y escribirás en ellas todas las palabras de esta Ley, en cuanto hayas pasado para entrar en la tierra que Jehová, tu Dios, te da, tierra que fluye leche y miel, como Jehová, el Dios de tus padres, te ha dicho. [4] Cuando, pues, hayas pasado el Jordán, levantarás estas piedras que yo os mando hoy, en el monte Ebal, las revocarás con cal [5] y edificarás allí un altar a Jehová, tu Dios, un altar de piedras; no las labrarás con instrumentos de hierro. [6] De piedras enteras edificarás el altar de Jehová, tu Dios,[a] y ofrecerás sobre él un holocausto a Jehová, tu Dios. [7] Sacrificarás ofrendas de paz, comerás allí y te alegrarás delante de Jehová, tu Dios. [8] Y escribirás muy claramente en las piedras todas las palabras de esta Ley».[b]

[9] Después Moisés, junto con los sacerdotes levitas, habló a todo Israel y dijo: «Guarda silencio y escucha, Israel. Hoy has pasado a ser el pueblo de Jehová, tu Dios. [10] Oirás, pues, la voz de Jehová, tu Dios, y cumplirás sus mandamientos y sus estatutos que yo te ordeno hoy».

Las maldiciones en el monte Ebal

[11] Aquel día Moisés ordenó al pueblo:

[12] «Cuando hayas pasado el Jordán, estos estarán sobre el monte Gerizim[c] para bendecir al pueblo: Simeón, Leví, Judá, Isacar, José y Benjamín. [13] Y estos estarán sobre el monte Ebal para pronunciar la maldición: Rubén, Gad, Aser, Zabulón, Dan y Neftalí. [14] Hablarán los levitas y dirán a todo hombre de Israel en alta voz:

[15] »"Maldito el hombre que haga una escultura o una imagen de fundición,[d] cosa abominable para Jehová, obra de manos de artífice, y la ponga en lugar oculto". Y todo el pueblo responderá: "Amén".

[16] »"Maldito el que deshonre a su padre o a su madre".[e] Y dirá todo el pueblo: "Amén".

[17] »"Maldito el que desplace el límite de su prójimo"[f] Y dirá todo el pueblo: "Amén".

[18] »"Maldito el que haga errar al ciego en el camino".[g] Y dirá todo el pueblo: "Amén".

[19] »"Maldito el que pervierta el derecho del extranjero, del huérfano y de la viuda".[h] Y dirá todo el pueblo: "Amén".

[20] »"Maldito el que se acueste con la mujer de su padre,[i] por cuanto descubrió el regazo de su padre". Y dirá todo el pueblo: "Amén".

[21] »"Maldito el que se ayunte con cualquier bestia"[j] Y dirá todo el pueblo: "Amén".

[22] »"Maldito el que se acueste con su hermana,[k] la hija de su padre o de su madre". Y dirá todo el pueblo: "Amén".

[23] »"Maldito el que se acueste con su suegra".[l] Y dirá todo el pueblo: "Amén".

[24] »"Maldito el que mate a su prójimo ocultamente". Y dirá todo el pueblo: "Amén".

[c] **26.18** Ex 19.5; Dt 4.20; 7.6; 14.2; Tit 2.14; 1 P 2.9.   [a] **27.5-6** Ex 20.25.   [b] **27.2-8** Jos 8.30-32.
[c] **27.12** Dt 11.29; Jos 8.33-35.   [d] **27.15** Ex 20.4; 34.17; Lv 19.4; 26.1; Dt 4.15-18; 5.8. 5.8.
[e] **27.16** Ex 20.12; Dt 5.16.   [f] **27.17** Dt 19.14; Job 24.2; Pr 22.28; Os 5.10.   [g] **27.18** Lv 19.14.
[h] **27.19** Ex 22.21; 23.9; Lv 19.33-34; Dt 24.17-18.   [i] **27.20** Lv 18.8; 20.11; Dt 22.30.
[j] **27.21** Ex 22.19; Lv 18.23; 20.15.   [k] **27.22** Lv 18.9; 20.17.   [l] **27.23** Lv 18.17; 20.14.

²⁵»"Maldito el que reciba soborno para quitar la vida a un inocente". Y dirá todo el pueblo: "Amén".

²⁶»"Maldito el que no confirme las palabras de esta Ley para cumplirlas".ᵐ Y dirá todo el pueblo: "Amén".

Bendiciones de la obediencia
(Lv 26.3-13; Dt 7.12-24)

28 ¹»Acontecerá que si oyes atentamente la voz de Jehová, tu Dios, para guardar y poner por obra todos sus mandamientos que yo te prescribo hoy, también Jehová, tu Dios, te exaltará sobre todas las naciones de la tierra. ²Y vendrán sobre ti y te alcanzarán todas estas bendiciones, si escuchas la voz de Jehová, tu Dios.

³»Bendito serás tú en la ciudad y bendito en el campo.

⁴»Bendito el fruto de tu vientre, el fruto de tu tierra, el fruto de tus bestias, la cría de tus vacas y los rebaños de tus ovejas.

⁵»Benditas serán tu canasta y tu artesa de amasar.

⁶»Bendito serás en tu entrar y bendito en tu salir.

⁷»Jehová derrotará a los enemigos que se levanten contra ti; por un camino saldrán contra ti y por siete caminos huirán de ti.

⁸»Jehová enviará su bendición sobre tus graneros y sobre todo aquello en que pongas tu mano, y te bendecirá en la tierra que Jehová, tu Dios, te da.

⁹»Te confirmará Jehová como su pueblo santo, como te lo ha jurado, si guardas los mandamientos de Jehová, tu Dios, y sigues sus caminos. ¹⁰Entonces verán todos los pueblos de la tierra que el nombre de Jehová es invocado sobre ti, y te temerán. ¹¹Jehová te hará sobreabundar en bienes, en el fruto de tu vientre, en el fruto de tu bestia y en el fruto de tu tierra, en el país que Jehová juró a tus padres que te había de dar. ¹²Te abrirá Jehová su buen tesoro, el cielo, para enviar la lluvia a tu tierra en su tiempo y para bendecir toda la obra de tus manos. Prestarás a muchas naciones, y tú no pedirás prestado. ¹³Te pondrá Jehová por cabeza y no por cola;

estarás encima solamente, nunca debajo, si obedeces los mandamientos de Jehová, tu Dios, que yo te ordeno hoy; si los guardas y cumples, ¹⁴y no te apartas de todas las palabras que yo te mando hoy, ni a la derecha ni a la izquierda, para ir tras dioses ajenos y servirlos.ᵃ

Consecuencias de la desobediencia
(Lv 26.14-46)

¹⁵»Pero acontecerá, si no oyes la voz de Jehová, tu Dios, y no procuras cumplir todos sus mandamientos y sus estatutos que yo te ordeno hoy, vendrán sobre ti y te alcanzarán todas estas maldiciones.

¹⁶»Maldito serás tú en la ciudad y maldito en el campo.

¹⁷»Maldita serán tu canasta y tu artesa de amasar.

¹⁸»Maldito el fruto de tu vientre, el fruto de tu tierra, la cría de tus vacas y los rebaños de tus ovejas.

¹⁹»Maldito serás en tu entrar y maldito en tu salir.

²⁰»Jehová enviará contra ti la maldición, el quebranto y el asombro en todo cuanto pongas tu mano y hagas, hasta que seas destruido y perezcas muy pronto a causa de la maldad de las obras por las cuales me habrás dejado. ²¹Jehová traerá sobre ti mortandad, hasta que te haga desaparecer de la tierra a la cual vas a entrar para tomarla en posesión. ²²Jehová te herirá de tisis, de fiebre, de inflamación y de ardor, con sequía, con calamidad repentina y con añublo, que te perseguirán hasta que perezcas.

²³»Los cielos que están sobre tu cabeza serán de bronce, y de hierro la tierra que está debajo de ti. ²⁴Dará Jehová como lluvia a tu tierra polvo y ceniza; de los cielos descenderán sobre ti hasta que perezcas. ²⁵Jehová te entregará derrotado delante de tus enemigos; por un camino saldrás contra ellos y por siete caminos huirás de ellos. Serás el espanto de todos los reinos de la tierra. ²⁶Tus cadáveres servirán de comida a todas las aves del cielo y a las fieras de la tierra, y no habrá quien las espante.

²⁷»Jehová te herirá con la úlcera de Egipto, con tumores, con sarna y con

---

ᵐ 27.26 Jer 11.3; Gl 3.10.   ᵃ 28.1-14 Dt 11.13-17.

comezón de que no puedas ser curado. ²⁸Jehová te herirá con locura, ceguera y turbación de espíritu, ²⁹y palparás al mediodía como palpa el ciego en la oscuridad. No serás prosperado en tus caminos; no serás sino oprimido y robado todos los días, y no habrá quien te salve.

³⁰»Te desposarás con una mujer y otro hombre dormirá con ella; edificarás una casa y no habitarás en ella; plantarás una viña y no la disfrutarás. ³¹Tu buey será matado ante tus propios ojos, y no comerás de él; tu asno será arrebatado en tu presencia, y no te será devuelto; tus ovejas serán entregadas a tus enemigos, y no tendrás quien te las rescate. ³²Tus hijos y tus hijas serán entregados a otro pueblo; tus ojos lo verán, y desfallecerán tras ellos todo el día, pero nada podrás hacer. ³³El fruto de tu tierra y de todo tu trabajo lo comerá un pueblo que no conociste, y no serás sino oprimido y quebrantado todos los días. ³⁴Y enloquecerás a causa de lo que verás con tus ojos. ³⁵Te herirá Jehová con maligna pústula en las rodillas y en las piernas, desde la planta de tu pie hasta tu coronilla, sin que puedas ser curado.

³⁶»Jehová os llevará, a ti y al rey que hayas puesto sobre ti, a una nación que ni tú ni tus padres conocíais, y allá servirás a dioses ajenos, al palo y a la piedra.^b ³⁷Serás motivo de horror, y servirás de refrán y de burla en todos los pueblos a los cuales te llevará Jehová. ³⁸Sacarás mucha semilla al campo y recogerás poco, porque la langosta lo consumirá. ³⁹Plantarás viñas y labrarás, pero no beberás vino ni recogerás uvas, porque el gusano se las comerá. ⁴⁰Tendrás olivos en todo tu territorio, pero no te ungirás con el aceite, porque tu aceituna se caerá. ⁴¹Hijos e hijas engendrarás, y no serán para ti, porque irán en cautiverio. ⁴²Toda tu arboleda y el fruto de tu tierra serán consumidos por la langosta. ⁴³El extranjero que estará en medio de ti se elevará sobre ti muy alto, y tú descenderás muy abajo. ⁴⁴Él te prestará a ti y tú no le prestarás a él; él estará a la cabeza y tú a la zaga.

⁴⁵»Vendrán sobre ti todas estas maldiciones, te perseguirán y te alcanzarán hasta que perezcas; por cuanto no habrás atendido a la voz de Jehová, tu Dios, para guardar los mandamientos y los estatutos que él te mandó. ⁴⁶Y serán sobre ti y tu descendencia como una señal y un prodigio para siempre.

⁴⁷»Por cuanto no serviste a Jehová, tu Dios, con alegría y con gozo de corazón, cuando tenías abundancia de todas las cosas, ⁴⁸servirás, por tanto, a tus enemigos que enviará Jehová contra ti, con hambre, con sed y con desnudez, y con falta de todas las cosas. Él pondrá un yugo de hierro sobre tu cuello, hasta destruirte. ⁴⁹Jehová traerá contra ti una nación venida de lejos, de los confines de la tierra, que volará como águila, una nación cuya lengua no entiendas; ⁵⁰gente fiera de rostro, que no tendrá respeto del anciano ni perdonará al niño. ⁵¹Ella se comerá el fruto de tu bestia y el fruto de tu tierra, hasta que perezcas; no te dejará grano, ni mosto, ni aceite, ni la cría de tus vacas, ni los rebaños de tus ovejas, hasta destruirte.

⁵²»Pondrá sitio a todas tus ciudades, hasta que caigan en toda tu tierra los muros altos y fortificados en que tú confías. Sitiará, pues, todas tus ciudades y toda la tierra que Jehová, tu Dios, te haya dado. ⁵³Comerás el fruto de tu vientre, la carne de tus hijos y de tus hijas que Jehová, tu Dios, te dio, en medio del sitio y el apuro con que te angustiará tu enemigo. ⁵⁴El hombre más amable y delicado entre los tuyos mirará con malos ojos a su hermano, a la mujer de su corazón y al resto de los hijos que le queden, ⁵⁵para no compartir con ellos la carne de sus hijos, que él se comerá, por no haberle quedado nada en medio del asedio y la angustia a que te reducirá tu enemigo en todas tus ciudades. ⁵⁶La más amable y delicada entre vosotros, de tan pura delicadeza y ternura que nunca intentaría sentar sobre la tierra la planta de su pie, mirará con malos ojos al marido de su corazón, a su hijo, a su hija, ⁵⁷y por carecer de todo, se ocultará para comer^c la placenta que sale de entre sus pies y a los hijos que dé a luz, en medio del asedio y la angustia a que te reducirá tu enemigo en tus ciudades.

<hr>

^b **28.36** Dt 4.27-28; 2 R 17.4-6; 25.8-12.   ^c **28.57** 2 R 6.28-29; Lm 4.10.

⁵⁸ »Si no cuidas de poner por obra todas las palabras de esta Ley que están escritas en este libro, temiendo a ese nombre glorioso y temible de Jehová, tu Dios, ⁵⁹ entonces Jehová aumentará terriblemente tus plagas y las plagas de tu descendencia, plagas grandes y permanentes, enfermedades malignas y duraderas, ⁶⁰ y traerá sobre ti todos los males de Egipto, delante de los cuales temiste, y no te dejarán. ⁶¹ Asimismo toda enfermedad y toda plaga que no está escrita en el libro de esta Ley, Jehová la enviará sobre ti, hasta que seas destruido. ⁶² Y quedaréis sólo unos pocos, en lugar de haber sido tan numerosos como las estrellas del cielo, por cuanto no obedecisteis a la voz de Jehová, tu Dios. ⁶³ Así como Jehová se gozaba en haceros bien y en multiplicaros, así se gozará Jehová en arruinaros y en destruiros. Seréis arrancados de sobre la tierra a la que vais a entrar para tomarla en posesión. ⁶⁴ Jehová te esparcirá por todos los pueblos, desde un extremo de la tierra hasta el otro extremo, y allí servirás a dioses ajenos que no conociste tú ni tus padres, al leño y a la piedra. ⁶⁵ Y ni aun entre estas naciones descansarás, ni la planta de tu pie tendrá reposo, pues allí te dará Jehová un corazón temeroso, languidez de ojos y tristeza de alma. ⁶⁶ Tendrás la vida como algo que pende delante de ti, estarás temeroso de noche y de día y no tendrás seguridad de tu vida. ⁶⁷ Por la mañana dirás: "¡Quién diera que fuera la tarde!", y a la tarde dirás: "¡Quién diera que fuera la mañana!", por el miedo que amedrentará tu corazón y por lo que verán tus ojos. ⁶⁸ Y Jehová te hará volver a Egipto en naves, por el camino del cual te ha dicho: "Nunca más volverás", y allí seréis vendidos a vuestros enemigos como esclavos y esclavas, y no habrá quien os compre».

Pacto de Jehová con Israel en Moab

29 ¹ Estas son las palabras del pacto que Jehová mandó a Moisés que celebrara con los hijos de Israel en la tierra de Moab, además del pacto que concertó con ellos en Horeb. ² Moisés, pues, llamó a todo Israel y les dijo:

«Vosotros habéis visto todo lo que Jehová ha hecho ante vuestros ojos en la tierra de Egipto al faraón, a todos sus siervos y a toda su tierra, ³ las grandes pruebas que vieron vuestros ojos, las señales y las grandes maravillas. ⁴ Pero hasta hoy Jehová no os ha dado corazón para entender, ni ojos para ver, ni oídos para oír.ᵃ ⁵ Yo os he conducido durante cuarenta años en el desierto, sin que vuestros vestidos hayan envejecido sobre vosotros ni vuestro calzado haya envejecido sobre vuestro pie. ⁶ No habéis comido pan, ni bebisteis vino ni sidra, para que supierais que yo soy Jehová, vuestro Dios.

⁷ »Cuando llegasteis a este lugar, salieron Sehón, rey de Hesbón, y Og, rey de Basán,ᵇ delante de nosotros para pelear; pero los derrotamos, ⁸ conquistamos su tierra y se la dimos como heredad a Rubén, a Gad y a la media tribu de Manasés.ᶜ ⁹ Guardaréis, pues, las palabras de este pacto y las pondréis por obra, para que prosperéis en todo lo que hagáis.

¹⁰ »Vosotros todos estáis hoy en presencia de Jehová, vuestro Dios: los cabezas de vuestras tribus, vuestros ancianos y vuestros oficiales, todos los hombres de Israel; ¹¹ vuestros niños, vuestras mujeres y los extranjeros que habitan en medio de tu campamento, desde el que corta tu leña hasta el que saca tu agua; ¹² para entrar en el pacto de Jehová, tu Dios, que bajo juramento Jehová, tu Dios, concierta hoy contigo, ¹³ para confirmarte hoy como su pueblo y para que él sea tu Dios, de la manera que te ha dicho y como lo juró a tus padres Abraham, Isaac y Jacob. ¹⁴ Y no solamente con vosotros hago yo este pacto y este juramento, ¹⁵ sino con los que están aquí presentes hoy con nosotros delante de Jehová, nuestro Dios, y con los que no están aquí hoy con nosotros. ¹⁶ Porque vosotros sabéis cómo habitamos en la tierra de Egipto, y cómo hemos pasado en medio de las naciones por las cuales habéis pasado. ¹⁷ Habéis visto sus abominaciones y los ídolos de madera y piedra, de plata y oro, que tienen consigo. ¹⁸ No sea que haya entre vosotros hombre o mujer, familia o tribu, cuyo corazón se aparte hoy de Jehová, nuestro Dios, para ir a

ᵃ 29.4 Ro 11.8.   ᵇ 29.7 Sobre la derrota de estos dos reyes, cf. Nm 21.21-35.   ᶜ 29.8 Nm 32.33.

servir a los dioses de esas naciones; no sea que haya en medio de vosotros raíz que produzca hiel y ajenjo,^d ¹⁹ y después de oir las palabras de esta maldición, él se congratule en su corazón, diciendo: "Tendré paz, aunque ande en la dureza de mi corazón, puesto que con la embriaguez se aplaca la sed". ²⁰ No querrá Jehová perdonarlo, sino que entonces humeará la ira de Jehová y su celo sobre ese hombre, se asentará sobre él toda maldición escrita en este libro y Jehová borrará su nombre de debajo del cielo. ²¹ Jehová lo apartará de todas las tribus de Israel para mal, conforme a todas las maldiciones del pacto escrito en este libro de la Ley.

²² »Y las generaciones venideras, vuestros hijos que se levanten después de vosotros, y el extranjero que vendrá de lejanas tierras, cuando vean las plagas de aquella tierra y las enfermedades de que Jehová la habrá hecho enfermar, dirán: ²³ "Azufre y sal, abrasada está toda su tierra; no será sembrada ni producirá, ni crecerá en ella hierba alguna, como sucedió en la destrucción de Sodoma y de Gomorra,^e de Adma y de Zeboim, las cuales Jehová destruyó en su furor y en su ira". ²⁴ Más aún, todas las naciones preguntarán: "¿Por qué hizo esto Jehová a esta tierra? ¿Qué significa el ardor de esta gran ira?". ²⁵ Entonces responderán: "Por cuanto dejaron el pacto de Jehová, el Dios de sus padres, que él concertó con ellos cuando los sacó de la tierra de Egipto; ²⁶ fueron a servir a dioses ajenos, y se inclinaron ante dioses que no conocían y que ninguna cosa les habían dado. ²⁷ Por tanto, se encendió la ira de Jehová contra esta tierra, para traer sobre ella todas las maldiciones escritas en este libro. ²⁸ Jehová los desarraigó de su tierra con ira, con furor y con gran indignación, y los arrojó a otra tierra, como hoy se ve".

²⁹ »Las cosas secretas pertenecen a Jehová, nuestro Dios, pero las reveladas son para nosotros y para nuestros hijos para siempre, a fin de que cumplamos todas las palabras de esta Ley.

Condiciones para la restauración y la bendición

30 ¹ »Sucederá que cuando hayan venido sobre ti todas estas cosas, la bendición y la maldición que he puesto delante de ti, te arrepientas en medio de todas las naciones adonde te haya arrojado Jehová, tu Dios, ² te conviertas a Jehová, tu Dios, y obedezcas a su voz conforme a todo lo que yo te mando hoy, tú y tus hijos, con todo tu corazón y con toda tu alma, ³ entonces Jehová hará volver a tus cautivos, tendrá misericordia de ti y volverá a recogerte de entre todos los pueblos adonde te haya esparcido Jehová, tu Dios. ⁴ Aunque tus desterrados estén en las partes más lejanas que hay debajo del cielo, de allí te recogerá Jehová, tu Dios, y de allá te tomará. ⁵ Jehová, tu Dios, te hará volver a la tierra que heredaron tus padres, y será tuya; te hará bien y te multiplicará más que a tus padres. ⁶ Y circuncidará Jehová, tu Dios, tu corazón, y el corazón de tu descendencia, para que ames a Jehová, tu Dios, con todo tu corazón y con toda tu alma, a fin de que vivas. ⁷ Pondrá Jehová, tu Dios, todas estas maldiciones sobre tus enemigos y sobre los que te persiguieron con odio. ⁸ Tú te convertirás, escucharás la voz de Jehová y pondrás por obra todos sus mandamientos que yo te ordeno hoy. ⁹ Entonces Jehová, tu Dios, te hará prosperar en toda la obra de tus manos, en el fruto de tu vientre, en el fruto de tu bestia y en el fruto de tu tierra, para bien; porque Jehová volverá a gozarse sobre ti para bien, de la manera que se gozó sobre tus padres, ¹⁰ cuando obedezcas a la voz de Jehová, tu Dios, y guardes sus mandamientos y sus estatutos escritos en este libro de la Ley; cuando te conviertas a Jehová, tu Dios, con todo tu corazón y con toda tu alma.

¹¹ »Porque este mandamiento que yo te ordeno hoy no es demasiado difícil para ti, ni está lejos de ti. ¹² No está en el cielo, para que digas: "¿Quién subirá por nosotros al cielo y nos lo traerá y nos lo hará oir para que lo cumplamos?". ¹³ Ni está al otro lado del mar, para que digas: "¿Quién pasará por nosotros el mar, para

^d **29.18** Heb 12.15. ^e **29.23** Gn 19.24-25.

que nos lo traiga y nos lo haga oir, a fin de que lo cumplamos?" [14] Pues muy cerca de ti está la palabra, en tu boca y en tu corazón, para que la cumplas.[a]

[15] »Mira, yo he puesto delante de ti hoy la vida y el bien, la muerte y el mal, [16] porque yo te mando hoy que ames a Jehová, tu Dios, que andes en sus caminos y guardes sus mandamientos, sus estatutos y sus decretos, para que vivas y seas multiplicado, y Jehová, tu Dios, te bendiga en la tierra a la cual vas a entrar para tomarla en posesión. [17] Pero si tu corazón se aparta y no obedeces, te dejas extraviar, te inclinas a dioses ajenos y los sirves, [18] yo os declaro hoy que de cierto pereceréis, no prolongaréis vuestros días sobre la tierra adonde vais a entrar para tomarla en posesión tras pasar el Jordán. [19] A los cielos y a la tierra llamo por testigos hoy contra vosotros, de que os he puesto delante la vida y la muerte, la bendición y la maldición; escoge, pues, la vida, para que vivas tú y tu descendencia, [20] amando a Jehová, tu Dios, atendiendo a su voz y siguiéndolo a él, pues él es tu vida, así como la prolongación de tus días, a fin de que habites sobre la tierra que juró Jehová a tus padres, Abraham, Isaac y Jacob,[b] que les había de dar».

Josué es instalado como sucesor de Moisés

31 [1] Fue Moisés y le dirigió estas palabras a todo Israel. [2] Les dijo:

«Ya tengo ciento veinte años de edad y no puedo salir ni entrar. Además de esto, Jehová me ha dicho: "No pasarás este Jordán".[a] [3] Jehová, tu Dios, él pasa delante de ti; él destruirá a estas naciones delante de ti, y las heredarás. Josué será el que pasará delante de ti, como Jehová ha dicho. [4] Jehová hará con ellos como hizo con Sehón y con Og, reyes de los amorreos, y con su tierra, a quienes destruyó.[b] [5] Los entregará Jehová delante de vosotros, y haréis con ellos conforme a todo lo que os he mandado. [6] ¡Esforzaos y cobrad ánimo! No temáis ni tengáis miedo de ellos, porque Jehová, tu Dios, es el que va contigo; no te dejará, ni te desamparará».

[7] Después llamó Moisés a Josué y le dijo en presencia de todo Israel:

«¡Esfuérzate y anímate!, porque tú entrarás con este pueblo a la tierra que juró Jehová a sus padres que les daría, y tú se la harás heredar. [8] Jehová va delante de ti; él estará contigo, no te dejará ni te desamparará.[c] No temas ni te intimides».

[9] Escribió Moisés esta Ley y se la dio a los sacerdotes, hijos de Leví, que llevaban el Arca del pacto de Jehová, y a todos los ancianos de Israel. [10] Y Moisés les dio esta orden:

«Cada siete años,[d] al llegar el año de la remisión, en la fiesta de los Tabernáculos,[e] [11] cuando vaya todo Israel a presentarse delante de Jehová, tu Dios, en el lugar que él escoja, leerás esta Ley ante todo Israel, a oídos de todos ellos. [12] Harás congregar al pueblo, hombres, mujeres y niños, y los extranjeros que estén en tus ciudades, para que oigan y aprendan a temer a Jehová, vuestro Dios, y cuiden de cumplir todas las palabras de esta Ley. [13] También los hijos de ellos, que no la conocen, podrán oírla y aprenderán a temer a Jehová, vuestro Dios, todos los días que viváis sobre la tierra que vais a poseer tras pasar el Jordán».[f]

[14] Luego Jehová dijo a Moisés:

«Mira, se ha acercado el día de tu muerte. Llama a Josué y esperad en el Tabernáculo de reunión para que yo le dé mis órdenes».

Fueron, pues, Moisés y Josué, y esperaron en el Tabernáculo de reunión, [15] y se apareció Jehová en el Tabernáculo, en la columna de nube, la cual se puso sobre la puerta del Tabernáculo. [16] Entonces Jehová dijo a Moisés:

«He aquí que vas a dormir con tus padres, y este pueblo se levantará para prostituirse tras los dioses ajenos de la tierra adonde va para vivir en medio de ella. Me dejará e invalidará el pacto que he concertado con él. [17] Pero aquel día se encenderá mi furor contra él, los abandonaré y

---

[a] **30.12-14** Ro 10.6-8.   [b] **30.20** *Abraham, Isaac y Jacob*: Gn 12.7; 26.3; 28.13.   [a] **31.2** Nm 20.12.
[b] **31.4** Nm 21.21-35.   [c] **31.8** Jos 1.5; Heb 13.5.   [d] **31.10** Dt 15.1-11.   [e] **31.10** Dt 16.13-15.
[f] **31.11-13** 2 R 23.2; Neh 8.1-8.

esconderé de ellos mi rostro; serán consumidos y vendrán sobre ellos muchos males y angustias. Dirán en aquel día: "¿No me han venido estos males porque no está mi Dios en medio de mí?" [18] Pero ciertamente yo esconderé mi rostro en aquel día, por todo el mal que ellos habrán hecho, por haberse vuelto a dioses ajenos.

[19] »Ahora pues, escribe este cántico y enséñalo a los hijos de Israel; ponlo en su boca, para que este cántico me sirva de testigo contra los hijos de Israel. [20] Porque cuando yo los introduzca en la tierra que juré a sus padres, la cual fluye leche y miel, comerán hasta saciarse, y engordarán, se volverán a dioses ajenos y los servirán, me enojarán e invalidarán mi pacto. [21] Y cuando les vengan muchos males y angustias, entonces este cántico servirá de testigo contra él, pues será recordado por boca de sus descendientes; porque yo conozco lo que se proponen de antemano, antes que los introduzca en la tierra que juré darles».

[22] Moisés escribió este cántico[g] aquel día, y lo enseñó a los hijos de Israel.

[23] Luego dio esta orden a Josué[h] hijo de Nun:

«¡Esfuérzate y anímate!,[i] pues tú introducirás a los hijos de Israel en la tierra que les juré, y yo estaré contigo».

Orden de guardar la Ley junto al Arca

[24] Cuando acabó Moisés de escribir las palabras de esta Ley en un libro hasta concluirlo, [25] Moisés dio estas órdenes a los levitas que llevaban el Arca del pacto de Jehová:

[26] «Tomad este libro de la Ley y ponedlo al lado del Arca del pacto de Jehová, vuestro Dios; que esté allí como testigo contra ti. [27] Porque yo conozco tu rebelión y tu dura cerviz. Si aun viviendo yo con vosotros hoy, sois rebeldes a Jehová; ¿cuánto más después que yo haya muerto? [28] Congregad junto a mí a todos los ancianos de vuestras tribus y a vuestros oficiales; yo hablaré en sus oídos estas palabras, y llamaré como testigos contra ellos a los cielos y a la tierra. [29] Porque yo sé que, después de mi muerte, ciertamente os corromperéis y os apartaréis del camino

que os he mandado, y que la desgracia vendrá sobre vosotros en los días venideros, por haber hecho lo malo ante los ojos de Jehová, enojándolo con la obra de vuestras manos».

Cántico de Moisés

[30] Entonces pronunció Moisés a oídos de toda la congregación de Israel, de principio a fin, las palabras de este cántico:

32 [1] «Escuchad, cielos, y hablaré;
oiga la tierra los dichos de mi
boca.
[2] Goteará como la lluvia mi
enseñanza;
destilará como el rocío mi
razonamiento,
como la llovizna sobre la grama,
como las gotas sobre la hierba.

[3] »Proclamaré el nombre de Jehová:
¡engrandeced a nuestro Dios!
[4] Él es la Roca, cuya obra es perfecta,
porque todos sus caminos son
rectos.
Es un Dios de verdad y no hay
maldad en él;
es justo y recto.

[5] »La corrupción no es suya;
de sus hijos es la mancha,
generación torcida y perversa.
[6] ¿Así pagáis a Jehová,
pueblo loco e ignorante?
¿No es él tu padre, que te creó?
Él te hizo y te estableció.

[7] »Acuérdate de los tiempos
antiguos,
considera los años de muchas
generaciones;
pregunta a tu padre, y él te lo
contará;
a tus ancianos, y ellos te lo dirán.
[8] Cuando el Altísimo hizo heredar a
las naciones,
cuando hizo dividir a los hijos de
los hombres,
estableció los límites de los
pueblos[a]
según el número de los hijos de
Israel.

---

[g] **31.22** Dt 32.1-43.   [h] **31.23** Nm 27.23.   [i] **31.23** Jos 1.6.   [a] **32.8** Hch 17.26.

⁹ Porque la porción de Jehová es su
　pueblo;
Jacob, la heredad que le tocó.
¹⁰ Lo halló en tierra de desierto,
en yermo de horrible soledad;
lo rodeó, lo instruyó,
lo guardó como a la niña de su ojo.
¹¹ como el águila que excita su
　nidada,
revoloteando sobre sus pollos,
así extendió sus alas, lo tomó,
y lo llevó sobre sus plumas.ᵇ

¹² »Jehová solo lo guió,
y con él no hubo dios extraño.
¹³ Lo hizo subir sobre las alturas de la
　tierra,
comió los frutos del campo,
lo alimentó con miel de la peña
y con aceite del duro pedernal,
¹⁴ con mantequilla de vacas y leche de
　ovejas;
con grasa de corderos
y carneros de Basán, y también
　machos cabríos;
con lo mejor del trigo,
y de la sangre de la uva bebiste
　vino.

¹⁵ »Pero engordó Jesurún, y tiró coces
(engordaste, te cubriste de grasa);
entonces abandonó al Dios que lo
　hizo
y menospreció la Roca de su
　salvación.
¹⁶ Provocaron sus celos con dioses
　ajenos,
y su ira con abominaciones.
¹⁷ Sacrificaron a los demonios,ᶜ y no a
　Dios;
a dioses que no habían conocido,
a nuevos dioses venidos de cerca,
que no habían temido vuestros
　padres.

¹⁸ »De la Roca que te creó te olvidaste;
te has olvidado de Dios, tu creador.
¹⁹ Lo vio Jehová, y se encendió su ira
por el menosprecio de sus hijos y
　de sus hijas.

²⁰ Y dijo: "Esconderé de ellos mi
　rostro,
veré cuál será su fin;
porque son una generación
　perversa,
hijos infieles.
²¹ Ellos provocaron mis celosᵈ con lo
　que no es Dios;
me irritaron con sus ídolos.
Yo también provocaré sus celos con
　un puebloᵉ que no es pueblo,
los irritaré con una nación
　insensata.
²² Porque se ha encendido el fuego de
　mi ira,
y arderá hasta las profundidades
　del seol;
devorará la tierra y sus frutos,
y abrasará los fundamentos de los
　montes.
²³ Yo amontonaré males sobre ellos;
emplearé en ellos mis flechas.
²⁴ Quedarán extenuados por el
　hambre,
consumidos por la fiebre ardiente y
　la peste maligna.
Diente de fieras enviaré también
　sobre ellos,
con veneno de serpientes de la
　tierra.
²⁵ Por fuera desolará la espada,
y dentro de las casas el espanto;
tanto al joven como a la muchacha,
al niño de pecho como al hombre
　cano.
²⁶ Yo había dicho que los esparciría
　lejos,
que borraría su recuerdo de en
　medio de los hombres,
²⁷ pero temí la jactancia del enemigo,
el envanecimiento de sus
　adversarios,
no sea que digan: 'Nuestra mano
　prevalece
y ha hecho todo esto, y no
　Jehová' ".

²⁸ »Porque son nación privada de
　consejos,
y no hay en ellos entendimiento.

ᵇ **32.11** Ex 19.4.　ᶜ **32.17** 1 Co 10.20.　ᵈ **32.21** Ex 20.5; 1 Co 10.22.　ᵉ **32.21** Ro 10.19.

²⁹ ¡Ojalá fueran sabios,
　　comprendieran esto
　y se dieran cuenta del fin que los
　　espera!
³⁰ ¿Cómo podría perseguir uno a mil,
　y dos hacer huir a diez mil,
　si su Roca no los hubiera vendido
　y Jehová no los hubiera entregado?
³¹ Porque la roca de ellos no es como
　　nuestra Roca,
　y aun nuestros enemigos son de
　　ello testigos.
³² Porque de la vid de Sodoma es la
　　vid de ellos,
　y de los campos de Gomorra;
　las uvas de ellos son uvas
　　ponzoñosas,
　racimos muy amargos tienen.
³³ Veneno de serpientes es su vino,
　y ponzoña cruel de áspides.

³⁴ »¿No tengo yo esto guardado
　　conmigo,
　sellado en mis tesoros?
³⁵ Mía es la venganza*ᶠ* y la
　　retribución;
　a su tiempo su pie resbalará,
　porque el día de su aflicción está
　　cercano
　y lo que les está preparado se
　　apresura.

³⁶ »Sí, Jehová juzgará a su pueblo,
　y por amor de sus siervos*ᵍ* se
　　arrepentirá,
　cuando vea que la fuerza pereció,
　y que no queda ni siervo ni libre.
³⁷ Entonces dirá: "¿Dónde están sus
　　dioses,
　la roca en que se refugiaban,
³⁸ que comían la grasa de sus
　　sacrificios
　y bebían el vino de sus
　　libaciones?"
　¡Que se levanten y os ayuden!
　¡Que vengan y os defiendan!
³⁹ Ved ahora que yo, yo soy,
　y no hay dioses conmigo;
　yo hago morir y yo hago vivir,
　yo hiero y yo sano,

　y no hay quien se pueda librar de
　　mis manos.
⁴⁰ Porque yo alzaré a los cielos mi
　　mano,
　y diré: ¡Vivo yo para siempre!
⁴¹ Cuando afile mi reluciente espada
　y mi mano empuñe el juicio,
　tomaré venganza de mis enemigos
　y daré su retribución a los que me
　　aborrecen.
⁴² Embriagaré de sangre mis flechas,
　y mi espada devorará carne;
　sangre de muertos y cautivos,
　cabezas de jefes enemigos.

⁴³ »¡Alabad, naciones, a su pueblo,*ʰ*
　porque él vengará la sangre de sus
　　siervos,*ⁱ*
　tomará venganza de sus enemigos,
　y hará expiación por la tierra de su
　　pueblo!».

⁴⁴ Moisés, acompañado por Josué hijo de Nun, fue y recitó todas las palabras de este cántico a oídos del pueblo. ⁴⁵ Cuando acabó Moisés de recitar todas estas palabras ante todo Israel, ⁴⁶ les dijo: «Aplicad vuestro corazón a todas las palabras que yo os testifico hoy, para que mandéis a vuestros hijos que cuiden de cumplir todas las palabras de esta Ley. ⁴⁷ Porque no os es cosa vana; es vuestra vida, pues por medio de esta Ley haréis prolongar vuestros días sobre la tierra a la que vais para tomarla en posesión tras pasar el Jordán».

Se le permite a Moisés contemplar la tierra de Canaán

⁴⁸ Aquel mismo día Jehová habló a Moisés y le dijo:
⁴⁹ «Sube a estos montes de Abarim, al monte Nebo, situado en la tierra de Moab que está frente a Jericó, y mira la tierra de Canaán, que yo doy por heredad a los hijos de Israel. ⁵⁰ Muere allí en el monte al cual subes, y te reunirás a tu pueblo, así como murió Aarón, tu hermano, en el monte Hor, y se reunió a su pueblo. ⁵¹ Por cuanto pecasteis contra mí en medio de los hijos de Israel, en las aguas de Meriba,

---

ᶠ **32.35** Ro 12.19; Heb 10.30.　　*ᵍ* **32.36** Sal 135.14.　　*ʰ* **32.43** Ro 15.10.　　*ⁱ* **32.43** Ap 19.2.

en Cades, en el desierto de Zin; porque no me santificasteis en medio de los hijos de Israel. 52 Verás, por tanto, delante de ti la tierra, pero no entrarás allá, en la tierra que doy a los hijos de Israel».*j*

Moisés bendice a las doce tribus de Israel

33 1 Esta es la bendición con la cual Moisés, varón de Dios, bendijo a los hijos de Israel, antes de morir. 2 Él dijo:

«Jehová vino de Sinaí,
de Seir los alumbró,
resplandeció desde el monte de Parán,
avanzó entre diez millares de santos,
con la ley de fuego a su mano derecha.
3 Aún amó a su pueblo;
todos los consagrados a él estaban en su mano.
Por tanto, ellos siguieron tus pasos, recibiendo dirección de ti,
4 cuando Moisés nos ordenó la Ley,
como heredad de la congregación de Jacob.
5 Y hubo un rey en Jesurún
cuando se congregaron los jefes del pueblo
con las tribus de Israel.

6 »Viva Rubén, y no muera
ni sean pocos sus hombres».

7 Esta bendición profirió para Judá. Dijo así:

«Oye, Jehová, la voz de Judá,
y llévalo a su pueblo;
sus manos le basten,
y tú seas su ayuda contra sus enemigos».

8 Para Leví dijo:

«Tu Tumim y tu Urim*a* sean para el varón piadoso
a quien probaste en Masah,*b*

con quien contendiste en las aguas de Meriba,*c*
9 quien dijo de su padre y de su madre:
"Nunca los he visto";
quien no reconoció a sus hermanos, ni a sus hijos conoció.
Pues ellos guardaron tus palabras y cumplieron tu pacto.*d*
10 Ellos enseñarán tus juicios a Jacob y tu Ley a Israel.
Pondrán el incienso delante de ti y el holocausto sobre tu altar.
11 Bendice, Jehová, lo que hagan
y recibe con agrado la obra de sus manos.
Hiere los lomos de sus enemigos
y de quienes lo aborrezcan,
para que nunca se levanten».

12 Para Benjamín dijo:

«El amado de Jehová habitará confiado cerca de él;
lo cubrirá siempre,
y entre sus hombros morará».

13 Para José dijo:

«Bendita de Jehová sea tu tierra,
con lo mejor de los cielos, con el rocío
y con el abismo que está abajo.
14 Con los más escogidos frutos del sol,
con el rico producto de la luna,
15 con el fruto más fino de los montes antiguos,
con la abundancia de los collados eternos,
16 con las mejores dádivas de la tierra y su plenitud
y la gracia del que habitó en la zarza,*e*
venga sobre la cabeza de José
y sobre la frente de aquel que es príncipe entre sus hermanos.
17 Como el primogénito de su toro es su gloria;
sus cuernos, como cuernos de búfalo.

---

j 32.48-52 Nm 20.10-13; 27.12-14; Dt 3.23-27.   *a* 33.8 Ex 28.30.   *b* 33.8 Ex 17.7.   *c* 33.8 Ex 17.7; Nm 20.13.   *d* 33.9 Ex 32.25-29.   *e* 33.16 Ex 3.2,4.

Con ellas corneará a todos los
    pueblos
hasta los confines de la tierra.
ellos son los diez millares de Efraín,
y ellos son los millares de
    Manasés».*f*

18 Para Zabulón dijo:

«¡Alégrate, Zabulón, cuando
    salgas;
y tú, Isacar, en tus tiendas!
19 Llamarán a los pueblos a su monte;
allí ofrecerán sacrificios de justicia,
por lo cual gozarán de la
    abundancia de los mares
y de los tesoros escondidos de la
    arena».*g*

20 Para Gad dijo:

«¡Bendito el que hizo ensanchar a
    Gad!
Como león reposa,
y arrebata brazo y testa.
21 Escoge lo mejor de la tierra para sí,
porque allí le fue reservada la
    porción del legislador.
Vino en la delantera del pueblo;
con Israel ejecutó los mandatos
y los justos decretos de Jehová».*h*

22 Para Dan dijo:

«Dan es cachorro de león
que salta desde Basán».*i*

23 Para Neftalí dijo:

«Neftalí, saciado de favores,
lleno de la bendición de Jehová,
posee el occidente y el sur».*j*

24 Para Aser dijo:

«¡Bendito entre los hijos sea Aser!
Sea el amado de sus hermanos
y moje en aceite su pie.
25 Hierro y bronce serán tus cerrojos,
y como tus días serán tus fuerzas.

26 »No hay como el Dios de Jesurún,
quien cabalga sobre los cielos para
    tu ayuda,
y sobre las nubes con su grandeza.
27 El eterno Dios es tu refugio
y sus brazos eternos son tu apoyo.
Él echó al enemigo delante de ti,
y dijo: "¡Destruye!".
28 Israel habitará confiado,
la fuente de Jacob habitará sola
en tierra de grano y de vino;
hasta sus cielos destilarán rocío.
29 ¡Bienaventurado tú, Israel!
¿Quién como tú, pueblo salvado
    por Jehová?
Él es tu escudo protector,
la espada de tu triunfo.
Así que tus enemigos serán
    humillados,
y tú pisotearás sus lugares altos».

Muerte y sepultura de Moisés

34 **1** Subió Moisés de los campos de Moab al monte Nebo, a la cumbre del Pisga, que está enfrente de Jericó, y le mostró Jehová toda la tierra de Galaad hasta Dan, **2** todo Neftalí, la tierra de Efraín y de Manasés, toda la tierra de Judá hasta el mar occidental, **3** el Neguev, el valle y la llanura de Jericó, ciudad de las palmeras, hasta Zoar. **4** Y le dijo Jehová:

«Esta es la tierra que prometí a Abraham, a Isaac y a Jacob,*a* diciendo: "A tu descendencia la daré". Te he permitido verla con tus ojos, pero no pasarás allá».

5 Allí murió Moisés, siervo de Jehová, en la tierra de Moab, conforme al dicho de Jehová. **6** Y lo enterró en el valle, en la tierra de Moab, enfrente de Bet-peor,*b* y ninguno conoce el lugar de su sepultura hasta hoy. **7** Tenía Moisés ciento veinte años de edad cuando murió; sus ojos nunca se oscurecieron, ni perdió su vigor.

8 Lloraron los hijos de Israel a Moisés en los campos de Moab treinta días; así se cumplieron los días de llanto y de luto por Moisés. **9** Josué hijo de Nun estaba lleno del espíritu de sabiduría, porque Moisés había puesto sus manos sobre él, y los

---

f **33.13-17** Gn 49.22-26.   *g* **33.18-19** Gn 49.13; Jos 19.10-16.   *h* **33.20-21** Nm 32.1-42.
i **33.22** Jos 19.47; Jue 18.1-29.   *j* **33.23** Jos 19.33-39.   *a* **34.4** *Abraham, Isaac y Jacob*: Gn 12.7; 26.3; 28.13.   *b* **34.6** Otro nombre de Baal-peor; cf. Dt 3.29.

hijos de Israel lo obedecieron haciendo como Jehová mandó a Moisés.[c]

¹⁰ Nunca más se levantó un profeta en Israel como Moisés, a quien Jehová conoció cara a cara;[d] ¹¹ nadie como él por todas las señales y prodigios que Jehová le envió a hacer en tierra de Egipto, contra el faraón y todos sus siervos, y contra toda su tierra, ¹² y por el gran poder y los hechos grandiosos y terribles que Moisés hizo a la vista de todo Israel.

[c] **34.9** Nm 27.18,23; Jos 1.16-18.   [d] **34.10** Ex 33.11; Nm 12.6-8; Dt 18.15-18; Hch 3.22-23.

JOSUÉ

INTRODUCCIÓN

Este es el primero de los seis escritos que integran la serie de los Profetas anteriores. Más que el propio Josué, el protagonista de las historias narradas en este libro es el escenario donde tienen lugar los nuevos actos del drama de Israel: el país de Canaán, la Tierra prometida a la que llega el pueblo cuarenta años después de haber sido liberado de su cautividad en Egipto.

Canaán es el signo de la fidelidad de Dios a su palabra, de una lealtad cuya contrapartida había de ser la conducta fiel del pueblo escogido. Los israelitas comprendieron pronto que sus triunfos o derrotas dependían del ser o no ser fieles a su Señor (7.1-5). Por otro lado, la conquista de Canaán no fue el resultado de una guerra relámpago de exterminio, sino un avance lento y sostenido en medio de grandes dificultades. De hecho, ni los recién llegados lograron conquistar rápidamente los territorios cananeos, ni los anteriores habitantes del país fueron del todo exterminados; muchos de ellos no solo se mantuvieron firmes en sus posiciones (15.63; 17.12-13), sino que incluso establecieron alianzas con los invasores. Así unos y otros tuvieron que aprender a convivir en paz (9.1-27; 16.10).

El libro de Josué (=Jos) se divide en dos grandes secciones, formadas respectivamente por los cap. 1–12 y 13–22, y una menor (cap. 23–24), a modo de conclusión.

Tras la muerte de Moisés, Josué toma la dirección del pueblo (1.1-2; cf. Dt 31.7-8), cuya entrada y asentamiento en Canaán relata la primera sección del libro. A partir de aquel momento, Josué organiza diversas campañas militares destinadas a adueñarse de la totalidad del país. La segunda sección (cap. 13–22) se ocupa de las varias incidencias relacionadas con la asignación de tierras a las tribus de Israel. También la tribu sacerdotal de Leví —a la cual no se le había asignado propiedad territorial (13.14; Nm 18.20; Dt 18.1-2)— había de contar con lugares de residencia. Los dos últimos capítulos del libro (23–24) recogen el discurso de despedida de Josué (cap. 23), la renovación del Pacto y, finalmente, la muerte y sepultura de aquel fiel servidor de Dios.

Esquema del contenido

1. La conquista de Canaán (1–12)
2. Distribución del territorio entre las tribus de Israel (13–22)
3. Últimas palabras de Josué. Renovación del Pacto (23–24)

Preparativos para la conquista de Canaán

1 ¹Aconteció después de la muerte de Moisés, siervo de Jehová, que Jehová habló a Josué hijo de Nun, servidor de Moisés, y le dijo: ²«Mi siervo Moisés ha muerto. Ahora, pues, levántate y pasa este Jordán, tú y todo este pueblo, hacia la tierra que yo les doy a los hijos de Israel. ³Yo os he entregado, tal como lo dije a Moisés, todos los lugares que pisen las plantas de vuestros pies.ª ⁴Desde el desierto y el Líbano hasta el gran río Éufrates, toda la tierra de los heteos[b] hasta el Mar Grande donde se pone el sol, será vuestro territorio. ⁵Nadie podrá hacerte

---

ª**1.3-5** Dt 11.24-25.   ᵇ**1.4** 1 R 10.29; 2 R 7.6; 2 Cr 1.17.

frente en todos los días de tu vida: como estuve con Moisés, estaré contigo; no te dejaré ni te desampararé.[c] [6] Esfuérzate y sé valiente,[d] porque tú repartirás a este pueblo como heredad la tierra que juré dar a sus padres. [7] Solamente esfuérzate y sé muy valiente, cuidando de obrar conforme a toda la Ley que mi siervo Moisés te mandó; no te apartes de ella ni a la derecha ni a la izquierda, para que seas prosperado en todas las cosas que emprendas. [8] Nunca se apartará de tu boca este libro de la Ley, sino que de día y de noche meditarás en él, para que guardes y hagas conforme a todo lo que está escrito en él, porque entonces harás prosperar tu camino y todo te saldrá bien. [9] Mira que te mando que te esfuerces y seas valiente; no temas ni desmayes, porque Jehová, tu Dios, estará contigo dondequiera que vayas».

[10] Entonces Josué dio esta orden a los oficiales del pueblo: [11] «Id por el campamento y dad esta orden al pueblo: "Preparaos comida, porque dentro de tres días pasaréis el Jordán para entrar a poseer la tierra que Jehová, vuestro Dios, os da en posesión"».

[12] También habló Josué a los rubenitas y gaditas y a la media tribu de Manasés, y les dijo:

[13] —Acordaos de lo que os mandó Moisés, siervo de Jehová, cuando dijo: "Jehová, vuestro Dios, os ha dado reposo, y os ha dado esta tierra. [14] Vuestras mujeres, vuestros niños y vuestros ganados quedarán en la tierra que Moisés os ha dado a este lado del Jordán; pero vosotros, todos los valientes y fuertes, pasaréis armados delante de vuestros hermanos, y los ayudaréis [15] hasta tanto Jehová les haya dado reposo igual que a vosotros, y ellos también posean la tierra que Jehová, vuestro Dios, les da. Después volveréis a la tierra de vuestra herencia, la cual Moisés, siervo de Jehová, os ha dado a este lado del Jordán, hacia donde nace el sol, y entraréis en posesión de ella".[e]

[16] Entonces ellos respondieron a Josué:

—Nosotros haremos todas las cosas que nos has mandado, e iremos adondequiera que nos mandes. [17] De la manera que obedecimos a Moisés en todas las cosas, así te obedeceremos a ti; solamente que Jehová, tu Dios, esté contigo, como estuvo con Moisés. [18] Cualquiera que sea rebelde a tu mandamiento y no obedezca tus órdenes en todas las cosas que le mandes, que muera. Tú, solamente esfuérzate y se valiente.[f]

Josué envía exploradores a Jericó

2 [1] Josué hijo de Nun envió desde Sitim dos espías secretamente, y les dijo: «Id a explorar la tierra y a Jericó».[a]

Ellos fueron, entraron en casa de una ramera que se llamaba Rahab[b] y se hospedaron allí. [2] Entonces le fue dado este aviso al rey de Jericó:

—Unos hombres de los hijos de Israel han venido aquí esta noche para espiar la tierra.

[3] El rey de Jericó mandó a decir a Rahab:

—Saca a los hombres que han venido a verte y han entrado a tu casa, porque han venido para espiar toda la tierra.

[4] Pero la mujer había tomado a los dos hombres y los había escondido. Luego dijo:

—Es verdad que unos hombres vinieron a mi casa, pero no supe de dónde eran. [5] Cuando se iba a cerrar la puerta, siendo ya oscuro, esos hombres salieron y no sé a dónde han ido. Seguidlos aprisa y los alcanzaréis.

[6] Pero ella los había hecho subir al terrado, y los había escondido entre los manojos de lino que tenía puestos en el terrado.

[7] Los hombres salieron tras ellos por el camino del Jordán, hasta los vados, y la puerta fue cerrada después que salieron los perseguidores. [8] Antes que ellos se durmieran, ella subió al terrado y les dijo:

[9] —Sé que Jehová os ha dado esta tierra, porque el temor de vosotros ha caído sobre nosotros, y todos los habitantes del país ya han temblado por vuestra causa. [10] Porque hemos oído que Jehová hizo secar las aguas del Mar Rojo[c] delante de vosotros cuando salisteis de Egipto, y

---

[c] **1.5** Dt 31.6,8; Heb 13.5.   [d] **1.6** Dt 31.6,7,23.   [e] **1.12-15** Nm 32.28-32; Dt 3.18-20; Jos 22.1-6.   [f] **1.16-18** Nm 27.20; Dt 34.9.   [a] **2.1** Dt 1.22; Jue 18.2.   [b] **2.1** Heb 11.31; Stg 2.25.   [c] **2.10** Ex 14.21.

también lo que habéis hecho con los dos reyes de los amorreos que estaban al otro lado del Jordán, con Sehón y Og, a los cuales habéis destruido.*d* ¹¹ Al oír esto ha desfallecido nuestro corazón, y no ha quedado hombre alguno con ánimo para resistiros, porque Jehová, vuestro Dios, es Dios arriba en los cielos y abajo en la tierra. ¹² Os ruego pues, ahora, que me juréis por Jehová, que como he tenido misericordia de vosotros, así la tendréis vosotros de la casa de mi padre, de lo cual me daréis una señal segura; ¹³ que salvaréis la vida a mi padre y a mi madre, a mis hermanos y hermanas, y a todo cuanto les pertenece, y que libraréis nuestras vidas de la muerte.

¹⁴ Ellos le respondieron:

—Nuestra vida responderá por la vuestra, si no denuncias este asunto nuestro; y cuando Jehová nos haya dado la tierra, te trataremos con bondad y lealtad.

¹⁵ Entonces ella los hizo descender con una cuerda por la ventana, pues su casa estaba en el muro de la ciudad y ella vivía en el muro. ¹⁶ Les dijo:

—Marchaos al monte, para que los que fueron tras vosotros no os encuentren. Estad escondidos allí tres días, hasta que vuelvan los que os siguen; después os iréis por vuestro camino.

¹⁷ Ellos le dijeron:

—Nosotros quedaremos libres de este juramento que te hemos hecho. ¹⁸ Cuando nosotros entremos en la tierra, tú atarás este cordón de grana a la ventana por la cual nos descolgaste, y reunirás en tu casa a tu padre y a tu madre, a tus hermanos y a toda la familia de tu padre. ¹⁹ Cualquiera que salga fuera de las puertas de tu casa, su sangre caerá sobre su cabeza y nosotros seremos sin culpa. Pero cualquiera que esté en la casa contigo, su sangre caerá sobre nuestra cabeza, si alguna mano lo toca. ²⁰ Y si tú denuncias este nuestro asunto, nosotros quedaremos libres de este juramento que te hemos hecho.

²¹ —Sea así como habéis dicho —respondió ella.

Luego los despidió; ellos se fueron y ella ató el cordón de grana a la ventana.

²² Marcharon ellos, llegaron al monte y se quedaron allí tres días, hasta que volvieron los que los perseguían, quienes los habían buscado por todo el camino, sin hallarlos. ²³ Entonces volvieron los dos hombres a descender del monte, pasaron, y cuando llegaron adonde estaba Josué hijo de Nun, le contaron todas las cosas que les habían acontecido. ²⁴ Dijeron a Josué: «Jehová ha entregado toda la tierra en nuestras manos; todos los habitantes del país tiemblan ante nosotros».

El paso del Jordán

3 ¹ Josué se levantó de mañana, partió de Sitim con todos los hijos de Israel y llegaron hasta el Jordán y reposaron allí antes de pasarlo. ² Después de tres días, los oficiales recorrieron el campamento ³ y ordenaron al pueblo: «Cuando veáis el Arca del pacto*a* de Jehová, vuestro Dios, y a los levitas sacerdotes que la llevan, saldréis del lugar donde estáis y marcharéis detrás de ella, ⁴ a fin de que sepáis el camino por donde habéis de ir, por cuanto vosotros no habéis pasado nunca antes por este camino. Pero que haya entre vosotros y el Arca una distancia como de dos mil codos; no os acercaréis a ella».

⁵ Josué dijo al pueblo: «Santificaos, porque Jehová hará mañana maravillas entre vosotros». ⁶ Después dijo a los sacerdotes: «Tomad el Arca del pacto y pasad delante del pueblo».

Ellos tomaron el Arca del pacto y fueron delante del pueblo. ⁷ Entonces Jehová dijo a Josué: «Desde este día comenzaré a engrandecerte ante los ojos de todo Israel, para que entiendan que como estuve con Moisés, así estaré contigo. ⁸ Tú, pues, mandarás esto a los sacerdotes que llevan el Arca del pacto: "Cuando hayáis llegado a la orilla del agua del Jordán, os detendréis en el Jordán"».

⁹ Josué dijo a los hijos de Israel: «Acercaos y escuchad las palabras de Jehová, vuestro Dios». ¹⁰ Y añadió Josué: «En esto conoceréis que el Dios viviente*b* está en

---

d **2.10** Nm 21.21-35.　*a* **3.3** Ex 25.10-22.　*b* **3.10** Dt 5.26; Jer 10.10; Mt 26.63; Heb 10.31.

medio de vosotros, y que él echará de delante de vosotros al cananeo, al heteo, al heveo, al ferezeo, al gergeseo, al amorreo y al jebuseo: [11] El Arca del pacto del Señor de toda la tierra pasará delante de vosotros en medio del Jordán. [12] Tomad, pues, ahora doce hombres de las tribus de Israel, uno de cada tribu. [13] Y cuando las plantas de los pies de los sacerdotes que llevan el Arca de Jehová, Señor de toda la tierra, se mojen en las aguas del Jordán, las aguas del Jordán se dividirán, porque las aguas que vienen de arriba se detendrán formando un muro».

[14] Aconteció que cuando el pueblo partió de sus tiendas para pasar el Jordán, con los sacerdotes delante del pueblo llevando el Arca del pacto, [15] y cuando los que llevaban el Arca entraron en el Jordán y los pies de los sacerdotes que llevaban el Arca se mojaron a la orilla del agua (porque el Jordán suele desbordarse por todas sus orillas todo el tiempo de la siega), [16] las aguas que venían de arriba se amontonaron bien lejos de la ciudad de Adam, que está al lado de Saretán, y las que descendían al mar del Arabá, al Mar Salado, quedaron separadas por completo, mientras el pueblo pasaba en dirección a Jericó. [17] Pero los sacerdotes que llevaban el Arca del pacto de Jehová, permanecieron firmes sobre suelo seco en medio del Jordán, hasta que todo el pueblo acabó de pasar el Jordán. Y todo Israel pasó por el cauce seco.

Las doce piedras del Jordán

4 [1] Cuando toda la gente acabó de pasar el Jordán, Jehová habló a Josué y le dijo: [2] «Tomad del pueblo doce hombres, uno por cada tribu, [3] y dadles esta orden: "Tomad de aquí, de en medio del Jordán, del lugar donde han puesto sus pies los sacerdotes, doce piedras, las cuales llevaréis con vosotros, y las depositaréis en el lugar donde habéis de pasar la noche"».

[4] Entonces Josué llamó a los doce hombres que él había designado entre los hijos de Israel, uno por cada tribu. [5] Y les dijo Josué: «Pasad ante el Arca de Jehová, vuestro Dios, hasta el medio del Jordán, y cada uno de vosotros tome una piedra sobre su hombro, conforme al número de las tribus de los hijos de Israel, [6] para que esto quede como una señal entre vosotros. Y cuando vuestros hijos pregunten a sus padres mañana: "¿Qué significan estas piedras?", [7] les responderéis: "Las aguas del Jordán fueron divididas delante del Arca del pacto de Jehová; cuando ella pasó el Jordán, las aguas del Jordán se dividieron, y estas piedras servirán de monumento conmemorativo a los hijos de Israel para siempre"».

[8] Los hijos de Israel hicieron tal como Josué les mandó: tomaron doce piedras de en medio del Jordán, como Jehová lo había dicho a Josué, conforme al número de las tribus de los hijos de Israel, las llevaron al lugar donde acamparon y las depositaron allí. [9] Josué también levantó doce piedras en medio del Jordán, en el lugar donde estuvieron los pies de los sacerdotes que llevaban el Arca del pacto, y allí han estado hasta hoy.

[10] Los sacerdotes que llevaban el Arca se pararon en medio del Jordán hasta que se hizo todo lo que Jehová había mandado a Josué que dijera al pueblo —conforme a todas las cosas que Moisés había mandado a Josué—, y el pueblo se dio prisa y pasó. [11] Cuando todo el pueblo acabó de pasar, también pasó el Arca de Jehová, y los sacerdotes iban a la cabeza del pueblo. [12] También los hijos de Rubén y los hijos de Gad y la media tribu de Manasés pasaron armados delante de los hijos de Israel, según Moisés les había dicho; [13] como cuarenta mil hombres armados, listos para la guerra, pasaron hacia la llanura de Jericó delante de Jehová. [14] En aquel día Jehová engrandeció a Josué a los ojos de todo Israel. Y lo temieron como habían temido a Moisés durante toda su vida.[a]

[15] Luego Jehová habló a Josué y le dijo: [16] «Manda a los sacerdotes que llevan el Arca del testimonio que salgan del Jordán».

[17] Entonces Josué ordenó a los sacerdotes: «Salid del Jordán». [18] Y aconteció que cuando los sacerdotes que llevaban el Arca del pacto de Jehová salieron de en

[a] **4.14** Ex 14.31.

medio del Jordán, y las plantas de los pies de los sacerdotes estuvieron en lugar seco, las aguas del Jordán volvieron a su lugar y corrieron como antes, sobre todos sus bordes.

[19] El pueblo partió del Jordán el día diez del primer mes[b] y acamparon en Gilgal,[c] al oriente de Jericó. [20] Josué erigió en Gilgal las doce piedras que habían traído del Jordán. [21] Y dijo a los hijos de Israel: «Cuando el día de mañana os pregunten vuestros hijos: "¿Qué significan estas piedras?", [22] diréis a vuestros hijos: "Israel pasó en seco por este Jordán, [23] porque Jehová, vuestro Dios, secó las aguas del Jordán delante de vosotros, hasta que pasasteis, de la misma manera que Jehová, vuestro Dios, había hecho en el Mar Rojo, el cual secó delante de nosotros hasta que pasamos, [24] para que todos los pueblos de la tierra conozcan que la mano de Jehová es poderosa, y para que temáis a Jehová, vuestro Dios, todos los días"».

La circuncisión y la Pascua en Gilgal

5 [1] Cuando todos los reyes de los amorreos que estaban al otro lado del Jordán, al occidente, y todos los reyes de los cananeos que estaban cerca del mar, oyeron cómo Jehová había secado las aguas del Jordán delante de los hijos de Israel hasta que pasaron, desfalleció su corazón y se quedaron sin aliento ante los hijos de Israel.

[2] En aquel tiempo, Jehová dijo a Josué: «Hazte cuchillos[a] afilados y vuelve a circuncidar por segunda vez a los hijos de Israel».

[3] Josué se hizo cuchillos afilados y circuncidó a los hijos de Israel en el collado de Aralot.[b] [4] Esta es la causa por la cual Josué los circuncidó: Toda la población masculina salida de Egipto, todos los hombres aptos para la guerra, habían muerto por el camino, en el desierto, después que salieron de Egipto. [5] Todos los del pueblo que habían salido estaban circuncidados, pero todo el pueblo que había nacido en

el desierto, en el camino, después que salieron de Egipto, no estaba circuncidado. [6] Los hijos de Israel anduvieron por el desierto durante cuarenta años, hasta que todos los hombres aptos para la guerra que habían salido de Egipto perecieron. Como no obedecieron a la voz de Jehová, Jehová juró que no les dejaría ver la tierra que él había jurado a sus padres que nos daría, tierra que fluye leche y miel.[c,d] [7] A sus hijos, los que él había puesto en lugar de ellos, Josué los circuncidó, pues eran incircuncisos, ya que no habían sido circuncidados por el camino. [8] Cuando acabaron de circuncidar a toda la gente, se quedaron en su lugar en el campamento hasta que sanaron.[e] [9] Entonces Jehová dijo a Josué: «Hoy he quitado de encima de vosotros el oprobio de Egipto». Por eso se llamó Gilgal[f] aquel lugar, hasta hoy.

[10] Los hijos de Israel acamparon en Gilgal y celebraron[g] la Pascua a los catorce días del mes, por la tarde, en los llanos de Jericó. [11] Al otro día de la Pascua comieron de los frutos de la tierra, panes sin levadura y, ese mismo día, espigas nuevas tostadas. [12] El maná cesó[h] al día siguiente, desde que comenzaron a comer de los frutos de la tierra, y los hijos de Israel nunca más tuvieron maná, sino que comieron de los frutos de la tierra de Canaán aquel año.

Josué y el enviado de Jehová

[13] Aconteció que estando Josué cerca de Jericó, alzó los ojos y vio a un hombre que estaba delante de él, con una espada desenvainada en su mano.[i] Josué se le acercó y le dijo:

—¿Eres de los nuestros o de nuestros enemigos?

[14] —No —respondió él—, sino que he venido como Príncipe del ejército de Jehová.

Entonces Josué, postrándose en tierra sobre su rostro, lo adoró y le dijo:

—¿Qué dice mi Señor a su siervo?

---

[b] **4.19** Esta indicación cronológica coincide, según Ex 12.2-3, con la fecha de la preparación de la Pascua. Cf. Jos 5.10-12. [c] **4.19** Importante centro religioso (Jos 5.9-10) que poco a poco se fue convirtiendo en un foco de idolatría, severamente condenado por los profetas (Os 4.15; 9.15; 12.12; Am 4.4; 5.5). [a] **5.2** Ex 4.25. [b] **5.3** Esto es, *de los prepucios*. [c] **5.6** Nm 14.28-35. [d] **5.6** Ex 3.8. [e] **5.8** Ex 12.44,48. [f] **5.9** Heb. *galal*, *rodar*. [g] **5.10** Ex 12.1-13. [h] **5.12** Ex 16.35. [i] **5.13** Nm 22.23,31.

¹⁵ El Príncipe del ejército de Jehová respondió a Josué:

—Quítate el calzado de los pies, porque el lugar en que estás es santo.

Y Josué así lo hizo.

La toma de Jericó

6 ¹ Jericó estaba cerrada, bien cerrada, por temor a los hijos de Israel: nadie entraba ni salía. ² Pero Jehová dijo a Josué: «Mira, yo he entregado en tus manos a Jericó y a su rey, junto con sus hombres de guerra. ³ Rodearéis, pues, la ciudad todos los hombres de guerra, dando una vez la vuelta alrededor de la ciudad. Esto haréis durante seis días. ⁴ Siete sacerdotes llevarán siete bocinas de cuernos de carnero delante del Arca. El séptimo día daréis siete vueltas a la ciudad, y los sacerdotes tocarán las bocinas. ⁵ Cuando el cuerno de carnero dé un toque prolongado, tan pronto oigáis el sonido de la bocina, todo el pueblo gritará con fuerza, y el muro de la ciudad caerá. Entonces la asaltará el pueblo, cada uno derecho hacia delante».

⁶ Josué hijo de Nun llamó a los sacerdotes y les dijo: «Tomad el Arca del pacto, y que siete sacerdotes lleven bocinas de cuerno de carnero delante del Arca de Jehová». ⁷ Al pueblo dijo: «Pasad y dad un rodeo a la ciudad: los que están armados pasarán delante del Arca de Jehová».

⁸ Tan pronto Josué terminó de hablar al pueblo, los siete sacerdotes, llevando las siete bocinas de cuerno de carnero, pasaron delante del Arca de Jehová tocando las bocinas, mientras el Arca del pacto de Jehová los seguía. ⁹ Los hombres armados iban delante de los sacerdotes que tocaban las bocinas, y la retaguardia iba tras el Arca, mientras las bocinas sonaban continuamente. ¹⁰ Pero Josué dio esta orden al pueblo: «Vosotros no gritaréis, ni se oirá vuestra voz, ni saldrá palabra de vuestra boca hasta el día que yo os diga: "Gritad". Entonces gritaréis».

¹¹ Así hizo que el Arca de Jehová diera una vuelta alrededor de la ciudad, y luego volvieron al campamento, donde pasaron la noche. ¹² Josué se levantó de mañana, y los sacerdotes tomaron el Arca

de Jehová. ¹³ Los siete sacerdotes, llevando las siete bocinas de cuerno de carnero, iban delante del Arca de Jehová tocando las bocinas sin dejar de caminar; los hombres armados iban delante de ellos, y la retaguardia iba tras el Arca de Jehová mientras las bocinas sonaban continuamente. ¹⁴ Así dieron otra vuelta a la ciudad el segundo día, y volvieron al campamento. De esta manera hicieron durante seis días.

¹⁵ El séptimo día se levantaron al despuntar el alba, y dieron la vuelta a la ciudad, de la misma manera, siete veces —solamente este día dieron siete veces la vuelta alrededor de ella—. ¹⁶ Y cuando los sacerdotes tocaron las bocinas la séptima vez, Josué dijo al pueblo: «¡Gritad, porque Jehová os ha entregado la ciudad! ¹⁷ La ciudad será como anatema a Jehová, con todas las cosas que están en ella;ᵃ solamente Rahab, la ramera, vivirá, así como todos los que estén con ella en su casa, por cuanto escondió a los mensajeros que enviamos. ¹⁸ Pero vosotros guardaos del anatema; no toquéis ni toméis cosa alguna del anatema, no sea que hagáis caer la maldición sobre el campamento de Israel y le traigáis la desgracia. ¹⁹ Pero toda la plata y el oro, y los utensilios de bronce y de hierro, sean consagrados a Jehová y entren en el tesoro de Jehová».

²⁰ Entonces el pueblo gritó, y los sacerdotes tocaron las bocinas. Y aconteció que cuando el pueblo escuchó el sonido de la bocina, gritó con un gran vocerío y el muro se derrumbó.ᵇ El pueblo asaltó luego la ciudad, cada uno derecho hacia delante, y la tomaron. ²¹ Y destruyeron a filo de espada todo lo que en la ciudad había: hombres y mujeres, jóvenes y viejos, hasta los bueyes, las ovejas y los asnos.

²² Pero Josué dijo a los dos hombres que habían reconocido la tierra: «Entrad en casa de la mujer ramera, y haced salir de allí a la mujer y a todo lo que sea suyo, como lo jurasteis». ²³ Los espías entraron y sacaron a Rahab, a su padre, a su madre, a sus hermanos y todo lo que era suyo; también sacaron a toda su parentela, y los pusieron fuera del campamento de Israel.

ᵃ **6.17** Dt 13.15-16; 20.16-18. Cf. Jos 8.2,27; 10.28-39.   ᵇ **6.20** Heb 11.30.

²⁴Después prendieron fuego a la ciudad, con todo lo que en ella había. Solamente pusieron en el tesoro de la casa de Jehová la plata y el oro, y los utensilios de bronce y de hierro. ²⁵Pero Josué salvó la vida a Rahab, la ramera, a la casa de su padre y a todo lo que ella tenía, y ella habitó entre los israelitas hasta hoy, por cuanto escondió a los mensajeros que Josué había enviado para reconocer a Jericó.ᶜ

²⁶En aquel tiempo hizo Josué este juramento: «Maldito delante de Jehová el hombre que se levante y reedifique esta ciudad de Jericó. Sobre su primogénito eche los cimientos de ella, y sobre su hijo menor asiente sus puertas».ᵈ

²⁷Estaba, pues, Jehová con Josué, y su nombre se divulgó por toda la tierra.

El pecado de Acán

7 ¹Pero los hijos de Israel cometieron una infidelidad en cuanto al anatema, porque Acán hijo de Carmi hijo de Zabdi, hijo de Zera, de la tribu de Judá, tomó algo del anatema,ᵃ y la ira de Jehová se encendió contra los hijos de Israel.

²Después Josué envió unos hombres desde Jericó a Hai, que estaba junto a Bet-avén, hacia el oriente de Bet-el, y les dijo: «Subid a reconocer la tierra». Ellos subieron y reconocieron a Hai. ³Al volver, dijeron a Josué: «Que no suba todo el pueblo; dos mil o tres mil hombres tomarán a Hai. No fatigues a todo el pueblo yendo allí, porque son pocos».

⁴Subieron allá del pueblo como tres mil hombres, los cuales huyeron delante de los de Hai. ⁵Los de Hai les mataron a unos treinta y seis hombres, los persiguieron desde la puerta hasta Sebarim y los derrotaron en la bajada, por lo cual el corazón del pueblo desfalleció y se volvió como agua.

⁶Entonces Josué rompió sus vestidos y se postró en tierra sobre su rostro delante del Arca de Jehová hasta caer la tarde, junto con los ancianos de Israel, y se echaron polvo sobre sus cabezas.ᵇ ⁷Josué decía:

—¡Ah, Señor Jehová! ¿Por qué hiciste pasar a este pueblo el Jordán, para entregarnos en manos de los amorreos y que nos destruyan? ¡Ojalá nos hubiéramos quedado al otro lado del Jordán! ⁸¡Ay, Señor! ¿qué diré, ahora que Israel le ha vuelto la espalda a sus enemigos? ⁹Porque los cananeos y todos los habitantes de la tierra se enterarán, nos rodearán y borrarán nuestro nombre de encima de la tierra. ¿Qué harás tú entonces por tu gran nombre?ᶜ

¹⁰Jehová respondió a Josué:

—¡Levántate! ¿Por qué te postras así sobre tu rostro? ¹¹Israel ha pecado, y aun han quebrantado mi pacto, el que yo les mandé. También han tomado algo del anatema, y hasta lo han robado, han mentido, y aun lo han guardado entre sus enseres. ¹²Por esto los hijos de Israel no podrán hacer frente a sus enemigos, sino que delante de sus enemigos volverán la espalda, por cuanto han venido a ser anatema. No estaré más con vosotros si no hacéis desaparecer el anatema de en medio de vosotros. ¹³Levántate, santifica al pueblo y di: "Santificaos para mañana, porque Jehová, el Dios de Israel, dice así: 'Anatema hay en medio de ti, Israel; no podrás hacer frente a tus enemigos, hasta que hayáis quitado el anatema de en medio de vosotros' ". ¹⁴Os acercaréis, pues, mañana por tribus; la tribu que Jehová señale, se acercará por familias; la familia que Jehová señale, se acercará por casas paternas, y la casa que Jehová señale, se acercará hombre por hombre. ¹⁵El que sea sorprendido en posesión del anatema, será quemado, él y todo lo que tiene, por cuanto ha quebrantado el pacto de Jehová y ha cometido una infamia en Israel.

¹⁶Josué, pues, levantándose de mañana, hizo acercar a Israel por tribus, y fue designada la tribu de Judá. ¹⁷Hizo acercar a la tribu de Judá, y fue designada la familia de los de Zera; luego hizo que se acercaran las familias de los de Zera, y fue designado Zabdi. ¹⁸Hizo acercar su casa hombre por hombre, y fue designado Acán hijo de Carmi hijo de Zabdi, hijo de Zera, de la tribu de Judá.

¹⁹Entonces Josué dijo a Acán:

—Hijo mío, da gloria a Jehová, el Dios de Israel, dale alabanza y declárame ahora lo que has hecho; no me lo encubras.

²⁰ Acán respondió a Josué:

—Verdaderamente yo he pecado contra Jehová, el Dios de Israel; he hecho así y así. ²¹ Pues yo vi entre los despojos un manto babilónico muy bueno, doscientos siclos de plata y un lingote de oro de cincuenta siclos de peso, lo cual codicié y tomé. Ahora está escondido bajo tierra en medio de mi tienda, y el dinero está debajo.

²² Entonces Josué envió mensajeros, los cuales fueron corriendo a la tienda, y en efecto, todo estaba escondido en su tienda, y el dinero debajo. ²³ Lo tomaron de la tienda y lo llevaron ante Josué y todos los hijos de Israel, y lo pusieron delante de Jehová. ²⁴ Entonces Josué, junto con todo Israel, tomaron a Acán hijo de Zera, el dinero, el manto, el lingote de oro, sus hijos, sus hijas, sus bueyes, sus asnos, sus ovejas, su tienda y todo cuanto tenía, y lo llevaron todo al valle de Acor.

²⁵ Allí le dijo Josué:

—¿Por qué nos has turbado? Que Jehová te turbe en este día.

Y todos los israelitas los apedrearon, y los quemaron después de apedrearlos. ²⁶ Sobre él levantaron un gran montón de piedras que permanece hasta hoy. Así Jehová se calmó del ardor de su ira. Por eso aquel lugar se llama el valle de Acor,ᵈ hasta hoy.

Toma y destrucción de Hai

8 ¹ Jehová dijo a Josué: «No temas ni desmayes. Toma contigo toda la gente de guerra, levántate y sube a Hai. Mira, yo he entregado en tus manosᵃ al rey de Hai, a su pueblo, a su ciudad y a su tierra. ² Harás con Hai y con su rey como hiciste con Jericó y su rey; solo que ahora tomaréis para vosotros su botín y sus bestias. Pondrás, pues, emboscadas detrás de la ciudad».

³ Entonces se levantaron Josué y toda la gente de guerra para subir contra Hai. Escogió Josué treinta mil hombres fuertes, a los cuales envió de noche ⁴ con esta orden: «Atended, pondréis una emboscada detrás de la ciudad. No os alejaréis mucho de la ciudad y estaréis todos dispuestos. ⁵ Yo y todo el pueblo que está conmigo nos acercaremos a la ciudad, y cuando salgan ellos contra nosotros, como hicieron antes, huiremos delante de ellos. ⁶ Ellos saldrán tras nosotros, hasta que los alejemos de la ciudad, pues dirán: "Huyen de nosotros como la primera vez". Huiremos, entonces, delante de ellos. ⁷ Luego vosotros os levantaréis de la emboscada y tomaréis la ciudad, pues Jehová, vuestro Dios, la entregará en vuestras manos. ⁸ Cuando la hayáis tomado, le prenderéis fuego. Haréis conforme a la palabra de Jehová. Mirad que os lo he mandado».

⁹ Entonces Josué los envió; ellos se fueron a la emboscada y se pusieron entre Bet-el y Hai,ᵇ al occidente de Hai. Josué se quedó aquella noche en medio del pueblo. ¹⁰ Josué se levantó muy de mañana, pasó revista al pueblo y subió contra Hai, al frente del pueblo, junto con los ancianos de Israel. ¹¹ Toda la gente de guerra que con él estaba subió y se acercó; llegaron delante de la ciudad y acamparon al norte de Hai. El valle estaba entre él y Hai. ¹² Tomó como cinco mil hombres y los puso en una emboscada entre Bet-el y Hai, al occidente de la ciudad. ¹³ Así dispusieron al pueblo: todo el campamento al norte de la ciudad, y su emboscada al occidente de la ciudad. Aquella noche Josué avanzó hasta la mitad del valle.

¹⁴ Aconteció que, al verlo el rey de Hai, él y su pueblo se apresuraron, madrugaron, y al tiempo señalado, los hombres de la ciudad salieron a combatir contra Israel frente al Arabá, no sabiendo que estaba puesta una emboscada a espaldas de la ciudad. ¹⁵ Josué y todo Israel se fingieron vencidos y huyeron delante de ellos por el camino del desierto. ¹⁶ Todo el pueblo que estaba en Hai se juntó para perseguirlos, y al ir tras Josué, se alejaron así de la ciudad. ¹⁷ No quedó ningún hombre en Hai ni en Bet-el que no saliera tras Israel, y por seguir a Israel dejaron la ciudad abierta. ¹⁸ Entonces Jehová dijo a Josué: «Extiende hacia Hai la lanza que tienes en tu mano, porque yo la entregaré en tus manos».

ᵈ **7.26** Esto es, *Desgracia.*   ᵃ **8.1** Dt 1.21; 31.8.   ᵇ **8.9** Gn 12.8; 13.3.

Josué extendió hacia la ciudad la lanza que tenía en su mano. [19] Se levantaron prontamente de su lugar los que estaban en la emboscada, corrieron luego que él alzó su mano, entraron en la ciudad, la tomaron y se apresuraron a prenderle fuego.

[20] Cuando los hombres de Hai volvieron el rostro y vieron el humo de la ciudad que subía al cielo, no pudieron huir ni a una parte ni a otra, porque el pueblo que iba huyendo hacia el desierto se volvió contra quienes los perseguían. [21] Josué y todo Israel, al ver que los de la emboscada habían tomado la ciudad, y que el humo de la ciudad subía, se volvieron y atacaron a los de Hai. [22] Los otros salieron de la ciudad a su encuentro, y así quedaron encerrados en medio de Israel, los unos por un lado y los otros por el otro. Y los hirieron hasta que no quedó ninguno de ellos que escapara. [23] Pero tomaron vivo al rey de Hai y lo llevaron ante Josué.

[24] Cuando los israelitas acabaron de matar a todos los habitantes de Hai en el campo y en el desierto, hasta donde los habían perseguido, y todos habían caído a filo de espada hasta ser consumidos, todos los israelitas volvieron a Hai, y también la hirieron a filo de espada. [25] Él número de los que cayeron aquel día, entre hombres y mujeres, fue de doce mil, todos los de Hai. [26] Porque Josué no retiró la mano que había extendido con la lanza hasta que hubo destruido por completo a todos los habitantes de Hai. [27] Los israelitas tomaron para sí las bestias y el botín de la ciudad, conforme a la palabra que Jehová había mandado a Josué. [28] Josué quemó a Hai y la redujo a un montón de escombros, desolada para siempre hasta hoy. [29] Al rey de Hai lo colgó de un madero hasta caer la noche, y cuando el sol se puso, mandó Josué que quitaran del madero su cuerpo[c] y lo echaran a la puerta de la ciudad. Luego levantaron sobre él un gran montón de piedras, que permanece hasta hoy.

Lectura de la Ley en el monte Ebal[d]

[30] Entonces Josué edificó un altar a Jehová, Dios de Israel, en el monte Ebal, [31] como Moisés, siervo de Jehová, lo había mandado a los hijos de Israel y como está escrito en el libro de la ley de Moisés: un altar de piedras enteras sin labrar.[e] Ofrecieron sobre él holocaustos a Jehová y sacrificaron ofrendas de paz. [32] También escribió allí sobre las piedras una copia de la ley de Moisés, la cual escribió delante de los hijos de Israel.[f] [33] Todo Israel, tanto los extranjeros como los naturales, con sus ancianos, oficiales y jueces, estaba de pie a uno y otro lado del Arca, en presencia de los sacerdotes levitas que llevaban el Arca del pacto de Jehová. La mitad de ellos estaba hacia el monte Gerizim y la otra mitad hacia el monte Ebal, de la manera que Moisés, siervo de Jehová, lo había mandado antes, para que primero bendijeran al pueblo de Israel.

[34] Después de esto leyó todas las palabras de la Ley, las bendiciones y las maldiciones, conforme a todo lo que está escrito en el libro de la Ley. [35] No hubo palabra alguna de todo cuanto mandó Moisés que Josué no hiciera leer delante de toda la congregación de Israel, de las mujeres, los niños y los extranjeros que habitaban entre ellos.[g]

Astucia de los gabaonitas

9 [1] Cuando oyeron estas cosas todos los reyes que estaban a este lado del Jordán, tanto en las montañas como en los llanos, y en toda la costa del Mar Grande hasta el Líbano: heteos, amorreos, cananeos, ferezeos, heveos y jebuseos, [2] se concertaron para pelear contra Josué e Israel. [3] Pero cuando los habitantes de Gabaón[a] oyeron lo que Josué había hecho con Jericó y Hai, [4] recurrieron a la astucia, pues fueron y se fingieron embajadores, tomaron sacos viejos sobre sus asnos y odres viejos de vino, rotos y remendados, [5] se pusieron zapatos viejos y recosidos, y vestidos viejos. Todo el pan que traían

---

[c] **8.29** Dt 21.22-23; Jos 10.26-27.   [d] **8.30-35** Dt 27.1-26; cf. 11.29-32.   [e] **8.30-32** Dt 27.1-8.
[f] **8.31** Ex 20.24-26.   [g] **8.33-35** Dt 11.29; 27.11-14.   [a] **9.3** Ciudad asignada a los levitas (Jos 21.17).
Situada a unos 10 km. al noroeste de Jerusalén y a unos 11 km. al sudoeste de Hai.

para el camino era seco y mohoso. [6] Al llegar a Josué al campamento en Gilgal,[b] les dijeron a él y a los de Israel:

—Nosotros venimos de una tierra muy lejana; haced, pues, ahora una alianza con nosotros.

[7] Los de Israel respondieron a los heveos:

—Si habitáis en medio de nosotros, ¿cómo, pues, podremos hacer alianza con vosotros?[c]

[8] Ellos respondieron a Josué:

—Nosotros somos tus siervos.

—¿Quiénes sois vosotros, y de dónde venís? —les dijo Josué.

[9] Ellos respondieron:

—Tus siervos han venido de tierra muy lejana a causa del nombre de Jehová, tu Dios, pues hemos oído de su fama, de todo lo que hizo en Egipto [10] y todo lo que hizo con los dos reyes de los amorreos que estaban al otro lado del Jordán: Sehón, rey de Hesbón, y Og, rey de Basán, que estaba en Astarot.[d] [11] Por eso nuestros ancianos y todos los habitantes de nuestra tierra nos dijeron: "Tomad en vuestras manos la provisión para el camino, id al encuentro de ellos y decidles: 'Nosotros somos vuestros siervos; haced ahora alianza con nosotros' ". [12] Este nuestro pan lo tomamos caliente de nuestras casas para el camino el día que salimos para venir a vuestro encuentro, y ahora ya está seco y mohoso. [13] Estos odres de vino también los llenamos nuevos, y ya están rotos. También estos nuestros vestidos y nuestros zapatos están ya viejos a causa de tanto caminar.

[14] Los hombres de Israel tomaron de las provisiones de ellos, pero no consultaron a Jehová. [15] Josué hizo la paz con ellos; también celebró con ellos una alianza concediéndoles la vida y los príncipes de la congregación hicieron un juramento.

[16] Tres días después que hicieron la alianza con ellos, supieron que eran sus vecinos y que habitaban en medio de ellos. [17] Los hijos de Israel salieron, y al tercer día llegaron a sus ciudades, que eran Gabaón, Cafira, Beerot y Quiriat-jearim. [18] No los mataron los hijos de Israel

por cuanto los príncipes de la congregación les habían jurado por Jehová, el Dios de Israel.

Toda la congregación empezó a murmurar contra los príncipes; [19] pero todos los príncipes respondieron a la congregación:

—Nosotros les hemos jurado por Jehová, Dios de Israel; por tanto, ahora no los podemos tocar. [20] Esto haremos con ellos: los dejaremos vivir, para que no venga sobre nosotros la ira por causa del juramento que les hemos hecho.

[21] De ellos dijeron, pues, los príncipes: «¡Dejadlos vivir!, pero que se constituyan en leñadores y aguadores para toda la congregación», concediéndoles así la vida, según les habían prometido los príncipes.

[22] Josué los llamó y les dijo:

—¿Por qué nos habéis engañado diciendo: "Habitamos muy lejos de vosotros", siendo que vivís en medio de nosotros? [23] Ahora, pues, malditos sois, y nunca dejará de haber de entre vosotros siervos, ni quienes corten la leña y saquen el agua para la casa de mi Dios.

[24] Ellos respondieron a Josué:

—Como fue dado a entender a tus siervos que Jehová, tu Dios, había mandado a Moisés, su siervo, que os había de dar toda la tierra, y que había de destruir a todos los habitantes de la tierra delante de vosotros, por esto temimos mucho por nuestras vidas a causa de vosotros, e hicimos esto. [25] Ahora, pues, estamos en tus manos; lo que te parezca bueno y recto hacer de nosotros, hazlo.

[26] Él hizo así con ellos, pues los libró de manos de los hijos de Israel y no los mataron. [27] Aquel día Josué los destinó a ser leñadores y aguadores para la congregación y para el altar de Jehová, en el lugar que Jehová eligiera. Eso son hasta hoy.

Derrota de los amorreos

10 [1] Cuando Adonisedec, rey de Jerusalén, oyó que Josué había tomado a Hai y la había asolado (como había hecho con Jericó y con su rey, así hizo con Hai y su rey), y que los habitantes de

---

[b] **9.6** Jos 4.19.   [c] **9.7** Ex 23.32; 34.12; Dt 7.2; 20.15-16.   [d] **9.10** Nm 21.21-35.

Gabaón habían hecho la paz con los israelitas y estaban entre ellos, ²tuvo gran temor, porque Gabaón era tan grande como una de las ciudades reales, mayor que Hai, y todos sus hombres eran valientes. ³Por lo cual Adonisedec, rey de Jerusalén, mandó a decir a Hoham, rey de Hebrón, a Piream, rey de Jarmut, a Jafía, rey de Laquis y a Debir, rey de Eglón: ⁴«Venid y ayudadme a combatir a Gabaón, pues ha hecho la paz con Josué y con los hijos de Israel». ⁵Y los cinco reyes amorreos, el rey de Jerusalén, el rey de Hebrón, el rey de Jarmut, el rey de Laquis y el rey de Eglón, se juntaron y subieron con todos sus ejércitos, acamparon cerca de Gabaón y pelearon contra ella.

⁶Entonces los habitantes de Gabaón enviaron a decir a Josué al campamento en Gilgal: «No niegues ayuda a tus siervos; sube rápidamente a defendernos y ayudarnos, porque todos los reyes amorreos que habitan en las montañas se han unido contra nosotros». ⁷Josué subió desde Gilgal junto con toda la gente de guerra y con todos los hombres valientes, ⁸y Jehová le dijo: «No les tengas temor, porque yo los he entregado en tus manos y ninguno de ellos prevalecerá delante de ti».

⁹Josué cayó sobre ellos de repente, tras haber caminado toda la noche desde Gilgal. ¹⁰Y Jehová los llenó de pavor ante Israel y les causó una gran mortandad en Gabaón; los siguió por el camino que sube a Bet-horón, y los hirió hasta Azeca y Maceda. ¹¹Mientras iban huyendo de los israelitas, a la bajada de Bet-horón, Jehová arrojó desde el cielo grandes piedras sobre ellos hasta Azeca, y murieron. Fueron más los que murieron por las piedras del granizo que los que los hijos de Israel mataron a espada.

¹²Entonces Josué habló a Jehová, el día en que Jehová entregó al amorreo delante de los hijos de Israel, y dijo en presencia de los israelitas:

«Sol, detente en Gabaón,
y tú, luna, en el valle de Ajalón».

¹³Y el sol se detuvo, y la luna se paró,

hasta que la gente se vengó de sus enemigos.

¿No está escrito esto en el libro de Jaser?ᵃ El sol se paró en medio del cielo, y no se apresuró a ponerse casi un día entero. ¹⁴No hubo un día como aquel, ni antes ni después de él, en que Jehová haya obedecido a la voz de un hombre, porque Jehová peleaba por Israel.

¹⁵Josué volvió junto con todo Israel al campamento en Gilgal. ¹⁶Aquellos cinco reyes huyeron y se escondieron en una cueva en Maceda. ¹⁷Cuando se le avisó que los cinco reyes habían sido hallados escondidos en una cueva en Maceda, ¹⁸Josué dijo: «Rodad grandes piedras hasta la entrada de la cueva y poned hombres junto a ella para que los custodien. ¹⁹Y vosotros no os detengáis, sino seguid a vuestros enemigos y heridles la retaguardia, sin dejarlos entrar en sus ciudades, porque Jehová, vuestro Dios, los ha entregado en vuestras manos».

²⁰Aconteció que cuando Josué y los hijos de Israel acabaron de causarles una gran mortandad, hasta exterminarlos, los que quedaron de ellos se metieron en las ciudades fortificadas. ²¹Todo el pueblo volvió sano y salvo al campamento de Josué en Maceda, y nadie se atrevió a mover su lengua contra ninguno de los hijos de Israel.

²²Entonces dijo Josué: «Abrid la entrada de la cueva y sacad de ella a esos cinco reyes». ²³Así lo hicieron; sacaron de la cueva a aquellos cinco reyes: al rey de Jerusalén, al rey de Hebrón, al rey de Jarmut, al rey de Laquis y al rey de Eglón. ²⁴Cuando los llevaron ante Josué, llamó Josué a todos los hombres de Israel y dijo a los principales de la gente de guerra que habían venido con él: «Acercaos y poned vuestros pies sobre los cuellosᵇ de estos reyes». Ellos se acercaron y pusieron sus pies sobre los cuellos de ellos. ²⁵«No temáis, ni os atemoricéis —les dijo Josué—; sed fuertes y valientes, porque así hará Jehová con todos los enemigos contra los cuales peleáis».

ᵃ10.13 Colección, que no se ha conservado, de fragmentos poéticos atribuidos a algunos héroes de Israel, como Josué y David.   ᵇ10.24 Sal 110.1; Is 51.23.

²⁶Después de esto, Josué los hirió, los mató y los hizo colgar en cinco maderos. Allí quedaron colgados hasta caer la noche. ²⁷Cuando el sol se iba a poner, mandó Josué que los descolgaran de los maderos y los echaran en la cueva donde se habían escondido. Y pusieron grandes piedras a la entrada de la cueva, las cuales permanecen hasta hoy.

²⁸Aquel mismo día tomó Josué a Maceda, la pasó a filo de espada y mató a su rey; los destruyó por completo, con todo lo que en ella tenía vida, sin dejar nada, e hizo con el rey de Maceda como había hecho con el rey de Jericó.

²⁹De Maceda pasó Josué, con todo Israel, a Libna, y la atacó. ³⁰Y Jehová la entregó también, junto con su rey, en manos de Israel, que la pasó a filo de espada, con todo lo que en ella tenía vida, sin dejar nada, e hizo con su rey de la manera como había hecho con el rey de Jericó.

³¹Después Josué, con todo Israel, pasó de Libna a Laquis, acampó cerca de ella y la atacó. ³²Jehová entregó también a Laquis en manos de Israel, quien la tomó al día siguiente y la pasó a filo de espada con todo lo que en ella tenía vida, tal como había hecho en Libna. ³³Entonces Horam, rey de Gezer, subió en ayuda de Laquis; pero Josué lo derrotó a él y a su pueblo, hasta no dejar a ninguno de ellos.

³⁴De Laquis pasó Josué, con todo Israel, a Eglón. Acamparon cerca de ella y la atacaron. ³⁵Ese mismo día la tomaron y la pasaron a filo de espada. Aquel día mató a todo lo que en ella tenía vida, como había hecho en Laquis.

³⁶Subió luego Josué, con todo Israel, de Eglón a Hebrón,ᶜ y la atacaron. ³⁷La tomaron y la pasaron a filo de espada, con su rey, todas sus ciudades y todo lo que en ella tenía vida. No dejó nada, como había hecho con Eglón. La destruyeron con todo lo que en ella tenía vida.

³⁸Después volvió Josué, con todo Israel, sobre Debir,ᵈ y la atacó. ³⁹La tomó, junto con su rey y todas sus ciudades; las pasaron a filo de espada y destruyeron todo lo que allí dentro tenía vida, sin dejar nada. Como había hecho con Hebrón y con Libna y su rey, así hizo con Debir y su rey.

⁴⁰Conquistó, pues, Josué toda la región de las montañas, el Neguev, los llanos y las laderas,ᵉ y a todos sus reyes, sin dejar nada; todo lo que tenía vida lo exterminó, como Jehová, Dios de Israel, se lo había mandado. ⁴¹Los batió Josué desde Cades-barnea hasta Gaza,ᶠ y toda la tierra de Gosén hasta Gabaón. ⁴²Todos estos reyes y sus tierras los tomó Josué de una vez, porque Jehová, el Dios de Israel, peleaba por Israel. ⁴³Después volvió Josué, con todo Israel, al campamento en Gilgal.

Derrota de Jabín y sus aliados

11 ¹Cuando Jabín, rey de Hazor, se enteró de esto, envió un mensaje a Jobab, rey de Madón, al rey de Simrón, al rey de Acsaf ²y a los reyes que estaban en la región del norte en las montañas, y en el Arabá al sur de Cineret,ᵃ en los llanos y en las regiones de Dor al occidente, ³al cananeo que estaba al oriente y al occidente, al amorreo, al heteo, al ferezeo, al jebuseo en las montañas, y al heveo al pie de Hermónᵇ en tierra de Mizpa. ⁴Estos salieron con todos sus ejércitos, una multitud tan numerosa como la arena que está a la orilla del mar, con muchísimos caballos y carros de guerra. ⁵Todos estos reyes se unieron, llegaron y acamparon unidos junto a las aguas de Merom para pelear contra Israel.

⁶Pero Jehová dijo a Josué: «No les tengas temor, porque mañana a esta hora yo los entregaré a todos muertos delante de Israel; desjarretarás sus caballos y quemarás sus carros en el fuego».

⁷Josué, con toda su gente de guerra, se lanzó de repente contra ellos junto a las aguas de Merom. ⁸Jehová los entregó en manos de Israel, que los hirió y los persiguió hasta Sidón la grande, hasta Misrefot-maim y el llano de Mizpa, al oriente. Los hirió hasta no dejar ninguno con

---

ᶜ **10.36-37** Jos 15.13; Jue 1.10.   ᵈ **10.38** Jos 15.15; Jue 1.11.   ᵉ **10.40** Jos 11.21; Jue 1.9.
ᶠ **10.41-42** Ciudad de la zona costera, a 4 km. del Mediterráneo y a la altura de Hebrón.
ᵃ **11.2** Llamado más tarde Lago de Genesaret, de Galilea o de Tiberias. Cf. Dt 3.17; Jos 12.3; 13.27.
ᵇ **11.3** Dt 3.8; Sal 68.15.

vida. ⁹ Josué hizo con ellos como Jehová le había mandado: desjarretó sus caballos y quemó sus carros en el fuego.

¹⁰ Por entonces regresó Josué, tomó a Hazor y mató a espada a su rey, pues Hazor había sido antes cabeza de todos estos reinos. ¹¹ Pasaron a espada todo cuanto en ella tenía vida, destruyéndolo todo por completo, sin que quedara nada capaz de respirar, y prendieron fuego a Hazor. ¹² Asimismo tomó Josué todas las ciudades de aquellos reyes, y a todos sus reyes los pasó a filo de espada y los exterminó, como Moisés, siervo de Jehová, lo había mandado. ¹³ Pero Israel no quemó todas las ciudades que estaban sobre colinas; Josué quemó únicamente a Hazor. ¹⁴ Los hijos de Israel tomaron para sí todo el botín y las bestias de aquellas ciudades; pero pasaron a todos los hombres a filo de espada hasta exterminarlos, sin dejar ninguno con vida. ¹⁵ De la manera que Jehová lo había mandado a Moisés, su siervo, así Moisés lo mandó a Josué, y así lo hizo Josué, sin quitar una palabra de todo lo que Jehová había mandado a Moisés.

Josué se apodera de toda la tierra

¹⁶ Conquistó, pues, Josué toda aquella tierra, las montañas, todo el Neguev, toda la tierra de Gosén, los llanos, el Arabá, las montañas de Israel y sus valles, ¹⁷ desde el monte Halac, que sube hacia Seir, hasta Baal-gad, en la llanura del Líbano, a la falda del monte Hermón. Capturó asimismo a todos sus reyes, los hirió y mató. ¹⁸ Durante mucho tiempo estuvo Josué en guerra con estos reyes. ¹⁹ No hubo ciudad que hiciera la paz con los hijos de Israel, salvo los heveos que habitaban en Gabaón;ᶜ todas las tomaron por la fuerza. ²⁰ Porque de Jehová provenía que endurecieran su corazón para que opusieran resistencia a Israel, a fin de exterminarlos sin misericordia y fueran así aniquilados, como Jehová lo había mandado a Moisés.ᵈ ²¹ También en aquel tiempo fue Josué y

destruyó a los anaceos de los montes de Hebrón, de Debir, de Anab, de todos los montes de Judá y de todos los montes de Israel. Josué los destruyó a ellos y a sus ciudades. ²² Ninguno de los anaceosᵉ quedó en la tierra de los hijos de Israel; solamente quedaron en Gaza, en Gat y en Asdod.ᶠ

²³ Conquistó, pues, Josué toda la tierra, conforme a todo lo que Jehová había dicho a Moisés, y la entregó a los israelitas como herencia conforme a su distribución por tribus. Y la tierra descansó de la guerra.ᵍ

Reyes derrotados por Moisés

12 ¹ Estos son los reyes de la tierra que los hijos de Israel derrotaron y cuya tierra poseyeron al otro lado del Jordán hacia donde nace el sol, desde el arroyo Arnón hasta el monte Hermón, con todo el Arabá oriental:

² Sehón, rey de los amorreos, que habitaba en Hesbón y señoreaba desde Aroer —a la ribera del arroyo Arnón—, hasta el arroyo Jaboc —límite de los hijos de Amón—, incluida la cuenca del valle y la mitad de Galaad,ᵃ ³ y el lado oriental del Arabá hasta el mar de Cineret y hasta el mar del Arabá, el Mar Salado, al oriente, por el camino de Bet-jesimot, y por el sur hasta el pie de las laderas del Pisga.ᵇ

⁴ El territorio de Og, rey de Basán —un descendiente de los refaítas—, que habitaba en Astarot y en Edrei, ⁵ y dominaba en el monte Hermón, en Salca, en todo Basán hasta los límites de Gesur y de Maaca, y en la mitad de Galaad, territorio de Sehón, rey de Hesbón.ᶜ

⁶ A estos derrotaron Moisés, siervo de Jehová, y los hijos de Israel; y Moisés, siervo de Jehová, había dado aquella tierra en posesión a los rubenitas, a los gaditas y a la media tribu de Manasés.ᵈ

Reyes derrotados por Josué

⁷ Estos son los reyes de la tierra que Josué y los hijos de Israel derrotaron del lado

---

ᶜ **11.19** Jos 9.   ᵈ **11.20** Dt 7.16.   ᵉ **11.22** Nm 13.33.   ᶠ **11.22** Ciudades del sur de Palestina, cercanas a la costa del Mediterráneo. Posteriormente fueron ocupadas por los filisteos (cf. Jos 13.3; 1 S 17.4; 2 S 21.19-20).   ᵍ **11.23** Jos 21.43-45.   ᵃ **12.2** Dt 1.4; 2.24-37.   ᵇ **12.3** Dt 3.27.   ᶜ **12.1-5** Nm 21.21-35; Dt 2.26—3.11.   ᵈ **12.6** Nm 32.33; Dt 3.12.

occidental del Jordán, desde Baal-gad, en el llano del Líbano, hasta el monte Halac que sube hacia Seir,[e] y cuya tierra dio Josué en posesión a las tribus de Israel, conforme a su distribución, [8] en las montañas, en los valles, en el Arabá, en las laderas, en el desierto y en el Neguev, donde vivían el heteo, el amorreo, el cananeo, el ferezeo, el heveo y el jebuseo:

[9] El rey de Jericó; el rey de Hai, que está al lado de Bet-el; [10] el rey de Jerusalén; el rey de Hebrón; [11] el rey de Jarmut; el rey de Laquis; [12] el rey de Eglón; el rey de Gezer; [13] el rey de Debir; el rey de Geder; [14] el rey de Horma;[f] el rey de Arad;[g] [15] el rey de Libna;[h] el rey de Adulam;[i] [16] el rey de Maceda;[j] el rey de Bet-el; [17] el rey de Tapúa; el rey de Hefer; [18] el rey de Afec; el rey de Sarón; [19] el rey de Madón; el rey de Hazor; [20] el rey de Simron-merón; el rey de Acsaf;[k] [21] el rey de Taanac; el rey de Meguido; [22] el rey de Cedes; el rey de Jocneam del Carmelo; [23] el rey de Dor,[l] de la provincia de Dor; el rey de Goim en Gilgal; [24] el rey de Tirsa; treinta y un reyes en total.

Territorios por conquistar

13 [1] Josué era ya viejo, entrado en años, cuando Jehová le dijo: «Tú eres ya viejo, de edad avanzada, y queda aún mucha tierra por poseer. [2] Esta es la tierra que queda: todos los territorios de los filisteos y de los gesureos, [3] desde Sihor, que está al oriente de Egipto, hasta el límite de Ecrón por el norte, que se considera de los cananeos; los cinco principados de los filisteos, el gazeo, el asdodeo, el ascaloneo, el geteo y el ecroneo; también los aveos, [4] que están al sur. Toda la tierra de los cananeos, y Mehara, que es de los sidonios, hasta Afec y hasta los límites del amorreo; [5] la tierra de los giblitas, con todo el Líbano hacia donde sale el sol, desde Baal-gad, al pie del monte Hermón, hasta la entrada de Hamat. [6] Yo expulsaré de la presencia de los hijos de Israel a todos los que habitan en las montañas desde el Líbano hasta Misrefot-maim,[a] y a

todos los sidonios. Tú solamente repartirás por suertes el país a los israelitas como heredad,[b] conforme te he mandado. [7] Reparte, pues, ahora esta tierra como heredad a las nueve tribus y a la media tribu de Manasés».

[8] Porque la otra media tribu de Manasés, los rubenitas y los gaditas recibieron ya la heredad que les dio Moisés al otro lado del Jordán, al oriente, según el reparto de Moisés, siervo de Jehová:[c] [9] desde Aroer, a orillas del arroyo Arnón, con la ciudad que está en medio del valle y toda la llanura de Medeba, hasta Dibón; [10] todas las ciudades de Sehón, rey de los amorreos, el cual reinó en Hesbón, hasta los límites de los hijos de Amón; [11] Galaad, los territorios de los gesureos y los maacateos, todo el monte Hermón y toda la tierra de Basán hasta Salca; [12] y en Basán todo el reino de Og, que reinó en Astarot y en Edrei, y era el último sobreviviente de los refaítas, pues Moisés los había derrotado y expulsado. [13] Pero a los gesureos y a los maacateos no los expulsaron los hijos de Israel, sino que Gesur y Maaca habitaron entre los israelitas hasta hoy.

Los territorios que Moisés distribuyó

[14] Pero a la tribu de Leví no le dio heredad; los sacrificios de Jehová, Dios de Israel, son su heredad, como él les había dicho.[d]

[15] Dio, pues, Moisés a la tribu de los hijos de Rubén[e] conforme a sus familias. [16] Su territorio iba desde Aroer, que está a la orilla del arroyo Arnón, con la ciudad que está en medio del valle y toda la llanura hasta Medeba; [17] Hesbón, con todas las ciudades que están en la llanura; Dibón, Bamot-baal, Bet-baal-meón, [18] Jahaza, Cademot, Mefaat, [19] Quiriataim, Sibma, Zaret-sahar en el monte del valle, [20] Bet-peor, las laderas de Pisga, Bet-jesimot, [21] todas las ciudades de la llanura y todo el reino de Sehón, rey de los amorreos, que reinó en Hesbón y a quien derrotó Moisés, lo mismo que a los príncipes de Madián, Evi,

e **12.7** Jos 11.17.   *f* **12.14** Nm 14.45; 21.3; 1 S 30.30.   *g* **12.14** Jue 1.16.   *h* **12.15** Jos 10.29.
i **12.15** Gn 38.1.   *j* **12.16** Jos 10.28.   *k* **12.19-20** Jos 11.1-14.   *l* **12.23** Jos 11.2.   *a* **13.2-6** Jue 3.3-4.
b **13.6** Nm 33.54.   *c* **13.8** Nm 32.33; Dt 3.12.   *d* **13.14** Dt 18.1; Jos 13.33.   *e* **13.15** Nm 32.37-38.

Requem, Zur, Hur y Reba, príncipes de Sehón que habitaban en aquella tierra. ²²También pasaron a espada los hijos de Israel, entre otras víctimas, a Balaam, el adivino, hijo de Beor.ᶠ ²³Y el Jordán servía de límite al territorio de los hijos de Rubén. Esta fue la heredad de los hijos de Rubén conforme a sus familias, con sus ciudades y sus aldeas.

²⁴Dio asimismo Moisés a la tribu de Gad,ᵍ a los hijos de Gad, conforme a sus familias. ²⁵Su territorio fue Jazer, todas las ciudades de Galaad, la mitad de la tierra de los hijos de Amón hasta Aroer, que está enfrente de Rabá, ²⁶y desde Hesbón hasta Ramat-mizpa y Betonim, y desde Mahanaim hasta el límite de Debir; ²⁷y en el valle, Bet-aram, Bet-nimra, Sucot y Zafón —el resto del reino de Sehón, rey de Hesbón—, el Jordán y su límite hasta el extremo del mar de Cineret al otro lado del Jordán, al oriente. ²⁸Esta es la heredad de los hijos de Gad por sus familias, con sus ciudades y sus aldeas.

²⁹También dio Moisés su heredad a la media tribu de Manasés, que fue para la media tribu de los hijos de Manasés, conforme a sus familias. ³⁰Su territorio iba desde Mahanaim, y comprendía todo Basán, todo el reino de Og, rey de Basán, todas las aldeas de Jair que están en Basán: sesenta poblaciones. ³¹La mitad de Galaad, Astarot y Edrei, ciudades del reino de Og en Basán, pasaron a la mitad de los hijos de Maquir hijo de Manasés, conforme a sus familias.

³²Esto es lo que Moisés repartió como heredad en los llanos de Moab, al otro lado del Jordán, al oriente de Jericó. ³³Pero a la tribu de Leví no le dio Moisés heredad; Jehová, Dios de Israel, es su heredad, como él les había dicho.ʰ

Repartición de Canaán

14 ¹Esto, pues, es lo que los hijos de Israel recibieron como heredad en la tierra de Canaán, lo que les repartieron el sacerdote Eleazar, Josué hijo de Nun, y los cabezas de los padres de las tribus de los hijos de Israel. ²Por suertes se les dio su heredad, como Jehová había mandado a Moisés que se diera a las nueve tribus y a la media tribu.ᵃ ³Porque a las dos tribus y a la media tribu les había dado Moisés su heredad al otro lado del Jordán,ᵇ pero a los levitas no les dio ninguna heredad entre ellos. ⁴Pues los hijos de José fueron dos tribus, Manasés y Efraín, y no dieron parte a los levitas en la tierra, sino ciudades en que habitaran, con sus ejidos para el ganado y los rebaños. ⁵De la manera que Jehová lo había mandado a Moisés, así lo hicieron los hijos de Israel en el reparto de la tierra.

Caleb recibe Hebrón

⁶Los hijos de Judá fueron a donde estaba Josué en Gilgal, y Caleb hijo de Jefone, el cenezeo, le dijo: «Tú sabes lo que Jehová dijo a Moisés, el varón de Dios, en Cades-barnea, tocante a nosotros dos.ᶜ ⁷Yo tenía cuarenta años de edad cuando Moisés, siervo de Jehová, me envió de Cades-barnea a reconocer la tierra, y yo le traje noticias como lo sentía en mi corazón.ᵈ ⁸Mis hermanos, los que habían subido conmigo, hicieron desfallecer el corazón del pueblo, pero yo me mantuve fiel a Jehová, mi Dios. ⁹Entonces Moisés juró diciendo: "Ciertamente la tierra que pisó tu pie será para ti y para tus hijos como herencia perpetua, por cuanto te mantuviste fiel a Jehová, mi Dios".ᵉ ¹⁰Pues bien, Jehová me ha hecho vivir, como él dijo, estos cuarenta y cinco años, desde el tiempo que Jehová dijo estas palabras a Moisés, cuando Israel andaba por el desierto, y ahora tengo ochenta y cinco años de edad. ¹¹Todavía estoy tan fuerte como el día en que Moisés me envió. Cual era mi fuerza entonces, tal es ahora mi fuerza para combatir, para salir y para entrar. ¹²Dame, pues, ahora este monte, del cual habló Jehová aquel día.ᶠ Tú mismo oíste entonces que los anaceosᵍ están allí, y que hay ciudades grandes y fortificadas. Si Jehová está conmigo, los expulsaré, como Jehová ha dicho».

ᶠ**13.22** Nm 22—24. ᵍ**13.24** Nm 32.1-5,34-38. ʰ**13.33** Nm 18.20; Dt 18.1-2.
ᵃ**14.2** Nm 26.52-56; 34.13. ᵇ**14.3** Nm 32.33; 34.14-15; Dt 3.12-17. ᶜ**14.6** Nm 14.30.
ᵈ**14.7** Nm 13.1-30. ᵉ**14.9** Nm 14.24. ᶠ**14.12** Jue 1.20. ᵍ**14.12** Nm 13.33.

¹³ Josué entonces lo bendijo, y dio a Caleb hijo de Jefone a Hebrón[h] como heredad. ¹⁴ Por tanto, Hebrón vino a ser heredad de Caleb hijo de Jefone, el cenezeo, hasta hoy, por cuanto se había mantenido fiel a Jehová, Dios de Israel. ¹⁵ Pero el nombre de Hebrón era antes Quiriat-arba,[i] porque Arba fue un hombre grande entre los anaceos.

Y la tierra descansó de la guerra.

El territorio de Judá

15 ¹ La parte que tocó en suerte a la tribu de los hijos de Judá, conforme a sus familias, llegaba hasta la frontera de Edom, y tenía el desierto de Zin, al sur, como su extremo meridional. ² Su límite por el lado del sur partía de la costa del Mar Salado —desde la bahía que mira hacia el sur—; ³ luego salía hacia el sur de la subida de Acrabim, pasaba hacia Zin y subía por el sur hasta Cades-barnea; pasando por Hezrón, subía hacia Adar y daba vuelta a Carca. ⁴ De allí pasaba por Asmón, salía al arroyo de Egipto y terminaba en el mar. Este, pues, os será el límite del sur. ⁵ El límite oriental es el Mar Salado hasta la desembocadura del Jordán. El límite por el lado del norte, partía de la bahía del mar, en la desembocadura del Jordán. ⁶ Este límite sube por Bet-hogla, pasa al norte de Bet-arabá, y de aquí sube a la piedra de Bohán hijo de Rubén. ⁷ Luego sube a Debir desde el valle de Acor, y al norte mira sobre Gilgal, que está enfrente de la subida de Adumín, al sur del arroyo; pasa por las aguas de En-semes y sale a la fuente Rogel. ⁸ Sube este límite por el valle del hijo de Hinom, al lado sur del jebuseo, que es Jerusalén. Luego sube por la cumbre del monte que está enfrente del valle de Hinom, hacia el occidente, el cual está al extremo del valle de Refaim, por el lado del norte. ⁹ Este límite tuerce desde la cumbre del monte hasta la fuente de las aguas de Neftoa, y sale a las ciudades del monte Efrón para volverse luego hacia Baala, que es Quiriat-jearim. ¹⁰ Después gira este límite desde Baala hacia el occidente a los montes de Seir y, pasando por el lado norte del monte Jearim, el cual es Quesalón, desciende a Bet-semes y pasa a Timna. ¹¹ Sale luego del lado norte de Ecrón y vuelve hacia Sicrón, pasa por el monte Baala, sale a Jabneel y termina en el mar. ¹² El límite del occidente es el Mar Grande. Este era el límite del territorio de los hijos de Judá, conforme a sus familias.

Caleb conquista Hebrón y Debir
(Jue 1.10-15)

¹³ A Caleb hijo de Jefone se le dio su parte entre los hijos de Judá, conforme al mandamiento de Jehová a Josué: Quiriat-arba, la ciudad del padre de Anac, que es Hebrón. ¹⁴ Caleb echó de allí a los tres hijos de Anac: a Sesai, Ahimán y Talmai, descendientes de Anac.[a] ¹⁵ De aquí subió contra los que habitaban en Debir, que antes se llamaba Quiriat-sefer. ¹⁶ Entonces dijo Caleb: «Al que ataque Quiriat-sefer y la tome, yo le daré a mi hija Acsa por mujer».

¹⁷ Otoniel hijo de Cenaz y hermano de Caleb, la tomó, y él le dio a su hija Acsa por mujer. ¹⁸ Y aconteció que cuando se la llevaba, este la persuadió que pidiera a su padre tierras para labrar. Ella se bajó del asno, y Caleb le preguntó:

—¿Qué tienes?

¹⁹ —Concédeme un don —respondió ella—; puesto que me has dado tierra del Neguev, dame también fuentes de aguas.

Él entonces le dio las fuentes de arriba y las de abajo.[b]

Las ciudades de Judá

²⁰ Esta, pues, es la heredad de la tribu de los hijos de Judá por sus familias. ²¹ Y fueron las ciudades de la tribu de los hijos de Judá en el extremo sur, hacia la frontera de Edom: Cabseel, Edar, Jagur, ²² Cina, Dimona, Adada, ²³ Cedes, Hazor, Itnán, ²⁴ Zif, Telem, Bealot, ²⁵ Hazor-hadata, Queriot, Hezrón (que es Hazor), ²⁶ Amam, Sema, Molada, ²⁷ Hazar-gada, Hesmón, Bet-pelet, ²⁸ Hazar-sual, Beerseba, Bizotia, ²⁹ Baala, Iim, Esem, ³⁰ Eltolad, Quesil, Horma, ³¹ Siclag,

---

Madmana, Sansana, [32]Lebaot, Silhim, Aín y Rimón. En total, veintinueve ciudades con sus aldeas.

[33]En las llanuras, Estaol, Zora, Asena, [34]Zanoa, En-ganim, Tapúa, Enam, [35]Jarmut, Adulam, Soco, Azeca, [36]Saaraim, Aditaim, Gedera y Gederotaim: catorce ciudades con sus aldeas.

[37]Zenán, Hadasa, Migdal-gad, [38]Dileán, Mizpa, Jocteel, [39]Laquis, Boscat, Eglón, [40]Cabón, Lahmam, Quitlis, [41]Gederot, Bet-dagón, Naama y Maceda: dieciséis ciudades con sus aldeas.

[42]Libna, Eter, Asán, [43]Jifta, Asena, Nezib, [44]Keila, Aczib y Maresa: nueve ciudades con sus aldeas.

[45]Ecrón con sus villas y sus aldeas. [46]De Ecrón hasta el mar, todas las que están cerca de Asdod con sus aldeas.

[47]Asdod con sus villas y sus aldeas; Gaza con sus villas y sus aldeas hasta el río de Egipto, y las costas del Mar Grande.

[48]En las montañas: Samir, Jatir, Soco, [49]Dana, Quiriat-sana (que es Debir); [50]Anab, Estemoa, Anim, [51]Gosén, Holón y Gilo: once ciudades con sus aldeas.

[52]Arab, Duma, Esán, [53]Janum, Bet-tapúa, Afeca, [54]Humta, Quiriat-arba (la cual es Hebrón) y Sior: nueve ciudades con sus aldeas.

[55]Maón, Carmel, Zif, Juta, [56]Jezreel, Jocdeam, Zanoa, [57]Caín, Gabaa y Timna: diez ciudades con sus aldeas.

[58]Halhul, Bet-sur, Gedor, [59]Maarat, Bet-anot y Eltecón: seis ciudades con sus aldeas.

[60]Quiriat-baal (que es Quiriat-jearim) y Rabá: dos ciudades con sus aldeas.

[61]En el desierto: Bet-arabá, Midín, Secaca, [62]Nibsán, la Ciudad de la Sal y En-gadi: seis ciudades con sus aldeas.

[63]Pero los hijos de Judá no pudieron expulsar a los jebuseos que habitaban en Jerusalén. Por eso ha quedado el jebuseo en Jerusalén junto con los hijos de Judá hasta hoy.[c]

Territorios de Efraín y de Manasés

16 [1]Lo que tocó en suerte a los hijos de José iba desde el Jordán de Jericó hasta las aguas de Jericó, hacia el oriente, hacia el desierto que sube de Jericó por las montañas de Bet-el. [2]Sale de Bet-el a Luz y pasa a lo largo del territorio de los arquitas hasta Atarot; [3]baja hacia el occidente al territorio de los jafletitas, hasta el límite de Bet-horón la de abajo, y hasta Gezer, y sale al mar. [4]Recibieron, pues, su heredad los hijos de José, Manasés y Efraín.

[5]El territorio de los hijos de Efraín por sus familias: El límite de su heredad era por el lado del oriente Atarot-adar hasta Bet-horón la de arriba. [6]Continúa el límite hasta el mar y hasta Micmetat al norte, y da vuelta hacia el oriente hasta Taanat-silo, y de aquí pasa a Janoa. [7]De Janoa desciende a Atarot y a Naarat, toca Jericó y sale al Jordán. [8]De Tapúa se vuelve hacia el oeste por el arroyo Caná, y sale al mar. Esta es la heredad de la tribu de los hijos de Efraín por sus familias, [9]además de las ciudades que se apartaron para los hijos de Efraín en medio de la heredad de los hijos de Manasés; todas las ciudades con sus aldeas. [10]Pero no expulsaron al cananeo que habitaba en Gezer,[a] y por eso quedó el cananeo en medio de Efraín, hasta hoy, aunque sometido a tributo.

17 [1]Se echaron también suertes para la tribu de Manasés, porque era el primogénito de José: a Maquir,[a] primogénito de Manasés y padre de Galaad, que fue un hombre de guerra, le tocó Galaad y Basán. [2]Se echaron también suertes para los otros hijos de Manasés[b] conforme a sus familias: los hijos de Abiezer, los hijos de Helec, los hijos de Asriel, los hijos de Siquem, los hijos de Hefer y los hijos de Semida. Estos eran los hijos varones de Manasés hijo de José, por sus familias.

[3]Pero Zelofehad hijo de Hefer hijo de Galaad, hijo de Maquir, hijo de Manasés, no tuvo hijos sino hijas, los nombres de las cuales son estos: Maala, Noa, Hogla, Milca y Tirsa. [4]Estas acudieron ante el sacerdote Eleazar, ante Josué hijo de Nun y ante los príncipes, y dijeron: «Jehová mandó a Moisés que nos diera una heredad entre nuestros hermanos».[c] Y se les dio una heredad entre los hermanos de su padre, conforme al dicho de Jehová.

[c]15.63 Jue 1.21; 2 S 5.6-9; 1 Cr 11.4.   [a]16.10 Jue 1.29.   [a]17.1 Jos 13.31.   [b]17.2 Nm 26.29-34.
[c]17.4 Nm 27.1-7.

⁵ Le tocaron a Manasés diez partes, además de la tierra de Galaad y de Basán, que está al otro lado del Jordán, ⁶ pues las hijas de Manasés recibieron una heredad entre sus hijos. La tierra de Galaad fue para los otros hijos de Manasés. ⁷ El territorio de Manasés iba desde Aser hasta Micmetat, que está enfrente de Siquem, y seguía hacia el sur, hasta los que habitan en Tapúa. ⁸ La tierra de Tapúa era de Manasés, pero Tapúa misma, que está junto al límite de Manasés, era de los hijos de Efraín. ⁹ Este límite desciende al arroyo Caná, hacia el sur del arroyo. Estas ciudades de Efraín están entre las ciudades de Manasés; el límite de Manasés estaba al norte del mismo arroyo, e iba a salir al mar. ¹⁰ A Efraín pertenecía el sur, a Manasés el norte, y el mar era su frontera; lindaban con Aser al norte y con Isacar al oriente. ¹¹ Tuvo también Manasés en Isacar y en Aser a Bet-seán y sus aldeas, a Ibleam y sus aldeas, a los habitantes de Dor y sus aldeas, a los habitantes de Endor y sus aldeas, a los habitantes de Taanac y sus aldeas, a los habitantes de Meguido y sus aldeas: tres provincias. ¹² Pero los hijos de Manasés no pudieron expulsar a los de aquellas ciudades, y el cananeo persistió en habitar en aquella tierra. ¹³ Pero cuando los hijos de Israel fueron lo suficientemente fuertes, hicieron tributario al cananeo, aunque no lo expulsaron.*ᵈ*

¹⁴ Los hijos de José dijeron a Josué:

—¿Por qué nos has dado como heredad una sola suerte y una sola parte, siendo nosotros un pueblo tan grande, al que Jehová ha bendecido hasta ahora?

¹⁵ Josué les respondió:

—Si sois un pueblo tan grande, subid al bosque y talad para vosotros allí en la tierra de los ferezeos y de los refaítas, ya que los montes de Efraín os resultan estrechos.

¹⁶ Los hijos de José dijeron:

—No nos bastará a nosotros este monte. Además, todos los cananeos que habitan la tierra de la llanura tienen carros de hierro, lo mismo los que están en Bet-seán y en sus aldeas que los del valle de Jezreel.

¹⁷ Entonces Josué respondió a la casa de José, a Efraín y a Manasés:

—Tú eres un gran pueblo y tienes un gran poder: no tendrás una sola parte, ¹⁸ sino que aquel monte será tuyo, pues aunque es un bosque, tú lo desmontarás y lo poseerás hasta sus límites más lejanos; porque tú arrojarás al cananeo, aunque tenga carros de hierro y aunque sea fuerte.

Territorios de las demás tribus

18 ¹ Toda la congregación de los hijos de Israel se reunió en Silo, donde erigieron el Tabernáculo de reunión. Toda la tierra se les había sometido, ² pero quedaban de los hijos de Israel siete tribus a las cuales aún no se les habían repartido su posesión.

³ Entonces Josué dijo a los hijos de Israel: «¿Hasta cuándo vais a esperar para venir a poseer la tierra que os ha dado Jehová, el Dios de vuestros padres? ⁴ Designad tres hombres de cada tribu, para que yo los envíe. Que ellos se levanten, recorran la tierra y la describan conforme al reparto de las heredades; después volverán a mí. ⁵ Dividirán la tierra en siete partes. Judá se quedará en su territorio al sur y los de la casa de José en el suyo al norte. ⁶ Vosotros, pues, delinearéis la tierra en siete partes y me traeréis la descripción aquí, para que yo eche suertes delante de Jehová, nuestro Dios. ⁷ Pero los levitas no tienen ninguna parte entre vosotros, porque el sacerdocio de Jehová es su heredad; también Gad, Rubén y la media tribu de Manasés, ya han recibido, en el lado oriental del Jordán, la heredad que les dio Moisés, siervo de Jehová».

⁸ Aquellos hombres se levantaron y partieron. Y mandó Josué a los que iban a delinear la tierra: «Id, recorred la tierra y delineadla, y volved a mí, para que yo os eche suertes aquí delante de Jehová, en Silo».

⁹ Fueron, pues, aquellos hombres y recorrieron la tierra, delineándola ciudad por ciudad en siete partes, en un libro que llevaron a Josué al campamento en Silo. ¹⁰ Josué les echó suertes delante de Jehová

en Silo, y allí repartió la tierra a los hijos de Israel, según sus porciones.

11 Se sacó la suerte de la tribu de los hijos de Benjamín, conforme a sus familias, y el territorio adjudicado a ella quedó entre los hijos de Judá y los hijos de José. 12 Su límite, por el lado norte, parte del Jordán y sube por el lado norte de Jericó; sube después por el monte hacia el occidente y viene a salir al desierto de Bet-avén. 13 De allí pasa en dirección de Luz, al lado sur de Luz (que es Bet-el), y desciende de Atarot-adar al monte que está al sur de Bet-horón, la de abajo. 14 Tuerce hacia el oeste por el lado sur del monte que está delante de Bet-horón, al sur, y viene a salir a Quiriat-baal (que es Quiriat-jearim), ciudad de los hijos de Judá. Este es el lado del occidente.

15 El lado del sur va desde el extremo de Quiriat-jearim y sale al occidente, a la fuente de las aguas de Neftoa. 16 Luego desciende este límite hasta el extremo del monte que está delante del valle del hijo de Hinom, al norte del valle de Refaim; desciende entonces al valle de Hinom, al lado sur del jebuseo, y de allí desciende a la fuente Rogel. 17 Después se inclina hacia el norte y sale a En-semes; de allí a Gelilot, que está delante de la subida de Adumín, y desciende a la piedra de Bohán hijo de Rubén. 18 Pasa por el lado que está enfrente del Arabá y desciende al Arabá; 19 pasa el límite hacia el lado norte de Bet-hogla y termina en la bahía norte del Mar Salado, en el extremo sur del Jordán. Este es el límite sur.

20 El Jordán era el límite del lado oriental. Esta es la heredad de los hijos de Benjamín con los límites que la rodean, conforme a sus familias.

21 Las ciudades de la tribu de los hijos de Benjamín, por sus familias, fueron Jericó, Bet-hogla, el valle de Casis, 22 Bet-arabá, Zemaraim, Bet-el, 23 Avim, Pará, Ofra, 24 Quefar-haamoni, Ofni y Geba: doce ciudades con sus aldeas. 25 Gabaón, Ramá, Beerot, 26 Mizpa, Cafira, Mozah, 27 Requem, Irpeel, Tarala, 28 Zela, Elef, Jebús (que es Jerusalén), Gabaa y Quiriat: catorce ciudades con sus aldeas. Esta es la heredad

de los hijos de Benjamín conforme a sus familias.

19

1 La segunda suerte le tocó a Simeón, a la tribu de los hijos de Simeón, conforme a sus familias. Su heredad estaba en medio de la heredad de los hijos de Judá. 2 Ellos recibieron como heredad a Beerseba, Seba, Molada, 3 Hazar-sual, Bala, Ezem, 4 Eltolad, Betul, Horma, 5 Siclag, Bet-marcabot, Hazar-susa, 6 Bet-lebaot y Saruhén: trece ciudades con sus aldeas; 7 Aín, Rimón, Eter y Asán: cuatro ciudades con sus aldeas; 8 además, todas las aldeas que estaban alrededor de estas ciudades hasta Baalat-beer, que es Ramat del Neguev. Esta es la heredad de la tribu de los hijos de Simeón conforme a sus familias.[a] 9 De la suerte de los hijos de Judá fue sacada la heredad de los hijos de Simeón, por cuanto la parte de los hijos de Judá era excesiva para ellos. Así que los hijos de Simeón recibieron su heredad en medio de la de Judá.

10 La tercera suerte tocó a los hijos de Zabulón conforme a sus familias. El territorio de su heredad se extendió hasta Sarid; 11 su límite sube hacia el occidente hacia Marala y llega hasta Dabeset, y de allí hasta el arroyo que está delante de Jocneam. 12 Desde Sarid gira hacia el oriente, hacia donde nace el sol, hasta el límite de Quislot-tabor, sale a Daberat y sube a Jafía. 13 De allí pasa hacia el lado oriental, a Gat-hefer y a Ita-cazín, sale a Rimón y vuelve hacia Nea. 14 Luego, al norte, el límite gira hacia Hanatón y va a salir al valle de Jefte-el. 15 Abarca, además, Catat, Naalal, Simrón, Idala y Belén: doce ciudades con sus aldeas. 16 Esta es la heredad de los hijos de Zabulón conforme a sus familias; las ciudades con sus aldeas.

17 La cuarta suerte correspondió a Isacar, a los hijos de Isacar, conforme a sus familias. 18 En su territorio estaban Jezreel, Quesulot, Sunem, 19 Hafaraim, Sihón, Anaharat, 20 Rabit, Quisión, Abez, 21 Remet, En-ganim, En-hada y Bet-pases. 22 Este límite llega hasta Tabor, Sahazima y Bet-semes, y termina en el Jordán: dieciséis ciudades con sus aldeas. 23 Esta es la heredad de la

a 19.2-8 1 Cr 4.28-33.

tribu de los hijos de Isacar conforme a sus familias; las ciudades con sus aldeas.

²⁴ La quinta suerte correspondió a la tribu de los hijos de Aser conforme a sus familias. ²⁵ Su territorio abarcó Helcat, Halí, Betén, Acsaf, ²⁶ Alamelec, Amad y Miseal; llega hacia el occidente hasta el Carmelo y Sihor-libnat. ²⁷ Después da vuelta hacia el oriente, hasta Bet-dagón, y llega por el norte hasta Zabulón, al valle de Jefte-el, a Bet-emec y a Neiel, y va a salir a Cabul por el norte, ²⁸ por lo que abarca a Hebrón, Rehob, Hamón y Caná, hasta la gran Sidón. ²⁹ De allí este límite tuerce hacia Ramá y hasta la ciudad fortificada de Tiro, gira hacia Hosa y sale al mar desde el territorio de Aczib. ³⁰ Abarca también Uma, Afec y Rehob: veintidós ciudades con sus aldeas. ³¹ Esta es la heredad de la tribu de los hijos de Aser conforme a sus familias; las ciudades con sus aldeas.

³² La sexta suerte correspondió a los hijos de Neftalí conforme a sus familias. ³³ Su territorio abarcó desde Helef, Alón-saananim, Adami-neceb y Jabneel, hasta Lacum, e iba a salir al Jordán. ³⁴ Giraba el límite al occidente hacia Aznot-tabor; de allí pasaba a Hucoc y llegaba hasta Zabulón al sur, al occidente lindaba con Aser, y con Judá por el Jordán hacia donde nace el sol. ³⁵ Sus ciudades fortificadas eran Sidim, Zer, Hamat, Racat, Cineret, ³⁶ Adama, Ramá, Hazor, ³⁷ Cedes, Edrei, En-hazor, ³⁸ Irón, Migdal-el, Horem, Bet-anat y Bet-semes: diecinueve ciudades con sus aldeas. ³⁹ Esta es la heredad de la tribu de los hijos de Neftalí conforme a sus familias; las ciudades con sus aldeas.

⁴⁰ La séptima suerte correspondió a la tribu de los hijos de Dan conforme a sus familias. ⁴¹ En el territorio de su heredad estaban Zora, Estaol, Ir-semes, ⁴² Saalabín, Ajalón, Jetla, ⁴³ Elón, Timnat, Ecrón, ⁴⁴ Elteque, Gibetón, Baalat, ⁴⁵ Jehúd, Bene-berac, Gat-rimón, ⁴⁶ Mejarcón y Racón, con el territorio que está delante de Jope. ⁴⁷ Pero les faltó territorio a los hijos de Dan. Por eso subieron los hijos de Dan a atacar a Lesem; la tomaron y la pasaron a filo de espada. Tomaron posesión de ella y la habitaron. Y la llamaron Dan, por el nombre de su padre.ᵇ ⁴⁸ Esta es la heredad de la tribu de los hijos de Dan conforme a sus familias; las ciudades con sus aldeas.

⁴⁹ Después que acabaron de repartir la tierra y delinear sus territorios, dieron los hijos de Israel una heredad en medio de ellos a Josué hijo de Nun. ⁵⁰ Según la orden de Jehová, le dieron la ciudad que él pidió, Timnat-sera,ᶜ en los montes de Efraín. Él reedificó la ciudad y habitó en ella.

⁵¹ Estas son las heredades que el sacerdote Eleazar, Josué hijo de Nun y los cabezas de familia entregaron por suertes en posesión a las tribus de los hijos de Israel en Silo, delante de Jehová, a la entrada del Tabernáculo de reunión. Así acabaron de repartir la tierra.

Ciudades de refugio

20 ¹ Habló Jehová a Josué diciendo: ² «Habla a los hijos de Israel, y diles: Señalaos las ciudades de refugio, de las cuales yo os hablé por medio de Moisés,ᵃ ³ para que se acoja allí el homicida que mate a alguien por accidente y no a propósito; y os servirán de refugio contra el vengador de la sangre.ᵇ ⁴ Y el que se acoja a alguna de aquellas ciudades, se presentará a la puerta de la ciudad y expondrá sus razones en oídos de los ancianos de aquella ciudad; y ellos lo recibirán consigo dentro de la ciudad y le darán lugar para que habite con ellos. ⁵ Si el vengador de la sangre lo sigue, no entregarán en su mano al homicida, por cuanto hirió a su prójimo por accidente y antes no tuvo con él ninguna enemistad. ⁶ Y quedará en aquella ciudad hasta que comparezca en juicio delante de la congregación, y hasta la muerte del que sea sumo sacerdote en aquel tiempo; entonces el homicida podrá volver a su ciudad y a su casa, y a la ciudad de donde huyó».

⁷ Entonces señalaron a Cedes en Galilea, en el monte de Neftalí, Siquem en los montes de Efraín, y Quiriat-arba (que es Hebrón) en los montes de Judá. ⁸ Y al otro lado del Jordán, al oriente de Jericó, señalaron a Beser en el desierto, en la llanura de la tribu de Rubén, Ramot en Galaad de

ᵇ 19.47 Jue 18.1-29. ᶜ 19.50 Jos 24.30. ᵃ 20.1-9 Nm 35.6-32; Dt 4.41-43; 19.1-13. ᵇ 20.3 Nm 35.19-21; Dt 19.6,11-12.

la tribu de Gad, y Golán en Basán de la tribu de Manasés.[c] [9] Estas fueron las ciudades señaladas para todos los hijos de Israel y para el extranjero que habitara entre ellos, para que se acogiese a ellas cualquiera que hiriera a alguno por accidente, a fin de que no muriese por mano del vengador de la sangre, hasta comparecer delante de la congregación.

Ciudades de los levitas
(1 Cr 6.54-81)

21 [1] Los jefes de familia de los levitas se acercaron al sacerdote Eleazar, a Josué hijo de Nun y a los cabezas de familia de las tribus de los hijos de Israel, [2] que estaban en Silo, en la tierra de Canaán, y les dijeron: «Jehová mandó por medio de Moisés que se nos dieran ciudades donde habitar, con sus ejidos para nuestros ganados».[a] [3] Entonces los hijos de Israel dieron de su propia herencia a los levitas, conforme al mandato de Jehová, las siguientes ciudades con sus ejidos.

[4] La suerte cayó sobre las familias de los coatitas, y a los levitas descendientes de Aarón, el sacerdote, les tocaron en suerte trece ciudades de la tribu de Judá, de la tribu de Simeón y de la tribu de Benjamín. [5] A los otros hijos de Coat les tocaron en suerte diez ciudades de las familias de la tribu de Efraín, de la tribu de Dan y de la media tribu de Manasés. [6] A los hijos de Gersón les tocaron en suerte trece ciudades de las familias de la tribu de Isacar, de la tribu de Aser, de la tribu de Neftalí y de la media tribu de Manasés en Basán. [7] A los hijos de Merari, según sus familias, les tocaron doce ciudades de la tribu de Rubén, de la tribu de Gad y de la tribu de Zabulón.

[8] Dieron, pues, los hijos de Israel a los levitas estas ciudades con sus ejidos, por suertes, como había mandado Jehová por conducto de Moisés.

[9] De la tribu de los hijos de Judá, y de la tribu de los hijos de Simeón, dieron estas ciudades que han sido nombradas, [10] las cuales obtuvieron los hijos de Aarón de las familias de Coat, los hijos de Leví, porque a ellos correspondió la primera suerte. [11] Les dieron Quiriat-arba, del padre de Anac, la cual es Hebrón, en los montes de Judá, con sus ejidos circundantes. [12] Pero el campo de la ciudad con sus aldeas se lo dieron a Caleb hijo de Jefone como posesión suya.

[13] A los hijos del sacerdote Aarón les dieron Hebrón con sus ejidos como ciudad de refugio para los homicidas; además, Libna con sus ejidos, [14] Jatir con sus ejidos, Estemoa con sus ejidos, [15] Holón con sus ejidos, Debir con sus ejidos, [16] Aín con sus ejidos, Juta con sus ejidos y Bet-semes con sus ejidos: nueve ciudades de estas dos tribus. [17] Y de la tribu de Benjamín, Gabaón con sus ejidos, Geba con sus ejidos, [18] Anatot con sus ejidos, Almón con sus ejidos: cuatro ciudades. [19] El total de las ciudades de los sacerdotes descendientes de Aarón: trece, con sus ejidos.

[20] Pero a las familias de los hijos de Coat, a los levitas que quedaban de los hijos de Coat, les tocaron en suerte ciudades de la tribu de Efraín. [21] Les dieron Siquem con sus ejidos, en los montes de Efraín, como ciudad de refugio para los homicidas; además, Gezer con su ejidos, [22] Kibsaim con sus ejidos y Bet-horón con sus ejidos: cuatro ciudades. [23] De la tribu de Dan, Elteque con sus ejidos, Gibetón con sus ejidos, [24] Ajalón con sus ejidos y Gat-rimón con sus ejidos: cuatro ciudades. [25] Y de la media tribu de Manasés, Taanac con sus ejidos y Gat-rimón con sus ejidos: dos ciudades. [26] El total de las ciudades para el resto de las familias de los hijos de Coat: diez con sus ejidos.

[27] A los hijos de Gersón, de las familias de los levitas, les dieron, de la media tribu de Manasés, a Golán en Basán, con sus ejidos, como ciudad de refugio para los homicidas, y además, Beestera con sus ejidos: dos ciudades. [28] De la tribu de Isacar, Cisón con sus ejidos, Daberat con sus ejidos, [29] Jarmut con sus ejidos y En-ganim con sus ejidos: cuatro ciudades. [30] De la tribu de Aser, Miseal con sus ejidos, Abdón con sus ejidos, [31] Helcat con sus ejidos y Rehob con sus ejidos: cuatro ciudades. [32] Y de la tribu de Neftalí, Cedes en Galilea con sus ejidos, como ciudad de refugio para los homicidas, y además, Hamot-dor con sus ejidos y Cartán con sus ejidos: tres ciudades. [33] El total de las

---

[c] **20.7-8** Dt 4.41-43.   [a] **21.2** Nm 35.1-8.

ciudades de los gersonitas, por familias: trece ciudades con sus ejidos.

34 A las familias de los hijos de Merari, los levitas que quedaban, se les dio, de la tribu de Zabulón, Jocneam con sus ejidos, Carta con sus ejidos, 35 Dimna con sus ejidos y Naalal con sus ejidos: cuatro ciudades. 36 Y de la tribu de Rubén, Beser con sus ejidos, Jahaza con sus ejidos, 37 Cademot con sus ejidos y Mefaat con sus ejidos: cuatro ciudades. 38 De la tribu de Gad, Ramot de Galaad con sus ejidos, como ciudad de refugio para los homicidas; además, Mahanaim con sus ejidos, 39 Hesbón con sus ejidos y Jazer con sus ejidos: cuatro ciudades. 40 En total fueron doce las ciudades que les tocaron en suerte a los hijos de Merari, por familias, o sea, al resto de las familias de los levitas.

41 El total de las ciudades de los levitas en medio del territorio de los hijos de Israel: cuarenta y ocho ciudades con sus ejidos. 42 Estas ciudades estaban apartadas la una de la otra, cada cual con sus ejidos en torno a ella. Así fue con todas estas ciudades.

Israel ocupa la tierra

43 De esta manera dio Jehová a Israel toda la tierra que había jurado dar a sus padres. Tomaron posesión de ella, y la habitaron. 44 Jehová les dio paz a su alrededor, conforme a todo lo que había jurado a sus padres, y ninguno de sus enemigos pudo hacerles frente, porque Jehová entregó en sus manos a todos sus enemigos. 45 No faltó ni una palabra de todas las buenas promesas que Jehová había hecho a la casa de Israel. Todo se cumplió.

El altar junto al Jordán

22 ¹ Entonces Josué llamó a los rubenitas, a los gaditas y a la media tribu de Manasés, ² y les dijo: «Vosotros habéis guardado todo lo que Moisés, siervo de Jehová, os mandó, y habéis obedecido a mi voz en todo lo que os he mandado.ᵃ ³ No habéis abandonado a vuestros hermanos en este largo tiempo, hasta el día de hoy, sino que os habéis cuidado de guardar los mandamientos de Jehová, vuestro

Dios. ⁴ Ahora, pues, que Jehová, vuestro Dios, ha dado reposo a vuestros hermanos como lo había prometido, volved, regresad a vuestras tiendas, a la tierra de las posesiones que Moisés, siervo de Jehová, os dio al otro lado del Jordán. ⁵ Solamente que con diligencia cuidéis de cumplir el mandamiento y la ley que Moisés, siervo de Jehová, os ordenó: que améis a Jehová, vuestro Dios, y andéis en todos sus caminos; que guardéis sus mandamientos, lo sigáis y lo sirváis con todo vuestro corazón y con toda vuestra alma».

6 Josué los bendijo y los despidió, y ellos se fueron a sus tiendas.

7 A la media tribu de Manasés le había dado Moisés una posesión en Basán; a la otra mitad le dio Josué una heredad entre sus hermanos a este lado del Jordán, al occidente. También a estos los envió Josué a sus tiendas, después de haberlos bendecido, 8 y les dijo: «Volved a vuestras tiendas con grandes riquezas, con mucho ganado, con plata, oro y bronce, y con muchos vestidos; compartid con vuestros hermanos el botín de vuestros enemigos».

9 Así los hijos de Rubén, los hijos de Gad y la media tribu de Manasés se volvieron, separándose de los hijos de Israel en Silo, que está en la tierra de Canaán, para ir a la tierra de Galaad, a la tierra de sus posesiones, en la cual se habían establecido conforme al mandato que Jehová había dado por conducto de Moisés.

10 Cuando llegaron a los límites del Jordán que está en la tierra de Canaán, los hijos de Rubén, los hijos de Gad y la media tribu de Manasés edificaron un altar junto al Jordán, un altar de apariencia grandiosa. 11 Los hijos de Israel se enteraron de que los hijos de Rubén, los hijos de Gad y la media tribu de Manasés habían edificado un altar frente a la tierra de Canaán, en los límites del Jordán, del lado de los hijos de Israel. 12 Cuando los hijos de Israel oyeron esto, se juntó toda la congregación de los hijos de Israel en Silo, para subir a pelear contra ellos. 13 Pero antes enviaron los hijos de Israel a los hijos de Rubén, a los hijos de Gad y a la media tribu de Manasés, a la tierra de Galaad, a

ᵃ 22.2 Nm 32.20-32; Jos 1.12-15 n.

Finees, hijo del sacerdote Eleazar, [14] y a diez príncipes con él: un príncipe por cada casa paterna de todas las tribus de Israel, cada uno de los cuales era jefe de la casa de sus padres entre los millares de Israel. [15] Cuando llegaron donde estaban los hijos de Rubén, los hijos de Gad y la media tribu de Manasés, en la tierra de Galaad, les dijeron:

[16] —Toda la congregación de Jehová dice así: "¿Qué traición es esta que cometéis contra el Dios de Israel, al apartaros hoy de seguir a Jehová, edificándoos un altar y rebelándoos contra Jehová?[b] [17] ¿No ha bastado con la maldad de Peor, de la que aún hoy no estamos limpios, por la cual vino la mortandad sobre la congregación de Jehová,[c] [18] para que vosotros os apartéis hoy de seguir a Jehová? Vosotros os rebeláis hoy contra Jehová, y mañana se encenderá su ira contra toda la congregación de Israel. [19] Si os parece que la tierra que os pertenece es inmunda, pasaos a la tierra que pertenece a Jehová, en la cual está el tabernáculo de Jehová, y habitad entre nosotros, pero no os rebeléis contra Jehová, ni os rebeléis contra nosotros, edificándoos un altar además del altar de Jehová, nuestro Dios. [20] ¿No cometió Acán hijo de Zera una transgresión en el anatema, y la ira cayó sobre toda la congregación de Israel? Aquel hombre no fue el único que pereció por su pecado".[d]

[21] Entonces los hijos de Rubén, los hijos de Gad y la media tribu de Manasés respondieron a los cabezas de los millares de Israel:

[22] —Jehová, Dios de los dioses, Jehová, Dios de los dioses, él sabe y hace saber a Israel: si fue por rebelión o por infidelidad contra Jehová, no nos salves hoy. [23] Si nos hemos edificado altar para apartarnos de Jehová, o para presentar holocaustos u ofrendas, o para hacer sobre él ofrendas de paz, el mismo Jehová nos lo demande. [24] Lo hicimos más bien por temor de que mañana vuestros hijos digan a nuestros hijos: "¿Qué tenéis vosotros que ver con Jehová, el Dios de Israel? [25] Jehová ha puesto por lindero el Jordán

entre nosotros y vosotros, hijos de Rubén e hijos de Gad. ¡No tenéis vosotros parte con Jehová!". Y así vuestros hijos harían que nuestros hijos dejaran de temer a Jehová. [26] Por esto nos dijimos: "Edifiquemos ahora un altar, no para holocaustos ni para sacrificios, [27] sino para que sea un testimonio entre nosotros y vosotros y entre los que vendrán después de nosotros, de que podemos hacer el servicio de Jehová delante de él con nuestros holocaustos, nuestros sacrificios y nuestras ofrendas de paz; para que no digan mañana vuestros hijos a los nuestros: 'Vosotros no tenéis parte con Jehová' ". [28] Nosotros, pues, nos dijimos: "Si acontece que en lo por venir nos dicen tal cosa a nosotros o a nuestros descendientes, entonces responderemos: 'Mirad la forma del altar de Jehová, el cual construyeron nuestros padres, no para holocaustos o sacrificios, sino como un testimonio entre nosotros y vosotros' ". [29] Nunca acontezca que nos rebelemos contra Jehová o que nos apartemos hoy de seguir a Jehová edificando un altar para holocaustos, ofrendas o sacrificios, aparte del altar de Jehová, nuestro Dios, que está delante de su Tabernáculo.

[30] Cuando Finees, el sacerdote, los príncipes de la congregación y los jefes de los millares de Israel que con él estaban, oyeron las palabras pronunciadas por los hijos de Rubén, los hijos de Gad y los hijos de Manasés, les pareció bien todo ello. [31] Y dijo Finees, hijo del sacerdote Eleazar, a los hijos de Rubén, a los hijos de Gad y a los hijos de Manasés:

—Hoy hemos entendido que Jehová está entre nosotros, pues no habéis intentado esta traición contra Jehová. Así habéis librado a los hijos de Israel de la mano de Jehová.

[32] Luego Finees, hijo del sacerdote Eleazar, y los príncipes, dejando a los hijos de Rubén y a los hijos de Gad, regresaron de la tierra de Galaad a la tierra de Canaán, a los hijos de Israel, y les dieron la respuesta. [33] El asunto pareció bien a los hijos de Israel y bendijeron a su Dios. No hablaron más de hacerles la guerra y destruir la

---

[b] **22.16** Dt 12.6.   [c] **22.17** Nm 25.1-9.   [d] **22.20** Jos 7.1-26.

tierra en que habitaban los hijos de Rubén y los hijos de Gad. ³⁴ Los hijos de Rubén y los hijos de Gad pusieron al altar el nombre de Ed, porque dijeron: «Testimonio es entre nosotros de que Jehová es Dios».

Josué exhorta al pueblo

23 ¹ Aconteció, muchos días después que Jehová concediera paz a Israel de todos los enemigos que lo rodeaban, que Josué, ya viejo y avanzado en años, ² llamó a todo Israel, a sus ancianos, sus príncipes, sus jueces y sus oficiales, y les dijo: «Yo ya soy viejo y avanzado en años. ³ Vosotros habéis visto todo lo que Jehová, vuestro Dios, ha hecho con todas estas naciones por vuestra causa, pues Jehová, vuestro Dios, es quien ha peleado por vosotros. ⁴ Yo os he repartido por suertes, como herencia para vuestras tribus, estas naciones, tanto las destruidas como las que quedan, desde el Jordán hasta el Mar Grande, hacia donde se pone el sol. ⁵ Jehová, vuestro Dios, las echará de delante de vosotros, las expulsará de vuestra presencia y vosotros poseeréis sus tierras, como Jehová, vuestro Dios, os ha dicho.

⁶ »Esforzaos, pues, mucho en guardar y hacer todo lo que está escrito en el libro de la ley de Moisés, sin apartaros de ello ni a la derecha ni a la izquierda, ⁷ para que no os mezcléis con estas naciones que han quedado entre vosotros, ni hagáis mención ni juréis por el nombre de sus dioses, ni los sirváis, ni os inclinéis a ellos.ᵃ ⁸ Pero a Jehová, vuestro Dios, seguiréis como habéis hecho hasta hoy. ⁹ Pues ha expulsado Jehová de vuestra presencia a naciones grandes y fuertes, y hasta hoy nadie os ha podido resistir. ¹⁰ Un hombre de vosotros perseguirá a mil,ᵇ porque Jehová, vuestro Dios, es quien pelea por vosotros, como él os dijo.ᶜ ¹¹ Guardad, pues, con diligencia vuestras almas, para que améis a Jehová, vuestro Dios.ᵈ ¹² Porque si os apartáis y os unís a lo que resta de estas naciones que han quedado entre vosotros, y si concertáis con ellas matrimonios,ᵉ mezclándoos con ellas y ellas con vosotros, ¹³ sabed que Jehová, vuestro Dios, no seguirá expulsando ante vosotros a estas naciones, sino que os serán como lazo, trampa y azote para vuestros costados y espinas para vuestros ojos, hasta que desaparezcáis de esta buena tierra que Jehová, vuestro Dios, os ha dado.

¹⁴ »Yo estoy próximo a entrar hoy por el camino que recorren todos. Reconoced, pues, con todo vuestro corazón y con toda vuestra alma, que no ha faltado ni una sola de todas las bendiciones que Jehová, vuestro Dios, os había dicho; todas se os han cumplido, no ha faltado ninguna de ellas. ¹⁵ Pero así como se os han cumplido todas las bendiciones que Jehová, vuestro Dios, os había dicho, también traerá Jehová sobre vosotros todas sus maldiciones, hasta borraros de sobre la buena tierra que Jehová, vuestro Dios, os ha dado, ¹⁶ Si quebrantáis el pacto que Jehová, vuestro Dios, os ha mandado, yendo a honrar a dioses ajenos e inclinándoos ante ellos, entonces la ira de Jehová se encenderá contra vosotros y desapareceréis rápidamente de esta buena tierra que él os ha dado».

Discurso de despedida de Josué

24 ¹ Reunió Josué a todas las tribus de Israel en Siquem,ᵃ y llamó a los ancianos de Israel, a sus príncipes, sus jueces y sus oficiales. Todos se presentaron delante de Dios. ² Josué dijo a todo el pueblo:

—Así dice Jehová, el Dios de Israel: "Vuestros padres habitaron antiguamente al otro lado del río, esto es, Taré,ᵇ padre de Abraham y de Nacor, y servían a dioses extraños. ³ Yo tomé a vuestro padre Abraham del otro lado del ríoᶜ y lo traje por toda la tierra de Canaán, aumenté su descendencia y le di a Isaac.ᵈ ⁴ A Isaac le di a Jacob y a Esaú.ᵉ A Esaú le di en posesiónᶠ

ᵃ 23.7 Ex 23.13; Dt 8.19; 11.16. ᵇ 23.10 Dt 32.30. ᶜ 23.10 Dt 3.22; 28.7. ᵈ 23.11 Dt 6.5.
ᵉ 23.12-13 Dt 7.3-4. ᵃ 24.1 Ciudad situada a la entrada oriental del valle que separa el monte Gerizim del monte Ebal (cf. Gn 12.6-7; 33.18-20; Jos 24.32). ᵇ 24.2 Gn 11.26-27.
ᶜ 24.3 Gn 12.1-9. ᵈ 24.3 Gn 21.1-3. ᵉ 24.4 Gn 25.24-26. ᶠ 24.4 Gn 36.8; Dt 2.5.

los montes de Seir, pero Jacob y sus hijos descendieron a Egipto.*g* ⁵Entonces yo envié a Moisés y a Aarón, y castigué a Egipto con lo que hice en medio de él,*h* y después os saqué. ⁶Saqué a vuestros padres de Egipto, y llegaron al mar; los egipcios siguieron a vuestros padres hasta el Mar Rojo con carros y caballería. ⁷Cuando ellos clamaron a Jehová, él interpuso una gran oscuridad entre vosotros y los egipcios, e hizo volver sobre ellos el mar, el cual los cubrió. Vuestros ojos vieron lo que hice en Egipto.*i*

»Después estuvisteis muchos días en el desierto. ⁸Yo os introduje en la tierra de los amorreos, que habitaban al otro lado del Jordán, los cuales pelearon contra vosotros, pero yo los entregué en vuestras manos; ocupasteis su tierra, porque yo los exterminé de delante de vosotros.*j* ⁹Después se levantó Balac hijo de Zipor, rey de los moabitas, a pelear contra Israel, y mandó a llamar a Balaam hijo de Beor para que os maldijera. ¹⁰Pero yo no quise escuchar a Balaam, por lo cual os bendijo repetidamente,*k* y os libré de sus manos. ¹¹Pasasteis el Jordán*l* y llegasteis a Jericó, pero los habitantes de Jericó pelearon contra vosotros:*m* los amorreos, ferezeos, cananeos, heteos, gergeseos, heveos y jebuseos, y yo los entregué en vuestras manos. ¹²Envié delante de vosotros tábanos,*n* los cuales expulsaron a los dos reyes amorreos antes de llegar vosotros; no fue con tu espada ni con tu arco. ¹³Os di la tierra por la cual no trabajasteis y las ciudades que no edificasteis, y en las que ahora habitáis; y coméis de las viñas y olivares que no plantasteis".*ñ*

¹⁴»Ahora, pues, temed a Jehová y servidlo con integridad y verdad; quitad de en medio de vosotros los dioses a los cuales sirvieron vuestros padres al otro lado del río y en Egipto, y servid a Jehová. ¹⁵Si mal os parece servir a Jehová, escogeos hoy a quién sirváis; si a los dioses a quienes sirvieron vuestros padres cuando estuvieron al otro lado del río, o a los dioses de los amorreos en cuya tierra habitáis; pero yo y mi casa serviremos a Jehová.

¹⁶Entonces el pueblo respondió:

—Nunca tal acontezca, que dejemos a Jehová para servir a otros dioses, ¹⁷porque Jehová, nuestro Dios, es el que nos sacó a nosotros y a nuestros padres de la tierra de Egipto, de la casa de servidumbre; el que ha hecho estas grandes señales, y nos ha guardado durante todo el camino por donde hemos andado, y en todos los pueblos por los cuales pasamos. ¹⁸Además, Jehová expulsó de delante de nosotros a todos los pueblos, y al amorreo que habitaba en la tierra. Nosotros, pues, también serviremos a Jehová, porque él es nuestro Dios.

¹⁹Entonces Josué dijo al pueblo:

—No podréis servir a Jehová, porque él es un Dios santo y un Dios celoso que no sufrirá vuestras rebeliones y vuestros pecados. ²⁰Si dejáis a Jehová y servís a dioses ajenos, él se volverá contra vosotros, os hará el mal y os destruirá, después que os ha hecho tanto bien.

²¹El pueblo entonces dijo a Josué:

—No, sino que a Jehová serviremos.

²²Josué respondió al pueblo:

—Vosotros sois testigos contra vosotros mismos de que habéis elegido a Jehová para servirlo.

—Testigos somos —respondieron ellos.

²³—Quitad, pues, ahora los dioses ajenos que están entre vosotros, e inclinad vuestro corazón a Jehová, Dios de Israel.

²⁴El pueblo respondió a Josué:

—A Jehová, nuestro Dios, serviremos y a su voz obedeceremos.

²⁵Entonces Josué hizo un pacto con el pueblo aquel mismo día, y les dio estatutos y leyes en Siquem. ²⁶Josué escribió estas palabras en el libro de la ley de Dios, tomó una gran piedra y la plantó allí debajo de la encina que estaba junto al santuario de Jehová. ²⁷Y dijo Josué a todo el pueblo:

—Esta piedra nos servirá de testigo, porque ella ha oído todas las palabras que Jehová nos ha hablado; será, pues, testigo contra vosotros, para que no mintáis contra vuestro Dios.

²⁸Después despidió Josué al pueblo, y cada uno volvió a su posesión.

---

g **24.4** Gn 46.1-7.   *h* **24.5** Ex 3.1—12.42.   *i* **24.6-7** Ex 14.1-31.   *j* **24.8** Nm 21.21-35.
k **24.9-10** Nm 22.1—24.25.   *l* **24.11** Jos 3.14-17.   *m* **24.11** Jos 6.1-21.   *n* **24.12** Ex 23.28; Dt 7.20.
ñ **24.13** Dt 6.10-11.

Muerte de Josué

(*Jue 2.6-10*)

29 Después de estas cosas murió Josué
hijo de Nun, siervo de Jehová, a la edad
de ciento diez años. 30 Lo sepultaron en su
heredad en Timnat-sera,[o] que está en los
montes de Efraín, al norte del monte
Gaas. 31 Israel sirvió a Jehová durante toda la vida de Josué, y durante toda la vida
de los ancianos que sobrevivieron a Josué
y que sabían todo lo que Jehová había hecho por Israel.

Sepultura de los huesos de José en Siquem

32 Enterraron en Siquem los huesos de
José que los hijos de Israel habían traído
de Egipto,[p] en la parte del campo que Jacob compró, por cien monedas,[q] de los hijos de Hamor,[r] padre de Siquem, y que
pasó a ser posesión de los hijos de José.

Muerte de Eleazar

33 También murió Eleazar hijo de Aarón, y lo enterraron en el collado de Finees, su hijo, que le fue dado en los
montes de Efraín.

[o] **24.30** Jos 19.49-50. [p] **24.32** Gn 50.24-25; Ex 13.19. [q] **24.32** Heb. *quesitas*. [r] **24.32** Gn 33.19; Jn 4.5; Hch 7.16.

JUECES

INTRODUCCIÓN

El nombre jueces designa en el AT a una serie de personajes que vivieron en el período comprendido entre la muerte de Josué y los años inmediatamente anteriores al inicio de la monarquía de Israel (s. XIII-XI a.C.). Más que jueces en el sentido estricto de administradores de la justicia, eran héroes que se esforzaron por dirigir al pueblo y mantenerlo a salvo de la hostilidad y el dominio de sus vecinos. Verdaderos caudillos militares, todos ellos actuaron como instrumentos del Señor, suscitados y movidos por su Espíritu para llevar a cabo una misión especial, en un preciso momento y por un tiempo limitado.

En la descripción de estos personajes no existe un patrón común de identificación. Así, Débora se distingue como profetisa (4. 4-5); Gedeón es un campesino de humilde extracción social (6.11); Jefté, hijo de una prostituta, capitaneó, al parecer, una banda de malhechores (11.1,3); y Sansón, el joven de excepcional fortaleza física (16.3), no sabe resistirse a los encantos de una mujer filistea (16.17). Por otro lado, el tratamiento que reciben los protagonistas es muy desigual: mientras que a unos pocos se les dedican varios capítulos (Débora, Gedeón, Jefté, Sansón y Micaía), de otros solo se menciona el nombre, acompañado, si acaso, de una brevísima noticia personal (Otoniel, Aod, Samgar, Tola, Jair, Ibzán, Elón y Abdón).

El libro de Jueces (=Jue) ofrece una visión de este período utilizando un modelo redaccional definido como «esquema de cuatro tiempos»: Tras una etapa de paz y prosperidad en que se mantienen fieles al Señor (3.11,30; 5.31; 8.28), los israelitas vuelven «a hacer lo malo ante los ojos de Jehová» (4.1; 13.1) y se apartan de él (2.12-13; 3.7; 10.6). Dios los entrega entonces en manos de sus enemigos (2.14.20-21; 3-8; 4.2; 10.7). Arrepentido, el pueblo suplica el auxilio divino (3.9,15; 4.3; 6.6). El Señor les suscita entonces un «juez» que los sostiene y los salva (2.16; 3.9,15). Israel recupera la libertad y vive tranquilo durante cuarenta años (3.11; 5.31; 8.28; en 3.30 se lee ochenta años, que equivale a dos veces cuarenta años). Al cabo de ese período en que «reposa» el país, comienza el ciclo de nuevo.

Esquema del contenido

1. Introducción general al período de los jueces (1.1—3.6)
2. Los jueces de Israel (3.7—16.31)
3. Apéndices (17.1—21.25)

Judá y Simeón capturan a Adoni-bezec

1 ¹ Aconteció después de la muerte de Josué,[a] que los hijos de Israel hicieron esta consulta a Jehová:

—¿Quién de nosotros subirá primero a pelear contra los cananeos?

² Jehová respondió:

—Judá subirá; porque yo he entregado la tierra en sus manos.

³ Judá dijo a su hermano Simeón:

«Sube conmigo al territorio que se me ha adjudicado y peleemos contra el cananeo; y yo también iré contigo al tuyo».

Y Simeón fue con él.

⁴ Judá subió, y Jehová entregó en sus manos al cananeo y al ferezeo, e hirieron de ellos en Bezec a diez mil hombres. ⁵ Hallaron a Adoni-bezec en Bezec, pelearon contra él y derrotaron al cananeo y al ferezeo. ⁶ Adoni-bezec huyó, pero ellos lo

---

[a] **1.1** Jos 24.29-31; Jue 2.8-10.

persiguieron, lo prendieron, y le cortaron los pulgares de las manos[b] y de los pies. [7] Entonces dijo Adoni-bezec:

«Setenta reyes, con los pulgares de sus manos y de sus pies cortados, recogían las migajas debajo de mi mesa. Como yo hice, así me ha pagado Dios».

Luego lo llevaron a Jerusalén, donde murió.

Judá conquista Jerusalén y Hebrón

[8] Atacaron los hijos de Judá a Jerusalén y la tomaron, pasaron a sus habitantes a filo de espada y pusieron fuego a la ciudad.[c] [9] Después, los hijos de Judá descendieron para pelear contra el cananeo que habitaba en las montañas, en el Neguev y en los llanos. [10] Judá marchó contra el cananeo que habitaba en Hebrón, la cual se llamaba antes Quiriat-arba;[d] e hirieron a Sesai, a Ahimán y a Talmai.[e]

Otoniel conquista Debir y recibe a Acsa
(Jos 15.15-19)

[11] De allí fue contra los que habitaban en Debir,[f] que antes se llamaba Quiriat-sefer. [12] Entonces dijo Caleb:

«Al que ataque a Quiriat-sefer y la tome, yo le daré a Acsa, mi hija, por mujer».

[13] La tomó Otoniel hijo de Cenaz, hermano menor de Caleb, y este le entregó a su hija Acsa por mujer. [14] Cuando ella se iba con él, Otoniel la persuadió para que pidiera a su padre un campo. Acsa se bajó del asno, y Caleb le preguntó:

—¿Qué tienes?

[15] Ella le respondió:

—Concédeme un don; puesto que me has dado tierra del Neguev, dame también fuentes de aguas.

Entonces Caleb le dio las fuentes de arriba y las fuentes de abajo.

Conquistas de Judá y de Benjamín

[16] Y los hijos del ceneo, suegro de Moisés, subieron de la ciudad de las palmeras[g] con los hijos de Judá al desierto de Judá, que está en el Neguev, cerca de Arad,[h] y habitaron con el pueblo.

[17] Salió, pues, Judá con su hermano Simeón, y derrotaron al cananeo que habitaba en Sefat, la asolaron y le pusieron por nombre Horma. [18] Tomó también Judá a Gaza con su territorio, a Ascalón con su territorio y a Ecrón con su territorio. [19] Y Jehová estaba con Judá, quien expulsó a los de las montañas, pero no pudo expulsar a los que habitaban en los llanos, los cuales tenían carros de hierro.[i] [20] Como Moisés había dicho, dieron Hebrón a Caleb. Este expulsó de allí a los tres hijos de Anac,[j] [21] pero al jebuseo, que habitaba en Jerusalén, no lo expulsaron los hijos de Benjamín, y el jebuseo ha habitado con los hijos de Benjamín en Jerusalén hasta hoy.[k]

José conquista Bet-el

[22] También la casa de José subió contra Bet-el; y Jehová estaba con ellos. [23] Puso la casa de José espías en esa ciudad, que antes se llamaba Luz.[l] [24] Los que espiaban vieron a un hombre que salía de allí y le dijeron:

«Muéstranos ahora la entrada de la ciudad y tendremos de ti misericordia».

[25] Así lo hizo, y ellos hirieron la ciudad a filo de espada, pero dejaron ir a aquel hombre con toda su familia. [26] Él se fue a la tierra de los heteos y edificó una ciudad a la cual llamó Luz. Y este es su nombre hasta hoy.

Conquistas de Manasés y de Efraín

[27] Tampoco Manasés expulsó a los de Bet-seán ni a sus aldeas, ni a los de Taanac y sus aldeas, ni a los de Dor y sus aldeas, ni a los habitantes de Ibleam y sus aldeas, ni a los que vivían en Meguido y en sus aldeas; y el cananeo persistía en habitar en aquella tierra. [28] Cuando Israel se sintió fuerte, hizo tributario al cananeo, pero no lo expulsó.[m]

---

[b] **1.6** Esta mutilación infamante impedía que las víctimas pudieran manejar las armas.
[c] **1.8** Jos 15.63; Jue 1.21; 19.11-12; 2 S 5.6-9.   [d] **1.10** Jos 10.36-37; 11.21; Jue 1.20.
[e] **1.10** Nm 13.22.   [f] **1.11** Ciudad situada a unos 20 km. al sudoeste de Hebrón. Cf. Jos 10.38-39; 11.21; 15.49.   [g] **1.16** Tamar, localidad situada al sur del Mar Muerto (Ez 47.19; 48.28) y fortificada más tarde por el rey Salomón (1 R 9.17-18).   [h] **1.16** Ciudad situada a unos 30 km. al sur de Hebrón.   [i] **1.19** Jos 17.17-18.   [j] **1.20** Nm 14.24; Jos 14.13; 15.13-14; Jue 1.10.
[k] **1.21** Jos 15.63; Jue 1.21; 19.11-12; 2 S 5.6-9.   [l] **1.22-23** Gn 28.19; Jos 16.2; 18.13.
[m] **1.27-28** Jos 17.11-13.

[29] Tampoco Efraín expulsó al cananeo que habitaba en Gezer, sino dejó que el cananeo habitara en medio de ellos.[n]

Conquistas de las demás tribus

[30] Tampoco Zabulón expulsó a los que habitaban en Quitrón, ni a los que habitaban en Naalal, sino que el cananeo habitó en medio de él y le fue tributario.[ñ]

[31] Tampoco Aser expulsó a los que habitaban en Aco, ni a los que vivían en Sidón, en Ahlab, en Aczib, en Helba, en Afec y en Rehob. [32] Y vivió Aser entre los cananeos que habitaban en la tierra, pues no los expulsó.[o]

[33] Tampoco Neftalí expulsó a los que vivían en Bet-semes ni a los de Bet-anat, sino que vivió entre los cananeos que habitaban en la tierra; pero le fueron tributarios los habitantes de Bet-semes y los de Bet-anat.[p]

[34] Los amorreos empujaron a los hijos de Dan hasta la montaña, y no los dejaron descender a los llanos.[q] [35] El amorreo persistió en habitar en el monte de Heres, en Ajalón y en Saalbim, pero cuando la casa de José cobró fuerzas, lo hizo tributario.

[36] El límite del amorreo fue desde la subida de Acrabim,[r] desde Sela hacia arriba.

El ángel de Jehová en Boquim

2 [1] El ángel de Jehová subió de Gilgal a Boquim, y dijo:

«Yo os saqué de Egipto y os he traído a la tierra que prometí a vuestros padres, cuando os dije: "No invalidaré jamás mi pacto con vosotros, [2] con tal que no hagáis pacto con los habitantes de esta tierra, cuyos altares debéis derribar;[a] pero vosotros no atendisteis a mi voz. ¿Por qué habéis hecho esto? [3] Por tanto, yo también digo: 'No los echaré de delante de vosotros, sino que serán azotes para vuestros costados, y sus dioses os serán tropezadero' "».

[4] Cuando el ángel de Jehová terminó de hablar, todos los hijos de Israel alzaron la voz y lloraron. [5] Por eso llamaron a

aquel lugar Boquim,[b] y allí ofrecieron sacrificios a Jehová.

Muerte de Josué[c]
(Jos 24.29-31)

[6] Cuando Josué se despidió del pueblo, los hijos de Israel se fueron a tomar posesión cada uno de su heredad. [7] El pueblo había servido a Jehová todo el tiempo que vivió Josué, y también mientras vivieron los ancianos que sobrevivieron a Josué, los cuales habían sido testigos de todas las grandes obras que Jehová había hecho en favor de Israel.

[8] Pero murió Josué hijo de Nun, siervo de Jehová, a la edad de ciento diez años. [9] Lo sepultaron en su heredad en Timnat-sera,[d] en los montes de Efraín, al norte del monte Gaas. [10] Y murió también toda aquella generación, por lo que la generación que se levantó después no conocía a Jehová ni la obra que él había hecho por Israel.

La apostasía de Israel y la obra de los jueces

[11] Después, los hijos de Israel hicieron lo malo ante los ojos de Jehová y sirvieron a los baales. [12] Dejaron a Jehová, el Dios de sus padres, que los había sacado de la tierra de Egipto, y se fueron tras otros dioses, los dioses de los pueblos que estaban en sus alrededores, y los adoraron, provocando la ira de Jehová. [13] Dejaron a Jehová, y adoraron a Baal y a Astarot.[e] [14] Se encendió entonces contra Israel el furor de Jehová, quien los entregó en manos de salteadores que los despojaron, y los vendió en manos de sus enemigos de alrededor, a los cuales no pudieron ya hacerles frente. [15] Por dondequiera que salían, la mano de Jehová estaba contra ellos para mal, como Jehová había dicho y se lo había jurado. Y se vieron en una gran aflicción.

[16] Jehová levantó jueces que los libraran de manos de quienes los despojaban; [17] pero tampoco oyeron a sus jueces, sino

[n] 1.29 Jos 16.10; cf. Jos 10.33; 1 R 9.16.   [ñ] 1.30 Jos 19.10-16.   [o] 1.31-32 Jos 19.24-31.
[p] 1.33 Jos 19.32-39.   [q] 1.34 Jos 19.47; Jue 17—18.   [r] 1.36 Nm 34.4; Jos 15.3.   [a] 2.1-2 Ex 23.32-33;
34.12-13; Dt 7.2-5; 12.3.   [b] 2.5 Esto es, los que lloran.   [c] 2.6-10 Jos 24.29-31.   [d] 2.9 Jos 19.49-50.
[e] 2.13 Dioses cananeos de la fertilidad.

que fueron tras dioses ajenos, a los cuales adoraron. Se apartaron pronto del camino en que anduvieron sus padres, que obedecían a los mandamientos de Jehová; ellos no hicieron así. [18] Cuando Jehová les levantaba jueces, Jehová estaba con el juez, y los libraba de manos de los enemigos mientras vivía aquel juez; porque Jehová era movido a misericordia al oírlos gemir por causa de quienes los oprimían y afligían. [19] Pero acontecía que, al morir el juez, ellos volvían a corromperse, más aún que sus padres, siguiendo a dioses ajenos para servirlos e inclinándose delante de ellos. No se apartaban de sus obras ni de su obstinado camino. [20] Se encendió, pues, la ira de Jehová contra Israel, y dijo: «Por cuanto este pueblo traspasa mi pacto que ordené a sus padres, y no obedece a mi voz, [21] tampoco yo volveré más a expulsar de delante de ellos a ninguna de las naciones que dejó Josué cuando murió». [22] Así quería probar a Israel, si procurarían o no seguir el camino de Jehová, andando en él, como lo siguieron sus padres. [23] Por esto dejó Jehová a aquellas naciones, sin expulsarlas de una vez, y no las entregó en manos de Josué.

Pueblos no destruidos para probar a Israel

3 [1] Estos son los pueblos que dejó Jehová para probar con ellos a todos los que en Israel no habían conocido todas la guerras de Canaán; [2] solamente para que el linaje de los hijos de Israel aprendiera cómo hacer la guerra, y lo enseñara a quienes antes no la habían conocido: [3] los cinco príncipes de los filisteos, todos los cananeos, los sidonios y los heveos que habitaban en el monte Líbano, desde el monte Baal-hermón hasta llegar a Hamat. [4] Con ellos quiso probar a Israel, para saber si obedecería los mandamientos que él había dado a sus padres por mano de Moisés. [5] Así, los hijos de Israel comenzaron a habitar entre los cananeos, heteos, amorreos, ferezeos, heveos y jebuseos. [6] Y tomaron a sus hijas por mujeres, y dieron

sus hijas a los hijos de ellos, y sirvieron a sus dioses.

Otoniel libera a Israel de Cusan-risataim

[7] Hicieron, pues, los hijos de Israel lo malo ante los ojos de Jehová, su Dios, se olvidaron de él y sirvieron a los baales y a las imágenes de Asera.[a] [8] Por eso la ira de Jehová se encendió contra ellos y los entregó en manos de Cusan-risataim, rey de Mesopotamia, al cual sirvieron durante ocho años. [9] Entonces clamaron los hijos de Israel a Jehová, y Jehová levantó un libertador a los hijos de Israel y los libró; esto es, a Otoniel hijo de Cenaz, hermano menor de Caleb. [10] El espíritu de Jehová vino sobre Otoniel, quien juzgó a Israel y salió a la batalla. Jehová entregó en sus manos a Cusan-risataim, rey de Siria, y le dio la victoria sobre Cusan-risataim. [11] Y hubo paz en la tierra durante cuarenta años; y murió Otoniel hijo de Cenaz.

Aod libera a Israel de Moab

[12] Volvieron los hijos de Israel a hacer lo malo ante los ojos de Jehová, por lo cual Jehová fortaleció a Eglón, rey de Moab, contra Israel, porque había hecho lo malo ante los ojos de Jehová. [13] El rey de Moab juntó consigo a los hijos de Amón y de Amalec, vino e hirió a Israel, y tomó la ciudad de las palmeras. [14] Entonces sirvieron dieciocho años los hijos de Israel a Eglón, rey de los moabitas.

[15] Clamaron los hijos de Israel a Jehová, y Jehová les levantó un libertador,[b] a Aod hijo de Gera, benjaminita, el cual era zurdo. Un día, los hijos de Israel enviaron con él un presente a Eglón, rey de Moab. [16] Pero Aod se había hecho un puñal de dos filos, de un codo de largo, y se lo ciñó del lado derecho debajo de sus vestidos. [17] Entregó el presente a Eglón, rey de Moab, quien era un hombre muy grueso. [18] Luego que hubo entregado el presente, Aod despidió a la gente que lo había acompañado, [19] pero al llegar a los ídolos que están en Gilgal, regresó y dijo a Eglón:

---

[a] **3.7** Casi siempre designa los postes sagrados plantados en los lugares de culto (cf. Dt 12.21; 2 R 17.10), pero que aquí se refiere a Astarot, la diosa cananea mencionada en Jue 2.13.
[b] **3.15** Jue 2.16,18.

—Rey, una palabra secreta tengo que decirte.

El rey dijo entonces:

—Calla.

Y mandó que salieran de delante de él todos los que allí se encontraban.

²⁰ Y estando él sentado solo en su sala de verano, se le acercó Aod y le dijo:

—Tengo una palabra de Dios para ti.

Eglón se levantó de la silla.

²¹ Entonces alargó Aod su mano izquierda, tomó el puñal de su lado derecho y se lo metió por el vientre ²² de tal manera que la empuñadura entró también tras la hoja, y la gordura de Eglón cubrió la hoja, pues Aod no sacó el puñal de su vientre. Y se derramó el excremento. ²³ Aod salió al corredor, cerró tras sí las puertas de la sala y las aseguró con el cerrojo.

²⁴ Cuando ya había salido, vinieron los siervos del rey, quienes al ver las puertas de la sala cerradas, dijeron:

«Sin duda él cubre sus pies[c] en la sala de verano».

²⁵ Tras mucho esperar, y confusos porque el rey no abría las puertas de la sala, tomaron la llave, abrieron y encontraron a su señor caído en tierra, muerto.

²⁶ Mientras ellos esperaban, Aod escapó y, pasando los ídolos, se puso a salvo en Seirat. ²⁷ Cuando entró en Israel, tocó el cuerno en los montes de Efraín y los hijos de Israel descendieron con él del monte. Entonces Aod se puso al frente de ellos. ²⁸ Y les dijo:

«Seguidme, porque Jehová ha entregado a vuestros enemigos moabitas en vuestras manos».

Ellos descendieron en pos de él, le quitaron a Moab los vados del Jordán y no dejaron pasar a nadie. ²⁹ Mataron en aquel tiempo como a diez mil moabitas, todos valientes y todos hombres de guerra; no escapó ni uno. ³⁰ Así fue subyugado Moab aquel día bajo la mano de Israel. Y hubo paz en la tierra durante ochenta años.

Samgar libera a Israel de los filisteos

³¹ Después de él vino Samgar hijo de Anat, el cual mató a seiscientos hombres de los filisteos con una aguijada de bueyes; él también salvó a Israel.

Débora y Barac derrotan a Sísara

4 ¹ Después de la muerte de Aod, los hijos de Israel volvieron a hacer lo malo ante los ojos de Jehová, ² así que Jehová los entregó en manos de Jabín, rey de Canaán, quien reinaba en Hazor. El capitán de su ejército se llamaba Sísara y vivía en Haroset-goim. ³ Entonces los hijos de Israel clamaron a Jehová, porque Jabín tenía novecientos carros de hierro y había oprimido con crueldad a los hijos de Israel por veinte años.

⁴ Gobernaba en aquel tiempo a Israel una mujer, Débora, profetisa, mujer de Lapidot, ⁵ la cual acostumbraba sentarse bajo una palmera (conocida como la palmera de Débora), entre Ramá y Bet-el, en los montes de Efraín; y los hijos de Israel acudían a ella en busca de justicia.

⁶ Un día, Débora envió a llamar a Barac hijo de Abinoam, de Cedes de Neftalí, y le dijo:

—¿No te ha mandado Jehová, Dios de Israel, diciendo: "Ve, junta a tu gente en el monte Tabor[a] y toma contigo diez mil hombres de la tribu de Neftalí y de la tribu de Zabulón. ⁷ Yo atraeré hacia ti, hasta el arroyo Cisón,[b] a Sísara, capitán del ejército de Jabín, con sus carros y su ejército, y lo entregaré en tus manos"?

⁸ Barac le respondió:

—Si tú vas conmigo, yo iré; pero si no vas conmigo, no iré.

⁹ Ella dijo:

—Iré contigo; pero no será tuya la gloria de la jornada que emprendes, porque en manos de mujer entregará Jehová a Sísara.

Y levantándose Débora, fue a Cedes con Barac. ¹⁰ Allí juntó Barac a las tribus de Zabulón y Neftalí. Subió con diez mil hombres a su mando, y Débora subió con él.

---

[c] **3.24** Es decir, *hace sus necesidades.* [a] **4.6** Uno de los montes más célebres de Palestina, situado en el extremo nordeste de la llanura de Jezreel o Esdrelón. [b] **4.7** Recorre la llanura de Jezreel al pie de la cadena montañosa del Carmelo, hasta desembocar en el Mediterráneo.

¹¹ Heber, el ceneo, de los hijos de Hobab, suegro de Moisés, se había apartado de los ceneos y había plantado sus tiendas en el valle de Zaanaim, que está junto a Cedes. ¹² Llegaron, pues, a Sísara las noticias de que Barac hijo de Abinoam había subido al monte Tabor. ¹³ Y reunió Sísara todos sus carros, novecientos carros de hierro, y a todo el pueblo que con él estaba, desde Haroset-goim hasta el arroyo Cisón.

¹⁴ Entonces Débora dijo a Barac:

«Levántate, porque este es el día en que Jehová ha entregado a Sísara en tus manos: ¿Acaso no ha salido Jehová delante de ti?».

Barac descendió del monte Tabor, junto a los diez mil hombres que lo seguían, ¹⁵ y Jehová quebrantó a Sísara, dispersando delante de Barac, a filo de espada, todos sus carros y a todo su ejército. El mismo Sísara descendió del carro y huyó a pie, ¹⁶ pero Barac siguió a los carros y al ejército hasta Haroset-goim. Aquel día, todo el ejército de Sísara cayó a filo de espada, hasta no quedar ni uno.

¹⁷ Sísara huyó a pie a la tienda de Jael, mujer de Heber, el ceneo, porque había paz entre Jabín, rey de Hazor, y la casa de Heber, el ceneo. ¹⁸ Cuando Jael salió a recibir a Sísara, le dijo:

—Ven, señor mío, ven a mí, no tengas temor.

Él vino a la tienda y ella lo cubrió con una manta.

¹⁹ Sísara le dijo:

—Te ruego que me des de beber un poco de agua, pues tengo sed.

Jael abrió un odre de leche, le dio de beber y lo volvió a cubrir.

²⁰ Entonces él dijo:

—Quédate a la puerta de la tienda; si alguien viene y te pregunta: "¿Hay alguien aquí?", tú responderás que no.

²¹ Pero Jael, mujer de Heber, tomó una estaca de la tienda, y tomando en su mano un mazo, se le acercó calladamente y le clavó la estaca por las sienes, contra la tierra, pues él estaba cargado de sueño y cansado. Y así murió.

²² Cuando llegó Barac en busca de Sísara, Jael salió a recibirlo y le dijo:

«Ven, te mostraré al hombre que tú buscas.

Entró Barac donde ella estaba y encontró a Sísara, que yacía muerto con la estaca en la sien».

²³ Así abatió Dios aquel día a Jabín, rey de Canaán, delante de los hijos de Israel. ²⁴ Y la mano de los hijos de Israel fue endureciéndose más y más contra Jabín, rey de Canaán, hasta que lo destruyeron.

Cántico de Débora y Barac

5 ¹ Aquel día, Débora y Barac hijo de Abinoam cantaron así:

² «Por haberse puesto al frente los
    caudillos en Israel,
por haberse ofrecido
    voluntariamente el pueblo,
load a Jehová.
³ ¡Oíd, reyes! ¡Escuchad, príncipes!
Yo cantaré a Jehová,
    cantaré salmos a Jehová, el Dios de
    Israel.

⁴ »Cuando saliste de Seir, Jehová,
cuando te marchaste de los campos
    de Edom,
la tierra tembló, se estremecieron
    los cielos
y las nubes gotearon aguas.
⁵ Los montes temblaron delante de
    Jehová,
tembló el Sinaí delante de Jehová,
    Dios de Israel.ᵃ
⁶ En los días de Samgar hijo de Anat,
en los días de Jael, quedaron
    abandonados los caminos,
y los que andaban por las sendas se
    apartaron por senderos
    torcidos.
⁷ Las aldeas quedaron abandonadas
    en Israel,
habían decaído,
hasta que yo, Débora, me levanté,
me levanté como madre en Israel.

⁸ »Cuando escogían nuevos dioses,
    la guerra estaba a las puertas;
    ¿se veía escudo o lanza
    entre cuarenta mil en Israel?

ᵃ **5.5** Ex 19.18.   ᵇ **5.14** Es decir, *los gobernantes*.

⁹ »Mi corazón es para vosotros, jefes
   de Israel,
para los que voluntariamente os
   ofrecisteis entre el pueblo.
¡Load a Jehová!

¹⁰ »Vosotros, los que cabalgáis en
    asnas blancas,
los que presidís en juicio,
y vosotros, los que viajáis, hablad.
¹¹ Lejos del ruido de los arqueros, en
    los abrevaderos,
allí se contarán los triunfos de
   Jehová,
los triunfos de sus aldeas en Israel;
entonces marchará hacia las
   puertas
el pueblo de Jehová.

¹² »Despierta, despierta, Débora.
Despierta, despierta, entona un
   cántico.
Levántate, Barac, y lleva tus
   cautivos,
hijo de Abinoam.

¹³ »Entonces marchó el resto de los
    nobles;
el pueblo de Jehová marchó por él
en contra de los poderosos.
¹⁴ De Efraín vinieron los que
    habitaban en Amalec,
en pos de ti, Benjamín, entre tus
   pueblos.
De Maquir descendieron príncipes,
y de Zabulón los que tenían vara de
   mando.ᵇ
¹⁵ También los caudillos de Isacar
    fueron con Débora;
sí, como Barac, también Isacar
se precipitó a pie en el valle.
Entre las familias de Rubén
se tomaron grandes decisiones.
¹⁶ ¿Por qué se quedaron entre los
    rediles,
oyendo los balidos de los rebaños?
¡Entre las familias de Rubén
se hicieron grandes propósitos!

¹⁷ »Galaad se quedó al otro lado del
    Jordán,
y Dan, ¿por qué se detuvo junto a
   las naves?

Se quedó Aser a la ribera del mar
y permaneció en sus puertos.
¹⁸ El pueblo de Zabulón expuso su
    vida a la muerte,
como Neftalí en las alturas de los
   montes.

¹⁹ »Vinieron reyes y pelearon;
los reyes de Canaán pelearon
   entonces
en Taanac, junto a las aguas de
   Meguido,
mas no obtuvieron ganancia
   alguna de dinero.
²⁰ Desde los cielos pelearon las
    estrellas,
desde sus órbitas pelearon contra
   Sísara.
²¹ Los barrió el torrente Cisón,
el antiguo torrente, el torrente
   Cisón.
¡Marcha, alma mía, con poder!

²² »Entonces resonaron los cascos de
    los caballos
por el galopar, por el galopar de sus
   valientes.
²³ "¡Maldecid a Meroz!", dijo el ángel
    de Jehová,
"maldecid severamente a sus
   moradores",
porque no vinieron en ayuda de
   Jehová,
en ayuda de Jehová contra los
   fuertes.

²⁴ »Bendita sea entre las mujeres Jael,
mujer de Heber, el ceneo;
entre las mujeres, bendita sea en la
   tienda.
²⁵ Él pidió agua y ella le dio leche;
en tazón de nobles le presentó
   crema.
²⁶ Tendió su mano a la estaca,
su diestra al mazo de los
   trabajadores,
y golpeó a Sísara: Hirió su cabeza,
le horadó y atravesó sus sienes.
²⁷ Cayó encorvado a sus pies, quedó
    tendido;
a sus pies cayó encorvado;
donde se encorvó, allí cayó
   muerto.ᶜ

ᶜ **5.24-27** Jue 4.17-22.

²⁸ »La madre de Sísara se asoma a la
    ventana,
y por entre las celosías dice a voces:
"¿Por qué tarda su carro en venir?
¿Por qué las ruedas de sus carros se
    detienen?".
²⁹ Las más avisadas de sus damas le
    respondían,
y aun ella se respondía a sí misma:
³⁰ "¿No será que han hallado botín y
    lo están repartiendo?
A cada uno, una doncella o dos;
las vestiduras de colores para
    Sísara,
las vestiduras bordadas de colores;
la ropa de color bordada por ambos
    lados,
para los jefes de los que tomaron el
    botín".
³¹ Así perezcan todos tus enemigos,
    Jehová;
mas brillen los que te aman,
como el sol cuando sale en su
    esplendor».

Y hubo paz en la tierra durante cuarenta años.

Llamamiento de Gedeón

6 ¹ Los hijos de Israel hicieron lo malo
ante los ojos de Jehová, y Jehová los
entregó en manos de Madián por siete
años. ² Como la mano de Madián los oprimía cada vez más, los hijos de Israel, por
temor a los madianitas, se hicieron cuevas en los montes, cavernas y lugares for-
tificados. ³ Pues sucedía que cuando Israel
tenía algo sembrado, subían los madianitas y amalecitas y los hijos del oriente contra
ellos; subían y los atacaban. ⁴ Acampaban
frente a ellos y destruían los frutos de la
tierra, hasta llegar a Gaza. No dejaban
qué comer en Israel, ni ovejas ni bueyes
ni asnos. ⁵ Con sus tiendas y sus ganados, subían como una inmensa nube de
langostas.ᵃ Ellos y sus camellos eran innumerables, y venían a la tierra para de-
vastarla. ⁶ De este modo se empobrecía
Israel en gran manera por causa de Madián. Y los hijos de Israel clamaron a
Jehová.

⁷ Cuando los hijos de Israel clamaron a
Jehová a causa de los madianitas, ⁸ Jehová
les envió un profeta, el cual les dijo:
«Así ha dicho Jehová, Dios de Israel:
"Yo os hice salir de Egipto y os saqué de la
casa de servidumbre. ⁹ Os libré de manos
de los egipcios y de manos de todos los
que os afligieron, a los cuales eché de delante de vosotros, y os di su tierra. ¹⁰ También os dije: 'Yo soy Jehová, vuestro Dios:
No temáis a los dioses de los amorreos en
cuya tierra habitáis'. Sin embargo, no habéis obedecido a mi voz"».

¹¹ Entonces vino el ángel de Jehová y se
sentó debajo de la encina que está en
Ofra, la cual era de Joás abiezerita. Gedeón,ᵇ su hijo, estaba sacudiendo el trigo
en el lagar, para esconderlo de los madianitas, ¹²cuando se le apareció el ángel de
Jehová y le dijo:
—Jehová está contigo, hombre esforzado y valiente.ᶜ
¹³ Gedeón le respondió:
—Ah, señor mío, si Jehová está con nosotros, ¿por qué nos ha sobrevenido todo
esto? ¿Dónde están todas esas maravillas
que nuestros padres nos han contado, diciendo: "¿No nos sacó Jehová de Egipto?". Y ahora Jehová nos ha desamparado
y nos ha entregado en manos de los madianitas.
¹⁴ Mirándolo Jehová, le dijo:
—Ve con esta tu fuerza y salvarás a
Israel de manos de los madianitas. ¿No te
envío yo?
¹⁵ Gedeón le respondió de nuevo:
—Ah, señor mío, ¿con qué salvaré yo a
Israel? He aquí que mi familia es pobre en
Manasés, y yo soy el menor en la casa de
mi padre.
¹⁶ Jehová le dijo:
—Ciertamente yo estaré contigo,ᵈ y tú
derrotarás a los madianitas como a un solo hombre.
¹⁷ Él respondió:
—Yo te ruego que si he hallado gracia
delante de ti, me des señal de que has hablado conmigo. ¹⁸ Te ruego que no te vayas de aquí hasta que vuelva a ti y saque
mi ofrenda y la ponga delante de ti.
Jehová le contestó:

ᵃ 6.5 Jl 1.1—2.11; cf. Jer 46.23; Am 7.1-2.   ᵇ 6.11 Heb. 11.32.   ᶜ 6.12 Lc 1.28; cf. Rt 2.4.
ᵈ 6.16 Gn 26.24; 28.15; Ex 3.12; Jos 1.9; Is 41.10.

—Yo esperaré hasta que vuelvas.

¹⁹ Gedeón se fue, preparó un cabrito y panes sin levadura de un efa de harina, puso la carne en un canastillo y el caldo en una olla y, sacándolo se lo presentó debajo de aquella encina.

²⁰ Entonces el ángel de Dios le dijo:

—Toma la carne y los panes sin levadura, ponlos sobre esta peña y vierte el caldo.

Él lo hizo así.

²¹ Extendiendo el ángel de Jehová el cayado que tenía en su mano, tocó con la punta la carne y los panes sin levadura, y subió fuego de la peña, el cual consumió la carne y los panes sin levadura. Luego el ángel de Jehová desapareció de su vista.

²² Al ver Gedeón que era el ángel de Jehová, dijo:

—Ah, Señor Jehová, he visto al ángel de Jehová cara a cara.

²³ Pero Jehová le dijo:

—La paz sea contigo. No tengas temor, no morirás.

²⁴ Gedeón edificó allí altar a Jehová y lo llamó Jehová-salom.ᵉ Este altar permanece hasta hoy en Ofra de los abiezeritas.

²⁵ Aconteció que esa misma noche le dijo Jehová:

«Toma un toro del hato de tu padre, el segundo toro, el de siete años, y derriba el altar de Baal que tiene tu padre; corta también la imagen de Asera que se halla junto a él ²⁶ y edifica altar a Jehová, tu Dios, en la cumbre de este peñasco, en lugar conveniente. Toma después aquel segundo toro y sacrifícalo en holocausto con la madera de la imagen de Asera que habrás cortado».

²⁷ Entonces Gedeón tomó diez hombres de entre sus siervos e hizo como Jehová le dijo. Pero temiendo hacerlo de día, a causa de la familia de su padre y de los hombres de la ciudad, lo hizo de noche. ²⁸ Por la mañana, cuando los de la ciudad se levantaron, el altar de Baal estaba derribado, y había sido cortada la imagen de Asera que se hallaba junto a él, y ofrecido aquel toro segundo en holocausto sobre el altar

edificado. ²⁹ Y unos a otros se preguntaban:

—¿Quién ha hecho esto?

Buscando e inquiriendo, les dijeron:

—Gedeón hijo de Joás lo ha hecho.

Entonces los hombres de la ciudad dijeron a Joás:

³⁰ —Saca a tu hijo, para que muera, porque ha derribado el altar de Baal y ha cortado la imagen de Asera que se hallaba junto a él.

³¹ Pero Joás respondió a todos los que estaban junto a él:

—¿Lucharéis vosotros por Baal? ¿Defenderéis su causa? Cualquiera que contienda por él, que muera esta mañana. Si es un dios, que luche por sí mismoᶠ con quien derribó su altar.

³² Aquel día Gedeón fue llamado Jerobaal, esto es: "Luche Baal contra él", por cuanto derribó su altar.

³³ Pero todos los madianitas y amalecitas y los del oriente se juntaron a una, y cruzando el Jordán acamparon en el valle de Jezreel. ³⁴ Entonces el espíritu de Jehová vino sobre Gedeón, y cuando este tocó el cuerno, los abiezeritas se reunieron con él. ³⁵ Envió mensajeros por todo Manasés, y también ellos se le unieron; asimismo envió mensajeros a Aser, a Zabulón y a Neftalí, los cuales salieron a su encuentro.

³⁶ Gedeón dijo a Dios:

«Si has de salvar a Israel por mi mano, como has dicho, ³⁷ he aquí que yo pondré un vellón de lana en la era; si el rocío está sobre el vellón solamente, y queda seca toda la otra tierra, entonces entenderé que salvarás a Israel por mi mano, como lo has dicho».

³⁸ Y así aconteció, pues cuando se levantó de mañana, exprimió el vellón para sacarle el rocío, y llenó con él un tazón de agua. ³⁹ Pero Gedeón dijo a Dios:

«No se encienda tu ira contra mí si hablo de nuevo: probaré ahora otra vez con el vellón. Te ruego que solamente el vellón quede seco, y el rocío caiga sobre la tierra».ᵍ

⁴⁰ Aquella noche lo hizo Dios así; solo

ᵉ **6.24** Esto es, *Jehová es paz*. El término hebreo *shalom* tiene en el AT un significado muy amplio: paz, seguridad, concordia, prosperidad, bienestar y vida en plenitud. ᶠ **6.31** 1 R 18.25-29.
ᵍ **6.39** Gn 18.30,32.

el vellón quedó seco, y en toda la tierra hubo rocío.

Gedeón derrota a los madianitas

7 ¹ Jerobaal, que es otro nombre de Gedeón, y todos los que estaban con él, se levantaron de mañana y acamparon junto a la fuente Harod. El campamento de los madianitas les quedaba entonces al norte, en el valle, más allá del collado de More.

² Jehová dijo a Gedeón:

«Hay mucha gente contigo para que yo entregue a los madianitas en tus manos, pues Israel puede jactarse contra mí, diciendo: "Mi mano me ha salvado". ³ Ahora, pues, haz pregonar esto a oídos del pueblo: "Quien tema y se estremezca, que madrugue y regrese[a] a su casa desde el monte de Galaad"».

Regresaron de los del pueblo veintidós mil, y quedaron diez mil.

⁴ Jehová dijo de nuevo a Gedeón:

«Aún son demasiados; llévalos a beber agua y allí los pondré a prueba. Del que yo te diga: "Vaya este contigo", irá contigo; pero de cualquiera que yo te diga: "Que este no vaya contigo", el tal no irá».

⁵ Entonces Gedeón llevó el pueblo a las aguas, y Jehová le dijo:

«A cualquiera que lama las aguas con la lengua como lo hace el perro, lo pondrás aparte; y lo mismo harás con cualquiera que doble sus rodillas para beber».

⁶ El número de los que lamieron llevándose el agua a la boca con la mano fue de trescientos hombres; el resto del pueblo dobló sus rodillas para beber las aguas.

⁷ Entonces Jehová dijo a Gedeón:

«Con estos trescientos hombres que lamieron el agua os salvaré y entregaré a los madianitas en tus manos; váyase toda la demás gente cada uno a su lugar».

⁸ Habiendo tomado provisiones para el pueblo, y sus trompetas, envió a todos los israelitas cada uno a su tienda, y retuvo a aquellos trescientos hombres. El campamento de Madián le quedaba abajo, en el valle.

⁹ Aconteció que aquella noche Jehová le dijo:

«Levántate y desciende al campamento, porque yo lo he entregado en tus manos. ¹⁰ Si tienes temor de descender, baja al campamento con tu criado Fura, ¹¹ y oirás lo que hablan. Entonces te animarás y descenderás a atacarlos».

Gedeón descendió con su criado Fura hasta los puestos avanzados de la gente armada que estaba en el campamento. ¹² Los madianitas, los amalecitas y los hijos del oriente se habían esparcido por el valle como una plaga de langostas, y sus camellos eran innumerables como la arena que se acumula a la orilla del mar.

¹³ En el momento en que llegó Gedeón, un hombre contaba un sueño a su compañero, diciendo:

—He tenido un sueño: Veía un pan de cebada que rodaba hasta el campamento de Madián. Llegó a la tienda y la golpeó de tal manera que cayó; la trastornó de arriba abajo y la tienda cayó.

¹⁴ Su compañero respondió:

—Esto no representa otra cosa sino la espada de Gedeón hijo de Joás, varón de Israel. Dios ha entregado en sus manos a los madianitas con todo el campamento.

¹⁵ Cuando Gedeón oyó el relato del sueño y su interpretación, adoró. Después volvió al campamento de Israel y dijo:

«Levantaos, porque Jehová ha entregado el campamento de Madián en vuestras manos».

¹⁶ Y repartiendo los trescientos hombres en tres escuadrones, puso trompetas en manos de todos ellos, y cántaros vacíos con antorchas ardiendo dentro de los cántaros, ¹⁷ y entonces les dijo:

«Miradme a mí y haced como hago yo; cuando yo llegue al extremo del campamento, haréis vosotros como hago yo. ¹⁸ Tocaré la trompeta, y también todos los que estarán conmigo; entonces vosotros tocaréis las trompetas alrededor de todo el campamento, gritando: "¡Por Jehová y por Gedeón!"».

¹⁹ Llegaron, pues, Gedeón y los cien hombres que este llevaba consigo, al extremo del campamento, cuando acababan de renovar los centinelas de la guardia de la medianoche. Tocaron entonces las

---

[a] **7.3** Dt 20.8.

trompetas y quebraron los cántaros que llevaban en sus manos. [20] Los tres escuadrones tocaron las trompetas y, quebrando los cántaros, tomaron con la mano izquierda las antorchas y con la derecha las trompetas que tocaban, y gritaron:

—¡Por la espada de Jehová y de Gedeón!

[21] Los israelitas se mantuvieron firmes cada uno en su puesto alrededor del campamento, y todo el ejército madianita echó a correr dando gritos y huyendo. [22] Mientras los trescientos tocaban las trompetas, Jehová puso la espada de cada uno contra su compañero en todo el campamento. Y el ejército huyó hasta Bet-sita, en dirección de Zerera, hasta la frontera de Abel-mehola, en Tabat.

[23] Se reunieron entonces los de Israel, de Neftalí, de Aser y de todo Manasés, y persiguieron a los madianitas.

[24] Gedeón también envió mensajeros por todo el monte de Efraín, que decían:

«Descended al encuentro de los madianitas; tomad los vados de Bet-bara y del Jordán antes que ellos lleguen».

Unidos, todos los hombres de Efraín tomaron los vados de Bet-bara y del Jordán. [25] Capturaron a dos príncipes de los madianitas, Oreb y Zeeb; mataron a Oreb en la peña de Oreb, y a Zeeb lo mataron en el lagar de Zeeb. Después que persiguieron a los madianitas, trajeron las cabezas de Oreb y de Zeeb a Gedeón, que estaba al otro lado del Jordán.

Gedeón captura a los reyes de Madián

8 [1] Pero los hombres de Efraín le dijeron:

—¿Qué es esto que has hecho con nosotros? ¿Acaso nos llamaste cuando ibas a la guerra contra Madián?

Y le reconvinieron fuertemente.

[2] Gedeón les respondió:

—¿Qué he hecho yo ahora comparado con vosotros? ¿No es lo que queda en los campos de Efraín mejor que la vendimia completa de Abiezer? [3] Dios ha entregado en vuestras manos a Oreb y a Zeeb, príncipes de Madián; ¿qué he podido yo hacer comparado con vosotros?

El enojo de ellos contra Gedeón se aplacó después que les habló así.

[4] Llegó Gedeón al Jordán y lo pasaron él y los trescientos hombres que traía consigo, cansados, pero todavía persiguiendo a los de Madián.

[5] Luego dijo a los de Sucot:

—Os ruego que deis a la gente que me sigue algunos bocados de pan, porque están cansados y yo persigo a Zeba y a Zalmuna, reyes de Madián.

[6] Los principales de Sucot respondieron:

—¿Están ya Zeba y Zalmuna en tus manos, para que demos pan a tu ejército?

[7] Gedeón dijo:

—Cuando Jehová haya entregado en mis manos a Zeba y a Zalmuna, desgarraré vuestra carne con espinos y abrojos del desierto.

[8] De allí subió a Peniel y les dijo las mismas palabras. Los de Peniel le respondieron como habían respondido los de Sucot. [9] Gedeón habló también a los de Peniel, diciendo:

«Cuando yo vuelva en paz, derribaré esta torre».

[10] Zeba y Zalmuna estaban en Carcor con un ejército como de quince mil hombres, los que quedaban de todo el ejército de los hijos del oriente, pues habían caído ciento veinte mil hombres que sacaban espada. [11] Subiendo, pues, Gedeón por el camino de los que vivían en tiendas al oriente de Noba y de Jogbeha, atacó el campamento, porque el ejército no estaba en guardia. [12] Zeba y Zalmuna huyeron, pero Gedeón los persiguió, capturó a los dos reyes de Madián, Zeba y Zalmuna, y llenó de espanto a todo el ejército.

[13] Cuando Gedeón hijo de Joás regresaba de la batalla, antes que el sol subiera, [14] capturó a un joven de los hombres de Sucot y lo interrogó. Él le dio por escrito los nombres de los principales y de los ancianos de Sucot: setenta y siete hombres.

[15] Entonces entró en Sucot y dijo a los del pueblo:

«Aquí están Zeba y Zalmuna, por causa de los cuales os burlasteis de mí, diciendo: "¿Están ya en tus manos Zeba y Zalmuna, para que demos nosotros pan a tus hombres cansados?"».

[16] Tomó Gedeón espinos y abrojos del desierto y con ellos castigó a los ancianos de Sucot. [17] Asimismo derribó la torre de Peniel y mató a los de la ciudad.

[18] Luego dijo a Zeba y a Zalmuna:

—¿Qué aspecto tenían aquellos hombres que matasteis en Tabor?

Ellos respondieron:

—Como tú, así eran ellos; cada uno parecía hijo de rey.

¹⁹ Entonces Gedeón gritó:

—Mis hermanos eran, hijos de mi madre. ¡Vive Jehová, que si les hubierais conservado la vida, yo no os mataría!

²⁰ Y dijo a Jeter, su primogénito:

«Levántate y mátalos».

Pero el joven no desenvainó su espada, porque tenía temor, pues aún era muchacho.

²¹ Entonces dijeron Zeba y Zalmuna:

«Levántate y mátanos tú, porque según es el hombre, así es su valentía».

Gedeón se levantó, mató a Zeba y a Zalmuna y tomó los adornos de lunetas que sus camellos traían al cuello.

²² Los israelitas dijeron a Gedeón:

—Sé tú nuestro señor, y también tu hijo y tu nieto, pues que nos has librado de manos de Madián.

²³ Pero Gedeón respondió:

—No seré señor sobre vosotros, ni lo será mi hijo. Jehová será vuestro Señor.

²⁴ Y añadió:

—Quiero haceros una petición: que cada uno me dé los zarcillos de su botín (pues traían zarcillos de oro, porque eran ismaelitas).ª

²⁵ Ellos respondieron:

—De buena gana te los daremos.

Y tendiendo un manto, echó allí cada uno los zarcillos de su botín.

²⁶ El peso de los zarcillos de oro que él pidió fue de mil setecientos siclos de oro, sin contar las lunetas, las joyas ni los vestidos de púrpura que traían los reyes de Madián, ni tampoco los collares que traían al cuello sus camellos. ²⁷ Gedeón hizo con todo eso un efod, que mandó guardar en su ciudad de Ofra. Y todo Israel se prostituyó tras ese efod en aquel lugar, el cual se volvió tropezadero para Gedeón y su casa.

²⁸ Así fue sometido Madián delante de los hijos de Israel, y nunca más volvió a levantar cabeza. Y hubo paz en la tierra

durante cuarenta años en los días de Gedeón.

²⁹ Luego Jerobaal hijo de Joás se fue a vivir a su casa, ³⁰ y tuvo Gedeón setenta hijos que constituyeron su descendencia, porque tenía muchas mujeres. ³¹ También su concubina, que estaba en Siquem le dio un hijo, al cual llamó Abimelec.

³² Murió Gedeón hijo de Joás en buena vejez y fue sepultado en el sepulcro de su padre Joás, en Ofra de los abiezeritas.

³³ Pero aconteció que cuando murió Gedeón, los hijos de Israel volvieron a prostituirse yendo tras los baales, y escogieron por dios a Baal-berit.ᵇ ³⁴ No se acordaron los hijos de Israel de Jehová, su Dios, que los había librado de todos los enemigos de su alrededor, ³⁵ ni se mostraron agradecidos con la casa de Jerobaal, o sea, de Gedeón, conforme a todo el bien que él había hecho a Israel.

Reinado de Abimelec

9 ¹ Abimelec hijo de Jerobaal fue a Siquem, a los hermanos de su madre, y dijo a ellos y a toda la familia de la casa del padre de su madre:

² «Yo os ruego que digáis a todos los de Siquem: "¿Qué os parece mejor, que os gobiernen setenta hombres, todos los hijos de Jerobaal, o que os gobierne un solo hombre?" Acordaos que yo soy hueso vuestro y carne vuestra».

³ Hablaron por él los hermanos de su madre a todos los de Siquem todas estas palabras, y el corazón de ellos se inclinó a favor de Abimelec, porque decían: "Nuestro hermano es".

⁴ Además le dieron setenta siclos de plata del templo de Baal-berit, con los cuales Abimelec alquiló hombres ociosos y vagabundos que lo siguieran. ⁵ Y yendo a la casa de su padre en Ofra, mató a sus hermanos, los setenta hijos de Jerobaal, sobre una misma piedra; pero quedó Jotam, el hijo menor de Jerobaal, que se escondió.ª ⁶ Entonces se juntaron todos los de Siquem con toda la casa de Milo, y fueron y proclamaron rey a Abimelec cerca de la llanura del pilar que estaba en Siquem.

ª 8.24 Gn 37.25-28. ᵇ 8.33 Probablemente el título particular con que se veneraba en Siquem al dios cananeo Baal. Cf. Jue 9.4. ª 9.5 1 R 2.15-25; 2 R 10.1-14,17; 11.1-2.

⁷Cuando se lo dijeron a Jotam, este subió a la cumbre del monte Gerizim, y alzando su voz clamó:

«Oídme, hombres de Siquem,
y así también os oiga Dios:
⁸ Fueron una vez los árboles a
elegirse un rey
y dijeron al olivo: "Reina sobre
nosotros".
⁹ Pero el olivo respondió:
"¿He de dejar mi aceite, con el cual
se honra a Dios y a los hombres,
para reinar sobre los árboles?"

¹⁰ »Dijeron, pues, los árboles a la
higuera:
"Anda tú, reina sobre nosotros"
¹¹ La higuera respondió:
"¿He de dejar mi dulzura y mi buen
fruto
para reinar sobre los árboles?"

¹² »Dijeron luego los árboles a la vid:
"Pues ven tú, reina sobre
nosotros".
¹³ La vid les respondió:
"¿He de dejar mi vino, que alegra a
Dios y a los hombres,
para reinar sobre los árboles?"

¹⁴ »Todos los árboles rogaron
entonces a la zarza:
"Anda tú, reina sobre nosotros".
¹⁵ Pero la zarza respondió a los
árboles:
"Si en verdad me proclamáis rey
sobre vosotros,
venid, abrigaos bajo mi sombra;
y si no, salga fuego de la zarza
y devore a los cedros del Líbano".

¹⁶ »Ahora, bien: ¿Habéis procedido con verdad y con integridad al hacer rey a Abimelec? ¿Habéis actuado bien con Jerobaal y con su casa, le habéis pagado conforme a la obra de sus manos? ¹⁷ Mi padre peleó por vosotros y expuso su vida al peligro para libraros de manos de Madián, ¹⁸ y vosotros os habéis levantado hoy contra la casa de mi padre y habéis matado a sus setenta hijos sobre una misma piedra, y habéis puesto por rey sobre los de Siquem a Abimelec, hijo de su criada, debido a que es vuestro hermano. ¹⁹ Si con verdad y con integridad habéis procedido hoy con Jerobaal y con su casa, que gocéis de Abimelec y él goce de vosotros. ²⁰ Y si no, fuego salga de Abimelec y consuma a los de Siquem y a la casa de Milo, y fuego salga de los de Siquem y de la casa de Milo y consuma a Abimelec».

²¹ Jotam escapó y huyó, se fue a Beer y allí se quedó por miedo de su hermano Abimelec.

²² Después que Abimelec hubo dominado sobre Israel tres años, ²³ envió Dios un espíritu de discordia entre Abimelec y los hombres de Siquem, y los de Siquem se rebelaron contra Abimelec, ²⁴ para que la violencia hecha a los setenta hijos de Jerobaal, y su sangre, recayera sobre su hermano Abimelec, que los mató, y sobre los hombres de Siquem que lo ayudaron a matar a sus hermanos. ²⁵ Los de Siquem pusieron en las cumbres de los montes asechadores que robaban a todos los que pasaban junto a ellos por el camino. De esto se dio aviso a Abimelec.

²⁶ Un día, Gaal hijo de Ebed pasó con sus hermanos por Siquem, y los de Siquem pusieron en él su confianza. ²⁷ Salieron al campo, recogieron y pisaron la uva, e hicieron fiesta: entraron en el templo de sus dioses y, comiendo y bebiendo, maldijeron a Abimelec.

²⁸ Entonces Gaal hijo de Ebed dijo:

«¿Quién es Abimelec, y qué es Siquem, para que nosotros le sirvamos? ¿No es hijo de Jerobaal? ¿No es Zebul su ayudante? Servid a los hombres de Hamor, padre de Siquem; pero ¿por qué hemos de servir a Abimelec? ²⁹ Ojalá estuviera este pueblo bajo mi mano; enseguida arrojaría yo a Abimelec, y le diría: "Refuerza tus ejércitos, y sal a pelear"».

³⁰ Cuando Zebul, gobernador de la ciudad, oyó las palabras de Gaal hijo de Ebed, se encendió en ira ³¹ y envió secretamente mensajeros a decir a Abimelec: «Gaal hijo de Ebed y sus hermanos han venido a Siquem y están sublevando la ciudad contra ti. ³² Levántate, pues, ahora de noche, tú y el pueblo que está contigo, y pon emboscadas en el campo. ³³ Por la mañana, al salir el sol, madruga y cae

sobre la ciudad. Cuando Gaal y el pueblo que está con él salgan contra ti, tú harás con él según se presente la ocasión».

³⁴ Levantándose, pues, de noche Abimelec y todo el pueblo que con él estaba, pusieron emboscada contra Siquem con cuatro compañías. ³⁵ Cuando Gaal hijo de Ebed salió, se puso a la entrada de la puerta de la ciudad. Entonces Abimelec y todo el pueblo que con él estaba salieron de sus escondites.

³⁶ Al verlos, Gaal dijo a Zebul:

—He allí gente que desciende de las cumbres de los montes.

Zebul le respondió:

—Tú ves la sombra de los montes como si fueran hombres.

³⁷ Volvió Gaal a hablar, y dijo:

—He allí gente que desciende de en medio de la tierra, y una tropa que viene por el camino de la encina de los adivinos.

³⁸ Zebul le respondió:

—¿Cómo es que antes decías: "¿Quién es Abimelec para que lo sirvamos?". ¿No es este el pueblo que tenías en poco? Sal pues, ahora, y pelea con él.

³⁹ Gaal salió al frente de los de Siquem y peleó contra Abimelec. ⁴⁰ Pero Abimelec lo persiguió; Gaal huyó de él y muchos cayeron heridos hasta la puerta misma de la ciudad. ⁴¹ Abimelec se quedó en Aruma, y Zebul echó fuera de Siquem a Gaal y a sus hermanos para que no habitaran en Siquem.

⁴² Aconteció al siguiente día, que el pueblo salió al campo. Le dieron aviso a Abimelec, ⁴³ el cual tomó a su gente, la repartió en tres compañías y puso emboscadas en el campo. Cuando miró, vio al pueblo que salía de la ciudad. Entonces se levantó contra ellos y los atacó. ⁴⁴ Abimelec y la compañía que estaba con él acometieron con ímpetu y se detuvieron a la entrada de la puerta de la ciudad; las otras dos compañías acometieron a todos los que estaban en el campo y los mataron. ⁴⁵ Abimelec peleó contra la ciudad todo aquel día, la tomó y mató al pueblo que en ella estaba; destruyó la ciudad y la sembró de sal.ᵇ

⁴⁶ Cuando oyeron esto todos los que estaban en la torre de Siquem, se metieron en la fortaleza del templo del dios Berit. ⁴⁷ Avisaron a Abimelec que estaban reunidos los hombres de la torre de Siquem, ⁴⁸ y subió junto con toda la gente que estaba con él al monte Salmón, tomó un hacha en la mano, cortó una rama de los árboles y, levantándola, se la puso sobre sus hombros, diciéndole al pueblo que estaba con él:

«Lo que me habéis visto hacer, apresuraos a hacerlo como yo».

⁴⁹ Todo el pueblo cortó también cada uno su rama y siguieron a Abimelec; pusieron las ramas junto a la fortaleza del templo y le prendieron fuego con ellas, de modo que todos los de la torre de Siquem murieron, unos mil, entre hombres y mujeres.

⁵⁰ Después Abimelec marchó sobre Tebes, le puso sitio y tomó la ciudad. ⁵¹ En medio de Tebes había una torre fortificada, a la cual se retiraron todos los hombres, las mujeres y todos los señores de la ciudad. Cerraron tras sí las puertas y se subieron al techo de la torre. ⁵² Llegó Abimelec a la torre y la atacó; pero cuando se acercó a la puerta para prenderle fuego, ⁵³ una mujer dejó caer un pedazo de rueda de molino sobre la cabeza de Abimelec y le rompió el cráneo. ⁵⁴ Abimelec llamó apresuradamente a su escudero y le dijo:

«Saca tu espada y mátame, para que no se diga de mí: "Una mujer lo mató"».

Entonces su escudero lo atravesó con la espada, y murió. ⁵⁵ Cuando los israelitas vieron muerto a Abimelec, se fueron cada uno a su casa.

⁵⁶ Así pagó Dios a Abimelec el mal que había hecho contra su padre al matar a sus setenta hermanos. ⁵⁷ Y todo el mal de los hombres de Siquem lo hizo Dios volver sobre sus cabezas. Y se cumplió en ellos la maldición de Jotam hijo de Jerobaal.

Tola y Jair juzgan a Israel

10 ¹ Después de Abimelec, se levantó para librar a Israel Tola hijo de Fúa hijo de Dodo, hombre de Isacar, el cual habitaba en Samir, en los montes de Efraín. ² Tola juzgó a Israel veintitrés años. Murió y fue sepultado en Samir.

ᵇ **9.45** Dt 29.23; Job 39.6; Sal 107.34.

³Tras él se levantó Jair galaadita, el cual juzgó a Israel veintidós años. ⁴Tuvo treinta hijos, que cabalgaban sobre treinta asnos; y tenían treinta ciudades, que se llaman las ciudades de Jair hasta hoy, las cuales están en la tierra de Galaad. ⁵Murió Jair y fue sepultado en Camón.

Jefté libera a Israel de los amonitas

⁶Pero los hijos de Israel volvieron a hacer lo malo ante los ojos de Jehová y sirvieron a los baales y a Astarot, a los dioses de Siria, a los dioses de Sidón, a los dioses de Moab, a los dioses de los hijos de Amón y a los dioses de los filisteos. Abandonaron a Jehová y no lo sirvieron.ᵃ ⁷Se encendió entonces la ira de Jehová contra Israel, y los entregó en manos de los filisteos y de los hijos de Amón, ⁸los cuales oprimieron y quebrantaron a los hijos de Israel en aquel tiempo durante dieciocho años, a todos los hijos de Israel que vivían en Galaad, al otro lado del Jordán, en tierra del amorreo. ⁹Los hijos de Amón pasaron el Jordán para hacer también guerra contra Judá, contra Benjamín y contra la casa de Efraín, y sufrió Israel gran aflicción.

¹⁰Entonces los hijos de Israel clamaron a Jehová, diciendo:

—Nosotros hemos pecado contra ti, porque hemos dejado a nuestro Dios y servido a los baales.

¹¹Jehová respondió a los hijos de Israel:

—¿No habéis sido oprimidos de Egipto, de los amorreos, de los amonitas, de los filisteos, ¹²de los de Sidón, de Amalec y de Maón? Y cuando clamasteis a mí, ¿no os libré de sus manos? ¹³Pero vosotros me habéis dejado y habéis servido a dioses ajenos; por tanto, yo no os libraré más. ¹⁴Andad y clamad a los dioses que habéis elegido; que ellos os libren en el tiempo de vuestra aflicción.ᵇ

¹⁵Los hijos de Israel respondieron a Jehová:

—Hemos pecado; haz con nosotros como bien te parezca. Solo te rogamos que nos libres en este día.

¹⁶Quitaron, pues, de en medio de ellos los dioses ajenos y sirvieron a Jehová. Y él se angustió a causa de la aflicción de Israel.ᶜ

¹⁷Entonces se juntaron los hijos de Amón y acamparon en Galaad; se juntaron asimismo los hijos de Israel y acamparon en Mizpa. ¹⁸Y los príncipes y el pueblo de Galaad se dijeron unos a otros: «¿Quién comenzará la batalla contra los hijos de Amón? El que lo haga será el caudillo de todos los que habitan en Galaad».

11 ¹Jefté, el galaadita, era esforzado y valeroso. Era hijo de una ramera y de un hombre llamado Galaad. ²Pero también la mujer de Galaad le dio hijos, los cuales, cuando crecieron, echaron fuera a Jefté, diciéndole:

«No heredarás en la casa de nuestro padre, porque eres hijo de otra mujer».

³Huyó, pues, Jefté de sus hermanos, y se fue a vivir en tierra de Tob, donde reunió una banda de hombres ociosos que salían con él.

⁴Aconteció andando el tiempo, que los hijos de Amón hicieron guerra contra Israel. ⁵Cuando ello sucedió, los ancianos de Galaad fueron a traer a Jefté de la tierra de Tob, ⁶y le dijeron:

—Ven, para que seas nuestro jefe en la guerra contra los hijos de Amón.

⁷Jefté respondió a los ancianos de Galaad:

—¿No me aborrecisteis vosotros y me echasteis de la casa de mi padre? ¿Por qué, pues, venís ahora a mí cuando estáis en aflicción?

⁸Los ancianos de Galaad respondieron a Jefté:

—Por esta misma causa volvemos ahora a ti, para que vengas con nosotros a pelear contra los hijos de Amón y a ser el caudillo de todos los que vivimos en Galaad.

⁹Jefté dijo entonces a los ancianos de Galaad:

—Si me hacéis volver para que pelee contra los hijos de Amón, y Jehová los entrega delante de mí, ¿seré yo vuestro caudillo?

¹⁰Los ancianos de Galaad respondieron a Jefté:

—Jehová sea testigo entre nosotros si no hacemos como tú dices.

¹¹Fue, pues, Jefté con los ancianos de Galaad y el pueblo lo eligió como su

ᵃ **10.6** Jue 2.11; 3.7,12; 4.1; 6.1.   ᵇ **10.14** Jer 11.12.   ᶜ **10.16** Gn 35.2-4; Jos 24.23; 1 S 7.3-4.

caudillo y jefe. En Mizpa, Jefté repitió todas sus palabras delante de Jehová, [12] y envió mensajeros al rey de los amonitas, diciendo:

—¿Qué tienes tú conmigo, para venir a hacer guerra contra mi tierra?

[13] El rey de los amonitas respondió a los mensajeros de Jefté:

—Por cuanto Israel, cuando subió de Egipto, tomó mi tierra, desde el Arnón hasta el Jaboc y el Jordán, devuélvela tú ahora en paz.

[14] Jefté envió otros mensajeros al rey de los amonitas, [15] con el siguiente mensaje:

—Jefté ha dicho esto: "Israel no tomó tierra de Moab ni tierra de los hijos de Amón. [16] Porque cuando Israel subió de Egipto y anduvo en el desierto hasta el Mar Rojo, llegó a Cades. [17] Entonces Israel envió mensajeros al rey de Edom, diciendo: 'Yo te ruego que me dejes pasar por tu tierra', pero el rey de Edom no los escuchó.[a] También envió mensajeros al rey de Moab, el cual tampoco quiso. Israel, por tanto, se quedó en Cades. [18] Después, yendo por el desierto, rodeó la tierra de Edom[b] y la tierra de Moab y, viniendo por el lado oriental de la tierra de Moab, acampó al otro lado de Arnón, pero no entró en territorio de Moab, porque Arnón es territorio de Moab. [19] Asimismo envió Israel mensajeros a Sehón, rey de los amorreos, rey de Hesbón, diciéndole: 'Te ruego que me dejes pasar por tu tierra hasta mi lugar'. [20] Pero Sehón no se fió de Israel para darle paso por su territorio, sino que reuniendo toda su gente acampó en Jahaza[c] y peleó contra Israel. [21] Pero Jehová, Dios de Israel, entregó a Sehón y a todo su pueblo en manos de Israel, y los derrotó. De esta manera se apoderó Israel de toda la tierra de los amorreos que habitaban en aquel país. [22] También se apoderó de todo el territorio del amorreo desde el Arnón hasta el Jaboc, y desde el desierto hasta el Jordán.[d] [23] Así que, ¿pretendes tú apoderarte de lo que Jehová, Dios de Israel, le quitó al amorreo en favor de su pueblo Israel? [24] Lo que te haga poseer Quemos, tu dios, ¿no lo poseerías tú? Así,

todo lo que Jehová, nuestro Dios, nos ha dado, nosotros lo poseeremos. [25] ¿Eres tú ahora mejor en algo que Balac hijo de Zipor, rey de Moab?[e] ¿Tuvo él alguna reclamación contra Israel o hizo guerra contra nosotros? [26] Ya hace trescientos años que Israel habita en Hesbón y sus aldeas, en Aroer y sus aldeas, y en todas las ciudades que están en el territorio del Arnón, ¿por qué no las habéis recobrado en todo ese tiempo? [27] Así que, yo en nada he pecado contra ti, pero tú haces mal peleando contra mí. Jehová, que es el juez, juzgue hoy entre los hijos de Israel y los hijos de Amón".

[28] Pero el rey de los hijos de Amón no atendió a estas razones que Jefté le había enviado.

[29] Entonces el espíritu de Jehová vino sobre Jefté, y este recorrió Galaad y Manasés. De allí pasó a Mizpa de Galaad, y de Mizpa de Galaad pasó a los hijos de Amón. [30] Entonces Jefté hizo voto a Jehová, diciendo:[f]

«Si entregas a los amonitas en mis manos, [31] cualquiera que salga de las puertas de mi casa a recibirme cuando yo regrese victorioso de los amonitas, será de Jehová y lo ofreceré en holocausto».

[32] Jefté fue a pelear contra los hijos de Amón, y Jehová los entregó en sus manos. [33] Desde Aroer y hasta llegar a Minit conquistó veinte ciudades, y hasta la Vega de las viñas los derrotó con gran estrago. Así fueron sometidos los amonitas por los hijos de Israel.

[34] Cuando volvió Jefté a Mizpa, a su casa, su hija salió a recibirlo con panderos y danzas.[g] Ella era sola, su hija única; fuera de ella no tenía hijo ni hija. [35] Cuando él la vio, rasgó sus vestidos, diciendo:

—¡Ay, hija mía!, en verdad que me has afligido, y tú misma has venido a ser causa de mi dolor, porque le he dado mi palabra a Jehová y no podré retractarme.[h]

[36] Ella entonces le respondió:

—Padre mío, si le has dado tu palabra a Jehová, haz conmigo conforme a lo que prometiste, ya que Jehová te ha permitido vengarte de tus enemigos, los hijos de Amón.

---

[a] **11.17** Nm 20.14-21.   [b] **11.18** Nm 21.4.   [c] **11.20** Dt 2.32.   [d] **11.19-22** Nm 21.21-24.
[e] **11.25** Nm 22.1-6.   [f] **11.30** Nm 32.24; Sal 66.13-14.   [g] **11.34** Ex 15.19-21; 1 S 18.6.
[h] **11.35** Nm 30.1-2.

[37] Y añadió:

—Concédeme esto: déjame que por dos meses vaya y descienda por los montes a llorar mi virginidad junto con mis compañeras.

[38] Jefté le respondió:

—Ve.

La dejó por dos meses. Fue con sus compañeras y lloró su virginidad por los montes. [39] Pasados los dos meses volvió a su padre, quien cumplió el voto que había hecho. La hija de Jefté nunca conoció varón. [40] Por eso es costumbre en Israel que todos los años vayan las doncellas de Israel a llorar a la hija de Jefté, el galaadita, durante cuatro días.

12 [1] Los hombres de la tribu de Efraín se reunieron, pasaron hacia el norte y dijeron a Jefté:

—¿Por qué fuiste a hacer guerra contra los hijos de Amón, y no nos llamaste para que fuéramos contigo? ¡Quemaremos ahora tu casa contigo dentro!

[2] Jefté les respondió:

—Yo y mi pueblo teníamos una gran contienda con los hijos de Amón; os llamé, pero no me defendisteis de ellos. [3] Viendo, pues, que no me defendíais, arriesgué mi vida, ataqué a los hijos de Amón, y Jehová me los entregó. ¿Por qué, pues, habéis subido hoy para pelear conmigo?

[4] Entonces reunió Jefté a todos los hombres de Galaad y peleó contra Efraín. Y los de Galaad derrotaron a Efraín, porque habían dicho: «Vosotros sois fugitivos de Efraín, vosotros los galaaditas, que habitáis entre Efraín y Manasés».

[5] Los galaaditas tomaron los vados del Jordán a los de Efraín, y cuando los fugitivos de Efraín llegaban y decían:

—Quiero pasar, los de Galaad les preguntaban:

—¿Eres tú efrateo?

Si él respondía que no, [6] entonces le decían:

—Ahora, pues, di "Shibolet".

Si decía "Sibolet", porque no podía pronunciarlo correctamente, le echaban mano y lo degollaban junto a los vados

del Jordán. Así murieron cuarenta y dos mil de los de Efraín.

[7] Jefté juzgó a Israel seis años. Murió Jefté, el galaadita, y fue sepultado en una de las ciudades de Galaad.

Ibzán, Elón y Abdón, jueces de Israel

[8] Después de él juzgó a Israel Ibzán, de Belén, [9] quien tuvo treinta hijos y treinta hijas, las cuales casó con gente de fuera, y tomó de fuera treinta hijas para sus hijos. Juzgó a Israel siete años. [10] Murió Ibzán y fue sepultado en Belén.

[11] Después de él juzgó a Israel Elón, el zabulonita, quien juzgó a Israel diez años. [12] Murió Elón, el zabulonita, y fue sepultado en Ajalón, en la tierra de Zabulón.

[13] Después de él juzgó a Israel Abdón hijo de Hilel, el piratonita. [14] Este tuvo cuarenta hijos y treinta nietos que cabalgaban sobre setenta asnos. Juzgó a Israel ocho años. [15] Murió Abdón hijo de Hilel piratonita y fue sepultado en Piratón, en la tierra de Efraín, en el monte de Amalec.

Nacimiento de Sansón

13 [1] Los hijos de Israel volvieron a hacer lo malo ante los ojos de Jehová,[a] y Jehová los entregó en manos de los filisteos por cuarenta años.

[2] En Zora,[b] de la tribu de Dan, había un hombre que se llamaba Manoa. Su mujer nunca había tenido hijos, porque era estéril. [3] A esta mujer se le apareció el ángel de Jehová y le dijo:

«Tú eres estéril y nunca has tenido hijos, pero concebirás y darás a luz un hijo.[c] [4] Ahora, pues, no bebas vino ni sidra, ni comas cosa inmunda, [5] pues concebirás y darás a luz un hijo. No pasará navaja sobre su cabeza, porque el niño será nazareo[d] para Dios desde su nacimiento, y comenzará a salvar a Israel de manos de los filisteos».

[6] La mujer fue y se lo contó a su marido, diciendo:

«Un varón de Dios vino a mí, cuyo aspecto era muy temible como el de un ángel de Dios. No le pregunté de dónde venía ni quién era, ni tampoco él me dijo

---

[a] **13.1** Jue 3.12; 4.1; 10.6.   [b] **13.2** Antigua ciudad cananea, situada a unos 20 km. al oeste de Jerusalén.   [c] **13.3** Gn 11.30; 21.1-2; 1 S 1.2,5,19-20; Lc 1.7,17. Cf. Sal 113.9.   [d] **13.5** Nm 6.1-5.

su nombre. ⁷ Pero sí me dijo: "He aquí que tú concebirás y darás a luz un hijo; por tanto, desde ahora no bebas vino ni sidra, ni comas cosa inmunda, porque este niño será nazareo para Dios desde su nacimiento hasta el día de su muerte"».

⁸ Entonces oró Manoa a Jehová, y dijo: «Ah, Señor mío, yo te ruego que aquel hombre de Dios que enviaste regrese ahora a nosotros y nos enseñe lo que debemos hacer con el niño que ha de nacer».

⁹ Dios oyó la voz de Manoa. Hallándose la mujer en el campo, el ángel de Dios vino otra vez a ella; pero Manoa, su marido, no estaba presente. ¹⁰ La mujer corrió prontamente a avisar a su marido, diciéndole:

«Mira que se me ha aparecido aquel hombre que vino a mí el otro día».

¹¹ Se levantó Manoa y fue con ella a donde estaba el hombre, y le dijo:

—¿Eres tú el hombre que habló con mi mujer?

Él respondió:

—Yo soy.

¹² Entonces Manoa le preguntó:

—Cuando tus palabras se cumplan, ¿cuál debe ser la manera de vivir del niño y qué debemos hacer con él?

¹³ El ángel de Jehová contestó a Manoa:

—La mujer se guardará de todas las cosas que yo le dije: ¹⁴ No tomará nada que proceda de la vid, no beberá vino ni sidra, ni comerá cosa inmunda. Guardará todo lo que le mandé.

¹⁵ Entonces Manoa dijo al ángel de Jehová:

—Te ruego que nos permitas detenerte, y te prepararemos un cabrito.

¹⁶ El ángel de Jehová respondió a Manoa:

—Aunque me detengas, no comeré de tu pan; pero si quieres hacer un holocausto, ofrécelo a Jehová.

(Manoa no sabía aún que aquel hombre era el ángel de Jehová.)

¹⁷ Entonces preguntó Manoa al ángel de Jehová:

—¿Cuál es tu nombre, para que cuando se cumpla tu palabra te honremos?

¹⁸ El ángel de Jehová respondió:

—¿Por qué preguntas por mi nombre, que es un nombre admirable?

¹⁹ Tomó, pues, Manoa un cabrito y una ofrenda, y los ofreció sobre una peña a Jehová. Entonces el ángel hizo un milagro ante los ojos de Manoa y de su mujer. ²⁰ Porque aconteció que cuando la llama subió del altar hacia el cielo, Manoa y su mujer vieron al ángel de Jehová subir en la llama del altar. Entonces se postraron en tierra. ²¹ Manoa supo entonces que era el ángel de Jehová, pues no se les volvió a aparecer ni a él ni a su mujer. ²² Y dijo Manoa a su mujer:

—Ciertamente moriremos, porque hemos visto a Dios.

²³ Su mujer le respondió:

—Si Jehová nos quisiera matar, no aceptaría de nuestras manos el holocausto y la ofrenda, ni nos hubiera mostrado todas estas cosas, ni ahora nos habría anunciado esto.

²⁴ A su tiempo, la mujer dio a luz un hijo y le puso por nombre Sansón. El niño creció*e* y Jehová lo bendijo. ²⁵ En los campamentos de Dan, entre Zora y Estaol, el espíritu de Jehová comenzó a manifestarse en él.

Sansón y la mujer filistea de Timnat

14 ¹ Descendió Sansón a Timnat y vio allí a una mujer de las hijas de los filisteos. ² Regresó entonces y lo contó a su padre y a su madre, diciendo:

—He visto en Timnat una mujer de las hijas de los filisteos; os ruego que me la toméis por mujer.

³ Su padre y su madre le dijeron:

—¿No hay mujer entre las hijas de tus hermanos, ni en todo nuestro pueblo, para que vayas tú a tomar mujer de los filisteos incircuncisos?*a*

Sansón respondió a su padre:

—Tómame esta por mujer, porque ella me agrada.

⁴ Su padre y su madre no sabían que esto venía de Jehová, porque él buscaba ocasión contra los filisteos, pues en aquel tiempo los filisteos dominaban sobre Israel.

---

e **13.24** 1 S 2.21,26; 3.19; Lc 1.80; 2.40,52.   *a* **14.3** La costumbre de no contraer matrimonio con mujeres extranjeras era muy antigua en Israel (cf. Ex 34.16; Dt 7.3-4; Jos 23.12-13).

⁵ Sansón descendió con su padre y con su madre a Timnat. Cuando llegaron a las viñas de Timnat, un león joven vino rugiendo hacia él. ⁶ Entonces el espíritu de Jehová vino sobre Sansón, quien despedazó al león como quien despedaza un cabrito, sin tener nada en sus manos. Él no contó ni a su padre ni a su madre lo que había hecho. ⁷ Descendió, pues, y habló con la mujer; y ella agradó a Sansón.

⁸ Al volver después de algunos días para tomarla, se apartó del camino para ver el cuerpo muerto del león; y vio que en el cuerpo del león había un enjambre de abejas y un panal de miel. ⁹ Tomándolo en sus manos, fue comiéndose la miel por el camino. Cuando alcanzó a su padre y a su madre, les dio también a ellos para que comieran, pero no les reveló que aquella miel la había tomado del cuerpo del león.

¹⁰ Fue, pues, su padre adonde estaba la mujer, y Sansón hizo allí un banquete, porque así solían hacer los jóvenes. ¹¹ Aconteció que cuando los filisteos lo vieron, tomaron treinta compañeros para que estuvieran con él.

¹² A estos treinta dijo Sansón:

—Yo os propondré ahora un enigma; si en los siete días del banquete me lo explicáis y descifráis, yo os daré treinta vestidos de lino y treinta vestidos de fiesta. ¹³ Pero si no me lo podéis descifrar, entonces vosotros me daréis a mí los treinta vestidos de lino y los vestidos de fiesta.

Ellos respondieron:

—Propón tu enigma y lo oiremos.

¹⁴ Él les dijo:

—Del devorador salió comida,
y del fuerte salió dulzura.

Ellos no pudieron descifrar el enigma en tres días. ¹⁵ Al séptimo día dijeron a la mujer de Sansón:

«Induce a tu marido a que nos explique este enigma, para que no te quememos a ti y a la casa de tu padre. ¿Acaso nos habéis llamado aquí para despojarnos?»

¹⁶ Lloró la mujer de Sansón en presencia de él, y dijo:

—Solamente me aborreces, no me amas,

pues no me explicas el enigma que propusiste a los hijos de mi pueblo.

Él respondió:

—Ni a mi padre ni a mi madre lo he explicado, ¿y te lo había de explicar a ti?

¹⁷ Aquella mujer lloró en presencia de Sansón los siete días que duró el banquete, pero al séptimo día él se lo declaró, porque ella lo presionaba, y la mujer se lo contó a los hijos de su pueblo. ¹⁸ Al séptimo día, antes que el sol se pusiera, los de la ciudad le dijeron:

—¿Qué cosa es más dulce que
la miel?
¿Y qué cosa es más fuerte que
el león?

Sansón les respondió:

—Si no araseis con mi novilla,
nunca habríais descubierto mi
enigma.

¹⁹ El espíritu de Jehová vino sobre él; descendió Sansón a Ascalón*ᵇ* y mató a treinta hombres de ellos y, tomando sus despojos, pagó con las vestiduras a los que habían explicado el enigma. Después, encendido de enojo, regresó a la casa de su padre.

²⁰ Su mujer fue dada a un compañero al que Sansón había tratado como amigo.

15 ¹ Aconteció después de algún tiempo, en los días de la siega del trigo, que Sansón visitó a su mujer con un cabrito. Al llegar dijo:

—Entraré para ver a mi mujer en la alcoba.

Pero el padre de ella no lo dejó entrar, ² sino que le dijo:

—Pensé que la aborrecías, y la di a tu compañero. Pero su hermana menor, ¿no es más hermosa que ella? Tómala, pues, en lugar de la mayor.*ᵃ*

³ Entonces le dijo Sansón:

—Sin culpa seré esta vez respecto de los filisteos, si les hago mal.

⁴ Fue Sansón y cazó trescientas zorras, tomó antorchas, juntó cola con cola y puso una antorcha entre cada dos colas.

ᵇ **14.19** Una de las cinco principales ciudades filisteas, situada a 20 km. al nordeste de Gaza y a unos 40 km. al sur de Timnat.   ᵃ **15.2** Gn 29.16-17.

5 Después, encendiendo las antorchas, soltó las zorras en los sembrados de los filisteos y quemó las mieses amontonadas y en pie, y las viñas y olivares.

6 Los filisteos preguntaron:

—¿Quién hizo esto?

Les contestaron:

—Sansón, el yerno del timnateo, porque le quitó su mujer y la dio a su compañero.

Vinieron luego los filisteos y los quemaron a ella y a su padre.

7 Entonces Sansón les dijo:

—Ya que esto habéis hecho, juro que no descansaré hasta que me haya vengado de vosotros.

8 Y los hirió de tal manera que hizo estragos entre ellos. Después se fue a vivir a la cueva de la peña de Etam.

Sansón derrota a los filisteos en Lehi

9 Los filisteos subieron, acamparon en Judá y se extendieron por Lehi. 10 Los de Judá les preguntaron:

—¿Por qué habéis subido contra nosotros?

Ellos respondieron:

—A apresar a Sansón hemos subido, para hacerle como él nos ha hecho.

11 Al oir esto, vinieron tres mil hombres de Judá a la cueva de la peña de Etam y dijeron a Sansón:

—¿No sabes que los filisteos dominan sobre nosotros? ¿Por qué nos has hecho esto?

Él les respondió:

—Yo les he hecho como ellos me hicieron.

12 Entonces los de Judá le dijeron:

—Nosotros hemos venido a prenderte y entregarte en manos de los filisteos.

Sansón les respondió:

—Juradme que vosotros no me mataréis.

13 Ellos le respondieron:

—No; solamente te prenderemos y te entregaremos en sus manos, pero no te mataremos.

Lo ataron luego con dos cuerdas nuevas y lo hicieron salir de la peña.

14 Cuando llegaron a Lehi, los filisteos salieron gritando a su encuentro; pero el espíritu de Jehová vino sobre él y las cuerdas que estaban en sus brazos se volvieron como lino quemado con fuego y las ataduras se cayeron de sus manos. 15 Al ver una quijada de asno, fresca aún, extendió la mano, la tomó y mató con ella a mil hombres. 16 Entonces Sansón dijo:

«Con la quijada de un asno,
un montón, dos montones;
con la quijada de un asno
maté a mil hombres».

17 Al terminar de decir esto, arrojó la quijada y llamó a aquel lugar Ramat-lehi.[b]

18 Como tenía mucha sed, clamó a Jehová: «Tú has dado esta grande salvación por mano de tu siervo, ¿cómo dejarás que muera yo ahora de sed y caiga en manos de estos incircuncisos?».

19 Entonces abrió Dios la cuenca que hay en Lehi, y salió de allí agua. Sansón bebió, recobró su espíritu y se reanimó. Por esto llamó a aquel lugar (que está en Lehi hasta el día de hoy) En-hacore.[c]

20 Y juzgó Sansón a Israel veinte años, en los días en que dominaban los filisteos.

Sansón en Gaza

16 1 Fue Sansón a Gaza y vio allí a una prostituta y se llegó a ella. 2 Cuando les dijeron a los de Gaza: «Sansón ha venido acá», lo rodearon y acecharon durante toda la noche a la puerta de la ciudad. Se mantuvieron callados toda aquella noche, diciéndose: «Cuando aclare el día, entonces lo mataremos».

3 Pero Sansón durmió hasta la medianoche; y a la medianoche se levantó y, tomando las puertas de la ciudad con sus dos pilares y su cerrojo, se las echó al hombro y las subió a la cumbre del monte que está delante de Hebrón.

Sansón y Dalila

4 Después de esto aconteció que se enamoró de una mujer llamada Dalila, que vivía en el valle de Sorec.

---

[b] 15.17 Esto es, Colina (o altura) de la quijada.   [c] 15.19 Esto es, manantial del que clama, en clara alusión a la queja de Sansón (v. 18).

⁵ Fueron a visitarla los príncipes de los filisteos y le dijeron:

—Engáñalo y descubre en qué consiste su gran fuerza y cómo podríamos vencerlo. Así podremos atarlo y dominarlo, y cada uno de nosotros te dará mil cien siclos de plata.

⁶ Entonces Dalila dijo a Sansón:

—Yo te ruego que me digas en qué consiste tu gran fuerza y cómo hay que atarte para que seas dominado.

⁷ Sansón le respondió:

—Si me atan con siete mimbres verdes que aún no estén secos, entonces me debilitaré y seré como cualquiera de los hombres.

⁸ Los príncipes de los filisteos le trajeron siete mimbres verdes que aún no estaban secos, y ella lo ató con ellos. ⁹ Como ya había situado hombres al acecho en el aposento, Dalila le gritó:

«¡Sansón, los filisteos sobre ti!».

Él rompió los mimbres como se rompe una cuerda de estopa cuando toca el fuego; y no se supo el secreto de su fuerza.

¹⁰ Entonces Dalila dijo a Sansón:

—Tú me has engañado, me has dicho mentiras. Descúbreme, ahora, te ruego, cómo hay que atarte.

¹¹ Él le respondió:

—Si me atan fuertemente con cuerdas nuevas que no se hayan usado, yo me debilitaré y seré como cualquiera de los hombres.

¹² Dalila tomó cuerdas nuevas, lo ató con ellas y gritó:

«¡Sansón, los filisteos sobre ti!».

Otra vez los espías estaban en el aposento, pero él las rompió con sus brazos como un hilo.

¹³ Dalila dijo a Sansón:

—Hasta ahora me has engañado, y me has mentido. Descúbreme, pues, ahora, cómo hay que atarte.

Él entonces le indicó:

—Entretejiendo siete guedejas de mi cabeza con hilo de tejer y asegurándolas con la estaca.

¹⁴ Ella las aseguró con la estaca, y luego gritó:

«¡Sansón, los filisteos sobre ti!»

Despertando él de su sueño, arrancó la estaca del telar junto con la tela.

¹⁵ Dalila se lamentó:

—¿Cómo dices: "Yo te amo", cuando tu corazón no está conmigo? Ya me has engañado tres veces y no me has descubierto aún en qué consiste tu gran fuerza.

¹⁶ Y aconteció que, presionándolo ella cada día con sus palabras e importunándolo, el alma de Sansón fue reducida a mortal angustia. ¹⁷ Le descubrió, pues, todo su corazón y le dijo:

—Nunca a mi cabeza llegó navaja, porque soy nazareo para Dios desde el vientre de mi madre. Si soy rapado, mi fuerza se apartará de mí, me debilitaré y seré como todos los hombres.

¹⁸ Viendo Dalila que él le había descubierto todo su corazón, envió a llamar a los principales de los filisteos, diciendo:

«Venid esta vez, porque él me ha descubierto todo su corazón».

Los principales de los filisteos vinieron a ella trayendo en sus manos el dinero.

¹⁹ Hizo ella que Sansón se durmiera sobre sus rodillas y llamó a un hombre, quien le rapó las siete guedejas de su cabeza. Entonces comenzó ella a afligirlo, pues su fuerza se había apartado de él.

²⁰ Y gritó de nuevo:

«¡Sansón, los filisteos sobre ti!».

Sansón despertó de su sueño y pensó:

«Esta vez me escaparé como las otras».

Pero no sabía que Jehová ya se había apartado de él. ²¹ Enseguida los filisteos le echaron mano, le sacaron los ojos, lo llevaron a Gaza y lo ataron con cadenas para que trabajara en el molino de la cárcel. ²² Pero el cabello de su cabeza comenzó a crecer después que fue rapado.

Muerte de Sansón

²³ Entonces los principales de los filisteos se juntaron para ofrecer sacrificio a Dagón,ᵃ su dios, y para alegrarse. Y decían:

«Nuestro dios entregó en nuestras manos
a Sansón, nuestro enemigo».

ᵃ **16.23** Dios semita de la vegetación, protector de los cereales y de las cosechas. Los filisteos lo habían adoptado como su dios principal (cf. 1 S 5.2).

²⁴ Y viéndolo el pueblo, alabaron a su dios, diciendo:

«Nuestro dios entregó en nuestras
    manos a nuestro enemigo,
al destructor de nuestra tierra,
el cual ha dado muerte a muchos de
    entre nosotros».

²⁵ Y aconteció que cuando sintieron alegría en su corazón, dijeron:

«Traed a Sansón para que nos divierta».

Trajeron de la cárcel a Sansón y les sirvió de juguete. Luego lo pusieron entre las columnas.

²⁶ Entonces Sansón dijo al joven que lo guiaba de la mano:

«Acércame y hazme palpar las columnas sobre las que descansa la casa, para que me apoye sobre ellas».

²⁷ La casa estaba llena de hombres y mujeres, y todos los principales de los filisteos estaban allí. En el piso alto había como tres mil hombres y mujeres que estaban mirando el escarnio de Sansón.

²⁸ Entonces clamó Sansón a Jehová, y dijo:

«Señor Jehová, acuérdate ahora de mí y fortaléceme, te ruego, solamente esta vez, oh Dios, para que de una vez tome venganza de los filisteos por mis dos ojos».

²⁹ Asió luego Sansón las dos columnas de en medio, sobre las que descansaba la casa, y echó todo su peso sobre ellas, su mano derecha sobre una y su mano izquierda sobre la otra. ³⁰ Y gritó Sansón:

«¡Muera yo con los filisteos!».

Después se inclinó con toda su fuerza, y cayó la casa sobre los principales y sobre todo el pueblo que estaba en ella. Los que mató al morir fueron muchos más que los que había matado durante su vida.

³¹ Y descendieron sus hermanos y toda la casa de su padre, lo tomaron, se lo llevaron y lo sepultaron entre Zora y Estaol, en el sepulcro de su padre Manoa. Y él juzgó a Israel veinte años.

Las imágenes y el sacerdote de Micaía

17 ¹ En los montes de Efraín vivía un hombre que se llamaba Micaía, ² el cual dijo a su madre:

—Los mil cien siclos de plata que te robaron, por los cuales maldijiste y de los cuales me hablaste, están en mi poder; yo tomé ese dinero.

Entonces la madre dijo:

—¡Bendito seas de Jehová, hijo mío!

³ Cuando él devolvió los mil cien siclos de plata a su madre, esta dijo:

—En verdad, por mi hijo he dedicado el dinero a Jehová, para hacer una imagen de talla y una de fundición; pero ahora te lo devuelvo.

⁴ Cuando él devolvió el dinero a su madre, ella tomó doscientos siclos de plata y los dio al fundidor, quien hizo con ellos una imagen de talla y una de fundición, la cual fue puesta en la casa de Micaía.

⁵ Este hombre Micaía tuvo así un lugar donde adorar a sus dioses. Hizo un efod y unos terafines, y consagró a uno de sus hijos para que fuera su sacerdote. ⁶ En aquellos días no había rey en Israel y cada cual hacía lo que bien le parecía.ᵃ

⁷ Había un joven de Belén de Judá, el cual era levita y forastero allí. ⁸ Este hombre partió de la ciudad de Belén de Judá para ir a vivir donde pudiera encontrar un lugar. En su viaje llegó a los montes de Efraín, a la casa de Micaía.

⁹ Micaía le preguntó:

—¿De dónde vienes?

El levita le respondió:

—Soy de Belén de Judá y voy a vivir donde pueda encontrar lugar.

¹⁰ Micaía le propuso:

—Quédate en mi casa, y para mí serás padre y sacerdote; y yo te daré diez siclos de plata por año, vestidos y comida.

Y el levita se quedó.

¹¹ Le agradó, pues, al levita quedarse con aquel hombre, y fue para él como uno de sus hijos. ¹² Micaía consagró al levita; aquel joven le sirvió de sacerdote y permaneció en casa de Micaía. ¹³ Entonces Micaía pensó:

«Ahora sé que Jehová me prosperará, porque tengo a un levita por sacerdote».

Micaía y los hombres de Dan

18 ¹ En aquellos días no había rey en Israel. La tribu de Dan buscaba un

ᵃ **17.6** Jue 21.25.

territorio propio donde habitar, porque hasta entonces no había obtenido su heredad entre las tribus de Israel. ² Por eso los hijos de Dan enviaron desde Zora y Estaol cinco hombres de su tribu, hombres valientes, para que reconocieran y exploraran bien la tierra. Y les dijeron:

«Id y reconoced la tierra».

Estos vinieron al monte de Efraín, hasta la casa de Micaía, y allí posaron. ³ Cuando estaban cerca de la casa de Micaía, reconocieron la voz del joven levita y, llegándose allá, le preguntaron:

—¿Quién te ha traído acá? ¿Qué haces aquí? ¿Qué buscas tú por aquí?

⁴ Él les respondió:

—De esta y de esta manera ha hecho conmigo Micaía, y me ha tomado para que sea su sacerdote.

⁵ Ellos le pidieron entonces:

—Pregunta, pues, ahora a Dios, para que sepamos si ha de irnos bien en este viaje que hacemos.

⁶ El sacerdote les respondió:

—Id en paz: delante de Jehová está el camino en que andáis.

⁷ Salieron luego aquellos cinco hombres y llegaron a Lais.ᵃ Vieron que el pueblo que habitaba en esa ciudad estaba seguro, ocioso y confiado, conforme a la costumbre de los de Sidón, sin que nadie en aquella región los perturbara en cosa alguna, ni nadie se enseñoreara sobre ellos. Estaban lejos de los sidonios y no tenían negocios con nadie.

⁸ Cuando los cinco hombres regresaron a sus hermanos de Zora y Estaol, estos les preguntaron:

—¿Qué hay?

Ellos respondieron:

⁹ —Levantaos, subamos contra ellos, porque hemos explorado la región y hemos visto que es muy buena. ¿No haréis vosotros nada? No seáis perezosos en poneros en marcha para ir a tomar posesión de la tierra. ¹⁰ Cuando vayáis, llegaréis a un pueblo confiado y a una tierra muy espaciosa, pues Dios la ha entregado en vuestras manos; es un lugar donde no falta cosa alguna que haya en la tierra.

¹¹ Entonces salieron de Zora y de Estaol seiscientos hombres de la familia de Dan provistos de armas de guerra. ¹² Fueron y acamparon en Quiriat-jearim,ᵇ en Judá, por lo cual aquel lugar, que está al occidente de Quiriat-jearim, se llama hasta hoy el campamento de Dan. ¹³ De allí pasaron al monte de Efraín y llegaron hasta la casa de Micaía.

¹⁴ Aquellos cinco hombres que habían ido a reconocer la tierra de Lais dijeron entonces a sus hermanos:

«¿No sabéis que en estas casas hay un efod y terafines, una imagen de talla y una de fundición? Mirad, por tanto, lo que habéis de hacer».

¹⁵ Cuando llegaron allá, entraron a donde vivía el joven levita, en casa de Micaía, y le preguntaron cómo estaba. ¹⁶ Los seiscientos hombres, que eran de los hijos de Dan, estaban armados con sus armas de guerra a la entrada de la puerta. ¹⁷ Subiendo luego los cinco hombres que habían ido a reconocer la tierra, entraron allá y tomaron la imagen de talla, el efod, los terafines y la imagen de fundición, mientras se quedaba el sacerdote a la entrada de la puerta con los seiscientos hombres armados con armas de guerra.

¹⁸ Entraron, pues, aquellos hombres en la casa de Micaía y tomaron la imagen de talla, el efod, los terafines y la imagen de fundición. El sacerdote les dijo:

—¿Qué hacéis vosotros?

¹⁹ Ellos le respondieron:

—Calla, pon la mano sobre tu boca y ven con nosotros, para que seas nuestro padre y sacerdote. ¿Es acaso mejor ser sacerdote en la casa de un solo hombre que serlo de una tribu y de una familia de Israel?

²⁰ Se alegró el corazón del sacerdote, quien tomó el efod, los terafines y la imagen, y se fue con el pueblo. ²¹ Ellos iniciaron la marcha y partieron llevando delante a los niños, el ganado y el bagaje. ²² Cuando ya se habían alejado de la casa de Micaía, los hombres que habitaban en las casas cercanas a la de él se juntaron y siguieron a los hijos de Dan.

ᵃ **18.7** Ciudad situada en el extremo norte de Palestina, cerca de las vertientes que dan origen al río Jordán. Recibió más tarde el nombre de Dan (Jue 18.29). ᵇ **18.12** Población situada a unos 15 km. al oeste de Jerusalén.

²³ Les gritaron, y los de Dan, volviendo sus rostros, dijeron a Micaía:

—¿Qué tienes, que has juntado gente?

²⁴ Él respondió:

—Os apoderasteis de los dioses que yo hice y de mi sacerdote. Vosotros os vais, y a mí ¿qué más me queda? ¿Por qué, pues, me preguntáis: "¿Qué tienes?"

²⁵ Los hijos de Dan contestaron:

—No des voces tras nosotros, no sea que los de ánimo colérico os acometan y pierdas también tu vida y la vida de los tuyos.

²⁶ Prosiguieron los hijos de Dan su camino, y Micaía, viendo que eran más fuertes que él, se volvió y regresó a su casa. ²⁷ Y ellos, llevando las cosas que había hecho Micaía, juntamente con el sacerdote que tenía, llegaron a Lais, un pueblo tranquilo y confiado, hirieron a sus habitantes a filo de espada y quemaron la ciudad. ²⁸ No hubo quien los defendiera, porque se hallaban lejos de Sidón y no tenían negocios con nadie. Lais estaba situada en el valle que hay junto a Bet-rehob. Luego reedificaron la ciudad y habitaron en ella. ²⁹ Y pusieron a aquella ciudad el nombre de Dan, conforme al nombre de Dan su padre, hijo de Israel, aunque antes la ciudad se llamaba Lais. ³⁰ Allí los hijos de Dan levantaron, para adorarla, la imagen de talla. Y Jonatán hijo de Gersón hijo de Moisés, y sus hijos, fueron los sacerdotes en la tribu de Dan hasta el día del cautiverio de la tierra. ³¹ Así, todo el tiempo que la casa de Dios estuvo en Silo, tuvieron levantada entre ellos la imagen de talla que Micaía había hecho.

El levita y su concubina

19 ¹ En aquellos días, cuando no había rey en Israel, hubo un levita que vivía como forastero en la parte más remota de los montes de Efraín. Había tomado para sí, como concubina, a una mujer de Belén de Judá; ² pero su concubina le fue infiel, lo abandonó y se fue a casa de su padre, en Belén de Judá, y estuvo allá durante cuatro meses. ³ Se levantó su marido y fue tras ella para hablarle amorosamente y hacerla volver. Llevaba consigo un criado y un par de asnos. La mujer lo hizo entrar en la casa de su padre. ⁴ Al verlo, el padre de la joven salió a recibirlo gozoso. Lo detuvo su suegro, el padre de la joven, y se quedó en su casa tres días, comiendo, bebiendo y alojándose allí.

⁵ Al cuarto día, cuando se levantaron de mañana, se levantó también el levita para irse, pero el padre de la joven dijo a su yerno:

—Conforta tu corazón con un bocado de pan y después os iréis.

⁶ Se sentaron ellos dos juntos, comieron y bebieron.

El padre de la joven pidió al hombre:

—Te ruego que pases aquí la noche, y de seguro se alegrará tu corazón.

⁷ Se levantó el hombre para irse, pero insistió su suegro y volvió a pasar la noche allí.

⁸ Al quinto día, levantándose de mañana para irse, le dijo el padre de la joven:

—Conforta ahora tu corazón y aguarda hasta que decline el día.

Y ambos comieron juntos.

⁹ Luego el hombre se levantó para irse con su concubina y su criado. Entonces su suegro, el padre de la joven, le dijo:

—Ya el día declina y va a anochecer; te ruego que paséis aquí la noche. Puesto que el día se acaba, duerme aquí, para que se alegre tu corazón. Mañana os levantaréis temprano y os pondréis en camino, y te irás a tu casa.

¹⁰ Pero el hombre no quiso pasar allí la noche, sino que se levantó y se fue. Llegó frente a Jebús, que es Jerusalén,ᵃ con su par de asnos ensillados y su concubina.

¹¹ Estando ya junto a Jebús, el día había declinado mucho; y dijo el criado a su señor:

—Ven ahora, vámonos a esta ciudad de los jebuseos, para que pasemos en ella la noche.

¹² Su señor le respondió:

—No iremos a ninguna ciudad de extranjeros, que no sea de los hijos de Israel, sino que seguiremos hasta Gabaa.

Y añadió:

¹³ —Ven, sigamos hasta uno de esos

ᵃ **19.10** Se llamaba también Jebús, porque en ella habitaban los jebuseos (cf. Jos 15.8; 18.16,28; Jue 1.21).

lugares, para pasar la noche en Gabaa o en Ramá.

¹⁴ Así, pues, siguieron adelante, y cuando se les puso el sol estaban junto a Gabaa, ciudad de la tribu de Benjamín. ¹⁵ Entonces se apartaron del camino y entraron en Gabaa para pasar allí la noche, pero se sentaron en la plaza de la ciudad, porque no hubo quien los acogiera en su casa para pasar la noche.

¹⁶ Llegó entonces un hombre viejo que venía de su trabajo del campo al anochecer, el cual era de los montes de Efraín y vivía como forastero en Gabaa, pues los habitantes de aquel lugar eran hijos de Benjamín.

¹⁷ Alzando el viejo los ojos vio a aquel caminante en la plaza de la ciudad, y le dijo:

—¿A dónde vas y de dónde vienes?

¹⁸ Él respondió:

—Venimos de Belén de Judá y vamos a la parte más remota de los montes de Efraín, de donde soy. Estuve en Belén de Judá, pero ahora voy a la casa de Jehová y no hay quien me reciba en su casa. ¹⁹ Tenemos paja y forraje para nuestros asnos; también tenemos pan y vino para mí y para tu sierva, y para el criado que está con tu siervo. No nos falta nada.

²⁰ El hombre anciano le dijo entonces:

—La paz sea contigo. Tu necesidad toda quede solamente a mi cargo, con tal que no pases la noche en la plaza.

²¹ Los trajo a su casa y dio de comer a sus asnos; se lavaron los pies, y comieron y bebieron. ²² Pero cuando estaban gozosos, los hombres de aquella ciudad, hombres perversos, rodearon la casa, golpearon a la puerta y le dijeron al anciano dueño de la casa:

—Saca al hombre que ha entrado en tu casa, para que lo conozcamos.

²³ Salió a su encuentro el dueño de la casa y les dijo:

—No, hermanos míos, os ruego que no cometáis este mal. Puesto que este hombre es mi huésped, no hagáis esta maldad. ²⁴ Aquí está mi hija virgen y la concubina de él; yo os las sacaré ahora: humilladlas y haced con ellas como os

parezca, pero no hagáis a este hombre cosa tan infame.

²⁵ Pero ellos no lo quisieron oir. Así que el levita tomó a su concubina y la sacó. Aquellos hombres entraron a ella, abusaron de ella toda la noche hasta la mañana y la dejaron cuando apuntaba el alba. ²⁶ Cuando ya amanecía, vino la mujer y cayó delante de la puerta de la casa de aquel hombre donde su señor estaba, hasta que fue de día. ²⁷ Se levantó por la mañana su señor, abrió las puertas de la casa y salió para seguir su camino, pero allí estaba su concubina tendida delante de la puerta de la casa, con las manos sobre el umbral.

²⁸ El levita le dijo:

—Levántate y vámonos.

Pero ella no respondió. Entonces aquel hombre la levantó y, echándola sobre su asno, se fue a su lugar. ²⁹ Al llegar a su casa, tomó un cuchillo, echó mano de su concubina, la partió por sus huesos en doce partes y la envió por todo el territorio de Israel. ³⁰ Y todo el que veía aquello decía:

«Jamás se ha hecho ni visto tal cosa desde el tiempo en que los hijos de Israel subieron de la tierra de Egipto hasta hoy. Considerad esto, tomad consejo y hablad».

La guerra contra Benjamín

20 ¹ Entonces salieron todos los hijos de Israel, y delante de Jehová, en Mizpa, se reunió la congregación como un solo hombre, desde Dan hasta Beerseba*a* y la tierra de Galaad. ² Los jefes de todo el pueblo, de todas las tribus de Israel, se hallaban presentes en la reunión del pueblo de Dios, cuatrocientos mil hombres de a pie que sacaban espada. ³ Los hijos de Benjamín supieron entonces que los hijos de Israel habían subido a Mizpa.

Preguntaron los hijos de Israel:

—Decid cómo fue esta maldad.

⁴ El levita, marido de la mujer muerta, respondió:

—Yo llegué a Gabaa de Benjamín con mi concubina para pasar allí la noche, ⁵ pero se levantaron contra mí los de Gabaa, rodearon la casa donde pasaba la

---

a **20.1** Expresión corriente para designar toda la extensión del territorio israelita (cf. 1 S 3.20; 2 S 17.11).

noche, con la idea de matarme, y a mi concubina la humillaron de tal manera que murió. ⁶ Luego la tomé, la corté en pedazos y la envié por todo el territorio de la posesión de Israel, por cuanto han hecho maldad y crimen en Israel. ⁷ Puesto que todos vosotros sois hijos de Israel, dad ahora vuestro parecer y consejo.

⁸ Como un solo hombre, todo el pueblo se levantó y dijo:

—Ninguno de nosotros irá a su tienda, ni volverá ninguno de nosotros a su casa. ⁹ Esto es ahora lo que haremos con Gabaa: contra ella subiremos por sorteo. ¹⁰ Tomaremos diez hombres de cada ciento de todas las tribus de Israel, y ciento de cada mil, y mil de cada diez mil, que lleven víveres para el pueblo, para que, yendo este a Gabaa de Benjamín, le hagan conforme a toda la abominación que ha cometido en Israel.

¹¹ Se juntaron, pues, todos los hombres de Israel contra la ciudad, ligados como un solo hombre. ¹² Y las tribus de Israel enviaron hombres por toda la tribu de Benjamín, diciendo:

«¿Qué maldad es esta que ha sido hecha entre vosotros? ¹³ Entregad, pues, ahora a aquellos hombres perversos que están en Gabaa, para que los matemos y quitemos el mal de Israel».

Pero los de Benjamín no quisieron oir la voz de sus hermanos los hijos de Israel, ¹⁴ sino que los de Benjamín, de todas las ciudades, se juntaron en Gabaa para salir a pelear contra los hijos de Israel. ¹⁵ Fueron contados en aquel tiempo los hijos de Benjamín, de las ciudades, y eran veintiséis mil hombres que sacaban espada, sin contar los setecientos hombres escogidos que vivían en Gabaa. ¹⁶ Entre toda aquella gente había setecientos hombres escogidos que eran zurdos, todos los cuales tiraban una piedra con la honda a un cabello y no erraban. ¹⁷ También se contaron los hombres de Israel, fuera de Benjamín, y sumaban cuatrocientos mil hombres que sacaban espada, todos ellos hombres de guerra.

¹⁸ Luego se levantaron los hijos de Israel, subieron a la casa de Dios y consultaron a Dios, diciendo:

—¿Quién subirá de nosotros el primero en la guerra contra los hijos de Benjamín?

Jehová respondió:

—Judá será el primero.

¹⁹ Se levantaron, pues, los hijos de Israel por la mañana, contra Gabaa. ²⁰ Salieron los hijos de Israel a combatir contra Benjamín, y los hombres de Israel le presentaron batalla junto a Gabaa. ²¹ Pero los hijos de Benjamín salieron de la ciudad y derribaron por tierra aquel día veintidós mil hombres de los hijos de Israel. ²² Reanimándose el pueblo, los hombres de Israel volvieron a darles batalla en el mismo lugar donde la habían presentado el primer día, ²³ pues los hijos de Israel habían subido y llorado delante de Jehová hasta la noche, y habían consultado a Jehová diciendo:

—¿Volveremos a pelear con los hijos de Benjamín, nuestros hermanos?

Jehová les respondió:

—Subid contra ellos.

²⁴ Por lo cual se acercaron por segunda vez los hijos de Israel contra los hijos de Benjamín. ²⁵ Pero aquel segundo día salieron los de Benjamín de Gabaa contra ellos y derribaron por tierra otros dieciocho mil hombres de los hijos de Israel, todos los cuales sacaban espada. ²⁶ Entonces subieron todos los hijos de Israel, todo el pueblo, y fueron a la casa de Dios. Lloraron, se sentaron allí en presencia de Jehová, ayunaron aquel día hasta la noche y ofrecieron holocaustos y ofrendas de paz delante de Jehová. ²⁷ Los hijos de Israel preguntaron a Jehová (pues el Arca del pacto de Dios estaba allí en aquellos días, ²⁸ y Finees hijo de Eleazar hijo de Aarón[b] ministraba delante de ella en aquellos días):

—¿Saldremos de nuevo contra los hijos de Benjamín, nuestros hermanos, para pelear, o desistiremos?

Jehová dijo:

—Subid, porque mañana yo os los entregaré.

²⁹ Entonces puso Israel emboscadas alrededor de Gabaa.

³⁰ Al tercer día subieron entonces los

---

b **20.27-28** Ex 6.25; Nm 25.7-11; 31.6; Jos 22.13; 24.33.

hijos de Israel contra los hijos de Benjamín y presentaron batalla delante de Gabaa, como las otras veces. ³¹ Salieron a su encuentro los hijos de Benjamín, alejándose de la ciudad, y comenzaron a herir a algunos del pueblo, matándolos como las otras veces por los caminos, uno de los cuales sube a Bet-el y el otro a Gabaa. Así mataron en el campo a unos treinta hombres de Israel. ³² Los hijos de Benjamín decían: «Están vencidos ante nosotros, como la vez anterior».

Pero los hijos de Israel decían: «Huiremos y los alejaremos de la ciudad hasta los caminos».

³³ Entonces se levantaron todos los de Israel de su lugar y se pusieron en orden de batalla en Baal-tamar. También los emboscados de Israel salieron de sus escondites en la pradera de Gabaa. ³⁴ Y vinieron contra Gabaa diez mil hombres escogidos de todo Israel, lo cual hizo que la batalla arreciara; pero los de Benjamín no sabían que ya el desastre se cernía sobre ellos. ³⁵ Jehová derrotó a Benjamín delante de Israel: aquel día mataron los hijos de Israel a veinticinco mil cien hombres de Benjamín, todos los cuales sacaban espada. ³⁶ Los hijos de Benjamín vieron entonces que estaban siendo derrotados, y los hijos de Israel cedieron terreno a Benjamín, porque estaban confiados en las emboscadas que habían puesto detrás de Gabaa. ³⁷ Los hombres de las emboscadas acometieron prontamente a Gabaa, avanzaron y pasaron a filo de espada a toda la ciudad. ³⁸ La señal concertada entre los hombres de Israel y las emboscadas era que hicieran subir una gran humareda de la ciudad.

³⁹ Luego que los de Israel retrocedieron en la batalla, los de Benjamín comenzaron a herir, y mataron como a treinta hombres de Israel, por lo que decían: «Ciertamente ellos han caído delante de nosotros, como en la primera batalla». ⁴⁰ Pero cuando la columna de humo comenzó a subir de la ciudad, los de Benjamín miraron hacia atrás, y vieron que el humo de la ciudad subía al cielo. ⁴¹ Entonces se volvieron los hombres de Israel, y los de Benjamín se llenaron de temor, porque vieron que el desastre había caído sobre ellos. ⁴² Volvieron, por tanto, la espalda delante de Israel y huyeron hacia el camino del desierto; pero la batalla los alcanzó y los que salían de las ciudades les cortaban el paso y los mataban.

⁴³ Así cercaron a los de Benjamín, los acosaron y atropellaron desde Menúha hasta frente a Gabaa, hacia donde nace el sol. ⁴⁴ Cayeron dieciocho mil hombres de Benjamín, todos ellos hombres de guerra. ⁴⁵ Los demás se volvieron y huyeron hacia el desierto, a la peña de Rimón; pero de ellos cayeron abatidos cinco mil hombres en los caminos; después los persiguieron aun hasta Gidom y mataron de ellos a dos mil hombres. ⁴⁶ Todos los que de Benjamín murieron aquel día fueron veinticinco mil hombres que sacaban espada, todos ellos hombres de guerra. ⁴⁷ Pero seiscientos hombres se volvieron y huyeron al desierto, a la peña de Rimón, y se quedaron cuatro meses en la peña de Rimón.

⁴⁸ Los hombres de Israel volvieron a atacar a los otros hijos de Benjamín y pasaron a filo de espada tanto a los hombres de cada ciudad como a las bestias y todo lo que hallaban a su paso. Asimismo pusieron fuego a todas las ciudades que encontraron.

La supervivencia de la tribu de Benjamín

21 ¹ Los hombres de Israel habían hecho este juramento en Mizpa: «Ninguno de nosotros dará su hija a los de Benjamín por mujer».

² Pero luego fue el pueblo a la casa de Dios, y se estuvieron allí hasta la noche en presencia de Dios. Alzando su voz, lloraron mucho:

³ «Jehová, Dios de Israel, ¿por qué ha sucedido esto en Israel, que falte hoy de Israel una tribu?»

⁴ Al día siguiente, el pueblo se levantó de mañana; edificaron allí un altar y ofrecieron holocaustos y ofrendas de paz.

⁵ Y se preguntaban: «¿Quién de todas las tribus de Israel no subió a la reunión delante de Jehová?»

Porque se había hecho un gran juramento contra el que no subiera a Jehová en Mizpa, diciendo: «Sufrirá la muerte».

⁶ Los hijos de Israel se arrepintieron a causa de Benjamín, su hermano, y decían: «Eliminada es hoy de Israel una tribu.

⁷¿Cómo daremos mujeres a los que han quedado? Nosotros hemos jurado por Jehová que no les daremos nuestras hijas por mujeres».

⁸Y preguntaban: «¿Hay alguno de las tribus de Israel que no haya subido a Jehová en Mizpa?».

Entonces se acordaron de que ninguno de Jabes-galaad había venido al campamento, para la reunión. ⁹Porque fue contado el pueblo y ninguno de los habitantes de Jabes-galaad respondió. ¹⁰Así que la congregación envió allá a doce mil hombres de los más valientes, y los mandaron, diciendo:

«Id y pasad a filo de espada a los que viven en Jabes-galaad, con las mujeres y los niños. ¹¹Pero haréis de esta manera: mataréis a todo hombre y a toda mujer que haya conocido ayuntamiento de varón».

¹²Entre los que habitaban en Jabes-galaad hallaron cuatrocientas doncellas que no habían conocido varón, y las trajeron al campamento en Silo, que está en la tierra de Canaán. ¹³Toda la congregación envió luego un mensaje a los hijos de Benjamín que estaban en la peña de Rimón, y los llamaron en paz. ¹⁴Volvieron entonces los de Benjamín, y ellos les dieron por mujeres las que habían traído vivas de Jabes-galaad; pero no les bastaron.

¹⁵El pueblo tuvo compasión de Benjamín, porque Jehová había abierto una brecha entre las tribus de Israel. ¹⁶Entonces los ancianos de la congregación se preguntaron: «¿Qué haremos para dar mujeres a los que han quedado?»

Porque habían sido exterminadas las mujeres de Benjamín.

ᵃ **21.25** Jue 17.6; 18.1; 19.1.

¹⁷Dijeron, pues: «Tenga Benjamín herencia en los que han escapado, para que no sea exterminada una tribu de Israel. ¹⁸Pero nosotros no les podemos dar mujeres de nuestras hijas, porque los hijos de Israel han jurado diciendo: "Maldito el que dé mujer a los benjaminitas"». ¹⁹Y añadieron: «Ahora bien: Cada año hay una fiesta solemne de Jehová en Silo, que está al norte de Bet-el y al lado oriental del camino que sube de Bet-el a Siquem, y al sur de Lebona».

²⁰Mandaron, pues, a los hijos de Benjamín, diciendo:

«Id, poned emboscadas en las viñas ²¹y estad atentos. Cuando veáis salir a las hijas de Silo a bailar en corros, salid de las viñas, arrebatad cada uno mujer para sí de las hijas de Silo y luego id a tierra de Benjamín. ²²Si vienen los padres o los hermanos de ellas a demandárnoslas, nosotros les diremos: "Hacednos la merced de concedérnoslas, ya que en la guerra nosotros no tomamos mujeres para todos. Además, no sois vosotros los que se las disteis, para que ahora seáis culpados"».

²³Los hijos de Benjamín lo hicieron así y tomaron mujeres conforme a su número, robándolas de entre las que danzaban. Luego se fueron, volvieron a su heredad, reedificaron las ciudades y habitaron en ellas.

²⁴Entonces los hijos de Israel se fueron también de allí, cada uno a su tribu y a su familia, y cada uno salió hacia su heredad. ²⁵En aquellos días no había rey en Israel y cada cual hacía lo que bien le parecía. ᵃ

RUT

INTRODUCCIÓN

Esta pequeña joya de la literatura bíblica y universal lleva al lector a la convulsa época de los «jueces» de Israel (1.1); pero, en contraste con el clima inquieto que caracteriza la historia de aquellos héroes guerreros, se presenta como un delicioso canto a la serenidad de la vida campesina.

Rut, una muchacha de Moab, es el personaje principal de la historia. Su suegra Noemí había emigrado con su esposo y sus dos hijos a tierras moabitas, donde murieron ellos tres. Al quedar «desamparada, sin sus dos hijos y sin su marido» (1.5), Noemí emprendió el regreso a Belén, acompañada de su nuera Rut, que en un gesto de lealtad le había declarado: «Tu pueblo será mi pueblo y tu Dios, mi Dios» (1.16; cf. 1.16-18). El encanto personal de la joven viuda, afectuosa y trabajadora, atrajo en Belén a un pariente del marido de Noemí, un tal Booz, quien la tomó por esposa. Con el nacimiento de Obed, su primer hijo, quedó asegurada la supervivencia del nombre familiar (4.10; cf. 1.11-13).

Unos últimos apuntes en el texto de Rut (=Rt) revelan que Obed fue el abuelo paterno de David (4.17,21-22); de modo que Rut, una extranjera (2.10), no solo quedó incorporada al pueblo de Dios, sino, más sorprendentemente aún, a la estirpe misma de la monarquía davídica.

Frente al rigor de las concepciones étnicas sustentadas por el pueblo de Israel recién implantado en Canaán —entre ellas, la oposición a la unión de judío y extranjera (cf. Esd 9-10; Neh 13.23-27)—, Rut ofrece un panorama abierto a la amistad y a la relación pacífica con el forastero. Muy lejos del punto de vista de este relato queda cualquier forma de racismo o de nacionalismo cerrado. La narración es como un puente tendido en el AT hacia el mensaje del NT, hacia la predicación cristiana de la igualdad de todos los seres humanos ante los ojos de Dios (cf. Dt 23.3,6 con Mt 28.16-20; Hch 1.8).

Esquema del contenido

1. La familia de Elimelec en Moab (1.1-5)
2. Noemí regresa con Rut a Belén (1.6-22)
3. Rut en el campo de Booz (2.1–23)
4. Booz se fija en Rut y la toma por esposa (3.1—4.17)
5. Los antepasados del rey David (4.18-22)

Rut y Noemí

1 ¹ Aconteció en los días que gobernaban los jueces, que hubo hambre en la tierra, y un hombre de Belén de Judá*a* fue a vivir en los campos de Moab con su mujer y sus dos hijos. ² Aquel hombre se llamaba Elimelec, y su mujer Noemí; los nombres de sus hijos eran Mahlón y Quelión, efrateos de Belén de Judá.

Llegaron, pues, a los campos de Moab,*b* y se quedaron allí.

³ Murió Elimelec, marido de Noemí, y quedó ella con sus dos hijos, ⁴ los cuales se casaron con mujeres moabitas;*c* una se

---

a **1.1-2** Uno de los lugares más célebres de la historia bíblica, situado a 8 km. al sur de Jerusalén.
b **1.1-2** El país de *Moab* se encontraba al sur de la Transjordania y al este del Mar Muerto.
c **1.4** Esta clase de matrimonios estaba severamente prohibida por la ley de Moisés (cf. Dt 23.3; Esd 9.1-2; 10).

llamaba Orfa y la otra Rut. Y habitaron allí unos diez años. ⁵Murieron también los dos, Mahlón y Quelión, quedando así la mujer desamparada, sin sus dos hijos y sin su marido.

⁶Entonces se puso en marcha con sus nueras, y regresó de los campos de Moab, porque oyó en el campo de Moab que Jehová había visitado a su pueblo para darle pan. ⁷Salió, pues, del lugar donde había estado, y con ella sus dos nueras, y comenzaron a caminar para regresar a la tierra de Judá. ⁸Y Noemí dijo a sus dos nueras:

—Andad, volveos cada una a la casa de su madre. Que Jehová tenga de vosotras misericordia, como la habéis tenido vosotras con los que murieron y conmigo. ⁹Os conceda Jehová que halléis descanso, cada una en casa de su marido.

Luego las besó; pero ellas, alzando su voz y llorando, ¹⁰le dijeron:

—Ciertamente nosotras iremos contigo a tu pueblo.

¹¹Noemí insistió:

—Regresad, hijas mías; ¿para qué vendríais conmigo? ¿Acaso tengo yo más hijos en el vientre que puedan ser vuestros maridos? ¹²Regresad, hijas mías, marchaos, porque ya soy demasiado vieja para tener marido. Y aunque dijera: "Todavía tengo esperanzas", y esta misma noche estuviera con algún marido, y aun diera a luz hijos, ¹³¿los esperaríais vosotras hasta que fueran grandes? ¿Os quedaríais sin casar por amor a ellos? No, hijas mías; mayor amargura tengo yo que vosotras, pues la mano de Jehová se ha levantado contra mí.

¹⁴Alzaron ellas otra vez su voz y lloraron; Orfa besó a su suegra, pero Rut se quedó con ella.

¹⁵Noemí dijo:

—Mira, tu cuñada ha regresado a su pueblo y a sus dioses; ve tú tras ella.

¹⁶Rut respondió:

—No me ruegues que te deje
y me aparte de ti,
porque a dondequiera que tú
    vayas, iré yo,

y dondequiera que vivas, viviré.
Tu pueblo será mi pueblo
y tu Dios, mi Dios.
¹⁷Donde tú mueras, moriré yo
y allí seré sepultada.
Traiga Jehová sobre mí
el peor de los castigos,
si no es solo la muerte lo que hará
    separación entre nosotras dos.

¹⁸Al ver Noemí que Rut estaba tan resuelta a ir con ella, no insistió.

¹⁹Anduvieron, pues, ellas dos hasta llegar a Belén.

Cuando entraron en Belén, toda la ciudad se conmovió por su causa, y exclamaban:

—¿No es ésta Noemí?

²⁰Pero ella les respondía:

—¡No me llaméis Noemí,ᵈ sino llamadme Mara;ᵉ porque el Todopoderoso me ha llenado de amargura!

²¹Me fui llena,
con las manos vacías me devuelve
    Jehová.
¿Por qué aún me llamáis Noemí,
si ya Jehová ha dado testimonio
    contra mí
y el Todopoderoso me ha afligido?

²²Así regresó Noemí, y con ella su nuera, Rut, la moabita. Salieron de los campos de Moab y llegaron a Belén al comienzo de la cosecha de la cebada.ᶠ

Rut en el campo de Booz

2 ¹Tenía Noemí un pariente de su marido, hombre rico de la familia de Elimelec, el cual se llamaba Booz.

²Un día Rut, la moabita, dijo a Noemí:

—Te ruego que me dejes ir al campo a recoger espigasᵃ en pos de aquel a cuyos ojos halle gracia.

—Vé, hija mía —le respondió ella.

³Fue, pues, y al llegar, se puso a espigar en el campo tras los segadores. Y aconteció que aquella parte del campo era de Booz, el pariente de Elimelec. ⁴Llegaba entonces Booz de Belén, y dijo a los segadores:

ᵈ**1.20** Esto es, *Dulzura.*   ᵉ**1.20** Esto es, *Amarga.*   ᶠ**1.22** En la primera quincena de mayo.
Cf. Ex 9.31; Rt 2.23; 2 S 21.9-10.   ᵃ**2.2** Lv 19.9-10; 23.22; Dt 24.19.

—Jehová sea con vosotros.

—Jehová te bendiga —le respondieron ellos.[b]

⁵ Luego Booz le preguntó a su criado, el encargado de los segadores:

—¿De quién es esta joven?

⁶ El criado encargado de los segadores respondió:

—Es la joven moabita que volvió con Noemí de los campos de Moab. ⁷ Me ha dicho: "Te ruego que me dejes espigar y recoger tras los segadores entre las gavillas". Entró, pues, y ha estado trabajando desde la mañana hasta ahora, sin descansar ni un solo momento.

⁸ Entonces Booz dijo a Rut:

—Oye, hija mía, no te vayas, ni recojas espigas en otro campo; te quedarás aquí junto a mis criadas. ⁹ Mira bien el campo que sieguen y síguelas; pues he mandado a los criados que no te molesten. Y cuando tengas sed, ve a las vasijas, y bebe del agua que sacan los criados.

¹⁰ Entonces ella, bajando su rostro, se postró en tierra y le dijo:

—¿Por qué he hallado gracia a tus ojos para que me favorezcas siendo yo extranjera?

¹¹ Booz le respondió:

—He sabido todo lo que has hecho con tu suegra después de la muerte de tu marido, y cómo has dejado a tu padre y a tu madre, y la tierra donde naciste, para venir a un pueblo que no conocías. ¹² Que Jehová te recompense por ello, y que recibas tu premio de parte de Jehová Dios de Israel, bajo cuyas alas has venido a refugiarte.

¹³ Ella le dijo:

—Señor mío, me has mostrado tu favor y me has consolado; has hablado al corazón de tu sierva, aunque no soy ni siquiera como una de tus criadas.

¹⁴ A la hora de comer Booz le dijo:

«Ven aquí, come del pan, y moja tu bocado en el vinagre».

Se sentó ella junto a los segadores, y él le dio del guiso; comió hasta quedar satisfecha y aun sobró. ¹⁵ Cuando se levantó para seguir espigando, Booz ordenó a sus criados:

«Que recoja también espigas entre las gavillas, y no la avergoncéis; ¹⁶ dejaréis también caer para ella algo de los manojos; dejadlo para que lo recoja, y no la reprendáis».

¹⁷ Espigó, pues, en el campo hasta la noche, y cuando desgranó lo que había recogido, era como un efa de cebada. ¹⁸ Lo tomó y se fue a la ciudad, y su suegra vio lo que había espigado. Luego sacó también lo que le había sobrado después de haber quedado satisfecha, y se lo dio.

¹⁹ Su suegra le preguntó:

—¿Dónde has espigado hoy? ¿Dónde has trabajado? ¡Bendito sea el que te ha favorecido!».

Ella contó a su suegra con quién había trabajado, y añadió:

—El hombre con quien he trabajado hoy se llama Booz.

²⁰ Dijo entonces Noemí a su nuera:

—¡Bendito de Jehová, pues que no ha negado a los vivos la benevolencia que tuvo para con los que han muerto!

—Ese hombre es pariente nuestro, uno de los que pueden redimirnos —añadió.

²¹ Rut la moabita siguió diciendo:

—Además de esto me pidió: "Quédate con mis criadas, hasta que hayan acabado toda mi cosecha".

²² Respondió Noemí a su nuera Rut:

—Mejor es, hija mía, que salgas con sus criadas, y que no te encuentren en otro campo.

²³ Estuvo espigando, pues, junto con las criadas de Booz, hasta que se acabó la cosecha de la cebada y la del trigo. Y mientras, seguía viviendo con su suegra.

Rut y Booz en la era

3 ¹ Un día le dijo su suegra Noemí:

—Hija mía, ¿no debo buscarte un hogar para que te vaya bien? ² ¿No es Booz nuestro pariente, con cuyas criadas has estado? Esta noche él avienta la parva de las cebadas. ³ Te lavarás, pues, te perfumarás, te pondrás tu mejor vestido, e irás a la era; pero no te presentarás al hombre hasta que él haya acabado de comer y de beber. ⁴ Cuando se acueste, fíjate en qué lugar se acuesta, ve, descubre sus pies, y

[b] **2.4** Nm 6.24; Sal 129.8.

acuéstate allí; él mismo te dirá lo que debas hacer.

⁵ Rut respondió:

—Haré todo lo que tú me mandes.

⁶ Descendió, pues, al campo, e hizo todo lo que su suegra le había mandado.

⁷ Cuando Booz hubo comido y bebido, y su corazón estaba contento, se retiró a dormir a un lado del montón. Un rato más tarde vino ella calladamente, le descubrió los pies y se acostó. ⁸ A la medianoche se estremeció aquel hombre, se dio vuelta, y descubrió que una mujer estaba acostada a sus pies.

⁹ Entonces dijo:

—¿Quién eres?

Ella respondió:

—Soy Rut, tu sierva; extiende el borde de tu capa sobre tu sierva, por cuanto eres pariente cercano.

¹⁰ Dijo Booz:

—Jehová te bendiga, hija mía; tu segunda bondad ha sido mayor que la primera, pues no has ido en busca de algún joven, pobre o rico. ¹¹ Ahora, pues, no temas, hija mía; haré contigo como tú digas, pues toda la gente de mi pueblo sabe que eres mujer virtuosa. ¹² Aunque es cierto que soy pariente cercano, hay un pariente más cercano que yo.ᵃ ¹³ Pasa aquí la noche, y cuando sea de día, si él te redime, bien, que te redima; pero si no quiere redimirte, yo te redimiré. Jehová es testigo. Descansa, pues, hasta la mañana.

¹⁴ Después que durmió a sus pies hasta la mañana, se levantó Rut antes que los hombres pudieran reconocerse unos a otros; porque Booz había dicho: «Que no se sepa que una mujer ha venido al campo».

¹⁵ Después él le pidió:

«Quítate el manto con que te cubres y sujétalo bien».

Mientras ella lo sujetaba, midió Booz seis medidas de cebada y se las puso encima. Entonces ella se fue a la ciudad.

¹⁶ Cuando llegó a casa de su suegra, esta le preguntó:

—¿Qué hay, hija mía?

Rut le contó todo cuanto le había ocurrido con aquel hombre, ¹⁷ y añadió:

—Me dio estas seis medidas de cebada, y me dijo: "Para que no vuelvas a la casa de tu suegra con las manos vacías".

¹⁸ Entonces Noemí dijo:

—Espérate, hija mía, hasta que sepas cómo se resuelve esto; porque aquel hombre no descansará hasta que concluya el asunto hoy.

Booz se casa con Rut

4 ¹ Más tarde, Booz subió a la entrada del pueblo y se sentó allí; en ese momento pasaba aquel pariente de quien Booz había hablado.

—Eh, fulano —le dijo Booz—, ven acá y siéntate.

Y este fue y se sentó. ² Entonces Booz llamó a diez varones de los ancianos de la ciudad, y les dijo:

—Sentaos aquí.

Cuando ellos se sentaron, ³ dijo al pariente:

—Noemí, que ha vuelto del campo de Moab, vende una parte de las tierras que tuvo nuestro hermano Elimelec. ⁴ Y yo decidí hacértelo saber y decirte que la compres en presencia de los que están aquí sentados, y de los ancianos de mi pueblo. Si quieres redimir la tierra, redímela; y si no quieres redimirla, decláramelo para que yo lo sepa, pues no hay otro que redima sino tú, y yo después de ti.

—Yo la redimiré —respondió el pariente.

⁵ Entonces replicó Booz:

—El mismo día que compres las tierras de manos de Noemí, debes tomar también a Rut la moabita, mujer del difunto, para que restaures el nombre del muerto sobre su posesión.

⁶ El pariente respondió:

—No puedo redimir para mí, no sea que perjudique mi herencia. Redime tú, usando de mi derecho, porque yo no podré hacerlo.

⁷ Desde hacía tiempo existía esta costumbre en Israel, referente a la redención

---

ᵃ **3.12** Heb. *goel*, («el que rescata o libera»). En este caso tenía una doble obligación: rescatar la parcela de terreno que Noemí había puesto en venta (Rt 4.3) y casarse con Rut para asegurarle una descendencia a Elimelec (Rt 1.1-5).

y al contrato, que para la confirmación de cualquier negocio, uno se quitaba el calzado y lo daba a su compañero; y esto servía de testimonio en Israel.

⁸ Entonces el pariente dijo a Booz:

—Tómalo tú.

Y se quitó el calzado.ᵃ

⁹ Dirigiéndose a los ancianos y a todo el pueblo, Booz dijo:

—Vosotros sois testigos hoy de que he adquirido de manos de Noemí todo lo que fue de Elimelec, y todo lo que fue de Quelión y de Mahlón. ¹⁰ Y que también tomo por mi mujer a Rut la moabita, mujer de Mahlón, para restaurar el nombre del difunto sobre su heredad, para que el nombre del muerto no se borre de entre sus hermanos, ni de entre su pueblo. Vosotros sois testigos hoy.

¹¹ Todos los que estaban a la puerta del pueblo y los ancianos respondieron:

—Testigos somos. Jehová haga a la mujer que entra en tu casa como a Raquel y a Lea, las cuales edificaron la casa de Israel;ᵇ y tú seas distinguido en Efrata, y renombrado en Belén. ¹² Sea tu casa como la casa de Fares, el hijo de Tamar y Judá,ᶜ

gracias a la descendencia que de esa joven te dé Jehová.

¹³ Así fue como Booz tomó a Rut y se casó con ella. Se unió a ella, y Jehová permitió que concibiera y diera a luz un hijo.

¹⁴ Y las mujeres decían a Noemí: «Alabado sea Jehová, que hizo que no te faltara hoy pariente, cuyo nombre será celebrado en Israel; ¹⁵ el cual será restaurador de tu alma, y te sostendrá en tu vejez; pues tu nuera, que te ama, lo ha dado a luz; y ella es de más valor para ti que siete hijos».

¹⁶ Tomando Noemí al niño, lo puso en su regazoᵈ y lo crió.

¹⁷ Y le dieron nombre las vecinas, diciendo: «¡Le ha nacido un hijo a Noemí!».

Y le pusieron por nombre Obed. Este fue el padre de Isaí, padre de David.

¹⁸ Estas son las generaciones de Fares:ᵉ Fares engendró a Hezrón, ¹⁹ Hezrón engendró a Ram, y Ram engendró a Aminadab, ²⁰ Aminadab engendró a Naasón, y Naasón engendró a Salmón, ²¹ Salmón engendró a Booz, y Booz engendró a Obed, ²² Obed engendró a Isaí, e Isaí engendró a David.

ᵃ **4.7-8** Dt 25.7-10.   ᵇ **4.11** Gn 29.31—35.18.   ᶜ **4.12** Gn 38.27-30.   ᵈ **4.16** No se trata de un acto de adopción, como en Gn 30.3, sino del gesto de una persona que toma a su cargo el cuidado y la crianza de un niño.   ᵉ **4.18-22** 1 Cr 2.5-15; Mt 1.3-6; Lc 3.32-33.

PRIMER LIBRO DE
SAMUEL

INTRODUCCIÓN

Una mirada panorámica a los dos libros de Samuel (que en realidad son una sola obra, en dos tomos) descubre al punto la presencia sobresaliente de tres nombres de la historia de Israel: Samuel, Saúl y David, y de un acontecimiento muy importante: la integración de las tribus israelitas en un cuerpo nacional gobernado por un único soberano. La narración comienza con el nacimiento de Samuel y concluye con los últimos tiempos de la vida de David; o sea, aproximadamente entre la primera parte del s. XI y la primera del s. X a.C.

Samuel no solo fue el último representante de los jueces y caudillos de los tiempos de anarquía, sino el primero de los grandes profetas de Israel. Así mismo, el ungimiento de sus dos primeros reyes, Saúl y David (1 S 9.27—10.1; 16.13), dio paso a la institución de la monarquía y a la dinastía davídica.

Tras un triunfal comienzo (1 S 11), el reinado de Saúl (c. 1040-1010) entró en decadencia. En su derredor, el rey veía continuas amenazas contra su autoridad y, sin duda, contra su propia su vida (1 S 18.6-11). En tales circunstancias, el Señor lo desestimó (1 S 15.23,26) y envió al profeta Samuel a ungir a David como nuevo rey de Israel (1 S 16.12-13).

A David (c. 1010-972 a.C.), que representa para los israelitas el monarca ideal, se debe en verdad la unidad y la independencia de la nación. La profunda religiosidad de David es una constante en su biografía (cf. 2 S 6.14,21-22; 7.18-29); también su preocupación por asentar sobre bases firmes la administración de justicia y la organización del reino (2 S 8.15-18). De ahí que la personalidad de David resultara idealizada entre el pueblo de Israel, aun cuando tampoco dejara de reconocérsele flaquezas y pecados, como el adulterio con Betsabé y la muerte de Urías (2 S 11.1—12.25). Pero, en todo caso, tanto el reinado como la persona misma del rey David dejaron una huella indeleble en el mundo israelita, que en él vio prefigurado al Mesías, al Ungido por el Señor para hacer realidad las grandes promesas y esperanzas del pueblo.

El relato del dramático final del rey, con que se cierra el Primer libro de Samuel (=1 S), prosigue al comenzar el segundo.

Esquema del contenido

1. *Infancia de Samuel, profeta y juez sobre Israel (1–7)*
2. *Institución de la monarquía y reinado de Saúl (8–15)*
4. *David, ungido rey para suceder a Saúl (16–31)*

Nacimiento de Samuel

1 ¹ Hubo un hombre de Ramataim, sufita de los montes de Efraín, que se llamaba Elcana hijo de Jeroham hijo de Eliú, hijo de Tohu, hijo de Zuf, efrateo. ² Tenía dos mujeres; el nombre de una era Ana, y el de la otra, Penina. Penina tenía hijos, pero Ana no los tenía. ³ Todos los años, aquel hombre subía de su ciudad para adorar y ofrecer sacrificios a Jehová de los ejércitos en Silo,ᵃ donde estaban dos hijos de Elí: Ofni y Finees, sacerdotes de Jehová. ⁴ Cuando llegaba el día en que Elcana ofrecía sacrificio, daba a Penina, su mujer,

ᵃ **1.3** Jue 21.19.

la parte que le correspondía, así como a cada uno de sus hijos e hijas. 5 Pero a Ana le daba una parte escogida, porque amaba a Ana, aunque Jehová no le había concedido tener hijos. 6 Y su rival la irritaba, enojándola y entristeciéndola porque Jehová no le había concedido tener hijos.

7 Así hacía cada año; cuando subía a la casa de Jehová, la irritaba así, por lo cual Ana lloraba y no comía. 8 Y Elcana, su marido, le decía: «Ana, ¿por qué lloras? ¿por qué no comes? ¿y por qué está afligido tu corazón? ¿No te soy yo mejor que diez hijos?».

9 Después de comer[b] y beber en Silo, Ana se levantó, y mientras el sacerdote Elí estaba sentado en una silla junto a un pilar del templo de Jehová, 10 ella, con amargura de alma, oró a Jehová y lloró desconsoladamente. 11 E hizo voto diciendo: «¡Jehová de los ejércitos!, si te dignas mirar a la aflicción de tu sierva, te acuerdas de mí y no te olvidas de tu sierva, sino que das a tu sierva un hijo varón, yo lo dedicaré a Jehová todos los días de su vida, y no pasará navaja por su cabeza».[c]

12 Mientras ella oraba largamente delante de Jehová, Elí observaba sus labios. 13 Pero Ana oraba en silencio y solamente se movían sus labios; su voz no se oía, por lo que Elí la tuvo por ebria. 14 Entonces le dijo Elí:

—¿Hasta cuándo estarás ebria? ¡Digiere tu vino!

15 Pero Ana le respondió:

—No, señor mío; soy una mujer atribulada de espíritu. No he bebido vino ni sidra, sino que he derramado mi alma delante de Jehová. 16 No tengas a tu sierva por una mujer impía, porque solo por la magnitud de mis congojas y de mi aflicción he estado hablando hasta ahora.

17 —Ve en paz, y el Dios de Israel te otorgue la petición que le has hecho —le dijo Elí.

18 —Halle tu sierva gracia delante de tus ojos —respondió ella.

Se fue la mujer por su camino, comió, y no estuvo más triste.

19 Se levantaron de mañana, adoraron delante de Jehová y volvieron de regreso a su casa en Ramá. Elcana se llegó a Ana su mujer, y Jehová se acordó de ella. 20 Aconteció que al cumplirse el tiempo, después de haber concebido Ana, dio a luz un hijo, y le puso por nombre Samuel, «por cuanto —dijo— se lo pedí a Jehová».

21 Después Elcana, el marido, subió con toda su familia para ofrecer a Jehová el sacrificio acostumbrado y su voto. 22 Pero Ana no subió, sino dijo a su marido:

—Yo no subiré hasta que el niño sea destetado. Entonces lo llevaré, será presentado delante de Jehová y se quedará allá para siempre.

23 Elcana, su marido, le respondió:

—Haz lo que bien te parezca y quédate hasta que lo destetes; así cumpla Jehová su palabra.

Se quedó la mujer y crió a su hijo hasta que lo destetó. 24 Después que lo destetó, y siendo el niño aún muy pequeño, lo llevó consigo a la casa de Jehová en Silo, con tres becerros, un efa de harina y una vasija de vino. 25 Tras inmolar el becerro, trajeron el niño a Elí. 26 Y Ana le dijo:

—¡Oh, señor mío! Vive tu alma, señor mío, yo soy aquella mujer que estuvo aquí junto a ti, orando a Jehová. 27 Por este niño oraba, y Jehová me dio lo que le pedí. 28 Yo, pues, lo dedico también a Jehová; todos los días que viva, será de Jehová.

Y adoró allí a Jehová.

Cántico de Ana[a]

2 1 Entonces Ana oró y dijo:

«Mi corazón se regocija en Jehová,
mi poder se exalta en Jehová;
mi boca se ríe de mis enemigos,
por cuanto me alegré en tu
       salvación.
2 No hay santo como Jehová;
porque no hay nadie fuera de ti
ni refugio como el Dios nuestro.
3 No multipliquéis las palabras de
orgullo y altanería;

---

[b] **1.9** Se trata de la *comida* que acompañaba a los sacrificios de reconciliación (cf. Lv 3), en los que una parte de la víctima se quemaba sobre el altar y otra se compartía en un banquete ritual (cf. Dt 12.7).   [c] **1.11** Nm 6.5.   [a] **2.1-10** Lc 1.46-55.

cesen las palabras arrogantes de
vuestra boca,
porque Jehová es el Dios que todo
lo sabe
y a él le toca pesar las acciones.
⁴ Los arcos de los fuertes se han
quebrado
y los débiles se ciñen de vigor.
⁵ Los saciados se alquilan por pan
y los hambrientos dejan de tener
hambre;
hasta la estéril da a luz siete veces,
mas la que tenía muchos hijos
languidece.
⁶ Jehová da la muerte y la vida;
hace descender al seol[b] y retornar.
⁷ Jehová empobrece y enriquece,
abate y enaltece.
⁸ Él levanta del polvo al pobre;
alza del basurero al menesteroso,
para hacerlo sentar con príncipes
y heredar un sitio de honor.
Porque de Jehová son las columnas
de la tierra;
él afirmó sobre ellas el mundo.
⁹ Él guarda los pies de sus santos,
mas los impíos perecen en
tinieblas;
porque nadie será fuerte por su
propia fuerza.
¹⁰ Delante de Jehová serán
quebrantados sus adversarios
y sobre ellos tronará desde los
cielos.
Jehová juzgará los confines de la
tierra,
dará poder a su Rey
y exaltará el poderío de su
Ungido».

¹¹ Luego Elcana regresó a su casa en
Ramá, y el niño se quedó para servir a
Jehová junto al sacerdote Elí.

Impiedad de los hijos de Elí

¹² Los hijos de Elí eran hombres impíos, que no tenían conocimiento de
Jehová. ¹³ Y era costumbre de los sacerdotes con el pueblo, que cuando alguien
ofrecía sacrificio, mientras se cocía la carne, venía el criado del sacerdote trayendo
en su mano un garfio de tres dientes ¹⁴ y lo
metía en el perol, en la olla, en el caldero o
en la marmita; y todo lo que sacaba el garfio, el sacerdote lo tomaba para sí. De esta
manera hacían con todo israelita que venía a Silo. ¹⁵ Asimismo, antes de quemar
la grasa, venía el criado del sacerdote y
decía al que sacrificaba: «Dame carne para asársela al sacerdote; porque no aceptará de ti carne cocida sino cruda». ¹⁶ Y si
el hombre le respondía: «Hay que quemar la grasa primero, y después toma
tanto como quieras», él decía: «No, dámela ahora mismo; de otra manera la tomaré
por la fuerza». ¹⁷ Así pues, el pecado de
estos ayudantes era muy grande ante
Jehová, porque menospreciaban las ofrendas de Jehová.

¹⁸ Y el joven Samuel servía en la presencia de Jehová, vestido de un efod de lino. ¹⁹ Su madre le hacía una pequeña
túnica y se la traía cada año, cuando subía
con su marido para ofrecer el sacrificio
acostumbrado. ²⁰ Entonces Elí bendecía a
Elcana y a su mujer diciendo: «Jehová te
dé hijos de esta mujer en lugar del que pidió a Jehová». Luego regresaban a su casa. ²¹ Visitó Jehová a Ana y ella concibió; y
dio a luz tres hijos y dos hijas. Y el joven
Samuel crecía delante de Jehová.

²² Elí era muy viejo, pero cuando supo
lo que sus hijos hacían con todo Israel y
cómo dormían con las mujeres que velaban a la puerta del Tabernáculo de reunión,[c] ²³ les dijo: «¿Por qué hacéis cosas
semejantes? Oigo hablar a todo este pueblo vuestro mal proceder. ²⁴ No, hijos
míos, porque no es buena fama la que yo
oigo, pues hacéis pecar al pueblo de Jehová. ²⁵ Si peca el hombre contra el hombre,
los jueces lo juzgarán; pero si alguno peca
contra Jehová, ¿quién rogará por él?» Pero ellos no oyeron la voz de su padre, porque Jehová había resuelto hacerlos morir.

²⁶ Mientras tanto, el joven Samuel iba
creciendo y haciéndose grato delante de
Dios y delante de los hombres.[d]

²⁷ Vino un varón de Dios ante Elí, y le
dijo: «Así ha dicho Jehová: "¿No me manifesté yo claramente a la casa de tu padre
cuando estaban en Egipto en la casa del

---

[b] **2.6** El reino o morada de los muertos.   [c] **2.22** Ex 26.1-37.   [d] **2.26** Lc 2.52; cf. Pr 3.4.

faraón? ²⁸ Lo escogí para que fuera mi sacerdote entre todas las tribus de Israel, para que ofreciera sobre mi altar, quemara incienso y llevara efod delante de mí.ᵉ Yo concedí a la casa de tu padre todas las ofrendas de los hijos de Israel.ᶠ ²⁹ ¿Por qué habéis pisoteado los sacrificios y las ofrendas que yo mandé ofrecer en el Tabernáculo? ¿Por qué has honrado a tus hijos más que a mí, haciéndolos engordar con lo principal de todas las ofrendas de mi pueblo Israel?". ³⁰ Por eso Jehová, el Dios de Israel, dice: "Yo había prometido que tu casa y la casa de tu padre andarían siempre delante de mí"; pero ahora ha dicho Jehová: "Nunca haga yo tal cosa, porque yo honro a los que me honran, y los que me desprecian serán tenidos en poco. ³¹ Vienen días en que cortaré tu brazo y el brazo de la casa de tu padre, de modo que no haya ancianos en tu casa. ³² Verás tu casa humillada, mientras Dios colma de bienes a Israel, de manera que nunca habrá ancianos en tu casa. ³³ Aquel de los tuyos a quien yo no excluya del servicio de mi altar, será para que se consuman tus ojos y se llene tu alma de dolor; y todos los nacidos en tu casa morirán en la plenitud de la edad. ³⁴ Te será por señal esto que acontecerá a tus dos hijos, Ofni y Finees: ambos morirán el mismo día. ³⁵ En cambio, yo me suscitaré un sacerdote fiel, que obre conforme a mi corazón y mis deseos; le edificaré casa firme y andará delante de mi ungido todos los días. ³⁶ El que haya quedado en tu casa vendrá a postrarse delante de él por una moneda de plata y un bocado de pan, y le dirá: 'Te ruego que me agregues a alguno de los servicios sacerdotales para que pueda comer un bocado de pan' "».

Jehová llama a Samuel

3 ¹ El joven Samuel servía a Jehová en presencia de Elí; en aquellos días escaseaba la palabra de Jehová y no eran frecuentes las visiones. ² Un día estaba Elí acostado en su aposento, cuando sus ojos comenzaban a oscurecerse de modo que no podía ver. ³ Samuel estaba durmiendo en el templo de Jehová, donde se encontraba el Arca de Dios;ᵃ y antes que la lámpara de Dios fuera apagada, ⁴ Jehová llamó a Samuel. Este respondió: «Heme aquí». ⁵ Y corriendo luego adonde estaba Elí, dijo:

—Heme aquí; ¿para qué me llamaste?

—Yo no he llamado; vuelve y acuéstate —respondió Elí.

Él se fue y se acostó. ⁶ Jehová volvió a llamar a Samuel. Se levantó Samuel, vino adonde estaba Elí y le dijo:

—Heme aquí; ¿para qué me has llamado?

—Hijo mío, yo no he llamado; vuelve y acuéstate —le respondió Elí.

⁷ Samuel no había conocido aún a Jehová, ni la palabra de Jehová le había sido revelada. ⁸ Jehová, pues, llamó por tercera vez a Samuel. Y él se levantó, vino ante Elí, y le dijo:

—Heme aquí; ¿para qué me has llamado?

Entonces entendió Elí que Jehová llamaba al joven, ⁹ y le dijo:

—Ve y acuéstate; y si te llama, di: "Habla, Jehová, que tu siervo escucha".

Así se fue Samuel y se acostó en su lugar. ¹⁰ Vino Jehová, se paró y llamó como las otras veces:

—¡Samuel, Samuel!

Entonces Samuel dijo:

—Habla, que tu siervo escucha.

¹¹ Dijo Jehová a Samuel:

—Yo haré una cosa en Israel que a quien la oiga le zumbarán ambos oídos. ¹² Aquel día yo cumpliré contra Elí todas las cosas que he dicho sobre su casa, desde el principio hasta el fin. ¹³ Y le mostraré que yo juzgaré su casa para siempre, por la iniquidad que él sabe; porque sus hijos han blasfemado contra Dios y él no se lo ha impedido. ¹⁴ Por tanto, yo he jurado a la casa de Elí que la iniquidad de su casa no será expiada jamás, ni con sacrificios ni con ofrendas.

¹⁵ Samuel se quedó acostado hasta la mañana, y después abrió las puertas de la casa de Jehová; pero temía contar la visión a Elí. ¹⁶ Entonces Elí lo llamó y le dijo:

—Samuel, hijo mío.

—Heme aquí —respondió él.

¹⁷ Elí dijo:

ᵉ **2.28** Ex 28.1-4.   ᶠ **2.28** Lv 7.35-36.   ᵃ **3.3** Expresión equivalente a *Arca del pacto* (Ex 25.10-22).

—¿Qué te ha dicho? Te ruego que no me lo ocultes. Traiga Dios sobre ti el peor de los castigos,[b] si me ocultas una palabra de todo lo que habló contigo.

[18] Entonces Samuel se lo manifestó todo, sin ocultarle nada.

Y Elí dijo:

—Él es Jehová; que haga lo que mejor le parezca.

[19] Samuel crecía y Jehová estaba con él; y no dejó sin cumplir ninguna de sus palabras. [20] Todo Israel, desde Dan hasta Beerseba, supo que Samuel era fiel profeta de Jehová. [21] Y Jehová volvió a aparecer en Silo, porque en Silo se manifestaba a Samuel la palabra de Jehová.

Los filisteos capturan el Arca

4 [1] Samuel hablaba a todo Israel.

Por aquel tiempo salió Israel a librar batalla con los filisteos,[a] y acampó junto a Eben-ezer, mientras los filisteos acamparon en Afec.[b] [2] Los filisteos presentaron batalla a Israel, y trabándose el combate, Israel fue vencido delante de los filisteos, los cuales hirieron en el campo de batalla como a cuatro mil hombres. [3] Cuando volvió al pueblo al campamento, los ancianos de Israel dijeron: «¿Por qué nos ha herido hoy Jehová delante de los filisteos? Vayamos a Silo y traigamos el Arca del pacto de Jehová, para que, estando en medio de nosotros, nos salve de manos de nuestros enemigos».

[4] El pueblo envió gente a Silo, y trajeron de allá el Arca del pacto de Jehová de los ejércitos, que habitaba entre los querubines;[c] y los dos hijos de Elí, Ofni y Finees, estaban allí con el Arca del pacto de Dios. [5] Aconteció que cuando el Arca del pacto de Jehová llegó al campamento, todo Israel gritó con júbilo tan grande que la tierra tembló.

[6] Al escuchar los filisteos las voces de júbilo dijeron: «¿Qué gritos de júbilo son estos en el campamento de los hebreos?»

Y supieron que el Arca de Jehová había sido traída al campamento. [7] Entonces los filisteos tuvieron miedo, porque se decían: «Ha venido Dios al campamento». Y exclamaron: «¡Ay de nosotros!, pues hasta ahora no había sido así. [8] ¡Ay de nosotros! ¿Quién nos librará de manos de estos dioses poderosos? Estos son los dioses que hirieron a Egipto con toda clase de plagas en el desierto. [9] Esforzaos, filisteos, y sed hombres, para que no sirváis a los hebreos, como ellos os han servido a vosotros; sed hombres, y pelead».

[10] Pelearon, pues, los filisteos, e Israel fue vencido; cada cual huyó a su tienda y hubo una muy grande mortandad, pues cayeron de Israel treinta mil hombres de a pie. [11] El Arca de Dios fue tomada y murieron los dos hijos de Elí, Ofni y Finees.

[12] Un hombre de Benjamín salió corriendo del campo de batalla y llegó aquel mismo día a Silo, rotos sus vestidos y la cabeza cubierta de tierra.[d] [13] Cuando llegó, Elí estaba sentado en una silla vigilando junto al camino, porque su corazón temblaba a causa del Arca de Dios. Vino, pues, aquel hombre a la ciudad y, al dar las noticias, toda la ciudad gritó. [14] Cuando Elí oyó el estruendo de la gritería, preguntó:

—¿Por qué hay tanto alboroto?

Aquel hombre vino de prisa y le dio las noticias a Elí. [15] Ya este tenía noventa y ocho años de edad y sus ojos se habían oscurecido, de modo que no podía ver. [16] Dijo, pues, aquel hombre a Elí:

—Vengo de la batalla, he escapado hoy del combate.

—¿Qué ha acontecido, hijo mío? —le preguntó Elí.

[17] El mensajero respondió:

—Israel huyó delante de los filisteos y hubo gran mortandad entre el pueblo. Han muerto también tus dos hijos, Ofni y Finees, y el Arca de Dios ha sido tomada.

[18] Cuando el mensajero hizo mención

---

[b] **3.17** Lit. *que Dios te haga así y añada todavía más* : Fórmula de imprecación que solía pronunciarse en ocasión de un juramento o una promesa (1 S 14.44; 25.22; 2 S 3.9,35; 19.13; 1 R 2.23; 2 R 6.31).   [a] **4.1b** Pueblo no semita procedente de Caftor (probablemente la isla de Creta); cf. Dt 2.23; Jer 47.4; Am 9.7.   [b] **4.1b** Población de la llanura costera, al norte del territorio ocupado por los filisteos (cf. Jos 12.18; 1 S 29.1).   [c] **4.4** Ex 25.22.   [d] **4.12** Señal de dolor y luto por la derrota. Cf. 2 S 1.11-12.

del Arca de Dios, Elí cayó de su silla hacia atrás, al lado de la puerta, y se desnucó y murió, pues era hombre viejo y pesado. Había sido juez en Israel durante cuarenta años. [19] Su nuera, la mujer de Finees, estaba encinta y próxima al alumbramiento. Cuando oyó el rumor de que el Arca de Dios había sido tomada y que su suegro y su marido habían muerto, se inclinó y dio a luz, pues le sobrevinieron sus dolores de repente. [20] Al tiempo que moría, las que estaban junto a ella le decían: «No tengas temor, porque has dado a luz un hijo». Pero ella no respondió ni se dio por enterada. [21] Y llamó al niño Icabod,[e] diciendo: «¡La gloria ha sido desterrada de Israel!», por haber sido tomada el Arca de Dios y por la muerte de su suegro y de su marido. [22] Dijo, pues: «La gloria ha sido desterrada de Israel», porque había sido tomada el Arca de Dios.

El Arca en tierra de los filisteos

5 [1] Cuando los filisteos capturaron el Arca de Dios, la llevaron desde Eben-ezer a Asdod. [2] Tomaron los filisteos el Arca de Dios, la metieron en la casa de Dagón[a] y la pusieron junto a Dagón. [3] Cuando al siguiente día los de Asdod se levantaron de mañana, encontraron a Dagón postrado en tierra delante del Arca de Jehová. Tomaron a Dagón y lo devolvieron a su lugar. [4] Al levantarse de nuevo de mañana, al siguiente día, Dagón había caído postrado en tierra delante del Arca de Jehová, y la cabeza de Dagón y sus dos manos estaban cortadas sobre el umbral; a Dagón solamente le quedaba el tronco. [5] Por esta causa, los sacerdotes de Dagón y todos los que entran en el templo de Dagón no pisan el umbral[b] de Dagón en Asdod, hasta el día de hoy.

[6] La mano de Jehová cayó sobre los de Asdod y los destruyó, hiriéndolos con tumores, en Asdod y en todo su territorio. [7] Al ver esto, los de Asdod dijeron: «Que no se quede entre nosotros el Arca del Dios de Israel, porque su mano se ha endurecido

contra nosotros y contra nuestro dios Dagón».

[8] Convocaron, pues, a todos los príncipes de los filisteos, y les preguntaron:

—¿Qué haremos con el Arca del Dios de Israel?

Ellos respondieron:

—Trasládese el Arca del Dios de Israel a Gat.

Y trasladaron allá el Arca del Dios de Israel. [9] Pero cuando se la llevaron, la mano de Jehová cayó sobre la ciudad provocando un gran pánico; y afligió a los hombres de aquella ciudad, y desde el más pequeño hasta el mayor se llenaron de tumores. [10] Entonces enviaron el Arca de Dios a Ecrón. Pero cuando el Arca de Dios llegó a Ecrón, los ecronitas exclamaron: «Nos han traído el Arca del Dios de Israel para matarnos a nosotros y a nuestro pueblo».

[11] Convocaron y reunieron a todos los príncipes de los filisteos y les dijeron: «Enviad el Arca del Dios de Israel, y regrese a su lugar, para que no nos mate a nosotros ni a nuestro pueblo», pues había un terror mortal en toda la ciudad, porque la mano de Dios los había castigado duramente.

[12] Los que no morían estaban llenos de tumores, y el clamor de la ciudad subía al cielo.

Los filisteos devuelven el Arca

6 [1] Estuvo el Arca de Jehová en la tierra de los filisteos siete meses. [2] Entonces los filisteos, llamando a los sacerdotes y adivinos, preguntaron:

—¿Qué haremos con el Arca de Jehová? Hacednos saber de qué manera podemos devolverla a su lugar.

[3] Ellos dijeron:

—Si enviáis el Arca del Dios de Israel, no la enviéis vacía, sino ofrecedle una reparación;[a] entonces seréis sanos y conoceréis por qué no se apartó de vosotros su mano.

[4] Ellos dijeron:

---

[e] **4.21** Esto es, *Sin gloria.* Alude a que Israel se ha quedado sin la presencia del Señor, y por eso ha sido derrotado. Cf. Ez 9.3; 10.4,18-19; 11.22-25.   [a] **5.2** El dios de los filisteos (Jue 16.23).
[b] **5.5** Sof 1.9.   [a] **6.3** Lv 5.16,18; 6.7.

—¿Y qué reparación le pagaremos? Ellos respondieron:

—Conforme al número de los príncipes de los filisteos, cinco tumores de oro y cinco ratones de oro, porque una misma plaga os ha afligido a todos vosotros y a vuestros príncipes. [5] Haréis, pues, figuras de vuestros tumores y de los ratones que destruyen la tierra, y daréis gloria al Dios de Israel; quizá aligere su mano sobre vosotros, sobre vuestros dioses y sobre vuestra tierra. [6] ¿Por qué endurecéis vuestro corazón, como los egipcios y el faraón endurecieron su corazón? Después que los había tratado así, ¿no los dejaron ir, y se fueron? [7] Haced, pues, ahora un carro nuevo y tomad luego dos vacas que críen, a las cuales no haya sido puesto yugo, uncid las vacas al carro, pero no dejéis que sus becerros vayan tras ellas, sino hacedlos volver al establo. [8] Tomaréis luego el Arca de Jehová y la pondréis sobre el carro, y las joyas de oro que le habéis de pagar como ofrenda por la culpa las pondréis en una caja al lado de ella; y dejaréis que se vaya. [9] Y observaréis; si sube por el camino de su tierra a Bet-semes,[b] él nos ha hecho este mal tan grande; y si no, sabremos que no es su mano la que nos ha herido, sino que esto ocurrió por accidente.

[10] Aquellos hombres lo hicieron así. Tomaron dos vacas que criaban, las uncieron al carro y encerraron en el establo sus becerros. [11] Luego pusieron el Arca de Jehová, la caja con los ratones de oro y las figuras de sus tumores sobre el carro. [12] Las vacas se encaminaron por el camino de Bet-semes, y seguían recto, andando y bramando, sin apartarse ni a derecha ni a izquierda del camino. Los príncipes de los filisteos fueron tras ellas hasta el límite de Bet-semes. [13] Los de Bet-semes estaban segando el trigo en el valle. Al levantar los ojos, divisaron el Arca y se regocijaron de verla. [14] El carro llegó al campo de Josué de Bet-semes y se paró allí, donde había una gran piedra. Ellos cortaron la madera del carro y ofrecieron las vacas en holocausto a Jehová. [15] Los levitas bajaron el Arca de Jehová y la caja que estaba junto a ella, en la cual se encontraban las joyas de oro, y las pusieron sobre aquella gran piedra. Los hombres de Bet-semes sacrificaron holocaustos y dedicaron sacrificios a Jehová en aquel día. [16] Cuando vieron esto los cinco príncipes de los filisteos, regresaron a Ecrón el mismo día.

[17] Estos fueron los tumores de oro que pagaron los filisteos en reparación a Jehová: por Asdod uno, por Gaza uno, por Ascalón uno, por Gat uno, por Ecrón uno.[c] [18] Y los ratones de oro fueron conforme al número de todas las ciudades de los filisteos pertenecientes a los cinco príncipes, así las ciudades fortificadas como las aldeas sin muro. La gran piedra sobre la cual pusieron el Arca de Jehová está en el campo de Josué de Bet-semes hasta hoy.

[19] Entonces Dios hizo morir a los hombres de Bet-semes, porque habían mirado dentro del Arca de Jehová. Hizo morir a cincuenta mil setenta hombres del pueblo. Y lloró el pueblo, porque Jehová lo había herido con una mortandad tan grande. [20] Los de Bet-semes dijeron: «¿Quién podrá estar delante de Jehová, el Dios santo? ¿A quién la enviaremos nosotros?» [21] Entonces enviaron mensajeros a los habitantes de Quiriat-jearim, diciendo: «Los filisteos han devuelto el Arca de Jehová; descended, pues, y lleváosla».

7 [1] Vinieron los de Quiriat-jearim,[a] se llevaron el Arca de Jehová y la pusieron en casa de Abinadab, situada en el collado; y santificaron a Eleazar, su hijo, para que guardara el Arca de Jehová.[b]

Samuel, juez de Israel

[2] Desde el día en que llegó el Arca a Quiriat-jearim pasaron muchos días, veinte años; y toda la casa de Israel suspiraba por Jehová. [3] Habló entonces Samuel a toda la casa de Israel, diciendo: «Si de todo vuestro corazón os volvéis a Jehová, quitad de entre vosotros los dioses ajenos y a Astarot,[c] dedicad vuestro corazón a

---

[b] **6.9** Población israelita más cercana al territorio filisteo, situada a 10 km. al norte de Ecrón.
[c] **6.17** Estas ciudades formaban la Pentápolis filistea.   [a] **7.1** Jos 9.17.   [b] **7.1** 2 S 6.2-4;
1 Cr 13.5-7.   [c] **7.3** Diosa cananea del amor y la fecundidad.

Jehová y servidle solo a él, y él os librará de manos de los filisteos».

[4] Entonces los hijos de Israel quitaron a los baales[d] y a Astarot, y sirvieron solo a Jehová. [5] Luego dijo Samuel: «Reunid a todo Israel en Mizpa, y yo oraré por vosotros a Jehová».

[6] Se reunieron, pues, en Mizpa, sacaron agua y la derramaron delante de Jehová; ayunaron aquel día allí, y dijeron: «Contra Jehová hemos pecado». Y juzgó Samuel a los hijos de Israel en Mizpa. [7] Cuando supieron los filisteos que los hijos de Israel estaban reunidos en Mizpa, subieron los príncipes de los filisteos contra Israel; al oir esto, los hijos de Israel tuvieron temor de los filisteos. [8] Entonces dijeron los hijos de Israel a Samuel: «No ceses de clamar por nosotros a Jehová, nuestro Dios, para que nos guarde de manos de los filisteos».

[9] Tomó Samuel un cordero de leche y lo sacrificó entero en holocausto a Jehová; y clamó Samuel a Jehová por Israel, y Jehová lo escuchó. [10] Mientras Samuel sacrificaba el holocausto, los filisteos llegaron para pelear con los hijos de Israel. Pero Jehová tronó aquel día con gran estruendo sobre los filisteos, los atemorizó y fueron vencidos delante de Israel. [11] Los hijos de Israel salieron de Mizpa, siguieron a los filisteos y los hirieron hasta abajo de Bet-car. [12] Tomó luego Samuel una piedra, la colocó entre Mizpa y Sen, y le puso por nombre Eben-ezer,[e] porque dijo: «Hasta aquí nos ayudó Jehová».

[13] Así fueron sometidos los filisteos y no volvieron a entrar más en el territorio de Israel; y la mano de Jehová estuvo contra los filisteos todos los días de Samuel. [14] Fueron restituidas a los hijos de Israel las ciudades que los filisteos habían tomado a los israelitas, desde Ecrón hasta Gat; e Israel libró su territorio de manos de los filisteos. También hubo paz entre Israel y el amorreo.

[15] Samuel juzgó a Israel todo el tiempo que vivió. [16] Hacía cada año un recorrido por Bet-el, Gilgal y Mizpa. Juzgaba a Israel en todos estos lugares. [17] Después volvía a Ramá, porque allí estaba su casa.

Allí juzgaba a Israel y también allí edificó un altar a Jehová.

Israel pide rey

8 [1] Aconteció que cuando Samuel envejeció puso a sus hijos por jueces sobre Israel. [2] Su hijo primogénito se llamaba Joel, y el segundo, Abías; ambos eran jueces en Beerseba. [3] Pero no anduvieron los hijos por los caminos de su padre, sino que se dejaron llevar por la avaricia, dejándose sobornar y pervirtiendo el derecho. [4] Entonces todos los ancianos de Israel se reunieron y vinieron a Ramá para ver a Samuel, [5] y le dijeron: «Tú has envejecido y tus hijos no andan en tus caminos; por tanto, danos ahora un rey que nos juzgue, como tienen todas las naciones».[a]

[6] Pero no agradó a Samuel que le dijeran: «Danos un rey que nos juzgue», y oró a Jehová. [7] Dijo Jehová a Samuel: «Oye la voz del pueblo en todo lo que ellos digan; porque no te han desechado a ti, sino a mí me han desechado, para que no reine sobre ellos. [8] Conforme a todas las obras que han hecho desde el día que los saqué de Egipto hasta hoy, dejándome a mí y sirviendo a dioses ajenos, así hacen también contigo. [9] Ahora, pues, oye su voz; pero hazles una advertencia solemne y muéstrales cómo los tratará el rey que reinará sobre ellos».

[10] Samuel repitió todas las palabras de Jehová al pueblo que le había pedido rey. [11] Dijo, pues:

—Así hará el rey que reine sobre vosotros: tomará vuestros hijos y los destinará a sus carros y a su gente de a caballo, para que corran delante de su carro. [12] Los empleará como jefes de millar y jefes de cincuentenas; los pondrá a que aren sus campos y sieguen sus mieses, y a que fabriquen sus armas de guerra y los pertrechos de sus carros. [13] Tomará también a vuestras hijas para perfumistas, cocineras y amasadoras. [14] Asimismo tomará lo mejor de vuestras tierras, de vuestras viñas y de vuestros olivares, para dárselo a sus siervos. [15] Diezmará vuestro grano y

---

[d] **7.4** Dios cananeo de las lluvias y la fertilidad.   [e] **7.12** Esto es, *Piedra de ayuda.*   [a] **8.5** Dt 17.14.

vuestras viñas, para dárselo a sus oficiales y a sus siervos. ¹⁶ Tomará vuestros siervos y vuestras siervas, vuestros mejores jóvenes y vuestros asnos, para emplearlos en sus obras. ¹⁷ Diezmará también vuestros rebaños y seréis sus siervos. ¹⁸ Aquel día os lamentaréis a causa del rey que habréis elegido, pero entonces Jehová no os responderá.

¹⁹ Pero el pueblo no quiso oír la voz de Samuel, y dijo:

—No. Habrá un rey sobre nosotros, ²⁰ y seremos también como todas las naciones. Nuestro rey nos gobernará, saldrá delante de nosotros y hará nuestras guerras.

²¹ Oyó Samuel todas las palabras del pueblo y las repitió a oídos de Jehová. ²² Pero Jehová dijo a Samuel:

—Oye su voz y dales un rey.

Entonces dijo Samuel a los varones de Israel:

—Volveos cada uno a vuestra ciudad.

Saúl es elegido rey

9 ¹ Había un hombre de Benjamín, hombre valeroso, el cual se llamaba Cis hijo de Abiel hijo de Zeror, hijo de Becorat, hijo de Afía, hijo de un benjaminita. ² Tenía él un hijo que se llamaba Saúl, joven y hermoso. Entre los hijos de Israel no había otro más hermoso que él; de hombros arriba sobrepasaba a cualquiera del pueblo.

³ Un día se perdieron las asnas de Cis, padre de Saúl; por lo que dijo Cis a su hijo Saúl:

«Toma ahora contigo alguno de los criados, levántate y ve a buscar las asnas».

⁴ Y él atravesó los montes de Efraín, y de allí pasó a la tierra de Salisa, y no las hallaron. Pasaron luego por la tierra de Saalim, y tampoco. Después pasaron por la tierra de Benjamín, y no las encontraron. ⁵ Cuando vinieron a la tierra de Zuf, Saúl dijo al criado que tenía consigo:

—Ven, volvámonos; porque quizá mi padre haya olvidado la preocupación por las asnas y esté intranquilo por nosotros.

⁶ Él le respondió:

—En esta ciudad hay un varón de Dios; es un hombre muy respetado: todo lo que él dice acontece sin falta. Vamos, pues, allá; quizá nos dará algún indicio acerca del objeto por el cual emprendimos nuestro camino.

⁷ Respondió Saúl a su criado:

—Vamos ahora; pero ¿qué llevaremos a ese hombre? Porque el pan de nuestras alforjas se ha acabado, y no tenemos qué ofrecerle al varón de Dios. ¿Qué le podemos dar?

⁸ Entonces replicó el criado y dijo a Saúl:

—Mira, tengo aquí en mi mano la cuarta parte de un siclo de plata; se lo daré al varón de Dios, para que nos indique el camino.

⁹ (Antiguamente en Israel cualquiera que iba a consultar a Dios, decía: «Venid y vamos al vidente»; porque al que hoy se llama profeta, entonces se le llamaba vidente.)

¹⁰ Dijo entonces Saúl a su criado:

—Dices bien; anda, vamos.

Y se fueron a la ciudad donde estaba el varón de Dios.

¹¹ Cuando subían por la cuesta de la ciudad, hallaron unas jóvenes que salían por agua, a las cuales dijeron:

—¿Está en este lugar el vidente?

¹² Ellas les respondieron:

—Sí; aquí está. Daos prisa pues precisamente ha venido a la ciudad en atención a que el pueblo tiene hoy un sacrificio en el lugar alto. ¹³ En cuanto entréis en la ciudad, buscadlo, antes que suba al lugar alto a comer; pues el pueblo no comerá hasta que él haya llegado, por cuanto él es el que bendice el sacrificio; después de esto comen los convidados. Subid, pues, ahora, porque ahora lo hallaréis.

¹⁴ Ellos subieron entonces a la ciudad; y cuando estaban en medio de ella, vieron a Samuel que venía hacia ellos para subir al lugar alto.

¹⁵ Un día antes de la llegada de Saúl, Jehová había hecho a Samuel esta revelación: ¹⁶ «Mañana a esta misma hora yo enviaré a ti un hombre de la tierra de Benjamín, al cual ungirás como príncipe sobre mi pueblo Israel, y él salvará a mi pueblo de manos de los filisteos; porque yo he visto la aflicción de mi pueblo, y su clamor ha llegado hasta mí».ᵃ

ᵃ **9.16** Ex 3.7,9; Dt 26.7; Jue 3.9,15.

¹⁷ Cuando Samuel vio a Saúl, Jehová le dijo: «Este es el hombre del cual te hablé; él gobernará a mi pueblo».

¹⁸ Acercándose, pues, Saúl a Samuel en medio de la puerta, le dijo:

—Te ruego que me enseñes dónde está la casa del vidente.

¹⁹ Samuel respondió a Saúl:

—Yo soy el vidente; sube delante de mí al lugar alto, y come hoy conmigo. Mañana por la mañana te despediré y te descubriré todo lo que hay en tu corazón. ²⁰ En cuanto a las asnas que se te perdieron hace ya tres días, pierde cuidado de ellas, porque han sido halladas. Además, ¿para quién es todo lo que hay de codiciable en Israel, sino para ti y para toda la casa de tu padre?

²¹ Saúl respondió y dijo:

—¿No soy yo hijo de Benjamín, de la más pequeña de las tribus de Israel? Y mi familia ¿no es la más pequeña de todas las familias de la tribu de Benjamín?ᵇ ¿Por qué, pues, me has dicho cosa semejante?

²² Entonces Samuel tomó a Saúl y a su criado, los introdujo a la sala y les dio un lugar a la cabecera de los convidados, que eran unos treinta hombres.

²³ Después dijo Samuel al cocinero:

—Trae acá la porción que te di, la que te dije que guardaras aparte.

²⁴ Entonces alzó el cocinero una espaldilla, con lo que estaba sobre ella, y la puso delante de Saúl. Y Samuel dijo:

—Aquí tienes lo que estaba reservado; ponlo delante de ti y come, porque para esta ocasión se te guardó, cuando dije: "Yo he convidado al pueblo".

Saúl comió aquel día con Samuel. ²⁵ Cuando hubieron descendido del lugar alto a la ciudad, él habló con Saúl en la azotea. ²⁶ Al otro día madrugaron; al despuntar el alba, Samuel llamó a Saúl, el cual estaba en la azotea, y le dijo:

—Levántate, para que te despida.

Luego se levantó Saúl, y salieron ambos, él y Samuel. ²⁷ Habían descendido al extremo de la ciudad, cuando Samuel dijo a Saúl:

—Di al criado que se adelante —y se adelantó el criado—, pero espera tú un poco para que te declare la palabra de Dios.

10 ¹ Tomó entonces Samuel una redoma de aceite, la derramó sobre su cabeza, lo besó, y le dijo:

—¿No te ha ungido Jehová por príncipe sobre su pueblo Israel? ² Hoy, después que te hayas apartado de mí, hallarás dos hombres junto al sepulcro de Raquel, en Selsa, en el territorio de Benjamín, los cuales te dirán: "Las asnas que habías ido a buscar se han hallado; tu padre ha dejado ya de inquietarse por las asnas, y está afligido por vosotros, y dice: '¿Qué haré acerca de mi hijo?' ". ³ Más adelante, cuando llegues a la encina de Tabor, te saldrán al encuentro tres hombres que suben a Dios, en Bet-el, llevando uno tres cabritos, otro tres tortas de pan y el tercero una vasija de vino. ⁴ Luego que te hayan saludado, te darán dos panes, que tú tomarás de su mano. ⁵ Después de esto llegarás al collado de Dios, donde está la guarnición de los filisteos; y cuando entres en la ciudad encontrarás una compañía de profetas que descienden del lugar alto, precedidos de salterio, pandero, flauta y arpa, y ellos profetizando. ⁶ Entonces el espíritu de Jehová vendrá sobre ti con poder y profetizarás con ellos, y serás mudado en otro hombre. ⁷ Cuando se te hayan cumplido estas señales, haz lo que te parezca bien, porque Dios está contigo. ⁸ Luego bajarás delante de mí a Gilgal; entonces descenderé yo junto a ti para ofrecer holocaustos y sacrificar ofrendas de paz. Espera siete días, hasta que yo vaya a tu encuentro y te enseñe lo que has de hacer.

⁹ Aconteció luego, que apenas volvió él la espalda para apartarse de Samuel, le mudó Dios el corazón; y todas estas señales acontecieron en aquel día. ¹⁰ Cuando llegaron allá al collado, la compañía de los profetas les salió al encuentro. Entonces el espíritu de Dios vino sobre él con poder, y profetizó entre ellos. ¹¹ Todos los que lo conocían de antes, al verlo que profetizaba con los profetas, se decían unos a

ᵇ **9.21** Jos 18.11-28.

otros: «¿Qué le ha sucedido al hijo de Cis? ¿Saúl también está entre los profetas?»

¹² Y alguno de allí preguntó:

«¿Y quién es el padre de estos?»

Por esta causa se hizo proverbio: «¿También Saúl entre los profetas?»^a

¹³ Cuando cesó de profetizar, llegó al lugar alto. ¹⁴ Un tío de Saúl dijo a él y a su criado:

—¿A dónde fuisteis?

Él respondió:

—A buscar las asnas; y como vimos que no aparecían, acudimos a Samuel.

¹⁵ Dijo el tío de Saúl:

—Te ruego que me cuentes qué os dijo Samuel.

¹⁶ Saúl respondió a su tío:

—Nos declaró expresamente que las asnas habían sido halladas.

Pero del asunto del reino, de que Samuel le había hablado, no le contó nada.

¹⁷ Después Samuel convocó al pueblo delante de Jehová en Mizpa, ¹⁸ y dijo a los hijos de Israel:

«Así ha dicho Jehová, el Dios de Israel: Yo saqué a Israel de Egipto, y os libré de manos de los egipcios y de manos de todos los reinos que os afligieron. ¹⁹ Pero vosotros habéis desechado hoy a vuestro Dios, que os guarda de todas vuestras aflicciones y angustias, y habéis dicho: "No, tú nos darás un rey". Ahora, pues, presentaos delante de Jehová por vuestras tribus y familias».

²⁰ Samuel hizo acercarse a todas las tribus de Israel, y fue designada la tribu de Benjamín. ²¹ Hizo que se acercara la tribu de Benjamín por familias, y fue designada la familia de Matri; y de ella fue tomado Saúl hijo de Cis. Lo buscaron, pero no fue hallado.^b ²² Preguntaron, pues, otra vez a Jehová si aún no había concurrido allí aquel hombre. Y respondió Jehová: «Está ahí, escondido entre el bagaje». ²³ Entonces corrieron, lo sacaron de allí y, puesto en medio del pueblo, sobresalía por encima de todos de los hombros para arriba. ²⁴ Samuel dijo a todo el pueblo:

—¿Habéis visto al elegido de Jehová?

No hay nadie como él en todo el pueblo.

Entonces el pueblo gritó con alegría:

—¡Viva el rey!^c

²⁵ Samuel expuso luego al pueblo las leyes del reino, y las escribió en un libro, el cual guardó delante de Jehová. ²⁶ Y envió Samuel a todo el pueblo cada uno a su casa. Saúl también se fue a su casa en Gabaa, y lo acompañaron los hombres de guerra cuyos corazones Dios había tocado. ²⁷ Pero algunos perversos dijeron: «¿Cómo nos ha de salvar este?» Lo despreciaron y no le llevaron presentes; pero él disimuló.

Saúl derrota a los amonitas

11 ¹ Después subió Nahas, el amonita, y acampó contra Jabes de Galaad.^a Y todos los de Jabes dijeron a Nahas:

—Haz alianza con nosotros y te serviremos.

² Nahas, el amonita, les respondió:

—Con esta condición haré alianza con vosotros, que a todos y cada uno de vosotros le saque el ojo derecho, y ponga esta afrenta sobre todo Israel.

³ Entonces los ancianos de Jabes le dijeron:

—Danos siete días para que enviemos mensajeros por todo el territorio de Israel, y si no hay quien nos defienda, nos rendiremos a ti.

⁴ Cuando los mensajeros llegaron a Gabaa de Saúl y dijeron estas palabras a oídos del pueblo, todo el pueblo alzó su voz y lloró. ⁵ En ese momento venía Saúl del campo detrás de los bueyes, y preguntó:

—¿Qué tiene el pueblo que está llorando?

Y le contaron las palabras de los hombres de Jabes. ⁶ Al oir Saúl estas palabras, el espíritu de Dios vino sobre él con poder, y se apoderó de él una violenta ira. ⁷ Tomó entonces un par de bueyes, los cortó en trozos y los envió por todo el territorio de Israel por medio de mensajeros, diciendo: «Así se hará con los bueyes del que no salga detrás de Saúl y detrás de Samuel».

^a **10.12** 1 S 19.23-24.   ^b **10.20-21** Jos 7.16-18; 1 S 14.40-42.   ^c **10.24** 2 S 16.16; 1 R 1.34,39; 2 R 11.12.   ^a **11.1** Ciudad situada al este del Jordán y al norte del torrente Jaboc.

El temor de Jehová cayó sobre el pueblo, y salieron todos como un solo hombre. [8] Los contó Saúl en Bezec,[b] y eran los hijos de Israel trescientos mil, y treinta mil los hombres de Judá. [9] Luego respondieron a los mensajeros que habían venido:

—Así diréis a los de Jabes de Galaad: "Mañana, al calentar el sol, seréis librados".

Fueron los mensajeros y lo anunciaron a los de Jabes, que se alegraron. [10] Y los de Jabes dijeron a los enemigos:

—Mañana nos rendiremos a vosotros, para que hagáis con nosotros lo que bien os parezca.

[11] Aconteció que al día siguiente dispuso Saúl al pueblo en tres compañías, que irrumpieron en medio del campamento en la vigilia de la mañana y abatieron a los amonitas hasta el mediodía. Los que quedaron fueron dispersados, de tal manera que no quedaron dos de ellos juntos. [12] Entonces el pueblo dijo a Samuel:

—¿Quiénes son los que decían: "¿Acaso va a reinar Saúl sobre nosotros"? Dadnos esos hombres y los mataremos.

[13] Pero Saúl dijo:

—No morirá hoy ninguno, porque hoy Jehová ha traído salvación a Israel.

[14] Y Samuel dijo al pueblo:

—Venid, vamos a Gilgal para instaurar allí el reino.

[15] Todo el pueblo fue a Gilgal, y allí en Gilgal, delante de Jehová, invistieron a Saúl como rey. Y sacrificaron allí ofrendas de paz[c] delante de Jehová, y se alegraron mucho Saúl y todos los de Israel.

Discurso de Samuel al pueblo[a]

12 [1] Dijo Samuel a todo Israel:

—He oído vuestra voz en todo cuanto me habéis dicho, y os he dado un rey. [2] Ahora, pues, ahí tienen al rey que ha de guiaros. Yo soy ya viejo y estoy lleno de canas; pero mis hijos están con vosotros, y yo he andado delante de vosotros desde mi juventud hasta este día. [3] Aquí estoy; atestiguad contra mí delante de Jehová y delante de su ungido, si he tomado el buey de alguno, si he tomado el asno de alguno, si he calumniado a alguien, si he agraviado a alguno o si de alguien he aceptado soborno para cerrar los ojos; y os lo restituiré.

[4] —Nunca nos has calumniado ni agraviado, ni has tomado nada de manos de ningún hombre —dijeron ellos.

[5] Él les dijo:

—Jehová es testigo contra vosotros, y su ungido también es testigo en este día, que no habéis hallado cosa alguna en mis manos.

—Así es —respondieron ellos.

[6] Entonces Samuel dijo al pueblo:

—Jehová, que designó a Moisés y a Aarón,[b] y sacó a vuestros padres de la tierra de Egipto, es testigo. [7] Ahora, pues, aguardad, y discutiré con vosotros delante de Jehová acerca de todos los hechos de salvación que Jehová ha hecho con vosotros y con vuestros padres. [8] Cuando Jacob entró en Egipto y vuestros padres clamaron a Jehová,[c] Jehová envió a Moisés y a Aarón, los cuales sacaron a vuestros padres de Egipto y los hicieron habitar en este lugar. [9] Pero ellos olvidaron a Jehová su Dios y él los entregó en manos de Sísara,[d] jefe del ejército de Hazor, en manos de los filisteos[e] y en manos del rey de Moab,[f] que les hicieron guerra. [10] Ellos clamaron a Jehová, y dijeron: "Hemos pecado, porque hemos dejado a Jehová y hemos servido a los baales y a Astarot; líbranos ahora, pues, de manos de nuestros enemigos, y te serviremos".[g]

[11] »Entonces Jehová envió a Jerobaal,[h] a Barac,[i] a Jefté[j] y a Samuel,[k] y os libró de manos de los enemigos que os rodeaban, y habitasteis seguros. [12] Pero cuando visteis que Nahas, rey de los hijos de Amón, venía contra vosotros, me dijisteis: "No, que reine sobre nosotros un rey",[l] siendo así que Jehová, vuestro Dios, era vuestro rey. [13] Ahora, pues, aquí tenéis al rey que habéis elegido, el cual pedisteis; ya veis que Jehová os ha dado un rey. [14] Si teméis

---

[b] **11.8** Población situada al oeste del Jordán, frente a Jabes de Galaad.   [c] **11.15** Lv 3.
[a] **12.1-25** Con esta despedida de Samuel se cierra la época de los jueces y comienza el período monárquico.   [b] **12.6** Ex 6.26.   [c] **12.8** Ex 2.23; Dt 26.7.   [d] **12.9** Jue 4.2   [e] **12.9** Jue 13.1.
[f] **12.9** Jue 3.12.   [g] **12.10** Jue 10.10-16.   [h] **12.11** Jue 7.1.   [i] **12.11** Jue 4.6.   [j] **12.11** Jue 11.29.
[k] **12.11** 1 S 3.20.   [l] **12.12** 1 S 8.19.

a Jehová y lo servís, si escucháis su voz y no sois rebeldes a la palabra de Jehová, si tanto vosotros como el rey que reina sobre vosotros servís a Jehová, vuestro Dios, haréis bien. [15] Pero si no escucháis la voz de Jehová, si os rebeláis contra sus mandatos, la mano de Jehová estará contra vosotros como estuvo contra vuestros padres.

[16] »Esperad aún ahora y mirad esta gran cosa que Jehová hará ante vuestros ojos. [17] ¿No es ahora la siega del trigo? Yo clamaré a Jehová, y él dará truenos y lluvias, para que conozcáis y veáis cuán grande es la maldad que habéis cometido ante los ojos de Jehová pidiendo para vosotros un rey.

[18] Luego clamó Samuel a Jehová, y Jehová dio truenos y lluvias en aquel día; y todo el pueblo sintió un gran temor de Jehová y de Samuel. [19] Entonces dijo todo el pueblo a Samuel:

—Ruega por tus siervos a Jehová, tu Dios, para que no muramos; porque a todos nuestros pecados hemos añadido este mal de pedir un rey para nosotros.

[20] Pero Samuel dijo al pueblo:

—No temáis; vosotros habéis hecho todo este mal; pero con todo eso no dejéis de seguir en pos de Jehová, sino servidle con todo vuestro corazón. [21] No os apartéis en pos de vanidades que no aprovechan ni libran, porque son vanidades. [22] Pues Jehová no desamparará a su pueblo, por su gran nombre; porque Jehová ha querido haceros pueblo suyo.[m] [23] Así que, lejos de mí pecar contra Jehová dejando de rogar por vosotros; antes os instruiré en el camino bueno y recto. [24] Solamente temed a Jehová y servidle de verdad con todo vuestro corazón, pues habéis visto cuán grandes cosas ha hecho por vosotros. [25] Pero si perseveráis en hacer mal, vosotros y vuestro rey pereceréis.

Guerra contra los filisteos

13 [1] Había ya reinado Saúl un año, y cuando llevaba reinando dos años sobre Israel, [2] escogió a tres mil hombres de Israel; estaban con Saúl dos mil en Micmas y en el monte Bet-el, y mil estaban con Jonatán en Gabaa de Benjamín, y envió al resto del pueblo cada uno a sus tiendas. [3] Jonatán atacó a la guarnición de los filisteos que había en el collado, y lo supieron los filisteos. Entonces Saúl hizo tocar trompeta por todo el país, diciendo: «¡Que oigan los hebreos!»

[4] Cuando todo Israel supo que se decía: «Saúl ha atacado a la guarnición de los filisteos», y también que Israel se había hecho odioso a los filisteos, se reunió el pueblo tras Saúl en Gilgal. [5] Se concentraron entonces los filisteos para pelear contra Israel: treinta mil carros, seis mil hombres de a caballo, y pueblo numeroso como la arena que está a la orilla del mar. Luego subieron y acamparon en Micmas, al oriente de Bet-avén.[a]

[6] Cuando los hombres de Israel vieron que estaban en peligro (porque el pueblo estaba en grave aprieto), se escondieron en cuevas, en fosos, en peñascos, en rocas y en cisternas. [7] Algunos de los hebreos pasaron el Jordán hacia la tierra de Gad y de Galaad; pero Saúl permanecía aún en Gilgal, y todo el pueblo iba tras él temblando. [8] Esperó siete días, conforme al plazo que Samuel había fijado,[b] pero Samuel no llegaba a Gilgal y el pueblo se desbandaba. [9] Entonces dijo Saúl:

—Traedme el holocausto y las ofrendas de paz.

Y ofreció el holocausto.

[10] Cuando él acababa de ofrecer el holocausto, vio a Samuel que venía; y Saúl salió a su encuentro para saludarlo. [11] Samuel dijo:

—¿Qué has hecho?

Saúl respondió:

—Porque vi que el pueblo se desbandaba y que tú no venías dentro del plazo señalado, mientras los filisteos estaban ya concentrados en Micmas, [12] me dije: "Ahora descenderán los filisteos contra mí a Gilgal y yo no he implorado el favor de Jehová". Así que me vi forzado a ofrecer el holocausto.

[13] Entonces Samuel dijo a Saúl:

—Locamente has actuado; si hubieras guardado el mandamiento que Jehová, tu

---

[m] **12.22** Dt 26.17-18; 27.9; Sal 94.14.   [a] **13.5** Designación despectiva de Bet-el (Os 4.15; 5.8; 10.5; cf. 1 R 12.28-33).   [b] **13.8** 1 S 10.8.

Dios, te había ordenado, Jehová habría confirmado tu reino sobre Israel para siempre. ¹⁴Pero ahora tu reino no será duradero. Jehová se ha buscado un hombre conforme a su corazón,ᶜ al cual ha designado para que sea príncipe sobre su pueblo, por cuanto tú no has guardado lo que Jehová te mandó.

¹⁵Samuel se levantó y subió de Gilgal a Gabaa de Benjamín.

Saúl contó la gente que se hallaba con él, y eran como seiscientos hombres. ¹⁶Saúl, su hijo Jonatán, y el pueblo que con ellos se hallaba, se quedaron en Gabaa de Benjamín, mientras los filisteos acampaban en Micmas. ¹⁷Entonces salió una avanzada del campamento de los filisteos en tres escuadrones; un escuadrón marchaba por el camino de Ofraᵈ hacia la tierra de Sual, ¹⁸otro escuadrón marchaba hacia Bet-horón, y el tercer escuadrón marchaba hacia la región que mira al valle de Zeboim, hacia el desierto.

¹⁹En toda la tierra de Israel no se hallaba herrero,ᵉ porque los filisteos habían dicho: «Para que los hebreos no hagan espada o lanza». ²⁰Por lo cual todos los de Israel tenían que acudir a los filisteos para afilar cada uno la reja de su arado, su azadón, su hacha o su hoz. ²¹El precio era un pimᶠ por las rejas de arado y por los azadones, y la tercera parte de un siclo por afilar las hachas y por componer las aguijadas. ²²Así aconteció que en el día de la batalla ninguno de los del pueblo que estaban con Saúl y Jonatán tenía en sus manos una espada o una lanza, excepto Saúl y Jonatán, su hijo, que sí las tenían. ²³Mientras tanto, un destacamento de los filisteos avanzó hasta el paso de Micmas.

14 ¹Aconteció un día, que Jonatán hijo de Saúl, dijo al criado que le traía las armas:

«Ven y pasemos a la guarnición de los filisteos, que está de aquel lado».

Pero no lo hizo saber a su padre. ²Saúl se hallaba al extremo de Gabaa, debajo de un granado que hay en Migrón, y las gentes que estaban con él eran como seiscientos hombres. ³Ahías hijo de Ahitob, hermano de Icabod hijo de Finees hijo de Elí, sacerdote de Jehová en Silo, llevaba el efod.

El pueblo no sabía que Jonatán se había ido. ⁴Entre los desfiladeros por donde Jonatán procuraba pasar a la guarnición de los filisteos, había un peñasco agudo de un lado, y otro del otro lado; uno se llamaba Boses y el otro Sene. ⁵El primer peñasco estaba situado al norte, hacia Micmas, y el segundo al sur, hacia Gabaa. ⁶Dijo, pues, Jonatán a su paje de armas:

—Ven, pasemos a la guarnición de estos incircuncisos; quizá haga algo Jehová por nosotros, pues no es difícil para Jehová dar la victoria, sea con muchos o con pocos.ᵃ

⁷Su paje de armas le respondió:

—Haz todo lo que tu corazón te dicte; ve, pues aquí estoy a tu disposición.

⁸Dijo entonces Jonatán:

—Vamos a pasar hacia esos hombres para que ellos nos vean. ⁹Si nos dicen: "Esperad hasta que lleguemos a vosotros", entonces nos quedaremos en nuestro lugar, y no subiremos adonde están ellos. ¹⁰Pero si nos dicen: "Subid hacia nosotros", entonces subiremos, porque Jehová los ha entregado en nuestras manos; esto nos servirá de señal.ᵇ

¹¹Los dos se dejaron ver por la guarnición de los filisteos, y estos dijeron: «Mirad los hebreos que salen de las cavernas donde se habían escondido». ¹²Y los hombres de la guarnición, dirigiéndose a Jonatán y a su paje de armas, les dijeron:

«Subid a nosotros, y os haremos saber una cosa».

Entonces Jonatán dijo a su paje de armas:

«Sube detrás de mí, porque Jehová los ha entregado en manos de Israel».

¹³Subió Jonatán trepando con sus manos y sus pies, seguido de su paje de armas. A los que caían delante de Jonatán, su paje de armas, que iba detrás de él, los remataba. ¹⁴En esta primera matanza que hicieron Jonatán y su paje de armas cayeron como veinte hombres, y todo en el espacio de una

ᶜ **13.14** Hch 13.22.   ᵈ **13.17** Situada al norte de Micmas.   ᵉ **13.19** El monopolio de este adelanto técnico los ponía en ventaja con respecto a los israelitas, que todavía se encontraban en la edad de bronce.   ᶠ **13.21** Probablemente una piedra que servía de pesa y equivalía a unos 7.5 gr.
ᵃ **14.6** Jue 7.2-8; 1 S 17.45-47.   ᵇ **14.10** Gn 24.14.

media yugada de tierra. ¹⁵ Cundió el pánico en el campamento y por el campo, y entre toda la gente de la guarnición; a los que habían salido en la avanzada también los asaltó el pánico, y la tierra tembló; hubo, pues, gran consternación.

¹⁶ Los centinelas de Saúl vieron desde Gabaa de Benjamín cómo la multitud estaba turbada, iba de un lado a otro y se dispersaba. ¹⁷ Entonces Saúl dijo al pueblo que estaba con él:

«Pasad ahora revista y ved quién se haya ido de los nuestros».

Pasaron revista, y vieron que faltaban Jonatán y su paje de armas. ¹⁸ Entonces Saúl dijo a Ahías:

«Trae el Arca de Dios».

Porque el Arca de Dios estaba entonces con los hijos de Israel.

¹⁹ Pero aconteció que mientras aún hablaba Saúl con el sacerdote, el alboroto que había en el campamento de los filisteos aumentaba, e iba creciendo cada vez más. Entonces dijo Saúl al sacerdote: «Detén tu mano».

²⁰ Luego Saúl reunió a todo el pueblo que con él estaba y llegaron hasta el lugar de la batalla. Allí vieron que cada uno había desenvainado su espada contra su compañero y que había gran confusión. ²¹ Los hebreos que desde tiempo antes habían estado con los filisteos, y que desde los alrededores habían subido con ellos al campamento, se pusieron también del lado de los israelitas que estaban con Saúl y con Jonatán. ²² Asimismo todos los israelitas que se habían escondido en los montes de Efraín, al oir que los filisteos huían, también los persiguieron en aquella batalla. ²³ que se extendió hasta Bet-Avén. Así salvó Jehová aquel día a Israel.

²⁴ Pero los hombres de Israel fueron puestos en apuro aquel día, porque Saúl había hecho jurar al pueblo, diciendo: «Cualquiera que coma pan antes de caer la noche, antes que me haya vengado de mis enemigos, sea maldito». Y nadie había probado bocado. ²⁵ Todo el pueblo llegó a un bosque, donde había miel en la superficie del campo. ²⁶ Entró, pues, el pueblo en el bosque, y vieron que allí corría la miel; pero no hubo quien la probara, porque el pueblo temía al juramento. ²⁷ Jonatán, que no había oído cuando su padre había hecho jurar al pueblo, alargó la punta de una vara que traía en su mano, la mojó en un panal de miel y se llevó la mano a la boca. Entonces se le aclararon los ojos.

²⁸ Uno del pueblo le habló, diciendo:

—Tu padre ha hecho jurar solemnemente al pueblo: "Maldito sea el hombre que tome hoy alimento". Y el pueblo desfallecía.

²⁹ Respondió Jonatán:

—Mi padre ha turbado al país. Ved ahora cómo han sido aclarados mis ojos por haber probado un poco de esta miel. ³⁰ ¿Cuánto más si el pueblo hubiera comido libremente hoy del botín tomado a sus enemigos? ¿No hubiera sido mayor el estrago entre los filisteos?

³¹ Aquel día derrotaron a los filisteos desde Micmas hasta Ajalón, pero el pueblo estaba muy cansado. ³² Así que el pueblo se lanzó sobre el botín, tomaron ovejas y vacas y becerros, y los degollaron en el suelo; y el pueblo los comió con la sangre. ³³ Entonces le avisaron a Saúl:

—El pueblo está pecando contra Jehová, porque come carne con sangre.ᶜ

Él dijo:

—¡Vosotros habéis sido infieles! Rodadme ahora acá una piedra grande. ³⁴ Esparcíos por el pueblo —añadió—, y decidles que me traiga cada uno su vaca y cada cual su oveja; degolladlas aquí y comed, sin pecar contra Jehová por comer la carne con la sangre.

Aquella noche cada uno llevó su propio buey y lo sacrificaron allí. ³⁵ Edificó Saúl un altar a Jehová, y ese fue el primero que edificó a Jehová.

³⁶ Dijo Saúl:

—Descendamos esta noche contra los filisteos y los saquearemos hasta la mañana; no dejaremos de ellos ninguno.

Ellos dijeron:

—Haz lo que bien te parezca.

Dijo luego el sacerdote:

—Acerquémonos aquí a Dios.

³⁷ Y Saúl consultó a Dios: «¿Debo

descender tras los filisteos? ¿Los entregarás en manos de Israel?»

Pero Jehová no le dio respuesta aquel día. ³⁸ Entonces dijo Saúl:

—Venid acá todos los principales del pueblo, averiguad y ved en qué ha consistido este pecado de hoy. ³⁹ ¡Vive Jehová!, que ha salvado a Israel, que aunque se trate de mi hijo Jonatán, de seguro morirá.

Y no hubo en todo el pueblo quien le respondiera. ⁴⁰ Dijo luego a todo Israel:

—Vosotros estaréis a un lado, y yo y Jonatán, mi hijo, estaremos al otro lado.

—Haz lo que bien te parezca —respondió el pueblo a Saúl.

⁴¹ Entonces dijo Saúl a Jehová, Dios de Israel:

—Da a conocer la verdad.

La suerte cayó sobre Jonatán y Saúl, y el pueblo quedó libre. ⁴² Saúl dijo:

—Echad suertes entre mí y mi hijo Jonatán.

Y la suerte cayó sobre Jonatán. ⁴³ Entonces Saúl dijo a Jonatán:

—Cuéntame lo que has hecho.

Jonatán respondió:

—Ciertamente gusté un poco de miel con la punta de la vara que traía en mi mano; ¿y he de morir?

⁴⁴ Saúl le dijo:

—Traiga Dios sobre mí el peor de los castigos, si no te hago morir, Jonatán.

⁴⁵ Pero el pueblo dijo a Saúl:

—¿Ha de morir Jonatán, el que ha logrado esta gran victoria en Israel? ¡No será así! ¡Vive Jehová! que no caerá en tierra ni un cabello de su cabeza, pues lo hizo con ayuda de Dios.

Así el pueblo libró de morir a Jonatán. ⁴⁶ Saúl dejó de perseguir a los filisteos, y los filisteos se fueron a su tierra.

⁴⁷ Después de haber tomado posesión del reino de Israel, Saúl hizo guerra a todos sus enemigos en derredor: contra Moab, contra los hijos de Amón, contra Edom, contra los reyes de Soba y contra los filisteos; dondequiera que iba, salía vencedor. ⁴⁸ Reunió un ejército, derrotó a Amalec y libró a Israel de manos de los que lo saqueaban.

⁴⁹ Los hijos de Saúl fueron Jonatán, Isúi y Malquisúa. Los nombres de sus dos hijas eran, el de la mayor, Merab, y el de la menor, Mical. ⁵⁰ El nombre de la mujer de Saúl era Ahinoam, hija de Ahimaas. El nombre del general de su ejército era Abner hijo de Ner, tío de Saúl. ⁵¹ Porque Cis, padre de Saúl, y Ner, padre de Abner, fueron hijos de Abiel.

⁵² Todo el tiempo de Saúl hubo guerra encarnizada contra los filisteos; y a todo el que Saúl veía que era hombre esforzado y apto para combatir, lo reclutaba para sí.

Saúl desobedece y es desechado

15 ¹ Un día Samuel dijo a Saúl:

—Jehová me envió[a] a que te ungiera rey sobre su pueblo Israel;[b] ahora, pues, escucha las palabras de Jehová. ² Así ha dicho Jehová de los ejércitos: "Yo castigaré lo que Amalec hizo a Israel, cortándole el camino cuando subía de Egipto.[c] ³ Ve, pues, hiere a Amalec, destruye todo lo que tiene y no te apiades de él; mata hombres, mujeres y niños, aun los de pecho, y vacas, ovejas, camellos y asnos".

⁴ Saúl convocó, pues, al pueblo y les pasó revista en Telaim: doscientos mil a pie y diez mil hombres de Judá. ⁵ Vino Saúl a la ciudad de Amalec y se emboscó en el valle. ⁶ Entonces dijo Saúl a los ceneos:

«Idos, apartaos y salid de entre los de Amalec, para que no os destruya juntamente con ellos; porque vosotros mostrasteis misericordia a todos los hijos de Israel cuando subían de Egipto».

Se apartaron los ceneos de entre los hijos de Amalec. ⁷ Y Saúl derrotó a los amalecitas desde Havila hasta llegar a Shur, que está al oriente de Egipto. ⁸ Capturó vivo a Agag, rey de Amalec, y a todo el pueblo lo mató a filo de espada. ⁹ Pero Saúl y el pueblo perdonaron a Agag, y a lo mejor de las ovejas y del ganado mayor, de los animales engordados, de los carneros y de todo lo bueno, y no lo quisieron destruir; pero destruyeron todo lo que era vil y despreciable.

¹⁰ Vino luego esta palabra de Jehová a Samuel:

¹¹ «Me pesa haber hecho rey a Saúl, porque se ha apartado de mí y no ha cumplido mis palabras».

Se apesadumbró Samuel y clamó a Jehová toda aquella noche. [12] Madrugó Samuel para ir al encuentro de Saúl por la mañana; y avisaron a Samuel: «Saúl llega a Carmel y se ha erigido un monumento; después se dio vuelta y siguió adelante para bajar a Gilgal». [13] Vino, pues, Samuel a Saúl, y Saúl le dijo:

—Bendito seas tú de Jehová; yo he cumplido la palabra de Jehová.

[14] —¿Pues qué balido de ovejas y bramido de vacas es este que yo oigo con mis oídos? —preguntó entonces Samuel.

[15] —De Amalec las han traído; porque el pueblo perdonó lo mejor de las ovejas y de las vacas, para sacrificarlas a Jehová tu Dios, pero lo demás lo destruimos —respondió Saúl.

[16] Entonces dijo Samuel a Saúl:

—Déjame que te anuncie lo que Jehová me ha dicho esta noche.

—Habla —le respondió él.

[17] Y dijo Samuel:

—Aunque a tus propios ojos eras pequeño, ¿no has sido hecho jefe de las tribus de Israel, y Jehová te ha ungido rey sobre Israel? [18] Jehová te envió en misión y te ha dicho: "Ve, destruye a los pecadores de Amalec y hazles guerra hasta que los acabes". [19] ¿Por qué, pues, no has oído la voz de Jehová? ¿Por qué te has lanzado sobre el botín y has hecho lo malo ante los ojos de Jehová?

[20] Saúl respondió a Samuel:

—Al contrario, ¡he obedecido la voz de Jehová! Fui a la misión que Jehová me envió, traje a Agag, rey de Amalec, y he destruido a los amalecitas. [21] Pero el pueblo tomó del botín ovejas y vacas, lo mejor del anatema, para ofrecer sacrificios a Jehová, tu Dios, en Gilgal.

[22] Entonces Samuel dijo:

—¿Acaso se complace Jehová tanto
   en los holocaustos y sacrificios
como en la obediencia a las
   palabras de Jehová?
Mejor es obedecer que sacrificar;
prestar atención mejor es que la
   grasa de los carneros.[d]

[23] Como pecado de adivinación[e] es la
   rebelión,
como ídolos e idolatría la
   obstinación.
Por cuanto rechazaste la palabra de
   Jehová,
también él te ha rechazado para
   que no seas rey.

[24] Saúl dijo a Samuel:

—He pecado, pues he desobedecido el mandamiento de Jehová y tus palabras, porque temí al pueblo y consentí a la voz de ellos. Perdona, pues, ahora mi pecado. [25] Vuelve conmigo para que adore a Jehová.

[26] —No volveré contigo, porque rechazaste la palabra de Jehová y Jehová te ha rechazado para que no seas rey sobre Israel[f] —respondió Samuel a Saúl.

[27] Samuel se volvió para irse, pero él se asió de la punta de su manto, y este se desgarró. [28] Entonces Samuel le dijo:

—Jehová ha desgarrado hoy de ti el reino de Israel y lo ha dado a un prójimo tuyo mejor que tú. [29] Además, el que es la Gloria de Israel no mentirá ni se arrepentirá, porque no es hombre para que se arrepienta.[g]

[30] —Yo he pecado; pero te ruego que me honres delante de los ancianos de mi pueblo y delante de Israel, y que vuelvas conmigo para que adore a Jehová, tu Dios —dijo Saúl.

[31] Volvió Samuel en compañía de Saúl, y adoró Saúl a Jehová.

[32] Después dijo Samuel:

«Traedme a Agag, rey de Amalec».

Agag vino hacia él alegremente. Y decía: «Ciertamente ya pasó la amargura de la muerte».

[33] Samuel dijo:

«Como tu espada dejó a las mujeres sin hijos, así tu madre quedará privada de su hijo entre las mujeres».

Entonces Samuel cortó en pedazos a Agag delante de Jehová en Gilgal. [34] Se fue luego Samuel a Ramá, y Saúl subió a su casa en Gabaa de Saúl. [35] Nunca más vio Samuel a Saúl en toda su vida. Y

---

[d] **15.22** Pr 21.3; Os 6.6; Am 5.22-24.   [e] **15.23** Dt 18.10.   [f] **15.26** 1 S 13.13-14.
[g] **15.29** Nm 23.19.

lloraba Samuel por Saúl, porque Jehová se había arrepentido de haberlo hecho rey de Israel.

Samuel unge a David

16 ¹ Dijo Jehová a Samuel:

—¿Hasta cuándo llorarás por Saúl, habiéndolo yo rechazado para que no reine sobre Israel? Llena tu cuerno de aceite y ven, te enviaré a Isaí de Belén, porque de entre sus hijos me he elegido un rey.

² Samuel preguntó:

—¿Cómo iré? Si Saúl lo supiera, me mataría.

Jehová respondió:

—Toma contigo una becerra de la vacada, y di: "A ofrecer sacrificio a Jehová he venido". ³ Invita a Isaí al sacrificio y yo te enseñaré lo que has de hacer; me ungirás al que yo te diga.

⁴ Hizo, pues, Samuel como le dijo Jehová. Luego que él llegó a Belén, los ancianos de la ciudad salieron a recibirlo con miedo, y le preguntaron:

—¿Es pacífica tu venida?

⁵ —Sí, vengo a ofrecer sacrificio a Jehová; santificaos*ᵃ* y venid conmigo al sacrificio —respondió él.

Luego santificó él a Isaí y a sus hijos, y los invitó al sacrificio. ⁶ Aconteció que cuando ellos vinieron, vio él a Eliab, y se dijo: «De cierto delante de Jehová está su ungido».

⁷ Pero Jehová respondió a Samuel:

—No mires a su parecer, ni a lo grande de su estatura, porque yo lo desecho; porque Jehová no mira lo que mira el hombre, pues el hombre mira lo que está delante de sus ojos, pero Jehová mira el corazón.

⁸ Entonces llamó Isaí a Abinadab y lo hizo pasar delante de Samuel, el cual dijo:

—Tampoco a este ha escogido Jehová.

⁹ Hizo luego pasar Isaí a Sama. Pero Samuel dijo:

—Tampoco a este ha elegido Jehová.

¹⁰ Hizo luego pasar Isaí siete hijos suyos delante de Samuel; pero Samuel dijo a Isaí:

—Jehová no ha elegido a estos.

¹¹ Entonces dijo Samuel a Isaí:

—¿Son estos todos tus hijos?

Isaí respondió:

—Queda aún el menor, que apacienta las ovejas.

Y dijo Samuel a Isaí:

—Envía por él, porque no nos sentaremos a la mesa hasta que él venga aquí.

¹² Envió, pues, por él, y lo hizo entrar. Era rubio, de hermosos ojos y de buen parecer. Entonces Jehová dijo:

«Levántate y úngelo, porque este es».

¹³ Samuel tomó el cuerno del aceite y lo ungió en medio de sus hermanos. A partir de aquel día vino sobre David el espíritu de Jehová. Se levantó luego Samuel y regresó a Ramá.

David entra al servicio de Saúl

¹⁴ El espíritu de Jehová se apartó de Saúl, y un espíritu malo de parte de Jehová lo atormentaba. ¹⁵ Y los criados de Saúl le dijeron:

—Mira, un espíritu malo de parte de Dios te atormenta. ¹⁶ Diga, pues, nuestro señor a tus siervos que están en tu presencia, que busquen a alguno que sepa tocar el arpa, para que cuando esté sobre ti el espíritu malo de parte de Dios, toque con su mano y tengas alivio.

¹⁷ Saúl respondió a sus criados:

—Buscadme ahora, pues, a alguno que toque bien, y traédmelo.

¹⁸ Entonces uno de los criados respondió:

—He visto a un hijo de Isaí de Belén que sabe tocar; es valiente y vigoroso, hombre de guerra, prudente en sus palabras, hermoso, y Jehová está con él.

¹⁹ Entonces Saúl envió mensajeros a Isaí, diciendo: «Envíame a David tu hijo, el que está con las ovejas». ²⁰ Y tomó Isaí un asno cargado de pan, una vasija de vino y un cabrito, y lo envió a Saúl por medio de David, su hijo. ²¹ David se presentó ante Saúl y se puso a su servicio. Saúl lo amó mucho y lo hizo su paje de armas. ²² Luego mandó a decir a Isaí: «Te ruego que David se quede conmigo, pues ha hallado gracia a mis ojos». ²³ Así, cuando el espíritu malo de parte de Dios venía sobre Saúl, David tomaba el arpa y la tocaba.

ᵃ **16.5** Ex 19.10; Jos 3.5.

Saúl se aliviaba y se sentía mejor, y el espíritu malo se apartaba de él.

David mata a Goliat

17 [1] Los filisteos reunieron sus ejércitos para la guerra, se congregaron en Soco, que es de Judá, y acamparon entre Soco y Azeca,[a] en Efes-damim. [2] También Saúl y los hombres de Israel se reunieron, acamparon en el valle de Ela,[b] y se pusieron en orden de batalla contra los filisteos. [3] Los filisteos estaban sobre un monte a un lado, e Israel estaba sobre otro monte al otro lado, quedando el valle entre ellos. [4] Salió entonces del campamento de los filisteos un paladín llamado Goliat, oriundo de Gat, que medía seis codos y un palmo de altura. [5] Llevaba un casco de bronce en su cabeza y vestía una coraza de malla; la coraza pesaba cinco mil siclos de bronce. [6] En sus piernas tenía canilleras de bronce y una jabalina de bronce a la espalda. [7] El asta de su lanza era como un rodillo de telar y la punta de su lanza pesaba seiscientos siclos de hierro. Delante de él iba su escudero. [8] Goliat se paró y dio voces a los escuadrones de Israel, diciéndoles:

—¿Para qué os habéis puesto en orden de batalla? ¿No soy yo el filisteo y vosotros los siervos de Saúl? Escoged de entre vosotros un hombre que venga contra mí. [9] Si él puede pelear conmigo y me vence, nosotros seremos vuestros siervos; y si yo puedo más que él y lo venzo, vosotros seréis nuestros siervos y nos serviréis. [10] Hoy yo he desafiado —añadió el filisteo— al campamento de Israel; dadme un hombre que pelee conmigo.

[11] Al escuchar Saúl y todo Israel estas palabras del filisteo, se turbaron y tuvieron mucho miedo.

[12] David era hijo de aquel hombre efrateo, oriundo de Belén de Judá, llamado Isaí, el cual tenía ocho hijos. En tiempos de Saúl este hombre era ya viejo, de edad muy avanzada, [13] y los tres hijos mayores de Isaí se habían ido a la guerra para seguir a Saúl. Los nombres de sus tres hijos que se habían ido a la guerra eran: Eliab,

el primogénito, el segundo, Abinadab, y el tercero, Sama. [14] David era el menor. Siguieron, pues, los tres mayores a Saúl, [15] pero David había ido y vuelto, dejando a Saúl, para apacentar las ovejas de su padre en Belén.

[16] Salía, pues, aquel filisteo por la mañana y por la tarde, y así lo hizo durante cuarenta días.

[17] Y dijo Isaí a David, su hijo:

«Toma ahora para tus hermanos un efa de este grano tostado y estos diez panes; llévalo pronto al campamento a tus hermanos. [18] Estos diez quesos de leche los llevarás al jefe de los mil; fíjate si tus hermanos están bien y trae algo de ellos como prenda».

[19] Mientras tanto, Saúl, ellos, y todos los de Israel, estaban en el valle de Ela, peleando contra los filisteos.

[20] Se levantó, pues, David de mañana, y dejando las ovejas al cuidado de un guarda, se fue con su carga como Isaí le había mandado. Llegó al campamento cuando el ejército salía en orden de batalla y daba el grito de combate. [21] Se pusieron en orden de batalla Israel y los filisteos, ejército frente a ejército. [22] Entonces David dejó su carga en manos del que guardaba el bagaje, y corrió al ejército; cuando llegó preguntó por sus hermanos, si estaban bien. [23] Mientras hablaba con ellos, aquel paladín que se ponía en medio de los dos campamentos, llamado Goliat, el filisteo de Gat, salió de entre las filas de los filisteos diciendo las mismas palabras, y lo oyó David.

[24] Todos los hombres de Israel que veían a aquel hombre huían de su presencia y sentían gran temor. [25] Y cada uno de los de Israel decía: «¿No habéis visto a aquel hombre que ha salido? Él se adelanta para provocar a Israel. Al que lo venza, el rey le proporcionará grandes riquezas, le dará a su hija y eximirá de tributos a la casa de su padre en Israel». [26] Entonces habló David a los que estaban junto a él, diciendo:

—¿Qué harán al hombre que venza a este filisteo y quite el oprobio de Israel?

---

[a] **17.1** Dos poblaciones localizadas al sudoeste de Jerusalén (cf. Jos 15.35; 2 Cr 28.18).
[b] **17.2** Situado al oeste de Belén, en la ruta natural que va desde la costa del Mediterráneo hasta las montañas de Judá.

Porque ¿quién es este filisteo incircunciso para que provoque a los escuadrones del Dios viviente?

²⁷ El pueblo le repitió las mismas palabras, diciendo: «Así se hará al hombre que lo venza». ²⁸ Al oírlo hablar así con aquellos hombres, Eliab, su hermano mayor, se encendió en ira contra David y le dijo:

—¿Para qué has descendido acá? ¿A quién has dejado aquellas pocas ovejas en el desierto? Yo conozco tu soberbia y la malicia de tu corazón; has venido para ver la batalla.

²⁹ —¿Qué he hecho yo ahora? ¿No es esto mero hablar? —dijo David.

³⁰ Y, apartándose de él, se dirigió a otros y les preguntó de igual manera; y el pueblo le dio la misma respuesta de antes. ³¹ Fueron oídas las palabras que había dicho David, y se lo contaron a Saúl, que lo hizo venir. ³² Dijo David a Saúl:

—Que nadie se desanime a causa de ese; tu siervo irá y peleará contra este filisteo.

³³ Dijo Saúl a David:

—Tú no podrás ir contra aquel filisteo, y pelear con él, porque eres un muchacho, mientras que él es un hombre de guerra desde su juventud.

³⁴ David respondió a Saúl:

—Tu siervo era pastor de las ovejas de su padre. Cuando venía un león o un oso, y se llevaba algún cordero de la manada, ³⁵ salía yo tras él, lo hería y se lo arrancaba de la boca; y si se revolvía contra mí, le echaba mano a la quijada, lo hería y lo mataba. ³⁶ Ya fuera león o fuera oso, tu siervo lo mataba; y este filisteo incircunciso será como uno de ellos, porque ha provocado al ejército del Dios viviente. ³⁷ Jehová —añadió David—, que me ha librado de las garras del león y de las garras del oso, él también me librará de manos de este filisteo.

Dijo Saúl a David:

—Ve, y que Jehová sea contigo.

³⁸ Saúl vistió a David con sus ropas, puso sobre su cabeza un casco de bronce y lo cubrió con una coraza. ³⁹ Ciñó David la espada sobre sus vestidos y probó a andar, porque nunca había hecho la prueba.

Y dijo David a Saúl:

—No puedo andar con esto, pues nunca lo practiqué.

Entonces David se quitó aquellas cosas. ⁴⁰ Luego tomó en la mano su cayado y escogió cinco piedras lisas del arroyo, las puso en el saco pastoril, en el zurrón que traía, y con su honda en la mano se acercó al filisteo. ⁴¹ El filisteo fue avanzando y acercándose a David, precedido de su escudero. ⁴² Cuando el filisteo miró y vio a David, no lo tomó en serio, porque era apenas un muchacho, rubio y de hermoso parecer. ⁴³ El filisteo dijo a David:

—¿Soy yo un perro, para que vengas contra mí con palos?

Y maldijo a David invocando a sus dioses. ⁴⁴ Dijo luego el filisteo a David:

—Ven hacia mí y daré tu carne a las aves del cielo y a las bestias del campo.

⁴⁵ Entonces dijo David al filisteo:

—Tú vienes contra mí con espada, lanza y jabalina; pero yo voy contra ti en el nombre de Jehová de los ejércitos, el Dios de los escuadrones de Israel, a quien tú has provocado. ⁴⁶ Jehová te entregará hoy en mis manos, yo te venceré y te cortaré la cabeza. Y hoy mismo entregaré tu cuerpo y los cuerpos de los filisteos a las aves del cielo y a las bestias de la tierra, y sabrá toda la tierra que hay Dios en Israel.ᶜ ⁴⁷ Y toda esta congregación sabrá que Jehová no salva con espada ni con lanza, porque de Jehová es la batalla y él os entregará en nuestras manos.

⁴⁸ Aconteció que cuando el filisteo se levantó y echó a andar para ir al encuentro de David, David se dio prisa y corrió a la línea de batalla contra el filisteo. ⁴⁹ Metió David su mano en la bolsa, tomó de allí una piedra, la tiró con la honda e hirió al filisteo en la frente. La piedra se le clavó en la frente y cayó a tierra sobre su rostro. ⁵⁰ Así venció David al filisteo con honda y piedra. Hirió al filisteo y lo mató, sin tener David una espada en sus manos. ⁵¹ Entonces corrió David y se puso sobre el filisteo; tomó su espada, la sacó de la vaina, lo acabó de matar, y le cortó con ella la cabeza.

Cuando los filisteos vieron muerto a su paladín, huyeron. ⁵² Se levantaron luego los de Israel y los de Judá, dieron gritos

ᶜ **17.46** Ex 9.14-16; Dt 4.34-35; Jos 4.23-24; 1 R 8.59-60; 2 R 19.19.

de guerra y siguieron tras los filisteos hasta el valle y hasta las puertas de Ecrón. Muchos filisteos cayeron heridos por el camino de Saaraim hasta Gat y Ecrón. ⁵³Regresaron los hijos de Israel de perseguir a los filisteos, y saquearon su campamento. ⁵⁴Entonces David tomó la cabeza del filisteo y la trajo a Jerusalén, pero sus armas las puso en su tienda.

⁵⁵Cuando Saúl vio a David que salía a encontrarse con el filisteo, dijo a Abner, general del ejército:

—Abner, ¿de quién es hijo ese joven?

Abner respondió:

⁵⁶—¡Vive tu alma!, oh rey, que no lo sé.

Y el rey dijo:

—Pregunta de quién es hijo ese joven.

⁵⁷Cuando David volvió de matar al filisteo, Abner lo tomó y lo llevó ante Saúl. David llevaba en su mano la cabeza del filisteo. ⁵⁸Saúl le preguntó:

—Muchacho, ¿de quién eres hijo?

David respondió:

—Soy hijo de tu siervo Isaí de Belén.

Pacto de Jonatán y David

18 ¹Aconteció que cuando David acabó de hablar con Saúl, el alma de Jonatán quedó ligada con la de David, y lo amó Jonatán como a sí mismo. ²Aquel día Saúl tomó consigo a David y no lo dejó volver a casa de su padre. ³Hizo Jonatán un pacto con David, porque lo amaba como a sí mismo. ⁴Se quitó Jonatán el manto que llevaba y se lo dio a David, así como otras ropas suyas, su espada, su arco y su cinturón.

⁵Y salía David a dondequiera que Saúl lo enviaba, y se portaba prudentemente. Entonces lo puso Saúl al frente de su gente de guerra, y era bien visto por todo el pueblo, y también por los siervos de Saúl.

Saúl tiene celos de David

⁶Aconteció que cuando volvían, después de haber matado David al filisteo, salieron las mujeres de todas las ciudades de Israel a recibir al rey Saúl cantando y danzando con panderos, con cánticos de alegría y con instrumentos de música. ⁷Mientras danzaban, las mujeres cantaban diciendo:

«Saúl hirió a sus miles,
y David a sus diez miles».ᵃ

⁸Saúl se enojó mucho y le desagradaron estas palabras, pues decía:

«A David le dan diez miles, y a mí miles; no le falta más que el reino».

⁹Y desde aquel día Saúl no miró con buenos ojos a David.

¹⁰Aconteció al otro día, que un espíritu malo de parte de Dios se apoderó de Saúl, y él deliraba en medio de la casa. David tocaba como otras veces. Saúl tenía la lanza en la mano. ¹¹Saúl arrojó la lanza, pensando: «Voy a clavar a David en la pared». Pero David lo evadió dos veces.

¹²Temía Saúl a David, por cuanto Jehová estaba con él,ᵇ y de Saúl se había apartado; ¹³por eso Saúl lo alejó de su lado y lo puso al frente de un millar de hombres. Así David salía y entraba a la cabeza de sus hombres. ¹⁴David se conducía prudentemente en todos sus asuntos y Jehová estaba con él. ¹⁵Al ver Saúl que se portaba tan prudentemente, tenía temor de él. ¹⁶Pero todo Israel y Judá amaba a David, pues salía y entraba a la cabeza de ellos.

¹⁷Entonces dijo Saúl a David:

—Voy a darte por mujer a Merab, mi hija mayor, con tal que me seas hombre valiente y pelees las batallas de Jehová.

Pero Saúl pensaba: «Que no sea mi mano la que se levante contra él, sino la mano de los filisteos».

¹⁸Pero David respondió a Saúl:

—¿Quién soy yo, o qué es mi vida o la familia de mi padre en Israel, para que yo sea yerno del rey?

¹⁹Cuando llegó el tiempo en que Merab, hija de Saúl, debía ser entregada a David, fue dada por mujer a Adriel, el meholatita.

²⁰Pero Mical, la otra hija de Saúl, amaba a David. Le fue dicho a Saúl, y a este le pareció bien, ²¹porque pensó: «Se la daré, pero será para él un lazo que le hará caer en manos de los filisteos». Dijo, pues, Saúl a David por segunda vez:

—Tú serás mi yerno hoy.

²²Y mandó Saúl a sus siervos:

—Hablad en secreto a David, diciéndole:

ᵃ **18.7** 1 S 21.11; 29.5.   ᵇ **18.12** 1 S 16.18; 17.37; 18.14,28-29; 20.12-13; 2 S 5.10.

"He aquí el rey te ama, y todos sus siervos te quieren bien; acepta ser, pues, yerno del rey".

²³ Los criados de Saúl repitieron estas palabras a los oídos de David. Y este les respondió:

—¿Os parece a vosotros que es poco ser yerno del rey; yo, que soy un hombre pobre y de humilde condición?

²⁴ Los criados de Saúl le informaron de la respuesta, diciendo: «Tales palabras ha dicho David». ²⁵ Saúl les dijo:

—Decid así a David: "El rey no desea la dote, sino cien prepucios de filisteos, para vengarse de los enemigos del rey".

Pero Saúl pensaba hacer caer a David en manos de los filisteos. ²⁶ Cuando sus siervos comunicaron a David estas palabras, pareció bien a los ojos de David la cosa de ser yerno del rey. Y antes que el plazo se cumpliera, ²⁷ se levantó David, se fue con su gente y mató a doscientos hombres de los filisteos. Trajo David los prepucios de ellos y los entregó todos al rey, a fin de hacerse yerno del rey. Entonces Saúl le dio a su hija Mical por mujer.

²⁸ Al ver esto Saúl, comprendió que Jehová estaba con David, y que su hija Mical lo amaba. ²⁹ Por eso tuvo más temor de David, y fue enemigo de David todos los días de su vida. ³⁰ Salían en campaña los príncipes de los filisteos, y cada vez que salían, David tenía más éxito que todos los siervos de Saúl, por lo cual su nombre se hizo muy famoso.

Saúl trata de matar a David

19 ¹ Habló Saúl a Jonatán, su hijo, y a todos sus siervos, para que mataran a David; pero Jonatán, hijo de Saúl, amaba mucho a David, ² y le avisó diciendo:

—Mi padre Saúl procura matarte; por tanto, cuídate hasta la mañana, estáte en lugar oculto y escóndete. ³ Yo saldré y estaré junto a mi padre en el campo donde tú estés; hablaré de ti a mi padre y te haré saber lo que haya.

⁴ Jonatán habló bien de David a su padre Saúl, y le dijo:

—No peque el rey contra su siervo David, porque ningún pecado ha cometido contra ti y, al contrario, sus obras han sido muy beneficiosas para ti, ⁵ pues él puso su vida en peligro para matar al filisteo, y Jehová le dio una gran victoria a todo Israel. Tú lo viste y te alegraste. ¿Por qué, pues, vas a pecar contra sangre inocente, matando a David sin causa?

⁶ Escuchó Saúl las palabras de Jonatán y juró:

—¡Vive Jehová!, no morirá.

⁷ Llamó entonces Jonatán a David y le contó todas estas palabras; él mismo llevó a David ante Saúl, y se quedó a su servicio como antes.

⁸ Después hubo de nuevo guerra; salió David y peleó contra los filisteos, les causó un gran estrago y huyeron ante él. ⁹ Pero el espíritu malo de parte de Jehová se apoderó de Saúl; y estando sentado en su casa con una lanza en la mano, mientras David tocaba, ¹⁰ Saúl procuró clavar a David con su lanza en la pared, pero él se apartó de delante de Saúl, y la lanza se clavó en la pared. David huyó y se puso a salvo aquella noche. ¹¹ Saúl envió luego mensajeros a casa de David para que lo vigilaran y lo mataran por la mañana.ᵃ Pero Mical, su mujer, le avisó a David:

«Si no salvas tu vida esta noche, mañana estarás muerto».

¹² Descolgó Mical a David por una ventana. Él se fue y huyó poniéndose a salvo. ¹³ Tomó luego Mical una estatua y la puso sobre la cama, le acomodó por cabecera una almohada de pelo de cabra y la cubrió con la ropa. ¹⁴ Cuando Saúl envió mensajeros para capturar a David, ella dijo: «Está enfermo». ¹⁵ Volvió Saúl a enviar mensajeros en busca de David, y les dijo:

«Traédmelo en la cama para que lo mate».

¹⁶ Cuando los mensajeros entraron, encontraron la estatua en la cama, y una almohada de pelo de cabra a su cabecera. ¹⁷ Entonces Saúl dijo a Mical:

—¿Por qué me has engañado así y has dejado escapar a mi enemigo?

Mical respondió a Saúl:

—Porque él me dijo: "Déjame ir; si no, yo te mataré".

¹⁸ Huyó, pues, David, y se puso a salvo. Se fue adonde estaba Samuel en Ramá, y le

ᵃ 19.11 Sal 59.

contó todo lo que Saúl había hecho con él. Después, él y Samuel se fueron a habitar en Naiot. ¹⁹ Y avisaron a Saúl, diciéndole: «Mira, David está en Naiot de Ramá». ²⁰ Entonces Saúl envió mensajeros para que trajeran a David, los cuales vieron una compañía de profetas que profetizaban, y a Samuel que estaba allí y los presidía. Vino el espíritu de Dios sobre los mensajeros de Saúl y ellos también profetizaron.

²¹ Cuando lo supo Saúl, envió otros mensajeros, los cuales también profetizaron. Saúl volvió a enviar mensajeros por tercera vez, y ellos también profetizaron. ²² Entonces él mismo fue a Ramá, y al llegar al gran pozo que está en Secú, preguntó diciendo:

—¿Dónde están Samuel y David?

Uno le respondió:

—Están en Naiot, en Ramá.

²³ Salió para Naiot, en Ramá, pero también se apoderó de él el espíritu de Dios, y siguió andando y profetizando hasta que llegó a Naiot, en Ramá. ²⁴ También él se despojó de sus vestidos y profetizó igualmente delante de Samuel. Estuvo desnudo todo aquel día y toda aquella noche. De aquí el dicho: «¿También Saúl entre los profetas?»ᵇ

Amistad de David y Jonatán

20 ¹ Después huyó David de Naiot de Ramá, y fue a decirle a Jonatán:

—¿Qué he hecho yo? ¿Cuál es mi maldad, o cuál mi pecado contra tu padre, para que busque mi muerte?

² Él le dijo:

—De ninguna manera; no morirás. Mi padre no hace ninguna cosa, ni grande ni pequeña, que no me la descubra; ¿por qué, pues, me ha de ocultar mi padre este asunto? No será así.

³ David volvió a jurar, diciendo:

—Tu padre sabe claramente que yo he hallado gracia delante de tus ojos, y dirá: "Que Jonatán no sepa esto, para que no se entristezca". Pero, ¡vive Jehová y vive tu alma!, que apenas estoy a un paso de la muerte.

⁴ Jonatán dijo a David:

—Haré por ti lo que desee tu alma.

⁵ David respondió a Jonatán:

—Mañana será la luna nueva,ᵃ y yo acostumbro sentarme con el rey a comer; pero tú dejarás que me esconda en el campo hasta pasado mañana por la tarde. ⁶ Si tu padre hace mención de mí, dirás: "Me rogó mucho que lo dejara ir corriendo a Belén, su ciudad, porque todos los de su familia celebran allá el sacrificio anual". ⁷ Si él dijera: "Está bien", entonces tendrá paz tu siervo; pero si se enoja, sabrás que por su parte está decretada mi perdición. ⁸ Harás, pues, misericordia con tu siervo, ya que has hecho a tu siervo contraer un pacto contigo ante Jehová; si hay maldad en mí, mátame tú, pues no hay necesidad de llevarme hasta tu padre.

⁹ Jonatán le dijo:

—Nunca te suceda tal cosa; antes bien, si me entero que mi padre ha determinado hacerte mal, ¿no te lo avisaría yo?

¹⁰ Dijo entonces David a Jonatán:

—¿Quién me avisará si tu padre te responde ásperamente?

¹¹ Jonatán dijo a David:

—Ven, salgamos al campo.

Y salieron ambos al campo. ¹² Entonces dijo Jonatán a David:

—¡Jehová, Dios de Israel, sea testigo! Cuando le haya preguntado a mi padre mañana a esta hora, o pasado mañana, si todo marcha bien para con David, entonces te lo haré saber. ¹³ Pero si mi padre intenta hacerte mal, traiga Jehová sobre Jonatán el peor de los castigos, si no te lo hago saber para que te vayas en paz. Que Jehová esté contigo como estuvo con mi padre. ¹⁴ Si para entonces estoy vivo, usa conmigo la misericordia de Jehová, para que no muera, ¹⁵ y nunca apartes tu misericordia de mi casa.ᵇ Cuando Jehová haya eliminado uno por uno a los enemigos de David de la faz de la tierra, no dejes que el nombre de Jonatán sea quitado de la casa de David.

¹⁶ Así hizo Jonatán un pacto con la casa de David, diciendo: «Demándelo Jehová de manos de los enemigos de David». ¹⁷ Y Jonatán hizo jurar a David otra vez, porque lo amaba, lo amaba como a sí mismo. ¹⁸ Luego le dijo Jonatán:

ᵇ **19.24** 1 S 10.11-12.   ᵃ **20.5** Nm 28.11; Sal 81.3; Am 8.5.   ᵇ **20.15** 2 S 9.1.

—Mañana es nueva luna y tú serás echado de menos, porque tu asiento estará vacío. ¹⁹Estarás, pues, tres días, y luego descenderás y vendrás al lugar donde estabas escondido el día que ocurrió esto mismo, y esperarás junto a la piedra de Ezel. ²⁰Yo tiraré tres flechas hacia aquel lado, como ejercitándome al blanco. ²¹Luego enviaré al criado, diciéndole: "Ve, busca las flechas". Si digo al criado: "Ahí están las flechas, más acá de ti, tómalas", tú vendrás, porque todo va bien para ti y nada malo sucede, ¡vive Jehová! ²²Pero si yo digo al muchacho: "Allí están las flechas, más allá de ti", vete, porque Jehová quiere que te vayas. ²³En cuanto al asunto de que tú y yo hemos hablado, esté Jehová entre nosotros dos para siempre.

²⁴Se escondió, pues, David en el campo, y cuando llegó la nueva luna, se sentó el rey a la mesa, para comer. ²⁵El rey se sentó en su silla, como solía, en el asiento junto a la pared. Jonatán se levantó, se sentó Abner al lado de Saúl, y el lugar de David quedó vacío. ²⁶Pero aquel día Saúl no dijo nada, porque pensaba: «Le habrá acontecido algo y no está limpio; de seguro no está purificado». ²⁷Al siguiente día, el segundo día de la nueva luna, aconteció que el asiento de David se quedó también vacío. Y Saúl dijo a su hijo Jonatán:

—¿Por qué no ha venido a comer hoy ni ayer el hijo de Isaí?

²⁸Jonatán respondió a Saúl:

—David me pidió encarecidamente que lo dejara ir a Belén. ²⁹Me dijo: "Te ruego que me dejes ir, porque nuestra familia celebra sacrificio en la ciudad y mi hermano me lo ha demandado; por lo tanto, si he hallado gracia a tus ojos, permíteme ir ahora para visitar a mis hermanos". Por esto no ha venido a la mesa del rey.

³⁰Entonces se encendió la ira de Saúl contra Jonatán, y le dijo:

—Hijo de la perversa y rebelde, ¿acaso no sé yo que tú has elegido al hijo de Isaí para vergüenza tuya y vergüenza de la madre que te dio a luz? ³¹Porque todo el tiempo que el hijo de Isaí viva sobre la tierra, ni tú ni tu reino estarán firmes. Así que manda ahora a buscarlo y tráemelo, porque ha de morir.

³²Jonatán respondió a su padre Saúl, y le dijo:

—¿Por qué morirá? ¿Qué ha hecho?

³³Entonces Saúl le arrojó una lanza para herirlo; de donde comprendió Jonatán que su padre estaba resuelto a matar a David. ³⁴Se levantó Jonatán de la mesa con exaltada ira y no comió nada el segundo día de la nueva luna; pues estaba afligido a causa de David, porque su padre lo había ofendido. ³⁵Al otro día, de mañana, salió Jonatán al campo, con un muchacho pequeño, a la hora acordada con David. ³⁶Y dijo al muchacho:

«Corre y busca las flechas que yo tire».

Mientras el muchacho iba corriendo, él tiraba la flecha de modo que pasara más allá de él. ³⁷Al llegar el muchacho donde estaba la flecha que Jonatán había tirado, Jonatán le gritaba diciendo:

—¿No está la flecha más allá de ti?

³⁸Y siguió gritando Jonatán tras el muchacho:

—Corre, date prisa, no te pares.

El muchacho de Jonatán recogió las flechas y volvió adonde estaba su señor. ³⁹Pero de nada se enteró el muchacho; solamente Jonatán y David sabían de lo que se trataba. ⁴⁰Luego dio Jonatán sus armas a su muchacho, y le dijo: «Vete y llévalas a la ciudad».

⁴¹Cuando el muchacho se marchó, David se levantó del lado del sur y se inclinó tres veces postrándose hasta la tierra. Se besaron el uno al otro y lloraron juntos, pero David lloró más. ⁴²Jonatán dijo entonces a David:

«Vete en paz, porque ambos hemos jurado en nombre de Jehová, diciendo: "Que Jehová esté entre tú y yo, entre tu descendencia y mi descendencia, para siempre"».

Se levantó David y se fue; y Jonatán volvió a la ciudad.

David huye de Saúl

21 ¹Vino David a Nob, adonde estaba el sacerdote Ahimelec;ᵃ este salió a su encuentro, sorprendido, y le preguntó:

—¿Por qué estás tú solo, sin nadie que te acompañe?

ᵃ **21.1** Uno de los descendientes del sacerdote Elí (1 S 22.9).

²Respondió David al sacerdote Ahimelec:

—El rey me encomendó un asunto, y me dijo: "Nadie sepa cosa alguna del asunto a que te envío, y de lo que te he encomendado". He citado a los criados en cierto lugar. ³Ahora, pues, ¿qué tienes a mano? Dame cinco panes, o lo que tengas.

⁴El sacerdote respondió a David y dijo:

—No tengo pan común a la mano, solamente tengo pan sagrado;ᵇ pero lo daré si es que los criados se han guardado al menos de tratos con mujeres.

⁵David respondió al sacerdote:

—En verdad las mujeres han estado lejos de nosotros ayer y anteayer; cuando yo salí, ya los cuerpos de los jóvenes estaban puros,ᶜ aunque el viaje es profano; ¿cuánto más no serán puros hoy sus cuerpos?

⁶Así que el sacerdote le dio el pan sagrado, porque allí no había otro pan sino los panes de la proposición, los cuales habían sido retirados de la presencia de Jehová, para colocar panes calientes el día que tocaba retirarlos. ⁷Y estaba allí aquel día, detenido delante de Jehová, uno de los siervos de Saúl, cuyo nombre era Doeg,ᵈ el edomita, el principal de los pastores de Saúl.

⁸David dijo a Ahimelec:

—¿No tienes aquí a mano una lanza o una espada? Porque no he traído ni mi espada ni mis armas, por cuanto la orden del rey era apremiante.

⁹El sacerdote respondió:

—La espada de Goliat el filisteo, al que tú venciste en el valle de Ela,ᵉ está aquí envuelta en un velo detrás del efod; si quieres tomarla, tómala; porque aquí no hay otra sino esa.

David respondió:

—Ninguna como ella; dámela.

¹⁰Se levantó David aquel día, y huyendo de la presencia de Saúl, se fue a Aquis, rey de Gat. ¹¹Y le dijeron a Aquis sus siervos:

—¿No es éste David, el rey de la tierra? ¿no es este de quien cantaban en las danzas, diciendo:

"Hirió Saúl a sus miles,
    y David a sus diez miles"?ᶠ

¹²David guardó en su corazón estas palabras y temió mucho a Aquis, rey de Gat.ᵍ ¹³Por eso cambió su manera de comportarse delante de ellos y se fingió loco en medio de ellos;ʰ arañaba las puertas y dejaba que la saliva le corriera por la barba. ¹⁴Y Aquis dijo a sus siervos:

—Mirad, este hombre es un demente; ¿por qué lo habéis traído ante mí? ¹⁵¿Acaso me hacen falta locos, para que hayáis traído a este a hacer sus locuras delante de mí? ¿Va a entrar este en mi casa?

22 ¹Partió David de allí y se refugió en la cueva de Adulam;ᵃ cuando sus hermanos y toda la casa de su padre lo supieron, fueron allí a reunirse con él. ²Además se le unieron todos los afligidos, todos los que estaban endeudados y todos los que se hallaban en amargura de espíritu, y llegó a ser su jefe. Había con él como cuatrocientos hombres.

³De allí se fue David a Mizpa de Moab, y dijo al rey de Moab:

«Te ruego que mi padre y mi madre se queden con vosotros, hasta que sepa lo que Dios hará de mí».

⁴Los trajo, pues, a la presencia del rey de Moab, y habitaron con él todo el tiempo que David estuvo en el lugar fuerte. ⁵Pero el profeta Gadᵇ dijo a David:

«No te quedes en este lugar fuerte; anda y vete a tierra de Judá».

Entonces partió David y entró en el bosque de Haret.

Asesinato de los sacerdotes de Nob

⁶Oyó Saúl que David y los que estaban con él habían sido vistos. Estaba Saúl sentado en Gabaa, debajo de un tamarisco, sobre un alto, con la lanza en su mano, y rodeado de todos sus siervos. ⁷Y dijo Saúl a los siervos que estaban alrededor de él:

ᵇ **21.1-6** Lv 24.5-9; cf. Mt 12.3-4; Mc 2.25-26; Lc 6.3.   ᶜ **21.5** Ex 19.15; Lv 15.18.
ᵈ **21.7** 1 S 22.9-23.   ᵉ **21.9** 1 S 17.51.   ᶠ **21.11** 1 S 18.7; 29.5.   ᵍ **21.12** Sal 56 (tít. hebreo).
ʰ **21.13** Sal 34 (tít. hebreo).   ᵃ **22.1** Lugar situado al sudoeste de Jerusalén (Gn 38.1). Los títulos hebreos de Sal 57 y 142 aluden a este incidente.   ᵇ **22.5** 2 S 24.11-19; 1 Cr 29.29; 2 Cr 29.25.

—Oíd ahora, hijos de Benjamín: ¿Os dará también a todos vosotros el hijo de Isaí tierras y viñas, y os hará a todos vosotros jefes de millares y jefes de centenas, [8]para que todos vosotros hayáis conspirado contra mí? ¿No ha habido quien me informara de cómo mi hijo ha hecho alianza con el hijo de Isaí, ni hay ninguno de vosotros que se conduela de mí y me dé a conocer cómo mi hijo ha sublevado contra mí a un siervo mío para que me aceche, tal como lo hace hoy?

[9]Entonces Doeg, el edomita, que era el principal de los siervos de Saúl, respondió:

—Yo vi al hijo de Isaí venir a Nob, adonde estaba Ahimelec hijo de Ahitob. [10]Este consultó a Jehová por él, le dio provisiones y también la espada de Goliat, el filisteo.[c]

[11]Mandó el rey a llamar al sacerdote Ahimelec hijo de Ahitob, y a toda la casa de su padre, los sacerdotes que estaban en Nob, y todos vinieron ante el rey. [12]Y Saúl dijo:

—Oye ahora, hijo de Ahitob.

—Heme aquí, señor mío —respondió él.

[13]Saúl añadió:

—¿Por qué habéis conspirado contra mí, tú y el hijo de Isaí? Le diste pan y una espada, y consultaste a Dios por él, para que se suble contra mí y me aceche, como lo hace en el día de hoy.

[14]Ahimelec respondió al rey:

—¿Y quién entre todos tus siervos es tan fiel como David, que además es yerno del rey, sirve a tus órdenes y todos lo honran en tu propia casa? [15]¿Acaso he comenzado hoy a consultar a Dios por él? ¡No, lejos de mí! Que el rey no culpe de cosa alguna a su siervo, ni a toda la casa de mi padre; porque tu siervo ninguna cosa, grande ni pequeña, sabe de este asunto.

[16]Pero el rey respondió:

—Sin duda morirás, Ahimelec, tú y toda la casa de tu padre.

[17]Luego dijo el rey a la gente de su guardia que estaba a su lado:

—Volveos y matad a los sacerdotes de Jehová; porque también la mano de ellos está con David, pues sabiendo ellos que huía, no me lo hicieron saber.

Pero los siervos del rey no quisieron extender sus manos para matar a los sacerdotes de Jehová. [18]Entonces dijo el rey a Doeg:

—Vuélvete y arremete contra los sacerdotes.

Y se volvió Doeg, el edomita, atacó a los sacerdotes y mató en aquel día a ochenta y cinco hombres que vestían efod de lino. [19]Y a Nob, ciudad de los sacerdotes, la pasó Saúl a filo de espada: a hombres, mujeres y niños, hasta los de pecho, y bueyes, asnos y ovejas, todo lo hirió a filo de espada. [20]Pero uno de los hijos de Ahimelec hijo de Ahitob, que se llamaba Abiatar,[d] pudo escapar, y huyó tras David. [21]Abiatar dio aviso a David de cómo Saúl había dado muerte a los sacerdotes de Jehová. [22]Y David le dijo:

—Ya sabía yo aquel día que estando allí Doeg, el edomita, él se lo haría saber a Saúl. He ocasionado la muerte a todas las personas de la casa de tu padre. [23]Quédate conmigo, no temas; quien busque mi vida, buscará también la tuya; pero conmigo estarás a salvo.

David en el desierto

23 [1]Dieron aviso a David diciendo: «Los filisteos están combatiendo contra Keila y roban las eras». [2]Entonces David consultó a Jehová:

—¿Iré a atacar a estos filisteos?

Jehová respondió a David:

—Ve, ataca a los filisteos y libra a Keila.

[3]Pero los que estaban con David le dijeron:

—Mira, nosotros aquí en Judá estamos con miedo; ¿cuánto más si vamos a Keila contra el ejército de los filisteos?

[4]David volvió a consultar a Jehová. Y Jehová le respondió:

—Levántate, desciende a Keila, pues yo entregaré en tus manos a los filisteos.

[5]Fue, pues, David con sus hombres a Keila y peleó contra los filisteos; se llevó sus ganados, les causó una gran derrota y libró David a los de Keila.

[6]Aconteció que Abiatar hijo de Ahimelec, que se había refugiado junto a David, descendió a Keila con el efod en su mano. [7]Y le avisaron a Saúl que David

había venido a Keila. Entonces dijo Saúl: «Dios lo ha entregado en mis manos, pues él mismo se ha encerrado al entrar en una ciudad con puertas y cerraduras».

8 Saúl convocó a todo el pueblo a la batalla para descender a Keila y poner sitio a David y a sus hombres. 9 Pero al saber David que Saúl tramaba algo malo contra él, dijo al sacerdote Abiatar: «Trae el efod». 10 Luego dijo:

—Jehová, Dios de Israel, tu siervo tiene entendido que Saúl intenta venir a Keila para destruir la ciudad por causa mía. 11 ¿Me entregarán los vecinos de Keila en sus manos? ¿Descenderá Saúl, como ha oído tu siervo? Jehová, Dios de Israel, te ruego que lo hagas saber a tu siervo.

Jehová dijo:

—Sí, descenderá.

12 Dijo luego David:

—¿Me entregarán los vecinos de Keila a mí y a mis hombres en manos de Saúl?

Jehová respondió:

—Os entregarán.

13 Entonces David partió con sus hombres, que eran como seiscientos, salieron de Keila y anduvieron de un lugar a otro. Llegó a Saúl la noticia de que David se había escapado de Keila y desistió de salir.

14 David se quedó en el desierto, en lugares fuertes, y habitaba en un monte en el desierto de Zif. Lo buscaba Saúl todos los días, pero Dios no lo entregó en sus manos. 15 Viendo, pues, David que Saúl había salido en busca de su vida, se quedó en Hores, en el desierto de Zif.

16 Jonatán hijo de Saúl se levantó y vino adonde estaba David, en Hores, y lo reconfortó en Dios 17 diciéndole:

—No temas, pues no te hallará la mano de Saúl, mi padre; tú reinarás sobre Israel y yo seré tu segundo. Hasta mi padre Saúl lo sabe.

18 Ambos hicieron un pacto delante de Jehová;[a] David se quedó en Hores y Jonatán se volvió a su casa. 19 Después subieron los de Zif para decirle a Saúl en Gabaa:

—¿No está David escondido en nuestra tierra, en las peñas de Hores, en el collado de Haquila, que está al sur del desierto?[b] 20 Por tanto, rey, desciende ahora pronto, conforme a tu deseo, y nosotros lo entregaremos en manos del rey.

21 Saúl les respondió:

—Benditos seáis vosotros de Jehová, que habéis tenido compasión de mí. 22 Id, pues, ahora, aseguraos más, conoced y ved el lugar de su escondite, y quién lo haya visto allí; porque se me ha dicho que él es muy astuto. 23 Observad, pues, e informaos de todos los escondrijos donde se oculta; regresad a mí con información segura y yo iré con vosotros. Si él está en la región, yo lo buscaré entre todas las familias de Judá.

24 Ellos se levantaron y se fueron a Zif delante de Saúl. Pero David y su gente estaban en el desierto de Maón, en el Arabá, al sur del desierto. 25 Fue Saúl con su gente a buscarlo; pero alguien avisó a David, el cual descendió a la peña y se quedó en el desierto de Maón. Cuando Saúl oyó esto, siguió a David al desierto de Maón. 26 Saúl iba por un lado del monte, y David con sus hombres por el otro lado del monte. Se daba prisa David para escapar de Saúl, pero Saúl y sus hombres habían rodeado a David y a su gente para capturarlos. 27 Entonces llegó un mensajero y dijo a Saúl:

«Ven en seguida, porque los filisteos han hecho una incursión en el país».

28 Abandonó Saúl, por tanto, la persecución de David, y partió contra los filisteos. Por esta causa le pusieron a aquel lugar el nombre de Sela-hama-lecot. 29 De allí David se fue a habitar en los lugares fuertes de En-gadi.[c]

David perdona la vida a Saúl en En-gadi

24 1 Cuando Saúl volvió de perseguir a los filisteos, le avisaron: «David está en el desierto de En-gadi». 2 Tomó entonces Saúl tres mil hombres escogidos de todo Israel y salió en busca de David y de sus hombres por las cumbres de los peñascos de las cabras monteses. 3 Al llegar a un redil de ovejas junto al camino, donde había una cueva, entró Saúl en ella para hacer sus necesidades. En el fondo de la cueva estaban sentados David y sus

---

a **23.18** 1 S 18.3; 20.17. *b* **23.19** Sal 54 (tít. hebreo). *c* **23.29** Al este de Hebrón, a orillas del Mar Muerto (Cnt 1.14).

hombres. ⁴ Los hombres de David le dijeron:

—Mira, este es el día que Jehová te anunció: "Yo entrego a tu enemigo en tus manos, y harás con él como te parezca".

David se levantó y, calladamente, cortó la orilla del manto de Saúl. ⁵ Después de esto se turbó el corazón de David, porque había cortado la orilla del manto de Saúl. ⁶ Y dijo a sus hombres:

—Jehová me guarde de hacer tal cosa contra mi señor, el ungido de Jehová. ¡No extenderé mi mano contra él, porque es el ungido de Jehová!

⁷ Con estas palabras reprimió David a sus hombres y no les permitió que se abalanzaran contra Saúl. Y Saúl, saliendo de la cueva, siguió su camino. ⁸ También David se levantó después y, saliendo de la cueva, le gritó a Saúl:

—¡Mi señor, el rey!

Cuando Saúl miró hacia atrás, David se postró rostro en tierra, hizo una reverencia, ⁹ y dijo a Saúl:

—¿Por qué escuchas las palabras de los que dicen: "Mira que David procura tu mal"? ¹⁰ Hoy han visto tus ojos cómo Jehová te ha puesto en mis manos en la cueva. Me dijeron que te matara, pero te perdoné, pues me dije: "No extenderé mi mano contra mi señor, porque es el ungido de Jehová".

¹¹ »Mira, padre mío, mira la orilla de tu manto en mi mano; porque yo corté la orilla de tu manto y no te maté. Reconoce, pues, que no hay mal ni traición en mis manos, ni he pecado contra ti; sin embargo, tú andas a caza de mi vida para quitármela. ¹² Juzgue Jehová entre tú y yo, y vengueme de ti Jehová; pero mi mano no se alzará contra ti. ¹³ Como dice el proverbio de los antiguos: "De los impíos saldrá la impiedad"; así que mi mano no se alzará contra ti. ¹⁴ ¿Contra quién ha salido el rey de Israel? ¿A quién persigues? ¿A un perro muerto? ¿A una pulga? ¹⁵ Jehová, pues, será juez, y él juzgará entre tú y yo. Que él vea y sustente mi causa, y me defienda de tu mano.

¹⁶ Aconteció que cuando David acabó de decir estas palabras a Saúl, este exclamó:

—¿No es esta tu voz, David, hijo mío?

Alzando su voz, Saúl rompió a llorar, ¹⁷ y dijo a David:

—Más justo eres tú que yo, que me has pagado con bien, habiéndote yo pagado con mal. ¹⁸ Hoy me has mostrado tu bondad; pues Jehová me ha entregado en tus manos y no me has dado muerte. ¹⁹ Porque ¿quién encuentra a su enemigo y lo deja ir sano y salvo? Jehová te pague con bien lo que en este día has hecho conmigo. ²⁰ Ahora tengo por cierto que tú has de reinar, y que el reino de Israel se mantendrá firme y estable en tus manos.[a] ²¹ Ahora, pues, júrame por Jehová que no destruirás mi descendencia después de mí, ni borrarás mi nombre de la casa de mi padre.

²² Así lo juró David a Saúl. Después se fue Saúl a su casa, mientras David y sus hombres subían al lugar fuerte.

David y Abigail

25 ¹ Por entonces murió Samuel. Todo Israel se congregó para llorarlo y lo sepultaron en su casa, en Ramá. Entonces se levantó David y se fue al desierto de Parán.

² En Maón había un hombre que tenía su hacienda en Carmel. Era muy rico, tenía tres mil ovejas y mil cabras, y estaba esquilando sus ovejas en Carmel. ³ Aquel hombre se llamaba Nabal, y su mujer, Abigail. Aquella mujer era de buen entendimiento y hermosa apariencia, pero el hombre era rudo y de mala conducta; era del linaje de Caleb.

⁴ Supo David en el desierto que Nabal esquilaba sus ovejas. ⁵ Entonces envió David diez jóvenes y les dijo: «Subid al Carmel e id a Nabal; saludadlo en mi nombre ⁶ y decidle: "Paz a ti, a tu familia, y paz a todo cuanto tienes. ⁷ He sabido que tienes esquiladores. Ahora bien, tus pastores han estado con nosotros; no los tratamos mal ni les faltó nada en todo el tiempo que han estado en Carmel. ⁸ Pregunta a tus criados y ellos te lo dirán. Hallen, por tanto, estos jóvenes gracia a tus ojos, porque hemos venido en buen día; te ruego que des lo que tengas a mano a tus siervos y a tu hijo David"».

⁹ Los jóvenes enviados por David fueron y dijeron a Nabal todas estas cosas en nombre de David, y callaron. ¹⁰ Pero Nabal respondió a los jóvenes enviados por David:

—¿Quién es David, quién es el hijo de Isaí? Muchos siervos hay hoy que huyen de sus señores. ¹¹ ¿He de tomar yo ahora mi pan, mi agua y la carne que he preparado para mis esquiladores, y darla a hombres que no sé de dónde son?

¹² Los jóvenes que había enviado David, dando media vuelta, tomaron el camino de regreso. Cuando llegaron a donde estaba David, le dijeron todas estas cosas. ¹³ Entonces David dijo a sus hombres:

«Cíñase cada uno su espada».

Cada uno se ciñó su espada y también David se ciñó la suya. Subieron tras David unos cuatrocientos hombres, y dejaron doscientos con el bagaje. ¹⁴ Pero uno de los criados avisó a Abigail, mujer de Nabal, diciendo: «Mira que David ha enviado mensajeros del desierto para saludar a nuestro amo, y él los ha despreciado. ¹⁵ Aquellos hombres han sido muy buenos con nosotros, y cuando estábamos en el campo nunca nos trataron mal, ni nos faltó nada en todo el tiempo que anduvimos con ellos. ¹⁶ Muro fueron para nosotros de día y de noche, todos los días que hemos estado con ellos apacentando las ovejas. ¹⁷ Ahora, pues, reflexiona y mira lo que has de hacer, porque ya está decidida la ruina de nuestro amo y de toda su casa; pues él es un hombre tan perverso, que no hay quien pueda hablarle».

¹⁸ Tomó Abigail a toda prisa doscientos panes, dos cueros de vino, cinco ovejas guisadas, cinco medidas de grano tostado, cien racimos de uvas pasas y doscientos panes de higos secos, y lo cargó todo sobre unos asnos. ¹⁹ Luego dijo a sus criados:

«Id delante de mí, y yo os seguiré luego».

Pero nada declaró a su marido Nabal. ²⁰ Montada en un asno, descendió por una parte secreta del monte, mientras David y sus hombres venían en dirección a ella; y ella les salió al encuentro.

²¹ David había comentado: «Ciertamente en vano he guardado en el desierto todo lo que este hombre tiene, sin que nada le haya faltado de todo cuanto es suyo; y él me ha devuelto mal por bien. ²² Traiga Dios sobre los enemigos de David el peor de los castigos, que de aquí a mañana no he de dejar con vida ni a uno solo de los que están con él».

²³ Cuando Abigail vio a David, se bajó en seguida del asno; inclinándose ante David, se postró en tierra, ²⁴ y echándose a sus pies le dijo:

—¡Que caiga sobre mí el pecado!, señor mío, pero te ruego que permitas que tu sierva hable a tus oídos, y escucha las palabras de tu sierva. ²⁵ No haga caso ahora mi señor de ese hombre perverso, de Nabal; porque conforme a su nombre, así es.ᵃ Él se llama Nabal, y la insensatez lo acompaña; pero yo, tu sierva, no vi a los jóvenes que tú enviaste. ²⁶ Ahora pues, señor mío, ¡vive Jehová, y vive tu alma!, que Jehová te ha impedido venir a derramar sangre y vengarte por tu propia mano. Sean, pues, como Nabal tus enemigos, y todos los que procuran el mal contra mi señor. ²⁷ En cuanto a este presente que tu sierva te ha traído, que sea dado a los hombres que siguen a mi señor. ²⁸ Te ruego que perdones a tu sierva esta ofensa; pues Jehová hará de cierto una casa perdurable a mi señor,ᵇ por cuanto mi señor pelea las batallas de Jehová, y no vendrá mal sobre ti en todos tus días. ²⁹ Aunque alguien se haya levantado para perseguirte y atentar contra tu vida, con todo, la vida de mi señor será atada al haz de los que viven delante de Jehová tu Dios, mientras que él arrojará las vidas de tus enemigos como quien las tira con el cuenco de una honda. ³⁰ Cuando Jehová haga con mi señor conforme a todo el bien que ha hablado de ti, y te establezca como príncipe sobre Israel, ³¹ entonces, señor mío, no tendrás motivo de pena ni remordimientos por haber derramado sangre sin causa, o por haberte vengado con tu propia mano. Guárdese, pues, mi señor, y cuando Jehová haya favorecido a mi señor, acuérdate de tu sierva.

³² Entonces David dijo a Abigail:

ᵃ **25.25** Esto es, *Estúpido.*   ᵇ **25.28** 2 S 7.16; 1 R 11.38.

—Bendito sea Jehová, Dios de Israel, que te envió para que hoy me encontraras. [33] Bendito sea tu razonamiento y bendita tú, que me has impedido hoy derramar sangre y vengarme por mi propia mano. [34] Porque, ¡vive Jehová, Dios de Israel!, que me ha impedido hacerte mal, que de no haberte dado prisa en venir a mi encuentro, mañana por la mañana no le habría quedado con vida a Nabal ni un solo hombre.

[35] David recibió de sus manos lo que le había traído, y le dijo:

—Sube en paz a tu casa, pues he escuchado tu petición y te la he concedido.

[36] Cuando Abigail volvió adonde estaba Nabal, este estaba celebrando en su casa un banquete como de rey. Nabal estaba alegre y completamente ebrio, por lo cual ella no le dijo absolutamente nada hasta el día siguiente. [37] Pero por la mañana, cuando ya a Nabal se le habían pasado los efectos del vino, le contó su mujer estas cosas; entonces se le apretó el corazón en el pecho, y se quedó como una piedra. [38] Diez días después, Jehová hirió a Nabal, y este murió. [39] Luego de oir David que Nabal había muerto, dijo:

«Bendito sea Jehová, que juzgó la causa de la afrenta que recibí de manos de Nabal, y ha preservado del mal a su siervo. Jehová ha hecho caer la maldad de Nabal sobre su propia cabeza».

Después mandó David a decir a Abigail que quería tomarla por mujer. [40] Los siervos de David se presentaron ante Abigail en Carmel y le hablaron diciendo:

—David nos envía para tomarte por mujer.

[41] Ella se levantó, se postró rostro en tierra, y dijo:

—Aquí tienes a tu sierva, que será una sierva para lavar los pies de los siervos de mi señor.

[42] Se levantó luego Abigail y, acompañada de las cinco doncellas que la servían, montó en un asno, siguió a los mensajeros de David, y fue su mujer.

[43] También tomó David a Ahinoam de Jezreel,[c] y ambas fueron sus mujeres. [44] Porque Saúl había dado a su hija Mical,

mujer de David, a Palti hijo de Lais, que era de Galim.

David perdona la vida a Saúl en Zif

26 [1] Llegaron, pues, los zifeos adonde estaba Saúl, en Gabaa, diciendo: «¿No está David escondido en el collado de Haquila, al oriente del desierto?»[a] [2] Entonces Saúl se levantó y descendió al desierto de Zif, llevando consigo tres mil hombres escogidos de Israel, para buscar a David en el desierto de Zif. [3] Acampó Saúl en el collado de Haquila, que está junto al camino, al oriente del desierto. Andaba David por el desierto, y advirtió que Saúl entraba a perseguirlo en el desierto, [4] por lo que envió unos espías, y supo con certeza que Saúl había llegado. [5] Se levantó luego David y fue al sitio donde Saúl había acampado. Observó el lugar donde dormían Saúl y Abner hijo de Ner, general de su ejército. Estaba Saúl durmiendo en el campamento, y el pueblo acampaba en derredor suyo. [6] Entonces David dijo a Ahimelec, el heteo, y a Abisai, hijo de Sarvia, hermano de Joab:

—¿Quién descenderá conmigo al campamento donde está Saúl?

Abisai dijo:

—Yo descenderé contigo.

[7] David y Abisai fueron, pues, de noche adonde estaba el ejército. Saúl se hallaba tendido durmiendo en el campamento, con su lanza clavada en tierra a su cabecera; Abner y el ejército estaban tendidos alrededor de él. [8] Entonces dijo Abisai a David:

—Hoy ha entregado Dios a tu enemigo en tus manos; ahora, pues, déjame que lo hiera con la lanza: lo clavaré en tierra de un golpe, y no le hará falta un segundo golpe.

[9] David respondió a Abisai:

—No lo mates; porque ¿quién extenderá impunemente su mano contra el ungido de Jehová?

[10] Dijo además David:

—¡Vive Jehová!, que si Jehová no lo hiriera (sea que le llegue su día y muera, o descienda a la batalla y perezca), [11] guárdeme Jehová de extender mi mano contra

---

c **25.43** Jos 15.55-56.   a **26.1** Sal 54 (tít. Hebreo).

el ungido de Jehová. Pero ahora toma la lanza que está a su cabecera y la vasija de agua, y vámonos.

12 Se llevó, pues, David la lanza y la vasija de agua de la cabecera de Saúl y se fueron. No hubo nadie que los viera, ni se diera cuenta, ni se despertara, pues todos dormían; porque había caído sobre ellos un profundo sueño enviado por Jehová.[b]

13 Luego pasó David al lado opuesto y se puso en la cumbre del monte a lo lejos, de manera que había una gran distancia entre ellos. 14 Y gritó David al pueblo y a Abner hijo de Ner, diciendo:

—¿No respondes, Abner?

Abner respondió:

—¿Quién eres tú que gritas al rey?

15 Entonces dijo David a Abner:

—¿No eres tú un hombre? ¿Quién hay como tú en Israel? ¿Por qué, pues, no has guardado al rey tu señor? Porque uno del pueblo ha entrado a matar a tu señor el rey. 16 Esto que has hecho no está bien. ¡Vive Jehová!, que sois dignos de muerte, porque no habéis guardado a vuestro señor, al ungido de Jehová. Mira ahora dónde está la lanza del rey y la vasija de agua que tenía a su cabecera.

17 Reconociendo Saúl la voz de David, dijo:

—¿No es esta tu voz, David, hijo mío?

David respondió:

—Sí, es mi voz, rey y señor mío.

18 Y añadió:

—¿Por qué persigue así mi señor a su siervo? ¿Qué he hecho? ¿Qué mal hay en mis manos? 19 Ruego, pues, que el rey mi señor oiga ahora las palabras de su siervo. Si es Jehová quien te instiga contra mí, que acepte él la ofrenda; pero si son los hombres, malditos sean ellos en presencia de Jehová, porque me han expulsado hoy para que no tenga parte en la heredad de Jehová, diciéndome: "Ve y sirve a dioses ajenos". 20 Que no caiga, pues, ahora mi sangre en tierra delante de Jehová, porque ha salido el rey de Israel a buscar una pulga, como quien persigue una perdiz por los montes.

21 Entonces dijo Saúl:

—He pecado; vuelve, David, hijo mío, que ya no te haré ningún mal, porque mi vida ha sido estimada preciosa hoy a tus ojos. He obrado neciamente, he cometido un gran error.

22 David respondió:

—Aquí está la lanza del rey; pase acá uno de los criados y tómela. 23 Que Jehová pague a cada uno según su justicia y su lealtad, pues Jehová te había entregado hoy en mis manos, pero yo no quise extender mi mano contra el ungido de Jehová. 24 Del mismo modo que tu vida ha sido estimada preciosa hoy a mis ojos, así sea mi vida a los ojos de Jehová, y me libre de toda aflicción.

25 Y Saúl dijo a David:

—Bendito seas tú, David, hijo mío; sin duda emprenderás tú cosas grandes, y prevalecerás.

Entonces David siguió su camino, y Saúl regresó a su lugar.

David entre los filisteos

27 1 Dijo luego David en su corazón: «Cualquier día de estos voy a morir a manos de Saúl; por tanto, lo mejor será que me fugue a tierra de los filisteos, para que Saúl no se ocupe más de mí y no me siga buscando por todo el territorio de Israel; así escaparé de sus manos». 2 Se levantó, pues, David, y con los seiscientos hombres que lo acompañaban se pasó a Aquis hijo de Maoc, rey de Gat. 3 Y vivió David con Aquis en Gat, él y sus hombres, cada cual con su familia; David con sus dos mujeres, Ahinoam, la jezreelita, y Abigail, la que fue mujer de Nabal, el de Carmel. 4 Saúl recibió la noticia de que David había huido a Gat, y no lo buscó más.

5 David dijo a Aquis:

—Si he hallado gracia ante tus ojos, haz que me den un lugar en alguna de las aldeas para que habite allí; pues ¿por qué ha de vivir tu siervo contigo en la ciudad real?

6 Aquel mismo día Aquis le asignó Siclag, por lo cual Siclag pertenece a los reyes de Judá hasta hoy.

7 El número de los días que David habitó en la tierra de los filisteos ascendió a

---

[b] 26.12 Gn 2.21; 15.12; Is 29.10.

un año y cuatro meses. [8] David subía con sus hombres y hacían incursiones contra los gesuritas, los gezritas y los amalecitas; porque estos habitaban desde hacía largo tiempo la región que se extiende, en dirección a Shur, hasta la tierra de Egipto. [9] David asolaba el país, y no dejaba con vida hombre ni mujer; se llevaba las ovejas, las vacas, los asnos, los camellos y las ropas, y regresaba adonde estaba Aquis. [10] Y cuando Aquis le preguntaba: «¿Dónde habéis incursionado hoy?», David le respondía: «Por el Neguev de Judá» (o «por el Neguev de Jerameel» o. «por el Neguev de los ceneos»). [11] Ni hombre ni mujer dejaba David llegar con vida a Gat, pues decía: «No sea que den aviso de nosotros y digan: "Esto lo hizo David"». Esta fue su costumbre todo el tiempo que vivió en la tierra de los filisteos. [12] Pero Aquis confiaba en David, pues pensaba: «Él se ha hecho odioso a su pueblo Israel, y será mi siervo para siempre».

28 [1] Aconteció en aquellos días, que los filisteos reunieron sus fuerzas para pelear contra Israel. Y Aquis dijo a David:

—Ten entendido que has de salir a campaña conmigo, tú y tus hombres.

[2] David respondió a Aquis:

—Muy bien, ahora sabrás lo que hará tu siervo.

Aquis dijo a David:

—En ese caso, te haré mi guarda personal mientras viva.

Saúl y la adivina de Endor

[3] Ya Samuel había muerto. Todo Israel lo había lamentado y lo había sepultado en Ramá, su ciudad.[a] Saúl había expulsado de la tierra a los encantadores y adivinos.[b] [4] Se reunieron, pues, los filisteos, y vinieron a acampar en Sunem. Mientras, Saúl reunió a todo Israel y acampó en Gilboa. [5] Cuando Saúl vio el campamento de los filisteos, tuvo miedo y se turbó sobremanera su corazón. [6] Consultó Saúl a Jehová, pero Jehová no le respondió ni por sueños ni por el Urim[c] ni por los profetas. [7] Entonces Saúl dijo a sus criados:

—Buscadme una mujer que tenga espíritu de adivinación, para que vaya a consultar por medio de ella.

Sus criados le respondieron:

—Aquí, en Endor, hay una mujer que tiene espíritu de adivinación.

[8] Se disfrazó Saúl poniéndose otras vestiduras y, acompañado por dos hombres, se llegó de noche a aquella mujer y le dijo:

—Te ruego que me adivines, por el espíritu de adivinación, y hagas venir a quien yo te diga.

[9] La mujer le respondió:

—Bien sabes lo que Saúl ha hecho, cómo ha extirpado de la tierra a los evocadores y a los adivinos. ¿Por qué, pues, me pones esta trampa para hacerme morir?

[10] Entonces Saúl le juró por Jehová:

—¡Vive Jehová!, que ningún mal te sobrevendrá por esto.

[11] La mujer dijo:

—¿A quién te haré venir?

—Hazme venir a Samuel —respondió él.

[12] Al ver la mujer a Samuel, lanzó un grito y dijo a Saúl:

[13] —¿Por qué me has engañado?, pues tú eres Saúl.

—No temas. ¿Qué has visto? —le respondió el rey.

—He visto dioses que suben de la tierra —dijo la mujer a Saúl.

[14] —¿Cuál es su forma? —le preguntó él.

—Un hombre anciano viene, cubierto de un manto —respondió ella.

Comprendió Saúl que era Samuel, y cayendo rostro en tierra, hizo una gran reverencia.

[15] Samuel dijo a Saúl:

—¿Por qué me has inquietado haciéndome venir?

Saúl respondió:

—Estoy muy angustiado, pues los filisteos pelean contra mí. Dios se ha apartado de mí y ya no me responde, ni por medio de los profetas ni por sueños; por

---

[a] **28.3** Lv 20.27; Dt 18.10-11.   [b] **28.3** 1 S 25.1.   [c] **28.6** Nm 27.21.

esto te he llamado, para que me digas lo que debo hacer.

16 Samuel respondió:

—¿Para qué me preguntas a mí, si Jehová se ha apartado de ti y es tu enemigo? **17** Jehová te ha hecho como predijo por medio de mí, pues Jehová ha arrancado el reino de tus manos y lo ha dado a tu compañero,*d* David. **18** Como tú no obedeciste*e* a la voz de Jehová, ni atendiste al ardor de su ira contra Amalec, por eso Jehová te ha hecho esto hoy. **19** Junto contigo, Jehová entregará a Israel en manos de los filisteos; mañana estaréis conmigo, tú y tus hijos. Jehová entregará también al ejército de Israel en manos de los filisteos.

20 De repente cayó Saúl en tierra cuan largo era, lleno de temor por las palabras de Samuel. Estaba sin fuerzas, porque no había comido durante todo aquel día y toda aquella noche. **21** La mujer se acercó a Saúl, y al ver que estaba muy turbado le dijo:

—Tu sierva ha obedecido a tu voz; he arriesgado mi vida y he cumplido la orden que me diste. **22** Te ruego, pues, que tú también oigas la voz de tu sierva; pondré delante de ti un bocado de pan para que comas, a fin de que cobres fuerzas y sigas tu camino.

23 Él rehusó diciendo:

—No comeré.

Pero sus siervos le insistieron junto con la mujer, y él les obedeció. Se levantó, pues, del suelo, y se sentó sobre una cama. **24** Aquella mujer tenía en su casa un ternero engordado. Enseguida lo mató, tomó harina, la amasó y coció con ella panes sin levadura. **25** Luego sirvió todo aquello a Saúl y sus siervos, quienes, después de haber comido, se levantaron y se fueron aquella misma noche.

Los filisteos desconfían de David

29 **1** Los filisteos reunieron todas sus fuerzas en Afec, e Israel acampó junto a la fuente que está en Jezreel. **2** Mientras los príncipes de los filisteos pasaban revista a sus compañías de a ciento y de a mil hombres, David y sus hombres iban en la retaguardia con Aquis. **3** Entonces los príncipes de los filisteos dijeron:

—¿Qué hacen aquí estos hebreos?

Aquis respondió a los príncipes de los filisteos:

—¿No ven que es David, el siervo de Saúl, rey de Israel? Ha estado conmigo por días y años, y no he hallado falta en él desde que se pasó a mi servicio hasta el día de hoy.

4 Entonces los príncipes de los filisteos se enojaron contra él, y le dijeron:

—Despide a este hombre, para que regrese al lugar que le señalaste y no venga con nosotros a la batalla, no sea que en la batalla se vuelva enemigo nuestro; porque ¿con qué cosa retornaría mejor a la gracia de su señor que con las cabezas de estos hombres? **5** ¿No es este el David de quien cantaban en las danzas:

"Saúl hirió a sus miles,
y David a sus diez miles"?*a*

6 Entonces Aquis llamó a David y le dijo:

—¡Vive Jehová, tú has sido un hombre recto!, y me ha parecido bien que salgas y entres en el campamento conmigo, porque ninguna cosa mala he hallado en ti desde que viniste a mí hasta el día de hoy; pero no eres grato a los ojos de los príncipes. **7** Regresa, pues, y vete en paz, para no desagradar a los príncipes de los filisteos.

8 David dijo a Aquis:

—¿Qué he hecho yo? ¿Qué has hallado en tu siervo desde que entré a tu servicio hasta el día de hoy, para que yo no vaya y pelee contra los enemigos del rey, mi señor?

9 Aquis respondió a David:

—Sé que has sido bueno ante mis ojos, como un ángel de Dios; pero los príncipes de los filisteos me han dicho: "No venga con nosotros a la batalla". **10** Levántate, pues, de mañana, tú y los siervos de tu señor que han venido contigo, y marchaos de aquí en cuanto amanezca.

11 Se levantaron David y sus hombres de mañana para irse y regresar a la tierra de los filisteos; y los filisteos se fueron a Jezreel.

---

d **28.17** 1 S 15.28.   *e* **28.18** 1 S 15.3-9.   *a* **29.5** 1 S 18.7; 21.11.

David derrota a los amalecitas

30 ¹Cuando David y sus hombres llegaron al tercer día a Siclag, los de Amalec habían invadido el Neguev y Siclag, habían asolado a Siclag y le habían prendido fuego. ²Se habían llevado cautivas a las mujeres y a todos los que estaban allí, del menor hasta el mayor, pero a nadie habían dado muerte, sino que se los llevaron y siguieron su camino.

³Llegó, pues, David con los suyos a la ciudad, y se encontró que estaba quemada, y que sus mujeres, sus hijos e hijas, habían sido llevados cautivos. ⁴Entonces David y la gente que lo acompañaba lloraron a voz en cuello, hasta que les faltaron las fuerzas para llorar. ⁵Las dos mujeres de David, Ahinoam jezreelita y Abigail, la que fue mujer de Nabal, el de Carmel, también habían sido llevadas cautivas.ᵃ ⁶David se angustió mucho, porque el pueblo hablaba de apedrearlo, pues el alma de todo el pueblo estaba llena de amargura, cada uno por sus hijos y por sus hijas. Pero David halló fortaleza en Jehová, su Dios, ⁷y dijo al sacerdote Abiatarᵇ hijo de Ahimelec:

«Te ruego que me acerques el efod».

Abiatar acercó el efod a David, ⁸y David consultó a Jehová diciendo:

—¿Perseguiré a esta banda de salteadores? ¿Los podré alcanzar?

Él le dijo:

—Síguelos, porque ciertamente los alcanzarás, y de cierto librarás a los cautivos.

⁹Partió, pues, David, junto a los seiscientos hombres que lo acompañaron, y llegaron hasta el torrente del Besor, donde se quedaron algunos. ¹⁰David siguió adelante con cuatrocientos hombres; pues se quedaron atrás doscientos que, cansados, no pudieron pasar el torrente del Besor. ¹¹Hallaron en el campo a un egipcio, al cual trajeron ante David, le dieron pan y comió, y le dieron a beber agua. ¹²También le dieron un pedazo de masa de higos secos y dos racimos de pasas. Luego que comió, se sintió reanimado, pues no había comido pan ni bebido agua durante tres días y tres noches.

¹³Entonces le preguntó David:

—¿A quién perteneces, y de dónde eres?

El joven egipcio respondió:

—Soy siervo de un amalecita, y mi amo me abandonó hace tres días porque estaba enfermo. ¹⁴Hicimos una incursión a la parte del Neguev que pertenece a los cereteos,ᶜ al de Judá, y al Neguev de Caleb. También incendiamos Siclag.

¹⁵—¿Me llevarás tú adonde está esa tropa? —le preguntó David.

—Júrame por Dios que no me matarás, ni me entregarás en manos de mi amo, y te llevaré adonde está esa gente —dijo él.

¹⁶Lo llevó, pues; y los encontraron desparramados sobre toda aquella tierra, comiendo, bebiendo y haciendo fiesta, por todo aquel gran botín que habían tomado de la tierra de los filisteos y de la tierra de Judá. ¹⁷Y David los batió desde aquella mañana hasta la tarde del día siguiente. Ninguno de ellos escapó, salvo cuatrocientos jóvenes que montaron sobre los camellos y huyeron.

¹⁸Rescató David todo lo que los amalecitas habían tomado, y libró asimismo a sus dos mujeres. ¹⁹No les faltó nadie, ni chico ni grande, así de hijos como de hijas, ni nada del robo, de todas las cosas que les habían tomado; todo lo recuperó David. ²⁰Tomó también David todas las ovejas y el ganado mayor. Los que iban delante conduciendo aquel tropel decían: «Este es el botín de David».

²¹Llegó David a donde estaban los doscientos hombres que, muy cansados para seguirlo, se habían quedado en el torrente del Besor; y ellos salieron a recibir a David y al pueblo que con él estaba. Cuando David llegó, saludó a la gente en paz. ²²Pero todos los malos y perversos que había entre los que iban con David, se pusieron a decir: «Puesto que no han ido con nosotros, no les daremos del botín que hemos recuperado; que cada uno tome a su mujer y a sus hijos y se vaya». ²³Pero David dijo:

—No hagáis eso, hermanos míos, con lo que nos ha dado Jehová. Nos ha guardado y ha entregado en nuestras manos a

---

ᵃ **30.5** 1 S 25.41-43. ᵇ **30.7** 1 S 22.20-23. ᶜ **30.14** Se trata, probablemente, de un grupo originario de la isla de Creta emparentado con los filisteos (Ez 25.16; cf. 2 S 8.18; 1 R 1.38).

los salteadores que nos atacaron. ²⁴ ¿Quién os dará razón en este caso? Porque conforme a la parte del que desciende a la batalla, así ha de ser la parte del que se queda con el bagaje; les tocará por igual. ²⁵ Desde aquel día en adelante fue esto ley y norma en Israel, hasta hoy.

²⁶ Cuando David llegó a Siclag, envió parte del botín a los ancianos de Judá, sus amigos, diciendo: «Aquí tenéis un presente para vosotros del botín tomado a los enemigos de Jehová». ²⁷ Se lo envió a los de Bet-el, Ramot del Neguev, Jatir, ²⁸ Aroer, Sifmot, Estemoa, ²⁹ Racal, a las ciudades de Jerameel, a las ciudades del ceneo, ³⁰ a los de Horma, Corasán, Atac, ³¹ Hebrón, y a todos los lugares donde David había estado con sus hombres.

Muerte de Saúl y de sus hijos
(1 Cr 10.1-12)

31 ¹ Los filisteos, pues, pelearon contra Israel, y los de Israel, huyendo ante los filisteos, cayeron muertos en el monte Gilboa. ² Los filisteos siguieron de cerca a Saúl y a sus hijos, y mataron a Jonatán, a Abinadab y a Malquisúa, hijos de Saúl. ³ La batalla arreció contra Saúl; lo alcanzaron los flecheros y tuvo mucho miedo de ellos. ⁴ Entonces dijo Saúl a su escudero:

«Saca tu espada y traspásame con ella, para que no vengan estos incircuncisos a traspasarme y burlarse de mí».

Pero su escudero no quería, pues tenía gran temor. Tomó entonces Saúl su propia espada y se echó sobre ella. ⁵ Al ver que Saúl había muerto, su escudero se echó también sobre su espada y murió junto con él. ⁶ Así murió Saúl aquel día, junto con sus tres hijos, su escudero, y todos sus hombres. ⁷ Los de Israel que estaban al otro lado del valle y al otro lado del Jordán, al ver que Israel había huido y que Saúl y sus hijos habían muerto, abandonaron sus ciudades y huyeron. Luego vinieron los filisteos y habitaron en ellas.

⁸ Aconteció al siguiente día que, al llegar los filisteos a despojar a los muertos, hallaron a Saúl y a sus tres hijos tendidos en el monte Gilboa. ⁹ Le cortaron la cabeza y lo despojaron de las armas. Entonces enviaron mensajeros por toda la tierra de los filisteos para que llevaran las buenas noticias al templo de sus ídolos y al pueblo. ¹⁰ Pusieron sus armas en el templo de Astarot y colgaron su cuerpo en el muro de Bet-sán.ᵃ

¹¹ Cuando los de Jabes de Galaad se enteraron de lo que habían hecho los filisteos con Saúl, ¹² todos los hombres valientes se levantaron y, caminando toda aquella noche, quitaron el cuerpo de Saúl y los cuerpos de sus hijos del muro de Bet-sán, y llevándolos a Jabes los quemaron allí. ¹³ Tomaron sus huesos, los sepultaron debajo de un árbol en Jabes y ayunaron siete días.

ᵃ **31.10** Estratégico cruce de caminos en el valle del Jordán. Así anunciaban los filisteos a los cuatro vientos su victoria sobre Israel.

SEGUNDO LIBRO DE
SAMUEL

INTRODUCCIÓN

El Segundo libro de Samuel (=2 S) comienza con el lamento de David por la muerte de Saúl y Jonatán (cap. 1). Emocionado, rinde homenaje póstumo a Saúl y a Jonatán, y pronuncia una endecha donde resuena el estribillo: «¡Cómo han caído los valientes!» (2 S 1.19,25,27; cf. v. 17-27). Pasados estos acontecimientos, David se dirigió a Hebrón, donde fue proclamado «rey sobre la casa de Judá» (2 S 2.1-4), y más tarde sobre Israel (2 S 5.1-5). Según el autor de 1 y 2 Samuel, David contaba «treinta años cuando comenzó a reinar... Reinó en Hebrón sobre Judá durante siete años y seis meses, y reinó en Jerusalén treinta y tres años sobre todo Israel y Judá» (2 S 5.4-5; cf. v. 1-5). El resto de 2 Samuel está enteramente dedicado a los hechos ocurridos durante el reinado de David y a las circunstancias que rodearon su desarrollo: la recuperación del Arca del pacto, los aciertos y desaciertos del monarca, sus campañas militares y las sublevaciones que hubo de reprimir. Los capítulos finales son como apéndices, en los cuales figura una reproducción del Salmo 18 (cap. 22) y la reseña de un censo nacional ordenado por David (2 S 24.1-9).

Bosquejo del contenido

1. *Los comienzos del reinado de David: el pacto de Dios con David, las campañas militares y la unificación del reino (1–8)*
2. *Hechos y circunstancias del reinado de David (9–20)*
3. *Apéndices: el Salmo 18 y el censo nacional (21–24)*

David se entera de la muerte de Saúl

1 ¹ Aconteció después de la muerte de Saúl, que vuelto David de derrotar a los amalecitas, estuvo dos días en Siclag. ² Al tercer día, llegó uno del campamento de Saúl, con los vestidos rotos y la cabeza cubierta de tierra.ᵃ Cuando se presentó ante David, se postró en tierra e hizo una reverencia. ³ David le preguntó:

—¿De dónde vienes?

—Me he escapado del campamento de Israel —le respondió él.

⁴ —¿Qué ha acontecido? Te ruego que me lo digas —le preguntó David.

—El pueblo huyó de la batalla; han caído muchos del pueblo y murieron. También Saúl y su hijo Jonatán murieron —respondió él.

⁵ Dijo David a aquel joven que le daba la noticia:

—¿Cómo sabes que han muerto Saúl y su hijo Jonatán?

⁶ El joven que le daba la noticia respondió:

—Casualmente fui al monte Gilboa, y hallé a Saúl que se apoyaba sobre su lanza; tras él venían carros y gente de a caballo. ⁷ Se volvió y al verme me llamó; yo respondí: "Heme aquí". ⁸ Me preguntó: "¿Quién eres tú?". Yo le respondí: "Soy amalecita". ⁹ Luego me dijo: "Te ruego que te acerques y me mates, porque se ha apoderado de mí la angustia; pues aún sigo vivo". ¹⁰ Yo entonces me acerqué y lo maté, porque sabía que no podía vivir después de su caída. Tomé la corona que

---

ᵃ **1.2** Jos 7.6; 1 S 4.12.

llevaba sobre su cabeza y el brazalete que tenía en su brazo, y se los he traído aquí a mi señor.[b]

11 Entonces David, tirando de sus vestidos, los rasgó, y lo mismo hicieron los hombres que estaban con él. **12** Lloraron, se lamentaron y ayunaron hasta la noche, por Saúl y por su hijo Jonatán, por el pueblo de Jehová y por la casa de Israel, pues habían caído al filo de la espada. **13** David preguntó luego a aquel joven que le había traído la noticia:

—¿De dónde eres tú?

—Soy hijo de un extranjero, amalecita —respondió él.

14 —¿Cómo no tuviste temor de extender tu mano para matar al ungido de Jehová? —le dijo David.

15 Entonces llamó David a uno de sus hombres, y le dijo:

—Ve y mátalo.

Él lo hirió, y murió, **16** mientras David decía:

—Tu sangre sea sobre tu cabeza, pues tu misma boca atestiguó contra ti, al decir: "Yo maté al ungido de Jehová".

Lamento de David por Saúl y Jonatán

17 David entonó este lamento por Saúl y Jonatán, su hijo, **18** y dijo que debía enseñarse a los hijos de Judá. Así está escrito en el libro[c] de Jaser:

19 «¡Ha perecido la gloria de Israel
      sobre tus alturas!
   ¡Cómo han caído los valientes!
20 No lo anunciéis en Gat,
   ni deis las nuevas en las plazas de
      Ascalón;
   para que no se alegren las hijas de
      los filisteos,
   para que no salten de gozo las hijas
      de los incircuncisos.

21 »Montes de Gilboa,
   ni rocío ni lluvia caiga sobre
      vosotros,
   ni seáis tierras de ofrendas;

porque allí fue desechado el escudo
      de los valientes,
   el escudo de Saúl, como si no
      hubiera sido ungido con aceite.

22 »Sin sangre de los muertos, sin
      grasa de los valientes,
   el arco de Jonatán jamás retrocedía,
   ni la espada de Saúl volvió vacía.

23 »Saúl y Jonatán, amados y
      queridos;
   inseparables en la vida, tampoco en
      su muerte fueron separados;
   más ligeros eran que águilas,
   más fuertes que leones.

24 »Hijas de Israel, llorad por Saúl,
   quien os vestía de escarlata y lino
      fino,
   quien adornaba vuestras ropas con
      ornamentos de oro.
25 ¡Cómo han caído los valientes en
      medio de la batalla!
   ¡Jonatán, muerto en tus alturas!
26 Angustia tengo por ti, Jonatán,
      hermano mío,
   cuán dulce fuiste conmigo.
   Más maravilloso me fue tu amor
   que el amor de las mujeres.
27 ¡Cómo han caído los valientes,
   cómo han perecido las armas de
      guerra!»

David es proclamado rey de Judá

2 **1** Después de esto aconteció que David consultó[a] a Jehová diciendo:

—¿Subiré a alguna de las ciudades de Judá?

Jehová le respondió:

—Sube.

David volvió a preguntar:

—¿A dónde subiré?

—A Hebrón[b] —le respondió él.

2 David subió allá con sus dos mujeres, Ahinoam, la jezreelita y Abigail, la que fue mujer de Nabal, el de Carmel.[c] **3** También llevó David consigo a los hombres que lo acompañaban, cada uno con su

---

[b] **1.6-10** 1 S 31.3-5; cf. 1 Cr 10.1-6.   [c] **1.18** O, *del justo* (Jos 10.13).   [a] **2.1** 1 S 23.1,4,9-12; 30.7-8; 2 S 5.19,23-24.   [b] **2.1** El sitio más importante de la tribu de Judá antes de la conquista de Jerusalén (cf. 2 S 5.6-9).   [c] **2.2** 1 S 25.42-43.

familia, los cuales habitaron en las ciudades de Hebrón. ⁴ Luego vinieron los hombres de Judá y ungieron allí a David como rey sobre la casa de Judá.

Cuando avisaron a David que los de Jabes de Galaad habían sepultado a Saúl,ᵈ ⁵ envió unos mensajeros a los de Jabes de Galaad, diciéndoles: «Benditos seáis vosotros de Jehová, por haber hecho esta obra de misericordia con vuestro señor, con Saúl, dándole sepultura. ⁶ Ahora, pues, que Jehová os trate con misericordia y verdad. También yo os trataré bien por esto que habéis hecho. ⁷ Esfuércense, pues, ahora vuestras manos y sed valientes; pues murió Saúl, vuestro señor, y los de la casa de Judá me han ungido para que sea su rey».

Guerra entre David y la casa de Saúl

⁸ Pero Abner hijo de Ner, general del ejército de Saúl, tomó a Is-boset hijo de Saúl, lo llevó a Mahanaim ⁹ y lo proclamó rey sobre Galaad, sobre Gesuri, sobre Jezreel, sobre Efraín, sobre Benjamín y sobre todo Israel. ¹⁰ De cuarenta años era Is-boset hijo de Saúl cuando comenzó a reinar sobre Israel, y reinó dos años. Solamente los de la casa de Judá siguieron a David. ¹¹ El número de días que David reinó en Hebrón sobre la casa de Judá fue de siete años y seis meses.

¹² Abner hijo de Ner salió de Mahanaim a Gabaón con los siervos de Is-boset hijo de Saúl. ¹³ Joab,ᵉ hijo de Sarvia y los siervos de David salieron también y los encontraron junto al estanque de Gabaón; se pararon, los unos a un lado del estanque y los otros al otro lado. ¹⁴ Dijo entonces Abner a Joab:

—Levántense ahora los jóvenes y maniobren delante de nosotros.

Joab respondió:

—Que se levanten.

¹⁵ Entonces se levantaron y avanzaron en número igual, doce de Benjamín por Is-boset hijo de Saúl, y doce de los siervos de David. ¹⁶ Cada uno echó mano de la cabeza de su adversario y metió la espada en el costado de su adversario, y cayeron todos a la vez; por eso aquel lugar, que está en Gabaón, fue llamado «Helcat-hazurim».ᶠ ¹⁷ Aquel día se libró una batalla muy reñida, y Abner y los de Israel fueron vencidos por los siervos de David. ¹⁸ Estaban allí los tres hijos de Sarvia: Joab, Abisai y Asael. Asael, que era ligero de pies como una gacela del campo, ¹⁹ se lanzó detrás de Abner, sin apartarse ni a derecha ni a izquierda. ²⁰ Abner volvió la vista y dijo:

—¿No eres tú Asael?

—Sí —respondió él.

²¹ Entonces Abner le dijo:

—Apártate a la derecha o a la izquierda, echa mano de alguno de los hombres y toma para ti sus despojos.

Pero Asael no quiso dejar de perseguirlo. ²² Abner volvió a decir a Asael:

—Deja de perseguirme; ¿por qué he de herirte hasta derribarte? ¿Cómo podría levantar entonces mi rostro delante de tu hermano Joab?

²³ Como no quiso irse, Abner lo hirió con la empuñadura de la lanza por la quinta costilla. La lanza le salió por la espalda, y cayó muerto allí mismo. Y todos los que venían por aquel lugar donde Asael había caído muerto, se detenían. ²⁴ Pero Joab y Abisai persiguieron a Abner. Cuando el sol se puso, llegaron a la colina de Amma, que está delante de Gía, junto al camino del desierto de Gabaón. ²⁵ Se agruparon los hijos de Benjamín detrás de Abner, formando un solo ejército, e hicieron un alto en la cumbre de la colina. ²⁶ Entonces Abner gritó a Joab diciendo:

—¿Nos devorará la espada perpetuamente? ¿No sabes tú que al cabo todo será amargura? ¿Hasta cuándo esperarás para decir al pueblo que deje de perseguir a sus hermanos?

²⁷ Joab respondió:

—¡Vive Dios!, que de no haber hablado tú, el pueblo habría dejado de perseguir a sus hermanos solo en la mañana.

²⁸ Entonces Joab tocó el cuerno: todo el

ᵈ 2.4 1 S 31.11-13.   ᵉ 2.13 1 S 26.6-8; 2 S 3.27; 8.16; 12.27; 18.10-15; 20.10.   ᶠ 2.16 Significa *Campo de las rocas* (en el caso de que los combatientes hubieran utilizado espadas o cuchillos de piedra y no de metal). Otros sugieren leer *de los adversarios* o *de los costados* (lo cual aludiría al acto de traspasar al adversario en el costado).

pueblo se detuvo y no persiguió más a los de Israel, ni peleó más. ²⁹Abner y los suyos caminaron por el Arabá toda aquella noche, pasaron el Jordán, cruzaron por todo Bitrón y llegaron a Mahanaim.

³⁰Joab también dejó de perseguir a Abner y reunió a todo el pueblo. De los siervos de David faltaron Asael y diecinueve hombres. ³¹Pero los siervos de David hirieron a trescientos sesenta de los hombres de Benjamín y de Abner, los cuales murieron.

³²Tomaron luego a Asael y lo sepultaron en el sepulcro de su padre en Belén. Después de caminar toda aquella noche, Joab y sus hombres llegaron a Hebrón al amanecer.

3 ¹Hubo una larga guerra entre la casa de Saúl y la casa de David; pero David se iba fortaleciendo,^a mientras que la casa de Saúl se iba debilitando.

Hijos de David nacidos en Hebrón
(1 Cr 3.1-4)

²A David le nacieron hijos en Hebrón; su primogénito fue Amnón, de Ahinoam, la jezreelita; ³su segundo, Quileab, de Abigail, la mujer de Nabal, el de Carmel; el tercero, Absalón, hijo de Maaca, hija de Talmai, rey de Gesur; ⁴el cuarto, Adonías, hijo de Haguit; el quinto, Sefatías, hijo de Abital; ⁵el sexto, Itream, de Egla, mujer de David. Estos le nacieron a David en Hebrón.

Abner pacta con David en Hebrón

⁶Como había guerra entre la casa de Saúl y la de David, aconteció que Abner^b se fortalecía cada vez más en la casa de Saúl. ⁷Había tenido Saúl una concubina llamada Rizpa, hija de Aja. E Is-boset dijo a Abner:

—¿Por qué te has llegado a la concubina de mi padre?

⁸Abner se enojó mucho por las palabras de Is-boset, y le dijo:

—¿Acaso soy un perro al servicio de Judá? Hasta hoy he tenido misericordia con la casa de Saúl, tu padre, con sus hermanos y con sus amigos, y no te he entregado en manos de David; ¿y ahora tú me acusas de haber pecado con esta mujer? ⁹Traiga Dios sobre Abner el peor de los castigos, si no hago como Jehová ha jurado a David,^c ¹⁰que trasladará el reino de la casa de Saúl,^d y que confirmará el trono de David sobre Israel y sobre Judá, desde Dan hasta Beerseba.

¹¹Is-boset no fue capaz de responder una palabra a Abner, porque le temía. ¹²Entonces envió Abner mensajeros a David para que de su parte le dijeran: «¿De quién es la tierra?» Y también: «Haz pacto conmigo, y mi mano estará contigo para que vuelva a ti todo Israel».

¹³David respondió:

—Bien; haré pacto contigo, pero una cosa te pido: No te presentes ante mí sin que primero traigas a Mical, la hija de Saúl, cuando vengas a verme.

¹⁴Después de esto envió David mensajeros a Is-boset hijo de Saúl, diciendo: «Restitúyeme a Mical, mi mujer, la cual desposé por cien prepucios de filisteos».^e

¹⁵Entonces Is-boset mandó a quitársela a su marido Paltiel hijo de Lais. ¹⁶Su marido fue con ella, siguiéndola y llorando hasta Bahurim.^f Pero Abner le dijo: «¡Anda, vuélvete!» Y él se volvió.

¹⁷Entonces habló Abner con los ancianos de Israel, y les dijo: «Ya hace tiempo que procurabais que David fuera vuestro rey. ¹⁸Ahora, pues, hacedlo; porque Jehová ha dicho a David: "Por medio de mi siervo David libraré a mi pueblo Israel de manos de los filisteos, y de manos de todos sus enemigos"».

¹⁹Habló también Abner a los de Benjamín, y luego fue a Hebrón a decirle a David todo lo que parecía bien a los de Israel y a toda la casa de Benjamín. ²⁰Abner, acompañado de veinte hombres, llegó adonde estaba David en Hebrón, y David le ofreció un banquete a Abner y a los que con él habían venido. ²¹Abner dijo a David:

—Me levantaré e iré a reunir a todo Israel junto a mi señor, el rey; harán un pacto contigo, y reinarás como lo desea tu corazón.

Luego David despidió a Abner, que se fue en paz.

---

^a**3.1** 2 S 5.10; cf. 1 S 18.12.   ^b**3.6** 1 S 14.50.   ^c**3.9** 1 S 3.17.   ^d**3.10** 1 S 13.13-14; 15.26-28.
^e**3.14** 1 S 18.27.   ^f**3.16** 2 S 16.5; 17.18.

Joab mata a Abner

[22] Llegaron entonces del campo los siervos de David y Joab, y traían consigo un gran botín. Pero Abner no estaba con David en Hebrón, pues ya lo había despedido, y él se había ido en paz. [23] Apenas llegó Joab con todo el ejército que lo acompañaba, le avisaron a Joab que Abner hijo de Ner había venido ante el rey, y que se había marchado en paz luego de haberlo despedido. [24] Entonces Joab se presentó al rey y le dijo:

«¿Qué has hecho? Abner vino ante ti; ¿por qué, pues, dejaste que se fuera? [25] Tú conoces a Abner hijo de Ner. No ha venido sino para engañarte, para enterarse de tus idas y venidas y saber todo lo que tú haces».

[26] Joab salió de la presencia de David y envió mensajeros en busca de Abner, los cuales lo hicieron volver desde el pozo de Sira, sin que David lo supiera. [27] Cuando Abner volvió a Hebrón, Joab lo llevó aparte, a un lado de la puerta, como para hablar con él en secreto; y allí, en venganza por la muerte de su hermano Asael,[g] lo hirió a la altura de la quinta costilla, y lo mató. [28] Después, cuando David lo supo, dijo: «Yo y mi reino somos inocentes delante de Jehová, para siempre, de la sangre de Abner hijo de Ner. [29] Caiga sobre la cabeza de Joab, y sobre toda la casa de su padre; que nunca falte en la casa de Joab quien padezca flujo de sangre, ni leproso, ni quien ande con bastón, ni quien muera a espada, ni quien padezca hambre».

[30] Así pues, Joab y su hermano Abisai mataron a Abner, porque él había dado muerte a Asael, hermano de ellos, en la batalla de Gabaón.

[31] Después dijo David a Joab y a todo el pueblo que con él estaba: «Rasgad vuestros vestidos, ceñíos de ropas ásperas y haced duelo delante de Abner». Y el rey David iba detrás del féretro [32] cuando sepultaron a Abner en Hebrón. Alzando la voz, el rey lloró junto al sepulcro de Abner, y lloró también todo el pueblo. [33] Entonces el rey entonó este lamento por Abner:

«¿Había de morir Abner como
   muere un villano?
[34] Tus manos no estaban atadas
   ni tus pies sujetos con grillos.
Caíste como los que caen ante
   malhechores».

Y todo el pueblo volvió a llorar por él. [35] Entonces todo el pueblo vino a persuadir a David para que comiera antes que acabara el día. Pero David juró diciendo: «Traiga Dios sobre mí el peor de los castigos, si antes que se ponga el sol pruebo yo pan o cualquiera otra cosa».

[36] Todo el pueblo lo supo y le agradó; pues todo lo que el rey hacía agradaba a todo el pueblo. [37] Y supo aquel día todo el pueblo y todo Israel, que el rey no había tenido participación en la muerte de Abner hijo de Ner. [38] También dijo el rey a sus siervos: «¿No sabéis que un príncipe y un grande ha caído hoy en Israel? [39] Aunque ungido rey, me siento débil hoy; pero estos hombres, los hijos de Sarvia, son más duros que yo. ¡Que Jehová le pague al que mal hace conforme a su maldad!»

Is-boset es asesinado

4 [1] Luego que el hijo de Saúl supo que Abner había muerto en Hebrón, las manos se le debilitaron, y todo Israel se sintió atemorizado. [2] Con el hijo de Saúl estaban dos hombres, capitanes de bandas de salteadores; el nombre de uno era Baana, y el del otro, Recab, hijos de Rimón, el beerotita, de los hijos de Benjamín (porque Beerot[a] era también contado con Benjamín, [3] pues los beerotitas habían huido a Gitaim, y viven allí como forasteros hasta hoy).

[4] Jonatán hijo de Saúl tenía un hijo lisiado de los pies.[b] Tenía cinco años de edad cuando llegó de Jezreel la noticia de la muerte de Saúl y de Jonatán; su nodriza lo tomó y huyó, pero mientras huía apresuradamente, se le cayó el niño y quedó cojo. Su nombre era Mefi-boset.

[5] Los hijos de Rimón beerotita, Recab y Baana, se pusieron en camino, y a la hora de más calor, entraron en casa de Is-boset,

---

[g] **3.27** 2 S 2.23.   [a] **4.2** Jos 9.17; Jos 18.25.   [b] **4.4** 2 S 9.3.

que estaba durmiendo la siesta en su alcoba. ⁶ La portera de la casa se había quedado dormida mientras estaba limpiando el trigo; y fue así como Recab y Baana, su hermano, se introdujeron en la casa. ⁷ Cuando entraron en la casa, Is-boset dormía sobre su lecho en la alcoba; lo hirieron y lo mataron; luego le cortaron la cabeza y tomándola caminaron toda la noche por el camino del Arabá. ⁸ Llevaron la cabeza de Is-boset a David en Hebrón, y le dijeron al rey:

—Aquí tienes la cabeza de Is-boset hijo de Saúl, tu enemigo, que procuraba matarte. Jehová ha vengado hoy a mi señor, el rey, de Saúl y de su linaje.

⁹ David respondió a Recab y a su hermano Baana, hijos de Rimón beerotita, y les dijo:

—¡Vive Jehová!, que ha redimido mi alma de toda angustia. ¹⁰ Al que me dio la noticia de que Saúl había muerto, imaginándose que traía buenas noticias, yo lo prendí y lo maté en Siclag,ᶜ como pago por esa noticia. ¹¹ ¿Cuánto más a los malos hombres que mataron a un hombre justo en su casa y sobre su cama? Ahora, pues, ¿no he de demandar yo su sangre de vuestras manos, y quitaros de la tierra?

¹² Entonces David dio una orden a sus servidores, que los mataron, les cortaron las manos y los pies y los colgaron junto al estanque de Hebrón. Luego tomaron la cabeza de Is-boset, y la enterraron en el sepulcro de Abner, en Hebrón.

David es proclamado rey de Israel
(1 Cr 11.1-3)

5 ¹ Vinieron todas las tribus de Israel adonde estaba David en Hebrón y le dijeron: «Mira, hueso tuyo y carne tuya somos. ² Aun antes de ahora, cuando Saúl reinaba sobre nosotros, eras tú quien sacabas a Israel a la guerra, y lo volvías a traer. Además, Jehová te ha dicho:ᵃ "Tú apacentarás a mi pueblo Israel, y tú serás quien gobierne a Israel"».

³ Vinieron, pues, todos los ancianos de Israel ante el rey en Hebrón. El rey David hizo un pacto con ellos allí delante de Jehová; y ungieron a David como rey de Israel. ⁴ Tenía David treinta años cuando comenzó a reinar, y reinó cuarenta años. ⁵ Reinó en Hebrón sobre Judá durante siete años y seis meses, y reinó en Jerusalén treinta y tres años sobre todo Israel y Judá.ᵇ

David toma la fortaleza de Sión
(1 Cr 11.4-9)

⁶ El rey y sus hombres marcharon sobre Jerusalén, contra los jebuseosᶜ que habitaban en aquella tierra, los cuales le dijeron a David: «Tú no entrarás aquí, pues aun los ciegos y los cojos te echarán» (queriendo decir: David no puede entrar aquí). ⁷ Pero David tomó la fortaleza de Sión, que es la ciudad de David. ⁸ David había dicho aquel día: «Todo el que ataque a los jebuseos, que suba por el canal y hiera a los cojos y ciegos, a los cuales aborrece el alma de David». De aquí el dicho: «Ni ciego ni cojo entrará en la Casa». ⁹ David se instaló en la fortaleza y le puso por nombre la Ciudad de David. Edificó una muralla en derredor, desde Milo hacia el interior. ¹⁰ E iba David adelantando y engrandeciéndose, y Jehová Dios de los ejércitos estaba con él.

Hiram envía embajadores a David
(1 Cr 14.1-2)

¹¹ También Hiram, rey de Tiro, envió embajadores a David, así como madera de cedro, carpinteros y canteros para los muros, los cuales edificaron la casa de David. ¹² David supo entonces que Jehová lo había confirmado como rey de Israel, y que había engrandecido su reino por amor de su pueblo Israel.

Hijos de David nacidos en Jerusalén
(1 Cr 3.5-9; 14.3-7)

¹³ David tomó más concubinas y mujeres de Jerusalén, después que vino de Hebrón, y le nacieron más hijos e hijas. ¹⁴ Estos son los nombres de los que le nacieron en Jerusalén: Samúa, Sobab, Natán, Salomón, ¹⁵ Ibhar, Elisúa, Nefeg, Jafía, ¹⁶ Elisama, Eliada y Elifelet.

ᶜ **4.10** 2 S 1.1-16.   ᵃ **5.2** 1 S 13.13-14; 25.30; 2 S 3.9,18; 7.17-29.   ᵇ **5.4-5** 1 R 2.11; 1 Cr 3.4; 29.27.
ᶜ **5.6** Jos 15.63; Jue 1.21; cf. Jue 19.10-12.

David derrota a los filisteos
(1 Cr 14.8-17)

17 Cuando los filisteos oyeron que David había sido ungido como rey de Israel, subieron todos para buscar a David. David lo supo y descendió a la fortaleza. **18** Llegaron los filisteos y se desplegaron por el valle de Refaim. **19** Entonces consultó David a Jehová, diciendo:

—¿Iré contra los filisteos? ¿Los entregarás en mis manos?

Respondió Jehová a David:

—Ve, porque ciertamente entregaré a los filisteos en tus manos.

20 Llegó David a Baal-perazim. Allí los venció David, y dijo: «Jehová me abrió brecha entre mis enemigos, como corriente impetuosa». Por esto llamó el nombre de aquel lugar Baal-perazim.*d* **21** Los filisteos dejaron allí sus ídolos, y David y sus hombres los quemaron.

22 Los filisteos vinieron otra vez y se desplegaron en el valle de Refaim. **23** David consultó a Jehová, y él respondió:

—No subas, sino rodéalos y atácalos frente a las balsameras. **24** Y cuando oigas ruido como de marcha por las copas de las balsameras, entonces atacarás, porque Jehová saldrá delante de ti para derrotar el campamento de los filisteos.

25 David lo hizo así, como Jehová se lo había mandado; e hirió a los filisteos desde Geba hasta llegar a Gezer.

David intenta llevar el Arca a Jerusalén
(1 Cr 13.5-14)

6 **1** David volvió a reunir a todos los escogidos de Israel, treinta mil hombres. **2** Se levantó David y partió de Baala de Judá*a* con todo el pueblo que lo acompañaba para trasladar de allí el Arca de Dios, sobre la cual era invocado el nombre de Jehová de los ejércitos, que tiene su trono entre los querubines.*b* **3** Pusieron el Arca de Dios sobre un carro nuevo, y se la llevaron de la casa de Abinadab, que estaba en la colina.*c* Uza y Ahío, hijos de Abinadab, guiaban el carro nuevo. **4** Mientras se llevaban de la casa de Abinadab, que estaba en la colina, el Arca de Dios, Ahío iba delante del Arca. **5** David y toda la casa de Israel danzaban delante de Jehová con toda clase de instrumentos de madera de haya, con arpas, salterios, panderos, flautas y címbalos. **6** Cuando llegaron a la era de Nacón, Uza extendió su mano hacia el Arca de Dios y la sostuvo, pues los bueyes tropezaban. **7** Entonces el furor de Jehová se encendió contra Uza; allí mismo lo hirió Dios por aquella temeridad, y cayó allí muerto junto al Arca de Dios.

8 David se entristeció por haber herido Jehová a Uza, y fue llamado aquel lugar Pérez-uza,*d* hasta el día de hoy. **9** Y temiendo David a Jehová aquel día, dijo: «¿Cómo ha de entrar en mi casa el Arca de Jehová?» **10** De modo que David no quiso llevar a su casa, a la ciudad de David, el Arca de Jehová, sino que la hizo llevar a casa de Obed-edom, el geteo. **11** Y estuvo el Arca de Jehová en casa de Obed-edom, el geteo, tres meses; y bendijo Jehová a Obed-edom y a toda su casa.*e*

David lleva el Arca a Jerusalén
(1 Cr 15.1--16.6)

12 Cuando se le avisó al rey David: «Jehová ha bendecido la casa de Obed-edom y todo lo que tiene a causa del Arca de Dios», fue David y trasladó con alegría el Arca de Dios de casa de Obed-edom a la ciudad de David. **13** Y cuando los que llevaban el Arca de Dios habían dado seis pasos, él sacrificó un buey y un carnero engordado.

14 David, vestido con un efod de lino, danzaba con todas sus fuerzas delante de Jehová. **15** Así, con júbilo y sonidos de trompeta, David y toda la casa de Israel conducían el Arca de Jehová.

16 Cuando el Arca de Jehová llegaba a la ciudad de David, aconteció que Mical, hija de Saúl, miró desde una ventana, y al ver al rey David que saltaba y danzaba delante de Jehová, lo despreció en su corazón.

17 Metieron, pues, el Arca de Jehová, y la pusieron en su lugar, en medio de una tienda que David le había levantado; y sacrificó David holocaustos y ofrendas de

---

d **5.20** Esto es, *Señor de los pasos abiertos.* *a* **6.2** Otro nombre con el que se conocía a *Quiriat-jearim* (1 S 6.21; cf. Jos 9.17; 15.9-10). También se conoce como *Quiriat-baal.*
b **6.2** Ex 25.22. *c* **6.3-4** 1 S 7.1-2. *d* **6.8** Esto es, *brecha de Uza.* *e* **6.11** 1 Cr 26.4-5.

paz delante de Jehová. ¹⁸ Cuando David acabó de ofrecer los holocaustos y ofrendas de paz, bendijo al pueblo en el nombre de Jehová de los ejércitos.ᶠ ¹⁹ Después repartió a todo el pueblo y a toda la multitud de Israel, tanto a hombres como a mujeres, un pan a cada uno, un pedazo de carne y una torta de pasas. Y se fue todo el pueblo, cada uno a su casa.

²⁰ Volvió luego David para bendecir su casa;ᵍ y salió a recibirlo Mical, y le dijo:

—¡Cuán honrado ha quedado hoy el rey de Israel, descubriéndose hoy delante de las criadas de sus siervos, como se descubre sin decoro un cualquiera!

²¹ Entonces David respondió a Mical:

—Fue delante de Jehová, quien me eligió en preferencia a tu padre y a toda tu casa, para constituirme como príncipe sobre el pueblo de Jehová, sobre Israel. Por tanto, danzaré delante de Jehová. ²² Y me humillaré aún más que esta vez; me rebajaré a tus ojos, pero seré honrado delante de las criadas de quienes has hablado.

²³ Y Mical, hija de Saúl, no tuvo ya hijos hasta el día de su muerte.

Pacto de Dios con David
(1 Cr 17.1-27)

7 ¹ Aconteció que cuando ya el rey habitaba en una casa, después que Jehová le había dado paz con todos sus enemigos de alrededor, ² dijo el rey al profeta Natán:ᵃ

—Mira ahora, yo habito en casa de cedro, mientras que el Arca de Dios está entre cortinas.

³ Natán respondió al rey:

—Anda, y haz todo lo que está en tu corazón, porque Jehová está contigo.

⁴ Aconteció aquella noche, que vino palabra de Jehová a Natán, diciendo: ⁵ «Ve y di a mi siervo David: "Así ha dicho Jehová: ¿Tú me has de edificar una casa en la que yo more? ⁶ Ciertamente no he habitado en casas desde el día en que saqué a los hijos de Israel de Egipto hasta hoy, sino que he peregrinado en una tienda que me servía de santuario.ᵇ ⁷ En todo cuanto he andado con todos los hijos de Israel, ¿he dicho acaso de alguna de las tribus de Israel, a quien haya mandado apacentar a mi pueblo de Israel: '¿Por qué no me habéis edificado una casa de cedro?'? ⁸ Ahora, pues, dirás así a mi siervo David: 'Así ha dicho Jehová de los ejércitos: Yo te tomé del redil, de detrás de las ovejas, para que fueras príncipe de mi pueblo Israel; ⁹ y he estado contigo dondequiera que has ido, he exterminado delante de ti a todos tus enemigos, y te he dado nombre grande, como el nombre de los grandes que hay en la tierra. ¹⁰ Además, yo fijaré un lugar para mi pueblo Israel y lo plantaré allí, para que habite en él y nunca más sea removido, ni los inicuos lo aflijan más, como antes, ¹¹ en el tiempo en que puse jueces sobre mi pueblo Israel; y a ti te haré descansar de todos tus enemigos. Asimismo Jehová te hace saber que él te edificará una casa. ¹² Y cuando tus días se hayan cumplido y duermas con tus padres, yo levantaré después de ti a uno de tu linaje, el cual saldrá de tus entrañas, y afirmaré su reino. ¹³ Él edificará una casa para mi nombre, y yo afirmaré para siempre el trono de su reino. ¹⁴ Yo seré padre para él, y él será mi hijoᶜ para mí. Si hace mal, yo lo castigaré con vara de hombres, y con azotes de hijos de hombres; ¹⁵ pero no apartaré mi misericordia de él como la aparté de Saúl, a quien quité de delante de ti. ¹⁶ Tu casa y tu reino permanecerán siempre delante de tu rostro, y tu trono será estable eternamente' "».

¹⁷ Así, conforme a todas estas palabras, y conforme a toda esta visión, habló Natán a David. ¹⁸ Entonces entró el rey David y se puso delante de Jehová, y dijo: «Señor Jehová, ¿quién soy yo, y qué es mi casa, para que tú me hayas traído hasta aquí? ¹⁹ Y aun te ha parecido poco esto, Señor Jehová, pues también has hablado de la casa de tu siervo en lo por venir. ¿Es así como procede el hombre, Señor Jehová? ²⁰ ¿Y qué más puede añadir David hablando contigo? Pues tú conoces a tu siervo, Señor Jehová. ²¹ Todas estas grandezas has hecho por tu palabra y conforme a tu

ᶠ**6.18** 1 R 8.14,55.   ᵍ**6.19-20** 1 Cr 16.43.   ᵃ**7.2** 2 S 12.1-25; cf. 1 R 1.8-45; 1 Cr 29.29.
ᵇ**7.6** Ex 26; 36.8-38.   ᶜ**7.14** 1 Co 6.18; He 1.5; Ap 21.7.

corazón, haciéndolas saber a tu siervo. [22] Por tanto, tú te has engrandecido, Jehová Dios; por cuanto no hay como tú, ni hay Dios fuera de ti, conforme a todo lo que hemos oído con nuestros oídos. [23] ¿Y quién como tu pueblo, como Israel, nación singular en la tierra? Porque Dios fue para rescatarlo como pueblo suyo, para ponerle nombre, para hacer cosas grandes a su favor, y obras terribles en tu tierra, por amor de tu pueblo, el que rescataste para ti de Egipto, de las naciones y de sus dioses.[d] [24] Porque tú estableciste a tu pueblo Israel como pueblo tuyo para siempre; y tú, oh Jehová, eres su Dios.[e]

[25] »Ahora pues, Jehová Dios, confirma para siempre la palabra que has hablado sobre tu siervo y sobre su casa, y haz conforme a lo que has dicho. [26] Que sea engrandecido tu nombre para siempre, y se diga: "Jehová de los ejércitos es el Dios de Israel"; y que la casa de tu siervo David se mantenga firme delante de ti. [27] Porque tú, Jehová de los ejércitos, Dios de Israel, has hecho esta revelación al oído de tu siervo, diciendo: "Yo te edificaré Casa". Por esto tu siervo ha hallado en su corazón valor para hacer delante de ti esta súplica. [28] Ahora pues, Jehová Dios, tú eres Dios, y tus palabras son verdad, y tú has prometido este bien a tu siervo. [29] Ten ahora a bien bendecir la casa de tu siervo, para que permanezca perpetuamente delante de ti, porque tú, Jehová Dios, lo has dicho, y con tu bendición será bendita la casa de tu siervo para siempre».

David extiende sus dominios
(1 Cr 18.1-13)

8 [1] Después de esto, aconteció que David derrotó a los filisteos, los sometió y tomó a Meteg-ama de manos de los filisteos. [2] Derrotó también a los de Moab, y los midió con una cuerda, haciéndolos tenderse en tierra; los que quedaban a lo largo de dos cuerdas los condenó a morir, y a una cuerda llena la dejó con vida. Y fueron los moabitas siervos de David, pagando tributo. [3] Asimismo derrotó David a Hadad-ezer hijo de Rehob, rey de Soba,[a] al ir este a recuperar su territorio al río Éufrates. [4] David les capturó mil setecientos hombres de a caballo y veinte mil hombres de a pie, y mutiló los caballos de todos los carros, pero dejó suficientes para cien carros.

[5] Y vinieron los sirios de Damasco para dar ayuda a Hadad-ezer, rey de Soba; pero David hirió a veintidós mil hombres entre los sirios. [6] Puso luego David una guarnición en Siria de Damasco, y los sirios quedaron sometidos a David, pagando tributo. Y Jehová dio la victoria a David por dondequiera que fue.

[7] Después tomó David los escudos de oro que traían los siervos de Hadad-ezer y los llevó a Jerusalén. [8] Asimismo tomó el rey David gran cantidad de bronce de Beta y de Berotai, ciudades de Hadad-ezer.

[9] Toi, rey de Hamat, supo que David había derrotado a todo el ejército de Hadad-ezer, [10] y le envió a su hijo Joram para que lo saludara pacíficamente y lo bendijera, porque había peleado con Hadad-ezer y lo había vencido, ya que Toi era enemigo de Hadad-ezer. Joram llevaba en su mano utensilios de plata, de oro y de bronce, [11] los cuales el rey David dedicó a Jehová, junto con la plata y el oro que le había consagrado, provenientes de todas las naciones que había sometido: [12] de los sirios, los moabitas, los amonitas, los filisteos, los amalecitas, y del botín de Hadad-ezer hijo de Rehob, rey de Soba.

[13] Así ganó David fama. Cuando regresaba de derrotar a los sirios, destrozó a dieciocho mil edomitas en el valle de la Sal.[b] [14] Además, puso guarnición en Edom; por todo Edom puso guarnición, y todos los edomitas quedaron sometidos a David. Y Jehová dio la victoria a David por dondequiera que fue.

Oficiales de David
(2 S 20.23-26; 1 Cr 18.14-17)

[15] Reinó David sobre todo Israel, actuando con justicia y rectitud para con todo su pueblo. [16] Joab hijo de Sarvia era general de su ejército, y Josafat[c] hijo de Ahilud, el cronista; [17] Sadoc hijo de Ahitob y Ahimelec

---

[d] **7.23** Dt 7.8; 9.26.　[e] **7.24** Dt 26.17-18; 27.9; 29.13.　[a] **8.3** Reino arameo al norte de Damasco (2 S 10.6-8).　[b] **8.13** Sal 60 (tít. hebreo).　[c] **8.16** 1 R 4.3,17.

hijo de Abiatar eran sacerdotes; Seraías, el escriba; [18] Benaía[d] hijo de Joiada mandaba a los cereteos y peleteos,[e] y los hijos de David eran los príncipes.

David y Mefi-boset

9 [1] Preguntó David: «¿Ha quedado alguno de la casa de Saúl a quien pueda yo favorecer por amor de Jonatán?»[a] [2] Había un siervo de la casa de Saúl llamado Siba, al cual llamaron para que viniera ante David. Y el rey le preguntó:

—¿Eres tú Siba?

—Sí, para servirte —respondió él.

[3] El rey le dijo:

—¿No ha quedado nadie de la casa de Saúl, para que yo lo favorezca con la misericordia de Dios?

Respondió Siba al rey:

—Aún queda un hijo de Jonatán, lisiado de los pies.[b]

[4] —¿Dónde está? —le preguntó entonces el rey.

Siba respondió al rey:

—Está en casa de Maquir hijo de Amiel, en Lo-debar.[c]

[5] Entonces el rey David mandó a traerlo de la casa de Maquir hijo de Amiel, de Lodebar. [6] Al llegar Mefi-boset hijo de Jonatán hijo de Saúl, ante David, se postró sobre su rostro e hizo una reverencia. David le dijo:

—Mefi-boset.

—Aquí tienes a tu siervo —respondió él.

[7] Luego David añadió:

—No tengas temor, porque a la verdad yo tendré misericordia contigo por amor de Jonatán tu padre. Te devolveré todas las tierras de tu padre Saúl, y tú comerás siempre a mi mesa.

[8] Inclinándose él dijo:

—¿Quién es tu siervo, para que mires a un perro muerto como yo?

[9] Entonces el rey llamó a Siba, siervo de Saúl, y le dijo:

—Todo lo que fue de Saúl y de toda su casa, yo lo he dado al hijo de tu señor. [10] Tú, pues, le labrarás las tierras, tú con tus hijos y tus siervos, y almacenarás los frutos, para que el hijo de tu señor tenga pan para comer; pero Mefi-boset, el hijo de tu señor, comerá siempre a mi mesa.

Siba, que tenía quince hijos y veinte siervos, [11] respondió al rey:

—Conforme a todo lo que ha mandado mi señor, el rey, a su siervo, así lo hará tu siervo.

—Mefi-boset —dijo el rey— comerá a mi mesa, como uno de los hijos del rey.

[12] Tenía Mefi-boset un hijo pequeño, llamado Micaía. Todos los que vivían en la casa de Siba eran siervos de Mefi-boset. [13] Pero Mefi-boset, que estaba lisiado de ambos pies, vivía en Jerusalén, porque comía siempre a la mesa del rey.

Derrotas de amonitas y sirios
(1 Cr 19.1-19)

10 [1] Después de esto, aconteció que murió el rey de los hijos de Amón, y reinó en lugar suyo su hijo Hanún. [2] Dijo David: «Yo tendré misericordia con Hanún hijo de Nahas, como su padre la tuvo conmigo». Y envió David a sus siervos para que lo consolaran por su padre. Pero cuando los siervos de David llegaron a la tierra de los hijos de Amón, [3] los príncipes de los hijos de Amón dijeron a Hanún, su señor: «¿Crees acaso que por honrar a tu padre, David te ha enviado mensajeros a que te consuelen? ¿No te ha enviado David sus siervos para reconocer la ciudad, inspeccionarla y destruirla?»[a]

[4] Entonces Hanún tomó a los siervos de David, les rapó la mitad de la barba, les cortó los vestidos por la mitad hasta las nalgas, y los despidió. [5] Cuando se le hizo saber esto a David, envió gente a su encuentro, porque ellos estaban en extremo avergonzados. Y el rey les mandó a decir: «Quedaos en Jericó hasta que os vuelva a nacer la barba, y entonces volved».

[6] Viendo los hijos de Amón que se habían hecho odiosos a David, mandaron a tomar a sueldo veinte mil hombres de a pie entre los sirios de Bet-rehob y los sirios de Soba, mil hombres del rey de Maaca, y

---

[d] **8.18** 2 S 23.22.   [e] **8.18** Mercenarios relacionados con los filisteos que rodearon a David cuando huía de Saúl (cf.1 S 27—31) y mientras residía en Siclag.   [a] **9.1** 1 S 20.15-17.   [b] **9.3** 2 S 4.4.
[c] **9.4** Al oeste del río Jordán, en la región que ocupaba la tribu de Manasés.   [a] **10.3** 2 S 3.24-25; cf. Dt 1.24; Jos 2.1; Jue 18.2.

doce mil hombres de Is-tob. **7** Cuando David oyó esto, envió a Joab con todo el ejército de los valientes. **8** Los hijos de Amón salieron y se pusieron en orden de batalla a la entrada de la puerta; pero los sirios de Soba, de Rehob, de Is-tob y de Maaca tomaron posiciones aparte en el campo. **9** Viendo, pues, Joab que se le presentaba la batalla de frente y desde la retaguardia, seleccionó a lo mejor de los escogidos de Israel, y se puso en orden de batalla contra los sirios. **10** Entregó luego el resto del ejército en manos de su hermano Abisai,*b* y lo alineó frente a los amonitas. **11** Y dijo: «Si los sirios pueden más que yo, tú me ayudarás; y si los hijos de Amón pueden más que tú, yo te daré ayuda. **12** Ten fortaleza, esforcémonos por nuestro pueblo y por las ciudades de nuestro Dios. Que Jehová haga lo que bien le parezca».

13 Se acercó Joab, y el pueblo que con él estaba, para pelear contra los sirios; pero ellos huyeron delante de él. **14** Entonces los hijos de Amón, viendo que los sirios habían huido, huyeron también ellos ante Abisai y se refugiaron en la ciudad, mientras que Joab dejó de luchar contra los hijos de Amón y volvió a Jerusalén.

15 Pero los sirios, al ver que habían sido derrotados por Israel, se volvieron a reunir. **16** Hadad-ezer mandó a buscar a los sirios que estaban al otro lado del Éufrates, los cuales llegaron a Helam*c* comandados por Sobac, general del ejército de Hadad-ezer. **17** Cuando le fue dado aviso, David reunió a todo Israel, pasó el Jordán y llegó a Helam. Los sirios se pusieron en orden de batalla contra David y pelearon contra él. **18** Pero los sirios huyeron delante de Israel, y David les mató a la gente de setecientos carros, y cuarenta mil hombres de a caballo. Hirió también a Sobac, general del ejército, quien murió allí. **19** Cuando todos los reyes que ayudaban a Hadad-ezer vieron cómo habían caído derrotados ante Israel, hicieron las paces con Israel y les quedaron sometidos. De ahí en adelante, los sirios temieron seguir ayudando a los hijos de Amón.

David y Betsabé

11 **1** Aconteció al año siguiente, en el tiempo que salen los reyes a la guerra, que David envió a Joab, junto a sus siervos y a todo Israel, y ellos derrotaron a los amonitas y sitiaron a Rabá,*a* mientras David se quedó en Jerusalén.*b*

2 Un día, al caer la tarde, se levantó David de su lecho, y se paseaba sobre el terrado de la casa real, cuando vio desde el terrado a una mujer que se estaba bañando, la cual era muy hermosa. **3** Envió David a preguntar por aquella mujer, y le dijeron: «Aquella es Betsabé, hija de Eliam, mujer de Urías, el heteo». **4** Envió David mensajeros que la trajeran, y la tomó; cuando llegó, él durmió con ella. Luego ella se purificó de su inmundicia, y regresó a su casa.

5 La mujer concibió y mandó a decir a David: «Estoy encinta». **6** Entonces David envió a decir a Joab: «Envíame a Urías, el heteo». Y Joab envió a Urías a David. **7** Cuando Urías llegó ante él, David le preguntó por la salud de Joab, por la salud del pueblo y por la marcha de la guerra. **8** Después dijo David a Urías: «Desciende a tu casa, y lava tus pies».*c*

Cuando Urías salió de la casa del rey, le enviaron un presente de la mesa real. **9** Pero Urías durmió a la puerta de la casa del rey, con todos los guardias de su señor, y no descendió a su casa. **10** Le hicieron saber esto a David diciendo: «Urías no ha descendido a su casa». Entonces David dijo a Urías:

—¿Acaso no vienes de viaje? ¿Por qué, pues, no descendiste a tu casa?

11 Urías respondió a David:

—El Arca,*d* Israel y Judá habitan bajo tiendas; mi señor Joab y los siervos de mi señor, en el campo; ¿cómo iba yo a entrar en mi casa para comer y beber, y dormir con mi mujer? ¡Por vida tuya y por vida de tu alma, nunca haré tal cosa!

12 David dijo entonces a Urías:

—Quédate aquí hoy también, y mañana te despediré.

Se quedó Urías aquel día y el siguiente

---

b **10.10** 1 S 26.6-12; 2 S 21.16-17.　　*c* **10.16** Ciudad de la región de Galaad, al este del Jordán.　　*a* **11.1** Capital del reino de Amón, al este del río Jordán. Cf. 2 S 12.26-31.　　*b* **11.1** 1 Cr 20.1.　　*c* **11.8** Eufemismo para referirse al acto sexual.　　*d* **11.11** Última indicación de la presencia del Arca en el campo de batalla.

en Jerusalén. ¹³ David lo convidó a comer y a beber con él hasta embriagarlo. Por la tarde salió a dormir en su cama, junto a los guardias de su señor; pero no descendió a su casa.

¹⁴ A la mañana siguiente, escribió David una carta a Joab, la cual envió por mano de Urías. ¹⁵ En ella decía: «Poned a Urías al frente, en lo más recio de la batalla, y alejaos de él, para que sea herido y muera».

¹⁶ Así, cuando Joab sitió la ciudad, puso a Urías en el lugar donde sabía que estaban los hombres más valientes. ¹⁷ Salieron los de la ciudad y pelearon contra Joab; cayeron algunos del ejército de los siervos de David, y murió también Urías, el heteo.

¹⁸ Entonces Joab mandó a comunicar a David todos los asuntos de la guerra. ¹⁹ Y dio esta orden al mensajero: «Cuando acabes de contar al rey todos los asuntos de la guerra, ²⁰ si el rey comienza a enojarse, y te dice: "¿Por qué os habéis acercado tanto a la ciudad para combatir? ¿No sabíais lo que suelen tirar desde el muro? ²¹ ¿Quién hirió a Abimelec hijo de Jerobaal? ¿No arrojó una mujer desde el muro un pedazo de rueda de molino, y murió él en Tebes?ᵉ ¿Por qué os habéis acercado tanto al muro?". Entonces tú le dirás: "También tu siervo Urías, el heteo, ha muerto"».

²² Partió el mensajero y, al llegar, contó a David todo aquello que Joab le había mandado. ²³ Dijo el mensajero a David:

—Pudieron más que nosotros los hombres que salieron al campo en contra nuestra, bien que les hicimos retroceder hasta la entrada de la puerta; ²⁴ pero los flecheros tiraron contra tus siervos desde el muro, y murieron algunos de los siervos del rey; también murió tu siervo Urías, el heteo.

²⁵ David respondió al mensajero:

—Así dirás a Joab: "No tengas pesar por esto, porque la espada consume, ora a uno, ora a otro; refuerza tu ataque contra la ciudad, hasta que la rindas". Y tú aliéntale.

²⁶ Al oír la mujer de Urías que su marido Urías había muerto, hizo duelo por él.

²⁷ Pasado el luto, envió David por ella, la trajo a su casa y la hizo su mujer; ella le dio a luz un hijo. Pero esto que David había hecho fue desagradable ante los ojos de Jehová.

Natán amonesta a David

12 ¹ Jehová envió a Natán ante David,ᵃ y al llegar le dijo:

—Había dos hombres en una ciudad, uno rico y el otro pobre. ² El rico tenía numerosas ovejas y vacas, ³ pero el pobre no tenía más que una sola corderita, que él había comprado y criado, y que había crecido con él y con sus hijos juntamente, comiendo de su bocado, bebiendo de su vaso y durmiendo en su seno igual que una hija. ⁴ Un día llegó un viajero a visitar al hombre rico, y este no quiso tomar de sus ovejas y de sus vacas para dar de comer al caminante que había venido a visitarlo, sino que tomó la oveja de aquel hombre pobre, y la preparó para quien había llegado de visita.

⁵ Se encendió el furor de David violentamente contra aquel hombre, y dijo a Natán:

—¡Vive Jehová, que es digno de muerte el que tal hizo! ⁶ Debe pagar cuatro veces el valor de la cordera, por haber hecho semejante cosa y no mostrar misericordia.

⁷ Entonces dijo Natán a David:

—Tú eres ese hombre. Así ha dicho Jehová, Dios de Israel: "Yo te ungí como rey de Israel y te libré de manos de Saúl,ᵇ ⁸ te entregué la casa de tu señor y puse en tus brazos a sus mujeres; además te di la casa de Israel y de Judá; y como si esto fuera poco, te habría añadido mucho más. ⁹ ¿Por qué, pues, has tenido en poco la palabra de Jehová, y hecho lo malo delante de sus ojos? A Urías, el heteo, lo mataste a espada y tomaste a su esposa como mujer. Sí, a él lo mataste con la espada de los hijos de Amón. ¹⁰ Por lo cual ahora no se apartará jamás de tu casa la espada, por cuanto me menospreciaste y tomaste la mujer de Urías, el heteo, para que fuera tu mujer". ¹¹ Así ha dicho Jehová: "Yo haré que de tu misma casa se alce el mal contra ti. Tomaré a tus mujeres delante de tus

---

ᵉ **11.21** Jue 9.53.   ᵃ **12.1** Sal 51 (tít. hebreo).   ᵇ **12.7** 1 S 16.1-13.

ojos y las entregaré a tu prójimo, el cual se acostará con ellas a la luz del sol.*c* ¹²Porque tú lo hiciste en secreto; pero yo haré esto delante de todo Israel y a pleno sol".

¹³Entonces dijo David a Natán:

—Pequé contra Jehová.

Natán dijo a David:

—También Jehová ha perdonado tu pecado; no morirás. ¹⁴Pero, por cuanto con este asunto hiciste blasfemar a los enemigos de Jehová, el hijo que te ha nacido, ciertamente morirá.

¹⁵Y Natán se fue a su casa.

Jehová hirió al niño que la mujer de Urías había dado a David, y enfermó gravemente. ¹⁶Entonces David rogó a Dios por el niño; ayunó David, se retiró y se pasó la noche acostado en tierra. ¹⁷Los ancianos de su casa fueron a rogarle que se levantara del suelo, pero él no quiso, ni comió nada con ellos.

¹⁸Al séptimo día murió el niño. Los siervos de David temían hacerle saber que el niño había muerto, comentando entre sí: «Cuando el niño aún vivía, le hablábamos y no quería oír nuestra voz; ¿cuánto más se afligirá si le decimos que el niño ha muerto?»

¹⁹Pero David, viendo a sus siervos hablar entre sí, comprendió que el niño había muerto; por lo que preguntó David a sus siervos:

—¿Ha muerto el niño?

—Ha muerto —respondieron ellos.

²⁰David se levantó entonces de la tierra, se lavó y se ungió; cambió sus ropas, entró a la casa de Jehová y adoró. Después vino a su casa y pidió que le pusieran pan, y comió. ²¹Sus siervos le dijeron:

—¿Qué es lo que haces? Cuando el niño aún vivía ayunabas y llorabas; cuando murió, te levantaste y comiste pan.

²²David respondió:

—Mientras el niño aún vivía, yo ayunaba y lloraba, diciéndome: "¿Quién sabe si Dios tenga compasión de mí y viva el niño?". ²³Pero ahora que ha muerto, ¿para qué he de ayunar? ¿Podré yo hacerle volver? Yo voy hacia él, pero él no volverá a mí.

²⁴David consoló a Betsabé, su mujer, se llegó a ella y durmió con ella. Ella le dio a luz un hijo y le puso por nombre Salomón. Jehová lo amó, ²⁵y envió un mensaje por medio del profeta Natán; así le puso por nombre Jedidías,*d* como había dicho Jehová.

David captura Rabá
(1 Cr 20.1-3)

²⁶Joab peleaba contra Rabá de los amonitas, y tomó la ciudad real. ²⁷Entonces envió Joab mensajeros a David para decirle: «Yo he puesto sitio a Rabá y he tomado la ciudad de las aguas. ²⁸Reúne, pues, ahora al pueblo que queda, acampa contra la ciudad y tómala, no sea que tome yo la ciudad y le pongan mi nombre».

²⁹David reunió a todo el pueblo, partió hacia Rabá, combatió contra ella y la tomó. ³⁰Después quitó la corona de la cabeza de su rey, la cual pesaba un talento de oro y tenía piedras preciosas. Luego la pusieron sobre la cabeza de David, quien sacó muy grande botín de la ciudad. ³¹Hizo salir además a la gente que estaba en ella, y la puso a trabajar con sierras, con trillos de hierro y hachas de hierro; también la hizo trabajar en los hornos de ladrillos. Lo mismo hizo con todas las ciudades de los hijos de Amón. Entonces regresó David con todo el pueblo a Jerusalén.

Amnón y Tamar

13 ¹Aconteció después de esto que, teniendo Absalón hijo de David una hermana muy hermosa, llamada Tamar, Amnón hijo de David se enamoró de ella. ²Estaba Amnón tan angustiado que se enfermó a causa de su hermana Tamar, pues, por ser ella virgen, le parecía a Amnón que sería difícil hacerle cosa alguna. ³Y tenía Amnón un amigo llamado Jonadab, hijo de Simea, hermano de David.*a* Jonadab era un hombre muy astuto, ⁴y le dijo:

—Hijo del rey, ¿por qué de día en día vas enflaqueciendo así? ¿No me lo revelarás a mí?

Amnón le respondió:

—Amo a Tamar, la hermana de mi hermano Absalón.

⁵Jonadab le dijo:

---

c **12.11-12** 2 S 16.21-22.   *d* **12.25** Esto es, en hebreo, *Amado de Jehová.*   *a* **13.3** 1 S 16.9.

—Acuéstate en tu cama y finge que estás enfermo; cuando tu padre venga a visitarte, dile: "Te ruego que Tamar, mi hermana, venga a darme de comer; que prepare alguna vianda en mi presencia para que yo la vea y ella misma me la sirva".

⁶Se acostó, pues, Amnón, y fingió que estaba enfermo. El rey vino a visitarlo, y Amnón le dijo:

—Te ruego que venga mi hermana Tamar a preparar delante de mí dos hojuelas, y me las sirva con sus propias manos.

⁷Entonces David envió a decir a Tamar a su casa:

—Ve ahora a casa de Amnón, tu hermano, y hazle de comer.

⁸Tamar fue a casa de su hermano Amnón, que estaba acostado, tomó harina, la amasó, hizo hojuelas delante de él y las coció. ⁹Tomó luego la sartén y las sacó delante de él; pero él no quiso comer, sino que dijo: "Echad fuera de aquí a todos". Y todos salieron de allí. ¹⁰Entonces Amnón dijo a Tamar:

«Trae la comida a la alcoba y dame de comer con tus manos».

Tamar tomó las hojuelas que había preparado y las llevó a su hermano Amnón a la alcoba. ¹¹Cuando se las puso delante para que comiera, él la sujetó y le dijo:

—Ven, hermana mía, acuéstate conmigo.

¹²Ella entonces le respondió:

—No, hermano mío, no me fuerces, pues no se debe hacer así en Israel. No cometas tal infamia. ¹³Porque ¿adónde iría yo con mi deshonra? Y aun tú serías estimado como un perverso en Israel. Te ruego pues, ahora, que hables al rey; él no se negará a entregarme a ti.

¹⁴Pero él no la quiso oir y, como podía más que ella, la violentó y se acostó con ella.

¹⁵Después Amnón la aborreció tan terriblemente, que el odio con que la aborreció fue mayor que el amor con que la había amado. Y le dijo Amnón:

—Levántate y vete.

¹⁶Ella le respondió:

—No hay razón; mayor mal es este de arrojarme, que el que me has hecho.

Pero él no la quiso oir,¹⁷sino que llamando al criado que le servía, le dijo:

—Échame a esta fuera de aquí, y cierra tras ella la puerta.

¹⁸Llevaba ella un vestido de diversos colores, traje que vestían las hijas vírgenes de los reyes. Su criado, pues, la echó fuera, y cerró la puerta tras ella. ¹⁹Entonces Tamar tomó ceniza y la esparció sobre su cabeza, rasgó el vestido de diversos colores que tenía puesto, y con las manos sobre la cabeza, se fue gritando.

²⁰Su hermano Absalón le dijo:

—¿Ha estado contigo tu hermano Amnón? Pues calla ahora, hermana mía; es tu hermano. Que no se angustie tu corazón por esto.

Tamar se quedó desconsolada en casa de su hermano Absalón. ²¹Cuando el rey David oyó todo esto, se enojó mucho. ²²Pero Absalón no dijo a Amnón ni malo ni bueno, aunque Absalón aborrecía a Amnón porque había forzado a su hermana Tamar.

Venganza y huida de Absalón

²³Pasados dos años, Absalón, que tenía esquiladores en Baal-hazor, junto a Efraín, convidó a todos los hijos del rey. ²⁴Se presentó Absalón al rey, y le dijo:

—Tu siervo tiene ahora esquiladores; ruego que vengan el rey y sus siervos con tu siervo.

²⁵El rey respondió a Absalón:

—No, hijo mío, no vamos todos, para que no te seamos gravosos.

Aunque porfió con él, el rey no quiso ir, pero lo bendijo. ²⁶Entonces dijo Absalón:

—Pues si no, te ruego que venga con nosotros Amnón, mi hermano.

—¿Para qué ha de ir contigo? —le respondió el rey.

²⁷Pero como Absalón insistía, dejó ir con él a Amnón y a todos los hijos del rey.

²⁸Absalón había dado orden a sus criados diciendo: «Os ruego que miréis cuando el corazón de Amnón esté alegre por el vino; y al decir yo: "Herid a Amnón", entonces matadlo. No temáis, pues yo os lo he mandado. Esforzaos, pues, y sed valientes».

²⁹Los criados de Absalón hicieron con

Amnón como Absalón les había mandado. Entonces se levantaron todos los hijos del rey, y montando cada uno en su mula, huyeron.

³⁰ Aún estaban en camino cuando llegó a David un rumor que decía: «Absalón ha dado muerte a todos los hijos del rey; ninguno de ellos ha quedado». ³¹ Levantándose entonces David, rasgó sus vestidos y se echó en tierra; todos los criados que estaban junto a él, también se rasgaron los vestidos. ³² Pero Jonadab, hijo de Simea, hermano de David, habló y dijo:

—No diga mi señor que han dado muerte a todos los jóvenes hijos del rey, pues sólo Amnón ha muerto; porque por mandato de Absalón había sido esto determinado desde el día en que Amnón forzó a su hermana Tamar. ³³ Por tanto, ahora no haga caso mi señor, el rey, de ese rumor que dice: "Todos los hijos del rey han muerto", pues solo Amnón ha muerto, ³⁴ y Absalón ha huido.

Entre tanto, alzando sus ojos el joven que estaba de atalaya, miró y vio a mucha gente que venía por el camino que estaba a sus espaldas, del lado del monte. ³⁵ Entonces dijo Jonadab al rey:

—Son los hijos del rey, que vienen; tal como tu siervo había dicho.

³⁶ Cuando acabó de hablar, llegaron los hijos del rey, y alzando su voz lloraron. También el mismo rey y todos sus siervos lloraron con muy grandes lamentos. ³⁷ Pero Absalón huyó y fue a refugiarse junto a Talmai hijo de Amiud, rey de Gesur.^b Y David lloraba por su hijo todos los días. ³⁸ Así huyó Absalón, se fue junto a Gesur y estuvo allá tres años. ³⁹ Y el rey David deseaba ver a Absalón, pues ya se había consolado de la muerte de Amnón.

Joab procura el regreso de Absalón

14 ¹ Conoció Joab hijo de Sarvia que el corazón del rey se inclinaba por Absalón, ² por lo que mandó a traer una mujer astuta de Tecoa, y le dijo: «Te ruego que finjas estar de duelo y te vistas ropas de luto; no te unjas con óleo, sino preséntate como una mujer que hace mucho tiempo está de duelo por algún muerto. ³ Luego te presentarás al rey y le dirás de esta manera». Y le explicó Joab lo que debía decir.

⁴ Entró, pues, aquella mujer de Tecoa al rey, y postrándose sobre su rostro en tierra, hizo una reverencia, y dijo:

—¡Socórreme, oh rey!

⁵ —¿Qué tienes? —le dijo el rey.

Ella respondió:

—Yo a la verdad soy una mujer viuda; mi marido ha muerto. ⁶ Tu sierva tenía dos hijos. Los dos riñeron en el campo, y como no había quien los separara, uno hirió al otro y lo mató. ⁷ Y ahora toda la familia se ha levantado contra tu sierva, diciendo: "Entrega al asesino de su hermano, para que lo hagamos morir por la vida del hermano a quien él mató, y matemos también al heredero". Así apagarán el ascua que me ha quedado, y dejarán a mi marido sin nombre ni descendencia sobre la tierra.^a

⁸ Entonces el rey dijo a la mujer:

—Vete a tu casa, y yo daré órdenes con respecto a ti.

⁹ La mujer de Tecoa dijo al rey:

—¡Rey y señor mío, que caiga la culpa sobre mí y sobre la casa de mi padre!, pero que el rey y su trono queden sin culpa.

¹⁰ El rey respondió:

—Al que hable contra ti, tráelo ante mí, y no te tocará más.

¹¹ Dijo ella entonces:

—Te ruego, oh rey, que te acuerdes de Jehová, tu Dios, para que el vengador de la sangre no aumente el daño y no destruya a mi hijo.

Él respondió:

—¡Vive Jehová, que no caerá en tierra ni un cabello de la cabeza de tu hijo!

¹² La mujer siguió diciendo:

—Te ruego que permitas a tu sierva decir algo a mi señor, el rey.

—Habla —respondió el rey.

¹³ La mujer añadió:

—¿Por qué, pues, has pensado tú cosa semejante contra el pueblo de Dios? Porque diciendo el rey estas cosas se confiesa culpable él mismo, por cuanto el rey no deja volver a su desterrado. ¹⁴ Todos de cierto morimos y somos como agua derramada en tierra que no puede volver a recogerse. Ni Dios quita la vida, sino que

^b **13.37-38** 2 S 3.3.   ^a **14.7** Nm 27.8-11.

provee medios para que el desterrado no siga alejado de él. 15 Si yo he venido ahora para decir esto al rey, mi señor, es porque el pueblo me ha atemorizado. Y tu sierva pensó: "Hablaré ahora al rey; quizá haga lo que su sierva le diga, 16 pues el rey me oirá y librará a su sierva de manos del hombre que quiere extirparme a mí, junto con mi hijo, de la heredad de Dios". 17 Tu sierva dice pues: "Sea ahora de consuelo la respuesta de mi señor, el rey, pues mi señor, el rey, es como un ángel de Dios para discernir entre lo bueno y lo malo. Y que Jehová, tu Dios, sea contigo".

18 Entonces David respondió a la mujer:

—Te ruego que no me ocultes nada de lo que yo te pregunte.

—Hable mi señor, el rey —dijo la mujer.

19 El rey preguntó:

—¿No está metida la mano de Joab en todas estas cosas?

La mujer respondió:

—¡Vive tu alma, rey señor mío, que no se aparta ni a derecha ni a izquierda todo lo que mi señor el rey ha hablado!; porque fue tu siervo Joab quien me mandó, y él puso en boca de tu sierva todas estas palabras. 20 Para mudar el aspecto de las cosas, Joab, tu siervo, ha hecho esto. Pero mi señor es sabio, con la sabiduría de un ángel de Dios, para conocer lo que hay en la tierra.

21 Luego el rey dijo a Joab:

—Mira, he decidido esto: vete y haz volver al joven Absalón.

22 Joab se postró en tierra sobre su rostro, hizo una reverencia, y después que bendijo al rey, dijo:

—Hoy he entendido tu siervo: he hallado gracia a tus ojos, rey y señor mío, pues el rey ha hecho lo que su siervo ha dicho.

23 Se levantó luego Joab, fue a Gesur, y trajo a Absalón a Jerusalén. 24 Pero el rey dijo: «Que se vaya a su casa y no vea mi rostro». Absalón volvió a su casa y no se presentó ante el rey.

25 No había en todo Israel ninguno tan alabado por su hermosura como Absalón; desde la planta de su pie hasta la coronilla no había en él defecto. 26 Cuando se cortaba el cabello, lo cual hacía al fin de cada año, pues le causaba molestia —por eso se lo cortaba—, pesaba el cabello de su cabeza doscientos siclos, según el peso real. 27 A Absalón le nacieron tres hijos y una hija, que se llamaba Tamar y fue una mujer de hermoso semblante.

28 Estuvo Absalón por espacio de dos años en Jerusalén sin presentarse ante el rey. 29 Llamó Absalón a Joab para enviarlo al rey, pero él no quiso venir. Todavía lo llamó una segunda vez, pero tampoco quiso venir. 30 Entonces dijo a sus siervos:

—Mirad, el campo de Joab está junto al mío, y tiene allí cebada; id y prendedle fuego.

Y los siervos de Absalón prendieron fuego al campo. 31 Entonces se levantó Joab, vino a casa de Absalón, y le dijo:

—¿Por qué han prendido fuego tus siervos a mi campo?

32 Absalón le respondió:

—Te he mandado a decir que vinieras acá, con el fin de enviarte al rey para decirle: "¿Para qué vine de Gesur? Mejor me fuera estar aún allá. Ahora deseo ver el rostro del rey; si hay pecado en mí, máteme".

33 Fue, pues, Joab a ver al rey, y se lo hizo saber. Entonces llamó a Absalón, el cual se presentó ante el rey y se postró rostro en tierra delante de él. Y el rey besó a Absalón.

Absalón se subleva contra David

15 1 Aconteció después de esto, que Absalón se hizo de carros, caballos y cincuenta hombres que corrieran delante de él. 2 Se levantaba Absalón de mañana y se ponía a un lado del camino junto a la puerta, y a cualquiera que tenía pleito y venía ante el rey a juicio, Absalón lo llamaba y le decía: «¿De qué ciudad eres?» Él respondía: «Tu siervo es de una de las tribus de Israel». 3 Entonces Absalón le decía: «Mira, tus palabras son buenas y justas; pero no tienes quien te oiga de parte del rey». 4 Y añadía Absalón: «¡Quién me pusiera por juez en el país, para que vinieran ante mí todos los que tienen pleito o negocio, y yo les haría justicia!» 5 Cuando alguno se acercaba para postrarse ante él, le tendía la mano, lo abrazaba y lo besaba. 6 De esta manera hacía con todos los israelitas que venían ante el rey a juicio; y así les robaba Absalón el corazón a los de Israel.

7 Al cabo de cuatro años, Absalón dijo al rey:

—Te ruego que me permitas ir a Hebrón*ᵃ* a pagar el voto que he prometido a Jehová. **8** Porque cuando estaba en Gesur de Siria tu siervo hizo este voto: "Si Jehová me hace volver a Jerusalén, yo serviré a Jehová".

9 —Ve en paz—le dijo el rey.

Se levantó y fue a Hebrón. **10** Entonces envió Absalón mensajeros por todas las tribus de Israel diciendo: «Cuando oigáis el sonido de la trompeta diréis: "¡Absalón reina en Hebrón!"». **11** Con Absalón fueron doscientos hombres de Jerusalén convidados por él, los cuales iban inocentemente, sin saber nada. **12** Mientras Absalón ofrecía los sacrificios, mandó a buscar en la ciudad de Gilo a Ahitofel, el gilonita, consejero de David. Así la conspiración se fortalecía y aumentaba el pueblo que seguía a Absalón.

13 Llegó un mensajero adonde estaba David, diciendo: «El corazón de todo Israel se va tras Absalón». **14** Entonces David dijo a todos sus siervos que estaban con él en Jerusalén:

—Levantaos y huyamos, porque no podremos escapar ante Absalón; daos prisa a partir, no sea que apresurándose él nos alcance, nos cause una desgracia y hiera la ciudad a filo de espada.

15 Los siervos del rey le respondieron:

—Tus siervos están listos para todo lo que nuestro señor y rey decida.

16 El rey salió entonces, seguido de toda su familia. Y dejó el rey a diez concubinas para que guardaran la casa. **17** Salió, pues, el rey con todo el pueblo que le seguía, y se detuvieron en un lugar distante. **18** Todos sus siervos estaban a su lado. Todos los ceretos y peletos, todos los geteos y seiscientos hombres que le habían seguido a pie desde Gat, iban delante del rey. **19** Y dijo el rey a Itai, el geteo:

—¿Para qué vienes tú también con nosotros? Vuelve y quédate con el rey, pues eres extranjero y estás desterrado también de tu lugar. **20** Ayer viniste, ¿y voy a obligarte hoy a que andes con nosotros?

En cuanto a mí, yo iré a donde pueda ir; tú vuélvete y haz volver a tus hermanos. ¡Que Jehová te muestre amor permanente y fidelidad!

21 Itai respondió al rey diciendo:

—¡Vive Dios, y vive mi señor, el rey, que para muerte o para vida, donde esté mi señor, el rey, allí estará también tu siervo!

22 Entonces David dijo a Itai:

—Ven, pues, y pasa.

Itai, el geteo, pasó con todos sus hombres y toda su familia. **23** Todo el mundo lloraba a gritos. Pasó toda la gente el torrente Cedrón;*ᵇ* luego pasó el rey, y todo el pueblo pasó por el camino que va al desierto. **24** Iban también con él Sadoc y todos los levitas que llevaban el Arca del pacto de Dios; y asentaron el Arca del pacto de Dios. Y subió Abiatar después que todo el pueblo hubo acabado de salir de la ciudad. **25** Pero dijo el rey a Sadoc:

—Haz volver el Arca de Dios a la ciudad. Si hallo gracia ante los ojos de Jehová, él hará que vuelva y vea el Arca y su Tabernáculo. **26** Y si dice: "No me complazco en ti", aquí estoy, que haga de mí lo que bien le parezca.

27 Dijo además el rey al sacerdote Sadoc:

—¿No eres tú el vidente? Vuelve en paz a la ciudad y vuelvan con vosotros vuestros dos hijos: Ahimaas, tu hijo, y Jonatán hijo de Abiatar. **28** Mirad, yo me detendré en los llanos del desierto, hasta que llegue una respuesta de vosotros que me traiga noticias.

29 Entonces Sadoc y Abiatar devolvieron el Arca de Dios a Jerusalén y se quedaron allá. **30** David subió la cuesta de los Olivos, e iba llorando, con la cabeza cubierta y los pies descalzos. Todo el pueblo que traía consigo cubrió también cada uno su cabeza, e iban llorando mientras subían. **31** Dieron aviso entonces a David diciendo: «Ahitofel está entre los que conspiraron con Absalón». Y David exclamó: «¡Entorpece ahora, oh Jehová, el consejo de Ahitofel!»

32 Cuando David llegó a la cumbre del monte para adorar allí a Dios, Husai, el

---

ᵃ **15.7** Ciudad donde la gente de Judá había proclamado rey a David (2 S 2.1-4; cf. 3.2-4).

ᵇ **15.23** Se encuentra entre Jerusalén y el Monte de los Olivos. Cf. Jn 18.1.

arquita, le salió al encuentro, con sus vestidos rasgados y la cabeza cubierta de tierra. [33] David le dijo:

—Si vienes conmigo, me serás una carga. [34] Pero si vuelves a la ciudad y dices a Absalón: "Rey, yo seré tu siervo; como hasta aquí he sido siervo de tu padre, así seré ahora siervo tuyo", entonces podrás desbaratar los planes de Ahitofel. [35] ¿No estarán allí contigo los sacerdotes Sadoc y Abiatar? Por tanto, todo lo que oigas en la casa del rey, se lo comunicarás a los sacerdotes Sadoc y Abiatar. [36] Con ellos están sus dos hijos, Ahimaas, el de Sadoc, y Jonatán, el de Abiatar; por medio de ellos me comunicaréis todo los que oigáis.

[37] Así fue Husai, amigo de David, a la ciudad; y Absalón entró en Jerusalén.

16 [1] Apenas había pasado David un poco más allá de la cumbre del monte, cuando Siba, el criado de Mefi-boset,[a] salió a recibirlo con un par de asnos ensillados y cargados con doscientos panes, cien racimos de pasas, cien panes de higos secos y un cuero de vino. [2] El rey preguntó a Siba:

—¿Para qué es esto?

Y Siba respondió:

—Los asnos son para que monte la familia del rey, los panes y las pasas para que coman los criados, y el vino para que beban los que se cansen en el desierto.

[3] —¿Dónde está el hijo de tu señor? —preguntó el rey.

Siba respondió:

—Se ha quedado en Jerusalén, porque ha dicho: "Hoy me devolverá la casa de Israel[b] el reino de mi padre".

[4] —Sea tuyo todo lo que tiene Mefi-boset —dijo el rey a Siba.

Inclinándose respondió Siba:

—Rey y señor mío, halle yo gracia delante de ti.

[5] Cuando el rey David llegó a Bahurim, salía uno de la familia de la casa de Saúl, el cual se llamaba Simei hijo de Gera. Iba maldiciendo [6] y arrojando piedras contra David y contra todos los siervos del rey David, mientras todo el pueblo y todos los hombres valientes marchaban a su derecha y a su izquierda. [7] Simei lo

maldecía diciendo: «¡Fuera, fuera, hombre sanguinario y perverso! [8] Jehová te ha dado el pago por toda la sangre de la casa de Saúl, en lugar del cual tú has reinado, y Jehová ha entregado el reino en manos de tu hijo Absalón; has sido sorprendido en tu maldad, porque eres un hombre sanguinario».

[9] Entonces Abisai hijo de Sarvia dijo al rey:

—¿Por qué maldice este perro muerto a mi señor, el rey? Te ruego que me dejes pasar, y le cortaré la cabeza.

[10] El rey respondió:

—¿Qué tengo yo que ver con vosotros, hijos de Sarvia? Si él así maldice, es porque Jehová le ha dicho que maldiga a David. ¿Quién, pues, le dirá: "¿Por qué haces esto?"?

[11] Luego dijo David a Abisai y a todos sus siervos:

—Mirad, mi hijo, salido de mis entrañas, acecha mi vida; ¿cuánto más ahora un hijo de Benjamín? Dejadlo que maldiga, pues Jehová se lo ha mandado. [12] Acaso Jehová mire mi aflicción y cambie en bien sus maldiciones de hoy.

[13] Y mientras David y los suyos continuaban su camino, Simei iba frente a él por la ladera del monte, andando y maldiciendo, arrojando piedras delante de él y esparciendo polvo. [14] El rey y todo el pueblo que con él estaba llegaron fatigados y descansaron allí.

[15] Absalón y toda su gente, los hombres de Israel, entraron en Jerusalén, y Ahitofel lo acompañaba. [16] Cuando Husai, el arquita, amigo de David, llegó adonde estaba Absalón, dijo:

—¡Viva el rey, viva el rey!

[17] Pero Absalón respondió a Husai:

—¿Es este tu agradecimiento para con tu amigo? ¿Por qué no fuiste con tu amigo?

[18] Entonces Husai dijo a Absalón:

—No, yo estaré y me quedaré con aquel que haya elegido Jehová y también este pueblo y todos los hombres de Israel. [19] ¿A quién había yo de servir? ¿No es a su hijo? Como he servido delante de tu padre, así lo haré delante de ti.

---

[a] **16.1** 2 S 9.9-10.   [b] **16.3** 1 R 11.29—12.24.

²⁰ Luego Absalón dijo a Ahitofel:

—Dad vuestro consejo sobre lo que debemos hacer.

²¹ Ahitofel dijo a Absalón:

—Llégate a las concubinas de tu padre, que él dejó para guardar la casa. Todo el pueblo de Israel oirá que te has hecho aborrecible a tu padre, y así se fortalecerán las manos de todos los que están contigo.

²² Entonces pusieron para Absalón una tienda sobre el terrado, y se llegó Absalón a las concubinas de su padre, ante los ojos de todo Israel.ᶜ ²³ En aquellos días, el consejo que daba Ahitofel era como si se consultara la palabra de Dios, tanto cuando aconsejaba a David como a Absalón.

Consejos de Ahitofel y de Husai

17 ¹ Entonces Ahitofel dijo a Absalón:

—Yo escogeré ahora doce mil hombres, me levantaré y seguiré a David esta noche. ² Caeré sobre él mientras está cansado y sin fuerzas; lo atemorizaré y todo el pueblo que está con él huirá. Mataré solamente al rey, ³ y así haré que todo el pueblo se vuelva hacia ti (pues tú buscas solamente la vida de un hombre); y cuando ellos hayan vuelto, todo el pueblo estará en paz.

⁴ Este consejo pareció bien a Absalón y a todos los ancianos de Israel. ⁵ Y dijo Absalón:

—Llamad también ahora a Husai, el arquita, para que también oigamos lo que él haya de decir.

⁶ Cuando Husai se presentó ante Absalón, este le dijo:

—Así ha dicho Ahitofel: ¿seguiremos su consejo, o no? Di tú.

⁷ Husai dijo a Absalón:

—Esta vez, el consejo que ha dado Ahitofel no es bueno.

⁸ Y añadió Husai:

—Tú sabes que tu padre y los suyos son hombres valientes, y que están con amargura de ánimo, como la osa en el campo cuando le han quitado sus cachorros. Además, tu padre es hombre de guerra y no pasará la noche con el pueblo.

⁹ Seguro que ahora está escondido en alguna cueva o en otro lugar. Si al principio caen algunos de los tuyos, quienquiera que lo oiga dirá: "El pueblo que sigue a Absalón ha sido derrotado". ¹⁰ Y aun el hombre valiente, cuyo corazón sea como corazón de león, desmayará por completo; porque todo Israel sabe que tu padre es hombre valiente, y que son esforzados los que están con él. ¹¹ Aconsejo, pues, que todo Israel se reúna junto a ti, desde Dan hasta Beerseba, numeroso como la arena que está a la orilla del mar,ᵃ y que tú en persona vayas a la batalla. ¹² Entonces lo atacaremos en cualquier lugar donde se halle; caeremos sobre él como cae el rocío sobre la tierra, y ni a él ni a ninguno de los que están con él dejaremos con vida. ¹³ Y si se refugia en alguna ciudad, todos los de Israel llevarán sogas a aquella ciudad, y la arrastraremos hasta el arroyo, de modo que no se encuentre allí ni una piedra.

¹⁴ Entonces Absalón y todos los de Israel dijeron: «El consejo de Husai, el arquita, es mejor que el consejo de Ahitofel». Ello porque Jehová había ordenado que el acertado consejo de Ahitofel se frustrara, para traer Jehová la ruina sobre Absalón. ¹⁵ Dijo luego Husai a los sacerdotes Sadoc y Abiatar: «Ahitofel ha aconsejado así y así a Absalón y a los ancianos de Israel; y esto otro aconsejé yo. ¹⁶ Por tanto, mandad a dar aviso inmediatamente a David: "No te quedes esta noche en los llanos del desierto, sino pasa enseguida el Jordán, para que no sea exterminado el rey y todo el pueblo que con él está"».

¹⁷ Jonatán y Ahimaas estaban junto a la fuente Rogel, y una criada fue y les avisó, porque no podían dejarse ver entrando en la ciudad. Luego ellos fueron y se lo comunicaron al rey David. ¹⁸ Pero los vio un joven, que se lo hizo saber a Absalón; sin embargo, los dos partieron a toda prisa, y llegaron a casa de un hombre en Bahurim que tenía en su patio un pozo, dentro del cual se metieron.

¹⁹ La mujer de la casa tomó una manta, la extendió sobre la boca del pozo y tendió sobre ella el grano trillado, de manera

---

ᶜ **16.22** 2 S 12.11-12.   ᵃ **17.11** Jue 7.12; 1 S 13.5.

que nada se notaba. ²⁰ Al llegar los criados de Absalón a la casa de la mujer, le dijeron:

—¿Dónde están Ahimaas y Jonatán?

—Ya han pasado el vado de las aguas —respondió la mujer.

Como ellos los buscaron y no los hallaron, volvieron a Jerusalén. ²¹ Después que se marcharon, aquellos salieron del pozo y fueron a dar aviso al rey David diciéndole: «Levantaos y daos prisa a pasar las aguas, porque Ahitofel ha dado este consejo contra vosotros». ²² Entonces se levantó David, y todo el pueblo que con él estaba, y pasaron el Jordán antes que amaneciera; ni uno solo dejó de pasar el Jordán. ²³ Pero Ahitofel, viendo que no se había seguido su consejo, ensilló su asno, se levantó y se fue a su casa en su ciudad; y después de poner la casa en orden, se ahorcó. Así murió, y fue sepultado en el sepulcro de su padre.

²⁴ David llegó a Mahanaim, mientras Absalón pasaba el Jordán con toda la gente de Israel. ²⁵ Absalón había nombrado a Amasa jefe del ejército en lugar de Joab. Amasa era hijo de un varón de Israel llamado Itra, el cual se había unido a Abigail, hija de Nahas, hermana de Sarvia, madre de Joab.

²⁶ Israel y Absalón acamparon en tierra de Galaad. ²⁷ Luego que David llegó a Mahanaim, Sobi hijo de Nahas, de Rabá de los hijos de Amón, Maquir hijo de Amiel, de Lo-debar, y Barzilai, galaadita de Rogelim, ²⁸ trajeron a David y al pueblo que estaba con él camas, tazas, vasijas de barro, trigo, cebada, harina, grano tostado, habas, lentejas, garbanzos tostados, ²⁹ miel, manteca, ovejas y quesos de vaca, para que comieran; porque decían: «El pueblo está hambriento, cansado y sediento en el desierto».

Muerte de Absalón

18 ¹ David pasó revista al pueblo que tenía consigo y puso sobre ellos jefes de millar y jefes de centena. ² Luego envió David al pueblo, una tercera parte bajo el mando de Joab, una tercera parte bajo el mando de Abisai hijo de Sarvia, hermano de Joab, y una tercera parte al mando de Itai, el geteo. Y dijo el rey al pueblo:

—Yo también saldré con vosotros.

³ Pero el pueblo respondió:

—No saldrás; porque si nosotros huimos, no harán caso de nosotros; y aunque la mitad de nosotros muera, no harán caso de nosotros; pero tú ahora vales tanto como diez mil de nosotros. Será mejor que tú nos brindes ayuda desde la ciudad.

⁴ —Yo haré lo que bien os parezca —les dijo el rey.

Se puso, pues, el rey a la entrada de la puerta, mientras salía todo el pueblo de ciento en ciento y de mil en mil.

⁵ El rey dio a Joab, a Abisai y a Itai esta orden: «Tratad benignamente, por amor a mí, al joven Absalón». Y todo el pueblo oyó cuando dio el rey orden acerca de Absalón a todos los capitanes. ⁶ Salió, pues, el pueblo al campo, contra Israel. La batalla se libró en el bosque de Efraín. ⁷ Allí cayó el pueblo de Israel ante los siervos de David, y aquel día se hizo allí una gran matanza de veinte mil hombres. ⁸ La batalla se extendió por todo el territorio, y aquel día el bosque causó más muertes que la espada. ⁹ Iba Absalón en un mulo y se encontró con los siervos de David. El mulo entró por debajo de las ramas espesas de una gran encina, y se enredó la cabeza en la encina a Absalón, que quedó suspendido entre el cielo y la tierra; pero el mulo en que iba siguió adelante. ¹⁰ Lo vio uno y avisó a Joab diciendo:

—He visto a Absalón colgado de una encina.

¹¹ Joab respondió al hombre que le daba la noticia:

—Y si lo viste, ¿por qué no lo mataste enseguida, derribándolo en tierra? Me hubiera placido darte diez siclos de plata y un cinturón.

¹² El hombre dijo a Joab:

—Aunque me pesaras mil siclos de plata, no extendería yo mi mano contra el hijo del rey; porque nosotros oímos cuando el rey os ordenó a ti, a Abisai y a Itai: "Mirad que ninguno toque al joven Absalón". ¹³ Por otra parte, habría yo hecho traición contra mi vida, pues al rey nada se le esconde, y tú mismo estarías en contra mía.

¹⁴ —No malgastaré mi tiempo contigo —respondió Joab.

Y tomando tres dardos en su mano, los

clavó en el corazón de Absalón, quien estaba aún vivo en medio de la encina. ¹⁵ Luego diez jóvenes escuderos de Joab rodearon a Absalón, lo hirieron y acabaron de matarlo. ¹⁶ Entonces Joab tocó la trompeta, y el pueblo dejó de perseguir a Israel, porque Joab detuvo al pueblo. ¹⁷ Tomando después a Absalón, lo echaron en un gran hoyo en el bosque y levantaron sobre él un montón muy grande de piedras; y todo Israel huyó, cada uno a su tienda.

¹⁸ En vida, Absalón había tomado la decisión de erigirse una columna, la cual está en el valle del rey, pues pensó: «Yo no tengo un hijo que conserve la memoria de mi nombre». Y puso a aquella columna su propio nombre, y así se ha llamado «Columna de Absalón», hasta el día de hoy.

¹⁹ Entonces Ahimaas hijo de Sadoc dijo:

—¿Correré ahora y daré al rey la noticia de que Jehová ha librado su causa de manos de sus enemigos?

²⁰ Respondió Joab:

—Hoy no llevarás la noticia; la llevarás otro día. Hoy no darás la noticia, porque el hijo del rey ha muerto.

²¹ —Ve tú, y di al rey lo que has visto —dijo Joab a un etíope.

El etíope hizo una reverencia ante Joab y salió corriendo. ²² Entonces Ahimaas hijo de Sadoc volvió a decir a Joab:

—De todos modos, yo correré ahora tras el etíope.

Joab le dijo:

—Hijo mío, ¿para qué has de correr tú, si no recibirás recompensa por la noticia?

²³ —De todos modos, yo correré —respondió él.

—Pues corre —le dijo él.

Corrió, pues, Ahimaas por el camino de la llanura y se adelantó al etíope. ²⁴ David estaba sentado entre las dos puertas. El atalaya había ido al terrado sobre la puerta en el muro y, alzando sus ojos, miró y vio a uno que corría solo. ²⁵ El atalaya dio un grito y lo hizo saber al rey, el cual dijo:

—Si viene solo, buenas noticias trae.

Mientras el hombre venía acercándose, ²⁶ vio el atalaya a otro que corría. Dio voces el atalaya al portero diciendo: «Ahí viene otro hombre corriendo solo».

—También este es un mensajero —dijo el rey.

²⁷ El atalaya dijo de nuevo:

—Me parece que el primero corre como Ahimaas hijo de Sadoc.

—Ese es hombre de bien y viene con buenas noticias —dijo entonces el rey.

²⁸ Cuando Ahimaas se acercó, dijo al rey en alta voz:

—Paz.

Y postrándose en tierra delante del rey, le dijo:

—Bendito sea Jehová, tu Dios, que ha entregado a los hombres que habían levantado sus manos contra mi señor, el rey.

²⁹ —¿El joven Absalón está bien? —preguntó el rey.

Ahimaas respondió:

—Vi yo un gran alboroto cuando me envió Joab, el siervo del rey, pero no sé qué era.

³⁰ —Pasa, y ponte allí —dijo el rey.

Él pasó y se quedó de pie.

³¹ Llegó luego el etíope, y dijo:

—Traigo buenas noticias para mi señor, el rey: hoy Jehová ha librado tu causa de manos de todos los que se habían levantado contra ti.

³² El rey preguntó entonces al etíope:

—¿El joven Absalón está bien?

El etíope respondió:

—Que a los enemigos de mi señor les vaya como a aquel joven, y a todos los que se levanten contra ti para mal.

³³ Entonces el rey se turbó, subió a la sala que estaba encima de la puerta y lloró. Mientras iba subiendo, decía: «¡Hijo mío Absalón, hijo mío, hijo mío Absalón! ¡Quién me diera haber muerto en tu lugar, Absalón, hijo mío, hijo mío!»

David vuelve a Jerusalén

19 ¹ Entonces avisaron a Joab: «El rey llora y se lamenta por Absalón». ² Y se convirtió aquel día la victoria en luto para todo el pueblo; porque aquel día oyó decir el pueblo que el rey estaba afligido por su hijo. ³ Y entró el pueblo aquel día en la ciudad escondiéndose, como suele entrar a escondidas el pueblo avergonzado que ha huido de la batalla. ⁴ Pero el rey, cubierto el rostro, clamaba en alta voz: «¡Hijo mío Absalón, Absalón, hijo mío, hijo mío!»

⁵ Entonces Joab entró en la casa donde estaba el rey y le dijo: «Hoy has cubierto

de vergüenza el rostro de todos tus siervos, que hoy han librado tu vida, la vida de tus hijos y de tus hijas, la vida de tus mujeres y de tus concubinas, [6] amando a los que te aborrecen y aborreciendo a los que te aman; porque hoy has declarado que nada te importan tus príncipes y siervos; hoy me has hecho ver claramente que si Absalón viviera, aunque todos nosotros estuviéramos muertos, entonces estarías contento. [7] Levántate pues, ahora, sal y habla bondadosamente a tus siervos; juro por Jehová que si no sales, no quedará ni un hombre contigo esta noche; y esto será peor para ti que todos los males que te han sobrevenido desde tu juventud hasta ahora».

[8] Entonces se levantó el rey y se sentó a la puerta. Cuando se avisó a todo el pueblo: «El rey está sentado a la puerta», vino todo el pueblo delante del rey.

Mientras, los de Israel habían huido cada uno a su tienda. [9] Y todo el pueblo discutía en todas las tribus de Israel diciendo: «El rey nos ha librado de manos de nuestros enemigos y nos ha salvado de manos de los filisteos; pero ahora ha huido del país por miedo de Absalón. [10] Y Absalón, a quien habíamos ungido sobre nosotros, ha muerto en la batalla. ¿Por qué, pues, estáis callados respecto de hacer volver al rey?»

[11] Entonces el rey David mandó decir a los sacerdotes Sadoc y Abiatar: «Hablad a los ancianos de Judá y decidles: "¿Por qué vais a ser vosotros los últimos en hacer volver el rey a su casa, cuando la palabra de todo Israel ha venido al rey para hacerlo volver a su casa? [12] Vosotros sois mis hermanos; mis huesos y mi carne sois. ¿Por qué, pues, seréis vosotros los últimos en hacer volver al rey?". [13] Asimismo diréis a Amasa: "¿No eres tú también hueso mío y carne mía? Traiga Dios sobre mí el peor de los castigos, si no te hago general de mi ejército para siempre, en lugar de Joab"».

[14] Así inclinó el corazón de todos los hombres de Judá, como el de un solo hombre, para que enviaran a decir al rey:

«Vuelve tú y todos tus siervos». [15] Volvió, pues, el rey, y llegó hasta el Jordán, mientras Judá venía a Gilgal para recibir al rey y hacerlo pasar el Jordán.

[16] También Simei[a] hijo de Gera hijo de Benjamín, que era de Bahurim, se dio prisa y descendió con los hombres de Judá a recibir al rey David. [17] Con él venían mil hombres de Benjamín; asimismo Siba,[b] criado de la casa de Saúl, con sus quince hijos y sus veinte siervos, los cuales pasaron el Jordán delante del rey. [18] Y cruzaron el vado para hacer pasar a la familia del rey y complacer sus deseos. Simei hijo de Gera se postró delante del rey cuando este pasó el Jordán, [19] y le dijo:

—¡No me culpe mi señor por mi falta! ¡No recuerdes los males que tu siervo hizo el día en que mi señor, el rey, salió de Jerusalén, ni los guarde el rey en su corazón! [20] Porque yo, tu siervo, reconozco haber pecado, pero soy hoy el primero de toda la casa de José[c] que he descendido para recibir a mi señor, el rey.

[21] Entonces intervino Abisai[d] hijo de Sarvia y dijo:

—¿No ha de morir por esto Simei, que maldijo al ungido de Jehová?

[22] Pero David respondió:

—¿Qué tengo yo con vosotros, hijos de Sarvia, para que hoy me seáis adversarios? ¿Acaso ha de morir hoy alguien en Israel? ¿Acaso no sé que hoy vuelvo a ser rey de Israel?

[23] Luego el rey dijo a Simei:

—No morirás.

Y el rey se lo juró.

[24] También Mefi-boset[e] hijo de Saúl descendió a recibir al rey; no había lavado sus pies ni cortado su barba. Tampoco había lavado sus vestidos desde el día en que salió el rey hasta el día en que volvió en paz. [25] Y cuando llegó a Jerusalén para recibir al rey, este le dijo:

—Mefi-boset, ¿por qué no viniste conmigo?

[26] Él respondió:

—Rey y señor mío, mi siervo me engañó; tu siervo le había dicho: "Ensíllame un asno, montaré en él y me iré con el

---

rey", porque tu siervo es cojo. [27] Él ha ca-lumniado a tu siervo delante de mi señor, el rey; pero mi señor, el rey, es como un ángel de Dios; trátame, pues, como mejor te parezca. [28] Porque toda la casa de mi padre era digna de muerte ante mi señor,[f] el rey. Sin embargo, tú pusiste a tu siervo entre los convidados a tu mesa. ¿Qué derecho tengo aún de implorar algo al rey?

[29] El rey le dijo:

—¿Para qué más palabras? Yo he determinado que tú y Siba os dividáis las tierras.

[30] Mefi-boset dijo al rey:

—Deja que él las tome todas, puesto que mi señor el rey ha vuelto en paz a su casa.

[31] También Barzilai,[g] el galaadita, descendió de Rogelim y pasó el Jordán con el rey, para acompañarlo al otro lado del Jordán. [32] Era Barzilai muy anciano; tenía ochenta años y había dado provisiones al rey cuando estaba en Mahanaim, porque era hombre muy rico. [33] El rey le dijo:

—Sigue conmigo y yo me encargaré de tu sustento en Jerusalén.

[34] Pero Barzilai dijo al rey:

—¿Cuántos años más habré de vivir para que yo suba con el rey a Jerusalén? [35] ¡Ya tengo ochenta años de edad! ¿Puedo distinguir entre lo que es agradable y lo que no lo es? ¿Gustará ahora tu siervo de lo que coma o beba? ¿Oirá aún la voz de los cantores y de las cantoras? ¿Por qué, pues, ha de ser tu siervo una carga para mi señor, el rey? [36] Tu siervo seguirá contigo un poco más allá del Jordán, pero ¿para qué ha de darme el rey tan gran recompensa? [37] Yo te ruego que dejes volver a tu siervo, para que muera en mi ciudad, junto al sepulcro de mi padre y de mi madre. Aquí está tu siervo Quimam.[h] Que siga él con mi señor, el rey, y haz con él lo que bien te parezca.

[38] El rey dijo:

—Pues siga conmigo Quimam, y yo haré con él como bien te parezca; todo lo que tú me pidas, yo lo haré.

[39] Todo el pueblo pasó el Jordán. Luego que hubo también pasado, el rey besó a Barzilai y lo bendijo, y él regresó a su casa. [40] Siguió entonces el rey hacia Gilgal, y con él pasó Quimam. Todo el pueblo de Judá acompañaba al rey, y también la mitad del pueblo de Israel. [41] En esto, todos los hombres de Israel vinieron a decir al rey:

—¿Por qué los hombres de Judá, nuestros hermanos, se han adueñado de ti, y han hecho pasar el Jordán al rey, a su familia y a todos los siervos de David con él?

[42] Todos los hombres de Judá respondieron a todos los de Israel:

—Porque el rey es nuestro pariente. Pero ¿por qué os enojáis vosotros de eso? ¿Hemos nosotros comido a expensas del rey? ¿Hemos recibido de él algún regalo?

[43] Entonces los hombres de Israel respondieron a los de Judá:

—Nosotros tenemos sobre el rey, y sobre el mismo David, diez veces más derechos que vosotros. ¿Por qué, pues, nos habéis menospreciado? ¿Acaso no fuimos nosotros los primeros que propusimos hacer volver a nuestro rey?

Sin embargo, las palabras de los hombres de Judá fueron más violentas que las de los hombres de Israel.

Sublevación de Seba

20 [1] Aconteció que se encontraba allí un hombre perverso llamado Seba hijo de Bicri, hombre de Benjamín, el cual tocó la trompeta, y exclamó:

«No tenemos parte con David,
ni heredad con el hijo de Isaí.
¡Cada uno a su tienda, Israel!»[a]

[2] Así todos los hombres de Israel abandonaron a David para seguir a Seba hijo de Bicri; pero los de Judá siguieron a su rey desde el Jordán hasta Jerusalén.

[3] Cuando David llegó a su casa en Jerusalén, tomó el rey las diez mujeres concubinas[b] que había dejado para guardar la casa, las puso en reclusión y les dio alimentos; pero nunca más se llegó a ellas, sino que quedaron encerradas hasta que murieron en viudez perpetua.

[4] Después dijo el rey a Amasa:

—Convócame a los hombres de Judá

---

[f] **19.28** 2 S 9.7.   [g] **19.31** 2 S 17.27-29.   [h] **19.37** 1 R 2.7.   [a] **20.1** 1 R 12.16; 2 Cr 10.16.
[b] **20.3** 2 S 15.16; 16.22.

para dentro de tres días, y preséntate tú también.

⁵ Fue, pues, Amasa para convocar a los de Judá, pero se tardó más tiempo del que le había sido señalado. ⁶ Entonces David dijo a Abisai:

—Seba hijo de Bicri nos hará ahora más daño que Absalón; toma tú, pues, los siervos de tu señor y ve tras él, no sea que alcance las ciudades fortificadas y nos cause dificultad.

⁷ Salieron en pos de él los hombres de Joab, los cereteos y peleteos y todos los valientes; salieron de Jerusalén para perseguir a Seba hijo de Bicri. ⁸ Estaban cerca de la piedra grande que hay en Gabaón, cuando les salió Amasa al encuentro. Joab vestía su indumentaria militar, y sobre ella llevaba un cinto con una daga envainada pegada a su costado, la cual se le cayó cuando él avanzó. ⁹ Entonces Joab dijo a Amasa:

—¿Te va bien, hermano mío?

Tomó Joab con la diestra la barba de Amasa, como para besarlo. ¹⁰ Pero Amasa no se cuidó de la daga que Joab tenía en la mano, y este lo hirió con ella en la quinta costilla, derramando sus entrañas en tierra. Así cayó muerto sin necesidad de darle un segundo golpe.ᶜ Después Joab y su hermano Abisai fueron en persecución de Seba hijo de Bicri. ¹¹ Uno de los hombres de Joab se quedó junto a él gritando:

—Quienquiera que ame a Joab y a David, ¡que siga a Joab!

¹² Amasa, revolcándose en su sangre, yacía en medio del camino. Al verlo, todo el que pasaba se detenía. Y viendo aquel hombre que todo el pueblo se paraba, apartó a Amasa del camino al campo, y echó sobre él una vestidura. ¹³ Luego que fue apartado del camino, pasaron todos los que seguían a Joab, para ir tras Seba hijo de Bicri.

¹⁴ Seba pasó por todas las tribus de Israel hasta Abel-bet-maaca,ᵈ y todos los de Barim se reunieron y lo siguieron también. ¹⁵ Llegaron los otros y lo sitiaron en Abel-bet-maaca. Levantaron contra la ciudad un terraplén y esta quedó sitiada; y todo el pueblo que estaba con Joab trabajaba por derribar la muralla. ¹⁶ Entonces una mujer sabia gritó en la ciudad:

—Oíd, oíd; os ruego que digáis a Joab que venga acá, para que yo hable con él.

¹⁷ Cuando él se acercó a ella, dijo la mujer:

—¿Eres tú Joab?

—Yo soy —respondió él.

—Oye las palabras de tu sierva —le dijo ella.

—Te escucho —respondió él.

¹⁸ Volvió ella a hablar y dijo:

—Antiguamente solían decir: "Quien pregunte, que pregunte a los de Abel". Y así concluían cualquier asunto. ¹⁹ Somos de las más pacíficas y fieles ciudades de Israel. ¡Y tú procuras destruir una ciudad que es madre en Israel! ¿Por qué destruyes la heredad de Jehová?

²⁰ Joab respondió diciendo:

—Nunca, nunca me acontezca tal cosa, que yo destruya ni deshaga. ²¹ La cosa no es así: sino de un hombre de los montes de Efraín, llamado Seba hijo de Bicri, que ha levantado su mano contra el rey David; entregádmelo a él solo y me iré de la ciudad.

—Su cabeza te será arrojada por encima del muro —dijo la mujer a Joab.

²² En seguida la mujer se dirigió a todo el pueblo con tanta sabiduría, que ellos cortaron la cabeza a Seba hijo de Bicri y se la arrojaron a Joab. Tocó él la trompeta y se retiraron de la ciudad, cada uno a su tienda; mientras, Joab regresó a Jerusalén, junto al rey.

Oficiales de David
(2 S 8.15-18; 1 Cr 18.14-17)

²³ Así quedó Joab al mando de todo el ejército de Israel, Benaía hijo de Joiada al frente de los cereteos y peleteos, ²⁴ Adoram como jefe de los tributos,ᵉ y Josafat hijo de Ahilud era el cronista. ²⁵ Seva era el escriba, y Sadoc y Abiatar, los sacerdotes. ²⁶ Ira, el jaireo, fue también sacerdote de David.

Venganza de los gabaonitas

21 ¹ Hubo hambre en los días de David durante tres años consecutivos.

ᶜ **20.10** 2 S 3.27; 18.14.   ᵈ **20.14** Población situada en el extremo norte del territorio de Israel.
ᵉ **20.24** Dt 20.11; 2 S 12.31; 1 R 9.21.

David consultó a Jehová, y Jehová le dijo: «Es por causa de Saúl, y por esa casa sanguinaria, porque él mató a los gabaonitas».

² Entonces el rey llamó a los gabaonitas y les habló. (Los gabaonitas no eran de los hijos de Israel, sino del resto de los amorreos, a los cuales los hijos de Israel habían hecho juramento.ᵃ Pero Saúl había intentado matarlos llevado de su celo por los hijos de Israel y de Judá). ³ Preguntó, pues, David a los gabaonitas:

—¿Qué puedo hacer por vosotros, o qué satisfacción debo daros para que bendigáis la heredad de Jehová?

⁴ Los gabaonitas le dijeron:

—No tenemos nosotros queja por cuestiones de plata o de oro con Saúl y con su casa, ni queremos que muera nadie en Israel.

—Lo que vosotros digáis, eso haré —respondió David.

⁵ Entonces dijeron ellos al rey:

—De aquel hombre que nos diezmó e intentó exterminarnos, para que no quedara nada de nosotros en todo el territorio de Israel, ⁶ que se nos entreguen siete hombres de sus descendientes, y los ahorcaremos delante de Jehová en Gabaa de Saúl, el escogido de Jehová.

—Yo os los entregaré —respondió el rey.

⁷ El rey perdonó a Mefi-boset hijo de Jonatán hijo de Saúl, a causa del juramento que David y Jonatán, hijo de Saúl, se habían hecho en nombre de Jehová.ᵇ ⁸ Pero tomó el rey a los dos hijos que Rizpa, hija de Aja, había tenido de Saúl, Armoni y Mefi-boset, y a los cinco hijos que Mical,ᶜ hija de Saúl, había tenido de Adriel hijo de Barzilai, el meholatita, ⁹ y los entregó en manos de los gabaonitas, quienes los ahorcaron en el monte delante de Jehová. Cayeron aquellos siete al mismo tiempo; fueron muertos en los primeros días de la cosecha, al comienzo de la siega de la cebada.

¹⁰ Entonces Rizpa,ᵈ hija de Aja, tomó una tela de luto y la tendió para recostarse sobre el peñasco. Allí estuvo desde el principio de la siega hasta que cayó sobre ellos la lluvia del cielo; y no dejó que ninguna ave del cielo se lanzara sobre ellos de día, ni las fieras del campo por la noche.

¹¹ Cuando le dijeron a David lo que hacía Rizpa, hija de Aja, concubina de Saúl, ¹² fue él a recoger los huesos de Saúl y los huesos de Jonatán, su hijo, de los hombres de Jabes de Galaad, que los habían hurtado de la plaza de Bet-sán, donde los filisteos los habían colgado cuando mataron a Saúl en Gilboa.ᵉ ¹³ E hizo David que se llevaran de allí los huesos de Saúl y los huesos de su hijo Jonatán; y recogieron también los huesos de los ahorcados. ¹⁴ Sepultaron los huesos de Saúl y los de su hijo Jonatán en tierra de Benjamín, en Zela, en el sepulcro de Cis su padre; e hicieron todo lo que el rey había mandado. Y Dios fue propicio a la tierra después de esto.

Abisai libra del gigante a David

¹⁵ Volvieron los filisteos a hacer la guerra a Israel. David descendió con sus siervos y pelearon contra los filisteos. David estaba cansado, ¹⁶ e Isbi-benob, uno de los descendientes de los gigantes, cuya lanza pesaba trescientos siclos de bronce, y que llevaba ceñida una espada nueva, trató de matar a David; ¹⁷ pero Abisaiᶠ hijo de Sarvia llegó en su ayuda, hirió al filisteo y lo mató. Entonces los hombres de David juraron diciendo: «Nunca más de aquí en adelante saldrás con nosotros a la batalla, no sea que apagues la lámpara de Israel».

Los hombres de David matan a los gigantes

(1 Cr 20.4-8)

¹⁸ Otra segunda guerra hubo después en Gob contra los filisteos; entonces Sibecai, el husatita, mató a Saf, quien era uno de los descendientes de los gigantes. ¹⁹ Hubo otra vez guerra en Gob contra los filisteos, en la cual Elhanán hijo de Jaare-oregim, de Belén, mató a Goliat, el geteo, cuya lanza tenía el asta tan grande como el rodillo de un telar.

²⁰ Después hubo otra guerra en Gat, donde había un hombre de gran estatura, el cual tenía doce dedos en las manos y otros doce en los pies, veinticuatro en total; también él descendía de los gigantes.

ᵃ **21.2** Jos 9.3-15.   ᵇ **21.7** 1 S 20.15-17; 2 S 9.1-7.   ᶜ **21.8** 1 S 18.19.   ᵈ **21.10** 2 S 3.7.
ᵉ **21.12** 1 S 31.8-13.   ᶠ **21.17** 1 S 26.6.

²¹Este desafió a Israel, y lo mató Jonatán hijo de Simea, hermano de David. ²²Estos cuatro eran descendientes de los gigantes de Gat, los cuales cayeron por mano de David y por mano de sus siervos.

Cántico de liberación de David

(Sal 18 título, 1-50)

22 ¹Dirigió David a Jehová las palabras de este cántico el día que Jehová lo libró de manos de Saúl y de todos sus enemigos. ²Dijo:

«Jehová es mi roca, mi fortaleza y mi libertador;
³Mi Dios, fortaleza mía, en él confiaré;
mi escudo y el fuerte de mi salvación,
mi alto refugio, mi salvador.
De violencia me libraste.ᵃ
⁴Invocaré a Jehová, quien es digno de ser alabado,
y seré salvo de mis enemigos.

⁵»Me envolvieron las olas de la muerte,
me atemorizaron torrentes de perversidad.
⁶Me rodearon los lazos del seol.
Tendieron sobre mí lazos de muerte.ᵇ
⁷En mi angustia invoqué a Jehová,
a mi Dios clamé
y escuchó mi voz desde su templo.
Mi clamor llegó a sus oídos.ᶜ

⁸»La tierra fue sacudida y tembló,
se conmovieron los cimientos de los cielos.
Se estremecieron porque él se indignó.ᵈ
⁹Humo subió de su nariz,
y de su boca un fuego abrasador
que lanzaba carbones encendidos.
¹⁰Inclinó los cielos y descendió;
había tinieblas debajo de sus pies.

¹¹Cabalgó sobre un querubín y voló;
voló sobre las alas del viento.ᵉ
¹²Se envolvió en un cerco de tinieblas,
oscuridad de aguas y densas nubes.
¹³Por el resplandor de su presencia
se encendieron carbones ardientes.

¹⁴»Tronó Jehová desde los cielos,
el Altísimo hizo oir su voz;
¹⁵Envió sus flechas y los dispersó,ᶠ
lanzó relámpagos y los destruyó.
¹⁶Aparecieron entonces los torrentes de las aguas,
quedaron al descubierto los cimientos del mundo
ante la reprensión de Jehová,
al soplo del aliento de su nariz.ᵍ

¹⁷»Envió desde lo alto y me tomó.
Me sacó de caudalosas aguas.
¹⁸Me libró de un poderoso enemigo,
y de los que me aborrecían,
aunque eran más fuertes que yo.
¹⁹Me asaltaron el día de mi desgracia,
mas Jehová fue mi apoyo.
²⁰Me sacó a lugar espacioso,
me libró porque me amaba.

²¹»Jehová me recompensa conforme a mi justicia.
Conforme a la limpieza de mis manos me ha premiado:
²²porque he guardado los caminos de Jehová,
y no me aparté de mi Dios haciendo el mal;
²³pues todos sus decretos están delante de mí
y nunca me aparté de sus preceptos.
²⁴Fui recto para con él,
y me he guardado de mi maldad.ʰ
²⁵Jehová me recompensa conforme a mi justicia,

ᵃ **22.2-3** Dt 32.4; Sal 31.2-3.   ᵇ **22.5-6** Sal 116.3; Jon 2.5-6.   ᶜ **22.7** Sal 120.1; Jon 2.2.
ᵈ **22.8** Jue 5.4-5; cf. Job 36.30; Sal 29.3-9; 77.16-19; Hab 3.3-13.   ᵉ **22.11** Sal 68.33; 104.3
ᶠ **22.12-15** Ex 9.22-35; 1 S 7.9-10; Sal 29.3-9; 77.18-19; Is 30.30-31.   ᵍ **22.16** Ex 15.8; 19.9.
ʰ **22.23-24** 1 R 9.4.

conforme a la limpieza de mis
manos ante sus ojos.

26 »Con el misericordioso te
mostrarás misericordioso,
y recto para con el hombre íntegro.
27 Limpio te mostrarás con el limpio,
y rígido serás con el perverso.
28 Tú salvas al pueblo afligido,
mas tus ojos abaten a los altivos.*i*
29 Tú eres, oh Jehová, mi lámpara;
mi Dios, que alumbra mis tinieblas.
30 Contigo desbarataré ejércitos,
con mi Dios asaltaré muros.

31 »El camino de Dios es perfecto
y acrisolada la palabra de Jehová.
Escudo es a todos los que en él
esperan.*j*
32 Porque ¿quién es Dios, sino sólo
Jehová?*k*
¿Y qué roca hay fuera de nuestro
Dios?
33 Dios es el que me ciñe de fuerza,
quien despeja mi camino,
34 quien hace mis pies como de
ciervas*l*
y me sostiene firme en las alturas;
35 el que adiestra mis manos para la
batalla,
y mis brazos para que se doble el
arco de bronce.
36 Me diste el escudo de tu salvación,
y tu benignidad me ha
engrandecido.
37 Ensanchaste mis pasos debajo de
mí,
y mis pies no han resbalado.

38 »Perseguiré a mis enemigos y los
destruiré,
no vuelvo hasta haberlos acabado.
39 Los heriré y derrotaré, de modo
que no se levanten.
Caerán debajo de mis pies.
40 Me ceñiste de fuerzas para la pelea,
has humillado debajo de mí a mis
enemigos,
41 y has hecho que mis enemigos me
vuelvan las espaldas,

para que yo destruyera a los que
me aborrecen.
42 Clamaron, pero nadie los salvó;
también a Jehová, mas no los oyó.
43 Como a polvo de la tierra los molí,
como a lodo de las calles los pisé y
los trituré.
44 Me has librado de las contiendas
del pueblo,
me guardaste para que fuera
cabeza de naciones,
pueblo que no conocía me servirá.
45 Los hijos de extraños se someterán
a mí.
Al oir de mí, me obedecerán.
46 Los extraños se debilitarán
y saldrán temblando de sus
refugios.

47 »¡Viva Jehová! ¡Bendita sea mi
roca!,
y engrandecido sea el Dios de mi
salvación.
48 El Dios que venga mis agravios
y somete pueblos a mis plantas.
49 El que me libera de enemigos,
me exalta sobre los que se levantan
contra mí
y me libra del hombre violento.
50 Por eso te confesaré entre las
naciones
y cantaré, oh Jehová, a tu nombre.*m*
51 Él salva gloriosamente a su rey,
y usa de misericordia para con su
ungido,
a David y a su descendencia para
siempre».

Últimas palabras de David

23 1 Estas son las palabras postreras
de David.
Dijo David hijo de Isaí,
aquel varón que fue levantado en
alto,
el ungido del Dios de Jacob,
el dulce cantor de Israel:

2 «El espíritu de Jehová habla por mí,
su palabra está en mi lengua.
3 El Dios de Israel ha hablado,

---

i **22.28** 1 S 2.3-7; Lc 1.51-53. *j* **22.31** Pr 30.5. *k* **22.32** Is 44.8; Os 13.4. *l* **22.34** Sal 18.33;
Hab 3.19. *m* **22.50** Ro 15.9.

me habló la Roca de Israel:
"Habrá un justo que gobierne entre
    los hombres,
que gobierne en el temor de Dios.
4 Será como la luz matinal,
    como el resplandor del sol
    en una mañana sin nubes,
    como la lluvia que hace brotar la
        hierba de la tierra".
5 Por eso mi casa está firme[a] en Dios;
    pues ha hecho conmigo un pacto
        eterno,
    bien ordenado en todo y bien
        seguro,
    aunque todavía no haya hecho él
        florecer
    toda mi salvación y mi deseo.
6 Pero todos los malvados
    serán como espinos arrancados,
    que nadie recoge con la mano;
7 quien quiere tocarlos,
    se arma de un hierro
    o del asta de una lanza,
    y son allí mismo consumidos por el
        fuego».

Los valientes de David
(1 Cr 11.10-47)

8 Estos son los nombres de los valientes que tuvo David: Joseb-basebet, el tacmonita, el principal de los capitanes, que era Adino, el eznita, quien mató a ochocientos hombres en una ocasión. 9 Después de él, Eleazar hijo de Dodo, el ahohíta, uno de los tres valientes que estaban con David cuando desafiaron a los filisteos que se habían reunido allí para la batalla, y los hombres de Israel retrocedían. 10 Este se levantó e hirió a los filisteos hasta que su mano se cansó y se le quedó pegada a la espada. Aquel día Jehová dio una gran victoria, y el pueblo volvió tras él tan sólo para recoger el botín.

11 Después de este fue Sama hijo de Age, el ararita. Los filisteos se habían reunido en Lehi, donde había un pequeño terreno lleno de lentejas y el pueblo huyó delante de los filisteos. 12 Pero él se paró en medio de aquel terreno, lo defendió y derrotó a los filisteos. Así dio Jehová una gran victoria.

13 Un día, en tiempo de la siega,[b] tres de los treinta jefes descendieron y se unieron a David en la cueva de Adulam, mientras los filisteos acampaban en el valle de Refaim. 14 David estaba entonces en la fortaleza y había en Belén una guarnición de los filisteos. 15 Y dijo David con vehemencia: «¡Quién me diera a beber del agua del pozo de Belén que está junto a la puerta!»

16 Entonces los tres valientes irrumpieron en el campamento de los filisteos, sacaron agua del pozo de Belén que estaba junto a la puerta, se la llevaron y la trajeron a David; pero él no la quiso beber, sino que la derramó como ofrenda para Jehová diciendo: 17 «Lejos de mí, oh Jehová, que yo haga esto. ¿He de beber yo la sangre de los hombres que fueron allí con peligro de su vida?» Y no quiso beberla.

Los tres valientes hicieron esto.

18 Abisai, hermano de Joab e hijo de Sarvia, era el principal de los treinta. Este alzó su lanza contra trescientos hombres, a quienes mató, y ganó renombre entre los tres. 19 Era el más renombrado de los treinta, y llegó a ser su jefe, pero no igualó a los tres primeros.

20 Después, Benaía[c] hijo de Joiada, hijo de un varón esforzado, grande en proezas, de Cabseel. Este mató a dos leones de Moab; él mismo descendió y mató a un león en medio de un foso, cuando estaba nevando. 21 También mató él a un egipcio, hombre de gran estatura; tenía el egipcio una lanza en su mano, pero descendió contra él con un palo, arrebató al egipcio la lanza de la mano y lo mató con su propia lanza. 22 Esto hizo Benaía hijo de Joiada, y ganó renombre entre los tres valientes. 23 Se destacó entre los treinta, pero no igualó a los tres primeros. David lo puso como jefe de su guardia personal.

24 Estaban asimismo entre los treinta, Asael,[d] hermano de Joab; Elhanán[e] hijo de Dodo, de Belén; 25 Sama, el harodita; Elica, el harodita; 26 Heles, el paltita; Ira hijo de Iques, el tecoíta; 27 Abiezer, el anatotita;

---

[a] **23.5** 2 S 7.16; 1 R 2.4; 2 Cr 13.5; Sal 89.4; 132.12; Is 55.3; Jer 33.20-22.   [b] **23.13** En los meses de abril y mayo, cuando no llueve en Palestina.   [c] **23.20** 2 S 8.18; 20.23.   [d] **23.24** 1 Cr 27.7; cf. 2 S 2.18-23.   [e] **23.24** 2 S 21.19; 1 Cr 20.5.

Mebunai, el husatita; [28] Salmón, el ahohíta; Maharai, el netofatita; [29] Heleb hijo de Baana, el netofatita; Itai hijo de Ribai, de Gabaa de los hijos de Benjamín; [30] Benaía, el piratonita; Hidai, del arroyo Gaas; [31] Abi-albón, el arbatita; Azmavet, el barhumita; [32] Eliaba, el saalbonita; Jonatán, de los hijos de Jasén; [33] Sama, el ararita; Ahíam hijo de Sarar, el ararita; [34] Elifelet hijo de Ahasbai hijo de Maaca; Eliam hijo de Ahitofel, el gilonita; [35] Hezrai, el carmelita; Paarai, el arbita; [36] Igal hijo de Natán, de Soba; Bani, el gadita; [37] Selec, el amonita; Naharai, el beerotita, escudero de Joab hijo de Sarvia; [38] Ira, el itrita; Gareb, el itrita, [39] y Urías, el heteo. En total, treinta y siete.

David censa al pueblo
(1 Cr 21.1-27)

24 [1] Volvió a encenderse la ira de Jehová contra los israelitas, e incitó[a] a David contra ellos diciéndole: «Ve, haz un censo de Israel y de Judá». [2] El rey dijo a Joab, general del ejército que estaba con él:

—Recorre ahora todas las tribus de Israel, desde Dan hasta Beerseba, y haz un censo del pueblo, para que yo sepa el número de los habitantes.

[3] Joab respondió al rey:

—Que Jehová, tu Dios, multiplique al pueblo cien veces más de lo que es, y que pueda verlo mi señor, el rey. Pero, ¿por qué se complace en esto mi señor, el rey?

[4] Sin embargo, la palabra del rey prevaleció sobre la de Joab y sobre la de los capitanes del ejército. Se retiró, pues, Joab, con los capitanes del ejército, de la presencia del rey, para hacer el censo del pueblo de Israel. [5] Pasaron el Jordán y acamparon en Aroer, al sur de la ciudad que está en medio del valle de Gad, junto a Jazer. [6] Después fueron a Galaad y a la tierra baja de Hodsi; de allí a Danjaán y a los alrededores de Sidón. [7] Luego fueron a la fortaleza de Tiro y a todas las ciudades de los heveos y de los cananeos, y por último se dirigieron al Neguev de Judá, en Beerseba. [8] Después que terminaron de recorrer toda la tierra, volvieron a Jerusalén al cabo de nueve meses y veinte días. [9] Joab entregó entonces el censo del pueblo al rey; había en Israel ochocientos mil hombres fuertes que sacaban espada, y los de Judá eran quinientos mil hombres.

[10] Después que David censó al pueblo, le pesó en su corazón; y dijo David a Jehová:

—He pecado gravemente por haber hecho esto; pero ahora, oh Jehová, te ruego que quites el pecado de tu siervo, porque he actuado muy neciamente.

[11] Por la mañana, cuando David se levantó, vino palabra de Jehová al profeta Gad, vidente de David, diciendo: [12] «Ve y di a David: Así ha dicho Jehová: "Tres cosas te ofrezco; tú escogerás una de ellas, para que yo la haga"». [13] Vino, pues, Gad a David, se lo hizo saber y le dijo:

—¿Qué prefieres: que vengan siete años de hambre sobre tu tierra? ¿o que huyas tres meses delante de tus enemigos y que ellos te persigan? ¿o que haya tres días de peste en tu tierra? Piensa ahora, y mira qué debo responder al que me ha enviado.

[14] Entonces David dijo a Gad:

—Estoy en gran angustia. Pero es preferible caer ahora en manos de Jehová, porque sus misericordias son muchas, que caer en manos de los hombres.

[15] Entonces Jehová envió la peste sobre Israel, desde esa mañana hasta el tiempo señalado, y murieron setenta mil hombres del pueblo desde Dan hasta Beerseba. [16] Y cuando el ángel extendió su mano sobre Jerusalén para destruirla, Jehová se arrepintió[b] de aquel mal, y dijo al ángel que exterminaba al pueblo: «Basta ya; detén tu mano».

El ángel de Jehová estaba junto a la era de Arauna,[c] el jebuseo. [17] Cuando David vio al ángel que castigaba al pueblo, dijo a Jehová:

—Yo pequé, yo hice lo malo; ¿qué hicieron estas ovejas? Te ruego que tu mano se vuelva contra mí y contra la casa de mi padre.

[18] Vino Gad adonde estaba David aquel día, y le dijo: «Sube y levanta un altar a

---

a **24.1** 1 S 26.19.   *b* **24.16** Ex 32.14; Jer 42.10; Jon 3.10; cf. Jer 18.8; Jl 2.13-14.   *c* **24.16** Sitio donde Salomón construyó más tarde el templo de Jerusalén (1 Cr 21.8—22.1; 2 Cr 3.1).

Jehová en la era de Arauna, el jebuseo».
¹⁹ David subió conforme al dicho de Gad, según lo había mandado Jehová. ²⁰ Arauna miró y vio al rey y a sus siervos que venían hacia él. Salió entonces Arauna, se inclinó delante del rey, rostro a tierra, ²¹ y dijo:

—¿Por qué viene mi señor, el rey, a ver a su siervo?

David respondió:

—Para comprarte la era y edificar en ella un altar a Jehová, a fin de que cese la mortandad del pueblo.

²² Arauna dijo a David:

—Tome y ofrezca mi señor el rey lo que bien le parezca; ahí tienes bueyes para el holocausto, los trillos y los yugos de los bueyes para leña. ²³ Todo esto, oh rey, Arauna lo da al rey.

Luego dijo Arauna al rey:

—Jehová, tu Dios, te sea propicio.

²⁴ El rey dijo a Arauna:

—No; la compraré por su precio; porque no ofreceré a Jehová, mi Dios, holocaustos que no me cuesten nada.

Y David compró la era y los bueyes por cincuenta siclos de plata. ²⁵ Edificó allí David un altar a Jehová, y sacrificó holocaustos y ofrendas de paz. Entonces Jehová oyó las súplicas de la tierra y cesó la plaga en Israel.

PRIMER LIBRO DE LOS
REYES

INTRODUCCIÓN

Los libros de Reyes son una sola obra en dos volúmenes. El Primer libro de Reyes (=1 R) narra la última etapa de la historia de David desde el punto en que la había dejado 2 Samuel. Requerido por Betsabé, David dispone que se unja y proclame rey a su hijo Salomón (1 R 1–2). Queda así establecida la dinastía davídica, y la historia de Israel entra en una nueva fase, que cubre el período entre el comienzo del reinado de Salomón (c. 970 a.C.) y la caída de Jerusalén en tiempos de Sedequías (586 a.C.).

No se dispone de mucha más información sobre el gobierno del hijo de David que la referente a su sabiduría, prudencia y riquezas, y a las grandiosas obras que impulsó, en particular la edificación del Templo. Desde el punto de vista político, es destacable que Salomón supo siempre mantener la unidad del reino y evitar que Israel se viera envuelto en conflictos bélicos. Pese a ello, el texto no justifica su conducta apóstata y su actitud permisiva ante la penetración en Israel de cultos paganos e idolátricos; tampoco la imposición de onerosos tributos públicos para sufragar el alto costo de las construcciones que promovió. Al convertirse en realidad las advertencias de Samuel acerca de la institución de una monarquía en Israel (cf. 1 S 8), el clima de tensión así generado hizo renacer las viejas desavenencias entre los territorios del norte y el sur (cf. 2 S 20.1-2). En esas circunstancias, y ya bajo el gobierno de Roboam (1 R 12), se precipitaron los acontecimientos que fueron causa de la división del reino en dos estados independientes: el de Judá o reino del sur y el de Israel o reino del norte. Dos siglos más tarde, en el año 721 a.C., Israel quedó sometido a la dominación asiria, y cerca de siglo y medio después, en el 586 a.C., cayó Judá bajo el poder del imperio neobabilónico.

A la historia del reino dividido está dedicada la segunda parte de este libro (12.1—22.53). A los reyes de Israel, todos impíos, se los juzga con severidad. En Judá se aprueba el comportamiento de algunos monarcas que siguieron los pasos de David. Pero son los profetas, que amonestan al pueblo y en ocasiones le echan en cara a un rey su falta de fidelidad al Señor, los portadores del mensaje divino. Aquí se destaca la figura de Elías, especialmente cuando se enfrenta a los profetas de Baal (cap. 18).

Esquema del contenido

1. *Fin del reinado de David; Salomón es proclamado rey (1.1—2.12)*
2. *Reinado de Salomón (2.13—11.43)*
3. *El reino dividido (12–22)*

Abisag sirve a David

1 ¹Cuando el rey David era viejo y avanzado en días, lo cubrían de ropas, pero no se calentaba. ²Le dijeron, por tanto, sus siervos: «Busquen para mi señor, el rey, una joven virgen que lo atienda y lo abrigue, que duerma a su lado y así mi señor, el rey, entrará en calor».

³Buscaron, pues, una joven hermosa por toda la tierra de Israel; encontraron a Abisag, la sunamita, y la llevaron al rey. ⁴La joven era hermosa; ella abrigaba al rey y lo servía, pero el rey nunca la conoció.

Adonías usurpa el trono

[5] Entonces Adonías[a] hijo de Haguit se rebeló, diciendo: «Yo reinaré». Se hizo de carros, de gente de a caballo y de cincuenta hombres que corrieran delante de él. [6] En todos sus días su padre nunca lo había reprendido diciéndole: «¿Por qué haces esto?» Además, era de muy hermoso parecer, y había nacido después de Absalón. [7] Adonías se había puesto de acuerdo con Joab hijo de Sarvia y con el sacerdote Abiatar, los cuales lo ayudaban. [8] Pero el sacerdote Sadoc, Benaía hijo de Joiada, el profeta Natán, Simei, Rei y todos los grandes de David no seguían a Adonías.

[9] Mató Adonías un día ovejas, vacas y animales cebados junto a la peña de Zohelet, que está cerca de la fuente de Rogel, y convidó a todos sus hermanos, los hijos del rey, y a todos los hombres de Judá, siervos del rey. [10] Pero no convidó al profeta Natán ni a Benaía ni a los grandes, ni a su hermano Salomón. [11] Entonces Natán dijo a Betsabé, madre de Salomón:[b]

—¿No has oído que Adonías hijo de Haguit se ha proclamado rey sin saberlo David, nuestro señor? [12] Ven pues, ahora, y oye mi consejo, para que conserves tu vida y la de tu hijo Salomón. [13] Ve, preséntate ante el rey David y dile: "Rey y señor mío, ¿no juraste a tu sierva, diciendo: 'Salomón, tu hijo, reinará después de mí, y él se sentará en mi trono?' ¿Por qué, pues, reina Adonías?". [14] Mientras estés allí hablando con el rey, yo entraré detrás de ti y reafirmaré tus palabras.

[15] Entonces Betsabé entró en la habitación del rey. El rey estaba muy viejo y Abisag, la sunamita, lo servía. [16] Betsabé se inclinó e hizo una reverencia al rey. El rey dijo:

—¿Qué te pasa?

[17] Ella le respondió:

—Señor mío, tú juraste a tu sierva por Jehová, tu Dios, diciendo: "Salomón, tu hijo, reinará después de mí y se sentará en mi trono". [18] Pero ahora reina Adonías, sin que tú, mi señor y rey, todavía lo sepas. [19] Ha matado bueyes, animales cebados y muchas ovejas, y ha convidado a todos los hijos del rey, al sacerdote Abiatar y a Joab, general del ejército; pero no ha convidado a Salomón, tu siervo. [20] Entre tanto, rey y señor mío, los ojos de todo Israel están puestos en ti, para que les anuncies quién se ha de sentar en el trono después de mi señor, el rey. [21] De otra manera sucederá que cuando mi señor, el rey, duerma con sus padres, yo y mi hijo Salomón seremos considerados culpables.

[22] Mientras ella aún hablaba con el rey, llegó el profeta Natán. [23] Le avisaron al rey diciendo: «Aquí está el profeta Natán». Cuando él entró donde estaba el rey, se postró delante del rey rostro en tierra, [24] y dijo:

—Rey y señor mío, ¿has dicho tú: "Adonías reinará después de mí y se sentará en mi trono"? [25] Porque hoy descendió a sacrificar bueyes, animales cebados y muchas ovejas, y ha convidado a todos los hijos del rey, a los capitanes del ejército, y también al sacerdote Abiatar: están comiendo y bebiendo delante de él, y gritan: "¡Viva el rey Adonías!". [26] Pero ni a mí, tu siervo, ni al sacerdote Sadoc ni a Benaía hijo de Joiada ni a Salomón, tu siervo, ha convidado. [27] ¿Es que esto ha sido ordenado por mi señor, el rey, sin haber dado a conocer a tus siervos quién se había de sentar en el trono de mi señor, el rey, después de él?

David proclama rey a Salomón

[28] El rey David respondió diciendo: «Llamadme a Betsabé». Entró ella a la presencia del rey y se quedó en pie delante de él. [29] Entonces el rey hizo este juramento:

—¡Vive Jehová!,[c] que ha redimido mi alma de toda angustia, [30] que como yo te he jurado por Jehová, Dios de Israel, diciendo: "Tu hijo Salomón reinará después de mí y se sentará sobre mi trono en lugar mío", así lo haré hoy.

[31] Betsabé se inclinó ante el rey, con su rostro en tierra, y haciendo una reverencia al rey, dijo:

—Viva mi señor, el rey David, para siempre.

[32] Y el rey David dijo:

---

[a] 1.5 2 S 3.4.   [b] 1.11 2 S 12.24.   [c] 1.29 1 R 2.24; 17.1,12; 18.10,15.

—Llamadme al sacerdote Sadoc, al profeta Natán y a Benaía hijo de Joiada.

Ellos entraron a la presencia del rey, ³³ y él les dijo:

—Tomad con vosotros los siervos de vuestro señor, montad a mi hijo Salomón en mi mula y llevadlo a Gihón. ³⁴ Allí lo ungirán el sacerdote Sadoc y el profeta Natán como rey sobre Israel; vosotros tocaréis la trompeta y gritaréis: "¡Viva el rey Salomón!" ³⁵ Después iréis detrás de él, y vendrá a sentarse sobre mi trono y reinará en mi lugar, porque lo he escogido para que sea príncipe de Israel y de Judá.

³⁶ Entonces Benaía hijo de Joiada respondió al rey:

—Amén. Así lo diga Jehová, Dios de mi señor, el rey. ³⁷ De la manera que Jehová ha estado con mi señor, el rey, así esté con Salomón, y haga mayor su trono que el trono de mi señor, el rey David.

³⁸ Descendieron el sacerdote Sadoc, el profeta Natán, Benaía hijo de Joiada, los cereteos y los peleteos,*d* montaron a Salomón en la mula del rey David y lo llevaron a Gihón. ³⁹ Tomó el sacerdote Sadoc el cuerno del aceite del Tabernáculo y ungió a Salomón; tocaron la trompeta y gritó todo el pueblo: "¡Viva el rey Salomón!". ⁴⁰ Después subió todo el pueblo detrás de él; cantaba la gente con flautas y manifestaba tan gran alegría, que parecía que la tierra se hundía bajo sus gritos.

⁴¹ Lo oyó Adonías, y todos los convidados que con él estaban, cuando ya habían acabado de comer. También oyó Joab el sonido de la trompeta, y dijo: «¿Por qué se alborota la ciudad con tanto estruendo?».

⁴² Mientras él aún hablaba, llegó Jonatán, hijo del sacerdote Abiatar, al cual dijo Adonías:

—Entra, porque tú eres hombre valiente y traerás buenas noticias.

⁴³ Jonatán respondió a Adonías:

—Ciertamente nuestro señor, el rey David, ha hecho rey a Salomón; ⁴⁴ el rey ha enviado con él al sacerdote Sadoc y al profeta Natán, a Benaía hijo de Joiada, y también a los cereteos y a los peleteos, los cuales lo montaron en la mula del rey. ⁴⁵ El sacerdote Sadoc y el profeta Natán lo han ungido rey en Gihón; de allí han subido alegremente y la ciudad está llena de estruendo. Este es el alboroto que habéis oído. ⁴⁶ Más aún, Salomón se ha sentado en el trono del reino, ⁴⁷ y aun los siervos del rey han venido a bendecir a nuestro señor, el rey David, diciendo: "Dios haga bueno el nombre de Salomón más que tu nombre, y haga mayor su trono que el tuyo". Y el rey adoró en la cama, ⁴⁸ y ha dicho además así: "Bendito sea Jehová, Dios de Israel, que ha dado hoy quien se siente en mi trono, y lo vean mis ojos".

⁴⁹ Entonces se estremecieron todos los convidados que estaban con Adonías, se levantaron y cada uno se fue por su camino. ⁵⁰ Pero Adonías tuvo miedo de Salomón, se levantó y fue a asirse de los cuernos del altar.*e* ⁵¹ Luego avisaron a Salomón:

—Adonías tiene miedo del rey Salomón, pues se ha asido de los cuernos del altar diciendo: "Júreme hoy el rey Salomón que no matará a espada a su siervo".

⁵² Y Salomón dijo:

—Si él es hombre de bien, ni uno de sus cabellos caerá en tierra; pero si se halla mal en él, morirá.

⁵³ El rey Salomón mandó que lo trajeran del altar; vino él y se inclinó ante el rey Salomón. Salomón le dijo:

—Vete a tu casa.

David da instrucciones a Salomón

2 ¹ Cuando llegaron los días en que David había de morir, le ordenó a Salomón, su hijo: ² «Yo sigo el camino de todos en la tierra; esfuérzate y sé hombre. ³ Guarda los preceptos de Jehová, tu Dios, andando en sus caminos y observando sus estatutos y mandamientos, sus decretos y sus testimonios, de la manera que está escrito en la ley de Moisés, para que prosperes en todo lo que hagas y en todo aquello que emprendas;*a* ⁴ para que confirme

---

d **1.38** Dos grupos de mercenarios extranjeros que formaban la guardia personal de David (2 S 8.18). *e* **1.50** Ex 27.2; 21.12-14. El fugitivo que buscaba salvar su vida podía hallar refugio en ellos. También en ciudades especialmente designadas (cf. Nm 35.9-15; Dt 4.41-43; 19.1-13; Jos 20) recibían asilo los perseguidos a causa de un homicidio involuntario.
a **2.3** Jos 1.7.

Jehová la promesa que me hizo[b] diciendo: "Si tus hijos guardan mi camino andando delante de mí con verdad, de todo su corazón y de toda su alma, jamás te faltará un descendiente en el trono de Israel".[c]

5 »Ya sabes tú lo que me ha hecho Joab hijo de Sarvia, lo que hizo a dos generales del ejército de Israel, a Abner[d] hijo de Ner y a Amasa[e] hijo de Jeter, cómo los mató, vengando en tiempo de paz la sangre derramada en la guerra, y manchando con sangre de guerra el cinturón que ceñía su cintura y los zapatos que calzaban sus pies. 6 Tú, pues, harás conforme a tu sabiduría: no dejarás descender en paz sus canas al seol. 7 Pero con los hijos de Barzilai,[f] el galaadita, tendrás misericordia; que sean de los convidados a tu mesa, pues ellos me trataron de esa manera cuando iba huyendo de Absalón, tu hermano. 8 También tienes contigo a Simei hijo de Gera hijo de Benjamín, de Bahurim, el cual me maldijo con una maldición fuerte el día que yo iba a Mahanaim.[g] Pero él mismo descendió a recibirme al Jordán, y yo le juré por Jehová diciendo: "No te mataré a espada".[h] 9 Pero ahora no lo absolverás, pues eres un hombre sabio y sabes cómo debes tratarlo para que sus canas desciendan con sangre al seol».

Muerte de David
(1 Cr 29.26-30)

10 David durmió con sus padres y fue sepultado en su ciudad. 11 Los días que reinó David sobre Israel fueron cuarenta años: siete años reinó en Hebrón y treinta y tres años en Jerusalén.[i] 12 Salomón se sentó en el trono de David, su padre,[j] y su reino fue muy estable.

Salomón afirma su reino

13 Entonces Adonías hijo de Haguit fue a ver a Betsabé, madre de Salomón, y ella le dijo:

—¿Vienes en son de paz?

—Sí, de paz —respondió él; 14 y enseguida añadió—: Tengo algo que decirte.

—Habla —dijo ella.

15 Él dijo:

—Tú sabes que el reino era mío y que todo Israel había puesto en mí sus ojos para que yo reinara; pero el reino fue traspasado y se le concedió a mi hermano, pues por voluntad de Jehová le pertenecía. 16 Ahora te hago una petición; no me la niegues.

—Habla —le dijo ella.

17 Él entonces dijo:

—Te ruego que hables al rey Salomón (porque él no te lo negará), para que me dé Abisag, la sunamita, por mujer.

18 —Bien; hablaré por ti al rey —respondió Betsabé.

19 Betsabé fue a ver al rey Salomón para hablarle por Adonías. El rey se levantó a recibirla y se inclinó ante ella; volvió a sentarse en su trono e hizo traer una silla para su madre, que se sentó a su diestra. 20 Entonces ella dijo:

—Una pequeña petición pretendo de ti; no me la niegues.

—Pide, madre mía, que yo no te la negaré —respondió el rey.

21 Y ella dijo:

—Que se le dé Abisag, la sunamita, por esposa a tu hermano Adonías.

22 —¿Por qué pides a Abisag, la sunamita, para Adonías? Demanda también el reino para él, pues él es mi hermano mayor y ya tiene también de su parte al sacerdote Abiatar y a Joab hijo de Sarvia —le respondió Salomón a su madre.

23 Y el rey Salomón juró por Jehová: «Traiga Dios sobre mí el peor de los castigos, que contra su vida ha hablado Adonías estas palabras. 24 Ahora, pues, vive Jehová, quien me ha confirmado y me ha puesto sobre el trono de David, mi padre, quien me ha dado una casa conforme me lo había prometido, que Adonías morirá hoy».

25 Entonces el rey Salomón envió a Benaía hijo de Joiada, el cual arremetió contra él y lo mató. 26 Y el rey dijo al sacerdote Abiatar: «Vete a Anatot,[k] a tus heredades, pues eres digno de muerte; pero no te

---

[b] 2.4 Dt 7.8,12; 9.5.   [c] 2.4 2 S 7.11-16.   [d] 2.5 2 S 3.27.   [e] 2.5 2 S 20.10.   [f] 2.7 2 S 17.27-29.
[g] 2.8 2 S 16.5-13.   [h] 2.8 2 S 19.16-23.   [i] 2.11 2 S 5.4-5; 1 Cr 3.4.   [j] 2.12 1 Cr 29.23.
[k] 2.26 Ciudad levítica situada al norte de Jerusalén. Cf. Jos 21.18; 1 Cr 6.60; Jer 1.1.

mataré hoy, por cuanto has llevado el Arca de Jehová, el Señor, delante de David, mi padre,[l] y además has compartido todas sus aflicciones».[m] 27 Así echó Salomón a Abiatar del sacerdocio de Jehová, para que se cumpliera la palabra que Jehová pronunció en Silo sobre la casa de Elí.[n]

28 Llegó la noticia a Joab, y como también se había adherido a Adonías, si bien no se había adherido a Absalón, huyó Joab al tabernáculo de Jehová y se asió de los cuernos del altar. 29 Se le avisó a Salomón que Joab había huido al tabernáculo de Jehová y que estaba junto al altar. Entonces envió Salomón a Benaía hijo de Joiada, con esta orden: «Ve y arremete contra él». 30 Entró Benaía al tabernáculo de Jehová, y le dijo:

—El rey ha dicho que salgas.

—No, sino que aquí moriré —respondió él.

Benaía volvió con esta respuesta al rey, y le dijo:

—Así me respondió Joab.

31 El rey le dijo:

—Haz como él ha dicho: mátalo y entiérralo, y aparta de mí y de la casa de mi padre la sangre que Joab ha derramado injustamente. 32 Jehová hará caer su sangre sobre su cabeza, porque él ha dado muerte a dos hombres más justos y mejores que él, a los cuales mató a espada sin que mi padre David supiera nada: a Abner hijo de Ner, general del ejército de Israel, y a Amasa hijo de Jeter, general del ejército de Judá. 33 Así pues, la sangre de ellos recaerá sobre la cabeza de Joab y sobre la cabeza de su descendencia para siempre; pero sobre David y sobre su descendencia, sobre su casa y sobre su trono, habrá paz perpetua de parte de Jehová.

34 Entonces Benaía hijo de Joiada subió, arremetió contra él y lo mató; y fue sepultado en su casa en el desierto. 35 El rey puso en su lugar a Benaía hijo de Joiada al frente del ejército, y a Sadoc el rey lo puso como sacerdote en lugar de Abiatar. 36 Después mandó a llamar el rey a Simei, y le dijo:

—Edifícate una casa en Jerusalén y habita ahí, no salgas de allí a ninguna parte; 37 porque ten por cierto que el día que salgas y pases el torrente Cedrón, sin duda morirás, y tu sangre caerá sobre tu cabeza.

38 Simei dijo al rey:

—Tu palabra es buena; como el rey mi señor ha dicho, así lo hará tu siervo.

Y habitó Simei en Jerusalén muchos días. 39 Pero pasados tres años, aconteció que dos siervos de Simei huyeron junto a Aquis hijo de Maaca, rey de Gat. Alguien dio aviso a Simei diciendo: «Tus siervos están en Gat». 40 Entonces Simei se levantó, ensilló su asno y fue adonde estaba Aquis, en Gat, para buscar a sus siervos. Fue, pues, Simei, y trajo sus siervos de Gat. 41 Luego le dijeron a Salomón que Simei había ido de Jerusalén hasta Gat, y regresado. 42 Entonces el rey mandó a buscar a Simei, y le dijo: «¿No te hice jurar yo por Jehová, y te advertí diciendo: "El día que salgas y vayas acá o allá, ten por cierto que morirás"? Y tú me dijiste: "Tu palabra es buena, yo la obedezco". 43 ¿Por qué, pues, no guardaste el juramento de Jehová, y el mandamiento que yo te impuse?»

44 Dijo además el rey a Simei: «Tú conoces todo el mal, el cual tu corazón bien sabe que cometiste contra mi padre David. Jehová, pues, ha hecho recaer el mal sobre tu cabeza. 45 En cambio, el rey Salomón será bendito, y el trono de David permanecerá firme perpetuamente delante de Jehová».

46 Entonces el rey mandó a Benaía hijo de Joiada, el cual salió, lo hirió y lo mató.

Y el reino fue confirmado en manos de Salomón.

Salomón se casa con la hija del faraón

3 1 Salomón estableció parentesco con el faraón, rey de Egipto, pues tomó la hija del faraón y la trajo a la ciudad de David, mientras acababa de edificar su casa, la casa de Jehová y los muros en torno a Jerusalén. 2 Hasta entonces el pueblo sacrificaba en los lugares altos,[a] porque en

---

[l] 2.26 2 S 15.24.   [m] 2.26 1 S 22.20-23.   [n] 2.27 1 S 2.27-36.   [a] 3.2 Elevaciones naturales o artificiales donde los cananeos rendían culto a sus dioses.

aquellos tiempos no había aún casa edificada al nombre de Jehová.

Salomón pide sabiduría
(2 Cr 1.1-13)

³ Pero Salomón amó a Jehová, y anduvo en los estatutos de su padre David; solamente sacrificaba y quemaba incienso en los lugares altos. ⁴ Iba el rey a Gabaón, porque aquel era el lugar alto principal, y sacrificaba allí; mil holocaustos sacrificaba Salomón sobre aquel altar.

⁵ En Gabaón se le apareció en sueños Jehová a Salomón una noche. Y le dijo Dios:

—Pide lo que quieras que yo te dé.

⁶ Salomón le respondió:

—Tú has tenido gran misericordia con tu siervo David, mi padre, porque él anduvo delante de ti en verdad, en justicia y rectitud de corazón para contigo. Tú le has reservado esta tu gran misericordia, al darle un hijo que se sentara en su trono, como sucede en este día.ᵇ ⁷ Ahora pues, Jehová, Dios mío, tú me has hecho rey a mí, tu siervo, en lugar de David, mi padre. Yo soy joven y no sé cómo entrar ni salir.ᶜ ⁸ Tu siervo está en medio de tu pueblo, el que tú escogiste; un pueblo grande, que no se puede contar por su multitud incalculable.ᵈ ⁹ Concede, pues, a tu siervo un corazón que entienda para juzgar a tu pueblo y discernir entre lo bueno y lo malo, pues ¿quién podrá gobernar a este pueblo tuyo tan grande?

¹⁰ Al Señor le agradó que Salomón pidiera esto. ¹¹ Y le dijo Dios:

—Porque has demandado esto, y no pediste para ti muchos días, ni pediste para ti riquezas, ni pediste la vida de tus enemigos, sino que demandaste para ti inteligencia para oír juicio, ¹² voy a obrar conforme a tus palabras: Te he dado un corazón sabio y entendido,ᵉ tanto que no ha habido antes de ti otro como tú, ni después de ti se levantará otro como tú. ¹³ También te he dado las cosas que no pediste, riquezas y gloria, de tal manera que entre los reyes ninguno haya como tú en todos tus días. ¹⁴ Y si andas en mis caminos, guardando mis preceptos y mis mandamientos,

como anduvo tu padre David, yo alargaré tus días.

¹⁵ Cuando Salomón despertó, comprendió que era sueño. Luego fue a Jerusalén y se presentó delante del Arca del pacto de Jehová, sacrificó holocaustos y ofreció sacrificios de paz. También ofreció un banquete a todos sus siervos.

Sabiduría y prosperidad de Salomón

¹⁶ En aquel tiempo vinieron al rey dos mujeres rameras y se presentaron ante él. ¹⁷ Una de ellas dijo:

—¡Ah, señor mío! Yo y esta mujer habitábamos en una misma casa, y yo di a luz estando con ella en la casa. ¹⁸ Aconteció que al tercer día de dar yo a luz, esta dio a luz también, y habitábamos nosotras juntas; ningún extraño estaba en la casa, fuera de nosotras dos. ¹⁹ Una noche el hijo de esta mujer murió, porque ella se acostó sobre él. ²⁰ Ella se levantó a medianoche y quitó a mi hijo de mi lado, mientras yo, tu sierva, estaba durmiendo; lo puso a su lado y colocó al lado mío a su hijo muerto. ²¹ Cuando me levanté de madrugada para dar el pecho a mi hijo, encontré que estaba muerto; pero lo observé por la mañana y vi que no era mi hijo, el que yo había dado a luz.

²² Entonces la otra mujer dijo:

—No; mi hijo es el que vive y tu hijo es el que ha muerto.

—No; tu hijo es el muerto, y mi hijo es el que vive —volvió a decir la otra.

Así discutían delante del rey. ²³ El rey entonces dijo: «Esta afirma: "Mi hijo es el que vive y tu hijo es el que ha muerto"; la otra dice: "No, el tuyo es el muerto y mi hijo es el que vive"». ²⁴ Y añadió el rey:

—Traedme una espada.

Y trajeron al rey una espada. ²⁵ En seguida el rey dijo:

—Partid en dos al niño vivo, y dad la mitad a la una y la otra mitad a la otra.

²⁶ Entonces la mujer de quien era el hijo vivo habló al rey (porque sus entrañas se le conmovieron por su hijo), y le dijo:

—¡Ah, señor mío! dad a esta el niño vivo, y no lo matéis.

—Ni a mí ni a ti; partidlo —dijo la otra.

ᵇ **3.6** 2 S 7.12-16.   ᶜ **3.7** Jer 1.6.   ᵈ **3.8** Dt 7.7-8.   ᵉ **3.12** 1 R 4.29-34; Is 11.1-5.

²⁷ Entonces el rey respondió:

—Entregad a aquella el niño vivo, y no lo matéis; ella es su madre.

²⁸ Todo Israel oyó aquel juicio que había pronunciado el rey, y temieron al rey, pues vieron que Dios le había dado sabiduría para juzgar.

4 ¹ Reinó, pues, el rey Salomón sobre todo Israel. ² Estos fueron los jefes que tuvo: Azarías, hijo del sacerdote Sadoc; ³ Elihoref y Ahías, hijos de Sisa, secretarios; Josafat hijo de Ahilud, canciller; ⁴ Benaía hijo de Joiada, jefe del ejército; Sadoc y Abiatar, los sacerdotes; ⁵ Azarías hijo de Natán, jefe de los gobernadores; Zabud hijo de Natán, ministro principal y amigo del rey; ⁶ Ahisar, mayordomo; y Adoniram hijo de Abda, encargado del tributo.ᵃ

⁷ Tenía Salomón doce gobernadores sobre todo Israel, los cuales mantenían al rey y a su casa. Cada uno de ellos estaba obligado a abastecerlo un mes por año. ⁸ Estos son sus nombres: el hijo de Hur, en los montes de Efraín; ⁹ el hijo de Decar, en Macaz, en Saalbim, en Bet-semes, en Elón y en Bet-hanán; ¹⁰ el hijo de Hesed, en Arubot; este tenía también a Soco y toda la tierra de Hefer; ¹¹ el hijo de Abinadab, en todos los territorios de Dor; este tenía por mujer a Tafat, hija de Salomón; ¹² Baana hijo de Ahilud, en Taanac y Meguido, en toda Bet-seán, que está cerca de Saretán, más abajo de Jezreel, desde Bet-seán hasta Abel-mehola y hasta el otro lado de Jocmeam; ¹³ el hijo de Geber, en Ramot de Galaad; este tenía también las ciudades de Jair hijo de Manasés, las cuales estaban en Galaad; tenía también la provincia de Argob, que estaba en Basán: sesenta grandes ciudades con muro y cerraduras de bronce; ¹⁴ Ahinadab hijo de Iddo, en Mahanaim; ¹⁵ Ahimaas, en Neftalí; este tomó también por mujer a Basemat, hija de Salomón; ¹⁶ Baana hijo de Husai, en Aser y en Alot; ¹⁷ Josafat hijo de Parúa, en Isacar; ¹⁸ Simei hijo de Ela, en Benjamín; ¹⁹ Geber hijo de Uri, en la tierra de Galaad, la tierra de Sehón, rey de los amorreos, y

de Og, rey de Basán; este era el único gobernador en aquella tierra.

²⁰ Judá e Israelᵇ eran tan numerosos como la arena que está junto al mar,ᶜ y todos comían, bebían y se alegraban. ²¹ Y Salomón dominaba sobre todos los reinos desde el Éufrates hasta la tierra de los filisteos y el límite con Egipto,ᵈ que le traían presentes y sirvieron a Salomón todos los días que vivió. ²² La provisión de Salomón para cada día era de treinta coros de flor de harina, sesenta coros de harina, ²³ diez bueyes cebados, veinte bueyes de pasto y cien ovejas; sin contar los ciervos, gacelas, corzos y aves engordadas. ²⁴ Porque él dominaba en toda la región al oeste del Éufrates, desde Tifsa hasta Gaza, sobre todos los reyes al oeste del Éufrates, y gozó de paz en todas sus fronteras.

²⁵ Judá e Israel vivieron seguros, cada uno debajo de su parra y debajo de su higuera,ᵉ desde Dan hasta Beerseba, todos los días de Salomón. ²⁶ Además de esto, Salomón tenía cuarenta mil caballos en sus caballerizas para sus carros, y doce mil jinetes.ᶠ ²⁷ Estos gobernadores mantenían al rey Salomón y a todos los que a la mesa del rey Salomón venían, cada uno un mes, y hacían que nada faltara. ²⁸ Hacían también traer cebada y paja para los caballos y para las bestias de carga, al lugar donde él estaba, cada uno conforme al turno que tenía.

²⁹ Dios dio a Salomón sabiduría y prudencia muy grandes, y tan dilatado corazón como la arena que está a la orilla del mar. ³⁰ Era mayor la sabiduría de Salomón que la de todos los orientales y que toda la sabiduría de los egipcios. ³¹ Fue más sabio que todos los demás hombres, más que Etán, el ezraíta,ᵍ y que Hemán, Calcol y Darda, hijos de Mahol. Y fue conocido entre todas las naciones de los alrededores. ³² Compuso tres mil proverbios, y sus cantares fueron mil cinco.ʰ ³³ También disertó sobre los árboles, desde el cedro del Líbano hasta el hisopo que nace en la pared. Asimismo disertó sobre los animales,

---

ᵃ **4.6** Es decir, el *trabajo obligatorio.* Cf. 1 R 5.13.   ᵇ **4.20** 2 S 5.1-5.   ᶜ **4.20** Gn 22.17; 32.12; Jos 11.4; Jue 7.12; 1 S 13.5; 2 S 17.11.   ᵈ **4.21** Gn 15.18; 2 Cr 9.26.   ᵉ **4.25** Expresión típica del AT para sugerir las ideas de prosperidad, paz y seguridad (Miq 4.4; Zac 3.10).   ᶠ **4.26** 1 R 10.26; 2 Cr 1.14; 9.25.   ᵍ **4.31** Sal 89 (tít.).   ʰ **4.32** Pr 1.1; 10.1; 25.1; Cnt 1.1.

sobre las aves, sobre los reptiles y sobre los peces. [34] Para oir la sabiduría de Salomón venían de todos los pueblos y de parte de todos los reyes de los países adonde había llegado la fama de su sabiduría.

Pacto de Salomón con Hiram
(2 Cr 2.1-18)

5 [1] Hiram, rey de Tiro,[a] envió también sus siervos a Salomón, luego que oyó que lo habían ungido rey en lugar de su padre, pues Hiram siempre había amado a David. [2] Entonces Salomón envió a decir a Hiram: [3] «Tú sabes que mi padre David no pudo edificar una casa al nombre de Jehová, su Dios, a causa de las guerras en que se vio envuelto, hasta que Jehová puso a sus enemigos bajo las plantas de sus pies. [4] Ahora Jehová, mi Dios, me ha dado paz por todas partes, pues no hay adversarios ni males que temer. [5] Yo, por tanto, he determinado ahora edificar una casa al nombre de Jehová, mi Dios, según lo que Jehová dijo a mi padre David: "Tu hijo, a quien yo pondré en el trono en lugar tuyo, él edificará una casa a mi nombre".[b] [6] Manda, pues, ahora, que me corten cedros del Líbano; mis siervos estarán con los tuyos y yo te daré por tus siervos el salario que tú digas, porque sabes bien que ninguno hay entre nosotros que sepa labrar la madera como los sidonios».

[7] Cuando Hiram oyó las palabras de Salomón, se alegró mucho y dijo: «Bendito sea hoy Jehová, que dio un hijo sabio a David como gobernante de este pueblo tan grande».

[8] Hiram envió a decir a Salomón: «He oído lo que me mandaste a decir: haré todo lo que te plazca acerca de la madera de cedro y la madera de ciprés. [9] Mis siervos la llevarán desde el Líbano al mar, la enviaré en balsas por mar hasta el lugar que tú me señales. Allí se desatará y tú la tomarás. Y tú cumplirás mi deseo al dar de comer a mi familia».

[10] Dio, pues, Hiram a Salomón toda la madera de cedro y la madera de ciprés que quiso, [11] mientras Salomón le daba a Hiram veinte mil coros de trigo y veinte coros de aceite puro para el sustento de su familia. Esto entregaba Salomón a Hiram cada año. [12] Jehová, pues, dio a Salomón sabiduría como le había prometido. Entre Hiram y Salomón hubo paz, e hicieron un pacto entre ambos.

[13] El rey Salomón decretó una leva en todo Israel, la cual ascendió a treinta mil hombres, [14] que enviaba al Líbano por turnos cada mes, de diez mil en diez mil; un mes estaban en el Líbano y dos meses en sus casas. Adoniram estaba encargado de aquella leva. [15] Tenía también Salomón setenta mil que llevaban las cargas, y ochenta mil cortadores en el monte, [16] sin contar los principales oficiales de Salomón que dirigían la obra; eran tres mil trescientos los que tenían a su cargo el pueblo que hacía la obra. [17] El rey mandó que trajeran piedras grandes, piedras costosas, para los cimientos de la Casa, y piedras labradas. [18] Los albañiles de Salomón, los de Hiram y los hombres de Gebal cortaron y prepararon la madera y la cantería para labrar la Casa.

Salomón edifica el Templo
(2 Cr 3.1-14)

6 [1] En el año cuatrocientos ochenta después que los hijos de Israel salieron de Egipto, el cuarto año del reinado de Salomón sobre Israel, en el mes de Zif,[a] que es el mes segundo, comenzó él a edificar la casa de Jehová. [2] La casa que el rey Salomón edificó a Jehová tenía sesenta codos de largo, veinte de ancho y treinta codos de alto. [3] El pórtico delante del Templo tenía veinte codos de largo a lo ancho de la Casa, y el ancho delante de la Casa era de diez codos. [4] Hizo a la Casa ventanas anchas por dentro y estrechas por fuera. [5] Edificó también aposentos junto al muro de la Casa y a su alrededor, adosados a las paredes de la Casa alrededor del Templo y del Lugar santísimo, y construyó habitaciones laterales alrededor. [6] El aposento de abajo tenía cinco codos de ancho, el de en medio, seis codos de ancho, y el tercero siete codos de ancho, pues había reducido por fuera las medidas del Templo,

---

[a] 5.1 Importante ciudad y centro comercial fenicio que antiguamente se alzaba sobre una isla rocosa (cf. Ez 27.2-3), ahora unida a la tierra (Is 23.1-17; Jer 27.3; Mc 7.24-31; Hch 21.3-7).
[b] 5.5 2 S 7.12-13; 1 Cr 17.11-12.   [a] 6.1 Corresponde a abril-mayo de nuestro calendario.

para no empotrar las vigas en las paredes de la Casa. [7] Cuando se edificó la Casa, la construyeron con piedras que traían ya talladas, de tal manera que no se oyeron en la Casa ni martillos ni hachas, ni ningún otro instrumento de hierro, cuando la edificaban. [8] La puerta del aposento intermedio estaba al lado derecho de la Casa. Se subía por una escalera de caracol al aposento intermedio, y de allí al tercero.

[9] Construyó, pues, la Casa, la terminó y la recubrió con artesonados de cedro. [10] Edificó asimismo una galería de cinco codos de altura alrededor de toda la Casa, la cual se apoyaba en la Casa con maderas de cedro. [11] Entonces dijo Jehová a Salomón: [12] «En cuanto a esta casa que edificas, si caminas en mis preceptos, cumples mis decretos y guardas todos mis mandamientos andando en ellos, yo cumpliré contigo mi palabra, la que dije a David, tu padre: [13] Habitaré en medio de los hijos de Israel y no abandonaré a mi pueblo Israel».

[14] Así, pues, Salomón construyó la Casa y la terminó. [15] Recubrió las paredes de la Casa con tablas de cedro, revistiéndola de madera por dentro, desde el suelo de la Casa hasta las vigas de la techumbre. Recubrió también el pavimento con madera de ciprés. [16] Asimismo hizo al final de la Casa un edificio de veinte codos, y lo recubrió de tablas de cedro desde el suelo hasta lo más alto; así hizo en la Casa un aposento para que fuera el Lugar santísimo.[b] [17] La Casa, esto es, el Templo de enfrente, tenía cuarenta codos. [18] La Casa estaba recubierta de cedro por dentro y tenía entalladuras de calabazas silvestres y de botones de flores. Todo era cedro; ninguna piedra se veía. [19] Salomón preparó el Lugar santísimo por dentro en medio de la Casa, para poner allí el Arca del pacto de Jehová. [20] El Lugar santísimo estaba en la parte de adentro, y tenía veinte codos de largo, veinte de ancho, y veinte de alto. Lo recubrió de oro purísimo. Asimismo recubrió de oro el altar de cedro. [21] De manera que Salomón recubrió de oro puro la Casa por dentro, cerró la entrada del santuario con cadenas de oro y lo recubrió de oro. [22] Recubrió, pues, de oro toda la Casa de arriba abajo, y asimismo recubrió de oro todo el altar que estaba frente al Lugar santísimo.[c]

[23] Hizo también en el Lugar santísimo dos querubines[d] de madera de olivo, cada uno de diez codos de altura. [24] Un ala del querubín tenía cinco codos y la otra ala del querubín otros cinco codos; así que había diez codos desde la punta de un ala hasta la punta de la otra. [25] Asimismo el otro querubín tenía diez codos, pues ambos querubines tenían el mismo tamaño y la misma forma. [26] La altura de uno era de diez codos, y lo mismo la del otro. [27] Puso estos querubines dentro de la Casa en el Lugar santísimo, los cuales tenían sus alas extendidas, de modo que el ala de uno tocaba una pared, y el ala del otro tocaba la otra pared, mientras las otras dos alas se tocaban la una a la otra en medio de la Casa. [28] Luego recubrió de oro los querubines, [29] y esculpió todas las paredes alrededor de la Casa con diversas figuras de querubines, de palmeras y de botones de flores, por dentro y por fuera. [30] También recubrió el piso de la Casa, por dentro y por fuera. [31] A la entrada del santuario hizo puertas de madera de olivo. El umbral y los postes tenían cinco esquinas. [32] Las dos puertas eran de madera de olivo. En ellas talló figuras de querubines, de palmeras y de botones de flores, y las recubrió de oro. Recubrió también de oro los querubines y las palmeras. [33] Igualmente hizo para la puerta del Templo marcos cuadrados de madera de olivo. [34] Las dos puertas eran de madera de ciprés, y las dos hojas de ambas puertas giraban. [35] Talló en ellas querubines, palmeras y botones de flores, y las recubrió de oro ajustado a las talladuras. [36] Edificó el atrio interior de tres hileras de piedras labradas, y de una hilera de vigas de cedro.

[37] En el cuarto año, en el mes de Zif, se echaron los cimientos de la casa de Jehová. [38] Y en el undécimo año, en el mes de Bul,[e] que es el mes octavo, fue acabada la Casa con todas sus dependencias y todo lo necesario. La edificó, pues, en siete años.

---

[b] 6.16 Ex 26.33-34.   [c] 6.22 Ex 30.1-3.   [d] 6.23-28 Ex 25.18-20.   [e] 6.38 Corresponde a octubre-noviembre de nuestro calendario.

Otros edificios de Salomón

7 ¹ Después edificó Salomón su propia casa en trece años, y la terminó toda. ² Asimismo edificó la casa «Bosque del Líbano», de cien codos de longitud, cincuenta codos de anchura y treinta codos de altura, sobre cuatro hileras de columnas de cedro, con vigas de cedro sobre las columnas. ³ Había una cubierta de tablas de cedro sobre las vigas que se apoyaban en cuarenta y cinco columnas; cada hilera tenía quince columnas. ⁴ Y había tres hileras de ventanas, una frente a la otra en tres hileras. ⁵ Todas las puertas y los marcos tenían forma cuadrangular, y unas ventanas estaban frente a las otras en tres hileras. ⁶ También hizo un pórtico de columnas, que tenía cincuenta codos de largo y treinta codos de ancho. Este pórtico estaba delante de las primeras, con sus columnas y maderos correspondientes. ⁷ Hizo asimismo el pórtico del trono donde administraría justicia, el pórtico del juicio, y lo recubrió de cedro del suelo al techo.

⁸ La casa donde él vivía, en otro atrio dentro del pórtico, era de una obra de estilo semejante a esta. Edificó también Salomón para la hija del faraón, a la que había hecho su mujer,ᵃ una casa de hechura semejante a la del pórtico. ⁹ Todas aquellas obras eran de piedras selectas, cortadas y ajustadas con sierras según las medidas, así por dentro como por fuera, desde el cimiento hasta los remates, y asimismo por fuera hasta el gran atrio. ¹⁰ El cimiento era de piedras seleccionadas, piedras grandes, piedras de diez codos y piedras de ocho codos. ¹¹ De allí hacia arriba era también de piedras costosas, labradas conforme a sus medidas, y madera de cedro. ¹² Alrededor del gran atrio había tres hileras de piedras labradas, y una hilera de vigas de cedro, igual que en el atrio interior de la casa de Jehová y el vestíbulo de la Casa.

Salomón emplea a Hiram, de Tiro
(2 Cr 2.13-14; 3.15-17)

¹³ El rey Salomón mandó a buscar de Tiro a Hiram, ¹⁴ hijo de una viuda de la tribu de Neftalí. Su padre, que trabajaba el bronce, era de Tiro. Hiram estaba lleno de sabiduría, inteligencia y ciencia para toda labor en bronce. Este, pues, se presentó ante el rey Salomón e hizo todas sus obras. ¹⁵ Vació dos columnas de bronce, cada una de dieciocho codos de altura y doce codos de circunferencia. ¹⁶ Hizo también dos capiteles de fundición de bronce, para que fueran puestos sobre las cabezas de las columnas. La altura de un capitel era de cinco codos, y la del otro capitel también de cinco codos. ¹⁷ Había trenzas a manera de red y unos cordones a manera de cadenas, para los capiteles que se pondrían sobre las cabezas de las columnas; siete para cada capitel. ¹⁸ Hizo también dos hileras de granadas alrededor de la red, para recubrir con ellas los capiteles que estaban en las cabezas de las columnas; de la misma forma hizo en el otro capitel. ¹⁹ Los capiteles que estaban sobre las columnas en el pórtico tenían forma de lirios y eran de cuatro codos. ²⁰ Los capiteles de las dos columnas tenían también doscientas granadas en dos hileras alrededor de cada capitel, encima de su globo, el cual estaba rodeado por la red. ²¹ Erigió estas columnas en el pórtico del Templo. Cuando alzó la columna del lado derecho le puso por nombre Jaquín, y cuando alzó la columna del lado izquierdo la llamó Boaz. ²² Colocó en las cabezas de las columnas un tallado en forma de lirios, y así se acabó la obra de las columnas.

Mobiliario del Templo
(2 Cr 4.1—5.1)

²³ Hizo fundir asimismo un mar de diez codos de un lado al otro, perfectamente redondo. Tenía cinco codos de altura y a su alrededor un cordón de treinta codos. ²⁴ Rodeaban aquel mar por debajo de su borde, todo alrededor, unas bolas como calabazas, diez por cada codo, que ceñían el mar en dos filas, las cuales habían sido fundidas junto con el mar. ²⁵ Descansaba sobre doce bueyes, tres miraban al norte, tres miraban al occidente, tres miraban al

---

ᵃ 7.8 1 R 3.1.

sur, y tres miraban al oriente. Sobre ellos se apoyaba el mar, y estaban sus patas traseras hacia la parte de adentro. ²⁶ El grosor del mar era de un palmo menor, y su borde estaba labrado como el borde de un cáliz o de una flor de lis; en él cabían dos mil batos.

²⁷ Hizo también diez basas de bronce, cada una de las cuales tenía cuatro codos de longitud, cuatro codos de anchura y tres codos la altura. ²⁸ Las basas estaban hechas de esta manera: tenían unos tableros enmarcados entre molduras, ²⁹ y sobre aquellos tableros que estaban entre molduras había figuras de leones, de bueyes y de querubines. Sobre las molduras de la basa, tanto encima como debajo de los leones y de los bueyes, había unas añadiduras de bajo relieve. ³⁰ Cada basa tenía cuatro ruedas de bronce, con ejes de bronce, y en sus cuatro esquinas había repisas de fundición que sobresalían de los festones, para venir a quedar debajo de la fuente. ³¹ La boca de la fuente entraba un codo en el remate que salía hacia arriba de la basa. La boca era redonda, de la misma hechura del remate, que era de codo y medio. Había también sobre la boca entalladuras con sus tableros, los cuales eran cuadrados, no redondos. ³² Las cuatro ruedas estaban debajo de los tableros, y los ejes de las ruedas nacían en la misma basa. La altura de cada rueda era de un codo y medio. ³³ La forma de las ruedas era como la de las ruedas de un carro; sus ejes, sus rayos, sus cubos y sus cinchos, todo era de fundición. ³⁴ Asimismo las cuatro repisas de las cuatro esquinas de cada basa; las repisas eran parte de la misma basa. ³⁵ En lo alto de la basa había una pieza redonda de medio codo de altura, y encima de la basa sus molduras y tableros, los cuales salían de ella misma. ³⁶ Grabó en las tablas de las molduras, y en los tableros, entalladuras de querubines, de leones y de palmeras, proporcionalmente al espacio de cada una, y otros adornos alrededor. ³⁷ De esta forma hizo diez basas, fundidas de una misma manera, de una misma medida y de una misma entalladura.

³⁸ Hizo también diez fuentes de bronce.ᵇ Cada fuente contenía cuarenta batos, y cada una era de cuatro codos. Y colocó una fuente sobre cada una de las diez basas. ³⁹ Puso cinco basas a la mano derecha de la Casa y las otras cinco a la mano izquierda, y el mar al lado derecho de la Casa, hacia el sudeste.

⁴⁰ Asimismo hizo Hiram fuentes, tenazas y cuencos. Así terminó toda la obra que hizo a Salomón para la casa de Jehová: ⁴¹ dos columnas y los capiteles redondos que estaban en lo alto de las dos columnas; dos redes que recubrían los dos capiteles redondos que estaban sobre la cabeza de las columnas; ⁴² cuatrocientas granadas para las dos redes, dos hileras de granadas en cada red, para recubrir los dos capiteles redondos que estaban sobre las cabezas de las columnas; ⁴³ las diez basas y las diez fuentes sobre las basas; ⁴⁴ un mar, con doce bueyes debajo del mar; ⁴⁵ calderos, paletas y cuencos.

Todos estos utensilios que Hiram hizo al rey Salomón para la casa de Jehová eran de bronce bruñido. ⁴⁶ Todo lo hizo fundir el rey en la llanura del Jordán, en tierra arcillosa, entre Sucot y Saretán. ⁴⁷ Y no preguntó Salomón sobre el peso del bronce de todos los utensilios por la gran cantidad de ellos.

⁴⁸ Entonces hizo Salomón todos los enseres que pertenecían a la casa de Jehová: un altar de oroᶜ y una mesa también de oro,ᵈ sobre la cual estaban los panes de la proposición; ⁴⁹ cinco candelabrosᵉ de oro purísimo a la mano derecha, y otros cinco a la izquierda, frente al Lugar santísimo, con las flores, las lámparas y tenazas de oro. ⁵⁰ Asimismo los cántaros, despabiladeras, tazas, cucharillas e incensarios, de oro purísimo; también eran de oro los quiciales de las puertas de la casa de adentro, del Lugar santísimo, y los de las puertas del Templo.

⁵¹ Así se terminó toda la obra que dispuso hacer el rey Salomón para la casa de Jehová. Salomón llevó lo que su padre David había dedicado,ᶠ la plata, el oro y los otros utensilios, y lo depositó todo en las tesorerías de la casa de Jehová.

ᵇ **7.38** Ex 30.17-21.   ᶜ **7.48** Ex 30.1-3.   ᵈ **7.48** Ex 25.23-30.   ᵉ **7.49** Ex 25.31-40.
ᶠ **7.51** 2 S 8.11; 1 Cr 18.11.

Salomón traslada el Arca al Templo
(2 Cr 5.2-14)

8 ¹Entonces Salomón reunió ante sí, en Jerusalén, a los ancianos de Israel, a todos los jefes de las tribus y a los principales de las familias de los hijos de Israel, para traer el Arca del pacto de Jehová de la ciudad de David,ᵃ que es Sión. ²Se reunieron con el rey Salomón todos los hombres de Israel en el mes de Etanim,ᵇ que es el mes séptimo, el día de la fiesta solemne.ᶜ ³Cuando llegaron todos los ancianos de Israel, los sacerdotes levantaron el Arca, ⁴y trasladaron el Arca de Jehová, junto con el Tabernáculo de reuniónᵈ y todos los utensilios sagrados que estaban en el Tabernáculo, los cuales llevaban los sacerdotes y levitas. ⁵El rey Salomón, y toda la congregación de Israel que se había reunido junto a él, estaban delante del Arca, sacrificando ovejas y bueyes, que por su cantidad no se podían contar ni calcular. ⁶Después, llevaron los sacerdotes el Arca del pacto de Jehová a su lugar, en el santuario de la Casa, al Lugar santísimo, debajo de las alas de los querubines, ⁷pues los querubines tenían extendidas las alas sobre el lugar del Arca, y así cubrían los querubines el Arca y sus varas por encima. ⁸Sacaron las varas de manera que sus extremos se podían ver desde el Lugar santo, que está delante del Lugar santísimo, pero no se podían ver desde más afuera; y así han quedado hasta hoy. ⁹En el Arca no había cosa alguna, sino las dos tablas de piedra que allí había puesto Moisés en Horeb,ᵉ donde Jehová hizo un pacto con los hijos de Israel, cuando salieron de la tierra de Egipto.

¹⁰Al salir los sacerdotes del santuario, la nube llenó la casa de Jehová. ¹¹Y los sacerdotes no pudieron permanecer para ministrar a causa de la nube, porque la gloria de Jehová había llenado la casa de Jehová.ᶠ

Dedicación del Templo
(2 Cr 6.1—7.10)

¹²Entonces dijo Salomón:

«Jehová ha dicho que habitaría en la oscuridad;
¹³ pero yo te he edificado una casa por morada,
un sitio en el que tú habites para siempre».

¹⁴Luego volvió el rey su rostro y bendijo a toda la congregación de Israel, mientras toda la congregación de Israel estaba de pie. ¹⁵Y dijo: «Bendito sea Jehová, Dios de Israel, que prometió a David mi padre lo que con su mano ha cumplido, diciendo: ¹⁶"Desde el día que saqué de Egipto a mi pueblo Israel, no he escogido ciudad entre todas las tribus de Israel donde edificar una casa en la cual estuviera mi nombre, aunque escogí a David para que presidiera sobre mi pueblo Israel". ¹⁷Mi padre David tuvo en su corazón edificar una casa al nombre de Jehová, Dios de Israel. ¹⁸Pero Jehová dijo a David, mi padre: "En cuanto a haber tenido en tu corazón edificar una casa a mi nombre, bien has hecho en tener tal deseo. ¹⁹Pero tú no edificarás la Casa, sino un hijo nacido de tus entrañas: él edificará una casa a mi nombre".ᵍ

²⁰»Jehová ha cumplido la promesa que hizo: yo me he levantado en lugar de David mi padre, y me he sentado en el trono de Israel, como Jehová había dicho, y he edificado la Casa al nombre de Jehová, Dios de Israel. ²¹He dispuesto en ella lugar para el Arca, en la cual está el pacto que Jehová hizo con nuestros padres cuando los sacó de la tierra de Egipto».

²²Después se puso Salomón delante del altar de Jehová, en presencia de toda la congregación de Israel, y extendiendo sus manos al cielo, ²³dijo: «Jehová, Dios de Israel, no hay Dios como tú, ni arriba en los cielos ni abajo en la tierra, tú que guardas el pacto y la misericordia a tus siervos, los que andan delante de ti con todo su corazón, ²⁴que has cumplido a tu siervo David, mi padre, lo que le prometiste. Lo prometiste con tu boca y hoy mismo lo has cumplido con tu mano. ²⁵Ahora,

---

ᵃ **8.1** Ex 25.10-22; cf. 2 S 6.12-16; 1 Cr 15.25-29.   ᵇ **8.2** Corresponde a los meses de setiembre-octubre de nuestro calendario.   ᶜ **8.2** Lv 23.33-44; Nm 29.12-40.
ᵈ **8.4** 2 S 6.17.   ᵉ **8.9** Dt 10.5.   ᶠ **8.10-11** Ex 40.34-35.   ᵍ **8.16-19** 2 S 7.1-13; 1 Cr 17.1-12.

pues, Jehová, Dios de Israel, cumple a tu siervo David, mi padre, lo que le prometiste, diciendo: "Nunca faltará delante de mí un descendiente tuyo que se siente en el trono de Israel, con tal que tus hijos guarden mi camino y anden delante de mí como has andado tú delante de mí".[h] ²⁶ Ahora, pues, Jehová, Dios de Israel, cúmplase la promesa que hiciste a tu siervo David, mi padre.

²⁷ »Pero ¿es verdad que Dios habitará sobre la tierra? Si los cielos, y los cielos de los cielos, no te pueden contener; ¿cuánto menos esta Casa que yo he edificado?[i] ²⁸ Con todo, Jehová, Dios mío, tú atenderás a la oración de tu siervo y a su plegaria, escuchando el clamor y la oración que tu siervo hace hoy en tu presencia, ²⁹ que tus ojos estén abiertos de noche y de día sobre esta Casa, sobre este lugar del cual has dicho: "Mi nombre estará allí".[j] Escucha la oración que tu siervo te dirija en este lugar. ³⁰ Oye, pues, la oración de tu siervo y de tu pueblo Israel. Cuando oren en este lugar, también tú lo oirás en el lugar de tu morada, en los cielos. Escucha y perdona.

³¹ »Si alguno peca contra su prójimo, le toman juramento haciéndole jurar y llega el juramento ante tu altar en esta casa, ³² tú oirás desde el cielo y actuarás; juzgarás a tus siervos, condenando al impío, haciendo recaer su proceder sobre su cabeza y justificando al justo para darle conforme a su justicia.

³³ »Si tu pueblo Israel es derrotado delante de sus enemigos por haber pecado contra ti, y se vuelve a ti y confiesa tu nombre, si oran, te ruegan y suplican en esta casa, ³⁴ tú oirás en los cielos, perdonarás el pecado de tu pueblo Israel y lo volverás a la tierra que diste a sus padres.

³⁵ »Si el cielo se cierra y no llueve por haber ellos pecado contra ti, y te ruegan en este lugar y confiesan tu nombre; si se vuelven del pecado cuando los aflijas, ³⁶ tú oirás en los cielos, perdonarás el pecado de tus siervos y de tu pueblo Israel, le enseñarás el buen camino por el que deberán andar y enviarás lluvias sobre tu tierra, que diste a tu pueblo como heredad.

³⁷ »Si en la tierra hay hambre, pestilencia, tizoncillo, añublo, langosta o pulgón, si sus enemigos los sitian en la tierra donde habiten; en todo azote o enfermedad, ³⁸ cualquiera sea la oración o súplica que haga cualquier hombre, o todo tu pueblo Israel, cuando cualquiera sienta el azote en su corazón y extienda sus manos hacia esta casa, ³⁹ tú oirás en los cielos, en el lugar de tu morada, perdonarás y actuarás; darás a cada uno, cuyo corazón tú conoces, conforme a sus caminos (porque solo tú conoces el corazón de todos los hijos de los hombres), ⁴⁰ para que te teman todos los días que vivan sobre la faz de la tierra que tú diste a nuestros padres.

⁴¹ »Asimismo el extranjero, que no es de tu pueblo Israel y viene de lejanas tierras a causa de tu nombre ⁴² (pues oirán de tu gran nombre, de tu mano fuerte y de tu brazo extendido), y llega a orar a esta casa, ⁴³ tú le oirás en los cielos, en el lugar de tu morada, y harás conforme a todo aquello por lo cual el extranjero haya clamado a ti, para que todos los pueblos de la tierra conozcan tu nombre y te teman, como tu pueblo Israel, y entiendan que tu nombre es invocado sobre esta casa que yo edifiqué.

⁴⁴ »Si tu pueblo sale a la batalla contra sus enemigos por el camino que tú les mandes, y oran a Jehová con el rostro hacia la ciudad que tú elegiste y hacia la casa que yo edifiqué a tu nombre, ⁴⁵ tú oirás en los cielos su oración y su súplica, y les harás justicia.

⁴⁶ »Si pecan contra ti (porque no hay hombre que no peque), y tú, airado contra ellos, los entregas al enemigo, para que los cautive y lleve a tierra enemiga, sea lejos o cerca, ⁴⁷ y ellos recapacitan en la tierra adonde los hayan llevado cautivos, si se convierten y te suplican en la tierra de los que los cautivaron, y dicen: "Pecamos, hemos hecho lo malo, hemos cometido impiedad"; ⁴⁸ si se convierten a ti de todo su corazón y de toda su alma en la tierra de los enemigos que los hayan llevado cautivos, y te suplican con el rostro hacia la tierra que tú diste a sus padres, hacia la ciudad que tú elegiste y la casa que yo he edificado a tu nombre, ⁴⁹ tú oirás en los

ʰ 8.25 2 S 7.11-16; 1 R 2.4. ⁱ 8.27 2 Cr 2.6. ʲ 8.29 Dt 12.11.

cielos, en el lugar de tu morada, su oración y su súplica, y les harás justicia. [50] Perdonarás a tu pueblo, que ha pecado contra ti, todas las rebeliones que hayan cometido contra ti, y harás que tengan de ellos misericordia los que los hayan llevado cautivos, [51] porque ellos son tu pueblo y tu heredad, el cual tú sacaste de Egipto, de en medio del horno de hierro.

[52] »Estén, pues, atentos tus ojos a la oración de tu siervo y a la plegaria de tu pueblo Israel, para oírlos en todo aquello por lo cual te invoquen, [53] pues tú los apartaste para ti como heredad tuya de entre todos los pueblos de la tierra, como lo dijiste por medio de Moisés, tu siervo, cuando tú, Señor Jehová, sacaste a nuestros padres de Egipto».

[54] Cuando acabó Salomón de hacer a Jehová toda esta oración y súplica, se levantó de delante del altar de Jehová, donde se había arrodillado, con sus manos extendidas al cielo. [55] Y puesto en pie, bendijo a toda la congregación de Israel, diciendo en voz alta: [56] «¡Bendito sea Jehová, que ha dado paz a su pueblo Israel, conforme a todo lo que él había dicho! Ni una sola palabra de todas las promesas que expresó por medio de su siervo Moisés ha faltado.[k]

[57] »Esté con nosotros Jehová, nuestro Dios, como estuvo con nuestros padres, y no nos desampare ni nos deje. [58] Incline nuestro corazón hacia él, para que andemos en todos sus caminos y guardemos sus mandamientos, los estatutos y decretos que mandó cumplir a nuestros padres. [59] Que estas palabras con que he orado delante de Jehová estén cerca de Jehová, nuestro Dios, de día y de noche, para que él proteja la causa de su siervo y de su pueblo Israel, cada cosa a su tiempo, [60] a fin de que todos los pueblos de la tierra sepan que Jehová es Dios, y que no hay otro. [61] Sea, pues, perfecto vuestro corazón para con Jehová, nuestro Dios, andando en sus estatutos y guardando sus mandamientos, como en el día de hoy».[l]

[62] Entonces el rey, y todo Israel con él, ofrecieron sacrificios delante de Jehová.

[63] Salomón ofreció a Jehová, como sacrificios de paz, veintidós mil bueyes y ciento veinte mil ovejas.

Así dedicaron el rey y todos los hijos de Israel la casa de Jehová. [64] Aquel mismo día el rey santificó el centro del atrio que estaba delante de la casa de Jehová, porque ofreció allí los holocaustos, las ofrendas y la grasa de los sacrificios de paz,[m] por cuanto el altar de bronce que estaba delante de Jehová era pequeño y no cabían en él los holocaustos, las ofrendas y la grasa de los sacrificios de paz.

[65] En aquel tiempo Salomón, y con él todo Israel, una gran muchedumbre que acudió desde la entrada de Hamat hasta el río de Egipto, hizo fiesta delante de Jehová, nuestro Dios, durante siete días, y aun otros siete días, esto es, durante catorce días. [66] Al octavo día despidió al pueblo, y ellos, bendiciendo al rey, se fueron a sus casas alegres y gozosos de corazón, por todo el bien que Jehová había hecho a David, su siervo, y a su pueblo Israel.

Pacto de Dios con Salomón
(2 Cr 7.11-22)

9 [1] Cuando Salomón acabó la obra de la casa de Jehová, la casa real y todo lo que quiso hacer, [2] Jehová se le apareció a Salomón por segunda vez, como se le había aparecido en Gabaón,[a] [3] y le dijo: «He oído tu oración y el ruego que has hecho en mi presencia. He santificado esta casa que tú has edificado, para poner mi nombre en ella para siempre; en ella estarán mis ojos y mi corazón todos los días. [4] Y si tú andas delante de mí como anduvo David, tu padre, en integridad de corazón y en equidad, haciendo todas las cosas que yo te he mandado y guardando mis estatutos y mis decretos, [5] yo afirmaré el trono de tu reino sobre Israel para siempre, como le prometí a tu padre David, cuando dije: "Nunca faltará un descendiente tuyo en el trono de Israel".[b] [6] Pero si obstinadamente os apartáis de mí vosotros y vuestros hijos y no guardáis los mandamientos y estatutos que yo he puesto delante de

[k] 8.56 Dt 12.10; Jos 21.44-45.   [l] 8.61 Dt 10.12-22. 2 Cr 1.7-12.   [b] 9.5 2 S 7.11-16; 1 R 2.4.   [m] 8.64 Lv 1.1—7.38.   [a] 9.2 1 R 3.5-14;

vosotros, sino que vais y servís a dioses ajenos, y los adoráis,[c] [7]yo eliminaré a Israel de sobre la faz de la tierra que les he entregado. Y esta casa que he santificado a mi nombre, la echaré de delante de mí, e Israel será motivo de burla y escarnio entre todos los pueblos. [8]Cualquiera que pase por esta casa, antes sublime, se asombrará y se burlará. Y se preguntará: "¿Por qué ha hecho así Jehová a esta tierra y a esta casa?".[d] [9]Y le dirán: "Por cuanto abandonaron a Jehová, su Dios, que había sacado a sus padres de la tierra de Egipto, y echaron mano a dioses ajenos, los adoraron y los sirvieron; por eso ha traído Jehová sobre ellos todo este mal"».

Actividades diversas de Salomón
(2 Cr 8.1-18)

[10]Aconteció al cabo de veinte años, cuando Salomón ya había edificado las dos casas, la casa de Jehová y la casa real, [11]para las cuales Hiram, rey de Tiro, le había traído madera de cedro y de ciprés y cuanto oro quiso, que el rey Salomón dio a Hiram veinte ciudades en tierra de Galilea. [12]Hiram salió de Tiro para ver las ciudades que Salomón le había dado, y no le gustaron. [13]Entonces dijo: «¿Qué ciudades son estas que me has dado, hermano?» Y las llamó «Tierra de Cabul», nombre que tiene hasta hoy. [14]Hiram había enviado al rey ciento veinte talentos de oro.

[15]Esta es la razón de la leva[e] que el rey Salomón impuso para edificar la casa de Jehová y su propia casa, Milo y el muro de Jerusalén, Hazor, Meguido y Gezer:[f] [16]El faraón, rey de Egipto, había subido y tomado a Gezer; después la quemó, dio muerte a los cananeos que habitaban en la ciudad y la dio en dote a su hija, la mujer de Salomón. [17]Restauró, pues, Salomón a Gezer y a Bet-horón de abajo, [18]a Baalat y a Tadmor en tierra del desierto; [19]asimismo todas las ciudades donde Salomón tenía provisiones, las ciudades de los carros, las ciudades de la gente de a caballo y todo lo que Salomón quiso edificar

en Jerusalén, en el Líbano y en toda la tierra de su señorío. [20]A todos los pueblos que quedaron de los amorreos, heteos, ferezeos, heveos y jebuseos, que no eran de los hijos de Israel, [21]y a sus descendientes, los que quedaron en la tierra después de ellos y que los hijos de Israel no pudieron acabar, Salomón los sometió a trabajos forzados, hasta hoy. [22]Pero a ninguno de los hijos de Israel impuso Salomón servicio, sino que eran hombres de guerra, sus criados, sus príncipes, sus capitanes, los comandantes de sus carros, o su gente de a caballo. [23]Los que Salomón había hecho jefes y vigilantes sobre las obras eran quinientos cincuenta hombres, quienes dirigían a la gente que trabajaba en aquella obra.

[24]Cuando subió la hija del faraón de la ciudad de David a la casa que Salomón le había edificado, entonces él edificó Milo.

[25]Salomón ofrecía tres veces cada año[g] holocaustos y sacrificios de paz sobre el altar que él edificó a Jehová, y quemaba incienso sobre el que estaba delante de Jehová, después que la Casa estuvo terminada.

[26]Hizo también el rey Salomón naves en Ezión-geber, que está junto a Elot en la ribera del Mar Rojo, en la tierra de Edom. [27]Hiram envió en ellas a sus siervos, marineros y diestros en el mar, con los siervos de Salomón, [28]los cuales fueron a Ofir[h] y tomaron de allí oro, cuatrocientos veinte talentos, y lo trajeron al rey Salomón.

La reina de Sabá visita a Salomón
(2 Cr 9.1-12)

10 [1]Cuando la reina de Sabá[a] oyó de la fama que Salomón había alcanzado para honra de Jehová, vino a probarlo con preguntas difíciles. [2]Llegó a Jerusalén con un séquito muy grande, con camellos cargados de especias, oro en gran abundancia y piedras preciosas. Al presentarse ante Salomón, le expuso todo lo que en su corazón tenía. [3]Salomón le contestó todas sus preguntas; nada hubo que el rey

---

[c]**9.6** Dt 28.15; Jer 26.4-6.   [d]**9.8** 2 R 25.9; 2 Cr 36.19.   [e]**9.15** 1 R 5.13; cf. 12.4.   [f]**9.15** Tres ciudades estratégicas para la defensa del reino, fortificadas en tiempos de Salomón.
[g]**9.25** Ex 23.14-17; 34.23; Dt 16.16.   [h]**9.28** 2 Cr 8.18; 9.10; Is 13.12.   [a]**10.1-10** Mt 12.42; Lc 11.31.
[b]**10.22** Naves de gran tamaño, capaces de hacer largos viajes y de transportar abundante mercancía.

no le contestara. ⁴Cuando la reina de Sabá vio toda la sabiduría de Salomón, y la casa que había edificado, ⁵así como la comida de su mesa, las habitaciones de sus oficiales, el estado y los vestidos de los que le servían, sus maestresalas y los holocaustos que ofrecía en la casa de Jehová, se quedó tan asombrada ⁶que dijo al rey: «¡Es verdad lo que oí en mi tierra de tus cosas y tu sabiduría! ⁷Yo no lo creía hasta que he venido y mis ojos han visto que ni aun se me dijo la mitad: tu sabiduría y tus bienes superan la fama que yo había oído. ⁸¡Bienaventurados tus hombres, dichosos estos tus siervos, que están continuamente delante de ti y oyen tu sabiduría! ⁹¡Y bendito sea Jehová, tu Dios, que te vio con agrado y te ha colocado en el trono de Israel!, pues Jehová ha amado siempre a Israel, y te ha puesto como rey para que hagas derecho y justicia».

¹⁰Luego dio ella al rey ciento veinte talentos de oro, mucha especiería y piedras preciosas. Nunca llegó tal cantidad de especias como la que dio la reina de Sabá al rey Salomón.

¹¹La flota de Hiram, la que había traído el oro de Ofir, traía también de Ofir mucha madera de sándalo y piedras preciosas. ¹²De la madera de sándalo hizo el rey balaustres para la casa de Jehová y para las casas reales, arpas y también salterios para los cantores. Nunca había llegado, ni se ha visto hasta hoy, semejante madera de sándalo.

¹³El rey Salomón dio a la reina de Sabá todo lo que ella quiso y todo lo que pidió, además de lo que personalmente le regaló. Después ella se despidió y regresó a su tierra con sus criados.

Riquezas y fama de Salomón
(2 Cr 9.13-24)

¹⁴El peso del oro que Salomón recibía de renta cada año era de seiscientos sesenta y seis talentos de oro, ¹⁵sin contar lo que aportaban los mercaderes, la contratación de especias, y lo de todos los reyes de Arabia y los principales de la tierra. ¹⁶Hizo también el rey Salomón doscientos escudos grandes de oro batido, empleando

seiscientos siclos de oro en cada escudo. ¹⁷Asimismo hizo trescientos escudos de oro batido, en cada uno de los cuales gastó tres libras de oro. Y los puso el rey en la casa «Bosque del Líbano». ¹⁸Hizo también el rey un gran trono de marfil, el cual recubrió de oro purísimo. ¹⁹Seis gradas tenía el trono, y la parte alta era redonda por el respaldo, con brazos a uno y otro lado del asiento, junto a los cuales estaban colocados dos leones. ²⁰Había también doce leones puestos allí sobre las seis gradas, de un lado y de otro. ¡En ningún otro reino se había hecho un trono semejante! ²¹Y todos los vasos de beber del rey Salomón eran de oro, así como toda la vajilla de la casa «Bosque del Líbano». No había nada de plata, porque en tiempos de Salomón no era apreciada, ²²ya que el rey tenía en el mar una flota de naves de Tarsis,ᵇ junto con la flota de Hiram, y una vez cada tres años la flota de Tarsis venía y traía oro, plata, marfil, monos y pavos reales.

²³Así excedía el rey Salomón a todos los reyes de la tierra en riquezas y en sabiduría.ᶜ ²⁴Toda la tierra procuraba ver el rostro de Salomón, para oir la sabiduría que Dios había puesto en su corazón. ²⁵Y todos le llevaban cada año sus presentes: alhajas de oro y de plata, vestidos, armas, especias aromáticas, caballos y mulos.

Salomón comercia con caballos y carros
(2 Cr 1.14-17; 9.25-28)

²⁶Salomón reunió carros y gente de a caballo; tenía mil cuatrocientos carros y doce mil jinetes,ᵈ los cuales llevó a las ciudades de los carros y junto al rey en Jerusalén. ²⁷Hizo el rey que en Jerusalén hubiera tanta plata como piedras,ᵉ y que abundaran los cedros como las higueras de la Sefela. ²⁸Y traían de Egipto caballos y lienzos a Salomón,ᶠ porque los mercaderes del rey los compraban allí. ²⁹Un carro que se traía de Egipto valía seiscientas piezas de plata, y un caballo ciento cincuenta. Así los adquirían, también por medio de ellos, todos los reyes de los heteos y de Siria.

ᶜ **10.23** 1 R 3.10-13.   ᵈ **10.26** 1 R 4.26.   ᵉ **10.27** Dt 17.17.   ᶠ **10.28** Dt 17.16.

Apostasía y dificultades de Salomón

11 ¹Pero el rey Salomón amó, además de la hija del faraón, a muchas mujeres extranjeras,ᵃ de Moab, de Amón, de Edom, de Sidón, y heteas; ²gentes de las cuales Jehová había dicho a los hijos de Israel: «No os uniréis a ellas, ni ellas se unirán a vosotros, porque ciertamente harán que vuestros corazones se inclinen tras sus dioses».ᵇ A estas, pues, se juntó Salomón por amor. ³Y tuvo setecientas mujeres reinas y trescientas concubinas, y sus mujeres le desviaron el corazón. ⁴Cuando Salomón era ya viejo, sus mujeres le inclinaron el corazón tras dioses ajenos, y su corazón no era ya perfecto para con Jehová, su Dios, como el corazón de su padre David. ⁵Salomón siguió a Astoret, diosa de los sidonios, y a Milcom,ᶜ ídolo abominable de los amonitas. ⁶E hizo Salomón lo malo ante los ojos de Jehová, pues no siguió cumplidamente a Jehová como su padre David.

⁷Entonces edificó Salomón un lugar alto a Quemos,ᵈ ídolo abominable de Moab, en el monte que está enfrente de Jerusalén,ᵉ y a Moloc, ídolo abominable de los hijos de Amón. ⁸Lo mismo hizo para todas sus mujeres extranjeras, las cuales quemaban incienso y ofrecían sacrificios a sus dioses. ⁹Y se enojó Jehová contra Salomón, por cuanto su corazón se había apartado de Jehová, Dios de Israel, que se le había aparecido dos veces ¹⁰y le había mandado sobre este asunto que no siguiera a dioses ajenos. Pero él no guardó lo que le mandó Jehová. ¹¹Entonces Jehová dijo a Salomón: «Por cuanto has obrado así, y no has guardado mi pacto y los estatutos que yo te mandé, te quitaré el reino y lo entregaré a tu siervo. ¹²Sin embargo, no lo haré en tus días, por amor a David, tu padre; lo quitaré de manos de tu hijo. ¹³Pero no te quitaré todo el reino, sino que le daré una tribu a tu hijo, por amor a David, mi siervo, y por amor a Jerusalén, la cual yo he elegido».

¹⁴Jehová suscitó un adversario a Salomón: Hadad, el edomita, de sangre real, que estaba en Edom. ¹⁵Porque cuando David estaba en Edom, Joab, el general del ejército, al subir a enterrar los muertos, mató a todos los hombres de Edom ¹⁶(porque seis meses se quedó allí Joab, con todos los israelitas, hasta acabar con todo el sexo masculino en Edom). ¹⁷Pero Hadad, que entonces era un muchacho pequeño, huyó junto con algunos edomitas siervos de su padre, y se fue a Egipto. ¹⁸Luego salieron de Madián y llegaron a Parán, donde tomaron consigo algunos hombres de Parán. Llegaron a Egipto, a la presencia del faraón, rey de Egipto, el cual les dio casa, les asignó alimentos, y hasta les dio tierras.

¹⁹Hadad se ganó de tal manera el favor del faraón, que este le dio por mujer a la hermana de su esposa, la hermana de la reina Tahpenes. ²⁰La hermana de Tahpenes le dio a luz a su hijo Genubat, a quien destetó Tahpenes en casa del faraón. Así Genubat vivió en casa del faraón entre los hijos del faraón. ²¹Al enterarse Hadad en Egipto que David había dormido con sus padres, y que Joab, general del ejército, había muerto, dijo al faraón:

—Déjame ir a mi tierra.

²²El faraón le respondió:

—¿Por qué? ¿Qué te falta conmigo que procuras irte a tu tierra?

—Nada; con todo, te ruego que me dejes ir —respondió él.

²³Dios levantó también como adversario contra Salomón a Rezón hijo de Eliada, que había huido de su amo Hadad-ezer, rey de Soba; ²⁴había reunido gente contra él y se había hecho capitán de una banda cuando David deshizo a los de Soba. Después fueron a vivir a Damasco y allí hicieron rey a Rezón, ²⁵quien fue adversario de Israel todos los días de Salomón. Esto se sumó al mal que representaba Hadad, pues aborrecía a Israel y llegó a reinar sobre Siria.

²⁶También Jeroboam hijo de Nabat, efrateo de Sereda, siervo de Salomón, cuya madre se llamaba Zerúa, la cual era viuda, alzó su mano contra el rey. ²⁷La causa por la cual este alzó su mano contra el rey fue esta: Salomón, al edificar Milo,

---

ᵃ**11.1** Dt 17.17. ᵇ**11.2** Ex 34.16; Dt 7.3-4. ᶜ**11.5** 2 R 23.13. ᵈ**11.7** 2 R 23.13. ᵉ**11.7** Es decir, el Monte de los Olivos, donde había un antiguo lugar de culto (cf. 2 S 15.32).

cerró la brecha de la ciudad de David, su padre. **28** Este Jeroboam era un hombre valiente y esforzado, y al ver Salomón que el joven era un hombre activo, le encomendó todo el servicio a cargo de la casa de José.[f]

29 Aconteció, pues, en aquel tiempo, que al salir Jeroboam de Jerusalén, lo encontró en el camino el profeta Ahías, el silonita; este iba cubierto con una capa nueva, y los dos estaban solos en el campo. **30** Ahías tomó la capa nueva que tenía sobre sí, la rompió en doce pedazos, **31** y dijo a Jeroboam: «Toma para ti diez pedazos, porque así dice Jehová, Dios de Israel: "Voy a arrancar el reino de manos de Salomón y te daré a ti diez tribus. **32** Él se quedará con una tribu[g] por amor a David mi siervo, y por amor a Jerusalén, ciudad que yo he elegido entre todas las tribus de Israel, **33** por cuanto me ha dejado y ha adorado a Astoret, diosa de los sidonios, a Quemos, dios de Moab, y a Moloc, dios de los hijos de Amón, y no ha andado en mis caminos para hacer lo recto delante de mis ojos, ni mis estatutos ni mis decretos, como hizo David, su padre. **34** Pero no quitaré nada del reino de sus manos, sino que lo retendré como rey todos los días de su vida, por amor a David, mi siervo, al cual yo elegí, y quien guardó mis mandamientos y mis estatutos. **35** Pero quitaré el reino de manos de su hijo y te daré a ti las diez tribus. **36** A su hijo le daré una tribu, para que mi siervo David tenga una lámpara todos los días delante de mí en Jerusalén, ciudad que yo elegí para poner en ella mi nombre. **37** Yo, pues, te tomaré a ti, y tú reinarás en todas las cosas que desee tu alma, y serás rey de Israel. **38** Si prestas oído a todas las cosas que te mande, andas en mis caminos y haces lo recto delante de mis ojos, guardando mis estatutos y mis mandamientos, como hizo mi siervo David, yo estaré contigo y te edificaré una casa firme, como la edifiqué a David. Te entregaré a Israel **39** y afligiré a la descendencia

de David a causa de esto, pero no para siempre"».

40 Por esto Salomón procuró matar a Jeroboam, pero Jeroboam se levantó y huyó a Egipto, a Sisac,[h] rey de Egipto, y estuvo en Egipto hasta la muerte de Salomón.

Muerte de Salomón
(2 Cr 9.29-31)

41 El resto de los hechos de Salomón, todo lo que hizo y su sabiduría, ¿no está escrito en el libro de los hechos de Salomón?[i] **42** Los días que Salomón reinó en Jerusalén sobre todo Israel fueron cuarenta años. **43** Durmió Salomón con sus padres y fue sepultado en la ciudad de su padre David. En su lugar reinó su hijo Roboam.

Rebelión de Israel
(2 Cr 10.1—11.4)

12 **1** Roboam fue a Siquem,[a] porque todo Israel había ido allí para hacerlo rey. **2** Aconteció que lo supo Jeroboam hijo de Nabat, que aún estaba en Egipto, adonde había huido del rey Salomón, y donde vivía. **3** Enviaron a llamarlo, y él se presentó con toda la congregación de Israel, y le dijeron a Roboam:

4 —Tu padre agravó nuestro yugo. Alivia tú ahora algo de la dura servidumbre de tu padre y del pesado yugo que nos impuso, y te serviremos.

5 Él les respondió:

—Idos, y de aquí a tres días volved a mí.

Y el pueblo se fue. **6** Entonces el rey Roboam pidió consejo de los ancianos que habían servido a su padre Salomón cuando vivía, y dijo:

—¿Cómo aconsejáis vosotros que responda a este pueblo?

7 Ellos le hablaron así:

—Si te pones hoy al servicio de este pueblo, lo sirves y le respondes con buenas palabras, ellos te servirán para siempre.

f **11.28** Es decir, las tribus de Manasés y Efraín. *g* **11.32** 1 R 12.21. *h* **11.40** Reinó en Egipto desde el año 950 hasta el año 929 a.C. aprox. *i* **11.41** Fuente de información utilizada para la composición de 1 R 3—11. No ha llegado hasta nosotros. *a* **12.1** Antiguo centro político y religioso. Primera capital del reino del norte (cf. 1 R 12.25), después del exilio se convirtió en la principal ciudad de los samaritanos.

⁸ Pero él desechó el consejo que los ancianos le habían dado, y pidió consejo de los jóvenes que se habían criado con él y estaban a su servicio. ⁹ Y les preguntó:

—¿Cómo aconsejáis vosotros que respondamos a este pueblo que me ha hablado diciendo: "Alivia en algo el yugo que tu padre nos impuso"?

¹⁰ Entonces los jóvenes que se habían criado con él le respondieron:

—Así hablarás a este pueblo que te ha dicho estas palabras: "Tu padre agravó nuestro yugo, pero tú alívialo en algo"; así les hablarás: "El menor de mis dedos es más grueso que la cintura de mi padre. ¹¹ Ahora, pues, mi padre os cargó con un pesado yugo, pero yo lo haré más pesado aún; mi padre os castigó con azotes, pero yo os castigaré con escorpiones".

¹² Al tercer día se presentó Jeroboam con todo el pueblo ante Roboam, según el rey lo había mandado, cuando dijo: «Regresad a verme al tercer día». ¹³ Pero el rey respondió al pueblo duramente, desechando el consejo que los ancianos le habían dado, ¹⁴ y hablándoles conforme al consejo de los jóvenes, les dijo: «Mi padre agravó vuestro yugo, pero yo lo haré más pesado aún; mi padre os castigó con azotes, pero yo os castigaré con escorpiones». ¹⁵ Así que no oyó el rey al pueblo, pues era un designio de Jehová para confirmar la palabra que había dado a Jeroboam hijo de Nabat por medio de Ahías, el silonita. ¹⁶ Cuando todo el pueblo vio que el rey no les había oído, le respondió con estas palabras:

«¿Qué parte tenemos nosotros con David?
No tenemos herencia en el hijo de Isaí.
¡Israel, cada uno a sus tiendas!ᵇ
¡David, mira ahora por tu casa!».

Entonces Israel se fue a sus tiendas, ¹⁷ mientras Roboam siguió reinando sobre los hijos de Israel que habitaban en las ciudades de Judá. ¹⁸ Cuando el rey Roboam envió a Adoram,ᶜ que estaba encargado de los tributos, todo Israel lo apedreó y lo mató. Entonces el rey Roboam se apresuró a subirse en un carro y huir a Jerusalén. ¹⁹ Así se apartó Israel de la casa de David hasta hoy.

²⁰ Aconteció que al oir todo Israel que Jeroboam había vuelto, enviaron a llamarlo a la congregación y lo hicieron rey de todo Israel, sin quedar tribu alguna que siguiera a la casa de David, sino sólo la tribu de Judá.

²¹ Cuando Roboam llegó a Jerusalén reunió a toda la casa de Judá y a la tribu de Benjamín, ciento ochenta mil hombres, todos guerreros escogidos, con el fin de hacer la guerra a la casa de Israel y devolver el reino a Roboam hijo de Salomón. ²² Pero Jehová habló a Semaías, hombre de Dios, diciendo: ²³ «Habla a Roboam hijo de Salomón, rey de Judá, a toda la casa de Judá y de Benjamín, y a los demás del pueblo, y diles: ²⁴ "Así ha dicho Jehová: No vayáis, ni peleéis contra vuestros hermanos, los hijos de Israel; volveos cada uno a su casa, porque esto es obra mía"».

Al oir ellos la palabra de Dios regresó cada uno a su casa, conforme a la palabra de Jehová.

El pecado de Jeroboam

²⁵ Entonces reedificó Jeroboam a Siquem en los montes de Efraín, y habitó en ella. Luego salió de allí y reedificó a Penuel. ²⁶ Pero Jeroboam pensó en su corazón: «Ahora, la casa de David recuperará el reino ²⁷ si este pueblo sube a ofrecer sacrificios en la casa de Jehová en Jerusalén, porque el corazón de este pueblo se volverá a su señor Roboam, rey de Judá, me matarán a mí y se volverán a Roboam, rey de Judá».

²⁸ Después de tomar consejo, hizo el rey dos becerros de oro, y dijo al pueblo: «Ya habéis subido bastante a Jerusalén. Aquí están tus dioses, Israel, los cuales te hicieron subir de la tierra de Egipto».ᵈ ²⁹ Entonces puso uno en Bet-el y el otro en Dan. ³⁰ Esto fue causa de pecado, porque el pueblo iba a adorar delante de uno de ellos hasta Dan. ³¹ Hizo también casas sobre los lugares altos y designó sacerdotes de entre el pueblo que no eran de los hijos

---

ᵇ **12.16** 2 S 20.1.   ᶜ **12.18** 2 S 20.24; 1 R 4.6; 5.14.   ᵈ **12.28** Ex 32.4.

de Leví. [32] Luego instituyó Jeroboam una fiesta solemne en el mes octavo, a los quince días del mes, conforme a la fiesta solemne que se celebraba en Judá, y ofreció sacrificios sobre un altar. Lo mismo hizo en Bet-el, ofreciendo sacrificios a los becerros que había hecho. Ordenó también en Bet-el sacerdotes para los lugares altos que él había fabricado. [33] Sacrificó, pues, sobre el altar que él había hecho en Bet-el, a los quince días del mes octavo, el mes que él había inventado según el dictado de su propio corazón.[e] Así hizo fiesta a los hijos de Israel, y subió al altar para quemar incienso.

Jeroboam es amonestado de parte de Dios

13 [1] Mientras Jeroboam quemaba el incienso junto al altar, un hombre de Dios vino de Judá a Bet-el, enviado por Jehová. [2] Aquél clamó contra el altar por mandato de Jehová y dijo: «Altar, altar, así ha dicho Jehová: "A la casa de David le nacerá un hijo llamado Josías, el cual sacrificará sobre ti a los sacerdotes de los lugares altos que queman sobre ti incienso, y sobre ti quemarán huesos de hombres"».[a]

[3] Ese mismo día dio una señal diciendo: «Esta es la señal de que Jehová ha hablado: el altar se quebrará y la ceniza que sobre él está se derramará».

[4] Cuando el rey Jeroboam oyó la palabra del hombre de Dios que había clamado contra el altar de Bet-el, extendiendo su mano desde el altar, dijo: «¡Prendedle!». Pero la mano que había extendido contra el hombre de Dios se le secó, y no la pudo enderezar. [5] El altar se rompió y se derramó la ceniza que había en él, conforme a la señal que el hombre de Dios había dado por mandato de Jehová. [6] Entonces el rey, dirigiéndose al hombre de Dios, dijo:

—Te pido que ruegues ante la presencia de Jehová, tu Dios, y ores por mí, para que mi mano sea restaurada.

El hombre de Dios oró a Jehová y la mano del rey se le restauró; quedó como era antes. [7] El rey dijo al hombre de Dios:

—Ven conmigo a casa, y comerás, y yo te daré un presente.

[8] Pero el hombre de Dios respondió al rey:

—Aunque me dieras la mitad de tu casa no iría contigo, ni comería pan ni bebería agua en este lugar. [9] Porque así me está ordenado por mandato de Jehová, que me ha dicho: "No comas pan, ni bebas agua, ni regreses por el mismo camino".

[10] Regresó, pues, por otro camino, y no volvió por el camino por donde había ido a Bet-el.

[11] Vivía entonces en Bet-el un viejo profeta. Vino su hijo y le contó todo lo que el hombre de Dios había hecho aquel día en Bet-el; le contaron también a su padre las palabras que había dicho al rey. [12] Su padre les dijo:

—¿Por qué camino se fue?

Sus hijos le mostraron el camino por donde había regresado el hombre de Dios que había venido de Judá. [13] Y él les dijo:

—Ensilladme el asno.

Ellos le ensillaron el asno y él lo montó. [14] Se fue tras el hombre de Dios y lo halló sentado debajo de una encina.

—¿Eres tú el hombre de Dios que vino de Judá? —le preguntó.

—Yo soy —le respondió él.

[15] —Ven conmigo a casa y come algo —le dijo entonces.

[16] Pero él respondió:

—No podré volver contigo, ni iré contigo, ni tampoco comeré pan ni beberé agua contigo en este lugar. [17] Porque por mandato de Dios me ha sido dicho: "No comas pan ni bebas agua allí, ni regreses por el mismo camino".

[18] El otro le dijo, mintiéndole:

—Yo también soy profeta como tú, y un ángel me ha hablado por mandato de Jehová, diciendo: "Tráele contigo a tu casa para que coma pan y beba agua".

[19] Entonces regresó con él y comió pan y bebió agua en su casa.

[20] Cuando estaban sentados a la mesa, aconteció que Jehová habló al profeta que lo había hecho volver, [21] el cual clamó al hombre de Dios que había venido de Judá diciendo: «Así dijo Jehová: Por cuanto

---

[e] **12.32-33** Lv 23.33-34.   [a] **13.2** 2 R 23.15-16.

has sido rebelde al mandato de Jehová, y no guardaste el mandamiento que Jehová, tu Dios, te había prescrito, ²²sino que volviste y comiste pan y bebiste agua en el lugar donde Jehová te había dicho que no comieras pan ni bebieras agua, no entrará tu cuerpo en el sepulcro de tus padres».

²³Después de haber comido pan y bebido, el que le había hecho volver le ensilló el asno. ²⁴Al partir, lo encontró un león en el camino y lo mató. Su cuerpo quedó tirado en el camino, y el asno y el león permanecieron junto al cuerpo. ²⁵Unos que pasaban vieron el cuerpo que estaba echado en el camino, y al león que permanecía junto al cuerpo, y fueron a contarlo a la ciudad donde vivía el viejo profeta. ²⁶Cuando lo supo el profeta que le había hecho volver del camino, dijo: «¡Es el hombre de Dios que se rebeló al mandato de Jehová! Por tanto, Jehová lo ha entregado al león, que lo ha quebrantado y matado, conforme a la palabra de Jehová».

²⁷Luego dijo a sus hijos: «Ensilladme un asno». Ellos se lo ensillaron ²⁸y él partió. Halló el cuerpo tendido en el camino, y el asno y el león que permanecían junto al cuerpo; el león no había comido el cuerpo, ni dañado al asno. ²⁹Entonces tomó el profeta el cuerpo del varón de Dios, lo puso sobre el asno y se lo llevó. El profeta viejo fue a la ciudad para hacerle duelo y enterrarlo. ³⁰Puso el cuerpo en su sepulcro e hicieron duelo por él diciendo: «¡Ay, hermano mío!».

³¹Después que lo enterraron, habló a sus hijos, y les dijo: «Cuando yo muera, enterradme en el sepulcro en que está sepultado el varón de Dios; poned mis huesos junto a lós suyos. ³²Porque sin duda vendrá lo que él dijo a voces según la palabra de Jehová contra el altar que está en Bet-el y contra todas las casas de los lugares altos que están en las ciudades de Samaria».

³³Con todo esto, no se apartó Jeroboam de su mal camino, sino que volvió a designar sacerdotes de los lugares altos de entre el pueblo, y a quien quería lo consagraba para que fuera de los sacerdotes de los lugares altos. ³⁴Esto fue causa de pecado para la casa de Jeroboam, por lo cual ha sido cortada y raída de sobre la faz de la tierra.

Profecía de Ahías contra Jeroboam

14 ¹En aquel tiempo Abías hijo de Jeroboam cayó enfermo. ²Y dijo Jeroboam a su mujer: «Levántate ahora y disfrázate, para que no reconozcan que eres la mujer de Jeroboam, y ve a Silo, porque allá está el profeta Ahías,ᵃ el que me dijo que yo sería rey de este pueblo. ³Toma en tus manos diez panes, tortas y una vasija de miel, y acude a él, para que te declare lo que ha de ser de este niño».

⁴La mujer de Jeroboam lo hizo así; se levantó, fue a Silo y llegó a la casa de Ahías. Ahías ya no podía ver, porque sus ojos se habían oscurecido a causa de la vejez. ⁵Pero Jehová había dicho a Ahías: «Mira, la mujer de Jeroboam vendrá a consultarte sobre su hijo que está enfermo. Así y así le responderás, pues cuando ella llegue, vendrá disfrazada».

⁶Cuando Ahías oyó el sonido de sus pies al entrar ella por la puerta, dijo: «Entra, mujer de Jeroboam. ¿Por qué te finges otra? Me han enviado a tu presencia con una revelación dura. ⁷Ve y dile a Jeroboam: "Así dijo Jehová, Dios de Israel: Yo te levanté de en medio del pueblo, y te hice príncipe de mi pueblo Israel. ⁸Le quité el reino a la casa de David y te lo entregué a ti. Pero tú no has sido como David, mi siervo, que guardó mis mandamientos y anduvo en pos de mí con todo su corazón, haciendo solamente lo recto delante de mis ojos, ⁹sino que hiciste más mal que todos los que te han precedido, pues fuiste y te hiciste dioses ajenos e imágenes de fundición para enojarme, y a mí me has despreciado. ¹⁰Por tanto, voy a traer el mal sobre la casa de Jeroboam: extirparé todos los hombres a la casa de Jeroboam en Israel, tanto el siervo como el libre. Barreré la descendencia de la casa de Jeroboam como se barre el estiércol, hasta que no quede nada.ᵇ ¹¹Al que muera de los de Jeroboam en la ciudad lo comerán los perros, y al que muera en el

ᵃ**14.2** 1 R 11.29-30.   ᵇ**14.10-11** 1 R 15.29; 16.3-4.

campo, lo comerán las aves del cielo, porque Jehová lo ha dicho". [12] En cuanto a ti,
levántate y vete a tu casa. Al poner tu pie
en la ciudad, morirá el niño. [13] Todo Israel
hará por él lamentación y lo enterrarán,
pues de los descendientes de Jeroboam
solo él será sepultado, por cuanto de la casa de Jeroboam solo en él se ha hallado alguna cosa buena delante de Jehová, Dios
de Israel. [14] Y Jehová levantará para sí un
rey en Israel que extirpará en este día la
casa de Jeroboam; y lo hará ahora mismo.
[15] Jehová sacudirá a Israel al modo como
la caña se agita en las aguas, arrancará a
Israel de esta buena tierra que había dado
a sus padres, y los esparcirá más allá del
Éufrates, por cuanto han hecho sus imágenes de Asera, enojando a Jehová. [16] Él
entregará a Israel por los pecados de Jeroboam,[c] quien pecó y ha hecho pecar a
Israel».

[17] Entonces la mujer de Jeroboam se levantó, se marchó y entró a Tirsa. Cuando
cruzó el umbral de la casa, el niño murió.
[18] Lo enterraron, y todo Israel hizo lamento por él, conforme a la palabra de Jehová,
la que él había anunciado por medio de
su siervo, el profeta Ahías.

[19] Los demás hechos de Jeroboam, las
guerras que hizo, y cómo reinó, todo está
escrito en el libro de las historias de los reyes de Israel. [20] El tiempo que reinó Jeroboam fue de veintidós años. Cuando
durmió con sus padres, reinó en su lugar
su hijo Nadab.

Reinado de Roboam
(2 Cr 12.1-16)

[21] Roboam hijo de Salomón reinó en Judá. De cuarenta y un años era Roboam
cuando comenzó a reinar; diecisiete años
reinó en Jerusalén, ciudad que Jehová eligió entre todas las tribus de Israel para
poner allí su nombre. El nombre de su
madre era Naama, amonita. [22] Judá hizo
lo malo ante los ojos de Jehová y lo enojaron con los pecados que cometieron más
que todo lo que hicieron sus padres.

[23] También ellos se edificaron lugares
altos, estatuas e imágenes de Asera, en

todo collado alto y debajo de todo árbol
frondoso.[d] [24] Hubo también sodomitas[e]
en la tierra, que cometieron todas las abominaciones de las naciones que Jehová
había echado de delante de los hijos de
Israel.

[25] Al quinto año del rey Roboam subió
Sisac, rey de Egipto, contra Jerusalén,[f]
[26] tomó los tesoros de la casa de Jehová,
los tesoros de la casa real, y lo saqueó todo. También se llevó todos los escudos de
oro que Salomón había hecho.[g] [27] En lugar de ellos, el rey Roboam hizo escudos
de bronce y se los dio a los capitanes de la
guardia que custodiaban la puerta de la
casa real. [28] Cuando el rey entraba en la
casa de Jehová, los de la guardia los llevaban, y después volvían a ponerlos en la
sala de la guardia.

[29] Los demás hechos de Roboam, y todo lo que hizo, ¿no está escrito en las crónicas de los reyes de Judá?

[30] Todos los días hubo guerra entre Roboam y Jeroboam. [31] Roboam durmió con
sus padres y fue sepultado con ellos en la
ciudad de David. El nombre de su madre
era Naama, amonita. Reinó en su lugar
Abiam, su hijo.

Reinado de Abiam
(2 Cr 13.1-22)

15 [1] En el año dieciocho del rey Jeroboam hijo de Nabat, Abiam comen-
zó a reinar sobre Judá. [2] Reinó tres años en
Jerusalén. El nombre de su madre era
Maaca, hija de Abisalom. [3] Anduvo en todos los pecados que su padre había cometido antes de él. Su corazón no fue
perfecto para con Jehová, su Dios, como
el corazón de su padre David. [4] Pero por
amor a David, Jehová, su Dios, le dio una
lámpara en Jerusalén,[a] al poner en el trono a su hijo después de él y sostener a Jerusalén, [5] por cuanto David había hecho
lo recto ante los ojos de Jehová, y de ninguna cosa que le habían mandado se había apartado en todos los días de su vida,
salvo en lo tocante a Urías, el heteo.[b]

[6] Hubo guerra entre Roboam y Jeroboam todos los días de su vida. [c] [7] Los

---

[c] **14.16** Esta expresión se repite continuamente en los libros de *Reyes* (cf. 1 R 15.26,30,34;
16.2,13,19,26, etc.).   [d] **14.23** 2 R 17.9-10.   [e] **14.24** Dt 23.17.   [f] **14.25** 2 Cr 12.2-8.
[g] **14.26** 1 R 10.16-27; 2 Cr 9.15-16.   [a] **15.4** 1 R 11.36.   [b] **15.5** 2 S 11.1-27.   [c] **15.6** 2 Cr 13.3-21.

demás hechos de Abiam, y todo lo que hizo, ¿no está escrito en el libro de las crónicas de los reyes de Judá? Y hubo guerra entre Abiam y Jeroboam. ⁸ Durmió Abiam con sus padres y lo sepultaron en la ciudad de David. En su lugar reinó Asa, su hijo.

Reinado de Asa
(2 Cr 14.1-5; 15.16-19)

⁹ En el año veinte de Jeroboam, rey de Israel, Asa comenzó a reinar sobre Judá. ¹⁰ Reinó cuarenta y un años en Jerusalén. El nombre de su madre era Maaca, hija de Abisalom.

¹¹ Asa hizo lo recto ante los ojos de Jehová, como David, su padre, ¹² porque expulsó del país a los sodomitas y quitó todos los ídolos que sus padres habían hecho.*ᵈ* ¹³ También privó a su madre Maaca de ser reina madre, porque había hecho un ídolo de Asera. Asa deshizo, además, el ídolo de su madre y lo quemó junto al torrente Cedrón. ¹⁴ Sin embargo, los lugares altos no desaparecieron. Con todo, el corazón de Asa fue perfecto para con Jehová toda su vida. ¹⁵ También puso en la casa de Jehová lo que su padre había dedicado, y lo que él dedicó: oro, plata y alhajas.

Alianza de Asa con Ben-adad
(2 Cr 16.1-10)

¹⁶ Hubo guerra continuamente entre Asa y Baasa, rey de Israel. ¹⁷ Baasa, rey de Israel, subió contra Judá y fortificó Ramá,*ᵉ* para evitar que se comunicaran con Asa, rey de Judá. ¹⁸ Asa tomó toda la plata y el oro que había quedado en los tesoros de la casa de Jehová y en los tesoros de la casa real, se los entregó a sus siervos y los envió a Ben-adad hijo de Tabrimón hijo de Hezión, rey de Siria, el cual residía en Damasco, diciendo: ¹⁹ «Haya alianza entre nosotros, como entre mi padre y el tuyo. Aquí te envío un presente de plata y de oro. Ve y rompe tu pacto con Baasa, rey de Israel, para que se aparte de mí».

²⁰ Ben-adad aceptó la propuesta del rey Asa y envió a los jefes de sus ejércitos contra las ciudades de Israel. Conquistó Ijón, Dan, Abel-bet-maaca, toda Cineret*ᶠ* y toda la tierra de Neftalí. ²¹ Al saberlo Baasa, dejó de edificar Ramá y se quedó en Tirsa. ²² Entonces el rey Asa convocó a todo Judá, sin exceptuar a nadie. Se llevaron de Ramá la piedra y la madera con que Baasa edificaba, y el rey Asa construyó con ello Geba de Benjamín y Mizpa.

Muerte de Asa
(2 Cr 16.11-14)

²³ Los demás hechos de Asa, todo su poderío, todo lo que hizo y las ciudades que edificó, ¿no está todo escrito en el libro de las crónicas de los reyes de Judá?

En los días de su vejez Asa enfermó de los pies. ²⁴ Durmió Asa con sus padres y fue sepultado con ellos en la ciudad de David, su padre. Reinó en su lugar Josafat, su hijo.

Reinado de Nadab

²⁵ Nadab hijo de Jeroboam comenzó a reinar sobre Israel en el segundo año de Asa, rey de Judá. Reinó sobre Israel dos años. ²⁶ Hizo lo malo ante los ojos de Jehová andando en el camino de su padre y en los pecados con que este hizo pecar a Israel. ²⁷ Baasa hijo de Ahías, que era de la casa de Isacar, conspiró contra él. Baasa lo hirió en Gibetón, que era de los filisteos, porque Nadab y todo Israel tenían sitiado a Gibetón.

²⁸ Lo mató, pues, Baasa en el tercer año de Asa, rey de Judá, y reinó en lugar suyo. ²⁹ Apenas comenzó a reinar, mató a toda la casa de Jeroboam, sin dejar alma viviente de los de Jeroboam, hasta raerla, conforme a la palabra que Jehová anunció por medio de su siervo Ahías, el silonita,*ᵍ* ³⁰ y a causa de los pecados que Jeroboam había cometido, con los cuales hizo pecar a Israel, provocando así el enojo de Jehová, Dios de Israel.

³¹ Los demás hechos de Nadab, y todo lo que hizo, ¿no está todo escrito en el libro de las crónicas de los reyes de Israel?

³² Y hubo guerra continua entre Asa y Baasa, rey de Israel.

ᵈ **15.12** 2 Cr 15.8-15. *ᵉ* **15.17** Localidad de la tribu de Benjamín, situada a 9 km. al norte de Jerusalén (Jos 18.25; Jer 31.15; Mt 2.18). *ᶠ* **15.20** Región cercana al Lago de Genesaret. *ᵍ* **15.29** 1 R 14.10-11.

Reinado de Baasa

33 En el tercer año de Asa, rey de Judá, comenzó a reinar Baasa hijo de Ahías sobre todo Israel en Tirsa. Reinó veinticuatro años. **34** Pero hizo lo malo ante los ojos de Jehová; anduvo en el camino de Jeroboam y en el pecado con que este hizo pecar a Israel.

16 **1** Llegó palabra de Jehová a Jehú hijo de Hanani contra Baasa diciendo: **2** «Yo te levanté del polvo y te puse como príncipe de mi pueblo Israel. Pero tú has andado en el camino de Jeroboam y has hecho pecar a mi pueblo Israel, provocándome a ira con tus pecados. **3** Por eso yo barreré la posteridad de Baasa y de su casa, y voy a hacer con su casa como con la casa de Jeroboam hijo de Nabat. **4** Al que de Baasa muera en la ciudad se lo comerán los perros; y al que muera en el campo se lo comerán las aves del cielo».

5 Los demás hechos de Baasa, las cosas que hizo, y su poderío, ¿no está todo escrito en el libro de las crónicas de los reyes de Israel? **6** Durmió Baasa con sus padres y fue sepultado en Tirsa;[a] y reinó en su lugar su hijo Ela.

7 La palabra de Jehová por boca del profeta Jehú hijo de Hanani fue contra Baasa y también contra su casa, con motivo de todo lo malo que hizo ante los ojos de Jehová, por provocarlo a ira con las obras de sus manos, que llegaron a ser como las de la casa de Jeroboam, y por haberla exterminado.

Reinados de Ela y de Zimri

8 En el año veintiséis de Asa, rey de Judá, comenzó a reinar Ela hijo de Baasa sobre Israel en Tirsa, y reinó dos años. **9** Pero conspiró contra él su siervo Zimri, comandante de la mitad de los carros. Estaba Ela en Tirsa, embriagado y bebiendo en casa de Arsa, su mayordomo en Tirsa, **10** cuando llegó Zimri y lo hirió de muerte; y reinó en lugar suyo. Era el año veintisiete de Asa, rey de Judá.

11 Tan pronto estuvo sentado en el trono y comenzó a reinar, mató a toda la casa de Baasa, sin dejar en ella ningún hombre, ni parientes ni amigos. **12** Así exterminó Zimri a toda la casa de Baasa, conforme a la palabra que Jehová había proferido contra Baasa por medio del profeta Jehú, **13** por todos los pecados cometidos por Baasa, los pecados de Ela, su hijo, y los que hicieron cometer a Israel, provocando con sus vanidades el enojo de Jehová, Dios de Israel.

14 Los demás hechos de Ela, y todo lo que hizo, ¿no está todo escrito en el libro de las crónicas de los reyes de Israel?

15 En el año veintisiete de Asa, rey de Judá, comenzó a reinar Zimri; y reinó siete días en Tirsa. El pueblo había acampado contra Gibetón, ciudad de los filisteos. **16** Y el pueblo que estaba en el campamento oyó decir: «Zimri ha conspirado y ha dado muerte al rey». Entonces todo Israel proclamó aquel mismo día rey de Israel, en el campo de batalla, a Omri, general del ejército. **17** Omri subió de Gibetón junto con todo Israel y sitiaron a Tirsa.

18 Al ver Zimri tomada la ciudad, se metió en el palacio de la casa real y prendió fuego a la casa consigo adentro. Así murió, **19** por los pecados que había cometido, haciendo lo malo ante los ojos de Jehová y andando en los caminos de Jeroboam, y en el pecado que este cometió al hacer pecar a Israel.

20 El resto de los hechos de Zimri y de su conspiración, ¿no está todo escrito en el libro de las crónicas de los reyes de Israel?

Reinado de Omri

21 Entonces el pueblo de Israel se dividió en dos partes: la mitad del pueblo seguía a Tibni hijo de Ginat para hacerlo rey, y la otra mitad seguía a Omri. **22** Pero el pueblo que seguía a Omri pudo más que el que seguía a Tibni hijo de Ginat. Tibni murió y Omri se convirtió en rey.

23 En el año treinta y uno de Asa, rey de Judá, comenzó a reinar Omri sobre Israel, y reinó doce años; en Tirsa reinó seis años. **24** Omri compró a Semer el monte de Samaria por dos talentos de plata, edificó en el monte y llamó a la ciudad que había edificado Samaria, por el nombre de Semer, que fue dueño de aquel monte.

---

[a] **16.6** Capital del reino de Israel durante los reinados de Baasa (1 R 15.21), Ela y Zimri (1 R 16.8-10), hasta la fundación de Samaria en tiempos de Omri.

²⁵Omri hizo lo malo ante los ojos de Jehová; lo hizo peor que todos los que habían reinado antes de él, ²⁶pues anduvo en todos los caminos de Jeroboam hijo de Nabat, y en el pecado que aquel hizo cometer a Israel, al provocar con sus ídolos la ira de Jehová, Dios de Israel.

²⁷Los demás hechos de Omri, todo lo que hizo, y las acciones valientes que ejecutó, ¿no está todo escrito en el libro de las crónicas de los reyes de Israel? ²⁸Omri durmió con sus padres y fue sepultado en Samaria. En su lugar reinó Acab, su hijo.

Reinado de Acab

²⁹Comenzó a reinar Acab hijo de Omri sobre Israel el año treinta y ocho de Asa, rey de Judá, ³⁰y reinó sobre Israel en Samaria veintidós años. Pero Acab hijo de Omri hizo lo malo ante los ojos de Jehová, más que todos los que reinaron antes de él, ³¹pues no le bastó andar en los pecados de Jeroboam hijo de Nabat, sino que tomó por mujer a Jezabel, hija de Et-baal, rey de los sidonios, y fue, sirvió a Baal y lo adoró. ³²Construyó además un altar a Baal en el templo que él le edificó en Samaria. ³³También hizo Acab una imagen de Asera, para provocar así la ira de Jehová, Dios de Israel, más que todos los reyes de Israel que reinaron antes de él.

³⁴En tiempos de Acab, Hiel, el de Bet-el, reedificó a Jericó. Al precio de la vida de Abiram, su primogénito, echó el cimiento, y al precio de la vida de Segub, su hijo menor, puso sus puertas, conforme a la palabra que Jehová le había anunciado por medio de Josué hijo de Nun.ᵇ

Elías predice la sequía

17¹Entonces Elías, el tisbita, que era uno de los habitantes de Galaad, dijo a Acab: «¡Vive Jehová, Dios de Israel, en cuya presencia estoy, que no habrá lluvia ni rocío en estos años, hasta que mi boca lo diga!».ᵃ

²Llegó a él una palabra de Jehová, que decía: ³«Apártate de aquí, vuelve al oriente y escóndete en el arroyo Querit, que está frente al Jordán. ⁴Beberás del arroyo; yo he mandado a los cuervos que te den allí de comer».

⁵Él partió e hizo conforme a la palabra de Jehová, pues se fue y vivió junto al arroyo Querit, que está frente al Jordán. ⁶Los cuervos le traían pan y carne por la mañana y por la tarde, y bebía del arroyo. ⁷Pasados algunos días, se secó el arroyo, porque no había llovido sobre la tierra.

Elías y la viuda de Sarepta

⁸Luego llegó a Elías una palabra de Jehová, que decía: ⁹«Levántate, vete a Sareptaᵇ de Sidón y vive allí; ahí le he dado orden a una mujer viuda que te sustente».

¹⁰Entonces él se levantó y se fue a Sarepta. Cuando llegó a la puerta de la ciudad, había allí una mujer viuda que estaba recogiendo leña. Elías la llamó y le dijo:

—Te ruego que me traigas un poco de agua en un vaso para que beba.

¹¹Cuando ella iba a traérsela, él la volvió a llamar y le dijo:

—Te ruego que me traigas también un bocado de pan en tus manos.

¹²Ella respondió:

—¡Vive Jehová, tu Dios, que no tengo pan cocido!; solamente tengo un puñado de harina en la tinaja y un poco de aceite en una vasija. Ahora recogía dos leños para entrar y prepararlo para mí y para mi hijo. Lo comeremos y luego moriremos.

¹³Elías le dijo:

—No tengas temor: ve y haz como has dicho; pero hazme con ello primero una pequeña torta cocida debajo de la ceniza, y tráemela. Después la harás para ti y para tu hijo. ¹⁴Porque Jehová, Dios de Israel, ha dicho así: "La harina de la tinaja no escaseará, ni el aceite de la vasija disminuirá, hasta el día en que Jehová haga llover sobre la faz de la tierra".

¹⁵La viuda fue e hizo como le había dicho Elías. Y comieron él, ella y su casa, durante muchos días. ¹⁶No escaseó la harina de la tinaja, ni el aceite de la vasija menguó, conforme a la palabra que Jehová había dicho por medio de Elías.

¹⁷Después de estas cosas aconteció que

ᵇ**16.34** Jos 6.26.　　ᵃ**17.1** Stg 5.17.　　ᵇ**17.9** Localidad fenicia, situada a unos 15 km. al sur de *Sidón*, es decir, en una región que no estaba bajo el control del rey Acab. Cf. Lc 4.25-26.

cayó enfermo el hijo de la dueña de la casa. La enfermedad fue tan grave que se quedó sin aliento. [18] Entonces dijo ella a Elías:

—¿Qué tengo que ver yo contigo, varón de Dios? ¿Has venido aquí a recordarme mis pecados y a hacer morir a mi hijo?

[19] —Dame acá tu hijo —le dijo él.

Lo tomó entonces Elías de su regazo, lo llevó al aposento donde él vivía y lo puso sobre su cama. [20] Luego clamó a Jehová diciendo: «Jehová, Dios mío, ¿también a la viuda en cuya casa estoy hospedado vas a afligir, haciendo morir su hijo?».

[21] Se tendió sobre el niño[c] tres veces y clamó a Jehová: «Jehová, Dios mío, te ruego que hagas volver el alma a este niño».

[22] Jehová oyó la voz de Elías, el alma volvió al niño y este revivió. [23] Tomó luego Elías al niño, lo trajo del aposento a la casa, lo entregó a su madre y le dijo:

—Mira, tu hijo vive.

[24] Entonces la mujer dijo a Elías:

—Ahora reconozco que tú eres un varón de Dios y que la palabra de Jehová es verdad en tu boca.

Elías regresa a ver a Acab

18 [1] Pasó mucho tiempo, y tres años después,[a] llegó palabra de Jehová a Elías, diciendo: «Ve, muéstrate a Acab, y yo haré llover sobre la faz de la tierra».

[2] Fue, pues, Elías a mostrarse a Acab. En Samaria el hambre era grave. [3] Acab llamó a Abdías, su mayordomo. Abdías era muy temeroso de Jehová, [4] pues cuando Jezabel destruía a los profetas de Jehová, Abdías tomó a cien profetas y los escondió en cuevas de cincuenta en cincuenta, y los sustentó con pan y agua. [5] Dijo, pues, Acab a Abdías:

—Ve por el país a todas las fuentes de aguas y a todos los arroyos, a ver si acaso encontramos pasto con que conservar con vida a los caballos y a las mulas, para que no nos quedemos sin bestias.

[6] Y dividieron entre sí el país para recorrerlo; Acab fue por un camino y Abdías fue solo por otro. [7] Cuando Abdías iba por el camino, se encontró con Elías. Al reconocerlo, se postró sobre su rostro y dijo:

—¿No eres tú Elías, mi señor?

[8] —Yo soy; ve y dile a tu amo: "Aquí está Elías" —le respondió él.

[9] Abdías contestó:

—¿En qué he pecado para que entregues a tu siervo en manos de Acab para que me mate? [10] ¡Vive Jehová, tu Dios!, que no ha habido nación ni reino adonde mi señor no haya enviado a buscarte, y cuando respondían: "No está aquí", hacía jurar a reinos y a naciones que no te habían hallado. [11] ¿Y ahora tú dices: "Ve y dile a tu amo: 'Aquí está Elías' "? [12] Acontecerá que luego de que yo me haya ido, el espíritu de Jehová te llevará adonde yo no sepa. Y cuando yo vaya a dar la noticia a Acab, él no te hallará y me matará. Pero tu siervo teme a Jehová desde su juventud. [13] ¿No le han contado a mi señor lo que hice cuando Jezabel mataba a los profetas de Jehová, que escondí en cuevas a cien de los profetas de Jehová, de cincuenta en cincuenta, y los mantuve con pan y agua? [14] Y ahora dices tú: "Ve y dile a tu amo: 'Aquí está Elías' ". ¿Quieres que me mate?

[15] Elías le dijo:

—¡Vive Jehová de los ejércitos, en cuya presencia estoy!, que hoy me presentaré ante él.

[16] Entonces Abdías fue a encontrarse con Acab, le dio el aviso, y Acab fue a encontrarse con Elías. [17] Cuando lo vio, le dijo:

—¿Eres tú el que perturbas a Israel?

[18] Él respondió:

—Yo no he perturbado a Israel, sino tú y la casa de tu padre, al abandonar los mandamientos de Jehová y seguir a los baales. [19] Manda, pues, ahora a que todo Israel se congregue en el monte Carmelo, con los cuatrocientos cincuenta profetas de Baal y los cuatrocientos profetas de Asera, que comen de la mesa de Jezabel.

Elías y los profetas de Baal

[20] Acab convocó a todos los hijos de Israel, y reunió a los profetas en el monte Carmelo. [21] Entonces Elías, acercándose a todo el pueblo, dijo:

—¿Hasta cuándo vacilaréis vosotros entre dos pensamientos? Si Jehová es Dios, seguidle; si Baal, id en pos de él.

Y el pueblo no respondió palabra. [22] Elías siguió hablándole al pueblo:

---

[c] **17.21** 2 R 4.34-35; Hch 20.9-10.   [a] **18.1** 1 R 17.1.

—Solo yo he quedado como profeta de Jehová, mientras que de los profetas de Baal hay cuatrocientos cincuenta hombres. ²³ Dénsenos, pues, dos bueyes, y escojan ellos uno; córtenlo en pedazos y pónganlo sobre leña, pero que no le prendan fuego. Yo prepararé el otro buey, lo pondré sobre leña, y tampoco le prenderé fuego. ²⁴ Invocad luego vosotros el nombre de vuestros dioses; yo invocaré el nombre de Jehová. El Dios que responda por medio del fuego, ese es Dios.

—Bien dicho —respondió todo el pueblo.

²⁵ Entonces Elías dijo a los profetas de Baal:

«Escoged un buey y preparadlo vosotros primero, pues sois los más. Invocad luego el nombre de vuestros dioses, pero no le prendáis fuego».

²⁶ Ellos tomaron el buey que les fue dado y lo prepararon, e invocaron el nombre de Baal desde la mañana hasta el mediodía. Decían: «¡Baal, respóndenos!» Pero no se escuchó ninguna voz, ni hubo quien respondiera; entre tanto, ellos seguían saltando alrededor del altar que habían hecho. ²⁷ Hacia el mediodía, Elías se burlaba de ellos diciendo: «Gritad con voz más fuerte, porque es un dios. Quizá está meditando o tiene algún trabajo o se ha ido de viaje. ¡Tal vez duerme y haya que despertarlo!»

²⁸ Seguían ellos clamando a gritos, y se hacían cortes, conforme a su costumbre, con cuchillos y con lancetas, hasta que les chorreaba la sangre. ²⁹ Pasó el mediodía y ellos siguieron gritando frenéticamente hasta la hora de ofrecer el sacrificio, pero no se escuchó ninguna voz, ni hubo quien respondiera ni escuchara. ³⁰ Entonces dijo Elías a todo el pueblo: «Acercaos a mí».

Todo el pueblo se le acercó, y Elías arregló el altar de Jehová que estaba arruinado. ³¹ Tomó doce piedras, conforme al número de las tribus de los hijos de Jacob, al cual había sido dada palabra de Jehová diciendo: «Israel será tu nombre»,ᵇ ³² y edificó con las piedras un altar al nombre de Jehová. Después hizo una zanja alrededor del altar, en que cupieran dos medidas de grano. ³³ Preparó la leña, cortó el buey en pedazos, lo puso sobre la leña, ³⁴ y dijo: «Llenad cuatro cántaros de agua y derramadla sobre el holocausto y sobre la leña».

«Hacedlo otra vez», dijo; y lo hicieron otra vez.

«Hacedlo la tercera vez» dijo de nuevo; y lo hicieron la tercera vez, ³⁵ de manera que el agua corría alrededor del altar, y también se había llenado de agua la zanja.

³⁶ Cuando llegó la hora de ofrecer el holocausto, se acercó el profeta Elías y dijo: «Jehová, Dios de Abraham, de Isaac y de Israel, sea hoy manifiesto que tú eres Dios en Israel, que yo soy tu siervo y que por mandato tuyo he hecho todas estas cosas. ³⁷ Respóndeme, Jehová, respóndeme, para que conozca este pueblo que tú, Jehová, eres el Dios, y que tú haces que su corazón se vuelva a ti».

³⁸ Entonces cayó fuego de Jehová y consumió el holocausto, la leña, las piedras y el polvo, y hasta lamió el agua que estaba en la zanja. ³⁹ Viéndolo todo el pueblo, se postraron y dijeron: «¡Jehová es el Dios, Jehová es el Dios!».

⁴⁰ Entonces Elías les dijo: «Apresad a los profetas de Baal para que no escape ninguno».

Ellos los apresaron y Elías los condujo al arroyo Cisón y allí los degolló.

Oración de Elías pidiendo lluvia

⁴¹ Entonces Elías dijo a Acab: «Sube, come y bebe; porque ya se oye el ruido de la lluvia».

⁴² Acab subió a comer y a beber. Pero Elías subió a la cumbre del Carmelo y, postrándose en tierra, puso el rostro entre las rodillas. ⁴³ Luego dijo a su criado:

—Sube ahora y mira hacia el mar.

Él subió, miró y dijo:

—No hay nada.

Pero Elías le ordenó de nuevo:

—Vuelve siete veces.

⁴⁴ A la séptima vez el criado dijo:

—Veo una pequeña nube como la palma de la mano de un hombre, que sube del mar.

Elías dijo:

ᵇ **18.31** Gn 32.28; 35.10. ᶜ **18.42-45** Stg 5.17-18.

—Ve y dile a Acab: "Unce tu carro y desciende, para que la lluvia no te lo impida".

⁴⁵ Entre tanto, aconteció que los cielos se oscurecieron con nubes y viento, y hubo un gran aguacero.ᶜ Subió a su carro Acab y se fue a Jezreel.ᵈ ⁴⁶ Pero la mano de Jehová estaba sobre Elías, que se ciñó la cintura y corrió delante de Acab hasta llegar a Jezreel.

Elías huye a Horeb

19 ¹ Acab dio a Jezabel la noticia de todo lo que Elías había hecho y de cómo había matado a espada a todos los profetas. ² Entonces envió Jezabel a Elías un mensajero para decirle: «Traigan los dioses sobre mí el peor de los castigos, si mañana a estas horas no he puesto tu persona como la de uno de ellos».

³ Viendo Elías el peligro, se levantó y se fue para salvar su vida. Al llegar a Beerseba,ᵃ que está en Judá, dejó allí a su criado. ⁴ Luego de caminar todo un día por el desierto, fue a sentarse debajo de un enebro.ᵇ Entonces se deseó la muerte y dijo: «Basta ya, Jehová, quítame la vida, pues no soy yo mejor que mis padres».ᶜ

⁵ Y echándose debajo del enebro, se quedó dormido; pero un ángel lo tocó, y le dijo: «Levántate y come».

⁶ Miró y vio a su cabecera una torta cocida sobre las ascuas y una vasija de agua; comió, bebió y volvió a dormirse. ⁷ Regresó el ángel de Jehová por segunda vez, lo tocó y le dijo: «Levántate y come, porque largo camino te resta».

⁸ Se levantó, pues, comió y bebió. Fortalecido con aquella comida anduvo cuarenta días y cuarenta noches hasta Horeb, el monte de Dios. ⁹ Allí se metió en una cueva, donde pasó la noche. Llegó a él palabra de Jehová, el cual le dijo:

—¿Qué haces aquí, Elías?

¹⁰ Él respondió:

—He sentido un vivo celo por Jehová, Dios de los ejércitos, porque los hijos de Israel han dejado tu pacto, han derribado tus altares y han matado a espada a tus profetas. Solo yo he quedado y me buscan para quitarme la vida.

¹¹ Jehová le dijo:

—Sal fuera y ponte en el monte delante de Jehová.

En ese momento pasaba Jehová, y un viento grande y poderoso rompía los montes y quebraba las peñas delante de Jehová; pero Jehová no estaba en el viento. Tras el viento hubo un terremoto; pero Jehová no estaba en el terremoto. ¹² Tras el terremoto hubo un fuego; pero Jehová no estaba en el fuego. Y tras el fuego se escuchó un silbo apacible y delicado. ¹³ Cuando Elías lo oyó, se cubrió el rostro con el manto, salió y se puso a la puerta de la cueva. Entonces le llegó una voz que le decía:

—¿Qué haces aquí, Elías?

¹⁴ Él respondió:

—He sentido un vivo celo por Jehová, Dios de los ejércitos; porque los hijos de Israel han dejado tu pacto, han derribado tus altares y han matado a espada a tus profetas. Solo yo he quedado y me buscan para quitarme la vida.ᵈ

¹⁵ Jehová le dijo:

—Ve, vuelve por el mismo camino, hacia el desierto de Damasco. Llegarás y ungirás a Hazael como rey de Siria.ᵉ ¹⁶ A Jehú hijo de Nimsi lo ungirás como rey de Israel,ᶠ y a Eliseo hijo de Safat, de Abel-mehola, lo ungirás como profeta para que ocupe tu lugar. ¹⁷ Al que escape de la espada de Hazael, Jehú lo matará, y al que escape de la espada de Jehú, Eliseo lo matará. ¹⁸ Pero haré que queden en Israel siete mil, cuyas rodillas no se doblaron ante Baalᵍ y cuyas bocas no lo besaron.

Llamamiento de Eliseo

¹⁹ Partió de allí Elías y halló a Eliseo hijo de Safat, que estaba arando. Delante de él iban doce yuntas de bueyes, y él conducía la última. Elías pasó ante él y echó

ᵈ **18.45** Ciudad situada en la llanura del mismo nombre, cercana al monte Gilboa. Una especie de segunda capital para algunos reyes de Israel. Cf. 1 R 21.1; 2 R 8.29; 9.30. ᵃ **19.3** Ciudad situada en el extremo meridional de Judá, a 210 km. al sur de Jezreel. ᵇ **19.4** El arbusto de mayor tamaño en las regiones desérticas de Palestina y Arabia; ofrece una sombra muy apreciada por los viajeros (cf. Job 30.4; Sal 120.4). ᶜ **19.4** Nm 11.14; Job 7.15; Jon 4.3,8. ᵈ **19.14** Ro 11.3; (cf. 1 R 19.10). ᵉ **19.15** 2 R 8.7-13. ᶠ **19.16** 2 R 9.1-6. ᵍ **19.18** Ro 11.4.

sobre él su manto. ²⁰ Entonces dejó los bueyes, salió corriendo detrás de Elías y le dijo:

—Te ruego que me dejes besar a mi padre y a mi madre; luego te seguiré.

Y él le dijo:

—Ve, regresa; ¿acaso te lo he impedido?ʰ

²¹ Regresó Eliseo, tomó un par de bueyes y los mató; con el arado de los bueyes coció luego la carne y la dio al pueblo para que comieran. Después se levantó, se fue tras Elías y lo servía.

Acab derrota a los sirios

20 ¹ Entonces Ben-adad, rey de Siria, reunió a todo su ejército. Llevaba consigo a treinta y dos reyes con caballos y carros. Subió contra Samaria, le puso sitio y la atacó. ² Luego envió mensajeros a esta ciudad, a decirle a Acab, rey de Israel: ³ «Así ha dicho Ben-adad: "Tu plata y tu oro son míos, y tus mujeres y tus hermosos hijos son míos"».

⁴ El rey de Israel respondió: «Como tú dices, rey y señor mío, yo soy tuyo, así como todo lo que tengo».

⁵ Volvieron otra vez los mensajeros y le dijeron: «Así dijo Ben-adad: "Yo te envié a decir: 'Me darás tu plata y tu oro, tus mujeres y tus hijos'. ⁶ Además, mañana a estas horas te enviaré a mis siervos, los cuales registrarán tu casa y las casas de tus siervos; tomarán todo lo precioso que tengas y se lo llevarán"».

⁷ Entonces el rey de Israel llamó a todos los ancianos del país y les dijo:

—Fijaos y ved ahora cómo este no busca sino el mal; pues me ha mandado pedir mis mujeres y mis hijos, mi plata y mi oro, y yo no se lo he negado.

⁸ Todos los ancianos y todo el pueblo le respondieron:

—No lo obedezcas ni hagas lo que te pide.

⁹ Él respondió entonces a los embajadores de Ben-adad: «Decid al rey, mi señor: "Haré todo lo que mandaste la primera vez a tu siervo; pero esto no lo puedo hacer"».

Los embajadores fueron y le dieron la respuesta. ¹⁰ Nuevamente Ben-adad le envió a decir: «Traigan los dioses sobre mí el peor de los castigos, si queda polvo suficiente en Samaria para darle un puñado a cada uno de los que me siguen».

¹¹ El rey de Israel respondió y dijo: «Decidle que no se alabe tanto el que se ciñe las armas, como el que las desciñe».

¹² Cuando él oyó estas palabras, mientras bebía con los reyes en las tiendas, dijo a sus siervos: «Preparaos». Y ellos se prepararon para atacar a la ciudad.

¹³ Mientras, un profeta se presentó ante Acab, rey de Israel, y le dijo:

—Así ha dicho Jehová: "¿Has visto esta gran multitud? Pues yo la entregaré hoy en tus manos, para que conozcas que yo soy Jehová".

¹⁴ —¿Por medio de quién? —respondió Acab.

Él dijo:

—Así ha dicho Jehová: "Por medio de los siervos de los príncipes de las provincias".

—¿Quién comenzará la batalla? —preguntó Acab.

—Tú —respondió él.

¹⁵ Acab pasó revista a los siervos de los príncipes de las provincias, que eran doscientos treinta y dos. Luego pasó revista a todo el pueblo, a todos los hijos de Israel, que eran siete mil. ¹⁶ Hicieron una salida al mediodía, mientras Ben-adad bebía y se embriagaba en las tiendas, junto a los treinta y dos reyes que habían venido en su ayuda. ¹⁷ Los siervos de los príncipes de las provincias salieron en primer lugar. Ben-adad había mandado a uno y este le trajo la siguiente noticia: «Han salido hombres de Samaria». ¹⁸ Él entonces dijo: «Si han salido en son de paz, capturadlos vivos, y si han salido para pelear, también capturadlos vivos».

¹⁹ Salieron, pues, de la ciudad los siervos de los príncipes de las provincias, y detrás de ellos el ejército. ²⁰ Mató cada uno al que venía contra él; huyeron los sirios, seguidos por los de Israel. El rey de Siria, Ben-adad, se escapó con un caballo con alguna gente de caballería. ²¹ Entonces salió el rey de Israel, hirió la gente de a caballo, se apoderó de los carros y deshizo a los sirios causándoles grandes estragos.

ʰ **19.20** Lc 9.61.

²²Se presentó luego el profeta ante el rey de Israel y le dijo:

—Anda, fortalécete, considera y mira lo que has de hacer, porque dentro de un año el rey de Siria te atacará.

²³Los siervos del rey de Siria le dijeron:

—Sus dioses son dioses de los montes, por eso nos han vencido, pero si peleamos con ellos en la llanura, de seguro los venceremos. ²⁴Haz, pues, así: Saca a cada uno de los reyes de su puesto, y pon capitanes en su lugar. ²⁵Forma otro ejército como el ejército que perdiste, caballo por caballo y carro por carro; luego pelearemos con ellos en campo raso; ya veremos si no los vencemos.

Les prestó oído el rey y así lo hizo. ²⁶Un año más tarde, Ben-adad pasó revista al ejército de los sirios y marchó a Afec para pelear contra Israel. ²⁷También pasaron revista a los hijos de Israel, y tomaron provisiones y le salieron al encuentro. Acamparon los hijos de Israel frente a ellos como dos rebañuelos de cabras, mientras los sirios llenaban la tierra.

²⁸Se presentó entonces el varón de Dios ante el rey de Israel, y le dijo: «Así ha hablado Jehová: "Por cuanto los sirios han dicho: 'Jehová es Dios de los montes, y no Dios de los valles', yo entregaré toda esta gran multitud en tus manos, para que sepáis que yo soy Jehová"».

²⁹Siete días estuvieron acampados los unos frente a los otros, y al séptimo día se dio la batalla. Los hijos de Israel mataron de los sirios en un solo día a cien mil hombres de a pie. ³⁰Los demás huyeron a la ciudad de Afec, pero el muro cayó sobre los veintisiete mil hombres que habían quedado. También Ben-adad llegó huyendo a la ciudad y se escondía de aposento en aposento.

³¹Entonces sus siervos le dijeron: «Hemos oído que los reyes de la casa de Israel son reyes clementes. Pongámonos, pues, ropas ásperas encima, y sogas en nuestros cuellos, y vayamos ante el rey de Israel, a ver si por ventura te salva la vida».

³²Se vistieron, pues, con ropas ásperas y se pusieron sogas al cuello. Luego se presentaron ante el rey de Israel y le dijeron:

—Tu siervo Ben-adad dice: "Te ruego que me perdones la vida".

—Si él vive aún, mi hermano es —respondió el rey.ᵃ

³³Esto lo tomaron aquellos hombres como un buen augurio, por lo que se apresuraron a tomarle la palabra y le dijeron:

—Tu hermano Ben-adad vive.

—Id y traedlo —dijo el rey.

Ben-adad entonces se presentó ante Acab, y él lo hizo subir en un carro. ³⁴Ben-adad le dijo:

—Las ciudades que mi padre tomó al tuyo, yo las restituiré. Hazte mercados en Damasco, como mi padre los hizo en Samaria.

—Por mi parte, yo —dijo Acab— te dejaré partir con este pacto.

Hizo, pues, un pacto con él, y lo dejó ir. ³⁵Entonces un varón de los hijos de los profetas dijo a su compañero, por orden de Dios:

—Hiéreme ahora.

Pero el otro no quiso herirlo. ³⁶Él le dijo:

—Por cuanto no has obedecido a la palabra de Jehová, te atacará un león cuando te apartes de mí.

Y cuando se apartó de él, le salió al encuentro un león y lo mató.

³⁷Luego se encontró con otro hombre, y le dijo:

—Hiéreme ahora.

El hombre le dio un golpe y le hizo una herida. ³⁸Entonces el profeta se fue y se puso a esperar al rey en el camino. Se había disfrazado poniéndose una venda sobre los ojos. ³⁹Cuando el rey pasaba, el profeta le dijo en alta voz:

—Tu siervo salió de en medio de la batalla cuando se me acercó un soldado que me trajo un hombre, y me dijo: "Guarda a este hombre, y si llega a huir, pagarás con tu vida por la suya o pagarás un talento de plata". ⁴⁰Y mientras tu siervo estaba ocupado en una y en otra cosa, el hombre desapareció.

Entonces el rey de Israel le dijo:

—Esa será tu sentencia; tú la has pronunciado.

ᵃ **20.32** Expresión que afirma la igualdad entre ambos reyes; generalmente, los reyes vasallos recibían el nombre de siervos y no de hermanos.

⁴¹Pero él se quitó de pronto la venda de los ojos, y el rey de Israel reconoció que era uno de los profetas. ⁴²Dijo entonces al rey:

—Así ha dicho Jehová: "Por cuanto dejaste escapar de tus manos al hombre que yo había condenado,ᵇ pagarás con tu vida por la suya, y con tu pueblo por el suyo".

⁴³El rey de Israel se fue a su casa triste y enojado, y llegó a Samaria.

Acab y la viña de Nabot

21 ¹Pasadas estas cosas, aconteció que Nabot, de Jezreel, tenía una viña junto al palacio de Acab, rey de Samaria. ²Acab dijo a Nabot:

—Dame tu viña para un huerto de legumbres, porque está cercana a mi casa, y yo te daré por ella otra viña mejor que esta; o si mejor te parece, te pagaré su valor en dinero.

³Nabot respondió a Acab:

—¡Líbreme Jehová de darte yo la heredad de mis padres!ᵃ

⁴Acab se marchó a su casa triste y enojado, por lo que Nabot, de Jezreel, le había respondido, al decirle: «No te daré la heredad de mis padres». Se acostó en su cama, volvió su rostro y no comió. ⁵Su mujer Jezabel se le acercó y le dijo:

—¿Por qué estás tan decaído de espíritu y no comes?

⁶Él respondió:

—Porque hablé con Nabot, de Jezreel, y le dije que me vendiera su viña o que, si lo prefería, le daría otra viña por ella. Y él respondió: "Yo no te daré mi viña".

⁷Su mujer Jezabel le dijo:

—¿No eres acaso tú el rey de Israel? Levántate, come y alégrate; yo te daré la viña de Nabot de Jezreel.

⁸Entonces escribió ella cartas en nombre de Acab, las selló con su anillo y las envió a los ancianos y a los principales que vivían en la ciudad junto a Nabot. ⁹Las cartas que escribió decían así: «Proclamad un ayuno y sentad a Nabot delante del pueblo. ¹⁰Poned a dos hombres perversos frente a él, que atestigüenᵇ contra él y digan: "Tú has maldecido a Dios y

al rey". Luego sacadlo y apedreadlo para que muera».

¹¹Los de su ciudad, los ancianos y los principales que habitaban en ella, hicieron como Jezabel les mandó, conforme a lo escrito en las cartas que ella les había enviado. ¹²Promulgaron un ayuno y pusieron a Nabot delante del pueblo. ¹³Llegaron los dos hombres perversos y se sentaron frente a él. Aquellos hombres perversos atestiguaron contra Nabot delante del pueblo diciendo: «Nabot ha maldecido a Dios y al rey». Entonces lo llevaron fuera de la ciudad y lo apedrearon, y murió. ¹⁴Después enviaron a decir a Jezabel: «Nabot ha sido apedreado y ha muerto».

¹⁵Cuando Jezabel oyó que Nabot había sido apedreado y muerto, dijo a Acab: «Levántate y toma posesión de la viña de Nabot, de Jezreel, la que no te quiso vender, pues Nabot ya no vive, sino que ha muerto».

¹⁶Al escuchar Acab que Nabot había muerto, se levantó para descender a la viña de Nabot, de Jezreel, y tomar posesión de ella. ¹⁷Entonces llegó la palabra de Jehová a Elías, el tisbita, diciendo: ¹⁸«Levántate, desciende a encontrarte con Acab, rey de Israel, que está en Samaria. Él está en la viña de Nabot, a la cual ha descendido para tomar posesión de ella. ¹⁹Tú le dirás: "Así ha hablado Jehová: ¿No solo has matado, sino que también despojas?". Y volverás a decirle: "Así ha dicho Jehová: En el mismo lugar donde lamieron los perros la sangre de Nabot, los perros lamerán también tu sangre, tu misma sangre"».

²⁰Acab dijo a Elías:

—¿Me has hallado, enemigo mío?

—Te he encontrado —respondió él—, porque te has prestado a hacer lo malo delante de Jehová. ²¹Yo voy a traer el mal sobre ti, barreré tu posteridad y destruiré hasta el último hombre de la casa de Acab, tanto al siervo como al libre en Israel. ²²Pondré tu casa como la casa de Jeroboam hijo de Nabat y como la casa de Baasa hijo de Ahías, por la rebelión con que provocaste mi ira y por haber hecho pecar a Israel. ²³De Jezabel también ha

---

ᵇ **20.42** Dt 7.2; 20.16; Jos 6.17; 1 S 15.3.   ᵃ **21.3** Nm 27.7-11; 36.1-12; Dt 19.14; Rt 4.1-11; Jer 32.6-9. ᵇ **21.10** Dt 17.5-6; 19.15.

hablado Jehová, diciendo: "Los perros se comerán a Jezabel en el muro de Jezreel".[c] [24] Al que de la familia de Acab muera en la ciudad, los perros lo comerán, y al que muera en el campo, se lo comerán las aves del cielo.

[25] (A la verdad, ninguno fue como Acab, quien se prestó a hacer lo malo ante los ojos de Jehová porque Jezabel, su mujer, lo incitaba. [26] Se comportó de manera abominable, yendo tras los ídolos, conforme a todo lo que hicieron los amorreos, a los cuales expulsó Jehová ante los hijos de Israel.)

[27] Sucedió que cuando Acab oyó estas palabras, rasgó sus vestidos, ciñó su carne con ropas ásperas, ayunó, durmió sobre las ropas ásperas y anduvo humillado. [28] Llegó entonces la palabra de Jehová a Elías, el tisbita, diciendo: [29] «¿No has visto cómo Acab se ha humillado delante de mí? Pues por haberse humillado delante de mí, no traeré el mal mientras él viva; en tiempos de su hijo traeré el mal sobre su casa».

Micaías profetiza la derrota de Acab
(2 Cr 18.1-34)

22 [1] Tres años pasaron sin guerra entre los sirios e Israel. [2] Aconteció al tercer año, que Josafat, rey de Judá, descendió a visitar al rey de Israel. [3] Y el rey de Israel dijo a sus siervos:

—¿No sabéis que Ramot de Galaad[a] es nuestra y nosotros no hemos hecho nada para tomarla de manos del rey de Siria?

[4] Luego preguntó a Josafat:

—¿Quieres venir conmigo a pelear contra Ramot de Galaad?

—Yo soy como tú, mi pueblo como tu pueblo y mis caballos como tus caballos —respondió Josafat al rey de Israel.

[5] Dijo luego Josafat al rey de Israel:

—Yo te ruego que consultes hoy la palabra de Jehová.

[6] Entonces el rey de Israel reunió a los profetas, unos cuatrocientos hombres, a los cuales dijo:

—¿Debo ir a la guerra contra Ramot de Galaad o debo renunciar a ella?

—Sube, porque Jehová la entregará en manos del rey —le respondieron ellos.

[7] Dijo Josafat:

—¿Hay aquí algún otro profeta de Jehová por medio del cual podamos consultar?

[8] El rey de Israel respondió a Josafat:

—Aún hay un varón por el cual podríamos consultar a Jehová, Micaías hijo de Imla, pero yo lo aborrezco, porque nunca me profetiza el bien, sino solamente el mal.

—No hable el rey así —dijo Josafat.

[9] Entonces el rey de Israel llamó a un oficial y le ordenó: «Trae pronto a Micaías hijo de Imla».

[10] El rey de Israel y Josafat, rey de Judá, estaban sentados cada uno en su silla, vestidos con sus ropas reales, en la plaza junto a la entrada de la puerta de Samaria, mientras todos los profetas profetizaban delante de ellos. [11] Sedequías hijo de Quenaana se había hecho unos cuernos de hierro y gritaba: «¡Así ha dicho Jehová: Con estos cornearás a los sirios hasta acabarlos!».

[12] Todos los profetas profetizaban de la misma manera y decían: «Sube a Ramot de Galaad y serás prosperado, porque Jehová la entregará en manos del rey».

[13] El mensajero que había ido a llamar a Micaías le dijo:

—Mira que las palabras de los profetas a una sola voz anuncian al rey cosas buenas; que tu palabra sea ahora como la palabra de alguno de ellos y anuncia tú también buen éxito.

[14] Micaías respondió:

—¡Vive Jehová, que lo que Jehová me hable, eso diré!

[15] Llegó, pues, ante el rey, y el rey le dijo:

—Micaías, ¿iremos a pelear contra Ramot de Galaad o renunciaremos a ella?

Él le respondió:

—Sube y serás prosperado: Jehová la entregará en manos del rey.

[16] El rey le dijo:

—¿Hasta cuántas veces he de exigirte que no me digas sino la verdad en nombre de Jehová?

[17] Entonces él dijo:

---

[c] **21.23** 2 R 9.36.   [a] **22.3** Localidad de la Transjordania, al norte del río Jaboc (1 R 4.13; 1 R 20.34).

—He visto a todo Israel esparcido por los montes, como ovejas que no tienen pastor.[b] Jehová ha dicho: "Estos no tienen señor. Que cada cual vuelva a su casa en paz".

¹⁸ El rey de Israel dijo a Josafat:

—¿No te lo había dicho yo? Ninguna cosa buena profetizará él acerca de mí, si no solamente el mal.

¹⁹ Entonces él dijo:

—Oye, pues, la palabra de Jehová: "Yo vi a Jehová sentado en su trono, y todo el ejército de los cielos estaba junto a él, a su derecha y a su izquierda.[c] ²⁰ Y Jehová dijo: ¿Quién inducirá a Acab para que suba y caiga en Ramot de Galaad? Uno decía de una manera y el otro decía de otra. ²¹ Entonces se adelantó un espíritu, se puso delante de Jehová y le dijo: 'Yo lo induciré'. Jehová le preguntó: '¿De qué manera?' ²² Él dijo: 'Saldré y seré un espíritu de mentira en la boca de todos sus profetas'. Jehová le dijo: 'Tú conseguirás inducirlo; ve, pues, y hazlo así'. ²³ Ahora Jehová ha puesto un espíritu de mentira en la boca de todos tus profetas, y ha decretado el mal en contra tuya".

²⁴ Entonces se acercó Sedequías hijo de Quenaana y golpeó a Micaías en la mejilla diciendo:

—¿Por dónde se me fue el espíritu de Jehová para hablarte a ti?

²⁵ Micaías respondió:

—Tú mismo lo verás el día en que te vayas metiendo de aposento en aposento para esconderte.

²⁶ Entonces el rey de Israel dijo:

—Toma a Micaías y llévalo ante Amón, gobernador de la ciudad, y ante Joás, hijo del rey. ²⁷ Tú les dirás: "Así ha dicho el rey: 'Echad a este en la cárcel y mantenedlo con pan de angustia y con agua de aflicción, hasta que yo vuelva en paz' ".

²⁸ Micaías respondió:

—Si logras volver en paz, Jehová no ha hablado por mi boca.

Y a continuación dijo: «Oíd, pueblos todos».

²⁹ Subió, pues, el rey de Israel, junto con Josafat, rey de Judá, a Ramot de Galaad. ³⁰ Y el rey de Israel dijo a Josafat: «Yo me disfrazaré y entraré en la batalla. Tú ponte tus vestidos».

El rey de Israel se disfrazó y entró en la batalla. ³¹ Pero el rey de Siria había mandado a los treinta y dos capitanes de sus carros, diciendo: «No peleéis ni con grande ni con chico, sino solo contra el rey de Israel». ³² Cuando los capitanes de los carros vieron a Josafat, dijeron: «Ciertamente este es el rey de Israel». Y se volvieron contra él para atacarlo; pero el rey Josafat gritó. ³³ Al ver los capitanes de los carros que no era el rey de Israel, se apartaron de él. ³⁴ Pero un hombre disparó su arco al azar e hirió al rey de Israel por entre las junturas de la armadura, por lo que dijo él a su cochero: «Da la vuelta y sácame del campo, pues estoy herido».

³⁵ Aquel día había arreciado la batalla y el rey tuvo que ser sostenido en su carro frente a los sirios. A la caída de la tarde murió, y la sangre de la herida corría por el fondo del carro. ³⁶ A la puesta del sol corrió un pregón por el campamento que decía: «¡Cada uno a su ciudad y cada cual a su tierra! ³⁷ ¡El rey ha muerto!»

Entonces el rey fue traído a Samaria y lo sepultaron allí. ³⁸ Lavaron el carro en el estanque de Samaria y los perros lamían su sangre (también las rameras se lavaban allí), conforme a la palabra que Jehová había dicho.

³⁹ El resto de los hechos de Acab y todo lo que hizo, la casa de marfil que construyó y todas las ciudades que edificó, ¿no está escrito en el libro de las crónicas de los reyes de Israel? ⁴⁰ Acab durmió con sus padres y reinó en su lugar su hijo Ocozías.

Reinado de Josafat
(2 Cr 20.31-37)

⁴¹ Josafat hijo de Asa comenzó a reinar sobre Judá en el cuarto año de Acab, rey de Israel. ⁴² Tenía Josafat treinta y cinco años de edad cuando comenzó a reinar y reinó veinticinco años en Jerusalén. El nombre de su madre era Azuba, hija de Silhi.

⁴³ Siguió en todo el camino de Asa, su padre, sin desviarse de él, e hizo lo recto ante los ojos de Jehová. Con todo, los lugares altos no fueron quitados, porque el pueblo aún sacrificaba y quemaba incienso en ellos. ⁴⁴ Josafat vivió en paz con el

[b] 22.17 Nm 27.17; Mt 9.36; Mc 6.34.

rey de Israel. ⁴⁵ Los demás hechos de Josafat, sus hazañas y las guerras que hizo, ¿no están escritos en el libro de las crónicas de los reyes de Judá? ⁴⁶ Barrió también de la tierra los restos de los sodomitas que habían quedado en tiempos de su padre Asa. ⁴⁷ Entonces no había rey en Edom, sino un gobernador en lugar de rey.

⁴⁸ Josafat había hecho naves de Tarsis, las que debían dirigirse a Ofir por oro; pero no fueron, porque se rompieron en Ezión-geber. ⁴⁹ Entonces Ocozías hijo de Acab dijo a Josafat: «Vayan mis siervos con los tuyos en las naves». Pero Josafat no quiso.

⁵⁰ Josafat durmió con sus padres y fue sepultado con ellos en la ciudad de David, su padre. En su lugar reinó su hijo Joram.

Reinado de Ocozías de Israel

⁵¹ Ocozías hijo de Acab comenzó a reinar sobre Israel en Samaria, el año diecisiete de Josafat, rey de Judá. Reinó dos años sobre Israel. ⁵² Hizo lo malo ante los ojos de Jehová, siguió el camino de su padre y el camino de su madre, y el camino de Jeroboam hijo de Nabat, que hizo pecar a Israel, ⁵³ porque sirvió a Baal y lo adoró, y provocó la ira de Jehová, Dios de Israel, conforme a todas las cosas que había hecho su padre.

SEGUNDO LIBRO DE LOS
REYES

INTRODUCCIÓN

El Segundo libro de Reyes (=2 R) continúa la historia que comienza en el primero, termina la narración de la vida del profeta Elías e introduce algunos episodios de la vida de Eliseo, su discípulo y sucesor. Presenta en forma paralela la historia de Judá y de Israel, hasta la caída de Samaria, capital del reino del norte, en el 721 a.C. Los reyes de uno y otro reino aparecen alternativamente, encuadrados en fórmulas literarias que se repiten en cada caso y siguiendo el respectivo orden dinástico. El autor se limita a describir o relacionar algunos de los hechos más significativos de los monarcas y a juzgar su conducta sobre la base de la ley de Moisés. Su propósito es proyectar una reflexión profética sobre la base de una etapa de la historia de la salvación. Aquí es evidente la influencia de la teología del Deuteronomio , que insiste en la fidelidad a la Torah como fundamento necesario para que se cumplan en el pueblo las promesas divinas de paz y prosperidad (Dt 28.1-14; cf. 2 R 21.8).

La última parte de Reyes (2 R 18—25) está dedicada a los tiempos posteriores a la caída de Samaria y la desaparición del reino del norte. En estos capítulos se destaca la época de Josías, a causa de la reforma religiosa que este rey impulsó. Pese a su importancia, aquel movimiento no bastó para contener la desintegración moral y política de Judá (2 R 23.26-27). Después de Josías, la sucesión monárquica condujo a la destrucción de Jerusalén y al exilio babilónico.

Esquema del contenido

1. *El profeta Elías y el rey Ocozías (1.1–18)*
2. *El profeta Eliseo sucede a Elías (2.1–25)*
3. *Actividades de Eliseo (3.1—8.15)*
4. *Judá e Israel hasta la muerte de Eliseo (8.16—13.25)*
5. *Judá e Israel hasta la destrucción de Samaria (14–17)*
6. *Judá hasta el exilio en Babilonia (18–25)*

Muerte de Ocozías

1 ¹Después de la muerte de Acab,[a] se rebeló Moab contra Israel.

²Ocozías se cayó por la ventana de una sala de la casa que tenía en Samaria y quedó lastimado. Entonces envió unos mensajeros a los que dijo: «Id y consultad a Baal-zebub,[b] dios de Ecrón, si he de sanar de estas mis heridas». ³Pero el ángel de Jehová le habló a Elías, el tisbita, diciendo: «Levántate y sube a encontrarte con los mensajeros del rey de Samaria y diles: "¿Acaso no hay Dios en Israel para que vayáis a consultar a Baal-zebub, dios de Ecrón?". ⁴Por tanto, así ha dicho Jehová: "Del lecho en que estás no te levantarás, sino que ciertamente morirás"».

Y Elías se fue.

⁵Cuando los mensajeros regresaron, el rey les dijo:

—¿Por qué habéis regresado?

⁶Ellos le respondieron:

—Encontramos a un hombre que nos dijo: "Id y regresad ante el rey que os envió, y decidle: 'Así ha dicho Jehová: ¿Acaso no hay Dios en Israel, que tú envías a

---

[a] **1.1** 1 R 22.34-37. [b] **1.2** Antigua divinidad cananea. En el NT se da el nombre de *Beelzebú* al jefe de los demonios (Mc 3.22; Lc 11.15,18; cf. Mt 10.25).

consultar a Baal-zebub, dios de Ecrón? Por tanto, del lecho en que estás no te levantarás; de cierto morirás' ".

7 Entonces el rey les preguntó:

—¿Cómo era el hombre que encontrasteis y os dijo tales palabras?

8 —Uno que tenía un vestido de pelo y un cinturón de cuero[c] ceñido a su cintura —respondieron ellos.

—¡Es Elías, el tisbita! —exclamó el rey—, 9 y enseguida envió tras él a un capitán de cincuenta con sus cincuenta hombres. Cuando él subió adonde estaba Elías, este se encontraba sentado en la cumbre del monte. Y el capitán le dijo:

—Hombre de Dios, el rey ha dicho que desciendas.

10 Elías respondió al capitán de cincuenta:

—Si yo soy hombre de Dios, que descienda fuego del cielo y te consuma con tus cincuenta hombres.

Y descendió fuego del cielo que lo consumió a él y a sus cincuenta hombres.

11 Volvió el rey a enviar tras él otro capitán de cincuenta con sus cincuenta hombres, el cual le dijo:

—Hombre de Dios, el rey ha dicho así: "Desciende pronto".

12 Elías le respondió:

—Si yo soy hombre de Dios, que descienda fuego del cielo y te consuma con tus cincuenta hombres.

Y descendió fuego del cielo que lo consumió a él y a sus cincuenta hombres.

13 Volvió a enviar al tercer capitán de cincuenta con sus cincuenta hombres. Subió aquel tercer capitán de cincuenta, se puso de rodillas delante de Elías y le rogó:

—Hombre de Dios, te ruego que mi vida y la vida de estos tus cincuenta siervos alcancen algún valor a tus ojos. 14 Ya ha descendido fuego del cielo y ha consumido a los dos primeros capitanes de cincuenta con sus cincuenta hombres; ¡que ahora tenga algún valor mi vida a tus ojos!

15 Entonces el ángel de Jehová dijo a Elías: «Desciende con él; no le tengas miedo».

Elías se levantó, descendió con él ante el rey, 16 y le dijo:

—Así ha dicho Jehová: "Por cuanto enviaste mensajeros a consultar a Baal-zebub, dios de Ecrón, como si no hubiera Dios en Israel cuya palabra consultar, no te levantarás del lecho en que estás, sino que de cierto morirás".

17 Y murió conforme a la palabra de Jehová que había dicho Elías. Reinó en su lugar Joram, en el segundo año de Joram hijo de Josafat, rey de Judá, porque Ocozías no tenía hijos.

18 Los demás hechos de Ocozías, ¿no están escritos en el libro de las crónicas de los reyes de Israel?

Eliseo sucede a Elías

2 ¹ Aconteció que cuando Jehová iba a alzar a Elías en un torbellino al cielo, Elías venía con Eliseo de Gilgal. ² Y Elías dijo a Eliseo:

—Quédate ahora aquí, porque Jehová me ha enviado a Bet-el.

—¡Vive Jehová y vive tu alma, que no te dejaré! —le dijo Eliseo.

Descendieron, pues, a Bet-el. ³ Salieron al encuentro de Eliseo los hijos de los profetas que estaban en Bet-el y le dijeron:

—¿Sabes que Jehová va a arrebatarte hoy a tu señor?

—Sí, lo sé; pero callad —respondió él.

⁴ Elías le volvió a decir:

—Eliseo, quédate aquí ahora, porque Jehová me ha enviado a Jericó.

—¡Vive Jehová y vive tu alma, que no te dejaré! —le respondió Eliseo.

Siguieron, pues, a Jericó. ⁵ Se acercaron a Eliseo los hijos de los profetas que estaban en Jericó, y le dijeron:

—¿Sabes que Jehová va a arrebatarte hoy a tu señor?

—Sí, lo sé; pero callad —respondió él.

⁶ Luego Elías le dijo:

—Te ruego que te quedes aquí, porque Jehová me ha enviado al Jordán.

—¡Vive Jehová y vive tu alma, que no te dejaré! —le respondió Eliseo.

Y se fueron los dos. ⁷ Pero llegaron cincuenta hombres de los hijos de los profetas y se pararon enfrente, a lo lejos, mientras ellos dos se detenían junto al Jordán. ⁸ Tomó entonces Elías su manto, lo dobló y

---

[c] **1.8** Mt 3.4; Mc 1.6; cf. Zac 13.4.

golpeó las aguas, las que se apartaron a uno y a otro lado, y ambos pasaron por lo seco. **9** En cuanto pasaron, Elías dijo a Eliseo:

—Pide lo que quieras que haga por ti, antes que yo sea arrebatado de tu lado.

Eliseo dijo:

—Te ruego que me dejes una doble porción[a] de tu espíritu.

10 —Cosa difícil has pedido —le respondió Elías—. Si me ves cuando sea separado de ti, te será concedido; pero si no, no.

11 Aconteció que mientras ellos iban caminando y hablando, un carro de fuego, con caballos de fuego, los apartó a los dos, y Elías subió al cielo en un torbellino. **12** Al ver esto, Eliseo clamó: «¡Padre mío, padre mío! ¡Carro de Israel y su caballería!».[b]

Y nunca más lo vio.

Entonces Eliseo tomó sus vestidos y los rasgó en dos partes. **13** Alzó luego el manto que se le había caído a Elías, regresó y se paró a la orilla del Jordán. **14** Después tomó el manto que se le había caído a Elías, golpeó las aguas, y dijo: «¿Dónde está Jehová, el Dios de Elías?»

Apenas hubo golpeado las aguas del mismo modo que Elías, estas se apartaron a uno y a otro lado, y Eliseo pasó. **15** Al verlo, los hijos de los profetas que estaban al otro lado en Jericó dijeron: «El espíritu de Elías reposó sobre Eliseo».

Fueron enseguida a recibirlo, se postraron delante de él **16** y dijeron:

—Aquí hay entre tus siervos cincuenta hombres fuertes. Deja que vayan y busquen a tu señor ahora; quizá lo ha levantado el espíritu de Jehová y lo ha arrojado en algún monte o en algún valle.

—No enviéis a nadie —les dijo él.

17 Pero ellos lo importunaron tanto que avergonzándose dijo:

—Enviadlos.

Entonces enviaron ellos a los cincuenta hombres, quienes lo buscaron durante tres días, pero no lo hallaron. **18** Cuando volvieron junto a Eliseo, que se había quedado en Jericó, él les dijo:

—¿No os dije yo que no fuerais?

19 Los hombres de la ciudad dijeron a Eliseo:

—Mira, el lugar en donde está colocada esta ciudad es bueno, como mi señor ve; pero las aguas son malas y la tierra es estéril.

20 —Traedme una vasija nueva y poned en ella sal —dijo él.

Cuando se la trajeron, **21** Eliseo fue hacia los manantiales de las aguas, echó dentro la sal y dijo:

—Así ha dicho Jehová: "Yo sané estas aguas, ya no habrá en ellas muerte ni enfermedad".

22 Y fueron saneadas las aguas hasta hoy, conforme a la palabra que pronunció Eliseo.

23 Después Eliseo salió de allí hacia Bet-el. Subía por el camino, cuando unos muchachos salieron de la ciudad y se burlaban de él, diciendo: «¡Sube, calvo! ¡Sube, calvo!».

24 Miró él hacia atrás, los vio y los maldijo en nombre de Jehová. Salieron dos osos del monte y despedazaron a cuarenta y dos de esos muchachos. **25** De allí se fue al monte Carmelo, y de allí regresó a Samaria.

Reinado de Joram de Israel

3 **1** Joram hijo de Acab comenzó a reinar en Samaria sobre Israel en el año dieciocho de Josafat, rey de Judá. Reinó doce años. **2** Pero hizo lo malo a los ojos de Jehová, aunque no como su padre y su madre, pues quitó las estatuas de Baal que su padre había hecho. **3** No obstante, se entregó a los pecados de Jeroboam hijo de Nabat, que hizo pecar a Israel, y no se apartó de ellos.

Eliseo predice la victoria sobre Moab

4 Mesa, rey de Moab,[a] era propietario de ganados y pagaba al rey de Israel cien mil corderos y cien mil carneros con su lana. **5** Pero cuando Acab murió, el rey de Moab se rebeló contra el rey de Israel. **6** Salió entonces de Samaria el rey Joram y

---

[a] **2.9** Dt 21.17.　　[b] **2.12** 2 R 13.14.　　[a] **3.4** Célebre por una inscripción grabada en piedra, conocida como «estela del rey Mesa». Encontrada el siglo pasado en Transjordania, actualmente está en el Museo del Louvre.

pasó revista a todo Israel. ⁷Fue y envió a decir a Josafat, rey de Judá: «El rey de Moab se ha rebelado contra mí: ¿quieres venir conmigo a la guerra contra Moab?»

El rey de Judá respondió: «Iré, porque yo soy como tú, mi pueblo como tu pueblo, y mis caballos como los tuyos».ᵇ ⁸Y añadió: «¿Por qué camino iremos?»

Joram respondió: «Por el camino del desierto de Edom».

⁹Salieron, pues, el rey de Israel, el rey de Judá y el rey de Edom. Como tuvieron que dar un rodeo por el desierto, a los siete días de camino les faltó agua para el ejército y para las bestias que los seguían. ¹⁰Entonces el rey de Israel dijo:

—¡Ah! Jehová ha llamado a estos tres reyes para entregarlos en manos de los moabitas.

¹¹Pero Josafat dijo:

—¿Acaso no hay aquí profeta de Jehová para que consultemos a Jehová por medio de él?

Uno de los siervos del rey de Israel dijo:

—Aquí está Eliseo hijo de Safat, que servía a Elías.

¹²—Este tendrá palabra de Jehová —afirmó Josafat.

El rey de Israel, Josafat y el rey de Edom descendieron hacia donde él estaba. ¹³Pero Eliseo dijo al rey de Israel:

—¿Qué tengo yo que ver contigo? ¡Vete a los profetas de tu padre y a los profetas de tu madre!

El rey de Israel le respondió:

—No, porque Jehová ha reunido a estos tres reyes para entregarlos en manos de los moabitas.

¹⁴Eliseo dijo:

—¡Vive Jehová de los ejércitos, en cuya presencia estoy!, que si no sintiera respeto por Josafat, rey de Judá, no te miraría a ti ni te vería. ¹⁵Pero ahora traedme un músico.

Mientras el músico tocaba, la mano de Jehová se posó sobre Eliseo, ¹⁶quien dijo: «Así ha dicho Jehová: "Haced en este valle muchos estanques". ¹⁷Porque así dice Jehová: "No veréis viento, ni veréis lluvia, pero este valle se llenará de agua y beberéis

vosotros, vuestras bestias y vuestros ganados". ¹⁸Y como esto es poca cosa a los ojos de Jehová, él entregará también a los moabitas en vuestras manos. ¹⁹Destruiréis toda ciudad fortificada y toda villa hermosa, talaréis todo buen árbol, cegaréis todas las fuentes de aguas y destruiréis con piedras toda tierra fértil».

²⁰Aconteció, pues, que a la mañana, cuando se ofrece el sacrificio, de la parte de Edom vinieron las aguas y la tierra se inundó. ²¹Al enterarse todos los de Moab que los reyes subían a pelear contra ellos, se juntaron desde los que apenas podían ceñir armadura en adelante, y se pusieron en la frontera. ²²Cuando se levantaron por la mañana y brilló el sol sobre las aguas, vieron los de Moab desde lejos las aguas rojas como sangre ²³y dijeron: «¡Esto es sangre derramada a espada! Los reyes se han vuelto uno contra otro y cada uno ha dado muerte a su compañero. Conque ¡al botín, Moab!»

²⁴Pero cuando llegaron al campamento de Israel, se levantaron los israelitas y atacaron a los de Moab, los cuales huyeron ante ellos. Entonces los persiguieron, mataron a los de Moab, ²⁵asolaron las ciudades y en todas las tierras fértiles echó cada uno su piedra y las llenaron. Cegaron también todas las fuentes de las aguas y derribaron todos los buenos árboles. Sólo quedó en pie la ciudad de Kir-hareset, pero los honderos la rodearon y la destruyeron.

²⁶Cuando el rey de Moab vio que lo vencían en la batalla, tomó consigo setecientos hombres que manejaban espada para atacar al rey de Edom; pero no pudieron hacerlo. ²⁷Entonces tomó a su primogénito, que había de reinar en su lugar, y lo sacrificó en holocausto sobre el muro. Esto provocó tan gran enojo contra Israel, que se alejaron de allí y regresaron a su tierra.

El aceite de la viuda

4 ¹Una de las mujeres de los hijos de los profetas clamó a Eliseo diciendo:

—Tu siervo, mi marido, ha muerto, y tú sabes que tu siervo era temeroso de

ᵇ 3.7 1 R 22.4.

Jehová. Pero el acreedor ha venido para llevarse a dos hijos míos como siervos.

2 Eliseo le dijo:

—¿Qué puedo yo hacer por ti? Dime qué tienes en tu casa.

Ella respondió:

—Tu sierva no tiene ninguna cosa en la casa, sino una vasija de aceite.

3 Él le dijo:

—Ve y pídeles vasijas prestadas a todos tus vecinos, vasijas vacías, todas las que puedas conseguir. 4 Luego entra y enciérrate junto a tus hijos. Ve llenando todas las vasijas y poniendo aparte las que estén llenas.

5 Se fue la mujer y se encerró con sus hijos. Ellos le traían las vasijas y ella echaba del aceite. 6 Cuando las vasijas estuvieron llenas, dijo a uno de sus hijos:

—Tráeme otras vasijas.

—No hay más vasijas —respondió él.

Entonces cesó el aceite. 7 Ella fue a contárselo al hombre de Dios, el cual dijo:

—Ve, vende el aceite y paga a tus acreedores; tú y tus hijos vivid de lo que quede.

Eliseo y la sunamita

8 Aconteció también que un día pasaba Eliseo por Sunem, y una mujer importante que allí vivía le invitó insistentemente a que se quedara a comer. Cuando él pasaba por allí, venía a la casa de ella a comer.

9 Entonces la mujer dijo a su marido:

—Mira, yo sé que este que siempre pasa por nuestra casa es un santo hombre de Dios. 10 Te ruego que hagamos un pequeño aposento de paredes, pongamos allí una cama, una mesa, una silla y un candelabro, para que cuando él venga a visitarnos, se quede en él.

11 Aconteció que un día vino él por allí, se quedó en aquel aposento y allí durmió. 12 Entonces dijo a Giezi, su criado:

—Llama a esta sunamita.

El criado la llamó, y cuando ella se presentó ante él, 13 Eliseo dijo a Giezi:

—Dile: "Ciertamente te has mostrado solícita hacia nosotros con todo este esmero; ¿qué quieres que haga por ti? ¿Necesitas que hable por ti al rey, o al general del ejército?".

—Yo habito en medio de mi pueblo —respondió ella.

14 —¿Qué, pues, haremos por ella? —dijo él.

Y Giezi respondió:

—Ella no tiene hijos y su marido es viejo.

15 —Llámala —dijo Eliseo.

Él la llamó y ella se paró en la puerta. 16 Entonces Eliseo le dijo:

—El año que viene, por este tiempo, sostendrás un hijo en tus brazos.

Ella dijo:

—No, señor mío, varón de Dios, no te burles de tu sierva.

17 Al año siguiente, la mujer concibió y dio a luz un hijo, en el tiempo que Eliseo le había dicho.

18 Y el niño creció. Pero un día en que vino a ver a su padre, que estaba con los segadores, 19 comenzó a gritarle:

—¡Ay, mi cabeza, mi cabeza!

—Llévalo a su madre —dijo el padre a un criado.

20 Este lo tomó y lo llevó a su madre, la cual lo tuvo sentado sobre sus rodillas hasta el mediodía, cuando murió. 21 Subió ella entonces, lo puso sobre la cama del hombre de Dios y, cerrando la puerta, salió. 22 Luego llamó a su marido y le dijo:

—Te ruego que envíes conmigo a alguno de los criados y una de las asnas, para que yo vaya corriendo a ver al varón de Dios y regrese enseguida.

23 —¿Para qué vas a verlo hoy? No es luna nueva ni día de reposo —dijo él.

—Quédate tranquilo —respondió ella.

24 Después hizo ensillar el asna, y dijo al criado:

—Guía y adelante. No hagas que me detenga en el camino, sino cuando yo te lo diga.

25 Partió, pues, y llegó al monte Carmelo, donde estaba el varón de Dios. Cuando el varón de Dios la vio de lejos, dijo a su criado Giezi:

—Ahí viene la sunamita. 26 Te ruego que vayas ahora corriendo a recibirla y le digas: "¿Te va bien a ti? ¿Les va bien a tu marido y a tu hijo?".

—Bien —dijo ella.

27 Cuando llegó adonde estaba el varón de Dios en el monte, se asió de sus pies. Giezi se acercó para apartarla, pero el varón de Dios le dijo:

—Déjala, porque su alma está muy

angustiada y Jehová me ha ocultado el motivo; no me lo ha revelado.

28 Ella dijo:

—¿Acaso le pedí yo un hijo a mi señor? ¿No te dije yo que no te burlaras de mí?

29 Eliseo dijo entonces a Giezi:

—Ciñe tu cintura, toma mi bastón en tu mano y ve. Si te encuentras con alguien, no lo saludes, y si alguien te saluda, no le respondas. Luego pondrás mi bastón sobre el rostro del niño.

30 La madre del niño dijo:

—¡Vive Jehová y vive tu alma, que no te dejaré!

31 Eliseo se levantó entonces y la siguió. Giezi se había adelantado a ellos y había puesto el bastón sobre el rostro del niño, pero este no tenía voz ni daba señales de vida; así que volvió a encontrarse con Eliseo y le dijo:

—El niño no despierta.

32 Cuando Eliseo llegó a la casa, el niño ya estaba muerto, tendido sobre su cama. 33 Entró él entonces, cerró la puerta detrás de ambos y oró a Jehová. 34 Después subió y se tendió sobre el niño, poniendo su boca sobre la boca de él, sus ojos sobre sus ojos, y sus manos sobre las manos suyas. Se tendió así sobre él y el cuerpo del niño entró en calor. 35 Luego se levantó y se paseó por la casa de una a otra parte. Después subió y se tendió sobre el niño nuevamente. Entonces el niño estornudó siete veces y abrió sus ojos. 36 Eliseo llamó a Giezi y le dijo: «Llama a la sunamita».

Giezi la llamó y, cuando ella entró, él le dijo:

«Toma tu hijo».

37 Apenas ella entró, se echó a sus pies, postrada en tierra. Después tomó a su hijo y salió.

Milagros en beneficio de los profetas

38 Eliseo volvió a Gilgal cuando había mucha hambre en la tierra. Los hijos de los profetas estaban con él, por lo que dijo a su criado: «Pon una olla grande y haz potaje para los hijos de los profetas».

39 Uno de ellos salió al campo a recoger hierbas, halló una como parra montés y llenó su falda de calabazas silvestres.

Regresó y las rebanó en la olla del potaje, pues no sabía lo que era. 40 Después sirvió para que comieran los hombres. Pero sucedió que al comer ellos de aquel guisado, empezaron a gritar:

—¡Hombre de Dios, hay muerte en esa olla!

Y no se lo pudieron comer. 41 Entonces Eliseo dijo:

«Traed harina».

La esparció en la olla y dijo:

«Da de comer a la gente».

Y no había ya ningún mal en la olla.

42 Llegó entonces un hombre de Baal-salisa, el cual trajo al hombre de Dios primicias de pan, veinte panes de cebada, y trigo nuevo en su espiga. Y Eliseo dijo:

—Da a la gente para que coma.

43 Su sirviente respondió:

—¿Cómo podré servir esto a cien hombres?

Pero Eliseo insistió:

—Da a la gente para que coma, porque así ha dicho Jehová: "Comerán y sobrará".

44 Entonces el criado les sirvió, ellos comieron y les sobró, conforme a la palabra de Jehová.

Eliseo y Naamán

5 1 Naamán,[a] general del ejército del rey de Siria, era un hombre que gozaba de gran prestigio delante de su señor, quien lo tenía en alta estima, pues por medio de él había dado Jehová salvación a Siria. Era este un hombre valeroso en extremo, pero leproso.

2 De Siria habían salido bandas armadas que se llevaron cautiva de la tierra de Israel a una muchacha, la cual se quedó al servicio de la mujer de Naamán.

3 Esta dijo a su señora:

—Si rogara mi señor al profeta que está en Samaria, él lo sanaría de su lepra.

4 Naamán fue y se lo relató a su señor diciendo: «Esto y esto ha dicho una muchacha que es de la tierra de Israel». 5 Y el rey de Siria le respondió:

—Está bien, ve y yo enviaré una carta al rey de Israel.

Salió, pues, Naamán, llevando consigo

---

a 5.1-14 Lc 4.27.

diez talentos de plata, seis mil piezas de oro y diez mudas de vestidos, **6** y también le llevó al rey de Israel una carta que decía: «Cuando recibas esta carta, sabrás por ella que yo te envío a mi siervo Naamán para que lo sanes de su lepra».

7 Luego que el rey de Israel leyó la carta, rasgó sus vestidos y dijo: «¿Acaso soy yo Dios, que da vida y la quita, para que este me envíe a un hombre a que lo sane de su lepra? Considerad ahora y ved cómo busca ocasión contra mí».

8 Cuando Eliseo, el varón de Dios, oyó que el rey de Israel había rasgado sus vestidos, envió a decir al rey: «¿Por qué has rasgado tus vestidos? Que venga a mí y sabrá que hay un profeta en Israel».

9 Llegó Naamán con sus caballos y su carro y se paró a las puertas de la casa de Eliseo. **10** Entonces Eliseo le envió un mensajero a decirle: «Ve y lávate siete veces en el Jordán; tu carne se restaurará y serás limpio».

11 Naamán se fue enojado diciendo: «Yo que pensaba: "De seguro saldrá enseguida, y puesto en pie invocará el nombre de Jehová, su Dios, alzará su mano, tocará la parte enferma y sanará la lepra". **12** Abana y Farfar, ríos de Damasco, ¿no son mejores que todas las aguas de Israel? Si me lavo en ellos, ¿no quedaré limpio también?»

Y muy enojado se fue de allí. **13** Pero sus criados se le acercaron y le dijeron:

—Padre mío, si el profeta te mandara hacer algo difícil, ¿no lo harías? ¿Cuánto más si solo te ha dicho: "Lávate y serás limpio"?

14 Descendió entonces Naamán y se zambulló siete veces en el Jordán, conforme a la palabra del varón de Dios, y su carne se volvió como la carne de un niño, y quedó limpio. **15** Luego volvió con todos sus acompañantes adonde estaba el hombre de Dios, se presentó delante de él y le dijo:

—Ahora conozco que no hay Dios en toda la tierra, sino en Israel. Te ruego que recibas un presente de tu siervo.

16 Pero él dijo:

—¡Vive Jehová, en cuya presencia estoy!, que no lo aceptaré.

Y aunque le instaba a que aceptara alguna cosa, Eliseo no quiso. **17** Entonces Naamán dijo:

—Te ruego, pues, ¿no se dará a tu siervo de esta tierra la carga de un par de mulas? Porque de aquí en adelante tu siervo no sacrificará holocausto ni ofrecerá sacrificio a otros dioses, sino a Jehová. **18** En esto perdone Jehová a tu siervo: cuando mi señor, el rey, entre en el templo de Rimón[b] para adorar allí, y se apoye sobre mi brazo, si yo también me inclino en el templo de Rimón, si hago tal cosa, que Jehová perdone en esto a tu siervo.

19 Eliseo le respondió:

—Ve en paz.

Se fue, pues, y caminó como media legua de tierra. **20** Entonces Giezi, criado de Eliseo, el varón de Dios, pensó: «Mi señor ha dejado marchar a este sirio, Naamán, sin aceptar de sus manos las cosas que había traído. ¡Vive Jehová, que correré tras él a ver si obtengo alguna cosa!»

21 Siguió Giezi a Naamán, y cuando Naamán vio que venía corriendo detrás de él, se bajó del carro para recibirlo, y le preguntó:

—¿Va todo bien?

22 —Todo bien —respondió él—. Pero mi señor me envía a decirte: "Acaban de venir a verme de los montes de Efraín dos jóvenes de los hijos de los profetas; te ruego que les des un talento de plata y dos vestidos nuevos".

23 Naamán dijo:

—Toma, por favor, los dos talentos.

Le insistió y ató los dos talentos de plata en dos bolsas, junto con dos vestidos nuevos, y lo dio todo a dos de sus criados para que lo llevaran a cuestas delante de Giezi. **24** Cuando llegó a un lugar secreto, lo tomó de manos de ellos y lo guardó en la casa. Luego mandó a los hombres que se fueran. **25** Entonces entró y se presentó ante su señor. Eliseo le dijo:

—¿De dónde vienes, Giezi?

—Tu siervo no ha ido a ninguna parte —respondió él.

---

[b] **5.18** Otro nombre de Hadad, el dios arameo por excelencia, señor de las lluvias y las tormentas.

²⁶ Pero Eliseo insistió:

—Cuando aquel hombre descendió de su carro para recibirte, ¿no estaba también allí mi corazón? ¿Acaso es tiempo de tomar plata y tomar vestidos, olivares, viñas, ovejas, bueyes, siervos y siervas? ²⁷ Por tanto, la lepra de Naamán se te pegará a ti y a tu descendencia para siempre.

Y salió de su presencia leproso, blanco como la nieve.

Eliseo recupera el hacha hundida

6 ¹ Los hijos de los profetas dijeron a Eliseo:

—Mira, el lugar en que vivimos contigo es estrecho para nosotros. ² Vayamos ahora al Jordán, tomemos cada uno una viga y hagamos allí un lugar donde habitar.

—Id, pues —respondió Eliseo.

³ —Te rogamos que vengas con tus siervos —dijo uno.

—Iré —respondió él.

⁴ Se fue, pues, con ellos y, cuando llegaron al Jordán, cortaron la madera. ⁵ Pero aconteció que mientras uno derribaba un árbol se le cayó el hacha al agua, y gritó diciendo:

—¡Ah, señor mío, era prestada!

⁶ —¿Dónde cayó? —preguntó el varón de Dios.

Él le mostró el lugar. Entonces Eliseo cortó un palo, lo echó allí e hizo flotar el hacha.

⁷ —Recógela —dijo Eliseo.

El otro extendió la mano y la recogió.

Eliseo y los sirios

⁸ Estaba el rey de Siria en guerra contra Israel, y en consejo con sus siervos dijo: «En tal y tal lugar estará mi campamento». ⁹ Entonces el varón de Dios envió a decir al rey de Israel: «No pases por tal lugar, porque los sirios van hacia allá». ¹⁰ De manera que el rey de Israel enviaba gente a aquel lugar que el varón de Dios le había dicho. Así lo hizo una y otra vez con el fin de cuidarse.

¹¹ El corazón del rey de Siria se turbó por esto, así que llamó a sus siervos y les dijo:

—¿No me descubriréis vosotros quién de los nuestros está de parte del rey de Israel?

¹² Uno de los siervos respondió:

—No, rey y señor mío; el profeta Eliseo, que está en Israel, es el que hace saber al rey de Israel las palabras que tú hablas en tu habitación más secreta.

¹³ El rey ordenó:

—Id y ved dónde está, para que yo envíe a apresarlo.

Alguien le dijo:

—Está en Dotán.ᵃ

¹⁴ Y el rey envió allí gente de a caballo, carros y un gran ejército, los cuales llegaron de noche y sitiaron la ciudad. ¹⁵ El criado que servía al varón de Dios se levantó de mañana y salió. Al ver que el ejército tenía sitiada la ciudad, con gente de a caballo y carros, dijo a Eliseo:

—¡Ah, señor mío! ¿qué haremos?

¹⁶ Eliseo respondió:

—No tengas miedo, porque más son los que están con nosotros que los que están con ellos.

¹⁷ Y oró Eliseo, diciendo: «Te ruego, Jehová, que abras sus ojos para que vea». Jehová abrió entonces los ojos del criado, y este vio que el monte estaba lleno de gente de a caballo y de carros de fuego alrededor de Eliseo.

¹⁸ Cuando los sirios descendían hacia él, oró Eliseo a Jehová, y dijo: «Te ruego que hieras con ceguera a esta gente».

Y Jehová los hirió con ceguera, conforme a la petición de Eliseo. ¹⁹ Después les dijo:

«No es este el camino ni es esta la ciudad; seguidme y yo os guiaré al hombre que buscáis».

Y los guió a Samaria. ²⁰ Cuando llegaron a Samaria, dijo Eliseo: «Jehová, abre los ojos de estos para que vean». Jehová les abrió los ojos y vieron que se hallaban en medio de Samaria. ²¹ Al verlos el rey de Israel, le preguntó a Eliseo:

—¿Los mataré, padre mío?

²² Él le respondió:

—No los mates. ¿Matarías tú a los que tomaste cautivos con tu espada y con tu arco? Sírveles pan y agua; que coman y beban, y que vuelvan a sus señores.

ᵃ **6.13** Estaba a unos 22 km. de Samaria, la capital del reino (cf. v. 19-20).

²³ Entonces se les preparó una gran comida. Cuando hubieron comido y bebido, los despidió, y ellos volvieron a su señor. Y nunca más vinieron bandas armadas de Siria a la tierra de Israel.

Eliseo y el sitio de Samaria

²⁴ Después de esto aconteció que Ben-adad, rey de Siria, reunió todo su ejército, subió y sitió a Samaria. ²⁵ A consecuencia de aquel sitio, hubo una gran hambruna en Samaria; tan duro era, que la cabeza de un asno se vendía por ochenta piezas de plata, y la cuarta parte de un cab de estiércol de palomas por cinco piezas de plata.

²⁶ Al pasar un día el rey de Israel por el muro, una mujer le gritó:

—Ayúdanos, rey y señor mío.

²⁷ El rey respondió:

—Si no te salva Jehová, ¿con qué te puedo salvar yo? ¿Con lo del granero o del lagar?

²⁸ Y añadió el rey:

—¿Qué tienes?

Ella respondió:

—Esta mujer me dijo: "Trae acá a tu hijo, nos lo comemos hoy y mañana comeremos al mío". ²⁹ Cocimos, pues, a mi hijo, y nos lo comimos.ᵇ Al día siguiente yo le dije: "Trae acá a tu hijo para que nos lo comamos". Pero ella ha escondido a su hijo.

³⁰ Cuando el rey oyó las palabras de aquella mujer, rasgó sus vestidos, pasó por el muro y el pueblo vio las ropas ásperas que traía ceñidas a su cuerpo. ³¹ Y el rey exclamó: «Traiga Dios sobre mí el peor de los castigos, si la cabeza de Eliseo hijo de Safat queda hoy sobre sus hombros».

³² Eliseo estaba sentado en su casa, y con él estaban sentados los ancianos. El rey le había enviado un hombre, pero antes que el mensajero llegara, Eliseo dijo a los ancianos:

—¿No habéis visto cómo este hijo de homicida envía a cortarme la cabeza? Mirad, pues, cuando llegue el mensajero cerrad la puerta e impedidle entrar. ¿Acaso no se oye tras él el ruido de los pasos de su amo?

³³ Aún estaba hablando con ellos, cuando el mensajero descendió adonde él estaba y le dijo:

—Ciertamente todo este mal viene de Jehová. ¿Qué puedo esperar ya de él?

7 ¹ Dijo entonces Eliseo:

—Oíd la palabra de Jehová: Así dijo Jehová: "Mañana a estas horas valdrá un siclo el seah de flor de harina, y un siclo dos seahs de cebada, a la puerta de Samaria".

² Un príncipe sobre cuyo brazo el rey se apoyaba, respondió al varón de Dios y le dijo:

—Si Jehová abriera ahora ventanas en el cielo, ¿sería esto así?

Él dijo:

—Tú lo verás con tus propios ojos, pero no comerás de ello.

³ Había a la entrada de la puerta cuatro hombres leprosos, y se decían los unos a los otros:

—¿Por qué estamos aquí esperando la muerte? ⁴ Si tratamos de entrar en la ciudad, moriremos en ella, por el hambre que hay en la ciudad; y si nos quedamos aquí, también moriremos. Vamos, pues, ahora y pasémonos al campamento de los sirios: si ellos nos dan la vida, viviremos, y si nos dan la muerte, moriremos.

⁵ Se levantaron, pues, al anochecer, para ir al campamento de los sirios, y al llegar a la entrada del campamento de los sirios, no había allí nadie. ⁶ Jehová había hecho que en el campamento de los sirios se oyera estruendo de carros, ruido de caballos y el estrépito de un gran ejército, por lo que se dijeron unos a otros: «El rey de Israel ha tomado a sueldo contra nosotros a los reyes de los heteos y a los reyes de los egipcios para que vengan a atacarnos». ⁷ Así que se levantaron y huyeron al anochecer, abandonando sus tiendas, sus caballos, sus asnos y el campamento tal cual estaba. Huyeron para salvar sus vidas. ⁸ Cuando los leprosos llegaron al límite del campamento, entraron en una tienda, comieron y bebieron, tomaron de allí plata, oro y vestidos, y fueron a esconderlos. Después volvieron, entraron en otra tienda, y de allí también tomaron

ᵇ **6.29** Lv 26.29; Dt 28.53-57; Jer 19.9; Lm 2.20; 4.10.

cosas que fueron a esconder. ⁹ Luego se dijeron unos a otros:

—No estamos haciendo bien. Hoy es día de buenas noticias y nosotros callamos. Si esperamos hasta el amanecer, nos alcanzará nuestra maldad. Vamos pues, ahora, entremos y demos la noticia en la casa del rey.

¹⁰ Fueron, pues, llamaron a los guardias de la puerta de la ciudad, y les gritaron diciendo:

«Nosotros fuimos al campamento de los sirios y no había allí nadie, ni se oía ninguna voz humana; solo estaban los caballos atados, los asnos también atados y el campamento intacto».

¹¹ Los porteros gritaron y lo anunciaron dentro, en el palacio del rey. ¹² Se levantó el rey de noche y dijo a sus siervos:

—Os voy a decir lo que nos han hecho los sirios. Ellos saben que tenemos hambre, han salido de las tiendas y se han escondido en el campo, pensando: "Cuando hayan salido de la ciudad, los tomaremos vivos y entraremos en ella".

¹³ Entonces uno de sus siervos propuso:

—Tomen ahora cinco de los caballos que han quedado en la ciudad (porque los que quedan acá también perecerán, como toda la multitud de Israel que ya ha perecido). Los enviaremos para ver qué pasa.

¹⁴ Tomaron, pues, dos caballos de un carro y los envió el rey al campamento de los sirios, diciendo: «Id y ved». ¹⁵ Ellos los siguieron hasta el Jordán y vieron que todo el camino estaba lleno de vestidos y enseres que los sirios habían arrojado por la premura. Regresaron los mensajeros y lo hicieron saber al rey. ¹⁶ Entonces el pueblo salió y saqueó el campamento de los sirios. Y, conforme a la palabra de Jehová, fue vendido un seah de flor de harina por un siclo, y dos seahs de cebada por un siclo.

¹⁷ El rey había puesto a la puerta a aquel príncipe sobre cuyo brazo él se apoyaba, pero el pueblo lo atropelló a la entrada, y murió, conforme a lo que había dicho el varón de Dios cuando el rey descendió a él.

¹⁸ Aconteció, pues, de la manera que el varón de Dios había anunciado al rey, al decir: «Serán vendidos por un siclo dos seahs de cebada, y el seah de flor de harina será vendido por un siclo mañana a estas horas, a la puerta de Samaria». ¹⁹ A lo cual aquel príncipe había respondido al varón de Dios: «Si Jehová abriera ventanas en el cielo, ¿pudiera suceder esto?» Y él le había dicho: «Tú lo verás con tus ojos, pero no comerás de ello». ²⁰ Y así le sucedió, porque el pueblo lo atropelló a la entrada, y murió.

La sunamita recupera sus bienes

8 ¹ Habló Eliseo con aquella mujer a cuyo hijo él había revivido,[a] y le dijo: «Levántate, vete tú y toda tu casa a vivir donde puedas, porque Jehová ha llamado al hambre, la cual vendrá sobre la tierra por siete años». ² Entonces la mujer se levantó e hizo como el varón de Dios le dijo: ella y su familia se fueron a vivir durante siete años a tierra de los filisteos. ³ Cuando pasaron los siete años, la mujer volvió de la tierra de los filisteos, y fue a implorar al rey por su casa y por sus tierras. ⁴ El rey estaba hablando con Giezi, criado del varón de Dios, y le decía: «Te ruego que me cuentes todas las maravillas que ha hecho Eliseo». ⁵ Y mientras Giezi le contaba al rey cómo había revivido a un muerto, llegó la mujer a cuyo hijo él había revivido, para implorar al rey por su casa y por sus tierras. Entonces dijo Giezi: «Rey y señor mío, esta es la mujer y este es su hijo, al cual Eliseo revivió».

⁶ El rey preguntó a la mujer y ella se lo contó. Entonces el rey le ordenó a un oficial: «Haz que le devuelvan todas las cosas que eran suyas y todos los frutos de sus tierras, desde el día que dejó el país hasta ahora».

Ben-adad y Hazael

⁷ Luego Eliseo se fue a Damasco. Ben-adad, rey de Siria, estaba enfermo, y le avisaron: «El varón de Dios ha venido aquí». ⁸ Entonces el rey dijo a Hazael: «Toma en tus manos un presente, ve a recibir al varón de Dios y consulta por medio de él a Jehová, preguntando: "¿Sanaré de esta enfermedad?"»

[a] **8.1** 2 R 4.8-37.

[9] Tomó, pues, Hazael en sus manos un presente de entre los bienes de Damasco, cargados en cuarenta camellos, y fue a su encuentro. Al llegar, se detuvo ante él y le dijo:

—Tu hijo Ben-adad, rey de Siria, me ha enviado a preguntarte: "¿Sanaré de esta enfermedad?"

[10] Eliseo le dijo:

—Ve y dile: "Seguramente sanarás". Sin embargo, Jehová me ha revelado que ciertamente morirá.

[11] El varón de Dios lo miró fijamente y estuvo así hasta hacer que se ruborizara. Luego el varón de Dios se echó a llorar. [12] Entonces Hazael le preguntó:

—¿Por qué llora mi señor?

Él respondió:

—Porque sé el mal que vas a hacer a los hijos de Israel: Pegarás fuego a sus fortalezas, a sus jóvenes matarás a espada, estrellarás a sus niños y abrirás el vientre a las mujeres que estén encintas.

[13] Hazael dijo:

—Pues, ¿qué es tu siervo, este perro, para que haga tan grandes cosas?

Eliseo respondió:

—Jehová me ha revelado que tú serás rey de Siria.[b]

[14] Hazael se fue y se presentó ante su señor, el cual le preguntó:

—¿Qué te ha dicho Eliseo?

Él respondió:

—Me dijo que seguramente sanarás.

[15] Pero al día siguiente tomó un paño, lo metió en agua y lo puso sobre el rostro de Ben-adad, el cual murió. En su lugar reinó Hazael.

Reinado de Joram de Judá
(2 Cr 21.1-20)

[16] En el quinto año de Joram hijo de Acab, rey de Israel, comenzó a reinar Joram hijo de Josafat, rey de Judá. Hasta entonces Josafat había sido rey de Judá. [17] Tenía Joram treinta y dos años cuando comenzó a reinar y reinó ocho años en Jerusalén. [18] Anduvo en el camino de los reyes de Israel, como había hecho la casa de Acab, porque una hija de Acab fue su mujer, así que hizo lo malo ante los ojos de Jehová. [19] Con todo, Jehová no quiso destruir a Judá, por amor a David, su siervo, pues había prometido darles una lámpara a él y a sus hijos para siempre.[c]

[20] En tiempos de Joram se rebeló Edom contra el dominio de Judá[d] y proclamaron su propio rey. [21] Joram, con todos sus carros, pasó por tanto a Zair. Se levantó por la noche y atacó a los de Edom, los cuales lo habían sitiado junto con los capitanes de los carros, pero el pueblo huyó a sus tiendas. [22] No obstante, Edom se liberó del dominio de Judá, hasta hoy. En aquel tiempo también se rebeló Libna.

[23] Los demás hechos de Joram y todo lo que hizo, ¿no están escritos en el libro de las crónicas de los reyes de Judá? [24] Joram durmió con sus padres y fue sepultado con ellos en la ciudad de David. En su lugar reinó Ocozías, su hijo.

Reinado de Ocozías de Judá
(2 Cr 22.1-6)

[25] En el año doce de Joram hijo de Acab, rey de Israel, comenzó a reinar Ocozías hijo de Joram, rey de Judá. [26] Ocozías tenía veintidós años cuando comenzó a reinar y reinó un año en Jerusalén. El nombre de su madre fue Atalía, hija de Omri, rey de Israel. [27] Anduvo en el camino de la casa de Acab, e hizo lo malo ante los ojos de Jehová, como la casa de Acab, porque era yerno de la casa de Acab.

[28] Partió con Joram hijo de Acab para hacer la guerra a Hazael, rey de Siria, en Ramot de Galaad, pero los sirios hirieron a Joram. [29] El rey Joram regresó a Jezreel para curarse de las heridas que los sirios le hicieron frente a Ramot, cuando peleaba contra Hazael, rey de Siria. Como Joram hijo de Acab estaba enfermo, Ocozías hijo de Joram, rey de Judá, descendió a visitarlo en Jezreel.

Jehú es ungido rey de Israel

9 [1] Entonces el profeta Eliseo llamó a uno de los hijos de los profetas y le dijo: «Ciñe tu cintura,[a] toma esta redoma de aceite en tus manos y ve a Ramot de Galaad. [2] Cuando llegues allá, verás allí a Jehú hijo de Josafat hijo de Nimsi. Entra,

---

[b] **8.13** 1 R 19.15. [c] **8.19** 1 R 11.36. [d] **8.20** Gn 27.40. [a] **9.1** Es decir, *Prepárate:* Cf. 2 R 4.29.

haz que se levante de entre sus hermanos y llévalo a otra habitación. ³ Toma luego la redoma de aceite, derrámala sobre su cabeza y di: "Así dice Jehová: Yo te he ungido como rey de Israel". Entonces abre la puerta y echa a correr sin detenerte».

⁴ Partió, pues, el joven profeta hacia Ramot de Galaad. ⁵ Cuando llegó, los jefes del ejército estaban reunidos. Entonces dijo:

—Jefe, tengo que decirte una palabra.

—¿A cuál de todos nosotros? —preguntó Jehú.

—A ti, jefe —respondió el profeta.

⁶ Jehú se levantó y entró en la casa. Entonces el otro derramó el aceite sobre su cabeza y le dijo:

—Así dijo Jehová, Dios de Israel: "Yo te he ungido como rey del pueblo de Jehová, de Israel.*ᵇ* ⁷ Herirás la casa de Acab, tu señor, para que yo vengue la sangre de mis siervos los profetas y la sangre de todos los siervos de Jehová, derramada por la mano de Jezabel. ⁸ Toda la casa de Acab perecerá y exterminaré a todo varón de Acab en Israel, tanto al siervo como al libre. ⁹ Trataré a la casa de Acab como a la casa de Jeroboam hijo de Nabat y como a la casa de Baasa hijo de Ahías. ¹⁰ A Jezabel se la comerán los perros en el campo de Jezreel y no habrá quien la sepulte".

En seguida abrió la puerta y echó a correr. ¹¹ Cuando Jehú salió a reunirse con los siervos de su señor, estos le dijeron:

—¿Todo va bien? ¿Para qué vino a verte ese loco?

—Vosotros conocéis a ese hombre y lo que dijo —respondió él.

¹²—Mentira; cuéntanoslo ahora —dijeron ellos.

Jehú respondió:

—Esto y esto me ha hablado: "Así ha dicho Jehová: 'Yo te he ungido como rey de Israel' ".

¹³ Entonces cada uno tomó apresuradamente su manto y lo puso debajo de Jehú en un trono alto. Luego tocaron la bocina y gritaron: «Jehú es el rey».

Jehú mata a Joram

¹⁴ Así conspiró Jehú hijo de Josafat hijo de Nimsi, contra Joram. (Estaba entonces Joram defendiendo a Ramot de Galaad con todo Israel, a causa de Hazael, rey de Siria. ¹⁵ Pero el rey Joram había vuelto a Jezreel para curarse de las heridas que los sirios le habían hecho cuando peleaba contra Hazael, rey de Siria.) Y Jehú dijo: «Si esta es vuestra voluntad, ninguno escape de la ciudad para ir a dar la noticia en Jezreel». ¹⁶ Jehú cabalgó entonces y se fue a Jezreel, porque Joram estaba allí enfermo. También estaba allí Ocozías, rey de Judá, que había descendido a visitar a Joram. ¹⁷ El atalaya que estaba en la torre de Jezreel vio la tropa de Jehú que venía, y dijo:

—Veo una tropa.

Joram dijo:

—Ordena a un jinete que vaya a reconocerlos y les pregunte: "¿Vienen en son de paz?"

¹⁸ Fue, pues, el jinete a reconocerlos y les preguntó:

—El rey dice: "¿Vienen en son de paz?"

Jehú le dijo:

—¿Qué tienes tú que ver con la paz? Ponte detrás de mí.

Luego el atalaya avisó diciendo:

—El mensajero llegó hasta ellos, pero no vuelve.

¹⁹ Entonces el rey envió otro jinete, que al llegar adonde estaban ellos, dijo:

—El rey dice así: "¿Vienen en son de paz?"

Y Jehú respondió:

—¿Qué tienes tú que ver con la paz? Ponte detrás de mí.

²⁰ El atalaya volvió a decir:

—También este llegó hasta ellos, pero no vuelve, y el marchar del que viene es como el marchar de Jehú hijo de Nimsi, pues viene impetuosamente.

²¹ Entonces dijo Joram:

—Unce el carro.

Cuando estaba uncido su carro, salieron Joram, rey de Israel, y Ocozías, rey de Judá, cada uno en su carro, y partieron al encuentro de Jehú, al cual hallaron en la heredad de Nabot, el de Jezreel. ²² Cuando vio Joram a Jehú, dijo:

—¿Vienes en son paz, Jehú?

Él respondió:

ᵇ **9.6** 1 R 19.16.

—¿Qué paz puede haber con las fornicaciones de Jezabel,^{c} tu madre, y sus muchas hechicerías?

²³ Entonces Joram volvió las riendas y huyó, mientras le gritaba a Ocozías:

—¡Traición, Ocozías!

²⁴ Pero Jehú tensó su arco e hirió a Joram por la espalda; la flecha le atravesó el corazón y él cayó en su carro. ²⁵ Dijo luego Jehú a Bidcar, su capitán: «Levántalo y échalo a un extremo de la heredad de Nabot, el de Jezreel. Acuérdate que cuando tú y yo íbamos juntos con la gente de Acab, su padre, Jehová pronunció esta sentencia sobre él: ²⁶ "Yo he visto ayer la sangre de Nabot^d y la sangre de sus hijos, dijo Jehová, y en esta misma heredad te daré tu paga, dijo Jehová".^{e} Levántalo pues, ahora, y échalo en la heredad de Nabot, conforme a la palabra de Jehová».

Jehú mata a Ocozías
(2 Cr 22.7-9)

²⁷ Al ver esto Ocozías, rey de Judá, huyó por el camino de la casa del huerto. Pero Jehú lo persiguió diciendo: «Herid también a este que va en el carro».

Lo hirieron a la subida de Gur, junto a Ibleam. Pero Ocozías huyó a Meguido, y allí murió.

²⁸ Sus siervos lo llevaron en un carro a Jerusalén y allá lo sepultaron con sus padres, en su sepulcro de la ciudad de David.

²⁹ En el undécimo año de Joram hijo de Acab comenzó a reinar Ocozías sobre Judá.

Muerte de Jezabel

³⁰ Después se fue Jehú a Jezreel. Al enterarse Jezabel, se pintó los ojos con antimonio, atavió su cabeza y se asomó a una ventana. ³¹ Y cuando entraba Jehú por la puerta, ella dijo:

—¿Todo le va bien a Zimri, asesino de su señor?

³² Alzó él entonces su rostro hacia la ventana y dijo:

—¿Quién está conmigo? ¿quién?

Se inclinaron hacia él dos o tres eunucos. ³³ Y Jehú les ordenó:

—Echadla abajo.

Ellos la echaron, y parte de su sangre salpicó la pared y los caballos. Y él la atropelló. ³⁴ Entró luego Jehú, y después que comió y bebió, dijo:

—Id ahora a ver a aquella maldita y sepultadla, pues es hija de rey.

³⁵ Pero cuando fueron a sepultarla no hallaron de ella más que la calavera, los pies y las palmas de las manos. ³⁶ Entonces regresaron a comunicárselo. Y él dijo:

—Esta es la palabra que Dios pronunció por medio de su siervo Elías, el tisbita: "En la heredad de Jezreel se comerán los perros las carnes de Jezabel.^{f} ³⁷ El cuerpo de Jezabel será como estiércol sobre la superficie del campo en la heredad de Jezreel, de manera que nadie pueda decir: 'Esta es Jezabel' ".

Jehú extermina la casa de Acab

10 ¹ Acab tenía en Samaria setenta hijos, así que Jehú escribió cartas y las envió a Samaria a los principales de Jezreel, a los ancianos y a los tutores de los hijos de Acab, diciendo: ² «Inmediatamente que lleguen estas cartas a vosotros, como tenéis a los hijos de vuestro señor, y también tenéis carros y gente de a caballo, la ciudad fortificada y las armas, ³ escoged al mejor y al más recto de los hijos de vuestro señor, ponedlo en el trono de su padre y pelead por la casa de vuestro señor».

⁴ Pero ellos tuvieron gran temor y dijeron: «Si dos reyes no pudieron resistirle, ¿cómo le resistiremos nosotros?».

⁵ Entonces el mayordomo, el gobernador de la ciudad, los ancianos y los tutores enviaron a decir a Jehú: «Siervos tuyos somos y haremos todo lo que nos mandes. No elegiremos como rey a ninguno, haz lo que bien te parezca».

⁶ Les escribió por segunda vez diciendo: «Si estáis de mi parte y queréis obedecerme, tomad las cabezas de los hijos varones de vuestro señor y venid a verme a Jezreel mañana a esta hora».

Los setenta hijos varones del rey estaban con los principales de la ciudad, que los criaban. ⁷ Cuando recibieron las cartas,

---

^{c} **9.22** Expresión metafórica para designar la idolatría; cf. Jer 2.20; Os 1.2. ^{d} **9.26** 1 R 21.1.
^{e} **9.26** 1 R 21.19. ^{f} **9.36** 1 R 21.23.

tomaron a los hijos del rey y degollaron a los setenta varones; pusieron sus cabezas en canastas y se las enviaron a Jezreel. [8] Y llegó un mensajero a darle la noticia diciendo:

—Han traído las cabezas de los hijos del rey.

Él le respondió:

—Ponedlas en dos montones a la entrada de la puerta, hasta la mañana.

[9] A la mañana siguiente salió Jehú y, puesto en pie, dijo a todo el pueblo: «Vosotros sois inocentes. Fui yo quien conspiró contra mi señor y le dio muerte; pero, ¿quién ha dado muerte a todos estos? [10] Sabed ahora que de la palabra que Jehová habló sobre la casa de Acab nada caerá en tierra, y que Jehová ha cumplido lo que dijo por medio de su siervo Elías».[a]

[11] Mató entonces Jehú a todos los que habían quedado de la casa de Acab en Jezreel,[b] a todos sus príncipes, a todos sus familiares y a sus sacerdotes, hasta que no quedó ninguno.

[12] Luego se levantó de allí para ir a Samaria, y en el camino llegó a una casa de esquileo, de los pastores. [13] Halló allí a los hermanos de Ocozías, rey de Judá, y les preguntó:

—¿Quiénes sois vosotros?

Ellos respondieron:

—Somos hermanos de Ocozías y hemos venido a saludar a los hijos del rey y a los hijos de la reina.

[14] Entonces él dijo:

«Apresadlos vivos».

Después que los tomaron vivos, los degollaron junto al pozo de la casa de esquileo. Eran cuarenta y dos varones, y no quedó ninguno de ellos.

[15] Cuando partió de allí, se encontró con Jonadab hijo de Recab. Después que lo hubo saludado, le dijo:

—¿Es tan recto tu corazón como el mío lo es con el tuyo?

—Lo es —respondió Jonadab.

—Puesto que lo es, dame la mano.

Jonadab le dio la mano. Luego lo hizo subir consigo en el carro [16] y le dijo:

—Ven conmigo y verás mi celo por Jehová.

Lo llevó, pues, en su carro. [17] Luego que Jehú llegó a Samaria, mató a todos los descendientes de Acab que allí habían quedado, hasta exterminarlos, conforme a la palabra que Jehová había anunciado por medio de Elías.

Jehú extermina el culto de Baal

[18] Después reunió Jehú a todo el pueblo y les dijo: «Acab sirvió poco a Baal, pero Jehú lo servirá mucho. [19] Llamadme, pues, a todos los profetas de Baal, a todos sus siervos y a todos sus sacerdotes, sin que falte ninguno, porque tengo un gran sacrificio que hacer a Baal y cualquiera que falte morirá».

Esto hacía Jehú con astucia, para exterminar a los que honraban a Baal. [20] Luego dijo Jehú:

«Santificad un día solemne a Baal».

Y ellos lo convocaron. [21] Entonces envió Jehú mensajeros por todo Israel, y vinieron todos los adoradores de Baal, de tal manera que no hubo ninguno que no viniera. Entraron en el templo de Baal, y el templo de Baal se llenó de extremo a extremo. [22] Dijo entonces al encargado de las vestiduras: «Saca las vestiduras para todos los adoradores de Baal».

Él les sacó las vestiduras. [23] Y entró Jehú con Jonadab hijo de Recab en el templo de Baal, y dijo a los adoradores de Baal: «Mirad y ved que no haya aquí entre vosotros alguno de los adoradores de Jehová, sino sólo los adoradores de Baal».

[24] Cuando ellos entraron para ofrecer sacrificios y holocaustos, Jehú puso fuera a ochenta hombres y les advirtió: «Cualquiera que deje vivo a alguno de los hombres que yo he puesto en vuestras manos, lo pagará con su vida».

[25] Después que ellos acabaron de ofrecer el holocausto, Jehú dijo a los de su guardia y a los capitanes: «Entrad y matadlos; que no escape ninguno».

Los de la guardia y los capitanes los mataron a espada y los dejaron tendidos. Luego fueron hasta el lugar santo del templo de Baal, [26] sacaron las estatuas del templo de Baal y las quemaron. [27] Quebraron la estatua de Baal, derribaron el

---

[a] **10.10** 1 R 21.21,29.   [b] **10.11** Os 1.4.

templo de Baal y lo convirtieron en letrinas hasta hoy.

[28] Así Jehú exterminó a Baal de Israel. [29] Con todo eso, Jehú no se apartó de los pecados con que Jeroboam hijo de Nabat hizo pecar a Israel, y dejó en pie los becerros de oro que estaban en Bet-el y en Dan.[c]

[30] Y Jehová dijo a Jehú: «Por cuanto has obrado bien haciendo lo recto delante de mis ojos e hiciste a la casa de Acab conforme a todo lo que estaba en mi corazón, tus hijos se sentarán sobre el trono de Israel hasta la cuarta generación».

[31] Pero Jehú no se cuidó de andar en la ley de Jehová, Dios de Israel, con todo su corazón, ni se apartó de los pecados con que Jeroboam había hecho pecar a Israel.

[32] En aquellos días comenzó Jehová a cercenar el territorio de Israel. Hazael los derrotó en todas las fronteras, [33] desde el oriente del Jordán, por toda la tierra de Galaad, de Gad, de Rubén y de Manasés, desde Aroer, que está junto al arroyo Arnón, hasta Galaad y Basán.

[34] Los demás hechos de Jehú, todo lo que hizo y toda su valentía, ¿no está escrito en el libro de las crónicas de los reyes de Israel? [35] Durmió Jehú con sus padres y lo sepultaron en Samaria. En su lugar reinó Joacaz, su hijo. [36] El tiempo que reinó Jehú sobre Israel en Samaria fue de veintiocho años.

Atalía usurpa el trono
(2 Cr 22.10—23.21)

11 [1] Cuando Atalía,[a] madre de Ocozías, vio que su hijo había muerto, se levantó y destruyó toda la descendencia real. [2] Pero Josaba,[b] hija del rey Joram, hermana de Ocozías, tomó a Joás hijo de Ocozías y lo sacó furtivamente de entre los hijos del rey a quienes estaban matando, y junto con su nodriza lo ocultó de Atalía en el dormitorio, y de esta forma no lo mataron. [3] Seis años estuvo escondido con ella en la casa de Jehová, mientras Atalía reinaba sobre el país.

[4] Pero al séptimo año envió a llamar Joiada a los jefes de centena, capitanes y gente de la guardia, los metió consigo en la casa de Jehová. Hizo con ellos una alianza bajo juramento en la casa de Jehová, y les mostró al hijo del rey. [5] Luego les mandó: «Esto es lo que habéis de hacer: la tercera parte de vosotros estará de guardia de la casa del rey el sábado. [6] Otra tercera parte estará a la puerta de Shur, y la otra tercera parte a la puerta del cuartel de la guardia; así guardaréis la casa, para que no sea allanada. [7] Pero las dos secciones de vosotros que salen de guardia el sábado tendréis la guardia de la casa de Jehová, junto al rey. [8] Estaréis alrededor del rey por todos lados, cada uno con sus armas en la mano, y cualquiera que penetre en las filas, morirá. Acompañaréis al rey cuando salga y cuando entre».

[9] Los jefes de centenas hicieron todo como el sacerdote Joiada les había mandado. Cada uno tomó a los suyos, esto es, a los que entraban el sábado y a los que salían el sábado, y vinieron junto al sacerdote Joiada. [10] El sacerdote dio a los jefes de centena las lanzas y los escudos que habían pertenecido al rey David y estaban en la casa de Jehová. [11] Los de la guardia se pusieron en fila, cada uno con sus armas en la mano, desde el lado derecho hasta el lado izquierdo de la Casa, junto al altar y el Templo, alrededor del rey. [12] Sacó entonces Joiada al hijo del rey, le puso la corona y el Testimonio, y ungiéndolo lo hicieron rey. Luego batieron palmas y gritaron: «¡Viva el rey!»

[13] Cuando Atalía oyó el estruendo del pueblo que corría, entró al templo de Jehová, donde estaban todos. [14] Miró y vio al rey, que estaba junto a la columna, conforme a la costumbre, a los príncipes y los trompeteros junto al rey, y a todo el pueblo del país que se regocijaba y tocaba las trompetas. Entonces Atalía, rasgando sus vestidos, clamó a voz en cuello: «¡Traición, traición!»

[15] Pero el sacerdote Joiada ordenó a los jefes de centena que gobernaban el ejército: «Sacadla fuera del recinto del Templo, y al que la siga, matadlo a espada».

Como el sacerdote había dicho que no la mataran en el templo de Jehová, [16] le abrieron paso y la mataron en el camino por donde entran los de a caballo a la casa del rey.

---

[c] **10.29** 1 R 12.28-30. [a] **11.1** 2 R 8.18,26. [b] **11.2** 2 Cr 22.11.

¹⁷ Entonces Joiada hizo un pacto entre Jehová, el rey y el pueblo, que sería el pueblo de Jehová; asimismo entre el rey y el pueblo. ¹⁸ Luego todo el pueblo de la tierra entró en el templo de Baal y lo derribaron. También despedazaron completamente sus altares y sus imágenes, y mataron a Matán, sacerdote de Baal, delante de los altares. Después el sacerdote puso una guardia en la casa de Jehová, ¹⁹ tomó a los jefes de centenas, los capitanes, la guardia y todo el pueblo del país, y llevaron al rey, por el camino de la puerta de la guardia, desde la casa de Jehová hasta la casa del rey. Y se sentó Joás en el trono de los reyes. ²⁰ Todo el pueblo de la tierra se regocijó. Y como Atalía había muerto a espada junto a la casa del rey, la ciudad permaneció tranquila.

²¹ Siete años tenía Joás cuando comenzó a reinar.

Reinado de Joás de Judá
(2 Cr 24.1-27)

12 ¹ En el séptimo año de Jehú comenzó a reinar Joás y reinó cuarenta años en Jerusalén. El nombre de su madre era Sibia, de Beerseba. ² Joás hizo lo recto ante los ojos de Jehová todo el tiempo que lo dirigió el sacerdote Joiada. ³ Con todo, los lugares altos no se quitaron, porque el pueblo aún sacrificaba y quemaba incienso en los lugares altos.

⁴ Joás dijo a los sacerdotes: «Todo el dinero consagrado que se acostumbra traer a la casa de Jehová, el dinero del rescate de cada persona, según está estipulado,ᵃ y todo el dinero que cada uno de su propia voluntad trae a la casa de Jehová, ⁵ que lo reciban los sacerdotes, cada uno de manos de sus familiares, y con él reparen los portillos del Templo dondequiera que se hallen grietas».

⁶ Pero en el año veintitrés del rey Joás aún no habían reparado los sacerdotes las grietas del Templo. ⁷ Llamó entonces el rey Joás al sumo sacerdote Joiada y a los demás sacerdotes y les dijo: «¿Por qué no reparáis las grietas del Templo? De ahora en adelante, pues, no toméis más del dinero de vuestros familiares, sino dadlo para reparar las grietas del Templo».

⁸ Los sacerdotes consintieron en no tomar más dinero del pueblo, ni tener a su cargo reparar las grietas del Templo.

⁹ Pero el sumo sacerdote Joiada tomó un cofre e hizo en la tapa un agujero, lo puso junto al altar, a la mano derecha conforme se entra en el templo de Jehová, y los sacerdotes que guardaban la puerta ponían allí todo el dinero que se traía a la casa de Jehová. ¹⁰ Cuando veían que había mucho dinero en el cofre, venía el secretario del rey y el Sumo sacerdote, contaban el dinero que hallaban en el templo de Jehová y lo guardaban. ¹¹ Entregaban el dinero suficiente a los que hacían la obra y a los que tenían a su cargo la casa de Jehová. Ellos lo gastaban en pagar a los carpinteros y maestros que reparaban la casa de Jehová, ¹² y a los albañiles y canteros; y en comprar la madera y la piedra de cantería para reparar las grietas de la casa de Jehová, y en todo lo que se gastaba en la Casa para repararla. ¹³ Pero de aquel dinero que se traía a la casa de Jehová, no se hacían tazas de plata, ni despabiladeras, ni jofainas, ni trompetas, ni ningún otro utensilio de oro ni de plata para el templo de Jehová, ¹⁴ pues lo daban a los que hacían la obra, y con él reparaban la casa de Jehová. ¹⁵ No se le pedía cuentas a los hombres en cuyas manos el dinero era entregado, para que ellos lo dieran a los que hacían la obra, porque ellos lo hacían fielmente. ¹⁶ El dinero por el pecado y el dinero por la culpa no se llevaba a la casa de Jehová, porque era de los sacerdotes.ᵇ

¹⁷ Por ese entonces subió Hazael, rey de Siria, peleó contra Gat y la tomó. Luego Hazael se propuso subir contra Jerusalén, ¹⁸ por lo que Joás, rey de Judá, tomó todas las ofrendas que habían dedicado sus antepasados Josafat, Joram y Ocozías, reyes de Judá, y las que él mismo había dedicado, y todo el oro que se halló en los tesoros de la casa de Jehová y en la casa del rey, y lo envió a Hazael, rey de Siria, el cual se retiró de Jerusalén.

¹⁹ Los demás hechos de Joás y todo lo que hizo, ¿no está escrito en el libro de las crónicas de los reyes de Judá? ²⁰ Sus siervos se levantaron, tramaron una conjura y mataron a Joás en la casa de Milo, cuando descendía a Sila. ²¹ Así pues, sus siervos Josacar hijo de Simeat, y Jozabad hijo

---

ᵃ **12.4-5** Ex 30.11-16.   ᵇ **12.16** Lv 7.7.

de Somer, lo hirieron y murió. Lo sepultaron con sus padres en la ciudad de David. En su lugar reinó Amasías, su hijo.

Reinado de Joacaz

13 ¹ En el año veintitrés de Joás hijo de Ocozías, rey de Judá, comenzó a reinar sobre Israel en Samaria Joacaz hijo de Jehú. Reinó diecisiete años, ² pero hizo lo malo ante los ojos de Jehová, pues siguió en los pecados de Jeroboam hijo de Nabat, el que hizo pecar a Israel; y no se apartó de ellos. ³ Por lo tanto se encendió el furor de Jehová contra Israel, y por largo tiempo los entregó en manos de Hazael, rey de Siria, y en manos de Ben-adad hijo de Hazael.

⁴ Pero Joacaz oró en presencia de Jehová, y Jehová lo escuchó, porque había visto la aflicción de Israel, pues el rey de Siria los afligía. ⁵ (Y dio Jehová un salvador a Israel que los sacó del poder de los sirios, y habitaron los hijos de Israel en sus tiendas, como antes. ⁶ Con todo, no se apartaron de los pecados de la casa de Jeroboam, el que hizo pecar a Israel; en ellos anduvieron, y también la imagen de Asera permaneció en Samaria.)

⁷ A Joacaz no le había quedado gente, sino cincuenta hombres de a caballo, diez carros y diez mil hombres de a pie, pues el rey de Siria los había destruido y los había reducido a polvo del que se pisotea.

⁸ El resto de los hechos de Joacaz, todo lo que hizo y sus hazañas, ¿no está escrito en el libro de las crónicas de los reyes de Israel? ⁹ Joacaz durmió con sus padres y lo sepultaron en Samaria. En su lugar reinó Joás, su hijo.

Reinado de Joás de Israel

¹⁰ El año treinta y siete de Joás, rey de Judá, comenzó a reinar en Samaria sobre Israel Joás hijo de Joacaz. Reinó dieciséis años, ¹¹ pero hizo lo malo ante los ojos de Jehová: no se apartó de todos los pecados de Jeroboam hijo de Nabat, el que hizo pecar a Israel, sino que anduvo en ellos.

¹² Los demás hechos de Joás, todo lo que hizo y la manera esforzada con que guerreó contra Amasías, rey de Judá, ¿no está escrito en el libro de las crónicas de los reyes de Israel? ¹³ Joás durmió con sus

padres y Jeroboam se sentó sobre su trono. Joás fue sepultado en Samaria con los reyes de Israel.

Profecía final y muerte de Eliseo

¹⁴ Estaba Eliseo enfermo de la enfermedad que lo llevaría a la muerte, cuando descendió a verlo Joás, rey de Israel, y llorando delante de él, dijo:

—¡Padre mío, padre mío, carro de Israel y su caballería!ᵃ

¹⁵ Eliseo le dijo:

—Toma un arco y unas flechas.

Tomó él entonces un arco y unas flechas. ¹⁶ Luego dijo Eliseo al rey de Israel:

—Pon tu mano sobre el arco.

Y puso él su mano sobre el arco. Entonces puso Eliseo sus manos sobre las manos del rey ¹⁷ y dijo:

—Abre la ventana que da al oriente.

Cuando él la abrió, le dijo Eliseo:

—Tira.

Él lo hizo y Eliseo dijo:

—Flecha de salvación de Jehová y flecha de salvación contra Siria. Tú herirás a los sirios en Afec hasta exterminarlos.

¹⁸ Después volvió a decir:

—Toma las flechas.

Luego que el rey de Israel las tomó, le ordenó:

—Golpea la tierra.

Él la golpeó tres veces y se detuvo. ¹⁹ Entonces el varón de Dios, enojado contra él, le dijo:

—De dar cinco o seis golpes, habrías derrotado a Siria hasta no quedar ninguno, pero ahora derrotarás a Siria solo tres veces.

²⁰ Eliseo murió y lo sepultaron. Ya entrado el año, vinieron bandas armadas de moabitas a la tierra. ²¹ Aconteció que estaban unos sepultando a un hombre cuando súbitamente vieron una banda armada; entonces arrojaron el cadáver en el sepulcro de Eliseo. Pero tan pronto tocó el muerto los huesos de Eliseo, revivió y se puso en pie.

²² Así pues, Hazael, rey de Siria, afligió a Israel todo el tiempo de Joacaz. ²³ Pero Jehová tuvo misericordia y se compadeció de ellos; se volvió hacia ellos a causa de su pacto con Abraham, Isaac y Jacob,ᵇ

ᵃ **13.14** 2 R 2.12   ᵇ **13.23** Dt 1.8; 6.10; 9.5; 29.13; 34.4.

y no quiso destruirlos ni echarlos de delante de su presencia hasta hoy.

²⁴ Murió Hazael, rey de Siria, y reinó en su lugar Ben-adad, su hijo. ²⁵ Regresó Joás hijo de Joacaz y rescató de manos de Ben-adad hijo de Hazael las ciudades que este había tomado de manos de Joacaz, su padre, en la guerra. Tres veces lo derrotó Joás, y restituyó las ciudades a Israel.

Reinado de Amasías
(2 Cr 25.1-28)

14 ¹ En el año segundo de Joás hijo de Joacaz, rey de Israel, comenzó a reinar Amasías hijo de Joás, rey de Judá. ² Cuando comenzó a reinar tenía veinticinco años, y reinó en Jerusalén veintinueve años. El nombre de su madre era Joadán, de Jerusalén. ³ Hizo lo recto ante los ojos de Jehová, aunque no como David, su padre, ya que hizo conforme a todas las cosas que había hecho Joás, su padre. ⁴ Con todo, los lugares altos no fueron quitados, pues el pueblo aún sacrificaba y quemaba incienso en esos lugares altos.

⁵ Cuando el reino se afianzó en sus manos, mató a los siervos que habían dado muerte al rey, su padre.ᵃ ⁶ Pero no mató a los hijos de los que le dieron muerte, conforme a lo que está escrito en el libro de la ley de Moisés, donde Jehová mandó diciendo: «No harán morir a los padres por los hijos, ni a los hijos por los padres, sino que cada uno morirá por su propio pecado».ᵇ

⁷ Amasías mató asimismo a diez mil edomitas en el valle de la Sal, tomó a Sela por asalto y la llamó Jocteel, como se la conoce hasta hoy.

⁸ Entonces Amasías envió mensajeros a Joás hijo de Joacaz hijo de Jehú, rey de Israel, diciéndole: «Ven, para que nos veamos las caras». ⁹ Pero Joás, rey de Israel, envió a Amasías, rey de Judá, esta respuesta: «El cardo que está en el Líbano envió a decir al cedro que está en el Líbano: "Dale tu hija por mujer a mi hijo". Pero las fieras que están en el Líbano pasaron y pisotearon el cardo. ¹⁰ Ciertamente has derrotado a Edom y tu corazón se ha envanecido; gloríate, pues, pero quédate en tu casa. ¿Para qué te metes en un mal que te hará caer junto a Judá?»ᶜ

¹¹ Pero Amasías no escuchó, por lo cual subió Joás, rey de Israel, y se enfrentaron en Bet-semes de Judá, él y Amasías, rey de Judá. ¹² Judá cayó delante de Israel, y cada cual huyó a su tienda. ¹³ Joás, rey de Israel, tomó prisionero en Bet-semes a Amasías, rey de Judá, hijo de Joás hijo de Ocozías. Luego marchó a Jerusalén y rompió el muro de la ciudad desde la puerta de Efraín hasta la puerta de la esquina, cuatrocientos codos en total. ¹⁴ Se apoderó, además, de todo el oro, la plata y todos los utensilios que hallaron en la casa de Jehová y en los tesoros de la casa del rey. Y después de tomar como rehenes a los hijos del rey, regresó a Samaria.

¹⁵ Los demás hechos que ejecutó Joás, sus hazañas, y cómo peleó contra Amasías, rey de Judá, ¿no está escrito en el libro de las crónicas de los reyes de Israel? ¹⁶ Joás durmió con sus padres y fue sepultado en Samaria con los reyes de Israel. En su lugar reinó Jeroboam, su hijo.

¹⁷ Amasías hijo de Joás, rey de Judá, vivió quince años después de la muerte de Joás hijo de Joacaz, rey de Israel. ¹⁸ Los demás hechos de Amasías, ¿no están escritos en el libro de las crónicas de los reyes de Judá? ¹⁹ Conspiraron contra él en Jerusalén, y él huyó a Laquis,ᵈ pero lo persiguieron hasta Laquis y allí lo mataron. ²⁰ Lo trajeron luego sobre caballos y lo sepultaron en Jerusalén con sus padres, en la ciudad de David. ²¹ Entonces todo el pueblo de Judá tomó a Azarías, que tenía dieciséis años, y lo proclamaron rey en lugar de Amasías, su padre. ²² Reedificó él a Elat y, después que el rey durmió con sus padres, la restituyó a Judá.

Reinado de Jeroboam II

²³ El año quince de Amasías hijo de Joás, rey de Judá, comenzó a reinar Jeroboam hijo de Joás en Samaria sobre Israel. Reinó cuarenta y un años, ²⁴ pero hizo lo malo ante los ojos de Jehová, pues no se

---

ᵃ **14.5** 1 R 12.20-21.   ᵇ **14.6** Dt 24.16.   ᶜ **14.8-10** Jue 9.8-15.   ᵈ **14.19** Plaza fuerte de Judá (Jos 10.3), situada en la ruta que va de Jerusalén a Gaza. Los asirios la sitiaron en tiempos de Ezequías (2 R 18.14) y los babilonios en tiempos de Sedequías (Jer 34.7).

apartó de todos los pecados de Jeroboam hijo de Nabat, el que hizo pecar a Israel.

25 Restauró los límites de Israel desde la entrada de Hamat hasta el mar del Arabá, conforme a la palabra de Jehová, Dios de Israel, la cual había él anunciado por medio de su siervo Jonás[e] hijo de Amitai, profeta que fue de Gat-hefer. 26 Porque Jehová había visto la muy amarga aflicción de Israel: no había siervo ni libre, ni quien diera ayuda a Israel. 27 Jehová no había decidido borrar el nombre de Israel de debajo del cielo, y los salvó por medio de Jeroboam hijo de Joás.

28 Los demás hechos de Jeroboam y todo lo que hizo, su valentía, todas las guerras que hizo y cómo restituyó al dominio de Israel a Damasco y Hamat, que habían pertenecido a Judá, ¿no está escrito en el libro de las crónicas de los reyes de Israel? 29 Y Jeroboam durmió con sus padres, los reyes de Israel. En su lugar reinó Zacarías, su hijo.

Reinado de Azarías

(2 Cr 26.3-5,16-23)

15 1 En el año veintisiete de Jeroboam, rey de Israel, comenzó a reinar Azarías hijo de Amasías, rey de Judá. 2 Cuando comenzó a reinar tenía dieciséis años, y cincuenta y dos años reinó en Jerusalén. El nombre de su madre era Jecolías, de Jerusalén.

3 Hizo lo recto ante los ojos de Jehová, conforme a todas las cosas que su padre Amasías había hecho. 4 Con todo, los lugares altos no se quitaron, pues el pueblo aún sacrificaba y quemaba incienso en los lugares altos. 5 Pero Jehová hirió al rey con lepra, y estuvo leproso hasta el día de su muerte. Habitó el rey en casa separada, y Jotam, su hijo, tenía el palacio a su cargo y gobernaba al pueblo.

6 Los demás hechos de Azarías y todo lo que hizo, ¿no está escrito en el libro de las crónicas de los reyes de Judá? 7 Azarías durmió con sus padres[a] y lo sepultaron con ellos en la ciudad de David. En su lugar reinó Jotam, su hijo.

Reinado de Zacarías

8 En el año treinta y ocho de Azarías, rey de Judá, Zacarías hijo de Jeroboam reinó seis meses sobre Israel. 9 Pero hizo lo malo ante los ojos de Jehová, como lo habían hecho sus padres: no se apartó de los pecados de Jeroboam hijo de Nabat, el que hizo pecar a Israel.

10 Contra él conspiró Salum hijo de Jabes, lo hirió en presencia de su pueblo, lo mató y reinó en su lugar.

11 Los demás hechos de Zacarías están escritos en el libro de las crónicas de los reyes de Israel. 12 Esta era la palabra que Jehová había dicho a Jehú: «Tus hijos, hasta la cuarta generación, se sentarán en el trono de Israel».[b] Y fue así.

Reinado de Salum

13 Salum hijo de Jabes comenzó a reinar en el año treinta y nueve de Uzías, rey de Judá. Solo reinó un mes en Samaria, 14 porque Manahem hijo de Gadi subió de Tirsa, llegó a Samaria e hirió allí a Salum hijo de Jabes. Después de matarlo, reinó en su lugar. 15 Los demás hechos de Salum y la conspiración que tramó están escritos en el libro de las crónicas de los reyes de Israel. 16 Entonces Manahem saqueó a Tifsa y a todos los que en ella estaban, y también sus alrededores, a partir de Tirsa. La saqueó porque no le habían abierto las puertas, y le abrió el vientre a todas las mujeres que estaban encintas.

Reinado de Manahem

17 En el año treinta y nueve de Azarías, rey de Judá, Manahem hijo de Gadi reinó en Samaria sobre Israel. Reinó diez años, 18 pero hizo lo malo ante los ojos de Jehová: en todo su tiempo no se apartó de los pecados de Jeroboam hijo de Nabat, el que hizo pecar a Israel.

19 En su tiempo, Pul,[c] rey de Asiria, vino a atacar la tierra. Manahem dio a Pul mil talentos de plata para que le ayudara a confirmarse en el reino. 20 Manahem obtuvo este dinero de todos los poderosos y opulentos de Israel; cada uno debió pagar

un impuesto de cincuenta siclos de plata para dar al rey de Asiria. Entonces el rey de Asiria se volvió, y no se detuvo allí en el país.

²¹ Los demás hechos de Manahem y todo lo que hizo, ¿no está escrito en el libro de las crónicas de los reyes de Israel? ²² Manahem durmió con sus padres y reinó en su lugar Pekaía, su hijo.

Reinado de Pekaía

²³ En el año cincuenta de Azarías, rey de Judá, Pekaía hijo de Manahem reinó dos años en Samaria sobre Israel. ²⁴ E hizo lo malo ante los ojos de Jehová: no se apartó de los pecados de Jeroboam hijo de Nabat, el que hizo pecar a Israel.

²⁵ Peka hijo de Remalías, capitán suyo, conspiró contra él y lo hirió en Samaria, en el palacio de la casa real, en compañía de Argob y de Arie, y de cincuenta hombres de los hijos de los galaaditas. Después que lo mató, reinó en su lugar.

²⁶ Los demás hechos de Pekaía, y todo lo que hizo, está escrito en el libro de las crónicas de los reyes de Israel.

Reinado de Peka

²⁷ En el año cincuenta y dos de Azarías, rey de Judá, reinó Peka hijo de Remalías en Samaria sobre Israel. Reinó veinte años, ²⁸ e hizo lo malo ante los ojos de Jehová: no se apartó de los pecados de Jeroboam hijo de Nabat, el que hizo pecar a Israel.

²⁹ En los días de Peka, rey de Israel, llegó Tiglat-pileser, rey de los asirios, y tomó a Ijón, Abel-bet-maaca, Janoa, Cedes, Hazor, Galaad, Galilea, y toda la tierra de Neftalí; y llevó sus habitantes cautivos a Asiria.ᵈ ³⁰ Oseas hijo de Ela conspiró contra Peka hijo de Remalías, lo hirió de muerte y reinó en su lugar a los veinte años de Jotam hijo de Uzías.

³¹ Los demás hechos de Peka, y todo lo que hizo, está escrito en el libro de las crónicas de los reyes de Israel.

Reinado de Jotam
(2 Cr 27.1-9)

³² En el segundo año de Peka hijo de Remalías, rey de Israel, comenzó a reinar Jotam hijo de Uzías, rey de Judá. ³³ Cuando comenzó a reinar tenía veinticinco años, y reinó dieciséis años en Jerusalén. El nombre de su madre era Jerusa, hija de Sadoc.

³⁴ Él hizo lo recto ante los ojos de Jehová, conforme a todas las cosas que había hecho su padre Uzías. ³⁵ Con todo, los lugares altos no fueron quitados, pues el pueblo aún sacrificaba y quemaba incienso en los lugares altos. Edificó él la puerta más alta de la casa de Jehová.

³⁶ Los demás hechos de Jotam, y todo lo que hizo, ¿no está escrito en el libro de las crónicas de los reyes de Judá?

³⁷ En aquel tiempo comenzó Jehová a enviar contra Judá a Rezín, rey de Siria, y a Peka hijo de Remalías. ³⁸ Jotam durmió con sus padres y fue sepultado con ellos en la ciudad de David, su padre. En su lugar reinó Acaz, su hijo.

Reinado de Acaz
(2 Cr 28.1-27)

16 ¹ En el año diecisiete de Peka hijo de Remalías comenzó a reinar Acaz hijo de Jotam, rey de Judá. ² Cuando comenzó a reinar Acaz tenía veinte años, y reinó en Jerusalén dieciséis años, pero no hizo lo recto ante los ojos de Jehová, su Dios, como su padre David, ³ sino que anduvo en el camino de los reyes de Israel, y aun hizo pasar por fuego a su hijo, según las prácticas abominables de las naciones que Jehová echó de delante de los hijos de Israel.ᵃ ⁴ Asimismo sacrificó y quemó incienso en los lugares altos, sobre los collados y debajo de todo árbol frondoso.

⁵ Entonces Rezín, rey de Siria, y Peka hijo de Remalías, rey de Israel, subieron a Jerusalén para atacarla y sitiar a Acaz, pero no pudieron tomarla.ᵇ ⁶ En aquel tiempo el rey de Edom recobró Elat para Edom, y echó de Elat a los hombres de Judá. Los de Edom llegaron a Elat y habitaron allí hasta hoy.

⁷ Entonces Acaz envió embajadores a Tiglat-pileser, rey de Asiria, diciendo: «Yo soy tu siervo y tu hijo. Sube y defiéndeme de manos del rey de Siria y de manos del rey de Israel, que se han levantado contra mí».

ᵈ **15.29** Los asirios deportaban poblaciones enteras a otras regiones del imperio con el fin de afianzar su dominio (2 R 17.6,24). Más tarde, los babilonios emplearían el mismo método (2 R 25.11-12). ᵃ **16.3** Dt 12.31. ᵇ **16.5** Is 7.1.

8 Acaz tomó la plata y el oro que había en la casa de Jehová y en los tesoros de la casa real, y envió al rey de Asiria un presente. 9 El rey de Asiria atendió su petición, pues subió contra Damasco y la tomó, se llevó cautivos sus habitantes a Kir y mató a Rezín.

10 Después fue el rey Acaz a encontrarse en Damasco con Tiglat-pileser, rey de Asiria. Cuando el rey Acaz vio el altar que estaba en Damasco, envió al sacerdote Urías el diseño y la descripción del altar, conforme a todos los detalles. 11 Y el sacerdote Urías edificó el altar, de acuerdo con todo lo que el rey Acaz le había enviado de Damasco. Así lo hizo el sacerdote Urías, antes que el rey Acaz regresara de Damasco.

12 Cuando el rey llegó de Damasco y vio el altar, se acercó y ofreció sacrificios en él; 13 encendió su holocausto y su ofrenda, derramó sus libaciones y esparció la sangre de sus sacrificios de paz junto al altar.

14 Trasladó el altar de bronce[c] que estaba delante de Jehová, en la parte delantera de la Casa, entre el altar y el templo de Jehová, y lo puso al lado norte del altar. 15 Después mandó el rey Acaz al sacerdote Urías: «En el gran altar encenderás el holocausto de la mañana y la ofrenda de la tarde, el holocausto del rey y su ofrenda, asimismo el holocausto de todo el pueblo de la tierra, su ofrenda y sus libaciones; esparcirás sobre él toda la sangre del holocausto y toda la sangre del sacrificio. El altar de bronce será mío para consultar en él».

16 El sacerdote Urías hizo conforme a todas las cosas que el rey Acaz le mandó. 17 Luego el rey Acaz cortó los tableros de las basas y les quitó las fuentes; quitó también el mar de sobre los bueyes de bronce que estaban debajo de él[d] y lo puso sobre el suelo de piedra. 18 Por causa del rey de Asiria quitó del templo de Jehová el pórtico para el sábado que habían edificado en la Casa y el pasadizo de afuera, el del rey.

19 Los demás hechos que puso por obra Acaz, ¿no están todos escritos en el libro de las crónicas de los reyes de Judá? 20 El rey Acaz durmió con sus padres[e] y fue sepultado con ellos en la ciudad de David. En su lugar reinó su hijo Ezequías.

Caída de Samaria y cautiverio de Israel

17 1 En el año duodécimo de Acaz, rey de Judá, Oseas hijo de Ela comenzó a reinar en Samaria sobre Israel. Reinó nueve años, 2 e hizo lo malo ante los ojos de Jehová, aunque no como los reyes de Israel que habían sido antes de él.

3 Salmanasar,[a] rey de los asirios, subió contra Oseas, quien fue hecho su siervo y le pagaba tributo. 4 Pero el rey de Asiria descubrió que Oseas conspiraba, pues había enviado embajadores a So, rey de Egipto, y no pagó tributo al rey de Asiria, como lo hacía cada año, por lo que el rey de Asiria lo detuvo y lo encerró en la casa de la cárcel. 5 Luego el rey de Asiria invadió todo el país y sitió a Samaria, y estuvo sobre ella tres años. 6 En el año nueve de Oseas, el rey de Asiria tomó Samaria y llevó a Israel cautivo a Asiria. Los estableció en Halah, en Habor junto al río Gozán, y en las ciudades de los medos.

7 Esto sucedió porque los hijos de Israel pecaron contra Jehová, su Dios, que los sacó de la tierra de Egipto, de bajo la mano del faraón, rey de Egipto. Adoraron a dioses ajenos 8 y anduvieron en los estatutos de las naciones que Jehová había expulsado de delante de los hijos de Israel, así como en los estatutos que hicieron los reyes de Israel.

9 Los hijos de Israel hicieron secretamente cosas impropias contra Jehová, su Dios: se edificaron lugares altos en todas las ciudades, desde las torres de las atalayas hasta las ciudades fortificadas, 10 y levantaron estatuas e imágenes de Asera en todo collado alto y debajo de todo árbol frondoso.[b] 11 Quemaron incienso en todos los lugares altos, a la manera de las naciones que Jehová había traspuesto de delante de ellos, e hicieron cosas muy malas para provocar a ira a Jehová. 12 Servían además a los ídolos, acerca de los cuales Jehová les había dicho: «Vosotros no habéis de hacer tal cosa».

---

[c] 16.14 Ex 27.1-2; 2 Cr 4.1.   [d] 16.17 1 R 7.23.39; 2 Cr 4.2-6.   [e] 16.20 Is 4.28.   [a] 17.3 *Rey de Asiria* desde el 726 hasta el 722 a.C.   [b] 17.10 1 R 14.23.

¹³ Jehová amonestó entonces a Israel y a Judá por medio de todos los profetas y de todos los videntes diciendo: «Volveos de vuestros malos caminosᶜ y guardad mis mandamientos y mis ordenanzas, conforme a todas las leyes que yo prescribí a vuestros padres y que os he enviado por medio de mis siervos los profetas». ¹⁴ Pero ellos no obedecieron, sino que se obstinaron tanto como sus padres, los cuales no creyeron en Jehová, su Dios. ¹⁵ Desecharon sus estatutos, el pacto que él había hecho con sus padres y los testimonios que él les había prescrito, siguiendo en pos de vanidades y haciéndose vanos ellos mismos, por imitar a las naciones que estaban alrededor de ellos, aunque Jehová les había mandado que no obraran como ellas. ¹⁶ Dejaron todos los mandamientos de Jehová, su Dios; se hicieron imágenes fundidas de dos becerros,ᵈ y también imágenes de Asera; adoraron a todo el ejército de los cielos y sirvieron a Baal; ¹⁷ hicieron pasar a sus hijos y a sus hijas por el fuego, se dieron a adivinaciones y agüeros,ᵉ y se entregaron a hacer lo malo ante los ojos de Jehová, provocando su ira.

¹⁸ Por lo tanto, Jehová se enfureció tanto contra Israel, que los quitó de delante de su rostro, y sólo quedó la tribu de Judá. ¹⁹ Pero ni aun Judá guardó los mandamientos de Jehová, su Dios, sino que anduvieron en las costumbres que Israel había establecido. ²⁰ Entonces desechó Jehová a toda la descendencia de Israel, los afligió y los entregó en manos de saqueadores, hasta echarlos de su presencia. ²¹ Cuando separó a Israel de la casa de David y ellos hicieron rey a Jeroboam hijo de Nabat, Jeroboam apartó a Israel del camino de Jehová y les hizo cometer un gran pecado. ²² Los hijos de Israel anduvieron en todos los pecados que cometió Jeroboam y no se apartaron de ellos, ²³ hasta que Jehová apartó a Israel de su presencia, como lo había anunciado por medio de todos los profetas, sus siervos. Así Israel fue llevado cautivo de su tierra a Asiria, hasta el día de hoy.

Repoblación de Samaria

²⁴ El rey de Asiria llevó gente de Babilonia, de Cuta, de Ava, de Hamat y de Sefarvaim, y la puso en las ciudades de Samaria, en lugar de los hijos de Israel. Así ocuparon Samaria y habitaron en sus ciudades. ²⁵ Pero aconteció al principio, cuando comenzaron a habitar allí, que como no temían a Jehová, él envió contra ellos leones que los mataban. ²⁶ Entonces dijeron al rey de Asiria: «Las gentes que tú trasladaste y pusiste en las ciudades de Samaria no conocen la ley del Dios de aquella tierra, y él ha echado en medio de ellos leones que los matan, porque no conocen la ley del Dios de la tierra».

²⁷ Y el rey de Asiria ordenó: «Llevad allá a alguno de los sacerdotes que trajisteis de ese lugar, que vaya y habite allí y les enseñe la ley del Dios del país».

²⁸ Entonces uno de los sacerdotes que se habían llevado cautivo de Samaria, fue y habitó en Bet-el, y les enseñó cómo habían de temer a Jehová. ²⁹ Pero cada nación se hizo sus dioses en la ciudad donde habitaba, y los pusieron en los templos de los lugares altos que habían construido los de Samaria. ³⁰ Los de Babilonia hicieron a Sucot-benot, los de Cuta hicieron a Nergal, y los de Hamat hicieron a Asima. ³¹ Los aveos hicieron a Nibhaz y a Tartac, y los de Sefarvaim quemaban sus hijos en el fuego para adorar a Adramelec y a Anamelec, dioses de Sefarvaim. ³² Temían además a Jehová, e hicieron del bajo pueblo sacerdotes para los lugares altos, los cuales sacrificaban para ellos en los templos de los lugares altos. ³³ Aunque temían a Jehová, honraban a sus dioses, según la costumbre de las naciones de donde habían sido trasladados.

³⁴ Todavía hoy hacen como antes: no temen a Jehová ni guardan sus estatutos ni sus ordenanzas, ni hacen según la ley y los mandamientos que prescribió Jehová a los hijos de Jacob, al cual puso el nombre de Israel.ᶠ ³⁵ Cuando Jehová hizo un pacto con ellos, les mandó: «No temeréis a otros dioses ni los adoraréis, ni los serviréis, ni les haréis sacrificios.ᵍ ³⁶ Solo a Jehová, que

---

ᶜ **17.13** Jer 18.11; 35.15; Ez 33.11; Zac 1.4; cf. Hch 3.26.   ᵈ **17.16** 1 R 12.28-29.   ᵉ **17.17** Dt 18.10-11.
ᶠ **17.34** Gn 32.28; 35.10.   ᵍ **17.35** Ex 20.5; Dt 5.9.

os sacó de tierra de Egipto con gran poder y brazo extendido, a este temeréis,[h] a este adoraréis y a este haréis sacrificio. [37] Los estatutos, derechos, ley y mandamientos que os dio por escrito cuidaréis siempre de ponerlos por obra, y no temeréis a dioses ajenos. [38] No olvidaréis el pacto que hice con vosotros ni temeréis a dioses ajenos, [39] sino temed a Jehová, vuestro Dios, y él os librará de manos de todos vuestros enemigos».

[40] Pero ellos no escucharon, sino que hicieron según su costumbre antigua. [41] Así, aquellas gentes temieron a Jehová y al mismo tiempo sirvieron a sus ídolos. También sus hijos y sus nietos, tal como hicieron sus padres, así hacen hasta hoy.

Reinado de Ezequías
(2 Cr 29.1-2)

18 [1] En el tercer año de Oseas hijo de Ela, rey de Israel, comenzó a reinar Ezequías hijo de Acaz, rey de Judá. [2] Cuando comenzó a reinar tenía veinticinco años, y reinó en Jerusalén veintinueve años. El nombre de su madre era Abi, hija de Zacarías. [3] Hizo lo recto ante los ojos de Jehová, conforme a todas las cosas que había hecho David, su padre. [4] Quitó los lugares altos, quebró las imágenes, rompió los símbolos de Asera e hizo pedazos la serpiente de bronce que había hecho Moisés,[a] porque hasta entonces los hijos de Israel le quemaban incienso; y la llamó Nehustán.

[5] En Jehová, Dios de Israel, puso su esperanza. Entre todos los reyes de Judá no hubo otro como él, antes ni después, [6] pues siguió a Jehová y no se apartó de él, sino que guardó los mandamientos que Jehová prescribió a Moisés. [7] Jehová estaba con él, y adondequiera que iba, prosperaba. Ezequías se rebeló contra el rey de Asiria y no lo sirvió. [8] También derrotó a los filisteos hasta Gaza y sus fronteras, desde las torres de las atalayas hasta la ciudad fortificada.

Caída de Samaria

[9] En el cuarto año del rey Ezequías, que era el año séptimo de Oseas hijo de Ela, rey de Israel, subió Salmanasar, rey de los asirios, contra Samaria y la sitió. [10] La tomaron al cabo de tres años. En el año sexto de Ezequías, el cual era el año noveno de Oseas, rey de Israel, fue tomada Samaria. [11] El rey de Asiria llevó cautivo a Israel a Asiria, y los estableció en Halah, junto al río Gozán en Habor, y en las ciudades de los medos, [12] por cuanto no habían atendido a la voz de Jehová, su Dios, sino que habían quebrantado su pacto y no habían escuchado ni puesto por obra todas las cosas que Moisés, siervo de Jehová, había mandado.

Senaquerib invade a Judá
(2 Cr 32.1-19; Is 36.1-22)

[13] A los catorce años del rey Ezequías subió Senaquerib, rey de Asiria, contra todas las ciudades fortificadas de Judá y las tomó. [14] Entonces Ezequías, rey de Judá, envió a decir al rey de Asiria que estaba en Laquis: «He pecado; retírate de mi país y aceptaré todo lo que me impongas».

El rey de Asiria impuso a Ezequías, rey de Judá, trescientos talentos de plata, y treinta talentos de oro. [15] Entregó, por tanto, Ezequías toda la plata que había en la casa de Jehová y en los tesoros de la casa real. [16] En aquella ocasión Ezequías quitó el oro de las puertas del templo de Jehová y de los quiciales que el mismo rey Ezequías había recubierto de oro, y lo dio al rey de Asiria.

[17] Después el rey de Asiria envió contra el rey Ezequías al jefe de los ejércitos, al jefe de los eunucos y al copero mayor, al frente de un gran ejército, y estos subieron de Laquis a Jerusalén para atacarla. Al llegar acamparon junto al acueducto del estanque de arriba, en el camino de la heredad del Lavador. [18] Llamaron luego al rey, y salió a encontrarse con ellos Eliaquim hijo de Hilcías, el mayordomo, Sebna, el escriba, y Joa hijo de Asaf, el canciller. [19] Y el copero mayor les dijo:

—Decid ahora a Ezequías: Así dice el gran rey[b] de Asiria: "¿Qué confianza es esta en que te apoyas? [20] Dices (pero son palabras vacías): 'Consejo tengo y fuerzas para la guerra'. Pero ¿en qué confías, que

---

[h] 17.36 Dt 6.13.   [a] 18.4 Los israelitas identificaban esta *serpiente de bronce* con la que había hecho Moisés en el desierto y le rendían culto (Nm 21.6-9).   [b] 18.19 Título oficial del rey de Asiria (Os 5.13; 10.6).

te has rebelado contra mí? ²¹ Veo que confías en este bastón de caña astillada, en Egipto, que si uno se apoya en él se le clava y le traspasa la mano. Tal es el faraón, rey de Egipto, para todos los que en él confían. ²² Si me decís: 'Nosotros confiamos en Jehová, nuestro Dios', ¿no es este aquel cuyos lugares altos y altares ha quitado Ezequías, y ha dicho a Judá y a Jerusalén: 'Delante de este altar adoraréis en Jerusalén?'. ²³ Ahora, pues, te ruego que hagas un trato con mi señor, el rey de Asiria: yo te daré dos mil caballos si tú consigues jinetes para ellos. ²⁴ ¿Cómo podrías resistir a un capitán, o al menor de los siervos de mi señor, aunque estés confiado en Egipto, con sus carros y su gente de a caballo? ²⁵ ¿Acaso he venido yo ahora a este lugar para destruirlo sin contar con Jehová? Jehová me ha dicho: 'Sube a esta tierra, y destrúyela' ".

²⁶ Entonces Eliaquim hijo de Hilcías, y Sebna y Joa respondieron al copero mayor:

—Te rogamos que hables a tus siervos en arameo, porque nosotros lo entendemos, y no hables con nosotros en lengua de Judá a oídos del pueblo que está sobre el muro.

²⁷ El copero mayor les dijo:

—¿Acaso me ha enviado mi señor para decir estas palabras a ti y a tu señor, y no a los hombres que están sobre el muro, expuestos a comer su propio estiércol y beber su propia orina con vosotros?

²⁸ Entonces el copero mayor se puso en pie y clamó a gran voz en lengua de Judá: «Oíd la palabra del gran rey, el rey de Asiria. ²⁹ Así ha dicho el rey: "No os engañe Ezequías, porque no os podrá librar de mis manos. ³⁰ No os haga Ezequías confiar en Jehová, diciendo: 'Ciertamente nos librará Jehová, y esta ciudad no será entregada en manos del rey de Asiria' ". ³¹ No escuchéis a Ezequías, porque así dice el rey de Asiria: "Haced conmigo las paces y rendíos ante mí; que cada uno coma de su vid y de su higuera, y beba cada uno las aguas de su pozo, ³² hasta que yo venga y os lleve a una tierra como la

vuestra, tierra de grano y de vino, tierra de pan y de viñas, tierra de olivas, de aceite y de miel. Viviréis y no moriréis. No oigáis a Ezequías, porque os engaña cuando dice: 'Jehová nos librará'. ³³ ¿Acaso alguno de los dioses de las naciones ha librado su tierra de manos del rey de Asiria? ³⁴ ¿Dónde está el dios de Hamat y de Arfad? ¿Dónde está el dios de Sefarvaim, de Hena y de Iva? ¿Pudieron estos dioses librar a Samaria de mis manos? ³⁵ ¿Qué dios entre todos los dioses de estas tierras ha librado su tierra de mis manos, para que Jehová libre de mis manos a Jerusalén?"».

³⁶ Pero el pueblo calló y no le respondió ni una palabra, porque el rey había dado una orden que decía: «No le respondáis». ³⁷ Entonces el mayordomo Eliaquim hijo de Hilcías, el escriba Sebna, y el canciller Joa hijo de Asaf, fueron a ver a Ezequías con sus vestidos rasgados, y le contaron las palabras del copero mayor.

Judá es librado de Senaquerib
(2 Cr 32.20-23; Is 37.1-38)

19 ¹ Cuando el rey Ezequías lo oyó, rasgó sus vestidos, se cubrió con vestiduras ásperas y entró en la casa de Jehová. ² Y envió a Eliaquim, el mayordomo, a Sebna, el escriba, y a los ancianos de los sacerdotes, cubiertos de ropas ásperas, a ver al profeta Isaías hijo de Amoz,ᵃ ³ para que le dijeran: «Así ha dicho Ezequías: "Este día es día de angustia, de reprensión y de blasfemia, porque los hijos están a punto de nacer y la que da a luz no tiene fuerzas.ᵇ ⁴ Quizá oirá Jehová, tu Dios, todas las palabras del copero mayor, a quien el rey de los asirios, su señor, ha enviado para blasfemar contra el Dios viviente y para insultar con palabras, las cuales Jehová, tu Dios, ha oído. Por tanto, eleva una oración por el remanente que aún queda"».

⁵ Cuando los siervos del rey Ezequías llegaron a ver a Isaías, ⁶ este les respondió: «Así diréis a vuestro señor: Así ha dicho Jehová: "No temas por las palabras que has oído, con las cuales han blasfemado

---

ᵃ **19.2** La consulta a los profetas, en tiempos de guerra, era una costumbre habitual en el antiguo Oriente (1 R 22.6-23; 2 R 3.11; Jer 21.1-2; cf. 2 R 6.8-12).   ᵇ **19.3** Is 30.1-5; 31.1-3.

contra mí los siervos del rey de Asiria. ⁷ Mira, voy a poner en él un espíritu, oirá un rumor, se volverá a su tierra y allí le haré caer a espada"».

⁸ El copero mayor regresó y se encontró al rey de Asiria combatiendo contra Libna, pues oyó que se había ido de Laquis. ⁹ Allí el rey de Siria se enteró de que Tirhaca,ᶜ rey de Etiopía, había salido para hacerle guerra, y volvió a enviar embajadores a Ezequías diciendo: ¹⁰ «Así diréis a Ezequías, rey de Judá: "Que no te engañe el Dios en quien tú confías, diciéndote: 'Jerusalén no será entregada en manos del rey de Asiria'. ¹¹ Has oído lo que han hecho los reyes de Asiria a todas las tierras que han destruido. ¿Vas a escapar tú? ¹² ¿Acaso libraron sus dioses a las naciones que mis padres destruyeron, esto es, a Gozán, Harán, Resef, y a los hijos de Edén que estaban en Telasar? ¹³ ¿Dónde está el rey de Hamat, el rey de Arfad, y el rey de la ciudad de Sefarvaim, de Hena y de Iva?"».

¹⁴ Ezequías tomó la carta de manos de los embajadores. Después de leerla subió a la casa de Jehová y la extendió delante de Jehová. ¹⁵ Entonces oró Ezequías delante de Jehová diciendo: «Jehová, Dios de Israel, que moras entre los querubines,ᵈ solo tú eres Dios de todos los reinos de la tierra. Tú hiciste el cielo y la tierra. ¹⁶ Inclina, Jehová, tu oído y oye; abre, Jehová, tus ojos y mira. Oye las palabras que Senaquerib ha enviado a decirme para blasfemar contra el Dios viviente. ¹⁷ Es verdad, Jehová, que los reyes de Asiria han destruido las naciones y sus tierras, ¹⁸ y que han echado al fuego a sus dioses, por cuanto ellos no eran dioses, sino obra de manos humanas, de madera o de piedra, y por eso los destruyeron. ¹⁹ Ahora, pues, Jehová, Dios nuestro, sálvanos, te ruego, de sus manos, para que sepan todos los reinos de la tierra que solo tú, Jehová, eres Dios».

²⁰ Entonces Isaías hijo de Amoz envió a decir a Ezequías: «Así ha dicho Jehová, Dios de Israel: He oído lo que me pediste acerca de Senaquerib, rey de Asiria. ²¹ Esta es la palabra que Jehová ha pronunciado acerca de él:

"La virgen, hija de Sión, te
    menosprecia, se burla de ti;
a tus espaldas mueve su cabeza la
    hija de Jerusalén.
²² ¿A quién has insultado y contra
    quién has blasfemado?,
¿contra quién has alzado la voz,
y levantado altanero tus ojos?
Contra el Santo de Israel.
²³ Por medio de tus mensajeros
    has insultado a Jehová
y has dicho: 'Con la multitud de
    mis carros
he subido a las alturas de los
    montes,
a lo más inaccesible del Líbano;
cortaré sus altos cedros,
sus cipreses más escogidos;
me alojaré en sus más remotos
    lugares,
en el bosque de sus feraces campos.
²⁴ He cavado y bebido las aguas
    extrañas,
he secado con las plantas de mis
    pies todos los ríos de Egipto'.
²⁵ ¿Pero nunca oíste que desde
    tiempos antiguos yo lo hice,
y que desde los días de la
    antigüedad lo tengo ideado?
Pues ahora lo he hecho venir:
Tú causarás desolaciones,
y reducirás las ciudades
    fortificadas a montones de
    escombros.
²⁶ Sus habitantes, impotentes,
fueron acobardados y
    confundidos;
vinieron a ser como la hierba del
    campo,
como hortaliza verde,
como heno de los terrados,
que se marchita antes de madurar.
²⁷ He conocido tu situación,
todos tus movimientos,
y tu furor contra mí.

ᶜ **19.9** *Tirhaca* tenía bajo su mando las tropas egipcias que operaban en Palestina contra Senaquerib en el año 701 a.C. Del 685 al 664 a.C. reinó en Egipto como el tercero y último monarca de una dinastía de origen etíope.   ᵈ **19.15** Ex 25.18-22; 1 S 4.4; Sal 80.1; Is 37.16; Ez 1.26-28.

²⁸ Por cuanto te has airado contra mí,
   por cuanto tu arrogancia ha subido
      a mis oídos,
   voy a poner mi garfio en tu nariz
   y mi freno en tus labios,
   y te haré volver por el camino por
      donde viniste.

²⁹ »Esto te daré por señal,ᵉ Ezequías:
   Este año comeréis lo que nacerá de
      suyo,
   y el segundo año lo que nacerá de
      suyo.
   Al tercer año sembraréis y segaréis,
   plantaréis viñas y comeréis el fruto
      de ellas.
³⁰ Lo que haya escapado,
   lo que haya quedado de la casa de
      Judá,
   volverá a echar raíces por debajo
   y llevará frutos por arriba.
³¹ Porque de Jerusalén saldrá un
      resto,
   y del monte Sión los que se salven.
   El celo de Jehová de los ejércitos
      hará esto.

³² »Por tanto, así dice Jehová acerca
      del rey de Asiria:
   No entrará en esta ciudad,
   ni lanzará flechas en ella;
   ni la enfrentará con escudo,
   ni levantará contra ella un baluarte.
³³ Por el mismo camino que vino,
      volverá,
   y no entrará en esta ciudad, dice
      Jehová.
³⁴ Porque yo ampararé esta ciudad
      para salvarla,
   por amor a mí mismo,
   y por amor a David, mi siervo"».

³⁵ Aconteció que aquella misma noche salió el ángel de Jehová y mató en el campamento de los asirios a ciento ochenta y cinco mil hombres. A la hora de levantarse por la mañana, todo era cuerpos de muertos. ³⁶ Entonces Senaquerib, rey de Asiria, partió y regresó a Nínive, donde se quedó. ³⁷ Y aconteció que mientras él adoraba en el templo de Nisroc, su dios, sus hijos Adramelec y Sarezer lo hirieron a espada y huyeron a tierra de Ararat. En su lugar reinó Esar-hadón, su hijo.

Enfermedad de Ezequías
(2 Cr 32.24-26; Is 38.1-22)

20 ¹ En aquellos días Ezequías cayó enfermo de muerte. Y el profeta Isaías hijo de Amoz fue a verlo y le dijo:

—Jehová dice así: "Ordena tu casa, porque vas a morir, ya no vivirás".

² Entonces él volvió su rostro a la pared y oró así a Jehová: ³ «Te ruego, Jehová, te ruego que hagas memoria de que he andado fielmente delante de ti y con corazón íntegro, que he hecho las cosas que te agradan». Y Ezequías lloró amargamente.

⁴ Y antes que Isaías saliera hasta la mitad del patio, le habló Jehová a Isaías y le dijo: ⁵ «Vuelve, y dile a Ezequías, príncipe de mi pueblo: "Así dice Jehová, el Dios de David, tu padre: He oído tu oración, he visto tus lágrimas y voy a sanarte: dentro de tres días subirás a la casa de Jehová. ⁶ Añadiré a tus días quince años y te libraré a ti y a esta ciudad de manos del rey de Asiria. Ampararé a esta ciudad por amor a mí mismo y por amor a David, mi siervo"».

⁷ Isaías dijo:

—Tomad una masa de higos.

La tomaron, la pusieron sobre la llaga y sanó. ⁸ Y Ezequías había dicho a Isaías:

—¿Qué señal tendré de que Jehová me sanará y que dentro de tres días subiré a la casa de Jehová?

⁹ Respondió Isaías:

—Esta señal tendrás de Jehová, de que Jehová hará lo que ha dicho: ¿Quieres que la sombra avance diez grados o que retroceda diez grados?

¹⁰ Ezequías respondió:

—Fácil cosa es que la sombra decline diez grados, pero no que la sombra retroceda diez grados.

¹¹ Entonces el profeta Isaías clamó a Jehová, e hizo retroceder la sombra los diez grados que había avanzado en el reloj de Acaz.

ᵉ **19.29** Ex 3.12; 2 R 20.8-9; Is 7.10-11.

Ezequías recibe a los enviados de Babilonia
(2 Cr 32.27-31; Is 39.1-8)

¹² En aquel tiempo Merodac-baladán hijo de Baladán,ᵃ rey de Babilonia, envió mensajeros con cartas y presentes a Ezequías, porque había oído que Ezequías había caído enfermo. ¹³ Ezequías los atendió y les mostró toda la casa de sus tesoros, la plata y el oro, las especias y ungüentos preciosos, su depósito de armas y todo lo que había en sus tesoros. Ninguna cosa quedó que Ezequías no les mostrara, tanto en su casa como en todos sus dominios. ¹⁴ Entonces el profeta Isaías fue a ver al rey Ezequías, y le preguntó:

—¿De dónde vinieron esos hombres y qué te dijeron?

Ezequías le respondió:

—De lejanas tierras han venido, de Babilonia.

¹⁵ Isaías le volvió a preguntar:

—¿Qué vieron en tu casa?

Ezequías respondió:

—Vieron todo lo que había en mi casa. Nada quedó en mis tesoros que no les mostrara.

¹⁶ Entonces Isaías dijo a Ezequías:

—Oye esta palabra de Jehová: ¹⁷ "Vienen días en que todo lo que está en tu casa y todo lo que tus padres han atesorado hasta hoy será llevado a Babilonia, sin quedar nada, dice Jehová.ᵇ ¹⁸ Y algunos de los hijos que salgan de ti, que hayas engendrado, los tomarán para que sean eunucos en el palacio del rey de Babilonia".ᶜ

¹⁹ Entonces Ezequías dijo a Isaías:

—La palabra que has hablado de parte de Jehová es buena.

Pues pensaba: «Al menos en mis días habrá paz y seguridad».

Muerte de Ezequías
(2 Cr 32.32-33)

²⁰ Los demás hechos de Ezequías, sus proezas y cómo hizo el estanque y el conducto para dotar de agua a la ciudad, ¿no está escrito en el libro de las crónicas de los reyes de Judá? ²¹ Ezequías durmió con sus padres, y en su lugar reinó su hijo Manasés.

Reinado de Manasés
(2 Cr 33.1-20)

21 ¹ Doce años tenía Manasés cuando comenzó a reinar y reinó en Jerusalén cincuenta y cinco años. El nombre de su madre era Hepsiba. ² Pero hizo lo malo ante los ojos de Jehová,ᵃ imitando las abominaciones de las naciones que Jehová había expulsado de delante de los hijos de Israel. ³ Reedificó los lugares altos que su padre Ezequías había derribado, levantó altares a Baal e hizo una imagen de Asera, como había hecho Acab, rey de Israel. Adoró además a todo el ejército de los cielos y rindió culto a aquellas cosas. ⁴ Asimismo edificó altares en la casa de Jehová, de la que Jehová había dicho: «En Jerusalén pondré mi nombre».ᵇ ⁵ Y edificó altares para todo el ejército de los cielos en los dos atrios de la casa de Jehová.

⁶ Además, hizo pasar a su hijo por el fuego y se dio a observar los tiempos, fue agorero e instituyó encantadores y adivinos, multiplicando así la maldad de sus hechos ante los ojos de Jehová para provocarlo a ira. ⁷ También puso una imagen de Asera hecha por él en la casa de la cual Jehová había dicho a David y a Salomón, su hijo: «Pondré mi nombre para siempre en esta casa y en Jerusalén, a la cual escogí entre todas las tribus de Israel. ⁸ No volveré a hacer que Israel ande errante lejos de la tierra que di a sus padres, con tal que cumplan todas las cosas que yo les he mandado y las guarden, conforme a toda la ley que mi siervo Moisés les mandó».ᶜ

⁹ Pero ellos no escucharon, y Manasés los indujo a que obraran peor que las naciones que Jehová destruyó delante de los hijos de Israel. ¹⁰ Habló, pues, Jehová por medio de sus siervos, los profetas, diciendo: ¹¹ «Por cuanto Manasés, rey de Judá, ha cometido estas abominaciones, y ha obrado peor que todo lo que hicieron los amorreos que le precedieron, y también ha hecho pecar a Judá con sus ídolos;

ᵃ **20.12** Reinó en Babilonia desde el 721 al 710 a.C. Destituido por el rey asirio Sargón II, recuperó el trono durante nueve meses en el 703 a.C., etapa en la que buscó en Ezequías un aliado contra Asiria. ᵇ **20.17** 2 R 24.13; 2 Cr 36.10. ᶜ **20.18** 2 R 24.14-15; Dn 1.1-7.
ᵃ **21.2** Jer 15.4. ᵇ **21.4** 2 S 7.13. ᶜ **21.7-8** 1 R 9.3-5; 2 Cr 7.12-18.

¹²por tanto, así ha dicho Jehová, el Dios de Israel: "Yo traigo un mal tan grande sobre Jerusalén y sobre Judá, que al que lo oiga le zumbarán ambos oídos. ¹³Mediré a Jerusalén con la misma medida que a Samaria y la misma plomada que a la casa de Acab. Limpiaré a Jerusalén como se limpia un plato que se friega y se vuelve boca abajo. ¹⁴Abandonaré el resto de mi heredad y lo entregaré en manos de sus enemigos; serán presa y despojo de todos sus adversarios, ¹⁵por cuanto han hecho lo malo ante mis ojos y han provocado mi ira, desde el día que sus padres salieron de Egipto hasta hoy'"».

¹⁶Además, Manasés derramó tal cantidad de sangre inocente que llenó a Jerusalén de extremo a extremo, aparte del pecado con que hizo pecar a Judá, para que hiciera lo malo ante los ojos de Jehová. ¹⁷Los demás hechos de Manasés, todo lo que hizo, y el pecado que cometió, ¿no está todo escrito en el libro de las crónicas de los reyes de Judá? ¹⁸Manasés durmió con sus padres y fue sepultado en el huerto de su casa, en el huerto de Uza. En su lugar reinó Amón, su hijo.

Reinado de Amón
(2 Cr 33.21-25)

¹⁹Veintidós años tenía Amón cuando comenzó a reinar y reinó dos años en Jerusalén. El nombre de su madre era Mesulemet, hija de Haruz, de Jotba. ²⁰E hizo lo malo ante los ojos de Jehová, como lo había hecho Manasés, su padre. ²¹Anduvo en todos los caminos en que su padre anduvo, sirvió a los ídolos a los cuales había servido su padre, y los adoró. ²²Dejó a Jehová, el Dios de sus padres, y no anduvo en el camino de Jehová.

²³Los siervos de Amón conspiraron contra él y mataron al rey en su casa. ²⁴Entonces el pueblo de la tierra mató a todos los que habían conspirado contra el rey Amón, y el pueblo de la tierra proclamó rey en su lugar a Josías, su hijo.

²⁵Los demás hechos de Amón, ¿no están todos escritos en el libro de las crónicas de los reyes de Judá? ²⁶Fue sepultado en su sepulcro en el huerto de Uza. Y reinó en su lugar su hijo Josías.

Reinado de Josías
(2 Cr 34.1-2)

22 ¹Cuando Josías[a] comenzó a reinar tenía ocho años de edad, y reinó en Jerusalén treinta y un años. El nombre de su madre era Jedida, hija de Adaía, de Boscat. ²Hizo lo recto ante los ojos de Jehová y anduvo en todo el camino de David, su padre, sin apartarse a derecha ni a izquierda.

Hallazgo del libro de la Ley
(2 Cr 34.8-33)

³En el año dieciocho del rey Josías envió el rey a Safán hijo de Azalía hijo de Mesulam, el escriba, a la casa de Jehová diciendo: ⁴«Vete a ver al sumo sacerdote Hilcías y dile que recoja el dinero que han traído a la casa de Jehová y ha sido recogido del pueblo por los guardianes de la puerta. ⁵Que se ponga en manos de los que hacen la obra, los que tienen a su cargo el arreglo de la casa de Jehová, para que lo entreguen a los que hacen la obra de la casa de Jehová, a quienes reparan las grietas de la Casa ⁶—a los carpinteros, maestros y albañiles—, y se pueda comprar madera y piedra de cantería para reparar la Casa. ⁷Pero que no se les pida cuentas del dinero cuyo manejo se les confíe, porque ellos proceden con honradez».

⁸Entonces el sumo sacerdote Hilcías dijo al escriba Safán: «He hallado el libro de la Ley en la casa de Jehová».

E Hilcías entregó el libro a Safán, quien lo leyó. ⁹Luego el escriba Safán se presentó ante el rey y le rindió cuentas diciendo:

—Tus siervos han recogido el dinero que se halló en el Templo y se lo han entregado a los que hacen la obra, los que tienen a su cargo el arreglo de la casa de Jehová.

¹⁰Asimismo el escriba Safán declaró al rey: «El sacerdote Hilcías me ha dado un libro».

Y Safán lo leyó delante del rey. ¹¹Cuando el rey escuchó las palabras del libro de la Ley, rasgó sus vestidos, ¹²y dio enseguida esta orden al sacerdote Hilcías, a Ahicam hijo de Safán, a Acbor hijo de Micaías, al escriba Safán y a Asaías, siervo

ᵃ22.1 Jer 3.6.

del rey: [13] «Id y preguntad a Jehová por mí, por el pueblo y por todo Judá, acerca de las palabras de este libro que se ha hallado, ya que es grande la ira de Jehová que se ha encendido contra nosotros, por cuanto nuestros padres no escucharon las palabras de este libro y no han obrado conforme a todo lo que en él está escrito».

[14] Entonces el sacerdote Hilcías, Ahicam, Acbor, Safán y Asaías, fueron a ver a la profetisa Hulda, mujer de Salum hijo de Ticva hijo de Harhas, encargado del vestuario, la cual vivía en Jerusalén, en el barrio nuevo de la ciudad, y hablaron con ella. [15] Ella les dijo: «Así ha dicho Jehová, el Dios de Israel: "Decid al hombre que os ha enviado a mí: [16] 'Así dijo Jehová: Voy a traer sobre este lugar, y sobre sus habitantes, todo el mal de que habla este libro que ha leído el rey de Judá, [17] por cuanto me abandonaron a mí y quemaron incienso a dioses ajenos, provocando mi ira con toda la obra de sus manos. Mi ira se ha encendido contra este lugar, y no se apagará'. [18] Pero al rey de Judá, que os ha enviado a consultar a Jehová, le diréis: 'Así ha dicho Jehová, el Dios de Israel: Por cuanto oíste las palabras del libro [19] y tu corazón se enterneció y te has humillado delante de Jehová al escuchar lo que yo he dicho contra este lugar y contra sus habitantes, que serán asolados y malditos, y por haberte rasgado los vestidos y haber llorado en mi presencia, también yo te he oído, dice Jehová. [20] Por tanto, haré que te reúnas con tus padres: serás llevado a tu sepulcro en paz y tus ojos no verán ninguno de los males que yo traigo sobre este lugar' "».

Y ellos llevaron la respuesta al rey.

23 [1] Entonces el rey mandó convocar ante él a todos los ancianos de Judá y de Jerusalén. [2] Luego el rey subió a la casa de Jehová con todos los hombres de Judá y todos los habitantes de Jerusalén, los sacerdotes, los profetas y todo el pueblo, desde el más pequeño hasta el más grande. Allí leyó en voz alta todas las palabras del libro del pacto que había sido hallado en la casa de Jehová. [3] Después, puesto en pie junto a la columna, el rey hizo un pacto delante de Jehová, comprometiéndose

a que seguirían a Jehová y guardarían sus mandamientos, sus testimonios y sus estatutos, con todo el corazón y con toda el alma, y que cumplirían las palabras del pacto que estaban escritas en aquel libro. Y todo el pueblo confirmó el pacto.

Reformas de Josías
(2 Cr 34.3-7)

[4] El rey mandó al sumo sacerdote Hilcías, a los sacerdotes de segundo orden y a los guardianes de la puerta, que sacaran del templo de Jehová todos los utensilios que habían sido hechos para Baal, Asera y todo el ejército de los cielos.[a] Los quemó fuera de Jerusalén, en el campo del Cedrón,[b] e hizo llevar sus cenizas a Bet-el. [5] Después quitó a los sacerdotes idólatras que habían puesto los reyes de Judá para que quemaran incienso en los lugares altos[c] de las ciudades de Judá y en los alrededores de Jerusalén, así como a los que quemaban incienso a Baal, al sol y a la luna, a los signos del zodíaco y a todo el ejército de los cielos. [6] Hizo también sacar la imagen de Asera fuera de la casa de Jehová, fuera de Jerusalén, al valle del Cedrón, la quemó en el valle del Cedrón, la convirtió en polvo y echó el polvo sobre los sepulcros de los hijos del pueblo. [7] Además derribó los lugares de prostitución idolátrica que estaban en la casa de Jehová, en los cuales tejían las mujeres tiendas para Asera.

[8] Hizo venir a todos los sacerdotes de las ciudades de Judá y profanó los lugares altos donde los sacerdotes quemaban incienso, desde Geba hasta Beerseba. Derribó los altares de las puertas que estaban a la entrada de la puerta de Josué, gobernador de la ciudad, situados al lado izquierdo de la puerta de la ciudad. [9] Pero los sacerdotes de los lugares altos no subían al altar de Jehová en Jerusalén, sino que comían panes sin levadura entre sus hermanos.

[10] Asimismo profanó el Tofet, que está en el valle del hijo de Hinom,[d] para que ninguno pasara su hijo o su hija por fuego ante Moloc.[e] [11] Quitó también los caballos que los reyes de Judá habían dedicado al

---

[a] **23.4-6** 2 R 21.3; 2 Cr 33.3. [b] **23.4** Valle situado al este de Jerusalén, entre la ciudad y el monte de los Olivos (cf. Jn 18.1). [c] **23.5** 1 R 3.2. [d] **23.10** Jer 7.31; 19.1-6; 32.35. [e] **23.10** Lv 18.21.

sol a la entrada del templo de Jehová, junto a la habitación de Natán-melec, el eunuco, el cual tenía a su cargo los ejidos, y quemó los carros del sol. [12] Derribó además el rey los altares que estaban sobre la azotea de la sala de Acaz, construidos por los reyes de Judá, y los altares que había hecho Manasés en los dos atrios de la casa de Jehová.[f] De allí corrió y arrojó el polvo al arroyo Cedrón.

[13] Asimismo profanó el rey los lugares altos que estaban delante de Jerusalén, a la mano derecha del monte de la destrucción, los cuales Salomón, rey de Israel, había edificado a Astoret, ídolo abominable de los sidonios, a Quemos, ídolo abominable de Moab, y a Milcom, ídolo abominable de los hijos de Amón.[g] [14] Quebró las estatuas, derribó las imágenes de Asera y llenó el lugar que ocupaban con huesos humanos. [15] También el altar que estaba en Bet-el y el lugar alto que había hecho Jeroboam hijo de Nabat,[h] el que hizo pecar a Israel. Destruyó aquel altar y su lugar alto, lo quemó y lo hizo polvo, y prendió fuego a la imagen de Asera.

[16] Cuando regresó Josías y vio los sepulcros que estaban allí en el monte, mandó sacar los huesos de los sepulcros y los quemó sobre el altar para contaminarlo, conforme a la palabra de Jehová que había proclamado el hombre de Dios, el cual había anunciado estas cosas.[i] [17] Después dijo:

—¿Qué monumento es este que veo?

Los de la ciudad le respondieron:

—Este es el sepulcro del hombre de Dios que vino de Judá y profetizó estas cosas que tú has hecho sobre el altar de Bet-el.[j]

[18] El rey dijo:

—Dejadlo; que nadie mueva sus huesos.

Así fueron preservados sus huesos y los huesos del profeta que había venido de Samaria.

[19] Josías quitó también todos los templos de los lugares altos que estaban en las ciudades de Samaria, los cuales habían hecho los reyes de Israel para provocar a ira, e hizo con ellos como había

hecho en Bet-el. [20] Mató además sobre los altares a todos los sacerdotes de los lugares altos que allí estaban y quemó sobre ellos huesos humanos, y volvió a Jerusalén.

Josías celebra la Pascua
(2 Cr 35.1-19)

[21] Entonces el rey ordenó a todo el pueblo: «Celebrad la Pascua a Jehová, vuestro Dios, conforme a lo que está escrito en el libro de este pacto». [22] No había sido celebrada tal Pascua desde los tiempos en que los jueces gobernaban a Israel, ni en todos los tiempos de los reyes de Israel y de los reyes de Judá. [23] En el año dieciocho del rey Josías se celebró aquella Pascua a Jehová en Jerusalén.

Persiste la ira de Jehová contra Judá

[24] Josías barrió asimismo a los encantadores, adivinos y terafines, y todas las cosas abominables que se veían en la tierra de Judá y en Jerusalén, para cumplir las palabras de la Ley que estaban escritas en el libro que el sacerdote Hilcías había hallado en la casa de Jehová. [25] No hubo otro rey antes de él que se convirtiera a Jehová con todo su corazón, con toda su alma y con todas sus fuerzas, conforme a toda la ley de Moisés, ni después de él nació otro igual.

[26] Con todo, Jehová no desistió del ardor de su gran ira, que se había encendido contra Judá por todas las provocaciones con que Manasés lo había irritado. [27] Y Jehová dijo: «También apartaré de mi presencia a Judá, como aparté a Israel, y desecharé a esta ciudad que había escogido, a Jerusalén, y a la casa de la que dije: "Allí estará mi nombre"».

Muerte de Josías
(2 Cr 35.20-27)

[28] Los demás hechos de Josías, y todo lo que hizo, ¿no está todo escrito en el libro de las crónicas de los reyes de Judá? [29] En aquellos días el faraón Necao, rey de Egipto, subió hacia el río Éufrates al encuentro del rey de Asiria. Contra él salió el rey Josías; pero en cuanto aquel lo vio,

f 23.12 2 R 21.5; 2 Cr 33.5.   g 23.13 1 R 11.7.   h 23.15 1 R 12.30.   i 23.16 1 R 13.2.
j 23.17 1 R 13.30-32.

lo mató en Meguido.[k] [30]Sus siervos lo pusieron en un carro, lo trajeron muerto de Meguido a Jerusalén y lo sepultaron en su sepulcro. Entonces el pueblo de la tierra tomó a Joacaz hijo de Josías, lo ungieron y lo proclamaron rey en lugar de su padre.

Reinado y destronamiento de Joacaz
(2 Cr 36.1-4)

[31]Joacaz tenía veintitrés años cuando comenzó a reinar y reinó tres meses en Jerusalén. El nombre de su madre era Hamutal, hija de Jeremías, de Libna. [32]E hizo lo malo ante los ojos de Jehová, conforme a todas las cosas que sus padres habían hecho. [33]El faraón Necao lo tuvo preso en Ribla, en la provincia de Hamat, para que no reinara en Jerusalén, e impuso al país un tributo de cien talentos de plata y uno de oro. [34]Entonces el faraón Necao puso como rey a Eliaquim hijo de Josías, en lugar de Josías, su padre, y le cambió el nombre por el de Joacim. A Joacaz lo tomó y se lo llevó a Egipto, donde murió.[l]

[35]Joacim entregó al faraón la plata y el oro, pero tuvo que imponer una contribución al país para dar el dinero exigido por la orden del faraón, sacando la plata y el oro del pueblo de la tierra, según un estimado de la hacienda de cada uno, para darlo al faraón Necao.

Reinado de Joacim
(2 Cr 36.5-8)

[36]Joacim[m] tenía veinticinco años cuando comenzó a reinar y reinó once años en Jerusalén. El nombre de su madre era Zebuda, hija de Pedaías, de Ruma. [37]Pero hizo lo malo ante los ojos de Jehová, conforme a todas las cosas que sus padres habían hecho.

24 [1]En su tiempo, Nabucodonosor, rey de Babilonia,[a] subió en campaña, y Joacim se convirtió en su siervo por tres años, pero luego volvió a rebelarse contra él. [2]Jehová envió contra Joacim fuerzas de caldeos, de sirios, de moabitas y de amonitas. Las envió contra Judá para que la destruyeran, conforme a la palabra que Jehová había anunciado por medio de sus siervos, los profetas. [3]Ciertamente

vino esto contra Judá por mandato de Jehová, para apartarla de su presencia, por todos los pecados cometidos por Manasés y [4]también por la sangre inocente que derramó, pues llenó a Jerusalén de sangre inocente. Por tanto, Jehová no quiso perdonar. [5]Los demás hechos de Joacim, y todo lo que hizo, ¿no está escrito en el libro de las crónicas de los reyes de Judá? [6]Joacim durmió con sus padres y en su lugar reinó Joaquín, su hijo. [7]El rey de Egipto nunca más salió de su tierra, porque el rey de Babilonia se apoderó de todo lo que era suyo desde el río de Egipto hasta el río Éufrates.

Joaquín y los nobles son llevados cautivos a Babilonia
(2 Cr 36.9-10)

[8]Joaquín tenía dieciocho años cuando comenzó a reinar y reinó en Jerusalén tres meses. El nombre de su madre era Nehusta, hija de Elnatán, de Jerusalén. [9]E hizo lo malo ante los ojos de Jehová, conforme a todas las cosas que había hecho su padre.

[10]En aquel tiempo subieron contra Jerusalén los siervos de Nabucodonosor, rey de Babilonia, y la ciudad fue sitiada. [11]Llegó también a la ciudad Nabucodonosor, rey de Babilonia, cuando sus siervos la tenían sitiada. [12]Entonces Joaquín, rey de Judá, junto con su madre, sus siervos, sus príncipes y sus oficiales, se rindió al rey de Babilonia. En el octavo año de su reinado, el rey de Babilonia lo tomó prisionero.[b]

[13]Después sacó de allí todos los tesoros de la casa de Jehová y los de la casa real. Tal como lo había dicho Jehová, rompió en pedazos todos los utensilios de oro que había hecho Salomón, rey de Israel, en la casa de Jehová. [14]Se llevó cautiva a toda Jerusalén, a todos los príncipes y a todos los hombres valientes, en número de diez mil cautivos, y a todos los artesanos y herreros; no quedó nadie, excepto la gente pobre del país. [15]Asimismo se llevó cautivos de Jerusalén a Babilonia a Joaquín, a la madre del rey, a las mujeres del rey, a sus oficiales y a

[k]**23.29** 2 Cr 35.21-22.　[l]**23.34** Jer 22.11-12.　[m]**23.36** Jer 22.18-19; 26.1-6; 35.1-19.
[a]**24.1** Jer 25.1-38.　[b]**24.12** Jer 22.24-30; 24.1-10; 29.1-10.

los poderosos de la tierra.ᶜ ¹⁶ A todos los hombres de guerra, que fueron siete mil, a los artesanos y herreros, que fueron mil, y a todos los hombres fuertes y aptos para la guerra, se llevó cautivos el rey de Babilonia. ¹⁷ Luego el rey de Babilonia puso como rey en lugar de Joaquín a Matanías, su tío, y le cambió el nombre por el de Sedequías.ᵈ

Reinado de Sedequías
(2 Cr 36.11-16; Jer 52.1-3)

¹⁸ Sedequías tenía veintiún años cuando comenzó a reinarᵉ y reinó en Jerusalén once años. El nombre de su madre era Hamutal, hija de Jeremías, de Libna. ¹⁹ Hizo lo malo ante los ojos de Jehová, conforme a todo lo que había hecho Joacim. ²⁰ Vino, pues, la ira de Jehová contra Jerusalén y Judá, hasta que los echó de su presencia. Después Sedequías se rebeló contra el rey de Babilonia.ᶠ

Caída de Jerusalén
(Jer 39.1-7; 52.3-11)

25 ¹ Aconteció en el noveno año de su reinado, el día diez del mes décimo, que Nabucodonosor, rey de Babilonia, llegó con todo su ejército contra Jerusalén, la sitióᵃ y levantó torres alrededor de ella. ² La ciudad estuvo sitiada hasta el año undécimo del rey Sedequías. ³ A los nueve días del cuarto mes arreció el hambre en la ciudad y, cuando el pueblo de la tierra no tenía ya nada que comer, ⁴ abrieron una brecha en el muro de la ciudad.ᵇ Aunque los caldeos la tenían rodeada, todos los hombres de guerra huyeron durante la noche por el camino de la puerta que estaba entre los dos muros, junto a los huertos del rey. El rey se fue por el camino del Arabá, ⁵ pero el ejército de los caldeos lo siguió y lo apresó en las llanuras de Jericó, tras haber dispersado todo su ejército. ⁶ Preso, pues, el rey, lo llevaron a Ribla ante el rey de Babilonia, y dictaron sentencia contra él. ⁷ Degollaron a los hijos de Sedequías en presencia suya y a él le sacaron los ojos, lo ataron con cadenas y lo llevaron a Babilonia.ᶜ

Cautividad de Judá
(2 Cr 36.17-21; Jer 39.8-10; 52.12-30)

⁸ En el mes quinto, a los siete días del mes, en el año diecinueve de Nabucodonosor, rey de Babilonia, llegó a Jerusalén Nabuzaradán, capitán de la guardia, siervo del rey de Babilonia. ⁹ Incendió la casa de Jehová,ᵈ la casa del rey y todas las casas de Jerusalén; también prendió fuego a todas las casas de los príncipes. ¹⁰ Todo el ejército de los caldeos que acompañaba al capitán de la guardia derribó los muros que rodeaban a Jerusalén. ¹¹ Entonces Nabuzaradán, capitán de la guardia, se llevó cautivos a los del pueblo que habían quedado en la ciudad, a los que se habían pasado al rey de Babilonia y a los que habían quedado de la gente común. ¹² Nabuzaradán, capitán de la guardia, dejó algunos de los pobres de la tierra para que labraran las viñas y la tierra.

¹³ Los caldeos quebraron las columnas de bronceᵉ que estaban en la casa de Jehová, las basas y el mar de bronceᶠ que estaba en la casa de Jehová, y se llevaron el bronce a Babilonia. ¹⁴ También los caldeos se llevaron los calderos, las paletas, las despabiladeras, los cucharones y todos los utensilios de bronce con que ministraban:ᵍ ¹⁵ incensarios, cuencos, los objetos de oro y de plata; todo se lo llevó el capitán de la guardia. ¹⁶ No era posible calcular el peso de las dos columnas, el mar y las basas que Salomón había hecho para la casa de Jehová. ¹⁷ La altura de una columna era de dieciocho codos y tenía encima un capitel de bronce; la altura del capitel era de tres codos, y sobre el capitel había una red y granadas en derredor, todo de bronce. Igual labor había en la otra columna con su red.

¹⁸ El capitán de la guardia tomó entonces presos al primer sacerdote Seraías, al segundo sacerdote Sofonías y a tres guardas de la vajilla. ¹⁹ Apresó a un oficial de la ciudad que tenía a su cargo los hombres de guerra, a cinco hombres de los consejeros del rey que estaban en la ciudad, al principal escriba del ejército, que llevaba el registro de la gente del país, y a

---

ᶜ **24.15** Ex 17.12.   ᵈ **24.17** Jer 37.1; Ex 17.13.   ᵉ **24.18** Jer 27.1-22; 28.1-17.   ᶠ **24.20** Ex 17.15.
ᵃ **25.1** Jer 21.1-10; 34.1-5; Ez 24.2.   ᵇ **25.4** Ex 33.21.   ᶜ **25.7** Ex 12.13.   ᵈ **25.9** 1 R 9.8.
ᵉ **25.13** 1 R 7.15.22; 2 Cr 3.15.17.   ᶠ **25.13** 1 R 7.23-26; 2 Cr 4.2-5.   ᵍ **25.14** 1 R 7.45; 2 Cr 4.16.

sesenta hombres del pueblo de la tierra que se encontraban en la ciudad. [20] Nabuzaradán, capitán de la guardia, los tomó y los llevó a Ribla ante el rey de Babilonia. [21] Y el rey de Babilonia hizo que los mataran en Ribla, en tierra de Hamat.

Así fue llevado cautivo Judá lejos de su tierra.

El remanente huye a Egipto

[22] Al pueblo que Nabucodonosor, rey de Babilonia, dejó en tierra de Judá, le puso como gobernador a Gedalías hijo de Ahicam hijo de Safán. [23] Cuando todos los príncipes del ejército y su gente oyeron que el rey de Babilonia había puesto por gobernador a Gedalías, se presentaron ante él en Mizpa. Eran Ismael hijo de Netanías, Johanán hijo de Carea, Seraías hijo de Tanhumet, el netofatita, y Jaazanías, hijo de un maacateo, acompañados de los suyos. [24] Gedalías les hizo juramento a ellos y a los suyos, y les dijo: «No temáis de servir a los caldeos; habitad en la tierra, servid al rey de Babilonia y os irá bien».[h]

[25] Pero en el mes séptimo llegó Ismael hijo de Netanías hijo de Elisama, de la estirpe real, acompañado de diez hombres, hirieron y mataron a Gedalías, así como a los de Judá y a los caldeos que estaban con él en Mizpa.[i] [26] Entonces se levantó todo el pueblo, desde el más pequeño hasta el mayor, con los capitanes del ejército, y se fueron a Egipto[j] por temor a los caldeos.

Joaquín es liberado y recibe honores en Babilonia
(Jer 52.31-34)

[27] Aconteció en el año treinta y siete del cautiverio de Joaquín, rey de Judá, en el mes duodécimo, a los veintisiete días del mes, que Evil-merodac, rey de Babilonia, en el primer año de su reinado, liberó a Joaquín, rey de Judá, sacándolo de la cárcel. [28] Le habló con benevolencia y puso su trono más alto que los tronos de los reyes que estaban con él en Babilonia. [29] Le cambió los vestidos de prisionero y Joaquín comió siempre delante de él, todos los días de su vida. [30] Diariamente le fue dado su sustento de parte del rey, día tras día, todos los días de su vida.

[h] 25.22-24 Jer 40.7-9.   [i] 25.25 Jer 41.1-3.   [j] 25.26 Jer 43.5-7.

PRIMER LIBRO DE
CRÓNICAS

INTRODUCCIÓN

En los dos libros de Crónicas (en realidad una sola obra compuesta de dos tomos) se reproduce la mayor parte de los acontecimientos relatados en los de Samuel y Reyes. Pero no se trata de la simple repetición de esos mismos episodios históricos, pues Crónicas los narra con ciertos márgenes de libertad. Las condiciones de vida de los judíos no eran ahora las mismas que antes del destierro. La comunidad constituida por los repatriados ya no formaba parte de un estado independiente, sino de una nación vasalla del imperio persa.

En esa nueva etapa, el pueblo judío estaba llamado a reconsiderar su historia para comprender mejor el presente y recibir orientación respecto del futuro. Esto es precisamente lo que el autor de Crónicas ofrece a la comunidad postexílica: una reflexión sobre el pasado de Israel y una lección de fidelidad al Señor, a su Ley y al culto en el santuario de Jerusalén.

El Primer libro de Crónicas (=1 Cr) contiene una serie de genealogías que se extienden desde Adán hasta Saúl (cap. 1–9). Énfasis especial se les da a las líneas sucesorias de David (cap. 3), Aarón (6.49-81) y Saúl (9.35-44), como preámbulo al resto del libro, que relata la historia del rey David (cap. 10–29) hasta su muerte «en buena vejez, lleno de días, de riqueza y de gloria» (29.28). Para el Cronista, solamente el reino de Judá y la dinastía de David ostentaban legitimidad. A fin de restaurar el espíritu de la comunidad judía postexílica, rememora el principio inamovible de que la vida del pueblo dependía de su fidelidad al Señor: una fidelidad individual y colectiva, testificada por la obediencia a la Ley y por una vida de piedad. Esto es lo que había alentado a David a impulsar la edificación del Templo y a trazar las líneas esenciales de su ritual cúltico. Y esto es también lo que había tratado de inculcar a su pueblo.

Esquema del contenido

1. *Las líneas genealógicas desde Adán hasta David (1–9)*
2. *El reinado de David (10–29)*

Descendientes de Adán
(Gn 5.1-32)

1 ¹Adán, Set, Enós, ²Cainán, Mahalaleel, Jared, ³Enoc, Matusalén, Lamec, ⁴Noé,ª Sem, Cam y Jafet.

Descendientes de los hijos de Noé
(Gn 10.1-32)

⁵Los hijos de Jafet: Gomer, Magog, Madai, Javán, Tubal, Mesec y Tiras. ⁶Los hijos de Gomer: Askenaz, Rifat y Togarma. ⁷Los hijos de Javán: Elisa, Tarsis, Quitim y Dodanim.

⁸Los hijos de Cam: Cus, Mizraim, Fut y Canaán. ⁹Los hijos de Cus: Seba, Havila, Sabta, Raama y Sabteca. Y los hijos de Raama: Seba y Dedán. ¹⁰Cus engendró a Nimrod; este llegó a ser poderoso en la tierra. ¹¹Mizraim engendró a Ludim, Anamim, Lehabim, Naftuhim, ¹²Patrusim y Casluhim; de estos salieron los filisteos y los caftoreos. ¹³Canaán engendró a Sidón, su primogénito, y a Het, ¹⁴al jebuseo, al amorreo, al gergeseo, ¹⁵al heveo, al araceo, al sineo, ¹⁶al arvadeo, al zemareo y al hamateo.

¹⁷Los hijos de Sem: Elam, Asur, Arfaxad, Lud, Aram, Uz, Hul, Geter y Mesec.

ª **1.4** Gn 5.32; 6.10; 9.18.

¹⁸ Arfaxad engendró a Sela, y Sela engendró a Heber. ¹⁹ Y a Heber le nacieron dos hijos; el nombre del uno fue Peleg, por cuanto en sus días fue dividida la tierra; y el nombre de su hermano fue Joctán. ²⁰ Joctán engendró a Almodad, Selef, Hazar-mavet, Jera, ²¹ Adoram, Uzal, Dicla, ²² Ebal, Abimael, Seba, ²³ Ofir, Havila y Jobab; todos hijos de Joctán.

Descendientes de Sem
(Gn 11.10-26)

²⁴ Sem, Arfaxad, Sela, ²⁵ Heber, Peleg, Reu, ²⁶ Serug, Nacor, Taré, ²⁷ y Abram, el cual es Abraham.ᵇ

Descendientes de Ismael y de Cetura
(Gn 25.1-6,12-18)

²⁸ Los hijos de Abraham: Isaac e Ismael. ²⁹ Y estas son sus descendencias: el primogénito de Ismael, Nebaiot; después Cedar, Adbeel, Mibsam, ³⁰ Misma, Duma, Massa, Hadad, Tema, ³¹ Jetur, Nafis y Cedema; estos son los hijos de Ismael.

³² Y Cetura, concubina de Abraham, dio a luz a Zimram, Jocsán, Medán, Madián, Isbac y Súa. Los hijos de Jocsán: Seba y Dedán. ³³ Los hijos de Madián: Efa, Efer, Hanoc, Abida y Elda; todos estos fueron hijos de Cetura.

Descendientes de Esaú
(Gn 36.1-43)

³⁴ Abraham engendró a Isaac, y los hijos de Isaac fueron Esaú e Israel.ᶜ ³⁵ Los hijos de Esaú: Elifaz, Reuel, Jeús, Jaalam y Coré. ³⁶ Los hijos de Elifaz: Temán, Omar, Zefo, Gatam, Cenaz, Timna y Amalec. ³⁷ Los hijos de Reuel: Nahat, Zera, Sama y Miza.

³⁸ Los hijos de Seir:ᵈ Lotán, Sobal, Zibeón, Aná, Disón, Ezer y Disán. ³⁹ Los hijos de Lotán: Hori y Homam; y Timna fue hermana de Lotán. ⁴⁰ Los hijos de Sobal: Alván, Manahat, Ebal, Sefo y Onam. Los hijos de Zibeón: Aja y Aná. ⁴¹ Disón fue hijo de Aná; y los hijos de Disón: Amram, Esbán, Itrán y Querán. ⁴² Los hijos de Ezer: Bilhán, Zaaván y Jaacán. Los hijos de Disán: Uz y Arán.

⁴³ Estos son los reyes que reinaron en la tierra de Edom, antes que reinara rey sobre los hijos de Israel: Bela hijo de Beor; y el nombre de su ciudad fue Dinaba. ⁴⁴ Cuando murió Bela, reinó en su lugar Jobab hijo de Zera, de Bosra.ᵉ ⁴⁵ Cuando murió Jobab, reinó en su lugar Husam, de la tierra de los temanitas. ⁴⁶ Cuando murió Husam, reinó en su lugar Hadad hijo de Bedad, el que derrotó a Madián en el campo de Moab; y el nombre de su ciudad fue Avit. ⁴⁷ Cuando murió Hadad, reinó en su lugar Samla, de Masreca. ⁴⁸ Cuando murió Samla, reinó en su lugar Saúl, de Rehobot, que está junto al Éufrates. ⁴⁹ Cuando murió Saúl, reinó en su lugar Baal-hanán hijo de Acbor. ⁵⁰ Cuando murió Baal-hanán, reinó en su lugar Hadad, el nombre de cuya ciudad fue Pai; y el nombre de su mujer, Mehetabel, hija de Matred, hija de Mezaab.

⁵¹ Cuando murió Hadad, sucedieron en Edom los jefes Timna, Alva, Jetet, ⁵² Aholibama, Ela, Pinón, ⁵³ Cenaz, Temán, Mibzar, ⁵⁴ Magdiel e Iram. Estos fueron los jefes de Edom.

Los hijos de Israel
(Gn 35.22-26)

2 ¹ Estos son los hijos de Israel: Rubén, Simeón, Leví, Judá, Isacar, Zabulón, ² Dan, José, Benjamín, Neftalí, Gad y Aser.

Descendientes de Judá

³ Los hijos de Judá: Er, Onán y Sela. Estos tres le nacieron de la hija de Súa, la cananea. Y Er, primogénito de Judá, fue malo delante de Jehová, quien lo mató.ᵃ ⁴ Tamar, nuera de Judá, dio a luz a Fares y a Zera. Todos los hijos de Judá fueron cinco.ᵇ ⁵ Los hijos de Fares:ᶜ Hezrón y Hamul. ⁶ Y los hijos de Zera: Zimri, Etán, Hemán, Calcol y Dara; por todos cinco.

⁷ Hijo de Carmi fue Acán, el que perturbó a Israel, porque prevaricó en el anatema.ᵈ

⁸ Azarías fue hijo de Etán.

⁹ Los hijos que nacieron a Hezrón: Jerameel, Ram y Quelubai.ᵉ ¹⁰ Ram engendró

ᵇ **1.27** Gn 17.5; Neh 9.7.   ᶜ **1.34** Gn 21.2-3; 25.19,25-26,32,28-29; Mt 1.2; Lc 3.34.
ᵈ **1.38** Otro nombre dado a Esaú (v. 35) o Edom (v. 43).   ᵉ **1.44** Is 34.6; 63.1; Jer 49.13,22.
ᵃ **2.3** 1 Cr 4.21; cf. Gn 38.1-5; 46.12.   ᵇ **2.4** Gn 38.7,13-30; 46.12; Mt 1.3.   ᶜ **2.5-15** Rt 4.18-22;
Mt 1.3-6; Lc 3.31-33.   ᵈ **2.7** Jos 7.1   ᵉ **2.9** Variante del nombre *Caleb* (v. 18,42).

a Aminadab, y Aminadab engendró a Naasón, príncipe de los hijos de Judá. ¹¹ Naasón engendró a Salmón, y Salmón engendró a Booz. ¹² Booz engendró a Obed, y Obed engendró a Isaí. ¹³ Isaí engendró a Eliab, su primogénito; a Abinadab, el segundo, el tercero fue Simea, ¹⁴ el cuarto, Natanael, el quinto, Radai, ¹⁵ el sexto, Ozem, el séptimo, David;ᶠ ¹⁶ de los cuales Sarvia y Abigail fueron hermanas. Los hijos de Sarvia fueron tres: Abisai, Joab y Asael.ᵍ ¹⁷ Abigail dio a luz a Amasa, cuyo padre fue Jeter, el ismaelita.ʰ

¹⁸ Caleb hijo de Hezrón engendró de Azuba, su mujer, a Jeriot. Y los hijos de ella fueron Jeser, Sobab y Ardón. ¹⁹ Cuando murió Azuba, tomó Caleb por mujer a Efrata, la cual dio a luz a Hur. ²⁰ Hur engendró a Uri, y Uri engendró a Bezaleel.ⁱ

²¹ Después Hezrón se unió a la hija de Maquir, padre de Galaad, la cual tomó por esposa siendo él de sesenta años; y ella dio a luz a Segub. ²² Y Segub engendró a Jair,ʲ el cual tuvo veintitrés ciudades en la tierra de Galaad. ²³ Pero Gesur y Aram tomaron de ellos las ciudades de Jair, con Kenat y sus aldeas, sesenta lugares. Todos estos fueron descendientes de Maquir, padre de Galaad.ᵏ

²⁴ Después que murió Hezrón en Caleb de Efrata, Abías, mujer de Hezrón, dio a luz a Asur, padre de Tecoa.ˡ

²⁵ Los hijos de Jerameel, primogénito de Hezrón, fueron Ram, su primogénito, Buna, Orén, Ozem y Ahías. ²⁶ Y tuvo Jerameel otra mujer llamada Atara, la cual fue madre de Onam.

²⁷ Los hijos de Ram, primogénito de Jerameel, fueron Maaz, Jamín y Equer. ²⁸ Los hijos de Onam fueron Samai y Jada. Los hijos de Samai: Nadab y Abisur. ²⁹ El nombre de la mujer de Abisur fue Abihail, la cual dio a luz a Ahbán y a Molid. ³⁰ Los hijos de Nadab: Seled y Apaim. Y Seled murió sin hijos. ³¹ Isi fue hijo de Apaim, Sesán fue hijo de Isi, y el hijo de Sesán fue Ahlai.

³² Los hijos de Jada, hermano de Samai, fueron Jeter y Jonatán. Y murió Jeter sin hijos. ³³ Los hijos de Jonatán: Pelet y Zaza. Estos fueron los hijos de Jerameel.

³⁴ Sesán no tuvo hijos, sino hijas; pero tenía Sesán un siervo egipcio llamado Jarha. ³⁵ A este Sesán dio su hija por mujer, y ella dio a luz a Atai. ³⁶ Atai engendró a Natán, y Natán engendró a Zabad; ³⁷ Zabad engendró a Eflal, Eflal engendró a Obed; ³⁸ Obed engendró a Jehú, Jehú engendró a Azarías; ³⁹ Azarías engendró a Heles, Heles engendró a Elasa; ⁴⁰ Elasa engendró a Sismai, Sismai engendró a Salum; ⁴¹ Salum engendró a Jecamías, y Jecamías engendró a Elisama.

⁴² Los hijos de Caleb, hermano de Jerameel, fueron: Mesa, su primogénito, que fue el padre de Zif, y los hijos de Maresa, padre de Hebrón. ⁴³ Y los hijos de Hebrón: Coré, Tapúa, Requem y Sema. ⁴⁴ Sema engendró a Raham, padre de Jorcoam, y Requem engendró a Samai. ⁴⁵ Maón fue hijo de Samai, y Maón fue padre de Bet-sur.

⁴⁶ Efa, concubina de Caleb, dio a luz a Harán, a Mosa y a Gazez. Y Harán engendró a Gazez.

⁴⁷ Los hijos de Jahdai: Regem, Jotam, Gesam, Pelet, Efa y Saaf.

⁴⁸ Maaca, concubina de Caleb, dio a luz a Seber y a Tirhana. ⁴⁹ También dio a luz a Saaf, padre de Madmana, y a Seva, padre de Macbena y de Gibea. Y Acsaᵐ fue hija de Caleb.

⁵⁰ Estos fueron los hijos de Caleb.

Los hijos de Hur, primogénito de Efrata: Sobal, padre de Quiriat-jearim, ⁵¹ Salma, padre de Belén, y Haref, padre de Bet-gader. ⁵² Y los hijos de Sobal, padre de Quiriat-jearim, fueron Haroe, la mitad de los manahetitas. ⁵³ Y las familias de Quiriat-jearim fueron los itritas, los futitas, los sumatitas y los misraítas, de los cuales salieron los zoratitas y los estaolitas.ⁿ

⁵⁴ Los hijos de Salma: Belén, los netofatitas, Atrot-bet-joab, la mitad de los manahetitas, los zoraítas, ⁵⁵ y las familias de los escribas que habitaban en Jabes, los tirateos, los simeateos y los sucateos. Estos son los ceneos que vinieron de Hamat, padre de la casa de Recab.ñ

ᶠ 2.15 Rt 4.18-22. ᵍ 2.16 2 S 2.18. ʰ 2.17 2 S 17.25; 19.13; 20.4-13. ⁱ 2.20 Ex 24.14; 31.2; 35.30; 2 Cr 1.5. ʲ 2.22 Nm 32.41; 1 R 4.13. ᵏ 2.23 Dt 3.14; Jos 13.30; Jue 10.4. ˡ 2.24 2 S 14.2; 1 Cr 2.19; 2 Cr 11.6. ᵐ 2.49 Jos 15.16; Jue 1.12. ⁿ 2.53 Jue 18.2. ñ 2.55 Nm 24.21; Jue 1.16; 4.11; 1 S 15.6.

Los hijos de David

(2 S 3.2-5; 5.13-16; 1 Cr 14.3-7)

3 ¹ Estos son los hijos de David que le nacieron en Hebrón: el primogénito Amnón, de Ahinoam, la jezreelita; el segundo, Daniel, de Abigail, la de Carmel; ² el tercero, Absalón hijo de Maaca, hija de Talmai, rey de Gesur; el cuarto, Adonías, hijo de Haguit; ³ el quinto, Sefatías, de Abital; el sexto, Itream, de su mujer Egla. ⁴ Estos seis le nacieron en Hebrón, donde reinó siete años y seis meses; y en Jerusalén reinó treinta y tres años.ª ⁵ Estos cuatro le nacieron en Jerusalén: Simea, Sobab, Natán y Salomón hijo de Bet-súa, hija de Amiel. ⁶ Y otros nueve: Ibhar, Elisama, Elifelet, ⁷ Noga, Nefeg, Jafía, ⁸ Elisama, Eliada y Elifelet. ⁹ Todos estos fueron los hijos de David, sin contar los hijos de las concubinas. Tamar fue hermana de ellos.ᵇ

Descendientes de Salomón

¹⁰ Hijo de Salomónᶜ fue Roboam, cuyo hijo fue Abías, del cual fue hijo Asa, cuyo hijo fue Josafat, ¹¹ de quien fue hijo Joram, cuyo hijo fue Ocozías, hijo del cual fue Joás, ¹² del cual fue hijo Amasías, cuyo hijo fue Azarías, e hijo de este, Jotam. ¹³ Hijo de este fue Acaz, del que fue hijo Ezequías, cuyo hijo fue Manasés, ¹⁴ del cual fue hijo Amón, cuyo hijo fue Josías. ¹⁵ Y los hijos de Josías: Johanán, su primogénito; el segundo fue Joacim, el tercero, Sedequías, el cuarto, Salum.ᵈ˒ᵉ ¹⁶ Los descendientes de Joacim fueron Jeconías y Sedequías.ᶠ ¹⁷ Y los hijos de Jeconías: Asir, Salatiel, ¹⁸ Malquiram, Pedaías, Senazar, Jecamías, Hosama y Nedabías. ¹⁹ Los hijos de Pedaías: Zorobabel y Simei. Y los hijos de Zorobabel: Mesulam, Hananías, y Selomit, su hermana. ²⁰ También estos cinco: Hasuba, Ohel, Berequías, Hasadías y Jusab-hesed. ²¹ Los hijos de Hananías: Pelatías y Jesaías; Refaías, su hijo; Arnán, su hijo; Abdías, su hijo; Secanías, su hijo. ²² Hijo de Secaníasᵍ fue Semaías; y los hijos de Semaías: Hatús, Igal, Barías, Nearías y Safat, seis en total.

²³ Los hijos de Nearías fueron estos tres: Elioenai, Ezequías y Azricam. ²⁴ Los hijos de Elioenai fueron estos siete: Hodavías, Eliasib, Pelaías, Acub, Johanán, Dalaías y Anani.

Descendientes de Judá

4 ¹ Los hijos de Judá: Fares, Hezrón, Carmi, Hur y Sobal.ª ² Reaía hijo de Sobal engendró a Jahat, y Jahat engendró a Ahumai y a Lahad. Estas son las familias de los zoratitas.

³ Estas son las del padre de Etam: Jezreel, Isma e Ibdas. Y el nombre de su hermana fue Haze-lelponi. ⁴ Penuel fue padre de Gedor, y Ezer fue padre de Husa. Estos fueron los hijos de Hur, primogénito de Efrata, padre de Belén.

⁵ Asur, padre de Tecoa, tuvo dos mujeres, Hela y Naara. ⁶ Y Naara dio a luz a Ahuzam, Hefer, Temeni y Ahastari. Estos fueron los hijos de Naara. ⁷ Los hijos de Hela: Zeret, Jezoar y Etnán.

⁸ Cos engendró a Anub, a Zobeba, y la familia de Aharhel hijo de Harum.

⁹ Jabes fue más ilustre que sus hermanos, al cual su madre llamó Jabes,ᵇ diciendo: «Por cuanto lo di a luz con dolor». ¹⁰ Invocó Jabes al Dios de Israel diciendo: «Te ruego que me des tu bendición, que ensanches mi territorio, que tu mano esté conmigo y que me libres del mal, para que no me dañe». Y le otorgó Dios lo que pidió.

¹¹ Quelub, hermano de Súa engendró a Mehir, el cual fue padre de Estón. ¹² Estón engendró a Bet-rafa, a Paseah, y a Tehina, padre de la ciudad de Nahas; estos son los hombres de Reca.

¹³ Los hijos de Cenaz: Otoniel y Seraías. Los hijos de Otoniel: Hatat, ¹⁴ y Meonotai, el cual engendró a Ofra. Y Seraías engendró a Joab, padre de los habitantes del valle de Carisim,ᶜ pues fueron artesanos.

¹⁵ Los hijos de Caleb hijo de Jefone: Iru, Ela y Naam; e hijo de Ela fue Cenaz.ᵈ ¹⁶ Los hijos de Jehalelel: Zif, Zifa, Tirías y Asareel.

ª **3.4** 2 S 2.11; 5.4-5; 1 R 2.11; 1 Cr 29.27. ᵇ **3.9** 2 S 13.1-2. ᶜ **3.10-17** Mt 1.7-12. ᵈ **3.15** Se trata de *Joacaz*, sucesor de Josías (cf. Jer 22.11). ᵉ **3.15** 2 R 24.17; 2 Cr 36.4,10. ᶠ **3.16** 2 R 24.6,17; 2 Cr 36.8,10. ᵍ **3.22** Neh 3.29. ª **4.1** Gn 38.29; 46.12; 1 Cr 2.4-5,7,9,50; Mt 1.3. ᵇ **4.9** Heb. *oseb*, dolor. ᶜ **4.14** Esto es, *de los artesanos*. ᵈ **4.15** Nm 13.6; 14.6; 32.12; Jos 14.6,14.

¹⁷ Los hijos de Esdras: Jeter, Mered, Efer y Jalón; también engendró a María, a Samai y a Isba, padre de Estemoa. ¹⁸ Y su mujer Jehudaía dio a luz a Jered, padre de Gedor, a Heber, padre de Soco, y a Jecutiel, padre de Zanoa. Estos fueron los hijos de Bitia, hija del faraón, con la cual se casó Mered.

¹⁹ Los hijos de la mujer de Hodías, hermana de Naham, fueron el padre de Keila, el garmita, y Estemoa, el maacateo.

²⁰ Los hijos de Simón: Amnón, Rina, Ben-hanán y Tilón.

Los hijos de Isi: Zohet y Benzohet.

²¹ Los hijos de Sela hijo de Judá: Er, padre de Leca, y Laada, padre de Maresa, y las familias de los que trabajan lino en Bet-asbea;ᵉ ²² Joacim, y los hombres de Cozeba, Joás, y Saraf, los cuales dominaron en Moab y volvieron a Lehem, según registros antiguos. ²³ Estos eran alfareros y habitaban en medio de plantíos y cercados; habitaban allá con el rey, ocupados en su servicio.

Descendientes de Simeón

²⁴ Los hijos de Simeón: Nemuel, Jamín, Jarib, Zera, Saúl.ᶠ ²⁵ y su hijo Salum, su hijo Mibsam y su hijo Misma. ²⁶ Los hijos de Misma: su hijo Hamuel, su hijo Zacur y su hijo Simei. ²⁷ Los hijos de Simei fueron dieciséis, y seis hijas; pero sus hermanos no tuvieron muchos hijos, ni multiplicaron toda su familia como los hijos de Judá.

²⁸ Y habitaron en Beerseba, Molada, Hazar-sual, ²⁹ Bilha, Ezem, Tolad, ³⁰ Betuel, Horma, Siclag, ³¹ Bet-marcabot, Hazar-susim, Bet-birai y Saaraim. Estas fueron sus ciudades hasta el reinado de David. ³² Y sus aldeas fueron Etam, Aín, Rimón, Toquén y Asán;ᵍ cinco pueblos, ³³ y todas las aldeas que estaban alrededor de estas ciudades hasta Baal. Esta fue su habitación, y esta su descendencia.

³⁴ Mesobab, Jamlec, Josías hijo de Amasías, ³⁵ Joel, Jehú hijo de Josibías hijo de Seraías, hijo de Asiel, ³⁶ Elioenai, Jaacoba, Jesohaía, Asaías, Adiel, Jesimiel, Benaía, ³⁷ y Ziza hijo de Sifi hijo de Alón, hijo de Jedaías, hijo de Simri, hijo de Semaías. ³⁸ Estos, por sus nombres, son los principales entre sus familias; y las casas de sus padres fueron multiplicadas en gran manera.ʰ ³⁹ Llegaron hasta la entrada de Gedor, hasta el oriente del valle, buscando pastos para sus ganados. ⁴⁰ Y hallaron abundantes y buenos pastos, y tierra ancha y espaciosa, quieta y reposada, porque los de Cam la habitaban antes. ⁴¹ Pero estos que han sido mencionados por sus nombres, vinieron en días de Ezequías, rey de Judá, y desbarataron las tiendas y cabañas que allí hallaron, hasta el día de hoy, y habitaron allí en lugar de ellos; por cuanto había allí pastos para sus ganados. ⁴² Asimismo quinientos hombres de ellos, de los hijos de Simeón, fueron a los montes de Seir, llevando por capitanes a Pelatías, Nearías, Refaías y Uziel, hijos de Isi, ⁴³ y derrotaron a los que habían quedado de Amalec, y habitaron allí hasta el día de hoy.ⁱ

Descendientes de Rubén

5 ¹ Rubén era el primogénito de Israel, pero como profanó el lecho de su padre,ᵃ sus derechos de primogenitura fueron dados a los hijos de José hijo de Israel, y no fue contado por primogénito. ² Es verdad que Judá llegó a ser más poderoso que sus hermanos, y el príncipe de ellos,ᵇ pero el derecho de primogenitura fue de José. ³ Los hijos de Rubén, primogénito de Israel, fueron: Hanoc, Falú, Hezrón y Carmi.ᶜ

⁴ Los descendientes de Joel fueron: Semaías, Gog, Simei, ⁵ Micaía, Reaía, Baal, ⁶ Beera, principal de los rubenitas, que fue llevado cautivo por Tiglat-pileser, rey de los asirios.ᵈ ⁷ Sus hermanos, por sus familias, según el registro de sus genealogías, fueron Jeiel, el primero y Zacarías. ⁸ Bela hijo de Azaz hijo de Sema, hijo de Joel, habitó en Aroer hasta Nebo y Baal-meón. ⁹ Habitó también al oriente hasta el borde del desierto que se extiende desde el río Éufrates, porque su ganado se había multiplicado en la tierra de Galaad.ᵉ

ᵉ **4.21** Gn 38.5; 46.12; Nm 26.20; 1 Cr 2.3.   ᶠ **4.24** Gn 46.10; Ex 6.15; Nm 26.12-13.
ᵍ **4.28-33** Jos 19.2-8.   ʰ **4.38** Nm 1.2.   ⁱ **4.43** Ex 17.8,14; Dt 25.17-19; 1 S 14.48; 15.2,7-8; 2 S 8.12.
ᵃ **5.1** Gn 35.22; 49.3-4.   ᵇ **5.2** Gn 49.8-10; 1 Cr 28.4.   ᶜ **5.1-3** Gn 46.9; Ex 6.14; Nm 26.5-6.
ᵈ **5.6** 2 R 15.29.   ᵉ **5.9** Jos 22.9.

¹⁰En los días de Saúl hicieron guerra contra los agarenos, los cuales cayeron en sus manos; y ellos habitaron en sus tiendas en toda la región oriental de Galaad.*f*

Descendientes de Gad

¹¹Los hijos de Gad habitaron enfrente de ellos en la tierra de Basán hasta Salca.*g* ¹²Joel fue el principal en Basán; el segundo, Safán, luego Jaanai, después Safat.

¹³Sus hermanos, según las familias de sus padres, fueron Micael, Mesulam, Seba, Jorai, Jacán, Zía y Heber; por todos siete. ¹⁴Estos fueron los hijos de Abihail hijo de Huri hijo de Jaroa, hijo de Galaad, hijo de Micael, hijo de Jesisai, hijo de Jahdo, hijo de Buz. ¹⁵También Ahí hijo de Abdiel hijo de Guni, fue principal en la casa de sus padres. ¹⁶Ellos habitaron en Galaad, en Basán y en sus aldeas, y en todos los ejidos de Sarón, hasta sus confines. ¹⁷Todos estos fueron contados por sus generaciones en días de Jotam, rey de Judá, y en días de Jeroboam, rey de Israel.

Historia de las dos tribus y media

¹⁸Los hijos de Rubén y de Gad, y la media tribu de Manasés, hombres valientes, hombres que llevaban escudo y espada, que manejaban el arco, y diestros en la guerra, eran cuarenta y cuatro mil setecientos sesenta que salían a batalla. ¹⁹Estos guerrearon contra los agarenos, Jetur, Nafis y Nodab.*h* ²⁰Pero en medio de la guerra clamaron a Dios y él les ayudó, por cuanto confiaron en él, de tal manera que los agarenos y todos los que con ellos estaban cayeron en sus manos. ²¹Y tomaron sus ganados: cincuenta mil camellos, doscientas cincuenta mil ovejas y dos mil asnos; también cien mil personas. ²²Y cayeron muchos muertos, porque la guerra era de Dios; y habitaron en sus lugares hasta el cautiverio.

²³Los hijos de la media tribu de Manasés, multiplicados en gran manera,*i* habitaron en la tierra desde Basán hasta Baal-hermón, Senir y el monte Hermón.

²⁴Estos fueron los jefes de las casas de sus padres: Efer, Isi, Eliel, Azriel, Jeremías, Hodavías y Jahdiel, hombres valientes y esforzados, hombres famosos y jefes de las casas de sus padres. ²⁵Pero se rebelaron contra el Dios de sus padres, y se prostituyeron siguiendo a los dioses de los pueblos de la tierra, a los cuales Jehová había quitado de delante de ellos;*j* ²⁶por lo cual el Dios de Israel excitó el espíritu de Pul,*k* rey de los asirios, y el espíritu de Tiglat-pileser,*l* rey de los asirios, el cual deportó a los rubenitas y gaditas y a la media tribu de Manasés, y los llevó a Halah, a Habor, a Hara y al río Gozán, hasta el día de hoy.

Descendientes de Leví

6 ¹Los hijos de Leví: Gersón, Coat y Merari. ²Los hijos de Coat: Amram, Izhar, Hebrón y Uziel.*a* ³Los hijos de Amram: Aarón, Moisés y María. Los hijos de Aarón: Nadab, Abiú, Eleazar e Itamar.*b* ⁴Eleazar engendró a Finees, Finees engendró a Abisúa, ⁵Abisúa engendró a Buqui, Buqui engendró a Uzi, ⁶Uzi engendró a Zeraías, Zeraías engendró a Meraiot, ⁷Meraiot engendró a Amarías, Amarías engendró a Ahitob, ⁸Ahitob engendró a Sadoc, Sadoc engendró a Ahimaas, ⁹Ahimaas engendró a Azarías, Azarías engendró a Johanán, ¹⁰y Johanán engendró a Azarías, el que tuvo el sacerdocio en la Casa que Salomón edificó en Jerusalén. ¹¹Azarías engendró a Amarías, Amarías engendró a Ahitob, ¹²Ahitob engendró a Sadoc, Sadoc engendró a Salum, ¹³Salum engendró a Hilcías, Hilcías engendró a Azarías, ¹⁴Azarías engendró a Seraías, y Seraías engendró a Josadac, ¹⁵y Josadac fue llevado cautivo cuando Jehová deportó a Judá y a Jerusalén por mano de Nabucodonosor.

¹⁶Los hijos de Leví:*c* Gersón, Coat y Merari. ¹⁷Estos son los nombres de los hijos de Gersón: Libni y Simei. ¹⁸Los hijos de Coat: Amram, Izhar, Hebrón y Uziel.*d* ¹⁹Los hijos de Merari: Mahli y Musi.*e* Estas son las familias de Leví, según sus

f 5.10 Sal 83.6.   *g* 5.11 Gn 46.16; Jos 13.11,24-28.   *h* 5.19 Gn 25.15; 1 Cr 1.31; 5.10; Sal 83.6.
i 5.23 Dt 3.8-10; Jue 3.3.   *j* 5.25 Ex 34.14-16; 2 R 17.7.   *k* 5.26 2 R 15.19.   *l* 5.26 2 R 15.29.
a 6.2 Ex 6.18; 1 Cr 6.3.   *b* 6.3 Ex 6.20; Nm 26.59-60.   *c* 6.16-19 Ex 6.16-19, Nm 26.57-59.
d 6.18 Nm 3.19.   *e* 6.19 Nm 3.20; 1 Cr 6.29.

descendencias. ²⁰Gersón: Libni, Jahat, Zima, ²¹Joa, Iddo, Zera y Jeatrai.

²²Los descendientes de Coat: Aminadab, Coré, Asir, ²³Elcana, Ebiasaf, Asir, ²⁴Tahat, Uriel, Uzías, y Saúl. ²⁵Los hijos de Elcana: Amasai y Ahimot; ²⁶los descendientes de Ahimot: Elcana, Zofai, Nahat, ²⁷Eliab, Jeroham y Elcana. ²⁸Los hijos de Samuel: el primogénito, Vasni, y Abías.

²⁹Los descendientes de Merari: Mahli, Libni, Simei, Uza, ³⁰Simea, Haguía y Asaías.

Cantores del templo nombrados por David

³¹Estos son los que David puso a cargo del servicio del canto en la casa de Jehová, después que el Arca tuvo reposo, y los cuales servían delante de la tienda del Tabernáculo de reunión en el canto, hasta que Salomón edificó la casa de Jehová en Jerusalén; después se mantuvieron en su ministerio según su costumbre.

³³Estos, pues, con sus hijos, ayudaban: de los hijos de Coat, el cantor Hemán hijo de Joel hijo de Samuel, ³⁴hijo de Elcana, hijo de Jeroham, hijo de Eliel, hijo de Toa, ³⁵hijo de Zuf, hijo de Elcana, hijo de Mahat, hijo de Amasai, ³⁶hijo de Elcana, hijo de Joel, hijo de Azarías, hijo de Sofonías, ³⁷hijo de Tahat, hijo de Asir, hijo de Ebiasaf, hijo de Coré,ᶠ ³⁸hijo de Izhar, hijo de Coat, hijo de Leví, hijo de Israel.

³⁹A su mano derecha estaba su hermano Asaf hijo de Berequías hijo de Simea, ⁴⁰hijo de Micael, hijo de Baasías, hijo de Malquías, ⁴¹hijo de Etni, hijo de Zera, hijo de Adaía, ⁴²hijo de Etán, hijo de Zima, hijo de Simei, ⁴³hijo de Jahat, hijo de Gersón, hijo de Leví.

⁴⁴Pero a la mano izquierda estaban sus hermanos, los hijos de Merari, esto es, Etán hijo de Quisi hijo de Abdi, hijo de Maluc, ⁴⁵hijo de Hasabías, hijo de Amasías, hijo de Hilcías, ⁴⁶hijo de Amsi, hijo de Bani, hijo de Semer, ⁴⁷hijo de Mahli, hijo de Musi, hijo de Merari, hijo de Leví.ᵍ

⁴⁸Y sus hermanos, los levitas, fueron puestos sobre todo el ministerio del tabernáculo de la casa de Dios.

Descendientes de Aarón

⁴⁹Pero Aarón y sus hijos ofrecían sacrificios sobre el altar del holocausto, y sobre el altar del perfume quemaban incienso, y ministraban en toda la obra del Lugar santísimo, y hacían las expiaciones por Israel conforme a todo lo que Moisés, siervo de Dios, había mandado.

⁵⁰Los descendientes de Aarón son estos: Eleazar, Finees, Abisúa, ⁵¹Buqui, Uzi, Zeraías, ⁵²Meraiot, Amarías, Ahitob, ⁵³Sadoc y Ahimaas.

Las ciudades de los levitas

(Jos 21.1-42)

⁵⁴Estos son los lugares de residencia y los límites de los territorios de los hijos de Aarón.ʰ A las familias de los coatitas, a quienes les tocó primero la suerte, ⁵⁵les dieron Hebrón, en la tierra de Judá, con sus ejidos alrededor de ella. ⁵⁶Pero el territorio de la ciudad y sus aldeas se dieron a Caleb hijo de Jefone. ⁵⁷De Judá dieron a los hijos de Aarón la ciudad de refugio, esto es, Hebrón; además, Libna con sus ejidos, Jatir, Estemoa con sus ejidos, ⁵⁸Hilén con sus ejidos, Debir con sus ejidos, ⁵⁹Asán y Bet-semes, con sus respectivos ejidos. ⁶⁰De Benjamín les dieron Geba, Alemet y Anatot, con sus ejidos. Trece fue el total de sus ciudades, repartidas según sus familias.

⁶¹A los hijos de Coat, según sus familias, les dieron por suerte diez ciudades de la media tribu de Manasés. ⁶²A los hijos de Gersón, según sus familias, les dieron de la tribu de Isacar, de la tribu de Aser, de la tribu de Neftalí y de la tribu de Manasés en Basán, trece ciudades. ⁶³Y a los hijos de Merari, según sus familias, les dieron por suerte doce ciudades de las tribus de Rubén, Gad y Zabulón.

⁶⁴Los hijos de Israel dieron a los levitas ciudades con sus ejidos. ⁶⁵Dieron por suerte de la tribu de Judá, de la tribu de Simeón y de la tribu de Benjamín, las ciudades ya nombradas.

⁶⁶A las familias de los hijos de Coat dieron ciudades con sus ejidos de la tribu de Efraín. ⁶⁷Les dieron Siquem, la ciudad de refugio, con sus ejidos en los montes

ᶠ **6.37** Ex 6.24. ᵍ **6.47** Ex 6.19; Nm 26.58. ʰ **6.54-81** Jos 20.1-9a; 21.1-42a.

de Efraín; además, Gezer, [68] Jocmeam, Bet-horón, [69] Ajalón y Gat-rimón, con sus respectivos ejidos. [70] A las otras familias de los hijos de Coat les dieron Aner y Bileam, las cuales pertenecían a la media tribu de Manasés, con sus respectivos ejidos.

[71] A los hijos de Gersón dieron de la media tribu de Manasés, Golán en Basán y Astarot, con sus respectivos ejidos. [72] De la tribu de Isacar, Cedes, Daberat, [73] Ramot y Anem, con sus respectivos ejidos. [74] De la tribu de Aser, Masal, Abdón, [75] Hucoc y Rehob, con sus respectivos ejidos. [76] De la tribu de Neftalí, Cedes en Galilea, Hamón y Quiriataim, con sus respectivos ejidos.

[77] Al resto de los hijos de Merari dieron, de la tribu de Zabulón, Rimón y Tabor, con sus ejidos. [78] Del otro lado del Jordán, frente a Jericó, al oriente del Jordán, dieron de la tribu de Rubén, Beser en el desierto, Jaza, [79] Cademot y Mefaat, con sus respectivos ejidos. [80] Y de la tribu de Gad, Ramot de Galaad, Mahanaim, [81] Hesbón y Jazer, con sus respectivos ejidos.

Descendientes de Isacar

7 [1] Los hijos de Isacar fueron cuatro: Tola, Fúa, Jasub y Simrón.

[2] Los hijos de Tola: Uzi, Refaías, Jeriel, Jahmai, Jibsam y Semuel, jefes de las familias de sus padres. El número de los descendientes de Tola, en el tiempo de David, era de veintidós mil seiscientos[a] hombres muy valerosos.

[3] Hijo de Uzi fue Israhías; y los hijos de Israhías: Micael, Obadías, Joel e Isías; por todos, cinco príncipes. [4] Y había con ellos, según sus genealogías, por las familias de sus padres, treinta y seis mil hombres de guerra; pues tuvieron muchas mujeres e hijos.

[5] Sus hermanos de todas las familias de Isacar, contados todos por sus genealogías, eran ochenta y siete mil hombres valientes en extremo.

Descendientes de Benjamín

[6] Los hijos de Benjamín fueron tres: Bela, Bequer y Jediael. [7] Los hijos de Bela: Ezbón, Uzi, Uziel, Jerimot e Iri; cinco jefes de casas paternas, hombres de gran valor, y de cuya descendencia fueron contados veintidós mil treinta y cuatro.

[8] Los hijos de Bequer: Zemira, Joás, Eliezer, Elioenai, Omri, Jerimot, Abías, Anatot y Alamet; todos estos fueron hijos de Bequer. [9] Y contados por sus descendencias, según sus genealogías, los que eran jefes de familias resultaron veinte mil doscientos hombres valientes.

[10] Hijo de Jediael fue Bilhán; y los hijos de Bilhán: Jeús, Benjamín, Aod, Quenaana, Zetán, Tarsis y Ahisahar. [11] Todos estos fueron hijos de Jediael, jefes de familias, hombres muy valerosos; en total eran diecisiete mil doscientos hombres que salían a combatir en la guerra.

[12] Supim y Hupim[b] fueron hijos de Hir; y Husim, hijo de Aher.

Descendientes de Neftalí

[13] Los hijos de Neftalí: Jahzeel, Guni, Jezer y Salum, hijos de Bilha.[c]

Descendientes de Manasés

[14] Los hijos de Manasés: Asriel, al cual dio a luz su concubina, la siria, la cual también dio a luz a Maquir, padre de Galaad. [15] Y Maquir tomó mujer de Hupim y Supim,[d] cuya hermana tuvo por nombre Maaca; y el nombre del segundo fue Zelofehad. Y Zelofehad tuvo hijas.

[16] Maaca, mujer de Maquir, dio a luz un hijo, y lo llamó Peres; y el nombre de su hermano fue Seres, cuyos hijos fueron Ulam y Requem. [17] Hijo de Ulam fue Bedán. Estos fueron los hijos de Galaad hijo de Maquir hijo de Manasés.

[18] Su hermana Hamolequet dio a luz a Isod, Abiezer y Mahala.

[19] Los hijos de Semida fueron Ahián, Siquem, Likhi y Aniam.[e]

Descendientes de Efraín

[20] Los descendientes de Efraín:[f] Sutela, Bered, Tahat, Elada, Tahat, [21] Zabad, Sutela, Ezer y Elad. Pero los hijos de Gat, naturales de aquella tierra, los mataron, porque vinieron a tomarles sus ganados. [22] Efraín, su padre, hizo duelo por muchos días, y vinieron sus hermanos a consolarlo. [23] Después

él se llegó a su mujer, y ella concibió y dio a luz un hijo, al cual puso por nombre Bería, por cuanto la aflicción había estado en su casa.

²⁴ Seera, hija de Bería, edificó a Bet-horón de abajo y de arriba, y a Uzen-seera.

²⁵ Descendientes de este Bería fueron Refa, Resef, Telah, Tahán, ²⁶ Laadán, Amiud, Elisama, ²⁷ Nun y Josué.

²⁸ La heredad y habitación de ellos fue Bet-el con sus aldeas;ᵍ y hacia el oriente Naarán, y a la parte del occidente Gezer y sus aldeas; asimismo Siquem con sus aldeas, hasta Gaza y sus aldeas; ²⁹ y junto al territorio de los hijos de Manasés, Bet-seán con sus aldeas, Taanac con sus aldeas, Meguido con sus aldeas, y Dor con sus aldeas. En estos lugares habitaron los hijos de José hijo de Israel.ʰ

Descendientes de Aser

³⁰ Los hijos de Aser: Imna, Isúa, Isúi, Bería y su hermana Sera.

³¹ Los hijos de Bería: Heber y Malquiel, el cual fue padre de Birzavit.ⁱ ³² Y Heber engendró a Jaflet, Somer, Hotam y Súa, hermana de ellos.

³³ Los hijos de Jaflet: Pasac, Bimhal y Asvat. Estos fueron los hijos de Jaflet.

³⁴ Los hijos de Semer: Ahí, Rohga, Jehúba y Aram.

³⁵ Los hijos de Helem, su hermano: Zofa, Imna, Seles y Amal. ³⁶ Los hijos de Zofa: Súa, Harnefer, Súal, Beri, Imra, ³⁷ Beser, Hod, Sama, Silsa, Itrán y Beera.

³⁸ Los hijos de Jeter: Jefone, Pispa y Ara.

³⁹ Los hijos de Ula: Ara, Haniel y Rezia.

⁴⁰ Todos estos fueron hijos de Aser, cabezas de familias paternas, escogidos, esforzados, jefes de príncipes. Al ser contados, según los registros de sus genealogías, eran veintiséis mil hombres los que podían tomar las armas.

Descendientes de Benjamín

8 ¹ Benjamín engendró a Bela, su primogénito; a Asbel, el segundo, Ahara, el tercero,ᵃ ² Noha, el cuarto, y a Rafa, el quinto. ³ Y los hijos de Bela fueron Adar, Gera, Abiud,ᵇ ⁴ Abisúa, Naamán, Ahoa, ⁵ Gera, Sefufán e Hiram.

⁶ Estos son los hijos de Aod, los jefes de casas paternas que habitaron en Geba y fueron desterrados a Manahat: ⁷ Naamán, Ahías y Gera, padre de Uza y Ahiud, que fue quien los desterró.

⁸ Saharaim engendró hijos en la provincia de Moab, después que dejó a Husim y a Baara que eran sus mujeres. ⁹ Engendró, pues, de Hodes, su mujer, a Jobab, Sibia, Mesa, Malcam, ¹⁰ Jeúz, Saquías y Mirma. Estos son sus hijos, jefes de familias.

¹¹ Y de Husim engendró a Abitob y a Elpaal. ¹² Los hijos de Elpaal fueron: Heber, Misam y Semed (el cual edificó Ono, y Lod con sus aldeas),ᶜ ¹³ Bería y Sema, que fueron jefes de las familias de los habitantes de Ajalón, los cuales echaron a los habitantes de Gat.

¹⁴ Ahío, Sasac, Jeremot, ¹⁵ Zebadías, Arad, Ader, ¹⁶ Micael, Ispa y Joha, fueron hijos de Bería.

¹⁷ Zebadías, Mesulam, Hizqui, Heber, ¹⁸ Ismerai, Jezlías y Jobab, fueron hijos de Elpaal.

¹⁹ Jaquim, Zicri, Zabdi, ²⁰ Elienai, Ziletai, Eliel, ²¹ Adaías, Beraías y Simrat, fueron hijos de Simei.

²² Ispán, Heber, Eliel, ²³ Abdón, Zicri, Hanán, ²⁴ Hananías, Elam, Anatotías, ²⁵ Ifdaías y Peniel, fueron hijos de Sasac.

²⁶ Samserai, Seharías, Atalías, ²⁷ Jaresías, Elías y Zicri, fueron hijos de Jeroham.

²⁸ Estos fueron jefes principales de familias, según sus generaciones, y habitaron en Jerusalén.

²⁹ En Gabaón habitaron Abigabaón, la mujer del cual se llamó Maaca. ³⁰ Sus hijos fueron Abdón, el primogénito, Zur, Cis, Baal, Nadab, ³¹ Gedor, Ahío y Zequer. ³² Y Miclot engendró a Simea. Estos también habitaron frente a sus hermanos en Jerusalén.

³³ Ner engendró a Cis, Cis engendró a Saúl, y Saúl engendró a Jonatán, Malquisúa, Abinadab y Es-baal. ³⁴ Hijo de Jonatán fue Merib-baal, y Merib-baal engendró a Micaía.ᵈ ³⁵ Los hijos de Micaía fueron:

ᵍ **7.28** Gn 12.8; 1 R 9.16.   ʰ **7.29** Jos 17.11.   ⁱ **7.30-31** Gn 46.17; Nm 26.44-46.   ᵃ **8.1** Gn 46.21; Nm 26.38-40; 1 Cr 7.6.   ᵇ **8.3** Jue 3.15.   ᶜ **8.12** Neh 11.35.   ᵈ **8.34** 2 S 4.4; 9.6,10,12.

Pitón, Melec, Tarea y Acaz. [36] Acaz engendró a Joada, Joada engendró a Alemet, Azmavet y Zimri, y Zimri engendró a Mosa. [37] Mosa engendró a Bina, padre de Rafa, padre de Elasa, padre de Azel. [38] Los hijos de Azel fueron seis, cuyos nombres son Azricam, Bocru, Ismael, Searías, Obadías y Hanán; todos estos fueron hijos de Azel.

[39] Los hijos de Esec, su hermano, fueron: Ulam, el primogénito, Jehús, el segundo, y Elifelet, el tercero. [40] Y fueron los hijos de Ulam hombres valientes y vigorosos, flecheros diestros, los cuales tuvieron muchos hijos y nietos; ciento cincuenta en total.

Todos estos fueron de los hijos de Benjamín.

Los repatriados de Babilonia
(Neh 11.1-24)

9 [1] Contado todo Israel por sus genealogías, fueron escritos en el libro de los reyes de Israel.

Los de Judá fueron deportados a Babilonia por su rebelión. [2] Los primeros habitantes que entraron en sus posesiones en las ciudades fueron israelitas, sacerdotes, levitas y sirvientes del Templo.

[3] Habitaron en Jerusalén, de los hijos de Judá, de los hijos de Benjamín, de los hijos de Efraín y de Manasés:[a] [4] Utai hijo de Amiud hijo de Omri, hijo de Imri, hijo de Bani, de los hijos de Fares hijo de Judá. [5] De los silonitas: Asaías, el primogénito, y sus hijos. [6] De los hijos de Zera: Jeuel y sus hermanos; seiscientos noventa en total.

[7] De los hijos de Benjamín:[b] Salú hijo de Mesulam hijo de Hodavías, hijo de Asenúa; [8] Ibneías hijo de Jeroham; Ela hijo de Uzi hijo de Micri, y Mesulam hijo de Sefatías hijo de Reuel, hijo de Ibnías. [9] Y sus hermanos, según sus generaciones, fueron novecientos cincuenta y seis. Todos estos hombres fueron jefes de familia en sus casas paternas.

[10] De los sacerdotes: Jedaías, Joiarib, Jaquín, [11] Azarías hijo de Hilcías hijo de Mesulam, hijo de Sadoc, hijo de Meraiot, hijo de Ahitob, príncipe de la casa de Dios; [12] Adaía hijo de Jeroham hijo de Pasur, hijo de Malquías; Masai hijo de Adiel

hijo de Jazera, hijo de Mesulam, hijo de Mesilemit, hijo de Imer, [13] y sus hermanos, jefes de sus casas paternas, en número de mil setecientos sesenta, hombres muy eficaces en la obra del ministerio en la casa de Dios.

[14] De los levitas: Semaías hijo de Hasub hijo de Azricam, hijo de Hasabías, de la familia de Merari, [15] Bacbacar, Heres, Galal, Matanías hijo de Micaía hijo de Zicri, hijo de Asaf; [16] Obadías hijo de Semaías hijo de Galal, hijo de Jedutún; y Berequías hijo de Asa hijo de Elcana, el cual habitó en las aldeas de los netofatitas.

[17] Los porteros:[c] Salum, Acub, Talmón, Ahimán y sus hermanos. Salum era el jefe. [18] Hasta ahora, entre las cuadrillas de los hijos de Leví, han sido estos los porteros en la puerta del rey, al oriente. [19] Salum hijo de Coré hijo de Ebiasaf, hijo de Coré, y sus hermanos, los coreítas, de la misma casa paterna, tuvieron a su cargo la obra del ministerio, guardando las puertas del Tabernáculo, como sus padres guardaron la entrada del campamento de Jehová. [20] Finees hijo de Eleazar fue antes su capitán; y Jehová estaba con él. [21] Zacarías hijo de Meselemías era portero de la puerta del Tabernáculo de reunión. [22] Todos estos, escogidos para ser guardias de las puertas, eran doscientos doce cuando fueron contados en sus villas, según el registro de sus genealogías, los cuales habían sido establecidos en sus cargos por David y Samuel, el vidente. [23] Tanto ellos como sus hijos eran porteros, y se turnaban a las puertas de la casa de Jehová, y de la casa del Tabernáculo. [24] Y estaban los porteros a los cuatro lados: al oriente, al occidente, al norte y al sur. [25] Y sus hermanos, que estaban en sus aldeas, venían cada siete días según su turno para estar con ellos. [26] Porque cuatro principales de los porteros levitas estaban de guardia permanentemente, y tenían a su cargo las habitaciones y los tesoros de la casa de Dios. [27] Estos habitaban alrededor de la casa de Dios, pues tenían el encargo de guardarla y de abrirla todas las mañanas.

[28] Algunos de estos tenían a su cargo los utensilios para el ministerio, los cuales

---

[a] **9.2-3** Esd 2.70; 7.7-8; Neh 7.73; 11.3-4.   [b] **9.7** Neh 11.7.   [c] **9.17** Neh 11.19.

contaban cuando se guardaban y cuando se sacaban. ²⁹Otros estaban a cargo de la vajilla, y de todos los utensilios del santuario, de la harina, del vino, del aceite, del incienso y de las especias. ³⁰Y algunos de los hijos de los sacerdotes hacían los perfumes aromáticos.ᵈ ³¹Matatías, uno de los levitas, primogénito de Salum, el coreíta, tenía a su cargo las cosas que se hacían en sartén.ᵉ ³²Y algunos de los hijos de Coat, y de sus hermanos, tenían a cargo los panes de la proposición,ᶠ los cuales ponían por orden cada sábado. ³³También había cantores, jefes de familias de los levitas, los cuales vivían en las habitaciones del Templo, exentos de otros servicios, porque de día y de noche estaban en aquella obra.

³⁴Estos eran jefes de familias de los levitas por sus generaciones; jefes que habitaban en Jerusalén.

Genealogía de Saúl

³⁵En Gabaón habitaba Jehiel, padre de Gabaón, el nombre de cuya mujer era Maaca. ³⁶Sus hijos fueron Abdón, el primogénito, y luego Zur, Cis, Baal, Ner, Nadab, ³⁷Gedor, Ahío, Zacarías y Miclot; ³⁸y Miclot engendró a Simeam. Estos habitaban también en Jerusalén con sus hermanos frente a ellos.

³⁹Ner engendró a Cis, Cis engendró a Saúl, y Saúl engendró a Jonatán, Malquisúa, Abinadab y Es-baal. ⁴⁰Hijo de Jonatán fue Merib-baal, y Merib-baal engendró a Micaía. ⁴¹Los hijos de Micaía fueron: Pitón, Melec, Tarea y Acaz. ⁴²Acaz engendró a Jara, Jara engendró a Alemet, Azmavet y Zimri, y Zimri engendró a Mosa. ⁴³Los descendientes de Mosa fueron Bina, padre de Refaías, padre de Elasa, padre de Azel. ⁴⁴Y Azel tuvo seis hijos, los nombres de los cuales son: Azricam, Bocru, Ismael, Searías, Obadías y Hanán. Estos fueron los hijos de Azel.

Muerte de Saúl y de sus hijos
(1 S 31.1-13)

10 ¹Los filisteos pelearon contra Israel; huyeron delante de ellos los israelitas, pues muchos cayeron heridos de muerte en el monte Gilboa. ²Los filisteos siguieron a Saúl y a sus hijos, y mataron a Jonatán, a Abinadab y a Malquisúa, hijos de Saúl. ³Al concentrar sus ataques contra Saúl, le alcanzaron los flecheros y fue herido por ellos. ⁴Entonces dijo Saúl a su escudero: «Saca tu espada y traspásame con ella, no sea que vengan estos incircuncisos y hagan mofa de mí»; pero su escudero no quiso, porque tenía mucho miedo. Entonces Saúl tomó la espada y se echó sobre ella. ⁵Cuando su escudero vio a Saúl muerto, él también se echó sobre su espada y se mató. ⁶Así murieron Saúl y sus tres hijos; y toda su casa murió junto con él. ⁷Al ver todos los de Israel que habitaban en el valle que habían huido las tropas y que Saúl y sus hijos habían muerto, dejaron sus ciudades y huyeron. Vinieron entonces los filisteos y se establecieron en ellas.

⁸Sucedió al día siguiente, que al venir los filisteos a despojar a los muertos, hallaron a Saúl y a sus hijos tendidos en el monte Gilboa. ⁹Luego que lo despojaron, tomaron su cabeza y sus armas, y enviaron mensajeros por toda la tierra de los filisteos para dar la buena noticia a sus ídolos y al pueblo. ¹⁰Después pusieron sus armas en el templo de sus dioses y colgaron su cabeza en el templo de Dagón.

¹¹Cuando oyeron los de Jabes de Galaad lo que habían hecho los filisteos de Saúl, ¹²se levantaron todos los hombres valientes, tomaron el cuerpo de Saúl y los cuerpos de sus hijos, y los trajeron a Jabes; enterraron sus huesos debajo de una encina en Jabes, y ayunaron siete días.ᵃ

¹³Así murió Saúl a causa de su rebelión con que pecó contra Jehová, contra la palabra de Jehová, la cual no guardó,ᵇ y porque consultó a una adivina,ᶜ ¹⁴y no consultó a Jehová; por esta causa lo mató, y traspasó el reino a David hijo de Isaí.

David, proclamado rey de Israel
(2 S 5.1-5)

11 ¹Entonces todo Israel se congregó en torno a David en Hebrón, y le dijeron: «Nosotros somos tu hueso y tu carne. ²También antes de ahora, mientras

---

ᵈ 9.30 Ex 30.22-33.   ᵉ 9.31-32 Lv 2.1-4; 6.14-18; 7.11-12; 1 Cr 23.29.   ᶠ 9.32 Ex 25.30; Lv 24.5-8.
ᵃ 10.12 2 S 2.5.   ᵇ 10.13 1 S 13.8-14; 15.1-24.   ᶜ 10.13 Lv 19.31; 20.6; 1 S 28.7-8; Dt 18.10-14.

Saúl reinaba, tú eras quien sacaba a la guerra a Israel, y lo volvías a traer. También Jehová tu Dios te ha dicho: "Tú apacentarás a mi pueblo Israel, y tú serás príncipe sobre Israel, mi pueblo"».

³ Y vinieron todos los ancianos de Israel ante el rey, en Hebrón; David hizo un pacto con ellos delante de Jehová, y ungieron a David como rey sobre Israel, por medio de Samuel, conforme a la palabra de Jehová.

David toma la fortaleza de Sión
(2 S 5.6-10)

⁴ Entonces se fue David con todo Israel a Jerusalén, la cual es Jebús; y los jebuseos habitaban en aquella tierra.ᵃ ⁵ Y los habitantes de Jebús dijeron a David: «No entrarás acá». Pero David tomó la fortaleza de Sión, que es la Ciudad de David. ⁶ David había dicho: «El que primero derrote a los jebuseos será cabeza y jefe». Entonces Joab hijo de Sarvia subió el primero, y fue hecho jefe.ᵇ ⁷ Se instaló David en la fortaleza, y por esto la llamaron la Ciudad de David. ⁸ Edificó la ciudad alrededor, desde Milo hasta el muro; y Joab reparó el resto de la ciudad. ⁹ Y David iba adelantando y creciendo, y Jehová de los ejércitos estaba con él.

Los valientes de David
(2 S 23.8-39)

¹⁰ Estos son los jefes de los valientes que David tuvo, los que le ayudaron en su reino, junto con todo Israel, para hacerle reinar sobre Israel, conforme a la palabra de Jehová.

¹¹ Esta es la lista de los valientes que David tuvo: Jasobeam hijo de Hacmoni, caudillo de los treinta,ᶜ el cual blandió su lanza una vez contra trescientos, a los cuales mató. ¹² Después de este estaba Eleazar hijo de Dodo, el ahohíta, el cual era de los tres valientes. ¹³ Este estuvo con David en Pasdamim, donde los filisteos se habían concentrado para la batalla. Había allí una parcela de tierra llena de cebada, y cuando el pueblo huyó delante de los filisteos, ¹⁴ él se puso en medio de la parcela, la defendió y venció a los filisteos, pues Jehová los favoreció con una gran victoria.

¹⁵ Tres de los treinta jefes descendieron a la peña a encontrarse con David, a la cueva de Adulam, cuando el campamento de los filisteos se hallaba en el valle de Refaim. ¹⁶ David estaba entonces en la fortaleza, mientras una guarnición de los filisteos ocupaba Belén. ¹⁷ David expresó este deseo: «¡Quién me diera de beber de las aguas del pozo de Belén, que está a la puerta!» ¹⁸ Y aquellos tres irrumpieron en el campamento de los filisteos, sacaron agua del pozo de Belén, que está a la puerta, la tomaron y se la llevaron a David; pero él no la quiso beber, sino que la derramó para Jehová, y dijo: ¹⁹ «Guárdeme mi Dios de hacer esto. ¿Voy acaso a beber la sangre y la vida de estos hombres que con peligro de sus vidas la han traído?» Y no la quiso beber. Esto hicieron aquellos tres valientes.

²⁰ Abisai, hermano de Joab, era jefe de los treinta. Una vez, blandió su lanza contra trescientos hombres y los mató. Así ganó renombre entre los tres.ᵈ ²¹ Fue el más ilustre de los treinta, pues llegó a ser su jefe, pero no igualó a los tres primeros.

²² Benaía hijo de Joiada era hijo de un hombre valiente de Cabseel, de grandes hazañas; él venció a los dos leones de Moab; también descendió y mató a un león en un foso, en medio de una nevada. ²³ Él mismo venció a un egipcio, hombre de cinco codos de estatura; y el egipcio traía una lanza como un rodillo de tejedor, pero él descendió con un palo, y arrebató al egipcio la lanza de la mano y lo mató con su misma lanza. ²⁴ Esto hizo Benaía hijo de Joiada, y conquistó renombre entre los tres valientes.ᵉ ²⁵ Fue el más distinguido de los treinta, pero no igualó a los tres primeros. A este puso David en su guardia personal.

²⁶ Los valientes de los ejércitos eran: Asael, hermano de Joab, Elhanan hijo de Dodo, el de Belén, ²⁷ Samot, el harodita, Heles, el pelonita; ²⁸ Ira hijo de Iques, el tecoíta, Abiezer, el anatotita, ²⁹ Sibecai, el

---

ᵃ **11.4** Jos 15.8,63; Jue 1.21; 19.10-11.   ᵇ **11.6** 2 S 2.13-15; 8.16.   ᶜ **11.11** 2 S 23.8-12.
ᵈ **11.20** Estos *treinta* se mencionan por nombre en los v. 26-47. En 2 S 23.8-39 la lista difiere un poco, tanto en los nombres como en la forma de escribirlos.   ᵉ **11.24** 2 S 8.18; 20.23.

husatita, Ilai, el ahohíta, [30] Maharai, el netofatita, Heled hijo de Baana, el netofatita, [31] Itai hijo de Ribai, de Gabaa, de los hijos de Benjamín, Benaía, el piratonita, [32] Hurai, del río Gaas, Abiel, el arbatita, [33] Azmavet, el barhumita, Eliaba, el saalbonita, [34] los hijos de Hasem, el gizonita, Jonatán hijo de Sage, el ararita, [35] Ahíam hijo de Sacar, el ararita, Elifal hijo de Ur, [36] Hefer, el mequeratita, Ahías, el pelonita, [37] Hezro, el carmelita, Naarai hijo de Ezbai, [38] Joel, hermano de Natán, Mibhar hijo de Hagrai, [39] Selec, el amonita, Naharai, el beerotita, escudero de Joab hijo de Sarvia, [40] Ira, el itrita, Gareb, el itrita, [41] Urías, el heteo, Zabad hijo de Ahlai, [42] Adina hijo de Siza, el rubenita, príncipe de los rubenitas, y treinta hombres con él, [43] Hanán hijo de Maaca, Josafat, el mitnita, [44] Uzías, el astarotita, Sama y Jehiel hijos de Hotam, el aroerita; [45] Jediael hijo de Simri, y Joha, su hermano, el tizita, [46] Eliel, el mahavita, Jerebai y Josavía hijos de Elnaam, Itma, el moabita, [47] Eliel, Obed, y Jaasiel, el mesobaíta.

El ejército de David

12 [1] Estos son los que vinieron ante David en Siclag,[a] estando él aún encerrado por causa de Saúl hijo de Cis; eran de los valientes que le ayudaron en la guerra. [2] Estaban armados de arcos y usaban ambas manos para tirar piedras con la honda y flechas con el arco.

De los hermanos de Saúl de Benjamín, [3] el jefe era Ahiezer, después Joás, hijos de Semaa, el gabaatita; Jeziel y Pelet hijos de Azmavet, Beraca y Jehú, el anatotita, [4] Ismaías, el gabaonita, valiente entre los treinta, y jefe entre ellos; Jeremías, Jahaziel, Johanán, Jozabad, el gederatita, [5] Eluzai, Jerimot, Bealías, Semarías, Sefatías, el harufita, [6] Elcana, Isías, Azareel, Joezer y Jasobeam, coreítas, [7] y Joela y Zebadías hijos de Jeroham, de Gedor.

[8] También de los de Gad huyeron y fueron adonde estaba David, al lugar fuerte en el desierto, hombres de guerra muy valientes para pelear, diestros con el escudo y la lanza; sus rostros eran como rostros de leones, y eran ligeros como las gacelas sobre las montañas.[b] [9] Ezer, el primero,

Obadías, el segundo, Eliab, el tercero, [10] Mismana, el cuarto, Jeremías, el quinto, [11] Atai, el sexto, Eliel, el séptimo, [12] Johanán, el octavo, Elzabad, el noveno, [13] Jeremías, el décimo y Macbanai, el undécimo. [14] Estos fueron capitanes del ejército de los hijos de Gad. El menor estaba a cargo de cien hombres, y el mayor, de mil. [15] Estos pasaron el Jordán en el mes primero, cuando se había desbordado por todas sus riberas; e hicieron huir a todos los habitantes de los valles al oriente y al occidente.

[16] Asimismo algunos de los hijos de Benjamín y de Judá fueron ante David al lugar fuerte. [17] David salió a su encuentro y les habló diciendo:

—Si habéis venido a mí en son de paz y para ayudarme, me uniré a vosotros; pero si es para entregarme a mis enemigos, sin que mis manos estén manchadas de maldad, véalo el Dios de nuestros padres, y os lo demande.

[18] Entonces el espíritu vino sobre Amasai, jefe de los treinta, y dijo:

«¡Somos tuyos, David!
¡Estamos contigo, hijo de Isaí!
¡Paz, paz para ti,
y paz para quienes te ayudan,
pues también tu Dios te ayuda!»

David los recibió y los puso entre los capitanes de la tropa.

[19] También se pasaron a David algunos de Manasés, cuando fue con los filisteos a la batalla contra Saúl (pero David no los ayudó, porque los jefes de los filisteos, tras deliberar, lo despidieron diciendo: «Con peligro de nuestras cabezas se pasará a su señor Saúl»). [20] Así que cuando volvió él a Siclag, se pasaron a él de los de Manasés: Adnas, Jozabad, Jediael, Micael, Jozabad, Eliú y Ziletai, príncipes de millares de los de Manasés. [21] Estos ayudaron a David contra la banda de merodeadores, pues todos ellos eran hombres valientes, y fueron capitanes en el ejército. [22] Cada día le llegaba ayuda a David, hasta que se formó un gran ejército, como un ejército de Dios.

[23] Este es el número de los principales

ᵃ**12.1** 1 S 27.1-7.　ᵇ**12.8** Dt 33.20.

que estaban listos para la guerra, y llegaron a David en Hebrón para traspasarle el reino de Saúl, conforme a la palabra de Jehová: [24] De los hijos de Judá que traían escudo y lanza, seis mil ochocientos estaban listos para la guerra. [25] De los hijos de Simeón, siete mil cien hombres, valientes y esforzados para la guerra. [26] De los hijos de Leví, cuatro mil seiscientos; [27] asimismo Joiada, príncipe de los del linaje de Aarón, y con él tres mil setecientos hombres, [28] y Sadoc, joven valiente y esforzado, con veintidós de los principales de la casa de su padre. [29] De los hijos de Benjamín, hermanos de Saúl, tres mil; porque hasta entonces muchos de ellos se mantenían fieles a la casa de Saúl. [30] De los hijos de Efraín, veinte mil ochocientos, muy valientes, hombres ilustres en las casas de sus padres. [31] De la media tribu de Manasés, dieciocho mil, los cuales fueron designados para ir a proclamar a David como rey. [32] De los hijos de Isacar, doscientos principales, entendidos en los tiempos, y que sabían lo que Israel debía hacer, y cuyas órdenes seguían todos sus hermanos. [33] De Zabulón, cincuenta mil, que salían a la campaña prontos para la guerra, con toda clase de armas de guerra y dispuestos a pelear sin doblez de corazón. [34] De Neftalí, mil capitanes, y con ellos treinta y siete mil con escudo y lanza. [35] De los de Dan, dispuestos a pelear, veintiocho mil seiscientos. [36] De Aser, dispuestos para la guerra y preparados para pelear, cuarenta mil. [37] Y del otro lado del Jordán, de los rubenitas y gaditas y de la media tribu de Manasés, ciento veinte mil con toda clase de armas de guerra.

[38] Todos estos hombres de guerra, dispuestos para guerrear, fueron con corazón perfecto a Hebrón, para poner a David como rey sobre todo Israel; asimismo todos los demás de Israel estaban de acuerdo en poner a David como rey. [39] Y estuvieron allí con David tres días comiendo y bebiendo, porque sus hermanos habían provisto para ellos. [40] También los que les eran vecinos, hasta Isacar y Zabulón y Neftalí, trajeron víveres en asnos, camellos, mulos y bueyes; provisión de harina, tortas de higos, pasas, vino y aceite, y bueyes y ovejas en abundancia, porque en Israel había alegría.

David propone trasladar el Arca a Jerusalén

13 [1] Entonces David consultó con los capitanes de millares y de centenas, y con todos los jefes. [2] Y dijo David a toda la asamblea de Israel: «Si os parece bien y si es la voluntad de Jehová, nuestro Dios, enviaremos a todas partes por nuestros hermanos que han quedado en todas las tierras de Israel, y por los sacerdotes y levitas que están con ellos en sus ciudades y ejidos, para que se reúnan con nosotros;[a] [3] y traigamos el Arca de nuestro Dios junto a nosotros, porque desde el tiempo de Saúl no hemos hecho caso de ella».

[4] Y dijo toda la asamblea que se hiciera así, porque el asunto parecía bien a todo el pueblo.

David intenta trasladar el Arca
(2 S 6.1-11)

[5] Entonces David reunió a todo Israel, desde Sihor de Egipto hasta la entrada de Hamat, para que trajeran el Arca de Dios desde Quiriat-jearim.[b] [6] Y subió David con todo Israel a Baala de Quiriat-jearim, que está en Judá, para trasladar de allí el Arca de Jehová Dios, que habita entre los querubines,[c] sobre la cual su nombre es invocado. [7] Y llevaron el Arca de Dios de la casa de Abinadab en un carro nuevo; y Uza y Ahío guiaban el carro. [8] David y todo Israel se regocijaban delante de Dios con todas sus fuerzas, con cánticos, arpas, salterios, tamboriles, címbalos y trompetas. [9] Pero cuando llegaron a la era de Quidón, Uza extendió su mano hacia al Arca para sostenerla, porque los bueyes tropezaban. [10] Se encendió contra Uza el furor de Jehová, y lo hirió, porque había extendido su mano hacia el Arca; y murió allí delante de Dios.

[11] David tuvo pesar, porque Jehová había castigado a Uza; por lo que llamó a aquel lugar Pérez-uza,[d] hasta el día de hoy. [12] Y David temió a Dios aquel día, y

---

[a] **13.2** Nm 35.1-8; Jos 14.4; 21.2-41.   [b] **13.5** Jos 13.3,5; 1 S 6.21; 7.1-2; 1 Cr 14.3;   [c] **13.6** Ex 25.22.
[d] **13.11** Esto es, *brecha de Uza.*

dijo: «¿Cómo he de llevar a mi casa el Arca de Dios?». ¹³ Y no trasladó David el Arca a su casa, a la ciudad de David, sino que la llevó a casa de Obed-edom, el geteo. ¹⁴ El Arca de Dios estuvo tres meses en la casa de la familia de Obed-edom; y bendijo Jehová la casa de Obed-edom,ᵉ y todo cuanto tenía.

Hiram envía embajadores a David
(2 S 5.11-12)

14 ¹ Hiram, rey de Tiro, envió a David embajadores y madera de cedro, y albañiles y carpinteros, para que le edificaran una casa. ² Entonces entendió David que Jehová lo había confirmado como rey sobre Israel, pues había exaltado su reino sobre su pueblo Israel.

Hijos de David nacidos en Jerusalén
(2 S 5.13-16; 1 Cr 3.5-9)

³ También David tomó mujeres en Jerusalén, y engendró más hijos e hijas. ⁴ Estos son los nombres de los que le nacieron en Jerusalén: Samúa, Sobab, Natán, Salomón, ⁵ Ibhar, Elisúa, Elpelet, ⁶ Noga, Nefeg, Jafía, ⁷ Elisama, Beeliada y Elifelet.

David derrota a los filisteos
(2 S 5.17-25)

⁸ Cuando oyeron los filisteos que David había sido ungido rey sobre todo Israel, subieron todos en busca de David. Lo supo David y salió contra ellos. ⁹ Los filisteos llegaron y se extendieron por el valle de Refaim. ¹⁰ Entonces David consultó a Dios, diciendo:

—¿Subiré contra los filisteos? ¿Los entregarás en mis manos?

Jehová le respondió:

—Sube, porque yo los entregaré en tus manos.

¹¹ Subieron, pues, a Baal-perazim, y allí los derrotó David. Dijo luego David: «Dios abrió una brecha entre mis enemigos por mi mano, como un torrente de agua». Por esto llamaron el nombre de aquel lugar Baal-perazim.ᵃ ¹² Dejaron allí sus dioses, y David dijo que los quemaran.ᵇ

¹³ Volvieron los filisteos a extenderse por el valle, ¹⁴ y volvió David a consultar a Dios, y Dios le dijo: «No subas tras ellos, sino rodéalos y atácalos frente a las balsameras. ¹⁵ Cuando oigas venir un estruendo por las copas de las balsameras, sal a la batalla, porque Dios saldrá delante de ti y herirá el ejército de los filisteos».

¹⁶ Hizo, pues, David como Dios le mandó, y derrotaron al ejército de los filisteos desde Gabaón hasta Gezer. ¹⁷ Y la fama de David se divulgó por todas aquellas tierras; y Jehová puso el temor de David sobre todas las naciones.

Traslado del Arca a Jerusalén
(2 S 6.12-23)

15 ¹ Hizo David también casas para sí en la Ciudad de David, y arregló un lugar para el Arca de Dios, y le levantó una tienda. ² Entonces dijo David: «El Arca de Dios no debe ser llevada sino por los levitas; porque a ellos ha elegido Jehová para que lleven el Arca de Jehová, y le sirvan perpetuamente».ᵃ

³ Congregó, pues, David a todo Israel en Jerusalén, para que llevaran el Arca de Jehová al lugar que él le había preparado. ⁴ Reunió también David a los hijos de Aarón y a los levitas; ⁵ de los hijos de Coat, a Uriel, el jefe, y sus hermanos, ciento veinte. ⁶ De los hijos de Merari, a Asaías, el jefe, y sus hermanos, doscientos veinte. ⁷ De los hijos de Gersón, a Joel, el jefe, y sus hermanos, ciento treinta. ⁸ De los hijos de Elizafán, a Semaías, el jefe, y sus hermanos, doscientos. ⁹ De los hijos de Hebrón, a Eliel, el jefe, y sus hermanos, ochenta. ¹⁰ De los hijos de Uziel, a Aminadab, el jefe, y sus hermanos, ciento doce.

¹¹ Luego llamó David a los sacerdotes Sadoc y Abiatar, y a los levitas Uriel, Asaías, Joel, Semaías, Eliel y Aminadab, ¹² y les dijo: «Vosotros, que sois los principales padres de las familias de los levitas, santificaos, vosotros y vuestros hermanos, y llevad el Arca de Jehová, Dios de Israel, al lugar que le he preparado; ¹³ pues por no haberlo hecho así vosotros la primera vez, Jehová, nuestro Dios, nos quebrantó, por cuanto no lo buscamos según su ordenanza».

ᵉ **13.14** 1 Cr 26.4-5.   ᵃ **14.11** Es decir, *Señor de los pasos abiertos.*   ᵇ **14.12** Dt 7.5,25.
ᵃ **15.2** Dt 10.8.

¹⁴ Se santificaron, pues, los sacerdotes y los levitas para traer el Arca de Jehová, Dios de Israel. ¹⁵ Y los hijos de los levitas trajeron el Arca de Dios puesta sobre sus hombros en las barras, como lo había mandado Moisés, conforme a la palabra de Jehová.ᵇ

¹⁶ Asimismo dijo David a los principales de los levitas que designaran a cantores entre sus hermanos, con instrumentos de música, con salterios, arpas y címbalos, para que los hicieran resonar con alegría. ¹⁷ Entonces los levitas designaron a Hemán hijo de Joel; y de sus hermanos, a Asaf hijo de Berequías; y de los hijos de Merari y de sus hermanos, a Etán hijo de Cusaías. ¹⁸ Y con ellos a sus hermanos del segundo orden, a Zacarías, Jaaziel, Semiramot, Jehiel, Uni, Eliab, Benaía, Maasías, Matatías, Elifelehu, Micnías, Obed-edom y Jeiel, los porteros.

¹⁹ Así, Hemán, Asaf y Etán, que eran cantores, tocaban címbalos de bronce. ²⁰ Zacarías, Aziel, Semiramot, Jehiel, Uni, Eliab, Maasías y Benaía tenían salterios sobre Alamot. ²¹ Matatías, Elifelehu, Micnías, Obed-edom, Jeiel y Azazías, tenían arpas afinadas en la octava para dirigir. ²² Y Quenanías, jefe de los levitas en la música, fue puesto para dirigir el canto, porque era entendido en ello. ²³ Berequías y Elcana eran porteros del Arca. ²⁴ Sebanías, Josafat, Natanael, Amasai, Zacarías, Benaía y Eliezer, sacerdotes, tocaban las trompetas delante del Arca de Dios; Obed-edom y Jehías eran también porteros del Arca.

²⁵ David, pues, junto a los ancianos de Israel y los capitanes de millares, fueron a traer el Arca del pacto de Jehová, de casa de Obed-edom, con alegría. ²⁶ Como Dios ayudó a los levitas que llevaban el Arca del pacto de Jehová, sacrificaron siete novillos y siete carneros. ²⁷ Iba David vestido de lino fino, y también todos los levitas que llevaban el Arca, y asimismo los cantores; y Quenanías era maestro de canto entre los cantores. Llevaba también David sobre sí un efod de lino. ²⁸ De esta manera llevaba todo Israel el Arca del pacto de Jehová, con júbilo y sonido de bocinas, trompetas y címbalos, al son de salterios y arpas. ²⁹ Cuando el Arca del pacto de Jehová llegó a la Ciudad de David, Mical, hija de Saúl, estaba mirando por una ventana; al ver al rey David que saltaba y danzaba, lo menospreció en su corazón.

16 ¹ Así trajeron el Arca de Dios, y la pusieron en medio de la tienda que David había levantado para ella; y ofrecieron holocaustos y sacrificios de paz delante de Dios. ² Cuando David acabó de ofrecer el holocausto y los sacrificios de paz, bendijo al pueblo en el nombre de Jehová. ³ Y repartió a todo Israel, así a hombres como a mujeres, a cada uno una torta de pan, una pieza de carne y una torta de pasas.

⁴ Puso delante del Arca de Jehová ministros de los levitas, para que recordaran, confesaran y alabaran a Jehová, Dios de Israel: ⁵ Asaf, el primero; el segundo después de él, Zacarías; Jeiel, Semiramot, Jehiel, Matatías, Eliab, Benaía, Obed-edom y Jeiel, con sus instrumentos de salterios y arpas; pero Asaf tocaba los címbalos. ⁶ También los sacerdotes Benaía y Jahaziel tocaban continuamente las trompetas delante del Arca del pacto de Dios.

Salmo de acción de gracias de David

(Sal 96.1-13; 105.1-15; 106.47-48)

⁷ Aquel día David, por primera vez, puso a Asaf y sus hermanos a cargo de la alabanza a Jehová:

⁸ «¡Alabad a Jehová,
invocad su nombre,
dad a conocer entre los pueblos sus obras!
⁹ ¡Cantad a él, cantadle salmos;
hablad de todas sus maravillas!

¹⁰ »¡Gloriaos en su santo nombre;
alégrese el corazón
de los que buscan a Jehová!
¹¹ ¡Buscad a Jehová y su poder;
buscad su rostro continuamente!
¹² Acordaos de las maravillas que ha hecho,
de sus prodigios y de los juicios de su boca,

ᵇ **15.15** Ex 25.14.

¹³ vosotros, hijos de Israel, su siervo,
hijos de Jacob, sus escogidos.
¹⁴ Jehová, él es nuestro Dios,
sus juicios están en toda la tierra.
¹⁵ Él se acuerda de su pacto
perpetuamente,
y de la palabra que mandó para mil
generaciones;
¹⁶ del pacto que concertó con
Abraham,ᵃ
y de su juramento a Isaac,ᵇ
¹⁷ el cual confirmó a Jacob por
estatuto,
a Israel por pacto sempiterno,
¹⁸ diciendo: "A ti daré la tierra de
Canaán,
porción de tu heredad".ᶜ

¹⁹ »Cuando ellos eran pocos en
número,
pocos y forasteros en ella,
²⁰ y andaban de nación en nación,
y de un reino a otro pueblo,
²¹ no permitió que nadie los
oprimiera;
antes por amor de ellos castigó a los
reyes.
²² Dijo: "No toquéis a mis ungidos
ni hagáis mal a mis profetas".ᵈ

²³ »Cantad a Jehová toda la tierra,
proclamad de día en día su
salvación.
²⁴ Cantad entre las gentes su gloria,
en todos los pueblos sus
maravillas.
²⁵ Porque grande es Jehová,
digno de suprema alabanza
y más temible que todos los demás
dioses.
²⁶ Porque todos los dioses de los
pueblos son ídolos,
mas Jehová hizo los cielos.
²⁷ Alabanza y magnificencia hay
delante de él.
Poder y alegría hay en su morada.

²⁸ »¡Tributad a Jehová, familias de los
pueblos,
dad a Jehová gloria y poder!
²⁹ ¡Dad a Jehová la honra debida a su
nombre!
Traed ofrenda y venid delante de él.
¡Postraos delante de Jehová
en la hermosura de la santidad!
³⁰ ¡Que tiemble en su presencia toda
la tierra!
Él afirmó el mundo para que no se
conmueva.
³¹ Alégrense los cielos, gócese la
tierra.
Digan en las naciones: "Jehová
reina".
³² ¡Resuene el mar y su plenitud!
¡Alégrese el campo y todo lo que
hay en él!
³³ Entonces cantarán los árboles de
los bosques
delante de Jehová,
porque viene a juzgar la tierra.

³⁴ »Aclamad a Jehová, porque él es
bueno;
porque su misericordia es eterna.ᵉ
³⁵ Y decid: "¡Sálvanos, Dios,
salvación nuestra!
Recógenos y líbranos de las
naciones,
para que confesemos tu santo
nombre,
y nos gloriemos en tus alabanzas".
³⁶ ¡Bendito sea Jehová, Dios de Israel,
de eternidad a eternidad!».

Y dijo todo el pueblo: «Amén», y alabó
a Jehová.

Los levitas encargados del Arca

³⁷ David dejó allí, delante del Arca del
pacto de Jehová, a Asaf y a sus hermanos,
para que ministraran de continuo delante
del Arca, según el rito de cada día; ³⁸ y a
Obed-edom con sus sesenta y ocho hermanos; y a Obed-edom hijo de Jedutún, y
a Hosa, como porteros. ³⁹ Asimismo al
sacerdote Sadoc, y a los sacerdotes, sus
hermanos, delante del tabernáculo de
Jehová en el lugar alto que estaba en Ga-
baónᶠ ⁴⁰ para que sacrificaran continuamente, por la mañana y por la tarde,

---

ᵃ **16.16** Gn 12.7; 17.8.   ᵇ **16.16** Gn 26.3.   ᶜ **16.17-18** Gn 28.13.   ᵈ **16.21-22** Gn 20.3-7.
ᵉ **16.34** 2 Cr 5.13; 7.3; Esd 3.11; Sal 100.5; 106.1; 107.1; 118.1; 136.1; Jer 33.11.
ᶠ **16.39** 1 R 3.4.

holocaustos a Jehová en el altar del holocausto, conforme a todo lo que está escrito en la ley que Jehová prescribió a Israel.[g] [41] Con ellos estaban Hemán, Jedutún y los otros escogidos, designados por sus nombres, para glorificar a Jehová, porque es eterna su misericordia. [42] Y con ellos, a Hemán y Jedutún, que tenían trompetas, címbalos y otros instrumentos de música para acompañar los cantos a Dios. Los hijos de Jedutún eran porteros.

[43] Después todo el pueblo se fue, cada cual a su casa; también David se volvió para bendecir su casa.[h]

Pacto de Dios con David
(2 S 7.1-29)

17 [1] Viviendo ya David en su casa, dijo al profeta Natán:

—Mira, yo habito en casa de cedro, mientras el Arca del pacto de Jehová está bajo cortinas.

[2] Y Natán dijo a David:

—Haz todo lo que está en tu corazón, porque Dios está contigo.

[3] Pero aquella misma noche vino palabra de Dios a Natán, diciendo: [4] «Ve y di a David mi siervo: "Así ha dicho Jehová: Tú no me edificarás casa para que yo habite.[a] [5] Pues no he habitado en casa alguna desde el día en que saqué a los hijos de Israel hasta el día de hoy; antes estuve de tienda en tienda, y de tabernáculo en tabernáculo. [6] Por dondequiera que anduve con todo Israel, ¿acaso dije a alguno de los jueces de Israel, a los cuales mandé que apacentaran a mi pueblo: '¿Por qué no me edificáis una casa de cedro?' ". [7] Por tanto, ahora dirás a mi siervo David: "Así ha dicho Jehová de los ejércitos: Yo te tomé del redil, de detrás de las ovejas, para que fueras príncipe sobre mi pueblo Israel.[b] [8] He estado contigo en todo cuanto has andado, he cortado a todos tus enemigos de delante de ti, y te haré un nombre grande, como el nombre de los grandes de la tierra. [9] Asimismo he dispuesto lugar para mi pueblo Israel, y lo he plantado para que habite en él y no sea más removido; ni los malhechores lo sigan

oprimiendo, como antes, [10] como en el tiempo cuando puse jueces sobre mi pueblo Israel; sino que humillaré a todos tus enemigos. Te hago saber, además, que Jehová te edificará casa. [11] Cuando se cumplan los días para que vayas con tus padres, levantaré descendencia después de ti, a uno de entre tus hijos, y afirmaré su reino. [12] Él me edificará Casa, y yo confirmaré su trono eternamente. [13] Seré para él como padre, y él será para mí un hijo;[c] no apartaré de él mi misericordia, como hice con aquel que fue antes de ti; [14] sino que lo confirmaré en mi Casa y en mi reino eternamente, y su trono será firme para siempre"».

[15] Conforme a todas estas palabras, y conforme a toda esta visión, habló Natán a David.

[16] Entonces entró el rey David y estuvo delante de Jehová, y dijo: «Jehová Dios, ¿quién soy yo, y qué es mi casa, para que me hayas traído hasta este lugar? [17] Y aun esto, Dios, te ha parecido poco, pues has hablado del porvenir de la casa de tu siervo, y me has mirado como a un hombre excelente, Jehová Dios. [18] ¿Qué más puede decir David del honor que has dado a tu siervo, si tú conoces a tu siervo? [19] Jehová, por amor de tu siervo y según tu corazón, has hecho toda esta gran obra, haciendo notorias todas tus grandezas. [20] Jehová, no hay nadie semejante a ti, ni hay Dios fuera de ti, según todas las cosas que hemos oído con nuestros oídos. [21] ¿Y qué pueblo hay en la tierra como tu pueblo Israel, al cual su Dios fue a rescatar, a fin de engrandecer su nombre por medio de prodigios y maravillas, arrojando a las naciones de delante de tu pueblo, al que tú rescataste de Egipto?[d] [22] Tú has constituido a tu pueblo Israel por pueblo tuyo para siempre; y tú, Jehová, has venido a ser su Dios.

[23] »Ahora pues, Jehová, la palabra que has hablado acerca de tu siervo y de su casa, sea firme para siempre, y haz como has dicho. [24] Permanezca, pues, y sea engrandecido tu nombre para siempre, a fin de que se diga: "Jehová de los ejércitos,

---

[g] **16.40** Ex 29.38-42; Lv 6.9; Nm 28.3,6; 2 Cr 13.11.　[h] **16.43** 2 S 6.19-20.
[a] **17.4** 1 R 8.19; 1 Cr 28.3.　[b] **17.7** 1 S 16.11.　[c] **17.13** 2 Co 6.18; Heb 1.5; Ap 21.7.
[d] **17.21** Dt 4.7.

Dios de Israel, es Dios para Israel". Y se mantenga la casa de tu siervo David firme en tu presencia. 25 Porque tú, Dios mío, revelaste al oído de tu siervo que le has de edificar casa; por eso ha hallado tu siervo motivo para orar delante de ti. 26 Ahora pues, Jehová, tú eres el Dios, y has prometido a tu siervo este bien; 27 y ahora has querido bendecir la casa de tu siervo, para que permanezca perpetuamente delante de ti; porque tú, Jehová, la has bendecido, y bendita será para siempre».ᵉ

David extiende sus dominios
(2 S 8.1-14)

18 ¹ Después de estas cosas aconteció que David derrotó a los filisteos, los humilló y les arrebató Gat y sus villas. ² También derrotó a Moab, y los moabitas fueron siervos de David, y le pagaban tributo.

³ Asimismo derrotó David a Hadad-ezer, rey de Soba, en Hamat, cuando este iba a asegurar su dominio sobre la región del Éufrates. ⁴ David le capturó mil carros, siete mil soldados de los carros y veinte mil hombres de a pie; y desjarretó David los caballos de todos los carros, excepto los de cien carros que dejó.ᵃ

⁵ Luego llegaron los sirios de Damasco en ayuda de Hadad-ezer, rey de Soba, pero David hirió de ellos veintidós mil hombres. ⁶ Y puso David una guarnición en Siria de Damasco, y los sirios fueron hechos siervos de David, sometidos a tributo; pues Jehová daba la victoria a David dondequiera que iba.

⁷ Tomó también David los escudos de oro que llevaban los siervos de Hadad-ezer, y los llevó a Jerusalén. ⁸ Asimismo de Tibhat y de Cun, ciudades de Hadad-ezer, tomó David muchísimo bronce, con el que Salomón hizo el mar de bronce, las columnas y los utensilios de bronce.ᵇ

⁹ Cuando oyó Toi, rey de Hamat, que David había deshecho todo el ejército de Hadad-ezer, rey de Soba, 10 envió a Adoram, su hijo, al rey David, para saludarlo y bendecirlo por haber peleado contra Hadad-ezer y haberlo vencido, ya que Toi estaba en guerra con Hadad-ezer. Le envió también toda clase de utensilios de oro, de plata y de bronce; 11 los cuales el rey David dedicó a Jehová, junto a la plata y el oro que había tomado de todas las naciones de Edom, de Moab, de los hijos de Amón, de los filisteos y de Amalec.

12 Además de esto, Abisai hijo de Sarvia destrozó en el valle de la Sal a dieciocho mil edomitas.ᶜ 13 Puso una guarnición en Edom, y todos los edomitas fueron siervos de David; pues Jehová daba el triunfo a David dondequiera que iba.

Funcionarios del reino
(2 S 8.15-18; 20.23-26)

14 Reinó David sobre todo Israel, y juzgaba con justicia a todo su pueblo. 15 Joab hijo de Sarvia era general del ejército, y Josafat hijo de Ahilud, canciller.ᵈ 16 Sadoc hijo de Ahitob, y Abimelec hijo de Abiatar eran sacerdotes, y Savsa, secretario. 17 Benaía hijo de Joiada estaba sobre los cereteos y peleteos; y los hijos de Davidᵉ eran los principales ayudantes del rey.

Israel derrota a sirios y amonitas
(2 S 10.1-19)

19 ¹ Después de estas cosas aconteció que murió Nahas, rey de los hijos de Amón, y reinó en su lugar su hijo. ² Y dijo David: «Tendré misericordia con Hanún hijo de Nahas, porque también su padre tuvo conmigo misericordia». Así David envió embajadores para que lo consolaran de la muerte de su padre. Pero cuando llegaron los siervos de David a la tierra de los hijos de Amón, donde estaba Hanún, para consolarlo, ³ los príncipes de los hijos de Amón dijeron a Hanún: «¿Según tu parecer ha enviado David a consolarte porque quiere honrar a tu padre? ¿No vienen más bien sus siervos a ti para espiar, examinar y reconocer la tierra?»

⁴ Entonces Hanún tomó a los siervos de David y los rapó, les cortó los vestidos por la mitad, hasta las nalgas, y los despachó. ⁵ Se fueron luego, y cuando llegó a David la noticia sobre aquellos hombres, envió a recibirlos, porque estaban muy

---

ᵉ **17.27** Nm 22.6.   ᵃ **18.4** Jos 11.6,9.   ᵇ **18.8** 1 R 7.15,23,27,40-47; 1 Cr 4.11-18.
ᶜ **18.12** Sal 60 (tít. hebreo).   ᵈ **18.15** 1 R 4.3; 1 Cr 11.6.   ᵉ **18.17** 1 R 1.38,44; 1 Cr 11.22.

avergonzados. El rey mandó que les dijeran: «Quedaos en Jericó hasta que os crezca la barba, y entonces volveréis».

⁶ Al ver los hijos de Amón que se habían hecho odiosos a David, Hanún y los hijos de Amón enviaron mil talentos de plata para tomar a sueldo carros y gente de a caballo de Mesopotamia, de Siria, de Maaca y de Soba. ⁷ Y tomaron a sueldo treinta y dos mil carros, y al rey de Maaca y a su ejército, los cuales vinieron y acamparon delante de Medeba. Y se reunieron también los hijos de Amón en sus ciudades y acudieron a la guerra.

⁸ Cuando David lo supo, envió a Joab con todo el ejército de los hombres valientes. ⁹ Los amonitas salieron y ordenaron la batalla a la entrada de la ciudad; y los reyes que habían venido estaban aparte en el campo. ¹⁰ Y viendo Joab que el ataque contra él había sido dispuesto por el frente y por la retaguardia, escogió de los más aventajados que había en Israel, y con ellos ordenó su ejército contra los sirios.ᵃ ¹¹ Puso luego el resto de la gente al mando de Abisai, su hermano, y los organizó en orden de batalla contra los amonitas. ¹² Y dijo: «Si los sirios son más fuertes que yo, tú me ayudarás; y si los amonitas son más fuertes que tú, yo te ayudaré. ¹³ Esfuérzate, y esforcémonos por nuestro pueblo, y por las ciudades de nuestro Dios; y haga Jehová lo que bien le parezca».

¹⁴ Entonces avanzó Joab con el pueblo que traía consigo, para pelear contra los sirios; pero ellos huyeron delante de él. ¹⁵ Cuando los amonitas vieron que los sirios habían huido, huyeron también ellos delante de Abisai, hermano de Joab, y entraron en la ciudad. Entonces Joab volvió a Jerusalén.

¹⁶ Al ver los sirios que habían caído delante de Israel, enviaron embajadores, y trajeron a los sirios que estaban al otro lado del Éufrates, cuyo capitán era Sofac, general del ejército de Hadad-ezer. ¹⁷ Luego que fue dado aviso a David, reunió a todo Israel, cruzó el Jordán, llegó adonde estaban y ordenó batalla contra ellos. David ordenó su tropa contra los sirios, y estos pelearon contra él. ¹⁸ Pero el pueblo sirio huyó delante de Israel; y mató David

de los sirios a siete mil hombres de los carros y cuarenta mil hombres de a pie; asimismo mató a Sofac, general del ejército. ¹⁹ Cuando los siervos de Hadad-ezer vieron que habían caído delante de Israel, concertaron paz con David y quedaron sometidos a él. A partir de entonces, el pueblo sirio nunca más quiso ayudar a los amonitas.

Caída y destrucción de Rabá
(2 S 12.26-31)

20 ¹ Al año siguiente, en el tiempo en que suelen los reyes salir a la guerra, Joab sacó las fuerzas del ejército y destruyó la tierra de los amonitas. Luego fue y sitió a Rabá, mientras David estaba en Jerusalén.ᵃ Joab atacó a Rabá y la destruyó. ² Entonces tomó David la corona de encima de la cabeza del rey de Rabá, y descubrió que pesaba un talento de oro. Había en ella piedras preciosas; y fue puesta sobre la cabeza de David. Además de esto sacó de la ciudad un botín muy grande. ³ Sacó también al pueblo que estaba en ella, y lo puso a trabajar con sierras, con trillos de hierro y con hachas. Lo mismo hizo David a todas las ciudades de los amonitas. Y volvió David con todo el ejército a Jerusalén.

Los hombres de David matan a los gigantes
(2 S 21.18-22)

⁴ Después de esto aconteció que tuvo lugar una batalla en Gezer contra los filisteos; y Sibecai, el husatita, mató a Sipai, de los descendientes de los gigantes; y fueron humillados. ⁵ Y hubo otra guerra contra los filisteos; y Elhanán hijo de Jair mató a Lahmi, hermano de Goliat, el geteo, cuya lanza tenía un asta tan grande como un rodillo de telar.ᵇ

⁶ Volvió a haber guerra en Gat, donde había un hombre de gran estatura, el cual tenía seis dedos en los pies y las manos, veinticuatro en total; y era descendiente de los gigantes. ⁷ Este hombre desafió a Israel, pero lo mató Jonatán hijo de Simea, hermano de David. ⁸ Estos eran descendientes de los gigantes de Gat, los cuales cayeron a manos de David y de sus siervos.

ᵃ **19.10** 1 R 2.28,34.   ᵃ **20.1** 2 S 11.1.   ᵇ **20.5** 1 S 17.4-7.

David censa al pueblo
(2 S 24.1-25)

21 ¹Se levantó Satanás contra Israel e incitó a David a que hiciera censo del pueblo. ²Y dijo David a Joab y a los príncipes del pueblo:

—Id, haced censo de Israel desde Beerseba hasta Dan, e informadme sobre el número de ellos para que yo lo sepa.

³Respondió Joab:

—¡Que Jehová añada a su pueblo cien veces más de lo que es, rey, señor mío!; ¿acaso no son todos ellos siervos de mi señor? ¿Para qué procura mi señor esto, que traerá pecado sobre Israel?

⁴Pero la orden del rey pudo más que Joab. Salió, por tanto, Joab y recorrió todo Israel; entonces volvió a Jerusalén y dio cuenta a David de las cifras del pueblo: ⁵había en todo Israel un millón cien mil que sacaban espada, y en Judá cuatrocientos setenta mil hombres que sacaban espada. ⁶Entre estos no fueron contados los levitas, ni los hijos de Benjamín, porque la orden del rey era abominable a Joab.ᵃ

⁷Esto desagradó a Dios, el cual castigó a Israel. ⁸Entonces dijo David a Dios:

—He pecado gravemente al hacer esto; te ruego que quites la maldad de tu siervo, pues he actuado muy locamente.

⁹Y habló Jehová a Gad, vidente de David, diciendo: ¹⁰«Ve, habla a David y dile: "Así ha dicho Jehová: Tres cosas te propongo; escoge de ellas una y así haré contigo"».

¹¹Gad fue ante David y le dijo:

—Así ha dicho Jehová: ¹²"Escoge para ti: tres años de hambre, o tres meses de derrotas ante tus enemigos, con la espada de tus adversarios, o bien tres días durante los cuales la espada de Jehová y la peste recorran la tierra, y el ángel de Jehová haga destrucción en todos los términos de Israel". Mira, pues, qué responderé a quien me ha enviado.

¹³David respondió a Gad:

—Estoy en grande angustia. Prefiero caer en la mano de Jehová, porque sus misericordias son muchas en extremo, que caer en manos de los hombres.

¹⁴Entonces Jehová envió una peste sobre Israel, y murieron setenta mil hombres.

¹⁵Envió Jehová el ángel a Jerusalén para destruirla; pero cuando ya estaba destruyéndola, miró Jehová y se arrepintió de aquel mal, y dijo al ángel que destruía: «¡Basta ya! ¡Detén tu mano!». El ángel de Jehová estaba junto a la era de Ornán, el jebuseo. ¹⁶Y alzando David sus ojos, vio al ángel de Jehová que estaba entre el cielo y la tierra, con una espada desnuda en su mano, extendida contra Jerusalén. Entonces David y los ancianos se postraron sobre sus rostros, vestidos de ropas ásperas. ¹⁷Y dijo David a Dios:

—¿No soy yo el que hizo contar al pueblo? Yo mismo soy el que pequé, y ciertamente he hecho mal; pero estas ovejas,ᵇ ¿qué han hecho? Jehová Dios mío, caiga ahora tu mano sobre mí, y sobre la casa de mi padre, pero no envíes la peste sobre tu pueblo.

¹⁸El ángel de Jehová ordenó a Gad decirle a David que subiera y construyera un altar a Jehová en la era de Ornán, el jebuseo. ¹⁹Y David subió, conforme a la orden que Gad le había dado en nombre de Jehová. ²⁰Al volverse Ornán, que estaba trillando el trigo, vio al ángel, y los cuatro hijos que estaban con él se escondieron. ²¹Cuando David llegó adonde estaba Ornán, este miró y vio a David; entonces salió de la era y se postró en tierra ante David. ²²Luego dijo David a Ornán:

—Dame este lugar de la era, para que edifique un altar a Jehová; dámelo por su cabal precio, para que cese la mortandad en el pueblo.

²³Respondió Ornán a David:

—Tómala para ti, y haga mi señor, el rey, lo que bien le parezca. Yo daré los bueyes para el holocausto, trillos para leña y trigo para la ofrenda. Yo lo doy todo.

²⁴Replicó el rey David a Ornán:

—No, todo quiero comprarlo por su justo precio; porque no tomaré para Jehová lo que es tuyo, ni sacrificaré holocausto que nada me cueste.

²⁵Y dio David a Ornán por aquel lugar la suma de seiscientos siclos de oro. ²⁶David edificó allí un altar a Jehová, en el que ofreció holocaustos y ofrendas de paz e invocó a Jehová, quien le respondió por fuego desde los cielos en el altar del holocausto.

ᵃ**21.6** Nm 1.49; 1 Cr 27.24.   ᵇ**21.17** Es decir, *estos inocentes.*

²⁷Entonces Jehová habló al ángel, y este volvió su espada a la vaina.

²⁸Al ver David que Jehová lo había oído en la era de Ornán, el jebuseo, ofreció sacrificios allí. ²⁹Pues el tabernáculo de Jehová que Moisés había hecho en el desierto, y el altar del holocausto, estaban entonces en el lugar alto de Gabaón; ³⁰pero David no pudo ir allá a consultar a Dios, porque estaba atemorizado a causa de la espada del ángel de Jehová.

22 ¹Y dijo David: «Aquí estará la casa de Jehová Dios, y aquí el altar del holocausto para Israel».

Preparativos para la edificación del Templo

²Después mandó David que se reuniera a los extranjeros que había en la tierra de Israel, y señaló de entre ellos canteros que labraran piedras para edificar la casa de Dios. ³Asimismo preparó David mucho hierro para los clavos de las puertas y para las junturas; y también una incalculable cantidad de bronce,ᵃ y madera de cedro sin cuenta, ⁴pues los sidonios y tirios habían traído a David abundante madera de cedro.ᵇ

⁵David se decía: «Salomón, mi hijo, es muchacho y de tierna edad, y la Casa que se ha de edificar a Jehová ha de ser magnífica por su excelencia, para renombre y honra suya en todas las tierras; ahora, pues, yo haré los preparativos necesarios».ᶜ E hizo David grandes preparativos antes de su muerte.

⁶Llamó entonces David a Salomón, su hijo, y le mandó que edificara Casa a Jehová, Dios de Israel. ⁷Y dijo David a Salomón: «Hijo mío, en mi corazón tuve el propósito de edificar un templo dedicado al nombre de Jehová, mi Dios. ⁸Pero recibí palabra de Jehová, que decía: "Tú has derramado mucha sangre y has hecho grandes guerras; no edificarás Casa a mi nombre, porque has derramado mucha sangre en la tierra delante de mí. ⁹Mira

que te nacerá un hijo, el cual será hombre de paz, pues yo le haré estar en paz con todos sus enemigos en derredor; por tanto, su nombre será Salomón,ᵈ y en sus días concederé paz y reposo a Israel. ¹⁰Él edificará una Casa a mi nombre; será para mí un hijo, y yo seré para él un padre; y afirmaré el trono de su reino sobre Israel para siempre".ᵉ ¹¹Ahora pues, hijo mío, Jehová esté contigo, y seas prosperado, para que edifiques la Casa a Jehová tu Dios, como él ha dicho de ti. ¹²Que Jehová te dé entendimiento y prudencia, para que cuando gobiernes a Israel guardes la ley de Jehová, tu Dios. ¹³Entonces serás prosperado, si cuidas de poner por obra los estatutos y decretos que Jehová mandó a Moisés para Israel. Esfuérzate, pues, y cobra ánimo; no temas, ni desmayes.ᶠ ¹⁴Mira, yo con grandes esfuerzos he preparado para la casa de Jehová cien mil talentos de oro, un millón de talentos de plata, y bronce y hierro sin medida, pues es mucho. Asimismo he preparado madera y piedra, lo cual tú podrás aumentar. ¹⁵Tienes contigo muchos obreros, canteros, albañiles, carpinteros, hombres expertos en toda clase de obra. ¹⁶Del oro, de la plata, del bronce y del hierro, hay en abundancia. Levántate y manos a la obra; que Jehová esté contigo».

¹⁷Asimismo mandó David a todos los principales de Israel que ayudaran a Salomón, su hijo, diciendo: ¹⁸«¿No está con vosotros Jehová, vuestro Dios, el cual os ha dado paz por todas partes? Porque él ha entregado en mis manos a los habitantes de la tierra, y la tierra ha sido sometida delante de Jehová y delante de su pueblo. ¹⁹Aplicad, pues, ahora vuestros corazones y vuestras almas a buscar a Jehová, vuestro Dios. Levantaos y edificad el santuario de Jehová Dios, para traer el Arca del pacto de Jehová, y los utensilios consagrados a Dios, a la casa edificada al nombre de Jehová».

ᵃ **22.3** 1 R 7.47; 1 Cr 18.8.   ᵇ **22.4** Esd 3.7.   ᶜ **22.5** Aquí se relaciona estrechamente a David, rey ideal de Israel, con el templo de Jerusalén. Por eso la insistencia en afirmar que fue él quien preparó los materiales para la construcción del Templo. Cf. 1 R 5.13-18.
ᵈ **22.9** Esto es, *Pacífico*. La figura de Salomón contrasta con la de David, guerrero de grandes batallas a quien no se le permitió construir el Templo por haber derramado mucha sangre (v. 8), lo que lo descalificaba para aquella tarea.   ᵉ **22.7-10** 2 S 7.1-16; 1 R 5.3-5; 8.17-21; 1 Cr 17.1-14; 28.2-7.   ᶠ **22.13** Jos 1.6-9.

Distribución y deberes de los levitas

23 ¹ Viejo ya David y colmado de días, proclamó a Salomón, su hijo, rey de Israel.ᵃ ² Habiendo reunido a todos los principales de Israel, a los sacerdotes y a los levitas, ³ fueron contados los levitas mayores de treinta años; y fue el número de ellos, contados uno por uno, treinta y ocho mil. ⁴ De estos, veinticuatro mil dirigirían la obra de la casa de Jehová, y seis mil serían gobernadores y jueces. ⁵ Además, cuatro mil serían porteros, y cuatro mil alabarían a Jehová, con los instrumentos que David había hecho para tributar alabanzas.

⁶ Los repartió David en grupos conforme a los hijos de Leví: Gersón, Coat y Merari.ᵇ

⁷ Los hijos de Gersón: Laadán y Simei. ⁸ Los hijos de Laadán: Jehiel, el primero, después Zetam y Joel; tres en total. ⁹ Los hijos de Simei: Selomit, Haziel y Harán; tres en total. Estos fueron los jefes de las familias de Laadán. ¹⁰ Los hijos de Simei: Jahat, Zina, Jeús y Bería. Estos cuatro fueron los hijos de Simei. ¹¹ Jahat era el primero, y Zina, el segundo; Jeús y Bería no tuvieron muchos hijos, por lo cual fueron contados como una familia.

¹² Los hijos de Coat: Amram, Izhar, Hebrón y Uziel; cuatro en total. ¹³ Los hijos de Amram: Aarón y Moisés. Aarón fue apartado para ser dedicado a las cosas más santas, tanto él como sus hijos, para siempre, a fin de que quemaran incienso delante de Jehová, le ministraran y bendijeran su nombre para siempre.ᶜ ¹⁴ Y los hijos de Moisés, varón de Dios, fueron contados en la tribu de Leví. ¹⁵ Los hijos de Moisés fueron Gersón y Eliezer.ᵈ ¹⁶ Hijo de Gersón fue Sebuel, el jefe. ¹⁷ E hijo de Eliezer fue Rehabías, el jefe. Eliezer no tuvo otros hijos, pero los hijos de Rehabías fueron muy numerosos. ¹⁸ Hijo de Izhar fue Selomit, el jefe. ¹⁹ Los hijos de Hebrón: Jerías, el jefe, el segundo, Amarías, el tercero, Jahaziel y el cuarto, Jecamán. ²⁰ Los hijos de Uziel: Micaía, el jefe, y el segundo, Isías.

²¹ Los hijos de Merari: Mahli y Musi. Los hijos de Mahli: Eleazar y Cis. ²² Y murió Eleazar sin hijos; pero tuvo hijas, y los hijos de Cis, sus parientes, las tomaron por mujeres. ²³ Los hijos de Musi: Mahli, Edar y Jeremot; tres en total.

²⁴ Estos son los hijos de Leví, según las familias de sus padres, jefes de familias, según el censo de ellos, contados por sus nombres, uno por uno, de veinte años para arriba, los cuales trabajaban en el ministerio de la casa de Jehová.

²⁵ Porque David había dicho: «Jehová, Dios de Israel, ha dado paz a su pueblo Israel, y él habitará en Jerusalén para siempre. ²⁶ Por eso los levitas no tendrán que transportar más el Tabernáculo y todos los utensilios para su ministerio».ᵉ

²⁷ Así que, conforme a las últimas palabras de David, se hizo el cómputo de los hijos de Leví de veinte años para arriba. ²⁸ Estos estaban bajo las órdenes de los hijos de Aarón para el servicio de la casa de Jehová, en los atrios, en las cámaras, en la purificación de toda cosa santificada, y en lo demás de la obra del ministerio en la casa de Dios. ²⁹ Asimismo tenían a su cargo los panes de la proposición, la flor de harina para el sacrificio, las hojuelas sin levadura, las ofrendas preparadas en sartén y las cocidas, y todos los pesos y medidas. ³⁰ Tenían además que asistir todos los días por la mañana y por la tarde para dar gracias y tributar alabanzas a Jehová. ³¹ También tenían que ofrecer todos los holocaustos a Jehová los sábados, lunas nuevas y fiestas solemnes, continuamente delante de Jehová, según su número y de acuerdo con su rito.ᶠ ³² Tenían también a su cargo el cuidado del Tabernáculo de reunión y del santuario, bajo las órdenes de los hijos de Aarón, sus hermanos, en el ministerio de la casa de Jehová.ᵍ

24 ¹ Los hijos de Aarón fueron también distribuidos en grupos. Los hijos de Aarón: Nadab, Abiú, Eleazar e Itamar. ² Pero como Nadab y Abiú murieron antes que su padre,ᵃ sin haber tenido hijos, Eleazar e Itamar ejercieron el sacerdocio.

³ David, con Sadoc, de los hijos de

ᵃ **23.1** 1 R 1.1-40; 1 Cr 28.5.   ᵇ **23.6** Ex 6.16; Nm 3.17; 26.57; 1 Cr 6.1,16-30; 26.1-19.
ᶜ **23.13** Ex 28.1.   ᵈ **23.15** Ex 2.22; 18.3-4.   ᵉ **23.26** Dt 10.8.   ᶠ **23.30-31** Nm 28.2-29,39.
ᵍ **23.28-32** Nm 3.5-9.   ᵃ **24.2** Lv 10.1-2.

Eleazar, y Ahimelec, de los hijos de Itamar, los repartió por sus turnos en el ministerio. [4] Como entre los hijos de Eleazar había más varones principales que entre los hijos de Itamar, los repartieron así: De los hijos de Eleazar, dieciséis jefes de casas paternas; y de los hijos de Itamar, por sus casas paternas, ocho. [5] Los repartieron, pues, por suerte a unos y otros; porque tanto entre los hijos de Eleazar como entre los hijos de Itamar hubo príncipes del santuario y príncipes de la casa de Dios. [6] Y el escriba Semaías hijo de Natanael, de los levitas, escribió sus nombres en presencia del rey y de los príncipes, y delante de Sadoc, el sacerdote, de Ahimelec hijo de Abiatar y de los jefes de las casas paternas de los sacerdotes y levitas, designando por suerte una casa paterna para Eleazar y otra para Itamar.

[7] La primera suerte tocó a Joiarib, la segunda, a Jedaías, [8] la tercera, a Harim, la cuarta, a Seorim, [9] la quinta, a Malquías, la sexta, a Mijamín, [10] la séptima, a Cos, la octava, a Abías,[b] [11] la novena, a Jesúa, la décima, a Secanías, [12] la undécima, a Eliasib, la duodécima, a Jaquim, [13] la decimotercera, a Hupa, la decimocuarta, a Jesebeab, [14] la decimoquinta, a Bilga, la decimosexta, a Imer, [15] la decimoséptima, a Hezir, la decimoctava, a Afses, [16] la decimonovena, a Petaías, la vigésima, a Hezequiel, [17] la vigesimaprimera, a Jaquín, la vigesimasegunda, a Gamul, [18] la vigesimatercera, a Delaía, la vigesimacuarta, a Maazías.

[19] Estos fueron distribuidos para su ministerio, para que entraran en la casa de Jehová, según les fue ordenado por Aarón, su padre, de la manera que le había mandado Jehová, el Dios de Israel.

[20] Estos son los otros hijos de Leví: Subael, de los hijos de Amram; y de los hijos de Subael, Jehedías. [21] Y de los hijos de Rehabías, Isías, el jefe. [22] De los izharitas, Selomot; de los hijos de Selomot, Jahat. [23] De los hijos de Hebrón: Jerías, el jefe, el segundo, Amarías, el tercero, Jahaziel, el cuarto, Jecamán. [24] Hijo de Uziel, Micaía; e hijo de Micaía, Samir. [25] Hermano de Micaía, Isías; e hijo de Isías, Zacarías. [26] Los hijos de Merari: Mahli y Musi; hijo de Jaazías, Beno. [27] Los hijos de Merari por Jaazías: Beno, Soham, Zacur e Ibri. [28] Y de Mahli, Eleazar, quien no tuvo hijos. [29] Hijo de Cis, Jerameel. [30] Los hijos de Musi: Mahli, Edar y Jerimot.

Estos fueron los hijos de los levitas conforme a sus casas paternas. [31] Estos también echaron suertes, como sus hermanos, los hijos de Aarón, delante del rey David, de Sadoc, de Ahimelec, y de los jefes de las casas paternas de los sacerdotes y levitas; siendo tratados el principal de los padres igualmente que el menor de los hermanos.

Distribución de músicos y cantores

25 [1] Asimismo David y los jefes del ejército apartaron para el ministerio a los hijos de Asaf, de Hemán y de Jedutún, para que profetizaran con arpas, salterios y címbalos; y el número de ellos, hombres idóneos para la obra de su ministerio, fue:

[2] De los hijos de Asaf: Zacur, José, Netanías y Asarela, hijos de Asaf, bajo la dirección de Asaf, el cual profetizaba bajo las órdenes del rey.

[3] De los hijos de Jedutún: Gedalías, Zeri, Jesaías, Hasabías, Matatías y Simei; seis, bajo la dirección de su padre Jedutún, el cual profetizaba con arpa, para aclamar y alabar a Jehová.

[4] De los hijos de Hemán: Buquías, Matanías, Uziel, Sebuel, Jeremot, Hananías, Hanani, Eliata, Gidalti, Romanti-ezer, Josbecasa, Maloti, Hotir y Mahaziot. [5] Todos estos fueron hijos de Hemán, vidente del rey en las cosas de Dios, para exaltar su poder; y Dios dio a Hemán catorce hijos y tres hijas. [6] Todos ellos estaban bajo la dirección de su padre en la música, en la casa de Jehová, con címbalos, salterios y arpas, para el ministerio del templo de Dios. Asaf, Jedutún y Hemán estaban por disposición del rey. [7] Su número, contando a sus hermanos, instruidos en el canto para Jehová, todos ellos aptos, era de doscientos ochenta y ocho.

[8] Echaron suertes para repartir los turnos del servicio, tanto el pequeño como el grande, lo mismo el maestro que el discípulo.

[9] La primera suerte recayó sobre el asafita

José; la segunda, sobre Gedalías, quien con sus hermanos e hijos eran doce; [10] la tercera, sobre Zacur, con sus hijos y sus hermanos, doce; [11] la cuarta, sobre Izri, con sus hijos y sus hermanos, doce; [12] la quinta, sobre Netanías, con sus hijos y sus hermanos, doce; [13] la sexta, sobre Buquías, con sus hijos y sus hermanos, doce; [14] la séptima, sobre Jesarela, con sus hijos y sus hermanos, doce; [15] la octava, sobre Jesahías, con sus hijos y sus hermanos, doce; [16] la novena, sobre Matanías, con sus hijos y sus hermanos, doce; [17] la décima, sobre Simei, con sus hijos y sus hermanos, doce; [18] la undécima, sobre Azareel, con sus hijos y sus hermanos, doce; [19] la duodécima, sobre Hasabías, con sus hijos y sus hermanos, doce; [20] la decimotercera, sobre Subael, con sus hijos y sus hermanos, doce; [21] la decimocuarta, sobre Matatías, con sus hijos y sus hermanos, doce; [22] la decimoquinta, sobre Jeremot, con sus hijos y sus hermanos, doce; [23] la decimosexta, sobre Hananías, con sus hijos y sus hermanos, doce; [24] la decimoséptima, sobre Josbecasa, con sus hijos y sus hermanos, doce; [25] la decimoctava, sobre Hanani, con sus hijos y sus hermanos, doce; [26] la decimanovena, sobre Maloti, con sus hijos y sus hermanos, doce; [27] la vigésima, sobre Eliata, con sus hijos y sus hermanos, doce; [28] la vigesimaprimera, sobre Hotir, con sus hijos y sus hermanos, doce; [29] la vigesimasegunda, sobre Gidalti, con sus hijos y sus hermanos, doce; [30] la vigesimatercera, sobre Mahaziot, con sus hijos y sus hermanos, doce; [31] la vigesimacuarta, sobre Romanti-ezer, con sus hijos y sus hermanos, doce.

Porteros y funcionarios

26 [1] También fueron distribuidos los porteros, así:

De los coreítas, Meselemías hijo de Coré, de los hijos de Asaf. [2] Los hijos de Meselemías: Zacarías, el primogénito, Jediael, el segundo, Zebadías, el tercero, Jatniel, el cuarto, [3] Elam, el quinto, Johanán, el sexto, Elioenai, el séptimo.

[4] Los hijos de Obed-edom: Semaías, el primogénito, Jozabad, el segundo, Joa, el tercero, el cuarto, Sacar, el quinto, Natanael, [5] el sexto, Amiel, el séptimo, Isacar, el octavo, Peultai; porque Dios había bendecido a Obed-edom.[a] [6] También de su hijo Semaías nacieron hijos que fueron señores sobre la casa de sus padres; porque eran hombres valerosos y esforzados. [7] Los hijos de Semaías: Otni, Rafael, Obed, Elzabad, y sus hermanos, hombres esforzados; asimismo Eliú y Samaquías. [8] Todos estos de los hijos de Obed-edom; ellos con sus hijos y sus hermanos, eran hombres robustos y fuertes para el servicio; sesenta y dos de Obed-edom. [9] Los hijos de Meselemías y sus hermanos fueron dieciocho hombres valientes.

[10] De Hosa, de los hijos de Merari: Simri, el jefe (aunque no era el primogénito, su padre lo puso por jefe), [11] el segundo, Hilcías, el tercero, Tebalías, el cuarto, Zacarías. El total de los hijos y hermanos de Hosa fue de trece.

[12] Entre estos se hizo la distribución de los porteros, alternando los principales de los hombres en la guardia con sus hermanos, para servir en la casa de Jehová. [13] Echaron suertes, el pequeño con el grande, según sus casas paternas, para cada puerta.

[14] Para la puerta del oriente, la suerte cayó sobre Selemías. Echaron otra vez suertes y la parte norte le tocó a su hijo Zacarías, consejero entendido. [15] A Obed-edom le tocó la puerta del sur, y a sus hijos la casa de provisiones del Templo. [16] Para Supim y Hosa, la del occidente, la puerta de Salequet, en el camino de la subida. Las guardias se correspondían unas a otras: [17] Al oriente seis levitas, al norte cuatro de día; al sur cuatro de día; y en la casa de provisiones de dos en dos. [18] En el atrio de los utensilios, al occidente, había cuatro para el camino, y dos para el atrio mismo. [19] Estas son las distribuciones de los porteros, hijos de los coreítas y de los hijos de Merari.

[20] De los levitas, Ahías estaba encargado de los tesoros de la casa de Dios y de los tesoros de las cosas santificadas. [21] Los hijos de Laadán hijo de Gersón: tenían a los jehielitas por jefes de familia de Laadán, el

gersonita. ²² Los hijos de Jehieli, Zetam y su hermano Joel, estuvieron a cargo de los tesoros de la casa de Jehová.

²³ De entre los amramitas, de los izharitas, de los hebronitas y de los uzielitas, ²⁴ Sebuel hijo de Gersón hijo de Moisés, era tesorero mayor. ²⁵ En cuanto a su hermano Eliezer, sus descendientes por línea directa fueron Rehabías, Jesaías, Joram, Zicri y Selomit. ²⁶ Este Selomit y sus hermanos tenían a su cargo todos los tesoros de todas las cosas santificadas que había consagrado el rey David,ᵇ y los jefes de las casas paternas, los capitanes de millares y de centenas, y los jefes del ejército. ²⁷ Lo habían consagrado de las guerras y de los botines, para reparar la casa de Jehová. ²⁸ Asimismo todas las cosas que habían consagrado el vidente Samuel, y Saúl hijo de Cis, Abner hijo de Ner y Joab hijo de Sarvia, y todo lo que cualquiera consagraba, estaba a cargo de Selomit y de sus hermanos.

²⁹ De los izharitas, Quenanías y sus hijos eran gobernadores y jueces sobre Israel en asuntos exteriores.

³⁰ De los hebronitas, Hasabías y sus hermanos, hombres de vigor, en número de mil setecientos, gobernaban a Israel al otro lado del Jordán, al occidente, para toda la obra de Jehová y el servicio del rey. ³¹ El jefe de los hebronitas, repartidos en sus linajes por sus familias, era Jerías. En el año cuarenta del reinado de David se registraron, y se halló entre ellos a hombres fuertes y vigorosos en Jazer de Galaad. ³² Los hermanos de Jerías eran hombres valientes, en número de dos mil setecientos, jefes de familias, los cuales el rey David constituyó sobre los rubenitas, los gaditas y la media tribu de Manasés, para todas las cosas de Dios y los negocios del rey.

Otros funcionarios del reino

27 ¹ Estos son los principales de los hijos de Israel, jefes de familias, jefes de millares y de centenas, y funcionarios que servían al rey en todos los negocios de las divisiones militares que se relevaban cada mes durante todo el año. Cada división era de veinticuatro mil hombres.

² Sobre la primera división, la del primer mes, estaba Jasobeam hijo de Zabdiel; y tenía su división veinticuatro mil. ³ Descendiente de Fares, él fue jefe de todos los capitanes de las compañías que prestaban servicios el primer mes.

⁴ Sobre la división del segundo mes estaba Dodai, el ahohíta;ᵃ y Miclot era jefe en esta división, en la que también había veinticuatro mil.

⁵ El jefe de la tercera división, que servía el tercer mes, era Benaía, hijo del sumo sacerdote Joiada; y en su división había veinticuatro mil. ⁶ Este Benaía era valiente entre los treinta y sobre los treinta; y en su división estaba su hijo Amisabad.

⁷ El cuarto jefe, para el cuarto mes, era Asael, hermano de Joab, y le sucedió su hijo Zebadías; y en su división había veinticuatro mil.

⁸ El quinto jefe, para el quinto mes, era Samhut, el izraíta; y en su división había veinticuatro mil.

⁹ El sexto jefe, para el sexto mes, era Ira hijo de Iques, de Tecoa; y en su división había veinticuatro mil.

¹⁰ El séptimo jefe, para el séptimo mes, era Heles, el pelonita, de los hijos de Efraín; y en su división había veinticuatro mil.

¹¹ El octavo jefe, para el octavo mes, era Sibecai, el husatita, de los zeraítas; y en su división había veinticuatro mil.

¹² El noveno jefe, para el noveno mes, era Abiezer, el anatotita, de los benjamitas; y en su división había veinticuatro mil.

¹³ El décimo jefe, para el décimo mes, era Maharai, el netofatita, de los zeraítas; y en su división había veinticuatro mil.

¹⁴ El undécimo jefe, para el undécimo mes, era Benaía, el piratonita, de los hijos de Efraín; y en su división había veinticuatro mil.

¹⁵ El duodécimo jefe, para el duodécimo mes, era Heldai, el netofatita, de Otoniel;ᵇ y en su división había veinticuatro mil.

¹⁶ Los jefes de las tribus de Israel eran: De los rubenitas, Eliezer hijo de Zicri; de los simeonitas, Sefatías hijo de Maaca. ¹⁷ De los levitas, Hasabías hijo de Kemuel; de los de Aarón, Sadoc. ¹⁸ De Judá, Eliú,

---

ᵇ **26.26** 2 S 8.11.   ᵃ **27.4** 2 S 23.9; 1 Cr 11.12.   ᵇ **27.1-15** 1 Cr 11.10-47.

uno de los hermanos de David; de los de Isacar, Omri hijo de Micael. [19] De los de Zabulón, Ismaías hijo de Abdías; de los de Neftalí, Jerimot hijo de Azriel. [20] De los hijos de Efraín, Oseas hijo de Azazías; de la media tribu de Manasés, Joel hijo de Pedaías. [21] De la otra media tribu de Manasés, en Galaad, Iddo hijo de Zacarías; de los de Benjamín, Jaasiel hijo de Abner. [22] Y de Dan, Azareel hijo de Jeroham. Estos fueron los jefes de las tribus de Israel.

[23] David no hizo el censo de los que tenían menos de veinte años, por cuanto Jehová había dicho que multiplicaría a Israel como las estrellas del cielo.[c] [24] Joab hijo de Sarvia había comenzado a hacer el censo; pero no acabó, pues por esto vino el castigo sobre Israel,[d] y así su número no fue puesto en el registro de las crónicas del rey David.

[25] Ázmavet hijo de Adiel tenía a su cargo los tesoros del rey; y Jonatán hijo de Uzías era el encargado de los tesoros de los campos, las ciudades, las aldeas y las torres. [26] Al frente de los que trabajaban en la labranza de las tierras estaba Ezri hijo de Quelub. [27] De las viñas, Simei, el ramatita; y del fruto de las viñas para las bodegas, Zabdi, el sifmita. [28] De los olivares e higuerales de la Sefela, Baal-hanán, el gederita; y de los almacenes del aceite, Joás. [29] Del ganado que pastaba en Sarón, Sitrai, el saronita; y del ganado que estaba en los valles, Safat hijo de Adlai. [30] De los camellos, Obil, el ismaelita; de las asnas, Jehedías, el meronotita; [31] y de las ovejas, Jaziz, el agareno. Todos estos eran administradores de la hacienda del rey David.

[32] Jonatán, tío de David, era consejero, hombre prudente y escriba; mientras Jehiel hijo de Hacmoni estaba con los hijos del rey. [33] También Ahitofel era consejero del rey, y Husai, el arquita, amigo del rey. [34] Después de Ahitofel estaba Joiada hijo de Benaía y Abiatar. Joab era el jefe del ejército del rey.

Salomón sucede a David

28 [1] Reunió David en Jerusalén a todos los principales de Israel, los jefes de las tribus, los jefes de las divisiones que servían al rey, los jefes de millares y de centenas, los administradores de toda la hacienda y posesión del rey y de sus hijos, los oficiales y los más poderosos y valientes de sus hombres.

[2] Entonces el rey David se puso en pie y dijo: «Oídme, hermanos míos y pueblo mío. Yo tenía el propósito de edificar una Casa en la cual reposara el Arca del pacto de Jehová, y sirviera de estrado a los pies de nuestro Dios; y había ya preparado todo para edificar. [3] Pero Dios me dijo: "Tú no edificarás Casa a mi nombre, porque eres hombre de guerra y has derramado mucha sangre". [4] Sin embargo, Jehová, el Dios de Israel, me eligió de entre toda la casa de mi padre, para que fuera rey de Israel perpetuamente; porque a Judá escogió para ser caudillo, y de la casa de Judá a la familia de mi padre; y de entre los hijos de mi padre se agradó de mí para ponerme por rey sobre todo Israel.[a] [5] Y de entre todos mis hijos (porque Jehová me ha dado muchos hijos), eligió a mi hijo Salomón para que se siente en el trono del reino de Jehová sobre Israel. [6] Y me ha dicho: "Salomón, tu hijo, él edificará mi Casa y mis atrios; porque a este he escogido por hijo, y yo seré para él padre. [7] Asimismo yo confirmaré su reino para siempre, si él se esfuerza en poner por obra mis mandamientos y mis decretos, como en este día".[b]

[8] »Ahora, pues, delante de todo Israel, congregación de Jehová, y de nuestro Dios que nos escucha, guardad y observad todos los preceptos de Jehová, vuestro Dios, para que poseáis la buena tierra, y la dejéis en herencia a vuestros hijos[c] después de vosotros perpetuamente.

[9] »Y tú, Salomón, hijo mío, reconoce al Dios de tu padre, y sírvele con corazón perfecto y con ánimo generoso; porque Jehová escudriña los corazones de todos, y entiende todo intento de los pensamientos. Si tú le buscas, lo hallarás; pero si lo dejas, él te desechará para siempre. [10] Mira, pues, ahora, que Jehová te ha elegido para que edifiques Casa para el santuario; ¡esfuérzate, y hazla!»

[c] 27.23 Gn 15.5; 22.17; 26.4.   [d] 27.24 2 S 24.1-15; 1 Cr 21.1-14.   [a] 28.4 Gn 49.8-10; 1 S 16.6-13; 1 Cr 17.23.   [b] 28.2-7 2 S 7.1-16; 1 R 5.3; 1 Cr 17.1-14; 22.7-9; Sal 132.3-7.   [c] 28.8 Dt 4.5.

¹¹ Entonces David entregó a su hijo Salomón el plano del pórtico del Templo y sus casas, sus tesorerías, sus aposentos, sus salas y la casa del propiciatorio.ᵈ ¹² Asimismo el plano de todas las cosas que tenía en mente para los atrios de la casa de Jehová, para todas las habitaciones alrededor, para las tesorerías de la casa de Dios, y para las tesorerías de las cosas santificadas. ¹³ También para los grupos de los sacerdotes y de los levitas, para toda la obra del ministerio de la casa de Jehová, y para todos los utensilios del ministerio de la casa de Jehová.

¹⁴ Le dio oro en cantidad suficiente para las cosas de oro, para todos los utensilios de cada servicio, y plata en cantidad suficiente para todas las cosas de plata, para todos los utensilios de cada servicio. ¹⁵ El oro necesario para los candelabros de oro, y para sus lámparas; suficiente oro para cada candelabro y sus lámparas; y para los candelabros de plata, la plata necesaria para cada candelabro y sus lámparas, conforme al servicio de cada candelabro.ᵉ ¹⁶ Asimismo le dio oro suficiente para las mesas de la proposición, para cada mesa; del mismo modo, plata para las mesas de plata. ¹⁷ También oro puro para los garfios, para los lebrillos, para las copas y para las tazas de oro; para cada taza, según su peso; y para las tazas de plata, según el peso de cada taza. ¹⁸ Además, suficiente oro puro para el altar del incienso, y para el carro de los querubines de oro, que con las alas extendidas cubrían el Arca del pacto de Jehová.

¹⁹ «Todas estas cosas —dijo David— me fueron trazadas por la mano de Jehová, que me hizo entender todas las obras del diseño».

²⁰ David dijo además a su hijo Salomón: «Anímate y esfuérzate, y manos a la obra; no temas ni desmayes, porque Jehová Dios, mi Dios, estará contigo; él no te dejará ni te desamparará, hasta que acabes toda la obra para el servicio de la casa de Jehová.ᶠ ²¹ Ahí tienes los grupos de los sacerdotes y de los levitas para todo el ministerio de la casa de Dios; estarán a tu

lado en toda la obra; también te dará su ayuda toda clase de voluntarios y gente hábil para toda forma de servicio, y los príncipes y todo el pueblo ejecutarán todas tus órdenes».ᵍ

29 ¹ Después dijo el rey David a toda la asamblea: «Solamente a Salomón, mi hijo, ha elegido Dios; él es joven y tierno de edad, y la obra, grande; porque la Casa no es para un hombre, sino para Jehová Dios. ² Con todas mis fuerzas yo he preparado para la casa de mi Dios, oro para las cosas de oro, plata para las cosas de plata, bronce para las de bronce, hierro para las de hierro, y madera para las de madera; y piedras de ónice, piedras preciosas, piedras negras, piedras de diversos colores, y toda clase de piedras preciosas, y piedras de mármol en abundancia.ᵃ ³ Además de esto, por cuanto tengo mi afecto en la casa de mi Dios, yo guardo en mi tesoro particular oro y plata que, además de todas las cosas que he preparado para la casa del santuario, he dado para la casa de mi Dios: ⁴ tres mil talentos de oro, de oro de Ofir, y siete mil talentos de plata refinada para recubrir las paredes de las casas;ᵇ ⁵ oro, pues, para las cosas de oro, y plata para las cosas de plata, y para toda la obra de las manos de los artífices. ¿Quién quiere, pues, hacer hoy ofrenda voluntaria a Jehová?».ᶜ

⁶ Entonces los jefes de familia, los príncipes de las tribus de Israel, jefes de millares y de centenas, con los administradores de la hacienda del rey, ofrendaron voluntariamente. ⁷ Dieron para el servicio de la casa de Dios cinco mil talentos y diez mil dracmas de oro, diez mil talentos de plata, dieciocho mil talentos de bronce, y cinco mil talentos de hierro. ⁸ Todo el que tenía piedras preciosas las entregó para el tesoro de la casa de Jehová, en manos de Jehiel, el gersonita. ⁹ Y se alegró el pueblo por haber contribuido voluntariamente; porque de todo corazón ofrendaron espontáneamente a Jehová.

¹⁰ Asimismo se alegró mucho el rey David, y bendijo a Jehová delante de toda la congregación; y dijo David: «Bendito

ᵈ **28.11** Ex 25.9, 40; 26.30.   ᵉ **28.15** Ex 25.31-37.   ᶠ **28.20** Jos 1.5; 1 Cr 22.13, 16.
ᵍ **28.21** Ex 36.1-5   ᵃ **29.1-2** 1 Cr 22.5, 14.   ᵇ **29.4** 1 R 9.28; 10.11; 1 Cr 9.10.
ᶜ **29.5** Ex 25.2; 35.5-6.

seas tú, Jehová, Dios de Israel, nuestro padre, desde el siglo y hasta el siglo. ¹¹ Tuya es, Jehová, la magnificencia y el poder, la gloria, la victoria y el honor; porque todas las cosas que están en los cielos y en la tierra son tuyas. Tuyo, Jehová, es el reino,ᵈ y tú eres excelso sobre todos. ¹² Las riquezas y la gloria proceden de ti, y tú dominas sobre todo; en tu mano está la fuerza y el poder, y en tu mano el dar grandeza y poder a todos. ¹³ Ahora pues, Dios nuestro, nosotros alabamos y loamos tu glorioso nombre. ¹⁴ Porque ¿quién soy yo y quién es mi pueblo, para que pudiéramos ofrecer voluntariamente cosas semejantes? Pues todo es tuyo, y de lo recibido de tu mano te damos. ¹⁵ Porque nosotros, extranjeros y advenedizos somos delante de ti, como todos nuestros padres; y nuestros días sobre la tierra, cual sombra que no dura. ¹⁶ Jehová, Dios nuestro, toda esta abundancia que hemos preparado para edificar Casa a tu santo nombre, de tu mano procede y todo es tuyo. ¹⁷ Yo sé, Dios mío, que tú escudriñas los corazones, y que la rectitud te agrada; por eso yo con rectitud de mi corazón voluntariamente te he ofrecido todo esto, y ahora he visto con alegría que tu pueblo, reunido aquí ahora, ha dado para ti espontáneamente. ¹⁸ Jehová, Dios de Abraham, de Isaac y de Israel, nuestros padres, conserva perpetuamente esta voluntad del corazón de tu pueblo y encamina su corazón a ti.ᵉ ¹⁹ Asimismo da a mi hijo Salomón corazón perfecto, para que guarde tus mandamientos, tus testimonios y tus estatutos, para que haga todas las cosas, y te edifique la Casa para la cual yo he hecho preparativos».

²⁰ Después dijo David a toda la congregación: «Bendecid ahora a Jehová, vuestro Dios». Entonces toda la congregación bendijo a Jehová, Dios de sus padres, e inclinándose adoraron delante de Jehová y del rey.

²¹ Al día siguiente sacrificaron víctimas y ofrecieron holocaustos a Jehová; mil becerros, mil carneros, mil corderos con sus libaciones, y muchos sacrificios de parte de todo Israel. ²² Y comieron y bebieron delante de Jehová aquel día con gran gozo; y dieron por segunda vezᶠ la investidura del reino a Salomón hijo de David, y ante Jehová lo ungieron como príncipe, y a Sadoc, como sacerdote. ²³ Se sentó Salomón como rey en el trono de Jehová en lugar de su padre David,ᵍ y fue prosperado; y le obedeció todo Israel. ²⁴ Todos los príncipes y poderosos, y todos los hijos del rey David, prestaron homenaje al rey Salomón. ²⁵ Y Jehová engrandeció en extremo a Salomón a los ojos de todo Israel, y le dio tal gloria en su reino, cual ningún rey la tuvo antes que él en Israel.ʰ

Muerte de David
(1 R 2.10-12)

²⁶ Así reinó David hijo de Isaí sobre todo Israel. ²⁷ El tiempo que reinó sobre Israel fue cuarenta años. Siete años reinó en Hebrón y treinta y tres reinó en Jerusalén.ⁱ ²⁸ Murió en buena vejez, lleno de días, de riquezas y de gloria. Reinó en su lugar Salomón, su hijo.

²⁹ Los hechos del rey David, desde el primero hasta el último, están escritos en el libro de las crónicas del vidente Samuel, en las crónicas del profeta Natán, y en las crónicas del vidente Gad,ʲ ³⁰ con todo lo relativo a su reinado y su poder, y los cosas que le ocurrieron a él, a Israel y a todos los reinos de aquellas tierras.

ᵈ 29.11 Mt 6.13.   ᵉ 29.18 Ex 3.6, 15-16; 4.5; 1 R 18.36.   ᶠ 29.22 Ratificación pública y solemne de la designación de Salomón como sucesor de David.   ᵍ 29.23 1 R 2.12; 1 Cr 28.5; 2 Cr 9.8. ʰ 29.25 1 R 3.13; 2 Cr 1.12.   ⁱ 29.27 2 S 5.4-5; 1 Cr 3.4.   ʲ 29.29 1 S 22.5; 1 Cr 21.9.

SEGUNDO LIBRO DE
CRÓNICAS

INTRODUCCIÓN

El Segundo libro de Crónicas (=2 Cr) consta de dos partes y un apéndice a modo de conclusión. La primera de ellas (cap. 1–9), dedicada íntegramente al reinado de Salomón, concluye con la muerte de este. En la segunda parte (10.1—36.21), el Cronista relata la historia del reino de Judá, desde Roboam hasta la destrucción de Jerusalén y la deportación a Babilonia. La conclusión (36.22-23) es una referencia a Ciro, el persa, y a su decreto autorizando el regreso de los judíos exiliados. Estos versículos finales de 2 Crónicas reaparecen al comienzo del libro de Esdras (cf Esd 1.1-3).

En su mayor parte, la historia de Salomón, el rey sabio entre los sabios, gira en torno a la construcción del Templo. El Cronista incluye la oración pronunciada por el rey en la solemne ceremonia de dedicación, y la respuesta de Dios a su plegaria. Otros monarcas posteriores también estuvieron relacionados con los cuidados del Templo y del culto, así como con importantes reformas religiosas que siguieron a algunas etapas de apostasía del pueblo. De esos reyes da testimonio 2 Crónicas: Asa (cap. 14–16), Josafat (cap. 17–20) y, sobre todo, Ezequías (cap. 29–32) y Josías (cap. 34–35).

El Cronista apenas se interesa por la historia del reino del norte, al que alude pocas veces y más bien despectivamente (p.e., 2 Cr 10.19; 13.1-20). Nacido de la ruptura de la unidad nacional y mancillada su fe por la idolatría, el reino de Israel no podía representar al genuino pueblo de Dios. Nutrida fundamentalmente por descendientes de la tribu de Judá, la comunidad israelita postexílica debía conservar el legado de David, quien sabía que Dios no dejaría de mostrarle su favor y cumplirle todas sus promesas, si el pueblo se mantenía fiel a la elección con que había sido distinguido de las demás naciones.

Esquema del contenido

1. El reinado de Salomón (1.1—9.31)
2. La ruptura de la unidad nacional (10.1—11.4)
3. Los reyes de la dinastía davídica (11.5—36.23)

Salomón pide a Dios sabiduría
(1 R 3.3-15)

1 ¹ Salomón hijo de David fue afirmado en su reino, y Jehová, su Dios, estaba con él y lo engrandeció sobremanera. ² Convocó Salomón a todo Israel, a jefes de millares y de centenas, a jueces y a todos los príncipes de todo Israel, jefes de familias. ³ Después Salomón fue con toda esta asamblea al lugar alto que había en Gabaón, pues allí estaba el Tabernáculo de reunión de Dios que Moisés, siervo de Jehová, había hecho en el desierto. ⁴ Pero David había traído el Arca de Dios de Quiriat-jearim al lugar que él le había preparado; porque le había levantado una tienda en Jerusalén.ª ⁵ Asimismo el altar de bronceᵇ que había hecho Bezaleelᶜ hijo de Uri hijo de Hur, estaba allí, delante del tabernáculo de Jehová, al cual fue a consultar Salomón con aquella asamblea. ⁶ Subió, pues, Salomón allá delante de

ª **1.4** 2 S 6.1-17; 1 Cr 13.5-14; 15.25—16.1.   ᵇ **1.5** Ex 38.1-7.   ᶜ **1.5** Ex 31.2; 1 Cr 2.20.

Jehová, al altar de bronce que estaba en el Tabernáculo de reunión, y ofreció sobre él mil holocaustos.

7 Aquella noche se le apareció Dios a Salomón y le dijo:

—Pídeme lo que quieras que yo te dé.

8 Salomón respondió a Dios:

—Tú has tenido con David, mi padre, gran misericordia, y a mí me has puesto por rey en lugar suyo. 9 Ahora pues, Jehová Dios, que se cumpla la palabra que le diste a David, mi padre; porque tú me has puesto por rey sobre un pueblo numeroso como el polvo de la tierra.[d] 10 Dame ahora sabiduría y ciencia, para que sepa dirigir a este pueblo; porque ¿quién podrá gobernar a este tu pueblo tan grande?

11 Respondió Dios a Salomón:

—Por cuanto este ha sido el deseo de tu corazón, y no pediste riquezas, bienes o gloria, ni la vida de los que procuran tu mal, ni pediste muchos días, sino que has pedido para ti sabiduría y ciencia para gobernar a mi pueblo, sobre el cual te he puesto por rey, 12 sabiduría y ciencia te son dadas; y también te daré riquezas, bienes y gloria, como nunca la tuvieron los reyes que fueron antes de ti, ni la tendrán los que vengan después de ti.

13 Y desde el lugar alto que estaba en Gabaón, delante del Tabernáculo de reunión, volvió Salomón a Jerusalén, y reinó sobre Israel.

Salomón comercia en carros y caballos
(1 R 10.26-29; 2 Cr 9.25-28)

14 Salomón reunió carros y gente de a caballo; y tuvo mil cuatrocientos carros y doce mil jinetes,[e] los cuales puso en las ciudades destinadas a los carros y junto al rey en Jerusalén. 15 Hizo el rey que hubiera en Jerusalén tanta plata y oro como piedras,[f] y que abundara el cedro como las higueras silvestres de la Sefela. 16 Los mercaderes del rey compraban por contrato caballos y lienzos finos de Egipto para Salomón.[g] 17 Subían y compraban en Egipto un carro por seiscientas piezas de plata y un caballo por ciento cincuenta. Y todos los reyes de los heteos y los reyes de Siria compraban así por medio de ellos.

Pacto de Salomón con Hiram
(1 R 5.1-18; 7.13-14)

2 1 Determinó, pues, Salomón edificar Casa al nombre de Jehová, y casa para su reino. 2 Y designó Salomón setenta mil cargadores, ochenta mil canteros y tres mil seiscientos capataces que los vigilaran.

3 Después envió Salomón a decir a Hiram, rey de Tiro: «Haz conmigo como hiciste con mi padre David, enviándole cedros para que se construyera una casa en que habitar. 4 Mira, yo tengo que edificar una Casa al nombre de Jehová, mi Dios, para consagrársela, para quemar incienso aromático delante de él, para la colocación continua de los panes de la proposición, para los holocaustos de la mañana y la tarde, los sábados, nuevas lunas, y festividades de Jehová, nuestro Dios; lo cual ha de ser perpetuo en Israel. 5 Y la Casa que tengo que edificar ha de ser grande, porque el Dios nuestro es grande sobre todos los dioses. 6 Pero ¿quién será capaz de edificarle Casa,[a] siendo que los cielos y los cielos de los cielos no pueden contenerlo? ¿Quién, pues, soy yo, para que le edifique Casa, aunque solo sea para quemar incienso delante de él? 7 Envíame, pues, ahora un hombre hábil que sepa trabajar en oro, en plata, en bronce, en hierro, en púrpura, en grana y en azul, y que sepa esculpir con los maestros que están conmigo en Judá y en Jerusalén, los cuales contrató mi padre. 8 Envíame también madera del Líbano: cedro, ciprés y sándalo; porque yo sé que tus siervos saben cortar madera en el Líbano. Mis siervos irán con los tuyos 9 para que me preparen mucha madera, porque la Casa que tengo que edificar ha de ser grande y portentosa. 10 Para tus siervos, los que trabajen cortando la madera, daré veinte mil coros de trigo en grano, veinte mil coros de cebada, veinte mil batos de vino y veinte mil batos de aceite».[b]

11 Entonces Hiram, rey de Tiro, respondió en una carta que envió a Salomón: «Porque Jehová amó a su pueblo, te ha puesto por rey sobre ellos». 12 Hiram también decía: «Bendito sea Jehová, el Dios

[d] **1.9** Gn 13.16; 28.14.   [e] **1.14** 1 R 4.26.   [f] **1.15** 2 Cr 9.27; cf. Dt 17.17.
[g] **1.16** Dt 17.16.   [a] **2.6** 1 R 8.27; 2 Cr 6.18.   [b] **2.10** 1 R 5.11.

de Israel, que hizo los cielos y la tierra, y que dio al rey David un hijo sabio, entendido, cuerdo y prudente, que va a edificar una casa a Jehová y una casa para su reino.^{c} ^{13}Yo, pues, te he enviado un hombre hábil y entendido, Hiram-abi, ^{14}hijo de una mujer de las hijas de Dan, aunque su padre era de Tiro, el cual sabe trabajar en oro, plata, bronce y hierro, en piedra y en madera, en púrpura y en azul, en lino y en carmesí; asimismo sabe esculpir toda clase de figuras y sacar toda forma de diseño que se le pida, junto a tus hombres peritos y a los de mi señor David, tu padre.^{d} ^{15}Ahora, pues, envíe mi señor a sus siervos el trigo y la cebada, el aceite y el vino de que ha hablado; ^{16}y nosotros cortaremos en el Líbano la madera que necesites, y te la llevaremos en balsas por el mar hasta Jope, y tú harás que la suban hasta Jerusalén».^{e}

^{17}Salomón hizo el censo de todos los extranjeros que había en la tierra de Israel, después del que David, su padre, había hecho; y se halló que eran ciento cincuenta y tres mil seiscientos. ^{18}Y señaló de ellos setenta mil para llevar cargas, ochenta mil para las canteras en las montañas, y tres mil seiscientos como capataces para hacer trabajar al pueblo^f.

La edificación del Templo
(1 R 6.1-38)

3 ^{1}Comenzó Salomón a edificar la casa de Jehová en Jerusalén, en el monte Moriah,^{a} que había sido mostrado a David su padre, en el lugar que David había preparado en la era de Ornán, el jebuseo. ^{2}Y comenzó a edificar en el mes segundo, a los dos días del mes, en el cuarto año de su reinado.

^{3}Estas son las medidas que dio Salomón a los cimientos de la casa de Dios: la longitud era de sesenta codos y la anchura de veinte codos.^{b} ^{4}El pórtico que estaba al frente del edificio era de veinte codos de largo,^{c} igual al ancho de la Casa, y su altura de ciento veinte codos. Salomón lo recubrió por dentro de oro puro,

^{5}y techó el cuerpo mayor del edificio con madera de ciprés, la cual recubrió de oro fino, haciendo esculpir en ella palmeras y cadenas. ^{6}Recubrió también la Casa con un ornamento de piedras preciosas; y el oro era oro de Parvaim. ^{7}Revistió, pues, la Casa, sus vigas, sus umbrales, sus paredes y sus puertas, con oro; y esculpió querubines en las paredes.

^{8}Construyó asimismo el Lugar santísimo,^{d} cuya longitud era de veinte codos, de acuerdo al ancho del frente de la Casa, y su anchura de veinte codos. Lo revistió de oro fino, el cual ascendía a seiscientos talentos.^{e} ^{9}Los clavos de oro pesaban de uno hasta cincuenta siclos. También recubrió de oro los aposentos.

^{10}Dentro del Lugar santísimo hizo dos querubines^f de madera, los cuales fueron recubiertos de oro. ^{11}La longitud de las alas de los querubines era de veinte codos; porque un ala era de cinco codos, y llegaba hasta la pared de la Casa, mientras la otra de cinco codos tocaba el ala del segundo querubín. ^{12}De la misma manera una ala del otro querubín era de cinco codos, la cual llegaba hasta la pared de la Casa, y la otra era de cinco codos, que tocaba el ala del otro querubín. ^{13}Estos querubines, cuyas alas extendidas medían veinte codos, estaban en pie con los rostros vueltos hacia la Casa. ^{14}Hizo también el velo de azul,^{g} púrpura, carmesí y lino, e hizo bordar querubines en él.^{h}

Las dos columnas
(1 R 7.15-22)

^{15}Delante de la Casa hizo dos columnas de treinta y cinco codos de altura cada una, con capiteles de cinco codos encima. ^{16}Hizo asimismo cadenas en el santuario y las puso sobre los capiteles de las columnas; e hizo cien granadas, las cuales puso en las cadenas. ^{17}Colocó las columnas delante del Templo, una a la mano derecha y otra a la izquierda; a la de la mano derecha llamó Jaquín y a la de la izquierda, Boaz.

---

^{c}**2.12** 1 R 5.7. ^{d}**2.13-14** Ex 31.1-5. ^{e}**2.15-16** 1 R 5.8-12; Esd 3.7. ^{f}**2.18** 1 Cr 22.2; 2 Cr 2.2. ^{a}**3.1** Único pasaje de la Biblia que identifica el monte del Templo con el sitio donde Abraham fue a sacrificar a su hijo Isaac (Gn 22.2). ^{b}**3.3** Ez 40.5. ^{c}**3.4** Ez 40.48. ^{d}**3.8** Ex 26.33-34. ^{e}**3.8** Ez 41.3-4. ^{f}**3.10-13** Ex 25.18-20. ^{g}**3.14** Ex 26.31. ^{h}**3.14** Mt 27.51.

Mobiliario del Templo
(1 R 7.23-51)

4 [1] Hizo además un altar de bronce[a] de veinte codos de largo, veinte codos de ancho y diez codos de alto.[b]

[2] También hizo un mar de metal fundido, el cual tenía diez codos de un borde al otro, enteramente redondo; su altura era de cinco codos, y un cordón de treinta codos de largo lo ceñía alrededor. [3] Debajo y alrededor del mar había figuras de calabazas, diez por cada codo, colocadas en dos hileras fundidas juntamente con el mar. [4] Este estaba asentado sobre doce bueyes, tres de los cuales miraban al norte, tres al occidente, tres al sur, y tres al oriente; el mar descansaba sobre ellos, y sus partes traseras miraban hacia adentro. [5] Y tenía de grueso un palmo menor, y el borde tenía la forma del borde de un cáliz o de una flor de lis. Y le cabían tres mil batos.

[6] Hizo también diez fuentes,[c] y puso cinco a la derecha y cinco a la izquierda, para lavar y limpiar en ellas lo que se ofrecía en holocausto; pero el mar era para que los sacerdotes se lavaran en él.[d]

[7] Hizo asimismo diez candelabros de oro[e] según la forma prescrita, los cuales puso en el Templo, cinco a la derecha y cinco a la izquierda. [8] Además hizo diez mesas[f] y las puso en el Templo, cinco a la derecha y cinco a la izquierda; igualmente hizo cien tazones de oro. [9] También hizo el atrio de los sacerdotes, el gran atrio y las portadas del atrio, y recubrió de bronce sus puertas. [10] Y colocó el mar al lado derecho, hacia el sureste de la Casa.

[11] Hiram también hizo calderos, palas y tazones. Así acabó Hiram la obra que le había encargado el rey Salomón para la casa de Dios. [12] Las dos columnas y los cordones, los capiteles sobre las cabezas de las dos columnas, y las dos redes para cubrir las dos esferas de los capiteles que estaban encima de las columnas; [13] cuatrocientas granadas en las dos redes, dos hileras de granadas en cada red, para que cubrieran las dos esferas de los capiteles que estaban encima de las columnas. [14] Hizo también las basas, sobre las cuales colocó las fuentes; [15] un mar, y los doce

bueyes debajo de él; [16] y calderos, palas y garfios.

Todos estos enseres los hizo Hiram-abi al rey Salomón, para la casa de Jehová, de bronce muy fino. [17] Los fundió el rey en los llanos del Jordán, en tierra arcillosa, entre Sucot y Seredata. [18] Salomón hizo todos estos enseres en número tan grande, que no pudo saberse el peso del bronce.

[19] Así hizo Salomón todos los utensilios para la casa de Dios, el altar de oro, y las mesas sobre las cuales se ponían los panes de la proposición; [20] asimismo los candelabros y sus lámparas, de oro puro, para que las encendieran delante del Lugar santísimo conforme a la ordenanza. [21] Las flores, lámparas y tenazas se hicieron de oro, de oro finísimo; [22] también las despabiladeras, los lebrillos, las cucharas y los incensarios eran de oro puro. También eran de oro la entrada de la Casa, sus puertas interiores para el Lugar santísimo, y las puertas del Templo mismo.

5 [1] Así se acabó toda la obra que hizo Salomón para la casa de Jehová. Luego metió Salomón las ofrendas que David, su padre, había consagrado:[a] la plata, el oro y todos los demás utensilios, y lo puso todo en los tesoros de la casa de Dios.

Salomón traslada el Arca al Templo
(1 R 8.1-11)

[2] Entonces Salomón reunió en Jerusalén a los ancianos de Israel, a todos los príncipes de las tribus, y a los jefes de las familias de los hijos de Israel, para que trasladaran el Arca del pacto de Jehová desde la Ciudad de David,[b] que es Sión. [3] Y se congregaron junto al rey todos los hombres de Israel, para la fiesta solemne del mes séptimo. [4] Cuando llegaron todos los ancianos de Israel, los levitas tomaron el Arca, [5] y la llevaron, junto con el Tabernáculo de reunión y todos los utensilios del santuario que estaban en el Tabernáculo. Los sacerdotes y los levitas los llevaron. [6] El rey Salomón y toda la congregación de Israel que se había reunido con él delante del Arca, sacrificaron ovejas y bueyes, que por ser tantos no se pudieron contar ni calcular.

[a] 4.1 Ex 27.1-2.   [b] 4.1 Ez 43.13-17.   [c] 4.6 Ex 30.17-21.   [d] 4.6 Ez 40.38.   [e] 4.7 Ex 25.31-40.
[f] 4.8 Ex 25.23-30   [a] 5.1 2 S 8.11; 1 Cr 18.11.   [b] 5.2 2 S 6.12-15; 1 Cr 15.25-28.

⁷ Los sacerdotes metieron el Arca del pacto de Jehová en su lugar, en el santuario de la Casa, en el Lugar santísimo, bajo las alas de los querubines; ⁸ pues los querubines extendían las alas sobre el lugar del Arca, cubriendo así tanto el Arca como sus barras por encima. ⁹ E hicieron salir las barras, de modo que se vieran las cabezas de las barras del Arca delante del Lugar santísimo, pero no se veían desde fuera; y allí están hasta el día de hoy. ¹⁰ En el Arca no había nada más que las dos tablas que Moisés había puesto en Horeb,ᶜ las tablas del pacto que Jehová había hecho con los hijos de Israel cuando salieron de Egipto.

¹¹ Cuando los sacerdotes salieron del santuario (porque todos los sacerdotes que se hallaban presentes habían sido santificados, sin tener en cuenta su distribución por turnos), ¹² los levitas cantores, todos los de Asaf, los de Hemán y los de Jedutún, junto con sus hijos y sus hermanos, vestidos de lino fino, estaban con címbalos, salterios y arpas al oriente del altar. Con ellos había ciento veinte sacerdotes que tocaban trompetas. ¹³ Hacían sonar, pues, las trompetas y cantaban al unísono, alabando y dando gracias a Jehová. Y sucedió que mientras ellos alzaban la voz al son de las trompetas, de los címbalos y de los otros instrumentos de música, y alababan a Jehová diciendo: «Porque él es bueno, porque su misericordia es para siempre»,ᵈ una nube llenó la Casa, la casa de Jehová. ¹⁴ Y no podían los sacerdotes estar allí para ministrar, por causa de la nube; porque la gloria de Jehová había llenado la casa de Dios.ᵉ

Dedicación del Templo
(1 R 8.12-66)

6 ¹ Entonces dijo Salomón:

«Jehová ha dicho que él habitaría
en la oscuridad.
² Pero yo he querido edificarte una
morada,
un lugar en que vivas para
siempre».

³ Luego el rey se volvió y bendijo a toda la congregación de Israel, mientras toda la congregación de Israel estaba en pie. ⁴ Y dijo: «Bendito sea Jehová, Dios de Israel, quien con su mano ha cumplido lo que prometió con su boca a David, mi padre, diciendo: ⁵ "Desde el día que saqué a mi pueblo de la tierra de Egipto, ninguna ciudad he elegido de todas las tribus de Israel para edificar Casa donde estuviera mi nombre, ni he escogido otro hombre para que fuera príncipe sobre mi pueblo Israel. ⁶ Pero a Jerusalén he elegido para que en ella esté mi nombre, y a David he elegido para que esté sobre mi pueblo Israel". ⁷ David, mi padre, tuvo en su corazón edificar Casa al nombre de Jehová, Dios de Israel. ⁸ Pero Jehová dijo a David mi padre: "Respecto a haber sentido en tu corazón el deseo de edificar una Casa a mi nombre, bien has hecho en haber tenido esto en tu corazón. ⁹ Pero tú no edificarás la Casa, sino un hijo tuyo, salido de tus entrañas, él edificará la Casa a mi nombre".ᵃ

¹⁰ »Pues bien, Jehová ha cumplido su promesa: me levanté yo en lugar de David, mi padre, y me he sentado en el trono de Israel, como Jehová había dicho, y he edificado una Casa al nombre de Jehová, Dios de Israel. ¹¹ En ella he puesto el Arca, en la cual está el pacto que Jehová celebró con los hijos de Israel».

¹² Se puso luego Salomón delante del altar de Jehová, en presencia de toda la congregación de Israel, y extendió sus manos; ¹³ pues Salomón había hecho un estrado de bronce de cinco codos de largo, cinco codos de ancho y tres codos de alto, y lo había puesto en medio del atrio; y poniéndose sobre él se arrodilló delante de toda la congregación de Israel, extendió sus manos al cielo y dijo: ¹⁴ «Jehová, Dios de Israel, no hay Dios semejante a ti en el cielo ni en la tierra, que guardas el pacto y tienes misericordia con tus siervos que caminan delante de ti de todo su corazón; ¹⁵ que has mantenido a tu siervo David, mi padre, la promesa que le hiciste; tú lo dijiste con tu boca, y con tu mano lo has cumplido, como se ve en este día.

ᶜ **5.10** Dt 10.5.   ᵈ **5.13** 1 Cr 16.34; 2 Cr 7.3; 20.21; Esd 3.11; Sal 100.5; 106.1; 107.1; 118.1; 136.1; Jer 33.11.   ᵉ **5.13-14** Ex 40.34-35.   ᵃ **6.4-9** 2 S 7.1-13; 1 Cr 17.1-12.

¹⁶ Ahora, pues, Jehová, Dios de Israel, cumple a tu siervo David, mi padre, lo que le has prometido, diciendo: "Nunca faltará en mi presencia uno de los tuyos, que se siente en el trono de Israel, con tal que tus hijos guarden su camino andando en mi Ley, como tú has andado delante de mí".[b] ¹⁷ Ahora, pues, Jehová, Dios de Israel, cúmplase la promesa que hiciste a tu siervo David.

¹⁸ »Pero, ¿es verdad que Dios habitará con el hombre en la tierra? Si los cielos y los cielos de los cielos no te pueden contener, ¿cuánto menos esta Casa que he edificado?[c] ¹⁹ Pero tú mirarás a la oración de tu siervo, y a su ruego, Jehová, Dios mío, para oír el clamor y la oración con que tu siervo ora delante de ti. ²⁰ Que tus ojos estén abiertos sobre esta Casa de día y de noche, sobre el lugar del cual dijiste: "Mi nombre estará allí".[d] Escucha la oración con que tu siervo ora en este lugar. ²¹ Asimismo escucha el ruego de tu siervo y de tu pueblo Israel, cuando en este lugar hagan oración. Escucha desde los cielos, desde el lugar de tu morada; escucha y perdona.

²² »Cuando alguno peque contra su prójimo, y se le exige juramento, si viene a jurar ante tu altar en esta Casa, ²³ tú oirás desde los cielos, actuarás y juzgarás a tus siervos, dando la paga al impío, haciendo recaer su proceder sobre su cabeza, y justificando al justo, al darle conforme a su justicia.

²⁴ »Cuando tu pueblo Israel sea derrotado delante del enemigo por haber pecado contra ti, si se convierte y confiesa tu nombre, si ruega delante de ti en esta Casa, ²⁵ tú oirás desde los cielos, perdonarás el pecado de tu pueblo Israel y les harás volver a la tierra que les diste a ellos y a sus padres.

²⁶ »Cuando los cielos se cierren y no haya lluvias, por haber pecado contra ti, si oran a ti en este lugar y confiesan tu nombre, si se convierten de sus pecados cuando los aflijas, ²⁷ tú los oirás en los cielos y perdonarás el pecado de tus siervos y de tu pueblo Israel, les enseñarás el buen camino para que anden en él y enviarás lluvia sobre tu tierra, la que diste por heredad a tu pueblo.

²⁸ »Cuando haya hambre en la tierra, o pestilencia, o las plantas se sequen por el calor, o sean atacadas por hongos, las langostas o el pulgón; cuando los sitien sus enemigos en la tierra donde habiten; cualquier plaga o enfermedad que sea; ²⁹ toda oración y todo ruego que haga cualquier hombre, o todo tu pueblo Israel, cualquiera que conozca su llaga y su dolor en su corazón, si extiende sus manos hacia esta Casa, ³⁰ tú oirás desde los cielos, desde el lugar de tu morada; perdonarás y darás a cada uno conforme a sus caminos, habiendo conocido su corazón; porque sólo tú conoces el corazón de los hijos de los hombres; ³¹ para que te teman y anden en tus caminos, todos los días que vivan sobre la faz de la tierra que tú diste a nuestros padres.

³² »También al extranjero que no sea de tu pueblo Israel, que haya venido de lejanas tierras a causa de tu gran nombre y de tu mano poderosa, y de tu brazo extendido, si viene y ora hacia esta Casa, ³³ tú oirás desde los cielos, desde el lugar de tu morada, y harás conforme a todas las cosas por las cuales haya clamado a ti el extranjero; para que todos los pueblos de la tierra conozcan tu nombre, te teman como tu pueblo Israel, y sepan que tu nombre es invocado sobre esta Casa que yo he edificado.

³⁴ »Cuando tu pueblo salga a la guerra contra sus enemigos por el camino que tú le envíes, y ora a ti hacia esta ciudad que tú elegiste, hacia la Casa que he edificado a tu nombre, ³⁵ tú oirás desde los cielos su oración y su ruego, y ampararás su causa.

³⁶ »Cuando pequen contra ti (pues no hay hombre que no peque), y te enojes contra ellos, y los entregues a sus enemigos, para que sus conquistadores los lleven cautivos a otras tierras, lejos o cerca, ³⁷ si ellos vuelven en sí en la tierra adonde los hayan llevado cautivos; si se convierten y oran a ti en la tierra de su cautividad, y dicen: "Pecamos, somos culpables, impíamente hemos actuado"; ³⁸ si se convierten a ti de todo su corazón y de toda su alma en la tierra de su cautividad, donde los hayan llevado cautivos, y oran hacia la tierra que tú diste a sus padres,

b **6.16** 2 S 7.11-16; 1 R 2.4.   c **6.18** 2 Cr 2.6.   d **6.20** Dt 12.11.

hacia la ciudad que tú elegiste, y hacia la Casa que he edificado a tu nombre; ³⁹ tú oirás desde los cielos, desde el lugar de tu morada, su oración y su ruego, ampararás su causa y perdonarás a tu pueblo que pecó contra ti.

⁴⁰ »Ahora, pues, Dios mío, te ruego que estén abiertos tus ojos y atentos tus oídos a la oración en este lugar.

⁴¹ »Jehová Dios, levántate ahora para habitar en tu reposo, tú y el Arca de tu poder; Jehová Dios, sean vestidos de salvación tus sacerdotes, y tus santos se regocijen en tu bondad. ⁴² Jehová Dios, no rechaces a tu ungido; acuérdate de tus misericordias para con tu siervo David».ᵉ

7 ¹ Cuando Salomón acabó de orar, descendió fuego de los cielos y consumió el holocausto y los sacrificios;ᵃ y la gloria de Jehová llenó la Casa. ² Y no podían entrar los sacerdotes en la casa de Jehová,ᵇ porque la gloria de Jehová la había llenado. ³ Cuando vieron todos los hijos de Israel descender el fuego y la gloria de Jehová sobre la Casa, se postraron sobre sus rostros en el pavimento y adoraron, y alabaron a Jehová, diciendo: «Porque él es bueno, y su misericordia es para siempre».ᶜ

⁴ Entonces el rey y todo el pueblo sacrificaron víctimas delante de Jehová. ⁵ Y ofreció el rey Salomón en sacrificio veintidós mil bueyes y ciento veinte mil ovejas. Así, el rey y todo el pueblo dedicaron la casa de Dios.

⁶ Los sacerdotes desempeñaban su ministerio, mientras los levitas alababan a Jehová con los instrumentos de música que el rey David había hecho para acompañar los cánticos a Jehová, «porque su misericordia es para siempre», entonando los cánticos compuestos por David. Los sacerdotes tocaban las trompetas delante de ellos, y todo Israel se mantenía en pie.

⁷ También Salomón consagró la parte central del atrio que estaba delante de la casa de Jehová, por cuanto había ofrecido allí los holocaustos, y lo mejor de las ofrendas de paz; porque en el altar de bronce

que Salomón había hecho no cabían los holocaustos, las ofrendas y las grasas.

⁸ Entonces hizo Salomón fiesta siete días,ᵈ y con él todo Israel, una gran congregación, desde la entrada de Hamat hasta el arroyo de Egipto. ⁹ Al octavo día hicieron solemne asamblea, porque habían hecho la dedicación del altar en siete días, y habían celebrado la fiesta solemne por siete días. ¹⁰ Y a los veintitrés días del mes séptimo envió al pueblo a sus hogares, alegres y gozosos de corazón por los beneficios que Jehová había hecho a David y a Salomón, y a su pueblo Israel.ᵉ

Pacto de Dios con Salomón
(1 R 9.1-9)

¹¹ Terminó, pues, Salomón la casa de Jehová, y la casa del rey; y todo lo que Salomón se propuso hacer en la casa de Jehová, y en su propia casa, fue prosperado. ¹² Entonces apareció Jehová a Salomón de noche y le dijo: «Yo he oído tu oración, y he elegido para mí este lugar como Casa de sacrificio. ¹³ Si yo cierro los cielos para que no haya lluvia, y si mando a la langosta que consuma la tierra, o si envío pestilencia a mi pueblo; ¹⁴ si se humilla mi pueblo, sobre el cual mi nombre es invocado, y oran, y buscan mi rostro, y se convierten de sus malos caminos; entonces yo oiré desde los cielos, perdonaré sus pecados y sanaré su tierra. ¹⁵ Mis ojos estarán abiertos, y mis oídos atentos, a la oración que se haga en este lugar; ¹⁶ pues ahora he elegido y santificado esta Casa, para que esté en ella mi nombre para siempre; y mis ojos y mi corazón estarán ahí para siempre. ¹⁷ Y si tú andas delante de mí como anduvo tu padre David, haces todas las cosas que yo te he mandado, y guardas mis estatutos y mis decretos, ¹⁸ yo confirmaré el trono de tu reino, como pacté con David, tu padre, diciendo: "No te faltará uno de los tuyos para que gobierne en Israel".ᶠ ¹⁹ Pero si vosotros os volvéis, y dejáis mis estatutos y mandamientos que he puesto delante de vosotros, y vais y servís a dioses ajenos, y los adoráis, ²⁰ yo os arrancaré de mi tierra

---

ᵉ **6.41-42** Sal 132.8-10. ᵃ **7.1** Lv 9.23-24. ᵇ **7.2** Ex 24.16; 2 Cr 5.14. ᶜ **7.3** 1 Cr 16.34; 2 Cr 5.13; Esd 3.11; Sal 100.5; 106.1; 107.1; 118.1; 136.1; Jer 33.11. ᵈ **7.8** Referencia a la *fiesta de los Tabernáculos*. ᵉ **7.10** 1 R 8.66; 1 Cr 21.26. ᶠ **7.18** 2 S 7.11-16; 1 R 2.4; Mt 12.42; Lc 11.31.

que os he dado; arrojaré de mi presencia esta Casa que he santificado a mi nombre, y la haré objeto de burla y escarnio entre todos los pueblos. 21 Y esta Casa que es tan excelsa, será espanto a todo el que pase, de modo que dirá: "¿Por qué ha hecho así Jehová a esta tierra y a esta Casa?". 22 Y se responderá: "Por cuanto dejaron a Jehová, Dios de sus padres, que los sacó de la tierra de Egipto, y han abrazado a dioses ajenos, y los adoraron y sirvieron; por eso él ha traído todo este mal sobre ellos"».

Actividades diversas de Salomón
(1 R 9.10-28)

8 1 Después de veinte años, durante los cuales Salomón había edificado la casa de Jehová y su propia casa, 2 reedificó Salomón las ciudades que Hiram le había dado y estableció en ellas a los hijos de Israel.

3 Después marchó Salomón contra Hamat de Soba, y la tomó. 4 Y edificó a Tadmor*a* en el desierto, y todas las ciudades de aprovisionamiento que edificó en Hamat. 5 Asimismo reedificó a Bet-horón la de arriba y a Bet-horón la de abajo, ciudades fortificadas, con muros, puertas y barras; 6 a Baalat, y a todas las ciudades de avituallamiento que pertenecían a Salomón; también todas las ciudades de los carros y las de la gente de a caballo, y todo lo que Salomón quiso edificar en Jerusalén, en el Líbano, y en toda la tierra sujeta a su dominio.

7 A todo el pueblo que había quedado de los heteos, amorreos, ferezeos, heveos y jebuseos, que no eran de Israel, 8 cuyos descendientes habían quedado en la tierra después de ellos, a los cuales los hijos de Israel no exterminaron del todo, hizo Salomón tributarios hasta hoy. 9 Pero no empleó Salomón a ninguno de los hijos de Israel en su obra; porque eran hombres de guerra, oficiales, capitanes y comandantes de sus carros, y de su caballería. 10 Y tenía Salomón doscientos cincuenta gobernadores principales, los cuales mandaban sobre aquella gente.

11 Trasladó Salomón a la hija del faraón, de la Ciudad de David a la casa que él había edificado para ella; porque dijo: «Mi mujer no habitará en la casa de David, rey de Israel, porque aquellas habitaciones donde ha entrado el Arca de Jehová, son sagradas».

12 Entonces ofreció Salomón holocaustos a Jehová sobre el altar de Jehová que él había edificado delante del pórtico; 13 los ofreció según el rito de cada día, conforme al mandamiento de Moisés, en los sábados,*b* las nuevas lunas,*c* y en las fiestas solemnes, tres veces al año,*d* esto es, en la fiesta de los Panes sin levadura, en la fiesta de las Semanas y en la fiesta de los Tabernáculos.

14 También estableció los turnos de los sacerdotes en sus oficios, conforme a lo ordenado por David, su padre, a los levitas en sus cargos, para que alabaran y ministraran delante de los sacerdotes, según el rito de cada día; asimismo los porteros, según su orden, en cada puerta; porque así lo había mandado David, hombre de Dios. 15 No se apartaron del mandamiento del rey en cuanto a los sacerdotes, los levitas, los tesoros, y todo otro negocio; 16 porque toda la obra de Salomón estaba preparada desde el día en que se pusieron los cimientos de la casa de Jehová hasta que fue terminada, hasta que la casa de Jehová fue acabada totalmente.

17 Entonces Salomón fue a Ezión-geber y a Elot, a la costa del mar en la tierra de Edom. 18 Porque Hiram le había enviado, por medio de sus siervos, naves y marineros diestros en el mar, los cuales fueron con los siervos de Salomón a Ofir, y tomaron de allá cuatrocientos cincuenta talentos de oro, y los trajeron al rey Salomón.

La reina de Sabá visita a Salomón
(1 R 10.1-13)

9 1 Cuando la reina de Sabá*a* oyó hablar de la fama de Salomón, fue a Jerusalén con un séquito muy grande, con camellos cargados de especias aromáticas, oro en abundancia, y piedras preciosas, para probar a Salomón con preguntas difíciles.

---

a **8.4** Ciudad conocida más tarde como Palmira, sitio importante para el reabastecimiento de las caravanas en el desierto de Siria.   *b* **8.13** Nm 28.9-10.   *c* **8.13** Nm 28.11-15.
d **8.13** Ex 23.14-17; 34.22-23; Nm 28.16—29.39; Dt 16.16.   *a* **9.1-9** Mt 12.42; Lc 11.31.

Luego que llegó ante Salomón, le dijo todo lo que tenía en su corazón. ²Pero Salomón le respondió a todas sus preguntas, y nada hubo que Salomón no le contestara. ³Al ver la reina de Sabá la sabiduría de Salomón, la casa que había edificado, ⁴los manjares de su mesa, las habitaciones de sus oficiales, el aspecto de sus criados y los vestidos de ellos, sus coperos con sus vestidos, y la escalinata por donde se subía a la casa de Jehová, se quedó asombrada. ⁵Y dijo al rey: «Verdad es lo que había oído en mi tierra acerca de tus cosas y de tu sabiduría; ⁶pero yo no creía las palabras de ellos, hasta que he venido, y mis ojos han visto. En realidad, ni aun la mitad de la grandeza de tu sabiduría me había sido dicha, pues tú superas la fama que yo había oído. ⁷Bienaventurados tus hombres y dichosos estos siervos tuyos que están siempre delante de ti y oyen tu sabiduría. ⁸Bendito sea Jehová, tu Dios, el cual se ha complacido en ti, colocándote sobre su trono como rey para Jehová, tu Dios; por cuanto tu Dios amó a Israel, para afirmarlo perpetuamente, por eso te ha puesto como rey sobre ellos, para que hagas juicio y justicia».

⁹Y dio al rey ciento veinte talentos de oro, gran cantidad de especias aromáticas y piedras preciosas; nunca hubo tales especias aromáticas como las que dio la reina de Sabá al rey Salomón.

¹⁰También los siervos de Hiram y los siervos de Salomón, que habían traído el oro de Ofir, trajeron madera de sándalo y piedras preciosas. ¹¹Con la madera de sándalo el rey hizo gradas en la casa de Jehová y en las casas reales, y arpas y salterios para los cantores; nunca en la tierra de Judá se había visto madera semejante.

¹²El rey Salomón le dio a la reina de Sabá todo lo que ella quiso y le pidió, más de lo que ella había traído al rey. Después ella se volvió y regresó a su tierra con sus siervos.

Riquezas y fama de Salomón
(1 R 10.14-29; 2 Cr 1.14-17)

¹³El peso del oro que recibía Salomón cada año, era seiscientos sesenta y seis talentos de oro, ¹⁴sin contar lo que traían los mercaderes y negociantes; todos los reyes de Arabia y los gobernadores de la tierra traían oro y plata a Salomón.

¹⁵Hizo también el rey Salomón doscientos escudos de oro batido, cada uno de los cuales tenía seiscientos siclos de oro labrado; ¹⁶asimismo trescientos escudos de oro batido, teniendo cada escudo trescientos siclos de oro; y los puso el rey en la casa "Bosque del Líbano".

¹⁷Además, el rey hizo un gran trono de marfil y lo recubrió de oro puro. ¹⁸El trono tenía seis gradas, un estrado de oro fijado al trono, brazos a uno y otro lado del asiento, y dos leones que estaban junto a los brazos. ¹⁹Había también allí doce leones sobre las seis gradas, a uno y otro lado. Jamás fue hecho trono semejante en reino alguno.

²⁰Toda la vajilla del rey Salomón era de oro, y toda la vajilla de la casa "Bosque del Líbano", de oro puro. En los días de Salomón la plata no era apreciada. ²¹Porque la flota del rey iba a Tarsis con los siervos de Hiram, y cada tres años solían venir las naves de Tarsis trayendo oro, plata, marfil, monos y pavos reales.

²²El rey Salomón superó a todos los reyes de la tierra en riqueza y en sabiduría. ²³Y todos los reyes de la tierra procuraban ver el rostro de Salomón, para oir la sabiduría que Dios le había dado. ²⁴Cada uno de estos le llevaba un regalo: alhajas de plata, alhajas de oro, vestidos, armas, perfumes, caballos y mulos, todos los años.

²⁵Tuvo también Salomón cuatro mil caballerizas para sus caballos y carros, y doce mil jinetes,ᵇ los cuales puso en las ciudades de los carros, y en Jerusalén, junto al rey.

²⁶Tuvo dominio sobre todos los reyes desde el Éufrates hasta la tierra de los filisteos y hasta la frontera de Egipto.ᶜ ²⁷Acumuló el rey tanta plata como piedrasᵈ había en Jerusalén, y cedros como higueras hay en la Sefela. ²⁸Traían también caballos para Salomón, de Egiptoᵉ y de todos los países.

Muerte de Salomón
(1 R 11.41-43)

²⁹Los demás hechos de Salomón, los

ᵇ**9.25** 1 R 4.26. ᶜ**9.26** Gn 15.18; 1 R 4.21. ᵈ**9.27** Dt 17.17. ᵉ**9.28** Dt 17.16.

primeros y los últimos, ¿no están todos escritos en los libros del profeta Natán, en la profecía de Ahías, el silonita, y en la profecía del vidente Iddo acerca de Jeroboam hijo de Nabat? [30] Reinó Salomón en Jerusalén sobre todo Israel cuarenta años. [31] Y durmió Salomón con sus padres, y lo sepultaron en la Ciudad de David, su padre. Reinó en su lugar Roboam, su hijo.

Rebelión de Israel
(1 R 12.1-24)

10 [1] Roboam fue a Siquem, porque en Siquem se había reunido todo Israel[a] para hacerlo rey. [2] Cuando lo supo Jeroboam hijo de Nabat, el cual estaba en Egipto, adonde había huido a causa del rey Salomón, volvió de Egipto, [3] pues habían enviado a llamarle. Vino, pues, Jeroboam con todo Israel, y hablaron a Roboam diciendo:

[4] —Tu padre agravó nuestro yugo; alivia ahora algo de la dura servidumbre y del pesado yugo con que tu padre nos apremió, y te serviremos.

[5] Él les dijo:

—Volved a mí de aquí a tres días.

Y el pueblo se fue.

[6] Entonces el rey Roboam consultó con los ancianos que habían estado delante de Salomón, su padre, cuando este vivía, y les dijo:

—¿Qué me aconsejáis vosotros que responda a este pueblo?

[7] Ellos le contestaron diciendo:

—Si te conduces humanamente con este pueblo, lo tratas bien y le hablas con buenas palabras, ellos te servirán siempre.

[8] Pero él abandonó el consejo que le dieron los ancianos, y pidió consejo a los jóvenes que se habían criado con él y estaban a su servicio. [9] Y les preguntó:

—¿Qué aconsejáis vosotros que respondamos a este pueblo, que me ha hablado diciendo: "Alivia algo del yugo que tu padre puso sobre nosotros"?

[10] Entonces los jóvenes que se habían criado con él, le contestaron:

—Así dirás al pueblo que te ha hablado diciendo: "Tu padre agravó nuestro yugo, pero tú disminuye nuestra carga". Así le dirás: "Mi dedo más pequeño es más grueso que la cintura de mi padre.[b] [11] Así que, si mi padre os cargó de yugo pesado, yo añadiré a vuestro yugo; mi padre os castigó con azotes, pero yo os castigaré con escorpiones".

[12] Volvió, pues, Jeroboam con todo el pueblo ante Roboam al tercer día, según el rey les había mandado diciendo: "Volved a mí de aquí a tres días". [13] Y el rey les respondió ásperamente, abandonando el rey Roboam el consejo de los ancianos, [14] y hablándoles conforme al consejo de los jóvenes, diciendo:

—Mi padre hizo pesado vuestro yugo, pero yo añadiré a vuestro yugo; mi padre os castigó con azotes, pero yo os castigaré con escorpiones.

[15] No escuchó el rey al pueblo; porque la causa era de Dios, para que se cumpliera la palabra que Jehová había anunciado por medio de Ahías, el silonita, a Jeroboam hijo de Nabat. [16] Al ver todo Israel que el rey no les había oído, respondió el pueblo al rey diciendo:

> «¿Qué parte tenemos nosotros
> con David?
> No tenemos herencia en el hijo
> de Isaí.
> ¡Israel, cada uno a sus tiendas![c]
> ¡David, mira ahora por tu casa!»

Así se fue todo Israel a sus tiendas.

[17] Pero reinó Roboam sobre los hijos de Israel que habitaban en las ciudades de Judá. [18] Envió luego el rey Roboam a Adoram, que estaba a cargo de los tributos, pero lo apedrearon los hijos de Israel, y murió. Entonces se apresuró el rey Roboam a subir en su carro para huir a Jerusalén. [19] Así se apartó Israel de la casa de David hasta el día de hoy.

11 [1] Cuando llegó Roboam a Jerusalén, reunió de la casa de Judá y de Benjamín a ciento ochenta mil hombres de guerra escogidos, para pelear contra Israel y devolver el reino a Roboam. [2] Pero vino palabra de Jehová a Semaías, varón de Dios, diciendo: [3] «Habla a Roboam hijo de

---

[a] **10.1** Esta expresión se refiere a las tribus del norte, sin contar las tribus de Judá y Benjamín.
[b] **10.10** Otra posible traducción: *Si mi padre fue duro, yo lo soy mucho más.*   [c] **10.16** 2 S 20.1

Salomón, rey de Judá, y a todos los israelitas en Judá y Benjamín, y diles: 4 "Así ha dicho Jehová: No subáis a pelear contra vuestros hermanos; vuélvase cada uno a su casa, porque esto es cosa mía"». Y ellos oyeron la palabra de Jehová y se volvieron, y no fueron contra Jeroboam.

Prosperidad de Roboam

5 Habitó Roboam en Jerusalén y edificó ciudades para fortificar a Judá. 6 Edificó Belén, Etam, Tecoa, 7 Bet-sur, Soco, Adulam, 8 Gat, Maresa, Zif, 9 Adoraim, Laquis, Azeca, 10 Zora, Ajalón y Hebrón, que eran ciudades fortificadas de Judá y Benjamín. 11 Reforzó también las fortalezas y puso en ellas capitanes, provisiones, vino y aceite; 12 en todas las ciudades había escudos y lanzas. Las fortificó, pues, en gran manera; y Judá y Benjamín le estaban sujetos.

13 Los sacerdotes y levitas que estaban en todo Israel, se juntaron a él desde todos los lugares donde vivían, 14 pues los levitas dejaron sus ejidos y sus posesiones y se fueron a Judá y a Jerusalén, porque Jeroboam y sus hijos los excluyeron del ministerio de Jehová. 15 Y él designó sus propios sacerdotes para los lugares altos, para los demonios y para los becerros que había hecho.[a] 16 Tras aquellos acudieron también de todas las tribus de Israel, los que tenían el propósito sincero de buscar a Jehová, Dios de Israel; y fueron a Jerusalén para ofrecer sacrificios a Jehová, el Dios de sus padres. 17 Así fortalecieron el reino de Judá, y confirmaron a Roboam hijo de Salomón, por tres años; porque tres años anduvieron en el camino de David y de Salomón.

18 Tomó Roboam por mujer a Mahalat, hija de Jerimot hijo de David y de Abihail, hija de Eliab hijo de Isaí, 19 la cual le dio a luz estos hijos: Jeús, Semarías y Zaham. 20 Después de ella tomó a Maaca, hija de Absalón, la cual le dio a luz Abías, Atai, Ziza y Selomit. 21 Pero Roboam amó a Maaca, hija de Absalón, sobre todas sus mujeres y concubinas, pues tuvo dieciocho mujeres y sesenta concubinas, y engendró veintiocho hijos y sesenta hijas.

22 Y puso Roboam a Abías hijo de Maaca como jefe y príncipe de sus hermanos, porque quería hacerlo rey. 23 Obró sagazmente, pues esparció a todos sus hijos por todas las tierras de Judá y de Benjamín, y por todas las ciudades fortificadas, dándoles provisiones en abundancia y muchas mujeres.

Sisac invade Judá
(1 R 14.21-31)

12 1 Cuando Roboam consolidó el reino, dejó la ley de Jehová, y todo Israel con él. 2 Y por haberse rebelado contra Jehová, en el quinto año del rey Roboam, subió Sisac, rey de Egipto, contra Jerusalén, 3 con mil doscientos carros y sesenta mil hombres a caballo; pero el pueblo que venía con él de Egipto, esto es, libios, suquienos[a] y etíopes, era innumerable. 4 Tomó las ciudades fortificadas de Judá y llegó hasta Jerusalén.

5 El profeta Semaías vino ante Roboam y los príncipes de Judá que estaban reunidos en Jerusalén por causa de Sisac, y les dijo:

—Así ha dicho Jehová: "Vosotros me habéis dejado, y por eso yo también os he dejado en manos de Sisac".

6 Entonces los príncipes de Israel y el rey se humillaron, y dijeron:

—¡Justo es Jehová!

7 Cuando Jehová vio que se habían humillado, vino palabra de Jehová a Semaías, diciendo: «Se han humillado, no los destruiré, sino que los salvaré en breve y no se derramará mi ira contra Jerusalén por mano de Sisac. 8 Pero serán sus siervos, para que sepan lo que es servirme a mí, y qué es servir a los reyes de las naciones».

9 Subió, pues, Sisac, rey de Egipto, a Jerusalén, y tomó los tesoros de la casa de Jehová y los tesoros de la casa del rey; todo se lo llevó; también los escudos de oro que Salomón había hecho.[b] 10 Y en lugar de ellos hizo el rey Roboam escudos de bronce y los entregó a los jefes de la guardia, los cuales custodiaban la entrada de la casa del rey. 11 Cuando el rey iba a la casa de Jehová, venían los de la guardia y

---

[a] 11.15 1 R 12.31; Lv 17.7. [a] 12.3 Mercenarios extranjeros en el ejército egipcio.
[b] 12.9 1 R 10.16-17; 2 Cr 9.15-16.

los llevaban, y después los volvían a dejar en la sala de la guardia. [12] Así pues, por haberse humillado, la ira de Jehová se apartó de él y no lo destruyó del todo, ya que aún en Judá había cosas buenas.

[13] Fortalecido pues, Roboam reinó en Jerusalén; y tenía Roboam cuarenta y un años cuando comenzó a reinar y reinó diecisiete años en Jerusalén, la ciudad que escogió Jehová entre todas las tribus de Israel para poner en ella su nombre. El nombre de la madre de Roboam fue Naama, una amonita. [14] E hizo lo malo, porque no dispuso su corazón para buscar a Jehová.

[15] Los hechos de Roboam, los primeros y los últimos, ¿no están escritos en los libros del profeta Semaías y del vidente Iddo, en el registro de las familias? Y entre Roboam y Jeroboam hubo guerra constante. [16] Durmió Roboam con sus padres y fue sepultado en la Ciudad de David. Reinó en su lugar Abías, su hijo.

Reinado de Abías
(1 R 15.1-8)

13 [1] A los dieciocho años del rey Jeroboam comenzó a reinar Abías sobre Judá. [2] Reinó tres años en Jerusalén. El nombre de su madre fue Micaías, hija de Uriel, el de Gabaa.

Hubo guerra entre Abías y Jeroboam. [3] Entonces Abías empezó la batalla con un ejército de cuatrocientos mil hombres de guerra, valerosos y escogidos; y Jeroboam tomó posiciones de batalla contra él con ochocientos mil hombres escogidos, fuertes y valerosos.

[4] Se levantó Abías sobre el monte Zemaraim, que está en los montes de Efraín, y dijo: «Oídme, Jeroboam y todo Israel. [5] ¿No sabéis vosotros que Jehová, Dios de Israel, dio el reino a David sobre Israel para siempre, a él y a sus hijos, bajo pacto de sal? [6] Pero Jeroboam hijo de Nabat, siervo de Salomón hijo de David, se levantó y se rebeló contra su señor.[a] [7] Se juntaron con él hombres ociosos y perversos y pudieron más que Roboam hijo de Salomón, porque Roboam era joven y pusilánime, y no se defendió de ellos. [8] Y ahora vosotros tratáis de resistir al reino de Jehová, que

está en manos de los hijos de David, porque sois muchos, y tenéis con vosotros los becerros de oro que Jeroboam os puso por dioses. [9] ¿No habéis arrojado vosotros a los sacerdotes de Jehová, a los hijos de Aarón y a los levitas, y os habéis designado sacerdotes a la manera de los pueblos de otras tierras, para que cualquiera venga a consagrarse con un becerro y siete carneros, y así sea sacerdote de los que no son dioses? [10] Pero en cuanto a nosotros, Jehová es nuestro Dios y no lo hemos dejado; los sacerdotes que ministran delante de Jehová son los hijos de Aarón, y los que están en la obra son levitas, [11] los cuales queman para Jehová los holocaustos cada mañana y cada tarde, y el incienso aromático; ponen los panes sobre la mesa limpia, y el candelabro de oro con sus lámparas para que ardan cada tarde; porque nosotros guardamos la ordenanza de Jehová, nuestro Dios, pero vosotros lo habéis dejado. [12] Dios está con nosotros por jefe, y sus sacerdotes con las trompetas del júbilo para que suenen contra vosotros. Hijos de Israel, no peleéis contra Jehová, el Dios de vuestros padres, porque no prosperaréis».

[13] Pero Jeroboam hizo tender una emboscada para atacarlos por la espalda; de modo que atacaron a Judá tanto de frente como por detrás. [14] Cuando los de Judá miraron hacia atrás, se dieron cuenta de que los atacaban por el frente y por la espalda; por lo que clamaron a Jehová, mientras los sacerdotes tocaban las trompetas. [15] Entonces los de Judá gritaron con fuerza; y al alzar ellos el grito de guerra, Dios desbarató a Jeroboam y a todo Israel delante de Abías y de Judá. [16] Huyeron los hijos de Israel delante de Judá y Dios los entregó en sus manos. [17] Abías y su gente hicieron una gran matanza; cayeron heridos quinientos mil hombres escogidos de Israel. [18] Así fueron humillados los hijos de Israel en aquel tiempo, mientras los hijos de Judá prevalecían, porque se apoyaban en Jehová, el Dios de sus padres.

[19] Persiguió Abías a Jeroboam, y le arrebató algunas ciudades: a Bet-el con sus aldeas, a Jesana con sus aldeas, y a

---

a **13.6** 1 R 11.26.

Efraín con sus aldeas. [20] Así, nunca más tuvo poder Jeroboam en los días de Abías, pues Jehová lo hirió y murió. [21] Pero Abías se hizo más poderoso. Tomó catorce mujeres y engendró veintidós hijos y dieciséis hijas. [22] Los demás hechos de Abías, sus caminos y sus dichos, están escritos en la historia del profeta Iddo.

Reinado de Asa
(1 R 15.9-12)

14 [1] Durmió Abías con sus padres y fue sepultado en la Ciudad de David. Reinó en su lugar su hijo Asa, en cuyos días tuvo sosiego el país por diez años.

[2] Asa hizo lo bueno y lo recto ante los ojos de Jehová, su Dios. [3] Porque quitó los altares del culto extraño y los lugares altos; quebró las imágenes y destruyó los símbolos de Asera; [4] y mandó a Judá que buscara a Jehová, el Dios de sus padres, y pusiera por obra la Ley y sus mandamientos. [5] Quitó asimismo de todas las ciudades de Judá los lugares altos y las imágenes; y estuvo el reino en paz bajo su reinado.

[6] Edificó ciudades fortificadas en Judá, por cuanto había paz en la tierra, y no había guerra contra él en aquellos tiempos; porque Jehová le había dado paz. [7] Dijo, por tanto, a Judá: «Edifiquemos estas ciudades y cerquémoslas de muros con torres, puertas y barras, ya que la tierra es nuestra; porque hemos buscado a Jehová, nuestro Dios; lo hemos buscado, y él nos ha dado paz por todas partes». Edificaron, pues, y fueron prosperados.

[8] Tuvo también Asa un ejército de trescientos mil hombres de Judá, armado con escudos y lanzas, y doscientos ochenta mil hombres de Benjamín que portaban escudos y entesaban arcos. Todos eran hombres diestros.

[9] Salió contra ellos Zera, el etíope, con un ejército de un millón de hombres y trescientos carros; y vino hasta Maresa. [10] Entonces salió Asa contra él, y se pusieron en orden de batalla en el valle de Sefata, junto a Maresa. [11] Y clamó Asa a Jehová, su Dios, y dijo: «¡Jehová, para ti no hay diferencia alguna en dar ayuda al poderoso o al que no tiene fuerzas! Ayúdanos, Jehová, Dios nuestro, porque en ti nos apoyamos, y en tu nombre marchamos contra este ejército. Jehová, tú eres nuestro Dios; no prevalezca contra ti el hombre».

[12] Jehová deshizo a los etíopes delante de Asa y delante de Judá; y huyeron los etíopes.[a] [13] Asa y el pueblo que con él estaba los persiguieron hasta Gerar; y cayeron los etíopes hasta no quedar ninguno con vida, pues fueron deshechos delante de Jehová y de su ejército. Y les tomaron muy grande botín. [14] Atacaron también todas las ciudades alrededor de Gerar, porque el terror de Jehová cayó sobre ellas; y saquearon todas las ciudades, pues había en ellas gran botín. [15] Asimismo atacaron las cabañas de los que tenían ganado y se llevaron muchas ovejas y camellos. Después volvieron a Jerusalén.

Reformas religiosas de Asa
(1 R 15.13-15)

15 [1] Vino el espíritu de Dios sobre Azarías hijo de Obed, [2] el cual salió al encuentro de Asa y le dijo: «Oídme, Asa, todo Judá y Benjamín: Jehová estará con vosotros si vosotros estáis con él; y si lo buscáis vosotros lo hallaréis; pero si lo dejáis, él también os dejará.[a] [3] Muchos días ha estado Israel sin verdadero Dios y sin sacerdote que enseñara, y sin Ley; [4] pero cuando en su tribulación se convirtieron a Jehová, Dios de Israel, y lo buscaron, ellos lo hallaron.[b] [5] En aquellos tiempos no hubo paz, ni para el que entraba ni para el que salía, sino muchas aflicciones sobre todos los habitantes de las tierras. [6] Una gente destruía a otra, y una ciudad a otra ciudad; porque Dios los turbó con toda clase de calamidades.[c] [7] Pero esforzaos vosotros, y no desfallezcan vuestras manos, pues hay recompensa para vuestra obra».[d]

[8] Cuando oyó Asa las palabras y la profecía del profeta Azarías hijo de Obed, cobró ánimo y quitó los ídolos abominables de toda la tierra de Judá y de Benjamín, y de las ciudades que él había

[a] 14.12 Sal 20.7-8; 60.11-12.   [a] 15.2 Jer 29.13-14; Os 3.4-5.   [b] 15.4 Dt 4.29-31.   [c] 15.6 Is 19.2.
[d] 15.7 Is 7.4; Jer 31.16.

tomado en la parte montañosa de Efraín; y reparó el altar de Jehová que estaba delante del pórtico de Jehová. ⁹ Después reunió a todo Judá y Benjamín, y con ellos los forasteros de Efraín, de Manasés y de Simeón; porque muchos de Israel se habían pasado a él, viendo que Jehová, su Dios, estaba con él.

¹⁰ Se reunieron, pues, en Jerusalén, en el mes tercero del año decimoquinto del reinado de Asa. ¹¹ Y en aquel mismo día sacrificaron para Jehová, del botín que habían traído, setecientos bueyes y siete mil ovejas. ¹² Entonces prometieron solemnemente que buscarían a Jehová, el Dios de sus padres, de todo su corazón y de toda su alma; ¹³ y que cualquiera que no buscara a Jehová, el Dios de Israel, que muriera, ya fuera grande o pequeño, hombre o mujer. ¹⁴ Juraron, pues, a Jehová en alta voz y con gritos de júbilo, al son de trompetas y de bocinas. ¹⁵ Todos los de Judá se alegraron de este juramento; porque de todo su corazón lo juraban, y con toda su voluntad lo buscaban. Por eso Jehová se dejó hallar de ellos y les dio paz por todas partes.*e*

¹⁶ Aun a Maaca, su propia madre, el mismo rey Asa la depuso de su dignidad, porque había hecho una imagen de Asera; y Asa destruyó la imagen, la desmenuzó y la quemó junto al torrente Cedrón. ¹⁷ Con todo esto, los lugares altos no desaparecieron de Israel, aunque el corazón de Asa fue perfecto en todos sus días. ¹⁸ Trajo este a la casa de Dios lo que su padre había dedicado, y lo que él mismo había consagrado, plata, oro y utensilios. ¹⁹ Y no hubo más guerra hasta el año treinta y cinco del reinado de Asa.

Alianza de Asa con Ben-adad
(1 R 15.16-22)

16 ¹ En el año treinta y seis del reinado de Asa, subió Baasa, rey de Israel, contra Judá, y fortificó a Ramá, para cortarle toda comunicación a Asa, rey de Judá. ² Entonces sacó Asa la plata y el oro de los tesoros de la casa de Jehová y de la casa real, y envió mensajeros a Ben-adad, rey de Siria, que estaba en Damasco,

diciendo: ³ «Haya alianza entre tú y yo, como la hubo entre tu padre y mi padre. Aquí te envío plata y oro para que vengas y deshagas la alianza que tienes con Baasa, rey de Israel, a fin de que se aleje de mí».

⁴ Consintió Ben-adad con el rey Asa y envió los capitanes de sus ejércitos contra las ciudades de Israel; conquistaron Ijón, Dan, Abel-maim y las ciudades de aprovisionamiento de Neftalí. ⁵ Cuando Baasa lo supo, cesó de edificar a Ramá y abandonó su obra. ⁶ Entonces el rey Asa tomó a todo Judá, y se llevaron de Ramá la piedra y la madera con que Baasa edificaba; y con ellas edificó Geba y Mizpa.

⁷ En aquel tiempo vino el vidente Hanani ante Asa, rey de Judá, y le dijo: «Por cuanto te has apoyado en el rey de Siria, y no te apoyaste en Jehová, tu Dios, por eso el ejército del rey de Siria ha escapado de tus manos. ⁸ Los etíopes y los libios, ¿no eran un ejército numerosísimo, con carros y mucha gente de a caballo? Con todo, porque te apoyaste en Jehová, él los entregó en tus manos. ⁹ Porque los ojos de Jehová contemplan toda la tierra, para mostrar su poder a favor de los que tienen un corazón perfecto para con él. Locamente has procedido en esto; por eso de aquí en adelante habrá más guerra contra ti».*a*

¹⁰ Entonces se enojó Asa contra el vidente y lo echó en la cárcel, pues se encolerizó mucho contra él a causa de esto. También oprimió Asa en aquel tiempo a algunos del pueblo.

Muerte de Asa
(1 R 15.23-24)

¹¹ Pero los hechos de Asa, los primeros y los últimos, están escritos en el libro de los reyes de Judá y de Israel. ¹² En el año treinta y nueve de su reinado, Asa enfermó gravemente de los pies, pero en su enfermedad tampoco buscó a Jehová, sino a los médicos. ¹³ Y durmió Asa con sus padres; murió en el año cuarenta y uno de su reinado. ¹⁴ Lo sepultaron en los sepulcros que él había hecho para sí en la Ciudad de David; y lo pusieron en un ataúd, el cual llenaron de

e **15.15** Dt 4.29; Jer 29.13.   *a* **16.9** Sal 33.13-15.

perfumes y diversas especias aromáticas, preparadas por expertos perfumistas; e hicieron un gran fuego en su honor.

Reinado de Josafat

17 ¹ Reinó en su lugar Josafat, su hijo, el cual se hizo fuerte contra Israel. ² Puso ejércitos en todas las ciudades fortificadas de Judá y colocó gente de guarnición en tierra de Judá, y en las ciudades de Efraín que su padre Asa había tomado.

³ Jehová estuvo con Josafat, porque anduvo por los caminos que anteriormente había seguido David, su padre; no buscó a los baales, ⁴ sino que buscó al Dios de su padre y anduvo en sus mandamientos, no según las obras de Israel. ⁵ Por tanto, Jehová confirmó el reino en sus manos; todo Judá traía a Josafat presentes, y tuvo riquezas y gloria en abundancia. ⁶ Se animó su corazón en los caminos de Jehová, y quitó los lugares altos y las imágenes de Asera de en medio de Judá.

⁷ Al tercer año de su reinado envió a sus príncipes Ben-hail, Abdías, Zacarías, Natanael y Micaías, para que enseñaran en las ciudades de Judá. ⁸ Con ellos envió a los levitas Semaías, Netanías, Zebadías, Asael, Semiramot, Jonatán, Adonías, Tobías y Tobadonías, y también a los sacerdotes Elisama y Joram, ⁹ los cuales enseñaron en Judá, llevando consigo el libro de la ley de Jehová; y recorrieron todas las ciudades de Judá enseñando al pueblo.ᵃ

¹⁰ El terror de Jehová cayó sobre todos los reinos de las tierras que estaban alrededor de Judá, de manera que no osaron hacer guerra contra Josafat. ¹¹ Los filisteos traían presentes y tributos de plata a Josafat. Los árabes también le trajeron ganados, siete mil setecientos carneros y siete mil setecientos machos cabríos.

¹² Iba, pues, Josafat engrandeciéndose mucho; edificó en Judá fortalezas y ciudades de aprovisionamiento. ¹³ Llevó a cabo muchas obras en las ciudades de Judá, y tuvo hombres de guerra muy valientes en Jerusalén. ¹⁴ Este es el número de ellos según sus casas paternas:

De los jefes de los millares de Judá, el general Adnas, y con él trescientos mil hombres muy esforzados. ¹⁵ Después de

él, el jefe Johanán, y con él doscientos ochenta mil hombres. ¹⁶ Tras este, Amasías hijo de Zicri, el cual se había ofrecido voluntariamente a Jehová, y con él doscientos mil hombres valientes.

¹⁷ De Benjamín, Eliada, hombre muy valeroso, y con él doscientos mil hombres armados de arco y escudo. ¹⁸ Tras este, Jozabad, y con él ciento ochenta mil dispuestos para la guerra.

¹⁹ Estos eran siervos del rey, sin contar los que el rey había puesto en las ciudades fortificadas en todo Judá.

Micaías profetiza la derrota de Acab
(1 R 22.1-40)

18 ¹ Tenía, pues, Josafat riquezas y gloria en abundancia; y emparentó con Acab.

² Después de algunos años descendió a Samaria para visitar a Acab, por lo que Acab mató muchas ovejas y bueyes para él y para la gente que con él venía, y le persuadió que fuera con él contra Ramot de Galaad. ³ Y dijo Acab, rey de Israel, a Josafat, rey de Judá:

—¿Quieres venir conmigo contra Ramot de Galaad?

Él respondió:

—Yo soy como tú, y mi pueblo como tu pueblo; iremos contigo a la guerra.

⁴ Además dijo Josafat al rey de Israel:

—Te ruego que consultes hoy la palabra de Jehová.

⁵ Entonces el rey de Israel reunió a cuatrocientos profetas y les preguntó:

—¿Iremos a la guerra contra Ramot de Galaad, o me estaré quieto?

Le respondieron:

—Sube, porque Dios los entregará en manos del rey.

⁶ Pero Josafat dijo:

—¿Hay aún aquí algún profeta de Jehová, para que por medio de él consultemos?

⁷ El rey de Israel respondió a Josafat:

—Aún hay aquí un hombre por medio del cual podemos preguntar a Jehová; pero yo lo aborrezco, porque nunca me profetiza cosa buena, sino siempre mal. Es Micaías hijo de Imla.

Respondió Josafat:

—No hable así el rey.

ᵃ **17.9** Esd 7.25.

⁸ Entonces el rey de Israel llamó a un oficial y le dijo:

—Haz venir enseguida a Micaías hijo de Imla.

⁹ El rey de Israel y Josafat, rey de Judá, estaban sentados cada uno en su trono, vestidos con sus ropas reales, en la plaza junto a la entrada de la puerta de Samaria, y todos los profetas profetizaban delante de ellos. ¹⁰ Y Sedequías hijo de Quenaana se había hecho cuernos de hierro, y decía: «Así ha dicho Jehová: Con estos acornearás a los sirios hasta destruirlos por completo». ¹¹ De esta manera profetizaban también todos los profetas, diciendo: «Sube contra Ramot de Galaad y serás prosperado; porque Jehová la entregará en manos del rey».

¹² El mensajero que había ido a llamar a Micaías le habló diciendo:

—Mira que las palabras de los profetas a una voz anuncian al rey cosas buenas; yo, pues, te ruego que tu palabra sea como la de uno de ellos, que hables bien.

¹³ Dijo Micaías:

—Vive Jehová, que lo que mi Dios me diga, eso hablaré.

Luego se presentó al rey, ¹⁴ y el rey le dijo:

—Micaías, ¿iremos a pelear contra Ramot de Galaad, o debo desistir?

Él respondió:

—Subid y seréis prosperados, pues serán entregados en vuestras manos.

¹⁵ El rey le dijo:

—¿Hasta cuántas veces te conjuraré que no me hables sino la verdad en nombre de Jehová?

¹⁶ Entonces Micaías dijo:

—He visto a todo Israel disperso por los montes como ovejas sin pastor[a] y Jehová ha dicho: "Estos no tienen señor; vuélvase cada uno en paz a su casa".

¹⁷ El rey de Israel dijo a Josafat:

—¿No te había yo dicho que no me profetizaría bien, sino mal?

¹⁸ Entonces Micaías dijo:

—Oíd, pues, palabra de Jehová: Yo he visto a Jehová sentado en su trono, y todo el ejército de los cielos estaba a su mano derecha y a su izquierda. ¹⁹ Y preguntó Jehová: "¿Quién inducirá a Acab, rey de Israel, para que suba y caiga en Ramot de Galaad?" Y el uno decía de una manera, y el otro decía de otra. ²⁰ Entonces salió un espíritu que se puso delante de Jehová y dijo: "Yo lo induciré". Y Jehová le dijo: "¿De qué modo?" ²¹ Él respondió: "Saldré y seré espíritu de mentira en la boca de todos sus profetas". Jehová dijo: "Tú lograrás engañarlo. Anda y hazlo así". ²² Y ahora Jehová ha puesto espíritu de mentira en la boca de estos tus profetas; pues Jehová ha hablado el mal contra ti.

²³ Entonces Sedequías hijo de Quenaana se le acercó y golpeó a Micaías en la mejilla, diciendo:

—¿Por qué camino se ha ido de mí el espíritu de Jehová para hablarte a ti?

²⁴ Micaías respondió:

—Tú mismo lo verás el día en que vayas escondiéndote de habitación en habitación.

²⁵ Entonces el rey de Israel dijo:

—Tomad a Micaías y llevadlo a Amón, gobernador de la ciudad, y a Joás, hijo del rey, ²⁶ y decidles: "El rey ha dicho así: Poned a este en la cárcel y sustentadle con pan de aflicción y agua de angustia, hasta que yo vuelva en paz".

²⁷ Micaías dijo:

—Si tú vuelves en paz, no ha hablado Jehová por mí.

Dijo además:

—Oíd, pueblos todos.

²⁸ Subieron, pues, el rey de Israel, y Josafat, rey de Judá, a Ramot de Galaad. ²⁹ Y dijo el rey de Israel a Josafat:

—Yo me disfrazaré para entrar en la batalla, pero tú vístete con tus ropas reales.

Se disfrazó el rey de Israel y entró en la batalla.

³⁰ El rey de Siria, por su parte, había ordenado a los capitanes de los carros que tenía consigo: «No peleéis con chico ni con grande, sino sólo con el rey de Israel». ³¹ Cuando los capitanes de los carros vieron a Josafat, dijeron: "Este es el rey de Israel. Y lo rodearon para pelear; pero Josafat clamó y Jehová lo ayudó, apartándolos Dios de él; ³² pues al ver los capitanes de los carros que no era el rey de Israel, desistieron de acosarle. ³³ Pero un hombre disparó el arco al azar e hirió al rey de

---

ᵃ **18.16** Nm 27.17; Ez 34.5; Mt 9.36; Mr 6.34.

Israel entre las junturas de la coraza. El rey dijo entonces al cochero:

—Vuelve las riendas y sácame del campo, porque estoy mal herido.

34 Pero arreció la batalla aquel día, por lo que el rey de Israel se mantuvo en pie en su carro frente a los sirios hasta la tarde; y murió al ponerse el sol.

El profeta Jehú amonesta a Josafat

19 1 Josafat, rey de Judá, volvió en paz a su casa en Jerusalén. 2 Y le salió al encuentro el vidente Jehú hijo de Hanani, el cual dijo al rey Josafat:

—¿Al impío das ayuda, y amas a los que aborrecen a Jehová? Por esto ha caído sobre ti la cólera de Jehová. 3 Pero se han hallado en ti buenas cosas, por cuanto has quitado de la tierra las imágenes de Asera y has dispuesto tu corazón para buscar a Dios.

Josafat nombra jueces

4 Habitó, pues, Josafat en Jerusalén; pero volvió a salir para visitar al pueblo, desde Beerseba hasta los montes de Efraín, y los conducía a Jehová, el Dios de sus padres. 5 Puso jueces en todas las ciudades fortificadas de Judá, por todos los lugares; 6 y dijo a los jueces: «Mirad lo que hacéis; porque no juzgáis en nombre de los hombres, sino en nombre de Jehová, el cual está con vosotros cuando juzgáis.a 7 Sea, pues, con vosotros el temor de Jehová; mirad lo que hacéis, porque en Jehová, nuestro Dios, no hay injusticia ni acepción de personas ni admisión de cohecho».b

8 Puso también Josafat en Jerusalén a algunos de los levitas y sacerdotes, y de los padres de las familias de Israel, para la administración de la justicia de Jehová y para los litigios. Estos habitaban en Jerusalén.c 9 Y les mandó diciendo: «Procederéis asimismo en el temor de Jehová, con verdad y con corazón íntegro. 10 En cualquier pleito que os presenten vuestros hermanos que habitan en las ciudades, ya sean causas de sangre, o asuntos relativos a la Ley, preceptos, estatutos o decretos, les amonestaréis que no pequen contra

Jehová, para que no venga ira sobre vosotros y sobre vuestros hermanos. Haciendo así, no pecaréis.d 11 El sacerdote Amarías será el que os presida en todo asunto de Jehová, y Zebadías hijo de Ismael, príncipe de la casa de Judá, en todos los negocios del rey; también los levitas serán oficiales en vuestra presencia. Esforzaos, pues, y manos a la obra. Jehová estará con el bueno».

Derrota de Moab y Amón

20 1 Pasadas estas cosas, aconteció que los hijos de Moab y de Amón, y con ellos otros de los amonitas, marcharon contra Josafat para atacarlo. 2 Y fueron algunos a darle aviso a Josafat, diciendo: «Contra ti viene una gran multitud del otro lado del mar y de Siria; ya están en Hazezon-tamar, que es En-gadi».

3 Josafat tuvo miedo y humilló su rostro para consultar a Jehová, e hizo pregonar ayuno a todo Judá. 4 Se congregaron los de Judá para pedir socorro a Jehová; y también de todas las ciudades de Judá vinieron a pedir ayuda a Jehová. 5 Entonces Josafat, puesto en pie en medio de la asamblea de Judá y de Jerusalén, en la casa de Jehová, delante del atrio nuevo, 6 dijo: «Jehová, Dios de nuestros padres, ¿no eres tú Dios en los cielos, y dominas sobre todos los reinos de las naciones? ¿No está en tu mano tal fuerza y poder que no hay quien te resista?a 7 Dios nuestro, ¿no expulsaste tú a los habitantes de esta tierra delante de tu pueblo Israel, y la diste a la descendencia de tu amigob Abraham para siempre? 8 Ellos la han habitado, y han edificado en ella santuario a tu nombre, diciendo: 9 "Si mal viene sobre nosotros, o espada de castigo, o pestilencia, o hambre, nos presentaremos delante de esta Casa, y delante de ti (porque tu nombre está en esta Casa); clamaremos a ti a causa de nuestras tribulaciones, y tú nos oirás y salvarás". 10 Ahora, pues, aquí están los hijos de Amón y de Moab, y los de los montes de Seir, a cuya tierra no quisiste que pasara Israel cuando venía de la tierra de Egipto,c sino que se apartara de ellos y no los destruyera. 11 Ahora ellos nos pagan

a 19.6 Dt 1.16-18; 16.19-20. b 19.7 Dt 10.17. c 19.8 Dt 17.8-13; 2 Cr 17.8-9; Sal 122.3-5. d 19.10 Nm 35.19. a 20.6 Dt 4.39; 2 Cr 32.7. b 20.7 Is 41.8; Stg 2.23.

viniendo a arrojarnos de la heredad que tú nos diste en posesión. ¹² ¡Dios nuestro!, ¿no los juzgarás tú? Pues nosotros no tenemos fuerza con que enfrentar a la multitud tan grande que viene contra nosotros; no sabemos qué hacer, y a ti volvemos nuestros ojos».

¹³ Todo Judá estaba en pie delante de Jehová, con sus niños, sus mujeres y sus hijos. ¹⁴ Y estaba allí Jahaziel hijo de Zacarías hijo de Benaía, hijo de Jeiel, hijo de Matanías, levita de los hijos de Asaf, sobre el cual vino el espíritu de Jehová en medio de la reunión; ¹⁵ y dijo: «Oíd, todo Judá, y vosotros habitantes de Jerusalén, y tú, rey Josafat. Jehová os dice así: "No temáis ni os amedrentéis delante de esta multitud tan grande, porque no es vuestra la guerra, sino de Dios. ¹⁶ Mañana descenderéis contra ellos; mirad, ellos subirán por la cuesta de Sis y los hallaréis junto al arroyo, antes del desierto de Jeruel. ¹⁷ No tendréis que pelear vosotros en esta ocasión; apostaos y quedaos quietos; veréis como la salvación de Jehová vendrá sobre vosotros. Judá y Jerusalén, no temáis ni desmayéis; salid mañana contra ellos, porque Jehová estará con vosotros"».ᵈ

¹⁸ Entonces Josafat se inclinó rostro a tierra, y también todo Judá y los habitantes de Jerusalén se postraron ante Jehová para adorar a Jehová. ¹⁹ Y se levantaron los levitas de los hijos de Coat y de los hijos de Coré para alabar con gran clamor a Jehová, el Dios de Israel.

²⁰ Cuando se levantaron por la mañana, salieron al desierto de Tecoa. Mientras ellos salían, Josafat, puesto en pie, dijo: «Oídme, Judá y habitantes de Jerusalén. Creed en Jehová, vuestro Dios y estaréis seguros; creed a sus profetas y seréis prosperados».ᵉ

²¹ Después de consultar con el pueblo, puso a algunos que, vestidos de ornamentos sagrados, cantaran y alabaran a Jehová mientras salía la gente armada, y que dijeran: «Glorificad a Jehová, porque su misericordia es para siempre».ᶠ

²² Cuando comenzaron a entonar cantos de alabanza, Jehová puso emboscadas contra los hijos de Amón, de Moab y de los montes de Seir que venían contra Judá, y se mataron los unos a los otros. ²³ Porque los hijos de Amón y Moab se levantaron contra los de los montes de Seir para matarlos y destruirlos; y cuando acabaron con los del monte Seir, cada cual ayudó a la destrucción de su compañero.ᵍ

²⁴ Luego que vino Judá a la torre del desierto, miraron hacia la multitud, pero solo vieron cadáveres tendidos en la tierra, pues ninguno había escapado. ²⁵ Josafat y su pueblo fueron a despojarlos, y hallaron entre los cadáveres muchas riquezas, así vestidos como alhajas preciosas que tomaron para sí; tantos, que no los podían llevar. Estuvieron tres días recogiendo el botín, porque era abundante.

²⁶ Al cuarto día se juntaron en el valle de Beraca, y allí bendijeron a Jehová; por esto llamaron el nombre de aquel paraje el valle de Beraca,ʰ hasta el día de hoy. ²⁷ Después todos los hombres de Judá y de Jerusalén, con Josafat a la cabeza, regresaron a Jerusalén gozosos, porque Jehová les había colmado de gozo librándolos de sus enemigos. ²⁸ Y entraron en Jerusalén, en la casa de Jehová, con salterios, arpas y trompetas.

²⁹ Cuando supieron que Jehová había peleado contra los enemigos de Israel, el terror de Dios cayó sobre todos los reinos de aquella tierra. ³⁰ Y el reino de Josafat tuvo paz, porque su Dios le dio paz por todas partes.

Reinado de Josafat
(1 R 22.41-50)

³¹ Así reinó Josafat sobre Judá; de treinta y cinco años era cuando comenzó a reinar, y reinó veinticinco años en Jerusalén. El nombre de su madre fue Azuba, hija de Silhi. ³² Y anduvo en el camino de Asa, su padre, sin apartarse de él, haciendo lo recto ante los ojos de Jehová. ³³ Con todo, los lugares altos no fueron quitados; pues el pueblo aún no había enderezado su corazón al Dios de sus padres. ³⁴ Los demás hechos de Josafat, los primeros y los últimos, están escritos en las palabras de Jehú hijo de Hanani, del cual se hace mención en el libro de los reyes de Israel.

ᶜ **20.10** Dt 2.4-19.   ᵈ **20.15-17** Dt 20.1-4; Is 8.10. Esd 3.11; Sal 100.5; 106.1; Jer 33.11.   ᵍ **20.23** Jos 6.17; Ez 38.21.   ᵉ **20.20** Is 7.9.   ᶠ **20.21** 2 Cr 5.13; 6.34,41; 7.3;   ʰ **20.26** Esto es, *Bendición*.

35 Pasadas estas cosas, Josafat, rey de Judá, trabó amistad con Ocozías, rey de Israel, el cual era dado a la impiedad, 36 y se asoció a él para construir naves que fueran a Tarsis; y construyeron las naves en Ezión-geber. 37 Entonces Eliezer hijo de Dodava, el de Maresa, profetizó contra Josafat diciendo: «Por cuanto te has aliado con Ocozías, Jehová destruirá tus obras». Y las naves se rompieron, y no pudieron ir a Tarsis.

Reinado de Joram de Judá
(2 R 8.16-24)

21 1 Durmió Josafat con sus padres, y lo sepultaron con sus padres en la Ciudad de David. Reinó en su lugar Joram, su hijo, 2 quien tuvo por hermanos, hijos de Josafat, a Azarías, Jehiel, Zacarías, Azarías, Micael y Sefatías. Todos estos fueron hijos de Josafat, rey de Judá. 3 Su padre les había dado muchos regalos de oro y de plata, cosas preciosas, y ciudades fortificadas en Judá; pero entregó el reino a Joram, porque él era el primogénito. 4 Fue elevado, pues, Joram al reino de su padre. Luego que se hizo fuerte, mató a espada a todos sus hermanos y también a algunos de los príncipes de Israel. 5 Cuando comenzó a reinar tenía treinta y dos años de edad, y reinó ocho años en Jerusalén. 6 Pero anduvo en el camino de los reyes de Israel, como hizo la casa de Acab, porque tenía por mujer a la hija de Acab,a e hizo lo malo ante los ojos de Jehová. 7 Pero Jehová no quiso destruir la casa de David, a causa del pacto que había hecho con David, y porque le había dicho que le daría una lámpara a él y a sus hijos perpetuamente.b

8 En sus días se rebeló Edom contra el dominio de Judá,c y proclamó su propio rey. 9 Entonces pasó Joram con sus príncipes, y todos sus carros; se levantó de noche y derrotó a los edomitas que le habían sitiado, y a todos los comandantes de sus carros. 10 No obstante, Edom se libertó del dominio de Judá hasta el día de hoy. Por ese mismo tiempo Libna se libertó también de su dominio, por cuanto Joram había abandonado a Jehová, el Dios de sus padres.

11 Además de esto, construyó lugares altos en los montes de Judá, e incitó a los habitantes de Jerusalén a la prostitución, y empujó a ella a Judá. 12 Le llegó una carta del profeta Elías que decía: «Jehová, el Dios de tu padre David, ha dicho así: "Por cuanto no has andado en los caminos de Josafat, tu padre, ni en los caminos de Asa, rey de Judá, 13 sino que has andado en el camino de los reyes de Israel, y has hecho que Judá y los habitantes de Jerusalén forniquen, como fornicó la casa de Acab; y además has dado muerte a tus hermanos, a la familia de tu padre, los cuales eran mejores que tú; 14 Jehová herirá a tu pueblo con una gran plaga, a tus hijos, a tus mujeres y a todo cuanto tienes; 15 tú mismo padecerás muchas enfermedades, y una dolencia tal de tus intestinos, que se te saldrán a causa de tu persistente enfermedad"».

16 Entonces Jehová despertó contra Joram la ira de los filisteos y de los árabes que estaban junto a los etíopes, 17 que subieron contra Judá, invadieron la tierra y tomaron todos los bienes que hallaron en la casa del rey, a sus hijos y a sus mujeres; y no le quedó más hijo sino solamente Joacaz, el menor de ellos. 18 Después de todo esto, Jehová lo hirió con una enfermedad incurable en los intestinos. 19 Y aconteció que al pasar muchos días, al cabo de dos años, los intestinos se le salieron por la enfermedad, y murió así de enfermedad muy penosa. Y no encendieron fuego en su honor, como lo habían hecho con sus padres. 20 Cuando comenzó a reinar tenía treinta y dos años de edad, y reinó en Jerusalén durante ocho años. Murió sin que nadie lo llorara y lo sepultaron en la Ciudad de David, pero no en los sepulcros de los reyes.

Reinado de Ocozías de Judá
(2 R 8.25-29)

22 1 Los habitantes de Jerusalén hicieron rey en lugar de Joram a Ocozías, su hijo menor; porque una banda armada que había venido con los árabes al campamento, había matado a todos los mayores, por lo cual reinó Ocozías hijo de Joram, rey de Judá. 2 Cuando Ocozías comenzó a reinar tenía cuarenta y dos años de edad, y reinó un año en Jerusalén. El

a 21.6 2 R 8.26; 2 Cr 22.2.   b 21.7 1 R 11.36.   c 21.8 Gn 27.40.

nombre de su madre era Atalía, hija de Omri.

3 También él anduvo en los caminos de la casa de Acab, pues su madre le aconsejaba a que actuara impíamente. 4 Hizo, pues, lo malo ante los ojos de Jehová, como la casa de Acab; porque después de la muerte de su padre, ellos le aconsejaron para su perdición. 5 Y él anduvo en los consejos de ellos, y fue a la guerra con Joram hijo de Acab, rey de Israel, contra Hazael, rey de Siria, a Ramot de Galaad, donde los sirios hirieron a Joram. 6 Y volvió para curarse en Jezreel de las heridas que le habían hecho en Ramot, peleando contra Hazael, rey de Siria. Y descendió Ocozías hijo de Joram, rey de Judá, para visitar a Joram hijo de Acab en Jezreel, porque estaba enfermo allí.

Jehú mata a Ocozías
(2 R 9.27-29)

7 Pero esto venía de Dios, para que Ocozías fuera destruido al ir a visitar a Joram. Tan pronto llegó, salió con Joram contra Jehú hijo de Nimsi, al cual Jehová había ungido para que exterminara a la familia de Acab. 8 Mientras Jehú hacía juicio contra la casa de Acab, halló a los príncipes de Judá y a los hijos de los hermanos de Ocozías, que servían a Ocozías, y los mató. 9 Buscó luego a Ocozías, el cual se había escondido en Samaria. Lo hallaron, lo trajeron a Jehú y lo mataron; pero le dieron sepultura, pues decían: «Es hijo de Josafat, quien de todo su corazón buscó a Jehová». Y la casa de Ocozías no tenía fuerzas para retener el reino.

Atalía usurpa el trono
(2 R 11.1-21)

10 Cuando Atalía, madre de Ocozías, vio que su hijo había muerto, se levantó y exterminó a toda la descendencia real de la casa de Judá. 11 Pero Josabet, hija del rey, tomó a Joás hijo de Ocozías, y escondiéndolo de entre los demás hijos del rey, a los cuales mataban, lo guardó a él y a su nodriza en uno de los aposentos. Así lo escondió Josabet, hija del rey Joram, mujer del sacerdote Joiada (porque ella era hermana de Ocozías), de la vista de Atalía, y

no lo mataron. 12 Seis años estuvo escondido con ellos en la casa de Dios. Entre tanto, Atalía reinaba en el país.

23 1 En el séptimo año se animó Joiada y concertó una alianza con los jefes de centenas: Azarías hijo de Jeroham, Ismael hijo de Johanán, Azarías hijo de Obed, Maasías hijo de Adaía y Elisafat hijo de Zicri, 2 los cuales recorrieron el país de Judá, y reunieron a los levitas de todas las ciudades de Judá y a los príncipes de las familias de Israel y vinieron a Jerusalén. 3 Toda la multitud hizo pacto con el rey en la casa de Dios. Y Joiada les dijo: «Aquí está el hijo del rey, que ha de reinar, como dijo Jehová respecto a los hijos de David.ᵃ 4 Ahora haced esto: una tercera parte de vosotros, los que entran el sábado, estarán de porteros con los sacerdotes y los levitas. 5 Otra tercera parte estará en la casa del rey; y la otra tercera parte, se quedará a la puerta del Cimiento; y todo el pueblo estará en los patios de la casa de Jehová. 6 Y ninguno entre en la casa de Jehová, sino los sacerdotes y levitas que ministran; estos entrarán, porque están consagrados; y todo el pueblo hará guardia delante de Jehová. 7 Y los levitas rodearán al rey por todas partes, y cada uno tendrá sus armas en la mano; cualquiera que entre en la casa, que muera; y estaréis con el rey cuando entre y cuando salga».

8 Los levitas y todo Judá lo hicieron todo como lo había mandado el sacerdote Joiada; y tomó cada jefe a los suyos, los que entraban el sábado, y los que salían el sábado; porque el sacerdote Joiada no dio licencia a las compañías. 9 Dio también el sacerdote Joiada a los jefes de centenas las lanzas, los paveses y los escudos que habían sido del rey David, y que estaban en la casa de Dios; 10 y puso en orden a todo el pueblo, teniendo cada uno su espada en la mano, desde el rincón derecho del Templo hasta el izquierdo, hacia el altar y la Casa, alrededor del rey por todas partes. 11 Entonces sacaron al hijo del rey, le pusieron la corona y el Testimonio, y lo proclamaron rey; Joiada y sus hijos lo ungieron y gritaron: «¡Viva el rey!»

12 Cuando Atalía oyó el estruendo de la gente que corría y de los que aclamaban al

ᵃ 23.3 2 S 7.12.

rey, vino a la casa de Jehová, donde estaba el pueblo; [13] miró y vio al rey que estaba junto a la columna, a la entrada, y a los príncipes y los trompeteros junto al rey, a todo el pueblo de la tierra, lleno de alegría, que tocaba bocinas, y a los cantores que, con instrumentos de música, dirigían la alabanza. Entonces Atalía rasgó sus vestidos, y dijo: «¡Traición! ¡Traición!».

[14] Pero el sacerdote Joiada mandó que salieran los jefes de centenas del ejército, y les ordenó: «Sacadla fuera del recinto, y al que la siga, matadlo a filo de espada»; porque el sacerdote había mandado que no la mataran en la casa de Jehová. [15] Así pues, ellos le echaron mano, y cuando hubo pasado la entrada de la puerta de los caballos de la casa del rey, allí la mataron.

[16] Entonces Joiada pactó con todo el pueblo y el rey, que serían el pueblo de Jehová. [17] Después de esto entró todo el pueblo en el templo de Baal y lo derribaron; también rompieron sus altares, hicieron pedazos sus imágenes y mataron delante de los altares a Matán, sacerdote de Baal. [18] Luego puso Joiada una guardia en la casa de Jehová, bajo las órdenes de los sacerdotes y levitas, según David los había distribuido en la casa de Jehová, para ofrecer a Jehová los holocaustos, como está escrito en la ley de Moisés, con gozo y con cánticos, conforme a la disposición de David. [19] Puso también porteros en las puertas de la casa de Jehová, para que por ninguna vía entrara ninguno que estuviera impuro.

[20] Llamó después a los jefes de centenas y a los principales, a los que gobernaban al pueblo y a todo el pueblo de la tierra, para conducir al rey desde la casa de Jehová. Cuando llegaron a la mitad de la puerta mayor de la casa del rey, sentaron al rey sobre el trono del reino. [21] Y se regocijó todo el pueblo del país; y la ciudad estuvo tranquila después que mataron a Atalía a filo de espada.

Reinado de Joás de Judá
(2 R 12.1-21)

24 [1] Siete años tenía Joás cuando comenzó a reinar, y cuarenta años reinó en Jerusalén. El nombre de su madre fue Sibia, de Beerseba. [2] E hizo Joás lo recto ante los ojos de Jehová todos los días de Joiada, el sacerdote. [3] Joiada lo hizo casar con dos mujeres, y engendró hijos e hijas.

[4] Después de esto, aconteció que Joás decidió restaurar la casa de Jehová. [5] Reunió a los sacerdotes y a los levitas, y les dijo: «Salid por las ciudades de Judá y recoged dinero de todo Israel, para que cada año sea reparada la casa de vuestro Dios; y vosotros poned diligencia en el asunto». Pero los levitas no pusieron diligencia. [6] Por lo cual el rey llamó al sumo sacerdote Joiada y le dijo: «¿Por qué no has procurado que los levitas traigan de Judá y de Jerusalén la ofrenda que Moisés, siervo de Jehová, impuso a la congregación de Israel para el tabernáculo del Testimonio?».[a] [7] Pues la impía Atalía y sus hijos habían destruido la casa de Dios, y además habían gastado en los ídolos todas las cosas consagradas de la casa de Jehová.

[8] Mandó, pues, el rey que hicieran un arca, la cual pusieron fuera, a la puerta de la casa de Jehová; [9] e hicieron pregonar en Judá y en Jerusalén que trajeran a Jehová la ofrenda que Moisés, siervo de Dios, había impuesto a Israel en el desierto. [10] Todos los jefes y todo el pueblo se gozaron, trajeron ofrendas y las echaron en el arca hasta llenarla. [11] Y cuando llegaba el momento de llevar el arca al secretario del rey por medio de los levitas, si veían que había mucho dinero, venía el escriba del rey y el que estaba puesto por el Sumo sacerdote, llevaban el arca, la vaciaban y la retornaban a su lugar. Así lo hacían de día en día, y recogían mucho dinero. [12] Luego el rey y Joiada lo daban a los que hacían el trabajo del servicio de la casa de Jehová. Estos contrataban canteros y carpinteros para que repararan la casa de Jehová, y artífices en hierro y bronce para componer la Casa. [13] Hacían, pues, los artesanos la obra, y con sus manos la obra quedó restaurada; restituyeron la casa de Dios a su antigua condición, y la consolidaron. [14] Cuando la terminaron, trajeron al rey y a Joiada lo que quedaba del dinero e hicieron de él utensilios para la casa de Jehová, utensilios para el servicio, morteros, cucharas, vasos de oro y de

[a] **24.6** 2 R 12.7-9; cf. Ex 25.1-9; 30.11-16; Neh 10.33.

plata. Y sacrificaron holocaustos continuamente en la casa de Jehová durante todos los días de Joiada.

15 Pero Joiada envejeció y murió lleno de días; tenía ciento treinta años cuando murió. 16 Lo sepultaron en la Ciudad de David con los reyes, por cuanto había hecho el bien en Israel, con Dios y con su casa.

17 Muerto Joiada, vinieron los príncipes de Judá y le ofrecieron obediencia al rey. El rey los oyó, 18 y ellos abandonaron la casa de Jehová, el Dios de sus padres, y sirvieron a los símbolos de Asera y a las imágenes esculpidas. Entonces la ira de Dios vino sobre Judá y Jerusalén por este su pecado.[b] 19 Y les envió profetas para que los hicieran volver a Jehová, los cuales los amonestaron; pero ellos no los escucharon.

20 Entonces el espíritu de Dios vino sobre Zacarías, hijo del sacerdote Joiada, se puso en pie, en un lugar alto, y dijo al pueblo: «Así ha dicho Dios: ¿Por qué quebrantáis los mandamientos de Jehová? No os vendrá bien por ello, porque por haber dejado a Jehová, él también os abandonará».

21 Pero ellos conspiraron contra él, y por mandato del rey lo apedrearon hasta matarlo, en el patio de la casa de Jehová.[c] 22 Así el rey Joás no se acordó de la misericordia que Joiada, padre de Zacarías, había tenido con él, sino que mató a su hijo, quien dijo al morir: «¡Jehová lo vea y lo demande!».

23 A la vuelta del año subió contra él el ejército de Siria, que invadieron a Judá y a Jerusalén, mataron de entre el pueblo a todos los principales, y enviaron todo el botín al rey de Damasco, 24 pues aunque el ejército de Siria había venido con poca gente, Jehová entregó en sus manos un ejército muy numeroso, por cuanto habían abandonado a Jehová, el Dios de sus padres. Así sufrió Joás el castigo merecido.[d]

25 Cuando se fueron los sirios, dejándolo agobiado por sus dolencias, conspiraron contra él sus siervos, a causa de la sangre de los hijos de Joiada, el sacerdote, y lo hirieron en su cama, donde murió. Lo sepultaron en la Ciudad de David, pero no en los sepulcros de los reyes. 26 Los que conspiraron contra él fueron Zabad hijo de Simeat, el amonita, y Jozabad hijo de Simrit, el moabita.

27 En lo tocante a los hijos de Joás, la multiplicación que hizo de las rentas y la restauración de la casa de Jehová, está escrito en la historia del libro de los reyes. Y reinó en su lugar su hijo Amasías.[a]

Reinado de Amasías
(2 R 14.1-22)

25 ¹ Veinticinco años tenía Amasías cuando comenzó a reinar, y veintinueve años reinó en Jerusalén; el nombre de su madre era Joadán, de Jerusalén. 2 Hizo él lo recto ante los ojos de Jehová, aunque no de perfecto corazón.

3 Cuando fue confirmado en el reino, mató a los siervos que habían matado al rey, su padre. 4 Pero no mató a los hijos de ellos, según lo que está escrito en la Ley, en el libro de Moisés, donde Jehová mandó diciendo: «No morirán los padres por los hijos, ni los hijos por los padres, sino cada uno morirá por su pecado».[a]

5 Reunió luego Amasías a Judá y, con arreglo a las familias, puso jefes de millares y de centenas sobre todo Judá y Benjamín. Después puso en lista a todos los de veinte años para arriba, y fueron hallados trescientos mil escogidos para salir a la guerra, que tenían lanza y escudo. 6 Y de Israel tomó a sueldo por cien talentos de plata, a cien mil hombres valientes.

7 Pero un varón de Dios vino ante él y le dijo:

—Rey, que no vaya contigo el ejército de Israel, porque Jehová no está con Israel, ni con todos los hijos de Efraín. 8 Pero si vas así, si eso haces y te esfuerzas en la pelea, Dios te hará caer delante de los enemigos; porque Dios tiene poder para ayudar, y para derribar.

9 Le preguntó Amasías al varón de Dios:

—¿Qué, pues, se hará con los cien talentos que he dado al ejército de Israel?

Respondió el varón de Dios:

—Jehová puede darte mucho más que esto.

b 24.18 Ex 34.13.   *c* 24.20-21 Mt 23.35; Lc 11.51. Ez 18.2-4, 20.   *d* 24.24 Dt 32.30.   *a* 25.4 Dt 24.16;

¹⁰ Entonces Amasías apartó el ejército de la gente que había venido a unírsele de Efraín, para que se fueran a sus casas. Ellos se enojaron mucho contra Judá y volvieron a sus casas encolerizados.

¹¹ Amasías se armó de valor, sacó a su pueblo, vino al valle de la Sal y mató a diez mil de los hijos de Seir.[b] ¹² Los hijos de Judá tomaron vivos a otros diez mil, los cuales llevaron a la cumbre de un peñasco, los despeñaron desde allí, y todos se hicieron pedazos.

¹³ Mientras tanto, los del ejército que Amasías había despedido, para que no fueran con él a la guerra, invadieron las ciudades de Judá, desde Samaria hasta Bet-horón, mataron a tres mil personas y recogieron mucho botín.

¹⁴ Al volver Amasías de la matanza de los edomitas, trajo también consigo los dioses de los hijos de Seir, los tomó por dioses suyos, los adoró y les quemó incienso. ¹⁵ Por esto se encendió la ira de Jehová contra Amasías, y le envió un profeta que le dijo:

—¿Por qué has buscado los dioses de una nación que no han podido librar a su pueblo de tus manos?

¹⁶ Mientras el profeta hablaba estas cosas, él lo interrumpió:

—¿Acaso te han nombrado consejero del rey? Déjate de eso. ¿O es que quieres que te maten?

El profeta concluyó diciendo:

—Yo sé que Dios ha determinado destruirte, porque has hecho esto y no obedeciste mi consejo.

¹⁷ Pero Amasías, rey de Judá, después de tomar consejo, envió a decir a Joás hijo de Joacaz hijo de Jehú, rey de Israel: «Ven y veámonos cara a cara». ¹⁸ Entonces Joás, rey de Israel, envió a decir a Amasías, rey de Judá: «El cardo que estaba en el Líbano le mandó a decir al cedro que estaba en el Líbano: "Da tu hija a mi hijo por mujer". Pero las fieras que estaban en el Líbano pasaron y pisotearon el cardo. ¹⁹ Tú dices: "He derrotado a Edom". Por eso se enaltece y gloría tu corazón. Pero mejor quédate ahora en tu casa. ¿Para qué provocas un mal en que puedas caer tú y Judá contigo?».

²⁰ Pero Amasías no quiso oir; pues era la voluntad de Dios entregarlos en manos de sus enemigos, por cuanto habían buscado a los dioses de Edom. ²¹ Subió, pues, Joás, rey de Israel, y se vieron cara a cara él y Amasías, rey de Judá, en la batalla de Bet-semes de Judá. ²² Y Judá cayó delante de Israel, y huyó cada uno a su casa. ²³ Joás, rey de Israel, apresó en Bet-semes a Amasías, rey de Judá, hijo de Joás hijo de Joacaz, y lo llevó a Jerusalén, en cuyo muro hizo una brecha desde la puerta de Efraín hasta la puerta del Ángulo, un tramo de cuatrocientos codos. ²⁴ Asimismo tomó todo el oro y la plata, y todos los utensilios que se hallaron en la casa de Dios en casa de Obed-edom, los tesoros de la casa del rey y los hijos de los nobles como rehenes; después volvió a Samaria.

²⁵ Amasías hijo de Joás, rey de Judá, vivió aún quince años después de la muerte de Joás hijo de Joacaz, rey de Israel. ²⁶ Los demás hechos de Amasías, los primeros y los últimos, ¿no están escritos en el libro de los reyes de Judá y de Israel? ²⁷ Desde el tiempo en que Amasías se apartó de Jehová, empezaron a conspirar contra él en Jerusalén; y habiendo huido a Laquis, lo persiguieron hasta esa ciudad y allá lo mataron; ²⁸ lo trajeron en caballos y lo sepultaron con sus padres en la ciudad de Judá.

Reinado de Uzías

(2 R 15.1-7)

26 ¹ Entonces todo el pueblo de Judá tomó a Uzías,[a] el cual tenía dieciséis años de edad, y lo pusieron por rey en lugar de Amasías, su padre. ² Uzías reconstruyó a Elot y la restituyó a Judá después que el rey Amasías durmió con sus padres.

³ De dieciséis años era Uzías cuando comenzó a reinar, y cincuenta y dos años reinó en Jerusalén. El nombre de su madre era Jecolías, de Jerusalén.

⁴ Él hizo lo recto ante los ojos de Jehová, conforme a todas las cosas que había hecho Amasías, su padre. ⁵ Persistió en buscar a Dios en los días de Zacarías, el cual era entendido en visiones de Dios; y

[b] **25.11** 2 R 14.7.   [a] **26.1** Llamado también Azarías. Cf. 2 R 15.1-7,32; Is 6.1.

en estos días en que buscó a Jehová, él le prosperó.

⁶ Salió y peleó contra los filisteos, derribó los muros de Gat, de Jabnia, y de Asdod; edificó ciudades en Asdod y en la tierra de los filisteos.ᵇ ⁷ Dios le dio ayuda contra los filisteos, contra los árabes que habitaban en Gur-baal y contra los amonitas. ⁸ Dieron los amonitas presentes a Uzías y se divulgó su fama hasta la frontera de Egipto; porque se había hecho altamente poderoso.

⁹ Edificó también Uzías torres en Jerusalén, junto a la puerta del ángulo, junto a la puerta del valle y junto a las esquinas; y las fortificó. ¹⁰ Asimismo edificó torres en el desierto y abrió muchas cisternas; porque tuvo muchos ganados, así en la Sefela como en las vegas, y viñas y labranzas, así en los montes como en los llanos fértiles; porque era amigo de la agricultura.

¹¹ Tuvo también Uzías un ejército de guerreros, los cuales salían a la guerra en divisiones, de acuerdo con la lista hecha bajo la dirección de Jeiel, el escriba, de Maasías, el gobernador, y de Hananías, uno de los jefes del rey. ¹² El número total de los jefes de familia, valientes y esforzados, era de dos mil seiscientos. ¹³ Y bajo las órdenes de estos estaba el ejército de guerra, de trescientos siete mil quinientos guerreros poderosos y fuertes, para ayudar al rey contra los enemigos. ¹⁴ Uzías preparó para todo el ejército escudos, lanzas, yelmos, corazas, arcos y hondas para tirar piedras. ¹⁵ E hizo en Jerusalén máquinas inventadas por ingenieros, para que estuvieran en las torres y en los baluartes, para arrojar flechas y grandes piedras. Y su fama se extendió lejos, porque fue ayudado maravillosamente, hasta hacerse poderoso.

¹⁶ Pero cuando se hizo fuerte, su corazón se enalteció para su ruina; porque se rebeló contra Jehová, su Dios, entrando en el templo de Jehová para quemar incienso sobre el altar del incienso. ¹⁷ Y entró tras él el sacerdote Azarías, y con él ochenta sacerdotes de Jehová, hombres valientes, ¹⁸ que se opusieron al rey Uzías y le dijeron: «No te corresponde a ti, rey Uzías, el quemar incienso a Jehová, sino a los sacerdotes hijos de Aarón, que son consagrados para quemarlo.ᶜ Sal del santuario, porque has pecado, y tú no tienes derecho a la gloria que viene de Jehová Dios».

¹⁹ Entonces Uzías, que tenía en la mano un incensario para ofrecer incienso, se llenó de ira contra los sacerdotes. En ese momento le brotó lepra en la frente,ᵈ delante de los sacerdotes en la casa de Jehová, junto al altar del incienso. ²⁰ Cuando el sumo sacerdote Azarías y todos los sacerdotes lo miraron, se dieron cuenta de que tenía lepra en su frente. Entonces lo hicieron salir apresuradamente de aquel lugar; y él también se dio prisa en salir, porque Jehová lo había herido.

²¹ Así el rey Uzías quedó leproso hasta el día de su muerte, y habitó leproso en una casa apartada, por lo cual fue excluido de la casa de Jehová; y Jotam, su hijo, se hizo cargo de la casa real, gobernando al pueblo de la tierra.

²² Los demás hechos de Uzías, los primeros y los últimos, fueron escritos por el profeta Isaías hijo de Amoz. ²³ Durmió Uzías con sus padresᵉ y lo sepultaron con sus padres en el campo de los sepulcros reales; porque dijeron: «Leproso es». Y reinó su hijo Jotamᶠ en su lugar.

Reinado de Jotam
(2 R 15.32-38)

27 ¹ Veinticinco años tenía Jotam cuando comenzó a reinar, y dieciséis años reinó en Jerusalén. El nombre de su madre era Jerusa, hija de Sadoc. ² E hizo lo recto ante los ojos de Jehová, conforme a todas las cosas que había hecho Uzías, su padre, salvo que no entró en el santuario de Jehová. Pero el pueblo continuaba corrompiéndose.

³ Fue él quien edificó la puerta mayor de la casa de Jehová, y también muchas otras edificaciones sobre el muro Ofel. ⁴ Además edificó ciudades en las montañas de Judá, y construyó fortalezas y torres en los bosques. ⁵ También tuvo él guerra con el rey de los hijos de Amón, a los cuales venció; y le dieron los hijos de

ᵇ 26.6 Am 1.8.   ᶜ 26.18 Ex 30.7-8; Nm 3.10.   ᵈ 26.19 Nm 12.10.   ᵉ 26.23 Is 6.1.   ᶠ 26.21-23 Lv 13.46; Nm 19.20.

Amón en aquel año cien talentos de plata, diez mil coros de trigo y diez mil de cebada. Lo mismo le dieron el segundo y el tercer año. ⁶ Así que Jotam se hizo fuerte, porque preparó sus caminos delante de Jehová, su Dios.

⁷ Los demás hechos de Jotam, todas sus guerras y sus caminos, están escritos en el libro de los reyes de Israel y de Judá. ⁸ Cuando comenzó a reinar tenía veinticinco años, y dieciséis años reinó en Jerusalén. ⁹ Durmió Jotam con sus padres, y lo sepultaron en la Ciudad de David. Reinó en su lugar su hijo Acaz.

Reinado de Acaz
(2 R 16.1-20)

28 ¹ Veinte años tenía Acaz cuando comenzó a reinar, y dieciséis años reinó en Jerusalén: pero no hizo lo recto ante los ojos de Jehová, a diferencia de su padre David. ² Antes anduvo en los caminos de los reyes de Israel, y además hizo imágenes fundidas a los baales. ³ Quemó también incienso en el valle de los hijos de Hinom, e hizo pasar a sus hijos por fuego, conforme a las abominaciones de las naciones que Jehová había arrojado de la presencia de los hijos de Israel.ᵃ ⁴ Asimismo sacrificó y quemó incienso en los lugares altos, en los collados y debajo de todo árbol frondoso.

⁵ Por lo cual Jehová, su Dios, lo entregó en manos del rey de los sirios, los cuales lo derrotaron, y le tomaron gran número de prisioneros que llevaron a Damasco. Fue también entregado en manos del rey de Israel, el cual le causó una gran mortandad.ᵇ ⁶ Y Peka hijo de Remalías mató en Judá en un día a ciento veinte mil hombres valientes, por cuanto habían abandonado a Jehová, el Dios de sus padres.ᶜ ⁷ Asimismo Zicri, hombre poderoso de Efraín, mató a Maasías, hijo del rey, a Azricam, su mayordomo, y a Elcana, segundo después del rey. ⁸ También los hijos de Israel tomaron cautivos de sus hermanos a doscientos mil, entre mujeres, muchachos y muchachas, además de haber tomado de ellos mucho botín que llevaron a Samaria.

⁹ Había entonces allí un profeta de Jehová que se llamaba Obed, el cual salió delante del ejército cuando entraba en Samaria y les dijo:

—Jehová, el Dios de vuestros padres, por el enojo contra Judá, los ha entregado en vuestras manos; y vosotros los habéis matado con tal ira que ha llegado hasta el cielo. ¹⁰ Y ahora habéis determinado sujetar a vosotros a Judá y a Jerusalén como siervos y siervas; pero ¿no habéis pecado vosotros contra Jehová, vuestro Dios? ¹¹ Oídme, pues, ahora, y devolved a los cautivos que habéis tomado de vuestros hermanos; porque Jehová está airado contra vosotros.

¹² Entonces se levantaron algunos hombres de los principales de los hijos de Efraín, Azarías hijo de Johanán, Berequías hijo de Mesilemot, Ezequías hijo de Salum, y Amasa hijo de Hadlai, contra los que venían de la guerra. ¹³ Y les dijeron:

—No traigáis aquí a los cautivos, porque el pecado contra Jehová estará sobre nosotros. Vosotros tratáis de añadir sobre nuestros pecados y sobre nuestras culpas, siendo muy grande nuestro delito, y el ardor de la ira contra Israel.

¹⁴ Entonces el ejército dejó los cautivos y el botín delante de los príncipes y de toda la multitud. ¹⁵ Y se levantaron los hombres nombrados, tomaron a los cautivos, y del botín vistieron a los que de ellos estaban desnudos; los vistieron, los calzaron, les dieron de comer y de beber, los ungieron y condujeron en asnos a todos los débiles, y los llevaron hasta Jericó, ciudad de las palmeras, cerca de sus hermanos; y ellos volvieron a Samaria.ᵈ

¹⁶ En aquel tiempo envió el rey Acaz a pedir ayuda a los reyes de Asiria. ¹⁷ Porque también los edomitas habían venido y atacado a los de Judá, y habían llevado cautivos. ¹⁸ Asimismo los filisteos se habían extendido por las ciudades de la Sefela y del Neguev de Judá, y habían tomado Bet-semes, Ajalón, Gederot, Soco, Timna y Gimzo, con sus respectivas aldeas; y habitaban en ellas. ¹⁹ Porque Jehová había humillado a Judá por causa de Acaz, rey de Israel,ᵉ por cuanto este había actuado

---

ᵃ **28.3** Lv 18.21. ᵇ **28.5** Is 7.1-9. ᶜ **28.5-6** 2 R 16.5; Is 7.1. ᵈ **28.15** Lc 10.25-37.
ᵉ **28.19** Según 28.1 *Acaz reinó en Jerusalén.*

con desenfreno en Judá y había pecado gravemente contra Jehová.

²⁰ También vino contra él Tiglat-pileser, rey de los asirios, quien lo sitió en vez de ayudarlo.ᶠ ²¹ Aunque Acaz despojó la casa de Jehová, la casa real y las casas de los príncipes, y lo dio todo al rey de los asirios, este no lo ayudó. ²² Además el rey Acaz, en el tiempo que aquel lo apuraba, añadió mayor pecado contra Jehová; ²³ porque ofreció sacrificios a los dioses de Damasco que lo habían derrotado, y dijo: «Puesto que los dioses de los reyes de Siria les ayudan, yo también ofreceré sacrificios a ellos para que me ayuden». Pero estos fueron la causa de su ruina y la de todo Israel.ᵍ ²⁴ Además de eso recogió Acaz los utensilios de la casa de Dios, los quebró, cerró las puertas de la casa de Jehová y se hizo altares en todos los rincones de Jerusalén. ²⁵ Hizo también lugares altos en todas las ciudades de Judá, para quemar incienso a los dioses ajenos, provocando así a ira a Jehová, el Dios de sus padres.

²⁶ Sus demás hechos y todos sus caminos, los primeros y los últimos, están escritos en el libro de los reyes de Judá y de Israel. ²⁷ Durmió Acazʰ con sus padres y lo sepultaron en la ciudad de Jerusalén, pero no lo metieron en los sepulcros de los reyes de Israel. Reinó en su lugar su hijo Ezequías.

Reinado de Ezequías
(2 R 18.1-3)

29 ¹ Comenzó a reinar Ezequías a los veinticinco años de edad, y reinó veintinueve años en Jerusalén. El nombre de su madre era Abías, hija de Zacarías. ² E hizo lo recto ante los ojos de Jehová, conforme a todas las cosas que había hecho David, su padre.

Ezequías restablece el culto del Templo

³ En el primer año de su reinado, en el mes primero, abrió las puertas de la casa de Jehová y las reparó. ⁴ Hizo venir a los sacerdotes y levitas, los reunió en la plaza oriental ⁵ y les dijo: «¡Oídme, levitas! Santificaos ahora, y santificad la casa de Jehová, el Dios de vuestros padres; sacad del santuario la impureza. ⁶ Porque nuestros padres se han rebelado y han hecho lo malo ante los ojos de Jehová, nuestro Dios; porque le dejaron, apartaron sus rostros del tabernáculo de Jehová y le volvieron las espaldas. ⁷ Y aun cerraron las puertas del pórtico, apagaron las lámparas y no quemaron incienso ni sacrificaron holocausto en el santuario al Dios de Israel.ᵃ ⁸ Por tanto, la ira de Jehová ha venido sobre Judá y Jerusalén, y los ha entregado a turbación, espanto y burla, como veis vosotros con vuestros ojos. ⁹ Por eso nuestros padres han caído a espada, y nuestros hijos, nuestras hijas y nuestras mujeres fueron llevados cautivos.ᵇ ¹⁰ Ahora, pues, yo he determinado hacer pacto con Jehová, el Dios de Israel, para que aparte de nosotros el ardor de su ira. ¹¹ Hijos míos, no os engañéis ahora, porque Jehová os ha escogido a vosotros para que estéis delante de él y le sirváis, seáis sus ministros y le queméis incienso».

¹² Entonces se levantaron los levitas, Mahat hijo de Amasai y Joel hijo de Azarías, de los hijos de Coat; de los hijos de Merari, Cis hijo de Abdi y Azarías hijo de Jehalelel; de los hijos de Gersón, Joa hijo de Zima y Edén hijo de Joa; ¹³ de los hijos de Elizafán, Simri y Jeiel; de los hijos de Asaf, Zacarías y Matanías; ¹⁴ de los hijos de Hemán, Jehiel y Simei; y de los hijos de Jedutún, Semaías y Uziel. ¹⁵ Estos reunieron a sus hermanos, se santificaron y entraron, conforme al mandamiento del rey y las palabras de Jehová, para limpiar la casa de Jehová.

¹⁶ Después entraron los sacerdotes dentro de la casa de Jehová para limpiarla. Sacaron toda la impureza que hallaron en el templo de Jehová al atrio de la casa de Jehová; y de allí los levitas la llevaron fuera al torrente Cedrón. ¹⁷ Comenzaron a santificarse el día primero del mes primero, y a los ocho del mismo mes vinieron al pórtico de Jehová; y santificaron la casa de Jehová en ocho días, y en el día dieciséis del mes primero terminaron. ¹⁸ Entonces fueron ante el rey Ezequías y

---

ᶠ **28.20** Is 7.17-20; 8.5-8.   ᵍ **28.23** Is 10.20.   ʰ **28.27** Is 14.28.   ᵃ **29.7** 2 R 16.15.
ᵇ **29.8-9** Lv 26.32-33; Dt 28.25; Jer 25.18.

le dijeron: «Ya hemos limpiado toda la casa de Jehová, el altar del holocausto y todos sus instrumentos, y la mesa de la proposición con todos sus utensilios. ¹⁹Asimismo hemos preparado y santificado todos los utensilios que en su infidelidad había desechado el rey Acaz, cuando reinaba; y ahora están delante del altar de Jehová».

²⁰El rey Ezequías se levantó de mañana, reunió los principales de la ciudad y subió a la casa de Jehová. ²¹Y presentaron siete novillos, siete carneros, siete corderos y siete machos cabríos para expiación por el reino, por el santuario y por Judá. Y dijo a los sacerdotes hijos de Aarón que los ofrecieran sobre el altar de Jehová. ²²Mataron, pues, los novillos, y los sacerdotes recibieron la sangre y la esparcieron sobre el altar; mataron luego los carneros, y esparcieron la sangre sobre el altar; asimismo mataron los corderos y esparcieron la sangre sobre el altar.

²³Después hicieron llevar delante del rey y de la multitud los machos cabríos para la expiación, y pusieron sobre ellos sus manos; ²⁴los sacerdotes los mataron e hicieron ofrenda de expiación con la sangre de ellos sobre el altar, para reconciliar a todo Israel; porque por todo Israel mandó el rey hacer el holocausto y la expiación.

²⁵Puso también levitas en la casa de Jehová con címbalos, salterios y arpas, conforme al mandamiento de David, de Gad, vidente del rey, y del profeta Natán, porque aquel mandamiento procedía de Jehová por medio de sus profetas.

²⁶Y los levitas estaban con los instrumentos de David, y los sacerdotes con trompetas. ²⁷Entonces mandó Ezequías sacrificar el holocausto en el altar; y cuando comenzó el holocausto, comenzó también el cántico de Jehová, con las trompetas y los instrumentos de David, rey de Israel. ²⁸Toda la multitud adoraba, los cantores cantaban y los trompeteros tocaban las trompetas; todo esto duró hasta consumirse el holocausto. ²⁹Cuando esto terminó, se inclinó el rey y todos los que con él estaban, y adoraron. ³⁰Entonces el rey Ezequías y los príncipes dijeron a los levitas que alabaran a Jehová con las palabras de David y de Asaf, el vidente; y ellos alabaron con gran alegría, se inclinaron y adoraron.

³¹Luego Ezequías dijo: «Vosotros os habéis consagrado ahora a Jehová; acercaos, pues, y presentad sacrificios y alabanzas en la casa de Jehová». Y la multitud presentó sacrificios y alabanzas; y todos los generosos de corazón trajeron holocaustos. ³²El número de los holocaustos que trajo la congregación fue de setenta bueyes, cien carneros y doscientos corderos, todo para el holocausto de Jehová. ³³Y las ofrendas fueron seiscientos bueyes y tres mil ovejas.

³⁴Pero como los sacerdotes eran pocos y no bastaban para desollar los holocaustos, sus hermanos los levitas les ayudaron, hasta que acabaron la obra, y hasta que los demás sacerdotes se santificaron, pues los levitas estaban más dispuestos a santificarse que los sacerdotes. ³⁵Así, pues, hubo abundancia de holocaustos, con la grasa de las ofrendas de paz y libaciones para cada holocausto.

De este modo se restableció el servicio de la casa de Jehová. ³⁶Y se alegró Ezequías con todo el pueblo de que Dios hubiera preparado al pueblo; porque la cosa fue hecha rápidamente.

Ezequías celebra la Pascua

30 ¹Después Ezequías envió mensajeros por todo Israel y Judá, y también escribió cartas a Efraín y a Manasés, para invitarlos a la casa de Jehová, en Jerusalén, a fin de celebrar la Pascua^a a Jehová, Dios de Israel. ²Pues el rey había consultado con sus príncipes y con toda la congregación en Jerusalén, para celebrar la Pascua en el mes segundo; ³porque entonces no la podían celebrar, por cuanto no había suficientes sacerdotes santificados, ni el pueblo se había reunido en Jerusalén.^b ⁴Esto agradó al rey y a toda la multitud. ⁵Y determinaron hacer pasar pregón por todo Israel, desde Beerseba hasta Dan, para que vinieran a celebrar en Jerusalén la Pascua a Jehová, Dios

^a**30.1** Ex 12.1-13,21-27; Lv 23.5-8; Dt 16.1-8.   ^b**30.3** Nm 9.9-12.

de Israel; porque en mucho tiempo no la habían celebrado al modo que está prescrito.

⁶ Salieron, pues, mensajeros con cartas de parte del rey y de sus príncipes por todo Israel y Judá, como el rey lo había mandado, que decían: «Hijos de Israel, volveos a Jehová, el Dios de Abraham, de Isaac y de Israel, y él se volverá al resto que ha quedado de manos de los reyes de Asiria. ⁷ No seáis como vuestros padres y como vuestros hermanos, que se rebelaron contra Jehová, el Dios de sus padres, y él los entregó a desolación, como vosotros veis.ᶜ ⁸ Ahora, pues, no seáis tercos como vuestros padres; someteos a Jehová y venid a su santuario, el cual él ha santificado para siempre; y servid a Jehová, vuestro Dios, y el ardor de su ira se apartará de vosotros. ⁹ Porque si os volvéis a Jehová, vuestros hermanos y vuestros hijos hallarán misericordia delante de los que los tienen cautivos, y volverán a esta tierra; porque Jehová, vuestro Dios, es clemente y misericordioso, y no apartará de vosotros su rostro, si vosotros os volvéis a él».ᵈ

¹⁰ Pasaron, pues, los mensajeros de ciudad en ciudad por la tierra de Efraín y Manasés, hasta Zabulón; pero se reían y burlaban de ellos. ¹¹ Con todo, algunos hombres de Aser, de Manasés y de Zabulón se humillaron, y vinieron a Jerusalén. ¹² En Judá también estuvo la mano de Dios que les dio un solo corazón para cumplir el mensaje del rey y de los príncipes, conforme a la palabra de Jehová.

¹³ Se reunió en Jerusalén mucha gente para celebrar la fiesta solemne de los Panes sin levadura en el mes segundo, fue una gran reunión. ¹⁴ Y levantándose, quitaron los altares que había en Jerusalén; quitaron también todos los altares de incienso, y los echaron al torrente Cedrón. ¹⁵ Entonces sacrificaron la Pascua, a los catorce días del mes segundo; y los sacerdotes y los levitas, llenos de vergüenza, se santificaron y trajeron los holocaustos a la casa de Jehová. ¹⁶ Y tomaron su lugar en los turnos de costumbre, conforme a la ley de Moisés, varón de Dios; y los sacerdotes

esparcían la sangre que recibían de manos de los levitas. ¹⁷ Porque había muchos en la congregación que no estaban santificados, y por eso los levitas sacrificaban la Pascua por todos los que no se habían purificado, a fin de santificarlos para Jehová. ¹⁸ Porque una gran multitud del pueblo de Efraín y Manasés, y de Isacar y Zabulón, no actuaron conforme a lo que está escrito, pues comieron la Pascua sin haberse purificado. Pero Ezequías oró por ellos diciendo: «Jehová, que es bueno, sea propicio a todo aquel que ha preparado su corazón para buscar a Dios, ¹⁹ a Jehová, el Dios de sus padres, aunque no esté purificado según los ritos de purificación del santuario».

²⁰ Jehová oyó a Ezequías, y sanó al pueblo. ²¹ Así los hijos de Israel que estaban en Jerusalén celebraron la fiesta solemne de los Panes sin levadura por siete días con grande gozo; y glorificaban a Jehová todos los días los levitas y los sacerdotes, cantando con instrumentos resonantes a Jehová. ²² Y habló Ezequías al corazón de todos los levitas que habían mostrado buena disposición en el servicio de Jehová.

Comieron de lo sacrificado en la fiesta solemne por siete días, ofreciendo sacrificios de paz, y dando gracias a Jehová, el Dios de sus padres. ²³ Y toda aquella asamblea determinó que celebraran la fiesta por otros siete días; y la celebraron otros siete días con alegría. ²⁴ Porque Ezequías, rey de Judá, había dado a la asamblea mil novillos y siete mil ovejas; y también los príncipes dieron al pueblo mil novillos y diez mil ovejas; y muchos sacerdotes ya se habían santificado. ²⁵ Se alegró, pues, toda la congregación de Judá, como también los sacerdotes y levitas, y toda la multitud que había venido de Israel; asimismo los forasteros que habían venido de la tierra de Israel, y los que habitaban en Judá. ²⁶ Hubo entonces gran regocijo en Jerusalén, porque desde los días de Salomón hijo de David, rey de Israel, no había habido cosa semejante en Jerusalén. ²⁷ Después los sacerdotes y levitas,

ᶜ 30.7 Hch 7.51.   ᵈ 30.9 1 R 8.50.

puestos en pie, bendijeron al pueblo; y fue oída su voz, y su oración llegó hasta el cielo, su santa morada.

31 ¹Hechas todas estas cosas, todos los de Israel que habían estado allí salieron por las ciudades de Judá, quebraron las estatuas, destruyeron las imágenes de Asera y derribaron los lugares altos y los altares por todo Judá y Benjamín, así como en Efraín y Manasés, hasta acabarlo todo. Después regresaron todos los hijos de Israel a sus ciudades, cada uno a su posesión.

Reorganización del servicio de sacerdotes y levitas

²Arregló Ezequías la distribución de los sacerdotes y de los levitas conforme a sus turnos, cada uno según su oficio sacerdotal o levítico, para ofrecer el holocausto y las ofrendas de paz, para que ministraran, dieran gracias y alabaran dentro de las puertas de los atrios de Jehová. ³El rey contribuyó de su propia hacienda para los holocaustos de la mañana y de la tarde, y para los holocaustos de los sábados, nuevas lunas y fiestas solemnes, como está escrito en la ley de Jehová.ª ⁴Mandó también al pueblo que habitaba en Jerusalén que diera la porción correspondiente a los sacerdotes y levitas, para que ellos se dedicaran a la ley de Jehová. ⁵Cuando este edicto fue divulgado, los hijos de Israel dieron muchas primicias de grano, vino, aceite, miel, y de todos los frutos de la tierra; trajeron asimismo en abundancia los diezmos de todas las cosas.ᵇ

⁶También los hijos de Israel y de Judá, que habitaban en las ciudades de Judá, dieron del mismo modo los diezmos de las vacas y de las ovejas; y trajeron los diezmos de lo santificado, de las cosas que habían prometido a Jehová, su Dios, y los depositaron en montones. ⁷En el mes tercero comenzaron a apilar aquellos montones, y terminaron en el mes séptimo.ᶜ ⁸Cuando Ezequías y los príncipes vinieron y vieron los montones, bendijeron a Jehová y a su pueblo Israel. ⁹Entonces preguntó Ezequías a los sacerdotes y a los levitas acerca de esos montones. ¹⁰Y el sumo sacerdote Azarías, de la casa de Sadoc, le contestó: «Desde que comenzaron a traer las ofrendas a la casa de Jehová, hemos comido y nos hemos saciado, y nos ha sobrado mucho, porque Jehová ha bendecido a su pueblo; y ha quedado esta abundancia de provisiones».ᵈ

¹¹Por tal motivo mandó Ezequías que prepararan depósitos en la casa de Jehová. Los prepararon, ¹²y en ellos metieron fielmente las primicias, los diezmos y las cosas consagradas. Nombraron a cargo de ello al levita Conanías, el principal, y Simei, su hermano, fue el segundo. ¹³Jehiel, Azazías, Nahat, Asael, Jerimot, Jozabad, Eliel, Ismaquías, Mahat y Benaía, fueron los mayordomos al servicio de Conanías y de Simei, su hermano, por mandamiento del rey Ezequías y de Azarías, príncipe de la casa de Dios. ¹⁴El levita Coré hijo de Imna, guarda de la puerta oriental, tenía a su cargo las ofrendas voluntarias para Dios, y la distribución de las ofrendas dedicadas a Jehová y las cosas santísimas. ¹⁵A sus órdenes estaban Edén, Miniamín, Jesúa, Semaías, Amarías y Secanías, en las ciudades de los sacerdotes, para dar con fidelidad a sus hermanos sus porciones conforme a sus grupos, lo mismo al mayor que al menor; ¹⁶a los hombres anotados por sus genealogías, de tres años para arriba, a todos los que entraban en la casa de Jehová para desempeñar su ministerio según sus oficios y grupos. ¹⁷También a los que eran contados entre los sacerdotes según sus casas paternas; y a los levitas de edad de veinte años para arriba, conforme a sus oficios y grupos. ¹⁸Eran inscritos con todos sus niños, sus mujeres, sus hijos e hijas, es decir, toda la comunidad; porque con fidelidad se consagraban a las cosas santas. ¹⁹Del mismo modo para los hijos de Aarón, sacerdotes, que estaban en los ejidos de sus ciudades, por todas las ciudades, los hombres nombrados estaban encargados de dar sus porciones a todos los hombres de entre los sacerdotes, y a todos los levitas inscritos.

ª **31.3** Nm 28.1—29.39; 1 Cr 29.3; Ez 45.17.   ᵇ **31.4-5** Nm 18.12-13,21; Dt 14.22-23.
ᶜ **31.7** En Palestina esta es una época sin lluvias, lo que hacía más urgente la necesidad de almacenar alimentos (v. 11).   ᵈ **31.10** Lv 25.19-22.

²⁰ De esta manera hizo Ezequías en todo Judá; y ejecutó lo bueno, recto y verdadero delante de Jehová, su Dios. ²¹ En todo cuanto emprendió en el servicio de la casa de Dios, de acuerdo con la Ley y los mandamientos, buscó a su Dios, lo hizo de todo corazón, y fue prosperado.

Senaquerib invade Judá
(2 R 18.13-37; Is 36.1-22).

32 ¹ Después de estas cosas y de esta fidelidad, vino Senaquerib, rey de los asirios, invadió a Judá y acampó contra las ciudades fortificadas con la intención de conquistarlas. ² Al ver Ezequías que Senaquerib había llegado con la intención de combatir a Jerusalén, ³ consultó con sus príncipes y sus hombres valientes y les propuso cegar las fuentes de agua que estaban fuera de la ciudad; y ellos lo apoyaron. ⁴ᵃ Entonces se reunió mucho pueblo, y cegaron todas las fuentes y el arroyo que corría a través del territorio, diciendo: «¿Por qué han de hallar los reyes de Asiria muchas aguas cuando vengan?».

⁵ Con ánimo resuelto edificó luego Ezequías todos los muros caídos, e hizo alzar las torres y otro muro por fuera; fortificó además a Milo, en la Ciudad de David, y también hizo muchas espadas y escudos.ᵇ ⁶ Puso capitanes de guerra sobre el pueblo, los hizo reunir en la plaza de la puerta de la ciudad, y les habló al corazón, diciendo: ⁷ «Esforzaos y animaos; no temáis ni tengáis miedo del rey de Asiria, ni de toda la multitud que con él viene; porque más hay con nosotros que con él. ⁸ Con él está el brazo de carne, pero con nosotros está Jehová, nuestro Dios, para ayudarnos y pelear nuestras batallas». Y el pueblo tuvo confianza en las palabras de Ezequías, rey de Judá.ᶜ

⁹ Después de esto, Senaquerib, rey de los asirios, mientras sitiaba a Laquis con todas sus fuerzas, envió sus siervos a Jerusalén para decir a Ezequías, rey de Judá, y a todos los de Judá que estaban en Jerusalén:

¹⁰ «Así ha dicho Senaquerib, rey de los asirios: ¿En quién confiáis vosotros al resistir el sitio en Jerusalén? ¹¹ ¿No os engaña Ezequías para entregaros a la muerte por hambre y sed, cuando dice: "Jehová, nuestro Dios, nos librará de manos del rey de Asiria"? ¹² ¿No es Ezequías el mismo que ha quitado sus lugares altos y sus altares, y ha dicho a Judá y a Jerusalén: "Solo delante de este altar adoraréis, y sobre él quemaréis incienso"? ¹³ ¿No habéis sabido lo que yo y mis padres hemos hecho a todos los pueblos de la tierra? ¿Pudieron los dioses de las naciones de esas tierras librar su tierra de mis manos? ¹⁴ ¿Qué dios hubo de entre todos los dioses de aquellas naciones que destruyeron mis padres, que pudiera salvar a su pueblo de mis manos? ¿Cómo podrá vuestro Dios libraros de mis manos? ¹⁵ Ahora, pues, no os engañe Ezequías ni os persuada de ese modo, ni le creáis; que si ningún dios de todas aquellas naciones y reinos pudo librar a su pueblo de mis manos y de las manos de mis padres, ¿cuánto menos vuestro Dios os podrá librar de mis manos?»

¹⁶ Esto y otras cosas más hablaron sus siervos contra Jehová Dios, y contra su siervo Ezequías. ¹⁷ Además de esto escribió cartas en que blasfemaba contra Jehová, el Dios de Israel, y hablaba contra él diciendo: «Así como los dioses de las naciones de los países no pudieron librar a su pueblo de mis manos, tampoco el Dios de Ezequías librará al suyo de mis manos».

¹⁸ Entonces gritaron bien fuerte en judaico al pueblo de Jerusalén que estaba sobre los muros, para espantarlos y atemorizarlos, a fin de poder tomar la ciudad. ¹⁹ Hablaban del Dios de Jerusalén como de los dioses de los otros pueblos de la tierra, que son hechos por los hombres.

Jehová salva a Ezequías y a los habitantes de Jerusalén
(2 R 19.1-37; Is 37.1-38)

²⁰ Pero el rey Ezequías y el profeta Isaías hijo de Amoz oraron por esto, y clamaron al cielo. ²¹ Y Jehová envió un ángel, el cual destruyó a todo valiente y esforzado, y a los jefes y capitanes en el campamento del rey de Asiria. Por tanto, este volvió a su tierra avergonzado; y al entrar en el

---

ᵃ **32.4** Is 22.9,11.   ᵇ **32.5** Neh 2.17-18.   ᶜ **32.8** Is 31.3.

templo de su dios, lo mataron a espada sus propios hijos.

²² Así salvó Jehová a Ezequías y a los habitantes de Jerusalén de las manos de Senaquerib, rey de Asiria, y de las manos de todos; y les dio reposo por todos lados. ²³ Muchos trajeron entonces a Jerusalén ofrenda a Jehová, y ricos presentes a Ezequías, rey de Judá; el cual fue muy engrandecido delante de todas las naciones después de esto.

Enfermedad de Ezequías
(2 R 20.1-11; Is 38.1-22)

²⁴ En aquel tiempo Ezequías enfermó de muerte; y oró a Jehová, quien le respondió y le dio una señal. ²⁵ Pero Ezequías no correspondió al bien que le había sido hecho, sino que se enalteció su corazón, por lo cual vino la ira contra él, contra Judá y Jerusalén. ²⁶ Pero después de haberse enaltecido su corazón, Ezequías se humilló, él y los habitantes de Jerusalén; por eso no estalló sobre ellos la ira de Jehová en los días de Ezequías.

Reinado y muerte de Ezequías
(2 R 20.12-21; Is 39.1-8)

²⁷ Ezequías tuvo riquezas y gloria, muchas en gran manera; y adquirió tesoros de plata y oro, piedras preciosas, perfumes, escudos, y toda clase de joyas deseables. ²⁸ Asimismo hizo depósitos para las rentas del grano, del vino y del aceite, establos para toda clase de bestias, y apriscos para los ganados. ²⁹ Adquirió también ciudades, y hatos de ovejas y de vacas en gran abundancia, porque Dios le había dado muchas riquezas.

³⁰ Fue Ezequías quien cubrió los manantiales de Gihón la de arriba, y condujo el agua hacia el occidente de la Ciudad de David. Y fue prosperado Ezequías en todo lo que hizo. ³¹ Pero en lo referente a los mensajeros de los príncipes de Babilonia, que enviaron a él para saber del prodigio que había acontecido en el país, Dios lo dejó, para probarle y conocer todo lo que estaba en su corazón.

³² Los demás hechos de Ezequías y sus misericordias están escritos en la profecía del profeta Isaías hijo de Amoz, en el libro de los reyes de Judá y de Israel. ³³ Durmió Ezequías con sus padres y lo sepultaron en el lugar más prominente de los sepulcros de los hijos de David, y lo honró en su muerte todo Judá y toda Jerusalén. Reinó en su lugar su hijo Manasés.

Reinado de Manasés
(2 R 21.1-18)

33 ¹ Doce años tenía Manasés cuando comenzó a reinar, y cincuenta y cinco años reinó en Jerusalén. ² Pero hizo lo malo ante los ojos de Jehová,ᵃ conforme a las abominaciones de las naciones que Jehová había echado de delante de los hijos de Israel. ³ Porque él reedificó los lugares altos que Ezequías, su padre, había derribado, levantó altares a los baales, hizo imágenes de Asera, y adoró a todo el ejército de los cielos y les rindió culto. ⁴ Edificó también altares en la casa de Jehová, de la cual había dicho Jehová: «En Jerusalén estará mi nombre perpetuamente».ᵇ ⁵ Edificó asimismo altares a todo el ejército de los cielos en los dos atrios de la casa de Jehová.

⁶ Pasó sus hijos por fuego en el valle del hijo de Hinom, y observaba los tiempos, confiaba en agüeros, era dado a adivinaciones y consultaba a adivinos y encantadores; se excedió en hacer lo malo ante los ojos de Jehová, hasta encender su ira. ⁷ Además de esto puso una imagen fundida que hizo en la casa de Dios, de la cual había dicho Dios a David y a su hijo Salomón: «En esta Casa y en Jerusalén, la cual yo elegí sobre todas las tribus de Israel, pondré mi nombre para siempre; ⁸ y nunca más quitaré el pie de Israel de la tierra que yo entregué a vuestros padres, a condición de que guarden y hagan todas las cosas que yo les he mandado por medio de Moisés, toda la Ley, los estatutos y los preceptos».ᶜ

⁹ Manasés hizo extraviar, pues, a Judá y a los habitantes de Jerusalén, para que hicieran mayores males que las naciones que Jehová destruyó delante de los hijos de Israel. ¹⁰ Y habló Jehová a Manasés y a su pueblo, pero ellos no escucharon; ¹¹ por lo cual Jehová trajo contra ellos los generales del ejército del rey de los asirios, los

---

ᵃ **33.2** Jer 15.4. ᵇ **33.4** 2 S 7.13. ᶜ **33.7-8** 1 R 9.3-5; 2 Cr 7.12-18. ᵈ **33.11** Job 36.7-9; Ez 19.9.

cuales apresaron con grillos a Manasés, y atado con cadenas, lo llevaron a Babilonia.[d] 12 Pero cuando se vio en angustia, oró a Jehová, su Dios, y se humilló profundamente en la presencia del Dios de sus padres. 13 Oró a él, y fue atendido; pues Dios oyó su oración y lo hizo retornar a su reino en Jerusalén. Entonces reconoció Manasés que Jehová era Dios.

14 Después de esto edificó el muro exterior de la ciudad de David, al occidente de Gihón, en el valle, a la entrada de la puerta del Pescado, amuralló Ofel y elevó el muro muy alto. Además, puso capitanes del ejército en todas las ciudades fortificadas de Judá. 15 Asimismo quitó los dioses extranjeros, el ídolo de la casa de Jehová, y todos los altares que había edificado en el monte de la casa de Jehová y en Jerusalén, y los echó fuera de la ciudad. 16 Reparó luego el altar de Jehová y sacrificó sobre él sacrificios de ofrendas de paz y de alabanza; y ordenó a Judá que sirvieran a Jehová, Dios de Israel. 17 Pero el pueblo aún sacrificaba en los lugares altos, aunque lo hacía para Jehová, su Dios.

18 Los demás hechos de Manasés, su oración a su Dios y las palabras de los videntes que le hablaron en nombre de Jehová, el Dios de Israel, están escritos en las actas de los reyes de Israel. 19 Su oración y cómo fue oído, todos sus pecados y su infidelidad, los sitios donde edificó lugares altos y erigió imágenes de Asera e ídolos, antes que se humillara, están escritos en las palabras de los videntes. 20 Durmió Manasés con sus padres y lo sepultaron en su casa. Reinó en su lugar su hijo Amón.

Reinado de Amón
(2 R 21.19-26)

21 Veintidós años tenía Amón cuando comenzó a reinar, y dos años reinó en Jerusalén. 22 Hizo lo malo ante los ojos de Jehová, como había hecho Manasés, su padre; porque ofreció sacrificios y sirvió a todos los ídolos que su padre Manasés había hecho. 23 Pero nunca se humilló delante de Jehová,

como se humilló Manasés, su padre; antes bien aumentó el pecado. 24 Conspiraron contra él sus siervos y lo mataron en su casa. 25 Pero el pueblo de la tierra mató a todos los que habían conspirado contra el rey Amón, y proclamó rey en su lugar a su hijo Josías.

Reinado de Josías
(2 R 22.1-2)

34 1 Tenía Josías[a] ocho años cuando comenzó a reinar, y treinta y un años reinó en Jerusalén. 2 Hizo lo recto ante los ojos de Jehová y anduvo en los caminos de David, su padre, sin apartarse a la derecha ni a la izquierda.

Reformas de Josías
(2 R 23.4-20)

3 A los ocho años de su reinado, siendo aún muchacho, comenzó a buscar al Dios de David, su padre; y a los doce años[b] comenzó a limpiar a Judá y a Jerusalén de los lugares altos, imágenes de Asera, esculturas e imágenes fundidas. 4 Fueron derribados en su presencia los altares de los baales,[c] e hizo pedazos las imágenes del sol que estaban puestas encima; despedazó también las imágenes de Asera, las esculturas y estatuas fundidas, las desmenuzó y esparció el polvo sobre los sepulcros de los que les habían ofrecido sacrificios. 5 Quemó además los huesos de los sacerdotes sobre sus altares[d] y limpió a Judá y a Jerusalén. 6 Lo mismo hizo en las ciudades de Manasés, Efraín, Simeón y hasta Neftalí, y en los lugares asolados alrededor. 7 Después de derribar los altares y las imágenes de Asera, quebrar y desmenuzar las esculturas, y destruir todos los ídolos por toda la tierra de Israel, volvió a Jerusalén.

El hallazgo del libro de la Ley
(2 R 22.3—23.3)

8 A los dieciocho años de su reinado, después de haber limpiado la tierra y la Casa, envió a Safán hijo de Azalía, a Maasías, gobernador de la ciudad, y a Joa hijo de Joacaz, el canciller, para que repararan la casa

---

[a] 34.1 Jer 3.6.   [b] 34.3 Hacia el 628 a.C., es decir, un año después de la muerte de Asurbanipal, cuando Judá pudo liberarse del dominio asirio.   [c] 34.4 2 R 21.3; 2 Cr 33.3.   [d] 34.5 1 R 13.2.

de Jehová, su Dios. ⁹ Estos se presentaron ante el sumo sacerdote Hilcías y le entregaron el dinero que había sido traído a la casa de Jehová, que los levitas que guardaban la puerta habían recibido de Manasés, de Efraín y de todo el resto de Israel, de todo Judá y Benjamín, y de los habitantes de Jerusalén. ¹⁰ Lo pusieron en manos de los que hacían la obra, que eran mayordomos en la casa de Jehová, y estos se lo daban a los que hacían la obra y trabajaban en la casa de Jehová reparando y restaurando el Templo. ¹¹ Daban asimismo a los carpinteros y canteros para que compraran piedra de cantería y madera para los armazones, y para la entabladura de los edificios que habían destruido los reyes de Judá.

¹² Estos hombres procedían con fidelidad en la obra. Los encargados de activar la obra eran Jahat y Abdías, levitas de los hijos de Merari, y Zacarías y Mesulam, de los hijos de Coat, y todos los levitas entendidos en instrumentos de música. ¹³ También velaban sobre los cargadores y eran mayordomos de los que se ocupaban en cualquier clase de obra. Entre los levitas había escribas, gobernadores y porteros.

¹⁴ Al sacar el dinero que había sido traído a la casa de Jehová, el sacerdote Hilcías halló el libro de la ley de Jehová, dada por medio de Moisés. ¹⁵ Entonces Hilcías dijo al escriba Safán:

—He hallado el libro de la Ley en la casa de Jehová.

Y dio Hilcías el libro a Safán.

¹⁶ Safán lo llevó al rey y le contó el asunto diciendo:

—Tus siervos han cumplido todo lo que les fue encomendado. ¹⁷ Han reunido el dinero que se halló en la casa de Jehová y lo han entregado a los encargados y a los que hacen la obra.

¹⁸ Además de esto, el escriba Safán anunció al rey:

—El sacerdote Hilcías me ha dado un libro.

Y leyó Safán en él ante el rey.

¹⁹ Cuando el rey oyó las palabras de la Ley, rasgó sus vestidos ²⁰ y ordenó a Hilcías y a Ahicam hijo de Safán, a Abdón hijo de Micaía, a Safán, el escriba, y a Asaías, siervo del rey:

²¹ —¡Id!, consultad a Jehová por mí y por el resto de Israel y de Judá acerca de las palabras del libro que se ha hallado; porque grande es la ira de Jehová que ha caído sobre nosotros, por cuanto nuestros padres no han guardado la palabra de Jehová haciendo conforme a todo lo que está escrito en este libro.

²² Entonces Hilcías y los hombres del rey fueron a Hulda, la profetisa, mujer de Salum hijo de Ticva hijo de Harhas, encargado de las vestiduras, la cual vivía en el segundo barrio de Jerusalén, y le hablaron del asunto. ²³ Entonces ella respondió:

—Jehová, Dios de Israel, ha dicho así: "Decid al hombre que os ha enviado a mí, que así ha dicho Jehová: ²⁴ Voy a traer el mal sobre este lugar y sobre sus habitantes, es decir, todas las maldiciones que están escritas en el libro que leyeron delante del rey de Judá; ²⁵ por cuanto me han dejado y han ofrecido sacrificios a dioses ajenos, provocándome a ira con todas las obras de sus manos; por tanto, se derramará mi ira sobre este lugar y no se apagará". ²⁶ Pero al rey de Judá, que os ha enviado a consultar a Jehová, le diréis así: "Jehová, el Dios de Israel, ha dicho así: Por cuanto oíste las palabras del libro ²⁷ y tu corazón se conmovió, te humillaste delante de Dios al oír sus palabras sobre este lugar y sobre sus habitantes, y te humillaste delante de mí, rasgaste tus vestidos y lloraste en mi presencia, yo también te he oído, dice Jehová. ²⁸ Yo te recogeré con tus padres, y serás recogido en tu sepulcro en paz, tus ojos no verán todo el mal que yo traigo sobre este lugar y sobre los que habitan en él".

Y ellos refirieron al rey la respuesta. ²⁹ Entonces el rey hizo reunir a todos los ancianos de Judá y de Jerusalén. ³⁰ Subió el rey a la casa de Jehová, y con él todos los hombres de Judá, y los habitantes de Jerusalén, los sacerdotes, los levitas y todo el pueblo, desde el mayor hasta el más pequeño; y leyó a oídos de ellos todas las palabras del libro del pacto que había sido hallado en la casa de Jehová. ³¹ Y puesto en pie el rey en su sitio, hizo delante de Jehová pacto de caminar en pos de Jehová y de guardar sus mandamientos, sus testimonios y sus estatutos, con todo su corazón y con toda su alma, poniendo por obra las palabras del pacto que estaban escritas en aquel libro. ³²E hizo que se comprometieran a ello todos los que estaban en Jerusalén y en Benjamín; y los habitantes de Jerusalén hicieron conforme al pacto de Dios, del Dios de sus padres. ³³Josías quitó todas las abominaciones de toda la tierra de los hijos de Israel, e hizo que todos los que se hallaban en Israel sirvieran a Jehová, su Dios. Y mientras él vivió no se apartaron de Jehová, el Dios de sus padres.

Josías celebra la Pascua
(2 R 23.21-23)

35 ¹Josías celebró la Pascua[a] a Jehová en Jerusalén, y sacrificaron la Pascua a los catorce días del mes primero. ²Puso también a los sacerdotes en sus oficios y los confirmó en el ministerio de la casa de Jehová. ³Dijo además a los levitas que enseñaban a todo Israel y que estaban dedicados a Jehová: «Poned el Arca santa en la casa que edificó Salomón hijo de David, rey de Israel, para que no la carguéis más sobre los hombros. Servid ahora a Jehová, vuestro Dios, y a su pueblo Israel. ⁴Preparaos según las familias de vuestros padres, por vuestros turnos, como lo ordenaron David, rey de Israel, y Salomón, su hijo.[b] ⁵Estad en el santuario según la distribución de las familias de vuestros hermanos, los hijos del pueblo, y según la distribución de la familia de los levitas. ⁶Sacrificad luego la Pascua, santificaos y preparadla para que vuestros hermanos puedan cumplir la palabra de Jehová dada por medio de Moisés».

⁷Luego dio el rey Josías a los del pueblo ovejas, corderos y cabritos de los rebaños, en número de treinta mil, y tres mil bueyes, todo para la Pascua, para todos los que se hallaban presentes. Todo esto provenía de la hacienda del rey. ⁸También sus príncipes dieron con liberalidad al pueblo y a los sacerdotes y levitas. Hilcías, Zacarías y Jehiel, oficiales de la casa de Dios, dieron a los sacerdotes, para celebrar la Pascua, dos mil seiscientas ovejas y trescientos bueyes. ⁹Asimismo Conanías, Semaías y Natanael, sus hermanos, y Hasabías, Jeiel y Josabad, jefes de los levitas, dieron a los levitas, para los sacrificios de la Pascua, cinco mil ovejas y quinientos bueyes.

¹⁰Preparado así el servicio, los sacerdotes se colocaron en sus puestos, y asimismo los levitas en sus turnos, conforme al mandamiento del rey. ¹¹Entonces sacrificaron la Pascua; y rociaban los sacerdotes la sangre recibida de manos de los levitas, y los levitas desollaban las víctimas. ¹²Tomaron luego del holocausto, para dar conforme a los repartimientos de las familias del pueblo, a fin de que ofrecieran a Jehová según está escrito en el libro de Moisés; y asimismo tomaron de los bueyes. ¹³Asaron la Pascua al fuego conforme a la ordenanza;[d] pero lo que había sido santificado lo cocieron en ollas, en calderos y sartenes, y lo repartieron rápidamente a todo el pueblo. ¹⁴Después prepararon para ellos mismos y para los sacerdotes; porque los sacerdotes, hijos de Aarón, estuvieron ocupados hasta la noche en el sacrificio de los holocaustos y de las grasas; por tanto, los levitas prepararon para ellos mismos y para los sacerdotes, hijos de Aarón.

¹⁵Asimismo los cantores, hijos de Asaf, estaban en su puesto, conforme al mandamiento de David, de Asaf y de Hemán, y de Jedutún, el vidente del rey;[e] lo mismo los porteros, cada uno en su puerta; y no fue necesario que se apartaran de su ministerio, porque sus hermanos los levitas preparaban para ellos.

¹⁶Así se organizó aquel día todo el servicio de Jehová, para celebrar la Pascua y para sacrificar los holocaustos sobre el altar de Jehová, conforme al mandamiento del rey Josías. ¹⁷Los hijos de Israel que estaban allí celebraron en ese tiempo la Pascua y la fiesta solemne de los Panes sin levadura por siete días.[f] ¹⁸No se había celebrado una Pascua como esta en Israel desde los días del profeta Samuel; ni ningún rey de Israel celebró la Pascua tal como la que celebró el rey Josías, los sacerdotes y los levitas, todo Judá e Israel, que allí se hallaban presentes, junto con los habitantes de Jerusalén. ¹⁹Esta Pascua fue celebrada en el año dieciocho del rey Josías.

ᵃ**35.1** Ex 12.1-13,21-27; Lv 23.5-8; Nm 28.16-25; Dt 16.1-8.   ᵇ**35.4** 2 Cr 8.14.

Muerte de Josías
(2 R 23.28-30)

20 Después de todas estas cosas, luego de haber reparado Josías la casa de Jehová, Necao, rey de Egipto, subió para hacer guerra en Carquemis junto al Éufrates; y salió Josías contra él. 21 Pero Necao le envió mensajeros a decirle: «¿Qué tengo yo contigo, rey de Judá? No vengo hoy contra ti, sino contra la casa que me hace la guerra; y Dios me ha dicho que me apresure. Deja de oponerte a Dios, quien está conmigo, no sea que él te destruya».

22 Pero Josías no se retiró, sino que se disfrazó para darle batalla, y no atendió a las palabras de Necao, que venían de la boca de Dios. Así que fue a presentarle batalla en el campo de Meguido, 23 y los arqueros tiraron contra el rey Josías. Entonces dijo el rey a sus siervos: «Sacadme de aquí, porque estoy gravemente herido». 24 Sus siervos lo sacaron de aquel carro, lo pusieron en un segundo carro que tenía y lo llevaron a Jerusalén, donde murió. Fue sepultado en los sepulcros de sus padres y todo Judá y Jerusalén hicieron duelo por Josías. 25 Jeremías[g] endechó en memoria de Josías. Todos los cantores y cantoras recitan esas lamentaciones sobre Josías hasta el día de hoy; y las tomaron por norma para endechar en Israel. Están escritas en el libro de Lamentos.

26 Los demás hechos de Josías y sus obras piadosas conforme a lo que está escrito en la ley de Jehová, 27 y sus hechos, los primeros y los últimos, están escritos en el libro de los reyes de Israel y de Judá.

Reinado y destronamiento de Joacaz
(2 R 23.31-35)

36 1 Entonces el pueblo de la tierra tomó a Joacaz hijo de Josías y lo proclamó rey en lugar de su padre en Jerusalén. 2 Veintitrés años tenía Joacaz cuando comenzó a reinar, y tres meses reinó en Jerusalén. 3 El rey de Egipto lo destituyó en Jerusalén, e impuso al país un tributo de cien talentos de plata y uno de oro. 4 Luego proclamó el rey de Egipto

a Eliaquim, hermano de Joacaz, como rey de Judá y Jerusalén, y le cambió el nombre por el de Joacim. Y a Joacaz, su hermano, lo tomó Necao y lo llevó a Egipto.[a]

Reinado de Joacim
(2 R 23.36—24.7)

5 Cuando comenzó a reinar Joacim[b] tenía veinticinco años, y reinó once años en Jerusalén; e hizo lo malo ante los ojos de Jehová, su Dios. 6 Subió contra él Nabucodonosor, rey de Babilonia,[c] y lo llevó a Babilonia atado con cadenas. 7 También llevó Nabucodonosor a Babilonia parte de los utensilios de la casa de Jehová, y los puso en su templo en Babilonia.

8 Los demás hechos de Joacim, las abominaciones que hizo, y lo que en él se halló, está escrito en el libro de los reyes de Israel y de Judá. Reinó en su lugar su hijo Joaquín.

Joaquín, deportado a Babilonia
(2 R 24.8-17)

9 Ocho años tenía Joaquín cuando comenzó a reinar, y reinó tres meses y diez días en Jerusalén; e hizo lo malo ante los ojos de Jehová. 10 Al cabo de un año el rey Nabucodonosor mandó que lo llevaran a Babilonia,[d] juntamente con los objetos preciosos de la casa de Jehová, y puso a Sedequías,[e] su hermano, como rey sobre Judá y Jerusalén.

Reinado de Sedequías
(2 R 24.18-20; Jer 52.1-3)

11 Veintiún años tenía Sedequías[f] cuando comenzó a reinar, y once años reinó en Jerusalén. 12 Hizo lo malo ante los ojos de Jehová, su Dios, y no se humilló delante del profeta Jeremías, que le hablaba de parte de Jehová.[g] 13 Se rebeló asimismo contra Nabucodonosor,[h] al cual había jurado fidelidad delante de Dios. Fue obstinado y se empeñó en no volverse a Jehová, el Dios de Israel.[i]

14 También todos los principales sacerdotes y el pueblo aumentaron la iniquidad, siguiendo todas las abominaciones

---

c **35.8** Nm 7.1-83.   d **35.13** Ex 12.8-9.   e **35.15** 1 Cr 25.1.   f **35.17** Ex 12.1-20.
g **35.25** Jer 1.1-2; 3.6; 22.10-15.   a **36.4** Jer 22.11-12.   b **36.5** Jer 22.18-19; 26.1-6; 35.1-19.
c **36.6** Jer 25.1-38; 36.1-32; 45.1-5; Dn 1.1-2.   d **36.10** Jer 22.24-30; 24.1-10; 29.1-2; Ez 17.12.
e **36.10** Jer 37.1; Ez 17.13.   f **36.11** 2 R 24.18-20; Jer 27.1-22; 28.1-17; 52.1-3.   g **36.12** Jer 37-39.

de las naciones y contaminando la casa de
Jehová, la cual él había santificado en Jerusalén. 15 Jehová, el Dios de sus padres, les
envió constantemente avisos por medio de
sus mensajeros, porque él tenía misericordia de su pueblo y de su morada.[j] 16 Pero
ellos se mofaban de los mensajeros de Dios,
y menospreciaban sus palabras, burlándose de sus profetas, hasta que subió la ira de
Jehová contra su pueblo, y no hubo ya remedio.[k]

Cautividad de Judá

(2 R 25.8-21; Jer 39.8-10; 52.12-30)

17 Por lo cual trajo contra ellos al rey de los
caldeos,[l] que mató a espada a sus jóvenes
en la casa de su santuario, sin perdonar joven ni virgen, anciano ni decrépito; todos
los entregó en sus manos.[m] 18 Asimismo todos los utensilios de la casa de Dios, grandes y chicos, los tesoros de la casa de
Jehová, y los tesoros de la casa del rey y de
sus príncipes, todo lo llevó a Babilonia.
19 Quemaron la casa de Dios[n] y derribaron
el muro de Jerusalén, prendieron fuego a
todos sus palacios y destruyeron todos sus
objetos de valor.[ñ]
20 A los que escaparon de la espada
los llevó cautivos a Babilonia, donde
fueron siervos de él y de sus hijos hasta
que vino el reino de los persas; 21 para
que se cumpliera la palabra de Jehová,
dada por boca de Jeremías, hasta que la
tierra hubo gozado de reposo; porque
todo el tiempo de su asolamiento reposó, hasta que los setenta años fueron
cumplidos.[o]

El decreto de Ciro

(Esd 1.1-4)

22 [p] En el primer año de Ciro, rey de los
persas, para que se cumpliera la palabra
de Jehová, dada por boca de Jeremías,
Jehová despertó el espíritu de Ciro, rey
de los persas, el cual hizo pregonar de
palabra y también por escrito, por todo
su reino, este decreto: 23 «Así dice Ciro,
rey de los persas: Jehová, el Dios de los
cielos, me ha dado todos los reinos de la
tierra, y me ha mandado que le edifique
Casa en Jerusalén,[q] que está en Judá.
Quien de entre vosotros pertenezca a su
pueblo, que sea Jehová, su Dios, con él, y
suba allá».

[h] **36.13** Ez 17.15. [i] **36.13** 2 R 25.1; Jer 52.4. [j] **36.15** Jer 7.25; Heb 1.1. [k] **36.16** Mt 23.34-36.
[l] **36.17** Jer 21.1-10; 34.1-5. [m] **36.17** Lm 1.15; 5.11-14. [n] **36.19** 1 R 9.8. [ñ] **36.19** Lm 2.8.
[o] **36.21** Jer 25.11; 29.10; Zac 1.12. [p] **36.22** El contenido de los v. 22-23 es idéntico al de Esd 1.1-4.
Originalmente, Esd y Neh eran la última parte de la obra completa del Cronista.
[q] **36.23** Is 44.28; 45.1-4.

ESDRAS

INTRODUCCIÓN

A partir del punto en que Reyes y Crónicas finalizan su relato, los libros de Esdras (=Esd) y Nehemías retoman el hilo de la historia de Israel. Ambas narraciones se entrelazan y complementan, brindando datos de inapreciable valor, dada la escasa documentación disponible acerca del período que siguió al decreto de retorno (538 a. C.). Ciro permitió a los judíos exiliados en Babilonia regresar a su patria, llevando consigo el encargo expreso de edificar «la Casa a Jehová, Dios de Israel (él es el Dios), la cual está en Jerusalén» (2 Cr 36.22-23; Esd 1.3).

La primera sección de las dos en que se divide el libro de Esdras (cap. 1–6) ofrece una detallada información sobre el tiempo que siguió al regreso de los judíos exiliados. Pese a los problemas y dificultades, y tras una suspensión provisional de la reconstrucción del Templo (4.24), la personal decisión de Zorobabel y de otros responsables, unida a la palabra profética de Hageo y Zacarías (5.1; cf. Hag 1.1,12-15; Zac 4.6-9), posibilitaron que en el año 516 a.C. se celebrara la dedicación del santuario único de Jerusalén.

La segunda parte del libro (cap. 7–10) se refiere a la actividad desarrollada por el propio Esdras hijo de Seraías, un sacerdote y escriba (cf. 7.6,10,21) descendiente de Aarón por la línea de Sadoc. Hombre piadoso e ilustrado, gozó de gran prestigio incluso en la corte real de Babilonia. El cumplimiento de la misión de crear una nueva comunidad nacional, auténticamente regida por la ley de Dios, supuso para Esdras una serie de difíciles retos. Probablemente el más grave de ellos fue conducir a Israel a una profunda reforma de sus valores éticos y religiosos, encaminada a evitar que su fe en Dios se contaminara con elementos extraños e impuros. Este es el contexto en que reaparece el sacerdote Esdras en los cap. 8–10 del libro de Nehemías, dando lectura, ante el pueblo reunido, a la ley mosaica. Después de escucharla y de haber hecho confesión general de pecados, todos, con los sacerdotes y los levitas como testigos (Neh 9.38), se comprometieron por escrito a guardar la Ley.

Esquema del contenido

1. *Repatriación de los exiliados y reconstrucción del templo de Jerusalén (1–6)*
2. *Esdras informa de su misión (7–10)*

El decreto de Ciro
(2 Cr 36.22-23)

1 ¹ En el primer año de Ciro,ᵃ rey de Persia, para que se cumpliera la palabra de Jehová anunciada por boca de Jeremías,ᵇ despertó Jehová el espíritu de Ciro, rey de Persia, el cual hizo pregonar de palabra y también por escrito en todo su reino, este decreto:

² «Así ha dicho Ciro, rey de Persia: Jehová, el Dios de los cielos, me ha dado todos los reinos de la tierra y me ha mandado que le edifique una casa en Jerusalén,ᶜ que está en Judá. ³ Quien de entre vosotros pertenezca a su pueblo, sea Dios con él, suba a Jerusalén, que está en Judá, y edifique la casa a Jehová, Dios de Israel (él es el Dios), la cual está en Jerusalén. ⁴ Y a todo el que haya quedado, en cualquier lugar donde habite, que las gentes de su lugar lo ayuden con plata, oro, bienes y ganados, además de ofrendas voluntarias para la casa de Dios, la cual está en Jerusalén».

ᵃ **1.1** Es decir, un año después de la conquista de Babilonia en el 539 a.C. (Dn 1.21.)
ᵇ **1.1** 2 Cr 36.21; Jer 25.11; 29.10.   ᶜ **1.2** Is 41.25; 44.28; 45.1-4,13.

El regreso a Jerusalén

5 Entonces se levantaron los jefes de las casas paternas de Judá y de Benjamín, los sacerdotes y levitas, todos aquellos a quienes Dios puso en su corazón subir a edificar la casa de Jehová, la cual está en Jerusalén. 6 Y todos los que habitaban en los alrededores los ayudaron con plata y oro, con bienes y ganado, y con cosas preciosas, además de toda clase de ofrendas voluntarias. 7 El rey Ciro sacó los utensilios de la casa de Jehová que Nabucodonosor se había llevado de Jerusalén y había depositado en la casa de sus dioses.[d] 8 Los sacó, pues, Ciro, rey de Persia, por medio del tesorero Mitrídates, el cual los contó y se los entregó a Sesbasar, príncipe de Judá. 9 La cuenta de ellos es esta: treinta tazones de oro, mil tazones de plata, veintinueve cuchillos, 10 treinta tazas de oro, otras cuatrocientas diez tazas de plata, y otros mil utensilios. 11 En total, los utensilios de oro y de plata eran cinco mil cuatrocientos. Todo esto lo hizo llevar Sesbasar con los que subieron del cautiverio de Babilonia a Jerusalén.[e]

Censo de los repatriados[a]
(Neh 7.5-73)

2 1 Estos son los hijos de la provincia[b] que regresaron del cautiverio, aquellos que Nabucodonosor, rey de Babilonia, había llevado cautivos a Babilonia, y que volvieron a Jerusalén y a Judá, cada uno a su ciudad. 2 Los que llegaron con Zorobabel[c] fueron: Jesúa, Nehemías, Seraías, Reelaías, Mardoqueo, Bilsán, Mispar, Bigvai, Rehum y Baana.

El número de los hombres del pueblo de Israel fue: 3 Los hijos de Paros, dos mil ciento setenta y dos. 4 Los hijos de Sefatías, trescientos setenta y dos. 5 Los hijos de Ara, setecientos setenta y cinco. 6 Los hijos de Pahat-moab, de los hijos de Jesúa y de Joab, dos mil ochocientos doce. 7 Los hijos de Elam, mil doscientos cincuenta y cuatro. 8 Los hijos de Zatu, novecientos cuarenta y cinco. 9 Los hijos de Zacai, setecientos sesenta. 10 Los hijos de Bani,

seiscientos cuarenta y dos. 11 Los hijos de Bebai, seiscientos veintitrés. 12 Los hijos de Azgad, mil doscientos veintidós. 13 Los hijos de Adonicam, seiscientos sesenta y seis. 14 Los hijos de Bigvai, dos mil cincuenta y seis. 15 Los hijos de Adín, cuatrocientos cincuenta y cuatro. 16 Los hijos de Ater, de Ezequías, noventa y ocho. 17 Los hijos de Bezai, trescientos treinta y tres. 18 Los hijos de Jora, ciento doce. 19 Los hijos de Hasum, doscientos veintitrés. 20 Los hijos de Gibar, noventa y cinco. 21 Los hijos de Belén, ciento veintitrés. 22 Los varones de Netofa, cincuenta y seis. 23 Los varones de Anatot, ciento veintiocho. 24 Los hijos de Azmavet, cuarenta y dos. 25 Los hijos de Quiriat-jearim, Cafira y Beerot, setecientos cuarenta y tres. 26 Los hijos de Ramá y Geba, seiscientos veintiuno. 27 Los varones de Micmas, ciento veintidós. 28 Los varones de Bet-el y Hai, doscientos veintitrés. 29 Los hijos de Nebo, cincuenta y dos. 30 Los hijos de Magbis, ciento cincuenta y seis. 31 Los hijos del otro Elam, mil doscientos cincuenta y cuatro. 32 Los hijos de Harim, trescientos veinte. 33 Los hijos de Lod, Hadid y Ono, setecientos veinticinco. 34 Los hijos de Jericó, trescientos cuarenta y cinco. 35 Los hijos de Senaa, tres mil seiscientos treinta.

36 Sacerdotes: los hijos de Jedaías, de la casa de Jesúa, novecientos setenta y tres. 37 Los hijos de Imer, mil cincuenta y dos. 38 Los hijos de Pasur, mil doscientos cuarenta y siete. 39 Los hijos de Harim, mil diecisiete.

40 Levitas: los hijos de Jesúa y de Cadmiel, de los hijos de Hodavías, setenta y cuatro. 41 Cantores: los hijos de Asaf, ciento veintiocho. 42 Porteros: los hijos de Salum, los hijos de Ater, los hijos de Talmón, los hijos de Acub, los hijos de Hatita, los hijos de Sobai; en total, ciento treinta y nueve.

43 Sirvientes del Templo:[d] los hijos de Ziha, los hijos de Hasufa, los hijos de Tabaot, 44 los hijos de Queros, los hijos de Siaha, los hijos de Padón, 45 los hijos de Lebana, los hijos de Hagaba, los hijos de

---

d 1.7 2 R 24.13; 25.13-16; 2 Cr 36.10,18.   *e* 1.11 Esd 7.8-9.   *a* 2.1-70 La siguiente lista es un registro de las familias que llegaron a Jerusalén después del edicto de Ciro. Cf. Neh 7.5-73.
b 2.1-2 Es decir, los nacidos en Judá.   *c* 2.1-2 Nieto de Joaquín, conocido también como Jeconías, rey de Judá (1 Cr 3.17-19; Mt 1.12).   *d* 2.43 Esd 8.20; cf. Jos 9.26-27.

Acub, [46] los hijos de Hagab, los hijos de Salmai, los hijos de Hanán, [47] los hijos de Gidel, los hijos de Gahar, los hijos de Reaía, [48] los hijos de Rezín, los hijos de Necoda, los hijos de Gazam, [49] los hijos de Uza, los hijos de Paseah, los hijos de Besai, [50] los hijos de Asena, los hijos de Meunim, los hijos de Nefusim, [51] los hijos de Bacbuc, los hijos de Hacufa, los hijos de Harhur, [52] los hijos de Bazlut, los hijos de Mehída, los hijos de Harsa, [53] los hijos de Barcos, los hijos de Sísara, los hijos de Tema, [54] los hijos de Nezía, los hijos de Hatifa.

[55] Hijos de los siervos de Salomón: los hijos de Sotai, los hijos de Soferet, los hijos de Peruda, [56] los hijos de Jaala, los hijos de Darcón, los hijos de Gidel, [57] los hijos de Sefatías, los hijos de Hatil, los hijos de Poqueret-hazebaim, los hijos de Ami.[e]

[58] Total de los sirvientes del Templo y de los hijos de los siervos de Salomón, trescientos noventa y dos.

[59] Estos fueron los que volvieron de Tel-mela, Tel-harsa, Querub, Addán e Imer, que no pudieron demostrar si la casa de sus padres y su linaje eran de Israel: [60] los hijos de Delaía, los hijos de Tobías, los hijos de Necoda, seiscientos cincuenta y dos. [61] Y entre los hijos de los sacerdotes: los hijos de Habaía, los hijos de Cos, los hijos de Barzilai, el cual tomó por mujer a una de las hijas de Barzilai, el galaadita, de quien adoptó el nombre. [62] Estos buscaron su registro genealógico, pero como no lo hallaron, fueron excluidos del sacerdocio, [63] El gobernador les dijo que no comieran de las cosas más santas, hasta que hubiera sacerdote que consultara con Urim y Tumim.[f]

[64] Toda la congregación, unida como un solo hombre, era de cuarenta y dos mil trescientos sesenta. [65] sin contar sus siervos y siervas, que eran siete mil trescientos treinta y siete. Había también doscientos cantores y cantoras. [66] Tenía setecientos treinta y seis caballos; doscientas cuarenta y cinco mulas. [67] Asimismo, cuatrocientos treinta

y cinco camellos y seis mil setecientos veinte asnos.

[68] Algunos de los jefes de casas paternas, cuando vinieron a la casa de Jehová que estaba en Jerusalén, hicieron ofrendas voluntarias para la casa de Dios, para reedificarla en su sitio. [69] Según sus posibilidades, dieron al tesorero de la obra sesenta y un mil dracmas de oro, cinco mil libras de plata y cien túnicas sacerdotales.

[70] Habitaron los sacerdotes, los levitas, los del pueblo, los cantores, los porteros y los sirvientes del Templo en sus ciudades. Todo Israel habitó, pues, en sus ciudades.[g]

Restauración del altar y del culto

3 [1] Cuando llegó el séptimo mes,[a] y ya establecidos los hijos de Israel en las ciudades, se congregó el pueblo como un solo hombre en Jerusalén.[b] [2] Entonces se levantaron Jesúa hijo de Josadac, con sus hermanos los sacerdotes, y Zorobabel hijo de Salatiel, con sus hermanos, y edificaron el altar del Dios de Israel, para ofrecer sobre él holocaustos, como está escrito en la ley de Moisés, varón de Dios.[c] [3] Colocaron el altar firme sobre su base, porque tenían miedo de la gente de la región, y ofrecieron sobre él holocaustos a Jehová, los holocaustos de la mañana y de la tarde.[d] [4] Celebraron asimismo la fiesta solemne de los Tabernáculos, como está escrito, y los holocaustos cotidianos, según el rito de cada día;[e] [5] además de esto, el holocausto continuo, las nuevas lunas, todas las fiestas solemnes de Jehová, todo sacrificio espontáneo y toda ofrenda voluntaria a Jehová.[f] [6] Desde el primer día del séptimo mes comenzaron a ofrecer holocaustos a Jehová, aunque los cimientos del templo de Jehová no se habían echado todavía. [7] Luego dieron dinero a los albañiles y carpinteros; asimismo comida, bebida y aceite a los sidonios y tirios para que trajeran por mar madera de cedro desde el Líbano hasta Jope, conforme a la autorización de Ciro, rey de Persia, acerca de esto.

---

[e] **2.57** Según Neh 7.59, *Amón.*   [f] **2.63** Nm 27.21; 1 S 14.41.   [g] **2.70** 1 Cr 9.2; Neh 11.3.
[a] **3.1** Corresponde a septiembre-octubre de nuestro calendario. Los judíos lo consideran sagrado porque en él se celebra la fiesta de los Tabernáculos o Enramadas (Lv 23.23-43; Nm 29).   [b] **3.1** Neh 7.73—8.1.   [c] **3.2** Ex 27.1.   [d] **3.3** Nm 28.1-8.   [e] **3.4** Lv 23.33-36; Nm 29.12-38; Dt 26.13-15.   [f] **3.5** Nm 28.11—29.39.

Los cimientos del Templo

⁸ En el segundo año de su venida a la casa de Dios en Jerusalén, en el segundo mes,ᵍ comenzaron la obra Zorobabel hijo de Salatiel, Jesúa hijo de Josadac, con el resto de sus hermanos, los sacerdotes y los levitas, y todos los que habían regresado a Jerusalén de la cautividad; y pusieron a los levitas mayores de veinte años a dirigir la obra de la casa de Jehová. ⁹ También Jesúa, sus hijos y sus hermanos, Cadmiel y sus hijos, hijos de Judá, como un solo hombre, se pusieron a dirigir a los que hacían la obra en la casa de Dios, junto con los hijos de Henadad, sus hijos y sus hermanos levitas.

¹⁰ Cuando los albañiles del templo de Jehová echaron los cimientos, se pusieron en pie los sacerdotes, vestidos de sus ropas y con trompetas, y los levitas hijos de Asaf con címbalos, para alabar a Jehová, según la ordenanza de David, rey de Israel.ʰ ¹¹ Cantaban, alabando y dando gracias a Jehová, y decían: «Porque él es bueno, porque para siempre es su misericordia sobre Israel».ⁱ Todo el pueblo aclamaba con gran júbilo y alababa a Jehová porque se echaban los cimientos de la casa de Jehová. ¹² Muchos de los sacerdotes, levitas y jefes de familia, ancianos que habían visto la primera casa, al ver como echaban los cimientos de esta casa, lloraban en alta voz, mientras otros muchos daban grandes gritos de alegría. ¹³ No se podía distinguir el clamor de los gritos de alegría de las voces del llanto, porque clamaba el pueblo con gran júbilo y el ruido se oía hasta de lejos.

Los adversarios detienen la reedificación del Templo

4 ¹ Cuando los enemigos de Judáᵃ y de Benjamín oyeron que los que habían vuelto de la cautividad edificaban un templo a Jehová, Dios de Israel, ² fueron a ver a Zorobabel y a los jefes de familia, y les dijeron:

—Edificaremos con vosotros, porque, como vosotros, buscamos a vuestro Dios, y a él ofrecemos sacrificios desde los días de Esar-hadón, rey de Asiria, que nos hizo venir aquí.ᵇ

³ Zorobabel, Jesúa y los demás jefes de casas paternas de Israel dijeron:

—No nos conviene edificar con vosotros la casa de nuestro Dios, sino que nosotros solos la edificaremos a Jehová, Dios de Israel, como nos mandó Ciro, rey de Persia.

⁴ Entonces la gente del país intimidó al pueblo de Judá y lo atemorizó para que no siguiera edificando. ⁵ Sobornaron además contra ellos a algunos consejeros para frustrar sus propósitos, durante todo el tiempo que Ciro fue rey de Persia y hasta el reinado de Darío, rey de Persia. ⁶ En el reinado de Asuero,ᶜ al principio de su reinado, escribieron acusaciones contra los habitantes de Judá y de Jerusalén. ⁷ También en días de Artajerjes escribieron Bislam, Mitrídates, Tabeel y los demás compañeros suyos, a Artajerjes, rey de Persia; y la carta estaba escrita en arameo,ᵈ y traducida. ⁸ El canciller Rehumᵉ y el secretario Simsai escribieron una carta contra Jerusalén al rey Artajerjes. ⁹ En esa fecha escribieron el canciller Rehum y el secretario Simsai, y los demás compañeros suyos, los jueces, gobernadores y oficiales, los de Persia, Erec, Babilonia y Susa, es decir, los elamitas, ¹⁰ y los demás pueblos que el grande y glorioso Asnaparᶠ deportó e hizo habitar en las ciudades de Samaria y las demás provincias del otro lado del río. ¹¹ Esta es la copia de la carta que enviaron:

«Al rey Artajerjes: Tus siervos del otro lado del río te saludan.

¹² »Ha de saber el rey que los judíos que de parte tuya vinieron a nosotros, llegaron a Jerusalén y edifican esta ciudad rebelde y mala. Ya levantan los muros y reparan los fundamentos. ¹³ Sepa, pues, el rey, que si aquella ciudad es reedificada y los muros son

---

ᵍ **3.8** Corresponde a abril-mayo (en este caso, del año 536 a.C.). Cf. 2 Cr 3.2.
ʰ **3.10** 1 Cr 25.1; 2 Cr 29.25-30.   ⁱ **3.11** 1 Cr 16.34; 2 Cr 5.13; 7.3; Sal 100.5; 136.1; Jer 33.11.
ᵃ **4.1** 2 R 17.25-41.   ᵇ **4.2** 2 R 17.24-41.   ᶜ **4.6** Otro nombre del rey persa Jerjes I (Est 1.1).
ᵈ **4.7** Desde Esd 4.8 hasta 6.18 el texto está escrito en arameo, la lengua diplomática del imperio persa.   ᵉ **4.8** Canciller o gobernador de Samaria (cf. v. 17), distrito que incluía también el territorio de Judá y, por lo tanto, la ciudad de Jerusalén.   ᶠ **4.9-11** Probablemente Asurbanipal, rey de Asiria entre c. 668 y 629 a.C.

levantados, no pagarán tributo, impuesto y rentas, y el erario de los reyes será perjudicado. [14] Como nos mantienen desde el palacio, no podemos permitir que el rey sea menospreciado, por lo cual hemos enviado al rey esta denuncia, [15] a fin de que se investigue en el libro de las memorias de tus padres. En el libro de las memorias encontrarás y sabrás que esta ciudad es ciudad rebelde, perjudicial a los reyes y a las provincias, y que de tiempo antiguo en ella se han fomentado rebeliones. Por ese motivo esta ciudad fue destruida.[g] [16] Hacemos saber al rey que si se reedifica esta ciudad y se levantan sus muros, la región de más allá del río no será tuya».

[17] El rey envió esta respuesta:

«Al canciller Rehum, al secretario Simsai, a los compañeros suyos que habitan en Samaria, y a los demás del otro lado del río: Salud y paz.

[18] »La carta que nos enviasteis fue leída claramente delante de mí. [19] Ordené que se investigara, y se ha encontrado que aquella ciudad se subleva desde antiguo contra los reyes, y que en ella se han fomentado revueltas e insurrecciones. [20] Que hubo en Jerusalén reyes fuertes, cuyo dominio se extendía a todo lo que hay más allá del río, y que se les pagaba tributo, impuestos y rentas. [21] Ahora, pues, ordenad que se detengan aquellos hombres, y no sea esa ciudad reedificada hasta nueva orden enviada por mí. [22] Procurad no ser negligentes en esto; ¿por qué habrá de crecer el daño en perjuicio de los reyes?».

[23] Cuando la copia de la carta del rey Artajerjes fue leída delante de Rehum, de Simsai, el secretario, y de sus compañeros, salieron apresuradamente hacia Jerusalén, donde estaban los judíos, y les hicieron cesar los trabajos utilizando la fuerza y la violencia. [24] Así se detuvo la obra de la casa de Dios que estaba en Jerusalén, la cual quedó suspendida hasta el segundo año del reinado de Darío, rey de Persia.

Reedificación del Templo

5 [1] Profetizaron Hageo[a] y Zacarías[b] hijo de Iddo, ambos profetas, a los judíos que estaban en Judá y Jerusalén en el nombre del Dios de Israel, quien estaba con ellos. [2] Entonces se levantaron Zorobabel[c] hijo de Salatiel y Jesúa hijo de Josadac, y comenzaron a reedificar la casa de Dios que estaba en Jerusalén; junto a ellos estaban los profetas de Dios que los ayudaban.

[3] En ese mismo tiempo Tatnai, gobernador del otro lado del río, y Setar-boznai, junto a sus compañeros, fueron a decirles: «¿Quién os ha dado orden para edificar esta casa y levantar estos muros?» [4] También preguntaron: «¿Cuáles son los nombres de los hombres que hacen este edificio?». [5] Pero los ojos de Dios velaban sobre los ancianos de los judíos, y no les hicieron suspender la obra hasta que el asunto fuera llevado a Darío y se recibiera una carta de respuesta sobre esto.

[6] Esta es copia de la carta que Tatnai, gobernador del otro lado del río, Setar-boznai y sus compañeros, los gobernadores del otro lado del río, enviaron al rey Darío. [7] Ellos le enviaron una carta escrita de esta manera:

«Al rey Darío: Paz completa.

[8] »Ha de saber el rey que fuimos a la provincia de Judea, a la casa del gran Dios, la cual se edifica con piedras grandes. Ya los maderos están puestos en las paredes, la obra se hace de prisa y prospera en sus manos. [9] Entonces interrogamos a los ancianos, diciéndoles: "¿Quién os dio orden para edificar esta casa y para levantar estos muros?" [10] También les preguntamos sus nombres para hacértelo saber, a fin de escribirte los nombres de los hombres que estaban al frente de ellos. [11] Y esta fue la respuesta que nos dieron: "Nosotros somos siervos del Dios del cielo y de la tierra, y reedificamos la casa que hace ya muchos años fue edificada, y que un gran rey de Israel edificó y terminó.[d] [12] Pero después que nuestros padres provocaron a ira al Dios de

g 4.15 2 R 24.13-15; Ez 17.12. a 5.1 Hag 1.1. b 5.1 Zac 1.1. c 5.2 Hag 1.12; Zac 4.6-9. d 5.11 1 R 6—7.

los cielos, él los entregó en manos de Nabucodonosor, rey de Babilonia, caldeo, el cual destruyó esta casa y llevó cautivo al pueblo a Babilonia.[e] 13 Pero en el primer año de Ciro, rey de Babilonia, el mismo rey Ciro dio orden para que esta casa de Dios fuera reedificada.[f]

14 »Los utensilios de oro y de plata de la casa de Dios, que Nabucodonosor había sacado del templo que estaba en Jerusalén para llevarlos al templo de Babilonia, el rey Ciro los retiró del templo de Babilonia, y fueron entregados a Sesbasar, a quien había nombrado gobernador. 15 Él le dijo: 'Toma estos utensilios, ve y llévalos al templo que está en Jerusalén, y sea reedificada la casa de Dios en su lugar'. 16 Vino, pues, este Sesbasar y puso los cimientos de la casa de Dios, la cual está en Jerusalén, y desde entonces hasta ahora se edifica, pero aún no está concluida".

17 »Ahora, si al rey le parece bien, que se investigue en la casa de los tesoros del rey que está allí en Babilonia, si es verdad que el rey Ciro dio efectivamente la orden para reedificar esta casa de Dios en Jerusalén, y que se nos comunique la decisión del rey sobre esto».

6 1 Entonces el rey Darío dio la orden de buscar en la casa de los archivos, donde guardaban los tesoros allí en Babilonia. 2 Y fue hallado en Acmeta, en el palacio que está en la provincia de Media, un libro en el cual estaba escrito así: «Memoria:

3 »En el año primero del rey Ciro, el mismo rey Ciro dio orden acerca de la casa de Dios, la cual estaba en Jerusalén, para que la Casa fuera reedificada como lugar para ofrecer sacrificios, y que fueran puestos sus cimientos; su altura, de sesenta codos, y de sesenta codos su anchura; 4 con tres hileras de piedras grandes y una de madera nueva. El gasto será pagado por el tesoro del rey. 5 Además, los utensilios de oro y de plata de la casa de Dios, que

Nabucodonosor sacó del templo que estaba en Jerusalén y se llevó a Babilonia, serán devueltos, para que vayan a su lugar, al templo que está en Jerusalén, y sean puestos en la casa de Dios».

6 «Ahora, pues, Tatnai, gobernador del otro lado del río, Setar-boznai y vuestros compañeros, los gobernadores que estáis al otro lado del río, alejaos de allí. 7 Dejad que se haga la obra de esa casa de Dios; que el gobernador de los judíos y sus ancianos reedifiquen esa casa de Dios en su lugar. 8 Estas son mis órdenes sobre lo que habéis de hacer con esos ancianos de los judíos, para reedificar esa casa de Dios: que de la hacienda del rey, proveniente del tributo del otro lado del río, sean pagados puntualmente a esos hombres los gastos, para que no cese la obra. 9 Lo que sea necesario, becerros, carneros y corderos para holocaustos al Dios del cielo, trigo, sal, vino y aceite, conforme a lo que digan los sacerdotes que están en Jerusalén, les sea dado día por día sin obstáculo alguno, 10 a fin de que ofrezcan sacrificios agradables al Dios del cielo, y oren por la vida del rey y por sus hijos.

11 »También he dado orden de que a cualquiera que altere este decreto se le arranque una viga de su casa, y sea colgado en ella. Luego su casa sea convertida en un montón de escombros. 12 Que el Dios que hizo habitar allí su nombre destruya a todo rey y pueblo que intente cambiar o destruir esa casa de Dios, la cual está en Jerusalén. Yo, Darío, he dado este decreto; sea cumplido puntualmente».

13 Entonces Tatnai, gobernador del otro lado del río, Setar-boznai y sus compañeros, hicieron puntualmente según el rey Darío había ordenado. 14 Así, los ancianos de los judíos edificaban y prosperaban, conforme a la profecía del profeta Hageo y de Zacarías hijo de Iddo.[a] Edificaron, pues, y terminaron la obra, por orden del Dios de Israel, y por mandato de Ciro, de Darío y de Artajerjes,[b] rey de Persia. 15 Esta casa fue terminada el tercer día

---

[e] 5.12 2 R 25.8-12; 2 Cr 36.17-20; Jer 52.12-15.   [f] 5.13 Esd 1.2-11.   [a] 6.14 Esd 5.1-2; Hag 1.1; Zac 1.1.

del mes de Adar, que era el sexto año del reinado del rey Darío.[c]

16 Los hijos de Israel, los sacerdotes, los levitas y los demás que habían regresado de la cautividad, hicieron la dedicación de esta casa de Dios con gozo. **17** Ofrecieron para la dedicación de esta casa de Dios cien becerros, doscientos carneros y cuatrocientos corderos; y como expiación por todo Israel, doce machos cabríos, conforme al número de las tribus de Israel. **18** Luego organizaron a los sacerdotes en sus turnos y a los levitas en sus clases, para el servicio de Dios en Jerusalén, conforme a lo escrito en el libro de Moisés.

19 Los que regresaron de la cautividad celebraron la Pascua a los catorce días del primer mes.[d] **20** Sacerdotes y levitas se habían purificado como un solo hombre y todos estaban limpios. Así que sacrificaron la Pascua por todos los hijos de la cautividad, por sus hermanos los sacerdotes y por sí mismos. **21** Comieron los hijos de Israel que habían regresado del cautiverio con todos aquellos que se habían apartado[e] de las inmundicias de las gentes de la tierra para buscar a Jehová, Dios de Israel. **22** Durante siete días celebraron con regocijo la fiesta solemne de los Panes sin levadura, por cuanto Jehová los había alegrado, y había dispuesto el corazón del rey de Asiria favorablemente hacia ellos, a fin de fortalecer sus manos en la obra de la casa de Dios, del Dios de Israel.

Llegada de Esdras a Jerusalén

7 **1** Pasadas estas cosas, en el reinado de Artajerjes, rey de Persia, Esdras[a] hijo de Seraía[b] hijo de Azarías, hijo de Hilcías, **2** hijo de Salum, hijo de Sadoc, hijo de Ahitob, **3** hijo de Amarías, hijo de Azarías, hijo de Meraiot, **4** hijo de Zeraías, hijo de Uzi, hijo de Buqui, **5** hijo de Abisúa, hijo de Finees, hijo de Eleazar, hijo de Aarón, primer sacerdote, **6** subió de Babilonia. Esdras era un escriba diligente en la ley

de Moisés, que Jehová, Dios de Israel había dado; y le concedió el rey todo lo que pidió, porque la mano de Jehová, su Dios, estaba sobre Esdras. **7** En el séptimo año del rey Artajerjes, subieron también con él a Jerusalén algunos de los hijos de Israel, sacerdotes, levitas, cantores, porteros y sirvientes del Templo, **8** Este llegó a Jerusalén en el quinto mes del séptimo año del rey. **9** El primer día del primer mes[c] había dispuesto su partida de Babilonia, y el primero del mes quinto[d] llegaba a Jerusalén. ¡La buena mano de Dios estaba con él! **10** Porque Esdras había preparado su corazón para estudiar la ley de Jehová y para cumplirla, y para enseñar en Israel sus estatutos y decretos.

Carta del rey Artajerjes

11 Esta es la copia de la carta que dio el rey Artajerjes al sacerdote Esdras, escriba versado en los mandamientos de Jehová y en sus estatutos dados a Israel:

12 «Artajerjes, rey de reyes, a Esdras, sacerdote y escriba erudito en la ley del Dios del cielo: Paz.

13 »He dado la siguiente orden: Todo aquel que en mi reino pertenezca al pueblo de Israel, a sus sacerdotes y levitas, que quiera ir contigo a Jerusalén, que vaya. **14** Porque de parte del rey y de sus siete consejeros[e] eres enviado a visitar a Judea y a Jerusalén, conforme a la ley de tu Dios que está en tus manos; **15** y a llevar la plata y el oro que el rey y sus consejeros voluntariamente ofrecen al Dios de Israel, cuya morada está en Jerusalén, **16** así como toda la plata y el oro que logres reunir en toda la provincia de Babilonia, con las ofrendas voluntarias que el pueblo y los sacerdotes entreguen voluntariamente para la casa de su Dios, la cual está en Jerusalén. **17** Comprarás, pues, diligentemente con este dinero becerros, carneros y corderos, con sus ofrendas y

---

[b] **6.14** *Artajerjes* I reinó en Persia medio siglo después de la inauguración del Templo (465-423 a. C.). Probablemente se menciona junto a *Ciro* y *Darío* porque más tarde, en tiempos de Nehemías, contribuyó a la reconstrucción de la ciudad de Jerusalén.   [c] **6.15** Es decir, en el año 515 a.C., durante el mes que corresponde a febrero-marzo de nuestro calendario.   [d] **6.19** Ex 12.1-20; Dt 16.1-8.   [e] **6.21** Neh 9.2; 10.28; 13.3.   [a] **7.1** v. 12.   [b] **7.1** 2 R 25.18; 1 Cr 6.7-15.   [c] **7.8-9** Corresponde a marzo-abril de nuestro calendario.   [d] **7.8-9** Corresponde a julio-agosto de nuestro calendario.   [e] **7.14** Est 1.14.

sus libaciones, y los ofrecerás sobre el altar de la casa de vuestro Dios, la cual está en Jerusalén. 18 Y lo que a ti y a tus hermanos os parezca hacer con la otra plata y el oro, hacedlo conforme a la voluntad de vuestro Dios. 19 Los utensilios que te son entregados para el servicio de la casa de tu Dios, los restituirás delante de Dios en Jerusalén.ᶠ

20 »Todo lo que se requiere para la casa de tu Dios, que te sea necesario dar, lo darás de la casa de los tesoros del rey. 21 Yo mismo, el rey Artajerjes, doy esta orden a todos los tesoreros que están al otro lado del río, que todo lo que os pida el sacerdote Esdras, escriba de la ley del Dios del cielo, se le conceda puntualmente, 22 hasta cien talentos de plata, cien coros de trigo, cien batos de vino, cien batos de aceite, y sal sin medida.

23 »Todo lo que es mandado por el Dios del cielo, sea hecho puntualmente para la casa del Dios del cielo; pues, ¿por qué habría de caer su ira contra el reino del rey y de sus hijos? 24 A vosotros os hacemos saber que a los sacerdotes y levitas, cantores, porteros, sirvientes del Templo y ministros de la casa de Dios, ninguno podrá imponerles tributo, contribución ni renta.

25 »Y tú, Esdras, conforme a la sabiduría que tienes de tu Dios, pon jueces y gobernadores que gobiernen a todo el pueblo que está al otro lado del río, a todos los que conocen las leyes de tu Dios; y al que no las conoce, enséñaselas. 26 Y todo aquel que no cumpla la ley de tu Dios y la ley del rey, será castigado rigurosamente, ya sea a muerte, a destierro, a pena de multa, o prisión».

27 Bendito Jehová, Dios de nuestros padres, que puso tal cosa en el corazón del rey, para honrar la casa de Jehová que está en Jerusalén, 28 y me favoreció con su misericordia delante del rey, de sus consejeros y de todos los poderosos príncipes del rey. Así que yo, fortalecido por la protección de mi Dios, reuní a los principales de Israel para que subieran a Jerusalén conmigo.

Los compañeros de Esdras en la repatriación

8 1 Estos son los cabezas de familia, y la genealogía de aquellos que subieron conmigo a Jerusalén desde Babilonia, cuando reinaba el rey Artajerjes:

2 De los hijos de Finees, Gersón; de los hijos de Itamar, Daniel; de los hijos de David, Hatús. 3 De los hijos de Secanías y de los hijos de Paros, Zacarías, y con él fueron registrados ciento cincuenta hombres. 4 De los hijos de Pahat-moab, Elioenai hijo de Zeraías, y con él doscientos hombres. 5 De los hijos de Secanías, el hijo de Jahaziel, y con él trescientos hombres. 6 De los hijos de Adín, Ebed hijo de Jonatán, y con él cincuenta hombres. 7 De los hijos de Elam, Jesaías hijo de Atalías, y con él setenta hombres. 8 De los hijos de Sefatías, Zebadías hijo de Micael, y con él ochenta hombres. 9 De los hijos de Joab, Obadías hijo de Jehiel, y con él doscientos dieciocho hombres. 10 De los hijos de Selomit, el hijo de Josifías, y con él ciento sesenta hombres. 11 De los hijos de Bebai, Zacarías hijo de Bebai, y con él veintiocho hombres. 12 De los hijos de Azgad, Johanán hijo de Hacatán, y con él ciento diez hombres. 13 De los hijos de Adonicam, los postreros, cuyos nombres son estos: Elifelet, Jeiel y Semaías, y con ellos sesenta hombres. 14 Y de los hijos de Bigvai, Utai y Zabud, y con ellos setenta hombres.

15 Los reuní junto al río que corre hacia Ahava, y acampamos allí tres días. Observé que había gente del pueblo y sacerdotes, pero no hallé ningún levita. 16 Entonces despaché a Eliezer, Ariel, Semaías, Elnatán, Jarib, Elnatán, Natán, Zacarías y Mesulam, hombres principales, así como a Joiarib y a Elnatán, hombres doctos. 17 Los envié a Iddo, jefe en un lugar llamado Casifia, y puse en boca de ellos las palabras que debían decirles a Iddo y a sus hermanos, los sirvientes del Templo en el lugar llamado Casifia, para que nos enviaran ministros para la casa de nuestro Dios. 18 Gracias a que la mano bondadosa de nuestro Dios estaba sobre nosotros, nos enviaron un hombre entendido llamado Serebías, de los hijos de Mahli hijo de Leví hijo de Israel, junto con sus hijos y sus

hermanos: dieciocho hombres en total. ¹⁹ También a Hasabías, y con él a Jesaías, de los hijos de Merari, a sus hermanos y a sus hijos, veinte hombres en total.

²⁰ De los sirvientes del Templo, a quienes David y los jefes destinaron para el ministerio de los levitas, doscientos veinte hombres, todos los cuales fueron designados por sus nombres.

²¹ Allí, junto al río Ahava, proclamé un ayuno^a para humillarnos delante de nuestro Dios y solicitar de él un buen viaje para nosotros, para nuestros niños y para todos nuestros bienes. ²² Pues tuve vergüenza de pedir al rey tropa y gente de a caballo que nos defendieran del enemigo en el camino, ya que le habíamos dicho al rey: «La mano de nuestro Dios está, para bien, sobre todos los que lo buscan; pero su poder y su furor contra todos los que lo abandonan». ²³ Ayunamos, pues, y pedimos a nuestro Dios sobre esto, y él nos fue propicio.

²⁴ Aparté luego a doce de los principales entre los sacerdotes, a Serebías y a Hasabías, y con ellos diez de sus hermanos; ²⁵ y les pesé la plata, el oro y los utensilios que para la casa de nuestro Dios habían ofrecido el rey, sus consejeros y sus jefes, y todos los israelitas que se encontraban allí. ²⁶ Pesé, pues, y puse en sus manos seiscientos cincuenta talentos de plata, utensilios de plata por cien talentos, y cien talentos de oro; ²⁷ además, veinte tazones de oro de mil dracmas y dos vasos de bronce bruñido muy bueno, tan preciosos como el oro.

²⁸ Luego les dije: «Vosotros estáis consagrados a Jehová, y son santos los utensilios, la plata y el oro, ofrenda voluntaria a Jehová, Dios de nuestros padres. ²⁹ Vigiladlos y guardadlos, hasta que los peséis delante de los principales sacerdotes y levitas, y de los cabezas de familia de Israel, en los aposentos de la casa de Jehová en Jerusalén». ³⁰ Entonces los sacerdotes y levitas recibieron el peso de la plata, del oro y de los utensilios, para traerlo a Jerusalén a la casa de nuestro Dios.

³¹ El doce del primer mes partimos del río Ahava para ir a Jerusalén; la mano de nuestro Dios estaba sobre nosotros y nos libró de manos de enemigos y asaltantes en el camino. ³² Llegamos a Jerusalén y reposamos allí tres días. ³³ Al cuarto día fue pesada la plata, el oro y los utensilios, en la casa de nuestro Dios, y se entregó todo al sacerdote Meremot hijo de Urías, y a Eleazar hijo de Finees; con ellos estaban los levitas Jozabad hijo de Jesúa y Noadías hijo de Binúi. ³⁴ Todo se entregó contado y pesado, y se anotó entonces el peso total.

³⁵ Los hijos de la cautividad, los que habían regresado del cautiverio, ofrecieron holocaustos al Dios de Israel: doce becerros por todo Israel, noventa y seis carneros, setenta y siete corderos, y doce machos cabríos por expiación, todo en holocausto a Jehová. ³⁶ Y se entregaron los decretos del rey a sus sátrapas y capitanes del otro lado del río, los cuales ayudaron al pueblo y a la casa de Dios.

Oración de confesión de Esdras^a

9 ¹ Acabadas estas cosas, los gobernantes se acercaron a mí y me dijeron: «El pueblo de Israel, los sacerdotes y levitas no se han separado de las gentes del país, de los cananeos, heteos, ferezeos, jebuseos, amonitas, moabitas, egipcios y amorreos, y han caído en sus abominaciones. ² Porque han tomado mujeres para sí y para sus hijos de las hijas de ellos, y el linaje santo ha sido mezclado con las gentes del país. Los jefes y los gobernadores han sido los primeros en cometer este pecado».

³ Cuando oí esto, rasgué mi vestido y mi manto, me arranqué pelo de mi cabeza y de mi barba, y me senté angustiado en extremo.^{b} ⁴ Todos los que temían las palabras del Dios de Israel se reunieron en torno a mí, a causa de la infidelidad de quienes habían regresado de la cautividad; pero estuve muy angustiado hasta la hora del sacrificio de la tarde. ⁵ A la hora del sacrificio de la tarde salí de mi aflicción y, rasgados mi vestido y mi manto, me postré de rodillas, extendí mis manos a

---

^{a} **8.21** 2 Cr 20.3; Est 4.16; Jer 36.9. ^{a} **9.1-15** Esd 9—10; Neh 10.28-30; 13.3,23-30. La prohibición de este tipo de matrimonio (Ex 34.15-16; Dt 7.2-6) trataba de evitar la contaminación religiosa y cultual de los israelitas. ^{b} **9.3** Gn 37.34; 2 S 1.11; Job 1.20; Is 22.12; Jer 16.6; Miq 1.8.

Jehová, mi Dios, ⁶ y dije: «Dios mío, confuso y avergonzado estoy para levantar, oh Dios mío, mi rostro hacia ti, porque nuestras iniquidades se han multiplicado sobre nuestras cabezas y nuestros delitos han crecido hasta el cielo. ⁷ Desde los días de nuestros padres hasta este día hemos vivido en gran pecado; y por nuestras iniquidades nosotros, nuestros reyes y nuestros sacerdotes hemos sido entregados en manos de los reyes de los países, a la espada, al cautiverio, al robo y a la vergüenza que cubre nuestro rostro, como todavía sucede. ⁸ Ahora, por un breve momento, nos ha mostrado su misericordia Jehová, nuestro Dios, y ha hecho que nos quedara un resto libre, y nos ha dado un lugar seguro en su santuario. Así nuestro Dios ha iluminado nuestros ojos y nos ha dado un poco de vida en medio de nuestra servidumbre. ⁹ Porque siervos somos; pero en nuestra servidumbre no nos ha desamparado nuestro Dios, sino que nos favoreció con su misericordia delante de los reyes de Persia, para animarnos a levantar la casa de nuestro Dios, restaurar sus ruinas y darnos protección en Judá y en Jerusalén.

¹⁰ »Pero ahora, ¿qué diremos, oh Dios nuestro, después de esto? Porque nosotros hemos abandonado los mandamientos ¹¹ que nos habías dado por medio de tus siervos, los profetas, diciendo: "La tierra en cuya posesión vais a entrar, es tierra corrompida a causa de la inmundicia de los pueblos de aquellas regiones, por las abominaciones con que la han llenado de uno a otro extremo con su impureza. ¹² Ahora, pues, no deis vuestras hijas a sus hijos, ni toméis sus hijas para vuestros hijos,^c ni procuréis jamás su paz ni su prosperidad; para que seáis fuertes, comáis los mejores frutos de la tierra y la dejéis como herencia a vuestros hijos para siempre".

¹³ »Después de todo lo que nos ha sobrevenido a causa de nuestras malas obras y a causa de nuestro gran pecado, ya que tú, Dios nuestro, no nos has castigado de acuerdo con nuestras iniquidades, y nos diste un resto como este, ¹⁴ ¿hemos de volver a infringir tus mandamientos y a emparentar con pueblos que cometen estas abominaciones? ¿No te indignarías contra nosotros hasta consumirnos, sin que quedara resto ni quien escape?

¹⁵ »Jehová, Dios de Israel, tú eres justo, pues hemos quedado como un resto que ha escapado, tal cual ha sucedido en este día. Henos aquí delante de ti con nuestros delitos; por su causa no somos dignos de estar en tu presencia».

Expulsión de las mujeres extranjeras

10 ¹ Mientras oraba Esdras y hacía confesión, llorando y postrándose delante de la casa de Dios, se reunió en torno a él una muy grande multitud de Israel, hombres, mujeres y niños; y el pueblo lloraba amargamente. ² Entonces Secanías hijo de Jehiel, de los hijos de Elam, tomó la palabra y dijo a Esdras: «Nosotros hemos pecado contra nuestro Dios, pues tomamos mujeres extranjeras de los pueblos de la tierra; pero a pesar de esto, aún hay esperanza para Israel. ³ Ahora, pues, hagamos pacto con nuestro Dios de despedir a todas las mujeres y los nacidos de ellas, según el consejo de mi señor y de los que temen el mandamiento de nuestro Dios. ¡Que se haga conforme a la Ley! ⁴ Levántate, porque esta es tu obligación, y nosotros estaremos contigo. ¡Anímate y pon manos a la obra!»^a

⁵ Entonces se levantó Esdras e hizo jurar a los principales sacerdotes y de los levitas, y a todo Israel, que harían conforme a esto; y ellos lo juraron. ⁶ Se retiró luego Esdras de delante de la casa de Dios y se fue a la habitación de Johanán hijo de Eliasib; pero no comió pan ni bebió agua, porque se entristeció a causa del pecado de los que habían regresado del cautiverio.

⁷ Después hicieron pregonar en Judá y en Jerusalén que todos los hijos del cautiverio se reunieran en Jerusalén; ⁸ y que el que no se presentara en el plazo de tres días, conforme al acuerdo de los jefes y de los ancianos, perdiera toda su hacienda y fuera excluido de la congregación de los que habían regresado del cautiverio. ⁹ Así todos los hombres de Judá y de Benjamín se reunieron en Jerusalén dentro de los tres días, a los veinte días del mes, que era el noveno mes;^b y se sentó todo el pueblo

^c **9.12** Ex 34.11-16; Dt 7.1-5.   ^a **10.4** Jos 1.6,9,18.   ^b **10.9** Corresponde a noviembre-diciembre de nuestro calendario. Generalmente era un mes muy lluvioso.

en la plaza de la casa de Dios, temblando con motivo de aquel asunto, y a causa de la lluvia. [10] Entonces se levantó el sacerdote Esdras y les dijo:

—Vosotros habéis pecado, por cuanto tomasteis mujeres extranjeras, aumentando así el pecado de Israel. [11] Ahora, pues, dad gloria a Jehová, Dios de vuestros padres, haced su voluntad y apartaos de los pueblos de las tierras y de las mujeres extranjeras.[c]

[12] Toda la asamblea respondió en alta voz:

—Hágase conforme a lo que has dicho. [13] Pero el pueblo es muy numeroso y estamos en tiempo de lluvias; además no podemos permanecer en la calle, ni es cuestión de un día ni de dos, pues somos muchos los que hemos pecado en esto. [14] Que sean nuestros jefes los que se queden en lugar de toda la congregación, y vengan en fechas determinadas todos aquellos que en nuestras ciudades hayan tomado mujeres extranjeras, acompañados de los ancianos y los jueces de cada ciudad, hasta que apartemos de nosotros el ardor de la ira de nuestro Dios a causa de esto.

[15] Solamente Jonatán hijo de Asael, y Jahazías hijo de Ticva se opusieron a esto, y los levitas Mesulam y Sabetai los apoyaron. [16] Los que habían regresado del cautiverio actuaron de acuerdo con lo convenido. Y fueron apartados el sacerdote Esdras y algunos jefes de familia, según sus casas paternas. El primer día del décimo mes[d] todos ellos, personalmente, se sentaron para examinar el asunto. [17] Y el primer día del primer mes[e] terminaron el juicio de todos aquellos que habían tomado mujeres extranjeras.

[18] Entre los hijos de los sacerdotes que habían tomado mujeres extranjeras, fueron hallados estos:

De los hijos de Jesúa hijo de Josadac, y de sus hermanos: Maasías, Eliezer, Jarib y Gedalías. [19] Estos levantaron su mano prometiendo que despedirían a sus mujeres,

y presentaron como ofrenda de reparación por su pecado un carnero de los rebaños.[f]

[20] Entre los hijos de Imer: Hanani y Zebadías.

[21] Entre los hijos de Harim: Maasías, Elías, Semaías, Jehiel y Uzías.

[22] Entre los hijos de Pasur: Elioenai, Maasías, Ismael, Natanael, Jozabad y Elasa.

[23] Entre los hijos de los levitas: Jozabad, Simei, Kelaía (este es kelita), Petaías, Judá y Eliezer.

[24] Entre los cantores: Eliasib; y de los porteros: Salum, Telem y Uri.

[25] Entre los hijos de Israel:

De los hijos de Paros: Ramía, Jezías, Malquías, Mijamín, Eleazar, Malquías y Benaía.

[26] De los hijos de Elam: Matanías, Zacarías, Jehiel, Abdi, Jeremot y Elías.

[27] De los hijos de Zatu: Elioenai, Eliasib, Matanías, Jeremot, Zabad y Aziza.

[28] De los hijos de Bebai: Johanán, Hananías, Zabai y Atlai.

[29] De los hijos de Bani: Mesulam, Maluc, Adaía, Jasub, Seal y Ramot.

[30] De los hijos de Pahat-moab: Adna, Quelal, Benaía, Maasías, Matanías, Bezaleel, Binúi y Manasés.

[31] De los hijos de Harim: Eliezer, Isías, Malquías, Semaías, Simeón, [32] Benjamín, Maluc y Semarías.

[33] De los hijos de Hasum: Matenai, Matata, Zabad, Elifelet, Jeremai, Manasés y Simei.

[34] De los hijos de Bani: Madai, Amram, Uel, [35] Benaía, Bedías, Quelúhi, [36] Vanías, Meremot, Eliasib, [37] Matanías, Matenai, Jaasai, [38] Bani, Binúi, Simei, [39] Selemías, Natán, Adaía, [40] Macnadebai, Sasai, Sarai, [41] Azareel, Selemías, Semarías, [42] Salum, Amarías y José.

[43] Y de los hijos de Nebo: Jeiel, Matatías, Zabad, Zebina, Jadau, Joel y Benaía.

[44] Todos estos habían tomado mujeres extranjeras; y algunas de sus mujeres habían dado a luz hijos.

---

[c] 10.11 Neh 13.27.   [d] 10.15-16 Comenzaba con la luna nueva del mes de diciembre.
[e] 10.17 Corresponde a marzo-abril de nuestro calendario.   [f] 10.19 Lv 5.17-19.

NEHEMÍAS

INTRODUCCIÓN

En el libro de Nehemías (Ñeh), continuación del texto de Esdras, se relata cómo Artajerjes I autorizó a su copero, un hombre de confianza, para ir a Jerusalén a dirigir los trabajos de restauración de la muralla de la ciudad (Neh 1–7 y 10–13), y cómo la obra fue realizada con gran celeridad pese a la pertinaz hostilidad de samaritanos, moabitas y otros habitantes de lugares vecinos. También refiere Nehemías un segundo viaje a la ciudad, durante el cual tomó severas medidas para corregir la conducta irregular de muchos de los judíos residentes (Neh 13.4-29).

Las tareas de Nehemías se desarrollan de acuerdo con un gran proyecto de reconstrucción de la ciudad y de reforma religiosa y moral del pueblo. La fe y las costumbres de la comunidad habían estado expuestas, durante los muchos años del exilio, a influencias que a menudo la habían desviado de la recta obediencia a la ley de Dios. Por eso, Nehemías recoge también en su escrito la lectura pública de la Ley, realizada por el sacerdote y escriba Esdras, que da lugar a la solemne renovación de la alianza con el Dios de Israel (cap. 8–10). En sus últimos capítulos (11–13), el libro incluye una detallada información sobre el personal del Templo, la consagración de los muros y algunas reformas llevadas a cabo por el propio Nehemías.

Las historias narradas en los libros de Esdras y Nehemías nos presentan a dos personalidades muy fuertes y muy diferentes, protagonistas de la complicada etapa que siguió al exilio babilónico. Ambos —uno sacerdote y el otro laico— se muestran animados de un mismo sentido del deber y de un ferviente anhelo de llevar al pueblo a una profunda restauración espiritual y material. Cada cual asume así su propia y específica responsabilidad: Esdras, celoso custodio de la Ley, es el gran reformador religioso del pueblo judío; Nehemías, uniendo la actividad a la fe, se ocupa de temas administrativos y de llevar a buen término la reedificación de las murallas de Jerusalén.

Esquema del contenido

1. Primera parte de las memorias de Nehemías: reconstrucción del muro de Jerusalén (1.1—7.73a)
2. Lectura pública de la Ley y renovación del Pacto (7.73b—10.39)
3. Segunda parte de las memorias de Nehemías: los habitantes de Jerusalén; la dedicación del muro (11.1—13.31)

Oración de Nehemías por Jerusalén

1 ¹Palabras de Nehemías hijo de Hacalías. Aconteció en el mes de Quislev, en el año veinte,ᵃ que estando yo en Susa,ᵇ capital del reino, ²vino Hanani, uno de mis hermanos, con algunos hombres de Judá. Entonces les pregunté por los judíos que habían escapado, los que se habían salvado de la cautividad, y por Jerusalén. ³Ellos me dijeron: «El resto, los que se salvaron de la cautividad, allí en la provincia,ᶜ están en una situación muy difícil y vergonzosa. El muro de Jerusalén está en ruinas y sus puertas destruidas por el fuego».

⁴Cuando oí estas palabras me senté y lloré, hice duelo por algunos días, ayuné y oréᵈ delante del Dios de los cielos. ⁵Y le

---

ᵃ **1.1** La fecha indicada corresponde a noviembre-diciembre (heb. *Quislev*) del año 445 a.C.
ᵇ **1.1** Una de las residencias reales de los monarcas persas (Est 1.1; 2.5; Dn 8.2).
ᶜ **1.3** Es decir, en Palestina, que después de la caída de Babilonia había sido anexada al imperio persa. ᵈ **1.4** Esd 9.6-15; Neh 9.32-37.

dije: «Te ruego, Jehová, Dios de los cielos, fuerte, grande y temible, que guardas el pacto y tienes misericordia de los que te aman y observan tus mandamientos; 6 esté ahora atento tu oído y abiertos tus ojos para oir la oración de tu siervo, que hago ahora delante de ti, día y noche, por los hijos de Israel, tus siervos. Confieso los pecados que los hijos de Israel hemos cometido contra ti; sí, yo y la casa de mi padre hemos pecado. 7 En extremo nos hemos corrompido contra ti y no hemos guardado los mandamientos, estatutos y preceptos que diste a Moisés, tu siervo. 8 Acuérdate ahora de la palabra que diste a Moisés, tu siervo, diciendo: "Si vosotros pecáis, yo os dispersaré por los pueblos;ᵉ 9 pero si os volvéis a mí y guardáis mis mandamientos y los ponéis por obra, aunque vuestra dispersión sea hasta el extremo de los cielos, de allí os recogeré y os traeré al lugar que escogí para hacer habitar allí mi nombre". ᶠ

10 »Ellos, pues, son tus siervos y tu pueblo, los cuales redimiste con tu gran poder y con tu mano poderosa.ᵍ 11 Te ruego, Jehová, que esté ahora atento tu oído a la oración de tu siervo, y a la oración de tus siervos, quienes desean reverenciar tu nombre; concede ahora buen éxito a tu siervo y dale gracia delante de aquel hombre».

En aquel entonces servía yo de copero al rey.

Artajerjes envía a Nehemías a Jerusalén

2 ¹ Sucedió en el mes de Nisán, en el año veinteᵃ del rey Artajerjes, que estando ya el vino delante de él, tomé el vino y lo serví al rey. Y como yo no había estado antes triste en su presencia, ² me dijo el rey:

—¿Por qué está triste tu rostro?, pues no estás enfermo. No es esto sino quebranto de corazón.

Entonces tuve un gran temor. ³ Y dije al rey:

—¡Viva el rey para siempre! ¿Cómo no ha de estar triste mi rostro, cuando la ciudad, casa de los sepulcros de mis padres, está desierta, y sus puertas consumidas por el fuego?ᵇ

⁴ —¿Qué cosa pides? —preguntó el rey.

Entonces oré al Dios de los cielos, ⁵ y le respondí:

—Si le place al rey, y tu siervo ha hallado gracia delante de ti, envíame a Judá, a la ciudad de los sepulcros de mis padres, y la reedificaré.

⁶ Entonces el rey, que tenía a la reina sentada junto a él, me preguntó:

—¿Cuánto durará tu viaje y cuándo volverás?

Y agradó al rey enviarme, después que yo le indiqué las fechas. ⁷ Le dije además al rey:

—Si al rey le place, que se me den cartas para los gobernadores al otro lado del río, para que me franqueen el paso hasta que llegue a Judá; ⁸ y carta para Asaf, guarda del bosque del rey, a fin de que me dé madera para enmaderar las puertas de la ciudadela de la Casa, para el muro de la ciudad y para la casa en que yo estaré.

Y me lo concedió el rey, porque la benéfica mano de mi Dios estaba sobre mí.

⁹ Fui luego a los gobernadores del otro lado del río y les di las cartas del rey. También el rey envió conmigo capitanes del ejército y gente de a caballo. ¹⁰ Pero cuando lo oyeron Sanbalat el horonita, y Tobías el siervo amonita, les disgustó mucho que viniera alguien a procurar el bien de los hijos de Israel.

Nehemías anima al pueblo a reedificar los muros

¹¹ Llegué, pues, a Jerusalén, y después de estar allí tres días, ¹² me levanté de noche, yo y unos pocos hombres conmigo, y no declaré a nadie lo que Dios había puesto en mi corazón que hiciera en Jerusalén. No tenía cabalgadura conmigo, sino la única en que yo cabalgaba. ¹³ Aquella misma noche salí por la puerta del Valle hacia la fuente del Dragón y a la puerta del Muladar; y observé los muros de Jerusalén que estaban derribados y sus puertas que habían sido consumidas por el fuego. ¹⁴ Pasé luego a la puerta de la Fuente y al

ᵉ 1.8 Lv 26.33; Dt 28.64.   ᶠ 1.9 Dt 30.1-5.   ᵍ 1.10 Dt 9.29.   ᵃ 2.1 Corresponde al 445 a.C. de nuestro calendario; el mes de Nisán, a marzo-abril.   ᵇ 2.3 2 R 25.8-10; 2 Cr 36.19; Jer 52.12-14.

estanque del Rey, pero no había lugar por donde pasara la cabalgadura en que iba. [15] Subí de noche por el torrente y observé el muro, di la vuelta y entré por la puerta del Valle, y regresé.

[16] Los oficiales no sabían a dónde yo había ido ni qué había hecho. Todavía no lo había declarado yo a los judíos y sacerdotes, ni a los nobles y oficiales, ni a los demás que hacían la obra. [17] Les dije, pues:

—Vosotros veis la difícil situación en que estamos: Jerusalén está en ruinas y sus puertas consumidas por el fuego. Venid y reconstruyamos el muro de Jerusalén, para que ya no seamos objeto de deshonra.

[18] Entonces les declaré cómo la mano de mi Dios había sido buena conmigo, y asimismo las palabras que el rey me había dicho. Ellos respondieron:

—¡Levantémonos y edifiquemos!

Así esforzaron sus manos para bien.

[19] Pero cuando lo oyeron Sanbalat el horonita, Tobías el siervo amonita y Gesem, el árabe,[c] se burlaron de nosotros y nos despreciaron, diciendo:

—¿Qué es lo que estáis haciendo? ¿Os rebeláis contra el rey?

[20] Pero yo les respondí:

—El Dios de los cielos, él nos prosperará, y nosotros, sus siervos, nos levantaremos y edificaremos, porque vosotros no tenéis parte ni derecho ni memoria en Jerusalén.

Reparto del trabajo de reedificación

3 [1] Entonces se levantaron el sumo sacerdote Eliasib[a] y sus hermanos los sacerdotes y edificaron la puerta de las Ovejas. Ellos arreglaron y levantaron sus puertas hasta la torre de Hamea, y edificaron hasta la torre de Hananeel. [2] Junto a ella trabajaron los hombres de Jericó, y luego Zacur hijo de Imri. [3] Los hijos de Senaa edificaron la puerta del Pescado; la enmaderaron y levantaron sus puertas, con sus cerraduras y sus cerrojos. [4] Junto a ellos trabajó en la restauración Meremot hijo de Urías hijo de Cos y, al lado de ellos, Mesulam hijo de Berequías hijo de Mesezabeel.

Junto a ellos trabajó Sadoc hijo de Baana. [5] Y a su lado colaboraron los tecoítas; pero sus notables no se prestaron a ayudar a la obra de su Señor. [6] La puerta Vieja fue restaurada por Joiada hijo de Paseah y Mesulam hijo de Besodías, quienes la enmaderaron y levantaron sus puertas, con sus cerraduras y cerrojos. [7] Junto a ellos trabajaron Melatías, el gabaonita, y Jadón, el meronotita, hombres de Gabaón y de Mizpa, que estaban bajo el dominio del gobernador del otro lado del río. [8] Junto a ellos trabajó Uziel hijo de Harhaía, de los plateros, con quien colaboró también Hananías, hijo de un perfumero. Así terminaron la reparación de Jerusalén hasta el muro ancho. [9] Junto a ellos también trabajó en la restauración Refaías hijo de Hur, gobernador de la mitad de la región de Jerusalén; [10] asimismo, junto a ellos, y frente a su casa, Jedaías hijo de Harumaf. Junto a este trabajó Hatús hijo de Hasabnías.

[11] Malquías hijo de Harim y Hasub hijo de Pahat-moab restauraron otro tramo, y la torre de los Hornos. [12] Junto a ellos trabajó en la restauración Salum hijo de Halohes, gobernador de la mitad de la región de Jerusalén, él con sus hijas. [13] La puerta del Valle la restauró Hanún con los habitantes de Zanoa; ellos la reedificaron y levantaron sus puertas, con sus cerraduras y sus cerrojos, y mil codos del muro, hasta la puerta del Muladar. [14] Reedificó la puerta del Muladar Malquías hijo de Recab, gobernador de la provincia de Bet-haquerem; él la reedificó y levantó sus puertas, sus cerraduras y sus cerrojos. [15] Salum hijo de Colhoze, gobernador de la región de Mizpa, restauró la puerta de la Fuente; él la reedificó, la enmaderó y levantó sus puertas, sus cerraduras y sus cerrojos; también el muro del estanque de Siloé junto al huerto del rey, hasta las gradas que descienden de la ciudad de David. [16] Después de él trabajó en la restauración Nehemías hijo de Azbuc, gobernador de la mitad de la región de Bet-sur, hasta delante de los sepulcros de David,[b] el estanque labrado y casa de los Valientes. [17] Tras él trabajaron los levitas; Rehum

---

[c] **2.19** Líder de un grupo árabe adversario de Nehemías.   [a] **3.1** Nieto del sacerdote Jesúa, (que había regresado a Jerusalén con Zorobabel después del exilio en Babilonia; cf. Esd 2.1-2; 3.2).
[b] **3.16** 2 Cr 32.33.

hijo de Bani y, junto a él, Hasabías, gobernador de la mitad de la región de Keila, a nombre de su región. ¹⁸ Después de él colaboraron en la restauración sus hermanos, Bavai hijo de Henadad, gobernador de la mitad de la región de Keila. ¹⁹ Junto a él, Ezer hijo de Jesúa, gobernador de Mizpa, restauró otro tramo frente a la subida de la armería de la esquina. ²⁰ Después de él, Baruc hijo de Zabai con todo fervor restauró otro tramo, desde la esquina hasta la puerta de la casa de Eliasib, sumo sacerdote. ²¹ Tras él Meremot hijo de Urías hijo de Cos restauró otro tramo, desde la entrada hasta el extremo de la casa de Eliasib.

²² Después de él ayudaron en la restauración los sacerdotes que habitaban en la llanura. ²³ Después de ellos, Benjamín y Hasub, frente a su casa; y, después de estos, Azarías hijo de Maasías hijo de Ananías cerca de su casa. ²⁴ Después de él Binúi hijo de Henadad restauró otro tramo, desde la casa de Azarías hasta el ángulo entrante del muro, y hasta la esquina. ²⁵ Palal hijo de Uzai restauró el muro frente a la esquina y también la torre alta que sale de la casa del rey, la cual está en el patio de la cárcel. Después de él siguió Pedaías hijo de Faros. ²⁶ Los sirvientes del Templo que habitaban en Ofel trabajaron en la restauración hasta frente a la puerta de las Aguas al oriente y la torre que sobresalía. ²⁷ Después de ellos los tecoítas restauraron otro tramo, frente a la gran torre que sobresale, hasta el muro de Ofel.

²⁸ Desde la puerta de los Caballos trabajaron en la restauración los sacerdotes, cada uno frente a su casa. ²⁹ Después de ellos, Sadoc hijo de Imer restauró frente a su casa; y después de él Semaías hijo de Secanías, guarda de la puerta Oriental. ³⁰ Tras él, Hananías hijo de Selemías y Hanún hijo sexto de Salaf restauraron otro tramo; después de ellos, Mesulam hijo de Berequías restauró, frente a su cámara, ³¹ y después de él Malquías hijo del platero restauró hasta la casa de los sirvientes del Templo y de los comerciantes, frente a la puerta del Juicio, y hasta la sala de la esquina. ³² Entre la sala de la esquina y la puerta de las Ovejas, trabajaron en la restauración los plateros y los comerciantes.

Precauciones contra los enemigos

4 ¹ Cuando oyó Sanbalat que nosotros edificábamos el muro, se enojó y enfureció mucho, y burlándose de los judíos, ² dijo delante de sus hermanos y del ejército de Samaria:

—¿Qué hacen estos débiles judíos? ¿Se les permitirá volver a ofrecer sus sacrificios? ¿Acabarán en un día? ¿Resucitarán de los montones del polvo las piedras que fueron quemadas?

³ Y estaba junto a él Tobías, el amonita, el cual dijo:

—Lo que ellos edifican del muro de piedra, si sube una zorra lo derribará.

⁴ «¡Oye, Dios nuestro, cómo somos objeto de su desprecio! Haz que su ofensa caiga sobre su cabeza y entrégalos por despojo en la tierra de su cautiverio. ⁵ No cubras su iniquidad ni su pecado sea borrado delante de ti, porque se han airado contra los que edificaban».

⁶ Edificamos, pues, el muro, y toda la muralla fue terminada hasta la mitad de su altura, porque el pueblo tuvo ánimo para trabajar. ⁷ Pero aconteció que oyeron Sanbalat, Tobías, los árabes, los amonitas y los de Asdod que los muros de Jerusalén eran reparados, pues ya las brechas comenzaban a ser cerradas, y se encolerizaron mucho. ⁸ Conspiraron luego todos a una para venir a atacar a Jerusalén y hacerle daño. ⁹ Entonces oramos a nuestro Dios, y por culpa de ellos montamos guardia contra ellos de día y de noche. ¹⁰ Y decía Judá: «Las fuerzas de los acarreadores se han debilitado y el escombro es mucho; no podremos reconstruir el muro».

¹¹ Nuestros enemigos dijeron: «Que no sepan ni vean hasta que entremos en medio de ellos, los matemos y hagamos cesar la obra». ¹² Pero sucedió que cuando venían los judíos que vivían entre ellos, nos decían una y otra vez: «De todos los lugares donde habitan, ellos caerán sobre vosotros». ¹³ Entonces puse al pueblo por familias, con sus espadas, con sus lanzas y con sus arcos, por las partes bajas del lugar, detrás del muro y en los sitios abiertos. ¹⁴ Después miré, me levanté y dije a los nobles, a los oficiales y al resto del pueblo:

—No temáis delante de ellos; acordaos del Señor, grande y temible, y pelead por vuestros hermanos, por vuestros hijos y por vuestras hijas, por vuestras mujeres y por vuestras casas.

15 Cuando supieron nuestros enemigos que estábamos sobre aviso, y que Dios había desbaratado sus planes, nos volvimos todos al muro, cada uno a su tarea. 16 Desde aquel día la mitad de mis siervos trabajaba en la obra, y la otra mitad se mantenía armada con lanzas, escudos, arcos y corazas. Y detrás de ellos estaban los jefes de toda la casa de Judá. 17 Los que edificaban en el muro, los que acarreaban y los que cargaban, con una mano trabajaban en la obra y con la otra sostenían la espada. 18 Porque los que edificaban, cada uno tenía su espada ceñida a la cintura, y así edificaban; y el que tocaba la trompeta estaba junto a mí, 19 pues yo había dicho a los nobles, a los oficiales y al resto del pueblo:

—La obra es grande y extensa, y nosotros estamos apartados en el muro, lejos los unos de los otros. 20 En el lugar donde oigáis el sonido de la trompeta, reuníos allí con nosotros; nuestro Dios peleará por nosotros.

21 Así pues, mientras trabajábamos en la obra desde la subida del alba hasta que salían las estrellas, la mitad de ellos montaba guardia con la lanza en la mano. 22 También dije entonces al pueblo:

—Cada uno con su criado permanezca dentro de Jerusalén; de noche sirvan de centinelas y de día trabajen en la obra.

23 Y ni yo ni mis hermanos, ni mis jóvenes ni la gente de guardia que me seguía, nos quitamos nuestro vestido; cada uno se desnudaba solamente para bañarse.

Abolición de la usura

5 1 Entonces hubo gran clamor del pueblo y de sus mujeres contra sus hermanos judíos. 2 Había quien decía: «Nosotros, nuestros hijos y nuestras hijas, somos muchos; por tanto, hemos pedido prestado grano para comer y vivir». 3 Y había quienes decían: «Hemos empeñado nuestras tierras, nuestras viñas y nuestras casas, para comprar grano, a causa del hambre». 4 Otros decían: «Hemos tomado prestado dinero sobre nuestras tierras y viñas para el tributo del rey. 5 Ahora bien,

nosotros y nuestros hermanos somos de una misma carne, y nuestros hijos son como sus hijos; sin embargo, nosotros tuvimos que entregar nuestros hijos y nuestras hijas a servidumbre, y algunas de nuestras hijas son ya esclavas, y no podemos rescatarlas porque nuestras tierras y nuestras viñas son de otros».

6 Cuando oí su clamor y estas palabras, me enojé mucho. 7 Después de meditarlo bien, reprendí a los nobles y a los oficiales. Y les dije:

—¿Exigís interés a vuestros hermanos?[a]

Además, convoqué contra ellos una gran asamblea, 8 y les dije:

—Nosotros, según nuestras posibilidades, rescatamos a nuestros hermanos judíos que habían sido vendidos a las naciones; ¿y ahora sois vosotros los que vendéis aun a vuestros hermanos, para que nosotros tengamos que rescatarlos de nuevo?

Y callaron, pues no tuvieron qué responder.

9 Y yo añadí:

—No es bueno lo que hacéis. ¿No deberíais andar en el temor de nuestro Dios, para no ser objeto de burla de las naciones enemigas nuestras? 10 También yo, mis hermanos y mis criados les hemos prestado dinero y grano. ¡Perdonémosles esta deuda! 11 Os ruego que les devolváis hoy sus tierras, sus viñas, sus olivares y sus casas, y la centésima parte del dinero, del grano, del vino y del aceite, que demandáis de ellos como interés.

12 Ellos respondieron:

—Lo devolveremos y nada les demandaremos; haremos así como tú dices.

Entonces convoqué a los sacerdotes y les hice jurar que harían conforme a esto. 13 Sacudí además mi vestido, y dije:

—Así sacuda Dios de su casa y de su trabajo a todo hombre que no cumpla esto; así sea sacudido y quede sin nada.

Y respondió toda la congregación:

—¡Amén!

Entonces alabaron a Jehová, y el pueblo hizo conforme a esto.

14 También desde el día que me mandó el rey que fuera gobernador de ellos en la tierra de Judá, desde el año veinte del rey Artajerjes hasta el año treinta y dos, doce

a 5.7 Ex 22.25; Lv 25.35-37; Dt 23.19-20.

años, ni yo ni mis hermanos comimos del pan del gobernador.[b] 15 En cambio, los primeros gobernadores que me antecedieron abrumaron al pueblo: les cobraban, por el pan y por el vino, más de cuarenta siclos de plata, y aun sus criados se enseñoreaban del pueblo. Pero yo no hice así, a causa del temor de Dios. 16 También trabajé mi parte en la restauración de este muro, y no he comprado heredad; también todos mis criados estaban allí juntos en la obra. 17 Además, ciento cincuenta judíos y oficiales, y los que venían de las naciones que había alrededor de nosotros, se sentaban a mi mesa. 18 Cada día se preparaba un buey y seis ovejas escogidas; también me preparaban aves; y, cada diez días, se traía vino en abundancia. Así y todo, nunca reclamé el pan del gobernador, porque la carga que pesaba sobre este pueblo era excesiva.

19 «¡Acuérdate de mí para bien, Dios mío, y de todo lo que hice por este pueblo!»

Maquinaciones de los adversarios

6 1 Cuando oyeron Sanbalat, Tobías, Gesem el árabe y los demás de nuestros enemigos que yo había edificado el muro, y que no quedaba en él brecha alguna (aunque hasta aquel tiempo no había puesto las hojas de las puertas), 2 Sanbalat y Gesem enviaron a decirme: «Ven y reunámonos en alguna de las aldeas en el campo de Ono». Pero ellos habían pensado hacerme mal. 3 Entonces envié mensajeros para decirles: «Estoy ocupado en una gran obra y no puedo ir; porque cesaría la obra si yo la abandonara para ir a vosotros». 4 Cuatro veces me enviaron mensajes sobre el mismo asunto, y yo les respondí de la misma manera.

5 Entonces Sanbalat me envió a su criado para decir lo mismo por quinta vez, con una carta abierta en su mano, 6 en la cual estaba escrito: «Se ha oído entre las naciones, y Gasmu[a] lo dice, que tú y los judíos pensáis rebelaros y que por eso edificas tú el muro, con la mira, según estas palabras, de ser tú su rey; 7 y

que has puesto profetas que, refiriéndose a ti, proclamen en Jerusalén: "¡Hay rey en Judá!" Estas palabras van a llegar a los oídos del rey; ven, por tanto, y consultemos juntos».

8 Entonces envié yo a decirle: «No hay nada de lo que dices, sino que son invenciones de tu corazón». 9 Porque todos ellos nos amedrentaban, diciendo: «Se debilitarán las manos de ellos en la obra, y no será terminada».

«¡Ahora, pues, oh Dios, fortalece tú mis manos!»

10 Después fui a casa de Semaías hijo de Delaía hijo de Mehetabel, porque estaba encerrado. Él me dijo:

—Reunámonos en la casa de Dios, dentro del Templo, y cerremos las puertas, porque vienen a matarte; sí, esta noche vendrán a matarte.

11 Pero yo le respondí:

—¿Un hombre como yo ha de huir? ¿Y quién, que fuera como yo, entraría al Templo para salvarse la vida? No entraré.

12 Reconocí que Dios no lo había enviado, sino que decía aquella profecía contra mí porque Tobías y Sanbalat lo habían sobornado. 13 Pues fue sobornado para intimidarme, para que así yo pecara. Ellos aprovecharían esto para crearme mala fama y desprestigiarme.

14 «¡Acuérdate, Dios mío, de Tobías y de Sanbalat, conforme a estas cosas que hicieron; también acuérdate de la profetisa Noadías y de los otros profetas que procuraban infundirme miedo!»

15 Fue terminado, pues, el muro, el veinticinco del mes de Elul,[b] en cincuenta y dos días. 16 Cuando lo oyeron todos nuestros enemigos, temieron todas las naciones que estaban alrededor de nosotros; se sintieron humillados y reconocieron que por nuestro Dios había sido hecha esta obra.

17 En aquellos días los principales de Judá enviaban muchas cartas a Tobías y recibían las de este. 18 Porque muchos en Judá se habían aliado con él, pues era yerno de Secanías hijo de Ara; y Johanán su hijo había tomado por mujer a la hija de Mesulam hijo de Berequías. 19 También

---

[b] 5.14 Nehemías fue *gobernador de la tierra de Judá* en dos ocasiones (cf. 13.6). Su primer período duró *doce años* (445-433 a.C.).   [a] 6.6 O, *Gesem*   [b] 6.15 Es decir, agosto-septiembre.

contaban delante de mí las buenas obras de Tobías, y a él le referían mis palabras. Y Tobías enviaba cartas para atemorizarme.

Nehemías designa dirigentes

7 [1] Después que el muro fue edificado y se colocaron las puertas, se nombraron porteros, cantores y levitas. [2] A mi hermano Hanani y a Hananías, jefe de la fortaleza de Jerusalén (pues era un hombre de verdad y temeroso de Dios, más que muchos), les ordené, [3] y les dije:

—Las puertas de Jerusalén no se abrirán hasta que caliente el sol, y se cerrarán y atrancarán antes de que se ponga.

Y de entre los habitantes de Jerusalén nombré guardias e indiqué que cada uno hiciera su turno frente a su propia casa.

[4] La ciudad era espaciosa y grande, pero había poca gente dentro de ella, porque las casas no habían sido reedificadas.

Los compañeros de Zorobabel en la repatriación

(Esd 2.1-70)

[5] Entonces puso Dios en mi corazón que reuniera a los nobles, a los oficiales y al pueblo, para que fueran empadronados según sus familias. Y hallé el libro de la genealogía de los que habían subido antes, y encontré que en él se había escrito así:[a]

[6] «Estos son los hijos de la provincia que subieron del cautiverio, de los que llevó cautivos Nabucodonosor, rey de Babilonia, y que volvieron a Jerusalén y a Judá, cada uno a su ciudad. [7] Ellos vinieron con Zorobabel, Jesúa, Nehemías, Azarías, Raamías, Nahamani, Mardoqueo, Bilsán, Misperet, Bigvai, Nehum y Baana.

»Lista de los hombres del pueblo de Israel:[b] [8] Los hijos de Paros, dos mil ciento setenta y dos. [9] Los hijos de Sefatías, trescientos setenta y dos. [10] Los hijos de Ara, seiscientos cincuenta y dos. [11] Los hijos de Pahat-moab, de los hijos de Jesúa y de Joab, dos mil ochocientos dieciocho. [12] Los hijos de Elam, mil doscientos cincuenta y cuatro. [13] Los hijos de Zatu, ochocientos cuarenta y cinco. [14] Los hijos de Zacai, setecientos sesenta. [15] Los hijos de Binúi, seiscientos cuarenta y ocho. [16] Los hijos de Bebai, seiscientos veintiocho. [17] Los hijos de Azgad, dos mil seiscientos veintidós. [18] Los hijos de Adonicam, seiscientos sesenta y siete. [19] Los hijos de Bigvai, dos mil sesenta y siete. [20] Los hijos de Adín, seiscientos cincuenta y cinco. [21] Los hijos de Ater, de Ezequías, noventa y ocho. [22] Los hijos de Hasum, trescientos veintiocho. [23] Los hijos de Bezai, trescientos veinticuatro. [24] Los hijos de Harif, ciento doce. [25] Los hijos de Gabaón, noventa y cinco.

[26] »Los hombres de Belén y de Netofa, ciento ochenta y ocho. [27] Los hombres de Anatot, ciento veintiocho. [28] Los hombres de Bet-azmavet, cuarenta y dos. [29] Los hombres de Quiriat-jearim, Cafira y Beerot, setecientos cuarenta y tres. [30] Los hombres de Ramá y de Geba, seiscientos veintiuno. [31] Los hombres de Micmas, ciento veintidós. [32] Los hombres de Bet-el y de Hai, ciento veintitrés. [33] Los hombres del otro Nebo, cincuenta y dos. [34] Los hijos del otro Elam, mil doscientos cincuenta y cuatro. [35] Los hijos de Harim, trescientos veinte. [36] Los hijos de Jericó, trescientos cuarenta y cinco. [37] Los hijos de Lod, Hadid y Ono, setecientos veintiuno. [38] Los hijos de Senaa, tres mil novecientos treinta.

[39] »Sacerdotes: los hijos de Jedaía, de la casa de Jesúa, novecientos setenta y tres. [40] Los hijos de Imer, mil cincuenta y dos. [41] Los hijos de Pasur, mil doscientos cuarenta y siete. [42] Los hijos de Harim, mil diecisiete.

[43] »Levitas: los hijos de Jesúa, de Cadmiel, de los hijos de Hodavías, setenta y cuatro.

[44] »Cantores: los hijos de Asaf, ciento cuarenta y ocho.

[45] »Porteros: los hijos de Salum, los hijos de Ater, los hijos de Talmón, los hijos de Acub, los hijos de Hatita y los hijos de Sobai, ciento treinta y ocho.

[46] »Sirvientes del Templo: los hijos de Ziha, los hijos de Hasufa, los hijos de Tabaot, [47] los hijos de Queros, los hijos de Siaha, los hijos de Padón, [48] los hijos de Lebana, los hijos de Hagaba, los hijos de

---

[a] **7.5** Aquí se interrumpe el relato autobiográfico, retomado luego en 11.1.
[b] **7.6-7** Los v. 6-73 reproducen con algunas variantes la lista de Esd 2.1-70.

Salmai, [49] los hijos de Hanán, los hijos de Gidel, los hijos de Gahar, [50] los hijos de Reaía, los hijos de Rezín, los hijos de Necoda, [51] los hijos de Gazam, los hijos de Uza, los hijos de Paseah, [52] los hijos de Besai, los hijos de Mehunim, los hijos de Nefisesim, [53] los hijos de Bacbuc, los hijos de Hacufa, los hijos de Harhur, [54] los hijos de Bazlut, los hijos de Mehída, los hijos de Harsa, [55] los hijos de Barcos, los hijos de Sísara, los hijos de Tema, [56] los hijos de Nezía y los hijos de Hatifa.

[57] »Los hijos de los siervos de Salomón: los hijos de Sotai, los hijos de Soferet, los hijos de Perida, [58] los hijos de Jaala, los hijos de Darcón, los hijos de Gidel, [59] los hijos de Sefatías, los hijos de Hatil, los hijos de Poqueret-hazebaim, los hijos de Amón.

[60] »Todos los sirvientes del Templo e hijos de los siervos de Salomón, trescientos noventa y dos.

[61] »Estos son los que subieron de Tel-mela, Tel-harsa, Querub, Adón e Imer, los cuales no pudieron mostrar que la casa de sus padres ni su genealogía eran de Israel: [62] los hijos de Delaía, los hijos de Tobías y los hijos de Necoda, seiscientos cuarenta y dos. [63] Y entre los sacerdotes: los hijos de Habaía, los hijos de Cos y los hijos de Barzilai, el cual tomó mujer de las hijas de Barzilai galaadita, cuyo nombre adoptó. [64] Estos buscaron su registro de genealogías, pero no se halló, por lo cual fueron excluidos del sacerdocio, [65] y el gobernador les prohibió que comieran de las cosas más santas, hasta que hubiera sacerdote con Urim y Tumim.[c]

[66] »Toda la congregación reunida era de cuarenta y dos mil trescientos sesenta, [67] sin contar sus siervos y siervas, que eran siete mil trescientos treinta y siete. Entre ellos había doscientos cuarenta y cinco cantores y cantoras. [68] Tenían setecientos treinta y seis caballos, doscientos cuarenta y cinco mulos; [69] los camellos eran cuatrocientos treinta y cinco y los asnos seis mil setecientos veinte.

[70] »Algunos de los cabezas de familia dieron ofrendas para la obra. El gobernador dio para el tesoro mil dracmas de oro, cincuenta tazones y quinientas treinta

vestiduras sacerdotales. [71] Los cabezas de familia dieron para el tesoro de la obra veinte mil dracmas de oro y dos mil doscientas libras de plata.

[72] »El resto del pueblo dio veinte mil dracmas de oro, dos mil libras de plata y sesenta y siete vestiduras sacerdotales. [73] Y los sacerdotes, los levitas, los porteros, los cantores, los del pueblo, los sirvientes del Templo y todo Israel habitaron en sus ciudades».

Al llegar el mes séptimo, ya los hijos de Israel estaban en sus ciudades.[d]

Esdras lee la Ley al pueblo

8 [1] Entonces se juntó todo el pueblo como un solo hombre en la plaza que está delante de la puerta de las Aguas, y dijeron al escriba Esdras que trajera el libro de la ley de Moisés, la cual Jehová había dado a Israel. [2] El primer día del mes séptimo,[a] el sacerdote Esdras trajo la Ley delante de la congregación, así de hombres como de mujeres y de todos los que podían entender. [3] Desde el alba hasta el mediodía, leyó en el libro delante de la plaza que está delante de la puerta de las Aguas, en presencia de hombres y mujeres y de todos los que podían entender; y los oídos de todo el pueblo estaban atentos al libro de la Ley.

[4] Y el escriba Esdras estaba sobre un estrado de madera que habían levantado para esa ocasión, y junto a él estaban, a su derecha, Matatías, Sema, Anías, Urías, Hilcías y Maasías; y a su mano izquierda, Pedaías, Misael, Malquías, Hasum, Hasbadana, Zacarías y Mesulam. [5] Abrió, pues, Esdras el libro ante los ojos de todo el pueblo —pues estaba más alto que todo el pueblo—; y cuando lo abrió, el pueblo entero estuvo atento. [6] Bendijo entonces Esdras a Jehová, Dios grande. Y todo el pueblo, alzando sus manos, respondió: «¡Amén! ¡Amén!»; y se humillaron, adorando a Jehová rostro en tierra.

[7] Los levitas Jesúa, Bani, Serebías, Jamín, Acub, Sabetai, Hodías, Maasías, Kelita, Azarías, Jozabed, Hanán y Pelaía, hacían entender al pueblo la Ley, mientras el pueblo se mantenía atento en su lugar. [8] Y

---

[c] **7.65** Ex 28.30; Nm 27.21; Dt 33.8.   [d] **7.73** 1 Cr 9.2; Neh 11.3.   [a] **8.2** Septiembre-octubre de nuestro calendario.

leían claramente en el libro de la ley de Dios, y explicaban su sentido, de modo que entendieran la lectura.

⁹ Entonces el gobernador Nehemías, el sacerdote y escriba Esdras y los levitas que hacían entender al pueblo dijeron a todo el pueblo: «Hoy es día consagrado a Jehová, nuestro Dios; no os entristezcáis ni lloréis»; pues todo el pueblo lloraba oyendo las palabras de la Ley. ¹⁰ Luego les dijo: «Id, comed alimentos grasos, bebed vino dulce y enviad porciones a los que no tienen nada preparado; porque este es día consagrado a nuestro Señor. No os entristezcáis, porque el gozo de Jehová es vuestra fuerza».

¹¹ También los levitas calmaban a todo el pueblo, diciendo: «Callad, porque es día santo; no os entristezcáis».

¹² Y todo el pueblo se fue a comer y a beber, a obsequiar porciones y a gozar de gran alegría, porque habían entendido las palabras que les habían enseñado.

¹³ Al día siguiente, se reunieron los cabezas de familia de todo el pueblo, sacerdotes y levitas, junto al escriba Esdras, para estudiar las palabras de la Ley. ¹⁴ Y hallaron escrito en la ley que Jehová había mandado por medio de Moisés, que habitaran los hijos de Israel en tabernáculos en la fiesta solemne del mes séptimo; ¹⁵ y que hicieran saber e hicieran pregonar por todas sus ciudades y por Jerusalén, diciendo: «Salid al monte y traed ramas de olivo, de olivo silvestre, de arrayán, de palmeras y de todo árbol frondoso, para hacer tabernáculos, como está escrito».[b] ¹⁶ Salió, pues, el pueblo, y trajeron ramas e hicieron tabernáculos, cada uno sobre su terrado, en sus patios, en los patios de la casa de Dios, en la plaza de la puerta de las Aguas y en la plaza de la puerta de Efraín. ¹⁷ Toda la congregación que volvió de la cautividad hizo tabernáculos, y en tabernáculos habitó; porque desde los días de Josué hijo de Nun hasta aquel día, no habían hecho así los hijos de Israel. Y hubo gran alegría.

¹⁸ Leyó Esdras el libro de la ley de Dios cada día, desde el primer día hasta el último; hicieron la fiesta solemne por siete días, y el octavo día fue de solemne asamblea, según el rito.

Esdras confiesa los pecados de Israel

9 ¹ El día veinticuatro del mismo mes se reunieron los hijos de Israel para ayunar, vestidos de ropas ásperas y cubiertos de polvo.[a] ² Ya se había apartado la descendencia de Israel de todos los extranjeros; y en pie, confesaron sus pecados y las iniquidades de sus padres.[b] ³ Puestos de pie en su lugar, leyeron el libro de la ley de Jehová, su Dios, la cuarta parte del día, y durante otra cuarta parte del día confesaron sus pecados y adoraron a Jehová, su Dios. ⁴ Jesúa, Bani, Cadmiel, Sebanías, Buni, Serebías, Bani y Quenani subieron luego al estrado de los levitas y clamaron en voz alta a Jehová, su Dios. ⁵ Y esto es lo que dijeron los levitas Jesúa, Cadmiel, Bani, Hasabnías, Serebías, Hodías, Sebanías y Petaías:

—Levantaos y bendecid a Jehová, vuestro Dios:

»Desde la eternidad y hasta la
   eternidad
sea bendecido tu nombre glorioso,
que supera toda bendición y
   alabanza.

⁶ »Tú solo eres Jehová.[c]
Tú hiciste los cielos,
y los cielos de los cielos, con todo su
   ejército,
la tierra y todo lo que está en ella,
los mares y todo lo que hay en ellos.
Tú vivificas todas estas cosas,
y los ejércitos de los cielos te
   adoran.

⁷ »Tú eres, oh Jehová, el Dios que
   escogió a Abram;
tú lo sacaste de Ur de los caldeos,
y le pusiste por nombre Abraham.[d]
⁸ Hallaste fiel su corazón delante
   de ti,
e hiciste pacto con él
para darle la tierra del cananeo,

---

[b] **8.14-15** Lv 23.33-36,39-43; Dt 16.13-15.   [a] **9.1** Estas eran señales de arrepentimiento (1 Cr 21.16; Dn 9.3; 1 S 4.12; 2 S1.2; Job 2.12; Jon 3.5,8).   [b] **9.2** Esd 9.6-15; Neh 1.6; 9.16-31; cf. Sal 106.6.   [c] **9.6** Dt 6.4; 2 R 19.15; Is 37.16,20.

del heteo, del amorreo,
del ferezeo, del jebuseo y del
   gergeseo,*
para darla a su descendencia;
y cumpliste tu palabra,
porque eres justo.

9 »Miraste la aflicción de nuestros
   padres en Egipto,*
y oíste el clamor de ellos en el Mar
   Rojo.*
10 Hiciste señales y maravillas contra
   el faraón,
contra todos sus siervos,
y contra todo el pueblo de su
   tierra,*
porque sabías que habían
   procedido
con soberbia contra ellos;
y te hiciste nombre grande como
   hasta este día.
11 Dividiste el mar delante de ellos,
y pasaron por medio de él en seco;
pero a sus perseguidores echaste en
   las profundidades,
como una piedra en profundas
   aguas.*
12 Con columna de nube los guiaste
   de día,
y con columna de fuego de noche,
para alumbrarles el camino por
   donde habían de ir.*

13 »Sobre el monte Sinaí descendiste,
y hablaste con ellos desde el cielo,
y les diste juicios rectos, leyes
   verdaderas,
y estatutos y mandamientos
   buenos.
14 Les ordenaste guardar tu santo
   sábado,
y por medio de Moisés, tu siervo,
les prescribiste mandamientos,
   estatutos y la Ley.*
15 »Les diste pan del cielo para saciar
   su hambre,*
y para su sed les sacaste aguas de la
   peña;*

y les dijiste que entraran a poseer la
   tierra,
por la cual alzaste tu mano y juraste
   que se la darías.*
16 Mas ellos y nuestros padres fueron
   soberbios,
y endurecieron su cerviz y no
   escucharon tus mandamientos.
17 No quisieron oir,
ni se acordaron de las maravillas
   que con ellos hiciste;
antes endurecieron su cerviz
y, en su rebelión, pensaron poner
   caudillo
para volverse a su servidumbre.*
Pero tú eres Dios perdonador,
clemente y piadoso,
tardo para la ira y grande en
   misericordia,*
pues no los abandonaste.

18 »Aún cuando hicieron para sí un
   becerro de fundición
y dijeron: "Este es tu Dios que te
   hizo subir de Egipto",*
y cometieron grandes ofensas, 19 tú,
   con todo, por tus muchas
   misericordias
no los abandonaste en el desierto.
La columna de nube no se apartó
   de ellos de día,
para guiarlos por el camino,
ni de noche la columna de fuego,
para alumbrarles el camino por el
   cual habían de ir.

20 »Enviaste tu buen espíritu para
   enseñarles;
no retiraste tu maná de su boca,
y agua les diste para su sed.
21 Los sustentaste cuarenta años en el
   desierto;
de ninguna cosa tuvieron
   necesidad;
sus vestidos no se envejecieron,
ni se hincharon sus pies.*

22 »Les diste reinos y pueblos,
y los repartiste por distritos;

*9.7 Gn 12.1; 17.5-7. *9.8 Gn 15.18-21. *9.9 Ex 3.7; 4.31. *9.9 Ex 14.10-12.
*9.10 Ex 7—12; Dt 4.34; 7.19. *9.11 Ex 14.21-29; 15.4-5; Sal 78.13; Is 43.16; 63.12.
*9.12 Ex 13.21-22. *9.13-14 Ex 19.18—23.33. *9.15 Ex 16.4-15; Sal 105.40.
*9.15 Ex 17.1-7. *9.15 Dt 1.21. *9.17 Nm 14.1-4; Dt 1.26-33. *9.17 Ex 34.6; Nm 14.18;
 Sal 86.15; Jl 2.13. *9.18 Ex 32.1-4. *9.20-21 Dt 8.2-4; 29.4-5.

poseyeron la tierra de Sehón,
la tierra del rey de Hesbón,
y la tierra de Og, rey de Basán.[r]

23 Multiplicaste sus hijos
como las estrellas del cielo,[s]
y los llevaste a la tierra
de la cual habías dicho a sus padres
que habían de entrar a poseerla.[t]

24 Y los hijos vinieron y poseyeron la
tierra,
y humillaste delante de ellos
a los habitantes del país, a los
cananeos,
los cuales entregaste en sus manos,
igual que a sus reyes y a los pueblos
de la tierra,
para que hicieran de ellos como
quisieran.[u]

25 Tomaron ciudades fortificadas
y tierra fértil,
y heredaron casas llenas de todo
bien,
cisternas hechas, viñas y olivares,
y muchos árboles frutales;
comieron, se saciaron y
engordaron,
y se deleitaron en tu gran bondad.[v]

26 »Pero te provocaron a ira
y se rebelaron contra ti,
y echaron tu Ley tras sus espaldas,
mataron a tus profetas
que los amonestaban a volver a ti,
y te ofendieron grandemente.[w]

27 Entonces los entregaste en manos
de sus enemigos,
los cuales los afligieron;
pero en el tiempo de su tribulación
clamaron a ti
y tú desde los cielos los oíste;
y según tu gran misericordia
les enviaste libertadores
para que los salvaran de manos de
sus enemigos.

28 Pero una vez que tenían paz,
volvían a hacer lo malo delante
de ti,
por lo cual los abandonaste en
manos de sus enemigos

que los dominaron;
pero volvían y clamaban otra vez
a ti;
tú desde los cielos los oías,
y según tus misericordias muchas
veces los libraste.[x]

29 Les amonestaste a que se volvieran
a tu Ley;
mas ellos se llenaron de soberbia
y no oyeron tus mandamientos,
sino que pecaron contra tus juicios,
los cuales dan vida a quien los
cumple;[y]
se rebelaron,
endurecieron su cerviz
y no escucharon.

30 »Los soportaste por muchos años,
y les testificaste con tu espíritu
por medio de tus profetas,
pero no escucharon;[z]
por lo cual los entregaste
en manos de los pueblos de la
tierra.[a]

31 Mas por tus muchas misericordias
no los consumiste ni los
desamparaste;
porque eres Dios clemente y
misericordioso.

32 »Ahora pues, Dios nuestro,
Dios grande, fuerte, temible,
que guardas el pacto y la
misericordia,
no sea tenido en poco delante de ti
todo el sufrimiento
que ha alcanzado a nuestros reyes,
a nuestros gobernantes,
a nuestros sacerdotes, a nuestros
profetas,
a nuestros padres y a todo tu
pueblo,
desde los días de los reyes de
Asiria[b] hasta este día.

33 Pero tú eres justo
en todo lo que ha venido sobre
nosotros;
porque rectamente has hecho,

[r] 9.22 Nm 21.21-35; Dt 2.26—3.4; Sal 135.11-12; 136.19-20.   [s] 9.23 Gn 15.5; 22.17.
[t] 9.23 Jos 3.14-17; 21.43-45.   [u] 9.24 Jos 11.23.   [v] 9.25 Dt 6.10-11.   [w] 9.26 1 R 14.9; 2 R 17.15.
[x] 9.25-28 Dt 32.15-43; Jue 2.11-16.   [y] 9.29 Lv 18.5   [z] 9.30 2 R 17.13-18; 2 Cr 36.14-16;
Zac 7.8-14.   [a] 9.30 Jue 6.1; 13.1; 2 R 13.3; Sal 106.41-42; Jer 20.4-5.   [b] 9.32 2 R 15.19,29; 17.3-6;
Esd 4.2,10.

mas nosotros hemos hecho lo malo.[c]

34 Nuestros reyes, nuestros gobernantes, nuestros sacerdotes y nuestros padres no pusieron por obra tu Ley, ni atendieron a tus mandamientos ni a los testimonios con que los amonestabas.[d]

35 Pero ellos en su reino y en los muchos bienes que les diste, y en la tierra espaciosa y fértil que entregaste delante de ellos, no te sirvieron, ni se convirtieron de sus malas obras.

36 »Míranos hoy, convertidos en siervos; somos siervos en la tierra que diste a nuestros padres para que comieran su fruto y su bien.

37 El fruto de ella se multiplica para los reyes que has puesto sobre nosotros por nuestros pecados, quienes se enseñorean sobre nuestros cuerpos, y sobre nuestros ganados, conforme a su voluntad. ¡En gran angustia estamos!

El pueblo se compromete a guardar la Ley

38 »A causa, pues, de todo esto, nosotros hacemos fiel promesa, y la escribimos, firmada por nuestros gobernantes, por nuestros levitas y por nuestros sacerdotes».

10 **1** Los que firmaron fueron:[a] Nehemías, el gobernador, hijo de Hacalías, y Sedequías, **2** Seraías, Azarías, Jeremías, **3** Pasur, Amarías, Malquías, **4** Hatús, Sebanías, Maluc, **5** Harim, Meremot, Obadías,

6 Daniel, Ginetón, Baruc, **7** Mesulam, Abías, Mijamín, **8** Maazías, Bilgai y Semaías; estos eran sacerdotes.

9 Luego los levitas: Jesúa hijo de Azanías, Binúi, de los hijos de Henadad, Cadmiel, **10** y sus hermanos Sebanías, Hodías, Kelita, Pelaías, Hanán, **11** Micaía, Rehob, Hasabías, **12** Zacur, Serebías, Sebanías, **13** Hodías, Bani y Beninu.

14 Los jefes del pueblo: Paros, Pahat-moab, Elam, Zatu, Bani, **15** Buni, Azgad, Bebai, **16** Adonías, Bigvai, Adín, **17** Ater, Ezequías, Azur, **18** Hodías, Hasum, Bezai, **19** Harif, Anatot, Nebai, **20** Magpías, Mesulam, Hezir, **21** Mesezabeel, Sadoc, Jadúa, **22** Pelatías, Hanán, Anaías, **23** Oseas, Hananías, Hasub, **24** Halohes, Pilha, Sobec, **25** Rehum, Hasabna, Maasías, **26** Ahías, Hanán, Anán, **27** Maluc, Harim y Baana.

28 [b] El resto del pueblo, los sacerdotes, levitas, porteros y cantores, los sirvientes del Templo, y todos los que se habían apartado de los pueblos de las tierras para cumplir con la ley de Dios, con sus mujeres, sus hijos e hijas, todos los que tenían comprensión y discernimiento,[c] **29** se reunieron con sus hermanos y sus principales, para declarar y jurar que andarían en la ley de Dios, que fue dada por Moisés, siervo de Dios, y que guardarían y cumplirían todos los mandamientos, decretos y estatutos de Jehová, nuestro Señor. **30** Y que no daríamos nuestras hijas a los pueblos de la tierra, ni tomaríamos sus hijas para nuestros hijos.[d] **31** Asimismo, que si los pueblos de la tierra vinieran a vender mercaderías y comestibles en sábado,[e] nada tomaríamos de ellos en ese día ni en otro día santificado; y que el año séptimo dejaríamos descansar la tierra[f] y perdonaríamos toda deuda.[g]

32 Nos impusimos además la obligación de contribuir cada año con la tercera parte de un siclo para la obra de la casa de nuestro Dios;[h] **33** para el pan de la proposición[i] y para la ofrenda continua, para el holocausto continuo, los sábados, las

[c] **9.33** Esd 9.15; Sal 119.137. [d] **9.34** 2 R 17.15. [a] **10.1** Esd 2; Neh 3; 7. [b] **10.28-39** Aquí se incluye el contenido del documento firmado por los jefes del pueblo en la ceremonia de renovación del Pacto. [c] **10.28** Esd 6.21. [d] **10.30** Ex 34.16; Dt 7.3. [e] **10.31** Ex 20.8; Neh 13.15-22. [f] **10.31** Ex 23.10-11; Lv 25.1-7. [g] **10.31** Dt 15.1-2. [h] **10.32** Ex 30.11-16. [i] **10.33** Ex 25.30; Lv 24.5-8.

nuevas lunas, las festividades, y para las cosas santificadas y los sacrificios de expiación por el pecado de Israel, y para todo el servicio de la casa de nuestro Dios.

[34] Echámos también suertes[j] los sacerdotes, los levitas y el pueblo, acerca de la ofrenda de la leña, para traerla a la casa de nuestro Dios, según las familias de nuestros padres, en los tiempos determinados cada año, para quemar sobre el altar de Jehová, nuestro Dios, como está escrito en la Ley.[k] [35] Y que cada año llevaríamos a la casa de Jehová las primicias de nuestra tierra y las primicias del fruto de todo árbol.[l] [36] Asimismo los primogénitos de nuestros hijos y de nuestros ganados, como está escrito en la Ley; y que traeríamos los primogénitos de nuestras vacas y de nuestras ovejas a la casa de nuestro Dios, a los sacerdotes que ministran en la casa de nuestro Dios.[m] [37] También acordamos llevar las primicias de nuestras masas, de nuestras ofrendas, del fruto de todo árbol, del vino y del aceite, para los sacerdotes, a los depósitos[n] de la casa de nuestro Dios, y el diezmo de nuestra tierra para los levitas; y que los levitas recibirían el décimo de nuestras labores en todas las ciudades. [38] Un sacerdote, hijo de Aarón, estaría con los levitas cuando estos recibieran el diezmo; y que los levitas llevarían el diezmo del diezmo[o] a la casa de nuestro Dios, a los depósitos de la casa del tesoro. [39] Porque a los depósitos del tesoro han de llevar los hijos de Israel y los hijos de Leví la ofrenda del grano, del vino y del aceite; y allí estarán los utensilios del santuario, los sacerdotes que ministran, los porteros y los cantores. Y prometimos no abandonar la casa de nuestro Dios.

Los habitantes de Jerusalén
(1 Cr 9.1-34)

11 [1] Los jefes del pueblo habitaron en Jerusalén, pero el resto del pueblo echó suertes para que uno de cada diez fuera a vivir a Jerusalén, ciudad santa,[a] y las otras nueve partes en las otras ciudades.

[2] Y bendijo el pueblo a todos los hombres que voluntariamente se ofrecieron para habitar en Jerusalén.

[3] Estos son los jefes de la provincia que habitaron en Jerusalén; pero en las ciudades de Judá habitaron cada uno en su posesión, en sus ciudades: los israelitas, los sacerdotes y levitas, los sirvientes del Templo y los hijos de los siervos de Salomón.

[4] En Jerusalén, pues, habitaron algunos de los hijos de Judá y de los hijos de Benjamín.[b]

De los hijos de Judá: Ataías hijo de Uzías hijo de Zacarías, hijo de Amarías, hijo de Sefatías, hijo de Mahalaleel, de los hijos de Fares, [5] y Maasías hijo de Baruc hijo de Colhoze, hijo de Hazaías, hijo de Adaías, hijo de Joiarib, hijo de Zacarías, hijo de Siloni. [6] Todos los hijos de Fares que habitaron en Jerusalén fueron cuatrocientos sesenta y ocho hombres de guerra.

[7] Estos son los hijos de Benjamín:[c] Salú hijo de Mesulam hijo de Joed, hijo de Pedaías, hijo de Colaías, hijo de Maasías, hijo de Itiel, hijo de Jesaías. [8] Y después de él Gabai y Salai; novecientos veintiocho en total. [9] Joel hijo de Zicri era el jefe de ellos, y Judá hijo de Senúa, el segundo en la ciudad.

[10] De los sacerdotes: Jedaías hijo de Joiarib, Jaquín, [11] Seraías hijo de Hilcías hijo de Mesulam, hijo de Sadoc, hijo de Meraiot, hijo de Ahitob, jefe de la casa de Dios, [12] y sus hermanos, los que hacían la obra de la Casa; ochocientos veintidós en total. Adaías hijo de Jeroham hijo de Pelalías, hijo de Amsi, hijo de Zacarías, hijo de Pasur, hijo de Malquías, [13] y sus hermanos, jefes de familia; doscientos cuarenta y dos en total. Amasai hijo de Azareel hijo de Azai, hijo de Mesilemot, hijo de Imer, [14] y sus hermanos, hombres de gran vigor; ciento veintiocho en total; el jefe de los cuales era Zabdiel hijo de Gedolim.

[15] De los levitas: Semaías hijo de Hasub hijo de Azricam, hijo de Hasabías, hijo de Buni; [16] Sabetai y Jozabad, de los principales de los levitas, capataces de la obra exterior de la casa de Dios. [17] Matanías hijo de Micaía hijo de Zabdi, hijo de Asaf,

---

[j] **10.34** Práctica frecuente en la antigüedad para identificar a los responsables de algún delito o para conocer la voluntad de Dios (cf. 1 S 10.19-27; Jon 1.7; Hch 1.23-26).   [k] **10.34** Lv 6.12; Neh 13.31.   [l] **10.35** Ex 23.19; 34.26; Dt 26.2.   [m] **10.36** Ex 13.2,11-15.   [n] **10.37** Esd 8.29; Neh 13.13.   [ñ] **10.37** Lv 27.30; Nm 18.21.   [o] **10.38** Nm 18.26.   [a] **11.1** Is 48.2; 52.1; Dn 9.24; Jl 3.17.   [b] **11.3-4** 1 Cr 9.2-3; Neh 7.73.   [c] **11.7** 1 Cr 9.7.

el principal, el que empezaba las alabanzas y acción de gracias al tiempo de la oración; Bacbuquías, el segundo de entre sus hermanos; y Abda hijo de Samúa hijo de Galal, hijo de Jedutún. ¹⁸ Todos los levitas en la santa ciudad eran doscientos ochenta y cuatro en total.

¹⁹ Los porteros: Acub, Talmón y sus hermanos, que hacían guardia en las puertas; ciento veintidós en total.

²⁰ El resto de Israel, de los sacerdotes y de los levitas, vivían en todas las ciudades de Judá, cada uno en su heredad.

²¹ Los sirvientes del Templo habitaban en Ofel;ᵈ y Ziha y Gispa tenían autoridad sobre los sirvientes del Templo. ²² El jefe de los levitas en Jerusalén era Uzi hijo de Bani hijo de Hasabías, hijo de Matanías, hijo de Micaía, de los hijos de Asaf, cantores según el servicio de la casa de Dios. ²³ Porque había un mandato del rey y un reglamento que fijaba los deberes de los cantores para cada día.

²⁴ Y Petaíasᵉ hijo de Mesezabeel, de los hijos de Zera hijo de Judá, estaba al servicio del rey para todos los asuntos del pueblo.

Lugares habitados fuera de Jerusalén

²⁵ En cuanto a las aldeas y sus tierras, algunos de los hijos de Judá habitaron en Quiriat-arbaᶠ y sus aldeas, en Dibón y sus aldeas, en Jecabseel y sus aldeas, ²⁶ en Jesúa, Molada y Bet-pelet, ²⁷ en Hazar-sual, en Beerseba y sus aldeas, ²⁸ en Siclag, en Mecona y sus aldeas, ²⁹ en En-rimón, en Zora, en Jarmut, ³⁰ en Zanoa, en Adulam y sus aldeas, en Laquis y sus tierras, y en Azeca y sus aldeas. Y habitaron desde Beerseba hasta el valle de Hinom.ᵍ

³¹ Los hijos de Benjamín habitaron desde Geba, en Micmas, en Aía, en Bet-el y sus aldeas, ³² en Anatot, Nob, Ananías, ³³ Hazor, Ramá, Gitaim, ³⁴ Hadid, Seboim, Nebalat, ³⁵ Lod, y Ono,ʰ valle de los artesanos.

³⁶ Algunos de los levitas habitaron en Judá y Benjamín.

Sacerdotes y levitasᵃ

12 ¹ Estos son los sacerdotes y levitas que subieron con Zorobabel hijo de Salatiel, y con Jesúa: Seraías, Jeremías, Esdras, ² Amarías, Maluc, Hatús, ³ Secanías, Rehum, Meremot, ⁴ Iddo, Gineto, Abías, ⁵ Mijamín, Maadías, Bilga, ⁶ Semaías, Joiarib, Jedaías, ⁷ Salú, Amoc, Hilcías y Jedaías. Estos eran los principales sacerdotes y sus hermanos en los días de Jesúa.

⁸ Los levitas: Jesúa, Binúi, Cadmiel,ᵇ Serebías, Judá y Matanías, que con sus hermanos oficiaba en los cantos de alabanza. ⁹ Y Bacbuquías y Uni, sus hermanos, cada cual en su ministerio.

¹⁰ Jesúa engendró a Joiacim, Joiacim engendró a Eliasib, y Eliasib engendró a Joiada; ¹¹ Joiada engendró a Jonatán y Jonatán engendró a Jadúa.

¹² En los días de Joiacim los sacerdotes jefes de familia fueron: de Seraías, Meraías; de Jeremías, Hananías; ¹³ de Esdras, Mesulam; de Amarías, Johanán; ¹⁴ de Melicú, Jonatán; de Sebanías, José; ¹⁵ de Harim, Adna; de Meraiot, Helcai; ¹⁶ de Iddo, Zacarías; de Ginetón, Mesulam; ¹⁷ de Abías, Zicri; de Miniamín, de Moadías, Piltai; ¹⁸ de Bilga, Samúa; de Semaías, Jonatán; ¹⁹ de Joiarib, Matenai; de Jedaías, Uzi; ²⁰ de Salai, Calai; de Amoc, Eber; ²¹ de Hilcías, Hasabías; de Jedaías, Natanael.

²² Los levitas en días de Eliasib, de Joiada, de Johanán y de Jadúa fueron inscritos como jefes de familia; también los sacerdotes, hasta el reinado de Darío el persa.ᶜ ²³ Los hijos de Leví, jefes de familia, fueron inscritos en el libro de las crónicas hasta los días de Johanán hijo de Eliasib. ²⁴ Los principales de los levitas eran: Hasabías, Serebías, Jesúa hijo de Cadmiel, y sus hermanos estaban frente a ellos, para alabar y dar gracias, conforme al estatuto de David, varón de Dios, durante su turno de servicio. ²⁵ Matanías, Bacbuquías, Obadías, Mesulam, Talmón y Acub, eran porteros y hacían guardia en

---

ᵈ **11.21** Colina ubicada en la parte sur del Templo.   ᵉ **11.24** Judío noble que representaba al imperio persa en Jerusalén y a los judíos ante el rey.   ᶠ **11.25** Es decir, Hebrón (Jos 14.15). ᵍ **11.30** Marcaba los límites sur y sudoeste de la ciudad de Jerusalén.   ʰ **11.35** Ciudades cercanas al puerto de Jope, donde llegaban los cargamentos de madera del Líbano (Esd 3.7). ᵃ **12.1-26** Esd 2; Neh 7; 10.   ᵇ **12.8** Esd 2.40.   ᶜ **12.22** Esd 4.5; 5.6—6.12.

las entradas de las puertas. [26] Estos vivieron en los días de Joiacim hijo de Jesúa hijo de Josadac, y en los días del gobernador Nehemías y del sacerdote y escriba Esdras.

Dedicación del muro

[27] Para la dedicación del muro de Jerusalén, buscaron a los levitas de todos los lugares donde vivían y los llevaron a Jerusalén, para hacer la dedicación y la fiesta con alabanzas y con cánticos, con címbalos, salterios y cítaras. [28] Los hijos de los cantores acudieron, tanto de la región alrededor de Jerusalén, como de las aldeas de los netofatitas; [29] también de la casa de Gilgal y de los campos de Geba y de Azmavet, porque los cantores se habían edificado aldeas alrededor de Jerusalén. [30] Los sacerdotes y los levitas se purificaron, y luego purificaron al pueblo, las puertas y el muro.[d]

[31] Hice entonces subir a los gobernantes de Judá sobre el muro, y organicé dos grandes coros que fueron en procesión; el primero a la derecha, sobre el muro, marchaba hacia la puerta del Muladar. [32] Detrás de ellos iban Osaías, con la mitad de los gobernantes de Judá, [33] Azarías, Esdras, Mesulam, [34] Judá y Benjamín, Semaías y Jeremías. [35] De los hijos de los sacerdotes iban con trompetas: Zacarías hijo de Jonatán hijo de Semaías, hijo de Matanías, hijo de Micaías, hijo de Zacur, hijo de Asaf; [36] y sus hermanos Semaías, Azarael, Milalai, Gilalai, Maai, Natanael, Judá y Hanani, quienes iban con los instrumentos musicales de David, varón de Dios; y el escriba Esdras marchaba delante de ellos. [37] A la altura de la puerta de la Fuente, subieron derecho por las gradas de la Ciudad de David, por la subida del muro, desde la casa de David hasta la puerta de las Aguas, al oriente.

[38] El segundo coro iba del lado opuesto; yo iba detrás, con la mitad del pueblo, sobre el muro, desde la torre de los Hornos hasta el muro ancho, [39] pasando por la puerta de Efraín, la puerta Vieja, la puerta del Pescado, la torre de Hananeel y la torre de Hamea, hasta la puerta de las Ovejas; y se detuvieron en la puerta de la Cárcel.

[40] Llegaron luego los dos coros a la casa de Dios. A mi lado estaban la mitad de los oficiales, [41] y los sacerdotes Eliacim, Maaseías, Miniamín, Micaías, Elioenai, Zacarías y Hananías, con trompetas; [42] y Maasías, Semaías, Eleazar, Uzi, Johanán, Malquías, Elam y Ezer. Y los cantores cantaban en alta voz, dirigidos por Izrahías.

[43] Aquel día se ofrecieron numerosos sacrificios,[e] y se regocijaron, porque Dios los había recreado con grande contentamiento; también se alegraron las mujeres y los niños. Y el alborozo de Jerusalén se oía desde lejos.

Porciones para sacerdotes y levitas

[44] En aquel día fueron puestos hombres sobre los depósitos de los tesoros, de las ofrendas, de las primicias y de los diezmos, para almacenar en ellos las porciones que la Ley otorga a sacerdotes y levitas, las cuales llegaban de las ciudades; porque era grande el gozo de Judá con respecto a los sacerdotes y levitas que servían. [45] Ellos cumplían en el servicio de su Dios, y en el servicio de la expiación, junto con los cantores[f] y los porteros,[g] conforme al estatuto de David y de Salomón, su hijo. [46] Porque desde el tiempo de David y de Asaf, ya de antiguo, había un director de cantores para los cánticos, las alabanzas y la acción de gracias a Dios. [47] Y todo Israel, en días de Zorobabel y en días de Nehemías, daba alimentos a los cantores y a los porteros, cada cosa en su día. Entregaban asimismo sus porciones a los levitas, y los levitas entregaban su parte a los hijos de Aarón.

Reformas de Nehemías

13 [1] Aquel día se leyó a oídos del pueblo el libro de Moisés, y fue hallado escrito en él que los amonitas y moabitas no debían entrar jamás en la congregación de Dios, [2] por cuanto no salieron a recibir a los hijos de Israel con pan y agua, sino que dieron dinero a Balaam para que los

---

[d] **12.30** Gn 35.2-4; Ex 19.10,14-15; Nm 8.5-7,21-26; 19.12-19.   [e] **12.43** Esd 6.17.
[f] **12.45** 1 Cr 25.1-8; Esd 2.41.   [g] **12.45** 1 Cr 26.12; Esd 2.42.

maldijera;[a] pero nuestro Dios volvió la maldición en bendición.[b] 3 Cuando oyeron, pues, la Ley, separaron de Israel a todos los mezclados con extranjeros.

4 Antes de esto, el sacerdote Eliasib, encargado de los aposentos de la casa de nuestro Dios, había emparentado con Tobías, 5 y le había hecho una gran habitación, en la cual guardaban antes las ofrendas, el incienso, los utensilios, el diezmo del grano, del vino y del aceite que se había mandado dar a los levitas, a los cantores y a los porteros, y la ofrenda de los sacerdotes. 6 Pero cuando ocurrió esto, yo no estaba en Jerusalén, porque en el año treinta y dos de Artajerjes, rey de Babilonia, había ido adonde el rey estaba; pero al cabo de algunos días pedí permiso al rey 7 para volver a Jerusalén; y entonces supe del mal que había hecho Eliasib por consideración a Tobías, haciendo para él una habitación en los atrios de la casa de Dios. 8 Esto me dolió mucho, y arrojé todos los muebles de la casa de Tobías fuera de la habitación. 9 Luego mandé que limpiaran las habitaciones e hice volver allí los utensilios de la casa de Dios, las ofrendas y el incienso.

10 Encontré asimismo que las porciones para los levitas[c] no les habían sido dadas, y que los levitas y cantores que hacían el servicio habían huido cada uno a su heredad. 11 Entonces reprendí a los oficiales diciéndoles: «¿Por qué está la casa de Dios abandonada?» Después los reuní y los puse en sus puestos. 12 Y todo Judá trajo el diezmo del grano, del vino y del aceite, a los almacenes.[d] 13 Luego puse por mayordomos de ellos al sacerdote Selemías y al escriba Sadoc, y de los levitas a Pedaías; y al servicio de ellos a Hanán hijo de Zacur hijo de Matanías; pues eran tenidos por fieles. Ellos se encargarían de repartir las porciones a sus hermanos.

14 «¡Acuérdate de mí por esto, Dios mío, y no borres las misericordias que hice en la casa de mi Dios, y en su servicio!»

15 En aquellos días vi en Judá a algunos que pisaban en lagares en sábado, que acarreaban manojos de trigo y cargaban los asnos con vino, y también de uvas, de higos y toda suerte de carga, para traerlo a Jerusalén en sábado;[e] y los amonesté acerca del día en que vendían las provisiones. 16 También había en la ciudad tirios que traían pescado y toda mercadería, y vendían en sábado a los hijos de Judá en Jerusalén. 17 Entonces reprendí a los señores de Judá y les dije: «¿Qué mala cosa es esta que vosotros hacéis, profanando así el sábado? 18 ¿No hicieron así vuestros padres, y trajo nuestro Dios todo este mal sobre nosotros y sobre esta ciudad? ¿Y vosotros añadís ira sobre Israel profanando el sábado?»[f]

19 Sucedió, pues, que al caer la tarde, antes del sábado, ordené que se cerraran las puertas de Jerusalén y que no las abrieran hasta después del sábado; y puse a las puertas algunos de mis criados, para que no dejaran entrar carga alguna en sábado. 20 Una o dos veces, se quedaron fuera de Jerusalén los negociantes y los que vendían toda especie de mercancía. 21 Pero yo les amonesté diciéndoles: «¿Por qué os quedáis vosotros delante del muro? Si lo hacéis otra vez, os echaré mano». Desde entonces no volvieron en sábado. 22 Y dije a los levitas que se purificaran y fueran a guardar las puertas, para santificar el sábado.

«¡También por esto acuérdate de mí, Dios mío, y perdóname según la grandeza de tu misericordia!»

23 Vi asimismo en aquellos días a judíos que habían tomado mujeres de Asdod, amonitas, y moabitas;[g] 24 y la mitad de sus hijos hablaban la lengua de Asdod, porque no sabían hablar judaico, sino que hablaban conforme a la lengua de cada pueblo. 25 Reñí con ellos y los maldije, hice azotar a algunos de ellos y arrancarles los cabellos, y les hice jurar, diciendo: «No daréis vuestras hijas a sus hijos, ni tomaréis de sus hijas para vuestros hijos, ni para vosotros mismos.[h] 26 ¿No pecó por esto Salomón, rey de Israel? Aunque en muchas naciones no hubo rey como él, que era amado de su Dios[i] y Dios lo había puesto por rey sobre

---

[a] **13.2** Nm 22.1-6.   [b] **13.1-2** Dt 23.3-5   [c] **13.10** Dt 12.19; Neh 10.39.   [d] **13.12** Lv 27.30; Nm 18.21; Mal 3.8-10.   [e] **13.15** Ex 20.8-10; Dt 5.12-14; Jer 17.21-22.   [f] **13.18** Jer 17.21-27; Ez 20.12-24.   [g] **13.23** Esd 9—10; Neh 10.30.   [h] **13.23-25** Ex 34.11-16; Dt 7.1-5.   [i] **13.26** 2 S 12.24-25.

todo Israel, aun a él lo hicieron pecar las mujeres extranjeras.ʲ ²⁷ ¿Os vamos a obedecer ahora cometiendo todo este mal tan grande de prevaricar contra nuestro Dios, tomando mujeres extranjeras?»

²⁸ Uno de los hijos de Joiada, hijo del sumo sacerdote Eliasib, era yerno de Sanbalat,ᵏ el horonita; por tanto, lo eché de mi lado.

²⁹ «¡Acuérdate de ellos, Dios mío, de los que contaminan el sacerdocio y el pacto del sacerdocio y de los levitas!»ˡ

³⁰ Los limpié, pues, de todo extranjero, y puse a los sacerdotes y levitas por sus grupos, a cada uno en su servicio; ³¹ lo mismo hice para la ofrenda de la leña en los tiempos señalados, y para las primicias.

«¡Acuérdate de mí, Dios mío, para bien!»

ʲ **13.26** 1 R 11.1-8.   ᵏ **13.28** Neh 4.1.   ˡ **13.29** Mal 2.1-9.

ESTER

INTRODUCCIÓN

Asuero, el nombre que recibe el rey persa citado en el libro de Ester (=Est), se conoce como Jerjes en la historia profana. En su tiempo (485-465 a.C.), el inmenso imperio persa abarcaba desde la India hasta Etiopía. La residencia del monarca se encontraba en Susa (1.2), antigua ciudad donde se desarrolla íntegramente la acción dramática del relato.

Asuero repudia a su esposa, la reina Vasti, y la sustituye por Ester, una bellísima joven judía, sobrina y pupila de Mardoqueo. Entre este y el amalecita Amán, primer ministro del Imperio, surge un grave conflicto que culmina con la real orden, cursada a cada una de las provincias de Persia, «de destruir, matar y aniquilar a todos los judíos, jóvenes y ancianos, niños y mujeres, y de apoderarse de sus bienes, en un mismo día» (3.13). Pero Mardoqueo, que ya en una ocasión había salvado la vida a Asuero (2.21-23), también ahora, con la ayuda de Ester, logra librar a su pueblo de la destrucción decretada. Amán, enemigo de los judíos, fue ahorcado; y luego, a filo de espada, los judíos mataron a todos los que los odiaban (9.5). La historia concluye con la institución de la fiesta de Purim, celebrada los días 14 y 15 del mes de Adar (entre febrero y marzo).

El origen de Ester se remonta quizás a la primera mitad del s. IV a.C. Posiblemente el libro se escribió fuera de Palestina para responder al deseo de demostrar que la fiesta de Purim se basaba en una historia de liberación del pueblo judío, del mismo modo que la Pascua tenía por fundamento la historia de su liberación de la esclavitud en Egipto. Los hechos aquí narrados muestran cómo Dios cambia a veces los designios humanos, por firmes, inmodificables y definitivos que estos parezcan.

Esquema del contenido

1. Inicio del relato: proclamación de Ester como reina (1–2)
2. Amán trama destruir a todos los judíos (3–5)
3. Ester y Mardoqueo logran salvar al pueblo judío (6.1—9.19)
4. Institución de la fiesta de Purim (9.20—10.3)

Vasti desobedece a Asuero

1 ¹ Aconteció en los días de Asuero,ᵃ el Asuero que reinó desde la India hasta Etiopía sobre ciento veintisiete provincias, ² que en aquellos días, fue afirmado el rey Asuero sobre el trono de su reino, el cual estaba en Susa,ᵇ capital del reino. ³ En el tercer año de su reinado, ofreció un banquete a todos sus príncipes y cortesanos; invitó también a los más poderosos de Persia y de Media, gobernadores y príncipes de provincias, ⁴ para mostrarles durante mucho tiempo, ciento ochenta días, el esplendor de la gloria de su reino, y el brillo y la magnificencia de su poder.

⁵ Cumplidos estos días, ofreció el rey otro banquete por siete días en el patio del huerto del palacio real a todo el pueblo que había en Susa, capital del reino, desde el mayor hasta el menor. ⁶ El pabellón era blanco, verde y azul, sostenido por cuerdas de lino y púrpura, en anillas de plata sujetas a columnas de mármol; los reclinatorios eran de oro y de plata, sobre losado de pórfido y de mármol, de alabastro y de jacinto. ⁷ Se bebía en vasos de oro, diferentes unos de otros, y el vino real corría en abundancia, como corresponde a la generosidad de un rey. ⁸ Pero el mandato era que a nadie se le obligara a beber, porque así lo había mandado el rey a todos los mayordomos de su casa: que se hiciera según la voluntad de cada uno.

⁹ También la reina Vasti ofreció un banquete para las mujeres en el palacio real del rey Asuero.

¹⁰ El séptimo día, estando el corazón del rey alegre por el vino, mandó a Mehumán, Bizta, Harbona, Bigta, Abagta, Zetar y Carcas, siete eunucosᶜ que servían delante del rey Asuero, ¹¹ que llevaran a la presencia del rey a la reina Vasti, con la corona regia, para mostrar a los pueblos y a los príncipes su belleza; porque era hermosa. ¹² Pero la reina Vasti no quiso comparecer a la orden del rey enviada por medio de los eunucos. Entonces el rey se enojó mucho. Lleno de ira, ¹³ consultó a los sabios que conocían los tiempos, ya que los asuntos del rey eran tratados con todos los que sabían la ley y el derecho. ¹⁴ Los más cercanos al rey eran Carsena, Setar, Admata, Tarsis, Meres, Marsena y Memucán, siete príncipes de Persia y de Media, los cuales formaban parte del consejo real, y ocupaban los primeros puestos en el reino. ¹⁵ El rey les preguntó:

—Según la ley, ¿qué se debe hacer con la reina Vasti, por no haber cumplido la orden del rey Asuero, enviada por medio de los eunucos?

¹⁶ Entonces dijo Memucán delante del rey y de los príncipes:

—No solamente contra el rey ha pecado la reina Vasti, sino contra todos los príncipes, y contra todos los pueblos que hay en todas las provincias del rey Asuero. ¹⁷ Porque esta acción de la reina llegará a oídos de todas las mujeres, y ellas tendrán en poca estima a sus maridos, diciendo: "El rey Asuero mandó que llevaran ante su presencia a la reina Vasti, y ella no fue". ¹⁸ Entonces las señoras de Persia y de Media que sepan lo que hizo la reina, se lo dirán a todos los príncipes del rey; y eso traerá mucho menosprecio y enojo. ¹⁹ Si parece bien al rey, salga un decreto real de vuestra majestad y se inscriba entre las leyes de Persia y de Media, para que no sea quebrantado:ᵈ "Que Vasti no se presente más delante del rey Asuero"; y el rey haga reina a otra que sea mejor que ella. ²⁰ El decreto que dicte el rey será conocido en todo su reino, aunque es grande, y todas las mujeres darán honra a sus maridos, desde el mayor hasta el menor.

²¹ Agradó esta palabra al rey y a los príncipes, e hizo el rey conforme al consejo de Memucán, ²² pues envió cartas a todas las provincias del rey, a cada provincia conforme a su escritura, y a cada pueblo conforme a su lenguaje, diciendo que todo hombre afirmara su autoridad en su casa; y que se publicara esto en la lengua de su pueblo.

ᵃ **1.1** Este nombre se aplica en los textos hebreos (cf. Esd 4.6) al rey persa conocido como Jerjes I (486-465 a.C.). ᵇ **1.2** Una de las capitales del imperio, situada en el este del actual Irán. ᶜ **1.10** Hombres, de ordinario castrados, al servicio del rey y de las esposas de este. ᵈ **1.19** Est 8.8; Dn 6.8.

Ester, proclamada reina

2 ¹ Después de estas cosas, sosegada ya la ira del rey Asuero, se acordó este de Vasti, de lo que ella había hecho, y de la sentencia contra ella. ² Entonces dijeron los criados del rey, sus cortesanos: «Busquen para el rey jóvenes vírgenes de buen parecer. ³ Nombre el rey personas en todas las provincias de su reino que lleven a todas las jóvenes vírgenes de buen parecer a Susa, residencia real, a la casa de las mujeres, al cuidado de Hegai, eunuco del rey, guardián de las mujeres, y que les den sus atavíos; ⁴ y la joven que agrade al rey, reine en lugar de Vasti». Esto agradó al rey, y así lo hizo.

⁵ En Susa, la residencia real, había un judío cuyo nombre era Mardoqueo hijo de Jair hijo de Simei, hijo de Cis, del linaje de Benjamín, ⁶ el cual había sido deportado de Jerusalén con los cautivos que fueron llevados con Jeconías, rey de Judá, en la deportación que hizo Nabucodonosor, rey de Babilonia.ᵃ ⁷ Y había criado a Hadasa, es decir, a Ester, hija de su tío, porque era huérfana. La joven era de hermosa figura y de buen parecer. Cuando su padre y su madre murieron, Mardoqueo la adoptó como hija suya.

⁸ Sucedió, pues, que cuando se divulgó el mandamiento y el decreto del rey, y habían reunido a muchas jóvenes en Susa, residencia real, a cargo de Hegai, Ester también fue llevada a la casa del rey, al cuidado de Hegai, el guardián de las mujeres. ⁹ La joven le agradó y halló gracia delante de él, por lo que se apresuró a proporcionarle atavíos y alimentos. También le dio siete doncellas escogidas de la casa del rey, y la llevó con sus doncellas a lo mejor de la casa de las mujeres.

¹⁰ Ester no declaró cuál era su pueblo ni su parentela, porque Mardoqueo le había mandado que no lo dijera. ¹¹ Y cada día Mardoqueo se paseaba delante del patio de la casa de las mujeres, para saber cómo le iba y cómo trataban a Ester.

¹² El tiempo de los atavíos de las jóvenes era de doce meses: seis meses se ungían con aceite de mirra y otros seis meses con perfumes aromáticos y ungüento para mujeres. Después de este tiempo, cada una de las jóvenes se presentaba por turno ante el rey Asuero. ¹³ Cuando una joven se presentaba ante el rey, se le daba todo cuanto pedía, para que fuera ataviada con ello desde la casa de las mujeres hasta la casa del rey. ¹⁴ Iba por la tarde, y a la mañana siguiente pasaba a la segunda casa de las mujeres, a cargo de Saasgaz, eunuco del rey, guardián de las concubinas. No se presentaba más ante el rey, a menos que este lo deseara y la llamara expresamente.

¹⁵ Cuando le llegó el turno de presentarse ante el rey, Ester, hija de Abihail, tío de Mardoqueo, quien la había tomado por hija, ninguna cosa pidió, sino lo que le indicó Hegai, eunuco del rey y guardián de las mujeres. Ester se ganaba el favor de todos los que la veían. ¹⁶ Fue, pues, Ester llevada ante el rey Asuero, al palacio real, en el mes décimo, que es el mes de Tebet,ᵇ en el séptimo año de su reinado. ¹⁷ Y el rey amó a Ester más que a todas las otras mujeres; halló ella más gracia y benevolencia que todas las demás vírgenes delante del rey, quien puso la corona real sobre su cabeza, y la hizo reina en lugar de Vasti. ¹⁸ Ofreció luego el rey un gran banquete, en honor de Ester, a todos sus príncipes y siervos. Rebajó los tributos a las provincias, y repartió mercedes conforme a la generosidad real.

Mardoqueo denuncia una conspiración contra el rey

¹⁹ Cuando las vírgenes fueron reunidas por segunda vez, Mardoqueo estaba sentado a la puerta del rey. ²⁰ Ester, según le había mandado Mardoqueo, no había revelado su nación ni su pueblo, pues Ester hacía lo que decía Mardoqueo, como cuando él la educaba.

²¹ En aquellos días, estando Mardoqueo sentado a la puerta del rey, Bigtán y Teres, dos eunucos del rey que vigilaban la puerta, estaban descontentos y planeaban matar al rey Asuero. ²² Cuando Mardoqueo se enteró de esto, lo comunicó a la

---

ᵃ **2.5-6** 2 R 24.10-16; 2 Cr 36.10. El destierro a Babilonia había ocurrido 114 años antes, en el año 597 a.C.   ᵇ **2.16** Este mes corresponde a parte de diciembre y de enero de nuestro calendario.

reina Ester, y Ester lo dijo al rey en nombre de Mardoqueo. ²³ Se hizo investigación del asunto, y resultó verdadero; por tanto, los dos eunucos fueron colgados en una horca. Y el caso se consignó por escrito en el libro de las crónicas del rey.

Amán trama la destrucción de los judíos

3 ¹ Después de estas cosas, el rey Asuero engrandeció a Amán hijo de Hamedata, el agagueo. Lo honró y puso su silla por encima de las de todos los príncipes que estaban con él. ² Todos los siervos del rey que estaban a la puerta real se arrodillaban y se inclinaban ante Amán, porque así lo había mandado el rey; pero Mardoqueo ni se arrodillaba ni se humillaba.

³ Entonces los siervos del rey, que estaban a la puerta real, preguntaron a Mardoqueo: «¿Por qué desobedeces el mandamiento del rey?» ⁴ Así le hablaban cada día, pero él no los escuchaba, debido a lo cual lo denunciaron a Amán, para ver si Mardoqueo se mantendría firme en su dicho, pues él ya les había manifestado que era judío.

⁵ Cuando Amán vio que Mardoqueo ni se arrodillaba ni se humillaba delante de él, se llenó de ira. ⁶ Pero no contentándose con castigar solamente a Mardoqueo, y como ya le habían informado cuál era el pueblo de Mardoqueo, procuró Amán destruir a todos los judíos que había en el reino de Asuero, al pueblo de Mardoqueo.

⁷ En el mes primero, que es el mes de Nisán,ᵃ en el año duodécimo del rey Asuero, fue echada Pur, esto es, la suerte,ᵇ delante de Amán, suerte para cada día y cada mes del año. Salió el mes duodécimo, que es el mes de Adar. ⁸ Y dijo Amán al rey Asuero:

—Hay un pueblo esparcido y distribuido entre los pueblos de todas las provincias de tu reino, sus leyes son diferentes de las de todo pueblo, y no guardan las leyes del rey. Al rey nada le beneficia el dejarlos

vivir. ⁹ Si place al rey, decrete que sean exterminados; y yo entregaré diez mil talentosᶜ de plata a los que manejan la hacienda, para que sean ingresados a los tesoros del rey.

¹⁰ Entonces el rey se quitó el anilloᵈ de su mano, y lo dio a Amán hijo de Hamedata, el agagueo, enemigo de los judíos, ¹¹ y le dijo:

—La plata que ofreces sea para ti, y asimismo el pueblo, para que hagas de él lo que bien te parezca.

¹² Entonces fueron llamados los escribanos del rey en el mes primero, al día trece del mismo,ᵉ para que escribieran, conforme a todo lo que mandó Amán, a los sátrapas del rey, a los capitanes que estaban sobre cada provincia y a los príncipes de cada pueblo, a cada provincia según su escritura, y a cada pueblo según su lengua. En nombre del rey Asuero fue escrito, y sellado con el anillo del rey. ¹³ Y se enviaron las cartas por medio de correos a todas las provincias del rey, con la orden de destruir, matar y aniquilar a todos los judíos, jóvenes y ancianos, niños y mujeres, y de apoderarse de sus bienes, en un mismo día, en el día trece del mes duodécimo, que es el mes de Adar.ᶠ ¹⁴ La copia del escrito que se dio por mandamiento en cada provincia fue dada a conocer a todos los pueblos, a fin de que estuvieran listos para aquel día. ¹⁵ Los correos salieron con prontitud por mandato del rey, y el edicto fue publicado también en Susa, capital del reino. Y mientras el rey y Amán se sentaban a beber, la ciudad de Susa estaba consternada.

Ester promete interceder por su pueblo

4 ¹ Luego que supo Mardoqueo todo lo que se había hecho, rasgó sus vestidos, se vistió de ropa áspera,ᵃ se cubrió de ceniza, y se fue por la ciudad lanzando grandes gemidos, ² hasta llegar ante la puerta real, pues no era lícito atravesar la puerta real con vestido de ropa áspera.

ᵃ 3.7 Mes correspondiente a marzo-abril de nuestro calendario.   ᵇ 3.7 La palabra *suerte*, en hebreo *pur* (en plural *purim*), se tomará como explicación del nombre de la fiesta que se menciona en 9.24-26.   ᶜ 3.9 Una suma enorme (trescientos treinta mil kilos). Según Herodoto, los tributos de las provincias sometidas al imperio persa en tiempos del rey Darío ascendían a 7600 talentos de plata.   ᵈ 3.10 Provisto de un sello, era símbolo de autoridad (cf. v. 12). ᵉ 3.12 Víspera de la celebración de la Pascua (cf. Ex 12.2,6).   ᶠ 3.13 Correspondía a febrero-marzo de nuestro calendario.   ᵃ 4.1 En señal de dolor y abatimiento.

³ En toda provincia y lugar donde el mandamiento del rey y su decreto llegaba, había entre los judíos gran luto, ayuno, lloro y lamentación. Saco y ceniza era la cama de muchos.

⁴ Las doncellas de Ester y sus eunucos fueron a decírselo. Entonces la reina sintió un gran dolor, y envió vestidos para que Mardoqueo se vistiera y se quitara la ropa áspera; pero él no los aceptó. ⁵ Entonces Ester llamó a Hatac, uno de los eunucos que el rey había puesto al servicio de ella, y lo mandó a Mardoqueo para averiguar qué sucedía y por qué estaba así.

⁶ Salió, pues, Hatac a ver a Mardoqueo, a la plaza de la ciudad que estaba delante de la puerta real. ⁷ Y Mardoqueo le comunicó todo lo que le había acontecido, y le informó de la plata que Amán había dicho que entregaría a los tesoros del rey a cambio de la destrucción de los judíos. ⁸ Le dio también la copia del decreto que había sido publicado en Susa para que fueran exterminados, a fin de que la mostrara a Ester, se lo informara, y le encargara que fuera ante el rey a suplicarle y a interceder delante de él por su pueblo.

⁹ Regresó Hatac y contó a Ester las palabras de Mardoqueo. ¹⁰ Entonces Ester ordenó a Hatac que dijera a Mardoqueo: ¹¹ «Todos los siervos del rey y el pueblo de las provincias del rey saben que hay una ley que condena a muerte a cualquier hombre o mujer que entre, sin haber sido llamado, al patio interior para ver al rey, salvo aquel a quien el rey, extendiendo el cetro de oro, le perdone la vida. Y yo no he sido llamada para ver al rey estos treinta días».

¹² Llevó a Mardoqueo las palabras de Ester, ¹³ y Mardoqueo dijo que le respondieran a Ester: «No pienses que escaparás en la casa del rey más que cualquier otro judío. ¹⁴ Porque si callas absolutamente en este tiempo, respiro y liberación vendrá de alguna otra parte para los judíos; mas tú y la casa de tu padre pereceréis. ¿Y quién sabe si para esta hora has llegado al reino?»

¹⁵ Entonces Ester dijo que respondieran a Mardoqueo: ¹⁶ «Ve y reúne a todos los judíos que se hallan en Susa, ayunad por mí y no comáis ni bebáis durante tres días y tres noches. También yo y mis doncellas ayunaremos, y entonces entraré a ver al rey, aunque no sea conforme a la ley; y si perezco, que perezca».

¹⁷ Entonces Mardoqueo se fue e hizo conforme a todo lo que le había mandado Ester.

El banquete de Ester

5 ¹ Aconteció que al tercer día se puso Ester su vestido real, y entró al patio interior de la casa del rey, frente al aposento del rey; y estaba el rey sentado en su trono dentro del aposento real, frente a la puerta del aposento. ² Cuando el rey vio a la reina Ester que estaba en el patio, la miró complacido, y le extendió el cetro de oro que tenía en la mano. Entonces se acercó Ester y tocó la punta del cetro. ³ Dijo el rey:

—¿Qué tienes, reina Ester, y cuál es tu petición? Hasta la mitad del reino se te dará.

⁴ Ester respondió:

—Si place al rey, vengan hoy el rey y Amán al banquete que le tengo preparado.

⁵ Dijo el rey:

—Daos prisa, llamad a Amán, para hacer lo que Ester ha dicho.

Vino, pues, el rey con Amán al banquete que Ester dispuso.

⁶ Y dijo el rey a Ester en el banquete, mientras bebían vino:

—¿Cuál es tu petición, y te será otorgada? ¿Cuál es tu deseo? Aunque sea la mitad del reino, te será concedido.

⁷ Entonces respondió Ester:

—Mi petición y mi deseo es este: ⁸ Si he agradado al rey, y si place al rey otorgar mi petición y conceder mi demanda, que venga el rey con Amán a otro banquete que les prepararé; y mañana haré conforme a lo que el rey ha mandado.

⁹ Salió Amán aquel día contento y alegre de corazón; pero cuando vio a Mardoqueo a la puerta del palacio del rey, que no se levantaba ni se movía de su lugar, se llenó de ira contra Mardoqueo. ¹⁰ Pero se refrenó Amán, y cuando llegó a su casa, mandó a llamar a sus amigos y a Zeres, su mujer, ¹¹ y les refirió la gloria de sus riquezas, la multitud de sus hijos, y todas las cosas con que el rey lo había

engrandecido, y cómo lo había honrado elevándolo por encima de los príncipes y siervos del rey. [12] Y añadió Amán:

—También la reina Ester a ninguno hizo venir con el rey al banquete que ella dispuso, sino a mí; y también para mañana estoy convidado por ella con el rey. [13] Pero todo esto de nada me sirve cada vez que veo al judío Mardoqueo sentado a la puerta real.

[14] Entonces Zeres, su mujer, y todos sus amigos le dijeron:

—Hagan una horca de cincuenta codos de altura, y mañana di al rey que cuelguen a Mardoqueo en ella; y entra alegre con el rey al banquete.

Agradó esto a Amán, e hizo preparar la horca.

Amán rinde honores a Mardoqueo

6 [1] Aquella misma noche se le fue el sueño al rey, y pidió que le trajeran el libro de las memorias y crónicas y que las leyeran en su presencia. [2] Entonces hallaron escrito que Mardoqueo había denunciado el complot de Bigtán y de Teres, dos eunucos del rey, de la guardia de la puerta, que habían planeado matar al rey Asuero.[a] [3] Y el rey preguntó:

—¿Qué honra o qué distinción se concedió a Mardoqueo por esto?

Los servidores del rey, sus oficiales, respondieron:

—Nada se ha hecho en su favor.

[4] Entonces el rey preguntó:

—¿Quién está en el patio?

En aquel momento llegaba Amán al patio exterior de la casa real, para pedirle al rey que ordenara colgar a Mardoqueo en la horca que él le tenía preparada. [5] Y los servidores del rey le respondieron:

—Amán está en el patio.

—Que entre —dijo el rey.

[6] Entró, pues, Amán, y el rey le preguntó:

—¿Qué debe hacerse al hombre a quien el rey quiere honrar?

Amán dijo en su corazón: «¿A quién deseará el rey honrar más que a mí?».

[7] Respondió, pues, Amán al rey:

—Para el hombre cuya honra desea el rey, [8] traigan un vestido real que el rey

haya usado y un caballo en que el rey haya cabalgado, y pongan en su cabeza una corona real; [9] den luego el vestido y el caballo a alguno de los príncipes más nobles del rey, vistan a aquel hombre que el rey desea honrar, llévenlo en el caballo por la plaza de la ciudad y pregonen delante de él: "Así se hará al hombre que el rey desea honrar".

[10] Entonces el rey dijo a Amán:

—Date prisa, toma el vestido y el caballo, como tú has dicho, y hazlo así con el judío Mardoqueo, que se sienta a la puerta real; no omitas nada de todo lo que has dicho.

[11] Amán tomó el vestido y el caballo, vistió a Mardoqueo, lo condujo a caballo por la plaza de la ciudad e hizo pregonar delante de él: "Así se hará al hombre que el rey desea honrar".

[12] Después de esto, Mardoqueo volvió a la puerta real, y Amán se dio prisa para irse a su casa, apesadumbrado y cubierta su cabeza. [13] Contó luego Amán a Zeres, su mujer, y a todos sus amigos, cuanto le había acontecido; sus consejeros y su mujer Zeres le dijeron:

—Si ese Mardoqueo, ante quien has comenzado a declinar, pertenece a la descendencia de los judíos, no lo vencerás, sino que caerás por cierto delante de él.

[14] Aún estaban ellos hablando con él, cuando los eunucos del rey llegaron apresurados, a fin de llevar a Amán al banquete que Ester había dispuesto.

La muerte de Amán

7 [1] Fue, pues, el rey con Amán al banquete de la reina Ester. [2] Y en el segundo día, mientras bebían vino, dijo el rey a Ester:

—¿Cuál es tu petición, reina Ester, y te será concedida? ¿Cuál es tu deseo? Aunque sea la mitad del reino, te será otorgado.

[3] Entonces la reina Ester respondió:

—Oh rey, si he hallado gracia en tus ojos y si place al rey, que se me conceda la vida: esa es mi petición; y la vida de mi pueblo: ese es mi deseo. [4] Pues yo y mi pueblo hemos sido vendidos, para ser exterminados, para ser muertos y aniquilados. Si hubiéramos sido vendidos como siervos y siervas, me callaría; pero nuestra muerte sería para el rey un daño irreparable.

⁵ El rey Asuero preguntó a la reina Ester:

—¿Quién es, y dónde está, el que ha ensoberbecido su corazón para hacer semejante cosa?

⁶ Ester dijo:

—¡El enemigo y adversario es este malvado Amán!

Se turbó Amán entonces delante del rey y de la reina.

⁷ El rey se levantó del banquete, encendido en ira, y se fue al huerto del palacio. Pero Amán se quedó para suplicarle a la reina Ester por su vida, pues vio el mal que se le venía encima de parte del rey. ⁸ Cuando el rey volvió del huerto del palacio al aposento del banquete, Amán se había dejado caer sobre el lecho en que estaba Ester. Entonces exclamó el rey:

—¿Querrás también violar a la reina en mi propia casa?

Al proferir el rey estas palabras, le cubrieron el rostro a Amán. ⁹ Y Harbona, uno de los eunucos que servían al rey, dijo:

—En la casa de Amán está la horca de cincuenta codos de altura que hizo Amán para Mardoqueo, quien habló para bien del rey.

Dijo el rey:

—Colgadlo en ella.

¹⁰ Así colgaron a Amán en la horca que él había hecho preparar para Mardoqueo. Y se apaciguó la ira del rey.ᵃ

Decreto de Asuero a favor de los judíos

8 ¹ Aquel mismo día, el rey Asuero dio a la reina Ester la casa de Amán,ᵃ enemigo de los judíos, y Mardoqueo fue presentado al rey, porque ya Ester le había hecho saber lo que él había sido para ella. ² Se quitó el rey el anillo que había recobrado de Amán y lo dio a Mardoqueo. Y Ester encargó a Mardoqueo la hacienda de Amán.

³ Volvió luego Ester a suplicar al rey, y se echó a sus pies, llorando y rogándole que anulara la maldad de Amán, el agagueo, y el designio que había tramado contra los judíos. ⁴ Entonces el rey extendió a Ester el cetro de oro, y Ester se levantó, se puso en pie delante del rey ⁵ y dijo:

—Si place al rey, si he hallado gracia en su presencia, si le parece acertado al rey y soy agradable a sus ojos, que se dé orden escrita para revocar las cartas que autorizan la trama de Amán hijo de Hamedata, el agagueo, dictadas para exterminar a los judíos que están en todas las provincias del rey. ⁶ Porque ¿cómo podré yo ver el mal cuando caiga sobre mi pueblo? ¿Cómo podré yo ver la destrucción de mi nación?

⁷ Respondió el rey Asuero a la reina Ester y a Mardoqueo el judío:

—Yo he dado a Ester la casa de Amán, y a él lo han colgado en la horca, por cuanto extendió su mano contra los judíos. ⁸ Escribid, pues, vosotros a los judíos como bien os parezca, en nombre del rey, y selladlo con el anillo del rey; porque un edicto que se escribe en nombre del rey y se sella con el anillo del rey, no puede ser revocado.

⁹ Entonces fueron llamados los escribanos del rey en el mes tercero, que es Siván,ᵇ a los veintitrés días de ese mes; y se escribió conforme a todo lo que mandó Mardoqueo, a los judíos, a los sátrapas, a los capitanes y a los príncipes de las provincias, desde la India hasta Etiopía, a las ciento veintisiete provincias; a cada provincia según su escritura, y a cada pueblo conforme a su lengua, y también a los judíos según su escritura y su lengua. ¹⁰ Y escribió en nombre del rey Asuero, lo selló con el anillo del rey, y envió cartas por medio de correos montados en caballos veloces procedentes de las caballerizas reales. ¹¹ En ellas el rey daba facultad a los judíos que estaban en todas las ciudades para que se reunieran a defender sus vidas, prontos a destruir, matar y aniquilar a toda fuerza armada de pueblo o provincia que viniera contra ellos, sus niños y mujeres, y a apoderarse de sus bienes; ¹² y esto en un mismo día en todas las provincias del rey Asuero, el día trece del mes

---

ᵃ **7.10** Pr 5.22; 26.   ᵃ **8.1** Los bienes de un condenado a muerte pasaban a ser propiedad del rey. Cf. 1 R 21.   ᵇ **8.9** Correspondía a mayo-junio de nuestro calendario.

duodécimo, que es el mes de Adar.[c]

[13] La copia del edicto que había de darse por decreto en cada provincia, para que fuera conocido por todos los pueblos, decía que los judíos debían estar preparados aquel día para vengarse de sus enemigos. [14] Los correos, pues, montados en caballos veloces, salieron a toda prisa, según la orden del rey; y el edicto también fue promulgado en Susa, capital del reino.

[15] Salió Mardoqueo de delante del rey con vestido real de azul y blanco, una gran corona de oro, y un manto de lino y púrpura. La ciudad de Susa se alegró y regocijó entonces; [16] y los judíos tuvieron luz y alegría, gozo y honra. [17] En cada provincia y en cada ciudad adonde llegó el mandamiento del rey, los judíos tuvieron alegría y gozo, banquete y día de placer. Y muchos de entre los pueblos de la tierra se hacían judíos, pues el temor de los judíos se había apoderado de ellos.

Los judíos destruyen a sus enemigos

9 [1] En el mes duodécimo, que es el mes de Adar, a los trece días del mismo mes, cuando debía ser ejecutado el mandamiento del rey y su decreto, el mismo día en que los enemigos de los judíos esperaban enseñorearse de ellos, sucedió lo contrario; porque los judíos se enseñorearon de los que los aborrecían. [2] Los judíos se reunieron en sus ciudades, en todas las provincias del rey Asuero, para descargar su mano sobre los que habían procurado su mal, sin que nadie les opusiera resistencia, porque el temor de ellos se había apoderado de todos los pueblos. [3] Y todos los príncipes de las provincias, los sátrapas, capitanes y oficiales del rey, apoyaban a los judíos, pues todos temían a Mardoqueo, [4] ya que Mardoqueo era grande en la casa del rey y su fama se había extendido por todas las provincias. Así, día a día se engrandecía Mardoqueo.

[5] Asolaron los judíos a todos sus enemigos a filo de espada, con mortandad y destrucción, e hicieron con sus enemigos como quisieron. [6] En Susa, capital del reino, mataron y exterminaron los judíos a quinientos hombres. [7] Mataron entonces a Parsandata, Dalfón, Aspata, [8] Porata,

Adalía, Aridata, [9] Parmasta, Arisai, Aridai y Vaizata, [10] los diez hijos de Amán hijo de Hamedata, enemigo de los judíos; pero no tocaron sus bienes.

[11] El mismo día se le dio cuenta al rey acerca del número de los muertos en Susa, residencia real. [12] Y dijo el rey a la reina Ester:

—En Susa, capital del reino, los judíos han matado a quinientos hombres y a diez hijos de Amán. ¿Qué habrán hecho en las otras provincias del rey? ¿Cuál, pues, es tu petición, y te será concedida? ¿qué otra cosa deseas y te será hecha?

[13] Ester respondió:

—Si place al rey, concédase también mañana a los judíos en Susa que hagan conforme a la ley de hoy; en cuanto a los diez hijos de Amán, que los cuelguen en la horca.

[14] Mandó el rey que se hiciera así. Se dio la orden en Susa, y colgaron a los diez hijos de Amán. [15] Los judíos que estaban en Susa se reunieron también el catorce del mes de Adar y mataron allí a trescientos hombres; pero no tocaron sus bienes.

La fiesta de Purim

[16] En cuanto a los otros judíos que estaban en las provincias del rey, también se reunieron para la defensa de sus vidas, contra sus enemigos; mataron a setenta y cinco mil de sus contrarios; pero no tocaron sus bienes. [17] Ocurrió esto el día trece del mes de Adar, y reposaron el día catorce del mismo mes, convirtiéndolo en día de banquete y de alegría. [18] Pero los judíos que estaban en Susa se reunieron el día trece y el catorce del mismo mes, y el quince reposaron, convirtiéndolo en día de banquete y de regocijo. [19] Por tanto, los judíos aldeanos que habitan en las villas sin muro celebran el catorce del mes de Adar como día de alegría y de banquete, un día de regocijo, y unos a otros se hacen regalos.

[20] Escribió Mardoqueo estas cosas, y envió cartas a todos los judíos que estaban en todas las provincias del rey Asuero, cercanos y distantes, [21] ordenándoles que celebraran el día decimocuarto del mes de Adar, y el decimoquinto del

[c] 8.12 Correspondía a febrero-marzo de nuestro calendario.

mismo mes, de cada año, ²² como días en que los judíos estuvieron en paz con sus enemigos, y como el mes en que la tristeza se trocó en alegría, y el luto en festividad; que los convirtieran en días de banquete y de gozo, en día de enviar regalos cada uno a su vecino, y dádivas a los pobres. ²³ Y los judíos aceptaron esta costumbre, que ya habían comenzado a observar, según les escribió Mardoqueo. ²⁴ Porque Amán hijo de Hamedata, el agagueo, enemigo de todos los judíos, había ideado un plan para exterminarlos, y había echado Pur,ᵃ que quiere decir suerte, para arruinarlos y acabar con ellos. ²⁵ Pero cuando Ester se presentó ante el rey, este ordenó por carta que el perverso designio que aquel trazó contra los judíos recayera sobre su cabeza, y que los colgaran a él y a sus hijos en la horca. ²⁶ Por eso llamaron a estos días Purim, por el nombre Pur.

Asimismo, debido a lo relatado en esta carta, y por lo que ellos mismos vieron y lo que les llegó a su conocimiento, ²⁷ los judíos establecieron y prometieron que ellos, sus descendientes y todos sus allegados, no dejarían de celebrar estos dos días, según este escrito y esta fecha, de año en año; ²⁸ que estos días serían recordados y celebrados por todas las generaciones, familias, provincias y ciudades; que estos días de Purim no dejarían de ser guardados por los judíos, y que su

ᵃ **9.24** Est 3.7.

descendencia jamás dejaría de recordarlos.

²⁹ Y la reina Ester hija de Abihail, y Mardoqueo, el judío, suscribieron con plena autoridad esta segunda carta referente a Purim. ³⁰ Y fueron enviadas cartas a todos los judíos, a las ciento veintisiete provincias del rey Asuero, con palabras de paz y de verdad, ³¹ para confirmar estos días de Purim en la fecha señalada, según les había ordenado Mardoqueo, el judío, y la reina Ester, y según ellos lo habían establecido para sí mismos y para su descendencia, para conmemorar el fin de los ayunos y de su lamento. ³² El mandamiento de Ester confirmó estas celebraciones acerca de Purim, y ello fue registrado en un libro.

Mardoqueo, exaltado por Asuero

10 ¹ El rey Asuero impuso tributo sobre la tierra y a las costas del mar. ² Todas las obras de su poder y autoridad, y el relato sobre la grandeza de Mardoqueo, a quien el rey engrandeció, ¿no está escrito en el libro de las crónicas de los reyes de Media y de Persia? ³ Pues Mardoqueo, el judío, fue el segundo del rey Asuero, grande entre los judíos y estimado por la multitud de sus hermanos, porque procuró el bienestar de su pueblo y la paz para todo su linaje.

JOB

INTRODUCCIÓN

El libro de Job (=Job) es el primero de los cinco llamados poéticos y sapienciales.

Salvo el prólogo (cap. 1-2), el epílogo (42.7-17), y algunos breves pasajes (como 32.1-6), el resto está escrito en forma poética.

El prólogo consiste en la presentación de las circunstancias en que se desarrolla el drama y de los personajes que en él intervienen. El protagonista, Job, descrito como «perfecto y recto, temeroso de Dios y apartado del mal» (1.1), sufre una serie de desdichas que lo dejan sin hijos y sin hacienda, enfermo y reducido a una condición miserable (7.4-5). A pesar de todas las desgracias, él confía en Dios y lo bendice, (1.21), no deja que sus labios pequen contra el Señor, y aun sale al paso de las quejas de su esposa.

En aquella situación, tres amigos del protagonista acuden «a condolerse con él y a consolarlo». Contestando a los lamentos de Job, sus visitantes hablan por turno, y él responde a cada intervención. Así se disponen tres series de discursos (3.1—31.40), a cuyo término aparece el joven Eliú (32.2, cf. v.6), que toma la palabra para reprender con ironía a Job y a sus amigos. Ninguno de ellos le replica, tras lo cual Jehová mismo interviene y pone fin a todo el diálogo (38–41), al que solo seguirán unas palabras de arrepentimiento pronunciadas por Job (42.1-6) inmediatamente antes del epílogo en prosa.

Rico en paralelismos y bellas imágenes de singular plasticidad, este libro no pretende establecer una teoría general acerca del sufrimiento humano. Lo que ofrece es el planteamiento dialogado de dos puntos de vista sobre la causa de la desgracia; el tradicional, sostenido por Elifaz, Bildad y Zofar: Dios premia en este mundo al bueno y castiga al malo; y el que Job representa al negarse a admitir que su infortunio personal se deba a un castigo divino. En esta doble y contradictoria pespectiva, la voz de Dios se deja oir finalmente para llevar a los dialogantes al reconocimiento de la incapacidad humana de comprender lo misterioso de los designios divinos.

Esquema del contenido

1. Prólogo (1–2)
2. Debate entre Job y sus tres amigos (3–27)
3. Himno a la sabiduría y defensa de Job (28–31)
4. Intervención de Eliú (32–37)
5. Intervención de Jehová y respuestas de Job (38.1—42.6)
6. Epílogo (42.7-17)

Las desventuras de Job

1 [1] Había en el país de Uz[a] un hombre llamado Job.[b] Era un hombre perfecto y recto, temeroso de Dios y apartado del mal. [2] Le habían nacido siete hijos y tres hijas. [3] Su hacienda era de siete mil ovejas, tres mil camellos, quinientas yuntas de bueyes, quinientas asnas y muchísimos criados. Era el hombre más importante de todos los orientales.

[4] Sus hijos celebraban banquetes en sus casas, cada uno en su día; y enviaban a llamar a sus tres hermanas para que comieran y bebieran con ellos. [5] Y sucedía

---

[a] **1.1** Región que se encontraba fuera del territorio de Israel, probablemente al este de Palestina y al norte de Edom (cf. Lm 4.21).   [b] **1.1** Ez 14.14; Stg 5.11.

que una vez pasados los días de turno, Job los hacía venir y los santificaba. Se levantaba de mañana y ofrecía holocaustos conforme al número de todos ellos. Porque decía Job: «Quizá habrán pecado mis hijos y habrán blasfemado contra Dios en sus corazones». Esto mismo hacía cada vez.

⁶ Un día acudieron a presentarse delante de Jehová los hijos de Dios,ᶜ y entre ellos vino también Satanás.ᵈ

⁷ Dijo Jehová a Satanás:

—¿De dónde vienes?

Respondiendo Satanás a Jehová, dijo:

—De rodear la tierra y andar por ella.

⁸ Jehová dijo a Satanás:

—¿No te has fijado en mi siervo Job, que no hay otro como él en la tierra, varón perfecto y recto, temeroso de Dios y apartado del mal?

⁹ Respondiendo Satanás a Jehová, dijo:

—¿Acaso teme Job a Dios de balde? ¹⁰ ¿No le has rodeado de tu protección, a él y a su casa y a todo lo que tiene? El trabajo de sus manos has bendecido, y por eso sus bienes han aumentado sobre la tierra. ¹¹ Pero extiende ahora tu mano y toca todo lo que posee, y verás si no blasfema contra ti en tu propia presencia.ᵉ

¹² Dijo Jehová a Satanás:

—Todo lo que tiene está en tu mano; solamente no pongas tu mano sobre él.

Y salió Satanás de delante de Jehová.

¹³ Un día aconteció que sus hijos e hijas comían y bebían vino en casa de su hermano el primogénito, ¹⁴ y vino un mensajero a Job y le dijo:

—Estaban arando los bueyes y las asnas pacían cerca de ellos; ¹⁵ de pronto nos asaltaron los sabeosᶠ y se los llevaron, y mataron a los criados a filo de espada. Solamente escapé yo para darte la noticia.

¹⁶ Aún estaba este hablando, cuando vino otro, que dijo:

—Fuego de Dios cayó del cielo y quemó a ovejas y a pastores, y los consumió. Solamente escapé yo para darte la noticia.

¹⁷ Aún estaba este hablando, cuando vino otro, que dijo:

—Tres escuadrones de caldeosᵍ arremetieron contra los camellos y se los llevaron, y mataron a los criados a filo de espada. Solamente escapé yo para darte la noticia.

¹⁸ Entre tanto que este hablaba, vino otro, que dijo:

—Tus hijos y tus hijas estaban comiendo y bebiendo vino en casa de su hermano el primogénito, ¹⁹ cuando un gran viento se levantó del lado del desierto y azotó las cuatro esquinas de la casa, la cual cayó sobre los jóvenes, y murieron. Solamente escapé yo para darte la noticia.

²⁰ Entonces Job se levantó, rasgó su manto y se rasuró la cabeza; luego, postrado en tierra, adoró ²¹ y dijo:

> «Desnudo salí del vientre de mi
> madre
> y desnudo volveré allá.ʰ
> Jehová dio y Jehová quitó:
> ¡Bendito sea el nombre de Jehová!».

²² En todo esto no pecó Job ni atribuyó a Dios despropósito alguno.

2 ¹ Otro día acudieron a presentarse delante de Jehová los hijos de Dios, y entre ellos vino también Satanás para presentarse delante de Jehová. ² Dijo Jehová a Satanás:

—¿De dónde vienes?

Respondiendo Satanás a Jehová, dijo:

—De rodear la tierra y andar por ella.

³ Jehová dijo a Satanás:

—¿No te has fijado en mi siervo Job, que no hay otro como él en la tierra, varón perfecto y recto, temeroso de Dios y apartado del mal? ¡Todavía mantiene su integridad, a pesar de que tú me incitaste contra él para que lo arruinara sin causa!

⁴ Respondiendo Satanás a Jehová, dijo:

—Piel por piel, todo lo que el hombre tiene lo dará por su vida. ⁵ Pero extiende tu mano, toca su hueso y su carne, y verás

---

ᶜ **1.6** Miembros de la corte divina, habitualmente llamados *ángeles*. Cf. 1 R 22.19; Job 38.7; Sal 29.1; 82.1; 89.7.   ᵈ **1.6** Job 1.7-12; 2.1-7. Aquí no se trata de un ser demoníaco, rebelde contra Dios, sino de un ser celestial, que integra la corte del Señor y dialoga familiarmente con él, pero que trata de perjudicar a los seres humanos.   ᵉ **1.9-11** Ap 12.10.   ᶠ **1.15** Tribus nómadas de Arabia, que hacían incursiones robando y matando.   ᵍ **1.17** Pueblo semita radicado al sur de Mesopotamia.   ʰ **1.21** Sal 49.17; Ec 5.15; 1 Ti 6.7.

si no blasfema contra ti en tu misma presencia.

⁶ Dijo Jehová a Satanás:

—Él está en tus manos; pero guarda su vida.

⁷ Salió entonces Satanás de la presencia de Jehová e hirió a Job con una llaga maligna desde la planta del pie hasta la coronilla de la cabeza. ⁸ Y Job, sentado en medio de ceniza, tomaba un trozo de tiesto y se rascaba con él.

⁹ Entonces le dijo su mujer:

—¿Aún te mantienes en tu integridad? ¡Maldice a Dios y muérete!

¹⁰ Él le dijo:

—Como suele hablar cualquier mujer insensata, así has hablado. ¿Pues qué? ¿Recibiremos de Dios el bien, y el mal no lo recibiremos?

En todo esto no pecó Job con sus labios.

¹¹ Tres amigos de Job, Elifaz, el temanita, Bildad, el suhita, y Zofar, el naamatita, al enterarse de todo este mal que le había sobrevenido, llegaron cada uno de su tierra, habiendo acordado venir juntos a condolerse con él y a consolarlo. ¹² Estos, alzando los ojos desde lejos, no lo reconocieron. Entonces lloraron a gritos, y rasgó cada cual su manto y esparcieron polvo los tres sobre sus cabezas hacia el cielo. ¹³ Así permanecieron sentados con él en tierra durante siete días y siete noches, y ninguno le decía una palabra, porque veían que su dolor era muy grande.ᵃ

Job maldice el día en que nació

3 ¹ Después de esto, abrió Job su boca y maldijo su día.ᵃ ² Exclamó, pues, Job y dijo:

³ «¡Perezca el día en que yo nací
y la noche en que se dijo: "Un varón ha sido concebido!".

⁴ Que aquel día se vuelva sombrío;
que no cuide de él Dios desde arriba
ni haya luz que sobre él resplandezca.

⁵ Cúbranlo tinieblas y sombra de muerte,
y repose sobre él nublado
que lo haga horrible como día tenebroso.

⁶ Apodérese de aquella noche la oscuridad;
no sea contada entre los días del año
ni entre en el número de los meses.

⁷ ¡Ojalá fuera aquella una noche solitaria,
que no hubiera canción alguna en ella!

⁸ Maldíganla los que maldicen el día,
los que se aprestan para despertar a Leviatán.ᵇ

⁹ Oscurézcanse las estrellas del alba;
que en vano espere la luz
y no vea el parpadeo de la aurora,

¹⁰ por cuanto no cerró las puertas del vientre donde yo estaba,
ni escondió de mis ojos la miseria.

¹¹ »¿Por qué no morí yo en la matriz?
¿Por qué no expiré al salir del vientre?

¹² ¿Por qué me recibieron las rodillas
y unos pechos me dieron de mamar?

¹³ Ahora estaría yo muerto, y reposaría;
dormiría, y tendría descanso

¹⁴ junto a los reyes y consejeros de la tierra,
los que para sí reconstruyen las ruinas;

¹⁵ o junto a los príncipes que poseían el oro
y llenaban de plata sus casas.

¹⁶ ¿Por qué no fui ocultado como un aborto,
como los niños que nunca vieron la luz?ᶜ

¹⁷ Allí dejan de perturbar los malvados,
y allí descansan los que perdieron sus fuerzas.

¹⁸ Allí reposan también los cautivos

ᵃ **2.13** Aquí termina el prólogo en prosa y se inserta la sección poética, formada por una serie de largos discursos, primero de Job y sus amigos, luego de un personaje inesperado, Eliú, y finalmente de Dios mismo.   ᵃ **3.1-19** Jer 20.14-18.   ᵇ **3.8** Legendario monstruo marino, descrito a veces con los rasgos característicos del cocodrilo (Job 41.1-34).   ᶜ **3.16** Ec 6.3-5.

y ya no oyen la voz del capataz.
¹⁹ Allí están chicos y grandes;
y el esclavo, libre ya de su amo.

²⁰ »¿Por qué darle luz al que sufre
y vida a los de ánimo amargado;
²¹ a los que esperan la muerte, y no les
llega,*d*
aunque la buscan más que a un
tesoro;
²² a los que se alegrarían sobremanera
y se gozarían de hallar el sepulcro?
²³ ¿Por qué dar vida al hombre que
ignora su camino,
al que Dios le cierra el paso?
²⁴ Antes que mi pan, llega mi suspiro,
y mis gemidos corren como el
agua;
²⁵ porque me ha venido aquello que
me espantaba,
me ha acontecido lo que yo temía.
²⁶ ¡No he tenido paz, tranquilidad ni
reposo,
sino solo turbación!».

Elifaz reprende a Job

4 ¹ Entonces respondió Elifaz, el temanita, y dijo:

² «Si probamos a hablarte, te será
molesto,
pero ¿quién podrá detener las
palabras?
³ Tú enseñabas a muchos
y fortalecías las manos debilitadas;
⁴ con tus palabras sostenías al que
tropezaba
y afirmabas las rodillas que
decaían.
⁵ Mas ahora que el mal ha venido
sobre ti, te desalientas;
al alcanzarte, te conturbas.
⁶ ¿No has puesto tu confianza en
temer a Dios?
¿No has puesto tu esperanza en la
integridad de tus caminos?

⁷ »Piensa ahora: ¿qué inocente se
pierde?
¿Dónde los rectos son destruidos?
⁸ Yo he visto que quienes cultivan
iniquidad

y siembran injuria, eso mismo
cosechan.
⁹ Perecen por el aliento de Dios;
por el soplo de su ira son
consumidos.
¹⁰ Los rugidos del león, los bramidos
del que ruge
y los dientes de sus cachorros son
quebrantados.
¹¹ El león viejo perece por falta de
presa,
y los hijos de la leona se dispersan.

¹² »El asunto me llegó como un
susurro;
mis oídos lograron percibirlo.
¹³ En la imaginación de visiones
nocturnas,
cuando el sueño cae sobre los
hombres,
¹⁴ me sobrevino un espanto y un
temblor
que estremeció todos mis huesos:
¹⁵ y al pasar un soplo por delante
de mí,
se erizó el pelo de mi cuerpo.
¹⁶ Delante de mis ojos se detuvo un
fantasma
cuyo rostro no reconocí,
y lo oí decir muy quedo:
¹⁷ "¿Será el mortal más justo que
Dios?
¿Será el hombre más puro que el
que lo hizo?
¹⁸ Si ni siquiera en sus siervos confía,
y aun en sus ángeles descubre el
error,
¹⁹ ¡cuánto más en los que habitan en
casas de barro
cimentadas en el polvo,
que serán aplastadas como la
polilla!
²⁰ De la mañana a la tarde son
destruidos,
y se pierden para siempre sin haber
quien repare en ello.
²¹ Su belleza se pierde con ellos,
y mueren sin haber adquirido
sabiduría".

5 ¹ »Ahora, pues, da voces, a ver quién
te responde.

---

d **3.21** Ap 9.6.

¿A cuál de los santos te volverás?

2 Es cierto que al necio lo mata la ira
    y al codicioso lo consume la
    envidia.

3 Yo he visto que el necio echaba
    raíces,
    y en la misma hora maldije su
    morada.

4 Sus hijos carecerán de socorro:
    en la puerta serán quebrantados
    y no habrá quien los libre.

5 Su cosecha se la comerán los
    hambrientos,
    sacándola de entre los espinos;
    y los sedientos se beberán su
    hacienda.

6 Porque la aflicción no sale del
    polvo
    ni la fatiga brota de la tierra.

7 Pero como las chispas se levantan
    para volar por el aire,
    así el hombre nace para la
    desdicha.

8 Ciertamente yo buscaría a Dios
    y le encomendaría mi causa.

9 Él hace cosas grandes e
    inescrutables,
    y maravillas sin número.ᵃ

10 Derrama la lluvia sobre la faz de la
    tierra
    y envía las aguas sobre los campos.

11 Pone en alto a los humildes
    y a los enlutados da seguridad.

12 Frustra los pensamientos de los
    astutos,
    para hacer vana la obra de sus
    manos.

13 Atrapa a los sabios en su propia
    astuciaᵇ
    y frustra los planes de los
    perversos.

14 De día tropiezan con tinieblas;
    a mediodía andan a tientas, como
    de noche.

15 Él libra de la espada al pobre, de la
    boca de los malvados
    y de la mano del violento;

16 por eso, el necesitado tiene
    esperanza,
    pero la iniquidad cierra la boca.

17 »Bienaventurado es el hombre a
    quien Dios corrige;
    por tanto, no desprecies la
    reprensión del Todopoderoso.ᶜ

18 Porque él es quien hace la herida,
    pero él la venda;ᵈ
    él golpea, pero sus manos curan.

19 En seis tribulaciones te librará,
    y en la séptima no te tocará el mal.

20 En tiempo de hambre te salvará de
    la muerte,
    y del poder de la espada en la
    guerra.

21 Del azote de la lengua serás
    protegido
    y no temerás cuando venga la
    destrucción.

22 De la destrucción y del hambre te
    reirás
    y no temerás a las fieras del campo,

23 pues aun con las piedras del campo
    harás un pacto
    y las fieras del campo estarán en
    paz contigo.

24 Sabrás que hay paz en tu tienda:
    visitarás tu morada y nada te
    faltará.

25 Asimismo verás que tu
    descendencia es mucha,
    que tu prole es como la hierba de la
    tierra.

26 Llegarás con vigor a la sepultura,
    como gavilla de trigo recogido a su
    tiempo.

27 Nosotros lo hemos inquirido, y
    esto es así.
    Escúchalo y conócelo para tu
    propio provecho».

Job reprocha la actitud de sus amigos

6 ¹ Respondió entonces Job y dijo:

2 «¡Ojalá pudieran pesarse mi queja
    y mi tormento,
    y fueran puestos igualmente en la
    balanza!

3 Pesarían ahora más que la arena
    del mar.
    Por eso mis palabras han sido
    precipitadas,

4 porque las flechas del

ᵃ 5.9 Job 9.10.   ᵇ 5.13 1 Co 3.19.   ᶜ 5.17 Sal 94.12; Pr 3.11-12; Heb 12.5-6.   ᵈ 5.18 Os 6.1.

Todopoderoso se me han
  clavado,[a]
su veneno lo ha bebido mi espíritu
y los terrores de Dios combaten
  contra mí.[b]
5 ¿Acaso gime el asno montés junto a
  la hierba?
  ¿Acaso muge el buey junto a su
  pasto?
6 ¿Acaso se come sin sal lo desabrido
  o tiene sabor la clara del huevo?
7 Las cosas que yo ni siquiera quería
  tocar
  son ahora mi alimento.

8 »¡Quién diera que se cumpliese mi
  petición,
  que Dios me otorgara lo que
  anhelo:
9 que agradara a Dios destruirme,
  que soltara su mano y acabara
  conmigo!
10 Sería entonces mi consuelo,
  cuando el dolor me asaltara sin
  tregua,
  no haber renegado de las palabras
  del Santo.
11 ¿Cuál es mi fuerza para seguir
  esperando?
  ¿Cuál es mi fin para seguir
  teniendo paciencia?
12 ¿Soy acaso tan fuerte como las
  piedras?
  ¿Es mi carne como el bronce?
13 ¿No es cierto que ni aun a mí
  mismo me puedo valer
  y que carezco de todo auxilio?
14 El que sufre es consolado por su
  compañero,
  incluso aquel que abandona el
  temor del Omnipotente.
15 Pero mis hermanos me han
  traicionado como un torrente;
  han pasado como las corrientes
  impetuosas
16 que bajan turbias por el deshielo
  y mezcladas con la nieve,
17 que al tiempo del calor se secan,
  y al calentarse desaparecen en su
  cauce.
18 Los caminantes se apartan de su
  rumbo

y se pierden en el desierto.
19 Las buscan las caravanas de
  Temán,
  y los caminantes de Sabá[c] esperan
  en ellas;
20 pero se frustra su esperanza
  al venir hasta ellas y verse
  defraudados.
21 Ahora, ciertamente como ellas sois
  vosotros,
  pues habéis visto el horror y tenéis
  miedo.
22 ¿Es que yo os he dicho: "Traedme
  algo,
  y pagad por mí de vuestra
  hacienda",
23 o "Libradme de manos del opresor,
  y redimidme del poder de los
  violentos"?

24 »Instruidme, y yo callaré;
  hacedme entender en qué he
  errado.
25 ¡Cuán provechosas son las
  palabras rectas!
  Pero ¿qué reprocha vuestra
  censura?
26 ¿Pretendéis censurar las palabras
  y los discursos de un desesperado,
  que son como el viento?
27 Vosotros os arrojáis sobre el
  huérfano
  y caváis una fosa para vuestro
  amigo.

28 »Ahora, pues, si queréis, miradme,
  y ved si estoy mintiendo ante
  vosotros.
29 Consideradlo ahora de nuevo, y no
  haya maldad;
  volved a considerar mi justicia en
  esto.
30 ¿Es que hay iniquidad en mi
  lengua,
  o acaso no puede mi paladar
  discernir lo malo?

7 1 ¿No es acaso una lucha la vida del
  hombre sobre la tierra,
  y sus días como los días del
  jornalero?
2 Como el siervo suspira por la
  sombra

---

[a] 6.4 Job 16.12-13; Sal 38.2.   [b] 6.4 Sal 88.16.   [c] 6.19 Is 60.6.

o como el jornalero espera el salario de su trabajo,

3 así yo he recibido meses de desengaño
y noches de sufrimiento me tocaron en suerte.

4 Cuando estoy acostado, digo: "¿Cuándo me levantaré?"
Mas la noche es larga y estoy lleno de inquietudes hasta el alba.

5 Mi carne está vestida de gusanos y costras de polvo;
mi piel hendida y abierta, supura.

6 Mis días corren más veloces que la lanzadera del tejedor,
y perecen sin esperanza.

7 »Acuérdate de que mi vida es un soplo
y de que mis ojos no volverán a ver el bien.

8 Los ojos de quienes me ven, no me verán más.
Y tú fijarás tus ojos en mí, pero ya no seré.

9 Como nube que se desvanece y pasa,
así el que desciende al seol no subirá de allí;

10 no volverá más a su casa,
ni su lugar volverá a reconocerlo.

11 »Por tanto, no refrenaré mi boca,
sino que hablaré en la angustia de mi espíritu
y me quejaré en la amargura de mi alma.

12 ¿Acaso soy yo el mar, o un monstruo marino,
para que me pongas vigilancia?

13 Cuando digo: "Mi lecho me consolará,
mi cama aliviará mis quejas",

14 entonces me atemorizas con sueños
y me aterras con visiones.

15 Por eso tuve por mejor ser estrangulado,
y quise la muerte más que a mis huesos.

16 ¡Aborrezco mi vida! No he de vivir para siempre;

¡déjame, pues, ya que mis días solo son vanidad!

17 ¿Qué es el hombre para que lo engrandezcas,
para que pongas en él tu corazón[a]

18 y lo visites todas las mañanas,
y a cada momento lo pruebes?[b]

19 ¿Cuándo apartarás de mí tu mirada
y me soltarás para tragar siquiera mi saliva?

20 Aunque haya pecado, ¿qué mal puedo hacerte a ti, Guarda de los hombres?
¿Por qué me pones por blanco tuyo,
hasta convertirme en una carga para mí mismo?

21 ¿Y por qué no borras mi rebelión y perdonas mi iniquidad?
Pues pronto dormiré en el polvo,
y aunque me busques temprano, no existiré».

Bildad proclama la justicia de Dios

8 1 Respondió Bildad, el suhita, y dijo:

2 «¿Hasta cuándo hablarás tales cosas
y las palabras de tu boca serán como un viento impetuoso?

3 ¿Acaso torcerá Dios el derecho
o pervertirá el Todopoderoso la justicia?

4 Si tus hijos pecaron contra él,
él les hizo cargar con su pecado.

5 Si tú desde temprano buscas a Dios
y ruegas al Todopoderoso;

6 si eres puro y recto,
ciertamente él velará por ti
y hará prosperar la morada de tu justicia.

7 Y aunque tu principio haya sido pequeño,
tu estado, al final, será engrandecido.

8 »Pregunta tú ahora a las generaciones pasadas
y disponte a interrogar a los padres de ellas;

9 pues nosotros somos de ayer y nada sabemos,

---

[a] 7.17 Sal 8.4; 144.3.   [b] 7.18 Sal 17.3.

ya que nuestros días sobre la tierra
son como una sombra.[a]

¹⁰ ¿No te enseñarán ellos, te hablarán
y sacarán palabras de su corazón?

¹¹ »¿Crece el junco donde no hay
lodo?
¿Crece el prado donde no hay
agua?

¹² Con todo, aun en su verdor y sin
haber sido cortado
se seca antes que toda otra hierba.

¹³ Tales son los caminos de todos los
que se olvidan de Dios;
y así perecerá la esperanza del
impío,

¹⁴ porque su esperanza es apenas
como un hilo,
y su confianza, como una tela de
araña.

¹⁵ Si se apoya en su casa, ella no
permanecerá en pie;
si se agarra a ella, no resistirá.

¹⁶ Es como un árbol que está verde
plantado al sol,
y cuyos renuevos salen por encima
de su huerto;

¹⁷ se van entretejiendo sus raíces
junto a una fuente
y se enlazan hasta llegar al lugar
pedregoso.

¹⁸ Pero si lo arrancan de su lugar,
este lo negará, diciendo: "Nunca te
había visto".

¹⁹ Ciertamente así será el gozo de su
camino,
y otros nacerán del polvo.

²⁰ »Dios no desecha al íntegro
ni ofrece apoyo a la mano del
maligno.

²¹ Él llenará aún tu boca de risas,
y tus labios de júbilo.

²² Los que te aborrecen serán
cubiertos de confusión:
la morada de los impíos perecerá».

La sabiduría y el poder de Dios

9 ¹ Respondió Job y dijo:

² «Ciertamente yo sé que esto es así:

¿Cómo se justificará el hombre
delante de Dios?

³ Si pretendiera discutir con él,
no podría responderle a una cosa
entre mil.

⁴ Él es sabio de corazón y poderoso
en fuerzas,
¿a quién, si quisiera resistirle, le iría
bien?

⁵ Él arranca los montes con su furor,
sin que ellos sepan quién los
trastornó.

⁶ Él remueve de su lugar la tierra,
y hace temblar sus columnas.

⁷ Si él lo ordena, el sol no sale,
y él es quien pone sello a las
estrellas.

⁸ Él solo extiende los cielos,
y anda sobre las olas del mar.

⁹ Él hizo la Osa y el Orión,
las Pléyades[a] y los más remotos
lugares del sur.

¹⁰ Él hace cosas grandes e
incomprensibles,
maravillosas y sin número.[b]

¹¹ Él pasa delante de mí, y yo no lo
veo;
pasa junto a mí sin que yo lo
advierta.

¹² Si arrebata alguna cosa ¿quién hará
que la restituya?
¿Quién le dirá: "Qué haces"?

¹³ »Dios no volverá atrás su ira,
y bajo él se postran los que ayudan
a los soberbios;

¹⁴ pues ¿cuánto menos podré yo
replicarle
y escoger mis palabras frente a él?

¹⁵ Aunque yo fuera justo, no podría
responderle;
solo puedo rogarle, a él que es mi
juez.

¹⁶ Ni aun si lo invocara y él me
respondiera,
creería yo que ha escuchado mi
voz.

¹⁷ Porque él me quebranta con
tempestad,
aumenta sin causa mis heridas

¹⁸ y no me concede que tome aliento,

---

[a] **8.9** Job 14.2; Sal 39.5-6; 102.11; 109.23; Ec 6.12.   [a] **9.9** Job 38.31; Am 5.8.   [b] **9.10** Job 5.9;
Sal 147.1-6; Is 40.28.

sino que me llena de amarguras.

¹⁹ Si hablamos de su fuerza, por cierto
   que es poderosa;
   si de juicio, ¿quién lo emplazará?

²⁰ Aunque yo me justificara, mi
   propia boca me condenaría;
   aunque fuera perfecto, él me
   declararía culpable.

²¹ Aun siendo yo íntegro, él no me
   tomaría en cuenta,
   ¡despreciaría mi vida!

²² Una cosa me resta por decir:
   que al perfecto y al impío él los
   destruye.

²³ Si un azote mata de repente,
   él se ríe del sufrimiento de los
   inocentes.

²⁴ La tierra es entregada en manos de
   los impíos,
   y él cubre el rostro de sus jueces.
   Y si no es él, ¿quién es?, ¿dónde
   está?

²⁵ Mis días han sido más ligeros que
   un correo;
   huyeron sin haber visto el bien.

²⁶ Pasaron cual naves veloces,
   como el águila que se arroja sobre
   la presa.

²⁷ Si digo: "Olvidaré mi queja,
   cambiaré mi triste semblante y me
   esforzaré",

²⁸ entonces me turban todos mis
   dolores,
   pues sé que no me tienes por
   inocente.

²⁹ Y si soy culpable,
   ¿para qué trabajar en vano?

³⁰ Aun cuando me lave con agua de
   nieve
   y limpie mis manos con lejía,

³¹ aun así me hundirás en el hoyo,
   y hasta mis propios vestidos me
   aborrecerán.

³² »Él no es un hombre como yo, para
   que yo le replique
   y comparezcamos juntos en un
   juicio.

³³ No hay entre nosotros árbitro
   que ponga su mano sobre ambos,

³⁴ para que él aparte de mí su vara,
   y su terror no me espante.

³⁵ Con todo, yo le hablaré sin temor,
   porque me consta que no soy así.

Job lamenta su condición

10 ¹ »¡Mi alma está hastiada de
   mi vida!
   Voy a dar libre curso a mi queja,
   hablaré con amargura de mi alma.

² Diré a Dios: "No me condenes,
   sino hazme entender por qué
   contiendes conmigo.

³ ¿Te parece bien oprimirme,
   desechar la obra de tus manos
   y favorecer los designios de los
   impíos?

⁴ ¿Acaso son de carne tus ojos?
   ¿Ves tú las cosas como las ve el
   hombre?

⁵ ¿Son tus días como los días del
   hombre,
   o tus años como el tiempo de los
   seres humanos,

⁶ para que estés al acecho de mi
   iniquidad
   y andes indagando tras mi pecado,

⁷ aun sabiendo que no soy impío
   y que nadie podría librarme de tu
   mano?

⁸ Tus manos me hicieron y me
   formaron,
   ¿y luego te vuelves y me deshaces?

⁹ Acuérdate de que como a barro me
   diste forma,
   ¿y en polvo me has de volver?

¹⁰ ¿No me vertiste como leche,
   y como queso me cuajaste?

¹¹ Me vestiste de piel y carne,
   me tejiste con huesos y nervios,

¹² me concediste vida y misericordia,
   y tu cuidado ha guardado mi
   espíritu.

¹³ Pero tú ocultas algo en tu corazón,
   y yo sé que lo tienes presente:

¹⁴ observar si yo pecaba,
   y no tenerme por limpio de mi
   iniquidad.

¹⁵ Si soy malo, ¡ay de mí!,
   y si soy justo, no levantaré la
   cabeza,
   hastiado cual estoy de deshonra y
   de verme afligido.

¹⁶ Si alzo la cabeza, como un león, me
   das caza
   y haces contra mí maravillas.

¹⁷ Renuevas tus pruebas contra mí,
   y contra mí aumentas tu furor
   como tropas de relevo.

¹⁸ »¿Por qué me sacaste de la matriz?
Habría expirado y nadie me habría
visto.

¹⁹ Sería como si nunca hubiera
existido,
llevado del vientre a la sepultura.

²⁰ ¿No son pocos mis días?
¡Déjame, pues! Apártate de mí,
para que pueda consolarme un
poco

²¹ antes que vaya para no volver,
a la tierra de las tinieblas y la
sombra de muerte,[a]

²² a la tierra de la oscuridad y el
desorden,
lóbrega como sombra de muerte,
donde la luz es como densas
tinieblas"».

Acusaciones de Zofar

11 ¹ Respondió Zofar, el naamatita, y
dijo:

² «¿Las muchas palabras no habrán
de tener respuesta?
El hombre que habla mucho, ¿será
por ello justificado?

³ ¿Harán tus falacias callar a los
hombres?
¿Te burlarás, sin que nadie te
avergüence?

⁴ Tú dices: "Mi doctrina es recta,
y yo soy puro delante de tus ojos".

⁵ Mas ¡ah, quién diera que Dios
hablara,
que abriera para ti sus labios

⁶ y te declarara los secretos de la
sabiduría,
que son de doble valor que las
riquezas!
Sabrías entonces que Dios te ha
castigado menos de lo que tu
iniquidad merece.

⁷ »¿Descubrirás tú los secretos
de Dios?
¿Llegarás a la perfección del
Todopoderoso?

⁸ Es más alta que los cielos: ¿qué
harás?

Es más profunda que el seol: ¿cómo
la conocerás?

⁹ En longitud sobrepasa a la tierra,
y es más ancha que el mar.

¹⁰ Si él pasa y aprisiona, y si llama a
juicio,
¿quién podrá oponérsele?

¹¹ Y si él conoce a los hombres vanos,
al ver asimismo la iniquidad, ¿no
hará caso?

¹² Pero un hombre vano será
inteligente
cuando la cría del asno montés
nazca hombre.

¹³ »Si tú dispones tu corazón,
y tiendes hacia Dios las manos;

¹⁴ si alguna iniquidad hay en tus
manos, pero la apartas de ti,
y no consientes que more en tu casa
la injusticia,

¹⁵ entonces levantarás tu rostro
limpio de mancha,
serás fuerte y nada temerás.

¹⁶ Olvidarás tu miseria,
o te acordarás de ella como de
aguas que pasaron.

¹⁷ La vida te será más clara que el
mediodía;
aunque oscurezca, será como la
mañana.

¹⁸ Tendrás confianza, porque hay
esperanza;
mirarás alrededor y dormirás
seguro.

¹⁹ Te acostarás y no habrá quien te
espante;
y muchos suplicarán tu favor.

²⁰ Pero los ojos de los malos se
consumirán;
no encontrarán refugio,
y toda su esperanza será dar su
último suspiro».

El gobierno universal de Dios

12 ¹ Respondió entonces Job diciendo:

² «Ciertamente vosotros sois el
pueblo,
y con vosotros morirá la sabiduría.

[a] **10.20-21** Job 16.22; Sal 39.13.

³ Pero yo también tengo
    entendimiento, lo mismo que
    vosotros;
¡no soy menos que vosotros!
¿Y quién habrá que no pueda decir
    otro tanto?
⁴ Yo soy uno de quien su amigo
    se mofa;
uno que invoca a Dios, y él le
    responde;
uno justo e íntegro que es
    escarnecido.
⁵ Aquel cuyos pies están a punto de
    resbalar
es como una lámpara despreciada
    por el que se siente seguro.
⁶ Prosperan las casas de los ladrones
y viven seguros los que provocan a
    Dios,
que ha puesto en sus manos cuanto
    tienen.

⁷ »Pregunta ahora a las bestias y ellas
    te enseñarán;
a las aves de los cielos, y ellas te lo
    mostrarán;
⁸ o habla a la tierra y ella te enseñará;
y los peces del mar te lo declararán
    también.
⁹ ¿Cuál entre todos ellos no entiende
    que la mano de Jehová lo hizo?
¹⁰ En su mano está el alma de todo
    viviente
y el hálito de todo el género
    humano.

¹¹ »Ciertamente el oído distingue las
    palabras
y el paladar saborea las viandas.ᵃ
¹² En los ancianos está la ciencia
y en la mucha edad la inteligencia.
¹³ Pero con Dios están la sabiduría y el
    poder;
suyo es el consejo y la inteligencia.
¹⁴ Si él derriba, no hay quien edifique;
si encierra al hombre, no hay quien
    le abra.
¹⁵ Si detiene las aguas, todo se seca;
si las suelta, arrasan la tierra.
¹⁶ Con él están el poder y la sabiduría;
suyos son el que yerra y el que hace
    errar.

¹⁷ Lleva despojados de consejo a los
    consejeros
y entontece a los jueces.
¹⁸ Rompe las cadenas de los tiranos
y ata una soga a su cintura.
¹⁹ Lleva despojados a los sacerdotes
y trastorna a los poderosos.
²⁰ Quita la palabra a los que hablan
    con seguridad
y priva de discernimiento a los
    ancianos.
²¹ Derrama desprecio sobre los
    príncipes
y desata el cinto de los fuertes.
²² Descubre las profundidades de las
    tinieblas
y saca a luz la sombra de muerte.ᵇ
²³ Multiplica las naciones y las
    destruye;
las dispersa y las vuelve a reunir.
²⁴ Quita el entendimiento a los jefes
    del pueblo de la tierra,
los hace vagar como por un
    desierto sin camino,ᶜ
²⁵ y van a tientas, como en tinieblas,
    sin luz;
y los hace errar como borrachos.

Job defiende su integridad espiritual

13 ¹ »Todas estas cosas han visto
    mis ojos,
y han oído y entendido mis oídos.
² Como vosotros lo sabéis, lo sé yo;
no soy menos que vosotros.
³ Mas yo querría hablar con el
    Todopoderoso,
querría razonar con Dios.
⁴ Vosotros, ciertamente, sois
    fraguadores de mentira;
todos vosotros sois médicos
    inútiles.
⁵ ¡Ojalá os callarais por completo,
pues así demostraríais sabiduría!ᵃ
⁶ Escuchad ahora mi razonamiento;
estad atentos a los argumentos de
    mis labios.
⁷ ¿Hablaréis iniquidad por defender
    a Dios?
¿Hablaréis con engaño por
    defenderle?
⁸ ¿Seréis parciales con las personas
    para favorecerlo?

ᵃ **12.11** Job 34.3.   ᵇ **12.22** Dn 2.22.   ᶜ **12.24** Sal 107.40.   ᵃ **13.5** Pr 17.28.

¿Lucharéis vosotros en defensa
de Dios?

⁹ ¡Bueno sería que él os examinara!
¿Os burlaréis de él como quien se
burla de un hombre?

¹⁰ Él sin duda os reprochará,
si solapadamente sois parciales con
las personas.

¹¹ De cierto su majestad os habría de
espantar;
su pavor habría de caer sobre
vosotros.

¹² ¡Vuestras máximas son refranes de
ceniza
y vuestros baluartes son baluartes
de lodo!

¹³ »Escuchadme, yo hablaré,
y que me venga después lo que
venga.

¹⁴ ¿Por qué he de arrancar yo mi carne
con mis dientes
y he de tomar mi vida en mis
manos?

¹⁵ Aunque él me mate, en él esperaré.
Ciertamente defenderé delante de
él mis caminos,

¹⁶ y él mismo será mi salvación,
porque el impío no podrá entrar en
su presencia.

¹⁷ Escuchad con atención mi
razonamiento,
y mi declaración penetre en
vuestros oídos.

¹⁸ Si yo ahora expongo mi causa,
sé que seré justificado.

¹⁹ ¿Quién quiere contender conmigo?
Porque si ahora callo, moriré.

²⁰ »Haz conmigo tan solo dos cosas,
y entonces no me esconderé de tu
rostro:

²¹ Aparta de mí tu mano,
y que no me espante tu terror.

²² Llámame luego y yo responderé;
o yo hablaré y tú me responderás.

²³ ¿Cuántas son mis iniquidades y
pecados?
Hazme entender mi transgresión y
mi pecado.

²⁴ ¿Por qué escondes tu rostro[b]
y me tienes por enemigo?

²⁵ ¿Vas a quebrantar la hoja que
arrebata el viento
y perseguir una paja seca?

²⁶ ¿Por qué dictas amarguras
contra mí
y me cargas con los pecados de mi
juventud?

²⁷ Pones además mis pies en el cepo,
vigilas todos mis caminos
y pones cerco a las plantas de
mis pies.

²⁸ Así mi cuerpo se va gastando como
comido de carcoma,
como un vestido que roe la polilla.

Job discurre sobre la brevedad de la vida

14 ¹»El hombre, nacido de mujer,
corto de días y hastiado de
sinsabores,

² brota como una flor y es cortado,
huye como una sombra y no
permanece.[a]

³ ¿Sobre él abres tus ojos
y lo traes a juicio contigo?

⁴ ¿Quién hará puro lo inmundo?
¡Nadie!

⁵ Ciertamente sus días están
determinados
y tú has fijado el número de sus
meses:
le has puesto límites, que no
traspasará.

⁶ Si tú lo abandonas, él dejará de ser;
etre tanto, como el jornalero,
disfrutará de su jornada.

⁷ »El árbol, aunque lo corten,
aún tiene la esperanza de volver a
retoñar,
de que no falten sus renuevos.

⁸ Aunque en la tierra envejezca
su raíz
y muera su tronco en el polvo,

⁹ al percibir el agua reverdecerá
y hará copa como una planta
nueva.

¹⁰ En cambio el hombre muere y
desaparece.
Perece el hombre, ¿y dónde estará?

¹¹ Como se evaporan las aguas en
el mar,

---

[b] 13.24 Sal 44.24.   [a] 14.1-2 Sal 39.4-6; 102.11; 109.23; Ec 6.12.

y el río se agota y se seca,
12 así el hombre yace y no vuelve a
   levantarse.
Mientras exista el cielo, no
   despertará
ni se levantará de su sueño.
13 ¡Ojalá me escondieras en el seol,
   me ocultaras hasta apaciguarse tu
   ira!
¡Ojalá me pusieras plazo para
   acordarte de mí!
14 El hombre que muere, ¿volverá a
   vivir?
Todos los días de mi vida esperaré,
hasta que llegue mi liberación.
15 Entonces llamarás y yo te
   responderé;
tendrás afecto a la obra de tus
   manos.
16 Pero ahora cuentas mis pasos
y no das tregua a mi pecado;
17 tienes sellada en un saco mi
   transgresión,
encerrada mi iniquidad.

18 »Ciertamente un monte
   derrumbado se deshace,
las peñas son removidas de su
   lugar
19 y las piedras se desgastan con el
   agua
que el polvo de la tierra arrastra
   impetuosa.
De igual manera haces tú perecer la
   esperanza del hombre.
20 Para siempre prevalecerás sobre él,
   y él se irá;
demudarás su rostro y lo
   despedirás.
21 Si sus hijos reciben honores, no lo
   sabrá;
si son humillados, no se enterará.
22 Pero sentirá el dolor de su propia
   carne,
y se afligirá en él su alma».

Elifaz reprende a Job

15 ¹Respondió Elifaz, el temanita, y
   dijo:

2 «¿Responderá el sabio con vana
   sabiduría

y llenará su vientre de viento del
   este?
3 ¿Disputará con palabras inútiles
y con razones sin provecho?
4 Tú también destruyes el temor
   a Dios,
y menoscabas la oración delante
   de él.
5 Por cuanto tu boca ha revelado tu
   iniquidad,
habiendo escogido el hablar con
   astucia,
6 tu propia boca te condenará, no yo;
y tus labios testificarán contra ti.

7 »¿Acaso naciste tú antes que Adán?
¿Fuiste formado antes que los
   collados?
8 ¿Oíste tú acaso el secreto de Dios?a
¿Está limitada a ti la sabiduría?
9 ¿Qué sabes tú que nosotros no
   sepamos?
¿Qué entiendes tú que nosotros no
   entendamos?
10 Cabezas canas y hombres muy
   ancianos hay entre nosotros,
mucho más avanzados en días que
   tu padre.
11 ¿En tan poco tienes el consuelo que
   viene de Dios
y las amables palabras que se te
   dicen?
12 ¿Por qué tu corazón te arrebata
y por qué guiñan tus ojos,
13 para que contra Dios vuelvas tu
   espíritu,
y lances tales palabras por tu boca?
14 ¿Qué cosa es el hombre para que
   sea puro,
para que se justifique el nacido de
   mujer?
15 Dios en sus santos no confía,
y ni aun los cielos son puros
   delante de sus ojos;
16 ¿cuánto menos el hombre, este ser
   abominable y vil
que bebe la iniquidad como agua?b

17 »Escúchame, pues yo te voy a
   mostrar
y a contar lo que he visto,

a 15.8 Is 40.13; Jer 23.18; Ro 11.34.   b 15.14-16 Job 4.17-19.

18 lo que los sabios nos contaron
de sus padres, y no lo ocultaron:
19 que únicamente a ellos fue dada la
tierra,
y que ningún extraño pasó por en
medio de ellos.
20 Todos sus días, el impío es
atormentado de dolor,
y el número de sus años le está
escondido al violento.
21 Estruendos espantosos resuenan
en sus oídos,
y en la prosperidad el asolador
vendrá sobre él.
22 Él no cree que volverá de las
tinieblas,
y está descubierto frente a la
espada.
23 Vaga errante, tras el pan, diciendo:
"¿Dónde está?"
Sabe que le está preparado el día de
tinieblas.
24 Tribulación y angustia lo turban,
y se lanzan contra él como un rey
dispuesto para la batalla,
25 por cuanto él extendió su mano
contra Dios
y se portó con soberbia contra el
Todopoderoso.
26 Corrió contra él con el cuello
erguido,
tras la espesa barrera de sus
escudos.
27 Aunque la grasa cubra su rostro
y haga pliegues en sus costados,^c
28 habitará en ciudades asoladas,
en casas desiertas y en ruinas.
29 No prosperará, ni durarán sus
riquezas,
ni extenderá sus bienes por
la tierra.
30 No escapará de las tinieblas,
la llama secará sus ramas
y con el aliento de la boca de Dios
perecerá.
31 No confíe el iluso en la vanidad,
porque ella será su recompensa.
32 Él será cortado antes de tiempo
y sus renuevos no reverdecerán.
33 Como la vid, perderá sus uvas
antes de madurar,
y esparcirá su flor como el olivo.

34 Porque la reunión de los impíos
será asolada
y el fuego consumirá la casa del que
soborna.
35 Concibieron dolor, dieron a luz
iniquidad
y en sus entrañas traman engaño».^d

Lamentaciones de Job

16 1 Respondió Job y dijo:

2 «Muchas veces he oído cosas como
estas,
¡Consoladores molestos sois todos
vosotros!
3 ¿Tendrán fin las palabras vacías?
¿Qué es lo que te anima a
responder?
4 También yo podría hablar como
vosotros,
si vuestra alma estuviera en lugar
de la mía.
Yo podría hilvanar contra vosotros
palabras,
y sobre vosotros mover la cabeza.
5 Pero os alentaría con mis palabras,
y el consuelo de mis labios calmaría
vuestro dolor.

6 »Pero en mí, aunque yo hable, el
dolor no cesa;
y aunque deje de hablar, no se
aparta de mí.
7 Porque ahora él me ha fatigado;
ha asolado toda mi compañía.
8 Me ha llenado de arrugas: testigo
es mi delgadez,
la cual se levanta contra mí para
testificar en mi rostro.
9 Su furor me ha destrozado, me ha
sido contrario;
cruje sus dientes contra mí:
contra mí aguza sus ojos mi
enemigo.
10 Ellos han abierto contra mí su boca,
y han herido mis mejillas con
afrenta:
¡contra mí se han juntado todos!
11 Dios me ha entregado al mentiroso,
en las manos de los impíos me ha
hecho caer.

---

^c 15.27 Sal 73.7.   ^d 15.35 Sal 7.14; Is 59.4.

¹² Yo vivía en prosperidad, y me
desmenuzó;
me arrebató por la cerviz, me
despedazó
y me puso por blanco suyo.
¹³ Me rodearon sus flecheros,
y él partió mis riñones sin
compasión
y derramó mi hiel por tierra.
¹⁴ Me quebrantó de quebranto en
quebranto;
corrió contra mí como un gigante.
¹⁵ Entonces cosí sobre mi piel tejidos
ásperos
y puse mi cabeza en el polvo.
¹⁶ Mi rostro está hinchado por el
llanto
y mis párpados entenebrecidos,
¹⁷ a pesar de no haber iniquidad en
mis manos
y de ser pura mi oración.

¹⁸ »¡Tierra, no cubras mi sangre
ni haya en ti lugar para mi clamor!
¹⁹ En los cielos está mi testigo
y mi testimonio en las alturas.
²⁰ Disputadores son mis amigos,
mas ante Dios derramaré mis
lágrimas.
²¹ ¡Ojalá pudiera disputar el hombre
con Dios
como con su prójimo!ᵃ
²² Mas vienen los años, que están
contados,
y yo me iré por el camino sin
regreso.ᵇ

17 ¹ Mi aliento se agota, se acortan
mis días
y me está preparado el sepulcro.
² No hay conmigo sino burladores;
en su provocación se fijan mis ojos.

³ »Sé tú, Dios, mi fiador, y sea junto a
ti mi protección;
porque ¿quién, si no, querría
responder por mí?
⁴ Pues del corazón de estos has
escondido la inteligencia
y, por tanto, no los exaltarás.
⁵ ¡Desfallecerán los ojos de los hijos
del que por recompensa denuncia a
sus amigos!

⁶ »Pero él me ha puesto por refrán de
pueblos,
y delante de ellos he sido como un
tamboril.
⁷ Mis ojos se han oscurecido de dolor
y todos mis pensamientos son
como sombra.
⁸ Los rectos se asombrarán de esto
y el inocente se levantará contra el
impío.
⁹ A pesar de todo, proseguirá el justo
su camino
y el puro de manos aumentará la
fuerza.
¹⁰ ¡Volved todos vosotros! ¡Venid
ahora,
que no hallaré entre vosotros un
solo sabio!
¹¹ Han pasado mis días y han sido
arrancados mis pensamientos,
los anhelos de mi corazón.
¹² Ellos cambian la noche en día;
dicen que la luz se acerca después
de las tinieblas.
¹³ Por más que yo espere, el seol es mi
casa,
y yo haré mi cama en las tinieblas.
¹⁴ A la corrupción le digo: "Mi padre
eres tú",
y a los gusanos: "Sois mi madre y
mi hermana".
¹⁵ ¿Dónde, pues, estará ahora mi
esperanza?
Y mi esperanza, ¿quién la verá?
¹⁶ A la profundidad del seol
descenderán,
y descansaremos juntos en el
polvo».

Bildad describe la suerte de los malos

18 ¹ Respondió Bildad, el suhita, y
dijo:

² «¿Cuándo pondréis fin a las
palabras?
Pensad, y después hablemos.
³ ¿Por qué somos tenidos por bestias
y a vuestros ojos somos viles?
⁴ Tú, que te destrozas en tu furor,
¿será abandonada la tierra por tu
causa,

ᵃ **16.19-21** Job 33.23-24.   ᵇ **16.22** Job 10.21.

o serán removidas de su lugar las peñas?

⁵ »Ciertamente la luz del impío se apaga
y no resplandecerá la llama de su fuego.
⁶ La luz se oscurece en su casa
y se apaga sobre él su lámpara.
⁷ Sus pasos vigorosos se acortan
y sus propios planes le hacen tropezar;
⁸ porque un lazo está puesto a sus pies
y entre redes camina;
⁹ un cepo atrapa su talón
y una trampa se afirma contra él.
¹⁰ La cuerda está escondida en la tierra
y la trampa lo aguarda en la senda.
¹¹ De todas partes lo asaltan temores
y lo hacen huir desconcertado.
¹² El hambre desgasta sus fuerzas
y a su lado está dispuesta la ruina.
¹³ La enfermedad roe su piel
y sus miembros devora el primogénito de la muerte.
¹⁴ De la confianza de su hogar es arrancado
y es conducido al rey de los espantos.
¹⁵ En su hogar mora como si no fuera suyo;
piedra de azufre es esparcida sobre su morada.
¹⁶ Por abajo se secan sus raíces
y por arriba son cortadas sus ramas.
¹⁷ Su recuerdo se borra de la tierra
y no tiene nombre en las calles.ᵃ
¹⁸ De la luz es lanzado a las tinieblas
y es arrojado fuera del mundo.
¹⁹ No tiene hijo ni nieto en su pueblo,
ni quien le suceda en sus moradas.ᵇ
²⁰ De su día se espantan los de occidente,
y el pavor caerá sobre los de oriente.
²¹ Tales son ciertamente las moradasᶜ del impío,

y ese es el lugar del que no conoce a Dios».

Job confía en que Dios lo justificará

19 ¹ Respondió entonces Job y dijo:

² «¿Hasta cuándo angustiaréis mi alma
y me moleréis con palabras?
³ Ya me habéis insultado diez veces,
¿no os avergonzáis de injuriarme?
⁴ Aun siendo verdad que yo haya errado,
sobre mí recaería mi error.
⁵ Pero si vosotros os jactáis contra mí,
y contra mí alegáis mi oprobio,
⁶ sabed ahora que Dios me ha derribado,
y me ha atrapado en su red.
⁷ Yo grito: "¡Agravio!", pero no se me oye;
doy voces, pero no se me hace justicia.
⁸ Dios ha cercado con valla mi camino y no puedo pasar;
y sobre mis veredas ha tendido tinieblas.
⁹ Me ha despojado de mi gloria
y ha quitado la corona de mi cabeza.
¹⁰ Por todos lados me ha arruinado, y perezco;
ha hecho que pase mi esperanza como un árbol arrancado.
¹¹ Hace arder contra mí su furor
y me tiene por uno de sus enemigos.
¹² A una vienen sus ejércitos, se atrincheran contra mí,
y acampan en derredor de mi morada.

¹³ »Hace que de mí se alejen mis hermanos,
y que mis conocidos, como extraños, se aparten de mí.ᵃ
¹⁴ Mis parientes se detienen;
mis conocidos me olvidan.
¹⁵ Los moradores de mi casa y mis criadas me tienen por extraño;

ᵃ **18.17** Sal 9.5; 34.16.   ᵇ **18.19** Sal 37.28.   ᶜ **18.21** Es decir, *la vida*.   ᵃ **19.13** Sal 31.11; 38.11; 69.8; 88.18.

forastero soy yo ante sus ojos.
¹⁶ Llamo a mi siervo y no responde,
aun cuando con mi propia boca le
suplico.
¹⁷ Mi aliento ha venido a ser extraño a
mi mujer,
aunque por los hijos de mis
entrañas le rogaba.
¹⁸ Incluso los muchachos me
desprecian,
y al levantarme hablan contra mí.
¹⁹ Todos mis íntimos amigos me
aborrecen;
los que yo amo se vuelven
contra mí.ᵇ
²⁰ Mi piel y mi carne se han pegado a
mis huesos,
y he escapado con solo la piel de
mis dientes.
²¹ ¡Vosotros, mis amigos, tened
compasión de mí!
¡Tened compasión de mí,
porque la mano de Dios me ha
tocado!
²² ¿Por qué vosotros me perseguís, lo
mismo que Dios,
y ni aun de mi carne os saciáis?

²³ »¡Quién diera ahora que mis
palabras fueran escritas!
¡Quién diera que se escribiesen en
un libro,
²⁴ o que con cincel de hierro y con
plomo
fueran esculpidas en piedra para
siempre!
²⁵ Pero yo sé que mi Redentor vive,
y que al fin se levantará sobre el
polvo,
²⁶ y que después de deshecha esta
mi piel,
en mi carne he de ver a Dios.
²⁷ Lo veré por mí mismo;ᶜ
mis ojos lo verán, no los de otro.
Pero ahora mi corazón se consume
dentro de mí.

²⁸ »Deberíais decir: "¿Por qué lo
perseguimos,
si la raíz de su situación está en él
mismo?"

²⁹ ¡Temed vosotros delante de la
espada,
porque sobreviene el furor de la
espada a causa de las injusticias!
¡Sabed, pues, que hay un juicio!»ᵈ

Zofar describe las calamidades de los malos

20 ¹ Respondió Zofar, el naamatita, y
dijo:

² «Por cierto mis pensamientos me
hacen responder,
y por eso me apresuro.
³ He escuchado una reprensión
afrentosa
y mi inteligencia me inspira la
respuesta.
⁴ ¿No sabes que siempre fue así,
que desde el tiempo en que fue
puesto el hombre sobre la tierra,
⁵ la alegría de los malos es breve
y el gozo del impío solo dura un
momento?
⁶ Aunque se enaltezca hasta el cielo
y su cabeza toque las nubes,
⁷ como su estiércol, perecerá para
siempre;
y los que lo hayan visto dirán:
"¿Qué es de él?"ᵃ
⁸ Como un sueño volará y no será
hallado;ᵇ
se disipará como una visión
nocturna.
⁹ El ojo que lo veía, nunca más
lo verá,
ni su lugar lo conocerá más.
¹⁰ Sus hijos solicitarán el favor de los
pobres
y sus manos devolverán lo que
él robó.
¹¹ Sus huesos, llenos aún de su
juventud,
yacerán con él en el polvo.
¹² Si el mal era dulce en su boca,
si lo ocultaba debajo de su lengua,
¹³ si lo saboreaba y no lo dejaba,
sino que lo retenía y paladeaba,
¹⁴ su comida se corromperá en sus
entrañas

ᵇ 19.19 Sal 41.9.   ᶜ 19.26-27 Job 42.5.   ᵈ 19.29 Sal 58.11.   ᵃ 20.6-7 Sal 37.35-36.   ᵇ 20.8 Sal 1.4; Is 29.5.

y será veneno de áspides dentro
de él.
¹⁵ Devoró riquezas, pero las
vomitará;
Dios las sacará de su vientre.
¹⁶ Veneno de áspides chupará;
lo matará la lengua de la víbora.
¹⁷ No verá más los arroyos, los ríos,
los torrentes de miel y de leche.
¹⁸ Restituirá sus ganancias y sus
bienes
sin haberlos tragado ni gozado de
ellos.
¹⁹ Por cuanto quebrantó y desamparó
a los pobres,
y robó casas no edificadas por él,ᶜ
²⁰ por eso no tendrá sosiego su
vientre
ni salvará nada de lo que codiciaba.
²¹ Nada quedó que él no devorara,
y por eso su bienestar no será
duradero.
²² En la plenitud de su abundancia
padecerá estrechez;
la mano de todos los malvados
caerá sobre él.
²³ Cuando se ponga a llenar su
vientre,
Dios enviará sobre él el ardor de
su ira,
y la hará llover sobre él y sobre su
comida.
²⁴ Huirá de las armas de hierro
y el arco de bronce lo atravesará.
²⁵ La saeta lo traspasará, atravesará
su cuerpo;
la punta reluciente saldrá por
su hiel.
¡Sobre él vendrán terrores!
²⁶ Una total tiniebla está reservada
para sus tesoros;
un fuego no atizado los consumirá
y devorará lo que quede en su
morada.
²⁷ Los cielos descubrirán su
iniquidad,
y la tierra se levantará contra él.
²⁸ Los renuevos de su casa serán
llevados de allí,
serán esparcidos en el día de su
furor.

²⁹ Esta es la suerte que Dios prepara al
hombre impío,
la herencia que Dios le señala por
su palabra».

Prosperidad y miseria de los malos

21 ¹ Entonces respondió Job y dijo:

² «Oíd atentamente mi palabra
y, al menos, dadme consuelo.
³ Toleradme, y yo hablaré;
y burlaos después que haya
hablado.
⁴ ¿Acaso me quejo yo de algún
hombre?
Y ¿por qué no se ha de angustiar mi
espíritu?
⁵ Miradme, espantaos
y tapaos la boca con la mano.
⁶ Aun yo mismo me horrorizo al
acordarme
y el temblor estremece mi cuerpo.

⁷ »¿Por qué viven los impíos
y envejecen, y aun crecen sus
riquezas?
⁸ Su linaje se robustece ante su vista
y sus descendientes están delante
de sus ojos.
⁹ Sus casas están libres de temor,
ningún azote de Dios viene sobre
ellos.ᵃ
¹⁰ Sus toros engendran sin fallar
y sus vacas paren sin que su cría se
malogre.
¹¹ Salen sus pequeñuelos como en
manada,
sus hijos andan saltando.
¹² Saltan al son del tamboril y de la
cítara,
se regocijan al son de la flauta.
¹³ Pasan sus días en prosperidad
y en paz descienden al seol,
¹⁴ pese a que dicen a Dios: "Apártate
porque no queremos conocer tus
caminos.
¹⁵ ¿Quién es el Todopoderoso para
que lo sirvamos?
¿De qué nos aprovechará que
oremos a él?".ᵇ
¹⁶ Pero el bien de ellos no está en sus
propias manos.

ᶜ **20.19** Pr 14.31; 17.5.   ᵃ **21.7-9** Sal 73.4; Mal 3.15.   ᵇ **21.14-15** Mal 3.14.

¡Lejos esté de mí el consejo de los
　　malvados!

17 »¡Cuántas veces la lámpara de los
　　impíos es apagada
　y viene sobre ellos su quebranto,
　y Dios en su ira les reparte dolores!
18 Son como la paja delante del
　　viento,
　　como el tamo que arrebata el
　　torbellino.c
19 ¡Dios guarda para los hijos de ellos
　　su violencia!d
　¡Él le dará su merecido, para que
　　aprenda!e
20 Verá con sus propios ojos su
　　quebranto
　y beberá de la ira del
　　Todopoderoso.
21 ¿Qué deleite tendrá él de su casa
　　después de sí,
　　cuando se haya cortado la cuenta
　　de sus meses?
22 ¿Enseñará alguien a Dios
　　sabiduría,
　　cuando es él quien juzga a los que
　　están elevados?
23 Uno muere en la plenitud de su
　　vigor,
　　del todo próspero y en paz;
24 sus vasijas están llenas de leche
　y sus huesos rellenos de tuétano.
25 Otro, en cambio, muere con el
　　ánimo amargado,
　　sin haber comido jamás con gusto.
26 Pero ambos por igual yacerán en el
　　polvo,f
　　cubiertos de gusanos.

27 »Yo conozco vuestros
　　pensamientos
　y lo que en vuestra imaginación
　　forjáis contra mí.
28 Porque decís: "¿Qué hay de la casa
　　del príncipe
　y de la morada donde viven los
　　malvados?"
29 ¿No habéis preguntado a los que
　　pasan por el camino?

¿No habéis conocido su respuesta,
30 que el malo es preservado en el día
　　de la destrucción
　y que estará a salvo en el día de la
　　ira?
31 ¿Quién le denunciará en su cara su
　　camino?
　Por lo que él hizo, ¿quién le dará su
　　merecido?
32 ¡Lo llevarán al cementerio
　y velarán sobre su túmulo!
33 Los terrones del valle le serán
　　dulces;
　　en pos de él desfila todo el mundo,
　y antes de él, una muchedumbre
　　incontable.
34 ¡Cuán vano es el consuelo que me
　　dais!
　　Vuestras respuestas son pura
　　falacia».

Acusaciones de Elifaz

22 1 Respondió Elifaz, el temanita, y
　　dijo:

2 «¿Podrá el hombre ser de provecho
　　a Dios?
　Si acaso, solo para sí mismo es
　　provechoso el hombre sabio.
3 ¿Le satisface al Omnipotente que tú
　　seas justo?
　¿Le aprovecha de algo que tú hagas
　　perfectos tus caminos?a
4 ¿Acaso por tu piedad te castiga
　o entra a juicio contigo?
5 Por cierto, tu maldad es grande
　y tus iniquidades no tienen fin.
6 Sin razón tomabas prenda de tus
　　hermanos
　y despojabas de sus ropas a los
　　desnudos.b
7 No dabas de beber agua al cansado
　y negaste el pan al hambriento.
8 ¡Tú, el hombre pudiente que poseía
　　la tierra,
　　el distinguido que habitaba en ella,
9 a las viudas enviabas vacías
　y quebrabas los brazos de los
　　huérfanos!c

---

c **21.18** Sal 1.4.   d **21.19** Ex 20.5; 34.7; Nm 14.18; Dt 5.9; Jer 31.29; Ez 18.2.   e **21.19** Dt 24.16;
Jer 31.30; Ez 18.20.   f **21.26** Ec 2.14; 9.2-3.   a **22.1-3** Job 35.6-8.   b **22.6** Ex 22.25-26; Dt 23.19;
24.10-13.   c **22.9** Ex 22.22-24; Dt 24.17; 27.19.

10 Por eso estás rodeado de lazos
   y te turba un espanto repentino;
11 estás en tinieblas, de modo que
      no ves,
   y te cubre un torrente de agua.

12 »¿No está Dios en lo alto de los
      cielos?
   ¡Mira lo encumbrado de las
      estrellas, cuán elevadas están!
13 Y tú has dicho: "¿Qué sabe Dios?
   ¿Cómo juzgará a través de la
      oscuridad?
14 Rodeado de nubes, no puede ver
   mientras pasea por los bordes del
      cielo".[d]
15 ¿Quieres tú acaso seguir la senda
      antigua,
   la que siguieron los hombres
      perversos
16 que fueron cortados antes de
      tiempo,
   cuyos cimientos se derramaron
      como un río?
17 Ellos decían a Dios: "¡Apártate de
      nosotros!"
   ¿Y qué les había hecho el
      Omnipotente?
18 Había colmado de bienes sus casas.
   ¡Lejos de mí sea el consejo de ellos!
19 Lo verán los justos y se gozarán,
   y el inocente se burlará de ellos
      diciendo:
20 "¡Nuestros adversarios fueron
      destruidos
   y el fuego consumió lo que de ellos
      había quedado!"

21 »Vuelve ahora en amistad con Dios
   y tendrás paz;
   y la prosperidad vendrá a ti.
22 Toma ahora la Ley de su boca
   y pon sus palabras en tu corazón.
23 Si te vuelves al Omnipotente, serás
      edificado
   y alejarás de tu morada la aflicción.
24 Tendrás más oro que tierra:
   como piedras de arroyo, oro
      de Ofir.
25 ¡El Todopoderoso será tu oro
   y tendrás plata en abundancia!

26 Entonces te deleitarás en el
      Omnipotente
   y alzarás a Dios tu rostro.
27 Orarás a él y él te oirá;
   y tú cumplirás tus votos.
28 Asimismo lo que tú determines se
      realizará,
   y sobre tus caminos resplandecerá
      la luz.
29 Cuando ellos estén abatidos, dirás
      tú: "¡Sean enaltecidos!"
   Entonces Dios salvará al de mirada
      humilde.
30 Él libertará al inocente;
   por la pureza de tus manos será
      liberado».

Job defiende su causa delante de Dios

23 1 Respondió Job y dijo:

2 «Hoy también hablaré con
      amargura,
   porque es más grave mi llaga que
      mi gemido.
3 ¡Quién me diera el saber dónde
      hallar a Dios!
   Yo iría hasta su morada,
4 expondría mi causa delante de él
   y llenaría mi boca de argumentos.
5 Yo sabría lo que él me respondiese
   y entendería lo que me dijera.
6 ¿Contendería conmigo con la
      grandeza de fuerza?
   ¡No, sino que él me atendería!
7 Allí el justo razonaría con él
   y yo escaparía para siempre de
      mi juez.

8 »Si me dirijo al oriente, no lo
      encuentro;
   si al occidente, no lo descubro.
9 Si él muestra su poder en el norte,
      yo no lo veo;
   ni tampoco lo veo si se oculta en
      el sur.
10 Mas él conoce mi camino:
   si me prueba, saldré como el oro.
11 Mis pies han seguido sus pisadas;
   permanecí en su camino, sin
      apartarme de él.
12 Nunca me separé del
      mandamiento de sus labios,

[d] **22.13-14** Sal 73.11; Is 29.15.

sino que guardé las palabras de su boca más que mi comida.

13 »Pero si él decide una cosa, ¿quién lo hará cambiar?
Lo que desea, lo realiza.
14 Él, pues, llevará a término lo que ha decidido en cuanto a mí,
y muchas cosas semejantes que tiene en su propósito.
15 Por eso, me espanto en su presencia;
cuando lo considero, tiemblo a causa de él.
16 Dios ha enervado mi corazón;
me ha aterrado el Omnipotente.
17 ¿Por qué no fui aniquilado por las tinieblas?
¿Por qué no fue cubierto por la oscuridad mi rostro?

24 1»Puesto que no son ocultos los tiempos*a* al Todopoderoso,
¿por qué los que lo conocen no ven sus días?
2 Los malvados violan los linderos, roban los ganados y los apacientan.*b*
3 Se llevan el asno de los huérfanos y toman en prenda el buey de la viuda.
4 Hacen apartar del camino a los necesitados
y todos los pobres de la tierra tienen que esconderse.
5 Como asnos monteses en el desierto,
salen los pobres, madrugando en busca de presa.
¡El desierto les da el sustento de sus hijos!
6 En el campo recogen sus espigas, pero los malvados vendimian la viña ajena.
7 Al desnudo fuerzan a dormir sin ropa,
sin cobertura contra el frío.
8 En los montes se empapan con la lluvia
y se abrazan a las peñas faltos de refugio.

9 Quitan del pecho a los huérfanos, y del pobre toman en prenda.
10 Al desnudo hacen caminar sin ropa
y a los hambrientos quitan las gavillas.
11 Dentro de sus muros exprimen el aceite;
pisan los lagares, pero mueren de sed.
12 En la ciudad gimen los moribundos
y clama el alma de los heridos de muerte,
pero Dios no atiende su oración.

13 »Ellos son los que, rebeldes a la luz, no conocen sus caminos,
ni permanecen en sus sendas.*c*
14 Al amanecer se levanta el asesino, el que mata al pobre y al necesitado
y de noche es como un ladrón.
15 La noche está aguardando el ojo del adúltero,
del que dice: "No me verá nadie", y esconde su rostro.
16 En las tinieblas minan las casas que de día para sí señalaron.
No conocen la luz.
17 La mañana es para todos ellos como sombra de muerte;
pues, si son reconocidos, terrores de sombra de muerte los asaltan.

18 *d*»Huyen ligeros como corriente de aguas,
su porción es maldita en la tierra y no andarán por el camino de las viñas.
19 Como la sequía y el calor arrebatan las aguas de la nieve,
así también el seol a los pecadores.
20 De ellos se olvidará el seno materno;
de su dulzor gustarán los gusanos; nunca más habrá de ellos memoria: ¡Como un árbol serán talados los impíos!

---

a 24.1 Es decir, para dar a cada uno su merecido.   *b* 24.2 Dt 19.14; 27.17; Pr 22.28; 23.10; Os 5.10.
c 24.13 Jn 3.20.   *d* 24.18-25 Generalmente se considera que 24.18-25 y 27.13-23 forman el tercer discurso de *Zofar*.

²¹ »Afligió a la mujer estéril, la que no
concebía,
y nunca se portó bien con la viuda.
²² En cambio, aventaja en poder a los
fuertes.
¡Cuando se levanta, nadie está
seguro de su vida!

²³ »Dios les da seguridad y confianza,
pero sus ojos vigilan los caminos
de ellos.
²⁴ Por un momento son exaltados,
pero pronto desaparecen
y son abatidos como todos los
demás:
encerrados son y cortados como
cabezas de espiga.
²⁵ ¿O no es esto así? ¿Quién me
desmentirá ahora
o reducirá a nada mis palabras?»

Bildad niega que el hombre pueda ser justificado delante de Dios

25 ¹ Respondió Bildad, el suhita, y dijo:

² «El señorío y el temor están con él,
que hace la paz en las alturas.
³ ¿No son incontables sus ejércitos?
¿Sobre quién no está su luz?
⁴ ¿Cómo, pues, se justificará el
hombre delante de Dios?
¿Cómo será puro el que nace de
mujer?
⁵ Si ni aun la misma luna es
resplandeciente
ni las estrellas son puras delante de
sus ojos,
⁶ ¿cuánto menos el hombre, ese
gusano,
ese gusano que es el hijo de
hombre?»

Job proclama la soberanía de Dios

26 ¹ Respondió Job y dijo:

² «¿En qué has ayudado al que no
tiene fuerzas?
¿Cómo has protegido al brazo
débil?
³ ¿Qué has aconsejado al que está
falto de ciencia?

¿Qué plenitud de inteligencia has
manifestado?
⁴ ¿A quién has dirigido tus palabras?
¿De quién es el espíritu que te
inspira?

⁵ »Las sombras tiemblan en lo
profundo,
los mares y cuanto en ellos mora.
⁶ El seol está descubierto delante
de él
y el Abadón no tiene cobertura.
⁷ Él extiende el Norte sobre el vacío,
cuelga la tierra sobre la nada.
⁸ Encierra las aguas en sus nubes,
y las nubes no se rompen debajo
de ellas.
⁹ Él encubre la faz de su trono
y sobre él extiende su nube.
¹⁰ Ha puesto límite a la superficie de
las aguas,
hasta el confín de la luz y las
tinieblas.
¹¹ A su reprensión, las columnas
del cielo
tiemblan y se espantan.
¹² Él agita el mar con su poder
y con su entendimiento lo hiere en
su arrogancia.
¹³ Su espíritu adorna los cielos;
su mano traspasó a la serpiente
tortuosa.
¹⁴ ¡Y estas cosas no son más que los
bordes del camino,
apenas el leve susurro que oímos
de él!
Pero el trueno de su poder, ¿quién
podrá comprenderlo?»ᵃ

Job describe el castigo de los malosᵃ

27 ¹ Continuó Job su discurso y dijo:

² «¡Vive Dios, que ha quitado mi
derecho,
el Omnipotente, que ha amargado
mi alma,
³ que todo el tiempo que mi alma
esté en mí
y que haya hálito de Dios en mis
narices,

ᵃ **26.14** Is 55.8; 1 Co 2.16.   ᵃ **27.1-12** Estos v. se entienden generalmente como continuación de
26.1-4.

4 mis labios no hablarán iniquidad
   ni mi lengua pronunciará mentira!
5 ¡Nunca acontezca que yo os dé la
   razón!
   ¡Hasta la muerte mantendré mi
   integridad!
6 Aferrado estoy a mi justicia, y no
   cederé;
   mientras viva, no me reprochará mi
   corazón.

7 »¡Sea como el malvado mi
   enemigo,
   y como el inicuo mi adversario!
8 Porque ¿cuál es la esperanza del
   malvado, por mucho que haya
   robado,
   cuando Dios le quite la vida?
9 ¿Escuchará Dios su clamor
   cuando la tribulación venga
   sobre él?
10 ¿Acaso él se deleita en el
   Omnipotente?
   ¿Acaso invoca a Dios en todo
   tiempo?
11 Yo os instruiré acerca del poder
   de Dios;
   no esconderé lo que se refiere al
   Omnipotente.
12 Todos vosotros lo habéis visto,
   ¿por qué, pues, os habéis hecho tan
   completamente vanos?

13 »Esta es delante de Dios la suerte
   del hombre malvado,
   y la herencia que los violentos han
   de recibir del Omnipotente:
14 Aunque sus hijos se multipliquen,
   serán entregados a la espada,
   y sus pequeños no se saciarán
   de pan.
15 Los que de él queden, la muerte los
   llevará al sepulcro
   y no los llorarán sus viudas.
16 Aunque amontone plata como
   polvo
   y acumule ropa como barro,
17 él la habrá acumulado, mas el justo
   se vestirá con ella
   y el inocente disfrutará de la plata.
18 Construye su casa como la polilla,
   como la enramada hecha por el
   guarda.

19 Rico se acuesta, pero es por última
   vez:
   cuando abra los ojos, nada tendrá.
20 Se apoderan de él terrores como
   aguas,
   y un torbellino lo arrebata de
   noche.
21 El viento del este lo levanta y se lo
   lleva,
   y la tempestad lo arrastra de su
   lugar.
22 Dios, pues, descarga contra él sin
   compasión,
   aunque él intenta huir de sus
   manos.
23 Sobre él baten muchos las manos
   y por todos lados le silban.

Elogio de la sabiduría

28 1 »Ciertamente la plata tiene sus
   criaderos,
   y el oro, lugar donde se refina.
2 El hierro se saca del polvo
   y de la piedra se funde el cobre.
3 Los hombres ponen término a las
   tinieblas,
   lo examinan todo perfectamente,
   hasta las piedras que hay en
   oscuridad y en sombra de
   muerte.
4 Abren minas lejos de lo habitado,
   en lugares olvidados donde nadie
   pone el pie.
   Allí están suspendidos,
   balanceándose lejos de los
   demás hombres.
5 De la tierra proviene el pan,
   pero en su interior está como
   convertida en fuego,
6 y en ella hay lugar donde las
   piedras son zafiro
   y el polvo es de oro.
7 Es una senda que nunca la conoció
   ave
   ni ojo de buitre la vio;
8 que nunca la pisaron animales
   fieros
   ni león pasó por ella.
9 El hombre pone su mano en el
   pedernal
   y trastorna de raíz los montes.
10 En los peñascos abre corrientes de
   aguas,

y sus ojos ven todo lo preciado.
11 Detiene los ríos en su nacimiento
y saca a la luz lo escondido.

12 »Mas, ¿dónde se halla la sabiduría?
¿Dónde se encuentra el lugar de la
inteligencia?
13 No conoce su valor el hombre,
ni se halla en la tierra de los seres
vivientes.
14 El abismo dice: "No está en mí",
y dice el mar: "Tampoco está
conmigo".
15 No se dará a cambio de oro
ni su precio será a peso de plata.
16 No puede ser pagada con oro
de Ofir,
con ónice precioso ni con zafiro.
17 No se le pueden comparar el oro ni
el diamante,
ni se la cambiará por alhajas de
oro fino.
18 ¿Y qué decir del coral o de las
perlas?
¡La sabiduría vale más que las
piedras preciosas!
19 No se iguala con ella el topacio de
Etiopía,
ni puede pagarse con oro fino.

20 »¿De dónde, pues, procede la
sabiduría
y dónde se encuentra el lugar de la
inteligencia?
21 ¡Encubierta está a los ojos de todo
viviente,
y a toda ave del cielo le es oculta!
22 El Abadón y la muerte dicen:
"Su fama ha llegado hasta nuestros
oídos".

23 »Dios es quien conoce el camino
de ella
y sabe dónde está su lugar,
24 porque él observa hasta los
confines de la tierra
y ve cuanto hay bajo los cielos.
25 Al darle peso al viento
y fijar la medida de las aguas;
26 al darle ley a la lluvia
y camino al relámpago de los
truenos,

27 ya entonces la vio él y la puso de
manifiesto,
la preparó y también la escudriñó.[a]
28 Y dijo al hombre:
"El temor del Señor es la
sabiduría,[b]
y el apartarse del mal, la
inteligencia"».

Job evoca su dicha anterior y el respeto que merecía

29 1 Volvió Job a reanudar su discurso
y dijo:

2 «¡Quién me volviera como en los
meses pasados,
como en los días en que Dios me
guardaba,
3 cuando hacía resplandecer su
lámpara sobre mi cabeza
y a su luz caminaba yo en la
oscuridad!
4 ¡Así fue en los días de mi juventud,
cuando el favor de Dios protegía
mi morada;
5 cuando aún estaba conmigo el
Omnipotente
y mis hijos me rodeaban;
6 cuando yo lavaba mis pies con
leche
y la piedra me derramaba ríos de
aceite!
7 Entonces yo salía a la puerta, a
juicio,
y en la plaza hacía preparar mi
asiento.
8 Al verme, los jóvenes se escondían,
los ancianos se levantaban y
permanecían en pie,
9 los príncipes dejaban de hablar
y se tapaban la boca con la mano,
10 y la voz de los principales se
apagaba
y se les pegaba la lengua al paladar.
11 Entonces los que me oían me
llamaban bienaventurado,
y los que me veían testimoniaban a
favor mío,
12 porque yo libraba al pobre que
clamaba
y al huérfano que carecía de
ayudador.

---

a **28.12-27** Pr 8.22-31.   b **28.28** Sal 111.10; Pr 1.7; 9.10; 15.33.

13 La bendición del que estaba a
   punto de perderse venía
   sobre mí,
   y al corazón de la viuda yo
   procuraba alegría.
14 Iba yo vestido de justicia, cubierto
   con ella;
   como manto y diadema era mi
   rectitud.
15 Yo era ojos para el ciego,
   pies para el cojo
16 y padre para los necesitados.
   De la causa que no entendía, me
   informaba con diligencia;
17 y quebrantaba los colmillos del
   inicuo;
   de sus dientes le hacía soltar la
   presa.
18 Decía yo: "En mi nido moriré.
   Como arena multiplicaré mis
   días".
19 Mi raíz estaba abierta junto a las
   aguas,[a]
   en mis ramas permanecía el rocío,
20 mi honra se renovaba en mí
   y mi arco se fortalecía en mi mano.

21 »Los que me escuchaban,
   esperaban callados mi consejo;
22 tras mi palabra no replicaban,
   pues mi razón destilaba sobre ellos.
23 Me esperaban como a la lluvia;
   abrían su boca como a la lluvia
   tardía.
24 Si me reía con ellos, no se lo creían;
   pero no dejaban apagar la luz de mi
   rostro.
25 Yo les indicaba su camino y me
   sentaba entre ellos como el jefe.
   Vivía como un rey en medio de su
   ejército,
   o como el que consuela a los que
   lloran.

Job lamenta su desdicha presente

30 »Pero ahora se ríen de mí los más
    jóvenes que yo,
    a cuyos padres yo desdeñaba poner
    junto a los perros de mi ganado,
2 pues ¿de qué me hubiera servido ni
   aun la fuerza de sus manos,
   si no tienen fuerza alguna?

3 A causa de la pobreza y del hambre
   andaban solitarios,
   huían a la soledad, a lugares
   tenebrosos, desolados y
   desiertos.
4 Recogían malvas entre los arbustos
   y raíces de enebro para calentarse.
5 Los echaban de en medio de la
   gente
   y todos les gritaban como a
   ladrones.
6 Vivían en las barrancas de los
   arroyos,
   en las cavernas de la tierra y entre
   las rocas.
7 Bramaban entre las matas
   y se reunían debajo de los espinos.
8 Hijos de gente vil, hombres sin
   nombre,
   más bajos que la misma tierra.

9 »¡Y ahora yo soy objeto de su burla
   y les sirvo de refrán!
10 Me abominan, se alejan de mí
   y no dejan de escupirme en el
   rostro.
11 Porque Dios ha desatado la cuerda
   y me ha afligido,
   por eso se han desenfrenado en mi
   propio rostro.
12 A mi derecha se levanta el
   populacho,
   empujan mis pies
   y preparan caminos para mi ruina.
13 Desbaratan mi senda,
   se aprovechan de mi
   quebrantamiento,
   y no tengo quien me auxilie contra
   ellos.
14 Vienen como por un ancho portillo,
   revolviéndose sobre mi calamidad.
15 Terrores se han vuelto contra mí;
   como viento es arrasado mi honor,
   y mi prosperidad ha pasado como
   una nube.

16 »Ahora mi alma está derramada
   en mí,
   pues se apoderan de mí días de
   aflicción.
17 La noche taladra mis huesos

[a] 29.19 Sal 1.3.

y los dolores que me roen no
   reposan.
¹⁸ La violencia deforma mi vestidura:
   me oprime como el cuello de mi
   túnica.
¹⁹ Dios me ha derribado en el lodo
   y ahora soy semejante al polvo y a
   la ceniza.
²⁰ ¡Clamo a ti, pero no me escuchas!
   ¡Me presento, pero no me atiendes!
²¹ Te has vuelto cruel conmigo;
   con el poder de tu mano me
   persigues.
²² Me has alzado sobre el viento, me
   haces cabalgar en él
   y destruyes mi sustancia.
²³ Yo sé que me conduces a la muerte,
   y a la casa a donde va todo ser
   viviente.

²⁴ »Mas él, ¿no extenderá la mano
   contra el sepulcro?
   ¿O no clamarán los sepultados
   cuando él los quebrante?
²⁵ Y yo, ¿no he llorado por el que
   sufre?
   ¿No me he entristecido a causa del
   necesitado?
²⁶ Sin embargo, cuando yo esperaba
   el bien, entonces vino el mal;
   cuando esperaba la luz, vino la
   oscuridad.
²⁷ Mis entrañas se agitan sin reposo,
   por los días de aflicción que me han
   sobrecogido.
²⁸ Ando ennegrecido, y no por el sol;
   me he levantado en la
   congregación, y he clamado.
²⁹ He venido a ser hermano de
   chacales
   y compañero de avestruces.
³⁰ Mi piel, ennegrecida, se me cae,
   mis huesos arden de calor.
³¹ Mi arpa se ha cambiado por luto,
   y mi flauta por voz de
   lamentadores.

Job afirma su integridad

31 ¹ »Hice pacto con mis ojos,
   ¿cómo, pues, había yo de mirar
   a una virgen?

² Porque ¿qué galardón me daría
   Dios desde arriba?
   ¿Qué heredad el Omnipotente
   desde las alturas?
³ ¿Es que no hay desgracia para el
   malvado,
   infortunio para los que hacen
   iniquidad?
⁴ ¿Acaso él no ve mis caminos
   y cuenta todos mis pasos?

⁵ »¿Es que yo anduve con mentiras,
   o corrieron mis pies al engaño?
⁶ ¡Que Dios me pese en la balanza de
   la justicia
   y reconocerá mi integridad!
⁷ Si mis pasos se apartaron del
   camino,
   si mi corazón se fue tras mis ojos,
   si algo se pegó a mis manos,
⁸ ¡siembre yo y otro coma!
   ¡Sea arrancada mi siembra!

⁹ »Si fue engañado mi corazón por
   alguna mujer,
   si estuve acechando a la puerta de
   mi prójimo,ᵃ
¹⁰ ¡muela para otro mi mujer
   y sobre ella otros se encorven!
¹¹ Porque eso es maldad e iniquidad
   que han de castigar los jueces.
¹² Porque eso es un fuego que
   devoraría hasta el Abadón
   y consumiría toda mi hacienda.

¹³ »Si hubiera yo menospreciado el
   derecho de mi siervo y de mi
   sierva
   cuando ellos pleiteaban conmigo,
¹⁴ ¿qué haría cuando Dios se
   levantara?
   Y cuando él me preguntara, ¿qué le
   respondería?
¹⁵ El que en el vientre me hizo a mí,
   ¿no lo hizo a él?
   ¿Y no fue uno y el mismo quien nos
   formó en la matriz?

¹⁶ »Si he impedido a los pobres
   quedar satisfechos,
   si he hecho decaer los ojos de la
   viuda,

ᵃ **31.9** Pr 6.23-35; 7.6-27.

¹⁷ si he comido yo solo mi bocado
y no comió de él el huérfano
¹⁸ (porque desde mi juventud creció
conmigo como con un padre,
y desde el vientre de mi madre fui
guía de la viuda);
¹⁹ si he visto a alguno perecer por
falta de vestido,
por carecer de abrigo el necesitado;
²⁰ si no me bendijeron sus espaldas
al calentarse con el vellón de mis
ovejas;
²¹ si alcé contra el huérfano mi mano,
aun viendo que en la puerta
estaban de mi parte,
²² ¡que mi espalda se caiga de mi
hombro
y se quiebre el hueso de mi brazo!
²³ Porque he temido el castigo
de Dios,
contra cuya majestad yo no tendría
poder.

²⁴ »Si puse en el oro mi esperanza,
y le dije al oro: "Mi confianza está
en ti";^b
²⁵ si me alegré de que mis riquezas se
multiplicaran
y de tener mucho en mi mano;
²⁶ si he mirado al sol cuando
resplandecía
o a la luna en su esplendor,
²⁷ y mi corazón fue engañado en
secreto,
y mi boca besó mi mano,^c
²⁸ eso también sería una maldad
digna de juicio,
porque habría negado al Dios
soberano.

²⁹ »Si me alegré con el
quebrantamiento del que me
aborrecía
y me regocijé cuando le sobrevino
el mal^d
³⁰ (aun cuando no entregué al pecado
mi lengua
para pedir la maldición para su
alma),
³¹ si mis siervos no decían:
"¿Quién hay que no se haya
saciado con su carne?"

³² (porque ningún forastero pasaba
fuera la noche,
sino que yo abría mis puertas al
caminante);
³³ si como humano que soy encubrí
mis transgresiones,
escondiendo en mi seno mi
iniquidad,
³⁴ porque temía a la multitud, que era
grande,
y me atemorizaba el menosprecio
de las familias,
y entonces callaba y no salía de mi
puerta...
³⁵ ¡Quién me diera ser escuchado!...
Pero mi confianza es que el
Omnipotente será mi testigo,
aunque mi adversario me lleve a
juicio.
³⁶ Ciertamente yo lo cargaría sobre mi
hombro,
me lo ceñiría como una corona.
³⁷ Yo le daría cuenta de todos mis
pasos;
como un príncipe me presentaría
delante de él.

³⁸ »Si mi tierra clama contra mí
y lloran todos sus surcos;
³⁹ si he comido su sustancia sin pagar
o he afligido el alma de sus dueños,
⁴⁰ ¡que en lugar de trigo me nazcan
abrojos,
y espinos en lugar de cebada!».

Aquí terminan las palabras de Job.

Intervención de Eliú

32 ¹ Cesaron estos tres varones de responder a Job, por cuanto él era justo a sus propios ojos. ² Entonces Eliú hijo de Baraquel, el buzita, de la familia de Ram, se encendió en ira contra Job. Se encendió en ira por cuanto él se hacía justo a sí mismo más que a Dios. ³ Igualmente se encendió en ira contra sus tres amigos, porque aunque habían condenado a Job, no sabían responderle. ⁴ Eliú había esperado a Job en la disputa, porque los otros eran más viejos que él; ⁵ pero viendo Eliú que no había respuesta en la boca de aquellos tres varones, se encendió en ira.

^b **31.24** Sal 49.6; 52.6-7. ^c **31.26-27** Dt 4.19. ^d **31.29** Pr 24.17.

⁶Respondió Eliú hijo de Baraquel, el buzita, y dijo:

«Yo soy joven y vosotros ancianos:
    por eso he tenido miedo. He
    temido declararos mi opinión.
⁷ Yo decía: "Los días hablarán,
    los muchos años declararán
    sabiduría".
⁸ Ciertamente espíritu hay en el
    hombre,
    y el soplo del Omnipotente lo hace
    que entienda.
⁹ Pero no son los más sabios los que
    tienen mucha edad,
    ni los ancianos los que entienden el
    derecho.
¹⁰ Por tanto, yo dije: "Escuchadme,
    declararé yo también mi
    sabiduría".

¹¹ »Yo he esperado a vuestras
    razones,
    he escuchado vuestros
    argumentos,
    en tanto que buscabais palabras.
¹² Os he prestado atención,
    y no hay entre vosotros quien
    redarguya a Job
    y responda a sus razones.
¹³ Para que no digáis: "Nosotros
    hemos hallado sabiduría.
    Es Dios quien lo vence, no el
    hombre".
¹⁴ Ahora bien, Job no dirigió contra
    mí sus palabras,
    ni yo le responderé con vuestras
    razones.

¹⁵ »Se espantaron y ya no
    respondieron;
    se les acabaron los razonamientos.
¹⁶ Yo, pues, he esperado, pero ellos no
    hablaban;
    antes bien, callaron y no volvieron
    a responder.
¹⁷ Por eso yo también responderé mi
    parte;
    también yo declararé mi juicio.
¹⁸ Porque estoy repleto de palabras
    y por dentro me apremia el
    espíritu.
¹⁹ De cierto mi corazón está como el
    vino que no tiene respiradero

y que hace reventar los odres
    nuevos.
²⁰ Hablaré, pues, y respiraré;
    abriré mis labios y responderé.
²¹ Y no haré ahora distinción de
    personas
    ni usaré con nadie de títulos
    lisonjeros.
²² Porque no sé decir lisonjas,
    y si lo hiciera, pronto mi Hacedor
    me consumiría.

Eliú censura a Job

33 ¹»Por tanto, Job, oye ahora mis
    razones,
    escucha todas mis palabras.
² Yo abriré ahora mi boca
    y mi lengua hablará en mi
    garganta.
³ Mis razones declararán la rectitud
    de mi corazón,
    y lo que saben mis labios, lo dirán
    con sinceridad.
⁴ El espíritu de Dios me hizo
    y el soplo del Omnipotente me dio
    vida.
⁵ Respóndeme, si puedes;
    ordena tus palabras, ponte en pie.
⁶ Heme aquí a mí, en presencia de
    Dios, lo mismo que tú:
    del barro fui yo también formado.
⁷ Por eso, mi terror no te espantará
    ni mi mano pesará sobre ti.

⁸ »De cierto tú has dicho a oídos míos
    y yo oí la voz de tus palabras que
    decían:
⁹ "Yo soy puro y sin defecto;
    soy inocente y no hay maldad en mí.
¹⁰ Dios ha buscado reproches
    contra mí
    y me tiene por su enemigo.
¹¹ Ha puesto mis pies en el cepo
    y vigila todas mis sendas".

¹² »Pues bien, en esto no has hablado
    con razón,
    y yo te respondo que Dios es mayor
    que el hombre.
¹³ ¿Por qué contiendes contra él,
    si él no da cuenta de ninguna de sus
    razones?
¹⁴ Aunque lo cierto es que de una u
    otra manera habla Dios,

pero el hombre no lo entiende.
¹⁵ Por sueños, en visión nocturna,
cuando el sueño cae sobre los
hombres,
cuando se duermen en el lecho,
¹⁶ entonces se revela él al oído del
hombre
y le confirma su instrucción,
¹⁷ para separar al hombre de su obra
y apartar del varón la soberbia,
¹⁸ para librar su alma del sepulcro
y su vida de perecer a espada.

¹⁹ »También en su cama es castigado
el hombre
con fuerte dolor en sus huesos.
²⁰ Entonces su vida aborrece el pan
y su alma la comida suave.
²¹ Su carne desfallece y desaparece a
la vista,
y sus huesos, que antes no se veían,
aparecen.
²² Su alma se acerca al sepulcro
y su vida a los que causan la
muerte.

²³ »Pero si el hombre tiene a su lado
algún elocuente mediador, muy
escogido,
para anunciarle su deber[a]
²⁴ y decirle que Dios tiene de él
misericordia,
que lo libra de descender al
sepulcro,
que hay redención para él,
²⁵ entonces su carne será más tierna
que la de un niño
y volverá a los días de su juventud.
²⁶ Entonces orará a Dios y obtendrá
su favor.
Verá su faz con júbilo,
y él restaurará al hombre su
justicia.
²⁷ Porque él mira sobre los hombres, y
si uno dice:
"He pecado y he pervertido lo
recto,
pero de nada me ha aprovechado",
²⁸ Dios redimirá su alma para que no
pase al sepulcro,
y su vida se verá en luz.

²⁹ »Todas estas cosas hace Dios
dos y tres veces con el hombre,
³⁰ para apartar su alma del sepulcro
y para iluminarlo con la luz de los
vivientes.
³¹ Escucha, Job, óyeme;
calla, y yo hablaré.
³² Si tienes razones, respóndeme;
habla, porque yo te quiero
justificar.
³³ Y si no, escúchame tú a mí;
calla, y te enseñaré sabiduría».

Eliú justifica a Dios

34 ¹ Además Eliú dijo:

² «Escuchad, sabios, mis palabras;
y vosotros, doctos, prestadme
atención.
³ Porque el oído prueba las palabras,
como el paladar saborea lo que uno
come.[a]
⁴ Escojamos para nosotros lo que es
justo;
conozcamos entre nosotros lo que
es bueno,
⁵ porque Job ha dicho: "Yo soy justo,
pero Dios me ha quitado mi
derecho.
⁶ Y ahora ¿habré de mentir contra mi
razón?
¡Dolorosa es mi herida, sin haber
cometido transgresión!".[b]
⁷ Pues bien, ¿qué hombre hay
como Job,
que bebe el escarnio como agua,
⁸ que va en compañía de los inicuos
y anda con los hombres malos?
⁹ Porque ha dicho: "De nada le sirve
al hombre
conformar su voluntad a Dios".

¹⁰ »Por tanto, vosotros que sois
varones inteligentes, oídme:
¡Lejos esté de Dios la impiedad,
del Omnipotente la iniquidad!
¹¹ Porque él pagará al hombre según
su obra,[c]
y le retribuirá conforme a su
conducta.

[a] 33.23 Job 5.1; 16.19-21.   [a] 34.3 Job 12.11.   [b] 34.5-6 Job 27.1-5.   [c] 34.11 Sal 62.11-12; Pr 24.12;
Jer 17.10; Ez 18.30; 33.20; Mt 16.27; Ro 2.6.

12 Sí, por cierto, Dios no hará
       injusticia;
   el Omnipotente no pervertirá el
       derecho.
13 ¿Quién visitó por él la tierra?
   ¿Quién puso en orden el mundo
       entero?
14 Si él pusiera sobre el hombre su
       corazón
   y retirara su espíritu y su aliento,
15 todo ser humano perecería a un
       tiempo
   y el hombre volvería al polvo.*d*

16 »Si, pues, hay en ti entendimiento,
       oye esto;
   escucha la voz de mis palabras.
17 ¿Gobernará acaso el que aborrece
       juicio?
   ¿Condenarás tú al que es tan justo?
18 ¿Se llamará "Perverso" al rey,
   o "Impíos" a los príncipes?
19 Pues, ¿cuánto menos a aquel que
       no hace diferencia entre
       príncipes,
   ni respeta más al rico que al pobre,
   porque todos son obra de sus
       manos?
20 ¡En un momento mueren, a
       medianoche!
   Los pueblos se alborotan, y ellos
       pasan,
   y sin mano de hombre es quitado el
       poderoso.
21 Porque los ojos de Dios están sobre
       los caminos del hombre,
   y ve todos sus pasos.
22 No hay tinieblas ni sombra de
       muerte
   donde se puedan esconder los que
       hacen el mal.
23 No carga, pues, él al hombre más
       de lo justo,
   para que comparezca con Dios a
       juicio.
24 Él, sin indagación, quebranta a los
       fuertes
   y pone a otros en su lugar.
25 Así hace notorias las obras de ellos;
   los trastorna en la noche y son
       quebrantados.
26 Como a malos que son, los hiere

en lugar donde sean vistos,
27 por cuanto se han apartado de él
   y no consideran ninguno de sus
       caminos,
28 sino que hacen venir delante de él
       el clamor del pobre,
   y que oiga el clamor de los
       necesitados.
29 Si él da reposo, ¿quién inquietará?
   Si esconde el rostro, ¿quién lo
       mirará?
   Y esto es igual para una nación que
       para un hombre,
30 a fin de que no reine el hombre
       impío
   para vejación del pueblo.

31 »De seguro conviene decirle a Dios:
   "Ya he llevado el castigo; no
       volveré a ofender.
32 Enséñame tú lo que yo no veo;
   y si hice mal, no lo haré más".
33 Pero, ¿habrá de ser esto según tu
       parecer?
   Él te retribuirá, no yo, tanto si
       rehúsas como si aceptas.
   Si no es así, di tú lo que sepas.
34 Los hombres inteligentes dirán
       conmigo,
   y también todo hombre sabio que
       me oiga:
35 "Job no habla con sabiduría;
   sus palabras no tienen sentido".
36 ¡Yo deseo que Job sea ampliamente
       examinado,
   a causa de sus respuestas
       semejantes a las de los hombres
       inicuos!
37 Porque a su pecado ha añadido
       rebeldía,
   y bate palmas contra nosotros,
   y contra Dios multiplica sus
       palabras».

35 1 Prosiguió Eliú su razonamiento y
       dijo:

2 «¿Piensas que ha sido correcto
       decir:
   "Más justo soy yo que Dios"?
3 Porque tú dices: "¿Qué ventaja
       sacaré de ello?

---

d **34.14-15** Sal 104.29.

¿O qué provecho tendré de no
  haber pecado?".[a]
4 Pues yo te responderé con razones,
  y a tus compañeros contigo.
5 Mira a los cielos. Contémplalos
  y considera que las nubes están
  más altas que tú.
6 Si pecas, ¿qué habrás logrado
  contra él?
  Si tus rebeliones se multiplican,
  ¿qué le harás tú?
7 Y si eres justo, ¿qué le darás a él?
  ¿O qué recibirá de tu mano?
8 A un hombre como tú lo daña tu
  impiedad;
  y a un hijo de hombre le es
  provechosa tu justicia.[b]

9 »Claman a causa de las muchas
  violencias
  y se lamentan por el poder de los
  grandes.
10 Pero nadie dice: "¿Dónde está Dios,
  mi Hacedor,
  que llena de cánticos la noche,
11 que nos enseña más que a las
  bestias de la tierra
  y nos hace sabios más que a las aves
  del cielo?".
12 Allí claman, pero él no escucha,
  a causa de la soberbia de los malos.
13 Ciertamente Dios no escucha lo
  que es vanidad;
  ni siquiera lo mira el Omnipotente.
14 ¿Cuánto menos, pues, cuando
  dices que no haces caso de él?
  Tu causa está delante de él. Por
  tanto, aguárdalo.
15 Mas ahora, porque en su ira no
  castiga
  ni inquiere con rigor,
16 por eso abre Job su boca en vano
  y multiplica palabras sin
  sabiduría».

Eliú exalta la grandeza de Dios

36 1 Eliú siguió diciendo:

2 «Espérame un poco y yo te
  instruiré,
  porque todavía tengo razones en
  defensa de Dios.

3 Traeré mi saber desde lejos
  para atribuir justicia a mi Hacedor.
4 Porque de cierto no son mentira
  mis palabras:
  ¡Contigo está uno que es íntegro en
  sus conceptos!

5 »Dios es grande, pero no desestima
  a nadie.
  Es poderosa la fuerza de su
  sabiduría.
6 No concede vida al impío,
  pero a los afligidos otorga sus
  derechos.
7 No aparta sus ojos de los justos;
  antes bien, con los reyes los sienta
  en trono y los exalta para
  siempre.
8 Aun si estuvieran sujetos con
  grillos,
  aprisionados con cuerdas de
  aflicción,
9 él les daría a conocer las obras que
  hicieron
  y cómo prevalecieron sus
  rebeliones.
10 Les despierta además los oídos a la
  corrección
  y los exhorta a convertirse de la
  iniquidad.
11 Si ellos escuchan y le sirven,
  acabarán sus días con bienestar
  y sus años con dicha.
12 Pero si no escuchan, serán pasados
  a espada
  y perecerán en su falta de
  sabiduría.

13 »Los hipócritas de corazón
  atesoran para sí la ira
  y no clamarán cuando él los ate.
14 Fallecerá el alma de ellos en su
  juventud
  y su vida entre los sodomitas.[a]
15 Al pobre librará él de su pobreza;
  en la aflicción despertará su oído.
16 Y también a ti te apartará de la boca
  de la angustia
  a un lugar espacioso, libre de todo
  agobio,
  y te preparará una mesa llena de
  manjares.

[a] 35.3 Job 7.20.   [b] 35.6-8 Job 22.2-3.   [a] 36.14 Dt 23.17; 1 R 14.24.

¹⁷ Mas tú te has llenado del juicio del
impío,
en vez de sustentar el derecho y la
justicia.
¹⁸ Por eso teme, no sea que él, en su
ira, te quite con un golpe
que no puedas evitar ni aun
pagando un gran rescate.
¹⁹ ¿Acaso hará él aprecio de tus
riquezas, del oro
o de todo gran poderío?
²⁰ No anheles la noche,
cuando los pueblos desaparecen de
su lugar.
²¹ Guárdate de volver a la iniquidad,
la cual escogiste más bien que la
aflicción.
²² Dios es excelso en su poder;
¿Qué maestro es semejante a él?
²³ ¿Quién le ha trazado su camino?
¿Quién le dirá: "Eso lo has
hecho mal"?

²⁴ »Acuérdate de enaltecer su obra,
la cual los hombres contemplan.
²⁵ Todos ellos la ven;
la mira el hombre desde lejos.
²⁶ Dios es grande y nosotros no lo
conocemos,
ni es posible seguir el curso de sus
años.
²⁷ Él atrae las gotas de agua
cuando el vapor se transforma en
lluvia,
²⁸ la que destilan las nubes,
y se vierte en raudales sobre los
hombres.
²⁹ ¿Quién podrá comprender cómo se
expanden las nubes
y el sonido atronador de su
morada?
³⁰ Sobre él extiende su luz
y cubre con ella las profundidades
del mar.ᵇ
³¹ Bien que por tales medios castiga a
los pueblos,
también los sustenta con
abundancia.
³² Con las nubes encubre la luz;
las interpone y le manda que no
brille.

³³ Con el trueno declara su
indignación
y la tempestad proclama su ira
contra la iniquidad.

37 ¹ »Por eso también se estremece
mi corazón
y salta de su sitio.
² Oíd atentamente el fragor de su
voz,
el estruendo que sale de su boca.
³ Por debajo de todos los cielos lo
dirige,
y su luz alcanza los confines de
la tierra.
⁴ Después de ella suena un bramido:
truena él con voz majestuosa.
Se oye el trueno, y no lo detiene.
⁵ Truena Dios maravillosamente con
su voz.
Hace grandes cosas, que nosotros
no entendemos.
⁶ Porque le dice a la nieve: "¡Cae
sobre la tierra!",
y también a la llovizna y a los
aguaceros torrenciales.
⁷ Así hace que el hombre se retire,
para que todos los mortales
reconozcan su obra.
⁸ Las fieras entran en sus guaridas
y permanecen en sus moradas.
⁹ Del sur viene el torbellino,
y el frío, de los vientos del norte.
¹⁰ Por el soplo de Dios llega el hielo
y la extensión de las aguas se
congela.ᵃ
¹¹ Él llena de humedad la densa nube;
y con la luz desvanece la niebla.
¹² Asimismo, conforme a sus
designios, las nubes giran en
derredor,
para hacer sobre la faz del mundo,
en la tierra, lo que él les mande.
¹³ Él las hará venir, unas veces como
castigo,
otras a causa de la tierra
y otras por misericordia.

¹⁴ »Escucha esto, Job;
detente y considera las maravillas
de Dios.

ᵇ **36.29-30** Sal 18.13-15.   ᵃ **37.10** Sal 147.17.

15 ¿Sabes tú cómo Dios las pone en
   concierto
   y hace resplandecer la luz de su
   nube?
16 ¿Has conocido tú las diferencias de
   las nubes,
   las maravillas del que es perfecto
   en sabiduría?
17 ¿Por qué están calientes tus
   vestidos
   cuando él sosiega la tierra con el
   viento del sur?
18 ¿Extendiste tú con él los cielos,
   firmes como un espejo fundido?[b]
19 Muéstranos qué le hemos de decir,
   porque nosotros no podemos
   ordenar las ideas a causa de la
   oscuridad.
20 ¿Precisa él que le cuenten lo que yo
   digo,
   o que le informen de lo que dice el
   hombre?

21 »Ahora no se puede mirar la luz
   resplandeciente de los cielos,
   pero luego que pasa el viento y los
   limpia,
22 llega de la parte del norte la dorada
   claridad:
   ¡la terrible majestad que hay
   en Dios!
23 Él es el Todopoderoso, al cual no
   alcanzamos, grande en poder,
   que a nadie oprime en juicio y en su
   gran justicia.
24 Lo temen por tanto los hombres,
   pero él no estima a ninguno que en
   su propio corazón se cree
   sabio».

Jehová responde a todos los discursos

38 ¹Entonces respondió Jehová a Job
   desde un torbellino y dijo:

2 «¿Quién es ese que oscurece el
   consejo
   con palabras sin sabiduría?[a]
3 Ahora cíñete la cintura como un
   hombre:
   yo te preguntaré y tú me
   contestarás.[b]

4 »¿Dónde estabas tú cuando yo
   fundaba la tierra?
   ¡Házmelo saber, si tienes
   inteligencia!
5 ¿Quién dispuso sus medidas, si es
   que lo sabes?
   ¿O quién tendió sobre ella la cuerda
   de medir?
6 ¿Sobre qué están fundadas sus
   bases?
   ¿O quién puso su piedra angular,[c]
7 cuando alababan juntas todas las
   estrellas del alba
   y se regocijaban todos los hijos
   de Dios?

8 »¿Quién encerró con puertas
   el mar,
   cuando se derramaba saliéndose
   de su seno,
9 cuando yo le puse nubes por
   vestidura
   y oscuridad por faja?
10 Yo establecí para él los límites;
   le puse puertas y cerrojo,
11 y dije: "Hasta aquí llegarás y no
   pasarás adelante;
   ahí parará el orgullo de tus olas".[d]
12 ¿Has dado órdenes a la mañana
   alguna vez en tu vida?
   ¿Le has mostrado al alba su lugar,
13 para que ocupe los confines de
   la tierra
   y sean sacudidos de ella los
   malvados?
14 Ella cambia luego de aspecto como
   el barro bajo el sello,
   y toma el aspecto de una vestidura;
15 mas la luz les es quitada a los
   malvados
   y el brazo enaltecido es
   quebrantado.

16 »¿Has penetrado tú hasta las
   fuentes del mar
   y has caminado escudriñando el
   abismo?
17 ¿Te han sido descubiertas las
   puertas de la muerte
   y has visto las puertas de la sombra
   de muerte?

---

[b] **37.18** Gn 1.6.   [a] **38.2** Job 42.3.   [b] **38.3** Job 40.7.   [c] **38.6** Sal 24.2; 104.5; Pr 8.29; Zac 12.1.
[d] **38.8-11** Sal 104.6-9; Pr 8.29; Jer 5.22.

18 ¿Has considerado tú la extensión
de la tierra?
¡Declara si sabes todo esto!

19 »¿Dónde está el camino que
conduce a la morada de la luz?
¿Y dónde está el lugar de las
tinieblas,
20 para que las lleves a sus límites
y conozcas las sendas de su casa?
21 ¡Quizá tú lo sabes, puesto que
entonces ya habías nacido
y es grande el número de tus días!

22 »¿Has penetrado tú hasta los
depósitos de la nieve?
¿Has visto los depósitos del
granizo,
23 que tengo reservados para el
tiempo de angustia,
para el día de la guerra y de la
batalla?[e]
24 ¿Por qué camino se difunde la luz
y se esparce el viento del este sobre
la tierra?

25 »¿Quién le abrió un cauce al
turbión
y un camino a los relámpagos y los
truenos,
26 haciendo llover sobre la tierra
deshabitada,
sobre el desierto, donde no vive
ningún ser humano,
27 para saciar la tierra desierta y sin
cultivo
y para hacer que brote la tierna
hierba?

28 »¿Tiene padre la lluvia?
¿Quién engendró las gotas del
rocío?
29 ¿De qué vientre salió el hielo?
Y la escarcha del cielo, ¿quién la dio
a luz?
30 Las aguas se endurecen como
piedra
y se congela la faz del abismo.

31 »¿Podrás tú anudar los lazos de las
Pléyades?
¿Desatarás las ligaduras de Orión?[f]

32 ¿Haces salir a su tiempo las
constelaciones de los cielos?
¿Guías a la Osa Mayor con sus
hijos?
33 ¿Conoces las leyes de los cielos?
¿Dispones tú su dominio en la
tierra?

34 »¿Puedes alzar tu voz a las nubes
para que te cubra gran cantidad de
agua?
35 ¿Envías tú los relámpagos, para
que ellos vayan,
o para que te digan: "Aquí
estamos"?
36 ¿Quién puso la sabiduría en el
corazón?
¿Quién dio inteligencia al espíritu?
37 ¿Quién cuenta con sabiduría lo que
hay en los cielos?
Y los odres de los cielos, ¿quién
hace que se inclinen,
38 cuando el polvo se ha endurecido
y los terrones se han pegado unos
con otros?

39 »¿Cazarás tú la presa para el león?
¿Saciarás el hambre de sus
cachorros,
40 cuando están echados en sus
guaridas
o se ponen al acecho en la
espesura?
41 ¿Quién le prepara al cuervo su
alimento,
cuando sus polluelos claman a
Dios
y andan errantes por falta de
comida?

39 **1** ¿Sabes tú el tiempo en que
paren las cabras monteses?
¿Has mirado tú cuando las ciervas
están pariendo?
2 ¿Has contado tú los meses de su
preñez
y sabes el tiempo cuando han de
parir?
3 Se encorvan, hacen salir a sus hijos
y pasan sus dolores.
4 Sus hijos se robustecen y crecen con
el pasto;
luego se van y ya no regresan.

---

[e] **38.22-23** Ex 9.13-35; Jos 10.11; Is 30.30.   [f] **38.31** Job 9.9; Am 5.8.

⁵ »¿Quién dio libertad al asno
    montés?
  ¿Quién soltó sus ataduras?
⁶ Yo le di por casa el desierto,
  puse su morada en lugares
    estériles.
⁷ Él se burla del bullicio de la ciudad
  y no oye las voces del arriero.
⁸ En lo escondido de los montes está
    su pasto
  y anda buscando toda cosa verde.

⁹ »¿Querrá el búfalo servirte a ti
  o quedarse en tu pesebre?
¹⁰ ¿Atarás tú al búfalo con coyunda
    para abrir el surco?
  ¿Irá en pos de ti labrando los
    valles?
¹¹ ¿Confiarás en él porque es grande
    su fuerza?
  ¿Le encomendarías tu labor?
¹² ¿Lo dejarías recoger el grano
  y juntarlo en tu era?

¹³ »¿Le has dado tú sus hermosas alas
    al pavo real,
  o sus alas y plumas al avestruz?
¹⁴ Este desampara en la tierra sus
    huevos,
  los calienta sobre el polvo
¹⁵ y olvida que el pie los puede pisar
  y que una fiera del campo puede
    aplastarlos.
¹⁶ Es duro para con sus crías, como si
    no fueran suyas,
  y no teme que su trabajo haya sido
    en vano,
¹⁷ porque Dios lo privó de sabiduría
  y no le dio inteligencia.
¹⁸ Sin embargo, en cuanto se levanta
    para correr,
  se burla del caballo y de su jinete.

¹⁹ »¿Le das tú su fuerza al caballo?
  ¿Cubres tú su cuello de crines
    ondulantes?
²⁰ ¿Lo harás temblar tú como a una
    langosta?
  El resoplido de su nariz es
    formidable.

²¹ Escarba la tierra, se alegra en su
    fuerza
  y sale al encuentro de las armas.
²² Hace burla del miedo; no teme
  ni vuelve el rostro delante de la
    espada.
²³ Sobre él resuenan la aljaba,
  el hierro de la lanza y de la jabalina;
²⁴ pero él, con ímpetu y furor, escarba
    la tierra
  y no lo detiene ni el sonar de la
    trompeta;
²⁵ más bien parece decir en medio de
    los clarines: "¡Ea!".
  Desde lejos huele la batalla,
  el grito de los capitanes y el
    vocerío.

²⁶ »¿Acaso por tu sabiduría vuela el
    gavilán
  y extiende hacia el sur sus alas?
²⁷ ¿Se remonta el águila por tu
    mandato
  y pone en alto su nido?
²⁸ Ella habita y mora en la peña,
  en la cumbre del peñasco y de la
    roca.
²⁹ Desde allí acecha la presa
  que sus ojos observan desde muy
    lejos.
³⁰ Sus polluelos chupan la sangre;
  donde haya cadáveres, allí está
    ella».

40 ¹ Además respondió Jehová a Job y
dijo:

² «¿Es sabiduría contender con el
    Omnipotente?
  ¡Responda a esto el que disputa con
    Dios!».ᵃ

³ Entonces respondió Job a Jehová y
dijo:

⁴ «Yo soy vil, ¿qué te responderé?
  ¡Me tapo la boca con la mano!
⁵ Una vez hablé, mas no replicaré
    más;
  aun dos veces, mas no volveré a
    hablar».

ᵃ **40.1-2** Job 13.15-23; 23.5; 31.35-37.

Manifestaciones del poder
de Dios

6 Respondió Jehová a Job desde el torbellino y dijo:

7 «Ahora cíñete la cintura como un
hombre:
yo te preguntaré y tú me
contestarás.[b]

8 ¿Invalidarás tú también mi juicio?
¿Me condenarás a mí, para
justificarte tú?

9 ¿Tienes tú un brazo como el
de Dios?
¿Truena tu voz como la suya?

10 »Adórnate ahora de majestad y
alteza,
vístete de honra y hermosura.

11 Derrama el ardor de tu ira;
mira a todo altivo y abátelo.

12 Mira a todo soberbio y humíllalo,
y destruye a los impíos
dondequiera que estén.

13 Entiérralos a todos en el polvo,
encierra sus rostros en la
oscuridad.

14 Entonces yo también declararé
que tu diestra puede salvarte.

15 »Ahí está el behemot:[c] yo lo creé, lo
mismo que a ti.
Come hierba, como el buey.

16 Su fuerza está en sus lomos;
su vigor, en los músculos de su
vientre.

17 Mueve su cola semejante al cedro,
y los nervios de sus muslos están
entretejidos.

18 Sus huesos son fuertes como el
bronce
y sus miembros como barras de
hierro.

19 »Él es el primero entre las obras
de Dios,
y solo el que lo hizo puede acercar a
él la espada.

20 Ciertamente para él producen
hierba los montes,
donde retozan las bestias del
campo.

21 Se acuesta a la sombra
en lo oculto de las cañas y de los
lugares húmedos.

22 Los árboles lo cubren con su
sombra;
los sauces del arroyo lo rodean.

23 Aun cuando el río se salga de
madre, él no se inmuta;
permanece tranquilo aunque todo
un Jordán se estrelle contra su
boca.

24 ¿Quién podrá atraparlo mientras él
vigila?
¿Quién le perforará la nariz?

41 1 ¿Pescarás tú al leviatán[a] con un
anzuelo
o sujetándole la lengua con una
cuerda?

2 ¿Le pondrías una soga en las
narices?
¿Perforarías con un garfio su
quijada?

3 ¿Multiplicará ruegos él delante
de ti?
¿Te hablará con palabras
lisonjeras?

4 ¿Hará un pacto contigo
para que lo tomes por esclavo para
siempre?

5 ¿Jugarás con él como con un
pájaro?
¿Lo atarás para tus niñas?

6 ¿Harán banquete con él los
compañeros?
¿Lo repartirán entre los
mercaderes?

7 ¿Cortarás tú con cuchillo su piel,
o con arpón de pescadores su
cabeza?

8 Pon tu mano sobre él:
recordarás luego la lucha y no
volverás a hacerlo.

9 En cuanto a él, toda esperanza
queda burlada,
porque aun a su sola vista la gente
se desmaya.

10 Y nadie hay tan osado que lo
despierte;

---

[b] **40.7** Job 38.3.   [c] **40.15** Monstruo legendario, descrito con los rasgos del hipopótamo.
[a] **41.1** Job 3.8; Sal 74.14; 104.26; Is 27.1.

¿quién podrá permanecer delante
de mí?
¹¹ Porque ¿quién me ha dado a mí
primero, para que yo restituya?ᵇ
¡Todo lo que hay debajo del cielo es
mío!

¹² »No guardaré silencio sobre sus
miembros,
ni sobre sus fuerzas y la gracia de
su disposición.
¹³ ¿Quién levantará la cubierta que lo
reviste?
¿Quién se acercará a su doble
coraza?
¹⁴ ¿Quién abrirá la puerta de sus
fauces?
¡Las hileras de sus dientes
espantan!
¹⁵ Su espalda está cubierta de fuertes
escudos,
soldados estrechamente entre sí.
¹⁶ El uno se junta con el otro
de modo que el viento no pasa
entre ellos.
¹⁷ Unido está el uno con el otro,
trabados entre sí, no se pueden
separar.
¹⁸ Cuando estornuda, lanza
relámpagos;
sus ojos son como los párpados
del alba.
¹⁹ De su boca salen llamaradas;
centellas de fuego brotan de ella.
²⁰ De sus narices sale humo,
como de una olla o caldero que
hierve.
²¹ Su aliento enciende los carbones;
de su boca salen llamas.
²² En su cerviz está su fuerza,
y delante de él cunde el desaliento.
²³ Aun las partes más tiernas de su
carne están endurecidas,
son firmes en él, no se mueven.
²⁴ Firme es como una piedra su
corazón,
fuerte como la piedra de un
molino.
²⁵ Cuando se levanta, los fuertes
tienen temor
y retroceden a causa de su
desfallecimiento.

²⁶ Aunque la espada lo alcance, no se
le clavará;
ni tampoco la lanza, el dardo o la
jabalina.
²⁷ Para él, el hierro es como paja
y el bronce como madera podrida.
²⁸ La saeta no lo hace huir
y las piedras de honda le son como
paja.
²⁹ Toda arma le es como hojarasca
y se burla del silbido de la jabalina.
³⁰ Por debajo tiene escamas
puntiagudas
que imprimen su huella en el barro.
³¹ Hace hervir como una olla las
aguas profundas
y las vuelve como una olla de
ungüento.
³² En pos de sí resplandece su estela,
hasta parecer cano el abismo.
³³ No hay en la tierra quien se le
asemeje;
es un animal hecho exento de
temor.
³⁴ Menosprecia toda arrogancia
y es rey sobre toda otra fiera».

Job reconoce la sabiduría de Dios

42 ¹ Respondió Job a Jehová y dijo:

² «Yo reconozco que todo lo puedes
y que no hay pensamiento que te
sea oculto.
³ "¿Quién es el que, falto de
entendimiento, oscurece el
consejo?"ᵃ
Así hablaba yo, y nada entendía;
eran cosas demasiado maravillosas
para mí, que yo no comprendía.
⁴ Escucha, te ruego, y hablaré.
Te preguntaré y tú me enseñarás.ᵇ
⁵ De oídas te conocía,
mas ahora mis ojos te ven.
⁶ Por eso me aborrezco
y me arrepiento en polvo y ceniza».

⁷ Aconteció que después que habló
Jehová estas palabras a Job, Jehová dijo a
Elifaz, el temanita: «Mi ira se ha encendido
contra ti y tus dos compañeros, porque no
habéis hablado de mí lo recto, como mi siervo Job. ⁸ Ahora, pues, tomad siete becerros

ᵇ **41.11** Ro 11.35.   ᵃ **42.3** Job 38.2.   ᵇ **42.4** Job 38.3, 40.7.

y siete carneros, id a mi siervo Job y ofreced holocausto por vosotros.[c] Mi siervo Job orará por vosotros y yo de cierto lo atenderé para no trataros con afrenta por no haber hablado de mí con rectitud, como mi siervo Job».

⁹ Fueron, pues, Elifaz, el temanita, Bildad, el suhita, y Zofar, el naamatita, e hicieron como Jehová les había dicho. Y Jehová aceptó la oración de Job.

Nueva prosperidad de Job

¹⁰ Cuando Job hubo orado por sus amigos, Jehová le quitó la aflicción; y aumentó al doble todas las cosas que habían sido de Job.[d] ¹¹ Todos sus hermanos, todas sus hermanas y todos los que antes lo habían conocido vinieron a él y comieron pan con él en su casa. Se condolieron de él, lo consolaron de todo aquel mal que Jehová había traído sobre él y cada uno le dio una moneda de plata y un anillo de oro.

¹² Jehová bendijo el postrer estado de Job más que el primero, porque tuvo catorce mil ovejas, seis mil camellos, mil yuntas de bueyes y mil asnas. ¹³ También tuvo siete hijos y tres hijas. ¹⁴ A la primera le puso por nombre Jemima;[e] a la segunda, Cesia,[f] y a la tercera, Keren-hapuc.[g] ¹⁵ Y no había en toda la tierra mujeres tan hermosas como las hijas de Job, a las que su padre dio herencia entre sus hermanos.[h]

¹⁶ Después de esto vivió Job ciento cuarenta años,[i] y vio a sus hijos y a los hijos de sus hijos, hasta la cuarta generación. ¹⁷ Job murió muy anciano, colmado de días.

---

[c] **42.8** Job 1.5.   [d] **42.10** Job 1.1-3.   [e] **42.14** Esto es, *Paloma*.   [f] **42.14** Estos es, *Canela*.
[g] **42.14** Esto es, *Pomo de cosméticos*.   [h] **42.15** En Israel, las hijas no recibían herencia sino en casos especiales (cf. Nm 27.1-11; 36.1-13).   [i] **42.16-17** Según Sal 90.10, la vida normal del ser humano son setenta años.

SALMOS

INTRODUCCIÓN

El libro de los Salmos (=Sal) contiene cánticos, poemas y oraciones nacidos de la experiencia de una comunidad que adora. Compilado al regreso del exilio en Babilonia sobre la base de antiguas colecciones, reúne 150 salmos agrupados en cinco libros (1–41; 42–72; 73–89; 90–106 y 107–150), cada uno de los cuales concluye con una doxología.

El pueblo de Israel dio expresión a su fe entonando estos salmos en el templo de Jerusalén. Posteriormente los hizo parte esencial del culto en la sinagoga. Nuestro Señor Jesucristo utilizó los salmos en su ministerio y la iglesia los adoptó tal como estaban. Al recibirlos, los incorporó a la fe cristiana dándoles un sentido cristocéntrico.

Considerada la colección de poesía religiosa más grandiosa de la literatura universal, los salmos pueden clasificarse en grupos de acuerdo con su género literario:

(a) Himnos, utilizados en la alabanza de Dios.

(b) Lamentos o súplicas, tanto individuales como colectivos, en petición de auxilio ante alguna aflicción física o moral.

(c) Cantos de confianza, en los que se expresa la certidumbre de la ayuda inminente de Dios.

(d) Acciones de gracias.

(e) Relatos de historia sagrada, que narra las intervenciones redentoras de Dios.

(f) Salmos reales.

(g) Salmos sapienciales o didácticos.

(h) Salmos de adoración y alabanza.

(i) Salmos de peregrinaje, que entonaban los israelitas camino de Jerusalén o a su regreso de la ciudad santa.

(j) Salmos de género mixto.

(k) Salmos acrósticos, que utilizan estructuras poéticas basadas en el alfabeto hebreo.

(l) Imprecaciones.

El adorador, individual o colectivo (el pueblo), toma la palabra en los salmos para dirigirse a Dios y compartir las experiencias y las aspiraciones más profundas del alma: luchas y esperanzas, triunfos y fracasos, gratitud y arrepentimiento; particularmente, el clamor que surge de la enfermedad, la pobreza, el exilio, la injusticia y toda suerte de calamidades y miserias que afectan a la humanidad.

LIBRO 1
(Salmos 1–41)

El justo y los pecadores[a]

1 ¹ Bienaventurado el varón
que no anduvo en consejo de malos,
ni estuvo en camino de pecadores,
ni en silla de escarnecedores se ha sentado,
² sino que en la ley de Jehová está su delicia
y en su Ley medita de día y de noche.[b]
³ Será como árbol plantado junto a corrientes de aguas,[c]

---

[a] **1** Salmo didáctico, que sirve de prólogo o de introducción a las cinco colecciones de poemas que forman el libro de los *Salmos*. [b] **1.2** Jos 1.8. [c] **1.3** Job 29.19; Jer 17.8; Ez 17.5,8; 19.10.

que da su fruto en su tiempo
y su hoja no cae,
y todo lo que hace prosperará.

4 No así los malos,
que son como el tamo que arrebata
el viento.*d*

5 Por tanto, no se levantarán los
malos en el juicio
ni los pecadores en la congregación
de los justos,

6 porque Jehová conoce el camino de
los justos,
mas la senda*e* de los malos
perecerá.*f*

El reino del ungido de Jehová*a*

2 1 ¿Por qué se amotinan las gentes
y los pueblos piensan cosas vanas?

2 Se levantarán los reyes de la tierra,
y príncipes conspirarán
contra Jehová y contra su ungido,*b*
diciendo:

3 «Rompamos sus ligaduras
y echemos de nosotros sus
cuerdas».

4 El que mora en los cielos se reirá;
el Señor se burlará de ellos.*c*

5 Luego les hablará en su furor,
y los turbará con su ira:

6 «Yo he puesto mi rey
sobre Sión, mi santo monte».

7 Yo publicaré el decreto;
Jehová me ha dicho: «Mi hijo
eres tú;
yo te engendré hoy.*d*

8 Pídeme, y te daré por herencia las
naciones
y como posesión tuya los confines
de la tierra.

9 Los quebrantarás con vara de
hierro;*e*
como vasija de alfarero los
desmenuzarás».

10 Ahora, pues, reyes, sed prudentes;
admitid amonestación, jueces de la
tierra.

11 Servid a Jehová con temor
y alegraos con temblor.

12 Honrad al Hijo,
para que no se enoje y perezcáis en
el camino,
pues se inflama de pronto su ira.

¡Bienaventurados todos los que en
él confían!

Oración matutina de confianza en Dios*a*
*Salmo de David, cuando huía de delante de su
hijo Absalón.*

3 1 ¡Jehová, cuánto se han
multiplicado mis adversarios!
Muchos son los que se levantan
contra mí;

2 muchos son los que dicen de mí:
«No hay para él salvación en
Dios».*b*   *Selah*

3 Mas tú, Jehová, eres escudo
alrededor de mí;
mi gloria, y el que levanta mi
cabeza.

4 Con mi voz clamé a Jehová
y él me respondió desde su monte
santo.   *Selah*

5 Yo me acosté y dormí,
y desperté, porque Jehová me
sustentaba.

6 No temeré ni a una gran multitud
que ponga sitio contra mí.

7 ¡Levántate, Jehová! ¡Sálvame, Dios
mío!
Tú heriste a todos mis enemigos en
la mejilla;
los dientes de los perversos
rompiste.

8 La salvación es de Jehová.
¡Sobre tu pueblo sea tu bendición!   *Selah*

---

d **1.4** Job 21.18; Jer 13.24; Os 13.3; Sof 2.2.   *e* **1.6** Jer 21.8; cf. Dt 30.15-20.   *f* **1.6** Pr 4.18-19; cf.
Mt 7.13-14.   *a* **2** Salmo real, utilizado originariamente en la ceremonia de entronización de un
nuevo rey perteneciente a la dinastía davídica.   *b* **2.1-2** Hch 4.25-26   *c* **2.4** Sal 59.8.
d **2.7** Hch 13.33; Heb 1.5; 5.5.   *e* **2.9** Ap 2.27-28; 12.5; 19.15.   *a* **3** Súplica individual, inspirada en
un profundo sentimiento de dependencia en Dios.   *b* **3.2** Parece ser una indicación musical o
cúltica, y podría significar «pausa», «repetición» o «cambio de voz».

Oración vespertina de confianza en Dios[a]

Al músico principal; sobre Neginot.[b] Salmo de David

4 ¹ ¡Respóndeme cuando clamo, Dios, justicia mía!
Cuando estaba en angustia, tú me diste alivio.
Ten misericordia de mí y oye mi oración.

² Hijos de los hombres, ¿hasta cuándo volveréis mi honra en infamia,
amaréis la vanidad y buscaréis la mentira?   *Selah*
³ Sabed, pues, que Jehová ha escogido al piadoso para sí;
Jehová oirá cuando yo a él clame.

⁴ ¡Temblad y no pequéis![c]
Meditad en vuestro corazón estando en vuestra cama,
y callad.   *Selah*
⁵ Ofreced sacrificios de justicia
y confiad en Jehová.

⁶ Muchos son los que dicen: «¿Quién nos mostrará el bien?»
Alza sobre nosotros, Jehová, la luz de tu rostro.
⁷ Tú diste alegría a mi corazón,
mayor que la de ellos cuando abundaba su grano y su mosto.

⁸ En paz me acostaré y asimismo dormiré,
porque sólo tú, Jehová, me haces vivir confiado.

Plegaria pidiendo protección[a]

*Al músico principal; sobre Nehilot.[b]
Salmo de David*

5 ¹ Escucha, Jehová, mis palabras;
considera mi gemir.

² Atiende a la voz de mi clamor, Rey mío y Dios mío,
porque a ti oraré.
³ Jehová, de mañana oirás mi voz;
de mañana me presentaré delante de ti
y esperaré.

⁴ Porque tú no eres un Dios que se complace en la maldad,
el malo no habitará junto a ti.
⁵ Los insensatos no estarán delante de tus ojos;
aborreces a todos los que hacen iniquidad.
⁶ Destruirás a los que hablan mentira;
al hombre sanguinario y engañador abominará Jehová.

⁷ Mas yo por la abundancia de tu misericordia entraré en tu Casa;
adoraré con reverencia hacia tu santo Templo.
⁸ Guíame, Jehová, en tu justicia,
a causa de mis enemigos;
endereza delante de mí tu camino.

⁹ En la boca de ellos no hay sinceridad;
su interior está lleno de maldad,
sepulcro abierto es su garganta,
su lengua es mentirosa.[c]
¹⁰ ¡Castígalos, Dios!
¡Caigan por sus mismas intrigas!
Por la multitud de sus transgresiones échalos fuera,
porque se rebelaron contra ti.

¹¹ Pero alégrense todos los que en ti confían;
den voces de júbilo para siempre,
porque tú los defiendes;
en ti se regocijen los que aman tu nombre.

---

[a] **4** Como la anterior, esta súplica individual está inspirada en una profunda confianza en Dios.
[b] **4** Esta expresión aparece 57 veces en los *Salmos* y se refiere, probablemente, al levita encargado de dirigir los cantos en el Templo. Cf. 1 Cr 15.21. En cuanto a *Neginot* , es una referencia a los instrumentos de cuerda en la musicalización de la alabanza (Sal 6, 54, 55, 61, 67, 76).
[c] **4.4** Ef 4.26.   [a] **5** Súplica de una persona acusada injustamente, que acude a Jehová para que le haga justicia.   [b] **5** Término hebreo que ha sido traducido como «para flauta» o «para instrumentos de viento».   [c] **5.9** Ro 3.13.

¹² Tú, Jehová, bendecirás al justo;
como con un escudo lo rodearás de
tu favor.

Oración pidiendo misericordia en tiempo de prueba[a]

*Al músico principal; en Neginot, sobre
Seminit.[b] Salmo de David*

6 ¹ Jehová, no me reprendas en tu
enojo
ni me castigues con tu ira.[c]

² Ten misericordia de mí, Jehová,
porque estoy enfermo;
sáname, Jehová, porque mis
huesos se estremecen.

³ Mi alma también está muy
turbada;
y tú, Jehová, ¿hasta cuándo?

⁴ Vuélvete, Jehová, libra mi alma.
¡Sálvame por tu misericordia!,

⁵ porque en la muerte no hay
memoria de ti;
en el seol,[d] ¿quién te alabará?

⁶ Me he consumido a fuerza de
gemir;
todas las noches inundo de llanto
mi lecho,
riego mi cama con mis lágrimas.

⁷ Mis ojos están gastados de sufrir;
se han envejecido a causa de todos
mis angustiadores.

⁸ ¡Apartaos de mí, todos los
hacedores de maldad,[e]
porque Jehová ha oído la voz de mi
lloro!

⁹ Jehová ha oído mi ruego;
ha recibido Jehová mi oración.

¹⁰ Se avergonzarán y se turbarán
mucho todos mis enemigos;
se volverán y serán avergonzados
de repente.

Plegaria pidiendo vindicación[a]

*Sigaión[b] de David, que cantó a Jehová acerca
de las palabras de Cus, hijo de Benjamín.*

7 ¹ Jehová, Dios mío, en ti he confiado;
sálvame de todos los que me
persiguen, y líbrame,

² no sea que desgarren mi alma cual
león[c]
y me destrocen sin que haya quien
me libre.

³ Jehová, Dios mío, si de algo soy
culpable,
si hay en mis manos iniquidad,

⁴ si he dado mal pago al que estaba
en paz conmigo
(al contrario, he libertado al que sin
causa era mi enemigo),

⁵ que me persiga el enemigo y me
alcance,
que pisotee en tierra mi vida
y mi honra ponga en el polvo.[d]
Selah

⁶ ¡Levántate, Jehová, en tu ira!
¡Álzate en contra de la furia de mis
angustiadores
y despierta en favor mío el juicio
que mandaste!

⁷ Te rodeará una congregación de
pueblos
y sobre ella vuélvete a sentar en
alto.

⁸ Jehová juzgará a los pueblos.
Júzgame, Jehová, conforme a mi
justicia
y conforme a mi integridad.

⁹ Termine ahora la maldad de los
malvados,
mas establece tú al justo,
porque el Dios justo prueba la
mente y el corazón.[e]

¹⁰ Mi escudo está en Dios,
que salva a los rectos de corazón.

---

[a] 6 Súplica de un enfermo grave, semejante a Sal 38; 41; 88; 102.1-11; cf. 2 R 20.1-3; Is 38.9-20.
Uno de los siete salmos llamados de arrepentimiento (Sal 32; 38; 51; 102; 130; 143).
[b] 6 Expresión musical hebrea que ha sido traducida como «para instrumento de ocho cuerdas»
(Sal 12).   [c] 6.1 Sal 38.1   [d] 6.5 Esto es, en la *morada de los muertos*.   [e] 6.8 Mt 7.23; Lc 13.27.
[a] 7 Súplica de una persona perseguida y acusada injustamente. Cf. Sal 17; 26.   [b] 7 Esto es,
Lamentación.   [c] 7.1-2 Sal 10.9; 17.12; 22.13; 35.17; 1 P 5.8.   [d] 7.3-5 1 R 8.31-32; Job 31.1-34.
[e] 7.9 Ap 2.22-23.

¹¹ Dios es juez justo;
y Dios está airado contra el impío
todos los días.
¹² Si no se arrepiente, él afilará su
espada;
armado tiene ya su arco y lo ha
preparado.
¹³ Asimismo ha preparado armas de
muerte
y ha hecho saetas ardientes.

¹⁴ El impío concibió maldad,
se preñó de iniquidad y dio a luz
engaño.ᶠ
¹⁵ Pozo ha cavado y lo ha ahondado;
pero en el hoyo que hizo, caerá.ᵍ
¹⁶ ¡Su iniquidad recaerá sobre su
cabeza
y su agravio caerá sobre su propia
coronilla!

¹⁷ Alabaré a Jehová conforme a su
justicia
y cantaré al nombre de Jehová, el
Altísimo.

La gloria de Dios y la honra
del hombreᵃ

*Al músico principal; sobre Gitit.*ᵇ
Salmo de David

8 ¹ ¡Jehová, Señor nuestro,
cuán grande es tu nombreᶜ en toda
la tierra!

¡Has puesto tu gloria
sobre los cielos!
² De la boca de los niños y de los que
aún maman,ᵈ
fundaste la fortaleza a causa de tus
enemigos,
para hacer callar al enemigo y al
vengativo.

³ Cuando veo tus cielos, obra de tus
dedos,

la luna y las estrellas que tú
formaste,
⁴ digo: «¿Qué es el hombre para que
tengas de él memoria,
y el hijo del hombre para que lo
visites?»ᵉ

⁵ Lo has hecho poco menor que los
ángeles
y lo coronaste de gloria y de honra.
⁶ Lo hiciste señorear sobre las obras
de tus manos;
todo lo pusiste debajo de sus pies:ᶠᵍ
⁷ ovejas y bueyes, todo ello,
y asimismo las bestias del campo,
⁸ las aves del cielo y los peces del
mar;
¡todo cuanto pasa por los senderos
del mar!

⁹ ¡Jehová, Señor nuestro,
cuán grande es tu nombre en toda
la tierra!

Acción de gracias por la justicia
de Diosᵃ

*Al músico principal; sobre Mut-labén.*ᵇ
Salmo de David

9 ¹ Te alabaré, Jehová, con todo mi
corazón.
Contaré todas tus maravillas.
² Me alegraré y me regocijaré en ti;
cantaré a tu nombre, Altísimo.

³ Mis enemigos se volvieron atrás;
cayeron y perecieron delante de ti.
⁴ Has mantenido mi derecho y mi
causa;
te has sentado en el trono juzgando
con justicia.

⁵ Reprendiste a las naciones,
destruiste al malo;
¡borraste el nombre de ellos
eternamente y para siempre!

ᶠ**7.14** Job 15.35; Is 59.4.   ᵍ**7.15** Sal 9.15-16; Pr 26.27.   ᵃ**8** Canto de alabanza al Dios creador, que
ha honrado al ser humano con darle el dominio sobre todas las cosas creadas. Cf. Gn 1.26-28.
ᵇ**8** Probablemente un instrumento musical o una melodía procedente de la ciudad filistea de
Gat (Sal 81, 84).   ᶜ**8.1** Sal 57.5,11; 108.5.   ᵈ**8.2** Mt 21.16.   ᵉ**8.4** Job 7.17-18; Sal 144.3; Heb 2.6-8.
ᶠ**8.4-6** Heb 2.6-8.   ᵍ**8.6** Gn 1.26-28. Cf. 1 Co 15.27; Ef 1.22; Heb 2.8.   ᵃ**9** Los salmos 9 y 10 del
texto hebreo forman en realidad un solo poema, como lo muestra el empleo del procedimiento
llamado «acróstico», en el que cada verso comienza con una letra del alfabeto hebreo.
ᵇ**9** Traducción probable: *con instrumentos de música.*

⁶ Los enemigos han perecido;
han quedado desolados para
siempre;
y las ciudades que derribaste,
su memoria pereció con ellas.
⁷ Pero Jehová permanecerá para
siempre;
ha dispuesto su trono para juicio.
⁸ Él juzgará al mundo con justicia
y a los pueblos con rectitud.

⁹ Jehová será refugio del pobre,
refugio para el tiempo de
angustia.ᶜ
¹⁰ En ti confiarán los que conocen tu
nombre,
por cuanto tú, Jehová, no
desamparaste a los que te
buscaron.

¹¹ Cantad a Jehová, que habita en
Sión;
publicad entre los pueblos sus
obras.
¹² El que demanda la sangre se acordó
de ellos;
no se olvidó del clamor de los
afligidos.

¹³ Ten misericordia de mí, Jehová;
mira la aflicción que padezco a
causa de los que me aborrecen,
tú, que me levantas de las puertas
de la muerte
¹⁴ para que cuente todas tus
alabanzas
a las puertas de Sión,
y me goce en tu salvación.

¹⁵ Se hundieron las naciones en el
hoyo que hicieron;
en la red que escondieron fue
atrapado su pie.
¹⁶ Jehová se ha hecho conocer en el
juicio que ejecutó;
en la obra de sus manos fue
enlazado el malo.
Higaión.ᵈ Selah

¹⁷ Los malos serán trasladados al seol,
todas las naciones que se olvidan
de Dios.

¹⁸ El menesteroso no para siempre
será olvidado,
ni la esperanza de los pobres
perecerá perpetuamente.

¹⁹ Levántate, Jehová; no se fortalezca
el hombre;
sean juzgadas las naciones delante
de ti.
²⁰ Infunde, Jehová, tu temor en ellos;
¡conozcan las naciones que no son
sino hombres!   *Selah*

Plegaria pidiendo la destrucción de los malvadosᵃ

10 ¹ ¿Por qué estás lejos, Jehová,
y te escondes en el tiempo de la
tribulación?

² Con arrogancia, el malo persigue al
pobre;
será atrapado en las trampas que
ha preparado.
³ El malo se jacta del deseo de su
alma,
bendice al codicioso y desprecia a
Jehová;
⁴ el malo, por la altivez de su rostro,
no busca a Dios;
no hay Dios en ninguno de sus
pensamientos.ᵇ
⁵ Sus caminos son torcidos en todo
tiempo;
tus juicios los tiene muy lejos de su
vista;
a todos sus adversarios desprecia.
⁶ Dice en su corazón: «No caeré
jamás;
nunca me alcanzará la desgracia».
⁷ Llena está su boca de maldición y
de engaños y fraude;ᶜ
debajo de su lengua hay insulto y
maldad.
⁸ Se sienta al acecho cerca de las
aldeas;

ᶜ **9.9** Sal 37.39.   ᵈ **9.16** Se suele traducir por «sordina» o bajada del tono de voz.   ᵃ **10** Algunas versiones consideran como una unidad los salmos 9 y 10 del hebreo.   ᵇ **10.4** Sal 14.1; 53.1; 73.11; Sof 1.12.   ᶜ **10.7** Ro 3.14.

en escondrijos mata al inocente.
Sus ojos están acechando al
desvalido,
⁹ acecha en oculto, como el león
desde su cueva;
acecha para atrapar al pobre;
atrapa al pobre trayéndolo a su red.
¹⁰ Se encoge, se agacha,
y caen en sus fuertes garras
muchos desdichados.
¹¹ Dice en su corazón: «Dios lo olvida;
cubre su rostro, nunca ve nada».

¹² ¡Levántate, Jehová Dios, alza tu
mano!
¡No te olvides de los pobres!
¹³ ¿Por qué desprecia el malo a Dios?
En su corazón ha dicho: «Tú no
habrás de pedir cuentas».

¹⁴ Tú lo has visto, porque miras el
trabajo y la vejación,
para dar la recompensa con tu
mano;
a ti se acoge el desvalido;
tú eres el amparo del huérfano.

¹⁵ ¡Rompe el brazo del inicuo
y castiga la maldad del malo hasta
que no halles ninguna!
¹⁶ Jehová es Rey eternamente y para
siempre;
de su tierra desaparecerán las
naciones.

¹⁷ El deseo de los humildes oíste,
Jehová;
tú los animas y les prestas atención.
¹⁸ Tú haces justicia al huérfano y al
oprimido,
a fin de que no vuelva más a hacer
violencia el hombre de la tierra.

El refugio del justo[a]
Al músico principal. Salmo de David

11 ¹En Jehová he confiado;
¿cómo decís a mi alma
que escape al monte cual ave?,
² porque los malos tienden el arco,

disponen sus saetas sobre la
cuerda,
para lanzarlas en oculto
a los rectos de corazón.[b]
³ Si son destruidos los fundamentos,
¿qué puede hacer el justo?

⁴ Jehová está en su santo Templo;[c]
Jehová tiene en el cielo[d] su trono;
sus ojos observan,
sus párpados examinan a los hijos
de los hombres.
⁵ Jehová prueba al justo;
pero al malo y al que ama la
violencia
los repudia su alma.
⁶ Sobre los malos hará llover
calamidades;
fuego, azufre y viento abrasador
serán la porción de su copa.
⁷ Porque Jehová es justo y ama la
justicia,
el hombre recto verá su rostro.

Oración pidiendo ayuda contra los malos[a]
Al músico principal; sobre Seminit.
Salmo de David

12 ¹Salva, Jehová, porque se
acabaron los piadosos,
porque han desaparecido los fieles
de entre los hijos de los
hombres.
² Habla mentira cada cual con su
prójimo;
adulan con los labios, pero con
doblez de corazón.

³ Jehová destruirá todos los labios
aduladores,
y la lengua que habla con jactancia;
⁴ a los que han dicho: «Por nuestra
lengua prevaleceremos,
nuestros labios son nuestros,
¿quién es señor de nosotros?»

⁵ «Por la opresión de los pobres, por
el gemido de los necesitados,

---

a **11** El salmista expresa la alegría y la seguridad que brotan de la profunda confianza en Dios,
aun en medio de los mayores peligros. *b* **11.2** Sal 37.14; 64.3-4. *c* **11.4** Sal 103.19; Is 66.1;
Mt 5.34. *d* **11.4** Sal 14.2; 102.19. *a* **12** Súplica colectiva, motivada por la presencia de tanta
maldad y falta de sinceridad en las relaciones humanas.

ahora me levantaré —dice
Jehová—,
pondré a salvo al que por ello
suspira».

⁶ Las palabras de Jehová son
palabras limpias,
como plata refinada en horno de
barro,
purificada siete veces.

⁷ Tú, Jehová, los guardarás;
de esta generación los preservarás
para siempre.
⁸ Rondando andan los malos
cuando la infamia es enaltecida
entre los hijos de los hombres.

Plegaria pidiendo ayuda en la aflicción[a]

Al músico principal.
Salmo de David

13 ¹¿Hasta cuándo, Jehová? ¿Me
olvidarás para siempre?
¿Hasta cuándo esconderás tu
rostro de mí?
² ¿Hasta cuándo tendré conflictos en
mi alma,
con angustias en mi corazón cada
día?
¿Hasta cuándo será enaltecido mi
enemigo sobre mí?

³ Mira, respóndeme, Jehová, Dios
mío;
alumbra mis ojos, para que no
duerma de muerte,
⁴ para que no diga mi enemigo: «Lo
vencí».
Mis enemigos se alegrarán si yo
resbalo.

⁵ Mas yo en tu misericordia he
confiado;
mi corazón se alegrará en tu
salvación.
⁶ Cantaré a Jehová
porque me ha hecho bien.

Necedad y corrupción del hombre[a]
(Sal 53.1-6)

Al músico principal. Salmo de David

14 ¹Dice el necio en su corazón:
«No hay Dios».
Se han corrompido, hacen obras
despreciables,
no hay quien haga lo bueno.

² Jehová miró desde los cielos
sobre los hijos de los hombres,
para ver si había algún entendido
que buscara a Dios.
³ Todos se desviaron,
a una se han corrompido;
no hay quien haga lo bueno,
no hay ni siquiera uno.[b]

⁴ ¿No tienen discernimiento todos
los que cometen maldad,
que devoran a mi pueblo como si
comieran pan
y no invocan a Jehová?
⁵ Ellos temblarán de espanto,
porque Dios está con la generación
de los justos.
⁶ De los planes del pobre se han
burlado,
pero Jehová es su esperanza.

⁷ ¡Ah, si de Sión viniera la salvación
de Israel!
Cuando Jehová haga volver a los
cautivos de su pueblo,
se gozará Jacob, se alegrará Israel.

Los que habitarán en el monte santo de Dios[a]
Salmo de David

15 ¹Jehová, ¿quién habitará en tu
Tabernáculo?,
¿quién morará en tu monte santo?
² El que anda en integridad y hace
justicia;[b]
el que habla verdad en su corazón;
³ el que no calumnia con su lengua

---

a **13** Súplica individual. Cf. Sal 74.10; 79.5; 80.4; 89.46; 94.3.   *a* **14** Denuncia profética de los pecados que corrompen a la sociedad.   *b* **14.1-3** Ro 3.10-12.   *a* **15** Antes de entrar en el Templo, se instruye a los fieles sobre las condiciones morales necesarias para participar dignamente en el culto de Jehová. Cf. Sal 24.3-6; Is 33.14-16.   *b* **15.1-2** Sal 24.3-4.

ni hace mal a su prójimo
ni admite reproche alguno contra
  su vecino;
⁴ aquel a cuyos ojos el indigno es
  menospreciado,
pero honra a los que temen a
  Jehová;
el que aun jurando en perjuicio
  propio, no por eso cambia;
⁵ quien su dinero no dio a usura[c]
ni contra el inocente admitió
  soborno.[d]

El que hace estas cosas, no
  resbalará jamás.

Una herencia escogida[a]
Mictam[b] de David

16 ¹Guárdame, Dios,
    porque en ti he confiado.

² Alma mía, dijiste a Jehová:
«Tú eres mi Señor;
no hay para mí bien fuera de ti».

³ Para los santos que están en la
  tierra
y para los íntegros es toda mi
  complacencia.
⁴ Se multiplicarán los dolores de
  aquellos
que sirven diligentes a otro dios.
No ofreceré yo sus libaciones de
  sangre
ni en mis labios tomaré sus
  nombres.

⁵ Jehová es la porción de mi herencia
  y de mi copa;
tú aseguras mi suerte.
⁶ Las cuerdas me cayeron en lugares
  deleitosos
y es hermosa la heredad que me ha
  tocado.

⁷ Bendeciré a Jehová que me
  aconseja;

aun en las noches me enseña mi
  conciencia.
⁸ A Jehová he puesto siempre
  delante de mí;
porque está a mi diestra, no seré
  conmovido.

⁹ Se alegró por tanto mi corazón y se
  gozó mi alma;
mi carne también descansará
  confiadamente,
¹⁰ porque no dejarás mi alma en el
  seol,[c]
ni permitirás que tu santo vea
  corrupción.[d]
¹¹ Me mostrarás la senda de la vida;
en tu presencia hay plenitud de gozo,
delicias a tu diestra para siempre.[e]

Plegaria pidiendo protección contra los opresores[a]
Oración de David

17 ¹Oye, Jehová, una causa justa;
    atiende a mi clamor.
Escucha mi oración
hecha de labios sin engaño.
² De tu presencia proceda mi
  defensa;
vean tus ojos la rectitud.

³ Tú has probado mi corazón, me has
  visitado de noche;
me has puesto a prueba y nada
  malo hallaste.
He resuelto que mi boca no cometa
  delito.
⁴ En cuanto a las obras humanas,
por la palabra de tus labios
yo me he guardado de las sendas
  de los violentos.
⁵ Afirma mis pasos en tus caminos,
para que mis pies no resbalen.

⁶ Yo te he invocado por cuanto tú,
  Dios, me oirás;
inclina a mí tu oído, escucha mi
  palabra.

---

[c] **15.5** Ex 22.25; Lv 25.36-37; Dt 23.19-20; Ez 18.8,17.   [d] **15.5** Ex 23.8; Dt 16.18-20; 27.25.
[a] **16** Súplica individual, que expresa un profundo sentimiento de gratitud, de alegría y de confianza en Dios.   [b] **16** Término heb. de significado incierto, interpretado a veces como «oración en voz baja», o «poema» (Sal 56; 57; 58; 59; 60).   [c] **16.10** 1 Co 15.4.
[d] **16.10** En Hch 2.27; 13.35.   [e] **16.8-11** Hch 2.25-28.   [a] **17** Súplica individual, semejante a la de Sal 7.

7 Muestra tus maravillosas
　　misericordias,
tú que salvas a los que se refugian a
　　tu diestra
de los que se levantan contra ellos.
8 Guárdame como a la niña de tus ojos;
escóndeme bajo la sombra de tus
　　alas,[b]
9 de la vista de los malos que me
　　oprimen,
de mis enemigos que buscan mi vida.

10 Envueltos están en su gordura;
con su boca hablan
　　arrogantemente.
11 Han cercado ahora nuestros pasos;
tienen puestos sus ojos para
　　echarnos por tierra.
12 Son como león que ansía agarrar su
　　presa
y como leoncillo que está en su
　　escondite.

13 Levántate, Jehová; sal a su
　　encuentro, derríbalos;
libra mi vida de los malos con tu
　　espada,
14 de los hombres, con tu mano,
　　Jehová,
de los hombres de este mundo,
para quienes lo mejor es esta vida,
y cuyo vientre está lleno de tus
　　bienes.[c]
Sacian a sus hijos
y aun les sobra para sus pequeños.

15 En cuanto a mí, veré tu rostro[d] en
　　justicia;
estaré satisfecho cuando despierte
　　a tu semejanza.

Acción de gracias por la victoria[a]
(2 S 22.1-51)

*Al músico principal. Salmo de David, siervo de
Jehová, el cual dirigió a Jehová las palabras de
este cántico el día que lo libró Jehová de manos
de todos sus enemigos, y de manos de Saúl.
Entonces dijo:*

18 1 Te amo, Jehová, fortaleza mía.
2 Jehová, roca mía y castillo mío,
　　mi libertador;

Dios mío, fortaleza mía, en él
　　confiaré;
mi escudo y la fuerza de mi
　　salvación, mi alto refugio.
3 Invocaré a Jehová, quien es digno
　　de ser alabado,
y seré salvo de mis enemigos.

4 Me rodearon los lazos de la muerte
y los torrentes de la destrucción me
　　atemorizaron.
5 Los lazos del seol me han rodeado,
me tendieron redes de muerte.

6 En mi angustia invoqué a Jehová
y clamé a mi Dios.
Él oyó mi voz desde su Templo
y mi clamor llegó hasta sus oídos.[b]

7 La tierra fue conmovida y tembló;
se conmovieron los cimientos de
　　los montes
y se estremecieron, porque se
　　indignó él.[c]
8 Humo subió de su nariz
y de su boca fuego consumidor;
carbones fueron por él encendidos.
9 Inclinó los cielos y descendió,
y había densas tinieblas debajo de
　　sus pies.
10 Cabalgó sobre un querubín y voló;
voló sobre las alas del viento.[d]
11 Puso tinieblas por su escondite, por
　　cortina suya alrededor de sí;
oscuridad de aguas, nubes de los
　　cielos.
12 Por el resplandor de su presencia,
　　pasaron sus nubes:
granizo y carbones ardientes.
13 Tronó en los cielos Jehová,
el Altísimo dio su voz:
granizo y carbones de fuego.
14 Envió sus saetas y los dispersó;
lanzó relámpagos y los destruyó.
15 Entonces aparecieron los abismos
　　de las aguas
y quedaron al descubierto los
　　cimientos del mundo:
a tu reprensión, Jehová,

---

[b] **17.8** Dt 32.10.　[c] **17.14** Mt 5.45.　[d] **17.15** Ap 22.4.　[a] **18** Acción de gracias del rey (cf. v. 50) por
la victoria y la protección que le ha concedido Jehová. Cf. 2 S 22.　[b] **18.6** Sal 120.1; Jon 2.2.
[c] **18.7-16** Jue 5.4-5; Job 36.30; Sal 29.3-9; 77.16-19; Hab 3.3-13.　[d] **18.10** Sal 68.33; 104.3.

por el soplo del aliento de tu nariz.*e*

16 Envió desde lo alto y me tomó,
me sacó de las muchas aguas.
17 Me libró de mi poderoso enemigo
y de los que me aborrecían, pues
eran más fuertes que yo.
18 Me asaltaron en el día de mi
desgracia,
pero Jehová fue mi apoyo.
19 Me sacó a lugar espacioso;
me libró, porque se agradó de mí.

20 Jehová me ha premiado conforme a
mi justicia;
conforme a la limpieza de mis
manos me ha recompensado,
21 porque yo he guardado los
caminos de Jehová,
y no me aparté impíamente de mi
Dios,
22 pues todos sus juicios estuvieron
delante de mí
y no me he apartado de sus
estatutos.
23 Fui recto para con él
y me he guardado de hacer lo malo,
24 por lo cual me ha recompensado
Jehová conforme a mi justicia,
conforme a la limpieza de mis
manos delante de sus ojos.

25 Con el misericordioso te mostrarás
misericordioso,
y recto con el hombre íntegro.
26 Limpio te mostrarás con el limpio
y severo serás para con el
tramposo,
27 porque tú salvarás al pueblo
afligido
y humillarás los ojos altivos.
28 Tú encenderás mi lámpara;
Jehová, mi Dios, alumbrará mis
tinieblas.
29 Contigo desbarataré ejércitos
y con mi Dios asaltaré ciudades
amuralladas.

30 En cuanto a Dios, perfecto es su
camino
y acrisolada la palabra de Jehová;

escudo es a todos los que en él
esperan.*f*
31 ¿Quién es Dios sino sólo Jehová?
¿Y qué roca hay fuera de nuestro
Dios?*g*
32 Dios es el que me reviste de poder
y quien hace perfecto mi camino;
33 quien hace mis pies como de
venados*h*
y me hace estar firme sobre mis
alturas;
34 quien adiestra mis manos para la
batalla,
para tensar con mis brazos el arco
de bronce.
35 Me diste asimismo el escudo de tu
salvación;
tu diestra me sustentó
y tu benignidad me ha
engrandecido.
36 Ensanchaste mis pasos debajo
de mí
y mis pies no han resbalado.
37 Perseguí a mis enemigos y los
alcancé;
no volví hasta acabarlos.
38 Los herí de modo que no se
levantaran;
cayeron debajo de mis pies,
39 pues me has revestido de fuerzas
para el combate;
has humillado a mis enemigos
debajo de mí.
40 Has hecho que mis enemigos me
vuelvan las espaldas,
para que yo destruya a los que me
odian.
41 Clamaron, y no hubo quien
salvara;
aun a Jehová, pero no los oyó.
42 Los molí como polvo delante del
viento;
los lancé afuera como a lodo de las
calles.

43 Me has librado de las contiendas
del pueblo;
me has hecho cabeza de las
naciones;

e **18.13-15** Ex 15.8; 19.16-19.   *f* **18.30** Pr 30.5; cf. Sal 19.7-10.   *g* **18.31** Is 44.8; 45.22.
h **18.33** Hab 3.19.   *i* **18.49** Ro 15.9.

pueblo que yo no conocía me
   sirvió.
⁴⁴ Al oír de mí, me obedecieron;
   los hijos de extraños se sometieron
      a mí.
⁴⁵ Los extraños se debilitaron
   y salieron temblando de sus
      encierros.

⁴⁶ ¡Viva Jehová y bendita sea mi roca!
   Y enaltecido sea el Dios de mi
      salvación,
⁴⁷ el Dios que venga mis agravios
   y somete pueblos debajo de mí,
⁴⁸ el que me libra de mis enemigos
   e incluso me eleva sobre los que se
      levantan contra mí.
   Me libraste de hombre violento.

⁴⁹ Por tanto yo te confesaré entre las
      naciones, Jehová,
   y cantaré a tu nombre.ⁱ
⁵⁰ Grandes triunfos da a su rey
   y hace misericordia a su ungido,
   a David y a su descendencia para
      siempre.

Las obras y la palabra de Diosᵃ
Al músico principal. Salmo de David

19 ¹Los cielos cuentan la gloria
      de Dios
   y el firmamento anuncia la obra de
      sus manos.ᵇ
² Un día emite palabra a otro día
   y una noche a otra noche declara
      sabiduría.
³ No hay lenguaje ni palabras
   ni es oída su voz.
⁴ Por toda la tierra salió su voz
   y hasta el extremo del mundo sus
      palabras.ᶜ

En ellos puso tabernáculo para
   el sol;
⁵ y este, como esposo que sale de su
      alcoba,
   se alegra cual gigante para correr el
      camino.

⁶ De un extremo de los cielos es su
      salida
   y su curso hasta el término de ellos.
   Nada hay que se esconda de su
      calor.

⁷ La ley de Jehová es perfecta:
   convierte el alma;
   el testimonio de Jehová es fiel:
   hace sabio al sencillo.
⁸ Los mandamientos de Jehová son
      rectos:
   alegran el corazón;
   el precepto de Jehová es puro:
   alumbra los ojos.
⁹ El temor de Jehová es limpio:
   permanece para siempre;
   los juicios de Jehová son verdad:
   todos justos.
¹⁰ Deseables son más que el oro,
   más que mucho oro refinado;ᵈ
   y dulces más que la miel,
   la que destila del panal.ᵉ
¹¹ Tu siervo es, además, amonestado
      con ellos;
   en guardarlos hay gran
      recompensa.

¹² ¿Quién puede discernir sus
      propios errores?
   Líbrame de los que me son ocultos.
¹³ Preserva también a tu siervo de las
      soberbias,
   que no se enseñoreen de mí.
   Entonces seré íntegro
   y estaré libre de gran rebelión.

¹⁴ ¡Sean gratos los dichos de mi boca
   y la meditación de mi corazón
      delante de ti,
   Jehová, roca mía y redentor mío!

Oración pidiendo la victoriaᵃ
Al músico principal. Salmo de David

20 ¹Jehová te escuche en el día de
      conflicto;
   el nombre del Dios de Jacob te
      defienda.

ᵃ **19** Himno a la gloria de Dios manifestada en la creación (v. 1-6) y alabanza de las excelencias
de la Ley revelada por Dios a su pueblo, Israel (v. 7-11). El Salmo termina con una oración
humilde y confiada (v. 12-14).   ᵇ**19.1** Sal 50.6; cf. Ro 1.20.   ᶜ**19.4** Ro 10.18.
ᵈ**19.10** Sal 119.127   ᵉ**19.10** Sal 119.103.   ᵃ**20** Salmo real. Cf. Sal 72.

² Te envíe ayuda desde el santuario
   y desde Sión te sostenga.
³ Traiga a la memoria todas tus
   ofrendas
   y acepte tu holocausto.   *Selah*
⁴ Te dé conforme al deseo de tu
   corazón
   y cumpla todos tus planes.
⁵ Nosotros nos alegraremos en tu
   salvación
   y alzaremos bandera en el nombre
   de nuestro Dios.
   Conceda Jehová todas tus
   peticiones.

⁶ Ahora conozco que Jehová salva a
   su ungido;
   lo atenderá desde sus santos cielos
   con la potencia salvadora de su
   diestra.
⁷ Estos confían en carros, y aquellos
   en caballos;
   mas nosotros del nombre de
   Jehová, nuestro Dios, haremos
   memoria.
⁸ Ellos flaquean y caen,
   mas nosotros nos levantamos y
   resistimos a pie firme.

⁹ Salva, Jehová;
   que el Rey nos oiga en el día que lo
   invoquemos.

Alabanza por haber sido librado del enemigo[a]

Al músico principal. Salmo de David

21 ¹El rey se alegra en tu poder,
   Jehová;
   y en tu salvación, ¡cómo se goza!
² Le has concedido el deseo de su
   corazón
   y no le negaste la petición de sus
   labios,   *Selah*
³ porque le has salido al encuentro
   con bendiciones de bien;
   corona de oro fino has puesto sobre
   su cabeza.

⁴ Vida te demandó y se la diste;
   largura de días eternamente y para
   siempre.
⁵ Grande es su gloria por tu
   salvación;
   honra y majestad has puesto
   sobre él.
⁶ Lo has bendecido para siempre;
   lo llenaste de alegría con tu
   presencia.
⁷ Por cuanto el rey confía en Jehová,
   y por la misericordia del Altísimo,
   no será conmovido.

⁸ Alcanzará tu mano a todos tus
   enemigos;
   tu diestra alcanzará a los que te
   aborrecen.
⁹ Los pondrás como horno de fuego
   en el tiempo de tu ira;
   Jehová los deshará en su ira
   y el fuego los consumirá.
¹⁰ Su fruto destruirás de la tierra
   y su descendencia de entre los hijos
   de los hombres,[b]
¹¹ porque intentaron el mal contra ti,
   fraguaron maquinaciones, pero no
   prevalecerán,
¹² pues tú los pondrás en fuga;
   en tus cuerdas dispondrás saetas
   contra sus rostros.

¹³ ¡Engrandécete, Jehová, en tu
   poder!
   ¡Cantaremos y alabaremos tu
   poderío!

Un grito de angustia y un canto de alabanza[a]

*Al músico principal; sobre Ajelet-sahar.[b]
Salmo de David*

22 ¹Dios mío, Dios mío, ¿por qué
   me has desamparado?[c]
   ¿Por qué estás tan lejos de mi
   salvación
   y de las palabras de mi clamor?

---

[a] **21** Salmo real. Aquí no se trata de una súplica, como el anterior, sino de un canto de acción de gracias por los favores concedidos al rey.   [b] **21.10** Job 18.19; Sal 37.28; 109.13.   [a] **22** En la primera parte, el salmista se siente abandonado por Jehová y le suplica que lo haga experimentar de nuevo su presencia y su protección (v. 1-21). La segunda es un canto de acción de gracias por la liberación obtenida (v. 22-31).   [b] **22** Expresión heb. que puede ser traducida como «La gacela de la aurora». Parece ser el título de una canción; este salmo se cantaba probablemente con esa misma melodía.   [c] **22.1** Mt 27.46; Mc 15.34.

² Dios mío, clamo de día y no
responde;
y de noche no hay para mí
descanso.

³ Pero tú eres santo,
tú que habitas entre las alabanzas
de Israel.
⁴ En ti esperaron nuestros padres;
esperaron y tú los libraste.
⁵ Clamaron a ti y fueron librados;
confiaron en ti y no fueron
avergonzados.

⁶ Pero yo soy gusano[d] y no hombre;[e]
oprobio de los hombres y
despreciado del pueblo.[f]
⁷ Todos los que me ven se burlan de
mí;
tuercen la boca y menean la
cabeza,[g] diciendo:
⁸ «Se encomendó a Jehová, líbrelo él;
sálvelo, puesto que en él se
complacía».[h]

⁹ Pero tú eres el que me sacó del
vientre,
el que me hizo estar confiado
desde que estaba en el regazo de mi
madre.
¹⁰ A ti fui encomendado desde antes
de nacer;
desde el vientre de mi madre, tú
eres mi Dios.
¹¹ No te alejes de mí,
porque la angustia está cerca
y no hay quien me ayude.

¹² Me han rodeado muchos toros;
fuertes toros de Basán me han
cercado.
¹³ Abrieron contra mí su boca
como león rapaz y rugiente.

¹⁴ He sido derramado como el agua
y todos mis huesos se
descoyuntaron.
Mi corazón fue como cera,
derritiéndose dentro de mí.
¹⁵ Como un tiesto se secó mi vigor
y mi lengua se pegó a mi paladar.

¡Me has puesto en el polvo de la
muerte!

¹⁶ Perros me han rodeado;
me ha cercado una banda de
malignos;
desgarraron mis manos y mis pies.
¹⁷ ¡Contar puedo todos mis huesos!
Entre tanto, ellos me miran y me
observan.
¹⁸ Repartieron entre sí mis vestidos
y sobre mi ropa echaron suertes.[i]

¹⁹ Mas tú, Jehová, ¡no te alejes!
Fortaleza mía, ¡apresúrate a
socorrerme!
²⁰ Libra de la espada mi alma,
del poder del perro mi vida.
²¹ Sálvame de la boca del león
y líbrame de los cuernos de los
toros salvajes.

²² Anunciaré tu nombre a mis
hermanos;
en medio de la congregación te
alabaré.[j]
²³ Los que teméis a Jehová, ¡alabadlo!
¡Glorificadlo, descendencia toda de
Jacob!
¡Temedlo vosotros, descendencia
toda de Israel!,
²⁴ porque no menospreció ni rechazó
el dolor del afligido,
ni de él escondió su rostro,
sino que cuando clamó a él, lo
escuchó.

²⁵ De ti será mi alabanza en la gran
congregación;
mis votos pagaré delante de los que
lo temen.
²⁶ Comerán los humildes hasta
quedar saciados;
alabarán a Jehová los que lo buscan;
vivirá vuestro corazón para
siempre.

²⁷ Se acordarán y se volverán a Jehová
todos los confines de la tierra,
y todas las familias de las naciones
adorarán delante de ti,

^d **22.6** Job 25.6. ^e **22.6** Is 52.14; cf. Jn 19.5. ^f **22.6** Is 53.2-3. ^g **22.7** Mt 27.39; Mc 15.29; Lc 23.35.
^h **22.8** Mt 27.43. ⁱ **22.18** Mt 27.35; Mc 15.24; Lc 23.34; Jn 19.24. ^j **22.22** Heb 2.12.

²⁸ porque de Jehová es el reino
y él regirá las naciones.

²⁹ Comerán y adorarán todos los
poderosos de la tierra;
se postrarán delante de él todos los
que descienden al polvo,
aun el que no puede conservar la
vida a su propia alma.
³⁰ La posteridad lo servirá;
esto será contado de Jehová hasta la
postrera generación.
³¹ Vendrán y anunciarán su justicia;
a pueblo no nacido aún,
anunciarán que él hizo esto.

Jehová es mi pastor[a]
Salmo de David

23 ¹ Jehová es mi pastor, nada me
faltará.
² En lugares de delicados pastos me
hará descansar;
junto a aguas de reposo me
pastoreará.[b]
³ Confortará mi alma.[c]
Me guiará por sendas de justicia
por amor de su nombre.

⁴ Aunque ande en valle de sombra
de muerte,
no temeré mal alguno,
porque tú estarás conmigo;
tu vara y tu cayado me infundirán
aliento.

⁵ Aderezas mesa delante de mí
en presencia de mis angustiadores;
unges mi cabeza con aceite;
mi copa está rebosando.
⁶ Ciertamente, el bien y la
misericordia me seguirán todos
los días de mi vida,[d]
y en la casa de Jehová moraré por
largos días.

El rey de gloria[a]
Salmo de David

24 ¹ De Jehová es la tierra y su
plenitud,[b]
el mundo y los que en él habitan,
² porque él la fundó sobre los mares
y la afirmó sobre los ríos.

³ ¿Quién subirá al monte de Jehová?
¿Y quién estará en su lugar santo?
⁴ El limpio de manos y puro de
corazón;[c]
el que no ha elevado su alma a
cosas vanas
ni ha jurado con engaño.
⁵ Él recibirá bendición de Jehová
y justicia del Dios de salvación.
⁶ Tal es la generación de los que lo
buscan,
de los que buscan tu rostro, Dios de
Jacob.[d]   *Selah*

⁷ ¡Alzad, puertas, vuestras cabezas!
¡Alzaos vosotras, puertas eternas,
y entrará el Rey de gloria!
⁸ ¿Quién es este Rey de gloria?
¡Jehová el fuerte y valiente,
Jehová el poderoso en batalla!
⁹ ¡Alzad, puertas, vuestras cabezas!
¡Alzaos vosotras, puertas eternas,
y entrará el Rey de gloria!
¹⁰ ¿Quién es este Rey de gloria?
¡Es Jehová de los ejércitos!
¡Él es el Rey de gloria!   *Selah*

David implora dirección, perdón y protección[a]
Salmo de David

25 ¹ A ti, Jehová, levantaré mi alma.
² Dios mío, en ti confío;
no sea yo avergonzado.
¡No se alegren de mí mis enemigos!
³ Ciertamente, ninguno de cuantos
esperan en ti será confundido;
serán avergonzados los que se
rebelan sin causa.

---

[a]**23** El sentimiento predominante en este salmo es el de plena confianza en el amor y la fidelidad de Jehová, pastor que cuida a sus ovejas (v.1-4) y anfitrión que agasaja con un banquete a su invitado.   [b]**23.2** Jer 31.9; Ez 34.13-15; Ap 7.17.   [c]**23.3** Is 40.29-31; 41.10; 2 Ts 2.17.   [d]**23.6** Sal 27.4; 122.1.   [a]**24** Canto de alabanza al Dios creador (v. 1-2); instrucción sobre las cualidades requeridas para adorar en el Templo (v. 3-6) y poema que celebra la instalación del Arca del pacto en Jerusalén (v. 7-10; cf. 2 S 6.1-23; Sal 132).   [b]**24.1** Sal 50.12; 89.11; 1 Co 10.26.   [c]**24.3-4** Sal 15.1-2; cf. Is 33.14-16; Mt 5.8.   [d]**24.3-6** Sal 15; Is 33.14-16.   [a]**25** Súplica individual, en la que se intercalan algunas reflexiones de carácter sapiencial.

⁴ Muéstrame, Jehová, tus caminos;
   enséñame tus sendas.
⁵ Encamíname en tu verdad y
   enséñame,
   porque tú eres el Dios de mi
   salvación;
   en ti he esperado todo el día.

⁶ Acuérdate, Jehová, de tus piedades
   y de tus misericordias,
   que son perpetuas.
⁷ De los pecados de mi juventud y de
   mis rebeliones no te acuerdes.
   Conforme a tu misericordia
   acuérdate, Jehová, de mí,
   por tu bondad.

⁸ Bueno y recto es Jehová;
   por tanto, él enseñará a los
   pecadores el camino.
⁹ Encaminará a los humildes en la
   justicia
   y enseñará a los mansos su carrera.
¹⁰ Todas las sendas de Jehová son
   misericordia y verdad
   para los que guardan su pacto y sus
   testimonios.

¹¹ Por amor de tu nombre, Jehová,
   perdonarás también mi pecado,
   que es grande.
¹² ¿Quién es el hombre que teme a
   Jehová?
   Él le enseñará el camino que ha de
   escoger.^b
¹³ Gozará él de bienestar
   y su descendencia heredará la
   tierra.^c
¹⁴ La comunión íntima de Jehová es
   con los que lo temen,
   y a ellos hará conocer su pacto.
¹⁵ Mis ojos siempre se dirigen hacia
   Jehová,
   porque él saca mis pies de la red.

¹⁶ Mírame y ten misericordia de mí,
   porque estoy solo y afligido.
¹⁷ Las angustias de mi corazón se han
   aumentado;
   sácame de mis congojas.

¹⁸ Mira mi aflicción y mi trabajo
   y perdona todos mis pecados.
¹⁹ Mira mis enemigos, cómo se han
   multiplicado
   y con odio violento me aborrecen.
²⁰ ¡Guarda mi alma y líbrame!
   No sea yo avergonzado, porque en
   ti he confiado.
²¹ Integridad y rectitud me guarden,
   porque en ti he esperado.

²² ¡Redime, Dios, a Israel
   de todas sus angustias!

Declaración de integridad^a
Salmo de David

26 ¹ Júzgame, Jehová,
   porque yo en integridad he
   andado;
   he confiado asimismo en Jehová
   sin titubear.
² Escudríñame, Jehová, y pruébame;
   examina mis íntimos pensamientos
   y mi corazón,^b
³ porque tu misericordia está delante
   de mis ojos
   y ando en tu verdad.

⁴ No me he sentado con hombres
   hipócritas,
   ni entré con los que andan
   simuladamente.
⁵ Aborrecí la reunión de los
   malignos
   y con los impíos nunca me senté.^c

⁶ Lavaré en inocencia mis manos,^d
   y así, Jehová, andaré alrededor de
   tu altar,
⁷ para exclamar con voz de acción de
   gracias
   y para contar todas tus maravillas.

⁸ Jehová, la habitación de tu Casa he
   amado,
   el lugar de la morada de tu gloria.
⁹ No arrebates con los pecadores mi
   alma
   ni mi vida con hombres
   sanguinarios,

---

^b **25.12** Sal 34.7-12; Pr 3.6.   ^c **25.12-13** Dt 11.8-9; Sal 37.9,11,29; Mt 5.5.   ^a **26** Súplica de una persona íntegra acusada injustamente, semejante a la del Sal 7.   ^b **26.2** Sal 7.9; 17.3; 139.23.

¹⁰ en cuyas manos está el mal
y cuya diestra está llena de
sobornos.

¹¹ Pero yo andaré en integridad;
redímeme y ten misericordia de mí.
¹² Mi pie ha estado en rectitud;
en las congregaciones bendeciré a
Jehová.

Jehová es mi luz y mi salvación[a]
Salmo de David

27 ¹ Jehová es mi luz y mi
salvación,
¿de quién temeré?
Jehová es la fortaleza de mi vida,
¿de quién he de atemorizarme?

² Cuando se juntaron contra mí los
malignos,
mis angustiadores y mis enemigos,
para comer mis carnes,
ellos tropezaron y cayeron.

³ Aunque un ejército acampe
contra mí,
no temerá mi corazón;
aunque contra mí se levante
guerra,
yo estaré confiado.

⁴ Una cosa he demandado a Jehová,
esta buscaré:
que esté yo en la casa de Jehová
todos los días de mi vida,[b]
para contemplar la hermosura de
Jehová
y para buscarlo en su Templo.

⁵ Él me esconderá en su Tabernáculo
en el día del mal;
me ocultará en lo reservado de su
morada;
sobre una roca me pondrá en alto.

⁶ Luego levantará mi cabeza
sobre mis enemigos que me
rodean,
y yo sacrificaré en su Tabernáculo
sacrificios de júbilo;

cantaré y entonaré alabanzas a
Jehová.

⁷ ¡Oye, Jehová, mi voz con que a ti
clamo!
¡Ten misericordia de mí y
respóndeme!
⁸ Mi corazón ha dicho de ti:
«Buscad mi rostro».
Tu rostro buscaré, Jehová;
⁹ ¡no escondas tu rostro de mí!

¡No apartes con ira a tu siervo!
¡Mi ayuda has sido!
No me dejes ni me desampares,
Dios de mi salvación.
¹⁰ Aunque mi padre y mi madre me
dejen,
con todo, Jehová me recogerá.[c]
¹¹ Enséñame, Jehová, tu camino
y guíame por senda de rectitud
a causa de mis enemigos.
¹² No me entregues a la voluntad de
mis enemigos,
porque se han levantado contra mí
testigos falsos
y los que respiran crueldad.

¹³ Hubiera yo desmayado,
si no creyera que he de ver la
bondad de Jehová
en la tierra de los vivientes.
¹⁴ ¡Espera en Jehová!
¡Esfuérzate y aliéntese tu corazón!
¡Sí, espera en Jehová!

Plegaria pidiendo ayuda, y alabanza por la respuesta[a]
Salmo de David

28 ¹ A ti clamaré, Jehová.
¡Roca mía, no te desentiendas
de mí,
no sea que, dejándome tú,
llegue a ser semejante a los que
descienden al sepulcro!
² Oye la voz de mis ruegos
cuando clamo a ti,
cuando alzo mis manos
hacia tu santo Templo.

---

c **26.4-5** Sal 1.1.   *d* **26.6** Sal 73.13.   *a* **27** Testimonio de confianza en Dios (v. 1-6) y súplica individual que brota de esa actitud de confianza (v. 7-14).   *b* **27.4** Sal 23.6.   *c* **27.10** Is 49.14-15.   *a* **28** Súplica individual, ante la amenaza de un peligro mortal, y alabanza de gratitud.

³ No me arrebates juntamente con
  los malos
y con los que hacen iniquidad.
Ellos hablan paz con sus prójimos,
pero la maldad está en su corazón.
⁴ Dales conforme a su obra[b]
y conforme a la perversidad de sus
  hechos.
Dales su merecido conforme a la
  obra de sus manos.
⁵ Por cuanto no atendieron a los
  hechos de Jehová
ni a la obra de sus manos,
¡él los derribará y no los edificará!

⁶ ¡Bendito sea Jehová,
que oyó la voz de mis ruegos!
⁷ Jehová es mi fortaleza y mi escudo;
en él confió mi corazón y fui
  ayudado,
por lo que se gozó mi corazón.
Con mi cántico lo alabaré.

⁸ Jehová es la fortaleza de su pueblo
y el refugio salvador de su ungido.
⁹ Salva a tu pueblo
y bendice a tu heredad;
pastoréalos y susténtalos para
  siempre.

Poder y gloria de Jehová[a]
Salmo de David

29 ¹ Tributad a Jehová, hijos de los
  poderosos,
dad a Jehová la gloria y el poder.
² Dad a Jehová la gloria debida a su
  nombre;
adorad a Jehová en la hermosura
  de la santidad.[b]

³ Voz de Jehová sobre las aguas.
¡Truena el Dios de gloria:
Jehová sobre las muchas aguas!
⁴ Voz de Jehová con potencia;
voz de Jehová con gloria.
⁵ Voz de Jehová que quiebra los
  cedros;
¡quiebra Jehová los cedros del
  Líbano!

⁶ Los hace saltar como becerros;
al Líbano y al Sirión[c] como hijos de
  toros salvajes.
⁷ Voz de Jehová que derrama llamas
  de fuego;
⁸ voz de Jehová que hace temblar el
  desierto;
¡hace temblar Jehová el desierto de
  Cades!
⁹ Voz de Jehová que desgaja las
  encinas
y desnuda los bosques.
En su Templo todo proclama su
  gloria.

¹⁰ Jehová preside en el diluvio
y se sienta Jehová como rey para
  siempre.
¹¹ Jehová dará poder a su pueblo;
Jehová bendecirá a su pueblo
  con paz.

Acción de gracias por haber sido librado de la muerte[a]
Salmo de David

30 ¹ Te glorificaré, Jehová, porque
  me has exaltado
y no has permitido que mis
  enemigos se alegren de mí.
² Jehová, Dios mío,
a ti clamé y me sanaste.
³ Jehová, hiciste subir mi alma
  del seol.
Me diste vida, para que no
  descendiera a la sepultura.

⁴ ¡Cantad a Jehová, vosotros sus
  santos,
y celebrad la memoria de su
  santidad!,
⁵ porque por un momento será
  su ira,
pero su favor dura toda la vida.
Por la noche durará el lloro
y a la mañana vendrá la alegría.

⁶ En mi prosperidad dije yo:
«No seré jamás conmovido»,
⁷ porque tú, Jehová, con tu favor

---

[b] **28.4** Jer 50.29; Ap 18.6.   [a] **29** Canto de alabanza que celebra la gloria y el poder de Jehová manifestados en el fragor de la tempestad. Cf. Sal 19.1-6; 104.   [b] **29.1-2** 1 Cr 16.28-29; Sal 96.7-9.   [c] **29.6** Nombre que los fenicios daban al monte Hermón (Dt 3.8-9).   [a] **30** Acción de gracias de alguien que ha sido liberado por Dios de una enfermedad mortal.

me afirmaste como a monte fuerte.
Escondiste tu rostro,
fui turbado.

8 A ti, Jehová, clamaré;
al Señor suplicaré.
9 ¿Qué provecho hay en mi muerte
cuando descienda a la sepultura?
¿Te alabará el polvo?
¿Anunciará tu verdad?
10 Oye, Jehová, y ten misericordia
de mí;
Jehová, ¡sé tú mi ayudador!

11 Has cambiado mi lamento en baile;
me quitaste la ropa áspera y me
vestiste de alegría.[b]
12 Por tanto, a ti cantaré, gloria mía, y
no estaré callado.
Jehová Dios mío, ¡te alabaré para
siempre!

Declaración de confianza[a]
Al músico principal. Salmo de David

31 **1** En ti, Jehová, he confiado;
no sea yo confundido jamás.
¡Líbrame en tu justicia!
2 Inclina a mí tu oído,
líbrame pronto.
¡Sé tú mi roca fuerte
y la fortaleza para salvarme!

3 Tú eres mi roca y mi castillo;
por tu nombre me guiarás y me
encaminarás.
4 ¡Sácame de la red que me han
tendido,
pues tú eres mi refugio!
5 En tu mano encomiendo mi
espíritu;[b]
tú me has redimido, Jehová, Dios
de verdad.

6 Aborrezco a los que esperan en
ídolos vanos;
mas yo en Jehová he esperado.
7 Me gozaré y alegraré en tu
misericordia,

porque has visto mi aflicción,
has conocido las angustias de mi
alma.
8 No me entregaste en manos del
enemigo;
pusiste mis pies en lugar espacioso.

9 Ten misericordia de mí, Jehová,
porque estoy en angustia;
se han consumido de tristeza mis
ojos,
también mi alma y mi cuerpo.
10 Mi vida se va gastando de dolor
y mis años de suspirar;
¡se agotan mis fuerzas a causa de
mi maldad
y mis huesos se consumen!

11 De todos mis enemigos soy objeto
de oprobio,
y de mis vecinos mucho más;
soy el horror de mis conocidos.
¡Los que me ven afuera huyen
de mí!
12 He sido olvidado de su corazón
como un muerto;
he llegado a ser como un vaso
quebrado.[c]
13 Oigo la calumnia de muchos;
el miedo me asalta por todas
partes,[d]
mientras conspiran juntos
contra mí
e idean quitarme la vida.

14 Mas yo en ti, Jehová, confío;
digo: «¡Tú eres mi Dios.
15 En tu mano están mis tiempos!».
Líbrame de manos de mis
enemigos y de mis
perseguidores.
16 Haz resplandecer tu rostro sobre tu
siervo;
¡sálvame por tu misericordia!
17 No sea yo avergonzado, Jehová,
ya que te he invocado;
¡sean avergonzados los impíos,
estén mudos en el seol![e]

---

[b] **30.11** Sal 126.5-6; Jer 31.13.   [a] **31** Declaración de confianza en Dios.   [b] **31.5** Lc 23.46
[c] **31.12** Jer 22.28; 48.38.   [d] **31.13** Jer 20.4,10; 46.5; 49.29. Cf. 2 Co 11.25-26.   [e] **31.17** Jer 17.18.
[a] **32** Canto de acción de gracias de un pecador que ha confesado sus pecados a Jehová y ha
obtenido el perdón divino. Uno de los siete salmos llamados de arrepentimiento (Sal 6; 38; 51;
102; 130; 143).

18 Enmudezcan los labios mentirosos,
que hablan contra el justo cosas
    duras
con soberbia y menosprecio.

19 ¡Cuán grande es tu bondad,
que has guardado para los que te
    temen,
que has mostrado a los que esperan
    en ti,
delante de los hijos de los hombres!
20 En lo secreto de tu presencia los
    esconderás
de la conspiración del hombre;
los pondrás en tu Tabernáculo a
    cubierto
de lenguas contenciosas.

21 Bendito sea Jehová,
porque ha hecho maravillosa su
    misericordia para conmigo
en ciudad fortificada.
22 Decía yo en mi apuro:
«Excluido soy de delante de tus
    ojos»;
pero tú oíste la voz de mis ruegos
cuando a ti clamé.

23 Amad a Jehová, todos vosotros sus
    santos;
a los fieles guarda Jehová
y retribuye con creces al que
    procede con soberbia.
24 Esforzaos todos vosotros, los que
    esperáis en Jehová,
y tome aliento vuestro corazón.

La dicha del perdón[a]
Salmo de David. Masquil[b]

32 **1** Bienaventurado aquel cuya
    transgresión ha sido
    perdonada
y cubierto su pecado.
2 Bienaventurado el hombre a quien
    Jehová no culpa de iniquidad[c]
y en cuyo espíritu no hay engaño.

3 Mientras callé, se envejecieron mis
    huesos

en mi gemir todo el día,
4 porque de día y de noche se agravó
    sobre mí tu mano;
se volvió mi verdor en sequedades
    de verano.   *Selah*

5 Mi pecado te declaré
y no encubrí mi iniquidad.
Dije: «Confesaré mis rebeliones a
    Jehová»,
y tú perdonaste la maldad de mi
    pecado.[d]   *Selah*

6 Por esto orará a ti todo santo
en el tiempo en que puedas ser
    hallado;
ciertamente en la inundación de
    muchas aguas
no llegarán estas a él.
7 Tú eres mi refugio;
me guardarás de la angustia;
con cánticos de liberación me
    rodearás.   *Selah*

8 «Te haré entender y te enseñaré el
    camino en que debes andar;
sobre ti fijaré mis ojos.
9 No seáis como el caballo, o como el
    mulo, sin entendimiento,
que han de ser sujetados con
    cabestro y con freno,
porque si no, no se acercan a ti».

10 Muchos dolores habrá para el
    impío;
mas al que espera en Jehová, lo
    rodea la misericordia.
11 Alegraos en Jehová y gozaos,
    justos;
¡cantad con júbilo todos vosotros
    los rectos de corazón!

Alabanzas al Creador y Preservador[a]

33 **1** Alegraos, justos, en Jehová;
    en los íntegros es hermosa la
    alabanza.
2 Aclamad a Jehová con arpa;
cantadle con salterio y decacordio.
3 Cantadle cántico nuevo;[b]

---

[b] **32** Término hebreo cuya traducción probable es «instrucción».   [c] **32.1-2** Ro 4.6-8.
[d] **32.5** 2 S 12.13.   [a] **33** Canto de alabanza a Jehová, que gobierna todas las cosas con sabiduría,
justicia y amor.   [b] **33.3** No se trata de un canto ya entonado otras veces, sino compuesto para la
ocasión presente. Cf. Sal 40.3; 96.1; 98.1; Is 42.10; Ap 5.9; 14.3.

¡hacedlo bien, tañendo con júbilo!,
4 porque recta es la palabra de
    Jehová
y toda su obra es hecha con
    fidelidad.
5 Él ama la justicia y el derecho;
de la misericordia de Jehová está
    llena la tierra.

6 Por la palabra de Jehová fueron
    hechos los cielos;
y todo el ejército de ellos, por el
    aliento de su boca.
7 Él junta como montón las aguas del
    mar;
él pone en depósitos los abismos.c

8 ¡Tema a Jehová toda la tierra!
¡Tiemblen delante de él todos los
    habitantes del mundo!,
9 porque él dijo, y fue hecho;
él mandó, y existió.

10 Jehová hace nulo el plan de las
    naciones
y frustra las maquinaciones de los
    pueblos.
11 El plan de Jehová permanecerá
    para siempre;
los pensamientos de su corazón,
    por todas las generaciones.
12 Bienaventurada la nación cuyo
    Dios es Jehová,d
el pueblo que él escogió como
    heredad para sí.

13 Desde los cielos miró Jehová;
vio a todos los hijos de los hombres;
14 desde el lugar de su morada miró
sobre todos los habitantes de la
    tierra.
15 Él formó el corazón de todos ellos;
atento está a todas sus obras.

16 El rey no se salva por la multitud
    del ejército
ni escapa el valiente por la mucha
    fuerza.
17 Vano para salvarse es el caballo;
la grandeza de su fuerza a nadie
    podrá librar.e

18 El ojo de Jehová está sobre los que
    lo temen,
sobre los que esperan en su
    misericordia,
19 para librar sus almas de la muerte
y para darles vida en tiempo de
    hambre.

20 Nuestra alma espera a Jehová;
nuestra ayuda y nuestro escudo
    es él.
21 Por tanto, en él se alegrará nuestro
    corazón,
porque en su santo nombre hemos
    confiado.
22 ¡Sea tu misericordia, Jehová, sobre
    nosotros,
según esperamos en ti!

La protección divinaa

*Salmo de David, cuando mudó su semblante
delante de Abimelec,b y él lo echó, y se fue.*

34 1Bendeciré a Jehová en todo
    tiempo;
su alabanza estará de continuo en
    mi boca.
2 En Jehová se gloriará mi alma;
lo oirán los mansos y se alegrarán.
3 Engrandeced a Jehová conmigo
y exaltemos a una su nombre.

4 Busqué a Jehová, y él me oyó
y me libró de todos mis temores.
5 Los que miraron a él fueron
    alumbrados
y sus rostros no fueron
    avergonzados.
6 Este pobre clamó, y lo oyó Jehová
y lo libró de todas sus angustias.
7 El ángel de Jehová acampa
alrededor de los que lo temen
y los defiende.
8 Gustad y ved que es bueno
    Jehová.c
¡Bienaventurado el hombre que
    confía en él!
9 Temed a Jehová vosotros sus
    santos,
pues nada falta a los que lo temen.
10 Los leoncillos necesitan, y tienen
    hambre;

c 33.6-7 Gn 1.3-31; Jn 1.3; Heb 11.3.   d 33.12 Sal 144.15; cf. Sal 146.5.   e 33.16-17 1 S 17.47;
Sal 20.7-8; 147.10; Os 1.7.   a 34 Salmo «acróstico».   b 34 1 S 21.10-15.   c 34.8 Mt 19.17; 1 P 2.3.

pero los que buscan a Jehová no
   tendrán falta de ningún bien.

11 Venid, hijos, oídme;
   el temor de Jehová os enseñaré.
12 ¿Quién es el hombre que desea
      vida,
   que desea muchos días para ver el
      bien?
13 Guarda tu lengua del mal
   y tus labios de hablar engaño.
14 Apártate del mal y haz el bien;
   busca la paz y síguela.

15 Los ojos de Jehová están sobre los
      justos
   y atentos sus oídos al clamor de
      ellos.
16 La ira de Jehová está contra los que
      hacen mal,[d]
   para eliminar de la tierra la
      memoria de ellos.
17 Claman los justos, y Jehová oye
   y los libra de todas sus angustias.
18 Cercano está Jehová a los
      quebrantados de corazón
   y salva a los contritos de espíritu.

19 Muchas son las aflicciones del
      justo,
   pero de todas ellas lo librará
      Jehová.[e]
20 Él guarda todos sus huesos;
   ni uno de ellos será quebrado.[f]
21 Matará al malo la maldad
   y los que aborrecen al justo serán
      condenados.
22 Jehová redime el alma de sus
      siervos.
   ¡No serán condenados cuantos en
      él confían!

Plegaria pidiendo ser librado de los enemigos[a]
Salmo de David

35 1 Disputa, Jehová, con los que
      contra mí contienden;
   pelea contra los que me combaten.
2 Echa mano al escudo y al pavés,
   y levántate en mi ayuda.

3 Saca la lanza,
   cierra contra mis perseguidores;
   di a mi alma: «¡Yo soy tu
      salvación!».

4 Sean avergonzados y confundidos
   los que buscan mi vida;
   sean vueltos atrás y avergonzados
   los que mi mal intentan.
5 Sean como el tamo delante del
      viento,
   y el ángel de Jehová los acose.
6 Sea su camino tenebroso y
      resbaladizo,
   y el ángel de Jehová los persiga,
7 porque sin causa escondieron para
      mí su red en un hoyo;
   sin causa cavaron hoyo para mi
      alma.
8 ¡Véngale el quebrantamiento
      inesperado,
   y la red que él escondió lo atrape!
   ¡Caiga en ella con quebranto!

9 Entonces mi alma se alegrará en
      Jehová;
   se regocijará en su salvación.
10 Todos mis huesos dirán:
   «Jehová, ¿quién como tú,
   que libras al afligido del más fuerte
      que él,
   y al pobre y menesteroso del que lo
      despoja?»

11 Se levantan testigos malvados;
   de lo que no sé me preguntan.
12 Me devuelven mal por bien,
   para afligir a mi alma.
13 Pero yo, cuando ellos enfermaron,
      me vestí con ropas ásperas;
   afligí con ayuno mi alma
   y mi oración se volvía a mi seno.
14 Como por mi compañero, como
      por mi hermano andaba;
   como el que trae luto por madre,
      enlutado me humillaba.

15 Pero ellos se alegraron en mi
      adversidad, y se juntaron;

---

[d] **34.12-16** 1 P 3.10-12.   [e] **34.19** Sal 18.16-19; 34.4; 91.3-4; cf. 2 Co 1.8-10; 2 Ti 3.10-12.
[f] **34.20** Ex 12.46; Nm 9.12; Jn 19.36.   [a] **35** Súplica de una persona acusada falsamente.

se juntaron contra mí gentes
    despreciables y yo no lo
    entendía;
me despedazaban sin descanso;
16 como aduladores, escarnecedores y
    truhanes,
    crujieron contra mí sus dientes.

17 Señor, ¿hasta cuándo verás esto?
    Rescata mi alma de sus
    destrucciones,
    mi vida de los leones.
18 Te confesaré en la gran
    congregación;
    ¡te alabaré en medio de numeroso
    pueblo![b]

19 No se alegren de mí los que sin
    causa son mis enemigos,
    ni los que me odian sin causa[c]
    guiñen el ojo,[d]
20 porque no hablan paz
    y contra los mansos de la tierra
    piensan palabras engañosas.
21 Ensancharon contra mí su boca;
    dijeron: «¡Con nuestros ojos lo
    hemos visto!»

22 ¡Tú lo has visto, Jehová! ¡No calles!
    ¡Señor, no te alejes de mí!
23 ¡Muévete y despierta para hacerme
    justicia,
    Dios mío y Señor mío, para
    defender mi causa!
24 Júzgame conforme a tu justicia,
    Jehová, Dios mío,
    ¡que no se alegren de mí!
25 No digan en su corazón: «¡Ya es
    nuestro!»
    No digan: «¡Lo hemos devorado!»
26 Sean avergonzados y confundidos
    a una
    los que de mi mal se alegran;
    vístanse de vergüenza y de
    confusión
    los que se engrandecen contra mí.

27 Canten y alégrense los que están a
    favor de mi justa causa
    y digan siempre: «Sea exaltado
    Jehová,

que ama la paz de su siervo».
28 ¡Mi lengua hablará de tu justicia
    y de tu alabanza todo el día!

La misericordia de Dios[a]

*Al músico principal. Salmo de David, siervo
de Jehová*

36 1 La maldad del impío me dice al
    corazón:
    «No hay temor de Dios delante de
    sus ojos».[b]
2 Se jacta, por tanto, ante sus propios
    ojos,
    de que su maldad no será hallada y
    aborrecida.
3 Las palabras de su boca son
    iniquidad y fraude;
    ha dejado de ser sensato y de hacer
    el bien.
4 Medita maldad sobre su cama,
    está en camino no bueno,
    el mal no aborrece.

5 Jehová, hasta los cielos llega tu
    misericordia
    y tu fidelidad alcanza hasta las
    nubes.
6 Tu justicia es como los montes
    de Dios;
    tus juicios, abismo grande.
    Tú, Jehová, al hombre y al animal
    conservas.

7 ¡Cuán preciosa, Dios, es tu
    misericordia!
    ¡Por eso los hijos de los hombres
    se amparan bajo la sombra de
    tus alas!
8 Serán completamente saciados de
    la grosura de tu Casa
    y tú les darás de beber del torrente
    de tus delicias,
9 porque contigo está el manantial de
    la vida;
    en tu luz veremos la luz.
10 Extiende tu misericordia a los que
    te conocen,
    y tu justicia a los rectos de corazón.
11 No me golpee con su pie el
    soberbio
    ni me mueva la mano del impío.

[b] **35.18** Sal 22.22,25.   [c] **35.19** Sal 69.4; Jn 15.25.   [d] **35.19** Pr 6.12-14; 10.10.   [a] **36** Reflexión
sapiencial (v. 1-4); canto de alabanza a Dios (v. 5-9) y súplica (v. 10-12).   [b] **36.1** Ro 3.18.

¹² Allí cayeron los malhechores;
    ¡fueron derribados para no
        levantarse jamás!

El camino de los malos[a]
Salmo de David

37 ¹ No te impacientes a causa de
        los malignos
    ni tengas envidia de los
        malhechores,
² porque como la hierba serán
        pronto cortados
    y como la hierba verde se secarán.[b]

³ Confía en Jehová y haz el bien;
    habitarás en la tierra y te
        apacentarás de la verdad.
⁴ Deléitate asimismo en Jehová
    y él te concederá las peticiones de
        tu corazón.[c]

⁵ Encomienda a Jehová tu camino,
    confía en él y él hará.[d]
⁶ Exhibirá tu justicia como la luz
    y tu derecho como el mediodía.

⁷ Guarda silencio ante Jehová y
        espera en él.
    No te alteres con motivo del que
        prospera en su camino,
    por el hombre que hace lo malo.

⁸ Deja la ira y desecha el enojo;
    no te excites en manera alguna a
        hacer lo malo,
⁹ porque los malignos serán
        destruidos,
    pero los que esperan en Jehová
        heredarán la tierra,[e]

¹⁰ pues dentro de poco no existirá
        el malo;
    observarás su lugar, y ya no estará
        allí.
¹¹ Pero los mansos heredarán la
        tierra[f]
    y se recrearán con abundancia
        de paz.
¹² Maquina el impío contra el justo
    y rechina contra él sus dientes.

¹³ El Señor se reirá de él,
    porque ve que viene su día.

¹⁴ Los impíos desenvainan espada y
        tensan su arco
    para derribar al pobre y al
        menesteroso,
    para matar a los de recto proceder.
¹⁵ Su espada entrará en su mismo
        corazón
    y su arco será quebrado.

¹⁶ Mejor es lo poco del justo
    que las riquezas de muchos
        pecadores,[g]
¹⁷ porque los brazos de los impíos
        serán quebrados;
    mas el que sostiene a los justos es
        Jehová.

¹⁸ Conoce Jehová los días de los
        íntegros
    y la heredad de ellos será para
        siempre.
¹⁹ No serán avergonzados en el
        tiempo de dificultad,
    y en los días de hambre serán
        saciados.

²⁰ Mas los impíos perecerán,
    los enemigos de Jehová serán
        consumidos;
    como la grasa de los carneros,
        se disiparán como el humo.

²¹ El impío toma prestado y no paga;
    pero el justo tiene misericordia
        y da.
²² Los benditos de él heredarán la
        tierra
    y los malditos de él serán
        destruidos.

²³ Por Jehová son ordenados los
        pasos del hombre[h]
    y él aprueba su camino.
²⁴ Cuando el hombre caiga, no
        quedará postrado,
    porque Jehová sostiene su mano.

---

[a] **37** Salmo didáctico.   [b] **37.2** Sal 90.5-6; 103.15-16; Is 40.6-8.   [c] **37.1-4** Sal 49.16-17; Pr 3.31;
23.17; 24.1-2,19.   [d] **37.5** Pr 16.3.   [e] **37.9** Pr 2.21-22.   [f] **37.11** Mt 5.5.   [g] **37.16** Pr 15.16.
[h] **37.23** Pr 20.24.

²⁵ Joven fui y he envejecido,
y no he visto justo desamparado
ni a su descendencia que mendigue
pan.
²⁶ En todo tiempo tiene misericordia
y presta.
Su descendencia es para bendición.

²⁷ Apártate del mal, haz el bien
y vivirás para siempre,
²⁸ porque Jehová ama la rectitud
y no desampara a sus santos.
Para siempre serán guardados,
mas la descendencia de los impíos
será destruida.ⁱ
²⁹ Los justos heredarán la tierra
y vivirán para siempre en ella.

³⁰ La boca del justo habla sabiduría
y su lengua habla justicia.
³¹ La Ley de su Dios está en su
corazón;
por tanto, sus pies no resbalarán.

³² Espía el impío al justo
y procura matarlo.
³³ Jehová no lo dejará en sus manos
ni lo condenará cuando lo juzguen.

³⁴ Espera en Jehová,
guarda su camino,
y él te exaltará para heredar la
tierra;
cuando sean destruidos los
pecadores, lo verás.

³⁵ Vi yo al impío sumamente
enaltecido
y que se extendía como laurel
verde.
³⁶ Pero él pasó, y he aquí ya no estaba;
lo busqué, y no lo hallé.

³⁷ Considera al íntegro y mira al justo,
porque hay un final dichoso para el
hombre de paz.
³⁸ Mas los transgresores serán todos a
una destruidos;
la posteridad de los impíos será
extinguida.

³⁹ Pero la salvación de los justos es de
Jehová
y él es su fortaleza en el tiempo de
angustia.ʲ
⁴⁰ Jehová los ayudará y los librará;
los libertará de los impíos y los
salvará,
por cuanto en él esperaron.

*Oración de un penitente*ᵃ
*Salmo de David, para recordar*ᵇ

38 ¹ Jehová, no me reprendas en tu
furor
ni me castigues en tu ira.ᶜ
² Tus saetas cayeron sobre mí,
y sobre mí ha descendido tu mano.

³ Nada hay sano en mi carne a causa
de tu ira;
ni hay paz en mis huesos a causa de
mi pecado,
⁴ porque mis maldades se acumulan
sobre mi cabeza;
como carga pesada me abruman.

⁵ Hieden y supuran mis llagas
a causa de mi locura.
⁶ Estoy encorvado, estoy humillado
en gran manera,
ando enlutado todo el día,
⁷ porque mis lomos están llenos de
ardor;
nada hay sano en mi carne.
⁸ Estoy debilitado y molido en gran
manera;
¡gimo a causa de la conmoción de
mi corazón!

⁹ Señor, delante de ti están todos mis
deseos
y mi suspiro no te es oculto.
¹⁰ Mi corazón está acongojado, me ha
dejado mi vigor,
y aun la luz de mis ojos me falta ya.
¹¹ Mis amigos y mis compañeros se
mantienen lejos de mi plaga,
y mis cercanos se han alejado.

¹² Los que buscan mi vida arman
lazos,

ⁱ **37.28** Job 18.19.   ʲ **37.39** Sal 9.9.   ᵃ **38** Súplica de un penitente. Uno de los siete salmos
llamados de arrepentimiento (Sal 6; 32; 51; 102; 130; 143).   ᵇ **38** Indicación de carácter cúltico.
ᶜ **38.1** Sal 6.1; cf. Jer 10.24.

y los que procuran mi mal me
amenazan
y traman engaños todo el día.

¹³ Pero yo, como si fuera sordo, no
oigo,
y soy como un mudo que no abre la
boca.ᵈ
¹⁴ Soy, pues, como un hombre que
no oye
y en cuya boca no hay
reprensiones.

¹⁵ Porque en ti, Jehová, he esperado,
tú responderás, Jehová, Dios mío.
¹⁶ Dije: «No se alegren de mí;
cuando mi pie resbale, no se
engrandezcan sobre mí».

¹⁷ ¡Pero yo estoy a punto de caer
y mi dolor está delante de mí
continuamente!
¹⁸ Por tanto, confesaré mi maldad
y me entristeceré por mi pecado.
¹⁹ Mis enemigos están vivos y fuertes,
y se han aumentado los que me
aborrecen sin causa.
²⁰ Los que pagan mal por bien
me son contrarios, por seguir yo lo
bueno.

²¹ No me desampares, Jehová;
Dios mío, no te alejes de mí.
²² ¡Apresúrate a ayudarme,
Señor, salvación mía!

El carácter transitorio de la vidaᵃ
*Al músico principal; a Jedutún.*ᵇ
Salmo de David

39 ¹ Yo dije: «Atenderé a mis
caminos
para no pecar con mi lengua;
guardaré mi boca con freno
en tanto que el impío esté delante
de mí».
² Enmudecí con silencio,
me callé aun respecto de lo bueno;
pero se agravó mi dolor.
³ Se enardeció mi corazón dentro
de mí;
en mi meditación se encendió un
fuego
y así proferí con mi lengua:

⁴ «Hazme saber, Jehová, mi fin
y cuánta sea la medida de mis días;
sepa yo cuán frágil soy.
⁵ Diste a mis días término corto
y mi edad es como nada delante
de ti;
ciertamente, es apenas un soplo
todo ser humano que vive. *Selah*
⁶ Ciertamente, como una sombra es
el hombre;
ciertamente, en vano se afana;
amontona riquezas y no sabe quién
las recogerá.

⁷ »Y ahora, Señor, ¿qué esperaré?
Mi esperanza está en ti.
⁸ Líbrame de todas mis
transgresiones;
no me conviertas en la burla del
insensato.
⁹ Enmudecí, no abrí mi boca,
porque tú lo hiciste.
¹⁰ Quita de sobre mí tu plaga;
estoy consumido bajo los golpes de
tu mano.
¹¹ Con castigos por el pecado corriges
al hombre
y deshaces como polilla lo más
estimado de él;
¡ciertamente, es apenas un soplo
todo ser humano!   *Selah*

¹² »Oye mi oración, Jehová, y escucha
mi clamor.
No calles ante mis lágrimas,
porque forastero soy para ti
y advenedizo, como todos mis
padres.ᶜ
¹³ Déjame, y tomaré fuerzas
antes que vaya y perezca».

ᵈ **38.13** Is 53.7.   ᵃ **39** Testimonio y súplica individual.   ᵇ **39** Sal 62; 77. Cf. 1 Cr 16.41; 25.1;
2 Cr 5.12.   ᶜ **39.12** Lv 25.23; Sal 119.19; 1 P 2.11.

Alabanza por la liberación divina[a]

(Sal 70.1-5)

Al músico principal. Salmo de David

40 ¹ Pacientemente esperé a Jehová,
y se inclinó a mí y oyó mi
clamor,
² y me hizo sacar del pozo de la
desesperación,
del lodo cenagoso;
puso mis pies sobre peña
y enderezó mis pasos.
³ Puso luego en mi boca cántico
nuevo,
alabanza a nuestro Dios.
Verán esto muchos y temerán,
y confiarán en Jehová.

⁴ ¡Bienaventurado el hombre que
puso en Jehová su confianza
y no mira a los soberbios
ni a los que se desvían tras la
mentira!
⁵ Has aumentado, Jehová, Dios mío,
tus maravillas
y tus pensamientos para con
nosotros.
No es posible contarlos ante ti.
Aunque yo los anunciara y hablara
de ellos,
no podrían ser enumerados.

⁶ Sacrificio y ofrenda no te agradan;
has abierto mis oídos;
holocausto y expiación no has
demandado.
⁷ Entonces dije: «He aquí, vengo;
en el rollo del libro está escrito
de mí;
⁸ el hacer tu voluntad, Dios mío, me
ha agradado,
y tu Ley está en medio de mi
corazón».[b]

⁹ He anunciado justicia en la gran
congregación;
he aquí, no refrené mis labios,
Jehová, tú lo sabes.

¹⁰ No encubrí tu justicia dentro de mi
corazón;
he publicado tu fidelidad y tu
salvación;
no oculté tu misericordia y tu
verdad en la gran congregación.

¹¹ Jehová, no apartes de mí tu
misericordia;
tu misericordia y tu verdad me
guarden siempre,
¹² porque me han rodeado males sin
número;
me han alcanzado mis maldades y
no puedo levantar la vista.
Se han aumentado más que los
cabellos de mi cabeza
y mi corazón me falla.

¹³ Quieras, Jehová, librarme;
Jehová, apresúrate a socorrerme.
¹⁴ Sean avergonzados y confundidos
a una
los que buscan mi vida para
destruirla.
Vuelvan atrás y avergüéncense
los que mi mal desean.
¹⁵ Sean asolados en pago de su
afrenta
los que se burlan de mí.

¹⁶ Gócense y alégrense en ti
todos los que te buscan,
y digan siempre los que aman tu
salvación:
«¡Jehová sea enaltecido!»
¹⁷ Aunque yo esté afligido y
necesitado,
Jehová pensará en mí.
Mi ayuda y mi libertador eres tú.
¡Dios mío, no te tardes![c]

Oración pidiendo salud[a]

Al músico principal. Salmo de David

41 ¹ Bienaventurado el que piensa
en el pobre;[b]
en el día malo lo librará Jehová.

---

[a] **40** Canto de acción de gracias (v. 1-10) y súplica individual (v. 13-17). Los v. 11-12 sirven de lazo de unión entre ambas partes.   [b] **40.6-8** Heb 10.5-7 cita este pasaje de acuerdo con la versión griega (LXX).   [c] **40.13-17** Sal 70.   [a] **41** Súplica individual, en un caso de enfermedad grave. [b] **41.1** *Pobre:* falta en hebreo. Añadido según el griego (LXX), porque así parece exigirlo el ritmo de la frase. Cf. Pr 14.21.

² Jehová lo guardará, le dará vida
y será bienaventurado en la tierra.
No lo entregarás a la voluntad de
sus enemigos.

³ Jehová lo sostendrá en el lecho del
dolor;
ablandará su cama en la
enfermedad.

⁴ Yo dije: «Jehová, ten misericordia
de mí,
sana mi alma, porque contra ti he
pecado».

⁵ Mis enemigos hablan mal de mí,
preguntando:
«¿Cuándo morirá y perecerá su
nombre?»

⁶ Y si vienen a verme, hablan mentira;
recogen malas noticias
y al salir afuera las divulgan.

⁷ Reunidos murmuran contra mí
todos los que me aborrecen;
contra mí piensan mal, diciendo:

⁸ «Cosa maligna se ha apoderado
de él;
el que cayó en cama no volverá a
levantarse».

⁹ Aun el hombre de mi paz, en quien
yo confiaba,
el que de mi pan comía,
alzó el pie contra mí.ᶜ

¹⁰ Mas tú, Jehová, ten misericordia de
mí y hazme levantar,
y les daré el pago.

¹¹ En esto conoceré que te he agradado:
en que mi enemigo no se alegre
de mí.

¹² En cuanto a mí, en mi integridad
me has sustentado
y me has hecho estar delante de ti
para siempre.

¹³ ¡Bendito sea Jehová, el Dios de
Israel,

por los siglos de los siglos!ᵈ
¡Amén y amén!

LIBRO 2
(Salmos 42—72)

*Mi alma tiene sed de Dios*ᵃ
*Al músico principal. Masquil de los hijos de
Coréᵇ*

42 ¹Como el ciervo brama por las
corrientes de las aguas,
así clama por ti, Dios, el alma mía.

² Mi alma tiene sed de Dios, del Dios
vivo.
¿Cuándo vendré y me presentaré
delante de Dios?

³ Fueron mis lágrimas mi pan
de día y de noche,
mientras me dicen todos los días:
«¿Dónde está tu Dios?»

⁴ Me acuerdo de estas cosas
y derramo mi alma dentro de mí,
de cómo yo iba con la multitud
y la conducía hasta la casa de Dios,
entre voces de alegría y de
alabanza
del pueblo en fiesta.

⁵ ¿Por qué te abates, alma mía,
y te turbas dentro de mí?
Espera en Dios,
porque aún he de alabarlo,
¡salvación mía y Dios mío!

⁶ Dios mío, mi alma está abatida
en mí.
Me acordaré, por tanto, de ti
desde la tierra del Jordán
y de los hermonitas, desde el monte
Mizar.

⁷ Un abismo llama a otro
a la voz de tus cascadas;
todas tus ondas y tus olas
han pasado sobre mí.

ᶜ **41.9** En Jn 13.18 se interpreta esta frase como un anuncio de la traición de Judas. Cf. Mt 26.23;
Mc 14.18-20; Lc 22.21.   ᵈ **41.13** Con esta doxología, o alabanza a Jehová, concluye la primera
parte del libro de los Salmos. Cf. Sal 72.18-20; 89.52; 106.48.   ᵃ **42** Los salmos 42 y 43 forman un
solo poema. Se trata de la súplica de un israelita piadoso.   ᵇ **42** En tiempos de David, los
descendientes de Coré (Nm 16; 26.9-11) pasaron a cumplir diversas funciones en el Templo
(1 Cr 6.37; 26.1). A ellos se les atribuyen los salmos 42—49, 84—85 y 87—88.

⁸ Pero de día mandará Jehová su
misericordia
y de noche su cántico estará
conmigo,
y mi oración al Dios de mi vida.

⁹ Diré a Dios: «Roca mía,
¿por qué te has olvidado de mí?
¿Por qué andaré yo enlutado
por la opresión del enemigo?»
¹⁰ Como quien hiere mis huesos,
mis enemigos me afrentan
diciéndome cada día:
«¿Dónde está tu Dios?»

¹¹ ¿Por qué te abates, alma mía,
y por qué te turbas dentro de mí?
Espera en Dios,
porque aún he de alabarlo,
¡salvación mía y Dios mío!

Plegaria pidiendo vindicación y liberación

43 ¹ Júzgame, Dios,
y defiende mi causa;
líbrame de gente impía
y del hombre engañador e inicuo.
² Tú que eres el Dios de mi fortaleza,
¿por qué me has desechado?
¿Por qué andaré yo enlutado
por la opresión del enemigo?

³ Envía tu luz y tu verdad;
estas me guiarán,
me conducirán a tu santo monte
y a tus moradas.
⁴ Me acercaré al altar de Dios,
al Dios de mi alegría y de mi gozo.
Y te alabaré con el arpa,
Dios, Dios mío.

⁵ ¿Por qué te abates, alma mía,
y por qué te turbas dentro de mí?
Espera en Dios,
porque aún he de alabarlo,
¡salvación mía y Dios mío!

Liberaciones pasadas y pruebas presentes[a]

Al músico principal. Masquil de los hijos de Coré

44 ¹ Con nuestros oídos, Dios,
hemos oído,
nuestros padres nos han contado[b]
la obra que hiciste en sus días,
en los tiempos antiguos.
² Tú con tu mano echaste las
naciones
y los plantaste a ellos;
afligiste a los pueblos
y los arrojaste,
³ pues no se apoderaron de la tierra
por su espada,
ni su brazo los libró;
sino tu diestra, tu brazo,[c] y la luz de
tu rostro,
porque te complaciste en ellos.

⁴ Tú, Dios, eres mi rey;
¡manda salvación a Jacob!
⁵ Por medio de ti sacudiremos a
nuestros enemigos;
en tu nombre hollaremos a
nuestros adversarios,[d]
⁶ porque no confiaré en mi arco
ni mi espada me salvará,
⁷ pues tú nos has guardado de
nuestros enemigos,
has avergonzado a los que nos
aborrecían.
⁸ ¡En Dios nos gloriaremos todo el
tiempo
y por siempre alabaremos tu
nombre! *Selah*

⁹ Pero nos has desechado, nos has
hecho avergonzar,
y ya no sales con nuestros
ejércitos.[e]
¹⁰ Nos hiciste retroceder delante del
enemigo
y nos saquean para sí los que nos
aborrecen.

---

[a] 44 Súplica de toda la comunidad, después de sufrir una grave derrota militar. Cf. Sal 74; 79; 80.
[b] 44.1 Ex 10.2; 12.26-27; 13.14-15; Dt 4.9; 6.20-25; Sal 78.3-8. [c] 44.3 Sal 20.7-8. [d] 44.5 Sal 60.12.
[e] 44.9 Sal 60.10; 108.11.

¹¹ Nos entregas como ovejas al
matadero
y nos has esparcido entre las
naciones.
¹² Has vendido a tu pueblo de balde;
¡no exigiste ningún precio!

¹³ Nos has hecho objeto de afrenta de
nuestros vecinos;
nos pones por escarnio y por burla
de los que nos rodean.
¹⁴ Nos pusiste por proverbio entre las
naciones;
todos al vernos menean la cabeza.^f
¹⁵ Cada día mi vergüenza está
delante de mí
y la confusión cubre mi rostro
¹⁶ por la voz del que me vitupera y me
deshonra,
por razón del enemigo y del
vengativo.

¹⁷ Todo esto nos ha venido, y no nos
hemos olvidado de ti
ni hemos faltado a tu pacto.
¹⁸ No se ha vuelto atrás nuestro
corazón
ni se han apartado de tus caminos
nuestros pasos,
¹⁹ para que nos arrojaras al lugar de
los chacales
y nos cubrieras con la sombra de la
muerte.

²⁰ Si nos hubiéramos olvidado del
nombre de nuestro Dios
o alzado nuestras manos hacia un
dios ajeno,
²¹ ¿no lo descubriría Dios?,
pues él conoce los secretos del
corazón.
²² Pero por causa de ti nos matan
cada día;
somos contados como ovejas para
el matadero.^g

²³ ¡Despierta! ¿Por qué duermes,
Señor?
¡Despierta! No te alejes para
siempre.

²⁴ ¿Por qué escondes tu rostro,
y te olvidas de nuestra aflicción y
de la opresión nuestra?^b
²⁵ Porque nuestra alma está agobiada
hasta el polvo
y nuestro cuerpo está postrado
hasta la tierra,
²⁶ ¡levántate para ayudarnos
y redímenos por causa de tu
misericordia!

Cántico de las bodas del rey^a

*Al músico principal; sobre «Lirios». Masquil
de los hijos de Coré. Canción de amores*

45 ¹Rebosa mi corazón palabra
buena;
dirijo al rey mi canto;
mi lengua es pluma de escribiente
muy diestro.

² Eres el más hermoso de los hijos de
los hombres;
la gracia se ha derramado en tus
labios;
por tanto, Dios te ha bendecido
para siempre.
³ Ciñe tu espada sobre el muslo,
valiente,
con tu gloria y majestad.
⁴ En tu gloria sé prosperado;
cabalga sobre palabra de verdad,
de humildad y de justicia.
Tu diestra te enseñará cosas que
asombran;
⁵ tus saetas agudas, con que caerán
pueblos debajo de ti,
penetrarán en el corazón de los
enemigos del rey.

⁶ Tu trono, Dios, es eterno y para
siempre;
cetro de justicia es el cetro de tu
reino.
⁷ Has amado la justicia y aborrecido
la maldad;
por tanto, te ungió Dios, el Dios
tuyo, con óleo de alegría
más que a tus compañeros.^b
⁸ Mirra, áloe y casia exhalan todos
tus vestidos;

---

^f **44.13-14** Sal 79.4; 80.6.   ^g **44.22** Ro 8.36.   ^a **45** Salmo real; diferente de los demás porque no es
una oración dirigida a Dios, sino un poema en honor del rey.   ^b **45.6-7** Heb 1.8-9.

desde palacios de marfil te recrean.
⁹ Hijas de reyes están entre tus
   ilustres;
está la reina a tu diestra con oro
   de Ofir.

¹⁰ ¡Oye, hija, mira e inclina tu oído!
olvida tu pueblo y la casa de tu
   padre,
¹¹ y deseará el rey tu hermosura.
Inclínate delante de él, porque él es
   tu señor.
¹² Y las hijas de Tiro vendrán con
   presentes;
implorarán tu favor los ricos del
   pueblo.

¹³ Toda gloriosa es la hija del rey en su
   morada;
de brocado de oro es su vestido.
¹⁴ Con vestidos bordados será
   llevada al rey;
vírgenes irán en pos de ella,
sus compañeras serán traídas a ti.
¹⁵ Serán traídas con alegría y gozo;
entrarán en el palacio del rey.

¹⁶ En lugar de tus padres serán tus
   hijos,
a quienes harás príncipes en toda la
   tierra.
¹⁷ Haré perpetua la memoria de tu
   nombre en todas las
   generaciones,
por lo cual te alabarán los pueblos
   eternamente y para siempre.

Dios es nuestro amparo y fortaleza[a]
Al músico principal; de los hijos de Coré.
Salmo sobre Alamot[b]

46 ¹Dios es nuestro amparo y
        fortaleza,
nuestro pronto auxilio en las
   tribulaciones.
² Por tanto, no temeremos, aunque la
   tierra sea removida
y se traspasen los montes al
   corazón del mar;

³ aunque bramen y se turben sus
   aguas,
y tiemblen los montes a causa de su
   braveza.[c]   *Selah*

⁴ Del río sus corrientes alegran la
   ciudad de Dios,
el santuario de las moradas del
   Altísimo.
⁵ Dios está en medio de ella; no será
   conmovida.
Dios la ayudará al clarear la
   mañana.
⁶ Bramaron las naciones, titubearon
   los reinos;
dio él su voz y se derritió la tierra.
⁷ ¡Jehová de los ejércitos está con
   nosotros!
¡Nuestro refugio es el Dios de
   Jacob![d]   *Selah*

⁸ Venid, ved las obras de Jehová,
que ha hecho portentos en la tierra,
⁹ que hace cesar las guerras hasta los
   fines de la tierra,
que quiebra el arco, corta la lanza
y quema los carros en el fuego.[e]
¹⁰ «Estad quietos y conoced que yo
   soy Dios;
seré exaltado entre las naciones;
   enaltecido seré en la tierra».
¹¹ ¡Jehová de los ejércitos está con
   nosotros!
¡Nuestro refugio es el Dios de
   Jacob!   *Selah*

Dios, el Rey de toda la tierra[a]
Al músico principal. Salmo de los hijos de
Coré

47 ¹¡Pueblos todos, batid las
        manos!
¡Aclamad a Dios con voz de júbilo!
² Porque Jehová, el Altísimo, es
   temible,
rey grande sobre toda la tierra.
³ Él someterá a los pueblos debajo de
   nosotros
y a las naciones debajo de nuestros
   pies.

ᵃ **46** Uno de los «cantos de Sión», lo mismo que Sal 48; 76; 87; 122.   *ᵇ* **46** Palabra de significado
incierto que ha sido traducida como «oboes» o «voces de tono alto».   *ᶜ* **46.1-3** Is 54.10; Jl 3.16.
ᵈ **46.7** Is 8.10; Sof 3.15.   *ᵉ* **46.9** Is 2.4; Ez 39.3; Miq 4.3.   *ᵃ* **47** Pertenece al grupo de cánticos que
celebran a Dios como Rey de toda la creación. Cf. Sal 93; 96—99.

⁴ Él nos elegirá nuestras heredades,
la hermosura de Jacob, a quien
amó.   *Selah*

⁵ ¡Subió Dios con júbilo,
Jehová con el sonido de trompeta!
⁶ ¡Cantad a Dios, cantad!
¡Cantad a nuestro Rey, cantad!,
⁷ porque Dios es el Rey de toda la
tierra.
¡Cantad con inteligencia!

⁸ Dios reina sobre las naciones;
Dios se sienta sobre su santo trono.
⁹ Los príncipes de los pueblos se
reunieron
como pueblo del Dios de Abraham,
¹⁰ porque de Dios son los escudos de
la tierra.
¡Él es muy enaltecido!

Hermosura y gloria de Sión[a]
Cántico. Salmo de los hijos de Coré

48 Grande es Jehová y digno de ser en
gran manera alabado
en la ciudad de nuestro Dios, en su
monte santo.
² ¡Hermosa provincia,
el gozo de toda la tierra
es el monte Sión, a los lados del
norte!
¡La ciudad del gran Rey![b]
³ En sus palacios
Dios es conocido por refugio.

⁴ Ciertamente los reyes de la tierra se
reunieron;
pasaron todos.
⁵ Y viéndola ellos así, se
maravillaron,
se turbaron, se apresuraron a huir.
⁶ Les tomó allí temblor;
dolor como de mujer que da a luz.
⁷ Con viento solano
quiebras tú las naves de Tarsis.
⁸ Como lo oímos,
así lo hemos visto
en la ciudad de Jehová de los
ejércitos,

en la ciudad de nuestro Dios.
¡La afirmará Dios para siempre!
Selah

⁹ Nos acordamos de tu misericordia,
Dios,
en medio de tu Templo.
¹⁰ Conforme a tu nombre, Dios,
así es tu loor hasta los fines de la
tierra.
De justicia está llena tu diestra.
¹¹ Se alegrará el monte Sión,
se gozarán las hijas de Judá
por tus juicios.

¹² Andad alrededor de Sión y
rodeadla;
contad sus torres.
¹³ Considerad atentamente su
antemuro,
mirad sus palacios,
para que lo contéis a la generación
venidera,
¹⁴ porque este Dios es Dios nuestro
eternamente y para siempre;
él nos guiará aun más allá de la
muerte.

La insensatez de confiar en
las riquezas[a]
*Al músico principal. Salmo de los hijos
de Coré*

49 Oíd esto, pueblos todos;
escuchad, todos los habitantes del
mundo,
² tanto los plebeyos como los nobles;
el rico y el pobre juntamente.
³ Mi boca hablará sabiduría,
y el pensamiento de mi corazón
inteligencia.
⁴ Inclinaré al proverbio mi oído;
declararé con el arpa mi enigma.

⁵ ¿Por qué he de temer en los días de
adversidad,
cuando la iniquidad de mis
opresores me rodee?
⁶ Los que confían en sus bienes
y de sus muchas riquezas se jactan,

---

a **48** Canto de Sión, compuesto para ser cantado cuando los israelitas «subían» a Jerusalén con
motivo de las grandes fiestas de peregrinación (Ex 23.14-19; Dt 16.1-17).   *b* **48.2** Mt 5.35.
a **49** Salmo didáctico, que trata, como el Sal 37, el problema de la retribución. Cf. Sal 73.

⁷ ninguno de ellos podrá, en manera
  alguna, redimir al hermano[b]
  ni pagar a Dios su rescate
⁸ (pues la redención de su vida es de
  tan alto precio
  que no se logrará jamás),
⁹ para que viva en adelante para
  siempre,
  sin jamás ver corrupción,

¹⁰ pues se ve que aun los sabios
  mueren;
  que perecen del mismo modo que
  el insensato y el necio,
  y dejan a otros sus riquezas.
¹¹ Su íntimo pensamiento es que sus
  casas serán eternas,
  y sus habitaciones para generación
  y generación.
  ¡Dan sus nombres a sus tierras!
¹² Pero el hombre no gozará de
  honores para siempre.
  ¡Es semejante a las bestias que
  perecen![c]

¹³ Este su camino es locura;
  con todo, sus descendientes se
  complacen en el dicho de ellos.
                          Selah
¹⁴ Como a rebaños que son
  conducidos al seol,
  la muerte los pastoreará.
  Los rectos se enseñorearán de ellos
  por la mañana,
  se consumirá su buen parecer
  y el seol será su morada.
¹⁵ Pero Dios redimirá mi vida del
  poder del seol,
  porque él me tomará consigo. *Selah*

¹⁶ No temas cuando se enriquece
  alguno,
  cuando aumenta la gloria de su
  casa,
¹⁷ porque cuando muera no llevará
  nada[d]
  ni descenderá tras él su gloria.

¹⁸ Aunque, mientras viva, llame
  dichosa a su alma
  y sea alabado porque prospera,
¹⁹ entrará en la generación de sus
  padres,
  y nunca más verá la luz.
²⁰ El hombre que goza de honores y
  no entiende,
  semejante es a las bestias que
  perecen.

Dios juzgará al mundo[a]
Salmo de Asaf[b]

50 ¹ El Dios de dioses, Jehová, ha
  hablado y ha convocado la
  tierra
  desde el nacimiento del sol hasta
  donde se pone.
² Desde Sión, perfección de
  hermosura,
  Dios ha resplandecido.[c]

³ Vendrá nuestro Dios y no callará;
  fuego consumirá delante de él
  y tempestad poderosa lo rodeará.[d]
⁴ Convocará a los cielos de arriba
  y a la tierra, para juzgar a su
  pueblo.
⁵ «Juntadme mis santos,
  los que hicieron conmigo pacto con
  sacrificio».
⁶ ¡Los cielos declararán su justicia,
  porque Dios es el juez!   *Selah*

⁷ «Oye, pueblo mío, y hablaré;
  escucha, Israel, y testificaré
  contra ti:
  Yo soy Dios, el Dios tuyo.
⁸ No te reprenderé por tus sacrificios
  ni por tus holocaustos, que están
  continuamente delante de mí.
⁹ No tomaré de tu casa becerros
  ni machos cabríos de tus apriscos,
¹⁰ porque mía es toda bestia del
  bosque
  y los millares de animales en los
  collados.

---

[b] **49.7** Según varios ms. hebreos: *Salvarse a sí mismo.*   [c] **49.12,20** Ec 3.19.   [d] **49.17** Job 1.21;
Ec 5.15; 1 Ti 6.7.   [a] **50** Dios reprende a su pueblo por haber sido infiel al pacto y le muestra en
qué consiste la verdadera religiosidad.   [b] **50** Antepasado de una familia de levitas que
desempeñaban el oficio de cantores en el templo de Jerusalén (1 Cr 6.39). Se le atribuyen
también los salmos 73—83.   [c] **50.2** Sal 48.2; Lm 2.15.   [d] **50.3** Ex 19.16-19; Dt 33.2; Jue 5.4-5;
Sal 18.7-15.

¹¹ Conozco todas las aves de los
montes,
y todo lo que se mueve en los
campos me pertenece.
¹² Si yo tuviera hambre, no te lo diría
a ti,
porque mío es el mundo y su
plenitud.
¹³ ¿He de comer yo carne de toros
o beber sangre de machos cabríos?
¹⁴ Sacrifica a Dios alabanza
y paga tus votos al Altísimo.
¹⁵ Invócame en el día de la angustia;
te libraré y tú me honrarás».

¹⁶ Pero al malo dijo Dios:
«¿Qué tienes tú que hablar de mis
leyes
y tomar mi pacto en tu boca?,
¹⁷ pues tú aborreces la corrección
y echas a tu espalda mis palabras.[e]
¹⁸ Si veías al ladrón, tú corrías con él,
y con los adúlteros era tu parte.
¹⁹ Tu boca metías en mal
y tu lengua componía engaño.
²⁰ Tomabas asiento y hablabas contra
tu hermano;
contra el hijo de tu madre ponías
infamia.
²¹ Estas cosas hiciste y yo he callado;
pensabas que de cierto sería yo
como tú;
¡pero te reprenderé
y las pondré delante de tus ojos!
²² Entended ahora esto, los que os
olvidáis de Dios,
no sea que os despedace y no haya
quien os libre.
²³ El que ofrece sacrificios de
alabanza me honrará,
y al que ordene su camino,
le mostraré la salvación de Dios».

Arrepentimiento y plegaria pidiendo purificación[a]

Al músico principal. Salmo de David, cuando, después que se llegó a Betsabé, vino a él Natán el profeta.[b]

51 ¹ Ten piedad de mí, Dios,
conforme a tu misericordia;

conforme a la multitud de tus
piedades
borra mis rebeliones.
² ¡Lávame más y más de mi maldad
y límpiame de mi pecado!,

³ porque yo reconozco mis
rebeliones,
y mi pecado está siempre delante
de mí.
⁴ Contra ti, contra ti solo he pecado;
he hecho lo malo delante de tus
ojos,
para que seas reconocido justo en
tu palabra
y tenido por puro en tu juicio.[c]
⁵ En maldad he sido formado
y en pecado me concibió mi madre.
⁶ Tú amas la verdad en lo íntimo
y en lo secreto me has hecho
comprender sabiduría.

⁷ Purifícame con hisopo y seré
limpio;
lávame y seré más blanco que la
nieve.[d]
⁸ Hazme oir gozo y alegría,
y se recrearán los huesos que has
abatido.
⁹ Esconde tu rostro de mis pecados
y borra todas mis maldades.

¹⁰ ¡Crea en mí, Dios, un corazón
limpio,
y renueva un espíritu recto dentro
de mí![e]
¹¹ No me eches de delante de ti
y no quites de mí tu santo espíritu.
¹² Devuélveme el gozo de tu
salvación
y espíritu noble me sustente.

¹³ Entonces enseñaré a los
transgresores tus caminos
y los pecadores se convertirán a ti.
¹⁴ Líbrame de homicidios, oh Dios,
Dios de mi salvación;
cantará mi lengua tu justicia.

¹⁵ Señor, abre mis labios

---

[e] **50.16-17** Ro 2.21-22. [a] **51** Súplica individual que, en razón de su contenido, es la oración de arrepentimiento por excelencia. [b] **51.1** 2 S 12.1-14. [c] **51.4** Ro 3.4. [d] **51.7** Is 1.18.
[e] **51.10** Ez 11.19; 36.26; 2 Co 5.17.

y publicará mi boca tu alabanza,
16 porque no quieres sacrificio, que yo
   lo daría;
no quieres holocausto.
17 Los sacrificios de Dios son el
   espíritu quebrantado;
al corazón contrito y humillado no
   despreciarás tú, oh Dios.

18 Haz bien con tu benevolencia a
   Sión.
Edifica los muros de Jerusalén.
19 Entonces te agradarán los
   sacrificios de justicia,
el holocausto u ofrenda del todo
   quemada;
entonces se ofrecerán becerros
   sobre tu altar.

Futilidad de la jactancia del malo[a]

*Al músico principal. Masquil de David, cuando
vino Doeg edomita y dio cuenta a Saúl diciéndole:
«David ha venido a casa de Ahimelec».[b]*

52 ¹¿Por qué tú, poderoso, te jactas
        de la maldad?
   ¡La misericordia de Dios es
   continua!
2 Agravios maquina tu lengua;
   engaña como navaja afilada.[c]
3 Amaste el mal más que el bien,
   la mentira más que la verdad. *Selah*
4 Has amado toda suerte de palabras
   perversas,
   engañosa lengua.

5 Por tanto, Dios te destruirá para
   siempre,
te arruinará y te echará de tu casa,
te desarraigará de la tierra de los
   vivientes.   *Selah*
6 Verán los justos y temerán;
   se reirán de él, diciendo:
7 «Este es el hombre
   que no consideró a Dios como su
   fortaleza,
sino que confió en sus muchas
   riquezas
y se mantuvo en su maldad».

8 Pero yo estoy como olivo verde
   en la casa de Dios;
¡en la misericordia de Dios confío
   eternamente y para siempre!
9 Te alabaré para siempre, porque lo
   has hecho así.
Esperaré en tu nombre, porque es
   bueno,
delante de tus santos.

Insensatez y maldad de los hombres[a]

(Sal 14.1-7)
*Al músico principal; sobre Mahalat. Masquil
de David*

53 ¹Dice el necio en su corazón:
        «No hay Dios».
Se han corrompido e hicieron
   abominable maldad;
¡no hay quien haga el bien!

2 Dios, desde los cielos, miró
   sobre los hijos de los hombres,
para ver si había algún entendido
   que buscara a Dios.

3 Cada uno se había vuelto atrás;
   todos se habían corrompido;
no hay quien haga el bien,
   no hay ni aun uno.[b]

4 ¿No tienen conocimiento todos los
   que hacen lo malo,
que devoran a mi pueblo como si
   comieran pan
y a Dios no invocan?

5 Allí se sobresaltaron de pavor
   donde no había miedo,
porque Dios esparció los huesos
   del que puso asedio contra ti.
Los avergonzaste porque Dios los
   desechó.

6 ¡Ah, si saliera de Sión la salvación
   de Israel!
Cuando Dios haga volver de la
   cautividad a su pueblo,
se gozará Jacob, se alegrará Israel.

---

[a] **52** En este salmo se combinan elementos provenientes de la literatura profética con otros que proceden de la sapiencial.   [b] **52** El título hebreo del salmo alude al episodio narrado en 1 S 22.9-10. Cf. 1 S 21.7.   [c] **52.2** Sal 55.21; 57.4; 64.2-3; cf. Stg 3.1-12.   [a] **53** Este salmo es la repetición de Sal 14, con unas pocas variantes.   [b] **53.1-3** Ro 33.10-12.

Plegaria pidiendo protección contra los enemigos[a]

Al músico principal; en Neginot. Masquil de David, cuando vinieron los zifeos y dijeron a Saúl: «¿No está David escondido en nuestra tierra?»[b]

54 [1] Dios, sálvame por tu nombre
y con tu poder defiéndeme.

[2] Dios, oye mi oración;
escucha las razones de mi boca,

[3] porque extraños se han levantado
contra mí
y hombres violentos buscan mi
vida;
no han puesto a Dios delante de sí.[c]
                              Selah

[4] Dios es el que me ayuda;
el Señor está con los que sostienen
mi vida.

[5] Él devolverá el mal a mis enemigos.
¡Córtalos, por tu verdad!

[6] Voluntariamente sacrificaré a ti;
alabaré tu nombre, Jehová, porque
es bueno,

[7] porque él me ha librado de toda
angustia
y mis ojos han visto la ruina de mis
enemigos.

Plegaria pidiendo la destrucción de enemigos traicioneros[a]

*Al músico principal; en Neginot.
Masquil de David*

55 [1] Escucha, Dios, mi oración
y no te escondas de mi súplica;

[2] atiéndeme y respóndeme.
Clamo en mi oración, y me
conmuevo

[3] a causa de la voz del enemigo,
por la opresión del impío,
porque sobre mí echaron iniquidad
y con furor me persiguen.

[4] Mi corazón está dolorido dentro
de mí

y terrores de muerte sobre mí han
caído.

[5] Temor y temblor vinieron sobre mí
y me envuelve el espanto.

[6] Y dije: «¡Quién me diera alas como
de paloma!
Volaría yo y descansaría.

[7] Ciertamente huiría lejos;
moraría en el desierto.   *Selah*

[8] Me apresuraría a escapar
del viento borrascoso, de la
tempestad».

[9] Destrúyelos, Señor; confunde la
lengua de ellos,
porque he visto violencia y rencilla
en la ciudad.

[10] Día y noche la rodean sobre sus
muros,
e iniquidad y trabajo hay en medio
de ella.

[11] La maldad está en medio de ella,
y el fraude y el engaño no se
apartan de sus plazas.

[12] No me afrentó un enemigo,
lo cual yo habría soportado,
ni se alzó contra mí el que me
aborrecía,
pues me habría ocultado de él;

[13] sino tú, hombre, al parecer íntimo
mío,
¡mi guía y mi familiar!,

[14] que juntos comunicábamos
dulcemente los secretos
y andábamos en amistad en la casa
de Dios.

[15] Que la muerte los sorprenda;
desciendan vivos al seol,
porque hay maldades en sus casas,
en medio de ellos.

[16] En cuanto a mí, a Dios clamaré,
y Jehová me salvará.

[17] En la tarde, al amanecer y al
mediodía
oraré y clamaré,
y él oirá mi voz.

---

[a] **54** Plegaria individual; el salmista pide auxilio a Dios contra la violencia de sus enemigos. [b] **54** 1 S 23.14-19; 26.1. [c] **54.3** Sal 86.14. [a] **55** Plegaria individual. Cruelmente perseguido por sus enemigos (v. 3) y traicionado por su mejor amigo (v. 12-14), el salmista pide a Dios que lo defienda y lo libre de sus adversarios.

¹⁸ Él redimirá en paz mi alma
de la guerra contra mí,
aunque muchos estén contra mí.
¹⁹ Dios oirá, y los quebrantará pronto
el que permanece desde la
antigüedad,
por cuanto no cambian
ni temen a Dios.   *Selah*

²⁰ Extendió el perverso sus manos
contra los que estaban en paz
con él;
violó su pacto.
²¹ Los dichos de su boca son más
blandos que mantequilla,
pero guerra hay en su corazón;
suaviza sus palabras más que el
aceite,
mas ellas son espadas desnudas.

²² Echa sobre Jehová tu carga
y él te sostendrá;
no dejará para siempre caído al
justo.

²³ Mas tú, Dios, harás que ellos
desciendan
al pozo de perdición.
Los hombres sanguinarios y
engañadores
no llegarán a la mitad de sus días.
Pero yo en ti confiaré.

Oración de confianza[a]

*Al músico principal; sobre «La paloma silenciosa
en paraje muy distante». Mictam de David,
cuando los filisteos lo apresaron en Gat.[b]*

56 ¹ Dios, ten misericordia de mí,
porque me devoraría el
hombre;
me oprime combatiéndome
cada día.
² Todo el día mis enemigos me
pisotean,
porque muchos son los que pelean
contra mí con soberbia.
³ En el día que temo,
yo en ti confío.
⁴ En Dios, cuya palabra alabo,
en Dios he confiado. No temeré.

¿Qué puede hacerme el hombre?[c]

⁵ Todos los días ellos pervierten mi
causa;
contra mí son todos sus
pensamientos para mal.
⁶ Se reúnen, se esconden,
miran atentamente mis pasos,
como quienes acechan mi alma.
⁷ ¡Págales conforme a su iniquidad,
Dios,
y derriba en tu furor a los pueblos!

⁸ Mis huidas tú has contado;
pon mis lágrimas en tu redoma;
¿no están ellas en tu libro?
⁹ Serán luego vueltos atrás mis
enemigos,
el día en que yo clame.
Esto sé: Dios está a mi favor.
¹⁰ En Dios, cuya palabra alabo,
en Jehová, cuya palabra alabo,
¹¹ en Dios he confiado. No temeré.
¿Qué puede hacerme el hombre?

¹² Sobre mí, Dios, están los votos que
te hice;
te ofreceré sacrificio de alabanza,
¹³ porque has librado mi alma de la
muerte
y mis pies de caída,
para que ande delante de Dios
en la luz de los que viven.

Plegaria pidiendo ser librado de los perseguidores[a]

(Sal 108.1-5)

*Al músico principal; sobre «No destruyas».
Mictam de David, cuando huyó de delante de
Saúl a la cueva.[b]*

57 ¹ Ten misericordia de mí, Dios,
ten misericordia de mí,
porque en ti ha confiado mi alma
y en la sombra de tus alas me
ampararé
hasta que pasen los quebrantos.
² Clamaré al Dios Altísimo,
al Dios que me favorece.
³ Él enviará desde los cielos y me
salvará

---

[a] **56** Oración individual, acompañada de repetidas expresiones de confianza en Dios. Cf. Sal 3;
4; 27.   [b] **56** 1 S 21.13-15.   [c] **56.3-4** Sal 118.5-6; Heb 13.6.   [a] **57** Súplica individual (v. 1-5),
seguida de un canto de acción de gracias (v. 6-11).   [b] **57** 1 S 22.1-2; 24.3.

de la infamia del que me acosa.

Selah

Dios enviará su misericordia y su
verdad.

4 Mi vida está entre leones;
estoy echado entre hijos de
hombres que vomitan llamas;
sus dientes son lanzas y saetas,
y su lengua, espada aguda.

5 ¡Exaltado seas, Dios, sobre los
cielos!
¡Sobre toda la tierra sea tu gloria!*c*

6 Red han armado a mis pasos;
se ha abatido mi alma;
hoyo han cavado delante de mí;
en medio de él han caído ellos
mismos.   *Selah*

7 Listo está mi corazón, Dios,
mi corazón está dispuesto;
cantaré y entonaré salmos.

8 ¡Despierta, alma mía!
¡Despertad, salterio y arpa!
¡Me levantaré de mañana!

9 Te alabaré entre los pueblos, Señor;
cantaré de ti entre las naciones.

10 porque grande es hasta los cielos tu
misericordia
y hasta las nubes tu verdad.*d*

11 ¡Exaltado seas, Dios, sobre los
cielos!
¡Sobre toda la tierra sea tu gloria!*e*

Plegaria pidiendo el castigo de los malos*a*

Al músico principal; sobre «No destruyas».
Mictam de David

58 1 Poderosos, ¿pronunciáis en
verdad justicia?
¿Juzgáis rectamente, hijos de los
hombres?

2 Antes bien, en el corazón
maquináis la maldad;
hacéis pesar la violencia de
vuestras manos en la tierra.

3 Se apartaron los impíos desde la
matriz;
se descarriaron hablando mentira
desde que nacieron.

4 Veneno tienen, como veneno de
serpiente;
son como la víbora sorda que cierra
su oído,

5 que no oye la voz de los que
encantan,
por más hábil que sea el
encantador.

6 Quiebra, Dios, sus dientes en sus
bocas;
quiebra, Jehová, las muelas de los
leoncillos.

7 Sean disipados como aguas que
corren;
cuando disparen sus saetas, que se
rompan en pedazos.

8 Pasen ellos como con el caracol que
se deshace;
como el que nace muerto, no vean
el sol.

9 Antes que sus ollas sientan la llama
de los espinos,
así vivos, así airados, los arrebatará
él con tempestad.

10 Se alegrará el justo cuando vea la
venganza;
sus pies lavará en la sangre del
impío.

11 Entonces dirá el hombre:
«Ciertamente hay galardón para el
justo;
ciertamente hay Dios que juzga en
la tierra».

Oración pidiendo ser librado de los enemigos*a*

Al músico principal; sobre «No destruyas».
Mictam de David, cuando envió Saúl, y
*vigilaron la casa para matarlo.*b

59 1 Líbrame de mis enemigos, Dios
mío;
ponme a salvo de los que se
levantan contra mí.

c 57.5,11 Sal 8.1; 108.5.   *d* 57.10 Sal 36.5.   *e* 57.7-11 Sal 108.1-5.   *a* 58 Violenta plegaria de
denuncia contra los jueces que no practican la justicia, para que Dios los haga desaparecer. Cf.
Sal 52; 82.   *a* 59 Acusado injustamente y víctima de una encarnizada persecución, el salmista
pide a Dios que ponga fin a la violencia de sus enemigos; así todos podrán ver el triunfo de Dios
y de su justicia (v. 13).   *b* 59 1 S 19.11-17.

2 Líbrame de los que cometen
maldad
y sálvame de hombres
sanguinarios,

3 porque están acechando mi vida;
se han juntado contra mí
poderosos,
no por falta mía, ni pecado mío,
Jehová;

4 sin delito mío corren y se preparan.
Despierta para venir a mi
encuentro, y mira.

5 Y tú, Jehová, Dios de los ejércitos,
Dios de Israel,
despierta para castigar a todas las
naciones;
no tengas misericordia de todos los
que se rebelan con maldad.
Selah

6 Volverán a la tarde,
ladrarán como perros
y rodearán la ciudad.

7 Declaran con su boca;
espadas hay en sus labios,
pues dicen: «¿Quién oye?»

8 Mas tú, Jehová, te reirás de ellos;
te burlarás de todas las naciones.

9 A causa del poder del enemigo
esperaré en ti,
porque Dios es mi defensa.

10 El Dios de mi misericordia irá
delante de mí;
Dios hará que vea en mis enemigos
mi deseo.

11 No los mates, para que mi pueblo
no olvide;
dispérsalos con tu poder y
abátelos,
Jehová, escudo nuestro.

12 Por el pecado de su boca, por la
palabra de sus labios,
sean ellos presos en su soberbia,
y por la maldición y mentira que
profieren.

13 ¡Acábalos con furor,

acábalos, para que no existan más!
¡Sépase que Dios gobierna en Jacob
hasta los confines de la tierra! *Selah*

14 Vuelvan, pues, a la tarde, y ladren
como perros
y rodeen la ciudad.

15 Anden ellos errantes para hallar
qué comer;
y al no saciarse, que pasen la noche
quejándose.

16 Pero yo cantaré de tu poder,
alabaré de mañana tu misericordia,
porque has sido mi amparo
y refugio en el día de mi angustia.

17 Fortaleza mía, a ti cantaré,
porque eres, Dios, mi refugio,
el Dios de mi misericordia.

Plegaria pidiendo ayuda contra el enemigo[a]

(Sal 108.6-13)

*Al músico principal; sobre «Lirios». Testimonio.
Mictam de David, para enseñar, cuando tuvo
guerra contra Aram-Naharaim[b] y contra Aram
de Soba, y volvió Joab y destrozó a doce mil de
Edom en el valle de la Sal.[c]*

60 1 Tú, Dios, tú nos has desechado,
nos quebrantaste;
te has airado. ¡Vuélvete a nosotros!

2 Hiciste temblar la tierra, la has
hendido;
¡sana sus fracturas, porque titubea!

3 Has hecho ver a tu pueblo cosas
duras;
nos hiciste beber vino de
aturdimiento.

4 Has dado a los que te temen
bandera
que alcen por causa de la verdad.
Selah

5 ¡Para que se libren tus amados,
salva con tu diestra y óyeme!

6 Dios ha dicho en su santuario:
«Yo me alegraré; repartiré a
Siquem[d]
y mediré el valle de Sucot.

7 Mío es Galaad y mío es Manasés;

---

[a] **60** Oración colectiva, compuesta para el culto penitencial en el Templo. Cf. Sal 74; 79; 80.
[b] **60** Es decir, *Aram de los dos ríos,* nombre de la vasta llanura donde se situaba la patria de
Abraham (Gn 12.4; 24.4,10).   [c] **60** Cf. 2 S 8.13; 1 Cr 18.12.   [d] **60.6** Antigua ciudad de la
Palestina central, cerca de 60 km. al norte de Jerusalén.

Efraín es la fortaleza de mi cabeza;
Judá es mi legislador.
8 Moab, vasija para lavarme;
sobre Edom echaré mi calzado;
me regocijaré sobre Filistea».

9 ¿Quién me llevará a la ciudad
fortificada?
¿Quién me llevará hasta Edom?
10 ¿No serás tú, Dios, que nos habías
desechado
y no salías, Dios, con nuestros
ejércitos?
11 Danos socorro contra el enemigo,
porque vana es la ayuda de los
hombres.
12 Con Dios haremos proezas,
y él aplastará a nuestros enemigos.[e]

Confianza en la protección de Dios[a]

Al músico principal; sobre «Neginot».
Salmo de David

61 1 Oye, Dios, mi clamor;
atiende a mi oración.[b]
2 Desde el extremo de la tierra
clamaré a ti
cuando mi corazón desmaye.

Llévame a la roca que es más alta
que yo,
3 porque tú has sido mi refugio
y torre fuerte delante del enemigo.

4 Yo habitaré en tu Tabernáculo para
siempre;
estaré seguro bajo la cubierta de tus
alas, *Selah*
5 porque tú, Dios, has oído mis
votos;
me has dado la heredad de los que
temen tu nombre.

6 Días sobre días añadirás al rey;
sus años serán como generación y
generación.
7 Estará para siempre delante de
Dios;
prepara misericordia y verdad para
que lo conserven.

8 Así cantaré tu nombre para
siempre,
pagando mis votos cada día.

Dios, el único refugio[a]

Al músico principal; a Jedutún.
Salmo de David

62 1 En Dios solamente descansa mi
alma;
de él viene mi salvación.
2 Solamente él es mi roca y mi
salvación;
es mi refugio, no resbalaré mucho.
3 ¿Hasta cuándo conspiraréis contra
un hombre,
tratando todos vosotros de
aplastarlo
como a pared desplomada y como
a cerca derribada?
4 Solamente conspiran
para arrojarlo de su grandeza.
Aman la mentira;
con su boca bendicen,
pero maldicen en su corazón. *Selah*

5 En Dios solamente reposa mi
alma,
porque de él viene mi esperanza.
6 Solamente él es mi roca y mi
salvación.
Es mi refugio, no resbalaré.
7 En Dios está mi salvación y mi
gloria;
en Dios está mi roca fuerte y mi
refugio.

8 Pueblos, ¡esperad en él en todo
tiempo!
¡Derramad delante de él vuestro
corazón!
¡Dios es nuestro refugio! *Selah*

9 Por cierto, solo un soplo son los
hijos de los hombres,
una mentira son los hijos de los
poderosos;
pesándolos a todos por igual en la
balanza,
serán menos que nada.

---

[e] **60.6-12** Sal 108.7-13. [a] **61** Oración de un israelita piadoso, que sufre porque se encuentra lejos de Jerusalén y del Templo. Cf. Sal 42-43; 61; 84. [b] **61.1** Sal 5.1-2; 17.1; 102.1. [a] **62** Profesión de confianza en Dios, aun en medio de los mayores peligros.

¹⁰ No confiéis en la violencia
ni en la rapiña os envanezcáis.
Si se aumentan las riquezas,
no pongáis el corazón en ellas.*ᵇ*

¹¹ Una vez habló Dios;
dos veces he oído esto:
que de Dios es el poder,
¹² y tuya, Señor, es la misericordia,
pues tú pagas a cada uno
conforme a su obra.*ᶜ*

Dios, satisfacción del alma*ᵃ*
*Salmo de David, cuando estaba en el desierto
de Judá.*ᵇ

63 **¹** ¡Dios, Dios mío eres tú!
¡De madrugada te buscaré!
Mi alma tiene sed de ti,
mi carne te anhela
en tierra seca y árida
donde no hay aguas,
² para ver tu poder y tu gloria,
así como te he mirado en el
santuario.
³ Porque mejor es tu misericordia
que la vida,
mis labios te alabarán.
⁴ Así te bendeciré en mi vida;
en tu nombre alzaré mis manos.

⁵ Como de médula y de grosura será
saciada mi alma,
y con labios de júbilo te alabará mi
boca,
⁶ cuando me acuerde de ti en mi
lecho,
cuando medite en ti en las vigilias
de la noche,
⁷ porque has sido mi socorro
y así en la sombra de tus alas me
regocijaré.
⁸ Está mi alma apegada a ti;
tu diestra me ha sostenido.

⁹ Pero los que para destrucción
buscaron mi alma
caerán en los sitios bajos de la
tierra.

¹⁰ Los destruirán a filo de espada;
serán presa de los chacales.
¹¹ Pero el rey se alegrará en Dios;
será alabado cualquiera que jura
por él,
porque la boca de los que hablan
mentira será cerrada.

Plegaria pidiendo protección contra enemigos ocultos*ᵃ*
Al músico principal. Salmo de David

64 **¹** Escucha, Dios, la voz de mi
queja;
guarda mi vida del miedo al
enemigo.
² Escóndeme del plan secreto de los
malignos,
de la conspiración de los malvados
³ que afilan como espada su lengua;
lanzan como una saeta suya la
palabra amarga,
⁴ para disparar a escondidas contra
el íntegro;
de repente le disparan, y no temen.
⁵ Obstinados en su perverso
designio,
tratan de esconder los lazos,
y dicen: «¿Quién los ha de ver?»
⁶ Planean maldades,
hacen una investigación exacta;
el íntimo pensamiento de cada uno
de ellos, así como su corazón, es
profundo.

⁷ Pero Dios los herirá con saeta;
de repente llegarán sus plagas.
⁸ Sus propias lenguas los harán caer.
Se espantarán todos los que
los vean.
⁹ Temerán entonces todos los
hombres,
y anunciarán la obra de Dios,
y entenderán sus hechos.

¹⁰ Se alegrará el justo en Jehová
y confiará en él;
¡se gloriarán todos los rectos de
corazón!

ᵇ **62.10** Pr 11.28; 27.24; Mc 10.23; Lc 12.21. Cf. 1 Ti 6.17-19.   *ᶜ* **62.12** Job 34.11; Pr 11.21,31; Jer 17.10; Mt 16.27; Ro 2.5-6.   *ᵃ* **63** Oración de un israelita piadoso, que desea ardientemente gozar de la presencia de Dios en el templo de Jerusalén. Cf. Sal 27; 42-43; 61; 84.   *ᵇ* **63** 1 S 23.14; 2 S 15.22-28.   *ᵃ* **64** Plegaria individual.

La generosidad de Dios en la naturaleza[a]

Al músico principal. Salmo. Cántico de David

65 ¹ Tuya, Dios, es la alabanza en Sión,
y a ti se pagarán los votos.
² Tú oyes la oración;
a ti vendrá toda carne.
³ Las iniquidades prevalecen contra mí,
pero tú perdonas nuestras rebeliones.
⁴ Bienaventurado el que tú escojas y atraigas a ti
para que habite en tus atrios.
Seremos saciados del bien de tu Casa,
de tu santo Templo.

⁵ Con tremendas cosas nos responderás tú en justicia,
Dios de nuestra salvación,
esperanza de todos los términos de la tierra
y de los más remotos confines del mar.
⁶ Tú, el que afirma los montes con su poder,
ceñido de valentía;
⁷ el que sosiega el estruendo de los mares,
el estruendo de sus olas,
y el alboroto de las naciones.
⁸ Por tanto, los habitantes de los confines de la tierra temen ante tus maravillas.
Tú haces alegrar las salidas de la mañana y de la tarde.

⁹ Visitas la tierra y la riegas;
en gran manera la enriqueces.
Con el río de Dios, lleno de aguas,
preparas el grano de ellos cuando así la dispones.
¹⁰ Haces que se empapen sus surcos,
haces correr el agua por sus canales,
la ablandas con lluvias,
bendices sus renuevos.
¹¹ Tú coronas el año con tus bienes
y tus nubes destilan abundancia,
¹² destilan sobre los pastizales del desierto
y los collados se ciñen de alegría.
¹³ Se visten de manadas los llanos
y los valles se cubren de grano;
¡dan voces de júbilo y aun cantan!

Alabanza por los hechos poderosos de Dios[a]

Al músico principal. Cántico. Salmo

66 ¹ Aclamad a Dios con alegría, toda la tierra.
² Cantad la gloria de su nombre;
dadle la gloria con alabanza.
³ Decid a Dios: «¡Cuán asombrosas son tus obras!
Por la grandeza de tu poder se someterán a ti tus enemigos.
⁴ Toda la tierra te adorará
y cantará a ti;
cantarán a tu nombre».   *Selah*

⁵ ¡Venid y ved las obras de Dios,
las cosas admirables que ha hecho por los hijos de los hombres!
⁶ Volvió el mar en tierra seca;[b]
por el río pasaron a pie.
Allí en él nos alegramos.
⁷ Él señorea con su poder para siempre;
sus ojos atalayan sobre las naciones;
los rebeldes no serán enaltecidos.   *Selah*

⁸ ¡Bendecid, pueblos, a nuestro Dios,
y haced oír la voz de su alabanza!
⁹ Él es quien preservó la vida a nuestra alma
y no permitió que nuestros pies resbalaran,
¹⁰ porque tú, Dios, nos probaste;
nos purificaste como se purifica la plata.
¹¹ Nos metiste en la red;
pusiste sobre nuestros lomos pesada carga.
¹² Hiciste cabalgar hombres sobre nuestra cabeza.

---

a **65** Himno de alabanza a Dios (v. 1-8) y canto de acción de gracias después de una buena cosecha (v. 9-13).   *a* **66** Himno de alabanza a Dios (v.1-7), canto colectivo de acción de gracias (v.8-12) y acción de gracias individual (v.13-20).   *b* **66.6** Ex 14.21-22; Jos 3.14-17.

¡Pasamos por el fuego y por el
  agua,
pero nos sacaste a la abundancia!

[13] Entraré en tu Casa con holocaustos;
  te pagaré mis votos,
[14] que pronunciaron mis labios
  y habló mi boca cuando estaba
  angustiado.
[15] Holocaustos de animales
  engordados te ofreceré,
  te inmolaré carneros;
  te ofreceré en sacrificio toros y
  machos cabríos.   *Selah*

[16] ¡Venid, oíd todos los que teméis a
  Dios,
  y contaré lo que ha hecho en mi
  vida!
[17] A él clamé con mi boca
  y fue exaltado con mi lengua.
[18] Si en mi corazón hubiera yo mirado
  a la maldad,
  el Señor no me habría escuchado.
[19] Mas ciertamente me escuchó Dios;
  atendió a la voz de mi súplica.

[20] ¡Bendito sea Dios,
  que no echó de sí mi oración
  ni de mí su misericordia!

Exhortación a las naciones, para que alaben a Dios[a]

Al músico principal; en Neginot.
  Salmo. Cántico

67 [1] Dios tenga misericordia de
  nosotros y nos bendiga;
  haga resplandecer su rostro sobre
  nosotros;[b]   *Selah*
[2] para que sea conocido en la tierra
  tu camino,
  en todas las naciones tu salvación.
[3] ¡Alábente, Dios, los pueblos,
  todos los pueblos te alaben!

[4] Alégrense y gócense las naciones,
  porque juzgarás los pueblos con
  equidad

y pastorearás las naciones en la
  tierra.   *Selah*
[5] ¡Alábente, Dios, los pueblos;
  todos los pueblos te alaben!

[6] La tierra dará su fruto;
  nos bendecirá Dios, el Dios
  nuestro.
[7] Bendíganos Dios
  y témanlo todos los términos de la
  tierra.

El Dios del Sinaí y del santuario[a]

Al músico principal. Salmo de David. Cántico

68 [1] Levántese Dios, sean
  esparcidos sus enemigos
  y huyan de su presencia los que lo
  aborrecen.
[2] Como es lanzado el humo,[b]
  los disiparás;
  como se derrite la cera[c] ante el
  fuego,
  así perecerán los impíos delante de
  Dios.
[3] Mas los justos se alegrarán;
  se gozarán delante de Dios
  y saltarán de alegría.

[4] Cantad a Dios, cantad salmos a su
  nombre;
  exaltad al que cabalga sobre los
  cielos.
  Jah es su nombre:
  ¡alegraos delante de él!
[5] Padre de huérfanos y defensor de
  viudas
  es Dios en su santa morada.[d]
[6] Dios hace habitar en familia a los
  desamparados;
  saca a los cautivos a prosperidad;
  mas los rebeldes habitan en tierra
  árida.

[7] Cuando tú, Dios, saliste delante de
  tu pueblo,
  cuando anduviste por el desierto,
              Selah
[8] la tierra tembló y destilaron los
  cielos;

---

[a] **67** Canto de acción de gracias con sentido universal (v. 2,5,7).   [b] **67.1** Sal 4.6.   [a] **68** Vibrante himno de alabanza a Dios, Salvador de su pueblo.   [b] **68.2** Sal 37.20; 102.3; Os 13.3.
[c] **68.2** Sal 22.14; 97.5; Miq 1.4.   [d] **68.5** Ex 22.22-24; Dt 10.17-18; Sal 146.9.

ante la presencia de Dios, aquel
Sinaí tembló,
delante de Dios,[e] del Dios de
Israel.[f]

⁹ Abundante lluvia esparciste, oh
Dios;
a tu heredad exhausta tú la
reanimaste.

¹⁰ Los que son de tu grey han morado
en ella;
por tu bondad, Dios,
has provisto para el pobre.

¹¹ El Señor daba la palabra,
multitud de mujeres anunciaba las
buenas nuevas:

¹² «¡Huyeron, huyeron reyes de
ejércitos!»
y las mujeres que se quedaban en
casa repartían los despojos.

¹³ Bien que quedasteis echados entre
los tiestos,
seréis como alas de paloma
cubiertas de plata,
y sus plumas de amarillez de oro.

¹⁴ Cuando esparció el Omnipotente
los reyes allí,
fue como si hubiera nevado en el
monte Salmón.

¹⁵ Muy altos son los montes de Basán,
altas son sus cimas.

¹⁶ ¿Por qué miráis con hostilidad,
montes altos,
al monte que deseó Dios para su
morada?[g]
Ciertamente Jehová habitará en él
para siempre.

¹⁷ Los carros de Dios se cuentan por
veintenas de millares de
millares;
el Señor viene del Sinaí a su
santuario.

¹⁸ Subiste a lo alto, tomaste cautivos.
Tomaste dones de los hombres,[h]
también de los rebeldes,
para que habite entre ellos Jah Dios.

¹⁹ ¡Bendito sea el Señor!
¡Cada día nos colma de beneficios
el Dios de nuestra salvación! *Selah*

²⁰ Dios, nuestro Dios, ha de
salvarnos;
de Jehová el Señor es el librar de la
muerte.

²¹ Ciertamente Dios herirá la cabeza
de sus enemigos,
la testa cabelluda del que camina
en sus pecados.

²² El Señor dijo: «De Basán te haré
volver;
te haré volver de las profundidades
del mar,

²³ porque tu pie se enrojecerá con la
sangre de tus enemigos,
y con ella la lengua de tus perros».

²⁴ ¡Vieron tus caminos, oh Dios;
los caminos de mi Dios, de mi Rey,
en el santuario!

²⁵ Los cantores van delante, los
músicos atrás;
en medio, las doncellas con
panderos.

²⁶ ¡Bendecid a Dios en las
congregaciones;
al Señor, vosotros de la estirpe de
Israel!

²⁷ Allí estaba el joven Benjamín, a la
cabeza de ellos,
los príncipes de Judá en su
congregación,
los príncipes de Zabulón, los
príncipes de Neftalí.

²⁸ Tu Dios ha ordenado tu fuerza;
confirma, Dios, lo que has hecho
para nosotros.

²⁹ Por causa de tu Templo, en
Jerusalén,
los reyes te ofrecerán dones.

³⁰ Reprime la reunión de gentes
armadas,
la multitud de toros con los
becerros de los pueblos,
hasta que todos se sometan con sus
piezas de plata.
¡Esparce a los pueblos que se
complacen en la guerra!

³¹ Vendrán príncipes de Egipto;
Etiopía se apresurará a extender
sus manos hacia Dios.

e **68.8** Ex 19.18.   *f* **68.7-8** Jue 5.4-5.   *g* **68.16** Sal 78.68; 132.13-14.   *h* **68.18** Ef 4.8.

³² ¡Reinos de la tierra, cantad a Dios,
     cantad al Señor,   *Selah*
³³ al que cabalga sobre los cielos de
     los cielos, que son desde la
     antigüedad!
     Él hará oir su voz, su poderosa voz.
³⁴ Atribuid el poder a Dios;
     sobre Israel es su magnificencia
     y su poder está en los cielos.
³⁵ Temible eres, Dios, desde tus
     santuarios.
     El Dios de Israel, él da fuerza y
     vigor a su pueblo.

     Bendito sea Dios.

Un grito de angustia[a]

*Al músico principal; sobre «Lirios». Salmo de
David*

69 ¹ ¡Sálvame, Dios,
         porque las aguas han entrado
         hasta el alma!
² Estoy hundido en cieno profundo,
     donde no puedo hacer pie;
     he llegado hasta lo profundo de las
     aguas
     y la corriente me arrastra.
³ Cansado estoy de llamar;
     mi garganta se ha enronquecido;
     han desfallecido mis ojos
     esperando a mi Dios.

⁴ Se han aumentado más que los
     cabellos de mi cabeza
     los que me odian sin causa;[b]
     se han hecho poderosos mis
     enemigos,
     los que me destruyen sin tener
     por qué.
     ¿Y he de pagar lo que no robé?
⁵ Dios, tú conoces mi insensatez,
     y mis pecados no te son ocultos.[c]

⁶ No sean avergonzados por causa
     mía
     los que en ti confían,
     Señor, Jehová de los ejércitos;
     no sean confundidos por causa mía
     los que te buscan,
     Dios de Israel,

⁷ porque por amor de ti he sufrido
     afrenta;
     confusión ha cubierto mi rostro.
⁸ Extraño he sido para mis hermanos
     y desconocido para los hijos de mi
     madre.

⁹ Me consumió el celo de tu Casa[d]
     y los insultos de los que te
     vituperaban cayeron sobre mí.[e]
¹⁰ Lloré, afligiendo con ayuno mi
     alma,
     y esto me ha sido por afrenta.
¹¹ Me vestí, además, con ropas
     ásperas
     y vine a serles por proverbio.
¹² Hablaban contra mí los que se
     sentaban a la puerta,
     y se burlaban de mí en sus
     canciones los bebedores.

¹³ Pero yo a ti oraba, Jehová,
     en el tiempo de tu buena voluntad;
     Dios, por la abundancia de tu
     misericordia,
     por la verdad de tu salvación,
     escúchame.
¹⁴ Sácame del lodo
     y no sea yo sumergido;
     sea yo libertado de los que me
     aborrecen
     y de lo profundo de las aguas.
¹⁵ No me arrastre la corriente de las
     aguas,
     ni me trague el abismo,
     ni el pozo cierre sobre mí su boca.

¹⁶ Respóndeme, Jehová, porque
     benigna es tu misericordia;
     mírame conforme a la multitud de
     tus piedades.
¹⁷ No escondas de tu siervo tu rostro,
     porque estoy angustiado.
     ¡Apresúrate, óyeme!
¹⁸ ¡Acércate a mi alma, redímela!
     ¡Líbrame por causa de mis
     enemigos!

¹⁹ Tú sabes mi afrenta, mi confusión y
     mi oprobio.

---

[a] **69** Como el Sal 22, esta oración es un clamor dirigido a Dios en demanda de auxilio.
[b] **69.4** Sal 35.19; Jn 15.25.   [c] **69.5** Sal 19.12; 25.7; 51.1-5,9-10.   [d] **69.9** Jn 2.17.   [e] **69.9** Ro 15.3.
[f] **69.21** Mt 27.34,48; Mc 15.23,36; Lc 23.36; Jn 19.28-29.

Delante de ti están todos mis
adversarios.
²⁰ El escarnio ha quebrantado mi
corazón y estoy acongojado.
Esperé a quien se compadeciera de
mí, y no lo hubo;
busqué consoladores, y ninguno
hallé.
²¹ Me pusieron además hiel por
comida
y en mi sed me dieron a beber
vinagre.ᶠ

²² Sea su banquete delante de ellos
por lazo,
y lo que es para bien, por tropiezo.
²³ Sean oscurecidos sus ojos para que
no vean,
y haz temblar continuamente sus
lomos.ᵍ
²⁴ Derrama sobre ellos tu ira
y el furor de tu enojo los alcance.
²⁵ Sea su palacio desolado;
en sus tiendas no haya morador,ʰ
²⁶ porque persiguieron al que tú
heriste
y cuentan del dolor de los que tú
llagaste.
²⁷ ¡Pon maldad sobre su maldad
y no entren en tu justicia!
²⁸ ¡Sean borrados del libro de los
vivientesⁱ
y no sean inscritos con los justos!

²⁹ Pero a mí, afligido y miserable,
tu salvación, Dios, me ponga en
alto.

³⁰ Alabaré yo el nombre de Dios con
cántico,
lo exaltaré con alabanza.
³¹ Y agradará a Jehová más que
sacrificio de buey
o becerro que tiene cuernos y
pezuñas.
³² Lo verán los oprimidos y se
gozarán.
Buscad a Dios y vivirá vuestro
corazón,

³³ porque Jehová oye a los
menesterosos
y no menosprecia a sus prisioneros.

³⁴ ¡Alábenlo los cielos y la tierra,
los mares y todo lo que se mueve en
ellos!,
³⁵ porque Dios salvará a Sión
y reedificará las ciudades de Judá;
habitarán allí y la poseerán.
³⁶ La descendencia de sus siervos la
heredará
y los que aman su nombre
habitarán en ella.

Súplica por la liberación ᵃ
(Sal 40.13-17)
*Al músico principal. Salmo de David,
para conmemorar*

70 ¹ Acude, Dios, a librarme;
apresúrate, Dios, a socorrerme.
² Sean avergonzados y confundidos
los que buscan mi vida;
sean vueltos atrás y avergonzados
los que mi mal desean.
³ Sean vueltos atrás, en pago de su
afrenta,
los que se burlan de mí.

⁴ ¡Gócense y alégrense en ti
todos los que te buscan!
Y digan siempre los que aman tu
salvación:
«¡Engrandecido sea Dios!».

⁵ Yo estoy afligido y menesteroso;
apresúrate a mí, oh Dios.
Ayuda mía y mi libertador eres tú;
¡Jehová, no te detengas!

Oración de un anciano ᵃ

71 ¹ En ti, Jehová, me he refugiado;
no sea yo avergonzado jamás.
² Socórreme y líbrame en tu justicia;
Inclina tu oído y sálvame.
³ Sé para mí una roca de refugioᵇ
adonde recurra yo continuamente.
Tú has dado mandamiento para
salvarme,

ᵍ **69.22-23** Ro 11.9-10.   ʰ **69.25** Hch 1.20.   ⁱ **69.28** Ap 3.5; 13.8; 17.8.   ᵃ **70** Sal 40.13-17
ᵃ **71** Oración de un anciano que, a pesar de la persecución y la adversidad, mantiene firme su
confianza en Dios.   ᵇ **71.1-3** Sal 31.1-3.

porque tú eres mi roca y mi
　　fortaleza.

⁴ Dios mío, líbrame de manos del
　　impío,
　de manos del perverso y violento,
⁵ porque tú, Señor Jehová, eres mi
　　esperanza,
　seguridad mía desde mi juventud.
⁶ En ti he sido sustentado desde el
　　vientre.
　Del vientre de mi madre tú fuiste el
　　que me sacó;ᶜ
　para ti será siempre mi alabanza.

⁷ Como prodigio he sido a muchos,
　y tú mi refugio fuerte.
⁸ Sea llena mi boca de tu alabanza,
　de tu gloria todo el día.
⁹ No me deseches en el tiempo de la
　　vejez;
　cuando mi fuerza se acabe, no me
　　desampares,
¹⁰ porque mis enemigos hablan de mí
　y los que acechan mi alma se
　　consultan entre sí,
¹¹ diciendo: «Dios lo ha
　　desamparado;
　perseguidlo y tomadlo,
　porque no hay quien lo libre».

¹² ¡No te alejes, Dios, de mí;
　Dios mío, acude pronto en mi
　　socorro!
¹³ Sean avergonzados, perezcan los
　　adversarios de mi alma;
　sean cubiertos de vergüenza y de
　　confusión
　los que mi mal buscan.
¹⁴ Mas yo esperaré siempre
　y te alabaré más y más.
¹⁵ Mi boca publicará tu justicia
　y tus hechos de salvación todo
　　el día,
　aunque no sé su número.
¹⁶ Volveré a los hechos poderosos de
　　Jehová el Señor;
　haré memoria de tu justicia, de la
　　tuya sola.

¹⁷ Me enseñaste, Dios, desde mi
　　juventud,
　y hasta ahora he manifestado tus
　　maravillas.
¹⁸ Aun en la vejez y las canas,
　Dios, no me desampares,
　hasta que anuncie tu poder a la
　　posteridad,
　tu potencia a todos los que han de
　　venir,
¹⁹ y tu justicia, Dios, que llega hasta lo
　　excelso.ᵈ

¡Tú has hecho grandes cosas!ᵉ
　Dios, ¿quién como tú?
²⁰ Tú, que me has hecho ver muchas
　　angustias y males,
　volverás a darme vida
　y de nuevo me levantarás
　desde los abismos de la tierra.
²¹ Aumentarás mi grandeza
　y volverás a consolarme.

²² Asimismo yo te alabaré con
　　instrumento de salterio,
　Dios mío; tu lealtad cantaré a ti en
　　el arpa,
　Santo de Israel.ᶠ
²³ Mis labios se alegrarán
　cuando cante para ti;
　y mi alma, la cual redimiste.
²⁴ Mi lengua hablará también de tu
　　justicia
　todo el día;
　por cuanto han sido avergonzados,
　porque han sido confundidos
　los que mi mal procuraban.

El reinado de un rey justoᵃ
Para Salomón

72 ¹ Dios, da tus juicios al rey
　y tu justicia al hijo del rey.
² Él juzgará a tu pueblo con justicia
　y a tus afligidos con rectitud.
³ Los montes llevarán paz al pueblo,
　y los collados justicia.
⁴ Juzgará a los afligidos del pueblo,
　salvará a los hijos del menesteroso
　y aplastará al opresor.

ᶜ **71.5-6** Sal 22.9-10.   ᵈ **71.19** Sal 36.5; 57.10.   ᵉ **71.19** Ex 15.11; Sal 35.10.   ᶠ **71.22** Título dado a
Dios en Isaías (1.4; 5.19; 10.20; 12.6). Cf. Sal 78.41; 89.18.   ᵃ **72** Oración en favor del rey, en el día
de su entronización o en el aniversario de su ascensión al trono (cf. Sal 2). Más tarde, cuando el
pueblo de Israel ya no era gobernado por reyes, los judíos vieron en este salmo una descripción
del futuro rey Mesías.

⁵ Te temerán mientras duren el sol y
la luna,
de generación en generación.
⁶ Descenderá como la lluvia sobre la
hierba cortada;
como el rocío que destila sobre la
tierra.
⁷ Florecerá en sus días justicia y
abundancia de paz,
hasta que no haya luna.

⁸ ¡Dominará de mar a mar,
y desde el río hasta los confines de
la tierra!*b*
⁹ Ante él se postrarán los moradores
del desierto,
y sus enemigos lamerán el polvo.
¹⁰ Los reyes de Tarsis y de las costas
traerán presentes;
los reyes de Sabá y de Seba
ofrecerán dones.
¹¹ Todos los reyes se postrarán
delante de él;
todas las naciones lo servirán.

¹² Él librará al menesteroso que clame
y al afligido que no tenga quien lo
socorra.
¹³ Tendrá misericordia del pobre y del
menesteroso;
salvará la vida de los pobres.
¹⁴ De engaño y de violencia redimirá
sus almas,
y la sangre de ellos será preciosa
ante sus ojos.

¹⁵ Vivirá, y se le dará del oro de Sabá,
y se orará por él continuamente;
todo el día se le bendecirá.
¹⁶ Será echado un puñado de grano
en la tierra,
en las cumbres de los montes;
su fruto hará ruido como el Líbano;
los de la ciudad florecerán como la
hierba de la tierra.
¹⁷ Será su nombre para siempre;
se perpetuará su nombre mientras
dure el sol.
Benditas serán en él todas las
naciones;

lo llamarán bienaventurado.

¹⁸ Bendito Jehová Dios, el Dios de
Israel,
el único que hace maravillas.
¹⁹ ¡Bendito su nombre glorioso para
siempre!
¡Toda la tierra sea llena de su gloria!
¡Amén y amén!

²⁰ Aquí terminan las oraciones de David,
hijo de Isaí.*c*

LIBRO 3
(Salmos 73–89)

*El destino de los malos*ᵃ
Salmo de Asaf

73 ¹Ciertamente es bueno Dios
para con Israel,
para con los limpios de corazón.
² En cuanto a mí, casi se deslizaron
mis pies,
¡por poco resbalaron mis pasos!,
³ porque tuve envidia de los
arrogantes,
viendo la prosperidad de los
impíos.

⁴ No se atribulan por su muerte,
pues su vigor está entero.
⁵ No pasan trabajos como los otros
mortales,
ni son azotados como los demás
hombres.
⁶ Por tanto, la soberbia los corona;
se cubren con vestido de violencia.
⁷ Los ojos se les saltan de gordura;
logran con creces los antojos del
corazón.
⁸ Se mofan y hablan con maldad de
hacer violencia;
hablan con altanería.
⁹ Ponen su boca contra el cielo
y su lengua pasea la tierra.

¹⁰ Por eso Dios hará volver a su
pueblo aquí,
y aguas en abundancia son
extraídas para ellos.

---

b **72.8** Gn 15.18; 1 R 4.21; Zac 9.10.   *c* **72.20** Esta indicación atribuye a David los salmos
contenidos en la colección anterior, para distinguirla de la colección de Asaf, que comienza en
Sal 73.   *a* **73** Salmo didáctico, semejante a los salmos 37 y 49.

11 Y dicen: «¿Cómo sabe Dios?
¿Acaso hay conocimiento en el
Altísimo?».[b]
12 Estos impíos,
sin ser turbados del mundo,
aumentaron sus riquezas.
13 ¡Verdaderamente en vano he
limpiado mi corazón
y he lavado mis manos en
inocencia!,
14 pues he sido azotado todo el día
y castigado todas las mañanas.[c]

15 Si dijera yo: «¡Hablaré como ellos!»,
engañaría a la generación de tus
hijos.
16 Cuando pensé para saber esto,
fue duro trabajo para mí,
17 hasta que, entrando en el santuario
de Dios,
comprendí el fin de ellos.
18 Ciertamente, los has puesto en
deslizaderos,
en asolamiento los harás caer.
19 ¡Cómo han sido asolados de
repente!
¡Perecieron, se consumieron de
terrores!
20 Como sueño del que despierta,
así, Señor, cuando despiertes,
menospreciarás su apariencia.

21 Se llenó de amargura mi alma
y en mi corazón sentía punzadas.
22 Tan torpe era yo, que no entendía;
¡era como una bestia delante de ti!
23 Con todo, yo siempre estuve
contigo;
me tomaste de la mano derecha.
24 Me has guiado según tu consejo,
y después me recibirás en gloria.
25 ¿A quién tengo yo en los cielos sino
a ti?
Y fuera de ti nada deseo en la tierra.
26 Mi carne y mi corazón desfallecen;
mas la roca de mi corazón y mi
porción

es Dios para siempre.

27 Ciertamente los que se alejan de ti
perecerán;
tú destruirás a todo aquel que de ti
se aparta.
28 Pero en cuanto a mí, el acercarme a
Dios es el bien.
He puesto en Jehová el Señor mi
esperanza,
para contar todas tus obras.

Apelación a Dios en contra del enemigo[a]
Masquil de Asaf

74 1 ¿Por qué, Dios, nos has
desechado para siempre?
¿Por qué se ha encendido tu furor
contra las ovejas de tu prado?[b]
2 Acuérdate de tu congregación, la
que adquiriste desde tiempos
antiguos,
la que redimiste para hacerla la
tribu de tu herencia;[c]
este monte Sión, donde has
habitado.
3 Dirige tus pasos a las ruinas
eternas,
a todo el mal que el enemigo ha
hecho en el santuario.

4 Tus enemigos vociferan en medio
de tus asambleas;
han puesto sus estandartes por
señal.
5 Son como los que levantan el hacha
en medio de tupido bosque,
6 y ahora con hachas y martillos
han quebrado todas sus
entalladuras.
7 Han puesto a fuego tu santuario,
han profanado el tabernáculo de tu
nombre, echándolo a tierra.
8 Dijeron en su corazón:
«¡Destruyámoslos de una vez!».
¡Han quemado todas las moradas
de Dios en la tierra!

---

b **73.11** Job 22.13-14; Sal 10.4,11; 14.1; 53.1; Is 29.15.   *c* **73.3-14** Job 21; Jer 12.1; Hab 1.
a **74** Oración de apelación a Dios. Todo parece indicar que este salmo fue compuesto cuando todavía estaba vivo el recuerdo de la destrucción de Jerusalén y del Templo por las tropas de Nabucodonosor, en el 587 a.C. Cf. 2 R 25.8-10.   *b* **74.1** Sal 79.13; 95.7; 100.3.   *c* **74.2** Ex 15.13,16; Sal 28.9.

⁹ No vemos ya nuestras señales;
no hay más profeta,
ni entre nosotros hay quien sepa
hasta cuándo.
¹⁰ ¿Hasta cuándo, Dios, nos insultará
el angustiador?
¿Ha de blasfemar el enemigo
perpetuamente contra tu
nombre?
¹¹ ¿Por qué retraes tu mano?
¿Por qué escondes tu diestra en tu
seno?

¹² Pero Dios es mi rey desde tiempo
antiguo;
el que obra salvación en medio de
la tierra.
¹³ Dividiste el mar con tu poder;*d*
quebraste cabezas de monstruos en
las aguas.
¹⁴ Aplastaste las cabezas del
Leviatán*e*
y lo diste por comida a los
habitantes del desierto.
¹⁵ Abriste la fuente y el río;
secaste ríos impetuosos.
¹⁶ Tuyo es el día, tuya también es la
noche;
tú estableciste la luna y el sol.*f*
¹⁷ Tú fijaste todos los términos de la
tierra;
el verano y el invierno tú los
formaste.

¹⁸ Acuérdate de esto: que el enemigo
ha afrentado a Jehová
y un pueblo insensato ha
blasfemado contra tu nombre.
¹⁹ ¡No entregues a las fieras el alma de
tu tórtola!
¡No olvides para siempre la vida de
tus pobres!

²⁰ ¡Mira al pacto,
porque los lugares tenebrosos de la
tierra
están llenos de habitaciones de
violencia!
²¹ No vuelva avergonzado el abatido;
¡el afligido y el menesteroso
alabarán tu nombre!

²² ¡Levántate, Dios! ¡Aboga tu causa!
¡Acuérdate de cómo el insensato te
insulta cada día!
²³ No olvides los gritos de tus
enemigos;
el alboroto de los que se levantan
contra ti sube sin cesar.

Dios abate al malo y exalta al justo*a*

Al músico principal; sobre «No destruyas».
Salmo de Asaf. Cántico

75 ¹Gracias te damos, Dios, gracias
te damos,
pues cercano está tu nombre;
los hombres cuentan tus
maravillas.

² En el tiempo que yo decida,
juzgaré rectamente.
³ Se arruinaban la tierra y sus
moradores;
yo sostengo sus columnas.   *Selah*
⁴ Dije a los insensatos: «¡No os
jactéis!»;
y a los impíos: «¡No os
enorgullezcáis;
⁵ no hagáis alarde de vuestro poder;
no habléis con cerviz erguida!»,

⁶ porque ni de oriente ni de
occidente
ni del desierto viene el
enaltecimiento,
⁷ pues Dios es el juez;
a este humilla, y a aquel enaltece.
⁸ La copa está en la mano de Jehová;
el vino está fermentado,
lleno de mixtura,
y él lo derrama;
¡hasta el fondo lo apurarán y lo
beberán todos los impíos de la
tierra!

⁹ Pero yo siempre anunciaré
y cantaré alabanzas al Dios de
Jacob.
¹⁰ Quebrantaré todo el poderío de los
pecadores,
pero el poder del justo será
exaltado.

*d***74.13** Ex 14.21.   *e***74.14** Job 3.8; 41.1; Sal 104.26; Is 27.1.   *f***74.16-17** Gn 1.3-18.   *a***75** Canto de
alabanza a Jehová, Juez universal.

El Dios de la victoria y del juicio[a]

Al músico principal; sobre «Neginot».
Salmo de Asaf. Cántico

76 [1] Dios es conocido en Judá;
        en Israel es grande su nombre.
[2] En Salem[b] está su Tabernáculo
    y su habitación en Sión.
[3] Allí quebró las saetas del arco,
    el escudo, la espada y las armas de
    guerra.[c]   *Selah*

[4] Glorioso eres tú, poderoso
    más que los montes de caza.
[5] Los fuertes de corazón fueron
    despojados,
    durmieron su sueño;
    no hizo uso de sus manos ninguno
    de los varones fuertes.
[6] A tu reprensión, Dios de Jacob,
    el carro y el caballo fueron
    entorpecidos.

[7] ¡Temible eres tú!
    ¿Quién podrá estar en pie delante
    de ti
    cuando se encienda tu ira?
[8] Desde los cielos hiciste oir tu juicio;
    la tierra tuvo temor y quedó en
    suspenso
[9] cuando te levantaste, Dios, para
    juzgar,
    para salvar a todos los mansos de la
    tierra.[d]   *Selah*

[10] Ciertamente la ira del hombre te
     alabará;
     tú reprimirás el resto de las iras.[e]
[11] Prometed y pagad a Jehová vuestro
     Dios;
     todos los que están alrededor de él
     traigan ofrendas al Temible.
[12] Él cortará el aliento de los
     príncipes;
     temible es para los reyes de la
     tierra.

Meditación sobre los hechos poderosos de Dios[a]

Al músico principal; para Jedutún.
Salmo de Asaf

77 [1] Con mi voz clamé a Dios,
        a Dios clamé porque él me
        escucha.
[2] Al Señor busqué en el día de mi
    angustia;
    alzaba a él mis manos de noche, sin
    descanso;
    mi alma rehusaba el consuelo.

[3] Me acordaba de Dios, me
    conmovía;
    me quejaba y desmayaba mi
    espíritu.   *Selah*
[4] No me dejabas pegar los ojos;
    estaba yo quebrantado y no
    hablaba.
[5] Consideraba los días desde el
    principio,
    los años pasados.
[6] Me acordaba de mis cánticos de
    noche;
    meditaba en mi corazón y mi
    espíritu inquiría:
[7] «¿Desechará el Señor para siempre
    y no volverá más a sernos propicio?
[8] ¿Ha cesado para siempre su
    misericordia?
    ¿Se ha acabado perpetuamente su
    promesa?
[9] ¿Ha olvidado Dios el tener
    misericordia?
    ¿Ha encerrado con ira sus
    piedades?».   *Selah*

[10] Entonces dije: «Enfermedad mía
     es esta;
     traeré, pues, a la memoria los años
     de la diestra del Altísimo».
[11] Me acordaré de las obras de Jah;
     sí, haré yo memoria de tus
     maravillas antiguas.

---

[a] **76** Este salmo pertenece al grupo de los «cantos de Sión» (cf. Sal 46; 48; 87; 122).
[b] **76.2** Nombre antiguo de *Jerusalén* (Gn 14.18).   [c] **76.3** Is 2.4; Ez 39.3; Miq 4.3.
[d] **76.9** *Los mansos de la tierra:* otra posible traducción: *los oprimidos del país.*   [e] **76.10** Traducción poco segura de un texto oscuro.   [a] **77** Testimonio (v. 1-10), seguido de un canto de alabanza (v. 11-20).

¹² Meditaré en todas tus obras
y hablaré de tus hechos.
¹³ Dios, santo es tu camino;
¿qué dios es grande como nuestro
Dios?ᵇ
¹⁴ Tú eres el Dios que hace maravillas;
hiciste notorio en los pueblos tu
poder.
¹⁵ Con tu brazo redimiste a tu pueblo,
a los hijos de Jacob y de José.   *Selah*

¹⁶ Dios, te vieron las aguas;
las aguas te vieron y temieron;
los abismos también se
estremecieron.
¹⁷ Las nubes echaron inundaciones
de aguas:
tronaron los cielos
y se precipitaron tus rayos.
¹⁸ La voz de tu trueno estaba en el
torbellino;
tus relámpagos alumbraron el
mundo;
se estremeció y tembló la tierra.
¹⁹ En el mar fue tu camino
y tus sendas en las muchas aguas;
tus pisadas no fueron halladas.
²⁰ Condujiste a tu pueblo como a
ovejasᶜ
por mano de Moisés y de Aarón.ᵈ

Fidelidad de Dios hacia su pueblo infiel ᵃ

Masquil de Asaf

78 ¹ Escucha, pueblo mío, mi Ley;
inclinad vuestro oído a las
palabras de mi boca.
² Abriré mi boca en proverbios;
hablaré cosas escondidas desde
tiempos antiguos,ᵇ
³ las cuales hemos oído y entendido,
las que nuestros padres nos
contaron.
⁴ No las encubriremos a sus hijos,
contaremos a la generación
venidera
las alabanzas de Jehová,
su potencia y las maravillas que
hizo.

⁵ Él estableció testimonio en Jacob
y puso ley en Israel,
la cual mandó a nuestros padres
que la notificaran a sus hijos;
⁶ para que lo sepa la generación
venidera,
los hijos que nazcan;
y los que se levanten lo cuenten a
sus hijos,
⁷ a fin de que pongan en Dios su
confianza
y no se olviden de las obras de
Dios;
que guarden sus mandamientos
⁸ y no sean como sus padres,
generación terca y rebelde;
generación que no dispuso su
corazón,
ni cuyo espíritu fue fiel para
con Dios.

⁹ Los hijos de Efraín, arqueros muy
diestros,
volvieron las espaldas en el día de
la batalla.
¹⁰ No guardaron el pacto de Dios
ni quisieron andar en su Ley;
¹¹ al contrario, se olvidaron de sus
obras
y de sus maravillas que les había
mostrado.
¹² Delante de sus padres hizo
maravillas
en la tierra de Egipto,ᶜ en el campo
de Zoán.
¹³ Dividió el mar y los hizo pasar.
Detuvo las aguas como en un
montón.ᵈ
¹⁴ Los guió de día con nube
y toda la noche con resplandor de
fuego.ᵉ
¹⁵ Hendió las peñas en el desierto
y les dio a beber como de grandes
abismos,
¹⁶ pues sacó de la peña corrientes
e hizo descender aguas como ríos.ᶠ

¹⁷ Pero aun así, volvieron a pecar
contra él,

ᵇ **77.13** Ex 15.11.   ᶜ **77.20** Sal 78.52; 80.1; Is 63.11-14.   ᵈ **77.16-20** Ex 14.21-22; 15.4-8; 19.16-19;
Sal 114.3-6.   ᵃ **78** Meditación sobre la historia de Israel desde el éxodo de Egipto hasta la
instauración de la dinastía davídica.   ᵇ **78.2** Mt 13.35.   ᶜ **78.12** Ex 7.8—12.32.
ᵈ **78.13** Ex 14.21-22.   ᵉ **78.14** Ex 13.21-22.   ᶠ **78.15-16** Ex 17.1-7; Nm 20.2-13.

rebelándose contra el Altísimo en
el desierto,
¹⁸ pues tentaron a Dios en su corazón,
pidiendo comida a su gusto.
¹⁹ Y hablaron contra Dios, diciendo:
«¿Podrá poner mesa en el desierto?
²⁰ Él ha herido la peña,
y brotaron aguas
y torrentes inundaron la tierra.
¿Podrá dar también pan?
¿Dispondrá carne para su
pueblo?».

²¹ Y lo oyó Jehová y se indignó;
se encendió el fuego contra Jacob
y el furor subió contra Israel,
²² por cuanto no le habían creído
ni habían confiado en su salvación.
²³ Sin embargo, mandó a las nubes de
arriba,
abrió las puertas de los cielos
²⁴ e hizo llover sobre ellos maná para
que comieran,
y les dio trigo de los cielos.ᵍ
²⁵ Pan de nobles comió el hombre;
les envió comida hasta saciarlos.
²⁶ Movió el viento solano en el cielo,
y trajo con su poder al viento
del sur,
²⁷ e hizo llover sobre ellos carne como
polvo,
como la arena del mar, aves que
vuelan.
²⁸ Las hizo caer en medio del
campamento,
alrededor de sus tiendas.
²⁹ Comieron y se saciaron;
les cumplió, pues, su deseo.
³⁰ No habían saciado aún su apetito,
aún estaba la comida en su boca,
³¹ cuando vino sobre ellos el furor
de Dios,
e hizo morir a los más robustos de
ellos
y derribó a los escogidos de Israel.ʰ

³² Con todo esto, volvieron a pecar
y no dieron crédito a sus
maravillas.

³³ Por tanto, hizo acabar sus días
como un soplo
y sus años en tribulación.
³⁴ Si los hacía morir, entonces
buscaban a Dios;
entonces se volvían solícitos en
busca suya,
³⁵ y se acordaban de que Dios era su
refugio,
que el Dios altísimo era su
redentor.
³⁶ Pero lo halagaban con su boca,
y con su lengua le mentían,
³⁷ pues sus corazones no eran rectos
con élⁱ
ni permanecieron firmes en su
pacto.
³⁸ Pero él, misericordioso,
perdonaba la maldad y no los
destruía;
apartó muchas veces su ira
y no despertó todo su enojo.
³⁹ Se acordó de que eran carne,
soplo que va y no vuelve.
⁴⁰ ¡Cuántas veces se rebelaron contra
él en el desierto,
y lo enojaron en el yermo!
⁴¹ Y volvían, y tentaban a Dios,
y provocaban al Santo de Israel.
⁴² No se acordaban de su mano,
del día que los redimió de la
angustia;
⁴³ cuando manifestó en Egipto sus
señales
y sus maravillas en el campo de
Zoán.
⁴⁴ Y volvió sus ríos en sangre,
y sus corrientes, para que no
bebieran.ʲ
⁴⁵ Envió entre ellos enjambres de
moscasᵏ que los devoraban
y ranasˡ que los destruían.
⁴⁶ Dio también a la oruga sus frutos
y sus labores a la langosta.ᵐ
⁴⁷ Sus viñas destruyó con granizo
y sus higuerales con escarcha.
⁴⁸ Entregó al granizo sus bestias
y sus ganados a los rayos.ⁿ
⁴⁹ Envió sobre ellos el ardor de su ira;
enojo, indignación y angustia,

ᵍ **78.24-25** Jn 6.31.   ʰ **78.18-31** Ex 16.2-15; Nm 11.4-23,31-35.   ⁱ **78.37** Hch 8.21.
ʲ **78.44** Ex 7.17-21.   ᵏ **78.45** Ex 8.20-24.   ˡ **78.45** Ex 8.1-6.   ᵐ **78.46** Ex 10.12-15.
ⁿ **78.47-48** Ex 9.22-25.

¡un ejército de ángeles
destructores!
50 Dispuso camino a su furor;
no eximió la vida de ellos de la
muerte,
sino que los entregó a mortandad.
51 Hizo morir a todo primogénito en
Egipto,[ñ]
las primicias de su fuerza en las
tiendas de Cam.
52 Hizo salir a su pueblo como a
ovejas
y los llevó por el desierto como a un
rebaño.[o]
53 Los guió con seguridad, de modo
que no tuvieran temor;
y el mar cubrió a sus enemigos.[p]
54 Los trajo después a las fronteras de
su tierra santa,[q]
a este monte que ganó con su mano
derecha.
55 Echó las naciones de delante de
ellos;[r]
con cuerdas repartió sus tierras en
heredad
e hizo habitar en sus tiendas a las
tribus de Israel.

56 Pero ellos tentaron y enojaron al
Dios altísimo[s]
y no guardaron sus testimonios;
57 más bien, le dieron la espalda,
rebelándose como sus padres;
se torcieron como arco engañoso.
58 Lo enojaron con sus lugares altos[t]
y lo provocaron a celo con sus
imágenes de talla.
59 Lo oyó Dios y se enojó,
y en gran manera aborreció a Israel.
60 Dejó, por tanto, el tabernáculo de
Silo,
la tienda en que habitó entre los
hombres.[u]
61 Entregó a cautiverio su poderío;
su gloria, en manos del enemigo.[v]
62 Entregó también su pueblo a la
espada
y se irritó contra su heredad.
63 El fuego devoró a sus jóvenes
y sus vírgenes no fueron loadas en
cantos nupciales.
64 Sus sacerdotes cayeron a espada
y sus viudas no hicieron
lamentación.
65 Entonces despertó el Señor como
quien duerme,
como un valiente que grita
excitado por el vino,
66 e hirió a sus enemigos por detrás;
les dio perpetua afrenta.

67 Desechó la casa de José
y no escogió la tribu de Efraín,
68 sino que escogió la tribu de Judá,
el monte Sión, al cual amó.
69 Edificó su santuario a manera de
eminencia,
como la tierra que cimentó para
siempre.
70 Eligió a David su siervo
y lo tomó de los rebaños de ovejas;
71 de detrás de las paridas lo trajo,
para que apacentara a Jacob su
pueblo,
a Israel su heredad.[w]
72 Y los apacentó conforme a la
integridad de su corazón;
los pastoreó con la pericia de sus
manos.

Lamento por la destrucción de Jerusalén[a]

Salmo de Asaf

79 1 ¡Vinieron, Dios, las naciones a
tu heredad!
¡Han profanado tu santo templo!
¡Han reducido Jerusalén a
escombros![b]
2 ¡Han dado los cuerpos de tus
siervos por comida a las aves de
los cielos,
la carne de tus santos a las bestias
de la tierra!
3 Derramaron su sangre como agua
en los alrededores de Jerusalén
y no hubo quien los enterrara.

[ñ] **78.51** Ex 12.29. [o] **78.52** Ex 13.17-22; Sal 77.20; Is 63.11-14. [p] **78.53** Ex 14.26-28. [q] **78.54** Ex 15.17; Jos 3.14-17. [r] **78.55** Jos 11.16-23. [s] **78.56** Jue 2.11-15. [t] **78.58** Colinas donde se rendía culto a los dioses cananeos Baal y Astarté. [u] **78.60** Jos 18.1; 1 S 1.3; Jer 7.12-14; 26.6. [v] **78.61** 1 S 4.4-22. [w] **78.70-71** 1 S 16.11-12; 2 S 7.8; 1 Cr 17.7. [a] **79** Lamento nacional, motivado por la profanación del Templo, la destrucción de Jerusalén y la matanza de una buena parte de la población. [b] **79.1** 2 R 25.8-10; 2 Cr 36.17-19; Jer 52.12-14; Lm 1.1-10.

⁴ Somos afrentados por nuestros
vecinos,
escarnecidos y ofendidos por los
que están en nuestros
alrededores.

⁵ ¿Hasta cuándo, Jehová? ¿Estarás
airado para siempre?
¿Arderá como fuego tu celo?
⁶ ¡Derrama tu ira sobre las naciones
que no te conocen
y sobre los reinos que no invocan tu
nombre!,
⁷ porque han consumido a Jacob
y su morada han destruido.

⁸ No recuerdes contra nosotros las
maldades de nuestros
antepasados.
¡Vengan pronto tus misericordias a
encontrarnos,
porque estamos muy abatidos!
⁹ ¡Ayúdanos, Dios de nuestra
salvación,
por la gloria de tu nombre!
¡Líbranos y perdona nuestros
pecados
por amor de tu nombre!,
¹⁰ porque dirán los gentiles:
«¿Dónde está su Dios?»
¡Sea notoria en las naciones,
delante de nuestros ojos,
la venganza de la sangre de tus
siervos que ha sido derramada!

¹¹ Llegue delante de ti el gemido de
los presos;
conforme a la grandeza de tu brazo
preserva a los sentenciados a
muerte,
¹² y devuelve a nuestros vecinos en su
seno siete tantos
de su infamia con que te han
deshonrado, Jehová.
¹³ Y nosotros, pueblo tuyo y ovejas de
tu prado,ᶜ
te alabaremos para siempre.
¡De generación en generación
cantaremos tus alabanzas!

Súplica por la restauraciónᵃ
Al músico principal; sobre «Lirios».
Testimonio. Salmo de Asaf

80 ¹ Pastor de Israel, escucha;
tú que pastoreas como a ovejas
a José,
tú que estás entre querubines,ᵇ
resplandece.
² ¡Despierta tu poder
delante de Efraín, de Benjamín y de
Manasés,
y ven a salvarnos!

³ ¡Dios, restáuranos!
¡Haz resplandecer tu rostro y
seremos salvos!

⁴ Jehová, Dios de los ejércitos,
¿hasta cuándo mostrarás tu
indignación contra la oración de
tu pueblo?ᶜ
⁵ Les diste a comer pan de lágrimas
y a beber lágrimas en abundancia.
⁶ Nos pusiste por escarnio de
nuestros vecinos
y nuestros enemigos se burlan de
nosotros.

⁷ ¡Dios de los ejércitos, restáuranos!
¡Haz resplandecer tu rostro y
seremos salvos!

⁸ Hiciste venir una vid de Egipto;
echaste las naciones y la plantaste.
⁹ Limpiaste el terreno para ella,
hiciste arraigar sus raíces y llenó
la tierra.
¹⁰ Los montes fueron cubiertos con su
sombra
y con sus sarmientos los cedros
de Dios.
¹¹ Extendió sus vástagos hasta el mar
y hasta el río sus renuevos.
¹² ¿Por qué rompiste sus cercas
y la vendimian todos los que pasan
por el camino?
¹³ La destroza el puerco montés
y la bestia del campo la devora.

ᶜ **79.13** Sal 74.1; 95.7; 100.3.   ᵃ **80** Súplica nacional, en un momento de grave calamidad para el
pueblo de Dios.   ᵇ **80.1** Ex 25.18-22; Sal 99.1; Is 37.16; Ez 10.16-18.   ᶜ **80.4** Sal 74.1.

14 Dios de los ejércitos, vuelve ahora;
   mira desde el cielo, considera y
      visita esta viña,
15 la planta que plantó tu diestra
   y el renuevo que para ti afirmaste.
16 ¡Quemada a fuego está, asolada!
   ¡Perezcan por la represión de tu
      rostro!
17 Sea tu mano sobre el varón de tu
      diestra,
   sobre el hijo de hombre que para ti
      afirmaste.
18 Así no nos apartaremos de ti;
   vida nos darás e invocaremos tu
      nombre.

19 ¡Jehová, Dios de los ejércitos,
      restáuranos!
   ¡Haz resplandecer tu rostro y
      seremos salvos!

Bondad de Dios y perversidad de Israel[a]

Al músico principal; sobre Gitit.
Salmo de Asaf

81 1 ¡Cantad con gozo a Dios,
         fortaleza nuestra!
   ¡Al Dios de Jacob aclamad con
      júbilo!
2 Entonad canción y tocad el
      pandero,
   el arpa que deleita y el salterio.
3 Tocad la trompeta en la nueva luna,
   en el día señalado, en el día de
      nuestra fiesta solemne,[b]
4 porque estatuto es de Israel,
   ordenanza del Dios de Jacob.
5 Lo constituyó como testimonio
      en José
   cuando salió por la tierra de Egipto.

Oí un lenguaje que no entendía:
6 «Aparté su hombro de debajo de
      la carga;
   sus manos fueron descargadas de
      los cestos.
7 En la calamidad clamaste y yo
   te libré;[c]

te respondí en lo secreto del trueno;
   te probé junto a las aguas de
      Meriba.[d]   *Selah*

8 »Oye, pueblo mío, y te amonestaré.
   ¡Si me oyeras, Israel!
9 No habrá en ti dios ajeno
   ni te inclinarás a dios extraño.[e]
10 Yo soy Jehová tu Dios,
   que te hice subir de la tierra de
      Egipto;[f]
   abre tu boca y yo la llenaré.

11 »Pero mi pueblo no oyó mi voz;
   Israel no me quiso a mí.
12 Los dejé, por tanto, a la dureza de
      su corazón;
   caminaron en sus propios consejos.
13 ¡Si me hubiera oído mi pueblo!
   ¡Si en mis caminos hubiera andado
      Israel!
14 En un momento habría yo
      derribado a sus enemigos
   y habría vuelto mi mano contra sus
      adversarios».
15 Los que aborrecen a Jehová se le
      habrían sometido
   y el tiempo de ellos sería para
      siempre.
16 Los sustentaría Dios con lo mejor
      del trigo,
   y con miel de la peña los saciaría.

Amonestación contra los juicios injustos[a]

Salmo de Asaf

82 1 Dios se levanta en la reunión de
         los dioses;
   en medio de los dioses juzga.
2 ¿Hasta cuándo juzgaréis
      injustamente
   y haréis acepción de personas con
      los impíos?   *Selah*
3 Defended al débil y al huérfano;
   haced justicia al afligido y al
      menesteroso,
4 librad al afligido y al necesitado;
   ¡libradlo de manos de los impíos![b]

---

a **81** Este salmo invita a celebrar alegremente una fiesta en honor del «Dios de Jacob» (v. 1-5) y luego hace oir la voz de Dios bajo la forma de un mensaje profético (v. 6-16). *b* **81.3** Nm 10.10. *c* **81.7** Ex 3.16-17; Dt 26.6-7. *d* **81.7** Ex 17.7; Nm 20.13. *e* **81.9** Ex 20.2-3; Dt 5.6-7. *f* **81.10** Ex 20.2. *a* **82** Reproche que el salmista dirige contra la injusticia y parcialidad de los jueces, severamente condenadas por la Ley y los Profetas. Cf. Sal 58. *b* **82.3-4** Is 1.23; 10.2; Jer 5.26-28; Am 2.6-8; Miq 3.11.

5 No saben, no entienden,
andan en tinieblas;
tiemblan todos los cimientos de la
tierra.

6 Yo dije: «Vosotros sois dioses[c]
y todos vosotros hijos del Altísimo;
7 pero como hombres moriréis,
y como cualquiera de los príncipes
caeréis».

8 ¡Levántate, Dios, juzga la tierra,
porque tú heredarás todas las
naciones!

Plegaria pidiendo la destrucción de los enemigos de Israel[a]
Cántico. Salmo de Asaf

83 1 ¡Dios, no guardes silencio!
¡No calles, Dios, ni te estés
quieto!,
2 porque rugen tus enemigos
y los que te aborrecen alzan la
cabeza.
3 Contra tu pueblo han consultado
astuta y secretamente,
y han entrado en consejo contra tus
protegidos.
4 Han dicho: «Venid y
destruyámoslos, para que no
sean nación
y no haya más memoria del
nombre de Israel».
5 A una se confabulan de corazón.
Contra ti han hecho alianza[b]
6 las tiendas de los edomitas y de los
ismaelitas,
Moab y los agarenos,
7 Gebal, Amón y Amalec,
los filisteos y los habitantes de Tiro.
8 También el asirio se ha juntado con
ellos;
sirven de brazo a los hijos de Lot.
Selah

9 Hazles como a Madián,[c]
como a Sísara, como a Jabín en el
arroyo Cisón,[d]

10 que perecieron en Endor:
fueron convertidos en estiércol
para la tierra.
11 Pon a sus capitanes como a Oreb y a
Zeeb;[e]
como a Zeba y a Zalmuna a todos
sus príncipes,
12 que han dicho: «¡Hagamos
nuestras
las moradas de Dios!».

13 Dios mío, ponlos como torbellinos,
como hojarascas delante del viento,
14 como fuego que quema el monte,
como llama que abrasa el bosque.
15 Persíguelos así con tu tempestad
y atérralos con tu huracán.
16 Llena sus rostros de vergüenza,
y busquen tu nombre, Jehová.
17 Sean confundidos y turbados para
siempre;
sean deshonrados y perezcan.
18 Y conozcan que tu nombre es
Jehová;
¡tú solo el Altísimo sobre toda la
tierra!

Anhelo por la casa de Dios[a]
Al músico principal; sobre «Gitit». Salmo para los hijos de Coré

84 1 ¡Cuán amables son tus
moradas,
Jehová de los ejércitos!
2 ¡Anhela mi alma y aun
ardientemente
desea los atrios de Jehová!
¡Mi corazón y mi carne cantan
al Dios vivo![b]

3 Aun el gorrión halla casa,
y la golondrina nido para sí,
donde poner sus polluelos,
cerca de tus altares, Jehová de los
ejércitos,
Rey mío y Dios mío.
4 ¡Bienaventurados los que habitan
en tu Casa;
perpetuamente te alabarán!   *Selah*

---

[c] **82.6** Jn 10.34.   [a] **83** Ante la agresividad de las naciones vecinas, un vocero de la comunidad suplica a Jehová que repita las proezas que realizó en el pasado para la liberación de su pueblo. [b] **83.5** Sal 2.2.   [c] **83.9** Jue 7.1-23.   [d] **83.9** Jue 4.6-22.   [e] **83.11** Jue 7.25.   [a] **84** Canto de un peregrino, que expresa la alegría de encontrarse por fin en los atrios del templo de Jerusalén. Cf. Sal 42-43; 61; 63.   [b] **84.2** Sal 27.4; 42.1-2; 61.4; 63.1.

5 ¡Bienaventurado el hombre que
   tiene en ti sus fuerzas,
   en cuyo corazón están tus caminos!
6 Atravesando el valle de lágrimas,
   lo cambian en fuente
cuando la lluvia llena los
   estanques.
7 Irán de poder en poder;
   verán a Dios en Sión.

8 Jehová, Dios de los ejércitos, oye mi
   oración;
   ¡escucha, Dios de Jacob!   *Selah*
9 Mira, Dios, escudo nuestro,
   y pon los ojos en el rostro de tu
   elegido.

10 Mejor es un día en tus atrios
   que mil fuera de ellos.
   Escogería antes estar a la puerta de
   la casa de mi Dios
   que habitar donde reside la
   maldad,
11 porque sol y escudo es Jehová Dios;
   gracia y gloria dará Jehová.
   No quitará el bien
   a los que andan en integridad.
12 ¡Jehová de los ejércitos,
   bienaventurado el hombre que en
   ti confía!

Súplica por la misericordia de Dios
sobre Israel[a]

*Al músico principal. Salmo para los hijos
de Coré*

85 ¹ Fuiste propicio a tu tierra,
   Jehová;
   volviste la cautividad de Jacob.
² Perdonaste la maldad de tu pueblo;
   todos los pecados de ellos cubriste.
                                    Selah
³ Reprimiste todo tu enojo;
   te apartaste del ardor de tu ira.

⁴ Restáuranos, Dios de nuestra
   salvación,
   y haz cesar tu ira contra nosotros.
⁵ ¿Estarás enojado contra nosotros
   para siempre?

¿Extenderás tu ira de generación en
   generación?
⁶ ¿No volverás a darnos vida,
   para que tu pueblo se regocije en ti?
⁷ ¡Muéstranos, Jehová, tu
   misericordia
   y danos tu salvación!

⁸ Escucharé lo que hablará Jehová
   Dios,
   porque hablará paz a su pueblo y a
   sus santos,
   para que no se vuelvan a la locura.
⁹ Ciertamente cercana está su
   salvación a los que lo temen,
   para que habite la gloria en nuestra
   tierra.

¹⁰ La misericordia y la verdad se
   encontraron;
   la justicia y la paz se besaron.
¹¹ La verdad brotará de la tierra
   y la justicia mirará desde los cielos.
¹² Jehová dará también el bien
   y nuestra tierra dará su fruto.
¹³ La justicia irá delante de él
   y sus pasos nos pondrá por camino.

Oración pidiendo la continuada
misericordia de Dios[a]

Oración de David

86 ¹ Inclina, Jehová, tu oído, y
   escúchame,
   porque estoy afligido y
   menesteroso.
² Guarda mi alma, porque soy
   piadoso;
   ¡salva tú, Dios mío, a tu siervo
   que en ti confía!
³ Ten misericordia de mí, Jehová,
   porque a ti clamo todo el día.
⁴ Alegra el alma de tu siervo,
   porque a ti, Señor, levanto mi alma,
⁵ porque tú, Señor, eres bueno y
   perdonador,
   y grande en misericordia para con
   todos los que te invocan.[b]
⁶ Escucha, Jehová, mi oración
   y está atento a la voz de mis ruegos.

---

[a] **85** Súplica nacional, dividida en tres partes: v. 1-3; v. 4-7; v. 8-13.   [a] **86** Súplica individual,
compuesta casi en su totalidad con frases tomadas de otros pasajes de la Sagrada Escritura.
[b] **86.5** Ex 34.6; Nm 14.18.

7 En el día de mi angustia te llamaré,
porque tú me respondes.

8 Señor, ninguno hay como tú entre
los dioses
ni obras que igualen tus obras.[c]
9 Todas las naciones que hiciste
vendrán y adorarán delante de ti,
Señor,
y glorificarán tu nombre,[d]
10 porque tú eres grande y hacedor de
maravillas;
¡solo tú eres Dios![e]
11 Enséñame, Jehová, tu camino,
y caminaré yo en tu verdad;
afirma mi corazón
para que tema tu nombre.[f]
12 Te alabaré, Jehová, Dios mío, con
todo mi corazón
y glorificaré tu nombre para
siempre,
13 porque tu misericordia es grande
para conmigo
y has librado mi alma de las
profundidades del seol.[g]

14 Dios, los soberbios se levantaron
contra mí,
conspiración de violentos ha
buscado mi vida
y no te han tomado en cuenta.[h]
15 Mas tú, Señor, Dios misericordioso
y clemente,
lento para la ira y grande en
misericordia y verdad,[i]
16 mírame y ten misericordia de mí;
da tu poder a tu siervo
y guarda al hijo de tu sierva.
17 Haz conmigo señal para bien,
y véanla los que me aborrecen y
sean avergonzados,
porque tú, Jehová, me ayudaste y
me consolaste.

El privilegio de morar en Sión[a]
A los hijos de Coré. Salmo. Cántico

87 1 Su cimiento está en el monte
santo.
2 Ama Jehová las puertas de Sión
más que todas las moradas de
Jacob.
3 ¡Cosas gloriosas se han dicho de ti,
ciudad de Dios!   *Selah*

4 «Yo me acordaré de Rahab[b] y de
Babilonia
entre los que me conocen,
aquí están Filistea y Tiro, con
Etiopía;
estos nacieron allá».

5 Y de Sión se dirá:
«Este y aquel han nacido en ella».
Y el Altísimo mismo la establecerá.
6 Jehová contará al inscribir a los
pueblos:
«Este nació allí».   *Selah*

7 Y cantores y músicos dirán en ella:
«Todas mis fuentes están en ti».

Súplica para ser librado de la muerte[a]
*Cántico. Salmo para los hijos de Coré. Al
músico principal, para cantar sobre Mahalat.
Masquil de Hemán[b] ezraíta*

88 1 Jehová, Dios de mi salvación,
día y noche clamo delante de ti.
2 ¡Llegue mi oración a tu presencia!
¡Inclina tu oído hacia mi clamor!,
3 porque mi alma está hastiada de
males
y mi vida cercana al seol.
4 Soy contado entre los que
descienden al sepulcro;
soy como un hombre sin fuerza,

---

[c]**86.8** Ex 15.11; Dt 3.24; Is 45.21; Jer 10.6.   [d]**86.9** Is 24.15; cf. Ap 15.4.   [e]**86.10** Sal 72.18; 77.14.
[f]**86.11** Sal 25.4; 27.11.   [g]**86.13** Sal 16.10.   [h]**86.14** Sal 54.3.   [i]**86.15** Ex 34.6; Sal 103.8.
[a]**87** Se celebra a Jerusalén como ciudad de Dios y madre espiritual de todos los pueblos. El
salmo pertenece al grupo de los «cantos de Sión» (cf. Sal 46; 48; 76; 122).   [b]**87.4** Referencia a
Egipto. Este nombre evocaba para los israelitas la figura de un monstruo antiguo, en el que
estaban representadas simbólicamente todas las potencias enemigas de Dios. Sal 89.10. Cf. Job
9.13; 26.12; Is 51.9.   [a]**88** Súplica de un enfermo que ve cómo un mal incurable va consumiendo
su vida. De ahí el tono de su oración, la más triste y sombría de todo el libro de los *Salmos*.
[b]**88** Probablemente uno de los cantores de David (1 Cr 15.17,19), aunque también se menciona a
un sabio (1 R 4.31) y a un vidente (1 Cr 25.5) del mismo nombre.

5 abandonado entre los muertos,
como los pasados a espada que
    yacen en el sepulcro,
de quienes no te acuerdas ya
y que fueron arrebatados de tu
    mano.
6 Me has puesto en el hoyo
    profundo,
en tinieblas, en lugares profundos.
7 Sobre mí reposa tu ira
y me sumerges en todas tus olas.
                    Selah

8 Has alejado de mí a mis conocidos;
me has hecho repugnante para
    ellos;*c*
encerrado estoy sin poder escapar.
9 Mis ojos enfermaron a causa de mi
    aflicción.
Te he llamado, Jehová, cada día;
he extendido a ti mis manos.
10 ¿Manifestarás tus maravillas a los
    muertos?
¿Se levantarán los muertos para
    alabarte?   *Selah*
11 ¿Será proclamada en el sepulcro tu
    misericordia
o tu verdad en el Abadón?*d*
12 ¿Serán reconocidas en las tinieblas
    tus maravillas
y tu justicia en la tierra del olvido?*e*

13 Mas yo a ti he clamado, Jehová,
y de mañana mi oración se presenta
    delante de ti.
14 ¿Por qué, Jehová, desechas mi
    alma?
¿Por qué escondes de mí tu rostro?
15 Yo estoy afligido y menesteroso;
desde la juventud he llevado tus
    terrores, he estado lleno de
    miedo.
16 Sobre mí han pasado tus iras
y me oprimen tus terrores.*f*
17 Me han rodeado como aguas
    continuamente;
a una me han cercado.

18 Has alejado de mí al amado y al
    compañero,
y a mis conocidos has puesto en
    tinieblas.

Pacto de Dios con David*a*
Masquil de Etán[b] *ezraíta*

89 1 Las misericordias de Jehová
    cantaré perpetuamente;
de generación en generación haré
    notoria tu fidelidad con mi boca.
2 Dije: «Para siempre será edificada
    la misericordia;
en los cielos mismos afirmarás tu
    fidelidad».

3 Hice pacto con mi escogido;
juré a David mi siervo, diciendo:
4 «Para siempre confirmaré tu
    descendencia
y edificaré tu trono por todas las
    generaciones».*c*   *Selah*

5 Celebran los cielos tus maravillas,
    Jehová,
tu fidelidad también en la
    congregación de los santos,
6 porque ¿quién en los cielos se
    igualará a Jehová?
¿Quién será semejante a Jehová
    entre los hijos de los poderosos?
7 Dios temible en la gran
    congregación de los santos
y formidable sobre todos cuantos
    están a su alrededor.
8 Jehová, Dios de los ejércitos, ¿quién
    como tú?
Poderoso eres, Jehová, y tu
    fidelidad te rodea.
9 Tú tienes dominio sobre la braveza
    del mar;
cuando se levantan sus olas, tú las
    sosiegas.
10 Tú quebrantaste a Rahab*d* como a
    un herido de muerte;
con tu brazo poderoso esparciste a
    tus enemigos.

---

c **88.8** Job 19.13-19.   *d* **88.11** Término que aquí significa *lugar de perdición* o *destrucción* y es sinónimo de *sheol* o reino de la muerte.   *e* **88.10-12** Job 10.21-22; Sal 6.5; 115.17; Is 38.18-19. *f* **88.16** Job 6.4.   *a* **89** Un himno a Jehová rey del universo (v. 1-18) y una evocación de las promesas hechas a David y a su descendencia (v. 19-37) sirven de base para una súplica en favor del rey (v. 38-52).   *b* **89** Mencionado junto con Hemán entre los cantores de David (1 Cr 15.17,19), aunque también figura un Etán entre los sabios de Israel (1 R 4.31). *c* **89.4** 2 S 7.12-16; 1 Cr 17.11-14; Sal 132.11-12; Jer 33.21; Hch 2.30.   *d* **89.10** Job 9.13; 26.12; Is 51.9.

11 Tuyos son los cielos, tuya también
    es la tierra;
  el mundo y su plenitud, tú lo
    fundaste.*ᵉ*

12 El norte y el sur, tú los creaste;
  el Tabor y el Hermón cantarán en tu
    nombre.

13 Tuyo es el brazo potente;
  fuerte es tu mano, exaltada tu
    diestra.

14 Justicia y derecho son el cimiento
    de tu trono;
  misericordia y verdad van delante
    de tu rostro.

15 Bienaventurado el pueblo que sabe
    aclamarte;
  andará, Jehová, a la luz de tu rostro.

16 En tu nombre se alegrará todo
    el día
  y en tu justicia será enaltecido,

17 porque tú eres la gloria de su
    potencia
  y por tu buena voluntad
    acrecentarás nuestro poder.

18 Jehová es nuestro escudo;
  nuestro rey es el Santo de Israel.

19 Entonces hablaste en visión a tu
    santoᶠ
  y dijiste: «He puesto el socorro
    sobre uno que es poderoso;
  he exaltado a un escogido de mi
    pueblo.

20 Hallé a Davidᵍ mi siervo;
  lo ungí con mi santa unción.ʰ

21 Mi mano estará siempre con él;
  mi brazo también lo fortalecerá.

22 No lo sorprenderá el enemigo
  ni hijo perverso lo quebrantará;

23 sino que quebrantaré delante de él
    a sus enemigos
  y heriré a los que lo aborrecen.

24 Mi fidelidad y mi misericordia
    estarán con él
  y en mi nombre será exaltado su
    poder.

25 Asimismo pondré su mano sobre
    el mar
  y sobre los ríos su diestra.

26 Él clamará a mí, diciendo: "Mi
    padre eres tú,
  mi Dios, y la roca de mi salvación".

27 Yo también lo pondré por
    primogénito,
  el más excelso de los reyes de
    la tierra.ⁱ

28 Para siempre le aseguraré mi
    misericordia
  y mi pacto será firme con él.

29 Estableceré su descendencia para
    siempre
  y su trono como los días de los
    cielos.

30 Si dejaran sus hijos mi Ley
  y no anduvieran en mis juicios,

31 si profanaran mis estatutos
  y no guardaran mis
    mandamientos,

32 entonces castigaré con vara su
    rebelión
  y con azotes sus maldades.ʲ

33 Pero no quitaré de él mi
    misericordia
  ni faltaré a mi fidelidad.

34 No olvidaré mi pacto
  ni mudaré lo que ha salido de mis
    labios.

35 Una vez he jurado por mi santidad
  y no mentiré a David.

36 Su descendencia será para siempre
  y su trono como el sol delante
    de mí.

37 Como la luna será firme para
    siempre
  y como un testigo fiel en el cielo».
                                    Selah

38 Mas tú desechaste y
    menospreciaste a tu ungido,
  y te has airado con él.

39 Rompiste el pacto de tu siervo;
  has profanado su corona hasta la
    tierra.

40 Abriste brecha en todos sus muros;
  has destruido sus fortalezas.

41 Lo saquean todos los que pasan por
    el camino;ᵏ
  es la deshonra de sus vecinos.

ᵉ **89.11** Sal 24.1-2; 74.16-17; 95.4-5; 1 Co 10.26.   ᶠ **89.19** 2 S 7.4-16.   ᵍ **89.20** 1 S 13.14; Hch 13.22.
ʰ **89.20** 1 S 16.12.   ⁱ **89.27** Ap 1.5.   ʲ **89.32** Dt 8.5; 2 S 7.14; Sal 94.12; Pr 3.11-12; Heb 12.5-11.
ᵏ **89.41** Sal 80.12.

42 Has exaltado la diestra de sus
  enemigos;
  has alegrado a todos sus
  adversarios.
43 Embotaste asimismo el filo de su
  espada,
  y no lo levantaste en la batalla.
44 Hiciste cesar su gloria
  y echaste su trono por tierra.
45 Has acortado los días de su
  juventud;
  ¡lo has cubierto de vergüenza! *Selah*

46 ¿Hasta cuándo, Jehová? ¿Te
  esconderás para siempre?
  ¿Arderá tu ira como el fuego?
47 ¡Recuerda cuán breve es mi tiempo!
  ¿Por qué habrás creado en vano a
  todo hijo de hombre?
48 ¿Qué hombre vivirá y no verá
  muerte?
  ¿Librará su vida del poder del seol?
                                    Selah

49 Señor, ¿dónde están tus antiguas
  misericordias,
  que juraste a David según tu
  fidelidad?
50 Señor, acuérdate del oprobio de tus
  siervos;
  oprobio de muchos pueblos, que
  llevo en mi seno,
51 porque tus enemigos, Jehová, han
  deshonrado,
  porque tus enemigos han
  deshonrado los pasos de tu
  ungido.

52 ¡Bendito sea Jehová para siempre!
  ¡Amén y amén!

LIBRO 4
(Salmos 90–106)

La eternidad de Dios y la transitoriedad del hombre[a]
Oración de Moisés, varón de Dios

90 **1** Señor, tú nos has sido refugio
  de generación en generación.
2 Antes que nacieran los montes

y formaras la tierra y el mundo,
  desde el siglo y hasta el siglo, tú
  eres Dios.

3 Vuelves a convertir en polvo al
  hombre
  y dices: «¡Convertíos, hijos de los
  hombres!».
4 Ciertamente mil años delante de
  tus ojos
  son como el día de ayer, que pasó,[b]
  y como una de las vigilias de la
  noche.

5 Los arrebatas como con torrente de
  aguas; son como un sueño.
  Como la hierba que crece en la
  mañana:
6 en la mañana florece y crece;
  a la tarde es cortada y se seca.

7 Ciertamente con tu furor somos
  consumidos
  y con tu ira somos turbados.
8 Pusiste nuestras maldades delante
  de ti,
  nuestros yerros a la luz de tu rostro.
9 Ciertamente todos nuestros días
  declinan a causa de tu ira;
  acabamos nuestros años como un
  pensamiento.
10 Los días de nuestra edad son
  setenta años.
  Si en los más robustos son ochenta
  años,[c]
  con todo, su fortaleza es molestia y
  trabajo,
  porque pronto pasan y volamos.

11 ¿Quién conoce el poder de tu ira,
  y tu indignación según el temor
  que te es debido?
12 Enséñanos de tal modo a contar
  nuestros días
  que traigamos al corazón
  sabiduría.[d]

13 ¡Vuélvete, Jehová! ¿Hasta cuándo?
  ¡Ten compasión de tus siervos!
14 De mañana sácianos de tu
  misericordia,

---

[a] **90** Meditación de tono didáctico (v. 1-12) y súplica colectiva (v. 13-17).   [b] **90.4** 2 P 3.8.
[c] **90.10** Job 14.1; Ec 2.23; 11.8.   [d] **90.12** Ef 5.15-16; Col 4.5.

y cantaremos y nos alegraremos
todos nuestros días.
[15] Alégranos conforme a los días que
nos afligiste
y los años en que vimos el mal.
[16] Aparezca en tus siervos tu obra
y tu gloria sobre sus hijos.
[17] Sea la luz de Jehová, nuestro Dios,
sobre nosotros.

La obra de nuestras manos
confirma sobre nosotros;
sí, la obra de nuestras manos
confirma.

Morando bajo la sombra del Omnipotente[a]

91 [1] El que habita al abrigo del
Altísimo
morará bajo la sombra del
Omnipotente.[b]
[2] Diré yo a Jehová: «Esperanza mía y
castillo mío;
mi Dios, en quien confiaré».
[3] Él te librará del lazo del cazador,
de la peste destructora.
[4] Con sus plumas te cubrirá
y debajo de sus alas estarás seguro;
escudo y protección es su verdad.
[5] No temerás al terror nocturno
ni a la saeta que vuele de día,
[6] ni a la pestilencia que ande en la
oscuridad,
ni a mortandad que en medio del
día destruya.

[7] Caerán a tu lado mil
y diez mil a tu diestra;
mas a ti no llegarán.
[8] Ciertamente con tus ojos mirarás
y verás la recompensa de los
impíos.

[9] Porque has puesto a Jehová, que es
mi esperanza,
al Altísimo por tu habitación,
[10] no te sobrevendrá mal
ni plaga tocará tu morada,
[11] pues a sus ángeles mandará acerca
de ti,[c]

que te guarden en todos tus
caminos.
[12] En las manos te llevarán
para que tu pie no tropiece en
piedra.[d]
[13] Sobre el león y la víbora pisarás;
herirás al cachorro del león y al
dragón.[e]

[14] «Por cuanto en mí ha puesto su
amor, yo también lo libraré;
lo pondré en alto, por cuanto ha
conocido mi nombre.
[15] Me invocará y yo le responderé;
con él estaré yo en la angustia;
lo libraré y lo glorificaré.
[16] Lo saciaré de larga vida
y le mostraré mi salvación».

Alabanza por la bondad de Dios[a]
Salmo. Cántico para el sábado

92 [1] Bueno es alabarte, Jehová,
y cantar salmos a tu nombre,
oh Altísimo;
[2] anunciar por la mañana tu
misericordia
y tu fidelidad cada noche,
[3] con el decacordio y el salterio,
en tono suave, con el arpa.
[4] Por cuanto me has alegrado,
Jehová, con tus obras;
en las obras de tus manos me gozo.

[5] ¡Cuán grandes son tus obras,
Jehová!
¡Muy profundos son tus
pensamientos![b]
[6] El hombre necio no sabe
y el insensato no entiende esto:
[7] Cuando brotan los impíos como la
hierba[c]
y florecen todos los que hacen
maldad,
es para ser destruidos eternamente.
[8] Mas tú, Jehová, para siempre eres
altísimo.
[9] Aquí están tus enemigos, Jehová,
ciertamente perecerán tus
enemigos;

---

[a] **91** Poema didáctico que invita a confiar en Dios.   [b] **91.1** Así traducen las versiones antiguas el nombre divino *Shadai*, que también se encuentra en otros pasajes del AT (p.e., Gn 17.1; 28.3; Ex 6.3; Job 5.17; 27.1-2; 32.8; Sal 68.14).   [c] **91.11** Mt 4.6; Lc 4.10.   [d] **91.12** Mt 4.6; Lc 4.11.
[e] **91.13** Lc 10.19.   [a] **92** Canto de acción de gracias, con una clara tendencia didáctica.
[b] **92.5** Sal 104.24. Cf. Ro 11.33-34.   [c] **92.7** Sal 37.2,20.

serán esparcidos todos los que
hacen maldad.

¹⁰ Pero tú aumentarás mis fuerzas
como las del toro salvaje;
seré ungido con aceite fresco.
¹¹ Y mirarán mis ojos sobre mis
enemigos;
oirán mis oídos acerca de los que se
levantaron contra mí, de los
malignos.

¹² El justo florecerá como la palmera;
crecerá como cedro en el Líbano.
¹³ Plantados en la casa de Jehová,
en los atrios de nuestro Dios
florecerán.
¹⁴ Aun en la vejez fructificarán;
estarán vigorosos y verdes,
¹⁵ para anunciar que Jehová, mi
fortaleza, es recto
y que en él no hay injusticia.

La majestad de Jehová[a]

93 ¹ ¡Jehová reina! ¡Se ha vestido de
majestad!
¡Jehová se ha vestido, se ha ceñido
de poder!
Afirmó también el mundo y no será
removido.
² Firme es tu trono desde siempre;
tú eres eternamente.

³ Alzaron los ríos, Jehová,
los ríos alzaron sus voces;
alzaron los ríos sus olas.
⁴ Jehová en las alturas es más
poderoso
que el estruendo de las muchas
aguas,
más que las recias olas del mar.[b]

⁵ Tus testimonios son muy firmes;
la santidad conviene a tu Casa,
Jehová, por los siglos y para
siempre.

Oración clamando por venganza[a]

94 ¹ ¡Jehová, Dios de las
venganzas,[b]
Dios de las venganzas, muéstrate!
² ¡Engrandécete, Juez de la tierra;[c]
da el pago a los soberbios!
³ ¿Hasta cuándo los impíos,
hasta cuándo, Jehová, se gozarán
los impíos?
⁴ ¿Hasta cuándo pronunciarán,
hablarán cosas duras
y se vanagloriarán todos los que
hacen maldad?
⁵ A tu pueblo, Jehová, quebrantan
y a tu heredad afligen.
⁶ A la viuda y al extranjero matan
y a los huérfanos quitan la vida.
⁷ Y dijeron: «No verá Jah,
no lo sabrá el Dios de Jacob».[d]

⁸ ¡Entended, necios del pueblo!
Y vosotros, insensatos, ¿cuándo
seréis sabios?
⁹ El que hizo el oído, ¿no oirá?
El que formó el ojo, ¿no verá?
¹⁰ El que castiga a las naciones, ¿no
reprenderá?
¿No sabrá el que enseña al hombre
la ciencia?
¹¹ Jehová conoce los pensamientos de
los hombres,
que son vanidad.[e]

¹² Bienaventurado el hombre a quien
tú, Jah, corriges,
y en tu Ley lo instruyes
¹³ para hacerlo descansar en los días
de aflicción,
en tanto que para el impío se cava el
hoyo.
¹⁴ No abandonará Jehová a su pueblo
ni desamparará su heredad,
¹⁵ sino que el juicio será vuelto a la
justicia
y en pos de ella irán todos los rectos
de corazón.

---

[a] **93** Canto de alabanza a la majestad de Jehová.   [b] **93.3-4** Sal 89.9-10.   [a] **94** Súplica a Dios para
que intervenga en favor de todas las víctimas de la injusticia y la violencia (v. 1-4) y severo
reproche a los que ponen en duda el triunfo final de la justicia (cf. v. 14-15).   [b] **94.1** La palabra
«venganza» tiene aquí el sentido de justa retribución.   [c] **94.2** Sal 50.6; 75.7. Cf. Gn 18.25.
[d] **94.7** Sal 14.1; 53.1; 73.11.   [e] **94.11** 1 Co 3.20.

¹⁶ ¿Quién se levantará por mí contra
los malignos?
¿Quién estará por mí contra los que
hacen maldad?
¹⁷ Si no me ayudara Jehová,
pronto moraría mi alma en el
silencio.
¹⁸ Cuando yo decía: «Mi pie resbala»,
tu misericordia, Jehová, me
sostenía.
¹⁹ En la multitud de mis
pensamientos íntimos,
tus consolaciones alegraban mi
alma.
²⁰ ¿Se juntará contigo el trono de la
maldad
que hace el agravio en forma de
ley?
²¹ Se juntan contra la vida del justo
y condenan la sangre inocente.
²² Pero Jehová me ha sido por refugio
y mi Dios por roca de mi confianza.
²³ Él hará volver sobre ellos su
maldad
y los destruirá en su propia malicia.
Los destruirá Jehová, nuestro Dios.

Cántico de alabanza y de adoración[a]

95 ¹¡Venid, aclamemos alegremente
a Jehová!
¡Cantemos con júbilo a la roca de
nuestra salvación!
² ¡Lleguemos ante su presencia con
alabanza!
¡Aclamémoslo con cánticos!,
³ porque Jehová es Dios grande,
el gran Rey sobre todos los dioses.
⁴ En su mano están las
profundidades de la tierra
y las alturas de los montes son
suyas.
⁵ Suyo también el mar, pues él lo
hizo,
y sus manos formaron la tierra
seca.[b]

⁶ Venid, adoremos y postrémonos;
arrodillémonos delante de Jehová,
nuestro hacedor,
⁷ porque él es nuestro Dios;
nosotros, el pueblo de su prado[c]
y ovejas de su mano.

Si oís hoy su voz,
⁸ «No endurezcáis vuestro corazón,[d]
como en Meriba,
como en el día de Masah en el
desierto,
⁹ donde me tentaron vuestros
padres,
me probaron[e] y vieron mis obras.
¹⁰ Cuarenta años estuve disgustado
con la nación,
y dije: "Es pueblo que divaga de
corazón
y no han conocido mis caminos"[f]
¹¹ Por tanto, juré en mi furor
que no entrarían en mi reposo».[g]

Cántico de alabanza[a]
(1 Cr 16.23-33)

96 ¹Cantad a Jehová cántico nuevo;
cantad a Jehová toda la tierra.
² Cantad a Jehová, bendecid su
nombre.
Anunciad de día en día su
salvación;
³ proclamad entre las naciones su
gloria,
en todos los pueblos sus
maravillas,
⁴ porque grande es Jehová y digno
de suprema alabanza;[b]
temible sobre todos los dioses.
⁵ Todos los dioses de los pueblos son
ídolos;[c]
pero Jehová hizo los cielos.
⁶ ¡Alabanza y magnificencia delante
de él!
¡Poder y hermosura en su
santuario!

ᵃ 95 Canto de alabanza a Dios (v. 1-7) y exhortación al pueblo para que escuche dócilmente a
Jehová (v. 8-11). Poema muy semejante, por su estructura y su contenido, a Sal 81.
ᵇ 95.4-5 Sal 24.1-2; 89.11-12.   ᶜ 95.7 Sal 74.1; 79.13; 100.3.   ᵈ 95.7-8 Heb 3.15; 4.7.
ᵉ 95.8-9 Ex 17.1-7; Nm 6.16. Dt 6.16; 9.22; 33.8; Sal 106.32-33.   ᶠ 95.11 Nm 14.26-35; Dt 1.34-36;
Heb 4.3,5.   ᵍ 95.7-11 Heb 3.7-11.   ᵃ 96 Himno a la realeza de Jehová. Se cita en 1 Cr 16.23-33.
ᵇ 96.4 Sal 18.3; 48.1; 145.3.   ᶜ 96.5 Sal 97.7; 115.4-8; 135.15-18; Is 41.21-24.

7 Tributad a Jehová, familias de los
pueblos,*d*
dad a Jehová la gloria y el poder.
8 Dad a Jehová la honra debida a su
nombre;
traed ofrendas y venid a sus atrios.
9 Adorad a Jehová en la hermosura
de la santidad;*e*
temed delante de él, toda la tierra.

10 Decid entre las naciones: «¡Jehová
reina!
También afirmó el mundo, no será
conmovido;
juzgará a los pueblos con justicia».
11 Alégrense los cielos y gócese la tierra;
brame el mar y su plenitud.
12 Regocíjese el campo y todo lo que
hay en él;
entonces todos los árboles del
bosque rebosarán de contento
13 delante de Jehová, que vino,
porque ha venido a juzgar la tierra.
¡Juzgará al mundo con justicia
y a los pueblos con su verdad!*f*

El dominio y el poder de
Jehová*a*

97 1 ¡Jehová reina! ¡Regocíjese la
tierra!
¡Alégrense las muchas costas!
2 Nubes y oscuridad alrededor de
él;*b*
justicia y juicio son el cimiento de
su trono.*c*
3 Fuego irá delante de él
y abrasará a sus enemigos
alrededor.*d*
4 Sus relámpagos alumbraron el
mundo;
la tierra vio y se estremeció.*e*
5 Los montes se derritieron como
cera delante de Jehová,*f*
delante del Señor de toda la tierra.
6 Los cielos anunciaron su justicia
y todos los pueblos vieron su
gloria.*g*

7 Avergüéncense todos los que
sirven a las imágenes de talla,
los que se glorían en los ídolos.
Póstrense ante él todos los dioses.

8 Oyó Sión y se alegró;
y las hijas de Judá se gozaron,
Jehová, por tus juicios,
9 porque tú, Jehová,
eres el Altísimo sobre toda la tierra;
eres muy exaltado sobre todos los
dioses.

10 Los que amáis a Jehová, aborreced
el mal;
él guarda las almas de sus santos;
de manos de los impíos los libra.
11 Luz está sembrada para el justo
y alegría para los rectos de corazón.
12 ¡Alegraos, justos, en Jehová,
y alabad la memoria de su
santidad!

Alabanza por la justicia de Dios*a*
Salmo

98 1 Cantad a Jehová cántico nuevo,
porque ha hecho maravillas;
su diestra lo ha salvado
y su santo brazo.
2 Jehová ha hecho notoria su
salvación;
a vista de las naciones ha
descubierto su justicia.
3 Se ha acordado de su misericordia
y de su verdad
para con la casa de Israel;
todos los términos de la tierra han
visto
la salvación de nuestro Dios.

4 Cantad alegres a Jehová, toda la
tierra.
Levantad la voz, aplaudid y cantad
salmos.*b*
5 Cantad salmos a Jehová con arpa;
con arpa y voz de cántico.
6 Aclamad con trompetas y sonidos
de bocina,
delante del Rey, Jehová.

d **96.7** Is 60.6-10; Hag 2.7-9; Zac 14.16,20-21.   *e* **96.7-9** Sal 29.1-2.   *f* **96.13** Sal 98.9.   *a* **97** Himno
a la realeza de Jehová (cf. Sal 47; 93; 96; 98—99).   *b* **97.2** Sal 18.8-9. Cf. Ex 19.16-20.
c **97.2** Sal 89.14.   *d* **97.3** Sal 50.3. Cf. Mal 4.1.   *e* **97.4** Sal 77.17.   *f* **97.5** Sal 68.2; Miq 1.4; Nah 1.5;
Hab 3.6.   *g* **97.6** Sal 50.6; Is 35.2; 40.5.   *a* **98.1** Himno a la realeza de Jehová, muy semejante por
su forma y contenido a Sal 96.   *b* **98.4** Sal 96.1; 100.1-2.

⁷ Brame el mar y su plenitud,
el mundo y los que en él habitan;
⁸ los ríos batan las manos,
regocíjense todos los montes
⁹ delante de Jehová,
porque vino a juzgar la tierra.
Juzgará al mundo con justicia
y a los pueblos con rectitud.ᶜ

Fidelidad de Jehová para con Israelᵃ

99

¹ ¡Jehová reina!
Temblarán los pueblos.
Él está sentado sobre los
querubines;ᵇ
se conmoverá la tierra.
² Jehová en Sión es grandeᶜ
y exaltado sobre todos los pueblos.
³ ¡Alaben tu nombre grande y
temible!
¡Él es santo!ᵈ

⁴ La gloria del rey es amar la justicia;
tú confirmas la rectitud;
tú ejerces en Jacob la justicia y el
derecho.
⁵ Exaltad a Jehová, nuestro Dios,
y postraos ante el estrado de
sus pies.
¡Él es santo!

⁶ Moisés y Aarón entre sus
sacerdotes,
y Samuel entre los que invocaron
su nombre;
invocaban a Jehová y él les
respondía.
⁷ En columna de nube hablaba con
ellos;ᵉ
guardaban sus testimonios
y el estatuto que les había dado.

⁸ Jehová Dios nuestro, tú les
respondías;
fuiste para ellos un Dios
perdonador
y retribuidor de sus obras.
⁹ Exaltad a Jehová, nuestro Dios,
y postraos ante su santo monte,

porque Jehová, nuestro Dios, es
santo.

Exhortación a la gratitudᵃ
Salmo de acción de gracias

100

¹ Cantad alegres a Dios,
habitantes de toda la
tierra.ᵇ
² Servid a Jehová con alegría;
venid ante su presencia con
regocijo.

³ Reconoced que Jehová es Dios;
él nos hizo y no nosotros a nosotros
mismos;
pueblo suyo somos y ovejas de su
prado.ᶜ

⁴ Entrad por sus puertas con acción
de gracias,
por sus atrios con alabanza.
¡Alabadlo, bendecid su nombre!,
⁵ porque Jehová es bueno;
para siempre es su misericordia,ᵈ
y su fidelidad por todas las
generaciones.

Promesa de vivir rectamenteᵃ
Salmo de David

101

¹ Misericordia y justicia
cantaré;
a ti, Jehová, cantaré.
² Entenderé el camino de la
perfección
cuando vengas a mí.

En la integridad de mi corazón
andaré en medio de mi casa.
³ No pondré delante de mis ojos
cosa injusta.

Aborrezco la obra de los que se
desvían;
ninguno de ellos se acercará a mí.
⁴ Corazón perverso se apartará
de mí;
no conoceré al malvado.

ᶜ **98.9** Sal 96.13.   ᵃ **99** El último de los himnos a la realeza de Jehová (cf. Sal 47; 93; 96—98).
ᵇ **99.1** Ex 25.22.   ᶜ **99.2** Is 12.6. Cf. Sal 48.1-3.   ᵈ **99.3** Is 6.3. Cf. Lv 11.44-45; 19.2; 20.7,26; Lc 1.49.
ᵉ **99.7** Ex 33.9.   ᵃ **100** Himno de acción de gracias para ser cantado mientras se entraba en el
Templo. Cf. Sal 15; 24.   ᵇ **100.1** Sal 47.1; 66.1; 98.4.   ᶜ **100.3** 1 Cr 16.34; 2 Cr 5.13; 7.3; Esd 3.11;
Sal 106.2; 104.1; 118.1; 136.1; Jer 33.11.   ᵈ **100.5** Sal 136.1.   ᵃ **101** Lo que un rey se propone a fin
de gobernar con rectitud y justicia la «ciudad de Dios» (v. 8).

⁵ Al que solapadamente difama a su
   prójimo,
yo lo destruiré;
no sufriré al de ojos altaneros y de
   corazón vanidoso.

⁶ Mis ojos pondré en los fieles de la
   tierra,
para que estén conmigo;
el que ande en el camino de la
   perfección,
este me servirá.

⁷ No habitará dentro de mi casa
el que hace fraude;
el que habla mentiras
no se afirmará delante de mis ojos.

⁸ Por las mañanas destruiré
a todos los impíos de la tierra,
para exterminar de la ciudad de
   Jehová
a todos los que hagan maldad.

Oración de un afligido[a]

Oración del que sufre, cuando está angustiado
y delante de Jehová derrama su lamento.

102 ¹ Jehová, escucha mi oración
y llegue a ti mi clamor.
² No escondas de mí tu rostro
en el día de mi angustia;
inclina a mí tu oído;
apresúrate a responderme el día
   que te invoque,
³ porque mis días se desvanecen
   como el humo
y mis huesos cual tizón están
   quemados.[b]
⁴ Mi corazón está herido
y seco como la hierba,
por lo cual me olvido de comer
   mi pan.
⁵ Por la voz de mi gemido
mis huesos se han pegado a mi
   carne.
⁶ Soy semejante al pelícano del
   desierto;
soy como el búho de las soledades;
⁷ Me desvelo y soy
como un pájaro solitario sobre el
   tejado.
⁸ Cada día me deshonran mis
   enemigos.
Los que se burlan de mí
ya se han conjurado en mi contra.
⁹ Por lo cual yo como ceniza a
   manera de pan
y mi bebida mezclo con lágrimas,
¹⁰ a causa de tu enojo y de tu ira,
pues me alzaste y me has arrojado.
¹¹ Mis días son como una sombra que
   se va[c]
y me he secado como la hierba.

¹² Mas tú, Jehová, permanecerás para
   siempre
y tu memoria de generación en
   generación.
¹³ Te levantarás y tendrás
   misericordia de Sión,
porque es tiempo de tener
   misericordia de ella,
porque el plazo ha llegado,
¹⁴ porque tus siervos aman sus
   piedras
y del polvo de ella tienen
   compasión.[d]
¹⁵ Entonces las naciones temerán el
   nombre de Jehová
y todos los reyes de la tierra tu
   gloria,
¹⁶ por cuanto Jehová habrá edificado
   a Sión
y en su gloria será visto.
¹⁷ Habrá considerado la oración de
   los desvalidos
y no habrá desechado el ruego
   de ellos.

¹⁸ Se escribirá esto para la generación
   venidera
y el pueblo que está por nacer
   alabará a Jah,
¹⁹ porque miró desde lo alto de su
   santuario;
miró Jehová desde los cielos a la
   tierra
²⁰ para oir el gemido de los presos,

---

a **102** Oración de un enfermo, adaptada para el uso comunitario. En ella se anuncia la
reconstrucción de la ciudad santa (v. 15-18). Es uno de los siete salmos llamados de
arrepentimiento (Sal 6; 32; 38; 51; 130; 143).   *b* **102.3** Job 30.30.   *c* **102.11** Job 8.9; 14.2; Sal 39.5-6;
109.23.   *d* **102.14** Is 40.2.

para soltar a los sentenciados a
   muerte,
21 para que se publique en Sión el
   nombre de Jehová
y su alabanza en Jerusalén,
22 cuando los pueblos y los reinos se
   congreguen
en uno para servir a Jehová.

23 Él debilitó mi fuerza en el camino;
acortó mis días.
24 Dije: «¡Dios mío,
   no me cortes en la mitad de mis
   días!
   ¡Por generación y generación son
   tus años!»
25 Desde el principio tú fundaste la
   tierra,
y los cielos son obra de tus manos.
26 Ellos perecerán, mas tú
   permanecerás;
y todos ellos como una vestidura se
   envejecerán,
como un vestido los mudarás y
   serán mudados;
27 pero tú eres el mismo
y tus años no se acabarán.[e]
28 Los hijos de tus siervos habitarán
   seguros
y su descendencia será establecida
   delante de ti.

Alabanza por las bendiciones de Dios[a]

Salmo de David

103 ¹ Bendice, alma mía, a Jehová,
y bendiga todo mi ser su
santo nombre.
2 Bendice, alma mía, a Jehová,
y no olvides ninguno de sus
beneficios.
3 Él es quien perdona todas tus
   maldades,
el que sana todas tus dolencias,
4 el que rescata del hoyo tu vida,
el que te corona de favores y
   misericordias,
5 el que sacia de bien tu boca
de modo que te rejuvenezcas como
   el águila.

6 Jehová es el que hace justicia
y derecho a todos los que padecen
   violencia.[b]
7 Sus caminos notificó a Moisés,
y a los hijos de Israel sus obras.
8 Misericordioso y clemente es
   Jehová;[c]
lento para la ira y grande en
   misericordia.
9 No contenderá para siempre
ni para siempre guardará el enojo.
10 No ha hecho con nosotros
   conforme a nuestras maldades
ni nos ha pagado conforme a
   nuestros pecados,
11 porque, como la altura de los cielos
   sobre la tierra,
engrandeció su misericordia sobre
   los que lo temen.[d]
12 Cuanto está lejos el oriente del
   occidente,
hizo alejar de nosotros nuestras
   rebeliones.
13 Como el padre se compadece de los
   hijos,
se compadece Jehová de los que lo
   temen,
14 porque él conoce nuestra
   condición;
se acuerda de que somos polvo.

15 El hombre, como la hierba son
   sus días;
florece como la flor del campo,
16 que pasó el viento por ella, y pereció,
y su lugar ya no la conocerá más.
17 Mas la misericordia de Jehová es
   desde la eternidad y hasta la
   eternidad
sobre los que lo temen,
y su justicia sobre los hijos de
   los hijos,
18 sobre los que guardan su pacto
y los que se acuerdan de sus
   mandamientos
para ponerlos por obra.

19 Jehová estableció en los cielos
   su trono
y su reino domina sobre todos.

---

[e] **102.25-27** Heb 1.10-12.   [a] **103** Canto de acción de gracias a la bondad y la fidelidad de Dios,
quien perdona a sus fieles y los colma de beneficios.   [b] **103.6** Sal 146.7.   [c] **103.8** Sal 145.8;
Stg 5.11.   [d] **103.11** Sal 36.5; 57.10.

²⁰ ¡Bendecid a Jehová, vosotros sus
ángeles,
poderosos en fortaleza, que
ejecutáis su palabra
obedeciendo a la voz de su
precepto!
²¹ ¡Bendecid a Jehová, vosotros todos
sus ejércitos,
ministros suyos que hacéis su
voluntad!
²² ¡Bendecid a Jehová, vosotras todas
sus obras,
en todos los lugares de su señorío!

¡Bendice, alma mía, a Jehová!

Dios cuida de su creación[a]

104 ¹¡Bendice, alma mía, a
Jehová![b]

Jehová, Dios mío, mucho te has
engrandecido;
te has vestido de gloria y de
magnificencia:
² el que se cubre de luz[c] como de
vestidura,
que extiende los cielos como una
cortina,
³ que establece sus aposentos entre
las aguas,
el que pone las nubes por su
carroza,
el que anda sobre las alas del
viento,
⁴ el que hace a los vientos sus
mensajeros
y a las llamas de fuego sus
ministros.[d]

⁵ Él fundó la tierra sobre sus
cimientos;[e]
no será jamás removida.
⁶ Con el abismo, como con vestido, la
cubriste;
sobre los montes estaban las aguas.
⁷ A tu represión huyeron;
al sonido de tu trueno se
apresuraron;
⁸ subieron los montes, descendieron
los valles
al lugar que tú les fijaste.

⁹ Les pusiste un límite, el cual no
traspasarán,
ni volverán a cubrir la tierra.

¹⁰ Tú eres el que viertes los
manantiales en los arroyos;
van entre los montes,
¹¹ dan de beber a todas las bestias del
campo,
mitigan su sed los asnos monteses.
¹² En sus orillas habitan las aves del
cielo;
¡cantan entre las ramas!
¹³ Él riega los montes desde sus
aposentos;
del fruto de sus obras se sacia la
tierra.
¹⁴ Él hace brotar el heno para las
bestias
y la hierba para el servicio del
hombre,
para sacar el pan de la tierra,
¹⁵ el vino que alegra el corazón del
hombre,
el aceite que hace brillar el rostro
y el pan que sustenta la vida del
hombre.
¹⁶ Se llenan de savia los árboles de
Jehová,
los cedros del Líbano que él plantó.
¹⁷ Allí anidan las aves;
en las hayas hace su casa la
cigüeña.
¹⁸ Los montes altos son para las
cabras monteses;
las peñas, para madrigueras de los
conejos.
¹⁹ Hizo la luna para los tiempos;
el sol conoce su ocaso.
²⁰ Pones las tinieblas, y es de noche;
en ella corretean todas las bestias
de la selva.
²¹ Los leoncillos rugen tras la presa
y reclaman de Dios su comida.
²² Sale el sol, se recogen
y se echan en sus cuevas.
²³ Sale el hombre a su labor
y a su labranza hasta la tarde.
²⁴ ¡Cuán innumerables son tus obras,
Jehová!

---

[a] **104** Canto de alabanza al Dios creador.   [b] **104.1** Sal 103.1; 146.1.   [c] **104.2** 1 Ti 6.16.
[d] **104.4** Heb 1.7.   [e] **104.5** Job 38.6; Sal 24.2; Pr 8.29.

Hiciste todas ellas con sabiduría;
¡la tierra está llena de tus
beneficios!
²⁵ He allí el grande y ancho mar,
en donde se mueven seres
innumerables,
seres pequeños y grandes.
²⁶ Allí lo surcan las naves;
allí este Leviatán^f que hiciste para
que jugara en él.

²⁷ Todos ellos esperan en ti,
para que les des la comida a su
tiempo.
²⁸ Tú les das y ellos recogen;
abres tu mano y se sacian de bien.
²⁹ Escondes tu rostro, se turban;
les quitas el hálito, dejan de ser
y vuelven al polvo.
³⁰ Envías tu espíritu, son creados
y renuevas la faz de la tierra.^{g}

³¹ ¡Sea la gloria de Jehová para
siempre!
¡Alégrese Jehová en sus obras!
³² Él mira a la tierra y ella tiembla;
toca los montes y humean.
³³ A Jehová cantaré en mi vida;
a mi Dios cantaré salmos mientras
viva.^{h}
³⁴ Dulce será mi meditación en él;
yo me regocijaré en Jehová.
³⁵ ¡Sean consumidos de la tierra los
pecadores
y los impíos dejen de ser!

¡Bendice, alma mía, a Jehová!
¡Aleluya!^{i}

Maravillas de Jehová a favor
de Israel^a

(1 Cr 16.7-22)

105 ¹¡Alabad a Jehová, invocad
su nombre,
dad a conocer sus obras entre los
pueblos!
² ¡Cantadle, cantadle salmos!
Hablad de todas sus maravillas.

³ Gloriaos en su santo nombre;
alégrese el corazón de los que
buscan a Jehová.
⁴ ¡Buscad a Jehová y su poder;
buscad siempre su rostro!
⁵ Acordaos de las maravillas que él
ha hecho,
de sus prodigios y de los juicios de
su boca,
⁶ vosotros, descendencia de
Abraham su siervo,
hijos de Jacob, sus escogidos.

⁷ Él es Jehová, nuestro Dios;
en toda la tierra están sus juicios.
⁸ Se acordó para siempre de su pacto;
de la palabra que mandó para mil
generaciones,
⁹ la cual concertó con Abraham,^{b}
y de su juramento a Isaac.^{c}
¹⁰ La estableció a Jacob por decreto,
a Israel por pacto sempiterno,
¹¹ diciendo: «A ti te daré la tierra de
Canaán
como porción de vuestra
heredad».^{d}
¹² Cuando ellos eran pocos en
número
y forasteros en ella,
¹³ y andaban de nación en nación,
de un reino a otro pueblo,
¹⁴ no consintió que nadie los
agraviara,
y por causa de ellos castigó a los
reyes.^{e}
¹⁵ «No toquéis —dijo— a mis
ungidos,
ni hagáis mal a mis profetas».^{f}

¹⁶ Trajo hambre sobre la tierra
y cortó todo sustento de pan.^{g}
¹⁷ Envió a un hombre delante de ellos;
a José, que fue vendido como
esclavo.^{h}
¹⁸ Afligieron sus pies con grillos;
en cárcel fue puesta su persona.
¹⁹ Hasta la hora en que se cumplió su
palabra,

---

^{f} **104.26** Job 41.1; Sal 74.14; Is 27.1. ^{g} **104.29-30** Gn 2.7; Job 34.14-15. ^{h} **104.33** Sal 146.2.
^{i} **104.35** Expresión hebrea tradicional que significa lit. *¡Alabad a Jehová!* ^{a} **105** Relata a grandes
rasgos algunos episodios de la historia de Israel, desde los tiempos de Abraham hasta la entrada
en la Tierra prometida. Los v. 1-15 se vuelven a encontrar, con pequeñas modificaciones, en 1 Cr
16.8-22. ^{b} **105.9** Gn 12.7; 17.8. ^{c} **105.9** Gn 26.3. ^{d} **105.10-11** Gn 28.13. ^{e} **105.14** Gn 12.14-19;
20.1-18; 26.7-11. ^{f} **105.15** Gn 20.7. ^{g} **105.16** Gn 41.53-57. ^{h} **105.17** Gn 37.28; 45.5.

el dicho de Jehová lo probó.[i]

20 Envió el rey y lo soltó;
   el señor de los pueblos lo dejó ir
   libre.[j]
21 Lo puso por señor de su casa,
   y por gobernador de todas sus
   posesiones,[k]
22 para regir a sus grandes como él
   quisiera
   y enseñar a sus ancianos sabiduría.

23 Después entró Israel en Egipto,
   Jacob moró en la tierra de Cam.[l]
24 Y multiplicó su pueblo en gran
   manera
   y lo hizo más fuerte que sus
   enemigos.
25 Cambió el corazón de ellos para
   que aborrecieran a su pueblo,
   para que contra sus siervos
   pensaran mal.[m]

26 Envió a su siervo Moisés
   y a Aarón, al cual escogió.[n]
27 Puso en ellos las palabras de sus
   señales,
   y sus prodigios en la tierra de Cam.
28 Envió tinieblas que lo oscurecieron
   todo;[ñ]
   no fueron rebeldes a su palabra.
29 Volvió sus aguas en sangre
   y mató sus peces.[o]
30 Su tierra produjo ranas
   hasta en las cámaras de sus reyes.[p]
31 Habló, y vinieron enjambres de
   moscas
   y piojos en todo su territorio.[q]
32 Les dio granizo por lluvia
   y llamas de fuego en su tierra.
33 Destrozó sus viñas y sus higueras,
   y quebró los árboles de su
   territorio.[r]
34 Habló, y vinieron langostas
   y pulgón sin número;
35 y se comieron toda la hierba de
   su país,

devoraron el fruto de su tierra.[s]
36 Hirió de muerte a todos los
   primogénitos en su tierra,
   las primicias de toda su fuerza.[t]

37 Los sacó con plata y oro
   y no hubo en sus tribus enfermo.
38 Egipto se alegró de que salieran
   porque su terror había caído sobre
   ellos.[u]
39 Extendió una nube por cubierta
   y fuego para alumbrar la noche.[v]
40 Pidieron, e hizo venir codornices;
   y los sació con pan del cielo.[w]
41 Abrió la peña y fluyeron aguas;
   corrieron por los sequedales como
   un río,[x]
42 porque se acordó de su santa
   palabra
   dada a Abraham su siervo.

43 Sacó a su pueblo con gozo;
   con júbilo a sus escogidos.
44 Les dio las tierras de las naciones[y]
   y las labores de los pueblos
   heredaron,
45 para que guardaran sus estatutos
   y cumplieran sus leyes.

¡Aleluya!

La rebeldía de Israel[a]

106
1 ¡Aleluya!

¡Alabad a Jehová, porque él es
   bueno,
porque para siempre es su
   misericordia![b]
2 ¿Quién expresará las poderosas
   obras de Jehová?[c]
¿Quién contará sus alabanzas?
3 ¡Bienaventurados los que guardan
   el derecho,
los que hacen justicia en todo
   tiempo!

[i] 105.18-19 Gn 39.20—40.23. [j] 105.20 Gn 41.14. [k] 105.21 Gn 41.39-41. [l] 105.23 Gn 46.6; 47.11. [m] 105.24-25 Ex 1.7-14. [n] 105.26 Ex 3.1—4.17. [ñ] 105.28 Ex 10.21-23.
[o] 105.29 Ex 7.17-21. [p] 105.30 Ex 8.1-6. [q] 105.31 Ex 8.16-24. [r] 105.32-33 Ex 9.22-25.
[s] 105.34-35 Ex 10.12-15. [t] 105.36 Ex 12.29. [u] 105.37-38 Ex 12.33-36. [v] 105.39 Ex 13.21-22.
[w] 105.40 Ex 16.2-15. [x] 105.41 Ex 17.1-7; Nm 20.2-13. [y] 105.44 Jos 11.16-23. [a] 106 Salmo de contenido histórico que formaba parte de una ceremonia de arrepentimiento como la descrita en Neh 9. [b] 106.1 1 Cr 16.34; 2 Cr 5.13; 7.3; Esd 3.11; Sal 106.1; 104.1; 118.1; 136.1; Jer 33.11.
[c] 106.1-48 Ez 20.2-44.

⁴ Acuérdate de mí, Jehová,
según tu benevolencia para con tu
pueblo;
visítame con tu salvación,
⁵ para que yo vea el bien de tus
escogidos,
para que me goce en la alegría de tu
nación
y me gloríe con tu heredad.

⁶ Pecamos nosotros, como nuestros
padres;
hicimos maldad, cometimos
impiedad.
⁷ Nuestros padres, en Egipto,
no entendieron tus maravillas;
no se acordaron de la
muchedumbre de tus
misericordias,
sino que se rebelaron junto al mar,
el Mar Rojo.ᵈ
⁸ Pero él los salvó por amor de su
nombre,
para hacer notorio su poder.ᵉ
⁹ Reprendió al Mar Rojo y lo secó,ᶠ
y los hizo ir por el abismo como por
un desierto.
¹⁰ Los salvó de manos del enemigo,
y los rescató de manos del
adversario.
¹¹ Cubrieron las aguas a sus
enemigos;
¡no quedó ni uno de ellos!
¹² Entonces creyeron a sus palabras
y cantaron su alabanza.ᵍ

¹³ Bien pronto olvidaron sus obras;
no esperaron su consejo.
¹⁴ Se entregaron a un deseo
desordenado en el desierto
y tentaron a Dios en la soledad.
¹⁵ Él les dio lo que pidieron,
pero envió mortandad sobre ellos.ʰ

¹⁶ Tuvieron envidia de Moisés en el
campamento,
y contra Aarón, el santo de Jehová.
¹⁷ Entonces se abrió la tierra y tragó a
Datán,

y cubrió la compañía de Abiram.
¹⁸ Y se encendió fuego contra su
grupo;
¡la llama quemó a los impíos!ⁱ

¹⁹ Hicieron un becerro en Horeb,
se postraron ante una imagen de
fundición.
²⁰ Así cambiaron su gloria
por la imagen de un buey que come
hierba.ʲ
²¹ Olvidaron al Dios de su salvación,
que había hecho grandezas en
Egipto,
²² maravillas en la tierra de Cam,
cosas formidables en el Mar Rojo.
²³ Y los habría destruido
de no haberse interpuesto Moisés,
su escogido, delante de él,
a fin de apartar su indignación para
que no los destruyera.ᵏ

²⁴ Pero aborrecieron la tierra
deseable,
no creyeron a su palabra,
²⁵ antes, murmuraron en sus tiendas
y no oyeron la voz de Jehová.
²⁶ Por tanto, alzó su mano contra ellos
para abatirlos en el desierto,ˡ
²⁷ y humillar a su pueblo entre las
naciones
y esparcirlos por las tierras.ᵐ

²⁸ Se unieron asimismo a Baal-peor
y comieron los sacrificios a los
dioses muertos.
²⁹ Provocaron la ira de Dios con sus
obras
y se desarrolló la mortandad entre
ellos.
³⁰ Entonces se levantó Finees e hizo
juicio,
y se detuvo la plaga.
³¹ Y le fue contado por justiciaⁿ
de generación en generación y para
siempre.ñ

³² También lo irritaron en las aguas de
Meriba;

ᵈ **106.7** Ex 14.10-12.   ᵉ **106.8** Dt 7.7-8; Ez 20.9; 36.22-23.   ᶠ **106.9-12** Ex 14.21-31.
ᵍ **106.12** Ex 15.1-21.   ʰ **106.14-15** Nm 11.4-34.   ⁱ **106.16-18** Nm 16.1-35.   ʲ **106.20** Jer 2.11;
Ro 1.23.   ᵏ **106.19-23** Ex 32.1-14.   ˡ **106.24-26** Nm 14.1-35.   ᵐ **106.27** Lv 26.33.
ⁿ **106.31** Gn 15.6; cf. Ro 4.3.   ñ **106.28-31** Nm 25.1-13.

le fue mal a Moisés por causa de
ellos,
33 porque hicieron rebelar a su
espíritu
y habló precipitadamente con sus
labios.[o]
34 No destruyeron a los pueblos
que Jehová les dijo;
35 al contrario, se mezclaron con las
naciones,
aprendieron sus obras
36 y sirvieron a sus ídolos,
los cuales fueron causa de su
ruina.[p]
37 Sacrificaron sus hijos
y sus hijas a los demonios,[q]
38 y derramaron la sangre inocente,
la sangre de sus hijos y de sus hijas,
a quienes ofrecieron en sacrificio a
los ídolos de Canaán;
y la tierra fue contaminada con
sangre.[r]
39 Se contaminaron así con sus obras
y se prostituyeron con sus hechos.[s]

40 Se encendió, por tanto, el furor de
Jehová contra su pueblo
y abominó su heredad;
41 los entregó en poder de las
naciones
y se enseñorearon de ellos los que
los detestaban.
42 Sus enemigos los oprimieron
y fueron quebrantados debajo de
su mano.
43 Muchas veces los libró,
pero ellos se rebelaron contra su
consejo
y fueron humillados por su
maldad.
44 Con todo, él miraba cuando
estaban en angustia,
y oía su clamor;
45 se acordaba de su pacto con ellos
y se compadecía conforme a la
muchedumbre de su
misericordia.
46 Hizo asimismo que tuvieran de
ellos misericordia
todos los que los tenían cautivos.[t]

47 Sálvanos, Jehová, Dios nuestro,
y recógenos de entre las naciones,
para que alabemos tu santo
nombre,
para que nos gloriemos en tus
alabanzas.[u]

48 ¡Bendito Jehová, Dios de Israel,
desde la eternidad y hasta la
eternidad!
Diga todo el pueblo: «¡Amén!».[v]
«¡Aleluya!».[w]

LIBRO 5
(Salmos 107–150)

Dios libra de la aflicción[a]

107 1 Alabad a Jehová, porque él
es bueno,
porque para siempre es su
misericordia.[b]
2 Díganlo los redimidos de Jehová,
los que ha redimido del poder del
enemigo
3 y los ha congregado de las tierras,
del oriente y del occidente,
del norte y del sur.

4 Anduvieron perdidos por el
desierto,
por soledad sin camino,
sin hallar ciudad en donde vivir.
5 Hambrientos y sedientos,
su alma desfallecía en ellos.
6 Entonces clamaron a Jehová en su
angustia
y los libró de sus aflicciones.
7 Los dirigió por camino derecho,
para que llegaran a ciudad
habitable.
8 ¡Alaben la misericordia de Jehová
y sus maravillas para con los hijos
de los hombres!,

[o] **106.32-33** Nm 20.2-13. [p] **106.34-36** Jue 2.1-3; 3.5-6. [q] **106.37** 2 R 17.17. [r] **106.38** Nm 35.33. [s] **106.39** Os 1.2; 2.5; 5.3; Jer 3.1-2; Ez 16.15-16; 23.19-20. [t] **106.40-46** Jue 2.14-18. [u] **106.47** 1 R 8.33-34. [v] **106.47-48** 1 Cr 16.35-36. [w] **106.48** Con esta doxología termina el cuarto libro de los *Salmos.* [a] **107** Después de una breve introducción (v. 1-3), este canto de acción de gracias describe cómo Dios socorre a sus fieles que están en peligro. La última parte (v. 33-43) es un himno de alabanza. [b] **107.1** 1 Cr 16.34; 2 Cr 5.13; 7.3; Esd 3.11; Sal 106.1; 104.1; 118.1; 136.1; Jer 33.11.

⁹ porque sacia al alma menesterosa,
y llena de bien al alma hambrienta.

¹⁰ Algunos moraban en tinieblas y en
sombra de muerte,
aprisionados en aflicción y en
hierros,
¹¹ por cuanto fueron rebeldes a las
palabras de Jehová,
y aborrecieron el consejo del
Altísimo.
¹² Por eso quebrantó con el trabajo
sus corazones;
cayeron, y no hubo quien los
ayudara.
¹³ Luego que clamaron a Jehová en
su angustia,
los libró de sus aflicciones;
¹⁴ los sacó de las tinieblas y de la
sombra de muerte,
y rompió sus prisiones.
¹⁵ ¡Alaben la misericordia de Jehová
y sus maravillas para con los hijos
de los hombres!,
¹⁶ porque quebrantó las puertas de
bronce
y desmenuzó los cerrojos de hierro.
¹⁷ Fueron afligidos los insensatos
a causa del camino de su rebelión
y a causa de sus maldades;
¹⁸ su alma rechazó todo alimento
y llegaron hasta las puertas de la
muerte.
¹⁹ Pero clamaron a Jehová en su
angustia
y los libró de sus aflicciones.
²⁰ Envió su palabra y los sanó;
los libró de su ruina.
²¹ ¡Alaben la misericordia de Jehová
y sus maravillas para con los hijos
de los hombres!
²² ¡Ofrezcan sacrificios de alabanza
y publiquen sus obras con júbilo!

²³ Los que descienden al mar en
naves
y hacen negocio en las muchas
aguas,
²⁴ ellos han visto las obras de Jehová
y sus maravillas en las
profundidades,

²⁵ porque habló, e hizo levantar un
viento tempestuoso
que encrespa sus olas.
²⁶ Suben a los cielos, descienden a los
abismos;
sus almas se derriten con el mal.
²⁷ Tiemblan y titubean como ebrios,
y toda su ciencia es inútil.
²⁸ Entonces claman a Jehová en su
angustia
y los libra de sus aflicciones.
²⁹ Cambia la tempestad en sosiego
y se apaciguan sus olas.
³⁰ Luego se alegran, porque se
apaciguaron,
y así los guía al puerto que
deseaban.
³¹ ¡Alaben la misericordia de Jehová
y sus maravillas para con los hijos
de los hombres!
³² ¡Exáltenlo en la asamblea del
pueblo,
y en la reunión de ancianos lo
alaben!

³³ Él convierte los ríos en desierto
y los manantiales de las aguas en
sequedales;
³⁴ la tierra fructífera en estéril,
por la maldad de los que la
habitan.ᶜ
³⁵ Vuelve el desierto en estanques de
aguas
y la tierra seca en manantiales.
³⁶ Allí establece a los hambrientos
y fundan ciudad donde vivir.
³⁷ Siembran campos y plantan viñas;
rinden abundante fruto.
³⁸ Los bendice, y se multiplican en
gran manera;
y no disminuye su ganado.

³⁹ Luego son menoscabados y
abatidos
a causa de tiranía, de males y
congojas.
⁴⁰ Él esparce menosprecio sobre los
príncipes
y los hace andar perdidos,
vagabundos y sin camino.
⁴¹ Levanta de la miseria al pobre

ᶜ **107.34** Gn 19.23-28.

y hace multiplicar las familias
como a rebaños de ovejas.
⁴² Véanlo los rectos y alégrense,
y todos los malos cierren su boca.
⁴³ Quien sea sabio y guarde estas
cosas,
entenderá las misericordias de
Jehová.

Petición de ayuda contra el enemigo[a]

(Sal 57.7-11; 60.5-12)
Cántico. Salmo de David

108

¹Mi corazón, Dios, está
dispuesto;
cantaré y entonaré salmos;
esta es mi gloria.
² ¡Despiértate, salterio y arpa;
despertaré al alba!
³ Te alabaré, Jehová, entre los
pueblos;
a ti cantaré salmos entre las
naciones,
⁴ porque más grande que los cielos
es tu misericordia
y hasta los cielos tu fidelidad.[b]

⁵ Exaltado seas, Dios, sobre los
cielos,
y sobre toda la tierra sea enaltecida
tu gloria.[c]
⁶ Para que sean librados tus amados,
salva con tu diestra y respóndeme.

⁷ Dios ha dicho en su santuario:
«¡Yo me alegraré; repartiré a
Siquem
y mediré el valle de Sucot!
⁸ Mío es Galaad, mío es Manasés
y Efraín es la fortaleza de mi
cabeza;
Judá es mi legislador.
⁹ Moab, la vasija para lavarme;
sobre Edom echaré mi calzado;
me regocijaré sobre Filistea».

¹⁰ ¿Quién me guiará a la ciudad
fortificada?
¿Quién me guiará hasta Edom?

¹¹ ¿No serás tú, Dios, que nos habías
desechado
y no salías, Dios, con nuestros
ejércitos?
¹² Danos socorro contra el adversario,
porque vana es la ayuda del
hombre.
¹³ En Dios haremos proezas
y él hollará a nuestros enemigos.

Clamor de venganza[a]

Al músico principal. Salmo de David

109

¹Dios de mi alabanza,
no calles,
² porque boca de impío y boca de
engañador
se han abierto contra mí;
han hablado de mí con lengua
mentirosa.
³ Con palabras de odio me han
rodeado
y pelearon contra mí sin causa.
⁴ En pago de mi amor me han sido
adversarios;
pero yo oraba.
⁵ Me devuelven mal por bien
y odio por amor.

⁶ Pon sobre él al impío
y Satanás esté a su diestra.
⁷ Cuando sea juzgado, salga
culpable,
y su oración sea para pecado.
⁸ Sean pocos sus días,
tome otro su oficio.[b]
⁹ Queden sus hijos huérfanos
y su mujer viuda.[c]
¹⁰ Anden sus hijos vagabundos y
mendiguen;
procuren su pan muy lejos de sus
desolados hogares.
¹¹ Que el acreedor se apodere de todo
lo que tiene
y extraños saqueen su trabajo.
¹² No tenga quien le haga
misericordia
ni haya quien tenga compasión de
sus huérfanos.
¹³ ¡Su posteridad sea destruida;

---

[a]108 Compuesto con fragmentos de otros dos salmos: Los v. 1-5 reproducen casi textualmente
Sal 57.7-11; los v. 6-13 corresponden a Sal 60.5-12.   [b]108.4 Sal 36.5.   [c]108.5 Sal 8.1.
[a]109 Oración individual. Víctima del odio y las persecuciones de sus enemigos, el salmista pide
la bendición de Dios, haciendo ineficaces, de ese modo, las maldiciones de que es objeto (cf. v.
28).   [b]109.8 Hch 1.20.   [c]109.9 Jer 18.21; Am 7.17.

en la segunda generación sea
borrado su nombre![d]
14 Venga en memoria ante Jehová la
maldad de sus padres
y el pecado de su madre no sea
borrado.
15 Estén siempre delante de Jehová
y él corte de la tierra su memoria,
16 por cuanto no se acordó de hacer
misericordia,
y persiguió al hombre afligido y
menesteroso,
al quebrantado de corazón, para
darle muerte.
17 Amó la maldición, y esta le
sobrevino;
no quiso la bendición, ¡y ella se
alejó de él!
18 Se vistió de maldición como de su
vestido;
entró como agua en su interior
y como aceite en sus huesos.
19 Séale como vestido con que se
cubra
y en lugar de cinto con que se ciña
siempre.

20 Sea este el pago de parte de Jehová
a los que me calumnian
y a los que hablan mal contra mi
alma.
21 Y tú, Jehová, Señor mío,
favoréceme por amor de tu
nombre;
líbrame, porque tu misericordia es
buena,
22 porque yo estoy afligido y
necesitado,
y mi corazón está herido dentro
de mí.
23 Me voy como la sombra cuando
declina;
¡soy sacudido como una langosta!
24 Mis rodillas están debilitadas a
causa del ayuno
y mi carne desfallece por falta de
gordura.
25 Yo he sido para ellos objeto de
oprobio;

me miraban y, burlándose,
meneaban su cabeza.[e]

26 ¡Ayúdame, Jehová, Dios mío!
¡Sálvame conforme a tu
misericordia!
27 Y entiendan que esta es tu mano;
que tú, Jehová, has hecho esto.
28 Maldigan ellos, ¡pero bendice tú!
Levántense, pero sean
avergonzados, y que se regocije
tu siervo.
29 Sean vestidos de ignominia los que
me calumnian;
¡sean cubiertos de confusión como
con manto!

30 Yo alabaré a Jehová en gran manera
con mi boca;
en medio de la muchedumbre lo
alabaré,
31 porque él se pondrá a la diestra del
pobre,
para librar su alma de los que lo
juzgan.

Jehová da dominio al rey[a]
Salmo de David

110 1 Jehová dijo a mi Señor:
«Siéntate a mi diestra,
hasta que ponga a tus enemigos
por estrado de tus pies».[b]

2 Jehová enviará desde Sión
la vara de tu poder:
«¡Domina en medio de tus
enemigos!
3 Tu pueblo se te ofrecerá
voluntariamente
en el día de tu mando,
en la hermosura de la santidad.
Desde el seno de la aurora
tienes tú el rocío de tu juventud».
4 Juró Jehová
y no se arrepentirá:
«Tú eres sacerdote para siempre
según el orden de Melquisedec».[c]

5 El Señor está a tu diestra;

[d] 109.13 Job 18.19; Sal 37.28.   [e] 109.25 Mt 27.39; Mc 15.29.   [a] 110 Salmo real de entronización de un nuevo rey davídico.   [b] 110.1 Mc 12.36; Hch 2.34-35; 1 Co 15.25; Ef 1.20-22; Col 3.1; Heb 1.13.   [c] 110.4 Heb 5.6; 6.20; 7.17,21.

quebrantará a los reyes en el día de
su ira.
6 Juzgará entre las naciones,
las llenará de cadáveres;
quebrantará las cabezas en muchas
tierras.
7 Del arroyo beberá en el camino,
por lo cual levantará la cabeza.

Dios cuida a su pueblo[a]
¡Aleluya!

111 ¹ Alabaré a Jehová con todo el
corazón
en la compañía y congregación de
los rectos.
2 Grandes son las obras de Jehová,
buscadas de todos los que las
quieren.
3 Gloria y hermosura es su obra,
y su justicia permanece para
siempre.
4 Ha hecho memorables sus
maravillas;
clemente y misericordioso es
Jehová.
5 Ha dado alimento a los que lo
temen;
para siempre se acordará de su
pacto.
6 El poder de sus obras manifestó a
su pueblo
dándole la heredad de las naciones.
7 Las obras de sus manos son verdad
y juicio;
fieles son todos sus mandamientos,
8 afirmados eternamente y para
siempre,
hechos en verdad y rectitud.
9 Redención ha enviado a su pueblo;
para siempre ha ordenado su
pacto.
¡Santo y temible es su nombre!

10 El principio de la sabiduría es el
temor de Jehová;[b]
buen entendimiento tienen todos
los que practican sus
mandamientos;

¡su loor permanece para siempre!

Prosperidad del que teme a Jehová[a]
¡Aleluya!

112 ¹ Bienaventurado el hombre
que teme a Jehová
y en sus mandamientos se deleita
en gran manera.
2 Su descendencia será poderosa en
la tierra;
la generación de los rectos será
bendita.
3 Bienes y riquezas hay en su casa,
y su justicia permanece para
siempre.
4 Resplandeció en las tinieblas luz a
los rectos;
es clemente, misericordioso y justo.
5 El hombre de bien tiene
misericordia y presta;
gobierna sus asuntos con justicia.
6 Por lo cual no resbalará jamás;
en memoria eterna será el justo.
7 No tendrá temor de malas noticias;
su corazón está firme, confiado en
Jehová.
8 Asegurado está su corazón; no
temerá,
hasta que vea en sus enemigos su
deseo.
9 Reparte, da a los pobres;
su justicia permanece para
siempre;[b]
su poder será exaltado con gloria.
10 Lo verá el impío y se irritará;
crujirá los dientes y se consumirá.
El deseo de los impíos perecerá.

Dios levanta al pobre[a]
¡Aleluya!

113 ¹ Alabad, siervos de Jehová,
alabad el nombre de Jehová.
2 Sea el nombre de Jehová bendito
desde ahora y para siempre.
3 Desde el nacimiento del sol hasta
donde se pone,
sea alabado el nombre de Jehová.

---

a **111** Canto de alabanza al poder y a la bondad de Jehová. Pertenece al grupo de los salmos acrósticos. *b* **111.10** Job 28.28; Pr 1.7; 9.10. *a* **112** Salmo acróstico, muy semejante al anterior en su aspecto formal, pero de contenido didáctico. *b* **112.9** 2 Co 9.9. *a* **113** Canto de alabanza a la gloria y a la bondad de Jehová, que exalta a los pobres. Con este salmo comienza una colección de seis himnos (113—118) llamados por la literatura rabínica «Halel», palabra vinculada con la exclamación religiosa «Aleluya», «¡Alabad a Jehová!»

4 Excelso sobre todas las naciones es
   Jehová,[b]
   sobre los cielos su gloria.

5 ¿Quién como Jehová, nuestro Dios,
   que se sienta en las alturas,
6 que se humilla a mirar
   en el cielo y en la tierra?
7 Él levanta del polvo al pobre
   y al menesteroso alza de su miseria,
8 para hacerlos sentar con los
       príncipes,
   con los príncipes de su pueblo.
9 Él hace habitar en familia a la estéril
   que se goza en ser madre de hijos.

¡Aleluya!

Las maravillas del éxodo[a]

114 1 Cuando salió Israel de
           Egipto,[b]
   la casa de Jacob, de un pueblo
       extranjero,
2 Judá vino a ser su santuario,
   e Israel su señorío.[c]

3 El mar lo vio, y huyó;
   el Jordán se volvió atrás.[d]
4 Los montes saltaron como
       carneros,
   los collados como corderitos.

5 ¿Qué sucedió, mar, que huiste?
   ¿Y tú, Jordán, que te volviste atrás?
6 Montes, ¿por qué saltasteis como
       carneros,
   y vosotros, collados, como
       corderitos?

7 A la presencia de Jehová tiembla la
       tierra,
   a la presencia del Dios de Jacob,
8 el cual cambió la peña en estanque
       de aguas[e]
   en fuente de aguas la roca.

Dios y los ídolos[a]

115 1 No a nosotros, Jehová, no a
           nosotros,
   sino a tu nombre da gloria,
   por tu misericordia, por tu verdad.
2 ¿Por qué han de decir las gentes:
   «¿Dónde está ahora su Dios?»?[b]

3 ¡Nuestro Dios está en los cielos;
   todo lo que quiso ha hecho!
4 Los ídolos de ellos son plata y oro,
   obra de manos de hombres.
5 Tienen boca, pero no hablan;
   tienen ojos, pero no ven;
6 orejas tienen, pero no oyen;
   tienen narices, pero no huelen;
7 manos tienen, pero no palpan;
   tienen pies, pero no andan;
   ni hablan con su garganta.
8 Semejantes a ellos son los que los
       hacen
   y cualquiera que confía en ellos.[c]

9 Israel, ¡confía en Jehová!
   Él es tu ayuda y tu escudo.
10 Casa de Aarón, ¡confiad en Jehová!
   Él es vuestra ayuda y vuestro
       escudo.
11 Los que teméis a Jehová, ¡confiad
       en Jehová!
   Él es vuestra ayuda y vuestro
       escudo.

12 Jehová se ha acordado de nosotros
   y nos bendecirá.
   Bendecirá a la casa de Israel;
   bendecirá a la casa de Aarón.
13 Bendecirá a los que temen a Jehová,
   a pequeños y a grandes.[d]

14 Aumentará Jehová bendición sobre
   vosotros;
   sobre vosotros y sobre vuestros
   hijos.
15 ¡Benditos vosotros de Jehová,
   que hizo los cielos y la tierra!

---

[b] **113.4** Sal 99.2.   [a] **114** Himno pascual que describe poéticamente el paso de los israelitas a través del Mar Rojo y del río Jordán.   [b] **114.1** Ex 12.51.   [c] **114.2** Ex 15.17; Sal 78.54.
[d] **114.3,5** Ex 14.21; Jos 3.14-17; Sal 66.6; 77.16-20.   [e] **114.8** Ex 17.1-7; Nm 20.2-13; Sal 107.35; 1 Co 10.4.   [a] **115** Profesión de fe en el único Dios, en abierta polémica con el politeísmo y la idolatría de los pueblos vecinos.   [b] **115.2** Sal 42.3,10; 79.10; Jl 2.17; Miq 7.10.
[c] **115.4-8** Sal 135.15-18; Ap 9.20.   [d] **115.13** Ap 11.18; 19.5.

¹⁶ Los cielos son los cielos de Jehová,
y ha dado la tierra a los hijos de los
hombres.
¹⁷ No alabarán los muertos a Jah,
ni cuantos descienden al silencio;^e
¹⁸ pero nosotros bendeciremos a Jah
desde ahora y para siempre.

¡Aleluya!

Acción de gracias por haber sido librado de la muerte^a

116 ¹ Amo a Jehová,
pues ha oído mi voz y mis
súplicas,
² porque ha inclinado a mí su oído;
por tanto, lo invocaré en todos mis
días.
³ Me rodearon ligaduras de muerte,
me encontraron las angustias del
seol;
angustia y dolor había yo hallado.
⁴ Entonces invoqué el nombre de
Jehová, diciendo:
«¡Jehová, libra ahora mi alma!»^b

⁵ Clemente es Jehová, y justo;
sí, misericordioso es nuestro Dios.
⁶ Jehová guarda a los sencillos;
estaba yo postrado, y me salvó.

⁷ ¡Vuelve, alma mía, a tu reposo,
porque Jehová te ha hecho bien!,
⁸ pues tú has librado mi alma de la
muerte,
mis ojos de lágrimas
y mis pies de resbalar.
⁹ Andaré delante de Jehová
en la tierra de los vivientes.
¹⁰ Creí; por tanto hablé,^c
estando afligido en gran manera.
¹¹ Y dije en mi apresuramiento:
«Todo hombre es mentiroso».^d

¹² ¿Qué pagaré a Jehová

por todos sus beneficios para
conmigo?
¹³ Tomaré la copa de la salvación
e invocaré el nombre de Jehová.
¹⁴ Ahora pagaré mis votos a Jehová
delante de todo su pueblo.

¹⁵ Estimada es a los ojos de Jehová
la muerte de sus santos.
¹⁶ Jehová, ciertamente yo soy tu
siervo,
siervo tuyo soy, hijo de tu sierva.
Tú has roto mis prisiones.

¹⁷ Te ofreceré sacrificio de alabanza
e invocaré el nombre de Jehová.
¹⁸ A Jehová pagaré ahora mis votos
delante de todo su pueblo,
¹⁹ en los atrios de la casa de Jehová,
en medio de ti, Jerusalén.

¡Aleluya!

Alabanza por la misericordia de Jehová^a

117 ¹ Alabad a Jehová, naciones
todas;
pueblos todos, alabadlo,^b
² porque ha engrandecido sobre
nosotros su misericordia,
y la fidelidad de Jehová es para
siempre.

¡Aleluya!

Acción de gracias por la salvación recibida de Jehová^a

118 ¹ Alabad a Jehová, porque él
es bueno,
porque para siempre es su
misericordia.^b

² Diga ahora Israel
que para siempre es su
misericordia.

^e**115.17** Es decir, al *sheol* o reino de la muerte. ^a**116** Canto de acción de gracias por la liberación de un peligro mortal (cf. v. 3). La referencia a los sacrificios y a la congregación reunida en el Templo (v. 17-19) indica que el salmo fue compuesto para ser recitado públicamente, en el marco de una celebración cúltica. ^b**116.3-4** Sal 18.5-6. ^c**116.10** 2 Co 4.13. ^d**116.11** Ro 3.4. ^a**117** El más breve de todos, este salmo es un himno de dimensiones universales. ^b**117.1** Ro 15.11. ^a**118** Canto de acción de gracias. ^b**118.1** 1 Cr 16.34; 2 Cr 5.13; 7.3; Esd 3.11; Sal 106.1; 104.1; 118.1; 136.1; Jer 33.11.

³ Diga ahora la casa de Aarón
que para siempre es su
misericordia.
⁴ Digan ahora los que temen a
Jehová
que para siempre es su
misericordia.

⁵ Desde la angustia invoqué a Jah,
y me respondió Jah, poniéndome
en lugar espacioso.*c*
⁶ Jehová está conmigo; no temeré
lo que me pueda hacer el hombre.*d*
⁷ Jehová está conmigo entre los que
me ayudan;
por tanto, yo veré mi deseo en los
que me aborrecen.
⁸ Mejor es confiar en Jehová
que confiar en el hombre.
⁹ Mejor es confiar en Jehová
que confiar en príncipes.

¹⁰ Todas las naciones me rodean;
mas en el nombre de Jehová yo las
destruiré.
¹¹ Me rodean y me asedian;
mas en el nombre de Jehová yo las
destruiré.
¹² Me rodean como abejas;
se enardecen contra mí como fuego
entre espinos;
mas en el nombre de Jehová yo las
destruiré.
¹³ Me empujaste con violencia para
que cayera,
pero me ayudó Jehová.
¹⁴ Mi fortaleza y mi cántico es Jah,
y él me ha sido por salvación.*e*

¹⁵ Voz de júbilo y de salvación
hay en las tiendas de los justos;
la diestra de Jehová hace proezas.
¹⁶ La diestra de Jehová es sublime;
la diestra de Jehová hace valentías.
¹⁷ ¡No moriré, sino que viviré
y contaré las obras de Jah!
¹⁸ Me castigó gravemente Jah,
pero no me entregó a la muerte.

¹⁹ ¡Abridme las puertas de la justicia;
entraré por ellas, alabaré a Jah;
²⁰ esta es la puerta de Jehová;
por ella entrarán los justos!

²¹ Te alabaré porque me has oído
y me fuiste por salvación.
²² La piedra que desecharon los
edificadores
ha venido a ser la cabeza del
ángulo.*f*
²³ De parte de Jehová es esto
y es cosa maravillosa a nuestros
ojos.*g*
²⁴ Este es el día que hizo Jehová;
¡nos gozaremos y alegraremos
en él!
²⁵ Jehová, sálvanos ahora, te ruego;
te ruego, Jehová, que nos hagas
prosperar ahora.
²⁶ ¡Bendito el que viene en el nombre
de Jehová!*h*
Desde la casa de Jehová os
bendecimos.
²⁷ Jehová es Dios y nos ha dado luz;
atad víctimas con cuerdas
a los cuernos del altar.

²⁸ Mi Dios eres tú y te alabaré;
Dios mío, te exaltaré.

²⁹ Alabad a Jehová, porque él es
bueno,
porque para siempre es su
misericordia.

Alef

Excelencias de la Ley de Dios*a*

119 ¹ Bienaventurados los
íntegros de camino,
los que andan en la Ley de Jehová.
² Bienaventurados los que guardan
sus testimonios
y con todo el corazón lo buscan,
³ pues no hacen maldad
los que andan en sus caminos.

---

c **118.5** Sal 4.1; 18.19. *d* **118.6** Sal 27.1; 56.4,11; Heb 13.6. *e* **118.14** Ex 15.2; Is 12.2.
f **118.22** Lc 20.17; Hch 4.11; 1 P 2.7. *g* **118.22-23** Mt 21.42; Mc 12.10-11. *h* **118.26** Mt 21.9; 23.39;
Mc 11.9; Lc 13.35; 19.38; Jn 12.13. *a* **119** Este largo poema didáctico es el más perfecto de los
salmos llamados «acrósticos».

⁴ Tú encargaste
que tus mandamientos sean
guardados con esmero.
⁵ ¡Ojalá fueran estables mis caminos
para guardar tus estatutos!
⁶ Entonces no sería yo avergonzado,
cuando atendiera a todos tus
mandamientos.
⁷ Te alabaré con rectitud de corazón
cuando aprenda tus justos juicios.
⁸ ¡Tus estatutos guardaré!
¡No me abandones enteramente!

Bet

⁹ ¿Con qué limpiará el joven su
camino?
¡Con guardar tu palabra!
¹⁰ Con todo mi corazón te he buscado;
no me dejes desviar de tus
mandamientos.
¹¹ En mi corazón he guardado tus
dichos,
para no pecar contra ti.
¹² ¡Bendito tú, Jehová!
¡Enséñame tus estatutos!
¹³ Con mis labios he contado
todos los juicios de tu boca.
¹⁴ Me he gozado en el camino de tus
testimonios
más que de toda riqueza.
¹⁵ En tus mandamientos meditaré;
consideraré tus caminos.
¹⁶ Me regocijaré en tus estatutos;
no me olvidaré de tus palabras.

Guímel

¹⁷ Haz bien a tu siervo; que viva
y guarde tu palabra.
¹⁸ Abre mis ojos y miraré
las maravillas de tu Ley.
¹⁹ Forastero soy yo en la tierra;
no encubras de mí tus
mandamientos.ᵇ
²⁰ Quebrantada está mi alma de
desear
tus juicios en todo tiempo.
²¹ Reprendiste a los soberbios, los
malditos,
que se desvían de tus
mandamientos.
²² Aparta de mí la deshonra y el
menosprecio,

porque he guardado tus
testimonios.
²³ Príncipes también se sentaron y
hablaron contra mí;
mas tu siervo meditaba en tus
estatutos,
²⁴ pues tus testimonios son mis
delicias
y mis consejeros.

Dálet

²⁵ Abatida hasta el polvo está mi
alma;
¡vivifícame según tu palabra!
²⁶ Te he manifestado mis caminos y
me has respondido;
enséñame tus estatutos;
²⁷ hazme entender el camino de tus
mandamientos,
para que medite en tus maravillas.
²⁸ ¡Se deshace mi alma de ansiedad;
susténtame según tu palabra!
²⁹ Aparta de mí el camino de la
mentira
y en tu misericordia concédeme
tu Ley.
³⁰ Escogí el camino de la verdad;
he puesto tus juicios delante de mí.
³¹ Me he apegado a tus testimonios;
Jehová, no me avergüences.
³² Por el camino de tus
mandamientos correré
cuando alegres mi corazón.

He

³³ Enséñame, Jehová, el camino de tus
estatutos
y lo guardaré hasta el fin.
³⁴ Dame entendimiento, guardaré
tu Ley
y la cumpliré de todo corazón.
³⁵ Guíame por la senda de tus
mandamientos,
porque en ella tengo mi voluntad.
³⁶ Inclina mi corazón a tus
testimonios
y no a la avaricia.
³⁷ Aparta mis ojos para que no se fijen
en cosas vanas;
avívame en tu camino.
³⁸ Confirma tu palabra a tu siervo,
que te teme.

ᵇ **119.19** Sal 39.12; 1 P 2.11.

³⁹ Quita de mí el oprobio que he
   temido,
   porque buenos son tus juicios.
⁴⁰ Puesto que he anhelado tus
   mandamientos;
   vivifícame en tu justicia.

Vau

⁴¹ Venga a mí tu misericordia, Jehová;
   tu salvación, conforme a tu dicho.
⁴² Y daré por respuesta a quien me
   avergüenza
   que en tu palabra he confiado.
⁴³ No quites de mi boca en ningún
   tiempo la palabra de verdad,
   porque en tus juicios espero.
⁴⁴ Guardaré tu Ley siempre,
   para siempre y eternamente.
⁴⁵ Y andaré en libertad,
   porque busqué tus mandamientos.
⁴⁶ Hablaré de tus testimonios delante
   de los reyes
   y no me avergonzaré.
⁴⁷ Me regocijaré en tus
   mandamientos,
   los cuales he amado.
⁴⁸ Alzaré asimismo mis manos a tus
   mandamientos que amo
   y meditaré en tus estatutos.

Zain

⁴⁹ Acuérdate de la palabra dada a tu
   siervo,
   en la cual me has hecho esperar.
⁵⁰ Ella es mi consuelo en mi aflicción,
   porque tu dicho me ha vivificado.
⁵¹ Los soberbios se han burlado
   mucho de mí,
   pero no me he apartado de tu Ley.
⁵² Me acordé, Jehová, de tus juicios
   antiguos,
   y me consolé.
⁵³ Horror se apoderó de mí a causa de
   los inicuos
   que abandonan tu Ley.
⁵⁴ Cánticos fueron para mí tus
   estatutos
   en la casa en donde fui extranjero.
⁵⁵ Me acordé en la noche de tu
   nombre, Jehová,
   y guardé tu Ley.

⁵⁶ Estas bendiciones tuve
   porque guardé tus mandamientos.

Chet

⁵⁷ Mi porción es Jehová;
   he dicho que guardaré tus
   palabras.
⁵⁸ Tu presencia he suplicado de todo
   corazón;
   ten misericordia de mí según tu
   palabra.
⁵⁹ Consideré mis caminos
   y volví mis pies a tus testimonios.
⁶⁰ Me apresuré y no me retardé
   en guardar tus mandamientos.
⁶¹ Compañías de impíos me han
   rodeado,
   mas no me he olvidado de tu Ley.
⁶² A medianoche me levanto para
   alabarte
   por tus justos juicios.
⁶³ Compañero soy yo de todos los que
   te temen
   y guardan tus mandamientos.
⁶⁴ De tu misericordia, Jehová, está
   llena la tierra.ᶜ
   ¡Enséñame tus estatutos!

Tet

⁶⁵ Bien has hecho con tu siervo,
   Jehová, conforme a tu palabra.
⁶⁶ Enséñame buen sentido y
   sabiduría,
   porque tus mandamientos he
   creído.
⁶⁷ Antes que fuera yo humillado,
   descarriado andaba;
   pero ahora guardo tu palabra.
⁶⁸ Bueno eres tú, y bienhechor;
   ¡enséñame tus estatutos!
⁶⁹ Contra mí forjaron mentira los
   soberbios,
   pero yo guardaré de todo corazón
   tus mandamientos.
⁷⁰ Se engrosó el corazón de ellos como
   sebo,
   mas yo en tu Ley me he regocijado.
⁷¹ Bueno me es haber sido humillado,
   para que aprenda tus estatutos.
⁷² Mejor me es la Ley de tu boca
   que millares de oro y plata.

Yod

73 Tus manos me hicieron y me
     formaron;
   hazme entender y aprenderé tus
     mandamientos.
74 Los que te temen me verán y se
     alegrarán,
   porque en tu palabra he esperado.
75 Conozco, Jehová, que tus juicios
     son justos
   y que conforme a tu fidelidad me
     afligiste.
76 Sea ahora tu misericordia para
     consolarme,
   conforme a lo que has dicho a tu
     siervo.
77 Vengan a mí tus misericordias para
     que viva,
   porque tu Ley es mi delicia.
78 Sean avergonzados los soberbios,
   porque sin causa me han
     calumniado;
   pero yo meditaré en tus
     mandamientos.
79 Vuélvanse a mí los que te temen
   y conocen tus testimonios.
80 Sea mi corazón íntegro en tus
     estatutos,
   para que no sea yo avergonzado.

Caf

81 Desfallece mi alma por tu
     salvación,
   mas espero en tu palabra.
82 Desfallecen mis ojos por tu palabra,
   diciendo: «¿Cuándo me
     consolarás?»
83 Aunque estoy como un odre
     expuesto al humo,
   no he olvidado tus estatutos.
84 ¿Cuántos son los días de tu siervo?
   ¿Cuándo harás justicia contra los
     que me persiguen?
85 Los soberbios me han cavado
     hoyos,
   mas no proceden según tu Ley.
86 Todos tus mandamientos son
     verdad.
   Sin causa me persiguen: ¡ayúdame!
87 Casi me han echado por tierra,
   pero no he dejado tus
     mandamientos.

88 Vivifícame conforme a tu
     misericordia
   y guardaré los testimonios de tu
     boca.

Lámed

89 Para siempre, Jehová,
   permanece tu palabra en los
     cielos.[d]
90 De generación en generación es tu
     fidelidad;
   tú afirmaste la tierra, y subsiste.
91 Por tu ordenación subsisten todas
     las cosas hasta hoy,
   pues todas ellas te sirven.
92 Si tu Ley no hubiera sido mi delicia,
   ya en mi aflicción hubiera perecido.
93 Nunca jamás me olvidaré de tus
     mandamientos,
   porque con ellos me has vivificado.
94 ¡Tuyo soy yo, sálvame,
   porque he buscado tus
     mandamientos!
95 Los impíos me han aguardado para
     destruirme;
   mas yo consideraré tus
     testimonios.
96 A toda perfección he visto fin;
   amplio sobremanera es tu
     mandamiento.

Mem

97 ¡Cuánto amo yo tu Ley!
   ¡Todo el día es ella mi meditación!
98 Me has hecho más sabio que mis
     enemigos con tus
     mandamientos,
   porque siempre están conmigo.
99 Más que todos mis enseñadores he
     entendido,
   porque tus testimonios son mi
     meditación.
100 Más que los viejos he entendido,
   porque he guardado tus
     mandamientos.
101 De todo mal camino contuve mis
     pies
   para guardar tu palabra.
102 No me aparté de tus juicios,
   porque tú me enseñaste.
103 ¡Cuán dulces son a mi paladar tus
     palabras!

[d] **119.89** Is 40.8.

¡Más que la miel a mi boca!^e

¹⁰⁴ De tus mandamientos he
adquirido inteligencia;
por tanto, he aborrecido todo
camino de mentira.

Nun

¹⁰⁵ Lámpara es a mis pies tu palabra
y lumbrera a mi camino.^f
¹⁰⁶ Juré y ratifiqué
que guardaré tus justos juicios.
¹⁰⁷ ¡Afligido estoy en gran manera!
¡Vivifícame, Jehová, conforme a tu
palabra!
¹⁰⁸ Te ruego, Jehová, que te sean
agradables los sacrificios
voluntarios de mi boca
y que me enseñes tus juicios.
¹⁰⁹ Mi vida está de continuo en
peligro,
pero no me he olvidado de tu Ley.
¹¹⁰ Me pusieron lazo los impíos,
pero yo no me desvié de tus
mandamientos.
¹¹¹ Por heredad he tomado tus
testimonios para siempre,
porque son el gozo de mi corazón.
¹¹² Mi corazón incliné a cumplir tus
estatutos
de continuo, hasta el fin.

Sámec

¹¹³ Aborrezco a los hombres
hipócritas,
pero amo tu Ley.
¹¹⁴ Mi escondedero y mi escudo
eres tú.
En tu palabra he esperado.
¹¹⁵ ¡Apartaos de mí, malignos,
pues yo guardaré los
mandamientos de mi Dios!
¹¹⁶ Susténtame conforme a tu palabra
y viviré;
no quede yo avergonzado de mi
esperanza.
¹¹⁷ Sosténme y seré salvo,
y me regocijaré siempre en tus
estatutos.
¹¹⁸ Hollaste a todos los que se desvían
de tus estatutos,
porque su astucia es falsedad.

¹¹⁹ Como escorias hiciste consumir a
todos los impíos de la tierra;
por tanto, yo he amado tus
testimonios.
¹²⁰ Mi carne se estremece por temor
de ti,
y de tus juicios tengo miedo.

Ayin

¹²¹ Juicio y justicia he hecho;
¡no me abandones a mis opresores!
¹²² Afianza a tu siervo para bien;
no permitas que los soberbios me
opriman.
¹²³ Mis ojos desfallecen por tu
salvación
y por la palabra de tu justicia.
¹²⁴ Haz con tu siervo según tu
misericordia
y enséñame tus estatutos.
¹²⁵ Tu siervo soy yo, dame
entendimiento
para conocer tus testimonios.
¹²⁶ Tiempo es de actuar, Jehová,
porque han invalidado tu Ley.
¹²⁷ Por eso he amado tus
mandamientos
más que el oro, y más que oro muy
puro.
¹²⁸ Por eso he estimado rectos todos
tus mandamientos sobre todas
las cosas
y he aborrecido todo camino de
mentira.

Pe

¹²⁹ Maravillosos son tus testimonios;
por eso los ha guardado mi alma.
¹³⁰ La exposición de tus palabras
alumbra;
hace entender a los sencillos.
¹³¹ Mi boca abrí y suspiré,
porque deseaba tus
mandamientos.
¹³² Mírame y ten misericordia de mí,
como acostumbras con los que
aman tu nombre.
¹³³ Ordena mis pasos con tu palabra
y ninguna maldad se enseñoree
de mí.
¹³⁴ Líbrame de la violencia de los
hombres

^e**119.103** Sal 19.10.

y guardaré tus mandamientos.
¹³⁵ Haz que tu rostro resplandezca
sobre tu siervo
y enséñame tus estatutos.
¹³⁶ Ríos de agua descendieron de
mis ojos,
porque no guardaban tu Ley.

Tsade

¹³⁷ Justo eres tú, Jehová,
y rectos son tus juicios.
¹³⁸ Tus testimonios, que has
recomendado,
son rectos y muy fieles.
¹³⁹ Mi celo me ha consumido,
porque mis enemigos se olvidaron
de tus palabras.
¹⁴⁰ Sumamente pura es tu palabra
y la ama tu siervo.
¹⁴¹ Pequeño soy yo y desechado,
pero no me he olvidado de tus
mandamientos.
¹⁴² Tu justicia es justicia eterna,
y tu Ley, la verdad.
¹⁴³ Aflicción y angustia se han
apoderado de mí,
pero tus mandamientos han sido
mi delicia.
¹⁴⁴ Justicia eterna son tus testimonios;
¡dame entendimiento y viviré!

Cof

¹⁴⁵ Clamé con todo mi corazón;
respóndeme, Jehová,
y guardaré tus estatutos.
¹⁴⁶ A ti clamé: ¡Sálvame!,
y guardaré tus testimonios.
¹⁴⁷ Me anticipé al alba y clamé;
esperé en tu palabra.
¹⁴⁸ Se anticiparon mis ojos a las vigilias
de la noche,
para meditar en tus mandatos.
¹⁴⁹ Oye mi voz conforme a tu
misericordia;
Jehová, vivifícame conforme a tu
justicia.
¹⁵⁰ Se acercaron a la maldad los que me
persiguen;
se alejaron de tu Ley.
¹⁵¹ Cercano estás tú, Jehová,
y todos tus mandamientos son
verdad.
¹⁵² Hace ya mucho que he entendido
tus testimonios,

que para siempre los has
establecido.

Resh

¹⁵³ Mira mi aflicción y líbrame,
porque de tu Ley no me he
olvidado.
¹⁵⁴ Defiende mi causa y redímeme;
vivifícame con tu palabra.
¹⁵⁵ Lejos está de los impíos la
salvación,
porque no buscan tus estatutos.
¹⁵⁶ Muchas son tus misericordias,
Jehová;
vivifícame conforme a tus juicios.
¹⁵⁷ Muchos son mis perseguidores y
mis enemigos,
pero de tus testimonios no me he
apartado.
¹⁵⁸ Veía a los traidores y me
disgustaba,
porque no guardaban tus palabras.
¹⁵⁹ ¡Mira, Jehová, que amo tus
mandamientos!
¡Vivifícame conforme a tu
misericordia!
¹⁶⁰ La suma de tu palabra es verdad,
y eterno es todo juicio de tu justicia.

Sin

¹⁶¹ Príncipes me han perseguido sin
causa,
pero mi corazón tuvo temor de tus
palabras.
¹⁶² Me regocijo en tu palabra
como el que halla muchos
despojos.
¹⁶³ La mentira aborrezco y abomino;
tu Ley amo.
¹⁶⁴ ¡Siete veces al día te alabo
a causa de tus justos juicios!
¹⁶⁵ Mucha paz tienen los que aman
tu Ley,
y no hay para ellos tropiezo.
¹⁶⁶ Tu salvación he esperado, Jehová,
y tus mandamientos he puesto por
obra.
¹⁶⁷ Mi alma ha guardado tus
testimonios
y los he amado en gran manera.
¹⁶⁸ He guardado tus mandamientos y
tus testimonios,
porque todos mis caminos están
delante de ti.

Tau

169 Llegue mi clamor delante de ti,
Jehová;
dame entendimiento conforme a tu
palabra.
170 Llegue mi oración delante de ti;
líbrame conforme a tu dicho.
171 Mis labios rebosarán de alabanza
cuando me enseñes tus estatutos.
172 Hablará mi lengua tus dichos,
porque todos tus mandamientos
son justicia.
173 Esté tu mano pronta para
socorrerme,
porque tus mandamientos he
escogido.
174 He deseado tu salvación, Jehová,
y tu Ley es mi delicia.
175 ¡Viva mi alma y te alabe,
y tus juicios me ayuden!
176 Yo anduve errante como una oveja
extraviada;*g*
¡busca a tu siervo,
porque no me he olvidado de tus
mandamientos!

Plegaria ante el peligro de la lengua engañosa*a*
Cántico gradual

120 **1** A Jehová clamé estando en
angustia
y él me respondió.*b*
2 ¡Libra mi alma, Jehová, del labio
mentiroso
y de la lengua fraudulenta!

3 ¿Qué te dará o qué te aprovechará,
lengua engañosa?
4 Agudas saetas de valiente
con brasas de enebro.

5 ¡Ay de mí, que moro en Mesec
y habito entre las tiendas de Cedar!
6 Mucho tiempo ha morado mi alma
con los que aborrecen la paz.
7 Yo soy pacífico,
pero ellos, apenas hablo, me hacen
guerra.

Jehová es tu guardador
Cántico gradual

121 **1** Alzaré mis ojos a los
montes.
¿De dónde vendrá mi socorro?
2 Mi socorro viene de Jehová,
que hizo los cielos y la tierra.*a*

3 No dará tu pie al resbaladero
ni se dormirá el que te guarda.
4 Por cierto, no se adormecerá ni
dormirá
el que guarda a Israel.

5 Jehová es tu guardador,
Jehová es tu sombra a tu mano
derecha.
6 El sol no te fatigará de día
ni la luna de noche.*b*

7 Jehová te guardará de todo mal,
él guardará tu alma.
8 Jehová guardará tu salida y tu
entrada*c*
desde ahora y para siempre.

Oración por la paz de Jerusalén*a*
Cántico gradual; de David

122 **1** Yo me alegré con los que me
decían:
«¡A la casa de Jehová iremos!»
2 Nuestros pies estuvieron
dentro de tus puertas, Jerusalén.
3 Jerusalén, que ha sido edificada
como una ciudad que está bien
unida entre sí.
4 Allá subieron las tribus,
las tribus de Jah,
conforme al testimonio dado a
Israel,
para alabar el nombre de Jehová,
5 porque allá están las sillas del
juicio,
los tronos de la casa de David.

6 Pedid por la paz de Jerusalén;
¡sean prosperados los que te aman!
7 ¡Sea la paz dentro de tus muros

---

f **119.105** Pr 6.23.   *g* **119.176** Is 53.6; Jer 50.6; Ez 34.11-16.   *a* **120** Aquí comienza una colección de quince salmos (120—134) cuyo título hebreo es *Cántico gradual* o *de las subidas*. Ello se debe a que los cantaban los peregrinos que «subían» a Jerusalén, especialmente en las tres grandes fiestas (Ex 23.14-17).   *b* **120.1** 2 S 22.7; Sal 18.6; Jon 2.2.   *a* **121.2** Sal 124.8.   *b* **121.6** Sal 91.5-6; Is 4.5-6; 49.10; Ap 7.16.   *c* **121.8** Es decir, *en todos tus caminos.*   *a* **122** «Canto de Sión» que expresa la emoción y la alegría de los peregrinos.

y el descanso dentro de tus
palacios!
[8] Por amor de mis hermanos y mis
compañeros
diré yo: «¡La paz sea contigo!»
[9] Por amor a la casa de Jehová,
nuestro Dios,
buscaré tu bien.

Plegaria pidiendo misericordia[a]
Cántico gradual

123 [1] A ti alcé mis ojos,
a ti que habitas en los cielos.
[2] Como los ojos de los siervos miran
la mano de sus señores,
y como los ojos de la sierva, la
mano de su señora,
así nuestros ojos miran a Jehová,
nuestro Dios,[b]
hasta que tenga misericordia de
nosotros.

[3] Ten misericordia de nosotros,
Jehová, ten misericordia de
nosotros,
porque estamos muy hastiados del
menosprecio.
[4] Hastiada está nuestra alma de la
burla de los que están
satisfechos,
y del menosprecio de los soberbios.

Alabanza por haber sido librado de los enemigos[a]
Cántico gradual; de David

124 [1] De no haber estado Jehová
por nosotros,
diga ahora Israel,
[2] de no haber estado Jehová por
nosotros,
cuando se levantaron contra
nosotros los hombres,
[3] vivos nos habrían tragado
entonces,
cuando se encendió su furor contra
nosotros.
[4] Entonces nos habrían inundado
las aguas;

sobre nuestra alma hubiera pasado
el torrente;
[5] hubieran entonces pasado sobre
nuestra alma
las aguas impetuosas.

[6] ¡Bendito sea Jehová,
que no nos dio por presa a los
dientes de ellos!
[7] Nuestra alma escapó cual ave
del lazo de los cazadores;
se rompió el lazo y escapamos
nosotros.

[8] Nuestro socorro está en el nombre
de Jehová,
que hizo el cielo y la tierra.[b]

Dios protege a su pueblo[a]
Cántico gradual

125 [1] Los que confían en Jehová
son como el monte Sión,
que no se mueve, sino que
permanece para siempre.
[2] Como Jerusalén tiene montes
alrededor de ella,
así Jehová está alrededor de su
pueblo
desde ahora y para siempre.
[3] No reposará la vara de la impiedad
sobre la heredad de los justos;
no sea que extiendan los justos
sus manos a la maldad.

[4] Haz bien, Jehová, a los buenos
y a los que son rectos en su corazón.
[5] Mas a los que se apartan tras sus
perversidades,
Jehová los llevará con los que hacen
maldad.

¡La paz sea sobre Israel![b]

Testimonio de la restauración[a]
Cántico gradual

126 [1] Cuando Jehová hizo volver
de la cautividad a Sión,
fuimos como los que sueñan.

---

[a] 123 Súplica colectiva (aunque en el v. 1 el salmista emplea la primera persona del singular).
[b] 123.2 Sal 25.15; 141.8.   [a] 124 Todo el pueblo de Israel entona este canto de acción de gracias a Dios, que lo ha liberado de un grave peligro.   [b] 124.8 Sal 121.2.   [a] 125 Salmo didáctico.
[b] 125.5 Sal 128.6; cf. Gl 6.16.   [a] 126 Canto de acción de gracias y súplica.

² Entonces nuestra boca se llenó
de risa
y nuestra lengua de alabanza.
Entonces decían entre las naciones:
«¡Grandes cosas ha hecho Jehová
con estos!»
³ ¡Grandes cosas ha hecho Jehová
con nosotros!
¡Estamos alegres!

⁴ ¡Haz volver nuestra cautividad,
Jehová,
como los arroyos del Neguev!
⁵ Los que sembraron con lágrimas,
con regocijo segarán.
⁶ Irá andando y llorando el que lleva
la preciosa semilla,
pero al volver vendrá con regocijo
trayendo sus gavillas.

La prosperidad viene de Jehová[a]

Cántico gradual; para Salomón

127 ¹ Si Jehová no edifica la casa,
en vano trabajan los que la
edifican;
si Jehová no guarda la ciudad,
en vano vela la guardia.
² Por demás es que os levantéis de
madrugada
y vayáis tarde a reposar,
y que comáis pan de dolores,
pues que a su amado dará Dios el
sueño.

³ Herencia de Jehová son los hijos;
cosa de estima el fruto del vientre.
⁴ Como saetas en manos del valiente,
así son los hijos tenidos en la
juventud.
⁵ ¡Bienaventurado el hombre
que llenó su aljaba de ellos!
No será avergonzado
cuando hable con los enemigos en
la puerta.

La bienaventuranza del que teme a Jehová[a]

Cántico gradual

128 ¹ Bienaventurado todo aquel
que teme a Jehová,
que anda en sus caminos.
² Cuando comas el trabajo de tus
manos,
bienaventurado serás y te irá bien.
³ Tu mujer será como vid que lleva
fruto
a los lados de tu casa;
tus hijos, como plantas de olivo
alrededor de tu mesa.
⁴ Así será bendecido el hombre
que teme a Jehová.

⁵ ¡Bendígate Jehová desde Sión,
y que veas el bien de Jerusalén
todos los días de tu vida,
⁶ y que veas a los hijos de tus hijos!

¡La paz sea sobre Israel![b]

Plegaria pidiendo la destrucción de los enemigos de Sión[a]

Cántico gradual

129 ¹ Mucho me han angustiado
desde mi juventud,
puede decir ahora Israel;
² mucho me han angustiado desde
mi juventud,
pero no prevalecieron contra mí.
³ Sobre mis espaldas araron los
aradores,
hicieron largos surcos.
⁴ ¡Jehová es justo,
cortó las coyundas de los impíos!
⁵ Serán avergonzados y vueltos atrás
todos los que aborrecen a Sión.
⁶ Serán como la hierba de los
tejados,[b]
que se seca antes de crecer,
⁷ de la cual no llenó el segador su
mano
ni sus brazos el que hace gavillas;

---

[a] **127** Salmo didáctico. [a] **128** Salmo didáctico. [b] **128.6** Sal 125.5; cf. Gl 6.16. [a] **129** Profesión de confianza en Dios y predicción de castigo para los enemigos de Israel. [b] **129.6** 2 R 19.26; Is 37.27.

8 ni dijeron los que pasaban:
«La bendición de Jehová sea sobre
vosotros.
¡Os bendecimos en el nombre de
Jehová!».

Jehová redimirá a Israel[a]
Cántico gradual

130 1 De lo profundo, Jehová, a ti
clamo.[b]
2 Señor, oye mi voz;
estén atentos tus oídos
a la voz de mi súplica.

3 Jah, si miras los pecados,
¿quién, Señor, podrá mantenerse?
4 Pero en ti hay perdón,
para que seas reverenciado.

5 Esperé yo en Jehová;
esperó mi alma,
en su palabra he esperado.
6 Mi alma espera en Jehová
más que los centinelas la mañana,
más que los vigilantes la mañana.

7 Espere Israel en Jehová,
porque en Jehová hay misericordia
y abundante redención con él.
8 Él redimirá a Israel
de todos sus pecados.[c]

Confiando en Dios como un niño[a]
Cántico gradual; de David

131 1 Jehová, no se ha envanecido
mi corazón
ni mis ojos se enaltecieron;
ni anduve en grandezas
ni en cosas demasiado sublimes
para mí.
2 En verdad me he comportado y he
acallado mi alma
como un niño destetado de su
madre.
¡Como un niño destetado está mi
alma!

3 Espera, Israel, en Jehová,
desde ahora y para siempre.

Plegaria por bendición sobre el santuario[a]
Cántico gradual

132 1 Acuérdate, Jehová, de David
y de toda su aflicción.
2 De cómo juró a Jehová
y prometió al Fuerte de Jacob:
3 «No entraré en el aposento de mi
casa
ni subiré al lecho de mi descanso;
4 no daré el sueño a mis ojos
ni a mis párpados adormecimiento,
5 hasta que halle lugar para Jehová,
morada para el Fuerte de Jacob».

6 En Efrata lo oímos;
lo hallamos en los campos del
bosque.
7 ¡Entraremos en su Tabernáculo!
¡Nos postraremos ante el estrado
de sus pies!

8 Levántate, Jehová, al lugar de tu
reposo,
tú y el Arca de tu poder.
9 Tus sacerdotes se vistan de justicia
y se regocijen tus santos.
10 Por amor de David tu siervo
no vuelvas de tu ungido el rostro.[b]

11 En verdad juró Jehová a David
y no se retractará de ello:
«De tu descendencia
pondré sobre tu trono.[c]
12 Si tus hijos guardan mi pacto
y mi testimonio, que yo les enseño,
sus hijos también
se sentarán sobre tu trono para
siempre»,

13 porque Jehová ha elegido a Sión;
la quiso por morada suya.
14 «Este es para siempre el lugar de mi
reposo.
Aquí habitaré, porque la he
querido.
15 Bendeciré abundantemente su
provisión;
a sus pobres saciaré de pan.

---

a **130** Súplica humilde y confiada de un pecador que implora el perdón divino. Uno de los siete salmos llamados de arrepentimiento (Sal 6; 32; 38; 51; 102; 143). *b* **130.1** Sal 32.3-4; Jon 2.2. *c* **130.8** Mt 1.21; Tit 2.14. *a* **131** Renunciando a toda pretensión de grandeza, el salmista se pone en las manos de su Dios con la sencillez de un niño pequeño. *a* **132** Salmo real. *b* **132.8-10** 2 Cr 6.41-42. *c* **132.11** 2 S 7.12-16; 1 Cr 17.11-14; Sal 89.3-4; Hch 2.30.

16 Asimismo vestiré de salvación a
    sus sacerdotes
 y sus santos darán voces de júbilo.
17 Allí haré retoñar el poder de David;
    he dispuesto lámpara para mi
    ungido.*d*
18 A sus enemigos vestiré de
    confusión,
 pero sobre él florecerá su corona».

La bienaventuranza del amor fraternal*a*
Cántico gradual; de David

133 1 ¡Mirad cuán bueno y cuán
         delicioso es
 que habiten los hermanos juntos en
    armonía!
2 Es como el buen óleo sobre la
    cabeza,
 el cual desciende sobre la barba,
 la barba de Aarón,*b*
 y baja hasta el borde de sus
    vestiduras;
3 como el rocío del Hermón,
 que desciende sobre los montes de
    Sión,
 porque allí envía Jehová bendición
 y vida eterna.

Exhortación a los guardas del Templo*a*
Cántico gradual

134 1 Mirad, bendecid a Jehová,
         vosotros todos los siervos de
         Jehová,
 los que en la casa de Jehová estáis
    por las noches.
2 Alzad vuestras manos al santuario
 y bendecid a Jehová.

3 ¡Desde Sión te bendiga Jehová,
 el cual ha hecho los cielos y la
    tierra!

La grandeza del Señor y la vanidad
de los ídolos*a*
¡Aleluya!

135 1 ¡Alabad el nombre de
         Jehová!
 Alabadlo, siervos de Jehová,
2 los que estáis en la casa de Jehová,

 en los atrios de la casa de nuestro
    Dios.
3 Alabad a Jah, porque él es bueno;
 cantad salmos a su nombre, porque
    él es benigno,
4 porque Jah ha escogido a Jacob
    para sí,
 a Israel por posesión suya.

5 Yo sé, ciertamente, que Jehová es
    grande,
 y el Señor nuestro, mayor que
    todos los dioses.
6 Todo lo que Jehová quiere, lo hace,
 en los cielos y en la tierra,
 en los mares y en todos los abismos.
7 Hace subir las nubes de los
    extremos de la tierra;
 hace los relámpagos para la lluvia;
 saca de sus depósitos los vientos.*b*

8 Él es quien hizo morir a los
    primogénitos de Egipto,
 desde el hombre hasta la bestia.
9 Envió señales y prodigios en medio
    de ti, Egipto,
 contra el faraón y contra todos sus
    siervos.*c*
10 Destruyó a muchas naciones
 y mató a reyes poderosos:
11 A Sehón, rey amorreo,
 a Og, rey de Basán,*d*
 y a todos los reyes de Canaán.
12 Y dio la tierra de ellos en heredad,
 en heredad a Israel su pueblo.

13 ¡Jehová, eterno es tu nombre;
 tu memoria, Jehová, de generación
    en generación!
14 Jehová juzgará a su pueblo*e*
 y se compadecerá de sus siervos.

15 Los ídolos de las naciones son plata
    y oro,
 obra de manos de hombres.
16 Tienen boca y no hablan;
 tienen ojos y no ven;
17 tienen orejas y no oyen;
 tampoco hay aliento en sus bocas.

---

d 132.17 1 R 11.36.   *a* 133 Breve poema sapiencial que elogia la unión y el amor fraternos.
b 133.2 Ex 29.7,21.   *a* 134 Himno de alabanza.   *a* 135 Himno de alabanza a Jehová, el único
Dios, que eligió a Israel de entre todas las naciones.   *b* 135.7 Jer 10.13; 51.16.
c 135.8-9 Ex 12.29-30.   *d* 135.11 Nm 21.21-35.   *e* 135.14 Dt 32.36.

¹⁸ Semejantes a ellos son los que los hacen
y todos los que en ellos confían.^f

¹⁹ Casa de Israel, ¡bendecid a Jehová!
Casa de Aarón, ¡bendecid a Jehová!
²⁰ Casa de Leví, ¡bendecid a Jehová!
Los que teméis a Jehová, ¡bendecid a Jehová!
²¹ Desde Sión sea bendecido Jehová,
que mora en Jerusalén.

¡Aleluya!

Alabanza por la misericordia eterna de Jehová^a

136 ¹ Alabad a Jehová, porque él es bueno,
porque para siempre es su misericordia.^b
² Alabad al Dios de los dioses,
porque para siempre es su misericordia.
³ Alabad al Señor de los señores,
porque para siempre es su misericordia:

⁴ al único que hace grandes maravillas,
porque para siempre es su misericordia;
⁵ al que hizo los cielos^c con entendimiento,
porque para siempre es su misericordia;
⁶ al que extendió la tierra sobre las aguas,^d
porque para siempre es su misericordia;
⁷ al que hizo las grandes lumbreras,^e
porque para siempre es su misericordia:
⁸ el sol para que señoree en el día,
porque para siempre es su misericordia;
⁹ la luna y las estrellas para que señoreen en la noche,
porque para siempre es su misericordia.

¹⁰ Al que hirió a Egipto en sus primogénitos,^f
porque para siempre es su misericordia.
¹¹ Al que sacó a Israel de en medio de ellos,^g
porque para siempre es su misericordia.
¹² con mano fuerte y brazo extendido,
porque para siempre es su misericordia.
¹³ Al que dividió el Mar Rojo en partes,^h
porque para siempre es su misericordia;
¹⁴ e hizo pasar a Israel por en medio de él,
porque para siempre es su misericordia;
¹⁵ y arrojó al faraón y a su ejército en el Mar Rojo,
porque para siempre es su misericordia.
¹⁶ Al que pastoreó a su pueblo por el desierto,ⁱ
porque para siempre es su misericordia.

¹⁷ Al que hirió a grandes reyes,
porque para siempre es su misericordia;
¹⁸ y mató a reyes poderosos,
porque para siempre es su misericordia;
¹⁹ a Sehón, rey amorreo,^j
porque para siempre es su misericordia:
²⁰ y a Og, rey de Basán,^k
porque para siempre es su misericordia.
²¹ Y dio la tierra de ellos en heredad,
porque para siempre es su misericordia.
²² En heredad a Israel su siervo,
porque para siempre es su misericordia.

²³ Al que en nuestro abatimiento se acordó de nosotros,

^f**135.15-18** Sal 115.4-8; Ap 9.20.   ^a**136** Canto de acción de gracias, en el que se recuerdan y proclaman las grandes obras de Dios.   ^b**136.1** 1 Cr 16.34; Esd 3.11; Sal 100.5; 106.1; 107.1; 118.1-4; Jer 33.11.   ^c**136.5** Gn 1.1.   ^d**136.6** Gn 1.2.   ^e**136.7-9** Gn 1.16.   ^f**136.10** Ex 12.29.   ^g**136.11** Ex 12.51.   ^h**136.13-15** Ex 14.21-29.   ⁱ**136.16** Dt 8.2,15.   ^j**136.19** Nm 21.21-30.   ^k**136.20** Nm 21.31-35.

⁴ Guárdame, Jehová, de manos del
    impío;
líbrame de hombres injuriosos,
que han planeado trastornar mis
    pasos.
⁵ Me han tendido lazo y cuerdas los
    soberbios;
han tendido red junto a la senda;
me han puesto lazos.   *Selah*

⁶ He dicho a Jehová: «Dios mío
    eres tú;
escucha, Jehová, la voz de mis
    ruegos.ᵉ
⁷ Jehová, Señor, potente salvador
    mío,
tú pusiste a cubierto mi cabeza en el
    día de batalla».

⁸ No concedas, Jehová, al impío sus
    deseos;
no saques adelante sus
    pensamientos,
para que no se ensoberbezca. *Selah*
⁹ En cuanto a los que por todas
    partes me rodean,
la maldad de sus propios labios
    cubrirá sus cabezas.
¹⁰ Caerán sobre ellos brasas,
serán echados en el fuego,
en abismos profundos de donde no
    escaparán.
¹¹ El hombre deslenguado no será
    firme en la tierra;
el mal cazará al hombre injusto
    para derribarlo.

¹² Yo sé que Jehová tomará a su cargo
    la causa del afligido
y el derecho de los necesitados.
¹³ Ciertamente los justos alabarán tu
    nombre;
¡los rectos morarán en tu presencia!

Oración a fin de ser guardado del malᵃ
Salmo de David

141 ¹Jehová, a ti he clamado;
    apresúrate a venir a mí;
escucha mi voz cuando te invoque.

² Suba mi oración delante de ti como
    el incienso,ᵇ
el don de mis manos como la
    ofrenda de la tarde.

³ Pon guarda a mi boca, Jehová;
guarda la puerta de mis labios.
⁴ No dejes que se incline mi corazón
    a cosa mala,
para hacer obras impías
con los que hacen maldad;
y no coma yo de sus deleites.

⁵ Que el justo me castigue y me
    reprenda será un favor;
pero que bálsamo de impíos no
    unja mi cabeza,
pues mi oración será
    continuamente contra sus
    maldades.
⁶ Serán despeñados sus jueces,
y oirán mis palabras, que son
    verdaderas.
⁷ Como quien hiende y rompe la
    tierra,
son esparcidos nuestros huesos a la
    boca del seol.

⁸ Por tanto, a ti, Jehová, Señor, miran
    mis ojos.
En ti he confiado: no desampares
    mi alma.
⁹ Guárdame de los lazos que me han
    tendido
y de las trampas de los que hacen
    maldad.
¹⁰ Caigan los impíos a una en sus
    redes,
mientras yo paso adelante.

Petición de ayuda en medio de
la pruebaᵃ
*Masquil de David. Oración que hizo cuando
estaba en la cueva.ᵇ*

142 ¹Con mi voz clamaré a
    Jehová;
con mi voz pediré a Jehová
    misericordia.ᶜ
² Delante de él expondré mi queja;

ᵉ **140.6** Sal 31.14.   ᵃ **141** Amenazado por gente malvada, el salmista pide a Jehová que le dé la
fuerza necesaria para resistir las seducciones del mal.   ᵇ **141.2** Ap 5.8.   ᵃ **142** Súplica
individual. Abatido por el sufrimiento y desprovisto de toda ayuda, el salmista se entrega
confiadamente en las manos de Dios.   ᵇ **142** 1 S 22.1; 24.3.   ᶜ **142.1** Sal 30.8.

delante de él manifestaré mi
angustia.

³ Cuando mi espíritu se angustiaba
dentro de mí,
tú conocías mi senda.
En el camino en que andaba,
me escondieron lazo.
⁴ Mira a mi diestra y observa,
pues no hay quien quiera conocer.
¡No tengo refugio
ni hay quien cuide de mi vida!

⁵ Clamé a ti, Jehová;
dije: «¡Tú eres mi esperanza
y mi porción en la tierra de los
vivientes!»

⁶ Escucha mi clamor,
porque estoy muy afligido.
Líbrame de los que me persiguen,
porque son más fuertes que yo.
⁷ Saca mi alma de la cárcel,
para que alabe tu nombre.
Me rodearán los justos,
porque tú me serás propicio.

Súplica de liberación y dirección ᵃ
Salmo de David

143 ¹Jehová, oye mi oración,
escucha mis ruegos.
¡Respóndeme por tu verdad, por tu
justicia!
² No entres en juicio con tu siervo,
porque no se justificará delante de
ti ningún ser humano.ᵇ

³ El enemigo ha perseguido mi alma,
ha postrado en tierra mi vida,ᶜ
me ha hecho habitar en tinieblas
como los que han muerto.ᵈ
⁴ Mi espíritu se angustió dentro de mí;
está desolado mi corazón.

⁵ Me acordé de los días antiguos;
meditaba en todas tus obras;

reflexionaba en las obras de tus
manos.
⁶ Extendí mis manos hacia ti,ᵉ
mi alma te anhela como la tierra
sedienta.   *Selah*

⁷ Respóndeme pronto, Jehová,
porque desmaya mi espíritu;
no escondas de mí tu rostro,
no venga yo a ser semejante a los
que descienden a la sepultura.
⁸ Hazme oir por la mañana tu
misericordia,
porque en ti he confiado.
Hazme saber el camino por donde
ande,ᶠ
porque hacia ti he elevado mi alma.
⁹ Líbrame de mis enemigos, Jehová;
en ti me refugio.
¹⁰ Enséñame a hacer tu voluntad,
porque tú eres mi Dios;
tu buen espíritu me guíe
a tierra de rectitud.

¹¹ Por tu nombre, Jehová, me
vivificarás;
por tu justicia sacarás mi alma de la
angustia.
¹² Por tu misericordia disiparás a mis
enemigosᵍ
y destruirás a todos los adversarios
de mi alma,
porque yo soy tu siervo.ʰ

Oración pidiendo socorro y
prosperidad ᵃ
Salmo de David

144 ¹¡Bendito sea Jehová, mi roca,
quien adiestra mis manos
para la batalla
y mis dedos para la guerra!ᵇ
² Misericordia mía y mi castillo,
fortaleza mía y mi libertador,
escudo mío, en quien he confiado;
el que sujeta a mi pueblo debajo
de mí.ᶜ

ᵃ **143** Súplica individual, compuesta en su mayor parte con frases tomadas de otros salmos. Uno de los siete salmos llamados de arrepentimiento (Sal 6; 32; 38; 51; 102; 130).   ᵇ **143.2** Ro 3.20; Gl 2.16.   ᶜ **143.3** Sal 7.5.   ᵈ **143.3** Sal 88.4-6; Lm 3.6.   ᵉ **143.6** Sal 42.1-2; 63.1.   ᶠ **143.8** Sal 25.4-5; 27.11; 86.11.   ᵍ **143.12** Sal 54.5-6.   ʰ **143.12** Sal 116.6.   ᵃ **144** Súplica de un rey de Judá (cf. v. 10), que pide ser liberado de sus enemigos (v. 1-11), y súplica colectiva por la prosperidad de la nación.   ᵇ **144.1** Sal 18.34,46.   ᶜ **144.2** Sal 18.2.

³ Jehová, ¿qué es el hombre para que
   en él pienses,
o el hijo de hombre para que lo
   estimes?[d]
⁴ El hombre es como un soplo;
sus días son como la sombra que
   pasa.[e]

⁵ Jehová, inclina tus cielos y
   desciende;
toca los montes, y humeen.
⁶ Despide relámpagos y disípalos;
envía tus saetas y túrbalos.[f]
⁷ Extiende tu mano desde lo alto;
redímeme y sácame de las muchas
   aguas,
de manos de los hombres extraños,
⁸ cuya boca habla falsedad
y cuya diestra es diestra de
   mentira.

⁹ A ti, Dios, cantaré un cántico
   nuevo;
con salterio, con decacordio
   cantaré a ti.
¹⁰ Tú, el que da victoria a los reyes,
el que rescata de maligna espada a
   David tu siervo.[g]
¹¹ Rescátame, y líbrame
de manos de los hombres extraños,
cuya boca habla falsedad
y cuya diestra es diestra de
   mentira.

¹² Sean nuestros hijos como plantas
   crecidas en su juventud,
nuestras hijas como esquinas
   labradas cual las de un palacio;
¹³ nuestros graneros llenos,
provistos de toda suerte de grano;
nuestros ganados, que se
   multipliquen a millares
y decenas de millares en nuestros
   campos;
¹⁴ nuestros bueyes estén fuertes para
   el trabajo;
no tengamos asalto, ni que hacer
   salida,

ni grito de alarma en nuestras
   plazas.

¹⁵ ¡Bienaventurado el pueblo que
   tiene todo esto!
¡Bienaventurado el pueblo cuyo
   Dios es Jehová!

Alabanza por la bondad y el poder de Dios[a]

Salmo de alabanza; de David

145 ¹ Te exaltaré, mi Dios,
   mi Rey,[b]
y bendeciré tu nombre
   eternamente y para siempre.
² Cada día te bendeciré
y alabaré tu nombre eternamente y
   para siempre.
³ Grande es Jehová y digno de
   suprema alabanza;[c]
su grandeza es insondable.

⁴ Generación a generación celebrará
   tus obras[d]
y anunciará tus poderosos hechos.
⁵ En la hermosura de la gloria de tu
   magnificencia
y en tus hechos maravillosos
   meditaré.
⁶ Del poder de tus hechos
   estupendos hablarán los
   hombres,
y yo publicaré tu grandeza.
⁷ Proclamarán la memoria de tu
   inmensa bondad,
y cantarán tu justicia.

⁸ Clemente y misericordioso es
   Jehová,
lento para la ira y grande en
   misericordia.[e]
⁹ Bueno es Jehová para con todos,
y sus misericordias sobre todas sus
   obras.

¹⁰ ¡Te alaben, Jehová, todas tus obras,
y tus santos te bendigan!

---

[d] **144.3** Job 7.17-18; Sal 8.4.   [e] **144.4** Sal 39.5; 62.9; 102.11; 109.3; cf. Job 7.7; 14.2.
[f] **144.5-6** Sal 18.9-14,16-17; cf. 2 S 22.8-17.   [g] **144.10-11** Sal 18.50.   [a] **145** Himno de alabanza al
Dios universal, rey justo y poderoso, y también compasivo y lleno de bondad. Es uno de los
salmos acrósticos (9-10; 25; 34; 111; 112; 119).   [b] **145.1** Sal 5.1-2; 10.16; 47.2; 84.3.
[c] **145.3** Sal 18.3; 48.1; 96.4.   [d] **145.4** Sal 78.3-4.   [e] **145.8** Ex 34.6-7; Nm 14.18; Sal 103.8; Stg 5.11.

11 La gloria de tu reino digan
y hablen de tu poder,
12 para hacer saber a los hijos de los
hombres sus poderosos hechos
y la gloria de la magnificencia de su
reino.
13 Tu reino es reino de todos los siglos
y tu señorío por todas las
generaciones.[f]

14 Sostiene Jehová a todos los que
caen
y levanta a todos los oprimidos.[g]
15 Los ojos de todos esperan en ti
y tú les das su comida a su tiempo.
16 Abres tu mano
y colmas de bendición a todo ser
viviente.[h]
17 Justo es Jehová en todos sus
caminos
y misericordioso en todas sus
obras.
18 Cercano está Jehová a todos los que
lo invocan,
a todos los que lo invocan de veras.
19 Cumplirá el deseo de los que lo
temen;
oirá asimismo el clamor de ellos y
los salvará.
20 Jehová guarda a todos los que lo
aman,
pero destruirá a todos los impíos.[i]

21 La alabanza de Jehová proclamará
mi boca.
¡Todos bendigan su santo nombre
eternamente y para siempre!

Alabanza por la justicia de Dios[a]
¡Aleluya!

146 1 ¡Alaba, alma mía, a Jehová![b]
2 Alabaré a Jehová en mi vida;
cantaré salmos a mi Dios mientras
viva.[c]

3 No confiéis en los príncipes
ni en hijo de hombre, porque no
hay en él salvación,[d]
4 pues sale su aliento y vuelve a la
tierra;[e]
en ese mismo día perecen sus
pensamientos.

5 Bienaventurado aquel cuyo
ayudador es el Dios de Jacob,
cuya esperanza está en Jehová su
Dios,
6 el cual hizo los cielos y la tierra,
el mar, y todo lo que en ellos hay;
que guarda la verdad para siempre,
7 que hace justicia a los agraviados,[f]
que da pan a los hambrientos.[g]

Jehová liberta a los cautivos;
8 Jehová abre los ojos a los ciegos;
Jehová levanta a los caídos;
Jehová ama a los justos.
9 Jehová guarda a los extranjeros;
al huérfano y a la viuda sostiene,
y el camino de los impíos trastorna.

10 Reinará Jehová para siempre;
tu Dios, Sión, de generación en
generación.

¡Aleluya![h]

Alabanza por el favor de Dios hacia Jerusalén[a]

147 1 Alabad a Jah,
porque es bueno cantar
salmos a nuestro Dios,
porque suave y hermosa es la
alabanza.[b]
2 Jehová edifica a Jerusalén;
a los desterrados de Israel recogerá.
3 Él sana a los quebrantados de
corazón
y venda sus heridas.

---

[f] **145.13** En el texto hebreo falta el v. correspondiente a la letra *nun*. Un manuscrito muy antiguo, la versión griega (LXX) y otras versiones llenan esta laguna añadiendo: *Fiel es el Señor en todas sus promesas y leal en todo lo que hace*. El v. 13 corresponde a la letra que precede a la *nun*, la *mem*.
[g] **145.14** Sal 146.8; 147.6.   [h] **145.15-16** Sal 104.27-28.   [i] **145.20** Sal 104.35.   [a] **146** Reflexión de carácter didáctico (v. 3-9) que comienza y termina con expresiones típicas de los cantos de alabanza (v. 1-2,10).   [b] **146.1** Sal 103.1; 104.1.   [c] **146.2** Sal 104.33.   [d] **146.3** Sal 118.8-9; Is 2.22; 31.3; Jer 17.5.   [e] **146.4** Gn 3.19; Sal 90.3; 104.29; Ec 12.7.   [f] **146.7** Sal 103.6.   [g] **146.7** Lc 1.53.   [h] **146.10** Ex 15.18.   [a] **147** Himno de alabanza a Jehová, Dios de Israel, que manifiesta su predilección por los humildes y colma de beneficios a su pueblo.   [b] **147.1** Sal 33.1; 92.1.

⁴ Él cuenta el número de las estrellas;
a todas ellas llama por sus
nombres.
⁵ Grande es el Señor nuestro y
mucho su poder,
y su entendimiento es infinito.
⁶ Jehová exalta a los humildes
y humilla a los impíos hasta la
tierra.

⁷ Cantad a Jehová con alabanza,
cantad con arpa a nuestro Dios.
⁸ Él es quien cubre de nubes los
cielos,
el que prepara la lluvia para la
tierra,
el que hace a los montes producir
hierba.
⁹ Él da a la bestia su mantenimiento
y a los hijos de los cuervos que
claman.
¹⁰ No se deleita en la fuerza del
caballo
ni se complace en la agilidad del
hombre.
¹¹ Se complace Jehová en los que lo
temen
y en los que esperan en su
misericordia.ᶜ

¹² ¡Alaba a Jehová, Jerusalén;
Sión, alaba a tu Dios!,
¹³ porque fortificó los cerrojos de tus
puertas;
bendijo a tus hijos dentro de ti.
¹⁴ Él da en tus territorios la paz;
te hará saciar con lo mejor del trigo.
¹⁵ Él envía su palabra a la tierra;
velozmente corre su palabra.ᵈ
¹⁶ Da la nieve como lana
y derrama la escarcha como ceniza.
¹⁷ Echa su hielo como pedazos;
ante su frío, ¿quién resistirá?
¹⁸ Enviará su palabra y los derretirá;
soplará su viento y fluirán las
aguas.ᵉ
¹⁹ Ha manifestado sus palabras a Jacob,
sus estatutos y sus juicios a Israel.ᶠ

²⁰ No ha hecho así con ninguna otra
de las naciones;
y en cuanto a sus juicios, no los
conocieron.

¡Aleluya!ᵍ

Exhortación a la creación, para que alabe a Jehováᵃ

¡Aleluya!

148 ¹ Alabad a Jehová desde los
cielos;
alabadlo en las alturas.
² Alabadlo, vosotros todos sus
ángeles;
alabadlo, vosotros todos sus
ejércitos.
³ Alabadlo, sol y luna;
alabadlo, todas vosotras, lucientes
estrellas.
⁴ Alabadlo, cielos de los cielos
y las aguas que están sobre los
cielos.
⁵ Alaben el nombre de Jehová,
porque él mandó, y fueron
creados.ᵇ
⁶ Los hizo ser eternamente y para
siempre;
les puso ley que no será
quebrantada.ᶜ

⁷ Alabad a Jehová desde la tierra,
los monstruos marinos y todos los
abismos,
⁸ el fuego y el granizo, la nieve y el
vapor,
y el viento de tempestad que
ejecuta su palabra,
⁹ los montes y todos los collados,
el árbol de fruto y todos los cedros,
¹⁰ la bestia y todo animal,
reptiles y volátiles.
¹¹ Los reyes de la tierra y todos los
pueblos,
los príncipes y todos los jueces de la
tierra;
¹² los jóvenes y también las doncellas,
los ancianos y los niños.

ᶜ **147.10-11** Sal 20.7-8; 33.16-19; Am 2.15.   ᵈ **147.15** Is 55.10-11; Heb 4.12-13.
ᵉ **147.16-18** Job 37.9-11.   ᶠ **147.19** Dt 33.3-4; Ro 3.1-2.   ᵍ **147.20** Dt 4.7-8,32-35.
ᵃ **148** Himno de alabanza que las criaturas entonan a su Creador.   ᵇ **148.5** Gn 1; Sal 33.6,9.

13 Alaben el nombre de Jehová,
porque solo su nombre es
enaltecido.
Su gloria es sobre tierra y cielos.
14 Él ha exaltado el poderío de su pueblo;
¡alábenlo todos sus santos, los hijos
de Israel,
el pueblo a él cercano!

¡Aleluya!

Exhortación a Israel, para que alabe a Jehová[a]
¡Aleluya!

149 1 Cantad a Jehová un cántico
nuevo;
su alabanza sea en la congregación
de los santos.

2 Alégrese Israel en su Hacedor;
los hijos de Sión se gocen en su Rey.
3 Alaben su nombre con danza;
con pandero y arpa a él canten,
4 porque Jehová tiene
contentamiento en su pueblo;
hermoseará a los humildes con la
salvación.
5 Regocíjense los santos por su gloria
y canten aun sobre sus camas.

6 Exalten a Dios con sus gargantas
y con espadas de dos filos en sus
manos,

7 para ejecutar venganza entre las
naciones,
castigo entre los pueblos;
8 para aprisionar a sus reyes con
grillos
y a sus nobles con cadenas de
hierro;
9 para ejecutar en ellos el juicio
decretado.[b]
Gloria será esto para todos sus
santos.

¡Aleluya!

Exhortación a alabar a Dios con instrumentos de música[a]
¡Aleluya!

150 1 Alabad a Dios en su
santuario;
alabadlo en la magnificencia de su
firmamento.
2 Alabadlo por sus proezas;
alabadlo conforme a la
muchedumbre de su grandeza.
3 Alabadlo a son de bocina;
alabadlo con salterio y arpa.
4 Alabadlo con pandero y danza;
alabadlo con cuerdas y flautas.
5 Alabadlo con címbalos resonantes;
alabadlo con címbalos de júbilo.[b]
6 ¡Todo lo que respira alabe a Jah!

¡Aleluya!

---

[c] **148.5-6** Jer 31.35-36.   [a] **149** Himno de alabanza a Jehová, creador, rey y reivindicador de Israel.   [b] **149.9** Is 13—23; Jer 25.13-38; Ez 25—32; Am 1.2—3.8.   [a] **150** El libro de los *Salmos* concluye con este canto de alabanza a Dios.   [b] **150.3-5** Instrumentos musicales que solían acompañar los cantos en el culto del Templo. Cf. 1 Cr 15.16; Sal 149.3.

PROVERBIOS

INTRODUCCIÓN

El libro de Proverbios (=Pr) pertenece al grupo de los denominados «poéticos y sapienciales». Consta de una serie de colecciones que, en forma de máximas, refranes, dichos y poemas, transmiten la antigua herencia de la sabiduría de Israel, aun cuando también se aprecian reflejos de sabiduría popular no israelita: mesopotámica, egipcia y de otros pueblos del antiguo Oriente medio; por ejemplo, las dos colecciones de refranes atribuidas respectivamente a Agur y a Lemuel (30.2-33 y 31.1-9), o el paralelismo entre Pr 22.17—23.12 y un texto del escriba egipcio Amenemope, de alrededor del año 1000 a.C. El libro lleva el título «Los proverbios de Salomón hijo de David, rey de Israel» (1.1), razón por la cual la obra completa se ha atribuido a aquel monarca, célebre por su sabiduría y autor de tres mil proverbios y mil cinco cantares (1 R 4.29-34).

La sabiduría de Proverbios se centra sobre todo en los ámbitos de la vida no regulados por ordenanzas cúlticas ni mandamientos expresos del Señor. Por esta razón, la mayor parte del libro no se refiere a temas propiamente religiosos, sino de moralidad en general, de buenas costumbres, familiares, educativos o de negocios. Aun así, el libro posee un profundo sentido piadoso. Prueba de ello es la afirmación que abre la primera de las colecciones de proverbios: «El principio de la sabiduría es el temor de Jehová» (1.7; 9.10; cf. Job 28.28; Sal 111.10). No se puede olvidar que la religión de Israel marcó con su propio sello esa sabiduría que se adquiere por la experiencia. Esto significa que la única verdadera sabiduría es la que entraña una forma de vida basada en la obediencia a Dios y manifestada en el amor a la bondad y a la justicia (9.10; 31.8-9).

Esquema del contenido

1. Introducción (1.1-7)
2. Primera colección de poemas (1.8—9.18)
3. Segunda colección: «Proverbios de Salomón» (10.1—22.16)
4. Tercera colección: «Palabras de los sabios» (22.17—24.22)
5. Cuarta colección: «Dichos de los sabios» (24.23-34)
6. Quinta colección: «Proverbios de Salomón» (25.1—29.27)
7. Sexta colección: «Palabras de Agur» (30.1-33)
8. Séptima colección: «Palabras del rey Lemuel» (31.1-9)
9. Apéndice: «Elogio de la mujer virtuosa» (31.10-31)

Finalidad de los proverbios

1 [1] Los proverbios de Salomón[a] hijo de David, rey de Israel,
[2] para aprender sabiduría y doctrina,
para conocer razones prudentes,
[3] para adquirir instrucción y prudencia,

justicia, juicio y equidad;
[4] para dar sagacidad a los ingenuos,
y a los jóvenes inteligencia y cordura.
[5] El sabio los escucha y aumenta su saber,
y el inteligente adquiere capacidad

[a] **1.1** 1 R 4.29-32; Pr 10.1; 25.1; cf. Ec 1.1; Cnt 1.1.

⁶ para entender los proverbios y
  sentencias,
las palabras de los sabios y sus
  enigmas.

⁷ El principio de la sabiduría es el
  temor de Jehová;ᵇ
los insensatos desprecian la
  sabiduría y la enseñanza.

Amonestaciones de la sabiduría

⁸ «Escucha, hijo mío, la instrucción
  de tu padre
y no abandones la enseñanza de tu
  madre,
⁹ porque adorno de gracia serán en
  tu cabeza,
y collaresᶜ en tu cuello.
¹⁰ Hijo mío, si los pecadores intentan
  engañarte,
no lo consientas.
¹¹ Si te dicen: "Ven con nosotros,
  pongamos asechanzas para
    derramar sangre,
acechemos sin motivo al inocente;
¹² los tragaremos vivos, como el seol,
y enteros, como los que caen en la
  fosa;
¹³ hallaremos toda clase de riquezas,
llenaremos nuestras casas con el
  botín.
¹⁴ Ven, une tu suerte a la nuestra
y hagamos una bolsa común entre
  todos",
¹⁵ tú, hijo mío, no vayas en el camino
  con ellos,
sino aparta tu pie de sus veredas,
¹⁶ porque sus pies corren hacia el mal,
se apresuran a derramar sangre.ᵈ
¹⁷ En vano es tender una red
ante los ojos del ave,
¹⁸ pero ellos a su propia sangre ponen
  asechanzas,
contra sí mismos tienden la
  trampa.
¹⁹ Así son las sendas de todo el que es
  dado a la codicia,

la cual quita la vida de sus
  poseedores.ᵉ

²⁰ »La sabiduría clama en las calles,
alza su voz en las plazas;
²¹ Clama en los principales lugares de
  reunión,ᶠ
a la entrada de las puertas de la
  ciudad dice sus razones:
²² "¿Hasta cuándo, ingenuos,ᵍ
  amaréis la ingenuidad?
¿Hasta cuándo los burlones
  desearán burlarse
y los insensatos aborrecerán el
  conocimiento?
²³ ¡Volveos a mi reprensión!,
pues ciertamente yo derramaré mi
  espíritu sobre vosotros
y os haré saber mis palabras.
²⁴ Yo os llamé, pero no quisisteis
  escuchar;
tendí mi mano, pero no hubo quien
  atendiera,
²⁵ sino que desechasteis todos mis
  consejos
y rechazasteis mi reprensión;
²⁶ por eso, también yo me reiré en
  vuestra calamidad,
me burlaré cuando os venga lo que
  teméis,
²⁷ cuando venga como una
  destrucción lo que teméis
y vuestra calamidad llegue como
  un torbellino;
cuando sobre vosotros venga
  tribulación y angustia.

²⁸ »Entonces me llamarán, pero no
  responderé;
me buscarán de mañana, pero no
  me hallarán.
²⁹ Por cuanto aborrecieron la
  sabiduría
y no escogieron el temor de Jehová,
³⁰ sino que rechazaron mi consejo
y menospreciaron todas mis
  represiones,

ᵇ **1.7** Job 28.28; Sal 111.10; Pr 9.10; Ec 12.13.   ᶜ **1.8-9** Pr 4.1,9; 6.20-21.   ᵈ **1.16** Is 59.7; Ro 3.15.
Cf. Gn 6.5.   ᵉ **1.17-19** Pr 15.27; cf. Is 17.14; Ro 6.23.   ᶠ **1.20-21** Pr 8.1-3.   ᵍ **1.22** Pr 7.7; 8.5; 9.4,16.
ʰ **1.31** Gl 6.7-10.

³¹ comerán del fruto de su camino[h]
y se hastiarán de sus propios
consejos.
³² Porque el desvío de los ignorantes
los matará,
la prosperidad de los necios los
echará a perder;[i]
³³ pero el que me escuche vivirá
confiadamente,
estará tranquilo, sin temor del
mal".

Excelencia de la sabiduría

2 ¹ »Hijo mío, si recibes mis palabras
y guardas en ti mis
mandamientos,[a]
² haciendo estar atento tu oído a la
sabiduría;
si inclinas tu corazón a la
prudencia,
³ si invocas a la inteligencia
y pides que la prudencia te asista;
⁴ si la buscas como si fuera plata
y la examinas como a un tesoro,[b]
⁵ entonces entenderás el temor de
Jehová
y hallarás el conocimiento de Dios,
⁶ porque Jehová da la sabiduría[c]
y de su boca proceden el
conocimiento y la inteligencia.
⁷ Él provee de sana sabiduría a los
rectos:
es escudo para los que caminan
rectamente.[d]
⁸ Él es quien guarda las veredas del
juicio
y preserva el camino de sus
santos.[e]
⁹ Entonces comprenderás qué es
justicia, juicio
y equidad, y todo buen camino.
¹⁰ Cuando la sabiduría penetre en tu
corazón
y el conocimiento sea grato a tu
alma,
¹¹ la discreción te guardará
y te preservará la inteligencia,
¹² para librarte del mal camino,

de los hombres que hablan
perversamente,
¹³ de los que abandonan los caminos
rectos
para andar por sendas tenebrosas,
¹⁴ de los que disfrutan haciendo el mal
y se gozan con las perversiones del
vicio,
¹⁵ las veredas de los cuales son torcidas,
y torcidos sus caminos.[f]

¹⁶ »Serás así librado de la mujer ajena,
de la extraña que halaga con sus
palabras,
¹⁷ que abandona al compañero de su
juventud
y se olvida del pacto de su Dios,
¹⁸ por lo cual su casa se desliza hacia
la muerte,
y sus veredas hacia los muertos.
¹⁹ De los que a ella se lleguen,
ninguno volverá
ni seguirá de nuevo los senderos de
la vida.[g]

²⁰ »Tú así andarás por el camino de
los buenos
y seguirás las sendas de los justos;
²¹ porque los rectos habitarán la tierra
y los íntegros permanecerán en ella.[h]
²² En cambio, los malvados serán
eliminados de la tierra,
y de ella serán arrancados los
prevaricadores.

Exhortación a la obediencia

3 ¹ »Hijo mío, no te olvides de mi Ley,
y que tu corazón guarde mis
mandamientos,
² porque muchos días y años de vida
y de paz te aumentarán.
³ Nunca se aparten de ti la
misericordia y la verdad:
átalas a tu cuello,
escríbelas en la tabla de tu corazón[a]
⁴ y hallarás gracia y buena opinión
ante los ojos de Dios y de los
hombres.[b]

[i] **1.28-32** Pr 8.36; Jer 5.12-14.   [a] **2.1** Sal 119.9,11; Ec 12.1.   [b] **2.2-4** Pr 22.17; 23.12.   [c] **2.6** 1 R 3.12;
Job 32.8; Stg 1.5.   [d] **2.7** Gn 15.1; Sal 28.7; 91.1-2; Pr 30.5-6.   [e] **2.7-8** Sal 91.3-7,9-13.
[f] **2.15** Pr 21.8; Is 59.8.   [g] **2.19** Ec 7.26.   [h] **2.21-22** Sal 37.9; Pr 10.30.   [a] **3.3** Dt 6.6-9; Pr 6.21; 7.3.
[b] **3.4** 1 S 2.26; Lc 2.52; Ro 12.17; 2 Co 8.21.

5 »Confía en Jehová con todo tu
  corazón
  y no te apoyes en tu propia
  prudencia.c
6 Reconócelo en todos tus caminos
  y él hará derechas tus veredas.d
7 No seas sabio en tu propia
  opinión,e
  sino teme a Jehová y apártate del
  mal,
8 porque esto será medicina para tus
  músculos
  y refrigerio para tus huesos.

9 »Honra a Jehová con tus bienes
  y con las primicias de todos tus
  frutos;
10 entonces tus graneros estarán
  colmados con abundancia
  y tus lagares rebosarán de mosto.

11 »No menosprecies, hijo mío, el
  castigo de Jehová,
  no te canses de que él te corrija,f
12 porque Jehová al que ama castiga,g
  como el padre al hijo a quien
  quiere.h

13 »¡Bienaventurado el hombre que
  halla la sabiduría
  y obtiene la inteligencia,
14 porque su ganancia es más que la
  ganancia de la plata,
  sus beneficios más que los del oro
  fino!
15 Más preciosa es que las piedras
  preciosas:
  ¡nada que puedas desear se puede
  comparar con ella!
16 Larga vida hay en su mano
  derecha,
  y en su izquierda, riquezas y honra.
17 Sus caminos son caminos
  deleitosos;
  todas sus veredas, paz.
18 Es árbol de vida para los que de ella
  echan mano,
  y bienaventurados son los que la
  retienen.

19 »Jehová fundó la tierra con
  sabiduría,
  afirmó los cielos con inteligencia.
20 Con su ciencia, los mares fueron
  divididos
  y destilan rocío los cielos.i

21 »Hijo mío, no se aparten estas cosas
  de tus ojos:
  guarda la Ley y el consejo,
22 que serán vida para tu alma
  y gracia para tu cuello.j
23 Entonces andarás por tu camino
  confiadamente
  y tu pie no tropezará.k
24 Cuando te acuestes, no tendrás
  temor,
  sino que te acostarás y tu sueño
  será grato.l
25 No tendrás temor de un pavor
  repentino
  ni de la ruina de los impíos, cuando
  llegue,
26 porque Jehová será tu confianza:
  él evitará que tu pie quede
  atrapado.

27 »Si tienes poder para hacer el bien,
  no te rehúses a hacérselo a quien lo
  necesite;m
28 no digas a tu prójimo: "Vete, vuelve
  de nuevo,
  mañana te daré",
  cuando tengas contigo qué darle.
29 No intentes hacer daño a tu
  prójimo
  que vive confiado junto a ti.
30 No pleitees sin razón con nadie,
  a no ser que te hayan agraviado.n
31 No envidies al hombre injusto
  ni escojas ninguno de sus caminos.
32 Porque Jehová abomina al
  perverso;
  su comunión íntima es con los
  justos.
33 La maldición de Jehová está en la
  casa del malvado,
  pero bendice la morada de los
  justos.

c 3.5 Pr 28.26; Ro 12.16.   d 3.6 Sal 5.8; Pr 16.3; Is 40.3; Jer 42.3.   e 3.7 Ro 12.16.   f 3.11 Dt 8.5;
Job 5.17; Heb 12.5-6.   g 3.12 Cf 2 S 7.14; Pr 13.24; Ap 3.19.   h 3.11-12 Heb 12.5-6.
i 3.19-20 Pr 8.22-31.   j 3.21-22 Pr 1.8-9; 4.10,20-22.   k 3.23 Sal 91.12; Pr 1.33; 4.12.
l 3.24 Sal 3.5-6; 4.8.   m 3.27 Mt 5.42.   n 3.30 Ro 12.18.

[34] Ciertamente él escarnece a los escarnecedores
y da gracia a los humildes.[ñ]
[35] Los sabios heredan la honra,
pero los necios cargan con su ignominia.

Beneficios de la sabiduría

4 [1] »Escuchad, hijos, la enseñanza de un padre;
estad atentos, para adquirir cordura.
[2] Yo os doy buena enseñanza;
por eso, no descuidéis mi instrucción.
[3] Yo también fui un hijo para mi padre,
delicado y único a los ojos de mi madre.
[4] Él me enseñaba, diciendo:
"Retén mis razones en tu corazón,
guarda mis mandamientos y vivirás".
[5] Adquiere sabiduría, adquiere inteligencia,
no te olvides de ella ni te apartes de las razones de mi boca;
[6] No la abandones, y ella te guardará;
ámala, y te protegerá.
[7] Sabiduría ante todo, ¡adquiere sabiduría!
Sobre todo lo que posees, ¡adquiere inteligencia!
[8] Engrandécela, y ella te engrandecerá;
te honrará, si tú la abrazas.
[9] Un adorno de gracia pondrá en tu cabeza;
una corona de belleza te entregará.

[10] »Escucha, hijo mío, recibe mis razones
y se te multiplicarán los años de tu vida.
[11] Por el camino de la sabiduría te he encaminado,
por veredas derechas te he hecho andar.
[12] Cuando andes, no se acortarán tus pasos;

si corres, no tropezarás.[a]
[13] Aférrate a la instrucción, no la dejes;
guárdala, porque ella es tu vida.[b]
[14] No entres en la vereda de los impíos
ni vayas por el camino de los malos.[c]
[15] Déjala, no pases por ella;
apártate de ella, pasa de largo.
[16] Pues ellos no duermen si no hacen el mal;
pierden el sueño si no hacen caer a alguno.
[17] Porque su comida es pan de maldad,
y su bebida, vino de violencia.
[18] La senda de los justos es como la luz de la aurora,
que va en aumento hasta que el día es perfecto;
[19] pero el camino de los malvados es como la oscuridad,
y no saben en qué tropiezan.

[20] »Hijo mío, está atento a mis palabras;
inclina tu oído a mis razones.
[21] Que no se aparten de tus ojos;
guárdalas en lo profundo de tu corazón,
[22] porque son vida para los que las hallan
y medicina para todo su cuerpo.
[23] Sobre toda cosa que guardes,
guarda tu corazón,
porque de él mana la vida.
[24] Aparta de ti la perversidad de la boca,
aleja de ti la iniquidad de los labios.
[25] Que tus ojos miren lo recto
y que tus párpados se abran a lo que tienes delante.
[26] Examina la senda que siguen tus pies[d]
y sean rectos todos tus caminos.
[27] No te desvíes a la derecha ni a la izquierda;
aparta tu pie del mal.

[ñ] **3.34** Stg 4.6; 1 P 5.5.   [a] **4.11-12** Sal 23.3.   [b] **4.13** Pr 3.21-22.   [c] **4.14** Sal 1.1; 17.5.
[d] **4.26** Heb 12.13.

Amonestación contra la impureza

5 ¹ »Hijo mío, está atento a mi sabiduría
e inclina tu oído a mi inteligencia,
² para que guardes discreción
y tus labios conserven la ciencia.
³ Los labios de la mujer extraña*ᵃ*
destilan miel
y su paladar es más suave que el aceite,
⁴ pero su final es amargo como el ajenjo,*ᵇ*
agudo como espada de dos filos.
⁵ Sus pies descienden a la muerte,
sus pasos se dirigen al seol.
⁶ Sus caminos no son firmes: no los conoce,
ni considera el camino de la vida.

⁷ »Ahora pues, hijos, escuchadme
y no os apartéis de las razones de mi boca.
⁸ Aleja de ella tu camino
y no te acerques a la puerta de su casa,
⁹ no sea que des tu honor a extraños,
y tus años a alguien cruel;
¹⁰ o no sea que los extraños se sacien de tu fuerza,
que tus trabajos queden en casa ajena*ᶜ*
¹¹ y que gimas al final,
cuando se consuma tu carne y todo tu cuerpo,
¹² y digas: "¡Cómo pude aborrecer el consejo?
¿Cómo pudo mi corazón menospreciar la represión?
¹³ ¡No escuché la voz de los que me instruían,
ni a los que me enseñaban incliné mi oído!
¹⁴ Casi en el colmo del mal he estado,
en medio de la sociedad y de la congregación".

¹⁵ »Bebe el agua de tu propia cisterna,
los raudales de tu propio pozo.
¹⁶ ¿Acaso han de derramarse tus fuentes por las calles
y tus corrientes de aguas por las plazas?
¹⁷ Sean ellas para ti solo,
no para los extraños que estén contigo.
¹⁸ ¡Sea bendito tu manantial
y alégrate con la mujer de tu juventud,
¹⁹ cierva amada, graciosa gacela!
Que sus caricias te satisfagan en todo tiempo
y recréate siempre en su amor.
²⁰ ¿Por qué, hijo mío, has de andar ciego con la mujer ajena
y abrazar el seno de la extraña?
²¹ Los caminos del hombre están ante los ojos de Jehová,
y él considera todas sus veredas.*ᵈ*
²² Apresarán al malvado sus propias iniquidades,
retenido será con las ligaduras de su pecado.*ᵉ*
²³ Él morirá por falta de disciplina
y errará por lo inmenso de su locura.

Amonestación contra la pereza y la falsedad

6 ¹ »Hijo mío, si has salido fiador por tu amigo
o le has empeñado tu palabra a un extraño,
² te has enredado con las palabras de tu boca
y has quedado atrapado en los dichos de tus labios.
³ Haz esto ahora, hijo mío, para librarte,
ya que has caído en manos de tu prójimo:
Ve, humíllate, importuna a tu amigo,
⁴ no des sueño a tus ojos
ni dejes que tus párpados se cierren;
⁵ escápate como una gacela de manos del cazador,
como un ave de manos del que tiende trampas.

ᵃ **5.3** En realidad, se trata de la mujer adúltera. Las *palabras* de esta mujer se mencionan en 7.14-20. *ᵇ* **5.4** Planta medicinal de sabor amargo. *ᶜ* **5.9-10** Pr 29.3. *ᵈ* **5.21** Job 34.21-22,25; Sal 139.1-12. *ᵉ* **5.22** Sal 9.16 Pr 1.17-19,31-32.

⁶ »Mira la hormiga, perezoso,
observa sus caminos y sé sabio:
⁷ Ella, sin tener capitán,
gobernador ni señor,
⁸ prepara en el verano su comida,
recoge en el tiempo de la siega su
sustento.
⁹ Perezoso, ¿hasta cuándo has de
dormir?ᵃ
¿Cuándo te levantarás del sueño?
¹⁰ Un poco de sueño, dormitar otro
poco,
y otro poco descansar mano sobre
mano:
¹¹ así te llegará la miseria como un
vagabundo,
la pobreza como un hombre
armado.ᵇ

¹² El hombre malo, el hombre
depravado,
es el que anda en perversidad de
boca;
¹³ que guiña los ojos, que habla con
los pies,
que hace señas con los dedos.
¹⁴ Perversidades hay en su corazón;
anda pensando el mal en todo
tiempo;
siembra las discordias.
¹⁵ Por tanto, su calamidad vendrá de
repente;
súbitamente será quebrantado, y
no habrá remedio.

¹⁶ »Seis cosas aborrece Jehová,
y aun siete le son abominables:
¹⁷ los ojos altivos, la lengua
mentirosa,
las manos que derraman sangre
inocente,
¹⁸ el corazón que maquina
pensamientos inicuos,
los pies que corren presurosos al
mal,
¹⁹ el testigo falso, que dice mentiras,
y el que siembra discordia entre
hermanos.

Amonestación contra el adulterio

²⁰ »Guarda, hijo mío, el mandamiento
de tu padre
y no abandones la enseñanza de tu
madre.
²¹ Átalos siempre a tu corazón,
enlázalos a tu cuello.
²² Te guiarán cuando camines,
te guardarán cuando duermas
y hablarán contigo cuando
despiertes.
²³ Porque el mandamiento es
lámpara,
la enseñanza es luz,
y camino de vida son las
represiones que te instruyenᶜ
²⁴ para guardarte de la mala mujer,
de la suave lengua de la mujer
extraña.ᵈ
²⁵ No codicies su hermosura en tu
corazón,
ni te prenda ella con sus ojos,
²⁶ porque la ramera solo pretende del
hombre un bocado de pan,
pero la adúltera busca la vida del
hombre.
²⁷ ¿Pondrá el hombre fuego en su seno
sin que ardan sus vestidos?
²⁸ ¿Andará el hombre sobre brasas
sin que se quemen sus pies?
²⁹ Así le sucede al que se llega a la
mujer de su prójimo,
pues no quedará impune ninguno
que la toque.
³⁰ ¿No se desprecia al ladrón,
aunque solo robe por comer
cuando tiene hambre?
³¹ Y si es sorprendido, pagará siete
veces:
tendrá que entregar cuanto tiene en
su casa.
³² También al que comete adulterio le
falta sensatez;
el que tal hace corrompe su alma.
³³ Heridas y vergüenza hallará,
y su afrenta nunca será borrada.ᵉ
³⁴ Porque el hombre enfurecido por
los celos

ᵃ 6.9 Pr 26.13-16. ᵇ 6.10-11 Pr 24.33-34. ᶜ 6.23 Sal 19.8; 119.105. ᵈ 6.24 Pr 2.16; 5.3; 7.5.
ᵉ 6.33 Pr 5.9-14.

no perdonará en el día de la
venganza;
35 no aceptará compensación alguna,
ni querrá perdonar aunque le
aumentes el pago.

Artimañas de la ramera

7 1 »Hijo mío, guarda mis razones
y atesora para ti mis
mandamientos.
2 Guarda mis mandamientos y
vivirás,
y guarda mi enseñanza como a la
niña de tus ojos.
3 Átalos a tus dedos,
escríbelos en la tabla de tu corazón.
4 Di a la sabiduría: "Tú eres mi
hermana",
y llama parienta a la inteligencia,
5 para que te guarden de la mujer
ajena,
de la extraña que suaviza sus
palabras.

6 »Miraba yo por la ventana de mi
casa,
a través de mi celosía,
7 cuando vi entre los ingenuos,
observé entre los jóvenes,
a un joven falto de sensatez.
8 Pasaba él por la calle, junto a la
esquina,
e iba camino de la casa de ella,
9 al atardecer, cuando ya oscurecía
y caía la oscuridad y las tinieblas de
la noche.

10 »En esto, una mujer le sale al
encuentro,
con atavío de ramera y astucia en el
corazón.
11 Alborotadora y pendenciera,
sus pies no pueden estar en casa.
12 Unas veces está en la calle, otras
veces en las plazas,
al acecho en todas las esquinas.
13 Se asió de él y lo besó.
Con semblante descarado le dijo:
14 "Sacrificios de paz había
prometido,

y hoy he cumplido mis votos;
15 por eso he salido a encontrarte,
buscando con ansia tu rostro,
y te he hallado.
16 He adornado mi cama con colchas
recamadas con lino de Egipto;
17 he perfumado mi lecho
con mirra, áloes y canela.
18 Ven, embriaguémonos de amor[a]
hasta la mañana;
disfrutemos de amores.
19 Porque mi marido no está en casa;
se ha ido a un largo viaje.
20 La bolsa del dinero se llevó en la
mano,
y no volverá a su casa hasta la luna
llena".

21 »Así lo rindió, con la suavidad de
sus muchas palabras,
y lo sedujo con la zalamería de sus
labios.
22 Al punto se marchó tras ella,
como va el buey al degolladero
o como va el necio a prisión para
ser castigado;
23 como el ave que se arroja contra
la red,
sin saber que va a perder la vida
hasta que la saeta traspasa su
corazón.

24 »Ahora pues, hijos, escuchadme;
estad atentos a las razones de mi boca:
25 No se desvíe tu corazón a los
caminos de ella;
no yerres en sus veredas,
26 porque a muchos ha hecho caer
heridos,
y aun los más fuertes han sido
muertos por ella.
27 Camino del seol es su casa,
que conduce a las cámaras de la
muerte».

Excelencia de la Sabiduría[a]

8 1 ¿Acaso no clama la Sabiduría
y alza su voz la inteligencia?
2 Apostada en las alturas junto al
camino,

---

[a] **7.18** El amor sexual se compara con la bebida y la comida, aquí y en 9.17; 30.20; Cnt 4.16; 5.1.
[a] **8.1-36** Este discurso, junto con el del cap. 9, son la cumbre poética y doctrinal del libro de *Proverbios*. En Job 28 se encuentra otro discurso semejante.

en las encrucijadas de las veredas,
3 junto a las puertas, a la entrada de
la ciudad,
a la entrada de las puertas da
voces:*b*
4 ¡A vosotros, hombres, llamo;
mi voz dirijo a los hijos de los
hombres!
5 «Ingenuos, aprended discreción;
y vosotros, necios, entrad en
cordura.
6 Escuchad, porque voy a decir cosas
excelentes,
voy a abrir mis labios para cosas
rectas.
7 Porque mi boca dice la verdad,
y mis labios abominan la
impiedad.*c*
8 Justas son todas las razones de mi
boca:
nada hay en ellas perverso ni
torcido;
9 todas son claras para el que
entiende
y rectas para los que han hallado
sabiduría.
10 Recibid mi enseñanza antes que la
plata,
y ciencia antes que el oro puro;
11 porque mejor es la sabiduría que
las perlas,
y no hay cosa deseable que se le
pueda comparar».*d*

Discurso de la Sabiduría

12 «Yo, la Sabiduría, habito con la
cordura
y tengo la ciencia de los consejos.
13 El temor de Jehová es aborrecer el
mal:
yo aborrezco la soberbia, la
arrogancia, el mal camino
y la boca perversa.
14 Conmigo están el consejo y el buen
juicio.
Yo soy la inteligencia, y mío es el
poder.
15 Por mí reinan los reyes,
y los príncipes ejercen la justicia.
16 Por mí dominan los príncipes,

y los gobernadores juzgan la tierra.
17 Yo amo a los que me aman,
y me hallan los que temprano me
buscan.
18 Las riquezas y el honor me
acompañan;
los bienes permanentes y la
justicia.*e*
19 Mejor es mi fruto que el oro, que el
oro refinado;
y mis beneficios mejores que la
plata pura.
20 Por vereda de justicia guiaré,
por en medio de sendas de juicio,
21 para hacer que los que me aman
tengan su heredad
y que yo llene sus tesoros.

22 »Jehová me poseía en el principio,
ya de antiguo, antes de sus obras.*f*
23 Eternamente tuve la primacía,
desde el principio,
antes de la tierra.
24 Fui engendrada antes que los
abismos,
antes que existieran las fuentes de
las muchas aguas.
25 Antes que los montes fueran
formados,
antes que los collados, ya había
sido yo engendrada,
26 cuando él aún no había hecho la
tierra, ni los campos,
ni el principio del polvo del mundo.
27 Cuando formaba los cielos, allí
estaba yo;
cuando trazaba el círculo sobre la
faz del abismo,
28 cuando afirmaba los cielos arriba,
cuando afirmaba las fuentes del
abismo,
29 cuando fijaba los límites al mar
para que las aguas no
transgredieran su mandato,
cuando establecía los fundamentos
de la tierra,*g*
30 con él estaba yo ordenándolo todo.
Yo era su delicia cada día
y me recreaba delante de él en todo
tiempo.

---

b 8.1-3 Pr 1.20-21.   *c* 8.7 Sal 37.30.   *d* 8.10-11 Job 28.17-18; Pr 3.14-15; 8.19.   *e* 8.18 Pr 3.16;
21.21.   *f* 8.22 Ap 3.14.   *g* 8.29 Job 38.8-11; Sal 104.6-9; Jer 5.22; Miq 6.2.

³¹ Me regocijaba con la parte habitada
de su tierra,
pues mis delicias están con los hijos
de los hombres.

³² »Ahora pues, hijos, escuchadme:
¡Bienaventurados los que guardan
mis caminos!
³³ Atended el consejo, sed sabios
y no lo menospreciéis.
³⁴ Bienaventurado el hombre que me
escucha,
velando a mis puertas cada día,
guardando los postes de mis
puertas,
³⁵ porque el que me halle, hallará la
vida
y alcanzará el favor de Jehová;
³⁶ pero el que peca contra mí, se
defrauda a sí mismo,
pues todos los que me aborrecen
aman la muerte».

La sabiduría y la insensatez

9 ¹ La Sabiduría edificó su casa,
labró sus siete columnas,
² mató sus víctimas, mezcló su vino
y puso su mesa.
³ Envió a sus criadas,
y sobre lo más alto de la ciudad
clamó,
⁴ diciendo a todo ingenuo:
«Ven acá»,
y a los insensatos:
⁵ «Venid, comed de mi pan
y bebed del vino que he mezclado.
⁶ Dejad vuestras ingenuidades y
viviréis;
y andad por el camino de la
inteligencia».

⁷ El que corrige al escarnecedor, se
acarrea afrenta;
el que reprende al malvado, atrae
mancha sobre sí.
⁸ No reprendas al escarnecedor, para
que no te aborrezca;
corrige al sabio, y te amará.
⁹ Da al sabio, y será más sabio;

enseña al justo, y aumentará su
saber.
¹⁰ El temor de Jehová es el principio
de la sabiduría;ᵃ
el conocimiento del Santísimo es la
inteligencia.
¹¹ Porque por mí se aumentarán tus
días,
años de vida se te añadirán.
¹² Si eres sabio, para ti lo eres;
si eres escarnecedor, solo tú lo
pagarás.

¹³ La mujer necia es alborotadora,
ingenua e ignorante.
¹⁴ Se sienta en una silla a la puerta de
su casa,
en los lugares altos de la ciudad,
¹⁵ para llamar a los que pasan por el
camino,
a los que van derechos por sus
sendas,
¹⁶ y dice a cualquier ingenuo: «Ven
acá»;
y a los faltos de cordura dice:
¹⁷ «Las aguas robadas son dulces,
y el pan comido a escondidas es
sabroso».
¹⁸ Pero ellos no saben que allí están
los muertos,
que sus convidados están en lo
profundo del seol.ᵇ

10 ¹ Los proverbios de Salomón.

El hijo sabio alegra al padre,
pero el hijo necio es la tristeza de su
madre.
² Los tesoros de maldad no serán de
provecho,
mas la justicia libra de la muerte.
³ Jehová no dejará que el justo
padezca hambre,
mas rechazará la codicia de los
malvados.ᵃ
⁴ La mano negligente empobrece,
pero la mano de los diligentes
enriquece.ᵇ
⁵ El que recoge en verano es hombre
sensato,

ᵃ **9.10** Job 28.28; Sal 111.10; Pr 1.7.　ᵇ **9.13-18** La necedad tiene muchas semejanzas con la mujer adúltera de los caps. 5 y 7.　ᵃ **10.3** Sal 34.9-10; 37.19,25; Pr 13.25; 28.25.　ᵇ **10.4** Pr 12.24; 13.4; 15.19; 19.15.

pero el que duerme en tiempo de
siega, avergüenza.
6 Hay bendiciones sobre la cabeza
del justo,
pero la boca de los malvados oculta
violencia.
7 La memoria del justo es bendecida,
mas el nombre de los malvados se
pudrirá.
8 El de corazón sabio recibe los
mandamientos,
mas el de labios necios va a su
ruina.
9 El que camina en integridad anda
confiado,
pero el que pervierte sus caminos
sufrirá quebranto.
10 El que guiña el ojo acarrea tristeza;
el de labios necios será derribado.
11 Manantial de vida es la boca del
justo,
pero la boca de los malvados oculta
violencia.
12 El odio despierta rencillas,
pero el amor cubre todas las faltas.^{c}
13 En los labios del prudente hay
sabiduría,
mas la vara es para las espaldas del
insensato.
14 Los sabios atesoran sabiduría,
mas la boca del necio es una
calamidad cercana.
15 Las riquezas del rico son su ciudad
fortificada;
la debilidad de los pobres es su
pobreza.^{d}
16 La obra del justo es para vida;
el fruto del malvado es para
pecado.^{e}
17 Guardar la instrucción es camino
que lleva a la vida;
el que rechaza la represión, yerra.
18 El de labios mentirosos encubre el
odio;
el que propaga la calumnia es un
necio.
19 En las muchas palabras no falta
pecado;
el que refrena sus labios es
prudente.^{f}

20 Plata pura es la lengua del justo,
mas es nada el corazón de los
malvados.
21 Los labios del justo sustentan a
muchos,
pero los necios mueren por falta de
entendimiento.
22 La bendición de Jehová es la que
enriquece,
y no añade tristeza con ella.^{g}
23 Cometer maldad es una diversión
para el insensato,
mas la sabiduría recrea al hombre
inteligente.
24 Lo que el malvado teme, eso le
sobrevendrá,
pero los justos recibirán lo que
desean.^{h}
25 Como pasa el torbellino, así el malo
no permanece,
mas el justo permanece para
siempre.
26 Como el vinagre para los dientes y
el humo para los ojos,
así es el perezoso para quienes lo
envían.
27 El temor de Jehová aumenta los
días,
mas los años de los malvados serán
acortados.
28 La esperanza de los justos es
alegría,
mas la esperanza de los malvados
perecerá.
29 El camino de Jehová es fortaleza
para el perfecto,
pero destrucción para los que
cometen maldad.
30 El justo jamás será removido,
pero los malvados no habitarán la
tierra.
31 De la boca del justo brota la
sabiduría,
mas la lengua perversa será cortada.
32 Los labios del justo saben decir lo
que agrada,
mas la boca de los malvados habla
perversidades.

11 1 Jehová abomina el peso falso,
pero la pesa cabal le agrada.

---

^{c} **10.12** Stg 5.20; 1 P 4.8. ^{d} **10.15** Sal 49.6; Pr 18.11; 19.7. ^{e} **10.16** Pr 11.18; 12.28. Cf. Ro 6.21-23.
^{f} **10.19** Pr 13.3; 17.27; Ec 5.2-3; Stg 1.19; 3.2-12. ^{g} **10.22** Sal 37.22; 90.17; 127.2; Pr 15.6
^{h} **10.24** Job 3.25; Sal 37.4; 145.19; 1 Jn 5.14-15.

² Cuando llega la soberbia, llega
  también la deshonra;
  pero con los humildes está la
  sabiduría.
³ La integridad guía a los rectos,
  pero a los pecadores los destruye
  su propia perversidad.
⁴ De nada servirán las riquezas en el
  día de la ira,
  pero la justicia librará de muerte.
⁵ La justicia del perfecto endereza su
  camino,
  pero el malvado caerá por su
  propia impiedad.
⁶ La justicia libra a los rectos,
  pero los pecadores son atrapados
  en su pecado.
⁷ Cuando muere el hombre
  malvado, perece su esperanza;
  la expectación de los malos
  perecerá.
⁸ El justo es librado de la tribulación,
  pero su lugar lo ocupa el malvado.
⁹ El hipócrita, con la boca daña a su
  prójimo,
  pero los justos se libran con la
  sabiduría.
¹⁰ Con el bien de los justos se alegra la
  ciudad,
  pero cuando los malvados perecen,
  se hace fiesta.ᵃ
¹¹ Por la bendición de los rectos la
  ciudad es engrandecida,
  pero por la boca de los malvados es
  trastornada.ᵇ
¹² El que carece de entendimiento
  menosprecia a su prójimo,
  pero el hombre prudente calla.
¹³ El que anda con chismes revela el
  secreto;ᶜ
  el de espíritu fiel lo guarda íntegro.
¹⁴ Donde no hay dirección sabia, el
  pueblo cae;
  la seguridad está en los muchos
  consejeros.ᵈ
¹⁵ La ansiedad aflige al que sale
  fiador de un extraño;
  el que aborrece las fianzas vive
  seguro.
¹⁶ La mujer agraciada obtiene
  honores;

los fuertes obtienen riquezas.
¹⁷ A su alma hace bien el hombre
  misericordioso,
  pero el cruel se atormenta a sí
  mismo.
¹⁸ El malvado obra con falsedad;
  el que siembra justicia obtendrá
  firme galardón.
¹⁹ Como la justicia conduce a la vida,
  así el que sigue el mal lo hace para
  su muerte.
²⁰ Abominables son para Jehová los
  perversos de corazón,
  pero los perfectos de camino le son
  agradables.
²¹ Tarde o temprano, el malo será
  castigado,
  pero la descendencia de los justos
  se librará.
²² Como zarcillo de oro en el hocico
  de un cerdo
  es la mujer hermosa pero falta de
  sentido.
²³ El deseo de los justos es solamente
  el bien;
  la esperanza de los malvados, el
  enojo.
²⁴ Hay quienes reparten y les es
  añadido más,
  y hay quienes retienen más de lo
  justo y acaban en la miseria.ᵉ
²⁵ El alma generosa será prosperada:
  el que sacie a otros, también él será
  saciado.
²⁶ Al que acapara el grano, el pueblo
  lo maldice,
  pero bendición cubre la cabeza del
  que lo vende.
²⁷ El que procura el bien obtendrá
  favor,
  pero al que busca el mal, el mal le
  sobrevendrá.
²⁸ El que confía en sus riquezas caerá,
  pero los justos reverdecerán como
  el follaje ᶠ
²⁹ El que perturba su casa heredará
  viento,
  y el necio será siervo del sabio de
  corazón.
³⁰ El fruto del justo es árbol de vida;
  el que gana almas es sabio.

ᵃ 11.10 Pr 28.12.   ᵇ 11.11 Pr 14.1.   ᶜ 11.13 Pr 10.19; 17.27-28; 20.19.   ᵈ 11.14 Pr 15.22; 24.6.
ᵉ 11.24 Mt 25.14-30; Lc 19.11-27.   ᶠ 11.28 Sal 1.4; 37.1-2; 52.7-8; Mc 10.23.

³¹ Ciertamente el justo recibe su paga
en la tierra,
¡cuánto más el malvado y el
pecador!ᵍ

12

¹ El que ama la instrucción ama
la sabiduría;
el que aborrece la reprensión es un
ignorante.

² El bueno alcanza el favor de
Jehová,
pero Jehová condena al hombre de
malos pensamientos.

³ El hombre no se afirma por medio
de la maldad,
pero la raíz de los justos no será
removida.ᵃ

⁴ La mujer virtuosa es corona de su
marido,
pero la mala es como carcoma en
sus huesos.

⁵ Los pensamientos de los justos son
rectitud;
los consejos de los malvados,
engaño.

⁶ Las palabras de los malvados son
como emboscadas para
derramar sangre,
pero a los rectos los libra su propia
boca.ᵇ

⁷ Dios trastorna a los malvados y
dejan de existir,
pero la casa de los justos
permanece firme.ᶜ

⁸ Por su sabiduría es alabado el
hombre,
pero el perverso de corazón es
menospreciado.

⁹ Más vale el despreciado que tiene
quien lo sirva,
que el jactancioso que carece
de pan.

¹⁰ El justo cuida de la vida de su
ganado,
pero el corazón de los malvados es
cruel.

¹¹ El que labra sus tierras se saciará
de pan,
pero el que se une a vagabundos
carece de entendimiento.ᵈ

¹² Codicia el malvado la red de los
malvados,
pero la raíz de los justos da fruto.

¹³ El malvado se enreda en la
prevaricación de sus labios,
pero el justo sale con bien de la
tribulación.

¹⁴ El hombre se sacia con el bien del
fruto de su boca,
y recibe el pago que merece la obra
de sus manos.

¹⁵ Opina el necio que su camino es
derecho,
pero el sabio obedece el consejo.

¹⁶ El necio, al punto da a conocer su
ira,
pero el prudente no hace caso de la
injuria.

¹⁷ El que dice la verdad proclama
justicia,
pero el testigo falso, engaño.ᵉ

¹⁸ Hay hombres cuyas palabras son
como golpes de espada,
pero la lengua de los sabios es
medicina.

¹⁹ El labio veraz permanece para
siempre;
la lengua mentirosa, solo por un
momento.

²⁰ Engaño hay en el corazón de los
que maquinan el mal,
pero alegría en el de quienes
aconsejan el bien.

²¹ Ninguna adversidad le acontecerá
al justo,
pero los malvados serán colmados
de males.ᶠ

²² Los labios mentirosos son
abominables para Jehová,
pero le complacen quienes actúan
con verdad.

²³ El hombre cuerdo encubre su saber,
pero el corazón de los necios
pregona su necedad.ᵍ

²⁴ La mano de los diligentes
dominará,
pero la negligencia será tributaria.

²⁵ La congoja abate el corazón del
hombre;

ᵍ **11.31** 1 P 4.18.   ᵃ **12.3** Sal 1.3-6; Pr 10.25.   ᵇ **12.6** Pr 11.9; 14.3.   ᶜ **12.7** 10.25; 14.11; 15.25;
Mt 7.24-27.   ᵈ **12.11** Pr 28.19.   ᵉ **12.17** Pr 14.25.   ᶠ **12.21** Sal 91.10; Pr 11.21.   ᵍ **12.23** Pr 10.19;
13.16; 15.2.

la buena palabra lo alegra.[h]

²⁶ El justo es guía para su prójimo,
pero el camino de los malvados los
hace errar.

²⁷ El indolente ni aun asará lo que ha
cazado;
¡precioso bien del hombre es la
diligencia!

²⁸ En el camino de la justicia está la
vida;
en sus sendas no hay muerte.

13 ¹ El hijo sabio recibe el consejo
del padre,
pero el insolente no escucha las
represiones.[a]

² Del fruto de su boca el hombre
comerá el bien,
pero el alma de los prevaricadores
hallará el mal.

³ El que guarda su boca guarda su
vida,
pero el que mucho abre sus labios
acaba en desastre.

⁴ El perezoso desea y nada alcanza,
mas los diligentes serán
prosperados.

⁵ El justo aborrece la palabra
mentirosa;
el malvado se hace odioso e infame.

⁶ La justicia protege al perfecto de
camino,
pero la impiedad trastorna al
pecador.

⁷ Hay quienes presumen de ricos y
no tienen nada,
y hay quienes pasan por pobres y
tienen muchas riquezas.

⁸ Las riquezas de un hombre pueden
ser el rescate de su vida,
pero el pobre no escucha
amenazas.

⁹ La luz de los justos brilla
alegremente,
pero se apagará la lámpara de los
malvados.

¹⁰ Ciertamente la soberbia produce
discordia,
pero con los prudentes está la
sabiduría.

¹¹ Las riquezas de vanidad
disminuyen;

el que recoge con mano laboriosa
las aumenta.

¹² La esperanza que se demora es
tormento del corazón;
árbol de vida es el deseo cumplido.

¹³ El que menosprecia el precepto se
perderá;
el que teme el mandamiento será
recompensado.[b]

¹⁴ La instrucción del sabio es
manantial de vida
para librar de los lazos de la
muerte.[c]

¹⁵ El buen juicio da gracia;
el camino de los transgresores es
duro.

¹⁶ Todo hombre prudente procede
con sabiduría;
el necio manifiesta su necedad.[d]

¹⁷ El mal mensajero acarrea
desgracia;
el mensajero fiel acarrea salud.

¹⁸ Pobreza y vergüenza tendrá el que
menosprecia el consejo,
pero el que acepta la corrección
recibirá honra.

¹⁹ El deseo cumplido regocija el alma;
apartarse del mal es abominable
para los necios.

²⁰ El que anda entre sabios será sabio,
pero el que se junta con necios
saldrá mal parado.[e]

²¹ El mal persigue a los pecadores,
pero los justos serán premiados con
el bien.

²² La herencia del bueno alcanzará a
los hijos de sus hijos,
pero la riqueza del pecador está
guardada para el justo.

²³ En el barbecho de los pobres hay
mucho pan,
pero se pierde por falta de justicia.

²⁴ El que no aplica el castigo aborrece
a su hijo;
el que lo ama, lo corrige a tiempo.

²⁵ El justo come hasta saciarse,
pero el vientre de los malvados
quedará vacío.

14 ¹ La mujer sabia edifica su casa,
pero la necia con sus manos la
derriba.

---

[h] **12.25** Pr 15.13.   [a] **13.1** Pr 12.1; 15.5.   [b] **13.13** Pr 10.8.   [c] **13.14** Pr 14.27.   [d] **13.16** Pr 12.23;
Ec 10.3.   [e] **13.20** Pr 14.7.

² El que camina rectamente teme a Jehová,
pero el de caminos pervertidos lo menosprecia.

³ En la boca del necio está la vara de su soberbia;
a los sabios, sus labios los protegen.

⁴ Sin bueyes, el granero está vacío;
por la fuerza del buey hay abundancia de pan.

⁵ El testigo verdadero no miente;
el testigo falso dice mentiras.

⁶ Busca el escarnecedor la sabiduría y no la halla,
pero para el hombre sensato la sabiduría es cosa fácil.

⁷ Quítate de delante del hombre necio,
porque no hallarás ciencia en sus labios.

⁸ La ciencia del prudente está en comprender su camino;
la indiscreción de los necios es engaño.

⁹ Los necios se burlan del pecado,
pero entre los rectos hay buena voluntad.

¹⁰ El corazón conoce sus íntimas amarguras,
y ningún extraño se mezclará en su alegría.

¹¹ La casa de los malvados será asolada,
pero florecerá la morada de los rectos.

¹² Hay camino que al hombre le parece derecho,
pero es camino que lleva a la muerte.ᵃ

¹³ Aun en medio de la risa se duele el corazón,
y el término de la alegría es la congoja.ᵇ

¹⁴ De sus caminos se hastía el necio de corazón,
pero el hombre de bien estará contento con el suyo.ᶜ

¹⁵ El ingenuo todo lo cree;
el prudente mide bien sus pasos.

¹⁶ El sabio teme y se aparta del mal;
el insensato es insolente y confiado.ᵈ

¹⁷ El que fácilmente se enoja comete locuras;
y el hombre perverso es aborrecido.

¹⁸ Los ingenuos heredarán necedad,
mas los prudentes se coronarán de sabiduría.

¹⁹ Los malos se inclinarán delante de los buenos,
y los malvados, ante las puertas del justo.

²⁰ El pobre resulta odioso aun a su amigo,
pero muchos son los que aman al rico.

²¹ Peca el que menosprecia a su prójimo,
pero el que tiene misericordia de los pobres es bienaventurado.

²² ¿No yerran los que traman el mal?
Pero misericordia y verdad alcanzarán a los que planean el bien.

²³ Toda labor da su fruto;
mas las vanas palabras empobrecen.

²⁴ Las riquezas de los sabios son su corona;
la insensatez de los necios es locura.

²⁵ El testigo veraz salva las vidas;
el falso dice mentiras.

²⁶ En el temor de Jehová está la firme confianza,
la esperanza para sus hijos.

²⁷ El temor de Jehová es manantial de vida
que aparta de los lazos de la muerte.ᵉ

²⁸ En el pueblo numeroso está la gloria del rey;
en la falta de pueblo, la debilidad del príncipe.

²⁹ El que tarda en airarse es grande de entendimiento;
el impaciente de espíritu pone de manifiesto su necedad.ᶠ

ᵃ **14.12** Pr 16.25; Ro 6.20-21.　ᵇ **14.13** Ec 2.1-2; 7.2-6; Lc 6.25.　ᶜ **14.14** Pr 1.31; 12.14.
ᵈ **14.16** Pr 22.3.　ᵉ **14.26-27** Pr 13.14; 19.23; Is 33.6.　ᶠ **14.29** Pr 14.17; 15.18; 19.11; Stg 1.19.

30 El corazón apacible es vida para la
carne;
la envidia es carcoma de los
huesos.*g*

31 El que oprime al pobre afrenta a su
Hacedor,
pero lo honra el que tiene
misericordia del pobre.

32 Por su maldad es derribado el
malvado,
pero el justo, en su propia muerte
halla refugio.

33 En el corazón del prudente reposa
la sabiduría,
pero no es conocida en medio de
los necios.*h*

34 La justicia engrandece a la nación;
el pecado es afrenta de las naciones.

35 El favor del rey es para con el
servidor prudente;
su enojo, para el que lo avergüenza.

15

1 La respuesta suave aplaca
la ira,
pero la palabra áspera hace subir el
furor.

2 La lengua de los sabios adorna la
sabiduría,
pero la boca de los necios dice
sandeces.

3 Los ojos de Jehová están en todo
lugar,
mirando a los malos y a los buenos.*a*

4 La lengua apacible es árbol de vida,
pero la perversidad de ella es
quebrantamiento de espíritu.

5 El necio menosprecia el consejo de
su padre;
el prudente acepta la corrección.

6 En la casa del justo hay gran
provisión,
pero turbación hay en las
ganancias del malvado.

7 La boca de los sabios siembra
sabiduría;
no así el corazón de los necios.

8 El sacrificio que ofrecen los
malvados es abominable para
Jehová;

la oración de los rectos es su gozo.

9 Abominable es para Jehová el
camino del malvado;
él ama al que sigue la justicia.

10 La reconvención es molesta al que
deja el camino;
el que aborrece la corrección
morirá.

11 El seol y el Abadón*b* están delante
de Jehová,
¡cuánto más los corazones de los
hombres!

12 El escarnecedor no ama al que lo
reprende*c*
ni se junta con los sabios.

13 El corazón alegre embellece el
rostro,
pero el dolor del corazón abate el
espíritu.*d*

14 El corazón inteligente busca la
sabiduría,
pero la boca de los necios se
alimenta de necedades.

15 Todos los días del desdichado son
difíciles,
pero el de corazón alegre tiene un
banquete continuo.

16 Mejor es lo poco con el temor de
Jehová,
que un gran tesoro donde hay
turbación.

17 Mejor es comida de legumbres
donde hay amor,
que de buey engordado donde hay
odio.

18 El hombre iracundo promueve
contiendas;
el que tarda en airarse apacigua la
rencilla.*e*

19 El camino del perezoso es como un
seto de espinos;
la vereda de los rectos, como una
calzada.

20 El hijo sabio alegra al padre;
el hombre necio menosprecia a su
madre.*f*

21 La necedad es alegría al falto de
inteligencia;

---

g **14.30** Pr 17.22.   *h* **14.33** Otra posible traducción de la segunda parte del v.: *aun entre los necios se da a conocer.*   *a* **15.3** Job 34.21; Pr 5.21; 15.11; 16.2; Zac 4.10.   *b* **15.11** O sea, *la muerte y el sepulcro.*   *c* **15.12** Pr 9.8; 13.1.   *d* **15.13** Pr 12.25; 17.22; Mt 6.22-23; Lc 6.45.   *e* **15.18** Pr 14.29; 26.21; 28.25; 29.22.   *f* **15.20** Pr 10.1; 17.25; 23.22.

el hombre inteligente endereza sus pasos.*g*

22 Los pensamientos se frustran donde falta el consejo, pero se afirman con los muchos consejeros.*h*

23 El hombre se alegra con la respuesta de su boca; la palabra a su tiempo, ¡cuán buena es!*i*

24 El camino de la vida es hacia arriba para el prudente; así se aparta del seol abajo.

25 Jehová derriba la casa de los soberbios, pero afirma la heredad de la viuda.

26 Abominables son para Jehová los pensamientos del malo, pero las expresiones de los puros son limpias.

27 Alborota su casa el codicioso, pero el que aborrece el soborno vivirá.

28 El corazón del justo piensa antes de responder; la boca de los malvados derrama maldad.*j*

29 Jehová está lejos de los malvados, pero escucha la oración de los justos.*k*

30 La luz de los ojos alegra el corazón; la buena noticia conforta los huesos.

31 El oído que escucha las amonestaciones de la vida, morará entre los sabios.

32 El que desprecia la disciplina se menosprecia a sí mismo; el que escucha la corrección adquiere inteligencia.*l*

33 El temor de Jehová es enseñanza de sabiduría, y a la honra precede la humildad.

Proverbios relativos a la vida y la conducta

16 **1** Del hombre es hacer planes en el corazón; de Jehová es poner la respuesta en la lengua.

2 Todos los caminos del hombre son limpios en su propia opinión, pero Jehová es quien pesa*a* los espíritus.

3 Encomienda a Jehová tus obras y tus pensamientos serán afirmados.*b*

4 Todas las cosas ha hecho Jehová para sus propios fines, incluso al malvado, para el día malo.

5 Abominable es para Jehová todo altivo de corazón; ciertamente no quedará impune.

6 Con misericordia y verdad se corrige el pecado; con el temor de Jehová los hombres se apartan del mal.

7 Cuando los caminos del hombre son agradables a Jehová, aun a sus enemigos los pone en paz con él.

8 Mejor es lo poco con justicia que las muchas ganancias sin derecho.*c*

9 El corazón del hombre se propone un camino, pero Jehová endereza sus pasos.

10 Oráculo hay en los labios del rey y su boca no prevarica en el juicio.

11 Las balanzas y el peso justos son de Jehová; obra suya son todas las pesas de la bolsa.

12 Abominable es que los reyes cometan maldad, porque con la justicia se afirma el trono.

13 Los labios justos complacen a los reyes; estos aman al que habla con rectitud.*d*

14 La ira del rey es mensajero de muerte, pero el hombre sabio la evita.

15 En la alegría del rostro del rey está la vida, y su favor es como nube de lluvia tardía.

---

g **15.21** Ef 5.15.   *h* **15.22** Pr 11.14; 20.18.   *i* **15.23** Pr 25.11.   *j* **15.28** Pr 29.28.   *k* **15.29** Sal 138.6; Is 59.2; Lc 1.51-53.   *l* **15.31-32** Pr 10.17; 15.10; 19.20; 25.12; 2 Co 7.8-10.   *a* **16.2** O sea, *juzga.*   *b* **16.3** Sal 37.5; Pr 3.6.   *c* **16.8** Pr 15.16.   *d* **16.13** Pr 14.35; 22.11.

16 Mejor es adquirir sabiduría que oro
fino,
y adquirir inteligencia vale más
que la plata.[e]

17 El camino de los rectos se aparta
del mal;
su vida protege el que guarda su
camino.

18 Antes del quebranto está la
soberbia,
y antes de la caída, la altivez de
espíritu.[f]

19 Mejor es humillar el espíritu con los
humildes
que repartir el botín con los
soberbios.

20 El entendido en la palabra hallará
el bien;
el que confía en Jehová es
bienaventurado.[g]

21 El sabio de corazón es llamado
prudente,
y la dulzura de labios aumenta el
saber.[h]

22 Manantial de vida[i] es el
entendimiento para el que lo
posee,
pero la erudición de los necios es
pura necedad.

23 El corazón del sabio hace prudente
su boca
y añade gracia a sus labios.

24 Panal de miel son los dichos
suaves,
suavidad para el alma y medicina
para los huesos.

25 Hay camino que al hombre le
parece derecho,
pero es camino que lleva a la
muerte.[j]

26 El ansia del que trabaja, trabaja
para él;
su boca lo estimula.

27 El hombre perverso cava en busca
del mal;
en sus labios hay como una llama
de fuego.

28 El hombre perverso promueve
contienda,

y el chismoso separa a los mejores
amigos.

29 El hombre malo lisonjea a su
prójimo
y lo hace andar por mal camino;

30 cierra los ojos para pensar
perversidades,
mueve los labios, comete el mal.

31 Corona de honra es la vejez
que se encuentra en el camino de la
justicia.

32 Mejor es el que tarda en airarse que
el fuerte,
el que domina su espíritu que el
conquistador de una ciudad.[k]

33 Las suertes se echan en el regazo,
pero la decisión es de Jehová.

17 1 Mejor es un bocado seco y
en paz
que una casa de contiendas llena de
provisiones.

2 El siervo prudente se impondrá al
hijo indigno,
y con los hermanos compartirá la
herencia.

3 El crisol es para la plata y el horno
para el oro,
pero Jehová es quien prueba los
corazones.

4 El malo presta atención al labio
inicuo
y el mentiroso escucha la lengua
detractora.

5 El que escarnece al pobre afrenta a
su Hacedor,
pero no quedará sin castigo el que
se alegra de la desgracia.[a]

6 Corona de los viejos son los nietos
y honra de los hijos son sus
padres.[b]

7 Si no conviene al necio el lenguaje
elocuente,
¡cuánto menos al príncipe el labio
mentiroso!

8 Como un talismán es el soborno
para el que lo practica:
dondequiera que va, halla
prosperidad.

9 El que encubre la falta busca la
amistad;

---

[e]**16.16** Pr 3.13-14; 8.19. [f]**16.18** Pr 11.2; 15.33. [g]**16.20** Otra posible traducción: *El que bien administra.* Cf. Sal 2.11-12; 40.4; Pr 13.13. [h]**16.21** Pr 16.23. [i]**16.22** Pr 10.11; 13.14; 14.27. [j]**16.25** Pr 14.12. [k]**16.32** Pr 25.28. [a]**17.5** Pr 14.31. [b]**17.6** Sal 128.6.

el que la divulga, aparta al amigo.[c]

¹⁰ La reprensión aprovecha al
inteligente
más que cien azotes al necio.

¹¹ El rebelde no busca sino el mal:
un mensajero cruel será enviado
contra él.

¹² Mejor es toparse con una osa
privada de sus cachorros
que con un fatuo en su necedad.

¹³ Al que da mal por bien,
el mal no se apartará de su casa.[d]

¹⁴ El que inicia la discordia es como
quien suelta las aguas,
¡abandona, pues, la contienda,
antes que se complique![e]

¹⁵ El que justifica al malvado y el que
condena al justo,
ambos son igualmente
abominables para Jehová.[f]

¹⁶ ¿De qué sirve el dinero en la mano
del necio para comprar
sabiduría,
si no tiene entendimiento?

¹⁷ En todo tiempo ama el amigo
y es como un hermano en tiempo
de angustia.[g]

¹⁸ El hombre falto de entendimiento
estrecha la mano
para salir fiador en presencia de su
amigo.

¹⁹ El que ama la disputa ama la
transgresión;
y el que abre demasiado la puerta
busca su ruina.[h]

²⁰ El perverso de corazón nunca
hallará el bien;
el que intriga con su lengua caerá
en el mal.

²¹ El que engendra a un insensato,
para su tristeza lo engendra;
el padre del necio no tiene alegría.

²² El corazón alegre es una buena
medicina,
pero el espíritu triste seca los huesos.

²³ El malvado acepta en secreto el
soborno
para pervertir las sendas de la
justicia.

²⁴ En el rostro del inteligente aparece
la sabiduría,
pero los ojos del necio vagan hasta
el extremo de la tierra.

²⁵ El hijo necio es pesadumbre para su
padre
y amargura para la que lo dio a luz.

²⁶ Ciertamente no es bueno condenar
al justo
ni herir a hombres nobles que
actúan rectamente.

²⁷ El que ahorra palabras tiene
sabiduría;
prudente de espíritu es el hombre
inteligente.[i]

²⁸ Aun el necio, cuando calla, es
tenido por sabio;
el que cierra sus labios es
inteligente.[j]

18 ¹Su propio deseo busca el que se
aparta
y se entremete en todo negocio.

² No se complace el necio en la
inteligencia,
sino en manifestar su propia
opinión.

³ Con el malvado viene también el
menosprecio,
y con el que deshonra, la afrenta.[a]

⁴ Aguas profundas son las palabras
de la boca del hombre;
y arroyo que rebosa es la fuente de
la sabiduría.

⁵ Tener respeto a la persona del
malvado
para pervertir el derecho del justo,
no es bueno.[b]

⁶ Los labios del necio provocan
contienda;
su boca, a los azotes llama.

⁷ La boca del necio le acarrea
quebranto;
sus labios son trampas para su
propia vida.[c]

⁸ Las palabras del chismoso son
como bocados suaves
que penetran hasta las entrañas.[d]

⁹ El que es negligente en su trabajo
es hermano del hombre destructor.

---

[c] **17.9** 10.12; 16.6.   [d] **17.13** 2 S 12.10.   [e] **17.14** Mt 5.25.   [f] **17.15** Ex 23.7.   [g] **17.17** 1 S 20; 2 S 1.26.
[h] **17.19** Pr 29.22. Otra posible traducción: *el fanfarrón* que deja entrar en su casa a cualquiera,
incluso a los ladrones.   [i] **17.27** Pr 10.19.   [j] **17.28** Job 13.5.   [a] **18.3** Pr 16.18.   [b] **18.5** Pr 17.15,23;
Pr 24.23.   [c] **18.6-7** Pr 10.14; 12.13; 13.3.   [d] **18.8** Pr 26.22.

¹⁰ Fuerte torre es el nombre de
   Jehová;
   a ella corre el justo y se siente
   seguro.ᵉ
¹¹ Las riquezas del rico son su ciudad
   fortificada;ᶠ
   como un muro defensivo se las
   imagina.
¹² Antes del quebranto se engríe el
   corazón del hombre,
   pero antes de los honores está la
   humildad.
¹³ Al que responde sin haber
   escuchado,
   la palabra le es fatuidad y
   vergüenza.ᵍ
¹⁴ El ánimo del hombre le sostendrá
   en su enfermedad,
   pero ¿quién sostendrá a un ánimo
   angustiado?ʰ
¹⁵ El corazón del inteligente adquiere
   sabiduría,
   y el oído de los sabios busca la
   ciencia.
¹⁶ Los regalos de un hombre le abren
   el camino
   que lleva a la presencia de los
   grandes.
¹⁷ Justo parece el primero que aboga
   por su causa,
   pero viene su adversario y le
   rebate.
¹⁸ Las suertes ponen fin a los pleitos
   y deciden entre los poderosos.
¹⁹ El hermano ofendido es más tenaz
   que una ciudad fuerte,
   y las contiendas entre hermanos
   son como cerrojos de alcázar.
²⁰ Del fruto de la boca del hombre se
   llena su vientre;
   se sacia del producto de sus labios.ⁱ
²¹ La muerte y la vida están en poder
   de la lengua;
   el que la ama, comerá de sus
   frutos.ʲ
²² El que encuentra esposa encuentra
   el bien
   y alcanza la benevolencia de
   Jehová.

²³ El pobre habla con ruegos;
   el rico responde con dureza.
²⁴ El hombre que tiene amigos debe
   ser amistoso,
   y amigos hay más unidos que un
   hermano.

19 ¹ Mejor es el pobre que camina
   en integridad
   que el fatuo de labios perversos.
² El alma sin ciencia no es buena,
   y aquel que se precipita, peca.ᵃ
³ La insensatez del hombre tuerce su
   camino
   y luego se irrita su corazón contra
   Jehová.ᵇ
⁴ Las riquezas atraen muchos
   amigos,
   pero el pobre, hasta de su amigo es
   apartado.
⁵ El testigo falso no quedará sin
   castigo,
   y el que dice mentiras no
   escapará.
⁶ Muchos buscan el favor del
   generoso,
   y todos son amigos del hombre
   que da.
⁷ Si todos los hermanos del pobre lo
   aborrecen,
   ¡cuánto más sus amigos se alejarán
   de él!
   Buscará una palabra y no la hallará.
⁸ El que posee entendimiento ama su
   alma;
   el que cuida la inteligencia hallará
   el bien.
⁹ El testigo falso no quedará sin
   castigo,
   y el que dice mentiras perecerá.ᶜ
¹⁰ No es propio de un necio vivir
   entre lujos,
   ¡cuánto menos que un esclavo sea
   señor de los príncipes!ᵈ
¹¹ La cordura del hombre aplaca su
   furor,
   y un honor le es pasar por alto la
   ofensa.ᵉ
¹² Como el rugido de un cachorro de
   león es la ira del rey,

ᵉ **18.10** Sal 18.2; 61.3; 124.8.   ᶠ **18.11** Pr 10.15.   ᵍ **18.13** Jn 7.51.   ʰ **18.14** Pr 17.22.
ⁱ **18.20** Pr 12.14; 13.2.   ʲ **18.21** Pr 21.23; Stg 3.2-10.   ᵃ **19.2** Pr 21.5; Mt 6.34.   ᵇ **19.3** Stg 1.13-14.
ᶜ **19.9** Pr 19.5   ᵈ **19.10** Pr 30.21-22; Ec 10.5-7.   ᵉ **19.11** Pr 14.29; Stg 1.19.

y su favor, como el rocío sobre la
hierba.

¹³ Dolor es para el padre un hijo necio
y gotera continua las contiendas de
la mujer.

¹⁴ La casa y las riquezas son herencia
de los padres,
pero don de Jehová es la mujer
prudente.

¹⁵ La pereza hace caer en profundo
sueño
y la persona negligente padecerá
hambre.

¹⁶ El que guarda el mandamiento
guarda su vida,
pero el que menosprecia los
caminos de Jehová morirá.ᶠ

¹⁷ A Jehová presta el que da al pobre;
el bien que ha hecho se lo
devolverá.

¹⁸ Castiga a tu hijo mientras haya
esperanza,
pero no se excite tu ánimo hasta
destruirlo.ᵍ

¹⁹ El que se deja arrebatar por la ira
llevará el castigo,
y si usa de violencias, añadirá
nuevos males.

²⁰ Escucha el consejo y acepta la
corrección:
así serás sabio en tu vejez.ʰ

²¹ Muchos pensamientos hay en el
corazón del hombre,
pero el consejo de Jehová es el que
permanece.ⁱ

²² Una satisfacción es para el hombre
hacer misericordia,
y mejor es un pobre que un
mentiroso.

²³ El temor de Jehová lleva a la vida:
con él vive del todo tranquilo el
hombre
y no es visitado por el mal.

²⁴ El perezoso mete su mano en el
plato,
pero ni aun es capaz de llevársela a
la boca.ʲ

²⁵ Hiere al escarnecedor y el ingenuo
se hará precavido;

corrige al inteligente y aumentará
su conocimiento.

²⁶ El que roba a su padre y ahuyenta a
su madre
es un hijo que causa vergüenza y
acarrea oprobio.ᵏ

²⁷ Cesa, hijo mío, de prestar oído a
enseñanzas
que te hacen divagar de la sabiduría.

²⁸ El testigo perverso se burla del
juicio;
la boca de los malvados encubre la
iniquidad.ˡ

²⁹ Preparados hay juicios para los
escarnecedores
y azotes para las espaldas de los
necios.ᵐ

20

¹ El vino es escarnecedor, la sidra
alborotadora;
ninguno que por su causa yerre es
sabio.ᵃ

² Como rugido de cachorro de león
es la ira del rey;
el que lo enfurece peca contra sí
mismo.

³ Honra es del hombre abandonar la
contienda,
pero cualquier insensato se enreda
en ella.

⁴ El perezoso no ara a causa del
invierno;
luego, cuando llegue la siega,
pedirá y no hallará.ᵇ

⁵ Como aguas profundas es el
consejo en el corazón del
hombre,
pero el inteligente sabe alcanzarlo.ᶜ

⁶ Muchos hay que proclaman su
propia bondad,
pero un hombre de verdad, ¿quién
lo hallará?

⁷ Camina en su integridad el justo
y sus hijos son dichosos después de
él.

⁸ El rey, al sentarse en el trono para
juzgar,
con su mirada descubre todo mal.

⁹ ¿Quién puede decir: «Yo he
limpiado mi corazón,

ᶠ **19.16** Dt 30.15-16; Lc 10.28; 11.28.   ᵍ **19.18** Dt 21.18-21; Pr 23.13.   ʰ **19.20** Pr 15.32.
ⁱ **19.21** Pr 16.1,9,33; Ec 9.1.   ʲ **19.24** Pr 19.15; 26.15.   ᵏ **19.26** Ex 21.17; Pr 20.20; 23.22; 28.24;
30.17.   ˡ **19.28** Pr 15.28.   ᵐ **19.29** Pr 10.13; 26.3.   ᵃ **20.1** Pr 23.29-35; Is 28.7-8.   ᵇ **20.4** 10.4;
19.15,24; 21.25; 24.30-34.   ᶜ **20.5** Pr 18.4.

limpio estoy de mi pecado»?^d

¹⁰ Pesa falsa y medida falsa,
ambas cosas son abominables para
Jehová.

¹¹ Aun el muchacho es conocido por
sus hechos,
si su conducta es limpia y recta^e.

¹² El oído que oye y el ojo que ve,
ambos igualmente ha hecho Jehová.

¹³ No ames el sueño, para no
empobrecerte;
abre tus ojos y te saciarás de pan.

¹⁴ El comprador dice: «¡Malo, malo!»,
pero cuando se va, se jacta por la
compra.

¹⁵ Hay oro y multitud de piedras
preciosas,
pero joya más preciosa son los
labios prudentes.^f

¹⁶ Quítale su ropa al que salió fiador
de un extraño;
tómale prenda al que se fió de
desconocidos.

¹⁷ Sabroso le es al hombre el pan de
mentira,
pero después se le llena la boca de
cascajo.^g

¹⁸ Los pensamientos se ordenan con
el consejo,
y con dirección sabia se hace la
guerra.^h

¹⁹ El que anda con chismes descubre
los secretos;
no te entremetas, pues, con el
suelto de lengua.ⁱ

²⁰ Al que maldice a su padre o a su
madre
se le apagará su lámpara en la más
profunda oscuridad.

²¹ Los bienes que al principio se
adquieren de prisa,
no serán al final bendecidos.^j

²² No digas: «Yo me vengaré»;
espera en Jehová y él te salvará.^k

²³ Abominables son para Jehová las
pesas falsas,
y la balanza falsa no es buena.

²⁴ De Jehová son los pasos del
hombre,

¿cómo, pues, entenderá el hombre
su camino?

²⁵ Una trampa es para el hombre
hacer apresuradamente voto de
consagración
y reflexionar después de haberlo
hecho.

²⁶ El rey sabio dispersa a los
malvados
y sobre ellos hace rodar la rueda.

²⁷ Lámpara de Jehová es el espíritu
del hombre,
la cual escudriña lo más profundo
del corazón.

²⁸ La misericordia y la verdad
guardan al rey,
y con clemencia se sustenta su
trono.

²⁹ La gloria de los jóvenes es su
fuerza;
la belleza de los ancianos, su vejez.

³⁰ Los azotes que hieren son medicina
para el malo;
el castigo purifica el corazón.

21 ¹Como aguas que se reparten
es el corazón del rey en la
mano de Jehová;
él lo inclina hacia todo lo que
quiere.

² Todo camino del hombre es recto
en su propia opinión,
pero Jehová pesa los corazones.

³ Hacer justicia y juicio es para
Jehová
más agradable que el sacrificio.^a

⁴ Los ojos altivos, el corazón
orgulloso
y el pensamiento de los malvados,
todo es pecado.

⁵ Los planes del diligente
ciertamente tienden a la
abundancia,
pero todo el que se apresura
alocadamente, de cierto va a la
pobreza.^b

⁶ Amontonar tesoros por medio de la
mentira
es fugaz ilusión de aquellos que
buscan la muerte.^c

^d**20.9** Sal 51.3-5; Ro 3.23; 1 Jn 1.8.   ^e**20.11** Mt 7.16.   ^f**20.15** Pr 3.13-15.   ^g**20.17** Job 20.12-14;
Pr 9.17-18.   ^h**20.18** Pr 15.22; 24.6.   ⁱ**20.19** Pr 11.13.   ^j**20.21** Pr 13.11.   ^k**20.22** Lv 19.18;
Dt 32.35; Pr 25.21-22; Ro 12.17-21; 1 Ts 5.15.   ^a**21.3** 1 S 15.22; Pr 15.8; Am 5.22-24; Os 6.6;
Mt 9.13.   ^b**21.5** Pr 19.2.   ^c**21.6** Ec 5.10-17.

7 La rapiña de los malvados los
destruirá,
por cuanto no quisieron actuar
conforme a derecho.

8 El camino del hombre perverso es
torcido y extraño,
pero los hechos del que es puro son
rectos.

9 Mejor es vivir en un rincón del
terrado
que con mujer pendenciera en casa
espaciosa.[d]

10 El alma del malvado desea el mal;
su prójimo no halla favor en sus
ojos.

11 Cuando el escarnecedor es
castigado, el simple se hace
sabio;
cuando se amonesta al sabio,
aprende ciencia.

12 Observa el justo la casa del malvado,
cómo los malvados son
trastornados por el mal.

13 El que cierra su oído al clamor del
pobre
tampoco será oído cuando clame.[e]

14 La dádiva en secreto calma el enojo;
el regalo discreto, la fuerte ira.

15 Alegría es para el justo practicar la
justicia,
pero un desastre para los que
cometen iniquidad.

16 El hombre que se aparta del camino
de la sabiduría
vendrá a parar en la compañía de
los muertos.

17 Caerá en la pobreza el hombre que
ama los placeres;
y el que ama el vino y los perfumes
no se enriquecerá.[f]

18 Rescate por el justo será el
malvado,
y por los rectos, el prevaricador.[g]

19 Mejor es vivir en tierra desierta
que con la mujer pendenciera e
irascible.

20 Tesoro preciado y aceite hay en la
casa del sabio,
pero el hombre insensato todo lo
disipa.

21 El que sigue la justicia y la
misericordia
hallará la vida, la justicia y el honor.

22 Tomó el sabio la ciudad de los
fuertes
y derribó la fuerza en que ella
confiaba.[h]

23 El que guarda su boca y su lengua,
su vida guarda de angustias.[i]

24 Escarnecedor es el nombre del
soberbio y presuntuoso
que actúa con la insolencia de su
presunción.

25 El deseo del perezoso lo mata,
porque sus manos no quieren
trabajar.

26 El codicioso codicia todo el día;
el justo da sin retener su mano.

27 El sacrificio de los malvados es
abominable,
¡tanto más ofreciéndolo con
maldad!

28 El testigo falso perecerá,
pero el hombre que escucha,
siempre podrá responder.

29 El hombre malvado endurece su
rostro,
pero el recto ordena sus caminos.

30 No hay sabiduría ni inteligencia
ni consejo contra Jehová.[j]

31 El caballo se apareja para el día de
la batalla,
pero Jehová es quien da la
victoria.[k]

22 1 Más vale el buen nombre que
las muchas riquezas,
y la buena fama vale más que la
plata y el oro.[a]

2 El rico y el pobre tienen en común
que a ambos los hizo Jehová.[b]

3 El prudente ve el mal y se esconde,
pero los ingenuos pasan y reciben
el daño.[c]

4 Riquezas, honor y vida
son el premio de la humildad y del
temor de Jehová.

[d] 21.9 Pr 19.13; 21.19; 25.24.   [e] 21.13 Mt 5.7; 18.23-35; Stg 2.13.   [f] 21.17 Pr 23.20-21.
[g] 21.18 Pr 11.8.   [h] 21.22 Ec 9.13-16.   [i] 21.23 Pr 10.19; 13.3.   [j] 21.30 Is 8.9-10; Jer 9.23.
[k] 21.31 Sal 20.7-8.   [a] 22.1 Ec 7.1.   [b] 22.2 Job 31.13-15; Pr 29.13; Mt 5.45.   [c] 22.3 Pr 27.12.

⁵ Espinos y trampas hay en el
     camino del perverso;
el que a sí mismo se guarda se
     alejará de ellos.ᵈ
⁶ Instruye al niño en su camino,
y ni aun de viejo se apartará de él.
⁷ El rico se hace dueño de los pobres
y el que toma prestado se hace
     siervo del que presta.
⁸ El que siembra iniquidad,
     iniquidad segará,
y la vara de su insolencia será
     quebrada.
⁹ El que mira con misericordia será
     bendito,
porque dio de su pan al indigente.ᵉ
¹⁰ Echa fuera al escarnecedor y se
     terminará la contienda,
y cesará el pleito y la afrenta.
¹¹ El que ama la pureza del corazón,
con la gracia de sus labios se ganará
     la amistad del rey.ᶠ
¹² Los ojos de Jehová velan por la
     ciencia,
pero él trastorna las cosas de los
     prevaricadores.
¹³ Dice el perezoso: «Ahí fuera hay un
     león:
me matará en la calle».ᵍ
¹⁴ Fosa profunda es la boca de la
     mujer extraña;
el que provoque la ira de Jehová,
     caerá en ella.ʰ
¹⁵ La necedad está ligada al corazón
     del muchacho,
pero la vara de la corrección la
     alejará de él.ⁱ
¹⁶ El que por aumentar sus ganancias
     oprime al pobre
o da al rico, ciertamente se
     empobrecerá.

Preceptos y amonestacionesʲ

¹⁷ Inclina tu oído, escucha las
     palabras de los sabios
y aplica tu corazón a mi sabiduría,
¹⁸ porque es cosa deliciosa que las
     guardes dentro de ti

y que, a la vez, se afirmen en tus
     labios.
¹⁹ Para que tu confianza esté puesta
     en Jehová
te las he hecho saber hoy a ti
     también.

²⁰ ¿Acaso no te he escrito tres veces,ᵏ
con consejos y ciencia,
²¹ para hacerte saber con certidumbre
     las palabras de verdad,
a fin de que vuelvas a llevar
     palabras de verdad a los que te
     enviaron?

-1-

²² No robes al pobre, porque es pobre,
ni oprimas al desdichado en las
     puertas de la ciudad,
²³ porque Jehová juzgará la causa de
     ellos
y despojará de la vida a quienes los
     despojen.ˡ

-2-

²⁴ No te unas al iracundo
ni te acompañes del irascible,
²⁵ no sea que aprendas sus
     costumbres
y pongas trampa a tu propia vida.

-3-

²⁶ No seas de aquellos que se
     comprometen,
de los que salen fiadores de deudas
     ajenas.
²⁷ Si luego no tienes con qué pagar,
¿por qué habrán de quitar tu cama
     de debajo de ti?

-4-

²⁸ No remuevas los linderos antiguos
que pusieron tus padres.

-5-

²⁹ ¿Has visto un hombre cuidadoso
     en su trabajo?
Delante de los reyes estará,

ᵈ **22.5** Pr 15.19.   ᵉ **22.9** Sal 112.9; Pr 19.17; 28.27; Lc 14.13-14.   ᶠ **22.11** Pr 16.13.   ᵍ **22.13** Pr 26.13.
ʰ **22.14** *Mujer extraña*: otra posible traducción: *prostituta*. Cf., en Pr 5, la advertencia para no
dejarse atrapar por la mujer *adúltera*.   ⁱ **22.15** Pr 13.24; 29.15,17.   ʲ **22.17—24.22** En esta sección
se encuentran algunos paralelos con la literatura sapiencial egipcia (*Enseñanza de Amenemope*) y
aramea (*Palabras de Ahiqar*).   ᵏ **22.20** Difícil frase hebrea, que significa, más bien, *treinta
proverbios.*   ˡ **22.23** Pr 23.11; Is 33.1.

no delante de gente de baja
condición.

-6-

23 ¹Cuando te sientes a comer con
   algún señor,
considera bien lo que está delante
   de ti.
² Pon un cuchillo a tu garganta,
si tienes mucho apetito.
³ No codicies sus manjares
   delicados,
porque es pan engañoso.

-7-

⁴ No te afanes por hacerte rico:
sé prudente y desiste.
⁵ ¿Has de poner tus ojos en las
   riquezas, que son nada?
De cierto se hacen alas como de
   águila,
y vuelan al cielo.*ᵃ*

-8-

⁶ No comas pan con el avaro
ni codicies sus manjares,
⁷ porque cuales son sus
   pensamientos íntimos, tal es él.
«Come y bebe», te dirá,
pero su corazón no está contigo.
⁸ Vomitarás el bocado que comiste
y habrás malgastado tus suaves
   palabras.*ᵇ*

-9-

⁹ No hables a oídos del necio,
porque menospreciará la
   prudencia de tus razones.*ᶜ*

-10-

¹⁰ No remuevas el lindero antiguo
ni entres en la heredad de los
   huérfanos,
¹¹ porque su defensor es el Fuerte:
él abogará por la causa de ellos
   contra ti.

-11-

¹² Aplica tu corazón a la enseñanza
y tus oídos a las razones sabias.

-12-

¹³ No rehúses corregir al muchacho,
porque si lo castigas con vara, no
   morirá.
¹⁴ Castígalo con la vara
y librarás su alma del seol.

-13-

¹⁵ Hijo mío, si tu corazón es sabio,
también a mí se me alegrará el
   corazón,
¹⁶ y mis entrañas también se
   alegrarán
cuando tus labios hablen con
   rectitud.

-14-

¹⁷ No tenga tu corazón envidia de los
   pecadores,
antes persevera en el temor de
   Jehová en todo tiempo.
¹⁸ Porque ciertamente hay un
   porvenir
y tu esperanza no será frustrada.

-15-

¹⁹ Escucha, hijo mío, y sé sabio:
endereza tu corazón al buen
   camino.
²⁰ No te juntes con los bebedores de
   vino
ni con los comilones de carne,
²¹ porque el bebedor y el comilón se
   empobrecerán,
y el mucho dormir los hará vestir
   de harapos.

-16-

²² Escucha a tu padre, que te
   engendró;
y cuando tu madre envejezca, no la
   menosprecies.
²³ Compra la verdad y no la vendas;
y la sabiduría, la enseñanza y la
   inteligencia.
²⁴ Mucho se alegrará el padre del
   justo,
y el que engendra a un sabio se
   gozará con él.
²⁵ ¡Alégrense tu padre y tu madre!
¡Gócese la que te dio a luz!*ᵈ*

ᵃ **23.4-5** Ec 5.13-17.   *ᵇ* **23.6-8** Pr 23.1-3.   *ᶜ* **23.9** Mt 7.6.   *ᵈ* **23.22-25** Pr 10.1; 17.25; 19.26; 23.15-16.

-17-

²⁶ Dame, hijo mío, tu corazón
y miren tus ojos mis caminos.
²⁷ Porque abismo profundo es la
ramera,
pozo profundo la extraña.
²⁸ También ella, como un ladrón,
acecha,
y multiplica entre los hombres los
prevaricadores.

-18-

²⁹ ¿Para quién serán los ayes? ¿Para
quién el dolor? ¿Para quién las
rencillas?
¿Para quién las quejas? ¿Para quién
las heridas sin razón?
¿Para quién los ojos enrojecidos?
³⁰ Para los que no dejan el vino,
para los que van probando
mixturas.
³¹ ¡No mires el vino cuando rojea,
cuando resplandece su color en la
copa!
Se entra suavemente,
³² pero al fin muerde como una
serpiente,
causa dolor como un áspid.
³³ Tus ojos verán cosas extrañas
y tu corazón dirá cosas perversas.
³⁴ Será como si yacieras en medio
del mar
o como si yacieras en la punta de un
mástil.ᵉ
³⁵ Y dirás: «Me hirieron, mas no me
dolió;
me azotaron, pero no lo sentí;
cuando despierte, volveré en busca
de más».

-19-

24 ¹No tengas envidia de los
hombres malos
ni desees juntarte con ellos,
² porque su corazón trama
violencias
e iniquidad hablan sus labios.ᵃ

-20-

³ Con sabiduría se edifica la casa,
con prudencia se afirma

⁴ y con ciencia se llenan las cámaras
de todo bien preciado y agradable.

-21-

⁵ El hombre sabio es fuerte,
y de pujante vigor el que tiene
ciencia.
⁶ Porque con ingenio harás la guerra,
y en los muchos consejeros está la
victoria.ᵇ

-22-

⁷ Alta está para el insensato la
sabiduría;
en la puerta no abrirá él su boca.

-23-

⁸ Al que piensa hacer el mal
lo llaman «hombre de malos
pensamientos».
⁹ El pensamiento del necio es pecado,
y abominable para los hombres el
escarnecedor.

-24-

¹⁰ Si flaqueas en día de adversidad,
tu fuerza quedará reducida.

-25-

¹¹ Libra a los que son llevados a la
muerte,
salva a los que tienen su vida en
peligro.
¹² Porque si dices: «Lo cierto es que no
lo supimos»,
¿acaso no lo considerará el que
pesa los corazones?
El que mira por tu alma, él lo
conocerá,
y él pagará al hombre según sus
obras.ᶜ

-26-

¹³ Come, hijo mío, de la miel, porque
es buena;
el panal es dulce a tu paladar.
¹⁴ Así será para ti el conocimiento de
la sabiduría:
si la hallas tendrás recompensa
y al fin tu esperanza no será
frustrada.

ᵉ 23.34 Sal 107.26-27.   ᵃ 24.1-2 Sal 37.1-4; Pr 3.31; 23.17-18.   ᵇ 24.6 Pr 11.14; 20.18.
ᶜ 24.12 Job 34.11; Sal 62.11-12; Jer 17.10; Ez 18.30; 33.20; Mt 16.27; Ro 2.6.

-27-

¹⁵ Tú, malvado, no aceches la morada
del justo,
no saquees el lugar de su descanso;
¹⁶ porque aunque siete veces caiga el
justo, volverá a levantarse,
pero los malvados caerán en el
mal.ᵈ

-28-

¹⁷ No te regocijes cuando caiga tu
enemigo,ᵉ
ni cuando él tropiece se alegre tu
corazón,
¹⁸ no sea que Jehová lo vea y le
desagrade,
y aparte de sobre él su enojo.

-29-

¹⁹ No te juntes con los malignos
ni envidies a los malvados,ᶠ
²⁰ porque para el malo no habrá
buen fin:
¡la lámpara de los malvados se
apagará!ᵍ

-30-

²¹ Teme a Jehová, hijo mío, y al rey,
y no te juntes con los veleidosos;
²² porque su desgracia llegará de
repente;
y el quebranto que viene de ambos,
¿quién puede saberlo?

²³ También estos son dichos de los sabios:

Hacer distinción de personas en el
juicio no es bueno.
²⁴ A quien diga al malo: «Tú eres
justo»,
los pueblos lo maldecirán y lo
detestarán las naciones;
²⁵ pero quienes lo reprendan tendrán
felicidad
y sobre ellos vendrá gran
bendición.

²⁶ ¡Besados sean los labios
del que responde con palabras
correctas!

²⁷ Prepara tus labores fuera,
dispónlas en tus campos
y edifica después tu casa.

²⁸ No seas sin causa testigo contra tu
prójimoʰ
ni digas falsedades con tus labios.
²⁹ No digas: «Haré con él como él hizo
conmigo;
pagaré a ese hombre según merece
su obra».

³⁰ Pasé junto al campo del hombre
perezoso,
junto a la viña del hombre falto de
entendimiento;
³¹ y vi que por toda ella habían
crecido los espinos,
ortigas habían cubierto la tierra
y la cerca de piedra ya estaba
derribada.
³² Miré, y lo medité en mi corazón;
lo vi, y aprendí la lección:
³³ Un poco de sueño, dormitar otro
poco
y otro poco descansar mano sobre
mano:
³⁴ así te llegará la miseria como un
vagabundo,
la pobreza como un hombre
armado.ⁱ

Lecciones morales

25 ¹ También estos son proverbios de
Salomón, los cuales copiaron los
varones de Ezequías, rey de Judá:

² Gloria de Dios es encubrir un
asunto,
pero honra del rey es investigarlo.
³ Para la altura de los cielos, para la
profundidad de la tierra
y para el corazón de los reyes, no
hay investigación.

⁴ Quita la escoria de la plata
y saldrá una alhaja para el
fundidor.
⁵ Aparta al malvado de la presencia
del rey,
y su trono se afirmará en justicia.

ᵈ **24.15-16** Job 5.19; Sal 34.19.   ᵉ **24.17** Job 31.29.   ᶠ **24.19** Sal 37.1.   ᵍ **24.20** Sal 37.38; Pr 13.9.
ʰ **24.28** Ex 20.16.   ⁱ **24.33-34** Pr 6.10-11.

⁶ No te alabes delante del rey
  ni te pongas en el lugar de los
    grandes,
⁷ porque mejor es que se te diga:
    «Sube acá»,
  y no que seas humillado delante
    del príncipe
  a quien tus ojos han visto.ᵃ

⁸ No entres apresuradamente en
    pleito,
  no sea que no sepas qué hacer
    luego,
  cuando tu prójimo te haya
    avergonzado.
⁹ Trata tu causa con tu compañero
  y no descubras el secreto a otro,
¹⁰ no sea que te deshonre el que lo
    oiga
  y tu infamia no pueda repararse.

¹¹ Manzana de oro con figuras de
    plata
  es la palabra dicha como conviene.
¹² Como zarcillo de oro y joyel de oro
    fino
  es el que reprende al sabio que tiene
    oído dócil.

¹³ Como frío de nieve en tiempo de
    siega,
  así es el mensajero fiel a quienes lo
    envían,
  pues reconforta el alma de su señor.
¹⁴ Como nubes y vientos sin lluvia,
  así es el tacaño que se jacta de su
    generosidad.
¹⁵ Con mucha paciencia se aplaca el
    príncipe,
  pues la lengua suave hasta los
    huesos quebranta.

¹⁶ ¿Hallaste miel?ᵇ Come solo lo
    necesario,
  no sea que harto de ella la vomites.
¹⁷ No pongas con exceso tu pie en la
    casa de tu vecino,
  no sea que, harto de ti, te aborrezca.

¹⁸ Martillo, cuchillo y saeta aguda

es el hombre que dice contra su
    prójimo falso testimonio.
¹⁹ Como diente roto y pie
    descoyuntado
  es confiar en un prevaricador en
    momentos de angustia.

²⁰ El que canta canciones al corazón
    afligido
  es como el que se quita la ropa en
    tiempo de frío o el que sobre el
    jabón echa vinagre.

²¹ Si el que te aborrece tiene hambre,
    dale de comer pan,
  y si tiene sed, dale de beber agua;
²² pues, haciendo esto, harás que le
    arda la cara de vergüenza,ᶜ
  y Jehová te recompensará.

²³ El viento del norte trae la lluvia,
  y el rostro airado, la lengua
    detractora.
²⁴ Mejor es estar en un rincón del
    terrado
  que con mujer pendenciera en casa
    espaciosa.
²⁵ Como el agua fría para el sediento,
  así son las buenas noticias de
    lejanas tierras.
²⁶ Como fuente turbia y manantial
    sucio
  es el justo que vacila ante el
    malvado.
²⁷ Comer mucha miel no es bueno,
  ni el buscar la propia gloria es gloria.
²⁸ Como ciudad destruida y sin
    murallas
  es el hombre que no pone freno a su
    espíritu.

26

¹ Como no le sienta la nieve al
    verano ni la lluvia a la siega,
  tampoco le sientan los honores al
    necio.
² Como gorrión que vaga o
    golondrina en vuelo,
  así la maldición nunca viene sin
    causa.
³ El látigo para el caballo, el cabestro
  para el asno

ᵃ **25.6-7** Lc 14.8-10.   ᵇ **25.16** Pr 24.13-14; 25.27; 27.7.   ᶜ **25.21-22** Ro 12.20.

y la vara para la espalda del necio.[a]

4 Nunca respondas al necio de
   acuerdo con su necedad,
   para que no seas tú también
   como él;

5 responde al necio como merece su
   necedad,
   para que no se tenga por sabio en
   su propia opinión.

6 Como cortarse los pies o beber algo
   en daño propio
   es enviar recado por mano de un
   necio.

7 Como las piernas del cojo, que
   cuelgan inútiles,
   es el proverbio en la boca del necio.

8 Como atar la piedra a la honda
   es rendir honores al necio.

9 Como espina clavada en la mano
   de un borracho
   es el proverbio en la boca de los
   necios.

10 Como arquero que a todos hiere
   es el que contrata a insensatos y
   vagabundos.

11 Como perro que vuelve a su
   vómito[b]
   es el necio que repite su necedad.

12 ¿Has visto a un hombre que se tiene
   por sabio?
   ¡Pues más puede esperarse de un
   necio que de él!

13 Dice el perezoso: «¡Hay un león en
   el camino!
   ¡Un león está en las calles!»

14 Como la puerta gira sobre sus
   quicios,
   así el perezoso se vuelve en su
   cama.

15 Mete el perezoso su mano en el
   plato,
   pero le cansa llevársela a la boca.

16 En su propia opinión, el perezoso
   es más sabio
   que siete que sepan aconsejar.

17 Como tomar por las orejas a un
   perro que pasa
   es entrometerse en pleito
   ajeno.

18 Como el que enloquecido arroja
   llamas,
   saetas y muerte,

19 tal es el hombre que engaña a su
   amigo
   y luego dice: «¡Solo ha sido una
   broma!».

20 Sin leña se apaga el fuego,
   y donde no hay chismoso cesa la
   contienda.

21 Como el carbón para las brasas y la
   leña para el fuego
   es el hombre pendenciero para
   encender contienda.

22 Las palabras del chismoso son
   como bocados suaves
   que penetran hasta las entrañas.

23 Como baño de plata sobre un tiesto
   son los labios lisonjeros y el mal
   corazón.[c]

24 El que odia, lo disimula con los
   labios,
   pero en su interior maquina
   engaño;

25 por más que hable amigablemente,
   no le creas,
   porque siete abominaciones hay en
   su corazón.

26 Aunque con disimulo encubra
   su odio,
   su maldad será descubierta en la
   congregación.

27 El que cava una fosa caerá en ella;
   al que rueda una piedra, se le
   vendrá encima.[d]

28 La lengua falsa atormenta al que ha
   lastimado;
   la boca lisonjera conduce a la ruina.

27

1 No te jactes del día de mañana
   porque no sabes qué dará de sí
   el día.[a]

2 Alábete el extraño y no tu propia
   boca;
   el ajeno, y no los labios tuyos.

3 Pesada es la piedra y la arena pesa,
   pero más pesada que ambas es la
   ira del necio.

4 Cruel es la ira e impetuoso el furor,
   pero ¿quién podrá sostenerse
   delante de la envidia?[b]

---

[a] **26.3** Pr 10.13; 19.29.   [b] **26.11** 2 P 2.22.   [c] **26.23** Mt 23.25-28; 1 Jn 3.18.   [d] **26.27** Sal 7.15-16;
Ec 10.8.   [a] **27.1** Lc 12.16-20; Stg 4.13-16.   [b] **27.4** Gn 37.4-11; Pr 14.30; Mt 27.18.

5 Mejor es represión manifiesta
que amor oculto.
6 Leales son las heridas que causa el
que ama,
pero falsos los besos del que
aborrece.
7 El hombre saciado desprecia el
panal de miel,
pero al hambriento, aun lo amargo
le resulta dulce.
8 Cual ave errante lejos de su nido
es el hombre errante lejos de su
hogar.
9 Los aceites y perfumes alegran el
corazón,
y el cordial consejo del amigo, al
hombre.
10 No dejes a tu amigo ni al amigo de
tu padre,
ni vayas a la casa de tu hermano en
el día de tu aflicción:
mejor es un vecino cerca que un
hermano lejos.
11 Sé sabio, hijo mío, y alegra mi
corazón;
así podré responder al que me
agravie.[c]
12 El prudente ve el mal y se esconde,
pero los incautos pasan y se llevan
el daño.
13 Quítale su ropa al que salió fiador
por el extraño
y tómale prenda al que fía a la
mujer ajena.
14 A quien de madrugada bendice en
alta voz a su amigo,
por maldición se le contará.
15 Gotera continua en tiempo de
lluvia
y mujer pendenciera, son
semejantes:
16 pretender contenerla es como
querer refrenar el viento
o retener el aceite en la mano
derecha.
17 El hierro con hierro se afila,
y el hombre con el rostro de su
amigo.
18 Quien cuida la higuera comerá su
fruto,
y el que mira por los intereses de su
señor recibirá honores.

19 Como el rostro en el agua es reflejo
del rostro,
así el hombre se refleja en el
corazón del hombre.
20 Como el seol y el Abadón nunca se
sacian,
así los ojos del hombre nunca están
satisfechos.
21 En el crisol se prueba la plata, en el
horno el oro,
y al hombre la boca del que le alaba.
22 Aunque majes al necio en un
mortero, entre granos de trigo
majados con el pisón,
no se apartará de él su necedad.
23 Sé diligente en conocer el estado de
tus ovejas
y mira con cuidado por tus
rebaños,
24 porque las riquezas no duran para
siempre,
ni una corona es para generaciones
perpetuas.
25 Saldrá la grama, brotará la hierba
y será segada la hierba de los
montes;
26 tendrás corderos para vestirte,
cabritos para el precio del campo
27 y abundancia de leche de las cabras
para tu mantenimiento,
para mantenimiento de tu casa
y para sustento de tus criadas.

Proverbios sobre asuntos diversos

28 1 Huye el malvado sin que nadie
lo persiga,
pero el justo está confiado como un
león.[a]
2 Por la rebelión del país, sus
gobernantes son muchos;
pero por el hombre inteligente y
sabio permanece estable.
3 El hombre pobre que roba a los
pobres
es como una lluvia torrencial que
deja sin pan.
4 Los que se apartan de la Ley alaban
a los malvados,
pero los que la guardan contienden
con ellos.
5 Los hombres malos no
comprenden lo que es recto,

c 27.11 Sal 127.3-5; Pr 10.1; 15.20.   a 28.1 Lv 26.17,36; Sal 118.6.

pero los que buscan a Jehová comprenden todas las cosas.[b]

⁶ Mejor es el pobre que camina en su integridad
que el rico y de perversos caminos.

⁷ El que guarda la Ley es hijo prudente,
pero el que se hace compañero de glotones avergüenza a su padre.

⁸ El que aumenta sus riquezas con usura y crecidos intereses,
para aquel que se compadece de los pobres las aumenta.[c]

⁹ Incluso la oración le es abominable al que aparta su oído para no escuchar la Ley.

¹⁰ El que hace errar a los rectos por el mal camino
caerá en su propia fosa,
pero los perfectos heredarán el bien.

¹¹ El hombre rico es sabio en su propia opinión,
mas el pobre e inteligente lo escudriña.

¹² Cuando los justos se alegran, grande es la gloria;
cuando los malvados se levantan, los hombres tienen que esconderse.

¹³ El que oculta sus pecados no prosperará,
pero el que los confiesa y se aparta de ellos alcanzará misericordia.

¹⁴ Bienaventurado el hombre que siempre teme a Dios,
pero el que endurece su corazón caerá en el mal.

¹⁵ León rugiente y oso hambriento es el malvado que gobierna sobre el pueblo pobre.

¹⁶ El gobernante falto de entendimiento multiplicará la extorsión,
pero se prolongarán los días del que aborrece la avaricia.

¹⁷ El hombre cargado con la sangre de otro
huirá hasta el sepulcro sin que nadie le detenga.

¹⁸ El que en integridad camina será salvo,
pero el de perversos caminos caerá en alguno de ellos.

¹⁹ El que cultiva su tierra se saciará de pan,
pero el que sigue a los ociosos se colmará de pobreza.

²⁰ El hombre fiel recibirá muchas bendiciones,
pero el que quiere enriquecerse de prisa no estará libre de culpa.

²¹ Hacer distinción de personas no es bueno;
¡hasta por un bocado de pan prevaricará el hombre!

²² El avaro se apresura a enriquecerse,
sin saber que caerá en la indigencia.

²³ El que reprende a otro hallará después mayor gracia
que el que lisonjea con la lengua.

²⁴ El que roba a su padre o a su madre y dice: «Esto no es malo»,
se hace compañero del criminal.

²⁵ El de ánimo altanero suscita contiendas,
pero el que confía en Jehová prosperará.

²⁶ El que confía en su propio corazón es un necio,
pero el que camina con sabiduría será librado.[d]

²⁷ El que da al pobre no tendrá pobreza,
pero el que aparta de él sus ojos tendrá muchas maldiciones.

²⁸ Cuando los malvados se levantan, se esconde el hombre;
cuando perecen, los justos se multiplican.

29

¹ El hombre que, al ser reprendido, se vuelve terco,
de repente y sin remedio será quebrantado.

² Cuando los justos dominan, el pueblo se alegra;
cuando domina el malvado, el pueblo gime.

³ El hombre que ama la sabiduría alegra a su padre;
el que frecuenta rameras perderá los bienes.

---

[b] 28.5 1 Co 2.14.   [c] 28.8 Lv 25.35-38; Dt 15.7-11; 23.19-20; Pr 13.22; Ec 2.26.   [d] 28.26 Pr 3.7; 1 Co 3.18.

⁴ El rey que actúa con justicia afirma
el país;
el que solo exige tributos, lo
destruye.
⁵ El hombre que lisonjea a su prójimo
le tiende una red delante de sus
pasos.
⁶ En la transgresión del hombre malo
está su propia trampa,
pero el justo canta con alegría.
⁷ El justo está atento a la causa de los
pobres;
el malvado no entiende que eso es
sabiduría.ª
⁸ Los hombres escarnecedores
alborotan la ciudad;
los sabios calman la ira.
⁹ Si el hombre sabio disputa con el
necio,
sea que se enoje o que se ría, no
tendrá reposo.
¹⁰ Los hombres sanguinarios
aborrecen al íntegro,
pero los rectos procuran agradarle.
¹¹ El necio da rienda suelta a toda
su ira,
pero el sabio, al fin, la apacigua.
¹² Si un gobernante hace caso a la
mentira,
todos sus servidores serán
malvados.
¹³ El pobre y el usurero tienen en
común
que Jehová alumbra los ojos de
ambos.ᵇ
¹⁴ Para siempre será firme el trono
del rey
que conforme a la verdad juzga a
los pobres.
¹⁵ La vara y la corrección dan
sabiduría,
pero el muchacho consentido
avergüenza a su madre.
¹⁶ Cuando los malvados son muchos,
mucha es la transgresión;
pero los justos verán la ruina de
ellos.
¹⁷ Corrige a tu hijo y te dará descanso,
y dará alegría a tu alma.

¹⁸ Cuando falta la profecía, el pueblo
se desenfrena,
pero el que guarda la Ley es
bienaventurado.
¹⁹ Al siervo no se le corrige con
palabras,
porque entiende, pero no hace
caso.
²⁰ ¿Has visto un hombre ligero de
palabra?
Pues más puede esperarse de un
necio que de él.
²¹ El siervo mimado desde la niñez
por su amo,
a la postre será su heredero.
²² El hombre iracundo provoca
contiendas;
el furioso, a menudo peca.
²³ La soberbia del hombre le acarrea
humillación,
pero al humilde de espíritu lo
sustenta la honra.
²⁴ El cómplice del ladrón se aborrece
a sí mismo,
pues oye la maldición pero no le
denuncia.
²⁵ El temor del hombre le pone
trampas;
el que confía en Jehová está a salvo.
²⁶ Muchos buscan el favor del
príncipe,
pero de Jehová procede la justicia
para todos.
²⁷ Abominable es para los justos el
hombre inicuo,
y abominable es para el malvado el
de caminos rectos.

30

¹ Palabras de Agur hijo de Jaqué.ª
La profecía que dijo el varón a Itiel,
a Itiel y a Ucal.

² Ciertamente yo soy más rudo que
nadie:
no tengo entendimiento humano.
³ No aprendí sabiduría
ni conozco la ciencia del Santo.
⁴ ¿Quién subió al cielo y descendió?
¿Quién encerró los vientos en sus
puños?

ª **29.7** Sal 41.1; Is 1.23.   ᵇ **29.13** Pr 22.2; Mt 5.45.   ª **30.1** Muy probablemente, *Agur* era un sabio
de una tribu ismaelita del norte de Arabia (cf. Gn 25.14; Pr 31.1), región cuyos sabios gozaban de
gran fama en todo el mundo antiguo (cf. 1 R 5.10; Job 2.11; Jer 49.7).

¿Quién recogió las aguas en un
  paño?
¿Quién afirmó todos los confines
  de la tierra?
¿Cuál es su nombre, y el nombre de
  su hijo, si es que lo sabes?

5 Toda palabra de Dios es limpia;
  él es escudo para los que en él
  esperan.
6 No añadas a sus palabras, para que
  no te reprenda
  y seas hallado mentiroso.

7 Dos cosas te he pedido,
  no me las niegues antes que muera:
8 Vanidad y mentira aparta de mí,
  y no me des pobreza ni riquezas,
  sino susténtame con el pan
  necesario,
9 no sea que, una vez saciado, te
  niegue y diga: «¿Quién es
  Jehová?»,
  o que, siendo pobre, robe
  y blasfeme contra el nombre de
  mi Dios.

10 No acuses al siervo ante su señor,
  no sea que te maldiga y lleves el
  castigo.

11 Hay generación que maldice a su
  padre
  y que a su madre no bendice.
12 Hay generación limpia en su
  propia opinión,
  si bien no se ha limpiado de su
  inmundicia.
13 Hay generación de ojos altivos
  y párpados altaneros.
14 Hay generación cuyos dientes son
  espadas y sus muelas cuchillos,
  para devorar a los pobres de la
  tierra y a los menesterosos de
  entre los hombres.[b]

15 La sanguijuela tiene dos hijas que
  dicen: «¡Dame! ¡dame!»
  Tres cosas hay que nunca están
  hartas,

y aun la cuarta nunca dice:
  «¡Basta!»:
16 el seol, la matriz estéril,
  la tierra, que no se sacia de agua,
  y el fuego, que jamás dice:
  «¡Basta!»

17 El ojo que se burla de su padre
  y menosprecia la enseñanza de la
  madre,
  sáquenlo los cuervos de la cañada
  y devórenlo las crías del águila.
18 Tres cosas me son ocultas,
  y una cuarta tampoco conozco:
19 el rastro del águila en el aire,
  el rastro de la culebra sobre la peña,
  el rastro de la nave en medio
  del mar
  y el rastro del hombre en la
  muchacha.

20 La mujer adúltera procede así:
  come, se limpia la boca
  y dice: «No he hecho ningún mal».

21 Por tres cosas tiembla la tierra,
  y por una cuarta que no puede
  sufrir:
22 por el siervo llegado a rey,
  por el necio saciado de pan,
23 por la mujer aborrecida, cuando
  se casa,
  y por la sierva cuando hereda a su
  señora.

24 Cuatro de las cosas más pequeñas
  de la tierra
  son más sabias que los sabios:
25 las hormigas, pueblo que no es
  fuerte,
  pero en verano preparan su
  comida;
26 los conejos, pueblo que no es
  vigoroso,
  pero hacen su casa en la piedra;
27 las langostas, que no tienen rey,
  pero salen todas por cuadrillas;
28 la araña, que la atrapas con la
  mano,
  pero está en los palacios reales.

b 30.14 Job 29.17; Sal 52.2; Is 9.11-12.

²⁹ Tres cosas hay de hermoso andar,
y una cuarta que pasea con
elegancia:
³⁰ El león, fuerte entre todos los
animales,
que no retrocede ante nada;
³¹ el gallo altivo, y también el macho
cabrío,
y el rey, a quien nadie resiste.

³² Si neciamente te has enaltecido
y te has propuesto hacer mal,
ponte la mano sobre la boca.
³³ Ciertamente el que bate la leche
saca mantequilla,
el que con fuerza se suena la nariz
saca sangre
y el que provoca la ira causa
contienda.

31

¹ Palabras del rey Lemuel:[a] profecía con que lo instruyó su madre.

² «¿Qué decirte, hijo mío, hijo de mi
vientre!
¿Qué decirte, hijo de mis anhelos!

³ No des tu fuerza a las mujeres,
ni tus caminos a las que destruyen a
los reyes.

⁴ »No es digno de reyes, Lemuel,
no es digno de reyes beber vino,
ni de príncipes darse a la sidra;
⁵ pues quizá bebiendo olviden la Ley
y perviertan el derecho de todos los
afligidos.
⁶ Dad la sidra al desfallecido
y el vino al de ánimo amargado:
⁷ que beban, que se olviden de su
necesidad
y no se acuerden más de su miseria.

⁸ Abre tu boca en favor del mudo
en el juicio de todos los desvalidos.
⁹ Abre tu boca, juzga con justicia
y defiende la causa del pobre y del
menesteroso.[b]
¹⁰ [c] »Mujer virtuosa, ¿quién la
hallará?

Su valor sobrepasa largamente al
de las piedras preciosas.
¹¹ El corazón de su marido confía
en ella
y no carecerá de ganancias.
¹² De ella recibe el bien y no el mal
todos los días de su vida.
¹³ Ella busca la lana y el lino,
y trabaja gustosamente con sus
manos.
¹⁴ Es como la nave del mercader,
que trae su pan desde lejos.
¹⁵ Siendo aún de noche, se levanta
para dar la comida a su familia
y la ración a sus criadas.
¹⁶ Considera la heredad y la compra,
y con sus propias manos planta una
viña.
¹⁷ Se ciñe firmemente la cintura
y esfuerza sus brazos.
¹⁸ Ve que van bien sus negocios;
su lámpara no se apaga de noche.
¹⁹ Aplica sus manos a la rueca
y sus dedos manejan el huso.
²⁰ Alarga su mano al pobre;
extiende sus manos al
menesteroso.
²¹ No teme por su familia cuando
nieva,
porque toda su familia va vestida
de ropas abrigadas.
²² Ella se teje los tapices,
y de lino fino y de púrpura es su
vestido.
²³ Su marido es conocido en las
puertas de la ciudad,
cuando se sienta con los ancianos
del país.
²⁴ Teje telas y las vende,
y provee de cintas al mercader.
²⁵ Fuerza y honor son su vestidura,
y se ríe de lo por venir.
²⁶ Abre su boca con sabiduría
y la ley de la clemencia está en su
lengua.
²⁷ Considera la marcha de su casa
y no come el pan de balde.
²⁸ Sus hijos se levantan y la llaman
bienaventurada,

---

[a] **31.1** Probablemente no era de Israel.   [b] **31.8-9** Sal 72.2-4,12-14.   [c] **31.10-31** Poema final
acróstico: Cada v. empieza con una letra diferente, conforme al orden del alfabeto hebreo.

y su marido también la alaba:
²⁹ "¡Muchas mujeres han hecho el bien,
pero tú las sobrepasas a todas!".
³⁰ Engañosa es la gracia y vana la
hermosura,

pero la mujer que teme a Jehová,
esa será alabada.
³¹ ¡Ofrecedle del fruto de sus manos,
y que en las puertas de la ciudad la
alaben sus hechos!».

ECLESIASTÉS
o EL PREDICADOR

INTRODUCCIÓN

Eclesiastés (=Ec) es el título que en la Septuaginta recibe el libro llamado Qohelet en el texto hebreo de la Biblia. Ambos vocablos, el griego y el hebreo, significan prácticamente lo mismo: «predicador», «orador», «persona encargada de convocar a la asamblea y dirigirle la palabra».

Sin nombrar expresamente a Salomón, Eclesiastés se refiere a él cuando alude al «hijo de David, rey de Jerusalén» (1.1,12) y cuando enumera (en primera persona) sus obras y riquezas (2.4-9). Tales alusiones contribuyeron sin duda a dar carta de autoridad a este escrito y a que fuera atribuido al rey sabio por excelencia.

Se trata de una especie de discusión del autor consigo mismo, en la que frecuentemente considera realidades opuestas entre sí: la vida y la muerte, la sabiduría y la necedad, la riqueza y la pobreza. En esta contraposición de conceptos, los aspectos negativos aparecen subrayados y teñidos de un tono de hondo pesimismo. Sin embargo, en ningún momento llega Eclesiastés al extremo de menospreciar o negar los aspectos positivos que forman parte de la experiencia del ser humano: trabajo, placer, familia, hacienda o sabiduría (2.11,13). Pero todo tiene un valor relativo; ninguno de ellos (ni cada uno de por sí, ni todos juntos) llega a satisfacer los anhelos más profundos del corazón.

Con absoluta sinceridad se plantea el Predicador la cuestión que más le preocupa: «¿Qué provecho obtiene el hombre de todo el trabajo con que se afana debajo del sol?» (1.3); o sea, ¿qué debe conocer y hacer el ser humano para vivir de manera plenamente satisfactoria?

Ni el placer (2.1), ni la sabiduría (1.13) o la realización de grandes empresas (2.4) conducen al logro de ese objetivo. Al término de todos sus esfuerzos le espera idéntica decepción, la que él resume en las pocas palabras de su célebre aforismo: «Vanidad de vanidades, todo es vanidad» (1.2; 12.8). A fin de cuentas, la actividad de Dios en el mundo es un misterio impenetrable para la sabiduría humana. Pese a su implacable actitud crítica, el autor de este libro concluye con la afirmación de que «el todo del hombre» (12.13) se halla en la relación de este con Dios.

Esquema del contenido

1. *La experiencia del Predicador (1–2)*
2. *Juicios del Predicador en torno a la existencia humana (3.1—12.8)*
3. *Conclusión (12.9-14)*

Todo es vanidad

1 ¹ Palabras del Predicador, hijo de David, rey en Jerusalén.

² «Vanidad de vanidades*ª* —dijo el Predicador—;
vanidad de vanidades, todo es vanidad».

³ ¿Qué provecho*ᵇ* obtiene el hombre de todo el trabajo con que se afana debajo del sol?

⁴ Generación va y generación viene,
pero la tierra siempre permanece.

⁵ Sale el sol y se pone el sol,
y se apresura a volver al lugar de donde se levanta.

⁶ El viento sopla hacia el sur,
luego gira hacia el norte; y girando sin cesar,
de nuevo vuelve el viento a sus giros.

⁷ Todos los ríos van al mar,
pero el mar no se llena.
Al lugar de donde los ríos vinieron,
allí vuelven para correr de nuevo.

⁸ Todas las cosas son fatigosas,
más de lo que el hombre puede expresar.
Nunca se sacia el ojo de ver
ni el oído de oir.

⁹ ¿Qué es lo que fue? Lo mismo que será.
¿Qué es lo que ha sido hecho?
Lo mismo que se hará,
pues nada hay nuevo debajo del sol.

¹⁰ ¿Acaso hay algo de que se pueda decir:
«He aquí esto es nuevo»?
Ya aconteció en los siglos que nos han precedido.

¹¹ No queda memoria de lo que precedió,
ni tampoco de lo que ha de suceder
quedará memoria en los que vengan después.

La experiencia del Predicador

¹² Yo, el Predicador, fui rey sobre Israel en Jerusalén. ¹³ Me entregué de corazón a inquirir y a buscar con sabiduría sobre todo lo que se hace debajo del cielo; este penoso trabajo dio Dios a los hijos de los hombres para que se ocupen en él. ¹⁴ Miré todas las obras que se hacen debajo del sol, y vi que todo ello es vanidad y aflicción de espíritu.

¹⁵ Lo torcido no se puede enderezar,
y con lo incompleto no puede contarse.

¹⁶ Hablé yo en mi corazón, diciendo: «He aquí, yo me he engrandecido, y he crecido en sabiduría*ᶜ* más que todos mis predecesores en Jerusalén, y mi corazón ha percibido mucha sabiduría y ciencia». ¹⁷ De corazón me dediqué a conocer la sabiduría, y también a entender las locuras y los desvaríos. Y supe que aun esto era aflicción de espíritu, ¹⁸ pues

en la mucha sabiduría hay mucho sufrimiento;
y quien añade ciencia, añade dolor.

2 ¹ Dije yo en mi corazón: «Vamos ahora, te probaré con el placer: gozarás de lo bueno». Pero he aquí, esto también era vanidad. ² A la risa dije: «Enloqueces»; y al placer: «¿De qué sirve esto?»

³ Decidí en mi corazón agasajar mi carne con vino y, sin renunciar mi corazón a la sabiduría, entregarme a la necedad, hasta ver cuál es el bien en el que los hijos de los hombres se ocupan debajo del cielo todos los días de su vida. ⁴ Acometí grandes obras, me edifiqué casas,*ª* planté viñas para mí; ⁵ me hice huertos y jardines, y planté en ellos toda clase de árboles frutales. ⁶ Me hice estanques de aguas, para regar de ellos el bosque donde crecían los árboles. ⁷ Compré siervos y siervas, y tuve siervos nacidos en casa. Tuve muchas más vacas y ovejas que cuantos fueron

---

ª **1.1-2** La expresión hebrea significa *vana ilusión*, y tiene el valor de un superlativo.
ᵇ **1.3** La pregunta planteada en este v. se halla en el trasfondo de todo el libro (cf. Ec 2.22). Con el fin de encontrar una respuesta, el autor experimentó con aquellas cosas a las que alude, p.e., en 1.16-17; 2.1. *ᶜ* **1.16-17** 1 R 4.29-31. *ª* **2.4** 1 R 7.1-12.

antes de mí en Jerusalén.[b] [8] Amontoné también plata y oro, y preciados tesoros dignos de reyes y de provincias.[c] Me hice de cantores y cantoras, y de toda clase de instrumentos musicales, y gocé de los placeres de los hijos de los hombres.[d,e]

[9] Fui engrandecido[f] y prosperé más que todos cuantos fueron antes de mí en Jerusalén. Además de esto, conservé conmigo mi sabiduría. [10] No negué a mis ojos ninguna cosa que desearan, ni privé a mi corazón de placer alguno, porque mi corazón se gozaba de todo lo que hacía. Esta fue la recompensa de todas mis fatigas.

[11] Miré luego todas las obras de mis manos y el trabajo que me tomé para hacerlas; y he aquí, todo es vanidad y aflicción de espíritu, y sin provecho debajo del sol.

[12] Después volví a considerar la sabiduría, los desvaríos y la necedad; pues ¿qué podrá hacer el hombre que venga después de este rey? Nada, sino lo que ya ha sido hecho. [13] He visto que la sabiduría aventaja a la necedad, como la luz a las tinieblas.

[14] El sabio tiene sus ojos abiertos,
mas el necio anda en tinieblas.

Pero también comprendí que lo mismo ha de acontecerle al uno como al otro.

[15] Entonces dije en mi corazón: «Como sucederá al necio, me sucederá a mí. ¿Para qué, pues, me he esforzado hasta ahora por hacerme más sabio?» Y dije en mi corazón que también esto era vanidad. [16] Porque ni del sabio ni del necio habrá memoria para siempre; pues en los días venideros todo será olvidado, y lo mismo morirá el sabio que el necio.

[17] Por tanto, aborrecí la vida, pues la obra que se hace debajo del sol me era fastidiosa, por cuanto todo es vanidad y aflicción de espíritu.

[18] Asimismo aborrecí todo el trabajo que había hecho debajo del sol, y que habré de dejar a otro que vendrá después de mí. [19] Y ¿quién sabe si será sabio o necio el que se adueñe de todo el trabajo en que

me afané y en el que ocupé mi sabiduría debajo del sol? Esto también es vanidad.

[20] Volvió entonces a desilusionarse mi corazón de todo el trabajo en que me afané, y en el que había ocupado debajo del sol mi sabiduría. [21] ¡Que el hombre trabaje con sabiduría, con ciencia y rectitud, y que haya de dar sus bienes a otro que nunca trabajó en ello! También es esto vanidad y un gran mal.

[22] Porque ¿qué obtiene el hombre de todo su trabajo y de la fatiga de su corazón con que se afana debajo del sol? [23] Porque todos sus días no son sino dolores, y sus trabajos molestias, pues ni aun de noche su corazón reposa. Esto también es vanidad.

[24] No hay cosa mejor para el hombre que comer y beber, y gozar del fruto de su trabajo. He visto que esto también procede de la mano de Dios. [25] Porque, ¿quién comerá y quién se gozará sino uno mismo? [26] Porque al hombre que le agrada, Dios le da sabiduría, ciencia[g] y gozo; pero al pecador le da el trabajo de recoger y amontonar, para dejárselo al que agrada a Dios.[h] También esto es vanidad y aflicción de espíritu.

Todo tiene su tiempo

3 [1] Todo tiene su tiempo, y todo lo que se quiere debajo del cielo tiene su hora:

[2] Tiempo de nacer
y tiempo de morir,
tiempo de plantar
y tiempo de arrancar lo plantado,
[3] tiempo de matar
y tiempo de curar,
tiempo de destruir
y tiempo de edificar,
[4] tiempo de llorar
y tiempo de reir,
tiempo de hacer duelo
y tiempo de bailar,
[5] tiempo de esparcir piedras
y tiempo de juntarlas,
tiempo de abrazar
y tiempo de abstenerse de abrazar,
[6] tiempo de buscar

[b] **2.7** 1 R 4.22-23.   [c] **2.8** 1 R 9.28; 10.10-22.   [d] **2.8** 1 R 11.3.   [e] **2.4-8** 1 R 10.23-27; 2 Cr 9.22-27.   [f] **2.9** 1 Cr 29.25.   [g] **2.26** Job 32.8; Pr 2.6.   [h] **2.26** Job 27.16-17; Pr 13.22.

y tiempo de perder,
tiempo de guardar
y tiempo de tirar,
[7] tiempo de rasgar
y tiempo de coser,
tiempo de callar
y tiempo de hablar,
[8] tiempo de amar
y tiempo de aborrecer,
tiempo de guerra,
y tiempo de paz.

[9] ¿Qué provecho obtiene el que trabaja de aquello en que se afana? [10] He visto el trabajo que Dios ha dado a los hijos de los hombres para que se ocupen en él. [11] Todo lo hizo hermoso en su tiempo, y ha puesto eternidad en el corazón del hombre, sin que este alcance a comprender la obra hecha por Dios desde el principio hasta el fin.

[12] Sé que no hay para el hombre cosa mejor que alegrarse y hacer bien en su vida, [13] y también que es don de Dios que todo hombre coma y beba, y goce de los beneficios de toda su labor. [14] Sé que todo lo que Dios hace es perpetuo:

Nada hay que añadir ni nada que
quitar.
Dios lo hace para que delante de él
teman los hombres.[a]
[15] Lo que antes fue, ya es,
y lo que ha de ser, fue ya;
y Dios restaura lo pasado.

Injusticias de la vida

[16] Vi más cosas debajo del sol:
en lugar del juicio, la maldad;
y en lugar de la justicia, la
iniquidad.

[17] Y dije en mi corazón: «Al justo y al malvado juzgará Dios; porque allí hay un tiempo para todo lo que se quiere y para todo lo que se hace».
[18] Dije también en mi corazón: «Esto es así, por causa de los hijos de los hombres, para que Dios los pruebe, y vean que ellos mismos son semejantes a las bestias».
[19] Pues lo mismo les sucede a los hijos de los hombres que a las bestias: como

mueren las unas, así mueren los otros,[b] y todos tienen un mismo aliento de vida. No es más el hombre que la bestia, porque todo es vanidad.

[20] Todo va a un mismo lugar;
todo fue hecho del polvo,
y todo al polvo volverá.[c]

[21] ¿Quién sabe si el espíritu de los hijos de los hombres sube a lo alto, y el espíritu del animal baja a lo hondo de la tierra?[d]
[22] Así, pues, he visto que no hay cosa mejor para el hombre que alegrarse en su trabajo, porque esa es su recompensa; porque, ¿quién lo llevará para que vea lo que ha de venir después de él?

4 [1] Me volví y vi todas las violencias que se hacen debajo del sol: las lágrimas de los oprimidos, sin tener quien los consolara; no había consuelo para ellos, pues la fuerza estaba en manos de sus opresores. [2] Alabé entonces a los finados, los que ya habían muerto, más que a los vivos, los que todavía viven. [3] Pero tuve por más feliz que unos y otros al que aún no es, al que aún no ha visto las malas obras que se hacen debajo del sol.

[4] He visto asimismo que toda obra bien hecha despierta la envidia del hombre contra su prójimo. También esto es vanidad y aflicción de espíritu.

[5] El necio se cruza de brazos y se
consume en sí mismo.
[6] Más vale un puño lleno de
descanso,
que ambos puños llenos de trabajo
y aflicción de espíritu.

[7] Me volví otra vez, y vi vanidad debajo del sol. [8] Un hombre está solo, sin sucesor, sin hijo ni hermano. Nunca cesa de trabajar, sus ojos no se sacian de riquezas, ni se pregunta: «¿Para quién trabajo yo y privo a mi vida de todo bienestar?» También esto es vanidad y duro trabajo.
[9] Mejor son dos que uno, pues reciben mejor paga por su trabajo. [10] Porque si caen, el uno levantará a su compañero; pero ¡ay del que está solo! Cuando caiga no habrá otro que lo levante. [11] También, si dos

---

[a] **3.14** Sal 33.11.   [b] **3.19** Sal 49.12,20.   [c] **3.20** Gn 3.19; Job 34.15.   [d] **3.20-21** Ec 12.7.

duermen juntos se calientan mutuamente, pero ¿cómo se calentará uno solo? [12] A uno que prevalece contra otro, dos lo resisten, pues cordón de tres dobleces no se rompe pronto.

[13] Mejor es el muchacho pobre y sabio
que el rey viejo y necio
que no admite consejos,
[14] aunque haya salido de la cárcel
quien llegó a reinar,
o aunque en su reino naciera pobre.

[15] Y vi a todos los que viven debajo del sol caminando con el muchacho sucesor, que ocupará el lugar del otro rey. [16] La muchedumbre que lo seguía no tenía fin; y sin embargo, los que vengan después tampoco estarán contentos de él. Y esto es también vanidad y aflicción de espíritu.

La insensatez de hacer votos a la ligera

5 [1] Cuando vayas a la casa de Dios, guarda tu pie. Acércate más para oir que para ofrecer el sacrificio de los necios, quienes no saben que hacen mal.

[2] No te des prisa a abrir tu boca, ni tu corazón se apresure a proferir palabra delante de Dios, porque Dios está en el cielo, y tú sobre la tierra. Sean, por tanto, pocas tus palabras.[a] [3] Porque de las muchas ocupaciones vienen los sueños, y de la multitud de palabras la voz del necio.[b]

[4] Cuando a Dios hagas promesa, no tardes en cumplirla, porque él no se complace en los insensatos. Cumple lo que prometes. [5] Mejor es no prometer que prometer y no cumplir.[c]

[6] No dejes que tu boca te haga pecar, ni delante del ángel digas que fue por ignorancia. ¿Por qué hacer que Dios se enoje a causa de tus palabras y destruya la obra de tus manos?

[7] Pues,

donde abundan los sueños
abundan también las vanidades
y las muchas palabras.

Pero tú, teme a Dios.

La vanidad de la vida

[8] Si ves en la provincia que se oprime a los pobres y se pervierte el derecho y la justicia, no te maravilles: porque sobre uno alto vigila otro más alto, y uno más alto está sobre ambos. [9] El provecho de la tierra es para todos y el rey mismo está al servicio del campo.

[10] El que ama el dinero no se saciará
de dinero;
y el que ama la riqueza no sacará
fruto.

También esto es vanidad.

[11] Cuando aumentan los bienes,
aumentan también quienes los
consumen.
¿Qué beneficio, pues, tendrá su
dueño,
aparte de verlos con sus propios
ojos?

[12] Dulce es el sueño del trabajador, coma mucho o coma poco; pero al rico no le deja dormir la abundancia. [13] Hay un mal doloroso que he visto debajo del sol: las riquezas guardadas por sus dueños para su propio mal, [14] las cuales se pierden por mal empleadas, y al hijo que ellos engendraron nada le queda en la mano. [15] Desnudo salió del vientre de su madre y así volverá; se irá tal como vino, sin ningún provecho de su trabajo que llevarse en la mano.[d] [16] También eso es un gran mal: que tal como vino se haya de volver. ¿Y de qué le aprovechó trabajar en vano? [17] Además de esto, todos los días de su vida comerá en tinieblas, con mucho afán, dolor y miseria.

[18] He aquí, pues, el bien que he visto: que lo bueno es comer y beber, y gozar de los frutos de todo el trabajo con que uno se fatiga debajo del sol todos los días de la vida que Dios le ha dado, porque esa es su recompensa. [19] Asimismo, a todo hombre a quien Dios da bienes y riquezas, le da también facultad para que coma de ellas, tome su parte y goce de su trabajo. Esto es don de Dios. [20] Porque así no se acuerda

[a] 5.2 Pr 17.27; Mt 6.7. [b] 5.2-3 Pr 10.19. [c] 5.4-5 Nm 30.3-16; Dt 23.21-23; Sal 66.13-14. [d] 5.15 Job 1.21; Sal 49.17; 1 Ti 6.7.

mucho de los días de su vida, pues Dios le llena de alegría el corazón.

6 ¹ Hay un mal que he visto debajo del cielo, y que es muy común entre los hombres: ² el del hombre a quien Dios da riquezas, bienes y honra, y nada le falta de todo lo que su alma desea; pero no le da Dios facultad de disfrutar de ello,ᵃ sino que lo disfrutan los extraños. Esto es vanidad y mal doloroso. ³ Aunque el hombre engendre cien hijos, viva muchos años y los días de su edad sean numerosos, si su alma no se sació del bien, y además careció de sepultura, digo que más vale un abortivo.

⁴ Pues este en vano viene,
y a las tinieblas va,⁻

y las tinieblas ocultan su nombre.

⁵ No ha visto el sol,
ni lo ha conocido.

¡Más reposo tiene este que aquel! ⁶ Y aun si aquel viviera mil años dos veces, sin gustar del bien, ¿acaso no van todos al mismo lugar?ᵇ

⁷ Todo el trabajo del hombre es para su boca,
y con todo, su deseo no se sacia.

⁸ ¿Qué más tiene el sabio que el necio? ¿Qué más tiene el pobre que supo caminar entre los vivos?ᶜ ⁹ Más vale lo que ven los ojos que un deseo que pasa. También esto es vanidad y aflicción de espíritu.

¹⁰ Respecto de lo que es, ya hace mucho que tiene nombre. Se sabe lo que es un hombre: que no puede contender con quien es más poderoso que él.

¹¹ Ciertamente las muchas palabras multiplican la vanidad, y eso de nada le sirve al hombre.

¹² Porque ¿quién sabe lo que conviene al hombre en su vida, todos los días de su vano vivir, los cuales él pasa como una sombra? ¿Y quién le enseñará al hombre lo que acontecerá después de él debajo del sol?

Contraste entre la sabiduría y la insensatezᵃ

7 ¹ Mejor es la buena fama que el buen perfume,
y mejor el día de la muerte que el día del nacimiento.

² Mejor es ir a la casa del luto
que a la casa del banquete,
porque aquello es el fin de todos los hombres,
y el que vive lo tendrá presente en su corazón.

³ Mejor es el pesar que la risa,
porque con la tristeza del rostro se enmienda el corazón.

⁴ El corazón de los sabios está en la casa del luto,
mas el corazón de los insensatos, en la casa donde reina la alegría.

⁵ Mejor es oír la reprensión del sabio
que la canción de los necios,
⁶ porque la risa del necio es como el crepitar de los espinos
debajo de la olla.
Y también esto es vanidad.

⁷ Ciertamente la opresión hace enloquecer al sabio,
y las dádivas corrompen el corazón.

⁸ Mejor es el fin del negocio que su principio;
mejor es el sufrido de espíritu que el altivo de espíritu.

⁹ No te apresures en tu espíritu a enojarte,ᵇ porque el enojo reposa en el seno de los necios.

¹⁰ Nunca digas: «¿Cuál es la causa de que los tiempos pasados fueron mejores que estos?», porque nunca hay sabiduría en esta pregunta.

¹¹ Buena es la ciencia con herencia, y provechosa para los que ven el sol; ¹² porque escudo es la ciencia y escudo es el dinero; pero más ventajosa es la sabiduría, porque da vida a sus poseedores.

¹³ Mira la obra de Dios. ¿Quién podrá enderezar lo que él torció? ¹⁴ En el día del bien goza del bien, y en el día de la adversidad, reflexiona. Dios hizo tanto el uno

---

ᵃ **6.2** Sal 39.6.　　ᵇ **6.6** Ec 2.15-16; 3.19-20; 9.5-6.　　ᶜ **6.8** Otra posible traducción: *¿Qué tiene el sabio que no tenga el necio, a no ser sus conocimientos para hacerle frente a la vida?*　　ᵃ **7.1-22** Esta sección contiene una serie de máximas y sentencias a modo de refranes, distribuidas sin un orden lógico aparente.

como el otro, a fin de que el hombre no sepa qué trae el futuro.

15 Todo esto he visto en los días de mi vanidad. Justo hay que perece pese a su justicia, y hay malvado que pese a su maldad alarga sus días.

16 No seas demasiado justo,
    ni sabio en exceso;
        ¿por qué habrás de destruirte?
17 No quieras hacer mucho mal,
    ni seas insensato;
        ¿por qué habrás de morir antes de
            tu tiempo?
18 Bueno es que tomes esto,
    sin apartar de aquello tu mano;
    porque el que teme a Dios
        saldrá bien de todo.
19 La sabiduría fortalece al sabio
    más que diez poderosos que haya
        en una ciudad.

20 Ciertamente no hay en la tierra hombre tan justo, que haga el bien y nunca peque.c
21 Tampoco apliques tu corazón a todas las cosas que se dicen, para que no oigas a tu siervo cuando habla mal de ti; 22 porque tu corazón sabe que tú también hablaste mal de otros muchas veces.

23 Todas estas cosas probé con sabiduría, diciendo: «¡Seré sabio!»; pero la sabiduría se apartó de mí. 24 Ya está lejos lo que fue; y lo muy profundo, ¿quién lo hallará?

25 Me volví entonces, y apliqué mi corazón a saber, examinar y buscar la sabiduría y la razón, para conocer la maldad de la insensatez y el desvarío del error.

26 Y he hallado más amarga que la
        muerte a la mujer
    cuyo corazón es trampas y redes,
    y sus manos ligaduras.
    El que agrada a Dios escapará de
        ella,
    pero el pecador queda en ella
        preso.

27 He aquí, dice el Predicador, que pesando las cosas una por una para dar con la razón de ellas, 28 he hallado lo que aún busca mi alma, sin haberlo encontrado:

Un hombre entre mil he hallado,
    pero ni una sola mujer entre todas.

29 He aquí, solamente esto he hallado: que Dios hizo al hombre recto, pero él se buscó muchas perversiones.

8 1 ¿Quién como el sabio?
    ¿Quién como el que sabe
        interpretar las cosas?
    La sabiduría del hombre ilumina
        su rostro
    y cambia la tosquedad de su
        semblante.
2 Te aconsejo que guardes el
        mandamiento del rey,
    por el juramento que pronunciaste
        delante de Dios.
3 No te apresures a irte de su
        presencia,
    ni en cosa mala persistas;
    porque él hará todo lo que quiera,
4 pues la palabra del rey es soberana
    y nadie le dirá: «¿Qué haces?»
5 El que guarda el mandamiento no
        conocerá el mal;
    el corazón del sabio discierne
        cuándo y cómo cumplirlo.
6 Porque para todo lo que quieras
        hay un tiempo y un cómo,
    aunque el gran mal que pesa sobre
        el hombre
7 es no saber lo que ha de ocurrir;
    y el cuándo haya de ocurrir, ¿quién
        se lo va a anunciar?
8 No hay hombre que tenga potestad
        sobre el aliento de vida
    para poder conservarlo,
    ni potestad sobre el día de la
        muerte.
    Y no valen armas en tal guerra,
    ni la maldad librará al malvado.

9 Todo esto he visto, y he puesto mi corazón en todo lo que se hace debajo del sol, cuando el hombre se enseñorea del hombre para hacerle mal.

b 7.9 Stg 1.19.   c 7.20 1 Jn 1.8-10.

Desigualdades de la vida

¹⁰ Asimismo he visto a los inicuos sepultados con honores; en cambio, los que frecuentaban el lugar santo fueron luego olvidados en la ciudad donde habían actuado con rectitud. Esto también es vanidad. ¹¹ Si no se ejecuta enseguida la sentencia para castigar una mala obra, el corazón de los hijos de los hombres se dispone a hacer lo malo. ¹² Ahora bien, aunque el pecador haga cien veces lo malo, y sus días se prolonguen, con todo yo también sé que les irá bien a los que a Dios temen, los que temen ante su presencia, ¹³ y que no le irá bien al malvado, ni le serán prolongados sus días, que son como sombra; por cuanto no teme delante de la presencia de Dios.

¹⁴ Hay vanidad que se hace sobre la tierra, pues hay justos a quienes sucede como si hicieran obras de malvados, y hay malvados a quienes acontece como si hicieran obras de justos.ᵃ Digo que esto también es vanidad.ᵇ

¹⁵ Por tanto, alabé yo la alegría, pues no tiene el hombre más bien debajo del sol que comer, beber y alegrarse; y que esto le quede de su trabajo los días de su vida que Dios le concede debajo del sol.

¹⁶ Yo, pues, dediqué mi corazón a conocer sabiduría y a ver la faena que se hace sobre la tierra (porque hay quien ni de noche ni de día retiene el sueño en sus ojos); ¹⁷ y he visto todas las obras de Dios, y que el hombre no puede conocer toda la obra que se hace debajo del sol. Por mucho que trabaje el hombre buscándola, no la hallará; y aunque diga el sabio que la conoce, no por eso podrá alcanzarla.

9 ¹ Ciertamente he dado de corazón a todas estas cosas, para poder declarar que los justos y los sabios, y sus obras, están en la mano de Dios.ᵃ Y que los hombres ni siquiera saben qué es amor o qué es odio, aunque todo está delante de ellos.

² Todo acontece de la misma manera a todos;
lo mismo les ocurre al justo y al malvado,

al bueno, al puro y al impuro,
al que sacrifica y al que no sacrifica;
lo mismo al bueno que al pecador,
tanto al que jura como al que teme jurar.

³ Este mal hay entre todo lo que se hace debajo del sol: que un mismo suceso acontece a todos, y que el corazón de los hijos de los hombres está lleno de mal y de insensatez durante toda su vida. Y que después de esto se van con los muertos.

⁴ Aún hay esperanza para todo aquel que está entre los vivos, pues mejor es perro vivo que león muerto.

⁵ Porque los que viven saben que han de morir, pero los muertos nada saben, ni tienen más recompensa. Su memoria cae en el olvido. ⁶ También perecen su amor, su odio y su envidia; y ya nunca más tendrán parte en todo lo que se hace debajo del sol.

⁷ Anda, come tu pan con gozo
y bebe tu vino con alegre corazón,
porque tus obras ya son agradables a Dios.
⁸ Que en todo tiempo sean blancos tus vestidos
y nunca falte perfume sobre tu cabeza.
⁹ Goza de la vida con la mujer que amas,
todos los días de la vida vana
que te son dados debajo del sol,
todos los días de tu vanidad.
Esta es tu recompensa en la vida,
y en el trabajo con que te afanas debajo del sol.
¹⁰ Todo lo que te venga a mano para hacer,
hazlo según tus fuerzas,
porque en el seol, adonde vas, no hay obra,
ni trabajo ni ciencia ni sabiduría.ᵇ
¹¹ Me volví, y vi debajo del sol
que ni es de los veloces la carrera,
ni de los fuertes la guerra,
ni aun de los sabios el pan,
ni de los prudentes las riquezas,
ni de los elocuentes el favor;

ᵃ **8.14** Sal 73; Jer 12.1-4; Hab 1.2-4,12-17.   ᵇ **8.12-14** Ec 9.2.   ᵃ **9.1** Pr 16.1,9; 19.21.
ᵇ **9.10** Ec 11.7-8; 12.6-7.

pues a todos les llega el tiempo y la ocasión.

¹² Ahora bien, el hombre tampoco conoce su tiempo:

Como los peces apresados en la mala red,
o como las aves que se enredan en el lazo,
así se ven atrapados los hijos de los hombres
por el tiempo malo, cuando cae de repente sobre ellos.

¹³ También vi debajo del sol esto que me parece de gran sabiduría: ¹⁴ Había una pequeña ciudad, con pocos habitantes, y vino un gran rey que le puso sitio y levantó contra ella grandes baluartes; ¹⁵ pero en ella se hallaba un hombre pobre y sabio, el cual libró a la ciudad con su sabiduría. ¡Y nadie se acordaba de aquel hombre pobre! ¹⁶ Entonces dije yo: «Mejor es la sabiduría que la fuerza,ᶜ aunque la ciencia del pobre sea menospreciada y no sean escuchadas sus palabras».

¹⁷ Las palabras serenas del sabio
son mejores que el clamor del señor entre los necios.
¹⁸ Mejor es la sabiduría que las armas de guerra;
pero un solo error destruye mucho bien.

Excelencia de la sabiduría

10 ¹ Las moscas muertas hacen heder
y corrompen el perfume del perfumista;
así es una pequeña locura
al que es estimado como sabio y honorable.
² El corazón del sabio está a su mano derecha,
mas el corazón del necio a su mano izquierda.
³ Aun mientras va de camino,
al necio le falta cordura,
y va diciendo a todos que es necio.ᵃ

⁴ Aunque el ánimo del príncipe se exalte contra ti,
no pierdas la calma,
porque la mansedumbre hace cesar grandes ofensas.

⁵ Hay un mal que he visto debajo del sol, a manera de error emanado del príncipe: ⁶ que la necedad está colocada en grandes alturas, y los ricos están sentados en lugar bajo. ⁷ He visto siervos a caballo, y príncipes que andaban como siervos sobre la tierra.

⁸ El que haga un hoyo caerá en él;ᵇ
y al que aportille el vallado,
lo morderá la serpiente.
⁹ Quien corta piedras, se hiere con ellas;
el que parte leña, en ello peligra.
¹⁰ Si se embota el hierro
y su filo no es amolado,
hay que aumentar el esfuerzo;
lo provechoso es emplear la sabiduría.
¹¹ Si la serpiente muerde antes de ser encantada,
de nada sirve el encantador.
¹² Las palabras del sabio están llenas de gracia,
mas los labios del necio causan su propia ruina.ᶜ
¹³ El comienzo de las palabras de su boca es necedad;
el final de su charla, nocivo desvarío.
¹⁴ El necio multiplica sus palabras.
Si nadie sabe lo que ha de acontecer,
¿quién le hará saber lo que después de él será?
¹⁵ Tanto fatiga a los necios el trabajo,
que ni aun saben por dónde ir a la ciudad.
¹⁶ ¡Ay de ti, tierra, cuando tu rey es un muchacho,
y tus príncipes banquetean desde la mañana!

ᶜ **9.16** Pr 24.5.   ᵃ **10.3** Otra posible traducción: *aun cuando vaya diciendo que los necios son los demás.*   ᵇ **10.8** Sal 7.15; Pr 26.27.   ᶜ **10.12** Pr 10.32; 15.2.

17 ¡Bienaventurada tú, tierra,
   cuando tu rey es hijo de nobles
   y tus príncipes comen a su hora
   para reponer sus fuerzas y no para
      beber!
18 Por la pereza se cae la techumbre,
   y por cruzarse de brazos hay
      goteras en la casa.
19 Por placer se hace el banquete,
   el vino alegra a los vivos
   y el dinero responde por todo.
20 Ni aun en tu pensamiento hables
      mal del rey,
   ni en lo secreto de tu cámara hables
      mal del rico;
   porque las aves del cielo llevarán la
      voz,
   los seres alados se lo harán saber.

11 ¹Echa tu pan sobre las aguas;
   después de muchos días lo
      hallarás.
2 Reparte a siete, y aun a ocho,
   porque no sabes qué mal ha de
      venir sobre la tierra.
3 Si las nubes están llenas de agua,
   sobre la tierra la derramarán;
   y si el árbol cae hacia el sur, o hacia
      el norte,
   en el lugar donde el árbol caiga, allí
      quedará.
4 El que al viento observa, no
      sembrará,
   y el que a las nubes mira, no segará.

5 Así como tú no sabes cuál es el camino del viento ni cómo crecen los huesos en el vientre de la mujer encinta, así también ignoras la obra de Dios, el cual hace todas las cosas.

6 Por la mañana siembra tu semilla, y a la tarde no dejes reposar tus manos; pues no sabes qué es lo mejor, si esto o aquello, o si lo uno y lo otro es igualmente bueno.

7 Suave ciertamente es la luz y agradable a los ojos ver el sol; 8 pero aunque un hombre viva muchos años y en todos ellos tenga gozo, recuerde que los días de las tinieblas serán muchos, y que todo cuanto viene es vanidad.

Consejos para la juventud

9 Alégrate, joven, en tu juventud, y tome placer tu corazón en los días de tu adolescencia. Anda según los caminos de tu corazón y la vista de tus ojos, pero recuerda que sobre todas estas cosas te juzgará Dios. 10 Quita, pues, de tu corazón el enojo y aparta de tu carne el mal, porque la adolescencia y la juventud son vanidad.

12 ¹Acuérdate de tu Creador en los
      días de tu juventud,
   antes que vengan los días
      malos,
   y lleguen los años de los cuales
      digas:
   «No tengo en ellos
      contentamiento»;
2 antes que se oscurezcan el sol y
      la luz,
   la luna y las estrellas,
   y vuelvan las nubes tras la lluvia;
3 cuando tiemblen los guardias de
      la casa
   y se encorven los hombres fuertes;
   cuando cesen de trabajar las
      molineras, porque habrán
      disminuido,
   y se queden a oscuras las que miran
      por las ventanas;
4 cuando las puertas de afuera se
      cierren,
   y se vaya apagando el ruido del
      molino;
   cuando se escuche la voz del ave,
   pero las canciones dejen de oírse;
5 cuando se tema también a las
      alturas,
   y se llene de peligros el camino,
   y florezca el almendro,
   y la langosta sea una carga,
   y se pierda el apetito;ᵃ
   porque el hombre va a su morada
      eterna,
   y rondarán por las calles quienes
      hacen duelo;
6 antes que la cadena de plata se
      quiebre,
   se rompa el cuenco de oro,

ᵃ **12.5** Otra posible traducción: *la alcaparra no servirá para nada*. El organismo del anciano está tan debilitado que las propiedades estimulantes y afrodisíacas de la *alcaparra* ya no surten más efecto.

el cántaro se quiebre junto a la
    fuente
y la polea se rompa sobre el pozo;
⁷ antes que el polvo vuelva a la tierra,
    como era,
y el espíritu vuelva a Dios que lo
    dio.

⁸ «¡Vanidad de vanidades —dijo el
    Predicador—,
todo es vanidad!»

Resumen del deber del hombre

⁹ Cuanto más sabio fue el Predicador,
tanto más enseñó sabiduría al pueblo.
Escuchó, escudriñó y compuso muchos
proverbios. ¹⁰ Procuró el Predicador hallar palabras agradables y escribir rectamente palabras de verdad.

¹¹ Las palabras de los sabios son como
aguijones, y como clavos hincados las de
los maestros de las congregaciones, pronunciadas por un pastor. ¹² Ahora, hijo, a
más de esto acepta ser amonestado. No
tiene objeto escribir muchos libros; el mucho estudio es fatiga para el cuerpo.

¹³ El fin de todo el discurso que has oído es: Teme a Dios y guarda sus mandamientos, porque esto es el todo del
hombre. ¹⁴ Pues Dios traerá toda obra a
juicio, juntamente con toda cosa oculta,
sea buena o sea mala.

CANTAR DE LOS CANTARES
DE SALOMÓN

INTRODUCCIÓN

Cantar de los Cantares («el más hermoso de los cantares» o «el cantar por excelencia»), es
un poema distribuido en estrofas en las que, alternativamente, dos enamorados manifiestan sus
recíprocos sentimientos en un lenguaje apasionado y de brillante colorido. En Cantares (=Cnt),
el esposo mira a la esposa como a un dechado de perfecciones, la contempla a la luz de lo que él
tiene por más apetecible, sea viña o fuente, jardín o «nardo y azafrán» (1.6; 2.15; 4.12-14; 5.1;
8.12). La belleza de los enamorados y las delicias del amor son como los frutos de la tierra, los lirios, el vino, la leche o el panal de miel (4.3,11; 5.1,13; 6.2,7; 7.7-9; 8.2). El poema expresa también la angustia por la ausencia del ser amado (1.7; 3.1-3; 5.8), la felicidad del encuentro
(2.8-14; 3.4) y, sobre todo, el anhelo de la mutua entrega (1.2-4; 8.1-3).

A lo largo de la historia, el sentido primario de las metáforas propuestas por este poema ha
sido rechazado a pesar de su evidencia. A muchos intérpretes, tanto judíos como cristianos, les
ha resultado impensable que, entre los libros de la Biblia, pudiera figurar uno cuyo fin sea fes-
tejar la dicha de los esposos unidos por un amor propiamente humano. De ahí que desde muy
temprano se ha tratado de encontrar en el libro un segundo sentido, de estricta naturaleza religiosa. Así, el judaísmo lo interpretó como una exaltación alegórica del pacto de Jehová con
Israel. La iglesia vio su relación con Cristo prefigurada en los enamorados protagonistas del
poema. Y, por último, la mística cristiana descubrió en ellos la más perfecta referencia a la
unión del alma con Dios. Estos criterios han oscurecido la interpretación más sencilla e inmediata de Cantares, y su vinculación literaria y de pensamiento con antiguos himnos de bodas
de la sociedad israelita.

Lo que sí debe subrayarse es que la figura de la unión conyugal, tan bellamente loada en el poema, se utiliza a menudo en el AT como símbolo excelso de la alianza de Dios con Israel (Os 1–3; Jer 2.1-3; Ez 16) y, en el NT, de la relación de Cristo con la iglesia (Ef 5.23-32; Ap 21.2,9).

Esquema del Contenido

Canto de la esposa

1 ^{1} El «Cantar de los cantares», de Salomón.^{a}

La esposa

^{2} ¡Ah, si me besaras con besos de tu boca!,
porque mejores son tus amores que el vino.
^{3} Delicioso es el aroma de tus perfumes,
y tu nombre, perfume derramado.
¡Por eso las jóvenes te aman!

^{4} ¡Llévame en pos de ti!...
¡Corramos!...
¡El rey^b me ha llevado a sus habitaciones!

Coro

Nos gozaremos y alegraremos contigo,
nos acordaremos de tus amores más que del vino.
¡Con razón te aman!

La esposa

^{5} Morena soy, hijas de Jerusalén,
pero hermosa como las tiendas de Cedar,^{c}
como las cortinas de Salomón.

^{6} No reparéis en que soy morena,
pues el sol me miró.
Los hijos de mi madre se enojaron contra mí;
me pusieron a cuidar las viñas,
mas mi viña, que era mía, no guardé.

^{7} Dime tú, amado de mi alma,
dónde apacientas tu rebaño,
dónde descansas al mediodía;
pues ¿por qué he de andar como errante
junto a los rebaños de tus compañeros?

Coro

^{8} Si no lo sabes, hermosa entre las mujeres,^{d}
sigue las huellas del rebaño,
y apacienta tus cabritas
junto a las cabañas de los pastores.

El esposo

^{9} A la yegua del carro del faraón
te he comparado, amada mía.
^{10} ¡Qué hermosas son tus mejillas entre los pendientes
y tu cuello entre los collares!
^{11} Zarcillos de oro te haremos,
con incrustaciones de plata.

---

^{a}**1.1** 1 R 4.32; Cnt 3.9-11. ^{b}**1.4** El término *rey* es un calificativo del amado y no el de un tercer personaje que se interpone entre los dos enamorados. Cf. Cnt 1.12; 7.5. ^{c}**1.5** Tribu del norte de Arabia que, según Gn 25.13, estaba emparentada con Ismael. La comparación se debe a que estos nómadas solían fabricar sus campamentos con pieles de cabras negras. ^{d}**1.8** Cnt 5.9; 6.1.

La esposa
¹² Mientras el rey está en su
    reclinatorio,
mi nardo*ᵉ* esparce su fragancia.
¹³ Mi amado es para mí un saquito de
    mirra*ᶠ*
que reposa entre mis pechos.
¹⁴ Ramo de flores de alheña*ᵍ* en las
    viñas de En-gadi*ʰ*
es mi amado para mí.

El esposo
¹⁵ ¡Qué hermosa eres, amada mía,
    qué hermosa eres!
¡Tus ojos son como palomas!

La esposa
¹⁶ ¡Qué hermoso eres, amado mío,
    qué dulce eres!

El esposo
    Frondoso es nuestro lecho;
¹⁷ las vigas de nuestra casa, cedro;
    nuestro artesonado, ciprés.

La esposa
2 ¹ Yo soy la rosa de Sarón,*ᵃ*
    el lirio de los valles.

El esposo
² Como el lirio entre los espinos
    es mi amada entre las jóvenes.

La esposa
³ Como un manzano entre árboles
    silvestres
es mi amado entre los jóvenes.
    A su sombra deseada me senté
    y su fruto fue dulce a mi paladar.
⁴ Me llevó a la sala de banquetes
    y tendió sobre mí la bandera de su
    amor.

⁵ Sustentadme con pasas,
    confortadme con manzanas,

porque estoy enferma de amor.
⁶ Su izquierda esté debajo de mi
    cabeza;
con su derecha me abrace.

El esposo
⁷ ¡Yo os conjuro, hijas de Jerusalén,
    por las gacelas y las ciervas del
    campo,
que no despertéis a mi amor!
¡Dejadla dormir mientras quiera!

La esposa
⁸ ¡La voz de mi amado! ¡Ya viene,
    saltando sobre los montes,
    brincando por los collados!
⁹ Semejante a una gacela es mi
    amado;
como un joven cervatillo.
Helo aquí, está tras nuestra pared,
    mirando por las ventanas,
    atisbando por las celosías.

¹⁰ Habló mi amado, y me dijo:
    «Amada mía, hermosa mía,
    levántate y ven.
¹¹ Ya ha pasado el invierno,
    la lluvia ha cesado y se fue;
¹² han brotado las flores en la tierra,
    ha venido el tiempo de la canción
    y se oye el arrullo de la tórtola en
    nuestro país.
¹³ Ya la higuera ha dado sus higos
    y las vides en cierne, su olor.

»¡Amada mía, hermosa mía,
    levántate y ven!
¹⁴ Paloma mía,*ᵇ* que anidas en lo
    oculto de la roca,
en lo escondido de escarpados
    parajes,
muéstrame tu rostro, hazme oír
    tu voz,
porque tu voz es dulce y hermoso
    tu aspecto».

ᵉ **1.12** Óleo aromático extraído de una planta que crece en la India septentrional y oriental. Cf. Mc 14.3.   *ᶠ* **1.13** Resina importada de Arabia, de Etiopía o de la India. Se utilizaba para preparar un aceite sagrado (Ex 30.23-25), como estimulante (Pr 7.17), como cosmético (Est 2.12), para perfumar los trajes de bodas (Sal 45.8) y para embalsamar los cadáveres (Jn 19.39).
ᵍ **1.14** Planta cuyas flores tienen un olor muy penetrante.   *ʰ* **1.14** *En-gadi:* Designa a un oasis situado sobre la costa oeste del Mar Muerto, en medio de rocas muy escarpadas.
ᵃ **2.1** Nombre de la estrecha llanura que se extiende sobre la costa del Mediterráneo, al sur del monte Carmelo. Cf. 1 Cr 5.16; Is 35.2; 65.10.   *ᵇ* **2.14** Cnt 5.2; 6.9.

La esposa y el esposo

¹⁵ ¡Cazadnos las zorras,
esas zorras pequeñas
que destruyen las viñas,
nuestras viñas en cierne!

La esposa

¹⁶ ¡Mi amado es mío y yo soy suya!
Él apacienta entre los lirios.
¹⁷ Mientras despunta el día y huyen
las sombras,
vuelve, amado mío,
como una gacela o un cervatillo
por los montes de Beter.

La esposa sale en busca del esposo

3 ¹ Por las noches busqué en mi lecho
al amado de mi alma;
lo busqué, mas no lo hallé.
² Pensé entonces:
«Me levantaré, recorreré la ciudad,
y por calles y plazas
buscaré al amado de mi alma».
Lo busqué, mas no lo hallé.
³ Me hallaron los guardias que
rondan la ciudad,
y les pregunté: «¿Habéis visto al
amado de mi alma?»
⁴ Apenas me aparté de ellos un poco,
hallé al amado de mi alma;
me así a él, y no lo dejé
hasta llevarlo a casa de mi madre,
a la habitación de quien me dio a
luz.

El esposo

⁵ ¡Yo os conjuro, hijas de Jerusalén,
por las gacelas y las ciervas del
campo,
que no despertéis a mi amor!
¡Dejadla dormir mientras quiera!^a

El cortejo de bodas

Coro

⁶ ¿Qué es eso que sube del desierto^b
cual columna de humo,
perfumado de mirra e incienso,
y de todo polvo aromático?

⁷ ¡Ved, es la litera de Salomón!
Sesenta valientes la rodean,
de entre los fuertes de Israel.^c
⁸ Todos ciñen espada y son diestros
en la guerra;
cada uno lleva su espada al cinto,
por los peligros de la noche.

⁹ El rey Salomón se hizo una carroza
de madera del Líbano,
¹⁰ con columnas de plata,
respaldo de oro
y asiento de grana;
su interior, recamado de amor
por las hijas de Jerusalén.

¹¹ ¡Hijas de Sión,^d salid! Ved al rey
Salomón
con la corona que le ciñó su madre
el día de su boda,
el día del gozo de su corazón.

El esposo enamorado

El esposo

4 ¹ ¡Qué hermosa eres, amada mía,
que hermosa eres!
¡Tus ojos son como palomas^a
en medio de tus guedejas!
Tus cabellos, como manada de
cabras
que bajan retozando las laderas de
Galaad.
² Tus dientes, como manada de
ovejas
que suben del baño recién
trasquiladas,^b
todas con crías gemelas,
ninguna entre ellas estéril.
³ Tus labios son como un hilo de
grana;
tu hablar, cadencioso;
tus mejillas,
como gajos de granada detrás de tu
velo.
⁴ Tu cuello, como la torre de David,
edificada para armería:
de ella cuelgan mil escudos,
escudos todos de valientes.

---

[a] **3.5** Cnt 2.7; 8.4.   [b] **3.6** Los v. 6-11 describen un imponente cortejo nupcial.   [c] **3.7** Jue 14.11.
[d] **3.11** Nombre de la colina donde estaba edificado el Templo. El AT emplea a veces ese nombre como designación poética de la ciudad de Jerusalén.   [a] **4.1** Cnt 1.15.   [b] **4.2** Cnt 6.6.

⁵ Tus dos pechos, como gemelos de
  gacela*c*
que se apacientan entre lirios.
⁶ Mientras despunta el día y huyen
  las sombras,
me iré al monte de la mirra,
a la colina del incienso.

⁷ ¡Qué hermosa eres, amada mía!
No hay defecto en ti.

⁸ Ven conmigo del Líbano, esposa
  mía;
baja del Líbano conmigo.
Mira desde la cumbre del Amana,*d*
desde la cumbre del Senir y del
  Hermón,
desde las guaridas de los leones,
desde los montes de los leopardos.

⁹ Me robaste el corazón, hermana,*e*
  esposa mía;
me robaste el corazón con una
  mirada tuya,
con una gargantilla de tu cuello.
¹⁰ ¡Cuán hermosos son tus amores,
  hermana, esposa mía!
¡Cuánto mejores que el vino tus
  amores,
y la fragancia de tus perfumes
más que toda especia aromática!
¹¹ ¡Esposa mía! Tus labios, como un
  panal, destilan miel;
miel y leche hay debajo de tu
  lengua,
y el aroma de tus vestidos
es como la fragancia del Líbano.

¹² Jardín cerrado eres, hermana mía,
  esposa mía;
fuente cerrada, sellado manantial,
¹³ vergel de renuevos de granado,
  de frutos suaves,
de flores de alheña y de nardos,
¹⁴ nardo y azafrán,
  caña aromática y canela,
  árboles de incienso
  y de mirra, áloes*f*

y las más aromáticas especias.
¹⁵ Manantial de los jardines,
pozo de aguas vivas
que descienden del Líbano.

La esposa
¹⁶ ¡Levántate, Aquilón, y ven, Austro!
¡Soplad, y mi jardín desprenda sus
  aromas!
¡Venga mi amado a su jardín
y coma de sus dulces frutos!

El esposo
5¹ He venido a mi jardín,
  hermana, esposa mía;
he recogido mi mirra y mis aromas,
he comido mi panal y mi miel,
mi vino y mi leche he bebido.

Coro
Comed, amados amigos;
bebed en abundancia.

El tormento de la separación
La esposa
² Yo dormía, pero mi corazón velaba.
La voz de mi amado que llama:
«¡Ábreme, hermana mía, amada
  mía,
paloma mía, perfecta mía,
pues mi cabeza está cubierta de
  rocío,
mis cabellos, de la humedad de la
  noche!

³ »Me he quitado la ropa,
¿cómo vestirme otra vez?
Ya me he lavado los pies,
¿cómo ensuciarlos de nuevo?»

⁴ Mi amado metió su mano por el
  resquicio de la puerta
y mi corazón se conmovió dentro
  de mí.
⁵ Me levanté para abrir a mi amado
y mis manos gotearon mirra:
¡de mis dedos corría la mirra
sobre el pestillo de la cerradura!

---

c **4.5** Cnt 7.3.   *d* **4.8** Una de las cumbres del Antilíbano, al norte del monte Hermón. Allí se
origina el río Abana, mencionado en 2 R 5.12.   *e* **4.9** En la poesía del antiguo Oriente es bastante
frecuente llamar «hermano» o «hermana» a la persona amada. Cf. Cnt 4.10;12; 5.1-2.
f **4.14** Árbol originario de la India, cuya madera da un perfume muy agradable.

⁶ Abrí a mi amado,
  pero mi amado se había ido, ya
    había pasado,
  y tras su voz se me salió el alma.
  Lo busqué, mas no lo hallé;*a*
  lo llamé, y no me respondió.
⁷ Me encontraron los guardias que
    rondan la ciudad;
  me golpearon, me hirieron,
  me arrebataron el manto
  los guardias de las murallas.
⁸ Yo os conjuro, hijas de Jerusalén,*b*
  si halláis a mi amado,
  hacedle saber que estoy enferma de
    amor.

La esposa enamorada

Coro
⁹ ¿Qué es tu amado más que otro
    amado,
  tú, la más hermosa entre las
    mujeres?
  ¿Qué es tu amado más que otro
    amado,
  para que así nos conjures?

La esposa
¹⁰ Mi amado es blanco y sonrosado,
  distinguido entre diez mil;
¹¹ su cabeza es oro fino;
  sus cabellos crespos, negros como
    el cuervo.
¹² Sus ojos, palomas que junto a
    arroyos de aguas se bañan en
    leche,
  están a la perfección colocados.
¹³ Sus mejillas, eras perfumadas con
    especias aromáticas,
  son como fragantes flores;
  sus labios, lirios que destilan mirra.
¹⁴ Sus manos, anillos de oro
    engastados de jacintos;
  su cuerpo, claro marfil cubierto de
    zafiros.
¹⁵ Sus piernas, columnas de mármol
  fundadas sobre basas de oro fino;
  su aspecto, como el Líbano;
  esbelto cual los cedros.
¹⁶ Su paladar, dulcísimo,

y todo en él codiciable.

¡Tal es mi amado, tal es mi amigo,
  hijas de Jerusalén!

Los dos enamorados

Coro
6 ¹ ¿A dónde se ha ido tu amado,
  tú, la más hermosa entre las
    mujeres?
  ¿A dónde se dirigió tu amado,
  y lo buscaremos contigo?

La esposa
² Mi amado ha bajado a su jardín,
  a las eras de las especias,
  a apacentar en los huertos
  y recoger los lirios.

³ ¡Yo soy de mi amado, y mi amado
    es mío!
  Él apacienta entre los lirios.*a*

El esposo
⁴ Amada mía, eres bella como Tirsa,*b*
  deseable como Jerusalén,
  imponente como ejércitos en orden
    de batalla.
⁵ ¡Aparta tus ojos de mí,
  pues me subyugan!

  Tu cabello es como manada de
    cabras
  que bajan retozando las laderas de
    Galaad.
⁶ Tus dientes, como manada de
    ovejas
  que suben del baño,
  ninguna estéril,
  todas con crías gemelas.*c*
⁷ Tus mejillas,
  como gajos de granada detrás de tu
    velo.

⁸ Sesenta son las reinas,
  ochenta las concubinas,
  y las jóvenes, sin número;
⁹ mas única y perfecta es la paloma
    mía,

---

a **5.5-6** Cnt 3.1.   *b* **5.8** 1.5; 2.7; 3.5; 5.16; 8.4.   *a* **6.3** Cnt 2.16.   *b* **6.4** Capital del reino del Norte
(véase 1 R 14.17 n.) hasta los tiempos de Omrí, rey de Israel (véase 1 R 16.6 n.). Su nombre deriva
de una raíz que significa *bella* o *agradable.*   *c* **6.6** Cnt 4.2.

la única de su madre,
la escogida de quien la dio a luz.
Las jóvenes la vieron
y la llamaron «bienaventurada»;
la alabaron las reinas y las
concubinas.

Coro

10 «¿Quién es esta, que se muestra
como el alba,
hermosa como la luna,
radiante como el sol,
imponente como ejércitos en orden
de batalla?»

La esposa

11 Bajé al huerto de los nogales
a ver los frutos del valle,
a ver si brotaban las vides
y florecían los granados.
12 Luego, antes de darme cuenta, mi
alma me puso
entre los carros de Aminadab.

Coro

13 ¡Vuelve, vuelve, sulamita!
¡Vuelve, vuelve, que te veamos!

La esposa

¿Qué miráis en la sulamita?

Coro

Que danza, como en los
campamentos.

El esposo

7 ¹ ¡Qué bellos son tus pies en las
sandalias,
hija de príncipe!
Los contornos de tus caderas son
como joyas,
obra de excelente artífice.
2 Tu ombligo, como una taza
redonda
donde no falta el buen vino.
Tu vientre, como montón de trigo
de lirios rodeado.
3 Tus dos pechos, como gemelos de
gacela.ᵃ
4 Tu cuello, como torre de marfil;

tus ojos, como los estanques de
Hesbónᵇ
junto a la puerta de Bat-rabim;
tu nariz, como la torre del Líbano,
que mira hacia Damasco.
5 Tu cabeza erguida, como el
Carmelo;
como púrpura, tus guedejas:
en ellas, un rey está cautivo.

6 ¡Qué hermosa eres y cuán suave,
oh amor deleitoso!
7 Tu talle, como la palmera;
tus pechos, como sus racimos.
8 Yo dije: «Subiré a la palmera
y asiré sus frutos».
Deja que sean tus pechos como
racimos de vid,
y como de manzanas la fragancia
de tu aliento.
9 Tu paladar, como el buen vino,
que entra al amado suavemente
y corre por los labios de los viejos.

La esposa

10 Yo soy de mi amado,
y en mí tiene su contentamiento.
11 Ven, amado mío, salgamos al
campo,
pasemos la noche en las aldeas.
12 Vayamos de mañana a las viñas,
a ver si brotan las vides, si ya están
en cierne,
si han florecido los granados.
¡Allí te daré mis amores!
13 Las mandrágoras exhalan su
aroma,
y a nuestras puertas
hay toda suerte de deliciosas
frutas,
frescas y secas, que para ti,
amado mío, he guardado.

8 ¹ ¡Ah, si fueras tú un hermano mío,
criado a los pechos de mi madre!
Cuando te hallara fuera de la casa,
te besaría,
y no me menospreciarían.
2 Te llevaría y te haría entrar en casa
de mi madre;
tú me enseñarías.

ᵃ **7.3** Cnt 4.5.   ᵇ **7.4** Localidad de Transjordania, bien provista de aguas, habitada antiguamente
por los amorreos (cf. Nm 21.26-30).

Yo te daría a beber vino
aromado con licor de mis granadas.

³ Su izquierda esté debajo de mi
   cabeza;
con su derecha me abrace.ᵃ

El esposo
⁴ ¡Yo os conjuro, hijas de Jerusalén,
   que no despertéis a mi amor!
   ¡Dejadla dormir mientras quiera!ᵇ

El poder del amor
Coro
⁵ ¿Quién es esta que sube del
   desierto,ᶜ
recostada sobre su amado?

El esposo
Debajo de un manzano te desperté;
donde tuvo tu madre los dolores,
donde tuvo los dolores quien te dio
   a luz.

La esposa
⁶ Ponme como un sello sobre tu
   corazón,
como una marca sobre tu brazo;
porque fuerte como la muerte es el
   amor
y duros como el seol los celos.
Sus brasas son brasas de fuego,
potente llama.
⁷ Las muchas aguas no podrán
   apagar el amor
ni lo ahogarán los ríos.
Y si un hombre ofreciera
todos los bienes de su casa

a cambio del amor,
de cierto sería despreciado.

Epílogo
⁸ Tenemos una pequeña hermana,
   que no tiene pechos;
¿Qué haremos con nuestra
   hermana
cuando de ella se hable?
⁹ Si fuera una muralla,
edificaríamos sobre ella un palacio
   de plata;
si fuera una puerta,
la recubriríamos con tablas de
   cedro.
¹⁰ Yo soy como una muralla,
y mis pechos, como torres.
Ante sus ojos he sido
como quien ha hallado la paz.

¹¹ Salomón tuvo una viña en
   Baal-hamón,
y la encomendó a unos guardas,
y cada uno le llevaba por su fruto
mil monedas de plata.
¹² ¡Mi viña, la mía, está delante de mí!
¡Que las mil monedas sean para ti,
   Salomón,
y doscientas para los que guardan
   el fruto!

¹³ Tú, que habitas en los huertos,
los compañeros escuchan tu voz.
¡Házmela oir!

¹⁴ ¡Corre, amado mío,
como la gacela o el cervatillo,
por las montañas llenas de aromas!

ᵃ **8.3** Cnt 2.6.   ᵇ **8.4** Cnt 2.7; 3.5.   ᶜ **8.5** Cnt 3.6.

ISAÍAS

INTRODUCCIÓN

Isaías hijo de Amoz ejerció su actividad profética en Judea, desde «el año en que murió el rey Uzías» (6.1), el 738 a.C., hasta probablemente los albores del s. VII: período que conoció los reinados de Jotam, Acaz y Ezequías (1.1). Ciertos datos del libro revelan a Isaías como un hombre influyente, miembro quizá de la clase aristocrática de la Jerusalén del s. VIII y dotado de autoridad.

Desempeñó Isaías su ministerio en una época llena de violencia y marcada por la pertinaz hostilidad de Israel (el reino del norte) y Siria, que «en los días de Acaz hijo de Jotam» se aliaron contra Judá y «subieron contra Jerusalén para combatirla» (7.1-2a). Sucedió también que «en el año catorce del rey Ezequías, Senaquerib, rey de Asiria, subió contra todas las ciudades fortificadas de Judá, y las tomó» (cap. 36–37). Y aún más, en el 721 a.C., Sargón II conquistó y arrasó la ciudad de Samaria (2 R 17.3-6), poniendo fin a la independencia nacional del reino de Israel, que desde entonces quedó reducido a la simple condición de provincia del imperio asirio.

Los 66 capítulos de Isaías (=Is) pueden agruparse en tres grandes secciones, formadas respectivamente por los cap. 1–39, 40–55 y 56–66.

En la primera sección, Isaías condena con dureza los pecados y la infidelidad de su pueblo, que con su conducta ofende a Dios, el Santo de Israel. Pero junto a los pronósticos del juicio contra Jerusalén y contra toda Judá, el profeta prevé también el tiempo glorioso de la venida del Mesías. Cuando él llegue se harán realidad las palabras del anuncio: «El pueblo que andaba en tinieblas vio gran luz; a los que moraban en tierra de sombra de muerte, luz resplandeció sobre ellos» (9.2).

Los capítulos 40 a 55 constituyen la segunda sección. Se trata de una especie de vibrante discurso de consuelo, dirigido a los israelitas exiliados en las lejanas tierras de Babilonia. Pasajes importantes de esta sección son los cuatro conocidos «Cánticos del Siervo de Jehová» (42.1-9; 49.1-6; 50.4-11; 52.13—53.12). La iglesia cristiana, desde sus comienzos, ha interpretado estos cánticos como un anuncio de los padecimientos, la muerte y la glorificación de Jesucristo, el Siervo del Señor por excelencia.

La tercera gran sección del libro (cap. 56–66) consta de una variada serie de mensajes, dirigidos sin duda a los judíos repatriados de Babilonia.

Esquema del contenido

1. Primera sección (1–39)
2. Segunda sección: mensaje de consuelo a Israel (40–55)
3. Tercera sección: mensaje a los repatriados (56–66)

Una nación pecadora

1 ¹ Visión de Isaías hijo de Amoz, la cual vio acerca de Judá y Jerusalén, en días de Uzías, Jotam, Acaz y Ezequías, reyes de Judá.ᵃ

² Oíd, cielos, y escucha tú, tierra,
porque habla Jehová:
«Crié hijos y los engrandecí,
pero ellos se rebelaron contra mí.

ᵃ **1.1** Los reyes mencionados reinaron sucesivamente en Judá, del 781 al 687 a.C. Uzías (también llamado Azarías): 2 R 15.1-7; 2 Cr 26.1-23 (cf. Is 6.1). Jotam: 2 R 15.32-38; 2 Cr 27.1-9. Acaz: 2 R 16.1-20; 2 Cr 28.1-27. Ezequías: 2 R 18.1—20.21; 2 Cr 29.1—32.33.

³ El buey conoce a su dueño,
y el asno el pesebre de su señor;
Israel no entiende,*b*
mi pueblo no tiene conocimiento.

⁴ »¡Ay gente pecadora,
pueblo cargado de maldad,
generación de malhechores,
hijos depravados!
¡Dejaron a Jehová,
provocaron a ira al Santo de Israel,*c*
se volvieron atrás!

⁵ ¿Por qué querréis ser castigados
aún?
¿Todavía os rebelaréis?
Toda cabeza está enferma
y todo corazón doliente.

⁶ Desde la planta del pie hasta la
cabeza
no hay en él cosa sana, sino herida,
hinchazón y podrida llaga;
no están curadas ni vendadas
ni suavizadas con aceite.*d*

⁷ Vuestra tierra está destruida,
vuestras ciudades puestas a fuego,
vuestra tierra delante de vosotros
comida por extranjeros
y asolada como asolamiento de
extraños.

⁸ Y queda la hija de Sión como
enramada en viña,
como cabaña en melonar,
como ciudad asolada».

⁹ Si Jehová de los ejércitos
no nos hubiera dejado un resto
pequeño,
seríamos como Sodoma,
semejantes a Gomorra.*e*

Exhortación a un arrepentimiento sincero

¹⁰ ¡Príncipes de Sodoma, oíd la
palabra de Jehová!
¡Escuchad la ley de nuestro Dios,
pueblo de Gomorra!

¹¹ «¿Para qué me sirve, dice Jehová,
la multitud de vuestros sacrificios?

Hastiado estoy de holocaustos de
carneros
y de grasa de animales gordos;
no quiero sangre de bueyes ni de
ovejas ni de machos cabríos.

¹² ¿Quién pide esto de vuestras
manos,
cuando venís a presentaros delante
de mí para pisotear mis atrios?

¹³ No me traigáis más vana ofrenda;
el incienso me es abominación.
Luna nueva,*f* sábado y el convocar
asambleas,
no lo puedo sufrir.
¡Son iniquidad vuestras fiestas
solemnes!

¹⁴ Mi alma aborrece vuestras lunas
nuevas
y vuestras fiestas solemnes;
me son gravosas y cansado estoy
de soportarlas.*g*

¹⁵ Cuando extendáis vuestras manos,
yo esconderé de vosotros mis ojos;
asimismo cuando multipliquéis la
oración,
yo no oiré;
llenas están de sangre vuestras
manos.

¹⁶ Lavaos y limpiaos,
quitad la iniquidad de vuestras
obras de delante de mis ojos,
dejad de hacer lo malo,

¹⁷ aprended a hacer el bien,
buscad el derecho,
socorred al agraviado,
haced justicia al huérfano,
amparad a la viuda.*h*

¹⁸ »Venid luego, dice Jehová, y
estemos a cuenta:
aunque vuestros pecados sean
como la grana,
como la nieve serán
emblanquecidos;
aunque sean rojos como el carmesí,
vendrán a ser como blanca lana.

---

b **1.3** Is 45.4-5; Jer 8.4-5,7; Os 4.6; 5.4; 11.3; Am 6.12.   *c* **1.4** Título preferido de Isaías para designar a Jehová (5.16,19,24; 10.20; 30.11; cf. 6.3).   *d* **1.5-6** Jer 30.12-15.   *e* **1.9** Ro 9.29; cf. Gn 19.1-29.   *f* **1.13** Fiesta celebrada el primer día de cada mes, de acuerdo con el calendario lunar hebreo (Nm 28.11-15).   *g* **1.11-14** Am 5.21-22.   *h* **1.17** En los códigos del antiguo Oriente, y en algunos textos cananeos, todo ello era un deber primordial del rey. De acuerdo con Isaías, esta obligación ya no es exclusiva del rey, sino de todo israelita, incluso de todo ser humano. Cf. Ex 22.21-22; Dt 24.17-21; 27.19.

¹⁹ Si queréis y escucháis,
   comeréis de lo mejor de la tierra;
²⁰ si no queréis y sois rebeldes,
   seréis consumidos a espada».
   La boca de Jehová lo ha dicho.

Juicio y redención de Jerusalén

²¹ ¿Cómo te has convertido en
   ramera, tú, la ciudad fiel?[i]
   Llena estuvo de justicia,
   en ella habitó la equidad,
   ¡pero ahora la habitan los
   homicidas!
²² Tu plata se ha convertido en
   escorias,
   tu vino está mezclado con agua.
²³ Tus gobernantes son rebeldes
   y cómplices de ladrones.
   Todos aman el soborno
   y van tras las recompensas;
   no hacen justicia al huérfano
   ni llega a ellos la causa de la viuda.
²⁴ Por tanto, dice el Señor, Jehová de
   los ejércitos,
   el Fuerte de Israel:
   «¡Basta ya! ¡Tomaré satisfacción de
   mis enemigos,
   me vengaré de mis adversarios!
²⁵ Volveré mi mano contra ti,
   limpiaré hasta con lejía tus escorias
   y quitaré toda tu impureza.
²⁶ Haré que tus jueces sean como al
   principio,
   y tus consejeros como eran antes;
   entonces te llamarán "Ciudad de
   justicia", "Ciudad fiel".
²⁷ Sión será rescatada con el derecho
   y los convertidos de ella con la
   justicia.
²⁸ Pero los rebeldes y pecadores serán
   a una quebrantados,
   y los que dejan a Jehová serán
   consumidos.
²⁹ Entonces os avergonzarán las
   encinas que amasteis
   y os sonrojarán los huertos que
   escogisteis.
³⁰ Porque seréis como encina que
   pierde la hoja
   y como huerto al que le faltan las
   aguas.

³¹ El fuerte será como estopa,
   y lo que hizo, como una chispa;
   ambos serán encendidos
   juntamente
   y no habrá quien apague el fuego».

Reinado universal de Jehová[a]
(Miq 4.1-3)

2 ¹ Lo que vio Isaías hijo de Amoz, acerca de Judá y de Jerusalén.

² Acontecerá que al final de los
   tiempos
   será confirmado el monte de la casa
   de Jehová
   como cabeza de los montes;
   será exaltado sobre los collados
   y correrán a él todas las naciones.
³ Vendrán muchos pueblos y dirán:
   «Venid, subamos al monte de
   Jehová,
   a la casa del Dios de Jacob.
   Él nos enseñará sus caminos
   y caminaremos por sus sendas».
   Porque de Sión saldrá la Ley
   y de Jerusalén la palabra de Jehová.
⁴ Él juzgará entre las naciones
   y reprenderá a muchos pueblos.
   Convertirán sus espadas en rejas
   de arado
   y sus lanzas en hoces;[b]
   no alzará espada nación contra
   nación
   ni se adiestrarán más para la
   guerra.
⁵ Venid, casa de Jacob,
   y caminaremos a la luz de Jehová.

Juicio de Jehová contra los soberbios

⁶ Ciertamente tú has dejado tu
   pueblo, la casa de Jacob,
   porque están llenos de costumbres
   traídas del oriente
   y de agoreros,[c] como los filisteos;
   y pactan con hijos de extranjeros.
⁷ Su tierra está llena de plata y
   de oro,
   sus tesoros no tienen fin.
   También está su tierra llena de
   caballos
   y sus carros son innumerables.

---

[i] **1.21** Jer 3.6-10; Ez 16.15-36; 23.1-49.   [a] **2.1-5** Miq 4.1-3.   [b] **2.4** Jl 3.10.   [c] **2.6** Lv 20.27;
Dt 18.10-11.

8 Además, su tierra está llena de
  ídolos,
  y se han arrodillado ante la obra de
  sus manos
  y ante lo que fabricaron sus dedos.
9 Así se ha inclinado el hombre
  y el varón se ha humillado;
  por tanto, no los perdones.
10 ¡Métete en la peña*d*
  y en el polvo escóndete
  de la presencia temible de Jehová
  y del resplandor de su majestad!
11 La altivez de la mirada del hombre
  será abatida;
  la soberbia humana será
  humillada.
  Sólo Jehová será exaltado en
  aquel día.
12 Porque el día de Jehová de los
  ejércitos
  vendrá sobre todo soberbio y
  altivo,
  sobre todo lo arrogante,
  y será abatido;
13 sobre todos los cedros del Líbano
  altos y erguidos,
  y sobre todas las encinas de Basán;
14 sobre todos los montes altos
  y sobre todos los collados elevados;
15 sobre toda torre alta
  y sobre todo muro fortificado;
16 sobre todas las naves de Tarsis
  y sobre todos los barcos lujosos.
17 La altivez del hombre será abatida;
  la soberbia humana será
  humillada.
  Sólo Jehová será exaltado en
  aquel día.
18 Y acabará por completo con los
  ídolos.
19 Se meterán en las cavernas
  de las peñas
  y en las aberturas de la tierra,
  a causa de la presencia temible
  de Jehová
  y del resplandor de su majestad,
  cuando él se levante para castigar
  la tierra.
20 Aquel día arrojará el hombre
  a los topos y murciélagos
  sus ídolos de plata y sus ídolos
  de oro,

que le hicieron para que adorara.
21 Se meterá en las hendiduras de
  las rocas
  y en las cavernas de las peñas,
  a causa de la presencia formidable
  de Jehová
  y del resplandor de su majestad,
  cuando se levante para castigar la
  tierra.
22 ¡Dejad al hombre cuyo aliento está
  en su nariz!;*e*
  porque ¿de qué estima es él digno?

Juicio de Jehová contra Judá y Jerusalén

3 1 Porque el Señor, Jehová de los
  ejércitos,
  quita de Jerusalén y de Judá
  al sustentador y al fuerte,
  toda provisión de pan y toda
  provisión de agua;
2 al valiente y al hombre de guerra,
  al juez y al profeta,
  al adivino y al anciano;
3 al capitán de cincuenta y al hombre
  respetable,
  al consejero, al artífice excelente y
  al hábil orador.
4 Y les pondré jóvenes por
  gobernantes:
  muchachos serán sus señores.
5 Entre el pueblo brotará la violencia
  de unos contra otros,
  cada cual contra su vecino;
  el joven se levantará contra el
  anciano,
  y el plebeyo contra el noble.
6 Cuando alguno tome de la mano a
  su hermano,
  de la familia de su padre, y le diga:
  «Tú tienes vestido, tú serás nuestro
  gobernante»
  y «Toma en tus manos esta ruina»,
7 él jurará aquel día, diciendo:
  «¡No tomaré yo ese cuidado,
  pues en mi casa no hay pan ni qué
  vestir!
  ¡No me hagáis gobernante del
  pueblo!»
8 Porque arruinada está Jerusalén
  y Judá ha caído;

---

d **2.10** Ap 6.15.   *e* **2.22** Sal 39.5.

pues la lengua de ellos y sus obras
    han sido contra Jehová
para desafiar la faz de su gloria.
⁹ La apariencia de sus rostros
    testifica contra ellos,
porque como Sodoma publican su
    pecado.ᵃ ¡No lo disimulan!
¡Ay de sus vidas!,
    porque amontonaron mal para sí.
¹⁰ Decid al justo que le irá bien,
    porque comerá de los frutos de sus
    manos.
¹¹ ¡Ay del malvado! Mal le irá,
    porque según las obras de sus
    manos le será pagado.
¹² Los opresores de mi pueblo son
    muchachos,
y mujeres se enseñorearon de él.
¡Pueblo mío, los que te guían te
    engañan
y tuercen el curso de tus caminos!
¹³ Jehová está en pie para litigarᵇ
y para juzgar a su pueblo.
¹⁴ Jehová vendrá a juicio
    contra los ancianos de su pueblo y
    contra sus gobernantes.
Porque vosotros habéis devorado
    la viña
y el despojo del pobre está en
    vuestras casas.
¹⁵ ¿Qué pensáis vosotros que trituráis
    a mi pueblo
y moléis las caras de los pobres?

dice el Señor, Jehová de los ejércitos.

Juicio contra las hijas de Sión
¹⁶ Asimismo dice Jehová:

«Por cuanto las hijas de Sión se
    ensoberbecen
y andan con el cuello erguido
y ojos desvergonzados;
que caminan como si danzaran,
    haciendo sonar los adornos de
    sus pies;
¹⁷ por eso, el Señor rapará la cabeza
    de las hijas de Sión,

y Jehová descubrirá sus
    vergüenzas».
¹⁸ Aquel día quitará el Señor el
    adorno del calzado,
las redecillas, las lunetas,
¹⁹ los collares, los pendientes y los
    brazaletes,
²⁰ los turbantes, los adornos de las
    piernas,
los partidores del pelo, los pomitos
    de olor y los zarcillos,
²¹ los anillos y los joyeles de las
    narices,
²² las ropas de gala, los mantoncillos,
    los velos, las bolsas,
²³ los espejos, el lino fino,
    los turbantes y los tocados.
²⁴ En lugar de los perfumes
    aromáticos vendrá hediondez,
soga en lugar de cinturón,
y cabeza rapada en lugar de rizos
    del cabello;
en lugar de vestidos de gala,
    ceñimiento de ropas ásperas,
y cicatriz de fuego en vez de
    hermosura.

²⁵ Tus varones caerán a espada
y tu fuerza en la guerra.
²⁶ Sus puertas se entristecerán y
    enlutarán,
y ella, desamparada, se sentará en
    tierra.ᶜ

4 ¹ En aquel tiempo, siete mujeres
    echarán mano de un hombre,
    diciendo:
«Nosotras comeremos de nuestro
    pan
y nos vestiremos de nuestras
    ropas.
Solamente permítenos llevar tu
    nombre.
¡Quita nuestra deshonra!».ᵃ

Futuro glorioso de Jerusalénᵇ
² En aquel tiempo el renuevo de
    Jehová
será para hermosura y gloria,

ᵃ **3.9** Gn 19.4-5; cf. Is 1.9.   ᵇ **3.13-15** Miq 6.1-5.   ᶜ **3.26** Jer 14.2; Lm 1.4.   ᵃ **4.1** La destrucción y
la escasez de hombres, causadas por la guerra, hacían que las mujeres se mostraran dispuestas a
entregarse como esposas, concubinas o esclavas, para evitar la vergüenza de quedar sin marido
y sin hijos (cf. Gn 30.23; 1 S 1.6).   ᵇ **4.2-6** A los sobrevivientes, salvados únicamente por la
bondad de Dios, se les llama a veces «el resto» (cf. Is 1.9; 10.20-22; 11.10-16; 28.5; 37.4,30-32).

y el fruto del país para grandeza y
honra,
a los sobrevivientes de Israel.

[3] Y acontecerá que el que quede en
Sión, el que sea dejado en Jerusalén, será
llamado santo: todos los que en Jerusalén
estén registrados entre los vivientes
[4] cuando el Señor lave la inmundicia de
las hijas de Sión y limpie a Jerusalén de la
sangre derramada en medio de ella, con
espíritu de juicio y con espíritu de devastación. [5] Y creará Jehová sobre toda la morada del monte Sión y sobre los lugares de
sus asambleas, nube y oscuridad de día, y
de noche resplandor de llamas de fuego.
Y sobre todo, la gloria del Señor, como un
dosel; [6] y habrá un resguardo de sombra
contra el calor del día, y un refugio y escondedero contra la tempestad y el agua-
cero.

Parábola de la viña

5 [1] Ahora cantaré por mi amado el cantar de mi amado a su viña.[a]

Tenía mi amado una viña
en una ladera fértil.
[2] La había cercado y despedregado
y plantado de vides escogidas;
había edificado en medio de ella
una torre
y había hecho también en ella un
lagar;
y esperaba que diera uvas buenas,
pero dio uvas silvestres.
[3] Ahora, pues, vecinos de Jerusalén
y varones de Judá,
juzgad entre mí y mi viña.
[4] ¿Qué más se podía hacer a mi viña,
que yo no haya hecho en ella?
¿Cómo, esperando yo que diera
uvas buenas,
ha dado uvas silvestres?
[5] Os mostraré, pues, ahora
lo que haré yo a mi viña:
Le quitaré su vallado
y será consumida;
derribaré su cerca y será pisoteada.
[6] Haré que quede desierta;
no será podada ni cavada,

y crecerán el cardo y los espinos;
y aun a las nubes mandaré
que no derramen lluvia sobre ella.
[7] Ciertamente la viña de Jehová de
los ejércitos
es la casa de Israel,
y los hombres de Judá,
planta deliciosa suya.
Esperaba juicio,
y hubo vileza;
justicia,
y hubo clamor.[b]

Ayes sobre los malvados

[8] ¡Ay de los que juntan casa a casa
y añaden hacienda a hacienda
hasta ocuparlo todo!
¿Habitaréis vosotros solos en
medio de la tierra?
[9] Ha llegado a mis oídos de parte de
Jehová de los ejércitos,
que las muchas casas han de
quedar asoladas,
sin morador las grandes y
hermosas.
[10] Y diez yugadas de viña
producirán un bato,
y un homer de semilla
producirá un efa.
[11] ¡Ay de los que se levantan de mañana
para correr tras el licor,
y así siguen hasta la noche,[c]
hasta que el vino los enciende!
[12] En sus banquetes hay arpas,
vihuelas, tamboriles,
flautas y vino,
pero no miran la obra de Jehová,
ni consideran la obra de sus manos.
[13] Por tanto, mi pueblo es llevado
cautivo,
porque no tiene conocimiento,
sus nobles se mueren de hambre
y la multitud está seca de sed.
[14] Por eso ensanchó su interior el seol
y sin medida extendió su boca;
y allá descenderá
la gloria de ellos y su multitud,
su fausto y el que en él se
regocijaba.
[15] El hombre será humillado,
el varón será abatido,

---

[a] **5.1-2** Mt 21.33; Mc 12.1; Lc 20.9.   [b] **5.5-7** Lc 13.6-9.   [c] **5.11** Is 28.1,7-8; Am 6.4-6.

y humillados serán los ojos de los
altivos.
16 Pero Jehová de los ejércitos será
exaltado en juicio;
el Dios Santo será santificado con
justicia.
17 Los corderos serán apacentados
según su costumbre,
y los extranjeros devorarán los
campos desolados de los ricos.
18 ¡Ay de los que traen la iniquidad
con cuerdas de vanidad
y el pecado
como con coyundas de carreta!,
19 los cuales dicen: «¡Venga ya,
apresúrese su obra y veamos!
¡Acérquese y venga
el consejo del Santo de Israel,
para que lo sepamos!»
20 ¡Ay de los que a lo malo dicen
bueno
y a lo bueno malo;
que hacen de la luz tinieblas
y de las tinieblas luz;
que ponen lo amargo por dulce
y lo dulce por amargo!
21 ¡Ay de los que son sabios ante sus
propios ojos,
de los que son prudentes delante
de sí mismos!
22 ¡Ay de los que son valientes para
beber vino
y hombres fuertes para mezclar
bebidas;
23 los que por soborno declaran justo
al culpable,
y al justo le quitan su derecho!
24 Por tanto, como la lengua del fuego
consume el rastrojo
y la llama devora la paja,
así será su raíz como podredumbre
y su flor se desvanecerá como
polvo,
porque desecharon la ley de Jehová
de los ejércitos
y abominaron la palabra del Santo
de Israel.
25 Por esta causa se encendió
el furor de Jehová contra su pueblo,

y extendió contra él su mano y lo
hirió;
y se estremecieron los montes
y sus cadáveres fueron arrojados
en medio de las calles.
Con todo esto no ha cesado su
furor,
sino que todavía su mano está
extendida.*d*
26 Alzará pendón a naciones lejanas
y silbará al que está en el extremo
de la tierra;
y he aquí que vendrá pronto, a toda
prisa.
27 No habrá entre ellos nadie cansado,
ni quien tropiece;
ninguno se dormirá ni dormitará;
a ninguno se le desatará el cinturón
de su cintura,
ni se le romperá la correa de sus
sandalias.
28 Sus saetas estarán afiladas
y todos sus arcos entesados;
los cascos de sus caballos serán
como de pedernal,
y las ruedas de sus carros, como un
torbellino.
29 Su rugido será como de león;
rugirá a manera de leoncillo,
crujirá los dientes y arrebatará la
presa;
se la llevará con seguridad
y nadie se la quitará.
30 Y bramará sobre él en aquel día
como bramido del mar;
entonces mirará hacia la tierra,
y he aquí tinieblas de tribulación,
y en sus cielos se oscurecerá
la luz.

Visión y llamamiento de Isaías*a*

6 1 El año en que murió el rey Uzías*b* vi
yo al Señor sentado sobre un trono*c* alto y sublime, y sus faldas llenaban el Templo. 2 Por encima de él había serafines.*d*
Cada uno tenía seis alas: con dos cubrían
sus rostros, con dos cubrían sus pies*e* y
con dos volaban. 3 Y el uno al otro daba
voces diciendo:

---

d **5.25** Is 9.12,17,21; 10.4.   *a* **6.1-13** El relato de la vocación de Isaías sirve de prólogo al llamado
«libro del Emanuel» (Is 7.1—9.6).   *b* **6.1** 2 R 15.7; 2 Cr 26.23.   *c* **6.1** Ex 25.21-22; Sal 99.1.
d **6.2** Sólo aquí menciona la Biblia a estos seres celestiales.   *e* **6.2** Manera discreta de referirse a
los órganos genitales.

«¡Santo, santo, santo, Jehová de los
ejércitos!^f
¡Toda la tierra está llena de su
gloria!»

⁴Los quicios de las puertas se estreme-
cieron con la voz del que clamaba, y la Ca-
sa se llenó de humo.^g ⁵Entonces dije:

«¡Ay de mí que soy muerto!,^h
porque siendo hombre inmundo
de labios
y habitando en medio de pueblo
que tiene labios inmundos,
han visto mis ojos al Rey, Jehová de
los ejércitos».

⁶Y voló hacia mí uno de los serafines,
trayendo en su mano un carbón encendi-
do, tomado del altar con unas tenazas.
⁷Tocando con él sobre mi boca, dijo:

—He aquí que esto tocó tus labios,
y es quitada tu culpa
y limpio tu pecado.

⁸Después oí la voz del Señor, que de-
cía:
—¿A quién enviaré y quién irá por nosotros?ⁱ
Entonces respondí yo:
—Heme aquí, envíame a mí.
⁹Y dijo:
—Anda, y dile a este pueblo:
"Oíd bien, y no entendáis;
ved por cierto, pero no
comprendáis".
¹⁰Embota el corazón de este pueblo,
endurece sus oídos y ciega sus ojos,
para que no vea con sus ojos
ni oiga con sus oídos
ni su corazón entienda,
ni se convierta y haya para él
sanidad.^j

¹¹Yo dije:
—¿Hasta cuándo, Señor?
Y respondió él:
—Hasta que las ciudades estén
asoladas y sin morador,
no haya hombre en las casas,
y la tierra esté hecha un desierto;

¹²hasta que Jehová haya echado lejos
a los hombres
y multiplicado los lugares
abandonados en medio del país.
¹³Y si queda aún en ella la décima
parte,
esta volverá a ser destruida;
pero como el roble y la encina,
que al ser cortados aún queda el
tronco,
así será el tronco, la simiente santa.

Mensaje de Isaías a Acaz

7 ¹Aconteció en los días de Acaz hijo de
Jotam hijo de Uzías, rey de Judá, que
Rezín, rey de Siria, y Peka hijo de Remalías, rey de Israel, subieron contra Jerusalén para combatirla; pero no la pudieron
tomar.^a
²Y llegó la noticia a la casa de David,
diciendo:
—Siria se ha confederado con Efraín.
Y se le estremeció el corazón y el corazón de su pueblo, como se estremecen los
árboles del monte a causa del viento.
³Entonces dijo Jehová a Isaías:
—Sal ahora al encuentro de Acaz, tú y
Sear-jasub,^b tu hijo, al extremo del acueducto del estanque de arriba, en el cami-
no de la heredad del Lavador, ⁴y dile:
"Cuídate y ten calma; no temas ni se turbe
tu corazón a causa de estos dos cabos de
tizón que humean, por el ardor de la ira
de Rezín y de Siria, y del hijo de Remalías.
⁵Ha concertado un maligno plan contra ti
el sirio, con Efraín y con el hijo de Remalías, diciendo: ⁶'Vayamos contra Judá y
aterroricémosla; repartámosla entre nosotros y pongamos en medio de ella por
rey al hijo de Tabeel' ". ⁷Por tanto, Jehová,
el Señor dice:

"No sucederá eso; no será así.
⁸Porque la cabeza de Siria es
Damasco
y la cabeza de Damasco, Rezín;
y dentro de sesenta y cinco años
Efraín será quebrantado hasta
dejar de ser pueblo.
⁹Y la cabeza de Efraín es Samaria
y la cabeza de Samaria, el hijo de
Remalías.

^f6.3 Ap 4.8.   ^g6.4 Ap 15.8.   ^h6.5 Ex 33.20.   ⁱ6.8 Ex 3.10; Jer 1.7; Ez 2.4.   ^j6.9-10 Mt 13.14-15; Mc
4.12; Lc 8.10; Jn 12.40; Hch 28.26-27.   ^a7.1 2 R 16.5; cf. 2 Cr 28.5-6.   ^b7.3 Esto es, *Un resto volverá.*

Si vosotros no creéis, de cierto no
permaneceréis".

10 Habló también Jehová a Acaz, diciendo:

11 —Pide para ti una señal de parte de
Jehová tu Dios, demandándola ya sea de
abajo en lo profundo o de arriba en lo alto.

12 Y respondió Acaz:

—No pediré ni tentaré a Jehová.

13 Dijo entonces Isaías:

—Oíd ahora, casa de David:
¿No os basta con ser molestos a los
hombres,
sino que también lo seáis a mi
Dios?

14 Por tanto, el Señor mismo os dará
señal:
La virgen[c] concebirá
y dará a luz un hijo,[d]
y le pondrá por nombre Emanuel.[e]

15 Comerá mantequilla y miel,
hasta que sepa desechar lo malo
y escoger lo bueno.

16 Porque antes que el niño
sepa desechar lo malo
y escoger lo bueno,
la tierra de los dos reyes que tú
temes
será abandonada.

17 »Jehová hará venir sobre ti,
sobre tu pueblo y sobre la casa de tu
padre,
días cuales nunca vinieron
desde el día en que Efraín se apartó
de Judá[f]
(esto es, al rey de Asiria).

18 »Acontecerá que aquel día
silbará Jehová
al tábano que está en el fin
de los ríos de Egipto
y a la abeja que está en la tierra de
Asiria.

19 Ellos vendrán y acamparán todos
en los valles desiertos,

en las cavernas de las piedras,
en todos los zarzales
y en todas las matas.

20 Aquel día rapará el Señor
con navaja alquilada,
con los que habitan al otro lado del
río
(esto es, con el rey de Asiria),
cabeza y pelo de los pies,[g]
y aun la barba afeitará también.

21 »Acontecerá en aquel tiempo
que criará un hombre una vaca y
dos ovejas,

22 y a causa de la abundancia de leche
que darán,
comerá mantequilla;
ciertamente mantequilla y miel
comerá
el que quede en medio del país.

23 »Acontecerá también en aquel
tiempo
que el lugar donde había mil vides,
que valían mil siclos de plata,
será para espinos y cardos.

24 Con saetas y arco irán allá,
porque toda la tierra será espinos y
cardos.

25 Y a ninguno de los montes
que se cavaban con azada
se atreverán ya a ir,
por el temor de los espinos y los
cardos.
Quedarán para pasto de los bueyes
y para ser pisoteados por las ovejas.

Sea Jehová vuestro temor

8 **1** Me dijo Jehová:

—Toma una tabla grande y escribe en
ella con caracteres legibles tocante a
Maher-salal-hasbaz.[a]

2 Y junté conmigo por testigos fieles al
sacerdote Urías y a Zacarías hijo de Jebe-
requías. **3** Me llegué a la profetisa, la cual
concibió y dio a luz un hijo. Y me dijo Jehová: «Ponle por nombre Maher-salal-hasbaz.

---

[c] **7.14** El término empleado en el texto hebreo designa a una muchacha joven, en edad de
contraer matrimonio o incluso casada. La palabra *virgen*, corresponde a la versión griega de los
Setenta (LXX).   [d] **7.14** Mt 1.23.   [e] **7.14** Esto es, *Dios (está) con nosotros*.   [f] **7.17** 2 R
12.1-20.   [g] **7.20** Figura literaria que describe una derrota y humillación completas.
[a] **8.1** Esto es, *Muy pronto habrá saqueo y destrucción*.

⁴Porque antes que el niño sepa decir "padre mío" y "madre mía", será quitada la riqueza de Damasco y los despojos de Samaria delante del rey de Asiria».

⁵Otra vez volvió Jehová a hablarme, diciendo:

⁶ «Por cuanto desechó este pueblo
las aguas de Siloé, que corren
   mansamente,
y se regocijó con Rezín y con el hijo
   de Remalías,ᵇ
⁷ he aquí, por tanto, que el Señor
   hace subir sobre ellos
aguas de ríos, impetuosas y
   abundantes:
al rey de Asiria con todo su poder.
Él rebasará todos sus ríos
y desbordará sobre todas sus
   riberas;
⁸ y, pasando por Judá, inundará y
   seguirá creciendo
hasta llegar a la garganta.
Luego, extendiendo sus alas,
llenará la anchura de tu tierra,
   Emanuel.

⁹ »Reuníos, pueblos, y seréis
   quebrantados.
Oíd, todos los que sois de lejanas
   tierras:
ceñíos, y seréis quebrantados;
preparaos, y seréis quebrantados.
¹⁰ Haced planes, y serán anulados;
proferid palabra, y no será firme,
porque Dios está con nosotros».

¹¹Porque Jehová me habló de esta manera con mano fuerte y me advirtió que no caminara por el camino de este pueblo, diciendo: ¹²«No llaméis conspiración a todas las cosas que este pueblo llama conspiración, ni temáis lo que ellos temen, ni tengáis miedo. ¹³A Jehová de los ejércitos, a él santificad; sea él vuestro temor, y él sea vuestro miedo.ᶜ ¹⁴Entonces él será por santuario; pero a las dos casas de Israel, por piedra para tropezar, por tropezadero para caer y por lazo y red al morador de Jerusalén. ¹⁵Muchos de entre ellos tropezarán, caerán y

serán quebrantados;ᵈ se enredarán y serán apresados.

¹⁶ »Ata el testimonio,
sella la instrucción entre mis
   discípulos.

¹⁷ »Esperaré, pues, a Jehová,
el cual escondió su rostro de la casa
   de Jacob.
En él confiaré.
¹⁸ He aquí que yo y los hijos
que me dio Jehováᵉ
somos por señales y presagios en
   Israel,
de parte de Jehová de los ejércitos,
que mora en el monte Sión.
¹⁹ Si os dicen:
"Preguntad a los encantadores
y a los adivinos,
que susurran hablando",
responded:
"¿No consultará el pueblo a su
   Dios?
¿Consultará a los muertos por los
   vivos?".ᶠ
²⁰ ¡A la ley y al testimonio!
Si no dicen conforme a esto,
es porque no les ha amanecido.

²¹ »Pasarán por la tierra fatigados y
   hambrientos,
y acontecerá que, a causa del
   hambre,
se enojarán y maldecirán a su rey y
   a su Dios,
levantando el rostro con altivez.
²² Y mirarán a la tierra,
y he aquí tribulación y tinieblas,
oscuridad y angustia;
y quedarán sumidos en las
   tinieblas».

Nacimiento y reinado del Mesías

9 ¹Mas no habrá siempre oscuridad para la que está ahora en angustia, tal como la aflicción que le vino en el tiempo en que livianamente tocaron la primera vez a la tierra de Zabulón y a la tierra de Neftalí; pues al fin llenará de gloria el camino

---

ᵇ**8.6** El rey Peka.   ᶜ**8.12-13** 1 P 3.14-15.   ᵈ**8.14-15** 1 P 2.8.   ᵉ**8.17-18** Heb 2.13.
ᶠ**8.19** Dt 18.10-14.

del mar, de aquel lado del Jordán, en Galilea de los gentiles.

2 El pueblo que andaba en tinieblas
vio gran luz;
a los que moraban en tierra de
sombra de muerte,
luz resplandeció sobre ellos.[a]
3 Multiplicaste la gente
y aumentaste la alegría.
Se alegrarán delante de ti
como se alegran en la siega,
como se gozan
al repartirse un botín.
4 Porque tú quebraste su pesado
yugo,
la vara de su hombro
y el cetro de su opresor,
como en el día de Madián.
5 Porque todo calzado que lleva el
guerrero
en el tumulto de la batalla
y todo manto revolcado en sangre,
serán quemados,
serán pasto del fuego.
6 Porque un niño nos ha nacido,
hijo nos ha sido dado,
y el principado sobre su hombro.
Se llamará su nombre
"Admirable consejero", "Dios
fuerte",
"Padre eterno", "Príncipe de paz".
7 Lo dilatado de su imperio
y la paz no tendrán límite
sobre el trono de David
y sobre su reino,
disponiéndolo y confirmándolo
en juicio y en justicia
desde ahora y para siempre.[b]

El celo de Jehová de los ejércitos hará
esto.

La ira de Jehová contra Israel[c]
8 El Señor lanzó una palabra contra
Jacob,
y ella ha caído en Israel.
9 La conocerá todo el pueblo,
Efraín y los moradores de Samaria,
que con soberbia y con altivez de
corazón dicen:

10 «Los ladrillos cayeron,
pero edificaremos de cantería;
cortaron los sicómoros,
pero en su lugar pondremos
cedros».
11 Pero Jehová levantará a los
enemigos
de Rezín contra él.
Juntará a sus enemigos:
12 del oriente, los sirios, y los filisteos
del poniente;
y a boca llena devorarán a Israel.
Ni con todo eso ha cesado su furor,
sino que todavía su mano está
extendida.

13 Pero el pueblo no se convirtió al
que lo castigaba
ni buscó a Jehová de los ejércitos.
14 Y Jehová, en un mismo día, cortará
de Israel
cabeza y cola, rama y caña.
15 El anciano y venerable de rostro es
la cabeza;
el profeta que enseña mentira es
la cola.
16 Porque los gobernadores de este
pueblo son engañadores
y sus gobernados se pierden.
17 Por tanto, el Señor no tomará
contentamiento en sus jóvenes,
ni de sus huérfanos y viudas tendrá
misericordia;
porque todos son falsos y
malignos,
y toda boca habla despropósitos.
Ni con todo esto ha cesado su furor,
sino que todavía su mano está
extendida.

18 Porque la maldad, encendida como
un fuego,
cardos y espinos devorará.
Se encenderá en lo espeso del
bosque,
y serán alzados como remolinos
de humo.
19 Por la ira de Jehová de los ejércitos
se oscurece la tierra,
y el pueblo es como pasto del
fuego.

---

[a] 9.1-2 Mt 4.15-16; Lc 1.79.   [b] 9.7 Lc 1.32-33.   [c] 9.8—10.4 la serie similar de mensajes en Am 4.6-12.

El hombre no tiene piedad de su
  hermano.
20 Cada uno devora a la derecha
y tiene hambre;
come a la izquierda
y no se sacia.
Cada cual come la carne de su
  prójimo:
21 Manasés devora a Efraín y Efraín a
  Manasés,
y ambos se levantan contra Judá.
Pero ni con todo esto ha cesado su
  furor,
sino que todavía su mano está
  extendida.

10

1 ¡Ay de los que dictan leyes
  injustas
y prescriben tiranía,
2 para apartar del juicio a los pobres
y para privar de su derecho a los
  afligidos de mi pueblo;
para despojar a las viudas
y robar a los huérfanos!
3 ¿Y qué haréis en el día del castigo?
¿A quién os acogeréis para que os
  ayude
cuando llegue de lejos el desastre?
¿En dónde dejaréis vuestras
  riquezas?
4 Sin mí se inclinarán entre los presos
y caerán entre los muertos.
Pero ni con todo esto ha cesado su
  furor,
sino que todavía su mano está
  extendida.

Asiria, instrumento de Dios

5 ¡Ay de Asiria![a] Vara y bastón de mi
  furor,
en su mano he puesto mi ira.
6 La mandaré contra una nación
  pérfida;
contra el pueblo de mi ira la
  enviaré,
para que quite los despojos y
  arrebate la presa,
y lo ponga para ser pisoteado como
  lodo de las calles;
7 pero él no lo pensará así,
ni su corazón lo imaginará de esta
  manera,

sino que su pensamiento será
  desarraigar
y arrasar una nación tras otra.
8 Porque él dice: «Mis príncipes, ¿no
  son todos reyes?
9 ¿No es Calno como Carquemis,
Hamat como Arfad,[b]
y Samaria como Damasco?
10 Como mi mano alcanzó los reinos
  de los ídolos,
cuyas imágenes eran más que las
  de Jerusalén y de Samaria;
11 como hice a Samaria y a sus ídolos,
¿no haré también así a Jerusalén y a
  sus ídolos?»

12 Pero acontecerá que después que el
Señor haya acabado toda su obra en el
monte Sión y en Jerusalén, castigará el
fruto de la soberbia del corazón del rey de
Asiria y la arrogante altivez de sus ojos.
13 Porque dijo:

«Lo he hecho con el poder de mi
  mano
y con mi sabiduría, porque he sido
  inteligente.
Quité los territorios de los pueblos,
saqueé sus tesoros
y derribé como un valiente
a los que estaban sentados.
14 Mi mano halló, como si fueran
  un nido,
las riquezas de los pueblos.
Como se recogen los huevos
  abandonados,
así me apoderé yo de toda la tierra,
y no hubo quien moviera un ala
ni abriera el pico para graznar».

15 ¿Se gloriará el hacha contra el que
  con ella corta?
¿Se ensoberbecerá la sierra contra
  el que la mueve?
¡Como si el bastón levantara al que
  lo levanta!
¡Como si levantara la vara al que no
  es un leño!

16 Por esto el Señor, Jehová de los
  ejércitos,

---

[a] **10.5-34** Is 14.24-27; Nah 1–3; Sof 2.13-15.   [b] **10.9** Los nombres corresponden a ciudades
arameas conquistadas por Asiria.

enviará debilidad sobre sus
  robustos,
y debajo de su gloria encenderá
  una hoguera
como ardor de fuego.
¹⁷ Y la luz de Israel será por fuego,
y su Santo por llama
que abrase y consuma en un día
sus cardos y sus espinos.
¹⁸ La gloria de su bosque y de su
  campo fértil
consumirá por completo, en
  cuerpo y alma,
y vendrá a ser como abanderado en
  derrota.
¹⁹ Y los árboles que queden en su
  bosque
serán en número tan escaso
que hasta un niño los pueda contar.

²⁰ Acontecerá en aquel tiempo,
que los que hayan quedado de Israel
y los que hayan quedado de la casa
  de Jacob,
nunca más se apoyarán en el que
  los hirió,
sino que se apoyarán con verdad
  en Jehová, el Santo de Israel.
²¹ Un resto volverá, el resto de Jacob
volverá al Dios fuerte.
²² Porque aunque tu pueblo, Israel,
sea como las arenas del mar,
el resto de él volverá;
la destrucción acordada
rebosará justicia.
²³ Pues el Señor, Jehová de los
  ejércitos,
consumará el exterminio ya
  determinado
en medio de la tierra.ᶜ

²⁴ Por tanto el Señor, Jehová de los ejércitos, dice así:

«Pueblo mío, morador de Sión,
no temas de Asiria.
Con vara te herirá
y contra ti alzará su bastón,
a la manera de Egipto;
²⁵ mas de aquí a muy poco tiempo

se acabará mi furor y mi enojo,
para destrucción de ellos.
²⁶ Y Jehová de los ejércitos
levantará el látigo contra él,
como en la matanza de Madián
en la peña de Oreb,ᵈ
y alzará su vara sobre el marᵉ
como lo hizo en el camino de
  Egipto.
²⁷ Acontecerá en aquel tiempo
que su carga será quitada de tu
  hombro
y su yugo de tu cerviz,
y el yugo se pudrirá
por cuanto tú eres mi ungido».

²⁸ Vino hasta Ajat,
pasó hasta Migrón
y en Micmas contará su ejército.
²⁹ Pasaron el vado,
se alojaron en Geba,
Ramá tembló
y Gabaa de Saúl huyó.
³⁰ ¡Grita en alta voz, hija de Galim;
haz que se oiga hacia Lais,
pobrecita Anatot!
³¹ Madmena se alborotó
y los moradores de Gebim huyen.
³² Aún vendrá día cuando reposará
  en Nob
y alzará su mano
al monte de la hija de Sión,
al collado de Jerusalén.

³³ He aquí el Señor, Jehová de los
  ejércitos,
desgajará el ramaje con violencia;
los árboles de gran altura serán
  cortados,
los altos serán derribados.
³⁴ Cortará con hierro la espesura del
  bosque
y el Líbano caerá con estruendo.

Reinado justo del Mesías

11 ¹ Saldrá una vara del tronco de
  Isaí;
un vástagoᵃ retoñará de sus raícesᵇ
² y reposará sobre él el espíritu de
  Jehová:

ᶜ **10.22-23** Ro 9.27-28.   ᵈ **10.26** Jue 7.23-25.   ᵉ **10.26** Es decir, el Éufrates, río de *Asiria* llamado
mar por la importancia de su caudal.   ᵃ **11.1** Mt 2.23.   ᵇ **11.1** Ap 5.5; 22.16.

espíritu de sabiduría y de
inteligencia,
espíritu de consejo y de poder,
espíritu de conocimiento y de
temor de Jehová.
³ Y le hará entender diligente en el
temor de Jehová.
No juzgará según la vista de
sus ojos
ni resolverá por lo que oigan sus
oídos,
⁴ sino que juzgará con justicia a los
pobres
y resolverá con equidad a favor de
los mansos de la tierra.
Herirá la tierra con la vara de
su boca
y con el espíritu de sus labios
matará al impío.ᶜ
⁵ Y será la justicia cinto de sus
caderas,ᵈ
y la fidelidad ceñirá su cintura.

⁶ Morará el lobo con el cordero,
y el leopardo con el cabrito se
acostará;
el becerro, el león y la bestia
doméstica andarán juntos,
y un niño los pastoreará.
⁷ La vaca pacerá junto a la osa,
sus crías se recostarán juntas;
y el león, como el buey, comerá
paja.
⁸ El niño de pecho jugará
sobre la cueva de la cobra;
el recién destetado extenderá
su mano
sobre la caverna de la víbora.
⁹ No harán mal ni dañarán
en todo mi santo monte,ᵉ
porque la tierra será llena del
conocimiento de Jehová,
como las aguas cubren el mar.ᶠ

¹⁰ Acontecerá en aquel tiempo que la
raíz de Isaí,ᵍ
la cual estará puesta por pendón a
los pueblos,
será buscada por las gentes;

y su habitación será gloriosa.
¹¹ Asimismo, acontecerá en aquel
tiempo
que Jehová alzará otra vez su mano
para recobrar el resto de su pueblo
que aún quede en Asiria, Egipto,
Patros, Etiopía, Elam, Sinar y
Hamat,
y en las costas del mar.
¹² Levantará pendón a las naciones,
juntará los desterrados de Israel
y desde los cuatro confines de la
tierra
reunirá a los esparcidos de Judá.
¹³ Se disipará la envidia de Efraín
y los enemigos de Judá serán
destruidos.
Efraín no tendrá envidia de Judá,
ni Judá afligirá a Efraín,
¹⁴ sino que se lanzarán contra los
filisteos
al occidente,
y saquearán también a los de
oriente.
Edom y Moab los servirán,
y los hijos de Amón los obedecerán.
¹⁵ Secará Jehová la lengua del mar de
Egipto
y levantará su mano con el poder
de su aliento
sobre el río;
lo herirá en sus siete brazos
y hará que pasen por él con
sandalias.ʰ
¹⁶ Y habrá camino para el resto de su
pueblo,
el que quedó de Asiria,
de la manera que lo hubo para
Israel
el día que subió de la tierra de
Egipto.

Cántico de acción de graciasᵃ

12 ¹ En aquel día dirás:
«Cantaré a ti, Jehová;
pues aunque te enojaste contra mí,
tu indignación se apartó
y me has consolado.
² He aquí, Dios es mi salvación;

ᶜ **11.4** 2 Ts 2.8.   ᵈ **11.5** Ef 6.14.   ᵉ **11.6-9** Is 65.25; Ez 34.25-31; Os 2.18-20.   ᶠ **11.9** Hab 2.14.
ᵍ **11.10** Ro 15.12.   ʰ **11.15** Ap 16.12.   ᵃ **12.1-6** Con este cap. concluye la primera sección de la
primera parte de Isaías. Así como el éxodo de Egipto se había celebrado con un canto (Ex
15.1-18), también el retorno de los desterrados será motivo de himnos y acciones de gracias.

me aseguraré y no temeré;
porque mi fortaleza y mi canción es
  Jah, Jehová,
quien ha sido salvación para mí».[b]
³ Sacaréis con gozo aguas
de las fuentes de la salvación.
⁴ Y diréis en aquel día:
«Cantad a Jehová, aclamad su
  nombre,
haced célebres en los pueblos
  sus obras,
recordad que su nombre es
  engrandecido.
⁵ Cantad salmos a Jehová, porque ha
  hecho cosas magníficas;
sea sabido esto por toda la tierra.
⁶ Regocíjate y canta, moradora de
  Sión;
porque grande es en medio de ti
el Santo de Israel».

Profecía contra Babilonia

13 ¹ Profecía sobre Babilonia,[a] revelada a Isaías hijo de Amoz.

² Levantad bandera sobre un alto
  monte.
Alzad la voz a ellos, alzad la mano,
para que entren por puertas de jefes.
³ Yo mandé a mis consagrados
y asimismo llamé a los valientes de
  mi ira,
a los que se alegran con mi gloria.

⁴ Estruendo de multitud en los
  montes,
como de mucho pueblo;
estruendo de ruido de reinos,
de naciones reunidas:
¡Jehová de los ejércitos pasa revista
a las tropas para la batalla!
⁵ Vienen de lejana tierra,
del extremo de los cielos,
Jehová y los instrumentos de su ira,
para destruir toda la tierra.
⁶ ¡Aullad, porque cerca está el día de
  Jehová![b]
¡Vendrá como devastación del
  Todopoderoso!

⁷ Por tanto, toda mano se debilitará
y desfallecerá todo corazón
  humano.
⁸ Se llenarán de terror;
angustias y dolores se apoderarán
  de ellos;
tendrán dolores como de mujer de
  parto;
se asombrará cada cual al mirar a
  su compañero;
sus rostros son como llamaradas.

⁹ He aquí el día de Jehová viene:
día terrible, de indignación y ardor
  de ira,
para convertir la tierra en soledad
y raer de ella a sus pecadores.
¹⁰ Por lo cual las estrellas de los cielos
  y sus luceros
no darán su luz;
el sol se oscurecerá al nacer
y la luna no dará su resplandor.[c]
¹¹ Castigaré al mundo por su maldad
y a los impíos por su iniquidad;
haré que cese la arrogancia de los
  soberbios
y humillaré la altivez de los tiranos.
¹² Haré más precioso que el oro fino al
  varón
y más que el oro de Ofir al ser
  humano.
¹³ Porque haré estremecer los cielos
y la tierra se moverá de su lugar
por la indignación de Jehová de los
  ejércitos,
en el día del ardor de su ira.
¹⁴ Como gacela perseguida,
como oveja sin pastor,
cada cual mirará hacia su pueblo,
cada uno huirá a su tierra.[d]
¹⁵ Cualquiera que sea hallado será
  atravesado,
y cualquiera que por ellos sea
  tomado
caerá a espada.
¹⁶ Sus niños serán estrellados ante
  ellos mismos;
sus casas serán saqueadas
y violadas sus mujeres.

---

[b] **12.2** Ex 15.2; Sal 118.14.   [a] **13.1—14.23** Jer 50.1—51.64.   [b] **13.6** Ez 30.2-3; Jl 1.15; Sof 1.14-18;
Mal 3.2; Ap 6.17.   [c] **13.10** Mt 24.29; Mc 13.24-25; Lc 21.25; Ap 6.12-13; 8.12.   [d] **13.14** Jer 50.16.

17 He aquí que yo despierto contra
  ellos a los medos,[e]
que no se ocuparán de la plata
ni codiciarán oro.
18 Con sus arcos derribarán a los
  jóvenes;
no tendrán compasión del fruto del
  vientre
ni su ojo perdonará a los hijos.
19 Y Babilonia, hermosura de reinos,
gloria y orgullo de los caldeos,
será como Sodoma y Gomorra,[f]
a las que trastornó Dios.
20 Nunca más será habitada,
ni se morará en ella de generación
  en generación;
no levantará allí su tienda el árabe
ni los pastores tendrán allí su
  majada,
21 sino que dormirán allí las fieras del
  desierto
y sus casas se llenarán de hurones;[g]
allí habitarán los avestruces
y allí saltarán las cabras salvajes.
22 En sus palacios aullarán las hienas
y los chacales en sus casas de
  deleite.
Su tiempo está a punto de llegar;
no se prolongarán sus días.

El rey de Babilonia, objeto de burla

14 1 Porque Jehová tendrá piedad de
Jacob, de nuevo escogerá a Israel y
lo hará reposar en su tierra. A ellos se unirán extranjeros, que se agregarán a la familia de Jacob. 2 Los pueblos los tomarán
y los llevarán a su lugar, y la casa de Israel
los poseerá como siervos y criadas en la
tierra de Jehová. Cautivarán así a los que
los cautivaron y señorearán sobre los que
los oprimieron.

3 En el día en que Jehová te dé reposo
de tu trabajo, de tus temores y de la dura
servidumbre en que te hicieron servir,
4 pronunciarás este proverbio contra el
rey de Babilonia y dirás:

«¡Cómo acabó el opresor!
¡Cómo ha acabado la ciudad
  codiciosa de oro!

5 Quebrantó Jehová el bastón de los
  impíos,
el cetro de los señores:
6 el que hería a los pueblos con furor,
con llaga permanente,
el que se enseñoreaba de las
  naciones con ira
y las perseguía con crueldad.
7 Toda la tierra está en reposo y
  en paz.
Se cantaron alabanzas.
8 Aun los cipreses se regocijaron a
  causa de ti,
y los cedros del Líbano,
diciendo: "Desde que tú pereciste,
no ha subido cortador contra
  nosotros".
9 El seol abajo
se espantó de ti;
despertó a los muertos
para que en tu venida salieran a
  recibirte;
hizo levantar de sus sillas a todos
  los grandes de la tierra,
a todos los reyes de las naciones.
10 Todos ellos darán voces y te dirán:
"¿Tú también te debilitaste como
  nosotros
y llegaste a ser como nosotros?"
11 Descendió al seol tu soberbia
y el sonido de tus arpas;
gusanos serán tu cama
y gusanos te cubrirán.
12 ¡Cómo caíste del cielo,[a]
Lucero, hijo de la mañana!
Derribado fuiste a tierra,
tú que debilitabas a las naciones.
13 Tú que decías en tu corazón:
"Subiré al cielo.
En lo alto, junto a las estrellas de
  Dios,
levantaré mi trono
y en el monte del testimonio me
  sentaré,
en los extremos del norte;
14 sobre las alturas de las nubes subiré
y seré semejante al Altísimo".
15 Mas tú derribado eres hasta
  el seol,[b]
a lo profundo de la fosa.

---

[e] **13.17** Nación al nordeste de Babilonia, incorporada al imperio persa en el 550 a.C.
[f] **13.19** Gn 19.24.   [g] **13.21** Ap 18.2.   [a] **14.12** Ap 8.10.   [b] **14.13-15** Mt 11.23; Lc 10.15.

¹⁶ Se inclinarán hacia ti los que
te vean;
te contemplarán, diciendo:
"¿Es éste aquel varón que hacía
temblar la tierra,
que trastornaba los reinos,
¹⁷ que puso el mundo como un
desierto,
que asoló sus ciudades,
que a sus presos nunca les abrió la
cárcel?"^c
¹⁸ Todos los reyes de la tierra,
todos ellos,
yacen con honra
cada uno en su última morada.
¹⁹ Pero tú echado eres de
tu sepulcro
como un vástago abominable,
como un vestido de muertos
pasados a espada,
que descendieron al fondo de
la fosa,
como un cadáver pisoteado.
²⁰ No serás contado con ellos en la
sepultura,
porque tú destruiste tu tierra,
mataste a tu pueblo.
No será nombrada
por siempre la descendencia de los
malignos.
²¹ Preparad a sus hijos para el
matadero
por la maldad de sus padres;
que no se levanten ni posean la
tierra
ni llenen de ciudades la faz del
mundo».

²² «Porque yo me levantaré contra
ellos»,
dice Jehová de los ejércitos,
«y raeré de Babilonia
el nombre y el sobreviviente, hijo
y nieto»,
dice Jehová.
²³ «Y la convertiré en posesión de
erizos
y en tierra cenagosa.

La barreré con escobas de
destrucción»,
dice Jehová.

Profecía sobre la destrucción de Asiria
²⁴ Jehová de los ejércitos juró diciendo:

«Ciertamente se hará de la manera
que lo he pensado;
se confirmará como lo he
determinado:
²⁵ quebrantaré al asirio^d en mi tierra
y en mis montes lo pisotearé;
su yugo será apartado de ellos
y su carga será quitada de su
hombro.
²⁶ Este es el plan acordado
contra toda la tierra,
y esta es la mano extendida
contra todas las naciones».
²⁷ Jehová de los ejércitos lo ha
determinado,
¿y quién lo impedirá?
Y su mano extendida,
¿quién la hará retroceder?

Profecía contra Filistea
²⁸ El año en que murió el rey Acaz,^e vino esta profecía:

²⁹ No te alegres tú, toda Filistea^f
por haberse quebrado la vara del
que te hería;
porque de la raíz de la culebra
saldrá una víbora,
y su fruto será una serpiente
voladora.
³⁰ Los primogénitos de los pobres
serán apacentados
y los necesitados se acostarán
confiados;
mas yo haré morir de hambre
tu raíz
y destruiré lo que quede de ti.
³¹ ¡Aúlla, puerta! ¡Clama, ciudad!
¡Disuelta estás por entero, Filistea!,
porque como un humo viene del
norte,

^c**14.17** La política de Babilonia, como la de Asiria, consistía en quebrantar el espíritu de los pueblos sojuzgados deportando a los prisioneros de guerra a regiones lejanas.
^d**14.24-27** Is 10.5-34; Nah 1.1—3.19; Sof 2.13-15. ^e**14.28** 2 R 16.20; 2 Cr 28.27.
^f**14.29-31** Jer 47.1-7; Ez 25.15-17; Jl 3.4-8; Am 1.6-8; Sof 2.4-7; Zac 9.5-7.

y ni uno solo faltará de sus filas.
32 ¿Y qué se responderá a los
mensajeros de las naciones?
Que Jehová fundó a Sión
y que a ella se acogerán los
afligidos de su pueblo.

Profecía contra Moab

15 1 Profecía sobre Moab.[a]

Ciertamente, de noche fue
destruida Ar de Moab,
puesta en silencio.
Ciertamente, de noche fue
destruida Kir de Moab,
reducida a silencio.
2 Subió a Bayit y a Dibón,
lugares altos, a llorar;
sobre Nebo y sobre Medeba
aullará Moab;
toda cabeza de ella será rapada
y toda barba rasurada.
3 Se vestirán de ropas ásperas[b] en
sus calles;
en sus terrados y en sus plazas
aullarán todos,
deshechos en llanto.
4 Hesbón y Eleale gritarán,
hasta Jahaza se oirá su voz;
por lo que aullarán los guerreros de
Moab,
se lamentará el alma de cada uno
dentro de él.
5 Mi corazón dará gritos por Moab;
sus fugitivos huirán hasta Zoar,
como novilla de tres años.
Por la cuesta de Luhit
subirán llorando
y por el camino de Horonaim
darán gritos de quebranto.
6 Las aguas de Nimrim
serán consumidas
y se secará la hierba,
se marchitarán los retoños
y todo verdor perecerá.
7 Por tanto, las riquezas que hayan
adquirido
y las que hayan reservado,
serán llevadas al torrente de los
sauces.

8 Porque el llanto rodeó
los límites de Moab;
hasta Eglaim llegó su alarido
y hasta Beer-elim su clamor.
9 Las aguas de Dimón se llenarán de
sangre,
porque yo traeré sobre Dimón
males mayores:
leones para los que escapen
de Moab
y para los sobrevivientes de la
tierra.

16 1 Enviad cordero al señor de la
tierra,[a]
desde Sela del desierto
al monte de la hija de Sión.
2 Y cual ave espantada
que huye de su nido,
así serán las hijas de Moab
en los vados del Arnón.
3 Prepara un plan,
toma una decisión;
extiende tu sombra como noche
en medio del día;
esconde a los desterrados,
no entregues a los que andan
errantes.
4 Moren contigo
mis desterrados, Moab;
sé para ellos un escondedero
de la presencia del devastador;
porque el atormentador fenecerá,
el devastador tendrá fin,
el pisoteador desaparecerá
del país.
5 Se dispondrá el trono en
misericordia
y sobre él se sentará firmemente,
en el tabernáculo de David,
quien juzgue y busque el juicio
y apresure la justicia.[b]

6 Hemos oído de la soberbia
de Moab;
muy grandes son su soberbia,
su arrogancia y su altivez;
pero sus mentiras no serán
firmes.
7 Por tanto, aullará Moab,
todo Moab aullará.

---

[a] **15.1-16** Is 25.10-12; Jer 48.1-47; Ez 25.8-11; Am 2.1-3; Sof 2.8-11.   [b] **15.3** Señal de luto y dolor.
[a] **16.1** En el pasado, el rey de Moab había enviado corderos a Israel como tributo (2 R 3.4).
[b] **16.4-5** Is 9.7.

En gran manera, abatidos, gemiréis
por las tortas de uvas de
Kir-hareset.
⁸ Porque los campos de Hesbón
fueron talados,
y las vides de Sibma.
Señores de naciones
pisotearon sus generosos
sarmientos,
que habían llegado hasta Jazer
y se habían extendido por el desierto.
Se extendieron sus plantas
hasta más allá del mar.
⁹ Por lo cual lamentaré con el lloro de
Jazer
por la viña de Sibma;
te regaré con mis lágrimas,
Hesbón y Eleale,
porque sobre tus cosechas y sobre
tu vendimia
caerá el grito de guerra.
¹⁰ Quitado es el gozo y la alegría
del campo fértil;
en las viñas no cantarán
ni se regocijarán;
no pisará vino en los lagares el pisador;
he hecho cesar el grito del lagarero.
¹¹ Por tanto, mis entrañas
vibrarán como un arpa por Moab,
y mi corazón por Kir-hareset.
¹² Y cuando aparezca Moab
cansado sobre los lugares altos,
cuando venga a su santuario a orar,
de nada le valdrá.ᶜ

¹³ Esta es la palabra que pronunció
Jehová sobre Moab desde aquel tiempo;
¹⁴ pero ahora Jehová ha hablado, diciendo:

«Dentro de tres años,
como los años de un jornalero,
será abatida la gloria de Moab,
con toda su gran multitud.
Y los sobrevivientes serán pocos,
pequeños y débiles».

Profecía contra Damascoᵃ

17¹ Profecía sobre Damasco:ᵇ

«He aquí que Damasco dejará de
ser ciudad;

será montón de ruinas.
² Las ciudades de Aroer están
desamparadas;
se convertirán en majadas
y allí dormirán los rebaños sin que
nadie los espante.
³ Cesará la fortificación de Efraín
y el reino de Damasco;
y lo que quede de Siria
será como la gloria de los hijos de
Israel»,
dice Jehová de los ejércitos.

Juicio sobre Israel

⁴ «En aquel tiempo menguará la
gloria de Jacob
y se enflaquecerá la gordura de su
carne.
⁵ Será como cuando el segador
recoge la mies
y con su brazo siega las espigas;
será también como el que recoge
espigas
en el valle de Refaim.
⁶ Y quedarán en él rebuscos,
como cuando sacuden el olivo;
dos o tres frutos en la punta de la
rama,
cuatro o cinco en sus ramas más
fructíferas»,
dice Jehová, Dios de Israel.

⁷ Aquel día mirará el hombre a su
Hacedor;
sus ojos contemplarán al Santo de
Israel.
⁸ Ya no mirará a los altares
que hicieron sus manos,
ni mirará a lo que hicieron sus
dedos,
ni a los símbolos de Aseraᶜ
ni a las imágenes del sol.

⁹ Aquel día sus ciudades fortificadas
serán como los frutos que quedan
en los renuevos y en las ramas,
los cuales fueron dejados a causa
de los hijos de Israel;
y habrá desolación.
¹⁰ Porque te olvidaste del Dios de tu
salvación

ᶜ **16.12** Jer 48.7,13.   ᵃ **17.1-3** Jer 49.23-27; Am 1.3-5; Zac 9.1.   ᵇ **17.1** Capital de Siria,
conquistada por Asiria en el 732 a.C.   ᶜ **17.8** Diosa cananea de la fertilidad (1 R 15.13).

y no te acordaste de la roca de tu
refugio.
Por eso, tu plantarás plantas
hermosas,
plantarás sarmiento extraño.
¹¹ El día que las plantes, las harás
crecer,
y harás que su simiente brote de
mañana;
pero la cosecha será arrebatada en
el día de la angustia
y del dolor desesperado.

¹² ¡Ay, esa multitud de pueblos
que harán ruido como el estruendo
del mar!
¡Ay, ese bramar de naciones,
que será como el bramido de
muchas aguas!
¹³ Los pueblos harán estrépito
como el ruido de muchas aguas;
pero Dios los reprenderá, y huirán
lejos;
serán ahuyentados como el tamo
de los montes delante del
viento,
como el polvo delante del
torbellino.
¹⁴ Al tiempo de la tarde, he aquí el
terror;
pero antes de la mañana el enemigo
ya no existe.
Esta es la parte de los que nos
aplastan,
la suerte de los que nos saquean.

Profecía contra Etiopía

18 ¹ ¡Ay de la tierra del zumbido
de alas,
la que está tras los ríos de Etiopía,ᵃ
² la que envía mensajeros por
el mar,ᵇ
en naves de junco sobre las aguas!
Id, mensajeros veloces,
a la nación de elevada estatura y
piel brillante,
al pueblo siempre temible,
de gente fuerte y conquistadora,
cuya tierra es surcada por ríos.
³ Vosotros, todos los moradores del
mundo
y habitantes de la tierra,

cuando se levante bandera en los
montes,
mirad;
y cuando se toque trompeta,
escuchad,
⁴ porque Jehová me dijo así:
«Me estaré quieto y los miraré
desde mi morada,
como el sol claro después de la
lluvia,
como la nube de rocío en el calor de
la siega.
⁵ Porque antes de la siega,
cuando el fruto sea perfecto y
pasada
la flor, se maduren los frutos,
entonces podará con podaderas las
ramitas,
y cortará y quitará las ramas.
⁶ Y serán dejados
todos para las aves de los montes
y para las bestias de la tierra;
sobre ellos tendrán el verano las
aves,
e invernarán todas las bestias de
la tierra».

⁷ En aquel tiempo será traída
ofrenda
a Jehová de los ejércitos,
de parte del pueblo de elevada
estatura y piel brillante,
del pueblo siempre temible,
de gente fuerte y conquistadora,
cuya tierra es surcada por ríos.
Será traída al lugar del nombre de
Jehová
de los ejércitos, al monte Sión.

Profecía contra Egiptoᵃ

19 ¹ Profecía sobre Egipto.

«He aquí que Jehová monta sobre
una ligera nube
y entrará en Egipto.
Los ídolos de Egipto temblarán
delante de él,
y desfallecerá el corazón de los
egipcios dentro de ellos.
² Levantaré a egipcios contra
egipcios

ᵃ **18.1-7** Sof 2.12. ᵇ **18.2** Término que también se usa para el río Nilo en el texto heb. de Is 19.5;
Nah 3.8. ᵃ **19.1-25** Jer 46.2-26; Ez 29–32.

y cada uno peleará contra su
hermano,
cada uno contra su prójimo;
ciudad contra ciudad
y reino contra reino.

³ El espíritu de Egipto se
desvanecerá en medio de él,
y destruiré sus planes.
Entonces consultarán a sus
imágenes, a sus hechiceros,
a sus evocadores y a sus adivinos.

⁴ Entregaré a Egipto
en manos de un amo duro,
y un rey violento se enseñoreará de
ellos»,
dice el Señor, Jehová de los
ejércitos.

⁵ Las aguas del mar faltarán,
y el río se agotará y se secará.

⁶ Se alejarán los ríos,
se agotarán y secarán las zanjas;
la caña y el junco serán cortados.

⁷ Las praderas junto al río,
junto a las riberas del río,
y toda sementera del río se secarán,
se perderán y no serán más.

⁸ Los pescadores también se
entristecerán;
harán duelo todos los que arrojan el
anzuelo al río
y desfallecerán los que lanzan la
red sobre las aguas.

⁹ Los que trabajan el lino fino
y los que tejen redes serán
confundidos,

¹⁰ porque todas sus redes serán rotas,
y se afligirán todos los que hacen
viveros para peces.

¹¹ Ciertamente son necios los
príncipes de Zoán;
los planes de los prudentes
consejeros del faraón
se han desvanecido.
¿Cómo diréis al faraón: «Yo soy hijo
de los sabios
e hijo de los reyes antiguos»?

¹² ¿Dónde están ahora tus sabios?

Que te digan ahora, que te hagan
saber
qué es lo que Jehová de los ejércitos
ha determinado sobre Egipto.

¹³ Se han desvanecido los príncipes
de Zoán,
se han engañado los príncipes de
Menfis;
engañaron a Egipto
los que son la piedra angular de sus
familias.

¹⁴ Jehová mezcló un espíritu de
vértigo
en medio de él,
y extraviaron a Egipto en toda
su obra,
como tambalea el ebrio cuando
vomita.

¹⁵ Y no aprovechará a Egipto
cosa que haga la cabeza o la cola,
la rama o el junco.

¹⁶ En aquel día[b] los egipcios serán como mujeres, porque temblarán llenos de miedo ante la presencia de la mano amenazante de Jehová de los ejércitos, que él levantará contra ellos. ¹⁷ Y la tierra de Judá será un espanto para Egipto; todo hombre que de ella se acuerde, temerá por causa del plan que Jehová de los ejércitos preparó contra él. ¹⁸ En aquel tiempo habrá cinco ciudades en la tierra de Egipto que hablen la lengua de Canaán y que juren por Jehová de los ejércitos; una será llamada la ciudad de Herez.

¹⁹ En aquel tiempo habrá un altar para Jehová en medio de la tierra de Egipto y un monumento a Jehová junto a su frontera. ²⁰ Será por señal y por testimonio a Jehová de los ejércitos en la tierra de Egipto, porque clamarán a Jehová a causa de sus opresores, y él les enviará un salvador y defensor que los libre. ²¹ Jehová se dará a conocer a Egipto, y los de Egipto conocerán a Jehová en aquel día. Harán sacrificio y oblación; harán votos a Jehová y los cumplirán. ²² Y herirá Jehová a Egipto: lo herirá y lo sanará. Ellos se convertirán a Jehová y él les será clemente y los sanará.
²³ En aquel tiempo habrá una calzada

---

[b] **19.16-25** Estos v. contienen cinco anuncios proféticos relativos a Egipto. Cada uno de ellos comienza con la expresión *en aquel tiempo* o *en aquel día* (v. 16,18,19,23,24), utilizada frecuentemente para aludir al *día de Jehová* (Is 13.6; Jl 1.15; Am 5.18-20; Sof 1.14-18).

de Egipto hasta Asiria, y entrarán asirios en Egipto y egipcios en Asiria; y los egipcios y los asirios servirán juntos a Jehová.

²⁴ En aquel tiempo, Israel será tercero con Egipto y con Asiria, para bendición en medio de la tierra, ²⁵ porque Jehová de los ejércitos los bendecirá diciendo: «Bendito sea Egipto, pueblo mío; y Asiria, obra de mis manos; e Israel, mi heredad».

Asiria conquistará Egipto y Etiopía

20 ¹ En el año en que vino el jefe de los ejércitos a Asdod, cuando lo envió Sargón, rey de Asiria, y peleó contra Asdod y la tomó, ² en aquel tiempo habló Jehová por medio de Isaías hijo de Amoz, diciendo: «Ve, quita la ropa áspera de tus caderas y descalza las sandalias de tus pies». Y lo hizo así, andando desnudo y descalzo.

³ Y dijo Jehová: «De la manera que anduvo mi siervo Isaías desnudo y descalzo tres años, como señal y pronóstico sobre Egipto y sobre Etiopía, ⁴ así llevará el rey de Asiria a los cautivos de Egipto y a los deportados de Etiopía; a jóvenes y a ancianos, desnudos, descalzos y descubiertas las nalgas para vergüenza de Egipto. ⁵ Y se turbarán y avergonzarán de Etiopía, su esperanza, y de Egipto, su gloria. ⁶ Y dirá en aquel día el morador de esta costa: "¡Mirad qué fue de nuestra esperanza, a la que nos acogimos buscando socorro para librarnos de la presencia del rey de Asiria! Y ahora, ¿cómo escaparemos nosotros?"»

Profecía sobre el desierto del mar

21 ¹ Profecía sobre el desierto del mar:

Como un torbellino del Neguev,
así viene del desierto,
de la tierra horrenda.
² Dura visión me ha sido mostrada:
El traidor traiciona
y el destructor destruye.
Sube, Elam;
sitia, Media.
Todo su gemido hice cesar.
³ Por tanto, mis espaldas
se han llenado de dolor;
angustias se apoderaron de mí,

como angustias de mujer de parto.
Me siento agobiado al oírlo
y al verlo me lleno de espanto.
⁴ Se pasma mi corazón,
el horror me ha intimidado;
la noche de mi deseo
se me ha vuelto en espanto.
⁵ Ponen la mesa,
extienden tapices;
comen, beben.
¡Levantaos, príncipes,
engrasad el escudo!
⁶ Porque el Señor me dijo así:
«Ve, pon centinela
que haga saber lo que vea».
⁷ Y vio hombres montados,
jinetes de dos en dos,
montados sobre asnos,
montados sobre camellos.
Miró entonces más atentamente,
⁸ y gritó como un león:
«¡Señor, sobre la atalaya
estoy yo continuamente de día,
y las noches enteras
sobre mi guardia!
⁹ ¡He aquí que vienen hombres
          montados,
jinetes de dos en dos!»
Después habló y dijo:
«¡Cayó, cayó Babilonia,ᵃ
y los ídolos de sus dioses
quebrantó en tierra!»

¹⁰ Pueblo mío, trillado y aventado,
os he dicho
lo que oí de parte de Jehová de los
          ejércitos,
el Dios de Israel.

Profecía sobre Duma

¹¹ Profecía sobre Duma:

Me dan voces de Seir:
«Guarda, ¿qué de la noche?
Guarda, ¿qué de la noche?»

¹² El guarda respondió:

«La mañana viene y después la
          noche:
preguntad, si queréis preguntar.
Volved a venir».

ᵃ **21.9** Ap 14.8; 18.2.

Profecía contra Arabia

13 Profecía sobre Arabia:

Entre las malezas de Arabia
pasaréis la noche,
caminantes de Dedán.
14 Salid a encontrar al sediento;
llevadle agua, moradores de tierra
de Tema,
socorred con pan al que huye.
15 Porque ante la espada huye,
ante la espada desnuda,
ante el arco entesado,
ante la violencia de la batalla.

16 Porque así me ha dicho Jehová: «De aquí a un año, semejante a los años de un jornalero, toda la gloria de Cedar será deshecha, **17** y los sobrevivientes del número de los valientes flecheros, hijos de Cedar, serán reducidos; porque Jehová, Dios de Israel, lo ha dicho».

Profecía sobre el valle de la visión

22 **1** Profecía sobre el valle de la visión:

¿Qué tienes ahora,
que con todos los tuyos has subido
sobre los terrados?
2 Tú, llena de alborotos,
ciudad turbulenta, ciudad alegre;
tus muertos no son muertos a
espada
ni muertos en guerra.
3 Todos tus príncipes juntos huyeron
del arco,
fueron atados;
todos los que en ti se hallaron,
fueron atados juntamente,
aunque habían huido lejos.
4 Por esto dije: «Dejadme,
lloraré amargamente;
no os afanéis por consolarme
de la destrucción de la hija de mi
pueblo».
5 Porque es día de alboroto,
de angustia y confusión,
de parte del Señor, Jehová de los
ejércitos,
en el valle de la visión,
para derribar el muro y clamar
al monte.

6 Elam tomó la aljaba,
con carros y con jinetes,
y Kir sacó el escudo.
7 Tus hermosos valles
se llenaron de carros,
y los jinetes acamparon junto a la
puerta.
8 Cayeron las defensas de Judá,
y en aquel día miraste
hacia la casa de armas del bosque.[a]
9 Visteis las brechas de la ciudad de
David,
que se multiplicaron;
y recogisteis las aguas del estanque
de abajo.
10 Contasteis entonces las casas de
Jerusalén
y derribasteis casas para fortificar
el muro.
11 Hicisteis foso entre los dos muros
para las aguas del estanque viejo;
pero no tuvisteis respeto al que lo
hizo,
ni mirasteis al que desde antiguo lo
había planeado.

12 Por tanto, el Señor, Jehová de los
ejércitos,
llamó en este día a llanto y a
lamentación,
a raparse el cabello y a vestir ropas
ásperas.
13 Mas hubo gozo y alegría
matando vacas y degollando
ovejas,
comiendo carne, bebiendo vino y
diciendo:
«¡Comamos y bebamos, porque
mañana moriremos!»[b]
14 Esto fue revelado a mis oídos
de parte de Jehová de los ejércitos:
«Este pecado no os será perdonado
hasta que muráis»,
dice el Señor, Jehová de los
ejércitos.

Sebna, sustituido por Eliaquim

15 Jehová de los ejércitos dice así:
«Ve a encontrarte con este tesorero,
con Sebna el mayordomo, y dile:
16 "¿Qué tienes tú aquí o a quién
tienes aquí,

---

[a] **22.8** 1 R 7.2-5; 10.16-17.   [b] **22.13** 1 Co 15.32.

que labraste aquí un sepulcro
para ti,
como el que en lugar alto labra su
sepultura
o el que esculpe para sí una morada
en la roca?
¹⁷ He aquí que Jehová te transportará
en duro cautiverio,
y de cierto te cubrirá el rostro.
¹⁸ Te echará a rodar con ímpetu,
como a una bola por tierra extensa;
allá morirás
y allá estarán los carros de tu gloria,
¡vergüenza de la casa de tu señor!
¹⁹ Te arrojaré de tu lugar
y de tu puesto te empujaré.

²⁰ »En aquel día llamaré a mi siervo[c]
Eliaquim, hijo de Hilcías.
²¹ Lo vestiré con tus vestiduras,
lo ceñiré con tu talabarte
y entregaré en sus manos tu
autoridad;
y él será un padre para el morador
de Jerusalén
y para la casa de Judá.
²² Y pondré la llave de la casa de David
sobre su hombro;
él abrirá y nadie cerrará,
cerrará y nadie abrirá.[d]
²³ Lo hincaré como un clavo
en lugar firme y será motivo de
honra
para la casa de su padre.
²⁴ Colgarán de él
toda la honra de la casa de su
padre,
los hijos y los nietos,
todos los vasos menores,
desde las tazas
hasta toda clase de jarros.

²⁵ »Aquel día, dice Jehová de los
ejércitos,
el clavo hincado en lugar firme será
quitado;
será quebrado y caerá.
Y la carga que sobre él se puso se
echará a perder;
porque Jehová ha hablado"».

Profecía contra Tiro

23 ¹ Profecía sobre Tiro:[a]

¡Aullad, naves de Tarsis,
porque destruida es Tiro
hasta no quedar casa ni lugar
adonde entrar!
Desde la tierra de Quitim
les ha sido anunciado.
² ¡Callad, moradores de la costa,
mercaderes de Sidón,
los que cruzando el mar te
abastecían!
³ Su provisión procedía de las
sementeras
que crecen con las muchas aguas
del Nilo,
de la mies del río.
Fue también emporio de las
naciones.
⁴ ¡Avergüénzate, Sidón!, porque el
mar,
la fortaleza del mar
habló, diciendo:
«Nunca estuve de parto:
no di a luz,
ni crié jóvenes
ni hice crecer muchachas».
⁵ Cuando lleguen las nuevas a
Egipto,
tendrán dolor por las noticias
de Tiro.
⁶ Pasaos a Tarsis;
aullad, moradores de la costa.

⁷ ¿No era esta vuestra ciudad alegre,
con muchos días de antigüedad?
Sus pies la llevarán
a morar lejos.
⁸ ¿Quién decretó esto sobre Tiro,
la que repartía coronas,
cuyos comerciantes eran príncipes,
cuyos mercaderes eran los nobles
de la tierra?
⁹ Jehová de los ejércitos lo decretó
para envilecer la soberbia de todo
esplendor
y para humillar a todos los ilustres
de la tierra.

---

[c] **22.20** Título honorífico, reservado a los fieles servidores del Señor.   [d] **22.22** Ap 3.7.
[a] **23.1-8** Ez 26—28; Jl 3.4-8; Am 1.9-10; Zac 9.1-4; Mt 11.21-22; Lc 10.13-14.

¹⁰ Pasa cual río de tu tierra,^b
hija de Tarsis,
porque no tendrás ya más poder.
¹¹ Extendió su mano sobre el mar,
hizo temblar los reinos;
Jehová mandó respecto a Canaán
que sus fortalezas sean destruidas.
¹² Y dijo: «No te alegrarás más,
oprimida virgen, hija de Sidón.
Levántate para pasar a Quitim,
y aun allí no tendrás reposo».

¹³ ¡Mira la tierra de los caldeos!
Este pueblo no existía.
Asiria la fundó para los moradores
del desierto.
Levantaron sus fortalezas,
edificaron sus palacios;
él la convirtió en ruinas.

¹⁴ ¡Aullad, naves de Tarsis,
porque vuestra fortaleza es
destruida!

¹⁵ Acontecerá en aquel día, que Tiro se-
rá echada en el olvido durante setenta
años, como los días de un rey. Después de
los setenta años, cantará Tiro una canción
como de ramera.

¹⁶ Toma un arpa
y recorre la ciudad,
ramera olvidada.
Entona una buena melodía,
repite la canción,
a fin de que seas recordada.

¹⁷ Y acontecerá que al fin de los setenta
años visitará Jehová a Tiro, la cual volverá
a comerciar y fornicará de nuevo con todos los reinos del mundo sobre la faz de la
tierra. ¹⁸ Pero sus negocios y ganancias serán consagrados a Jehová. No se guarda-
rán ni se atesorarán, porque sus ganancias
serán para los que estén delante de Jehová,
para que coman hasta saciarse y vistan con
esplendidez.

El juicio de Jehová sobre la tierra

24 ¹ He aquí que Jehová
devasta la tierra y la arrasa,
trastorna su faz

y hace esparcir a sus moradores.
² Y sucederá, como al pueblo,
así también al sacerdote;
como al esclavo, así a su amo;
como a la criada, a su ama;
como al que compra, al que vende;
como al que presta, al que toma
prestado;
como al acreedor, así también al
deudor.^a
³ La tierra será totalmente devastada
y completamente saqueada,
porque Jehová ha pronunciado esta
palabra.
⁴ Se destruyó, cayó la tierra;
enfermó, cayó el mundo;
enfermaron los altos pueblos de la
tierra.
⁵ Y la tierra fue profanada
por sus moradores,
porque traspasaron las leyes,
falsearon el derecho,
quebrantaron el pacto eterno.
⁶ Por esta causa la maldición
consumió la tierra
y sus moradores fueron asolados;^b
por esta causa fueron consumidos
los habitantes de la tierra
y disminuyó la población.

⁷ Se perdió el vino,
enfermó la vid,
gimieron todos los que eran alegres
de corazón.
⁸ Cesó el regocijo de los panderos,
se acabó el estruendo de los que se
alegran,
cesó la alegría del arpa.
⁹ No beberán vino con canción;
la sidra les será amarga a los que la
beben.
¹⁰ Quebrantada está la ciudad
a causa del desastre.
Toda casa se ha cerrado,
para que no entre nadie.
¹¹ Hay clamores en las calles por falta
de vino;
todo gozo se ha apagado,
la alegría se desterró de la tierra.
¹² La ciudad quedó desolada
y con ruina fue destrozada la
puerta.

---

^b **23.10** Referencia al río Nilo.   ^a **24.2** Os 4.9.   ^b **24.6** Gn 3.17-19.

¹³ Porque así será en medio de la
tierra,
en medio de los pueblos,
como un olivo sacudido,
como rebuscos
después de la vendimia.

¹⁴ Estos alzarán su voz, cantarán
gozosos
por la grandeza de Jehová;
desde el mar darán voces.

¹⁵ Glorificad por esto a Jehová en los
valles;
en las costas del mar
sea nombrado Jehová, Dios de
Israel.

¹⁶ De los extremos de la tierra oímos
cánticos:
«¡Gloria al justo!»
Y yo dije:
«¡Mi desdicha, mi desdicha,
ay de mí!»
Traidores han traicionado,
y han traicionado con traición de
desleales.

¹⁷ ¡Terror, foso y red
sobre ti, morador de la tierra!

¹⁸ Y acontecerá que el que huya de la
voz del terror
caerá en el foso;
y el que salga de en medio del foso
será atrapado en la red;
porque de lo alto se abrirán
ventanas
y temblarán los cimientos de la
tierra.^c

¹⁹ Será destruida del todo la tierra,
enteramente desmenuzada será la
tierra,
en gran manera será la tierra
conmovida.

²⁰ Temblará la tierra como un ebrio
y será removida como una choza,
y tanto pesará sobre ella su pecado,
que nunca más se levantará.

²¹ Acontecerá en aquel día,
que Jehová castigará
al ejército de los cielos en lo alto
y a los reyes de la tierra sobre la
tierra.

²² Serán amontonados

como se amontona a los
encarcelados en una mazmorra,
y en prisión quedarán encerrados.
Y al cabo de muchos días serán
castigados.

²³ La luna se avergonzará
y el sol se confundirá,
cuando Jehová de los ejércitos reine
en el monte Sión, en Jerusalén,
y brille su gloria delante de sus
ancianos.

Cántico de alabanza por el favor de Jehová

25 ¹ Jehová, tú eres mi Dios;
te exaltaré, alabaré tu nombre,
porque has hecho maravillas;
tus consejos antiguos son verdad y
firmeza.

² Porque convertiste la ciudad en
escombros,
la ciudad fortificada, en ruina,
y el alcázar de los extranjeros ya no
será ciudad
ni nunca más será reedificado.

³ Por esto te glorificará el pueblo
fuerte,
te temerá la ciudad de gente
poderosa.

⁴ Porque fuiste fortaleza para el
pobre,
fortaleza para el necesitado en su
aflicción,
refugio contra la tormenta,
sombra contra el calor;
porque el ímpetu de los violentos
es como una tormenta que se abate
contra el muro.

⁵ Como el calor en lugar seco,
así humillarás el orgullo de los
extranjeros;
y como calor debajo de una nube,
harás marchitar el renuevo de los
poderosos.

⁶ Y Jehová de los ejércitos
hará en este monte a todos los
pueblos
banquete de manjares suculentos,
banquete de vinos refinados,
de sustanciosos tuétanos
y vinos generosos.

---

^c **24.17-18** Jer 48.43-44.

7 Y destruirá en este monte
la cubierta tendida sobre todos los
pueblos,
el velo que envuelve a todas las
naciones.
8 Destruirá a la muerte para
siempre,[a]
y enjugará Jehová el Señor las
lágrimas
de todos los rostros[b]
y quitará la afrenta de su pueblo
de toda la tierra;
porque Jehová lo ha dicho.
9 Se dirá en aquel día:
«¡He aquí, este es nuestro Dios!
Le hemos esperado, y nos salvará.
¡Este es Jehová, a quien hemos
esperado!
Nos gozaremos y nos alegraremos
en su salvación».

10 Porque la mano de Jehová se
posará sobre este monte;
pero Moab[c] será pisoteado en su
mismo sitio,
como es pisoteada la paja en el
estercolero.
11 Y extenderá sus manos por en
medio de él,
como las extiende el nadador para
nadar;
y abatirá su soberbia
y la destreza de sus manos.
12 Abatirá la fortaleza de tus altos
muros:
la humillará y la echará abajo,
hasta el polvo.

Cántico de confianza en la protección de Jehová

26 ¹ En aquel día cantarán este
cántico en tierra de Judá:
«Fuerte ciudad tenemos;
salvación puso Dios
por muros y antemuro.
2 Abrid las puertas[a]
y entrará la gente justa,
guardadora de verdades.
3 Tú guardarás en completa paz

a aquel cuyo pensamiento en ti
persevera,
porque en ti ha confiado.
4 Confiad en Jehová perpetuamente,
porque en Jehová, el Señor
está la fortaleza de los siglos.
5 Porque derribó a los que moraban
en las alturas;
humilló a la ciudad enaltecida,
la humilló hasta la tierra,
la derribó hasta el polvo.
6 Será pisoteada
por los pies del afligido,
bajo los pasos del necesitado».

7 El camino del justo es rectitud;
tú, que eres recto, allanas el camino
del justo.[b]
8 También en el camino de tus
juicios,
Jehová, te hemos esperado;
tu nombre y tu memoria
son el deseo de nuestra alma.
9 Con mi alma te he deseado en la
noche
y, en tanto que me dure el espíritu
dentro de mí,
madrugaré a buscarte;
porque luego que hay juicios tuyos
en la tierra,
los moradores del mundo
aprenden justicia.
10 Se mostrará piedad al malvado,
pero no aprenderá justicia,
sino que en tierra de rectitud hará
iniquidad
y no mirará a la majestad de
Jehová.
11 Jehová, tu mano está alzada,
pero ellos no ven.
Cuando por fin vean,
se avergonzarán los que envidian
al pueblo;
y a tus enemigos, fuego los
consumirá.[c]
12 Jehová, tú nos darás paz,
porque también nos hiciste
todas nuestras obras.
13 Jehová, Dios nuestro,

---

a **25.8** 1 Co 15.26,54.   b **25.8** Ap 7.17; 21.4.   c **25.10-12** Is 15.1—16.14; Jer 48.1-47; Ez 25.8-11;
Am 2.1-3; Sof 2.8-11.   a **26.2** Sal 24.7-10; 118.19-20.   b **26.7** Sal 37.23-24; Pr 20.24.
c **26.11** Heb 10.27.

otros señores fuera de ti se han
  enseñoreado de nosotros;
pero nosotros nos acordaremos de
  tu nombre,
solamente del tuyo.

¹⁴ Muertos son, no vivirán;
han fallecido, no resucitarán;
porque los castigaste,
los destruiste y desvaneciste todo
  su recuerdo.

¹⁵ Aumentaste el pueblo, Jehová,
aumentaste el pueblo;
te hiciste glorioso;
ensanchaste todos los confines
  del país.

¹⁶ Jehová, en la tribulación
te buscaron;
derramaron su oración
cuando los castigaste.

¹⁷ Como la mujer encinta cuando se
  acerca el alumbramiento
gime y da gritos en sus dolores,
así hemos sido delante de ti,
  Jehová.

¹⁸ Concebimos, tuvimos dolores de
  parto,
pero dimos a luz solo viento;
ninguna liberación logramos
  en la tierra
ni cayeron los moradores del
  mundo.

¹⁹ Tus muertos vivirán;
sus cadáveres resucitarán.
¡Despertad y cantad,
moradores del polvo!
porque tu rocío es cual rocío de
  hortalizas,
y la tierra entregará sus muertos.

²⁰ Anda, pueblo mío, entra en tus
  aposentos,
cierra tras de ti tus puertas;
escóndete un poquito,
por un momento,
en tanto que pasa la indignación.

²¹ Porque he aquí que Jehová sale de
  su lugar
para castigar
al morador de la tierra
por su maldad contra él;

y la tierra descubrirá la sangre
  derramada en ella,
y no encubrirá ya más a sus
  muertos.

Liberación y regreso de Israel

27 ¹ En aquel día Jehová castigará
con su espada dura, grande y
  fuerte
a Leviatán,ᵃ la serpiente veloz,
a Leviatán, la serpiente tortuosa;
y matará al dragón que está
  en el mar.

² Aquel día cantadle a la viña del
  vino rojo.
³ «Yo, Jehová, la guardo;
a cada momento la regaré;
la guardaré de noche y de día
para que nadie la dañe.
⁴ No hay enojo en mí.
¿Quién pondrá contra mí en batalla
  espinos y cardos?
Yo los pisotearé
y los quemaré a todos juntos.
⁵ ¿O se acogerá alguien a mi
  amparo?
¡Que haga conmigo paz!,
¡sí, que haga la paz conmigo!»

⁶ Días vendrán cuando Jacob echará
  raíces,
florecerá y echará renuevos Israel,
y la faz del mundo llenará de fruto.
⁷ ¿Acaso ha sido herido
como fue herido quien lo hirió,
o ha sido muerto
como fueron muertos los que lo
  mataron?
⁸ Con moderación
lo castigarás en sus vástagos.
Él los remueve con su recio viento
en el día del viento del este.
⁹ De esta manera, pues, será
  perdonada
la iniquidad de Jacob,
y este será todo el fruto
de la remoción de su pecado:
que vuelva todas las piedras del
  altar
como piedras de cal
  desmenuzadas,

ᵃ **27.1** Job 41.1; Sal 74.13-14; 104.26.

y que no se levanten más
los símbolos de Asera ni las
imágenes del sol.

10 Porque la ciudad fortificada será
desolada,
la ciudad habitada será
abandonada
y dejada como un desierto;
allí pastará el becerro,
allí tendrá su majada
y consumirá sus ramas.
11 Cuando sus ramas se sequen,
serán quebradas
y vendrán mujeres a encenderlas.
Porque aquel no es un pueblo
inteligente;
por tanto, su Hacedor no tendrá de
él misericordia,
no se compadecerá de él el que lo
formó.

12 Acontecerá en aquel día, que
trillará Jehová
desde el río Éufrates hasta el
torrente de Egipto,
y vosotros, hijos de Israel,
seréis reunidos uno a uno.
13 Acontecerá también en aquel día,
que se tocará con gran trompeta,
vendrán los que habían sido
esparcidos en la tierra de Asiria
y los que habían sido desterrados a
Egipto,
y adorarán a Jehová
en el monte santo, en Jerusalén.

Condenación de Efraín[a]

28 1 ¡Ay de la corona de soberbia de
los ebrios de Efraín
y de la flor caduca de la hermosura
de su gloria,
que está sobre la cabeza del valle
fértil
de los aturdidos del vino!
2 He aquí, Jehová tiene a uno que es
fuerte y poderoso:
como una tormenta de granizo,
como un torbellino arrasador,
como el ímpetu de recias aguas que
inundan.

Con fuerza derriba a tierra,
3 con los pies será pisoteada
la corona de soberbia de los ebrios
de Efraín.
4 Y la flor caduca de la hermosura de
su gloria
que está sobre la cabeza del valle
fértil,
será como la fruta temprana,
la primera del verano, la cual,
apenas la ve el que la mira,
se la traga
tan luego como la tiene a la mano.

5 Aquel día, Jehová de los ejércitos
será por corona de gloria
y diadema de hermosura
para el resto de su pueblo.
6 Será espíritu de justicia
para el que se sienta a juzgar,
y dará fuerzas
a los que rechazan el asalto a la
puerta.

7 Pero también estos erraron por
el vino
y por la sidra se entontecieron;
el sacerdote y el profeta erraron por
la sidra,
fueron trastornados por el vino;
se aturdieron con la sidra,
erraron en la visión,
titubearon en el juicio.
8 Porque toda mesa está llena
de vómito y suciedad,
hasta no quedar lugar limpio.
9 ¿A quién se habrá de instruir?
o ¿a quién se hará entender la
doctrina?
¿A los destetados?
¿A los recién destetados?
10 Porque mandamiento tras
mandamiento,
mandato sobre mandato,
renglón tras renglón,
línea tras línea,
un poquito aquí, un poquito allá,
11 porque en lengua de tartamudos,
en lenguaje extraño,
hablará a este pueblo.
12 A ellos dijo: «Este es el reposo;

---

[a] 28.1-6 Los caps. 28–33, con pocas excepciones, se refieren a la crisis provocada por Asiria entre los años 705 y 701 a.C.

dad reposo al cansado.
Este es el alivio»,
mas no quisieron escuchar.[b]

13 La palabra, pues, de Jehová les será
mandamiento tras mandamiento,
mandato tras mandato,
renglón tras renglón,
línea tras línea,
un poquito aquí, un poquito allá;
hasta que vayan y caigan de
espaldas,
y sean quebrantados, atrapados y
aprisionados.

Amonestación a Jerusalén

14 Por tanto, señores burladores
que gobernáis a este pueblo
que está en Jerusalén,
oíd la palabra de Jehová.
15 Vosotros habéis dicho:
«Hemos hecho un pacto con la
muerte;
un convenio hicimos con el seol.
Cuando pase el torrente del azote,
no llegará a nosotros,
porque hemos puesto nuestro
refugio en la mentira
y en la falsedad nos
esconderemos».

16 Por eso, Jehová, el Señor, dice así:
«He aquí que yo he puesto en Sión
por fundamento una piedra,
piedra probada,
angular, preciosa,
de cimiento estable.
El que crea, no se apresure.[c]
17 Ajustaré el juicio a cordel,
y a nivel la justicia».
El granizo barrerá el refugio de la
mentira
y las aguas inundarán el
escondrijo.
18 Y será anulado vuestro pacto con la
muerte
y vuestro convenio con el seol no
será firme;
cuando pase el torrente del azote,
seréis por él pisoteados.
19 Luego que comience a pasar,
él os arrebatará,

porque de mañana en mañana
pasará,
de día y de noche;
y será ciertamente un espanto el
entender lo oído.
20 La cama será corta para poder
estirarse
y la manta estrecha para poder
envolverse.

21 Jehová se levantará como en el
monte Perazim,
como en el valle de Gabaón[d] se
enojará;
para hacer su obra, su extraña obra,
y para hacer su trabajo, su extraño
trabajo.
22 Ahora, pues, no os burléis,
para que no se aprieten más
vuestras ataduras;
porque destrucción ya
determinada
sobre todo el país
he oído del Señor,
Jehová de los ejércitos.

23 Estad atentos y oíd mi voz;
atended y oíd mi dicho:
24 El que ara para sembrar,
¿arará todo el día?
¿Sólo romperá y quebrará los
terrones de la tierra?
25 Cuando ya ha preparado su
superficie,
¿no esparce el eneldo, siembra el
comino,
pone el trigo en hileras,
la cebada en el lugar señalado
y la avena en su borde apropiado?
26 Porque su Dios lo instruye
y le enseña lo recto:
27 que el eneldo no se trilla con trillo,
ni sobre el comino se pasa rueda de
carreta;
sino que con un palo se sacude el
eneldo,
y el comino con una vara.
28 El grano se trilla;
pero no lo trillará por siempre,
ni lo aplasta con la rueda de su
carreta,

[b] **28.11-12** 1 Co 14.21.   [c] **28.16** Ro 9.33; 10.11; 1 P 2.6.   [d] **28.21** 2 S 5.20; 1 Cr 14.11; Jos 10.9-12.

ni lo tritura con los dientes de
su trillo.
²⁹ ¡También esto salió de Jehová de los
ejércitos,
para hacer maravilloso el consejo
y engrandecer su sabiduría!

Ariel y sus enemigos

29 ¹¡Ay de Ariel, de Ariel,
la ciudad donde acampó
David!
Añadid un año a otro,
y que las fiestas sigan su curso.
² Mas yo pondré a Ariel en aprietos,
y habrá desconsuelo y tristeza.
Será para mí un "ariel".
³ Porque acamparé contra ti,
a tu alrededor;
te sitiaré con máquinas de asedio
y levantaré contra ti baluartes.
⁴ Entonces serás derribada
y hablarás desde la tierra.
Tu habla saldrá del polvo;
tu voz, desde la tierra, será como la
de un fantasma,
y tu habla susurrará desde el polvo.
⁵ La muchedumbre de tus enemigos
será como polvo menudo
y la multitud de los fuertes
como tamo que pasa.
Acontecerá repentinamente,
en un momento.
⁶ Por Jehová de los ejércitos serás
visitada
con truenos, con terremotos y con
gran ruido,
con torbellino y tempestad, y con
llama de fuego consumidor.
⁷ Y será como un sueño de visión
nocturna
la multitud de todas las naciones
que pelean contra Ariel,
y todos los que pelean contra ella y
su fortaleza,
y los que la ponen en aprietos.
⁸ Les sucederá como al que tiene
hambre y sueña:
le parece que come,
pero cuando despierta su
estómago está vacío;
o como al que tiene sed y sueña:

le parece que bebe,
pero cuando despierta se halla
cansado y sediento.
Así será la multitud de todas las
naciones
que pelean contra el monte Sión.

Ceguera e hipocresía de Israel

⁹ ¡Deteneos y maravillaos;
ofuscaos y cegaos!
¡Embriagaos, pero no de vino;
tambaleaos, pero no por sidra!
¹⁰ Porque Jehová derramó sobre
vosotros
un espíritu de sopor,
cerró los ojos*ᵃ* de vuestros profetas
y puso un velo sobre las cabezas de
vuestros videntes.
¹¹ Y os será toda visión
como las palabras de un libro
sellado,
el cual, si lo dan al que sabe leer,
y le dicen: «Lee ahora esto»,
él dirá: «No puedo,
porque está sellado».
¹² Y si se da el libro al que no sabe leer,
diciéndole: «Lee ahora esto»,
él dirá: «No sé leer».

¹³ Dice, pues, el Señor:
«Porque este pueblo se acerca a mí
con su boca
y con sus labios me honra,
pero su corazón está lejos de mí*ᵇ*
y su temor de mí
no es más que un mandamiento de
hombres
que les ha sido enseñado;
¹⁴ por eso, he aquí que nuevamente
excitaré yo la admiración de este
pueblo
con un prodigio grande y
espantoso,
porque perecerá la sabiduría de
sus sabios
y se desvanecerá la inteligencia de
sus entendidos».*ᶜ*

¹⁵ ¡Ay de los que se esconden de
Jehová
encubriendo sus planes,

ᵃ **29.10** Ro 11.8.   *ᵇ* **29.13** Mt 15.8-9; Mc 7.6-7.   *ᶜ* **29.14** 1 Co 1.19.

y sus obras las hacen en tinieblas,
y dicen: «¿Quién nos ve, y quién
nos conoce?»
¹⁶ Vuestra perversidad ciertamente
será reputada como barro de
alfarero.
¿Acaso la obra dirá de su hacedor:
«No me hizo»?
¿Dirá la vasija de aquel que la ha
formado:
«No entiende»?

Redención de Israel

¹⁷ ¿No se convertirá, de aquí a muy
poco tiempo,
el Líbano en un campo fértil,
y el campo fértil parecerá un
bosque?ᵈ
¹⁸ En aquel tiempo los sordos oirán
las palabras del libro
y los ojos de los ciegos verán
en medio de la oscuridad y de las
tinieblas.
¹⁹ Entonces los humildes
volverán a alegrarse en Jehová,
y aun los más pobres de los
hombres
se gozarán en el Santo de Israel.
²⁰ El violento se habrá acabado
y el escarnecedor será
exterminado.
Serán destruidos todos los que se
desvelan
por hacer iniquidad,
²¹ los que hacen pecar al hombre en
palabra,
los que arman trampa al que
reprende en la puerta
y pervierten la causa del justo con
falsedad.
²² Por tanto, Jehová,
que redimió a Abraham,
dice así a la casa de Jacob:
«No será ahora avergonzado Jacob
ni su rostro empalidecerá,
²³ porque verá a sus hijos,
que al considerar la obra de mis
manos en medio de ellos,
santificarán mi nombre.
Santificarán al Santo de Jacob
y temerán al Dios de Israel.

²⁴ Y los extraviados de espíritu
aprenderán inteligencia
y los murmuradores aprenderán la
lección».ᵉ

Inutilidad de confiar en Egipto

30 ¹ ¡Ay de los hijos que se apartan,
dice Jehová,
para tomar consejo, y no de mí;
para cobijarse con cubierta,
y no de mi espíritu,
añadiendo pecado a pecado!
² Se apartan para descender a Egipto
pero no me han consultado.
Quieren fortalecerse con la fuerza
del faraón,
y ponen su esperanza en el amparo
de Egipto.
³ Pero la fuerza del faraón se os
cambiará en vergüenza
y la protección a la sombra de
Egipto, en confusión.
⁴ Cuando estén sus jefes en Zoán
y sus embajadores lleguen a Hanes,
⁵ todos se avergonzarán
de un pueblo que no les sirve de
nada,
ni los socorre ni les trae provecho
alguno;
antes les será para vergüenza y aun
para deshonra.

⁶ Profecía sobre las bestias del Neguev:

Por tierra de tribulación y angustia,
de donde salen la leona y el león,
la víbora y la serpiente que vuela,
llevan sobre lomos de asnos sus
riquezas
y sus tesoros sobre jorobas de
camellos.
Las llevan a un pueblo que no les
será de provecho alguno.
⁷ Ciertamente, la ayuda de Egipto
será vana e inútil.
Por eso yo le he dado voces,
que su fortaleza sería estarse
quietos.
⁸ Ve, pues, ahora, y escribe esta
visión
en una tabla en presencia de ellos,

ᵈ **29.17** Is 32.15.   ᵉ **29.22-24** Ez 36.22-32.

y regístrala en un libro,
para que quede hasta el día
postrero,
eternamente y para siempre.
⁹ Porque este pueblo es rebelde,
son hijos mentirosos,
hijos que no quisieron oir
la ley de Jehová;
¹⁰ que dicen a los videntes:
«No tengáis visiones»,
y a los profetas:
«No nos profeticéis la verdad,
sino decidnos cosas halagüeñas,
profetizad mentiras;
¹¹ dejad el camino,
apartaos de la senda,
quitad de nuestra presencia
al Santo de Israel».
¹² Por tanto, el Santo de Israel dice así:
«Porque desechasteis esta palabra
y confiasteis en la violencia y en la
iniquidad,
y en ellas os habéis apoyado,
¹³ por eso, este pecado os será
como grieta que amenaza ruina,
extendiéndose en una pared
elevada,
cuya caída viene de pronto,
repentinamente.
¹⁴ Y se quebrará como se quiebra un
vaso de alfarero,
que sin misericordia lo hacen
pedazos;
tanto, que entre los pedazos no se
halla un cascote
que sirva para traer fuego del hogar
o para sacar agua del pozo».

¹⁵ Porque así dijo Jehová, el Señor, el
Santo de Israel:
«En la conversión y en el reposo
seréis salvos;
en la quietud y en confianza
estará vuestra fortaleza».
Pero no quisisteis,
¹⁶ sino que dijisteis: «No, antes
huiremos en caballos»;
por tanto, vosotros huiréis.
«Sobre corceles veloces
cabalgaremos»;
por tanto, serán veloces vuestros
perseguidores.

¹⁷ Un millar huirá ante la amenaza
de uno;
ante la amenaza de cinco, huiréis
vosotros todos,
hasta que quedéis como un mástil
en la cumbre de un monte
y como una bandera sobre una
colina.

Promesa de la gracia de Dios a Israel

¹⁸ Sin embargo, Jehová esperará para tener piedad de vosotros. A pesar de todo, será exaltado y tendrá de vosotros misericordia, porque Jehová es Dios justo. ¡Bienaventurados todos los que confían en él!

¹⁹ Ciertamente, pueblo de Sión, que moras en Jerusalén, nunca más llorarás, pues el que tiene misericordia se apiadará de ti y te responderá al oir la voz de tu clamor. ²⁰ Aunque el Señor os dará pan de congoja y agua de angustia, con todo, tus maestros nunca más te serán quitados, sino que tus ojos verán a tus maestros. ²¹ Entonces tus oídos oirán detrás de ti la palabra que diga: «Este es el camino, andad por él y no echéis a la mano derecha, ni tampoco os desviéis a la mano izquierda». ²² Tendrás por impura la plata que recubre tus esculturas, y el oro que reviste tus imágenes fundidas. Los apartarás como a un trapo asqueroso y les dirás: «¡Salid de aquí!» ²³ Y dará el Señor lluvia a tu sementera, cuando siembres la tierra, y dará pan abundante y sustancioso como fruto de la tierra. Tus ganados en aquel tiempo serán apacentados en extensos pastizales. ²⁴ Tus bueyes y tus asnos que labran la tierra comerán grano limpio, aventado con pala y criba. ²⁵ Y sobre todo monte alto y sobre todo collado elevado habrá ríos y corrientes de aguas el día de la gran matanza, cuando caerán las torres. ²⁶ La luz de la luna será como la luz del sol, y la luz del sol será siete veces mayor, como la luz de siete días, el día cuando vende Jehová la herida de su pueblo y cure la llaga que le causó.

El juicio de Jehová sobre Asiria

²⁷ ¡He aquí que el nombre de Jehová viene de lejos!

Su rostro viene encendido con
llamas de fuego devorador;
sus labios, llenos de ira y su lengua
como fuego que consume.
²⁸ Su aliento, cual torrente que
inunda,
llegará hasta el cuello,
para zarandear a las naciones con
criba de destrucción;
y el freno estará en las quijadas de
los pueblos,
haciéndolos errar.
²⁹ Vuestros cánticos resonarán
como en la noche en que se celebra
la Pascua,
y tendréis alegría de corazón,
como la del que al son de flauta
viene al monte de Jehová,
al Fuerte de Israel.
³⁰ Y Jehová hará oir su potente voz
y hará ver cómo descarga su brazo,
con furor en su rostro y llama de
fuego consumidor,
con torbellino, tempestad y piedras
de granizo.
³¹ Porque Asiria, que hirió con vara,
con la voz de Jehová será
quebrantada.
³² Cada golpe de la vara justiciera
que descargue Jehová sobre él,
será con panderos y con arpas;
y en batalla tumultuosa peleará
contra ellos.
³³ Porque el Tofet
ya de tiempo está dispuesto
y preparado para el rey.
Foso profundo y ancho,
con pira de fuego y mucha leña.
El soplo de Jehová,
como torrente de azufre,
lo encenderá.

Los egipcios, hombres y no dioses

31 ¹¡Ay de los que descienden a
Egipto en busca de ayuda,
confían en los caballos
y ponen su esperanza en los carros,
porque son muchos,
y en los jinetes, porque son
valientes;
pero no miran al Santo de Israel
ni buscan a Jehová!

² Pero él también es sabio,
traerá el mal y no retirará sus
palabras.
Se levantará, pues, contra la casa de
los malignos
y contra el auxilio de los que hacen
iniquidad.
³ Los egipcios son hombres
y no Dios;
sus caballos, carne y no espíritu;
de manera que al extender Jehová
su mano,
caerá el ayudador
y caerá el ayudado.
Todos ellos desfallecerán a una.

⁴ Jehová me habló de esta manera:
«Como al león
o al cachorro de león que ruge sobre
la presa
no lo espantan las voces
de una cuadrilla de pastores que se
reúne contra él,
ni se acobarda por el tropel de ellos,
así Jehová de los ejércitos
descenderá a pelear
sobre el monte Sión y sobre su
collado.
⁵ Como las aves que vuelan,
así amparará Jehová de los ejércitos
a Jerusalén,
amparando, librando, preservando
y salvando».

⁶ ¡Volved a aquel
contra quien se rebelaron
gravemente
los hijos de Israel!
⁷ Porque en aquel día
arrojará el hombre sus ídolos de
plata y sus ídolos de oro,
que para vosotros han hecho
vuestras manos pecadoras.
⁸ Entonces caerá Asiria por espada
no de varón;
la consumirá espada no de hombre.
Y aun si escapa de la presencia de la
espada,
sus jóvenes serán tributarios.
⁹ De miedo huirá su fortaleza
y sus príncipes, con pavor,
dejarán sus banderas,ᵃ

ᵃ **31.8-9** Is 37.36-38.

dice Jehová,
cuyo fuego está en Sión
y su horno en Jerusalén.

El Rey justo

32 ¹He aquí que para justicia
reinará un rey
y príncipes presidirán en juicio.
² Y será aquel varón como
escondedero contra el viento
y como refugio contra la tormenta;
como arroyos de aguas en tierra de
sequedad,
como sombra de gran peñasco en
tierra calurosa.
³ No se ofuscarán entonces los ojos
de los que ven,
y los oídos de los oyentes
escucharán con atención.
⁴ El corazón de los necios entenderá
para comprender
y la lengua de los tartamudos
hablará con fluidez y claridad.
⁵ El ruin nunca más será llamado
generoso
ni el tramposo será llamado
respetable.
⁶ Porque el ruin habla ruindades
y su corazón maquina iniquidad,
para cometer impiedad
y para decir blasfemias contra
Jehová,
dejando vacío al que tiene hambre
y privando de beber al sediento.
⁷ Las armas del tramposo son malas;
trama intrigas inicuas
para enredar a los sencillos con
palabras mentirosas
y para hablar contra el pobre en el
juicio.
⁸ Pero el noble piensa con nobleza,
y por su nobleza será enaltecido.

Advertencia a las mujeres de Jerusalén

⁹ ¡Mujeres indolentes, levantaos!
¡Oíd mi voz, hijas confiadas,
escuchad mi razón!
¹⁰ De aquí a algo más de un año
tendréis espanto, mujeres
confiadas;
porque la vendimia faltará
y no llegará la cosecha.

¹¹ ¡Temblad, indolentes;
turbaos, confiadas!
¡Despojaos, desnudaos,
ceñid las caderas con vestiduras
ásperas!ᵃ
¹² Golpeándose el pecho
lamentarán por los campos
deleitosos,
por las viñas fértiles.
¹³ Sobre la tierra de mi pueblo
subirán espinos y cardos,
y aun sobre todas las casas en que
hay alegría
en la ciudad alegre.
¹⁴ Porque los palacios quedarán
desiertos,
el bullicio de la ciudad cesará;
las torres y fortalezas
se volverán cuevas para siempre,
donde descansen asnos monteses
y los ganados hagan majada,
¹⁵ hasta que sobre nosotros sea
derramado
el espíritu de lo alto.
Entonces el desierto se convertirá
en campo fértil
y el campo fértil será como un
bosque.ᵇ
¹⁶ Habitará el juicio en el desierto
y en el campo fértil morará la
justicia.
¹⁷ El efecto de la justicia será la paz
y la labor de la justicia,
reposo y seguridad para siempre.
¹⁸ Y mi pueblo habitará en morada
de paz,
en habitaciones seguras
y en lugares de reposo.
¹⁹ Cuando caerá granizo en los
montes
y la ciudad será del todo abatida.
²⁰ ¡Dichosos vosotros, los que
sembráis junto a todas las aguas
y dejáis sueltos al buey y al asno!

La salvación viene de Jehová

33 ¹¡Ay de ti, que saqueas y nunca
fuiste saqueado;
que haces traición, aunque nadie
contra ti la ha hecho!
Cuando acabes de saquear, serás tú
saqueado;

ᵃ **32.11** Signo tradicional de luto y dolor.   ᵇ **32.15** Is 29.17; cf. Is 44.3-4; Ez 39.29; Jl 2.28-29.

y cuando acabes de cometer
 deslealtad, se cometerá
 contra ti.

2 Jehová, ten misericordia de
 nosotros,
que en ti hemos esperado.
Tú, brazo de ellos en la mañana,
sé también nuestra salvación en el
 tiempo de la tribulación.
3 Los pueblos huyeron a la voz del
 estruendo;
las naciones fueron esparcidas al
 levantarte tú.
4 Sus despojos serán recogidos como
 cuando se recogen orugas;
se lanzarán sobre ellos como de una
 a otra parte se lanzan las
 langostas.
5 Será exaltado Jehová,
el cual mora en las alturas.
Él llena a Sión de derecho y de
 justicia.
6 Él es la seguridad de sus días.
Sabiduría y conocimiento son sus
 riquezas salvadoras,
y el temor de Jehová es su tesoro.

7 He aquí que sus embajadores
 darán voces afuera;
los mensajeros de paz llorarán
 amargamente.
8 Las calzadas están deshechas,
cesaron los caminantes;
ha anulado el pacto, aborreció las
 ciudades,
tuvo en nada a los hombres.
9 Se enlutó, enfermó la tierra;
el Líbano se avergonzó y fue
 cortado;
Sarón se ha vuelto como un
 desierto,
y Basán y el Carmelo fueron
 sacudidos.

10 Ahora me levantaré, dice Jehová;
ahora seré exaltado,
ahora seré engrandecido.
11 Concebisteis hojarascas,
rastrojo daréis a luz;
el soplo de vuestro fuego os
 consumirá.

12 Y los pueblos serán como cal
 quemada;
como espinos cortados serán
 quemados con fuego.
13 Oíd, los que estáis lejos, lo que he
 hecho;
y vosotros, los que estáis cerca,
 conoced mi poder.
14 Los pecadores se asombraron
 en Sión
y el espanto sobrecogió a los
 hipócritas:
«¿Quién de nosotros morará con el
 fuego consumidor?
¿Quién de nosotros habitará con las
 llamas eternas?»

15 El que camina en justicia y habla lo
 recto,
el que aborrece la ganancia de
 violencias,
el que sacude sus manos para no
 recibir soborno,
el que tapa sus oídos para no oir
 propuestas sanguinarias,
el que cierra sus ojos para no ver
 cosa mala,[a]
16 este habitará en las alturas,
fortaleza de rocas será su lugar de
 refugio,
se le dará su pan
y sus aguas tendrá seguras.

17 Tus ojos verán al Rey en su
 hermosura,
verán la tierra que está lejos.
18 Tu corazón imaginará el espanto
y dirá: «¿Qué fue del escriba?,
¿qué del pesador del tributo?,
¿qué del que inspeccionaba las
 torres?»
19 No verás más a aquel pueblo
 insolente,
pueblo de lengua difícil de
 entender,
de lengua oscura, incomprensible.
20 Mira a Sión, ciudad de nuestras
 fiestas solemnes.
Tus ojos verán a Jerusalén,
morada de quietud, tienda que no
 será desarmada,
ni serán arrancadas sus estacas

---

ni ninguna de sus cuerdas será rota.
²¹ Porque ciertamente allí será Jehová
    poderoso para con nosotros.
    Y será un lugar de ríos y canales
      muy anchos,
    por el cual no navegará galera de
      remos
    ni pasará nave poderosa.
²² Porque Jehová es nuestro juez,
    Jehová es nuestro legislador,
    Jehová es nuestro Rey.
    ¡Él mismo nos salvará!
²³ Tus cuerdas se aflojaron;
    no afirmaron su mástil
    ni entesaron la vela.
    Se repartirá entonces botín de
      muchos despojos.
    ¡Hasta los cojos arrebatarán el
      botín!
²⁴ No dirá el morador: «Estoy
    enfermo».
    Al pueblo que more en ella,
    le será perdonada la iniquidad.

La ira de Jehová contra las naciones

34 ¹ Acercaos, naciones, juntaos
      para oír;
    y vosotros, pueblos, escuchad.
    Oiga la tierra y cuanto hay en ella,
    el mundo y todo lo que él produce.
² Porque Jehová está airado contra
    todas las naciones,
    indignado contra todo el ejército
    de ellas;
    las destruirá
    y las entregará al matadero.
³ Los muertos de ellas serán
    arrojados,
    de sus cadáveres subirá el hedor
    y los montes se disolverán con la
      sangre de ellos.
⁴ Todo el ejército de los cielos se
    disolverá,
    y se enrollarán los cielos como un
      libro;
    y caerá todo su ejército
    como se cae la hoja de la parra,
    como se cae la de la higuera.[a]

⁵ Porque en los cielos se embriagará
    mi espada;

descenderá sobre Edom[b] para
    juicio,
    y sobre el pueblo de mi maldición.
⁶ Llena está de sangre
    y de grasa la espada de Jehová:
    sangre de corderos y de machos
      cabríos,
    grasa de riñones de carneros,
    porque Jehová tiene sacrificios en
      Bosra
    y una gran matanza en tierra de
      Edom.
⁷ Con ellos caerán búfalos,
    toros y becerros.
    Su tierra se embriagará de sangre
    y su polvo se llenará de grasa.
⁸ Porque es día de venganza de
    Jehová,
    año de retribuciones en el pleito
    de Sión.
⁹ Sus arroyos se convertirán en brea,
    su polvo en azufre
    y su tierra en brea ardiente.
¹⁰ No se apagará de noche ni de día,
    sino que por siempre subirá su
      humo;[c]
    de generación en generación
      quedará desolada
    y nunca jamás pasará nadie por ella.
¹¹ Se adueñarán de ella el pelícano y
    el erizo;
    la lechuza y el cuervo morarán
    en ella,
    y se extenderá sobre ella cordel de
      destrucción
    y niveles de asolamiento.
¹² Llamarán a sus príncipes
    «príncipes sin reino»;
    y todos sus grandes serán como
    nada.
¹³ En sus alcázares crecerán espinos,
    y ortigas y cardos en sus fortalezas;
    y serán morada de chacales
    y patio para los pollos de los
      avestruces.
¹⁴ Las fieras del desierto se
    encontrarán con las hienas,
    y la cabra salvaje llamará a su
      compañero;
    la lechuza también tendrá allí
    refugio

---

[a] **34.4** Ap 6.13-14. [b] **34.5-17** Is 63.1-6; Jer 49.7-22; Ez 25.12-14; Am 1.11-12; Mal 1.2-5.
[c] **34.10** Ap 14.11; 19.3.

y hallará para sí reposo.

¹⁵ Allí anidará el búho, pondrá sus huevos,
sacará sus pollos y los juntará debajo de sus alas;
también se juntarán allí los buitres, con su pareja.

¹⁶ Consultad el libro de Jehová y leed si faltó alguno de ellos;
ninguno faltó con su pareja.
Porque su boca mandó
y su mismo espíritu los reunió.

¹⁷ Y él les echó suertes
y su mano les repartió a cordel.
Para siempre la tendrán por heredad;
de generación en generación morarán allí.

Futuro glorioso de Sión

35 ¹ Se alegrarán el desierto y el erial;
la estepa se gozará y florecerá como la rosa.

² Florecerá profusamente
y también se alegrará y cantará con júbilo;
la gloria del Líbano le será dada,
la hermosura del Carmelo y de Sarón.
Ellos verán la gloria de Jehová,
el esplendor del Dios nuestro.

³ ¡Fortaleced las manos cansadas,
afirmad las rodillas endebles!ᵃ

⁴ Decid a los de corazón apocado:
«¡Esforzaos, no temáis!
He aquí que vuestro Dios viene
con retribución, con pago;
Dios mismo vendrá y os salvará».

⁵ Entonces los ojos de los ciegos serán abiertos
y destapados los oídos de los sordos.

⁶ Entonces el cojo saltará como un ciervo
y cantará la lengua del mudo,ᵇ
porque aguas serán cavadas en el desierto
y torrentes en la estepa.

⁷ El lugar seco se convertirá en estanque

y el sequedal en manaderos de aguas.
La guarida de los chacales, donde ellos se refugian,
será lugar de cañas y juncos.

⁸ Y habrá allí calzada y camino,
el cual será llamado Camino de Santidad.ᶜ
No pasará por allí ningún impuro,
sino que él mismo estará con ellos.
El que ande por este camino,
por torpe que sea, no se extraviará.

⁹ No habrá allí león,
ni fieras subirán por él ni allí se encontrarán,
para que caminen los redimidos.

¹⁰ Y los redimidos por Jehová
volverán a Sión con alegría;
y habrá gozo perpetuo sobre sus cabezas.
Tendrán gozo y alegría,
y huirán la tristeza y el gemido.ᵈ

La invasión de Senaquerib
(2 R 18.13-37; 2 Cr 32.1-19)

36 ¹ Aconteció en el año catorce del rey Ezequías, que Senaquerib,ᵃ rey de Asiria, subió contra todas las ciudades fortificadas de Judá y las tomó. ² El rey de Asiria envió al copero mayor con un gran ejército desde Laquis a Jerusalén contra el rey Ezequías, y acampó junto al acueducto del estanque de arriba, en el camino de la heredad del Lavador. ³ Y salió a él Eliaquim hijo de Hilcías, el mayordomo; Sebna, el escriba, y Joa hijo de Asaf, el canciller, ⁴ a los cuales dijo el copero mayor:

—Decid ahora a Ezequías: El gran rey, el rey de Asiria, dice así: "¿Qué confianza es esta en que te apoyas? ⁵ Yo digo que la táctica y el poderío para la guerra, de los que tú hablas, no son más que palabras vacías. Ahora bien, ¿en quién confías para que te rebeles contra mí? ⁶ He aquí que confías en ese bastón de caña astillada,ᵇ en Egipto, en el cual si alguien se apoya, se le clavará en la mano y se la atravesará. Tal es el faraón, el rey de Egipto, para con todos los que en él confían.ᶜ ⁷ Y si me decís: 'En Jehová, nuestro Dios, confiamos',

---

ᵃ **35.3** Heb 12.12. ᵇ **35.5-6** Mt 11.5; Lc 7.22. ᶜ **35.8-10** Is 40.3-4; 42.16; 43.19; 49.10-11.
ᵈ **35.10** Is 51.11. ᵃ **36.1** 2 R 18.13. ᵇ **36.6** Ez 29.6-7. ᶜ **36.6** Is 30.1-7; 31.1-3.

¿acaso no es este aquel cuyos lugares altos y cuyos altares hizo quitar Ezequías, y dijo a Judá y a Jerusalén: 'Delante de este altar adoraréis'?" [8] Ahora, pues, yo te ruego que hagas un trato con el rey de Asiria, mi señor: Yo te daré dos mil caballos, si tú puedes dar jinetes que los monten. [9] ¿Cómo, pues, podrás resistir a un capitán, al menor de los siervos de mi señor, aunque estés confiado en Egipto con sus carros y sus jinetes? [10] ¿Acaso vine yo ahora a esta tierra para destruirla sin permiso de Jehová? Fue Jehová quien me dijo: "Sube a esta tierra y destrúyela".

[11] Entonces dijeron Eliaquim, Sebna y Joa al copero mayor:

—Te rogamos que hables a tus siervos en arameo, porque nosotros lo entendemos; y no hables con nosotros en la lengua de Judá, porque lo oye el pueblo que está sobre el muro.

[12] Dijo el copero mayor:

—¿Acaso me envió mi señor a que dijera estas palabras a ti y a tu señor, y no a los hombres que están sobre el muro, expuestos a comer su estiércol y beber su orina lo mismo que vosotros?

[13] Entonces el copero mayor se puso en pie y gritó a gran voz en la lengua de Judá, diciendo:

—¡Oíd las palabras del gran rey, el rey de Asiria! [14] El rey dice así: "No os engañe Ezequías, porque no os podrá librar. [15] Ni os haga Ezequías confiar en Jehová, diciendo: 'Ciertamente Jehová nos librará; no será entregada esta ciudad en manos del rey de Asiria'. [16] ¡No escuchéis a Ezequías!, porque así dice el rey de Asiria: 'Haced conmigo la paz y salid a mí; y coma cada uno de su viña, cada uno de su higuera, y beba cada cual las aguas de su pozo, [17] hasta que yo venga y os lleve a una tierra como la vuestra, tierra de grano y de vino, tierra de pan y de viñas'. [18] Mirad que no os engañe Ezequías diciendo: 'Jehová nos librará'. ¿Acaso alguno de los dioses de las naciones ha librado su tierra de manos del rey de Asiria? [19] ¿Dónde está el dios de Hamat y de Arfad? ¿Dónde está el dios de Sefarvaim? ¿Libraron ellos a Samaria de mis manos? [20] ¿Qué dios hay entre los dioses de estas tierras que haya librado su tierra de mis manos, para que Jehová libre de mis manos a Jerusalén?"

[21] Pero ellos callaron, no le respondieron palabra, porque el rey así lo había mandado, diciendo: «No le respondáis». [22] Entonces Eliaquim hijo de Hilcías, el mayordomo; Sebna, el escriba, y Joa hijo de Asaf, el canciller, vinieron a Ezequías, rasgados sus vestidos,[d] y le contaron las palabras del copero mayor.

Judá, librada de Senaquerib
(2 R 19.1-37; 2 Cr 32.20-23)

37 [1] Aconteció, pues, que cuando el rey Ezequías oyó esto rasgó sus vestidos y cubierto de ropas ásperas[a] vino a la casa de Jehová. [2] Y envió a Eliaquim, el mayordomo; a Sebna, el escriba, y a los ancianos de los sacerdotes, cubiertos de ropas ásperas, a ver al profeta Isaías hijo de Amoz. [3] Ellos le dijeron:

—Esto ha dicho Ezequías: "Día de angustia, de castigo y de deshonra es este día, porque los hijos han llegado hasta el punto de nacer, pero la que da a luz no tiene fuerzas. [4] Quizá ha escuchado Jehová, tu Dios, las palabras del copero mayor, al cual el rey de Asiria, su señor, envió para blasfemar contra el Dios vivo; y él lo castigará por las palabras que Jehová, tu Dios, haya escuchado. Eleva, pues, una oración tú por el resto que aún ha quedado".

[5] Vinieron, pues, los siervos de Ezequías a Isaías. [6] Y les dijo Isaías:

—Decid a vuestro señor que así ha dicho Jehová: "No temas por las palabras que has oído, con las cuales han blasfemado contra mí los siervos del rey de Asiria. [7] He aquí que yo pondré en él un espíritu, oirá un rumor y se volverá a su tierra; y haré que en su tierra perezca a espada".

[8] Vuelto, pues, el copero mayor, halló al rey de Asiria que combatía contra Libna, porque ya había oído que se había

---

[d] **36.22** Señal de dolor (Is 37.1). [a] **37.1** Para expresar el luto, el dolor o el arrepentimiento, los hebreos solían ponerse ropas que causaban molestia, porque estaban hechas con pelo de cabra o con material muy tosco. También esparcían sobre sus cabezas polvo o ceniza.

apartado de Laquis. ⁹ Pero oyó decir de Tirhaca, rey de Etiopía:ᵇ «He aquí que ha salido para hacerte guerra», y al oírlo envió embajadores a Ezequías, diciéndoles: ¹⁰ «Así diréis a Ezequías, rey de Judá: "No te engañe tu Dios, en quien tú confías, diciendo: 'Jerusalén no será entregada en manos del rey de Asiria'. ¹¹ He aquí que tú has oído lo que han hecho los reyes de Asiria a todas las tierras, que las han destruido. ¿Y escaparás tú? ¹² ¿Acaso libraron sus dioses a las naciones que destruyeron mis antepasados, a Gozán, Harán, Resef y a los hijos de Edén que moraban en Telasar? ¹³ ¿Dónde está el rey de Hamat, el rey de Arfad, el rey de la ciudad de Sefarvaim, el de Hena y el de Iva?"».

¹⁴ Tomó Ezequías las cartas de manos de los embajadores y las leyó. Luego subió a la casa de Jehová y las extendió delante de Jehová. ¹⁵ Entonces Ezequías oró a Jehová diciendo: ¹⁶ «Jehová de los ejércitos, Dios de Israel, que moras entre los querubines,ᶜ solo tú eres Dios de todos los reinos de la tierra; tú hiciste los cielos y la tierra. ¹⁷ Inclina, Jehová, tu oído, y oye; abre, Jehová, tus ojos, y mira. Escucha todas las palabras que Senaquerib ha enviado a decir, para blasfemar contra el Dios viviente. ¹⁸ Ciertamente, Jehová, los reyes de Asiria han destruido todas las tierras y sus comarcas ¹⁹ y han entregado los dioses de ellos al fuego, porque no eran dioses sino obra de manos de hombre, madera y piedra; por eso los destruyeron.ᵈ ²⁰ Ahora pues, Jehová, Dios nuestro, líbranos de sus manos, para que todos los reinos de la tierra conozcan que solo tú eres Jehová».

²¹ Entonces Isaías hijo de Amoz, envió a decir a Ezequías:

—Así ha dicho Jehová, Dios de Israel, acerca de lo que me rogaste sobre Senaquerib, rey de Asiria. ²² Estas son las palabras que Jehová ha hablado contra él:

"La virgen hija de Sión
te menosprecia, se burla de ti;
a tus espaldas mueve su cabeza

la hija de Jerusalén.
²³ ¿A quién ultrajaste y contra quién blasfemaste?
¿Contra quién has alzado tu voz
y levantado tus ojos con altivez?
¡Contra el Santo de Israel!
²⁴ Por medio de tus siervos
has ultrajado al Señor
y has dicho: 'Con la multitud de mis carros
subiré a las alturas de los montes,
a las laderas del Líbano;
cortaré sus altos cedros,
sus cipreses escogidos;
llegaré hasta sus más elevadas cumbres,
a su bosque más frondoso.
²⁵ Yo cavé y bebí las aguas,
y con las pisadas de mis pies
secaré todos los ríos de Egipto'.
²⁶ ¿No has oído decir
que desde tiempos antiguos yo lo hice,
que desde los días de la antigüedad lo tengo planeado?
Pues ahora lo he hecho venir.
Y tú estás puesto para reducir las ciudades fortificadas
a montones de escombros.
²⁷ Sus moradores fueron de corto poder.
Acobardados y confusos,
fueron como hierba del campo
y hortaliza verde,
como heno de los terrados,
que antes de sazón se seca.
²⁸ He conocido tu condición,
tu salida y tu entrada,
y tu furor contra mí.
²⁹ Porque contra mí te airaste
y tu arrogancia ha llegado a mis oídos;
pondré, pues, mi garfio en tu nariz
y mi freno en tus labios,
y te haré volver por el camino
por donde viniste".

³⁰ »Esto te será por señal:
Comeréis este año lo que nace de suyo,

ᵇ **37.9** Pertenecía a la vigésima quinta dinastía, llamada etíope (Is 18.1-7 n.). Reinó sobre Egipto, como corregente junto a su hermano, alrededor del 690 a.C., y como rey del 685 al 664 a.C.
ᶜ **37.16** Ex 25.22.   ᵈ **37.18-19** Is 36.18-20.

el año segundo lo que nace de suyo,
pero el tercer año sembraréis y
    segaréis,
plantaréis viñas y comeréis su
    fruto.
31 Y los que hayan quedado de la casa
    de Judá,
y los que hayan escapado,
volverán a echar raíz abajo
y darán fruto arriba.
32 Porque de Jerusalén saldrá un resto
y del monte Sión los
    sobrevivientes.*e*
El celo de Jehová de los ejércitos
    hará esto.
33 Por tanto, así dice Jehová acerca del
    rey de Asiria:
"No entrará en esta ciudad
ni arrojará saeta en ella;
no vendrá delante de ella con
    escudo
ni levantará contra ella baluarte.
34 Por el camino que vino, volverá
y no entrará en esta ciudad,
    dice Jehová.
35 Porque yo ampararé a esta ciudad
    para salvarla,
por amor a mí mismo y por amor a
    David, mi siervo".

36 Y salió el ángel de Jehová y mató a ciento ochenta y cinco mil en el campamento de
los asirios; y cuando se levantaron por la mañana, todo era cadáveres. **37** Entonces Senaquerib, rey de Asiria, se fue y se estableció en
Nínive. **38** Y aconteció que mientras adoraba
en el templo de Nisroc, su dios, sus hijos
Adramelec y Sarezer lo mataron a espada,*f*
y huyeron a la tierra de Ararat. Y reinó en
su lugar Esar-hadón, su hijo.

Enfermedad de Ezequías
(2 R 20.1-11; 2 Cr 32.24-26)

38 **1** En aquellos días Ezequías enfermó de muerte. Y el profeta Isaías
hijo de Amoz, vino a él y le dijo: «Esto dice Jehová: "Ordena los asuntos de tu casa,
porque vas a morir. Ya no vivirás"».
2 Entonces volvió Ezequías su rostro a
la pared e hizo oración a Jehová, **3** y dijo:
«Jehová, te ruego que recuerdes ahora
que he andado delante de ti en verdad y

con íntegro corazón, y que he hecho lo
que ha sido agradable delante de tus
ojos». Y lloró Ezequías con gran llanto.
4 Entonces vino palabra de Jehová a
Isaías, diciendo: **5** «Ve y dile a Ezequías:
"Jehová, Dios de tu padre David, dice así:
'He oído tu oración y he visto tus lágrimas; he aquí que yo añado a tus días
quince años. **6** Te libraré, a ti y a esta ciudad, de manos del rey de Asiria; y a esta
ciudad ampararé. **7** Esto te será por señal
de parte de Jehová, que Jehová hará esto
que ha dicho: **8** He aquí, yo haré regresar
la sombra diez grados más de los grados
que ya ha descendido en el reloj de
Ácaz' "». Y volvió el sol diez grados atrás,
sobre los cuales ya había descendido.
9 Escrito de Ezequías, rey de Judá, de cuando enfermó y sanó de su enfermedad:

10 «Yo dije: "En la mitad de mis días
me iré a las puertas del seol;
privado soy del resto de mis años".
11 Y dije: "No veré a Jah,
a Jah en la tierra de los vivientes;
ya no veré más a los hombres
entre los moradores del mundo.
12 Mi morada ha sido movida y
    traspasada de mí,
como una tienda de pastor.
Como un tejedor yo devanaba mi
    vida;
pero él la va a cortar del telar.
¡Tú me consumirás entre el día y la
    noche!".
13 Yo clamo hasta la mañana;
él, como un león, muele todos mis
    huesos:
de la noche a la mañana terminarás
    conmigo.
14 Como la grulla y como la
    golondrina me estoy quejando;
gimo como la paloma
y alzo hacia lo alto mis ojos.
Jehová, violencia padezco,
    ¡fortaléceme!
15 ¿Qué diré?
El que me lo dijo, él mismo lo hará.
Andaré humillado todos mis años,
a causa de la amargura de mi alma.
16 Señor, por estas cosas los hombres
    viven

---

e **37.30-32** Is 4.2-6.   *f* **37.38** Senaquerib fue asesinado en el 681 a.C.

y en todas ellas está la vida de mi
espíritu;
pues tú me restablecerás y harás
que viva.
¹⁷ He aquí gran amargura
me sobrevino en la paz,
pero a ti te agradó librar mi vida
del hoyo de corrupción,
porque echaste tras tus espaldas
todos mis pecados.
¹⁸ Pues el seol no te exaltará
ni te alabará la Muerte;
ni los que descienden al sepulcro
esperarán en tu verdad.[a]
¹⁹ El que vive, el que vive, este te dará
alabanza,
como yo hoy.
El padre hará notoria
tu verdad a los hijos.
²⁰ ¡Jehová me salva!
Por eso tocaremos nuestros
instrumentos
y cantaremos en la casa de Jehová
todos los días de nuestra vida».

²¹ Y había dicho Isaías:
—Tomen una masa de higos y pón-
ganla en la llaga, y sanará.[b]
²² Había asimismo dicho Ezequías:
—¿Qué señal tendré de que subiré a la
casa de Jehová?

Ezequías recibe a los enviados de Babilonia

(2 R 20.12-19; 2 Cr 32.27-31)

39 ¹ En aquel tiempo, Merodac-baladán hijo de Baladán, rey de Babilo-
nia, envió cartas y presentes a Ezequías,
porque supo que había estado enfermo y
que se había restablecido. ² Se regocijó
con ellos Ezequías y les mostró la casa de
su tesoro: la plata y el oro, las especias, los
ungüentos preciosos, toda su casa de armas y todo lo que se hallaba en sus tesoros. No hubo cosa en su casa y en todos
sus dominios que Ezequías no les mostra-
ra. ³ Entonces el profeta Isaías vino al rey
Ezequías y le dijo:
—¿Qué dicen estos hombres y de dónde han venido a ti?
Ezequías respondió:

—De tierra muy lejana han venido a
mí, de Babilonia.
⁴ Dijo entonces:
—¿Qué han visto en tu casa?
Y dijo Ezequías:
—Todo lo que hay en mi casa han visto; ninguna cosa hay en mis tesoros que
no les haya mostrado.
⁵ Entonces dijo Isaías a Ezequías:
—Oye palabra de Jehová de los ejérci-
tos: ⁶ "He aquí vienen días en que será llevado a Babilonia todo lo que hay en tu
casa, lo que tus padres han atesorado hasta hoy; ninguna cosa quedará, dice Jeho-
vá. ⁷ De tus hijos que saldrán de ti y que
habrás engendrado, tomarán, y serán eunucos en el palacio del rey de Babilonia".[a]
⁸ Y dijo Ezequías a Isaías:
—La palabra de Jehová que has hablado es buena.
Y añadió:
—A lo menos, haya paz y seguridad
en mis días.

Jehová consuela a Sión

40 ¹ «¡Consolad, consolad a mi
pueblo!»,
dice vuestro Dios.
² Hablad al corazón de Jerusalén;
decidle a voces
que su tiempo es ya cumplido,
que su pecado está perdonado,
que doble ha recibido de la mano
de Jehová
por todos sus pecados.[a]

³ Voz que clama en el desierto:
«¡Preparad un camino a Jehová;
nivelad una calzada
en la estepa a nuestro Dios![b]
⁴ ¡Todo valle sea alzado
y bájese todo monte y collado!
¡Que lo torcido se enderece
y lo áspero se allane!
⁵ Entonces se manifestará la gloria
de Jehová
y toda carne juntamente la verá,
porque la boca de Jehová ha
hablado».[c]

⁶ Voz que decía: «¡Da voces!»

---

[a] **38.18-19** Sal 88.10-12.   [b] **38.21** 2 R 20.7-8.

Y yo respondí: «¿Qué tengo que
decir a voces?»
«Que toda carne es hierba[d]
y toda su gloria como la flor del
campo.
[7] La hierba se seca y la flor se
marchita,[e]
porque el viento de Jehová sopla
en ella.
¡Ciertamente como hierba es el
pueblo!
[8] La hierba se seca y se marchita
la flor,
mas la palabra del Dios nuestro
permanece para siempre»[f]

[9] Súbete sobre un monte alto,
anunciadora de Sión;
levanta con fuerza tu voz,
anunciadora de Jerusalén.
¡Levántala sin temor!
Di a las ciudades de Judá:
«¡Ved aquí al Dios vuestro!»
[10] He aquí que Jehová el Señor vendrá
con poder,
y su brazo dominará;
he aquí que su recompensa viene
con él
y su paga delante de su rostro.[g]
[11] Como pastor apacentará su rebaño.
En su brazo llevará los corderos,
junto a su pecho los llevará;
y pastoreará con ternura a las
recién paridas.

El incomparable Dios de Israel
[12] ¿Quién midió las aguas con el
hueco de su mano
y los cielos con su palmo,
con tres dedos juntó el polvo de la
tierra,
y pesó los montes con balanza
y con pesas los collados?[h]
[13] ¿Quién examinó al espíritu de
Jehová
o le aconsejó y enseñó?[i]
[14] ¿A quién pidió consejo para poder
discernir?

¿Quién le enseñó el camino del
juicio
o le dio conocimiento
o le mostró la senda de la
prudencia?
[15] He aquí que las naciones son
para él
como la gota de agua que cae del
cubo,
y como polvo menudo en las
balanzas
le son estimadas.
He aquí que las islas le son como
polvo
que se desvanece.
[16] Ni el Líbano bastará para el fuego,
ni todos sus animales para el
sacrificio.
[17] Como nada son todas las naciones
delante de él;
para él cuentan menos que nada,
menos que lo que no es.
[18] ¿A qué, pues, haréis semejante
a Dios
o qué imagen le compondréis?
[19] El artífice prepara la imagen
de talla,
el platero le extiende el oro
y le funde cadenas de plata.[j]
[20] El pobre escoge,
para ofrecerle,
madera que no se apolille;
se busca un maestro sabio,
que le haga una imagen de talla que
no se mueva.[k]
[21] ¿No sabéis? ¿No habéis oído?
¿No os lo han dicho desde el
principio?
¿No habéis sido enseñados desde
que la tierra se fundó?
[22] Él está sentado sobre el círculo de
la tierra,
cuyos moradores son como
langostas;
él extiende los cielos como una
cortina,
los despliega como una tienda para
morar.

---

a **39.7** Dn 1.1-7; 2 R 10-16; 2 Cr 36.10.   *a* **40.2** En esto consiste la novedad del mensaje anunciado en Is 40—55. Babilonia ha sido un castigo más que suficiente para Israel; ahora ha comenzado el tiempo del perdón y la restauración.   *b* **40.3** Mt 3.3; Mc 1.3; Lc 3.4; Jn 1.23.   *c* **40.3-5** Lc 3.4-6.   *d* **40.6** Sal 103.15-16.   *e* **40.7** Job 14.2.   *f* **40.6-8** Stg 1.10-11; 1 P 1.24-25.   *g* **40.10** Is 62.11; Ap 22.12.   *h* **40.12** Job 38.4-11; Pr 8.29.   *i* **40.13** Ro 11.34; 1 Co 2.16.   *j* **40.18-19** Hch 17.29.   *k* **40.18-20** Is 41.6-7; 44.9-20; Jer 10.1-16.

²³ Él convierte en nada a los
  poderosos,
y a los que gobiernan la tierra hace
  como cosa vana.
²⁴ Como si nunca hubieran sido
  plantados,
como si nunca hubieran sido
  sembrados,
como si nunca su tronco hubiera
  tenido raíz en la tierra;
tan pronto como sopla en ellos, se
  secan,
y el torbellino los lleva como
  hojarasca.
²⁵ ¿A qué, pues, me haréis semejante
  o me compararéis? dice el Santo.
²⁶ Levantad en alto vuestros ojos
y mirad quién creó estas cosas;
él saca y cuenta su ejército;
a todas llama por sus nombres
y ninguna faltará.
¡Tal es la grandeza de su fuerza y el
  poder de su dominio!
²⁷ ¿Por qué dices, Jacob,
y hablas tú, Israel:
«Mi camino está escondido de
  Jehová,
y de mi Dios pasó mi juicio»?
²⁸ ¿No has sabido, no has oído
que el Dios eterno es Jehová,
el cual creó los confines de la tierra?
No desfallece ni se fatiga con
  cansancio,
y su entendimiento no hay quien lo
  alcance.
²⁹ Él da esfuerzo al cansado
y multiplica las fuerzas al que no
  tiene ningunas.
³⁰ Los muchachos se fatigan y se
  cansan,
los jóvenes flaquean y caen;
³¹ mas los que esperan en Jehová
tendrán nuevas fuerzas,
levantarán alas como las águilas,
correrán y no se cansarán,
caminarán y no se fatigarán.

Seguridad de Dios para Israel

41 ¹Escuchadme, costas,
  y esfuércense los pueblos;

acérquense, y entonces hablen;
vengamos juntos a juicio.
² ¿Quién despertó del oriente al
  justo,
lo llamó para que lo siguiera,
entregó delante de él naciones
y le hizo enseñorearse de reyes?
¿Quién los volvió con su espada
  como polvo,
como paja arrebatada por su arco?
³ Los siguió, pasó en paz
por camino por donde sus pies
  nunca habían entrado.
⁴ ¿Quién hizo y realizó esto?
¿Quién llama las generaciones
  desde el principio?
Yo Jehová, soy el primero,ᵃ
y yo mismo seré con los últimos.
⁵ Las costas vieron y tuvieron temor;
los confines de la tierra se
  espantaron;
se congregaron y vinieron.
⁶ Cada cual ayuda a su vecino
y dice a su hermano:
  «¡Esfuérzate!»
⁷ El carpintero anima al platero
y el que alisa con martillo al que
  bate en el yunque,
diciéndole: «¡Bien está la
  soldadura!»
Y luego lo afirman con clavos
para que no se mueva.

⁸ Pero tú, Israel, siervo mío eres;
tú, Jacob, a quien yo escogí,
descendencia de Abraham, mi
  amigo.ᵇ
⁹ Porque te tomé de los confines de la
  tierra,
de tierras lejanas te llamé
y te dije: «Mi siervo eres tú;
te escogí y no te deseché.
¹⁰ No temas,ᶜ porque yo estoy
  contigo;
no desmayes, porque yo soy
  tu Dios
que te esfuerzo;
siempre te ayudaré;
siempre te sustentaré con la diestra
  de mi justicia.

ᵃ **41.4** Is 43.10; 44.6; Ap 1.8,17; 22.13.   ᵇ **41.8** 2 Cr 20.7; Stg 2.23.   ᶜ **41.10** Gn 15.1; 21.17;
Jos 1.9; 8.1; Is 43.5; 44.2; Lc 1.30.

11 He aquí que todos los que se enojan
  contra ti
serán avergonzados y
  confundidos;
serán como nada y perecerán
los que contienden contigo.
12 Buscarás a los que tienen contienda
  contigo
y no los hallarás;
serán como nada, como cosa que no
  existe,
aquellos que te hacen la guerra.
13 Porque yo Jehová soy tu Dios,
quien te sostiene de tu mano
  derecha
y te dice: "No temas, yo te ayudo".

14 »¡No temas, gusanito de Jacob;
vosotros, los poquitos de Israel!
Yo soy tu socorro,
dice Jehová;
el Santo de Israel es tu Redentor.
15 He aquí que yo te he puesto por
  trillo,
por trillo nuevo, lleno de dientes;
trillarás montes y los molerás,
y collados reducirás a tamo.
16 Los aventarás y se los llevará el
  viento;
los esparcirá el torbellino;
pero tú te regocijarás en Jehová,
te gloriarás en el Santo de Israel.

17 »Los afligidos y necesitados
  buscan las aguas,
pero no las encuentran;
seca está de sed su lengua.
Yo, Jehová, los oiré;
yo, el Dios de Israel, no los
  desampararé.
18 En las alturas abriré ríos
y fuentes en medio de los valles;
abriré en el desierto estanques
  de aguas
y manantiales de aguas en la tierra
  seca.
19 Haré crecer en la estepa cedros,
acacias, arrayanes y olivos;
pondré en la tierra árida cipreses,
olmos y bojes juntamente,
20 para que vean y conozcan,
y adviertan y entiendan todos

que la mano de Jehová hace esto,
que el Santo de Israel lo ha creado».

Dios reta a los falsos dioses

21 «Alegad por vuestra causa», dice
  Jehová;
«presentad vuestras pruebas», dice
  el Rey de Jacob.
22 Que se acerquen y nos anuncien
lo que ha de venir:
que nos digan lo que ha pasado
  desde el principio
y pondremos nuestro corazón
  en ello;
y sepamos también su final.
¡Hacednos entender lo que ha de
  venir!
23 Dadnos noticias de lo que ha de ser
  después,
para que sepamos que vosotros
  sois dioses.
A lo menos haced algo, sea bueno o
  malo,
para que tengamos algo que contar
y, al propio tiempo, nos
  maravillemos.
24 He aquí que vosotros sois nada,
y vuestras obras, vanidad;
abominación es el que os escoge.

25 Del norte levanté a uno,[d] y vendrá;
de donde nace el sol invocará mi
  nombre,
y pisoteará príncipes como a lodo,
como pisa el barro el alfarero.
26 ¿Quién lo anunció desde el principio,
para que lo sepamos;
o de tiempo atrás, para que
  digamos: «Es justo»?
Cierto, no hay quien lo anuncie;
sí, no hay quien lo enseñe.
Ciertamente, no hay quien oiga
  vuestras palabras.
27 Yo soy el primero que he enseñado
  estas cosas a Sión,
y a Jerusalén daré un mensajero de
  alegres noticias.
28 Miré, pero no había ninguno;
les pregunté por estas cosas,
pero ningún consejero hubo;
les pregunté, pero no respondieron
  palabra.

---

[d] **41.25** Nueva referencia a Ciro, rey de los persas, sin mencionar su nombre.

²⁹ He aquí, todos son vanidad
   y sus obras no son nada.
   ¡Viento y vanidad son sus
   imágenes fundidas!

El Siervo de Jehová[a]

42 ¹ «Este es mi siervo, yo lo
       sostendré;
   mi escogido, en quien mi alma
   tiene contentamiento.[b]
   He puesto sobre él mi espíritu;
   él traerá justicia a las naciones.
² No gritará, no alzará su voz
   ni la hará oir en las calles.
³ No quebrará la caña cascada
   ni apagará el pábilo que se
   extingue:
   por medio de la verdad traerá la
   justicia.
⁴ No se cansará ni desmayará,
   hasta que establezca en la tierra la
   justicia.
   Las costas esperarán su ley».[c]

⁵ Así dice Jehová, Dios,
   Creador de los cielos y el que los
   despliega;
   el que extiende la tierra y sus
   productos;
   el que da aliento al pueblo que
   mora en ella[d]
   y espíritu a los que por ella
   caminan:
⁶ «Yo, Jehová, te he llamado en
   justicia
   y te sostendré por la mano;
   te guardaré y te pondré por pacto al
   pueblo,[e]
   por luz de las naciones,[f]
⁷ para que abras los ojos de los
   ciegos,
   para que saques de la cárcel a los
   presos
   y de casas de prisión a los que
   moran en tinieblas.
⁸ ¡Yo, Jehová, este es mi nombre!
   A ningún otro daré mi gloria,
   ni a los ídolos mi alabanza.

⁹ He aquí, ya se cumplieron las cosas
   primeras
   y yo anuncio cosas nuevas;
   antes que salgan a luz,
   yo os las haré saber».

Alabanza por la liberación poderosa de Jehová

¹⁰ Cantad a Jehová un nuevo cántico,
   su alabanza desde el extremo de la
   tierra;
   los que descendéis al mar y cuanto
   hay en él,
   las costas y sus moradores.[g]
¹¹ Alcen la voz el desierto y sus
   ciudades,
   las aldeas donde habita Cedar;
   canten los moradores de Sela;
   desde la cumbre de los montes
   den voces de júbilo.
¹² Den gloria a Jehová
   y anuncien sus loores en las costas.
¹³ Jehová saldrá como un gigante
   y como el de un guerrero[h]
   despertará su celo;
   gritará, dará su grito de guerra,
   prevalecerá sobre sus enemigos.

¹⁴ Desde el siglo he callado,
   he guardado silencio, me he
   contenido;
   pero ahora daré voces como la que
   está de parto,
   y a la vez asolaré y devoraré.
¹⁵ Convertiré en soledad montes y
   collados,
   haré secar toda su hierba;
   los ríos tornaré en islas
   y secaré los estanques.
¹⁶ Guiaré a los ciegos por un camino
   que no conocían;
   los haré andar por sendas que no
   habían conocido.
   Delante de ellos cambiaré las
   tinieblas en luz
   y lo escabroso en llanura.
   Estas cosas les haré
   y no los desampararé.

---

[a] **42.1-7** Primero de los cuatro poemas designados con el nombre de «Cánticos del Siervo sufriente» (cf. 49.1-6; 50.4-9; 52.13—53.12).   [b] **42.1** Mt 3.17; 17.5; Mc 1.11; Lc 3.22; 9.35.
[c] **42.1-4** Mt 12.18-21.   [d] **42.5** Hch 17.24-25.   [e] **42.6** Is 49.6.   [f] **42.6** Lc 2.32; Hch 13.47; 26.23.
[g] **42.10** Sal 96.1; 149.1.   [h] **42.13** Ex 15.3.

¹⁷ Serán vueltos atrás y en extremo
confundidos
los que confían en ídolos
y dicen a las imágenes de
fundición:
«Vosotros sois nuestros dioses».

Israel no aprende

¹⁸ «Sordos, oíd,
y vosotros, ciegos, mirad para ver.
¹⁹ ¿Quién es ciego, sino mi siervo?
¿Quién es tan sordo como mi
mensajero que envié?
¿Quién es tan ciego como mi
escogido,
tan ciego como el siervo de Jehová,
²⁰ que ve muchas cosas y no advierte,
que abre los oídos y no oye?
²¹ Jehová se complació por amor de
su justicia
en magnificar la Ley y
engrandecerla.
²² Mas este es un pueblo saqueado y
pisoteado,
todos ellos atrapados en cavernas
y escondidos en cárceles.
Son puestos para despojo, y no hay
quien los libre;ⁱ
son despojados, y no hay quien
diga: "¡Restituid!"»

²³ ¿Quién de vosotros oirá esto?
¿Quién atenderá y escuchará
respecto al porvenir?
²⁴ ¿Quién dio a Jacob en botín
y entregó a Israel a saqueadores?
¿No fue Jehová, contra quien
pecamos?
No quisieron andar en sus caminos
ni escucharon su Ley.
²⁵ Por tanto, derramó sobre él el ardor
de su ira
y la violencia de la guerra;
le prendió fuego por todas partes,
pero no entendió;
lo incendió, mas no hizo caso.

Jehová, único Redentor

43 ¹ Ahora, así dice Jehová, Creador
tuyo, Jacob,
y Formador tuyo, Israel:
«No temas, porque yo te redimí;

te puse nombre, mío eres tú.
² Cuando pases por las aguas, yo
estaré contigo;
y si por los ríos, no te anegarán.
Cuando pases por el fuego, no te
quemarás
ni la llama arderá en ti.
³ Porque yo, Jehová, Dios tuyo,
el Santo de Israel, soy tu Salvador;
a Egipto he dado por tu rescate,
a Etiopía y a Seba a cambio de ti.
⁴ Porque a mis ojos eres de gran
estima,
eres honorable y yo te he amado;
daré, pues, hombres a cambio de ti
y naciones a cambio de tu vida.
⁵ No temas, porque yo estoy contigo;
del oriente traeré tu descendencia
y del occidente te recogeré.
⁶ Diré al norte: "¡Da acá!",
y al sur: "¡No los retengas;
trae de lejos a mis hijos,
y a mis hijas de los confines de la
tierra,
⁷ a todos los llamados de mi nombre,
que para gloria mía los he creado,
los formé y los hice!"»

Israel como testigo

⁸ Sacad al pueblo ciego que tiene ojos
y a los sordos que tienen oídos.
⁹ Congréguense a una todas las
naciones
y júntense todos los pueblos.
¿Quién de ellos hay que nos dé
noticias de esto
y que nos haga oir las cosas
primeras?
Presenten sus testigos y
justifíquense;
oigan y digan: «Verdad es».

¹⁰ «Vosotros sois mis testigos,
dice Jehová,
y mi siervo que yo escogí,
para que me conozcáis y creáis
y entendáis que yo mismo soy;
antes de mí no fue formado dios
ni lo será después de mí.
¹¹ Yo, yo soy Jehová,
y fuera de mí no hay quien salve.
¹² Yo anuncié y salvé, hice oir

ⁱ**42.22** 2 R 24.1—25.21.

y no hubo entre vosotros dios
ajeno.
Vosotros, pues, sois mis testigos,
dice Jehová,
que yo soy Dios.
¹³ Aun antes que hubiera día, yo era,
y no hay quien de mis manos libre.
Lo que hago yo, ¿quién lo
estorbará?»ᵃ

¹⁴ Así dice Jehová,
Redentor vuestro, el Santo
de Israel:
«Por vosotros envié a Babilonia
e hice descender como fugitivos a
todos ellos,
aun a los caldeos en las naves de
que se gloriaban.
¹⁵ Yo, Jehová, Santo vuestro,
Creador de Israel, vuestro Rey.
¹⁶ Así dice Jehová,
el que abre camino en el mar
y senda en las aguas impetuosas;
¹⁷ el que saca carro y caballo,
ejército y fuerza;
caen juntamente para no
levantarse;
se extinguen, como pábilo son
apagados.ᵇ
¹⁸ No os acordéis de las cosas pasadas
ni traigáis a la memoria las cosas
antiguas.
¹⁹ He aquí que yo hago cosa nueva;
pronto saldrá a luz, ¿no la
conoceréis?
Otra vez abriré camino en el
desierto
y ríos en la tierra estéril.
²⁰ Las fieras del campo me honrarán,
los chacales y los pollos del
avestruz;
porque daré aguas en el desierto,
ríos en la tierra estéril,
para que beba mi pueblo, mi
escogido.ᶜ
²¹ Este pueblo he creado para mí;
mis alabanzas publicará.ᵈ

²² »Y no me invocaste a mí, Jacob,
sino que de mí te cansaste, Israel.

²³ No me trajiste los animales de tus
holocaustos
ni me honraste con tus sacrificios;
no te hice servir con ofrenda
ni te hice fatigar con incienso.
²⁴ No compraste para mí caña
aromática
por dinero ni me saciaste con la
grasa de tus sacrificios,
sino que pusiste sobre mí la carga
de tus pecados,
me fatigaste con tus maldades.

²⁵ »Yo, yo soy quien borro tus
rebeliones
por amor de mí mismo,
y no me acordaré de tus pecados.
²⁶ Hazme recordar, entremos juntos a
juicio.
¡Habla tú para justificarte!
²⁷ Tu primer padre pecó
y tus enseñadores se rebelaron
contra mí.
²⁸ Por tanto, yo profané a los
príncipes del santuario,
entregué a maldición a Jacob
y por ultraje a Israel.

Jehová, único Dios

44 ¹»Ahora pues, oye, Jacob,
siervo mío,
Israel, a quien yo escogí:
² Así dice Jehová, Hacedor tuyo
y el que te formó desde el vientre,ᵃ
el cual te ayudará:
No temas, siervo mío Jacob,
tú, Jesurún, a quien yo escogí.
³ Porque yo derramaré aguas sobre
el sequedal,
ríos sobre la tierra seca.
Mi espíritu derramaré sobre tu
descendencia,
y mi bendición sobre tus renuevos;
⁴ y brotarán entre la hierba,
como los sauces junto a las riberas
de las aguas.ᵇ
⁵ Este dirá: "Yo soy de Jehová".
Otro se pondrá por nombre Jacob,
y otro escribirá con su mano:
"A Jehová",

ᵃ **43.10-13** Dt 4.35.   ᵇ **43.16-17** Ex 14.13-31.   ᶜ **43.19-20** Ex 17.1-7; Is 35.6-8; 41.18; 44.3-4.
ᵈ **43.16-21** Jer 16.14-15; 23.7-8.   ᵃ **44.2** Is 44.24; 49.1,5; Jer 1.5.   ᵇ **44.3-4** Is 43.19-21; Jer 31.12;
Ez 47.1-12; Jn 4.10-14; 7.37-39; Ap 22.1-2.

y se apellidará con el nombre de Israel.

6 »Así dice Jehová, Rey de Israel
y su Redentor, Jehová de los
ejércitos:
Yo soy el primero y yo soy el
último,^{c}
y fuera de mí no hay Dios.
7 ¿Y quién proclamará lo venidero,
lo declarará y lo pondrá en orden
delante de mí,
como hago yo desde que establecí
el pueblo antiguo?
¡Que les anuncien lo que viene,
lo que está por venir!
8 No temáis ni os amedrentéis.
¿No te lo hice oír desde la
antigüedad y te lo dije?
Luego vosotros sois mis testigos.
¡No hay Dios sino yo!
¡No hay Roca, no conozco
ninguna!».

La insensatez de la idolatría

9 Los que modelan imágenes de talla, todos ellos son nada, y lo más precioso de ellos para nada es útil; y ellos mismos, para su confusión, son testigos de que los ídolos no ven ni entienden. 10 ¿Quién fabrica un dios o quién funde una imagen que para nada es de provecho? 11 Todos los suyos serán avergonzados, porque los artífices mismos son seres humanos. Todos ellos se juntarán, se presentarán, se asombrarán y serán a una avergonzados.

12 El herrero toma la tenaza, trabaja en las brasas, le da forma con los martillos y trabaja en ello con la fuerza de su brazo; luego tiene hambre y le faltan las fuerzas; no bebe agua, y se desmaya.

13 El carpintero tiende la regla, lo diseña con almagre, lo labra con los cepillos, le da figura con el compás, lo hace en forma de varón, a semejanza de un hermoso hombre, para tenerlo en casa. 14 Corta cedros, toma ciprés y encina, que crecen entre los árboles del bosque; planta un pino, para que crezca con la lluvia. 15 De él se sirve luego el hombre para quemar, toma de ellos para calentarse; enciende también el horno y cuece panes; hace además

un dios y lo adora; fabrica un ídolo y se arrodilla delante de él.

16 Una parte del leño la quema en el fuego; con ella prepara un asado de carne, lo come y se sacia. Después se calienta y dice: «¡Ah, me he calentado con este fuego!» 17 Del sobrante hace un dios (un ídolo suyo), se postra delante de él, lo adora y le ruega diciendo: «¡Líbrame, porque tú eres mi dios!»^{d}

18 No saben ni entienden, porque cerrados están sus ojos para no ver y su corazón para no entender. 19 No reflexiona para sí, no tiene conocimiento ni entendimiento para decir: «Parte de esto quemé en el fuego, sobre sus brasas cocí pan, asé carne y la comí. ¿Haré del resto de él una abominación? ¿Me postraré delante de un tronco de árbol?». 20 De ceniza se alimenta; su corazón engañado lo desvía, para que no libre su alma ni diga: «¿No es pura mentira lo que tengo en mi mano derecha?»

Jehová, Redentor de Israel

21 «Acuérdate de estas cosas, Jacob,
porque mi siervo eres, Israel.
Yo te formé, siervo mío eres tú.
¡Israel, no me olvides!
22 Yo deshice como a una nube tus
rebeliones
y como a una niebla tus pecados;
vuélvete a mí, porque yo te
redimí».^{e}

23 Cantad loores, cielos, porque
Jehová lo hizo;
gritad con júbilo, profundidades
de la tierra.
Prorrumpid, montes, en alabanza,
y el bosque y todo árbol que hay
en él,
porque Jehová redimió a Jacob
y en Israel será glorificado.

24 Así dice Jehová, tu Redentor,
que te formó desde el vientre:
«Yo Jehová, que lo hago todo,
que despliego yo solo los cielos,
que extiendo la tierra por mí
mismo;
25 que deshago las señales de los
adivinos

---

^{c}**44.6** Is 41.4; 48.12; Ap 1.17; 22.13. ^{d}**44.17** Is 45.20. ^{e}**44.22** Is 40.2.

y enloquezco a los agoreros;
que hago volver atrás a los sabios
y desvanezco su sabiduría.*f*
²⁶ Yo soy el que despierta la palabra
de su siervo*g*
y lleva a cabo el plan de sus
mensajeros;
el que dice a Jerusalén: "Serás
habitada",
y a las ciudades de Judá: "Serán
reconstruidas
y reedificaré sus ruinas".
²⁷ Yo soy el que dice a las
profundidades: "¡Secaos!
¡Yo haré secar tus ríos!"
²⁸ Yo soy el que dice de Ciro:*h* "Es mi
pastor
y cumplirá todo lo que yo quiero,
al decir a Jerusalén: 'Serás
edificada',
y al Templo: 'Serán puestos tus
cimientos' "».

Encargo de Dios para Ciro

45 ¹«Así dice Jehová a su ungido,
a Ciro, al cual tomé yo por su
mano derecha
para sujetar naciones delante de él
y desatar lomos de reyes;
para abrir puertas delante de él,
puertas que no se cerrarán:
² Yo iré delante de ti
y enderezaré los lugares torcidos;
quebrantaré puertas de bronce
y haré pedazos cerrojos de hierro.
³ Te daré los tesoros escondidos
y los secretos muy guardados,
para que sepas que yo soy Jehová,
el Dios de Israel,
que te pongo nombre.
⁴ Por amor de mi siervo Jacob,
de Israel, mi escogido,
te llamé por tu nombre;
te puse un nombre insigne,   ·
aunque no me has conocido.
⁵ Yo soy Jehová y no hay ningún
otro.
No hay Dios fuera de mí.
Yo te ceñiré,
aunque tú no me has conocido,
⁶ para que se sepa

desde el nacimiento del sol hasta
donde se pone,
que no hay más que yo.
Yo soy Jehová, y no hay ningún
otro.
⁷ Yo formo la luz y creo las tinieblas,
hago la paz y creo la adversidad.*a*
Solo yo, Jehová, soy el que hago
todo esto.

Jehová el Creador

⁸ »Rociad, cielos, desde arriba,
y las nubes destilen la justicia;
ábrase la tierra y prodúzcanse la
salvación y la justicia;
háganse brotar juntamente.*b*
Yo, Jehová, lo he creado.

⁹ »¡Ay del que, no siendo más que
un tiesto
como cualquier tiesto de la tierra,
pleitea con su Hacedor!
¿Dirá el barro al que lo modela:
"¿Qué haces?",
o: "Tu obra, ¿no tiene manos?"?*c*
¹⁰ ¡Ay del que dice al padre:
"¿Por qué engendraste?",
y a la mujer: "¿Por qué diste
a luz?"!»

¹¹ Así dice Jehová,
el Santo de Israel, el que lo formó:
«Preguntadme de las cosas por
venir;
mandadme acerca de mis hijos
y acerca de la obra de mis manos.
¹² Yo hice la tierra y creé sobre ella al
ser humano.
Yo, mis manos, desplegaron los
cielos
y pongo en orden todo su ejército.
¹³ Yo lo desperté en justicia
y enderezaré todos sus caminos;
él edificará mi ciudad
y soltará a mis cautivos;
no por precio ni por dones»,
dice Jehová de los ejércitos.

¹⁴ Así dice Jehová:
«El trabajo de Egipto, las
mercaderías de Etiopía

f **44.25** 1 Co 1.20.   *g* **44.26** Dt 18.21-22.   *h* **44.28** 2 Cr 36.23; Esd 1.2.   *a* **45.7** Is 40.28; Am 3.6.
b **45.8** Os 2.21-23.   *c* **45.9** Is 29.16; Jer 18.6; Ro 9.20.

y los sabeos, hombres de elevada
    estatura,
se pasarán a ti y serán tuyos;
irán en pos de ti, pasarán
    encadenados,
te harán reverencia y te suplicarán
    diciendo:
"Ciertamente en ti está Dios,
y no hay otro fuera de Dios.
15 Verdaderamente tú eres Dios que te
    ocultas,
Dios de Israel, que salvas".
16 Avergonzados y afrentados serán
    todos ellos;
afrentados irán todos los que
    fabrican imágenes.
17 Israel será salvo en Jehová
con salvación eterna;
nunca jamás os avergonzaréis ni
    seréis afrentados».

18 Porque así dice Jehová,
que creó los cielos.
Él es Dios,
el que formó la tierra,
el que la hizo y la compuso.
No la creó en vano,
sino para que fuera habitada
    la creó:
«Yo soy Jehová y no hay otro.
19 No hablé en secreto,
en un lugar oscuro de la tierra;
no dije a la descendencia de Jacob:
"En vano me buscáis".
Yo soy Jehová, que hablo justicia,
que anuncio rectitud.

Jehová y los ídolos de Babilonia

20 »¡Reuníos y venid!
¡Acercaos todos los sobrevivientes
    de entre las naciones!
No tienen conocimiento aquellos
    que erigen su ídolo de madera,
y los que ruegan a un dios que no
    salva.
21 Declarad, exponed pruebas
y entrad todos en consulta.
¿Quién hizo oir esto desde el
    principio
y lo tiene dicho desde entonces,

sino yo, Jehová?
Y no hay más Dios que yo,
Dios justo y salvador.
No hay otro fuera de mí.

22 »¡Mirad a mí y sed salvos,
todos los términos de la tierra,
porque yo soy Dios, y no hay otro!
23 Por mí mismo hice juramento,
de mi boca salió palabra en justicia
y no será revocada:
"Que ante mí se doblará toda
    rodilla
y jurará toda lengua".*d*
24 Y de mí se dirá: "Ciertamente en
    Jehová
está la justicia y la fuerza".
A él vendrán,
y todos los que contra él se
    enardecen
serán avergonzados.
25 En Jehová será justificada y se
    gloriará
toda la descendencia de Israel».

46

1 ¡Se ha postrado Bel,*a*
    se abatió Nebo!*b*
Sus imágenes fueron puestas
sobre bestias, sobre animales
    de carga,
esas cosas que vosotros solíais
    llevar
son puestas cual una carga sobre
    las bestias cansadas.
2 Fueron humillados, se
    derrumbaron juntos;
no pudieron escaparse de la carga,
sino que ellos mismos tuvieron que
    ir en cautiverio.

3 «Oídme, casa de Jacob
y todo el resto de la casa de Israel,
los que yo he traído desde el
    vientre,
los que habéis sido llevados desde
    la matriz.
4 Hasta vuestra vejez yo seré el
    mismo
y hasta vuestras canas os
    sostendré.
Yo, el que hice, yo os llevaré,

---

d **45.23** Ro 14.11; Flp 2.10-11.   *a* **46.1** Lo mismo que *Baal*, significa *señor* o *dueño*. En Babilonia, este título se daba a varios dioses.   *b* **46.1** Forma hebraizada de *Nabú*, otro de los dioses de los babilonios.

os sostendré y os guardaré.

5 ¿A quién me asemejáis,
me igualáis y me comparáis,
para que seamos semejantes?

6 Sacan oro de la bolsa
y pesan plata con balanzas;
contratan a un platero para que de
ello haga un dios,
y se postran y lo adoran.

7 Luego se lo echan sobre los
hombros,
lo llevan y lo colocan en su lugar;
allí se está, sin moverse de su sitio.^c
Le gritan, pero tampoco responde
ni libra de la tribulación.^d

8 »Acordaos de esto y avergonzaos.
¡Volved en vosotros, rebeldes!

9 Acordaos de las cosas pasadas
desde los tiempos antiguos,
porque yo soy Dios; y no hay otro
Dios,
ni nada hay semejante a mí,

10 que anuncio lo por venir desde el
principio,
y desde la antigüedad lo que aún
no era hecho;
que digo: "Mi plan permanecerá
y haré todo lo que quiero;

11 que llamo desde el oriente al ave
y de tierra lejana al hombre de
mi plan.
Yo hablé, y lo haré venir;
lo he pensado, y también lo llevaré
a cabo".

12 Oídme, duros de corazón,
los que estáis lejos de la justicia:

13 "Haré que se acerque mi justicia;
no se alejará,
y mi salvación no se detendrá.
Pondré salvación en Sión
y mi gloria en Israel"».

Juicio sobre Babilonia

47 1 «Baja y siéntate en el polvo,
virgen, hija de Babilonia.^a
Siéntate en la tierra, sin trono,
hija de los caldeos,
porque nunca más te llamarán
tierna y delicada.

2 Toma el molino y muele harina;

quítate el velo, levanta tus faldas,
desnuda tus piernas,
pasa los ríos.

3 Será expuesta tu desnudez, serán
vistas tus vergüenzas.
Haré retribución y no habrá quien
se libre»,

4 dice nuestro Redentor:
Jehová de los ejércitos es su
nombre,
el Santo de Israel.

5 «Siéntate, calla y entra en las
tinieblas,
hija de los caldeos,
porque nunca más te llamarán
"soberana de reinos"».

6 «Me enojé contra mi pueblo,
profané mi heredad
y los entregué en tus manos;
no les tuviste compasión;
sobre el anciano
agravaste sobremanera tu yugo.

7 Dijiste: "Para siempre seré señora",
pero no has pensado en esto
ni te has acordado de tu final.

8 Oye, pues, ahora esto, mujer
voluptuosa,
tú que estás sentada
confiadamente,
tú que dices en tu corazón:
"Yo soy y fuera de mí no hay otra;
no quedaré viuda ni conoceré
orfandad".

9 Estas dos cosas te vendrán
de repente, en un mismo día:
orfandad y viudez.^b
Con toda su fuerza vendrán
sobre ti,
a pesar de la multitud de tus
hechizos
y de tus muchos encantamientos.

10 Porque te confiaste en tu maldad,
diciendo: "Nadie me ve".
Tu sabiduría y tu misma ciencia
te engañaron,
y dijiste en tu corazón:
"Yo, y nadie más".

11 Vendrá, pues, sobre ti
un mal cuyo origen no conocerás;

---

^c 46.7 Jer 10.5.   ^d 46.1-7 Jer 50.2; 51.44.   ^a 47.1-15 Is 13–14; Jer 50–51.   ^b 47.8-9 Ap 18.7-8.

caerá sobre ti un quebrantamiento
que no podrás evitar.
Una destrucción que no podías
suponer
vendrá de repente sobre ti.

12 »Persiste ahora en tus
encantamientos
y en la multitud de tus hechizos,
en los cuales te fatigaste desde tu
juventud.
¡Quizá podrás mejorarte!
¡Quizá te fortalecerás!
13 Te has fatigado en tus muchos
consejos.
Comparezcan ahora y te defiendan
los contempladores de los cielos,
los que observan las estrellas,
los que cuentan los meses,
para pronosticar lo que vendrá
sobre ti.
14 He aquí que serán como el tamo;
el fuego los quemará,
no salvarán sus vidas
del poder de la llama;
no quedará brasa para calentarse
ni lumbre a la que arrimarse.
15 Así te serán aquellos con quienes te
fatigaste,
los que traficaron contigo desde tu
juventud;
cada uno irá por su camino,
no habrá quien te salve».

Dios reprende la infidelidad de Israel

48 ¹Oíd esto, casa de Jacob,
que os llamáis del nombre de
Israel,
los que salieron de las aguas de
Judá,
los que juran en el nombre de
Jehová
y hacen memoria del Dios de Israel,
mas no en verdad ni en justicia.
² Sin embargo,
de la santa ciudad se nombran
y confían en el Dios de Israel,
cuyo nombre es Jehová de los
ejércitos.

³ «Lo que pasó, ya antes lo dije,
de mi boca salió; lo publiqué,

lo hice pronto, y fue realidad.
⁴ Por cuanto sé que eres duro,
que una barra de hierro es tu cerviz,
y tu frente de bronce,ᵃ
⁵ por eso te lo dije ya hace tiempo;
antes que sucediera te lo advertí,
para que no dijeras: "Mi ídolo lo
hizo,
mis imágenes de escultura y de
fundición
mandaron estas cosas".
⁶ Lo oíste y lo viste todo,
¿y no lo anunciaréis vosotros?
Ahora, pues, te he hecho oir cosas
nuevas
y ocultas que tú no sabías.
⁷ Ahora han sido creadas, no en días
pasados,
ni antes de este día las habías oído,
para que no digas: "He aquí que yo
lo sabía".
⁸ Sí, nunca lo habías oído ni nunca lo
habías sabido.
Ciertamente no se abrió antes tu
oído,
porque sabía que siendo desleal
habías de desobedecer;
por tanto te llamé "rebelde" desde
el vientre.

⁹ »Por amor de mi nombre contendré
mi ira,
y para alabanza mía la reprimiré
para no destruirte.
10 He aquí te he purificado, y no como
a plata;
te he escogido en horno de
aflicción.
11 Por mí, por amor de mí mismo lo
haré,
para que no sea profanado mi
nombre,
y mi honra no la daré a otro.ᵇ

12 »Óyeme, Jacob,
y tú, Israel, a quien llamé:
Yo mismo, yo el primero
y yo también el último.ᶜ
13 Mi mano fundó también la tierra;
mi mano derecha midió los cielos
con el palmo.
Al llamarlos yo,

ᵃ **48.4** Dt 9.6,13; Ez 2.4; 3.7. ᵇ **48.9-11** Is 42.8; Ez 20.22; 36.22-23. ᶜ **48.12** Is 41.4; 44.6; Ap 1.17; 22.13.

comparecieron juntos.[d]
14 Juntaos todos vosotros y oíd.
¿Quién hay entre ellos que anuncie
   estas cosas?
Aquel a quien Jehová amó
ejecutará su voluntad en Babilonia,
y su brazo estará sobre los caldeos.
15 Yo, yo hablé, y lo llamé
y lo traje; por tanto, será
   prosperado su camino.
16 Acercaos a mí, oíd esto:
desde el principio no hablé en
   secreto;
desde que eso se hizo, allí
   estaba yo».

Y ahora me envió Jehová el Señor, y
   su espíritu.
17 Así ha dicho Jehová, Redentor
   tuyo,
el Santo de Israel:
«Yo soy Jehová, Dios tuyo,
que te enseña para tu provecho,
que te encamina por el camino que
   debes seguir.
18 ¡Si hubieras atendido a mis
   mandamientos!
Fuera entonces tu paz como un río
y tu justicia como las olas del mar.[e]
19 Fuera como la arena tu
   descendencia,
y los renuevos de tus entrañas
   como los granos de arena;
nunca su nombre sería eliminado
ni borrado de mi presencia.

20 »¡Salid de Babilonia![f]
¡Huid de entre los caldeos!
¡Anunciadlo con voz de alegría,
publicadlo, llevad la noticia
hasta lo último de la tierra!
Decid: "¡Redimió Jehová
a Jacob su siervo!"»

21 No tuvieron sed
cuando los llevó por los desiertos;
les hizo brotar agua de la piedra;
abrió la peña y corrieron las
   aguas.[g]

22 «¡No hay paz para los malos!»,
ha dicho Jehová.[h]

Israel, siervo de Jehová[a]

49 ¹ Oídme, costas,
   y escuchad, pueblos lejanos:
Jehová me llamó desde el vientre;
desde las entrañas de mi madre[b]
tuvo mi nombre en memoria.
² Y puso mi boca como espada
   afilada,
me cubrió con la sombra de su
   mano.
Me puso por saeta aguda,
me guardó en su aljaba.
³ Me dijo: «Mi siervo eres, Israel,
porque en ti me gloriaré».
⁴ Pero yo dije: «Por demás he
   trabajado;
en vano y sin provecho he agotado
   mis fuerzas.
Pero mi causa está delante de
   Jehová,
y mi recompensa con mi Dios».

⁵ Ahora pues, Jehová,
el que me formó desde el vientre
para ser su siervo,
para hacer volver a él a Jacob
y para congregarle a Israel
(porque estimado seré en los ojos
   de Jehová
y el Dios mío será mi fuerza),
⁶ él dice: «Poco es para mí que solo
   seas mi siervo
para levantar las tribus de Jacob
y restaurar el resto de Israel;
también te he dado por luz de las
   naciones,[c]
para que seas mi salvación
hasta lo último de la tierra».[d]

⁷ Así ha dicho Jehová,
Redentor de Israel, el Santo suyo,
al menospreciado de alma,
al abominado de las naciones,
al siervo de los tiranos:
«Lo verán reyes, se levantarán
   príncipes

---

[d] 48.13 Sal 147.4; Is 40.26.   [e] 48.18 Dt 29.5; Sal 23.3; 27.11.   [f] 48.20 Jer 50.8; 51.6,45; Ap 18.4.
[g] 48.21 Ex 17.1-7.   [h] 48.22 Is 57.21.   [a] 49.1-6 Segundo de los «Cánticos del Siervo sufriente».
[b] 49.1 Jer 1.5; cf. Is 44.2,24.   [c] 49.6 Is 42.6; 60.1-3; Lc 2.32; Jn 8.12; Hch 26.23.   [d] 49.6 Hch 13.47.

y adorarán por causa de Jehová,
   porque fiel
es el Santo de Israel, el cual te
   escogió».

Dios promete restaurar a Sión

⁸ Así dijo Jehová:
   «En tiempo favorable te oí,
en el día de salvación te ayudé.ᵉ
Te guardaré
y te daré por pacto al pueblo,
para que restaures la tierra,
para que heredes asoladas
   heredades;
⁹ para que digas a los presos:
   "¡Salid!",
y a los que están en tinieblas:
   "¡Mostraos!"
En los caminos serán apacentados
y en todas las alturas tendrán sus
   pastos.

¹⁰ »No tendrán hambre ni sed,
ni el calor ni el sol los afligirá;
porque el que tiene de ellos
   misericordia los guiará
y los conducirá a manantiales de
   aguas.ᶠ
¹¹ Convertiré en camino todos mis
   montes
y mis calzadas serán niveladas».

¹² He aquí, estos vendrán de lejos:
unos del norte y del occidente,
y otros de la tierra de Sinim.
¹³ ¡Cantad, cielos, alabanzas,
   y alégrate, tierra!
¡Montes, prorrumpid en alabanzas,
porque Jehová ha consolado a su
   pueblo
y de sus pobres tendrá
   misericordia!

¹⁴ Pero Sión ha dicho: «Me dejó
   Jehová,
el Señor se olvidó de mí».

¹⁵ «¿Se olvidará la mujer de lo que dio
   a luz,
para dejar de compadecerse del
   hijo de su vientre?
¡Aunque ella lo olvide,

yo nunca me olvidaré de ti!
¹⁶ He aquí que en las palmas de las
   manos te tengo esculpida;
delante de mí están siempre tus
   muros.
¹⁷ Tus edificadores vendrán aprisa;
tus destructores y asoladores se
   marcharán.
¹⁸ Alza tus ojos alrededor, y mira;
todos estos se han reunido, han
   venido a ti.

»Vivo yo, dice Jehová,
que de todos, como de vestidura de
   honra,
   serás vestida;
y de ellos serás adornada como una
   novia.
¹⁹ Porque tu tierra devastada,
   arruinada y desierta,
ahora será estrecha por la multitud
   de los moradores,
y tus destructores serán apartados
   lejos.
²⁰ Aun los hijos de tu orfandad
dirán a tus oídos:
   "Estrecho es para mí este lugar;
apártate, para que yo viva en él".
²¹ Y dirás en tu corazón:
   "¿Quién me engendró a estos?,
porque yo había sido privada de
   hijos y estaba sola,
peregrina y desterrada.
¿Quién, pues, crió a estos?
He aquí, yo había quedado sola,
¿dónde, pues, estaban estos?"».ᵍ

²² Así dijo Jehová el Señor:
   «He aquí, yo tenderé mi mano a las
   naciones
y a los pueblos levantaré mi
   bandera;
traerán en brazos a tus hijos
y tus hijas serán traídas en
   hombros.
²³ Reyes serán tus ayos y sus reinas,
   tus nodrizas;
con el rostro inclinado a tierra se
   postrarán ante ti
y lamerán el polvo de tus pies.
Conocerás entonces que yo soy
   Jehová

ᵉ **49.8** 2 Co 6.2.   ᶠ **49.10** Ap 7.16-17.   ᵍ **49.20-21** Jer 31.15-17.

y que no se avergonzarán los que
esperan en mí.

²⁴ ¿Será quitado el botín al valiente?
¿Será rescatado el que es cautivo de
un tirano?».

²⁵ Pero así dice Jehová:
«Quizás el cautivo sea rescatado
del valiente
y el botín sea arrebatado al tirano,
pero yo defenderé tu pleito
y salvaré a tus hijos.ʰ

²⁶ Y a los que te despojaron haré
comer sus propias carnes,
y con su sangre serán embriagados
como con vino.
Entonces todos sabrán
que yo, Jehová, soy tu Salvador
y tu Redentor, el Fuerte de Jacob».

Jehová ayuda a quienes confían en él

50 ¹ Así dijo Jehová:
«¿Qué es de la carta de repudio
de vuestra madre,
con la cual yo la repudié?
¿O quiénes son mis acreedores,
a quienes yo os he vendido?
He aquí que por vuestras maldades
habéis sido vendidos
y por vuestras rebeliones fue
repudiada vuestra madre.

² ¿Por qué cuando vine no hallé a
nadie
y cuando llamé nadie respondió?
¿Acaso se ha acortado mi mano
para no poderos rescatar?
¿No tengo yo poder para librar?
He aquí que con mi represión
hago secar el mar,
convierto los ríos en desierto,
y sus peces se pudren por falta
de agua
y mueren de sed.

³ Visto de oscuridad los cielos
y les pongo saco por cubierta».

⁴ ᵃ Jehová el Señor me dio
lengua de sabios,
para saber hablar palabras al
cansado;

despertará mañana tras mañana,
despertará mi oído
para que escuche como los sabios.

⁵ Jehová, el Señor, me abrió el oído,
y yo no fui rebelde
ni me volví atrás.

⁶ Di mi cuerpo a los heridores
y mis mejillas a los que me
mesaban la barba;
no aparté mi rostro de injurias y de
esputos.ᵇ

⁷ Porque Jehová, el Señor, me ayuda,
no me avergoncé;
por eso he puesto mi rostro como
un pedernal,
y sé que no seré avergonzado.

⁸ Muy cerca de mí está el que me
salva:
¿quién contenderá conmigo?
¡Juntémonos!
¿Quién es el adversario de mi
causa?
¡Acérquese a mí!

⁹ He aquí que Jehová el Señor me
ayudará:
¿quién podrá condenarme?
He aquí que todos ellos se
envejecerán como ropa de
vestir,
serán comidos por la polilla.ᶜ

¹⁰ ¿Quién de entre vosotros teme a
Jehová
y escucha la voz de su siervo?
El que anda en tinieblas
y carece de luz,
confíe en el nombre de Jehová
y apóyese en su Dios.

¹¹ He aquí que todos vosotros
encendéis fuego,
os rodeáis de teas:
pues andad a la luz de vuestro
fuego
y de las teas que encendisteis.
De mi mano os vendrá esto:
en dolor seréis sepultados.

Palabras de consuelo para Sión

51 ¹ «Oídme, los que seguís la
justicia,

ʰ **49.24-25** Is 61.1; Jer 30.8-10; 31.11.   ᵃ **50.4-9** Tercero de los «Cánticos del Siervo sufriente».
ᵇ **50.6** Mt 26.67; Mc 14.65.   ᶜ **50.8-9** Ro 8.33-34.

los que buscáis a Jehová.
Mirad a la piedra de donde fuisteis
cortados,
al hueco de la cantera de donde
fuisteis arrancados.
2 Mirad a Abraham, vuestro padre,
y a Sara, que os dio a luz;
porque cuando no era más que
uno solo,
lo llamé, lo bendije y lo
multipliqué.
3 Ciertamente consolará Jehová
a Sión;
consolará todas sus ruinas.
Cambiará su desierto en un edén
y su tierra estéril en huerto de
Jehová;
se hallará en ella alegría y gozo,
alabanzas y cánticos.

4 »Estad atentos a mí, pueblo mío,
y oídme, nación mía;
porque de mí saldrá la Ley,
y mi justicia para luz de los
pueblos.
5 Muy cerca está mi justicia,
ya ha salido mi salvación
y mis brazos juzgarán a los
pueblos.
En mí esperan los de la costa;
en mi brazo ponen su esperanza.
6 Alzad a los cielos vuestros ojos
y mirad abajo, a la tierra;
porque los cielos se desvanecerán
como el humo
y la tierra se envejecerá como un
vestido.
De la misma manera perecerán sus
moradores;
pero mi salvación será para
siempre,
mi justicia no perecerá.*a*
7 Oídme, los que conocéis justicia,
pueblo en cuyo corazón está
mi Ley.
No temáis afrenta de hombres
ni desmayéis por sus ultrajes.
8 Porque como a un vestido los
comerá la polilla,
como a la lana los comerá el
gusano;

pero mi justicia permanecerá
perpetuamente
y mi salvación por generación y
generación».

9 ¡Despiértate, despiértate,
vístete de poder, brazo de Jehová!
¡Despiértate como en el tiempo
antiguo,
en los siglos pasados!
¿No eres tú el que despedazó a
Rahab,*b*
el que hirió al dragón?*c*
10 ¿No eres tú el que secó el mar,
las aguas del gran abismo,
el que transformó en camino las
profundidades del mar
para que pasaran los redimidos?*d*
11 Ciertamente volverán los
redimidos de Jehová;
volverán a Sión cantando
y gozo perpetuo habrá sobre sus
cabezas.
Tendrán gozo y alegría,
y huirán el dolor y el gemido.*e*

12 «Yo, yo soy vuestro consolador.
¿Quién eres tú para que tengas
temor de los mortales
y de los hijos de los hombres, que
son como el heno?
13 ¿Ya te has olvidado de Jehová, tu
Hacedor,
que extendió los cielos y fundó
la tierra?
Todo el día, sin cesar, has temido
el furor del que aflige,
cuando se dispone a destruir.
¿Pero dónde está el furor del que
aflige?
14 El preso agobiado será libertado
pronto;
no morirá en la mazmorra ni le
faltará su pan.

15 »Yo Jehová,
que agito el mar y hago rugir
sus olas,
soy tu Dios,
y mi nombre es Jehová de los
ejércitos.

---

a **51.6** Sal 102.25-28; Mt 24.35. *b* **51.9** Sal 89.10. *c* **51.9** Sal 74.13. *d* **51.10** Ex 14.21-22.
e **51.11** Is 35.10.

16 En tu boca he puesto mis palabras[f]
y con la sombra de mi mano te
    cubrí,
extendiendo los cielos, echando los
    cimientos de la tierra
y diciendo a Sión: "Pueblo mío
    eres tú"».

17 ¡Despierta, despierta,
levántate, Jerusalén,
que bebiste de la mano de Jehová
la copa de su ira![g]
Porque la copa de aturdimiento
bebiste hasta los posos.

18 De todos los hijos que dio a luz,
no hay quien la guíe;
ni quien la tome de la mano,
de todos los hijos que crió.

19 Estas dos cosas te han acontecido:
asolamiento y quebrantamiento,
hambre y espada.
¿Quién se compadece de ti?
¿Quién te consolará?

20 Tus hijos desmayaron, estuvieron
    tendidos
en las encrucijadas de todos los
    caminos,
como un antílope en la red,
llenos de la indignación de Jehová,
de la ira del Dios tuyo.

21 Ahora, pues, oye esto, afligida,
ebria, pero no de vino:

22 Así dijo Jehová, tu Señor y tu Dios,
el cual aboga por su pueblo:
«He aquí he quitado de tu mano
la copa de aturdimiento,
los posos de la copa de mi ira.
Nunca más la beberás.

23 Yo la pondré en manos de tus
    angustiadores,
que dijeron a tu alma:
"Inclínate, y pasaremos por encima
de ti".
Y tú pusiste tu espalda como suelo,
como camino, para que pasaran».

Dios librará a Sión del cautiverio

52 1 ¡Despierta, despierta,
vístete de poder, Sión!
¡Vístete tu ropa hermosa,

Jerusalén, ciudad santa,
porque nunca más vendrá a ti
incircunciso ni inmundo![a]

2 Sacúdete el polvo;
levántate y siéntate, Jerusalén;
suelta las ataduras de tu cuello,
cautiva hija de Sión.

3 Porque así dice Jehová:
«De balde fuisteis vendidos;
por tanto, sin dinero seréis
    rescatados».

4 Porque así dijo Jehová el Señor:
«Mi pueblo descendió a Egipto en
    tiempo pasado,
para morar allá,[b]
y el asirio lo cautivó sin razón».[c]

5 Y ahora Jehová dice:
«¿Qué hago aquí,
ya que mi pueblo es llevado
    injustamente?
¡Los que de él se enseñorean lo
    hacen aullar,[d]
y continuamente blasfeman contra
    mi nombre todo el día!»,
dice Jehová.

6 «Por tanto, mi pueblo conocerá mi
    nombre en aquel día,
porque yo mismo que hablo,
he aquí estaré presente».

7 ¡Cuán hermosos son sobre los
    montes
los pies del que trae alegres nuevas,
del que anuncia la paz,
del que trae nuevas del bien,[e]
del que publica salvación,
del que dice a Sión: «¡Tu Dios
reina!»!

8 «¡Voz de tus atalayas!» Alzarán la
    voz;
a una voz gritarán de júbilo,
porque con sus propios ojos verán
que Jehová vuelve a traer a Sión.

9 ¡Cantad alabanzas, alegraos juntas,
ruinas de Jerusalén,
porque Jehová ha consolado a su
    pueblo,
ha redimido a Jerusalén!

10 Jehová desnudó su santo brazo

---

[f] **51.16** Jer 1.9.   [g] **51.17** Jer 25.15; Ap 14.10; 16.19.   [a] **52.1** 2 R 25.1-21.   [b] **52.4** Gn 46.1-7; Dt 26.5.
[c] **52.4** 2 R 17.3-6; 18.13—19.37; Is 10.5.   [d] **52.5** Sal 137; Ro 2.24.   [e] **52.7** Nah 1.15; Ro 10.15;
Ef 6.15.

ante los ojos de todas las naciones,
y todos los confines de la tierra
verán la salvación del Dios nuestro.

11 ¡Apartaos, apartaos, salid de ahí,
no toquéis cosa inmunda!*f*
¡Salid de en medio de ella,
purificaos los que lleváis los
utensilios de Jehová!
12 Porque no saldréis apresurados
ni iréis huyendo,
porque Jehová irá delante de vosotros,
y vuestra retaguardia será el Dios
de Israel.

Sufrimientos del Siervo de Jehová*g*
13 He aquí que mi siervo será
prosperado,
será engrandecido y exaltado,
será puesto muy en alto.
14 Como se asombraron de ti muchos
(pues de tal manera estaba
desfigurada su apariencia,
que su aspecto no parecía el de un
ser humano),
15 así asombrará él a muchas
naciones.
Los reyes cerrarán ante él la boca,
porque verán lo que nunca les fue
contado
y entenderán lo que jamás habían
oído.*h*

53 1 ¿Quién ha creído a nuestro
anuncio*a*
y sobre quién se ha manifestado el
brazo de Jehová?*b*
2 Subirá cual renuevo delante de él,
como raíz de tierra seca.
No hay hermosura en él, ni
esplendor;
lo veremos, mas sin atractivo
alguno para que lo apreciemos.
3 Despreciado y desechado entre los
hombres,*c*
varón de dolores, experimentado
en sufrimiento;
y como que escondimos de él el
rostro,
fue menospreciado y no lo
estimamos.

4 Ciertamente llevó él nuestras
enfermedades
y sufrió nuestros dolores,*d*
¡pero nosotros lo tuvimos por
azotado,
como herido y afligido por Dios!
5 Mas él fue herido por nuestras
rebeliones,
molido por nuestros pecados.
Por darnos la paz, cayó sobre él el
castigo,
y por sus llagas fuimos nosotros
curados.*e*

6 Todos nosotros nos descarriamos
como ovejas,*f*
cada cual se apartó por su camino;
mas Jehová cargó en él
el pecado de todos nosotros.
7 Angustiado él, y afligido,
no abrió su boca;*g*
como un cordero fue llevado al
matadero;
como una oveja delante de sus
trasquiladores,
enmudeció, no abrió su boca.
8 Por medio de violencia y de juicio
fue quitado;
y su generación, ¿quién la contará?
Porque fue arrancado de la tierra
de los vivientes,*h*
y por la rebelión de mi pueblo fue
herido.
9 Se dispuso con los impíos su
sepultura,
mas con los ricos fue en su muerte.
Aunque nunca hizo maldad
ni hubo engaño en su boca,*i*
10 Jehová quiso quebrantarlo,
sujetándolo a padecimiento.
Cuando haya puesto su vida en
expiación por el pecado,
verá descendencia, vivirá por
largos días
y la voluntad de Jehová será en su
mano prosperada.
11 Verá el fruto de la aflicción de
su alma
y quedará satisfecho;
por su conocimiento justificará

---

f **52.11** 2 Co 6.17.   *g* **52.13—53.12** Cuarto «Cántico del Siervo sufriente».   *h* **52.15** Ro 15.21.
a **53.1** Ro 10.16.   *b* **53.1** Jn 12.38.   *c* **53.3** Sal 22.6-7; Is 49.7.   *d* **53.4** Mt 8.17.   *e* **53.5** 1 P 2.24.
f **53.6** 1 P 2.25.   *g* **53.7** Ap 5.6.   *h* **53.7-8** Hch 8.32-33.   *i* **53.9** 1 P 2.22.

mi siervo justo a muchos,
y llevará sobre sí las iniquidades
de ellos.
¹² Por tanto, yo le daré parte con los
grandes,
y con los poderosos repartirá el
botín;
por cuanto derramó su vida hasta
la muerte,
y fue contado con los pecadores,ʲ
habiendo él llevado el pecado de
muchos
y orado por los transgresores.

El amor eterno de Jehová hacia Israel

54 ¹ «¡Regocíjate, estéril,
la que no daba a luz!
¡Eleva una canción y da voces de
júbilo,
la que nunca estuvo de parto!,
porque más son los hijos de la
desamparada
que los de la casada»,ᵃ
ha dicho Jehová.
² «Ensancha el sitio de tu tienda
y las cortinas de tus habitaciones
sean extendidas;
no seas apocada;
alarga tus cuerdas y refuerza tus
estacas.
³ Porque te extenderás a la mano
derecha y a la mano izquierda;
tu descendencia heredará naciones
y habitará las ciudades asoladas.
⁴ No temas, pues no serás
confundida;
no te avergüences, porque no serás
afrentada,
sino que te olvidarás de la
vergüenza de tu juventud
y de la afrenta de tu viudez no
tendrás más memoria.
⁵ Porque tu marido es tu Hacedor
("Jehová de los ejércitos" es su
nombre).
Él es tu Redentor, el Santo de Israel,
el que será llamado "Dios de toda
la tierra".
⁶ Porque como a una mujer
abandonada y triste de espíritu

te llamó Jehová,
como a la esposa de la juventud
que es repudiada,
dice el Dios tuyo.ᵇ
⁷ "Por un breve momento te
abandoné,
pero te recogeré con grandes
misericordias.ᶜ
⁸ Con un poco de ira
escondí mi rostro de ti por un
momento;
pero con misericordia eterna
tendré compasión de ti"»,
dice Jehová, tu Redentor.

⁹ «Porque esto me será como en los
días de Noé,
cuando juré que nunca más las
aguas de Noé
pasarían sobre la tierra.ᵈ
Asimismo he jurado que no me
enojaré contra ti
ni te reñiré.
¹⁰ Porque los montes se moverán
y los collados temblarán,
pero no se apartará de ti mi
misericordia
ni el pacto de mi paz se romperá»,ᵉ
dice Jehová, el que tiene
misericordia de ti.

¹¹ «¡Pobrecita, fatigada con
tempestad, sin consuelo!
He aquí que yo cimentaré tus
piedras sobre carbunclo
y sobre zafiros te fundaré.
¹² Tus ventanas haré de piedras
preciosas,
tus puertas, de piedras de
carbunclo,
y toda tu muralla, de piedras
preciosas.ᶠ
¹³ Todos tus hijos serán enseñados
por Jehová,ᵍ
y se multiplicará la paz de tus hijos.
¹⁴ Con justicia serás adornada;
estarás lejos de la opresión, porque
no temerás,
y lejos del temor, porque no se
acercará a ti.

ʲ **53.12** Mc 15.28; Lc 22.37.   ᵃ **54.1** Gl 4.27.   ᵇ **54.5-8** Ez 16; Os 1–3.   ᶜ **54.7-8** Sal 30.5; Is 60.10;
Lm 3.31-33.   ᵈ **54.9** Gn 9.8-17.   ᵉ **54.10** Jer 31.35-36; 32.40; Mc 13.31.   ᶠ **54.11-12** Ap 21.18-21.
ᵍ **54.13** Jn 6.45.

15 Si alguno conspira contra ti, lo hará
   sin mi apoyo.
   El que contra ti conspire, delante de
   ti caerá.
16 Yo hice al herrero que sopla las
   ascuas en el fuego
   y saca la herramienta para su obra;
   y también yo he creado al
   destructor para que destruya.
17 Ninguna arma forjada contra ti,
   prosperará,
   y tú condenarás toda lengua que se
   levante contra ti en el juicio.
   Esta es la herencia de los siervos de
   Jehová:
   su salvación de mí vendrá»,
   dice Jehová.

Misericordia gratuita para todos

55 **1** «¡Venid, todos los sedientos,
   venid a las aguas!*a*
   Aunque no tengáis dinero, ¡venid,
   comprad y comed!
   ¡Venid, comprad sin dinero y sin
   pagar, vino y leche!
2 ¿Por qué gastáis el dinero en lo que
   no es pan
   y vuestro trabajo en lo que no sacia?
   ¡Oídme atentamente: comed de
   lo mejor
   y se deleitará vuestra alma con
   manjares!
3 Inclinad vuestro oído y venid a mí;
   escuchad y vivirá vuestra alma.
   Haré con vosotros un pacto eterno,
   las misericordias firmes a David.*b*
4 He aquí que yo lo di por testigo a
   los pueblos,
   por jefe y por maestro a las
   naciones.
5 He aquí, llamarás a gente que no
   conociste
   y gentes que no te conocieron
   correrán a ti
   por causa de Jehová, tu Dios,
   y del Santo de Israel, que te ha
   honrado.

6 »¡Buscad a Jehová mientras puede
   ser hallado,
   llamadle en tanto que está cercano!

7 Deje el impío su camino
   y el hombre inicuo sus
   pensamientos,
   y vuélvase a Jehová, el cual tendrá
   de él misericordia,
   al Dios nuestro, el cual será amplio
   en perdonar.*c*
8 Porque mis pensamientos no son
   vuestros pensamientos
   ni vuestros caminos mis caminos»,
   dice Jehová.
9 «Como son más altos los cielos que
   la tierra,
   así son mis caminos más altos que
   vuestros caminos
   y mis pensamientos más que
   vuestros pensamientos.

10 »Porque como desciende de los
   cielos la lluvia y la nieve,
   y no vuelve allá, sino que riega la
   tierra
   y la hace germinar y producir,
   y da semilla al que siembra
   y pan al que come,*d*
11 así será mi palabra que sale de
   mi boca:
   no volverá a mí vacía,
   sino que hará lo que yo quiero
   y será prosperada en aquello para
   lo cual la envié.

12 »Porque con alegría saldréis
   y con paz regresaréis.
   Los montes y los collados
   levantarán canción delante de
   vosotros,
   y todos los árboles del campo
   darán palmadas de aplauso.
13 En lugar de la zarza crecerá ciprés,
   y en lugar de la ortiga crecerá
   arrayán;
   y será a Jehová por nombre,
   por señal eterna que nunca será
   borrada».

Recompensa de los que guardan el pacto de Dios

56 **1** Así ha dicho Jehová:
   «Guardad el derecho
   y practicad la justicia,

---

a **55.1-2** Jn 7.37-38; Ap 21.6; 22.17.   *b* **55.3** Hch 13.34.   *c* **55.7** Lm 3.40-42; Zac 1.3; Mal 3.7.
d **55.10** 2 Co 9.10.

porque cerca de venir está mi
   salvación
y de manifestarse mi justicia».

² Bienaventurado el hombre que
   hace esto,
el hijo del hombre que lo abraza:
que guarda el sábado*a* para no
   profanarlo,
y que guarda su mano de hacer
   lo malo.

³ Que el extranjero que sigue a
   Jehová
no hable diciendo:
«Me apartará totalmente Jehová de
   su pueblo»,
ni diga el eunuco:
«He aquí, yo soy un árbol seco».

⁴ Porque así dijo Jehová:
«A los eunucos que guarden mis
   sábados,
que escojan lo que yo quiero
y abracen mi pacto,

⁵ yo les daré lugar en mi casa y
   dentro de mis muros,
y un nombre mejor que el de hijos
   e hijas.
Les daré un nombre permanente,
que nunca será olvidado.

⁶ Y a los hijos de los extranjeros
que sigan a Jehová para servirle,
que amen el nombre de Jehová
para ser sus siervos;
a todos los que guarden el sábado
   para no profanarlo,
y abracen mi pacto,

⁷ yo los llevaré a mi santo monte
y los recrearé en mi casa de oración;
sus holocaustos y sus sacrificios
serán aceptados sobre mi altar,
porque mi casa será llamada
casa de oración para todos los
   pueblos».*b*

⁸ Dice Jehová el Señor,
el que reúne a los dispersos de
   Israel:
«Aún reuniré en él a otros,
junto con los ya reunidos.

⁹ Todas las bestias del campo,

todas las fieras del bosque,
venid a devorar.

¹⁰ Sus guardianes son ciegos,
todos ellos ignorantes;
todos ellos son perros mudos,
que no pueden ladrar;
soñolientos y perezosos,
aman el dormir.

¹¹ Esos perros voraces
son insaciables,
y los pastores mismos
no saben discernir:
todos ellos siguen sus propios
   caminos,
buscando cada uno su propio
   provecho,
cada cual por su lado.

¹² Ellos dicen: "¡Venid, tomemos
   vino,
embriaguémonos de sidra;
y el día de mañana será como este,
o aun mucho más excelente!"».

Condenación de la idolatría de Israel

57 ¹ Perece el justo, pero no hay
   quien piense en ello.
Los piadosos mueren,
pero no hay quien comprenda
que por la maldad es quitado el
   justo;

² pero él entrará en la paz.
Descansarán en sus lechos
todos los que andan delante de
   Dios.

³ «¡En cuanto a vosotros, llegaos acá,
hijos de la hechicera,
generación del adúltero y la
   fornicaria!

⁴ ¿De quién os habéis burlado?
¿Contra quién ensanchasteis la
   boca
y sacasteis la lengua?
¿No sois vosotros hijos rebeldes,
generación mentirosa,

⁵ que ardéis en lujuria entre encinas,
debajo de cualquier árbol
   frondoso,
y sacrificáis los hijos en los valles,
debajo de los peñascos?

---

a **56.2** Ex 20.8-11; Is 58.13-14; Jer 17.19-27.   *b* **56.7** Mt 21.13; Mc 11.17; Lc 19.46.

6 »En las piedras lisas[a] del valle está
    tu parte;
ellas, ellas son tu suerte;
a ellas derramaste libación
y ofreciste presente.
¿No habré de castigar estas cosas?
7 Sobre un monte alto y empinado[b]
    pusiste tu cama;
allí también subiste a hacer
    sacrificios.
8 Tras la puerta y el umbral
pusiste tu recuerdo.
Ante otro, y no ante mí, te
    desnudaste;
subiste y tendiste tu amplia cama,
e hiciste alianza con ellos.
Amabas su cama dondequiera que
    la veías.

9 »Fuiste al rey con ungüento,
multiplicaste tus perfumes,
enviaste tus embajadores lejos
y descendiste hasta la profundidad
    del seol.[c]
10 En la multitud de tus caminos te
    cansaste,
pero no dijiste: "No hay remedio",
sino que hallaste nuevo vigor en tu
    mano,
y por tanto no te desalentaste.
11 ¿De quién te asustaste y temiste,
que has faltado a la fe, y no te has
    acordado de mí
ni te vino al pensamiento?
¿No he guardado silencio desde
    tiempos antiguos,
y nunca me has temido?
12 Yo publicaré tu justicia y tus obras,
que no te aprovecharán.
13 ¡Que te libren tus ídolos cuando
    clames!,
pero a todos ellos se los llevará
    el viento,[d]
un soplo los arrebatará;
mas el que en mí confía tendrá la
    tierra por heredad[e]
y poseerá mi santo monte.
14 Y dirá: "¡Allanad, allanad; barred el
    camino,

quitad los tropiezos del camino de
    mi pueblo!"»

15 Porque así dijo el Alto y Sublime,
el que habita la eternidad
y cuyo nombre es el Santo:
«Yo habito en la altura y la
    santidad,
pero habito también con el
    quebrantado y humilde de
    espíritu,
para reavivar el espíritu de los
    humildes
y para vivificar el corazón de los
    quebrantados.
16 Porque no contenderé para siempre,
ni por siempre estaré enojado,
pues decaerían ante mí
el espíritu y las almas que yo he
    creado.
17 Por la iniquidad de su codicia me
    enojé
y lo herí,
escondí mi rostro y me indigné;
pero él, rebelde, siguió por el
    camino de su corazón.
18 He visto sus caminos, pero lo
    sanaré
y lo pastorearé;
le daré consuelo a él y a sus
    enlutados.
19 Produciré fruto de labios:
Paz, paz para el que está lejos y
    para el que está cerca»,[f]
dice Jehová. «Yo lo sanaré».

20 Pero los impíos son como el mar en
    tempestad,
que no puede estarse quieto
y sus aguas arrojan cieno y lodo.
21 «¡No hay paz para los impíos!»,[g]
ha dicho mi Dios.

El verdadero ayuno

58 1 «¡Clama a voz en cuello, no te
    detengas,
alza tu voz como una trompeta!
¡Anuncia a mi pueblo su rebelión
y a la casa de Jacob su pecado!

---

[a] **57.6** Se trata, sin duda, de piedras erigidas como emblemas sexuales de las divinidades
masculinas y relacionadas con el culto de la fertilidad practicado por los pueblos cananeos.
[b] **57.7** Alusión a los lugares altos.   [c] **57.9** Esto es, *Reino de la muerte.*   [d] **57.13** 1 R 18.26-27.
[e] **57.13** Sal 37.9,11,22,29; Pr 2.21-22; Mt 5.4.   [f] **57.19** Ef 2.13.   [g] **57.21** Is 48.22.

2 Ellos me buscan cada día
y quieren saber mis caminos,
como gente que hubiera hecho
    justicia
y que no hubiera dejado el derecho
    de su Dios.
Me piden justos juicios
y quieren acercarse a Dios.
3 Dicen: "¿Por qué ayunamos y no
    hiciste caso,
humillamos nuestras almas y no te
    diste por entendido?"
He aquí que en el día de vuestro
    ayuno
buscáis vuestro propio interés y
    oprimís a todos vuestros
    trabajadores.
4 He aquí que para contiendas y
    debates ayunáis,
y para herir con el puño
    inicuamente;
no ayunéis como lo hacéis hoy,
para que vuestra voz sea oída en
    lo alto.
5 ¿Es este el ayuno que yo escogí:
que de día aflija el hombre su alma,
que incline su cabeza como un
    junco
y haga cama de telas ásperas y de
    ceniza?
¿Llamaréis a esto ayuno y día
    agradable a Jehová?
6 El ayuno que yo escogí,
¿no es más bien desatar las
    ligaduras de impiedad,
soltar las cargas de opresión,
dejar ir libres a los quebrantados
y romper todo yugo?
7 ¿No es que compartas tu pan con el
    hambriento,
que a los pobres errantes albergues
    en casa,
que cuando veas al desnudo lo
    cubras
y que no te escondas de tu
    hermano?
8 Entonces nacerá tu luz como el alba
y tu sanidad se dejará ver en
    seguida;
tu justicia irá delante de ti
y la gloria de Jehová será tu
    retaguardia.

9 Entonces invocarás, y te oirá
    Jehová;
clamarás, y dirá él: "¡Heme aquí!
Si quitas de en medio de ti el yugo,
el dedo amenazador y el hablar
    vanidad,
10 si das tu pan al hambriento
y sacias al alma afligida,
en las tinieblas nacerá tu luz
y tu oscuridad será como el
    mediodía".
11 Jehová te pastoreará siempre,
en las sequías saciará tu alma
y dará vigor a tus huesos.
Serás como un huerto de riego,
como un manantial de aguas,
cuyas aguas nunca se agotan.
12 Y los tuyos edificarán las ruinas
    antiguas;
los cimientos de generación y
    generación levantarás,
y serás llamado "reparador de
    portillos",
"restaurador de viviendas en
    ruinas".

La observancia del día de reposo

13 »Si retraes del sábado tu pie,[a]
de hacer tu voluntad en mi día
    santo,
y lo llamas "delicia",
"santo", "glorioso de Jehová",
y lo veneras, no andando en tus
    propios caminos
ni buscando tu voluntad ni
    hablando tus propias palabras,
14 entonces te deleitarás en Jehová.
Yo te haré subir sobre las alturas de
    la tierra
y te daré a comer la heredad de tu
    padre Jacob.
La boca de Jehová lo ha hablado».

Confesión del pecado de Israel

59 1 He aquí que no se ha acortado
    la mano de Jehová para
    salvar,
ni se ha endurecido su oído
    para oír;
2 pero vuestras iniquidades
han hecho división entre vosotros y
    vuestro Dios

---

a **58.13-14** Otra posible traducción: *Respeta el sábado:* Cf. Ex 20.8-11; Is 56.2; Jer 17.19-27.

y vuestros pecados han hecho que
oculte de vosotros su rostro
para no oíros.
³ Porque vuestras manos están
sucias de sangre
y vuestros dedos de iniquidad;
vuestros labios pronuncian
mentira
y habla maldad vuestra lengua.
⁴ No hay quien clame por la justicia
ni quien juzgue por la verdad.
Confían en la vanidad
y hablan vanidades;
conciben maldades
y dan a luz iniquidad;
⁵ incuban huevos de áspides
y tejen telas de araña.
El que coma de sus huevos morirá;
y si los rompen, saldrán víboras.
⁶ Sus telas no servirán para vestir
ni de sus obras serán cubiertos;
sus obras son obras de iniquidad
y obra de rapiña está en sus manos.
⁷ Sus pies corren al mal,
se apresuran para derramar sangre
inocente;
sus pensamientos son
pensamientos de iniquidad;
destrucción y quebrantamiento
hay en sus caminos.ᵃ
⁸ No conocieron camino de pazᵇ
ni hay justicia en sus caminos;
sus veredas son torcidas;
nadie que por ellas camine
conocerá paz.

⁹ Por esto se alejó de nosotros la
justicia
y no nos alcanzó la rectitud;
esperamos luz, y he aquí tinieblas;
resplandores, y andamos en
oscuridad.
¹⁰ Palpamos la pared como los ciegos;
andamos a tientas como los que no
tienen ojos.
Tropezamos a mediodía como si
fuera de noche;
estamos en lugares oscuros como
están los muertos.
¹¹ Todos nosotros gruñimos como
osos,

gemimos lastimeramente como
palomas.
Esperamos justicia, mas no la hay;
salvación, pero se alejó de nosotros,
¹² porque nuestras rebeliones se han
multiplicado delante de ti
y nuestros pecados han
atestiguado contra nosotros;
porque con nosotros están nuestras
iniquidades
y conocemos bien nuestros
pecados:
¹³ el rebelarse y negar a Jehová;
el volverle la espalda a nuestro
Dios;
el hablar calumnia y rebelión,
y el concebir y proferir de corazón
palabras de mentira.
¹⁴ El derecho se retiró
y la justicia se puso a distancia,
porque la verdad tropezó en la
plaza
y la equidad no pudo llegar.
¹⁵ La verdad fue detenida
y el que se apartó del mal fue
puesto en prisión.
Esto lo vio Jehová,
y desagradó a sus ojos que hubiera
perecido el derecho.
¹⁶ Vio que no había nadie
y se maravilló que no hubiera
quien se interpusiese;
y lo salvó su brazo
y lo afirmó su misma justicia.ᶜ
¹⁷ Pues de justicia se vistió como de
una coraza,ᵈ
con yelmo de salvación en su
cabeza;
tomó ropas de venganza por
vestidura
y se cubrió de celo como con un
manto,
¹⁸ como para vindicación,
como para retribuir con ira a sus
enemigos
y dar el pago a sus adversarios.
¡El pago dará a los de las costas!
¹⁹ Y temerán desde el occidente el
nombre de Jehová,
y desde el nacimiento del sol, su
gloria,

ᵃ **59.7** Pr 1.16.   ᵇ **59.7-8** Ro 3.15-17.   ᶜ **59.16** Is 63.5.   ᵈ **59.17** Ef 6.14; 1 Ts 5.8.

porque él vendrá como un río
    encajonado,
impelido por el soplo de Jehová.

20 «Vendrá el Redentor a Sión
y a los que se vuelven de la
    iniquidad en Jacob»,[e]
dice Jehová.
21 «Y este será mi pacto con ellos»,
dice Jehová:
«Mi espíritu que está sobre ti
y mis palabras que puse en tu boca,
no faltarán jamás de tu boca
ni de la boca de tus hijos
ni de la boca de los hijos de tus
    hijos».
Jehová lo ha dicho,
desde ahora y para siempre.

Gloria futura de Sión[a]

60 ¹ «¡Levántate, resplandece,
       porque ha venido tu luz
y la gloria de Jehová ha nacido
    sobre ti!
² Porque he aquí que tinieblas
       cubrirán la tierra
y oscuridad las naciones;
mas sobre ti amanecerá Jehová
y sobre ti será vista su gloria.
³ Andarán las naciones a tu luz
y los reyes al resplandor de tu
    amanecer.[b]
⁴ Alza tus ojos alrededor y mira:
todos estos se han juntado, vienen
    hacia ti.
Tus hijos vendrán de lejos
y a tus hijas las traerán en brazos.
⁵ Entonces lo verás y resplandecerás.
Se maravillará y ensanchará tu
    corazón
porque se habrá vuelto a ti la
    abundancia del mar
y las riquezas de las naciones
    habrán llegado hasta ti.
⁶ Multitud de camellos te cubrirá
y dromedarios de Madián y de Efa.
Vendrán todos los de Sabá
trayendo oro e incienso,
y publicarán las alabanzas de
    Jehová.

⁷ Todo el ganado de Cedar será
       reunido para ti;
carneros de Nebaiot estarán a tu
    servicio.
Serán una ofrenda agradable sobre
    mi altar,
y daré esplendor a la casa de mi
    gloria.

⁸ »¿Quiénes son estos que vuelan
       como nubes
y como palomas a sus ventanas?
⁹ Ciertamente, en mí esperarán los
       de las costas,
y las naves de Tarsis desde el
    principio,
para traer tus hijos de lejos,
su plata y su oro con ellos,
al nombre de Jehová tu Dios
y al Santo de Israel, que te ha
    glorificado.
10 Extranjeros edificarán tus muros
y sus reyes estarán a tu servicio,
porque en mi ira te castigué,
mas en mi buena voluntad tendré
    de ti misericordia.[c]
11 Tus puertas estarán de continuo
       abiertas:
no se cerrarán de día ni de noche,
para que a ti sean traídas las
    riquezas de las naciones[d]
y conducidos hasta ti sus reyes,
12 porque la nación o el reino que no
    quiera servirte,
perecerá; del todo será asolado.

13 »La gloria del Líbano vendrá a ti:
cipreses, pinos y bojes juntamente,
para embellecer el lugar de mi
    santuario;
y yo glorificaré el lugar de mis pies.
14 Y vendrán a ti humillados los hijos
    de los que te afligieron,
y a las plantas de tus pies se
    encorvarán
todos los que te despreciaban,[e]
y te llamarán "Ciudad de Jehová",
"Sión del Santo de Israel".
15 En vez de estar abandonada y
    aborrecida,

---

[e] **59.20** Ro 11.26.   [a] **60.1-22** El tema predominante en los caps. 60–62 es la futura gloria de
Jerusalén.   [b] **60.3** Ap 21.24.   [c] **60.10** Is 54.7-8; Lm 3.31-33.   [d] **60.11** Ap 21.25-26.   [e] **60.14** Ap 3.9.

tanto que nadie transitaba por ti,
haré que tengas renombre eterno,
que seas el gozo de todas las
    generaciones.
¹⁶ Mamarás la leche de las naciones,
el pecho de los reyes mamarás;
y sabrás que yo, Jehová, soy tu
    Salvador,
tu Redentor, el Fuerte de Jacob.

¹⁷ »En vez de bronce traeré oro,
y plata en lugar de hierro;
bronce en lugar de madera,
y hierro en lugar de piedras.
Te daré la paz por magistrado,
y la justicia por gobernante.
¹⁸ Nunca más se hablará de violencia
    en tu tierra,
ni de destrucción o
    quebrantamiento en tu
    territorio,
sino que llamarás "Salvación" a tus
    muros,
y a tus puertas "Alabanza".

¹⁹ »El sol nunca más te servirá de luz
    para el día
ni el resplandor de la luna te
    alumbrará,
sino que Jehová te será por luz
    eterna
y el Dios tuyo será tu esplendor.ᶠ
²⁰ No se pondrá jamás tu sol
ni menguará tu luna,
porque Jehová te será por luz
    eterna
y los días de tu luto se habrán
    cumplido.

²¹ »Todo tu pueblo, todos ellos, serán
    justos.
Para siempre heredarán la tierra;
serán los renuevos de mi plantío,
obra de mis manos, para
    glorificarme.
²² El pequeño llegará a ser un millar;
del menor saldrá un pueblo
    poderoso.
Yo Jehová, a su tiempo haré que
    esto se cumpla pronto.

Buenas nuevas de salvación para Sión

61 ¹ »El espíritu de Jehová, el Señor,
        está sobre mí,
porque me ha ungido Jehová.
Me ha enviado a predicar buenas
    noticias a los pobres,ᵃ
a vendar a los quebrantados de
    corazón,
a publicar libertad a los cautivos
y a los prisioneros apertura de la
    cárcel;
² a proclamar el año de la buena
    voluntad de Jehováᵇ
y el día de la venganza del Dios
    nuestro;
a consolar a todos los que están
    de luto;ᶜ
³ a ordenar que a los afligidos de
    Sión
se les dé esplendor en lugar de
    ceniza,
aceite de gozo en lugar de luto,
manto de alegría en lugar del
    espíritu angustiado.
Serán llamados "Árboles de
    justicia",
"Plantío de Jehová", para gloria
    suya.

⁴ »Reedificarán las ruinas antiguas,
levantarán lo que antes fue asolado
y restaurarán las ciudades
    arruinadas,
los escombros de muchas
    generaciones.
⁵ Extranjeros apacentarán vuestras
    ovejas
e hijos de extraños serán vuestros
    labradores y vuestros
    viñadores.
⁶ Vosotros seréis llamados
    sacerdotes de Jehová,
ministros de nuestro Dios seréis
    llamados.
Comeréis las riquezas de las
    naciones
y con su gloria seréis enaltecidos.
⁷ En lugar de vuestra doble
    vergüenza
y de vuestra deshonra,

ᶠ **60.19** Ap 21.23; 22.5.   ᵃ **61.1** Mt 11.5; Lc 7.22.   ᵇ **61.1-2** Lc 4.18-19.   ᶜ **61.2** Is 57.18; Mt 5.4.

os alabarán en sus heredades;
por lo cual en su tierra poseerán
 doble porción
y tendrán perpetuo gozo.

8 »Yo, Jehová, soy amante del
 derecho,
aborrecedor del latrocinio para
 holocausto.
Por eso, afirmaré en verdad su obra
y haré con ellos pacto eterno.[d]
9 La descendencia de ellos será
 conocida entre las naciones
y sus renuevos en medio de los
 pueblos.
Todos los que los vean reconocerán
que son un linaje bendito de
 Jehová.

10 »En gran manera me gozaré en
 Jehová,
mi alma se alegrará en mi Dios,[e]
porque me vistió con vestiduras de
 salvación,
me rodeó de manto de justicia,
como a novio me atavió
y como a novia adornada con sus
 joyas.[f]
11 Porque como la tierra produce su
 renuevo
y como el huerto hace brotar su
 semilla,
así Jehová, el Señor, hará brotar
 justicia y alabanza
delante de todas las naciones».

62 1 Por amor de Sión no callaré
 y por amor de Jerusalén no
 descansaré,
hasta que salga como un
 resplandor su justicia
y su salvación se encienda como
 una antorcha.
2 Entonces verán las naciones tu
 justicia
y todos los reyes tu gloria;
y te será puesto un nombre nuevo,[a]
que la boca de Jehová te pondrá.
3 Y serás corona de gloria en la mano
 de Jehová
y diadema de realeza en la mano
 del Dios tuyo.

4 Nunca más te llamarán
 "Desamparada",
ni tu tierra se dirá más "Desolada";
sino que serás llamada Hefzi-bá,[b]
y tu tierra, Beula;[c]
porque el amor de Jehová estará
 contigo
y tu tierra será desposada.
5 Pues como el joven se desposa con
 la virgen,
así se desposarán contigo tus hijos;
y como el gozo del esposo con la
 esposa,
así se gozará contigo el Dios tuyo.
6 Sobre tus muros, Jerusalén,
he puesto guardas[d]
que no callarán ni de día ni de
 noche.
¡Los que os acordáis de Jehová,
no descanséis
7 ni le deis tregua,
hasta que restablezca a Jerusalén
y la ponga por alabanza en la tierra!

8 Juró Jehová por su mano derecha
y por su poderoso brazo:
«Jamás daré tu trigo
por comida a tus enemigos,
ni beberán los extraños el vino
que es fruto de tu trabajo;
9 sino que quienes lo cosechan lo
 comerán
y alabarán a Jehová;
y quienes lo vendimian lo beberán
en los atrios de mi santuario».

10 ¡Pasad, pasad por las puertas;
barred el camino al pueblo;
allanad, allanad la calzada,
quitad las piedras,
alzad pendón ante los pueblos!
11 He aquí, Jehová lo hizo oir
hasta lo último de la tierra:
«Decid a la hija de Sión
que ya viene su Salvador;
he aquí su recompensa con él
y delante de él su obra».[e]
12 Y los llamarán Pueblo Santo,
Redimidos de Jehová.
Y a ti te llamarán Ciudad Deseada,
No desamparada.

[d] **61.8** Is 61.8; Jer 32.40; Ez 16.60.   [e] **61.10** Lc 1.46-47.   [f] **61.10** Ap 21.2.   [a] **62.2** Is 1.26; 62.12;
Jer 33.16; Ez 48.35.   [b] **62.4** Esto es, *Mi deleite está en ella.*   [c] **62.4** Esto es, *Desposada.*
[d] **62.6** Is 52.8; Ez 33.   [e] **62.11** Is 40.10; Ap 22.12.

El día de la venganza de Jehová

63 ¹—¿Quién es este que viene
de Edom,
de Bosra, con vestidos rojos?
¿Este, vestido con esplendidez,
que marcha en la grandeza de su
poder?
—Yo, el que hablo en justicia,
grande para salvar.
² —¿Por qué es rojo tu vestido
y tus ropas son como las del que ha
pisado en un lagar?*ᵃ*
³ —He pisado yo solo el lagar;*ᵇ*
de los pueblos nadie había
conmigo;
los aplasté con ira,
los pisoteé con furor;
su sangre salpicó mis vestidos
y manché todas mis ropas.*ᶜ*
⁴ Porque el día de la venganza está
en mi corazón;
el año de mis redimidos ha llegado.
⁵ Miré, y no había quien ayudara,
y me maravillé de que no hubiera
quien me sostuviese.
Entonces me salvó mi propio brazo
y mi ira me sostuvo.*ᵈ*
⁶ Con mi ira pisoteé a los pueblos,
los embriagué con mi furor
y derramé en tierra su sangre.*ᵉ*

Bondad de Jehová para con Israel

⁷ De las misericordias de Jehová haré
memoria,
de las alabanzas de Jehová
conforme a todo lo que Jehová nos
ha dado,
y de la grandeza de sus beneficios
hacia la casa de Israel,
que les ha hecho según sus
misericordias
y según la abundancia de sus
piedades.
⁸ Porque él me dijo: «Ciertamente,
mi pueblo son,
hijos que no mienten».
Y fue su salvador.
⁹ En toda angustia de ellos él fue
angustiado,

y el ángel de su faz los salvó;*ᶠ*
en su amor y en su clemencia los
redimió,
los trajo y los levantó
todos los días de la antigüedad.
¹⁰ Mas ellos fueron rebeldes
e hicieron enojar su santo espíritu;
por lo cual se les volvió enemigo
y él mismo peleó contra ellos.*ᵍ*
¹¹ Sin embargo, se acordaron de
aquellos tiempos antiguos,
de Moisés*ʰ* y de su pueblo,
diciendo: «¿Dónde está el que los
hizo subir del mar
con el pastor de su rebaño?
¿dónde el que puso en medio de él
su santo espíritu,*ⁱ*
¹² el que los guió por la diestra de
Moisés
con el brazo de su gloria,
el que dividió las aguas delante de
ellos,*ʲ*
haciéndose así un nombre eterno?
¹³ ¿Dónde el que los condujo por los
abismos,
como un caballo por el desierto,
sin que tropezaran?».
¹⁴ El espíritu de Jehová los pastoreó*ᵏ*
como a una bestia que desciende
al valle.
Así pastoreaste a tu pueblo
para hacerte un nombre glorioso.

Plegaria pidiendo misericordia y ayuda

¹⁵ Mira desde el cielo y contempla
desde tu santa y gloriosa morada.
¿Dónde está tu celo y tu poder,
la conmoción de tus entrañas y tus
piedades para conmigo?
¿Se han estrechado?
¹⁶ ¡Pero tú eres nuestro padre!
Aunque Abraham nos ignore
e Israel no nos reconozca,
tú, Jehová, eres nuestro padre.
Redentor nuestro es tu nombre
desde la eternidad.*ˡ*
¹⁷ ¿Por qué, Jehová, nos has hecho
errar de tus caminos

ᵃ **63.2** Gn 49.11.   *ᵇ* **63.3** Lm 1.15; Jl 3.13; Ap 14.20; 19.15.   *ᶜ* **63.3** Ap 19.13.   *ᵈ* **63.5** Is 59.16.
ᵉ **63.1-6** Is 34.5-17; Jer 49.7-22; Ez 25.12-14; 35.1-15; Am 1.11-12; Abd 1-14; Mal 1.2-5.
ᶠ **63.9** Dt 32.11-12.   *ᵍ* **63.10** Dt 32.15-25.   *ʰ* **63.11** Ex 2.1-10.   *ⁱ* **63.11** Nm 11.24-30.
ʲ **63.12** Ex 14.21.   *ᵏ* **63.14** Sal 77.20.   *ˡ* **63.16** Dt 1.31; Sal 90.1; Is 41.14.

y has endurecido, respecto a tu
temor, nuestro corazón?
¡Vuélvete por amor de tus siervos,
por las tribus de tu heredad!
18 Por poco tiempo lo poseyó tu santo
pueblo;
nuestros enemigos han pisoteado
tu santuario.
19 Hemos venido a ser como aquellos
de quienes nunca te
enseñoreaste,
sobre los cuales nunca fue
invocado tu nombre.

64 **1** ¡Si rasgaras los cielos y
descendieras
y ante tu presencia se derritieran
los montes,[a]
2 como fuego abrasador de
fundiciones,
fuego que hace hervir las aguas!
Así harías notorio tu nombre a tus
enemigos
y las naciones temblarían ante tu
presencia.
3 Cuando, haciendo cosas terribles
cuales nunca hubiéramos
esperado,
descendiste, se derritieron los
montes delante de ti.
4 Nunca nadie oyó,
nunca oídos percibieron ni ojo vio
un Dios fuera de ti, que hiciera algo
por aquel que en él espera.[b]
5 Saliste al encuentro del que con
alegría practicaba la justicia,
de quienes se acordaban de ti
según tus caminos.
Pero tú te enojaste porque
pecamos,
porque en los pecados hemos
perseverado largo tiempo.
¿Podremos acaso ser salvos?,
6 pues todos nosotros somos como
cosa impura,
todas nuestras justicias como trapo
de inmundicia.
Todos nosotros caímos como
las hojas
y nuestras maldades nos llevaron
como el viento.
7 ¡Nadie hay que invoque tu nombre,

que se despierte para apoyarse
en ti!
Por eso escondiste de nosotros tu
rostro
y nos dejaste marchitar en poder de
nuestras maldades.
8 Ahora bien, Jehová, tú eres nuestro
padre;
nosotros somos el barro y tú el
alfarero.[c]
Así que obra de tus manos somos
todos nosotros.
9 No te enojes sobremanera, Jehová,
ni tengas perpetua memoria de la
iniquidad.
¡Míranos ahora, pues pueblo tuyo
somos todos nosotros!
10 Tus santas ciudades están
desiertas,
Sión es un desierto,
Jerusalén una desolación.
11 La casa de nuestro santuario y de
nuestro renombre,
en la cual te alabaron nuestros
padres,
fue consumida por el fuego.
¡Todas nuestras cosas preciosas
han sido destruidas!
12 ¿Te quedarás quieto, Jehová, ante
estas cosas?
¿Callarás y nos afligirás
sobremanera?

Castigo de los rebeldes

65 **1** «Yo me dejé buscar por los que
no preguntaban por mí
y fui hallado por los que no me
buscaban.[a]
Dije a gente que no invocaba mi
nombre:
"¡Aquí estoy, aquí estoy!"
2 Extendí mis manos todo el día
a un pueblo rebelde,[b]
que anda por mal camino,
en pos de sus propios
pensamientos;
3 un pueblo que en mi rostro
me provoca de continuo a ira,
sacrificando en huertos
y quemando incienso sobre
ladrillos;

---

[a] **64.1-3** Ex 19.16-18; Jue 5.4-5; Hab 3.3-15. [b] **64.4** 1 Co 2.9. [c] **64.8** Is 29.16; 45.9; Jer 18.1-6.
[a] **65.1** Ro 10.20. [b] **65.2** Ro 10.21.

4 que se sientan en los sepulcros
y en lugares escondidos pasan la
noche;
que comen carne de cerdo[c]
y en sus ollas hay caldo de cosas
inmundas;
5 que dicen: "Quédate en tu lugar, no
te acerques a mí,
porque soy más santo que tú".
Esos son humo en mi furor,
un fuego que arde todo el día.
6 He aquí que está escrito delante
de mí,
y no callaré, sino que les daré su
merecido;
les daré el pago en su propio seno.
7 Por vuestras iniquidades,
dice Jehová, y por las iniquidades
de vuestros padres juntamente,
los cuales quemaron incienso sobre
los montes
y me afrentaron sobre los collados;
por tanto, yo echaré en su propio
seno
la medida de sus acciones de
antaño».
8 Así ha dicho Jehová:
«Como si alguno hallara mosto en
un racimo
y dijera: "No lo desperdicies,
porque bendición hay en él",
así haré yo por mis siervos,
pues no lo destruiré todo.
9 Sacaré descendencia de Jacob,
y de Judá, el heredero de mis
montes;
mis escogidos poseerán por
heredad la tierra,
y mis siervos habitarán allí.
10 Será el Sarón redil de ovejas
y el valle de Acor[d] majada de vacas,
para mi pueblo que me buscó.
11 Pero vosotros, los que dejáis a
Jehová,
que olvidáis mi santo monte,
que ponéis mesa para la Fortuna
y ofrecéis libaciones al Destino,
12 yo también os destinaré a la espada
y todos vosotros os arrodillaréis
para el degüello.
Porque llamé y no respondisteis,

hablé y no escuchasteis,
sino que hicisteis lo malo delante
de mis ojos
y escogisteis lo que no me
agrada».[e]
13 Por tanto, así dijo Jehová el Señor:
«He aquí que mis siervos comerán
y vosotros pasaréis hambre;
mis siervos beberán
y vosotros pasaréis sed;
mis siervos se alegrarán
y vosotros seréis avergonzados;
14 mis siervos cantarán con júbilo en
el corazón
y vosotros clamaréis con dolor en el
corazón
y aullaréis por el quebrantamiento
del espíritu.
15 Y dejaréis vuestro nombre
por maldición a mis escogidos.
Jehová, el Señor, te hará morir,
y a sus siervos llamará por otro
nombre.
16 El que se bendiga en la tierra,
en el Dios de verdad se bendecirá;
y el que jure en la tierra, por el Dios
de verdad jurará,
porque las angustias primeras
serán olvidadas
y quedarán ocultas a mis ojos.

Cielos nuevos y tierra nueva

17 »Porque he aquí que yo crearé
nuevos cielos y nueva tierra.[f]
De lo pasado no habrá memoria
ni vendrá al pensamiento.
18 Mas os gozaréis y os alegraréis
para siempre
en las cosas que yo he creado,
porque he aquí que yo traigo a
Jerusalén alegría
y a su pueblo gozo.
19 Yo me alegraré con Jerusalén
y me gozaré con mi pueblo,
y nunca más se oirán en ella
voz de lloro ni voz de clamor.[g]
20 No habrá más allí niño que muera
de pocos días
ni viejo que sus días no cumpla,
sino que el niño morirá de cien
años

[c] **65.4** Lv 11.7; Dt 14.8; Is 66.3.   [d] **65.10** Jos 7.24-26.   [e] **65.12** Is 66.4; Jer 7.13.   [f] **65.17** Is 66.22;
2 P 3.13; Ap 21.1.   [g] **65.19** Ap 21.4.

y el pecador de cien años será
maldito.

²¹ Edificarán casas y morarán en ellas;
plantarán viñas y comerán el fruto
de ellas.ʰ

²² No edificarán para que otro habite
ni plantarán para que otro coma;
porque según los días de los
árboles serán los días de mi
pueblo,
y mis escogidos disfrutarán la obra
de sus manos.

²³ No trabajarán en vano
ni darán a luz para maldición,
porque son linaje de los benditos de
Jehová,
ellos mismos y también sus
descendientes.

²⁴ Antes que clamen, yo responderé;
mientras aún estén hablando, yo
habré oído.

²⁵ El lobo y el cordero serán
apacentados juntos;
el león comerá paja como el buey
y el polvo será el alimento de la
serpiente.ⁱ
No afligirán ni harán mal
en todo mi santo monte».
Jehová lo ha dicho.ʲ

Juicios de Jehová y restablecimiento de Sión

66 ¹ Jehová ha dicho:
«El cielo es mi tronoᵃ
y la tierra el estrado de mis pies.ᵇ
¿Dónde está la casa que me habréis
de edificar?
¿Dónde el lugar de mi reposo?ᶜ

² Mi mano hizo todas estas cosas,
así todas ellas llegaron a ser»,
dice Jehová.
«Pero yo miraré a aquel
que es pobre y humilde de espíritu
y que tiembla a mi palabra.

³ El que sacrifica buey es como si
matara a un hombre;
el que sacrifica oveja, como si
degollara a un perro;
el que hace ofrenda, como si
ofreciera sangre de cerdo;

el que quema incienso, como si
bendijera a un ídolo.
Pues porque escogieron sus
propios caminos
y su alma amó sus abominaciones,

⁴ también yo escogeré para ellos
desgracias
y traeré sobre ellos lo que temen;
porque llamé, pero nadie
respondió;
hablé, pero no escucharon,
sino que hicieron lo malo delante
de mis ojos
y escogieron lo que no me
agrada».ᵈ

⁵ Oíd palabra de Jehová,
vosotros los que tembláis a su
palabra:
«Vuestros hermanos que os
aborrecen
y os echan fuera por causa de mi
nombre,
dijeron:
"¡Sea Jehová glorificado
y veamos nosotros vuestra
alegría!"
Pero ellos serán avergonzados.

⁶ ¡Voz de alboroto de la ciudad,
voz del Templo,
voz de Jehová que da el pago a sus
enemigos!ᵉ

⁷ »¡Antes que estuviera de parto,
dio a luz;
antes que le vinieran dolores,
dio a luz un hijo!ᶠ

⁸ ¿Quién oyó cosa semejante?
¿quién vio tal cosa?
¿Concebirá la tierra en un día?
¿Nacerá una nación de una
sola vez?
Pues en cuanto Sión estuvo de
parto,
dio a luz a sus hijos.

⁹ Yo que hago dar a luz,
¿no haré nacer?», dice Jehová.
«Yo que hago engendrar,
¿impediré el nacimiento?» dice
tu Dios.

ʰ **65.21** Jer 31.5; Am 9.14. ⁱ **65.25** Gn 3.14. ʲ **65.25** Is 11.6-9. ᵃ **66.1** Mt 5.34; 23.22.
ᵇ **66.1** Mt 5.35. ᶜ **66.1-2** Hch 7.49-50. ᵈ **66.4** Is 65.12; Jer 7.13-14. ᵉ **66.6** Ap 16.17.
ᶠ **66.7** Ap 12.5.

10 «Alegraos con Jerusalén,
gozaos con ella todos los que la
amáis;
llenaos de gozo con ella
todos los que os enlutáis por ella,
11 para que maméis y os saciéis
de los pechos de sus consolaciones,
para que bebáis y os deleitéis
con la plenitud de su gloria».
12 Porque así dice Jehová:
«He aquí que yo extiendo sobre ella
la paz como un río
y las riquezas de las naciones
como un torrente que se desborda;
y mamaréis, en los brazos seréis
traídos
y sobre las rodillas seréis mimados.
13 Como aquel a quien consuela su
madre,
así os consolaré yo a vosotros,
y en Jerusalén recibiréis consuelo».

14 Lo veréis y se alegrará vuestro
corazón,
y vuestros huesos reverdecerán
como la hierba.
La mano de Jehová para con sus
siervos se dará a conocer
y se enojará contra sus enemigos.
15 Porque he aquí que Jehová vendrá
con fuego
y sus carros como un torbellino,
para descargar su ira con furor
y su represión con llama de fuego.
16 Porque Jehová juzgará
con fuego y con su espada
a todo hombre;
y los muertos por Jehová serán
multiplicados.

17 «Los que se santifican
y los que se purifican en los huertos,
unos tras otros,
y los que comen carne de cerdo

y abominación y ratón,
juntamente serán talados»,
ha dicho Jehová.

18 «Porque yo conozco sus obras y sus
pensamientos; tiempo vendrá para juntar
a todas las naciones y lenguas: vendrán y
verán mi gloria. 19 Pondré entre ellos una
señal y enviaré a los sobrevivientes de
ellos a las naciones: a Tarsis, a Fut y a Lud
que disparan arco, a Tubal y a Javán, a las
costas lejanas que no han oído de mí ni
han visto mi gloria. Y publicarán mi gloria entre las naciones.

20 »Y traerán a todos vuestros hermanos de entre todas las naciones, como una
ofrenda para Jehová, en caballos, en carros, en literas, en mulos y en camellos, a
mi santo monte de Jerusalén», dice Jehová, «al modo que los hijos de Israel traen
la ofrenda en utensilios limpios a la casa
de Jehová. 21 Y tomaré también de ellos
para sacerdotes y levitas», dice Jehová.

22 «Porque como los cielos nuevos
y la nueva tierra^g que yo hago
permanecerán delante de mí»,
dice Jehová,
«así permanecerá
vuestra descendencia y vuestro
nombre.^{h}

23 »Y de mes en mes, y de sábado en
sábado,
vendrán todos a adorar delante
de mí»,
dice Jehová.
24 «Saldrán y verán los cadáveres de
los hombres
que se rebelaron contra mí;
porque su gusano nunca morirá
ni su fuego se apagará.^{i}
Y serán abominables
para todo ser humano».

---

^{g} **66.22** Is 65.17; 2 P 3.13; Ap 21.1. ^{h} **66.22** Jer 31.35-36. ^{i} **66.24** Mc 9.48.

JEREMÍAS

INTRODUCCIÓN

En el seno de una familia sacerdotal de Anatot, probablemente entre los años 650 y 645 a. C., nació quien más tarde sería conocido como el profeta Jeremías (1.1). Siendo todavía muy joven (1.6), el Señor lo llamó a su servicio (626 a.C.). El poderío asirio estaba tocando entonces a su fin, lo que trajo consigo un corto período de libertad para los pueblos que habían estado sometidos. Sin embargo, estos fueron cayendo después, paulatinamente, bajo el dominio de los babilonios.

Tras la muerte del rey Josías en la batalla de Meguido (609 a.C.) y quedar trunco el proceso de reforma por él iniciado, el profeta presenció la desintegración política y moral del reino de Judá, que culminó en la destrucción de Jerusalén (586 a.C.) y la masiva deportación a Babilonia de sus habitantes.

Jeremías desarrolló su actividad profética en tiempos de Josías y de los últimos reyes de Judá: Joacaz (también llamado Salum), Joacim (o Eliaquim), Joaquín (o Jeconías) y Sedequías (o Matanías). Sus contínuas advertencias al pueblo sobre la catástrofe que se avecinaba, a causa de su pecado e idolatría, fueron desoídas. Tampoco pudo convencer a Sedequías de que una alianza con los egipcios acabaría en un desastre (27.6-8).

El libro de Jeremías (=Jer) puede dividirse en tres secciones:

La primera (cap. 1–25), poética en su mayor parte, corresponde a los dos primeros decenios del ministerio de Jeremías, quien dirige su predicación especialmente a Judá y a la ciudad de Jerusalén, a fin de que sus habitantes se arrepientan de sus propios pecados.

En la segunda sección (cap. 26–45) predomina el género narrativo y casi toda ella está redactada en prosa. El autor centra su atención en ciertos incidentes de su vida y va intercalando resúmenes de sus mensajes proféticos.

La tercera parte del libro está constituida por los mensajes contra las naciones paganas del entorno palestino (cap. 46–51) y por un epítome del relato de la caída de Jerusalén (cap. 52).

Jeremías había sido enviado no solamente para arrancar, destruir y derribar, sino también «para edificar y para plantar» (1.10). Entre las promesas de salvación que el profeta proclama destaca el anuncio de que el antiguo pacto va a ser sustituido por uno nuevo, no grabado en tablas de piedra: «Pondré mi ley en su mente y la escribiré en su corazón; y yo seré su Dios, y ellos serán mi pueblo» (31.33).

Esquema del contenido

1. Mensajes contra Judá y Jerusalén (1–25)
2. Relatos autobiográficos y anuncios de salvación (26–45)
3. Mensajes contra las naciones paganas (46–51)
4. Apéndice: la caída de Jerusalén (52)

Llamamiento y misión de Jeremías

1 ¹Las palabras de Jeremías hijo de Hilcías, de los sacerdotes que residieron en Anatot, en tierra de Benjamín. ²Palabra de Jehová que le vino en los días de Josías[a] hijo de Amón, rey de Judá, en el año decimotercero de su reinado. ³Le vino también en días de Joacim[b] hijo de Josías, rey de Judá, hasta el fin del año undécimo de Sedequías[c] hijo de Josías,

[a] **1.2** 2 R 22.1—23.30; 2 Cr 34—35. [b] **1.3** 2 R 23.36—24.7; 2 Cr 36.5-8. [c] **1.3** 2 R 24.18—25.21; 2 Cr 36.11-21.

rey de Judá, hasta la deportación[d] de Jerusalén en el mes quinto.

4 Vino, pues, palabra de Jehová a mí, diciendo:

5 «Antes que te formara en el
vientre,[e] te conocí,
y antes que nacieras, te santifiqué,
te di por profeta a las naciones».

6 Yo dije:

«¡Ah, ah, Señor Jehová! ¡Yo no sé
hablar, porque soy un
muchacho!».

7 Me dijo Jehová:

«No digas: "Soy un muchacho",
porque a todo lo que te envíe irás,
y dirás todo lo que te mande.
8 No temas delante de ellos,
porque contigo estoy para librarte,
dice Jehová».

9 Extendió Jehová su mano y tocó mi boca, y me dijo Jehová:

«He puesto mis palabras en
tu boca.
10 Mira que te he puesto en este día
sobre naciones y sobre reinos,
para arrancar y destruir,
para arruinar y derribar,
para edificar y plantar».

11 La palabra de Jehová vino a mí, diciendo: «¿Qué ves tú, Jeremías?». Yo respondí: «Veo una vara de almendro». **12** Me dijo Jehová: «Bien has visto, porque yo vigilo sobre mi palabra para ponerla por obra».

13 Vino a mí la palabra de Jehová por segunda vez, diciendo: «¿Qué ves tú?». Yo dije: «Veo una olla hirviendo, que se vierte desde el norte».

14 Me dijo Jehová:

«Del norte se soltará el mal

sobre todos los moradores de esta
tierra.
15 Porque yo convoco
a todas las familias de los reinos del
norte,
dice Jehová;
vendrán, y pondrá cada uno su
campamento
a la entrada de las puertas de
Jerusalén,
junto a todos sus muros en
derredor
y contra todas las ciudades de
Judá.[f]
16 A causa de toda su maldad,
proferiré mis juicios
contra los que me abandonaron e
incensaron
a dioses extraños, y la obra de sus
manos adoraron.
17 Tú, pues, ciñe tu cintura,
levántate y háblales todo cuanto te
mande.
No te amedrentes delante de ellos,
para que yo no te amedrente en su
presencia.
18 Porque yo te he puesto en este día
como ciudad fortificada,
como columna de hierro
y como muro de bronce[g] contra
toda esta tierra,
contra los reyes de Judá, sus
príncipes,
sus sacerdotes y el pueblo de la
tierra.
19 Pelearán contra ti, pero no te
vencerán,
porque yo estoy contigo, dice
Jehová, para librarte».

Jehová y la apostasía de Israel

2 **1** Vino a mí palabra de Jehová, diciendo:

2 «Anda y proclama a los oídos de
Jerusalén,
diciendo que así dice Jehová:
"Me he acordado de ti, de la
fidelidad de tu juventud,

---

[d] **1.3** Jeremías no integró la caravana de los deportados (cf. Jer 40.1-6), sino que después de la destrucción de Jerusalén siguió activo entre sus compatriotas que no fueron condenados al exilio; cf. Jer 42—44.   [e] **1.5** Job 10.8-12; Sal 139.13-16.   [f] **1.14-15** Jer 4.6; 6.1; 13.20.   [g] **1.18** Jer 15.20.

del amor de tu desposorio,
cuando andabas en pos de mí en el
    desierto,
en tierra no sembrada".
³ Santo era Israel a Jehová,
primicias de sus nuevos frutos.
Todos los que lo devoraban eran
    culpables;
mal venía sobre ellos,
dice Jehová».

⁴ ¡Oíd la palabra de Jehová, casa de Jacob y todas las familias de la casa de Israel! ⁵ Así dice Jehová:

«¿Qué maldad hallaron en mí
    vuestros padres,
que se alejaron de mí,
y se fueron tras la vanidad
y se volvieron vanos?
⁶ No dijeron: "¿Dónde está Jehová,
que nos hizo subir de la tierra de
    Egipto,
que nos condujo por el desierto,
por una tierra desierta y
    despoblada,
por tierra seca y de sombra de
    muerte,
por una tierra por la cual no pasó
    varón
ni habitó en ella hombre alguno?".ᵃ
⁷ Os introduje en tierra de
    abundancia,
para que comierais su fruto y sus
    bienes;
pero entrasteis y contaminasteis mi
    tierra,
e hicisteis abominable mi
    heredad.ᵇ
⁸ Los sacerdotes no dijeron: "¿Dónde
    está Jehová?",
y los que tenían la Ley no me
    conocieron;
los pastores se rebelaron contra mí,
los profetas profetizaron en
    nombre de Baal
y anduvieron tras lo que no
    aprovecha.

⁹ »Por tanto, pleitearé aún con
    vosotros,
dice Jehová.
Con los hijos de vuestros hijos
    pleitearé.
¹⁰ Pasad, pues, a las costas de Quitim
    y mirad;
enviad a Cedar y considerad
    cuidadosamente.
Ved si se ha hecho cosa semejante
    a esta.
¹¹ ¿Acaso alguna nación ha cambiado
    sus dioses,ᶜ
aunque estos no son dioses?
Sin embargo, mi pueblo ha
    cambiado su gloria
por lo que no aprovecha.
¹² ¡Espantaos, cielos, sobre esto, y
    horrorizaos!
¡Pasmaos en gran manera!,
dice Jehová.

¹³ »Porque dos males ha hecho mi
    pueblo:
me dejaron a mí,
    fuente de agua viva,ᵈ
y cavaron para sí cisternas,
cisternas rotas que no retienen
    el agua.

¹⁴ »¿Es Israel un siervo?
¿Es un esclavo?
¿Por qué ha venido a ser presa?
¹⁵ Los cachorros del león rugieron
    contra él,
alzaron su voz y asolaron su tierra;
quemadas están sus ciudades,
    sin morador.
¹⁶ Aun los hijos de Menfis y de
    Tafnesᵉ
te quebraron el cráneo.
¹⁷ ¿No te acarreó esto el haber dejado
    a Jehová, tu Dios,
cuando te conducía por el camino?
¹⁸ Ahora, pues, ¿qué tienes tú en el
    camino de Egipto
para que bebas agua del Nilo?
¿Y qué tienes tú en el camino de
    Asiria
para que bebas agua del Éufrates?
¹⁹ Tu maldad te castigará
y tus rebeldías te condenarán;

ᵃ 2.6 Dt 32.10-12.   ᵇ 2.6-7 Dt 8.2-16.   ᶜ 2.10-11 Sal 106.19-20; Ro 1.23.   ᵈ 2.13 Jn 4.10-14; 7.37-38.   ᵉ 2.16 Dos importantes ciudades egipcias.

reconoce, pues, y ve cuán malo y
  amargo
es el haber dejado tú a Jehová,
  tu Dios,
y no tener temor de mí,
dice el Señor, Jehová de los
  ejércitos.[f]

20 »Porque desde hace mucho tiempo
  rompiste tu yugo y tus ataduras,
y dijiste: "No serviré".
Con todo eso, sobre todo collado
  alto[g]
y debajo de todo árbol frondoso
te acostabas como una prostituta.
21 Te planté de vid escogida,
toda ella de buena simiente,
¿cómo, pues, te me has vuelto
  sarmiento de vid extraña?[h]
22 Aunque te laves con lejía
y amontones jabón sobre ti,
la mancha de tu pecado
  permanecerá aún delante de mí,
dice Jehová, el Señor.[i]
23 ¿Cómo puedes decir: "No soy
  impura,
nunca anduve tras los baales"?
Mira tu proceder en el valle,
conoce lo que has hecho,
dromedaria ligera que corre de un
  lado a otro,
24 asna montés acostumbrada al
  desierto,
que en su ardor olfatea el viento.
De su lujuria, ¿quién la detendrá?
Ninguno que la busque se fatigará,
porque en el tiempo de su celo la
  hallará.[j]

25 »Guarda tus pies de andar
  descalzos
y tu garganta de la sed.
Mas dijiste: "No hay remedio en
  ninguna manera,
porque a extraños he amado y tras
  ellos he de ir"

26 »Como se avergüenza el ladrón
  cuando es descubierto,
así se avergonzará la casa de Israel,

ellos, sus reyes, sus príncipes,
sus sacerdotes y sus profetas,
27 que dicen a un leño: "Mi padre eres
  tú",
y a una piedra: "Tú me has
  engendrado".
Me volvieron la espalda y no el
  rostro,
pero en el tiempo de su calamidad
  dicen:
"¡Levántate y líbranos!"
28 ¿Y dónde están tus dioses que
  hiciste para ti?
¡Levántense ellos, a ver si pueden
  librarte
en el tiempo de tu aflicción!,
porque según el número de tus
  ciudades, Judá,
han sido tus dioses.[k]

29 »¿Por qué pleiteas conmigo?
Todos vosotros os rebelasteis
  contra mí,
dice Jehová.
30 En vano he azotado a vuestros
  hijos:
no han admitido la corrección.
Vuestra espada devoró a vuestros
  profetas
como león destrozador.[l]
31 ¡Oh generación!,
atended vosotros a la palabra de
  Jehová.
¿He sido yo un desierto para Israel
o una tierra de tinieblas?
¿Por qué ha dicho mi pueblo:
"Somos libres; nunca más
  vendremos a ti"?
32 ¿Se olvida la virgen de su atavío
o la desposada de sus galas?
Pero mi pueblo se ha olvidado
  de mí
por innumerables días.

33 »¡Cómo adornas tu camino para
  buscar amor!
¡Cómo aprendiste los caminos de
  maldad!
34 Aun en tus faldas se halló la sangre
de los pobres, de los inocentes.[m]

---

[f] 2.19 Heb. *Yahvé Sebaot* (1 S 1.3).   [g] 2.20 Jer 3.1-4; 5.7; 13.27; Os 2.5; 4.10-13.   [h] 2.21 Is 5.1-7;
Lc 13.6-9.   [i] 2.22 Is 1.18.   [j] 2.23-24 Os 2.5; 4.12-14   [k] 2.28 Dt 32.37-38.   [l] 2.30 1 R 19.10;
Mt 23.37.   [m] 2.34 La denuncia de la injusticia social es uno de los temas dominantes de la
predicación profética. Cf. Is 1.17; Os 4.1-3; Am 2.6-8; 4.1; 5.24.

No los sorprendiste en ningún
delito;
sin embargo, en todas estas cosas
dices:

³⁵ "Soy inocente, de cierto su ira se
apartó de mí".
Yo entraré en juicio contigo,
porque dijiste: "No he pecado".

³⁶ ¿Por qué eres tan ligera para
cambiar tus caminos?
También serás avergonzada por
Egipto,
como fuiste avergonzada por
Asiria.

³⁷ También de allí saldrás con tus
manos sobre la cabeza,
porque Jehová desechó a aquellos
en quienes tú confiabas,
y no prosperarás con ellos.

3 ¹ »Dicho está:
"Si alguno deja a su mujer,
y esta se va de él
y se junta a otro hombre,
¿volverá de nuevo a ella?
¿No será tal tierra del todo
mancillada?"ª
Tú, pues, que has fornicado con
muchos amigos,
¿habrás de volver a mí?,
dice Jehová.

² »Alza tus ojos a las alturas,ᵇ
y ve si hay algún lugar donde no te
hayas prostituido.
Junto a los caminos te sentabas
para ellos
como un árabe en el desierto,
y con tus fornicaciones y tu maldad
has contaminado la tierra.

³ Por esta causa las aguas fueron
detenidas
y faltó la lluvia tardía.
Te has mostrado como una
prostituta,
y no has querido avergonzarte.

⁴ ¿Acaso no me llamas ahora mismo
Padre mío, y Guía de mi juventud?

⁵ Tú dices: "¿Guardará su enojo para
siempre?
¿Eternamente lo guardará?"

He aquí que has hablado así,
pero has hecho cuantas maldades
pudiste».

Jehová exhorta a Israel y a Judá al arrepentimiento

⁶ Me dijo Jehová en días del rey Josías:ᶜ «¿Has visto lo que ha hecho la rebelde Israel? Se ha ido a todo monte alto y bajo todo árbol frondoso, y allí ha fornicado. ⁷ Y dije: "Después de hacer todo esto, se volverá a mí", ¡pero no se volvió! Y lo vio su hermana, la rebelde Judá. ⁸ Ella vio que por haber fornicado la rebelde Israel, yo la había despedido y dado carta de repudio; pero no tuvo temor la rebelde Judá, su hermana, sino que también fue ella y fornicó. ⁹ Y sucedió que por juzgar ella cosa ligera su fornicación, la tierra fue contaminada, pues adulteró con la piedra y con el leño. ¹⁰ Con todo esto, su hermana, la rebelde Judá, no se volvió a mí de todo corazón, sino fingidamente, dice Jehová».

¹¹ Y me dijo Jehová: «Ha resultado justa la rebelde Israel en comparación con la traidora Judá. ¹² Ve y proclama estas palabras hacia el norte, y di:

»"Vuélvete, rebelde Israel,
dice Jehová;
no haré caer mi ira sobre ti,
porque misericordioso soy yo,
dice Jehová;
no guardaré para siempre el enojo.

¹³ Reconoce, pues, tu maldad,
porque contra Jehová, tu Dios, te
has levantado,
y has fornicado con los extraños
debajo de todo árbol frondoso,
y no has escuchado mi voz,
dice Jehová.

¹⁴ »Convertíos, hijos rebeldes, dice Jehová, porque yo soy vuestro esposo; os tomaré, uno de cada ciudad y dos de cada familia, y os introduciré en Sión. ¹⁵ Os daré pastores según mi corazón, que os apacienten con conocimiento y con inteligencia. ¹⁶ Y acontecerá que cuando os multipliquéis y

---

ª **3.1** Dt 24.1-4.   ᵇ **3.2** 1 R 3.2; Jer 2.20.   ᶜ **3.6** 2 R 22.1—23.30; 2 Cr 34.1—35.27.

crezcáis en la tierra, en esos días, dice Jehová, no se dirá más: '¡Arca del pacto de Jehová!'. No vendrá al pensamiento ni se acordarán de ella, no la echarán de menos ni será hecha de nuevo. [17] En aquel tiempo llamarán a Jerusalén Trono de Jehová, y todas las naciones vendrán a ella en el nombre de Jehová, a Jerusalén; y no andarán más tras la dureza de su malvado corazón.

[18] »En aquellos tiempos irán de la casa de Judá a la casa de Israel, y vendrán juntamente de la tierra del norte a la tierra que hice heredar a vuestros padres.[d]

[19] »Yo preguntaba: ¿Cómo os pondré
     por hijos
y os daré la tierra deseable,
la rica heredad de las naciones?
Y dije: Me llamaréis Padre mío,
y no os apartaréis de en pos de mí.
[20] Pero como la esposa infiel
       abandona a su compañero,
así os levantasteis contra mí, casa
     de Israel,
dice Jehová.[e]

[21] »Una voz se oye sobre las alturas,
llanto de los ruegos de los hijos de
     Israel,
porque han torcido su camino,
se han olvidado de Jehová, su Dios.
[22] ¡Convertíos, hijos rebeldes,
y os sanaré de vuestras
     rebeliones!"»

«Aquí estamos, venimos a ti,
porque tú, Jehová, eres nuestro
     Dios.
[23] Ciertamente vanidad son los
       collados
y el bullicio sobre los montes;
ciertamente en Jehová, nuestro
     Dios,
está la salvación de Israel.

[24] »Confusión consumió el trabajo de
       nuestros padres
desde nuestra juventud:
sus ovejas, sus vacas, sus hijos y
     sus hijas.
[25] Yacemos en nuestra vergüenza,

nuestra ignominia nos cubre;
porque pecamos contra Jehová,
     nuestro Dios,
nosotros y nuestros padres,
desde nuestra juventud y hasta
     este día,
y no hemos escuchado la voz de
     Jehová, nuestro Dios».

4 [1] «Si te has de volver, Israel»,
dice Jehová,
«vuélvete a mí.
Si quitas de delante de mí tus
     abominaciones
y no andas de acá para allá,
[2] y si con verdad y conforme al
     derecho y la justicia juras:
"Vive Jehová",
entonces las naciones serán
     benditas en él,
y en él se gloriarán.

[3] »Porque así dice Jehová a todo hombre de Judá y de Jerusalén:

»Arad campo para vosotros[a]
y no sembréis entre espinos.
[4] Circuncidaos para Jehová,
quitad el prepucio de vuestro
     corazón,
hombres de Judá y moradores de
     Jerusalén,
no sea que mi ira salga como fuego,
que se encienda y no haya quien la
     apague
a causa de la maldad de vuestras
     obras.

Judá es amenazada de invasión

[5] »Anunciadlo en Judá, proclamadlo
en Jerusalén, diciendo:
"Tocad trompeta en la tierra";
gritad a voz en cuello y decid:
"¡Reuníos y entremos
en las ciudades fortificadas!".
[6] Alzad bandera en Sión,
huid, no os detengáis,
porque del norte hago yo venir
mal y quebrantamiento grande.
[7] El león sube de la espesura,
el destructor de naciones está en
     marcha;

---

[d] **3.18** Gn 13.14-15.   [e] **3.20** Os 2.2,5.   [a] **4.3** Os 10.12.

ha salido de su lugar para poner tu
tierra en desolación;
tus ciudades quedarán asoladas y
sin morador.
8 Por eso, vestíos con ropas ásperas,
lamentaos y gemid,
porque la ira de Jehová
no se ha apartado de nosotros.

9 »En aquel día», dice Jehová,
«desfallecerá el corazón del rey
y el corazón de los príncipes,
los sacerdotes estarán atónitos
y se espantarán los profetas».

10 Yo dije: «¡Ay, ay, Jehová, Dios,
verdaderamente en gran manera
has engañado a este pueblo y a
Jerusalén,
diciendo: "Tendréis paz",
pues la espada ha entrado hasta el
alma!»

11 En aquel tiempo
se dirá a este pueblo y a Jerusalén:
«Un viento seco de las alturas del
desierto
viene hacia la hija de mi pueblo,
y no para aventar ni para limpiar.
12 Un viento más impetuoso que este
vendrá a servirme,
y ahora yo pronunciaré juicios
contra ellos.

13 »Subirá como las nubes,
y su carro como un torbellino.
Más ligeros son sus caballos que las
águilas.
¡Ay de nosotros, porque
entregados somos al despojo!
14 Lava tu corazón de maldad,
Jerusalén,
para que seas salva.
¿Hasta cuándo permitirás en
medio de ti
los pensamientos de iniquidad?
15 Porque una voz trae las noticias
desde Dan
y hace oir la calamidad desde los
montes de Efraín.
16 Decid a las naciones, hacedlo oir
sobre Jerusalén:

"Invasores vienen de tierra lejana,
y lanzarán su voz
contra las ciudades de Judá".
17 Como guardas de campo la
rodearán,
porque se rebeló contra mí,
dice Jehová.

18 »Tu camino y tus obras
te hicieron esto;
esta es tu maldad,
por lo cual la amargura penetrará
hasta tu corazón».

19 ¡Mis entrañas, mis entrañas!
Me duelen las fibras de mi corazón;
mi corazón se agita dentro de mí,
no callaré,
porque sonido de trompeta has
oído, alma mía:
¡un pregón de guerra!
20 Se anuncia quebranto tras
quebranto,
porque toda la tierra es destruida.
¡De repente son destruidas mis
tiendas,
en un momento mis cortinas!
21 ¿Hasta cuándo he de ver bandera
y he de oir sonido de trompeta?
22 Porque mi pueblo es necio, no me
conocieron;
son hijos ignorantes y faltos de
entendimiento;[b]
son sabios para hacer el mal,[c]
pero no saben hacer el bien.

23 Miré a la tierra, y vi que estaba
desordenada y vacía;
y a los cielos, y no había luz en ellos.
24 Miré a los montes, y vi que
temblaban,
y todos los collados fueron
destruidos.
25 Miré, y no había hombre,
y todas las aves del cielo se habían
ido.
26 Miré, y vi que el campo fértil era un
desierto,
y todas sus ciudades estaban
asoladas
delante de Jehová,
delante del ardor de su ira.

[b] **4.22** Dt 32.5-6; Is 1.2-3.   [c] **4.22** Is 1.16-17.

²⁷ Así dijo Jehová:
«Toda la tierra será asolada,
pero no la destruiré del todo.
²⁸ Por esto se enlutará la tierra,
y los cielos arriba se oscurecerán,
porque hablé, lo pensé
y no me arrepentiré ni desistiré
de ello.
²⁹ Al estruendo de la gente de a
caballo y de los flecheros
huye toda la ciudad;
entran en las espesuras de los
bosques
y se suben a los peñascos;
todas las ciudades fueron
abandonadas
y no queda en ellas morador
alguno.
³⁰ Y tú, destruida, ¿qué harás?
Aunque te vistas de grana,
aunque te adornes con atavíos
de oro,
aunque pintes con antimonio
tus ojos,
en vano te engalanas,
pues te desprecian tus amantes,
los que buscan tu vida.
³¹ Porque he oído una voz como de
mujer
que está de parto,
angustia como de primeriza.
Es la voz de la hija de Sión,
que lamenta y extiende sus manos,
diciendo:
"¡Ay de mí, pues mi alma desfallece
a causa de los asesinos!"»

Impiedad de Jerusalén y de Judá

5 ¹ «Recorred las calles de Jerusalén,
mirad ahora e informaos; buscad
en sus plazas
a ver si halláis un solo hombre,
si hay alguno que practique la
justicia,
que busque la verdad,
y yo lo perdonaré.^a
² Aunque digan: "Vive Jehová",
juran en falso».

³ Jehová, ¿no miran tus ojos la
verdad?
Los azotaste, y no les dolió;

los consumiste, y no quisieron
recibir corrección;
endurecieron sus rostros más que
la piedra,
y no quisieron convertirse.

⁴ Entonces yo dije:
«Ciertamente, estos son pobres,
han enloquecido
pues no conocen el camino de
Jehová,
el juicio de su Dios.
⁵ Iré a los grandes y les hablaré,
porque ellos conocen el camino de
Jehová,
el juicio de su Dios.
¡Pero ellos también quebraron
el yugo,
rompieron las coyundas!

⁶ »Por tanto, el león de la selva los
matará,
los destruirá el lobo del desierto,
el leopardo acechará sus ciudades.
Cualquiera que salga de ellas, será
arrebatado,
porque sus rebeliones se han
multiplicado,
se han aumentado sus traiciones.

⁷ »¿Cómo te he de perdonar por
esto?
Tus hijos me dejaron
y juraron por lo que no es Dios.
Los sacié y adulteraron,
y en casa de prostitutas se juntaron
en compañías.
⁸ Como caballos bien alimentados,
cada cual relinchaba tras la mujer
de su prójimo.
⁹ ¿No había de castigar esto?,
dice Jehová.
De una nación como esta,
¿no se había de vengar mi alma?
¹⁰ Escalad sus muros y destruid,
pero no del todo;
quitad las almenas de sus muros
porque no son de Jehová.
¹¹ Porque resueltamente se rebelaron
contra mí
la casa de Israel y la casa de Judá,
dice Jehová».

^a **5.1** Gn 18.23-33.

¹² Negaron a Jehová,
y dijeron: «Él no existe,
y no vendrá mal sobre nosotros
ni veremos espada ni hambre».
¹³ Los profetas serán como viento,
porque no hay en ellos palabra;
así se hará a ellos.

¹⁴ Por tanto, así ha dicho
Jehová, Dios de los ejércitos:
«Por haber dicho esto,
yo pongo mis palabras
en tu boca como fuego,
y a este pueblo como leña,
y los consumirá.

¹⁵ »Yo traigo sobre vosotros
gente de lejos, casa de Israel,
dice Jehová;
gente robusta, gente antigua,
gente cuya lengua ignoras
y no entenderás lo que diga.
¹⁶ Su aljaba es como un sepulcro
abierto;
todos son valientes.
¹⁷ Comerá tu mies y tu pan,
comerá a tus hijos y a tus hijas;
comerá tus ovejas y tus vacas,
comerá tus viñas y tus higueras,
y a espada convertirá en nada
tus ciudades fortificadas en que
confías.ᵇ

¹⁸ »No obstante, en aquellos días, dice
Jehová, no os destruiré del todo. ¹⁹ Y
cuando digan: "¿Por qué Jehová, el Dios
nuestro, hizo con nosotros todas estas cosas?", entonces les dirás: "De la manera
que me dejasteis a mí y servisteis a dioses
ajenos en vuestra tierra, así serviréis a extraños en tierra ajena".

²⁰ »Anunciad esto en la casa de Jacob
y hacedlo oir en Judá, diciendo:
²¹ Oíd ahora esto, pueblo necio y sin
corazón,
que tiene ojos y no ve,
que tiene oídos y no oye.ᶜ
²² ¿A mí no me temeréis?, dice Jehová.
¿No os amedrentaréis ante mí,
que puse la arena por límite al mar,

por estatuto eterno que no
quebrantará?
Se levantarán tempestades, mas no
prevalecerán.
Bramarán sus olas, mas no lo
traspasarán.ᵈ
²³ Pero este pueblo tiene corazón
falso y rebelde;
se apartaron y se fueron.
²⁴ Y no dijeron en su corazón:
"Temamos ahora a Jehová, Dios
nuestro,
que da lluvia temprana y tardía en
su tiempo,
y nos guarda los tiempos
establecidos de la siega".
²⁵ Vuestras iniquidades han
estorbado estas cosas;
vuestros pecados apartaron de
vosotros el bien,
²⁶ porque hay en mi pueblo
malhechores
que acechan como quien pone
lazos,
que tienden trampas para cazar
hombres.
²⁷ Como jaula llena de pájaros,
así están sus casas llenas de
engaño;
así se han hecho poderosos y ricos.
²⁸ Engordaron y se pusieron
lustrosos,
y sobrepasaron los hechos del
malo.
No juzgaron la causa, la causa del
huérfano,
y sin embargo, prosperaron.
¡La causa de los pobres no
juzgaron!
²⁹ Dice Jehová: ¿No castigaré esto?
¿De tal gente no se vengará mi
alma?

³⁰ »Cosa espantosa y fea
es hecha en el país:ᵉ
³¹ los profetas profetizan mentira
y los sacerdotes dominan por
manos de ellos.
¡Y mi pueblo así lo quiere!
¿Qué, pues, haréis cuando llegue el
fin?»

ᵇ 5.15-17 Dt 28.49-52.   ᶜ 5.21 Is 6.9-10; Ez 12.2; Mc 8.18.   ᵈ 5.22 Job 38.8-11.   ᵉ 5.30 Jer 23.13-14.

El juicio contra Jerusalén y Judá

6 ¹ ¡Huid, hijos de Benjamín,
de en medio de Jerusalén!
¡Tocad bocina en Tecoa!
¡Alzad señales de humo sobre
Bet-haquerem!,
porque del norte
asoma el mal, un gran
quebrantamiento.

² Destruiré a la bella y delicada hija
de Sión.

³ Contra ella vendrán pastores con
sus rebaños;[a]
junto a ella y a su alrededor
plantarán sus tiendas.
Cada uno apacentará su manada.

⁴ «¡Anunciad guerra contra ella!
¡Levantaos! ¡Asaltémosla a
mediodía!
¡Ay de nosotros,
que va cayendo el día
y las sombras de la tarde se han
extendido!

⁵ ¡Levantaos! ¡Asaltemos de noche
y destruyamos sus palacios!»

⁶ Así dijo Jehová de los ejércitos:

«Cortad árboles y levantad un
terraplén
contra Jerusalén.
Esta es la ciudad que ha de ser
castigada,
pues toda ella está llena de
violencia.

⁷ Como de la fuente nunca cesan de
manar las aguas,
así de ella nunca cesa de manar la
maldad;
injusticia y robo se oyen en ella;
continuamente en mi presencia hay
enfermedad y herida.

⁸ ¡Corrígete, Jerusalén,
para que no se aparte mi alma de ti,
para que no te conviertas en
desierto,
en tierra deshabitada!»

⁹ Así dijo Jehová de los ejércitos:
«Del todo rebuscarán como a vid
al resto de Israel;
vuelve a pasar tu mano
como vendimiador entre los
sarmientos».

¹⁰ «¿A quién hablaré y amonestaré,
para que escuchen?
Sus oídos son incircuncisos,
y no pueden escuchar;
y la palabra de Jehová les es cosa
vergonzosa,
¡no la aman!

¹¹ Por tanto, estoy lleno de la ira de
Jehová,
estoy cansado de contenerme.

»Derrámala sobre los niños en
la calle,
e igualmente sobre la reunión de
los jóvenes,
porque será preso tanto el marido
como la mujer,
tanto el viejo como el muy anciano.

¹² Sus casas serán traspasadas a otros,
sus heredades y también sus
mujeres,
porque yo extenderé mi mano
sobre los moradores de la tierra,
dice Jehová.

¹³ »Desde el más chico de ellos hasta
el más grande,
cada uno sigue la avaricia;
y desde el profeta hasta el
sacerdote,
todos son engañadores.

¹⁴ Curan la herida de mi pueblo con
liviandad,
diciendo: "Paz, paz",
¡pero no hay paz![b]

¹⁵ ¿Se han avergonzado
de haber hecho abominación?
Ciertamente no se han
avergonzado,
ni aun saben tener vergüenza;
por tanto, caerán entre los que
caigan;
cuando los castigue caerán,
dice Jehová».[c]

¹⁶ Así dijo Jehová:
«Paraos en los caminos, mirad
y preguntad por las sendas
antiguas,

---

[a] **6.3** Son los jefes con sus ejércitos. [b] **6.14** Jer 8.11; Ez 13.10. [c] **6.12-15** Jer 8.10-12.

cuál sea el buen camino.
Andad por él y hallaréis descanso
para vuestra alma».[d]
Mas dijeron: «¡No andaremos!»

[17] «Puse también sobre vosotros
atalayas, que dijeran:
"¡Estad atentos al sonido de la
trompeta!".
Y ellos dijeron: "¡No lo
estaremos!"»

[18] Por tanto, oíd, naciones, y entended,
congregación, lo que sucederá.

[19] «Oye, tierra:
Yo traigo el mal sobre este pueblo,
el fruto de sus pensamientos,
porque no escucharon mis palabras
y aborrecieron mi Ley.
[20] ¿Para qué me traéis este incienso
de Sabá
y la buena caña olorosa de tierra
lejana?
Vuestros holocaustos no son
aceptables
ni vuestros sacrificios me
agradan».

[21] Por tanto, Jehová dice esto:
«Yo pongo a este pueblo
tropiezos, y caerán en ellos
los padres y los hijos juntamente;
el vecino y su compañero
perecerán».

[22] Así ha dicho Jehová:
«Un pueblo viene de la tierra del
norte,
una nación grande se levantará de
los confines de la tierra.
[23] Arco y lanza empuñarán;
crueles son, y no tendrán
compasión;
su estruendo brama como el mar,
y montan a caballo
como hombres dispuestos para la
guerra,
contra ti, hija de Sión».[e]

[24] Al oír de su fama,
nuestras manos se han
descoyuntado.
De nosotros se ha apoderado la
angustia,
un dolor como de mujer que está de
parto.
[25] ¡No salgas al campo
ni andes por el camino,
porque espada de enemigo
y temor hay por todas partes![f]
[26] ¡Hija de mi pueblo, cíñete de ropas
ásperas
y revuélcate en ceniza!
¡Ponte de luto como por el hijo
único, y llora amargamente,
porque pronto vendrá sobre
nosotros el destructor!

[27] «Por fortaleza y por torre de vigilancia te he puesto en mi pueblo: conoce,
pues, y examina el camino de ellos».

[28] Todos ellos son rebeldes, porfiados
y calumniadores.
Son bronce y hierro;
todos ellos son corruptores.
[29] Se quemó el fuelle,
por el fuego se ha consumido el
plomo;
en vano fundió el fundidor,
pues la escoria no se ha
desprendido.
[30] Plata desechada los llamarán,
porque Jehová los desechó.

Mejorad vuestros caminos y vuestras obras[a]

7 [1] Palabra de Jehová que vino a Jeremías, diciendo: [2] «Ponte a la puerta de
la casa de Jehová y proclama allí esta palabra. Diles: "Oíd palabra de Jehová, todo
Judá, los que entráis por estas puertas para adorar a Jehová. [3] Así ha dicho Jehová
de los ejércitos, Dios de Israel: Mejorad
vuestros caminos y vuestras obras, y os
haré habitar en este lugar. [4] No fiéis en palabras de mentira, diciendo: '¡Templo de

---

[d] **6.16** Mt 11.29.   [e] **6.22-23** Jer 50.41-42.   [f] **6.25** Sal 31.13; Jer 20.10; 46.5; 49.29; Lm 2.22.
[a] **7.1-15** Primero de una serie de textos redactados en prosa (7.1—8.3), semejantes en contenido
y forma literaria a los discursos del libro de *Deuteronomio* (cf. Jer 11.1-17; 13.1-14; 18.1-12).

Jehová, templo de Jehová, templo de Jehová es este!'

5»Pero si de veras mejoráis vuestros caminos y vuestras obras; si en verdad practicáis la justicia entre el hombre y su prójimo, 6 y no oprimís al extranjero, al huérfano y a la viuda, ni en este lugar derramáis la sangre inocente, ni vais en pos de dioses extraños para mal vuestro, 7 yo os haré habitar en este lugar, en la tierra que di a vuestros padres para siempre.

8»Vosotros confiáis en palabras de mentira, que no aprovechan. 9 Hurtáis, matáis, adulteráis, juráis en falso, quemáis incienso a Baal y vais tras dioses extraños que no habíais conocido, 10 ¿y ahora venís y os presentáis delante de mí en esta Casa sobre la cual es invocado mi nombre, y decís: 'Somos libres', para seguir haciendo todas estas abominaciones? 11 ¿Es cueva de ladrones*b* delante de vuestros ojos esta Casa, sobre la cual es invocado mi nombre? Esto también yo lo veo, dice Jehová. 12 Id ahora a mi lugar en Silo,*c* donde hice habitar mi nombre al principio, y ved lo que le hice por la maldad de mi pueblo Israel. 13 Ahora, pues, por cuanto vosotros habéis hecho todas estas cosas, dice Jehová, y aunque os hablé sin cesar, no escuchasteis, y aunque os llamé, no respondisteis,*d* 14 haré también a esta Casa, sobre la cual es invocado mi nombre, en la que vosotros confiáis, y a este lugar que os di a vosotros y a vuestros padres, como hice a Silo. 15 Os echaré de mi presencia, como eché a todos vuestros hermanos, a toda la generación de Efraín".

16»Tú, pues, no ores por este pueblo; no eleves por ellos clamor ni oración, ni me ruegues, porque no te oiré. 17 ¿No ves lo que estos hacen en las ciudades de Judá y en las calles de Jerusalén? 18 Los hijos recogen la leña, los padres encienden el fuego y las mujeres amasan la masa para hacer tortas a la reina del cielo y ofrendas a dioses ajenos, para provocarme a ira. 19 ¿Me provocarán ellos a ira?, dice Jehová. ¿No obran más bien ellos mismos su propia confusión? 20 Por tanto, así ha dicho Jehová, el Señor: Sobre este lugar, sobre los hombres, sobre los animales, sobre los árboles del campo y sobre los frutos de la tierra se derramarán mi furor y mi ira. Se encenderán y no se apagarán».

Castigo de la rebelión de Judá

21 Así ha dicho Jehová de los ejércitos, Dios de Israel: «¡Añadid vuestros holocaustos a vuestros sacrificios, y comed la carne! 22 Porque no hablé yo con vuestros padres, ni nada les mandé acerca de holocaustos y de víctimas el día que los saqué de la tierra de Egipto.*e* 23 Pero esto les mandé, diciendo: Escuchad mi voz, y yo seré vuestro Dios y vosotros seréis mi pueblo; y andad en todo camino que os mande, para que os vaya bien.*f* 24 Pero no escucharon ni inclinaron su oído, antes caminaron en sus propios consejos, en la dureza de su corazón malvado. Fueron hacia atrás y no hacia adelante, 25 desde el día que vuestros padres salieron de la tierra de Egipto hasta hoy. Os envié todos los profetas, mis siervos; los envié desde el principio y sin cesar. 26 Pero no me escucharon ni inclinaron su oído, sino que endurecieron su corazón e hicieron peor que sus padres.

27»Tú, pues, les dirás todas estas palabras, pero no te escucharán; los llamarás, pero no te responderán. 28 Les dirás, por tanto: "Esta es la nación que no escuchó la voz de Jehová, su Dios, ni admitió corrección; pereció la fidelidad, de la boca de ellos fue arrancada"».

29 ¡Córtate el cabello, arrójalo
 y levanta llanto sobre las alturas,
porque Jehová ha aborrecido
 y dejado a la generación objeto
 de su ira!

30 «Los hijos de Judá han hecho lo malo ante mis ojos, dice Jehová; pusieron sus abominaciones en la Casa, sobre la cual fue invocado mi nombre, y la profanaron. 31 Y han edificado los lugares altos de Tofet, que está en el valle del hijo de Hinom,*g* para quemar en el fuego a sus hijos

---

b 7.11 Mt 21.13; Mc 11.17; Lc 19.46.   *c* 7.12-14 Jos 18.1; Sal 78.60; Jer 26.6.   *d* 7.13 Is 65.12; 66.4.
e 7.22 Sal 51.16-19; Am 5.25.   *f* 7.23 Ex 19.5; Lv 26.3-12; Jer 11.4; 30.21-22; 31.33.
g 7.31 2 R 23.10, Jer 32.35.

y a sus hijas,[h] cosa que yo no les mandé ni me pasó por la mente. ³²Por tanto, vendrán días, dice Jehová, en que no se dirá más Tofet ni valle del hijo de Hinom, sino valle de la Matanza. Y serán enterrados en Tofet, por no haber otro lugar. ³³Los cuerpos muertos de este pueblo serán comida para las aves del cielo y para las bestias de la tierra, y no habrá quien las espante. ³⁴Yo haré desaparecer de las ciudades de Judá y de las calles de Jerusalén la voz de gozo y la voz de alegría, la voz del esposo y la voz de la esposa,[i] porque la tierra será desolada».

8 ¹«En aquel tiempo, dice Jehová, sacarán de sus sepulcros los huesos de los reyes de Judá, los huesos de sus príncipes, los huesos de los sacerdotes, los huesos de los profetas y los huesos de los habitantes de Jerusalén. ²Los esparcirán al sol y a la luna y a todo el ejército del cielo, a los cuales amaron y sirvieron, en pos de los cuales anduvieron, a los cuales consultaron y ante los cuales se postraron. No serán recogidos ni enterrados; serán como estiércol sobre la faz de la tierra.[a] ³Y escogerá la muerte antes que la vida todo el resto que quede de esta mala generación, en todos los lugares adonde arroje yo a los que queden, dice Jehová de los ejércitos.

⁴»Les dirás asimismo que así ha dicho Jehová:

»El que cae, ¿no se levanta?
El que se desvía, ¿no vuelve al
　camino?
⁵ ¿Por qué es este pueblo de
　Jerusalén rebelde con rebeldía
　sin fin?
Abrazaron el engaño y no han
　querido volverse.
⁶ Escuché con atención:
no hablan rectamente,
no hay hombre que se arrepienta de
　su mal,
diciendo: "¿Qué he hecho?".
Cada cual se volvió a su propia
　carrera,

como caballo que se lanza con
　ímpetu a la batalla.
⁷ Aun la cigüeña en el cielo
conoce su tiempo,
y la tórtola, la grulla y la golondrina
guardan el tiempo de su venida;
pero mi pueblo
no conoce el juicio de Jehová.[b]

⁸ »¿Cómo decís: "Nosotros somos
　sabios,
y la ley de Jehová está con
　nosotros"?
Ciertamente la ha cambiado en
　mentira
la pluma mentirosa de los escribas.
⁹ Los sabios se avergonzaron,
se espantaron y fueron
　consternados;
aborrecieron la palabra de Jehová;
¿dónde, pues, está su sabiduría?
¹⁰ Por tanto, daré a otros sus mujeres,
y sus campos a quienes los
　conquisten;
porque desde el más pequeño
　hasta el más grande,
cada uno sigue la avaricia;
desde el profeta hasta el sacerdote
todos practican el engaño.
¹¹ Y curan la herida de la hija de mi
　pueblo con liviandad,
diciendo: "Paz, paz",
¡y no hay paz!c
¹² ¿Se han avergonzado de haber
　hecho abominación?
Ciertamente no se han
　avergonzado en lo más mínimo,
¡ni saben lo que es la vergüenza!
Caerán, por tanto, entre los que
　caigan;
cuando los castigue caerán,
dice Jehová».[d]

¹³ «Los eliminaré del todo,
dice Jehová.
No quedarán uvas en la vid
ni higos en la higuera,
y se caerá la hoja,
y lo que les he dado pasará
de ellos».

---

[h]**7.31** Lv 18.21; Is 57.5; Jer 19.5.　[i]**7.34** Jer 16.9; 25.10; Ap 18.23.　[a]**8.1-2** Jer 25.33.　[b]**8.7** Is 1.3.
[c]**8.11** Jer 6.14; Ez 13.10.　[d]**8.10-12** Jer 6.12-15.

14 ¿Por qué permanecemos sentados?
¡Reuníos! ¡Entremos en las
ciudades fortificadas
y perezcamos allí!
Porque Jehová, nuestro Dios, nos
ha destinado a perecer,
y nos ha dado a beber aguas
envenenadas,
porque hemos pecado contra
Jehová.
15 Esperamos paz,
y no hubo nada bueno;
día de curación,
y hubo turbación.
16 Desde Dan se oyó el resoplar de sus
caballos;
al sonido de los relinchos de sus
corceles tembló toda la tierra.
Vinieron y devoraron la tierra y
todo lo que en ella había,
la ciudad y a los que moraban
en ella.

17 «Yo envío sobre vosotros
serpientes, víboras contra las
cuales no hay encantamiento,
y os morderán,
dice Jehová».

Lamento sobre Judá y Jerusalén

18 A causa de mi intenso dolor,
mi corazón desfallece.
19 Se oye la voz del clamor de la hija
de mi pueblo,
que viene de la tierra lejana:
«¿No está Jehová en Sión?
¿No está en ella su Rey?».
«¿Por qué me hicieron airar con sus
imágenes de talla,
con vanidades ajenas?».

20 ¡Pasó la siega, se acabó el verano,
pero nosotros no hemos sido
salvos!
21 ¡Quebrantado estoy por el
quebrantamiento de la hija de
mi pueblo;
abrumado estoy, el espanto se ha
apoderado de mí!
22 ¿No hay bálsamo en Galaad?
¿No hay allí médico?

¿Por qué, pues, no hubo sanidad
para la hija de mi pueblo?

9

1 ¡Ay, si mi cabeza se hiciera agua
y mis ojos fuentes de lágrimas,
para llorar día y noche
a los muertos de la hija de mi
pueblo![a]
2 ¡Ay, quién me diera en el desierto
un albergue de caminantes,
para abandonar a mi pueblo y
apartarme de ellos!,
porque todos ellos son adúlteros,
una congregación de traidores.
3 Hicieron que su lengua lanzara
mentira como un arco,[b]
y no se fortalecieron para la verdad
en la tierra,
porque de mal en mal procedieron.
«Me han desconocido»,
dice Jehová.

4 Guárdese cada cual de su
compañero
y en ningún hermano tenga
confianza,
porque todo hermano engaña
falazmente
y todo compañero anda
calumniando.
5 Cada uno engaña a su compañero
y ninguno dice la verdad.
Han acostumbrado su lengua a
decir mentiras
y se ocupan de actuar
perversamente.

6 «Su morada está en medio del
engaño;
engañadores como son, no
quisieron conocerme»,
dice Jehová.
7 Por tanto, así dice Jehová de los
ejércitos:
«Yo los refinaré y los probaré,
porque ¿qué más he de hacer por la
hija de mi pueblo?
8 Saeta aguda es la lengua de ellos:
solo habla engaño.
Con su boca dicen: "Paz" al amigo,
pero dentro de sí le ponen
asechanzas.

---

a 9.1 Lm 3.48-51.   b 9.3 Sal 64.3; Pr 6.17-18; Stg 3.1-12.

⁹ ¿No los he de castigar por estas
cosas?,
dice Jehová.
De tal nación, ¿no se vengará mi
alma?

¹⁰ »Por los montes levantaré lloro y
lamentación,
y llanto por los pastizales del
desierto,
porque han sido desolados
hasta no quedar quien pase
ni oírse el bramido del ganado;
desde las aves del cielo hasta las
bestias
de la tierra huyeron, se fueron.

¹¹ »Reduciré a Jerusalén a un montón
de ruinas,
a una guarida de chacales,
y convertiré las ciudades de Judá
en una desolación
donde no quede un solo morador».

Amenaza de ruina y exilio

¹² ¿Quién es hombre sabio que entienda esto?, o ¿a quién habló la boca de Jehová, para que pueda declararlo? ¿Por qué
causa la tierra ha perecido, ha sido asolada como un desierto, hasta no haber
quien pase por ella?

¹³ Dijo Jehová: «Dejaron mi Ley, la cual
di delante de ellos, y no obedecieron a mi
voz ni caminaron conforme a ella; ¹⁴ antes
bien, se fueron tras la imaginación de su
corazón y en pos de los baales, según les
enseñaron sus padres. ¹⁵ Por tanto, así dice Jehová de los ejércitos, Dios de Israel: A
este pueblo yo les daré a comer ajenjo y
les daré a beber aguas envenenadas.ᶜ
¹⁶ Los esparciré entre naciones que ni ellos
ni sus padres conocieron; y enviaré la espada en pos de ellos, hasta que los acabe».

¹⁷ Así dice Jehová de los ejércitos:
«Sed sabios y haced venir a las
plañideras;
buscad a las hábiles en su oficio».
¹⁸ ¡Que se den prisa
y levanten llanto por nosotros!
¡Deshágase nuestros ojos en
lágrimas,

y nuestros párpados destilen
aguas!,
¹⁹ porque de Sión fue oída una voz de
lamentación:
«¡Cómo hemos sido destruidos!
En gran manera hemos sido
avergonzados,
porque abandonamos la tierra,
porque han destruido nuestras
moradas».
²⁰ Oíd, pues, mujeres, palabra de
Jehová;
reciba vuestro oído la palabra de
su boca.
Enseñad lamentaciones a vuestras
hijas
y un canto fúnebre cada una a su
amiga,
²¹ porque la muerte ha subido por
nuestras ventanas
y ha entrado en nuestros palacios,
para exterminar a los niños en las
calles,
a los jóvenes en las plazas.
²² Di: «Así dice Jehová:
Los cuerpos de los hombres
muertos caerán
como estiércol sobre la faz del
campo,
como manojos tras el segador,
y no hay quien los recoja».

El conocimiento de Dios es la gloria del hombre

²³ Así ha dicho Jehová:
«No se alabe el sabio en su
sabiduría,
ni en su valentía se alabe el
valiente,
ni el rico se alabe en sus riquezas.
²⁴ Mas alábese en esto el que haya de
alabarse:
en entenderme y conocerme,ᵈ
que yo soy Jehová,
que hago misericordia, juicio y
justicia en la tierra,
porque estas cosas me agradan,
dice Jehová».

²⁵ «Vienen días, dice Jehová, en que
castigaré a todo circuncidado y a todo incircunciso; ²⁶ a Egipto y a Judá, a Edom, a

ᶜ 9.15 Jer 23.15.   ᵈ 9.24 1 Co 1.31; 2 Co 10.17.

los hijos de Amón y de Moab, y a todos los que se rapan las sienes, los que habitan en el desierto, porque todas las naciones son incircuncisas, y toda la casa de Israel es incircuncisa de corazón».

Los falsos dioses y el Dios verdadero[a]

10 ¹Oíd la palabra que Jehová ha hablado sobre vosotros, casa de Israel. ²Así ha dicho Jehová:

«No aprendáis el camino de las naciones
ni tengáis temor de las señales del cielo,
aunque las naciones las teman.
³Porque las costumbres de los pueblos son vanidad:
cortan un leño del bosque,
luego lo labra el artífice con su cincel,
⁴con plata y oro lo adornan
y con clavos y martillo lo afirman
para que no se mueva.
⁵Derechos están como una palmera,
pero no hablan;
son llevados, porque no pueden andar.[b]
No tengáis temor de ellos,
porque ni pueden hacer mal
ni tienen poder para hacer bien».[c]

⁶No hay nadie semejante a ti, Jehová;
grande eres tú
y grande en poder es tu nombre.
⁷¿Quién no te temerá, Rey de las naciones?[d]
A ti es debido el temor,
porque entre todos los sabios de las naciones
y en todos sus reinos,
no hay nadie semejante a ti.
⁸Todos se infatuarán y entontecerán.
Enseñanza vana es el leño.
⁹Traerán plata batida de Tarsis y oro de Ufaz,

obra del artífice y de manos del fundidor;
los vestirán de azul y de púrpura,
pues obra de peritos es todo.
¹⁰Mas Jehová es el Dios verdadero:
él es el Dios vivo y el Rey eterno;
ante su ira tiembla la tierra,
y las naciones no pueden sufrir su indignación.

¹¹Les diréis esto: «Los dioses, que no hicieron los cielos ni la tierra, desaparezcan de la tierra y de debajo de los cielos».

¹²Él hizo con su poder la tierra,
con su saber puso en orden el mundo
y con su sabiduría extendió los cielos.
¹³A su voz se produce un tumulto de aguas en el cielo;
él hace subir las nubes del extremo de la tierra,
trae los relámpagos con la lluvia
y saca el viento de sus depósitos.[e]
¹⁴Todo hombre se embrutece, le falta conocimiento;
se avergüenza de su ídolo todo fundidor,
porque mentirosa es su obra de fundición y no hay espíritu en ella.
¹⁵Vanidad son, obra vana;
en el tiempo de su castigo perecerán.
¹⁶No es así la porción de Jacob,
porque él es el Hacedor de todo,
e Israel es la vara de su heredad:
¡Jehová de los ejércitos es su nombre!

Asolamiento de Judá

¹⁷Recoge del suelo tu equipaje,
tú que moras en lugar fortificado,
¹⁸porque así ha dicho Jehová:
«Esta vez arrojaré con honda
a los moradores de la tierra,
y los afligiré, para que lo sientan».

---

[a] **10.1-11** Sal 115.3-8; 135.15-18; Is 40.19-22; 41.7,29; 44.9-20; 46.5-7.   [b] **10.5** Is 46.1-7.
[c] **10.5** Sal 115.4-8; 135.15-18; Is 41.23-24,29.   [d] **10.7** Sal 22.28; 47.2,7; Zac 14.9,16-17; Mal 1.14; Ap 15.4.   [e] **10.13** Sal 135.7.

¹⁹ ¡Ay de mí, por mi
     quebrantamiento!
Mi llaga es muy dolorosa.
Pero dije: «Ciertamente
     enfermedad mía es esta, y debo
     sufrirla.
²⁰ Mi tienda está destruida
y todas mis cuerdas están rotas;
mis hijos me han abandonado y
     perecieron;
no hay ya quien levante mi tienda
ni quien cuelgue mis cortinas».^f

²¹ Porque los pastores se han vuelto
     necios
y no han buscado a Jehová;
por eso, no prosperaron
y se dispersó todo su rebaño.

²² Un fuerte rumor, un gran alboroto,
viene de la tierra del norte,
para convertir en soledad todas las
     ciudades de Judá,
en guarida de chacales.

²³ ¡Conozco, Jehová, que el hombre
     no es señor de su camino,
ni del hombre que camina es el
     ordenar sus pasos!^g
²⁴ ¡Castígame, Jehová, mas con juicio;
no con tu furor, para que no me
     aniquiles!^h

²⁵ Derrama tu enojo sobre los pueblos
que no te conocen
y sobre las naciones que no invocan
     tu nombre,
porque se comieron a Jacob,
lo devoraron, lo han consumido
y han asolado su morada.

El pacto violado

11 ¹ Palabra que vino de Jehová a Jeremías, diciendo: ² «Oíd las palabras de este pacto, y hablad a todo hombre de Judá y a todo habitante de Jerusalén. ³ Decidles que así ha dicho Jehová, Dios de Israel: "Maldito el que no obedezca las palabras de este pacto, ⁴ el cual mandé a vuestros padres el día que los saqué de la tierra de Egipto, del horno de hierro,

diciéndoles: Oíd mi voz y cumplid mis palabras conforme a todo lo que os mando. Entonces vosotros seréis mi pueblo y yo seré vuestro Dios.^a ⁵ Así confirmaré el juramento que hice a vuestros padres, que les daría la tierra que fluye leche y miel,^b como en este día"».

Yo respondí y dije: «¡Amén, Jehová!».

⁶ Jehová me dijo: «Proclama todas estas palabras en las ciudades de Judá y en las calles de Jerusalén, diciendo: "Oíd las palabras de este pacto y ponedlas por obra. ⁷ Porque solemnemente advertí a vuestros padres el día que los hice subir de la tierra de Egipto, amonestándolos sin cesar, desde el principio hasta el día de hoy, diciendo: ¡Escuchad mi voz! ⁸ Pero no escucharon ni inclinaron su oído; antes bien, se fueron cada uno tras la imaginación de su malvado corazón. Por tanto, traeré sobre ellos todas las palabras de este pacto, el cual mandé que cumplieran, y no cumplieron"».

⁹ Me dijo Jehová: «Conspiración se ha hallado entre los hombres de Judá y entre los habitantes de Jerusalén. ¹⁰ Se han vuelto a las maldades de sus primeros padres, los cuales no quisieron escuchar mis palabras y se fueron tras dioses ajenos para servirlos. La casa de Israel y la casa de Judá quebrantaron mi pacto, el cual había yo concertado con sus padres. ¹¹ Por tanto, así ha dicho Jehová: Yo traigo sobre ellos un mal del que no podrán escapar. Clamarán a mí, pero no los escucharé. ¹² Entonces irán las ciudades de Judá y los habitantes de Jerusalén a clamar a los dioses a quienes queman incienso, los cuales no los podrán salvar en el tiempo de su mal. ¹³ Porque según el número de tus ciudades fueron tus dioses, Judá; y según el número de tus calles, Jerusalén, pusiste los altares de ignominia, altares para ofrecer incienso a Baal.

¹⁴ »Tú, pues, no ores por este pueblo: no levantes por ellos clamor ni oración, porque yo no los escucharé el día en que por su aflicción clamen a mí.

¹⁵ »¿Qué derecho tiene mi amada en
     mi Casa,

---

^f **10.19-20** Is 49.19-23; Jer 4.20.   ^g **10.23** Pr 20.24; Mt 6.27.   ^h **10.24** Sal 6.1; 38.1.   ^a **11.4** Dt 4.20;
1 R 8.51; Jer 7.23.   ^b **11.5** Dt 6.3; 11.9; 27.3; 31.20.

habiendo hecho tantas
abominaciones?
¿Crees que los sacrificios y la carne
consagrada de las víctimas
pueden evitarte el castigo?
¿Puedes gloriarte de eso?
¹⁶ Olivo verde, hermoso en su fruto y
en su aspecto,
llamó Jehová tu nombre.
Pero al son de un recio estrépito
hizo encender fuego sobre él,
y se quebraron sus ramas.

¹⁷»Porque Jehová de los ejércitos, que
te plantó, ha decretado el mal contra ti, a
causa de la maldad que la casa de Israel y
la casa de Judá han cometido, provocándome a ira al quemar incienso a Baal».

Complot contra Jeremías[c]

¹⁸ Jehová me lo hizo saber, y lo supe;
entonces me hiciste ver sus obras. ¹⁹ Yo
era como un cordero inocente que llevan
a degollar, pues no entendía que maqui-
naban designios contra mí, diciendo:
«Destruyamos el árbol con su fruto, corté-
moslo de la tierra de los vivientes, para
que no haya más memoria de su nombre».

²⁰ Pero tú, Jehová de los ejércitos,
que juzgas con justicia,
que escudriñas la mente y el
corazón,
déjame ver tu venganza sobre ellos,
porque ante ti he expuesto mi
causa.

²¹ Por tanto, así ha dicho Jehová acerca
de los hombres de Anatot que buscan tu
vida, diciendo: «No profetices en nombre
de Jehová, para que no mueras a nuestras
manos». ²² Así, pues, ha dicho Jehová de
los ejércitos: «Yo los castigaré: los jóvenes
morirán a espada, sus hijos y sus hijas
morirán de hambre. ²³ No quedará ni un
resto de ellos, pues yo traeré el mal sobre
los hombres de Anatot, en el año de su
castigo».

Queja de Jeremías y respuesta de Dios

12 ¹ Justo eres tú, Jehová,
para que yo dispute contigo;
sin embargo, alegaré mi causa
ante ti.
¿Por qué es prosperado el camino
de los malvados
y les va bien a todos los que se
portan deslealmente?
² Los plantaste,
y echaron raíces; crecieron, y
dieron fruto;
cercano estás tú en sus bocas,
pero lejos de sus corazones.[a]
³ Pero tú, Jehová, me conoces;
me viste y has probado mi corazón
para contigo.
¡Arrebátalos como a ovejas para el
degolladero,
y señálalos para el día de la
matanza!
⁴ ¿Hasta cuándo estará desierta la
tierra
y marchita la hierba de todo el
campo?
Por la maldad de los que en ella
moran
han perecido los ganados y las
aves,[b]
pues dijeron:
«No verá Dios nuestro fin».

⁵ «Si corriste con los de a pie y te
cansaron,
¿cómo contenderás con los
caballos?
Y si en la tierra de paz no estabas
seguro,
¿cómo harás en la espesura del
Jordán?
⁶ Aun tus hermanos y la casa de tu
padre,
aun ellos se levantaron contra ti,
aun ellos gritaron en pos de ti.
No confíes en ellos,
aunque te digan cosas buenas.[c]

⁷ »He abandonado mi casa,[d]
he desamparado mi heredad,

---

[c] **11.18—12.6** Serie de poemas y de fragmentos poéticos designados con el nombre de
«Confesiones de Jeremías», redactadas en el estilo de los salmos de lamentación y súplica. Otras
«confesiones» se encuentran en: Jer 15.15-18; 17.14-18; 18.18-23; 20.7-8. [a] **12.2** Is 29.13;
Mt 15.8-9. [b] **12.4** Os 4.3. [c] **12.6** Miq 7.5. [d] **12.7** Os 8.1; 9.15.

he entregado en mano de sus
enemigos
lo que amaba mi alma.

8 Mi heredad fue para mí
como un león en la selva;
contra mí lanzó su rugido,
y por eso la aborrecí.

9 Es mi heredad para mí
como un ave de rapiña de muchos
colores.
¿No están contra ella aves de
rapiña rodeándola?
¡Venid, reuníos, vosotras todas las
fieras del campo,
venid a devorarla!

10 Muchos pastores han destruido
mi viña,
han pisoteado mi heredad,
han convertido en desierto y
soledad
mi heredad preciosa.

11 Fue convertida en asolamiento;
desolada, lloró sobre mí.
Toda la tierra quedó asolada,
y no hubo nadie que reflexionara.

12 Sobre todas las alturas del desierto
vinieron destructores,
porque la espada de Jehová
devorará desde un extremo de la
tierra hasta el otro;
no habrá paz para nadie.

13 Sembraron trigo y cosecharon
espinos;
se esforzaron, mas nada
aprovecharon.
Se avergonzarán de sus frutos,
a causa de la ardiente ira de Jehová».

14 Así ha dicho Jehová: «En cuanto a
mis malos vecinos, que tocan la heredad
que hice poseer a mi pueblo Israel, yo los
arrancaré de su tierra, y arrancaré de en
medio de ellos la casa de Judá. 15 Pero después
que los haya arrancado, volveré y
tendré misericordia de ellos, y los haré
volver cada uno a su heredad y cada cual
a su tierra. 16 Y si con diligencia aprenden
los caminos de mi pueblo, para jurar en
mi nombre, diciendo: "¡Vive Jehová!", así
como ellos enseñaron a mi pueblo a jurar
por Baal, también ellos serán prosperados
en medio de mi pueblo. 17 Pero si no escuchan,
arrancaré esa nación, sacándola de
raíz y destruyéndola», dice Jehová.

La señal del cinto podrido

13 1 Así me dijo Jehová: «Ve y cómprate
un cinto de lino. Cíñelo a tu cintura,
pero no lo metas en agua». 2 Compré
el cinto, conforme a la palabra de Jehová,
y lo ceñí a mi cintura. 3 Vino a mí por segunda
vez palabra de Jehová, diciendo:
4 «Toma el cinto que compraste, el cual ciñe
tu cintura, levántate, ve al Éufrates y
escóndelo allí, en la hendidura de una peña».
5 Fui, pues, al Éufrates y lo escondí,
como Jehová me había mandado.

6 Después de muchos días me dijo
Jehová: «Levántate, ve al Éufrates y toma
el cinto que te mandé esconder allí».
7 Entonces fui al Éufrates, cavé y tomé el
cinto del lugar donde lo había escondido,
pero el cinto se había podrido y ya no servía
para nada.

8 Y vino a mí palabra de Jehová, diciendo:
9 «Así ha dicho Jehová: Así haré podrir
la soberbia de Judá y la mucha
soberbia de Jerusalén. 10 Este pueblo malo,
que no quiere escuchar mis palabras,
que anda en las imaginaciones de su corazón
y que va en pos de dioses ajenos para
servirlos y para postrarse ante ellos, vendrá
a ser como este cinto, que ya no sirve
para nada. 11 Porque como el cinto se ajusta
a la cintura del hombre, así hice que se
ajustara a mí toda la casa de Israel y toda
la casa de Judá, dice Jehová, para que fueran
mi pueblo, y para renombre, para alabanza
y para honra; pero no escucharon.

La señal de las tinajas llenas

12 »Les dirás, pues, esta palabra: "Así
ha dicho Jehová, Dios de Israel: Toda tinaja
se llenará de vino". Y ellos te dirán:
"¿No sabemos que toda tinaja se llenará
de vino?". 13 Entonces les dirás: Así ha dicho
Jehová: "Yo lleno de embriaguez a todos
los habitantes de esta tierra, a los
reyes de la estirpe de David que se sientan
sobre su trono, a los sacerdotes y profetas
y a todos los habitantes de Jerusalén.
14 Y los quebrantaré, a los unos contra los
otros, juntamente a los padres y a los hijos,
dice Jehová. No perdonaré, ni tendré
piedad ni misericordia, sino que los destruiré"».

Judá será llevada en cautiverio

15 Oíd y prestad atención:

no os envanezcáis, pues Jehová ha
hablado.

¹⁶ Dad gloria a Jehová, vuestro Dios,
antes que haga venir tinieblas,
antes que vuestros pies tropiecen
en montes de oscuridad,
y que, esperando vosotros la luz,
él os la vuelva en sombra de muerte
y tinieblas.ᵃ

¹⁷ Mas si no escucháis esto,
en secreto llorará mi alma a causa
de vuestra soberbia;
y llorando amargamente, se
desharán mis ojos en lágrimas,
porque el rebaño de Jehová fue
hecho cautivo.

¹⁸ «Di al rey y a la reina:
"Humillaos, sentaos en tierra,
porque la corona de vuestra gloria
ha caído de vuestras cabezas".

¹⁹ Las ciudades del Neguev fueron
cerradas
y no hubo quien las abriera;
toda Judá fue deportada,
llevada en cautiverio fue toda ella.

²⁰ Alzad vuestros ojos
y ved a los que vienen del norte.
¿Dónde está el rebaño que te fue
dado,
tu hermosa grey?

²¹ »¿Qué dirás cuando él ponga como
cabeza sobre ti
a aquellos a quienes tú enseñaste a
ser tus amigos?
¿No te darán dolores
como los de una mujer que está de
parto?

²² Quizá digas en tu corazón:
"¿Por qué me ha sobrevenido
esto?"
¡Por la enormidad de tu maldad
fueron alzadas tus faldas,
fueron desnudados tus calcañares!

²³ ¿Podrá cambiar el etíope su piel
y el leopardo sus manchas?
Así también,
¿podréis vosotros hacer el bien,
estando habituados a hacer lo
malo?

²⁴ Por tanto, yo los esparciré al viento
del desierto,
como tamo que pasa.

²⁵ Esta es tu suerte,
la porción que yo he medido para
ti,
dice Jehová,
porque te olvidaste de mí y
confiaste en la mentira.

²⁶ Yo, pues, te alzaré también las
faldas hasta el rostro,
y se verá tu vergüenza:ᵇ

²⁷ tus adulterios, tus relinchos,
la maldad de tu fornicación sobre
los collados.
En el campo he visto tus
abominaciones.
¡Ay de ti, Jerusalén!
¿No serás al fin limpia?
¿Cuánto tardarás en purificarte?»

Mensaje con motivo de la sequía

14 ¹ Palabra de Jehová que vino a Jeremías con motivo de la sequía.

² «Se ha enlutado Judá,
sus puertas desfallecen;
se sentaron tristes en tierra
y sube el clamor de Jerusalén.ᵃ

³ Los nobles envían a sus criados
por agua;
van a las lagunas, pero no hallan
agua;
vuelven con sus vasijas vacías;
se avergüenzan, se confunden
y cubren sus cabezas.

⁴ Se ha resquebrajado la tierra
porque no ha llovido en el país;
los labradores, confundidos,
se cubren la cabeza.

⁵ Aun las ciervas en los campos
paren y abandonan la cría,
porque no hay hierba.

⁶ Los asnos monteses
se ponen en las alturas
y aspiran el viento como los
chacales,
pero sus ojos se ofuscan
porque no hay hierba».

ᵃ **13.16** Am 5.18-20.   ᵇ **13.26** Os 2.3.   ᵃ **14.2** Is 3.26; Lm 1.4.

⁷ Aunque nuestras iniquidades
testifican contra nosotros,
Jehová,
¡actúa por amor de tu nombre!
Porque nuestras rebeliones se han
multiplicado,
contra ti hemos pecado.
⁸ Tú, la esperanza de Israel,
su Salvador en el tiempo de la
aflicción,
¿por qué te has hecho como
forastero en la tierra,
como caminante que se retira para
pasar la noche?
⁹ ¿Por qué eres como un hombre
atónito,
como un valiente incapaz de librar?
Sin embargo, tú estás entre
nosotros, Jehová,ᵇ
y sobre nosotros es invocado tu
nombre;ᶜ
no nos desampares.

¹⁰ Así ha dicho Jehová acerca de este pueblo: «Se deleitaron en vagar, y no dieron descanso a sus pies»; por tanto, Jehová no se agrada de ellos; se acordará ahora de su maldad y castigará sus pecados.
¹¹ Y me dijo Jehová: «No ruegues por el bien de este pueblo. ¹² Cuando ayunen, yo no escucharé su clamor, y cuando ofrezcan holocausto y ofrenda no los aceptaré, sino que los consumiré con espada, con hambre y con pestilencia».ᵈ
¹³ Yo dije: «¡Ah, ah, Señor, Jehová!, mira que los profetas les dicen: "No veréis espada ni habrá hambre entre vosotros, sino que en este lugar os daré paz verdadera"».
¹⁴ Me dijo entonces Jehová: «Falsamente profetizan los profetas en mi nombre. Yo no los envié ni los mandé ni les hablé; visión mentirosa, adivinación, vanidad y engaño de su corazón os profetizan. ¹⁵ Por tanto, así ha dicho Jehová sobre los profetas que profetizan en mi nombre, los cuales yo no envié, y que dicen: "Ni espada ni hambre habrá en esta tierra". ¡Con espada y con hambre serán consumidos esos profetas! ¹⁶ Y el pueblo a quien

profetizan quedará tirado por las calles de Jerusalén a causa del hambre y la espada, y no habrá quien los entierre, ni a ellos ni a sus mujeres ni a sus hijos ni a sus hijas. Y sobre ellos derramaré su propia maldad.
¹⁷ »Les dirás, pues, esta palabra:

»"Derramen mis ojos lágrimas
noche y día, y no cesen,
porque la virgen hija de mi pueblo
ha sufrido una terrible desgracia,
porque su llaga es muy dolorosa.
¹⁸ Si salgo al campo, veo muertos a
espada;
si entro en la ciudad, veo enfermos
de hambre,
y tanto el profeta como el sacerdote
andan vagando por el país, y nada
entienden"».

¹⁹ ¿Has desechado del todo a Judá?
¿Ha aborrecido tu alma a Sión?
¿Por qué hiciste que nos hirieran
sin remedio?
Esperamos paz, pero no hubo tal
bien;
tiempo de curación, y he aquí
turbación.
²⁰ Reconocemos, Jehová, nuestra
impiedad
y la iniquidad de nuestros padres,
porque contra ti hemos pecado.ᵉ
²¹ Por amor de tu nombre, no nos
deseches
ni deshonres tu glorioso trono;
acuérdate, no invalides tu pacto
con nosotros.ᶠ
²² ¿Hay entre los ídolos de las
naciones
alguno capaz de hacer llover?
¿Acaso darán lluvias los cielos?
¿No eres tú, Jehová, nuestro Dios?
En ti, pues, esperamos,
pues tú has hecho todas estas cosas.

La implacable ira de Dios contra Judá

15 ¹ Entonces Jehová me dijo: «Aunque Moisésᵃ y Samuelᵇ se pusieran delante de mí, no estaría mi voluntad con este pueblo. Échalos de mi presencia, y

---

ᵇ **14.9** Sal 46; 48.9.   ᶜ **14.9** Sal 100.3.   ᵈ **14.12** Jer 21.7; 24.10; 27.13; 29.17-18.
ᵉ **14.20** Neh 9.16-31.   ᶠ **14.21** Sal 74.2.   ᵃ **15.1** Ex 32.11-14; Nm 14.13-19.   ᵇ **15.1** 1 S 7.5-9.

que salgan. ² Y si te preguntan: "¿A dónde saldremos?", les dirás que así ha dicho Jehová:

»"El que a muerte, a muerte;
el que a espada, a espada;
el que a hambre, a hambre;
y el que a cautiverio, a cautiverio".ᶜ

³ »Y enviaré sobre ellos cuatro géneros de castigo, dice Jehová: espada para matar, perros para despedazar y aves del cielo y bestias de la tierra para devorar y destruir.ᵈ ⁴ Los entregaré para terror a todos los reinos de la tierra, a causa de Manasés hijo de Ezequías, rey de Judá, por lo que hizo en Jerusalén.ᵉ

⁵ »Porque ¿quién tendrá compasión
de ti, Jerusalén?
¿Quién se entristecerá por tu causa
o quién vendrá a preguntar por tu
paz?
⁶ Tú me dejaste, dice Jehová,
te volviste atrás;
por tanto, yo extenderé sobre ti mi
mano y te destruiré.
¡Estoy cansado de tener
compasión!
⁷ Aunque los aventé con aventador
hasta las puertas de la tierra,
y dejé sin hijos a mi pueblo y lo
desbaraté,
no se volvieron de sus caminos.
⁸ Sus viudas se multiplicaron
más que la arena del mar;
traje contra ellos un destructor a
mediodía
sobre la madre y sobre los hijos;
hice que de repente cayeran
terrores sobre la ciudad.
⁹ Languideció la que dio a luz siete;
se llenó de dolor su alma,
su sol se puso siendo aún de día;
fue avergonzada y llena de
confusión.
Y lo que de ella quede,
lo entregaré a la espada delante de
sus enemigos,
dice Jehová».

¹⁰ ¡Ay de mí, madre mía, que me
engendraste
hombre de contienda y hombre de
discordia para toda la tierra!
Nunca he dado ni tomado en
préstamo
y, sin embargo, todos me maldicen.
¹¹ ¡Sea así, Jehová,
si no te he rogado por su bien,
si no he suplicado ante ti en favor
del enemigo
en tiempo de aflicción y en época
de angustia!

¹² «¿Puede alguno quebrar el hierro,
el hierro del norte, y el bronce?
¹³ Tus riquezas y tus tesoros
entregaré a la rapiña sin ningún
precio,
por todos tus pecados
y en todo tu territorio.
¹⁴ Y te haré servir a tus enemigos
en tierra que no conoces,
porque fuego se ha encendido en
mi furor
y arderá contra vosotros».

Jehová reanima a Jeremías

¹⁵ Tú lo sabes, Jehová;
acuérdate de mí, visítame
y véngame de mis enemigos.
No me reproches en la
prolongación de tu enojo;
sabes que por amor de ti sufro
afrenta.
¹⁶ Fueron halladas tus palabras, y yo
las comí.ᶠ
Tu palabra me fue por gozo y por
alegría de mi corazón;
porque tu nombre se invocó sobre
mí,
Jehová, Dios de los ejércitos.
¹⁷ No me senté en compañía de
burladores
ni me engreí a causa de tu profecía;
me senté solo,
porque me llenaste de indignación.
¹⁸ ¿Por qué fue perpetuo mi dolor,
y mi herida incurable,
que no admitió curación?

ᶜ 15.2 Jer 14.12; 43.11; Ap 13.10.   ᵈ 15.3 Ap 6.8.   ᵉ 15.4 2 R 21.1-16; 2 Cr 33.1-9.
ᶠ 15.16 Ez 3.1-3.

¿Serás para mí como cosa ilusoria,
como aguas que no son estables?

19 Por tanto, así dijo Jehová:
«Si te conviertes, yo te restauraré
y estarás delante de mí;
y si separas lo precioso de lo vil,
serás como mi boca.
¡Conviértanse ellos a ti,
mas tú no te conviertas a ellos!
20 Y te pondré en este pueblo
por muro fortificado de bronce;
pelearán contra ti,
pero no te vencerán,
porque yo estoy contigo para
guardarte y para defenderte,
dice Jehová.[g]
21 Yo te libraré de la mano de los
malos
y te redimiré de la mano de los
fuertes».

Juicio de Jehová contra Judá

16 **1** Vino a mí palabra de Jehová, diciendo: **2** «No tomarás para ti mujer, ni tendrás hijos ni hijas en este lugar. **3** Porque Jehová dice que los hijos y las hijas nacidos en este lugar, las madres que los den a luz y los padres que en esta tierra los engendren, **4** morirán de dolorosas enfermedades, y no serán llorados ni sepultados, sino que serán como estiércol sobre la faz de la tierra. Con espada y con hambre serán consumidos, y sus cuerpos servirán de comida a las aves del cielo y a las bestias de la tierra».

5 También ha dicho esto Jehová: «No entres en casa donde haya luto; no acudas a lamentar ni los consueles, porque de este pueblo, dice Jehová, yo he quitado mi paz, mi misericordia y mi compasión. **6** Morirán en esta tierra grandes y pequeños. No serán enterrados ni los llorarán; no se sajarán ni se raparán la cabeza por ellos. **7** No partirán pan por ellos en el luto para consolarlos por sus muertos, ni les darán a beber la copa del consuelo por su padre o por su madre. **8** Asimismo, no entres en casa donde haya banquete, para sentarte con ellos a comer o a beber. **9** Así ha dicho Jehová de los ejércitos, Dios de Israel: Yo haré cesar en este lugar, delante de vuestros ojos y en vuestros días, toda voz de gozo y toda voz de alegría, toda voz de esposo y toda voz de esposa.[a]

10 »Y acontecerá que cuando anuncies a este pueblo todas estas cosas, te dirán ellos: "¿Por qué anuncia Jehová contra nosotros todo este mal tan grande? ¿Qué maldad es la nuestra?, o ¿qué pecado es el nuestro, que hemos cometido contra Jehová, nuestro Dios?". **11** Entonces les dirás: Porque vuestros padres me abandonaron, dice Jehová, y anduvieron en pos de dioses ajenos y los sirvieron, y ante ellos se postraron. Me abandonaron a mí y no guardaron mi Ley. **12** Pero vosotros habéis hecho peor que vuestros padres, pues cada uno de vosotros camina tras la imaginación de su malvado corazón, no escuchándome a mí. **13** Por tanto, yo os arrojaré de esta tierra a una tierra que ni vosotros ni vuestros padres habéis conocido, y allá serviréis a dioses ajenos de día y de noche, pues no os tendré compasión.

14 »No obstante, vienen días, dice Jehová, en que no se dirá más: "¡Vive Jehová, que hizo subir a los hijos de Israel de tierra de Egipto!", **15** sino: "¡Vive Jehová, que hizo subir a los hijos de Israel de la tierra del norte y de todas las tierras adonde los había arrojado!" Pues yo los volveré a su tierra, la cual di a sus padres.

16 »Yo envío muchos pescadores, dice Jehová, y los pescarán, y después enviaré muchos cazadores, y los cazarán por todo monte, por todo collado y por las cavernas de los peñascos. **17** Porque mis ojos están sobre todos sus caminos, los cuales no se me ocultan, ni su maldad se esconde de la presencia de mis ojos. **18** Pero primero les pagaré el doble por su iniquidad y su pecado, porque contaminaron mi tierra con los cadáveres de sus ídolos, y con sus abominaciones llenaron mi heredad».

19 Jehová, fortaleza mía, fuerza mía
y refugio mío en el tiempo de la
aflicción,
a ti vendrán naciones
desde los extremos de la tierra, y
dirán:
«Ciertamente mentira heredaron
nuestros padres,

---

[g] **15.20** Jer 1.18.   [a] **16.9** Jer 7.34; 25.10; Ap 18.23.

una vanidad sin provecho alguno.
20 ¿Hará acaso el hombre dioses
para sí?
Mas ellos no son dioses».

21 «Por tanto, les enseñaré esta vez,
les haré conocer mi mano y mi
poder,
y sabrán que mi nombre es Jehová.

El pecado, escrito en el corazón de Judá

17 1 »El pecado de Judá está escrito
con cincel de hierro
y con punta de diamante;
está esculpido en la tabla de su
corazón
y en los cuernos de sus altares,
2 como un recuerdo para sus hijos.
Sus altares y sus imágenes de Asera
están junto a los árboles frondosos
y en los collados altos,
3 en las montañas y sobre el campo.
Todos tus tesoros entregaré al
pillaje
por el pecado de tus lugares altos
en todo tu territorio.
4 Perderás la heredad que yo te di,
y te haré servir a tus enemigos en
tierra que no has conocido,
porque en mi furor habéis
encendido un fuego
que arderá para siempre».

5 Así ha dicho Jehová:
«¡Maldito aquel que confía en el
hombre,
que pone su confianza en la fuerza
humana,
mientras su corazón se aparta de
Jehová!
6 Será como la retama en el desierto,
y no verá cuando llegue el bien,
sino que morará en los sequedales
en el desierto,
en tierra despoblada y
deshabitada.

7 »¡Bendito el hombre que confía en
Jehová,

cuya confianza está puesta en
Jehová!,
8 porque será como el árbol plantado
junto a las aguas,[a]
que junto a la corriente echará sus
raíces.
No temerá cuando llegue el calor,
sino que su hoja estará verde.
En el año de sequía
no se inquietará
ni dejará de dar fruto.

9 »Engañoso es el corazón
más que todas las cosas, y perverso;
¿quién lo conocerá?
10 ¡Yo, Jehová, que escudriño la
mente,
que pruebo el corazón,[b]
para dar a cada uno según su
camino,[c]
según el fruto de sus obras!».

11 Como la perdiz que cubre lo que no
puso,
es el que injustamente amontona
riquezas:
en la mitad de sus días las dejará,
y en su final será un insensato.

12 Trono de gloria, excelso desde el
principio,
es el lugar de nuestro santuario.

13 ¡Jehová, esperanza de Israel!,
todos los que te dejan serán
avergonzados,
y los que se apartan de ti serán
inscritos en el polvo,
porque dejaron a Jehová,
manantial de aguas vivas.

14 [d]Sáname, Jehová, y quedaré sano;
sálvame, y seré salvo,
porque tú eres mi alabanza.
15 La gente me dice:
«¿Dónde está la palabra de Jehová?
¡Que se cumpla ahora!»
16 Mas yo no he ido en pos de ti
para incitarte a castigarlos,
ni deseé el día de la calamidad;
tú lo sabes.

---

[a] **17.8** Sal 1.3.   [b] **17.10** Sal 7.9; Jer 11.20; Ap 2.23.   [c] **17.10** Sal 62.12.   [d] **17.14-18** Otra de las
«Confesiones de Jeremías».

Lo que de mi boca ha salido, fue en
tu presencia.

¹⁷ No me seas tú por espanto,
pues mi refugio eres tú en el día
malo.

¹⁸ Avergüéncense los que me
persiguen,
y no sea yo avergonzado;
asómbrense ellos, y yo no me
asombre;
trae sobre ellos el día malo
y quebrántalos con doble
quebranto.

Observancia del sábado

¹⁹ Así me ha dicho Jehová: «Ve y ponte
a la puerta de los Hijos del pueblo, por la
cual entran y salen los reyes de Judá; ponte en todas las puertas de Jerusalén, ²⁰ y
diles: "¡Oíd la palabra de Jehová, reyes de
Judá, todo Judá y todos los habitantes de
Jerusalén que entráis por estas puertas!
²¹ Así ha dicho Jehová: Guardaos por
vuestra vida de llevar carga en sábado y
de meterla por las puertas de Jerusalén.^e
²² No saquéis carga de vuestras casas en
sábado, ni hagáis trabajo alguno, sino
santificad el sábado, como mandé a vues-
tros padres.^f ²³ Pero ellos no escucharon
ni inclinaron su oído, sino que endurecie-
ron su corazón para no escuchar ni recibir
corrección.

²⁴ »No obstante, si vosotros me obede-
céis, dice Jehová, no metiendo carga por
las puertas de esta ciudad en sábado, sino
que santificáis el sábado y no hacéis en él
ningún trabajo, ²⁵ entrarán por las puertas
de esta ciudad, en carros y en caballos, los
reyes y los príncipes que se sientan sobre
el trono de David, ellos y sus príncipes,
los hombres de Judá y los habitantes de
Jerusalén; y esta ciudad será habitada para siempre. ²⁶ Y vendrán de las ciudades
de Judá, de los alrededores de Jerusalén,
de la tierra de Benjamín, de la Sefela, de
los montes y del Neguev, trayendo holocausto y sacrificio, ofrenda e incienso, y
trayendo sacrificio de alabanza a la casa
de Jehová. ²⁷ Pero si no me obedecéis para
santificar el sábado, para no traer carga ni
meterla por las puertas de Jerusalén en
sábado, yo haré descender fuego en sus

puertas, que consumirá los palacios de Jerusalén y no se apagará"».

La señal del alfarero y el barro

18 ¹ Palabra de Jehová que vino a Jeremías, diciendo: ² «Levántate y desciende a casa del alfarero, y allí te haré oir
mis palabras». ³ Descendí a casa del alfarero, y hallé que él estaba trabajando en el
torno. ⁴ Y la vasija de barro que él hacía se
echó a perder en sus manos, pero él vol-
vió a hacer otra vasija, según le pareció
mejor hacerla.

⁵ Entonces vino a mí palabra de Jeho-
vá, diciendo: ⁶ «¿No podré yo hacer con
vosotros como este alfarero, casa de
Israel?, dice Jehová. Como el barro en manos del alfarero, así sois vosotros en mis
manos, casa de Israel. ⁷ En un instante hablaré contra naciones y contra reinos, pa-
ra arrancar, derribar y destruir. ⁸ Pero si
esas naciones se convierten de su maldad
contra la cual hablé, yo me arrepentiré del
mal que había pensado hacerles, ⁹ y en un
instante hablaré de esas naciones y de
esos reinos, para edificar y para plantar.
¹⁰ Pero si hacen lo malo delante de mis
ojos, no oyendo mi voz, me arrepentiré
del bien que había determinado hacerles.

¹¹ »Ahora, pues, habla a todo hombre
de Judá y a los habitantes de Jerusalén, diciendo: "Esto ha dicho Jehová: Yo dispon-
go el mal contra vosotros, y contra
vosotros trazo planes; conviértase ahora
cada uno de su mal camino, y mejore sus
caminos y sus obras". ¹² Pero dirán: "Es
inútil, porque en pos de nuestros ídolos
iremos, y haremos cada uno el pensamiento de nuestro malvado corazón"».

¹³ Por tanto, así dice Jehová:
«Preguntad ahora a las naciones,
quién ha oído cosa semejante.
¡Algo horrible ha hecho la virgen
de Israel!
¹⁴ ¿Faltará la nieve de las rocas
de las montañas del Líbano?
¿Faltarán las aguas frías
que fluyen de lejanas tierras?
¹⁵ ¡Pues mi pueblo me ha olvidado,
quemando incienso a lo que es
vanidad!

^e **17.21** Neh 13.15-22. ^f **17.22** Ex 20.8-10; Dt 5.12-14; cf. Is 58.13-14.

Ha tropezado en sus caminos,
en las sendas antiguas,
para caminar por senderos
y no por un camino bien dispuesto.
¹⁶ Han convertido su tierra en
   desolación,
en objeto de burla perpetua;
todo aquel que pase por ella,
se asombrará y meneará la cabeza.
¹⁷ Delante del enemigo los esparciré
   como viento del este.
En el día de su perdición
les mostraré las espaldas, y no el
   rostro».

Conspiración del pueblo y oración de Jeremías

¹⁸ Ellos dijeron: «Venid y preparemos un plan contra Jeremías, porque la instrucción no le faltará al sacerdote ni el consejo al sabio ni la palabra al profeta. Venid calumniémoslo y no atendamos a ninguna de sus palabras».

¹⁹ Jehová, fíjate en mí
y oye la voz de los que contienden
   conmigo. ²⁰ ¿Se da mal por bien,
para que hayan cavado un hoyo
   para mi vida?
Acuérdate que me puse delante
   de ti
para hablar bien por ellos,
para apartar de ellos tu ira.
²¹ Por tanto, entrega sus hijos al
   hambre,
dispérsalos por medio de la
   espada,
queden sus mujeres sin hijos y
   viudas.
Sean puestos a muerte sus maridos,
y los jóvenes, heridos a espada en la
   guerra.
²² ¡Óigase el clamor de sus casas,
cuando de repente traigas sobre
   ellos un ejército!,
porque cavaron un hoyo para
   atraparme,
y bajo mis pies han escondido
   lazos.
²³ Pero tú, Jehová, conoces todo su
   consejo
contra mí para darme muerte.

No perdones su maldad
ni borres su pecado de delante de
   tu rostro.
¡Tropiecen ellos delante de ti,
y haz así con ellos en el tiempo de
   tu enojo!

La señal de la vasija rota

19 ¹ Así dijo Jehová: «Ve a comprar al alfarero una vasija de barro, y lleva contigo a algunos de los ancianos del pueblo y de los ancianos de entre los sacerdotes. ² Sal luego al valle del hijo de Hinom,ᵃ que está a la entrada de la puerta oriental, y proclama allí las palabras que yo te diré. ³ Dirás: "Oíd palabra de Jehová, reyes de Judá y habitantes de Jerusalén. Esto dice Jehová de los ejércitos, el Dios de Israel: Yo traigo sobre este lugar un mal tan grande que a todo el que lo oiga le zumbarán los oídos, ⁴ porque me abandonaron y enajenaron este lugar ofreciendo en él incienso a dioses extraños, que ni ellos habían conocido, ni sus padres, ni los reyes de Judá; y llenaron este lugar de sangre de inocentes. ⁵ Edificaron lugares altos a Baal, para quemar en el fuego a sus hijos en holocaustos al mismo Baal;ᵇ cosa que no les mandé ni dije ni me vino al pensamiento. ⁶ Por tanto, he aquí vienen días, dice Jehová, que este lugar no se llamará más Tofet ni valle del hijo de Hinom, sino valle de la Matanza. ⁷ Y desvaneceré el consejo de Judá y de Jerusalén en este lugar. Los haré caer a espada delante de sus enemigos y en las manos de los que buscan sus vidas. Daré sus cuerpos para comida a las aves del cielo y a las bestias de la tierra. ⁸ Pondré a esta ciudad por espanto y burla; todo aquel que pase por ella se asombrará y se burlará de su destrucción. ⁹ Les haré comer la carne de sus hijos y la carne de sus hijas. Cada uno comerá la carne de su amigo, en el asedio y el apuro con que los angustiarán sus enemigos y los que buscan sus vidas".ᶜ

¹⁰ »Entonces quebrarás la vasija ante los ojos de los hombres que van contigo, ¹¹ y les dirás: "Así ha dicho Jehová de los ejércitos: De esta forma quebrantaré a este pueblo y a esta ciudad, como quien

---

ᵃ **19.2** 2 R 23.10; Jer 7.30-31; 32.34-35.   ᵇ **19.5** Lv 18.21.   ᶜ **19.9** Dt 28.53-57; Ez 5.10.

quiebra una vasija de barro, que no se puede restaurar más; y en Tofet serán enterrados, porque no habrá otro lugar para enterrar. [12] Así haré a este lugar, dice Jehová, y a sus habitantes; dejaré esta ciudad como a Tofet. [13] Las casas de Jerusalén y las casas de los reyes de Judá serán como el lugar de Tofet, inmundas, por todas las casas sobre cuyos tejados ofrecieron incienso a todo el ejército del cielo, y vertieron libaciones a dioses ajenos"».

[14] Volvió Jeremías de Tofet, adonde Jehová le envió a profetizar, se paró en el atrio de la casa de Jehová y dijo a todo el pueblo: [15] «Así ha dicho Jehová de los ejércitos, Dios de Israel: Yo traigo sobre esta ciudad y sobre todas sus aldeas todo el mal que hablé contra ella, porque han endurecido su corazón para no oir mis palabras».

Profecía contra Pasur

20 [1] El sacerdote Pasur hijo de Imer, que presidía como principal en la casa de Jehová, oyó a Jeremías profetizar estas palabras. [2] Entonces Pasur hizo azotar al profeta Jeremías y lo puso en el cepo que estaba en la puerta superior de Benjamín, la cual conducía a la casa de Jehová. [3] Al día siguiente, Pasur sacó a Jeremías del cepo. Le dijo entonces Jeremías: «Jehová no ha llamado tu nombre Pasur, sino Magor-misabib.[a] [4] Y así ha dicho Jehová: "He aquí, yo haré que seas un terror para ti mismo y para todos los que bien te quieren. Caerán por la espada de sus enemigos, y tus ojos lo verán. A todo Judá entregaré en manos del rey de Babilonia, que los llevará cautivos a Babilonia y los matará a espada. [5] Entregaré asimismo toda la riqueza de esta ciudad, todo su trabajo y todas sus cosas preciosas. Entregaré todos los tesoros de los reyes de Judá en manos de sus enemigos, que los saquearán, los tomarán y los llevarán a Babilonia. [6] Y tú, Pasur, y todos los que habitan en tu casa iréis cautivos. Entrarás en Babilonia y allí morirás. Allí serás enterrado, tú y todos los que bien te quieren, a los cuales has profetizado con mentira"».

Lamento de Jeremías[b]

[7] ¡Me sedujiste, Jehová,
y me dejé seducir!
¡Más fuerte fuiste que yo, y me venciste!
¡Cada día he sido escarnecido,
cada cual se burla de mí!
[8] Cuantas veces hablo, doy voces, grito:
«¡Violencia y destrucción!»,
porque la palabra de Jehová
me ha sido para afrenta y escarnio cada día.
[9] Por eso dije: «¡No me acordaré más de él
ni hablaré más en su nombre!».
No obstante, había en mi corazón
como un fuego ardiente metido en mis huesos.
Traté de resistirlo, pero no pude.
[10] He oído lo que muchos murmuran:
«¡Terror por todas partes!
¡Denunciadlo, denunciémoslo!».
Todos mis amigos esperaban que claudicara.
Decían: «¡Quizá se engañe,
y prevaleceremos contra él
y tomaremos de él nuestra venganza!».
[11] Mas Jehová está conmigo
como un poderoso gigante;
por tanto, los que me persiguen tropezarán
y no prevalecerán;
serán avergonzados en gran manera, porque no prosperarán;
tendrán perpetua confusión, que jamás será olvidada.

[12] Jehová de los ejércitos,
que pruebas a los justos,
que ves los pensamientos y el corazón,
¡vea yo tu venganza de ellos,
porque a ti he encomendado mi causa![c]

[13] ¡Cantad a Jehová, alabad a Jehová,
porque ha librado la vida del pobre
de mano de los malignos!

---

[a] **20.3** Esto es, *Hay terror por todas partes* ; frase característica del profeta Jeremías.
[b] **20.7-18** Otra de las «Confesiones de Jeremías».   [c] **20.10-12** Sal 6.9-10; 31.13-18; Jer 46.5; 49.29; Lm 2.22.

¹⁴ ¡Maldito el día en que nací!ᵈ
    ¡Que no sea bendecido el día en que
        mi madre me dio a luz!
¹⁵ ¡Maldito el hombre que dio la
        noticia a mi padre, diciendo:
    «Un hijo varón te ha nacido»,
        causándole gran alegría!
¹⁶ Sea tal hombre como las ciudades
        que asoló Jehová sin volverse atrás
        de ello;
    que oiga gritos por la mañana
        y voces a mediodía,
¹⁷ porque no me mató en el vientre.
    Mi madre entonces hubiera sido mi
        sepulcro,
    pues su vientre habría quedado
        embarazado para siempre.
¹⁸ ¿Para qué salí del vientre?
    ¿Para ver trabajo y dolor,
    y que mis días se gastaran en
        afrenta?

Jerusalén será destruida

21 ¹ Palabra de Jehová que vino a Jeremías, cuando el rey Sedequías envió a él a Pasur hijo de Malquíasᵃ y al sacerdote Sofonías hijo de Maasías,ᵇ para que le dijeran: ² «Consulta ahora acerca de nosotros a Jehová, porque Nabucodonosor, rey de Babilonia, hace guerra contra nosotros;ᶜ quizá Jehová haga con nosotros según todas sus maravillas, y aquel se aleje de nosotros».

³ Jeremías les respondió: «Diréis esto a Sedequías: ⁴ "Así ha dicho Jehová, Dios de Israel: Yo vuelvo atrás las armas de guerra que están en vuestras manos, con las que peleáis contra el rey de Babilonia; y a los caldeos que están fuera de la muralla y os tienen sitiados, yo los reuniré en medio de esta ciudad. ⁵ Pelearé contra vosotros con mano extendida y con brazo fuerte, con furor, con enojo e ira grande.ᵈ ⁶ Heriré a los habitantes de esta ciudad; los hombres y las bestias morirán de una gran peste. ⁷ Después, dice Jehová, entregaré a Sedequías, rey de Judá, a sus criados, al pueblo y a los que quedenᵉ de la pestilencia, de la espada y del hambre en la ciudad, en mano de Nabucodonosor,

rey de Babilonia, en mano de sus enemigos y de los que buscan sus vidas. Él los herirá a filo de espada; no los perdonará, ni tendrá piedad de ellos ni mostrará por ellos compasión".

⁸ »Y a este pueblo dirás: "Así ha dicho Jehová: Yo pongo delante de vosotros camino de vida y camino de muerteᶠ ⁹ El que quede en esta ciudad morirá por la espada, el hambre o la peste; pero el que salga y se pase a los caldeos que os tienen sitiados, vivirá, y su vida le será por botín, ¹⁰ porque mi rostro he puesto contra esta ciudad para mal y no para bien, dice Jehová; en manos del rey de Babilonia será entregada, y él le prenderá fuego".

¹¹ »Y a la casa del rey de Judá dirás:

    »"Oíd palabra de Jehová:
¹² Casa de David, esto dice Jehová:
    Haced de mañana justicia
    y librad al oprimido de mano del
        opresor,
    para que mi ira no salga como un
        fuego
    que se enciende y no hay quien lo
        apague,
    a causa de la maldad de vuestras
        obras.

¹³ »Yo estoy contra ti,
    moradora del valle y de la piedra
        de la llanura,
    dice Jehová;
    los que decís: '¿Quién subirá contra
        nosotros?
    ¿Quién entrará en nuestros
        refugios?'
¹⁴ Yo os castigaré conforme al fruto de
        vuestras obras,
    dice Jehová,
    y haré encender fuego en su
        bosque,
    y consumirá todos sus
        alrededores"».

Profecías contra los reyes de Judá

22 ¹ Así dijo Jehová: «Desciende a la casa del rey de Judá y habla allí esta palabra. ² Dile: "Oíd palabra de Jehová,

ᵈ 20.14-18 Job 3.1-19. ᵃ 21.1-2 Jer 38.1-4. ᵇ 21.1-2 Jer 29.24-32. ᶜ 21.1-2 2 R 25.1-11; 2 Cr 36.17-21. ᵈ 21.5 Dt 29.28; Jer 32.37. ᵉ 21.7 2 R 25.6-7. ᶠ 21.8 Dt 30.15-19.

rey de Judá que estás sentado sobre el trono de David,[a] tú, tus siervos y tu pueblo que entra por estas puertas. ³ Así ha dicho Jehová: Actuad conforme al derecho y la justicia, librad al oprimido de mano del opresor y no robéis al extranjero, al huérfano y a la viuda, ni derraméis sangre inocente en este lugar.[b] ⁴ Porque si efectivamente obedecéis esta palabra, los reyes que en lugar de David se sientan sobre su trono entrarán montados en carros y en caballos por las puertas de esta casa, ellos, sus criados y su pueblo. ⁵ Pero si no escucháis estas palabras, por mí mismo he jurado, dice Jehová, que esta casa quedará desierta"».

⁶ Así ha dicho Jehová acerca de la casa del rey de Judá:

> «Como Galaad eres tú para mí,
> y como la cima del Líbano;
> sin embargo, te convertiré en
> soledad,
> y quedarás como las ciudades
> deshabitadas.
> ⁷ Prepararé contra ti destructores,
> cada uno con sus armas;
> cortarán tus cedros escogidos
> y los echarán en el fuego.

⁸ »Muchas gentes pasarán junto a esta ciudad, y dirá cada uno a su compañero: "¿Por qué hizo esto Jehová con esta gran ciudad?". ⁹ Y se les responderá: "Porque dejaron el pacto de Jehová, su Dios, adoraron a dioses extraños y los sirvieron"».

> ¹⁰ No lloréis al muerto[c]
> ni por él os condoláis;
> llorad amargamente por el que
> se va,
> porque no volverá jamás
> ni verá la tierra donde nació.

¹¹ Porque así ha dicho Jehová acerca de Salum[d] hijo de Josías, rey de Judá, el cual reinó en lugar de Josías, su padre, y que salió de este lugar: «No volverá más aquí, ¹² sino que morirá en el lugar adonde lo llevaron cautivo, y no verá más esta tierra.

> ¹³ »¡Ay del que edifica su casa sin
> justicia
> y sus salas sin equidad,
> sirviéndose de su prójimo de balde,
> sin darle el salario de su trabajo![e]
> ¹⁴ Que dice: "Edificaré para mí una
> casa espaciosa,
> de grandes salas";
> y le abre ventanas,
> la cubre de cedro
> y la pinta de bermellón.
> ¹⁵ ¿Reinarás tú, porque te rodeas de
> cedro?
> ¿No comió y bebió tu padre,
> y actuó conforme al derecho y la
> justicia,
> y le fue bien?
> ¹⁶ Él juzgó la causa del afligido y del
> necesitado,
> y le fue bien.
> ¿No es esto conocerme a mí?,
> dice Jehová.
> ¹⁷ Mas tus ojos y tu corazón
> no son sino para tu avaricia,
> para derramar sangre inocente
> y para oprimir y hacer agravio».

¹⁸ Por tanto, así ha dicho Jehová acerca de Joacim[f] hijo de Josías, rey de Judá:

> «No lo llorarán, diciendo:
> "¡Ay, hermano mío!" y "¡Ay,
> hermana!",
> ni lo lamentarán, diciendo:
> "¡Ay, señor! ¡Ay, majestad!"
> ¹⁹ En sepultura de asno será
> enterrado,
> arrastrándolo y echándolo
> fuera de las puertas de Jerusalén.
> ²⁰ Sube al Líbano y clama,
> y en Basán levanta tu voz
> y grita hacia todas partes,
> porque todos tus enamorados son
> destruidos.
> ²¹ Te hablé en tu prosperidad,
> mas dijiste: "¡No escucharé!"
> Esta fue tu conducta desde tu
> juventud:
> nunca escuchaste mi voz.

---

[a] 22.2 2 S 7.16.   [b] 22.3 Sal 72.4; Is 1.17; Jer 7.6.   [c] 22.10-11 2 R 23.29-30; 2 Cr 35.20-25.
[d] 22.11 2 R 23.31-34; 2 Cr 36.1-4.   [e] 22.13 Lv 19.13; Dt 24.15; Stg 5.4.   [f] 22.18 2 R 23. 36—24;
2 Cr 36.5-7.

²² A todos tus pastores pastoreará el
   viento,
   y tus enamorados irán en
   cautiverio;
   entonces te avergonzarás y te
   confundirás
   a causa de toda tu maldad.
²³ Habitaste en el Líbano,
   hiciste tu nido en los cedros.
   ¡Cómo gemirás cuando te vengan
   dolores,
   dolores como de una mujer que
   está de parto!

²⁴ »¡Vivo yo, dice Jehová, que si Conías[g] hijo de Joacim, rey de Judá, fuera
anillo en mi mano derecha, aun de allí te
arrancaría! ²⁵ Te entregaré en manos de
los que buscan tu vida, en manos de
aquellos cuya vista temes; sí, en manos de
Nabucodonosor, rey de Babilonia, y en
manos de los caldeos. ²⁶ Os haré llevar
cautivos, a ti y a tu madre que te dio a luz,
a una tierra ajena en la que no nacisteis; y
allá moriréis. ²⁷ Y no volverán a la tierra a
la cual ansían volver.

²⁸ »¿Es este hombre, Conías, una
   vasija despreciada y quebrada?
   ¿Es un objeto sin valor para nadie?
   ¿Por qué fueron arrojados él y su
   generación
   y echados a una tierra que no
   habían conocido?
²⁹ ¡Tierra, tierra, tierra,
   oye palabra de Jehová!»

³⁰ Así ha dicho Jehová:
   «Inscribid a este hombre
   como privado de descendencia,
   como un hombre sin éxito en todos
   sus días,
   porque ninguno de su
   descendencia
   logrará sentarse sobre el trono de
   David,
   ni reinar sobre Judá».

Regreso del resto

23 ¹ «¡Ay de los pastores que destruyen y dispersan las ovejas de mi rebaño!», dice Jehová.[a]

² Por tanto, esto ha dicho Jehová, Dios
de Israel, a los pastores que apacientan mi
pueblo: «Vosotros dispersasteis mis ovejas y las espantasteis. No las habéis cuidado. Por eso, yo castigo la maldad de
vuestras obras, dice Jehová. ³ Yo mismo
recogeré el resto de mis ovejas de todas
las tierras adonde las eché, y las haré volver a sus pastizales; y crecerán y se multiplicarán. ⁴ Pondré sobre ellas pastores
que las apacienten; y no temerán más, no
se amedrentarán ni serán menoscaba-
das,[b] dice Jehová.

⁵ »Vienen días,
   dice Jehová,
   en que levantaré a David renuevo[c]
   justo,
   y reinará como Rey, el cual será
   dichoso
   y actuará conforme al derecho y la
   justicia en la tierra.
⁶ En sus días será salvo Judá,
   e Israel habitará confiado;
   y este será su nombre con el cual lo
   llamarán:
   "Jehová, justicia nuestra".[d]

⁷ »Por tanto, vienen días, dice Jehová,
en que no dirán más: "¡Vive Jehová, que
hizo subir a los hijos de Israel de la tierra
de Egipto!", ⁸ sino: "¡Vive Jehová, que hizo subir y trajo la descendencia de la casa
de Israel de tierra del norte y de todas las
tierras adonde yo los había echado!" Y
habitarán en su tierra».

Denuncia de los falsos profetas

⁹ A causa de los profetas
   mi corazón está quebrantado
   dentro de mí,
   todos mis huesos tiemblan.
   A causa de Jehová
   y a causa de sus santas palabras
   estoy como un ebrio,
   como un hombre dominado por
   el vino,

---

[g] **22.24-27** 2 R 24.8-15; 2 Cr 36.9-10.   [a] **23.1-4** Ez 34.1-10; Jn 10.1-21.   [b] **23.4** Jn 6.37-39.
[c] **23.5** Es decir, *descendiente*. Cf. Is 11.1; Zac 3.8; 6.12.   [d] **23.5-6** Jer 33.14-16; Ez 34.23.

¹⁰ porque la tierra está llena de
   adúlteros;
por la maldición, la tierra está
   desierta
y los pastizales del desierto se
   secaron.
La carrera de ellos es mala
y su valentía no es recta.

¹¹ «Tanto el profeta como el sacerdote
   son impíos;
aun en mi casa hallé su maldad,
   dice Jehová.ᵉ
¹² Por tanto, su camino
   será como resbaladero en la
      oscuridad;
serán empujados, y caerán en él;
porque yo traeré mal sobre ellos
en el año de su castigo,
   dice Jehová.

¹³ »En los profetas de Samaria
   he visto desatinos:
profetizaban en nombre de Baal
e hicieron errar a mi pueblo Israel.
¹⁴ Y en los profetas de Jerusalén
   he visto torpezas:
cometen adulterios, andan con
   mentiras
y fortalecen las manos de los malos,
para que ninguno se convierta de
   su maldad.
Me son todos ellos como Sodoma,ᶠ
y sus moradores como Gomorra.
¹⁵ Por tanto, esto dice Jehová de los
   ejércitos
contra aquellos profetas:
"Yo les hago comer ajenjos
y les haré beber agua envenenada,ᵍ
porque de los profetas de Jerusalén
salió la impiedad sobre toda la
   tierra"».

¹⁶ Así ha dicho Jehová de los ejércitos:
«No escuchéis las palabras de los
   profetas que os profetizan;
os alimentan con vanas
   esperanzas;
hablan visión de su propio
   corazón,
no de la boca de Jehová.

¹⁷ Dicen atrevidamente a los que me
   irritan:
"¡Jehová dice que tendréis paz!"
Y a cualquiera que anda tras la
   obstinación de su corazón,
dicen: "No vendrá el mal sobre
   vosotros"».

¹⁸ Pero ¿quién estuvo en el secreto de
   Jehová,
y vio y oyó su palabra?
¿Quién estuvo atento a su palabra
y la oyó?
¹⁹ La tempestad de Jehová saldrá con
   furor;
la tempestad que está preparada
caerá sobre la cabeza de los malos.
²⁰ No se apartará el furor de Jehová
hasta que lo haya hecho
y hasta que haya cumplido los
   pensamientos de su corazón;
al final de los días lo entenderéis
   cabalmente.

²¹ «No envié yo aquellos profetas,
   pero ellos corrían;
yo no les hablé,
mas ellos profetizaban.
²² Si ellos hubieran estado en mi
   secreto,
habrían hecho oir mis palabras a mi
   pueblo,
y lo habrían hecho volver de su mal
   camino
y de la maldad de sus obras.

²³ »¿Soy yo Dios de cerca solamente,
   dice Jehová,
y no Dios de lejos?
²⁴ ¿Se ocultará alguno,
   dice Jehová,
en escondrijos donde yo no lo vea?
¿No lleno yo,
   dice Jehová,
el cielo y la tierra?ʰ

²⁵ »Yo he oído lo que aquellos profetas
dijeron, profetizando mentira en mi nombre: "¡Soñé, soñé!" ²⁶ ¿Hasta cuándo estará esto en el corazón de los profetas que
profetizan mentira, que profetizan el

ᵉ **23.11** Ez 8.   ᶠ **23.14** Gn 18.20.   ᵍ **23.15** Jer 9.15.   ʰ **23.24** Sal 139.7-12.

engaño de su corazón? [27] ¿Con los sueños que cada uno cuenta a su compañero pretenden hacer que mi pueblo se olvide de mi nombre, del mismo modo que sus padres se olvidaron de mi nombre a causa de Baal? [28] El profeta que tenga un sueño, que cuente el sueño; y aquel a quien vaya mi palabra, que cuente mi palabra verdadera. ¿Qué tiene que ver la paja con el trigo?, dice Jehová. [29] ¿No es mi palabra como un fuego, dice Jehová, y como un martillo que quebranta la piedra?

[30] »Por tanto, yo estoy contra los profetas, dice Jehová, que se roban mis palabras unos a otros. [31] Dice Jehová: Yo estoy contra los profetas que endulzan sus lenguas y dicen: "¡Él lo ha dicho!" [32] Ciertamente, dice Jehová, yo estoy contra los que profetizan sueños mentirosos, y los cuentan, y hacen errar a mi pueblo con sus mentiras y con sus lisonjas. Yo no los envié ni los mandé, y ningún provecho han traído a este pueblo, dice Jehová.

[33] »Y cuando te pregunte este pueblo, o el profeta o el sacerdote, diciendo: "¿Cuál es la profecía de Jehová?", les dirás: "Esta es la profecía: 'Os abandonaré', ha dicho Jehová". [34] Y al profeta, al sacerdote o al pueblo que diga: "Profecía de Jehová", yo enviaré castigo sobre tal hombre y sobre su casa. [35] Así diréis cada cual a su compañero y cada cual a su hermano: "¿Qué ha respondido Jehová? ¿Qué dijo Jehová?" [36] Y nunca más volveréis a decir: "Carga de Jehová", porque la palabra de cada uno será una carga para él, pues pervertisteis las palabras del Dios viviente, de Jehová de los ejércitos, el Dios nuestro. [37] Así dirás al profeta: "¿Qué te respondió Jehová? ¿Qué dijo Jehová?". [38] Pero si decís: "Carga de Jehová", entonces Jehová dice así: "Porque dijisteis esta palabra, 'Carga de Jehová', habiendo yo enviado a deciros: 'No digáis: Carga de Jehová', [39] por eso, yo os echaré en el olvido y os arrancaré de mi presencia, a vosotros y a la ciudad que os di a vosotros y a vuestros padres; [40] y pondré sobre vosotros afrenta perpetua, eterna confusión que nunca borrará el olvido"».

La señal de los higos buenos y malos

24 [1] Después de haber transportado Nabucodonosor, rey de Babilonia, a Jeconías hijo de Joacim, rey de Judá, a los príncipes de Judá, y a los artesanos y herreros de Jerusalén, y haberlos llevado a Babilonia,[a] me mostró Jehová dos cestas de higos puestas delante del templo de Jehová. [2] Una cesta tenía higos muy buenos, como brevas; y la otra cesta tenía higos muy malos, que de tan malos no se podían comer. [3] Y me dijo Jehová: «¿Qué ves tú, Jeremías?» Yo dije: «Higos; higos buenos, muy buenos; y malos, muy malos, que de tan malos no se pueden comer».

[4] Y vino a mí palabra de Jehová, diciendo: [5] «Así ha dicho Jehová, Dios de Israel: Como a estos higos buenos, así miraré a los deportados de Judá, a los cuales eché de este lugar a la tierra de los caldeos, para su bien. [6] Porque pondré mis ojos sobre ellos para bien, y los volveré a esta tierra. Los edificaré y no los destruiré; los plantaré y no los arrancaré. [7] Les daré un corazón para que me conozcan que yo soy Jehová; y ellos serán mi pueblo y yo seré su Dios,[b] porque se volverán a mí de todo corazón.

[8] »Y como a los higos malos, que de tan malos no se pueden comer, así ha dicho Jehová, pondré a Sedequías, rey de Judá, a sus príncipes y al resto de Jerusalén que quedó en esta tierra, y a los que habitan en la tierra de Egipto. [9] Y los daré por horror y por mal a todos los reinos de la tierra, y por infamia, por refrán, por burla y por maldición a todos los lugares donde yo los disperse. [10] Y enviaré sobre ellos espada, hambre y peste, hasta que sean exterminados de la tierra que les di a ellos y a sus padres».

Setenta años de desolación

25 [1] Palabra que vino a Jeremías acerca de todo el pueblo de Judá en el año cuarto de Joacim[a] hijo de Josías, rey de Judá, el cual era el año primero de Nabucodonosor, rey de Babilonia; [2] la cual habló el profeta Jeremías a todo el pueblo de

[a] **24.1** 2 R 24.12-16; 2 Cr 36.10.   [b] **24.7** Ez 36.28; 37.27; Os 2.23; Zac 13.8-9.   [a] **25.1** 2 R 24.1; 2 Cr 36.5-7; Dn 1.1-2.

Judá y a todos los habitantes de Jerusalén, diciendo: ³«Desde el año trece de Josías hijo de Amón, rey de Judá, hasta este día, que son veintitrés años, ha venido a mí palabra de Jehová, y he hablado desde el principio y sin cesar, pero no escuchasteis. ⁴Y envió Jehová a vosotros a todos sus siervos los profetas. Los envió desde el principio y sin cesar; pero no escuchasteis ni inclinasteis vuestro oído para escuchar*ᵇ* ⁵cuando decían: "Volveos ahora de vuestro mal camino y de la maldad de vuestras obras, y habitaréis en la tierra que os dio Jehová a vosotros y a vuestros padres para siempre. ⁶Pero no vayáis en pos de dioses ajenos, sirviéndolos y adorándolos, ni me provoquéis a ira con la obra de vuestras manos, y no os haré mal".*ᶜ* ⁷Pero no me habéis escuchado, dice Jehová, sino que me habéis provocado a ira con la obra de vuestras manos para vuestro propio mal.

⁸»Por tanto, así ha dicho Jehová de los ejércitos: Por cuanto no habéis escuchado mis palabras, ⁹yo enviaré y tomaré a todas las tribus del norte, dice Jehová, y a Nabucodonosor, rey de Babilonia, mi siervo, y los traeré contra esta tierra y contra sus habitantes, y contra todas estas naciones en derredor. Los destruiré, y los pondré por espanto, por burla y desolación perpetua. ¹⁰Haré que desaparezca de entre ellos la voz del gozo y la voz de la alegría, la voz del novio y la voz de la novia,*ᵈ* el ruido del molino y la luz de la lámpara. ¹¹Toda esta tierra será convertida en ruinas y en espanto; y servirán estas naciones al rey de Babilonia durante setenta años.*ᵉ* ¹²Y cuando se hayan cumplido los setenta años, dice Jehová, castigaré al rey de Babilonia y a aquella nación, por su maldad, y a la tierra de los caldeos; y la convertiré en desolación perpetua. ¹³Traeré sobre aquella tierra todas mis palabras que he hablado contra ella, con todo lo que está escrito en este libro, profetizado por Jeremías contra todas las naciones. ¹⁴Porque también ellas estarán sometidas a muchas naciones y a grandes reyes; y yo les pagaré conforme a sus hechos y conforme a la obra de sus manos».

La copa de ira para las naciones

¹⁵Así me dijo Jehová, Dios de Israel: «Toma de mi mano la copa del vino de este furor, y haz que beban de ella todas las naciones a las cuales yo te envío. ¹⁶Beberán, y temblarán y enloquecerán a causa de la espada que yo envío entre ellas».

¹⁷Yo tomé la copa de la mano de Jehová, y di de beber a todas las naciones a las cuales me envió Jehová: ¹⁸a Jerusalén, a las ciudades de Judá, a sus reyes y a sus príncipes, para convertirlos en ruinas, en espanto, en burla y en maldición, como hasta hoy; ¹⁹al faraón, rey de Egipto, a sus servidores, a sus príncipes y a todo su pueblo; ²⁰y a todo el conjunto de naciones, a todos los reyes de tierra de Uz y a todos los reyes de la tierra de Filistea: de Ascalón, Gaza, Ecrón y el resto de Asdod; ²¹de Edom, Moab y los hijos de Amón; ²²a todos los reyes de Tiro, a todos los reyes de Sidón, a los reyes de las costas que están de ese lado del mar: ²³Dedán, Tema y Buz, y todos los que se rapan las sienes; ²⁴a todos los reyes de Arabia, a todos los reyes del conjunto de pueblos que habitan en el desierto; ²⁵a todos los reyes de Zimri, a todos los reyes de Elam, a todos los reyes de Media; ²⁶a todos los reyes del norte, los de cerca y los de lejos, a los unos y a los otros, y a todos los reinos del mundo que están sobre la faz de la tierra. Y el rey de Babilonia beberá después de ellos.

²⁷«Les dirás, pues: "Así ha dicho Jehová de los ejércitos, Dios de Israel: ¡Bebed, embriagaos y vomitad; caed y no os levantéis, a causa de la espada que yo envío entre vosotros!". ²⁸Y si no quieren tomar la copa de tu mano para beber, tú les dirás: "Así ha dicho Jehová de los ejércitos: Tenéis que beberla, ²⁹porque yo comienzo a causarle mal a la ciudad en la cual es invocado mi nombre, ¿y vosotros seréis absueltos? ¡No seréis absueltos, porque espada traigo sobre todos los habitantes de la tierra!", dice Jehová de los ejércitos.

³⁰»Tú, pues, profetizarás contra ellos todas estas palabras. Les dirás:

»"Jehová ruge desde lo alto,
y desde su morada santa da su voz;

---

*ᵇ***25.4** Jer 7.5-7; 35.15.   *ᶜ***25.6** Jer 7.18; 32.30; 44.8; cf. Ex 20.3-4; Dt 12.29—14.2.   *ᵈ***25.10** Jer 7.34; 16.9; Ap 18.22-23.   *ᵉ***25.11** 2 Cr 36.21; Jer 29.10; Dn 9.2; Zac 1.12.

ruge fuertemente contra su redil;
canción de lagareros canta
contra todos los moradores de la
tierra.
31 Llega el estruendo hasta el fin de la
tierra,
porque Jehová está en pleito contra
las naciones;
él es el Juez de todo mortal
y entregará a los impíos a la espada,
dice Jehová"».

32 Así ha dicho Jehová de los ejércitos:
«Ciertamente el mal
irá de nación en nación,
y una gran tempestad se levantará
desde los extremos de la tierra».
33 Yacerán los muertos de Jehová en
aquel día
desde un extremo de la tierra hasta
el otro;
no se hará lamentación,
ni se recogerán ni serán enterrados,
sino que como estiércol quedarán
sobre la faz de la tierra.*f*
34 ¡Aullad, pastores! ¡Gritad!
¡Revolcaos en el polvo, mayorales
del rebaño!,
porque se han cumplido vuestros
días
para que seáis degollados y
esparcidos.
Caeréis como vaso precioso.

35 Se acabará el asilo para los
pastores,
y no escaparán los mayorales del
rebaño.
36 ¡Voz de la gritería de los pastores,
y aullido de los mayorales del
rebaño!,
porque Jehová asoló sus pastizales.
37 Los pastos delicados serán
destruidos
por el ardor de la ira de Jehová.
38 Dejó cual leoncillo su guarida,
pues asolada fue la tierra de ellos
por la ira del opresor,
por el furor de su ira.

Jeremías es amenazado de muerte

26 1 En el principio del reinado de Joacim*a* hijo de Josías, rey de Judá, vino esta palabra de Jehová, diciendo: 2 «Así ha dicho Jehová: Ponte en el atrio de la casa de Jehová, y habla a todos los que vienen de las ciudades de Judá para adorar en la casa de Jehová, todas las palabras que yo te mandé hablarles. No retengas palabra. 3 Quizá escuchen y se vuelva cada uno de su mal camino; entonces me arrepentiré yo del mal que pienso hacerles por la maldad de sus obras. 4 Les dirás, pues: "Así ha dicho Jehová: Si no me obedecéis para andar en mi Ley, la cual puse ante vosotros, 5 y para atender a las palabras de mis siervos los profetas, que yo os he enviado desde el principio y sin cesar, a los cuales no habéis escuchado, 6 yo trataré a esta casa como a Silo,*b* y a esta ciudad la pondré por maldición ante todas las naciones de la tierra"».

7 Los sacerdotes, los profetas y todo el pueblo oyeron a Jeremías hablar estas palabras en la casa de Jehová. 8 Y cuando terminó de hablar Jeremías todo lo que Jehová le había mandado que hablara a todo el pueblo, los sacerdotes, los profetas y todo el pueblo le echaron mano, diciendo: «¡De cierto morirás! 9 ¿Por qué has profetizado en nombre de Jehová, diciendo: "Esta Casa será como Silo y esta ciudad quedará asolada y sin habitantes"?» Y todo el pueblo se reunió contra Jeremías en la casa de Jehová.

10 Los príncipes de Judá, al oír estas cosas, subieron de la casa del rey a la casa de Jehová y se sentaron a la entrada de la puerta nueva de la casa de Jehová. 11 Entonces los sacerdotes y los profetas hablaron a los príncipes y a todo el pueblo, diciendo: «¡Este hombre ha incurrido en pena de muerte, porque ha profetizado contra esta ciudad, como vosotros habéis oído con vuestros propios oídos!» 12 Y habló Jeremías a todos los príncipes y a todo el pueblo, diciendo: «Jehová me envió a profetizar contra esta Casa y contra esta ciudad todas las palabras que habéis oído. 13 Mejorad ahora vuestros caminos y

f 25.33 Jer 8.1-2. *a* 26.1 2 R 23.36—24.6; 2 Cr 36.5-7. *b* 26.6 Jos 18.1; Sal 78.60; Jer 7.12-14.

vuestras obras, y escuchad la voz de Jehová, vuestro Dios; y se arrepentirá Jehová del mal que ha hablado contra vosotros.[c] [14] En lo que a mí toca, he aquí estoy en vuestras manos; haced de mí como mejor y más recto os parezca. [15] Pero sabed de cierto que si me matáis, sangre inocente echaréis sobre vosotros, sobre esta ciudad y sobre sus habitantes, porque fue en verdad Jehová quien me envió a vosotros para que dijera todas estas palabras en vuestros oídos».

[16] Dijeron los príncipes y todo el pueblo a los sacerdotes y profetas: «No ha incurrido este hombre en pena de muerte, porque en el nombre de Jehová, nuestro Dios, nos ha hablado». [17] Entonces se levantaron algunos de los ancianos del país y hablaron a todo el pueblo congregado, diciendo: [18] «Miqueas de Moreset[d] profetizó en tiempo de Ezequías, rey de Judá,[e] y habló a todo el pueblo de Judá, diciendo:

»"Así ha dicho Jehová de los
     ejércitos:
Sión será arada como un campo,
Jerusalén vendrá a ser montones de
     ruinas
y el monte de la Casa se llenará de
     maleza".[f]

[19] »¿Acaso lo mataron Ezequías, rey de Judá, y todo Judá? ¿No temió a Jehová y oró en presencia de Jehová, y Jehová se arrepintió del mal que había hablado contra ellos? ¿Haremos, pues, nosotros un mal tan grande contra nosotros mismos?».

[20] Hubo también un hombre que profetizaba en nombre de Jehová: Urías hijo de Semaías, de Quiriat-jearim, el cual profetizó contra esta ciudad y contra esta tierra, conforme a todas las palabras de Jeremías. [21] Oyeron sus palabras el rey Joacim, todos sus grandes y todos sus príncipes. Entonces el rey procuró matarlo; pero Urías, dándose cuenta de esto, tuvo temor

y huyó a Egipto. [22] El rey Joacim envió hombres a Egipto: a Elnatán hijo de Acbor,[g] y a otros hombres con él. [23] Estos sacaron de Egipto a Urías y lo llevaron al rey Joacim, el cual lo mató a espada y arrojó su cuerpo a una fosa común.

[24] Pero la mano de Ahicam hijo de Safán estaba a favor de Jeremías, para evitar que lo entregaran en las manos del pueblo para matarlo.

La señal de los yugos

27 [1] Al comienzo del reinado de Joacim[a] hijo de Josías, rey de Judá, vino esta palabra de parte de Jehová a Jeremías: [2] Jehová me ha dicho: «Hazte coyundas y yugos, y ponlos sobre tu cuello; [3] los enviarás al rey de Edom, al rey de Moab, al rey de los hijos de Amón, al rey de Tiro y al rey de Sidón, por medio de los mensajeros que vienen a Jerusalén para ver a Sedequías, rey de Judá. [4] Les mandarás que digan a sus señores que Jehová de los ejércitos, Dios de Israel, ha dicho: "Así habéis de decir a vuestros señores: [5] 'Yo, con mi gran poder y con mi brazo extendido,[b] hice la tierra, el hombre y las bestias que están sobre la faz de la tierra, y la di a quien quise. [6] Y ahora yo he puesto todas estas tierras en mano de Nabucodonosor, rey de Babilonia, mi siervo, y aun las bestias del campo le he dado para que le sirvan. [7] Todas las naciones le servirán a él, a su hijo y al hijo de su hijo, hasta que llegue también el tiempo de su misma tierra y la reduzcan a servidumbre muchas naciones y grandes reyes.

[8] »A la nación y al reino que no sirva a Nabucodonosor, rey de Babilonia, y que no ponga su cuello bajo el yugo del rey de Babilonia, castigaré a tal nación con espada, con hambre y con peste, dice Jehová, hasta que acabe con ella por medio de su mano. [9] Y vosotros no prestéis oído a vuestros profetas, adivinos, soñadores, agoreros o encantadores, que os hablan diciendo: No serviréis al rey de Babilonia. [10] Porque ellos os profetizan mentira, para haceros alejar de vuestra tierra y para

---

[c] **26.13** Jer 7.5-7.   [d] **26.18** Contemporáneo de Isaías, había ejercido su actividad profética en el reino de Judá, un siglo antes que Jeremías.   [e] **26.18** 2 R 18—20.   [f] **26.18** Miq 3.12.
[g] **26.22** 2 R 22.12,14.   [a] **27.1** 2 R 24.18-20; 2 Cr 36.11-13.   [b] **27.5** Dt 4.34; 5.15; 7.19; 9.29; 11.2; 26.8.

que yo os arroje y perezcáis. ¹¹ Pero a la nación que someta su cuello al yugo del rey de Babilonia y lo sirva, la dejaré en su tierra, dice Jehová, la labrará y habitará en ella' ' "».

¹² Hablé también a Sedequías, rey de Judá, conforme a todas estas palabras, diciendo: «Someted vuestros cuellos al yugo del rey de Babilonia, servidle a él y a su pueblo, y vivid. ¹³ ¿Por qué moriréis tú y tu pueblo a espada, de hambre y de peste, según ha dicho Jehová de la nación que no sirva al rey de Babilonia? ¹⁴ No oigáis las palabras de los profetas que os hablan diciendo: "No serviréis al rey de Babilonia", porque os profetizan mentira. ¹⁵ Porque yo no los envié, ha dicho Jehová, y ellos profetizan falsamente en mi nombre, para que yo os arroje y perezcáis vosotros y los profetas que os profetizan».

¹⁶ También a los sacerdotes y a todo este pueblo hablé diciendo: «Así ha dicho Jehová: No escuchéis las palabras de vuestros profetas que os profetizan diciendo: "Los utensilios de la casa de Jehová volverán de Babilonia muy pronto"; porque os profetizan mentira. ¹⁷ No os escuchéis, sino servid al rey de Babilonia y vivid. ¿Por qué habrá de ser asolada esta ciudad? ¹⁸ Y si ellos son profetas y está con ellos la palabra de Jehová, oren ahora a Jehová de los ejércitos para que los utensilios que han quedado en la casa de Jehová y en la casa del rey de Judá y en Jerusalén, no vayan a Babilonia, ¹⁹ porque así ha dicho Jehová de los ejércitos acerca de aquellas columnas, del estanque, de las basas y del resto de los utensilios que quedan en esta ciudad, ²⁰ que no quitó Nabucodonosor, rey de Babilonia, cuando transportó de Jerusalén a Babilonia a Jeconías hijo de Joacim, rey de Judá, y a todos los nobles de Judá y de Jerusalén.ᶜ ²¹ Esto, pues, ha dicho Jehová de los ejércitos, Dios de Israel, acerca de los utensilios que quedaron en la casa de Jehová y en la casa del rey de Judá y en Jerusalén ²² A Babilonia serán transportados, y allí estarán hasta el día en

que yo los visite, dice Jehová. Después los traeré y los restauraré a este lugar».

Falsa profecía de Hananías

28 ¹ Aconteció en el mismo año, al comienzo del reinado de Sedequías,ᵃ rey de Judá, en el año cuarto, en el quinto mes,ᵇ que Hananías hijo de Azur, profeta que era de Gabaón, me habló en la casa de Jehová delante de los sacerdotes y de todo el pueblo, diciendo: ² «Así habló Jehová de los ejércitos, Dios de Israel, diciendo: "Quebranté el yugo del rey de Babilonia. ³ Dentro de dos años haré volver a este lugar todos los utensilios de la casa de Jehová, que Nabucodonosor, rey de Babilonia, tomó de este lugar para llevarlos a Babilonia, ⁴ y yo haré volver a este lugar a Jeconías hijo de Joacim, rey de Judá, y a todos los transportados de Judá que entraron en Babilonia, dice Jehová; porque yo quebrantaré el yugo del rey de Babilonia"».ᶜ

⁵ Entonces respondió el profeta Jeremías al profeta Hananías delante de los sacerdotes y delante de todo el pueblo que estaba en la casa de Jehová. ⁶ Dijo el profeta Jeremías: «¡Amén, así lo haga Jehová! Confirme Jehová tus palabras, con las cuales profetizaste que los utensilios de la casa de Jehová, y todos los transportados, han de ser devueltos de Babilonia a este lugar. ⁷ Con todo, oye ahora esta palabra que yo hablo en tus oídos y en los oídos de todo el pueblo: ⁸ Los profetas que fueron antes de mí y antes de ti en tiempos pasados, profetizaron guerra, aflicción y peste contra muchas tierras y contra grandes reinos. ⁹ Cuando se cumpla la palabra del profeta que profetiza paz, entonces él será conocido como el profeta que Jehová en verdad envió».ᵈ

¹⁰ Entonces el profeta Hananías quitó el yugo del cuello del profeta Jeremías, y lo quebró. ¹¹ Y habló Hananías en presencia de todo el pueblo, diciendo: «Así ha dicho Jehová: "De esta manera, dentro de dos años, romperé el yugo de Nabucodonosor, rey de Babilonia, del cuello de todas las naciones"».

ᶜ **27.19-21** 2 R 24.8-17; 2 Cr 36.9-10.   ᵃ **28.1** 2 R 24.18-20; 2 Cr 36.11-13.   ᵇ **28.1** Llamado en hebreo *Ab,* corresponde a julio-agosto de nuestro calendario.   ᶜ **28.4** 2 R 24.12,15-16.
ᵈ **28.9** Dt 18.21-22.

Siguió Jeremías su camino. [12] Después que el profeta Hananías rompió el yugo del cuello del profeta Jeremías, vino palabra de Jehová a Jeremías, diciendo: [13] «Ve y habla a Hananías, diciendo: "Así ha dicho Jehová: Yugos de madera quebraste, pero en vez de ellos harás yugos de hierro. [14] Porque así ha dicho Jehová de los ejércitos, Dios de Israel: Yugo de hierro puse sobre el cuello de todas estas naciones, para que sirvan a Nabucodonosor, rey de Babilonia, y han de servirle; y aun también le he dado las bestias del campo"». [15] Entonces dijo el profeta Jeremías al profeta Hananías: «¡Escucha ahora, Hananías! Jehová no te envió, y tú has hecho confiar en mentira a este pueblo. [16] Por tanto, así ha dicho Jehová: "Yo te quito de sobre la faz de la tierra; en este año morirás, porque has hablado rebelión contra Jehová"».[e] [17] En el mismo año murió Hananías, en el mes séptimo.

Carta de Jeremías a los cautivos

29 [1] Estas son las palabras de la carta que el profeta Jeremías envió desde Jerusalén a los ancianos que habían quedado de los que fueron deportados, a los sacerdotes y profetas, y a todo el pueblo que Nabucodonosor llevó cautivo de Jerusalén a Babilonia [2] (después que salió el rey Jeconías, la reina, los del palacio, los gobernantes de Judá y de Jerusalén, los artesanos y los ingenieros de Jerusalén),[a] [3] por medio de Elasa hijo de Safán, y de Gemarías hijo de Hilcías, a quienes envió Sedequías, rey de Judá, a Babilonia, a Nabucodonosor, rey de Babilonia. La carta decía:

[4] «Así ha dicho Jehová de los ejércitos, Dios de Israel, a todos los de la cautividad que hice transportar de Jerusalén a Babilonia: [5] Edificad casas y habitadlas; plantad huertos y comed del fruto de ellos. [6] Casaos y engendrad hijos e hijas; dad mujeres a vuestros hijos y dad maridos a vuestras hijas, para que tengan hijos e hijas. Multiplicaos allá, y no disminuyáis. [7] Procurad la paz de la ciudad a la cual os hice transportar, y rogad por ella a Jehová, porque en su paz tendréis vosotros paz. [8] Porque así ha dicho Jehová de los ejércitos, Dios de Israel: No os engañen vuestros profetas que están entre vosotros, ni vuestros adivinos, ni hagáis caso de los sueños que sueñan. [9] Porque falsamente os profetizan en mi nombre. Yo no los envié, ha dicho Jehová. [10] Porque así dijo Jehová: Cuando en Babilonia se cumplan los setenta años,[b] yo os visitaré y despertaré sobre vosotros mi buena palabra, para haceros volver a este lugar. [11] Porque yo sé los pensamientos que tengo acerca de vosotros, dice Jehová, pensamientos de paz y no de mal, para daros el fin que esperáis. [12] Entonces me invocaréis. Vendréis y oraréis a mí, y yo os escucharé. [13] Me buscaréis y me hallaréis, porque me buscaréis de todo vuestro corazón.[c] [14] Seré hallado por vosotros, dice Jehová; haré volver a vuestros cautivos y os reuniré de todas las naciones y de todos los lugares adonde os arrojé, dice Jehová. Y os haré volver al lugar de donde os hice llevar. [15] Pero vosotros habéis dicho: "Jehová nos ha levantado profetas en Babilonia". [16] Pero así ha dicho Jehová acerca del rey que está sentado sobre el trono de David, y acerca de todo el pueblo que habita en esta ciudad, de vuestros hermanos que no partieron con vosotros al cautiverio, [17] así ha dicho Jehová de los ejércitos: Yo envío contra ellos espada, hambre y peste, y los pondré como los higos malos, que de tan malos no se pueden comer. [18] Los perseguiré con espada, con hambre y con peste, y los haré el horror de todos los reinos de la tierra, objeto de aversión, de espanto, de burla y de afrenta ante todas las naciones entre las cuales los he arrojado; [19] por cuanto no escucharon mis palabras, dice Jehová, que les envié por mis siervos los profetas, desde el principio y sin cesar. No habéis escuchado, dice Jehová. [20] ¡Escuchad, pues, palabra de

[e] 28.15-16 Dt 13.6-10.   [a] 29.1-2 2 R 24.12-16; 2 Cr 36.10.   [b] 29.10 2 Cr 36.21; Jer 25.1; Dn 9.2.
[c] 29.13 Dt 4.29.

Jehová, vosotros todos los deportados que envié de Jerusalén a Babilonia! 21 Así ha dicho Jehová de los ejércitos, Dios de Israel, acerca de Acab hijo de Colaías, y acerca de Sedequías hijo de Maasías, que os profetizan falsamente en mi nombre: Yo los entrego en manos de Nabucodonosor, rey de Babilonia, y él los matará delante de vuestros ojos. 22 Y todos los deportados de Judá que están en Babilonia harán de ellos una maldición, diciendo: "¡Póngate Jehová como a Sedequías y como a Acab, a quienes asó al fuego el rey de Babilonia!". 23 Porque hicieron maldad en Israel: cometieron adulterio con las mujeres de sus prójimos y falsamente hablaron en mi nombre palabra que no les mandé; lo cual yo sé y testifico, dice Jehová».

24 «Y a Semaías, de Nehelam, hablarás, diciendo: 25 "Así habló Jehová de los ejércitos, Dios de Israel: Tú enviaste cartas en tu nombre a todo el pueblo que está en Jerusalén, y al sacerdote Sofonías hijo de Maasías, y a todos los sacerdotes, diciendo: 26 'Jehová te ha puesto por sacerdote en lugar del sacerdote Joiada, para que te encargues en la casa de Jehová de todo loco que profetice, poniéndolo en el calabozo y en el cepo'. 27 ¿Por qué, pues, no has reprendido ahora a Jeremías de Anatot, que os profetiza? 28 Porque él nos envió a decir en Babilonia: 'Largo será el cautiverio; edificad casas y habitadlas; plantad huertos y comed el fruto de ellos' "».

29 El sacerdote Sofonías había leído esta carta a oídos del profeta Jeremías. 30 Y vino palabra de Jehová a Jeremías, diciendo: 31 «Envía a decir a todos los cautivos: "Así ha dicho Jehová acerca de Semaías, de Nehelam: Por cuanto os profetizó Semaías, sin que yo lo hubiera enviado, y os hizo confiar en mentira, 32 por eso, así ha dicho Jehová: Yo castigaré a Semaías, de Nehelam, y a su descendencia; no tendrá varón que habite en medio de este pueblo, ni verá el bien que haré yo a mi pueblo, dice Jehová; porque contra Jehová ha hablado rebelión"».

Dios promete que los cautivos volverán

30 1 Palabra de Jehová que vino a Jeremías, diciendo: 2 «Así habló Jehová, Dios de Israel: Escribe en un libro todas las palabras que te he hablado. 3 Porque vienen días, dice Jehová, en que haré volver a los cautivos de mi pueblo de Israel y de Judá, ha dicho Jehová, y los traeré a la tierra que di a sus padres,[a] y la disfrutarán».

4 Estas, pues, son las palabras que habló Jehová acerca de Israel y de Judá. 5 Así ha dicho Jehová:

«¡Hemos oído gritos de terror y espanto!
¡No hay paz!
6 ¡Inquirid ahora, considerad si un varón da a luz!,
porque he visto que todos los hombres
tenían las manos sobre sus caderas
como la mujer que está de parto,
y que se han puesto pálidos todos los rostros.
7 ¡Ah, cuán grande es aquel día!
Tanto, que no hay otro semejante a él.
Es un tiempo de angustia para Jacob,
pero de ella será librado.

8 »Aquel día, dice Jehová de los ejércitos,
yo quebraré el yugo de su cuello y romperé sus coyundas,[b]
y extranjeros no volverán a ponerlo en servidumbre,
9 sino que servirán a Jehová, su Dios,
y a David, su rey, a quien yo les levantaré.[c]

10 »Tú, pues, siervo mío Jacob, no temas,
dice Jehová;
no te atemorices, Israel,[d]
porque he aquí que yo soy el que te salvo de lejos,
a ti y a tu descendencia,
de la tierra de tu cautiverio.[e]

---

[a] **30.3** Dt 6.10,23; 7.8; 8.1; 10.11; 11.9,21.   [b] **30.8** Nah 1.13; cf. Jer 27—28.   [c] **30.9** Ez 34.23-24; 37.24; Os 3.5.   [d] **30.10** Is 44.2.   [e] **30.10** Is 49.25.

Jacob volverá, descansará y vivirá
tranquilo,
y no habrá quien lo espante.
¹¹ Porque yo estoy contigo para
salvarte,
dice Jehová,
y destruiré a todas las naciones
entre las cuales te esparcí.
Pero a ti no te destruiré,
aunque te castigaré con justicia:
de ninguna manera te dejaré sin
castigo».ᶠ

¹² Así ha dicho Jehová:
«Incurable es tu quebrantamiento
y dolorosa tu llaga.
¹³ No hay quien juzgue tu causa para
sanarte;
no hay para ti medicina eficaz.ᵍ
¹⁴ Todos tus enamorados te
olvidaron;
no te buscan,
porque te herí como hiere un
enemigo,
con azote de adversario cruel,
a causa de la magnitud de tu
maldad
y de tus muchos pecados.
¹⁵ ¿Por qué gritas a causa de tu
quebrantamiento?
Incurable es tu dolor,
porque por la grandeza de tu
iniquidad
y por tus muchos pecados te he
hecho esto.
¹⁶ Pero serán devorados todos los que
te devoran,
y todos tus adversarios, todos ellos,
irán al cautiverio;
pisoteados serán los que te
pisotearon,
y a todos los que te despojaron,
yo los entregaré al despojo.
¹⁷ Mas yo haré venir sanidad para ti,
y sanaré tus heridas,
dice Jehová,
porque "Desechada" te llamaron,
diciendo:
"Esta es Sión, de la que nadie se
acuerda"».ʰ

¹⁸ Así ha dicho Jehová:

«He aquí yo hago volver a los
cautivos de las tiendas de Jacob,
y de sus tiendas tendré
misericordia;
la ciudad será edificada sobre su
colina,
y el palacio será asentado en su
lugar.
¹⁹ Saldrá de ellos acción de gracias
y voz de nación que está en
regocijo.
Los multiplicaré y no serán
disminuidos;
los multiplicaré y no serán
menoscabados.
²⁰ Serán sus hijos como antes,
y su congregación delante de mí
será confirmada.
Yo castigaré a todos sus opresores.
²¹ De ella saldrá su soberano,
y de en medio de ella saldrá su
gobernante.
Lo haré acercarse
y él se acercará a mí,
porque ¿quién es aquel que se
atreve a acercarse a mí?,
dice Jehová.
²² Entonces vosotros seréis mi pueblo
y yo seré vuestro Dios.

²³ »La tempestad de Jehová
sale con furor;
la tempestad que se prepara
se cierne sobre la cabeza de los
impíos.
²⁴ No se calmará el ardor de la ira de
Jehová
hasta que haya hecho y cumplido
los pensamientos de su corazón.
¡Al final de los días entenderéis
esto!

31 ¹ »En aquel tiempo, dice Jehová, yo
seré el Dios de todas las familias de
Israel y ellas serán mi pueblo».

² Así ha dicho Jehová:
«El pueblo que escapó de la espada
halló gracia en el desierto,
cuando Israel iba en busca de
reposo.
³ Jehová se me manifestó hace ya
mucho tiempo, diciendo:

ᶠ **30.10-11** Jer 46.27-28.   ᵍ **30.12-13** Is 1.6; Jer 8.22; 10.19; 14.17.   ʰ **30.17** Os 14.4.

"Con amor eterno te he amado;
por eso, te prolongué mi
misericordia.

4 Volveré a edificarte: serás
reedificada,
virgen de Israel.
De nuevo serás adornada con tus
panderos
y saldrás en alegres danzas.

5 Volverás a plantar viñas
en los montes de Samaria;
plantarán los que plantan y
disfrutarán de ellas,

6 porque habrá día en que clamarán
los guardas
en los montes de Efraín:
'¡Levantaos y subamos a Sión,
a Jehová, nuestro Dios!' "»

7 Así ha dicho Jehová:
«Regocijaos en Jacob con alegría;
dad voces de júbilo a la cabeza de
naciones.
¡Haced oir, alabad y decid:
"Salva, Jehová, a tu pueblo,
el resto de Israel"!

8 Yo los hago volver de la tierra del
norte,
los reuniré de los extremos de la
tierra;
entre ellos, juntamente, a ciegos y a
cojos,
a la mujer que está encinta y a la
que dio a luz.
En gran compañía volverán acá.

9 Irán con llanto,
mas con misericordia los haré
volver
y los haré andar junto a arroyos de
aguas,
por camino derecho en el cual no
tropezarán,
porque yo soy el padre de Israel,
y Efraín es mi primogénito.

10 »¡Oíd palabra de Jehová, naciones,
y hacedlo saber en las costas que
están lejos!
Decid: "El que dispersó a Israel,
lo reunirá y guardará,
como el pastor a su rebaño",

11 porque Jehová redimió a Jacob,
lo redimió de mano del más fuerte
que él.[a]

12 Vendrán con gritos de gozo a lo alto
de Sión
y correrán a los bienes de Jehová:
al pan, al vino, al aceite
y al ganado de ovejas y de vacas.
Su vida será como un huerto de
riego
y nunca más tendrán dolor alguno.

13 Entonces la virgen danzará
alegremente,
junto con los jóvenes y los viejos;
cambiaré su llanto en gozo,
los consolaré
y los alegraré de su dolor.

14 El alma del sacerdote satisfaré con
abundancia,
y mi pueblo será saciado de mis
bienes,
dice Jehová».

15 Así ha dicho Jehová:
«Voz fue oída en Ramá,
llanto y lloro amargo:
es Raquel que llora por sus hijos,[b]
y no quiso ser consolada acerca de
sus hijos,
porque perecieron».[c]

16 Así ha dicho Jehová:
«Reprime del llanto tu voz
y de las lágrimas tus ojos,
porque salario hay para tu trabajo,
dice Jehová.
Volverán de la tierra del enemigo.

17 Esperanza hay también para tu
porvenir,
dice Jehová,
y los hijos volverán a su propia
tierra.

18 Escuchando, he oído a Efraín que
se lamentaba:
"Me azotaste, y fui castigado como
novillo indómito;
conviérteme, y seré convertido,
porque tú eres Jehová, mi Dios.

19 Después que me aparté,
me arrepentí,
y después que reconocí mi falta,

---

[a] 31.11 Is 49.25-26.   [b] 31.15 Gn 30.22-24; 35.16-19.   [c] 31.15 Mt 2.18.

me golpeé el muslo;[d]
me avergoncé y me confundí,
porque llevé la afrenta de mi
juventud".
²⁰ ¿No es Efraín[e] un hijo precioso
para mí?
¿No es un niño en quien me
deleito?
Desde que hablé de él,
lo he recordado constantemente.
Por eso mis entrañas se
conmovieron por él,
y ciertamente tendré de él
misericordia,
dice Jehová.

²¹ »Levanta para ti indicadores,
ponte señales altas,
fíjate con atención en la calzada.
¡Vuélvete por el camino por donde
fuiste, virgen de Israel,
vuelve a estas tus ciudades!
²² ¿Hasta cuándo andarás errante,
hija rebelde?,
porque Jehová ha creado una cosa
nueva sobre la tierra:
¡la mujer cortejará al varón!»

²³ Así ha dicho Jehová de los ejércitos,
Dios de Israel: «Aún dirán esta palabra en
la tierra de Judá y en sus ciudades, cuando yo haga volver a sus cautivos: "¡Jehová te bendiga, morada de justicia, monte
santo!" ²⁴ Y habitará allí Judá; y en todas
sus ciudades, los labradores y los que van
con los rebaños. ²⁵ Porque satisfaré al alma cansada y saciaré a toda alma entriste-
cida».

²⁶ En esto, me desperté y miré, y mi
sueño me fue agradable.

El nuevo pacto

²⁷ «Vienen días, dice Jehová, en que
sembraré la casa de Israel y la casa de Judá de simiente de hombre y de simiente
de animal. ²⁸ Y así como tuve cuidado de
ellos para arrancar y derribar, para trastornar, perder y afligir, tendré cuidado de
ellos para edificar y plantar, dice Jehová.
²⁹ En aquellos días no dirán más: "Los

padres comieron las uvas agrias y a los hijos les da dentera",[f] ³⁰ sino que cada cual
morirá por su propia maldad; a todo aquel
que coma uvas agrias le dará dentera.

³¹ »Vienen días, dice Jehová, en los cuales haré un nuevo pacto[g] con la casa de
Israel y con la casa de Judá. ³² No como el
pacto que hice con sus padres el día en
que tomé su mano para sacarlos de la tierra de Egipto; porque ellos invalidaron
mi pacto, aunque fui yo un marido para
ellos, dice Jehová. ³³ Pero este es el pacto
que haré con la casa de Israel después de
aquellos días, dice Jehová: Pondré mi ley
en su mente y la escribiré en su corazón;[h]
yo seré su Dios y ellos serán mi pueblo.
³⁴ Y no enseñará más ninguno a su prójimo, ni ninguno a su hermano, diciendo:
"Conoce a Jehová", porque todos me conocerán, desde el más pequeño de ellos
hasta el más grande, dice Jehová. Porque
perdonaré la maldad de ellos y no me
acordaré más de su pecado.[i,j]

³⁵ »Así ha dicho Jehová, que da el sol
para luz del día,
las leyes de la luna y de las estrellas
para luz de la noche,
que agita el mar y braman sus olas;
Jehová de los ejércitos es su
nombre:[k]
³⁶ Si llegaran a faltar estas leyes
delante de mí,
dice Jehová,
también faltaría la descendencia de
Israel,
y dejaría de ser para siempre una
nación delante de mí.

³⁷ »Así ha dicho Jehová:
Si se pudieran medir los cielos
arriba
y explorar abajo los fundamentos
de la tierra,
también yo desecharía toda la
descendencia de Israel
por todo lo que hicieron, dice
Jehová.

---

[d] **31.19** Señal de duelo y de pesar.   [e] **31.20** Os 11.8-9.   [f] **31.29-30** Ez 18.2.   [g] **31.31** Mt 26.28;
Mc 14.24; 1 Co 11.25; 2 Co 3.6.   [h] **31.33** Heb 10.16.   [i] **31.31-34** Heb 8.8-12.   [j] **31.34** Heb 10.17.
[k] **31.35** Am 5.8-9.

38 »Vienen días, dice Jehová, en que la ciudad será edificada a Jehová, desde la torre de Hananeel hasta la puerta del Ángulo. **39** El cordel de medir saldrá en línea recta hasta el collado de Gareb, y luego girará hacia Goa. **40** Todo el valle de los cadáveres y de la ceniza, y todos los campos hasta el arroyo Cedrón, hasta la esquina de la puerta de los Caballos al oriente, serán santos a Jehová. Nunca volverán a ser arrasados ni jamás serán destruidos».

Jeremías compra la heredad de Hanameel

32 **1** Palabra de Jehová que vino a Jeremías el año décimo de Sedequías,[a] rey de Judá, que fue el año decimoctavo de Nabucodonosor. **2** Entonces el ejército del rey de Babilonia tenía sitiada a Jerusalén, y el profeta Jeremías estaba preso en el patio de la cárcel que estaba en la casa del rey de Judá, **3** porque Sedequías, rey de Judá, lo había puesto en prisión, diciendo: «¿Por qué profetizas tú diciendo: "Así ha dicho Jehová: Yo entrego esta ciudad en mano del rey de Babilonia, y la tomará; **4** y Sedequías, rey de Judá, no escapará de la mano de los caldeos, sino que de cierto será entregado en mano del rey de Babilonia. Hablará con él cara a cara, y sus ojos verán sus ojos, **5** y hará llevar a Sedequías a Babilonia, y allá estará hasta que yo lo visite; y si peleáis contra los caldeos, no os irá bien, dice Jehová"?»

6 Y Jeremías dijo: «La palabra de Jehová vino a mí, diciendo: **7** "Hanameel, hijo de tu tío Salum, viene a ti, diciendo: 'Cómprame mi heredad que está en Anatot, porque tú tienes derecho de compra sobre ellos' ".[b] **8** Y vino a mí Hanameel, hijo de mi tío, conforme a la palabra de Jehová, al patio de la cárcel, y me dijo: "Cómprame ahora la heredad que está en Anatot, en tierra de Benjamín, porque tuyo es el derecho de la herencia y a ti corresponde el rescate; cómprala para ti". Entonces conocí que era palabra de Jehová.

9 »Compré la heredad de Hanameel, hijo de mi tío, la cual estaba en Anatot, y le pesé el dinero: diecisiete siclos de plata. **10** Redacté la escritura, la sellé, la hice certificar con testigos y pesé el dinero en balanza. **11** Luego tomé la escritura de venta, sellada según el derecho y costumbre, y la copia abierta. **12** Y entregué la carta de venta a Baruc[c] hijo de Nerías hijo de Maasías, delante de Hanameel, el hijo de mi tío, delante de los testigos que habían suscrito la escritura de venta y delante de todos los judíos que estaban en el patio de la cárcel. **13** Y di orden a Baruc delante de ellos, diciendo: **14** "Así ha dicho Jehová de los ejércitos, Dios de Israel: 'Toma estas escrituras, esta escritura de venta, sellada, y esta escritura abierta, y ponlas en una vasija de barro, para que se conserven durante mucho tiempo'.

15 »Porque así ha dicho Jehová de los ejércitos, Dios de Israel: 'Aún se comprarán casas, heredades y viñas en esta tierra' ". **16** Después que di la escritura de venta a Baruc hijo de Nerías, oré a Jehová, diciendo: **17** "¡Ah, Señor Jehová!, tú hiciste el cielo y la tierra con tu gran poder y con tu brazo extendido. Nada hay que sea difícil para ti. **18** Tú haces misericordia a millares, y castigas la maldad de los padres en sus hijos después de ellos. ¡Dios grande, poderoso, Jehová de los ejércitos es su nombre! **19** Grande eres en consejo y magnífico en hechos; tus ojos están abiertos sobre todos los caminos de los hijos de los hombres, para dar a cada uno según sus caminos y según el fruto de sus obras. **20** Tú hiciste señales y portentos en la tierra de Egipto hasta este día, en Israel y entre los seres humanos; así te has hecho renombre, como se ve en este día. **21** Sacaste a tu pueblo Israel de la tierra de Egipto con señales y portentos, con mano fuerte y brazo extendido, y con gran terror. **22** Les diste esta tierra, la cual juraste a sus padres que les darías, la tierra que fluye leche y miel. **23** Ellos entraron y la disfrutaron, pero no escucharon tu voz ni

---

a **32.1** 2 R 25.1-7.   *b* **32.7** Ex 6.6; Rt 2.20.   *c* **32.12** Además de participar en esta transacción, escribe en un rollo las palabras que le dicta el profeta (Jer 36.4); se refugia en Egipto junto con su maestro y otros judíos después de la destrucción de Jerusalén (43.4-7) y es el destinatario de una promesa divina en aquellos difíciles tiempos (cap. 45).

anduvieron en tu Ley. Nada hicieron de lo que les mandaste hacer, y por eso has hecho venir sobre ellos todo este mal.*d* 24 He aquí que con arietes han acometido la ciudad para tomarla, y la ciudad, a causa de la espada, el hambre y la peste,*e* va a ser entregada en manos de los caldeos que pelean contra ella. Ha venido, pues, a suceder lo que tú dijiste, y he aquí lo estás viendo. 25 ¡Ah, Señor Jehová!, cuando la ciudad va a ser entregada en manos de los caldeos, ¿tú me dices: cómprate la heredad por dinero y pon testigos?' "»

26 Vino palabra de Jehová a Jeremías, diciendo: 27 «Yo soy Jehová, Dios de todo ser viviente, ¿acaso hay algo que sea difícil para mí? 28 Por tanto, así ha dicho Jehová: Voy a entregar esta ciudad en manos de los caldeos y en manos de Nabucodonosor, rey de Babilonia, y la tomará.*f* 29 Y vendrán los caldeos que atacan esta ciudad, le prenderán fuego y la quemarán, junto con las casas en cuyas azoteas quemaron incienso a Baal y derramaron libaciones a dioses extraños, para provocarme a ira, 30 porque los hijos de Israel y los hijos de Judá no han hecho sino lo malo delante de mis ojos desde su juventud; porque los hijos de Israel no han hecho más que provocarme a ira con la obra de sus manos, dice Jehová. 31 De tal manera que para mi enojo y mi indignación ha servido esta ciudad desde el día que la edificaron hasta hoy. Yo, pues, la haré borrar de mi presencia, 32 por toda la maldad de los hijos de Israel y de los hijos de Judá, que han hecho para enojarme, ellos, sus reyes, sus príncipes, sus sacerdotes y sus profetas, y los hombres de Judá y los habitantes de Jerusalén. 33 Ellos me volvieron la espalda en vez del rostro, y cuando les enseñaba desde el principio y sin cesar, no escucharon para recibir corrección, 34 sino que pusieron sus abominaciones en la casa en la cual es invocado mi nombre, contaminándola.*g* 35 Y edificaron lugares altos a Baal, los cuales están en el valle del hijo de Hinom,*h* para hacer pasar por el fuego a sus hijos y sus hijas, en honor de Moloc,*i* lo cual no les mandé. ¡Nunca pensé que

cometieran tal abominación para hacer pecar a Judá!

36 »Con todo, ahora así dice Jehová, Dios de Israel, a esta ciudad, de la cual decís vosotros: "Entregada será en mano del rey de Babilonia a espada, a hambre y a peste": 37 Yo los reuniré de todas las tierras a las cuales los eché con mi furor, con mi enojo y mi gran indignación; los haré volver a este lugar y los haré habitar seguros, 38 y ellos serán mi pueblo y yo seré su Dios. 39 Les daré un corazón y un camino, de tal manera que me teman por siempre, para bien de ellos y de sus hijos después de ellos. 40 Haré con ellos un pacto eterno: que no desistiré de hacerles bien, y pondré mi temor en el corazón de ellos, para que no se aparten de mí. 41 Yo me alegraré con ellos haciéndoles bien,*j* y los plantaré en esta tierra en verdad, con todo mi corazón y con toda mi alma.

42 »Porque así ha dicho Jehová: Como traje sobre este pueblo todo este mal tan grande, así traeré sobre ellos todo el bien que acerca de ellos hablo. 43 Poseerán heredad en esta tierra de la cual vosotros decís: "Está desierta, sin hombres ni animales, y va a ser entregada en manos de los caldeos". 44 Heredades comprarán por dinero; harán escrituras y las sellarán, y pondrán testigos en tierra de Benjamín, en los alrededores de Jerusalén, en las ciudades de Judá, en las ciudades de las montañas, en las ciudades de la Sefela y en las ciudades del Neguev, porque yo haré regresar a sus cautivos, dice Jehová».

Restauración de la prosperidad de Jerusalén

33 1 Vino palabra de Jehová a Jeremías por segunda vez, estando él aún preso en el patio de la cárcel, diciendo: 2 «Así ha dicho Jehová, que hizo la tierra, Jehová que la formó para afirmarla; Jehová es su nombre: 3 Clama a mí y yo te responderé, y te enseñaré cosas grandes y ocultas que tú no conoces. 4 Porque así ha dicho Jehová, Dios de Israel, acerca de las casas de esta ciudad y de las casas de los reyes de Judá, derribadas por el ariete y la

---

d 32.20-23 Ex 3.8; 7—14; Dt 4.34-40.   *e* 32.24 Jer 14.12.   *f* 32.28 2 R 25.1-11; 2 Cr 36.17-21.
g 32.34 Jer 7.30-31.   *h* 32.35 2 R 23.10; Jer 7.31; 19.1-6.   *i* 32.35 Lv 18.21.   *j* 32.41 Dt 30.9.

espada [5](porque salir a enfrentarse con los caldeos será llenarlas de cadáveres, de muertos heridos por mi furor y mi ira, pues escondí mi rostro de esta ciudad a causa de toda su maldad): [6] Yo les traeré sanidad y medicina; los curaré y les revelaré abundancia de paz y de verdad. [7] Haré volver los cautivos de Judá y los cautivos de Israel, y los restableceré como al principio. [8] Los limpiaré de toda su maldad con que pecaron contra mí, y perdonaré todas sus iniquidades con que contra mí pecaron y contra mí se rebelaron. [9] Esta ciudad me será por nombre de gozo, de alabanza y de gloria entre todas las naciones de la tierra, cuando oigan todo el bien que yo les hago. Temerán y temblarán por todo el bien y toda la paz que yo les daré.

[10] »Así ha dicho Jehová: En este lugar, del cual decís que está desierto, sin hombres y sin animales, en las ciudades de Judá y en las calles de Jerusalén, que están asoladas, sin nadie que habite allí, ni hombre ni animal, [11] ha de oírse aún voz de gozo y de alegría; voz de novio y voz de novia; voz de los que digan: "¡Alabad a Jehová de los ejércitos, porque Jehová es bueno, porque para siempre es su misericordia!";[a] voz de los que traigan ofrendas de acción de gracias a la casa de Jehová, porque yo volveré a traer a los cautivos de la tierra, para que sea como al principio, ha dicho Jehová.

[12] »Así dice Jehová de los ejércitos: En este lugar desierto, sin hombre ni animal, y en todas sus ciudades, aún habrá cabañas de pastores que hagan pastar sus ganados. [13] En las ciudades de las montañas, en las ciudades de la Sefela, en las ciudades del Neguev, en la tierra de Benjamín, alrededor de Jerusalén y en las ciudades de Judá, aún pasarán ganados por las manos del que los cuente, dice Jehová.

[14] »He aquí vienen días, dice Jehová, en que yo confirmaré la buena palabra que he hablado a la casa de Israel y a la casa de Judá. [15] En aquellos días y en aquel tiempo haré brotar a David un Renuevo justo, que actuará conforme al derecho y la justicia en la tierra. [16] En aquellos días

Judá será salvo, y Jerusalén habitará segura. Y se le llamará: "Jehová, justicia nuestra".[b]

[17] »Porque así dice Jehová: No faltará a David un descendiente que se siente sobre el trono de la casa de Israel,[c] [18] ni a los sacerdotes y levitas faltará un descendiente que delante de mí ofrezca holocausto, encienda ofrenda y haga sacrificio cada día».[d]

[19] Vino palabra de Jehová a Jeremías, diciendo: [20] «Así ha dicho Jehová: Si pudiera invalidarse mi pacto con el día y mi pacto con la noche, de tal manera que no hubiera día ni noche a su debido tiempo, [21] podría también invalidarse mi pacto con mi siervo David, para que deje de tener un hijo que reine sobre su trono, y mi pacto con los levitas y sacerdotes, mis ministros. [22] Como no puede ser contado el ejército del cielo ni se puede medir la arena del mar, así multiplicaré la descendencia de David, mi siervo, y de los levitas que me sirven».

[23] Vino palabra de Jehová a Jeremías, diciendo: [24] «¿No te has fijado en lo que habla este pueblo, diciendo: "Las dos familias que Jehová escogió, las ha desechado"? ¡Así tienen en poco a mi pueblo, que ni siquiera lo tienen por nación! [25] Esto ha dicho Jehová: Si yo no he establecido mi pacto con el día y con la noche, si no he puesto las leyes del cielo y de la tierra, [26] entonces es cierto que rechazaré la descendencia de Jacob y de David, mi siervo, para no tomar de su descendencia a quien sea señor sobre la posteridad de Abraham, de Isaac y de Jacob. Haré volver sus cautivos y tendré de ellos misericordia».

Jeremías amonesta a Sedequías

34 [1] Palabra de Jehová que vino a Jeremías cuando Nabucodonosor, rey de Babilonia, con todo su ejército, todos los reinos de la tierra bajo el señorío de su mano y todos los pueblos peleaban contra Jerusalén[a] y contra todas sus ciudades. Dijo así: [2] «Esto ha dicho Jehová, Dios de Israel: Ve y habla a Sedequías, rey de Judá, y dile que así ha dicho Jehová: Yo entregaré esta ciudad al rey de Babilonia,

---

[a] **33.11** 1 Cr 16.34; 2 Cr 5.13; 7.3; Esd 3.11; Sal 100.5. [b] **33.14-16** Jer 23.5-6. [c] **33.17** 2 S 7.12-16; 1 R 2.4; 8.25; 9.5; 1 Cr 17.11-14. [d] **33.18** Nm 3.5-10. [a] **34.1** 2 R 25.1-11; 2 Cr 36.17-21; Jer 39.1-10.

el cual la entregará al fuego. ³Y tú no escaparás de su mano, sino que ciertamente serás apresado y en su mano serás entregado. Tus ojos verán los ojos del rey de Babilonia, que te hablará cara a cara, y entrarás en Babilonia. ⁴Con todo, oye palabra de Jehová, Sedequías, rey de Judá, porque así ha dicho Jehová acerca de ti: No morirás a espada. ⁵En paz morirás, y así como quemaron especias por tus padres, los reyes primeros que fueron antes de ti, las quemarán por ti, y te endecharán diciendo: "¡Ay, señor!", porque yo he hablado la palabra, dice Jehová».

⁶Habló, pues, el profeta Jeremías a Sedequías, rey de Judá, todas estas palabras en Jerusalén. ⁷Y el ejército del rey de Babilonia peleaba contra Jerusalén y contra todas las ciudades de Judá que habían quedado: contra Laquis y contra Azeca, porque de las ciudades fortificadas de Judá, solo estas habían quedado.

Violación del pacto de libertar a los siervos hebreos

⁸Palabra de Jehová que vino a Jeremías después que Sedequías hizo pacto*ᵇ* con todo el pueblo en Jerusalén, para promulgarles libertad, ⁹que cada uno dejara libre a su esclavo hebreo y a su esclava hebrea, y que nadie los usara más como esclavos. ¹⁰Cuando oyeron todos los jefes y todo el pueblo que había convenido en el pacto de dejar libre cada uno a su esclavo y cada uno a su esclava, que nadie los usara más como esclavos, obedecieron y los dejaron libres. ¹¹Pero después se arrepintieron e hicieron volver a los esclavos y a las esclavas que habían dejado libres, y de nuevo los sujetaron como esclavos y esclavas. ¹²Vino, pues, palabra de Jehová a Jeremías, diciendo: ¹³«Así dice Jehová, Dios de Israel: Yo hice pacto con vuestros padres el día que los saqué de tierra de Egipto, de casa de servidumbre, diciendo:*ᶜ* ¹⁴Al cabo de siete años dejará cada uno a su hermano hebreo que le hubiera sido vendido; durante seis años le servirá, y luego lo dejará ir libre.*ᵈ* Pero vuestros padres no me escucharon ni inclinaron su oído. ¹⁵Vosotros os habíais hoy convertido

y habíais hecho lo recto delante de mis ojos, anunciando cada uno libertad a su prójimo; y habíais hecho pacto en mi presencia, en la casa en la cual es invocado mi nombre. ¹⁶Pero os habéis vuelto atrás y profanado mi nombre, y habéis vuelto a tomar cada uno a su esclavo y cada uno a su esclava, que habíais dejado libres a su voluntad, y los habéis sujetado para que os sean esclavos y esclavas. ¹⁷Por tanto, así dice Jehová: Ya que vosotros no me habéis escuchado para promulgar cada uno libertad a su hermano y cada uno a su compañero, he aquí que yo promulgo libertad, dice Jehová, a la espada, a la pestilencia y al hambre; y os pondré por afrenta ante todos los reinos de la tierra. ¹⁸Y entregaré a los hombres que quebrantaron mi pacto, que no han llevado a efecto las palabras del pacto que celebraron en mi presencia dividiendo en dos partes el becerro y pasando por medio de ellas; ¹⁹a los jefes de Judá y a los jefes de Jerusalén, a los oficiales, a los sacerdotes y a todo el pueblo de la tierra, que pasaron entre las partes del becerro, ²⁰los entregaré en manos de sus enemigos y en manos de los que buscan su vida; y sus cadáveres serán comida para las aves del cielo y para las bestias de la tierra. ²¹A Sedequías, rey de Judá, y a sus jefes los entregaré en manos de sus enemigos, en manos de los que buscan su vida y en manos del ejército del rey de Babilonia, que se ha retirado de vosotros. ²²Yo mandaré, dice Jehová, y los haré volver a esta ciudad. Pelearán contra ella, la tomarán y la entregarán al fuego. Y convertiré en desolación las ciudades de Judá, hasta no quedar habitante alguno».

Obediencia de los recabitas

35 ¹Palabra de Jehová que vino a Jeremías en días de Joacim*ᵃ* hijo de Josías, rey de Judá, diciendo: ²«Ve a casa de los recabitas,*ᵇ* habla con ellos e introdúcelos en la casa de Jehová, en uno de los aposentos, y dales a beber vino».

³Tomé entonces a Jaazanías hijo de Jeremías hijo de Habasinías, a sus hermanos, a todos sus hijos y a toda la familia de

---

ᵇ **34.8** Ex 21.2-6; Dt 15.12-18; Jer 34.15,17.   *ᶜ* **34.13** Ex 19.5; Dt 5.2.   *ᵈ* **34.13-14** Ex 21.2; Dt 15.12.
ᵃ **35.1** 2 R 23.36—24.6; 2 Cr 36.5-7.   *ᵇ* **35.2** 2 R 10.15-17.

los recabitas, [4] y los llevé a la casa de Jehová, al aposento de los hijos de Hanán hijo de Igdalías, hombre de Dios, el cual estaba junto al aposento de los jefes, que estaba sobre el aposento de Maasías hijo de Salum, guarda de la puerta. [5] Puse delante de los hijos de la familia de los recabitas tazas y copas llenas de vino, y les dije: «Bebed vino». [6] Pero ellos dijeron: «No beberemos vino, porque Jonadab hijo de Recab, nuestro padre, nos ordenó diciendo: "No beberéis jamás vino, vosotros ni vuestros hijos. [7] No edificaréis casa y no sembraréis sementera ni plantaréis viña ni la retendréis, sino que habitaréis en tiendas todos vuestros días, para que viváis muchos días sobre la faz de la tierra donde vosotros habitáis". [8] Y nosotros hemos obedecido a la voz de nuestro padre Jonadab hijo de Recab en todas las cosas que nos mandó: no beber vino en todos nuestros días, ni nosotros ni nuestras mujeres ni nuestros hijos ni nuestras hijas; [9] y no edificar casas para nuestra habitación, ni tener viña ni heredad ni sementera. [10] Habitamos, pues, en tiendas, y hemos obedecido y hecho conforme a todas las cosas que nos mandó Jonadab, nuestro padre. [11] Sucedió, no obstante, que cuando Nabucodonosor, rey de Babilonia, subió a la tierra, dijimos: "Venid, ocultémonos en Jerusalén de la presencia del ejército de los caldeos y de la presencia del ejército de los de Siria", y en Jerusalén nos quedamos».

[12] Vino palabra de Jehová a Jeremías, diciendo: [13] «Así ha dicho Jehová de los ejércitos, Dios de Israel: Ve y di a los hombres de Judá y a los habitantes de Jerusalén: ¿No aprenderéis a obedecer mis palabras? dice Jehová. [14] Fue firme la palabra de Jonadab hijo de Recab, el cual mandó a sus hijos que no bebieran vino, y no lo han bebido hasta hoy, por obedecer al mandamiento de su padre. En cambio, yo os he hablado desde el principio y sin cesar, y no me habéis escuchado. [15] Envié a vosotros todos mis siervos los profetas, desde el principio y sin cesar, para deciros: Volveos ahora cada uno de vuestro mal camino, enmendad vuestras obras y no vayáis tras dioses extraños para

servirlos, y viviréis en la tierra que os di a vosotros y a vuestros padres; pero no inclinasteis vuestro oído ni me escuchasteis.[c] [16] Ciertamente los hijos de Jonadab hijo de Recab tuvieron por firme el mandamiento que les dio su padre; pero este pueblo no me ha obedecido. [17] Por tanto, así ha dicho Jehová, Dios de los ejércitos, Dios de Israel: Yo traeré sobre Judá y sobre todos los habitantes de Jerusalén todo el mal que contra ellos he hablado, porque les hablé y no escucharon, los llamé y no han respondido».

[18] Dijo, pues, Jeremías a la familia de los recabitas: «Así ha dicho Jehová de los ejércitos, Dios de Israel: "Por cuanto obedecisteis al mandamiento de Jonadab, vuestro padre, y guardasteis todos sus mandamientos e hicisteis conforme a todas las cosas que él os mandó, [19] por eso, no faltará de Jonadab hijo de Recab, un descendiente que esté en mi presencia todos los días"». Así lo ha dicho Jehová de los ejércitos, Dios de Israel.

El rey quema el rollo

36 [1] Aconteció en el cuarto año de Joacim[a] hijo de Josías, rey de Judá, que vino esta palabra de Jehová a Jeremías, diciendo: [2] «Toma un rollo en blanco y escribe en él todas las palabras que te he hablado contra Israel, contra Judá y contra todas las naciones, desde el día en que comencé a hablarte, desde los días de Josías hasta hoy. [3] Quizá oiga la casa de Judá todo el mal que yo pienso hacerles para que se arrepienta cada uno de su mal camino. Entonces yo perdonaré su maldad y su pecado».

[4] Llamó Jeremías a Baruc hijo de Nerías, y escribió Baruc en un rollo en blanco, dictadas por Jeremías, todas las palabras que Jehová le había hablado. [5] Después mandó Jeremías a Baruc, diciendo:

«A mí se me ha prohibido entrar en la casa de Jehová. [6] Entra tú, pues, y de este rollo que escribiste dictado por mí, lee las palabras de Jehová a los oídos del pueblo en la casa de Jehová, el día del ayuno. Y las leerás también a oídos de todos los de Judá que vienen de sus ciudades. [7] Quizá

[c] **35.15** Jer 7.5-7; 26.4-6.   [a] **36.1** 2 R 24.1; 2 Cr 36.5-7; Dn 1.1-2.

llegue la oración de ellos a la presencia de Jehová, y se vuelva cada uno de su mal camino; porque grande es el furor y la ira que ha expresado Jehová contra este pueblo». 8 Y Baruc hijo de Nerías hizo conforme a todas las cosas que le mandó el profeta Jeremías, leyendo del libro las palabras de Jehová en la casa de Jehová.

9 Aconteció en el año quinto de Joacim hijo de Josías, rey de Judá, en el mes noveno, que en la presencia de Jehová promulgaron ayuno a todo el pueblo de Jerusalén y a todo el pueblo que venía de las ciudades de Judá a Jerusalén. 10 Y Baruc leyó del libro las palabras de Jeremías en la casa de Jehová, en el aposento de Gemarías hijo de Safán, escriba, en el atrio de arriba, a la entrada de la puerta nueva de la casa de Jehová, a oídos del pueblo.

11 Micaías hijo de Gemarías hijo de Safán, habiendo oído del libro todas las palabras de Jehová, 12 descendió a la casa del rey, al aposento del secretario, y encontró que todos los jefes estaban allí sentados: Elisama, el secretario, Delaía hijo de Semaías, Elnatán hijo de Acbor, Gemarías hijo de Safán, Sedequías hijo de Ananías, y todos los demás jefes. 13 Y les contó Micaías todas las palabras que había oído cuando Baruc leyó del libro a oídos del pueblo. 14 Entonces enviaron todos los jefes a Jehudí hijo de Netanías hijo de Selemías, hijo de Cusi, a decirle a Baruc: «Toma el rollo en el que leíste a oídos del pueblo, y ven». Y Baruc hijo de Nerías tomó el rollo en su mano y fue a ellos. 15 Le dijeron: «Siéntate ahora y léenoslo a nosotros». Y Baruc se lo leyó. 16 Cuando oyeron todas aquellas palabras, cada uno se volvió espantado a su compañero, y dijeron a Baruc: «¡Sin duda, le contaremos al rey todas estas palabras!» 17 Preguntaron luego a Baruc, diciendo:

—Cuéntanos ahora cómo escribiste de boca de Jeremías todas estas palabras.

18 Baruc les dijo:

—Él me dictaba en voz alta todas estas palabras y yo las escribía con tinta en el libro.

19 Entonces dijeron los príncipes a Baruc:

—Vete, y escondeos tú y Jeremías, y que nadie sepa dónde estáis.

20 Entraron luego a donde estaba el rey, al atrio, habiendo depositado el rollo en el aposento de Elisama, el secretario; y contaron a oídos del rey todas estas palabras. 21 Envió el rey a Jehudí a que tomara el rollo, y él lo tomó del aposento de Elisama, el secretario. Y leyó Jehudí del rollo a oídos del rey y a oídos de todos los jefes que se hallaban junto al rey. 22 Estaba entonces el rey en la casa de invierno, en el mes noveno, y había un brasero encendido delante de él. 23 Y cuando Jehudí había leído tres o cuatro planas, el rey las rasgaba con un cortaplumas de escriba y las arrojaba al fuego que había en el brasero. Así hasta que todo el rollo se consumió en el fuego del brasero. 24 No tuvieron temor ni rasgaron sus vestidos, ni el rey ni ninguno de sus siervos que oyeron todas estas palabras. 25 Y aunque Elnatán, Delaía y Gemarías rogaron al rey que no quemara aquel rollo, no los quiso escuchar. 26 También mandó el rey a Jerameel hijo de Hamelec, a Seraías hijo de Azriel y a Selemías hijo de Abdeel, que apresaran a Baruc, el escriba, y al profeta Jeremías. Pero Jehová los escondió.

27 Después que el rey quemó el rollo que contenía las palabras escritas por Baruc al dictado de Jeremías, vino palabra de Jehová a Jeremías, diciendo: 28 «Vuelve a tomar otro rollo y escribe en él todas las palabras primeras que estaban en el primer rollo que quemó Joacim, rey de Judá. 29 Y dirás a Joacim, rey de Judá: "Así ha dicho Jehová: Tú quemaste este rollo, diciendo: '¿Por qué escribiste en él el que de cierto vendrá el rey de Babilonia, y que destruirá esta tierra y hará que no queden en ella ni hombres ni animales?'. 30 Por tanto, esto ha dicho Jehová acerca de Joacim, rey de Judá: No tendrá quien se siente sobre el trono de David, y su cuerpo será echado al calor del día y al hielo de la noche. 31 Castigaré su maldad en él, en su descendencia y en sus siervos. Traeré sobre ellos, sobre los habitantes de Jerusalén y sobre los hombres de Judá, todo el mal que les he anunciado y que no quisieron escuchar"».

32 Tomó, pues, Jeremías otro rollo y lo dio a Baruc hijo de Nerías, escriba; y escribió en él, dictadas por Jeremías, todas las palabras del libro que quemó en el fuego

Joacim, rey de Judá. Y aun fueron añadidas sobre ellas muchas otras palabras semejantes.

Encarcelamiento de Jeremías [a]

37 [1] En lugar de Conías hijo de Joacim[b] reinó el rey Sedequías hijo de Josías, al cual Nabucodonosor, rey de Babilonia, constituyó por rey en la tierra de Judá. [2] Pero no obedecieron ni él ni sus siervos ni el pueblo de la tierra a las palabras de Jehová, las cuales dijo por medio del profeta Jeremías.

[3] Envió el rey Sedequías a Jucal hijo de Selemías y al sacerdote Sofonías hijo de Maasías para que dijeran al profeta Jeremías: «Ruega ahora por nosotros a Jehová, nuestro Dios». [4] Y Jeremías entraba y salía en medio del pueblo, porque todavía no lo habían puesto en la cárcel. [5] Cuando ya el ejército del faraón había salido de Egipto y llegó la noticia de ello a oídos de los caldeos que tenían sitiada a Jerusalén, se retiraron de Jerusalén.

[6] Entonces vino palabra de Jehová al profeta Jeremías, diciendo: [7] «Así ha dicho Jehová, Dios de Israel, que digáis al rey de Judá, que os envió a mí para que me consultarais: "El ejército del faraón, que había salido en vuestro socorro, se ha vuelto a la tierra de Egipto. [8] Por eso, los caldeos vendrán de nuevo, atacarán esta ciudad, la tomarán y le prenderán fuego. [9] Así dice Jehová: No os engañéis a vosotros mismos, diciendo: 'Sin duda, los caldeos se irán ya de aquí', porque no se irán, [10] porque aun cuando derrotarais a todo el ejército de los caldeos que pelean contra vosotros, y solamente quedaran de ellos algunos hombres heridos, cada uno se levantaría de su tienda para prender fuego a esta ciudad"».

[11] Aconteció que cuando el ejército de los caldeos se retiró de Jerusalén a causa del ejército del faraón, [12] Jeremías salía de Jerusalén para irse a tierra de Benjamín, para apartarse de en medio del pueblo. [13] Y cuando llegó a la puerta de Benjamín, estaba allí un capitán que se llamaba Irías hijo de Selemías hijo de Hananías, el cual apresó al profeta Jeremías, diciendo: «¡Tú te pasas a los caldeos!» [14] Jeremías dijo: «¡Falso, no me paso a los caldeos!» Pero él no le escuchó, sino que prendió Irías a Jeremías y lo llevó delante de sus jefes. [15] Los jefes se airaron contra Jeremías. Lo azotaron y lo pusieron en prisión en la casa del escriba Jonatán, la cual habían convertido en cárcel.

[16] Entró, pues, Jeremías en la casa de la cisterna y en las bóvedas. Y habiendo estado allá Jeremías por muchos días, [17] el rey Sedequías envió y lo sacó; y le preguntó el rey secretamente en su casa, diciendo: «¿Hay palabra de Jehová?» Jeremías dijo: «Hay»; y agregó: «En manos del rey de Babilonia serás entregado». [18] Dijo también Jeremías al rey Sedequías: «¿En qué pequé contra ti, contra tus siervos y contra este pueblo, para que me pusierais en la cárcel? [19] ¿Dónde están vuestros profetas que os profetizaban diciendo: "No vendrá el rey de Babilonia contra vosotros ni contra esta tierra"? [20] Escucha, pues, te ruego, mi señor, el rey, atiende ahora mi súplica que traigo delante de ti: ¡No me hagas volver a casa del escriba Jonatán, para que no me muera allí!» [21] Entonces dio orden el rey Sedequías, y custodiaron a Jeremías en el patio de la cárcel, haciéndole dar una torta de pan al día, de la calle de los Panaderos, hasta que todo el pan de la ciudad se agotara. Y quedó Jeremías en el patio de la cárcel.

Jeremías en la cisterna

38 [1] Oyeron Sefatías hijo de Matán, Gedalías hijo de Pasur, Jucal hijo de Selemías y Pasur hijo de Malquías, las palabras que Jeremías hablaba a todo el pueblo, diciendo: [2] «Así ha dicho Jehová: El que se quede en esta ciudad morirá a espada, de hambre o de peste; pero el que se pase a los caldeos, vivirá. Su vida le será por botín, y vivirá. [3] Así ha dicho Jehová: De cierto será entregada esta ciudad en manos del ejército del rey de Babilonia, y la tomará». [4] Y dijeron los jefes al rey: «Muera ahora este hombre; porque de esta manera hace desmayar las manos de

---

[a] **37.1—45.5** Los episodios aquí relatados completan la información proporcionada por 2 R 24.18—25.26.   [b] **37.1** 2 R 24.17; 2 Cr 36.10.

los hombres de guerra que han quedado en esta ciudad, y las manos de todo el pueblo, hablándoles tales palabras; porque este hombre no busca la paz de este pueblo, sino el mal». ⁵ Dijo el rey Sedequías: «Él está en vuestras manos, pues el rey nada puede hacer contra vosotros». ⁶ Entonces tomaron ellos a Jeremías y lo hicieron meter en la cisterna de Malquías hijo de Hamelec, que estaba en el patio de la cárcel. Bajaron a Jeremías con sogas a la cisterna, en la que no había agua, sino barro; y se hundió Jeremías en el barro.

⁷ Oyó Ebed-melec, un etíope, eunuco de la casa real, que habían puesto a Jeremías en la cisterna; y estando sentado el rey a la puerta de Benjamín, ⁸ Ebed-melec salió de la casa del rey y habló al rey, diciendo: ⁹ «Mi señor, el rey, mal hicieron estos hombres en todo lo que han hecho con el profeta Jeremías, al cual hicieron meter en la cisterna; porque allí morirá de hambre, pues no hay más pan en la ciudad». ¹⁰ Entonces mandó el rey al mismo etíope Ebed-melec, diciendo: «Toma contigo treinta hombres de aquí y haz sacar al profeta Jeremías de la cisterna, antes que muera». ¹¹ Tomó, pues, Ebed-melec consigo a los hombres y entró en la casa del rey, debajo de la tesorería; tomó de allí trapos viejos, raídos y andrajosos, y con unas sogas los echó a Jeremías en la cisterna. ¹² Y dijo el etíope Ebed-melec a Jeremías: «Ponte ahora esos trapos viejos, raídos y andrajosos bajo los sobacos, por debajo de las sogas». Y lo hizo así Jeremías. ¹³ De este modo sacaron con sogas a Jeremías y lo subieron de la cisterna. Y quedó Jeremías en el patio de la cárcel.

Sedequías consulta secretamente a Jeremías

¹⁴ Después el rey Sedequías mandó traer al profeta Jeremías a su presencia, en la tercera entrada de la casa de Jehová. Y dijo el rey a Jeremías:

—Te haré una pregunta; no me ocultes ninguna cosa.

¹⁵ Jeremías dijo a Sedequías:

—Si te lo declaro, ¿no es cierto que me matarás? Y si te doy consejo, no me escucharás.

¹⁶ Juró el rey Sedequías en secreto a Jeremías, diciendo:

—¡Vive Jehová que nos hizo esta alma, que no te mataré ni te entregaré en manos de esos hombres que buscan tu vida!

¹⁷ Entonces dijo Jeremías a Sedequías:

—Así ha dicho Jehová, Dios de los ejércitos, Dios de Israel: "Si te entregas en seguida a los jefes del rey de Babilonia, tu alma vivirá y esta ciudad no será incendiada; vivirás tú y tu casa. ¹⁸ Pero si no te entregas a los jefes del rey de Babilonia, esta ciudad será entregada en manos de los caldeos; ellos la incendiarán, y tú no escaparás de sus manos".

¹⁹ Y dijo el rey Sedequías a Jeremías:

—Tengo temor de que los judíos que se han pasado a los caldeos me entreguen en sus manos y hagan burla de mí. ²⁰ Dijo Jeremías:

—No te entregarán. Oye ahora la voz de Jehová que yo te hablo, y te irá bien y vivirás. ²¹ Pero si no quieres entregarte, esta es la palabra que me ha mostrado Jehová: ²² Todas las mujeres que han quedado en casa del rey de Judá serán entregadas a los jefes del rey de Babilonia, y ellas mismas dirán:

> »"Te han engañado,
> y han prevalecido contra ti tus
>   amigos;
> hundieron en el barro tus pies,
> se volvieron atrás".

²³ »Entregarán, pues, todas tus mujeres y tus hijos a los caldeos, y tú no escaparás de sus manos, sino que serás entregado al poder del rey de Babilonia, el cual prenderá fuego a esta ciudad.

²⁴ Dijo Sedequías a Jeremías:

—Nadie sepa estas palabras, y no morirás. ²⁵ Y si los jefes oyen que yo he hablado contigo, y vienen a ti a decirte: "Decláranos ahora qué hablaste con el rey; no nos lo ocultes, y no te mataremos; y dinos también qué te dijo el rey", ²⁶ les dirás: "Supliqué al rey que no me hiciera volver a casa de Jonatán, para que no me muriera allí".

²⁷ Vinieron luego, en efecto, todos los jefes a Jeremías y lo interrogaron. Él les respondió conforme a todo lo que el rey le había mandado. Con esto se alejaron de él, porque el asunto había sido oído. ²⁸ Y quedó Jeremías en el patio de la cárcel hasta el día que fue tomada Jerusalén.

Allí estaba cuando Jerusalén fue toma-da.[a]

Caída de Jerusalén[a]
(2 R 24.20—25.21; 2 Cr 36.17-21; Jer 52.3-30)

39 [1] En el noveno año de Sedequías, rey de Judá, en el mes décimo, vino Nabucodonosor, rey de Babilonia, con to-do su ejército contra Jerusalén, y la sitia-ron. [2] En el undécimo año de Sedequías, en el mes cuarto, a los nueve días del mes, se abrió una brecha en el muro de la ciu-dad. [3] Entraron todos los jefes del rey de Babilonia y acamparon a la puerta del Me-dio: Nergal-sarezer, Samgar-nebo, Sarse-quim, jefe de los eunucos, Nergal-sarezer, alto funcionario, y todos los demás jefes del rey de Babilonia. [4] Al verlos, Sede-quías, rey de Judá, y todos los hombres de guerra, huyeron y salieron de noche de la ciudad por el camino del huerto del rey, por la puerta entre los dos muros; y salió el rey por el camino del Arabá. [5] Pero el ejército de los caldeos los siguió, y alcan-zaron a Sedequías en la llanura de Jericó. Lo apresaron y lo hicieron subir a Ribla, en tierra de Hamat, donde estaba Nabu-codonosor, rey de Babilonia, el cual lo sentenció. [6] Degolló el rey de Babilonia a los hijos de Sedequías en presencia de es-te, en Ribla. Asimismo, el rey de Babilo-nia hizo degollar a todos los nobles de Judá, [7] y al rey Sedequías le sacó los ojos y lo aprisionó con grillos para llevarlo a Ba-bilonia. [8] Los caldeos incendiaron la casa del rey y las casas del pueblo, y derriba-ron los muros de Jerusalén. [9] Al resto del pueblo que había quedado en la ciudad y a los que se habían adherido a él, con todo el resto del pueblo que había quedado, Nabuzaradán, capitán de la guardia, los deportó a Babilonia. [10] Pero Nabuzara-dán, capitán de la guardia, hizo que en tierra de Judá se quedaran los pobres del pueblo, los que nada tenían, y les dio vi-ñas y heredades.

Nabucodonosor cuida de Jeremías
[11] Nabucodonosor había dado órdenes a Nabuzaradán, capitán de la guardia, acerca de Jeremías, diciendo: [12] «Tómalo y vela por él; no le hagas mal alguno, sino haz con él como él te diga». [13] Por tanto, Nabuzaradán, capitán de la guardia, el je-fe de los eunucos Nabusazbán, el alto funcionario Nergal-sarezer y todos los je-fes del rey de Babilonia [14] enviaron enton-ces a traer a Jeremías del patio de la cárcel, y lo entregaron a Gedalías hijo de Ahicam hijo de Safán, para que lo llevara a casa. Y habitó en medio del pueblo.

Dios promete librar a Ebed-melec
[15] Estando preso Jeremías en el patio de la cárcel, le vino palabra de Jehová, di-ciendo: [16] «Ve, habla a Ebed-melec, el etío-pe, y dile: "Así ha dicho Jehová de los ejércitos, Dios de Israel: Yo traigo mis pa-labras sobre esta ciudad para mal y no pa-ra bien. Y esto sucederá en aquel día en presencia tuya. [17] Pero en aquel día yo te libraré, dice Jehová, y no serás entregado en manos de aquellos a quienes tú temes. [18] Ciertamente te libraré y no caerás a es-pada, sino que tu vida te será por botín, porque tuviste confianza en mí, dice Jehová"».

Jeremías y el resto del pueblo con Gedalías

40 [1] Palabra de Jehová que vino a Jere-mías, después que Nabuzaradán, capitán de la guardia, lo envió desde Ra-má, cuando lo encontró atado con cade-nas entre todos los cautivos de Jerusalén y de Judá que iban deportados a Babilo-nia. [2] Tomó, pues, el capitán de la guardia a Jeremías y le dijo: «Jehová, tu Dios, anunció este mal contra este lugar; [3] y lo ha traído y hecho Jehová según lo había dicho, porque pecasteis contra Jehová y no escuchasteis su voz. Por eso os ha ve-nido esto. [4] Y ahora, he aquí que en este día yo te he librado de las cadenas que te-nías en tus manos. Si te parece bien venir conmigo a Babilonia, ven, y yo velaré por ti; pero si no te parece bien venir conmigo a Babilonia, puedes quedarte. Mira, toda la tierra está delante de ti: ve a donde me-jor y más cómodo te parezca ir. [5] Si prefie-res quedarte, vuélvete a Gedalías hijo de Ahicam hijo de Safán, a quien el rey de Babilonia ha puesto sobre todas las ciuda-des de Judá, y vive con él en medio del

---

[a] **38.28** Ez 33.21.　[a] **39.1-10** 2 R 25.1-12; Jer 52.4-16.

pueblo. O ve a donde te parezca más cómodo ir». Le dio el capitán de la guardia provisiones y un presente, y lo despidió. [6] Se fue entonces Jeremías a Gedalías hijo de Ahicam, a Mizpa, y habitó con él en medio del pueblo que había quedado en la tierra.

[7] Los jefes del ejército que estaban por el campo junto con sus hombres, cuando oyeron que el rey de Babilonia había puesto a Gedalías hijo de Ahicam para gobernar la tierra, y que le había encomendado los hombres, las mujeres y los niños, y los pobres de la tierra que no fueron deportados a Babilonia, [8] se presentaron a Gedalías, en Mizpa. Eran: Ismael hijo de Netanías, Johanán y Jonatán hijos de Carea, Seraías hijo de Tanhumet, los hijos de Efai, el netofatita, y Jezanías, hijo de un maacateo; todos ellos junto con sus hombres. [9] Y Gedalías hijo de Ahicam hijo de Safán les juró a ellos y a sus hombres, diciendo: «No tengáis temor de servir a los caldeos. Habitad en la tierra, servid al rey de Babilonia y os irá bien.[a] [10] Y he aquí que yo habito en Mizpa, para tratar con los caldeos que vendrán a nosotros. Pero vosotros tomad el vino, los frutos del verano y el aceite, ponedlos en vuestros almacenes y quedaos en vuestras ciudades que habéis tomado». [11] Asimismo todos los judíos que estaban en Moab, entre los hijos de Amón, en Edom, y los que estaban en todas las tierras, cuando oyeron decir que el rey de Babilonia había dejado a algunos en Judá y que había puesto sobre ellos a Gedalías hijo de Ahicam hijo de Safán, [12] todos estos judíos regresaron entonces de todos los lugares adonde habían sido echados, y vinieron a tierra de Judá, junto a Gedalías, en Mizpa. Y recogieron vino y abundantes frutos.

Conspiración de Ismael contra Gedalías

[13] Johanán hijo de Carea y todos los capitanes de la gente de guerra que estaban en el campo vinieron a Gedalías, en Mizpa, [14] y le dijeron: «¿No sabes que Baalis, rey de los hijos de Amón, ha enviado a Ismael hijo de Netanías para matarte?»

Pero Gedalías hijo de Ahicam no los creyó. [15] Entonces Johanán hijo de Carea habló a Gedalías en secreto, en Mizpa, diciendo: «Yo iré ahora y mataré a Ismael hijo de Netanías, y nadie lo sabrá. ¿Por qué te ha de matar, de modo que todos los judíos que se te han reunido se dispersen y perezca el resto de Judá?» [16] Pero Gedalías hijo de Ahicam dijo a Johanán hijo de Carea: «No hagas eso, porque es falso lo que dices de Ismael».

41 [1] Aconteció en el mes séptimo[a] que Ismael hijo de Netanías hijo de Elisama, de la descendencia real, junto con algunos oficiales del rey y diez hombres, vino a Gedalías hijo de Ahicam, en Mizpa. Y juntos comieron pan en Mizpa. [2] De pronto se levantó Ismael hijo de Netanías, y los diez hombres que con él estaban, e hirieron a espada a Gedalías hijo de Ahicam hijo de Safán, matando así a aquel a quien el rey de Babilonia había puesto para gobernar la tierra. [3] Asimismo mató Ismael a todos los judíos que estaban con Gedalías en Mizpa, y a los soldados caldeos que allí estaban.[b]

[4] Sucedió además, al día siguiente de haber matado a Gedalías, cuando aún nadie lo sabía, [5] que llegaron unos hombres de Siquem, de Silo y de Samaria. Eran ochenta hombres, con la barba rapada, las ropas rasgadas y llenos de rasguños,[c] que en sus manos traían ofrendas e incienso para llevar a la casa de Jehová. [6] De Mizpa les salió al encuentro, llorando, Ismael hijo de Netanías. Y aconteció que cuando los encontró, les dijo: «¡Venid a presentaros a Gedalías hijo de Ahicam!» [7] Cuando ya habían entrado en la ciudad, Ismael hijo de Netanías, junto con sus hombres, los degolló y los arrojaron a una cisterna, [8] Pero entre aquellos había diez hombres que dijeron a Ismael: «No nos mates, porque tenemos en el campo reservas de trigo, cebada, aceite y miel». Y no los mató como había hecho con sus hermanos.

[9] La cisterna a la que Ismael arrojó los cuerpos de todos los hombres que mató a causa de Gedalías, era la misma que había hecho el rey Asa a causa de Baasa,[d]

---

[a] **40.7-9** 2 R 25.22-24.   [a] **41.1** Heb. *Tishri*, correspondiente a septiembre-octubre de nuestro calendario.   [b] **41.1-3** 2 R 25.25.   [c] **41.5** Señales de arrepentimiento y de duelo. Cf. Jer 16.6.
[d] **41.9** Rey de Israel hacia los años 909-886 a.C. Cf. 1 R 15.16-22.

rey de Israel. Ismael hijo de Netanías la llenó de muertos. [10] Después Ismael llevó cautivo a todo el resto del pueblo que estaba en Mizpa, a las hijas del rey y a todo el pueblo que había quedado en Mizpa, el cual había encargado Nabuzaradán, capitán de la guardia, a Gedalías hijo de Ahicam. Los llevó, pues, cautivos Ismael hijo de Netanías y se fue para pasarse a los hijos de Amón.

[11] Johanán hijo de Carea y todos los capitanes de la gente de guerra que estaban con él oyeron todo el mal que había hecho Ismael hijo de Netanías. [12] Entonces tomaron a todos los hombres y fueron a pelear contra Ismael hijo de Netanías, a quien hallaron junto al gran estanque que está en Gabaón. [13] Y sucedió que cuando todo el pueblo que estaba con Ismael vio a Johanán hijo de Carea, y a todos los capitanes de la gente de guerra que estaban con él, se alegraron. [14] Y todo el pueblo que Ismael había traído cautivo de Mizpa se volvió y fue con Johanán hijo de Carea. [15] Pero Ismael hijo de Netanías y otros ocho hombres escaparon delante de Johanán y se fueron con los hijos de Amón. [16] Entonces Johanán hijo de Carea, junto con todos los capitanes de la gente de guerra que con él estaban, tomaron a todo el resto del pueblo, el cual habían recobrado de Ismael hijo de Netanías, que se lo había llevado de Mizpa después de matar a Gedalías hijo de Ahicam. Eran hombres de guerra, mujeres, niños y eunucos, que Johanán había traído de Gabaón. [17] Fueron y habitaron en Gerut-quimam, que está cerca de Belén, con el fin de continuar su camino hasta entrar en Egipto, [18] a causa de los caldeos. Ellos temían a los caldeos porque Ismael hijo de Netanías había dado muerte a Gedalías hijo de Ahicam, a quien el rey de Babilonia había puesto para gobernar la tierra.

Mensaje a Johanán

42 [1] Vinieron todos los capitanes de la gente de guerra, junto con Johanán hijo de Carea, Jezanías hijo de Osaías y todo el pueblo, desde el menor hasta el mayor, [2] y dijeron al profeta Jeremías:

—Acepta ahora nuestra súplica delante de ti y ruega por nosotros a Jehová, tu Dios, por todo este resto (pues de muchos que éramos hemos quedado unos pocos, como ya ves por tus propios ojos), [3] para que Jehová, tu Dios, nos indique el camino por donde debemos ir y lo que debemos hacer.

[4] El profeta Jeremías les dijo:

—Os he oído. Y he aquí que voy a rogar a Jehová, vuestro Dios, como habéis dicho, y todo lo que Jehová os responda, os lo haré saber. No os ocultaré palabra alguna.

[5] Ellos dijeron a Jeremías:

—Jehová sea entre nosotros testigo de la verdad y de la lealtad, si no hacemos conforme a todo aquello para lo cual Jehová, tu Dios, te envíe a nosotros. [6] Sea bueno, sea malo, a la voz de Jehová, nuestro Dios, al cual te enviamos, obedeceremos, para que, obedeciendo a la voz de Jehová, nuestro Dios, nos vaya bien.

[7] Aconteció que al cabo de diez días vino palabra de Jehová a Jeremías. [8] Y llamó a Johanán hijo de Carea y a todos los capitanes de la gente de guerra que con él estaban, y a todo el pueblo, desde el menor hasta el mayor, [9] y les dijo: «Así ha dicho Jehová, Dios de Israel, ante quien me enviasteis para presentar vuestros ruegos en su presencia: [10] Si permanecéis quietos en esta tierra, os edificaré y no os destruiré; os plantaré y no os arrancaré, porque estoy arrepentido del mal que os he hecho. [11] No temáis de la presencia del rey de Babilonia, al cual tenéis miedo; no temáis de su presencia, ha dicho Jehová, porque con vosotros estoy yo para salvaros y libraros de su mano. [12] Tendré compasión de vosotros, y él se compadecerá de vosotros y os hará regresar a vuestra tierra. [13] Pero si decís: "No habitaremos en esta tierra", desobedeciendo así la voz de Jehová, vuestro Dios, [14] y afirmando: "No, sino que entraremos en la tierra de Egipto, en la cual no veremos guerra, ni oiremos sonido de trompeta, ni padeceremos hambre, y allá habitaremos", [15] pues, por eso, oíd la palabra de Jehová, resto de Judá, porque así ha dicho Jehová de los ejércitos, Dios de Israel: Si vosotros volvéis vuestros rostros para entrar en Egipto, y entráis para habitar allá, [16] sucederá que la espada que teméis os alcanzará allí, en la tierra de Egipto, y el hambre que os asusta os perseguirá allá en Egipto, y

allí moriréis. [17] Todos los hombres que vuelvan su rostro para entrar en Egipto y habitar allí, morirán a espada, de hambre y de peste; no habrá de ellos quien quede vivo ni quien escape del mal que yo traeré sobre ellos.

[18] »Así ha dicho Jehová de los ejércitos, Dios de Israel: Como se derramó mi enojo y mi ira sobre los habitantes de Jerusalén, así se derramará mi ira sobre vosotros cuando entréis en Egipto; y seréis objeto de aversión, de espanto, de maldición y de afrenta; y no veréis más este lugar. [19] Jehová os dijo a vosotros, resto de Judá: No ´vayáis a Egipto. Sabed ciertamente que os lo advierto hoy. [20] ¿Por qué hicisteis errar vuestras almas? Pues vosotros me enviasteis ante Jehová, vuestro Dios, diciendo: "Ruega por nosotros a Jehová, nuestro Dios, y haznos saber todas las cosas que diga Jehová, nuestro Dios, y lo haremos". [21] Esto os lo he declarado hoy, pero no habéis obedecido a la voz de Jehová, vuestro Dios, ni a ninguna de las cosas por las cuales me envió a vosotros. [22] Ahora, pues, sabed de cierto que moriréis a espada, de hambre y de peste en el lugar donde deseasteis entrar para habitar allí».

La emigración a Egipto

43 [1] Aconteció que cuando Jeremías acabó de hablar a todo el pueblo todas las palabras de Jehová, su Dios, todas estas palabras que Jehová, su Dios, le había enviado a decirles, [2] Azarías hijo de Osaías, Johanán hijo de Carea y todos los hombres soberbios dijeron a Jeremías: «¡Mentira dices! No te ha enviado Jehová, nuestro Dios, para decirnos: "No vayáis a Egipto para habitar allí", [3] sino que Baruc hijo de Nerías te incita contra nosotros, para entregarnos en manos de los caldeos, para matarnos y hacernos deportar a Babilonia». [4] No obedecieron, pues, ni Johanán hijo de Carea ni los capitanes de la gente de guerra ni todo el pueblo, a la voz de Jehová para que se quedaran en tierra de Judá, [5] sino que Johanán hijo de Carea, con todos los capitanes de la gente de guerra, tomaron al resto de Judá, que

había regresado de todas las naciones adonde había sido echado, para habitar en tierra de Judá. [6] Eran los hombres, mujeres y niños, las hijas del rey y todas las demás personas que junto con Gedalías hijo de Ahicam hijo de Safán, y con el profeta Jeremías y Baruc hijo de Nerías, había dejado Nabuzaradán, capitán de la guardia. [7] Entraron, pues, en tierra de Egipto,[a] sin obedecer a la voz de Jehová, y llegaron hasta Tafnes.

[8] Vino palabra de Jehová a Jeremías en Tafnes, diciendo: [9] «Toma en tus manos unas piedras grandes y cúbrelas de barro en el enladrillado que está a la puerta de la casa del faraón en Tafnes, a la vista de los hombres de Judá, [10] y diles: "Así ha dicho Jehová de los ejércitos, Dios de Israel: Yo enviaré y tomaré a Nabucodonosor, rey de Babilonia, mi siervo, y pondré su trono sobre estas piedras que he escondido, y él extenderá su pabellón sobre ellas. [11] Vendrá y asolará la tierra de Egipto: los que a muerte, a muerte; los que a cautiverio, a cautiverio, y los que a espada, a espada.[b] [12] Incendiará los templos de los dioses de Egipto; los quemará, y a ellos los llevará cautivos. Limpiará la tierra de Egipto, como el pastor limpia su capa, y saldrá de allá en paz.[c] [13] Destruirá, además, las estatuas de Bet-semes, que está en tierra de Egipto, y entregará al fuego los templos de los dioses de Egipto"».

Jeremías profetiza contra los judíos en Egipto

44 [1] Palabra que vino a Jeremías acerca de todos los judíos que habitaban en la tierra de Egipto, que vivían en Migdol, en Tafnes, en Menfis y en tierra de Patros, diciendo: [2] «Así ha dicho Jehová de los ejércitos, Dios de Israel: Vosotros habéis visto todo el mal que traje sobre Jerusalén y sobre todas las ciudades de Judá. Ahora están asoladas, y no hay quien habite en ellas [3] a causa de la maldad que ellos cometieron para enojarme, yendo a ofrecer incienso, honrando a dioses extraños[a] que ni ellos habían conocido, ni vosotros ni vuestros padres. [4] Envié a vosotros todos mis siervos los profetas,

---

[a] **43.5-7** 2 R 25.26.   [b] **43.11** Jer 15.2.   [c] **43.10-12** Invadió Egipto en 568-567 a.C. y combatió con el faraón Amasis (570-526 a.C.).   [a] **44.3** Ex 20.3.

desde el principio y sin cesar, para deciros: "¡No hagáis esta cosa abominable que yo aborrezco!" [5] Pero no oyeron ni inclinaron su oído para convertirse de su maldad, para dejar de ofrecer incienso a dioses extraños. [6] Se derramó, por tanto, mi ira y mi furor, y se encendió en las ciudades de Judá y en las calles de Jerusalén. Y fueron puestas en ruina y desolación, como lo están hoy. [7] Ahora, pues, así ha dicho Jehová de los ejércitos, Dios de Israel: ¿Por qué hacéis un mal tan grande contra vosotros mismos, para que en medio de Judá sean destruidos el hombre y la mujer, el muchacho y el niño de pecho, sin que os quede resto alguno, [8] haciéndome enojar con las obras de vuestras manos, ofreciendo incienso a dioses extraños en la tierra de Egipto, adonde habéis entrado para vivir, de suerte que os exterminéis y seáis por maldición y por afrenta a todas las naciones de la tierra? [9] ¿Os habéis olvidado de las maldades de vuestros padres, de las maldades de los reyes de Judá, de las maldades de sus mujeres, de vuestras maldades y de las maldades de vuestras mujeres, que hicisteis en la tierra de Judá y en las calles de Jerusalén? [10] No se han humillado hasta el día de hoy ni han tenido temor; no han caminado en mi Ley ni en mis estatutos, los cuales puse delante de vosotros y delante de vuestros padres.

[11] »Por tanto, así ha dicho Jehová de los ejércitos, Dios de Israel: Yo vuelvo mi rostro contra vosotros para mal, para destruir a todo Judá. [12] Y tomaré al resto de Judá que se obstinó en irse a la tierra de Egipto, para habitar allí, y en tierra de Egipto serán todos exterminados. Caerán a espada y serán exterminados por el hambre: por la espada y el hambre morirán desde el menor hasta el mayor, y serán objeto de aversión, de espanto, de maldición y de afrenta, [13] pues castigaré a los que habitan en la tierra de Egipto como castigué a Jerusalén, con espada, con hambre y con peste. [14] Y del resto de los de Judá que entraron en la tierra de Egipto para habitar allí, no habrá quien escape ni quien quede vivo para volver a la tierra de Judá, a la cual ansían volver para habitar allí; porque no volverán sino algunos fugitivos».

[15] Entonces todos los que sabían que sus mujeres habían ofrecido incienso a dioses ajenos, y todas las mujeres que estaban presentes, una gran concurrencia, y todo el pueblo que habitaba en tierra de Egipto, en Patros, respondieron a Jeremías, diciendo: [16] «No escucharemos de ti la palabra que nos has hablado en nombre de Jehová, [17] sino que ciertamente pondremos por obra toda palabra que ha salido de nuestra boca, para ofrecer incienso a la reina del cielo y derramarle libaciones, como hemos hecho nosotros y nuestros padres, nuestros reyes y nuestros jefes, en las ciudades de Judá y en las plazas de Jerusalén. Entonces tuvimos abundancia de pan, fuimos felices y no vimos mal alguno. [18] Pero desde que dejamos de ofrecer incienso a la reina del cielo y de derramarle libaciones, nos falta de todo, y por la espada y el hambre somos exterminados. [19] Y cuando nosotras ofrecimos incienso a la reina del cielo y le derramamos libaciones, ¿acaso le hicimos tortas para tributarle culto, o le derramamos libaciones sin consentimiento de nuestros maridos?»

[20] Habló Jeremías a todo el pueblo, a los hombres, a las mujeres y a todo el pueblo que le había respondido esto, diciendo: [21] «¿No se ha acordado Jehová, no ha venido a su memoria el incienso que ofrecisteis en las ciudades de Judá y en las calles de Jerusalén, vosotros y vuestros padres, vuestros reyes, vuestros jefes y el pueblo de la tierra? [22] Y no pudo sufrirlo más Jehová, a causa de la maldad de vuestras obras, a causa de las abominaciones que habíais hecho; por tanto, vuestra tierra fue puesta en asolamiento, en espanto y en maldición, hasta quedar sin habitante, como lo está hoy. [23] Por cuanto ofrecisteis incienso y pecasteis contra Jehová, y no obedecisteis a la voz de Jehová ni anduvisteis en su Ley, en sus estatutos y en sus testimonios, por eso ha venido sobre vosotros este mal, como hasta hoy».

[24] Dijo además Jeremías a todo el pueblo y a todas las mujeres: «Oíd palabra de Jehová, todos los de Judá que estáis en tierra de Egipto. [25] Así ha hablado Jehová de los ejércitos, Dios de Israel; ha dicho: "Vosotros y vuestras mujeres hablasteis con

vuestras propias bocas, y con vuestras manos lo ejecutasteis, diciendo: 'Cumpliremos efectivamente nuestros votos que hicimos de ofrecer incienso a la reina del cielo y derramarle libaciones'. Y ahora confirmáis vuestros votos y ponéis vuestros votos por obra. ²⁶ Por tanto, oíd palabra de Jehová todos los de Judá que habitáis en tierra de Egipto: Yo he jurado por mi gran nombre, dice Jehová, que mi nombre no será invocado más en toda la tierra de Egipto por boca de ningún hombre de Judá, diciendo: '¡Vive Jehová, el Señor!', ²⁷ porque yo vigilo sobre ellos para mal y no para bien. Todos los hombres de Judá que están en la tierra de Egipto serán exterminados por la espada y el hambre, hasta que no quede ninguno. ²⁸ Y los pocos que escapen de la espada volverán de la tierra de Egipto a la tierra de Judá. Sabrá, pues, todo el resto de Judá que ha entrado en Egipto a vivir allí, cuál palabra se cumplirá: si la mía o la suya. ²⁹ Y esto tendréis por señal, dice Jehová, de que en este lugar os castigo, para que sepáis que de cierto se cumplirán mis palabras para mal sobre vosotros, ³⁰ pues así ha dicho Jehová: Yo entrego al faraón Hofra, rey de Egipto, en manos de sus enemigos, y en manos de los que buscan su vida, así como entregué a Sedequías, rey de Judá, en manos de Nabucodonosor, rey de Babilonia,ᵇ su enemigo que quería quitarle la vida"».

Mensaje a Baruc

45 ¹ La palabra que habló el profeta Jeremías a Baruc hijo de Nerías,ᵃ cuando escribía en el libro estas palabras dictadas por Jeremías, en el año cuarto de Joacimᵇ hijo de Josías, rey de Judá, diciendo: ² «Así te ha dicho Jehová, Dios de Israel, a ti, Baruc: ³ "Tú dijiste: '¡Ay de mí ahora!, porque ha añadido Jehová tristeza a mi dolor. Fatigado estoy de gemir, y no he hallado descanso' ". ⁴ Le dirás: "Así ha dicho Jehová: Yo destruyo a los que edifiqué y arranco a los que planté, esto es, a toda esta tierra, ⁵ ¿y tú buscas para ti grandezas? ¡No las busques!, porque he aquí que yo traigo mal sobre todo ser viviente, ha dicho Jehová; pero a ti te daré la vida por botín en cualquier lugar adonde vayas"».

Profecías acerca de Egiptoᵃ

46 ¹ Palabra de Jehová que vino al profeta Jeremías, contra las naciones.

² Acerca de Egipto:ᵇ contra el ejército del faraón Necao, rey de Egipto, que estaba cerca del río Éufrates, en Carquemis,ᶜ a quien destruyó Nabucodonosor, rey de Babilonia, en el año cuarto de Joacim hijo de Josías, rey de Judá:

³ «¡Preparad escudo y pavés,
   y venid a la guerra!
⁴ ¡Uncid los caballos,
   y montadlos vosotros, jinetes!
¡Cubríos con los yelmos,
   limpiad las lanzas
   y poneos las corazas!
⁵ ¿Por qué los veo aterrados,
   retrocediendo?
Sus valientes fueron deshechos
   y huyeron sin volver la vista atrás.
¡Hay miedo por todas partes!,ᵈ
   dice Jehová.
⁶ No huya el ligero ni escape el
   valiente;
al norte, junto a la ribera del
   Éufrates
   tropezaron y cayeron.
⁷ ¿Quién es este que sube como
   un río
y cuyas aguas se mueven como
   los ríos?
⁸ Es Egipto, que como un río se
   ensancha,
cuyas aguas se mueven como los
   ríos y que dijo:
"Subiré, cubriré la tierra,

ᵇ **44.30** 2 R 25.1-7.   ᵃ **45.1** Jer 32.12.   ᵇ **45.1** 2 R 24.1; 2 Cr 36.5-7; Dn 1.1-2.   ᵃ **46.1—51.64** Serie de oráculos proféticos contra las naciones vecinas de Judá, en medio de los cuales se intercalan algunas palabras de esperanza para el pueblo de Dios (46.27-28; 50.4-10,17-20; 51.36-40,50-53) y un himno de alabanza al Señor (51.15-19).   ᵇ **46.2-26** Is 19; Ez 29—32.   ᶜ **46.2** Después de la batalla de Carquemis, en el año 605 a.C., los territorios de Siria y Palestina cayeron en poder de Babilonia. Las reiteradas rebeliones de Judá contra esta dominación culminaron con la destrucción de Jerusalén y la desaparición del reino davídico. Cf. Jer 52.4-30.
ᵈ **46.5** Sal 31.13; Jer 6.25; 20.4,10; 49.29; Lm 2.22.

destruiré la ciudad y a los que en
    ella moran".
⁹ ¡Subid, caballos!
¡Carros, corred enloquecidos!
¡Que salgan los valientes:
los etíopes y los de Put que toman
    escudo,
y los de Lud que toman y entesan
    arco!
¹⁰ Mas ese día será para Jehová, Dios
    de los ejércitos,
día de retribución, para vengarse
    de sus enemigos.
La espada devorará, se saciará
y se embriagará con la sangre de
    ellos.
Porque un sacrificio será para
    Jehová, Dios de los ejércitos,
en la tierra del norte, junto al río
    Éufrates.
¹¹ ¡Sube a Galaad y toma bálsamo,
virgen, hija de Egipto!
Por demás multiplicarás las
    medicinas,
pues no hay curación para ti.
¹² Las naciones conocieron tu afrenta
y tu clamor llenó la tierra,
porque el valiente tropezó contra el
    valiente
y ambos cayeron juntos».

¹³ Palabra que habló Jehová al profeta
Jeremías acerca de la venida de Nabucodonosor, rey de Babilonia, para asolar la
tierra de Egipto:ᵉ

¹⁴ «¡Anunciadlo en Egipto
y hacedlo saber en Migdol!
¡Hacedlo saber también en Menfis
    y en Tafnes!
Decid: "¡Ponte en pie y prepárate,
porque la espada devorará tu
    comarca!"
¹⁵ ¿Por qué ha sido derribada tu
    fortaleza?
¡No pudo mantenerse firme,
porque Jehová la empujó!
¹⁶ Multiplicó los caídos,
y cada uno cayó sobre su
    compañero;
y dijeron: "¡Levántate! ¡Volvamos a
    nuestro pueblo,

a la tierra de nuestro nacimiento!
¡Huyamos ante la espada
    vencedora!"
¹⁷ Allí gritaron: "¡El faraón, rey de
    Egipto,
no es más que ruido;
dejó pasar el tiempo señalado!"
¹⁸ Vivo yo, dice el Rey, cuyo nombre
    es Jehová de los ejércitos,
que como el Tabor entre los montes
y como el Carmelo junto al mar,
así vendrá el enemigo.
¹⁹ Hazte equipaje de cautiverio,
moradora hija de Egipto,
porque Menfis será un desierto,
será asolada hasta no quedar
    morador.

²⁰ »Una becerra hermosa es Egipto,
mas viene destrucción:
¡Del norte viene!
²¹ Sus soldados mercenarios,
también en medio de ella son como
    becerros engordados;
porque también ellos se volvieron
    atrás,
huyeron todos sin detenerse,
porque vino sobre ellos el día de su
    quebrantamiento,
el tiempo de su castigo.

²² »Su voz será como un silbido de
    serpiente,
porque vienen los enemigos:
vienen a ella con hachas,
como leñadores.
²³ Cortarán sus bosques,
dice Jehová,
aunque sean impenetrables;
porque son más numerosos que
    langostas,
¡son innumerables!
²⁴ Se avergonzará la hija de Egipto;
entregada será en manos del
    pueblo del norte».

²⁵ Jehová de los ejércitos, Dios de
Israel, ha dicho: «Yo castigo a Amón, dios
de Tebas, al faraón y a Egipto, a sus dioses
y a sus reyes; tanto al faraón como a los
que en él confían. ²⁶ Los entregaré en manos de los que buscan su vida, en manos

ᵉ **46.13** Jer 43.10-13.

de Nabucodonosor, rey de Babilonia, y en manos de sus siervos; pero después será habitado como en los días pasados, dice Jehová.

²⁷ »Pero tú no temas, siervo mío
      Jacob,
   ni desmayes, Israel;
   porque he aquí yo te salvaré
      de lejos,
   a ti y a tu descendencia,
   de la tierra de vuestra cautividad.
   Volverá Jacob, descansará,
   será prosperado y no habrá quién
      lo atemorice.
²⁸ Tú, siervo mío Jacob, no temas,
      dice Jehová,
   porque yo estoy contigo.
   Sí, destruiré a todas las naciones
   entre las cuales te he dispersado.
   Sin embargo, a ti no te destruiré
      del todo,
   aunque te castigaré con justicia.
   ¡En manera alguna te dejaré sin
      castigo!».ᶠ

Profecía sobre los filisteos

47 ¹ Palabra de Jehová que vino al profeta Jeremías acerca de los filisteos,ᵃ antes que el faraón destruyera Gaza.

² Así ha dicho Jehová:
   «Suben aguas del norte
   y se harán un torrente;
   inundarán la tierra y lo que la llena,
   la ciudad y a los que moran en ella.
   Los hombres clamarán,
      y lamentará todo morador
      de la tierra,
³ por el estrépito de los cascos de sus
      caballos,
   por el retumbar de sus carros,
   por el estruendo de sus ruedas.
   Los padres no cuidan de los hijos,
   porque sus manos están sin
      fuerzas.
⁴ Ha llegado el día de destruir a
      todos los filisteos,

de destruir a todo aliado que
      todavía les quede a Tiro y
      a Sidón.
   Porque Jehová destruirá a los
      filisteos,
   al resto de la costa de Caftor.
⁵ Gaza se rapó la cabeza,ᵇ
   Ascalón ha perecido,
   y el resto de su valle;
   ¿cuándo dejarás de sajarte?
⁶ Espada de Jehová,
   ¿cuándo vas a descansar?
   ¡Vuelve a tu vaina,
   reposa y sosiégate!
⁷ Pero ¿cómo reposarás,
   si Jehová te ha enviado contra
      Ascalón
   y contra la costa del mar?
   Allí te ha destinado».

Profecía sobre Moab

48 ¹ Acerca de Moab.ᵃ Así ha dicho Jehová de los ejércitos, Dios de Israel:

   «¡Ay de Nebo,
   porque fue destruida!
   ¡Deshonrada y conquistada fue
      Quiriataim;
   la ciudadela está deshonrada y
      destruida!
² ¡Nunca más se alabará Moab!
   En Hesbón maquinaron mal contra
      ella, diciendo:
   "¡Venid y borrémosla de entre las
      naciones!"
   También tú, Madmena, serás
      cortada;
   la espada irá en pos de ti.

³ »¡Gritos vienen de Horonaim,
   destrucción y gran
      quebrantamiento!
⁴ ¡Moab fue quebrantada:
   hicieron que se oyera el clamor de
      sus pequeños!,
⁵ pues por la cuesta de Luhit
   la gente sube llorando,
   porque a la bajada de Horonaim

ᶠ **46.27-28** Jer 30.10-11.   ᵃ **47.1-7** Is 14.28-32; Ez 25.15-17; Jl 3.4-8; Am 1.6-8; Sof 2.4-7; Zac 9.5-7.
ᵇ **47.5** Expresión de dolor y señal de duelo. Cf. Jer 41.5; 48.37; Miq 1.16.
ᵃ **48.1-47** Is 15.1—16.24; 25.10-12; Ez 25.8-11; Am 2.1-3; Sof 2.8-11.

los enemigos oyen gritos de
quebranto.
⁶ ¡Huid, salvad vuestra vida,
sed como la retama en el desierto!
⁷ Por cuanto confiaste en tus bienes
y en tus tesoros,
tú también serás conquistada.
Quemos será llevado en cautiverio,
junto con sus sacerdotes y sus
príncipes.
⁸ Vendrá el destructor a cada una de
las ciudades,
y ninguna ciudad escapará.
También el valle será arruinado
y arrasada la llanura,
como ha dicho Jehová.

⁹ »¡Dadle alas a Moab,
para que se vaya volando!,
pues quedarán desiertas sus
ciudades
hasta no hallarse en ellas morador
alguno».

¹⁰ ¡Maldito el que haga con indolencia
la obra de Jehová! ¡Maldito el que retraiga
de la sangre su espada!

¹¹ Tranquilo estuvo Moab desde su
juventud;
sobre sus sedimentos ha estado
reposado;
no fue vaciado de vasija en vasija
ni nunca estuvo en cautiverio.
Por eso conservó su propio sabor
y no ha perdido su aroma.

¹² «Pero vienen días, ha dicho Jehová,
en que yo le enviaré trasvasadores que lo
trasvasarán, vaciarán sus vasijas y rom-
perán sus odres. ¹³ Y Moab se avergonzará de Quemos, como la casa de Israel se
avergonzó de Bet-el, su confianza.

¹⁴ »¿Cómo, pues, diréis: "Somos
hombres valientes
y robustos para la guerra"?
¹⁵ ¡Destruido es Moab, asoladas sus
ciudades
y llevados sus jóvenes al
degolladero!,
ha dicho el Rey, cuyo nombre es
Jehová de los ejércitos.

¹⁶ Cercano está el quebrantamiento
de Moab,
a punto de llegar;
mucho se apresura su mal.
¹⁷ Compadeceos de él
todos los que estáis a su alrededor;
y todos los que sabéis su nombre,
decid:
"¡Cómo se quebró la vara fuerte,
el bastón hermoso!".
¹⁸ Desciende de la gloria,
siéntate en tierra seca, moradora
hija de Dibón,
porque el destructor de Moab ha
subido contra ti,
ha destruido tus fortalezas.
¹⁹ Párate en el camino y mira,
moradora de Aroer;
pregunta a la que va huyendo, a la
que escapó.
Dile: "¿Qué ha sucedido?"
²⁰ Se avergonzó Moab, porque fue
quebrantado.
¡Lamentaos a gritos!
¡Anunciad en el Arnón
que Moab ha sido destruido!»

²¹ Vino el juicio sobre la tierra de la llanura; sobre Holón, sobre Jahaza, sobre
Mefaat, ²² sobre Dibón, sobre Nebo, sobre
Bet-diblataim, ²³ sobre Quiriataim, sobre
Bet-gamul, sobre Bet-meón, ²⁴ sobre Queriot, sobre Bosra y sobre todas las ciudades de la tierra de Moab, las de lejos y las
de cerca. ²⁵ Jehová dice:

«Cortado es el poder de Moab
y quebrantado su brazo».

²⁶ ¡Embriagadlo,
porque contra Jehová se
engrandeció!
¡Revuélquese Moab sobre su
vómito
y sea, también él, motivo de
escarnio!
²⁷ ¿Acaso Israel no fue para ti un
motivo de escarnio,
como si lo hubieran sorprendido
entre ladrones?
Porque tú, cuando de él hablabas,
hacías gestos de burla.

²⁸ ¡Abandonad las ciudades
  y habitad entre peñascos,
  moradores de Moab!
  ¡Sed como la paloma que anida al
      borde del barranco!
²⁹ Hemos oído de la soberbia de
      Moab,
  que es muy soberbio, arrogante,
  orgulloso, altivo y altanero de
      corazón.
³⁰ Dice Jehová: «Yo conozco su cólera,
  pero no tendrá efecto alguno.
  Sus jactancias de nada le
      aprovecharán».
³¹ Por tanto, yo aullaré por Moab,
  por todo Moab clamaré,
  y gemiré por la gente de Kir-hares.
³² Con llanto por Jazer
  lloraré por ti, vid de Sibma;
  tus sarmientos pasaron el mar,
  llegaron hasta el mar de Jazer.
  Sobre tu cosecha y sobre tu
      vendimia
  vino el destructor.
³³ La alegría y el regocijo se han
      acabado
  en los campos fértiles de la tierra de
      Moab.
  De los lagares haré que falte el vino,
  y no habrá pisador que cante.
  No habrá más cantos de júbilo.

³⁴ El clamor de Hesbón llega hasta
Eleale; hasta Jahaza dieron su voz; desde
Zoar hasta Horonaim y Eglat-selesiyá,
porque aun las aguas de Nimrim serán
arruinadas.
³⁵ Dice Jehová: «Exterminaré de Moab
a quien sacrifique sobre los lugares altos y
ofrezca incienso a sus dioses». ³⁶ Por eso
resuena mi corazón como flautas por causa de Moab, y asimismo resuena mi corazón a modo de flautas por los hombres de
Kir-hares, porque se perdieron las riquezas que habían conseguido. ³⁷ Porque toda cabeza está rapada y toda barba
recortada; en toda mano hay cortaduras,
y todos llevan ropa áspera.
³⁸ «Sobre todos los terrados de Moab, y
en sus calles, todo será llanto, porque yo
quebranté a Moab como a una vasija inútil»,

dice Jehová. ³⁹ ¡Lamentad! ¡Cómo ha sido
quebrantado! ¡Cómo volvió la espalda
Moab y fue avergonzado! Fue Moab objeto
de escarnio y de horror para todos los que
están en sus alrededores.

⁴⁰ Porque así ha dicho Jehová:
  «Como un águila volará,
  desplegará sus alas contra Moab.
⁴¹ Tomadas serán las ciudades
  y conquistadas las fortalezas.
  Aquel día, el corazón de los
      valientes de Moab
  será como el corazón de mujer en
      angustias,
⁴² y Moab será destruido hasta dejar
      de ser pueblo,
  porque se engrandeció contra
      Jehová.
⁴³ Miedo, fosa y red contra ti,
      morador de Moab,
  dice Jehová.
⁴⁴ El que huya del miedo caerá en la
      fosa,
  y el que salga de la fosa quedará
      atrapado en la red.ᵇ
  Porque yo traeré sobre él, sobre
      Moab,
  el año de su castigo,
  dice Jehová.

⁴⁵ »A la sombra de Hesbón
  se detuvieron sin fuerzas los que
      huían;
  mas salió fuego de Hesbón
  y una llama de en medio de Sehón,
  y quemó el rincón de Moab
  y la coronilla de los hijos
      revoltosos.
⁴⁶ ¡Ay de ti, Moab!
  ¡Pereció el pueblo de Quemos!,
  porque tus hijos fueron apresados,
      llevados en cautividad,
  y tus hijas fueron puestas en
      cautiverio.
⁴⁷ Pero haré volver a los cautivos de
      Moab
  al final de los tiempos,
  dice Jehová».

Hasta aquí es el juicio de Moab.

ᵇ **48.43-44** Is 24.17-18; cf. Am 5.19.

Profecía sobre los amonitas

49 ¹ Acerca de los hijos de Amón.ᵃ Así ha dicho Jehová:

«¿No tiene hijos Israel?
¿No tiene heredero?
¿Por qué Milcom ha hecho de Gad
   su heredad,
y su pueblo se ha establecido en sus
   ciudades?

² Por tanto, vienen días,
dice Jehová,
en que haré oir el grito de guerra
   en Rabá de los hijos de Amón.
Será convertida en un montón de
   ruinas,
sus ciudades serán incendiadas
e Israel tomará por heredad a
   quienes los tomaron a ellos.
Esto dice Jehová.

³ »¡Laméntate, Hesbón, porque Hai
   ha sido destruida!
¡Gritad, hijas de Rabá,
vestíos de ropas ásperas,
haced lamentación y rodead los
   vallados!,
porque Milcom fue llevado en
   cautiverio
juntamente con sus sacerdotes y
   sus príncipes.

⁴ ¿Por qué te glorías de los valles?,
de tu fértil valle, tú, hija rebelde,
que confías en tus tesoros
y dices: "¿Quién vendrá contra mí?"

⁵ He aquí yo traigo el miedo sobre ti,
dice el Señor, Jehová de los
   ejércitos,
desde todos tus alrededores.
Seréis lanzados cada uno de
   vosotros hacia adelante, con
   violencia,
y no habrá quien acoja a los
   fugitivos.

⁶ Después de esto, haré volver a los
   cautivos de los hijos de Amón,
dice Jehová».

Profecía sobre Edom

⁷ Acerca de Edom.ᵇ Así ha dicho Jehová de los ejércitos:

«¿No hay más sabiduría en Temán?
¿Se agotó el consejo en los sabios?
¿Se corrompió su sabiduría?

⁸ ¡Huid, volveos atrás,
habitad en lugares profundos,
   moradores de Dedán!,
porque el quebranto de Esaú traeré
   sobre él
en el tiempo en que lo castigue.

⁹ Si vendimiadores hubieran venido
   contra ti,
¿no habrían dejado rebuscos?
Si ladrones hubieran venido de
   noche,
¿no habrían tomado lo que les
   bastara?

¹⁰ Mas yo desnudaré a Esaú,
pondré al descubierto sus
   escondrijos
y no podrá esconderse;
será destruida su descendencia,
sus hermanos y sus vecinos,
y dejará de ser.ᶜ

¹¹ ¡Deja tus huérfanos, yo los criaré,
y en mí confiarán tus viudas!

¹² »Así ha dicho Jehová: Los que no estaban condenados a beber la copa, la beberán ciertamente. ¿Y serás tú absuelto del todo? ¡No serás absuelto, sino que ciertamente la beberás! ¹³ Porque por mí mismo he jurado, dice Jehová, que espanto, afrenta, soledad y maldición será Bosra, y todas sus ciudades serán ruinas para siempre».

¹⁴ He oído esta noticia:
que de parte de Jehová se había
   enviado un mensajero
a decir a las naciones:
«¡Juntaos, venid contra ella,
subid a la batalla!»

¹⁵ Te haré pequeño entre las naciones,
menospreciado entre los hombres.

¹⁶ Te engañaron tu arrogancia
y la soberbia de tu corazón.
Tú, que habitas en las hendiduras
   de las peñas,
que alcanzas las alturas del monte,
aunque eleves como el águila
   tu nido,

ᵃ **49.1-6** Ez 21.28-32; 25.1-7; Am 1.13-15; Sof 2.8-11.   ᵇ **49.7-22** Is 34.5-17; 63.1-6; Ez 25.12-14; 35; Am 1.11-12; Abd 1-15; Mal 1.2-5.   ᶜ **49.9-10** Abd 5-6.

de allí te haré descender,
dice Jehová.^d

17 »Edom se convertirá en espanto. Todo aquel que pase por ella se asombrará, se burlará de todas sus calamidades. 18 Como sucedió en la destrucción de Sodoma, de Gomorra y de sus ciudades vecinas,^e dice Jehová, tampoco allí habitará nadie, ningún ser humano habitará en ella.

19 »Yo, como un león que sube
de la espesura del Jordán al verde
    prado,
muy pronto los haré huir de ella,
y pondré en ella al que yo escoja,
porque ¿quién es semejante a mí?
    ¿Quién me emplazará?
¿Quién será el pastor que pueda
    resistirme?^f
20 Por tanto, oíd el plan que Jehová ha
    acordado acerca de Edom,
y las decisiones que ha tomado
    acerca de los moradores de
    Temán.
Ciertamente, a los más pequeños
    de su rebaño los arrastrarán,
y los destruirán junto con sus
    pastizales.
21 Por el estruendo de la caída de
    ellos, la tierra temblará,
y el eco de su voz se oirá hasta en el
    Mar Rojo.
22 Como un águila subirá y volará,
y desplegará sus alas contra
    Bosra.
Aquel día el corazón de los
    valientes de Edom
será como el corazón de una mujer
    en angustias».

Profecía sobre Damasco
23 Acerca de Damasco.^g

«Hamat y Arfad se avergonzaron
porque oyeron malas noticias;
se derritieron en aguas de
    ansiedad, ¡no logran sosegarse!
24 Damasco se desmayó, se dispuso
    a huir,
le tomó temblor y angustia,
y se apoderaron de él dolores
como de una mujer que está de
    parto.
25 ¡Cómo abandonan la ciudad tan
    alabada,
la ciudad de mi gozo!
26 Por tanto, sus jóvenes caerán en las
    plazas,
y todos los hombres de guerra
    morirán en aquel día,
dice Jehová de los ejércitos.
27 En el muro de Damasco prenderé
    yo un fuego
que consumirá las casas de
    Ben-adad».

Profecía sobre Cedar y Hazor
28 Acerca de Cedar y de los reinos de Hazor, asolados por Nabucodonosor, rey de Babilonia. Así ha dicho Jehová:

«Levantaos, subid contra Cedar
y destruid a los hijos del oriente.
29 Sus tiendas y sus ganados tomarán.
Sus cortinas, todos sus utensilios
y sus camellos tomarán para sí,
y gritarán contra ellos: "¡Hay terror
    por todas partes!"^h
30 ¡Huid, marchaos muy lejos,
    habitad en lugares profundos,
    moradores de Hazor!,
dice Jehová;
porque Nabucodonosor, rey de
    Babilonia,
tomó consejo contra vosotros y
    contra vosotros ha preparado
    un plan.
31 ¡Levantaos, subid contra una
    nación pacífica
que vive confiadamente,
dice Jehová,
que ni tiene puertas ni cerrojos,
que vive solitaria!
32 Sus camellos serán por botín
y la multitud de sus ganados por
    despojo.

---

^d 49.14-16 Abd 1-4. ^e 49.18 Gn 19.24-25. ^f 49.19 Job 9.19-20; Jer 12.1. ^g 49.23-27 Is 17.1-3; Am 1.3-5; Zac 9.1. ^h 49.29 Sal 31.13; Jer 6.25; 20.10; Lm 2.22.

Los esparciré a todos los vientos,
dispersados hasta el último rincón;
de todos lados les traeré su ruina,
dice Jehová.
³³ Hazor será guarida de chacales,
quedará desolada para siempre.
Nadie morará allí;
ningún ser humano habitará
en ella».

Profecía sobre Elam

³⁴ Palabra de Jehová que vino al profeta Jeremías acerca de Elam, al comienzo
del reinado de Sedequías, rey de Judá, diciendo: ³⁵ «Así ha dicho Jehová de los ejércitos:

»Yo quiebro el arco de Elam,
parte principal de su fortaleza.
³⁶ Traeré sobre Elam los cuatro
vientos
desde los cuatro puntos del cielo,
y los aventaré a los cuatro vientos.
No habrá nación a donde no
lleguen fugitivos de Elam.
³⁷ Y haré que Elam se acobarde ante
sus enemigos
y ante quienes buscan su vida.
Traeré sobre ellos mal y el ardor de
mi ira,
dice Jehová,
y enviaré espada que los persiga
hasta acabar con ellos.
³⁸ Yo pondré mi trono en Elam,
y destruiré a su rey y a sus
príncipes,
dice Jehová. ³⁹ Pero acontecerá en
los últimos días,
que yo haré volver a los cautivos de
Elam,
dice Jehová».

Profecía sobre Babilonia

50 ¹ Palabra que habló Jehová contra
Babilonia,[a] contra la tierra de los
caldeos, por medio del profeta Jeremías:

² «Anunciadlo en las naciones,
hacedlo saber;
levantad también bandera,
publicadlo y no lo encubráis;

decid: "¡Conquistada ha sido
Babilonia!
¡Bel está avergonzado!
¡Merodac está deshecho,
destruidas sus esculturas,
destrozados sus ídolos!"
³ ¡Porque ha subido contra ella una
nación del norte!,
que hará de su tierra un objeto de
espanto.
No habrá hombre ni animal que en
ella more;
todos han huido, se han marchado.

⁴ »En aquellos días y en aquel
tiempo, dice Jehová,
vendrán los hijos de Israel,
ellos y los hijos de Judá juntamente.
Irán andando y llorando,
y buscarán a Jehová, su Dios.
⁵ Preguntarán por el camino de Sión,
hacia donde volverán sus rostros,
diciendo:
"¡Venid y unámonos a Jehová
con un pacto eterno que jamás se
eche en el olvido!"

⁶ »Como ovejas perdidas era mi
pueblo:
sus pastores las extraviaron,
por los montes las descarriaron;
anduvieron de monte en collado
y se olvidaron de sus rediles.
⁷ Todos los hallaban, los devoraban;
decían sus enemigos: "No
pecaremos,
porque ellos pecaron contra
Jehová, morada de justicia,
contra Jehová, esperanza de sus
padres".[b]

⁸ »¡Huid de en medio de Babilonia,[c]
salid de la tierra de los caldeos,
sed como los machos cabríos que
van delante del rebaño!
⁹ Porque yo levanto y hago subir
contra Babilonia
una reunión de grandes pueblos de
la tierra del norte;
desde allí se prepararán contra ella,
y será conquistada.

---

[a] **50.1—51.64** Is 13.1—14.23; 47.   [b] **50.6-7** Ez 34.5-6; Zac 10.2; Mc 6.34.   [c] **50.8** Is 48.20; 52.11;
Jer 51.6,45; Ap 18.4.

Sus flechas son como las de un
valiente experto,
que no volverá vacío.
¹⁰ Y Caldea será para botín;
todos los que la saqueen se
saciarán,
dice Jehová.

¹¹ »Cómo os alegrasteis,
cómo os gozasteis destruyendo mi
heredad,
cómo os llenasteis cual novilla
sobre la hierba
y relinchasteis cual los caballos.
¹² Vuestra madre se avergonzó
mucho;
confundida quedó la que os dio
a luz;
será la última de las naciones,
convertida en desierto, sequedal y
páramo.
¹³ Por la ira de Jehová no será
habitada,
sino que será asolada por
completo.
Todo aquel que pase por Babilonia
se asombrará
y se burlará de sus calamidades.
¹⁴ ¡Poneos en orden contra Babilonia,
rodeadla todos los que tensáis arco!
¡Tirad contra ella y no escatiméis
las flechas,
porque pecó contra Jehová!
¹⁵ ¡Gritad contra ella, a su alrededor!
¡Se rindió,
han caído sus cimientos,
derribados son sus muros!
¡Esta es la venganza de Jehová!
¡Tomad venganza de ella;
haced con ella como ella os hizo!
¹⁶ Destruid en Babilonia al que
siembra
y al que mete la hoz en el tiempo de
la siega.
Ante la espada destructora,
cada cual volverá el rostro hacia su
pueblo,
cada cual huirá hacia su tierra.

¹⁷ »Rebaño descarriado es Israel;
leones lo dispersaron.

»Primero lo devoró el rey de Asiria;
Nabucodonosor, rey de Babilonia lo des-
huesó después. ¹⁸ Por tanto, así dice Jehová de los ejércitos, Dios de Israel: Yo
castigo al rey de Babilonia y a su tierra,
como castigué al rey de Asiria.

¹⁹ »Volveré a traer a Israel a su
pastizal;
pacerá en el Carmelo y en Basán,
y en los montes de Efraín y en
Galaad se saciará su alma.
²⁰ En aquellos días y en aquel tiempo,
dice Jehová,
la maldad de Israel será buscada, y
no aparecerá;
y los pecados de Judá, y no se
hallarán;
porque perdonaré a los que yo
haya dejado.

²¹ »¡Sube contra la tierra de
Merataim,ᵈ
contra ella y contra los moradores
de Pecod!ᵉ
¡Destruye y mata en pos de ellos,
dice Jehová,
y haz conforme a todo lo que yo te
he mandado!»
²² ¡Estruendo de guerra se oye en
la tierra,
y de gran quebrantamiento!
²³ ¡Cómo fue cortado y quebrado
el martillo de toda la tierra!
¡Cómo se convirtió Babilonia
en objeto de espanto entre las
naciones!
²⁴ «Te puse lazos, y sin darte cuenta
caíste en ellos, Babilonia;
fuiste hallada, y aun apresada,
porque provocaste a Jehová».
²⁵ Abrió Jehová su tesoro
y sacó los instrumentos de su furor;
porque esta es obra de Jehová, Dios
de los ejércitos,
en la tierra de los caldeos.
²⁶ Venid contra ella desde el extremo
de la tierra,
abrid sus almacenes,
convertidla en un montón de
ruinas y destruidla.

ᵈ **50.21** O, *doble rebelión.*   ᵉ **50.21** O, *lugar de castigo.*

¡Que no le quede nada!
27 Matad a todos sus novillos;
que vayan al matadero.
¡Ay de ellos, pues ha venido su día,
el tiempo de su castigo!

28 Se oye la voz de los que huyen
y escapan de la tierra de Babilonia,
para dar en Sión las noticias de
la retribución de Jehová,
nuestro Dios,
de la venganza de su Templo.

29 «Juntad flecheros contra Babilonia,
a todos los que tensan arco;
acampad alrededor de ella,
y que de ella no escape nadie.
Pagadle según su obra;f
conforme a todo lo que ella hizo,
haced con ella,
porque contra Jehová se
ensoberbeció,
contra el Santo de Israel.
30 Por eso, sus jóvenes caerán en sus
plazas,
y todos sus hombres de guerra
serán destruidos en aquel día,
dice Jehová.

31 »Nación soberbia, yo estoy
contra ti,
dice el Señor, Jehová de los
ejércitos;
porque tu día ha venido, el tiempo
en que te castigaré.
32 La nación soberbia tropezará y
caerá,
y no tendrá quien la levante.
Prenderé fuego en sus ciudades
y quemaré todos sus alrededores.

33 »Así ha dicho Jehová de los
ejércitos:
Oprimidos fueron los hijos de
Israel
y los hijos de Judá juntamente;
todos los que los tomaron cautivos
los retuvieron
y no los quisieron soltar.
34 El redentor de ellos es el Fuerte
(Jehová de los ejércitos es su
nombre).

De cierto defenderá la causa de
ellos,
para hacer que repose la tierra
y que se turben los moradores de
Babilonia.

35 »Espada contra los caldeos,
dice Jehová,
y contra los moradores de
Babilonia,
contra sus príncipes y contra sus
sabios.
36 Espada contra los adivinos, y se
entontecerán;
espada contra sus valientes, y serán
quebrantados.
37 Espada contra sus caballos, contra
sus carros
y contra todo el pueblo que está en
medio de ella,
y serán como mujeres;
espada contra sus tesoros, y serán
saqueados.
38 Sequedad sobre sus aguas, y se
secarán;
porque es tierra de ídolos,
y se entontecen con sus ídolos
grotescos.

39 »Por tanto, allí morarán fieras del
desierto y chacales;g
morarán también en ella polluelos
de avestruz;
nunca más será poblada
ni se habitará por generaciones y
generaciones.
40 Como en la destrucción que Dios
hizo de Sodoma, de Gomorra y
de sus ciudades vecinas,h
dice Jehová,
así nadie morará allí,
ningún ser humano habitará
en ella.

41 »Viene un pueblo del norte,
una gran nación, y muchos reyes
se levantarán de los extremos de la
tierra.
42 Arco y lanza manejarán;
serán crueles y no tendrán
compasión.

f **50.29** Sal 28.4; 137.8; Ap 18.6.   g **50.39** Is 13.20-22; Ap 18.2.   h **50.40** Gn 19.24-25.

Su voz rugirá como el mar, y
montarán a caballo.
¡Se prepararán contra ti
como hombres a la pelea, hija de
Babilonia!

⁴³ Oyó la noticia el rey de Babilonia
y sus manos se debilitaron;
angustia lo tomó,
dolor como el de una mujer de
parto.

⁴⁴ »Ciertamente yo,
como león que sube de la espesura
del Jordán al verde prado,
muy pronto los haré huir de ella,
y pondré en ella al que yo escoja,
porque ¿quién es semejante a mí?
¿Quién me emplazará? ¿Quién será
el pastor que pueda resistirme?

⁴⁵ Por tanto, oíd el plan que Jehová ha
acordado contra Babilonia,
y las decisiones que ha tomado
contra la tierra de los caldeos:
Ciertamente, a los más pequeños
de su rebaño los arrastrarán
y los destruirán junto con sus
pastizales.

⁴⁶ Al grito de la conquista de
Babilonia la tierra tembló,
y el clamor se oyó entre las
naciones».

Juicios de Jehová contra Babilonia

51 ¹ Así ha dicho Jehová:

«Yo levanto un viento destructor
contra Babilonia y contra sus
moradores que se levantan
contra mí.

² Enviaré a Babilonia aventadores
que la avienten,
y vaciarán su tierra;
porque se pondrán contra ella
de todas partes en el día del mal.

³ Ordenaré al flechero que tensa su
arco
y al que se enorgullece de su
coraza,
que no perdonen a sus jóvenes
y que destruyan todo su ejército.

⁴ Caerán muertos en la tierra de los
caldeos
y alanceados en sus calles.

⁵ Porque Israel y Judá
no han enviudado de su Dios,
Jehová de los ejércitos,
aunque su tierra fue llena de
pecado
contra el Santo de Israel.

⁶ »¡Huid de en medio de Babilonia!
¡Poneos a salvo,
para que no perezcáis a causa de su
maldad!,ᵃ
porque es el tiempo de la venganza
de Jehová:
él va a darle su merecido.

⁷ Una copa de oro que embriagó a
toda la tierra
fue Babilonia en la mano de Jehová.
De su vino bebieron los pueblos;ᵇ
se aturdieron las naciones.

⁸ ¡De repente cayó Babilonia y se
hizo pedazos!ᶜ
¡Gemid por ella!
Tomad bálsamo para su dolor:
quizá sane».

⁹ Curamos a Babilonia,
pero no ha sanado.
¡Dejadla ya, y vámonos cada uno a
nuestra tierra,
porque ha llegado hasta el cieloᵈ su
juicio
y se ha alzado hasta las nubes!

¹⁰ Jehová sacó a luz nuestras justicias;
venid y contemos en Sión
la obra de Jehová, nuestro Dios.

¹¹ ¡Limpiad las flechas! ¡Embrazad
los escudos!
Jehová ha despertado el espíritu de
los reyes de Media,
porque contra Babilonia es su
pensamiento, para destruirla.
Porque la venganza es de Jehová,
la venganza por su templo.

¹² ¡Levantad bandera sobre los muros
de Babilonia,
reforzad la guardia,
poned centinelas,
preparad emboscadas!,

ᵃ **51.6** Is 48.20; Jer 50.8; 51.45; Ap 18.4.   ᵇ **51.7** Jer 25.15-26; Ap 17.2-4; 18.3.   ᶜ **51.8** Ap 18.2.
ᵈ **51.9** Ap 18.5.

porque Jehová planeó y va a poner
   por obra
lo que ha dicho contra los
   moradores de Babilonia.
13 Tú, la que moras entre muchas
   aguas,[e]
rica en tesoros:
ha llegado tu fin,
la medida de tu codicia.
14 Jehová de los ejércitos juró por sí
   mismo, diciendo:
«Yo te llenaré de hombres como de
   langostas,
y levantarán contra ti gritería de
   triunfo».

15 Él es el que hizo la tierra con su
   poder,
el que afirmó el mundo con su
   sabiduría
y extendió los cielos con su
   inteligencia.
16 A su voz se producen tumultos de
   aguas en los cielos;
él hace subir las nubes desde lo
   último de la tierra.
Él trae la lluvia con los relámpagos
y saca el viento de sus depósitos.[f]
17 Todo hombre se ha vuelto necio,
   carece de conocimiento.
Y todo artífice se avergüenza de su
   escultura,
porque mentira es su ídolo, no
   tiene espíritu.
18 Vanidad son y obra digna de burla,
que en el tiempo del castigo
   perecerán.
19 No es como ellos la porción de
   Jacob,
porque él (Jehová de los ejércitos es
   su nombre)
es el formador de todo,
e Israel es el cetro de su herencia.

20 «Martillo sois para mí,
y armas de guerra:
por medio de ti quebrantaré
   naciones,
y por medio de ti destruiré reinos.
21 Por medio de ti quebrantaré
   caballos con sus jinetes,

y por medio de ti quebrantaré
   carros con quienes los montan.
22 Asimismo por medio de ti
   quebrantaré a hombres y a
   mujeres;
por medio de ti quebrantaré a
   viejos y a jóvenes;
por medio de ti quebrantaré a
   muchachos y a muchachas.
23 También por medio de ti
   quebrantaré a pastores con sus
   rebaños;
por medio de ti quebrantaré a
   labradores con sus yuntas;
y a jefes y a príncipes quebrantaré
   por medio de ti.

24 »Yo pagaré a Babilonia y a todos los
   moradores de Caldea
todo el mal que ellos hicieron en
   Sión delante de vuestros ojos,
dice Jehová.
25 Ciertamente yo,
dice Jehová,
estoy contra ti, monte destructor
que destruiste toda la tierra.
Extenderé mi mano contra ti,
te haré rodar de las peñas
y te reduciré a un monte quemado.
26 Nadie tomará de ti
piedra para esquina ni piedra para
   cimiento,
porque serás una desolación
   eterna,
ha dicho Jehová.

27 »¡Alzad bandera en la tierra,
tocad trompeta en las naciones!
    ¡Preparad pueblos contra ella,
juntad contra ella los reinos de
   Ararat, de Mini y de Askenaz!
¡Nombrad contra ella un capitán,
haced subir caballos como
   langostas erizadas!
28 ¡Preparad contra ella naciones,
los reyes de Media, sus capitanes,
   todos sus príncipes
y todo territorio de su dominio!»
29 Tiembla la tierra y se aflige,
porque son confirmados contra
    Babilonia los planes de Jehová

[e]51.13 Ap 17.1.   [f]51.16 Sal 135.7.

para convertir la tierra de Babilonia
en un desierto
donde no quede morador alguno.

30 Los valientes de Babilonia dejaron
de pelear,
se encerraron en sus fortalezas;
les faltaron las fuerzas,
se volvieron como mujeres;
incendiadas están sus casas,
rotos sus cerrojos.

31 Correo se encuentra con correo,
mensajero se encuentra con
mensajero
para anunciar al rey de Babilonia
que su ciudad es tomada por todas
partes.

32 Los vados fueron tomados,
los baluartes incendiados
y se aterraron los hombres de
guerra.

33 Porque así ha dicho Jehová de los
ejércitos, Dios de Israel:
«La hija de Babilonia es como una
era en tiempo de trilla;
y de aquí a poco le llegará el tiempo
de la siega».

34 «Me devoró, me desmenuzó
Nabucodonosor, rey de Babilonia.
Me dejó como un vaso vacío;
me tragó como un dragón,
llenó su vientre con lo mejor de mí,
y me expulsó.

35 ¡Caiga sobre Babilonia
la violencia hecha contra mí y
contra mi carne!»,
dice la moradora de Sión.
«Y caiga mi sangre sobre los
moradores de Caldea»,
dice Jerusalén.

36 Por tanto, así ha dicho Jehová:

«Yo juzgo tu causa
y llevaré a cabo tu venganza.
Secaré su mar y haré que sus
fuentes queden secas.

37 Y será Babilonia un montón de
ruinas,
guarida de chacales,
objeto de espanto y burla, sin
morador alguno.

38 Todos a una rugirán como leones;
como cachorros de leones
gruñirán.

39 En medio de su calor les preparé
banquetes,
y haré que se embriaguen,
para que se alegren y duerman un
sueño eterno
del que no despierten,
dice Jehová.

40 Los haré traer como corderos al
matadero,
como carneros y machos cabríos».

41 ¡Cómo fue apresada Babilonia!
¡Cómo fue conquistada la que toda
la tierra había alabado!
¡Cómo vino a ser Babilonia un
objeto de espanto entre las
naciones!

42 Subió el mar sobre Babilonia;
por la multitud de sus olas quedó
cubierta.

43 Sus ciudades fueron asoladas;
la tierra, un sequedal estéril,
será tierra en la que nadie more
ni pase por ella ningún ser
humano.

44 «Juzgaré a Bel en Babilonia
y sacaré de su boca lo que se ha
tragado.
Nunca más vendrán naciones a él,
y el muro de Babilonia caerá.

45 ¡Salid de en medio de ella,
pueblo mío,
y salvad vuestra vida
del ardor de la ira de Jehová!g

46 No desmaye vuestro corazón; no
temáis
a causa del rumor que se oirá
en el país.
Un año vendrá el rumor,
y nuevo rumor después de
otro año.
Habrá violencia en el país
y contienda de un tirano
contra otro.

47 Por tanto, he aquí vienen días
en que yo destruiré los ídolos de
Babilonia.
Toda su tierra será avergonzada;

todos sus muertos caerán en medio
de ella.

⁴⁸ Los cielos y la tierra y todo lo que
hay en ellos
cantarán de gozo contra
Babilonia,ʰ
porque del norte vendrán contra
ella destructores,
dice Jehová.

⁴⁹ Por los muertos de Israel caerá
Babilonia,
como por Babilonia cayeron los
muertos de toda la tierra».ⁱ

⁵⁰ ¡Los que escapasteis de la espada,
id, no os detengáis!
¡Acordaos de Jehová durante
mucho tiempo!
¡Y acordaos de Jerusalén!

⁵¹ «Estamos avergonzados,
porque oímos la afrenta;
la confusión cubrió nuestros
rostros,
porque vinieron extranjeros
contra los santuarios de la casa de
Jehová».

⁵² Por tanto, Jehová dice:
«Vienen días en que yo destruiré
sus ídolos,
y en toda su tierra gemirán los
heridos.

⁵³ Aunque suba Babilonia hasta el
cielo
y se fortifique en las alturas,
de mí vendrán contra ella
destructores,
dice Jehová».

⁵⁴ ¡Óyese el clamor de Babilonia
y el gran quebrantamiento de la
tierra de los caldeos!,

⁵⁵ porque Jehová destruye a
Babilonia
y quita de ella el gran bullicio.
Braman sus olas,
y como el rugir de muchas aguas
resuena la voz de ellos,

⁵⁶ pues viene el destructor contra ella,
contra Babilonia,
y sus valientes serán apresados,
y el arco de ellos será quebrado.

Porque Jehová, Dios de
retribuciones,
da la justa paga.

⁵⁷ Yo embriagaré a sus príncipes y a
sus sabios,
a sus jefes, a sus nobles y a sus
guerreros.
Dormirán el sueño eterno y no
despertarán,
dice el Rey, cuyo nombre es Jehová
de los ejércitos.

⁵⁸ Así dice Jehová de los ejércitos:
«El muro ancho de Babilonia
será derribado por completo
y sus altas puertas serán
incendiadas.
En vano trabajaron los pueblos,
y las naciones se cansaron solo para
el fuego».

⁵⁹ Palabra que envió el profeta Jeremías a Seraías hijo de Nerías hijo de Maasías, cuando iba con Sedequías, rey de Judá, a Babilonia, en el cuarto año de su reinado. Seraías dirigía la marcha. ⁶⁰ Escribió, pues, Jeremías en un libro todo el mal que había de venir sobre Babilonia, todas las palabras que están escritas contra Babilonia. ⁶¹ Y dijo Jeremías a Seraías: «Cuando llegues a Babilonia, procura con diligencia leer todas estas cosas. ⁶² Dirás: "Jehová, tú has dicho de este lugar que lo vas a destruir hasta no quedar en él nadie que lo habite, ni hombre ni animal, y que para siempre ha de ser asolado". ⁶³ Y cuando acabes de leer este libro, le atarás una piedra y lo echarás en medio del Éufrates, ⁶⁴ y dirás: "Así se hundirá Babilonia, y no se levantaráʲ del mal que yo traigo sobre ella. ¡Caerán rendidos!"» Hasta aquí son las palabras de Jeremías.

Reinado de Sedequías
(2 R 24.18-20; 2 Cr 36.11-16)

52 ¹ Era Sedequías de edad de veintiún años cuando comenzó a reinar, y reinó once años en Jerusalén. Su madre se llamaba Hamutal, hija de Jeremías de Libna. ² E hizo lo malo ante los ojos de Jehová, conforme a todo lo que hizo Joacim. ³ Y a causa de la ira de Jehová contra Jerusalén y Judá, llegó a echarlos de su

---

ʰ **51.48** Ap 18.20.   ⁱ **51.49** Ap 18.24.   ʲ **51.63-64** Ap 18.21.

presencia. Y Sedequías se rebeló contra el rey de Babilonia.

Caída de Jerusalén
(2 R 24.20—25.7; Jer 39.1-7)

⁴ Aconteció, pues, a los nueve años de su reinado, en el mes décimo, a los diez días del mes, que vino Nabucodonosor, rey de Babilonia, él y todo su ejército, contra Jerusalén, y acamparon contra ella.ᵃ Por todas partes levantaron terraplenes para atacarla. ⁵ Y permaneció sitiada la ciudad hasta el undécimo año del rey Sedequías. ⁶ En el mes cuarto, a los nueve días del mes, cuando el hambre en la ciudad era ya tan grave que no había pan para el pueblo, ⁷ se abrió una brecha en el muro de la ciudad,ᵇ y todos los hombres de guerra huyeron. Salieron de noche de la ciudad por el camino de la puerta entre los dos muros que había cerca del jardín del rey, y se fueron por el camino del Arabá mientras los caldeos mantenían su cerco a la ciudad. ⁸ Pero el ejército de los caldeos persiguió al rey hasta la llanura de Jericó. Allí dieron alcance a Sedequías, a quien todo su ejército había abandonado. ⁹ Entonces apresaron al rey y lo llevaron ante el rey de Babilonia, a Ribla, en tierra de Hamat, donde pronunció sentencia contra él. ¹⁰ Y degolló el rey de Babilonia a los hijos de Sedequías ante sus ojos; y también degolló en Ribla a todos los jefes de Judá. ¹¹ A Sedequías, el rey de Babilonia le sacó los ojos, lo ató con grillos y lo hizo llevar a Babilonia,ᶜ donde lo encarceló hasta el día de su muerte.

Cautividad de Judá
(2 R 25.8-21; 2 Cr 36.17-21; Jer 39.8-10)

¹² En el mes quinto, a los diez días del mes, que era el año diecinueve del reinado de Nabucodonosor, rey de Babilonia, vino a Jerusalén Nabuzaradán, capitán de la guardia, que solía permanecer cerca del rey de Babilonia. ¹³ Él quemó la casa de Jehová,ᵈ la casa del rey y todas las casas de Jerusalén. Destruyó a fuego todo edificio grande. ¹⁴ Todo el ejército de los caldeos que venía con el capitán de la guardia destruyó los muros en todo el contorno de Jerusalén. ¹⁵ E hizo deportar Nabuzaradán, capitán de la guardia, a los pobres del pueblo, a toda la otra gente del pueblo que había quedado en la ciudad, a los desertores que se habían pasado al rey de Babilonia y a todo el resto de la multitud del pueblo. ¹⁶ Pero Nabuzaradán, capitán de la guardia, dejó de los pobres del país para que fueran viñadores y labradores.ᵉ

¹⁷ Los caldeos quebraron las columnas de bronce que estaban en la casa de Jehová, las basas y el mar de bronce que estaba en la casa de Jehová, y llevaron todo el bronce a Babilonia. ¹⁸ Se llevaron también los calderos, las palas, las despabiladeras, los tazones, las cucharas y todos los utensilios de bronce usados en el culto, ¹⁹ los incensarios, tazones, copas, ollas, candelabros, escudillas y tazas; tanto lo de oro como lo de plata, se lo llevó el capitán de la guardia. ²⁰ En cuanto a las dos columnas, el mar y los doce bueyes de bronce que estaban debajo de las basas que había hecho el rey Salomón en la casa de Jehová, el peso de todo este bronce resultó incalculable. ²¹ Respecto a las columnas, la altura de cada una de ellas era de dieciocho codos, y un cordón de doce codos la rodeaba. Su espesor era de cuatro dedos, y eran huecas. ²² El capitel de bronce que había sobre la columna era de cinco codos de altura; y tenía el capitel a su alrededor una red y granadas, todo de bronce. Y lo mismo era lo que tenía la segunda columna con sus granadas. ²³ Había noventa y seis granadas en cada hilera; en total eran cien alrededor de la red.ᶠ

²⁴ Tomó también el capitán de la guardia a Seraías, el principal sacerdote, a Sofonías, el segundo sacerdote, y a tres guardas del atrio. ²⁵ Y de la ciudad tomó a un oficial que era capitán de los hombres de guerra, a siete hombres de los consejeros íntimos del rey, que estaban en la ciudad, y al principal secretario de la milicia, que pasaba revista al pueblo del país, para la guerra, y a sesenta hombres del pueblo que se hallaron dentro de la ciudad. ²⁶ Los tomó, pues,

---

ᵃ **52.4** Ez 24.2.   ᵇ **52.7** Ez 33.21.   ᶜ **52.4-11** Ez 12.8-13; 17.19-20.   ᵈ **52.13** 1 R 9.8.
ᵉ **52.15-16** Ez 12.14-16; 17.21.   ᶠ **52.17-23** 1 R 7.15-47.

Nabuzaradán, capitán de la guardia, y los llevó al rey de Babilonia, en Ribla. ²⁷ El rey de Babilonia los hirió y los mató en Ribla, en tierra de Hamat. Así fue deportada Judá de su tierra.

²⁸ Este fue el pueblo que Nabucodonosor llevó cautivo: En el año séptimo, a tres mil veintitrés hombres de Judá. ²⁹ En el año dieciocho de Nabucodonosor, llevó él cautivas de Jerusalén a ochocientas treinta y dos personas. ³⁰ El año veintitrés de Nabucodonosor, Nabuzaradán, capitán de la guardia, llevó cautivos a setecientos cuarenta y cinco hombres de Judá. El total, pues, de las personas fue de cuatro mil seiscientas.

Joaquín es libertado y recibe honores en Babilonia

(2 R 25.27-30)

³¹ Sucedió que en el año treinta y siete del cautiverio de Joaquín, rey de Judá, en el mes duodécimo, a los veinticinco días del mes, Evil-merodac, rey de Babilonia, en el año primero de su reinado, levantó la cabeza de Joaquín, rey de Judá, y lo sacó de la cárcel. ³² Habló con él amigablemente, e hizo poner su trono por encima de los tronos de los reyes que estaban con él en Babilonia. ³³ Le hizo mudar también los vestidos de prisionero, y ya siempre comió pan en la mesa del rey, todos los días de su vida. ³⁴ Cada día, durante todos los días de su vida y hasta el día de su muerte, recibió una ración de parte del rey de Babilonia.

LAMENTACIONES
DE JEREMÍAS

INTRODUCCIÓN

El título de este libro procede de la Septuaginta. Allí se denomina Zrénoi («cantos fúnebres», «lamentaciones», «endechas»).

La destrucción de Jerusalén por Nabucodonosor, en el 586 a.C. (2 R 25.1-21), constituye el trasfondo histórico de los cinco poemas que componen Lamentaciones (=Lm). Aquel triste episodio comenzó algún tiempo después a ser recordado por el pueblo, que mostraba su aflicción con oraciones, ayunos y otras expresiones de duelo (cf. Jer 41.5; Zac 7.3; 8.19). Además, junto a las ruinas del Templo celebraba determinadas ceremonias para mantener despierta la memoria de aquella gran tragedia y, al propio tiempo, la esperanza de la restauración nacional anunciada por los profetas (cf. Jer 30.1—31.40). Este libro está constituido por cinco poemas que recogen el espíritu y los sentimientos que animaban tales luctuosas celebraciones. Pero Lamentaciones no se reduce a llorar el desastre de Judá y de Jerusalén, sino que una y otra vez lleva al pueblo a reconocer su propia responsabilidad y a confesarse culpable delante de Jehová (1.8).

Ahora bien, el libro contiene no solo expresiones de dolor personal o colectivo (cf. 1.12-16; 3.43-47; 5.1-22), sino también el testimonio de la profunda fe del autor (3.21-24,26). A estas expresiones se unen cánticos de alabanza (5.19), acciones de gracias (3.55-57) y exhortaciones a reconocer con sinceridad de corazón que los acontecimientos adversos que nos sobrevienen son, a menudo, la consecuencia ineludible de nuestras propias rebeldías (3.40-42).

Los primeros cuatro poemas son acrósticos en el original hebreo y corresponden a los primeros cuatro capítulos del libro. El quinto no presenta tal característica, aunque curiosamente también fue compuesto sobre un esquema de 22 estrofas (o sea, el número de letras del alfabeto hebreo).

Esquema del contenido

1. *Tristezas de Sión la cautiva (cap. 1)*
2. *Las tristezas de Sión vienen de Jehová (cap. 2)*
3. *Esperanza de liberación por la misericordia de Dios (cap. 3)*
4. *El castigo de Sión consumado (cap. 4)*
5. *Oración del pueblo afligido (cap. 5)*

Lamentaciones de Sión cautiva

1 ¹ ¡Qué sola ha quedado la ciudad
populosa!
La grande entre las naciones se ha
vuelto como una viuda;
la señora de provincias[a] ha sido
hecha tributaria.

² Amargamente llora en la noche y
las lágrimas corren por sus
mejillas.
Entre todos sus amantes
no hay ninguno que la consuele;
todos sus amigos le faltaron, se le
volvieron enemigos.

³ Judá ha ido en cautiverio[b] afligida
y en dura servidumbre;
ha habitado entre las naciones, sin
hallar descanso;
todos sus perseguidores la
alcanzaron y pusieron en
estrechuras.

⁴ Las calzadas de Sión están de luto,
porque no hay quien venga a las
fiestas solemnes;
todas sus puertas están asoladas,
sus sacerdotes gimen,
sus vírgenes están afligidas y ella
está llena de amargura.[c]

⁵ Sus enemigos fueron hechos
príncipes, sus aborrecedores
fueron prosperados,
porque Jehová la afligió a causa de
sus muchas rebeliones.
Sus hijos fueron en cautividad
delante del enemigo.

⁶ Desapareció toda la hermosura de
la hija de Sión;
sus príncipes, como ciervos que no
hallan pasto,
anduvieron sin fuerzas delante del
perseguidor.

⁷ Jerusalén, cuando cayó su pueblo
en manos del enemigo y no
hubo quien la ayudara,
se acordó de los días de su aflicción,
de sus rebeliones,
y de todas las cosas agradables que
tuvo desde los tiempos
antiguos.
La miraron los enemigos y se
burlaron de su caída.

⁸ Gravemente ha pecado Jerusalén,
por lo cual ha sido movida de su
lugar;[d]
cuantos la honraban la desprecian
al ver su vergüenza,
y ella suspira y se vuelve atrás.

⁹ Su inmundicia está en sus faldas.
No pensó en su fin.
Cayó de manera sorprendente sin
tener quien la consolara.
Mira, Jehová, mi aflicción, porque
el enemigo se ha engrandecido.

¹⁰ Extendió su mano el enemigo a
todas sus cosas preciosas;[e]
ella ha visto entrar en su santuario
a las gentes
acerca de las cuales mandaste que
no entraran en tu congregación.

---

a **1.1** La que ahora está en ruinas no es una ciudad cualquiera, sino Jerusalén, *la ciudad del gran rey* David (Sal 48.2).   *b* **1.3** 2 R 24.18-21.   *c* **1.4** Is 3.26; Jer 14.2.   *d* **1.8** Ez 16.35-37.   *e* **1.10** 2 R 24.13; 25.13-17.

11 Todo su pueblo buscó gimiendo
su pan;
por la comida, para seguir
viviendo, dieron todas sus cosas
preciosas,
¡Mira, Jehová, y ve cuán abatida
estoy!

12 ¿No os conmueve a cuantos pasáis
por el camino?
Mirad y ved si hay dolor como el
dolor que me ha venido;
porque Jehová me ha angustiado
en el día de su ardiente furor.

13 Desde lo alto envió un fuego que
consume mis huesos,
ha tendido una red a mis pies, me
ha vuelto atrás,
me dejó desolada y con dolor todo
el día.

14 Él ha atado con su mano el yugo de
mis rebeliones:
ataduras ha echado sobre mi cuello
y ha debilitado mis fuerzas.
¡El Señor me ha entregado en
manos contra las cuales no
podré levantarme!

15 El Señor pisoteó a todos mis
hombres fuertes en medio
de mí;
llamó a gente contra mí, para
destruir a mis jóvenes;
pisoteó el Señor, como en un lagar,
a la virgen hija de Judá.ᶠ

16 Por eso estoy llorando; por eso de
mis ojos fluyen lágrimas,
porque de mí se ha alejado el que
consuela y da reposo a mi alma.
Mis hijos han sido destruidos,
porque el enemigo prevaleció.

17 Sión extendió sus manos, mas no
tiene quien la consuele;
Jehová ordenó contra Jacob que sus
vecinos fueran sus enemigos,
y Jerusalén fue objeto de
abominación entre ellos.

18 Pero Jehová es justo, pues yo me
había rebelado contra su
palabra.
Oíd ahora, pueblos todos, ved
mi dolor:
mis vírgenes y mis jóvenes fueron
llevados en cautiverio.

19 LLamé a voces a mis amantes, mas
ellos me han engañado.
Mis sacerdotes y mis ancianos
perecieron en la ciudad,
mientras buscaban comida para
seguir viviendo.

20 Mira, Jehová, que estoy atribulada,
que mis entrañas hierven;
mi corazón se trastorna dentro de
mí, porque me he rebelado en
gran manera.ᵍ
Por fuera hace estragos la espada;
por dentro se enseñorea la
muerte.

21 Me han oído gemir, mas no hay
quien me consuele.
Todos mis enemigos han sabido de
mi mal y se alegran de lo que tú
hiciste;
pero tú harás venir el día que has
anunciado, y serán como yo.

22 Venga ante ti toda su maldad,
y haz con ellos como hiciste
conmigo por todas mis
rebeliones,
porque muchos son mis suspiros y
mi corazón está adolorido.

El Señor destruyó a Israel

2 ¹ ¡Cómo oscureció el Señor en su ira a
la hija de Sión!
Derribó del cielo a la tierra la
hermosura de Israel;
no se acordó del estrado de sus pies
en el día de su furor.

2 Destruyó el Señor, no perdonó;
destruyó en su furor todas las
tiendas de Jacob,
y derribó las fortalezas de Judá:
humilló al reino y a sus príncipes.

ᶠ **1.15** Is 63.3; Jl 3.13; Ap 14.20; 19.15.   ᵍ **1.20** Jer 4.19; 9.21.

³ Cortó con el ardor de su ira todo el
poderío de Israel,
retiró de él su diestra frente al
enemigo
y se encendió en Jacob como llama
de fuego que devora alrededor.

⁴ Tensó su arco como un enemigo,
afirmó su mano derecha como
un adversario,
y destruyó cuanto era hermoso.
En la tienda de la hija de Sión
derramó como fuego su enojo.

⁵ El Señor se volvió enemigo y
destruyó a Israel,
destruyó todos sus palacios,
derribó sus fortalezas
y multiplicó en la hija de Judá la
tristeza y el lamento.

⁶ Arrasó su tienda como una
enramada de huerto
y destruyó el lugar en donde se
congregaban.
Jehová ha hecho olvidar en Sión las
fiestas solemnes y los sábados,
y en el ardor de su ira ha desechado
al rey y al sacerdote.ᵃ

⁷ El Señor desechó su altar y
menospreció su santuario;ᵇ
entregó los muros de sus palacios
en manos de los enemigos,
y ellos hicieron resonar su voz en la
casa de Jehová como en día de
fiesta.

⁸ Jehová determinó destruir el muro
de la hija de Sión,
tendió el cordel y no retiró su mano
de la destrucción.
Hizo, pues, que se lamentaran el
antemuro y el muro; juntamente
fueron desolados.

⁹ Sus puertas fueron derribadas;
destruyó y quebrantó sus
cerrojos.
Su rey y sus príncipes están entre
gentes que no tienen la ley,ᶜ

y sus profetas no recibieron visión
de Jehová.

¹⁰ Se sientan en tierra y callan los
ancianos de la hija de Sión;
echan polvo sobre sus cabezas y se
ciñen ropas ásperas.
Las vírgenes de Jerusalén bajan la
cabeza hasta la tierra.

¹¹ Mis ojos se deshacen en lágrimas,
mis entrañas se conmueven
y mi hígado se derrama por tierra a
causa del quebrantamiento de la
hija de mi pueblo;
y los niños, ¡aun los de pecho!,
desfallecen entre tanto en las
plazas de la ciudad.

¹² Dicen a sus madres: «¿Dónde están
el pan y el vino?»,
mientras desfallecen como heridos
en las calles de la ciudad
y derraman el alma en el regazo de
sus madres.

¹³ ¿Qué testigo te traeré? ¿A quién te
haré semejante, hija de
Jerusalén?
¿A quién te compararé para
consolarte, virgen hija de Sión?
Grande como el mar es tu
quebrantamiento, ¿quién te
sanará?

¹⁴ Tus profetas vieron para ti vanidad
y locura,
y no descubrieron tu pecado para
impedir tu cautiverio,
sino que te predicaron vanas
profecías y seducciones.ᵈ

¹⁵ Cuantos pasan por el camino baten
palmas al verte,
silban y mueven despectivamente
la cabeza sobre la hija de
Jerusalén, diciendo:
«¿Es esta la ciudad que decían de
perfecta hermosura, el gozo de
toda la tierra?»

ᵃ **2.6** Is 1.13.   ᵇ **2.7** Ez 24.21.   ᶜ **2.9** Jer 18.18.   ᵈ **2.14** Jer 5.31; 23.25-27; Ez 13.10.

16 Todos tus enemigos abrieron la
boca contra ti,
se burlaron, rechinaron los dientes
y dijeron: «¡Devorémosla!
¡Ciertamente este es el día que
esperábamos: lo hemos hallado,
lo hemos visto!»

17 Jehová ha hecho lo que tenía
determinado,
ha cumplido su palabra, ordenada
por él desde tiempo antiguo.
Destruyó y no perdonó;*e*
hizo que el enemigo se alegrara
sobre ti
y exaltó el poder de tus
adversarios.

18 El corazón de ellos clamaba al
Señor.
¡Hija de Sión, que tus lágrimas
corran día y noche como un
arroyo!
¡No descanses, ni reposen las niñas
de tus ojos!

19 ¡Levántate, da voces en la noche al
comenzar las vigilias!
Derrama como agua tu corazón
ante la presencia del Señor;
alza a él tus manos implorando la
vida de tus niñitos,
que desfallecen de hambre en las
entradas de todas las calles.

20 Mira, Jehová, y considera a quién
has tratado así.
¿Habrán de comerse las mujeres el
fruto de sus entrañas, a los
niñitos que antes cuidaban
tiernamente?*f*
¿Habrán de ser muertos en el
santuario del Señor el sacerdote
y el profeta?

21 Niños y viejos yacen por tierra en
las calles;
mis vírgenes y mis jóvenes han
caído a espada.

Mataste en el día de tu furor.
Degollaste y no perdonaste.

22 Como en día de solemnidad, de
todas partes has convocado mis
temores.*g*
En el día del furor de Jehová no
hubo quien escapara ni quedara
vivo.
¡A los que yo crié y mantuve, mi
enemigo los aniquiló!

En Dios está la esperanza de liberación

3 **1** Yo soy el hombre que ha visto
aflicción bajo el látigo de su
enojo.
2 Él me ha guiado, me ha llevado por
tinieblas y no por la luz;*a*
3 ciertamente contra mí vuelve sin
cesar su mano todo el día.*b*

4 Él hizo envejecer mi carne y mi piel
y quebrantó mis huesos;*c*
5 levantó baluartes contra mí y me
rodeó de amargura y trabajo.*d*
6 Me dejó en oscuridad, como los que
murieron hace ya mucho
tiempo.

7 Me cercó por todos lados y no
puedo salir; ha agravado mis
cadenas.
8 Aunque clamo y doy voces, él
cierra los oídos a mi oración.*e*
9 Él cercó mis caminos con piedra
labrada, torció mis senderos.

10 Fue para mí como un oso en
acecho, como un león que se
agazapa.
11 Torció mis caminos y me
despedazó; me dejó desolado.
12 Tensó su arco y me puso por blanco
de la saeta.

13 Ha clavado en mis entrañas las
saetas de su aljaba.*f*
14 Soy el escarnio de todo mi pueblo,
el objeto de su burla día tras día.

e **2.17** 1 R 9.6-9.   *f* **2.20** Dt 28.53; 2 R 6.28-29; Jer 19.9.   *g* **2.22** Sal 31.13; Jer 20.3,10; 46.5; 49.29.
a **3.2** Job 19.8.   *b* **3.3** Job 7.16-19; Sal 88.7,15-16.   *c* **3.4** Job 7.5; 30.30.   *d* **3.5** Job 19.12.
e **3.8** Job 30.20.   *f* **3.12-13** Job 16.12-13.

¹⁵ Me ha llenado de amargura, me ha embriagado de ajenjo.ᵍ

¹⁶ Mis dientes quebró con guijarros y me cubrió de ceniza.

¹⁷ Y mi alma se alejó de la paz, me olvidé del bien

¹⁸ y dije: «Perecieron mis fuerzas y mi esperanza en Jehová».

¹⁹ Acuérdate de mi aflicción y de mi abatimiento, del ajenjo y de la hiel.

²⁰ Aún lo tengo en la memoria, porque mi alma está abatida dentro de mí.

²¹ Pero esto consideraré en mi corazón, y por esto esperaré:

²² Que por la misericordia de Jehová no hemos sido consumidos, porque nunca decayeron sus misericordias;

²³ nuevas son cada mañana. ¡Grande es tu fidelidad!

²⁴ «Mi porción es Jehová; por tanto, en él esperaré», dice mi alma.

²⁵ Bueno es Jehová a los que en él esperan, al alma que lo busca.ʰ

²⁶ Bueno es esperar en silencio la salvación de Jehová.

²⁷ Bueno le es al hombre llevar el yugo desde su juventud.

²⁸ Que se siente solo y calle, porque es Dios quien se lo impuso;

²⁹ ponga su boca en el polvo, por si aún hay esperanza;

³⁰ dé la mejilla al que lo hiere y sea colmado de afrentas.ⁱ

³¹ El Señor no rechaza para siempre;

³² antes bien, si aflige, también se compadece según su gran misericordia,

³³ pues no se complace en afligir o entristecer a los hijos de los hombres.

³⁴ Desmenuzar bajo los pies a todos los encarcelados de la tierra,

³⁵ torcer el derecho del hombre ante la presencia del Altísimo

³⁶ o trastornar al hombre en un proceso, son cosas que el Señor no aprueba.

³⁷ ¿Quién puede decir que algo sucede sin que el Señor lo mande?

³⁸ ¿Acaso no proceden de la boca del Altísimo los bienes y los males?

³⁹ ¿Por qué se lamenta el hombre, si está vivo a pesar de su pecado?

⁴⁰ Escudriñemos nuestros caminos, busquemos y volvámonos a Jehová;

⁴¹ levantemos corazón y manos al Dios de los cielos.

⁴² Nosotros nos rebelamos y fuimos desleales, y tú no perdonaste.ʲ

⁴³ Desplegada tu ira, nos perseguiste; mataste, y no perdonaste;

⁴⁴ te ocultaste en una nube para que no te llegara nuestra oración;

⁴⁵ nos convertiste en oprobio y abominación en medio de los pueblos.

⁴⁶ Todos nuestros enemigos abrieron su boca contra nosotros;

⁴⁷ Temor y lazo vinieron sobre nosotros, asolamiento y quebranto.

⁴⁸ Ríos de lágrimas brotan de mis ojos por el quebrantamiento de la hija de mi pueblo.

⁴⁹ Mis ojos destilan sin cesar, porque no habrá alivio

⁵⁰ hasta que Jehová mire y vea desde los cielos.

⁵¹ Mis ojos me han entristecido el alma a causa de todas las hijas de mi ciudad.

⁵² Mis enemigos, sin tener por qué, me han dado caza como a un ave;

ᵍ 3.15 Job 9.18.   ʰ 3.25 Is 30.18.   ⁱ 3.30 Mt 5.39.   ʲ 3.40-42 Is 55.7.

⁵³ me ataron vivo en una cisterna, y la cerraron con una piedra.
⁵⁴ Las aguas cubrieron mi cabeza, y dije: «¡Muerto soy!»

⁵⁵ Jehová, tu nombre invoqué desde la cárcel profunda,
⁵⁶ y oíste mi voz. ¡No escondas tu oído del clamor de mis suspiros!,
⁵⁷ pues te acercaste el día que te invoqué y dijiste: «No temas».

⁵⁸ Abogaste, Señor, la causa de mi alma, redimiste mi vida.
⁵⁹ Jehová, tú que has visto el agravio que me hacen, ¡defiende mi causa!
⁶⁰ Tú has visto toda su venganza, todos sus pensamientos contra mí.

⁶¹ Has oído, Jehová, sus ultrajes, todas sus maquinaciones contra mí,
⁶² los dichos de quienes contra mí se levantaron, y su designio contra mí todo el día.
⁶³ Su sentarse y su levantarse mira, porque yo soy su canción.

⁶⁴ ¡Dales el pago, Jehová, que merece la obra de sus manos!
⁶⁵ ¡Entrégalos al endurecimiento de corazón y caiga tu maldición sobre ellos!
⁶⁶ ¡Persíguelos, Jehová, en tu furor y quebrántalos debajo de los cielos!

El castigo de Sión

4 ¹ ¡Cómo se ha ennegrecido el oro! ¡Cómo ha perdido el oro puro su brillo!
Las piedras del santuario están esparcidas por las encrucijadas de todas las calles.

² Los hijos de Sión, preciados y estimados más que el oro puro, ¡son ahora como vasijas de barro, obra de manos de alfarero!

³ Aun los chacales dan las ubres para amamantar a sus cachorros, pero la hija de mi pueblo es cruel como los avestruces del desierto.

⁴ De sed se le pega al niño de pecho la lengua al paladar; los pequeñuelos piden pan, y no hay quien se lo dé.

⁵ Los que comían delicados manjares desfallecen por las calles;ᵃ los que se criaron entre púrpura se abrazan a los estercoleros.

⁶ Porque más fue la iniquidad de la hija de mi pueblo que el pecado de Sodoma,ᵇ que fue destruida en un instante, sin manos que se alzaran contra ella.

⁷ Sus nobles eran más puros que la nieve, más blancos que la leche; más encendidos sus cuerpos que el coral, más hermoso su talle que el zafiro.

⁸ Oscuro más que la negrura es ahora su aspecto: no se les reconoce por las calles; tienen la piel pegada a los huesos, seca como un palo.

⁹ Más dichosos fueron los muertos a espada que los muertos por el hambre, porque estos murieron poco a poco por faltarles los frutos de la tierra.

¹⁰ Las manos de mujeres piadosas cocieron a sus hijos:ᶜ ¡Sus propios hijos les sirvieron de comida en el día del desastre de la hija de mi pueblo!

¹¹ Cumplió Jehová su enojo, derramó el ardor de su ira y encendió en Sión un fuego que consumió hasta sus cimientos.

ᵃ **4.4-5** 2 R 25.3; Jer 52.6.   ᵇ **4.6** Gn 19.24.   ᶜ **4.10** Dt 28.56-57; Lm 2.20; Ez 5.10.

¹² Nunca los reyes de la tierra ni
    ninguno de los habitantes del
    mundo
habrían creído que el enemigo y el
    adversario entraría por las
    puertas de Jerusalén.

¹³ Fue por causa de los pecados de sus
    profetas y las maldades de sus
    sacerdotes,
que derramaron en medio de ella la
    sangre de los justos.

¹⁴ Titubeaban por las calles como
    ciegos, contaminados con la
    sangre,
de modo que no pudieran tocar sus
    vestiduras.ᵈ

¹⁵ «¡Apartaos! ¡Un inmundo!», les
    gritaban: «¡Apartaos, apartaos,
    no toquéis!».
Huyeron, fueron dispersados.
    Entonces se dijo entre las
    naciones:
«Nunca más morarán aquí».

¹⁶ En su ira, Jehová los apartó y no los
    mirará más:
No respetaron la presencia de los
    sacerdotes ni tuvieron
    compasión de los viejos.

¹⁷ Nuestros ojos desfallecen
    esperando en vano nuestro
    socorro;
en nuestra esperanza aguardamos
    a una nación que no puede
    salvar.

¹⁸ Espiaban nuestros pasos para que
    no anduviéramos por las calles.
Se acercaba nuestro fin: se habían
    cumplido nuestros días y el fin
    había llegado.

¹⁹ Más ligeros eran nuestros
    perseguidores que las águilas
    del cielo;
sobre los montes nos persiguieron,
    en el desierto nos pusieron
    emboscadas.

²⁰ El aliento de nuestras vidas, el
    ungido de Jehová,
de quien habíamos dicho: «A su
    sombra tendremos vida entre
    las naciones», quedó apresado
    en sus lazos.

²¹ ¡Goza y alégrate, hija de Edom, tú
    que habitas en tierra de Uz!,
porque también a ti te llegará esta
    copa y te embriagarás y
    vomitarás.

²² Ya está cumplido tu castigo, hija de
    Sión:ᵉ
Nunca más hará él que te lleven
    cautiva.
Castigará él tu iniquidad, hija de
    Edom,
y descubrirá tus pecados.ᶠ

Oración del pueblo afligido

5 ¹ Acuérdate, Jehová, de lo que nos ha
    sucedido;
mira, y ve nuestro oprobio.
² Nuestra heredad ha pasado a
    extraños,
nuestras casas a forasteros.
³ Huérfanos somos, sin padre;
    nuestras madres son como viudas.
⁴ Por dinero bebemos el agua;
    por la leña pagamos un precio.
⁵ Padecemos persecución, caen
    sobre nosotros,
nos fatigamos y no hay para
    nosotros reposo.
⁶ Al egipcio y al asirio extendimos la
    mano para saciarnos de pan.
⁷ Nuestros padres pecaron y han
    muerto,
pero nosotros llevamos su castigo.
⁸ Los siervos dominan sobre
    nosotros,
y nadie nos libra de sus manos.
⁹ Traemos nuestro pan haciendo
    peligrar nuestra vida
ante la espada del desierto.
¹⁰ Nuestra piel se ha ennegrecido
    como un horno
a causa del ardor del hambre.
¹¹ Violaron a las mujeres en Sión,

ᵈ **4.14-15** Nm 19.11-16.   ᵉ **4.22** Is 40.2.   ᶠ **4.21-22** Abd 1-12.

a las vírgenes en las ciudades de
   Judá.
12 A los príncipes colgaron de las
      manos;
   no respetaron el rostro de los viejos.
13 Llevaron a los jóvenes a mover el
      molino,
   y los muchachos desfallecían bajo
      el peso de la leña.
14 Ya no se ven los ancianos en la
      puerta,
   y los jóvenes han dejado sus
      canciones.
15 Cesó el gozo de nuestro corazón,
   y nuestra danza se cambió en luto.
16 La corona ha caído de nuestra
      cabeza.
   ¡Ay ahora de nosotros, porque
      hemos pecado!
17 Por esto tenemos entristecido el
   corazón

y nos han entenebrecido nuestros
   ojos:
18 por el monte Sión, que está asolado
   y las zorras andan por él.
19 Mas tú, Jehová, permanecerás para
      siempre;
   tu trono, de generación en
      generación.ᵃ
20 ¿Por qué te olvidas completamente
      de nosotros
   y nos abandonas por tan largo
      tiempo?ᵇ
21 Haznos volver a ti, Jehová, y nos
      volveremos;
   renueva nuestros días como al
      principio.ᶜ
22 ¿O acaso es que ya nos has
      desechado
   y estás airado del todo contra
      nosotros?

ᵃ **5.19** Sal 102.12; 145.13; 146.10.   ᵇ **5.20** Sal 74.1.   ᶜ **5.21** Sal 80.3-7; Jer 31.18.

EZEQUIEL

INTRODUCCIÓN

Cuando el rey Nabucodonosor penetró en Jerusalén, en el 597 a.C., la despojó de todas sus riquezas y deportó a Babilonia a gran parte de sus habitantes: a Joaquín, rey de Judá, a los aristócratas, a los militares y a los artesanos cualificados (cf. 2 R 24.8-17). Entre los deportados en aquella ocasión probablemente figuró el autor del libro de Ezequiel (=Ez), el sacerdote hijo de Buzi, que fue a residir junto a sus compatriotas a orillas del río Quebar. Allí mismo lo llamó el Señor, por medio de una visión que cambió por completo su vida, a ejercer el ministerio de la profecía (cf. 1.1-3). A partir de aquel momento, Ezequiel se convirtió en el portavoz de Dios cerca de los exiliados (3.10-11), actividad que desempeñó por lo menos hasta el 571 a.C. Fue sin duda una de las personas que más contribuyeron a mantener vivo entre los judíos del destierro el anhelo del retorno.

En la primera etapa de su ministerio, Ezequiel ya había anunciado que la ruina de la ciudad se acercaba irremisiblemente (9.8-10). Hombre de fe profunda y gran imaginación, sorprendía a veces a sus oyentes con extrañas dramatizaciones y gestos simbólicos (cap. 4–5) que los invitaban a preguntarle: «¿No nos enseñarás qué significan para nosotros estas cosas que haces?» (24.19).

La caída de Jerusalén vino a demostrar la autenticidad de las predicciones de Ezequiel (33.21-22). Los temas de la predicación del profeta encierran una gran riqueza doctrinal, basada en la esperanza de la salvación que había de llegar: del destierro en Babilona había de salir, purificado, el nuevo pueblo de Dios (20.34-38). La renovación de la nación aparece simbólicamente dramatizada en la visión de los huesos secos que Dios vuelve a la vida infundiéndoles su espíritu (37.1-14). Asimismo, Ezequiel puso énfasis en la responsabilidad individual por el pecado propio y en la necesidad de la conversión (cap. 18).

En la persona de Ezequiel conviven el profeta y el sacerdote. En su condición de profeta, Ezequiel estaba persuadido de haber sido llamado a ejercer de centinela sobre Israel en uno de los períodos más críticos de la historia nacional. Como sacerdote, anhela el retorno de la gloria de Jehová al templo de Jerusalén (43.1-5; cf. 10.18-22) y revela un gran horror hacia cuanto significa impureza ritual (4.14) y una extrema minuciosidad en la distinción entre lo sagrado y lo profano (43.6—46.24).

Esquema del contenido

1. Vocación de Ezequiel y profecías sobre la caída de Jerusalén (1–24)
2. Profecías contra las naciones paganas (25–32)
4. La restauración de Israel (33–39)
5. El nuevo templo en la Jerusalén futura (40–48)

La visión de la gloria divina

1 ¹ Aconteció en el año treinta, en el mes cuarto, a los cinco días del mes, que estando yo en medio de los cautivos, junto al río Quebar,ᵃ los cielos se abrieronᵇ y vi visiones de Dios. ² En el quinto año de la deportación del rey Joaquín,ᶜ a los cinco días del mes, ³ vino palabra de Jehová al

---

ᵃ **1.1-3** Canal tributario del Éufrates, que corre al sudeste del sitio donde se encontraba la antigua Babilonia. ᵇ **1.1** Ap 19.11. ᶜ **1.2** 2 R 24.10-16; 2 Cr 36.9-10.

sacerdote Ezequiel hijo de Buzi, en la tierra de los caldeos, junto al río Quebar. Vino allí sobre él la mano de Jehová.

⁴Miré, y vi que venía del norte un viento huracanado y una gran nube, con un fuego envolvente, y alrededor de él un resplandor. En medio del fuego algo semejante al bronce refulgente; ⁵y en medio de todo vi la figura de cuatro seres vivientes.ᵈ Esta era su apariencia: había en ellos un parecido a seres humanos. ⁶Cada uno tenía cuatro caras y cuatro alas. ⁷Sus piernas eran rectas, y la planta de sus pies como pezuñas de becerro que centelleaban a manera de bronce muy bruñido. ⁸Debajo de sus alas, a sus cuatro lados, tenían manos humanas. Sus caras y sus alas estaban por los cuatro lados. ⁹Con las alas se juntaban el uno al otro. No se volvían cuando andaban, sino que cada uno caminaba derecho hacia adelante. ¹⁰El aspecto de sus caras era como una cara de hombre y una cara de león al lado derecho de los cuatro, y como una cara de buey a la izquierda de los cuatro. Además los cuatro tenían una cara de águila.ᵉ ¹¹Así eran sus caras. Cada uno tenía dos alas extendidas por encima, las cuales se tocaban entre sí, y con las otras dos cubrían sus cuerpos. ¹²Cada uno caminaba derecho hacia adelante; hacia donde el espíritu los llevaba, ellos iban, y no se volvían al andar. ¹³En cuanto a la semejanza de los seres vivientes, su aspecto era como de carbones de fuego encendidos. Parecían antorchas encendidasᶠ que se movían entre los seres vivientes. El fuego resplandecía, y de él salían relámpagos. ¹⁴Los seres vivientes corrían y regresaban a semejanza de relámpagos.

¹⁵Mientras yo miraba los seres vivientes, he aquí una rueda sobre el suelo, junto a los seres vivientes, a los cuatro lados. ¹⁶El aspecto de las ruedas y su estructura era semejante al color del crisólito. Las cuatro tenían un mismo aspecto; su apariencia y su estructura eran como una rueda metida en otra. ¹⁷Cuando andaban, se movían hacia sus cuatro costados; no se volvían al andar. ¹⁸Sus llantas eran altas y espantosas, y llenas de ojos alrededorᵍ en las cuatro. ¹⁹Cuando los seres vivientes andaban, las ruedas andaban junto a ellos; y cuando los seres vivientes se elevaban de la tierra, las ruedas se elevaban. ²⁰Hacia donde el espíritu las llevaba, ellas iban; hacia donde las llevaba el espíritu, las ruedas también se elevaban tras ellos, porque el espíritu de los seres vivientes estaba en las ruedas.ʰ ²¹Cuando ellos andaban, andaban ellas, y cuando ellos se detenían, se detenían ellas. Asimismo, cuando se elevaban de la tierra, las ruedas se elevaban tras ellos, porque el espíritu de los seres vivientes estaba en las ruedas.

²²Sobre las cabezas de los seres vivientes había como una bóveda a manera de cristalⁱ maravilloso, extendido por encima de sus cabezas. ²³Y debajo de la bóveda, las alas de ellos estaban derechas, extendiéndose la una hacia la otra. Cada uno tenía dos alas que cubrían su cuerpo. ²⁴Oí el sonido de sus alas cuando andaban. Era como el sonido de muchas aguas,ʲ como la voz del Omnipotente, como el ruido de una muchedumbre, como el ruido de un ejército. Cuando se detenían, bajaban sus alas. ²⁵Y cuando se detenían y bajaban sus alas, se oía una voz de encima de la bóveda que estaba sobre sus cabezas. ²⁶Sobre la bóveda que estaba sobre sus cabezas se veía la figura de un trono que parecía de piedra de zafiro, y sobre la figura del trono había una semejanza, como de un hombre sentado en él.ᵏ ²⁷Y vi una apariencia como de bronce refulgente, como una apariencia de un fuego dentro de ella en derredor, desde la parte de sus caderas hacia arriba; y desde sus caderas hacia abajo, vi que parecía como fuego y que tenía un resplandor alrededor.ˡ ²⁸Como el aspecto del arco iris que está en las nubes en día de lluvia, así era el aspecto del resplandor alrededor.

Esta fue la visión de la semejanza de la gloria de Jehová.ᵐ Cuando la vi, me postré sobre mi rostro, y oí la voz de uno que hablaba.

ᵈ1.5 Ap 4.6.   ᵉ1.10 Ez 10.14; Ap 4.7.   ᶠ1.13 Ap 4.5.   ᵍ1.18 Ap 4.8.   ʰ1.15-21 Ez 10.9-13.
ⁱ1.22 Ap 4.6   ʲ1.24 Ap 1.14-15; 19.6.   ᵏ1.26 Ez 10.1; Ap 4.2-3.   ˡ1.27 Ez 8.2.
ᵐ1.28 Ex 24.16-17; 40.34-35.

Llamamiento de Ezequiel

2 ¹Me dijo: «Hijo de hombre,ᵃ ponte sobre tus pies y hablaré contigo». ²Después de hablarme, entró el espíritu en mí y me afirmó sobre mis pies, y oí al que me hablaba. ³Me dijo: «Hijo de hombre, yo te envío a los hijos de Israel, a una nación de rebeldes que se rebelaron contra mí; ellos y sus padres se han rebelado contra mí hasta este mismo día. ⁴Yo, pues, te envío a hijos de duro rostro y de empedernido corazón, y les dirás: "Así ha dicho Jehová el Señor". ⁵Acaso ellos escuchen; pero si no escuchan, porque son una casa rebelde, siempre sabrán que hubo un profeta entre ellos. ⁶Pero tú, hijo de hombre, no los temas ni tengas miedo de sus palabras. Aunque se hallas entre zarzas y espinos, y habitas con escorpiones, no tengas miedo de sus palabras, ni temas delante de ellos, porque son una casa rebelde. ⁷Les hablarás, pues, mis palabras, ya sea que escuchen o que dejen de escuchar, porque son muy rebeldes. ⁸Pero tú, hijo de hombre, escucha lo que te digo; no seas rebelde, como la casa rebelde; abre tu boca, y come lo que te doy».

⁹Miré, y vi una mano extendida hacia mí, y en ella había un libro enrollado. ¹⁰Lo extendió delante de mí, y estaba escrito por delante y por detrás;ᵇ y había escritos en él cantos fúnebres, gemidos y ayes.

3 ¹Me dijo: «Hijo de hombre, come lo que tienes ante ti; come este rollo, y ve y habla a la casa de Israel». ²Abrí mi boca y me hizo comer aquel rollo. ³Me dijo: «Hijo de hombre, alimenta tu vientre y llena tus entrañas de este rollo que yo te doy». Lo comí, y fue en mi boca dulce como la miel.

⁴Luego me dijo: «Hijo de hombre, ve y entra a la casa de Israel y háblales con mis palabras. ⁵Porque no eres enviado a un pueblo de habla misteriosa ni de lengua difícil, sino a la casa de Israel; ⁶no a muchos pueblos de habla misteriosa ni de lengua difícil, cuyas palabras no entiendas; pero si a ellos te enviara, ellos te escucharían. ⁷Pero la casa de Israel no te querrá oír, porque no me quiere oír a mí; porque toda la casa de Israel es dura de frente y obstinada de corazón. ⁸Yo he hecho tu rostro fuerte contra los rostros de ellos, y tu frente fuerte contra sus frentes. ⁹Como el diamante, más fuerte que el pedernal he hecho tu frente; no los temas ni tengas miedo delante de ellos, porque son una casa rebelde».

¹⁰Me dijo: «Hijo de hombre, toma en tu corazón todas mis palabras que yo te diré, y pon mucha atención. ¹¹Luego ve y entra adonde están los cautivos, los hijos de tu pueblo. Háblales y diles: "Así ha dicho Jehová, el Señor", ya sea que escuchen o que dejen de escuchar».

¹²El espíritu me elevó, y oí detrás de mí una voz de gran estruendo, que decía: «¡Bendita sea la gloria de Jehová desde su lugar!». ¹³Oí también el ruido de las alas de los seres vivientes al juntarse la una con la otra, y el ruido de las ruedas delante de ellos, y el ruido de gran estruendo. ¹⁴El espíritu, pues, me elevó y me llevó. Yo fui, pero con amargura y lleno de indignación, mientras la mano de Jehová era fuerte sobre mí. ¹⁵Y vine a los cautivos en Tel-abib, que moraban junto al río Quebar, y me senté junto con ellos. Allí, durante siete días, permanecí atónito entre ellos.

El atalaya de Israelᵃ
(Ez 33.1-9)

¹⁶Aconteció que al cabo de los siete días vino a mí palabra de Jehová, diciendo: ¹⁷«Hijo de hombre, yo te he puesto por atalaya a la casa de Israel; oirás, pues, mi palabra, y los amonestarás de mi parte. ¹⁸Cuando yo diga al impío: "De cierto morirás", si tú no lo amonestas ni le hablas, para que el impío sea advertido de su mal camino a fin de que viva, el impío morirá por su maldad, pero su sangre demandaré de tu mano. ¹⁹Pero si tú amonestas al impío, y él no se convierte de su impiedad y de su mal camino, él morirá por su maldad, pero tú habrás librado tu vida. ²⁰Si el justo se aparta de su justicia y comete maldad, y yo pongo tropiezo delante de él, él morirá, porque tú no lo amonestaste; en su pecado morirá, y sus justicias que había hecho no serán tenidas

---

ᵃ **2.1** Modismo hebreo que pone de relieve la pequeñez del ser humano frente a la majestad de Dios. Aparece 87 veces en el libro de *Ezequiel.* ᵇ **2.9-10** Zac 5.1-4; Ap 5.1. ᵃ **3.16-21** Ez 33.1-9.

en cuenta; pero su sangre demandaré de tu mano. ²¹ Pero si amonestas al justo para que no peque, y no peca, de cierto vivirá, porque fue amonestado; y tú habrás librado tu vida».

El profeta mudo

²² Vino allí la mano de Jehová sobre mí, y me dijo: «Levántate y sal al campo, y allí hablaré contigo». ²³ Me levanté y salí al campo; y allí estaba la gloria de Jehová, como la gloria que había visto junto al río Quebar; y me postré sobre mi rostro. ²⁴ Entonces entró el espíritu en mí, me afirmó sobre mis pies, me habló y me dijo: «Entra y enciérrate dentro de tu casa. ²⁵ En cuanto a ti, hijo de hombre, he aquí que pondrán cuerdas sobre ti, y con ellas te atarán y no podrás salir para estar entre ellos. ²⁶ Haré que se te pegue la lengua al paladar, y estarás mudo, y no serás para ellos un hombre que reprende, porque son casa rebelde. ²⁷ Pero cuando yo te haya hablado, abriré tu boca y les dirás: "Así ha dicho Jehová, el Señor: El que escucha, que escuche; y el que no quiera escuchar, que no escuche, porque casa rebelde son".

Predicción del sitio de Jerusalén

4 ¹ »Tú, hijo de hombre, tómate un adobe, ponlo delante de ti y diseña sobre él la ciudad de Jerusalén. ² Y pondrás sitio contra ella, construirás contra ella fortaleza, sacarás contra ella baluarte, montarás delante de ella campamento, y contra ella, a su alrededor, colocarás arietes. ³ Toma también una plancha de hierro y ponla en lugar de muro de hierro entre ti y la ciudad; afirmarás luego tu rostro contra ella, y será en lugar de cerco y la sitiarás. Es una señal para la casa de Israel.

⁴ »Tú te acostarás sobre tu lado izquierdo y pondrás sobre él la maldad de la casa de Israel. El número de los días que duermas sobre él, llevarás sobre ti la maldad de ellos. ⁵ Yo te he dado los años de su maldad por el número de los días: trescientos noventa días; y así llevarás tú la maldad de la casa de Israel. ⁶ Cumplidos estos, te acostarás por segunda vez, ahora sobre tu lado derecho, y llevarás la maldad de la casa de Judá cuarenta días; día por año, día por año te lo he dado. ⁷ Hacia el asedio de Jerusalén dirigirás tu rostro, y con tu brazo descubierto profetizarás contra ella. ⁸ He puesto sobre ti ataduras, y no podrás darte vuelta de un lado a otro hasta que hayas cumplido los días de tu asedio.

⁹ »Toma para ti trigo, cebada, habas, lentejas, mijo y avena; ponlos en una vasija y hazte pan de ellos para el número de los días que te acuestes sobre tu lado: trescientos noventa días comerás de él. ¹⁰ La comida que comerás será de peso de veinte siclos al día; de tiempo en tiempo la comerás. ¹¹ Y beberás el agua por medida, la sexta parte de un hin; de tiempo en tiempo la beberás. ¹² Y comerás pan de cebada cocido debajo de la ceniza. Lo cocerás a vista de ellos en fuego de excremento humano».

¹³ Dijo Jehová: «Así comerán los hijos de Israel su pan inmundo, entre las naciones a donde yo los arrojaré».

¹⁴ Yo dije: «¡Ah, Señor, Jehová!, mi alma no es impura, ni nunca desde mi juventud hasta este tiempo comí cosa mortecina ni despedazada, ni nunca en mi boca entró carne inmunda».

¹⁵ Y me respondió: «He aquí te permito usar estiércol de bueyes en lugar de excremento humano para cocer tu pan». ¹⁶ Me dijo luego: «Hijo de hombre, quebrantaré el sustento del pan en Jerusalén; comerán el pan por peso y con angustia, y beberán el agua por medida y con espanto, ¹⁷ para que, al faltarles el pan y el agua, se miren unos a otros con espanto y se consuman en su maldad.

5 ¹ »Tú, hijo de hombre, tómate un cuchillo agudo, una navaja de barbero, y hazla pasar sobre tu cabeza y tu barba;ᵃ toma después una balanza de pesar y divide los cabellos. ² Una tercera parte quemarás en el fuego en medio de la ciudad, cuando se cumplan los días del asedio; tomarás otra tercera parte y la cortarás con espada alrededor de la ciudad, y la otra tercera parte esparcirás al viento, y yo desenvainaré espada en pos de ellos. ³ Tomarás también de allí unos cuantos y los atarás en la falda de tu manto.ᵇ ⁴ Tomarás

---

ᵃ **5.1** Jer 16.6. ᵇ **5.3** Ez 6.8-10; 12.16; 14.22-23; cf. 11.13.

otra vez de ellos, los echarás en medio del fuego y en el fuego los quemarás; de allí saldrá el fuego a toda la casa de Israel».

⁵ Así ha dicho Jehová, el Señor: «Esta es Jerusalén; la puse en medio de las naciones y de las tierras de su alrededor. ⁶ Pero ella cambió mis decretos y mis ordenanzas en impiedad más que las naciones, y más que las tierras de su alrededor; porque desecharon mis decretos y mis mandamientos, y no anduvieron en ellos».

⁷ Por tanto, así ha dicho Jehová: «Porque habéis sido más rebeldes que las naciones que están alrededor de vosotros, porque no habéis andado según mis mandamientos ni habéis guardado mis leyes, y ni siquiera habéis andado según las leyes de las naciones que están alrededor de vosotros, ⁸ Jehová, el Señor, ha dicho: Yo estoy contra ti. Sí, yo, y haré juicios en medio de ti ante los ojos de las naciones. ⁹ Haré en ti lo que nunca hice ni jamás volveré a hacer, a causa de todas tus abominaciones. ¹⁰ Por eso los padres se comerán a los hijos[c] en medio de ti, y los hijos se comerán a sus padres; haré en ti juicios y esparciré a todos los vientos todo lo que quede de ti. ¹¹ Por tanto, vivo yo, dice Jehová, el Señor, ciertamente por haber profanado mi santuario con todas tus abominaciones, te quebrantaré yo también; mi ojo no perdonará ni tendré misericordia. ¹² Una tercera parte de ti morirá de peste y será consumida de hambre en medio de ti; una tercera parte caerá a espada alrededor de ti, y otra tercera parte esparciré a todos los vientos; y tras ellos desenvainaré espada.

¹³ »Se consumará mi furor, saciaré en ellos mi enojo y tomaré satisfacción. Entonces sabrán que yo, Jehová, he hablado en mi celo, cuando consuma en ellos mi enojo. ¹⁴ Te convertiré en ruinas y en afrenta entre las naciones que están alrededor de ti, a los ojos de todo transeúnte. ¹⁵ Serás afrenta, escarnio, escarmiento y objeto de espanto para las naciones que están alrededor de ti, cuando yo haga en ti juicios con furor e indignación y con reprensiones llenas de ira. Yo, Jehová, he hablado. ¹⁶ Cuando arroje yo sobre ellos las perniciosas saetas del hambre, que serán para destrucción, las cuales enviaré para destruiros, entonces aumentaré el hambre sobre vosotros y quebrantaré entre vosotros el sustento de pan. ¹⁷ Enviaré, pues, sobre vosotros hambre y bestias feroces que te destruyan; peste y sangre pasarán por en medio de ti, y enviaré sobre ti espada.[d] Yo, Jehová, he hablado».

Profecía contra los montes de Israel

6 ¹ Vino a mí palabra de Jehová, diciendo: ²«Hijo de hombre, pon tu rostro hacia los montes de Israel y profetiza contra ellos. ³ Dirás: "¡Montes de Israel, oíd palabra de Jehová, el Señor! Así ha dicho Jehová, el Señor, a los montes y a los collados, a los arroyos y a los valles: He aquí que yo, yo mismo, haré venir sobre vosotros espada y destruiré vuestros lugares altos. ⁴ Vuestros altares serán asolados, vuestras imágenes del sol serán quebradas; haré que vuestros muertos caigan delante de vuestros ídolos. ⁵ Pondré los cuerpos muertos de los hijos de Israel delante de sus ídolos, y vuestros huesos esparciré alrededor de vuestros altares. ⁶ Dondequiera que habitéis, serán arruinadas las ciudades y los lugares altos serán asolados, para que queden asolados y desiertos vuestros altares. Vuestros ídolos serán quebrados y aniquilados, vuestras imágenes del sol serán destruidas y vuestras obras serán deshechas.[a] ⁷ Los muertos caerán en medio de vosotros, y sabréis que yo soy Jehová. ⁸ Pero dejaré un resto, de modo que tengáis entre las naciones algunos que escapen de la espada, cuando seáis esparcidos por las tierras. ⁹ Los que de vosotros escapen, se acordarán de mí entre las naciones en las cuales serán cautivos; porque yo me quebranté a causa de su corazón fornicario que se apartó de mí, y a causa de sus ojos que fornicaron tras sus ídolos. Se avergonzarán de sí mismos, a causa de los males que hicieron en todas sus abominaciones. ¹⁰ Y sabrán que yo soy Jehová; no en vano dije que les había de hacer este mal"».

¹¹ Así ha dicho Jehová, el Señor: «Da palmadas con tus manos y golpea con tu

---

[c] **5.10** Dt 28.53-57; Jer 19.9; Lm 4.10.   [d] **5.16-17** Ez 14.21; Ap 6.8.   [a] **6.3-6** Lv 26.30-31.

pie, y di: "¡Ay, por todas las grandes abominaciones de la casa de Israel!, porque con espada, con hambre y con peste caerán. 12 El que esté lejos morirá de peste, el que esté cerca caerá a espada, y el que quede y sea asediado morirá de hambre". Así consumaré en ellos mi enojo. 13 Sabréis que yo soy Jehová, cuando sus muertos estén en medio de sus ídolos, alrededor de sus altares, sobre todo collado alto, en todas las cumbres de los montes, debajo de todo árbol frondoso y debajo de toda encina espesa, lugares donde ofrecieron incienso a todos sus ídolos. 14 Extenderé mi mano contra ellos, y dondequiera que habiten dejaré la tierra más asolada y devastada que el desierto hacia Diblat; y conocerán que yo soy Jehová».

El fin viene

7 1 Vino a mí palabra de Jehová, diciendo: 2 «Tú, hijo de hombre, anuncia que así ha dicho Jehová, el Señor, a la tierra de Israel:

»"El fin, el fin viene
sobre los cuatro extremos de
la tierra.
3 Ahora será el fin sobre ti,
pues enviaré sobre ti mi furor y te
juzgaré según tus caminos,
y pondré sobre ti todas tus
abominaciones.
4 Mi ojo no te perdonará ni tendré
misericordia,
antes pondré sobre ti tus caminos y
en medio de ti estarán tus
abominaciones;
y sabréis que yo soy Jehová".

5 »Así ha dicho Jehová, el Señor:

»¡Un mal, he aquí que viene
un mal!
6 ¡Viene el fin, el fin viene;
se ha despertado contra ti;
ciertamente que viene!
7 ¡La mañana viene para ti, morador
de la tierra;
el tiempo viene, cercano está
el día:[a]

día de tumulto y no de alegría
sobre los montes!
8 Ahora pronto derramaré mi ira
sobre ti
y consumaré en ti mi furor;
te juzgaré según tus caminos
y pondré sobre ti tus
abominaciones.
9 Mi ojo no perdonará ni tendré
misericordia.
Según tus caminos pondré sobre ti,
y en medio de ti estarán tus
abominaciones;
y sabréis que yo, Jehová, soy el que
castiga.

10 »¡Ya viene el día,
ciertamente viene!
Ha llegado el momento;
ha florecido la vara,
ha reverdecido la soberbia.
11 La violencia se ha levantado como
vara de maldad;
no quedará ninguno de ellos ni de
su multitud,
ni uno de los suyos, ni habrá entre
ellos quien se lamente.
12 El tiempo ha venido,
se acercó el día.
¡No se alegre el que compra ni llore
el que vende!,
porque la ira está sobre toda la
multitud;
13 porque el que vende no volverá a lo
vendido, aunque queden vivos;
porque la visión sobre toda la
multitud no se revocará,
y a causa de su iniquidad ninguno
podrá conservar la vida.

14 »Tocarán trompeta y prepararán
todas las cosas;
pero no habrá quien vaya a la
batalla,
porque mi ira está sobre toda la
multitud.
15 Fuera, la espada; y dentro, la peste
y el hambre.
El que esté en el campo morirá a
espada,
y al que esté en la ciudad lo
consumirá el hambre y la peste.

[a] 7.7 Am 5.18.

16 Los que sobrevivan huirán
y estarán sobre los montes como
palomas de los valles,
todos gimiendo, cada uno por su
iniquidad.
17 Toda mano se debilitará,
y como el agua se debilitará toda
rodilla.
18 Se ceñirán también de ropa áspera
y los cubrirá el terror;
en todo rostro habrá vergüenza
y todas sus cabezas estarán
rapadas.
19 Arrojarán su plata a las calles
y su oro será desechado;
ni su plata ni su oro podrán
librarlos en el día del furor de
Jehová;
no saciarán su alma ni llenarán sus
entrañas,
porque ha sido tropiezo para su
maldad.
20 Por cuanto convirtieron la gloria de
su ornamento en soberbia
e hicieron con ello las imágenes de
sus abominables ídolos,
por eso se lo convertí en algo
repugnante.
21 En manos de extraños la entregué
para ser saqueada:
será presa de los impíos de la tierra,
y la profanarán.
22 Apartaré de ellos mi rostro
y será violado mi lugar secreto,
pues entrarán en él invasores y lo
profanarán.

23 »Haz una cadena,
porque el país está lleno de delitos
de sangre
y la ciudad está llena de violencia.
24 Traeré, por tanto, a los más
perversos de las naciones,
los cuales poseerán las casas de
ellos.
Así haré cesar la soberbia de los
poderosos,
y sus santuarios serán profanados.
25 ¡La destrucción llega!
Buscarán la paz, pero no habrá paz.
26 Vendrá quebranto sobre
quebranto,

y habrá rumor sobre rumor.
Buscarán respuesta del profeta,
mas la Ley se alejará del sacerdote,
y de los ancianos el consejo.
27 El rey se enlutará,
el gobernante se vestirá de tristeza
y las manos del pueblo de la tierra
temblarán.
Según su camino haré con ellos,
y con los juicios de ellos los juzgaré.
Y sabrán que yo soy Jehová».

Visión de las abominaciones en Jerusalén

8 ¹ En el sexto año, en el mes sexto, a los cinco días del mes, aconteció que estaba yo sentado en mi casa, y los ancianos de Judá estaban sentados delante de mí, y allí se posó sobre mí la mano de Jehová, el Señor. ² Miré, y vi una figura con aspecto de hombre; desde sus caderas para abajo, fuego, y desde sus caderas para arriba parecía resplandor; el aspecto era como de bronce refulgente.ᵃ ³ Aquella figura extendió la mano y me tomó por las guedejas de mi cabeza; y el espíritu me alzó entre el cielo y la tierra y me llevó en visiones de Dios a Jerusalén, a la entrada de la puerta de adentro que mira hacia el norte, donde estaba la habitación de la imagen del celo, la que provoca a celos. ⁴ Allí estaba la gloria del Dios de Israel, como la visión que yo había visto en el campo.ᵇ

⁵ Me dijo: «Hijo de hombre, alza ahora tus ojos hacia el lado del norte». Alcé mis ojos hacia el norte, y vi al norte, junto a la puerta del altar, aquella imagen del celo en la entrada. ⁶ Me dijo entonces: «Hijo de hombre, ¿no ves lo que estos hacen, las grandes abominaciones que la casa de Israel hace aquí para alejarme de mi santuario? Pero vuélvete, y verás aún mayores abominaciones».

⁷ Me llevó a la entrada del atrio, y miré, y vi un agujero en la pared. ⁸ Me dijo: «Hijo de hombre, cava ahora en la pared». Yo cavé en la pared, y he aquí una puerta. ⁹ Me dijo luego: «Entra, y ve las malvadas abominaciones que estos hacen allí». ¹⁰ Entré, pues, y miré, y vi toda forma de reptiles y bestias abominables, y todos los ídolos de la casa de Israel, que estaban

ᵃ 8.2 Ez 1.27.   ᵇ 8.4 Ez 1.28.

pintados por toda la pared en derredor. [11] Y delante de ellos había setenta hombres de entre los ancianos de la casa de Israel, y Jaazanías hijo de Safán, en medio de ellos, cada uno con su incensario en su mano; y subía una nube espesa de incienso. [12] Me dijo: «Hijo de hombre, ¿has visto las cosas que los ancianos de la casa de Israel hacen en tinieblas, cada uno en sus cámaras pintadas de imágenes? Porque dicen ellos: "Jehová no nos ve. Jehová ha abandonado la tierra"». [13] Me dijo después: «Vuélvete, verás que estos hacen aún mayores abominaciones».

[14] Me llevó a la entrada de la puerta de la casa de Jehová, que está al norte; y vi a unas mujeres que estaban allí sentadas llorando a Tamuz.[c] [15] Luego me dijo: «¿No ves, hijo de hombre? Vuélvete, verás aún mayores abominaciones que estas».

[16] Me llevó al atrio de adentro de la casa de Jehová, y vi que junto a la entrada del templo de Jehová, entre la entrada y el altar, había unos veinticinco hombres, con sus espaldas vueltas al templo de Jehová y con sus rostros hacia el oriente, y adoraban al sol, postrándose hacia el oriente. [17] Me dijo: «¿No has visto, hijo de hombre? ¿Es cosa ligera para la casa de Judá cometer las abominaciones que cometen aquí? Después que han llenado de maldad el país, se volvieron a mí para irritarme; y aplican el ramo a sus narices. [18] Pues también yo procederé con furor: mis ojos no mirarán con piedad, no tendré compasión. Gritarán a mis oídos con gran voz, pero no los escucharé».

Visión de la muerte de los culpables

9 [1] Entonces clamó en mis oídos con gran voz, diciendo: «¡Los verdugos de la ciudad han llegado y cada uno trae en su mano su instrumento para destruir!». [2] Y seis hombres venían del camino de la puerta de arriba que mira hacia el norte y cada uno traía en su mano su instrumento para destruir. Entre ellos había un varón vestido de lino, el cual traía a su cintura un tintero de escribano. Al entrar, se detuvieron junto al altar de bronce.

[3] La gloria del Dios de Israel se elevó de encima del querubín, sobre el cual había estado, hacia el umbral de la casa. Y llamó Jehová al hombre vestido de lino que tenía a su cintura el tintero de escribano, [4] y le dijo Jehová: «Pasa por en medio de la ciudad, por en medio de Jerusalén, y ponles una señal en la frente[a] a los hombres que gimen y claman a causa de todas las abominaciones que se hacen en medio de ella». [5] A los otros dijo, oyéndolo yo: «Pasad por la ciudad en pos de él, y matad; no miren con piedad vuestros ojos, no tengáis compasión. [6] Matad a viejos, a jóvenes y a vírgenes, a niños y a mujeres, hasta que no quede ninguno. Pero a todo aquel sobre el cual esté la señal, no os acercaréis; y comenzaréis por mi santuario». Comenzaron, pues, desde los hombres ancianos que estaban delante del Templo. [7] Les dijo: «Contaminad la casa, llenad los atrios de muertos y salid». Y salieron a matar en la ciudad.

[8] Aconteció que cuando ellos iban matando y quedé yo solo, me postré sobre mi rostro, y clamé diciendo: «¡Ah, Señor Jehová!, ¿destruirás a todo el resto de Israel derramando tu furor sobre Jerusalén?».

[9] Me dijo: «La maldad de la casa de Israel y de Judá es sobremanera grande, pues la tierra está llena de sangre y la ciudad está llena de perversidad; porque han dicho: "Ha abandonado Jehová la tierra, y Jehová no ve". [10] Así, pues, haré yo: mis ojos no mirarán con piedad, no tendré compasión; haré recaer la conducta de ellos sobre sus propias cabezas».

[11] Y el hombre vestido de lino, que tenía el tintero a su cintura, respondió una palabra, diciendo: «He hecho conforme a todo lo que me mandaste».

La gloria de Dios abandona el Templo

10 [1] Miré, y vi que sobre la bóveda que estaba sobre la cabeza de los querubines[a] había como una piedra de zafiro, que tenía el aspecto de un trono que apareció sobre ellos.[b] [2] Habló al hombre vestido de lino, y le dijo: «Entra en medio de las ruedas debajo de los querubines, llena

---

[c] **8.14** Dios de la vegetación, venerado en la antigua Mesopotamia.   [a] **9.4-6** Ap 7.2-3; 9.4; 14.1.
[a] **10.1** 1 R 6.23.   [b] **10.1** Ez 1.26; Ap 4.2.

tus manos de carbones encendidos de entre los querubines y espárcelos sobre la ciudad».[c] Y entró a vista mía.

3 Los querubines estaban a la mano derecha de la casa cuando este hombre entró; y la nube llenaba el atrio de adentro. 4 Entonces la gloria de Jehová se elevó de encima del querubín hacia el umbral de la puerta; la casa se llenó de la nube y el atrio se llenó del resplandor de la gloria de Jehová.[d] 5 Y el estruendo de las alas de los querubines se oía hasta el atrio de afuera, como la voz del Dios omnipotente cuando habla.

6 Aconteció, pues, que al mandar al hombre vestido de lino, diciendo: «Toma fuego de entre las ruedas, de entre los querubines», él entró y se detuvo entre las ruedas. 7 Un querubín extendió su mano de en medio de los querubines al fuego que estaba entre ellos, y tomó de él y lo puso en las manos del que estaba vestido de lino, el cual lo tomó y salió. 8 Y apareció en los querubines la figura de una mano de hombre debajo de sus alas.

9 Miré, y vi cuatro ruedas junto a los querubines, junto a cada querubín una rueda; y el aspecto de las ruedas era como de crisólito. 10 En cuanto a su apariencia, las cuatro eran de una misma estructura, como si estuviera una en medio de otra. 11 Cuando andaban, hacia los cuatro frentes andaban; no se volvían cuando andaban, sino que al lugar adonde se volvía la primera, en pos de ella iban; no se volvían cuando andaban. 12 Todo su cuerpo, sus espaldas, sus manos, sus alas y las ruedas, todo estaba lleno de ojos alrededor[e] de sus cuatro ruedas. 13 A las ruedas, oyéndolo yo, se les gritaba: «¡Rueda!».[f] 14 Cada uno tenía cuatro caras: la primera era un rostro de querubín, y la segunda, de hombre; la tercera era una cara de león, y la cuarta una cara de águila.[g]

15 Se elevaron los querubines; este es el ser viviente que vi en el río Quebar. 16 Cuando andaban los querubines, andaban las ruedas junto con ellos; y cuando los querubines alzaban sus alas para elevarse de la tierra, las ruedas tampoco se separaban de ellos. 17 Cuando se detenían ellos, ellas se detenían, y cuando ellos se elevaban, se elevaban con ellos; porque el espíritu de los seres vivientes estaba en ellas.

18 Entonces la gloria de Jehová se elevó de sobre el umbral de la casa, y se puso sobre los querubines. 19 Y alzando los querubines sus alas, se elevaron de la tierra ante mis ojos. Cuando ellos salieron, también las ruedas se elevaron al lado de ellos, y se detuvieron a la entrada de la puerta oriental de la casa de Jehová; y la gloria del Dios de Israel estaba por encima, sobre ellos.

20 Estos eran los mismos seres vivientes que vi debajo del Dios de Israel junto al río Quebar, y me di cuenta de que eran querubines. 21 Cada uno tenía cuatro caras y cada uno cuatro alas, y figuras de manos humanas debajo de sus alas. 22 La semejanza de sus rostros era la de los rostros que vi junto al río Quebar, su misma apariencia y su ser; cada uno caminaba derecho hacia adelante.

Represión de los príncipes malvados

11 1 El espíritu me elevó y me llevó a la puerta oriental de la casa de Jehová, la cual mira hacia el oriente; y he aquí, a la entrada de la puerta, veinticinco hombres, entre los cuales vi a Jaazanías hijo de Azur, y a Pelatías hijo de Benaía, jefes del pueblo. 2 Me dijo: «Hijo de hombre, estos son los hombres que maquinan perversidad y dan en esta ciudad mal consejo. 3 Ellos dicen: "No será tan pronto; edifiquemos casas; esta será la olla, y nosotros la carne".[a] 4 Por tanto, profetiza contra ellos, ¡profetiza, hijo de hombre!»

5 Vino sobre mí el espíritu de Jehová y me dijo: «Di: "Así ha dicho Jehová: Así habéis hablado, casa de Israel, y las cosas que suben a vuestro espíritu yo las he entendido. 6 Habéis multiplicado vuestros muertos en esta ciudad; habéis llenado de muertos sus calles. 7 Por tanto, así ha dicho Jehová, el Señor: Vuestros muertos que habéis puesto en medio de ella, ellos son la carne y ella es la olla; pero yo os sacaré a vosotros de en medio de ella. 8 A la espada habéis temido, y la espada traeré

---

sobre vosotros, dice Jehová, el Señor. ⁹ Os sacaré de en medio de ella, os entregaré en manos de extraños y haré juicios entre vosotros. ¹⁰ A espada caeréis; en los límites de Israel os juzgaré, y sabréis que yo soy Jehová. ¹¹ La ciudad no os será por olla ni vosotros seréis la carne en medio de ella; en los límites de Israel os juzgaré. ¹² Y sabréis que yo soy Jehová; porque no habéis andado en mis estatutos ni habéis obedecido mis decretos, sino que habéis hecho según las costumbres de las naciones que os rodean"».

¹³ Y aconteció que mientras yo profetizaba, aquel Pelatías hijo de Benaía, murió. Entonces me postré rostro a tierra y clamé a gran voz, y dije: «¡Ah, Señor, Jehová!, ¿destruirás del todo al resto de Israel?»

Promesa de restauración y renovación

¹⁴ Vino a mí palabra de Jehová, diciendo: ¹⁵ «Hijo de hombre, tus hermanos, tus propios hermanos, los hombres de tu parentela y toda la casa de Israel, son aquellos a quienes dijeron los habitantes de Jerusalén: "Alejaos de Jehová; a nosotros es dada la tierra en posesión". ¹⁶ Por tanto, di: "Así ha dicho Jehová, el Señor: Aunque los he arrojado lejos entre las naciones y los he esparcido por las tierras, con todo les seré por un pequeño santuario en las tierras adonde lleguen". ¹⁷ Di, por tanto: "Así ha dicho Jehová, el Señor: Yo os recogeré de los pueblos, os congregaré de las tierras en las cuales estáis esparcidos y os daré la tierra de Israel. ¹⁸ Volverán allá, y quitarán de ella todas sus idolatrías y todas sus abominaciones. ¹⁹ Y les daré otro corazón y pondré en ellos un nuevo espíritu; quitaré el corazón de piedra de en medio de su carne y les daré un corazón de carne, ²⁰ para que anden en mis ordenanzas y guarden mis decretos y los cumplan, y sean mi pueblo y yo sea su Dios.ᵇ ²¹ Pero a aquellos cuyo corazón anda tras el deseo de sus idolatrías y de sus abominaciones, yo traigo su camino sobre sus propias cabezas, dice Jehová, el Señor"».

²² Después alzaron los querubines sus alas, y las ruedas iban en pos de ellos y la gloria del Dios de Israel estaba sobre ellos. ²³ La gloria de Jehová se elevó de en medio de la ciudad y se puso sobre el monte que está al oriente de la ciudad.ᶜ ²⁴ Luego me levantó el espíritu y me volvió a llevar en visión del espíritu de Dios a la tierra de los caldeos, a donde estaban los cautivos. Y se fue de mí la visión que había visto. ²⁵ Entonces referí a los cautivos todas las cosas que Jehová me había mostrado.

Salida de Ezequiel en señal de la cautividad

12 ¹ Vino a mí palabra de Jehová, diciendo: ² «Hijo de hombre, tú habitas en medio de una casa rebelde. Tienen ojos para ver, y no ven; tienen oídos para oír, y no oyen,ᵃ porque son una casa rebelde. ³ Por tanto tú, hijo de hombre, prepárate enseres de marcha, y parte de día a la vista de ellos. Te pasarás de tu lugar a otro lugar a la vista de ellos, por si tal vez atienden, porque son una casa rebelde. ⁴ Sacarás tus enseres de día a la vista de ellos, como enseres para el destierro; pero tú saldrás por la tarde a la vista de ellos, como quien sale en cautiverio. ⁵ Ante sus propios ojos te abrirás paso a través de la pared, y saldrás por ella. ⁶ Ante sus propios ojos los llevarás sobre tus hombros, de noche los sacarás; cubrirás tu rostro y no mirarás el país, porque por señal te he dado a la casa de Israel».

⁷ Yo hice como se me había mandado; saqué mis enseres de día, como enseres para el destierro, y a la tarde me abrí paso a través de la pared con mi propia mano; salí de noche, y los llevé sobre los hombros a la vista de ellos.

⁸ Por la mañana vino a mí palabra de Jehová, diciendo: ⁹ «Hijo de hombre, ¿no te ha preguntado la casa de Israel, aquella casa rebelde: "Qué haces"? ¹⁰ Diles: "Así ha dicho Jehová, el Señor: Esta profecía se refiere al gobernante en Jerusalén y a toda la casa de Israel que está en medio de ella". ¹¹ Diles: "Yo soy vuestra señal. Como yo hice, así se hará con vosotros: partiréis al destierro, en cautividad. ¹² Y al gobernante que está en medio de ellos, lo llevarán a cuestas de noche, y saldrán. A

ᵇ **11.19-20** Ez 36.26-28.　ᶜ **11.22-23** Ez 10.1-22; 43.2-5.　ᵃ **12.2** Is 6.9-10; Jer 5.21; Mc 8.18.

través de la pared abrirán un paso para sacarlo por ella, y cubrirá su rostro para no ver con sus ojos el país. ¹³Pero yo extenderé mi red sobre él y caerá preso en mi trampa, y lo haré llevar a Babilonia, a la tierra de los caldeos; pero no la verá,ᵇ y allá morirá. ¹⁴A todos los que estén alrededor de él para ayudarlo, y a todas sus tropas, esparciré a todos los vientos, y desenvainaré la espada en pos de ellos. ¹⁵Y sabrán que yo soy Jehová cuando los disperse entre las naciones y los esparza por la tierra. ¹⁶Haré que unos pocos de ellos escapen de la espada, del hambre y de la peste, para que cuenten todas sus abominaciones entre las naciones adonde lleguen. Y sabrán que yo soy Jehová"».

¹⁷Vino a mí palabra de Jehová, diciendo: ¹⁸«Hijo de hombre, come tu pan con temblor y bebe tu agua con estremecimiento y con ansiedad. ¹⁹Di al pueblo de la tierra que así ha dicho Jehová, el Señor, sobre los habitantes de Jerusalén y sobre la tierra de Israel: "Su pan comerán con temor, y con espanto beberán su agua, porque su tierra será despojada de su plenitud por la maldad de todos los que en ella habitan. ²⁰Las ciudades habitadas quedarán desiertas y la tierra será asolada. Y sabréis que yo soy Jehová"».

²¹Vino a mí palabra de Jehová, diciendo: ²²«Hijo de hombre, ¿qué refrán es este que tenéis vosotros en la tierra de Israel, que dice: "Se van prolongando los días y desaparecerá toda visión"? ²³Diles, por tanto: "Así ha dicho Jehová, el Señor: Haré cesar este refrán y no lo repetirán más en Israel". Diles, pues: "Se han acercado aquellos días y el cumplimiento de toda visión. ²⁴Porque no habrá más visión vana, ni habrá adivinación de lisonjeros en medio de la casa de Israel. ²⁵Porque yo, Jehová, hablaré, y se cumplirá la palabra que yo hable; no se tardará más, sino que en vuestros días, casa rebelde, hablaré palabra y la cumpliré, dice Jehová, el Señor"».

²⁶Vino a mí palabra de Jehová, diciendo: ²⁷«Hijo de hombre, ahora los de la casa de Israel dicen: "La visión que este ve es para dentro de muchos días; para lejanos tiempos profetiza este". ²⁸Diles, por tanto: "Así ha dicho Jehová, el Señor: No se tardará más ninguna de mis palabras, sino que la palabra que yo hable se cumplirá, dice Jehová, el Señor"».

Condenación de los falsos profetas

13 ¹Vino a mí palabra de Jehová, diciendo: ²«Hijo de hombre, profetiza contra los profetas de Israel que profetizan, y di a los que profetizan de su propio corazón: "Oíd palabra de Jehová. ³Así ha dicho Jehová, el Señor: ¡Ay de los profetas insensatos, que andan en pos de su propio espíritu y que nada han visto! ⁴Como zorras en los desiertos han sido tus profetas, Israel. ⁵No habéis subido a las brechas, ni habéis edificado un muro alrededor de la casa de Israel para que resista firme en la batalla en el día de Jehová. ⁶Han visto vanidad y adivinación mentirosa. Dicen: 'Ha dicho Jehová', pero Jehová no los envió. Con todo, esperan que confirme la palabra de ellos. ⁷¿No habéis visto visión vana y no habéis dicho adivinación mentirosa, puesto que decís: 'Dijo Jehová', no habiendo yo hablado?".

⁸»Por tanto, así ha dicho Jehová, el Señor: "Porque habéis hablado vanidad y habéis visto mentira, por eso, yo estoy contra vosotros, dice Jehová, el Señor. ⁹Mi mano estará contra los profetas que ven vanidad y adivinan mentira; no estarán en el consejo de mi pueblo, ni serán inscritos en el libro de la casa de Israel, ni a la tierra de Israel volverán. Y sabréis que yo soy Jehová, el Señor. ¹⁰Sí, por cuanto han engañado a mi pueblo, diciendo: 'Paz', no habiendo paz;ᵃ y porque cuando uno levantaba una pared, ellos la recubrían con lodo suelto, ¹¹di a los recubridores que el lodo suelto se caerá: vendrá una lluvia torrencial y yo enviaré piedras de granizo que la hagan caer, y un viento tempestuoso la romperá. ¹²Y he aquí que cuando la pared haya caído, ¿no os preguntarán dónde está la mezcla con que la recubristeis?". ¹³Por tanto, así ha dicho Jehová, el Señor: "Haré que la rompa un viento tempestuoso con mi ira, y una lluvia torrencial vendrá con mi furor,

---

ᵇ **12.13** 2 R 25.7; Jer 52.4-11; Ez 17.18-20.   ᵃ **13.10** Jer 6.14; 8.11.

y piedras de granizo con enojo para destruir. [14] Así desbarataré la pared que vosotros recubristeis con lodo suelto y la echaré a tierra, y será descubierto su cimiento. Caerá y seréis consumidos en medio de ella, y sabréis que yo soy Jehová. [15] Consumaré así mi furor en la pared y en los que la recubrieron con lodo suelto, y os diré que no existe la pared ni los que la recubrieron: [16] los profetas de Israel que profetizan acerca de Jerusalén y que vieron para ella visión de paz, no habiendo paz, dice Jehová, el Señor".

[17] »Y tú, hijo de hombre, pon tu rostro contra las hijas de tu pueblo que profetizan de su propio corazón, y profetiza contra ellas. [18] Di: "Así ha dicho Jehová, el Señor: ¡Ay de aquellas que cosen vendas mágicas para todas las manos y hacen velos mágicos para la cabeza de toda edad, para cazar las almas! ¿Habéis de cazar las almas de mi pueblo para mantener así vuestra propia vida? [19] ¿Y habéis de profanarme en medio de mi pueblo por unos puñados de cebada y unos pedazos de pan, matando a las personas que no deben morir y dando vida a las personas que no deben vivir, mintiendo a mi pueblo que escucha la mentira?"

[20] »Por tanto, así ha dicho Jehová, el Señor: "Yo estoy contra vuestras vendas mágicas, con las que cazáis las almas al vuelo. Yo las libraré de vuestras manos, y soltaré para que vuelen como aves las almas que cazáis al vuelo. [21] Romperé asimismo vuestros velos mágicos y libraré a mi pueblo de vuestra mano, y no estarán más como presa en vuestra mano. Y sabréis que yo soy Jehová. [22] Por cuanto entristecisteis con mentiras el corazón del justo, al cual yo no entristecí, y fortalecisteis las manos del impío para que no se apartara de su mal camino, infundiéndole ánimo, [23] por eso, no veréis más visión vana ni practicaréis más la adivinación. Yo libraré a mi pueblo de vuestras manos. Y sabréis que yo soy Jehová"».

Juicio contra los idólatras que consultan al profeta

14 [1] Vinieron a mí algunos de los ancianos de Israel y se sentaron delante de mí. [2] Y vino a mí palabra de Jehová, diciendo: [3] «Hijo de hombre, estos hombres han puesto sus ídolos en su corazón y han establecido el tropiezo de su maldad delante de su rostro. ¿Acaso he de ser yo en modo alguno consultado por ellos? [4] Háblales, por tanto, y diles: "Así ha dicho Jehová, el Señor: Cualquier hombre de la casa de Israel que haya puesto sus ídolos en su corazón y que haya establecido el tropiezo de su maldad delante de su rostro, y que acuda al profeta, yo, Jehová, responderé al que acuda conforme a la multitud de sus ídolos, [5] para tomar a la casa de Israel por el corazón, ya que se han apartado de mí todos ellos a causa de sus ídolos".

[6] »Por tanto, di a la casa de Israel: "Así dice Jehová, el Señor: Convertíos, volveos de vuestros ídolos y apartad vuestro rostro de todas vuestras abominaciones. [7] Porque cualquier hombre de la casa de Israel y de los extranjeros que habitan en Israel, que se haya apartado de andar en pos de mí, y que haya puesto sus ídolos en su corazón y haya establecido delante de su rostro el tropiezo de su maldad, y que acuda al profeta para preguntarle por mí, yo, Jehová, le responderé por mí mismo; [8] pondré mi rostro contra aquel hombre, lo pondré por señal y por escarmiento, y lo eliminaré de en medio de mi pueblo. Y sabréis que yo soy Jehová. [9] Y cuando el profeta sea engañado y hable alguna palabra, yo, Jehová, engañé a tal profeta. Extenderé mi mano contra él y lo eliminaré de en medio de mi pueblo Israel. [10] Y llevarán ambos el castigo de su maldad: como la maldad del que consulte, así será la maldad del profeta, [11] para que la casa de Israel no se desvíe más de en pos de mí, ni se contamine más en todas sus rebeliones; y sea mi pueblo y yo sea su Dios, dice Jehová, el Señor"».

Justicia del castigo de Jerusalén

[12] Vino a mí palabra de Jehová, diciendo: [13] «Hijo de hombre, cuando la tierra peque contra mí rebelándose pérfidamente, y extienda yo mi mano sobre ella, le corte el sustento de pan, envíe sobre ella hambre y extermine de ella a hombres y

bestias, ¹⁴ si estuvieran en medio de ella estos tres hombres: Noé, Daniel*a* y Job, solo ellos, por su justicia, librarían sus propias vidas, dice Jehová, el Señor. ¹⁵ Y si yo hiciera pasar bestias feroces por la tierra y la asolaran, y quedara desolada de modo que nadie pase por allí a causa de las fieras, ¹⁶ y si estos tres hombres estuvieran en medio de ella, vivo yo, dice Jehová, el Señor, que ni a sus hijos ni a sus hijas librarían; ellos solos serían librados, y la tierra quedaría desolada. ¹⁷ O si yo trajera espada sobre la tierra, y dijera: "¡Espada, pasa por la tierra!", e hiciera exterminar de ella a hombres y bestias, ¹⁸ y si estos tres hombres estuvieran en medio de ella, vivo yo, dice Jehová, el Señor, que no librarían a sus hijos ni a sus hijas. Ellos solos serían librados. ¹⁹ O si enviara pestilencia sobre esa tierra y derramara mi ira sobre ella con sangre, para exterminar de ella a hombres y a bestias, ²⁰ y estuvieran en medio de ella Noé, Daniel y Job, vivo yo, dice Jehová, el Señor, que no librarían a hijo ni a hija. Solamente ellos, por su justicia, librarían sus propias vidas.

²¹ »Por lo cual, así ha dicho Jehová, el Señor: "¡Cuánto más cuando yo envíe contra Jerusalén mis cuatro juicios terribles: espada, hambre, fieras y peste,*b* para exterminar de ellas a hombres y a bestias! ²² Sin embargo, he aquí quedará en ella un resto, hijos e hijas, que serán llevados fuera; he aquí que ellos vendrán a vosotros, veréis su camino y sus hechos y seréis consolados del mal que hice venir sobre Jerusalén, de todas las cosas que traje sobre ella. ²³ Ellos os consolarán cuando veáis su conducta y sus hechos, y comprenderéis que no sin causa hice todo lo que he hecho en ella, dice Jehová, el Señor"».

Jerusalén es como una vid inútil*a*

15 ¹ Vino a mí palabra de Jehová, diciendo:

² «Hijo de hombre,
¿qué es la madera de la vid más que cualquier otra madera?
¿Qué es el sarmiento entre los árboles del bosque?
³ ¿Tomarán de ella madera para hacer alguna obra?
¿Tomarán de ella una estaca para colgar algo en ella?
⁴ He aquí, es puesta en el fuego para ser consumida.
Cuando sus dos extremos haya consumido el fuego
y la parte de en medio se haya quemado,
¿servirá para obra alguna?
⁵ Si cuando estaba entera no servía para obra alguna,
¿cuánto menos después que el fuego la haya consumido y que haya sido quemada?
¿Servirá más para obra alguna?

⁶ »Por tanto, así dice Jehová, el Señor:

»Como a la madera de la vid entre los árboles del bosque,
la cual entregué al fuego para que la consumiera,
así haré a los moradores de Jerusalén.
⁷ Pondré mi rostro contra ellos;
aunque del fuego se escaparon, fuego los consumirá.
Y sabréis que yo soy Jehová, cuando ponga mi rostro contra ellos.
⁸ Y convertiré la tierra en desolación, por cuanto cometieron prevaricación,
dice Jehová, el Señor».

Infidelidad de Jerusalén

16 ¹ Vino a mí palabra de Jehová, diciendo: ² «Hijo de hombre, da a conocer a Jerusalén sus abominaciones, ³ y dile: "Así ha dicho Jehová el Señor sobre Jerusalén: Tu origen, tu nacimiento, es de la tierra de Canaán; tu padre fue un amorreo y tu madre una hetea. ⁴ Y en cuanto a tu nacimiento, el día que naciste no fue cortado tu cordón umbilical, ni fuiste lavada con aguas para limpiarte ni frotada

---

a **14.14** Héroe de la antigüedad, famoso por su justicia y sabiduría; también se menciona en un documento extrabíblico anterior al año 1200 a.C. (cf. Ez 28.3).   *b* **14.21** Ap 6.8.
a **15.1-8** 2 R 25.8-10.

con sal, ni fuiste envuelta en pañales. ⁵ No hubo ojo que se compadeciera de ti para hacerte algo de eso, sintiendo lástima por ti; sino que fuiste arrojada sobre la faz del campo, con menosprecio de tu vida, en el día que naciste.

⁶ »Yo pasé junto a ti y te vi sucia en tus sangres. Y cuando estabas en tus sangres te dije: '¡Vive!'. Sí, te dije, cuando estabas en tus sangres: '¡Vive!'. ⁷ Te hice crecer como la hierba del campo; creciste, te hiciste grande y llegaste a ser muy hermosa. Tus pechos se habían formado y tu pelo había crecido, ¡pero estabas desnuda por completo!

⁸ »Pasé otra vez junto a ti y te miré, y he aquí que tu tiempo era tiempo de amores. Entonces extendí mi manto sobre ti y cubrí tu desnudez; te hice juramento y entré en pacto contigo, dice Jehová, el Señor, y fuiste mía. ⁹ Te lavé con agua, lavé tus sangres de encima de ti y te ungí con aceite. ¹⁰ Luego te puse un vestido bordado, te calcé de tejón, te ceñí de lino y te cubrí de seda. ¹¹ Te atavié con adornos, puse brazaletes en tus brazos y un collar en tu cuello. ¹² Puse joyas en tu nariz, zarcillos en tus orejas y una hermosa corona en tu cabeza. ¹³ Así fuiste adornada de oro y de plata, y tu vestido bordado era de lino fino y seda. Comiste flor de harina de trigo, miel y aceite. Fuiste embellecida en extremo y prosperaste hasta llegar a reinar. ¹⁴ Tu fama se difundió entre las naciones a causa de tu belleza, que era perfecta por el esplendor que yo puse sobre ti, dice Jehová, el Señor.

¹⁵ »Pero confiaste en tu belleza, te prostituiste a causa de tu fama y derramaste tu lujuria sobre cuantos pasaban. ¡Suya fuiste! ¹⁶ Tomaste de tus vestidos, te hiciste diversos lugares altos y fornicaste sobre ellos. ¡Cosa semejante nunca había sucedido ni volverá a suceder! ¹⁷ Tomaste asimismo tus hermosas alhajas de oro y de plata, que yo te había dado, te hiciste imágenes de hombre y fornicaste con ellas. ¹⁸ Tomaste tus vestidos de diversos colores y las cubriste, y mi aceite y mi incienso pusiste delante de ellas. ¹⁹ Mi pan también, que yo te había dado, la flor de harina, el aceite y la miel, con lo que yo te mantuve, lo pusiste delante de ellas para olor agradable; y fue así, dice Jehová, el Señor. ²⁰ Además de esto, tomaste tus hijos y tus hijas que habías dado a luz para mí, y los sacrificaste a ellas para que fueran consumidos. ¿Eran poca cosa tus fornicaciones, ²¹ que degollaste también a mis hijos y los ofreciste a aquellas imágenes como ofrenda que el fuego consumía? ²² Y con todas tus abominaciones y tus fornicaciones no te has acordado de los días de tu juventud, cuando estabas desnuda por completo, cuando estabas envuelta en tu sangre.

²³ »Y sucedió que después de toda tu maldad (¡ay, ay de ti!, dice Jehová, el Señor), ²⁴ te edificaste lugares altos y te hiciste altar en todas las plazas. ²⁵ En cada cabecera de camino edificaste un lugar alto e hiciste abominable tu hermosura: te ofreciste a cuantos pasaban y multiplicaste tus fornicaciones. ²⁶ Fornicaste con los hijos de Egipto, tus vecinos, robustos de cuerpo; y aumentaste tus fornicaciones para enojarme. ²⁷ Por tanto, he aquí que yo extendí contra ti mi mano y disminuí tu provisión ordinaria. Te entregué a la voluntad de las hijas de los filisteos, que te aborrecen y se avergüenzan de tu conducta indecente. ²⁸ Fornicaste también con los asirios, por no haberte saciado; fornicaste con ellos y tampoco te saciaste. ²⁹ Multiplicaste asimismo tu fornicación en la tierra de Canaán y de los caldeos, y tampoco con esto te saciaste.

³⁰ »¡Cuán inconstante es tu corazón, dice Jehová, el Señor, habiendo hecho todas estas cosas, obras de una prostituta desvergonzada, ³¹ edificando tus lugares altos en cada cabecera de camino y levantando tus altares en todas las plazas! Pero no fuiste semejante a una prostituta en que menospreciaste la paga. ³² Fuiste como la mujer adúltera que en lugar de su marido recibe a extraños. ³³ A todas las prostitutas les dan regalos; pero tú diste tus regalos a todos tus amantes. Les diste presentes, para que de todas partes vinieran a ti en tus fornicaciones. ³⁴ Y ha sucedido contigo, en tus fornicaciones, lo contrario de las demás mujeres: porque ninguno te ha solicitado para fornicar, y tú das la paga, en lugar de recibirla; por eso has sido diferente.

³⁵ »Por tanto, prostituta, oye palabra de Jehová. ³⁶ Así dice Jehová, el Señor: Por

cuanto han sido descubiertas tus desnudeces en tus fornicaciones, y tu vergüenza ha sido manifestada a tus amantes y a los ídolos de tus abominaciones, y en la sangre de tus hijos, los cuales les diste, ³⁷ por eso, yo reuniré a todos tus amantes con los cuales tuviste placer, y a todos los que amaste, y también a todos los que aborreciste. Los reuniré alrededor de ti, y delante de ellos descubriré tu desnudez, y ellos verán toda tu desnudez.^a ³⁸ Yo te juzgaré por las leyes de las adúlteras y de las que derraman sangre, y traeré sobre ti sangre de ira y de celos. ³⁹ Te entregaré en manos de ellos, y ellos destruirán tus lugares altos y derribarán tus altares. Te despojarán de tus ropas, se llevarán tus hermosas alhajas y te dejarán desnuda por completo. ⁴⁰ Harán subir contra ti una muchedumbre de gente, que te apedreará y te atravesará con sus espadas. ⁴¹ Incendiarán tus casas, y harán en ti juicios en presencia de muchas mujeres. Así haré que dejes de ser una prostituta y que ceses de prodigar tus favores. ⁴² Así saciaré mi ira sobre ti, se apartará de ti mi celo y descansaré para no volver a enojarme. ⁴³ Por cuanto no te acordaste de los días de tu juventud y me provocaste a ira en todo esto, por eso, yo también traeré tu conducta sobre tu propia cabeza, dice Jehová, el Señor; pues ni aun has pensado sobre toda tu lujuria.

⁴⁴ »He aquí, todo el que usa de refranes te aplicará a ti el refrán que dice: 'Cual la madre, tal la hija'. ⁴⁵ Hija eres tú de tu madre, que desechó a su marido y a sus hijos; y hermana eres de tus hermanas, que desecharon a sus maridos y a sus hijos; vuestra madre fue una hetea y vuestro padre un amorreo. ⁴⁶ Tu hermana mayor es Samaria, ella y sus hijas, que habitan al norte de ti; y tu hermana menor es Sodoma con sus hijas, la cual habita al sur de ti. ⁴⁷ Ni aun anduviste en sus caminos ni hiciste según sus abominaciones; antes, como si esto fuera poco, y muy poco, te corrompiste más que ellas en todos tus caminos. ⁴⁸ Vivo yo, dice Jehová, el Señor, que tu hermana Sodoma y sus hijas no han hecho como hiciste tú y tus hijas.

⁴⁹ Esta fue la maldad de Sodoma, tu hermana: soberbia, pan de sobra y abundancia de ocio tuvieron ella y sus hijas; y no fortaleció la mano del afligido y del necesitado. ⁵⁰ Se llenaron de soberbia e hicieron abominación delante de mí, y cuando lo vi, las quité. ⁵¹ Sin embargo, Samaria no cometió ni la mitad de tus pecados; porque tú multiplicaste tus abominaciones más que ellas, y has justificado a tus hermanas con todas las abominaciones que hiciste. ⁵² Tú también, que juzgaste a tus hermanas, lleva tu vergüenza en los pecados que cometiste, más abominables que los de ellas. ¡Más justas son que tú! Avergüénzate, pues, tú también, y carga con tu ignominia, por cuanto has justificado a tus hermanas.

⁵³ »Yo, pues, haré volver a sus cautivos, los cautivos de Sodoma y de sus hijas, y los cautivos de Samaria y de sus hijas, y haré volver los cautivos de tus cautiverios entre ellas, ⁵⁴ para que cargues con tu ignominia y te avergüences de todo lo que has hecho, siendo tú motivo de consuelo para ellas. ⁵⁵ Tus hermanas: Sodoma con sus hijas y Samaria con sus hijas, volverán a su primer estado. También tú y tus hijas volveréis a vuestro primer estado. ⁵⁶ Tu hermana Sodoma no era digna de mención en tu boca en el tiempo de tus soberbias, ⁵⁷ antes que tu maldad fuera descubierta. Así también, ahora llevas tú la afrenta de las hijas de Siria y de todas las hijas de los filisteos, las cuales por todos lados te desprecian. ⁵⁸ Sufre tú el castigo de tu lujuria y de tus abominaciones, dice Jehová.

⁵⁹ »Pero aún más ha dicho Jehová, el Señor: Yo no haré contigo como tú hiciste, que menospreciaste el juramento para invalidar el pacto. ⁶⁰ Antes bien, yo tendré memoria de mi pacto que concerté contigo en los días de tu juventud, y estableceré contigo un pacto eterno. ⁶¹ Te acordarás de tu conducta, y te avergonzarás cuando recibas a tus hermanas, las mayores que tú y las menores que tú, las cuales yo te daré por hijas, aunque no por tu pacto, ⁶² sino por mi pacto que confirmaré contigo. Y sabrás que yo soy Jehová; ⁶³ para que te acuerdes y te avergüences, y nunca

más abras la boca, a causa de tu vergüenza, cuando yo perdone todo lo que hiciste, dice Jehová, el Señor"».

Parábola de las águilas y la vid

17 ¹ Vino a mí palabra de Jehová, diciendo: ² «Hijo de hombre, propón una figura y narra una parábola a la casa de Israel. ³ Dirás: "Así ha dicho Jehová, el Señor:

»Una gran águila,
de grandes alas y largos miembros,
llena de plumas de diversos
colores,
vino al Líbano
y tomó el cogollo de un cedro.
⁴ Arrancó el principal de sus
renuevos,
lo llevó a tierra de mercaderes
y lo puso en una ciudad de
comerciantes.
⁵ Tomó también de la simiente de
la tierra
y la puso en un campo bueno para
sembrar.
La plantó junto a aguas
abundantes,
a manera de un sauce.
⁶ Brotó, se hizo una vid
de mucho ramaje y poca altura;
sus ramas miraban al águila
y sus raíces estaban debajo de ella.
Así que se convirtió en una vid
que hizo sarmientos y echó
mugrones.

⁷ »Había también otra gran águila,
de grandes alas y espeso plumaje.
Y he aquí, la vid llevó hacia ella sus
raíces
y extendió hacia ella sus ramas,
para ser regada por ella
por los surcos de su plantío.
⁸ En un buen campo, junto a muchas
aguas, fue plantada,
para que echara ramas y diera
fruto,
y para que fuera vid robusta".

⁹ »Diles: "Así ha dicho Jehová, el Señor:

»¿Será prosperada?
¿No arrancará sus raíces,
destruirá su fruto y se secará?
Todas sus hojas lozanas se secarán;
y eso sin gran poder ni mucha
gente
para arrancarla de raíz.
¹⁰ He aquí, está plantada:
¿Será prosperada? ¿No se secará
del todo
cuando el viento del este la toque?
¡En los mismos surcos de su verdor,
se secará!"»

¹¹ Vino a mí palabra de Jehová, diciendo: ¹² «Di ahora a la casa rebelde: "¿No habéis entendido qué significan estas cosas?". Diles: "He aquí que el rey de Babilonia vino a Jerusalén, tomó a tu rey y a sus jefes y los llevó consigo a Babilonia. ¹³ Tomó también a uno de la descendencia real, hizo pacto con él y le hizo prestar juramento. Y se llevó consigo a los poderosos de la tierra, ¹⁴ para que el reino fuera abatido y no se levantara, a fin de que, guardando el pacto, permaneciera en pie. ¹⁵ Pero se rebeló contra él,ᵃ enviando embajadores a Egipto para que le diera caballos y mucha gente. ¿Será prosperado, escapará el que estas cosas hizo? El que rompió el pacto, ¿podrá escapar? ¹⁶ Vivo yo, dice Jehová, el Señor, que morirá en medio de Babilonia, en el lugar donde habita el rey que lo hizo reinar, cuyo juramento menospreció y cuyo pacto, hecho con él, rompió. ¹⁷ Y ni con gran ejército ni con mucha compañía hará el faraón nada por él en la batalla, cuando se levanten terraplenes y se construyan torres para cortar muchas vidas. ¹⁸ Por cuanto menospreció el juramento y quebrantó el pacto, cuando he aquí que había dado su mano, y ha hecho todas estas cosas, no escapará. ¹⁹ Por tanto, así ha dicho Jehová, el Señor: Vivo yo, que el juramento mío que menospreció y mi pacto que ha quebrantado, los haré caer sobre su propia cabeza. ²⁰ Extenderé sobre él mi red y quedará preso en mi trampa. Lo haré venir a Babilonia, y allí entraré en juicio con él por su infidelidad que contra mí ha cometido.ᵇ ²¹ Y todos sus fugitivos, con todas sus tropas, caerán a

---

ᵃ **17.12-15** 2 R 24.15-20; 2 Cr 36.10-13. ᵇ **17.18-20** Jer 37.1-2; 52.4-11; Ez 12.13.

espada, y los que queden serán esparcidos a todos los vientos. Y sabréis que yo,
Jehová, he hablado.

²²»Así ha dicho Jehová, el Señor:

»Tomaré yo del cogollo de aquel
      alto cedro
y lo plantaré;
del principal de sus renuevos
      cortaré un tallo
y lo plantaré sobre un monte muy
      elevado.
²³ En el monte alto de Israel lo
      plantaré.
Levantará sus ramas, dará fruto
y se hará un cedro magnífico.
Habitarán debajo de él todas las
      aves de toda especie;
a la sombra de sus ramas habitarán.
²⁴ Y sabrán todos los árboles del
      campo que yo, Jehová,
abatí el árbol elevado y levanté el
      árbol bajo,
hice secar el árbol verde e hice
      reverdecer el árbol seco.
Yo, Jehová, lo he dicho, y lo haré"».

El alma que peque, morirá

18 ¹ Vino a mí palabra de Jehová, diciendo: ²«¿Qué pensáis vosotros,
los que en la tierra de Israel usáis este refrán, que dice:

"Los padres comieron las uvas
      agrias,
y a los hijos les dio dentera"?ᵃ

³»Vivo yo, dice Jehová, el Señor, que
nunca más tendréis por qué usar este refrán en Israel. ⁴He aquí que todas las almas son mías: como el alma del padre, así
el alma del hijo es mía. El alma que peque
esa morirá.

⁵»El hombre que es justo, que actúa
conforme al derecho y la justicia; ⁶que no
come sobre los montes ni alza sus ojos a
los ídolos de la casa de Israel; que no viola
a la mujer de su prójimo ni se une a la mujer menstruosa; ⁷que no oprime a nadie,
sino que al deudor devuelve su prenda;
que no comete robo alguno; que da su
pan al hambriento y cubre con vestido al

desnudo;ᵇ ⁸que no presta con interés o
con usura; que retrae su mano de la maldad y practica verdaderamente la justicia
entre unos y otros; ⁹que camina en mis ordenanzas y guarda mis decretos a fin de
actuar rectamente, este es justo y vivirá,ᶜ
dice Jehová, el Señor.

¹⁰»Pero si engendra un hijo ladrón y
sanguinario que hace alguna cosa de estas, ¹¹y no hace las otras, sino que come
sobre los montes, viola a la mujer de su
prójimo, ¹²oprime al pobre y necesitado,
comete robos y no devuelve la prenda, alza sus ojos hacia los ídolos y comete abominación, ¹³presta a interés y con usura,
¿vivirá este? ¡No vivirá! Todas esas abominaciones cometió y, de cierto, morirá:
su sangre caerá sobre él.

¹⁴»Pero si este engendra un hijo que ve
todos los pecados que cometió su padre,
pero que, aun viéndolos, no los imita:
¹⁵no come sobre los montes ni alza sus
ojos a los ídolos de la casa de Israel, a la
mujer de su prójimo no viola, ¹⁶no oprime a nadie, no retiene la prenda ni comete
robos, da de su pan al hambriento y cubre
con vestido al desnudo, ¹⁷aparta su mano
del pobre y no cobra interés o usura,
guarda mis decretos y anda en mis ordenanzas, este no morirá por la maldad de
su padre: de cierto vivirá. ¹⁸Pero su padre, por cuanto hizo agravio, despojó violentamente al hermano e hizo en medio
de su pueblo lo que no es bueno, he aquí
que él morirá por su maldad.

¹⁹»Y si preguntáis: "¿Por qué el hijo no
llevará el pecado de su padre?" Pues porque el hijo actuó conforme al derecho y la
justicia, guardó todos mis estatutos y los
cumplió, de cierto vivirá. ²⁰El alma que
peque, esa morirá. El hijo no llevará el pecado del padre ni el padre llevará el pecado del hijo;ᵈ la justicia del justo recaerá
sobre él y la impiedad del impío recaerá
sobre él.

El camino de Dios es justo
(Ez 33. 10-20)

²¹»Pero si el impío se aparta de todos
sus pecados que cometió, y guarda todos
mis estatutos y actúa conforme al derecho
y la justicia, de cierto vivirá: no morirá.

ᵃ 18.2 Jer 31.29.   ᵇ 18.7 Mt 25.35-40.   ᶜ 18.9 Lv 18.5.   ᵈ 18.20 Dt 24.16.

²²Ninguna de las transgresiones que cometió le será recordada; por la justicia que practicó, vivirá. ²³¿Acaso quiero yo la muerte del impío? dice Jehová, el Señor. ¿No vivirá, si se aparta de sus malos caminos?ᵉ ²⁴Pero si el justo se aparta de su justicia, y comete maldad y actúa conforme a todas las abominaciones que el impío hizo, ¿vivirá él? ¡Ninguna de las justicias que hizo le serán tenidas en cuenta! Por su infidelidad que cometió, por el pecado que cometió, por ello morirá.

²⁵»Y si decís: "No es recto el camino del Señor", oíd ahora, casa de Israel: ¿No es recto mi camino? ¿No son vuestros caminos los torcidos? ²⁶Apartándose el justo de su justicia y cometiendo iniquidad, él morirá por ello; por la iniquidad que hizo, morirá. ²⁷Pero apartándose el impío de su impiedad que hizo y actuando conforme al derecho y la justicia, hará vivir su alma. ²⁸Porque miró y se apartó de todas sus transgresiones que había cometido, de cierto vivirá: no morirá. ²⁹Si aún dice la casa de Israel: "No es recto el camino del Señor"; ¿no son rectos mis caminos, casa de Israel? ¡Ciertamente, vuestros caminos no son rectos!

³⁰»Por tanto, casa de Israel, yo os juzgaré a cada uno según sus caminos,ᶠ dice Jehová, el Señor. Convertíos y apartaos de todas vuestras transgresiones, y no os será la iniquidad causa de ruina. ³¹Echad de vosotros todas vuestras transgresiones con que habéis pecado, y haceos un corazón nuevo y un espíritu nuevo. ¿Por qué moriréis, casa de Israel? ³²Porque yo no quiero la muerte del que muere, dice Jehová, el Señor. ¡Convertíos, pues, y viviréis!ᵍ

Lamentación sobre los príncipes de Israel

19 ¹»Levanta tú esta lamentación sobre los príncipes de Israel. ²Dirás:

»"¡Cómo se echó entre los leones tu
madre, la leona!
Entre los leoncillos crió sus
cachorros.

³ Ella hizo subir uno de sus
cachorros,
que llegó a ser un leoncillo
y aprendió a arrebatar la presa
y a devorar a seres humanos.
⁴ Las naciones oyeron de él;
fue tomado en la trampa de ellas,
y lo llevaron con grillos
a la tierra de Egipto.ᵃ
⁵ Viendo ella que había esperado
demasiado tiempo
y que se perdía su esperanza,
tomó otro de sus cachorros
y lo puso por leoncillo.
⁶ Y él andaba entre los leones;
se hizo un leoncillo,
aprendió a arrebatar la presa,
devoró seres humanos.
⁷ Saqueó fortalezas y asoló
ciudades.ᵇ
La tierra, con cuanto había en ella,
quedó desolada
al estruendo de sus rugidos.
⁸ Arremetieron contra él las gentes
de las provincias de alrededor;
extendieron sobre él su red
y en el foso fue apresado.
⁹ Lo pusieron en una jaula y lo
encadenaron:
encadenado lo llevaron al rey de
Babilonia.
Lo pusieron en las fortalezas,
para que su voz no se oyera más
sobre los montes de Israel.

¹⁰ »Tu madre fue como una vid
plantada en medio de la viña, junto
a las aguas,
que da fruto y echa vástagos
a causa de las muchas aguas.
¹¹ Y ella tuvo varas fuertes,
para cetros de reyes;
elevó su estatura por encima del
ramaje,
y fue vista por causa de su altura
y por la abundancia de sus
sarmientos.
¹² Pero fue arrancada con ira,
derribada en tierra.
El viento del este secó su fruto

ᵉ **18.23** 2 P 3.9. ᶠ **18.30** Job 34.11; Sal 62.11-12; Jer 17.10; Ez 33.20; Mt 16.27; Ro 2.6.
ᵍ **18.32** Ez 33.11; 2 P 3.9. ᵃ **19.3-4** 2 R 23.33-35; Jer 22.10-12. ᵇ **19.5-9** 2 R 24.10-15.

y sus fuertes ramas fueron
quebradas y se secaron
consumidas por el fuego.
13 Ahora está plantada en el desierto,
en tierra de sequedad y de aridez.
14 Y de la vara de sus ramas ha salido
fuego
que ha consumido su fruto,
y no ha quedado en ella vara fuerte
para cetro de reyes".

»Una lamentación es esta, y de lamentación servirá».

Modo de proceder de Dios con Israel

20 1 Aconteció en el año séptimo, en el mes quinto, a los diez días del mes, que vinieron algunos de los ancianos de Israel a consultar a Jehová, y se sentaron delante de mí. 2 Y vino a mí palabra de Jehová, diciendo: 3 «Hijo de hombre, habla a los ancianos de Israel y diles: "Así ha dicho Jehová, el Señor: ¿A consultarme venís vosotros? Vivo yo, que no os responderé, dice Jehová, el Señor". 4 ¿Quieres tú juzgarlos? ¿Los quieres juzgar tú, hijo de hombre? Hazles conocer las abominaciones de sus padres, 5 y diles: "Así ha dicho Jehová, el Señor: El día que escogí a Israel y que alcé mi mano para jurar a la descendencia de la casa de Jacob, cuando me di a conocer a ellos en la tierra de Egipto, cuando alcé mi mano y les juré, diciendo: Yo soy Jehová, vuestro Dios, 6 aquel día que les alcé mi mano, jurando así que los sacaría de la tierra de Egipto a la tierra que les había provisto, la cual fluye leche y miel y es la más hermosa de todas las tierras,ª 7 entonces les dije: Cada uno eche de sí las abominaciones de delante de sus ojos, y no os contaminéis con los ídolos de Egipto. Yo soy Jehová, vuestro Dios.b

8 »Pero ellos se rebelaron contra mí y no quisieron obedecerme; no echó de sí cada uno las abominaciones de delante de sus ojos ni dejaron los ídolos de Egipto. Entonces dije que derramaría mi ira sobre ellos, para consumir mi enojo en ellos en medio de la tierra de Egipto.

9 Con todo, a causa de mi nombre,c para que no se profanara ante los ojos de las naciones en medio de las cuales estaban, ante cuyos ojos fui conocido, actué para sacarlos de la tierra de Egipto. 10 Los saqué de la tierra de Egipto y los traje al desierto. 11 Les di mis estatutos y les hice conocer mis decretos, por los cuales el hombre que los cumpla, vivirá. 12 Y les di también mis sábados, para que fueran por señal entre yo y ellos,d para que supieran que yo soy Jehová que los santifico. 13 Pero se rebeló contra mí la casa de Israel en el desierto;e no anduvieron en mis estatutos y desecharon mis decretos, por los cuales el hombre que los cumpla, vivirá;f y mis sábados profanaron en gran manera. Dije, por tanto, que derramaría sobre ellos mi ira en el desierto para exterminarlos. 14 Pero actué a causa de mi nombre, para que no fuera profanado a la vista de las naciones ante cuyos ojos los había sacado.

15 »También yo les alcé mi mano en el desierto, jurando que no los traería a la tierra que les había dado, la cual fluye leche y miel y es la más hermosa de todas las tierras;g 16 porque desecharon mis decretos, no anduvieron en mis estatutos y profanaron mis sábados, porque tras sus ídolos iba su corazón. 17 Con todo, los miré con piedad: no los maté ni los exterminé en el desierto; 18 antes bien, dije en el desierto a sus hijos: 'No andéis en los estatutos de vuestros padres ni guardéis sus leyes ni os contaminéis con sus ídolos. 19 Yo soy Jehová, vuestro Dios: andad en mis estatutos, guardad mis preceptos y ponedlos por obra. 20 Santificad mis sábados, y sean por señal entre mí y vosotros, para que sepáis que yo soy Jehová, vuestro Dios'.

21 »Pero los hijos se rebelaron contra mí; no anduvieron en mis estatutos ni guardaron mis decretos para ponerlos por obra, por los cuales el hombre que los cumpla, vivirá; y profanaron mis sábados. Dije entonces que derramaría mi ira sobre ellos, para consumir mi enojo en ellos en el desierto. 22 Sin embargo, retraje

---

mi mano a causa de mi nombre, para que no fuera profanado a la vista de las naciones ante cuyos ojos los había sacado. ²³ También les alcé yo mi mano en el desierto, jurando que los esparciría entre las naciones y que los dispersaría por las tierras,ʰ ²⁴ porque no pusieron por obra mis decretos, sino que desecharon mis estatutos, profanaron mis sábados y tras los ídolos de sus padres se les fueron los ojos. ²⁵ Por eso yo también les di estatutos que no eran buenos y decretos por los cuales no podrían vivir. ²⁶ Y los contaminé en sus ofrendas cuando hacían pasar por el fuego a todo primogénito, para desolarlos y hacerles saber que yo soy Jehová".

²⁷ »Por tanto, hijo de hombre, habla a la casa de Israel, y diles: "Así ha dicho Jehová, el Señor: Aun en esto me afrentaron vuestros padres cuando cometieron infidelidad contra mí. ²⁸ Porque yo los traje a la tierra sobre la cual había alzado mi mano jurando que había de dársela, y miraron a todo collado alto y a todo árbol frondoso: allí sacrificaron sus víctimas, allí presentaron ofrendas que me irritan, allí pusieron también su incienso agradable y allí derramaron sus libaciones.ⁱ ²⁹ Yo les dije: ¿Qué es ese lugar alto adonde vosotros vais? Y fue llamado su nombre 'Bama'ʲ hasta el día de hoy".

³⁰ »Di, pues, a la casa de Israel: "Así ha dicho Jehová, el Señor: ¿No os contamináis vosotros a la manera de vuestros padres, y fornicáis tras sus abominaciones? ³¹ Porque ofreciendo vuestras ofrendas, haciendo pasar vuestros hijos por el fuego, os habéis contaminado con todos vuestros ídolos hasta hoy, ¿y habré de responderos yo, casa de Israel? ¡Vivo yo, dice Jehová el Señor, que no os responderé!

³² »Y no ha de suceder lo que habéis pensado. Porque vosotros decís: 'Seamos como las naciones, como las demás familias de la tierra, que sirven al palo y a la piedra'.

³³ »Vivo yo, dice Jehová el Señor, que con mano fuerte y brazo extendido, y en el ardor de mi ira, he de reinar sobre vosotros. ³⁴ Os sacaré de entre los pueblos y os reuniré de las tierras en que estáis esparcidos, con mano fuerte y brazo extendido, y en el ardor de mi ira; ³⁵ os traeré al desierto de los pueblos y allí litigaré con vosotros cara a cara. ³⁶ Como litigué con vuestros padres en el desierto de la tierra de Egipto, así litigaré con vosotros, dice Jehová, el Señor. ³⁷ Os haré pasar bajo la vara y os haré entrar en los vínculos del pacto; ³⁸ y apartaré de entre vosotros a los rebeldes y a los que se rebelaron contra mí; de la tierra de sus peregrinaciones los sacaré, pero en la tierra de Israel no entrarán. Y sabréis que yo soy Jehová.

³⁹ »Y a vosotros, casa de Israel, así ha dicho Jehová, el Señor: Ande cada uno de vosotros tras sus ídolos y sírvalos, si es que a mí no me obedecéis; pero no profanéis más mi santo nombre con vuestras ofrendas y con vuestros ídolos.

⁴⁰ »Pero en mi santo monte, en el alto monte de Israel, dice Jehová, el Señor, allí me servirá toda la casa de Israel, toda ella en la tierra; allí los aceptaré, y allí demandaré vuestras ofrendas y las primicias de vuestros dones, con todas vuestras cosas consagradas. ⁴¹ Como incienso agradable os aceptaré cuando os haya sacado de entre los pueblos y os haya congregado de entre las tierras en que estáis esparcidos; y seré santificado en vosotros ante los ojos de las naciones. ⁴² Y sabréis que yo soy Jehová, cuando os haya traído a la tierra de Israel, la tierra por la cual alcé mi mano jurando que la daría a vuestros padres. ⁴³ Allí os acordaréis de vuestros caminos y de todos vuestros hechos con que os contaminasteis; y os aborreceréis a vosotros mismos a causa de todos vuestros pecados que cometisteis. ⁴⁴ Y sabréis que yo soy Jehová, cuando, por amor de mi nombre, no haga con vosotros según vuestros malos caminos ni según vuestras perversas obras, casa de Israel, dice Jehová, el Señor"».

Profecía contra el Neguev

⁴⁵ Vino a mí palabra de Jehová, diciendo: ⁴⁶ «Hijo de hombre, vuelve tu rostro hacia el sur, derrama tu palabra hacia la parte austral, profetiza contra el bosque

---

ʰ **20.23** Lv 26.33.   ⁱ **20.27-29** Dt 12.2-3; Ez 6.1-7; 16.15-22.   ʲ **20.29** Esto es, *lugar alto*.

del Neguev. ⁴⁷Y dirás al bosque del Neguev: "Oye la palabra de Jehová: Así ha dicho Jehová, el Señor: He aquí que yo enciendo en ti un fuego que consumirá en ti todo árbol verde y todo árbol seco. No se apagará la llama del fuego, y serán quemados en ella todos los rostros, desde el sur hasta el norte". ⁴⁸Y verá toda carne que yo, Jehová, lo encendí, y no se apagará».

⁴⁹Y dije: «¡Ah, Señor Jehová! ellos dicen de mí: "¿No profiere este parábolas?"»

La espada afilada de Jehová

21 ¹Vino a mí palabra de Jehová, diciendo: ²«Hijo de hombre, vuelve tu rostro hacia Jerusalén, derrama palabras sobre los santuarios y profetiza contra la tierra de Israel. ³Dirás a la tierra de Israel: "Así ha dicho Jehová: He aquí que yo estoy contra ti, y sacaré mi espada de su vaina y cortaré de ti al justo y al impío. ⁴Y por cuanto he de cortar de ti al justo y al impío, por eso mi espada saldrá de su vaina contra todo mortal, desde el sur hasta el norte. ⁵Y sabrá todo mortal que yo, Jehová, saqué mi espada de su vaina; no la envainaré más". ⁶Y tú, hijo de hombre, gime con quebranto de tus costados y con amargura; gime ante los ojos de ellos. ⁷Y cuando te digan: "¿Por qué gimes?", dirás: "Por una noticia que cuando llegue hará que desfallezca todo corazón, y toda mano se debilitará, se angustiará todo espíritu y como agua se debilitará toda rodilla". He aquí que viene, y se cumplirá, dice Jehová, el Señor».

⁸Vino a mí palabra de Jehová, diciendo: ⁹«Hijo de hombre, profetiza y di: "Así ha dicho Jehová, el Señor:

»¡La espada, la espada está afilada
    y bien pulida!
¹⁰Para degollar víctimas está afilada;
    pulida está para que relumbre.
¿Habremos de alegrarnos,
cuando al cetro de mi hijo ha
    despreciado
como a un palo cualquiera?
¹¹Y la dio a pulir para tenerla a mano;
    la espada está afilada, y está pulida
    para entregarla en manos del
        matador".

¹²Clama y lamenta, hijo de hombre,

porque esta será sobre mi pueblo,
    será ella sobre todos los
        gobernantes de Israel:
caerán ellos a espada juntamente
    con mi pueblo.
¡Golpéate, pues, el muslo!
¹³Porque es una prueba;
pero ¿qué, si la espada desprecia
    aun al cetro?
Él no será más,
dice Jehová el Señor.

¹⁴»Tú, pues, hijo de hombre,
    profetiza
y bate una mano contra otra.
Duplíquese y triplíquese el furor
de la espada homicida:
esta es la espada de la gran
    matanza,
que los traspasará,
¹⁵para que el corazón desmaye
y los estragos se multipliquen;
en todas las puertas de ellos he
    puesto espanto de espada.
¡Ah! dispuesta está para que
    relumbre
y preparada para degollar.
¹⁶¡Corta a la derecha,
hiere a la izquierda,
adonde quiera que te vuelvas!
¹⁷Y yo también batiré mano contra
    mano,
y haré reposar mi ira.

»Yo, Jehová, he hablado».

¹⁸Vino a mí palabra de Jehová, diciendo: ¹⁹«Tú, hijo de hombre, traza dos caminos por donde venga la espada del rey de Babilonia. De una misma tierra salgan ambos, y al comienzo de cada camino pon una señal que indique la ciudad adonde va. ²⁰El camino señalarás por donde venga la espada a Rabá, de los hijos de Amón, y a Judá, contra Jerusalén, la ciudad fortificada. ²¹Porque el rey de Babilonia se ha detenido en una encrucijada, al principio de los dos caminos, para usar de adivinación; ha sacudido las saetas, consultó a sus ídolos, miró un hígado. ²²La adivinación señaló a su mano derecha, sobre Jerusalén, para dar la orden de ataque, para dar comienzo a la matanza, para levantar la voz en grito de guerra, para poner arietes contra las puertas, para

levantar terraplenes y construir torres de sitio. 23 Mas para ellos esto será como adivinación mentirosa, ya que les ha hecho solemnes juramentos; pero él trae a la memoria la maldad de ellos, para apresarlos.

24 »Por tanto, así ha dicho Jehová, el Señor: "Por cuanto habéis hecho recordar vuestras maldades, manifestando vuestras traiciones, descubriendo vuestros pecados en todas vuestras obras; por cuanto habéis sido recordados, seréis entregados en su mano. 25 Respecto a ti, profano e impío príncipe de Israel, cuyo día ya ha llegado, el tiempo de la consumación de la maldad, 26 así ha dicho Jehová, el Señor: ¡Depón el turbante, quita la corona! ¡Esto no será más así! Sea exaltado lo bajo y humillado lo alto. 27 ¡A ruina, a ruina, a ruina lo reduciré, y esto no será más, hasta que venga aquel a quien corresponde el derecho, y yo se lo entregaré!"

Juicio contra los amonitas

28 »Y tú, hijo de hombre, profetiza, y di: "Así ha dicho Jehová, el Señor, acerca de los hijos de Amón[a] y de su oprobio". Dirás, pues: "¡La espada, la espada está desenvainada para degollar, para consumir está pulida con resplandor! 29 Te profetizan vanidad, te adivinan mentira, para que la emplees sobre los cuellos de los malos sentenciados a muerte, cuyo día vino en el tiempo de la consumación de la maldad. 30 ¿La volveré a su vaina? En el lugar donde te criaste, en la tierra donde has vivido, te juzgaré 31 y derramaré sobre ti mi ira; el fuego de mi enojo haré encender sobre ti y te entregaré en mano de hombres temerarios, artífices de destrucción. 32 Serás pasto del fuego, se empapará la tierra con tu sangre; no habrá más memoria de ti, porque yo, Jehová, he hablado"».

Los pecados de Jerusalén

22 1 Vino a mí palabra de Jehová, diciendo: 2 «Y tú, hijo de hombre, ¿no juzgarás tú, no juzgarás tú a la ciudad sanguinaria y le mostrarás todas sus abominaciones? 3 Le dirás, pues: "Así ha dicho Jehová, el Señor: ¡Ciudad que derrama sangre dentro de sí misma para que venga su hora, y que hizo ídolos contra sí misma para contaminarse! 4 En tu sangre que derramaste has pecado y te has contaminado con tus ídolos que hiciste; has hecho que tu día se acerque y has llegado al término de tus años; por tanto, te he dado en oprobio a las naciones, en escarnio a todas las tierras. 5 Las que están cerca de ti y las que están lejos se reirán de ti, amancillada de nombre y de gran turbación.

6 »He aquí que los gobernantes de Israel, cada uno según su poder, se esfuerzan en derramar sangre. 7 Al padre y a la madre despreciaron en ti;[a] al extranjero trataron con violencia en medio de ti, y en ti despojaron al huérfano y a la viuda.[b] 8 Mis santuarios menospreciaste y mis sábados has profanado.[c] 9 Calumniadores hubo en ti para derramar sangre; en ti comieron sobre los montes y en medio de ti hicieron perversidades. 10 La desnudez del padre descubrieron en ti, y en ti hicieron violencia a la que estaba impura por su menstruo. 11 Cada uno hizo abominación con la mujer de su prójimo, cada uno contaminó pervertidamente a su nuera y cada uno violó en ti a su hermana, la hija de su padre.[d] 12 Precio recibieron en ti[e] para derramar sangre; interés y usura tomaste,[f] y a tus prójimos defraudaste con violencia. ¡Te olvidaste de mí!, dice Jehová, el Señor.

13 »Y batí mis manos a causa de la avaricia con que actuaste y a causa de la sangre que derramaste en medio de ti. 14 ¿Estará firme tu corazón? ¿Serán fuertes tus manos en los días en que yo proceda contra ti? Yo, Jehová, he hablado, y lo haré. 15 Te dispersaré por las naciones, te esparciré por los países[g] y eliminaré de ti tu impureza. 16 Y por ti misma serás degradada a la vista de las naciones. Y sabrás que yo soy Jehová"».

17 Vino a mí palabra de Jehová, diciendo: 18 «Hijo de hombre, la casa de Israel se me ha convertido en escoria. Todos ellos son bronce, estaño, hierro y plomo en

---

[a] 21.28-32 Jer 49.1-6; Ez 25.1-7; Am 1.3-15; Sof 2.8-11. [a] 22.7 Ex 20.12; Lv 19.3; Dt 5.16; 27.16.
[b] 22.7 Ex 22.21-22; Dt 24.17. [c] 22.8 Lv 19.30; 26.2. [d] 22.10-11 Lv 18.7-20. [e] 22.12 Ex 23.8;
Dt 16.19. [f] 22.12 Ex 22.25; Lv 25.36-37; Dt 23.19. [g] 22.15 Lv 26.33.

medio del horno; y en escorias de plata se han convertido. ¹⁹Por tanto, así ha dicho Jehová, el Señor: "Por cuanto todos vosotros os habéis convertido en escorias, por eso, yo os reuniré en medio de Jerusalén. ²⁰Como quien junta plata, bronce, hierro, plomo y estaño en medio del horno, para encender fuego en él para fundirlos, así os juntaré en mi furor y en mi ira. Os pondré allí y os fundiré. ²¹Yo os juntaré y soplaré sobre vosotros en el fuego de mi furor, y en medio de él seréis fundidos. ²²Como se funde la plata en medio del horno, así, en medio de él, seréis fundidos. Así sabréis que yo, Jehová, habré derramado mi ira sobre vosotros"».

²³Vino a mí palabra de Jehová, diciendo: ²⁴«Hijo de hombre, dile a ella: "Tú no eres tierra limpia ni rociada con lluvia en el día del furor. ²⁵Hay conjuración de sus profetas en medio de ella, como de león rugiente que arrebata la presa. Devoraron vidas, tomaron haciendas y honra, multiplicaron sus viudas en medio de ella. ²⁶Sus sacerdotes violaron mi Ley y contaminaron mis santuarios; entre lo santo y lo profano no hicieron diferencia, ni distinguieron entre inmundo y limpio.ʰ De mis sábados apartaron sus ojos, y yo he sido profanado en medio de ellos. ²⁷Sus jefes en medio de ella son como lobos que arrebatan la presa: derraman sangre para destruir las vidas, para obtener ganancias injustas. ²⁸Sus profetas recubrían con lodo suelto, profetizando vanidad y prediciéndoles mentira, diciendo: 'Así ha dicho Jehová, el Señor', y Jehová no había hablado. ²⁹El pueblo de la tierra oprimía y robaba; al afligido y necesitado hacía violencia y al extranjero oprimía contra derecho. ³⁰Busqué entre ellos un hombre que levantara una muralla y que se pusiera en la brecha delante de mí, a favor de la tierra, para que yo no la destruyera; pero no lo hallé. ³¹Por tanto, derramé sobre ellos mi ira. Con el ardor de mi ira los consumí; hice volver el camino de ellos sobre su propia cabeza, dice Jehová, el Señor"».

Las dos hermanas

23 ¹Vino a mí palabra de Jehová, diciendo: ²«Hijo de hombre, hubo dos mujeres, hijas de una misma madre, ³las cuales fornicaron en Egipto; en su juventud fornicaron. Allí fueron apretados sus pechos, allí fueron acariciados sus pechos virginales. ⁴La mayor se llamaba Ahola, y su hermana, Aholiba.ᵃ Ambas fueron mías, y dieron a luz hijos e hijas. Y se llamaron: Samaria, Ahola; y Jerusalén, Aholiba.

⁵»Y Ahola, aun perteneciéndome, cometió fornicación. Se enamoró de sus amantes los asirios, vecinos suyos, ⁶vestidos de púrpura, gobernadores y capitanes, jóvenes codiciables todos ellos, jinetes que iban a caballo. ⁷Se prostituyó con ellos, con todos los más escogidos de los hijos de los asirios y con todos aquellos de quienes se enamoró; se contaminó con todos los ídolos de ellos. ⁸Y no dejó sus fornicaciones de Egipto, pues muchos se acostaron con ella en su juventud. Ellos acariciaron sus pechos virginales y derramaron sobre ella su lujuria. ⁹Por lo cual la entregué en manos de sus amantes, en manos de los hijos de los asirios, de quienes se había enamorado. ¹⁰Ellos descubrieron su desnudez, tomaron a sus hijos y a sus hijas, y a ella la mataron a espada. Y llegó a ser famosa entre las mujeres a causa del escarmiento que hicieron de ella.

¹¹»Esto lo vio su hermana Aholiba, y enloqueció de lujuria más que ella: sus fornicaciones fueron peores que las fornicaciones de su hermana. ¹²Se enamoró de los hijos de los asiriosᵇ sus vecinos, gobernadores y capitanes, vestidos de ropas y armas excelentes, jinetes que iban a caballo, todos ellos jóvenes codiciables. ¹³Y vi que se había contaminado, que un mismo camino era el de ambas. ¹⁴Y aumentó sus fornicaciones, pues cuando vio a hombres pintados en la pared, imágenes de caldeos pintadas de color, ¹⁵ceñidos por la cintura con talabartes y llevando turbantes de colores en la cabeza, todos

---

ʰ **22.26** Lv 10.10.   ᵃ **23.4** Nombres simbólicos de *Samaria* y *Jerusalén*. En hebreo significan: *Su tienda de campaña* y *Mi tienda de campaña (está) en ella*. Ambas hermanas se prostituyeron con Egipto, Asiria y Babilonia, y han debido pagar las consecuencias de su infidelidad.
ᵇ **23.11-21** 2 R 16.7-19.

ellos con apariencia de capitanes, a la manera de los hombres de Babilonia, de Caldea, tierra de su nacimiento, ¹⁶ se enamoró de ellos a primera vista, y les envió mensajeros a la tierra de los caldeos. ¹⁷ Así, pues, se unieron a ella los hombres de Babilonia en su lecho de amores, y la contaminaron. Y ella también se contaminó con ellos, pero luego su alma se hastió de ellos. ¹⁸ Así hizo evidentes sus fornicaciones y descubrió sus desnudeces, por lo cual mi alma se hastió de ella, como se había ya hastiado mi alma de su hermana. ¹⁹ Incluso multiplicó sus fornicaciones recordando los días de su juventud, en los cuales había fornicado en la tierra de Egipto. ²⁰ Y se enamoró de sus rufianes, cuya lujuria es como el ardor carnal de los asnos y cuyo flujo es como el flujo de los caballos. ²¹ Así recordaste de nuevo la lujuria de tu juventud, cuando los egipcios acariciaron tus pechos, los pechos de tu juventud.

²² »Por tanto, Aholiba, así ha dicho Jehová, el Señor: "He aquí que yo suscitaré contra ti a tus amantes, de los cuales se hastió tu alma, y los haré venir contra ti de todos lados. ²³ Los de Babilonia y todos los caldeos, los de Pecod, Soa y Coa, y todos los de Asiria con ellos; jóvenes codiciables, gobernadores y capitanes, nobles y hombres notables, que montan a caballo todos ellos. ²⁴ Y vendrán rodando contra ti carros y carretas, y una multitud de pueblos. Escudos, paveses y yelmos pondrán contra ti por todos los lados. Yo pondré en sus manos el juicio, y según sus leyes te juzgarán. ²⁵ Pondré mi celo contra ti, y procederán contigo con furor. Te arrancarán la nariz y las orejas, y lo que te quede caerá a espada. Ellos tomarán a tus hijos y a tus hijas, y el resto de ti será consumido por el fuego. ²⁶ Te despojarán de tus vestidos y te arrebatarán todos los adornos de tu belleza. ²⁷ Y haré cesar de ti tu lujuria y tu fornicación de la tierra de Egipto: no levantarás ya más hacia ellos tus ojos ni nunca más te acordarás de Egipto. ²⁸ Porque así ha dicho Jehová, el Señor: Yo te entrego en manos de aquellos que aborreciste, en manos de aquellos de los

cuales se hastió tu alma, ²⁹ los cuales procederán contigo con odio y tomarán todo el fruto de tu labor; te dejarán desnuda por completo, y se descubrirá la inmundicia de tus fornicaciones, tu lujuria y tu prostitución. ³⁰ Estas cosas se harán contigo porque fornicaste en pos de las naciones con las cuales te contaminaste en sus ídolos. ³¹ En el camino de tu hermana anduviste; yo, pues, pondré su copa en tu mano.

³² »Así ha dicho Jehová, el Señor:

»Beberás la gran copa, honda y
    ancha, de tu hermana,ᶜ
que es de gran capacidad;
de ti se mofarán las naciones y se
    reirán de ti.
³³ Serás llena de embriaguez y de
    dolor
por la copa de soledad y de
    desolación,
por la copa de tu hermana Samaria.
³⁴ La beberás, pues, hasta agotarla;
    quebrarás sus tiestos
y te desgarrarás los pechos,
    porque yo he hablado,
dice Jehová, el Señor.

³⁵ »Por tanto, así ha dicho Jehová, el Señor: Por cuanto te has olvidado de mí y me has echado a tus espaldas, por eso, lleva tú también tu lujuria y tus fornicaciones"».

³⁶ Y me dijo Jehová: «Hijo de hombre, ¿no juzgarás tú a Ahola y a Aholiba,ᵈ y les denunciarás sus abominaciones? ³⁷ Porque han adulterado y hay sangre en sus manos. Han fornicado con sus ídolos, y aun a sus hijos que habían dado a luz para mí, hicieron pasar por el fuego, quemándolos. ³⁸ Aun me hicieron más: contaminaron mi santuario en aquel día y profanaron mis sábados. ³⁹ Pues habiendo sacrificado sus hijos a sus ídolos, entraban en mi santuario el mismo día, para contaminarlo. ¡Y esto lo hicieron en medio de mi Casa! ⁴⁰ Además, enviaron en busca de hombres que vinieran de lejos, a los cuales había sido enviado un mensajero, y vinieron. Por amor de ellos te lavaste, te pintaste los ojos y te ataviaste con adornos; ⁴¹ te sentaste

ᶜ **23.32-34** Sal 75.8; Jer 25.15-29; Hab 2.16.   ᵈ **23.36** Ez. 23.4.

sobre un suntuoso estrado; fue preparada una mesa delante de él, y sobre ella pusiste mi incienso y mi aceite. ⁴²Y se oyó allí el bullicio de una multitud que se solazaba con ella; y con los hombres de la gente común había sabeos traídos del desierto; y pusieron pulseras en sus manos y bellas coronas sobre sus cabezas.

⁴³»Y dije respecto de la envejecida en adulterios: "¿Todavía cometerán fornicaciones con ella, y ella con ellos? ⁴⁴Porque vienen a ella como quien viene a una prostituta. Así vienen a Ahola y a Aholiba,ᵉ mujeres depravadas". ⁴⁵Por tanto, hombres justos las juzgarán según la ley de las adúlteras y según la ley de las que derraman sangre;ᶠ porque son adúlteras y hay sangre en sus manos.

⁴⁶»Por lo que así ha dicho Jehová, el Señor: "Yo haré subir contra ellas tropas, las entregaré a la turbación y la rapiña. ⁴⁷Las turbas las apedrearán y las atravesarán con sus espadas; matarán a sus hijos y a sus hijas, e incendiarán sus casas. ⁴⁸Así haré cesar la lujuria de la tierra; escarmentarán todas las mujeres, y no harán según vuestras perversidades. ⁴⁹Y sobre vosotras pondrán vuestras perversidades y pagaréis los pecados de vuestra idolatría. Y sabréis que yo soy Jehová, el Señor"».

Parábola de la olla hirviente

24 ¹Vino a mí palabra de Jehová en el año noveno, en el mes décimo, a los diez días del mes, diciendo: ²«Hijo de hombre, escribe la fecha de este día, porque el rey de Babilonia ha puesto sitio a Jerusalénᵃ en este mismo día. ³Y habla por medio de una parábola a la casa rebelde; diles: "Así ha dicho Jehová, el Señor:

»Pon una olla,
ponla y echa agua en ella;
⁴junta sus piezas de carne en ella:
todas buenas piezas, pierna y
espalda,
y llénala de huesos escogidos.
⁵Toma una oveja escogida,
y también enciende los huesos
debajo de ella;
haz que hierva mucho,

y cuece también sus huesos dentro de ella.

⁶»Pues así ha dicho Jehová, el Señor:

»¡Ay de la ciudad de sangres,
de la olla herrumbrosa
cuya herrumbre no ha sido
quitada!
Por sus piezas, por sus piezas
sácala,
sin echar suertes sobre ella.
⁷Porque su sangre está en medio
de ella,
derramada sobre la piedra
desnuda;
pues no la derramó sobre la tierra
para que fuera cubierta por el
polvo.
⁸Para hacer subir la ira,
para ejecutar la venganza,
yo pondré su sangre sobre la piedra
desnuda,
para que no sea cubierta.
⁹Por tanto, así ha dicho Jehová, el
Señor
¡Ay de la ciudad de sangres!
Pues también haré yo una gran
hoguera:
¹⁰Amontonaré la leña y encenderé
el fuego
para consumir la carne y hacer
la salsa,
y los huesos serán quemados;
¹¹pondré luego la olla vacía sobre
sus brasas,
para que se caldee,
se queme su fondo,
se funda en ella su suciedad
y se consuma su herrumbre.

¹²»En vano se cansó, pues no salió de ella su mucha herrumbre, que solo con fuego será quitada. ¹³En tu inmunda lujuria padecerás, porque yo traté de limpiarte, pero tú no te limpiaste de tu impureza: nunca más te limpiarás, hasta que yo sacie mi ira sobre ti. ¹⁴Yo, Jehová, he hablado: sucederá, yo lo haré. No me volveré atrás ni tendré piedad ni me arrepentiré; según tus caminos y tus obras te juzgarán, dice Jehová, el Señor"».

ᵉ**23.44.** 23.4.   ᶠ**23.45** Gn 9.6; Lv 20.10.   ᵃ**24.2-3** 2 R 25.1; Jer 52.4.

Muerte de la esposa de Ezequiel

[15] Vino a mí palabra de Jehová, diciendo: [16] «Hijo de hombre, he aquí que yo te quito de golpe la delicia de tus ojos; no hagas lamentación ni llores ni corran tus lágrimas. [17] Reprime el suspirar, no hagas luto por los muertos, cíñete el turbante, ponte los zapatos en los pies y no te cubras con rebozo ni comas pan de enlutados».

[18] Hablé al pueblo por la mañana, y a la tarde murió mi mujer; y a la mañana hice como me fue mandado. [19] Me dijo el pueblo:

—¿No nos enseñarás qué significan para nosotros estas cosas que haces?

[20] Yo les dije:

—La palabra de Jehová vino a mí, diciendo: [21] "Di a la casa de Israel que así ha dicho Jehová, el Señor: He aquí yo profano mi santuario, la gloria de vuestro poderío, la delicia de vuestros ojos y la pasión de vuestras almas. Vuestros hijos y vuestras hijas que dejasteis, caerán a espada". [22] Y haréis de la manera que yo hice: no os cubriréis con rebozo ni comeréis pan de gente en luto; [23] vuestros turbantes estarán sobre vuestras cabezas, y vuestros zapatos en vuestros pies; no haréis lamentación ni lloraréis, sino que os consumiréis a causa de vuestras maldades, y gemiréis unos con otros. [24] "Ezequiel, pues, os será por señal. Según todas las cosas que él hizo, haréis; y cuando esto ocurra, sabréis que yo soy Jehová, el Señor".

[25] «Y tú, hijo de hombre, el día que yo arrebate a ellos su fortaleza, el gozo de su gloria, la delicia de sus ojos y el anhelo de sus almas, y también sus hijos y sus hijas, [26] ese día vendrá a ti uno que haya escapado para traer las noticias. [27] Aquel día se abrirá tu boca para hablar con el fugitivo; hablarás, no permanecerás mudo. Tú les serás por señal, y sabrán que yo soy Jehová».

Profecía contra Amón

25 [1] Vino a mí palabra de Jehová, diciendo: [2] «Hijo de hombre, vuelve tu rostro hacia los hijos de Amón[a] y profetiza contra ellos. [3] Dirás a los hijos de Amón: "Oíd la palabra de Jehová, el Señor, que dice así: Por cuanto dijiste: '¡Ea, qué bien!', cuando mi santuario era profanado, la tierra de Israel era asolada y llevada en cautiverio la casa de Judá; [4] por eso yo te entrego por heredad a los orientales, pondrán en ti sus apriscos y plantarán en ti sus tiendas; ellos comerán tus sementeras y beberán tu leche. [5] Pondré a Rabá por pastizal de camellos y a los hijos de Amón por majada de ovejas. Y sabréis que yo soy Jehová. [6] Porque así ha dicho Jehová, el Señor: Por cuanto aplaudiste, golpeaste con tu pie y te gozaste en el alma con todo tu menosprecio hacia la tierra de Israel, [7] por eso yo extenderé mi mano contra ti y te entregaré a las naciones para ser saqueada; te eliminaré de entre los pueblos y te destruiré de entre los países. Te exterminaré, y sabrás que yo soy Jehová.

Profecía contra Moab

[8] »Así ha dicho Jehová, el Señor: Por cuanto dijeron Moab[b] y Seir: 'He aquí la casa de Judá es como todas las naciones'; [9] por eso, he aquí yo abro el lado de Moab desde las ciudades, desde sus ciudades que están en su confín, las tierras deseables de Bet-jesimot, Baal-meón y Quiriataim, [10] a los hijos del oriente junto con los hijos de Amón; y la entregaré por heredad, para que no haya más memoria de los hijos de Amón entre las naciones. [11] También en Moab ejecutaré juicios, y sabrán que yo soy Jehová.

Profecía contra Edom

[12] »Así ha dicho Jehová, el Señor: Por lo que hizo Edom,[c] tomando venganza de la casa de Judá, pues delinquieron en extremo cuando se vengaron de ellos; [13] por eso, así ha dicho Jehová, el Señor: Yo también extenderé mi mano sobre Edom y eliminaré de ella a hombres y a bestias, y la asolaré; desde Temán hasta Dedán caerán a espada. [14] Pondré mi venganza contra Edom en manos de mi pueblo Israel, y harán en Edom según mi enojo y conforme

---

[a] 25.1-7 Jer 49.1-6; Ez 21.28-32; Am 1.13-15; Sof 2.8-11. [b] 25.8-11 Is 15.1—16.14; 25.10-12; Jer 48; Am 2.1-3; Sof 8.11. [c] 25.12-14 Is 34.5-17; 63.1-6; Jer 49.7-22; Ez 35; Am 1.11-12; Abd 1-14; Mal 1.2-5.

a mi ira; y conocerán mi venganza, dice Jehová, el Señor.

Profecía contra los filisteos

15 »Así ha dicho Jehová, el Señor: Por lo que hicieron los filisteos[d] por venganza, cuando se vengaron con despecho de ánimo, destruyendo por antiguas enemistades; 16 por eso, así ha dicho Jehová: He aquí yo extiendo mi mano contra los filisteos, eliminaré a los cereteos y destruiré el resto que queda en la costa del mar. 17 Haré en ellos grandes venganzas con represiones de ira; y sabrán que yo soy Jehová, cuando lleve a cabo mi venganza en ellos"».

Profecía contra Tiro

26 1 Aconteció en el undécimo año, en el día primero del mes, que vino a mí palabra de Jehová, diciendo: 2 «Hijo de hombre, por cuanto dijo Tiro[a] contra Jerusalén:

»"¡Ea, qué bien! ¡Quebrantada está la que era puerta de las naciones!
¡Ha llegado mi turno:
yo seré llena
y ella quedará arruinada!"

3 »Por tanto, así ha dicho Jehová, el Señor:

»He aquí yo estoy contra ti, Tiro,
y haré subir contra ti muchas
   naciones,
como el mar hace subir sus olas.

4 »Demolerán los muros de Tiro
y derribarán sus torres;
barreré de ella hasta el polvo
y la dejaré como una roca desnuda.
5 Tendedero de redes
será en medio del mar,
porque yo he hablado,
dice Jehová, el Señor.
Será saqueada por las naciones;
6 sus hijas que están en el campo
serán muertas a espada.
Y sabrán que yo soy Jehová.

7 »Porque así ha dicho Jehová, el Señor: Del norte traigo yo contra Tiro a Nabucodonosor, rey de Babilonia, rey de reyes, con caballos, carros y jinetes, y con tropas y mucha gente.

8 »Matará a espada
a tus hijas que están en el campo,
pondrá contra ti torres de sitio,
levantará terraplenes contra ti
y contra ti afirmará el escudo.
9 Pondrá contra ti arietes, contra tus
   muros,
y tus torres destruirá con hachas.
10 Por la multitud de sus caballos
te cubrirá el polvo de ellos;
con el estruendo de su caballería,
de las ruedas y de los carros,
temblarán tus muros
cuando entre por tus puertas
como por las brechas de una
   ciudad destruida.
11 Con los cascos de sus caballos
pisoteará todas tus calles.
A tu pueblo matará a filo de
   espada,
y tus fuertes columnas caerán a
   tierra.
12 Robarán tus riquezas y saquearán
   tus mercaderías;
arruinarán tus muros,
destruirán tus casas preciosas
y arrojarán en medio del mar tus
   piedras,
tu madera y tus escombros.
13 Haré cesar el bullicio de tus
   canciones
y no se oirá más el son de tus
   cítaras.[b]
14 Haré de ti una roca desnuda,
un tendedero de redes;
nunca más serás edificada,
porque yo, Jehová, he hablado,
dice Jehová, el Señor.

15 »Así ha dicho Jehová, el Señor, a Tiro: ¿No se estremecerán las costas al estruendo de tu caída, cuando griten los heridos, cuando ocurra la matanza en medio de ti? 16 Entonces todos los soberanos

---

[d] **25.15-17** Is 14.29-31; Jer 47.1-7; Jl 3.4-8; Am 1.6-8; Sof 2.4-7; Zac 9.5-7.   [a] **26.1—28.19** Is 23; Jl 3.4-8; Am 1.9-10; Zac 9.1-4; Mt 11.21-22; Lc 10.13-14.   [b] **26.13** Ap 18.22.

del mar descenderán de sus tronos, se quitarán sus mantos y se despojarán de sus ropas bordadas. De espanto se vestirán, se sentarán sobre la tierra y temblarán a cada instante, y estarán atónitos respecto a ti. [17] Entonarán sobre ti lamentaciones, y te dirán:

»"¿Cómo pereciste tú,
poblada por gente de mar,
ciudad que era alabada,
que era fuerte en el mar,
ella y sus habitantes, que infundían terror
a todos los que la rodeaban?"
[18] Ahora se estremecerán las islas en el día de tu caída;
sí, las islas que están en el mar
se espantarán a causa de tu fin.[c]

[19] »Así ha dicho Jehová, el Señor: Yo te convertiré en una ciudad asolada, como las ciudades que no se habitan; haré subir sobre ti el abismo, y las muchas aguas te cubrirán. [20] Te haré descender con los que descienden a la fosa, con los pueblos de otros siglos, y te pondré en las profundidades de la tierra, como los desiertos antiguos, con los que descienden a la fosa, para que nunca más seas poblada. Y daré gloria en la tierra de los vivientes. [21] Te convertiré en un espanto, y dejarás de ser; serás buscada, pero nunca más serás hallada,[d] dice Jehová, el Señor».

27 [1] Vino a mí palabra de Jehová, diciendo: [2] «Tú, hijo de hombre, entona una lamentación sobre Tiro. [3] Dirás a Tiro, que está asentada a las orillas del mar, la que trafica con los pueblos de muchas costas: "Así ha dicho Jehová, el Señor:

»Tiro, tú has dicho: 'Yo soy de perfecta hermosura'.
[4] En el corazón de los mares están tus confines;
los que te edificaron
perfeccionaron tu belleza.
[5] De cipreses del monte Senir te fabricaron

todo el maderamen;
tomaron un cedro del Líbano
para hacerte el mástil.
[6] De encinas de Basán
hicieron tus remos,
y de las costas de Quitim
tu cubierta de pino
incrustada de marfil.
[7] De lino fino bordado de Egipto
era tu vela,
para que te sirviera de estandarte;
y de azul y púrpura de las costas de Elisa
era tu pabellón.
[8] Los moradores de Sidón y de Arvad
fueron tus remeros;
tus sabios, Tiro, estaban en ti,
ellos fueron tus pilotos.
[9] Los ancianos de Gebal y sus hábiles artífices
calafateaban tus junturas;
todas las naves del mar y sus remeros
acudieron a ti para negociar,
para participar de tus negocios.

[10] »Persas y los de Lud y Fut
fueron en tu ejército tus hombres de guerra;
escudos y yelmos colgaron en ti;
ellos te dieron tu esplendor.

[11] »Los hijos de Arvad con tu ejército estaban sobre tus muros y alrededor de ellos; y en tus torres había gamadeos, que colgaban sus escudos alrededor de tus muros; ellos perfeccionaban tu belleza. [12] »Tarsis comerciaba contigo por la abundancia de todas tus riquezas, con plata, hierro, estaño y plomo a cambio de tus mercaderías. [13] Javán, Tubal y Mesec comerciaban también contigo, con hombres y con utensilios de bronce a cambio de tus mercaderías. [14] Los de la casa de Togarma te daban caballos, corceles de guerra y mulos a cambio de tus mercancías. [15] Los hijos de Dedán traficaban contigo; muchas costas tomaban mercadería de tu mano; colmillos de marfil y ébano te

---

[c] **26.16-18** Ap 18.9-10.   [d] **26.21** Ap 18.21.

dieron en pago. ¹⁶ Por la abundancia de tus productos, Edom traficaba contigo con perlas, púrpura, vestidos bordados, linos finos, corales y rubíes a cambio de tus mercaderías. ¹⁷ Judá y la tierra de Israel comerciaban contigo con trigos de Minit y Panag, miel, aceite y resina, a cambio de tus mercancías. ¹⁸ Damasco comerciaba contigo por la gran abundancia de tus productos y de toda riqueza; con vino de Helbón y lana blanca negociaban. ¹⁹ Asimismo Dan y el errante Javán, a cambio de tus mercaderías te dieron mercancías de hierro labrado, mirra destilada y caña aromática. ²⁰ Dedán comerciaba contigo con paños preciosos para monturas. ²¹ Arabia y todos los gobernantes de Cedar traficaban contigo con corderos, carneros y machos cabríos: con todo ello comerciaron contigo. ²² Los mercaderes de Sabá y de Raama hicieron comercio contigo con lo principal de toda especiería y con toda piedra preciosa y oro, a cambio de tus mercaderías. ²³ Harán, Cane, Edén y los mercaderes de Sabá, de Asiria y de Quilmad, traficaban contigo. ²⁴ Estos mercaderes tuyos negociaban contigo en varias cosas: mantos de azul y bordados, cajas de ropas preciosas enlazadas con cordones, y madera de cedro.

²⁵ »Las naves de Tarsis eran como tus caravanas que transportaban tus mercancías.

»Llegaste a ser opulenta, te
   multiplicaste en gran manera
en medio de los mares.
²⁶ En aguas profundas
   te anclaron tus remeros;
el viento del este te quebrantó
   en medio de los mares.
²⁷ Tus riquezas, tus mercaderías, tu
   tráfico,
tus remeros, tus pilotos,
tus calafateadores, los agentes de
   tus negocios,
con todos los hombres de guerra
   que tú tienes
y con toda la tripulación que se
   halla en medio de ti,
caerán en medio de los mares
el día de tu caída.

²⁸ Al estrépito de las voces de tus
   marineros
temblarán las costas.
²⁹ Descenderán de sus naves
todos los que empuñan remo:
los remeros y todos los pilotos
   del mar
se quedarán en tierra.
³⁰ Ellos harán oír su voz sobre ti.
Gritarán amargamente,
echarán polvo sobre sus cabezas
y se revolcarán en ceniza.
³¹ Se raparán por ti los cabellos,
se ceñirán con ropa áspera
y entonarán por ti lamentaciones
   amargas,
con amargura del alma.
³² Entre gemidos entonarán por ti
   lamentaciones;
harán lamentación por ti, diciendo:
'¿Quién como Tiro,
como la destruida en medio
   del mar?'.
³³ Cuando tus mercaderías salían de
   las naves,
saciabas a muchos pueblos;
a los reyes de la tierra enriqueciste
con la gran abundancia de tus
   riquezas y mercancías.
³⁴ En el tiempo en que seas
   quebrantada por el mar,
en lo profundo de las aguas,
tu comercio y toda tu tripulación
caerán en medio de ti.
³⁵ Todos los moradores de las costas
estarán atónitos por tu causa,
y sus reyes temblarán de espanto;
se demudará su rostro.
³⁶ Los mercaderes en los pueblos
silbarán contra ti;
vendrás a ser objeto de espanto,
y para siempre dejarás de ser"».ᵃ

28 ¹ Vino a mí palabra de Jehová, diciendo: ² «Hijo de hombre, di al gobernante de Tiro: "Así ha dicho Jehová, el Señor:

»Tu corazón se ensoberbeció,
y dijiste: 'Yo soy un dios,
y estoy sentado en el trono de dios,
en medio de los mares';
pero tú eres hombre, y no Dios,

ᵃ 27.25-36 Ap 18.11-19.

y has puesto tu corazón como el corazón de un dios.

³ ¿Eres tú acaso más sabio que Daniel?*ᵃ*

¿Acaso no hay secreto que te sea oculto?

⁴ Con tu sabiduría y prudencia has adquirido riquezas, has acumulado oro y plata en tus tesoros.

⁵ Con la grandeza de tu sabiduría en tus tratos comerciales has multiplicado tus riquezas, y a causa de tus riquezas se ha ensoberbecido tu corazón.

⁶ »Por tanto, así ha dicho Jehová, el Señor:

»Por cuanto pusiste tu corazón como el corazón de un dios,

⁷ por eso, he aquí yo traigo sobre ti extranjeros, los fuertes de las naciones, que desenvainarán sus espadas contra la hermosura de tu sabiduría y mancharán tu esplendor.

⁸ Al sepulcro te harán descender, y morirás con la muerte de los que mueren en medio de los mares.

⁹ ¿Hablarás delante del que te mate, diciendo: 'Yo soy Dios'? ¡Tú, en la mano de tu matador, eres un hombre y no un dios!

¹⁰ De muerte de incircuncisos morirás a manos de extranjeros; porque yo he hablado, dice Jehová, el Señor"».

¹¹ Vino a mí palabra de Jehová, diciendo: ¹² «Hijo de hombre, entona lamentaciones sobre el rey de Tiro, y dile: "Así ha dicho Jehová, el Señor:

»Tú eras el sello de la perfección, lleno de sabiduría, y de acabada hermosura.

¹³ En Edén, en el huerto de Dios, estuviste.

De toda piedra preciosa era tu vestidura: de cornerina, topacio, jaspe, crisólito, berilo y ónice; de zafiro, carbunclo, esmeralda y oro.

¡Los primores de tus tamboriles y flautas fueron preparados para ti en el día de tu creación!

¹⁴ Tú, querubín grande, protector, yo te puse en el santo monte de Dios.

Allí estuviste, y en medio de las piedras de fuego te paseabas.

¹⁵ Perfecto eras en todos tus caminos desde el día en que fuiste creado hasta que se halló en ti maldad.

¹⁶ A causa de tu intenso trato comercial, te llenaste de iniquidad y pecaste, por lo cual yo te eché del monte de Dios y te arrojé de entre las piedras del fuego, querubín protector.

¹⁷ Se enalteció tu corazón a causa de tu hermosura, corrompiste tu sabiduría a causa de tu esplendor; yo te arrojaré por tierra, y delante de los reyes te pondré por espectáculo.

¹⁸ Con tus muchas maldades y con la iniquidad de tus tratos comerciales profanaste tu santuario; yo, pues, saqué fuego de en medio de ti, el cual te consumió, y te puse en ceniza sobre la tierra ante los ojos de todos los que te miran.

¹⁹ Todos los que te conocieron de entre los pueblos se quedarán atónitos por causa tuya; serás objeto de espanto, y para siempre dejarás de ser"».

ᵃ **28.3** Ez 14.14.

Profecía contra Sidón

²⁰ Vino a mí palabra de Jehová, diciendo: ²¹ «Hijo de hombre, vuelve tu rostro hacia Sidón*b* y profetiza contra ella. ²² Dirás: "Así ha dicho Jehová, el Señor:

>He aquí yo estoy contra ti, Sidón,
y en medio de ti seré glorificado.
Y sabrán que yo soy Jehová
cuando ejecute en ella juicios
y en ella me santifique.
²³ Enviaré a ella peste
y sangre en sus calles,
y caerán muertos en medio de ella,
con espada contra ella por todos
lados.
Y sabrán que yo soy Jehová.

²⁴ »Nunca más será a la casa de Israel
una espina desgarradora ni un
aguijón que le cause dolor
en medio de cuantos la rodean y la
menosprecian.
Y sabrán que yo soy Jehová.

²⁵ »Así ha dicho Jehová, el Señor: Cuando recoja a la casa de Israel de los pueblos entre los cuales está esparcida, entonces me santificaré en ellos ante los ojos de las naciones, y habitarán en su tierra, la cual di a mi siervo Jacob. ²⁶ Habitarán en ella seguros; edificarán casas y plantarán viñas. Vivirán confiadamente, cuando yo haga juicios en todos los que los despojan en sus alrededores. Y sabrán que yo soy Jehová, su Dios"».

Profecías contra Egipto

29 ¹ En el año décimo, en el mes décimo, a los doce días del mes, vino a mí palabra de Jehová, diciendo: ² «Hijo de hombre, vuelve tu rostro contra el faraón, rey de Egipto, y profetiza contra él y contra todo Egipto.*a* ³ Habla y di: "Así ha dicho Jehová, el Señor:

>Yo estoy contra ti,
el faraón, rey de Egipto,
el gran dragón que yace
en medio de sus ríos,

el cual dijo: 'Mío es el Nilo,
pues yo lo hice'.
⁴ Yo, pues, pondré garfios en tus
quijadas;
pegaré los peces de tus ríos a tus
escamas
y te sacaré de en medio de tus ríos,
y todos los peces de tus ríos
saldrán pegados a tus escamas.
⁵ Te dejaré en el desierto,
a ti y a todos los peces de tus ríos;
sobre la faz del campo caerás
y no serás recogido ni serás
juntado.
A las fieras de la tierra y a las aves
del cielo
te he dado por comida.

⁶ »Sabrán todos los moradores de
Egipto
que yo soy Jehová.
Por cuanto fuiste un báculo de caña
para la casa de Israel.
⁷ Cuando te tomaron con la mano, te
quebraste,
y les rompiste por entero el
hombro;
y cuando se apoyaron en ti, te
quebraste
y les rompiste por entero las
caderas.*b*

⁸ »Por tanto, así ha dicho Jehová, el Señor: Yo traigo contra ti espada, y exterminaré de ti a hombres y a bestias, ⁹ y la tierra de Egipto quedará asolada y desierta. Y sabrán que yo soy Jehová, por cuanto él dijo: 'El Nilo es mío, yo lo hice'. ¹⁰ Por tanto, he aquí yo estoy contra ti y contra tus ríos. Convertiré la tierra de Egipto en desolación, en la soledad del desierto, desde Migdol hasta Sevene, hasta el límite de Etiopía. ¹¹ No pasará por ella pie humano, ni pie de animal pasará por ella, ni será habitada durante cuarenta años. ¹² Convertiré la tierra de Egipto en la más desolada de todas las tierras, y sus ciudades, entre las ciudades destruidas, serán una desolación durante cuarenta años. Esparciré a Egipto entre las naciones y lo dispersaré por los países.

b **28.20-26** Jl 3.4-8; Zac 9.1-2; Mt 11.21-22; Lc 10.13-14.   *a* **29.1—32.32** Is 19.1-25; Jer 46.2-26.
b **29.6-7** 2 R 18.21; Is 36.6.

¹³»Porque así ha dicho Jehová, el Señor: Al cabo de cuarenta años recogeré a Egipto de entre los pueblos entre los cuales hubieran sido esparcidos; ¹⁴ volveré a traer los cautivos de Egipto y los llevaré a la tierra de Patros, a la tierra de su origen; y allí serán un reino despreciable. ¹⁵ En comparación con los otros reinos será el más humilde: nunca más se elevará sobre las naciones, porque yo los rebajaré para que no vuelvan a tener dominio sobre las naciones. ¹⁶ Y no será ya más para la casa de Israel apoyo de confianza, que les haga recordar el pecado de mirar en pos de ellos. Y sabrán que yo soy Jehová, el Señor"».

¹⁷ Aconteció en el año veintisiete, en el mes primero, el día primero del mes, que vino a mí palabra de Jehová, diciendo: ¹⁸ «Hijo de hombre, Nabucodonosor, rey de Babilonia, hizo a su ejército prestar un arduo servicio contra Tiro. Toda cabeza ha quedado rapada y toda espalda desollada; y ni él ni su ejército recibieron paga de Tiro por el servicio que prestó contra ella. ¹⁹ Por tanto, así ha dicho Jehová, el Señor: "He aquí que yo doy a Nabucodonosor, rey de Babilonia, la tierra de Egipto; él tomará sus riquezas, recogerá sus despojos y arrebatará el botín, y así habrá paga para su ejército. ²⁰ Por su trabajo con que sirvió contra ella le he dado la tierra de Egipto; porque trabajaron para mí", dice Jehová, el Señor.

²¹ »En aquel tiempo haré retoñar el poder de la casa de Israel y abriré tu boca en medio de ellos. Y sabrán que yo soy Jehová».

30

¹ Vino a mí palabra de Jehová, diciendo: ² «Hijo de hombre, profetiza y di: "Así ha dicho Jehová, el Señor:

»Lamentad, diciendo: '¡Ay de aquel día!'
³ Porque cerca está el día,
cerca está el día de Jehová;
día de nublado,
día de castigo de las naciones será.ᵃ
⁴ Vendrá espada a Egipto
y habrá miedo en Etiopía
cuando caigan heridos en Egipto.
Tomarán sus riquezas

y serán destruidos sus
fundamentos.
⁵ Etiopía, Fut, Lud,
toda Arabia, Libia
y los hijos de los países aliados
caerán con ellos a filo de espada.
⁶ Así ha dicho Jehová:
También caerán los que sostienen a
Egipto,
y la altivez de su poderío caerá;
desde Migdol hasta Sevene
caerán en él a filo de espada",
dice Jehová, el Señor.

⁷ »Será la más desolada de todas las tierras, y sus ciudades estarán entre las ciudades destruidas. ⁸ Y sabrán que yo soy Jehová, cuando ponga fuego a Egipto y sean quebrantados todos sus ayudadores.

⁹ »En aquel tiempo saldrán mensajeros de parte mía en naves, para espantar a Etiopía la confiada, y tendrán espanto como en el día de Egipto; porque he aquí que viene.

¹⁰ »Así ha dicho Jehová, el Señor: Destruiré las riquezas de Egipto por mano de Nabucodonosor, rey de Babilonia. ¹¹ Él, y con él su pueblo, los más fuertes de las naciones, serán traídos para destruir el país. Desenvainarán sus espadas sobre Egipto y llenarán de muertos la tierra. ¹² Secaré los ríos y entregaré el país en manos de malos, y a manos de extranjeros destruiré la tierra y cuanto en ella hay. Yo, Jehová, he hablado.

¹³ »Así ha dicho Jehová, el Señor:

»Destruiré también las imágenes
y destruiré los ídolos de Menfis;
y no volverá a haber un soberano
de la tierra de Egipto,
y en la tierra de Egipto pondré
temor.
¹⁴ Asolaré a Patros, pondré fuego
a Zoán
y ejecutaré juicios en Tebas.

¹⁵ »Derramaré mi ira sobre Sin, fortaleza de Egipto, y exterminaré a la multitud de Tebas. ¹⁶ Pondré fuego a Egipto: Sin tendrá gran dolor, Tebas será destrozada

ᵃ **30.2-3** Is 13.6; Jl 1.15; Sof 1.14-18; Mal 3.2; Ap 6.17.

y Menfis tendrá continuas angustias.
[17] Los jóvenes de Avén y de Pibeset caerán
a filo de espada, y las mujeres irán en cautiverio. [18] En Tafnes se oscurecerá el día,
cuando quebrante yo allí el poder de
Egipto y cese en ella la soberbia de su poderío; tiniebla la cubrirá, y los habitantes
de sus aldeas irán en cautiverio. [19] Ejecutaré, pues, juicios en Egipto y sabrán que
yo soy Jehová».

[20] Aconteció en el año undécimo, en el
mes primero, a los siete días del mes, que
vino a mí palabra de Jehová, diciendo:
[21] «Hijo de hombre, he quebrado el brazo
del faraón, rey de Egipto; y he aquí que no
ha sido vendado poniéndole medicinas,
ni poniéndole un vendaje para ligarlo, a
fin de fortalecerlo para que pueda sostener la espada. [22] Por tanto, así ha dicho
Jehová, el Señor: Al faraón, rey de Egipto,
me enfrentaré y quebraré sus brazos, el
fuerte y el fracturado, y haré que la espada se le caiga de la mano. [23] Esparciré a los
egipcios entre las naciones y los dispersaré por los países. [24] Fortaleceré los brazos
del rey de Babilonia, y pondré mi espada
en su mano; pero quebraré los brazos del
faraón, y delante de aquél gemirá con gemidos de herido de muerte. [25] Fortaleceré, pues, los brazos del rey de Babilonia, y
los brazos del faraón caerán; y sabrán que
yo soy Jehová, cuando yo ponga mi espada en la mano del rey de Babilonia y él la
extienda contra la tierra de Egipto.
[26] Esparciré a los egipcios entre las naciones y los dispersaré por los países. Y sabrán que yo soy Jehová».

31 [1] Aconteció en el año undécimo, en
el mes tercero, el día primero del
mes, que vino a mí palabra de Jehová, diciendo: [2] «Hijo de hombre, di al faraón,
rey de Egipto, y a su pueblo:

»"¿A quién te comparaste en tu
    grandeza?
[3] He aquí era el asirio
    un cedro en el Líbano,
    de hermosas ramas,
    frondoso ramaje y gran altura:
    su copa llegaba hasta las nubes.
[4] Las aguas lo hicieron crecer,
    lo encumbró el abismo;

sus ríos corrían
    alrededor de su pie,
    y a todos los árboles del campo
    enviaba sus corrientes.
[5] Por tanto, se encumbró su altura
    sobre todos los árboles del campo
    y se multiplicaron sus ramas,
    y a causa de las muchas aguas
    se extendió el ramaje
    que había echado.
[6] En sus ramas hacían nido
    todas las aves del cielo,
    debajo de su ramaje parían
    todas las bestias del campo
    y a su sombra habitaban
    muchas naciones.
[7] Se hizo, pues, hermoso en su
    grandeza
    con la extensión de sus ramas,
    porque su raíz estaba
    junto a aguas abundantes.
[8] Los cedros no lo superaron
    en el huerto de Dios;[a]
    los cipreses no fueron semejantes a
    sus ramas
    ni los castaños fueron semejantes a
    su ramaje;
    ningún árbol en el huerto de Dios
    fue semejante a él en hermosura.
[9] Lo hice hermoso
    con la multitud de sus ramas,
    y todos los árboles del Edén,
    que estaban en el huerto de Dios,
    tuvieron de él envidia.

[10] »Por tanto, así dijo Jehová, el Señor:
Ya que por ser encumbrado en altura y
haber levantado su copa entre las nubes,
su corazón se elevó con su altura, [11] yo lo
entregaré en manos del poderoso de las
naciones, que de cierto lo tratará según su
maldad. Yo lo he desechado. [12] Lo destruirán extranjeros, y los poderosos de las naciones lo derribarán. Sus ramas caerán
sobre los montes y por todos los valles;
por todos los arroyos de la tierra será quebrado su ramaje. Todos los pueblos de la
tierra se irán de su sombra, y lo abandonarán. [13] Sobre su tronco caído habitarán
todas las aves del cielo, y sobre sus ramas
estarán todas las bestias del campo, [14] para que no se exalten en su altura todos los

---

[a] 31.8-9 Gn 2.8-9.

árboles que crecen junto a las aguas, ni levanten su copa entre la espesura, ni confíen en su altura todos los que beben aguas; porque todos están destinados a la muerte, a lo profundo de la tierra, entre los hijos de los hombres, junto con los que descienden a la fosa.

15 »Así ha dicho Jehová, el Señor: El día que descendió al seol, hice guardar luto, y que se cubriera por él el abismo. Detuve sus ríos, y las muchas aguas fueron detenidas. Por él cubrí de tinieblas el Líbano, y todos los árboles del campo se desmayaron. 16 Con el estruendo de su caída hice temblar a las naciones, cuando las hice descender al seol con todos los que descienden a la sepultura. Y todos los árboles escogidos del Edén, los mejores del Líbano, todos los que beben aguas, fueron consolados en lo profundo de la tierra. 17 También ellos descendieron con él al seol, con los muertos a espada, los que fueron su brazo, los que estuvieron a su sombra en medio de las naciones.

18 ¿A quién te has comparado así en gloria y en grandeza entre los árboles del Edén? Pues derribado serás con los árboles del Edén en lo profundo de la tierra; entre los incircuncisos yacerás, con los muertos a espada. Este es el faraón y todo su pueblo, dice Jehová, el Señor"».

32 ¹ Aconteció en el año duodécimo, en el mes duodécimo, el día primero del mes, que vino a mí palabra de Jehová, diciendo: 2 «Hijo de hombre, entona una lamentación por el faraón, rey de Egipto, y dile:

»"A leoncillo de naciones eres
      semejante,
y eres como el dragón en los mares;
pues secabas tus ríos,
enturbiabas las aguas con tus pies
y pisoteabas sus riberas.

3 »Así ha dicho Jehová, el Señor: Yo extenderé sobre ti mi red con la reunión de muchos pueblos, y te harán subir con mi red.

4 »Te echaré por tierra,
      te echaré sobre la faz del campo,

haré que se posen sobre ti
      todas las aves del cielo,
y saciaré de ti
      a todas las fieras de la tierra.
5 Pondré tus carnes sobre los montes
y llenaré los valles con tus
      cadáveres.
6 Regaré con tu sangre la tierra
      donde nadas,
hasta los montes,
y los arroyos se llenarán de ti.
7 Cuando te haya extinguido,
cubriré los cielos y haré oscurecer
      sus estrellas;
el sol cubriré con nublado
y la luz de la luna no
      resplandecerá.ᵃ
8 Haré que por ti se oscurezcan
      todos los astros brillantes del cielo,
y pondré tinieblas sobre tu tierra",
dice Jehová, el Señor.

9 »Entristeceré el corazón de muchos pueblos cuando lleve al cautiverio a los tuyos entre las naciones, por los países que no has conocido. 10 Dejaré atónitos por ti a muchos pueblos, y sus reyes tendrán horror grande a causa de ti, cuando haga resplandecer mi espada ante sus rostros; y todos temblarán a cada instante en el día de tu caída, 11 porque así ha dicho Jehová, el Señor:

»La espada del rey de Babilonia
      vendrá sobre ti.
12 Con espadas de fuertes haré que
      caiga tu pueblo;
todos ellos serán los poderosos de
      las naciones.
Destruirán la soberbia de Egipto
y toda su multitud será deshecha.
13 Todas sus bestias destruiré
de sobre las muchas aguas;
ya no las enturbiará
ni pie de hombre ni pezuña de
      bestia.
14 Entonces haré asentarse sus aguas
y haré correr sus ríos como aceite,
dice Jehová, el Señor.
15 Cuando deje asolado el país de
      Egipto,

ᵃ 32.7 Is 13.10; Am 8.9; Mt 24.29; Mc 13.24-25; Lc 21.25; Ap 6.12-13; 8.12.

y el país quede despojado de todo
cuanto hay en él;
cuando mate a todos los que en el
moran,
sabrán que yo soy Jehová.

¹⁶ »Esta es la lamentación que cantarán.
Las hijas de las naciones la cantarán; entonarán la lamentación por Egipto y por toda la multitud, dice Jehová, el Señor».

¹⁷ Aconteció en el año duodécimo, a
los quince días del mes, que vino a mí palabra de Jehová, diciendo: ¹⁸ «Hijo de
hombre, entona una lamentación por la
multitud de Egipto; y despéñalo a él y a
las hijas de las naciones poderosas, a lo
profundo de la tierra, con los que descienden a la sepultura.

¹⁹ "¿Acaso eres más hermoso que
los otros?
¡Pues desciende y yace en la fosa
con los incircuncisos!".

²⁰ »Entre los muertos a espada caerá;
a la espada es entregado.
¡Traedlo a él y a todos sus pueblos!
²¹ De en medio del seol le hablarán los
fuertes de los fuertes,
junto con sus aliados,
los que descendieron y yacen con
los incircuncisos muertos a
espada.

²² »Allí está Asiria con toda su
multitud;
a su alrededor están sus sepulcros;
todos ellos cayeron muertos a
espada.
²³ Sus sepulcros fueron puestos a los
lados de la fosa,
y su gente está por los alrededores
de su sepulcro;
todos ellos cayeron muertos a
espada,
los que sembraron el terror en la
tierra de los vivientes.

²⁴ »Allí está Elam con toda su
multitud
por los alrededores de su sepulcro.
Todos ellos cayeron muertos a
espada

y descendieron incircuncisos a lo
más profundo de la tierra,
porque sembraron su terror en la
tierra de los vivientes,
mas llevaron su ignominia con los
que descienden al sepulcro.
²⁵ En medio de los muertos le
pusieron lecho,
con toda su multitud;
a sus alrededores están sus
sepulcros;
todos ellos incircuncisos, muertos
a espada,
porque fue puesto su espanto en la
tierra de los vivientes,
mas llevaron su ignominia con los
que descienden al sepulcro;
él fue puesto en medio de los
muertos.

²⁶ »Allí están Mesec y Tubal, con toda
su multitud;
a sus alrededores están sus
sepulcros;
todos ellos incircuncisos, muertos a
espada,
porque habían sembrado su terror
en la tierra de los vivientes.
²⁷ No yacerán con los fuertes de los
incircuncisos que cayeron,
los que descendieron al seol con sus
armas de guerra
y sus espadas puestas debajo de
sus cabezas;
mas sus maldades estarán sobre
sus huesos, por cuanto fueron el
terror de los fuertes en la tierra
de los vivientes.
²⁸ Tú, pues, serás quebrantado entre
los incircuncisos
y yacerás con los muertos a espada.

²⁹ »Allí está Edom, con sus reyes y
todos sus príncipes,
quienes con su poderío fueron
puestos con los muertos a
espada;
ellos yacerán con los incircuncisos,
con los que descienden al sepulcro.

³⁰ »Allí están los gobernantes del
norte, todos ellos,
y todos los sidonios, que con su

terror descendieron con los
muertos;
avergonzados de su poderío,
yacen también incircuncisos con
los muertos a espada
y comparten su ignominia con los
que descienden al sepulcro.

³¹»A estos verá el faraón, y se consolará sobre toda su multitud: al faraón muerto a espada, y todo su ejército, dice Jehová, el Señor. ³²Porque puse mi terror en la tierra de los vivientes, también el faraón y toda su multitud yacerán entre los incircuncisos, con los muertos a espada, dice Jehová, el Señor».

El deber del atalaya
(Ez 3.16-21)

33 ¹Vino a mí palabra de Jehová, diciendo: ²«Hijo de hombre, habla a los hijos de tu pueblo y diles: "Cuando traiga yo espada sobre la tierra, y el pueblo de la tierra tome a un hombre de su territorio y lo ponga por centinela,ᵃ ³y él vea venir la espada sobre la tierra, y toque la trompeta y avise al pueblo, ⁴cualquiera que oiga el sonido de la trompeta y no se prepare, y viniendo la espada lo hiera, su sangre será sobre su cabeza. ⁵El sonido de la trompeta oyó, pero no se preparó: su sangre será sobre él; pero el que se prepare, salvará su vida. ⁶Pero si el centinela ve venir la espada y no toca la trompeta, y el pueblo no se prepara, y viniendo la espada, hiere a alguno de ellos, este fue tomado por causa de su pecado, pero demandaré su sangre de mano del centinela.

⁷»A ti, pues, hijo de hombre, te he puesto por centinela de la casa de Israel: tú oirás la palabra de mi boca y los amonestarás de mi parte. ⁸Cuando yo diga al impío: '¡Impío, de cierto morirás!', si tú no hablas para que se guarde el impío de su camino, el impío morirá por su pecado, pero yo demandaré su sangre de tu mano. ⁹Pero si tú avisas al impío de su camino para que se aparte de él, y él no se aparta de su camino, él morirá por su pecado, pero tú libraste tu vida"».

El camino de Dios es justo
(Ez 18.21-32)

¹⁰«Tú, pues, hijo de hombre, di a la casa de Israel: "Vosotros habéis hablado así, diciendo: 'Nuestras rebeliones y nuestros pecados están sobre nosotros, y a causa de ellos somos consumidos: ¿cómo, pues, viviremos?'. ¹¹Diles: Vivo yo, dice Jehová, el Señor, que no quiero la muerte del impío, sino que se vuelva el impío de su camino y que viva. ¡Volveos, volveos de vuestros malos caminos! ¿Por qué habéis de morir, casa de Israel?ᵇ ¹²Y tú, hijo de hombre, di a los hijos de tu pueblo: La justicia del justo no lo librará el día que se rebele; y la impiedad del impío no le será estorbo el día que se vuelva de su impiedad. El justo no podrá vivir por su justicia el día que peque. ¹³Cuando yo diga al justo: ¡De cierto vivirás!, pero él, confiado en su justicia, actúe con iniquidad, ninguna de sus justicias será recordada, sino que morirá por la iniquidad cometida. ¹⁴Y cuando yo diga al impío: ¡De cierto morirás!, si él se convierte de su pecado y actúa conforme al derecho y la justicia, ¹⁵si el impío restituye la prenda robada, devuelve lo que haya robado y camina en los estatutos de la vida, sin cometer iniquidad, vivirá ciertamente y no morirá. ¹⁶No se le recordará ninguno de los pecados que había cometido; actuó conforme al derecho y la justicia, y vivirá ciertamente.

¹⁷»Luego dirán los hijos de tu pueblo: '¡No es recto el camino del Señor!'. ¡El camino de ellos es el que no es recto! ¹⁸Cuando el justo se aparte de su justicia y cometa iniquidad, morirá por ello. ¹⁹Y cuando el impío se aparte de su impiedad y actúe conforme al derecho y la justicia, vivirá por ello. ²⁰Pero vosotros habéis dicho: 'No es recto el camino del Señor'. Yo os juzgaré, casa de Israel, a cada uno conforme a sus caminos"».ᶜ

Noticias de la caída de Jerusalén
²¹Aconteció en el año duodécimo de nuestro cautiverio, en el mes décimo, a los cinco días del mes, que vino a mí un fugitivo de Jerusalén, diciendo: «¡La

---

ᵃ **33.2** Is 21.6,11; Jer 6.17; Os 9.8.   ᵇ **33.11** Ez 18.23,32; 2 P 3.9.   ᶜ **33.20** Job 34.11; Sal 62.11-12; Jer 17.10; Ez 18.30; Mt 16.27; Ro 2.6.

ciudad ha sido conquistada!».*d* ²² Y la mano de Jehová había sido sobre mí la tarde antes de llegar el fugitivo, y había abierto mi boca, hasta que vino a mí por la mañana; y abrió mi boca, y ya no estuve callado por más tiempo.

²³ Vino a mí palabra de Jehová, diciendo: ²⁴ «Hijo de hombre, los que habitan aquellos lugares asolados en la tierra de Israel, hablan diciendo: "Abraham era uno, y poseyó la tierra; pues nosotros somos muchos; a nosotros nos es dada la tierra en posesión". ²⁵ Por tanto, diles: "Así ha dicho Jehová, el Señor: Coméis con sangre, a vuestros ídolos alzáis vuestros ojos y derramáis sangre, ¿y poseeréis vosotros la tierra? ²⁶ Estáis sobre vuestras espadas, hacéis abominación y contamináis cada cual a la mujer de su prójimo, ¿y habréis de poseer vosotros la tierra?" ²⁷ Les dirás: "Así ha dicho Jehová, el Señor: Vivo yo, que los que están en aquellos lugares asolados caerán a espada, y al que está sobre la faz del campo entregaré a las fieras para que lo devoren; y los que están en las fortalezas y en las cuevas, de peste morirán. ²⁸ Convertiré la tierra en soledad y desolación, y cesará la soberbia de su poderío; y los montes de Israel serán asolados hasta que no haya quien pase. ²⁹ Y sabrán que yo soy Jehová, cuando convierta la tierra en soledad y desolación, por todas las abominaciones que han hecho".

³⁰ »En cuanto a ti, hijo de hombre, los hijos de tu pueblo se mofan de ti junto a las paredes y a las puertas de las casas, y habla el uno con el otro, cada uno con su hermano, diciendo: "¡Venid ahora, y oíd qué palabra viene de Jehová!" ³¹ Y vienen a ti como viene el pueblo, y están delante de ti como pueblo mío. Oyen tus palabras, pero no las ponen por obra, antes hacen halagos con sus bocas y el corazón de ellos anda en pos de su avaricia. ³² Y tú eres para ellos como un cantor de amores, de hermosa voz y que canta bien. Ellos oyen tus palabras, pero no las ponen por obra. ³³ Sin embargo, cuando eso llegue (y ya está llegando), sabrán que en medio de ellos hubo un profeta».*e*

Profecía contra los pastores de Israel

34 ¹ Vino a mí palabra de Jehová, diciendo: ² «Hijo de hombre, profetiza contra los pastores de Israel; profetiza, y di a los pastores: "Así ha dicho Jehová, el Señor: ¡Ay de los pastores de Israel, que se apacientan a sí mismos! ¿Acaso los pastores no apacientan a los rebaños? ³ Os alimentáis con la leche de las ovejas, os vestís con su lana y degolláis a la engordada, pero no las apacentáis. ⁴ No fortalecisteis a las débiles ni curasteis a la enferma; no vendasteis la perniquebrada ni volvisteis al redil a la descarriada ni buscasteis a la perdida, sino que os habéis enseñoreado de ellas con dureza y con violencia. ⁵ Andan errantes por falta de pastor*a* y son presa de todas las fieras del campo. ¡Se han dispersado! ⁶ Han andado perdidas mis ovejas por todos los montes y en todo collado alto. Por toda la faz de la tierra fueron esparcidas mis ovejas y no hubo quien las buscara ni quien preguntara por ellas.

⁷ »Por tanto, pastores, oíd palabra de Jehová: ⁸ Vivo yo, ha dicho Jehová, el Señor, que por cuanto mi rebaño fue expuesto al robo, y mis ovejas fueron para ser presa de todas las fieras del campo, sin pastor; ni mis pastores buscaron a mis ovejas, sino que los pastores se apacentaron a sí mismos y no apacentaron a mis ovejas; ⁹ por eso, pastores, oíd palabra de Jehová. ¹⁰ Así ha dicho Jehová, el Señor: ¡Yo estoy contra los pastores y demandaré mis ovejas de su mano! Haré que dejen de apacentar mis ovejas, y ya no se apacentarán más los pastores a sí mismos, pues yo libraré a mis ovejas de sus bocas y no les serán más por comida.

¹¹ »Porque así ha dicho Jehová, el Señor: Yo, yo mismo, iré a buscar a mis ovejas, y las reconoceré. ¹² Como reconoce su rebaño el pastor el día que está en medio de sus ovejas esparcidas, así reconoceré yo a mis ovejas y las libraré de todos los lugares en que fueron esparcidas el día del nublado y de la oscuridad. ¹³ Yo las sacaré de los pueblos y las juntaré de los países; las traeré a su propio país y las apacentaré en los montes de Israel, por las riberas y en todos los

---

d **33.21-22** 2 R 25.3-10; Jer 39.2-8; 52.4-14.   *e* **33.33** Dt 18.21-22; Jer 28.29.   *a* **34.5** 2 Cr 18.16;
Jer 50.6-7; Zac 10.2; Mt 9.36; Mc 6.34.

lugares habitados del país. [14] En buenos pastos las apacentaré y en los altos montes de Israel estará su pastizal; allí dormirán en buen redil y con pastos suculentos serán apacentadas sobre los montes de Israel. [15] Yo apacentaré mis ovejas y les daré aprisco,[b] dice Jehová, el Señor. [16] Yo buscaré a la perdida[c] y haré volver al redil a la descarriada, vendaré la perniquebrada y fortaleceré a la débil; pero a la engordada y a la fuerte destruiré: las apacentaré con justicia.[d]

[17] »En cuanto a vosotras, ovejas mías, así ha dicho Jehová, el Señor: Yo juzgo entre oveja y oveja, entre carneros y machos cabríos.[e] [18] ¿No os basta con comer los buenos pastos, sino que también pisoteáis lo que de vuestros pastos queda, y cuando bebéis las aguas claras enturbiáis el resto con vuestros pies? [19] Y así mis ovejas han de comer lo que vosotros habéis pisoteado y han de beber lo que con vuestros pies habéis enturbiado.

[20] »Por tanto, así les dice Jehová, el Señor: Yo, yo mismo, juzgaré entre la oveja engordada y la oveja flaca, [21] por cuanto empujasteis con el costado y con el hombro, y acorneasteis con vuestros cuernos a todas las débiles, hasta que las echasteis y las dispersasteis. [22] Yo salvaré a mis ovejas y nunca más serán objeto de rapiña; y juzgaré entre oveja y oveja. [23] Yo levantaré sobre ellas a un pastor que las apaciente: mi siervo David. Él las apacentará, pues será su pastor.[f] [24] Yo, Jehová, seré el Dios de ellos, y mi siervo David, en medio de ellos, será su gobernante.[g] Yo, Jehová, he hablado.

[25] »Estableceré con ellos un pacto de paz, y quitaré de la tierra las fieras; habitarán en el desierto con seguridad y dormirán en los bosques. [26] Y daré bendición a ellos y a los alrededores de mi collado, y haré descender la lluvia en su tiempo: lluvias de bendición serán. [27] El árbol del campo dará su fruto y la tierra dará su fruto. Estarán en su tierra con seguridad, y sabrán que yo soy Jehová, cuando rompa las coyundas de su yugo y los libre de mano de los que se sirven de ellos. [28] No serán más por presa de las naciones ni las fieras del país las devorarán, sino que habitarán con seguridad y no habrá quien las espante. [29] Prepararé para ellos un plantío de renombre, y nunca más serán consumidos por el hambre en el país ni nunca más serán afrentados por las naciones. [30] Y sabrán que yo, Jehová, su Dios, estoy con ellos, y que ellos son mi pueblo, la casa de Israel, dice Jehová, el Señor. [31] Y vosotras, ovejas mías, ovejas de mi pasto, hombres sois, y yo vuestro Dios, dice Jehová, el Señor"».

Profecía contra el monte Seir

35 [1] Vino a mí palabra de Jehová, diciendo: [2] «Hijo de hombre, pon tu rostro hacia el monte Seir[a] y profetiza contra él, [3] diciendo: "Así ha dicho Jehová, el Señor:

»He aquí, yo estoy contra ti,
    monte Seir;
extenderé mi mano contra ti
y te convertiré en un desierto
    desolado.
[4] Tus ciudades asolaré,
    quedarás desolado
    y sabrás que yo soy Jehová.

[5] »Por cuanto tuviste enemistad perpetua y entregaste a los hijos de Israel al poder de la espada en el tiempo de su aflicción, en el tiempo en que su maldad fue consumada, [6] por eso, vivo yo, dice Jehová, el Señor, que a sangre te destinaré y sangre te perseguirá. Porque no aborreciste la sangre, sangre te perseguirá. [7] Convertiré el monte Seir en desierto desolado, y eliminaré de él al que salga y al que entre. [8] Llenaré sus montes con sus muertos; en tus collados, en tus valles y en todos tus arroyos caerán los muertos a espada. [9] Yo te pondré en perpetua desolación, y tus ciudades nunca más se restaurarán. Y sabréis que yo soy Jehová.

[10] »Por cuanto dijiste: 'Las dos naciones y las dos tierras serán mías, y tomaré

---

[b] **34.13-15** Sal 23.   [c] **34.16** Lc 15.4-7.   [d] **34.11-16** Is 40.11.   [e] **34.17** Mt 25.31-34.
[f] **34.23** Jn 10; Ap 7.17.   [g] **34.24** Ez 37.24-25.   [a] **35.1-15** Is 34.5-17; 63.1-6; Jer 49.7-22; Ez 25.12-14; Am 1.11-12; Abd 1-14; Mal 1.2-5.

posesión de ellas', estando allí Jehová; ¹¹ por eso, vivo yo, dice Jehová, el Señor, que yo haré conforme a tu ira y conforme a tu celo con que procediste, a causa de tus enemistades con ellos; y seré conocido en ellos cuando te juzgue. ¹² Y sabrás que yo, Jehová, he oído todas tus injurias que proferiste contra los montes de Israel, diciendo: '¡Destruidos son, nos han sido dados para que los devoremos!'. ¹³ Y os engrandecisteis contra mí con vuestra boca, y multiplicasteis contra mí vuestras palabras. ¡Yo lo oí! ¹⁴ Así ha dicho Jehová, el Señor: Para que toda la tierra se regocije, yo te convertiré en una desolación. ¹⁵ Como te alegraste sobre la heredad de la casa de Israel, porque fue asolada, así haré contigo: ¡asolado será el monte Seir, y todo Edom, todo él! Y sabrán que yo soy Jehová".

Restauración futura de Israel

36 ¹ »Tú, hijo de hombre, profetiza a los montes de Israel, y di: "¡Montes de Israel, oíd palabra de Jehová! ² Así ha dicho Jehová, el Señor: Por cuanto el enemigo dijo de vosotros: '¡Ea! también las alturas eternas nos han sido dadas por heredad'; ³ profetiza, por tanto, y di que así ha dicho Jehová, el Señor: Por cuanto os asolaron y os asediaron de todas partes para que fuerais heredad de las otras naciones, y se os ha hecho caer en boca de lenguaraces y ser calumniados por los pueblos, ⁴ por eso, montes de Israel, oíd palabra de Jehová, el Señor: Así ha dicho Jehová, el Señor, a los montes y a los collados, a los arroyos y a los valles, a las ruinas desoladas y a las ciudades abandonadas, que fueron convertidas en botín y en objeto de burla para las otras naciones de su alrededor; ⁵ por eso, así ha dicho Jehová, el Señor: He hablado de cierto en el fuego de mi celo contra las demás naciones y contra Edom, las cuales, con mucho regocijo y enconamiento del ánimo, se disputaron mi tierra por heredad, para que los expulsados de ella fueran presa suya. ⁶ Por tanto, profetiza sobre la tierra de Israel, y di a los montes y a los collados, a los arroyos y a los valles que así ha dicho Jehová, el Señor: He aquí, en mi celo y en mi furor he hablado, por cuanto habéis cargado con la calumnia de las naciones.

⁷ Por lo cual, así ha dicho Jehová, el Señor: Yo he alzado mi mano, he jurado que las naciones que están a vuestro alrededor han de cargar con su desprecio.

⁸ »Pero vosotros, montes de Israel, daréis vuestras ramas y llevaréis vuestro fruto para mi pueblo Israel, porque están a punto de llegar. ⁹ Porque he aquí que yo estoy por vosotros, a vosotros me volveré y seréis labrados y sembrados. ¹⁰ Yo haré que se multipliquen los hombres sobre vosotros, a toda la casa de Israel, a toda ella. Las ciudades serán habitadas y edificadas las ruinas. ¹¹ Multiplicaré sobre vosotros hombres y ganado: serán multiplicados y crecerán. Os haré habitar como solíais hacerlo antiguamente, y os haré mayor bien que en vuestros comienzos. Y sabréis que yo soy Jehová. ¹² Y haré andar hombres sobre vosotros, a mi pueblo Israel. Tomarán posesión de ti, tú les serás por heredad y nunca más les matarás a sus hijos. ¹³ Así ha dicho Jehová, el Señor: Por cuanto dicen de vosotros: 'Devoradora de hombres y matadora de los hijos de tu nación has sido'; ¹⁴ por eso, no devorarás más a los hombres ni volverás nunca a matar a los hijos de tu nación, dice Jehová, el Señor. ¹⁵ Y nunca más te haré oír ultraje de las naciones, ni cargarás más con la afrenta de los pueblos, ni harás más morir a los hijos de tu nación, dice Jehová, el Señor"».

¹⁶ Vino a mí palabra de Jehová, diciendo: ¹⁷ «Hijo de hombre, mientras la casa de Israel habitaba en su tierra, la contaminó con su mala conducta y con sus obras; como inmundicia de menstruosa fue su conducta delante de mí. ¹⁸ Y derramé mi ira sobre ellos por la sangre que derramaron sobre la tierra, porque con sus ídolos la contaminaron. ¹⁹ Los esparcí por las naciones y fueron dispersados por los países; conforme a su conducta y conforme a sus obras los juzgué. ²⁰ Y cuando llegaron a las naciones adonde fueron, profanaron mi santo nombre, diciéndose de ellos: "Estos son pueblo de Jehová, y de la tierra de él han salido" ²¹ Pero he sentido dolor al ver mi santo nombre profanado por la casa de Israel entre las naciones adonde fueron.

²² »Por tanto, di a la casa de Israel: "Así ha dicho Jehová, el Señor: No lo hago por vosotros, casa de Israel, sino por causa de

mi santo nombre, el cual profanasteis vosotros entre las naciones adonde habéis llegado. ²³Santificaré mi gran nombre, profanado entre las naciones, el cual profanasteis vosotros en medio de ellas. Y sabrán las naciones que yo soy Jehová, dice Jehová, el Señor, cuando sea santificado en vosotros delante de sus ojos. ²⁴ Y yo os tomaré de las naciones, os recogeré de todos los países y os traeré a vuestro país. ²⁵Esparciré sobre vosotros agua limpia y seréis purificados de todas vuestras impurezas, y de todos vuestros ídolos os limpiaré. ²⁶Os daré un corazón nuevo y pondré un espíritu nuevo dentro de vosotros. Quitaré de vosotros el corazón de piedra y os daré un corazón de carne.^a ²⁷Pondré dentro de vosotros mi espíritu, y haré que andéis en mis estatutos y que guardéis mis preceptos y los pongáis por obra. ²⁸Habitaréis en la tierra que di a vuestros padres, y vosotros seréis mi pueblo y yo seré vuestro Dios.^b ²⁹Yo os guardaré de todas vuestras impurezas. Llamaré al trigo y lo multiplicaré, y no os expondré más al hambre. ³⁰Multiplicaré asimismo el fruto de los árboles y el fruto de los campos, para que nunca más recibáis oprobio de hambre entre las naciones. ³¹Os acordaréis de vuestra mala conducta y de vuestras obras que no fueron buenas, y os avergonzaréis de vosotros mismos por vuestras iniquidades y por vuestras abominaciones. ³²No lo hago por vosotros, dice Jehová, el Señor, sabedlo bien. ¡Avergonzaos y cubríos de deshonra por vuestras iniquidades, casa de Israel!

³³»Así ha dicho Jehová, el Señor: El día que os purifique de todas vuestras iniquidades, haré también que sean habitadas las ciudades, y las ruinas serán reedificadas. ³⁴La tierra asolada será labrada, después de haber permanecido asolada ante los ojos de todos los que pasaban. ³⁵Y dirán: 'Esta tierra desolada se ha convertido en un huerto de Edén,^c y estas ciudades arruinadas, desoladas y destruidas, están fortificadas y habitadas'. ³⁶Y las naciones que queden en vuestros alrededores sabrán que yo reedifiqué lo que estaba derribado y planté lo que estaba desolado; yo, Jehová, he hablado, y lo haré.

³⁷»Así ha dicho Jehová, el Señor: Aún me suplicará la casa de Israel, para que les haga esto: multiplicaré los hombres como se multiplican los rebaños. ³⁸Como las ovejas consagradas, como las ovejas de Jerusalén en sus fiestas solemnes, así las ciudades arruinadas serán llenas de rebaños de seres humanos. Y sabrán que yo soy Jehová"».

El valle de los huesos secos

37 ¹La mano de Jehová vino sobre mí, me llevó en el espíritu de Jehová y me puso en medio de un valle que estaba lleno de huesos. ²Me hizo pasar cerca de ellos, a su alrededor, y vi que eran muchísimos sobre la faz del campo y, por cierto, secos en gran manera. ³Y me dijo:

—Hijo de hombre, ¿vivirán estos huesos?

Yo le respondí:

—Señor, Jehová, tú lo sabes.

⁴Me dijo entonces:

—Profetiza sobre estos huesos, y diles: "¡Huesos secos, oíd palabra de Jehová! ⁵Así ha dicho Jehová, el Señor, a estos huesos: Yo hago entrar espíritu en vosotros, y viviréis. ⁶Pondré tendones en vosotros, haré que la carne suba sobre vosotros, os cubriré de piel y pondré en vosotros espíritu, y viviréis. Y sabréis que yo soy Jehová".

⁷Profeticé, pues, como me fue mandado; y mientras yo profetizaba se oyó un estruendo, hubo un temblor ¡y los huesos se juntaron, cada hueso con su hueso! ⁸Yo miré, y los tendones sobre ellos, y subió la carne y quedaron cubiertos por la piel; pero no había en ellos espíritu. ⁹Me dijo: «Profetiza al espíritu, profetiza, hijo de hombre, y di al espíritu que así ha dicho Jehová, el Señor: "¡Espíritu, ven de los cuatro vientos y sopla sobre estos muertos, y vivirán!"». ¹⁰Profeticé como me había mandado, y entró espíritu en ellos, y vivieron y se pusieron en pie.^a ¡Era un ejército grande en extremo!

^a **36.26** Sal 51.10; Is 44.3; Ez 18.31.   ^b **36.26-28** Ez 11.19-20.   ^c **36.35** Gn 2.8; cf. Is 51.3.
^a **37.10** Ap 11.11.

¹¹ Luego me dijo: «Hijo de hombre, todos estos huesos son la casa de Israel. Ellos dicen: "Nuestros huesos se secaron y pereció nuestra esperanza. ¡Estamos totalmente destruidos!". ¹² Por tanto, profetiza, y diles que así ha dicho Jehová, el Señor: Yo abro vuestros sepulcros, pueblo mío; os haré subir de vuestras sepulturas y os traeré a la tierra de Israel. ¹³ Y sabréis que yo soy Jehová, cuando abra vuestros sepulcros y os saque de vuestras sepulturas, pueblo mío. ¹⁴ Pondré mi espíritu en vosotros y viviréis, y os estableceré en vuestra tierra. Y sabréis que yo, Jehová, lo dije y lo hice, dice Jehová».

La reunión de Judá e Israel

¹⁵ Vino a mí palabra de Jehová, diciendo: ¹⁶ «Hijo de hombre, toma ahora un leño y escribe en él: "Para Judá y para sus compañeros los hijos de Israel". Toma después otro leño y escribe en él: "Para José, leño de Efraín, y para sus compañeros la casa toda de Israel". ¹⁷ Júntalos luego el uno con el otro, para que sean uno solo, y serán uno solo en tu mano. ¹⁸ Y cuando te pregunten los hijos de tu pueblo, diciendo: "¿No nos enseñarás qué te propones con eso?", ¹⁹ diles: "Así ha dicho Jehová, el Señor: Yo tomo el leño de José que está en la mano de Efraín, y a las tribus de Israel sus compañeros, y los pondré con el leño de Judá; haré de ellos un solo leño, y serán uno en mi mano". ²⁰ Y los leños sobre los que escribas, estarán en tu mano delante de sus ojos, ²¹ y les dirás: "Así ha dicho Jehová, el Señor: Yo tomo a los hijos de Israel de entre las naciones a las cuales fueron, los recogeré de todas partes y los traeré a su tierra. ²² Haré de ellos una sola nación en la tierra, en los montes de Israel, y un mismo rey será el rey de todos ellos. Nunca más estarán divididos en dos reinos. ²³ No se contaminarán ya más con sus ídolos, con sus abominaciones y con todas sus rebeliones. Los salvaré de todas sus rebeliones con las cuales pecaron, y los purificaré. Ellos serán mi pueblo y yo seré su Dios.

²⁴ »Mi siervo David será rey sobre ellos,^b y todos ellos tendrán un solo pastor; andarán en mis preceptos, y guardarán mis estatutos y los pondrán por obra. ²⁵ Habitarán en la tierra que di a mi siervo Jacob, en la cual habitaron vuestros padres. En ella habitarán ellos, sus hijos y los hijos de sus hijos para siempre; y mi siervo David los gobernará para siempre. ²⁶ Haré con ellos un pacto de paz; un pacto perpetuo será con ellos. Yo los estableceré y los multiplicaré, y pondré mi santuario entre ellos para siempre. ²⁷ Estará en medio de ellos mi tabernáculo; yo seré el Dios de ellos, y ellos serán mi pueblo.^c ²⁸ Y sabrán las naciones que yo, Jehová, santifico a Israel, pues mi santuario estará en medio de ellos para siempre"».

Profecía contra Gog

38 ¹ Vino a mí palabra de Jehová, diciendo: ² «Hijo de hombre, pon tu rostro contra Gog,^a en tierra de Magog, príncipe soberano de Mesec y Tubal, y profetiza contra él ³ diciendo: "Así ha dicho Jehová, el Señor: Yo estoy contra ti, Gog, príncipe soberano de Mesec y Tubal. ⁴ Te quebrantaré, pondré garfios en tus quijadas y te sacaré a ti junto con todo tu ejército: caballos y jinetes, completamente equipados, una gran multitud con paveses y escudos, armados todos ellos con espadas. ⁵ Persia, Cus y Fut^b con ellos; todos ellos con escudo y yelmo; ⁶ Gomer con todas sus tropas; la casa de Togarma, de los confines del norte, con todas sus tropas. Muchos pueblos estarán contigo.

⁷ »Prepárate y está alerta, tú y toda tu multitud que se ha reunido contigo, y sé tú su comandante. ⁸ De aquí a muchos días serás visitado; al cabo de los años vendrás al país salvado de la espada, contra gentes recogidas de entre muchos pueblos en los montes de Israel, que siempre fueron una desolación. Fueron sacadas de entre las naciones y todas ellas vivirán confiadamente; ⁹ Subirás tú y vendrás como una tempestad; como un nublado que cubra la tierra serás tú con

---

^b **37.24** Ez 34.24.   ^c **37.27** 2 Co 6.16; Ap 21.3.   ^a **38.2** Designa a un personaje misterioso que personifica y conduce a todas las fuerzas hostiles a Dios y a su pueblo. En la lista de naciones de Gn 10, *Magog, Mesec* y *Tubal* se mencionan entre los hijos de Jafet (Gn 10.2; cf. 1 Cr 1.5; Ap 20.8). ^b **38.5** Es decir, Persia, *Etiopía* y *Libia*. Cf. Gn 10.6; Jer 46.9.

todas tus tropas, y muchos pueblos contigo.

¹⁰»Así ha dicho Jehová, el Señor: En aquel día subirán pensamientos a tu corazón y concebirás un plan perverso. ¹¹Dirás: 'Subiré contra un país indefenso, iré contra gentes tranquilas que habitan confiadamente. Todas ellas habitan sin murallas, y sin cerrojos ni puertas'. ¹²Subirás para arrebatar despojos, para tomar botín, para poner tus manos sobre las ruinas ahora habitadas y sobre el pueblo recogido de entre las naciones, que se hace de ganado y posesiones, que habita en la parte central del país. ¹³Sabá y Dedán, los mercaderes de Tarsis y todos sus príncipes te dirán: '¿Has venido a arrebatar despojos? ¿Has reunido tu multitud para tomar botín, para quitar plata y oro, para tomar ganados y posesiones, para arrebatar grandes despojos?' "

¹⁴»Por tanto, profetiza, hijo de hombre, y di a Gog que así ha dicho Jehová, el Señor: "En aquel tiempo, cuando mi pueblo Israel habite con seguridad, ¿no lo sabrás tú? ¹⁵Vendrás de tu lugar, de las regiones del norte, tú y muchos pueblos contigo, todos ellos a caballo, una gran multitud y un poderoso ejército; ¹⁶y subirás contra mi pueblo Israel como un nublado que cubra la tierra. Así será al cabo de los días: yo te traeré sobre mi tierra, para que las naciones me conozcan cuando sea santificado en ti, Gog, delante de sus ojos.

¹⁷»Así ha dicho Jehová, el Señor: ¿No eres tú aquel de quien hablé yo en tiempos pasados por mis siervos los profetas de Israel, los cuales profetizaron en aquellos tiempos que yo te había de traer sobre ellos? ¹⁸En aquel tiempo, cuando venga Gog contra la tierra de Israel, dice Jehová, el Señor, subirá mi ira y mi enojo. ¹⁹Porque en mi celo, en el fuego de mi ira, he dicho que en aquel tiempo habrá gran temblor sobre la tierra de Israel, ²⁰que los peces del mar, las aves del cielo, las bestias del campo, toda serpiente que se arrastra sobre la tierra y todos los hombres que están sobre la faz de la tierra, temblarán ante mi presencia. Se desmoronarán los montes, los vallados caerán y todo muro se vendrá a tierra. ²¹En todos mis montes llamaré contra él a la espada, dice Jehová, el Señor; la espada de cada cual estará contra su hermano. ²²Yo litigaré contra él con peste y con sangre; y haré llover sobre él, sobre sus tropas y sobre los muchos pueblos que están con él, una lluvia impetuosa y piedras de granizo, fuego y azufre. ²³Entonces seré engrandecido y santificado, y seré conocido ante los ojos de muchas naciones. Y sabrán que yo soy Jehová".

39 ¹»Tú pues, hijo de hombre, profetiza contra Gog, y di: "Así ha dicho Jehová, el Señor: He aquí yo estoy contra ti, Gog, príncipe soberano de Mesec y Tubal.ᵃ ²Te quebrantaré, te conduciré, te haré subir desde las partes del norte y te traeré sobre los montes de Israel. ³Te quitaré el arco de tu mano izquierda y haré caer tus flechas de tu mano derecha. ⁴Sobre los montes de Israel caerás tú junto con todas tus tropas y los pueblos que fueron contigo. A las aves de rapiña de toda especie, y a las fieras del campo, te he dado por comida. ⁵Sobre la faz del campo caerás, porque yo lo he dicho, dice Jehová, el Señor. ⁶Y enviaré fuego sobre Magogᵇ y sobre los que habitan seguros en las costas. Y sabrán que yo soy Jehová.

⁷»Haré notorio mi santo nombre en medio de mi pueblo Israel y nunca más dejaré profanar mi santo nombre; y sabrán las naciones que yo soy Jehová, el Santo en Israel. ⁸He aquí que viene, y se cumplirá, dice Jehová, el Señor: ese es el día del cual he hablado.

⁹»Los habitantes de las ciudades de Israel saldrán y encenderán fuego para quemar armas, escudos, paveses, arcos y saetas, dardos de mano y lanzas. Harán fuego con ellos durante siete años. ¹⁰No traerán leña del campo ni la cortarán de los bosques, sino que quemarán las armas en el fuego. Despojarán a sus despojadores y robarán a los que les robaron, dice Jehová el Señor.

¹¹»En aquel tiempo yo daré a Gog por sepultura un lugar en Israel, el valle de los que pasan al oriente del mar. Y obstruirá el

paso a los transeúntes, pues allí enterrarán a Gog y a toda su multitud; y lo llamarán el Valle de Hamón-gog.[c] [12] Y la casa de Israel los estará enterrando durante siete meses, para purificar el país. [13] Los enterrará todo el pueblo del país, y será para ellos célebre el día en que yo sea glorificado, dice Jehová, el Señor. [14] Tomarán hombres a jornal que viajen por el país en busca de los que queden sobre la faz de la tierra, para enterrarlos, a fin de purificarla. Al cabo de siete meses harán la inspección. [15] Pasarán los que vayan por el país, y el que vea los huesos de algún hombre pondrá junto a ellos una señal, hasta que los entierren los sepultureros en el valle de Hamón-gog. [16] Y también el nombre de la ciudad será Hamona;[d] y purificarán el país.

[17] »Tú, hijo de hombre, así ha dicho Jehová, el Señor: Di a las aves de toda especie y a toda fiera del campo: Juntaos, y venid; reuníos de todas partes junto a mi víctima que sacrifico para vosotros, un gran sacrificio sobre los montes de Israel; comeréis carne y beberéis sangre. [18] Comeréis carne de fuertes y beberéis sangre de soberanos de la tierra: ¡carneros, corderos, machos cabríos, bueyes y toros, engordados todos ellos en Basán! [19] Comeréis grasa hasta saciaros, y beberéis hasta embriagaros de sangre de las víctimas que para vosotros sacrifiqué. [20] A mi mesa os saciaréis de caballos, de jinetes fuertes y de todos los hombres de guerra, dice Jehová, el Señor.[e]

[21] »Pondré mi gloria entre las naciones, y todas las naciones verán mi juicio que habré ejecutado y mi mano que puse sobre ellos. [22] Desde aquel día en adelante sabrá la casa de Israel que yo soy Jehová, su Dios. [23] Y sabrán las naciones que la casa de Israel fue llevada cautiva por su pecado, por cuanto se rebelaron contra mí, y que yo escondí de ellos mi rostro, los entregué en manos de sus enemigos y cayeron todos a espada. [24] Conforme a su inmundicia y conforme a sus rebeliones hice con ellos, y de ellos escondí mi rostro.

[25] »Por tanto, así ha dicho Jehová, el Señor: Ahora voy a hacer que vuelvan los cautivos de Jacob. Tendré misericordia de toda la casa de Israel y me mostraré celoso por mi santo nombre. [26] Ellos sentirán su vergüenza por toda su rebelión con que se rebelaron contra mí, cuando habiten en su tierra con seguridad y no haya quien los espante; [27] cuando los saque de entre los pueblos y los reúna de la tierra de sus enemigos, y sea santificado en ellos ante los ojos de muchas naciones. [28] Y sabrán que yo soy Jehová, su Dios, cuando, después de haberlos llevado al cautiverio entre las naciones, los reúna sobre su tierra, sin dejar allí a ninguno de ellos. [29] No esconderé más de ellos mi rostro; porque habré derramado de mi Espíritu sobre la casa de Israel, dice Jehová, el Señor"».

La visión del templo

40 [1] En el año veinticinco de nuestro cautiverio, al principio del año, a los diez días del mes, a los catorce años después que la ciudad fue conquistada, aquel mismo día vino sobre mí la mano de Jehová, y me llevó allá. [2] En visiones de Dios me llevó a la tierra de Israel y me puso sobre un monte muy alto, sobre el cual había un edificio parecido a una gran ciudad, hacia el lado sur.[a] [3] Me llevó allí, y vi que había un hombre, cuyo aspecto era como el aspecto del bronce. Tenía un cordel de lino en la mano y una caña de medir,[b] y él estaba de pie junto a la puerta. [4] Aquel hombre me habló, diciendo: «Hijo de hombre, observa con cuidado, escucha atentamente y fíjate bien en todas las cosas que te muestro, porque para que yo te las mostrara has sido traído aquí. Cuenta todo lo que ves a la casa de Israel».

[5] Y vi que había un muro fuera de la casa;[c] y la caña de medir que aquel hombre tenía en la mano era de seis codos de a codo y palmo menor. Y midió el espesor del muro, que era de una caña; y su altura, de otra caña. [6] Después vino a la puerta que mira hacia el oriente, subió por sus gradas y midió un poste de la puerta, de una caña de ancho, y el otro poste, de otra caña de ancho. [7] Y cada cámara tenía una caña de largo y una caña de ancho. Entre las

---

[c] **39.11** Esto es, *la multitud de Gog.*   [d] **39.16** Esto es, *multitud.*   [e] **39.17-20** Ap 19.17-18.
[a] **40.1-2** Ap 21.10.   [b] **40.3** Ap 11.1; 21.15.   [c] **40.5—42.20** 1 R 6; 2 Cr 3.

cámaras había cinco codos de ancho, y el umbral de la puerta que daba al vestíbulo, por el lado de dentro de la puerta, medía una caña. [8] Midió asimismo la entrada de la puerta por dentro, que era de una caña. [9] Midió luego la entrada del portal, que era de ocho codos, y sus postes, de dos codos. La puerta del portal estaba por el lado de adentro. [10] La puerta oriental tenía tres cámaras a cada lado, las tres de una misma medida; y también eran de una misma medida los portales a cada lado. [11] Midió el ancho de la entrada de la puerta, de diez codos; y la longitud del portal era de trece codos. [12] El espacio delante de las cámaras era de un codo a un lado y de otro codo al otro lado; y cada cámara tenía seis codos por un lado y seis codos por el otro. [13] Midió la puerta desde el techo de una cámara hasta el techo de la otra: veinticinco codos de ancho desde una puerta hasta la puerta de enfrente. [14] Midió la distancia entre los postes del atrio y los del portal rodeado por él: sesenta codos. [15] Y desde el frente de la puerta de la entrada hasta el frente de la entrada de la puerta interior, había cincuenta codos. [16] Y había ventanas estrechas en las cámaras, y en sus portales por dentro de la puerta alrededor, y asimismo en los corredores; y las ventanas estaban alrededor por dentro; y en cada poste había palmeras.

[17] Me llevó luego al atrio exterior, y vi que había cámaras, y estaba enlosado todo en derredor; treinta cámaras había alrededor en aquel atrio. [18] El enlosado a los lados de las puertas, en proporción a la longitud de los portales, era el enlosado inferior. [19] Midió la anchura desde el frente de la puerta de abajo hasta el frente del atrio interior por fuera, y era de cien codos hacia el oriente y hacia el norte.

[20] De la puerta que estaba hacia el norte en el atrio exterior, midió su longitud y su anchura. [21] Sus cámaras eran tres a un lado y tres al otro; y sus postes y sus vestíbulos eran de igual medida que la puerta primera: cincuenta codos de longitud y veinticinco de anchura. [22] Sus ventanas, sus arcos y sus palmeras eran de la misma medida de la puerta que estaba hacia el oriente. Se subía a ella por siete gradas, y delante de ellas estaba su vestíbulo. [23] La puerta del atrio interior estaba enfrente de la puerta, hacia el norte; y así al oriente. Midió, de puerta a puerta, cien codos.

[24] Me llevó después hacia el sur, y había una puerta que miraba hacia el sur; y midió sus portales y su vestíbulo, que eran de estas mismas medidas. [25] Tenía sus ventanas alrededor del vestíbulo, iguales a las otras ventanas; la longitud era de cincuenta codos, y la anchura de veinticinco codos. [26] Sus gradas eran de siete peldaños, con su vestíbulo delante de ellas; y tenía palmeras, una a un lado y otra al otro lado, en sus postes. [27] Había también una puerta hacia el sur del atrio interior; y midió, de puerta a puerta, hacia el sur, cien codos.

[28] Me llevó después en el atrio de adentro a la puerta del sur, que era de estas mismas medidas. [29] Sus cámaras, postes y vestíbulos eran de estas mismas medidas; tenía sus ventanas alrededor de los vestíbulos; la longitud era de cincuenta codos, y de veinticinco codos la anchura. [30] Los arcos alrededor eran de veinticinco codos de largo y cinco codos de ancho. [31] Y sus arcos caían afuera al atrio, con palmeras en sus postes; y sus gradas eran de ocho peldaños.

[32] Me llevó al atrio interior hacia el oriente, y midió la puerta, que era de estas mismas medidas. [33] Sus cámaras, postes y vestíbulos eran de estas mismas medidas. Tenía sus ventanas alrededor de sus vestíbulos; la longitud era de cincuenta codos, y la anchura era de veinticinco codos. [34] Sus vestíbulos caían afuera, hacia el atrio, con palmeras en sus postes a un lado y al otro; y sus gradas eran de ocho peldaños.

[35] Me llevó luego a la puerta del norte, y midió, y eran las mismas medidas: [36] sus cámaras, postes, vestíbulos con sus ventanas alrededor; la longitud era de cincuenta codos, y de veinticinco codos la anchura. [37] Sus postes caían afuera, hacia el atrio, con palmeras en cada uno de sus postes a un lado y al otro. Sus gradas eran de ocho peldaños.

[38] Había allí una cámara, y su puerta con postes de portales; allí lavarán el holocausto. [39] A la entrada de la puerta había dos mesas a un lado y otras dos al otro, para degollar sobre ellas el holocausto, la

expiación y el sacrificio por el pecado. **40** A un lado, por fuera de las gradas, a la entrada de la puerta del norte, había dos mesas; y al otro lado, que estaba a la entrada de la puerta, dos mesas. **41** Cuatro mesas a un lado, y cuatro mesas al otro lado, junto a la puerta; ocho mesas, sobre las cuales serán degolladas las víctimas. **42** Las cuatro mesas para el holocausto eran de piedra labrada, de un codo y medio de longitud, un codo y medio de anchura y un codo de altura. Sobre ellas se pondrán los utensilios con que degollarán el holocausto y el sacrificio. **43** Adentro había ganchos, de un palmo menor, dispuestos en derredor; y sobre las mesas estaba la carne de las víctimas.

44 Fuera de la puerta interior, en el atrio de adentro que estaba al lado de la puerta del norte, estaban las cámaras de los cantores, las cuales miraban hacia el sur; una estaba al lado de la puerta del oriente que miraba hacia el norte. **45** Me dijo: «Esta cámara que mira hacia el sur es de los sacerdotes que hacen la guardia del templo. **46** Y la cámara que mira hacia el norte es de los sacerdotes que hacen la guardia del altar; estos son los hijos de Sadoc, los cuales son llamados de los hijos de Leví para ministrar a Jehová». **47** Midió el atrio, que tenía cien codos de longitud y cien codos de anchura: era cuadrado. Y el altar estaba delante de la casa.

48 Me llevó al pórtico del templo, y midió cada poste del pórtico, cinco codos por un lado y cinco codos por el otro; y la anchura de la puerta, tres codos por un lado, y tres codos por el otro. **49** La longitud del pórtico era de veinte codos, y la anchura de once codos. A él se subía por gradas, y había columnas junto a los postes, una a un lado y otra al otro.

41 **1** Me introdujo luego en el templo, y midió los postes, cuya anchura era de seis codos por un lado y seis codos por el otro, que era la anchura del tabernáculo. **2** La anchura de la puerta era de diez codos, y los lados de la puerta, de cinco codos por un lado y cinco codos por el otro. Midió su longitud, que era de cuarenta codos, y la anchura de veinte codos. **3** Luego pasó al interior y midió cada poste de la puerta, que eran de dos codos; la puerta, de seis codos, y la anchura de la entrada, de siete codos. **4** Midió también su longitud, y era de veinte codos; y la anchura, de veinte codos por el frente del templo. Y me dijo: «Este es el lugar santísimo».

5 Después midió el muro de la casa, y era de seis codos de espesor; y de cuatro codos era la anchura de las cámaras situadas todo alrededor de la casa. **6** Las cámaras laterales estaban sobrepuestas unas a otras, treinta en cada uno de los tres pisos. Y había salientes en la pared, alrededor de la casa; sobre ellos se apoyaban las cámaras, para que no se apoyaran en la pared de la casa. **7** Había mayor anchura en las cámaras de más arriba, a las que subía una escalera de caracol rodeando por dentro de la casa. Así pues, la casa tenía más anchura por arriba; del piso inferior se podía subir al de en medio, y de este al superior. **8** Y miré la elevación que rodeaba la casa: los cimientos de las cámaras medían una caña completa de seis codos de largo. **9** El espesor de la pared de afuera de las cámaras era de cinco codos, igual al espacio que quedaba de las cámaras de la casa por dentro. **10** Y entre las cámaras había una anchura de veinte codos por todos los lados alrededor de la casa. **11** La puerta de cada cámara salía al espacio que quedaba, una puerta hacia el norte y otra puerta hacia el sur; y el ancho del espacio que quedaba era de cinco codos, todo alrededor.

12 El edificio que estaba delante del espacio abierto al lado del occidente era de setenta codos; y la pared del edificio tenía cinco codos de grueso, todo alrededor, y noventa codos de largo. **13** Luego midió la casa, y tenía cien codos de largo. Y el espacio abierto, y el edificio y sus paredes eran de cien codos de longitud. **14** El ancho del frente de la casa y del espacio abierto al oriente era de cien codos.

15 Midió la longitud del edificio que estaba delante del espacio abierto que había detrás de él, y las cámaras de uno y otro lado, y eran de cien codos. El templo por dentro, los portales del atrio, **16** los umbrales, las ventanas estrechas y las cámaras alrededor de los tres pisos, todo ello estaba cubierto de madera desde el suelo hasta las ventanas; y las ventanas también estaban cubiertas de madera. **17** Midió desde la puerta hasta el interior de la casa, y por fuera, así como toda la pared en derredor, por dentro y por fuera. [18] Y estaba labrada con querubines y palmeras: entre querubín y querubín, una palmera. Cada querubín tenía dos rostros: [19] un rostro de hombre hacia la palmera de un lado, y un rostro de león hacia la palmera del otro lado, alrededor de toda la casa. [20] Desde el suelo hasta encima de la puerta había querubines grabados y palmeras, por toda la pared del templo.

[21] Cada poste del templo era cuadrado, y el frente del santuario era como el otro frente. [22] La altura del altar de madera era de tres codos, y su longitud, de dos codos; sus esquinas, su superficie y sus paredes eran de madera. Me dijo: «Esta es la mesa que está delante de Jehová». [23] El templo y el santuario tenían dos puertas. [24] Y en cada puerta había dos hojas, dos hojas que giraban; dos hojas en una puerta y otras dos en la otra. [25] En las puertas del templo había grabados de querubines y palmeras, iguales a los que había en las paredes. Había un portal de madera por fuera, a la entrada, [26] y había ventanas estrechas y palmeras a uno y otro lado, a los lados del pórtico. Así eran las cámaras de la casa y los umbrales.

42 [1] Me trajo luego al atrio exterior, hacia el norte, y me llevó a la cámara que estaba delante del patio que quedaba enfrente del edificio, hacia el norte. [2] Por delante de la puerta del norte su longitud era de cien codos, y la anchura de cincuenta codos. [3] Frente a los veinte codos que había en el atrio interior, y enfrente del enlosado que había en el atrio exterior, estaban las cámaras, las unas enfrente de las otras, en tres pisos. [4] Delante de las cámaras había un corredor de diez codos de ancho, hacia adentro, con un corredor de un codo; y sus puertas daban al norte. [5] Las cámaras más altas eran más estrechas, porque las galerías les quitaban más espacio a ellas que a las bajas y a las de en medio del edificio. [6] Porque estaban en tres pisos, y no tenían columnas como las columnas de los atrios; por tanto, eran más estrechas que las de abajo y las de en medio, a partir del suelo. [7] El muro que estaba fuera, enfrente de las cámaras, hacia el atrio exterior delante de las cámaras, tenía cincuenta codos de largo. [8] Porque la longitud de las cámaras del atrio de afuera era de cincuenta codos; y delante de la fachada del templo había cien codos. [9] Y debajo de las cámaras estaba la entrada al lado oriental, para entrar en él desde el atrio exterior.

[10] A lo largo del muro del atrio, hacia el oriente, enfrente del patio y delante del edificio, había cámaras. [11] Y el corredor que había delante de ellas era semejante al de las cámaras que estaban hacia el norte; tanto su longitud como su anchura eran de la misma medida, así como todas sus salidas, puertas y entradas. [12] Así también eran las puertas de las cámaras que estaban hacia el sur; había una puerta al comienzo del corredor que había enfrente del muro al lado oriental, para quien entraba en las cámaras.

[13] Me dijo: «Las cámaras del norte y las del sur, que están delante del patio, son cámaras santas en las cuales los sacerdotes que se acerquen a Jehová comerán las santas ofrendas; allí pondrán las ofrendas santas, la ofrenda, la expiación y el sacrificio por el pecado, porque el lugar es santo. [14] Cuando los sacerdotes entren, no saldrán del lugar santo al atrio exterior, sino que allí dejarán sus vestiduras con que ministran, porque son santas; se vestirán otros vestidos y así se acercarán a lo que es del pueblo».

[15] Luego que acabó las medidas del interior de la casa, me sacó por el camino de la puerta que miraba hacia el oriente, y midió todo su contorno. [16] Midió el lado oriental con la caña de medir: quinientas cañas de la caña con que medía el contorno. [17] Midió el lado del norte: quinientas cañas de la caña con que medía el contorno. [18] Midió el lado del sur: quinientas cañas de la caña con que medía. [19] Se volvió hacia el lado de occidente, y midió quinientas cañas de la caña con que medía. [20] Por los cuatro lados lo midió; tenía un muro de quinientas cañas de longitud y quinientas cañas de anchura. Este muro hacía separación entre el santuario y el lugar profano.

La gloria de Jehová llena el templo

43 [1] Me llevó luego a la puerta, la que mira hacia el oriente, [2] y vi que la gloria del Dios de Israel venía del oriente.[a] Su sonido era como el sonido de muchas aguas, y la tierra resplandecía a causa de su gloria.[b] ³ El aspecto de lo que vi era como una visión, como aquella visión que vi cuando vine para destruir la ciudad; y las visiones eran como la visión que vi junto al río Quebar; y me postré sobre mi rostro. ⁴ La gloria de Jehová entró en la casa por la vía de la puerta que daba al oriente. ⁵ Entonces el espíritu me levantó y me llevó al atrio interior, y vi que la gloria de Jehová llenó la casa.[c]

Leyes del templo

⁶ Entonces oí a alguien que me hablaba desde la casa, y un hombre estaba junto a mí. ⁷ La voz me dijo: «Hijo de hombre, este es el lugar de mi trono, el lugar donde posaré las plantas de mis pies, en el cual habitaré para siempre entre los hijos de Israel. Nunca más profanará mi santo nombre la casa de Israel (ni ellos ni sus reyes) con sus fornicaciones ni con los cadáveres de sus reyes en sus lugares altos. ⁸ Porque poniendo ellos su umbral junto a mi umbral, y su contrafuerte junto a mi contrafuerte, mediando solo una pared entre yo y ellos, han contaminado mi santo nombre con sus abominaciones que hicieron; por tanto, los consumí en mi furor. ⁹ Ahora arrojarán lejos de mí sus fornicaciones y los cadáveres de sus reyes, y habitaré en medio de ellos para siempre. ¹⁰ Tú, hijo de hombre, muestra a la casa de Israel esta casa: que se avergüencen de sus pecados y que midan el diseño de ella. ¹¹ Y si se avergüenzan de todo lo que han hecho, hazles entender el diseño de la casa, su disposición, sus salidas y sus entradas, todas sus formas, todas sus descripciones, todas sus configuraciones y todas sus leyes. Descríbelo delante de sus ojos, para que guarden todos sus detalles y todas sus reglas, y las pongan por obra. ¹² Esta es la ley de la casa: Sobre la cumbre del monte, el recinto entero, en todo su contorno, será santísimo. Esta es la ley de la casa».

¹³ Estas son las medidas del altar por codos de a codo y palmo menor: la base, de un codo de alto y un codo de ancho; y la moldura de su borde alrededor, de un palmo. Este será el zócalo del altar. ¹⁴ Desde la base, a partir del suelo, hasta el zócalo inferior, dos codos; y la anchura, de un codo. Y desde la cornisa menor hasta la cornisa mayor, cuatro codos; y el ancho, de un codo. ¹⁵ El altar era de cuatro codos, y encima del altar había cuatro cuernos. ¹⁶ El altar era un cuadrado de doce codos de largo y doce de ancho: tenía iguales sus cuatro lados. ¹⁷ El zócalo era de catorce codos de longitud y catorce de anchura en sus cuatro lados, y de medio codo el borde alrededor; la base era de un codo por cada lado, y sus gradas miraban hacia oriente.[d]

¹⁸ Luego me dijo: «Hijo de hombre, así ha dicho Jehová, el Señor: Estas son las ordenanzas del altar el día en que sea hecho, para ofrecer holocausto sobre él y para derramar sangre sobre él. ¹⁹ A los sacerdotes levitas que son del linaje de Sadoc y que se acerquen a mí, dice Jehová, el Señor, para ministrar ante mí, darás un becerro de la vacada, para expiación. ²⁰ Tomarás de su sangre y la pondrás en los cuatro cuernos del altar, en las cuatro esquinas del zócalo y en el borde alrededor. Así lo purificarás y harás expiación por él. ²¹ Tomarás luego el becerro de la expiación y lo quemarás conforme a la ley de la casa, fuera del santuario. ²² El segundo día ofrecerás un macho cabrío sin defecto, para expiación; y purificarán el altar como lo purificaron con el becerro. ²³ Cuando acabes de expiar, ofrecerás un becerro de la vacada, sin defecto, y un carnero, sin tacha, de la manada. ²⁴ Los ofrecerás delante de Jehová. Los sacerdotes echarán sal sobre ellos y los ofrecerán en holocausto a Jehová. ²⁵ Durante siete días[e] sacrificarán un macho cabrío cada día, en expiación; asimismo sacrificarán el becerro de la vacada y un carnero, sin tacha, del rebaño. ²⁶ Durante siete días harán expiación por el altar y lo purificarán, y así lo consagrarán. ²⁷ Acabados estos días, del octavo día en adelante, los sacerdotes sacrificarán sobre el altar vuestros holocaustos y vuestras ofrendas de paz. Así me seréis aceptos, dice Jehová, el Señor».[f]

[a] 43.2-3 Ez 10.3-4,18-19; 11.22-23.   [b] 43.2 Is 60.1-3.   [c] 43.5 1 R 8.10-11.   [d] 43.13-17 Ex 27.1-2; 2 Cr 4.1.   [e] 43.18-27 Ex 29.35-37.   [f] 43.25-27 Lv 8.33-35.

44 [1] Me hizo volver hacia la puerta exterior del santuario, la cual mira hacia el oriente, y estaba cerrada. [2] Y me dijo Jehová: «Esta puerta estará cerrada; no se abrirá y no entrará nadie por ella, porque Jehová, Dios de Israel, entró por ella; estará, por tanto, cerrada. [3] En cuanto al gobernante, por ser el gobernante, él se sentará allí para comer pan delante de Jehová; por el vestíbulo de la puerta entrará y por ese mismo camino saldrá».

[4] Me llevó hacia la puerta del norte por delante de la casa; y miré, y he aquí que la gloria de Jehová había llenado la casa de Jehová; y me postré sobre mi rostro. [5] Me dijo Jehová: «Hijo de hombre, pon atención, observa con cuidado y escucha atentamente todo lo que hablo contigo sobre todas las ordenanzas de la casa de Jehová y todas sus leyes. Pon atención a las entradas de la casa y a todas las salidas del santuario. [6] Y dirás a los rebeldes, a la casa de Israel: "Así ha dicho Jehová, el Señor: ¡Basta ya de todas vuestras abominaciones, casa de Israel! [7] ¡Basta ya de traer extranjeros, incircuncisos de corazón e incircuncisos de carne, para estar en mi santuario y para contaminar mi casa;[a] de ofrecer mi pan, la grasa y la sangre, y de invalidar mi pacto con todas vuestras abominaciones! [8] Pues no habéis guardado lo establecido acerca de mis cosas santas, sino que habéis puesto extranjeros como guardas de las ordenanzas en mi santuario.

[9] »Así ha dicho Jehová, el Señor: Ningún hijo de extranjero, incircunciso de corazón e incircunciso de carne, entrará en mi santuario, de todos los hijos de extranjeros que están entre los hijos de Israel. [10] Los levitas que se apartaron de mí cuando Israel se alejó de mí, yéndose tras sus ídolos, llevarán su iniquidad. [11] Servirán en mi santuario como porteros a las puertas de la casa y sirvientes en la casa. Ellos matarán para el pueblo el holocausto y la víctima, y estarán ante él para servirlo, [12] por cuanto los sirvieron delante de sus ídolos, y fueron a la casa de Israel por tropezadero de maldad. Por eso he alzado

mi mano y jurado, dice Jehová, el Señor, que ellos llevarán su iniquidad. [13] No se acercarán a mí para servirme como sacerdotes, ni se acercarán a ninguna de mis cosas santas, a mis cosas santísimas, sino que llevarán su ignominia y las abominaciones que hicieron. [14] Los pondré, pues, por guardas encargados de la custodia de la casa, para todo el servicio de ella y para todo lo que en ella haya de hacerse.

[15] »Pero los sacerdotes levitas, hijos de Sadoc,[b] que guardaron el ordenamiento del santuario cuando los hijos de Israel se apartaron de mí, ellos se acercarán para ministrar ante mí, y delante de mí estarán para ofrecerme la grasa y la sangre, dice Jehová, el Señor. [16] Ellos entrarán en mi santuario, se acercarán a mi mesa para servirme y guardarán mis ordenanzas. [17] Cuando entren por las puertas del atrio interior, se vestirán con vestiduras de lino; no llevarán sobre ellos cosa de lana cuando ministren en las puertas del atrio interior y dentro de la casa. [18] Turbantes de lino tendrán sobre sus cabezas, y llevarán calzoncillos de lino sobre sus caderas.[c] No se ceñirán nada que los haga sudar. [19] Cuando salgan al atrio exterior, al atrio de afuera, al pueblo, se quitarán las vestiduras con que ministraron, las dejarán en las cámaras del santuario[d] y se pondrán otros vestidos, para no santificar al pueblo con sus vestiduras. [20] No se raparán la cabeza ni se dejarán crecer el cabello;[e] solamente lo recortarán. [21] Ninguno de los sacerdotes beberá vino cuando haya de entrar en el atrio interior.[f] [22] Ni viuda ni repudiada tomará por mujer, sino que tomará una virgen del linaje de la casa de Israel, o una viuda que sea viuda de un sacerdote.[g] [23] Enseñarán a mi pueblo a hacer diferencia entre lo santo y lo profano, y los enseñarán a discernir entre lo puro y lo impuro.[h] [24] En los casos de pleito, ellos estarán para juzgar, y conforme a mis juicios juzgarán. Mis leyes y mis decretos guardarán en todas mis fiestas solemnes, y santificarán mis sábados. [25] No se acercarán a un hombre muerto, para no

[a] **44.7** Gn 17.10; Dt 10.16; Ro 2.25-29.   [b] **44.15** 2 S 15.24-29; 1 R 1.5-8,32-45; 2.27,35.
[c] **44.17-18** Ex 28.39-43; Lv 16.4.   [d] **44.19** Lv 16.23.   [e] **44.20** Lv 21.5.   [f] **44.21** Lv 10.9.
[g] **44.22** Lv 21.7,13-14.   [h] **44.23** Lv 10.10.

contaminarse;[i] aunque por padre o madre, hijo o hija, hermano o hermana que no haya tenido marido, sí podrán contaminarse. [26] Después de su purificación, le contarán siete días. [27] Y el día que entre al santuario, en el atrio interior, para ministrar en el santuario, ofrecerá su expiación, dice Jehová, el Señor.

[28]»Habrá para ellos heredad: yo seré su heredad.[j] No les daréis propiedad en Israel: yo soy su propiedad. [29] De la ofrenda, la expiación y el sacrificio por el pecado comerán. Toda cosa consagrada en Israel será de ellos. [30] Y las primicias de todos los primeros frutos de todo, y toda ofrenda de todo lo que se presente de todas vuestras ofrendas, será de los sacerdotes; asimismo daréis al sacerdote las primicias de todo cuanto amaséis, para que repose la bendición en vuestras casas.[k] [31] Ninguna cosa mortecina o desgarrada, ya sea de aves o de bestias, comerán los sacerdotes.[l]

45 [1]»Cuando repartáis por suertes la tierra en heredad, apartaréis para Jehová una porción que le consagraréis en la tierra: será de veinticinco mil cañas de longitud y diez mil de anchura. Este territorio, en todo su contorno, será santificado. [2] De esto será para el santuario un cuadro de quinientas cañas de longitud y quinientas de anchura, rodeado de cincuenta codos para sus ejidos. [3] De esta medida medirás en longitud veinticinco mil cañas y en anchura diez mil. Allí estará el santuario y el lugar santísimo. [4] Lo consagrado de esta tierra será para los sacerdotes, ministros del santuario, que se acercan para ministrar a Jehová. Y servirá de lugar para sus casas y como recinto sagrado para el santuario. [5] Asimismo medirás veinticinco mil cañas de longitud y diez mil de anchura, que será para los levitas ministros de la casa, como posesión para sí, con veinte cámaras.

[6]»Para propiedad de la ciudad señalaréis un terreno de cinco mil de anchura y veinticinco mil de longitud, delante de lo que se apartó para el santuario. Esto será para toda la casa de Israel.

[7]»Y la parte del gobernante estará junto a lo que se apartó para el santuario, a uno y otro lado, y junto a la propiedad de la ciudad, delante de lo que se apartó para el santuario y delante de la propiedad de la ciudad, desde el extremo occidental hasta el extremo oriental, y la longitud será desde el límite occidental hasta el límite oriental. [8] Esta tierra tendrá como propiedad en Israel, y nunca más mis gobernantes oprimirán a mi pueblo; y darán la tierra a la casa de Israel conforme a sus tribus.

[9]»Así ha dicho Jehová, el Señor: ¡Basta ya, gobernantes de Israel! Dejad la violencia y la rapiña. Practicad el derecho y la justicia; dejad de explotar a mi pueblo, dice Jehová, el Señor.

[10]»Balanzas justas, efa justo y bato justo tendréis.[a] [11] El efa y el bato serán de una misma medida: que el bato tenga la décima parte del homer, y la décima parte del homer el efa; la medida de ellos será según el homer. [12] El siclo será de veinte geras. Veinte siclos, veinticinco siclos y quince siclos serán una mina.

[13]»Esta será la ofrenda que ofreceréis: la sexta parte de un efa por cada homer del trigo, y la sexta parte de un efa por cada homer de la cebada. [14] La ordenanza para el aceite será esta: ofreceréis un bato de aceite, que es la décima parte de un coro; diez batos harán un homer (porque diez batos son un homer). [15] Y una cordera del rebaño por cada doscientas, de las engordadas de Israel, para sacrificio, para holocausto y para ofrendas de paz, para hacer expiación por ellos, dice Jehová, el Señor. [16] Todo el pueblo de la tierra estará obligado a dar esta ofrenda para el gobernante de Israel. [17] Pero al gobernante corresponderá proveer para el holocausto, el sacrificio y la libación en las fiestas solemnes, en las lunas nuevas, en los sábados y en todas las fiestas de la casa de Israel; él dispondrá la expiación, la ofrenda, el holocausto y las ofrendas de paz, para hacer expiación por la casa de Israel.

[18]»Así ha dicho Jehová, el Señor: El mes primero, el día primero del mes,

---

[i] **44.25** Lv 21.1-4. [j] **44.28** Nm 18.20-24. [k] **44.29-30** Nm 18.8-19. [l] **44.31** Lv 7.24; 22.8.
[a] **45.10** Lv 19.36.

tomarás de la vacada un becerro sin defecto y purificarás el santuario. ¹⁹El sacerdote tomará de la sangre de la expiación y pondrá sobre los postes de la casa, sobre los cuatro ángulos del descanso del altar y sobre los postes de las puertas del atrio interior. ²⁰Así harás el séptimo día del mes para los que pecaron por error y por engaño, y harás expiación por la casa.

²¹»El mes primero, a los catorce días del mes, tendréis la Pascua, fiesta de siete días; se comerá pan sin levadura.[b] ²²Aquel día el gobernante ofrecerá por sí mismo y por todo el pueblo de la tierra, un becerro en sacrificio por el pecado. ²³Y en los siete días de la fiesta solemne ofrecerá como holocausto a Jehová siete becerros y siete carneros sin defecto, uno cada día de los siete días; y por el pecado ofrecerá un macho cabrío cada día. ²⁴Con cada becerro ofrecerá ofrenda de un efa, y con cada carnero, un efa; y por cada efa, un hin de aceite. ²⁵En el mes séptimo, a los quince días del mes, en la fiesta, hará como en estos siete días[c] en cuanto a la expiación, en cuanto al holocausto, en cuanto al presente y en cuanto al aceite.

46 ¹»Así ha dicho Jehová, el Señor: La puerta del atrio interior que mira al oriente estará cerrada los seis días de trabajo, y el sábado se abrirá; y se abrirá también el día de la luna nueva. ²El gobernante entrará por el camino del portal de la puerta exterior, y estará en pie junto al umbral de la puerta mientras los sacerdotes ofrecen su holocausto y sus ofrendas de paz, y adorará junto a la entrada de la puerta. Después saldrá, pero no se cerrará la puerta hasta la tarde. ³Asimismo adorará el pueblo del país delante de Jehová, a la entrada de la puerta, en los sábados y en las lunas nuevas. ⁴El holocausto que el gobernante ofrecerá el sábado a Jehová será de seis corderos sin defecto y un carnero sin tacha; ⁵y por ofrenda, un efa con cada carnero; y con cada cordero una ofrenda conforme a sus posibilidades, y un hin de aceite con el efa. ⁶Pero el día de la luna nueva ofrecerá un becerro sin tacha, de la vacada, y seis corderos y un carnero; deberán ser sin defecto. ⁷Hará

ofrenda de un efa junto con el becerro y de un efa junto con cada carnero; pero con los corderos ofrendará conforme a sus posibilidades. Y ofrecerá un hin aceite por cada efa. ⁸Cuando el gobernante entre, entrará por el camino del portal de la puerta, y por el mismo camino saldrá.

⁹»Pero cuando el pueblo del país entre delante de Jehová en las fiestas, el que entre por la puerta del norte saldrá por la puerta del sur, y el que entre por la puerta del sur saldrá por la puerta del norte; no volverá por la puerta por donde entró, sino que saldrá por la de enfrente de ella. ¹⁰Cuando ellos entren, el gobernante entrará en medio de ellos, y cuando ellos salgan, él saldrá.

¹¹»En las fiestas y en las asambleas solemnes, la ofrenda será la ofrenda de un efa con cada becerro, y de un efa con cada carnero; y con los corderos ofrendará conforme a sus posibilidades. Y ofrecerá un hin de aceite con cada efa. ¹²Pero cuando el gobernante ofrezca voluntariamente holocausto u ofrendas de paz a Jehová, le abrirán la puerta que mira al oriente, y hará su holocausto y sus ofrendas de paz, como lo hace el sábado. Después saldrá, y cuando haya salido cerrarán la puerta.

El sacrificio continuo

¹³»Cada día ofrecerás en holocausto a Jehová el sacrificio de un cordero de un año, sin defecto; cada mañana lo sacrificarás. ¹⁴Con él harás todas las mañanas la ofrenda de la sexta parte de un efa y la tercera parte de un hin de aceite para mezclar con la flor de harina: es la ofrenda continua a Jehová, como estatuto perpetuo. ¹⁵Ofrecerán, pues, el cordero, la ofrenda y el aceite, todas las mañanas como holocausto continuo.

¹⁶»Así ha dicho Jehová, el Señor: Si el gobernante cede parte de su heredad a sus hijos, será de ellos: propiedad de ellos será por herencia. ¹⁷Pero si de su heredad cede una parte a alguno de sus siervos, solo será suya hasta el año del jubileo;[a] entonces volverá al gobernante, porque la herencia corresponde a sus hijos. ¹⁸El

---

^b **45.21** Ex 12.1-20; Nm 28.16-25.   ^c **45.25** Lv 23.33-36; Nm 29.12-38.   ^a **46.17** Lv 25.10-16.

gobernante no tomará nada de la herencia del pueblo, para no defraudarlo de su propiedad. De lo que él mismo posee dará la herencia a sus hijos, a fin de que ninguno de mi pueblo sea privado de su propiedad"».

19 Me trajo después por la entrada que estaba hacia la puerta, a las cámaras santas de los sacerdotes, las cuales miraban al norte, y vi que había allí un lugar en el fondo del lado de occidente. 20 Me dijo: «Este es el lugar donde los sacerdotes cocerán la ofrenda por el pecado y la expiación; allí cocerán la ofrenda, para no sacarla al atrio exterior, santificando así al pueblo».

21 Luego me sacó al atrio exterior y me llevó por los cuatro rincones del atrio, y en cada rincón había un patio. 22 En los cuatro rincones del atrio había patios cercados, de cuarenta codos de longitud y treinta de anchura; una misma medida tenían los cuatro. 23 Y había una pared alrededor de ellos, alrededor de los cuatro, y abajo había fogones alrededor de las paredes. 24 Me dijo: «Estas son las cocinas donde los servidores de la casa cocerán la ofrenda del pueblo».

Las aguas salutíferas

47 1 Me hizo volver luego a la entrada de la casa. Y vi que salían aguas por debajo del umbral de la casa[a] hacia el oriente, porque la fachada de la casa estaba al oriente; y las aguas descendían por debajo, hacia el lado derecho de la casa, al sur del altar. 2 Me sacó por el camino de la puerta del norte y me hizo dar la vuelta por el camino exterior, fuera de la puerta, al camino de la que mira al oriente; y vi que las aguas salían del lado derecho.

3 Salió el hombre hacia el oriente, llevando un cordel en la mano. Midió mil codos y me hizo pasar por las aguas, que me llegaban hasta los tobillos. 4 Midió otros mil y me hizo pasar por las aguas, que me llegaban hasta las rodillas. Midió luego otros mil y me hizo pasar por las aguas, que me llegaban hasta la cintura. 5 Midió otros mil, y era ya un río que yo no

podía pasar, porque las aguas habían crecido de manera que el río no se podía pasar sino a nado. 6 Y me dijo: «¿Has visto, hijo de hombre?». Después me llevó, y me hizo volver por la ribera del río. 7 Y al volver vi que en la ribera del río había muchísimos árboles a uno y otro lado. 8 Entonces me dijo: «Estas aguas salen a la región del oriente, descienden al Arabá y entran en el mar. Y al entrar en el mar, las aguas son saneadas. 9 Todo ser viviente que nade por dondequiera que entren estos dos ríos, vivirá; y habrá muchísimos peces por haber entrado allá estas aguas, pues serán saneadas. Vivirá todo lo que entre en este río. 10 Junto a él estarán los pescadores, y desde En-gadi hasta En-eglaim será su tendedero de redes. Y los peces, según su especie, serán tan abundantes como los peces del Mar Grande. 11 Sus pantanos y sus lagunas no serán saneadas: quedarán para salinas. 12 Y junto al río, en la ribera, a uno y otro lado, crecerá toda clase de árboles frutales; sus hojas nunca caerán ni faltará su fruto. A su tiempo madurará, porque sus aguas salen del santuario. Su fruto será para alimento y su hoja para medicina.[b]

Límites y repartición de la tierra

13 »Así ha dicho Jehová, el Señor: Estos son los límites[c] según los cuales repartiréis la tierra por heredad entre las doce tribus de Israel. José tendrá dos partes. 14 La heredaréis tanto los unos como los otros; por ella alcé mi mano para jurar que la había de dar a vuestros padres; por tanto, esta será la tierra de vuestra heredad.

15 »Este será el límite de la tierra hacia el lado del norte: desde el Mar Grande, camino de Hetlón viniendo a Zedad, 16 Hamat, Berota, Sibraim, que está entre el límite de Damasco y el límite de Hamat; Hazar-haticón, que es el límite de Haurán. 17 Y será el límite del norte desde el mar hasta Hazar-enán en el límite de Damasco al norte, y al límite de Hamat al lado del norte.

18 »Del lado del oriente, en medio de

---

a 47.1 Zac 14.8; Jn 7.38; Ap 21.6.   b 47.12 Ap 22.2.   c 47.13-20 Nm 34.1-12.

Haurán y de Damasco, y de Galaad y de la tierra de Israel, al Jordán; esto mediréis como límite hasta el mar oriental.

19»Del lado meridional, hacia el sur, desde Tamar hasta las aguas de las rencillas; desde Cades hacia el arroyo y hasta el Mar Grande. Este será el lado meridional, el sur.

20»Del lado del occidente, el Mar Grande será el límite hasta enfrente de la entrada de Hamat; este será el lado occidental.

Reparto de la tierra

21»Repartiréis, pues, esta tierra entre vosotros, según las tribus de Israel. 22Echaréis sobre ella suertes por heredad para vosotros y para los extranjeros que viven entre vosotros, aquellos que entre vosotros han engendrado hijos. Los tendréis como a iguales entre los hijos de Israel, echarán suertes con vosotros para tener heredad entre las tribus de Israel. 23En la tribu en que viva el extranjero, allí le daréis su heredad, ha dicho Jehová, el Señor.

48 1»Estos son los nombres de las tribus: Desde el extremo norte por la vía de Hetlón viniendo a Hamat, Hazar-enán, en los confines de Damasco, al norte, hacia Hamat, tendrá Dan una parte, desde el lado oriental hasta el occidental. 2Junto a la frontera de Dan, desde el lado del oriente hasta el lado del mar, tendrá Aser una parte. 3Junto al límite de Aser, desde el lado del oriente hasta el lado del mar, Neftalí, otra. 4Junto al límite de Neftalí, desde el lado del oriente hasta el lado del mar, Manasés, otra. 5Junto al límite de Manasés, desde el lado del oriente hasta el lado del mar, Efraín, otra. 6Junto al límite de Efraín, desde el lado del oriente hasta el lado del mar, Rubén, otra. 7Junto al límite de Rubén, desde el lado del oriente hasta el lado del mar, Judá, otra.

8»Junto al límite de Judá, desde el lado del oriente hasta el lado del mar, estará la porción que reservaréis de veinticinco mil cañas de anchura, y de longitud como cualquiera de las otras partes, esto es, desde el lado del oriente hasta el lado del mar; y el santuario estará en medio de ella. 9La porción que reservaréis para Jehová tendrá de longitud veinticinco mil cañas, y diez mil de anchura. 10La porción santa que pertenecerá a los sacerdotes tendrá una longitud de veinticinco mil cañas al norte, diez mil de anchura al occidente, diez mil de anchura al oriente y veinticinco mil de longitud al sur. Y el santuario de Jehová estará en medio de ella. 11Los sacerdotes santificados de los hijos de Sadoc que me guardaron fidelidad, que no se descarriaron cuando se descarriaron los hijos de Israel, como se descarriaron los levitas, 12ellos tendrán como parte santísima la porción de la tierra reservada, junto al límite de la de los levitas. 13Y la de los levitas, al lado de los límites de la de los sacerdotes, será de veinticinco mil cañas de longitud y diez mil de anchura. El total, pues, de su longitud será de veinticinco mil, y el de su anchura, de diez mil. 14No venderán nada de ello, ni lo permutarán ni traspasarán las primicias de la tierra; porque es cosa consagrada a Jehová.

15»Las cinco mil cañas de anchura que quedan de las veinticinco mil, serán profanas, para la ciudad, para habitación y para ejido; y la ciudad estará en medio. 16Estas serán sus medidas: al lado del norte cuatro mil cañas, al lado del sur cuatro mil quinientas, al lado del oriente cuatro mil quinientas, y al lado del occidente cuatro mil quinientas. 17Y el ejido de la ciudad será al norte de doscientas cincuenta cañas, al sur de doscientas cincuenta, al oriente de doscientas cincuenta, y de doscientas cincuenta al occidente. 18Y lo que quede delante de la porción santa, de una longitud de diez mil cañas al oriente y diez mil al occidente, que será lo que quede de la porción santa, estará dedicada a la siembra para el alimento de los que trabajan en la ciudad. 19Y los que trabajen en la ciudad procederán de todas las tribus de Israel. 20Toda la porción reservada en un cuadro de veinticinco mil por veinticinco mil cañas, será la porción que reservaréis para el santuario y como propiedad de la ciudad.

21»Del gobernante será lo que quede a uno y otro lado de la porción santa y de la propiedad de la ciudad, esto es: delante de las veinticinco mil cañas de la porción hasta el límite oriental; y al occidente, delante de las veinticinco mil hasta el límite occidental. Lo que quede delante de dichas partes será del gobernante: será una porción santa, y el santuario de la casa estará en medio de ella. ²² De este modo la parte del gobernante será la comprendida desde la porción de los levitas y la porción de la ciudad, entre el límite de Judá y el límite de Benjamín.

²³ »En cuanto a las demás tribus, desde el lado del oriente hasta el lado del mar, tendrá Benjamín una porción. ²⁴ Junto al límite de Benjamín, desde el lado del oriente hasta el lado del mar, Simeón, otra. ²⁵ Junto al límite de Simeón, desde el lado del oriente hasta el lado del mar, Isacar, otra. ²⁶ Junto al límite de Isacar, desde el lado del oriente hasta el lado del mar, Zabulón, otra. ²⁷ Junto al límite de Zabulón, desde el lado del oriente hasta el lado del mar, Gad, otra. ²⁸ Junto al límite de Gad, al lado meridional, al sur, será el límite desde Tamar hasta las aguas de las rencillas, y desde Cades y el arroyo hasta el Mar Grande. ²⁹ Esta es la tierra que repartiréis por suertes en heredad a las tribus de Israel, y estas son sus porciones, ha dicho Jehová, el Señor.

Las puertas y el nombre de la ciudad

³⁰ »Estas son las salidas de la ciudad:[a] al lado del norte, cuatro mil quinientas cañas por medida. ³¹ Y las puertas de la ciudad serán llamadas según los nombres de las tribus de Israel. Las tres puertas al norte serán la puerta de Rubén, la puerta de Judá y la puerta de Leví. ³² Al lado oriental tendrá cuatro mil quinientas cañas y tres puertas: la puerta de José, la puerta de Benjamín y la puerta de Dan. ³³ Al lado del sur medirá cuatro mil quinientas cañas y tendrá tres puertas: la puerta de Simeón, la puerta de Isacar y la puerta de Zabulón. ³⁴ Y al lado occidental tendrá cuatro mil quinientas cañas y sus tres puertas: la puerta de Gad, la puerta de Aser y la puerta de Neftalí. ³⁵ Todo el contorno tendrá 18.000 cañas. Y desde aquel día el nombre de la ciudad será Jehová-sama».[b]

---

[a] 48.30-34 Ap 21.12-13.   [b] 48.35 Esto es, *Jehová está aquí.*

DANIEL

INTRODUCCIÓN

El libro de Daniel (=Dn) pertenece a la «literatura apocalíptica». Los mensajes apocalípticos se presentan revestidos de un rico ropaje simbólico y son comunicados en forma de visión al autor literario, al vidente. En términos generales, hacen referencia a la historia humana como si se tratara de un drama resuelto en dos actos. El primero de ellos se desarrolla en el momento actual y en el mundo presente; el segundo, dado en una perspectiva escatológica, revela lo que habrá de acontecer al final de todos los tiempos.

En la etapa actual, momentánea y pasajera, el pueblo de Dios se encuentra sujeto a imperios humanos injustos, autores de normas opuestas a la voluntad de Dios; a gobiernos que por conseguir sus propios objetivos pueden perseguir, torturar y hasta llevar a la muerte a los creyentes que confiesan abiertamente su fe (cf. 7.25). Pero vendrá el día en que este mundo pase y en el que repentinamente se manifieste el reino de Dios.

El libro de Daniel consta de dos partes: La primera (cap. 1–6) narra la historia del joven Daniel y sus compañeros, llevados a Babilonia y educados como nobles en la corte de Nabucodonosor. Fieles al Dios de Israel, los héroes del relato resisten al tirano y afrontan riesgos de muerte, de los cuales los libra la mano del Señor. La segunda (cap. 7–12) contiene una serie de visiones simbólicas que vienen a ampliar y desarrollar ciertas nociones esbozadas ya en la primera sección; pero ahora el lenguaje de la exposición es decididamente apocalíptico. La visión de cuatro seres monstruosos que suben del mar es como una síntesis de acontecimientos futuros. Se trata de «cuatro bestias grandes, diferentes la una de la otra» (7.3), representativas de los grandes imperios que sucesivamente dominan el mundo, pero a las que el Señor destruirá por completo (7.26). Consecuencia de esta intervención divina será el cambio radical de la condición humana: a partir de ese instante, nada podrá ya oponerse a la soberanía universal y definitiva de Dios.

Aunque esta obra fue redactada con el fin inmediato de alentar al pueblo en medio de todas las desdichas y persecuciones sufridas, las enseñanzas que de él se desprenden son totalmente aplicables a cualesquiera circunstancias en que se encuentre el pueblo de Dios. Las referencias históricas que en él aparecen pueden relacionarse con la persecución promovida por Antíoco IV Epífanes, así como con la profanación del templo de Jerusalén cometida por este rey (9.27; 11.30-35).

Esquema del contenido

1. Primera parte: narrativa (1–6)
2. Segunda parte: visiones apocalípticas (7–12)

Daniel y sus compañeros en Babilonia

1 ¹En el tercer año del reinado de Joacim, rey de Judá,ᵃ vino Nabucodonosor, rey de Babilonia, a Jerusalén, y la sitió.ᵇ ²El Señor entregó en sus manos a Joacim, rey de Judá, y parte de los utensilios de la casa de Dios; los trajo a tierra de Sinar, a la casa de su dios, y colocó los utensilios en la casa del tesoro de su dios. ³Y dijo el rey a Aspenaz, jefe de sus

---

ᵃ **1.1** Esta fecha corresponde al año 606 a.C., ya que *Joacim* comenzó a reinar en el año 609 (cf. 2 R 23.36—24.6). ᵇ **1.1** 2 R 24.1; 2 Cr 36.6-7.

eunucos, que trajera de los hijos de Israel, del linaje real de los príncipes, 4 muchachos en quienes no hubiera tacha alguna, de buen parecer, instruidos en toda sabiduría, sabios en ciencia, de buen entendimiento e idóneos para estar en el palacio del rey; y que les enseñara las letras y la lengua de los caldeos.[c] 5 Y les señaló el rey una porción diaria de la comida del rey y del vino que él bebía; y que los educara durante tres años, para que al fin de ellos se presentaran delante del rey. 6 Entre ellos estaban Daniel, Ananías, Misael y Azarías, de los hijos de Judá. 7 A estos el jefe de los eunucos puso nombres: a Daniel, Beltsasar; a Ananías, Sadrac; a Misael, Mesac; y a Azarías, Abed-nego.

8 Daniel propuso en su corazón no contaminarse con la porción de la comida del rey ni con el vino que él bebía; pidió, por tanto, al jefe de los eunucos que no se le obligara a contaminarse. 9 Puso Dios a Daniel en gracia y en buena voluntad con el jefe de los eunucos; 10 y el jefe de los eunucos dijo a Daniel:

—Temo a mi señor el rey, que asignó vuestra comida y vuestra bebida; pues luego que él vea vuestros rostros más pálidos que los de los muchachos que son semejantes a vosotros, haréis que el rey me condene a muerte.

11 Entonces dijo Daniel a Melsar, a quien el jefe de los eunucos había puesto sobre Daniel, Ananías, Misael y Azarías:

12 —Te ruego que hagas la prueba con tus siervos durante diez días: que nos den legumbres para comer y agua para beber. 13 Compara luego nuestros rostros con los rostros de los muchachos que comen de la porción de la comida del rey, y haz después con tus siervos según veas.

14 Consintió, pues, con ellos en esto, y probó con ellos durante diez días. 15 Y al cabo de los diez días pareció el rostro de ellos mejor y más robusto que el de los otros muchachos que comían de la porción de la comida del rey. 16 Así, pues, Melsar se llevaba la porción de la comida de ellos y el vino que habían de beber, y les daba legumbres.

17 A estos cuatro muchachos, Dios les dio conocimiento e inteligencia en todas las letras y ciencias; y Daniel tuvo entendimiento en toda visión y sueños. 18 Pasados, pues, los días al fin de los cuales había dicho el rey que los llevaran, el jefe de los eunucos los llevó delante de Nabucodonosor. 19 El rey habló con ellos, y no se hallaron entre todos ellos otros como Daniel, Ananías, Misael y Azarías; así, pues, permanecieron al servicio del rey. 20 En todo asunto de sabiduría e inteligencia que el rey los consultó, los halló diez veces mejores que todos los magos y astrólogos que había en todo su reino. 21 Así continuó Daniel hasta el año primero del rey Ciro.[d]

Daniel interpreta el sueño de Nabucodonosor

2 1 En el segundo año del reinado de Nabucodonosor, tuvo Nabucodonosor sueños, y se turbó su espíritu y se le fue el sueño. 2 Hizo llamar el rey a magos, astrólogos, encantadores y caldeos, para que le explicaran sus sueños. Vinieron, pues, y se presentaron delante del rey. 3 El rey les dijo:

—He tenido un sueño, y mi espíritu se ha turbado por saber el sueño.

4 Entonces hablaron los caldeos al rey en lengua aramea:[a]

—¡Rey, para siempre vive! Cuenta el sueño a tus siervos, y te daremos la interpretación.

5 Respondió el rey y dijo a los caldeos:

—El asunto lo olvidé; pero si no me decís el sueño y su interpretación, seréis hechos pedazos y vuestras casas serán convertidas en estercoleros. 6 Pero si me decís el sueño y su interpretación, de mí recibiréis dones, favores y gran honra. Decidme, pues, el sueño y su interpretación.

7 Respondieron por segunda vez, y dijeron:

—Cuente el rey el sueño a sus siervos, y le daremos la interpretación.

8 El rey respondió y dijo:

—Yo conozco ciertamente que vosotros ponéis dilaciones, porque veis que el

---

[c] 1.2-4 2 R 20.17-18; Is 39.7-8; 2 R 24.10-16; 2 Cr 36.10.   [d] 1.21 Es decir, el año 538 a.C. (Cf. Esd 1.1).   [a] 2.4 A partir de este v., y hasta 7.28, el texto está escrito en arameo.

asunto se me ha ido. ⁹Si no me contáis el sueño, una sola sentencia hay para vosotros. Ciertamente preparáis una respuesta mentirosa y perversa que decir delante de mí, entre tanto que pasa el tiempo. Contadme, pues, el sueño, para que yo sepa que me podéis dar su interpretación. ¹⁰Los caldeos respondieron delante del rey y dijeron:

—No hay hombre sobre la tierra que pueda declarar el asunto del rey. Además, ningún rey, príncipe ni señor preguntó cosa semejante a ningún mago ni astrólogo ni caldeo. ¹¹Porque el asunto que el rey demanda es difícil, y no hay quien lo pueda declarar al rey, salvo los dioses cuya morada no está entre los hombres.

¹²Por esto el rey, con ira y con gran enojo, mandó que mataran a todos los sabios de Babilonia. ¹³Se publicó, pues, el edicto de que los sabios fueran llevados a la muerte; y buscaron también a Daniel y a sus compañeros para matarlos.

¹⁴Entonces Daniel habló sabia y prudentemente a Arioc, capitán de la guardia del rey, que había salido para matar a los sabios de Babilonia. ¹⁵Habló y dijo a Arioc, capitán del rey:

—¿Cuál es la causa de que este edicto se publique de parte del rey tan apresuradamente?

Entonces Arioc hizo saber a Daniel lo que había; ¹⁶y Daniel entró y pidió al rey que le concediera tiempo, que él daría al rey la interpretación. ¹⁷Luego se fue Daniel a su casa e hizo saber a Ananías, Misael y Azarías, sus compañeros, lo que sucedía ¹⁸para que pidieran misericordias del Dios del cielo sobre este misterio, a fin de que Daniel y sus compañeros no perecieran con los otros sabios de Babilonia. ¹⁹El secreto le fue revelado a Daniel en visión de noche, por lo cual bendijo Daniel al Dios del cielo. ²⁰Habló Daniel y dijo:

«Sea bendito el nombre de Dios de
siglos en siglos,
porque suyos son el poder y la
sabiduría.ᵇ

²¹Él muda los tiempos y las edades,
quita reyes y pone reyes;
da la sabiduría a los sabios
y la ciencia a los entendidos.
²²Él revela lo profundo y lo
escondido,
conoce lo que está en tinieblas
y con él mora la luz.ᶜ
²³A ti, Dios de mis padres,
te doy gracias y te alabo,
porque me has dado sabiduría y
fuerza,
y ahora me has revelado lo que te
pedimos,
pues nos has dado a conocer el
asunto del rey».

²⁴Después de esto fue Daniel a Arioc, al cual el rey había puesto para matar a los sabios de Babilonia, y le dijo:

—No mates a los sabios de Babilonia; llévame a la presencia del rey, y yo le daré la interpretación.

²⁵Entonces Arioc llevó prontamente a Daniel ante el rey, y le dijo así:

—He hallado un hombre de los deportados de Judá, el cual dará al rey la interpretación.

²⁶Respondió el rey y dijo a Daniel, al cual llamaban Beltsasar:

—¿Podrás tú hacerme conocer el sueño que vi, y su interpretación?

²⁷Daniel respondió al rey diciendo:

—El misterio que el rey demanda, ni sabios ni astrólogos, ni magos ni adivinos lo pueden revelar al rey. ²⁸Pero hay un Dios en los cielos que revela los misterios, y él ha hecho saber al rey Nabucodonosor lo que ha de acontecer en los últimos días. Estos son tu sueño y las visiones que has tenido en tu cama:

²⁹»Estando tú, rey, en tu cama, te vinieron pensamientos por saber lo que había de suceder en lo por venir; y el que revela los misterios te mostró lo que ha de ser. ³⁰Y a mí me ha sido revelado este misterio, no porque en mí haya más sabiduría que en los demás vivientes, sino para que se dé a conocer al rey la interpretación y para que entiendas los pensamientos de tu corazón.

ᵇ**2.20** Job 12.13; Pr 2.6.   ᶜ**2.22** Job 12.22; Sal 139.11-12.

³¹ »Tú, rey, veías en tu sueño una gran imagen. Esta imagen era muy grande y su gloria, muy sublime. Estaba en pie delante de ti y su aspecto era terrible. ³² La cabeza de esta imagen era de oro fino; su pecho y sus brazos, de plata; su vientre y sus muslos, de bronce; ³³ sus piernas, de hierro; sus pies, en parte de hierro y en parte de barro cocido. ³⁴ Estabas mirando, hasta que una piedra se desprendió sin que la cortara mano alguna, e hirió a la imagen en sus pies de hierro y de barro cocido, y los desmenuzó. ³⁵ Entonces fueron desmenuzados también el hierro, el barro cocido, el bronce, la plata y el oro, y fueron como tamo de las eras del verano, y se los llevó el viento sin que de ellos quedara rastro alguno. Pero la piedra que hirió a la imagen se hizo un gran monte que llenó toda la tierra.

³⁶ »Este es el sueño. También la interpretación de él diremos en presencia del rey. ³⁷ Tú, rey, eres rey de reyes; porque el Dios del cielo te ha dado reino, poder, fuerza y majestad. ³⁸ Dondequiera que habitan hijos de hombres, bestias del campo y aves del cielo, él los ha entregado en tus manos, y te ha dado el dominio sobre todo. Tú eres aquella cabeza de oro. ³⁹ Después de ti se levantará otro reino, inferior al tuyo; y luego un tercer reino de bronce, el cual dominará sobre toda la tierra. ⁴⁰ Y el cuarto reino será fuerte como el hierro; y como el hierro desmenuza y rompe todas las cosas, así él lo desmenuzará y lo quebrantará todo.ᵈ

⁴¹ »Lo que viste de los pies y los dedos, en parte de barro cocido de alfarero y en parte de hierro, será un reino dividido;ᵉ pero habrá en él algo de la fuerza del hierro, así como viste el hierro mezclado con barro cocido. ⁴² Y por ser los dedos de los pies en parte de hierro y en parte de barro cocido, este reino será en parte fuerte y en parte frágil. ⁴³ Así como viste el hierro mezclado con barro, así se mezclarán por medio de alianzas humanas; pero no se unirán el uno con el otro, como el hierro no se mezcla con el barro. ⁴⁴ En los días de estos reyes, el Dios del cielo levantará un reino que no será jamás destruido, ni será el reino dejado a otro pueblo; desmenuzará y consumirá a todos estos reinos, pero él permanecerá para siempre, ⁴⁵ de la manera que viste que del monte se desprendió una piedra sin que la cortara mano alguna, la cual desmenuzó el hierro, el bronce, el barro, la plata y el oro. El gran Dios ha mostrado al rey lo que ha de acontecer en lo por venir; y el sueño es verdadero, y fiel su interpretación».

⁴⁶ Entonces el rey Nabucodonosor se postró sobre su rostro, se humilló ante Daniel, y mandó que le ofrecieran presentes e incienso. ⁴⁷ El rey habló a Daniel, y dijo:

—Ciertamente el Dios vuestro es Dios de dioses, Señor de los reyes y el que revela los misterios, pues pudiste revelar este misterio.

⁴⁸ Entonces el rey engrandeció a Daniel, le dio muchos honores y grandes dones, y lo hizo gobernador de toda la provincia de Babilonia y jefe supremo de todos los sabios de Babilonia. ⁴⁹ Daniel solicitó y obtuvo del rey que pusiera sobre los negocios de la provincia de Babilonia a Sadrac, Mesac y Abed-nego; y Daniel estaba en la corte del rey.

El horno de fuego

3 ¹ El rey Nabucodonosor hizo una estatua de oro, cuya altura era de sesenta codos y la anchura de seis codos; la levantó en el campo de Dura, en la provincia de Babilonia. ² Y ordenó el rey Nabucodonosor que se reunieran los sátrapas, los magistrados, capitanes, oidores, tesoreros, consejeros, jueces y todos los gobernadores de las provincias, para que vinieran a la dedicación de la estatua que el rey Nabucodonosor había levantado. ³ Se reunieron, pues, los sátrapas, magistrados, capitanes, oidores, tesoreros, consejeros, jueces y todos los gobernadores de las provincias, para la dedicación de la estatua que el rey Nabucodonosor había levantado; y estaban en pie delante de la estatua que había levantado el rey Nabucodonosor. ⁴ Y el pregonero anunciaba en

---

ᵈ **2.38-40** Los cuatro metales de la estatua, lo mismo que los monstruos de Dn 7.3-7, representan cuatro grandes imperios: neobabilónico, medo, persa y griego.   ᵉ **2.41** Después de la muerte de Alejandro Magno, sus generales se repartieron entre ellos el imperio que él había fundado.

alta voz: «Se os ordena a vosotros, pueblos, naciones y lenguas, 5 que al oír el son de la bocina, la flauta, la cítara, el arpa, el salterio, la zampoña y todo instrumento de música, os postréis y adoréis la estatua de oro que el rey Nabucodonosor ha levantado; 6 y cualquiera que no se postre y adore, inmediatamente será echado dentro de un horno de fuego ardiente».

7 Por lo cual, al oír todos los pueblos el son de la bocina, la flauta, la cítara, el arpa, el salterio, la zampoña y todo instrumento de música, todos los pueblos, naciones y lenguas se postraron y adoraron la estatua de oro que el rey Nabucodonosor había levantado.

8 Por esto, en aquel tiempo algunos hombres caldeos vinieron y acusaron maliciosamente a los judíos. 9 Hablaron y dijeron al rey Nabucodonosor:

—¡Rey, para siempre vive! 10 Tú, rey, has dado una ley que todo hombre, al oír el son de la bocina, la flauta, la cítara, el arpa, el salterio, la zampoña y todo instrumento de música, se postre y adore la estatua de oro; 11 y el que no se postre y adore, sea echado dentro de un horno de fuego ardiente. 12 Hay unos hombres judíos, a los cuales pusiste sobre los negocios de la provincia de Babilonia: Sadrac, Mesac y Abed-nego; estos hombres, oh rey, no te han respetado; no adoran a tus dioses ni adoran la estatua de oro que has levantado.

13 Entonces Nabucodonosor dijo con ira y con enojo que trajeran a Sadrac, Mesac y Abed-nego. Al instante fueron traídos delante del rey. 14 Habló Nabucodonosor y les dijo:

—¿Es verdad, Sadrac, Mesac y Abed-nego, que vosotros no honráis a mi dios ni adoráis la estatua de oro que he levantado? 15 Ahora, pues, ¿estáis dispuestos para que, al oír el son de la bocina, la flauta, la cítara, el arpa, el salterio, la zampoña y todo instrumento de música, os postréis y adoréis la estatua que he hecho? Porque si no la adoráis, en la misma hora seréis echados en medio de un horno de fuego ardiente, ¿y qué dios será el que os libre de mis manos?

16 Sadrac, Mesac y Abed-nego respondieron al rey Nabucodonosor, diciendo:

—No es necesario que te respondamos sobre este asunto. 17 Nuestro Dios, a quien servimos, puede librarnos del horno de fuego ardiente; y de tus manos, rey, nos librará. 18 Y si no, has de saber, oh rey, que no serviremos a tus dioses ni tampoco adoraremos la estatua que has levantado.

19 Entonces Nabucodonosor se llenó de ira, cambió el aspecto de su rostro contra Sadrac, Mesac y Abed-nego y ordenó que el horno se calentara siete veces más de lo acostumbrado. 20 Y ordenó a hombres muy vigorosos que tenía en su ejército, que ataran a Sadrac, Mesac y Abed-nego, para echarlos en el horno de fuego ardiente. 21 Así pues, estos hombres fueron atados con sus mantos, sus calzados, sus turbantes y sus vestidos, y fueron echados dentro del horno de fuego ardiente. 22 Y como la orden del rey era apremiante, y habían calentado mucho el horno, la llama del fuego mató a aquellos que habían alzado a Sadrac, Mesac y Abed-nego. 23 Estos tres hombres, Sadrac, Mesac y Abed-nego, cayeron atados dentro del horno de fuego ardiente.

24 Entonces el rey Nabucodonosor se espantó, se levantó apresuradamente y dijo a los de su consejo:

—¿No echaron a tres hombres atados dentro del fuego?

Ellos respondieron al rey:

—Es verdad, oh rey.

25 Y él dijo:

—Sin embargo, yo veo cuatro hombres sueltos, que se pasean en medio del fuego sin sufrir ningún daño; y el aspecto del cuarto es semejante a un hijo de los dioses.

26 Entonces Nabucodonosor se acercó a la puerta del horno de fuego ardiente, y dijo:

—Sadrac, Mesac y Abed-nego, siervos del Dios Altísimo, salid y venid.

Sadrac, Mesac y Abed-nego salieron de en medio del fuego. 27 Y se juntaron los sátrapas, los gobernadores, los capitanes y los consejeros del rey para mirar a estos hombres, cómo el fuego no había tenido poder alguno sobre sus cuerpos y ni aun el cabello de sus cabezas se había quemado; sus ropas, intactas, ni siquiera olor de fuego tenían. 28 Y Nabucodonosor dijo: «Bendito sea el Dios de Sadrac, Mesac y Abed-nego, que envió su ángel y libró a sus siervos que confiaron en él, los cuales no cumplieron el edicto del rey y entregaron sus cuerpos antes que servir y adorar a otro dios que su Dios. ²⁹ Por lo tanto, decreto que todo pueblo, nación o lengua que diga blasfemia contra el Dios de Sadrac, Mesac y Abed-nego, sea descuartizado, y su casa convertida en estercolero; por cuanto no hay dios que pueda librar como este».

³⁰ Entonces el rey engrandeció a Sadrac, Mesac y Abed-nego en la provincia de Babilonia.

La locura de Nabucodonosor

4 ¹ «Nabucodonosor, rey, a todos los pueblos, naciones y lenguas que moran en toda la tierra: Paz os sea multiplicada.

² »Conviene que yo declare las señales y milagros que el Dios Altísimo ha hecho conmigo. ³ ¡Cuán grandes son sus señales y cuán potentes sus maravillas! Su reino, reino sempiterno; su señorío, de generación en generación.

⁴ »Yo, Nabucodonosor, estaba tranquilo en mi casa, floreciente en mi palacio. ⁵ Tuve un sueño que me espantó; tendido en la cama, las imaginaciones y visiones de mi cabeza me turbaron. ⁶ Por esto mandé que vinieran ante mí todos los sabios de Babilonia para que me dieran la interpretación del sueño. ⁷ Y vinieron magos, astrólogos, caldeos y adivinos, y les conté el sueño, pero no me pudieron dar su interpretación, ⁸ hasta que entró ante mí Daniel, cuyo nombre es Beltsasar, como el nombre de mi dios, y en quien mora el espíritu de los dioses santos. Conté delante de él el sueño, diciendo: ⁹ "Beltsasar, jefe de los magos, ya que he entendido que hay en ti espíritu de los dioses santos y que ningún misterio se te esconde, decláreme las visiones de mi sueño que he visto, y su interpretación. ¹⁰ Estas fueron las visiones de mi cabeza mientras estaba en mi cama:

»Me parecía ver en medio de la
    tierra
    un árbol cuya altura era grande.
¹¹ Crecía este árbol, y se hacía fuerte,
    y su copa llegaba hasta el cielo
    y se le alcanzaba a ver

desde todos los confines de la
    tierra.
¹² Su follaje era hermoso,
    su fruto abundante
    y había en él alimento para todos.
Debajo de él, a su sombra, se
    ponían las bestias del campo,
    en sus ramas anidaban las aves del
    cielo
    y se mantenía de él todo ser
    viviente.

¹³ »Vi en las visiones de mi cabeza, mientras estaba en mi cama, que un vigilante y santo descendía del cielo. ¹⁴ Clamaba fuertemente y decía así:

»'Derribad el árbol y cortad sus
    ramas,
    quitadle el follaje y dispersad su
    fruto;
    váyanse las bestias que están
    debajo de él,
    y las aves de sus ramas.
¹⁵ Mas la cepa de sus raíces dejaréis
    en la tierra,
    con atadura de hierro y de bronce
    entre la hierba del campo;
    que lo empape el rocío del cielo,
    y con las bestias sea su parte entre
    la hierba de la tierra.
¹⁶ Su corazón de hombre sea
    cambiado
    y le sea dado corazón de bestia,
    y pasen sobre él siete tiempos.
¹⁷ La sentencia es por decreto de los
    vigilantes
    y por dicho de los santos la
    resolución,
    para que conozcan los vivientes
    que el Altísimo gobierna el reino de
    los hombres,
    que a quien él quiere lo da*ᵃ*
    y sobre él constituye al más
    humilde de los hombres'.

¹⁸ »Yo, el rey Nabucodonosor, he visto este sueño. Tú, pues, Beltsasar, darás su interpretación, porque ninguno entre los sabios de mi reino lo ha podido interpretar; pero tú puedes, porque habita en ti el espíritu de los dioses santos"».

ᵃ **4.17** Job 36.7; Jer 27.5-8.

19 Entonces Daniel, cuyo nombre era Beltsasar, quedó atónito casi una hora, y sus pensamientos lo turbaban. El rey habló y dijo:

—Beltsasar, no te turben ni el sueño ni su interpretación.

Beltsasar respondió y dijo:

—Señor mío, el sueño sea para tus enemigos y su interpretación para los que mal te quieren. **20** El árbol que viste, que crecía y se hacía fuerte, cuya copa llegaba hasta el cielo, que se veía desde todos los confines de la tierra, **21** cuyo follaje era hermoso y su fruto abundante, en el que había alimento para todos, debajo del cual vivían las bestias del campo y en cuyas ramas anidaban las aves del cielo, **22** tú mismo eres, oh rey, que creciste y te hiciste fuerte, pues creció tu grandeza y ha llegado hasta el cielo, y tu dominio hasta los confines de la tierra. **23** En cuanto a lo que vio el rey, un vigilante y santo que descendía del cielo y decía: "Cortad el árbol y destruidlo; mas la cepa de sus raíces dejaréis en la tierra, con atadura de hierro y de bronce en la hierba del campo; que lo empape el rocío del cielo, y con las bestias del campo sea su parte hasta que pasen sobre él siete tiempos", **24** esta es la interpretación, oh rey, y la sentencia del Altísimo, que ha venido sobre mi señor, el rey: **25** Que te echarán de entre los hombres y con las bestias del campo será tu habitación, con hierba del campo te apacentarán como a los bueyes y con el rocío del cielo serás bañado; y siete tiempos pasarán sobre ti, hasta que conozcas que el Altísimo tiene dominio en el reino de los hombres, y que lo da a quien él quiere. **26** Y en cuanto a la orden de dejar en la tierra la cepa de las raíces del mismo árbol, significa que tu reino te quedará firme, después que reconozcas que es el cielo el que gobierna. **27** Por tanto, oh rey, acepta mi consejo: redime tus pecados con justicia, y tus iniquidades haciendo misericordias con los oprimidos, pues tal vez será eso una prolongación de tu tranquilidad.[b]

28 Todo esto vino sobre el rey Nabucodonosor: **29** Al cabo de doce meses, paseando por el palacio real de Babilonia, **30** habló el rey y dijo: «¿No es esta la gran Babilonia que yo edifiqué para casa real con la fuerza de mi poder, y para gloria de mi majestad?»

31 Aún estaba la palabra en la boca del rey, cuando vino una voz del cielo: «A ti se te dice, rey Nabucodonosor: "El reino te ha sido quitado; **32** de entre los hombres te arrojarán, con las bestias del campo será tu habitación y como a los bueyes te apacentarán; y siete tiempos pasarán sobre ti, hasta que reconozcas que el Altísimo tiene el dominio en el reino de los hombres, y lo da a quien él quiere"».

33 En la misma hora se cumplió la palabra sobre Nabucodonosor: Fue echado de entre los hombres, comía hierba como los bueyes y su cuerpo se empapaba del rocío del cielo, hasta que su pelo creció como plumas de águila y sus uñas como las de las aves.

34 «Al fin del tiempo, yo, Nabucodonosor, alcé mis ojos al cielo y mi razón me fue devuelta; bendije al Altísimo, y alabé y glorifiqué al que vive para siempre:

»"Su dominio es sempiterno;
su reino, por todas las edades.
35 Considerados como nada
son los habitantes todos de la tierra;
él hace según su voluntad[c]
en el ejército del cielo
y en los habitantes de la tierra;
no hay quien detenga su mano
y le diga: '¿Qué haces?' "

36 »En el mismo tiempo mi razón me fue devuelta, la majestad de mi reino, mi dignidad y mi grandeza volvieron a mí, y mis gobernadores y mis consejeros me buscaron; fui restablecido en mi reino, y mayor grandeza me fue añadida. **37** »Ahora yo, Nabucodonosor, alabo, engrandezco y glorifico al Rey del cielo, porque todas sus obras son verdaderas y sus caminos justos;[d] y él puede humillar a los que andan con soberbia».

La escritura en la pared

5 **1** El rey Belsasar hizo un gran banquete a mil de sus príncipes, y en presencia de los mil bebía vino. **2** Belsasar, con el gusto del vino, mandó que trajeran los

---

[b] **4.27** Sal 41.1; 112.5-6,9.   [c] **4.35** Is 40.22-23.   [d] **4.37** Dt 32.4.

vasos de oro y de plata que Nabucodono-sor, su padre, había traído del templo de Jerusalén, para que bebieran de ellos el rey y sus grandes, sus mujeres y sus concubinas. ³ Entonces trajeron los vasos de oro que habían traído del templo de la casa de Dios, que estaba en Jerusalén, y bebieron de ellos el rey y sus príncipes, sus mujeres y sus concubinas. ⁴ Bebieron vino y alabaron a los dioses de oro y plata, de bronce, de hierro, de madera y de piedra.

⁵ En aquella misma hora aparecieron los dedos de una mano de hombre que escribía delante del candelabro, sobre lo encalado de la pared del palacio real; y el rey veía la mano que escribía. ⁶ Entonces el rey palideció y sus pensamientos lo turbaron, se debilitaron sus caderas y sus rodillas daban la una contra la otra. ⁷ El rey gritó en alta voz que hicieran venir magos, caldeos y adivinos; y dijo el rey a los sabios de Babilonia: «Cualquiera que lea esta escritura y me dé su interpretación, será vestido de púrpura, llevará en su cuello un collar de oro y será el tercer señor en el reino».

⁸ Entonces fueron introducidos todos los sabios del rey, pero no pudieron leer la escritura ni dar al rey su interpretación. ⁹ Entonces el rey Belsasar se turbó sobremanera y palideció, y sus príncipes estaban perplejos.

¹⁰ La reina, por las palabras del rey y de sus príncipes, entró a la sala del banquete, y dijo:

—¡Rey, vive para siempre! No te turben tus pensamientos ni palidezca tu rostro. ¹¹ En tu reino hay un hombre en el que mora el espíritu de los dioses santos, y en los días de tu padre se halló en él luz, inteligencia y sabiduría, como la sabiduría de los dioses. El rey Nabucodonosor, tu padre, oh rey, lo constituyó jefe sobre todos los magos, astrólogos, caldeos y adivinos, ¹² por cuanto en él se halló más espíritu, ciencia y entendimiento para interpretar sueños, descifrar enigmas y resolver dudas; esto es, en Daniel, al cual el rey puso por nombre Beltsasar. Llámese, pues, ahora a Daniel, y él te dará la interpretación.

¹³ Entonces trajeron a Daniel ante el rey. Y dijo el rey a Daniel:

—¿Eres tú aquel Daniel de los hijos de la cautividad de Judá, que mi padre trajo de Judea? ¹⁴ Yo he oído de ti que el espíritu de los dioses santos está en ti, y que en ti se halló luz, entendimiento y mayor sabiduría. ¹⁵ Y ahora trajeron ante mí sabios y astrólogos para que leyeran esta escritura y me dieran su interpretación; pero no han podido interpretarme el asunto. ¹⁶ Yo, pues, he oído de ti que puedes interpretar y resolver dificultades. Si ahora puedes leer esta escritura y darme su interpretación, serás vestido de púrpura, llevarás en tu cuello un collar de oro y serás el tercer señor en el reino.

¹⁷ Entonces Daniel respondió y dijo al rey:

—Tus dones sean para ti, y da tus recompensas a otros. Leeré la escritura al rey y le daré la interpretación.

¹⁸ »El Altísimo Dios, oh rey, dio a Nabucodonosor, tu padre, el reino, la grandeza, la gloria y la majestad. ¹⁹ Y por la grandeza que le dio, todos los pueblos, naciones y lenguas temblaban y temían delante de él. A quien le placía, mataba, y a quien le placía, daba vida; engrandecía a quien le placía, y a quien le placía, humillaba. ²⁰ Pero cuando su corazón se ensoberbeció y su espíritu se endureció en su orgullo, fue depuesto del trono de su reino y despojado de su gloria. ²¹ Fue echado de entre los hijos de los hombres, su mente se hizo semejante a la de las bestias y con los asnos monteses fue su habitación. Le hicieron comer hierba, como al buey, y su cuerpo se empapó del rocío del cielo, hasta que reconoció que el Altísimo Dios tiene dominio sobre el reino de los hombres, y que pone sobre él al que le place.ᵃ ²² Pero tú, su hijo Belsasar, no has humillado tu corazón sabiendo todo esto, ²³ sino que contra el Señor del cielo te has ensoberbecido; hiciste traer ante ti los vasos de su Casa, y tú y tus grandes, tus mujeres y tus concubinas bebisteis vino de ellos; además diste alabanza a dioses de plata y oro, de bronce, de hierro, de madera y de piedra, que ni ven ni oyen ni saben; pero nunca honraste al Dios en cuya mano está tu vidaᵇ y de quien son todos tus caminos.

24 »Por eso, de su presencia envió él la mano que trazó esta escritura. 25 Y la escritura que trazó es: "Mene, Mene, Tekel, Uparsin".[c] 26 Esta es la interpretación del asunto: "Mene": Contó Dios tu reino y le ha puesto fin. 27 "Tekel": Pesado has sido en balanza y hallado falto. 28 "Peres": Tu reino ha sido roto y dado a los medos y a los persas.

29 Entonces Belsasar mandó vestir a Daniel de púrpura, poner en su cuello un collar de oro y proclamar que él era el tercer señor del reino.

30 La misma noche fue muerto Belsasar, rey de los caldeos. 31 Y Darío, de Media, cuando tenía sesenta y dos años, tomó el reino.

Daniel en el foso de los leones

6 1 Pareció bien a Darío constituir sobre el reino ciento veinte sátrapas que gobernaran en todo el reino. 2 Y sobre ellos tres gobernadores, de los cuales Daniel era uno, a quienes estos sátrapas dieran cuenta, para que el rey no fuera perjudicado. 3 Pero Daniel mismo era superior a estos sátrapas y gobernadores, porque había en él un espíritu superior; y el rey pensó en ponerlo sobre todo el reino. 4 Los gobernadores y sátrapas buscaron ocasión para acusar a Daniel en lo relacionado con el reino; pero no podían hallar motivo alguno o falta, porque él era fiel, y ningún error ni falta hallaron en él. 5 Entonces dijeron aquellos hombres: «No hallaremos contra este Daniel motivo alguno para acusarlo, si no lo hallamos contra él en relación con la ley de su Dios».

6 Entonces estos gobernadores y sátrapas se juntaron delante del rey, y le dijeron:

—¡Rey Darío, para siempre vive! 7 Todos los gobernadores del reino, magistrados, sátrapas, príncipes y capitanes han acordado por consejo que promulgues un edicto real, y lo confirmes, ordenando que cualquiera que en el espacio de treinta días demande petición de cualquier dios u hombre fuera de ti, rey, sea echado al foso de los leones. 8 Ahora, pues, oh rey, confirma el edicto y fírmalo, para que no pueda ser revocado, conforme a la ley de Media y de Persia, que no puede ser abrogada.[a]

9 Firmó, pues, el rey Darío el edicto y la prohibición.

10 Cuando Daniel supo que el edicto había sido firmado, entró en su casa; abiertas las ventanas de su habitación que daban a Jerusalén, se arrodillaba tres veces al día, oraba y daba gracias delante de su Dios como solía hacerlo antes. 11 Se juntaron entonces aquellos hombres, y hallaron a Daniel orando y rogando en presencia de su Dios. 12 Fueron luego ante el rey y le hablaron del edicto real:

—¿No has confirmado un edicto ordenando que cualquiera que en el espacio de treinta días pida a cualquier dios u hombre fuera de ti, rey, sea echado al foso de los leones?

Respondió el rey diciendo:

—Verdad es, conforme a la ley de Media y de Persia, que no puede ser abrogada.

13 Entonces respondieron y dijeron delante del rey:

—Daniel, que es de los hijos de los cautivos de Judá, no te respeta a ti, rey, ni acata el edicto que confirmaste, sino que tres veces al día hace su petición.

14 Cuando el rey oyó el asunto, le pesó en gran manera y resolvió librar a Daniel; y hasta la puesta del sol trabajó para librarlo. 15 Pero aquellos hombres rodearon al rey y le dijeron:

—Sabes, oh rey, que es ley de Media y de Persia que ningún edicto u ordenanza que el rey confirme puede ser abrogado.

16 Entonces el rey ordenó que trajeran a Daniel, y lo echaron al foso de los leones. El rey dijo a Daniel:

—El Dios tuyo, a quien tú continuamente sirves, él te libre.

17 Trajeron una piedra y la pusieron sobre la puerta del foso, la cual selló el rey con su anillo y con el anillo de sus príncipes, para que el acuerdo acerca de Daniel

---

[c] 5.25 Nombres de pesas y monedas antiguas; se relacionan con palabras que significan, respectivamente, *medir* y *pesar*; la tercera, que significa *dividir*, se relaciona también con el nombre de los *persas*, lo cual convierte la misteriosa inscripción en una profecía acerca de la suerte futura del imperio babilónico.   [a] 6.8 Est 1.19; 8.8.

no se cambiara. ¹⁸ Luego el rey se fue a su palacio, y se acostó en ayunas; no trajeron ante él instrumentos musicales, y se le fue el sueño.

¹⁹ El rey se levantó muy de mañana, y fue apresuradamente al foso de los leones. ²⁰ Acercándose al foso, llamó a gritos a Daniel con voz triste, y le dijo:

—Daniel, siervo del Dios viviente, el Dios tuyo, a quien tú continuamente sirves, ¿te ha podido librar de los leones?

²¹ Entonces Daniel respondió al rey:

—¡Rey, vive para siempre! ²² Mi Dios envió su ángel, el cual cerró la boca de los leones*b* para que no me hicieran daño, porque ante él fui hallado inocente; y aun delante de ti, oh rey, yo no he hecho nada malo.

²³ Se alegró el rey en gran manera a causa de él, y mandó sacar a Daniel del foso. Sacaron, pues, del foso a Daniel, pero ninguna lesión se halló en él, porque había confiado en su Dios. ²⁴ Luego ordenó el rey que trajeran a aquellos hombres que habían acusado a Daniel, y fueron echados al foso de los leones ellos, sus hijos y sus mujeres; y aún no habían llegado al fondo del foso, cuando los leones se apoderaron de ellos y quebraron todos sus huesos.

²⁵ Entonces el rey Darío escribió a todos los pueblos, naciones y lenguas que habitan en toda la tierra:

«Paz os sea multiplicada. ²⁶ De parte mía es promulgada esta ordenanza: "Que en todo el dominio de mi reino, todos teman y tiemblen ante la presencia del Dios de Daniel.

»Porque él es el Dios viviente
y permanece por todos los siglos,
su reino no será jamás destruido
y su dominio perdurará hasta el fin.
²⁷ Él salva y libra,
y hace señales y maravillas
en el cielo y en la tierra;
él ha librado a Daniel
del poder de los leones"».

²⁸ Daniel prosperó durante los reinados de Darío y de Ciro, el persa.

Visión de las cuatro bestias

7 ¹ En el primer año de Belsasar, rey de Babilonia, tuvo Daniel un sueño y visiones de su cabeza mientras estaba en su lecho; luego escribió el sueño y relató lo principal del asunto.

² Daniel dijo: «Miraba yo en mi visión de noche, y vi que los cuatro vientos del cielo combatían en el gran mar. ³ Y cuatro bestias grandes,*a* diferentes la una de la otra, subían del mar.*b* ⁴ La primera era como un león, y tenía alas de águila. Yo estaba mirando hasta que sus alas le fueron arrancadas; fue levantada del suelo y se puso enhiesta sobre los pies, a manera de hombre, y se le dio corazón de hombre.

⁵ »Vi luego una segunda bestia, semejante a un oso, la cual se alzaba de un costado más que del otro. En su boca, entre los dientes, tenía tres costillas; y se le dijo: "Levántate y devora mucha carne".

⁶ »Después de esto miré, y vi otra, semejante a un leopardo, con cuatro alas de ave en sus espaldas. Esta bestia tenía cuatro cabezas; y le fue dado dominio.*c*

⁷ »Después de esto miraba yo en las visiones de la noche, y vi la cuarta bestia, espantosa, terrible y en gran manera fuerte, la cual tenía unos grandes dientes de hierro; devoraba y desmenuzaba, pisoteaba las sobras con sus pies, y era muy diferente de todas las bestias que había visto antes de ella; y tenía diez cuernos.*d*

⁸ »Mientras yo contemplaba los cuernos, otro cuerno pequeño salió entre ellos, y delante de él fueron arrancados tres cuernos de los primeros. Este cuerno tenía ojos como de hombre y una boca que hablaba con gran insolencia.*e*

⁹ »Estuve mirando
hasta que fueron puestos unos
tronos*f*
y se sentó un Anciano de días.
Su vestido era blanco como la
nieve;

---

b **6.22** Heb 11.33.   *a* **7.3** Representación simbólica de reinos o naciones. Estos cuatro animales de aspecto monstruoso corresponden a los cuatro metales de la estatua descrita en Dn 2.31-35.   *b* **7.3** Ap 13.1; 17.8.   *c* **7.4-6** Ap 13.2.   *d* **7.7** Ap 12.3; 13.1.   *e* **7.8** Ap 13.5-6.   *f* **7.9** Ap 20.4.

el pelo de su cabeza, como lana
limpia;[g]
su trono, llama de fuego,
y fuego ardiente las ruedas del
mismo.
[10] Un río de fuego procedía y salía de
delante de él;
miles de miles lo servían,
y millones de millones estaban
delante de él.[h]
El Juez se sentó
y los libros fueron abiertos.[i]

[11] »Yo entonces miraba a causa del sonido de las grandes insolencias que hablaba el cuerno; y mientras miraba mataron a
la bestia, y su cuerpo fue destrozado y entregado para quemarlo en el fuego.
[12] También a las otras bestias les habían
quitado su dominio, pero les había sido
prolongada la vida hasta cierto tiempo.

[13] »Miraba yo en la visión de la noche,
y vi que con las nubes del cielo
venía uno como un hijo de
hombre;[j]
vino hasta el Anciano de días,
y lo hicieron acercarse delante
de él.
[14] Y le fue dado dominio, gloria y
reino,
para que todos los pueblos,
naciones y lenguas lo sirvieran;[k]
su dominio es dominio eterno,
que nunca pasará;
y su reino es uno que nunca será
destruido.

[15] »A mí, Daniel, se me turbó el espíritu
hasta lo más hondo de mi ser, y las visiones de mi cabeza me asombraron. [16] Me
acerqué a uno de los que allí estaban y le
pregunté la verdad acerca de todo aquello. Me habló y me hizo conocer la interpretación de las cosas:
[17] »"Estas cuatro grandes bestias son
cuatro reyes que se levantarán en la tierra.
[18] Después recibirán el reino los santos del

Altísimo, y poseerán el reino hasta el siglo, eternamente y para siempre".[l]
[19] »Entonces tuve deseo de saber la
verdad acerca de la cuarta bestia, que era
tan diferente de todas las otras, espantosa
en gran manera, que tenía dientes de hierro y uñas de bronce, que devoraba y desmenuzaba, y pisoteaba las sobras con sus
pies; [20] asimismo acerca de los diez cuernos que tenía en su cabeza, y del otro que
le había salido, ante el cual habían caído
tres. Este mismo cuerno tenía ojos y una
boca que hablaba con gran insolencia, y
parecía más grande que sus compañeros.
[21] Y veía yo que este cuerno hacía guerra
contra los santos y los vencía,[m] [22] hasta
que vino el Anciano de días, y se hizo justicia a los santos del Altísimo;[n] y llegó el
tiempo, y los santos recibieron el reino.
[23] »Dijo así:

»"La cuarta bestia será un cuarto
reino en la tierra,
el cual será diferente de todos los
otros reinos,
y a toda la tierra devorará, trillará y
despedazará.
[24] Los diez cuernos significan que de
aquel reino se levantarán diez
reyes;[ñ]
y tras ellos se levantará otro,
el cual será diferente de los
primeros, y derribará a tres
reyes.
[25] Hablará palabras contra el
Altísimo,
a los santos del Altísimo
quebrantará
y pensará en cambiar los tiempos y
la Ley;
y serán entregados en sus manos
hasta tiempo, tiempos y medio
tiempo.[o]
[26] Pero se sentará el Juez, y le quitarán
su dominio,
para que sea destruido y arruinado
hasta el fin,
[27] y que el reino, el dominio y la
majestad de los reinos

[g] 7.9 Ap 1.14.   [h] 7.10 Ap 5.11.   [i] 7.10 Ap 20.12.   [j] 7.13 Mt 24.30; 26.64; Mc 13.26; 14.62;
Lc 21.27; Ap 1.7,13; 14.14.   [k] 7.14 Ap 11.15.   [l] 7.18 Ap 22.5.   [m] 7.21 Ap 13.7.   [n] 7.22 Ap 20.4.
[ñ] 7.24 Ap 17.12.   [o] 7.25 Ap 12.14; 13.5-6.

debajo de todo el cielo sean dados
al pueblo de los santos del
Altísimo,[p]
cuyo reino es reino eterno,[q]
y todos los dominios lo servirán y
obedecerán".

28 »Aquí fue el fin de sus palabras. En cuanto a mí, Daniel, mis pensamientos me turbaron y mi rostro se demudó; pero guardé el asunto en mi corazón».

Visión: el carnero y el macho cabrío

8 1 «En el año tercero del reinado del rey Belsasar, yo, Daniel, tuve una visión, después de aquella que había tenido antes. 2 Miraba yo la visión, y en ella yo estaba en Susa, que es la capital del reino, en la provincia de Elam. En la visión, pues, me veía junto al río Ulai. 3 Alcé los ojos y miré, y había un carnero que estaba delante del río, y tenía dos cuernos; y aunque los cuernos eran altos, uno era más alto que el otro, y el más alto creció después. 4 Vi que el carnero hería con los cuernos al poniente, al norte y al sur, y que ninguna bestia podía parar delante de él, ni había quien escapara de su poder. Hacía conforme a su voluntad, y se engrandecía.

5 »Mientras yo consideraba esto, un macho cabrío venía del lado del poniente sobre la faz de toda la tierra, sin tocar tierra; y aquel macho cabrío tenía un cuerno notable entre sus ojos. 6 Vino hasta el carnero de dos cuernos que yo había visto en la ribera del río, y corrió contra él con la furia de su fuerza. 7 Lo vi llegar junto al carnero; se levantó contra él y lo hirió, y le quebró sus dos cuernos; y el carnero no tenía fuerzas para hacerle frente. Lo derribó, por tanto, a tierra, lo pisoteó y no hubo quien librara de su poder al carnero.

8 »El macho cabrío creció en gran manera; pero cuando estaba en su mayor fuerza, aquel gran cuerno fue quebrado, y en su lugar salieron otros cuatro cuernos notables hacia los cuatro vientos del cielo. 9 De uno de ellos salió un cuerno pequeño, que creció mucho hacia el sur y el oriente, y hacia la tierra gloriosa. 10 Creció hasta llegar al ejército del cielo; y parte del ejército y de las estrellas echó por tierra,[a] y las pisoteó. 11 Aun se engrandeció frente al príncipe de los ejércitos; por él fue quitado el sacrificio continuo, y el lugar de su santuario fue echado por tierra. 12 A causa de la prevaricación le fue entregado el ejército junto con el sacrificio continuo; echó por tierra la verdad e hizo cuanto quiso, y prosperó.

13 »Entonces oí hablar a un santo; y otro de los santos preguntó a aquel que hablaba: "¿Hasta cuándo durará la visión del sacrificio continuo, la prevaricación asoladora y la entrega del santuario y el ejército para ser pisoteados?" 14 Y él dijo: "Hasta dos mil trescientas tardes y mañanas; luego el santuario será purificado".

15 »Aconteció que mientras yo, Daniel, consideraba la visión y procuraba comprenderla, se puso delante de mí uno con apariencia de hombre. 16 Y oí una voz de hombre entre las riberas del Ulai, que gritó y dijo: "Gabriel,[b] enseña a este la visión".

17 »Vino luego cerca de donde yo estaba. Y al venir, me asusté y me postré sobre mi rostro. Pero él me dijo: "Entiende, hijo de hombre, que la visión es para el tiempo del fin".

18 »Mientras él hablaba conmigo, caí dormido en tierra sobre mi rostro. Él me tocó y me hizo estar en pie. 19 Y dijo: "Yo te enseñaré lo que ha de venir al fin de la ira; porque eso es para el tiempo del fin. 20 En cuanto al carnero que viste, que tenía dos cuernos: estos son los reyes de Media y de Persia. 21 El macho cabrío es el rey de Grecia, y el cuerno grande que tenía entre sus ojos es el rey primero. 22 En cuanto al cuerno que fue quebrado y sucedieron cuatro en su lugar, significa que cuatro reinos se levantarán de esa nación, aunque no con la fuerza de él.

23 »Al fin del reinado de estos,
cuando los transgresores lleguen
al colmo,
se levantará un rey
altivo de rostro y entendido en
enigmas.

---

[p] 7.27 Ap 20.4.   [q] 7.27 Ap 22.5.   [a] 8.10 Ap 12.4.   [b] 8.16 Lc 1.19,26.

²⁴ Su poder se fortalecerá,
mas no con fuerza propia;
causará grandes ruinas,
prosperará,
actuará arbitrariamente
y destruirá a los fuertes y al pueblo
de los santos.
²⁵ Con su sagacidad
hará prosperar el engaño en su
mano;
en su corazón se engrandecerá
y, sin aviso, destruirá a muchos.
Se levantará contra el Príncipe de
los príncipes,
pero será quebrantado,
aunque no por mano humana.
²⁶ La visión de las tardes y mañanas
que se ha referido es verdadera;
y tú guarda la visión, porque es
para muchos días".

²⁷ »Yo, Daniel, quedé quebrantado, y estuve enfermo algunos días. Cuando me levanté, atendí los negocios del rey; pero estaba espantado a causa de la visión, y no la entendía».

Oración de Daniel por su pueblo

9 ¹ «En el primer año de Darío hijo de Asuero, de la nación de los medos, que vino a ser rey sobre el reino de los caldeos, ² en el primer año de su reinado, yo, Daniel, miré atentamente en los libros el número de los años de que habló Jehová al profeta Jeremías, en los que habían de cumplirse las desolaciones de Jerusalén: setenta años.ᵃ ³ Volví mi rostro a Dios, el Señor, buscándolo en oración y ruego, en ayuno, ropas ásperas y ceniza. ⁴ Oré a Jehová, mi Dios, e hice confesión diciendo: "Ahora, Señor, Dios grande, digno de ser temido, que guardas el pacto y la misericordia con los que te aman y guardan tus mandamientos, ⁵ hemos pecado, hemos cometido iniquidad, hemos actuado impíamente, hemos sido rebeldes y nos hemos apartado de tus mandamientos y de tus ordenanzas. ⁶ No hemos obedecido a tus siervos los profetas, que en tu nombre hablaron a nuestros reyes, a nuestros príncipes, a nuestros padres y a todo el pueblo de la tierra. ⁷ Tuya es, Señor, la

justicia, y nuestra la confusión de rostro que en el día de hoy lleva todo hombre de Judá, los habitantes de Jerusalén y todo Israel, los de cerca y los de lejos, en todas las tierras adonde los has echado a causa de su rebelión con que se rebelaron contra ti. ⁸ Nuestra es, Jehová, la confusión de rostro, y de nuestros reyes, de nuestros príncipes y de nuestros padres, porque contra ti pecamos. ⁹ De Jehová, nuestro Dios, es el tener misericordia y el perdonar, aunque contra él nos hemos rebelado ¹⁰ y no obedecimos a la voz de Jehová, nuestro Dios, para andar en sus leyes, que él puso delante de nosotros por medio de sus siervos los profetas. ¹¹ Todo Israel traspasó tu Ley, apartándose para no obedecer a tu voz. Por lo cual ha caído sobre nosotros la maldición y el juramento que está escrito en la ley de Moisés,ᵇ siervo de Dios, porque contra Dios pecamos. ¹² Y él ha cumplido la palabra que habló contra nosotros y contra nuestros jefes que nos gobernaron, trayendo sobre nosotros tan gran mal; pues nunca fue hecho debajo del cielo nada semejante a lo que se ha hecho contra Jerusalén. ¹³ Conforme está escrito en la ley de Moisés, todo este mal vino sobre nosotros; pero no hemos implorado el favor de Jehová, nuestro Dios, y no nos hemos convertido de nuestras maldades ni entendido tu verdad. ¹⁴ Por tanto, Jehová veló sobre el mal y lo trajo sobre nosotros; porque justo es Jehová, nuestro Dios, en todas sus obras que ha hecho, y nosotros no obedecimos a su voz.

¹⁵ »Ahora pues, Señor, Dios nuestro, que sacaste a tu pueblo de la tierra de Egiptoᶜ con mano poderosa y te hiciste renombre cual lo tienes hoy, hemos pecado, hemos actuado impíamente. ¹⁶ Señor, conforme a todos tus actos de justicia, apártese ahora tu ira y tu furor de sobre tu ciudad Jerusalén, tu santo monte; porque a causa de nuestros pecados y por la maldad de nuestros padres, Jerusalén y tu pueblo son el oprobio de todos los que nos rodean. ¹⁷ Ahora pues, Dios nuestro, oye la oración y los ruegos de tu siervo, y haz que tu rostro resplandezca sobre tu santuario asolado, por amor del Señor.

ᵃ **9.2** Jer 25.11; 29.10.   ᵇ **9.11** Lv 26.14-39; Dt 28.15-68.   ᶜ **9.15** Ex 20.2; Dt 6.21; Jer 32.20-21.

¹⁸ Inclina, Dios mío, tu oído, y oye; abre tus ojos y mira nuestras desolaciones y la ciudad sobre la cual es invocado tu nombre; porque no elevamos nuestros ruegos ante ti confiados en nuestras justicias, sino en tus muchas misericordias.ᵈ ¹⁹ ¡Oye, Señor! ¡Señor, perdona! ¡Presta oído, Señor, y hazlo! No tardes, por amor de ti mismo, Dios mío, porque tu nombre es invocado sobre tu ciudad y sobre tu pueblo".

Profecía de las setenta semanas

²⁰ »Aún estaba hablando, orando y confesando mi pecado y el pecado de mi pueblo Israel, y derramaba mi ruego delante de Jehová, mi Dios, por el monte santo de mi Dios; ²¹ aún estaba hablando en oración, cuando el varón Gabriel,ᵉ a quien había visto en la visión, al principio, volando con presteza vino a mí como a la hora del sacrificio de la tarde. ²² Me hizo entender, y habló conmigo diciendo: "Daniel, ahora he salido para darte sabiduría y entendimiento. ²³ Al principio de tus ruegos fue dada la orden, y yo he venido para enseñártela, porque tú eres muy amado. Entiende, pues, la orden, y entiende la visión.

²⁴ »Setenta semanas están
        determinadas
   sobre tu pueblo y sobre tu santa
        ciudad,
   para terminar la prevaricación,
   poner fin al pecado
   y expiar la iniquidad,
   para traer la justicia perdurable,
   sellar la visión y la profecía
   y ungir al Santo de los santos.
²⁵ Sabe, pues, y entiende
   que desde la salida de la orden
   para restaurar y edificar a Jerusalén
   hasta el Mesías Príncipe,
   habrá siete semanas y sesenta y dos
        semanas;
   se volverán a edificar la plaza y el
        muro
   en tiempos angustiosos.
²⁶ Después de las sesenta y dos
        semanas
   se quitará la vida al Mesías,

y nada ya le quedará.
El pueblo de un príncipe que ha de
        venir
destruirá la ciudad y el santuario,
su final llegará como una
        inundación,
y hasta el fin de la guerra
durarán las devastaciones.
²⁷ Por otra semana más confirmará el
        pacto con muchos;
a la mitad de la semana
hará cesar el sacrificio y la ofrenda.
Después, con la muchedumbre de
        las abominaciones,
vendrá el desolador,ᶠ hasta que
        venga la consumación
y lo que está determinado
se derrame sobre el desolador"».

Visión de Daniel junto
al río

10 ¹ En el tercer año de Ciro, rey de Persia, fue revelada palabra a Daniel, llamado Beltsasar. La palabra era verdadera y el conflicto grande, pero él comprendió la palabra y tuvo inteligencia en la visión.

² «En aquellos días yo, Daniel, estuve afligido por espacio de tres semanas. ³ No comí manjar delicado, ni entró en mi boca carne ni vino, ni me ungí con perfume, hasta que se cumplieron las tres semanas. ⁴ El día veinticuatro del primer mes estaba yo a la orilla del gran río Hidekel.ᵃ ⁵ Alcé mis ojos y miré, y vi un varón vestido de linoᵇ y ceñida su cintura con oro de Ufaz. ⁶ Su cuerpo era como de berilo, su rostro parecía un relámpago, sus ojos como antorchas de fuego, sus brazos y sus pies como de color de bronce bruñido, y el sonido de sus palabras como el estruendo de una multitud.

⁷ »Sólo yo, Daniel, vi aquella visión. No la vieron los hombres que estaban conmigo, sino que se apoderó de ellos un gran temor y huyeron y se escondieron. ⁸ Quedé, pues, yo solo ante esta gran visión, pero no quedaron fuerzas en mí, antes bien, mis fuerzas se cambiaron en desfallecimiento, pues me abandonaron totalmente. ⁹ Pero oí el sonido de sus

---

ᵈ **9.18** Neh 9.17-19,27-28; Sal 51.1-4; 57.1-3; Is 54.8,10; Tit 3.5.   ᵉ **9.21** Lc 1.19,26.   ᶠ **9.27** Dn 11.31; 12.11; Mt 24.15; Mc 13.14.   ᵃ **10.4** O sea, el Tigris.   ᵇ **10.5** Ap 1.13-15; 2.18; 19.12.

palabras; y al oír el sonido de sus palabras caí sobre mi rostro en un profundo sueño, con mi rostro en tierra. [10] Y una mano me tocó e hizo que me pusiera sobre mis rodillas y sobre las palmas de mis manos. [11] Me dijo: "Daniel, varón muy amado, está atento a las palabras que he de decirte y ponte en pie, porque a ti he sido enviado ahora".

»Mientras hablaba esto conmigo, me puse en pie temblando. [12] Entonces me dijo: "Daniel, no temas, porque desde el primer día que dispusiste tu corazón a entender y a humillarte en la presencia de tu Dios, fueron oídas tus palabras; y a causa de tus palabras yo he venido. [13] Mas el príncipe del reino de Persia se me opuso durante veintiún días; pero Miguel,[c] uno de los principales príncipes, vino para ayudarme, y quedé allí con los reyes de Persia. [14] He venido para hacerte saber lo que ha de sucederle a tu pueblo en los últimos días, porque la visión es para esos días".

[15] »Mientras me decía estas palabras, yo tenía los ojos puestos en tierra y había enmudecido. [16] Pero uno con semejanza de hijo de hombre tocó mis labios. Entonces abrí la boca y hablé, y dije al que estaba delante de mí: "Señor mío, con la visión me han sobrevenido dolores y no me quedan fuerzas. [17] ¿Cómo, pues, podrá el siervo de mi señor hablar con mi señor? Porque al instante me faltaron las fuerzas, y no me quedó aliento".

[18] »Aquel que tenía semejanza de hombre me tocó otra vez, me fortaleció [19] y me dijo: "Muy amado, no temas; la paz sea contigo; esfuérzate y cobra aliento". Mientras él me hablaba, recobré las fuerzas y dije: "Hable mi señor, porque me has fortalecido". [20] Él me dijo: "¿Sabes por qué he venido a ti? Ahora tengo que volver para pelear contra el príncipe de Persia; al terminar con él, el príncipe de Grecia vendrá. [21] Pero yo te declararé lo que está escrito en el libro de la verdad: nadie me ayuda contra ellos, sino Miguel vuestro príncipe".

11 [1] »También yo en el primer año de Darío, el medo, estuve para animarlo y fortalecerlo.

Los reyes del norte y del sur

[2] »Ahora yo te mostraré la verdad. Aún habrá tres reyes en Persia, y el cuarto se hará de grandes riquezas, más que todos ellos. Este, al hacerse fuerte con sus riquezas, levantará a todos contra el reino de Grecia. [3] Se levantará luego un rey valiente, que dominará con gran poder y hará su voluntad. [4] Pero cuando se haya levantado, su reino será quebrantado y repartido hacia los cuatro vientos del cielo; pero no será para sus descendientes, ni según el dominio con que él dominó, porque su reino quedará deshecho y será para otros aparte de ellos.

[5] »El rey del sur se hará fuerte, pero uno de sus príncipes será más fuerte que él, se hará poderoso y su dominio será grande. [6] Al cabo de unos años harán alianza, y la hija del rey del sur vendrá al rey del norte para hacer la paz. Pero ella no podrá retener la fuerza de su brazo, y ni él ni su brazo permanecerán; porque ella será entregada a la muerte, y también los que la habían traído, y su hijo y los que estaban de parte de ella en aquel tiempo.

[7] »Pero un renuevo de sus raíces se levantará sobre su trono, vendrá con un ejército contra el rey del norte, entrará en la fortaleza y hará con ellos a su arbitrio, y predominará. [8] Y aun a los dioses de ellos, sus imágenes fundidas y sus objetos preciosos de plata y de oro, llevará cautivos a Egipto; y durante años se mantendrá él alejado del rey del norte. [9] Así entrará en el reino el rey del sur, y volverá a su tierra.

[10] »Pero los hijos de aquel se airarán y reunirán multitud de grandes ejércitos. Vendrá uno apresuradamente, inundará y pasará adelante; luego volverá y llevará la guerra hasta su fortaleza. [11] Por eso se enfurecerá el rey del sur, y saldrá y peleará contra el rey del norte; este pondrá en campaña una gran multitud, pero toda esa multitud será entregada en manos de aquel. [12] Al llevarse él la multitud, se elevará su corazón y derribará a muchos millares; pero no prevalecerá. [13] El rey del norte volverá a poner en campaña una multitud, mayor que la primera, y al cabo de algunos años vendrá rápidamente, con un gran ejército y muchas riquezas.

[c] **10.13** Ap 12.7.

14»En aquellos tiempos se levantarán muchos contra el rey del sur. Hombres turbulentos de tu pueblo se levantarán, para que se cumpla la visión, pero caerán. 15Vendrá, pues, el rey del norte, levantará baluartes y tomará la ciudad fuerte; y las fuerzas del sur no podrán sostenerse, ni sus tropas escogidas, porque no habrá fuerzas para resistir. 16El que vendrá contra él hará su propia voluntad, y no habrá quien se le pueda enfrentar; y permanecerá en la tierra gloriosa, que será consumida bajo su poder. 17Afirmará luego su rostro para venir con el poder de todo su reino. Hará convenios con aquel, y le dará una hija por mujer, para destruirlo; pero no permanecerá ni tendrá éxito. 18Volverá después su rostro a las costas, y tomará muchas; pero un príncipe le hará cesar en su afrenta, y aun hará volver sobre él su oprobio. 19Luego volverá su rostro a las fortalezas de su tierra; pero tropezará y caerá, y no será hallado.

20»En su lugar se levantará uno que hará pasar un cobrador de tributos por la gloria del reino; pero en pocos días será muerto, aunque no con ira ni en batalla.

21»Ocupará su lugar un hombre despreciable, al cual no darán la honra del reino. Vendrá sin aviso y tomará el reino con halagos. 22Las fuerzas enemigas serán barridas delante de él como por inundación de aguas; serán del todo destruidas, junto con el príncipe del pacto. 23Él, después del pacto, engañará, subirá y saldrá vencedor con poca gente. 24Estando la provincia en paz y en abundancia, entrará y hará lo que no hicieron sus padres ni los padres de sus padres; botín, despojos y riquezas repartirá entre sus soldados, y contra las fortalezas formará sus designios. Esto durará un tiempo.

25»Despertará sus fuerzas y su ardor con un gran ejército, contra el rey del sur, y el rey del sur se empeñará en la guerra con un ejército grande y muy fuerte; pero no prevalecerá, porque le harán traición. 26Aun los que coman de sus manjares lo quebrantarán; su ejército será destruido, y muchos caerán muertos. 27En su corazón, estos dos reyes tramarán hacer mal. Sentados a una misma mesa, se mentirán el uno al otro; pero no servirá de nada, porque el plazo aún no habrá llegado. 28Él volverá a su tierra con gran riqueza, y pondrá su corazón contra el pacto santo; hará su voluntad y volverá a su tierra. 29Al tiempo señalado volverá al sur; pero la última venida no será como la primera. 30Porque vendrán contra él naves de Quitim, y él se contristará y retrocederá, se enojará contra el pacto santo y hará según su voluntad; volverá, pues, y se entenderá con los que abandonen el santo pacto.

31»Se levantarán sus tropas, que profanarán el santuario y la fortaleza, quitarán el sacrificio continuo y pondrán la abominación desoladora.a 32Con lisonjas seducirá a los violadores del pacto; pero el pueblo que conoce a su Dios se esforzará y actuará. 33Los sabios del pueblo instruirán a muchos; pero durante algunos días caerán a espada y a fuego, en cautividad y despojo. 34En su caída serán ayudados con un pequeño socorro, y muchos se juntarán a ellos con lisonjas. 35También algunos de los sabios caerán para ser depurados, limpiados y emblanquecidos, hasta el tiempo determinado; porque aun para esto hay plazo.

36»El rey hará su voluntad, se ensoberbecerá y se engrandecerá sobre todo dios;b contra el Dios de los dioses hablará maravillas,c y prosperará hasta que sea consumada la ira, porque lo determinado se cumplirá. 37Del Dios de sus padres no hará caso, ni del amor de las mujeres, ni respetará a dios alguno, porque sobre todo se engrandecerá. 38Pero honrará en su lugar al dios de las fortalezas, un dios que sus padres no conocieron; lo honrará con oro y plata, con piedras preciosas y cosas de gran precio. 39Con un dios ajeno se hará de las fortalezas más inexpugnables, colmará de honores a los que lo reconozcan, los hará gobernar sobre muchos y repartirá tierras como recompensa.

40»Al cabo del tiempo, el rey del sur contenderá con él; y el rey del norte se levantará contra él como una tempestad, con carros y gente de a caballo y muchas naves; y entrará por las tierras, las invadirá y pasará. 41Entrará en la tierra gloriosa, y muchas provincias caerán; pero escaparán

---

a 11.31 Dn 9.27; 12.11; Mt 24.15; Mc 13.14.   b 11.36 2 Ts 2.3-4.   c 11.36 Ap 13.5-6.

de sus manos Edom, Moab y la mayoría de los hijos de Amón. ⁴²Extenderá su mano contra las tierras, y no escapará el país de Egipto. ⁴³Se apoderará de los tesoros de oro y plata, y de todas las cosas preciosas de Egipto. Los de Libia y de Etiopía lo seguirán. ⁴⁴Pero noticias del oriente y del norte lo atemorizarán, y saldrá con gran ira para destruir y matar a muchos. ⁴⁵Plantará las tiendas de su palacio entre los mares y el monte glorioso y santo; pero llegará a su fin, y no tendrá quien lo ayude.

El tiempo del fin

12 ¹»En aquel tiempo se levantará Miguel,ᵃ el gran príncipe que está de parte de los hijos de tu pueblo.

»Será tiempo de angustia,
cual nunca fue desde que hubo
gente hasta entonces;ᵇ
pero en aquel tiempo será libertado
tu pueblo,
todos los que se hallen inscritos en
el libro.
² Muchos de los que duermen en el
polvo de la tierra
serán despertados: unos para vida
eterna,
otros para vergüenza y confusión
perpetua.ᶜ
³ Los entendidos resplandecerán
como el resplandor del
firmamento;
y los que enseñan la justicia a la
multitud,

como las estrellas, a perpetua
eternidad.ᵈ

⁴»"Pero tú, Daniel, cierra las palabras y sella el libroᵉ hasta el tiempo del fin. Muchos correrán de aquí para allá, y la ciencia aumentará".

⁵»Yo, Daniel, miré y vi a otros dos que estaban en pie, uno a este lado del río y el otro al otro lado. ⁶Y dijo uno al varón vestido de lino que estaba sobre las aguas del río: "¿Cuándo será el fin de estas maravillas?" ⁷Oí al varón vestido de lino, que estaba sobre las aguas del río, el cual alzó su mano derecha y su mano izquierda al cielo y juró por el que vive por los siglos,ᶠ que será por tiempo, tiempos y la mitad de un tiempo.ᵍ Y cuando se acabe la dispersión del poder del pueblo santo, todas estas cosas se cumplirán.

⁸»Yo oí, pero no entendí. Dije entonces: "Señor mío, ¿cuál será el fin de estas cosas?" ⁹Él respondió: "Anda, Daniel, pues estas palabras están cerradas y selladas hasta el tiempo del fin.ʰ ¹⁰Muchos serán limpios, emblanquecidos y purificados; los impíos procederán impíamente,ⁱ y ninguno de los impíos entenderá; pero los entendidos comprenderán. ¹¹Desde el tiempo en que sea quitado el sacrificio continuo hasta la abominación desoladora,ʲ habrá mil doscientos noventa días. ¹²Bienaventurado el que espere, y llegue a mil trescientos treinta y cinco días. ¹³En cuanto a ti, tú irás hasta el fin, y reposarás, y te levantarás para recibir tu heredad al fin de los días"».

ᵃ **12.1** Ap 12.7.   ᵇ **12.1** Mt 24.21; Mc 13.19; Ap 7.14; 12.7.   ᶜ **12.2** Mt 25.46; Jn 5.29.
ᵈ **12.3** Mt 13.43.   ᵉ **12.4** Ap 22.10.   ᶠ **12.7** Ap 10.5-6.   ᵍ **12.7** Ap 12.14.   ʰ **12.9** Dn 8.26; 12.4.
ⁱ **12.10** Ap 22.11.   ʲ **12.11** Dn 9.27; 11.31; Mt 24.15; Mc 13.14.

OSEAS

INTRODUCCIÓN

El próspero gobierno de Jeroboam II (783-743) aún no había finalizado cuando este profeta comenzó a actuar, aproximadamente entre los años 750 y 730 a.C. En su discurso hace frecuentes alusiones a la situación política del reino del norte. Tales alusiones, a veces difíciles de interpretar, son en otros momentos un claro anuncio del inevitable final que había de llegarle con la caída de Samaria (arrasada en el 721 a.C. por el furor del ejército asirio [2 R 17.1-6]).

En la profecía de Oseas (=Os) se revelan intensos y mezclados sentimientos de amor y de ira, de esperanza y desilusión. Desde la consideración de su propia vida conyugal y de las circunstancias que la rodean, el profeta denuncia la infidelidad de Israel hacia Jehová, quien a pesar de todo sigue teniéndolo por su pueblo escogido: Israel ha sido infiel a Dios, pero Dios no ha dejado de amar a Israel.

Del cap. 4 en adelante, el profeta pasa revista a la perversión de la sociedad israelita: el culto, el sacerdocio, la justicia, la moral y la política están deteriorados o trastocados, e Israel sufrirá las consecuencias de su desvío. Con todo, aún queda lugar para la esperanza, evocada en el cap. 11 con acento emocionado. Luego, en el cap. 14, habiendo suplicado el profeta: «Vuelve, oh Israel, a Jehová, tu Dios» (v. 1), Jehová le anuncia que él sanará al pueblo «de su rebelión» y lo amará «de pura gracia» (v. 4).

Este libro denuncia los rituales politeístas en los que se suplicaba ayuda y protección para los ganados y cosechas. También habla con respeto, y aun veneración, del ministerio profético, cuyos orígenes se remontan a Moisés. En cuanto a temas de orden político, Oseas afirma que Israel no debe buscar salvación en alianzas con Egipto o Asiria (12.1; 14.3), sino solamente en Dios.

Esquema del contenido

1. Primera parte (1.1—3.5)
   a. Título (1.1)
   b. Vida conyugal del profeta (1.2—3.5)
2. Segunda parte (4.1—14.9)
   a. Infidelidad y castigo de Israel (4.1—13.16)
   b. Conversión de Israel y promesas de salvación (14.1-8)
   c. Advertencia final (14.9)

La esposa y los hijos de Oseas

1 ¹Palabra que Jehová dirigió a Oseas hijo de Beeri, en días de Uzías, Jotam, Acaz y Ezequías,ᵃ reyes de Judá, y en días de Jeroboamᵇ hijo de Joás, rey de Israel.

²Comienzo de la palabra que Jehová habló por medio de Oseas. Dijo Jehová a Oseas:

«Ve, toma por mujer a una
          prostituta
y ten hijos de prostitución con ella,

ᵃ**1.1** Aunque el mensaje del profeta estaba dirigido originalmente a Israel, el reino del Norte, aquí se identifica a varios reyes de Judá: *Uzías* (2 R 15.1-7; 2 Cr 26), *Jotam* (2 R 15.32-38; 2 Cr 27), *Acaz* (2 R 16; 2 Cr 28), y *Ezequías* (2 R 18—20; 2 Cr 29—32).   ᵇ**1.1** Conocido también como *Jeroboam* II (2 R 14.23-29), para distinguirlo del que se menciona en 1 R 11.26-40; 12.1—14.20. Su reinado sobre Israel (783-743 a.C.) coincidió aproximadamente con el de Uzías en Judá (781-740 a.C.).

porque la tierra se prostituye
apartándose de Jehová».

³ Fue, pues, y tomó a Gomer, hija de
Diblaim, la cual concibió y le dio a luz un
hijo. ⁴ Entonces Jehová le dijo:

«Ponle por nombre Jezreel,ᶜ
porque dentro de poco castigaré a
    la casa de Jehú
a causa de la sangre derramada en
    Jezreel,
y haré cesar el reinado de la casa de
    Israel.
⁵ Aquel día quebraré el arco de Israel
en el valle de Jezreel».

⁶ Concibió Gomer otra vez y dio a luz
una hija. Dios dijo a Oseas:

«Ponle por nombre Lo-ruhama,ᵈ
porque no me compadeceré más de
    la casa de Israel,
ni los perdonaré.

⁷ »Pero de la casa de Judá tendré misericordia: los salvaré por Jehová, su Dios.
No los salvaré con arco, ni con espada, ni
con guerra, ni con caballos ni jinetes».

⁸ Después de haber destetado a Lo-
ruhama, Gomer concibió y dio a luz un
hijo. ⁹ Y dijo Dios:

«Llámalo Lo-ammi,ᵉ
porque vosotros no sois mi pueblo
ni yo seré vuestro Dios».

¹⁰ Con todo, el número de los hijos de
    Israel
será como la arena del mar,ᶠ
que no se puede medir ni contar.
Y en el lugar donde se les dijo:
«Vosotros no sois mi pueblo»,

se les dirá:
«Sois hijos del Dios viviente».ᵍ
¹¹ Se congregarán los hijos de Judá y
    de Israel,ʰ
nombrarán un solo jefe
y se levantarán de la tierra,
porque grande será el día de
    Jezreel.

El amor de Jehová hacia su pueblo infiel

2 ¹ Decid a vuestros hermanos:
«Pueblo mío»,
y a vuestras hermanas:
«Compadecida».ᵃ

² ¡Contended con vuestra madre,
    contended,
porque ella no es mi mujer
ni yo su marido!
Que aparte de su rostro sus
    prostituciones,
y sus adulterios de entre sus
    pechos,ᵇ
³ no sea que yo la despoje, la
    desnude
y la deje como el día en que nació;
haga de ella un desierto,
la convierta en tierra seca
y la mate de sed.
⁴ No tendré misericordia de sus
    hijos,
porque son hijos de prostitución.
⁵ Pues su madre se prostituyó,
la que los dio a luz se deshonró,
porque dijo: «Iré tras mis amantes,ᶜ
que me dan mi pan y mi agua,
mi lana y mi lino,
mi aceite y mi bebida».

⁶ Por tanto, cerraré con espinos su
    camino,
la cercaré con seto

ᶜ **1.4** 2 R 10.11.   ᵈ **1.6** Esto es, *No compadecida*. Este nombre anunciaba al pueblo de Israel que
aun la compasión paternal de Dios le sería retirada por un tiempo.   ᵉ **1.9** Esto es, *No es mi
pueblo*. Negarle el título de *mi pueblo* significaba que la alianza se había roto y que el Señor
rechazaba a Israel, porque ya no reconocía en él la conducta propia de un hijo.
ᶠ **1.10** Gn 22.17; 32.12.   ᵍ **1.10** Ro 9.26   ʰ **1.11** Ez 37.15-28.   ᵃ **2.1** *«Pueblo mío»... «Compadecida»*:
Estos dos nombres se contraponen a *Lo-ammi* y *Lo-ruhama*, respectivamente (1.6,9).
ᵇ **2.2—3.5** Ez 16.8-63.   ᶜ **2.5** O sea, tras los ídolos o imágenes de Baal y lo que ellos
representaban: el trigo, el vino y el aceite, es decir, el bienestar y la seguridad que llevaban a
olvidarse del Señor (cf. Jer 2.23-25; 3.1-2; Os 4.12-14; 9.1). Oseas insiste en señalar que Jehová es
el único dispensador de todos esos bienes.

y no hallará sus caminos.

⁷ Seguirá a sus amantes,
pero no los alcanzará;
los buscará, pero no los hallará.
Entonces dirá: «Regresaré a mi
primer marido,
porque mejor me iba entonces que
ahora».

⁸ Ella no reconoció
que yo era quien le daba
el trigo, el vino y el aceite,
quien multiplicaba la plata y el oro
que ofrecían a Baal.
⁹ Por tanto, volveré y tomaré
mi trigo a su tiempo
y mi vino en su estación;
le quitaré mi lana y mi lino
que le había dado para cubrir su
desnudez.
¹⁰ Ahora descubriré su locura
delante de los ojos de sus amantes,
y nadie la librará de mis manos.
¹¹ Haré cesar todo su gozo,
sus fiestas, sus nuevas lunas,
sus sábados
y todas sus solemnidades.ᵈ
¹² Haré talar sus vides y sus higueras,
de las cuales dijo:
«Este es el salario
que me dieron mis amantes».
Las convertiré en un matorral
y se las comerán las bestias del
campo.
¹³ La castigaré por los días
en que quemaba incienso a los
baales,
cuando se adornaba con sortijas y
collares
y se iba tras sus amantes
olvidándose de mí, dice Jehová.

¹⁴ Por eso voy a seducirla;
la llevaré al desierto
y hablaré a su corazón.
¹⁵ Le daré sus viñas desde allí,

y haré del valle de Acorᵉ
una puerta de esperanza.
Y allí cantará, como en los días de
su juventud,
como en el día de su subida de la
tierra de Egipto.
¹⁶ En aquel tiempo, dice Jehová,
me llamarás Ishi,
y nunca más me llamarás Baali.ᶠ
¹⁷ Porque quitaré de su boca los
nombres de los baales,
y nunca más se mencionarán sus
nombres.

¹⁸ En aquel tiempo haré en favor de
ellos un pacto
con las bestias del campo,
con las aves del cielo
y las serpientes de la tierra.
Quitaré de la tierra el arco, la
espada y la guerra,
y te haré dormir segura.
¹⁹ Te desposaré conmigo para
siempre;
te desposaré conmigo en justicia,
juicio, benignidad y misericordia.
²⁰ Te desposaré conmigo en fidelidad,
y conocerás a Jehová.
²¹ En aquel tiempo yo responderé,
dice Jehová;
responderé a los cielos,
y ellos responderán a la tierra,
²² y la tierra responderá al trigo,
al vino y al aceite,
y ellos responderán a Jezreel.ᵍ
²³ La sembraré para mí en la tierra;
tendré misericordia de Lo-ruhama
y diré a Lo-ammi:ʰ «¡Tú eres mi
pueblo!»,ⁱ
y él dirá: «¡Dios mío!».

Oseas y la adúltera

3 ¹ Me dijo otra vez Jehová: «Ve y ama a
una mujer amada de su compañero y
adúltera; así ama Jehová a los hijos de
Israel, aunque ellos se vuelven a dioses

ᵈ **2.11** Is 1.12-15; Am 5.21-23; 8.5.   ᵉ **2.15** Jos 7.24-26.   ᶠ **2.16-17** En hebreo, el término *baal*
significa *señor, dueño* o *marido,* pero utilizado como nombre propio designa al dios cananeo de la
fertilidad. El profeta quiere eliminar su uso, incluso como nombre común, para acabar con
todos los residuos de ese culto pagano.   ᵍ **2.22** El nombre *Jezreel* se emplea aquí para designar a
Israel, debido a la semejanza entre ambas palabras.   ʰ **2.23** Se vuelve a utilizar el simbolismo
de los nombres, pero en sentido contrario: Antes representaban la ruptura del pacto; ahora son
signos de restauración.   ⁱ **2.23** Zac 13.8-9; Ro 9.25; cf. 1 P 2.10.

ajenos y aman las tortas de pasas». ² Entonces la compré para mí por quince siclos de plata y un homer y medio de cebada. ³ Le dije: «Tú serás mía durante muchos días; no fornicarás ni te entregarás a otro hombre, y yo haré lo mismo contigo».

⁴ Porque muchos días estarán los hijos de Israel sin rey, sin príncipe, sin sacrificio, sin estatua, sin efod y sin terafines. ⁵ Después volverán los hijos de Israel, buscarán a Jehová, su Dios, y a David, su rey; y temerán a Jehová y a su bondad al fin de los días.ᵃ

Controversia de Jehová con Israel

4 ¹ Oíd la palabra de Jehová,
    hijos de Israel,
    porque Jehová contiende
    con los moradores de la tierra,
    pues no hay verdad, ni
        misericordia,
    ni conocimiento de Dios en
        la tierra.
² El perjurio y la mentira,
    el asesinato, el robo y el adulterio
        prevalecen,
    y se comete homicidio tras
        homicidio.ᵃ
³ Por lo cual se enlutará la tierra
    y se extenuará todo morador
        de ella;
    las bestias del campo, las aves
        del cielo
    y aun los peces del mar morirán.

⁴ ᵇ «¡Que nadie acuse ni reprenda
        a otro!
    Tu pueblo es como los que resisten
        al sacerdote.
⁵ Tropezarás por tanto en pleno día,
    y de noche tropezará contigo el
        profeta,
    y a tu madre destruiré.
⁶ Mi pueblo fue destruido
    porque le faltó conocimiento.
    Por cuanto desechaste el
        conocimiento,
    yo te echaré del sacerdocio;
    puesto que olvidaste la ley de
        tu Dios,

también yo me olvidaré de
    tus hijos.

⁷ »Cuanto más aumentaban,
    más pecaban contra mí;
    pues también yo cambiaré su honra
        en afrenta.
⁸ Del pecado de mi pueblo comen,
    y en su maldad levantan su alma.
⁹ Lo mismo será con el pueblo que
        con el sacerdote:
    los castigaré por su conducta
    y les pagaré conforme a sus obras.
¹⁰ Comerán, mas no se saciarán;
    fornicarán, mas no se
        multiplicarán,
    porque dejaron de servir a Jehová.ᶜ

¹¹ »Fornicación, vinoᵈ y mosto
    quitan el juicio.
¹² Mi pueblo consulta a su ídolo de
        madera,
    y el leño le responde;
    porque un espíritu de fornicación
        lo hizo errar,
    y dejaron a su Dios por fornicar.
¹³ Sobre las cimas de los montes
        sacrificaron,
    y quemaron incienso sobre los
        collados,
    y debajo de las encinas, álamos y
        olmos,
    pues buena es su sombra.
    Por tanto, vuestras hijas fornicarán
    y vuestras nueras cometerán
        adulterio.
¹⁴ No castigaré a vuestras hijas
        cuando forniquen,
    ni a vuestras nueras cuando
        cometan adulterio;
    porque ellos mismos se van con
        rameras,
    y con malas mujeres sacrifican.
    Por tanto, el pueblo sin
        entendimiento caerá.ᵉ

¹⁵ »Si tú, Israel, fornicas,
    que al menos no peque Judá.
    ¡No entréis en Gilgal,ᶠ

ᵃ **3.5** Jer 30.9; Ez 34.23; 37.24-25.   ᵃ **4.2** Ex 20.1-17; Dt 5.1-21.   ᵇ **4.3** Is 24.4-6; Jer 4.23-28; 12.4.
ᶜ **4.10** Os 1.2; 9.11.   ᵈ **4.11** Pr 26.9; Is 28.7.   ᵉ **4.12-14** Jer 2.23-27; 3.1-2; Os 2.5.
ᶠ **4.15** Importante santuario cerca de Jericó.

ni subáis a Bet-avén,[g]
ni juréis: "Vive Jehová"!
¹⁶ Porque como novilla indómita
se apartó Israel;
¿los apacentará ahora Jehová
como a corderos en ancho prado?
¹⁷ Efraín es dado a ídolos,
¡déjalo!
¹⁸ Su bebida se corrompió,
fornicaron sin cesar,
sus príncipes amaron lo que
avergüenza.
¹⁹ ¡Un viento los llevará en sus alas,
y se avergonzarán de sus
sacrificios!»

La apostasía de Israel será castigada

5 ¹ «Sacerdotes, oíd esto,
casa de Israel, estad atentos,
casa del rey, escuchad:
Contra vosotros es el juicio,
pues habéis sido un lazo en Mizpa,
una red tendida sobre Tabor.[a]
² Haciendo víctimas han bajado
hasta lo profundo;
por tanto, los castigaré a todos
ellos.
³ Yo conozco a Efraín,
e Israel no me es desconocido;
tú, Efraín, ahora te has prostituido,
y se ha contaminado Israel».

⁴ No piensan en convertirse a
su Dios,
pues en medio de ellos hay un
espíritu de fornicación
y no conocen a Jehová.
⁵ La soberbia de Israel testificará en
su contra;
Israel y Efraín tropezarán por su
pecado,
y Judá tropezará también con ellos.
⁶ Con sus ovejas y con sus vacas
andarán buscando a Jehová,
mas no lo hallarán:
¡Se ha apartado de ellos!
⁷ Contra Jehová prevaricaron,
porque han engendrado hijos de
extraños;

ahora serán consumidos en un
solo mes
ellos y sus heredades.

⁸ ¡Tocad la bocina en Gabaa
y la trompeta en Ramá!
¡Sonad la alarma en Bet-avén!
¡Alerta, Benjamín!
⁹ Efraín será asolado en el día del
castigo;
entre las tribus de Israel
hice conocer la verdad.

¹⁰ «Los príncipes de Judá han sido
como los que traspasan los
linderos;
¡pero sobre ellos derramaré
a raudales mi ira!
¹¹ Efraín está oprimido,
violados sus derechos,
porque quiso andar
en pos de vanidades.
¹² Yo, pues, seré como polilla a Efraín
y como carcoma a la casa de Judá.
¹³ Verá Efraín su enfermedad
y Judá su llaga;
irá entonces Efraín a Asiria
y pedirá ayuda al gran rey,
pero él no podrá sanaros
ni os curará la llaga.
¹⁴ Porque yo seré como león a Efraín
y como cachorro de león a la casa de
Judá;
yo, yo mismo los despedazaré, y
me iré;
los arrebataré, y nadie podrá
librarlos.

Insinceridad del arrepentimiento de Israel

¹⁵ »Volveré luego a mi lugar,
hasta que reconozcan su pecado
y busquen mi rostro.
¡En medio de su angustia me
buscarán!»

6 ¹ [a] Venid y volvamos a Jehová,
pues él nos destrozó, mas nos
curará;
nos hirió, mas nos vendará.

---

[g] **4.15** O sea, *Casa de iniquidad*. Forma despectiva de referirse al santuario de *Bet-el*. Cf. Os 5.8; 10.5; Am 4.4; 5.5.   [a] **5.1** Está al sudeste del valle de Jezreel; en su cima había un santuario. Cf. Jue 4.6,12.   [a] **6.1** Job 5.18.

² Después de dos días nos hará
revivir,
al tercer día nos levantará,^b
y viviremos delante de él.
³ Esforcémonos por conocer a
Jehová:
cierta como el alba es su salida.
Vendrá a nosotros como la lluvia,
como la lluvia tardía y temprana
viene a la tierra.

⁴ «¿Qué haré contigo, Efraín?
¿Qué haré contigo, Judá?
Vuestra piedad es como nube
matinal,
como el rocío de la madrugada, que
se desvanece.
⁵ Por eso los he quebrantado
mediante los profetas;
con las palabras de mi boca los
maté,
y tus juicios brotarán como la luz.
⁶ Porque misericordia quiero y no
sacrificios,^c
conocimiento de Dios más que
holocaustos.

⁷ »Pero ellos, cual Adán, violaron el
pacto;
allí han pecado contra mí.
⁸ Galaad, ciudad de malhechores,
toda manchada de sangre.
⁹ Como ladrones al acecho de un
hombre,
así una compañía de sacerdotes
mata y comete infamias
en el camino hacia Siquem.
¹⁰ En la casa de Israel he visto cosas
horribles:
allí fornicó Efraín
y se contaminó Israel.
¹¹ Para ti también, Judá, está
preparada una siega,
cuando yo haga volver el
cautiverio de mi pueblo».

Iniquidad y rebelión de Israel

7 ¹ «Mientras curaba yo a Israel,
se descubrió la iniquidad de Efraín
y las maldades de Samaria,

pues practican el engaño;
el ladrón entra
y el salteador despoja afuera.
² No consideran en su corazón
que tengo memoria de toda su
maldad.
Ahora los acorralan sus propias
obras,
que están delante de mí.

³ ^a»Con su maldad alegran al rey;
con sus mentiras, a los príncipes.
⁴ Todos ellos son adúlteros;
son como horno encendido,
que el hornero cesa de avivar
desde que se amasa la harina
hasta que se ha fermentado.
⁵ En el día de nuestro rey,
los príncipes lo hicieron enfermar
con copas de vino;
él extendió su mano con los que se
burlaban.
⁶ Disponen su corazón para la
intriga,
como se prepara un horno;
toda la noche duerme su hornero,
pero a la mañana está encendido
como llama de fuego.
⁷ Todos ellos arden como un horno
y devoran a sus jueces.
Así han caído todos sus reyes;
no hay entre ellos quien me
invoque.
⁸ Efraín se ha mezclado con los
demás pueblos;
Efraín es como torta no volteada.
⁹ Gente extraña ha devorado su
fuerza,
y él no lo sabe.
Ya se ha cubierto de canas,
y él no lo sabe.
¹⁰ La soberbia de Israel testificará en
su contra.
Con todo, ellos no se vuelven
ni buscan a Jehová, su Dios.
¹¹ Efraín es como paloma incauta,
sin discernimiento:
claman a Egipto, acuden a Asiria.
¹² Cuando vayan allá,
tenderé sobre ellos mi red,

b **6.2** Lc 24.46; 1 Co 15.4. Cf. Os 13.3. *c* **6.6** Mt 9.13; 12.7. *a* **7.3-7** Este pasaje describe los desórdenes, los asesinatos y la inestabilidad política que tuvieron lugar en el reino del norte después de la muerte de Jeroboam II (año 743 a.C.).

los haré caer como aves del cielo,
los castigaré conforme a lo
anunciado en sus asambleas.

¹³ »¡Ay de ellos! porque se apartaron
de mí;
destrucción vendrá sobre ellos,
porque contra mí se rebelaron.
Yo los redimiría,
pero ellos hablan mentiras
contra mí.
¹⁴ No clamaron a mí de corazón,
cuando se lamentaban sobre sus
lechos;
Por trigo y mosto se congregaron,
y se han rebelado contra mí.
¹⁵ Aunque yo los enseñé y fortalecí
sus brazos,
traman el mal contra mí.
¹⁶ Volvieron, pero no al Altísimo;
fueron como arco que yerra.
Sus príncipes cayeron a espada
por la soberbia de su lengua:
¡esto será motivo de burla
en la tierra de Egipto!»

Represión de la idolatría de Israel

8 ¹ «Lleva a tu boca la trompeta,
pues un águila viene
sobre la casa de Jehová,
porque traspasaron mi pacto
y se rebelaron contra mi Ley.
² A mí clamará Israel: "Dios mío,
te hemos conocido".
³ Israel desechó el bien:
el enemigo lo perseguirá.

⁴ »Ellos establecieron reyes, pero no
escogidos por mí;
constituyeron príncipes, mas yo no
lo supe;
de su plata y de su oro hicieron
ídolos para sí,
para ser ellos mismos destruidos.
⁵ Tu becerro, Samaria, te hizo
alejarte.
Se encendió mi enojo contra ellos:
¿Cuándo alcanzaréis la
purificación?
⁶ Porque ese becerro es de Israel;
un artífice lo hizo.ᵃ No es Dios,

por lo que será deshecho en
pedazos
el becerro de Samaria.
⁷ Porque sembraron vientos,
segarán tempestades.ᵇ
No tendrán mies
ni su espiga dará harina;
y si la da, los extranjeros la
comerán.
⁸ ¡Devorado será Israel!
Pronto será entre las naciones
como vasija que no se estima,ᶜ
⁹ pues ellos subieron a Asiria
como un solitario asno salvaje.
Efraín se ha alquilado amantes.
¹⁰ Aunque las alquile entre las
naciones,
ahora las reuniré,
y serán afligidos un poco de tiempo
bajo la carga del rey y de los
príncipes.

¹¹ »Porque multiplicó Efraín los
altares para pecar,
tuvo altares solo para pecar.
¹² Le escribí las grandezas de mi Ley,
y fueron tenidas por cosa extraña.
¹³ En los sacrificios de mis ofrendas
sacrificaron carne y comieron;
Jehová no los quiso aceptar.
Ahora se acordará él de su
iniquidad,
castigará su pecado
y tendrán que volver a Egipto.
¹⁴ Olvidó, pues, Israel a su Hacedor,ᵈ
y edificó templos.
Judá multiplicó sus ciudades
fortificadas,
mas yo mandaré a sus ciudades
fuego
que consumirá sus palacios».ᵉ

Castigo de la persistente infidelidad de Israel

9 ¹ No te alegres, Israel,
no saltes de gozo como otros
pueblos,
pues has fornicado al apartarte de
tu Dios.
Amaste el salario de rameras
en todas las eras de trigo.

ᵃ 8.6 Is 40.18-20; 44.9-11,17-20; 45.20; Jer 10.2-5.   ᵇ 8.7 Job 4.8; Pr 22.8.   ᶜ 8.8 Jer 22.28; 48.38.
ᵈ 8.14 Is 44.2; 51.13.   ᵉ 8.14 Am 2.5.

² La era y el lagar no los sustentarán,
  y les fallará el mosto.
³ No se quedarán en la tierra de
    Jehová,ᵃ
  sino que Efraín volverá a Egipto y a
    Asiria,
  donde comerán vianda inmunda.
⁴ No harán libaciones a Jehová
  ni sus sacrificios le serán gratos;
  cual pan de duelo será para ellos,
  y todos los que coman de él serán
    impuros.
  Su pan será, pues, para ellos
    mismos:
  ese pan no entrará en la casa de
    Jehová.
⁵ ¿Qué haréis en el día de la
    solemnidad,
  y en el día de la fiesta de Jehová?
⁶ Ellos se fueron a causa de la
    destrucción.
  Egipto los recogerá, Menfis los
    enterrará.
  La ortiga conquistará lo deseable
    de su plata,
  y el espino crecerá en sus moradas.

⁷ Vinieron los días del castigo,ᵇ
  vinieron los días de la retribución.
  ¡Israel lo sabrá!
  Necio es el profeta,
  insensato es el hombre de espíritu,
  a causa de la enormidad de tu
    maldad
  y de la inmensidad de tu odio.
⁸ El profeta, atalaya de Efraín,ᶜ
  está junto a mi Dios;
  lazos de cazador se le tienden en
    todos sus caminos,
  se le odia aun en la casa de su Dios.
⁹ Llegaron hasta lo más bajo en su
    corrupción,
  como en los días de Gabaa.ᵈ
  Él se acordará de su iniquidad
  y castigará su pecado.

¹⁰ «Como uvas en el desierto
    hallé a Israel;
  vi a vuestros padres en sus
    primicias

como la fruta temprana de la
    higuera.
  Pero al acudir ellos a Baal-peor,ᵉ
  se apartaron para vergüenza,
  y se hicieron abominables
  como aquello que amaban.
¹¹ La gloria de Efraín volará cual ave,
  de modo que no habrá nacimientos
  ni embarazos ni concepciones.
¹² Aunque lleguen a crecer sus hijos,
  los quitaré de entre los hombres.
  ¡Ay de ellos también, cuando de
    ellos me aparte!
¹³ Efraín, según veo, es semejante
    a Tiro,
  situado en un lugar delicioso;
  pero Efraín llevará sus hijos a la
    matanza».

¹⁴ Dales, Jehová,
  lo que les has de dar;
  dales matriz que aborte
  y pechos enjutos.

¹⁵ «Toda la maldad de ellos se
    manifestó en Gilgal;
  allí, pues, les tomé aversión.
  Por la perversidad de sus obras
  los echaré de mi Casa.
  Ya no los amaré más;
  todos sus príncipes son desleales.
¹⁶ Efraín fue herido,
  su raíz está seca,
  no dará más fruto.
  Aunque engendren,
  yo haré morir el precioso fruto de
    su vientre».

¹⁷ Mi Dios los desechará
  porque ellos no lo oyeron,
  y andarán errantes entre las
    naciones.ᶠ

10 ¹ Israel es una frondosa viña
  que da de sí abundante fruto.
  Cuanto más abundante era su
    fruto,
  más se multiplicaban los altares;
  cuanto mayor era la bondad de
    su tierra,
  mejor hacía sus ídolos.

ᵃ **9.3** Lv 25.23; Jos 22.19. Alusión a la deportación de los israelitas a Asiria (2 R 15.29).
ᵇ **9.7** Lc 21.22.   ᶜ **9.8** Is 21.6; Jer 6.17; Ez 3.16-21; 33.1-9; Os 8.1.   ᵈ **9.9** Jue 19—21. Cf.
Os 5.8; 10.9.   ᵉ **9.10** Nm 25.1-3.   ᶠ **9.17** Dt 28.15,64-65.

² Su corazón está dividido.
Ahora serán hallados culpables.
Jehová demolerá sus altares
y destruirá sus ídolos.

³ Seguramente dirán ahora:
«No tenemos rey
porque no temimos a Jehová.
Pero, ¿qué haría el rey por
nosotros?»
⁴ Ellos pronuncian palabras,
juran en vano al hacer un pacto;
por tanto, el juicio florecerá
como ajenjo en los surcos del
campo.

⁵ Por las becerras de Bet-avén*ᵃ*
serán atemorizados los moradores
de Samaria.
Sí, su pueblo se lamentará a causa
del becerro,
lo mismo que los sacerdotes
que se regocijaban de su gloria,
la cual será disipada.
⁶ El propio becerro será llevado a
Asiria
como presente al gran rey.
Efraín será avergonzado,
e Israel se avergonzará de su
consejo.
⁷ De Samaria fue cortado su rey
como espuma sobre la superficie de
las aguas.
⁸ Los lugares altos de Avén,
el pecado de Israel,
serán destruidos;
sobre sus altares crecerá espino
y cardo.
Y dirán a los montes:
«¡Cubridnos!»;
y a los collados: «¡Caed sobre
nosotros!»*ᵇ*

⁹ «Desde los días de Gabaa,*ᶜ*
tú has pecado, Israel.
¡Allí se han quedado!
¿No tomará la guerra en Gabaa
a estos inicuos?
¹⁰ Los castigaré cuando lo desee;
los pueblos se juntarán contra ellos

cuando sean castigados por su
doble crimen.

¹¹ »Efraín es como una novilla
domada
a la que le gusta trillar.
Mas yo pasaré el yugo sobre su
lozana cerviz;
yo unciré a Efraín,
Judá tendrá que arar
y Jacob quebrará sus terrones.
¹² Sembrad para vosotros en justicia,
segad para vosotros en
misericordia;
haced para vosotros barbecho,*ᵈ*
porque es el tiempo de buscar a
Jehová,
hasta que venga y os enseñe
justicia.*ᵉ*
¹³ Habéis arado impiedad
y segasteis iniquidad;
comeréis fruto de mentira.
Porque confiaste en tu camino
y en la multitud de tus valientes,
¹⁴ en medio de tus pueblos se
levantará un alboroto;
todas tus fortalezas serán
destruidas,
como destruyó Salmán a Bet-arbel
en el día de la batalla,
cuando fue destrozada la madre
con sus hijos.*ᶠ*
¹⁵ Así hará con vosotros Bet-el,
por causa de vuestra gran maldad:
al despuntar el día desaparecerá
para siempre
el rey de Israel».

Dios se compadece de su pueblo obstinado

11 ¹«Cuando Israel era muchacho,
yo lo amé,
y de Egipto llamé a mi hijo.*ᵃ*
² Cuanto más yo los llamaba,
tanto más se alejaban de mí.
A los baales sacrificaban,
y a los ídolos quemaban incienso.
³ Con todo, yo enseñaba a andar a
Efraín,
tomándolo por los brazos;

---

*ᵃ***10.5** *Bet-avén:* Bet-el. Cf. 1 R 12.28-29.   *ᵇ***10.8** Lc 23.30; Ap 6.16.   *ᶜ***10.9** Jue 19.1-30.
*ᵈ***10.12** Jer 4.3.   *ᵉ***10.12** Is 44.3; 45.8; Os 6.3.   *ᶠ***10.14** 2 R 8.12; Sal 137.9; Is 13.16; Os 13.16;
Nah 3.10.   *ᵃ***11.1** Mt 2.15.

más ellos no comprendieron que yo
   los cuidaba.
4 Con cuerdas humanas los atraje,
   con cuerdas de amor;
   fui para ellos como los que alzan
   el yugo de sobre su cerviz,
   y puse delante de ellos la comida.
5 No volverá a tierra de Egipto,
   sino que el asirio mismo será su rey,
   porque no se quisieron convertir.[b]
6 La espada caerá sobre sus ciudades
   y consumirá sus aldeas;
   las consumirá a causa de sus
      propios consejos.
7 Mi pueblo está aferrado a la
      rebelión contra mí,
   aunque me llaman el Altísimo,
   ninguno absolutamente me quiere
      enaltecer.

8 »¿Cómo podré abandonarte,
      Efraín?
   ¿Te entregaré yo, Israel?
   ¿Cómo podré hacerte como a
      Adma,
   o dejarte igual que a Zeboim?[c]
   Mi corazón se conmueve dentro
      de mí,
   se inflama toda mi compasión.
9 No ejecutaré el ardor de mi ira
   ni volveré a destruir a Efraín,
   porque Dios soy, no hombre;
   soy el Santo en medio de ti,
   y no entraré en la ciudad».

10 En pos de Jehová caminarán.
   Él rugirá como un león;
   rugirá, y los hijos vendrán
· temblando desde el occidente.

11 «Como aves acudirán velozmente
      de Egipto,
   y de la tierra de Asiria como
      palomas;
   y yo los haré habitar en sus casas»,
   dice Jehová.

12 «Me rodeó Efraín de mentira,
   y la casa de Israel de engaño.
   Pero Judá aún gobierna con Dios,
   y es fiel con los santos».

Efraín, reprendido por su mala conducta

12 ¹«Efraín se apacienta de viento,
   anda tras el viento del este todo
      el día;
   multiplica la mentira y la violencia,
   porque hicieron pacto con los
      asirios
   y llevan el aceite a Egipto».

2 Pleito tiene Jehová con Judá
   para castigar a Jacob conforme a su
      conducta;
   le pagará conforme a sus obras.
3 En el seno materno tomó por el
      calcañar a su hermano,[a]
   y con su poder venció al ángel.
4 Luchó con el ángel y prevaleció;
   lloró y le rogó;[b]
   lo halló en Bet-el,[c]
   y allí habló con nosotros.
5 Mas Jehová es Dios de los ejércitos:
   ¡Jehová es su nombre!
6 Tú, pues, vuélvete a tu Dios;
   guarda misericordia y juicio,
   y en tu Dios confía siempre.

7 «Canaán tiene en su mano pesas
      falsas,
   le gusta defraudar.
8 Efraín dijo: "Ciertamente me he
      enriquecido,
   me he labrado una fortuna;
   nadie hallará iniquidad en mí,
   ni pecado en todos mis trabajos".
9 Pero yo soy Jehová, tu Dios,
   desde la tierra de Egipto;
   aún te haré morar en tiendas,
   como en los días de la fiesta.[d]

10 »He hablado a los profetas,
   multipliqué las profecías
   y por medio de los profetas hablé
      en parábolas.
11 ¿Es Galaad[e] iniquidad?
   Ciertamente vanidad han sido:
   En Gilgal[f] sacrificaron bueyes,
   y sus altares son como montones de
      piedras
   sobre los surcos del campo».

---

[b] **11.5** Os 8.13; 9.6.   [c] **11.8** Dt 29.23.   [a] **12.3** Gn 25.26.   [b] **12.3-4** Gn 32.24-30.
[c] **12.4** Gn 28.10-22.   [d] **12.9** Lv 23.39-43.   [e] **12.11** Os 6.8.   [f] **12.11** Os 4.15.

¹² Pero Jacob huyó a la tierra de
  Aram;ᵍ
Israel sirvió para adquirir una
  mujer,
y por adquirir una mujer fue
  pastor.
¹³ Por medio de un profeta,
Jehová hizo subir a Israel de
  Egipto,ʰ
y por un profeta fue guardado.
¹⁴ Efraín ha irritado a Dios
  amargamente;
por tanto, su Señor hará recaer
  sobre él
la sangre derramada
y le pagará sus agravios.

Predicción de la total destrucción de Efraín

13 ¹ Cuando Efraín hablaba, cundía
  el temor;
fue exaltado en Israel,
mas pecó en Baal y murió.
² Ahora siguen en su pecado;
con su plata se han hecho imágenes
  de fundición,
ídolos de su invención,
¡todo obra de artífices!
Y entonces dicen a los
  sacrificadores
que besen a los becerros.
³ Por tanto, serán como la niebla de
  la mañana
y como el rocío de la madrugada,
  que se disipa;
como la paja que la tempestad
  arrojaᵃ de la era,
como el humo que sale por la
  chimenea.

⁴ «Mas yo soy Jehová, tu Dios,
desde la tierra de Egipto;
no conocerás, pues, otro dios fuera
  de mí,
ni otro salvador sino a mí.
⁵ Yo te conocí en el desierto,ᵇ
en tierra seca.

⁶ »En sus pastos se saciaron
y, una vez repletos,

se ensoberbeció su corazón;
por esta causa se olvidaron de mí.
⁷ Por tanto, yo seré para ellos como
  león;
como un leopardo en el camino los
  acecharé.
⁸ Como osa que ha perdido a sus
  hijos los atacaré
y desgarraré las fibras de su
  corazón,
y allí los devoraré como león;
fiera del campo los despedazará.
⁹ Te perdiste, Israel,
mas en mí está tu ayuda.
¹⁰ ¿Dónde está tu rey, para que te
  salve
en todas tus ciudades,
y tus jueces, a los que dijiste:
"Dame un rey y príncipes"?ᶜ
¹¹ Te di un rey en mi furor,ᵈ
y te lo quité en mi ira.

¹² »Atada está la maldad de Efraín,
su pecado está guardado.
¹³ Le vendrán dolores de mujer que
  da a luz;
pero es un hijo insensato,
pues no se colocó a tiempo
en el punto mismo de nacer.
¹⁴ De manos del seol los redimiré,
los libraré de la muerte.
Muerte, yo seré tu muerte;
yo seré tu destrucción, seol.ᵉ
La compasión se ocultará de mi
  vista.
¹⁵ Aunque él fructifique entre sus
  hermanos,
vendrá el viento del este,
el viento de Jehová que sube del
  desierto,
y se secará su manantial,
se agotará su fuente.
Él despojará el tesoro
de todas sus preciosas alhajas.
¹⁶ Samaria será asolada,
porque se rebeló contra su Dios;
caerán a espada,
sus niños serán estrellados,
y abiertas sus mujeres encintas».

ᵍ **12.12** Gn 29.1-20.   ʰ **12.13** Ex 12.50-51; Os 11.1; 13.4.   ᵃ **13.3** Sal 1.4; Jer 13.24; Sof 2.2
ᵇ **13.5-6** Dt 8.12-16.   ᶜ **13.10** 1 S 8.5-6.   ᵈ **13.11** 1 S 10.17-24; 15.26.   ᵉ **13.14** 1 Co 15.55.

Súplica a Israel para que vuelva a Jehová

14 ¹¡Vuelve, Israel, a Jehová, tu
Dios,
pues por tu pecado has caído!
² Llevad con vosotros palabras de
súplica,
volved a Jehová*ᵃ* y decidle:
«Quita toda iniquidad,
acepta lo bueno,
te ofreceremos la ofrenda de
nuestros labios.
³ No nos librará el asirio;
ya no montaremos a caballo,*ᵇ*
ni nunca más diremos a la obra de
nuestras manos:
"Dioses nuestros",
porque en ti el huérfano alcanzará
misericordia».

⁴ «Yo los sanaré de su rebelión,*ᶜ*
los amaré de pura gracia,
porque mi ira se apartó de ellos.
⁵ Yo seré a Israel como rocío:
él florecerá como lirio
y hundirá sus raíces como el
Líbano.
⁶ Se extenderán sus ramas,
su gloria será como la del olivo
y perfumará como el Líbano.
⁷ Volverán a sentarse a su sombra;
serán vivificados como el trigo
y florecerán como la vid;
su olor será como de vino del
Líbano.
⁸ Efraín dirá: "¿Qué tengo que ver
con los ídolos?"
Yo lo oiré y velaré por él;
yo seré para él como un pino
siempre verde;
de mí procederá tu fruto».

⁹ ¿Quién es sabio para que sepa esto,
y prudente para que lo
comprenda?
Porque los caminos de Jehová son
rectos,
por ellos andarán los justos,
mas los rebeldes caerán en ellos.

ᵃ **14.2** Os 3.5; 6.1; 7.10; 11.5; 12.6. Cf. Dt 4.29-31; 30.1-10; 1 R 8.33-34; Is 55.6-7; Jer 3.14,22.
ᵇ **14.3** Is 30.16; 31.3; 36.8; Miq 5.10.   *ᶜ* **14.4** Jer 30.15-17; Os 5.13; 6.1; 7.1.

JOEL

INTRODUCCIÓN

El comienzo del libro de Joel (=Jl) aporta el único dato conocido acerca de la personalidad del profeta: «Joel hijo de Petuel» (1.1). Fuera de esto, no existe noticia alguna que permita saber algo de él. Tan solo algunos velados indicios, puestos al descubierto por el análisis literario del texto, permiten suponer que Joel predicó después del exilio en Babilonia, quizás alrededor del año 400 a.C. Puede pensarse que la destrucción de Jerusalén y la cautividad babilónica de sus habitantes (2 R 25.1-26), está presente en la mente del profeta cuando anuncia el castigo divino contra las naciones que «esparcieron» a Israel, «repartieron» la tierra de Judá, enviaron al destierro a los habitantes de Jerusalén y hasta los vendieron como esclavos a los griegos (3.2-6). Puede observarse también que, según Joel, la autoridad en Jerusalén está en manos de los ancianos y de los sacerdotes. Ya no la asume el rey ni descansa en los funcionarios de la monarquía, institución que este libro no menciona.

El mensaje de este profeta es uno y claro: «Viene el día de Jehová,... día de tinieblas y de oscuridad,... grande y espantoso» (2.1,2,31). Pero sobre ese telón de fondo, Joel describe lo dramático del momento presente: una terrible plaga de langostas ha caído sobre el país devorándolo todo (1.4,6-7). Al ataque de las langostas le sigue una gravísima sequía. En esas circunstancias, Joel invita a los sacerdotes a que convoquen al pueblo de Judá para que se reúna en el Templo, en asamblea (1.14; 2.15-16), a fin de ayunar y, sobre todo, de demostrar un sincero arrepentimiento delante de Jehová (2.13).

Con todo, esas penalidades son el preludio del momento en que Dios habrá de juzgar a todos los pueblos y naciones de la tierra (1.15; 2.1-2; 3.14). Instante último y terrible, también será un día de gracia y de salvación, porque «todo aquel que invoque el nombre de Jehová será salvo» (2.32). Dios hace una especial promesa: «Derramaré mi Espíritu» (2.28-32). Y el Israel de Dios, el Israel de todos los tiempos, recibirá la plenitud del don del Espíritu, como siglos más tarde ocurriría en Jerusalén durante la fiesta de Pentecostés (Hch 2.16-21).

Esquema del contenido

1. Devastación de la langosta; el «día de Jehová» (1.1—2.11)
2. La misericordia de Jehová (2.12-27)
3. Derramamiento del Espíritu de Dios (2.28-32)
4. Juicio de Jehová sobre las naciones (3.1-15)
5. Liberación de Judá (3.16-21)

Profecía de la devastación del país

1 ¹ Palabra de Jehová que vino a Joel hijo de Petuel.

² «Oíd esto, ancianos,
y escuchad, todos los moradores de la tierra.
¿Ha acontecido algo semejante en vuestros días
o en los días de vuestros padres?
³ De esto contaréis a vuestros hijos,
y vuestros hijos a sus hijos,
y sus hijos a la siguiente generación.

⁴ Lo que dejó la oruga*ᵃ*
se lo comió el saltón;
lo que dejó el saltón
se lo comió el revoltón;
y la langosta se comió
lo que el revoltón había dejado.

⁵ »Despertad, borrachos, y llorad;
gemid, todos los que bebéis vino,
porque el vino se os ha quitado de
    vuestra boca.
⁶ Porque un pueblo fuerte e
    innumerable*ᵇ*
subió a mi tierra;
sus dientes son dientes de león,
y sus muelas, muelas de león.
⁷ Asoló mi vid y descortezó mi
    higuera;
del todo la desnudó y derribó;
sus ramas quedaron blancas.

⁸ »Llora tú,
como joven vestida de ropas
    ásperas
por el marido de su juventud.
⁹ Desapareció de la casa de Jehová
la ofrenda y la libación;
los sacerdotes ministros de Jehová
están de duelo.
¹⁰ El campo está asolado*ᶜ*
y se enlutó la tierra,
porque el trigo fue destruido,
el mosto está pasado
y se perdió el aceite.

¹¹ »Confundíos, labradores;
gemid, viñadores,
por el trigo y la cebada,
porque se perdió la mies del
    campo.
¹² La vid está seca y pereció la
    higuera;
también el granado, la palmera y el
    manzano:
Todos los árboles del campo se
    secaron.

Y así se extinguió el gozo
de los hijos de los hombres.

¹³ »Vestíos de luto*ᵈ* y lamentad,
    sacerdotes;
gemid, ministros del altar;
venid, dormid con ropas ásperas,
ministros de mi Dios;
porque quitada es de la casa de
    vuestro Dios
la ofrenda y la libación.
¹⁴ Proclamad ayuno,*ᵉ* convocad
    asamblea,
congregad a los ancianos
y a todos los moradores de la tierra
en la casa de Jehová, vuestro Dios,
y clamad a Jehová.

¹⁵ »¡Ay del día!,
porque cercano está el día de
    Jehová;*ᶠ*
vendrá como destrucción
de parte del Todopoderoso.*ᵍ*
¹⁶ ¿No fue arrebatado el alimento
de delante de nuestros ojos,
la alegría y el placer
de la casa de nuestro Dios?
¹⁷ El grano se pudrió debajo de los
    terrones;
los graneros fueron asolados
y los silos destruidos
porque se había secado el trigo.
¹⁸ ¡Cómo gemían las bestias!
¡Cuán turbados andaban los hatos
    de los bueyes,
porque no tenían pastos!
Y fueron también asolados
los rebaños de las ovejas.

¹⁹ »A ti, Jehová, clamaré;
porque el fuego consumió los
    pastos del desierto,
la llama abrasó los árboles del
    campo.
²⁰ Las bestias del campo
bramarán también a ti,

ᵃ **1.4** El texto hebreo utiliza cuatro términos diferentes para referirse a las langostas.
El significado exacto de esos términos es objeto de discusión.   *ᵇ* **1.6** Ap 9.8.
ᶜ **1.10** La sequía y las plagas de langostas suelen producirse simultáneamente
(1 R 8.35-37; 2 Cr 6.26-28; Am 4.6-9).   *ᵈ* **1.13** 2 S 3.31; 2 R 6.30; Jer 4.8.   *ᵉ* **1.14** Is 58.1-12;
Jon 3.3-9.   *ᶠ* **1.15** Ese *día* será un acontecimiento de dimensiones cósmicas. Las naciones serán
juzgadas por los males que inflingieron al pueblo de Dios (Jl 3.2), pero *todo aquel que invoque el*
nombre de Jehová será salvo (Jl 2.32). Cf. Am 5.18-20; Sof 1.14-18.   *ᵍ* **1.15** Is 13.6.

pues se secaron los arroyos de las
aguas,
y el fuego consumió las praderas
del desierto.

2 ¹ »Tocad la trompeta en Sión
y dad la alarma en mi santo monte.
Tiemblen todos cuantos moran en
la tierra,
porque viene el día de Jehová,
porque está cercano:
² día de tinieblas y de oscuridad,
día de nube y de sombra.
»Como sobre los montes se
extiende el alba,
así vendrá un pueblo grande y
fuerte;
semejante a él no lo hubo jamás,
ni después de él lo habrá
en los años de muchas
generaciones.

³ »Delante de él consumirá el fuego;
detrás de él abrasará la llama.
Como el huerto del Edén
será la tierra delante de él,
y detrás de él
como desierto asolado;
nadie habrá que de él escape.
⁴ Su aspecto, como aspecto de
caballos,
y como gente de a caballo correrán.
⁵ Como estruendo de carros saltarán
sobre las cumbres de los montes;
como sonido de llama de fuego
que consume hojarascas,
como pueblo fuerte dispuesto para
la batalla.ᵃ
⁶ Delante de él temerán los pueblos;
se pondrán pálidos todos los
semblantes.
⁷ Como valientes correrán,
como hombres de guerra escalarán
el muro;
cada cual marchará por su camino
y no torcerá su rumbo.
⁸ Nadie empujará a su compañero,
cada uno irá por su carrera;
y aun cayendo sobre la espada no
se herirán.

⁹ Irán por la ciudad,
correrán por el muro,
subirán por las casas,
entrarán por las ventanas
a manera de ladrones.ᵇ

¹⁰ »Delante de él temblará la tierra
y se estremecerán los cielos;
el sol y la luna se oscurecerán,
y las estrellas perderán su
resplandor.ᶜ
¹¹ Y Jehová dará su orden
delante de su ejército,
porque muy grande es su
campamento
y fuerte es el que ejecuta su orden;
porque grande es el día de Jehová
y muy terrible.
¿Quién podrá soportarlo?ᵈ
¹² »Ahora, pues, dice Jehová,
convertíos ahora a mí
con todo vuestro corazón,
con ayuno, llanto y lamento.ᵉ
¹³ Rasgad vuestro corazón y no
vuestros vestidos,
y convertíos a Jehová, vuestro Dios;
porque es misericordioso y
clemente,
tardo para la ira y grande en
misericordia,
y se duele del castigo.
¹⁴ ¡Quién sabe si volverá,
se arrepentirá
y dejará bendición tras sí;
esto es, ofrenda y libación
para Jehová, vuestro Dios!

¹⁵ ¡Tocad trompeta en Sión,
proclamad ayuno,
convocad asamblea,
¹⁶ reunid al pueblo,
santificad la reunión,
juntad a los ancianos,
congregad a los niños,
aun a los que maman,
y salga de su alcoba el novio
y de su lecho nupcial la novia!
¹⁷ Entre la entrada y el altar
lloren los sacerdotes ministros de
Jehová,

ᵃ **2.4-5** Jer 6.23; Ap 9.7-9. ᵇ **2.7-9** La plaga de langostas (Jl 1.4) se describe ahora como la invasión de una ciudad por un poderoso ejército enemigo. Cf. Dt 32.25; 2 R 25.9-10. ᶜ **2.10** Am 8.8-9; Ap 8.12. ᵈ **2.11** Ap 6.17. ᵉ **2.12** Dt 4.29; Jer 29.13; Os 14.1-2.

y digan: "Perdona, Jehová, a tu
    pueblo,
y no entregues al oprobio tu
    heredad
para que no la dominen las
    naciones.
¿Por qué han de decir entre los
    pueblos:
'Dónde está su Dios'?"

18 »Y Jehová, solícito por su tierra,
    perdonará a su pueblo.
19 Responderá Jehová y dirá a su
    pueblo:
Yo os envío pan, mosto y aceite,
y seréis saciados de ellos;
y nunca más os pondré
en oprobio entre las naciones.
20 Haré alejar de vosotros al del
    norte,*f*
y lo echaré en tierra seca y desierta:
su faz hacia el mar oriental, y su
    final hacia al mar occidental.
Exhalará su hedor y subirá su
    pudrición,
porque hizo grandes cosas.

21 »Tierra, no temas; alégrate y
    gózate,
porque Jehová hará grandes cosas.
22 Animales del campo, no temáis,
porque los pastos del desierto
    reverdecerán
y los árboles llevarán su fruto;
la higuera y la vid darán sus frutos.
23 Vosotros también, hijos de Sión,
alegraos y gozaos en Jehová,
    vuestro Dios;
porque os ha dado la primera lluvia
    a su tiempo,
y hará descender sobre vosotros
lluvia temprana y tardía, como al
    principio.
24 Las eras se llenarán de trigo
y los lagares rebosarán de vino
    y aceite.

25 »Yo os restituiré los años que comió
    la oruga,
el saltón, el revoltón y la langosta,

mi gran ejército que envié contra
    vosotros.
26 Comeréis hasta saciaros,
y alabaréis el nombre de Jehová,
    vuestro Dios,
el cual hizo maravillas con
    vosotros;
y nunca jamás será mi pueblo
    avergonzado.
27 Conoceréis que en medio de Israel
    estoy yo,
y que yo soy Jehová, vuestro Dios,
    y no hay otro;
y mi pueblo nunca jamás será
    avergonzado.*g*

28 »Después de esto derramaré
mi espíritu*h* sobre todo ser
    humano,
y profetizarán*i* vuestros hijos y
    vuestras hijas;
vuestros ancianos soñarán sueños,
y vuestros jóvenes verán visiones.
29 También sobre los siervos y las
    siervas
derramaré mi espíritu en aquellos
    días.
30 Haré prodigios en el cielo y en
    la tierra,
sangre, fuego y columnas de humo.
31 El sol se convertirá en tinieblas
y la luna en sangre,*j*
antes que venga el día, grande y
    espantoso, de Jehová.
32 Y todo aquel que invoque el
    nombre de Jehová, será salvo;*k,l*
porque en el monte Sión y en
    Jerusalén
habrá salvación,
como ha dicho Jehová,
y entre el resto al cual él habrá
    llamado.*m*

3 1 »Ciertamente en aquellos días,
en aquel tiempo en que haré volver
la cautividad de Judá y de
    Jerusalén,
2 reuniré a todas las naciones
y las haré descender al valle de
    Josafat;
allí entraré en juicio con ellas
a causa de mi pueblo,

---

f **2.20** Jer 1.14-15; 4.6; 6.1; Ez 38.6; 39.2.   *g* **2.27** Is 42.8; 45.5-6,18; Ez 36.11.   *h* **2.28** Miq 3.8.
i **2.28** 1 Co 14.1.   *j* **2.31** Mt 24.29; Mc 13.24-25; Lc 21.25; Ap 6.12-13.   *k* **2.28-32** Hch 2.17-21.
l **2.32** Abd 17.   *m* **2.32** Ro 10.13.

de Israel,*a* mi heredad,
al cual ellas esparcieron entre las
naciones,
y repartieron mi tierra.*b*

³ »Echaron suertes sobre mi pueblo,
cambiaron los niños por una
ramera
y vendieron las niñas por vino para
beber.

⁴ »¿Qué tengo yo con vosotras, Tiro y
Sidón,*c*
y con todo el territorio de Filistea?*d*
¿Queréis vengaros de mí?
Y si de mí os vengáis,
bien pronto haré yo recaer
la paga sobre vuestra cabeza.

⁵ Porque os habéis llevado mi plata
y mi oro,
y mis cosas preciosas y hermosas
metisteis en vuestros templos;

⁶ y vendisteis los hijos de Judá
y los hijos de Jerusalén
a los hijos de los griegos,
para alejarlos de su tierra.

⁷ Yo los levantaré
del lugar donde los vendisteis
y volveré vuestra paga sobre
vuestra cabeza;

⁸ venderé vuestros hijos y vuestras
hijas
a los hijos de Judá,
y ellos los venderán a los sabeos,*e*
nación lejana;
porque Jehová ha hablado.

⁹ »¡Proclamad esto entre las
naciones,
proclamad guerra,
despertad a los valientes!
¡Acérquense, vengan todos los
hombres de guerra!

¹⁰ Forjad espadas de vuestros
azadones,
lanzas de vuestras hoces*f*
y diga el débil: "¡Fuerte soy!"*g*

¹¹ Juntaos y venid,
naciones todas de alrededor, y
congregaos.
¡Haz venir allí, Jehová, a tus
fuertes!

¹² Despiértense las naciones
y suban al valle de Josafat,
porque allí me sentaré
para juzgar a todas las naciones de
alrededor.

¹³ Meted la hoz, porque la mies está
ya madura.*h*
Venid, descended, porque el lagar
está lleno*i*
y rebosan las cubas;
porque mucha es la maldad de
ellos.

¹⁴ Muchos pueblos en el valle de la
Decisión;
porque cercano está el día de
Jehová
en el valle de la Decisión.

¹⁵ »El sol y la luna se oscurecerán,
y las estrellas perderán su
resplandor.

¹⁶ »Jehová rugirá desde Sión,
dará su voz desde Jerusalén*j*
y temblarán los cielos y la tierra;
pero Jehová será la esperanza de su
pueblo,
la fortaleza de los hijos de Israel.

¹⁷ Entonces conoceréis
que yo soy Jehová, vuestro Dios,
que habito en Sión, mi santo monte.
Jerusalén será santa
y extraños no pasarán más por ella.

¹⁸ »Sucederá en aquel tiempo,
que los montes destilarán mosto,
de los collados fluirá leche
y por todos los arroyos de Judá
correrán las aguas.
Saldrá una fuente de la casa de
Jehová
y regará el valle de Sitim.

¹⁹ Egipto será destruido

---

a **3.2** Se refiere aquí a todo el pueblo de Dios, que comprendía a los antiguos reinos del norte (Israel) y del sur (Judá).   *b* **3.2** Acerca del juicio general a las naciones, cf. Is 66.16; Jer 25.31; Sof 3.8; Mt 25.31-46.   *c* **3.4-8** Is 23.1-18; Ez 26.1—28.6; Am 1.9-10; Zac 9.1-4; Mt 11.21-22; Lc 10.13-14.   *d* **3.4-8** Is 14.29-31; Jer 47.1-7; Ez 25.15-17; Am 1.6-8; Sof 2.4-7; Zac 9.5-7.   *e* **3.8** 1 R 10.1-2; Job 6.19; Is 60.6; Jer 6.20; Ez 27.22-23.   *f* **3.10** *Forjad... lanzas de vuestras hoces:* Cf., en sentido contrario, Is 2.4; Miq 4.3.   *g* **3.10** Zac 12.8.   *h* **3.13** Ap 14.14-16.   *i* **3.13** Ap 14.19.20; 19.15.   *j* **3.16** Am 1.2.

y Edom será vuelto en desierto
asolado,
a causa de la injuria hecha a los
hijos de Judá;
porque derramaron en su tierra
sangre inocente.

20 Pero Judá será habitada para siempre,
y Jerusalén por generación y
generación.
21 Yo limpiaré la sangre de los que no
había limpiado.
Y Jehová morará en Sión».[k]

[k] **3.20-21** Sal 2.6; Is 12.6.

AMÓS

INTRODUCCIÓN

Amós, uno de los grandes profetas el siglo VIII a.C., procedía de un pueblo de Judá llamado Tecoa, y prefería verse a sí mismo como un hombre sencillo, dedicado a sus trabajos campesinos (1.1). Sin embargo, llegó un día en el que tuvo lugar su transformación en mensajero enviado por Dios a profetizar en el reino del norte. Como él mismo dice: «Jehová me tomó de detrás del ganado, y me dijo: "Ve y profetiza a mi pueblo Israel"» (7.15).

Bajo el cetro de Jeroboam, Israel había recobrado el esplendor de los días de David y recuperado territorios perdidos al oriente del Jordán (2 R 14.25). Tanto los éxitos militares como el incremento de la riqueza despertaron en el pueblo gran entusiasmo; pero también dieron lugar a que creciera la desigualdad entre los diversos estratos sociales. Los ricos aumentaron sus riquezas, en tanto que los pobres se hundían cada vez más en la miseria. El pueblo humilde sufría la opresión de los poderosos, agravada por la corrupción de los tribunales de justicia (2.6-7; 5.7-12). Incluso la vida religiosa se había corrompido: El culto se contagió de prácticas paganas (5.26) y las ceremonias religiosas, externamente espléndidas, perdieron autenticidad y su piedad sincera (5.21-23).

El libro de Amós (=Am) comienza con el anuncio del castigo que van a sufrir las naciones y ciudades vecinas a Israel a causa de la crueldad de su conducta en la guerra. Damasco, Bet-edén, Gaza, Asdod y otros lugares se mencionan en una serie de oráculos que preceden al de la condenación a que también Judá e Israel se han hecho acreedoras (1.3—2.16). Dios no dejará impunes los pecados cometidos por su pueblo. Muy al contrario, más severa será la sanción que merezca su conducta (3.1-2).

La última parte del libro (7.1—9.10) contiene una serie de visiones que profetizan la imposibilidad de escapar al juicio de Dios, a pesar de las súplicas de Amós (7.2,5). Pero también es cierto que Dios no quiere destruir a Israel, sino restaurarlo, para que siga siendo el pueblo de su elección (9.11-15).

Esquema del contenido

1. *Juicios contra las naciones vecinas (1.1—2.5)*
2. *Juicio contra Israel (2.6-16)*
3. *Denuncias y amenazas (3—6)*
4. *Visiones de castigo (7.1—9.10)*
5. *Restauración futura de Israel (9.11-15)*

1 ¹Las palabras de Amós, que fue uno de los pastores de Tecoa,ᵃ que profetizó acerca de Israel en días de Uzías,ᵇ rey de Judá, y en días de Jeroboamᶜ hijo de Joás, rey de Israel, dos años antes del terremoto. ²Dijo:

> «Jehová rugirá desde Sión,
> dará su voz desde Jerusalén,ᵈ
> los campos de los pastores se enlutarán
> y se secará la cumbre del Carmelo».

³Así ha dicho Jehová:
> «Por tres pecados de Damasco,ᵉ
> y por el cuarto,
> no revocaré su castigo:
> porque trillaron a Galaad con trillos de hierro.
⁴Prenderé fuego a la casa de Hazael
> y consumirá los palacios de Ben-adad.ᶠ
⁵Quebraré los cerrojos de Damasco
> y destruiré a los moradores del valle de Avén
> y a los gobernadores de Bet-edén,
> y el pueblo de Siria será transportado a Kir,
> dice Jehová».

⁶Así ha dicho Jehová:
> «Por tres pecados de Gaza,
> y por el cuarto,
> no revocaré su castigo:
> porque llevó cautivo a todo un pueblo
> para entregarlo a Edom.ᵍ
⁷Prenderé fuego al muro de Gaza
> y consumirá sus palacios.
⁸Destruiré a los moradores de Asdod
> y a los gobernadores de Ascalón;
> volveré mi mano contra Ecrón
> y el resto de los filisteosʰ perecerá,
> ha dicho Jehová, el Señor».

⁹Así ha dicho Jehová:
> «Por tres pecados de Tiro,ⁱ
> y por el cuarto,
> no revocaré su castigo:
> porque entregaron a todo un pueblo cautivo a Edom
> y no se acordaron del pacto de hermanos.
¹⁰Prenderé fuego al muro de Tiro
> y consumirá sus palacios».

¹¹Así ha dicho Jehová:
> «Por tres pecados de Edom,ʲ
> y por el cuarto,
> no revocaré su castigo:
> porque persiguió a espada a su hermano
> y violó todo afecto natural;
> en su furor le ha robado siempre
> y ha guardado perpetuamente el rencor.
¹²Prenderé fuego a Temán
> y consumirá los palacios de Bosra».

¹³Así ha dicho Jehová:
> «Por tres pecados de los hijos de Amón,ᵏ
> y por el cuarto,
> no revocaré su castigo:
> porque para ensanchar sus tierras
> abrieron a las mujeres de Galaad
> que estaban embarazadas.
¹⁴Encenderé fuego en el muro de Rabáˡ
> y consumirá sus palacios con estruendo
> en el día de la batalla,
> con tempestad en día tempestuoso;
¹⁵y su rey irá en cautiverio
> con todos sus príncipes,
> dice Jehová».

2 ¹Así ha dicho Jehová:
> «Por tres pecados de Moab,ᵃ
> y por el cuarto,

ᵃ**1.1** Pequeña población de Judá, a unos 9 km. al sur de Belén. Cf. 2 S 14.2; 2 Cr 11.6. ᵇ**1.1** Llamado también *Azarías* (2 R 15.1-7), reinó sobre Judá entre los años 783 y 742 a.C.Cf. 2 Cr 26.1-23. ᶜ**1.1** Se trata de Jeroboam II, rey de Israel (786-746), en cuyo largo reinadoIsrael alcanzó la cima de su expansión territorial y de su prosperidad económica (cf. 2 R 14.23-29). ᵈ**1.2** Jer 25.30; Jl 3.16. ᵉ**1.3-5** Is 17.1-3; Jer 49.23-27; Zac 9.1. ᶠ**1.4** 2 R 13.3. ᵍ**1.6** 2 Cr 21.16-17; Jl 3.4-8. ʰ**1.6-8** Is 14.29-31; Jer 47; Ez 25.15-17;Jl 3.4-8;Sof 2.4-7; Zac 9.5-7. ⁱ**1.9-10** Is 23.1-18; Ez 26.1—28.19; Jl 3.4-8; Zac 9.1-4; Mt 11.21-22; Lc 10.13-14. ʲ**1.11-12** Is 34.5-17; 63.1-6; Jer 49.7-22; Ez 25.12-14; 35.1-15; Abd 1-14;Mal 1.2-5. ᵏ**1.13-15** Jer 49.1-6; Ez 21.28-32;25.1-7; Sof 2.8-11. ˡ**1.14** Jer 49.2. ᵃ**2.1-3** Is 15.1—16.14; 25.10-12; Jer 48; Ez 25.8-11;Sof 2.8-11.

no revocaré su castigo:
porque quemó los huesos del rey de
　Edom
hasta calcinarlos.
² Prenderé fuego a Moab
y consumirá los palacios de
　Queriot;*b*
y morirá Moab en el tumulto,
con estrépito y sonido de trompeta.
³ Quitaré al juez de en medio de él
y mataré con él a todos sus
　príncipes,
dice Jehová».

⁴ Así ha dicho Jehová:
«Por tres pecados de Judá,
y por el cuarto,
no revocaré su castigo:
porque menospreciaron la ley de
　Jehová,
no guardaron sus ordenanzas
y los hicieron errar sus mentiras,
en pos de las cuales anduvieron sus
　padres.
⁵ Prenderé, por tanto, fuego a Judá,
el cual consumirá los palacios de
　Jerusalén».*c*
⁶ Así ha dicho Jehová:
«Por tres pecados de Israel,
y por el cuarto,
no revocaré su castigo:
porque vendieron por dinero
　al justo,
y al pobre por un par de zapatos.
⁷ Pisotean en el polvo de la tierra
las cabezas de los desvalidos
y tuercen el camino de los
　humildes.
El hijo y el padre se allegan a la
　misma joven,
profanando mi santo nombre.
⁸ Sobre las ropas empeñadas se
　acuestan
junto a cualquier altar,
y el vino de los multados beben en
　la casa de sus dioses.
⁹ Yo destruí delante de ellos a los
　amorreos*d*
que eran altos como los cedros
y fuertes como las encinas;

destruí su fruto arriba y sus raíces
　abajo.
¹⁰ A vosotros os hice subir de la tierra
　de Egipto
y os conduje por el desierto
　cuarenta años,
para que tomarais posesión de la
　tierra del amorreo.*e*
¹¹ Y levanté profetas entre vuestros
　hijos
y nazareos*f* entre vuestros jóvenes.
¿No es esto cierto, hijos de Israel?,
　dice Jehová.
¹² Mas vosotros disteis a beber vino a
　los nazareos,*g*
y a los profetas mandasteis
　diciendo:
"No profeticéis".
¹³ Por eso, yo os apretaré en vuestro
　lugar,
como se aprieta el carro lleno de
　gavillas:
¹⁴ el ligero no podrá huir,
al fuerte no le ayudará su fuerza
ni el valiente librará su vida;
¹⁵ el que maneja el arco no resistirá,
ni escapará el ligero de pies
ni el jinete salvará su vida;
¹⁶ El esforzado entre los valientes
huirá desnudo aquel día,*h*
dice Jehová».

El rugido del león

3 ¹Oíd esta palabra que ha hablado
Jehová contra vosotros, hijos de Israel,
contra toda la familia que hice subir de la
tierra de Egipto:

² «A vosotros solamente he conocido
de todas las familias de la tierra;
por tanto, os castigaré por todas
　vuestras maldades».

³ ¿Andarán dos juntos
si no están de acuerdo?
⁴ ¿Rugirá el león en la selva
sin haber presa?
¿Rugirá el cachorro de león desde
　su guarida
sin haber cazado nada?

---

b **2.2** Jer 48.24.　*c* **2.5** Os 8.14.　*d* **2.9** Dt 3.8-11.　*e* **2.10** Ex 20.2; Dt 8.2-16.　*f* **2.11** Nm 6.1-8.
g **2.12** Jue 13.4-5.　*h* **2.16** Am 5.18.

⁵ ¿Caerá el ave a tierra, en la trampa,
si no hay cebo?
¿Saltará la trampa del suelo
si no ha atrapado algo?

⁶ ¿Se tocará la trompeta en la ciudad
y no se alborotará el pueblo?
¿Habrá algún mal en la ciudad,
que Jehová no haya enviado?ᵃ

⁷ Porque no hará nada Jehová,
el Señor,
sin revelar su secreto a sus siervos
los profetas.ᵇ

⁸ Si el león ruge,
¿quién no temerá?
Si habla Jehová, el Señor,
¿quién no profetizará?

Destrucción de Samaria

⁹ Proclamad en los palacios de
Asdod
y en los palacios de la tierra de
Egipto,
y decid: «Reuníos sobre los montes
de Samaria
y ved las muchas opresiones en
medio de ella
y las violencias cometidas en su
medio».

¹⁰ No saben hacer lo recto, dice
Jehová;
atesoran rapiña y despojo en sus
palacios.

¹¹ Por eso, Jehová, el Señor, ha dicho:
«Un enemigo vendrá por todos
lados de la tierra
y derribará tu fortaleza,
y tus palacios serán saqueados».

¹² Así ha dicho Jehová:
«De la manera como el pastor libra
de la boca del león
dos piernas o la punta de una oreja,
así escaparán los hijos de Israel
que moran en Samaria,
que se sientan en un rincón del
diván,
en un cómodo lecho».

¹³ Oíd y testificad contra la casa
de Jacob,

dice Jehová, Dios de los ejércitos:
¹⁴ «El día que castigue
las rebeliones de Israel,
castigaré también los altares
de Bet-el;ᶜ
los cuernos del altar serán cortados
y caerán a tierra.

¹⁵ Derribaré la casa de invierno
junto con la casa de verano,
y las casas de marfil desaparecerán.
Muchas casas serán destruidas,
dice Jehová».

4 ¹ Oíd esta palabra, vacas de Basán,
que estáis en el monte de Samaria,
que oprimís a los pobres
y quebrantáis a los menesterosos,
que decís a vuestros señores:
«Traed de beber».

² Jehová, el Señor, juró por su
santidad:
«Sobre vosotras vienen días
en que os llevarán con ganchos,
y a vuestros descendientes con
anzuelos de pescador;

³ saldréis por las brechas una
tras otra
y seréis echadas del palacio,
dice Jehová».

Aunque castigado, Israel no aprende

⁴ ¡Id a Bet-el y pecad!
¡Aumentad en Gilgal la rebelión!
Traed de mañana vuestros
sacrificios,
y vuestros diezmos cada tres días.

⁵ Ofreced sacrificio de alabanza con
pan leudado
y proclamad, publicad ofrendas
voluntarias,
pues que así lo queréis, hijos
de Israel,
dice Jehová, el Señor.

⁶ Os hice pasar hambre en todas
vuestras ciudades
y hubo falta de pan en todos
vuestros pueblos;
mas no os volvisteis a mí,
dice Jehová.

⁷ También os detuve la lluvia

ᵃ **3.6** Jos 2.10; Is 45.7.   ᵇ **3.7** Gn 18.17-19; Jer 7.25; Dn 9.10.   ᶜ **3.14** Santuario oficial del reino de Israel, al norte de Jerusalén. Cf. 1 R 12.28-33; 2 R 23.15; Am 7.10-13.

tres meses antes de la siega;
hice llover sobre una ciudad
y sobre otra ciudad no hice llover;
sobre una parte llovió,
y la parte sobre la cual no llovió
se secó.
8 Venían entonces dos o tres
ciudades
a una ciudad para beber agua,
y no se saciaban.
Con todo, no os volvisteis a mí,
dice Jehová.

9 Os herí con viento del este y con
oruga;
la langosta devoró vuestros
muchos huertos y vuestras
viñas,
vuestros higuerales y vuestros
olivares,
pero nunca os volvisteis a mí,[a]
dice Jehová.

10 Envié contra vosotros mortandad
tal como en Egipto;[b]
maté a espada a vuestros jóvenes,
vuestros caballos fueron
capturados
e hice subir el hedor de vuestros
campamentos
hasta vuestras narices;
mas no os volvisteis a mí,
dice Jehová.

11 Os trastorné como Dios trastornó
a Sodoma y a Gomorra,[c]
y fuisteis como tizón escapado
del fuego;
mas no os volvisteis a mí,
dice Jehová.

12 Por eso, Israel, haré lo mismo
contigo;
y porque te he de hacer esto,
prepárate, Israel,
para venir al encuentro de tu Dios.

13 Ciertamente el que forma los
montes
y crea el viento,

el que anuncia al hombre su
pensamiento,
hace de las tinieblas mañana
y pasa sobre las alturas de la tierra:
Jehová, Dios de los ejércitos, es su
nombre.

Exhortación al arrepentimiento

5 1 Oíd esta palabra de lamentación
que yo levanto sobre vosotros, casa
de Israel.
2 Cayó la virgen de Israel y no podrá
levantarse ya más;
postrada quedó sobre su tierra
y no hay quien la levante.
3 Porque así ha dicho Jehová,
el Señor:
«La ciudad que salga con mil,
volverá con cien,
y la que salga con cien
volverá con diez, en la casa de
Israel».

4 Pero así dice Jehová a la casa de
Israel:
«Buscadme y viviréis;
5 mas no busquéis a Bet-el
ni entréis en Gilgal
ni paséis a Beerseba,[a]
porque Gilgal será llevada en
cautiverio
y Bet-el será deshecha».

6 Buscad a Jehová y vivid,
no sea que acometa como fuego a la
casa de José
y la consuma, sin haber en Bet-el
quien lo apague.
7 ¡Ay de los que convierten en ajenjo
el juicio
y echan por tierra la justicia!

8 Buscad al que hace las Pléyades
y el Orión,[b]
vuelve las tinieblas en mañana
y hace oscurecer el día como noche;
el que llama a las aguas del mar
y las derrama sobre la faz de la
tierra:
Jehová es su nombre.

---

[a] **4.9** Dt 28.38; Jl 1.4-6; 2.4-9.   [b] **4.10** Ex 9.1-6; 12.29; Dt 28.27,60.   [c] **4.11** Gn 19.24.
[a] **5.5** Estos eran santuarios muy antiguos, donde el culto a Jehová se había contaminado con numerosas prácticas idolátricas.   [b] **5.8** Job 9.9; 38.31.

⁹ Él trae la ruina sobre el fuerte
y hace caer la destrucción sobre la
fortaleza.

¹⁰ Ellos aborrecieron al represor en
la puerta de la ciudad,
y al que hablaba lo recto
detestaron.
¹¹ Por tanto, puesto que humilláis
al pobre
y recibís de él carga de trigo,
no habitaréis las casas
de piedra labrada que edificasteis
ni beberéis del vino
de las hermosas viñas que
plantasteis.
¹² Yo sé de vuestras muchas
rebeliones
y de vuestros grandes pecados;
sé que afligís al justo,
recibís cohecho
y en los tribunales hacéis perder su
causa a los pobres.
¹³ Por tanto, el prudente en tal tiempo
calla,
porque el tiempo es malo.

¹⁴ Buscad lo bueno y no lo malo,
para que viváis;
y así Jehová, Dios de los ejércitos,
estará con vosotros, como decís.
¹⁵ Aborreced el mal, amad el bien
y estableced la justicia en juicio;
quizá Jehová, Dios de los ejércitos,
tendrá piedad del remanente
de José.

¹⁶ Por tanto, esto ha dicho
Jehová, Dios de los ejércitos:
«En todas las plazas habrá llanto
y en todas las calles dirán:
"¡Ay! ¡Ay!";
al labrador llamarán a lloro,
y a endecha a los que sepan endechar.
¹⁷ Y en todas las viñas habrá llanto;
porque pasaré en medio de ti,
dice Jehová».

¹⁸ ¡Ay de los que desean el día de
Jehová!ᶜ

¿Para qué queréis este día de
Jehová?
Será de tinieblas y no de luz.
¹⁹ Será como el que huye del león
y se encuentra con el oso;
o como el que, al entrar en casa,
apoya su mano en la pared
y lo muerde una culebra.
²⁰ ¿No será el día de Jehová tinieblas
y no luz;
oscuridad, que no tiene
resplandor?

²¹ Aborrecí, desprecié vuestras
solemnidades
y no me complaceré en vuestras
asambleas.
²² Y si me ofrecéis
vuestros holocaustos y vuestras
ofrendas,
no los recibiré,
ni miraré las ofrendas de paz
de vuestros animales engordados.ᵈ
²³ Quita de mí la multitud de tus
cantares,
pues no escucharé las salmodias de
tus instrumentos.
²⁴ Pero corra el juicio como las aguas
y la justicia como arroyo
impetuoso.ᵉ

²⁵ ¿Me ofrecisteis sacrificios
y ofrendas en el desierto
en cuarenta años,
casa de Israel?
²⁶ Antes bien, llevabais el tabernáculo
de vuestros Moloc y Quiún,
ídolos vuestros,
la estrella de vuestros dioses que os
hicisteis.
²⁷ Os haré, pues, transportar
más allá de Damasco,ᶠᵍ
ha dicho Jehová,
cuyo nombre es Dios de los
ejércitos.

La destrucción de Israel

6 ¹ ¡Ay de los que reposan en Sión
y de los que confían en el monte de
Samaria,

ᶜ **5.18** Is 2.12-22; Jer 46.10; Ez 7.19; Jl 2.1-11; Zac 14.1; Mal 4.5.   ᵈ **5.21-22** Is 1.11-14.
ᵉ **5.21-24** 1 S 15.22; Pr 21.3; Jer 7.22-23; Os 6.6; Miq 6.6-8.   ᶠ **5.27** 2 R 17.3-6,18.
ᵍ **5.25-27** Hch 7.42-43.

los notables y principales entre las
naciones,
a quienes acude la casa de Israel!

2 Pasad a Calne y mirad;
de allí id a la gran Hamat[a]
y descended luego a Gat de los
filisteos.
¿Sois vosotros mejores que esos
reinos?
¿Es su territorio más extenso que el
vuestro?

3 ¡Vosotros, que creéis alejar el día
malo,
acercáis el reino de la maldad!

4 Duermen en camas de marfil
y reposan sobre sus lechos;
comen los corderos del rebaño
y los novillos sacados del establo;

5 gorjean al son de la flauta
e inventan instrumentos musicales,
como David;

6 beben vino en tazones
y se ungen con los perfumes más
preciosos,
pero no se afligen por el
quebrantamiento de José.

7 Por tanto, ahora irán
a la cabeza de los que van a
cautividad,
y se acercará el duelo
de los que se entregan a los
placeres.

8 Jehová, el Señor, juró por sí mismo,
Jehová, Dios de los ejércitos, ha
dicho:
«Desprecio la grandeza de Jacob,
aborrezco sus palacios;
entregaré al enemigo la ciudad y
cuanto hay en ella».

9 Acontecerá que, si diez hombres
quedan
en una casa, morirán.

10 Y un pariente tomará a cada uno
y lo quemará para sacar los huesos
de casa;
y dirá al que esté en el rincón de
la casa:
«¿Hay aún alguien contigo?»
El otro dirá: «No»;

y añadirá: «Calla, porque no
podemos mencionar
el nombre de Jehová».

11 Porque Jehová mandará,
y herirá con hendiduras la casa
mayor,
y la casa menor con aberturas.

12 ¿Correrán los caballos por las
peñas?
¿Ararán en ellas con bueyes?
¿Por qué habéis convertido
vosotros el juicio en veneno
y el fruto de justicia en ajenjo?

13 Vosotros, que os alegráis por nada,
que decís:
«¿No hemos adquirido poder con
nuestra fuerza?»

14 Pues de cierto, casa de Israel,
dice Jehová, Dios de los ejércitos,
levantaré yo sobre vosotros a una
nación
que os oprimirá desde la entrada
de Hamat
hasta el arroyo del Arabá.[b]

Tres visiones de destrucción

7 1 Esto me ha mostrado Jehová, el Señor:
Él criaba langostas cuando comenzaba
a crecer el heno tardío, el heno tardío que
viene después de las siegas del rey. 2 Y
aconteció que cuando acabaron de comer
la hierba de la tierra, yo dije: «Señor, Jehová, perdona ahora, pero ¿quién levantará a
Jacob, que es tan pequeño?» 3 Se arrepintió
Jehová de esto: «No será», dijo Jehová.

4 Jehová, el Señor, me mostró esto: Jehová, el Señor, llamaba al fuego para juzgar;
y el fuego consumió el gran abismo y también una parte de la tierra. 5 Y dije: «Señor,
Jehová, cesa ahora; pues ¿quién levantará
a Jacob, que es tan pequeño?» 6 Se arrepintió Jehová de esto: «No será esto tampoco», dijo Jehová, el Señor.

7 Me mostró también esto: El Señor estaba sobre un muro hecho a plomo, y en su
mano tenía una plomada de albañil.
8 Jehová entonces me preguntó:
—¿Qué ves, Amós?
Yo respondí:
—Una plomada de albañil.

---

[a] **6.2** Is 10.9. [b] **6.14** Estos dos lugares señalaban, respectivamente, las fronteras norte y sur de Israel. Cf. 2 R 14.25.

Y el Señor dijo:

—Yo pongo plomada de albañil en medio de mi pueblo Israel; no lo toleraré más. ⁹ Los lugares altos de Isaac serán destruidos, los santuarios de Israel serán asolados y me levantaré con espada sobre la casa de Jeroboam.

Amós y Amasías

¹⁰ Entonces el sacerdote Amasías de Bet-el envió a decir a Jeroboam, rey de Israel: «Amós se ha levantado contra ti en medio de la casa de Israel; la tierra no puede sufrir todas sus palabras. ¹¹ Porque así ha dicho Amós: "Jeroboam morirá a espada, e Israel será llevado de su tierra en cautiverio"». ¹² Y Amasías dijo a Amós:

—Vidente, vete, huye a tierra de Judá, come allá tu pan y profetiza allá; ¹³ pero no profetices más en Bet-el, porque es santuario del rey, y capital del reino.

¹⁴ Entonces respondió Amós y dijo a Amasías:

—No soy profeta ni soy hijo de profeta,[a] sino que soy boyero y recojo higos silvestres. ¹⁵ Y Jehová me tomó de detrás del ganado, y me dijo: "Ve y profetiza a mi pueblo Israel". ¹⁶ »Ahora, pues, oye palabra de Jehová. Tú dices: "No profetices contra Israel ni hables contra la casa de Isaac". ¹⁷ Por tanto, así ha dicho Jehová: "Tu mujer será ramera en medio de la ciudad, tus hijos y tus hijas caerán a espada y tu tierra será repartida por suertes; tú morirás en tierra inmunda e Israel será llevado cautivo lejos de su tierra".

El canastillo de fruta de verano

8 ¹ Esto me mostró Jehová, el Señor: un canastillo de fruta de verano. ² Y me preguntó:

—¿Qué ves, Amós?

Y respondí:

—Un canastillo de fruta de verano.

Y me dijo Jehová:

—Ha venido el fin[a] sobre mi pueblo Israel; no lo toleraré más. ³ Y los cantores del Templo gemirán en aquel día,[b] dice Jehová, el Señor. Muchos serán los cuerpos muertos, y en silencio serán arrojados en cualquier lugar.

El juicio sobre Israel se acerca

⁴ Oíd esto, los que explotáis a los menesterosos y arruináis a los pobres de la tierra, ⁵ diciendo: «¿Cuándo pasará el mes y venderemos el trigo; y la semana, y abriremos los graneros del pan? Entonces achicaremos la medida, subiremos el precio, falsearemos con engaño la balanza,[c] ⁶ compraremos a los pobres por dinero y a los necesitados por un par de zapatos, y venderemos los desechos del trigo».

⁷ Jehová juró por la gloria de Jacob: «No olvidaré jamás ninguna de sus obras».

⁸ ¿No se estremecerá la tierra
   por esto?
¿No llorarán todos sus habitantes?
Subirá toda ella como un río;
crecerá y mermará como el río
   de Egipto.

⁹ Aquel día, dice Jehová, el Señor,
haré que se ponga el sol a
   mediodía:
cubriré de tinieblas la tierra en el
   día claro.
¹⁰ Cambiaré vuestras fiestas en lloro
y todos vuestros cantares en
   lamentaciones;
haré que toda cintura vista tela
   áspera
y que se rape toda cabeza.[d]
Y volveré la tierra
como en llanto por el hijo único,
y su final será como día amargo.

¹¹ Ciertamente vienen días, dice
   Jehová, el Señor,
en los cuales enviaré hambre
   a la tierra,
no hambre de pan ni sed de agua,
sino de oír la palabra de Jehová.
¹² E irán errantes de mar a mar;
desde el norte hasta el oriente
andarán buscando palabra de
   Jehová,

---

[a] **7.14** Es decir, su condición de profeta dependía de un llamamiento divino y no de su pertenencia a un grupo profesional (cf. 1 S 10.5,10; 19.20; 2 R 2.3).   [a] **8.2** Amós hace un juego de palabras con los vocablos hebreos que significan *fruta madura* y *fin*, ya que ambos tienen un sonido muy semejante.   [b] **8.3** 5.18.   [c] **8.5** Lv 19.35-36; Dt 25.13-16; Pr 11.1; Miq 6.10-11.   [d] **8.10** Jer 6.26; Zac 12.10.

y no la hallarán.
13 En aquel tiempo,
las muchachas hermosas y los
jóvenes
desmayarán de sed.
14 Los que juran por el pecado de
Samaria
y dicen: «Por tu Dios, Dan»,
y: «Por el camino de Beerseba»,
caerán y nunca más se levantarán.

Los juicios de Jehová son ineludibles

9 1 Vi al Señor, que estaba sobre el altar y dijo:

«Derriba el capitel y estremézcanse
las puertas,
y hazlos pedazos sobre la cabeza de
todos.
Al postrero de ellos mataré a
espada;
no habrá de ellos quien huya ni
quien escape.
2 Aunque caven hasta el seol,
de allá los tomará mi mano;
y aunque suban hasta el cielo,
de allá los haré descender.*a*
3 Si se esconden en la cumbre
del Carmelo,
allí los buscaré y los tomaré;
y aunque de delante de mis ojos
se escondan en lo profundo del
mar,
allí mandaré a la serpiente y los
morderá.
4 Y si van en cautiverio delante de
sus enemigos,
allí mandaré la espada y los
matará;
y pondré sobre ellos mis ojos
para mal y no para bien.

5 El Señor, Jehová de los ejércitos,
toca la tierra y esta se derrite,
y lloran todos los que en ella
moran;
crecerá toda ella como un río
y mermará luego como el río de
Egipto.
6 Él edificó en el cielo su habitación
y ha establecido su expansión sobre
la tierra;

él llama a las aguas del mar
y sobre la faz de la tierra las
derrama:
Jehová es su nombre.

7 Hijos de Israel,
¿no me sois vosotros como hijos de
etíopes?,
dice Jehová.
¿No hice yo subir a Israel de la
tierra de Egipto,
de Caftor a los filisteos,
y de Kir a los arameos?

8 Ciertamente, los ojos de Jehová,
el Señor,
están contra el reino pecador
y yo lo borraré de la faz de la tierra:
mas no destruiré del todo la casa
de Jacob,
dice Jehová.
9 Porque, yo mandaré que la casa
de Israel
sea zarandeada entre todas las
naciones,
como se zarandea el grano en
una criba
sin que caiga un granito en la tierra.
10 A espada morirán todos los
pecadores de mi pueblo,
que dicen: "No se acercará ni nos
alcanzará el mal"».

11 En aquel día yo levantaré el tabernáculo caído de David: cerraré sus portillos, levantaré sus ruinas y lo edificaré como en el tiempo pasado, 12 para que aquellos sobre los cuales es invocado mi nombre posean el resto de Edom y todas las naciones, dice Jehová, que hace esto.*b*

13 Ciertamente vienen días, dice Jehová, cuando el que ara alcanzará al segador, y el que pisa las uvas al que lleve la simiente; los montes destilarán mosto y todos los collados se derretirán. 14 Traeré del cautiverio a mi pueblo Israel: ellos edificarán las ciudades asoladas y las habitarán; plantarán viñas y beberán de su vino, y harán huertos y comerán de su fruto. 15 Pues los plantaré sobre su tierra y nunca más serán arrancados de la tierra que yo les di, ha dicho Jehová, tu Dios.*c*

---

a **9.2** Jer 23.23-24.   *b* **9.11-12** Hch 15.16-18.   *c* **9.13-15** Jl 3.18-21.

ABDÍAS

INTRODUCCIÓN

Aun cuando la investigación histórica no ha logrado aportar datos fehacientes acerca de la persona y las actividades del profeta Abdías, sí queda como probable que este libro, el más breve del AT, fue redactado en Judá; incluso se apunta al siglo V a.C. como posible época de su composición.

La profecía de Abdías (=Abd) es una apasionada diatriba contra Edom, un anuncio del juicio y del castigo que habían de caer sobre aquel pueblo a causa de la violencia con que se volvió contra su «hermano Jacob» (v. 10), contra la nación israelita. Edom primeramente se había unido con otros pueblos a Israel en alianza contra Babilonia. Después, traicionando el acuerdo, cuando el ejército de Nabucodonosor sitió Jerusalén se pasó al bando de los vencedores, para entrar a saquear la ciudad y repartir con ellos tierras y botín (v. 11-14). Estos hechos reavivaron la enemistad entre los descendientes de Esaú y los de Jacob, o sea, entre Edom e Israel (Gn 25.30; 32.28; cf. 25.23).

En la primera sección del escrito (1-14), el pensamiento de Abdías corre parejo con el de ciertos versículos del capítulo 49 de Jeremías: cf. Abd 1b-4 y Jer 49.14-16; Abd 5 y Jer 49.9; Abd 6 y Jer 49.10a. Luego, en la segunda parte (v. 15-18), el texto se orienta en sentido escatológico. El profeta contempla entonces la proximidad del «día de Jehová», el día en que el Señor dará a las naciones el pago que hayan merecido sus pecados (v. 15-16). Israel, en cambio, será restaurado; los que antes fueron cautivos y oprimidos, poseerán la tierra y formarán parte del «reino de Jehová» (v. 19-21).

Esquema del contenido

1. *Humillación de Edom (1-14)*
2. *El día de Jehová y el juicio de las naciones (15-18)*
3. *La exaltación de Israel (19-21)*

---

1 Visión de Abdías. Jehová, el Señor, ha dicho así en cuanto a Edom:

«Hemos oído el pregón de Jehová,
un mensajero ha sido enviado a las
naciones:[a]
"¡Levantaos! Levantémonos en
batalla contra este pueblo".

2 »Pequeño te he hecho entre las
naciones;
estás abatido en gran manera.
3 La soberbia de tu corazón te ha
engañado,
a ti, que moras en las hendiduras de
las peñas,

en tu altísima morada,
que dices en tu corazón:
"¿Quién me derribará a tierra?"
4 Aunque te remontaras como águila
y entre las estrellas pusieras
tu nido,
de ahí te derribaré, dice Jehová.[b]

5 »Si ladrones vinieran a ti,
o robadores de noche
(¡cómo has sido destruido!),
¿no hurtarían lo que necesitan?
Si entraran a ti vendimiadores,
¿no dejarían algún rebusco?
6 ¡Cómo fueron saqueadas las cosas
de Esaú!

---

a **1** Is 34.5-17; 63.1-6; Jer 49.7-22; Ez 25.12-14; Am 1.11-12; Mal 1.2-5. Antiguo reino al sudeste de Judá, entre el Mar Muerto y el Golfo de Aqaba (Gn 36.6-8).   *b* **1-4** Jer 49.14-16.

Sus tesoros escondidos fueron
buscados.[c]

7 Todos tus aliados te han engañado;
hasta los confines te hicieron llegar;
los que estaban en paz contigo te
han derrotado;
los que comían tu pan pusieron
trampa debajo de ti.
¡No hay en él inteligencia!

8 »Aquel día, dice Jehová,
haré que perezcan los sabios de
Edom
y la prudencia del monte de Esaú.
9 Y tus valientes, Temán, serán
amedrentados,
y será exterminado todo hombre
del monte de Esaú.

10 »Por haber maltratado a tu
hermano Jacob
te cubrirá vergüenza
y serás exterminado para siempre.
11 Cuando extraños llevaban cautivo
su ejército,
cuando extraños entraban por sus
puertas[d]
y echaban suertes sobre Jerusalén,
tú estabas allí presente
y te portaste como uno de ellos.
12 No debiste alegrarte del día de tu
hermano,
del día de su desgracia.
No debiste alegrarte de los hijos de
Judá
el día en que perecieron,
ni debiste burlarte
en el día de su angustia.
13 No debiste haber entrado por la
puerta de mi pueblo
en el día de su quebrantamiento;
no, no debiste alegrarte de su mal
en el día de su quebranto,
ni haber echado mano a sus bienes
en el día de su calamidad.

14 Tampoco debiste haberte parado
en las encrucijadas
para matar a los que de ellos
escapaban;
ni debiste haber entregado a los
que quedaban
en el día de angustia.
15 »Porque cercano está el día de
Jehová
sobre todas las naciones.
Como tú hiciste se hará contigo;
tu recompensa volverá sobre tu
cabeza.

16 »De la manera que vosotros
bebisteis en mi santo monte,
beberán continuamente todas las
naciones;
beberán, engullirán
y serán como si no hubieran
existido.
17 Mas en el monte Sión
habrá un resto que se salvará;[e]
será santo
y la casa de Jacob recuperará sus
posesiones.
18 La casa de Jacob será fuego,
la casa de José será llama
y la casa de Esaú estopa;
los quemarán y los consumirán:
ni siquiera un resto quedará de la
casa de Esaú,
porque Jehová lo ha dicho».

19 Los del Neguev poseerán el monte de Esaú y los de la Sefela a los filisteos; poseerán también los campos de Efraín y los campos de Samaria; y Benjamín a Galaad. 20 Los cautivos de este ejército de los hijos de Israel poseerán lo de los cananeos hasta Sarepta, y los cautivos de Jerusalén que están en Sefarad poseerán las ciudades del Neguev. 21 Y subirán salvadores al monte Sión para juzgar al monte de Esaú. ¡El reino será de Jehová![f]

---

[c] 5-6 Jer 49.9-10. [d] 11 Se alude probablemente a la conquista y destrucción de Jerusalén en el año 587 a.C. Cf. 2 R 25.1-17; Jer 39.1-10; 52.3-23. [e] 17 Is 4.2-6; 10.20-22; Jl 2.32; 3.16-17. [f] 21 Sal 22.27-29; Miq 4.6-7; Zac 14.9; Ap 11.15.

JONÁS

INTRODUCCIÓN

La mención de Amitai, el padre de Jonás (1.1), es la única noticia que el libro facilita para la identificación del profeta. En 2 R 14.23-25 aparece la misma información, aunque se añade que Jonás vivió en tiempos de Jeroboam II, rey de Israel (783-743 a.C.).

Escrito probablemente mucho más tarde, el libro de Jonás (=Jon) consiste en una especie de relato biográfico. Se trata de la peripecia protagonizada por el propio profeta, un hombre que, en contra de sus deseos, es enviado por Dios a cumplir fuera de Israel, en Nínive, la lejana capital del imperio asirio, el arduo cometido de anunciar a sus habitantes que en el término de cuarenta días la ciudad sería destruida (3.4).

La misión del profeta es muy delicada. Consciente del problema, Jonás busca zafarse de su responsabilidad, y en vez de viajar hacia el oriente, a la capital de Asiria, se embarca rumbo a Tarsis, hacia occidente, para escapar «de la presencia de Jehová» (1.3).

Jonás fue probablemente el profeta que con mayor tenacidad trató de evitar la responsabilidad que Dios cargaba sobre sus hombros. Y cuando se vio forzado a ir a Nínive y comunicar el mensaje de que era portador, lo hizo con enojo, llegando al extremo de lamentar con amargura la salvación de la ciudad.

En la figura de Jonás se descubre al israelita estrecho de miras, para quien la salvación es un privilegio otorgado por Dios en exclusiva al pueblo judío. Pero el desarrollo del relato conduce a la conclusión opuesta: Dios no hace diferencias entre un ser humano y otro. Esta es la actitud que el profeta no entiende en «su Dios», al que él «oraba desde el vientre del pez» (2.1). Sin embargo, en esa su incapacidad de comprender el valor universal del amor de Dios radica la extraordinaria fuerza dramática del libro. Todos, se trate de judíos o de gentiles, son objeto por igual de la misericordia divina; y todo pecador que se arrepiente y cambia de conducta tiene la puerta abierta a su perdón (1.16; 3.10; 4.10-11; cf. Jer 18.8; Ez 18.23,31-32).

Este libro tiene un notable valor simbólico. Al pedirle algunos escribas y fariseos que hiciera una señal milagrosa, Jesús, relacionando su propia muerte con la historia del profeta, les responde que ya no habrá otra señal que la de Jonás (Mt 12.40).

Esquema del contenido

1. *Jonás huye de Jehová (1.1-16)*
2. *Oración de Jonás (1.17—2.10)*
3. *Nínive se arrepiente (3.1-10)*
4. *El enojo de Jonás (4.1-10)*

---

1 [1] Jehová dirigió su palabra a Jonás[a] hijo de Amitai y le dijo: [2] «Levántate y ve a Nínive,[b] aquella gran ciudad, y clama contra ella, porque su maldad ha subido hasta mí».

[3] Pero Jonás se levantó para huir de la presencia de Jehová a Tarsis, y descendió a Jope,[c] donde encontró una nave que partía para Tarsis;[d] pagó su pasaje, y se embarcó para irse con ellos a Tarsis, lejos

---

[a] **1.1** 2 R 14.25. [b] **1.2** Capital de Asiria, el imperio que en el 721 a.C. destruyó el reino del norte (Israel) y envió al exilio a muchos israelitas (cf. 2 R 14.1-23). [c] **1.3** El puerto del Mediterráneo más cercano a Jerusalén (cf. 2 Cr 2.16; Hch 9.36). [d] **1.3** Representaba para los israelitas el extremo occidental del mundo entonces conocido.

de la presencia de Jehová. **4** Pero Jehová hizo soplar un gran viento en el mar, y hubo en el mar una tempestad tan grande que se pensó que se partiría la nave. **5** Los marineros tuvieron miedo y cada uno clamaba a su dios. Luego echaron al mar los enseres que había en la nave, para descargarla de ellos. Mientras tanto, Jonás había bajado al interior de la nave y se había echado a dormir. **6** Entonces el patrón de la nave se le acercó y le dijo: «¿Qué tienes, dormilón? Levántate y clama a tu Dios. Quizá tenga compasión de nosotros y no perezcamos».

7 Entre tanto, cada uno decía a su compañero:

«Venid y echemos suertes, para que sepamos quién es el culpable de que nos haya venido este mal».

Echaron, pues, suertes, y la suerte cayó sobre Jonás. **8** Entonces ellos le dijeron:

—Explícanos ahora por qué nos ha venido este mal. ¿Qué oficio tienes y de dónde vienes? ¿Cuál es tu tierra y de qué pueblo eres?

9 Él les respondió:

—Soy hebreo y temo a Jehová, Dios de los cielos,*e* que hizo el mar y la tierra.

10 Aquellos hombres sintieron un gran temor y le dijeron:

—¿Por qué has hecho esto?

Pues ellos supieron que huía de la presencia de Jehová por lo que él les había contado.

11 Como el mar se embravecía cada vez más, le preguntaron:

—¿Qué haremos contigo para que el mar se nos aquiete?

12 Él les respondió:

—Tomadme y echadme al mar, y el mar se os aquietará, pues sé que por mi causa os ha sobrevenido esta gran tempestad.

13 Aquellos hombres se esforzaron por hacer volver la nave a tierra, pero no pudieron, porque el mar se embravecía cada vez más contra ellos. **14** Entonces clamaron a Jehová y dijeron: «Te rogamos ahora, Jehová, que no perezcamos nosotros por la vida de este hombre, ni nos hagas

responsables de la sangre de un inocente;*f* porque tú, Jehová, has obrado como has querido».

15 Tomaron luego a Jonás y lo echaron al mar; y se aquietó el furor del mar. **16** Sintieron aquellos hombres gran temor por Jehová, le ofrecieron un sacrificio y le hicieron votos.

17 Pero Jehová tenía dispuesto un gran pez para que se tragara a Jonás, y Jonás estuvo en el vientre del pez tres días y tres noches.*g*

2 **1** Entonces oró*a* Jonás a Jehová, su Dios, desde el vientre del pez, **2** y dijo:

«Invoqué en mi angustia a Jehová,
y él me oyó;
desde el seno del seol clamé,
y mi voz oíste.
3 Me echaste a lo profundo,
en medio de los mares;
me envolvió la corriente.
Todas tus ondas y tus olas
pasaron sobre mí.*b*
4 Entonces dije: "Desechado soy
de delante de tus ojos,
mas aún veré tu santo Templo".
5 Las aguas me envolvieron hasta el
alma,
me cercó el abismo,
el alga se enredó en mi cabeza.
6 Descendí a los cimientos de los
montes.
La tierra echó sus cerrojos sobre mí
para siempre;
mas tú sacaste mi vida de la
sepultura,
Jehová, Dios mío.
7 Cuando mi alma desfallecía en mí,
me acordé de Jehová,
y mi oración llegó hasta ti,
hasta tu santo Templo.
8 Los que siguen vanidades
ilusorias,
su fidelidad abandonan.
9 Mas yo, con voz de alabanza,
te ofreceré sacrificios;
cumpliré lo que te prometí.
¡La salvación viene de Jehová!»

e **1.9** 2 Cr 36.23; Esd 1.2; 5.11; 7.12; Neh 1.4-5; 2.4; Dn 2.18-19. *f* **1.14** Dt 21.8-9; Jer 26.15-16. *g* **1.17** Mt 12.38-40, donde Jesús, frente a la incredulidad de los que reclaman de él una señal milagrosa, remite a la señal de Jonás. *a* **2.1-10** Esta oración de Jonás tiene una estructura literaria similar a los llamados salmos de acción de gracias. *b* **2.3** Sal 42.7; 88.3-7.

¹⁰ Entonces Jehová dio orden al pez, el cual vomitó a Jonás en tierra.

3 ¹ Jehová se dirigió por segunda vez a Jonás y le dijo: ² «Levántate y ve a Nínive, aquella gran ciudad, y proclama en ella el mensaje que yo te diré».

³ Jonás se levantó y fue a Nínive, conforme a la palabra de Jehová. Nínive era una ciudad tan grande, tanto que eran necesarios tres días para recorrerla. ⁴ Comenzó Jonás a adentrarse en la ciudad, y caminó todo un día predicando y diciendo: «¡Dentro de cuarenta días Nínive será destruida!»

⁵ Los hombres de Nínive creyeron a Dios, proclamaron ayuno y, desde el mayor hasta el más pequeño, se vistieron con ropas ásperas.ᵃ ⁶ Cuando la noticia llegó al rey de Nínive, este se levantó de su silla, se despojó de su vestido, se cubrió con ropas ásperas y se sentó sobre ceniza. ⁷ Luego hizo anunciar en Nínive, por mandato del rey y de sus grandes, una proclama que decía: «Hombres y animales, bueyes y ovejas, no prueben cosa alguna; no se les dé alimento ni beban agua, ⁸ sino cúbranse hombres y animales con ropas ásperas, y clamen a Dios con fuerza. Que cada uno se convierta de su mal camino y de la violencia que hay en sus manos. ⁹ ¡Quizá Dios se detenga y se arrepienta, se calme el ardor de su ira y no perezcamos!»

¹⁰ Vio Dios lo que hicieron, que se convirtieron de su mal camino, y se arrepintió del mal que había anunciado hacerles, y no lo hizo.

4 ¹ Pero Jonás se disgustó en extremo, y se enojó. ² Así que oró a Jehová y le dijo:

—¡Ah, Jehová!, ¿no es esto lo que yo decía cuando aún estaba en mi tierra? Por eso me apresuré a huir a Tarsis, porque yo sabía que tú eres un Dios clemente y piadoso, tardo en enojarte y de gran misericordia,ᵃ que te arrepientes del mal. ³ Ahora, pues, Jehová, te ruego que me quites la vida,ᵇ porque mejor me es la muerte que la vida.

⁴ Pero Jehová le respondió:

—¿Haces bien en enojarte tanto?

⁵ Jonás salió de la ciudad y acampó hacia el oriente de ella; allí se hizo una enramada y se sentó a su sombra, para ver qué sucedería en la ciudad. ⁶ Entonces Jehová Dios dispuso que una calabacera creciera sobre Jonás para que su sombra le cubriera la cabeza y lo librara de su malestar. Jonás se alegró mucho por la calabacera. ⁷ Pero, al amanecer del día siguiente, Dios dispuso que un gusano dañara la calabacera, y esta se secó. ⁸ Y aconteció que, al salir el sol, envió Dios un fuerte viento del este. El sol hirió a Jonás en la cabeza, y sintió que se desmayaba. Entonces, deseando la muerte, decía:

—Mejor sería para mí la muerte que la vida.

⁹ Pero Dios dijo a Jonás:

—¿Tanto te enojas por la calabacera?

—Mucho me enojo, hasta la muerte —respondió él.

¹⁰ Entonces Jehová le dijo:

—Tú tienes lástima de una calabacera en la que no trabajaste, ni a la cual has hecho crecer, que en espacio de una noche nació y en espacio de otra noche pereció, ¹¹ ¿y no tendré yo piedad de Nínive, aquella gran ciudad donde hay más de ciento veinte mil personas que no saben discernir entre su mano derecha y su mano izquierda,ᶜ y muchos animales?

ᵃ **3.4-5** Mt 12.41; Lc 11.32. ᵃ **4.2** Ex 34.6; Jer 3.12; 31.20; 32.18; Jl 2.13. ᵇ **4.3** 1 R 19.4.
ᶜ **4.11** Es decir, que aún no tienen uso de razón. Cf. Dt 1.39; Is 7.15-16.

MIQUEAS

INTRODUCCIÓN

Uno de los cuatro grandes profetas del siglo VIII a.C., Miqueas fué contemporáneo de Isaías (Is 1.1), Oseas (Os 1.1) y Amós (Am 1.1). Como Isaías, ejerció su actividad en Judá; pero dirigió también sus proclamas a Israel, el reino del norte. En Miqueas se descubre, lo mismo que en Amós, un interés inmediato por problemas característicos de la sociedad agrícola. Sin duda, en ella se había desarrollado la personalidad del profeta, puesto que las labores del campo eran las propias de la Sefela, región a la que Moreset pertenecía. Allí conoció Miqueas desde niño las amarguras del campesino humilde y sometido a la prepotencia de quienes «codician campos..., oprimen al hombre y a su familia, al hombre y a su heredad» (2.2).

El libro de Miqueas (=Miq) consta de tres partes. En la primera (cap. 1–3) predominan los temas de índole social, con el trasfondo crítico del profetismo de aquella época. Con tonos extremadamente duros, Miqueas reprende a «Samaria y a Jerusalén», es decir, a Israel y a Judá. En la segunda sección del libro (cap. 4–5), todavía se escucha el eco de las anteriores amenazas, pero predomina ya la esperanza de un tiempo último (4.1) en el que Judá e Israel andarán «en el nombre de Jehová, nuestro Dios, eternamente y para siempre» (4.5). De Belén, el pequeño pueblo donde nació el rey David, saldrá otro rey, «que será Señor en Israel» y que también «será nuestra paz» (5.2,5). Entonces «convertirán sus espadas en azadones y sus lanzas en hoces. Ninguna nación alzará la espada contra otra nación» (4.3).

En su tercera sección (cap. 6–7), el texto de Miqueas se dirige particularmente a Israel. Hay amargura en el profeta cuando reprocha la infidelidad con que el pueblo responde a la bondad de Dios (6.3). No obstante, prevalece la seguridad de que todavía el Señor tendrá misericordia del pequeño «remanente de su heredad». Este estará constituido por los que hayan quedado limpios de pecado e infidelidades, tras la prueba purificadora que el Señor traerá sobre Israel (7.18; cf. 2.12; 4.6-7; 5.7-8). Al final del libro, Miqueas expresa su confianza en que Dios, el cual «se deleita en la misericordia» (7.18), cuidará a Israel también en el futuro, como ya hizo cuando lo sacó de Egipto y le mostró sus maravillas (7.14-20).

Esquema del contenido

1. El juicio de Dios sobre Israel y sobre Judá (1–3)
2. El reinado universal de Jehová (4–5)
3. La corrupción de Israel y la misericordia de Dios (6–7)

Lamento sobre Samaria y Jerusalén

1 ¹ Palabra de Jehová que fue dirigida a Miqueas de Moreset[a] en los días de Jotam,[b] Acaz y Ezequías, reyes de Judá; lo que vio sobre Samaria y Jerusalén.

² «Oíd, pueblos todos;
está atenta, tierra, y cuanto hay
en ti.
Jehová, el Señor,
el Señor desde su santo templo,
sea testigo contra vosotros.
³ Porque Jehová sale de su lugar,
desciende y camina sobre las
alturas de la tierra.
⁴ Los montes se derretirán debajo
de él
y los valles se hendirán

---

[a] **1.1** Población situada a unos 40 km. al sudoeste de Jerusalén.   [b] **1.1** *Jotam* (2 R 15.32-38; 2 Cr 27.1-7); *Ahaz* (2 R 16.1-20; 2 Cr 28.1-27); *Ezequías* (2 R 18.1—20.21; 2 Cr 29.1—32.33).

como la cera delante del fuego,
como las aguas que corren por una
  pendiente.
5 Todo esto por la rebelión de Jacob,
por los pecados de la casa de Israel.
¿Cuál es la rebelión de Jacob?
¿No es acaso Samaria?
¿Cuál es el lugar alto de Judá?*c*
¿No es acaso Jerusalén?

6 »Haré, pues, de Samaria montones
  de ruinas,
tierra para plantar viñas.
Derramaré sus piedras por el valle
y descubriré sus cimientos.
7 Todas sus estatuas serán
  despedazadas,
todos sus dones serán quemados
  en el fuego,
y asolaré todos sus ídolos,
porque con salarios de prostitutas
  los juntó,
y salario de prostitución volverán
  a ser.

8 »Por esto me lamentaré y gemiré;
andaré descalzo y desnudo,*d*
aullando como los chacales,
lamentándome como los
  avestruces.
9 Porque su herida es dolorosa,
y llegó hasta Judá;
llegó hasta la puerta de mi pueblo,
hasta Jerusalén.
10 No lo digáis en Gat,
ni lloréis mucho;
revolcaos en el polvo de Bet-le-afra.
11 ¡Retírate, morador de Safir,
desnudo y con vergüenza!
¡No sale el morador de Zaanán!
¡Hay llanto*e* en Betesel!
A vosotros se os quitará la ayuda.
12 Porque los moradores de Marot
anhelaron ansiosamente el bien,
pues Jehová ha hecho que el mal
  descienda
hasta las puertas de Jerusalén.
13 Uncid al carro bestias veloces,
moradores de Laquis.

Allí comenzó el pecado de la hija
  de Sión,
porque en vosotros se hallaron
las rebeliones de Israel.
14 Por tanto, darás dones a
  Moreset-gat; las casas de Aczib
  servirán de trampa
a los reyes de Israel.

15 »Aún os enviaré un nuevo
  conquistador,
moradores de Maresa,
y la flor de Israel
huirá hasta Adulam.
16 Arráncate los cabellos, córtalos,
por los hijos que tanto amas;
hazte calvo como el buitre,*f*
porque van al cautiverio lejos
  de ti».

¡Ay de los que oprimen a los pobres!*a*

2 1 «¡Ay de los que en sus camas
  piensan iniquidad
y maquinan el mal,
y cuando llega la mañana lo
  ejecutan,
porque tienen en sus manos el
  poder!*b*
2 Codician campos y los roban;
casas, y las toman;
oprimen al hombre y a su familia,
al hombre y a su heredad.
3 Por tanto, así ha dicho Jehová:
Yo planeo contra esta gente un mal
del cual no libraréis el cuello,
ni andaréis erguidos,
porque el tiempo será malo.*c*
4 En aquel tiempo se os dedicará
  un refrán,
y se os entonará una lamentación
  diciendo:
"Del todo fuimos destruidos;
él ha cambiado la heredad de mi
  pueblo.
¡Cómo nos quitó nuestros campos!
¡Los dio y los repartió a otros!".
5 Por tanto, no habrá quien reparta
heredades a suerte

c 1.5 2 R 18.4-8,22.   *d* 1.8 Símbolos de luto y dolor (cf. Is 20.2-3).   *e* 1.11 *¡Hay llanto...!:* Esta
expresión y otras semejantes se refieren sin duda a la invasión de Senaquerib en el año
701 a.C. Cf. 2 R 18.13—19.37; Is 36—37.   *f* 1.16 O sea, rápate la cabeza en señal de dolor.
Cf. Is 3.24; Am 8.10.   *a* 2.1-5 Is 5.8.   *b* 2.1 Sal 36.4.   *c* 2.3 Jer 18.11.

en la congregación de Jehová.

6 »No profeticéis, dicen a los que
      profetizan;
no les profeticen,
porque no les alcanzará la
      vergüenza.^d
7 Tú que te dices casa de Jacob,
¿acaso se ha agotado el espíritu de
      Jehová?
¿Son estas sus obras?
¿No hacen mis palabras bien
al que camina rectamente?
8 El que ayer era mi pueblo,
se ha levantado como enemigo;
a los que pasaban confiados
les quitasteis el manto de encima
      del vestido,
como adversarios de guerra.
9 A las mujeres de mi pueblo
echasteis fuera de las casas que
      eran su delicia;
a sus niños quitasteis mi perpetua
      alabanza.
10 Levantaos y andad,
porque este no es lugar de reposo,^e
pues está contaminado,
corrompido grandemente.
11 Si alguno anda inventando
      falsedades
y, mintiendo, dice:
"Por vino y sidra profetizaré
      para ti",
ese sí será el profeta de este pueblo.

12 »De cierto te juntaré todo, Jacob,
recogeré ciertamente el resto de
      Israel;^f
lo reuniré como ovejas de Bosra,
como un rebaño en medio de su
      aprisco,^g
y harán el estruendo de una
      multitud.
13 Subirá el que abre caminos delante
      de ellos;
abrirán camino, pasarán la puerta
y saldrán por ella.
¡Su rey pasará delante de ellos,
y Jehová a su cabeza!».^h

Acusación contra los dirigentes de Israel

3 ¹ Después dije:
«Oíd ahora, príncipes de Jacob,
y jefes de la casa de Israel:
¿No concierne a vosotros saber lo
      que es justo?
2 Pero vosotros aborrecéis lo bueno y
      amáis lo malo,
le quitáis a la gente la piel
y la carne de encima de sus
      huesos;^a
3 asimismo coméis la carne de mi
      pueblo,
arrancáis la piel de sobre ellos,
les quebráis los huesos
y los despedazáis como para el
      caldero,
como si fuera carne en la olla.
4 Un día clamaréis a Jehová,
pero él no os responderá,
antes esconderá de vosotros su
      rostro en ese tiempo,
por cuanto hicisteis obras
      malvadas.^b

5 »Así ha dicho Jehová acerca de los
      profetas
que hacen errar a mi pueblo,
y claman: "¡Paz!", cuando tienen
      algo que comer,
y al que no les da de comer,
le declaran la guerra:

6 »Por eso, de la profecía se os hará
      noche,
y oscuridad del adivinar.
Sobre los profetas se pondrá el sol,
el día se oscurecerá sobre ellos.
7 Serán avergonzados los profetas
y se confundirán los adivinos.
Todos ellos cerrarán sus labios,
porque no hay respuesta de Dios.
8 Mas yo estoy lleno del poder del
      espíritu de Jehová,
de juicio y de fuerza,
para denunciar a Jacob su rebelión
y a Israel su pecado.

^d 2.6 Is 30.10.   ^e 2.10 Sal 95.11; Heb 3.11,18; 4.1-11.   ^f 2.12 4.6-7; 5.7; 7.18; cf. Is 10.20; 28.5;
Jer 6.9; Ez 6.8; Zac 14.2.   ^g 2.12 Is 40.11; Jer 23.3-4; Ez 34.   ^h 2.13 Is 41.21; 43.15; 44.6.
^a 3.2 Is 1.17; 5.20; Am 5.15.   ^b 3.4 Is 1.15.

⁹ »Oíd ahora esto, jefes de la casa de
Jacob
y capitanes de la casa de Israel,
que abomináis el juicio
y pervertís todo derecho,
¹⁰ que edificáis a Sión con sangre
y a Jerusalén con injusticia.
¹¹ Sus jefes juzgan por cohecho,
sus sacerdotes enseñan por precio,
sus profetas adivinan por dinero,
y se apoyan en Jehová, diciendo:
"¿No está Jehová entre nosotros?
No vendrá sobre nosotros ningún
mal".
¹² Por eso, a causa de vosotros,
Sión será un campo arado,
Jerusalén se convertirá en
montones de ruinas
y el monte de la Casa se cubrirá de
bosque».ᶜ

Reinado universal de Jehováᵃ
(Is 2.1-4)

4 ¹ «Acontecerá en los postreros
tiempos
que el monte de la casa de Jehová
será colocado a la cabeza de los
montes,
más alto que los collados,
y acudirán a él los pueblos.
² Vendrán muchas naciones, y dirán:
"Venid, subamos al monte de
Jehová,
a la casa del Dios de Jacob;
él nos enseñará en sus caminos
y andaremos por sus veredas",
porque de Sión saldrá la Ley,
y de Jerusalén la palabra de Jehová.
³ Él juzgará entre muchos pueblos
y corregirá a naciones poderosas y
lejanas.
Ellos convertirán sus espadas en
azadones
y sus lanzas en hoces.ᵇ
Ninguna nación alzará la espada
contra otra nación
ni se preparará más para la guerra.ᶜ
⁴ Se sentará cada uno
debajo de su vid y debajo de su
higuera,ᵈ

y no habrá quien les infunda temor.
¡La boca de Jehová de los ejércitos
ha hablado!
⁵ Aunque todos los pueblos anden
cada uno en el nombre de su dios,
con todo, nosotros andaremos
en el nombre de Jehová, nuestro
Dios,
eternamente y para siempre.ᵉ

Israel será redimido del cautiverio
⁶ »En aquel día,ᶠ dice Jehová,
recogeré a las ovejas cojas,
reuniré a las descarriadas
y a la que afligí.
⁷ De las cojas haré un remanente,
de las descarriadas, una nación
robusta.
Entonces reinará Jehová sobre ellos
en el monte Sión,
desde ahora y para siempre.ᵍ
⁸ Y tú, torre del rebaño,
fortaleza de la hija de Sión,
tú recobrarás el señorío de antaño,
el reino de la hija de Jerusalén.

⁹ »Ahora, ¿por qué gritas tanto?
¿Acaso no tienes rey?
¿Pereció tu consejero
y te atenaza el dolor como a una
mujer de parto?ʰ
¹⁰ Quéjate y gime, hija de Sión,
como mujer que está de parto,
porque ahora saldrás de la ciudad
y morarás en el campo.
Llegarás hasta Babilonia
y allí serás librada;
allí te redimirá Jehová
de manos de tus enemigos.

¹¹ »Ahora se han juntado muchas
naciones en contra tuya,ⁱ
y dicen: "¡Que sea profanada
y se recreen nuestros ojos a la vista
de Sión!".
¹² Mas ellos no conocieron los
pensamientos de Jehová,
ni entendieron su consejo,
por lo cual los juntó como gavillas
en la era.

ᶜ 3.12 Jer 26.18. ᵃ 4.1-5 Is 2.2-4. ᵇ 4.3 Jl 3.10. ᶜ 4.3 Is 2.4. ᵈ 4.4 Zac 3.10. ᵉ 4.5 Is 2.5.
ᶠ 4.6-7 Ez 3.5; Jl 1.15; 2.1,11; Am 5.18; Abd 15; Sof 1.7,14; Mal 4.1-6. ᵍ 4.6-7 Is 40.11; Jer 23.3;
Ez 11.17; Sof 3.18-19; Zac 10.8; Jn 10.7-16. ʰ 4.9 Is 66.7-9; Jer 4.31; 6.24; 22.23; Mt 24.19-22;
Ap 12.2. ⁱ 4.11 Sal 48.3-8; Is 14.1-3,12-15; Jl 3.1-3,9-12.

¹³ ¡Levántate y trilla, hija de Sión!
Porque haré tu cuerno como de
hierro,
y tus uñas, de bronce:
desmenuzarás a muchos pueblos
y consagrarás a Jehová su botín,
y sus riquezas, al Señor de toda la
tierra».ʲ

El reinado del libertador

5 ¹ «Rodéate ahora de muros,
hija de guerreros,
pues nos han sitiado
y herirán con vara en la mejilla
al juez de Israel.
² Pero tú, Belén Efrata,
tan pequeña entre las familias de
Judá,
de ti ha de salir el que será Señor en
Israel;ᵃ
sus orígenes se remontan al inicio
de los tiempos,
a los días de la eternidad.
³ Pero los dejará
hasta el tiempo que dé a luz
la que ha de dar a luz,
y el resto de sus hermanos
volverá junto a los hijos de Israel.
⁴ Y él se levantará y los apacentará
con el poder de Jehová,
con la grandeza del nombre de
Jehová, su Dios;
y morarán seguros,
porque ahora será engrandecido
hasta los confines de la tierra.
⁵ Él será nuestra paz.
Cuando el asirio venga a nuestra
tierra
y entre en nuestros palacios,
entonces enviaremos contra él siete
pastores
y ocho hombres principales,
⁶ que devastarán a espada la tierra
de Asiria,
a filo de espada, la tierra de
Nimrod.ᵇ
Él nos librará del asirio
cuando venga contra nuestra tierra
y pise nuestras fronteras.

⁷ El remanente de Jacob
será en medio de muchos pueblos
como el rocío de Jehová,
como lluvias que caen sobre
la hierba,
las cuales no esperan al hombre,
ni aguardan para nada a los hijos
de los hombres.
⁸ Asimismo el remanente de Jacob
será entre las naciones,
en medio de muchos pueblos,
como el león entre las bestias de
la selva,
como el cachorro del león
entre las manadas de ovejas,
el cual pasa, pisotea y arrebata,
y no hay presa que de él escape.
⁹ Tu mano se alzará sobre tus
enemigos,
y todos tus adversarios serán
destruidos.

¹⁰ »Acontecerá en aquel día, dice
Jehová,
que haré matar los caballos que
posees
y haré destruir tus carros.
¹¹ Haré también destruir las ciudades
de tu tierra
y arruinaré todas tus fortalezas.
¹² Asimismo extirparé de tus manos
las hechicerías,
y no se hallarán en ti adivinos.ᶜ
¹³ Destruiré de en medio de ti
tus esculturas y tus imágenes,
y nunca más te inclinarás
ante la obra de tus manos.ᵈ
¹⁴ Arrancaré de en medio de ti
tus imágenes de Asera
y destruiré tus ciudades.
¹⁵ Con ira y con furor me vengaré
de las naciones que no
obedecieron».

Jehová pleitea con Israel

6 ¹ «Oíd ahora lo que dice Jehová:
¡Levántate, pelea contra los montes
y oigan los collados tu voz!ᵃ
² Oíd, montes
y fuertes cimientos de la tierra,

ʲ **4.13** Zac 4.14; 6.5.   ᵃ **5.2** Los evangelistas señalan que en Belén nació el Mesías: Mt 2.6;
Jn 7.42.   ᵇ **5.6** Gn 10.8-12.   ᶜ **5.12** Lv 19.26; Dt 18.10,14; Is 2.6; 47.9,12-13; Jer 27.9; Nah 3.4.
ᵈ **5.13** Ex 20.4; Lv 26.1; Dt 5.8; 16.22.   ᵃ **6.1** Dt 32.1; Sal 50.1-6; Is 1.2.

el pleito de Jehová,
porque Jehová tiene un pleito con
      su pueblo
y altercará con Israel.[b]

3 »Pueblo mío, ¿qué te he hecho
o en qué te he molestado?
Di algo en mi contra.
4 Te hice subir de la tierra de Egipto,[c]
te redimí de la casa de servidumbre
y envié delante de ti a Moisés,
a Aarón[d] y a María.[e]
5 Pueblo mío, acuérdate ahora qué
      aconsejó Balac,
rey de Moab,
y qué le respondió Balaam
hijo de Beor,[f]
desde Sitim hasta Gilgal,[g]
para que conozcas las justicias de
      Jehová.

6 »¿Con qué me presentaré ante
      Jehová
y adoraré al Dios Altísimo?
¿Me presentaré ante él con
      holocaustos,
con becerros de un año?
7 ¿Se agradará Jehová de millares de
      carneros
o de diez mil arroyos de aceite?
¿Daré mi primogénito por mi
      rebelión,
el fruto de mis entrañas por el
      pecado de mi alma?
8 Hombre, él te ha declarado lo que
      es bueno,
lo que pide Jehová de ti:
solamente hacer justicia,
amar misericordia
y humillarte ante tu Dios.[h]

9 »La voz de Jehová clama a la
      ciudad.
¡Es de sabios temer a tu nombre!
"Prestad atención al castigo
y a quien lo establece.
10 ¿Hay aún en casa del impío tesoros
      de impiedad
y medida escasa que sea
      detestable?

11 ¿Daré por inocente al que tiene
      balanza falsa
y bolsa de pesas engañosas?[i]
12 Sus ricos se colmaron de rapiña,
sus moradores hablaron mentira
y tienen en su boca una lengua
      engañosa.
13 Por eso yo también te debilité,
devastándote por tus pecados.
14 Comerás, mas no te saciarás,
tu abatimiento estará en medio
      de ti;
recogerás, mas no salvarás nada,
y lo que logres salvar
lo entregaré yo a la espada.
15 Sembrarás, mas no segarás;
pisarás aceitunas,
mas no te ungirás con el aceite;
también uvas, mas no beberás el
      vino.[j]
16 Has guardado los mandamientos
      de Omri[k]
y toda obra de la casa de Acab,[l]
y en los consejos de ellos has
      andado;
por eso yo te entregaré a la
      desolación,
y a tus moradores a la burla.
Llevaréis, por tanto,
el oprobio de mi pueblo"».

Corrupción moral de Israel

7 1 «¡Ay de mí! porque estoy
como cuando han recogido los
      frutos del verano,
como cuando han rebuscado
      después de la vendimia
y no queda racimo para comer,
ni uno de esos frutos que tanto
      desea mi alma.
2 Faltó el misericordioso de la tierra;
no queda entre los hombres ningún
      justo.
Todos acechan en busca de sangre;
cada cual tiende una red a su
      hermano.[a]
3 Para completar la maldad con sus
      manos,
el príncipe demanda

---

[b] 6.2 Is 3.13-15; Os 4.1-6; 12.2.   [c] 6.4 Ex 12.50-51; 20.2; Dt 5.6.   [d] 6.4 Ex 3.1—4.17,27-30.
[e] 6.4 Ex 15.20.   [f] 6.5 Nm 22—24; Dt 23.6.   [g] 6.5 Jos 3.1—4.19.   [h] 6.6-8 1 S 15.22-23; Pr 21.3;
Is 1.11-14; Os 6.6; Zac 7.9-10.   [i] 6.10-11 Lv 19.35-36; Dt 25.13-16; Am 8.5.   [j] 6.14-15 Dt 28.30-31,
38-40; Os 4.10.   [k] 6.16 1 R 16.23-28.   [l] 6.16 1 R16.29-34; 21.25-26.   [a] 7.2 Sal 12.1; Jer 5.1-5;
Ez 22.30.

y el juez juzga por recompensa;
el poderoso habla según el
   capricho de su alma,
y ellos lo confirman.
4 El mejor de ellos es como el espino,
el más recto, como zarzal.
El día de tu castigo viene,
el que anunciaron tus atalayas;
ahora será su confusión.
5 No creáis en amigo
ni confiéis en príncipe;
de la que duerme a tu lado cuídate,
no abras tu boca.
6 Porque el hijo deshonra al padre,
la hija se levanta contra la madre,
la nuera contra su suegra,
y los enemigos del hombre son los
   de su casa.[b]
7 Mas yo volveré mis ojos a Jehová,
esperaré al Dios de mi salvación;
el Dios mío me oirá.

Jehová trae luz y libertad

8 »Tú, enemiga mía, no te alegres
   de mí,
porque aunque caí, me levantaré;
aunque more en tinieblas,
Jehová será mi luz.
9 La ira de Jehová soportaré,
porque pequé contra él,
hasta que juzgue mi causa
y me haga justicia.
Él me sacará a la luz
y yo veré su justicia.
10 Lo verá mi enemiga
y se cubrirá de vergüenza,
la que me decía:
"¿Dónde está Jehová, tu Dios?"
Mis ojos se recrearán al verla,
cuando sea pisoteada
como el lodo en las calles.

11 »Viene el día en que se edificarán
   tus muros;
aquel día se extenderán los límites.
12 En ese día vendrán hasta ti
desde Asiria y las ciudades
   fortificadas,

y desde las ciudades fortificadas
   hasta el Río,
de mar a mar y de monte a monte.[c]
13 La tierra será asolada
a causa de sus moradores,
por el fruto de sus obras.[d]

Compasión de Jehová por Israel

14 »Apacienta a tu pueblo con tu
   cayado,
al rebaño de tu heredad
que mora solo en la montaña,
en campo fértil;
que sean apacentados en Basán y
   Galaad,
como en el tiempo pasado.
15 Como en los días en que saliste de
   Egipto,
yo les mostraré maravillas.
16 Las naciones lo verán y se
   avergonzarán
de todo su poderío;
se pondrán la mano sobre la boca
y ensordecerán sus oídos.
17 Lamerán el polvo como la culebra,
como las serpientes de la tierra;
temblarán en sus encierros,
se volverán amedrentados
ante Jehová, nuestro Dios,
y temerán ante ti.

18 »¿Qué Dios hay como tú,[e]
que perdona la maldad
y olvida el pecado
del remanente de su heredad?
No retuvo para siempre su enojo,
porque se deleita en la
   misericordia.[f]
19 Él volverá a tener misericordia de
   nosotros;
sepultará nuestras iniquidades
y echará a lo profundo del mar
todos nuestros pecados.
20 Mantendrás tu fidelidad a Jacob,
y a Abraham tu misericordia,
tal como lo juraste a nuestros
   padres
desde tiempos antiguos».[g]

[b]**7.6** Mt 10.35-36; cf. Lc 12.53. [c]**7.12** Is 11.10-16; 27.12; Zac 10.8-12. [d]**7.13** Is 24.1,3.
[e]**7.18** Ex 15.11; Sal 35.10; 71.19; 77.13; 89.6; 113.5; Is 43.10-11. [f]**7.18** Ex 34.6; Neh 9.17;
Sal 86.15; 103.8; 145.8; Jon 4.2. [g]**7.20** Gn 12.1-3; 17.6-7; 22.16-18; 28.13-15; Lc 1.55,73.

NAHÚM

INTRODUCCIÓN

Lo que hasta el día de hoy se sabe de Nahúm es exclusivamente lo que el propio libro aporta: que nació en Elcos (1.1). Unos piensan que esa población estaba situada en la región de la Sefela, cerca de Moreset-gat (Judá); otros suponen que estaba en Galilea, y más concretamente donde después se alzó la ciudad de Capernaúm.

La actividad de Nahúm parece corresponder al período entre el 663 y el 612 a.C., y es probable que el libro fuera compuesto poco antes del 612 a.C., año en que los aliados medo-caldeos atacaron y destruyeron la capital del imperio asirio.

Desde su aparición en el panorama general de la historia, los asirios se habían manifestado como un pueblo belicoso y como los más feroces dominadores de las naciones conquistadas, a las cuales sometieron a toda suerte de violencias y deportaciones (cf. 2 R 17.3-6). Por eso, los pueblos del Medio Oriente, entre ellos el reino de Judá, que habían sufrido la opresión asiria (cf. 2 R 18.13-37), celebraron con júbilo la destrucción de Nínive.

La caída de aquel centro vital del poder asirio constituye el objeto único de la profecía de Nahúm (Nah). De las tres partes en que puede dividirse el libro, la primera (1.2-10) tiene forma alfabética: hasta el v. 8, la letra inicial de cada verso sigue el orden del alefato hebreo. Se canta aquí la gloria del «Dios celoso y vengador», cuyo poder supera a cualquier poder humano y aun a las más violentas manifestaciones de la naturaleza (1.3b-6). Jehová, el Dios de Israel, protegerá a los suyos y los librará de sus enemigos (1.8-10).

Tras un pasaje de transición (1.11-15), en el que se entremezclan las promesas de paz y restauración dirigidas al pueblo elegido con la amenaza de los males terribles que han de caer sobre Nínive, el profeta describe en la tercera sección (2.1—3.19) el asalto a la ciudad odiada. Ahora el ritmo poético del lenguaje de Nahúm, el dramatismo de sus metáforas y la sonoridad de sus palabras evocan el rodar de los carros de guerra, el galopar de los caballos y el furioso fragor de la batalla. Y hasta parece escucharse, como brotando de ese fondo de desastre y de muerte, el clamor victorioso del pueblo de Dios.

Esquema del contenido

1. La ira vengadora de Dios (1.1-14)
2. Anuncio de la caída de Nínive (1.15—2.12)
3. Destrucción total de Nínive (2.13—3.19)

---

1 ¹ Profecía sobre Nínive.ª Libro de la visión de Nahúm de Elcos.

² «Jehová es Dios celoso y
vengador;^b
Jehová es vengador y está lleno de
indignación;
se venga de sus adversarios
y se enoja con sus enemigos.

³ Jehová es tardo para la ira y grande
en poder,
y no tendrá por inocente al
culpable.^c
Jehová marcha sobre la tempestad
y el torbellino,
y las nubes son el polvo de sus pies.
⁴ Amenaza al mar y lo seca,^d
y agota todos los ríos;

---

^a **1.1—3.19** Is 10.5-34; 14.24-27; Sof 2.13-15. ^b **1.2** Ex 20.5-6; Dt 4.24; Ro 12.19; Heb 10.30.
^c **1.3** Ex 34.6-7; Nm 14.18; Sal 86.15; Jl 2.13. ^d **1.4** Ex 14.16-25; 15.1-19; Sal 106.9.

el Basán y el Carmelo languidecen,
y la flor del Líbano se marchita.

⁵ Ante él tiemblan los montes,
y los collados se derriten.
La tierra se conmueve en su
presencia,ᵉ
el mundo y todos los que en él
habitan.

⁶ ¿Quién puede resistir su ira?
¿Quién quedará en pie
ante el ardor de su enojo?
Su ira se derrama como fuego
y ante él se quiebran las peñas.

⁷ Jehová es bueno,
fortaleza en el día de la angustia,
y conoce a los que en él confían.

⁸ Mas con inundación impetuosa
consumirá a sus adversarios,
y las tinieblas perseguirán a sus
enemigos.

⁹ ¿Qué pensáis contra Jehová?
¡Él extermina por completo;
no tomará venganza dos veces de
sus enemigos!

¹⁰ Aunque sean como espinos
entretejidos
y estén empapados en su
embriaguez,
serán consumidos como hojarasca
completamente seca.

¹¹ »De ti salió
el que tramó el mal contra Jehová,
un consejero perverso.

¹² »Así ha dicho Jehová:
"Aunque tengan reposo y sean
tantos,
aun así serán talados, y él pasará.
Bastante te he afligido;
no te afligiré más,
¹³ porque ahora quebraré el yugo que
pesa sobre ti,
y romperé tus cadenas".

¹⁴ »Pero acerca de ti mandará Jehová
que no quede ni memoria de tu
nombre:
De la casa de tu dios destruiré
escultura y estatua de fundición;
allí pondré tu sepulcro,

porque fuiste vil».

¹⁵ «¡Mirad! Sobre los montes
los pies del que trae buenas nuevas,
del que anuncia la paz.ᶠ
Celebra, Judá, tus fiestas,
cumple tus votos,
porque nunca más te invadirá el
malvado;
ha sido destruido del todo.

2 ¹ »¡Un destructor avanza contra ti!ᵃ
¡Monta guardia en la fortaleza!
¡Vigila el camino!
¡Cíñete la cintura!
¡Reúne todas tus fuerzas!

² Porque Jehová restaurará la gloria
de Jacob,
así como la gloria de Israel,
porque saqueadores los saquearon
y estropearon sus sarmientos.

³ El escudo de sus valientes está
enrojecido,
los hombres de su ejército visten de
grana,
el carro flamea como fuego de
antorchas;
el día que se prepare,
temblarán los cipreses.

⁴ Los carros se precipitan a las
plazas,
con estruendo ruedan por las
calles;
su aspecto es como de antorchas
encendidas,
corren como relámpagos.

⁵ Se convoca a los valientes,
se atropellan en su marcha,
se apresuran hacia el muro
donde se prepara la defensa.

⁶ Las puertas de los ríos se abren
y el palacio es destruido.

⁷ Llevan cautiva a la reina,
le ordenan que suba,
y sus criadas la llevan
gimiendo como palomas,
golpeándose sus pechos.ᵇ

⁸ Nínive es como un estanque
cuyas aguas se escapan.
Gritan: "¡Deteneos, deteneos!",
pero ninguno mira.

⁹ ¡Saquead plata, saquead oro!
¡Hay riquezas sin fin,

ᵉ **1.5** Sal 97.5; Miq 1.4.   ᶠ **1.15** Is 52.7. Cf. Ro 10.15.   ᵃ **2.1** Los v. siguientes preanuncian la destrucción de Nínive, capital del imperio asirio (Nah 1.1), que tuvo lugar en el año 612 a.C.   ᵇ **2.7** Signo de dolor, arrepentimiento y humillación (Lc 18.13; 23.48).

y toda clase de objetos suntuosos y
codiciables!

10 »Vacía, agotada y desolada está,
su corazón desfallece,
le tiemblan las rodillas,
tiene dolor en las entrañas;
los rostros están demudados.

11 ¿Qué queda de la cueva de los
leones
y de la guarida de los cachorros de
los leones,
donde se recogían el león y la leona,
y los cachorros del león,
y no había quien los espantara?

12 El león arrebataba en abundancia
para sus cachorros,
y despedazaba para sus leonas,
llenaba de presas sus cavernas,
y de robo sus guaridas».

13 «¡Aquí estoy contra ti!,
dice Jehová de los ejércitos.
Quemaré y reduciré a humo tus
carros,
y la espada devorará tus leoncillos;
acabaré con el robo en tu tierra
y nunca más se oirá la voz de tus
mensajeros.

3 1 »¡Ay de ti, ciudad sanguinaria,
toda llena de mentira y de pillaje!
¡Tu rapiña no tiene fin!

2 Chasquido de látigo,
estrépito de ruedas,
caballos al galope,
carros que saltan,

3 cargas de caballería,
resplandor de espada
y resplandor de lanza.
¡Multitud de heridos,
multitud de cadáveres!
¡Cadáveres sin fin!
La gente tropieza con ellos.

4 Y todo por culpa de las
fornicaciones
de la ramera de hermosa gracia,
maestra en hechizos,
que seduce a las naciones
con sus fornicaciones
y a los pueblos con sus hechizos.

5 »¡Aquí estoy contra ti!,
dice Jehová de los ejércitos.

Te levantaré las faldas hasta
el rostro
y mostraré a las naciones tu
desnudez,
a los reinos tu vergüenza.

6 Echaré sobre ti inmundicias,
te avergonzaré y te pondré como
estiércol.

7 Todos los que te vean
se apartarán de ti y dirán:
"¡Nínive ha quedado desolada!
¿Quién se compadecerá de ella?
¿Dónde te buscaré consoladores?".

8 ¿Eres tú mejor que Tebas,[a]
que estaba asentada junto al Nilo,
rodeada de aguas,
cuyo baluarte era el mar
y tenía aguas por muro?

9 Etiopía y Egipto eran su fortaleza,
y eso sin límite;
Fut y Libia fueron sus aliados.

10 Sin embargo, ella fue llevada en
cautiverio;
también sus pequeños fueron
estrellados
en las encrucijadas de todas
las calles;
sobre sus nobles echaron suertes,
y todos sus grandes fueron
aprisionados con grillos.

11 Tú también serás embriagada
y serás encerrada;
tú también buscarás refugio
a causa del enemigo.

12 Todas tus fortalezas serán
cual higueras cargadas de brevas,
que, si las sacuden,
caen en la boca del que las ha
de comer.

13 Tus tropas, dentro de ti, son como
mujeres.
Las puertas de tu tierra
se abrirán de par en par a tus
enemigos
y el fuego consumirá tus cerrojos.

14 Provéete de agua para el asedio,
refuerza tus fortalezas,
entra en el lodo y pisa el barro,
y refuerza el horno.

15 Allí te consumirá el fuego,
te talará la espada,
te devorará como el pulgón.

a 3.8 Ez 30.14-16.

¡Multiplícate como la langosta!
¡Multiplícate como el saltamontes!
¹⁶ Multiplicaste tus mercaderes
más que las estrellas del cielo;
la langosta hace presa y vuela.
¹⁷ Tus príncipes serán como langostas
y tus grandes como nubes de
langostas
que se posan sobre las cercas
en los días de frío;
al salir el sol se van,
sin que nadie sepa a dónde.

¹⁸ »¡Se han dormido tus pastores,[b]
rey de Asiria![c]
Reposan tus valientes,
tu ejército se dispersó por los
montes
y no hay quien lo junte.
¹⁹ ¡No hay medicina para tu
quebradura,
tu herida es incurable![d]
Todos los que oyen acerca de ti
aplauden tu ruina,
porque ¿sobre quién no ha pasado
sin tregua tu maldad?»

[b] **3.18** Es decir, los gobernantes. Cf. Zac 11.4-11.   [c] **3.18** Is 10.5-27.   [d] **3.19** Jer 30.12-13.

HABACUC

INTRODUCCIÓN

De este personaje bíblico solamente sabemos que fue profeta y que se llamaba Habacuc (1.1; 3.1). Partiendo de la referencia a «los caldeos, nación cruel y presurosa» (1.6), algunos han deducido que Habacuc profetizó en tiempos cercanos a la destrucción de Nínive (612 a.C.); pero hay también quienes piensan que lo hizo entre el año 605 a.C., principio del reinado de Nabucodonosor en Babilonia (cf. Jer 25.1), y el 597 a.C., año de la caída de Jerusalén (cf. 2 R 24.10-12). El simbolismo posterior de Babilonia, como cumbre de opresión, maldad y violencia (cf. Ap 18), acrecienta las dificultades de esa datación.

A partir del título (1.1), la profecía de Habacuc (=Hab) consta de tres secciones. La primera (1.2—2.4) es una especie de diálogo entre Dios y el profeta. Habacuc clama a causa de la violencia y la injusticia practicadas por las gentes de su nación (1.2-4); y el Señor le responde afirmando que la maldad será castigada y que los caldeos serán el brazo ejecutor del castigo (1.5-11). Pero con esta respuesta crece la confusión del profeta, que no comprende cómo Dios puede valerse de los crueles caldeos para invadir y arrasar el país: «¿Por qué... callas cuando destruye el impío al más justo que él?» (1.13).

En la segunda parte (2.5-20), Dios invita al profeta a poner en él toda su confianza. Vendrá un día en que también los caldeos serán abatidos. Su propia soberbia los consumirá cuando llegue el momento del triunfo de la justicia, cuando el malvado recibirá el pago merecido, en tanto que «el justo por su fe vivirá» (2.4; cf. Ro 1.17; Gal 3.11; Heb 10.38).

El capítulo 3 constituye la tercera sección del libro. Es un salmo, compuesto para cantar la gloria de Jehová y para expresar la seguridad del profeta en la protección que le dispensará el Señor, que es su fortaleza (3.18-19).

Esquema del contenido

1. *Habacuc se queja de injusticia (1.1-4)*
2. *Los caldeos castigarán a Judá (1.5-11)*
3. *Protesta de Habacuc (1.12-17)*
4. *Jehová responde a Habacuc (2.1-5)*
5. *Ayes contra los injustos (2.6-20)*
6. *Oración de Habacuc (3.1-19)*

1 ¹Profecía que el profeta Habacuc recibió en una visión

² «¿Hasta cuándo, Jehová,ᵃ gritaré
sin que tú escuches,
y clamaré a causa de la violencia
sin que tú salves?
³ ¿Por qué me haces ver iniquidad
y haces que vea tanta maldad?
Ante mí solo hay destrucción y
violencia;
pleito y contienda se levantan.ᵇ
⁴ Por eso la Ley se debilita
y el juicio no se ajusta a la verdad;
el impío asedia al justo,
y así se tuerce la justicia.ᶜ
⁵ »Mirad entre las naciones,
ved y asombraos,
porque haré una obra en vuestros
días,
que, aun cuando se os contara, no
la creeríais.ᵈ
⁶ Porque yo levanto a los caldeos,ᵉ
nación cruel y presurosa,
que camina por la anchura de
la tierra
para poseer las moradas ajenas.
⁷ Formidable es y terrible;
de ella misma proceden
su justicia y su dignidad.
⁸ Sus caballos son
más ligeros que leopardos,
más feroces que lobos nocturnos,
y sus jinetes se multiplicarán.
Vienen de lejos sus jinetes,
vuelan como águilas
que se apresuran a devorar.
⁹ Toda ella acude a la violencia;
el terror va delante de ella,
y recoge cautivos como arena.
¹⁰ Se mofa de los reyes,
y de los príncipes hace burla;
se ríe de las fortalezas,
levanta terraplenes y las toma.
¹¹ Luego pasa como el huracán,
y peca porque hace de su fuerza
su dios.
¹² »¿No eres tú desde el principio,
Jehová, Dios mío, Santo mío?
No moriremos.

Jehová, para juicio lo pusiste;
y tú, Roca, lo estableciste para
castigar.
¹³ Muy limpio eres de ojos para ver
el mal,
ni puedes ver el agravio;
¿por qué, pues, ves a los criminales
y callas cuando destruye el impío
al que es más justo que él?ᶠ
¹⁴ Tratas a los hombres como a peces
del mar,
como a reptiles que no tienen
dueño.
¹⁵ A todos los pesca con anzuelo,
los recoge con su red,
los junta en sus mallas;
por lo cual se alegra y se regocija.
¹⁶ Por eso ofrece sacrificios a su red
y quema incienso a sus mallas,
porque gracias a ellas su porción es
abundante
y sabrosa su comida.
¹⁷ ¿Vaciará sin cesar su red
y seguirá aniquilando sin piedad a
las naciones?»

2 ¹ «En mi puesto de guardia estaré,
sobre la fortaleza afirmaré el pie.
Velaré para ver lo que se me dirá
y qué he de responder tocante
a mi queja.

² »Jehová me respondió y dijo:
"Escribe la visión, grábala en
tablas,ᵃ
para que pueda leerse de corrido.
³ Aunque la visión tarda en
cumplirse,
se cumplirá a su tiempo, no fallará.
Aunque tarde, espérala,
porque sin duda vendrá, no
tardará.ᵇ
⁴ Aquel cuya alma no es recta se
enorgullece;
mas el justo por su fe vivirá".ᶜ
⁵ »Además, el que es dado al vino es
traicionero,
hombre orgulloso, que no
prosperará;
ensancha como el seol su garganta
y es insaciable como la muerte,

ᵃ 1.2-4 Job 19.1-7; 21; Sal 73.1-14; Jer 12.1-4; 14.9; Ap 6.10.   ᵇ 1.3 Jer 6.7; 9.2-6.
ᶜ 1.4 Is 59.14; Miq 7.2-3.   ᵈ 1.5 Hch 13.41.   ᵉ 1.6 2 R 24.2; Jer 6.22-23; 10.22.
ᶠ 1.13 Sal 5.4-6.   ᵃ 2.2 Is 8.1; 30.8.   ᵇ 2.3 Heb 10.37.   ᶜ 2.4 Ro 1.17; Gl 3.11; Heb 10.37-38.

aunque reúna para sí todas las
naciones
y acapare para sí todos los pueblos.
6 »¿No entonarán todos estos
contra él
refranes y sarcasmos?
Dirán: "¡Ay del que multiplicó lo
que no era suyo!
¿Hasta cuándo seguirá
acumulando
prenda tras prenda?".

7 »¿No se levantarán de repente tus
deudores
y se despertarán los que te harán
temblar?
Tú serás como despojo para ellos.
8 Por cuanto has despojado a
muchas naciones,
todos los otros pueblos te
despojarán a ti,
a causa de la sangre de los
hombres,
y de las violencias hechas a
la tierra,
a las ciudades y a todos los que en
ellas habitaban.

9 »¡Ay del que codicia
injusta ganancia para su casa,
para poner en alto su nido,
para escaparse del poder del mal!
10 Tomaste consejo vergonzoso para
tu casa,
asolaste muchos pueblos
y has pecado contra tu vida.
11 Porque la piedra clamará desde
el muro
y la tabla del enmaderado le
responderá.

12 »¡Ay del que edifica con sangre la
ciudad
y del que la funda sobre la
maldad!^{d}
13 ¿No viene esto de Jehová de los
ejércitos?
Los pueblos, pues, trabajarán para
el fuego,
y las naciones se fatigarán en vano.
14 Porque la tierra se llenará

del conocimiento de la gloria
de Jehová,
como las aguas cubren el mar.^{e}

15 »¡Ay del que da de beber a su
prójimo!
¡Ay de ti, que le acercas tu hiel
y lo embriagas para mirar su
desnudez!
16 Te has llenado de deshonra más
que de honra;
bebe tú también y serás
descubierto;
el cáliz de la mano derecha de
Jehová vendrá hasta ti
y convertirá en humillación tu
gloria.^{f}
17 Porque la rapiña del Líbano caerá
sobre ti
y la destrucción de las fieras te
quebrantará,
a causa de la sangre de los
hombres,
y de las violencias hechas a la
tierra,
a las ciudades y a todos los que en
ellas habitaban.

18 »¿De qué sirve la escultura
que esculpió el que la hizo,
la estatua de fundición que enseña
mentira,
para que el artífice confíe en
su obra
haciendo imágenes mudas?^{g}

19 »¡Ay del que dice al palo:
"Despiértate";
y a la piedra muda: "Levántate"!
¿Podrán acaso enseñar?
Aunque está cubierto de oro
y plata,
no hay espíritu dentro de él.
20 Mas Jehová está en su santo
Templo:
¡calle delante de él toda la tierra!»^{h}

3 ¹Oración del profeta Habacuc, sobre
Sigionot

2 «¡Jehová, he oído tu palabra,
y temí!

---

^{d} 2.12 Jer 22.13; Miq 3.10. ^{e} 2.14 Is 11.9. ^{f} 2.16 Sal 75.8; Jer 25.15-29; Ez 23.32-34.
^{g} 2.18 Is 44.9-20; Jer 10.3-11,14-16. ^{h} 2.20 Sal 11.4.

¡Jehová, aviva tu obra en medio de
los tiempos,
en medio de los tiempos hazla
conocer;
en la ira acuérdate de la
misericordia!
³ Dios viene de Temán;
el Santo, desde el monte Parán.

Selah

»Su gloria cubrió los cielos,
la tierra se llenó de su alabanza.
⁴ Su resplandor es como la luz.
Rayos brillantes salen de su mano;
allí está escondido su poder.
⁵ Delante de su rostro va la
mortandad,
y tras sus pies salen carbones
encendidos.
⁶ Se levanta y mide la tierra;
mira, y se estremecen las naciones.
Los montes antiguos se
desmoronan,
los collados antiguos se
derrumban;
pero sus caminos son eternos.ᵃ

⁷ »He visto las tiendas de Cusán en
aflicción;
las tiendas de la tierra de Madián
tiemblan.
⁸ ¿Te has airado, Jehová, contra
los ríos?
¿Contra los ríos te has airado?
¿Arde tu ira contra el mar
cuando montas en tus caballos,
en tus carros de victoria?

⁹ »Tienes tu arco preparado;
los juramentos a las tribus fueron
palabra segura. *Selah*

»Has hendido la tierra con los ríos.
¹⁰ Te ven los montes y temen;
pasa la inundación;
el abismo deja oir su voz
y alza sus manos a lo alto.
¹¹ El sol y la luna se detienen en
su lugar,

a la luz de tus saetas que cruzan,
al resplandor de tu refulgente
lanza.
¹² Con ira pisas la tierra,
con furor pisoteas las naciones.
¹³ Has salido para socorrer a tu
pueblo,
para socorrer a tu ungido.
Has abatido la cabeza de la casa del
impío,
has descubierto el cimiento hasta
la roca. *Selah*

¹⁴ »Traspasaste con sus propios
dardos
las cabezas de sus guerreros,
que como tempestad acometieron
para dispersarme,
regocijados como si fueran a
devorar
al pobre en secreto.

¹⁵ »Caminas en el mar con tus
caballos,
sobre la mole de las muchas
aguas.ᵇ
¹⁶ Oí, y se conmovieron mis entrañas;
al oir la voz temblaron mis labios.
Pudrición entró en mis huesos,
y dentro de mí me estremecí.
Tranquilo espero el día de la
angustia
que vendrá sobre el pueblo que
nos ataca.

¹⁷ »Aunque la higuera no florezca
ni en las vides haya frutos,
aunque falte el producto del olivo
y los labrados no den
mantenimiento,
aunque las ovejas sean quitadas de
la majada
y no haya vacas en los corrales,
¹⁸ con todo, yo me alegraré en Jehová,
me gozaré en el Dios de mi
salvación.ᶜ
¹⁹ Jehová, el Señor, es mi fortaleza;
él me da pies como de ciervasᵈ
y me hace caminar por las alturas».

ᵃ **3.6** Am 4.13; Miq 1.3-4. ᵇ **3.15** Is 43.16-17; 63.11-14. ᶜ **3.17-18** Sal 25.5; 68.19-20; Lc 1.47.
ᵈ **3.19** 2 S 22.34; Sal 18.33.

SOFONÍAS

INTRODUCCIÓN

El único dato biográfico transmitido por el libro de Sofonías (=Sof) es que el profeta desarrolló su actividad durante el reinado de Josías sobre Judá (640-609 a.C.). En aquella época se recuperaron las antiguas tradiciones del pueblo y se puso freno al grave deterioro que la religiosidad judía había sufrido durante los reinados de Manasés y de Amón (2 R 21.1-26). Fue también entonces cuando Josías emprendió la reforma del culto de Jerusalén (2 R 22.3—23.25; 2 Cr 34.8—35.19), a raíz de haberse descubierto, en el 622 a.C., el libro de la Ley.

Probablemente, a Sofonías le tocó desempeñar un importante papel en la renovación moral y espiritual de Judá; pero dado que su proclama encaja más bien en una época de depravación y en una sociedad dominada por el paganismo, y dado que no contiene la menor alusión a las reformas de Josías, es fácil suponer que la actividad del profeta corresponde a un tiempo algo anterior a la puesta en marcha de la obra realizada por el rey, quizás a los años 630 a 625 a.C.

El mensaje profético de Sofonías comienza con el anuncio de un desastre de dimensiones universales. Jehová afirma que, a causa de los pecados de Judá, va a destruir «todas las cosas de sobre la faz de la tierra», lo mismo a seres humanos que a bestias. Solo se salvarán —«quizás»— los «humildes de la tierra» y los que de veras buscan actuar con justicia (1.2—2.3). En una segunda sección (2.4—3.8), el oráculo del profeta se proyecta más directamente sobre los enemigos de Judá. El juicio de Dios alcanzará a las naciones paganas, desde los filisteos, en la costa, hasta los asirios, de la Mesopotamia. En tercer lugar (3.9-20), Sofonías proclama un mensaje de esperanza dirigido al «remanente de Israel» (v. 13), al «pueblo humilde y pobre» (v.12) que habrá sobrevivido a la catástrofe. El profeta le anuncia «pureza de labios» para invocar el nombre de Jehová (v. 9), y liberación definitiva de toda cautividad (v. 19).

El tema central del mensaje de Sofonías es el anunciado «día grande de Jehová» (1.7,10,14), tema que ya había despertado el interés de otros profetas (cf. Am 5.18-20). En él habrá clamor, castigo y saqueo, y en él gritarán los valientes (1.8-13). Pero también ese día terrible pondrá fin al dominio de la maldad sobre la tierra y a la indiferencia de quienes piensan que Dios permanece ajeno al drama de la existencia humana (1.12).

Esquema del contenido

1. El día de la ira de Jehová (1.1-18)
2. Juicios contra las naciones vecinas (2.1-15)
3. El pecado de Jerusalén y su redención (3.1-20)

---

1 ¹ Palabra que Jehová dirigió a Sofonías hijo de Cusi hijo de Gedalías, hijo de Amarías, hijo de Ezequías, en días de Josías*a* hijo de Amón, rey de Judá:

2 «Destruiré por completo todas
las cosas
de sobre la faz de la tierra,

dice Jehová.
³ Destruiré hombres y bestias,
destruiré las aves del cielo
y los peces del mar,*b*
haré perecer a los malvados,
y extirparé a los hombres
de sobre la faz de la tierra,
dice Jehová.

a **1.1** 2 R 22.1—23.30; 2 Cr 34.1—35.27.   *b* **1.3** Os 4.3.

⁴ »Extenderé mi mano^c contra Judá
y contra todos los habitantes de
   Jerusalén.
Exterminaré de este lugar
los restos de Baal
y el nombre de los ministros
   idólatras
junto con sus sacerdotes.
⁵ Exterminaré a los que sobre los
   terrados se postran
ante el ejército del cielo,
a los que se postran jurando por
   Jehová
y jurando por Milcom,^d
⁶ a los que se apartan de Jehová,
a los que no buscaron a Jehová ni lo
   consultaron.

⁷ »Calla en la presencia de Jehová, el
   Señor,^e
porque el día de Jehová está
   cercano,
porque Jehová ha preparado un
   sacrificio
y ha consagrado a sus convidados.

⁸ »En el día del sacrificio de Jehová
castigaré a los príncipes,
a los hijos del rey
y a todos los que visten como
   extranjeros.
⁹ Asimismo castigaré en aquel día
a todos los que saltan la puerta
y a los que llenan las casas de sus
   señores
de robo y de engaño.

¹⁰ »Así dice Jehová:
Habrá en aquel día voz de clamor
desde la puerta del Pescado,^f
aullido desde la segunda puerta
y gran quebrantamiento desde los
   collados.
¹¹ Aullad, habitantes de Mactes,^g
porque todo el pueblo mercader ha
   sido destruido;
extirpados han sido todos los que
   trafican con dinero.

¹² »Acontecerá en aquel tiempo
que yo escudriñaré a Jerusalén con
   linterna
y castigaré a los hombres
que reposan tranquilos como el
   vino asentado,
los cuales dicen en su corazón:
"Jehová ni hará bien ni hará mal".^h
¹³ Por tanto, serán saqueados sus
   bienes
y sus casas asoladas;
edificarán casas, mas no las
   habitarán,
plantarán viñas, mas no beberán de
   su vino.^i

¹⁴ »¡Cercano está el día grande de
   Jehová!^j
¡Cercano, muy próximo!
Amargo será el clamor del día de
   Jehová;
hasta el valiente allí gritará.
¹⁵ Día de ira aquel día,
día de angustia y de aprieto,
día de alboroto y de asolamiento,
día de tiniebla y de oscuridad,
día de nublado y de
   entenebrecimiento,
¹⁶ día de trompeta y de alarido
sobre las ciudades fortificadas
y sobre las altas torres.
¹⁷ Llenaré de tribulación a los
   hombres,
y ellos andarán como ciegos,
porque pecaron contra Jehová.
Su sangre será derramada como
   polvo
y su carne como estiércol.

¹⁸ »Ni su plata ni su oro podrán
   librarlos
en el día de la ira de Jehová,
pues toda la tierra será consumida
con el fuego de su celo,
porque él exterminará
   repentinamente
a todos los habitantes de la tierra».

---

^c **1.4** Is 5.25; 23.11; Jer 6.12; 15.6; Ez 6.14; 14.9,13.   ^d **1.5** El dios nacional del reino de Amón
(2 R 23.13; Jer 49.1,3).   ^e **1.7** Hab 2.20; Zac 2.13.   ^f **1.10** Una de las entradas al norte de
Jerusalén (cf. Neh 3.3; 12.39).   ^g **1.11** Barrio situado presumiblemente al sur de la ciudad.
^h **1.12** Sal 10.4; 14.1; Is 29.15; Jer 5.12; Am 9.10; Mal 3.14-15.   ^i **1.13** Dt 28.30; Am 5.11; Miq 6.15.
^j **1.14-18** Is 13.6; Ez 30.2-3; Jl 1.15.

2

¹ «Congregaos y meditad,
nación sin pudor,
² antes que tenga efecto el decreto
y el día se pase como el tamo;
antes que venga sobre vosotros
el furor de la ira de Jehová;[a]
antes que el día de la ira de Jehová
venga sobre vosotros.
³ Buscad a Jehová
todos los humildes de la tierra,
los que pusisteis por obra su juicio;
buscad justicia, buscad
mansedumbre;
quizá seréis guardados
en el día del enojo de Jehová.[b]

⁴ »Porque Gaza será desamparada
y Ascalón asolada;
saquearán a Asdod en pleno día
y Ecrón será desarraigada.[c]
⁵ ¡Ay de los que moran en la costa
del mar,
del pueblo de los cereteos!
Jehová ha pronunciado esta
palabra contra vosotros:
¡Canaán, tierra de filisteos,
te haré destruir hasta dejarte sin
morador!
⁶ La costa del mar
se convertirá en praderas para
pastores,
en corrales de ovejas.
⁷ Será aquel lugar
para el resto de la casa de Judá;
allí apacentarán.
En las casas de Ascalón dormirán
de noche,
porque Jehová, su Dios, los visitará
y levantará su cautiverio.

⁸ »He oído los insultos de Moab[d]
y las ofensas con que los hijos
de Amón[e]
deshonraron a mi pueblo
y se engrandecieron sobre su
territorio.
⁹ Por tanto, vivo yo,
dice Jehová de los ejércitos,
Dios de Israel,

que Moab quedará como Sodoma,
y los hijos de Amón como
Gomorra:[f]
serán un campo de ortigas,
una mina de sal,
un lugar desolado para siempre.
El resto de mi pueblo los saqueará
y el resto de mi pueblo los
heredará.

¹⁰ »Esto les vendrá por su soberbia,
porque afrentaron al pueblo de
Jehová de los ejércitos
y se engrandecieron contra él.
¹¹ Terrible será Jehová con ellos,
porque destruirá a todos los dioses
de la tierra,
y se inclinarán ante él, desde sus
lugares,
todas las costas de la tierra.
¹² También vosotros, los de Etiopía,[g]
seréis muertos con mi espada.
¹³ Luego extenderá su mano contra
el norte
y destruirá a Asiria,[h]
y convertirá a Nínive en un lugar
desolado,
árido como un desierto.
¹⁴ Rebaños de ganado se echarán
en ella,
y todas las bestias del campo;
el pelícano y el erizo
dormirán en sus dinteles,
su voz resonará en las ventanas;
habrá desolación en las puertas,
porque su artesonado de cedro
quedará al descubierto.
¹⁵ Esta es la ciudad alegre
que estaba confiada,
la que decía en su corazón:
"Yo, y nadie más".
¡Cómo fue asolada,
hecha guarida de fieras!
Todos los que pasen junto a ella
se burlarán y sacudirán la mano».

3

¹ «¡Ay de la ciudad rebelde,
contaminada y opresora!

² »No escuchó la voz
ni recibió la corrección;

[a] 2.2 Is 66.15; Jer 12.13; 21.5; Os 11.9.   [b] 2.3 Is 55.6-7; Jl 2.13.   [c] 2.4 Is 14.29-31; Jer 47; Ez 25.15-17; Jl 3.4-8; Am 1.6-8; Zac 9.5-7.   [d] 2.8-11 Is 15.1—16.4; 25.10-12; Jer 48.1-47; Ez 25.8-11; Am 2.1-3.   [e] 2.8-11 Jer 49.1-6; Ez 21.28-32; 25.1-7; Am 1.13-15.   [f] 2.9 Gn 19.24. [g] 2.12 Is 18. 1-7.   [h] 2.13-15 Is 10.5-34; 14.24-27; Nah 1—3.

no confió en Jehová
ni se acercó a su Dios.
³ Sus príncipes son, en medio de ella,
leones rugientes;
sus jueces, lobos nocturnos
que no dejan ni un hueso para la
mañana.
⁴ Sus profetas son altaneros,
hombres fraudulentos;
sus sacerdotes contaminaron el
santuario,
falsearon la Ley.
⁵ Jehová es justo en medio de ella,
no cometerá iniquidad;
cada mañana, al despuntar el día,
emite sin falta su juicio;
pero el perverso
no conoce la vergüenza.

⁶ »Hice destruir naciones,
sus habitaciones están asoladas;
he dejado desiertas sus calles
hasta no quedar quien pase.
Sus ciudades han quedado
desoladas,
no ha quedado ni un hombre ni un
habitante.
⁷ Me decía: "Ciertamente me temerá,
recibirá corrección
y no será destruida su morada
cuando yo la visite".
Mas ellos se apresuraron a
corromper
todos sus hechos.
⁸ Por tanto, esperadme, dice Jehová,
hasta el día en que me levante para
juzgaros,
porque mi determinación es reunir
las naciones,ᵃ
juntar los reinos
para derramar sobre ellos mi
enojo,ᵇ
todo el ardor de mi ira,
hasta que el fuego de mi celo
consuma toda la tierra.

⁹ »En aquel tiempo devolveré yo a
los pueblos
pureza de labios,

para que todos invoquen el nombre
de Jehová,
para que le sirvan de común
consentimiento.ᶜ
¹⁰ De la región más allá de los ríos de
Etiopía
me suplicarán;
la hija de mis esparcidos
traerá mi ofrenda.
¹¹ En aquel día no serás avergonzada
por ninguna de las obras
con que te rebelaste contra mí,
porque entonces quitaré
de en medio de ti
a los que se alegran en tu soberbia,
y nunca más te ensoberbecerás
en mi santo monte.
¹² Y dejaré en medio de ti
un pueblo humilde y pobre,
el cual confiará en el nombre de
Jehová.
¹³ El resto de Israel
no hará injusticia
ni dirá mentira,
ni en boca de ellos se hallará lengua
engañosa,ᵈ
porque ellos serán apacentados y
reposarán,
y no habrá quien los atemorice.ᵉ

¹⁴ »¡Canta, hija de Sión!
¡Da voces de júbilo, Israel!
¡Gózate y regocíjate de todo
corazón, hija de Jerusalén!
¹⁵ Jehová ha retirado su juicio
contra ti;
ha echado fuera a tus enemigos.
Jehová es Rey de Israel en medio
de ti;ᶠ
no temerás ya ningún mal.
¹⁶ En aquel tiempo se dirá a Jerusalén:
"¡No temas, Sión,
que no se debiliten tus manos!"ᵍ
¹⁷ Jehová está en medio de ti;
¡él es poderoso y te salvará!ʰ
Se gozará por ti con alegría,
callará de amor,
se regocijará por ti con cánticos.

ᵃ 3.8 Jl 3.2; Zac 14.2.   ᵇ 3.8 Sal 69.24; 79.6; Jer 10.25.   ᶜ 3.9 Is 6.5-7.   ᵈ 3.13 Ap 14.5.
ᵉ 3.13 Sal 23.2-4; Ez 34.13-16.   ᶠ 3.14-15 Is 12.6; Zac 9.9.   ᵍ 3.16 Is 35.3-4; 41.14-16.
ʰ 3.17 Is 12.2.

18 »Como en día de fiesta
apartaré de ti la desgracia;
te libraré del oprobio que pesa
sobre ti.
19 En aquel tiempo yo apremiaré
a todos tus opresores;
salvaré a la oveja que cojea
y recogeré a la descarriada.[i]
Cambiaré su vergüenza en
alabanza y renombre

en toda la tierra.
20 En aquel tiempo yo os traeré;
en aquel tiempo os reuniré,
y os daré renombre y fama
entre todos los pueblos de la
tierra,[j]
cuando levante vuestro cautiverio
ante vuestros propios ojos,
dice Jehová».

[i] **3.19** Is 40.11; Ez 34.11-16; Miq 4.6-7; Jn 10.7-16.   [j] **3.20** Gn 12.2-3; Zac 10.8-12.

HAGEO

INTRODUCCIÓN

El libro de Hageo (=Hag) incluye fechas y noticias (1.1,15; 2.1,10,20) que permiten señalar con exactitud el tiempo en que el profeta comenzó a ejercer su actividad: el año 520 a.C., «segundo del rey Darío», quien gobernó entre el 521 y el 485 a.C.

Ciro, el monarca fundador del imperio persa, promulgó el año 538 a.C. el edicto (2 Cr 36.22-23; Esd 1.1-4) que puso fin a la cautividad judía en Babilonia (2 R 25.1-22). Poco después, en el 537, los judíos que habían regresado a Jerusalén iniciaron con entusiasmo la reconstrucción del Templo (Esd 1.1-11). Sin embargo, pronto cundió entre la gente un profundo desaliento, causado en parte por lo precario de los medios de que disponían (1.6) y en parte por la intranquilidad de tener que hacer frente día a día a la actitud hostil de los samaritanos (Esd 4.1-24). Aquellas circunstancias afectaron las obras de restauración del Templo, hasta provocar su paralización total (Esd 4.24). Mientras, comenzaban a aparecer en la propia Jerusalén hermosas mansiones para uso privado de adinerados miembros de la comunidad (1.4).

Esta situación, unida a la falta de estabilidad política reinante en el imperio persa desde el año 522 a.C., ilumina el fondo del mensaje de Hageo al pueblo y a las autoridades más relevantes de Jerusalén: el gobernador de Judá y el sumo sacerdote (cf. Esd 5.1-2; 6.14).

La profecía de Hageo consiste básicamente en una exhortación a reanudar sin demora la reconstrucción del Templo para gloria de Jehová (1.8). La orden procede de Dios, y no puede ser descuidada sin que de ello se deriven graves perjuicios para todos: la sequía, la pérdida de cosechas y la pobreza, signos del enojo divino (1.9-11). En cambio, el Señor bendecirá y traerá una pronta y definitiva salvación a su pueblo si el Templo es reconstruido (1.8; 2.6-9; 2.20-23).

La reacción positiva de Zorobabel y Josué a los requerimientos de Hageo y Zacarías (cf. Esd 6.14) despertó el entusiasmo popular (1.12-14). Las obras se pusieron en marcha sin pérdida de tiempo, y no mucho más tarde se celebró con grandes manifestaciones de alegría la dedicación del restaurado santuario (Esd 6.15-18).

Esquema del contenido

1. Exhortación a reconstruir el Templo (1.1-15)
2. La gloria del nuevo templo (2.1-9)
3. Represión de la infidelidad del pueblo (2.10-19)
4. Promesa de Jehová a Zorobabel (2.20-23)

1 ¹En el año segundo del rey Darío, en el mes sexto,ᵃ en el primer día del mes, fue dirigida esta palabra de Jehová, por medio del profeta Hageo,ᵇ a Zorobabel hijo de Salatiel, gobernador de Judá, y a Josué hijo de Josadac, el sumo sacerdote: ²«Así ha hablado Jehová de los ejércitos: Este pueblo dice: "No ha llegado aún el tiempo, el tiempo de que la casa de Jehová sea reedificada"». ³Entonces llegó esta palabra de Jehová por medio del profeta Hageo: ⁴«¿Es acaso para vosotros tiempo de habitar en vuestras casas artesonadas, mientras esta Casa está en ruinas? ⁵Pues así ha dicho Jehová de los ejércitos: Meditad bien sobre vuestros caminos. ⁶Sembráis mucho, pero recogéis poco; coméis, pero no os saciáis; bebéis, pero no quedáis satisfechos; os vestís, pero no os calentáis; y el que trabaja a jornal recibe su salario en saco roto. ⁷Así ha dicho Jehová de los ejércitos: Meditad sobre vuestros caminos. ⁸Subid al monte, traed madera y reedificad la Casa; yo me complaceré en ella y seré glorificado, ha dicho Jehová. ⁹Buscáis mucho, pero halláis poco; lo que guardáis en casa yo lo disiparé con un soplo. ¿Por qué?, dice Jehová de los ejércitos. Por cuanto mi Casa está desierta, mientras cada uno de vosotros corre a su propia casa. ¹⁰Por eso los cielos os han negado la lluvia, y la tierra retuvo sus frutos.ᶜ ¹¹Yo llamé la sequía sobre esta tierra y sobre los montes, sobre el trigo, sobre el vino, sobre el aceite, sobre todo lo que la tierra produce, sobre los hombres y sobre las bestias, y sobre todo trabajo de sus manos».

¹²Entonces Zorobabel hijo de Salatiel, y Josué hijo de Josadac, el sumo sacerdote, y todo el resto del pueblo oyeron la voz de Jehová, su Dios, y las palabras del profeta Hageo, tal como le había encargado Jehová, su Dios; y temió el pueblo delante de Jehová. ¹³Entonces Hageo, el enviado de Jehová, habló por mandato de Jehová al pueblo, diciendo: «Yo estoy con vosotros, dice Jehová».

¹⁴Así despertó Jehová el espíritu de Zorobabel hijo de Salatiel, gobernador de Judá, y el espíritu de Josué hijo de Josadac, el sumo sacerdote, y el espíritu de todo el resto del pueblo. Ellos fueron y comenzaron a trabajar en la casa de Jehová de los ejércitos, su Dios. ¹⁵Era el día veinticuatro del mes sexto del segundo año del rey Darío.ᵈ

2 ¹En el mes séptimo, a los veintiún días del mes,ᵃ llegó esta palabra de Jehová por medio del profeta Hageo: ²«Habla ahora a Zorobabel hijo de Salatiel, gobernador de Judá, y a Josué hijo de Josadac, el sumo sacerdote, y al resto del pueblo, y diles:ᵇ ³¿Quién queda entre vosotros que haya visto esta Casa en su antiguo esplendor?ᶜ ¿Cómo la veis ahora? ¿No es ella como nada ante vuestros ojos? ⁴Pues ahora, Zorobabel, anímate, dice Jehová; anímate tú también, sumo sacerdote Josué hijo de Josadac; cobrad ánimo, pueblo todo de la tierra, dice Jehová, y trabajad, porque yo estoy con vosotros, dice Jehová de los ejércitos.ᵈ ⁵Según el pacto que hice con vosotros cuando salisteis de Egipto, así mi espíritu estará en medio de vosotros,ᵉ no temáis. ⁶Porque así dice Jehová de los ejércitos: De aquí a poco yo haré temblar los cielos y la tierra,ᶠ el mar y la tierra seca; ⁷haré temblar a todas las naciones; vendrá el Deseado de todas las naciones y llenaré de gloria esta Casa, ha dicho Jehová de los ejércitos. ⁸Mía es la plata y mío es el oro, dice Jehová de los ejércitos. ⁹La gloria de esta segunda Casa será mayor que la de la primera, ha dicho Jehová de los ejércitos; y daré paz en este lugar, dice Jehová de los ejércitos».

¹⁰A los veinticuatro días del noveno mes,ᵍ en el segundo año de Darío, llegó esta palabra de Jehová por medio del profeta Hageo: ¹¹«Así ha dicho Jehová de los ejércitos: Pregunta ahora a los sacerdotes acerca de la Ley, y diles: ¹²Si alguno lleva carne santificada en la falda de su ropa, y con el vuelo de ella toca el pan o la vianda, el vino o el aceite, o cualquier otra comida,

---

ᵃ**1.1** La fecha corresponde a fines de agosto del 520 a.C.   ᵇ**1.1** Esd 4.24—5.2; 6.14.   ᶜ**1.10** Lv 26.18-20.   ᵈ**1.14-15** Esd 5.2.   ᵃ**2.1** Corresponde a septiembre-octubre de nuestro calendario.   ᵇ**2.1-2** Esd 3.1-2.   ᶜ**2.3** Esd 3.12-13.   ᵈ**2.4** Zac 8.9.   ᵉ**2.5** Ex 33.14.   ᶠ**2.6** Heb 12.26.   ᵍ**2.10** Corresponde a noviembre-diciembre de nuestro calendario.

¿será santificada?» Los sacerdotes respondieron diciendo que no. [13] Entonces Hageo continuó: «Si uno que está impuro por haber tocado un cadáver,[h] toca alguna cosa de estas, ¿quedará ella inmunda?». Los sacerdotes respondieron: «Inmunda quedará». [14] Hageo respondió: «Así es este pueblo y esta gente que está delante de mí, dice Jehová; asimismo es toda la obra de sus manos: todo lo que aquí ofrecen es inmundo. [15] Ahora, pues, meditad en vuestro corazón desde este día en adelante, antes que pongan piedra sobre piedra en el templo de Jehová. [16] Antes que sucedieran estas cosas, venían al montón de veinte efas, y solo había diez; venían al lagar para sacar cincuenta cántaros, y solo había veinte. [17] Os herí con un viento sofocante, con tizoncillo y con granizo en toda la obra de vuestras manos, pero no os convertisteis a mí,[i] dice Jehová. [18] Meditad, pues, en vuestro corazón, desde este día en adelante, desde el día veinticuatro del noveno mes, desde el día que se echó el cimiento del templo de Jehová; meditad, pues, en vuestro corazón. [19] ¿No está aún el grano en el granero? Ni la vid, ni la higuera, ni el granado, ni el árbol de olivo ha florecido todavía; pero desde este día, yo os bendeciré».

[20] Hageo recibió por segunda vez esta palabra de Jehová, a los veinticuatro días del mismo mes: [21] «Habla a Zorobabel, gobernador de Judá, y dile: Yo haré temblar los cielos y la tierra; [22] trastornaré el trono de los reinos y destruiré la fuerza de los reinos de las naciones; trastornaré los carros y a los que en ellos suben; caballos y jinetes caerán bajo la espada de sus propios hermanos. [23] En aquel día, dice Jehová de los ejércitos, te tomaré, Zorobabel hijo de Salatiel, siervo mío, dice Jehová, y te pondré como anillo de sellar, porque yo te he escogido, dice Jehová de los ejércitos».

[h] **2.13** Lv 21.11; Nm 9.6-7; 19.11-22.   [i] **2.17** Am 4.9; cf. Dt 28.

ZACARÍAS

INTRODUCCIÓN

El encabezamiento del libro de Zacarías (=Zac) permite establecer entre los años 520 y 518 a.C. el tiempo del ministerio del profeta, que fue contemporáneo de Hageo. Los primeros versículos (1.2-6) anuncian un llamamiento a los repatriados de la cautividad babilónica. La exhortación va seguida de una serie de complicadas visiones, llenas de símbolos. En ellas, bajo la apariencia de un ángel, el Señor se presenta ante el profeta y dialoga con él. Desde un punto de vista literario, estas visiones se asemejan a las de Amós y Jeremías (Am 7.1—9.4; Jer 1.11-14).

El libro consta de dos partes bien diferenciadas. Los textos que forman la primera parte (cap. 1—8) son básicamente comprensibles, a pesar de la proliferación de figuras simbólicas. De manera particular destacan temas como el de la misericordia de Dios para con Jerusalén (1.14,16), la humillación de las naciones («cuernos») que causaron la dispersión de Judá (1.21), la eliminación del pecado en el pueblo de Dios (5.3-4,8) y la esperanza mesiánica (4.1-14). El profeta Zacarías presta atención especial a la reconstrucción del Templo (1.16; 4.8-10; 6.15) y a la sinceridad en la práctica del ayuno (7.2-14).

La segunda parte del libro (cap. 9—14) revela una situación histórica distinta. Determinadas diferencias de enfoque del mensaje profético, unidas a algunos indicios de carácter cultural (p.e., el uso del nombre de Grecia en 9.13) se corresponden mejor con otra época que la vivida por Zacarías; probablemente a los años de la expansión del helenismo bajo Alejandro Magno (segunda mitad del siglo IV a.C.). En esta parte del libro la profecía contempla el triunfo final del Señor sobre las naciones enemigas (12.9; 14.12-15), a las cuales él mismo habrá reunido para combatir contra Jerusalén (14.2). Zacarías proclama al Señor como defensor de su pueblo y de Jerusalén (9.8,15-16; 12.8), anuncia la reunión de todos los que estaban esparcidos (10.6-10), la anexión a Israel de los pueblos paganos (9.7; 14.16-17) y el reinado definitivo de Dios (14.9,16). Muy significativa es la profecía mesiánica sobre la llegada a Jerusalén de un rey «justo y salvador, pero humilde, cabalgando sobre un asno, sobre un pollino hijo de asna» (9.9). Los evangelistas Mateo y Juan manifiestan expresamente que el anuncio de Zacarías se cumple con la entrada de Jesús en Jerusalén (Mt 21.4-5; Jn 12.14-15).

Esquema del contenido

1. Llamamiento y visiones simbólicas (1.1—6.8)
2. Coronación simbólica de Josué, instrucción sobre el ayuno y anuncio de la salvación mesiánica (6.9—8.23)
3. Triunfo del Señor sobre sus enemigos, redención de su pueblo y victoria final de Jerusalén en el día del Señor (9.1—14.21)

Exhortación a volverse a Jehová

1 ¹ En el octavo mes del año segundo de Darío,ᵃ llegó esta palabra de Jehová al profeta Zacaríasᵇ hijo de Berequías hijo de Iddo:

² «Se enojó mucho Jehová contra vuestros padres. ³ Diles, pues:

»Así ha dicho Jehová de los ejércitos:

ᵃ **1.1** Corresponde a octubre-noviembre de nuestro calendario, dos meses después de la primera profecía de Hageo (Hag 1.1). Ello ocurrió en el 520 a.C.   ᵇ **1.1** Esd 4.24—5.1; 6.14. Provenía de una familia sacerdotal que había regresado a Jerusalén al finalizar el exilio (Neh 12.4).

Volveos a mí, dice Jehová de los
ejércitos,
y yo me volveré a vosotros,
dice Jehová de los ejércitos.

4 »No seáis como vuestros padres, a
quienes los primeros profetas clamaron
diciendo: "Así ha dicho Jehová de los
ejércitos: Volveos ahora de vuestros malos caminos y de vuestras malas obras";
pero ellos no atendieron ni me escucharon, dice Jehová.

5 »Vuestros padres, ¿dónde están?;
y los profetas, ¿acaso han de vivir
para siempre?
6 En cambio, mis palabras[c] y mis
ordenanzas,
que yo mandé a mis siervos los
profetas,
¿no alcanzaron a vuestros padres?

»Por eso ellos se volvieron y dijeron:
"Como Jehová de los ejércitos había decidido tratarnos, conforme a nuestros caminos y conforme a nuestras obras, así
nos ha tratado"».

La visión de los caballos

7 A los veinticuatro días del mes undécimo, que es el mes de Sebat,[d] en el año segundo de Darío, llegó esta palabra de
Jehová al profeta Zacarías hijo de Berequías hijo de Iddo: 8 Tuve una visión durante la noche: Vi a un hombre que
cabalgaba sobre un caballo alazán y estaba
entre los mirtos que había en la hondonada, y detrás de él había caballos alazanes,
overos y blancos.[e] 9 Entonces pregunté:

—¿Quiénes son estos, señor mío?

Y el ángel que hablaba conmigo me
respondió:

—Yo te enseñaré quiénes son estos.

10 Y el hombre que estaba entre los mirtos dijo:

—Estos son los que Jehová ha enviado
a recorrer la tierra.

11 Entonces ellos hablaron a aquel ángel de Jehová que estaba entre los mirtos,
y le dijeron:

—Hemos recorrido la tierra, y hemos
visto que toda la tierra está tranquila y en
calma.

12 El ángel de Jehová exclamó:

—Jehová de los ejércitos, ¿hasta cuándo no tendrás piedad de Jerusalén y de
las ciudades de Judá, con las cuales has
estado enojado por espacio de setenta
años?

13 Jehová dirigió palabras buenas, palabras de consuelo, al ángel que hablaba
conmigo. 14 Entonces el ángel que hablaba conmigo me dijo: «Proclama: "Así ha
dicho Jehová de los ejércitos:

»Celé con gran celo[f] a Jerusalén y a
Sión.
15 Pero siento gran ira contra las
naciones despreocupadas,
pues cuando yo estaba un poco
enojado,
ellas se aprovecharon para agravar
el mal.
16 Por tanto, así ha dicho Jehová:
Me vuelvo a Jerusalén con
misericordia;
en ella será edificada mi Casa,
dice Jehová de los ejércitos,
y la plomada será tendida sobre
Jerusalén".

17 »Proclama también:

»"Así dice Jehová de los ejércitos:
Aún rebosarán mis ciudades con la
abundancia del bien;
aún consolará Jehová a Sión
y aún escogerá a Jerusalén"».

Visión de los cuernos y los carpinteros

18 Después alcé mis ojos y miré; y vi
cuatro cuernos.[g] 19 Y pregunté al ángel
que hablaba conmigo:

—¿Qué son estos?

Me respondió:

—Estos son los cuernos que dispersaron a Judá, a Israel y a Jerusalén.

20 Me mostró luego Jehová cuatro carpinteros. 21 Pregunté:

—¿Qué vienen estos a hacer?

---

c 1.6 Is 40.7-8. d 1.7 Corresponde a enero-febrero del 519 a.C. Cf. Hag 1.1. e 1.8 Ap 6.2-8.
f 1.14 Ex 20.5; Dt 5.9. g 1.18 Dn 7.14-27.

Él me respondió:

—Aquellos son los cuernos que dispersaron a Judá, tanto que ninguno alzó su cabeza; pero estos han venido para hacerlos temblar, para derribar los cuernos de las naciones que alzaron el cuerno sobre la tierra de Judá para dispersarla.

Llamamiento a los cautivos[a]

2 ¹ Alcé después mis ojos y tuve una visión. Vi a un hombre que tenía en su mano un cordel de medir. ² Y le dije:

—¿A dónde vas?

Él me respondió:

—A medir a Jerusalén, para ver cuánta es su anchura y cuánta su longitud.

³ Mientras se iba aquel ángel que hablaba conmigo, otro ángel le salió al encuentro ⁴ y le dijo: «Corre, háblale a este joven y dile:

» "A causa de la multitud de
    hombres y de ganado que
    habitará en medio de ella,
Jerusalén no tendrá muros.
⁵ Yo seré para ella, dice Jehová,
    un muro de fuego a su alrededor,
    y en medio de ella mostraré mi
    gloria".

⁶ »¡Eh, eh!, huid de la tierra del norte,
    dice Jehová,
pues por los cuatro vientos de los
    cielos os esparcí, dice Jehová.
⁷ ¡Eh, Sión,
    tú que moras con la hija de
    Babilonia, escápate!»[b]

⁸ Porque así ha dicho Jehová de los ejércitos:

«Tras la gloria me enviará él a las
    naciones que os despojaron,
porque el que os toca, toca a la niña
    de mi ojo.
⁹ Yo alzo mi mano sobre ellos,
    y serán saqueados por sus propios
    siervos».
Así sabréis que Jehová de los
    ejércitos me envió.

¹⁰ «Canta y alégrate, hija de Sión,
    porque yo vengo a habitar en
    medio de ti,
ha dicho Jehová.
¹¹ Muchas naciones se unirán a
    Jehová en aquel día,
y me serán por pueblo, y habitaré
    en medio de ti»,
y entonces conocerás que Jehová de
    los ejércitos me ha enviado a ti.[c]
¹² Jehová poseerá a Judá, su heredad
    en la tierra santa,
y escogerá aún a Jerusalén.

¹³ ¡Que calle todo el mundo delante
    de Jehová,
porque él se ha levantado de su
    santa morada![d]

Visión del sumo sacerdote Josué

3 ¹ Luego me mostró al sumo sacerdote Josué,[a] el cual estaba delante del ángel de Jehová, mientras el Satán estaba a su mano derecha para acusarlo.[b] ² Entonces dijo Jehová al Satán: «¡Jehová te reprenda,[c] Satán! ¡Jehová, que ha escogido a Jerusalén, te reprenda! ¿No es este un tizón arrebatado del incendio?».» ³ Josué, que estaba cubierto de vestiduras viles, permanecía en pie delante del ángel. ⁴ Habló el ángel y ordenó a los que estaban delante de él: «Quitadle esas vestiduras viles». Y a él dijo: «Mira que he quitado de ti tu pecado y te he hecho vestir de ropas de gala».[e] ⁵ Después dijo: «Pongan un turbante limpio sobre su cabeza». Pusieron un turbante limpio sobre su cabeza y lo vistieron de gala. Y el ángel de Jehová seguía en pie.

⁶ Después el ángel de Jehová amonestó a Josué diciéndole: ⁷ «Así dice Jehová de los ejércitos:

»Si andas por mis caminos y si
    guardas mi ordenanza,
entonces tú gobernarás mi Casa y
    guardarás mis atrios,
y entre estos que aquí están te daré
    lugar.
⁸ Escucha pues, ahora, Josué, sumo
    sacerdote,

---

[a] 2.1-5 Ez 40.2-3; Ap 11.1; 21.15-17.   [b] 2.6-7 Is 48.20; Jer 50.8; 51.6.   [c] 2.11 Is 2.2-5; Is 45.22; Miq 4.1-2   [d] 2.13 Hab 2.20; Sof 1.7; Ap 8.1.   [a] 3.1 Esd 5.2.   [b] 3.1 Job 1.6-12; Ap 12.10.   [c] 3.2 Jud 9.   [d] 3.2 Am 4.11.   [e] 3.3-4 Ap 19.8.

tú y tus amigos que se sientan
   delante de ti,
pues sois como una señal profética:
Yo traigo a mi siervo,[f] el Renuevo.[g]
⁹ Mirad la piedra que puse delante
   de Josué:
es única y tiene siete ojos.
Yo mismo grabaré su inscripción,
   dice Jehová de los ejércitos,
y quitaré en un solo día el pecado
   de la tierra.
¹⁰ En aquel día, dice Jehová de los
   ejércitos,
cada uno de vosotros convidará a
   su compañero,
debajo de su vid y debajo de su
   higuera».[h]

El candelabro de oro y los olivos

4 ¹ Volvió el ángel que hablaba conmigo,
y me despertó como a un hombre a
quien se despierta de su sueño. ² Y me
preguntó:
—¿Qué ves?
Respondí:
—Veo un candelabro de oro macizo,
con un depósito arriba, con sus siete lámparas y siete tubos para las lámparas que
están encima de él. ³ Junto al candelabro
hay dos olivos,[a] el uno a la derecha del
depósito y el otro a su izquierda.
⁴ Proseguí y pregunté a aquel ángel
que hablaba conmigo:
—¿Qué es esto, señor mío?
⁵ Y el ángel que hablaba conmigo me
respondió:
—¿No sabes qué es esto?
Le dije:
—No, señor mío.
⁶ Entonces siguió diciéndome:
«Esta es palabra de Jehová para Zorobabel,[b] y dice:

"No con ejército, ni con fuerza,
   sino con mi espíritu,
ha dicho Jehová de los ejércitos.[c]
⁷ ¿Quién eres tú, gran monte?
   Delante de Zorobabel serás
     reducido a llanura;

él sacará la primera piedra entre
   aclamaciones de:
¡Qué bella, qué bella es!"

⁸ »Después me fue dirigida esta palabra de Jehová:

⁹ "Las manos de Zorobabel echarán
   el cimiento de esta Casa,
y sus manos la acabarán.
Así conocerás que Jehová de los
   ejércitos me envió a vosotros.
¹⁰ Porque los que menospreciaron el
   día de las pequeñeces, se
   alegrarán
al ver la plomada en la mano de
   Zorobabel".

»Estos siete son los ojos de Jehová,[d]
que recorren toda la tierra».
¹¹ Hablé una vez más y le pregunté:
—¿Qué significan estos dos olivos[e]
que están a la derecha y a la izquierda del
candelabro?
¹² Y aún le pregunté de nuevo:
—¿Qué significan las dos ramas de olivo que por los dos tubos de oro vierten su
aceite dorado?
¹³ Él me respondió:
—¿No sabes qué es esto?
Yo dije:
—No, Señor mío.
¹⁴ Y él me respondió:
—Estos son los dos ungidos que están
delante del Señor de toda la tierra.

El rollo volador

5 ¹ De nuevo alcé mis ojos y tuve una visión: Vi un rollo que volaba. ² Me preguntó:
—¿Qué ves?
Respondí:
—Veo un rollo que vuela, de veinte codos de largo y diez codos de ancho.
³ Entonces me dijo:
—Esta es la maldición que se extiende
sobre la faz de toda la tierra; porque todo
aquel que hurta (según está escrito en un
lado del rollo) será destruido; y todo aquel

---

[f] **3.8** Is 42.1; 49.5-6; 52.13; Hag 2.23.   [g] **3.8** Jer 23.5; 33.15; Zac 6.12-13.   [h] **3.10** 1 R 4.25; Miq 4.4.
[a] **4.3** Ap 11.4.   [b] **4.6** Esd 3.8; 5.2; Hag 1.1; 2.20-23.   [c] **4.6** Sal 20.7; 33.16-17; Os 1.7.
[d] **4.10** Ap 5.6.   [e] **4.11** Ap 11.4.

que jura falsamente (como está del otro lado del rollo) será destruido.

⁴ »Yo la he enviado, dice Jehová de los ejércitos,
para que entre en la casa del ladrón y en la casa del que jura falsamente en mi nombre;
permanecerá en medio de su casa y la consumirá
junto con sus maderas y sus piedras.

La mujer en el efa

⁵ Salió aquel ángel que hablaba conmigo, y me dijo:
—Alza ahora tus ojos y mira qué es esto que sale.
⁶ Pregunté:
—¿Qué es?
Él respondió:
—Este es un efaᵃ que sale.
Además dijo:
—Esta es la maldad de ellos en toda la tierra.
⁷ Entonces levantaron la tapa de plomo, y una mujer estaba sentada en medio de aquel efa. ⁸ Y él dijo:
—Esta es la Maldad.
La arrojó dentro del efa y echó la masa de plomo en la boca del efa.
⁹ Alcé luego mis ojos y tuve una visión: Aparecieron dos mujeres que tenían alas como de cigüeña; el viento impulsaba sus alas, y alzaron el efa entre la tierra y los cielos.
¹⁰ Pregunté al ángel que hablaba conmigo:
— ¿A dónde llevan el efa?
¹¹ Él me respondió:
—Le van a edificar una casa en tierra de Sinar; y cuando esté preparada, lo pondrán sobre su base.

Los cuatro carros

6 ¹ De nuevo alcé mis ojos y tuve una visión. Vi cuatro carros que salían de entre dos montes; y aquellos montes eran de bronce. ² El primer carro iba tirado por caballos alazanes, el segundo carro por caballos negros, ³ el tercer carro por caballos blancos y el cuarto carro por caballos overos rucios rodados.ᵃ
⁴ Pregunté entonces al ángel que hablaba conmigo:
—Señor mío, ¿qué es esto?
⁵ El ángel me respondió:
—Estos son los cuatro vientos de los cielos,ᵇ que salen después de presentarse delante del Señor de toda la tierra. ⁶ El carro con los caballos negros sale hacia la tierra del norte, los blancos salen tras ellos y los overos salen hacia la tierra del sur.
⁷ Los alazanes salieron y se afanaron por ir a recorrer la tierra. Les dijo:
—Id, recorred la tierra.
Y recorrieron la tierra.
⁸ Luego me llamó para decirme:
—Mira, los que salieron hacia la tierra del norte hicieron reposar mi espíritu en la tierra del norte.
⁹ Me fue dirigida palabra de Jehová, que decía: ¹⁰ «Toma de los del cautiverio a Heldai, a Tobías y a Jedaías, los cuales volvieron de Babilonia. Irás tú en aquel día y entrarás en casa de Josías hijo de Sofonías. ¹¹ Tomarás, pues, plata y oro, harás coronas y las pondrás en la cabeza del sumo sacerdote Josué hijo de Josadac. ¹² Y le dirás: "Así ha hablado Jehová de los ejércitos:

»Aquí está el varón cuyo nombre es el Renuevo;ᶜ
él brotará de sus raíces y edificará el templo de Jehová.
¹³ Él edificará el templo de Jehová, tendrá gloria, se sentará y dominará en su trono,
y el sacerdote se sentará a su lado; y entre ambos habrá concordia y paz.

¹⁴ »Las coronas servirán a Helem, a Tobías, a Jedaías y a Henᵈ hijo de Sofonías, como memoria en el templo de Jehová"».
¹⁵ Los que están lejos vendrán y ayudarán a edificar el templo de Jehová. Así conoceréis que Jehová de los ejércitos me ha

---

ᵃ **5.6** Recipiente con capacidad para unos 22 litros.   ᵃ **6.2-3** Ap 6.2-5.   ᵇ **6.5** Ap 7.1.
ᶜ **6.12** Jer 23.5; 33.15; Zac 3.8.   ᵈ **6.14** Según el v. 10 y una versión antigua: *Heldai* y *Josías*, respectivamente.

enviado a vosotros. Esto sucederá si escucháis obedientes la voz de Jehová, vuestro Dios.[e]

El ayuno que Dios reprueba

7 [1] Aconteció que en el año cuarto del rey Darío, a los cuatro días del mes noveno, que es Quisleu, llegó palabra de Jehová a Zacarías.[a] [2] En aquel tiempo el pueblo de Bet-el había enviado a Sarezer, con Regem-melec y sus hombres, a implorar el favor de Jehová, [3] y a preguntar a los sacerdotes que estaban en la casa de Jehová de los ejércitos, y a los profetas: «¿Lloraremos en el mes quinto?[b] ¿Haremos abstinencia, como la hemos venido haciendo desde hace algunos años?»

[4] Recibí, pues, esta palabra de Jehová de los ejércitos:

[5] «Di a todo el pueblo del país, y a los sacerdotes:
"Cuando ayunabais y llorabais en el quinto y en el séptimo mes durante estos setenta años,[c]
¿habéis ayunado para mí?
[6] Y cuando comíais y bebíais,
¿no comíais y bebíais para vosotros mismos?"»

[7] ¿Acaso no son estas las palabras que proclamó Jehová por medio de los primeros profetas, cuando Jerusalén estaba habitada y tranquila, y las ciudades de sus alrededores y el Neguev y la Sefela estaban también habitados?

La desobediencia, causa del cautiverio

[8] Recibió también Zacarías esta palabra de Jehová:

[9] «Así habló Jehová de los ejércitos:
Juzgad conforme a la verdad;
haced misericordia y piedad cada cual con su hermano;
[10] no oprimáis a la viuda,

al huérfano, al extranjero ni al pobre,
ni ninguno piense mal en su corazón contra su hermano».[d]

[11] Pero no quisieron escuchar, sino que volvieron la espalda y se taparon los oídos para no oír; [12] endurecieron su corazón como diamante,[e] para no oír la Ley ni las palabras que Jehová de los ejércitos enviaba por su espíritu, por medio de los primeros profetas.

Por tanto, Jehová de los ejércitos se enojó mucho. [13] «Y aconteció que, así como él clamó y no escucharon, también ellos clamaron y yo no escuché, dice Jehová de los ejércitos, [14] sino que los esparcí como con un torbellino por todas las naciones que ellos no conocían, y la tierra fue desolada tras ellos, sin quedar quien fuera ni viniera; pues convirtieron en desierto la tierra deseable».

Promesa de la restauración de Jerusalén

8 [1] Recibí de Jehová de los ejércitos esta palabra:

[2] «Así ha dicho Jehová de los ejércitos:
Celé a Sión con gran celo,
y con gran ira la celé.[a]

[3] »Así dice Jehová:

»Yo he restaurado a Sión
y habitaré en medio de Jerusalén.
Jerusalén se llamará ciudad de la Verdad,
y el monte de Jehová de los ejércitos, monte de Santidad.

[4] »Así ha dicho Jehová de los ejércitos:

»Aún han de morar ancianos y ancianas

---

[e] **6.15** Is 60.4-7; Zac 8.20-23.   [a] **7.1** La fecha corresponde a noviembre-diciembre del 518 a.C., cuando ya había comenzado la reconstrucción del Templo.   [b] **7.3** Junio-julio de nuestro calendario.   [c] **7.5** El ayuno y el luto del *séptimo mes* (agosto-septiembre de nuestro calendario) rememoraban el aniversario del asesinato de Gedalías, gobernador de Judá en el año 587 a.C. (2 R 25.25; Jer 41.1-3).   [d] **7.8-10** Is 1.17,23; Jer 7.5-6; 22.3; Am 5.24; Miq 6.8.   [e] **7.11-12** 2 R 17.14; Neh 9.16; Jer 5.3; 7.25-26; Ez 11.19.   [a] **8.2** Ex 20.5.

en las calles de Jerusalén,
cada cual con un bastón en la mano
por lo avanzado de su edad.[b]

5 Y las calles de la ciudad estarán
llenas
de muchachos y muchachas que
jugarán en ellas.

6 »Así dice Jehová de los ejércitos:

»Si esto parece imposible
a los ojos del resto de este pueblo[c]
en aquellos días,
¿también será imposible para mí?,
dice Jehová de los ejércitos.

7 »Así ha dicho Jehová de los ejércitos:

»Yo salvo a mi pueblo de la tierra
del oriente
y de la tierra donde se pone el sol;
8 los traeré y habitarán en medio de
Jerusalén.
Ellos serán mi pueblo,
y yo seré su Dios en verdad y en
justicia.

9 »Así ha dicho Jehová de los ejércitos:

Cobrad ánimo, vosotros que oís en
estos días
estas palabras de la boca de los
profetas,
desde el día que se echó el cimiento
a la casa de Jehová de los
ejércitos,
para edificar el Templo.[d]
10 Porque antes de estos días no ha
habido paga de hombre ni paga
de bestia,
ni hubo paz para el que salía ni para
el que entraba, a causa del
enemigo,
pues yo dejé que todos los hombres
se enfrentaran unos con otros.
11 Mas ahora no haré con el resto de
este pueblo
como en aquellos pasados días,
dice Jehová de los ejércitos.
12 Porque habrá simiente de paz:
la vid dará su fruto, la tierra, su

producto, y los cielos, su rocío;
y haré que el resto de este pueblo
posea todo esto.

13 Y así como fuisteis maldición entre
las naciones,
casa de Judá y casa de Israel,
así os salvaré y seréis bendición.
¡No temáis! ¡Cobrad ánimo!

14 »Porque así ha dicho Jehová de los
ejércitos: Como pensé haceros mal cuando vuestros padres me provocaron a ira,
dice Jehová de los ejércitos, y no me arrepentí, 15 así en cambio he pensado hacer
bien a Jerusalén y a la casa de Judá en estos días. No temáis. 16 Estas son las cosas
que habéis de hacer: Hablad verdad cada
cual con su prójimo;[e] juzgad según la verdad y lo conducente a la paz en vuestras
puertas. 17 Ninguno de vosotros piense
mal en su corazón contra su prójimo, ni
améis el juramento falso, porque todas
estas son cosas que aborrezco, dice Jehová».

18 Recibí esta palabra de Jehová de los
ejércitos: 19 «Así ha dicho Jehová de los
ejércitos: Los ayunos del cuarto, el quinto,
el séptimo, y el décimo mes, se convertirán para la casa de Judá en gozo y alegría,
y en fiestas solemnes. Amad, pues, la verdad y la paz.

20 »Así ha dicho Jehová de los ejércitos:

»Aún vendrán pueblos y
habitantes de muchas ciudades.
21 Vendrán los habitantes de una
ciudad a otra y dirán:
"¡Vamos a implorar el favor de
Jehová
y a buscar a Jehová de los
ejércitos!"
¡Yo también iré!
22 Y vendrán muchos pueblos y
naciones poderosas
a buscar a Jehová de los ejércitos en
Jerusalén
y a implorar el favor de Jehová.

23 »Así ha dicho Jehová de los ejércitos:
En aquellos días acontecerá que diez
hombres de las naciones de toda lengua

---

tomarán del manto a un judío, y le dirán: "Iremos con vosotros, porque hemos oído que Dios está con vosotros"».*f*

9 ¹ Profecía. Palabra de Jehová en la tierra de Hadrac y en Damasco:*a* «A Jehová deben mirar los ojos de los hombres y todas las tribus de Israel. ² También Hamat, que está en su frontera, y Tiro y Sidón,*b* aunque sean muy sabias. ³ Tiro se edificó fortaleza, y amontonó plata como polvo y oro como lodo de las calles, ⁴ pero el Señor la empobrecerá, hundirá en el mar su poderío y será consumida por el fuego.

⁵ »Lo verá Ascalón y temerá; Gaza también, y se dolerá mucho; asimismo Ecrón, porque su esperanza será confundida. Perecerá el rey de Gaza, y Ascalón no será habitada. ⁶ Habitará en Asdod un extranjero, y pondré fin a la soberbia de los filisteos.*c* ⁷ Quitaré la sangre de su boca y sus abominaciones de entre sus dientes. Quedará también un resto*d* para nuestro Dios; serán como capitanes en Judá, y Ecrón será como el jebuseo. ⁸ Entonces montaré guardia alrededor de mi Casa, para que ninguno vaya ni venga. No pasará más sobre ellos el opresor, porque ahora vigilo con mis propios ojos».

⁹ ¡Alégrate mucho, hija de Sión!
¡Da voces de júbilo, hija de
    Jerusalén!
Mira que tu rey vendrá a ti, justo y
    salvador,
pero humilde, cabalgando sobre
    un asno,
sobre un pollino hijo de asna.*e*
¹⁰ Él destruirá los carros de Efraín
y los caballos de Jerusalén;
los arcos de guerra serán
    quebrados,
y proclamará la paz a las naciones.
Su señorío será de mar a mar,
desde el río hasta los confines de la
    tierra.*f*

¹¹ Tú también, por la sangre de tu
    pacto,*g* serás salva;

he sacado a tus presos
de la cisterna en que no hay agua.
¹² Volveos a la fortaleza,
prisioneros de la esperanza;
hoy también os anuncio
que os dará doble recompensa.*h*
¹³ Porque he tensado para mí a Judá
    como un arco,
e hice a Efraín su flecha.
Lanzaré a tus hijos, Sión,
contra tus hijos, Grecia,
y te haré como espada de valiente.

¹⁴ Jehová será visto sobre ellos,
y su dardo saldrá como relámpago;
Jehová, el Señor, tocará la trompeta
y avanzará entre los torbellinos
    del sur.
¹⁵ Jehová de los ejércitos los
    amparará;
ellos devorarán y pisotearán las
    piedras de la honda.
Beberán y harán ruido
como si estuvieran bajo los efectos
    del vino;
se llenarán como tazón,
como los cuernos del altar.

¹⁶ Jehová, su Dios, los salvará en
    aquel día
como rebaño de su pueblo,
y como piedras de diadema
serán enaltecidos en su tierra.
¹⁷ Porque ¡cuánta es su bondad
y cuánta su hermosura!
El trigo alegrará a los jóvenes
y el vino a las doncellas.*i*

10 ¹ Pedid a Jehová lluvia en la
    estación tardía.
Jehová hará relámpagos,
y os dará lluvia abundante
y hierba verde en el campo a
    cada uno.*a*
² Porque los ídolos han dado vanos
    oráculos
y los adivinos han visto mentira,
predicen sueños vanos
y vano es su consuelo.

f 8.20-23 Is 2.2-4; Miq 4.1-3. *a* 9.1 Is 17.1-3; Jer 49.23-27; Am 1.3-5. *b* 9.1-4 Is 23.1-18; Ez 26.1—28.26; Jl 3.4-8; Am 1.9-10; Mt 11.21-23; Lc 10.13-14. *c* 9.5-7 Is 14.29-31; Jer 47.1-7; Ez 25.15-17; Jl 3.4-8; Am 1.6-8; Sof 2.4-7. *d* 9.7 Zac 8.6. *e* 9.9 Mt 21.5; Jn 12.15. *f* 9.10 Sal 46.8-10; Is 2.1-5; 11.6-9; Os 2.18; Miq 4.1-4; cf. Ef 2.14-18. *g* 9.11 Ex 24.5-8; cf. Mt 26.28; Mc 14.24; Heb 9.20. *h* 9.12 Is 40.1-2; 61.7. *i* 9.17 Jer 31.12-13. *a* 10.1 Dt 11.14; 28.12; Sal 135.7; Jer 14.22; Os 2.8; Am 5.8-9.

Por eso el pueblo vaga como un
  rebaño
y sufre porque no tiene pastor.[b]

3 «Contra los pastores se ha
  encendido mi enojo,
  y castigaré a los jefes».
Pero Jehová de los ejércitos visitará
  su rebaño,
la casa de Judá,
y los pondrá como su caballo de
  honor en la guerra.
4 De él saldrá la piedra angular, de él
  la clavija,
de él el arco de guerra,
de él también todos los jefes.
5 Serán como valientes
  que en la batalla pisotean al
    enemigo
  en el lodo de las calles;
pelearán, porque Jehová estará
  con ellos,
y los que cabalgan en caballos
  serán avergonzados.

6 «Yo fortaleceré la casa de Judá
y guardaré la casa de José.
Los haré volver,
porque de ellos tendré piedad;
serán como si no los hubiera
  desechado,
porque yo soy Jehová, su Dios,
y los oiré.
7 Será Efraín como valiente
y se alegrará su corazón como con
  el vino;
sus hijos lo verán y también se
  alegrarán,
su corazón se gozará en Jehová.

8 »Yo los llamaré con un silbido y los
  reuniré,
porque los he redimido;
serán multiplicados
tanto como lo fueron antes.
9 Pero yo los esparciré entre los
  pueblos,
y aun en lejanos países se
  acordarán de mí;
vivirán con sus hijos y volverán.

10 Porque yo los traeré de la tierra de
  Egipto
y los recogeré de Asiria;
los traeré a la tierra de Galaad y del
  Líbano,
y no les bastará.
11 La tribulación pasará por el mar:
él herirá en el mar las ondas
y se secarán todas las
  profundidades del río.
La soberbia de Asiria será
  derribada
y se perderá el cetro de Egipto.
12 Yo los fortaleceré en Jehová,
y caminarán en mi nombre,
dice Jehová».

11

1 ¡Líbano, abre tus puertas,
  y que el fuego consuma tus
    cedros!
2 Aúlla, ciprés,
porque el cedro cayó,
porque los árboles magníficos son
  derribados.
Aullad, encinas de Basán,
porque el bosque espeso es
  derribado.
3 Voz de aullido de pastores,
porque su magnificencia es
  asolada;
estruendo de rugidos de cachorros
  de leones,
porque la gloria del Jordán es
  destruida.[a]

Los pastores inútiles

4 Así ha dicho Jehová, mi Dios: «Apacienta las ovejas destinadas a la matanza, 5 a las cuales matan sus compradores sin sentirse culpables; y el que las vende dice: "Bendito sea Jehová, porque me he enriquecido". Ni aún sus pastores tienen piedad de ellas. 6 Por tanto, no tendré ya más piedad de los habitantes de la tierra, dice Jehová. Entregaré a los hombres, a cada uno en manos de su compañero y en manos de su rey. Ellos asolarán la tierra y yo no los libraré de sus manos».

7 Apacenté, pues, las ovejas destinadas a la matanza, esto es, a los pobres del rebaño. Tomé para mí dos cayados:[b] a uno

[b] 10.2 Jer 50.6-7; Ez 34.5-6; Mt 9.36; Mc 6.34.   [a] 11.1-3 Zac 10.3; cf. Is 2.11-13; 10.33-34.
[b] 11.7 Ez 37.15-19.

le puse por nombre Gracia, y al otro, Ataduras. Apacenté las ovejas, **8** y en un mes despedí a tres pastores, pues mi alma se impacientó contra ellos, y su alma también se hastió de mí.

9 Entonces dije: «¡No os apacentaré más! ¡La que prefiera morir, que muera; si alguna se pierde, que se pierda! ¡Las que queden, que se coman unas a otras!»

10 Tomé luego mi cayado Gracia y lo quebré, para romper el pacto que había concertado con todos los pueblos. **11** El pacto quedó deshecho ese día, y así conocieron los pobres del rebaño que me observaban que aquella era palabra de Jehová. **12** Yo les dije: «Si os parece bien, dadme mi salario; y si no, dejadlo». Entonces pesaron mi salario: treinta piezas de plata.

13 Jehová me dijo: «Échalo al tesoro. ¡Hermoso precio con que me han apreciado!». Tomé entonces las treinta piezas de plata y las eché en el tesoro de la casa de Jehová.*c* **14** Quebré luego el otro cayado, Ataduras, para romper la hermandad entre Judá e Israel. **15** Jehová me dijo: «Toma ahora los aperos de un pastor insensato; **16** porque yo levanto en la tierra a un pastor que no visitará las perdidas, ni buscará la pequeña, ni curará la perniquebrada, ni llevará la cansada a cuestas, sino que comerá la carne de la gorda y romperá sus pezuñas.*d*

17 »¡Ay del pastor inútil
que abandona el ganado!*e*
¡Que la espada hiera su brazo y su
ojo derecho!
¡Que se le seque del todo el brazo
y su ojo derecho quede
enteramente oscurecido!».

12 **1** Profecía. Palabra de Jehová acerca de Israel. Jehová, que extiende los cielos, funda la tierra y forma el espíritu del hombre dentro de él, ha dicho: **2** «Yo pongo a Jerusalén como una copa que hará temblar a todos los pueblos de alrededor; también contra Judá, cuando se ponga sitio a Jerusalén. **3** En aquel día yo pondré a Jerusalén como una piedra*a* pesada para

todos los pueblos; todos los que intenten cargarla serán despedazados. Y todas las naciones de la tierra se juntarán contra ella. **4** En aquel día, dice Jehová, heriré con pánico a todo caballo, y con locura al jinete; pero pondré mis ojos sobre la casa de Judá y a todo caballo de los pueblos heriré con ceguera. **5** Entonces dirán los capitanes de Judá en su corazón: "La fuerza de los habitantes de Jerusalén está en Jehová de los ejércitos, su Dios". **6** En aquel día pondré a los capitanes de Judá como brasero de fuego entre la leña y como antorcha ardiendo entre gavillas; consumirán a diestra y siniestra a todos los pueblos alrededor, mientras los habitantes de Jerusalén otra vez vivirán en su propia ciudad.

7 »Jehová librará las tiendas de Judá primero, para que la gloria de la casa de David y del habitante de Jerusalén no se engrandezca sobre Judá. **8** En aquel día Jehová defenderá al habitante de Jerusalén; el que entre ellos sea débil, en aquel tiempo será como David, y la casa de David será como Dios, como el ángel de Jehová que va delante de ellos. **9** En aquel día yo procuraré destruir a todas las naciones que vengan contra Jerusalén.

10 »Pero sobre la casa de David y los habitantes de Jerusalén derramaré un espíritu de gracia y de oración. Mirarán hacia mí, a quien traspasaron,*b* y llorarán como se llora por el hijo unigénito, y se afligirán por él como quien se aflige por el primogénito. **11** En aquel día habrá gran llanto en Jerusalén, como el llanto de Hadad-rimón*c* en el valle de Meguido. **12** Esta tierra se lamentará, familia por familia; la familia de la casa de David por su lado, y sus mujeres aparte; la familia de la casa de Natán*d* por su lado, y sus mujeres aparte; **13** la familia de la casa de Leví por su lado, y sus mujeres aparte; la familia de Simei*e* por su lado, y sus mujeres aparte; **14** y así todas las otras familias, cada una por su lado, y sus mujeres aparte».

13 **1** «En aquel tiempo habrá un manantial abierto para la casa de David y para los habitantes de Jerusalén,

---

c **11.12-13** Mt 27.9-10.   *d* **11.16** Ez 34.2-4; Miq 3.1-7.   *e* **11.17** Jn 10.12-13.   *a* **12.3** Is 8.14; 28.16.
b **12.10** Jn 19.37; Ap 1.7.   *c* **12.11** Dios fenicio de la vegetación (2 R 5.18).   *d* **12.12** 2 S 5.14.
e **12.13** Nm 3.20-21.

para la purificación del pecado y de la inmundicia. ² Y en aquel día, dice Jehová de los ejércitos, quitaré de la tierra los nombres de las imágenes, y nunca más serán recordados; también exterminaré de la tierra a los profetas y al espíritu de inmundicia.

³ »Y acontecerá que si alguno continúa profetizando, le dirán el padre y la madre que lo engendraron: "Tú no vivirás, porque has hablado mentira en el nombre de Jehová". Y el padre y la madre que lo engendraron lo traspasarán cuando profetice. ⁴ Sucederá en aquel tiempo, que todos los profetas se avergonzarán de su visión cuando profeticen; nunca más vestirán el manto velloso para mentir. ⁵ Cada cual dirá: "No soy profeta; labrador soy de la tierra, pues he estado en el campo desde mi juventud". ⁶ Y si alguien le pregunta: "¿Qué heridas son estas en tus manos?", él responderá: "Las recibí en casa de mis amigos"».

El pastor de Jehová, herido

⁷ «¡Levántate, espada, contra el pastor
y contra el hombre que me acompaña!,
dice Jehová de los ejércitos.
Hiere al pastor y serán dispersadas las ovejas;[a]
yo tornaré mi mano contra los pequeñitos.
⁸ Y acontecerá en toda la tierra,
dice Jehová,
que dos tercios serán exterminados y se perderán,
mas el otro tercio quedará en ella.
⁹ A este tercio lo meteré en el fuego,
lo fundiré como se funde la plata,
lo probaré como se prueba el oro.
Él invocará mi nombre,
y yo lo oiré.
Yo diré: "Pueblo mío".
Él dirá: "Jehová es mi Dios"».

Jerusalén y las naciones

14 ¹ Viene el día de Jehová,[a]
y en medio de ti serán repartidos tus despojos.

² Porque yo reuniré a todas las naciones
para combatir contra Jerusalén.
La ciudad será tomada,
las casas serán saqueadas,
y violadas las mujeres.
La mitad de la ciudad irá al cautiverio,
pero el resto del pueblo no será sacado de la ciudad.
³ Después saldrá Jehová y peleará contra aquellas naciones,
como peleó en el día de la batalla.[b]
⁴ En aquel día se afirmarán sus pies sobre el Monte de los Olivos,
que está en frente de Jerusalén, al oriente.

El Monte de los Olivos se partirá por la mitad, de este a oeste, formando un valle muy grande; la mitad del monte se apartará hacia el norte, y la otra mitad hacia el sur. ⁵ Y huiréis al valle de los montes, porque el valle de los montes llegará hasta Azal.

Huiréis de la manera que huisteis a causa del terremoto
en los días de Uzías, rey de Judá.
Y vendrá Jehová, mi Dios,
y con él todos los santos.

⁶ Acontecerá que en ese día no habrá luz,
ni frío, ni hielo.
⁷ Será un día único, solo conocido por Jehová,
en el que no habrá ni día ni noche,
pero sucederá que al caer la tarde habrá luz.[c]

⁸ En aquel día saldrán de Jerusalén aguas vivas,[d]
la mitad de ellas hacia el mar oriental
y la otra mitad hacia el mar occidental,
en verano y en invierno.
⁹ Y Jehová será rey sobre toda la tierra.
En aquel día, Jehová será único,

ᵃ **13.7** Mt 26.31; Mc 14.27; Jn 16.32.   ᵃ **14.1-21** Is 65.15-23; Ez 38—39; Jl 3.9-21.   ᵇ **14.3** Jue 5.4-5; 1 S 7.10; 2 R 19.35.   ᶜ **14.7** Is 24.23; 60.19-20; Ap 21.23; 22.5.   ᵈ **14.8** Ez 47.1; Jn 7.38; Ap 22.1.

y único será su nombre.

10 Toda esta tierra se volverá como
    llanura
  desde Geba hasta Rimón, al sur de
    Jerusalén;
  será enaltecida y habitada en su
    lugar,
  desde la puerta de Benjamín hasta
    el lugar de la puerta primera
  y hasta la puerta del Ángulo,
  y desde la torre de Hananeel hasta
    los lagares del rey.

11 Morarán en ella y no habrá nunca
    más maldición,*e*
  sino que morarán confiadamente
    en Jerusalén.

12 Esta será la plaga con que herirá
Jehová a todos los pueblos que pelearon
contra Jerusalén: su carne se corromperá
cuando aún estén con vida, se les consumirán en las cuencas sus ojos y la lengua
se les deshará en la boca.

13 En aquel día habrá entre ellos un
    gran pánico enviado por
    Jehová;
  cada uno agarrará la mano de su
    compañero,
  y levantarán la mano unos contra
    otros.

14 Judá también peleará en Jerusalén.
  Entonces serán reunidas las
    riquezas de todas las naciones
    de alrededor:
  oro, plata y ropas de vestir, en gran
    abundancia.

15 Así también será la plaga de los caballos, de los mulos, de los camellos, de
los asnos y de todas las bestias que estén
en aquellos campamentos.

16 Todos los que sobrevivan de las
    naciones
  que vinieron contra Jerusalén,
  subirán de año en año para adorar
    al Rey,
  a Jehová de los ejércitos,
  y para celebrar la fiesta de los
    Tabernáculos.*f*

17 Y acontecerá que si alguna familia
de la tierra no sube a Jerusalén para adorar al Rey, a Jehová de los ejércitos, no habrá lluvia para ellos. **18** Y si la familia de
Egipto no sube ni viene, no habrá lluvia
para ellos, sino vendrá la plaga con que
Jehová herirá a las naciones que no suban
a celebrar la fiesta de los Tabernáculos.
19 Esta será la pena del pecado de Egipto y
del pecado de todas las naciones que no
suban para celebrar la fiesta de los Tabernáculos.
20 En aquel día estará grabado sobre
las campanillas de los caballos: «Consagrado a Jehová»; y las ollas de la casa de
Jehová serán como los tazones del altar.
21 Toda olla en Jerusalén y Judá será consagrada a Jehová de los ejércitos; todos
los que ofrezcan sacrificios vendrán y las
tomarán para cocinar en ellas. En aquel
día no habrá más mercader*g* en la casa de
Jehová de los ejércitos.

e **14.11** Ap 22.3.   *f* **14.16** Lv 23.39-43.   *g* **14.21** Mt 21.12-13.

MALAQUÍAS

INTRODUCCIÓN

Malaquías significa, en hebreo, «mi mensajero». La aparición de estos mensajes debió de tener lugar después que, a partir del año 516 a.C., se reanudaran regularmente las ceremonias del culto (1.6—2.9) en el templo de Jerusalén, una vez concluida su reconstrucción (cf. 3.10).

Con el libro de Malaquías (=Mal), último de los doce que forman el grupo de los llamados Profetas menores, concluye el bloque de la literatura profética de la Biblia y se pone punto final a la última página del AT.

El texto de Malaquías se caracteriza por el tono polémico con que aborda los diferentes temas. Objetivo inmediato de la reprobación del profeta son los sacerdotes que con su negligencia permiten que el pecado se instale en el Templo (2.11). También censura a los malvados, a los injustos, a los impíos, a los que repudian a su esposa para unirse a una extranjera (2.10-16) y a los que dejan de pagar sus diezmos defraudando así al Señor; o sea, a todos los que no tienen temor de Dios (3.5).

Al cabo de varias décadas de la repatriación de los exiliados en Babilonia, las dificultades materiales y el relajamiento de las costumbres habían afectado el estado de ánimo y la vida espiritual de la gente. Por eso, en medio del desencanto y las dudas, Malaquías afirma con pasión que Dios ama a su pueblo (1.2) y que no dejará de cumplir las promesas que le hizo. El día de Jehová viene «ardiente como un horno», pero a los que temen el nombre del Señor les «nacerá el Sol de justicia, y en sus alas traerá salvación» (4.1,2).

Esquema del contenido

1. *El amor de Jehová por Jacob (1.1-5)*
2. *Jehová reprende a los sacerdotes (1.6—2.9)*
3. *Condena del repudio de la propia esposa y del matrimonio con extranjeras (2.10-16)*
4. *El día del juicio se acerca (2.17—3.5)*
5. *El pago de los diezmos (3.6-12)*
6. *El justo y el malo (3.13-18)*
7. *El advenimiento del día de Jehová (4.1-6)*

---

1 ¹Profecía. Palabra de Jehová contra Israel, por medio de Malaquías:

² «Yo os he amado, dice Jehová.
Pero vosotros dijisteis: "¿En qué
nos amaste?"
¿No era Esaú hermano de Jacob?,
dice Jehová;
sin embargo, amé a Jacob
³ y a Esaú aborrecí;[a]
convertí sus montes en desolación
y abandoné su heredad a los
chacales del desierto.

⁴ Edom[b] dice: "Nos hemos
empobrecido,
pero volveremos a edificar lo
arruinado";
pero así ha dicho Jehová de los
ejércitos:
Ellos edificarán y yo destruiré;
los llamarán territorio de impiedad
y pueblo contra el cual Jehová está
indignado para siempre.
⁵ Vuestros ojos lo verán, y diréis:
"Sea Jehová engrandecido más allá
de los límites de Israel".

[a] **1.3** Ro 9.13.   [b] **1.2-5** Is 63.1-6; Jer 49.7-22; Ez 25.12-14; 35.1-15; Am 1.11-12; Abd 1-14.

⁶ »El hijo honra al padre y el siervo a
su señor.
Si, pues, yo soy padre, ¿dónde está
mi honra?;
y si soy señor, ¿dónde está mi
temor?,
dice Jehová de los ejércitos a
vosotros, sacerdotes,
que menospreciáis mi nombre
y decís:
"¿En qué hemos menospreciado tu
nombre?"
⁷ En que ofrecéis sobre mi altar pan
inmundo.
Y todavía decís: "¿En qué te hemos
deshonrado?"
En que pensáis que la mesa de
Jehová es despreciable.
⁸ Cuando ofrecéis el animal ciego
para el sacrificio,ᶜ ¿acaso no es
malo?
Asimismo, cuando ofrecéis el cojo o
el enfermo, ¿acaso no es malo?
Preséntalo, pues, a tu príncipe;
¿acaso le serás grato o te acogerá
benévolo?,
dice Jehová de los ejércitos».
⁹ Ahora, pues, orad por el favor
de Dios,
para que tenga piedad de nosotros.
Pero, «¿cómo podéis agradarle,
si hacéis estas cosas?,
dice Jehová de los ejércitos.
¹⁰ ¿Quién hay entre vosotros que
cierre las puertas o alumbre de
balde mi altar?
Yo no me complazco en vosotros,
dice Jehová de los ejércitos,
ni de vuestra mano aceptaré
ofrenda.
¹¹ Porque desde donde el sol nace
hasta donde se pone,
es grande mi nombre entre las
naciones,
y en todo lugar se ofrece a mi
nombre incienso y ofrenda
limpia.
Grande es mi nombre entre las
naciones,
dice Jehová de los ejércitos;
¹² pero vosotros lo profanáis cuando
decís:

"Inmunda es la mesa de Jehová",
y cuando decís que su alimento es
despreciable.
¹³ Además, habéis dicho:
"¡Qué fastidio es esto!", y me
despreciáis,
dice Jehová de los ejércitos.
Trajisteis lo robado, o cojo, o
enfermo,
y me lo presentasteis como
ofrenda.
¿Aceptaré yo eso de vuestras
manos?, dice Jehová.
¹⁴ Maldito el que engaña, el que
teniendo machos en su rebaño
promete y sacrifica a Jehová lo
dañado.
Porque yo soy Gran Rey,
dice Jehová de los ejércitos,
y mi nombre es temible entre las
naciones.

Represión de la infidelidad de Israel

2 ¹ »Ahora, pues, sacerdotes, para
vosotros es este mandamiento.
² Si no escucháis
y si no decidís de corazón dar
gloria a mi nombre,
ha dicho Jehová de los ejércitos,
enviaré maldición sobre vosotros
y maldeciré vuestras bendiciones;
y ya las he maldecido,
porque no os habéis decidido de
corazón.

³ »Yo os dañaré la sementera,
os echaré al rostro el estiércol,
el estiércol de vuestros animales
sacrificados,
y seréis arrojados juntamente
con él.
⁴ Así sabréis que yo os envié este
mandamiento,
para que permanezca mi pacto
con Leví,ᵃ
ha dicho Jehová de los ejércitos.

⁵ »Mi pacto con él fue de vida
y de paz.ᵇ
Se las di para que me temiera,
y él tuvo temor de mí y ante mi
nombre guardaba reverencia.

ᶜ **1.8** Lv 22.18-25; Dt 15.21.   ᵃ **2.4** Nm 3.11-13.   ᵇ **2.5** Nm 25.11-13.

⁶ La ley de verdad estuvo en su boca,
iniquidad no fue hallada en sus
labios;
en paz y en justicia anduvo
conmigo,
y a muchos hizo apartar de la
maldad.*c*
⁷ Porque los labios del sacerdote han
de guardar la sabiduría,
y de su boca el pueblo buscará
la Ley;
porque es mensajero de Jehová de
los ejércitos.*d*

⁸ »Mas vosotros os habéis apartado
del camino;
habéis hecho tropezar a muchos en
la Ley;
habéis corrompido el pacto de
Leví,
dice Jehová de los ejércitos.
⁹ Por eso yo os he hecho
despreciables,
viles ante todo el pueblo,
porque no habéis guardado mis
caminos
y hacéis acepción de personas
al aplicar la Ley».
¹⁰ *e* ¿Acaso no tenemos todos un
mismo Padre?
¿No nos ha creado un mismo
Dios?*f*
¿Por qué, pues, somos desleales los
unos con los otros,
profanando el pacto de nuestros
padres?
¹¹ Prevaricó Judá;
en Israel y en Jerusalén se ha
cometido abominación,
porque Judá ha profanado el
santuario de Jehová, el que
él amó,
al casarse con la hija de un dios
extraño.
¹² Jehová arrancará de las tiendas de
Jacob
al hombre que haga esto,
al que vela, al que responde

y al que ofrece ofrenda a Jehová de
los ejércitos.

¹³ Pero aún hacéis más:
Cubrís el altar de Jehová de
lágrimas,
de llanto y de clamor;
así que no miraré más la ofrenda,
ni la aceptaré con gusto de vuestras
manos.
¹⁴ Mas diréis: «¿Por qué?»
Porque Jehová es testigo
entre ti y la mujer de tu juventud,
con la cual has sido desleal,
aunque ella era tu compañera y la
mujer de tu pacto.*g*
¹⁵ ¿No hizo él un solo ser,
en el cual hay abundancia de
espíritu?
¿Y por qué uno?
Porque buscaba una descendencia
para Dios.
Guardaos, pues, en vuestro
espíritu
y no seáis desleales para con la
mujer de vuestra juventud.
¹⁶ Porque dice Jehová, Dios de Israel,
que él aborrece el repudio y al que
mancha de maldad su vestido,
dijo Jehová de los ejércitos.
Guardaos, pues, en vuestro
espíritu
y no seáis desleales.*h*
¹⁷ Habéis hecho cansar a Jehová con
vuestras palabras.
Y preguntáis: «¿En qué lo hemos
cansado?»
En que decís: «Cualquiera que hace
mal, agrada a Jehová;
en los tales se complace»;
o si no: «¿Dónde está el Dios de
justicia?»*i*

3 ¹ «Yo envío mi mensajero
para que prepare el camino delante
de mí.*a*
Y vendrá súbitamente a su Templo
el Señor a quien vosotros buscáis;
y el ángel del pacto,

---

c **2.6** Dt 33.8-10.   *d* **2.7** Lv 10.11; Dt 21.5.   *e* **2.10-16** Aquí se relaciona el tema de la infidelidad a
Jehová con la experiencia de la vida matrimonial. Cf. Gn 2.21-25; Mt 19.3-9; Mc 10.2-9;
Ef 5.21-23.   *f* **2.10** Is 63.16; 64.8; Os 11.1-4; Ef 4.6.   *g* **2.14** O sea, tu esposa legal.   *h* **2.16** Gn 2.24;
Pr 5.18; Mc 10.2-9; Ef 5.21-33.   *i* **2.17** Job 21.7-16; Hab 1.2-4; Mal 3.14-15.   *a* **3.1** Mt 11.10; Mc 1.2;
Lc 1.76; 7.27.

a quien deseáis vosotros, ya viene»,
ha dicho Jehová de los ejércitos.

² ¿Pero quién podrá soportar el
tiempo de su venida?
o ¿quién podrá estar en pie cuando
él se manifieste?*b*
Porque él es como fuego
purificador*c*
y como jabón de lavadores.
³ Él se sentará para afinar y limpiar la
plata:
limpiará a los hijos de Leví,
los afinará como a oro y como
a plata,
y traerán a Jehová ofrenda en
justicia.
⁴ Entonces será grata a Jehová la
ofrenda de Judá y de Jerusalén,
como en los días pasados, como en
los años antiguos.

⁵ «Vendré a vosotros para juicio,
y testificaré sin vacilar contra los
hechiceros y adúlteros,
contra los que juran falsamente;
contra los que defraudan en su
salario al jornalero,
a la viuda y al huérfano,
contra los que hacen injusticia al
extranjero,
sin tener temor de mí»,
dice Jehová de los ejércitos.
⁶ «Porque yo, Jehová, no cambio;*d*
por esto, hijos de Jacob, no habéis
sido consumidos.
⁷ Desde los días de vuestros padres
os apartáis de mis leyes y no las
guardáis.
¡Volveos a mí y yo me volveré a
vosotros!,*e*
ha dicho Jehová de los ejércitos.
Pero vosotros decís: "¿En qué
hemos de volvernos?"
⁸ ¿Robará el hombre a Dios?
Pues vosotros me habéis robado.
Y aún preguntáis: "¿En qué te
hemos robado?"

En vuestros diezmos y ofrendas.
⁹ Malditos sois con maldición,
porque vosotros, la nación toda, me
habéis robado.
¹⁰ Traed todos los diezmos al alfolí*f*
y haya alimento en mi Casa:
Probadme ahora en esto,
dice Jehová de los ejércitos,
a ver si no os abro las ventanas de
los cielos
y derramo sobre vosotros
bendición hasta que
sobreabunde.
¹¹ Reprenderé también por vosotros
al devorador,
y no os destruirá el fruto de la
tierra,
ni vuestra vid en el campo será
estéril,
dice Jehová de los ejércitos.
¹² Todas las naciones os dirán
bienaventurados,
porque seréis tierra deseable,
dice Jehová de los ejércitos.
¹³ »Vuestras palabras contra mí han
sido violentas, dice Jehová.
Y todavía preguntáis: "¿Qué
hemos hablado contra ti?"
¹⁴ Habéis dicho: "Por demás es servir
a Dios.
¿Qué aprovecha que guardemos
su Ley
y que andemos afligidos en
presencia de Jehová de los
ejércitos?
¹⁵ Hemos visto que los soberbios
son felices,
que los que hacen impiedad no solo
prosperan,
sino que tientan a Dios, y no les
pasa nada"».

¹⁶ Entonces los que temían a Jehová
hablaron entre sí.
Jehová escuchó y oyó,
y fue escrito ante él un memorial de
los que temen a Jehová y honran
su nombre.

---

b **3.2** Ap 6.17.   *c* **3.2** Mt 3.10-12; 1 Co 3.13.   *d* **3.6** Nm 23.19; Heb 13.8; Stg 1.17.
e **3.7** Is 55.7; Zac 1.3; Stg 4.8.   *f* **3.8-10** Lv 27.30; Nm 18.21-24; Dt 14.22-29; Neh 13.12.
Cf. Sal 50.7-15; Is 43.23.

¹⁷ «Serán para mí especial tesoro,
dice Jehová de los ejércitos,
en el día en que yo actúe.
Los perdonaré
como un hombre perdona al hijo
que lo sirve.^g
¹⁸ Entonces os volveréis
y discerniréis la diferencia entre el
justo y el malo,
entre el que sirve a Dios y el que no
le sirve».

4 ¹ «Ciertamente viene el día, ardiente
como un horno,
y todos los soberbios y todos los
que hacen maldad serán estopa.
Aquel día que vendrá, los abrasará,
dice Jehová de los ejércitos,
y no les dejará ni raíz ni rama.^a
² Mas para vosotros, los que teméis
mi nombre,
nacerá el sol de justicia
y en sus alas traerá salvación.

Saldréis y saltaréis como becerros
de la manada.
³ Pisotearéis a los malos,
los cuales serán ceniza bajo las
plantas de vuestros pies
en el día en que yo actúe,
dice Jehová de los ejércitos.

⁴ »Acordaos de la ley de Moisés, mi
siervo,
al cual encargué, en Horeb,
ordenanzas y leyes para todo Israel.

⁵ »Yo os envío al profeta Elías^b
antes que venga el día de Jehová,
grande y terrible.
⁶ Él hará volver el corazón de los
padres hacia los hijos,
y el corazón de los hijos hacia los
padres,
no sea que yo venga y castigue la
tierra con maldición».

g **3.17** Sal 103.13.   *a* **4.1** Jl 2.11; Am 5.18; Sof 1.14-18.   *b* **4.5** Mt 11.14; 17.10-13; Mc 9.11-13;
Lc 1.17; Jn 1.21.

SANTA BIBLIA
VERSIÓN REINA-VALERA, 1995

NUEVO TESTAMENTO

Evangelio según
SAN MATEO

INTRODUCCIÓN

Desde el s. II la iglesia ha atribuido la composición del evangelio de Mateo (=Mt) al personaje de ese nombre, conocido también como Leví hijo de Alfeo (Mc 2.14; Lc 5.27), el recaudador de tributos públicos (9.9; 10.3) a quien Jesús llamó y unió al grupo de sus discípulos (10.1-4; Mc 3.13-19; Lc 6.13-16).

Escrito para instruir al nuevo pueblo de Dios, el evangelio nos transmite un amplio cuadro de la cristología de la iglesia primitiva. Su contenido puede resumirse en cuatro puntos fundamentales:

(a) Jesús de Nazaret, el Hijo de Dios, es el Mesías esperado por el pueblo judío.

(b) En Jesús, descendiente de David (1.6; 20.30-31; 21.9), se cumplen las profecías mesiánicas del AT.

(c) El pueblo judío no llegó a comprender cabalmente ni la naturaleza espiritual ni la profundidad de la obra realizada por Jesús en obediencia perfecta a la voluntad de Dios.

(d) El rechazo de Jesús, el Cristo, por parte del judaísmo palestino, proyectó el mensaje evangélico al mundo gentil, revelando de ese modo su sentido universal.

Mateo reúne las palabras del Señor en amplias unidades discursivas, precedidas o seguidas por fórmulas literarias que sirven de marco dramático a cada composición (5.1-2 y 7.28-29; 10.5 y 11.1; 13.3 y 13.53; 18.1 y 19.1; 24.3 y 26.1). Además de estos sermones o discursos (cinco de ellos se destacan por su extensión), el evangelio contiene muchas otras enseñanzas y exhortaciones de Jesús a sus discípulos, así como amonestaciones dirigidas a escribas y fariseos o incluso a Jerusalén (23.37-38) y a algunas ciudades de Galilea (11.20-24).

Rasgo característico de este primer evangelio es su continua referencia al AT, con el objeto de demostrar que las Escrituras tienen su pleno cumplimiento en Jesús (1.22-23; 2.15,17-18,23; 4.14-16; 8.17; 12.17-21; 13.35; 21.4-5; 27.9-10). Asimismo, el tema predominante en la predicación del Señor es el reino de Dios (9.35), designado aquí generalmente como «reino de los cielos» y contemplado en su doble realidad presente (4.17; 12.28) y futura (16.28).

Esquema del contenido

1. Genealogía, nacimiento e infancia de Jesús (1–2)
2. Comienzo del ministerio de Jesús (3.1—4.11)
3. Ministerio de Jesús en Galilea (4.12—13.58)
4. Ministerio de Jesús en diversas regiones (14–20)
5. Jesús en Jerusalén: semana de la pasión (21–28)

Genealogía de Jesucristo[a]
(Lc 3.23-38)

1 ¹Libro de la genealogía de Jesucristo, hijo de David, hijo de Abraham:
²Abraham engendró a Isaac, Isaac a a Jacob, y Jacob a Judá y a sus hermanos. ³Judá engendró, de Tamar, a Fares y a Zara, Fares a Esrom, y Esrom a Aram. ⁴Aram engendró a Aminadab, Aminadab a Naasón, y Naasón a Salmón. ⁵Salmón engendró,

a **1.1-17** Ro 1.3-4.

de Rahab, a Booz, Booz engendró, de Rut, a Obed, y Obed a Isaí. ⁶Isaí engendró al rey David.

El rey David engendró, de la que fue mujer de Urías, a Salomón. ⁷Salomón engendró a Roboam, Roboam a Abías, y Abías a Asa. ⁸Asa engendró a Josafat, Josafat a Joram, y Joram a Uzías. ⁹Uzías engendró a Jotam, Jotam a Acaz, y Acaz a Ezequías. ¹⁰Ezequías engendró a Manasés, Manasés a Amón, y Amón a Josías. ¹¹Josías engendró a Jeconías y a sus hermanos, en el tiempo de la deportación a Babilonia.ᵇ

¹²Después de la deportación a Babilonia, Jeconías engendró a Salatiel, y Salatiel a Zorobabel. ¹³Zorobabel engendró a Abiud, Abiud a Eliaquim, y Eliaquim a Azor. ¹⁴Azor engendró a Sadoc, Sadoc a Aquim, y Aquim a Eliud. ¹⁵Eliud engendró a Eleazar, Eleazar a Matán, Matán a Jacob. ¹⁶Jacob engendró a José, marido de María, de la cual nació Jesús, llamado el Cristo.

¹⁷De manera que todas las generaciones desde Abraham hasta David son catorce; desde David hasta la deportación a Babilonia, catorce; y desde la deportación a Babilonia hasta Cristo, catorce.

Nacimiento de Jesucristo
(Lc 2.1-7)

¹⁸El nacimiento de Jesucristo fue así: Estando comprometida María, su madre, con José,ᶜ antes que vivieran juntos se halló que había concebido del Espíritu Santo.ᵈ ¹⁹José, su marido, como era justo y no quería infamarla, quiso dejarla secretamente. ²⁰Pensando él en esto, un ángel del Señor se le apareció en sueños y le dijo: «José, hijo de David, no temas recibir a María tu mujer, porque lo que en ella es engendrado, del Espíritu Santo es.ᵉ ²¹Dará a luz un hijo, y le pondrás por nombre Jesús,ᶠ porque él salvará a su pueblo de sus pecados». ²²Todo esto aconteció para que se cumpliera lo que dijo el Señor por medio del profeta:

²³«Una virgen concebirá y dará a luz un hijo
y le pondrás por nombre Emanuel»ᵍ
(que significa: «Dios con nosotros»).

²⁴Cuando despertó José del sueño, hizo como el ángel del Señor le había mandado y recibió a su mujer. ²⁵Pero no la conoció hasta que dio a luz a su hijo primogénito, y le puso por nombre Jesús.

La visita de los sabios de Oriente

2 ¹Cuando Jesús nació, en Belénᵃ de Judea, en días del rey Herodes,ᵇ llegaron del oriente a Jerusalén unos sabios, ²preguntando:

—¿Dónde está el rey de los judíos que ha nacido?, pues su estrella hemos visto en el oriente, y venimos a adorarlo.

³Al oir esto, el rey Herodes se turbó, y toda Jerusalén con él. ⁴Y, habiendo convocado a todos los principales sacerdotes y escribas del pueblo, les preguntó dónde había de nacer el Cristo. ⁵Ellos le respondieron:

—En Belén de Judea, porque así fue escrito por el profeta:

⁶»"Y tú, Belén, de la tierra de Judá,
no eres la más pequeña entre los
príncipes de Judá,
porque de ti saldrá un guiador,
que apacentaráᶜ a mi pueblo
Israel".ᵈ

⁷Entonces Herodes llamó en secreto a los sabios y se cercioró del tiempo exacto en que había aparecido la estrella. ⁸Y enviándolos a Belén, dijo:

—Id allá y averiguad con diligencia acerca del niño y, cuando lo halléis, hacédmelo saber, para que yo también vaya a adorarlo.

⁹Ellos, habiendo oído al rey, se fueron. Y la estrella que habían visto en el oriente iba delante de ellos, hasta que, llegando, se detuvo sobre donde estaba el niño.

ᵇ**1.11** 2 R 24.8-16; 2 Cr 36.9-10; Jer 27.19-21.   ᶜ**1.18** Lc 1.26-27.   ᵈ**1.18** Lc 1.35.   ᵉ**1.20** Lc 1.35.
ᶠ**1.21** Forma griega (lo mismo que *Josué*) del hebreo *Yeshua*, que significa *el Señor salva*.
Cf. Sal 130.8; Lc 1.31; 2.11,21.   ᵍ**1.23** Is 7.14.   ᵃ**2.1** Lc 2.4-7.   ᵇ**2.1** Llamado el Grande.
Esta referencia histórica permite fijar el nacimiento de Jesús hacia los años 6-5 a.C.
ᶜ**2.6** O *guiará*.   ᵈ**2.6** Miq 5.2

[10] Y al ver la estrella, se regocijaron con muy grande gozo. [11] Al entrar en la casa, vieron al niño con María, su madre, y postrándose lo adoraron. Luego, abriendo sus tesoros, le ofrecieron presentes: oro, incienso y mirra. [12] Pero siendo avisados por revelación en sueños que no volvieran a Herodes, regresaron a su tierra por otro camino.

La huida a Egipto

[13] Después que partieron ellos, un ángel del Señor apareció en sueños a José y le dijo: «Levántate, toma al niño y a su madre, y huye a Egipto. Permanece allá hasta que yo te diga, porque acontecerá que Herodes buscará al niño para matarlo».

[14] Entonces él, despertando, tomó de noche al niño y a su madre, y se fue a Egipto. [15] Estuvo allí hasta la muerte de Herodes, para que se cumpliera lo que dijo el Señor por medio del profeta, cuando dijo: «De Egipto llamé a mi Hijo».[e]

Matanza de los niños

[16] Herodes entonces, cuando se vio burlado por los sabios, se enojó mucho y mandó matar a todos los niños menores de dos años que había en Belén y en todos sus alrededores, conforme al tiempo indicado por los sabios. [17] Entonces se cumplió lo dicho por el profeta Jeremías, cuando dijo:

[18] «Voz fue oída en Ramá,
    grande lamentación, lloro y
      gemido;
    Raquel llora a sus hijos
    y no quiso ser consolada, porque
      perecieron».[f]

El regreso de Egipto

[19] Pero después que murió Herodes, un ángel del Señor apareció en sueños a José en Egipto, [20] y le dijo: «Levántate, toma al niño y a su madre, y vete a tierra de Israel, porque han muerto los que procuraban la muerte del niño».

[21] Entonces él se levantó, tomó al niño y a su madre, y se fue a tierra de Israel. [22] Pero cuando oyó que Arquelao reinaba en Judea en lugar de su padre Herodes, tuvo temor de ir allá. Y avisado por revelación en sueños, se fue a la región de Galilea [23] y se estableció en la ciudad que se llama Nazaret,[g] para que se cumpliera lo que fue dicho por los profetas, que habría de ser llamado nazareno.[h]

Predicación de Juan el Bautista
(Mc 1.1-8; Lc 3.1-9,15-17; Jn 1.19-28)

3 [1] En aquellos días se presentó Juan el Bautista[a] predicando en el desierto de Judea, [2] y diciendo: «Arrepentíos, porque el reino de los cielos[b] se ha acercado»,[c] [3] pues este es aquel de quien habló el profeta Isaías, cuando dijo:

«Voz del que clama en el desierto:
    "¡Preparad el camino del Señor,
    enderezad sus sendas!"»[d]

[4] Juan estaba vestido de pelo de camello, tenía un cinto de cuero alrededor de su cintura,[e] y su comida era langostas y miel silvestre. [5] Acudía a él Jerusalén, toda Judea y toda la provincia de alrededor del Jordán, [6] y eran bautizados por él en el Jordán, confesando sus pecados.

[7] Al ver él que muchos de los fariseos y de los saduceos[f] venían a su bautismo, les decía: «¡Generación de víboras!,[g] ¿quién os enseñó a huir de la ira venidera? [8] Producid, pues, frutos dignos de arrepentimiento, [9] y no penséis decir dentro de vosotros mismos: "A Abraham tenemos por padre",[h] porque yo os digo que Dios puede levantar hijos a Abraham aun de estas piedras. [10] Además, el hacha ya está puesta a la raíz de los árboles; por tanto, todo árbol que no da buen fruto es cortado y echado al fuego.[i] [11] Yo a la verdad os bautizo en agua para arrepentimiento, pero el que viene tras mí, cuyo calzado yo no soy digno de llevar, es más poderoso que yo. Él os bautizará en Espíritu Santo y fuego.[j] [12] Su aventador está en su mano

---

[e] **2.15** Os 11.1.   [f] **2.18** Jer 31.15.   [g] **2.23** Lc 2.39,51; Jn 1.45.   [h] **2.23** Is 11.1.   [a] **3.1** Mc 1.1-14; Lc 3.1-22; Jn 1.19-36.   [b] **3.2** Dn 2.44.   [c] **3.2** Mt 4.17; Mc 1.15.   [d] **3.3** Is 40.3.   [e] **3.4** 2 R 1.8. [f] **3.7** Grupos o partidos religiosos judíos.   [g] **3.7** Mt 12.34; 23.33.   [h] **3.9** Jn 8.33-39; Ro 2.28-29; 4.12.   [i] **3.10** Mt 7.19.   [j] **3.11** Jn 1.15,26,31-33; Hch 1.5; 2.1-4; 13.24.

para limpiar su era. Recogerá su trigo en el granero y quemará la paja en fuego que nunca se apagará».

El bautismo de Jesús
(Mc 1.9-11; Lc 3.21-22)ᵏ

13 Entonces Jesús vino de Galilea al Jordán, donde estaba Juan, para ser bautizado por él. **14** Pero Juan se le oponía, diciendo:

—Yo necesito ser bautizado por ti, ¿y tú acudes a mí?

15 Jesús le respondió:

—Permítelo ahora, porque así conviene que cumplamos toda justicia.

Entonces se lo permitió. **16** Y Jesús, después que fue bautizado, subió enseguida del agua, y en ese momento los cielos le fueron abiertos, y vio al Espíritu de Dios que descendía como paloma y se posaba sobre él. **17** Y se oyó una voz de los cielos que decía: «Este es mi Hijo amado, en quien tengo complacencia».ˡ

Tentación de Jesús
(Mc 1.12-13; Lc 4.1-13)

4 **1** Entonces Jesús fue llevado por el Espíritu al desierto para ser tentado por el diablo.ᵃ **2** Después de haber ayunado cuarenta días y cuarenta noches, sintió hambre. **3** Se le acercó el tentador y le dijo:

—Si eres Hijo de Dios, di que estas piedras se conviertan en pan.

4 Él respondió y dijo:

—Escrito está: "No solo de pan vivirá el hombre, sino de toda palabra que sale de la boca de Dios".ᵇ

5 Entonces el diablo lo llevó a la santa ciudad, lo puso sobre el pináculo del Templo **6** y le dijo:

—Si eres Hijo de Dios, tírate abajo, pues escrito está:

»"A sus ángeles mandará acerca
de ti",

»y

»"En sus manos te sostendrán,
para que no tropieces con tu pie en
piedra".ᶜ

7 Jesús le dijo:

—Escrito está también: "No tentarás al Señor tu Dios".ᵈ

8 Otra vez lo llevó el diablo a un monte muy alto y le mostró todos los reinos del mundo y la gloria de ellos, **9** y le dijo:

—Todo esto te daré, si postrado me adoras.

10 Entonces Jesús le dijo:

—Vete, Satanás, porque escrito está: "Al Señor tu Dios adorarás y solo a él servirás".ᵉ

11 El diablo entonces lo dejó, y vinieron ángeles y lo servían.

Comienzo del ministerio
(Mc 1.14-20; Lc 4.14-15; 5.1-11; 6.17-19)

12 Cuando Jesús oyó que Juan estaba preso,ᶠ volvió a Galilea. **13** Dejando Nazaret, fue y habitó en Capernaúm,ᵍ ciudad marítima, en la región de Zabulón y de Neftalí, **14** para que se cumpliera lo que dijo el profeta Isaías:

15 «¡Tierra de Zabulón y tierra de
Neftalí,
camino del mar, al otro lado del
Jordán,
Galilea de los gentiles!
16 El pueblo que habitaba en tinieblas
vio gran luz,
y a los que habitaban en región de
sombra de muerte,
luz les resplandeció».ʰ

17 Desde entonces comenzó Jesús a predicar y a decir: «¡Arrepentíos, porque el reino de los cielosⁱ se ha acercado!»ʲ

Jesús llama a cuatro pescadores
18 Pasando Jesús junto al Mar de Galilea, vio a dos hermanos, Simón, llamado Pedro, y su hermano Andrés, que echaban la red en el mar, porque eran pescadores. **19** Y les dijo:

—Venid en pos de mí, y os haré pescadores de hombres.

ᵏ **3.13-17** Jn 1.31-34.   ˡ **3.17** Is 42.1. Cf. Mt 12.18; 17.5; Mc 9.7; Lc 9.35.   ᵃ **4.1** Heb 2.18; 4.15.
ᵇ **4.4** Dt 8.3.   ᶜ **4.6** Sal 91.11-12.   ᵈ **4.7** Dt 6.16.   ᵉ **4.10** Dt 6.13.   ᶠ **4.12** Mt 14.3; Mc 6.17-18;
Lc 3.19-20.   ᵍ **4.13** Jn 2.12.   ʰ **4.15-16** Is 9.1-2.   ⁱ **4.17** Dn 2.44.   ʲ **4.17** Mt 3.2; 10.7.

20 Ellos entonces, dejando al instante las redes, lo siguieron.[k] **21** Pasando de allí, vio a otros dos hermanos, Jacobo, hijo de Zebedeo, y su hermano Juan, en la barca con Zebedeo, su padre, que remendaban sus redes; y los llamó. **22** Ellos, dejando al instante la barca y a su padre, lo siguieron.

Jesús ministra a la multitud

23 Recorría Jesús toda Galilea, enseñando en las sinagogas de ellos, predicando el evangelio del Reino y sanando toda enfermedad y toda dolencia en el pueblo.[l] **24** Se difundió su fama por toda Siria, y le trajeron todos los que tenían dolencias, los afligidos por diversas enfermedades y tormentos, los endemoniados, lunáticos y paralíticos, y los sanó. **25** Lo siguió mucha gente de Galilea, de Decápolis,[m] de Jerusalén, de Judea y del otro lado del Jordán.

El sermón del monte[a]

5 **1** Viendo la multitud, subió al monte y se sentó.[b] Se le acercaron sus discípulos, **2** y él, abriendo su boca, les enseñaba diciendo:

Las bienaventuranzas

(Lc 6.20-23)

3 «Bienaventurados los pobres en espíritu,
porque de ellos es el reino de los cielos.
4 Bienaventurados los que lloran,[c]
porque recibirán consolación.
5 Bienaventurados los mansos,[d]
porque recibirán la tierra por heredad.
6 Bienaventurados los que tienen hambre y sed[e] de justicia,
porque serán saciados.[f]
7 Bienaventurados los misericordiosos,
porque alcanzarán misericordia.
8 Bienaventurados los de limpio corazón,[g]

porque verán a Dios.
9 Bienaventurados los pacificadores,[h]
porque serán llamados hijos de Dios.
10 Bienaventurados los que padecen persecución por causa de la justicia,[i]
porque de ellos es el reino de los cielos.
11 Bienaventurados seréis cuando por mi causa os insulten, os persigan y digan toda clase de mal contra vosotros, mintiendo.[j]

12 »Gozaos y alegraos, porque vuestra recompensa es grande en los cielos, pues así persiguieron a los profetas[k] que vivieron antes de vosotros.

La sal de la tierra

13 »Vosotros sois la sal de la tierra; pero si la sal pierde su sabor, ¿con qué será salada? No sirve más para nada, sino para ser echada fuera y pisoteada por los hombres.[l]

La luz del mundo

14 »Vosotros sois la luz del mundo;[m] una ciudad asentada sobre un monte no se puede esconder. **15** Ni se enciende una luz y se pone debajo de una vasija, sino sobre el candelero[n] para que alumbre a todos los que están en casa. **16** Así alumbre vuestra luz delante de los hombres, para que vean vuestras buenas obras y glorifiquen a vuestro Padre que está en los cielos.[ñ]

Jesús y la Ley

17 »No penséis que he venido a abolir la Ley o los Profetas; no he venido a abolir, sino a cumplir,[o] **18** porque de cierto os digo que antes que pasen el cielo y la tierra, ni una jota ni una tilde pasará de la Ley, hasta que todo se haya cumplido.[p] **19** De manera que cualquiera que quebrante

---

[k] **4.18-20** Jn 1.35-42. [l] **4.23** Mt 9.35; Mc 1.39. [m] **4.25** Mc 3.7-8. [a] **5.1—7.29** Lc 6.20-49.
[b] **5.1** Actitud que solían adoptar los rabinos o maestros religiosos cuando enseñaban.
[c] **5.4** Is 57.18; 61.2-3. [d] **5.5** Sal 37.11. [e] **5.6** Is 55.1-2; Am 8.11. [f] **5.6** Pr 21.21. [g] **5.8** Sal 24.3-4.
[h] **5.9** Sal 34.14; Pr 12.20. [i] **5.10** 1 P 3.14. [j] **5.11** 1 P 4.14. [k] **5.12** 2 Cr 36.16; Hch 7.52.
[l] **5.13** Mc 9.50; Lc 14.34-35. [m] **5.14** Jn 8.12; 9.5; Flp 2.15. [n] **5.15** Mc 4.21; Lc 8.16; 11.33.
[ñ] **5.16** 1 P 2.12. [o] **5.17** Ro 3.31. [p] **5.18** Lc 16.17; 21.33.

uno de estos mandamientos muy pequeños y así enseñe a los hombres, muy pequeño será llamado en el reino de los cielos; pero cualquiera que los cumpla y los enseñe, este será llamado grande en el reino de los cielos.

20 »Por tanto, os digo que si vuestra justicia no fuera mayor que la de los escribas y fariseos, no entraréis en el reino de los cielos.

Sobre la ira
(Lc 12.57-59)

21 »Oísteis que fue dicho a los antiguos: "No matarás",[q] y cualquiera que mate será culpable de juicio. 22 Pero yo os digo que cualquiera que se enoje contra su hermano, será culpable de juicio; y cualquiera que diga "Necio" a su hermano, será culpable ante el Concilio; y cualquiera que le diga "Fatuo", quedará expuesto al infierno de fuego.

23 »Por tanto, si traes tu ofrenda al altar y allí te acuerdas de que tu hermano tiene algo contra ti, 24 deja allí tu ofrenda delante del altar y ve, reconcíliate primero con tu hermano, y entonces vuelve y presenta tu ofrenda. 25 Ponte de acuerdo pronto con tu adversario, entre tanto que estás con él en el camino, no sea que el adversario te entregue al juez, y el juez al guardia, y seas echado en la cárcel. 26 De cierto te digo que no saldrás de allí hasta que pagues el último cuadrante.[r]

Sobre el adulterio

27 »Oísteis que fue dicho: "No cometerás adulterio".[s] 28 Pero yo os digo que cualquiera que mira a una mujer para codiciarla, ya adulteró con ella en su corazón.

29 »Por tanto, si tu ojo derecho te es ocasión de caer, sácalo y échalo de ti, pues mejor te es que se pierda uno de tus miembros, y no que todo tu cuerpo sea arrojado al infierno.[t] 30 Y si tu mano derecha te es ocasión de caer, córtala y échala de ti, pues mejor te es que se pierda uno de tus miembros, y no que todo tu cuerpo sea arrojado al infierno.

Sobre el divorcio
(Mt 19.9; Mc 10.11-12; Lc 16.18)[u]

31 »También fue dicho: "Cualquiera que repudie a su mujer, déle carta de divorcio".[v] 32 Pero yo os digo que el que repudia a su mujer, a no ser por causa de fornicación, hace que ella adultere, y el que se casa con la repudiada, comete adulterio.[w]

Sobre los juramentos

33 »Además habéis oído que fue dicho a los antiguos: "No jurarás en falso, sino cumplirás al Señor tus juramentos".[x] 34 Pero yo os digo: No juréis de ninguna manera: ni por el cielo, porque es el trono de Dios; 35 ni por la tierra, porque es el estrado de sus pies; ni por Jerusalén, porque es la ciudad del gran Rey.[y,z] 36 Ni por tu cabeza jurarás, porque no puedes hacer blanco o negro un solo cabello. 37 Pero sea vuestro hablar: "Sí, sí" o "No, no", porque lo que es más de esto, de mal procede.[a]

Sobre la venganza
(Lc 6.29-30)

38 »Oísteis que fue dicho: "Ojo por ojo y diente por diente".[b] 39 Pero yo os digo: No resistáis al que es malo; antes, a cualquiera que te hiera en la mejilla derecha, vuélvele también la otra; 40 al que quiera ponerte a pleito y quitarte la túnica, déjale también la capa; 41 a cualquiera que te obligue a llevar carga por una milla, ve con él dos. 42 Al que te pida, dale; y al que quiera tomar de ti prestado, no se lo niegues.[c]

Sobre el amor a los enemigos
(Lc 6.27-28,32-36)

43 »Oísteis que fue dicho: "Amarás a tu prójimo[d] y odiarás a tu enemigo". 44 Pero yo os digo: Amad a vuestros enemigos, bendecid a los que os maldicen, haced

---

[q] **5.21** Ex 20.13; Dt 5.17.   [r] **5.25-26** Lc 12.58-59.   [s] **5.27** Ex 20.14; Dt 5.18.   [t] **5.29-30** Mt 18.8-9; Mc 9.43-47.   [u] **5.31-32** 1 Co 7.10-11.   [v] **5.31** Dt 24.1-4; cf. Mt 19.7; Mc 10.4.   [w] **5.32** Mt 19.9; Mc 10.11-12; Lc 16.18; 1 Co 7.10-11.   [x] **5.33** Lv 19.12; Nm 30.2; Dt 23.22.   [y] **5.35** Sal 48.2.   [z] **5.34-35** Mt 23.16-22; cf. Is 66.1; Stg 5.12.   [a] **5.37** Stg 5.12.   [b] **5.38** Ex 21.24; Lv 24.20; Dt 19.21.   [c] **5.42** Lc 6.34-35.   [d] **5.43** Lv 19.18.

bien a los que os odian y orad por los que os ultrajan y os persiguen,[e] 45para que seáis hijos de vuestro Padre que está en los cielos, que hace salir su sol sobre malos y buenos y llover sobre justos e injustos. 46Si amáis a los que os aman, ¿qué recompensa tendréis? ¿No hacen también lo mismo los publicanos?[f] 47Y si saludáis a vuestros hermanos solamente, ¿qué hacéis de más? ¿No hacen también así los gentiles? 48Sed, pues, vosotros perfectos, como vuestro Padre que está en los cielos es perfecto.[g]

Sobre la limosna

6 1»Guardaos de hacer vuestra justicia delante de los hombres para ser vistos por ellos;[a] de otra manera no tendréis recompensa de vuestro Padre que está en los cielos. 2Cuando, pues, des limosna, no hagas tocar trompeta delante de ti, como hacen los hipócritas en las sinagogas y en las calles, para ser alabados por los hombres; de cierto os digo que ya tienen su recompensa. 3Pero cuando tú des limosna, no sepa tu izquierda lo que hace tu derecha,[b] 4para que sea tu limosna en secreto; y tu Padre, que ve en lo secreto, te recompensará en público.

Sobre la oración
(Lc 11.2-4)

5»Cuando ores, no seas como los hipócritas, porque ellos aman el orar de pie en las sinagogas y en las esquinas de las calles para ser vistos por los hombres;[c] de cierto os digo que ya tienen su recompensa. 6Pero tú, cuando ores, entra en tu cuarto, cierra la puerta[d] y ora a tu Padre que está en secreto; y tu Padre, que ve en lo secreto, te recompensará en público.

7»Y al orar no uséis vanas repeticiones, como los gentiles, que piensan que por su palabrería serán oídos. 8No os hagáis, pues, semejantes a ellos, porque vuestro Padre sabe de qué cosas tenéis necesidad antes que vosotros le pidáis.[e] 9Vosotros, pues, oraréis así:[f]

»"Padre nuestro que estás en los cielos,
santificado sea tu nombre.
10 Venga tu Reino.
Hágase tu voluntad, como en el cielo, así también en la tierra.
11 El pan nuestro de cada día, dánoslo hoy.
12 Perdónanos nuestras deudas, como también nosotros perdonamos a nuestros deudores.
13 No nos metas en tentación, sino líbranos del mal, porque tuyo es el Reino, el poder y la gloria,[g] por todos los siglos. Amén".

14»Por tanto, si perdonáis a los hombres sus ofensas, os perdonará también a vosotros vuestro Padre celestial; 15pero si no perdonáis sus ofensas a los hombres, tampoco vuestro Padre os perdonará vuestras ofensas.[h]

Sobre el ayuno

16»Cuando ayunéis, no pongáis cara triste, como los hipócritas que desfiguran sus rostros para mostrar a los hombres que ayunan; de cierto os digo que ya tienen su recompensa. 17Pero tú, cuando ayunes, unge tu cabeza y lava tu rostro, 18para no mostrar a los hombres que ayunas, sino a tu Padre que está en secreto; y tu Padre, que ve en lo secreto, te recompensará en público.

Tesoros en el cielo
(Lc 12.32-34)

19»No os hagáis tesoros en la tierra, donde la polilla y el moho destruyen,[i] y donde ladrones entran y hurtan; 20sino haceos tesoros en el cielo, donde ni la polilla ni el moho destruyen, y donde ladrones no entran ni hurtan, 21porque donde esté vuestro tesoro, allí estará también vuestro corazón.

---

[e] **5.44** Ex 23.4-5; Pr 25.21; Ro 12.14-20; 13.8-10. [f] **5.46** Por lo general, judíos contratados por el gobierno romano como recaudadores de impuestos. [g] **5.48** Lv 11.44-45; 19.2; Dt 18.13. [a] **6.1** Mt 23.5. [b] **6.3** Lc 18.11. [c] **6.5** Mt 23.5; Lc 18.10-14. [d] **6.6** Is 26.20. [e] **6.8** Lc 12.30. [f] **6.9-13** Lc 11.2-4. [g] **6.13** 1 Cr 29.10-13. [h] **6.14-15** Mt 18.35; Mc 11.25; Ef 4.32; Col 3.13. [i] **6.19-20** Stg 5.2-3.

La lámpara del cuerpo
(Lc 11.33-36)

22 »La lámpara del cuerpo es el ojo; así que, si tu ojo es bueno, todo tu cuerpo estará lleno de luz; 23 pero si tu ojo es maligno, todo tu cuerpo estará en tinieblas. Así que, si la luz que hay en ti es tinieblas, ¿cuántas no serán las mismas tinieblas?

Dios y las riquezas
(Lc 16.13)

24 »Ninguno puede servir a dos señores, porque odiará al uno y amará al otro, o estimará al uno y menospreciará al otro. No podéis servir a Dios y a las riquezas.*j*

Confianza en Dios
(Lc 12.22-31)

25 »Por tanto os digo: No os angustiéis por vuestra vida, qué habéis de comer o qué habéis de beber; ni por vuestro cuerpo, qué habéis de vestir. ¿No es la vida más que el alimento y el cuerpo más que el vestido? 26 Mirad las aves del cielo, que no siembran, ni siegan, ni recogen en graneros; y, sin embargo, vuestro Padre celestial las alimenta. ¿No valéis vosotros mucho más que ellas?*k* 27 ¿Y quién de vosotros podrá, por mucho que se angustie, añadir a su estatura un codo? 28 Y por el vestido, ¿por qué os angustiáis? Considerad los lirios del campo, cómo crecen: no trabajan ni hilan; 29 pero os digo que ni aun Salomón con toda su gloria*l* se vistió como uno de ellos. 30 Y si a la hierba del campo, que hoy es y mañana se quema en el horno, Dios la viste así, ¿no hará mucho más por vosotros, hombres de poca fe? 31 No os angustiéis, pues, diciendo: "¿Qué comeremos, o qué beberemos, o qué vestiremos?", 32 porque los gentiles se angustian por todas estas cosas, pero vuestro Padre celestial sabe que tenéis necesidad de todas ellas. 33 Buscad primeramente el reino de Dios y su justicia, y todas estas cosas os serán añadidas.*m*

34 »Así que no os angustiéis por el día de mañana, porque el día de mañana traerá su propia preocupación. Basta a cada día su propio mal.

El juzgar a los demás
(Lc 6.37-38,41-42)

7 1 »No juzguéis, para que no seáis juzgados, 2 porque con el juicio con que juzgáis seréis juzgados, y con la medida con que medís se os medirá.*a* 3 ¿Por qué miras la paja que está en el ojo de tu hermano y no echas de ver la viga que está en tu propio ojo? 4 ¿O cómo dirás a tu hermano: "Déjame sacar la paja de tu ojo", cuando tienes la viga en el tuyo? 5 ¡Hipócrita! saca primero la viga de tu propio ojo, y entonces verás bien para sacar la paja del ojo de tu hermano.

6 »No deis lo santo a los perros, ni echéis vuestras perlas delante de los cerdos, no sea que las pisoteen y se vuelvan y os despedacen.

La oración, y la regla de oro
(Lc 11.9-13; 6.31)

7 »Pedid, y se os dará; buscad, y hallaréis; llamad, y se os abrirá, 8 porque todo aquel que pide, recibe; y el que busca, halla; y al que llama, se le abrirá. 9 ¿Qué hombre hay de vosotros, que si su hijo le pide pan, le dará una piedra? 10 ¿O si le pide un pescado, le dará una serpiente? 11 Pues si vosotros, siendo malos, sabéis dar buenas cosas a vuestros hijos, ¿cuánto más vuestro Padre que está en los cielos dará buenas cosas a los que le pidan?*b* 12 Así que todas las cosas que queráis que los hombres hagan con vosotros, así también haced vosotros con ellos,*c* pues esto es la Ley y los Profetas.

La puerta angosta
(Lc 13.24)

13 »Entrad por la puerta angosta, porque ancha es la puerta y espacioso el camino que lleva a la perdición, y muchos son los que entran por ella; 14 pero angosta es la puerta y angosto el camino que lleva a la vida, y pocos son los que la hallan.*d*

---

j 6.24 Gr. *mamoná* ; la palabra aquí representa un poder personificado que domina al mundo. *k* 6.26 Mt 10.31; Lc 12.7. *l* 6.29 1 R 10.4-7; 2 Cr 9.3-6. *m* 6.33 Sal 37.4. *a* 7.2 Mc 4.24. *b* 7.7-11 Jn 14.13-14; 15.7,16; 16.23-24; 1 Jn 3.21-22; 5.14-15. *c* 7.12 Lc 6.31. *d* 7.13-14 Sal 1.6; Pr 4.18-19; Jer 21.8; Jn 10.1-2,7; 14.6.

Por sus frutos los conoceréis
(Lc 6.43-44)

¹⁵ »Guardaos de los falsos profetas, que vienen a vosotros vestidos de ovejas, pero por dentro son lobos rapaces.ᵉ ¹⁶ Por sus frutos los conoceréis. ¿Acaso se recogen uvas de los espinos o higos de los abrojos?ᶠ ¹⁷ Así, todo buen árbol da buenos frutos, pero el árbol malo da frutos malos. ¹⁸ No puede el buen árbol dar malos frutos, ni el árbol malo dar frutos buenos. ¹⁹ Todo árbol que no da buen fruto, es cortado y echado en el fuego.ᵍ ²⁰ Así que por sus frutos los conoceréis.ʰ

Nunca os conocí
(Lc 13.25-27)

²¹ »No todo el que me dice: "¡Señor, Señor!", entrará en el reino de los cielos, sino el que hace la voluntad de mi Padre que está en los cielos.ⁱ ²² Muchos me dirán en aquel día: "Señor, Señor, ¿no profetizamos en tu nombre, y en tu nombre echamos fuera demonios, y en tu nombre hicimos muchos milagros?" ²³ Entonces les declararé: "Nunca os conocí. ¡Apartaos de mí, hacedores de maldad!"ʲ

Los dos cimientos
(Lc 6.46-49)

²⁴ »A cualquiera, pues, que me oye estas palabras y las pone en práctica, lo compararé a un hombre prudente que edificó su casa sobre la roca. ²⁵ Descendió la lluvia, vinieron ríos, soplaron vientos y golpearon contra aquella casa; pero no cayó, porque estaba cimentada sobre la roca. ²⁶ Pero a cualquiera que me oye estas palabras y no las practica, lo compararé a un hombre insensato que edificó su casa sobre la arena. ²⁷ Descendió la lluvia, vinieron ríos, soplaron vientos y dieron con ímpetu contra aquella casa; y cayó, y fue grande su ruina».

²⁸ Cuando terminó Jesús estas palabras, la gente estaba admirada de su doctrina, ²⁹ porque les enseñaba como quien tiene autoridad y no como los escribas.ᵏ

Jesús sana a un leproso
(Mc 1.40-45; Lc 5.12-16)

8 ¹ Cuando descendió Jesús del monte, lo seguía mucha gente. ² En esto se le acercó un leproso y se postró ante él, diciendo:

—Señor, si quieres, puedes limpiarme.

³ Jesús extendió la mano y lo tocó, diciendo:

—Quiero, sé limpio.

Y al instante su lepra desapareció. ⁴ Entonces Jesús le dijo:

—Mira, no lo digas a nadie, sino ve, muéstrate al sacerdote y presenta la ofrenda que ordenó Moisés,ᵃ para testimonio a ellos.

Jesús sana al siervo de un centuriónᵇ
(Lc 7.1-10)

⁵ Al entrar Jesús en Capernaúm, se le acercó un centurión, que le rogaba ⁶ diciendo:

—Señor, mi criado está postrado en casa, paralítico, gravemente atormentado.

⁷ Jesús le dijo:

—Yo iré y lo sanaré.

⁸ Respondió el centurión y dijo:

—Señor, no soy digno de que entres bajo mi techo; solamente di la palabra y mi criado sanará, ⁹ pues también yo soy hombre bajo autoridad y tengo soldados bajo mis órdenes, y digo a este: "Ve", y va; y al otro: "Ven", y viene; y a mi siervo: "Haz esto", y lo hace.

¹⁰ Al oírlo Jesús, se maravilló y dijo a los que lo seguían:

—De cierto os digo que ni aun en Israel he hallado tanta fe. ¹¹ Os digo que vendrán muchos del oriente y del occidente, y se sentarán con Abraham, Isaac y Jacob en el reino de los cielos;ᶜ ¹² pero los hijos del reino serán echados a las tinieblas de afuera; allí será el lloro y el crujir de dientes.ᵈ

¹³ Entonces Jesús dijo al centurión:

—Vete, y como creíste te sea hecho.

Y su criado quedó sano en aquella misma hora.

ᵉ **7.15** Ez 22.27; Jn 10.8.   ᶠ **7.16** Stg 3.12.   ᵍ **7.19** Mt 3.10; Lc 3.9; 13.6-9; Jn 15.6.
ʰ **7.20** Mt 12.33,35.   ⁱ **7.21** Lc 6.46.   ʲ **7.23** Sal 6.8.   ᵏ **7.28-29** Mc 1.22; Lc 4.32.
ᵃ **8.4** Lv 14.1-32.   ᵇ **8.5-13** Jn 4.46-53.   ᶜ **8.11** Lc 13.29.   ᵈ **8.12** Mt 13.42,50; 22.13;
24.51; 25.30; Lc 13.28.

Jesús sana a la suegra de Pedro
(Mc 1.29-34; Lc 4.38-41)

14 Fue Jesús a casa de Pedro y vio a la suegra de este postrada en cama, con fiebre. **15** Entonces tocó su mano y la fiebre la dejó; ella se levantó, y los servía.

Jesús sana a muchos enfermos

16 Al caer la noche le llevaron muchos endemoniados, y con la palabra echó fuera a los demonios y sanó a todos los enfermos, **17** para que se cumpliera lo dicho por el profeta Isaías: «Él mismo tomó nuestras enfermedades y llevó nuestras dolencias».*e*

Los que querían seguir a Jesús
(Lc 9.57-62)

18 Viéndose Jesús rodeado de mucha gente, dio orden de pasar al otro lado. **19** Se le acercó un escriba y le dijo:

—Maestro, te seguiré adondequiera que vayas.

20 Jesús le dijo:

—Las zorras tienen guaridas, y las aves del cielo, nidos; pero el Hijo del hombre no tiene donde recostar su cabeza.

21 Otro de sus discípulos le dijo:

—Señor, permíteme que vaya primero y entierre a mi padre.

22 Jesús le dijo:

—Sígueme; deja que los muertos entierren a sus muertos.*f*

Jesús calma la tempestad
(Mc 4.35-41; Lc 8.22-25)

23 Entró él en la barca y sus discípulos lo siguieron. **24** Y se levantó en el mar una tempestad tan grande que las olas cubrían la barca; pero él dormía. **25** Se acercaron sus discípulos y lo despertaron, diciendo:

—¡Señor, sálvanos, que perecemos!

26 Él les dijo:

—¿Por qué teméis, hombres de poca fe?

Entonces, levantándose, reprendió a los vientos y al mar, y sobrevino una gran calma. **27** Los hombres, maravillados, decían:

—¿Qué hombre es este, que aun los vientos y el mar lo obedecen?

Los endemoniados gadarenos
(Mc 5.1-20; Lc 8.26-39)

28 Cuando llegó a la otra orilla, a la tierra de los gadarenos,*g* vinieron a su encuentro dos endemoniados que salían de los sepulcros, feroces en gran manera, tanto que nadie podía pasar por aquel camino. **29** Y clamaron diciendo:

—¿Qué tienes con nosotros, Jesús, Hijo de Dios? ¿Has venido acá para atormentarnos antes de tiempo?

30 Estaba paciendo lejos de ellos un hato de muchos cerdos. **31** Y los demonios le rogaron diciendo:

—Si nos echas fuera, permítenos ir a aquel hato de cerdos.

32 Él les dijo:

—Id.

Ellos salieron y se fueron a aquel hato de cerdos, y entonces todo el hato de cerdos se lanzó al mar por un despeñadero, y perecieron en las aguas. **33** Los que los apacentaban huyeron y, llegando a la ciudad, contaron todas las cosas y lo que había pasado con los endemoniados. **34** Entonces toda la ciudad salió al encuentro de Jesús y, cuando lo vieron, le rogaron que se fuera de su territorio.

Jesús sana a un paralítico
(Mc 2.1-12; Lc 5.17-26)

9 **1** Entonces, entrando Jesús en la barca, pasó al otro lado y vino a su ciudad. **2** Y sucedió que le llevaron un paralítico tendido sobre una camilla. Al ver Jesús la fe de ellos, dijo al paralítico:

—Ten ánimo, hijo; tus pecados te son perdonados.*a*

3 Entonces algunos de los escribas se decían a sí mismos: «Este blasfema».*b* **4** Conociendo Jesús los pensamientos de ellos, dijo:

—¿Por qué pensáis mal en vuestros corazones? **5** ¿Qué es más fácil, decir: "Los pecados te son perdonados", o decir: "Levántate y anda"? **6** Pues para que sepáis que el Hijo del hombre tiene potestad en la tierra para perdonar pecados —dijo

---

e **8.17** Is 53.4. *f* **8.22** Mt 10.37; Lc 14.26. *g* **8.28** Mc 5.1; Lc 8.26. *a* **9.2** Lc 7.48.
b **9.3** Mc 2.7.

entonces al paralítico—: Levántate, toma tu camilla y vete a tu casa.

⁷ Entonces él se levantó y se fue a su casa. ⁸ La gente, al verlo, se maravilló y glorificó a Dios, que había dado tal potestad a los hombres.

Llamamiento de Mateo
(Mc 2.13-17; Lc 5.27-32)

⁹ Saliendo Jesús de allí, vio a un hombre llamado Mateo que estaba sentado en el banco de los tributos públicos, y le dijo:

—Sígueme.

Él se levantó y lo siguió. ¹⁰ Aconteció que estando él sentado a la mesa en la casa, muchos publicanos y pecadores, que habían llegado, se sentaron juntamente a la mesa con Jesús y sus discípulos. ¹¹ Cuando vieron esto los fariseos, dijeron a los discípulos:

—¿Por qué come vuestro Maestro con los publicanos y pecadores?ᶜ

¹² Al oir esto Jesús, les dijo:

—Los sanos no tienen necesidad de médico, sino los enfermos. ¹³ Id, pues, y aprended lo que significa:ᵈ "Misericordia quiero y no sacrificios",ᵉ porque no he venido a llamar a justos, sino a pecadores al arrepentimiento.

La pregunta sobre el ayuno
(Mc 2.18-22; Lc 5.33-39)

¹⁴ Entonces se le acercaron los discípulos de Juanᶠ y le preguntaron:

—¿Por qué nosotros y los fariseos ayunamos muchas veces, y tus discípulos no ayunan?

¹⁵ Jesús les dijo:

—¿Acaso pueden los que están de boda tener luto entre tanto que el esposo está con ellos? Pero vendrán días cuando el esposo les será quitado, y entonces ayunarán. ¹⁶ Nadie pone remiendo de paño nuevo en vestido viejo, porque tal remiendo tira del vestido y se hace peor la rotura. ¹⁷ Ni echan vino nuevo en odres viejos; de otra manera los odres se rompen, el vino se derrama y los odres se pierden; pero echa el vino nuevo en odres nuevos, y lo uno y lo otro se conservan juntamente.

La hija de Jairo, y la mujer con flujo de sangre
(Mc 5.21-43; Lc 8.40-56)

¹⁸ Mientras él les decía estas cosas, llegó un dignatario y se postró ante él, diciendo:

—Mi hija acaba de morir; pero ven y pon tu mano sobre ella, y vivirá.

¹⁹ Jesús se levantó y lo siguió con sus discípulos. ²⁰ En esto, una mujer enferma de flujo de sangre desde hacía doce años se le acercó por detrás y tocó el borde de su manto, ²¹ porque se decía a sí misma: «Con solo tocar su manto, seré salva».

²² Pero Jesús, volviéndose y mirándola, dijo:

—Ten ánimo, hija; tu fe te ha salvado.

Y la mujer fue salva desde aquella hora.

²³ Cuando entró Jesús en la casa del dignatario y vio a los que tocaban flautas y a la gente que hacía alboroto, ²⁴ les dijo:

—Apartaos, porque la niña no está muerta, sino que duerme.

Y se burlaban de él. ²⁵ Pero cuando la gente fue echada fuera, entró y tomó de la mano a la niña, y ella se levantó. ²⁶ Y se difundió esta noticia por toda aquella tierra.

Dos ciegos reciben la vista

²⁷ Cuando salió Jesús, lo siguieron dos ciegos, diciéndole a gritos:

—¡Ten misericordia de nosotros, Hijo de David!ᵍ

²⁸ Al llegar a la casa, se le acercaron los ciegos y Jesús les preguntó:

—¿Creéis que puedo hacer esto?

Ellos dijeron:

—Sí, Señor.

²⁹ Entonces les tocó los ojos, diciendo:

—Conforme a vuestra fe os sea hecho.

³⁰ Y los ojos de ellos fueron abiertos. Jesús les encargó rigurosamente, diciendo:

—Mirad que nadie lo sepa.

³¹ Pero cuando salieron, divulgaron la fama de él por toda aquella tierra.

ᶜ **9.11** Lc 15.1-2; Jn 7.49. ᵈ **9.13** Mt 12.7. ᵉ **9.13** Os 6.6. ᶠ **9.14** Hch 19.1-6. ᵍ **9.27** Título aplicado por los judíos al Mesías, quien había de ser descendiente del rey David. Cf. Mt 20.29-34.

Un mudo habla

32 Tan pronto ellos salieron, le trajeron un mudo endemoniado. **33** Una vez expulsado el demonio, el mudo habló.[h] La gente se maravillaba y decía:

—Nunca se ha visto cosa semejante en Israel.

34 Pero los fariseos decían:

—Por el príncipe de los demonios echa fuera los demonios.[i]

La mies es mucha

35 Recorría Jesús todas las ciudades y aldeas, enseñando en las sinagogas de ellos, predicando el evangelio del Reino y sanando toda enfermedad y toda dolencia en el pueblo.[j] **36** Al ver las multitudes tuvo compasión de ellas, porque estaban desamparadas y dispersas como ovejas que no tienen pastor.[k] **37** Entonces dijo a sus discípulos: «A la verdad la mies es mucha, pero los obreros pocos. **38** Rogad, pues, al Señor de la mies, que envíe obreros a su mies».[l]

Elección de los doce apóstoles
(Mc 3.13-19; Lc 6.12-16)

10 **1** Entonces, llamando a sus doce discípulos, les dio autoridad sobre los espíritus impuros, para que los echaran fuera y para sanar toda enfermedad y toda dolencia. **2** Los nombres de los doce apóstoles son estos: primero Simón, llamado Pedro, y su hermano Andrés; Jacobo hijo de Zebedeo, y su hermano Juan; **3** Felipe, Bartolomé, Tomás, Mateo, el publicano, Jacobo hijo de Alfeo, Lebeo, por sobrenombre Tadeo, **4** Simón, el cananita, y Judas Iscariote, el que también lo entregó.

Misión de los doce
(Mc 6.7-13; Lc 9.1-6)

5 A estos doce envió Jesús, y les dio instrucciones[a] diciendo:

«Por camino de gentiles no vayáis, y en ciudad de samaritanos no entréis, **6** sino id antes a las ovejas perdidas de la casa de Israel. **7** Y yendo, predicad, diciendo:

"El reino de los cielos se ha acercado". **8** Sanad enfermos, limpiad leprosos, resucitad muertos, echad fuera demonios; de gracia recibisteis, dad de gracia. **9** No llevéis oro, ni plata, ni cobre en vuestros cintos; **10** ni alforja para el camino, ni dos túnicas, ni calzado, ni bastón, porque el obrero es digno de su alimento.[b] **11** Pero en cualquier ciudad o aldea donde entréis, informaos de quién en ella es digno y quedaos allí hasta que salgáis. **12** Al entrar en la casa, saludad. **13** Y si la casa es digna, vuestra paz vendrá sobre ella; pero si no es digna, vuestra paz se volverá a vosotros. **14** Si alguien no os recibe ni oye vuestras palabras, salid de aquella casa o ciudad y sacudid el polvo de vuestros pies.[c] **15** De cierto os digo que en el día del juicio será más tolerable el castigo para la tierra de Sodoma y de Gomorra[d] que para aquella ciudad.

Persecuciones venideras
(Mc 13.9-13; Lc 21.12-19)

16 »Yo os envío como a ovejas en medio de lobos.[e] Sed, pues, prudentes como serpientes y sencillos como palomas. **17** Guardaos de los hombres, porque os entregarán a los concilios y en sus sinagogas os azotarán; **18** y aun ante gobernadores y reyes seréis llevados por causa mía, para testimonio a ellos y a los gentiles. **19** Pero cuando os entreguen, no os preocupéis por cómo o qué hablaréis, porque en aquella hora os será dado lo que habéis de hablar, **20** pues no sois vosotros los que habláis, sino el Espíritu de vuestro Padre que habla en vosotros. **21** El hermano entregará a la muerte al hermano, y el padre al hijo. Los hijos se levantarán contra los padres y los harán morir.[f,g] **22** Seréis odiados por todos por causa de mi nombre; pero el que persevere hasta el fin, este será salvo.[h] **23** Cuando os persigan en una ciudad, huid a otra. De cierto os digo que no acabaréis de recorrer todas las ciudades de Israel antes que venga el Hijo del hombre.

24 »El discípulo no es más que su maestro

---

h **9.32-33** Mt 12.22; Lc 11.14.   *i* **9.34** Mt 10.25; 12.24; Mc 3.22; Lc 11.15.   *j* **9.35** Mt 4.23; Mc 1.39; Lc 4.44.   *k* **9.36** 1 R 22.17; 2 Cr 18.16; Zac 10.2; Mc 6.34.   *l* **9.37-38** Lc 10.2; Jn 4.35.
a **10.5-14** Lc 10.4-11.   *b* **10.10** Lc 10.7; 1 Co 9.14; 1 Ti 5.18.   *c* **10.14** Hch 13.51.
d **10.15** Gn 19.24-28; Mt 11.24; Lc 10.12.   *e* **10.16** Lc 10.3.   *f* **10.17-21** Mc 13.9-11; Lc 12.11-12; 21.12-15; cf. Hch 4.1-8.   *g* **10.21** Mc 13.12; Lc 21.16.   *h* **10.22** Mt 24.9,13; Mc 13.13; Lc 21.17.

ni el siervo más que su señor.[i] ²⁵Bástale al discípulo ser como su maestro y al siervo como su señor. Si al padre de familia llamaron Beelzebú,[j] ¡cuánto más a los de su casa!

A quién se debe temer
(Lc 12.2-9)

²⁶»Así que no los temáis, porque nada hay encubierto que no haya de ser descubierto; ni oculto que no haya de saberse.[k] ²⁷Lo que os digo en tinieblas, decidlo a plena luz; y lo que oís al oído, proclamadlo desde las azoteas. ²⁸No temáis a los que matan el cuerpo pero el alma no pueden matar; temed más bien a aquel que puede destruir el alma y el cuerpo en el infierno. ²⁹¿No se venden dos pajarillos por un cuarto?[l] Con todo, ni uno de ellos cae a tierra sin el permiso de vuestro Padre. ³⁰Pues bien, aun vuestros cabellos están todos contados. ³¹Así que no temáis; más valéis vosotros que muchos pajarillos.

Confesar a Jesús delante de los hombres
(Lc 12.8-9)

³²»A cualquiera, pues, que me confiese delante de los hombres, yo también lo confesaré delante de mi Padre que está en los cielos. ³³Y a cualquiera que me niegue delante de los hombres, yo también lo negaré delante de mi Padre que está en los cielos.[m]

Jesús, causa de división
(Lc 12.49-53; 14.26-27)

³⁴»No penséis que he venido a traer paz a la tierra; no he venido a traer paz, sino espada, ³⁵porque he venido a poner en enemistad al hombre contra su padre, a la hija contra su madre y a la nuera contra su suegra. ³⁶Así que los enemigos del hombre serán los de su casa.[n] ³⁷El que ama a padre o madre más que a mí, no es digno de mí; el que ama a hijo o hija más que a mí, no es digno de mí; ³⁸y el que no toma su cruz y sigue en pos de mí, no es digno

de mí. ³⁹El que halle su vida, la perderá; y el que pierda su vida por causa de mí, la hallará.[ñ]

Recompensas
(Mc 9.41)

⁴⁰»El que a vosotros recibe, a mí me recibe; y el que me recibe a mí, recibe al que me envió.[o] ⁴¹El que recibe a un profeta por cuanto es profeta, recompensa de profeta recibirá; y el que recibe a un justo por cuanto es justo, recompensa de justo recibirá. ⁴²Y cualquiera que dé a uno de estos pequeños un vaso de agua fría solamente, por cuanto es discípulo, de cierto os digo que no perderá su recompensa».[p]

11 ¹Cuando Jesús terminó de dar instrucciones a sus doce discípulos, se fue de allí a enseñar y a predicar en las ciudades de ellos.

Los mensajeros de Juan el Bautista
(Lc 7.18-35)

²Al oir Juan en la cárcel los hechos de Cristo, le envió dos de sus discípulos ³a preguntarle:

—¿Eres tú aquel que había de venir o esperaremos a otro?

⁴Respondiendo Jesús, les dijo:

—Id y haced saber a Juan las cosas que oís y veis. ⁵Los ciegos ven, los cojos andan, los leprosos son limpiados, los sordos oyen,[a] los muertos son resucitados y a los pobres es anunciado el evangelio;[b] ⁶y bienaventurado es el que no halle tropiezo en mí.

⁷Mientras ellos se iban, comenzó Jesús a hablar de Juan a la gente:

«¿Qué salisteis a ver al desierto? ¿Una caña sacudida por el viento? ⁸¿O qué salisteis a ver? ¿A un hombre cubierto de vestiduras delicadas? Los que llevan vestiduras delicadas, en las casas de los reyes están. ⁹Pero ¿qué salisteis a ver? ¿A un profeta? Sí, os digo, y más que profeta, ¹⁰porque este es de quien está escrito:

---

[i] **10.24** Lc 6.40; Jn 13.16; 15.20. 　[j] **10.25** Mt 9.34; 12.24; Mc 3.22; Lc 11.15. 　[k] **10.26** Mc 4.22.
[l] **10.29** Se refiere al *asarion,* moneda romana que equivalía a 1/16 del salario de un día.
[m] **10.33** Mc 8.38; Lc 9.26; 2 Ti 2.12. 　[n] **10.35-36** Miq 7.6. 　[ñ] **10.38-39** Mt 16.24-25;
Mc 8.34-35; Lc 9.23-24; 17.33; Jn 12.24-25. 　[o] **10.40** Mc 9.37; Lc 9.48; 10.16; Jn 13.20;
cf. Jn 14.9. 　[p] **10.42** Mc 9.41. 　[a] **11.5** Is 29.18-19; 35.5-6. 　[b] **11.5** Is 26.19; 61.1;
cf. Lc 4.18-21.

»"Yo envío mi mensajero delante
de ti,
el cual preparará tu camino delante
de ti".^{c}

11 »De cierto os digo que entre los que nacen de mujer no se ha levantado otro mayor que Juan el Bautista; y, sin embargo, el más pequeño en el reino de los cielos es mayor que él.

12 »Desde los días de Juan el Bautista hasta ahora, el reino de los cielos sufre violencia, y los violentos lo arrebatan. **13** Todos los profetas y la Ley profetizaron hasta Juan.^{d} **14** Y si queréis recibirlo, él es aquel Elías que había de venir.^{e} **15** El que tiene oídos para oír, oiga. **16** Pero ¿a qué compararé esta generación? Es semejante a los muchachos que se sientan en las plazas y gritan a sus compañeros, **17** diciendo: "Os tocamos flauta y no bailasteis; os entonamos canciones de duelo y no llorasteis", **18** porque vino Juan, que ni comía ni bebía, y dicen: "Demonio tiene". **19** Vino el Hijo del hombre, que come y bebe, y dicen: "Este es un hombre comilón y bebedor de vino, amigo de publicanos y pecadores". Pero la sabiduría es justificada por sus hijos».

Ayes sobre las ciudades impenitentes
(Lc 10.13-16)

20 Entonces comenzó a reconvenir a las ciudades en las cuales había hecho muchos de sus milagros, porque no se habían arrepentido, diciendo: **21** «¡Ay de ti, Corazín! ¡Ay de ti, Betsaida!, porque si en Tiro y en Sidón^f se hubieran hecho los milagros que han sido hechos en vosotras, tiempo ha que en vestidos ásperos y ceniza se habrían arrepentido. **22** Por tanto os digo que en el día del juicio será más tolerable el castigo para Tiro y para Sidón que para vosotras. **23** Y tú, Capernaúm, que eres levantada hasta el cielo, hasta el Hades^g serás abatida,^{h} porque si

en Sodoma^i se hubieran hecho los milagros que han sido hechos en ti, habría permanecido hasta el día de hoy. **24** Por tanto os digo que en el día del juicio será más tolerable el castigo para la tierra de Sodoma^j que para ti».

Venid a mí y descansad
(Lc 10.21-22)

25 En aquel tiempo, respondiendo Jesús, dijo: «Te alabo, Padre, Señor del cielo y de la tierra, porque escondiste estas cosas de los sabios y de los entendidos, y las revelaste a los niños.^{k} **26** Sí, Padre, porque así te agradó. **27** »Todas las cosas me fueron entregadas por mi Padre;^{l} y nadie conoce al Hijo, sino el Padre, ni nadie conoce al Padre, sino el Hijo^m y aquel a quien el Hijo se lo quiera revelar. **28** Venid a mí todos los que estáis trabajados y cargados, y yo os haré descansar.^{n} **29** Llevad mi yugo sobre vosotros y aprended de mí, que soy manso y humilde de corazón, y hallaréis descanso para vuestras almas,^{ñ} **30** porque mi yugo es fácil y ligera mi carga».

Los discípulos arrancan espigas en sábado
(Mc 2.23-28; Lc 6.1-5)

12 **1** En aquel tiempo iba Jesús por los sembrados un sábado. Sus discípulos sintieron hambre y comenzaron a arrancar espigas^a y a comer. **2** Los fariseos, al verlo, le dijeron:

—Tus discípulos hacen lo que no está permitido hacer en sábado.

3 Pero él les dijo:

—¿No habéis leído lo que hizo David cuando él y los que con él estaban sintieron hambre; **4** cómo entró en la casa de Dios y comió los panes de la proposición, que no les estaba permitido comer ni a él ni a los que con él estaban, sino solamente a los sacerdotes?^{b} **5** ¿O no habéis leído en la Ley cómo en sábado los sacerdotes en el Templo profanan el sábado, y son sin

---

^{c}**11.10** Mal 3.1. ^{d}**11.12-13** Lc 16.16. ^{e}**11.14** Mal 4.5; Mt 17.10-13; Mc 9.11-13.
^{f}**11.21** Is 23.1-18; Ez 26—28;Jl 3.4-8; Am 1.9-10; Zac 9.2-4. ^{g}**11.23** Nombre griego del lugar de los muertos. ^{h}**11.23** Is 14.13-15. ^{i}**11.23** Gn 19.24-28. ^{j}**11.24** Mt 10.15; Lc 10.12.
^{k}**11.25** Is 29.14; 1 Co 1.19-21. ^{l}**11.27** Mt 28.18; Jn 3.35; 17.2. ^{m}**11.27** Jn 1.18; 6.65; 10.14-15.
^{n}**11.28** Jn 6.37. ^{ñ}**11.29** Jer 6.16. ^{a}**12.1** Dt 23.25. ^{b}**12.3-4** 1 S 21.1-6; cf. Ex 35.13; Lv 24.5-9.

culpa?[c] [6] Pues os digo que uno mayor que el Templo está aquí. [7] Si supierais qué significa: "Misericordia quiero y no sacrificios", no condenaríais a los inocentes,[d] [8] porque el Hijo del hombre es Señor del sábado.

El hombre de la mano seca
(Mc 3.1-6; Lc 6.6-11)

[9] Saliendo de allí, fue a la sinagoga de ellos. [10] Y había allí uno que tenía seca una mano. Para poder acusar a Jesús, le preguntaron:

—¿Está permitido sanar en sábado?

[11] Él les dijo:

—¿Qué hombre entre vosotros, si tiene una oveja y esta se le cae en un hoyo, en sábado, no le echa mano y la saca?[e] [12] Pero, ¿cuánto más vale un hombre que una oveja? Por consiguiente, está permitido hacer el bien en sábado.

[13] Entonces dijo a aquel hombre:

—Extiende tu mano.

Él la extendió y le fue restaurada sana como la otra. [14] Salieron entonces los fariseos y se confabularon contra Jesús para destruirlo.

El siervo escogido

[15] Cuando Jesús supo esto, se retiró de allí. Lo siguió mucha gente, y sanaba a todos, [16] y les encargaba rigurosamente que no lo descubrieran, [17] para que se cumpliera lo que dijo el profeta Isaías:

[18] «Este es mi siervo, a quien he
　　escogido;
mi amado, en quien se agrada mi
　　alma.
Pondré mi Espíritu sobre él,
y a los gentiles anunciará juicio.
[19] No contenderá, ni voceará,
ni nadie oirá en las calles su voz.
[20] La caña cascada no quebrará
y el pábilo que humea no apagará,
hasta que haga triunfar el juicio.
[21] En su nombre esperarán los
　　gentiles».[f]

La blasfemia contra el Espíritu Santo
(Mc 3.20-30; Lc 11.14-23; 12.10)

[22] Entonces le llevaron un endemoniado, ciego y mudo; y lo sanó, de tal manera que el ciego y mudo veía y hablaba. [23] Toda la gente estaba atónita y decía: «¿Será este aquel Hijo de David?».[g] [24] Pero los fariseos, al oírlo, decían: «Este no echa fuera los demonios sino por Beelzebú, príncipe de los demonios».[h]

[25] Sabiendo Jesús los pensamientos de ellos, les dijo: «Todo reino dividido contra sí mismo es asolado, y ninguna ciudad o casa dividida contra sí misma permanecerá. [26] Si Satanás echa fuera a Satanás, contra sí mismo está dividido; ¿cómo, pues, permanecerá su reino? [27] Y si yo echo fuera los demonios por Beelzebú, ¿por quién los echan vuestros hijos? Por tanto, ellos serán vuestros jueces. [28] Pero si yo por el Espíritu de Dios echo fuera los demonios, ciertamente ha llegado a vosotros el reino de Dios, [29] pues ¿cómo puede alguno entrar en la casa del hombre fuerte y saquear sus bienes, si primero no lo ata? Entonces podrá saquear su casa.[i] [30] El que no está conmigo, está contra mí;[j] y el que conmigo no recoge, desparrama.

[31] »Por tanto os digo: Todo pecado y blasfemia será perdonado a los hombres, pero la blasfemia contra el Espíritu no les será perdonada. [32] Cualquiera que diga alguna palabra contra el Hijo del hombre, será perdonado; pero el que hable contra el Espíritu Santo, no será perdonado, ni en este siglo ni en el venidero.[k]

[33] »Si el árbol es bueno, su fruto es bueno; si el árbol es malo, su fruto es malo, porque por el fruto se conoce el árbol.[l] [34] ¡Generación de víboras![m] ¿Cómo podéis hablar lo bueno, siendo malos?, porque de la abundancia del corazón habla la boca.[n] [35] El hombre bueno, del buen tesoro del corazón saca buenas cosas, y el hombre malo, del mal tesoro saca malas cosas. [36] Pero yo os digo que de toda palabra ociosa que hablen los hombres, de ella darán cuenta en el día del juicio. [37] pues por tus palabras serás justificado, y por tus palabras serás condenado».

[c] **12.5** Nm 28.9-10.   [d] **12.7** Os 6.6; cf. Mt 9.13.   [e] **12.11** Lc 14.5.   [f] **12.17-21** Is 42.1-4.
[g] **12.23** Título del Mesías.   [h] **12.24** Mt 9.34; 10.25.   [i] **12.29** Is 49.24-26.   [j] **12.30** Mc 9.40;
Lc 9.50.   [k] **12.31-32** Mc 3.28-29; Lc 12.10.   [l] **12.33** Mt 7.20; Lc 6.44.   [m] **12.34** Mt 3.7; 23.33;
Lc 3.7.   [n] **12.34** Mt 15.18; Lc 6.45.

La demanda de una señal

(Lc 11.29-32)

38 Entonces respondieron algunos de los
escribas y de los fariseos diciendo:
—Maestro, deseamos ver de ti una señal.[ñ]
39 Él respondió y les dijo:
—La generación mala y adúltera demanda señal,[o] pero señal no le será dada,
sino la señal del profeta Jonás. 40 Como estuvo Jonás en el vientre del gran pez tres
días y tres noches,[p] así estará el Hijo del
hombre en el corazón de la tierra tres días
y tres noches. 41 Los hombres de Nínive se
levantarán en el juicio con esta generación y la condenarán, porque ellos se arrepintieron por la predicación de Jonás,[q] y
en este lugar hay alguien que es más que
Jonás. 42 La reina del Sur se levantará en el
juicio con esta generación y la condenará,
porque ella vino desde los confines de la
tierra para oir la sabiduría de Salomón,[r] y
en este lugar hay alguien que es más que
Salomón.

El espíritu impuro que vuelve

(Lc 11.24-26)

43 »Cuando el espíritu impuro sale del
hombre, anda por lugares secos buscando reposo, pero no lo halla. 44 Entonces dice: "Volveré a mi casa, de donde salí".
Cuando llega, la halla desocupada, barri-
da y adornada. 45 Entonces va y toma consigo otros siete espíritus peores que él, y
entran y habitan allí; y el estado final de
aquel hombre viene a ser peor que el primero.[s] Así también acontecerá a esta mala generación.

La madre y los hermanos de Jesús

(Mc 3.31-35; Lc 8.19-21)

46 Mientras él aún hablaba a la gente, su
madre y sus hermanos estaban afuera y le
querían hablar. 47 Le dijo uno:
—Tu madre y tus hermanos están
afuera y te quieren hablar.
48 Respondiendo él al que le decía esto,
dijo:
—¿Quién es mi madre y quiénes son
mis hermanos?
49 Y extendiendo su mano hacia sus
discípulos, dijo:
—Estos son mi madre y mis hermanos, 50 pues todo aquel que hace la voluntad de mi Padre que está en los cielos, ese
es mi hermano, mi hermana y mi madre.

Parábola del sembrador

(Mc 4.1-9; Lc 8.4-8)

13 1 Aquel día salió Jesús de la casa y
se sentó junto al mar. 2 Se le acercó
mucha gente, así que él, entrando en la
barca, se sentó,[a] y toda la gente estaba en
la playa. 3 Les habló muchas cosas por parábolas, diciendo:
«El sembrador salió a sembrar. 4 Mientras sembraba, parte de la semilla cayó
junto al camino, y vinieron las aves y la
comieron. 5 Parte cayó en pedregales,
donde no había mucha tierra, y brotó
pronto, porque no tenía profundidad de
tierra; 6 pero cuando salió el sol, se quemó
y, como no tenía raíz, se secó. 7 Parte cayó
entre espinos, y los espinos crecieron y la
ahogaron. 8 Pero parte cayó en buena tierra, y dio fruto, cuál a ciento, cuál a sesenta y cuál a treinta por uno. 9 El que tiene
oídos para oir, oiga».

Propósito de las parábolas

(Mc 4.10-12; Lc 8.9-10)

10 Entonces, acercándose los discípulos,
le preguntaron:
—¿Por qué les hablas por parábolas?
11 Él, respondiendo, les dijo:
—Porque a vosotros os es dado saber
los misterios del reino de los cielos, pero a
ellos no les es dado, 12 pues a cualquiera
que tiene, se le dará y tendrá más; pero al
que no tiene, aun lo que tiene le será quitado.[b] 13 Por eso les hablo por parábolas:
porque viendo no ven, y oyendo no oyen
ni entienden. 14 De manera que se cumple
en ellos la profecía de Isaías, que dijo:

»"De oído oiréis, y no entenderéis;
y viendo veréis, y no percibiréis,
15 porque el corazón de este pueblo se
ha entorpecido,
y con los oídos oyen pesadamente,

[ñ] **12.38** Mt 16.1; Mc 8.11; Lc 11.16; Jn 6.30. [o] **12.39** Mt 16.4; Mc 8.12. [p] **12.40** Jon 1.17.
[q] **12.41** Jon 3.5. [r] **12.42** 1 R 10.1-10; 2 Cr 9.1-12. [s] **12.45** 2 P 2.20. [a] **13.2** Lc 5.1-3.
[b] **13.12** Mt 25.29; Mc 4.25; Lc 8.18; 19.26.

y han cerrado sus ojos;
para que no vean con los ojos,
ni oigan con los oídos,
ni con el corazón entiendan, ni se
    conviertan
y yo los sane".*c*

16 »Pero bienaventurados vuestros ojos, porque ven; y vuestros oídos, porque oyen. 17 De cierto os digo que muchos profetas y justos desearon ver lo que veis, y no lo vieron; y oír lo que oís, y no lo oyeron.*d*

Jesús explica la parábola del sembrador
(Mc 4.13-20; Lc 8.11-15)

18 »Oíd, pues, vosotros la parábola del sembrador: 19 Cuando alguno oye la palabra del Reino y no la entiende, viene el malo y arrebata lo que fue sembrado en su corazón. Este es el que fue sembrado junto al camino. 20 El que fue sembrado en pedregales es el que oye la palabra y al momento la recibe con gozo, 21 pero no tiene raíz en sí, sino que es de corta duración, pues al venir la aflicción o la persecución por causa de la palabra, luego tropieza. 22 El que fue sembrado entre espinos es el que oye la palabra, pero las preocupaciones de este siglo y el engaño de las riquezas ahogan la palabra, y se hace infructuosa. 23 Pero el que fue sembrado en buena tierra es el que oye y entiende la palabra, y da fruto; y produce a ciento, a sesenta y a treinta por uno.

Parábola del trigo y la cizaña

24 Les refirió otra parábola, diciendo: «El reino de los cielos es semejante a un hombre que sembró buena semilla en su campo; 25 pero mientras dormían los hombres, vino su enemigo y sembró cizaña entre el trigo, y se fue. 26 Cuando brotó la hierba y dio fruto, entonces apareció también la cizaña. 27 Fueron entonces los siervos del padre de familia y le dijeron: "Señor, ¿no sembraste buena semilla en tu campo? ¿Cómo, pues, tiene cizaña?" 28 Él les dijo: "Un enemigo ha hecho esto". Y los siervos le dijeron: "¿Quieres, pues, que vayamos y la arranquemos?" 29 Él les

dijo: "No, no sea que al arrancar la cizaña arranquéis también con ella el trigo. 30 Dejad crecer juntamente lo uno y lo otro hasta la siega, y al tiempo de la siega yo diré a los segadores: 'Recoged primero la cizaña y atadla en manojos para quemarla; pero recoged el trigo en mi granero' "».

Parábola de la semilla de mostaza
(Mc 4.30-32; Lc 13.18-19)

31 Otra parábola les refirió, diciendo: «El reino de los cielos es semejante al grano de mostaza que un hombre tomó y sembró en su campo. 32 Esta es a la verdad la más pequeña de todas las semillas, pero cuando ha crecido es la mayor de las hortalizas y se hace árbol, de tal manera que vienen las aves del cielo y hacen nidos en sus ramas».*e*

Parábola de la levadura
(Lc 13.20-21)

33 Otra parábola les dijo: «El reino de los cielos es semejante a la levadura que tomó una mujer y escondió en tres medidas de harina, hasta que todo quedó leudado».

Uso que Jesús hace de las parábolas
(Mc 4.33-34)

34 Todo esto habló Jesús por parábolas a la gente, y sin parábolas no les hablaba, 35 para que se cumpliera lo que dijo el profeta:

«Abriré en parábolas mi boca;
declararé cosas escondidas
desde la fundación del mundo»*f*

Jesús explica la parábola de la cizaña

36 Entonces, después de despedir a la gente, entró Jesús en la casa. Se le acercaron sus discípulos y le dijeron:
—Explícanos la parábola de la cizaña del campo.
37 Respondiendo él, les dijo:
—El que siembra la buena semilla es el Hijo del hombre. 38 El campo es el mundo; la buena semilla son los hijos del Reino, y la cizaña son los hijos del malo. 39 El enemigo que la sembró es el diablo; la siega es el fin del mundo, y los segadores son

c 13.14-15 Is 6.9-10.   *d* 13.16-17 Lc 10.23-24; Heb 11.13; 1 P 1.10-12.   *e* 13.32 Ez 17.23; 31.6; Dn 4.12, 20-21.   *f* 13.35 Sal 78.2.

los ángeles. ⁴⁰De manera que, así como se arranca la cizaña y se quema en el fuego, así será en el fin de este mundo. ⁴¹Enviará el Hijo del hombre a sus ángeles, y recogerán de su Reino a todos los que sirven de tropiezo y a los que hacen maldad, ⁴²y los echarán en el horno de fuego; allí será el lloro y el crujir de dientes. ⁴³Entonces los justos resplandecerán como el sol⁸ en el reino de su Padre. El que tiene oídos para oir, oiga.

Parábola del tesoro escondido

⁴⁴»Además el reino de los cielos es semejante a un tesoro escondido en un campo, el cual un hombre halla y lo esconde de nuevo; y gozoso por ello va y vende todo lo que tiene y compra aquel campo.

La perla preciosa

⁴⁵»También el reino de los cielos es semejante a un comerciante que busca buenas perlas, ⁴⁶y al hallar una perla preciosa, fue y vendió todo lo que tenía y la compró.

Parábola de la red

⁴⁷»Asimismo el reino de los cielos es semejante a una red que, echada al mar, recoge toda clase de peces. ⁴⁸Cuando está llena, la sacan a la orilla, se sientan y recogen lo bueno en cestas y echan fuera lo malo. ⁴⁹Así será al fin del mundo: saldrán los ángeles y apartarán a los malos de entre los justos, ⁵⁰y los echarán en el horno de fuego; allí será el lloro y el crujir de dientes.

Tesoros nuevos y viejos

⁵¹Jesús les preguntó:

—¿Habéis entendido todas estas cosas?

Ellos respondieron:

—Sí, Señor.

⁵²Él les dijo:

—Por eso todo escriba docto en el reino de los cielos es semejante a un padre de familia que saca de su tesoro cosas nuevas y cosas viejas.

Jesús en Nazaret
(Mc 6.1-6; Lc 4.16-30)

⁵³Aconteció que cuando terminó Jesús estas parábolas, se fue de allí. ⁵⁴Vino a su tierraʰ y les enseñaba en la sinagoga de ellos, de tal manera que se maravillaban y decían:

—¿De dónde saca este esta sabiduría y estos milagros? ⁵⁵¿No es este el hijo del carpintero? ¿No se llama su madre María, y sus hermanos, Jacobo, José, Simón y Judas? ⁵⁶¿No están todas sus hermanas con nosotros? ¿De dónde, pues, saca este todas estas cosas?

⁵⁷Y se escandalizaban de él. Pero Jesús les dijo:

—No hay profeta sin honra, sino en su propia tierra y en su casa.ⁱ

⁵⁸Y no hizo allí muchos milagros debido a la incredulidad de ellos.

Muerte de Juan el Bautista
(Mc 6.14-29; Lc 9.7-9)

14 ¹En aquel tiempo Herodes,ᵃ el tetrarca, oyó la fama de Jesús, ²y dijo a sus criados: «Este es Juan el Bautista; ha resucitado de los muertos y por eso actúan en él estos poderes». ³Herodes había prendido a Juan, lo había encadenado y metido en la cárcel, por causa de Herodías, mujer de su hermano Felipe,ᵇ ⁴porque Juan le decía: «No te está permitido tenerla».ᶜ,ᵈ ⁵Y Herodes quería matarlo, pero temía al pueblo, porque tenían a Juan por profeta. ⁶Pero cuando se celebraba el cumpleaños de Herodes, la hija de Herodías danzó en medio y agradó a Herodes, ⁷por lo cual este le prometió con juramento darle todo lo que pidiera. ⁸Ella, instruida primero por su madre, dijo: «Dame aquí en un plato la cabeza de Juan el Bautista».

⁹Entonces el rey se entristeció, pero a causa del juramento y de los que estaban con él a la mesa, mandó que se la dieran, ¹⁰y ordenó decapitar a Juan en la cárcel. ¹¹Trajeron su cabeza en un plato, se la dieron a la muchacha y ella se la entregó a su madre. ¹²Entonces llegaron sus discípulos,

---

ᵍ **13.43** Dn 12.3.   ʰ **13.54** Nazaret (Lc 4.16,23).   ⁱ **13.57** Jn 4.44.   ᵃ **14.1** Antipas, hijo de Herodes el Grande, gobernó en Galilea y Perea del 4 a.C. al 39 d.C.   ᵇ **14.3** Herodes se había divorciado y se había casado con *Herodías* (v. 6), quien era su propia sobrina y esposa de Felipe, su medio hermano, a pesar de que este aún vivía.   ᶜ **14.3-4** Lc 3.19-20.   ᵈ **14.4** Lv 18.16; 20.21.

tomaron el cuerpo, lo enterraron y fueron a dar la noticia a Jesús.

Alimentación de los cinco mil[e]
(Mc 6.30-44; Lc 9.10-17; Jn 6.1-14)

13 Al oírlo Jesús, se apartó de allí, él solo, en una barca a un lugar desierto. Cuando la gente lo supo, lo siguió a pie desde las ciudades. **14** Al salir Jesús, vio una gran multitud, tuvo compasión de ellos y sanó a los que de ellos estaban enfermos. **15** Cuando anochecía, se acercaron a él sus discípulos, diciendo:

—El lugar es desierto y la hora ya avanzada. Despide a la multitud para que vayan por las aldeas y compren algo de comer.

16 Jesús les dijo:

—No tienen necesidad de irse; dadles vosotros de comer.

17 Ellos dijeron:

—No tenemos aquí sino cinco panes y dos peces.

18 Él les dijo:

—Traédmelos acá.

19 Entonces mandó a la gente recostarse sobre la hierba; y tomando los cinco panes y los dos peces, y levantando los ojos al cielo, bendijo, y partió y dio los panes a los discípulos, y los discípulos a la multitud. **20** Comieron todos y se saciaron; y recogieron lo que sobró de los pedazos, doce cestas llenas. **21** Los que comieron fueron como cinco mil hombres, sin contar las mujeres y los niños.

Jesús anda sobre el mar
(Mc 6.45-52; Jn 6.15-21)

22 En seguida Jesús hizo a sus discípulos entrar en la barca e ir delante de él a la otra ribera, entre tanto que él despedía a la multitud. **23** Después de despedir a la multitud, subió al monte a orar aparte;[f] y cuando llegó la noche, estaba allí solo. **24** Ya la barca estaba en medio del mar, azotada por las olas, porque el viento era contrario. **25** Pero a la cuarta vigilia[g] de la noche, Jesús fue a ellos andando sobre el mar. **26** Los discípulos, viéndolo andar sobre el mar, se turbaron, diciendo:

—¡Un fantasma!

Y gritaron de miedo. **27** Pero enseguida Jesús les habló, diciendo:

—¡Tened ánimo! Soy yo, no temáis.

28 Entonces le respondió Pedro, y dijo:

—Señor, si eres tú, manda que yo vaya a ti sobre las aguas.

29 Y él dijo:

—Ven.

Y descendiendo Pedro de la barca, andaba sobre las aguas para ir a Jesús. **30** Pero al ver el fuerte viento, tuvo miedo y comenzó a hundirse. Entonces gritó:

—¡Señor, sálvame!

31 Al momento Jesús, extendiendo la mano, lo sostuvo y le dijo:

—¡Hombre de poca fe! ¿Por qué dudaste?

32 En cuanto ellos subieron a la barca, se calmó el viento. **33** Entonces los que estaban en la barca se acercaron y lo adoraron, diciendo:

—Verdaderamente eres Hijo de Dios.

Jesús sana a los enfermos en Genesaret
(Mc 6.53-56)

34 Terminada la travesía, llegaron a tierra de Genesaret. **35** Cuando lo reconocieron los hombres de aquel lugar, enviaron noticia por toda aquella tierra alrededor, y trajeron a él todos los enfermos; **36** y le rogaban que los dejara tocar solamente el borde de su manto. Y todos los que lo tocaron, quedaron sanos.

Lo que contamina al hombre
(Mc 7.1-23)

15 **1** Entonces se acercaron a Jesús ciertos escribas y fariseos de Jerusalén, diciendo:

2 —¿Por qué tus discípulos quebrantan la tradición de los ancianos?, pues no se lavan las manos cuando comen pan.[a]

3 Respondiendo él, les dijo:

—¿Por qué también vosotros quebrantáis el mandamiento de Dios por vuestra tradición? **4** Dios mandó diciendo: "Honra a tu padre y a tu madre",[b] y "El que maldiga al padre o a la madre, sea condenado a muerte",[c] **5** pero vosotros decís: "Cualquiera que diga a su padre o a su

---

[e] **14.13-21** Mt 32-39; Mc 8.1-10.   [f] **14.23** Lc 6.12; 9.28.   [g] **14.25** Entre las tres y las seis de la mañana.   [a] **15.2** Lc 11.38.   [b] **15.4** Ex 20.12; Dt 5.16.   [c] **15.4** Ex 21.17; Lv 20.9

madre: 'Es mi ofrenda a Dios todo aquello con que pudiera ayudarte', [6]ya no ha de honrar a su padre o a su madre". Así habéis invalidado el mandamiento de Dios por vuestra tradición. [7]Hipócritas, bien profetizó de vosotros Isaías, cuando dijo:

[8]»"Este pueblo de labios me honra,
　　mas su corazón está lejos de mí,
[9]pues en vano me honran,
　　enseñando como doctrinas
　　mandamientos de hombres".[d]

[10]Y llamando a sí a la multitud, les dijo:

—Oíd, y entended: [11]No lo que entra por la boca contamina al hombre; pero lo que sale de la boca, esto contamina al hombre.

[12]Entonces, acercándose sus discípulos, le dijeron:

—¿Sabes que los fariseos se ofendieron cuando oyeron esta palabra?

[13]Pero respondiendo él, dijo:

—Toda planta que no plantó mi Padre celestial será desarraigada. [14]Dejadlos; son ciegos guías de ciegos; y si el ciego guía al ciego, ambos caerán en el hoyo.[e]

[15]Respondiendo Pedro, le dijo:

—Explícanos esta parábola.

[16]Jesús dijo:

—¿También vosotros estáis faltos de entendimiento? [17]¿No entendéis que todo lo que entra en la boca va al vientre, y es echado en la letrina? [18]Pero lo que sale de la boca, del corazón sale;[f] y esto contamina al hombre, [19]porque del corazón salen los malos pensamientos, los homicidios, los adulterios, las fornicaciones, los hurtos, los falsos testimonios, las blasfemias. [20]Estas cosas son las que contaminan al hombre; pero el comer con las manos sin lavar no contamina al hombre.

La fe de la mujer cananea
(Mc 7.24-30)

[21]Saliendo Jesús de allí, se fue a la región de Tiro y de Sidón. [22]Entonces una mujer cananea que había salido de aquella región comenzó a gritar y a decirle:

—¡Señor, Hijo de David,[g] ten misericordia de mí! Mi hija es gravemente atormentada por un demonio.

[23]Pero Jesús no le respondió palabra. Entonces, acercándose sus discípulos, le rogaron diciendo:

—Despídela, pues viene gritando detrás de nosotros.

[24]Él, respondiendo, dijo:

—No soy enviado sino a las ovejas perdidas de la casa de Israel.

[25]Entonces ella vino y se postró ante él, diciendo:

—¡Señor, socórreme!

[26]Respondiendo él, dijo:

—No está bien tomar el pan de los hijos y echarlo a los perros.

[27]Ella dijo:

—Sí, Señor; pero aun los perros comen de las migajas que caen de la mesa de sus amos.

[28]Entonces, respondiendo Jesús, dijo:

—¡Mujer, grande es tu fe! Hágase contigo como quieres.

Y su hija fue sanada desde aquella hora.

Jesús sana a muchos

[29]Pasó Jesús de allí y fue junto al Mar de Galilea; subió al monte y se sentó allí. [30]Se le acercó mucha gente que traía consigo cojos, ciegos, mudos, mancos y otros muchos enfermos. Los pusieron a los pies de Jesús, y los sanó; [31]de manera que la multitud se maravillaba al ver que los mudos hablaban, los mancos quedaban sanos, los cojos andaban y los ciegos veían. Y glorificaban al Dios de Israel.

Alimentación de los cuatro mil
(Mc 8.1-10)

[32]Jesús, llamando a sus discípulos, dijo:

—Tengo compasión de la gente, porque ya hace tres días que están conmigo y no tienen qué comer; y no quiero despedirlos en ayunas, no sea que se desmayen en el camino.

[33]Entonces sus discípulos le dijeron:

—¿De dónde sacaremos nosotros tantos panes en el desierto para saciar a una multitud tan grande?

[34]Jesús les preguntó:

—¿Cuántos panes tenéis?

Y ellos dijeron:

—Siete y unos pocos peces.

[35]Entonces mandó a la multitud que se

---

recostara en tierra. ³⁶ Tomó los siete panes y los peces, dio gracias, los partió y dio a sus discípulos, y los discípulos a la multitud. ³⁷ Comieron todos y se saciaron; y de los pedazos que sobraron recogieron siete canastas llenas. ³⁸ Los que comieron eran como cuatro mil hombres, sin contar las mujeres y los niños. ³⁹ Entonces, después de despedir a la gente, entró en la barca y fue a la región de Magdala.

La demanda de una señal
(Mc 8.11-13; Lc 12.54-56)

16 ¹ Llegaron los fariseos y los saduceos para tentarlo, y le pidieron que les mostrara una señal*ᵃ* del cielo. ² Pero él, respondiendo, les dijo: «Cuando anochece, decís: "Hará buen tiempo, porque el cielo está rojo". ³ Y por la mañana: "Hoy habrá tempestad, porque el cielo está rojo y nublado". ¡Hipócritas, que sabéis distinguir el aspecto del cielo, pero las señales de los tiempos no podéis distinguir! ⁴ La generación mala y adúltera demanda una señal, pero señal no le será dada, sino la señal del profeta Jonás».*ᵇ*

Y dejándolos, se fue.

La levadura de los fariseos
(Mc 8.14-21)

⁵ Los discípulos llegaron al otro lado, pero olvidaron llevar pan. ⁶ Jesús les dijo:

—Mirad, guardaos de la levadura de los fariseos*ᶜ* y de los saduceos.

⁷ Ellos discutían entre sí, diciendo:

—Esto dice porque no trajimos pan.

⁸ Dándose cuenta Jesús, les dijo:

—¿Por qué discutís entre vosotros, hombres de poca fe, que no tenéis pan? ⁹ ¿No entendéis aún, ni os acordáis de los cinco panes entre cinco mil hombres,*ᵈ* y cuántas cestas recogisteis? ¹⁰ ¿Ni de los siete panes entre cuatro mil,*ᵉ* y cuántas canastas recogisteis? ¹¹ ¿Cómo no entendéis que no fue por el pan que os dije que os guardéis de la levadura de los fariseos

y de los saduceos? ¹² Entonces entendieron que no les había dicho que se guardaran de la levadura del pan, sino de la doctrina de los fariseos y de los saduceos.

Pedro declara que Jesús es el Cristo
(Mc 8.27-30; Lc 9.18-21)

¹³ Al llegar Jesús a la región de Cesarea de Filipo,*ᶠ* preguntó a sus discípulos, diciendo:

—¿Quién dicen los hombres que es el Hijo del hombre?*ᵍ*

¹⁴ Ellos dijeron:

—Unos, Juan el Bautista; otros, Elías; y otros, Jeremías o alguno de los profetas.*ʰ*

¹⁵ Él les preguntó:

—Y vosotros, ¿quién decís que soy yo?

¹⁶ Respondiendo Simón Pedro, dijo:

—Tú eres el Cristo,*ⁱ* el Hijo del Dios viviente.

¹⁷ Entonces le respondió Jesús:

—Bienaventurado eres, Simón, hijo de Jonás, porque no te lo reveló carne ni sangre, sino mi Padre que está en los cielos. ¹⁸ Y yo también te digo que tú eres Pedro, y sobre esta roca edificaré mi iglesia, y las puertas del Hades*ʲ* no la dominarán. ¹⁹ Y a ti te daré las llaves del reino de los cielos: todo lo que ates en la tierra será atado en los cielos, y todo lo que desates en la tierra será desatado en los cielos.*ᵏ* ²⁰ Entonces mandó a sus discípulos que a nadie dijeran que él era Jesús, el Cristo.

Jesús anuncia su muerte
(Mc 8.31—9.1; Lc 9.22-27)

²¹ Desde entonces comenzó Jesús a declarar a sus discípulos que le era necesario ir a Jerusalén y padecer mucho a manos de los ancianos, de los principales sacerdotes y de los escribas, y ser muerto, y resucitar al tercer día. ²² Entonces Pedro, tomándolo aparte, comenzó a reconvenirlo, diciendo:

—Señor, ten compasión de ti mismo. ¡En ninguna manera esto te acontezca!

ᵃ **16.1** Mt 12.38; Lc 11.16; Jn 6.30. *ᵇ* **16.4** Mt 12.39; Lc 11.29; cf. Jon 3.3-5. *ᶜ* **16.6** Lc 12.1. *ᵈ* **16.9** Mt 14.17-21. *ᵉ* **16.10** Mt 15.34-38. *ᶠ* **16.13** Ciudad romana situada al norte del Mar de Galilea, en territorio no judío. *ᵍ* **16.13** Título que Jesús se aplicaba a sí mismo. *ʰ* **16.14** Mt 14.1-2; Mc 6.14-15; Lc 9.7-8. *ⁱ* **16.16** Jn 6.68-69. Título griego equivalente al de origen hebreo, *Mesías;* ambas palabras significan «ungido», «consagrado». *ʲ* **16.18** Las *puertas del Hades* se refieren al poder de la muerte. *ᵏ* **16.19** Mt 18.18; cf. Jn 20.23.

²³ Pero él, volviéndose, dijo a Pedro:

—¡Quítate de delante de mí, Satanás! Me eres tropiezo, porque no pones la mira en las cosas de Dios, sino en las de los hombres.

²⁴ Entonces Jesús dijo a sus discípulos:

—Si alguien quiere venir en pos de mí, niéguese a sí mismo, tome su cruz y sígame,^{l} ²⁵ porque todo el que quiera salvar su vida, la perderá; y todo el que pierda su vida por causa de mí, la hallará.^{m} ²⁶ ¿De qué le servirá al hombre ganar todo el mundo, si pierde su alma? ¿O qué dará el hombre a cambio de su alma?, ²⁷ porque el Hijo del hombre vendrá en la gloria de su Padre, con sus ángeles,^{n} y entonces pagará a cada uno conforme a sus obras.^{ñ} ²⁸ De cierto os digo que hay algunos de los que están aquí que no gustarán la muerte hasta que hayan visto al Hijo del hombre viniendo en su Reino.

La transfiguración
(Mc 9.2-13; Lc 9.28-36)^a

17 ¹ Seis días después, Jesús tomó a Pedro, a Jacobo y a su hermano Juan, y los llevó aparte a un monte alto. ² Allí se transfiguró delante de ellos, y resplandeció su rostro como el sol, y sus vestidos se hicieron blancos como la luz. ³ Y se les aparecieron Moisés y Elías, que hablaban con él. ⁴ Entonces Pedro dijo a Jesús: «Señor, bueno es para nosotros que estemos aquí; si quieres, haremos aquí tres enramadas: una para ti, otra para Moisés y otra para Elías».

⁵ Mientras él aún hablaba, una nube de luz los cubrió y se oyó una voz desde la nube, que decía: «Este es mi Hijo amado, en quien tengo complacencia;^{b} a él oíd». ⁶ Al oír esto, los discípulos se postraron sobre sus rostros y sintieron gran temor. ⁷ Entonces Jesús se acercó y los tocó, y dijo: «Levantaos y no temáis». ⁸ Cuando ellos alzaron los ojos, no vieron a nadie, sino a Jesús solo.

⁹ Cuando descendieron del monte, Jesús les mandó, diciendo:

—No digáis a nadie la visión, hasta que el Hijo del hombre resucite de los muertos.

¹⁰ Entonces sus discípulos le preguntaron, diciendo:

—¿Por qué, pues, dicen los escribas que es necesario que Elías venga primero?^{c}

¹¹ Respondiendo Jesús, les dijo:

—A la verdad, Elías viene primero y restaurará todas las cosas. ¹² Pero os digo que Elías ya vino,^{d} y no lo conocieron, sino que hicieron con él todo lo que quisieron; así también el Hijo del hombre padecerá a manos de ellos.

¹³ Entonces los discípulos comprendieron que les había hablado de Juan el Bautista.

Jesús sana a un muchacho lunático
(Mc 9.14-29; Lc 9.37-43)

¹⁴ Cuando llegaron adonde estaba la gente, se le acercó un hombre que se arrodilló delante de él, diciendo:

¹⁵ —Señor, ten misericordia de mi hijo, que es lunático y sufre muchísimo, porque muchas veces cae en el fuego y muchas en el agua. ¹⁶ Lo he traído a tus discípulos, pero no lo han podido sanar.

¹⁷ Respondiendo Jesús, dijo:

—¡Generación incrédula y perversa!^{e} ¿Hasta cuándo he de estar con vosotros? ¿Hasta cuándo os he de soportar? Traédmelo acá. ¹⁸ Entonces reprendió Jesús al demonio, el cual salió del muchacho, y este quedó sano desde aquella hora. ¹⁹ Se acercaron entonces los discípulos a Jesús y le preguntaron aparte:

—¿Por qué nosotros no pudimos echarlo fuera?

²⁰ Jesús les dijo:

—Por vuestra poca fe. De cierto os digo que si tenéis fe como un grano de mostaza, diréis a este monte: "Pásate de aquí allá", y se pasará;^{f} y nada os será imposible. ²¹ Pero este género no sale sino con oración y ayuno.

Jesús anuncia por segunda vez su muerte
(Mc 9.30-32; Lc 9.43-45)

²² Estando ellos en Galilea, Jesús les dijo: «El Hijo del hombre será entregado en

---

^{l} **16.24** Mt 10.38; Lc 14.27; ^{m} **16.25** Mt 10.29; Lc 17.33; Jn 12.24-25. ^{n} **16.27** Mt 25.31. ^{ñ} **16.27** Sal 62.11-12; Pr 24.12; Jer 17.10; Ez 18.30; Ro 2.6. ^{a} **17.1-5** 2 P 1.17-18. ^{b} **17.5** Gn 22.2; Sal 2.7; Is 42.1; Mt 3.17; 12.18; Mc 1.11; Lc 3.22. ^{c} **17.10** Mal 4.5. ^{d} **17.12-13** Mt 11.14. ^{e} **17.17** Dt 32.5,20. ^{f} **17.20** Mt 21.21; Mc 11.23; Lc 17.6; 1 Co 13.2.

manos de hombres [23] y lo matarán, pero al tercer día resucitará».

Ellos se entristecieron mucho.

Pago del impuesto para el Templo

[24] Cuando llegaron a Capernaúm, se acercaron a Pedro los que cobraban las dos dracmas[g] y le preguntaron:

—¿Vuestro Maestro no paga las dos dracmas?

[25] Él dijo:

—Sí.

Al entrar él en casa, Jesús le habló primero, diciendo:

—¿Qué te parece, Simón? Los reyes de la tierra, ¿de quiénes cobran los tributos o los impuestos? ¿De sus hijos o de los extraños?

[26] Pedro le respondió:

—De los extraños.

Jesús le dijo:

—Luego los hijos están exentos. [27] Sin embargo, para no ofenderlos, ve al mar, echa el anzuelo y toma el primer pez que saques, ábrele la boca y hallarás una moneda.[h] Tómala y dásela por mí y por ti.

¿Quién es el mayor?

(Mc 9.33-37; Lc 9.46-48)

18 [1] En aquel tiempo los discípulos se acercaron a Jesús y le preguntaron:

—¿Quién es el mayor en el reino de los cielos?[a]

[2] Llamando Jesús a un niño, lo puso en medio de ellos [3] y dijo:

—De cierto os digo que si no os volvéis y os hacéis como niños, no entraréis en el reino de los cielos.[b] [4] Así que cualquiera que se humille como este niño, ese es el mayor en el reino de los cielos. [5] Y cualquiera que reciba en mi nombre a un niño como este, a mí me recibe.

Ocasiones de caer

(Mc 9.42-48; Lc 17.1-2)

[6] »A cualquiera que haga tropezar a alguno de estos pequeños que creen en mí, mejor le fuera que se le colgara al cuello una piedra de molino de asno y que se le

hundiera en lo profundo del mar. [7] ¡Ay del mundo por los tropiezos! Es necesario que vengan tropiezos, pero ¡ay de aquel hombre por quien viene el tropiezo! [8] Por tanto, si tu mano o tu pie te es ocasión de caer, córtalo y échalo de ti: mejor te es entrar en la vida cojo o manco, que teniendo dos manos o dos pies ser arrojado al fuego eterno. [9] Y si tu ojo te es ocasión de caer, sácalo y échalo de ti: mejor te es entrar con un solo ojo en la vida, que teniendo dos ojos ser echado en el infierno de fuego.[c]

Parábola de la oveja perdida

(Lc 15.3-7)

[10] »Mirad que no menospreciéis a uno de estos pequeños, porque os digo que sus ángeles en los cielos ven siempre el rostro de mi Padre que está en los cielos, [11] porque el Hijo del hombre ha venido para salvar lo que se había perdido.[d]

[12] »¿Qué os parece? Si un hombre tiene cien ovejas y se descarría una de ellas, ¿no deja las noventa y nueve y va por los montes a buscar la que se ha descarriado? [13] Y si acontece que la encuentra, de cierto os digo que se regocija más por aquella que por las noventa y nueve que no se descarriaron. [14] De igual modo, no es la voluntad de vuestro Padre que está en los cielos que se pierda uno de estos pequeños.

Cómo se debe perdonar

[15] »Por tanto, si tu hermano peca contra ti, ve y repréndelo estando tú y él solos; si te oye, has ganado a tu hermano.[e] [16] Pero si no te oye, toma aún contigo a uno o dos, para que en boca de dos o tres testigos[f] conste toda palabra. [17] Si no los oye a ellos, dilo a la iglesia; y si no oye a la iglesia, tenlo por gentil y publicano. [18] De cierto os digo que todo lo que atéis en la tierra será atado en el cielo; y todo lo que desatéis en la tierra será desatado en el cielo.[g] [19] Otra vez os digo que si dos de vosotros se ponen de acuerdo en la tierra acerca de cualquier cosa que pidan, les será hecho por mi Padre que está en los

---

[g] **17.24** Ex 30.13; 38.26.   [h] **17.27** Moneda correspondiente a cuatro dracmas.   [a] **18.1** Lc 22.24.
[b] **18.3** Mt 19.13-14; Mc 10.15; Lc 18.17.   [c] **18.8-9** Mt 5.29-30;   Mc 9.43-47.   [d] **18.11** Lc 19.10.
[e] **18.15** Lc 17.3.   [f] **18.16** Dt 17.6; 19.15; 1 Ti 5.19.   [g] **18.18** Mt 16.19; Jn 20.23.

cielos,[h] 20 porque donde están dos o tres congregados en mi nombre, allí estoy yo en medio de ellos.

21 Entonces se le acercó Pedro y le dijo:

—Señor, ¿cuántas veces perdonaré a mi hermano que peque contra mí? ¿Hasta siete?

22 Jesús le dijo:

—No te digo hasta siete, sino aun hasta setenta veces siete.[i]

Parábola del siervo que no quiso perdonar

23 »Por lo cual el reino de los cielos es semejante a un rey que quiso hacer cuentas con sus siervos. 24 Cuando comenzó a hacer cuentas, le fue presentado uno que le debía diez mil talentos. 25 A este, como no pudo pagar, ordenó su señor venderlo, junto con su mujer e hijos y todo lo que tenía, para que se le pagara la deuda. 26 Entonces aquel siervo, postrado, le suplicaba diciendo: "Señor, ten paciencia conmigo y yo te lo pagaré todo". 27 El señor de aquel siervo, movido a misericordia, lo soltó y le perdonó la deuda. 28 »Pero saliendo aquel siervo, halló a uno de sus consiervos que le debía cien denarios; y agarrándolo, lo ahogaba, diciendo: "Págame lo que me debes". 29 Entonces su consiervo, postrándose a sus pies, le rogaba diciendo: "Ten paciencia conmigo y yo te lo pagaré todo". 30 Pero él no quiso, sino que fue y lo echó en la cárcel hasta que pagara la deuda. 31 Viendo sus consiervos lo que pasaba, se entristecieron mucho, y fueron y refirieron a su señor todo lo que había pasado. 32 Entonces, llamándolo su señor, le dijo: "Siervo malvado, toda aquella deuda te perdoné, porque me rogaste. 33 ¿No debías tú también tener misericordia de tu consiervo, como yo tuve misericordia de ti?" 34 Entonces su señor, enojado, lo entregó a los verdugos hasta que pagara todo lo que le debía. 35 Así también mi Padre celestial hará con vosotros, si no perdonáis de todo corazón cada uno a su hermano sus ofensas.

Jesús enseña sobre el divorcio
(Mc 10.1-12; Lc 16.18)

19 1 Aconteció que cuando Jesús terminó estas palabras, se alejó de Galilea y fue a las regiones de Judea, al otro lado del Jordán. 2 Lo siguieron grandes multitudes, y los sanó allí.

3 Entonces se le acercaron los fariseos, tentándolo y diciéndole:

—¿Está permitido al hombre repudiar a su mujer por cualquier causa?

4 Él, respondiendo, les dijo:

—¿No habéis leído que el que los hizo al principio, "hombre y mujer los hizo",[a] 5 y dijo: "Por esto el hombre dejará padre y madre, y se unirá a su mujer, y los dos serán una sola carne"?[b] 6 Así que no son ya más dos, sino una sola carne; por tanto, lo que Dios juntó no lo separe el hombre.

7 Le dijeron:

—¿Por qué, pues, mandó Moisés darle carta de divorcio y repudiarla?[c]

8 Él les dijo:

—Por la dureza de vuestro corazón, Moisés os permitió repudiar a vuestras mujeres; pero al principio no fue así. 9 Y yo os digo que cualquiera que repudia a su mujer, salvo por causa de fornicación, y se casa con otra, adultera; y el que se casa con la repudiada, adultera.

10 Le dijeron sus discípulos:

—Si así es la condición del hombre con su mujer, no conviene casarse.

11 Entonces él les dijo:

—No todos son capaces de recibir esto, sino aquellos a quienes es dado. 12 Hay eunucos que nacieron así del vientre de su madre, y hay eunucos que son hechos eunucos por los hombres, y hay eunucos que a sí mismos se hicieron eunucos por causa del reino de los cielos.[d] El que sea capaz de recibir esto, que lo reciba.

Jesús bendice a los niños
(Mc 10.13-16; Lc 18.15-17)

13 Entonces le fueron presentados unos niños para que pusiera las manos sobre ellos y orara; pero los discípulos los reprendieron. 14 Entonces Jesús dijo: «Dejad

---

[h] **18.19** Mt 7.7; Mc 11.24; Jn 14.13-14; 16.23; 1 Jn 3.22.   [i] **18.21-22** Lc 17.3-4.   [a] **19.4** Gn 1.27; 5.2.
[b] **19.5** Gn 2.24.   [c] **19.7** Dt 24.1-4; Mt 5.31.   [d] **19.12** 1 Co 7.1-9.

a los niños venir a mí y no se lo impidáis, porque de los tales es el reino de los cielos».

¹⁵ Y habiendo puesto sobre ellos las manos, se fue de allí.

El joven rico
(Mc 10.17-31; Lc 18.18-30)

¹⁶ Entonces se acercó uno y le dijo:

—Maestro bueno, ¿qué bien haré para tener la vida eterna?ᵉ

¹⁷ Él le dijo:

—¿Por qué me llamas bueno? Nadie es bueno sino uno: Dios. Pero si quieres entrar en la vida, guarda los mandamientos.

¹⁸ Le preguntó:

—¿Cuáles?

Y Jesús le contestó:

—No matarás. No adulterarás. No hurtarás. No dirás falso testimonio. ¹⁹ Honra a tu padre y a tu madre.ᶠ Y amarás a tu prójimo como a ti mismo.ᵍ

²⁰ El joven le dijo:

—Todo esto lo he guardado desde mi juventud. ¿Qué más me falta?

²¹ Jesús le dijo:

—Si quieres ser perfecto, anda, vende lo que tienes y dalo a los pobres, y tendrás tesoro en el cielo; y ven, sígueme.

²² Al oir el joven esta palabra, se fue triste, porque tenía muchas posesiones.

²³ Entonces Jesús dijo a sus discípulos:

—De cierto os digo que difícilmente entrará un rico en el reino de los cielos.ʰ ²⁴ Otra vez os digo que es más fácil pasar un camello por el ojo de una aguja, que entrar un rico en el reino de Dios.

²⁵ Sus discípulos, al oir esto, se asombraron mucho, y decían:

—¿Quién, pues, podrá ser salvo?

²⁶ Mirándolos Jesús, les dijo:

—Para los hombres esto es imposible, pero para Dios todo es posible.

²⁷ Entonces, respondiendo Pedro, le dijo:

—Nosotros lo hemos dejado todo y te hemos seguido; ¿qué, pues, tendremos?

²⁸ Jesús les dijo:

—De cierto os digo que en la regeneración, cuando el Hijo del hombre se siente en el trono de su gloria, vosotros que me habéis seguido, también os sentaréis sobre doce tronos, para juzgar a las doce tribus de Israel.ⁱ ²⁹ Y cualquiera que haya dejado casas, o hermanos, o hermanas, o padre, o madre, o mujer, o hijos, o tierras, por mi nombre, recibirá cien veces más, y heredará la vida eterna. ³⁰ Pero muchos primeros serán últimos, y los últimos, primeros.ʲ

Parábola de los obreros de la viña

20 ¹ »El reino de los cielos es semejante a un hombre, padre de familia, que salió por la mañana a contratar obreros para su viña. ² Y habiendo convenido con los obreros en un denarioᵃ al día, los envió a su viña. ³ Saliendo cerca de la hora terceraᵇ del día, vio a otros que estaban en la plaza desocupados ⁴ y les dijo: "Id también vosotros a mi viña, y os daré lo que sea justo". Y ellos fueron. ⁵ Salió otra vez cerca de las horas sexta y novena,ᶜ e hizo lo mismo. ⁶ Y saliendo cerca de la hora undécima,ᵈ halló a otros que estaban desocupados y les dijo: "¿Por qué estáis aquí todo el día desocupados?" ⁷ Le dijeron: "Porque nadie nos ha contratado". Él les dijo: "Id también vosotros a la viña, y recibiréis lo que sea justo".

⁸ »Cuando llegó la noche, el señor de la viña dijo a su mayordomo: "Llama a los obreros y págales el jornal,ᵉ comenzando desde los últimos hasta los primeros". ⁹ Llegaron los que habían ido cerca de la hora undécima y recibieron cada uno un denario. ¹⁰ Al llegar también los primeros, pensaron que habían de recibir más, pero también ellos recibieron cada uno un denario. ¹¹ Y al recibirlo, murmuraban contra el padre de familia, ¹² diciendo: "Estos últimos han trabajado una sola hora y los has tratado igual que a nosotros, que hemos soportado la carga y el calor del día". ¹³ Él, respondiendo, dijo a uno de ellos: "Amigo, no te hago ninguna injusticia.

ᵉ **19.16** Lc 10.25. ᶠ **19.18-19** Ex 20.12-16; Dt 5.16-20. ᵍ **19.19** Lv 19.18; Mt 22.39; Stg 2.8. ʰ **19.23** Pr 11.28. ⁱ **19.28** Mt 25.31; Lc 22.30; cf. Dn 7.9-14. ʲ **19.30** Mt 20.16; Lc 13.30. ᵃ **20.2** El salario de un día. ᵇ **20.3** Las nueve de la mañana. ᶜ **20.5** Al mediodía y a las tres de la tarde, respectivamente. ᵈ **20.6** Alrededor de las cinco de la tarde. ᵉ **20.8** Lv 19.13; Dt 24.15.

¿No conviniste conmigo en un denario? [14] Toma lo que es tuyo y vete; pero quiero dar a este último lo mismo que a ti. [15] ¿No me está permitido hacer lo que quiero con lo mío? ¿O tienes tú envidia, porque yo soy bueno?" [16] Así, los primeros serán últimos y los últimos, primeros, porque muchos son llamados, pero pocos escogidos.

Jesús anuncia por tercera vez su muerte
(Mc 10.32-34; Lc 18.31-34)

[17] Mientras subía Jesús a Jerusalén, tomó a sus doce discípulos aparte y les dijo por el camino: [18] «Ahora subimos a Jerusalén, y el Hijo del hombre será entregado a los principales sacerdotes y a los escribas. Lo condenarán a muerte [19] y lo entregarán a los gentiles para que se burlen de él, lo azoten y lo crucifiquen; pero al tercer día resucitará».

Petición de Santiago y de Juan
(Mc 10.35-45)

[20] Entonces se le acercó la madre de los hijos de Zebedeo con sus hijos, postrándose ante él y pidiéndole algo.

[21] Él le dijo:

—¿Qué quieres?

Ella le dijo:

—Ordena que en tu Reino estos dos hijos míos se sienten el uno a tu derecha y el otro a tu izquierda.

[22] Entonces Jesús, respondiendo, dijo:

—No sabéis lo que pedís. ¿Podéis beber del vaso que yo he de beber, y ser bautizados con el bautismo con que yo soy bautizado?

Ellos le respondieron:

—Podemos.

[23] Él les dijo:

—A la verdad, de mi vaso beberéis, y con el bautismo con que yo soy bautizado seréis bautizados; pero el sentaros a mi derecha y a mi izquierda no es mío darlo, sino a aquellos para quienes está preparado por mi Padre.[f]

[24] Cuando los diez oyeron esto, se enojaron contra los dos hermanos. [25] Entonces Jesús, llamándolos, dijo:

—Sabéis que los gobernantes de las naciones se enseñorean de ellas, y los que son grandes ejercen sobre ellas potestad. [26] Pero entre vosotros no será así, sino que el que quiera hacerse grande entre vosotros será vuestro servidor, [27] y el que quiera ser el primero entre vosotros será vuestro siervo;[g] [28] como el Hijo del hombre, que no vino para ser servido, sino para servir[h] y para dar su vida en rescate por todos.

Jesús sana a dos ciegos
(Mc 10.46-52; Lc 18.35-43)

[29] Al salir ellos de Jericó, lo seguía una gran multitud. [30] Y dos ciegos que estaban sentados junto al camino, cuando oyeron que Jesús pasaba, clamaron, diciendo:

—¡Señor, Hijo de David,[i] ten misericordia de nosotros!

[31] La gente los reprendía para que callaran, pero ellos clamaban más, diciendo:

—¡Señor, Hijo de David, ten misericordia de nosotros!

[32] Jesús, deteniéndose, los llamó y les dijo:

—¿Qué queréis que os haga?

[33] Ellos le dijeron:

—Señor, que sean abiertos nuestros ojos.

[34] Entonces Jesús, sintiendo compasión, les tocó los ojos, y en seguida recibieron la vista y lo siguieron.

La entrada triunfal en Jerusalén
(Mc 11.1-11; Lc 19.28-40; Jn 12.12-19)

21 [1] Cuando se acercaron a Jerusalén y llegaron a Betfagé,[a] al Monte de los Olivos,[b] Jesús envió dos discípulos, [2] diciéndoles: «Id a la aldea que está enfrente de vosotros, y en seguida hallaréis una asna atada y un pollino con ella. Desatadla, y traédmelos. [3] Y si alguien os dice algo, contestadle: "El Señor los necesita, pero luego los devolverá"».

[4] Todo esto aconteció para que se cumpliera lo que dijo el profeta:

---

[f] **20.22-23** Mc 10.38-39.   [g] **20.25-27** Mt 23.11; Mc 9.35; Lc 22.25-27.   [h] **20.28** Lc 22.27; Jn 13.12-15; Flp 2.5-7.   [i] **20.30** Título mesiánico.   [a] **21.1** Aldea cercana a Jerusalén, en el camino a Betania.   [b] **21.1** Cerro al este de Jerusalén, aprox. a 1 km. de la ciudad (Hch 1.12).

5 «Decid a la hija de Sión:
tu Rey viene a ti,
manso y sentado sobre un asno,
sobre un pollino, hijo de animal de
carga».*c*

6 Entonces los discípulos fueron e hicieron como Jesús les mandó. 7 Trajeron el asna y el pollino; pusieron sobre ellos sus mantos, y él se sentó encima. 8 La multitud, que era muy numerosa, tendía sus mantos en el camino; otros cortaban ramas de los árboles y las tendían en el camino. 9 Y la gente que iba delante y la que iba detrás aclamaba, diciendo: «¡Hosana*d* al Hijo de David! ¡Bendito el que viene en el nombre del Señor! ¡Hosana en las alturas!»

10 Cuando entró él en Jerusalén, toda la ciudad se agitó, diciendo:

—¿Quién es este?

11 Y la gente decía:

—Este es Jesús, el profeta, el de Nazaret de Galilea.

Jesús purifica el Templo
(Mc 11.15-19; Lc 19.45-48; Jn 2.13-22)

12 Entró Jesús en el templo de Dios y echó fuera a todos los que vendían y compraban en el Templo; volcó las mesas de los cambistas y las sillas de los que vendían palomas, 13 y les dijo: «Escrito está: "Mi casa, casa de oración será llamada",*e* pero vosotros la habéis hecho cueva de ladrones».*f*

14 Y en el Templo se le acercaron ciegos y cojos, y los sanó. 15 Pero los principales sacerdotes y los escribas, viendo las maravillas que hacía y a los muchachos aclamando en el Templo y diciendo: «¡Hosana al Hijo de David!», se enojaron 16 y le dijeron:

—¿Oyes lo que estos dicen?

Jesús les dijo:

—Sí. ¿Nunca leísteis:

»"De la boca de los niños y de los
que aún maman,
fundaste la fortaleza"?*g*

17 Y dejándolos, salió fuera de la ciudad, a Betania,*h* y se quedó allí.

Jesús maldice la higuera estéril
(Mc 11.12-14,20-26)

18 Por la mañana, volviendo a la ciudad, tuvo hambre. 19 Viendo una higuera cerca del camino, se acercó, pero no halló nada en ella, sino hojas solamente, y le dijo:

—¡Nunca jamás nazca de ti fruto!

Y al instante la higuera se secó. 20 Al ver esto los discípulos, decían asombrados:

—¿Cómo es que se secó en seguida la higuera?

21 Respondiendo Jesús, les dijo:

—De cierto os digo que si tenéis fe y no dudáis, no solo haréis esto de la higuera, sino que si a este monte le decís: "¡Quítate y arrójate al mar!", será hecho.*i* 22 Y todo lo que pidáis en oración, creyendo, lo recibiréis.*j*

La autoridad de Jesús
(Mc 11.27-33; Lc 20.1-8)

23 Cuando llegó al Templo, los principales sacerdotes y los ancianos del pueblo se acercaron a él mientras enseñaba, y le preguntaron:

—¿Con qué autoridad haces estas cosas? ¿Quién te dio esta autoridad?

24 Respondiendo Jesús, les dijo:

—Yo también os haré una pregunta, y si me la contestáis, también yo os diré con qué autoridad hago estas cosas. 25 El bautismo de Juan, ¿de dónde era? ¿Del cielo o de los hombres?

Ellos entonces discutían entre sí, diciendo:

—Si decimos, "del cielo", nos dirá: "¿Por qué, pues, no le creísteis?" 26 Y si decimos, "de los hombres", tememos al pueblo, porque todos tienen a Juan por profeta.

27 Respondiendo a Jesús, dijeron:

—No lo sabemos.

Entonces él les dijo:

—Tampoco yo os digo con qué autoridad hago estas cosas.

---

c **21.5** Zac 9.9.   *d* **21.9** Sal 118.25-26.   *e* **21.13** Is 56.7.   *f* **21.13** Jer 7.11.   *g* **21.16** Sal 8.2 (gr.).
h **21.17** Aldea situada a unos 3 km. al este de Jerusalén, en la ladera oriental del Monte de los Olivos.   *i* **21.21** Mt 17.20; 1 Co 13.2.   *j* **21.22** Mt 7.7-11; 18.19; Jn 14.13-14; 15.7.

Parábola de los dos hijos

²⁸»Pero ¿qué os parece? Un hombre tenía dos hijos, y acercándose al primero le dijo: "Hijo, vete hoy a trabajar en mi viña". ²⁹Respondiendo él, dijo: "¡No quiero!" Pero después, arrepentido, fue. ³⁰Y acercándose al otro le dijo lo mismo; y respondiendo él, dijo: "Sí, señor, voy". Pero no fue. ³¹¿Cuál de los dos hizo la voluntad de su padre?

Dijeron ellos:

—El primero.

Jesús les dijo:

—De cierto os digo que los publicanos y las rameras van delante de vosotros al reino de Dios, ³²porque vino a vosotros Juan en camino de justicia y no le creísteis; en cambio, los publicanos y las rameras le creyeron.ᵏ Pero vosotros, aunque visteis esto, no os arrepentisteis después para creerle.

Parábola de los labradores malvados
(Mc 12.1-12; Lc 20.9-19)

³³»Oíd otra parábola: Hubo un hombre, padre de familia, el cual plantó una viña,ˡ la rodeó con una cerca, cavó en ella un lagar, edificó una torre, y la arrendó a unos labradores y se fue lejos. ³⁴Cuando se acercó el tiempo de los frutos, envió sus siervos a los labradores para que recibieran sus frutos. ³⁵Pero los labradores, tomando a los siervos, a uno golpearon, a otro mataron y a otro apedrearon. ³⁶Envió de nuevo otros siervos, más que los primeros; e hicieron con ellos lo mismo. ³⁷Finalmente les envió su hijo, diciendo: "Tendrán respeto a mi hijo". ³⁸Pero los labradores, cuando vieron al hijo, dijeron entre sí: "Este es el heredero; venid, matémoslo y apoderémonos de su heredad". ³⁹Y tomándolo, lo echaron fuera de la viña y lo mataron. ⁴⁰Cuando venga, pues, el señor de la viña, ¿qué hará a aquellos labradores?

⁴¹Le dijeron:

—A los malos destruirá sin misericordia, y arrendará su viña a otros labradores que le paguen el fruto a su tiempo.

⁴²Jesús les preguntó:

—¿Nunca leísteis en las Escrituras:

»"La piedra que desecharon los edificadores
ha venido a ser cabeza del ángulo.
El Señor ha hecho esto,
y es cosa maravillosa a nuestros ojos?"ᵐ

⁴³»Por tanto, os digo que el reino de Dios será quitado de vosotros y será dado a gente que produzca los frutos de él. ⁴⁴El que caiga sobre esta piedra será quebrantado, y sobre quien ella caiga será desmenuzado.

⁴⁵Al oír sus parábolas, los principales sacerdotes y los fariseos entendieron que hablaba de ellos. ⁴⁶Pero al buscar cómo echarle mano, temían al pueblo, porque este lo tenía por profeta.

Parábola de la fiesta de bodas

22 ¹Respondiendo Jesús, les volvió a hablar en parábolas, diciendo: ²«El reino de los cielos es semejante a un rey que hizo una fiesta de boda a su hijo. ³Envió a sus siervos a llamar a los invitados a la boda, pero estos no quisieron asistir. ⁴Volvió a enviar otros siervos con este encargo: "Decid a los invitados que ya he preparado mi comida. He hecho matar mis toros y mis animales engordados, y todo está dispuesto; venid a la boda". ⁵Pero ellos, sin hacer caso, se fueron: uno a su labranza, otro a sus negocios; ⁶y otros, tomando a los siervos, los golpearon y los mataron. ⁷Al oírlo el rey, se enojó y, enviando sus ejércitos, mató a aquellos homicidas y quemó su ciudad. ⁸Entonces dijo a sus siervos: "La boda a la verdad está preparada, pero los que fueron invitados no eran dignos. ⁹Id, pues, a las salidas de los caminos y llamad a la boda a cuantos halléis". ¹⁰Entonces salieron los siervos por los caminos y reunieron a todos los que hallaron, tanto malos como buenos, y la boda se llenó de invitados.

¹¹»Cuando entró el rey para ver a los invitados, vio allí a un hombre que no estaba vestido de boda, ¹²y le dijo: "Amigo, ¿cómo entraste aquí sin estar vestido de boda?" Pero él guardó silencio. ¹³Entonces el rey dijo a los que servían: "Atadlo

---

ᵏ **21.32** Lc 3.12; 7.29-30.   ˡ **21.33** Is 5.1-2.   ᵐ **21.42** Sal 118.22-23.

de pies y manos y echadlo a las tinieblas de afuera; allí será el lloro y el crujir de dientes",*a* 14 pues muchos son llamados, pero pocos escogidos».

La cuestión del tributo
(Mc 12.13-17; Lc 20.19-26)

15 Entonces se fueron los fariseos y consultaron cómo sorprenderlo en alguna palabra. 16 Y le enviaron sus discípulos junto con los herodianos,*b* diciendo:

—Maestro, sabemos que eres amante de la verdad y que enseñas con verdad el camino de Dios, y no te cuidas de nadie, porque no miras la apariencia de los hombres. 17 Dinos, pues, qué te parece: ¿Está permitido dar tributo a César, o no?

18 Pero Jesús, conociendo la malicia de ellos, les dijo:

—¿Por qué me tentáis, hipócritas? 19 Mostradme la moneda del tributo.

Ellos le presentaron un denario.*c* 20 Entonces les preguntó:

—¿De quién es esta imagen y la inscripción?

21 Le dijeron:

—De César.

Y les dijo:

—Dad, pues, a César lo que es de César, y a Dios lo que es de Dios.*d* 22 Al oir esto se maravillaron, y dejándolo, se fueron.

La pregunta sobre la resurrección
(Mc 12.18-27; Lc 20.27-40)

23 Aquel día se acercaron a él los saduceos, que dicen que no hay resurrección,*e* y le preguntaron, 24 diciendo:

—Maestro, Moisés dijo: "Si alguien muere sin hijos, su hermano se casará con su mujer y levantará descendencia a su hermano".*f* 25 Hubo, pues, entre nosotros siete hermanos: el primero se casó y, como murió sin dejar descendencia, dejó su mujer a su hermano. 26 De la misma manera también el segundo, y el tercero, hasta el séptimo. 27 Después de todos murió también la mujer. 28 En la resurrección,

pues, ¿de cuál de los siete será ella mujer, ya que todos la tuvieron?

29 Entonces respondiendo Jesús, les dijo:

—Erráis, ignorando las Escrituras y el poder de Dios, 30 pues en la resurrección ni se casarán ni se darán en casamiento, sino serán como los ángeles de Dios en el cielo. 31 Pero respecto a la resurrección de los muertos, ¿no habéis leído lo que os fue dicho por Dios, cuando afirmó: 32 "Yo soy el Dios de Abraham, el Dios de Isaac y el Dios de Jacob"?*g* Dios no es Dios de muertos, sino de vivos.

33 Al oir esto, la gente se admiraba de su doctrina.

El gran mandamiento
(Mc 12.28-34)

34 Entonces los fariseos, cuando oyeron que había hecho callar a los saduceos, se reunieron. 35 Y uno de ellos, intérprete de la Ley, preguntó para tentarlo, diciendo:

36 —Maestro, ¿cuál es el gran mandamiento en la Ley?

37 Jesús le dijo:

—"Amarás al Señor tu Dios con todo tu corazón, con toda tu alma y con toda tu mente".*h* 38 Este es el primero y grande mandamiento. 39 Y el segundo es semejante: "Amarás a tu prójimo como a ti mismo".*i* 40 De estos dos mandamientos dependen toda la Ley y los Profetas.*j,k*

¿De quién es hijo el Cristo?
(Mc 12.35-37; Lc 20.41-44)

41 Estando reunidos los fariseos, Jesús les preguntó, 42 diciendo:

—¿Qué pensáis del Cristo? ¿De quién es hijo?

Le dijeron:

—De David.

43 Él les dijo:

—¿Cómo, pues, David, en el Espíritu lo llama Señor, diciendo:

44 »"Dijo el Señor a mi Señor:
siéntate a mi derecha,
hasta que ponga a tus enemigos
por estrado de tus pies"?*l*

a 22.13 Mt 8.12; 25.30; Lc 13.28.   *b* 22.16 O sea, los del partido de Herodes.   *c* 22.19-21 Moneda romana de plata, que llevaba en aquel tiempo la imagen del emperador Tiberio.
d 22.21 Ro 13.7.   *e* 22.23 Hch 23.8.   *f* 22.24 Dt 25.5-10.   *g* 22.32 Ex 3.6.   *h* 22.37 Dt 6.5.
i 22.39 Lv 19.18.   *j* 22.40 Las Escrituras del AT (Mt 5.17).   *k* 22.35-40 Lc 10.25-28; Ro 13.9-10.
l 22.44 Sal 110.1.

45 »Pues si David lo llama Señor, ¿cómo es su hijo?

46 Y nadie le podía responder palabra; ni se atrevió ninguno a preguntarle más desde aquel día.

Jesús acusa a escribas y fariseos
(Mc 12.38-40; Lc 11.37-54; 20.45-47)

23 **1** Entonces habló Jesús a la gente y a sus discípulos, diciendo:

2 «En la cátedra de Moisés se sientan los escribas y los fariseos. **3** Así que, todo lo que os digan que guardéis, guardadlo y hacedlo; pero no hagáis conforme a sus obras, porque dicen, pero no hacen. **4** Atan cargas pesadas y difíciles de llevar, y las ponen sobre los hombros de los hombres; pero ellos ni con un dedo quieren moverlas. **5** Antes bien, hacen todas sus obras para ser vistos por los hombres,*a* pues ensanchan sus filacterias*b* y extienden los flecos*c* de sus mantos; **6** aman los primeros asientos en las cenas, las primeras sillas en las sinagogas,*d* **7** las salutaciones en las plazas y que los hombres los llamen: "Rabí, Rabí".*e*

8 »Pero vosotros no pretendáis que os llamen "Rabí", porque uno es vuestro Maestro, el Cristo, y todos vosotros sois hermanos. **9** Y no llaméis padre vuestro a nadie en la tierra, porque uno es vuestro Padre, el que está en los cielos. **10** Ni seáis llamados maestros, porque uno es vuestro Maestro, el Cristo. **11** El que es el mayor de vosotros sea vuestro siervo,*f* **12** porque el que se enaltece será humillado, y el que se humilla será enaltecido.*g*

13 »Pero ¡ay de vosotros, escribas y fariseos, hipócritas!, porque cerráis el reino de los cielos delante de los hombres, pues ni entráis vosotros, ni dejáis entrar a los que están entrando.

14 »¡Ay de vosotros, escribas y fariseos, hipócritas!, porque devoráis las casas de las viudas, y como pretexto hacéis largas oraciones; por esto recibiréis mayor condenación.

15 »¡Ay de vosotros, escribas y fariseos, hipócritas!, porque recorréis mar y tierra para hacer un prosélito*h* y, cuando lo conseguís, lo hacéis dos veces más hijo del infierno que vosotros.

16 »¡Ay de vosotros, guías ciegos!, que decís: "Si alguien jura por el Templo, no es nada; pero si alguien jura por el oro del Templo, es deudor". **17** ¡Insensatos y ciegos!, porque ¿cuál es mayor, el oro o el Templo que santifica al oro?*i* **18** También decís: "Si alguien jura por el altar, no es nada; pero si alguien jura por la ofrenda que está sobre él, es deudor". **19** ¡Necios y ciegos!, porque ¿cuál es mayor, la ofrenda o el altar que santifica la ofrenda? **20** El que jura por el altar, jura por él y por todo lo que está sobre él; **21** y el que jura por el Templo, jura por él y por el que lo habita; **22** y el que jura por el cielo, jura por el trono de Dios*j* y por aquel que está sentado en él.

23 »¡Ay de vosotros, escribas y fariseos, hipócritas!, porque diezmáis la menta, el anís y el comino,*k* y dejáis lo más importante de la Ley: la justicia, la misericordia y la fe. Esto era necesario hacer, sin dejar de hacer aquello. **24** ¡Guías ciegos, que coláis el mosquito y tragáis el camello!

25 »¡Ay de vosotros, escribas y fariseos, hipócritas!, porque limpiáis lo de fuera del vaso y del plato, pero por dentro estáis llenos de robo y de injusticia. **26** ¡Fariseo ciego!, limpia primero lo de dentro del vaso y del plato, para que también lo de fuera quede limpio.

27 »¡Ay de vosotros, escribas y fariseos, hipócritas!, porque sois semejantes a sepulcros blanqueados,*l* que por fuera, a la verdad, se muestran hermosos, pero por dentro están llenos de huesos de muertos y de toda inmundicia. **28** Así también vosotros por fuera, a la verdad, os mostráis

---

a **23.5** Mt 6.1.   *b* **23.5** Cajitas de piel que los judíos se ataban en la frente y en el brazo izquierdo a la hora de la oración, y que contenían pasajes especiales de las Escrituras del AT (Ex 13.9,16; Dt 6.8; 11.18).   *c* **23.5** Nm 15.38; Dt 22.12.   *d* **23.6** Lc 14.7.   *e* **23.7** Palabra hebrea que significa «mi maestro». Se usaba como título para los que enseñaban las Escrituras del AT.
f **23.11** Mt 20.26-27; Mc 9.35; 10.43-44; Lc 9.48; 22.26.   *g* **23.12** Job 22.29; Pr 29.23; Lc 14.11; 18.14.
h **23.15** Término usado para designar a un pagano convertido al judaísmo.   *i* **23.17** Ex 30.29.
j **23.22** Is 66.1; Mt 5.34.   *k* **23.23** Lv 27.30; Dt 14.22-23.   *l* **23.27** Hch 23.3.

justos a los hombres, pero por dentro estáis llenos de hipocresía e iniquidad.

29 »¡Ay de vosotros, escribas y fariseos, hipócritas!, porque edificáis los sepulcros de los profetas y adornáis los monumentos de los justos, 30 y decís: "Si hubiéramos vivido en los días de nuestros padres, no habríamos sido sus cómplices en la sangre de los profetas". 31 Con esto dais testimonio contra vosotros mismos de que sois hijos de aquellos que mataron a los profetas. 32 ¡Vosotros, pues, colmad la medida de vuestros padres! 33 ¡Serpientes, generación de víboras!,m ¿cómo escaparéis de la condenación del infierno? 34 Por tanto, yo os envío profetas, sabios y escribas; de ellos, a unos mataréis y crucificaréis, y a otros azotaréis en vuestras sinagogas y perseguiréis de ciudad en ciudad. 35 Así recaerá sobre vosotros toda la sangre justa que se ha derramado sobre la tierra, desde la sangre de Abel,n el justo, hasta la sangre de Zacaríasñ hijo de Berequías, a quien matasteis entre el Templo y el altar. 36 De cierto os digo que todo esto vendrá sobre esta generación.

Lamento de Jesús sobre Jerusalén
(Lc 13.34-35)

37 »¡Jerusalén, Jerusalén, que matas a los profetaso y apedreas a los que te son enviados! ¡Cuántas veces quise juntar a tus hijos como la gallina junta sus polluelos debajo de las alas, pero no quisiste! 38 Vuestra casa os es dejada desierta, 39 pues os digo que desde ahora no volveréis a verme hasta que digáis: "¡Bendito el que viene en el nombre del Señor!"»p

Jesús predice la destrucción del Templo
(Mc 13.1-2; Lc 21.5-6)

24 1 Jesús salió del Templo y, cuando ya se iba, se acercaron sus discípulos para mostrarle los edificios del Templo. 2 Respondiendo él, les dijo:

—¿Veis todo esto? De cierto os digo que no quedará aquí piedra sobre piedra que no sea derribada.a

Señales antes del fin
(Mc 13.3-23; Lc 21.7-24)

3 Estando él sentado en el Monte de los Olivos, los discípulos se le acercaron aparte, diciendo:

—Dinos, ¿cuándo serán estas cosas y qué señal habrá de tu venida y del fin del siglo?

4 Respondiendo Jesús, les dijo:

—Mirad que nadie os engañe, 5 porque vendrán muchos en mi nombre, diciendo: "Yo soy el Cristo", y a muchos engañarán. 6 Oiréis de guerras y rumores de guerras; mirad que no os turbéis, porque es necesario que todo esto acontezca, pero aún no es el fin. 7 Se levantará nación contra nación y reino contra reino; y habrá pestes, hambres y terremotos en diferentes lugares.b 8 Pero todo esto es solo principio de dolores.

9 »Entonces os entregarán a tribulación, os matarán y seréis odiados por todos por causa de mi nombre.c 10 Muchos tropezarán entonces, y se entregarán unos a otros, y unos a otros se odiarán. 11 Muchos falsos profetas se levantarán y engañarán a muchos; 12 y por haberse multiplicado la maldad, el amor de muchos se enfriará. 13 Pero el que persevere hasta el fin, este será salvo.d 14 Y será predicado este evangelio del Reino en todo el mundo, para testimonio a todas las naciones, y entonces vendrá el fin.e

15 »Por tanto, cuando veáis en el Lugar santo la abominación desoladora de la que habló el profeta Danielf —el que lee, entienda—, 16 entonces los que estén en Judea, huyan a los montes. 17 El que esté en la azotea, no descienda para tomar algo de su casa; 18 y el que esté en el campo, no vuelva atrás para tomar su capa.g 19 Pero ¡ay de las que estén encinta y de las que críen en aquellos días! 20 Orad, pues, que vuestra huida no sea en invierno ni

---

m 23.33 Mt 3.7; 12.34; Lc 3.7.　n 23.35 Gn 4.8.　ñ 23.35 2 Cr 24.20-21.　o 23.37 1 R 19.10; Jer 2.30; 26.20-23.　p 23.39 Sal 118.26; Mt 21.9.　a 24.2 Jerusalén fue destruida por los romanos en el año 70 d.C. (cf. Lc 19.44).　b 24.6-7 Is 19.2; Ap 6.3-8,12-17.　c 24.9 Mt 10.17-18,22; Jn 16.2.　d 24.13 Mt 10.22; Ap 2.10,26.　e 24.14 Mt 28.19; Ro 1.5,8; 10.18; Col 1.23; 1 Ts 1.8.　f 24.15 Dn 9.27; 11.31; 12.11.　g 24.17-18 Lc 17.31.

en sábado, ²¹porque habrá entonces gran tribulación, cual no la ha habido desde el principio del mundo hasta ahora,[h] ni la habrá. ²²Y si aquellos días no fueran acortados, nadie sería salvo; pero por causa de los escogidos, aquellos días serán acortados.

²³»Entonces, si alguno os dice: "Mirad, aquí está el Cristo", o "Mirad, allí está", no lo creáis, ²⁴porque se levantarán falsos cristos y falsos profetas, y harán grandes señales y prodigios, de tal manera que engañarán, si es posible, aun a los escogidos. ²⁵Ya os lo he dicho antes. ²⁶Así que, si os dicen: "Mirad, está en el desierto", no salgáis; o "Mirad, está en los aposentos", no lo creáis, ²⁷porque igual que el relámpago sale del oriente y se muestra hasta el occidente, así será también la venida del Hijo del hombre.[i] ²⁸Dondequiera que esté el cuerpo muerto, allí se juntarán las águilas.[j]

La venida del Hijo del hombre
(Mc 13.24-37; 17.26-30,34-36; 21.25-33)

²⁹»Inmediatamente después de la tribulación de aquellos días, el sol se oscurecerá, la luna no dará su resplandor, las estrellas caerán del cielo[k] y las potencias de los cielos serán conmovidas. ³⁰Entonces aparecerá la señal del Hijo del hombre en el cielo, y todas las tribus de la tierra harán lamentación cuando vean al Hijo del hombre venir sobre las nubes del cielo,[l] con poder y gran gloria. ³¹Enviará sus ángeles con gran voz de trompeta y juntarán a sus escogidos de los cuatro vientos, desde un extremo del cielo hasta el otro.[m]

³²»De la higuera aprended la parábola: Cuando ya su rama está tierna y brotan las hojas, sabéis que el verano está cerca. ³³Así también vosotros, cuando veáis todas estas cosas, conoced que está cerca, a las puertas. ³⁴De cierto os digo que no pasará esta generación hasta que todo esto acontezca. ³⁵El cielo y la tierra pasarán, pero mis palabras no pasarán.

³⁶»Pero del día y la hora nadie sabe, ni aun los ángeles de los cielos, sino solo mi Padre. ³⁷Pero como en los días de Noé,[n] así será la venida del Hijo del hombre, ³⁸pues como en los días antes del diluvio estaban comiendo y bebiendo, casándose y dando en casamiento, hasta el día en que Noé entró en el arca, ³⁹y no entendieron hasta que vino el diluvio y se los llevó a todos, así será también la venida del Hijo del hombre. ⁴⁰Entonces estarán dos en el campo: uno será tomado y el otro será dejado. ⁴¹Dos mujeres estarán moliendo en un molino: una será tomada y la otra será dejada.

⁴²»Velad, pues, porque no sabéis a qué hora ha de venir vuestro Señor. ⁴³Pero sabed esto, que si el padre de familia supiera a qué hora el ladrón habría de venir, velaría y no lo dejaría entrar en su casa. ⁴⁴Por tanto, también vosotros estad preparados, porque el Hijo del hombre vendrá a la hora que no pensáis.[ñ]

La fidelidad en el servicio
(Lc 12.41-48)

⁴⁵»¿Quién es, pues, el siervo fiel y prudente, al cual puso su señor sobre su casa para que les dé el alimento a tiempo? ⁴⁶Bienaventurado aquel siervo al cual, cuando su señor venga, lo halle haciendo así. ⁴⁷De cierto os digo que sobre todos sus bienes lo pondrá. ⁴⁸Pero si aquel siervo malo dice en su corazón: "Mi señor tarda en venir", ⁴⁹y comienza a golpear a sus consiervos, y aun a comer y a beber con los borrachos, ⁵⁰vendrá el señor de aquel siervo en día que este no espera, y a la hora que no sabe, ⁵¹y lo castigará duramente y pondrá su parte con los hipócritas; allí será el lloro y el crujir de dientes.

Parábola de las diez vírgenes

25 ¹»Entonces el reino de los cielos será semejante a diez vírgenes que, tomando sus lámparas,[a] salieron a recibir al novio. ²Cinco de ellas eran prudentes y cinco insensatas. ³Las insensatas, tomando sus lámparas, no tomaron consigo aceite; ⁴pero las prudentes tomaron aceite en sus vasijas, juntamente con sus lámparas.

---

[h] **24.21** Dn 12.1; Ap 7.14.   [i] **24.26-27** Lc 17.23-24. Jl 2.31; Ap 6.12-13; 8.12.   [l] **24.30** Dn 7.13; Ap 1.7. 1 Co 15.52; 1 Ts 4.16.   [n] **24.37-39** Gn 6.5-12; 7.6-24. Ap 3.3; 16.15.   [a] **25.1** Lc 12.35-38.   [j] **24.28** Lc 17.37.   [k] **24.29** Is 13.9-10; Ez 32.7; [m] **24.31** Is 27.13; Mt 13.41-42,49-50; [ñ] **24.42-44** Lc 12.39-40; 1 Ts 5.2; 2 P 3.10;

⁵Como el novio tardaba, cabecearon todas y se durmieron. ⁶Y a la medianoche se oyó un clamor: "¡Aquí viene el novio, salid a recibirlo!" ⁷Entonces todas aquellas vírgenes se levantaron y arreglaron sus lámparas. ⁸Y las insensatas dijeron a las prudentes: "Dadnos de vuestro aceite, porque nuestras lámparas se apagan". ⁹Pero las prudentes respondieron diciendo: "Para que no nos falte a nosotras y a vosotras, id más bien a los que venden y comprad para vosotras mismas". ¹⁰Pero mientras ellas iban a comprar, llegó el novio; y las que estaban preparadas entraron con él a la boda,ᵇ y se cerró la puerta. ¹¹Después llegaron también las otras vírgenes, diciendo: "¡Señor, señor, ábrenos!" ¹²Pero él, respondiendo, dijo: "De cierto os digo que no os conozco".ᶜ ¹³Velad, pues, porque no sabéis el día ni la hora en que el Hijo del hombre ha de venir.

Parábola de los talentos

¹⁴»El reino de los cielos es como un hombre que, yéndose lejos, llamó a sus siervos y les entregó sus bienes. ¹⁵A uno dio cinco talentos,ᵈ a otro dos y a otro uno, a cada uno conforme a su capacidad; y luego se fue lejos. ¹⁶El que recibió cinco talentos fue y negoció con ellos, y ganó otros cinco talentos. ¹⁷Asimismo el que recibió dos, ganó también otros dos. ¹⁸Pero el que recibió uno hizo un hoyo en la tierra y escondió el dinero de su señor.

¹⁹»Después de mucho tiempo regresó el señor de aquellos siervos y arregló cuentas con ellos. ²⁰Se acercó el que había recibido cinco talentos y trajo otros cinco talentos, diciendo: "Señor, cinco talentos me entregaste; aquí tienes, he ganado otros cinco talentos sobre ellos". ²¹Su señor le dijo: "Bien, buen siervo y fiel; sobre poco has sido fiel, sobre mucho te pondré.ᵉ Entra en el gozo de tu señor". ²²Se acercó también el que había recibido dos talentos y dijo: "Señor, dos talentos me entregaste; aquí tienes, he ganado otros dos talentos sobre ellos". ²³Su señor le dijo: "Bien, buen siervo y fiel; sobre poco

has sido fiel, sobre mucho te pondré. Entra en el gozo de tu señor". ²⁴Pero acercándose también el que había recibido un talento, dijo: "Señor, te conocía que eres hombre duro, que siegas donde no sembraste y recoges donde no esparciste; ²⁵por lo cual tuve miedo, y fui y escondí tu talento en la tierra; aquí tienes lo que es tuyo". ²⁶Respondiendo su señor, le dijo: "Siervo malo y negligente, sabías que siego donde no sembré y que recojo donde no esparcí. ²⁷Por tanto, debías haber dado mi dinero a los banqueros y, al venir yo, hubiera recibido lo que es mío con los intereses. ²⁸Quitadle, pues, el talento y dadlo al que tiene diez talentos, ²⁹porque al que tiene, le será dado y tendrá más; y al que no tiene, aun lo que tiene le será quitado.ᶠ ³⁰Y al siervo inútil echadlo en las tinieblas de afuera; allí será el lloro y el crujir de dientes".ᵍʰ

El juicio de las naciones

³¹»Cuando el Hijo del hombre venga en su gloria y todos los santos ángeles con él,ⁱ entonces se sentará en su trono de gloria,ʲ ³²y serán reunidas delante de él todas las naciones; entonces apartará los unos de los otros, como aparta el pastor las ovejas de los cabritos. ³³Y pondrá las ovejas a su derecha y los cabritos a su izquierda. ³⁴Entonces el Rey dirá a los de su derecha: "Venid, benditos de mi Padre, heredad el Reino preparado para vosotros desde la fundación del mundo, ³⁵porque tuve hambre y me disteis de comer;ᵏ tuve sed y me disteis de beber; fui forastero y me recogisteis; ³⁶estuve desnudo y me vestisteis; enfermo y me visitasteis; en la cárcel y fuisteis a verme". ³⁷Entonces los justos le responderán diciendo: "Señor, ¿cuándo te vimos hambriento y te alimentamos, o sediento y te dimos de beber? ³⁸¿Y cuándo te vimos forastero y te recogimos, o desnudo y te vestimos? ³⁹¿O cuándo te vimos enfermo o en la cárcel, y fuimos a verte?" ⁴⁰Respondiendo el Rey, les dirá: "De cierto os digo que en cuanto lo hicisteis a uno de estos mis

---

ᵇ **25.10** Ap 19.9.   ᶜ **25.11-12** Mt 7.21-23; Lc 13.25.   ᵈ **25.15** Un talento equivalía al salario de casi cien años de trabajo.   ᵉ **25.21** Lc 16.10.   ᶠ **25.29** Mt 13.12; Mc 4.25; Lc 8.18.   ᵍ **25.14-30** Lc 11-27.   ʰ **25.30** Mt 8.12; 22.13; Lc 13.28.   ⁱ **25.31** Mt 16.27.   ʲ **25.31** Mt 19.28.   ᵏ **25.35-36** Is 58.6-10; cf. Ez 18.7; Heb 13.3; Stg 1.27; 2.15-16.

hermanos más pequeños, a mí lo hicisteis".

41 »Entonces dirá también a los de la izquierda: "Apartaos de mí, malditos, al fuego eterno preparado para el diablo y sus ángeles,[l] 42 porque tuve hambre, y no me disteis de comer; tuve sed, y no me disteis de beber; 43 fui forastero, y no me recogisteis; estuve desnudo, y no me vestisteis; enfermo y en la cárcel, y no me visitasteis". 44 Entonces también ellos le responderán diciendo: "Señor, ¿cuándo te vimos hambriento, sediento, forastero, desnudo, enfermo o en la cárcel, y no te servimos?" 45 Entonces les responderá diciendo: "De cierto os digo que en cuanto no lo hicisteis a uno de estos más pequeños, tampoco a mí lo hicisteis". 46 Irán estos al castigo eterno y los justos a la vida eterna.[m]

El complot contra Jesús
(Mc 14.1-2; Lc 22.1-2; Jn 11.45-53)

26 1 Cuando acabó Jesús todas estas palabras, dijo a sus discípulos: 2 «Sabéis que dentro de dos días se celebra la Pascua,[a] y el Hijo del hombre será entregado para ser crucificado».

3 Entonces los principales sacerdotes, los escribas y los ancianos del pueblo se reunieron en el patio del sumo sacerdote, llamado Caifás, 4 y se confabularon para prender con engaño a Jesús, y matarlo. 5 Pero decían: «No durante la fiesta, para que no se haga alboroto en el pueblo».

Jesús es ungido en Betania
(Mc 14.3-9; Jn 12.1-8)

6 Estando Jesús en Betania, en casa de Simón el leproso, 7 se le acercó una mujer con un vaso de alabastro de perfume muy costoso, y lo derramó sobre la cabeza de él, que estaba sentado a la mesa.[b] 8 Al ver esto, los discípulos se enojaron y dijeron:

—¿Para qué este desperdicio?, 9 pues esto podía haberse vendido a buen precio y haberse dado a los pobres.

10 Al darse cuenta Jesús, les dijo:

—¿Por qué molestáis a esta mujer? Lo que ha hecho conmigo es una buena obra, 11 porque siempre tendréis pobres con vosotros,[c] pero a mí no siempre me tendréis, 12 pues al derramar este perfume sobre mi cuerpo, lo ha hecho a fin de prepararme para la sepultura. 13 De cierto os digo que dondequiera que se predique este evangelio, en todo el mundo, también se contará lo que esta ha hecho, para memoria de ella.

Judas ofrece entregar a Jesús
(Mc 14.10-11; Lc 22.3-6)

14 Entonces uno de los doce, que se llamaba Judas Iscariote, fue a los principales sacerdotes 15 y les dijo: «¿Qué me queréis dar, y yo os lo entregaré?

Ellos le asignaron treinta piezas de plata».[d] 16 Desde entonces buscaba oportunidad para entregarlo.

La Cena del Señor
(Mc 14.12-25; Lc 22.7-23; Jn 13.21-30; 1 Co 11.23-26)

17 El primer día de la fiesta de los Panes sin levadura, se acercaron los discípulos a Jesús, diciéndole:

—¿Dónde quieres que preparemos para que comas la Pascua?

18 Él dijo:

—Id a la ciudad, a cierto hombre, y decidle: "El Maestro dice: 'Mi tiempo está cerca; en tu casa celebraré la Pascua con mis discípulos' ".

19 Los discípulos hicieron como Jesús les mandó y prepararon la Pascua.

20 Cuando cayó la noche se sentó a la mesa con los doce. 21 Y mientras comían, dijo:

—De cierto os digo que uno de vosotros me va a entregar.

22 Entristecidos en gran manera, comenzó cada uno de ellos a preguntarle:

—¿Soy yo, Señor?

23 Entonces él, respondiendo, dijo:

—El que mete la mano conmigo en el plato, ese me va a entregar. 24 A la verdad el Hijo del hombre va, tal como está escrito de él,[e] pero ¡ay de aquel hombre por quien el Hijo del hombre es entregado! Bueno le fuera a ese hombre no haber nacido.

25 Entonces, respondiendo Judas, el que lo iba a entregar, dijo:

---

[l] 25.41 Ap 20.10,15.   [m] 25.46 Dn 12.2; Jn 5.29.   [a] 26.2 Ex 12.1-27; Dt 16.1-8.
[b] 26.7 Lc 7.37-38.   [c] 26.11 Dt 15.11.   [d] 26.15 El precio de un esclavo.   [e] 26.24 Sal 41.9.

—¿Soy yo, Maestro?

Le dijo:

—Tú lo has dicho.

26 Mientras comían, tomó Jesús el pan, lo bendijo, lo partió y dio a sus discípulos, diciendo:

—Tomad, comed; esto es mi cuerpo.

27 Y tomando la copa, y habiendo dado gracias, les dio, diciendo:

—Bebed de ella todos, **28** porque esto es mi sangre del nuevo pacto*f* que por muchos es derramada para perdón de los pecados.*g* **29** Os digo que desde ahora no beberé más de este fruto de la vid hasta aquel día en que lo beba nuevo con vosotros en el reino de mi Padre.

Jesús anuncia la negación de Pedro
(Mc 14.26-31; Lc 22.31-34; Jn 13.36-38)

30 Después de haber cantado el himno, salieron al Monte de los Olivos. **31** Entonces Jesús les dijo:

—Todos vosotros os escandalizaréis de mí esta noche, pues escrito está: "Heriré al pastor y las ovejas del rebaño serán dispersadas".*h* **32** Pero después que haya resucitado, iré delante de vosotros a Galilea.*i*

33 Respondiendo Pedro, le dijo:

—Aunque todos se escandalicen de ti, yo nunca me escandalizaré.

34 Jesús le dijo:

—De cierto te digo que esta noche, antes que el gallo cante, me negarás tres veces.

35 Pedro le dijo:

—Aunque tenga que morir contigo, no te negaré.

Y todos los discípulos dijeron lo mismo.

Jesús ora en Getsemaní
(Mc 14.32-42; Lc 22.39-46)

36 Entonces llegó Jesús con ellos a un lugar que se llama Getsemaní,*j* y dijo a sus discípulos:

—Sentaos aquí, entre tanto que voy allí y oro.

37 Y tomando a Pedro y a los dos hijos de Zebedeo,*k* comenzó a entristecerse y a angustiarse en gran manera. **38** Entonces Jesús les dijo:

—Mi alma está muy triste, hasta la muerte;*l* quedaos aquí y velad conmigo.

39 Yendo un poco adelante, se postró sobre su rostro, orando y diciendo: «Padre mío, si es posible, pase de mí esta copa; pero no sea como yo quiero, sino como tú».

40 Volvió luego a sus discípulos y los halló durmiendo, y dijo a Pedro:

—¿Así que no habéis podido velar conmigo una hora? **41** Velad y orad para que no entréis en tentación; el espíritu a la verdad está dispuesto, pero la carne es débil.

42 Otra vez fue y oró por segunda vez, diciendo: «Padre mío, si no puede pasar de mí esta copa sin que yo la beba, hágase tu voluntad».

43 Volvió otra vez y los halló durmiendo, porque los ojos de ellos estaban cargados de sueño. **44** Y dejándolos, se fue de nuevo y oró por tercera vez, diciendo las mismas palabras. **45** Entonces se acercó a sus discípulos y les dijo:

—¡Dormid ya y descansad! Ha llegado la hora, y el Hijo del hombre es entregado en manos de pecadores. **46** ¡Levantaos, vamos! Ved, se acerca el que me entrega.

Arresto de Jesús
(Mc 14.43-50; Lc 22.47-53; Jn 18.2-11)

47 Aún estaba él hablando cuando llegó Judas, uno de los doce, y con él mucha gente con espadas y palos, de parte de los principales sacerdotes y de los ancianos del pueblo. **48** Y el que lo entregaba les había dado señal, diciendo: «Al que yo bese, ese es; prendedlo». **49** En seguida se acercó a Jesús y dijo:

—¡Salve, Maestro!

Y lo besó. **50** Jesús le dijo:

—Amigo, ¿a qué vienes?

Entonces se acercaron y echaron mano a Jesús, y lo prendieron. **51** Pero uno de los que estaban con Jesús, echando mano de su espada, hirió a un siervo del Sumo sacerdote y le quitó la oreja. **52** Entonces Jesús le dijo:

---

f **26.28** Ex 24.6-8; Jer 31.31-34; Zac 9.11; Heb 10.29; 13.20.   *g* **26.28** Ro 3.25; Ef 2.13; 1 Jn 1.7.   *h* **26.31** Zac 13.7.   *i* **26.32** Mt 28.7,10,16; Mc 16.7; cf. Jn 21.1.   *j* **26.36** Jn 18.1.   *k* **26.37** Santiago y Juan.   *l* **26.38** Sal 42.6; Jn 12.27.

—Vuelve tu espada a su lugar, porque todos los que tomen espada, a espada perecerán. [53] ¿Acaso piensas que no puedo ahora orar a mi Padre, y que él no me daría más de doce legiones de ángeles? [54] ¿Pero cómo entonces se cumplirían las Escrituras, de que es necesario que así se haga?

[55] En aquella hora dijo Jesús a la gente:

—¿Como contra un ladrón habéis salido con espadas y con palos para prenderme? Cada día me sentaba con vosotros enseñando en el Templo,[m] y no me prendisteis. [56] Pero todo esto sucede para que se cumplan las Escrituras de los profetas.

Entonces todos los discípulos, dejándolo, huyeron.

Jesús ante el Concilio
(Mc 14.53-65; Lc 22.54,63-71; Jn 18.12-14,19-24)

[57] Los que prendieron a Jesús lo llevaron al sumo sacerdote Caifás,[n] adonde estaban reunidos los escribas y los ancianos. [58] Pero Pedro lo siguió de lejos hasta el patio del sumo sacerdote; y entrando, se sentó con los guardias para ver el fin. [59] Los principales sacerdotes, los ancianos y todo el Concilio, buscaban falso testimonio contra Jesús para entregarlo a la muerte, [60] pero no lo hallaron, aunque se presentaron muchos testigos falsos. Pero al fin vinieron dos testigos falsos, [61] que dijeron:

—Este dijo: "Puedo derribar el Templo de Dios y en tres días reedificarlo".[ñ]

[62] Se levantó el Sumo sacerdote y le preguntó:

—¿No respondes nada? ¿Qué testifican estos contra ti?

[63] Pero Jesús callaba.[o] Entonces el Sumo sacerdote le dijo:

—Te conjuro por el Dios viviente que nos digas si eres tú el Cristo, el Hijo de Dios.

[64] Jesús le dijo:

—Tú lo has dicho. Y además os digo que desde ahora veréis al Hijo del hombre sentado a la diestra del poder de Dios y viniendo en las nubes del cielo.[p]

[65] Entonces el Sumo sacerdote rasgó sus vestiduras, diciendo:

—¡Ha blasfemado! ¿Qué más necesidad tenemos de testigos? Ahora mismo habéis oído su blasfemia. [66] ¿Qué os parece?

Y respondiendo ellos, dijeron:

—¡Es reo de muerte![q]

[67] Entonces lo escupieron en el rostro y le dieron puñetazos; y otros lo abofeteaban,[r] [68] diciendo:

—Profetízanos, Cristo, quién es el que te golpeó.

Pedro niega a Jesús
(Mc 14.66-72; Lc 22.55-62; Jn 18.15-18,25-27)

[69] Estando Pedro sentado fuera, en el patio, se le acercó una criada y le dijo:

—Tú también estabas con Jesús, el galileo.

[70] Pero él negó delante de todos, diciendo:

—No sé lo que dices.

[71] Saliendo él a la puerta, lo vio otra y dijo a los que estaban allí:

—También este estaba con Jesús, el nazareno.

[72] Pero él negó otra vez con juramento:

—¡No conozco al hombre!

[73] Un poco después, acercándose los que por allí estaban, dijeron a Pedro:

—Verdaderamente también tú eres de ellos, porque aun tu manera de hablar te descubre.

[74] Entonces él comenzó a maldecir y a jurar:

—¡No conozco al hombre!

Y en seguida cantó el gallo. [75] Entonces Pedro se acordó de las palabras que Jesús le había dicho: «Antes que cante el gallo, me negarás tres veces». Y saliendo fuera, lloró amargamente.

Jesús ante Pilato
(Mc 15.1; Lc 23.1-2; Jn 18.28-32)

27 [1] Cuando llegó la mañana, todos los principales sacerdotes y los ancianos del pueblo dispusieron contra Jesús un plan para entregarlo a muerte. [2] Lo llevaron atado y lo entregaron a Poncio Pilato,[a] el gobernador.

---

[m] **26.55** Lc 19.47; 21.37; Jn 18.19-21.   [n] **26.57** Jefe de los sacerdotes judíos durante los años 18-36 d.C.   [ñ] **26.61** Jn 2.19-22.   [o] **26.63** Mt 27.12,14; Lc 23.9; Jn 19.9. Cf. Is 53.7.
[p] **26.64** Dn 7.13.   [q] **26.65-66** Jn 19.7; cf. Lv 24.15-16.   [r] **26.67** Is 50.6; 53.5.   [a] **27.2** Procurador romano; gobernó Judea en los años 26-36 d.C.

Muerte de Judas

3 Entonces Judas, el que lo había entregado, viendo que era condenado, devolvió arrepentido las treinta piezas de plata a los principales sacerdotes y a los ancianos, 4 diciendo:

—Yo he pecado entregando sangre inocente.

Pero ellos dijeron:

—¿Qué nos importa a nosotros? ¡Allá tú!

5 Entonces, arrojando las piezas de plata en el Templo, salió, y fue y se ahorcó. 6 Los principales sacerdotes, tomando las piezas de plata, dijeron:

—No está permitido echarlas en el tesoro de las ofrendas, porque es precio de sangre.

7 Y, después de consultar, compraron con ellas el campo del alfarero, para sepultura de los extranjeros. 8 Por lo cual aquel campo se llama hasta el día de hoy: «Campo de sangre».*b* 9 Así se cumplió lo dicho por el profeta Jeremías, cuando dijo: «Tomaron las treinta piezas de plata, precio del apreciado, según precio puesto por los hijos de Israel, 10 y las dieron para el campo del alfarero, como me ordenó el Señor».*c*

Pilato interroga a Jesús
(Mc 15.2-5; Lc 23.3-5; Jn 18.33-38)

11 Jesús, pues, estaba en pie delante del gobernador; y este le preguntó, diciendo:

—¿Eres tú el Rey de los judíos?

Jesús le dijo:

—Tú lo dices.

12 Y siendo acusado por los principales sacerdotes y por los ancianos, nada respondió. 13 Pilato entonces le dijo:

—¿No oyes cuántas cosas testifican contra ti?

14 Pero Jesús no le respondió ni una palabra,*d* de tal manera que el gobernador estaba muy asombrado.

Jesús es sentenciado a muerte
(Mc 15.6-20; Lc 23.13-25; Jn 18.38—19.16)

15 Ahora bien, en el día de la fiesta acostumbraba el gobernador soltar al pueblo un preso, el que quisieran. 16 Y tenían entonces un preso famoso llamado Barrabás. 17 Reunidos, pues, ellos, les preguntó Pilato:

—¿A quién queréis que os suelte: a Barrabás o a Jesús, llamado el Cristo?

18 (porque sabía que por envidia lo habían entregado). 19 Y estando él sentado en el tribunal, su mujer le mandó a decir:

—No tengas nada que ver con ese justo, porque hoy he sufrido mucho en sueños por causa de él.

20 Pero los principales sacerdotes y los ancianos persuadieron a la multitud que pidiera a Barrabás y que se diera muerte a Jesús. 21 Respondiendo el gobernador, les dijo:

—¿A cuál de los dos queréis que os suelte?

Y ellos dijeron:

—A Barrabás.

22 Pilato les preguntó:

—¿Qué, pues, haré de Jesús, llamado el Cristo?

Todos le dijeron:

—¡Sea crucificado!

23 El gobernador les dijo:

—Pues ¿qué mal ha hecho?

Pero ellos gritaban aún más, diciendo:

—¡Sea crucificado!

24 Viendo Pilato que nada adelantaba, sino que se hacía más alboroto, tomó agua y se lavó las manos*e* delante del pueblo, diciendo:

—Inocente soy yo de la sangre de este justo. Allá vosotros.

25 Y respondiendo todo el pueblo, dijo:

—Su sangre sea sobre nosotros y sobre nuestros hijos.

26 Entonces les soltó a Barrabás, y habiendo azotado a Jesús, lo entregó para ser crucificado.

27 Entonces los soldados del gobernador llevaron a Jesús al pretorio*f* y reunieron alrededor de él a toda la compañía. 28 Lo desnudaron y le echaron encima un manto escarlata; 29 pusieron sobre su cabeza una corona tejida de espinas, y una caña en su mano derecha; e hincando la rodilla delante de él, se burlaban, diciendo:

—¡Salve, rey de los judíos!

30 Le escupían, y tomando la caña lo

---

b 27.3-8 Hch 1.18-19.   *c* 27.9-10 Zac 11.12-13.   *d* 27.12-14 Is 53.7; Mt 26.63; Lc 23.9; Jn 19.9.
e 27.24 Dt 21.1-9; Sal 26.6.   *f* 27.27 Palacete-fortaleza donde se alojaba el gobernador.

golpeaban en la cabeza. ³¹ Después de haberse burlado de él, le quitaron el manto, le pusieron sus vestidos y lo llevaron para crucificarle.

Crucifixión y muerte de Jesús
(Mc 15.21-41; Lc 23.26-49; Jn 19.17-30)

³² Al salir hallaron a un hombre de Cirene que se llamaba Simón; a este obligaron a que llevara la cruz. ³³ Cuando llegaron a un lugar llamado Gólgota, (que significa: «Lugar de la Calavera»), ³⁴ le dieron a beber vinagre mezclado con hiel;*g* pero, después de haberlo probado, no quiso beberlo.

³⁵ Cuando lo hubieron crucificado, repartieron entre sí sus vestidos, echando suertes,*h* para que se cumpliera lo dicho por el profeta: «Repartieron entre sí mis vestidos, y sobre mi ropa echaron suertes». ³⁶ Y sentados lo custodiaban allí. ³⁷ Pusieron sobre su cabeza su causa escrita: «Este es Jesús, el rey de los judíos».

³⁸ Entonces crucificaron con él a dos ladrones, uno a la derecha y otro a la izquierda. ³⁹ Los que pasaban lo insultaban meneando la cabeza*i* ⁴⁰ y diciendo: «Tú, el que derribas el Templo y en tres días lo reedificas,*j* sálvate a ti mismo. Si eres Hijo de Dios, desciende de la cruz».

⁴¹ De esta manera también los principales sacerdotes, junto con los escribas, los fariseos y los ancianos, se burlaban de él y decían: ⁴² «A otros salvó, pero a sí mismo no se puede salvar. Si es el Rey de Israel, que descienda ahora de la cruz, y creeremos en él. ⁴³ Confió en Dios; líbrelo ahora si le quiere,*k* porque ha dicho: "Soy Hijo de Dios"».*l*

⁴⁴ Del mismo modo lo insultaban los ladrones que habían sido crucificados con él.

Muerte de Jesús
(Mc 15.33-41; Lc 23.44-49; Jn 19.28-30)

⁴⁵ Desde la hora sexta hubo tinieblas sobre toda la tierra hasta la hora novena. ⁴⁶ Cerca de la hora novena, Jesús clamó a gran voz, diciendo: «Elí, Elí, ¿lama sabactani?» (que

significa: «Dios mío, Dios mío, ¿por qué me has desamparado?»).*m*

⁴⁷ Algunos de los que estaban allí decían al oírlo:

—A Elías llama este.

⁴⁸ Al instante, corriendo uno de ellos, tomó una esponja, la empapó de vinagre, la puso en una caña y le dio a beber.*n*

⁴⁹ Pero los otros decían:

—Deja, veamos si viene Elías a librarlo.

⁵⁰ Pero Jesús, habiendo otra vez clamado a gran voz, entregó el espíritu.

⁵¹ Entonces el velo*ñ* del Templo se rasgó en dos, de arriba abajo; la tierra tembló, las rocas se partieron, ⁵² los sepulcros se abrieron y muchos cuerpos de santos que habían dormido, se levantaron; ⁵³ y después que él resucitó, salieron de los sepulcros, entraron en la santa ciudad y aparecieron a muchos. ⁵⁴ El centurión y los que estaban con él custodiando a Jesús, al ver el terremoto y las cosas que habían sido hechas, llenos de miedo dijeron: «Verdaderamente este era Hijo de Dios».

⁵⁵ Estaban allí muchas mujeres mirando de lejos, las cuales habían seguido a Jesús desde Galilea, sirviéndolo. ⁵⁶ Entre ellas estaban María Magdalena, María la madre de Jacobo y de José, y la madre de los hijos de Zebedeo.*o*

Jesús es sepultado
(Mc 15.42-47; Lc 23.50-56; Jn 19.38-42)

⁵⁷ Cuando cayó la noche, llegó un hombre rico, de Arimatea,*p* llamado José, que también había sido discípulo de Jesús. ⁵⁸ Este fue a Pilato y pidió el cuerpo de Jesús. Entonces Pilato mandó que se le diera el cuerpo. ⁵⁹ Y tomando José el cuerpo, lo envolvió en una sábana limpia ⁶⁰ y lo puso en su sepulcro nuevo, que había labrado en la peña; y después de hacer rodar una gran piedra a la entrada del sepulcro, se fue. ⁶¹ Estaban allí María Magdalena y la otra María, sentadas delante del sepulcro.

---

g **27.34** Sal 69.21. *h* **27.35** Sal 22.18. *i* **27.39** Sal 22.7; Sal 109.25. *j* **27.40** Mt 26.61; Jn 2.19; Hch 6.14. *k* **27.43** Sal 22.8. *l* **27.43** Jn 5.18; 10.36; 19.7. *m* **27.46** Sal 22.1. *n* **27.48** Sal 69.21. *ñ* **27.51** Ex 26.31-33; 2 Cr 3.14. *o* **27.55-56** Lc 8.2-3. *p* **27.57** Pueblo situado probablemente al noroeste de Jerusalén.

La guardia ante la tumba

62 Al día siguiente, que es después de la preparación, se reunieron los principales sacerdotes y los fariseos ante Pilato **63** y le dijeron:

—Señor, nos acordamos que aquel mentiroso, estando en vida, dijo: "Después de tres días resucitaré".*q* **64** Manda, pues, que se asegure el sepulcro hasta el tercer día, no sea que vayan sus discípulos de noche, lo hurten y digan al pueblo: "Resucitó de entre los muertos". Y será el último engaño peor que el primero.

65 Pilato les dijo:

—Ahí tenéis una guardia; id, aseguradlo como sabéis.

66 Entonces ellos fueron y aseguraron el sepulcro, sellando la piedra y poniendo la guardia.

La resurrección

(Mc 16.1-8; Lc 24.1-12; Jn 20.1-10)

28 **1** Pasado el sábado, al amanecer del primer día de la semana, fueron María Magdalena y la otra María a ver el sepulcro. **2** De pronto hubo un gran terremoto, porque un ángel del Señor descendió del cielo y, acercándose, removió la piedra y se sentó sobre ella. **3** Su aspecto era como un relámpago, y su vestido blanco como la nieve. **4** De miedo de él, los guardas temblaron y se quedaron como muertos. **5** Pero el ángel dijo a las mujeres: «No temáis vosotras, porque yo sé que buscáis a Jesús, el que fue crucificado. **6** No está aquí, pues ha resucitado, como dijo. Venid, ved el lugar donde fue puesto el Señor. **7** E id pronto y decid a sus discípulos que ha resucitado de los muertos y va delante de vosotros a Galilea;*a* allí lo veréis. Ya os lo he dicho».

8 Entonces ellas, saliendo del sepulcro con temor y gran gozo, fueron corriendo a dar las nuevas a sus discípulos. Y mientras iban a dar las nuevas a los discípulos, **9** Jesús les salió al encuentro, diciendo:

—¡Salve!

Y ellas, acercándose, abrazaron sus pies y lo adoraron.

10 Entonces Jesús les dijo:

—No temáis; id, dad las nuevas a mis hermanos, para que vayan a Galilea, y allí me verán.

El informe de la guardia

11 Mientras ellas iban, unos de la guardia fueron a la ciudad y dieron aviso a los principales sacerdotes de todas las cosas que habían acontecido. **12** Estos se reunieron con los ancianos y, después de ponerse de acuerdo, dieron mucho dinero a los soldados, **13** diciéndoles: «Decid vosotros: "Sus discípulos llegaron de noche y lo hurtaron mientras nosotros estábamos dormidos". **14** Y si esto lo oye el gobernador, nosotros lo persuadiremos y os pondremos a salvo».

15 Ellos tomaron el dinero e hicieron como se les había instruido. Este dicho se ha divulgado entre los judíos hasta el día de hoy.

La gran comisión

(Mc 16.14-18; Lc 24.36-49; Jn 20.19-23)

16 Pero los once discípulos se fueron a Galilea,*b* al monte donde Jesús les había ordenado. **17** Cuando lo vieron, lo adoraron, aunque algunos dudaban. **18** Jesús se acercó y les habló diciendo: «Toda potestad me es dada en el cielo y en la tierra.*c* **19** Por tanto, id y haced discípulos a todas las naciones,*d* bautizándolos en el nombre del Padre, del Hijo y del Espíritu Santo, **20** y enseñándoles que guarden todas las cosas que os he mandado. Y yo estoy con vosotros todos los días, hasta el fin del mundo». Amén.

q **27.63** Mt 16.21; 17.23; 20.19; Mc 8.31; 9.31; 10.33-34; Lc 9.22; 18.31-33.   *a* **28.7** Mt 26.32; Mc 14.28; cf. Jn 21.1-22.   *b* **28.16-17** Mt 26.32; 28.7,10; Mc 14.28; cf. Jn 21.1-22.   *c* **28.18** Mt 11.27; Jn 3.35; 13.2-4; 17.2; cf. Dn 7.13-14.   *d* **28.19** Hch 1.8.

Evangelio según
SAN MARCOS

INTRODUCCIÓN

Desde el s. XIX ha venido afirmándose la idea de que el «segundo evangelio» fue básico en la preparación de Mateo y Lucas. Esto haría de Marcos (=Mc) el documento más antiguo que poseemos sobre la vida y la obra de Jesús. La opinión más generalizada identifica a su autor con Juan Marcos (o solo Juan), pariente de Bernabé (Col 4.10) e hijo de María, la cual vivía en Jerusalén, en una casa que disponía de «un aposento alto, donde moraban» los apóstoles (Hch 1.13; 12.12). Fue colaborador de Pablo (Hch 12.25; 13.5,13; 15.37,39; 2 Ti 4.11; Flm 24) y, quizá, discípulo de Pedro, quien en su primera carta lo menciona como «Marcos, mi hijo» (1 P 5.13).

Marcos probablemente acude a la memoria de cosas oídas, pero su capacidad narrativa crea en el lector la impresión de hallarse ante un testigo presencial de los hechos relatados. Le concede a los hechos de Jesús un espacio más amplio que sus discursos. A medida que la historia progresa, el desarrollo dramático del segundo evangelio crece en intensidad, hasta alcanzar su punto culminante en el relato de la pasión, crucifixión y resurrección del Mesías. Lo que realmente importa al evangelista es atestiguar que a la pregunta sobre quién era Jesús, la primitiva comunidad cristiana respondió con convicción: Jesús es el Hijo de Dios. En cada una de sus páginas, este evangelio proclama que el sencillo maestro llegado de Galilea (1.9) es el Cristo, el Mesías que desde siglos atrás esperaba el pueblo de Israel (8.29; 9.41; 14.61-62).

Jesús de Nazaret, el Hijo de Dios, es también el Hijo del hombre. Participa de los sentimientos humanos y es sujeto de sufrimiento y de muerte (8.31). Por eso exige frecuentemente que su condición de Mesías se mantenga en secreto (1.43-44; 5.43; 8.29-30; 9.9,30-31). De hecho, los discípulos no comprendieron hasta el último momento que el sacrificio de Jesucristo formaba parte del plan de salvación que Dios le había encomendado (8.32-38; 16.19-20).

Esquema del contenido

Prólogo (1.1-15)
Predicación de Juan el Bautista (1.1-8)
Los principios del ministerio de Jesús (1.9-15)
1. Jesús, el Mesías (1.16—8.30)
2. Jesús, el Hijo del hombre (8.31—16.20)
Jesús anuncia su muerte (8.31—11.11)
Actividades de Jesús en Jerusalén (11.12—13.37)
Pasión, muerte y resurrección (14.1—16.19)

Predicación de Juan el Bautista

(Mt 3.1-12; Lc 3.1-9,15-17; Jn 1.19-28)

1 ¹ Principio del evangelio de Jesucristo, Hijo de Dios. ² Como está escrito en el profeta Isaías:

«Yo envío mi mensajero delante de tu faz,

el cual preparará tu camino delante de ti.[a]

³ Voz del que clama en el desierto:
"Preparad el camino del Señor.
¡Enderezad sus sendas!"»[b]

⁴ Bautizaba Juan en el desierto y predicaba el bautismo de arrepentimiento para perdón de pecados. ⁵ Acudía a él toda la

[a] **1.2** Mal 3.1.   [b] **1.3** Is 40.3.

provincia de Judea y todos los de Jerusalén, y eran bautizados por él en el río Jordán, confesando sus pecados.

6 Juan estaba vestido de pelo de camello, tenía un cinto de cuero alrededor de su cintura,[c] y comía langostas y miel silvestre. 7 Y predicaba, diciendo: «Viene tras mí el que es más poderoso que yo, a quien no soy digno de desatar, agachado, la correa de su calzado. 8 Yo a la verdad os he bautizado con agua, pero él os bautizará con Espíritu Santo».[d]

El bautismo de Jesús
(Mt 3.13-17; Lc 3.21-22)

9 Aconteció en aquellos días que Jesús vino de Nazaret de Galilea, y fue bautizado por Juan en el Jordán. 10 Luego, cuando subía del agua, vio abrirse los cielos y al Espíritu como paloma que descendía sobre él. 11 Y vino una voz de los cielos que decía: «Tú eres mi Hijo amado, en ti tengo complacencia».[e]

Tentación de Jesús
(Mt 4.1-11; Lc 4.1-13)

12 Luego el Espíritu lo impulsó al desierto. 13 Y estuvo allí en el desierto cuarenta días. Era tentado por Satanás[f] y estaba con las fieras, y los ángeles lo servían.

Jesús principia su ministerio
(Mt 4.12-17; Lc 4.14-15)

14 Después que Juan fue encarcelado, Jesús fue a Galilea predicando el evangelio del reino de Dios. 15 Decía: «El tiempo se ha cumplido y el reino de Dios[g] se ha acercado. ¡Arrepentíos[h] y creed en el evangelio!»

Jesús llama a cuatro pescadores
(Mt 4.18-22; Lc 5.1-11)

16 Andando junto al Mar de Galilea, vio a Simón[i] y a su hermano Andrés que echaban la red en el mar, porque eran pescadores. 17 Jesús les dijo:

—Venid en pos de mí, y haré que seáis pescadores de hombres.

18 Y dejando al instante sus redes, lo siguieron.[j]

19 Pasando de allí un poco más adelante, vio a Jacobo,[k] hijo de Zebedeo, y a su hermano Juan, que estaban en la barca remendando las redes; 20 y en seguida los llamó. Entonces, dejando a su padre, Zebedeo, en la barca con los jornaleros, lo siguieron.

Un hombre que tenía un espíritu impuro
(Lc 4.31-37)

21 Entraron en Capernaúm, y el sábado entró Jesús en la sinagoga y comenzó a enseñar. 22 Y se admiraban de su doctrina, porque les enseñaba como quien tiene autoridad, y no como los escribas.[l] 23 Pero había en la sinagoga de ellos un hombre con espíritu impuro, que gritó:

24 —¡Ah! ¿Qué tienes con nosotros, Jesús nazareno? ¿Has venido a destruirnos? Sé quién eres: el Santo de Dios.[m]

25 Entonces Jesús lo reprendió, diciendo:

—¡Cállate y sal de él!

26 Y el espíritu impuro, sacudiéndolo con violencia y dando un alarido, salió de él. 27 Todos se asombraron, de tal manera que discutían entre sí, diciendo:

—¿Qué es esto? ¿Qué nueva doctrina es esta, que con autoridad manda aun a los espíritus impuros, y lo obedecen? 28 Muy pronto se difundió su fama por toda la provincia alrededor de Galilea.

Jesús sana a la suegra de Pedro
(Mt 8.14-15; Lc 4.38-39)

29 Al salir de la sinagoga, fueron a casa de Simón y Andrés, con Jacobo y Juan. 30 La suegra de Simón estaba acostada con fiebre, y en seguida le hablaron de ella. 31 Entonces él se acercó, la tomó de la mano y la levantó; e inmediatamente se le pasó la fiebre y los servía.

Jesús sana a muchos enfermos
(Mt 8.16-17; Lc 4.40-41)

32 Cuando llegó la noche, luego que el

---

[c] **1.6** 2 R 1.8.   [d] **1.8** Jn 1.33; Hch 1.5; 2.1-4.   [e] **1.11** Is 42.1; Mt 12.18; 17.5; Mc 9.7; Lc 9.35.   [f] **1.13** Heb 2.18; 4.15.   [g] **1.15** Dn 2.44.   [h] **1.15** Mt 3.2.   [i] **1.16** LLamado después Pedro o Simón Pedro (Mc 3.16).   [j] **1.16-18** Jn 1.35-42.   [k] **1.19** O *Santiago* (Mt 4.21).   [l] **1.22** Mt 7.28-29.   [m] **1.24** Jn 6.69.

sol se puso, le llevaron a todos los enfermos y endemoniados. [33] Toda la ciudad se agolpó a la puerta. [34] Y sanó a muchos que padecían de diversas enfermedades, y echó fuera muchos demonios; y no dejaba hablar a los demonios, porque lo conocían.

Jesús recorre Galilea predicando
(Lc 4.42-44)

[35] Levantándose muy de mañana, siendo aún muy oscuro, salió y se fue a un lugar desierto, y allí oraba.[n] [36] Lo buscó Simón y los que con él estaban, [37] y hallándolo, le dijeron:

—Todos te buscan.

[38] Él les dijo:

—Vamos a los lugares vecinos para que predique también allí, porque para esto he venido.

[39] Y predicaba en las sinagogas de ellos en toda Galilea, y echaba fuera los demonios.[ñ]

Jesús sana a un leproso
(Mt 8.1-4; Lc 5.12-16)

[40] Vino a él un leproso que, de rodillas, le dijo:

—Si quieres, puedes limpiarme.

[41] Jesús, teniendo misericordia de él, extendió la mano, lo tocó y le dijo:

—Quiero, sé limpio.

[42] Tan pronto terminó de hablar, la lepra desapareció del hombre, y quedó limpio. [43] Entonces lo despidió en seguida, y le ordenó estrictamente:

[44] —Mira, no digas a nadie nada, sino ve, muéstrate al sacerdote y ofrece por tu purificación lo que Moisés mandó,[o] para testimonio a ellos.

[45] Pero, al salir, comenzó a publicar y a divulgar mucho el hecho, de manera que ya Jesús no podía entrar abiertamente en la ciudad, sino que se quedaba fuera, en los lugares desiertos; y venían a él de todas partes.

Jesús sana a un paralítico
(Mt 9.1-8; Lc 5.17-26)

2 [1] Después de algunos días, Jesús entró otra vez en Capernaúm. Cuando se supo que estaba en casa, [2] inmediatamente se juntaron muchos, de manera que ya no cabían ni aun a la puerta; y les predicaba la palabra. [3] Entonces vinieron a él unos trayendo a un paralítico, que era cargado por cuatro. [4] Y como no podían acercarse a él a causa de la multitud, quitaron parte del techo de donde él estaba y, a través de la abertura, bajaron la camilla en que yacía el paralítico. [5] Al ver Jesús la fe de ellos, dijo al paralítico:

—Hijo, tus pecados te son perdonados.

[6] Estaban allí sentados algunos de los escribas, los cuales pensaban para sí: [7] «¿Por qué habla este de ese modo? Blasfemias dice. ¿Quién puede perdonar pecados, sino sólo Dios?»[a]

[8] Y conociendo luego Jesús en su espíritu que pensaban de esta manera dentro de sí mismos, les preguntó:

—¿Por qué pensáis así? [9] ¿Qué es más fácil, decir al paralítico: "Tus pecados te son perdonados", o decirle: "Levántate, toma tu camilla y anda"? [10] Pues para que sepáis que el Hijo del hombre tiene potestad en la tierra para perdonar pecados —dijo al paralítico—: [11] A ti te digo: Levántate, toma tu camilla y vete a tu casa.

[12] Entonces él se levantó y, tomando su camilla, salió delante de todos, de manera que todos se asombraron y glorificaron a Dios, diciendo:

—Nunca hemos visto tal cosa.

Llamamiento de Leví
(Mt 9.9-13; Lc 5.27-32)

[13] Después volvió a la orilla del mar; y toda la gente venía a él, y les enseñaba. [14] Al pasar, vio a Leví[b] hijo de Alfeo sentado al banco de los tributos públicos, y le dijo:

—Sígueme.

Y levantándose, lo siguió.

[15] Aconteció que estando Jesús a la mesa en casa de él, muchos publicanos y pecadores estaban también a la mesa juntamente con Jesús y sus discípulos, porque eran muchos los que lo habían seguido. [16] Los escribas y los fariseos, viéndolo comer con los publicanos y con los pecadores, dijeron a los discípulos:

---

[n] **1.35** Mt 14.23; Mc 6.46; Lc 5.16; 6.12.   [ñ] **1.39** Mt 4.23; 9.35.   [o] **1.44** Lv 14.1-32.
[a] **2.5-7** Lc 7.48-49.   [b] **2.14** Llamado también Mateo (Mt 9.9-13).

—¿Qué es esto, que él come y bebe con los publicanos y pecadores?

17 Al oir esto Jesús, les dijo:

—Los sanos no tienen necesidad de médico, sino los enfermos. No he venido a llamar a justos, sino a pecadores.

La pregunta sobre el ayuno
(Mt 9.14-17; Lc 5.33-39)

18 Los discípulos de Juan y los de los fariseos estaban ayunando. Entonces fueron y le preguntaron:

—¿Por qué los discípulos de Juan y los de los fariseos ayunan, y tus discípulos no ayunan?

19 Jesús les dijo:

—¿Acaso pueden ayunar los que están de bodas mientras está con ellos el esposo? Entre tanto que tienen consigo al esposo, no pueden ayunar. 20 Pero vendrán días cuando el esposo les será quitado, y entonces, en aquellos días, ayunarán.

21 »Nadie pone remiendo de paño nuevo en vestido viejo; de otra manera, el mismo remiendo nuevo tira de lo viejo y se hace peor la rotura. 22 Y nadie echa vino nuevo en odres viejos; de otra manera, el vino nuevo rompe los odres, el vino se derrama y los odres se pierden; pero el vino nuevo en odres nuevos se ha de echar.

Los discípulos arrancan espigas en sábado
(Mt 12.1-8; Lc 6.1-5)

23 Aconteció que al pasar él por los sembrados un sábado,c sus discípulos, mientras andaban, comenzaron a arrancar espigas. 24 Entonces los fariseos le dijeron:

—Mira, ¿por qué hacen en sábado lo que no es lícito?

25 Pero él les dijo:

—¿Nunca leísteis lo que hizo David cuando tuvo necesidad y sintió hambre, él y los que con él estaban; 26 cómo entró en la casa de Dios, siendo Abiatar sumo sacerdote, y comió los panes de la proposición, de los cuales no es lícito comer sino a los sacerdotes,d y aun dio a los que con él estaban?e

27 También les dijo:

—El sábado fue hecho por causa del hombre, y no el hombre por causa del sábado. 28 Por tanto, el Hijo del hombre es Señor aun del sábado.

El hombre de la mano seca
(Mt 12.9-14; Lc 6.6-11)

3 1 Otra vez entró Jesús en la sinagoga. Había allí un hombre que tenía seca una mano. 2 Y lo acechaban para ver si lo sanaría en sábado, a fin de poder acusarlo. 3 Entonces dijo al hombre que tenía la mano seca:

—Levántate y ponte en medio.

4 Y les preguntó:

—¿Es lícito en los sábados hacer bien, o hacer mal; salvar la vida, o quitarla?a

Pero ellos callaban. 5 Entonces, mirándolos con enojo, entristecido por la dureza de sus corazones, dijo al hombre:

—Extiende tu mano.

Él la extendió, y la mano le fue restaurada sana.

6 Salieron entonces los fariseos y se confabularon con los herodianos para destruirlo.

La multitud a la orilla del mar

7 Pero Jesús se retiró al mar con sus discípulos, y lo siguió gran multitud de Galilea. También de Judea, 8 de Jerusalén, de Idumea, del otro lado del Jordán y de los alrededores de Tiro y de Sidón, oyendo cuán grandes cosas hacía, grandes multitudes vinieron a él. 9 Entonces dijo a sus discípulos que le tuvieran siempre lista la barca, para evitar que la multitud lo oprimiera, 10 pues, como había sanado a muchos, todos los que tenían plagas se echaban sobre él para tocarlo.b 11 Y los espíritus impuros, al verlo, se postraban delante de él y gritaban:

—¡Tú eres el Hijo de Dios!c

12 Pero él los reprendía para que no lo descubrieran.

Elección de los doce apóstoles
(Mt 10.1-4; Lc 6.12-16)

13 Después subió al monte y llamó a sí a los que él quiso, y vinieron a él. 14 Designó entonces a doce para que estuvieran con él, para enviarlos a predicar 15 y que tuvieran

---

c **2.23** Ex 20.8-11. d **2.26** Lv 24.9. e **2.25-26** 1 S 21.1-6. a **3.4** Lc 14.3. b **3.9-10** Mc 4.1; Lc 5.1-3. c **3.11** Mc 1.24,34; 5.7; Lc 4.41.

autoridad para sanar enfermedades y para echar fuera demonios: [16] a Simón, a quien puso por sobrenombre Pedro, [17] a Jacobo, hijo de Zebedeo, y a Juan, hermano de Jacobo, a quienes apellidó Boanerges, es decir, "Hijos del trueno"; [18] a Andrés, Felipe, Bartolomé, Mateo, Tomás, Jacobo hijo de Alfeo, Tadeo, Simón, el cananita, [19] y Judas Iscariote, el que lo entregó.

La blasfemia contra el Espíritu Santo
(Mt 12.22-32; Lc 11.14-23)

Volvieron a casa, [20] y se juntó de nuevo tanta gente que ni siquiera podían comer pan. [21] Cuando lo oyeron los suyos,[d] vinieron para prenderlo, porque decían: «Está fuera de sí».

[22] Pero los escribas que habían venido de Jerusalén decían que tenía a Beelzebú, y que por el príncipe de los demonios echaba fuera los demonios.[e]

[23] Y habiéndolos llamado, les hablaba en parábolas:

—¿Cómo puede Satanás echar fuera a Satanás? [24] Si un reino está dividido contra sí mismo, tal reino no puede permanecer. [25] Y si una casa está dividida contra sí misma, tal casa no puede permanecer. [26] Y si Satanás se levanta contra sí mismo y se divide, no puede permanecer, sino que ha llegado su fin.

[27] »Nadie puede entrar en la casa de un hombre fuerte y saquear sus bienes, si antes no lo ata; solamente así podrá saquear su casa.

[28] »De cierto os digo que todos los pecados y las blasfemias, cualesquiera que sean, les serán perdonados a los hijos de los hombres; [29] pero el que blasfeme contra el Espíritu Santo, no tiene jamás perdón,[f] sino que es reo de juicio eterno.

[30] Es que ellos habían dicho: «Tiene espíritu impuro».

La madre y los hermanos de Jesús
(Mt 12.46-50; Lc 8.19-21)

[31] Entre tanto, llegaron sus hermanos y su madre y, quedándose afuera, enviaron a llamarlo. [32] Entonces la gente que estaba sentada alrededor de él le dijo:

—Tu madre y tus hermanos están afuera y te buscan. [33] Él les respondió diciendo:

—¿Quiénes son mi madre y mis hermanos?

[34] Y mirando a los que estaban sentados alrededor de él, dijo:

—Aquí están mi madre y mis hermanos, [35] porque todo aquel que hace la voluntad de Dios, ese es mi hermano, mi hermana y mi madre.

Parábola del sembrador
(Mt 13.1-23; Lc 8.4-15)

4 [1] Otra vez comenzó Jesús a enseñar junto al mar.[a] Y se reunió alrededor de él tanta gente, que subió a una barca que estaba en el mar, y se sentó;[b] mientras, la gente se quedaba en la orilla. [2] Entonces les enseñaba por medio de parábolas muchas cosas. Les decía en su enseñanza:

[3] —Oíd: El sembrador salió a sembrar; [4] y, al sembrar, aconteció que una parte cayó junto al camino, y vinieron las aves del cielo y se la comieron. [5] Otra parte cayó en pedregales, donde no había mucha tierra, y brotó pronto, porque la tierra no era profunda; [6] pero cuando salió el sol se quemó, y como no tenía raíz, se secó. [7] Otra parte cayó entre espinos; y los espinos crecieron y la ahogaron, y no dio fruto. [8] Pero otra parte cayó en buena tierra, y dio fruto, pues brotó, creció y produjo a treinta, a sesenta y a ciento por uno.

[9] Entonces añadió:

—El que tiene oídos para oir, oiga.

Propósito de las parábolas
(Mt 13.10-17; Lc 8.9-10)

[10] Cuando quedó solo, los que estaban cerca de él con los doce le preguntaron sobre la parábola. [11] Y les dijo:

—A vosotros os es dado saber el misterio del reino de Dios; pero a los que están fuera, por parábolas todas las cosas, [12] para que viendo, vean y no perciban; y oyendo, oigan y no entiendan; para que no se conviertan y les sean perdonados los pecados.[c]

---

[d] **3.21** Jn 10.20.   [e] **3.22** Mt 9.34; 10.25.   [f] **3.28-29** Mt 12.32; Lc 12.10.   [a] **4.1** El de Galilea.
[b] **4.1** Mc 3.7-9; Lc 5.1-3.   [c] **4.12** Is 6.9-10; Jn 12.40; Hch 28.26-27.

Jesús explica la parábola del sembrador
(Mt 13.18-23; Lc 8.11-15)

13 Y les dijo:

—¿No entendéis esta parábola? ¿Cómo, pues, entenderéis todas las parábolas? **14** El sembrador es el que siembra la palabra. **15** Los de junto al camino son aquellos en quienes se siembra la palabra, pero después que la oyen viene Satanás y quita la palabra que se sembró en sus corazones. **16** De igual modo, los que fueron sembrados en pedregales son los que, al oír la palabra, al momento la reciben con gozo; **17** pero no tienen raíz en sí y no se mantienen firmes; por eso, cuando viene la tribulación o la persecución por causa de la palabra, tropiezan. **18** Los que fueron sembrados entre espinos son los que oyen la palabra, **19** pero los afanes de este siglo, el engaño de las riquezas y las codicias de otras cosas, entran y ahogan la palabra, y la hacen infructuosa. **20** Y los que fueron sembrados en buena tierra son los que oyen la palabra, la reciben y dan fruto a treinta, a sesenta y a ciento por uno.

Nada oculto que no haya de ser manifestado
(Lc 8.16-18)

21 También les dijo:

—¿Acaso se trae la luz para ponerla debajo de una vasija[d] o debajo de la cama? ¿No es para ponerla en el candelero?[e] **22** Pues bien, nada hay oculto que no haya de ser manifestado, ni escondido que no haya de salir a luz.[f] **23** Si alguno tiene oídos para oír, oiga.

24 Les dijo también:

—Prestad atención a lo que oís, porque con la medida con que medís, os será medido,[g] y aun se os añadirá a vosotros los que oís, **25** porque al que tiene, se le dará; pero al que no tiene, aun lo que tiene se le quitará.[h]

Parábola del crecimiento de la semilla

26 Decía además:

«Así es el reino de Dios, como cuando un hombre echa semilla en la tierra. **27** Duerma y vele, de noche y de día, la semilla brota y crece sin que él sepa cómo, **28** porque de por sí lleva fruto la tierra: primero hierba, luego espiga, después grano lleno en la espiga; **29** y cuando el fruto está maduro, en seguida se mete la hoz, porque la siega ha llegado».[i]

Parábola de la semilla de mostaza
(Mt 13.31-32; Lc 13.18-19)

30 Decía también:

«¿A qué compararemos el reino de Dios? ¿Qué parábola nos servirá para representarlo? **31** Es como el grano de mostaza, que cuando se siembra es la más pequeña de todas las semillas que hay en la tierra, **32** pero después de sembrado crece y se hace la mayor de todas las hortalizas, y echa grandes ramas, de tal manera que las aves del cielo pueden morar bajo su sombra».[j]

El uso que Jesús hace de las parábolas
(Mt 13.34-35)

33 Con muchas parábolas como estas les hablaba la palabra, conforme a lo que podían oír. **34** Y sin parábolas no les hablaba; aunque a sus discípulos se lo explicaba todo en privado.

Jesús calma la tempestad
(Mt 8.23-27; Lc 8.22-25)

35 Aquel día, cuando llegó la noche, les dijo:

—Pasemos al otro lado.[k]

36 Una vez despedida la multitud, se lo llevaron tal como estaba en la barca. También había otras barcas. **37** Pero se levantó una gran tempestad de viento que echaba las olas en la barca, de tal manera que ya se anegaba. **38** Él estaba en la popa, durmiendo sobre un cabezal. Lo despertaron y le dijeron:

—¡Maestro!, ¿no tienes cuidado que perecemos?

39 Él, levantándose, reprendió al viento y dijo al mar:

—¡Calla, enmudece!

---

[d] **4.21** Recipiente para medir trigo o granos en general. [e] **4.21** Mt 5.15; Lc 11.33.
[f] **4.22** Mt 10.26; Lc 8.17; 12.2-3. [g] **4.24** Mt 7.2; Lc 6.38. [h] **4.25** Mt 13.12; 25.29; Lc 8.18; 19.26.
[i] **4.29** Jl 3.13; Ap 14.15. [j] **4.32** Ez 17.23; 31.6; Dn 4.12, 20-21. [k] **4.35** Es decir, al *lado* oriental del Mar de Galilea.

Entonces cesó el viento y sobrevino una gran calma. [40] Y les dijo:

—¿Por qué estáis así amedrentados? ¿Cómo no tenéis fe?

[41] Entonces sintieron un gran temor, y se decían el uno al otro:

—¿Quién es este, que aun el viento y el mar lo obedecen?

El endemoniado gadareno
(Mt 8.28-34; Lc 8.26-39)

5 [1] Vinieron al otro lado del mar, a la región de los gadarenos. [2] Cuando salió él de la barca, en seguida vino a su encuentro, de los sepulcros, un hombre con un espíritu impuro [3] que habitaba en los sepulcros y nadie podía atarlo, ni aun con cadenas. [4] Muchas veces había sido atado con grillos y cadenas, pero las cadenas habían sido hechas pedazos por él, y desmenuzados los grillos. Nadie lo podía dominar. [5] Y siempre, de día y de noche, andaba gritando en los montes y en los sepulcros, e hiriéndose con piedras. [6] Cuando vio, pues, a Jesús de lejos, corrió y se arrodilló ante él. [7] Y clamando a gran voz, dijo:

—¿Qué tienes conmigo, Jesús, Hijo del Dios Altísimo? ¡Te conjuro por Dios que no me atormentes![a]

[8] porque le decía: «Sal de este hombre, espíritu impuro».

[9] Jesús le preguntó:

—¿Cómo te llamas?

Y respondió diciendo:

—Legión me llamo, porque somos muchos.

[10] Y le rogaba mucho que no los enviara fuera de aquella región. [11] Estaba allí cerca del monte un gran hato de cerdos paciendo. [12] Y le rogaron todos los demonios, diciendo:

—Envíanos a los cerdos para que entremos en ellos.

[13] Jesús, de inmediato, les dio permiso. Y saliendo aquellos espíritus impuros, entraron en los cerdos, los cuales eran como dos mil. El hato se precipitó al mar por un despeñadero, y en el mar se ahogaron.

[14] Los que cuidaban los cerdos huyeron y dieron aviso en la ciudad y en los campos. Y la gente salió a ver qué era aquello que había sucedido. [15] Llegaron a Jesús y vieron al que había estado atormentado por el demonio, el que había tenido la legión, sentado, vestido y en su juicio cabal; y tuvieron miedo. [16] Y los que lo habían visto les contaron lo que le había acontecido al que había tenido el demonio, y lo de los cerdos. [17] Entonces comenzaron a rogarle que se fuera de sus contornos.

[18] Al entrar él en la barca, el que había estado endemoniado le rogaba que lo dejara quedarse con él. [19] Pero Jesús no se lo permitió, sino que le dijo:

—Vete a tu casa, a los tuyos, y cuéntales cuán grandes cosas el Señor ha hecho contigo y cómo ha tenido misericordia de ti. [20] Él se fue y comenzó a publicar en Decápolis cuán grandes cosas había hecho Jesús con él; y todos se maravillaban.

La hija de Jairo, y la mujer con flujo de sangre
(Mt 9.18-26; Lc 8.40-56)

[21] Al pasar otra vez Jesús en una barca a la otra orilla,[b] se reunió a su alrededor una gran multitud; y él estaba junto al mar. [22] Y vino un alto dignatario de la sinagoga, llamado Jairo. Al verlo, se postró a sus pies, [23] y le rogaba mucho, diciendo:

—Mi hija está agonizando; ven y pon las manos sobre ella para que sea salva, y viva.

[24] Fue, pues, con él, y lo seguía una gran multitud, y lo apretaban. [25] Pero una mujer que desde hacía doce años padecía de flujo de sangre,[c] [26] y había sufrido mucho a manos de muchos médicos, y había gastado todo lo que tenía y de nada le había servido, antes le iba peor, [27] cuando oyó hablar de Jesús se acercó por detrás entre la multitud y tocó su manto, [28] porque decía: «Si toco tan solo su manto, seré salva». [29] Inmediatamente la fuente de su sangre se secó, y sintió en el cuerpo que estaba sana de su azote. [30] Luego Jesús, conociendo en sí mismo el poder que había salido de él, volviéndose a la multitud, preguntó:

—¿Quién ha tocado mis vestidos?

---

[a] **5.7** Mc 1.24; 3.11; Lc 4.41.   [b] **5.21** Es decir, al lado occidental del Mar de Galilea.   [c] **5.25** Lv 15.25-27.

31 Sus discípulos le dijeron:

—Ves que la multitud te aprieta, y preguntas: "¿Quién me ha tocado?"

32 Pero él miraba alrededor para ver quién lo había hecho. **33** Entonces la mujer, temiendo y temblando, sabiendo lo que en ella había sido hecho, vino y se postró delante de él y le dijo toda la verdad.

34 Él le dijo:

—Hija, tu fe te ha salvado. Vete en paz y queda sana de tu enfermedad.

35 Mientras él aún hablaba, vinieron de casa del alto dignatario de la sinagoga, diciendo:

—Tu hija ha muerto, ¿para qué molestas más al Maestro?

36 Pero Jesús, luego que oyó lo que se decía, dijo al alto dignatario de la sinagoga:

—No temas, cree solamente.

37 Y no permitió que lo siguiera nadie sino Pedro, Jacobo y Juan, hermano de Jacobo. **38** Vino a casa del alto dignatario de la sinagoga, y vio el alboroto y a los que lloraban y lamentaban mucho. **39** Entró y les dijo:

—¿Por qué alborotáis y lloráis? La niña no está muerta, sino dormida.

40 Y se burlaban de él. Pero él, echando fuera a todos, tomó al padre y a la madre de la niña, y a los que estaban con él, y entró donde estaba la niña. **41** Tomó la mano de la niña y le dijo:

—¡Talita cumi!*d* (que significa: "Niña, a ti te digo, levántate").

42 Inmediatamente la niña se levantó y andaba, pues tenía doce años. Y la gente se llenó de asombro. **43** Pero él les insistió en que nadie lo supiera, y dijo que dieran de comer a la niña.

Jesús en Nazaret
(Mt 13.53-58; Lc 4.16-30)

6 **1** Salió Jesús de allí y vino a su tierra,*a* y lo seguían sus discípulos. **2** Cuando llegó el sábado, comenzó a enseñar en la sinagoga; y muchos, oyéndolo, se admiraban y preguntaban:

—¿De dónde saca este estas cosas? ¿Y qué sabiduría es esta que le es dada, y estos milagros que por sus manos son hechos? **3** ¿No es este el carpintero, hijo de María, hermano de Jacobo, de José, de Judas y de Simón? ¿No están también aquí con nosotros sus hermanas?*b*

Y se escandalizaban de él.

4 Pero Jesús les dijo:

—No hay profeta sin honra sino en su propia tierra,*c* entre sus parientes y en su casa.

5 No pudo hacer allí ningún milagro, salvo que sanó a unos pocos enfermos poniendo sobre ellos las manos. **6** Y estaba asombrado de la incredulidad de ellos.

Misión de los doce discípulos
(Mt 10.5-15; Lc 9.1-6)

Y recorría las aldeas de alrededor, enseñando. **7** Después llamó a los doce y comenzó a enviarlos de dos en dos, y les dio autoridad sobre los espíritus impuros.*d* **8** Les mandó que no llevaran nada para el camino, sino solamente bastón. Ni bolsa, ni pan, ni dinero en el cinto; **9** sino que calzaran sandalias y no llevaran dos túnicas. **10** Y añadió:

—Dondequiera que entréis en una casa, posad en ella hasta que salgáis de aquel lugar. **11** Y si en algún lugar no os reciben ni os oyen, salid de allí y sacudid el polvo que está debajo de vuestros pies,*e* para testimonio a ellos.*f* De cierto os digo que en el día del juicio será más tolerable el castigo para los de Sodoma y Gomorra que para aquella ciudad.

12 Y, saliendo, predicaban que los hombres se arrepintieran. **13** Y echaban fuera muchos demonios, ungían con aceite a muchos enfermos y los sanaban.*g*

Muerte de Juan el Bautista
(Mt 14.1-12; Lc 9.7-9)

14 Oyó el rey Herodes la fama de Jesús, porque su nombre se había hecho notorio, y dijo:

—Juan el Bautista ha resucitado de los muertos, y por eso actúan en él estos poderes.

15 Otros decían: «Es Elías». Y otros: «Es un profeta, como los profetas antiguos».*h*

---

d **5.41** Frase en arameo, lengua hablada en Palestina en tiempos de Jesús.   *a* **6.1** Nazaret, en Galilea.   *b* **6.3** Jn 6.42.   *c* **6.4** Mt 13.57; Lc 4.24; Jn 4.44.   *d* **6.7** Mc 3.14-15.   *e* **6.11** Hch 13.51.   *f* **6.8-11** Lc 10.4-11.   *g* **6.13** Stg 5.14   *h* **6.14-15** Mt 16.14; Mc 8.28; Lc 9.19.

¹⁶ Al oir esto, Herodes dijo:

—Este es Juan, el que yo decapité, que ha resucitado de los muertos.

¹⁷ El mismo Herodes había enviado a prender a Juan, y lo había encadenado en la cárcel por causa de Herodías, mujer de Felipe, su hermano, pues la había tomado por mujer, ¹⁸ porque Juan había dicho a Herodes: «No te está permitido tener la mujer de tu hermano».ⁱ

¹⁹ Por eso, Herodías lo acechaba y deseaba matarlo; pero no podía, ²⁰ porque Herodes temía a Juan, sabiendo que era un hombre justo y santo, y lo protegía. Cuando lo oía, se quedaba muy perplejo, pero lo escuchaba de buena gana. ²¹ Llegó el día oportuno cuando Herodes, en la fiesta de su cumpleaños, daba una cena a sus príncipes y tribunos y a los altos dignatarios de Galilea. ²² Entró la hija de Herodías y danzó, y agradó a Herodes y a los que estaban con él a la mesa. El rey entonces dijo a la muchacha:

—Pídeme lo que quieras y yo te lo daré.

²³ Y le juró:

—Todo lo que me pidas te daré, hasta la mitad de mi reino.

²⁴ Saliendo ella, dijo a su madre:

—¿Qué pediré?

Y esta le dijo:

—La cabeza de Juan el Bautista.

²⁵ Entonces ella entró apresuradamente ante el rey, y pidió diciendo:

—Quiero que ahora mismo me des en un plato la cabeza de Juan el Bautista.

²⁶ El rey se entristeció mucho, pero a causa del juramento y de los que estaban con él a la mesa, no quiso desairarla. ²⁷ En seguida el rey, enviando a uno de la guardia, mandó que fuera traída la cabeza de Juan. ²⁸ El guarda fue y lo decapitó en la cárcel, trajo su cabeza en un plato y la dio a la muchacha, y la muchacha la dio a su madre.

²⁹ Cuando oyeron esto sus discípulos, vinieron y tomaron su cuerpo, y lo pusieron en un sepulcro.

Alimentación de los cinco mil
(Mt 14.13-21; Lc 9.10-17; Jn 6.1-14)

³⁰ Entonces los apóstoles se reunieron con Jesús y le contaron todo lo que habían hecho y lo que habían enseñado.

³¹ Él les dijo:

—Venid vosotros aparte, a un lugar desierto, y descansad un poco.

(Eran muchos los que iban y venían, de manera que ni aun tenían tiempo para comer.) ³² Y se fueron solos en una barca a un lugar desierto. ³³ Pero muchos los vieron ir y lo reconocieron; entonces muchos fueron allá a pie desde las ciudades, y llegaron antes que ellos, y se juntaron a él. ³⁴ Salió Jesús y vio una gran multitud, y tuvo compasión de ellos, porque eran como ovejas que no tenían pastor;^j y comenzó a enseñarles muchas cosas. ³⁵ Cuando ya era muy avanzada la hora, sus discípulos se acercaron a él, y le dijeron:

—El lugar es desierto y la hora ya muy avanzada. ³⁶ Despídelos para que vayan a los campos y aldeas de alrededor y compren pan, pues no tienen qué comer.

³⁷ Respondiendo él, les dijo:

—Dadles vosotros de comer.

Ellos le dijeron:

—¿Quieres que vayamos y compremos pan por doscientos denarios y les demos de comer?

³⁸ Él les preguntó:

—¿Cuántos panes tenéis? Id a ver.

Y al saberlo, dijeron:

—Cinco, y dos peces.

³⁹ Entonces les mandó que hicieran recostar a todos por grupos sobre la hierba verde. ⁴⁰ Se recostaron por grupos, de ciento en ciento, y de cincuenta en cincuenta. ⁴¹ Entonces tomó los cinco panes y los dos peces y, levantando los ojos al cielo, bendijo, y partió los panes y dio a sus discípulos para que los pusieran delante; también repartió los dos peces entre todos. ⁴² Comieron todos y se saciaron. ⁴³ Y recogieron, de los pedazos y de lo que sobró de los peces, doce cestas llenas.^k ⁴⁴ Los que comieron eran cinco mil hombres.

Jesús anda sobre el mar
(Mt 14.22-27; Jn 6.15-21)

⁴⁵ En seguida hizo a sus discípulos entrar en la barca e ir delante de él a Betsaida, en la otra ribera, entre tanto que él

---

ⁱ **6.17-18** Lc 3.19-20.   ^j **6.34** 1 R 22.17; 2 Cr 18.16; Jer 50.6-7; Ez 34.5; Zac 10.2; Mt 9.36.
^k **6.42-43** 2 R 4.43-44.

despedía a la multitud. ⁴⁶Y después que los despidió, se fue al monte a orar. ⁴⁷Al llegar la noche, la barca estaba en medio del mar, y él solo en tierra. ⁴⁸Viéndolos remar con gran esfuerzo, porque el viento les era contrario, cerca de la cuarta vigilia de la noche[l] vino a ellos andando sobre el mar, y quería adelantárseles. ⁴⁹Viéndolo ellos andar sobre el mar, pensaron que era un fantasma y gritaron, ⁵⁰porque todos lo veían, y se asustaron. Pero en seguida habló con ellos, y les dijo:

—¡Tened ánimo! Soy yo, no temáis.

⁵¹Subió a la barca con ellos, y se calmó el viento. Ellos se asustaron mucho, y se maravillaban, ⁵²pues aún no habían entendido lo de los panes, por cuanto estaban endurecidos sus corazones.

Jesús sana a los enfermos en Genesaret
(Mt 14.34-36)

⁵³Terminada la travesía, vinieron a tierra de Genesaret y arribaron a la orilla. ⁵⁴Al salir ellos de la barca, en seguida la gente lo reconoció. ⁵⁵Mientras recorrían toda la tierra de alrededor, comenzaron a traer de todas partes enfermos en camillas a donde oían que estaba. ⁵⁶Y dondequiera que entraba, ya fuera en aldeas, en ciudades o en campos, ponían en las calles a los que estaban enfermos y le rogaban que los dejara tocar siquiera el borde de su manto; y todos los que lo tocaban quedaban sanos.

Lo que contamina al hombre
(Mt 15.1-20)

7 ¹Se acercaron a Jesús los fariseos y algunos de los escribas, que habían venido de Jerusalén; ²estos, viendo a algunos de los discípulos de Jesús comer pan con manos impuras, esto es, no lavadas, los condenaban,[a,b] ³(pues los fariseos y todos los judíos, aferrándose a la tradición de los ancianos, si no se lavan muchas veces las manos, no comen. ⁴Y cuando regresan de la plaza, si no se lavan, no comen. Y otras muchas cosas hay que se aferran en guardar, como los lavamientos de los vasos de beber, de los jarros, de los utensilios de metal y de las camas.)[c] ⁵Le preguntaron, pues, los fariseos y los escribas:

—¿Por qué tus discípulos no andan conforme a la tradición de los ancianos, sino que comen pan con manos impuras?

⁶Respondiendo él, les dijo:

—¡Hipócritas! Bien profetizó de vosotros Isaías, como está escrito:

"Este pueblo de labios me honra,
mas su corazón está lejos de mí,
⁷ pues en vano me honran,
enseñando como doctrinas,
mandamientos de hombres",[d]

⁸porque, dejando el mandamiento de Dios, os aferráis a la tradición de los hombres: los lavamientos de los jarros y de los vasos de beber. Y hacéis otras muchas cosas semejantes.[e]

⁹Les decía también:

—Bien invalidáis el mandamiento de Dios para guardar vuestra tradición, ¹⁰porque Moisés dijo: "Honra a tu padre y a tu madre"[f] y "El que maldiga al padre o a la madre, muera irremisiblemente",[g] ¹¹pero vosotros decís: "Basta que diga un hombre al padre o a la madre: 'Es Corbán (que quiere decir: "Mi ofrenda a Dios") todo aquello con que pudiera ayudarte' ", ¹²y no lo dejáis hacer más por su padre o por su madre, ¹³invalidando la palabra de Dios con vuestra tradición que habéis transmitido. Y muchas cosas hacéis semejantes a estas.

¹⁴Llamando a sí a toda la multitud, les dijo:

—Oídme todos y entended: ¹⁵Nada hay fuera del hombre que entre en él, que lo pueda contaminar; pero lo que sale de él, eso es lo que contamina al hombre. ¹⁶Si alguno tiene oídos para oír, oiga.

¹⁷Cuando se alejó de la multitud y entró en casa, le preguntaron sus discípulos sobre la parábola. ¹⁸Él les dijo:

—¿También vosotros estáis así, sin entendimiento? ¿No entendéis que nada de

[l]6.48 O sea, entre las 3 y las 6 de la mañana.   [a]7.2 Lc 11.38.   [b]7.2 En diversos ms. no aparece: los condenaban.   [c]7.4 Mt 23.25; Lc 11.39.   [d]7.6-7 Is 29.13 (gr.).   [e]7.8 En diversos ms. falta: los lavamientos de los jarros y de los vasos de beber; y hacéis otras muchas cosas semejantes.
[f]7.10 Ex 20.12; Dt 5.16.   [g]7.10 Ex 21.17; Lv 20.9.

fuera que entra en el hombre lo puede contaminar, [19] porque no entra en su corazón, sino en el vientre, y sale a la letrina?

Esto decía, declarando limpios todos los alimentos. [20] Pero decía que lo que sale del hombre, eso contamina al hombre, [21] porque de dentro, del corazón de los hombres, salen los malos pensamientos, los adulterios, las fornicaciones, los homicidios, [22] los hurtos, las avaricias, las maldades, el engaño, la lujuria, la envidia, la calumnia, el orgullo y la insensatez. [23] Todas estas maldades salen de dentro y contaminan al hombre.

La fe de la mujer sirofenicia
(Mt 15.21-28)

[24] Levantándose de allí, se fue a la región de Tiro y de Sidón. Entró en una casa, y no quería que nadie lo supiera; pero no pudo esconderse. [25] Una mujer, cuya hija tenía un espíritu impuro, luego que oyó de él vino y se postró a sus pies. [26] La mujer era griega, sirofenicia de origen, y le rogaba que echara fuera de su hija al demonio. [27] Pero Jesús le dijo:

—Deja primero que se sacien los hijos, porque no está bien tomar el pan de los hijos y echarlo a los perros.

[28] Respondió ella y le dijo:

—Sí, Señor; pero aun los perros, debajo de la mesa, comen de las migajas de los hijos.

[29] Entonces le dijo:

—Por causa de esta palabra, vete; el demonio ha salido de tu hija. [30] Cuando la mujer llegó a su casa, halló a la hija acostada en la cama, y que el demonio había salido de ella.

Jesús sana a un sordomudo

[31] Volviendo a salir de la región de Tiro, vino por Sidón al Mar de Galilea, pasando por la región de Decápolis. [32] Le trajeron un sordo y tartamudo, y le rogaron que pusiera la mano sobre él. [33] Entonces, apartándolo de la gente, le metió los dedos en los oídos, escupió y tocó su lengua.[h] [34] Luego, levantando los ojos al cielo, gimió y le dijo:

—¡Efata! (que quiere decir: "Sé abierto").

[35] Al momento fueron abiertos sus oídos, se desató la ligadura de su lengua y hablaba bien. [36] Y les mandó que no lo dijeran a nadie; pero, cuanto más les mandaba, tanto más y más lo divulgaban. [37] Y en gran manera se maravillaban, diciendo:

—Bien lo ha hecho todo; hace a los sordos oír y a los mudos hablar.[i]

Alimentación de los cuatro mil
(Mt 15.32-39)

8 [1] En aquellos días, como había una gran multitud y no tenían qué comer, Jesús llamó a sus discípulos y les dijo:

[2] —Tengo compasión de la gente, porque ya hace tres días que están conmigo y no tienen qué comer; [3] y si los envío en ayunas a sus casas, se desmayarán en el camino, pues algunos de ellos han venido de lejos.

[4] Sus discípulos le respondieron:

—¿De dónde podrá alguien saciar de pan a estos aquí en el desierto?

[5] Él les preguntó:

—¿Cuántos panes tenéis?

Ellos dijeron:

—Siete.

[6] Entonces mandó a la multitud que se recostara en tierra, tomó los siete panes y, habiendo dado gracias, los partió y dio a sus discípulos para que los pusieran delante; y los pusieron delante de la multitud. [7] Tenían además unos pocos pececillos; los bendijo y mandó que también los pusieran delante. [8] Comieron y se saciaron; y recogieron, de los pedazos que habían sobrado, siete canastas. [9] Los que comieron eran como cuatro mil; y los despidió. [10] Luego, entrando en la barca con sus discípulos, vino a la región de Dalmanuta.

La demanda de una señal
(Mt 16.1-4; Lc 12.54-56)

[11] Vinieron entonces los fariseos y comenzaron a discutir con él, pidiéndole señal del cielo[a] para tentarlo. [12] Él, gimiendo en su espíritu, dijo:

—¿Por qué pide señal esta generación?[b] De cierto os digo que no se dará señal a esta generación. [13] Y dejándolos,

---

[h] 7.33 Mc 8.23; Jn 9.6.   [i] 7.37 Is 35.5-6.   [a] 8.11 Mt 12.38; Lc 11.16; Jn 6.30.   [b] 8.12 Mt 12.39; 16.4; Lc 11.29.

volvió a entrar en la barca y se fue a la otra ribera.ᶜ

La levadura de los fariseos
(Mt 16.5-12)

14 Se olvidaron de llevar pan, y no tenían sino un pan consigo en la barca. **15** Y él les mandó, diciendo:

—Mirad, guardaos de la levadura de los fariseosᵈ y de la levadura de Herodes.

16 Discutían entre sí, diciendo:

—Es porque no trajimos pan.

17 Entendiéndolo Jesús, les dijo:

—¿Qué discutís?, ¿porque no tenéis pan? ¿No entendéis ni comprendéis? ¿Aún tenéis endurecido vuestro corazón? **18** ¿Teniendo ojos no veis, y teniendo oídos no oís?ᵉ ¿No recordáis? **19** Cuando partí los cinco panes entre cinco mil, ¿cuántas cestas llenas de los pedazos recogisteis?

Y ellos dijeron:

—Doce.ᶠ

20 —Y cuando repartí los siete panes entre cuatro mil, ¿cuántas canastas llenas de los pedazos recogisteis?

Y ellos dijeron:

—Siete.

21 Y les dijo:

—¿Cómo es que aún no entendéis?

Un ciego sanado en Betsaida

22 Vino luego a Betsaida,ᵍ y le trajeron un ciego, y le rogaron que lo tocara. **23** Entonces, tomando la mano del ciego, lo sacó fuera de la aldea; escupió en sus ojos,ʰ puso sus manos sobre él y le preguntó si veía algo. **24** Él, mirando, dijo:

—Veo los hombres como árboles, pero los veo que andan. **25** Luego le puso otra vez las manos sobre los ojos, y le hizo que mirara; y fue restablecido, y vio de lejos y claramente a todos. **26** Jesús lo envió a su casa, diciendo:

—No entres en la aldea, ni lo digas a nadie en la aldea.

La confesión de Pedro
(Mt 16.13-20; Lc 9.18-21)

27 Salieron Jesús y sus discípulos por las aldeas de Cesarea de Filipo. Y en el camino preguntó a sus discípulos, diciéndoles:

—¿Quién dicen los hombres que soy yo?

28 Ellos respondieron:

—Unos, Juan el Bautista; otros, Elías;ⁱ y otros, alguno de los profetas.ʲ **29** Entonces él les dijo:

—Y vosotros, ¿quién decís que soy?

Respondiendo Pedro, le dijo:

—Tú eres el Cristo.ᵏ

30 Pero él les mandó que no dijeran esto de él a nadie.

Jesús anuncia su muerte
(Mt 16.21-28; Lc 9.22-27)

31 Comenzó a enseñarles que le era necesario al Hijo del hombre padecer mucho, ser desechado por los ancianos, por los principales sacerdotes y por los escribas, ser muerto y resucitar después de tres días. **32** Esto les decía claramente. Entonces Pedro lo tomó aparte y comenzó a reconvenirlo. **33** Pero él, volviéndose y mirando a los discípulos, reprendió a Pedro, diciendo:

—¡Quítate de delante de mí, Satanás!, porque no pones la mira en las cosas de Dios, sino en las de los hombres.

34 Y llamando a la gente y a sus discípulos, les dijo:

—Si alguno quiere venir en pos de mí, niéguese a sí mismo, tome su cruz y sígame. **35** Todo el que quiera salvar su vida, la perderá; y todo el que pierda su vida por causa de mí y del evangelio, la salvará,ˡ **36** porque ¿de qué le aprovechará al hombre ganar todo el mundo, si pierde su alma? **37** ¿O qué recompensa dará el hombre por su alma?

38 Por tanto, el que se avergüence de mí y de mis palabras en esta generación adúltera y pecadora, también el Hijo del hombre se avergonzará de él cuando venga en

---

ᶜ **8.13** Esto es, a la orilla oriental del Mar de Galilea. ᵈ **8.15** Lc 12.1. ᵉ **8.18** Is 6.9-10; Jer 5.21; Ez 12.2. ᶠ **8.19** Mc 6.43. ᵍ **8.22** Población situada en la orilla nordeste del Mar de Galilea. ʰ **8.23** Mc 7.33. ⁱ **8.28** Cf Mal 4.5-6. ʲ **8.28** Mc 6.14-15; Lc 9.7-8. ᵏ **8.29** Jn 6.68-69. ˡ **8.34-35** Mt 10.38-39; Lc 14.27; 17.33; Jn 12.24-25.

la gloria de su Padre con los santos ángeles.[m]

9 [1] También les dijo:
—De cierto os digo que algunos de los
que están aquí no gustarán la muerte hasta que hayan visto que el reino de Dios ha
venido con poder.

La transfiguración
(Mt 17.1-13; Lc 9.28-36)

[2] Seis días después, Jesús tomó a Pedro,
a Jacobo y a Juan, y los llevó aparte solos a
un monte alto. Allí se transfiguró delante
de ellos.[a] [3] Sus vestidos se volvieron resplandecientes, muy blancos, como la nieve, tanto que ningún lavador en la tierra
los puede dejar tan blancos. [4] Y vieron a
Elías y a Moisés que hablaban con Jesús.
[5] Entonces Pedro dijo a Jesús:
—¡Maestro, bueno es para nosotros
que estemos aquí! Hagamos tres enramadas: una para ti, otra para Moisés y otra
para Elías.

[6] No sabía lo que hablaba, pues estaban asustados. [7] Entonces vino una nube
que les hizo sombra, y desde la nube una
voz que decía: «Este es mi Hijo amado;[b] a
él oíd». [8] Y luego, cuando miraron, no vieron a nadie más con ellos, sino a Jesús solo.

[9] Mientras descendían del monte, les
mandó que a nadie dijeran lo que habían
visto, hasta que el Hijo del hombre hubiera resucitado de los muertos. [10] Por eso
guardaron la palabra entre sí, discutiendo qué sería aquello de resucitar de los
muertos. [11] Le preguntaron, diciendo:
—¿Por qué dicen los escribas que es
necesario que Elías venga primero?[c]
[12] Respondiendo él, les dijo:
—Elías a la verdad vendrá primero y
restaurará todas las cosas. Pero ¿no dice
la Escritura que el Hijo del hombre debe
padecer mucho y ser despreciado? [13] Pero
os digo que Elías ya vino, y le hicieron todo
lo que quisieron, como está escrito de él.

Jesús sana a un muchacho endemoniado
(Mt 17.14-21; Lc 9.37-43)

[14] Cuando llegó a donde estaban los discípulos, vio una gran multitud alrededor
de ellos, y escribas que discutían con
ellos. [15] En seguida toda la gente, viéndolo, se asombró; y corriendo a él, lo saluda-
ron. [16] Él les preguntó:
—¿Qué discutís con ellos?
[17] Respondiendo uno de la multitud,
dijo:
—Maestro, traje a ti mi hijo, que tiene
un espíritu mudo, [18] el cual, dondequiera
que lo toma, lo sacude; echa espumarajos,
cruje los dientes y se va secando. Dije a
tus discípulos que lo echaran fuera, pero
no pudieron.
[19] Respondiendo él, les dijo:
—¡Generación incrédula! ¿Hasta cuándo he de estar con vosotros? ¿Hasta cuándo os he de soportar? Traédmelo.
[20] Se lo trajeron, y cuando el espíritu
vio a Jesús, sacudió con violencia al muchacho, que cayó al suelo revolcándose y
echando espumarajos. [21] Jesús preguntó
al padre:
—¿Cuánto tiempo hace que le sucede
esto?
Él dijo:
—Desde niño. [22] Y muchas veces lo
arroja al fuego o al agua, para matarlo; pero si puedes hacer algo, ten misericordia
de nosotros y ayúdanos.
[23] Jesús le dijo:
—Si puedes creer, al que cree todo le es
posible.[d]
[24] Inmediatamente el padre del muchacho clamó y dijo:
—Creo; ayuda mi incredulidad.
[25] Cuando Jesús vio que la multitud se
agolpaba, reprendió al espíritu impuro,
diciéndole:
—Espíritu mudo y sordo, yo te mando
que salgas de él y no entres más en él.
[26] Entonces el espíritu, clamando y sacudiéndolo con violencia, salió; y él quedó como muerto, de modo que muchos
decían: «Está muerto».
[27] Pero Jesús, tomándolo de la mano, lo
enderezó; y se levantó. [28] Cuando él entró
en casa, sus discípulos le preguntaron
aparte:
—¿Por qué nosotros no pudimos echarlo fuera?
[29] Y les dijo:

---

[m] **8.38** Mt 10.33; Lc 12.9.   [a] **9.2-7** 2 P 1.17-18.   [b] **9.7** Mt 3.17; 12.18; Mc 1.11; Lc 3.22.
[c] **9.11** Mal 4.5; Mt 11.14.   [d] **9.23** Mt 21.21; Mc 11.23-24; Lc 17.6.

—Este género con nada puede salir, sino con oración y ayuno.

Jesús anuncia otra vez su muerte
(Mt 17.22-23; Lc 9.43-45)

³⁰Saliendo de allí, caminaron por Galilea; y no quería que nadie lo supiera, ³¹pues enseñaba a sus discípulos, y les decía:

—El Hijo del hombre será entregado en manos de hombres, y lo matarán; pero, después de muerto, resucitará al tercer día.

³²Pero ellos no entendían esta palabra, y tenían miedo de preguntarle.

¿Quién es el mayor?
(Mt 18.1-5; Lc 9.46-48)

³³Llegó a Capernaúm y, cuando estuvo en casa, les preguntó:

—¿Qué discutíais entre vosotros por el camino?

³⁴Pero ellos callaron, porque por el camino habían discutido entre sí sobre quién había de ser el mayor.[e] ³⁵Entonces él se sentó, llamó a los doce y les dijo:

—Si alguno quiere ser el primero, será el último de todos y el servidor de todos.[f] ³⁶Y tomó a un niño, lo puso en medio de ellos y, tomándolo en sus brazos, les dijo:

³⁷—El que reciba en mi nombre a un niño como este, me recibe a mí; y el que a mí me recibe, no me recibe a mí sino al que me envió.[g]

El que no está contra nosotros, por nosotros está
(Lc 9.49-50)

³⁸Juan le respondió diciendo:

—Maestro, hemos visto a uno que en tu nombre echaba fuera demonios, pero él no nos sigue, y se lo prohibimos porque no nos seguía.

³⁹Pero Jesús dijo:

—No se lo prohibáis, porque ninguno hay que haga milagro en mi nombre, que luego pueda hablar mal de mí, ⁴⁰pues el que no está contra nosotros, por nosotros está.[h] ⁴¹Y cualquiera que os dé un vaso de agua en mi nombre, porque sois de Cristo, de cierto os digo que no perderá su recompensa.[i]

Ocasiones de caer
(Mt 18.6-9; Lc 17.1-2)

⁴²A cualquiera que haga tropezar a uno de estos pequeñitos que creen en mí, mejor le sería que se le atara una piedra de molino al cuello y se le arrojara al mar. ⁴³Si tu mano te es ocasión de caer, córtala, porque mejor te es entrar en la vida manco, que teniendo dos manos ir al infierno, al fuego que no puede ser apagado,[j] ⁴⁴donde el gusano de ellos no muere y el fuego nunca se apaga. ⁴⁵Y si tu pie te es ocasión de caer, córtalo, porque mejor te es entrar en la vida cojo, que teniendo dos pies ser arrojado al infierno, al fuego que no puede ser apagado, ⁴⁶donde el gusano de ellos no muere y el fuego nunca se apaga. ⁴⁷Y si tu ojo te es ocasión de caer, sácalo, porque mejor te es entrar en el reino de Dios con un ojo, que teniendo dos ojos ser arrojado al infierno,[k] ⁴⁸donde el gusano de ellos no muere y el fuego nunca se apaga.[l] ⁴⁹Todos serán salados con fuego, y todo sacrificio será salado con sal. ⁵⁰Buena es la sal; pero si la sal se hace insípida, ¿con qué la sazonaréis?[m] Tened sal en vosotros mismos, y vivid en paz los unos con los otros.

Jesús enseña sobre el divorcio
(Mt 19.1-12; Lc 16.18)

10 ¹Levantándose de allí, vino a la región de Judea y al otro lado del Jordán. Y volvió el pueblo a juntarse a él, y de nuevo les enseñaba como solía. ²Se acercaron los fariseos y le preguntaron, para tentarlo, si era lícito al marido repudiar a su mujer. ³Él, respondiendo, les dijo:

—¿Qué os mandó Moisés?

⁴Ellos dijeron:

—Moisés permitió dar carta de divorcio y repudiarla.[a]

⁵Respondiendo Jesús, les dijo:

—Por la dureza de vuestro corazón os escribió este mandamiento; ⁶pero al principio de la creación, hombre y mujer los hizo Dios.[b] ⁷Por esto dejará el hombre a

---

e **9.34** Lc 22.24. *f* **9.35** Mt 20.26-27; Mc 10.43-44; Lc 22.26. *g* **9.37** Mt 10.40; Lc 10.16; Jn 13.20.
h **9.40** Mt 12.30; Lc 11.23. *i* **9.41** Mt 10.42. *j* **9.43** Mt 5.30. *k* **9.47** Mt 5.29. *l* **9.48** Is 66.24.
m **9.50** Mt 5.13; Lc 14.34-35. *a* **10.4** Dt 24.1-4; Mt 5.31. *b* **10.6** Gn 1.27; 5.2.

su padre y a su madre, y se unirá a su mujer, ⁸ y los dos serán una sola carne; así que no son ya más dos, sino uno.ᶜ ⁹ Por tanto, lo que Dios juntó, no lo separe el hombre.

¹⁰ En casa volvieron los discípulos a preguntarle sobre lo mismo, ¹¹ y les dijo:

—Cualquiera que repudia a su mujer y se casa con otra, comete adulterio contra ella; ¹² y si la mujer repudia a su marido y se casa con otro, comete adulterio.ᵈ

Jesús bendice a los niños
(Mt 19.13-15; Lc 18.15-17)

¹³ Le presentaban niños para que los tocara, pero los discípulos reprendían a los que los presentaban. ¹⁴ Viéndolo Jesús, se indignó y les dijo:

—Dejad a los niños venir a mí, y no se lo impidáis, porque de los tales es el reino de Dios. ¹⁵ De cierto os digo que el que no reciba el reino de Dios como un niño, no entrará en él.ᵉ

¹⁶ Y tomándolos en los brazos, ponía las manos sobre ellos y los bendecía.

El joven rico
(Mt 19.16-30; Lc 18.18-30)

¹⁷ Al salir él para seguir su camino, llegó uno corriendo y, arrodillándose delante de él, le preguntó:

—Maestro bueno, ¿qué haré para heredar la vida eterna?ᶠ

¹⁸ Jesús le dijo:

—¿Por qué me llamas bueno? Nadie es bueno, sino sólo uno, Dios. ¹⁹ Los mandamientos sabes: "No adulteres. No mates. No hurtes. No digas falso testimonio. No defraudes.ᵍ Honra a tu padre y a tu madre". ²⁰ Él entonces, respondiendo, le dijo:

—Maestro, todo esto lo he guardado desde mi juventud. ²¹ Entonces Jesús, mirándolo, lo amó y le dijo:

—Una cosa te falta: anda, vende todo lo que tienes y dalo a los pobres, y tendrás tesoro en el cielo; y ven, sígueme, tomando tu cruz.

²² Pero él, afligido por esta palabra, se fue triste, porque tenía muchas posesiones.

²³ Entonces Jesús, mirando alrededor, dijo a sus discípulos:

—¡Cuán difícilmente entrarán en el reino de Dios los que tienen riquezas!ʰ

²⁴ Los discípulos se asombraron de sus palabras; pero Jesús, respondiendo, volvió a decirles:

—Hijos, ¡cuán difícil les es entrar en el reino de Dios a los que confían en las riquezas! ²⁵ Más fácil es pasar un camello por el ojo de una aguja, que entrar un rico en el reino de Dios.

²⁶ Ellos se asombraban aun más, diciendo entre sí:

—¿Quién, pues, podrá ser salvo?

²⁷ Entonces Jesús, mirándolos, dijo:

—Para los hombres es imposible, pero no para Dios, porque todas las cosas son posibles para Dios.ⁱ

²⁸ Entonces Pedro comenzó a decirle:

—Nosotros lo hemos dejado todo y te hemos seguido.

²⁹ Respondió Jesús y dijo:

—De cierto os digo que no hay nadie que haya dejado casa, o hermanos, o hermanas, o padre, o madre, o mujer, o hijos, o tierras, por causa de mí y del evangelio, ³⁰ que no reciba cien veces más ahora en este tiempo: casas, hermanos, hermanas, madres, hijos y tierras, aunque con persecuciones, y en el siglo venidero la vida eterna. ³¹ Pero muchos primeros serán los últimos, y los últimos, primeros.ʲ

Nuevamente Jesús anuncia su muerte
(Mt 20.17-19; Lc 18.31-34)

³² Iban por el camino subiendo a Jerusalén. Jesús iba delante, y ellos, asombrados, lo seguían con miedo. Entonces, volviendo a tomar a los doce aparte, les comenzó a decir las cosas que le habían de acontecer:

³³ —Ahora subimos a Jerusalén, y el Hijo del hombre será entregado a los principales sacerdotes y a los escribas. Lo condenarán a muerte y lo entregarán a los gentiles. ³⁴ Se burlarán de él, lo azotarán, lo escupirán y lo matarán; pero al tercer día resucitará.

ᶜ 10.7-8 Gn 2.24. ᵈ 10.11-12 Mt 5.32; 19.9; Lc 16.18; 1 Co 7.10-11. ᵉ 10.15 Mt 18.3. ᶠ 10.17 Lc 10.25. ᵍ 10.19 Ex 20.12-16; Dt 5.16-20. ʰ 10.23 Pr 11.28. ⁱ 10.27 Gn 18.14; Job 42.1-2; Zac 8.6. ʲ 10.31 Mt 20.16; Lc 13.30.

Petición de Santiago y de Juan
(Mt 20.20-28)

35 Entonces Jacobo y Juan, hijos de Zebedeo, se le acercaron y le dijeron:

—Maestro, queremos que nos concedas lo que vamos a pedirte.

36 Él les preguntó:

—¿Qué queréis que os haga?

37 Ellos le contestaron:

—Concédenos que en tu gloria nos sentemos el uno a tu derecha y el otro a tu izquierda.

38 Entonces Jesús les dijo:

—No sabéis lo que pedís. ¿Podéis beber del vaso que yo bebo, o ser bautizados con el bautismo con que yo soy bautizado?[k]

39 Ellos respondieron:

—Podemos.

Jesús les dijo:

—A la verdad, del vaso que yo bebo beberéis, y con el bautismo con que yo soy bautizado seréis bautizados; **40** pero el sentaros a mi derecha y a mi izquierda no es mío darlo, sino a aquellos para quienes está preparado.

41 Cuando lo oyeron los diez, comenzaron a enojarse contra Jacobo y contra Juan. **42** Pero Jesús, llamándolos, les dijo:

—Sabéis que los que son tenidos por gobernantes de las naciones se enseñorean de ellas, y sus grandes ejercen sobre ellas potestad. **43** Pero no será así entre vosotros, sino que el que quiera hacerse grande entre vosotros, será vuestro servidor; **44** y el que de vosotros quiera ser el primero, será siervo de todos,[l] **45** porque el Hijo del hombre no vino para ser servido, sino para servir y para dar su vida en rescate por todos.[m]

El ciego Bartimeo recibe la vista
(Mt 20.29-34; Lc 18.35-43)

46 Entonces vinieron a Jericó;[n] y al salir de Jericó él, sus discípulos y una gran multitud, Bartimeo, el ciego, hijo de Timeo, estaba sentado junto al camino, mendigando. **47** Al oír que era Jesús nazareno, comenzó a gritar:

—¡Jesús, Hijo de David,[ñ] ten misericordia de mí!

48 Y muchos lo reprendían para que callara, pero él clamaba mucho más:

—¡Hijo de David, ten misericordia de mí!

49 Entonces Jesús, deteniéndose, mandó llamarlo; y llamaron al ciego, diciéndole:

—Ten confianza; levántate, te llama.

50 Él entonces, arrojando su capa, se levantó y vino a Jesús. **51** Jesús le preguntó:

—¿Qué quieres que te haga?

El ciego le dijo:

—Maestro, que recobre la vista.

52 Jesús le dijo:

—Vete, tu fe te ha salvado.[o]

Al instante recobró la vista, y seguía a Jesús por el camino.

La entrada triunfal en Jerusalén
(Mt 21.1-11; Lc 19.28-40; Jn 12.12-19)

11 **1** Cuando se acercaban a Jerusalén, junto a Betfagé[a] y a Betania, frente al Monte de los Olivos,[b] Jesús envió a dos de sus discípulos, **2** y les dijo:

—Id a la aldea que está enfrente de vosotros, y al entrar en ella hallaréis un pollino atado, en el cual ningún hombre ha montado. Desatadlo y traedlo. **3** Y si alguien os pregunta: "¿Por qué hacéis eso?", decid que el Señor lo necesita y que luego lo devolverá.

4 Fueron, y hallaron el pollino atado afuera a la puerta, en el recodo del camino, y lo desataron. **5** Algunos de los que estaban allí les preguntaron:

—¿Qué hacéis desatando el pollino?

6 Ellos entonces les dijeron como Jesús había dicho, y los dejaron ir. **7** Trajeron el pollino a Jesús, echaron sobre él sus mantos, y se sentó sobre él. **8** También muchos tendían sus mantos por el camino, y otros cortaban ramas de los árboles y las tendían por el camino. **9** Los que iban delante y los que venían detrás gritaban, diciendo:

—¡Hosana! ¡Bendito el que viene en el

---

[k] **10.38** Lc 12.50; Jn 18.11.　[l] **10.42-44** Mt 23.11; Mc 9.35; Lc 22.25-27.　[m] **10.45** Is 53.5-6,11-12; Jn 10.11; 1 Ti 2.5-6.　[n] **10.46** Población situada en la llanura del río Jordán, al pie de la subida a Jerusalén.　[ñ] **10.47** Título mesiánico.　[o] **10.52** Mt 9.22; Mc 5.34.　[a] **11.1** Aldea cercana a Jerusalén, en el camino a *Betania.*　[b] **11.1** Colina que se alzaba a 1 km. aprox. de Jerusalén.

nombre del Señor!*c* [10] ¡Bendito el reino de nuestro padre David que viene! ¡Hosana en las alturas!

[11] Entró Jesús en Jerusalén y fue al Templo. Después de observarlo todo, como ya anochecía, se fue a Betania con los doce.

Jesús maldice la higuera estéril
(Mt 21.18-19)

[12] Al día siguiente, cuando salieron de Betania, tuvo hambre. [13] Viendo a lo lejos una higuera que tenía hojas, fue a ver si tal vez hallaba en ella algo; pero cuando llegó a ella, nada halló sino hojas, pues no era tiempo de higos. [14] Entonces Jesús dijo a la higuera:

—¡Nunca jamás coma nadie fruto de ti!

Y lo oyeron sus discípulos.

Purificación del Templo
(Mt 21.12-17; Lc 19.45-48; Jn 2.13-22)

[15] Vinieron, pues, a Jerusalén, y entrando Jesús en el Templo comenzó a echar fuera a los que vendían y compraban en el Templo. Volcó las mesas de los cambistas y las sillas de los que vendían palomas; [16] y no consentía que nadie atravesara el Templo llevando utensilio alguno. [17] Y les enseñaba, diciendo:

—¿No está escrito: "Mi casa será llamada casa de oración para todas las naciones"?*d* Pero vosotros la habéis hecho cueva de ladrones.*e*

[18] Lo oyeron los escribas y los principales sacerdotes, y buscaban cómo matarlo, porque le tenían miedo, por cuanto todo el pueblo estaba admirado de su doctrina. [19] Pero al llegar la noche, Jesús salió de la ciudad.

La higuera maldecida se seca
(Mt 21.19-22)

[20] Por la mañana, al pasar junto a la higuera, vieron que se había secado desde las raíces. [21] Entonces Pedro, acordándose, le dijo:

—Maestro, mira, la higuera que maldijiste se ha secado.

[22] Respondiendo Jesús, les dijo:

—Tened fe en Dios. [23] De cierto os digo que cualquiera que diga a este monte: "Quítate y arrójate en el mar", y no duda en su corazón, sino que cree que será hecho lo que dice, lo que diga le será hecho.*f* [24] Por tanto, os digo que todo lo que pidáis orando, creed que lo recibiréis, y os vendrá.*g* [25] Y cuando estéis orando, perdonad, si tenéis algo contra alguien, para que también vuestro Padre que está en los cielos os perdone a vosotros vuestras ofensas, [26] porque si vosotros no perdonáis, tampoco vuestro Padre que está en los cielos os perdonará vuestras ofensas.

La autoridad de Jesús
(Mt 21.23-27; Lc 20.1-8)

[27] Volvieron entonces a Jerusalén y, andando él por el Templo, se le acercaron los principales sacerdotes, los escribas y los ancianos, [28] y le preguntaron:

—¿Con qué autoridad haces estas cosas? ¿Quién te dio autoridad para hacer estas cosas?

[29] Jesús, respondiendo, les dijo:

—Os haré yo también una pregunta. Respondedme y os diré con qué autoridad hago estas cosas. [30] El bautismo de Juan, ¿era del cielo, o de los hombres? Respondedme.

[31] Entonces ellos discutían entre sí, diciendo:

—Si decimos "del cielo", dirá: "¿Por qué, pues, no lo creísteis?" [32] ¿Y si decimos "de los hombres"...?

Pero temían al pueblo, pues todos tenían a Juan como un verdadero profeta. [33] Así que, respondiendo, dijeron a Jesús:

—No sabemos.

Entonces, respondiendo Jesús, les dijo:

—Tampoco yo os digo con qué autoridad hago estas cosas.

Los labradores malvados
(Mt 21.33-46; Lc 20.9-19)

12 [1] Entonces comenzó Jesús a decirles por parábolas: «Un hombre plantó una viña,*a* la rodeó con una cerca, cavó un lagar y edificó una torre; luego la arrendó a unos labradores y se fue lejos. [2] A su tiempo envió un siervo a los labradores

---

c **11.9** Sal 118.25-26.   *d* **11.17** Is 56.7.   *e* **11.17** Jer 7.11.   *f* **11.23** Mt 17.20; 1 Co 13.2.
g **11.24** Jn 14.13-14; 15.7.   *a* **12.1** Is 5.1-2.

para recibir de estos del fruto de la viña. ³Pero ellos, tomándolo, lo golpearon y lo enviaron con las manos vacías. ⁴Volvió a enviarles otro siervo; pero, apedreándolo, lo hirieron en la cabeza, y también lo insultaron. ⁵Volvió a enviar otro, y a este lo mataron. Después envió otros muchos: a unos los golpearon y a otros los mataron.

⁶»Por último, teniendo aún un hijo suyo, amado, lo envió también a ellos, diciendo: "Tendrán respeto a mi hijo". ⁷Pero aquellos labradores dijeron entre sí: "Este es el heredero; venid, matémoslo, y la heredad será nuestra". ⁸Y tomándolo, lo mataron y lo arrojaron fuera de la viña.

⁹»¿Qué, pues, hará el señor de la viña? Irá, destruirá a los labradores y dará su viña a otros.

¹⁰»¿Ni aun esta escritura habéis leído:
"La piedra que desecharon los
    edificadores
ha venido a ser cabeza del ángulo.
¹¹El Señor ha hecho esto,
    y es cosa maravillosa a nuestros
    ojos"?»ᵇ

¹²Procuraban prenderlo, porque entendían que decía contra ellos aquella parábola; pero temían a la multitud y, dejándolo, se fueron.

La cuestión del tributo
(Mt 22.15-22; Lc 20.20-26)

¹³Le enviaron algunos de los fariseos y de los herodianosᶜ para que lo sorprendieran en alguna palabra. ¹⁴Viniendo ellos, le dijeron:

—Maestro, sabemos que eres hombre veraz y que no te cuidas de nadie, porque no miras la apariencia de los hombres, sino que con verdad enseñas el camino de Dios. ¿Es lícito dar tributo a César, o no? ¿Daremos, o no daremos?

¹⁵Pero él, percibiendo la hipocresía de ellos, les dijo:

—¿Por qué me tentáis? Traedme un denarioᵈ para que lo vea.

¹⁶Ellos se lo trajeron; y él entonces preguntó:

—¿De quién es esta imagen y la inscripción?

Ellos le dijeron:

—De César.

¹⁷Respondiendo Jesús, les dijo:

—Dad a César lo que es de César, y a Dios lo que es de Dios.

Y se maravillaron de él.ᵉ

La pregunta sobre la resurrección
(Mt 22.23-33; Lc 20.27-40)

¹⁸Entonces vinieron a él los saduceos, los que dicen que no hay resurrección,ᶠ y le preguntaron, diciendo:

¹⁹—Maestro, Moisés nos escribióᵍ que si el hermano de alguno muere y deja esposa, pero no deja hijos, su hermano debe casarse con ella y levantar descendencia a su hermano. ²⁰Hubo siete hermanos: el primero tomó esposa, y murió sin dejar descendencia. ²¹Entonces el segundo se casó con ella, pero él también murió sin dejar descendencia. Lo mismo pasó con el tercero, ²²y con los siete: ninguno dejó descendencia. Finalmente, murió también la mujer. ²³En la resurrección, pues, cuando resuciten, ¿de cuál de ellos será ella mujer, ya que los siete la tuvieron por mujer?

²⁴Entonces, respondiendo Jesús, les dijo:

—Erráis también en esto, porque ignoráis las Escrituras y el poder de Dios, ²⁵porque cuando resuciten de los muertos, ni se casarán ni se darán en casamiento, sino que serán como los ángeles que están en los cielos. ²⁶Pero respecto a que los muertos resucitan, ¿no habéis leído en el libro de Moisés cómo le habló Dios en la zarza, diciendo: "Yo soy el Dios de Abraham, el Dios de Isaac y el Dios de Jacob"?ʰ ²⁷¡Dios no es Dios de muertos, sino Dios de vivos! Así que vosotros mucho erráis.

El gran mandamiento
(Mt 22.34-40)

²⁸Acercándose uno de los escribas, que los había oído discutir y sabía que les había respondido bien, le preguntó:ⁱ

ᵇ**12.10-11** Sal 118.22-23.   ᶜ**12.13** Es decir, de los del partido de Herodes.   ᵈ**12.15-16** Moneda romana de plata que en aquel tiempo llevaba la imagen del emperador Tiberio.
ᵉ**12.17** Ro 13.7.   ᶠ**12.18** Hch 4.1-2; 23.8.   ᵍ**12.19** Dt 25.5-10.   ʰ**12.26** Ex 3.2-6.
ⁱ**12.28-34** Lc 10.25-28.

—¿Cuál es el primer mandamiento de todos?

²⁹ Jesús le respondió:

—El primero de todos los mandamiento es: "Oye, Israel: el Señor nuestro Dios, el Señor uno es. ³⁰ Y amarás al Señor tu Dios con todo tu corazón, con toda tu alma, con toda tu mente y con todas tus fuerzas".[j] Este es el principal mandamiento. ³¹ El segundo es semejante: "Amarás a tu prójimo como a ti mismo".[k] No hay otro mandamiento mayor que estos.

³² Entonces el escriba le dijo:

—Bien, Maestro, verdad has dicho, que uno es Dios y no hay otro fuera de él;[l] ³³ y amarlo con todo el corazón, con todo el entendimiento, con toda el alma y con todas las fuerzas, y amar al prójimo como a uno mismo, es más que todos los holocaustos y sacrificios.[m]

³⁴ Jesús entonces, viendo que había respondido sabiamente, le dijo:

—No estás lejos del reino de Dios.

Y ya nadie se atrevía a preguntarle.

¿De quién es hijo el Cristo?
(Mt 22.41-46; Lc 20.41-44)

³⁵ Enseñando Jesús en el Templo, decía:

«¿Cómo dicen los escribas que el Cristo es hijo de David?, ³⁶ pues el mismo David dijo por el Espíritu Santo:

»"Dijo el Señor a mi Señor:

'Siéntate a mi diestra,

hasta que ponga tus enemigos por estrado de tus pies' ".[n]

³⁷ »David mismo lo llama Señor; ¿cómo, pues, es su hijo?»

Y gran multitud del pueblo lo oía de buena gana.

Jesús acusa a los escribas
(Mt 23.1-36; Lc 11.37-54; 20.45-47)

³⁸ Les decía en su enseñanza:

«Guardaos de los escribas, que gustan de andar con largas ropas, y aman las salutaciones en las plazas, ³⁹ las primeras sillas en las sinagogas y los primeros asientos en las cenas, ⁴⁰ que devoran las casas de las viudas y, para disimularlo, hacen largas oraciones. Estos recibirán mayor condenación».

La ofrenda de la viuda
(Lc 21.1-4)

⁴¹ Estando Jesús sentado delante del arca de la ofrenda, miraba cómo el pueblo echaba dinero en el arca; y muchos ricos echaban mucho. ⁴² Y vino una viuda pobre y echó dos blancas, o sea, un cuadrante. ⁴³ Entonces, llamando a sus discípulos, les dijo:

—De cierto os digo que esta viuda pobre echó más que todos los que han echado en el arca, ⁴⁴ porque todos han echado de lo que les sobra, pero esta, de su pobreza echó todo lo que tenía, todo su sustento.[ñ]

Jesús predice la destrucción del templo
(Mt 24.1-2; Lc 21.5-6)

13 ¹ Al salir Jesús del templo, le dijo uno de sus discípulos:

—Maestro, ¡mira qué piedras y qué edificios!

² Jesús, respondiendo, le dijo:

—¿Ves estos grandes edificios? No quedará piedra sobre piedra que no sea derribada.[a]

Señales antes del fin
(Mt 24.3-28; Lc 21.7-24; 17.22-24)

³ Y se sentó en el Monte de los Olivos, frente al Templo. Entonces Pedro, Jacobo, Juan y Andrés le preguntaron aparte:

⁴ —Dinos, ¿cuándo serán estas cosas? ¿Y qué señal habrá cuando todas estas cosas hayan de cumplirse?

⁵ Jesús, respondiéndoles, comenzó a decir:

—Mirad que nadie os engañe, ⁶ porque vendrán muchos en mi nombre, diciendo: "Yo soy el Cristo"; y engañarán a muchos. ⁷ Pero cuando oigáis de guerras y de rumores de guerras, no os turbéis, porque es necesario que así suceda; pero aún no es el fin, ⁸ pues se levantará nación contra nación y reino contra reino; y habrá terremotos en muchos lugares, y habrá hambres y alborotos; principios de dolores son estos.[b]

⁹ »Pero cuidad de vosotros mismos, porque os entregarán a los concilios, y en las sinagogas os azotarán; y delante de gobernadores y de reyes os llevarán por

---

[j] **12.29-30** Dt 6.4-5.   [k] **12.31** Lv 19.18.   [l] **12.32** Dt 4.35; Is 45.21.   [m] **12.33** Os 6.6.
[n] **12.36** Sal 110.1.   [ñ] **12.43-44** 2 Co 8.12.   [a] **13.2** Lc 19.43-44.   [b] **13.8** Is 19.2; Ap 6.3-8,12-17.

causa de mí, para testimonio a ellos. [10] Y es necesario que el evangelio sea predicado antes a todas las naciones.[c] [11] Pero cuando os lleven para entregaros, no os preocupéis por lo que habéis de decir, ni lo penséis, sino lo que os sea dado en aquella hora, eso hablad, porque no sois vosotros los que habláis, sino el Espíritu Santo.[d] [12] El hermano entregará a la muerte al hermano, y el padre al hijo; y se levantarán los hijos contra los padres, y los matarán. [13] Y seréis odiados por todos por causa de mi nombre; pero el que persevere hasta el fin, este será salvo.[e]

[14] »Pero cuando veáis la abominación desoladora[f] de que habló el profeta Daniel, puesta donde no debe estar (el que lee, entienda), entonces los que estén en Judea huyan a los montes. [15] El que esté en la azotea, no descienda a la casa ni entre para tomar algo de su casa; [16] y el que esté en el campo, no vuelva atrás a tomar su capa.[g] [17] ¡Ay de las que estén encinta y de las que críen en aquellos días![h] [18] Orad, pues, para que vuestra huida no sea en invierno, [19] porque aquellos días serán de tribulación[i] cual nunca ha habido desde el principio de la creación que Dios hizo, hasta este tiempo, ni la habrá. [20] Y si el Señor no hubiera acortado aquellos días, nadie sería salvo; pero por causa de los escogidos que él eligió, acortó aquellos días.

[21] »Entonces, si alguno os dice: "Mirad, aquí está el Cristo" o "Mirad, allí está", no le creáis, [22] porque se levantarán falsos cristos y falsos profetas, y harán señales y prodigios para engañar, si fuera posible, aun a los escogidos. [23] Pero vosotros ¡tened cuidado! Os lo he dicho todo de antemano.

La venida del Hijo del hombre
(Mt 24.29-35,42-44; Lc 21.25-36)

[24] »Pero en aquellos días, después de aquella tribulación, el sol se oscurecerá y la luna no dará su resplandor. [25] Las estrellas caerán del cielo[j] y las potencias que están en los cielos serán conmovidas. [26] Entonces verán al Hijo del hombre, que vendrá en las nubes[k] con gran poder y gloria. [27] Entonces enviará a sus ángeles y juntará a sus escogidos de los cuatro vientos, desde el extremo de la tierra hasta el extremo del cielo.[l]

[28] »De la higuera aprended la parábola: Cuando ya su rama está tierna y brotan las hojas, sabéis que el verano está cerca. [29] Así también vosotros, cuando veáis que suceden estas cosas, conoced que está cerca, a las puertas. [30] De cierto os digo que no pasará esta generación sin que todo esto acontezca. [31] El cielo y la tierra pasarán, pero mis palabras no pasarán.

[32] »Pero de aquel día y de la hora nadie sabe, ni aun los ángeles que están en el cielo, ni el Hijo, sino el Padre.[m] [33] Mirad, velad y orad, porque no sabéis cuándo será el tiempo.[n] [34] Es como el hombre que, yéndose lejos, dejó su casa, dio autoridad a sus siervos, a cada uno le dio un trabajo y al portero mandó que velara.[ñ] [35] Velad, pues, porque no sabéis cuándo vendrá el señor de la casa; si al anochecer, a la medianoche, al canto del gallo o a la mañana; [36] para que cuando venga de repente, no os halle durmiendo. [37] Y lo que a vosotros digo, a todos lo digo: ¡Velad!

El complot para prender a Jesús
(Mt 26.1-5; Lc 22.1-2; Jn 11.45-53)

14 [1] Dos días después era la Pascua[a] y la fiesta de los Panes sin levadura. Los principales sacerdotes y los escribas buscaban cómo prenderlo con engaño y matarlo. [2] Y decían:

«No durante la Fiesta, para que no se alborote el pueblo».

Jesús es ungido en Betania
(Mt 26.6-13; Jn 12.1-8)

[3] Pero estando él en Betania, sentado a la mesa en casa de Simón el leproso, vino una mujer con un vaso de alabastro de

[c] **13.9-10** Mt 10.17-20; Lc 12.11-12; 21.12-15; cf. Hch 4.1-8.   [d] **13.10** Mt 28.19; cf. Col 1.23; 1 Ts 1.8.   [e] **13.12-13** Mt 10.21-22; Jn 15.18-25.   [f] **13.14** Dn 9.27; 11.31; 12.11.   [g] **13.15-16** Lc 17.31.   [h] **13.17** Lc 23.29.   [i] **13.19** Dn 12.1; Jl 2.1-2; Ap 7.14.   [j] **13.24-25** Is 13.10; Ez 31.7; Jl 2.31; Ap 6.12-13.   [k] **13.26** Dn 7.13; Mt 16.27; 1 Ts 4.13-18; Ap 1.7.   [l] **13.27** Dt 30.3-4.   [m] **13.32** Mt 24.36; Hch 1.6-7.   [n] **13.33** Mt 24.42; 25.13; Lc 12.40.   [ñ] **13.34** Lc 12.36-38.   [a] **14.1** Ex 12.1-27.

perfume de nardo[b] puro de mucho valor; y quebrando el vaso de alabastro, se lo derramó sobre su cabeza.[c] 4 Entonces algunos se enojaron dentro de sí, y dijeron:

—¿Para qué se ha hecho este desperdicio de perfume?, 5 pues podía haberse vendido por más de trescientos denarios[d] y haberse dado a los pobres.

Y murmuraban contra ella.

6 Pero Jesús dijo:

—Dejadla, ¿por qué la molestáis? Buena obra me ha hecho. 7 Siempre tendréis a los pobres con vosotros[e] y cuando queráis les podréis hacer bien; pero a mí no siempre me tendréis. 8 Esta ha hecho lo que podía, porque se ha anticipado a ungir mi cuerpo para la sepultura. 9 De cierto os digo que dondequiera que se predique este evangelio, en todo el mundo, también se contará lo que esta ha hecho, para memoria de ella.

Judas ofrece entregar a Jesús
(Mt 26.14-16; Lc 22.3-6)

10 Entonces Judas Iscariote, uno de los doce, fue a los principales sacerdotes para entregárselo. 11 Ellos, al oírlo, se alegraron y prometieron darle dinero. Y Judas buscaba oportunidad para entregarlo.

Institución de la Cena del Señor
(Mt 26.17-29; Lc 22.7-23; Jn 13.21-30; 1 Co 11.23-26)

12 El primer día de la fiesta de los Panes sin levadura, cuando sacrificaban el cordero de la Pascua, sus discípulos le preguntaron:

—¿Dónde quieres que vayamos a preparar que comas la Pascua? 13 Y envió a dos de sus discípulos diciéndoles:

—Id a la ciudad, y os saldrá al encuentro un hombre que lleva un cántaro de agua; seguidlo, 14 y donde entre decid al señor de la casa: "El Maestro dice: '¿Dónde está el aposento donde he de comer la Pascua con mis discípulos?' " 15 Entonces él os mostrará un gran aposento alto ya dispuesto. Haced allí los preparativos para nosotros.

16 Fueron sus discípulos, entraron en la ciudad, hallaron lo que les había dicho y prepararon la Pascua.[f]

17 Cuando llegó la noche vino él con los doce. 18 Y cuando se sentaron a la mesa, mientras comían, dijo Jesús:

—De cierto os digo que uno de vosotros, que come conmigo,[g] me va a entregar.

19 Entonces ellos comenzaron a entristecerse y a decirle uno tras otro:

—¿Seré yo?

Y el otro:

—¿Seré yo?

20 Él, respondiendo, les dijo:

—Es uno de los doce, el que moja conmigo en el plato. 21 A la verdad el Hijo del hombre va, tal como está escrito de él,[h] pero ¡ay de aquel hombre por quien el Hijo del hombre es entregado! Bueno le fuera a ese hombre no haber nacido.

22 Mientras comían, Jesús tomó pan, lo bendijo, lo partió y les dio, diciendo:

—Tomad, esto es mi cuerpo. 23 Después tomó la copa y, habiendo dado gracias, les dio y bebieron de ella todos. 24 Y les dijo:

—Esto es mi sangre del nuevo pacto[i] que por muchos es derramada. 25 De cierto os digo que no beberé más del fruto de la vid, hasta aquel día en que lo beba nuevo en el reino de Dios.

Jesús anuncia la negación de Pedro
(Mt 26.30-35; Lc 22.31-34; Jn 13.36-38)

26 Después de haber cantado el himno, salieron al Monte de los Olivos. 27 Entonces Jesús les dijo:

—Todos os escandalizaréis de mí esta noche, pues escrito está: "Heriré al pastor y las ovejas serán dispersadas".[j] 28 Pero después que haya resucitado, iré delante de vosotros a Galilea.[k]

29 Entonces Pedro le dijo:

—Aunque todos se escandalicen, yo no.

30 Y le dijo Jesús:

—De cierto te digo que tú hoy, en esta noche, antes que el gallo haya cantado dos veces, me negarás tres veces.

---

[b] 14.3 Ungüento muy valioso, hecho de la planta del mismo nombre e importado de la India.   [c] 14.3 Lc 7.37-38.   [d] 14.5 Casi un año de salario de un jornalero.   [e] 14.7 Dt 15.11.   [f] 14.16 Dt 16.5-8.   [g] 14.18 Sal 41.9.   [h] 14.21 Jn 13.18; cf. Sal 41.9.   [i] 14.24 Ex 24.6-8; Jer 31.31-34; Zac 9.11; Lc 22.20.   [j] 14.27 Zac 13.7.   [k] 14.28 Mt 28.7,10,16; Mc 16.7; cf. Jn 21.1.

³¹ Pero él con mayor insistencia decía:

—Aunque tenga que morir contigo, no te negaré.

También todos decían lo mismo.

Jesús ora en Getsemaní

(Mt 26.36-46; Lc 22.39-46)

³² Vinieron, pues, a un lugar que se llama Getsemaní,ˡ y dijo a sus discípulos:

—Sentaos aquí, entre tanto que yo oro. ³³ Se llevó consigo a Pedro, a Jacobo y a Juan, y comenzó a entristecerse y a angustiarse. ³⁴ Y les dijo:

—Mi alma está muy triste, hasta la muerte;ᵐ quedaos aquí y velad.

³⁵ Yéndose un poco adelante, se postró en tierra, y oró que, si fuera posible, pasara de él aquella hora. ³⁶ Y decía: «¡Abba,ⁿ Padre!, todas las cosas son posibles para ti. Aparta de mí esta copa; pero no se haga lo que yo quiero, sino lo que quieres tú».ñ

³⁷ Vino luego y los halló durmiendo, y dijo a Pedro:

—Simón, ¿duermes? ¿No has podido velar una hora? ³⁸ Velad y orad para que no entréis en tentación; el espíritu a la verdad está dispuesto, pero la carne es débil.

³⁹ Otra vez fue y oró, diciendo las mismas palabras. ⁴⁰ Al volver, otra vez los halló durmiendo, porque los ojos de ellos estaban cargados de sueño; y no sabían qué responderle. ⁴¹ Vino la tercera vez, y les dijo:

—¡Dormid ya y descansad! ¡Basta, la hora ha llegado! He aquí, el Hijo del hombre es entregado en manos de los pecadores.

⁴² »¡Levantaos! ¡Vamos! Ya se acerca el que me entrega.

Arresto de Jesús

(Mt 26.47-56; Lc 22.47-53; Jn 18.2-11)

⁴³ Aún estaba él hablando cuando vino Judas, que era uno de los doce, y con él mucha gente con espadas y palos, de parte de los principales sacerdotes, de los escribas y de los ancianos. ⁴⁴ El que lo entregaba les había dado señal, diciendo: «Al que yo bese, ese es. Prendedlo y llevadlo con seguridad». ⁴⁵ Cuando vino, se acercó luego a él y le dijo:

—¡Maestro! ¡Maestro!

Y lo besó. ⁴⁶ Entonces ellos le echaron mano y lo prendieron.

⁴⁷ Pero uno de los que estaban allí, sacando la espada, hirió al siervo del Sumo sacerdote y le cortó la oreja. ⁴⁸ Respondiendo Jesús, les dijo:

—¿Como contra un ladrón habéis salido con espadas y con palos para prenderme? ⁴⁹ Cada día estaba con vosotros enseñando en el Temploᵒ y no me prendisteis; pero así es, para que se cumplan las Escrituras.

⁵⁰ Entonces todos los discípulos, dejándolo, huyeron.

El joven que huyó

⁵¹ Pero cierto joven lo seguía, cubierto el cuerpo con una sábana. Lo prendieron, ⁵² pero él, dejando la sábana, huyó desnudo.

Jesús ante el Concilio

(Mt 26.57-68; Lc 22.54-55,63-71; Jn 18.12-14,19-24)

⁵³ Trajeron, pues, a Jesús al Sumo sacerdote; y se reunieron todos los principales sacerdotes, los ancianos y los escribas. ⁵⁴ Pedro lo siguió de lejos hasta dentro del patio del Sumo sacerdote; y estaba sentado con los guardias, calentándose al fuego. ⁵⁵ Los principales sacerdotes y todo el Concilio buscaban testimonio contra Jesús para entregarlo a la muerte, pero no lo hallaban, ⁵⁶ porque muchos daban falso testimonio contra él, pero sus testimonios no concordaban. ⁵⁷ Entonces, levantándose unos, dieron falso testimonio contra él, diciendo:

⁵⁸ —Nosotros lo hemos oído decir: "Yo derribaré este templo hecho a mano, y en tres días edificaré otro no hecho a mano".ᵖ

⁵⁹ Pero ni aun así concordaban en el testimonio. ⁶⁰ Entonces el Sumo sacerdote, levantándose en medio, preguntó a Jesús, diciendo:

—¿No respondes nada? ¿Qué testifican estos contra ti?

⁶¹ Pero él callaba y nada respondía.q El Sumo sacerdote le volvió a preguntar:

—¿Eres tú el Cristo, el Hijo del Bendito?

ˡ **14.32** Jardín cercano a Jerusalén, al pie del Monte de los Olivos (cf. Jn 18.1).   ᵐ **14.34** Jn 12.27.   ⁿ **14.36** Ro 8.15.   ñ **14.35-36** Heb 5.7-8.   ᵒ **14.49** Lc 19.47; 21.37;Jn 18.20.   ᵖ **14.58** Jn 2.19.   q **14.60-61** Is 53.7; Mt 27.12-14; Mc 15.5; Lc 23.9.

62 Jesús le dijo:

—Yo soy. Y veréis al Hijo del hombre sentado a la diestra del poder de Dios y viniendo en las nubes del cielo.*r*

63 Entonces el Sumo sacerdote, rasgando su vestidura, dijo:

—¿Qué más necesidad tenemos de testigos? **64** Habéis oído la blasfemia; ¿qué os parece?

Y todos ellos lo condenaron, declarándolo digno de muerte.*s*

65 Entonces algunos comenzaron a escupirlo, a cubrirle el rostro, a darle puñetazos y a decirle: «¡Profetiza!»

También los guardias le daban bofetadas.*t*

Pedro niega a Jesús
(Mt 26.69-75; Lc 22.55-62; Jn 18.15-18,25-27)

66 Estando Pedro abajo, en el patio, vino una de las criadas del Sumo sacerdote, **67** y cuando vio a Pedro que se calentaba, mirándolo, le dijo:

—Tú también estabas con Jesús, el nazareno.

68 Pero él negó, diciendo:

—No lo conozco, ni sé lo que dices.

Y salió a la entrada, y cantó el gallo. **69** La criada, viéndolo otra vez, comenzó a decir a los que estaban allí:

—Este es uno de ellos.

70 Pero él volvió a negarlo. Poco después, los que estaban allí dijeron otra vez a Pedro:

—Verdaderamente tú eres de ellos, porque eres galileo y tu manera de hablar es semejante a la de ellos.

71 Entonces él comenzó a maldecir y a jurar:

—¡No conozco a este hombre de quien habláis!

72 Y el gallo cantó la segunda vez. Entonces Pedro se acordó de las palabras que Jesús le había dicho: «Antes que el gallo cante dos veces, me negarás tres veces». Y pensando en esto, lloraba.

Jesús ante Pilato
(Mt 27.1-2,11-14; Lc 23.1-5; Jn 18.28-38)

15 **1** Muy de mañana, habiendo tenido consejo los principales sacerdotes con los ancianos, con los escribas y con todo el Concilio, llevaron a Jesús atado y lo entregaron a Pilato. **2** Pilato le preguntó:

—¿Eres tú el Rey de los judíos?

Respondiendo él, le dijo:

—Tú lo dices.

3 Y los principales sacerdotes lo acusaban mucho. **4** Otra vez le preguntó Pilato, diciendo:

—¿Nada respondes? Mira de cuántas cosas te acusan.

5 Pero Jesús ni aun con eso respondió,*a* de modo que Pilato quedó muy extrañado.

Jesús sentenciado a muerte
(Mt 27.15-31; Lc 23.13-25; Jn 18.38—19.16)

6 En el día de la Fiesta les soltaba un preso, cualquiera que pidieran. **7** Y había uno que se llamaba Barrabás, preso con sus compañeros de motín que habían cometido homicidio en una revuelta. **8** Viniendo la multitud, comenzó a pedir que hiciera como siempre les había hecho. **9** Pilato les respondió diciendo:

—¿Queréis que os suelte al Rey de los judíos?, **10** porque sabía que por envidia lo habían entregado los principales sacerdotes. **11** Pero los principales sacerdotes incitaron a la multitud para que les soltara más bien a Barrabás. **12** Respondiendo Pilato, les dijo otra vez:

—¿Qué, pues, queréis que haga del que llamáis Rey de los judíos?

13 Y ellos volvieron a gritar:

—¡Crucifícalo!

14 Pilato dijo:

—¿Pues qué mal ha hecho?

Pero ellos gritaban aun más:

—¡Crucifícalo!

15 Pilato, queriendo satisfacer al pueblo, les soltó a Barrabás, y entregó a Jesús, después de azotarlo, para que fuera crucificado.

16 Entonces los soldados lo llevaron dentro del atrio, esto es, al pretorio,*b* y reunieron a toda la compañía. **17** Lo vistieron de púrpura, le pusieron una corona tejida de espinas **18** y comenzaron a saludarlo:

—¡Salve, Rey de los judíos!

---

r **14.62** Sal 110.1; Dn 7.13.   *s* **14.64** Lv 24.15-16; Jn 19.7.   *t* **14.65** Is 50.6; 53.5.   *a* **15.5** Is 53.7; Mc 14.60-61; Lc 23.9.   *b* **15.16** Palacio donde residía el gobernador.

[19] Le golpeaban la cabeza con una caña, lo escupían y, puestos de rodillas, le hacían reverencias.[c] [20] Después de haberse burlado de él, le quitaron la púrpura, le pusieron sus propios vestidos y lo sacaron para crucificarlo.

Crucifixión y muerte de Jesús

(Mt 27.32-56; Lc 23.26-49; Jn 19.17-30)

[21] Obligaron a uno que pasaba, Simón de Cirene, padre de Alejandro y de Rufo,[d] que venía del campo, a que le llevara la cruz.

[22] Y lo llevaron a un lugar llamado Gólgota, (que significa: "Lugar de la Calavera"). [23] Le dieron a beber vino mezclado con mirra,[e] pero él no lo tomó. [24] Cuando lo crucificaron, repartieron entre sí sus vestidos, echando suertes sobre ellos[f] para ver qué se llevaría cada uno.

[25] Era la hora tercera[g] cuando lo crucificaron. [26] El título escrito que señalaba la causa de su condena era: «El Rey de los Judíos». [27] Crucificaron también con él a dos ladrones, uno a su derecha y el otro a su izquierda. [28] Así se cumplió la Escritura que dice: «Y fue contado con los pecadores».[h] [29] Los que pasaban lo insultaban, meneando la cabeza[i] y diciendo:

—¡Bah! tú que derribarías el Templo de Dios y en tres días lo reedificarías,[j] [30] sálvate a ti mismo y desciende de la cruz.

[31] De esta manera también los principales sacerdotes, burlándose, se decían unos a otros, con los escribas:

—A otros salvó, pero a sí mismo no se puede salvar. [32] ¡El Cristo! ¡Rey de Israel! ¡Que descienda ahora de la cruz, para que veamos y creamos!

También los que estaban crucificados con él lo insultaban.

[33] Cuando vino la hora sexta,[k] hubo tinieblas sobre toda la tierra hasta la hora novena.[l] [34] Y a la hora novena Jesús clamó a gran voz, diciendo:

—¡Eloi, Eloi!, ¿lama sabactani? (que significa: "Dios mío, Dios mío, ¿por qué me has desamparado?").[m]

[35] Algunos de los que estaban allí decían, al oírlo:

—Mirad, llama a Elías.[n]

[36] Corrió uno y, empapando una esponja en vinagre, la puso en una caña y le dio a beber,[ñ] diciendo:

—Dejad, veamos si viene Elías a bajarlo.

[37] Pero Jesús, lanzando un fuerte grito, expiró. [38] Entonces el velo[o] del Templo se rasgó en dos, de arriba abajo. [39] Y el centurión que estaba frente a él, viendo que después de clamar había expirado así, dijo:

—¡Verdaderamente este hombre era Hijo de Dios!

[40] También había algunas mujeres mirando de lejos, entre las cuales estaban María Magdalena, María la madre de Jacobo el menor y de José, y Salomé, [41] quienes, cuando él estaba en Galilea, lo seguían y le servían;[p] y otras muchas que habían subido con él a Jerusalén.

Jesús es sepultado

(Mt 27.57-61; Lc 23.50-56; Jn 19.38-42)

[42] Cuando llegó la noche, porque era la preparación, es decir, la víspera del sábado, [43] José de Arimatea,[q] miembro noble del Concilio, que también esperaba el reino de Dios, vino y entró osadamente a Pilato, y pidió el cuerpo de Jesús. [44] Pilato se sorprendió de que ya hubiera muerto, y llamando al centurión, le preguntó si ya estaba muerto. [45] E informado por el centurión, dio el cuerpo a José, [46] el cual compró una sábana y, bajándolo, lo envolvió en la sábana, lo puso en un sepulcro que estaba cavado en una peña e hizo rodar una piedra a la entrada del sepulcro. [47] María Magdalena y María madre de José miraban dónde lo ponían.

La resurrección

(Mt 28.1-10; Lc 24.1-12; Jn 20.1-10)

16 [1] Cuando pasó el sábado, María Magdalena, María la madre de Jacobo, y

---

[c] **15.17-19** Lc 23.11.   [d] **15.21** Ro 60.13.   [e] **15.23** Sustancia aromática que, además de usarse en perfumería, se mezclaba con *vino para tomarla como sedante.*   [f] **15.24** Sal 22.18.   [g] **15.25** O *las nueve de la mañana.*   [h] **15.28** Is 53.12.   [i] **15.29** Sal 22.7; cf. Sal 109.25.   [j] **15.29** Mc 14.58; Jn 2.19; Hch 6.14.   [k] **15.33** O *al mediodía.*   [l] **15.33** O *las tres de la tarde.*   [m] **15.34** Sal 22.1.
[n] **15.35** Mal 4.5-6.   [ñ] **15.36** Sal 69.21.   [o] **15.38** Ex 26.31-33.   [p] **15.40-41** Lc 8.2-3.
[q] **15.43** Pueblo probablemente situado al noroeste de Jerusalén.

Salomé, compraron especias aromáticas para ir a ungirlo. ²Muy de mañana, el primer día de la semana, vinieron al sepulcro, recién salido el sol. ³Pero decían entre sí:

—¿Quién nos removerá la piedra de la entrada del sepulcro?

⁴Pero cuando miraron, vieron removida la piedra, aunque era muy grande. ⁵Y cuando entraron en el sepulcro, vieron a un joven sentado al lado derecho, cubierto de una larga ropa blanca, y se asustaron. ⁶Pero él les dijo:

—No os asustéis; buscáis a Jesús nazareno, el que fue crucificado. Ha resucitado, no está aquí; mirad el lugar en donde lo pusieron. ⁷Pero id, decid a sus discípulos, y a Pedro, que él va delante de vosotros a Galilea;ᵃ allí lo veréis, como os dijo.

⁸Ellas salieron huyendo del sepulcro, porque les había entrado temblor y espanto; y no dijeron nada a nadie, porque tenían miedo.

Jesús se aparece a María Magdalena
(Jn 20.11-18)

⁹Habiendo, pues, resucitado Jesús por la mañana, el primer día de la semana, apareció primeramente a María Magdalena, de quien había echado siete demonios.ᵇ ¹⁰Yendo ella, lo hizo saber a los que habían estado con él, los cuales estaban tristes y llorando. ¹¹Ellos, cuando oyeron que vivía y que había sido visto por ella, no lo creyeron.ᶜ

Jesús se aparece a dos de sus discípulos
(Lc 24.13-35)

¹²Pero después apareció en otra forma a dos de ellos que iban de camino al campo. ¹³Ellos fueron y lo hicieron saber a los otros; y ni aun a ellos les creyeron.

Jesús comisiona a los apóstoles
(Mt 28.16-20; Lc 24.36-49; Jn 20.19-23)

¹⁴Finalmente se apareció a los once mismos, estando ellos sentados a la mesa, y les reprochó su incredulidad y dureza de corazón, porque no habían creído a los que lo habían visto resucitado. ¹⁵Y les dijo:

—Id por todo el mundo y predicad el evangelio a toda criatura.ᵈ ¹⁶El que crea y sea bautizado, será salvo; pero el que no crea, será condenado.ᵉ ¹⁷Estas señales seguirán a los que creen: En mi nombre echarán fuera demonios, hablarán nuevas lenguas, ¹⁸tomarán serpientes en las manos y, aunque beban cosa mortífera, no les hará daño; sobre los enfermos pondrán sus manos, y sanarán.

La ascensión
(Lc 24.50-53)

¹⁹Y el Señor, después que les habló, fue recibido arriba en el cieloᶠ y se sentó a la diestra de Dios. ²⁰Ellos, saliendo, predicaron en todas partes, ayudándolos el Señor y confirmando la palabra con las señales que la acompañaban. Amén.

ᵃ**16.7** Mt 26.32; Mc 14.28; cf. Jn 21.1-22.   ᵇ**16.9** Lc 8.2.   ᶜ**16.11** Mt 28.17; Lc 24.11.
ᵈ**16.15** Mt 28.19; Hch 1.8.   ᵉ**16.16** Jn 3.18; Hch 2.38; 16.31-33.   ᶠ**16.19** Hch 1.9-11.

Evangelio según
SAN LUCAS

INTRODUCCIÓN

El evangelio de Lucas (=Lc) fue escrito para cristianos de procedencia gentil. Desde la antigüedad se ha mantenido, con criterio prácticamente unánime, la identificación de su autor con Lucas, el compañero de Pablo (2 Ti 4.11; Flm 24). A él se refiere el Apóstol en Col 4.14 como «el médico amado». Tal cual haría después, al componer el libro de los Hechos de los Apóstoles, también ahora dedica Lucas su «primer tratado» (Hch 1.1) a un destacado personaje llamado Teófilo.

Con la publicación de estos libros, el autor quiso transmitir un mensaje de valor universal: Jesús, el «Hijo del Altísimo» (1.32), representa el último capítulo de la historia de la humanidad; y su existencia terrenal como «Hijo del hombre» (6.22) significa que Dios ha venido a establecer su Reino entre nosotros, y que nos invita a participar de esta realidad nueva y definitiva (17.20-21).

Lucas es, de los cuatro evangelistas, el que más se aproxima a nuestro concepto actual de historiador. Aun cuando no había sido testigo presencial de aquellos acontecimientos, proclama los hechos realizados por Jesús, el Cristo, tal y como «lo enseñaron los que desde el principio lo vieron» (1.2). Con ese objeto se había entregado de antemano a «investigar con diligencia todas las cosas desde su origen» (1.3).

Gran parte de los materiales redaccionales comunes a los tres evangelios sinópticos los encontramos aquí más depurados. Pero la intención del evangelista no fue simplemente dar a conocer la vida y las características personales y la actividad de Jesús, en medio de las complejas situaciones religiosas, políticas y sociales en que se desarrolla el drama humano. Lucas escribe desde la fe y para la fe, rindiendo con ello un personal testimonio de que Jesús es el Mesías que ha venido a dar cumplimiento perfecto al plan salvador dispuesto por Dios antes de todos los tiempos.

Esquema del contenido

Prólogo (1.1-4)
1. *Infancia de Juan el Bautista y de Jesús (1.5—2.52)*
2. *Preparación del ministerio de Jesús (3.1—4.13)*
3. *Ministerio de Jesús en Galilea (4.14—9.50)*
4. *El viaje a Jerusalén (9.51—19.27)*
5. *Ministerio de Jesús en Jerusalén (19.28—21.38)*
6. *Semana de la pasión (22.1—24.12)*
7. *Jesús resucitado (24.13-53)*

---

1 ¹Puesto que ya muchos han tratado de poner en orden la historia de las cosas que entre nosotros han sido ciertísimas, ²tal como nos las enseñaron los que desde el principio las vieron con sus ojos y fueron ministros de la palabra, ³me ha parecido también a mí, después de haber investigado con diligencia todas las cosas desde su origen, escribírtelas por orden, excelentísimo Teófilo, ⁴para que conozcas bien la verdad de las cosas en las cuales has sido instruido.

Anuncio del nacimiento de Juan

⁵Hubo en los días de Herodes,ª rey de Judea, un sacerdote llamado Zacarías, de

---

ª **1.5** Herodes el Grande (Mt 2.1).

la clase de Abías;*b* su mujer era de las hijas de Aarón y se llamaba Elisabet. ⁶ Ambos eran justos delante de Dios y andaban irreprensibles en todos los mandamientos y ordenanzas del Señor. ⁷ Pero no tenían hijos, porque Elisabet era estéril. Ambos eran ya de edad avanzada.

⁸ Aconteció que ejerciendo Zacarías el sacerdocio delante de Dios, según el orden de su clase, ⁹ le tocó en suerte entrar, conforme a la costumbre del sacerdocio, en el santuario del Señor para ofrecer el incienso. ¹⁰ Toda la multitud del pueblo estaba fuera orando a la hora del incienso. ¹¹ Entonces se le apareció un ángel del Señor puesto de pie a la derecha del altar del incienso. ¹² Al verlo, Zacarías se turbó y lo sobrecogió temor.

¹³ Pero el ángel le dijo:

—Zacarías, no temas, porque tu oración ha sido oída y tu mujer Elisabet dará a luz un hijo, y le pondrás por nombre Juan. ¹⁴ Tendrás gozo y alegría, y muchos se regocijarán por su nacimiento, ¹⁵ porque será grande delante de Dios. No beberá vino ni sidra,*c* y será lleno del Espíritu Santo aun desde el vientre de su madre. ¹⁶ Hará que muchos de los hijos de Israel se conviertan al Señor, su Dios. ¹⁷ E irá delante de él con el espíritu y el poder de Elías, para hacer volver los corazones de los padres a los hijos*d* y de los rebeldes a la prudencia de los justos, para preparar al Señor un pueblo bien dispuesto.

¹⁸ Zacarías preguntó al ángel:

—¿En qué conoceré esto?, porque yo soy viejo y mi mujer es de edad avanzada.

¹⁹ Respondiendo el ángel, le dijo:

—Yo soy Gabriel,*e* que estoy delante de Dios, y he sido enviado a hablarte y darte estas buenas nuevas. ²⁰ Ahora, por cuanto no creíste mis palabras, las cuales se cumplirán a su tiempo, quedarás mudo y no podrás hablar hasta el día en que esto suceda.

²¹ El pueblo, entretanto, estaba esperando a Zacarías, y se extrañaba de que se demorara en el santuario. ²² Cuando salió, no les podía hablar; entonces comprendieron que había tenido una visión en el santuario. Él les hablaba por señas, y permaneció mudo. ²³ Cumplidos los días de su ministerio, se fue a su casa.

²⁴ Después de aquellos días concibió su mujer Elisabet, y se recluyó en casa por cinco meses, diciendo: ²⁵ «Así ha hecho conmigo el Señor en los días en que se dignó quitar mi afrenta entre los hombres».

Anuncio del nacimiento de Jesús

²⁶ Al sexto mes,*f* el ángel Gabriel fue enviado por Dios a una ciudad de Galilea llamada Nazaret, ²⁷ a una virgen desposada con un varón que se llamaba José, de la casa de David; y el nombre de la virgen era María.*g* ²⁸ Entrando el ángel a donde ella estaba, dijo:

—¡Salve, muy favorecida! El Señor es contigo; bendita tú entre las mujeres.

²⁹ Pero ella, cuando lo vio, se turbó por sus palabras, y pensaba qué salutación sería esta. ³⁰ Entonces el ángel le dijo:

—María, no temas, porque has hallado gracia delante de Dios. ³¹ Concebirás en tu vientre y darás a luz un hijo, y llamarás su nombre Jesús.*h* ³² Este será grande, y será llamado Hijo del Altísimo. El Señor Dios le dará el trono de David, su padre; ³³ reinará sobre la casa de Jacob para siempre y su Reino no tendrá fin.

³⁴ Entonces María preguntó al ángel:

—¿Cómo será esto?, pues no conozco varón.

³⁵ Respondiendo el ángel, le dijo:

—El Espíritu Santo vendrá sobre ti y el poder del Altísimo te cubrirá con su sombra; por lo cual también el Santo Ser que va a nacer será llamado Hijo de Dios.*i* ³⁶ Y he aquí también tu parienta Elisabet, la que llamaban estéril, ha concebido hijo en su vejez y este es el sexto mes para ella, ³⁷ pues nada hay imposible para Dios.*k*

³⁸ Entonces María dijo:

—Aquí está la sierva del Señor; hágase conmigo conforme a tu palabra.

Y el ángel se fue de su presencia.

María visita a Elisabet

³⁹ En aquellos días, levantándose María, fue de prisa a la montaña, a una ciudad

b 1.5 1 Cr 24.10. *c* 1.15 Nm 6.3. *d* 1.17 Mal 4.5-6. *e* 1.19 Dn 8.16; 9.21. *f* 1.26 Esto es, en el sexto mes del embarazo de Elisabet (v. 24). *g* 1.27 Mt 1.18. *h* 1.31 Mat 1.21; Cf. Is 7.14. *i* 1.32-33 2 S 7.9,12-14,16; Is 9.7; Miq 4.6-7. *j* 1.35 Mt 1.18-21. *k* 1.37 Gn 18.14; Jer 32.17,27.

de Judá; ⁴⁰ entró en casa de Zacarías y saludó a Elisabet. ⁴¹ Y aconteció que cuando oyó Elisabet la salutación de María, la criatura saltó en su vientre, y Elisabet, llena del Espíritu Santo, ⁴² exclamó a gran voz:

—Bendita tú entre las mujeres y bendito el fruto de tu vientre. ⁴³ ¿Por qué se me concede esto a mí, que la madre de mi Señor venga a mí?, ⁴⁴ porque tan pronto como llegó la voz de tu salutación a mis oídos, la criatura saltó de alegría en mi vientre. ⁴⁵ Bienaventurada la que creyó, porque se cumplirá lo que le fue dicho de parte del Señor.

⁴⁶ Entonces María dijo:*^l*

«Engrandece mi alma al Señor
⁴⁷ y mi espíritu se regocija en Dios mi
    Salvador,*^m*
⁴⁸ porque ha mirado la bajeza de su
    sierva,*ⁿ*
pues desde ahora me dirán
    bienaventurada todas las
    generaciones,
⁴⁹ porque me ha hecho grandes cosas
    el Poderoso.*^ñ*
¡Santo es su nombre,
⁵⁰ y su misericordia es de generación
    en generación
a los que le temen!*^o*
⁵¹ Hizo proezas con su brazo;*^p*
esparció a los soberbios en el
    pensamiento de sus corazones.
⁵² Quitó de los tronos a los
    poderosos*^q*
y exaltó a los humildes.
⁵³ A los hambrientos colmó
    de bienes
y a los ricos envió vacíos.*^r*
⁵⁴ Socorrió a Israel, su siervo,
    acordándose de su misericordia*^s*
⁵⁵ —de la cual habló a nuestros
    padres—
para con Abraham*^t* y su
    descendencia para siempre».

⁵⁶ Se quedó María con ella como tres meses; después se volvió a su casa.

Nacimiento de Juan el Bautista

⁵⁷ Cuando a Elisabet se le cumplió el tiempo de su alumbramiento, dio a luz un hijo. ⁵⁸ Al oír los vecinos y los parientes que Dios había engrandecido para con ella su misericordia, se regocijaron con ella.

⁵⁹ Aconteció que al octavo día vinieron para circuncidar al niño,*^u* y lo llamaban con el nombre de su padre, Zacarías; ⁶⁰ pero su madre dijo:

—¡No! Se llamará Juan.

⁶¹ Le dijeron:

—¿Por qué? No hay nadie en tu parentela que se llame con ese nombre.

⁶² Entonces preguntaron por señas a su padre cómo lo quería llamar. ⁶³ Él, pidiendo una tablilla, escribió: «Juan es su nombre». Y todos se maravillaron. ⁶⁴ En ese momento fue abierta su boca y suelta su lengua, y comenzó a bendecir a Dios. ⁶⁵ Se llenaron de temor todos sus vecinos, y en todas las montañas de Judea se divulgaron todas estas cosas. ⁶⁶ Los que las oían las guardaban en su corazón, diciendo: «¿Quién, pues, será este niño?» Y la mano del Señor estaba con él.

Profecía de Zacarías

⁶⁷ Zacarías, su padre, fue lleno del Espíritu Santo y profetizó, diciendo:

⁶⁸ «Bendito el Señor Dios de Israel,
    que ha visitado y redimido a su
    pueblo,
⁶⁹ y nos levantó un poderoso
    Salvador
en la casa de David, su siervo
⁷⁰ —como habló por boca de sus
    santos profetas que fueron
    desde el principio—,
⁷¹ salvación de nuestros enemigos y
    de la mano de todos los que nos
    odiaron,
⁷² para hacer misericordia con
    nuestros padres
y acordarse de su santo pacto,*^v*
⁷³ del juramento que hizo a Abraham,
    nuestro padre,

---

^l **1.46-55** 1 S 2.1-10.   *^m* **1.46-47** Is 61.10; Hab 3.17-18.   *ⁿ* **1.48** 1 S 1.11.   *^ñ* **1.49** Dt 10.21.
^o **1.50** Sal 103.13,17.   *^p* **1.51** Sal 118.15-16.   *^q* **1.52** 1 S 2.8; Job 12.19.   *^r* **1.53** Sal 107.9; 113.7.
^s **1.54** Sal 98.3.   *^t* **1.55** Gn 17.7; 26.3; Sal 105.8-9; Miq 7.20.   *^u* **1.59** Lv 12.3.   *^v* **1.72** Ex 2.24;
Lv 26.42; Sal 106.45-46; 111.5,9.

que nos había de conceder[w]

74 que, librados de nuestros
enemigos,
sin temor lo serviríamos[x]

75 en santidad y en justicia delante de
él todos nuestros días.

76 Y tú, niño, profeta del Altísimo
serás llamado,
porque irás delante de la presencia
del Señor para preparar sus
caminos,[y]

77 para dar conocimiento de
salvación a su pueblo,
para perdón de sus pecados,[z]

78 por la entrañable misericordia de
nuestro Dios,
con que nos visitó desde lo alto la
aurora,

79 para dar luz a los que habitan en
tinieblas[a] y en sombra de
muerte,
para encaminar nuestros pies por
camino de paz».[b]

80 El niño crecía y se fortalecía en espíritu, y estuvo en lugares desiertos hasta el
día de su manifestación a Israel.

Nacimiento de Jesús
(Mt 1.18-25)

2 ¹ Aconteció en aquellos días que se
promulgó un edicto de parte de Augusto César,[a] que todo el mundo fuera
empadronado. ² Este primer censo se hizo
siendo Cirenio gobernador de Siria. ³ E
iban todos para ser empadronados, cada
uno a su ciudad.

⁴ También José subió de Galilea, de la
ciudad de Nazaret, a Judea, a la ciudad de
David, que se llama Belén, por cuanto era
de la casa y familia de David, ⁵ para ser
empadronado con María su mujer, desposada con él, la cual estaba encinta.
⁶ Aconteció que estando ellos allí se le
cumplieron los días de su alumbramiento. ⁷ Y dio a luz a su hijo primogénito, y lo
envolvió en pañales y lo acostó en un pesebre, porque no había lugar para ellos en
el mesón.

Los ángeles y los pastores

⁸ Había pastores en la misma región,
que velaban y guardaban las vigilias de la
noche sobre su rebaño. ⁹ Y se les presentó
un ángel del Señor y la gloria del Señor
los rodeó de resplandor, y tuvieron gran
temor. ¹⁰ Pero el ángel les dijo:

—No temáis, porque yo os doy nuevas
de gran gozo, que será para todo el pueblo: ¹¹ que os ha nacido hoy, en la ciudad
de David, un Salvador, que es Cristo[b] el
Señor. ¹² Esto os servirá de señal: hallaréis
al niño envuelto en pañales, acostado en
un pesebre.

¹³ Repentinamente apareció con el ángel una multitud de las huestes celestiales, que alababan a Dios y decían:

14 «¡Gloria a Dios en las alturas
y en la tierra paz,
buena voluntad para con los
hombres!»

¹⁵ Sucedió que cuando los ángeles se
fueron de ellos al cielo, los pastores se dijeron unos a otros:

—Pasemos, pues, hasta Belén, y veamos esto que ha sucedido y que el Señor
nos ha manifestado.

¹⁶ Vinieron, pues, apresuradamente, y
hallaron a María y a José, y al niño acostado en el pesebre. ¹⁷ Al verlo, dieron a conocer lo que se les había dicho acerca del
niño. ¹⁸ Todos los que oyeron, se maravillaron de lo que los pastores les decían.
¹⁹ Pero María guardaba todas estas cosas,
meditándolas en su corazón.

²⁰ Los pastores se volvieron glorificando y alabando a Dios por todas las cosas
que habían oído y visto, como se les había
dicho.

Presentación de Jesús en el Templo

²¹ Cumplidos los ocho días para circuncidar al niño,[c] le pusieron por nombre
Jesús, el cual le había sido puesto por el
ángel[d] antes que fuera concebido.
²² Cuando se cumplieron los días de la
purificación de ellos conforme a la Ley de

---

[w] **1.73** Gn 17.7; Sal 105.8-9; Miq 7.20.   [x] **1.74** Miq 4.10.   [y] **1.76** Mal 3.1; Mt 3.3; 11.10; Mc 1.2-3;
Lc 3.4; 7.27; Jn 1.23.   [z] **1.77** Mc 1.4; Lc 3.3.   [a] **1.79** Is 9.2.   [b] **1.79** Is 58.8; 60.1-2.
[a] **2.1** Emperador romano, del 27 a.C. al 14 d.C.   [b] **2.11** Título que en hebreo equivale a la
palabra *Mesías.*   [c] **2.21** Lv 12.3.   [d] **2.21** Lc 1.31.

Moisés, lo trajeron a Jerusalén para presentarlo al Señor ²³ (como está escrito en la Ley del Señor: «Todo varón que abra la matriz será llamado santo al Señor»^e), ²⁴ y para ofrecer conforme a lo que se dice en la Ley del Señor: «Un par de tórtolas o dos palominos».^f

²⁵ Había en Jerusalén un hombre llamado Simeón. Este hombre, justo y piadoso, esperaba la consolación de Israel; y el Espíritu Santo estaba sobre él. ²⁶ Y le había sido revelado por el Espíritu Santo que no vería la muerte antes que viera al Ungido del Señor. ²⁷ Movido por el Espíritu, vino al Templo. Cuando los padres del niño Jesús lo trajeron al Templo para hacer por él conforme al rito de la Ley, ²⁸ él lo tomó en sus brazos y bendijo a Dios, diciendo:

²⁹ «Ahora, Señor, despides a tu siervo
     en paz,
     conforme a tu palabra,
³⁰ porque han visto mis ojos tu
     salvación,
³¹ la cual has preparado en presencia
     de todos los pueblos;^g
³² luz para revelación a los gentiles^h
     y gloria de tu pueblo Israel».ⁱ

³³ José y su madre estaban maravillados de todo lo que se decía de él. ³⁴ Los bendijo Simeón, y dijo a su madre María:

—Este está puesto para caída y para levantamiento de muchos en Israel, y para señal que será contradicha ³⁵ (y una espada traspasará tu misma alma), para que sean revelados los pensamientos de muchos corazones.

³⁶ Estaba también allí Ana, profetisa, hija de Fanuel, de la tribu de Aser, de edad muy avanzada. Había vivido con su marido siete años desde su virginidad, ³⁷ y era viuda hacía ochenta y cuatro años; y no se apartaba del Templo, sirviendo de noche y de día con ayunos y oraciones. ³⁸ Esta, presentándose en la misma hora, daba gracias a Dios y hablaba del niño a todos los que esperaban la redención en Jerusalén.

El regreso a Nazaret

³⁹ Después de haber cumplido con todo lo prescrito en la Ley del Señor, volvieron a Galilea, a su ciudad de Nazaret.^j ⁴⁰ El niño crecía y se fortalecía, se llenaba de sabiduría y la gracia de Dios era sobre él.

El niño Jesús en el Templo

⁴¹ Iban sus padres todos los años a Jerusalén en la fiesta de la Pascua.^k ⁴² Cuando tuvo doce años, subieron a Jerusalén conforme a la costumbre de la Fiesta.^l ⁴³ Al regresar ellos, acabada la Fiesta, se quedó el niño Jesús en Jerusalén, sin que lo supieran José y su madre. ⁴⁴ Pensando que estaba entre la compañía, anduvieron durante un día, y lo buscaban entre los parientes y los conocidos; ⁴⁵ pero como no lo hallaron, volvieron a Jerusalén buscándolo.

⁴⁶ Aconteció que tres días después lo hallaron en el Templo, sentado en medio de los doctores de la Ley, oyéndolos y preguntándoles. ⁴⁷ Y todos los que lo oían se maravillaban de su inteligencia y de sus respuestas. ⁴⁸ Cuando lo vieron, se sorprendieron. Su madre le dijo:

—Hijo, ¿por qué nos has hecho esto? Tu padre y yo te hemos buscado con angustia.

⁴⁹ Entonces él les dijo:

—¿Por qué me buscabais? ¿No sabíais que en los negocios de mi Padre me es necesario estar?

⁵⁰ Pero ellos no entendieron lo que les dijo.

⁵¹ Descendió con ellos y volvió a Nazaret, y les estaba sujeto. Su madre guardaba todas estas cosas en su corazón.

⁵² Y Jesús crecía en sabiduría, en estatura y en gracia para con Dios y los hombres.^m

Predicación de Juan el Bautista

(Mt 3.1-12; Mc 1.1-8; Jn 1.19-28)

3 ¹ En el año decimoquinto^a del imperio de Tiberio César,^b siendo Poncio Pilato^c gobernador de Judea, Herodes^d tetrarca de Galilea, su hermano Felipe^e tetrarca

^e **2.23** Ex 13.2,12.   ^f **2.22-24** Lv 12.6-8.   ^g **2.30-31** Is 40.5; 52.10.   ^h **2.32** Is 42.6; 49.6; 52.10.   ⁱ **2.32** Is 46.13.   ^j **2.39** Mt 2.23.   ^k **2.41** Ex 12.1-27; Dt 16.1-8.   ^l **2.42** Dt 16.16; cf. 1 S 1.3,21; 2.19.   ^m **2.52** 1 S 2.26. Cf. Pr 3.4.   ^a **3.1** 28 ó 29 d.C.   ^b **3.1** Emperador romano durante los años 14-37 d.C.   ^c **3.1** Prefecto romano de Judea, Samaria e Idumea durante los años 26-36 d.C.   ^d **3.1** Llamado Antipas, hijo de Herodes el Grande, fue tetrarca de Galilea y Perea del 4 a.C. al 39 d.C.   ^e **3.1** Otro hijo de Herodes el Grande.

de Iturea y de la provincia de Traconite, y Lisanias tetrarca de Abilinia, ²y siendo sumos sacerdotes Anás y Caifás, vino palabra de Dios a Juan hijo de Zacarías, en el desierto. ³Y él fue por toda la región contigua al Jordán predicando el bautismo del arrepentimiento para perdón de pecados, ⁴como está escrito en el libro de las palabras del profeta Isaías, que dice:

«Voz del que clama en el desierto:
"Preparad el camino del Señor,
enderezad sus sendas.
⁵Todo valle se rellenará
y se bajará todo monte y collado;
los caminos torcidos serán
    enderezados,
y los caminos ásperos allanados,
⁶y verá toda carne la salvación de
    Dios"».*f8*

⁷Y decía a las multitudes que salían para ser bautizadas por él:

—¡Generación de víboras!*h* ¿quién os enseñó a huir de la ira venidera? ⁸Haced, pues, frutos dignos de arrepentimiento y no comencéis a decir dentro de vosotros mismos: "Tenemos a Abraham por padre",*i* porque os digo que Dios puede levantar hijos a Abraham aun de estas piedras. ⁹Además, el hacha ya está puesta a la raíz de los árboles; por tanto, todo árbol que no da buen fruto se corta y se echa al fuego.*j*

¹⁰La gente le preguntaba, diciendo:

—Entonces, ¿qué haremos?

¹¹Respondiendo, les decía:

—El que tiene dos túnicas, dé al que no tiene; y el que tiene qué comer, haga lo mismo.

¹²Vinieron también unos publicanos para ser bautizados,*k* y le dijeron:

—Maestro, ¿qué haremos?

¹³Él les dijo:

—No exijáis más de lo que os está ordenado.

¹⁴También le preguntaron unos soldados, diciendo:

—Y nosotros, ¿qué haremos?

Les dijo:

—No hagáis extorsión a nadie, ni calumniéis; y contentaos con vuestro salario.

¹⁵Como el pueblo estaba a la expectativa, preguntándose todos en sus corazones si acaso Juan sería el Cristo, ¹⁶respondió Juan, diciendo a todos:

—Yo a la verdad os bautizo en agua, pero viene uno más poderoso que yo, de quien no soy digno de desatar la correa de su calzado; él os bautizará en Espíritu Santo y fuego.*l* ¹⁷Su aventador está en su mano para limpiar su era. Recogerá el trigo en su granero y quemará la paja en fuego que nunca se apagará.*m*

¹⁸Con estas y otras muchas exhortaciones anunciaba las buenas nuevas al pueblo. ¹⁹Entonces Herodes, el tetrarca, era reprendido por Juan a causa de Herodías, mujer de Felipe su hermano, y por todas las maldades que Herodes había hecho. ²⁰Sobre todas ellas añadió además esta: encerró a Juan en la cárcel.*n*

El bautismo de Jesús
(Mt 3.13-17; Mc 1.9-11)

²¹Aconteció que cuando todo el pueblo se bautizaba, también Jesús fue bautizado y, mientras oraba, el cielo se abrió ²²y descendió el Espíritu Santo sobre él en forma corporal, como paloma; y vino una voz del cielo que decía: «Tú eres mi Hijo amado; en ti tengo complacencia».*ñ*

Genealogía de Jesús
(Mt 1.1-17)

²³Jesús, al comenzar su ministerio, era como de treinta años, hijo, según se creía, de José hijo de Elí ²⁴hijo de Matat, hijo de Leví, hijo de Melqui, hijo de Jana, hijo de José, ²⁵hijo de Matatías, hijo de Amós, hijo de Nahúm, hijo de Esli, hijo de Nagai, ²⁶hijo de Maat, hijo de Matatías, hijo de Semei, hijo de José, hijo de Judá, ²⁷hijo de Joana, hijo de Resa, hijo de Zorobabel, hijo de Salatiel, hijo de Neri, ²⁸hijo de Melqui, hijo de Adi, hijo de Cosam, hijo de Elmodam, hijo de Er, ²⁹hijo de Josué, hijo de Eliezer, hijo de Jorim, hijo de Matat,

---

*f***3.4-6** Is 40.3-5. *g***3.6** Lc 2.30-31; Tit 2.11. *h***3.7** Mt 3.7; 12.34; 23.33. *i***3.8** Jn 8.33,39; cf. Ro 2.28-29. *j***3.9** Mt 7.19. *k***3.12** Lc 7.29. *l***3.16** Jn 1.15,26-30,33; Hch 1.5; 2.1-4. *m***3.17** Mt 13.42,50. *n***3.19-20** Mt 14.3-4; Mc 6.17-18. *ñ***3.22** Is 42.1; Mt 12.18; 17.5; Mc 9.7; Lc 9.35.

³⁰ hijo de Leví, hijo de Simeón, hijo de Judá, hijo de José, hijo de Jonán, hijo de Eliaquim, ³¹ hijo de Melea, hijo de Mainán, hijo de Matata, hijo de Natán, ³² hijo de David, hijo de Isaí, hijo de Obed, hijo de Booz, hijo de Salmón, hijo de Naasón, ³³ hijo de Aminadab, hijo de Aram, hijo de Esrom, hijo de Fares, hijo de Judá, ³⁴ hijo de Jacob, hijo de Isaac, hijo de Abraham, hijo de Taré, hijo de Nacor, ³⁵ hijo de Serug, hijo de Ragau, hijo de Peleg, hijo de Heber, hijo de Sala, ³⁶ hijo de Cainán, hijo de Arfaxad, hijo de Sem, hijo de Noé, hijo de Lamec, ³⁷ hijo de Matusalén, hijo de Enoc, hijo de Jared, hijo de Mahalaleel, hijo de Cainán, ³⁸ hijo de Enós, hijo de Set, hijo de Adán, hijo de Dios.

Tentación de Jesús
(Mt 4.1-11; Mc 1.12-13)

4 ¹ Jesús, lleno del Espíritu Santo, volvió del Jordán y fue llevado por el Espíritu al desierto ² por cuarenta días, y era tentado por el diablo. No comió nada en aquellos días, pasados los cuales tuvo hambre.

³ Entonces el diablo le dijo:

—Si eres Hijo de Dios, di a esta piedra que se convierta en pan.

⁴ Jesús, respondiéndole, dijo:

—Escrito está: "No solo de pan vivirá el hombre,ᵃ sino de toda palabra de Dios".

⁵ Luego lo llevó el diablo a un alto monte y le mostró en un momento todos los reinos de la tierra. ⁶ Le dijo el diablo:

—A ti te daré todo el poder de estos reinos y la gloria de ellos, porque a mí me ha sido entregada y a quien quiero la doy. ⁷ Si tú, postrado, me adoras, todos serán tuyos.

⁸ Respondiendo Jesús, le dijo:

—Vete de mí, Satanás, porque escrito está: "Al Señor tu Dios adorarás y solo a él servirás".ᵇ

⁹ Entonces lo llevó a Jerusalén, lo puso sobre el pináculo del Templo y le dijo:

—Si eres Hijo de Dios, tírate de aquí abajo, ¹⁰ pues escrito está:

»"A sus ángeles mandará acerca de ti, que te guarden",

¹¹ »y

»"En las manos te sostendrán, para que no tropieces con tu pie en piedra".ᶜ

¹² Respondiendo Jesús, le dijo:

—Dicho está: "No tentarás al Señor tu Dios".ᵈ

¹³ Cuando acabó toda tentación el diablo, se apartó de él por un tiempo.

Jesús principia su ministerio
(Mt 4.12-17; Mc 1.14-15)

¹⁴ Jesús volvió en el poder del Espíritu a Galilea, y se difundió su fama por toda la tierra de alrededor. ¹⁵ Enseñaba en las sinagogas de ellos y era glorificado por todos.

Jesús en Nazaret
(Mt 13.53-58; Mc 6.1-6)

¹⁶ Vino a Nazaret, donde se había criado; y el sábado entró en la sinagoga, conforme a su costumbre, y se levantó a leer. ¹⁷ Se le dio el libro del profeta Isaías y, habiendo abierto el libro, halló el lugar donde está escrito:

¹⁸ «El Espíritu del Señor está sobre mí,
por cuanto me ha ungido para dar buenas nuevas a los pobres;
me ha enviado a sanar a los quebrantados de corazón,
a pregonar libertad a los cautivos y vista a los ciegos,
a poner en libertad a los oprimidos
¹⁹ y a predicar el año agradable del Señor».ᵉ

²⁰ Enrollando el libro, lo dio al ministro y se sentó. Los ojos de todos en la sinagoga estaban fijos en él. ²¹ Entonces comenzó a decirles:

—Hoy se ha cumplido esta Escritura delante de vosotros.

²² Todos daban buen testimonio de él y estaban maravillados de las palabras de gracia que salían de su boca. Decían:

—¿No es este el hijo de José?

²³ Él les dijo:

—Sin duda me diréis este refrán: "Médico,

ᵃ **4.4** Dt 8.3.   ᵇ **4.8** Dt 6.13.   ᶜ **4.10-11** Sal 91.11-12.   ᵈ **4.12** Dt 6.16.   ᵉ **4.18-19** Is 61.1-2.

cúrate a ti mismo. De tantas cosas que hemos oído que se han hecho en Capernaúm, haz también aquí en tu tierra".

²⁴ Y añadió:

—De cierto os digo que ningún profeta es bien recibido en su propia tierra.*f* ²⁵ Y en verdad os digo que muchas viudas había en Israel en los días de Elías, cuando el cielo fue cerrado por tres años y seis meses y hubo una gran hambre en toda la tierra; ²⁶ pero a ninguna de ellas fue enviado Elías, sino a una mujer viuda en Sarepta de Sidón.*g* ²⁷ Y muchos leprosos había en Israel en tiempo del profeta Eliseo, pero ninguno de ellos fue limpiado, sino Naamán el sirio.*h*

²⁸ Al oir estas cosas, todos en la sinagoga se llenaron de ira. ²⁹ Levantándose, lo echaron fuera de la ciudad y lo llevaron hasta la cumbre del monte sobre el cual estaba edificada la ciudad de ellos, para despeñarlo; ³⁰ pero él pasó por en medio de ellos y se fue.

Un hombre que tenía un espíritu impuro
(Mc 1.21-28)

³¹ Descendió Jesús a Capernaúm, ciudad de Galilea, y los sábados les enseñaba; ³² y se admiraban de su doctrina, porque su palabra tenía autoridad.*i* ³³ Estaba en la sinagoga un hombre que tenía un espíritu de demonio impuro, el cual exclamó a gran voz, ³⁴ diciendo:

—¡Déjanos! ¿Qué tienes con nosotros, Jesús nazareno? ¿Has venido para destruirnos? Yo sé quién eres: el Santo de Dios.

³⁵ Jesús lo reprendió, diciendo:

—¡Cállate y sal de él!

Entonces el demonio, derribándolo en medio de ellos, salió de él sin hacerle daño alguno. ³⁶ Todos estaban maravillados, y se decían unos a otros:

—¿Qué palabra es esta, que con autoridad y poder manda a los espíritus impuros, y salen?

³⁷ Y su fama se difundía por todos los lugares de la región.

Jesús sana a la suegra de Pedro
(Mt 8.14-15; Mc 1.29-31)

³⁸ Entonces Jesús se levantó, salió de la sinagoga y entró en casa de Simón. La suegra de Simón tenía una gran fiebre; y le rogaron por ella. ³⁹ E inclinándose hacia ella, reprendió a la fiebre; y la fiebre la dejó, y levantándose ella al instante, les servía.

Jesús sana a muchos enfermos
(Mt 8.16-17; Mc 1.32-34)

⁴⁰ Al ponerse el sol, todos los que tenían enfermos de diversas enfermedades los traían a él; y él, poniendo las manos sobre cada uno de ellos, los sanaba. ⁴¹ También salían demonios de muchos, dando voces y diciendo:

—¡Tú eres el Hijo de Dios!

Pero él los reprendía y no los dejaba hablar,*j* porque sabían que él era el Cristo.

Jesús recorre Galilea predicando
(Mc 1.35-39)

⁴² Cuando ya era de día, salió y se fue a un lugar desierto. La gente lo buscaba y, llegando a donde estaba, lo detenían para que no se fuera de ellos. ⁴³ Pero él les dijo:

—Es necesario que también a otras ciudades anuncie el evangelio del reino de Dios, porque para esto he sido enviado.

⁴⁴ Y predicaba en las sinagogas de Galilea.*k*

La pesca milagrosa
(Mt 4.18-22; Mc 1.16-20)

5 ¹ Aconteció que estando Jesús junto al Lago de Genesaret, el gentío se agolpaba sobre él para oir la palabra de Dios. ² Vio dos barcas que estaban cerca de la orilla del lago; los pescadores habían descendido de ellas y lavaban sus redes. ³ Entró en una de aquellas barcas, la cual era de Simón y le rogó que la apartara de tierra un poco. Luego, sentándose, enseñaba desde la barca a la multitud.*a* ⁴ Cuando terminó de hablar, dijo a Simón:

—Boga mar adentro, y echad vuestras redes para pescar.

⁵ Respondiendo Simón, le dijo:

—Maestro, toda la noche hemos estado trabajando y nada hemos pescado; pero en tu palabra echaré la red.

---

f 4.24 Mt 13.57; Mc 6.4; Jn 4.44. *g* 4.25-26 1 R 17.1,8-16; Stg 5.17. *h* 4.27 2 R 5.1-14. *i* 4.32 Mt 7.28-29. *j* 4.41 Mc 1.24,34; 5.7. *k* 4.44 Mt 4.23. *a* 5.1-3 Mt 13.1-2; Mc 3.9-10; 4.1-2.

⁶Cuando lo hicieron, recogieron tal cantidad de peces que su red se rompía.[b] ⁷Entonces hicieron señas a los compañeros que estaban en la otra barca para que acudieran a ayudarlos. Ellos vinieron y llenaron ambas barcas, de tal manera que se hundían. ⁸Viendo esto Simón Pedro, cayó de rodillas ante Jesús, diciendo:

—Apártate de mí, Señor, porque soy hombre pecador.

⁹Por la pesca que habían hecho, el temor se había apoderado de él y de todos los que estaban con él, ¹⁰y asimismo de Jacobo y Juan, hijos de Zebedeo, que eran compañeros de Simón. Pero Jesús dijo a Simón:

—No temas; desde ahora serás pescador de hombres.

¹¹Trajeron a tierra las barcas y, dejándolo todo, lo siguieron.

Jesús sana a un leproso
(Mt 8.1-4; Mc 1.40-45)

¹²Sucedió que estando él en una de las ciudades, se presentó un hombre lleno de lepra, el cual, viendo a Jesús, se postró con el rostro en tierra y le rogó, diciendo:

—Señor, si quieres, puedes limpiarme.

¹³Jesús entonces, extendiendo la mano, lo tocó, diciendo:

—Quiero, sé limpio.

Y al instante la lepra se fue de él. ¹⁴Jesús le mandó que no lo dijera a nadie. Le dijo:

—Ve, muéstrate al sacerdote y ofrece por tu purificación lo que mandó Moisés,[c] para testimonio a ellos.

¹⁵Pero su fama se extendía más y más; y se reunía mucha gente para oírlo y para que los sanara de sus enfermedades. ¹⁶Pero él se apartaba a lugares desiertos para orar.[d]

Jesús sana a un paralítico
(Mt 9.1-8; Mc 2.1-12)

¹⁷Aconteció un día que él estaba enseñando, y estaban sentados los fariseos y doctores de la Ley, los cuales habían venido de todas las aldeas de Galilea, de Judea y Jerusalén; y el poder del Señor estaba con él para sanar. ¹⁸Sucedió que unos hombres que traían en una camilla a un hombre que estaba paralítico, procuraban entrar y ponerlo delante de él. ¹⁹Pero no hallando cómo hacerlo a causa de la multitud, subieron encima de la casa y por el tejado lo bajaron con la camilla y lo pusieron en medio, delante de Jesús. ²⁰Al ver él la fe de ellos, le dijo:

—Hombre, tus pecados te son perdonados.

²¹Entonces los escribas y los fariseos comenzaron a pensar, diciendo: «¿Quién es este que habla blasfemias? ¿Quién puede perdonar pecados sino sólo Dios?»

²²Jesús entonces, conociendo los pensamientos de ellos, les preguntó:

—¿Qué pensáis en vuestros corazones? ²³¿Qué es más fácil, decir: "Tus pecados te son perdonados", o decir: "Levántate y anda"? ²⁴Pues para que sepáis que el Hijo del hombre[e] tiene potestad en la tierra para perdonar pecados —dijo al paralítico—: A ti te digo: Levántate, toma tu camilla y vete a tu casa.

²⁵Al instante se levantó en presencia de ellos, tomó la camilla en que estaba acostado y se fue a su casa glorificando a Dios. ²⁶Y todos, sobrecogidos de asombro, glorificaban a Dios. Llenos de temor, decían:

—Hoy hemos visto maravillas.

Llamamiento de Leví
(Mt 9.9-13; Mc 2.13-17)

²⁷Después de estas cosas salió y vio a un publicano llamado Leví, sentado al banco de los tributos públicos, y le dijo:

—Sígueme.

²⁸Él, dejándolo todo, se levantó y lo siguió.

²⁹Leví le hizo un gran banquete en su casa; y había mucha compañía de publicanos y de otros que estaban a la mesa con ellos. ³⁰Los escribas y los fariseos murmuraban contra los discípulos, diciendo:

—¿Por qué coméis y bebéis con publicanos y pecadores?[f]

³¹Respondiendo Jesús, les dijo:

—Los que están sanos no tienen necesidad de médico, sino los enfermos. ³²No he venido a llamar a justos, sino a pecadores al arrepentimiento.

---

[b] **5.5-6** Jn 21.3-6.   [c] **5.14** Lv 14.1-32.   [d] **5.16** Mc 1.35.   [e] **5.24** El título mesiánico que Jesús usaba más frecuentemente para referirse a sí mismo.   [f] **5.30** Lc 15.1-2.

La pregunta sobre el ayuno
(Mt 9.14-17; Mc 2.18-22)

33 Entonces ellos le preguntaron:

—¿Por qué los discípulos de Juan ayunan muchas veces y hacen oraciones, y asimismo los de los fariseos, pero los tuyos comen y beben?

34 Él les dijo:

—¿Podéis acaso hacer que los que están de bodas ayunen entre tanto que el esposo está con ellos? **35** Pero vendrán días cuando el esposo les será quitado; entonces, en aquellos días, ayunarán.

36 Les dijo también una parábola:

—Nadie corta un pedazo de un vestido nuevo y lo pone en un vestido viejo, pues si lo hace, no solamente rompe el nuevo, sino que el remiendo sacado de él no armoniza con el viejo. **37** Y nadie echa vino nuevo en odres viejos; de otra manera, el vino nuevo romperá los odres y se derramará, y los odres se perderán. **38** Pero el vino nuevo en odres nuevos se ha de echar, y lo uno y lo otro se conservan. **39** Y nadie que haya bebido del añejo querrá luego el nuevo, porque dice: "El añejo es mejor".

Los discípulos recogen espigas en sábado
(Mt 12.1-8; Mc 2.23-28)

6 **1** Aconteció que un sábado, pasando Jesús por los sembrados, sus discípulos arrancaban espigas y, restregándolas con las manos, comían.*ᵃ* **2** Algunos de los fariseos les dijeron:

—¿Por qué hacéis lo que no es lícito hacer en sábado?

3 Respondiendo Jesús, les dijo:

—¿Ni aun esto habéis leído, lo que hizo David cuando él y los que con él estaban tuvieron hambre?, **4** ¿como entró en la casa de Dios y tomó los panes de la proposición, de los cuales no es lícito comer sino solo a los sacerdotes, y comió, y dio también a los que estaban con él?*ᵇ*

5 Y les decía:

—El Hijo del hombre es Señor aun del sábado.

El hombre de la mano seca
(Mt 12.9-14; Mc 3.1-6)

6 Aconteció también en otro sábado que él entró en la sinagoga y enseñaba; y estaba allí un hombre que tenía seca la mano derecha. **7** Y lo acechaban los escribas y los fariseos para ver si en sábado lo sanaría, a fin de hallar de qué acusarlo. **8** Pero él, que conocía sus pensamientos, dijo al hombre que tenía la mano seca:

—Levántate y ponte en medio.

Él, levantándose, se quedó en pie.

9 Entonces Jesús les dijo:

—Os preguntaré una cosa: En sábado, ¿es lícito hacer bien o hacer mal?, ¿salvar la vida o quitarla?

10 Y, mirándolos a todos alrededor, dijo al hombre:

—Extiende tu mano.

Él lo hizo y su mano fue restaurada. **11** Ellos se llenaron de furor y hablaban entre sí qué podrían hacer contra Jesús.

Elección de los doce apóstoles
(Mt 10.1-4; Mc 3.13-19)

12 En aquellos días él fue al monte a orar, y pasó la noche orando a Dios. **13** Cuando llegó el día, llamó a sus discípulos y escogió a doce de ellos, a los cuales también llamó apóstoles: **14** Simón, a quien también llamó Pedro, su hermano Andrés, Jacobo y Juan, Felipe y Bartolomé, **15** Mateo, Tomás, Jacobo, hijo de Alfeo, Simón llamado Zelote, **16** Judas hermano de Jacobo, y Judas Iscariote, que llegó a ser el traidor.

Jesús ministra a una multitud
(Mt 4.23-25)

17 Descendió con ellos y se detuvo en un lugar llano, en compañía de sus discípulos y de una gran multitud de gente de toda Judea, de Jerusalén y de la costa de Tiro y de Sidón que había venido para oírlo y para ser sanados de sus enfermedades; **18** también los que habían sido atormentados por espíritus impuros eran sanados. **19** Toda la gente procuraba tocarlo, porque poder salía de él y sanaba a todos.

ᵃ **6.1** Dt 23.25.   *ᵇ* **6.3-4** 1 S 21.1-6; cf. Lv 24.9.

Bienaventuranzas y ayes
(Mt 5.1-12)

²⁰ Alzando los ojos hacia sus discípulos, decía:

«Bienaventurados vosotros los
pobres,
porque vuestro es el reino de Dios.
²¹ Bienaventurados los que ahora
tenéis hambre,
porque seréis saciados.
Bienaventurados los que ahora
lloráis,*c*
porque reiréis.
²² Bienaventurados seréis cuando los
hombres os odien, os aparten de
sí, os insulten y desechen
vuestro nombre como malo por
causa del Hijo del hombre.*d*

²³»Gozaos en aquel día y alegraos, porque vuestra recompensa es grande en los cielos, porque así hacían sus padres con los profetas.*e*

²⁴»Pero ¡ay de vosotros, ricos!, porque ya tenéis vuestro consuelo.*f*

²⁵»¡Ay de vosotros, los que ahora estáis saciados!, porque tendréis hambre.

»¡Ay de vosotros, los que ahora reís!, porque lamentaréis y lloraréis.

²⁶»¡Ay de vosotros, cuando todos los hombres hablen bien de vosotros!, porque así hacían sus padres con los falsos profetas.

El amor a los enemigos y la regla de oro
(Mt 5.38-48; 7.12)

²⁷»Pero a vosotros los que oís, os digo: Amad a vuestros enemigos, haced bien a los que os odian; ²⁸bendecid a los que os maldicen y orad por los que os calumnian. ²⁹ Al que te hiera en una mejilla, preséntale también la otra; y al que te quite la capa, ni aun la túnica*g* le niegues. ³⁰ A cualquiera que te pida, dale; y al que tome lo que es tuyo, no pidas que te lo devuelva.*h* ³¹ Y como queréis que hagan los hombres con vosotros, así también haced vosotros con ellos.*i*

³²»Si amáis a los que os aman, ¿qué mérito tenéis? También los pecadores aman a los que los aman. ³³ Y si hacéis bien a los que os hacen bien, ¿qué mérito tenéis? También los pecadores hacen lo mismo. ³⁴ Y si prestáis a aquellos de quienes esperáis recibir, ¿qué mérito tenéis?, pues también los pecadores prestan a los pecadores para recibir otro tanto. ³⁵ Amad, pues, a vuestros enemigos, haced bien, y prestad, no esperando de ello nada; y vuestra recompensa será grande, y seréis hijos del Altísimo, porque él es benigno para con los ingratos y malos. ³⁶ Sed, pues, misericordiosos, como también vuestro Padre es misericordioso.

El juzgar a los demás
(Mt 7.1-5)

³⁷»No juzguéis y no seréis juzgados; no condenéis y no seréis condenados; perdonad y seréis perdonados. ³⁸ Dad y se os dará; medida buena, apretada, remecida y rebosando darán en vuestro regazo, porque con la misma medida con que medís, os volverán a medir».*j*

³⁹ Les dijo también una parábola: «¿Acaso puede un ciego guiar a otro ciego? ¿No caerán ambos en el hoyo?*k* ⁴⁰ El discípulo no es superior a su maestro;*l* pero todo el que sea perfeccionado, será como su maestro.

⁴¹»¿Por qué miras la paja que está en el ojo de tu hermano y no echas de ver la viga que está en tu propio ojo? ⁴²¿O cómo puedes decir a tu hermano: "Hermano, déjame sacar la paja que está en tu ojo", no mirando tú la viga que está en el tuyo? Hipócrita, saca primero la viga de tu propio ojo y entonces verás bien para sacar la paja que está en el ojo de tu hermano.

Por sus frutos los conoceréis
(Mt 7.15-20)

⁴³»No es buen árbol el que da malos frutos, ni árbol malo el que da buen fruto,

---

c **6.21** Sal 126.5-6; Is 57.18; 61.2-3; Ap 7.16-17.   *d* **6.22** 1 P 4.14.   *e* **6.23** 2 Cr 36.16; Hch 7.52.
f **6.24** Lc 16.25; Stg 5.1-5.   *g* **6.29** Mt 5.39-40; cf. Lm 3.30.   *h* **6.27-30** Pr 25.21; Ro 12.17,20;
13.8-10.   *i* **6.31** Mt 7.12.   *j* **6.38** Mc 4.24.   *k* **6.39** Mt 15.14.   *l* **6.40** Mt 10.24-25; Jn 13.16; 15.20.

⁴⁴ pues todo árbol se conoce por su fruto,ᵐ ya que no se cosechan higos de los espinos ni de las zarzas se vendimian uvas. ⁴⁵ El hombre bueno, del buen tesoro de su corazón saca lo bueno; y el hombre malo, del mal tesoro de su corazón saca lo malo, porque de la abundancia del corazón habla la boca.ⁿ

Los dos cimientos
(Mt 7.24-27)

⁴⁶ »¿Por qué me llamáis "Señor, Señor", y no hacéis lo que yo digo?ñ ⁴⁷ Todo aquel que viene a mí y oye mis palabras y las obedece, os indicaré a quién es semejante. ⁴⁸ Semejante es al hombre que, al edificar una casa, cavó y ahondó y puso el fundamento sobre la roca; y cuando vino una inundación, el río dio con ímpetu contra aquella casa, pero no la pudo mover porque estaba fundada sobre la roca. ⁴⁹ Pero el que las oyó y no las obedeció, semejante es al hombre que edificó su casa sobre tierra, sin fundamento; contra la cual el río dio con ímpetu, y luego cayó y fue grande la ruina de aquella casa».

Jesús sana al siervo de un centurión
(Mt 8.5-13)

7 ¹ Después que terminó todas sus palabras al pueblo que lo oía, entró en Capernaúm. ² Y el siervo de un centurión,ª a quien este quería mucho, estaba enfermo y a punto de morir. ³ Cuando el centurión oyó hablar de Jesús, le envió unos ancianos de los judíos, rogándole que viniera y sanara a su siervo. ⁴ Ellos se acercaron a Jesús y le rogaron con solicitud, diciéndole:

—Es digno de que le concedas esto, ⁵ porque ama a nuestra nación y nos edificó una sinagoga.

⁶ Jesús fue con ellos. Pero cuando ya no estaban lejos de la casa, el centurión envió a él unos amigos, diciéndole:

—Señor, no te molestes, pues no soy digno de que entres bajo mi techo, ⁷ por lo que ni aun me tuve por digno de ir a ti; pero di la palabra y mi siervo será sanado, ⁸ pues también yo soy hombre puesto bajo autoridad, y tengo soldados bajo mis órdenes, y digo a este: "Ve", y va; y al otro:

"Ven", y viene; y a mi siervo: "Haz esto", y lo hace.

⁹ Al oír esto, Jesús se maravilló de él y, volviéndose, dijo a la gente que lo seguía:

—Os digo que ni aun en Israel he hallado tanta fe.

¹⁰ Y al regresar a casa los que habían sido enviados, hallaron sano al siervo que había estado enfermo.

Jesús resucita al hijo de la viuda de Naín

¹¹ Aconteció después, que él iba a la ciudad que se llama Naín,ᵇ e iban con él muchos de sus discípulos y una gran multitud. ¹² Cuando llegó cerca de la puerta de la ciudad, llevaban a enterrar a un difunto, hijo único de su madre, que era viuda; y había con ella mucha gente de la ciudad. ¹³ Cuando el Señor la vio, se compadeció de ella y le dijo:

—No llores.

¹⁴ Acercándose, tocó el féretro; y los que lo llevaban se detuvieron. Y dijo:

—Joven, a ti te digo, levántate.

¹⁵ Entonces se incorporó el que había muerto y comenzó a hablar. Y lo dio a su madre. ¹⁶ Todos tuvieron miedo, y glorificaban a Dios diciendo: «Un gran profeta se ha levantado entre nosotros» y «Dios ha visitado a su pueblo».

¹⁷ Y se extendió la fama de él por toda Judea y por toda la región de alrededor.

Los mensajeros de Juan el Bautista
(Mt 11.2-19)

¹⁸ Los discípulos de Juan le dieron las nuevas de todas estas cosas. Y llamó Juan a dos de sus discípulos, ¹⁹ y los envió a Jesús para preguntarle: «¿Eres tú el que había de venir o esperaremos a otro?»

²⁰ Cuando, pues, los hombres vinieron a él, le dijeron:

—Juan el Bautista nos ha enviado a ti para preguntarte: "¿Eres tú el que había de venir o esperaremos a otro?"

²¹ En esa misma hora sanó a muchos de enfermedades, plagas y espíritus malos, y a muchos ciegos les dio la vista. ²² Respondiendo Jesús, les dijo:

—Id, haced saber a Juan lo que habéis

ᵐ **6.44** Mt 12.33.   ⁿ **6.45** Mt 12.34.   ñ **6.46** Mt 7.21.   ª **7.2** Oficial romano al mando de cien soldados.   ᵇ **7.11** Pequeña población cerca de Nazaret.

visto y oído: los ciegos ven, los cojos andan, los leprosos son limpiados, los sordos oyen,[c] los muertos son resucitados y a los pobres es anunciado el evangelio;[d] 23 y bienaventurado es aquel que no halle tropiezo en mí.

24 Cuando se fueron los mensajeros de Juan, comenzó a hablar de Juan a la gente:

—¿Qué salisteis a ver al desierto? ¿Una caña sacudida por el viento? 25 ¿O qué salisteis a ver? ¿A un hombre cubierto de vestiduras delicadas? Pero los que tienen vestidura preciosa y viven en deleites, en los palacios de los reyes están. 26 Entonces ¿qué salisteis a ver? ¿A un profeta? Sí, os digo, y más que profeta. 27 Este es de quien está escrito:

> »"Yo envío mi mensajero delante
> de tu faz,
> el cual preparará tu camino delante
> de ti".[e]

28 »Os digo que entre los nacidos de mujeres no hay mayor profeta que Juan el Bautista; y, sin embargo, el más pequeño en el reino de Dios es mayor que él. 29 El pueblo entero que le escuchó, incluso los publicanos, justificaron a Dios, bautizándose con el bautismo de Juan. 30 Pero los fariseos y los intérpretes de la Ley desecharon los designios de Dios respecto de sí mismos, y no quisieron ser bautizados por Juan.[f] 31 Agregó el Señor:

—¿A qué, pues, compararé a los hombres de esta generación? ¿A qué son semejantes? 32 Semejantes son a los muchachos sentados en la plaza, que se gritan unos a otros y dicen: "Os tocamos flauta, y no bailasteis; os entonamos canciones de duelo y no llorasteis". 33 Vino Juan el Bautista, que ni comía pan ni bebía vino, y decís: "Demonio tiene". 34 Vino el Hijo del hombre, que come y bebe, y decís: "Este es un hombre comilón y bebedor de vino, amigo de publicanos y de pecadores". 35 Pero la sabiduría es justificada por todos sus hijos.

Jesús en el hogar de Simón, el fariseo

36 Uno de los fariseos rogó a Jesús que comiera con él. Y habiendo entrado en casa del fariseo, se sentó a la mesa. 37 Entonces una mujer de la ciudad, que era pecadora, al saber que Jesús estaba a la mesa en casa del fariseo, trajo un frasco de alabastro con perfume; 38 y estando detrás de él a sus pies, llorando, comenzó a regar con lágrimas sus pies, y los secaba con sus cabellos; y besaba sus pies y los ungía con el perfume.[g] 39 Cuando vio esto el fariseo que lo había convidado, dijo para sí: «Si este fuera profeta, conocería quién y qué clase de mujer es la que lo toca, porque es pecadora». 40 Entonces, respondiendo Jesús, le dijo:

—Simón, una cosa tengo que decirte.

Y él le dijo:

—Di, Maestro.

41 —Un acreedor tenía dos deudores: uno le debía quinientos denarios y el otro, cincuenta.[h] 42 No teniendo ellos con qué pagar, perdonó a ambos. Di, pues, ¿cuál de ellos lo amará más?

43 Respondiendo Simón, dijo:

—Pienso que aquel a quien perdonó más.

Él le dijo:

—Rectamente has juzgado.

44 Entonces, mirando a la mujer, dijo a Simón:

—¿Ves esta mujer? Entré en tu casa y no me diste agua para mis pies; pero ella ha regado mis pies con lágrimas y los ha secado con sus cabellos. 45 No me diste beso; pero ella, desde que entré, no ha cesado de besar mis pies. 46 No ungiste mi cabeza con aceite; pero ella ha ungido con perfume mis pies. 47 Por lo cual te digo que sus muchos pecados le son perdonados, porque amó mucho; pero aquel a quien se le perdona poco, poco ama.

48 Y a ella le dijo:

—Tus pecados te son perdonados.

49 Los que estaban juntamente sentados a la mesa, comenzaron a decir entre sí:

—¿Quién es este, que también perdona pecados?

---

[c] **7.22** Is 35.5-6.   [d] **7.22** Is 61.1.   [e] **7.27** Mal 3.1.   [f] **7.29-30** Mt 21.32; Lc 3.7,12.
[g] **7.37-38** Mt 26.7; Mc 14.3; Jn 12.3.   [h] **7.41** Un *denario* equivalía al salario de un día.

⁵⁰ Pero él dijo a la mujer:

—Tu fe te ha salvado; ve en paz.

Mujeres que sirven a Jesús

8 ¹ Aconteció después, que Jesús iba por todas las ciudades y aldeas, predicando y anunciando el evangelio del reino de Dios. Lo acompañaban los doce ² y algunas mujeres que habían sido sanadas de espíritus malos y de enfermedades: María, que se llamaba Magdalena, de la que habían salido siete demonios, ³ Juana, mujer de Chuza, intendente de Herodes, Susana y otras muchas que ayudaban con sus bienes.ᵃ

Parábola del sembrador
(Mt 13.1-15,18-23; Mc 4.1-20)

⁴ Juntándose una gran multitud y los que de cada ciudad venían a él, les dijo por parábola:

⁵ «El sembrador salió a sembrar su semilla; y mientras sembraba, una parte cayó junto al camino, fue pisoteada y las aves del cielo se la comieron. ⁶ Otra parte cayó sobre la piedra y, después de nacer, se secó, porque no tenía humedad. ⁷ Otra parte cayó entre espinos, y los espinos que nacieron juntamente con ella la ahogaron. ⁸ Y otra parte cayó en buena tierra, nació y llevó fruto a ciento por uno».

Hablando estas cosas, decía con fuerte voz: «El que tiene oídos para oír, oiga».

⁹ Sus discípulos le preguntaron:

—¿Qué significa esta parábola?

¹⁰ Él dijo:

—A vosotros os es dado conocer los misterios del reino de Dios, pero a los otros por parábolas, para que viendo no vean y oyendo no entiendan.ᵇ

¹¹ »Esta es, pues, la parábola: La semilla es la palabra de Dios. ¹² Los de junto al camino son los que oyen, pero luego viene el diablo y quita de su corazón la palabra para que no crean y se salven. ¹³ Los de sobre la piedra son los que, habiendo oído, reciben la palabra con gozo, pero no tienen raíces; creen por algún tiempo, pero en el tiempo de la prueba se apartan. ¹⁴ La que cayó entre espinos son los que oyen pero luego se van y son ahogados

por las preocupaciones, las riquezas y los placeres de la vida, y no llevan fruto. ¹⁵ Pero la que cayó en buena tierra son los que con corazón bueno y recto retienen la palabra oída, y dan fruto con perseverancia.

La parábola de la lámpara
(Mc 4.21-25)

¹⁶ »Nadie enciende una luz para después cubrirla con una vasija, ni la pone debajo de la cama, sino que la pone en un candeleroᶜ para que los que entren vean la luz. ¹⁷ Así nada hay oculto que no haya de ser descubierto, ni escondido que no haya de ser conocido y de salir a la luz.ᵈ ¹⁸ Mirad, pues, cómo oís, porque a todo el que tiene, se le dará, y a todo el que no tiene, aun lo que piensa tener se le quitará.ᵉ

La madre y los hermanos de Jesús
(Mt 12.46-50; Mc 3.31-35)

¹⁹ Entonces su madre y sus hermanos vinieron a él; pero no podían llegar hasta él por causa de la multitud. ²⁰ Y se le avisó, diciendo:

—Tu madre y tus hermanos están fuera y quieren verte.

²¹ Él entonces respondiendo, les dijo:

—Mi madre y mis hermanos son los que oyen la palabra de Dios y la obedecen.ᶠ

Jesús calma la tempestad
(Mt 8.23-27; Mc 4.35-41)

²² Aconteció un día, que entró en una barca con sus discípulos y les dijo:

—Pasemos al otro lado del lago.

Y partieron. ²³ Pero, mientras navegaban, él se durmió. Y se desencadenó una tempestad de viento en el lago, y se anegaban y peligraban. ²⁴ Vinieron a él y lo despertaron, diciendo:

—¡Maestro, Maestro, que perecemos!

Despertando él, reprendió al viento y a las olas; y cesaron y sobrevino la calma.

²⁵ Y les dijo:

—¿Dónde está vuestra fe?

Atemorizados, se maravillaban y se decían unos a otros:

—¿Quién es este, que aun a los vientos y a las aguas manda, y lo obedecen?

ᵃ **8.2-3** Mt 27.55-56; Mc 15.40-41; Lc 23.49.   ᵇ **8.10** Is 6.9-10.   ᶜ **8.16** Mt 5.15; Lc 11.33.
ᵈ **8.17** Mt 10.26; Lc 12.12.   ᵉ **8.18** Mt 13.12; 25.29; Lc 19.26.   ᶠ **8.21** Ro 8.29.

El endemoniado gadareno
(Mt 8.28-34; Mc 5.1-20)

²⁶ Arribaron a la tierra de los gadarenos, que está en la ribera opuesta a Galilea. ²⁷ Al llegar él a tierra, vino a su encuentro un hombre de la ciudad, endemoniado desde hacía mucho tiempo; no vestía ropa ni habitaba en casa, sino en los sepulcros. ²⁸ Al ver a Jesús, lanzó un gran grito, y postrándose a sus pies exclamó a gran voz:

—¿Qué tienes conmigo, Jesús, Hijo del Dios Altísimo? Te ruego que no me atormentes.

²⁹ (Jesús le ordenaba al espíritu impuro que saliera del hombre, pues hacía mucho tiempo que se había apoderado de él; y lo ataban con cadenas y grillos, pero, rompiendo las cadenas, era impelido por el demonio a los desiertos.) ³⁰ Jesús le preguntó:

—¿Cómo te llamas?

Él dijo:

—Legión.

Muchos demonios habían entrado en él ³¹ y le rogaban que no los mandara al abismo. ³² Había allí un hato de muchos cerdos que pacían en el monte; y le rogaron que los dejara entrar en ellos. Él les dio permiso. ³³ Entonces los demonios salieron del hombre y entraron en los cerdos, y el hato se precipitó por un despeñadero al lago, y se ahogó.

³⁴ Los que apacentaban los cerdos, cuando vieron lo que había acontecido, huyeron y dieron aviso en la ciudad y por los campos. ³⁵ Y salieron a ver lo que había sucedido; vinieron a Jesús y hallaron al hombre de quien habían salido los demonios sentado a los pies de Jesús, vestido y en su cabal juicio; y tuvieron miedo. ³⁶ Los que lo habían visto les contaron cómo había sido salvado el endemoniado. ³⁷ Entonces toda la multitud de la región alrededor de los gadarenos le rogó que se alejara de ellos, pues tenían gran temor. Entró, pues, Jesús en la barca y se fue. ³⁸ El hombre de quien habían salido los demonios le rogaba que lo dejara quedarse con él, pero Jesús lo despidió, diciendo:

³⁹ —Vuélvete a tu casa y cuenta cuán grandes cosas ha hecho Dios contigo.

Él, entonces, se fue, publicando por toda la ciudad cuán grandes cosas había hecho Jesús con él.

La hija de Jairo, y la mujer que tocó el manto de Jesús
(Mt 9.18-26; Mc 5.21-43)

⁴⁰ Cuando volvió Jesús, lo recibió la multitud con gozo, pues todos lo esperaban. ⁴¹ Entonces llegó un hombre llamado Jairo, que era un alto dignatario de la sinagoga; postrándose a los pies de Jesús, le rogaba que entrara en su casa, ⁴² porque tenía una hija única, como de doce años, que se estaba muriendo.

Y mientras iba, la multitud lo oprimía. ⁴³ Pero una mujer que padecía de flujo de sangre desde hacía doce años, y que había gastado en médicos todo cuanto tenía y por ninguno había podido ser curada,ᵍ ⁴⁴ se le acercó por detrás y tocó el borde de su manto. Al instante se detuvo el flujo de su sangre. ⁴⁵ Entonces Jesús dijo:

—¿Quién es el que me ha tocado?

Todos lo negaban, y dijo Pedro y los que con él estaban:

—Maestro, la multitud te aprieta y oprime, y preguntas: "¿Quién es el que me ha tocado?"

⁴⁶ Pero Jesús dijo:

—Alguien me ha tocado, porque yo he sentido que ha salido poder de mí.

⁴⁷ Entonces, cuando la mujer vio que había sido descubierta, vino temblando y, postrándose a sus pies, le declaró delante de todo el pueblo por qué causa lo había tocado y cómo al instante había sido sanada. ⁴⁸ Él le dijo:

—Hija, tu fe te ha salvado; ve en paz.

⁴⁹ Estaba hablando aún, cuando vino uno de casa del alto dignatario de la sinagoga a decirle:

—Tu hija ha muerto; no molestes más al Maestro.

⁵⁰ Oyéndolo Jesús, le respondió:

—No temas; cree solamente y será salva.

⁵¹ Entrando en la casa, no dejó entrar a nadie consigo, sino a Pedro, a Jacobo, a Juan y al padre y a la madre de la niña. ⁵² Todos lloraban y hacían lamentación por ella. Pero él dijo:

ᵍ **8.43** Mc 5.26.

—No lloréis; no está muerta, sino que duerme.

⁵³ Y se burlaban de él, porque sabían que estaba muerta. ⁵⁴ Pero él, tomándola de la mano, clamó diciendo:

—¡Muchacha, levántate!

⁵⁵ Entonces su espíritu volvió, e inmediatamente se levantó; y él mandó que se le diera de comer. ⁵⁶ Sus padres estaban atónitos; pero Jesús les mandó que a nadie dijeran lo que había sucedido.

Misión de los doce discípulos
(Mt 10.5-15; Mc 6.7-13)

9 ¹ Reuniendo a sus doce discípulos, les dio poder y autoridad sobre todos los demonios y para sanar enfermedades. ² Y los envió a predicar el reino de Dios y a sanar a los enfermos. ³ Les dijo:ᵃ

—No toméis nada para el camino: ni bastón, ni alforja, ni pan, ni dinero; ni llevéis dos túnicas. ⁴ En cualquier casa donde entréis, quedad allí, y de allí salid. ⁵ Dondequiera que no os reciban, salid de aquella ciudad y sacudid el polvo de vuestros pies en testimonio contra ellos.ᵇ

⁶ Y saliendo, pasaban por todas las aldeas anunciando el evangelio y sanando por todas partes.

Muerte de Juan el Bautista
(Mt 14.1-12; Mc 6.14-29)

⁷ Herodes,ᶜ el tetrarca, oyó de todas las cosas que hacía Jesús, y estaba perplejo, porque decían algunos: «Juan ha resucitado de los muertos»; ⁸ otros: «Elías ha aparecido»; y otros: «Algún profeta de los antiguos ha resucitado».ᵈ ⁹ Y dijo Herodes:

—A Juan yo lo hice decapitar; ¿quién, pues, es este de quien oigo tales cosas?

Y procuraba verlo.

Alimentación de los cinco milᵉ
(Mt 14.13-21; Mc 6.30-44; Jn 6.1-14)

¹⁰ Al regresar los apóstoles, le contaron todo lo que habían hecho. Y tomándolos, se retiró aparte, a un lugar desierto de la ciudad llamada Betsaida. ¹¹ Cuando la gente lo supo, lo siguió; y él los recibió, les hablaba del reino de Dios y sanaba a los que necesitaban ser curados.

¹² Pero el día comenzaba a declinar. Acercándose los doce, le dijeron:

—Despide a la gente, para que vayan a las aldeas y campos de alrededor y se alojen y encuentren alimentos, porque aquí estamos en lugar desierto.

¹³ Él les dijo:

—Dadles vosotros de comer.

Dijeron ellos:

—No tenemos más que cinco panes y dos peces, a no ser que vayamos nosotros a comprar alimentos para toda esta multitud.

¹⁴ Eran como cinco mil hombres. Entonces dijo a sus discípulos:

—Hacedlos sentar en grupos de cincuenta.

¹⁵ Así lo hicieron, haciéndolos sentar a todos. ¹⁶ Y tomando los cinco panes y los dos peces, levantó los ojos al cielo, los bendijo, los partió y dio a sus discípulos para que los pusieran delante de la gente. ¹⁷ Comieron todos y se saciaron; y recogieron lo que les sobró: doce cestas de pedazos.

La confesión de Pedro
(Mt 16.13-20; Mc 8.27-30)

¹⁸ Aconteció que mientras Jesús oraba aparte, estaban con él los discípulos; y les preguntó, diciendo:

—¿Quién dice la gente que soy yo?

¹⁹ Ellos respondieron:

—Unos, Juan el Bautista; otros, Elías; y otros, que algún profeta de los antiguos ha resucitadoᶠ

²⁰ Él les dijo:

—¿Y vosotros, quién decís que soy?

Entonces, respondiendo Pedro, dijo:

—El Cristo de Dios.ᵍ

Jesús anuncia su muerte
(Mt 16.21-28; Mc 8.31—9.1)

²¹ Pero él les mandó que a nadie dijeran esto, encargándoselo rigurosamente, ²² y diciendo:

—Es necesario que el Hijo del hombre

ᵃ **9.3-5** Lc 10.4-11.   ᵇ **9.5** Hch 13.51.   ᶜ **9.7-9** Se trata de *Herodes* Antipas, *tetrarca* o gobernador de Galilea.   ᵈ **9.7-8** Mt 16.14; Mc 8.28; Lc 9.19.   ᵉ **9.10-17** Mt 15.32-39; Mc 8.1-10   ᶠ **9.19** Mt 14.1-2; Mc 6.14-15; Lc 9.7-8.   ᵍ **9.20** Jn 6.68-69.

padezca muchas cosas y sea desechado por los ancianos, por los principales sacerdotes y por los escribas, y que sea muerto y resucite al tercer día.[h]

²³ Y decía a todos:

—Si alguno quiere venir en pos de mí, niéguese a sí mismo, tome su cruz cada día y sígame. ²⁴ Todo el que quiera salvar su vida, la perderá; y todo el que pierda su vida por causa de mí, este la salvará,[i] ²⁵ pues, ¿qué aprovecha al hombre si gana todo el mundo y se destruye o se pierde a sí mismo?, ²⁶ porque el que se avergüence de mí y de mis palabras, de este se avergonzará el Hijo del hombre cuando venga en su gloria, y en la del Padre y de los santos ángeles.[j] ²⁷ Pero en verdad os digo que hay algunos de los que están aquí que no gustarán la muerte hasta que vean el reino de Dios.

La transfiguración
(Mt 17.1-8; Mc 9.2-8)

²⁸ Como ocho días después de estas palabras, Jesús tomó a Pedro, a Juan y a Jacobo, y subió al monte a orar.[k,l] ²⁹ Mientras oraba, la apariencia de su rostro cambió y su vestido se volvió blanco y resplandeciente. ³⁰ Y dos varones hablaban con él, los cuales eran Moisés y Elías. ³¹ Estos aparecieron rodeados de gloria; y hablaban de su partida, que Jesús iba a cumplir en Jerusalén. ³² Pedro y los que lo acompañaban estaban rendidos de sueño; pero, permaneciendo despiertos, vieron la gloria de Jesús y a los dos varones que estaban con él. ³³ Y sucedió que, mientras estos se alejaban de él, Pedro dijo a Jesús:

—Maestro, bueno es para nosotros estar aquí. Hagamos tres enramadas, una para ti, una para Moisés y una para Elías.

Pero no sabía lo que decía. ³⁴ Mientras él decía esto, vino una nube que los cubrió; y tuvieron temor al entrar en la nube. ³⁵ Y vino una voz desde la nube, que decía: «Este es mi Hijo amado;[m] a él oíd».

³⁶ Cuando cesó la voz, Jesús se encontraba solo. Ellos callaron, y por aquellos días no dijeron nada a nadie de lo que habían visto.

Jesús sana a un muchacho endemoniado
(Mt 17.14-21; Mc 9.14-29)

³⁷ Al día siguiente, cuando descendieron del monte, una gran multitud les salió al encuentro. ³⁸ Y un hombre de la multitud clamó diciendo:

—Maestro, te ruego que veas a mi hijo, pues es el único que tengo; ³⁹ y sucede que un espíritu lo toma y, de repente, lo hace gritar, lo sacude con violencia, lo hace echar espuma y, estropeándolo, a duras penas se aparta de él. ⁴⁰ Rogué a tus discípulos que lo echaran fuera, pero no pudieron.

⁴¹ Respondiendo Jesús, dijo:

—¡Generación incrédula y perversa! ¿Hasta cuándo he de estar con vosotros y os he de soportar? Trae acá a tu hijo.

⁴² Mientras se acercaba el muchacho, el demonio lo derribó y lo sacudió con violencia; pero Jesús reprendió al espíritu impuro, sanó al muchacho y se lo devolvió a su padre. ⁴³ Y todos se admiraban de la grandeza de Dios.

Jesús anuncia por segunda vez su muerte
(Mt 17.22-23; Mc 9.30-32)

Estando todos maravillados de todas las cosas que hacía, dijo a sus discípulos:

⁴⁴ —Haced que os penetren bien en los oídos estas palabras, porque acontecerá que el Hijo del hombre será entregado en manos de hombres.

⁴⁵ Pero ellos no entendían estas palabras, pues les estaban veladas para que no las entendieran; y temían preguntarle sobre esas palabras.

¿Quién es el mayor?
(Mt 18.1-5; Mc 9.33-37)

⁴⁶ Entonces entraron en discusión sobre quién de ellos sería el mayor.[n] ⁴⁷ Jesús, percibiendo los pensamientos de sus corazones, tomó a un niño, lo puso junto a sí ⁴⁸ y les dijo:

—Cualquiera que reciba a este niño en mi nombre, a mí me recibe; y cualquiera que me reciba a mí, recibe al que me

---

[h] **9.22** Mc 9.31; 10.32-34; Lc 9.44; 18.31-33.   [i] **9.23-24** Mt 10.38-39; Lc 14.27; 17.33; Jn 12.24-25.
[j] **9.26** Mt 10.33; Lc 12.9; 2 Ti 2.12.   [k] **9.28-35** 2 P 1.17-18.   [l] **9.28** Mt 14.23; Lc 6.12.
[m] **9.35** Is 42.1; Mt 3.17; 12.18; Mc 1.11; Lc 3.22.   [n] **9.46** Lc 22.24.

envió,[ñ] porque el que es más pequeño entre todos vosotros, ese es el más grande.

El que no está contra nosotros, por nosotros está

(Mc 9.38-40)

⁴⁹ Entonces respondiendo Juan, dijo:

—Maestro, hemos visto a uno que echaba fuera demonios en tu nombre; y se lo prohibimos, porque no sigue con nosotros.

⁵⁰ Jesús le dijo:

—No se lo prohibáis, porque el que no está contra nosotros, por nosotros está.[o]

Jesús reprende a Jacobo y a Juan

⁵¹ Cuando se cumplió el tiempo en que él había de ser recibido arriba, afirmó su rostro para ir a Jerusalén. ⁵² Y envió mensajeros delante de él, los cuales fueron y entraron en una aldea de los samaritanos para hacerle preparativos. ⁵³ Pero no lo recibieron, porque su intención era ir a Jerusalén. ⁵⁴ Al ver esto, Jacobo y Juan, sus discípulos, le dijeron:

—Señor, ¿quieres que mandemos que descienda fuego del cielo, como hizo Elías, y los consuma?[p]

⁵⁵ Entonces, volviéndose él, los reprendió diciendo:

—Vosotros no sabéis de qué espíritu sois, ⁵⁶ porque el Hijo del hombre no ha venido para perder las almas de los hombres, sino para salvarlas.

Y se fueron a otra aldea.

Los que querían seguir a Jesús

(Mt 8.18-22)

⁵⁷ Yendo por el camino, uno le dijo:

—Señor, te seguiré adondequiera que vayas.

⁵⁸ Jesús le dijo:

—Las zorras tienen guaridas y las aves de los cielos nidos, pero el Hijo del hombre no tiene donde recostar la cabeza.

⁵⁹ Y dijo a otro:

—Sígueme.

Él le respondió:

—Señor, déjame que primero vaya y entierre a mi padre.

⁶⁰ Jesús le dijo:

—Deja que los muertos entierren a sus muertos; pero tú vete a anunciar el reino de Dios.

⁶¹ Entonces también dijo otro:

—Te seguiré, Señor; pero déjame que me despida primero de los que están en mi casa.[q]

⁶² Jesús le contestó:

—Ninguno que, habiendo puesto su mano en el arado, mira hacia atrás es apto para el reino de Dios.

Misión de los setenta

10 ¹ Después de estas cosas, el Señor designó también a otros setenta, a quienes envió de dos en dos delante de él a toda ciudad y lugar adonde él había de ir. ² Y les dijo:

«La mies a la verdad es mucha, pero los obreros pocos; por tanto, rogad al Señor de la mies que envíe obreros a su mies.[a] ³ Id; yo os envío como corderos en medio de lobos.[b] ⁴ No llevéis bolsa ni alforja ni calzado; y a nadie saludéis por el camino. ⁵ En cualquier casa donde entréis, primeramente decid: "Paz sea a esta casa". ⁶ Si hay allí algún hijo de paz, vuestra paz reposará sobre él; y si no, se volverá a vosotros. ⁷ Quedaos en aquella misma casa, comiendo y bebiendo lo que os den, porque el obrero es digno de su salario.[c] No os paséis de casa en casa. ⁸ En cualquier ciudad donde entréis y os reciban, comed lo que os pongan delante ⁹ y sanad a los enfermos que en ella haya, y decidles: "Se ha acercado a vosotros el reino de Dios". ¹⁰ Pero en cualquier ciudad donde entréis y no os reciban, salid por sus calles y decid: ¹¹ "¡Aun el polvo de vuestra ciudad, que se ha pegado a nuestros pies, lo sacudimos contra vosotros![d] Pero sabed que el reino de Dios se ha acercado a vosotros".[e] ¹² Os digo que en aquel día será más tolerable el castigo para Sodoma [f] que para aquella ciudad.[g]

[ñ] **9.48** Mt 10.40; Lc 10.16; Jn 13.20.   [o] **9.50** Mt 12.30; Lc 11.23.   [p] **9.54** 2 R 1.9-16.
[q] **9.61** 1 R 19.20.   [a] **10.2** Mt 9.37-38; Jn 4.35.   [b] **10.3** Mt 10.16.   [c] **10.7** 1 Co 9.14; 1 Ti 5.18.
[d] **10.10-11** Hch 13.51.   [e] **10.4-11** Mt 10.7-14; Mc 6.8-11; Lc 9.3-5.   [f] **10.12** Gn 19.24-28; Mt 11.24.
[g] **10.12** Mt 10.15.

Ayes sobre las ciudades impenitentes
(Mt 11.20-24)

¹³ »¡Ay de ti, Corazín! ¡Ay de ti, Betsaida! que si en Tiro y en Sidón[h] se hubieran hecho los milagros que se han hecho en vosotras, tiempo ha que, sentadas en ceniza y con vestidos ásperos, se habrían arrepentido. ¹⁴ Por tanto, en el juicio será más tolerable el castigo para Tiro y Sidón que para vosotras. ¹⁵ Y tú, Capernaúm, que hasta los cielos eres levantada, hasta el Hades serás abatida.[i]

¹⁶ »El que a vosotros oye, a mí me oye;[j] y el que a vosotros desecha, a mí me desecha; y el que me desecha a mí, desecha al que me envió».

Regreso de los setenta

¹⁷ Regresaron los setenta con gozo, diciendo:

—¡Señor, hasta los demonios se nos sujetan en tu nombre!

¹⁸ Les dijo:

—Yo veía a Satanás caer del cielo como un rayo. ¹⁹ Os doy potestad de pisotear serpientes y escorpiones,[k] y sobre toda fuerza del enemigo, y nada os dañará. ²⁰ Pero no os regocijéis de que los espíritus se os sujetan, sino regocijaos de que vuestros nombres están escritos en los cielos.

Jesús se regocija
(Mt 11.25-27; 13.16-17)

²¹ En aquella misma hora Jesús se regocijó en el Espíritu, y dijo: «Yo te alabo, Padre, Señor del cielo y de la tierra, porque escondiste estas cosas de los sabios y entendidos y las has revelado a los niños. Sí, Padre, porque así te agradó.

²² »Todas las cosas me fueron entregadas por mi Padre;[l] y nadie conoce quién es el Hijo, sino el Padre; ni quién es el Padre, sino el Hijo[m] y aquel a quien el Hijo lo quiera revelar».

²³ Y volviéndose a los discípulos, les dijo aparte:

—Bienaventurados los ojos que ven lo que vosotros veis, ²⁴ pues os digo que muchos profetas y reyes desearon ver lo que vosotros veis, y no lo vieron; y oir lo que oís, y no lo oyeron.

El buen samaritano

²⁵ Un intérprete de la Ley se levantó y dijo, para probarlo:[n]

—Maestro, ¿haciendo qué cosa heredaré la vida eterna?

²⁶ Él le dijo:

—¿Qué está escrito en la Ley? ¿Cómo lees?

²⁷ Aquel, respondiendo, dijo:

—Amarás al Señor tu Dios con todo tu corazón, con toda tu alma, con todas tus fuerzas y con toda tu mente;[ñ] y a tu prójimo como a ti mismo.[o]

²⁸ Le dijo:

—Bien has respondido; haz esto y vivirás.[p]

²⁹ Pero él, queriendo justificarse a sí mismo, dijo a Jesús:

—¿Y quién es mi prójimo?

³⁰ Respondiendo Jesús, dijo:

—Un hombre que descendía de Jerusalén a Jericó cayó en manos de ladrones, los cuales lo despojaron, lo hirieron y se fueron dejándolo medio muerto. ³¹ Aconteció que descendió un sacerdote por aquel camino, y al verlo pasó de largo. ³² Asimismo un levita, llegando cerca de aquel lugar, al verlo pasó de largo. ³³ Pero un samaritano que iba de camino, vino cerca de él y, al verlo, fue movido a misericordia. ³⁴ Acercándose, vendó sus heridas echándoles aceite y vino, lo puso en su cabalgadura, lo llevó al mesón y cuidó de él. ³⁵ Otro día, al partir, sacó dos denarios, los dio al mesonero y le dijo: "Cuídamelo, y todo lo que gastes de más yo te lo pagaré cuando regrese". ³⁶ ¿Quién, pues, de estos tres te parece que fue el prójimo del que cayó en manos de los ladrones?

³⁷ Él dijo:

—El que usó de misericordia con él.

Entonces Jesús le dijo:

—Ve y haz tú lo mismo.

---

[h] **10.13** Is 23; Ez 26—28; Jl 3.4-8; Am 1.9-10; Zac 9.2-4.   [i] **10.15** Is 14.13-15.   [j] **10.16** Mt 10.40; Mc 9.37; Lc 9.48; Jn 5.23; 13.20.   [k] **10.19** Sal 91.13; Mc 16.18; Hch 28.3-6.   [l] **10.22** Jn 3.35.   [m] **10.22** Jn 1.18; 6.65; 10.14-15.   [n] **10.25-28** Mt 22.35-40; Mc 12.28-34.   [ñ] **10.27** Dt 6.5.   [o] **10.27** Lv 19.18.   [p] **10.28** Lv 18.5.

Jesús visita a Marta y a María

³⁸ Aconteció que, yendo de camino, entró en una aldea, y una mujer llamada Marta lo recibió en su casa. ³⁹ Esta tenía una hermana que se llamaba María,[q] la cual, sentándose a los pies de Jesús, oía su palabra. ⁴⁰ Marta, en cambio, se preocupaba con muchos quehaceres y, acercándose, dijo:

—Señor, ¿no te da cuidado que mi hermana me deje servir sola? Dile, pues, que me ayude.

⁴¹ Respondiendo Jesús, le dijo:

—Marta, Marta, afanada y turbada estás con muchas cosas. ⁴² Pero solo una cosa es necesaria, y María ha escogido la buena parte, la cual no le será quitada.

Jesús y la oración
(Mt 6.9-15; 7.7-11)

11 ¹ Aconteció que estaba Jesús orando en un lugar y, cuando terminó, uno de sus discípulos le dijo:

—Señor, enséñanos a orar, como también Juan enseñó a sus discípulos.

² Él les dijo:

—Cuando oréis, decid:

»"Padre nuestro que estás en los
   cielos,
santificado sea tu nombre.
Venga tu Reino.
Hágase tu voluntad, como en el
   cielo, así también en la tierra.
³ El pan nuestro de cada día, dánoslo
   hoy.
⁴ Perdónanos nuestros pecados,
   porque también nosotros
   perdonamos a todos los que nos
   deben.
Y no nos metas en tentación,
   mas líbranos del mal".

⁵ Les dijo también:

—¿Quién de vosotros que tenga un amigo, va a él a medianoche y le dice: "Amigo, préstame tres panes, ⁶ porque un amigo mío ha venido a mí de viaje y no tengo qué ofrecerle"; ⁷ y aquel, respondiendo desde adentro, le dice: "No me molestes; la puerta ya está cerrada y mis

niños están conmigo en cama. No puedo levantarme y dártelos"? ⁸ Os digo que, si no se levanta a dárselos por ser su amigo, al menos por su importunidad se levantará y le dará todo lo que necesite. ⁹ Por eso os digo: Pedid, y se os dará; buscad, y hallaréis; llamad, y se os abrirá, ¹⁰ porque todo aquel que pide, recibe; y el que busca, halla; y al que llama, se le abrirá.

¹¹ »¿Qué padre de vosotros, si su hijo le pide pan, le dará una piedra? ¿O si le pide pescado, en lugar de pescado le dará una serpiente? ¹² ¿O si le pide un huevo, le dará un escorpión? ¹³ Pues si vosotros, siendo malos, sabéis dar buenas dádivas a vuestros hijos, ¿cuánto más vuestro Padre celestial dará el Espíritu Santo a los que se lo pidan?[a]

Una casa dividida contra sí misma
(Mt 12.22-30; Mc 3.20-27)

¹⁴ Estaba Jesús echando fuera un demonio, que era mudo; y aconteció que, después de salir el demonio, el mudo habló[b] y la gente quedó maravillada. ¹⁵ Pero algunos de ellos decían:

—Por Beelzebú,[c] príncipe de los demonios, echa fuera los demonios.

¹⁶ Otros, para tentarlo, le pedían señal del cielo.[d]

¹⁷ Pero él, conociendo los pensamientos de ellos, les dijo:

—Todo reino dividido contra sí mismo es asolado, y una casa dividida contra sí misma, cae. ¹⁸ De igual manera, si Satanás está dividido contra sí mismo, ¿cómo permanecerá su reino? Os digo esto ya que decís que por Beelzebú echo yo fuera los demonios. ¹⁹ Si yo echo fuera los demonios por Beelzebú, ¿vuestros hijos por quién los echan? Por tanto, ellos serán vuestros jueces. ²⁰ Pero si por el dedo de Dios echo yo fuera los demonios, ciertamente el reino de Dios ha llegado a vosotros.

²¹ »Mientras el hombre fuerte y armado guarda su palacio, en paz está lo que posee. ²² Pero cuando viene otro más fuerte que él y lo vence, le quita todas las armas en que confiaba y reparte el botín.

---

^q **10.38-39** Jn 11.1; 12.2-3.   ^a **11.9-13** Jn 14.13-14; 15.7,16; 16.23-24; 1 Jn 3.21-22; 5.14-15.
^b **11.14** Mt 9.32-33.   ^c **11.15** Mt 9.34; 10.25.   ^d **11.16** Mt 12.38; 16.1; Mc 8.11; Jn 6.30.

²³»El que no es conmigo, contra mí es;^e y el que conmigo no recoge, desparrama.

El espíritu impuro que vuelve
(Mt 12:43-45)

²⁴»Cuando el espíritu impuro sale del hombre, anda por lugares secos buscando reposo; pero, al no hallarlo, dice: "Volveré a mi casa, de donde salí". ²⁵Cuando llega, la halla barrida y adornada. ²⁶Entonces va y toma otros siete espíritus peores que él; y entran y viven allí, y el estado final de aquel hombre viene a ser peor que el primero.^f

Los que en verdad son bienaventurados

²⁷Mientras él decía estas cosas, una mujer de entre la multitud levantó la voz y le dijo:

—¡Bienaventurado el vientre que te llevó y los senos que mamaste!

²⁸Pero él dijo:

—¡Antes bien, bienaventurados los que oyen la palabra de Dios y la obedecen!

La generación perversa demanda señal
(Mt 12.38-42)

²⁹Apiñándose las multitudes, comenzó a decir:

«Esta generación es mala; demanda señal,^g pero señal no le será dada, sino la señal de Jonás, ³⁰porque así como Jonás fue señal a los ninivitas,^h lo será también el Hijo del hombre a esta generación. ³¹La reina del Sur se levantará en el juicio contra los hombres de esta generación y los condenará, porque ella vino desde los confines de la tierra para oir la sabiduría de Salomón,ⁱ y en este lugar hay alguien que es más que Salomón. ³²Los hombres de Nínive se levantarán en el juicio contra esta generación y la condenarán, porque ante la predicación de Jonás se arrepintieron,^j y en este lugar hay alguien que es más que Jonás.

La lámpara del cuerpo
(Mt 6.22-23)

³³»Nadie pone en oculto la luz encendida, ni debajo de una vasija, sino en el candelero,^k para que los que entran vean la luz. ³⁴La lámpara del cuerpo es el ojo. Cuando tu ojo es bueno, también todo tu cuerpo está lleno de luz; pero cuando tu ojo es maligno, también tu cuerpo está en tinieblas. ³⁵Cuidado, pues, no sea que la luz que en ti hay no sea luz, sino tinieblas. ³⁶Así que, si todo tu cuerpo está lleno de luz, no teniendo parte alguna de tinieblas, será todo luminoso, como cuando una lámpara te alumbra con su resplandor».

Jesús acusa a fariseos y a intérpretes de la Ley
(Mt 23.1-36; Mc 12.38-40; Lc 20.45-47)

³⁷Tan pronto terminó de hablar, un fariseo le rogó que comiera con él; y entrando Jesús en la casa, se sentó a la mesa. ³⁸El fariseo, cuando lo vio, se extrañó de que no se hubiera lavado antes de comer.^l ³⁹Pero el Señor le dijo:

—Vosotros los fariseos limpiáis lo de fuera del vaso y del plato, pero por dentro estáis llenos de rapacidad y de maldad. ⁴⁰¡Necios!, el que hizo lo de fuera, ¿no hizo también lo de dentro? ⁴¹Dad limosna de lo que tenéis, y entonces todo os será limpio.

⁴²»Pero ¡ay de vosotros, fariseos!, que diezmáis la menta, la ruda y toda hortaliza,^m y pasáis por alto la justicia y el amor de Dios. Esto os era necesario hacer, sin dejar de hacer aquello.

⁴³»¡Ay de vosotros, fariseos!, que amáis las primeras sillas en las sinagogas y las salutaciones en las plazas.

⁴⁴»¡Ay de vosotros, escribas y fariseos, hipócritas!, que sois como sepulcros que no se ven, y los hombres que andan por encima no lo saben.

⁴⁵Respondiendo uno de los intérpretes de la Ley, le dijo:

—Maestro, cuando dices esto, también nos ofendes a nosotros.

---

^e**11.23** Mc 9.40; Lc 9.50.   ^f**11.26** 2 P 2.20.   ^g**11.29** Mt 16.4; Mc 8.12.   ^h**11.30** Jon 3.3-4.
ⁱ**11.31** 1 R 10.1-10; 2 Cr 9.1-12.   ^j**11.32** Jon 3.5.   ^k**11.33** Mt 5.15; Mc 4.21; Lc 8.16.
^l**11.38** Mt 15.1-2; Mc 7.1-2.   ^m**11.42** Lv 27.30; Am 5.21-24; Miq 6.8.

⁴⁶Él dijo:

—¡Ay de vosotros también, intérpretes de la Ley!, porque cargáis a los hombres con cargas que no pueden llevar, pero vosotros ni aun con un dedo las tocáis.

⁴⁷»¡Ay de vosotros, que edificáis los sepulcros de los profetas a quienes mataron vuestros padres! ⁴⁸De modo que sois testigos y consentidores de los hechos de vuestros padres; a la verdad ellos los mataron, pero vosotros edificáis sus sepulcros.

⁴⁹»Por eso la sabiduría de Dios también dijo: "Les enviaré profetas y apóstoles; y de ellos, a unos matarán y a otros perseguirán", ⁵⁰para que se demande de esta generación la sangre de todos los profetas que se ha derramado desde la fundación del mundo, ⁵¹desde la sangre de Abel^n hasta la sangre de Zacarías,^{ñ} que murió entre el altar y el Templo; sí, os digo que será demandada de esta generación.

⁵²»¡Ay de vosotros, intérpretes de la Ley!, porque habéis quitado la llave de la ciencia; vosotros mismos no entrasteis, y a los que entraban se lo impedisteis.

⁵³Diciéndoles él estas cosas, los escribas y los fariseos comenzaron a acosarlo en gran manera y a provocarlo para que hablara de muchas cosas, ⁵⁴acechándolo y procurando cazar alguna palabra de su boca para acusarlo.

La levadura de los fariseos

12 ¹Mientras tanto, millares de personas se habían juntado, hasta el punto que unos a otros se atropellaban. Jesús comenzó a decir primeramente a sus discípulos:

—Guardaos de la levadura de los fariseos,^{a} que es la hipocresía, ²porque nada hay encubierto que no haya de descubrirse, ni oculto que no haya de saberse.^{b} ³Por tanto, todo lo que habéis dicho en tinieblas, a la luz se oirá; y lo que habéis hablado al oído en los aposentos, se proclamará en las azoteas.

A quién se debe temer
(Mt 10.26-31)

⁴»Os digo, amigos míos: No temáis a los que matan el cuerpo, pero después nada más pueden hacer. ⁵Os enseñaré a quién debéis temer: Temed a aquel que, después de haber quitado la vida, tiene poder de echar en el infierno. Sí, os digo, a este temed.

⁶»¿No se venden cinco pajarillos por dos cuartos? Con todo, ni uno de ellos está olvidado delante de Dios, ⁷pues aun los cabellos de vuestra cabeza están todos contados. No temáis, pues; más valéis vosotros que muchos pajarillos.

El que me confiese delante de los hombres

⁸»Os digo que todo aquel que me confiese delante de los hombres, también el Hijo del hombre lo confesará delante de los ángeles de Dios; ⁹pero el que me niegue delante de los hombres, será negado delante de los ángeles de Dios.^{c}

¹⁰»Todo aquel que diga alguna palabra contra el Hijo del hombre, será perdonado; pero el que blasfeme contra el Espíritu Santo, no será perdonado.^{d}

¹¹»Cuando os traigan a las sinagogas, ante los magistrados y las autoridades, no os preocupéis por cómo o qué habréis de responder, o qué habréis de decir, ¹²porque el Espíritu Santo os enseñará en la misma hora lo que debéis decir.^{e}

El rico insensato

¹³Le dijo uno de la multitud:

—Maestro, di a mi hermano que parta conmigo la herencia.

¹⁴Pero él le dijo:

—Hombre, ¿quién me ha puesto sobre vosotros como juez o partidor?

¹⁵Y les dijo:

—Mirad, guardaos de toda avaricia, porque la vida del hombre no consiste en la abundancia de los bienes que posee.

¹⁶También les refirió una parábola, diciendo: «La heredad de un hombre rico había producido mucho. ¹⁷Y él pensaba dentro de sí, diciendo: "¿Qué haré, porque no tengo donde guardar mis frutos?" ¹⁸Y dijo: "Esto haré: derribaré mis graneros y los edificaré más grandes, y allí

---

^{n} **11.51** Gn 4.8. ^{ñ} **11.51** 2 Cr 24.20-21. ^{a} **12.1** Mt 16.6,12; Mc 8.15. ^{b} **12.2** Mc 4.22; Lc 8.17.
^{c} **12.9** Mc 8.38; Lc 9.26; 2 Ti 2.12. ^{d} **12.10** Mt 12.32; Mc 3.28-29. ^{e} **12.11-12** Mt 10.19-20;
Mc 13.9-11; Lc 21.14-15.

guardaré todos mis frutos y mis bienes;
[19] y diré a mi alma: 'Alma, muchos bienes
tienes guardados para muchos años; descansa, come, bebe y regocíjate' ". [20] Pero
Dios le dijo: "Necio, esta noche vienen a
pedirte tu alma, y lo que has guardado,
¿de quién será?" [21] Así es el que hace para
sí tesoro y no es rico para con Dios».

La angustia y la ansiedad
(Mt 6.25-34)

[22] Dijo luego a sus discípulos: «Por tanto
os digo: No os angustiéis por vuestra vida, qué comeréis; ni por el cuerpo, qué
vestiréis. [23] La vida es más que la comida,
y el cuerpo más que el vestido. [24] Considerad los cuervos, que ni siembran ni siegan; que ni tienen despensa ni granero, y
Dios los alimenta. ¿No valéis vosotros
mucho más que las aves? [25] ¿Y quién de
vosotros podrá, con angustiarse, añadir a
su estatura un codo? [26] Pues si no podéis
ni aun lo que es menos, ¿por qué os angustiáis por lo demás?

[27] »Considerad los lirios, cómo crecen:
no trabajan ni hilan, pero os digo que ni
aun Salomón con toda su gloria*f* se vistió
como uno de ellos. [28] Y si así viste Dios la
hierba que hoy está en el campo y mañana es echada al horno, ¿cuánto más a vosotros, hombres de poca fe? [29] Vosotros,
pues, no os preocupéis por lo que habéis
de comer ni por lo que habéis de beber, ni
estéis en ansiosa inquietud, [30] porque todas estas cosas buscan las gentes del mundo, pero vuestro Padre sabe que tenéis
necesidad de ellas.*g* [31] Buscad, más bien, el
reino de Dios, y todas estas cosas os serán
añadidas.

Tesoro en el cielo
(Mt 6.19-21)

[32] »No temáis, manada pequeña, porque
a vuestro Padre le ha placido daros el Reino. [33] Vended lo que poseéis y dad limosna; haceos bolsas que no se envejezcan,
tesoro en los cielos que no se agote, donde
ladrón no llega ni polilla destruye,*h* [34] porque donde está vuestro tesoro, allí estará
también vuestro corazón.

El siervo vigilante

[35] »Tened vuestra cintura ceñida y
vuestras lámparas encendidas;*i* [36] sed semejantes a hombres que aguardan a que
su señor regrese *j* de las bodas, para que,
cuando llegue y llame, le abran en seguida. [37] Bienaventurados aquellos siervos a
los cuales su señor, cuando venga, halle
velando; de cierto os digo que se ceñirá y
hará que se sienten a la mesa y vendrá a
servirles. [38] Y aunque venga a la segunda
vigilia o a la tercera vigilia, si los halla velando, bienaventurados son aquellos siervos. [39] Pero sabed esto, que si supiera el
padre de familia a qué hora el ladrón había de llegar, velaría ciertamente y no lo
dejaría entrar en su casa. [40] Vosotros,
pues, también, estad preparados, porque
a la hora que no penséis el Hijo del hombre vendrá».*k*

El siervo infiel
(Mt 24.45-51)

[41] Entonces Pedro le dijo:

—Señor, ¿dices esta parábola a nosotros o también a todos?

[42] Dijo el Señor:

—¿Quién es el mayordomo fiel y prudente al cual su señor pondrá sobre su casa para que a tiempo les dé su ración?
[43] Bienaventurado aquel siervo al cual,
cuando su señor venga, lo halle haciendo
así. [44] En verdad os digo que lo pondrá sobre todos sus bienes. [45] Pero si aquel siervo dice en su corazón: "Mi señor tarda en
venir", y comienza a golpear a los criados
y a las criadas, y a comer y a beber y a em-
briagarse, [46] vendrá el señor de aquel siervo en día que este no espera y a la hora
que no sabe, y lo castigará duramente y lo
pondrá con los infieles.

[47] »Aquel siervo que, conociendo la
voluntad de su señor, no se preparó ni hizo conforme a su voluntad, recibirá muchos azotes. [48] Pero el que sin conocerla
hizo cosas dignas de azotes, será azotado
poco,*l* porque a todo aquel a quien se haya dado mucho, mucho se le demandará,
y al que mucho se le haya confiado, más
se le pedirá.

---

f **12.27** 1 R 10.4-7; 2 Cr 9.3-6.   *g* **12.30** Mt 6.8,32.   *h* **12.33** Mt 19.21; Mc 10.21; Lc 18.22.
i **12.35** Mt 25.1-13.   *j* **12.36** Mc 13.34-36.   *k* **12.39-40** Mt 24.43-44; cf. 1 Ts 5.2; 2 P 3.10; Ap 3.3;
16.15.   *l* **12.47-48** Dt 25.2-3.

Jesús, causa de división
(Mt 10.34-36)

49 »Fuego vine a echar en la tierra. ¿Y qué quiero, si ya se ha encendido? **50** De un bautismo tengo que ser bautizado.[m] ¡Y cómo me angustio hasta que se cumpla! **51** ¿Pensáis que he venido para traer paz a la tierra? Os digo: no, sino enemistad. **52** De aquí en adelante, cinco en una familia estarán divididos, tres contra dos y dos contra tres; **53** estará dividido el padre contra el hijo y el hijo contra el padre; la madre contra la hija y la hija contra la madre; la suegra contra su nuera y la nuera contra su suegra.[n]

¿Cómo no reconocéis este tiempo?
(Mt 16.1-4; Mc 8.11-13)

54 Decía también a la multitud: «Cuando veis la nube que sale del poniente, luego decís: "Agua viene", y así sucede. **55** Y cuando sopla el viento del sur, decís: "Hará calor", y lo hace. **56** ¡Hipócritas! Sabéis distinguir el aspecto del cielo y de la tierra, ¿y cómo no distinguís este tiempo?

Arréglate con tu adversario
(Mt 5.25-26)

57 »¿Por qué no juzgáis por vosotros mismos lo que es justo? **58** Cuando vayas al magistrado con tu adversario, procura arreglarte con él en el camino, no sea que te arrastre al juez, y el juez te entregue al guardia, y el guardia te meta en la cárcel. **59** Te digo que no saldrás de allí hasta que hayas pagado aun la última blanca».

Arrepentíos o pereceréis

13 **1** En este mismo tiempo estaban allí algunos que le contaban acerca de los galileos cuya sangre Pilato había mezclado con los sacrificios de ellos. **2** Respondiendo Jesús, les dijo:

—¿Pensáis que estos galileos, porque padecieron tales cosas, eran más pecadores que los demás galileos? **3** Os digo: no, antes si no os arrepentís, todos pereceréis igualmente. **4** O aquellos dieciocho sobre los cuales cayó la torre en Siloé y los mató, ¿pensáis que eran más culpables que todos los hombres que habitan en Jerusalén?

5 Os digo: no, antes si no os arrepentís, todos pereceréis igualmente.

Parábola de la higuera estéril

6 Dijo también esta parábola: «Un hombre tenía una higuera plantada en su viña, y vino a buscar fruto en ella y no lo halló. **7** Y dijo al viñador: "Ya hace tres años que vengo a buscar fruto en esta higuera y no lo hallo. ¡Córtala! ¿Para qué inutilizar también la tierra?". **8** Él entonces, respondiendo, le dijo: "Señor, déjala todavía este año, hasta que yo cave alrededor de ella y la abone. **9** Si da fruto, bien; y si no, la cortarás después"».

Jesús sana a una mujer en sábado

10 Enseñaba Jesús en una sinagoga en sábado, **11** y había allí una mujer que desde hacía dieciocho años tenía espíritu de enfermedad, y andaba encorvada y en ninguna manera se podía enderezar. **12** Cuando Jesús la vio, la llamó y le dijo:

—Mujer, eres libre de tu enfermedad.

13 Puso las manos sobre ella, y ella se enderezó al momento y glorificaba a Dios. **14** Pero el alto dignatario de la sinagoga, enojado de que Jesús hubiera sanado en sábado, dijo a la gente:

—Seis días hay en que se debe trabajar; en estos, pues, venid y sed sanados, y no en sábado.[a]

15 Entonces el Señor le respondió y dijo:

—¡Hipócrita!, ¿no desatáis vosotros vuestro buey o vuestro asno del pesebre y lo lleváis a beber en sábado? **16** Y a esta hija de Abraham, que Satanás había atado dieciocho años, ¿no se le debía desatar de esta ligadura en sábado?

17 Al decir él estas cosas, se avergonzaban todos sus adversarios; pero todo el pueblo se regocijaba por todas las cosas gloriosas hechas por él.

Parábola de la semilla de mostaza
(Mt 13.31-32; Mc 4.30-32)

18 Dijo:

—¿A qué es semejante el reino de Dios, y con qué lo compararé? **19** Es semejante al grano de mostaza que un hombre tomó y sembró en su huerto; y creció y se hizo

---

m 12.50 Mc 10.38.   **n 12.53** Miq 7.6.   **a 13.14** Ex 20.9-10; Dt 5.13-14.

árbol grande, y las aves del cielo anidaron en sus ramas.

Parábola de la levadura
(Mt 13.33)

²⁰ Y volvió a decir:

—¿A qué compararé el reino de Dios? ²¹ Es semejante a la levadura que una mujer tomó y mezcló con tres medidas de harina, hasta que todo hubo fermentado.

La puerta estrecha
(Mt 7.13-14,21-23)

²² Pasaba Jesús por ciudades y aldeas, enseñando, mientras se encaminaba a Jerusalén. ²³ Alguien preguntó:

—Señor, ¿son pocos los que se salvan?

Él les dijo:

²⁴ —Esforzaos a entrar por la puerta angosta, porque os digo que muchos intentarán entrar y no podrán. ²⁵ Después que el padre de familia se haya levantado y cerrado la puerta, y estando fuera empecéis a llamar a la puerta, diciendo: "Señor, Señor, ábrenos", él, respondiendo, os dirá: "No sé de dónde sois".[b] ²⁶ Entonces comenzaréis a decir: "Delante de ti hemos comido y bebido, y en nuestras plazas enseñaste". ²⁷ Pero os dirá: "Os digo que no sé de dónde sois; apartaos de mí todos vosotros, hacedores de maldad".[c] ²⁸ Allí será el llanto y el crujir de dientes,[d] cuando veáis a Abraham, a Isaac, a Jacob y a todos los profetas en el reino de Dios, y vosotros estéis excluidos. ²⁹ Vendrán gentes del oriente y del occidente, del norte y del sur, y se sentarán a la mesa en el reino de Dios.[e] ³⁰ Hay últimos que serán primeros, y primeros que serán últimos.[f]

Lamento de Jesús sobre Jerusalén
(Mt 23.37-39)

³¹ Aquel mismo día llegaron unos fariseos, diciéndole:

—Sal y vete de aquí, porque Herodes te quiere matar.

³² Él les dijo:

—Id y decid a aquella zorra: "Echo fuera demonios y hago curaciones hoy y mañana, y al tercer día termino mi obra".

³³ Sin embargo, es necesario que hoy y mañana y pasado mañana siga mi camino, porque no es posible que un profeta muera fuera de Jerusalén. ³⁴ ¡Jerusalén, Jerusalén, que matas a los profetas[g] y apedreas a los que te son enviados! ¡Cuántas veces quise juntar a tus hijos, como la gallina a sus polluelos debajo de sus alas, pero no quisiste! ³⁵ Vuestra casa os es dejada desierta; y os digo que no me volveréis a ver hasta que llegue el tiempo en que digáis: "Bendito el que viene en nombre del Señor".[h]

Jesús sana a un hidrópico

14 ¹ Aconteció que un sábado Jesús entró a comer en casa de un gobernante fariseo, y ellos lo acechaban. ² Y estaba delante de él un hombre hidrópico. ³ Entonces Jesús habló a los intérpretes de la Ley y a los fariseos, diciendo:

—¿Es lícito sanar en sábado?

⁴ Pero ellos callaron. Él, tomándolo, lo sanó y lo despidió. ⁵ Y dirigiéndose a ellos, dijo:

—¿Quién de vosotros, si su asno o su buey cae en algún pozo, no lo saca inmediatamente, aunque sea sábado?[a]

⁶ Y no le podían replicar a estas cosas.

Los convidados a las bodas

⁷ Observando cómo los convidados escogían los primeros asientos[b] a la mesa, les refirió una parábola, diciéndoles: ⁸ «Cuando seas convidado por alguien a unas bodas no te sientes en el primer lugar, no sea que otro más distinguido que tú esté convidado por él, ⁹ y viniendo el que te convidó a ti y a él, te diga: "Da lugar a este", y entonces tengas que ocupar avergonzado el último lugar. ¹⁰ Más bien, cuando seas convidado, ve y siéntate en el último lugar, para que cuando venga el que te convidó te diga: "Amigo, sube más arriba". Entonces tendrás el reconocimiento de los que se sientan contigo a la mesa.[c] ¹¹ Cualquiera que se enaltece será humillado, y el que se humilla será enaltecido».[d]

¹² Dijo también al que lo había convidado:

[b] **13.25** Mt 25.10-12.　[c] **13.27** Sal 6.8.　[d] **13.28** Mt 22.13; 25.30.　[e] **13.28-29** Mt 8.11-12.
[f] **13.30** Mt 19.30; 20.16; Mc 10.31.　[g] **13.34** 1 R 19.10; Jer 2.30; 26.20-23.　[h] **13.35** Sal 118.26.
[a] **14.5** Mt 12.11; Lc 13.15.　[b] **14.7** Mt 23.6; Lc 20.46.　[c] **14.8-10** Pr 25.6-7.　[d] **14.11** Mt 23.12; Lc 18.14.

—Cuando hagas comida o cena, no llames a tus amigos ni a tus hermanos ni a tus parientes ni a vecinos ricos, no sea que ellos, a su vez, te vuelvan a convidar, y seas recompensado. [13] Cuando hagas banquete, llama a los pobres, a los mancos, a los cojos y a los ciegos; [14] y serás bienaventurado, porque ellos no te pueden recompensar, pero te será recompensado en la resurrección de los justos.

Parábola de la gran cena

[15] Oyendo esto uno de los que estaban sentados con él a la mesa, le dijo:

—¡Bienaventurado el que coma pan en el reino de Dios!

[16] Entonces Jesús le dijo: «Un hombre hizo una gran cena y convidó a muchos. [17] A la hora de la cena envió a su siervo a decir a los convidados: "Venid, que ya todo está preparado". [18] Pero todos a una comenzaron a excusarse. El primero dijo: "He comprado una hacienda y necesito ir a verla. Te ruego que me excuses". [19] Otro dijo: "He comprado cinco yuntas de bueyes y voy a probarlos. Te ruego que me excuses". [20] Y otro dijo: "Acabo de casarme y por tanto no puedo ir". [21] El siervo regresó e hizo saber estas cosas a su señor. Entonces, enojado el padre de familia, dijo a su siervo: "Ve pronto por las plazas y las calles de la ciudad, y trae acá a los pobres, a los mancos, a los cojos y a los ciegos". [22] Dijo el siervo: "Señor, se ha hecho como mandaste y aún hay lugar". [23] Dijo el señor al siervo: "Ve por los caminos y por los vallados, y fuérzalos a entrar para que se llene mi casa, [24] pues os digo que ninguno de aquellos hombres que fueron convidados gustará mi cena"».

Lo que cuesta seguir a Cristo

[25] Grandes multitudes iban con él; y volviéndose, les decía: [26] «Si alguno viene a mí y no aborrece a su padre, madre, mujer, hijos, hermanos, hermanas y hasta su propia vida, no puede ser mi discípulo.[e] [27] El que no lleva su cruz y viene en pos de mí, no puede ser mi discípulo.[f] [28] ¿Quién de vosotros, queriendo edificar una torre, no se sienta primero y calcula los gastos, a ver si tiene lo que necesita para acabarla? [29] No sea que, después que haya puesto el cimiento, no pueda acabarla y todos los que lo vean comiencen a hacer burla de él, [30] diciendo: "Este hombre comenzó a edificar y no pudo acabar". [31] ¿O qué rey, al marchar a la guerra contra otro rey, no se sienta primero y considera si puede hacer frente con diez mil al que viene contra él con veinte mil? [32] Y si no puede, cuando el otro está todavía lejos le envía una embajada y le pide condiciones de paz. [33] Así, pues, cualquiera de vosotros que no renuncie a todo lo que posee,[g] no puede ser mi discípulo.

Cuando la sal pierde su sabor
(Mt 5.13; Mc 9.50)

[34] »Buena es la sal; pero si la sal se hace insípida, ¿con qué se sazonará? [35] Ni para la tierra ni para el muladar es útil; la arrojan fuera. El que tiene oídos para oír, oiga».

La parábola de la oveja perdida
(Mt 18.10-14)

15 [1] Se acercaban a Jesús todos los publicanos y pecadores para oírlo, [2] y los fariseos y los escribas murmuraban, diciendo:

—Este recibe a los pecadores y come con ellos.[a]

[3] Entonces él les refirió esta parábola, diciendo: [4] «¿Qué hombre de vosotros, si tiene cien ovejas y se le pierde una de ellas, no deja las noventa y nueve en el desierto y va tras la que se perdió, hasta encontrarla? [5] Cuando la encuentra, la pone sobre sus hombros gozoso, [6] y al llegar a casa reúne a sus amigos y vecinos, y les dice: "Gozaos conmigo, porque he encontrado mi oveja que se había perdido". [7] Os digo que así habrá más gozo en el cielo por un pecador que se arrepiente, que por noventa y nueve justos que no necesitan de arrepentimiento.

Parábola de la moneda perdida

[8] »¿O qué mujer que tiene diez dracmas,[b] si pierde una dracma, no enciende

e 14.26 Mt 10.37.   f 14.26-27 Mt 10.38; 16.24-25; Mc 8.34-35; Lc 9.23-24; Jn 12.24-25.
g 14.33 Lc 9.57-62; 18.29-30; Flp 3.7.   a 15.1-2 Lc 5.29-30; 19.7.   b 15.8 Moneda de valor aproximado a un denario.

la lámpara, barre la casa y busca con diligencia hasta encontrarla? [9] Y cuando la encuentra, reúne a sus amigas y vecinas, y les dice: "Gozaos conmigo, porque he encontrado la dracma que había perdido". [10] Así os digo que hay gozo delante de los ángeles de Dios por un pecador que se arrepiente».

Parábola del hijo pródigo

[11] También dijo: «Un hombre tenía dos hijos, [12] y el menor de ellos dijo a su padre: "Padre, dame la parte de los bienes que me corresponde". Y les repartió los bienes. [13] No muchos días después, juntándolo todo, el hijo menor se fue lejos a una provincia apartada, y allí desperdició sus bienes viviendo perdidamente. [14] Cuando todo lo hubo malgastado, vino una gran hambre en aquella provincia y comenzó él a pasar necesidad. [15] Entonces fue y se arrimó a uno de los ciudadanos de aquella tierra, el cual lo envió a su hacienda para que apacentara cerdos. [16] Deseaba llenar su vientre de las algarrobas que comían los cerdos, pero nadie le daba. [17] Volviendo en sí, dijo: "¡Cuántos jornaleros en casa de mi padre tienen abundancia de pan, y yo aquí perezco de hambre! [18] Me levantaré e iré a mi padre, y le diré: 'Padre, he pecado contra el cielo y contra ti. [19] Ya no soy digno de ser llamado tu hijo; hazme como a uno de tus jornaleros' ". [20] Entonces se levantó y fue a su padre. Cuando aún estaba lejos, lo vio su padre y fue movido a misericordia, y corrió y se echó sobre su cuello y lo besó. [21] El hijo le dijo: "Padre, he pecado contra el cielo y contra ti, y ya no soy digno de ser llamado tu hijo". [22] Pero el padre dijo a sus siervos: "Sacad el mejor vestido y vestidle; y poned un anillo en su dedo y calzado en sus pies. [23] Traed el becerro gordo y matadlo, y comamos y hagamos fiesta, [24] porque este mi hijo muerto era y ha revivido; se había perdido y es hallado". Y comenzaron a regocijarse.

[25] »El hijo mayor estaba en el campo. Al regresar, cerca ya de la casa, oyó la música y las danzas; [26] y llamando a uno de los criados le preguntó qué era aquello. [27] El criado le dijo: "Tu hermano ha regresado y tu padre ha hecho matar el becerro gordo por haberlo recibido bueno y sano". [28] Entonces se enojó y no quería entrar. Salió por tanto su padre, y le rogaba que entrara. [29] Pero él, respondiendo, dijo al padre: "Tantos años hace que te sirvo, no habiéndote desobedecido jamás, y nunca me has dado ni un cabrito para gozarme con mis amigos. [30] Pero cuando vino este hijo tuyo, que ha consumido tus bienes con rameras, has hecho matar para él el becerro gordo". [31] Él entonces le dijo: "Hijo, tú siempre estás conmigo y todas mis cosas son tuyas. [32] Pero era necesario hacer fiesta y regocijarnos, porque este tu hermano estaba muerto y ha revivido; se había perdido y ha sido hallado"».

Parábola del mayordomo infiel

16 [1] Dijo también a sus discípulos: «Había un hombre rico que tenía un mayordomo, y este fue acusado ante él como derrochador de sus bienes. [2] Entonces lo llamó y le dijo: "¿Qué es esto que oigo acerca de ti? Da cuenta de tu mayordomía, porque ya no podrás más ser mayordomo". [3] Entonces el mayordomo dijo para sí: "¿Qué haré?, porque mi amo me va a quitar la mayordomía. Cavar, no puedo; mendigar, me da vergüenza. [4] Ya sé lo que haré para que, cuando se me quite la mayordomía, me reciban en sus casas". [5] Y llamando a cada uno de los deudores de su amo, dijo al primero: "¿Cuánto debes a mi amo?" [6] Él dijo: "Cien barriles de aceite". Le dijo: "Toma tu cuenta, siéntate pronto y escribe cincuenta". [7] Después dijo a otro: "Y tú, ¿cuánto debes?" Este contestó: "Cien medidas de trigo". Él le dijo: "Toma tu cuenta y escribe ochenta". [8] Y alabó el amo al mayordomo malo por haber actuado sagazmente, porque los hijos de este siglo son más sagaces en el trato con sus semejantes que los hijos de luz.

[9] »Y yo os digo: Ganad amigos por medio de las riquezas injustas, para que cuando estas falten, os reciban en las moradas eternas.

[10] »El que es fiel en lo muy poco, también en lo más es fiel; y el que en lo muy poco es injusto, también en lo más es injusto.[a] [11] Si en las riquezas injustas no

[a] **16.10** Mt 25.21; Lc 19.17.

fuisteis fieles, ¿quién os confiará lo verdadero? ¹²Y si en lo ajeno no fuisteis fieles, ¿quién os dará lo que es vuestro?

¹³»Ningún siervo puede servir a dos señores, porque odiará al uno y amará al otro, o estimará al uno y menospreciará al otro. No podéis servir a Dios y a las riquezas».[b]

¹⁴Oían también todas estas cosas los fariseos, que eran avaros, y se burlaban de él. ¹⁵Entonces les dijo: «Vosotros sois los que os justificáis a vosotros mismos delante de los hombres, pero Dios conoce vuestros corazones, pues lo que los hombres tienen por sublime, delante de Dios es abominación.

La Ley y el reino de Dios

¹⁶»La Ley y los Profetas llegan hasta Juan. Desde entonces es anunciado el reino de Dios y todos se esfuerzan por entrar en él.[c]

¹⁷»Pero más fácil es que pasen el cielo y la tierra, que se frustre una tilde de la Ley.[d]

Jesús enseña sobre el divorcio
(Mt 19.1-12; Mc 10.1-12)

¹⁸»Todo el que repudia a su mujer y se casa con otra, adultera; y el que se casa con la repudiada del marido, adultera.[e]

El rico y Lázaro

¹⁹»Había un hombre rico, que se vestía de púrpura y de lino fino y hacía cada día banquete con esplendidez. ²⁰Había también un mendigo llamado Lázaro, que estaba echado a la puerta de aquel, lleno de llagas, ²¹y ansiaba saciarse de las migajas que caían de la mesa del rico; y aun los perros venían y le lamían las llagas. ²²Aconteció que murió el mendigo, y fue llevado por los ángeles al seno de Abraham; y murió también el rico, y fue sepultado.

²³»En el Hades alzó sus ojos, estando en tormentos, y vio de lejos a Abraham, y a Lázaro en su seno. ²⁴Entonces, gritando, dijo: "Padre Abraham, ten misericordia de mí y envía a Lázaro para que moje la punta de su dedo en agua y refresque mi lengua, porque estoy atormentado en esta llama". ²⁵Pero Abraham le dijo: "Hijo, acuérdate de que recibiste tus bienes en tu vida, y Lázaro, males; pero ahora este es consolado aquí, y tú atormentado. ²⁶Además de todo esto, una gran sima está puesta entre nosotros y vosotros, de manera que los que quieran pasar de aquí a vosotros no pueden, ni de allá pasar acá".

²⁷»Entonces le dijo: "Te ruego, pues, padre, que lo envíes a la casa de mi padre, ²⁸porque tengo cinco hermanos, para que les testifique a fin de que no vengan ellos también a este lugar de tormento". ²⁹Abraham le dijo: "A Moisés y a los Profetas[f] tienen; ¡que los oigan a ellos!". ³⁰Él entonces dijo: "No, padre Abraham; pero si alguno de los muertos va a ellos, se arrepentirán". ³¹Pero Abraham le dijo: "Si no oyen a Moisés y a los Profetas, tampoco se persuadirán aunque alguno se levante de los muertos"».

Ocasiones de caer
(Mt 18.6-7,21-22; Mc 9.42)

17 ¹Dijo Jesús a sus discípulos: «Imposible es que no vengan tropiezos; pero ¡ay de aquel por quien vienen! ²Mejor le fuera que le ataran al cuello una piedra de molino y lo arrojaran al mar, que hacer tropezar a uno de estos pequeñitos. ³¡Mirad por vosotros mismos! Si tu hermano peca contra ti, repréndelo; y si se arrepiente, perdónalo.[a] ⁴Y si siete veces al día peca contra ti, y siete veces al día vuelve a ti, diciendo: "Me arrepiento", perdónalo».

Auméntanos la fe

⁵Dijeron los apóstoles al Señor:

—Auméntanos la fe.

⁶Entonces el Señor dijo:

—Si tuvierais fe como un grano de mostaza, podríais decir a este sicómoro: "Desarráigate y plántate en el mar", y os obedecería.[b]

El deber del siervo

⁷»¿Quién de vosotros, teniendo un siervo que ara o apacienta ganado, al volver él del campo, luego le dice: "Pasa, siéntate a la mesa"? ⁸¿No le dice más bien: "Prepárame la cena, cíñete y sírveme hasta

---

[b] **16.13** Mt 6.24.   [c] **16.16** Mt 11.12-13.   [d] **16.17** Mt 5.18; Lc 21.33.   [e] **16.18** Mt 5.32; Mc 10.11-12; 1 Co 7.10-11.   [f] **16.29** Jn 5.45-47.   [a] **17.3** Lv 19.17; Mt 18.15.   [b] **17.6** Mt 17.20; 21.21; Mc 11.23.

que haya comido y bebido. Después de esto, come y bebe tú"? 9 ¿Acaso da gracias al siervo porque hizo lo que se le había mandado? Pienso que no. 10 Así también vosotros, cuando hayáis hecho todo lo que os ha sido ordenado, decid: "Siervos inútiles somos, pues lo que debíamos hacer, hicimos"».

Diez leprosos son limpiados

11 Yendo Jesús a Jerusalén, pasaba entre Samaria y Galilea. 12 Al entrar en una aldea, le salieron al encuentro diez hombres leprosos, los cuales se pararon de lejos 13 y alzaron la voz, diciendo:

—¡Jesús, Maestro, ten misericordia de nosotros!

14 Cuando él los vio, les dijo:

—Id, mostraos a los sacerdotes.*c*

Y aconteció que, mientras iban, quedaron limpios.

15 Entonces uno de ellos, viendo que había sido sanado, volvió glorificando a Dios a gran voz, 16 y se postró rostro en tierra a sus pies dándole gracias. Este era samaritano. 17 Jesús le preguntó:

—¿No son diez los que han quedado limpios? Y los nueve, ¿dónde están? 18 ¿No hubo quien volviera y diera gloria a Dios sino este extranjero?

19 Y le dijo:

—Levántate, vete; tu fe te ha salvado.

La venida del Reino

(Mt 24.23-28,36-41)

20 Preguntado por los fariseos cuándo había de venir el reino de Dios, les respondió y dijo:

—El reino de Dios no vendrá con advertencia, 21 ni dirán: "Helo aquí", o "Helo allí",*d* porque el reino de Dios está entre vosotros.

22 Y dijo a sus discípulos:

—Tiempo vendrá cuando desearéis ver uno de los días del Hijo del hombre y no lo veréis. 23 Y os dirán: "Helo aquí" o "Helo allí". No vayáis ni los sigáis, 24 porque como el relámpago que al fulgurar resplandece desde un extremo del cielo hasta el otro, así también será el Hijo del

hombre en su día. 25 Pero primero es necesario que padezca mucho y sea desechado por esta generación. 26 Como fue en los días de Noé,*e* así también será en los días del Hijo del hombre. 27 Comían, bebían, se casaban y se daban en casamiento, hasta el día en que entró Noé en el arca y vino el diluvio y los destruyó a todos.*f* 28 Asimismo, como sucedió en los días de Lot,*g* cuando comían, bebían, compraban, vendían, plantaban, edificaban; 29 pero el día en que Lot salió de Sodoma, llovió del cielo fuego y azufre y los destruyó a todos. 30 Así será el día en que el Hijo del hombre se manifieste.

31 »En aquel día, el que esté en la azotea y tenga sus bienes en casa, no descienda a tomarlos; y el que esté en el campo, asimismo no vuelva atrás.*h* 32 Acordaos de la mujer de Lot.*i* 33 Todo el que procure salvar su vida, la perderá; y todo el que la pierda, la salvará.*j*

34 »Os digo que en aquella noche estarán dos en una cama: el uno será tomado y el otro será dejado. 35 Dos mujeres estarán moliendo juntas: la una será tomada y la otra dejada. 36 Dos estarán en el campo: el uno será tomado y el otro dejado.

37 Respondiendo, le dijeron:

—¿Dónde, Señor?

Él les dijo:

—Donde esté el cuerpo, allí se juntarán también las águilas.

Parábola de la viuda y el juez injusto

18 1 También les refirió Jesús una parábola sobre la necesidad de orar siempre y no desmayar, 2 diciendo: «Había en una ciudad un juez que ni temía a Dios ni respetaba a hombre. 3 Había también en aquella ciudad una viuda, la cual venía a él diciendo: "Hazme justicia de mi adversario". 4 Él no quiso por algún tiempo; pero después de esto dijo dentro de sí: "Aunque ni temo a Dios ni tengo respeto a hombre, 5 sin embargo, porque esta viuda me es molesta, le haré justicia, no sea que viniendo de continuo me agote la paciencia"».

6 Y dijo el Señor: «Oíd lo que dijo el

---

c **17.14** Lv 14.1-32.　*d* **17.20-21** Mc 13.21-22.　*e* **17.26** Gn 6.5-8.　*f* **17.27** Gn 7.6-24.
g **17.28-29** Gn 18.20—19.25.　*h* **17.31** Mt 24.17-18; Mc 13.15-16.　*i* **17.32** Gn 19.26.
j **17.33** Mt 10.39; 16.25; Mc 8.35; Lc 9.24; Jn 12.25.

juez injusto. ⁷¿Y acaso Dios no hará justicia a sus escogidos, que claman a él día y noche? ¿Se tardará en responderles? ⁸Os digo que pronto les hará justicia. Pero cuando venga el Hijo del hombre, ¿hallará fe en la tierra?»

Parábola del fariseo y el publicano

⁹A unos que confiaban en sí mismos como justos y menospreciaban a los otros, dijo también esta parábola: ¹⁰«Dos hombres subieron al Templo a orar: uno era fariseo y el otro publicano. ¹¹El fariseo, puesto en pie, oraba consigo mismo de esta manera: "Dios, te doy gracias porque no soy como los otros hombres: ladrones, injustos, adúlteros, ni aun como este publicano; ¹²ayuno dos veces a la semana, diezmoᵃ de todo lo que gano". ¹³Pero el publicano, estando lejos, no quería ni aun alzar los ojos al cielo, sino que se golpeaba el pecho, diciendo: "Dios, sé propicio a mí, pecador". ¹⁴Os digo que este descendió a su casa justificado antes que el otro, porque cualquiera que se enaltece será humillado y el que se humilla será enaltecido».ᵇ

Jesús bendice a los niños
(Mt 19.13-15; Mc 10.13-16)

¹⁵Traían a él niños para que los tocara. Al verlo los discípulos, los reprendieron. ¹⁶Pero Jesús, llamándolos, dijo:

—Dejad a los niños venir a mí y no se lo impidáis, porque de los tales es el reino de Dios. ¹⁷De cierto os digo que el que no recibe el reino de Dios como un niño, no entrará en él.

El joven rico
(Mt 19.16-30; Mc 10.17-31)

¹⁸Un dignatario le preguntó, diciendo:

—Maestro bueno, ¿qué haré para heredar la vida eterna?

¹⁹Jesús le dijo:

—¿Por qué me llamas bueno? Nadie es bueno, sino solo Dios. ²⁰Los mandamientos sabes: "No adulterarás; no matarás; no hurtarás; no dirás falso testimonio; honra a tu padre y a tu madre".ᶜ

²¹Él dijo:

—Todo esto lo he guardado desde mi juventud.

²²Al oir esto, Jesús le dijo:

—Aún te falta una cosa: vende todo lo que tienes y dalo a los pobres, y tendrás tesoro en el cielo; y ven, sígueme.ᵈ

²³Entonces él, oyendo esto, se puso muy triste porque era muy rico. ²⁴Al ver Jesús que se había entristecido mucho, dijo:

—¡Cuán difícilmente entrarán en el reino de Dios los que tienen riquezas!ᵉ ²⁵Porque es más fácil que pase un camello por el ojo de una aguja que un rico entre en el reino de Dios.

²⁶Los que oyeron esto dijeron:

—¿Quién, pues, podrá ser salvo?

²⁷Él les dijo:

—Lo que es imposible para los hombres, es posible para Dios.

²⁸Entonces Pedro dijo:

—Pues nosotros hemos dejado nuestras posesiones y te hemos seguido.

²⁹Y él les dijo:

—De cierto os digo que no hay nadie que haya dejado casa, o padres o hermanos o mujer o hijos, por el reino de Dios, ³⁰que no haya de recibir mucho más en este tiempo, y en el siglo venidero la vida eterna.

Jesús anuncia por tercera vez su muerte
(Mt 20.17-19; Mc 10.32-34)

³¹Tomando Jesús a los doce, les dijo:

—Cuando lleguemos a Jerusalén se cumplirán todas las cosas escritas por los profetas acerca del Hijo del hombre, ³²pues será entregado a los gentiles,ᶠ se burlarán de él, lo insultarán y le escupirán. ³³Y después que lo hayan azotado, lo matarán; pero al tercer día resucitará.ᵍ

³⁴Sin embargo, ellos nada comprendieron de estas cosas, porque esta palabra les era encubierta y no entendían lo que se les decía.

Un ciego de Jericó recibe la vista
(Mt 20.29-34; Mc 10.46-52)

³⁵Aconteció que, acercándose Jesús a

ᵃ**18.12** Nm 18.21; Dt 14.22.   ᵇ**18.14** Pr 29.23; Mt 23.12; Lc 14.11.   ᶜ**18.20** Ex 20.12-16; Dt 5.16-20.   ᵈ**18.22** Mt 6.19-21; Mc 10.21; Lc 12.33.   ᵉ**18.24** Pr 11.28.   ᶠ**18.32** Is 50.6; 53.5. ᵍ**18.31-33** Lc 9.22,44.

Jericó, un ciego estaba sentado junto al camino mendigando, ³⁶ y al oir a la multitud que pasaba, preguntó qué era aquello. ³⁷ Le dijeron que pasaba Jesús nazareno. ³⁸ Entonces gritó, diciendo:

—¡Jesús, Hijo de David, ten misericordia de mí!

³⁹ Los que iban delante lo reprendían para que callara; pero él gritaba aún más fuerte:

—¡Hijo de David, ten misericordia de mí!

⁴⁰ Jesús entonces, deteniéndose, mandó traerlo a su presencia. Cuando llegó, le preguntó, ⁴¹ diciendo:

—¿Qué quieres que te haga?

Y él dijo:

—Señor, que reciba la vista.

⁴² Jesús le dijo:

—Recíbela, tu fe te ha salvado.

⁴³ Al instante recobró la vista, y lo seguía glorificando a Dios; y todo el pueblo, cuando vio aquello, dio alabanza a Dios.

Jesús y Zaqueo

19 ¹ Habiendo entrado Jesús en Jericó, iba pasando por la ciudad. ² Y sucedió que un hombre llamado Zaqueo, que era jefe de los publicanos, y rico, ³ procuraba ver quién era Jesús, pero no podía a causa de la multitud, pues era pequeño de estatura. ⁴ Y, corriendo delante, se subió a un sicómoro para verlo, porque había de pasar por allí. ⁵ Cuando Jesús llegó a aquel lugar, mirando hacia arriba lo vio, y le dijo:

—Zaqueo, date prisa, desciende, porque hoy es necesario que me hospede en tu casa.

⁶ Entonces él descendió aprisa y lo recibió gozoso. ⁷ Al ver esto, todos murmuraban, diciendo que había entrado a hospedarse en casa de un hombre pecador. ⁸ Entonces Zaqueo, puesto en pie, dijo al Señor:

—Señor, la mitad de mis bienes doy a los pobres; y si en algo he defraudado a alguien, se lo devuelvo cuadruplicado.

⁹ Jesús le dijo:

—Hoy ha venido la salvación a esta casa, por cuanto él también es hijo de Abraham, ¹⁰ porque el Hijo del hombre vino a buscar y a salvar lo que se había perdido.ᵃ

Parábola de las diez minas

¹¹ Oyendo ellos estas cosas, prosiguió Jesús y dijo una parábola, por cuanto estaba cerca de Jerusalén y ellos pensaban que el reino de Dios se manifestaría inmediatamente.

¹² Dijo, pues: «Un hombre noble se fue a un país lejano para recibir un reino y volver. ¹³ Llamó antes a diez siervos suyos, les dio diez minasᵇ y les dijo: "Negociad entre tanto que regreso". ¹⁴ Pero sus conciudadanos lo odiaban y enviaron tras él una embajada, diciendo: "No queremos que este reine sobre nosotros".

¹⁵ »Aconteció que, al regresar él después de recibir el reino, mandó llamar ante él a aquellos siervos a los cuales había dado el dinero, para saber lo que había negociado cada uno. ¹⁶ Se presentó el primero, diciendo: "Señor, tu mina ha ganado diez minas". ¹⁷ Él le dijo: "Está bien, buen siervo; por cuanto en lo poco has sido fiel, tendrás autoridad sobre diez ciudades". ¹⁸ Llegó otro, diciendo: "Señor, tu mina ha producido cinco minas". ¹⁹ También a este dijo: "Tú también sé sobre cinco ciudades".

²⁰ »Se presentó otro, diciendo: "Señor, aquí está tu mina, la cual he tenido guardada en un pañuelo, ²¹ porque tuve miedo de ti, por cuanto eres hombre severo que tomas lo que no pusiste y siegas lo que no sembraste". ²² Entonces él le dijo: "Mal siervo, por tu propia boca te juzgo. Sabías que yo soy hombre severo que tomo lo que no puse y siego lo que no sembré. ²³ ¿Por qué, pues, no pusiste mi dinero en el banco para que, al volver, lo hubiera recibido con los intereses?" ²⁴ Y dijo a los que estaban presentes: "Quitadle la mina y dadla al que tiene las diez minas". ²⁵ Ellos le dijeron: "Señor, tiene diez minas". ²⁶ "Pues yo os digo que a todo el que tiene, se le dará; pero al que no tiene, aun lo que tiene se le quitará.ᶜ ²⁷ Y también a aquellos mis enemigos que no querían que yo reinara sobre

ᵃ **19.10** Mt 18.11.   ᵇ **19.13** Moneda que equivalía aprox. al salario de cien días de trabajo.
ᶜ **19.26** Mt 13.12; Mc 4.25; Lc 8.18.

ellos, traedlos acá y decapitadlos delante de mí"».[d]

La entrada triunfal en Jerusalén
(Mt 21.1-11; Mc 11.1-11; Jn 12.12-19)

[28] Dicho esto, iba delante subiendo a Jerusalén. [29] Al acercarse a Betfagé y a Betania, al monte que se llama de los Olivos, envió a dos de sus discípulos, [30] diciendo:

—Id a la aldea de enfrente, y al entrar en ella hallaréis un asno atado en el cual ningún hombre ha montado jamás; desatadlo y traedlo. [31] Y si alguien os pregunta: "¿Por qué lo desatáis?" le responderéis así: "Porque el Señor lo necesita".

[32] Fueron los que habían sido enviados y hallaron como les dijo. [33] Cuando desataban el asno, sus dueños les dijeron:

—¿Por qué desatáis el asno?

[34] Ellos dijeron:

—Porque el Señor lo necesita.

[35] Lo trajeron a Jesús; y habiendo echado sus mantos sobre el asno, subieron a Jesús encima. [36] Y a su paso tendían sus mantos por el camino. [37] Cuando ya se acercaba a la bajada del Monte de los Olivos, toda la multitud de los discípulos, gozándose, comenzó a alabar a Dios a grandes voces por todas las maravillas que habían visto. [38] Decían:

—¡Bendito el Rey que viene en el nombre del Señor![e] ¡Paz en el cielo y gloria en las alturas!

[39] Entonces algunos de los fariseos de entre la multitud le dijeron:

—Maestro, reprende a tus discípulos.

[40] Él, respondiendo, les dijo:

—Os digo que si estos callaran las piedras clamarían.

[41] Cuando llegó cerca de la ciudad, al verla, lloró por ella, [42] diciendo:

—¡Si también tú conocieras, a lo menos en este tu día, lo que es para tu paz! Pero ahora está encubierto a tus ojos. [43] Vendrán días sobre ti cuando tus enemigos te rodearán con cerca, te sitiarán y por todas partes te estrecharán; [44] te derribarán a tierra y a tus hijos dentro de ti, y no dejarán en ti piedra sobre piedra, por cuanto no conociste el tiempo de tu visitación.

Purificación del Templo
(Mt 21.12-17; Mc 11.15-19; Jn 2.13-22)

[45] Entrando en el Templo comenzó a echar fuera a todos los que vendían y compraban en él, [46] diciéndoles:

—Escrito está: "Mi casa es casa de oración",[f] pero vosotros la habéis hecho cueva de ladrones.[g]

[47] Enseñaba cada día en el Templo;[h] pero los principales sacerdotes, los escribas y los altos dignatarios del pueblo procuraban matarlo. [48] Pero no hallaban nada que pudieran hacerle, porque todo el pueblo estaba pendiente de sus palabras.

La autoridad de Jesús
(Mt 21.23-27; Mc 11.27-33)

20 [1] Sucedió un día que, enseñando Jesús al pueblo en el Templo y anunciando el evangelio, llegaron los principales sacerdotes y los escribas, con los ancianos, [2] y le hablaron diciendo:

—Dinos ¿con qué autoridad haces estas cosas? ¿o quién es el que te ha dado esta autoridad?

[3] Respondiendo Jesús, les dijo:

—Os haré yo también una pregunta. Respondedme: [4] El bautismo de Juan,[a] ¿era del cielo, o de los hombres?

[5] Entonces ellos discutían entre sí, diciendo:

—Si decimos "del cielo", dirá: "¿Por qué, pues, no le creísteis?" [6] Y si decimos "de los hombres", todo el pueblo nos apedreará, porque están persuadidos de que Juan era profeta.

[7] Respondieron que no sabían de dónde era. [8] Entonces Jesús les dijo:

—Yo tampoco os diré con qué autoridad hago estas cosas.

Los labradores malvados
(Mt 21.33-44; Mc 12.1-11)

[9] Comenzó luego a decir al pueblo esta parábola: «Un hombre plantó una viña,[b] la arrendó a labradores y se ausentó por mucho tiempo. [10] A su tiempo envió un siervo a los labradores para que le dieran del fruto de la viña, pero los labradores lo golpearon y lo enviaron con las manos

vacías. ¹¹ Volvió a enviar otro siervo; pero ellos a este también golpearon, insultaron y enviaron con las manos vacías. ¹² Volvió a enviar un tercer siervo; pero ellos también a este echaron fuera, herido.

¹³ »Entonces el señor de la viña dijo: "¿Qué haré? Enviaré a mi hijo amado; quizás, cuando lo vean a él, le tendrán respeto". ¹⁴ Pero los labradores, al verlo, discutían entre sí, diciendo: "Este es el heredero; venid, matémoslo para que la heredad sea nuestra". ¹⁵ Lo echaron fuera de la viña y lo mataron. ¿Qué, pues, les hará el señor de la viña? ¹⁶ Irá, destruirá a estos labradores y dará su viña a otros».

Cuando ellos oyeron esto, dijeron:

—¡Dios nos libre!

¹⁷ Pero él, mirándolos, dijo:

—¿Qué, pues, es lo que está escrito?:

»"La piedra que desecharon los
   edificadores
ha venido a ser cabeza del
   ángulo".ᶜ

¹⁸ »Todo el que caiga sobre aquella piedra, será quebrantado; pero sobre quien ella caiga, lo desmenuzará.

La cuestión del tributo
(Mt 21.45-46; 22.15-22; Mc 12.12-17)

¹⁹ En aquella hora, los principales sacerdotes y los escribas procuraban echarle mano, porque comprendieron que contra ellos había dicho esta parábola; pero temían al pueblo.

²⁰ Y, acechándolo, enviaron espías que simularan ser justos, a fin de sorprenderlo en alguna palabra, para entregarlo al poder y autoridad del gobernador. ²¹ Le preguntaron, diciendo:

—Maestro, sabemos que dices y enseñas rectamente, y que no haces acepción de persona, sino que enseñas el camino de Dios con verdad. ²² ¿Nos es lícito dar tributo a César, o no?

²³ Pero él, comprendiendo la astucia de ellos, les dijo:

—¿Por qué me tentáis? ²⁴ Mostradme la moneda. ¿De quién es la imagen y la inscripción?

Respondiendo dijeron:

—De César.

²⁵ Entonces les dijo:

—Pues dad a César lo que es de César y a Dios lo que es de Dios.

²⁶ Y no pudieron sorprenderlo en palabra alguna delante del pueblo, sino que, maravillados de su respuesta, callaron.

La pregunta sobre la resurrección
(Mt 22.23-33; Mc 12.18-27)

²⁷ Se acercaron entonces algunos de los saduceos, los cuales niegan que haya resurrección,ᵈ y le preguntaron, ²⁸ diciendo:

—Maestro, Moisés nos escribió: "Si el hermano de alguno muere teniendo mujer y no deja hijos, que su hermano se case con ella y levante descendencia a su hermano".ᵉ ²⁹ Hubo, pues, siete hermanos: el primero tomó esposa y murió sin hijos. ³⁰ Y la tomó el segundo, el cual también murió sin hijos. ³¹ La tomó el tercero, y así todos los siete, y murieron sin dejar descendencia. ³² Finalmente murió también la mujer. ³³ En la resurrección, pues, ¿de cuál de ellos será mujer, ya que los siete la tuvieron por mujer?

³⁴ Entonces respondiendo Jesús, les dijo:

—Los hijos de este siglo se casan y se dan en casamiento, ³⁵ pero los que son tenidos por dignos de alcanzar aquel siglo y la resurrección de entre los muertos, ni se casan ni se dan en casamiento, ³⁶ porque ya no pueden morir, pues son iguales a los ángeles, y son hijos de Dios al ser hijos de la resurrección. ³⁷ Pero en cuanto a que los muertos han de resucitar, aun Moisés lo enseñó en el pasaje de la zarza, cuando llama al Señor, Dios de Abraham, Dios de Isaac y Dios de Jacob,ᶠ ³⁸ porque Dios no es Dios de muertos, sino de vivos, pues para él todos viven.

³⁹ Respondiéndole algunos de los escribas, dijeron:

—Maestro, bien has dicho.

⁴⁰ Y no osaron preguntarle nada más.

¿De quién es hijo el Cristo?
(Mt 22.41-46; Mc 12.35-37)

⁴¹ Entonces él les dijo:

—¿Cómo dicen que el Cristo es hijo de David?, ⁴² pues el mismo David dice en el libro de los Salmos:

ᶜ **20.17** Sal 118.22.   ᵈ **20.27** Hch 4.1-2; 23.8.   ᵉ **20.28** Dt 25.5-10.   ᶠ **20.37** Ex 3.2-6.

»"Dijo el Señor a mi Señor:
'Siéntate a mi diestra,
43 hasta que ponga a tus enemigos
   por estrado de tus pies' ".*g*

44 »David, pues, lo llama Señor; ¿cómo
entonces es su hijo?

Jesús acusa a los escribas
(Mt 23.1-36; Mc 12.38-40; Lc 11.37-54)

45 Oyéndolo todo el pueblo, dijo a sus
discípulos:

46 —Guardaos de los escribas, que gustan de andar con ropas largas, aman las salutaciones en las plazas, las primeras sillas
en las sinagogas y los primeros asientos en
las cenas; 47 que devoran las casas de las
viudas y, por pretexto, hacen largas oraciones. Estos recibirán mayor condenación.

La ofrenda de la viuda
(Mc 12.41-44)

21 1 Levantando los ojos, vio a los ricos
que echaban sus ofrendas en el arca
de las ofrendas. 2 Vio también a una viuda
muy pobre que echaba allí dos blancas.*a*
3 Y dijo:

—En verdad os digo que esta viuda
pobre echó más que todos, 4 pues todos
aquellos echaron para las ofrendas de
Dios de lo que les sobra; pero esta, de su
pobreza echó todo el sustento que tenía.

Jesús predice la destrucción
del Templo
(Mt 24.1-2; Mc 13.1-2)

5 A unos que hablaban de que el Templo
estaba adornado de hermosas piedras y
ofrendas votivas, dijo:

6 —En cuanto a estas cosas que veis,
días vendrán en que no quedará piedra
sobre piedra que no sea destruida.

Señales antes del fin
(Mt 24.3-28; Mc 13.3-23)

7 Le preguntaron, diciendo:

—Maestro, ¿cuándo será esto? ¿y qué
señal habrá cuando estas cosas estén para
suceder?

8 Él entonces dijo:

—Mirad que no seáis engañados, porque vendrán muchos en mi nombre diciendo: "Yo soy el Cristo" y: "El tiempo
está cerca". Pero no vayáis en pos de
ellos.*b* 9 Cuando oigáis de guerras y de revueltas, no os alarméis, porque es necesario que estas cosas acontezcan primero;
pero el fin no será inmediatamente.

10 Entonces añadió:

—Se levantará nación contra nación y
reino contra reino; 11 habrá grandes terremotos y, en diferentes lugares, hambres y
pestilencias; y habrá terror y grandes señales del cielo.

12 »Pero antes de todas estas cosas os
echarán mano, os perseguirán, os entregarán a las sinagogas y a las cárceles, y seréis
llevados ante reyes y ante gobernadores por
causa de mi nombre.*c* 13 Pero esto os será
ocasión para dar testimonio. 14 Proponeos
en vuestros corazones no pensar antes cómo
habréis de responder en vuestra defensa,
15 porque yo os daré palabra y sabiduría, la
cual no podrán resistir ni contradecir todos
los que se opongan.*d* 16 Seréis entregados
aun por vuestros padres, hermanos, parientes y amigos;*e* y matarán a algunos de vosotros. 17 Seréis odiados por todos por causa de
mi nombre*f* 18 pero ni un cabello de vuestra
cabeza perecerá. 19 Con vuestra paciencia
ganaréis vuestras almas.

20 »Pero cuando veáis a Jerusalén rodeada de ejércitos, sabed entonces que su
destrucción ha llegado. 21 Entonces los
que estén en Judea huyan a los montes; y
los que estén en medio de ella, váyanse; y
los que estén en los campos no entren en
ella, 22 porque estos son días de retribución,*g* para que se cumplan todas las cosas que están escritas. 23 Pero ¡ay de las
que estén encinta y de las que críen en
aquellos días!, porque habrá gran calamidad en la tierra e ira sobre este pueblo.
24 Caerán a filo de espada y serán llevados
cautivos a todas las naciones, y Jerusalén
será pisoteada por los gentiles hasta que
los tiempos de los gentiles se cumplan.*h*

---

g **20.42-43** Sal 110.1.   *a* **21.2** Dos monedas de ínfimo valor.   *b* **21.8** Mc 13.21; Lc 17.23; cf. 1 Jn
2.18.   *c* **21.12** Mt 10.17-18.   *d* **21.14-15** Mt 10.19-20; Mc 13.9-11; Lc 12.11-12.
e **21.16** Mt 10.21; Mc 13.12; Lc 12.52-53.   *f* **21.17** Mt 10.22; Jn 15.18-25.   *g* **21.22** Os 9.7.
h **21.24** Is 63.18; Dn 8.13; Ap 11.2.

La venida del Hijo del hombre

(Mt 24.29-35,42-44; Mc 13.24-37)

25 »Entonces habrá señales en el sol, en la luna y en las estrellas,[i] y en la tierra angustia de las gentes, confundidas a causa del bramido del mar y de las olas. 26 Los hombres quedarán sin aliento por el temor y la expectación de las cosas que sobrevendrán en la tierra, porque las potencias de los cielos serán conmovidas. 27 Entonces verán al Hijo del hombre que vendrá en una nube[j] con poder y gran gloria. 28 Cuando estas cosas comiencen a suceder, erguíos y levantad vuestra cabeza, porque vuestra redención está cerca.

29 También les dijo una parábola: «Mirad la higuera y todos los árboles. 30 Cuando veis que ya brotan, sabéis por vosotros mismos que el verano está cerca. 31 Así también vosotros, cuando veáis que suceden estas cosas, sabed que está cerca el reino de Dios.

32 »De cierto os digo que no pasará esta generación hasta que todo esto acontezca. 33 El cielo y la tierra pasarán, pero mis palabras no pasarán.

34 »Mirad también por vosotros mismos, que vuestros corazones no se carguen de glotonería y de embriaguez y de las preocupaciones de esta vida, y venga de repente sobre vosotros aquel día, 35 porque como un lazo vendrá sobre todos los que habitan sobre la faz de la tierra. 36 Velad, pues, orando en todo tiempo que seáis tenidos por dignos de escapar de todas estas cosas que vendrán, y de estar en pie delante del Hijo del hombre».

37 De día enseñaba en el Templo[k] y por la noche salía y se quedaba en el monte que se llama de los Olivos. 38 Y todo el pueblo acudía a él por la mañana para oírlo en el Templo.

El complot para matar a Jesús

(Mt 26.1-5,14-16; Mc 14.1-2,10-11; Jn 11.45-53)

22 1 Estaba cerca la fiesta de los Panes sin levadura, que se llama la Pascua.[a] 2 Los principales sacerdotes y los escribas buscaban cómo matarlo, porque temían al pueblo.

3 Entró Satanás[b] en Judas, por sobrenombre Iscariote, el cual era uno de los doce; 4 este fue y habló con los principales sacerdotes y con los jefes de la guardia, de cómo se lo entregaría. 5 Ellos se alegraron y convinieron en darle dinero. 6 Él aceptó y buscaba una oportunidad para entregárselo a espaldas del pueblo.

La Cena del Señor

(Mt 26.17-29; Mc 14.12-25; Jn 13.21-30; 1 Co 11.23-26)

7 Llegó el día de los Panes sin levadura, en el cual era necesario sacrificar el cordero de la Pascua. 8 Entonces Jesús envió a Pedro y a Juan, diciendo:

—Id, preparadnos la Pascua para que la comamos.

9 Ellos le preguntaron:

—¿Dónde quieres que la preparemos?

10 Él les dijo:

—Al entrar en la ciudad os saldrá al encuentro un hombre que lleva un cántaro de agua; seguidlo hasta la casa donde entre 11 y decid al padre de familia de esa casa: "El Maestro te dice: '¿Dónde está el aposento donde he de comer la Pascua con mis discípulos?' " 12 Entonces él os mostrará un gran aposento alto, ya dispuesto; preparadla allí.

13 Fueron, pues, y hallaron como les había dicho; y prepararon la Pascua.

14 Cuando era la hora se sentó a la mesa, y con él los apóstoles. 15 Y les dijo:

—¡Cuánto he deseado comer con vosotros esta Pascua antes que padezca!, 16 porque os digo que no la comeré más hasta que se cumpla en el reino de Dios.

17 Tomando la copa, dio gracias y dijo:

—Tomad esto y repartidlo entre vosotros, 18 porque os digo que no beberé más del fruto de la vid hasta que el reino de Dios venga.

19 También tomó el pan y dio gracias, y lo partió y les dio, diciendo:

—Esto es mi cuerpo, que por vosotros es dado; haced esto en memoria de mí.

20 De igual manera, después de haber cenado, tomó la copa, diciendo:

—Esta copa es el nuevo pacto[c] en mi sangre,[d] que por vosotros se derrama. 21 Pero la

---

[i] 21.25 Is 13.10; Ez 32.7; Jl 2.10; 2.31; Sof 1.15; Ap 6.12-13.   [j] 21.27 Dn 7.13; Mt 16.27;26.64; Ap 1.7; cf. 1 Ts 4.13-18.   [k] 21.37 Lc 19.47; 22.53; Jn 18.20.   [a] 22.1 Ex 12.1-27.   [b] 22.3 Jn 13.2-4,27.   [c] 22.20 Jer 31.31-34.   [d] 22.20 Ex 24.6-8.

mano del que me entrega está conmigo en la mesa. ²² A la verdad el Hijo del hombre va, según lo que está determinado;ᵉ pero ¡ay de aquel hombre por quien es entregado!

²³ Entonces ellos comenzaron a discutir entre sí sobre quién de ellos sería el que habría de hacer esto.

La grandeza en el servicio

²⁴ Hubo también entre ellos una discusión sobre quién de ellos sería el mayor.ᶠ ²⁵ Pero él les dijo:

—Los reyes de las naciones se enseñorean de ellas, y los que sobre ellas tienen autoridad son llamados bienhechores; ²⁶ pero no así vosotros, sino que el mayor entre vosotros sea como el más joven, y el que dirige, como el que sirve,ᵍ ²⁷ pues, ¿cuál es mayor, el que se sienta a la mesa o el que sirve? ¿No es el que se sienta a la mesa? Pero yo estoy entre vosotros como el que sirve.ʰ

²⁸ »Y vosotros sois los que habéis permanecido conmigo en mis pruebas. ²⁹ Yo, pues, os asigno un Reino, como mi Padre me lo asignó a mí, ³⁰ para que comáis y bebáis a mi mesa en mi Reino y os sentéis en tronos para juzgar a las doce tribus de Israel.ⁱ

Jesús anuncia la negación de Pedro
(Mt 26.31-35; Mc 14.27-31; Jn 13.36-38)

³¹ Dijo también el Señor:

—Simón, Simón, Satanás os ha pedido para zarandearos como a trigo; ³² pero yo he rogado por ti, para que tu fe no falte; y tú, una vez vuelto, confirma a tus hermanos.

³³ Él le dijo:

—Señor, estoy dispuesto a ir contigo no sólo a la cárcel, sino también a la muerte.

³⁴ Y él le dijo:

—Pedro, te digo que el gallo no cantará hoy antes que tú niegues tres veces que me conoces.

Bolsa, alforja y espada

³⁵ Les dijo:

—Cuando os envié sin bolsa, alforja ni calzado,ʲ ¿os faltó algo?

Ellos dijeron:

—Nada.

³⁶ Y les dijo:

—Pues ahora el que tiene bolsa, tómela, y también la alforja; y el que no tiene espada, venda su capa y compre una. ³⁷ Os digo que es necesario que se cumpla todavía en mí aquello que está escrito: "Y fue contado con los inicuos",ᵏ porque lo que está escrito de mí, tiene cumplimiento.

³⁸ Entonces ellos dijeron:

—Señor, aquí hay dos espadas.

Y él les dijo:

—Basta.

Jesús ora en Getsemaní
(Mt 26.36-46; Mc 14.32-42)

³⁹ Salió y se fue, como solía, al Monte de los Olivos; y sus discípulos lo siguieron. ⁴⁰ Cuando llegó a aquel lugar, les dijo:

—Orad para que no entréis en tentación.

⁴¹ Se apartó de ellos a distancia como de un tiro de piedra, y puesto de rodillas oró,ˡ ⁴² diciendo: «Padre, si quieres, pasa de mí esta copa; pero no se haga mi voluntad, sino la tuya».

⁴³ Entonces se le apareció un ángel del cielo para fortalecerlo. ⁴⁴ Lleno de angustia oraba más intensamente, y era su sudor como grandes gotas de sangre que caían hasta la tierra.

⁴⁵ Cuando se levantó de la oración y fue a sus discípulos, los halló durmiendo a causa de la tristeza; ⁴⁶ y les dijo:

—¿Por qué dormís? Levantaos y orad para que no entréis en tentación.

Arresto de Jesús
(Mt 26.47-56; Mc 14.43-50; Jn 18.2-11)

⁴⁷ Mientras él aún hablaba, se presentó una turba. El que se llamaba Judas, uno de los doce, que iba al frente de ellos, se acercó hasta Jesús para besarlo. ⁴⁸ Entonces Jesús le dijo:

—Judas, ¿con un beso entregas al Hijo del hombre?

⁴⁹ Cuando los que estaban con él se dieron cuenta de lo que había de acontecer, le dijeron:

ᵉ 22.22 Sal 41.9. ᶠ 22.24 Mt 18.1; Mc 9.34; Lc 9.46. ᵍ 22.25-26 Mt 20.25-27; 23.11; Mc 9.35; 10.42-44. ʰ 22.27 Mt 20.28; Mc 10.45; Jn 13.12-15. ⁱ 22.30 Dn 7.9-14; Mt 19.28; Ap 3.21; 20.4. ʲ 22.35 Mt 10.9-10; Mc 6.8-9; Lc 9.3; 10.4. ᵏ 22.37 Is 53.12. ˡ 22.41 Heb 5.7-8.

—Señor, ¿heriremos a espada?

50 Entonces uno de ellos hirió a un siervo del Sumo sacerdote y le cortó la oreja derecha. **51** Entonces, respondiendo Jesús, dijo:

—Basta ya; dejad.

Y tocando su oreja, lo sanó. **52** Entonces Jesús dijo a los principales sacerdotes, a los jefes de la guardia del Templo y a los ancianos que habían venido contra él:

—¿Como contra un ladrón habéis salido con espadas y palos? **53** Habiendo estado con vosotros cada día en el Templo,ᵐ no extendisteis las manos contra mí; pero esta es vuestra hora y la potestad de las tinieblas.

Pedro niega a Jesús
*(Mt 26.57-58,69-75; Mc 14.53-54,66-72;
Jn 18.12-18,25-27)*

54 Lo prendieron, lo llevaron y lo condujeron a casa del Sumo sacerdote. Y Pedro lo seguía de lejos. **55** Encendieron fuego en medio del patio y se sentaron alrededor; también Pedro se sentó entre ellos. **56** Pero una criada, al verlo sentado al fuego, se fijó en él y dijo:

—También este estaba con él.

57 Pero él lo negó, diciendo:

—Mujer, no lo conozco.

58 Un poco después, viéndolo otro, dijo:

—Tú también eres de ellos.

Y Pedro dijo:

—Hombre, no lo soy.

59 Como una hora después, otro afirmó, diciendo:

—Verdaderamente también este estaba con él, porque es galileo.

60 Y Pedro dijo:

—Hombre, no sé lo que dices.

Y en seguida, mientras él todavía hablaba, el gallo cantó. **61** Entonces, vuelto el Señor, miró a Pedro; y Pedro se acordó de la palabra del Señor, que le había dicho: «Antes que el gallo cante, me negarás tres veces». **62** Y Pedro, saliendo fuera, lloró amargamente.

Jesús insultado y azotado
(Mt 26.67-68; Mc 14.65)

63 Los hombres que vigilaban a Jesús se burlaban de él y lo golpeaban.ⁿ **64** Vendándole los ojos, le golpeaban el rostro y le preguntaban, diciendo:

—Profetiza, ¿quién es el que te golpeó?

65 Y lo insultaban diciéndole muchas otras cosas.

Jesús ante el Concilio
(Mt 26.59-66; Mc 14.55-64; Jn 18.19-24)

66 Cuando se hizo de día, se juntaron los ancianos del pueblo, los principales sacerdotes y los escribas, y lo llevaron al Concilio, diciendo:

67 —¿Eres tú el Cristo? Dínoslo.

Les dijo:

—Si os lo digo, no creeréis; **68** y también, si os pregunto, ni me responderéis ni me soltaréis. **69** Pero desde ahora el Hijo del hombre se sentará a la diestra del poder de Dios.ñ

70 Dijeron todos:

—Luego, ¿eres tú el Hijo de Dios?

Y él les dijo:

—Vosotros decís que lo soy.

71 Entonces ellos dijeron:

—¿Qué más testimonio necesitamos?, porque nosotros mismos lo hemos oído de su boca.

Jesús ante Pilato
(Mt 27.1-2,11-14; Mc 15.1-5; Jn 18.28-38)

23 **1** Levantándose entonces todos, llevaron a Jesús a Pilato. **2** Y comenzaron a acusarlo, diciendo:

—Hemos encontrado que este pervierte a la nación, y que prohíbe dar tributo a César diciendo que él mismo es el Cristo, un Rey.

3 Entonces Pilato le preguntó, diciendo:

—¿Eres tú el Rey de los judíos?

Respondiéndole él, dijo:

—Tú lo dices.

4 Pilato dijo a los principales sacerdotes y a la gente:

—Ningún delito hallo en este hombre.

5 Pero ellos porfiaban, diciendo:

—Alborota al pueblo, enseñando por toda Judea, comenzando desde Galilea hasta aquí.

Jesús ante Herodes

6 Entonces Pilato, cuando oyó decir

ᵐ **22.53** Lc 19.47; 21.37; Jn 18.19-21.   ⁿ **22.63-65** Jn 18.22-23.   ñ **22.69** Sal 110.1; Hch 7.56.

"Galilea", preguntó si el hombre era galileo. [7] Y al saber que era de la jurisdicción de Herodes, lo remitió a Herodes, que en aquellos días también estaba en Jerusalén. [8] Herodes, al ver a Jesús, se alegró mucho, porque hacía tiempo que deseaba verlo, porque había oído muchas cosas acerca de él y esperaba verlo hacer alguna señal. [9] Le hizo muchas preguntas, pero él nada le respondió.[a] [10] Estaban los principales sacerdotes y los escribas acusándolo con gran vehemencia. [11] Entonces Herodes con sus soldados lo menospreció y se burló de él, vistiéndolo con una ropa espléndida; y volvió a enviarlo a Pilato. [12] Y aquel día, Pilato y Herodes, que estaban enemistados, se hicieron amigos.

Jesús sentenciado a muerte
(Mt 27.15-26; Mc 15.6-15; Jn 18.38—19.16)

[13] Entonces Pilato, convocando a los principales sacerdotes, a los gobernantes y al pueblo, [14] les dijo:

—Me habéis presentado a este como un hombre que perturba al pueblo; pero, habiéndolo interrogado yo delante de vosotros, no he hallado en él delito alguno de aquellos de que lo acusáis. [15] Ni tampoco Herodes, porque os remití a él. Nada digno de muerte ha hecho este hombre, [16] así que lo soltaré después de castigarlo.

[17] Tenía necesidad de soltarles uno en cada fiesta.

[18] Pero toda la multitud gritó a una, diciendo:

—¡Fuera con ese; suéltanos a Barrabás!

[19] Este había sido echado en la cárcel por rebelión en la ciudad y por un homicidio. [20] Les habló otra vez Pilato, queriendo soltar a Jesús; [21] pero ellos volvieron a gritar, diciendo:

—¡Crucifícalo, crucifícalo!

[22] Él les dijo por tercera vez:

—¿Pues qué mal ha hecho este? Ningún delito digno de muerte he hallado en él; lo castigaré y lo soltaré.

[23] Pero ellos insistían a gritos, pidiendo que fuera crucificado; y las voces de ellos y de los principales sacerdotes se impusieron. [24] Entonces Pilato sentenció que se hiciera lo que ellos pedían. [25] Les soltó a aquel que había sido echado en la cárcel por rebelión y homicidio, a quien habían pedido, y entregó a Jesús a la voluntad de ellos.

Crucifixión y muerte de Jesús
(Mt 27.32-56; Mc 15.21-41; Jn 19.17-30)

[26] Cuando lo llevaban, tomaron a cierto Simón de Cirene, que venía del campo, y le pusieron encima la cruz para que la llevara tras Jesús.

[27] Lo seguía una gran multitud del pueblo, y de mujeres que lloraban y hacían lamentación por él. [28] Pero Jesús, volviéndose hacia ellas, les dijo:

—Hijas de Jerusalén, no lloréis por mí, sino llorad por vosotras mismas y por vuestros hijos, [29] porque vendrán días en que dirán: "Bienaventuradas las estériles y los vientres que no concibieron y los pechos que no criaron". [30] Entonces comenzarán a decir a los montes: "Caed sobre nosotros", y a los collados: "Cubridnos",[b] [31] porque si en el árbol verde hacen estas cosas, ¿en el seco, qué no se hará?

[32] Llevaban también con él a otros dos, que eran malhechores, para ser ejecutados. [33] Cuando llegaron al lugar llamado de la Calavera, lo crucificaron allí, y a los malhechores, uno a la derecha y otro a la izquierda. [34] Jesús decía:

—Padre, perdónalos, porque no saben lo que hacen.

Y repartieron entre sí sus vestidos, echando suertes.[c] [35] El pueblo estaba mirando, y aun los gobernantes se burlaban de él diciendo:

—A otros salvó; sálvese a sí mismo, si este es el Cristo, el escogido de Dios.

[36] Los soldados también se burlaban de él, y se acercaban ofreciéndole vinagre [37] y diciendo:

—Si tú eres el Rey de los judíos, sálvate a ti mismo.

[38] Había también sobre él un título escrito con letras griegas, latinas y hebreas: «Este es el Rey de los judíos».

[39] Uno de los malhechores que estaban colgados lo insultaba diciendo:

—Si tú eres el Cristo, sálvate a ti mismo y a nosotros.

---

[a] **23.8-9** Mt 26.63; 27.12,14; Jn 19.8-9; cf. Is 53.7.   [b] **23.30** Os 10.8; Ap 6.16.   [c] **23.34** Sal 22.18.

⁴⁰ Respondiendo el otro, lo reprendió, diciendo:

—¿Ni siquiera estando en la misma condenación temes tú a Dios? ⁴¹ Nosotros, a la verdad, justamente padecemos, porque recibimos lo que merecieron nuestros hechos; pero este ningún mal hizo. ⁴² Y dijo a Jesús:

—Acuérdate de mí cuando vengas en tu Reino.

⁴³ Entonces Jesús le dijo:

—De cierto te digo que hoy estarás conmigo en el paraíso.

⁴⁴ Cuando era como la hora sexta, hubo tinieblas sobre toda la tierra hasta la hora novena. ⁴⁵ El sol se oscureció y el velo*d* del Templo se rasgó por la mitad. ⁴⁶ Entonces Jesús, clamando a gran voz, dijo:

—Padre, en tus manos encomiendo mi espíritu.*e*

Habiendo dicho esto, expiró.

⁴⁷ Cuando el centurión vio lo que había acontecido, dio gloria a Dios diciendo:

—Verdaderamente este hombre era justo.

⁴⁸ Toda la multitud de los que estaban presentes en este espectáculo, viendo lo que había acontecido, se volvían golpeándose el pecho. ⁴⁹ Pero todos sus conocidos, y las mujeres*f* que lo habían seguido desde Galilea, estaban mirando estas cosas de lejos.*g*

Jesús es sepultado
(Mt 27.57-61; Mc 15.42-47; Jn 19.38-42)

⁵⁰ Había un varón llamado José, de Arimatea, ciudad de Judea, el cual era miembro del Concilio, hombre bueno y justo. ⁵¹ Este, que también esperaba el reino de Dios y no había consentido en el acuerdo ni en los hechos de ellos, ⁵² fue a Pilato y pidió el cuerpo de Jesús. ⁵³ Bajándolo de la cruz, lo envolvió en una sábana y lo puso en un sepulcro abierto en una peña, en el cual aún no se había puesto a nadie.

⁵⁴ Era día de la preparación y estaba para comenzar el sábado.

⁵⁵ Las mujeres que lo habían acompañado desde Galilea lo siguieron y vieron el sepulcro y cómo fue puesto su cuerpo. ⁵⁶ Al regresar, prepararon especias aromáticas y ungüentos; y descansaron el sábado, conforme al mandamiento.*h*

La resurrección
(Mt 28.1-10; Mc 16.1-8; Jn 20.1-10)

24 ¹ El primer día de la semana,*a* muy de mañana, fueron al sepulcro llevando las especias aromáticas que habían preparado, y algunas otras mujeres con ellas. ² Hallaron removida la piedra del sepulcro ³ y, entrando, no hallaron el cuerpo del Señor Jesús. ⁴ Aconteció que estando ellas perplejas por esto, se pararon junto a ellas dos varones con vestiduras resplandecientes; ⁵ y como tuvieron temor y bajaron el rostro a tierra, les dijeron:

—¿Por qué buscáis entre los muertos al que vive? ⁶ No está aquí, sino que ha resucitado.*b* Acordaos de lo que os habló cuando aún estaba en Galilea, ⁷ diciendo: "Es necesario que el Hijo del hombre sea entregado en manos de hombres pecadores, y que sea crucificado y resucite al tercer día".*c*

⁸ Entonces ellas se acordaron de sus palabras, ⁹ y volviendo del sepulcro dieron nuevas de todas estas cosas a los once y a todos los demás. ¹⁰ Eran María Magdalena, Juana y María, madre de Jacobo, y las demás con ellas, quienes dijeron estas cosas a los apóstoles. ¹¹ Pero a ellos les parecían locura las palabras de ellas, y no las creyeron. ¹² Pedro, sin embargo, levantándose, corrió al sepulcro; y cuando miró dentro vio solo los lienzos, y se fue a casa maravillándose de lo que había sucedido.

En el camino a Emaús
(Mc 16.12-13)

¹³ Dos de ellos iban el mismo día a una aldea llamada Emaús, que estaba a sesenta estadios de Jerusalén. ¹⁴ Hablaban entre sí de todas aquellas cosas que habían acontecido. ¹⁵ Y sucedió que, mientras hablaban y discutían entre sí, Jesús mismo se acercó y caminaba con ellos. ¹⁶ Pero los

---

d **23.45** Ex 26.31-33.　*e* **23.46** Sal 31.5; Hch 7.59.　*f* **23.49** Lc 8.1-3.　*g* **23.49** Sal 38.11.
h **23.56** Ex 20.10; Dt 5.14.　*a* **24.1** Jn 20.19.　*b* **24.6** Mt 28.6; Mc 16.6.　*c* **24.6-7** Mt 16.21; 17.22-23; 20.18-19; Mc 8.31; 9.31; 10.33-34; Lc 9.22; 18.31-33.

ojos de ellos estaban velados, para que no lo reconocieran.

17 Él les dijo:

—¿Qué pláticas son estas que tenéis entre vosotros mientras camináis, y por qué estáis tristes?

18 Respondiendo uno de ellos, que se llamaba Cleofas, le dijo:

—¿Eres tú el único forastero en Jerusalén que no has sabido las cosas que en ella han acontecido en estos días?

19 Entonces él les preguntó:

—¿Qué cosas?

Y ellos le dijeron:

—De Jesús nazareno, que fue varón profeta, poderoso en obra y en palabra delante de Dios y de todo el pueblo; 20 y cómo lo entregaron los principales sacerdotes y nuestros gobernantes a sentencia de muerte, y lo crucificaron. 21 Pero nosotros esperábamos que él fuera el que había de redimir a Israel. Sin embargo, además de todo, hoy es ya el tercer día que esto ha acontecido. 22 Aunque también nos han asombrado unas mujeres de entre nosotros, las cuales antes del día fueron al sepulcro; 23 como no hallaron su cuerpo, volvieron diciendo que también habían visto visión de ángeles, quienes dijeron que él vive. 24 Y fueron algunos de los nuestros al sepulcro, y hallaron así como las mujeres habían dicho, pero a él no lo vieron.

25 Entonces él les dijo:

—¡Insensatos y tardos de corazón para creer todo lo que los profetas han dicho! 26 ¿No era necesario que el Cristo padeciera estas cosas y que entrara en su gloria? 27 Y comenzando desde Moisés y siguiendo por todos los profetas, les declaraba en todas las Escrituras lo que de él decían.

28 Llegaron a la aldea adonde iban, y él hizo como que iba más lejos. 29 Pero ellos lo obligaron a quedarse, diciendo:

—Quédate con nosotros, porque se hace tarde y el día ya ha declinado.

Entró, pues, a quedarse con ellos. 30 Y aconteció que, estando sentado con ellos a la mesa, tomó el pan, lo bendijo, lo partió y les dio. 31 Entonces les fueron abiertos los ojos y lo reconocieron; pero él desapareció de su vista. 32 Y se decían el uno al otro:

—¿No ardía nuestro corazón en nosotros, mientras nos hablaba en el camino y cuando nos abría las Escrituras?

33 Levantándose en esa misma hora, volvieron a Jerusalén; y hallaron a los once reunidos y a los que estaban con ellos, 34 que decían:

—Ha resucitado el Señor verdaderamente, y ha aparecido a Simón.

35 Entonces ellos contaron las cosas que les habían acontecido en el camino, y cómo lo habían reconocido al partir el pan.

Jesús se aparece a los discípulos
(Mt 28.16-20; Mc 16.14-18; Jn 20.19-23)

36 Mientras aún hablaban de estas cosas, Jesús se puso en medio de ellos y les dijo:

—¡Paz a vosotros!

37 Entonces, espantados y atemorizados, pensaban que veían un espíritu. 38 Pero él les dijo:

—¿Por qué estáis turbados y vienen a vuestro corazón estos pensamientos? 39 Mirad mis manos y mis pies, que yo mismo soy. Palpad y ved, porque un espíritu no tiene carne ni huesos como veis que yo tengo.*d*

40 Y diciendo esto, les mostró las manos y los pies. 41 Pero como todavía ellos, de gozo, no lo creían y estaban maravillados, les dijo:

—¿Tenéis aquí algo de comer?

42 Entonces le dieron un trozo de pescado asado y un panal de miel. 43 Él lo tomó y comió delante de ellos.*e*

44 Luego les dijo:

—Estas son las palabras que os hablé estando aún con vosotros: que era necesario que se cumpliera todo lo que está escrito de mí en la Ley de Moisés, en los Profetas y en los Salmos.

45 Entonces les abrió el entendimiento para que comprendieran las Escrituras; 46 y les dijo:

—Así está escrito, y así fue necesario

d **24.39** Jn 20.20,24-27.   *e* **24.43** Hch 10.41.

que el Cristo padeciera y resucitara de los muertos al tercer día;[f] [47] y que se predicara en su nombre el arrepentimiento y el perdón de pecados en todas las naciones, comenzando desde Jerusalén. [48] Vosotros sois testigos de estas cosas.[g] [49] Ciertamente, yo enviaré la promesa de mi Padre[h] sobre vosotros; pero quedaos vosotros en la ciudad de Jerusalén hasta que seáis investidos de poder desde lo alto.

La ascensión
(Mc 16.19-20)

[50] Después los sacó fuera hasta Betania y, alzando sus manos, los bendijo. [51] Aconteció que, mientras los bendecía, se separó de ellos y fue llevado arriba al cielo.[i] [52] Ellos, después de haberlo adorado, volvieron a Jerusalén con gran gozo; [53] y estaban siempre en el Templo, alabando y bendiciendo a Dios. Amén.

[f] **24.46** Is 53.1-12; Os 6.2.   [g] **24.47-48** Hch 1.8.   [h] **24.49** Hch 1.4.   [i] **24.50-51** Hch 1.9-11.

SAN JUAN

INTRODUCCIÓN

Juan, el autor del evangelio, afirma haber escrito este testimonio «para que creáis que Jesús es el Cristo, el Hijo de Dios, y para que creyendo, tengáis vida en su nombre» (Jn 20.30-31).

Tras un prólogo que revela a Cristo como la eterna Palabra de Dios (1.1-18), el Verbo encarnado en la realidad humana, el evangelio de Juan (=Jn) presenta un conjunto de enseñanzas y discursos, que aquí ocupan el lugar de las parábolas, a través de los cuales se explica el mensaje de los milagros o señales. A diferencia de los otros tres evangelios, llamados «sinópticos», en Juan encontramos un lenguaje lleno de símbolos (Cristo como el Verbo, 1.1; el agua, 7.37; el pan, 6.35; la luz, 8.12) e imágenes tomadas del AT (p.e.: el pastor y las ovejas, 10.1-18, cf. Sal 23; la vid y los pámpanos, 15.1-6, cf. Is 5.1-7) que expresan los dones del Hijo unigénito (1.14), enviado por el Padre para «quitar el pecado del mundo» (1.29) y dar vida eterna a «todo aquel que en él cree». Este es el contexto en que se inscriben los grandes «Yo soy» de Jesús (Jn 6.35; 9.5; 11.25).

Testigo de la revelación de Dios, Juan centra su atención en la última etapa del ministerio de Jesús y ofrece preciosa información sobre su íntima relación con los discípulos, por los cuales intercede en la conmovedora oración del capítulo 17. Dividido en dos grandes secciones, el libro narra, hasta el final del capítulo 12, episodios de la actividad pública del Mesías en Galilea y Judea, así como acontecimientos relacionados con su presencia en Jerusalén durante las festividades religiosas judías; la otra sección, de los capítulos 13 al 21, relata lo ocurrido durante la última semana de la vida terrenal del Señor, incluyendo su pasión, muerte y resurrección. Pero, más que datos útiles para una biografía, el evangelio de Juan nos ofrece la imagen de un Cristo vivo que demanda una respuesta de fe. La misión divina del Mesías: rescatar a la humanidad y revelar la gloria del Padre, aparece resumida en una frase de Jesús recogida por Juan: «Yo he venido para que tengan vida, y para que la tengan en abundancia» (10.10).

Esquema del contenido

Prólogo (1.1-18)
1. *El ministerio público de Jesús (1.19—12.50)*
2. *Pasión, muerte y resurrección (13.1—21.23)*
Epílogo (21.24-25)

---

1 ¹ En el principio era el Verbo,ᵃ
el Verbo estaba con Dios
y el Verbo era Dios.
² Este estaba en el principio con Dios.
³ Todas las cosas por medio de él
fueron hechas,
y sin él nada de lo que ha sido
hecho fue hecho.

⁴ En él estaba la vida,
y la vida era la luz de los hombres.
⁵ La luz resplandece en las tinieblas,
y las tinieblas no la dominaron.

⁶ Hubo un hombre enviado por Dios, el cual se llamaba Juan. ⁷ Este vino como testigo, para dar testimonio de la luz, a fin

---

ᵃ **1.1** 1 Jn 1.1; Ap 19.13. Jesucristo es el *Verbo* (Jn 1.14) como *Palabra* de Dios que crea, revela y salva.

de que todos creyeran por medio de él.[b]

⁸ Él no era la luz, sino un testigo de la luz.

⁹ La luz verdadera que alumbra a
todo hombre
venía a este mundo.
¹⁰ En el mundo estaba,
y el mundo fue hecho por medio de
él;
pero el mundo no lo conoció.
¹¹ A lo suyo vino,
pero los suyos no lo recibieron.
¹² Mas a todos los que lo recibieron,
a quienes creen en su nombre,
les dio potestad de ser hechos hijos
de Dios.
¹³ Estos no nacieron de sangre,
ni por voluntad de carne,
ni por voluntad de varón,
sino de Dios.
¹⁴ Y el Verbo se hizo carne[c]
y habitó entre nosotros lleno de
gracia y de verdad;
y vimos su gloria,[d]
gloria como del unigénito del
Padre.

¹⁵ Juan testificó de él diciendo: «Este es
de quien yo decía: "El que viene después
de mí es antes de mí, porque era primero
que yo"».

¹⁶ De su plenitud recibimos todos,
y gracia sobre gracia,
¹⁷ porque la Ley fue dada por medio
de Moisés,
pero la gracia y la verdad vinieron
por medio de Jesucristo.
¹⁸ A Dios nadie le ha visto jamás;
el unigénito Hijo, que está en el
seno del Padre,
él lo ha dado a conocer.[e]

Testimonio de Juan el Bautista
(Mt 3.11-12; Mc 1.7-8; Lc 3.15-17)

¹⁹ Este es el testimonio de Juan, cuando
los judíos enviaron de Jerusalén sacerdotes y levitas a preguntarle:

—¿Quién eres tú?

²⁰ Él confesó y no negó. Confesó:

—Yo no soy el Cristo.

²¹ Y le preguntaron:

—¿Qué, pues? ¿Eres tú Elías?[f]

Dijo:

—No soy.

—¿Eres tú el Profeta?[g]

Y respondió:

—No.

²² Entonces le dijeron:

—¿Quién eres? Tenemos que dar respuesta a los que nos enviaron. ¿Qué dices
de ti mismo?

²³ Dijo:

—Yo soy "la voz de uno que clama en
el desierto: Enderezad el camino del Señor", como dijo el profeta Isaías.[h]

²⁴ Los que habían sido enviados eran
de los fariseos. ²⁵ Y le preguntaron diciendo:

—¿Por qué, pues, bautizas, si tú no
eres el Cristo, ni Elías, ni el Profeta?

²⁶ Juan les respondió diciendo:

—Yo bautizo con agua, pero en medio
de vosotros está uno a quien vosotros no
conocéis. ²⁷ Este es el que viene después
de mí, quien es antes de mí, del cual yo no
soy digno de desatar la correa del calzado.

²⁸ Estas cosas sucedieron en Betábara,
al otro lado del Jordán, donde Juan estaba
bautizando.

El Cordero de Dios

²⁹ Al siguiente día vio Juan a Jesús que
venía a él, y dijo: «¡Este es el Cordero de
Dios, que quita el pecado del mundo!
³⁰ Este es de quien yo dije: "Después de mí
viene un hombre que es antes de mí, porque era primero que yo". ³¹ Y yo no lo conocía; pero por esto vine bautizando con
agua: para que él fuera manifestado a
Israel». ³² Además, Juan testificó, diciendo: «Vi al Espíritu que descendía del cielo
como paloma, y que permaneció sobre él.
³³ Yo no lo conocía; pero el que me envió a
bautizar con agua me dijo: "Sobre quien
veas descender el Espíritu y permanecer
sobre él, ese es el que bautiza con Espíritu
Santo". ³⁴ Y yo lo he visto y testifico que
este es el Hijo de Dios».

---

[b] **1.7** Mt 3.1-12; Mc 1.1-8; Lc 3.1-9,15-17.   [c] **1.14** Flp 2.9-11; Heb 2.10,11,14.   [d] **1.14** Es decir, la
presencia activa de Dios para salvar a su pueblo: 2.11.   [e] **1.18** Mt 11.27; Lc 10.22; 1 Jn 1.2.
[f] **1.21** Mal 4.5-6; Mt 17.10-12.   [g] **1.21** Dt 18.15-18; cf. Jn 6.14; 7.40.   [h] **1.23** Is 40.3.

Los primeros discípulos

35 Al siguiente día estaba otra vez Juan, y con él dos de sus discípulos. **36** Y mirando a Jesús que andaba por allí, dijo: «¡Este es el Cordero de Dios!». **37** Los dos discípulos lo oyeron hablar y siguieron a Jesús. **38** Volviéndose Jesús y viendo que lo seguían, les dijo:

—¿Qué buscáis?

Ellos le dijeron:

—Rabí —que significa «Maestro»—, ¿dónde vives?

39 Les dijo:

—Venid y ved.

Fueron y vieron dónde vivía, y se quedaron aquel día con él, porque era como la hora décima.[i] **40** Andrés, hermano de Simón Pedro, era uno de los dos que habían oído a Juan y habían seguido a Jesús. **41** Aquel encontró primero a su hermano Simón, y le dijo:

—Hemos encontrado al Mesías —que significa «Cristo»—.

42 Y lo trajo a Jesús. Mirándolo Jesús, dijo:

—Tú eres Simón hijo de Jonás; tú serás llamado Cefas —es decir, Pedro—.[j]

Jesús llama a Felipe y a Natanael

43 Al siguiente día, Jesús quiso ir a Galilea; encontró a Felipe y le dijo:

—Sígueme.

44 Felipe era de Betsaida, la ciudad de Andrés y Pedro. **45** Felipe encontró a Natanael y le dijo:

—Hemos encontrado a aquel de quien escribieron Moisés, en la Ley, y también los Profetas: a Jesús hijo de José, de Nazaret.

46 Natanael le dijo:

—¿De Nazaret puede salir algo bueno?

Respondió Felipe:

—Ven y ve.

47 Cuando Jesús vio a Natanael que se le acercaba, dijo de él:

—¡Aquí está un verdadero israelita en quien no hay engaño!

48 Le dijo Natanael:

—¿De dónde me conoces?

Jesús le respondió:

—Antes que Felipe te llamara, cuando estabas debajo de la higuera, te vi.[k]

49 Natanael exclamó:

—¡Rabí, tú eres el Hijo de Dios! ¡Tú eres el Rey de Israel!

50 Le contestó Jesús:

—¿Crees porque te dije: "Te vi debajo de la higuera"? Cosas mayores que estas verás.

51 Y agregó:

—De cierto, de cierto os digo: Desde ahora veréis el cielo abierto y a los ángeles de Dios subiendo y bajando sobre el Hijo del hombre.[l]

Las bodas en Caná de Galilea

2 **1** Al tercer día se celebraron unas bodas en Caná de Galilea, y estaba allí la madre de Jesús. **2** También fueron invitados a las bodas Jesús y sus discípulos. **3** Y faltó vino. Entonces la madre de Jesús le dijo:

—No tienen vino.

4 Jesús le dijo:

—¿Qué tiene que ver esto con nosotros, mujer? Aún no ha llegado mi hora.

5 Su madre dijo a los que servían:

—Haced todo lo que él os diga.

6 Había allí seis tinajas de piedra para agua, dispuestas para el rito de purificación de los judíos; en cada una de ellas cabían dos o tres cántaros. **7** Jesús les dijo:

—Llenad de agua estas tinajas.

Y las llenaron hasta arriba. **8** Entonces les dijo:

—Sacad ahora un poco y presentadlo al encargado del banquete.

Y se lo presentaron. **9** Cuando el encargado del banquete probó el agua hecha vino, sin saber de dónde era (aunque sí lo sabían los sirvientes que habían sacado el agua), llamó al esposo **10** y le dijo:

—Todo hombre sirve primero el buen vino, y cuando han bebido mucho, el inferior; sin embargo, tú has reservado el buen vino hasta ahora.

11 Este principio de señales hizo Jesús en Caná de Galilea, y manifestó su gloria; y sus discípulos creyeron en él.

12 Después de esto descendieron a Capernaúm él, su madre, sus hermanos y sus discípulos; y se quedaron allí no muchos días.

---

i **1.39** Las cuatro de la tarde.   *j* **1.42** *Cefas* y *Pedro* : formas aramea y griega, respectivamente, del mismo nombre (cf. Mt 16.18; Mc 3.16). Significan «piedra».   *k* **1.48** Jn 2.24-25; 4.17-19,29; 13.11; 16.30.   *l* **1.51** Gn 28.10-17.

Jesús purifica el Templo
(Mt 21.12-13; Mc 11.15-18; Lc 19.45-46)

¹³ Estaba cerca la Pascua[a] de los judíos, y subió Jesús a Jerusalén. ¹⁴ Encontró en el Templo a los que vendían bueyes, ovejas y palomas, y a los cambistas que estaban allí sentados ¹⁵ e hizo un azote de cuerdas y echó fuera del Templo a todos, con las ovejas y los bueyes; también desparramó las monedas de los cambistas y volcó las mesas; ¹⁶ y dijo a los que vendían palomas:

—Quitad esto de aquí, y no convirtáis la casa de mi Padre en casa de mercado.

¹⁷ Entonces recordaron sus discípulos que está escrito: «El celo de tu casa me consumirá».[b] ¹⁸ Los judíos respondieron y le dijeron:

—Ya que haces esto, ¿qué señal nos muestras?

¹⁹ Respondió Jesús y les dijo:

—Destruid este templo y en tres días lo levantaré.[c]

²⁰ Entonces los judíos dijeron:

—En cuarenta y seis años fue edificado este Templo, ¿y tú en tres días lo levantarás?

²¹ Pero él hablaba del templo de su cuerpo.[d] ²² Por tanto, cuando resucitó de entre los muertos, sus discípulos recordaron que había dicho esto, y creyeron en la Escritura y en la palabra que Jesús había dicho.

Jesús conoce a todos los hombres

²³ Mientras estaba en Jerusalén, en la fiesta de la Pascua, muchos creyeron en su nombre al ver las señales que hacía. ²⁴ Pero Jesús mismo no se fiaba de ellos, porque los conocía a todos; ²⁵ y no necesitaba que nadie le explicara nada acerca del hombre, pues él sabía lo que hay en el hombre.

Jesús y Nicodemo

3 ¹ Había un hombre de los fariseos que se llamaba Nicodemo, dignatario de los judíos. ² Este vino a Jesús de noche y le dijo:

—Rabí, sabemos que has venido de Dios como maestro, porque nadie puede hacer estas señales que tú haces, si no está Dios con él.

³ Le respondió Jesús:

—De cierto, de cierto te digo que el que no nace de nuevo no puede ver el reino de Dios.

⁴ Nicodemo le preguntó:

—¿Cómo puede un hombre nacer siendo viejo? ¿Puede acaso entrar por segunda vez en el vientre de su madre y nacer?

⁵ Respondió Jesús:

—De cierto, de cierto te digo que el que no nace de agua y del Espíritu no puede entrar en el reino de Dios.[a] ⁶ Lo que nace de la carne, carne es; y lo que nace del Espíritu, espíritu es. ⁷ No te maravilles de que te dije: "Os es necesario nacer de nuevo". ⁸ El viento sopla de donde quiere, y oyes su sonido, pero no sabes de dónde viene ni a dónde va. Así es todo aquel que nace del Espíritu.[b]

⁹ Le preguntó Nicodemo:

—¿Cómo puede hacerse esto?

¹⁰ Jesús le respondió:

—Tú, que eres el maestro de Israel, ¿no sabes esto? ¹¹ De cierto, de cierto te digo que de lo que sabemos, hablamos, y de lo que hemos visto, testificamos; pero no recibís nuestro testimonio. ¹² Si os he dicho cosas terrenales y no creéis, ¿cómo creeréis si os digo las celestiales? ¹³ Nadie subió al cielo sino el que descendió del cielo, el Hijo del hombre, que está en el cielo. ¹⁴ Y como Moisés levantó la serpiente en el desierto, así es necesario que el Hijo del hombre sea levantado, ¹⁵ para que todo aquel que en él cree no se pierda, sino que tenga vida eterna.

De tal manera amó Dios al mundo

¹⁶ »De tal manera amó Dios al mundo, que ha dado a su Hijo unigénito, para que todo aquel que en él cree no se pierda, sino que tenga vida eterna. ¹⁷ Dios no envió a su Hijo al mundo para condenar al mundo, sino para que el mundo sea salvo por él. ¹⁸ El que en él cree no es condenado; pero el que no cree ya ha sido condenado, porque no ha creído en el nombre del unigénito Hijo de Dios. ¹⁹ Y esta es la

---

[a] **2.13** Ex 12.1-27.   [b] **2.17** Sal 69.9.   [c] **2.19** Mt 26.61; 27.40; Mc 14.58; 15.29.   [d] **2.21** 4.21-24; Ap 21.22.   [a] **3.5** Mt 28.19; Hch 2.38; 10.47; 1 Co 12.13; Tit 3.5.   [b] **3.8** La misma palabra griega significa *viento* y *espíritu*.

condenación: la luz vino al mundo, pero los hombres amaron más las tinieblas que la luz, porque sus obras eran malas, ²⁰ pues todo aquel que hace lo malo detesta la luz y no viene a la luz, para que sus obras no sean puestas al descubierto. ²¹ Pero el que practica la verdad viene a la luz, para que se ponga de manifiesto que sus obras son hechas en Dios.

El amigo del esposo

²² Después de esto vino Jesús con sus discípulos a tierras de Judea, y estuvo allí con ellos y bautizaba. ²³ También Juan bautizaba en Enón, junto a Salim, porque había allí muchas aguas. Y la gente llegaba y se bautizaba, ²⁴ pues aún no habían encarcelado a Juan.^c

²⁵ Entonces se produjo una discusión entre los discípulos de Juan y algunos judíos acerca de la purificación. ²⁶ Y vinieron a Juan y le dijeron:

—Rabí, el que estaba contigo al otro lado del Jordán, de quien tú diste testimonio, él también bautiza, y todos van a él.

²⁷ Respondió Juan:

—No puede el hombre recibir nada a menos que le sea dado del cielo. ²⁸ Vosotros mismos me sois testigos de que dije: "Yo no soy el Cristo,^d sino que soy enviado delante de él".^e ²⁹ El que tiene a la esposa es el esposo; pero el amigo del esposo, el que está a su lado y lo oye, se goza grandemente de la voz del esposo. Por eso, mi gozo está completo. ³⁰ Es necesario que él crezca, y que yo disminuya.

El que viene de arriba

³¹ El que viene de arriba está por encima de todos; el que es de la tierra es terrenal y habla de cosas terrenales. El que viene del cielo está por encima de todos, ³² y de lo que ha visto y oído testifica, pero nadie recibe su testimonio. ³³ El que recibe su testimonio, ese atestigua que Dios es veraz, ³⁴ porque aquel a quien Dios envió, las palabras de Dios habla, pues Dios no da el Espíritu por medida. ³⁵ El Padre ama al Hijo y ha entregado todas las cosas en su mano.^f

³⁶ El que cree en el Hijo tiene vida eterna; pero el que se niega a creer en el Hijo no verá la vida, sino que la ira de Dios está sobre él.

Jesús y la mujer samaritana

4 ¹ Cuando, pues, el Señor supo que los fariseos habían oído decir: «Jesús hace y bautiza más discípulos que Juan» ² (aunque Jesús no bautizaba, sino sus discípulos), ³ salió de Judea y se fue otra vez a Galilea. ⁴ Y le era necesario pasar por Samaria. ⁵ Fue, pues, a una ciudad de Samaria llamada Sicar, junto a la heredad que Jacob dio a su hijo José.^a ⁶ Y estaba allí el pozo de Jacob. Entonces Jesús, cansado del viaje, se sentó junto al pozo. Era como la hora sexta.^b

⁷ Llegó una mujer de Samaria a sacar agua; y Jesús le dijo:

—Dame de beber ⁸ —pues sus discípulos habían ido a la ciudad a comprar alimentos—.

⁹ La mujer samaritana le dijo:

—¿Cómo tú, siendo judío, me pides a mí de beber, que soy mujer samaritana? —porque judíos y samaritanos no se tratan entre sí—.^c

¹⁰ Respondió Jesús y le dijo:

—Si conocieras el don de Dios, y quién es el que te dice: "Dame de beber", tú le pedirías, y él te daría agua viva.^d

¹¹ La mujer le dijo:

—Señor, no tienes con qué sacarla, y el pozo es hondo. ¿De dónde, pues, tienes el agua viva? ¹² ¿Acaso eres tú mayor que nuestro padre Jacob, que nos dio este pozo, del cual bebieron él, sus hijos y sus ganados?

¹³ Jesús le contestó:

—Cualquiera que beba de esta agua volverá a tener sed; ¹⁴ pero el que beba del agua que yo le daré no tendrá sed jamás, sino que el agua que yo le daré será en él una fuente de agua que salte para vida eterna.

¹⁵ La mujer le dijo:

—Señor, dame esa agua, para que no tenga yo sed ni venga aquí a sacarla.

¹⁶ Jesús le dijo:

^c 3.24 Mt 14.3-4; Mc 6.17-18; Lc 3.19-20.   ^d 3.28 Jn 1.20.   ^e 3.28 Mt 11.10; Lc 1.76.
^f 3.35 Mt 11.27; Lc 10.22.   ^a 4.5 Gn 33.18-19; 48.22; Jos 24.32.   ^b 4.6 O sea, el mediodía.
^c 4.9 Esd 4.1-5; Neh 4.1-2.   ^d 4.10 Is 55.1; Jer 2.13; Ez 47.1-9; Zac 14.8; Ap 21.6; 22.17.

—Ve, llama a tu marido, y ven acá.

[17] Respondió la mujer y dijo:

—No tengo marido.

Jesús le dijo:

—Bien has dicho: "No tengo marido", [18] porque cinco maridos has tenido y el que ahora tienes no es tu marido. Esto has dicho con verdad.

[19] Le dijo la mujer:

—Señor, me parece que tú eres profeta. [20] Nuestros padres adoraron en este monte,[e] pero vosotros decís que en Jerusalén es el lugar donde se debe adorar.

[21] Jesús le dijo:

—Mujer, créeme que la hora viene cuando ni en este monte ni en Jerusalén adoraréis al Padre. [22] Vosotros adoráis lo que no sabéis; nosotros adoramos lo que sabemos, porque la salvación viene de los judíos. [23] Pero la hora viene, y ahora es, cuando los verdaderos adoradores adorarán al Padre en espíritu y en verdad, porque también el Padre tales adoradores busca que lo adoren. [24] Dios es Espíritu, y los que lo adoran, en espíritu y en verdad es necesario que lo adoren.

[25] Le dijo la mujer:

—Sé que ha de venir el Mesías, llamado el Cristo; cuando él venga nos declarará todas las cosas.

[26] Jesús le dijo:

—Yo soy, el que habla contigo.

[27] En esto llegaron sus discípulos y se asombraron de que hablara con una mujer; sin embargo, ninguno dijo: «¿Qué preguntas?» o «¿Qué hablas con ella?». [28] Entonces la mujer dejó su cántaro, fue a la ciudad y dijo a los hombres:

[29] —Venid, ved a un hombre que me ha dicho todo cuanto he hecho. ¿No será este el Cristo?

[30] Entonces salieron de la ciudad y vinieron a él.

[31] Entre tanto, los discípulos le rogaban, diciendo:

—Rabí, come.

[32] Él les dijo:

—Yo tengo una comida que comer, que vosotros no sabéis.

[33] Entonces los discípulos se decían entre sí:

—¿Le habrá traído alguien de comer?

[34] Jesús les dijo:

—Mi comida es que haga la voluntad del que me envió y que acabe su obra. [35] ¿No decís vosotros: "Aún faltan cuatro meses para que llegue la siega"? Yo os digo: Alzad vuestros ojos y mirad los campos, porque ya están blancos para la siega. [36] Y el que siega recibe salario y recoge fruto para vida eterna, para que el que siembra se goce juntamente con el que siega. [37] En esto es verdadero el dicho: "Uno es el que siembra y otro es el que siega". [38] Yo os he enviado a segar lo que vosotros no labrasteis; otros labraron y vosotros habéis entrado en sus labores.

[39] Muchos de los samaritanos de aquella ciudad creyeron en él por la palabra de la mujer, que daba testimonio diciendo: «Me dijo todo lo que he hecho». [40] Entonces vinieron los samaritanos a él y le rogaron que se quedara con ellos, y se quedó allí dos días. [41] Muchos más creyeron por la palabra de él, [42] y decían a la mujer:

—Ya no creemos solamente por lo que has dicho, pues nosotros mismos hemos oído y sabemos que verdaderamente este es el Salvador del mundo, el Cristo.

Jesús sana al hijo de un noble

[43] Dos días después salió de allí y fue a Galilea, [44] pues Jesús mismo dio testimonio de que al profeta no se le honra en su propia tierra.[f] [45] Cuando llegó a Galilea, los galileos lo recibieron, pues habían visto todas las cosas que había hecho en Jerusalén, en la fiesta, porque también ellos habían ido a la fiesta.[g]

[46] Fue, pues, Jesús otra vez a Caná de Galilea, donde había convertido el agua en vino.[h] Había en Capernaúm un oficial del rey, cuyo hijo estaba enfermo. [47] Cuando oyó aquel que Jesús había llegado de Judea a Galilea, fue a él y le rogó que descendiera y sanara a su hijo, que estaba a punto de morir. [48] Entonces Jesús le dijo:

—Si no veis señales y prodigios, no creeréis.[i]

[49] El oficial del rey le dijo:

—Señor, desciende antes que mi hijo muera.

---

[e] **4.20** Gerizim. Cf. Dt 11.29; Jos 8.33.   [f] **4.44** Mt 13.57; Mc 6.4; Lc 4.24.   [g] **4.45** Jn 2.23.
[h] **4.46** Jn 2.1-11.   [i] **4.48** Mt 12.38.

⁵⁰ Jesús le dijo:

—Vete, tu hijo vive.

El hombre creyó la palabra que Jesús le dijo, y se fue. ⁵¹ Cuando ya él descendía, sus siervos salieron a recibirlo, y le informaron diciendo:

—Tu hijo vive.

⁵² Entonces él les preguntó a qué hora había comenzado a mejorar. Le dijeron:

—Ayer, a la hora séptima,ʲ se le pasó la fiebre.

⁵³ El padre entonces entendió que aquella era la hora en que Jesús le había dicho: «Tu hijo vive». Y creyó él con toda su casa. ⁵⁴ Esta segunda señal hizo Jesús cuando fue de Judea a Galilea.

El paralítico de Betesda

5 ¹ Después de esto había una fiesta de los judíos, y Jesús subió a Jerusalén.

² Hay en Jerusalén, cerca de la Puerta de las Ovejas, un estanque, llamado en hebreo Betesda, el cual tiene cinco pórticos. ³ En estos yacía una multitud de enfermos, ciegos, cojos y paralíticos, que esperaban el movimiento del agua, ⁴ porque un ángel descendía de tiempo en tiempo al estanque y agitaba el agua; el que primero descendía al estanque después del movimiento del agua quedaba sano de cualquier enfermedad que tuviera. ⁵ Había allí un hombre que hacía treinta y ocho años que estaba enfermo. ⁶ Cuando Jesús lo vio acostado y supo que llevaba ya mucho tiempo así, le dijo:

—¿Quieres ser sano?

⁷ El enfermo le respondió:

—Señor, no tengo quien me meta en el estanque cuando se agita el agua; mientras yo voy, otro desciende antes que yo.

⁸ Jesús le dijo:

—Levántate, toma tu camilla y anda.

⁹ Al instante aquel hombre fue sanado, y tomó su camilla y anduvo. Era sábado aquel día.

¹⁰ Entonces los judíos dijeron a aquel que había sido sanado:

—Es sábado; no te es permitido cargar tu camilla.ᵃ

¹¹ Él les respondió:

—El que me sanó, él mismo me dijo: "Toma tu camilla y anda".

¹² Entonces le preguntaron:

—¿Quién es el que te dijo: "Toma tu camilla y anda"?

¹³ Pero el que había sido sanado no sabía quién era, porque Jesús se había apartado de la gente que estaba en aquel lugar. ¹⁴ Después lo halló Jesús en el Templo y le dijo:

—Mira, has sido sanado; no peques más, para que no te suceda algo peor.

¹⁵ El hombre se fue y contó a los judíos que Jesús era quien lo había sanado. ¹⁶ Por esta causa los judíos perseguían a Jesús e intentaban matarlo, porque hacía estas cosas en sábado. ¹⁷ Jesús les respondió:

—Mi Padre hasta ahora trabaja, y yo trabajo.

¹⁸ Por esto los judíos aun más intentaban matarlo, porque no solo quebrantaba el sábado, sino que también decía que Dios era su propio Padre, haciéndose igual a Dios.

La autoridad del Hijo

¹⁹ Respondió entonces Jesús y les dijo:

—De cierto, de cierto os digo: No puede el Hijo hacer nada por sí mismo, sino lo que ve hacer al Padre. Todo lo que el Padre hace, también lo hace el Hijo igualmente,ᵇ ²⁰ porque el Padre ama al Hijo y le muestra todas las cosas que él hace; y mayores obras que estas le mostrará, de modo que vosotros os admiréis. ²¹ Como el Padre levanta a los muertos y les da vida, así también el Hijo a los que quiere da vida, ²² porque el Padre a nadie juzga, sino que todo el juicio dio al Hijo, ²³ para que todos honren al Hijo como honran al Padre. El que no honra al Hijo no honra al Padre, que lo envió.ᶜ

²⁴ »De cierto, de cierto os digo: El que oye mi palabra y cree al que me envió tiene vida eterna, y no vendrá a condenación, sino que ha pasado de muerte a vida. ²⁵ De cierto, de cierto os digo: Viene la hora, y ahora es, cuando los muertos oirán la voz del Hijo de Dios, y los que la oigan vivirán. ²⁶ Como el Padre tiene vida en sí

ʲ **4.52** La una de la tarde.   ᵃ **5.10** Llevar cualquier carga era «trabajo» prohibido en *sábado*. Neh 13.19; Jer 17.21-22.   ᵇ **5.19** Jn 5.30; 8.28.   ᶜ **5.23** Lc 10.16; Jn 15.23; 1 Jn 2.23.

mismo, así también ha dado al Hijo el tener vida en sí mismo; [27] y, además, le dio autoridad de hacer juicio, por cuanto es el Hijo del hombre. [28] No os asombréis de esto, porque llegará la hora cuando todos los que están en los sepulcros oirán su voz; [29] y los que hicieron lo bueno saldrán a resurrección de vida; pero los que hicieron lo malo, a resurrección de condenación.[d]

Testigos de Cristo

[30] »No puedo yo hacer nada por mí mismo; según oigo, así juzgo, y mi juicio es justo, porque no busco mi voluntad, sino la voluntad del Padre, que me envió. [31] Si yo doy testimonio acerca de mí mismo, mi testimonio no es verdadero. [32] Otro es el que da testimonio acerca de mí, y sé que el testimonio que da de mí es verdadero. [33] Vosotros enviasteis mensajeros a Juan, y él dio testimonio de la verdad.[e] [34] Pero yo no recibo testimonio de hombre alguno; sin embargo, digo esto para que vosotros seáis salvos. [35] Él era antorcha que ardía y alumbraba, y vosotros quisisteis regocijaros por un tiempo en su luz. [36] Pero yo tengo un testimonio mayor que el de Juan: las obras que el Padre me dio para que cumpliera, las mismas obras que yo hago, dan testimonio de mí, de que el Padre me ha enviado.[f] [37] También el Padre, que me envió, ha dado testimonio de mí. Nunca habéis oído su voz, ni habéis visto su aspecto,[g] [38] ni tenéis su palabra morando en vosotros, porque no creéis a quien él envió. [39] Escudriñad las Escrituras, porque a vosotros os parece que en ellas tenéis la vida eterna, y ellas son las que dan testimonio de mí; [40] y no queréis venir a mí para que tengáis vida.

[41] »Gloria de los hombres no recibo. [42] Pero yo os conozco, que no tenéis el amor de Dios en vosotros. [43] Yo he venido en nombre de mi Padre y no me recibís; si otro viniera en su propio nombre, a ese recibiríais. [44] ¿Cómo podéis vosotros creer, pues recibís gloria los unos de los otros y no buscáis la gloria que viene del Dios único? [45] No penséis que yo voy a acusaros delante del Padre. Moisés, en quien tenéis vuestra esperanza, es quien os acusa, [46] porque si creyerais a Moisés, me creeríais a mí, porque de mí escribió él.[h] [47] Pero si no creéis a sus escritos, ¿cómo creeréis a mis palabras?

Alimentación de los cinco mil
(Mt 14.13-21; Mc 6.30-44; Lc 9.10-17)

6 [1] Después de esto, Jesús fue al otro lado del Mar de Galilea, el de Tiberias. [2] Y lo seguía una gran multitud, porque veían las señales que hacía en los enfermos. [3] Entonces subió Jesús a un monte y se sentó allí con sus discípulos. [4] Y estaba cerca la Pascua, la fiesta de los judíos. [5] Cuando alzó Jesús los ojos y vio que había venido a él una gran multitud, dijo a Felipe:

—¿De dónde compraremos pan para que coman estos?

[6] Pero esto decía para probarlo, porque él sabía lo que iba a hacer. [7] Felipe le respondió:

—Doscientos denarios de pan[a] no bastarían para que cada uno de ellos tomara un poco.

[8] Uno de sus discípulos, Andrés, hermano de Simón Pedro, le dijo:

[9] —Aquí hay un muchacho que tiene cinco panes de cebada y dos pescados; pero ¿qué es esto para tantos?

[10] Entonces Jesús dijo:

—Haced recostar a la gente.

Había mucha hierba en aquel lugar, y se recostaron como en número de cinco mil hombres. [11] Tomó Jesús aquellos panes y, después de dar gracias, los repartió entre los discípulos, y los discípulos entre los que estaban recostados; de igual manera hizo con los pescados, dándoles cuanto querían. [12] Y cuando se saciaron, dijo a sus discípulos:

—Recoged los pedazos que sobraron, para que no se pierda nada.

[13] Recogieron, pues, y llenaron doce cestas de pedazos que de los cinco panes de cebada sobraron a los que habían comido. [14] Entonces aquellos hombres, al ver la señal que Jesús había hecho, dijeron:

---

[d] **5.29** Dn 12.2.   [e] **5.33** Jn 1.19-34; 3.27-30.   [f] **5.36** Jn 10.25,38; 14.11.   [g] **5.37** Jn 1.18; 6.46; 1 Jn 4.12.   [h] **5.46** Lc 24.27; Hch 3.22; 7.37.   [a] **6.7** El denario era la paga normal por un día de trabajo.

«Verdaderamente este es el Profeta que había de venir al mundo».

15 Pero entendiendo Jesús que iban a venir para apoderarse de él y hacerlo rey, volvió a retirarse al monte él solo.

Jesús anda sobre el mar
(Mt 14.22-27; Mc 6.45-52)

16 Al anochecer descendieron sus discípulos al mar, 17 y entrando en una barca iban cruzando el mar hacia Capernaúm. Ya había oscurecido, y Jesús todavía no había venido a ellos. 18 El mar estaba agitado, porque soplaba un fuerte viento. 19 Cuando habían remado como veinticinco o treinta estadios,*b* vieron a Jesús que andaba sobre el mar y se acercaba a la barca, y tuvieron miedo. 20 Pero él les dijo:

—Yo soy; no temáis.

21 Entonces ellos lo recibieron con gusto en la barca, la cual llegó en seguida a la tierra a donde iban.

La gente busca a Jesús

22 Al día siguiente, la gente que estaba al otro lado del mar se dio cuenta de que no había habido allí más que una sola barca, y que Jesús no había entrado en ella con sus discípulos, sino que estos se habían ido solos. 23 Pero otras barcas habían llegado de Tiberias junto al lugar donde habían comido el pan después de haber dado gracias el Señor. 24 Cuando vio, pues, la gente que Jesús no estaba allí, ni sus discípulos, entraron en las barcas y fueron a Capernaúm, buscando a Jesús.

Jesús, el pan de vida

25 Y hallándolo al otro lado del mar, le preguntaron:

—Rabí, ¿cuándo llegaste acá?

26 Respondió Jesús y les dijo:

—De cierto, de cierto os digo que me buscáis, no porque habéis visto las señales, sino porque comisteis el pan y os saciasteis. 27 Trabajad, no por la comida que perece, sino por la comida que permanece para vida eterna, la cual os dará el Hijo del hombre, porque a este señaló Dios, el Padre.

28 Entonces le preguntaron:

—¿Qué debemos hacer para poner en práctica las obras de Dios?

29 Respondió Jesús y les dijo:

—Esta es la obra de Dios, que creáis en aquel que él ha enviado.

30 Entonces le dijeron:

—¿Qué señal, pues, haces tú, para que veamos y te creamos? ¿Qué obra haces? 31 Nuestros padres comieron el maná en el desierto, como está escrito: "Les dio a comer pan del cielo".*c*

32 Y Jesús les dijo:

—De cierto, de cierto os digo: Moisés no os dio el pan del cielo, pero mi Padre os da el verdadero pan del cielo, 33 porque el pan de Dios es aquel que descendió del cielo y da vida al mundo.

34 Le dijeron:

—Señor, danos siempre este pan.

35 Jesús les respondió:

—Yo soy el pan de vida. El que a mí viene nunca tendrá hambre, y el que en mí cree no tendrá sed jamás. 36 Pero ya os he dicho que, aunque me habéis visto, no creéis. 37 Todo lo que el Padre me da, vendrá a mí, y al que a mí viene, no lo echo fuera. 38 He descendido del cielo, no para hacer mi voluntad, sino la voluntad del que me envió. 39 Y la voluntad del Padre, que me envió, es que no pierda yo nada de todo lo que él me da, sino que lo resucite en el día final. 40 Y esta es la voluntad del que me ha enviado: que todo aquel que ve al Hijo y cree*d* en él tenga vida eterna; y yo lo resucitaré en el día final.

41 Murmuraban entonces de él los judíos, porque había dicho: «Yo soy el pan que descendió del cielo», 42 y decían:

—Este, ¿no es Jesús el hijo de José, cuyo padre y madre nosotros conocemos?*e* ¿Cómo dice ahora: "Del cielo he descendido"?

43 Jesús respondió y les dijo:

—No murmuréis entre vosotros. 44 Nadie puede venir a mí, si el Padre, que me envió, no lo atrae; y yo lo resucitaré en el día final. 45 Escrito está en los Profetas: "Y todos serán enseñados por Dios".*f* Así que, todo aquel que oye al Padre y aprende de

---

b **6.19** Cinco o seis kilómetros.   *c* **6.31** Sal 78.24; cf. Ex 16.4,15; Neh 9.15.   *d* **6.40** 20.3-8,25,29, donde los dos verbos (*ver* y *creer*) también aparecen juntos.   *e* **6.42** Mt 13.55; Mc 6.3; Lc 4.22.
f **6.45** Is 54.13.

él, viene a mí. ⁴⁶No que alguien haya visto al Padre; solo aquel que viene de Dios, ese ha visto al Padre. ⁴⁷De cierto, de cierto os digo: El que cree en mí tiene vida eterna. ⁴⁸Yo soy el pan de vida. ⁴⁹Vuestros padres comieron el maná en el desierto, y aun así murieron. ⁵⁰Este es el pan que desciende del cielo para que no muera quien coma de él. ⁵¹Yo soy el pan vivo que descendió del cielo; si alguien come de este pan, vivirá para siempre; y el pan que yo daré es mi carne, la cual yo daré por la vida del mundo.

⁵²Entonces los judíos discutían entre sí, diciendo:

—¿Cómo puede este darnos a comer su carne?

⁵³Jesús les dijo:

—De cierto, de cierto os digo: Si no coméis la carne del Hijo del hombre y bebéis su sangre, no tenéis vida en vosotros. ⁵⁴El que come mi carne y bebe mi sangre tiene vida eterna, y yo lo resucitaré en el día final, ⁵⁵porque mi carne es verdadera comida y mi sangre es verdadera bebida. ⁵⁶El que come mi carne y bebe mi sangre permanece en mí y yo en él.ᵍ ⁵⁷Así como me envió el Padre viviente y yo vivo por el Padre, también el que me come vivirá por mí. ⁵⁸Este es el pan que descendió del cielo; no como vuestros padres, que comieron el maná y murieron; el que come este pan vivirá eternamente.

⁵⁹Estas cosas dijo en Capernaúm, enseñando en una sinagoga.

Palabras de vida eterna

⁶⁰Al oir esto, muchos de sus discípulos dijeron:

—Dura es esta palabra; ¿quién la puede oir?

⁶¹Sabiendo Jesús en sí mismo que sus discípulos murmuraban de esto, les dijo:

—¿Esto os escandaliza? ⁶²¿Pues qué, si vierais al Hijo del hombre subir a donde estaba primero? ⁶³El espíritu es el que da vida; la carne para nada aprovecha. Las palabras que yo os he hablado son espíritu y son vida. ⁶⁴Pero hay algunos de vosotros que no creen —porque Jesús

sabía desde el principio quiénes eran los que no creían y quién lo había de entregar—.

⁶⁵Y dijo:

—Por eso os he dicho que ninguno puede venir a mí, si no le es dado del Padre.

⁶⁶Desde entonces muchos de sus discípulos volvieron atrás y ya no andaban con él. ⁶⁷Dijo entonces Jesús a los doce:

—¿Queréis acaso iros también vosotros?

⁶⁸Le respondió Simón Pedro:

—Señor, ¿a quién iremos? Tú tienes palabras de vida eterna. ⁶⁹Y nosotros hemos creído y conocido que tú eres el Cristo, el Hijo del Dios viviente.ʰ

⁷⁰Jesús les respondió:

—¿No os he escogido yo a vosotros los doce, y uno de vosotros es diablo?

⁷¹Hablaba de Judas Iscariote hijo de Simón, porque él era el que lo iba a entregar, y era uno de los doce.

Incredulidad de los hermanos de Jesús

7 ¹Después de esto andaba Jesús en Galilea, pues no quería andar en Judea, porque los judíos intentaban matarlo. ²Estaba cerca la fiesta de los judíos, la de los Tabernáculos,ᵃ ³y le dijeron sus hermanos:

—Sal de aquí, y vete a Judea, para que también tus discípulos vean las obras que haces, ⁴porque ninguno que procura darse a conocer hace algo en secreto. Si estas cosas haces, manifiéstate al mundo.

⁵Ni aun sus hermanos creían en él. ⁶Entonces Jesús les dijo:

—Mi tiempo aún no ha llegado, pero vuestro tiempo siempre está preparado. ⁷No puede el mundo odiaros a vosotros; pero a mí me odia, porque yo testifico de él, que sus obras son malas. ⁸Subid vosotros a la fiesta; yo no subo todavía a esa fiesta, porque mi tiempo aún no se ha cumplido.

⁹Y habiéndoles dicho esto se quedó en Galilea.

Jesús en la fiesta de los Tabernáculos

¹⁰Pero después que sus hermanos subieron, entonces él también subió a la fiesta,

---

ᵍ **6.51-56** Mt 26.26-29; Mc 14.22-25; Lc 22.14-22; 1 Co 11.23-26. ʰ **6.68-69** Mt 16.16; Mc 8.29; Lc 9.20. ᵃ **7.2** Lv 23.33-43; Dt 16.13.

no abiertamente, sino como en secreto. ¹¹ Y lo buscaban los judíos en la fiesta, y decían:

—¿Dónde estará aquel?

¹² Y había mucha murmuración acerca de él entre la multitud, pues unos decían: «Es bueno»; pero otros decían: «No, sino que engaña al pueblo». ¹³ Sin embargo, ninguno hablaba abiertamente de él por miedo a los judíos.

¹⁴ Pero a la mitad de la fiesta subió Jesús al Templo, y enseñaba. ¹⁵ Y se admiraban los judíos, diciendo:

—¿Cómo sabe este letras sin haber estudiado?

¹⁶ Jesús les respondió y dijo:

—Mi doctrina no es mía, sino de aquel que me envió. ¹⁷ El que quiera hacer la voluntad de Dios, conocerá si la doctrina es de Dios o si yo hablo por mi propia cuenta. ¹⁸ El que habla por su propia cuenta, su propia gloria busca; pero el que busca la gloria del que lo envió, este es verdadero y no hay en él injusticia. ¹⁹ ¿No os dio Moisés la Ley? Sin embargo, ninguno de vosotros la cumple. ¿Por qué intentáis matarme?

²⁰ Respondió la multitud y dijo:

—Demonio tienes, ¿quién intenta matarte?[b]

²¹ Jesús respondió y les dijo:

—Una obra hice y todos os admiráis. ²² Por cierto, Moisés os dio la circuncisión[c] —no porque sea de Moisés, sino de los padres—[d] y en sábado circuncidáis al hombre. ²³ Si recibe el hombre la circuncisión en sábado, para que la Ley de Moisés no sea quebrantada, ¿os enojáis conmigo porque en sábado[e] sané completamente a un hombre? ²⁴ No juzguéis según las apariencias, sino juzgad con justo juicio.

¿Es este el Cristo?

²⁵ Decían entonces unos de Jerusalén:

—¿No es a este a quien buscan para matarlo? ²⁶ Pues mirad, habla públicamente y no le dicen nada. ¿Habrán reconocido en verdad las autoridades que este es el Cristo? ²⁷ Pero este, sabemos de dónde es; sin embargo, cuando venga el Cristo, nadie sabrá de dónde es.

²⁸ Jesús entonces, enseñando en el Templo, alzó la voz y dijo:

—A mí me conocéis y sabéis de dónde soy; no he venido de mí mismo, pero el que me envió, a quien vosotros no conocéis, es verdadero. ²⁹ Pero yo lo conozco, porque de él procedo, y él me envió.

³⁰ Entonces intentaban prenderlo; pero ninguno le echó mano, porque aún no había llegado su hora. ³¹ Y muchos de la multitud creyeron en él y decían:

—El Cristo, cuando venga, ¿hará más señales que las que este hace?

Los fariseos envían guardias para detener a Jesús

³² Los fariseos oyeron a la gente que murmuraba de él estas cosas. Entonces los principales sacerdotes y los fariseos enviaron guardias para que lo prendieran. ³³ Y Jesús dijo:

—Todavía estaré con vosotros algún tiempo, y luego iré al que me envió. ³⁴ Me buscaréis, pero no me hallaréis, y a donde yo estaré, vosotros no podréis ir.

³⁵ Entonces los judíos dijeron entre sí:

—¿Adónde se irá este, que no lo hallaremos? ¿Se irá a los dispersos entre los griegos y enseñará a los griegos? ³⁶ ¿Qué significa esto que dijo: "Me buscaréis, pero no me hallaréis, y a donde yo estaré, vosotros no podréis ir"?

Ríos de agua viva

³⁷ En el último y gran día de la fiesta, Jesús se puso en pie y alzó la voz, diciendo:

—Si alguien tiene sed, venga a mí y beba. ³⁸ El que cree en mí, como dice la Escritura, de su interior brotarán ríos de agua viva.[f]

³⁹ Esto dijo del Espíritu que habían de recibir los que creyeran en él, pues aún no había venido el Espíritu Santo, porque Jesús no había sido aún glorificado.

División entre la gente

⁴⁰ Entonces algunos de la multitud, oyendo estas palabras, decían: «Verdaderamente este es el Profeta». ⁴¹ Otros decían: «Este es el Cristo». Pero algunos decían: «¿De Galilea ha de venir el Cristo? ⁴² ¿No

---

[b] **7.20** Mc 3.22,30.   [c] **7.22** Gn 17.10-27; Lv 12.3.   [d] **7.22** Gn 17.10; 21.4.   [e] **7.23** Jn 5.9,15.
[f] **7.37-38** Sal 78.15-16; 105.41; Pr 18.4; Is 55.1; 58.11; Jn 4.14.

dice la Escritura que de la descendencia de David,[g] y de la aldea de Belén,[h] de donde era David, ha de venir el Cristo?» [43] Hubo entonces división entre la gente a causa de él. [44] Y algunos de ellos querían prenderlo, pero ninguno le echó mano.

¡Nunca nadie ha hablado así!

[45] Los guardias vinieron a los principales sacerdotes y a los fariseos. Entonces estos les preguntaron:

—¿Por qué no lo habéis traído?

[46] Los guardias respondieron:

—¡Jamás hombre alguno ha hablado como este hombre!

[47] Entonces los fariseos les preguntaron:

—¿También vosotros habéis sido engañados? [48] ¿Acaso ha creído en él alguno de los gobernantes o de los fariseos? [49] Pero esta gente que no sabe la Ley, maldita es.[i]

[50] Les dijo Nicodemo, el que vino a él de noche,[j] el cual era uno de ellos:

[51] —¿Juzga acaso nuestra Ley a un hombre si primero no lo oye y sabe lo que ha hecho?

[52] Respondieron y le dijeron:

—¿Eres tú también galileo? Escudriña y ve que de Galilea nunca se ha levantado un profeta.

La mujer adúltera

[53] Y cada uno se fue a su casa,

8 [1] pero Jesús se fue al Monte de los Olivos. [2] Por la mañana volvió al Templo, y todo el pueblo vino a él; y sentándose, les enseñaba. [3] Entonces los escribas y los fariseos le trajeron una mujer sorprendida en adulterio y, poniéndola en medio, [4] le dijeron:

—Maestro, esta mujer ha sido sorprendida en el acto mismo de adulterio, [5] y en la Ley nos mandó Moisés apedrear a tales mujeres.[a] Tú, pues, ¿qué dices?

[6] Esto decían probándolo, para tener de qué acusarlo. Pero Jesús, inclinado hacia el suelo, escribía en tierra con el dedo. [7] Y como insistieran en preguntarle, se enderezó y les dijo:

—El que de vosotros esté sin pecado sea el primero en arrojar la piedra contra ella.

[8] E inclinándose de nuevo hacia el suelo, siguió escribiendo en tierra. [9] Pero ellos, al oír esto, acusados por su conciencia, fueron saliendo uno a uno, comenzando desde los más viejos hasta los más jóvenes; solo quedaron Jesús y la mujer que estaba en medio. [10] Enderezándose Jesús y no viendo a nadie sino a la mujer, le dijo:

—Mujer, ¿dónde están los que te acusaban? ¿Ninguno te condenó?

[11] Ella dijo:

—Ninguno, Señor.

Entonces Jesús le dijo:

—Ni yo te condeno; vete y no peques más.

Jesús, la luz del mundo

[12] Otra vez Jesús les habló, diciendo:

—Yo soy la luz del mundo;[b] el que me sigue no andará en tinieblas, sino que tendrá la luz de la vida.

[13] Entonces los fariseos le dijeron:

—Tú das testimonio acerca de ti mismo; tu testimonio no es válido.[c]

[14] Respondió Jesús y les dijo:

—Aunque yo doy testimonio acerca de mí mismo, mi testimonio es válido, porque sé de dónde he venido y a dónde voy; pero vosotros no sabéis de dónde vengo ni a dónde voy. [15] Vosotros juzgáis según la carne; yo no juzgo a nadie. [16] Y si yo juzgo, mi juicio es según la verdad, porque no soy yo solo, sino yo y el Padre que me envió. [17] Y en vuestra Ley está escrito que el testimonio de dos hombres es válido.[d] [18] Yo soy el que doy testimonio de mí mismo. También el Padre que me envió da testimonio de mí.

[19] Ellos le dijeron:

—¿Dónde está tu padre?

Respondió Jesús:

—Ni a mí me conocéis, ni a mi Padre; si a mí me conocierais, también a mi Padre conoceríais.

[20] Estas palabras habló Jesús en el lugar de las ofrendas, enseñando en el Templo; y nadie lo prendió, porque aún no había llegado su hora.

---

[g] 7.42 2 S 7.12-13; Sal 89.3-4; 132.11-12.   [h] 7.42 Miq 5.2.   [i] 7.49 Dt 27.26; 28.15; Sal 119.21.
[j] 7.50 Jn 3.1-10.   [a] 8.5 Lv 20.10; Dt 22.22-24.   [b] 8.12 Mt 5.14; Jn 9.5.   [c] 8.13 Jn 5.31.
[d] 8.17 Dt 17.6; 19.15.

A donde yo voy, vosotros no podéis ir

21 Otra vez les dijo Jesús:

—Yo me voy, y me buscaréis, pero en vuestro pecado moriréis; a donde yo voy, vosotros no podéis ir.

22 Decían entonces los judíos:

—¿Acaso pensará matarse, que dice: "A donde yo voy, vosotros no podéis ir"?

23 Y les dijo:

—Vosotros sois de abajo, yo soy de arriba; vosotros sois de este mundo, yo no soy de este mundo.^{e} 24 Por eso os dije que moriréis en vuestros pecados; si no creéis que yo soy, en vuestros pecados moriréis.

25 Entonces le dijeron:

—Tú, ¿quién eres?

Entonces Jesús les dijo:

—Lo que desde el principio os he dicho. 26 Muchas cosas tengo que decir y juzgar de vosotros; pero el que me envió es verdadero, y yo, lo que he oído de él, esto hablo al mundo.

27 Pero no entendieron que les hablaba del Padre.

28 Les dijo, pues, Jesús:

—Cuando hayáis levantado al Hijo del hombre, entonces conoceréis que yo soy y que nada hago por mí mismo, sino que, según me enseñó el Padre, así hablo, 29 porque el que me envió, conmigo está; no me ha dejado solo el Padre, porque yo hago siempre lo que le agrada.

30 Al hablar él estas cosas, muchos creyeron en él.

La verdad os hará libres

31 Dijo entonces Jesús a los judíos que habían creído en él:

—Si vosotros permanecéis en mi palabra, seréis verdaderamente mis discípulos; 32 y conoceréis la verdad y la verdad os hará libres.

33 Le respondieron:

—Descendientes de Abraham somos^f y jamás hemos sido esclavos de nadie. ¿Cómo dices tú: "Seréis libres"?

34 Jesús les respondió:

—De cierto, de cierto os digo que todo aquel que practica el pecado, esclavo es del pecado.^{g} 35 Y el esclavo no queda en la casa para siempre; el hijo sí queda para siempre. 36 Así que, si el Hijo os liberta, seréis verdaderamente libres.^{h} 37 Sé que sois descendientes de Abraham; sin embargo intentáis matarme, porque mi palabra no halla cabida en vosotros. 38 Yo hablo lo que he visto estando junto al Padre, y vosotros hacéis lo que habéis oído junto a vuestro padre.

Sois de vuestro padre el diablo

39 Respondieron y le dijeron:

—Nuestro padre es Abraham.

Jesús les dijo:

—Si fuerais hijos de Abraham, las obras de Abraham haríais. 40 Pero ahora intentáis matarme a mí, que os he hablado la verdad, la cual he oído de Dios. No hizo esto Abraham. 41 Vosotros hacéis las obras de vuestro padre.

Entonces le dijeron:

—¡Nosotros no hemos nacido de fornicación! ¡Un padre tenemos: Dios!

42 Jesús entonces les dijo:

—Si vuestro padre fuera Dios, entonces me amaríais, porque yo de Dios he salido y he venido, pues no he venido de mí mismo, sino que él me envió. 43 ¿Por qué no entendéis mi lenguaje? Porque no podéis escuchar mi palabra. 44 Vosotros sois de vuestro padre el diablo, y los deseos de vuestro padre queréis hacer. Él ha sido homicida desde el principio^i y no ha permanecido en la verdad, porque no hay verdad en él. Cuando habla mentira, de suyo habla, pues es mentiroso y padre de mentira. 45 Pero a mí, que digo la verdad, no me creéis. 46 ¿Quién de vosotros puede acusarme de pecado?^{j} Y si digo la verdad, ¿por qué vosotros no me creéis? 47 El que es de Dios, las palabras de Dios oye; por esto no las oís vosotros, porque no sois de Dios.

La preexistencia de Cristo

48 Respondieron entonces los judíos, y le dijeron:

—¿No decimos bien nosotros, que tú eres samaritano y que tienes demonio?^{k}

49 Respondió Jesús:

---

^{e} 8.23 Jn 3.31; 17.14. ^{f} 8.33 Mt 3.9; Lc 3.8. ^{g} 8.34 Ro 6.16; 2 P 2.19. ^{h} 8.36 Ro 6.16-18; Gl 5.1,13. ^{i} 8.44 1 Jn 3.8. ^{j} 8.46 2 Co 5.21; Heb 4.15; 1 Jn 3.5. ^{k} 8.48 Jn 7.20.

—Yo no tengo demonio, antes honro a mi Padre; y vosotros me deshonráis. **50** Pero yo no busco mi gloria; hay quien la busca y juzga. **51** De cierto, de cierto os digo que el que guarda mi palabra nunca verá muerte.

52 Entonces los judíos le dijeron:

—Ahora nos convencemos de que tienes demonio. Abraham murió, y los profetas; y tú dices: "El que guarda mi palabra nunca sufrirá muerte". **53** ¿Eres tú acaso mayor que nuestro padre Abraham, el cual murió? ¡También los profetas murieron! ¿Quién crees que eres?

54 Respondió Jesús:

—Si yo me glorifico a mí mismo, mi gloria nada es; mi Padre es el que me glorifica, el que vosotros decís que es vuestro Dios. **55** Vosotros no lo conocéis. Yo sí lo conozco y, si digo que no lo conozco, sería mentiroso como vosotros; pero lo conozco y guardo su palabra. **56** Abraham, vuestro padre, se gozó de que había de ver mi día; y lo vio y se gozó.

57 Entonces le dijeron los judíos:

—Aún no tienes cincuenta años, ¿y has visto a Abraham?

58 Jesús les dijo:

—De cierto, de cierto os digo: Antes que Abraham fuera, yo soy.[l]

59 Tomaron entonces piedras para arrojárselas, pero Jesús se escondió y salió del Templo y, atravesando por en medio de ellos, se fue.

Jesús sana a un ciego de nacimiento

9 **1** Al pasar Jesús vio a un hombre ciego de nacimiento. **2** Y le preguntaron sus discípulos, diciendo:

—Rabí, ¿quién pecó, este o sus padres, para que haya nacido ciego?

3 Respondió Jesús:

—No es que pecó este, ni sus padres, sino para que las obras de Dios se manifiesten en él. **4** Me es necesario hacer las obras del que me envió, mientras dura el día; la noche viene, cuando nadie puede trabajar. **5** Mientras estoy en el mundo, luz soy del mundo.[a]

6 Dicho esto, escupió en tierra, hizo lodo con la saliva y untó con el lodo los ojos del ciego,[b] **7** y le dijo:

—Ve a lavarte en el estanque de Siloé[c] —que significa «Enviado»—.

Entonces fue, se lavó y regresó viendo. **8** Por eso, los vecinos y los que antes lo habían visto que era ciego, decían:

—¿No es este el que se sentaba y mendigaba?

9 Unos decían: «Él es». Otros: «A él se parece». Él decía: «Yo soy».

10 Entonces le preguntaron:

—¿Cómo te fueron abiertos los ojos?

11 Respondió él y dijo:

—Aquel hombre que se llama Jesús hizo lodo, me untó los ojos y me dijo: "Ve al Siloé y lávate". Fui, pues, me lavé y recibí la vista.

12 Entonces le dijeron:

—¿Dónde está él?

Él dijo:

—No sé.

Los fariseos interrogan al ciego sanado

13 Llevaron ante los fariseos al que había sido ciego. **14** Y era sábado cuando Jesús había hecho el lodo y le había abierto los ojos. **15** Volvieron, pues, a preguntarle también los fariseos cómo había recibido la vista. Él les dijo:

—Me puso lodo sobre los ojos, me lavé y veo.

16 Entonces algunos de los fariseos decían:

—Ese hombre no procede de Dios, porque no guarda el sábado.

Otros decían:

—¿Cómo puede un hombre pecador hacer estas señales?

Y había división entre ellos. **17** Entonces le preguntaron otra vez al ciego:

—¿Qué dices tú del que te abrió los ojos?

Él contestó:

—Que es profeta.

18 Pero los judíos no creyeron que él había sido ciego y que había recibido la vista, hasta que llamaron a los padres del que había recibido la vista, **19** y les preguntaron, diciendo:

---

[l] **8.58** Jn 1.1,15; 10.30-33; Flp 2.6; Col 1.15.   [a] **9.5** Mt 5.14; Jn 1.5-9; 8.12.   [b] **9.6** Mc 7.33.
[c] **9.7** Situado en el extremo sur de Jesuralén.

—¿Es este vuestro hijo, el que vosotros decís que nació ciego? ¿Cómo, pues, ve ahora?

²⁰ Sus padres respondieron y les dijeron:

—Sabemos que este es nuestro hijo y que nació ciego; ²¹ pero cómo ve ahora, no lo sabemos, o quién le haya abierto los ojos, nosotros tampoco lo sabemos; edad tiene, preguntadle a él; él hablará por sí mismo.

²² Esto dijeron sus padres porque tenían miedo de los judíos, por cuanto los judíos ya habían acordado que si alguno confesaba que Jesús era el Mesías, fuera expulsado de la sinagoga. ²³ Por eso dijeron sus padres: "Edad tiene, preguntadle a él".

²⁴ Llamaron nuevamente al hombre que había sido ciego, y le dijeron:

—¡Da gloria a Dios! Nosotros sabemos que ese hombre es pecador.

²⁵ Entonces él respondió y dijo:

—Si es pecador, no lo sé; una cosa sé, que habiendo yo sido ciego, ahora veo.

²⁶ Le volvieron a decir:

—¿Qué te hizo? ¿Cómo te abrió los ojos?

²⁷ Él les respondió:

—Ya os lo he dicho y no habéis escuchado, ¿por qué lo queréis oir otra vez? ¿Queréis también vosotros haceros sus discípulos?

²⁸ Entonces lo insultaron, y dijeron:

—Tú eres su discípulo, pero nosotros, discípulos de Moisés somos. ²⁹ Nosotros sabemos que Dios ha hablado a Moisés, pero respecto a ese, no sabemos de dónde ha salido.

³⁰ Respondió el hombre y les dijo:

—Pues esto es lo maravilloso, que vosotros no sepáis de dónde ha salido, y a mí me abrió los ojos. ³¹ Y sabemos que Dios no oye a los pecadores; pero si alguno es temeroso de Dios y hace su voluntad, a ese oye.ᵈ ³² Nunca se ha oído decir que alguien abriera los ojos a uno que nació ciego. ³³ Si este no viniera de Dios, nada podría hacer.

³⁴ Respondieron y le dijeron:

—Tú naciste del todo en pecado, ¿y nos enseñas a nosotros?

Y lo expulsaron.

Ceguera espiritual

³⁵ Oyó Jesús que lo habían expulsado y, hallándolo, le dijo:

—¿Crees tú en el Hijo de Dios?

³⁶ Respondió él y dijo:

—¿Quién es, Señor, para que crea en él?

³⁷ Le dijo Jesús:

—Pues lo has visto; el que habla contigo, ese es.

³⁸ Y él dijo:

—Creo, Señor —y lo adoró.

³⁹ Dijo Jesús:

—Para juicio he venido yo a este mundo, para que los que no ven, vean, y los que ven, sean cegados.

⁴⁰ Entonces algunos de los fariseos que estaban con él, al oir esto, le dijeron:

—¿Acaso también nosotros somos ciegos?

⁴¹ Jesús les respondió:

—Si fuerais ciegos no tendríais pecado, pero ahora, porque decís: "Vemos", vuestro pecado permanece.

Parábola del redil

10 ¹ »De cierto, de cierto os digo: El que no entra por la puerta en el redil de las ovejas, sino que sube por otra parte, ese es ladrón y salteador. ² Pero el que entra por la puerta, el pastor de las ovejas es. ³ A este abre el portero, y las ovejas oyen su voz; y a sus ovejas llama por nombre y las saca. ⁴ Y cuando ha sacado fuera todas las propias, va delante de ellas; y las ovejas lo siguen porque conocen su voz. ⁵ Pero al extraño no seguirán, sino que huirán de él, porque no conocen la voz de los extraños. ⁶ Esta alegoría les dijo Jesús, pero ellos no entendieron qué era lo que les quería decir.

Jesús, el buen pastor

⁷ Volvió, pues, Jesús a decirles:

—De cierto, de cierto os digo: Yo soy la puerta de las ovejas. ⁸ Todos los que antes de mí vinieron, ladrones son y salteadores, pero no los oyeron las ovejas. ⁹ Yo soy la puerta:ᵃ el que por mí entre será salvo; entrará y saldrá, y hallará pastos. ¹⁰ El ladrón no viene sino para hurtar, matar y destruir;

ᵈ **9.31** Sal 66.18; Pr 15.29.   ᵃ **10.9** Jn 14.6.

yo he venido para que tengan vida, y para que la tengan en abundancia.

[11] »Yo soy el buen pastor;[b] el buen pastor su vida da por las ovejas. [12] Pero el asalariado, que no es el pastor, de quien no son propias las ovejas, ve venir al lobo y deja las ovejas y huye, y el lobo arrebata las ovejas y las dispersa. [13] Así que el asalariado huye porque es asalariado y no le importan las ovejas.

[14] »Yo soy el buen pastor y conozco mis ovejas, y las mías me conocen, [15] así como el Padre me conoce y yo conozco al Padre;[c] y pongo mi vida por las ovejas. [16] Tengo, además, otras ovejas que no son de este redil;[d] a esas también debo atraer y oirán mi voz, y habrá un rebaño y un pastor. [17] Por eso me ama el Padre, porque yo pongo mi vida para volverla a tomar. [18] Nadie me la quita, sino que yo de mí mismo la pongo. Tengo poder para ponerla y tengo poder para volverla a tomar. Este mandamiento recibí de mi Padre.

[19] Volvió a haber división entre los judíos por estas palabras. [20] Muchos de ellos decían:

—Demonio tiene y está fuera de sí. ¿Por qué lo oís?

[21] Decían otros:

—Estas palabras no son de endemoniado. ¿Puede acaso el demonio abrir los ojos de los ciegos?

Los judíos rechazan a Jesús

[22] Se celebraba en Jerusalén la fiesta de la Dedicación. Era invierno, [23] y Jesús andaba en el Templo por el pórtico de Salomón. [24] Lo rodearon los judíos y le dijeron:

—¿Hasta cuándo nos tendrás en suspenso? Si tú eres el Cristo, dínoslo abiertamente.

[25] Jesús les respondió:

—Os lo he dicho, y no creéis.[e] Las obras que yo hago en nombre de mi Padre, ellas dan testimonio de mí; [26] pero

vosotros no creéis, porque no sois de mis ovejas, como os he dicho. [27] Mis ovejas oyen mi voz y yo las conozco, y me siguen; [28] yo les doy vida eterna y no perecerán jamás, ni nadie las arrebatará de mi mano. [29] Mi Padre, que me las dio, mayor que todos es, y nadie las puede arrebatar de la mano de mi Padre. [30] El Padre y yo uno somos.

[31] Entonces los judíos volvieron a tomar piedras para apedrearlo. [32] Jesús les respondió:

—Muchas buenas obras os he mostrado de mi Padre; ¿por cuál de ellas me apedreáis?

[33] Le respondieron los judíos, diciendo:

—Por buena obra no te apedreamos, sino por la blasfemia,[f] porque tú, siendo hombre, te haces Dios.

[34] Jesús les respondió:

—¿No está escrito en vuestra Ley:[g] "Yo dije, dioses sois"? [35] Si llamó dioses a aquellos a quienes vino la palabra de Dios (y la Escritura no puede ser quebrantada), [36] ¿al que el Padre santificó[h] y envió al mundo, vosotros decís: "Tú blasfemas", porque dije: "Hijo de Dios soy"? [37] Si no hago las obras de mi Padre, no me creáis. [38] Pero si las hago, aunque no me creáis a mí, creed a las obras, para que conozcáis y creáis que el Padre está en mí y yo en el Padre.

[39] Intentaron otra vez prenderlo, pero él se escapó de sus manos.

[40] Y se fue de nuevo al otro lado del Jordán, al lugar donde primero había estado bautizando Juan,[i] y se quedó allí. [41] Muchos acudían a él, y decían:

—Juan, a la verdad, ninguna señal hizo; pero todo lo que Juan dijo de este era verdad.

[42] Y muchos creyeron en él allí.

Muerte de Lázaro

11 [1] Estaba enfermo uno llamado Lázaro, de Betania,[a] la aldea de María y de Marta, su hermana.[b] [2] (María, cuyo

---

[b] **10.11-13** Sal 23.1; Is 40.11; Jer 23.1-6; Ez 34.11-31; 37.24. En el NT esta imagen se aplica a Cristo (Mt 9.36; 18.12-14; Lc 15.4-7; Heb 13.20; 1 P 2.25; 5.4; Ap 7.17) y a los dirigentes de la iglesia (Jn 21.15; 1 P 5.2). [c] **10.15** Mt 11.27; Lc 10.22. [d] **10.16** Jn 11.52; 17.20; Ef 2.11-22; 1 P 2.25. [e] **10.24-25** Jn 8.24,28,58; cf. Lc 22.67. [f] **10.33** Mt 26.65; Mc 14.64; Lc 22.70-71; cf. Lv 24.15-16. [g] **10.34** O sea, el AT en general; Sal 82.6. [h] **10.36** Jn 17.19; Heb 5.5. [i] **10.40** Jn 1.28. [a] **11.1** Población situada a unos 3 km. al oriente de Jerusalén. [b] **11.1** Lc 10.38-39.

hermano Lázaro estaba enfermo, fue la que ungió al Señor con perfume y le secó los pies con sus cabellos).[c] [3] Enviaron, pues, las hermanas a decir a Jesús:

—Señor, el que amas está enfermo.

[4] Jesús, al oírlo, dijo:

—Esta enfermedad no es para muerte, sino para la gloria de Dios, para que el Hijo de Dios sea glorificado por ella.

[5] Y amaba Jesús a Marta, a su hermana y a Lázaro. [6] Cuando oyó, pues, que estaba enfermo, se quedó dos días más en el lugar donde estaba. [7] Luego, después de esto, dijo a los discípulos:

—Vamos de nuevo a Judea.

[8] Le dijeron los discípulos:

—Rabí, hace poco los judíos intentaban apedrearte, ¿y otra vez vas allá?

[9] Respondió Jesús:

—¿No tiene el día doce horas? El que anda de día no tropieza, porque ve la luz de este mundo; [10] pero el que anda de noche, tropieza, porque no hay luz en él.

[11] Dicho esto, agregó:

—Nuestro amigo Lázaro duerme, pero voy a despertarlo.

[12] Dijeron entonces sus discípulos:

—Señor, si duerme, sanará.

[13] Jesús decía esto de la muerte de Lázaro, pero ellos pensaron que hablaba del reposar del sueño. [14] Entonces Jesús les dijo claramente:

—Lázaro ha muerto, [15] y me alegro por vosotros de no haber estado allí, para que creáis; pero vamos a él.

[16] Dijo entonces Tomás, llamado Dídimo,[d] a sus condiscípulos:

—Vamos también nosotros, para que muramos con él.

Jesús, la resurrección y la vida

[17] Llegó, pues, Jesús y halló que hacía ya cuatro días que Lázaro estaba en el sepulcro. [18] Betania estaba cerca de Jerusalén, como a quince estadios,[e] [19] y muchos de los judíos habían venido a Marta y a María, para consolarlas por su hermano. [20] Entonces Marta, cuando oyó que Jesús llegaba, salió a encontrarlo, pero María se quedó en casa. [21] Marta dijo a Jesús:

—Señor, si hubieras estado aquí, mi hermano no habría muerto. [22] Pero también sé ahora que todo lo que pidas a Dios, Dios te lo dará.

[23] Jesús le dijo:

—Tu hermano resucitará.

[24] Marta le dijo:

—Yo sé que resucitará en la resurrección, en el día final.

[25] Le dijo Jesús:

—Yo soy la resurrección y la vida; el que cree en mí, aunque esté muerto, vivirá. [26] Y todo aquel que vive y cree en mí, no morirá eternamente. ¿Crees esto?

[27] Le dijo:

—Sí, Señor; yo he creído que tú eres el Cristo, el Hijo de Dios, que has venido al mundo.[f]

Jesús llora ante la tumba de Lázaro

[28] Habiendo dicho esto, fue y llamó a María su hermana, diciéndole en secreto:

—El Maestro está aquí, y te llama.

[29] Ella, cuando lo oyó, se levantó de prisa y fue a él. [30] Jesús todavía no había entrado en la aldea, sino que estaba en el lugar donde Marta lo había encontrado. [31] Entonces los judíos que estaban en casa con ella y la consolaban, cuando vieron que María se había levantado de prisa y había salido, la siguieron, diciendo:

—Va al sepulcro, a llorar allí.

[32] María, cuando llegó a donde estaba Jesús, al verlo, se postró a sus pies, diciéndole:

—Señor, si hubieras estado aquí, no habría muerto mi hermano.

[33] Jesús entonces, al verla llorando y a los judíos que la acompañaban, también llorando, se estremeció en espíritu y se conmovió, [34] y preguntó:

—¿Dónde lo pusisteis?

Le dijeron:

—Señor, ven y ve.

[35] Jesús lloró. [36] Dijeron entonces los judíos:

—¡Mirad cuánto lo amaba!

[37] Y algunos de ellos dijeron:

—¿No podía este, que abrió los ojos al ciego, haber hecho también que Lázaro no muriera?

---

[c] **11.2** Jn 12.3.   [d] **11.16** El nombre *Tomás* es de origen arameo y significa, como el gr. *Dídimo*, *gemelo*.   [e] **11.18** O sea, cerca de 3 km.   [f] **11.27** Mt 16.16; Jn 6.69.

Resurrección de Lázaro

38 Jesús, profundamente conmovido otra vez, vino al sepulcro. Era una cueva y tenía una piedra puesta encima. **39** Dijo Jesús:

—Quitad la piedra.

Marta, la hermana del que había muerto, le dijo:

—Señor, hiede ya, porque lleva cuatro días.

40 Jesús le dijo:

—¿No te he dicho que si crees verás la gloria de Dios?

41 Entonces quitaron la piedra de donde había sido puesto el muerto. Y Jesús, alzando los ojos a lo alto, dijo:

—Padre, gracias te doy por haberme oído. **42** Yo sé que siempre me oyes; pero lo dije por causa de la multitud que está alrededor, para que crean que tú me has enviado.

43 Y habiendo dicho esto, clamó a gran voz:

—¡Lázaro, ven fuera!

44 Y el que había muerto salió, atadas las manos y los pies con vendas, y el rostro envuelto en un sudario. Jesús les dijo:

—Desatadlo y dejadlo ir.

El complot para matar a Jesús
(Mt 26.1-5; Mc 14.1-2; Lc 22.1-2)

45 Entonces muchos de los judíos que habían ido para acompañar a María y vieron lo que había hecho Jesús, creyeron en él. **46** Pero algunos de ellos fueron a los fariseos y les dijeron lo que Jesús había hecho. **47** Entonces los principales sacerdotes y los fariseos reunieron el Concilio, y dijeron:

—¿Qué haremos?, pues este hombre hace muchas señales. **48** Si lo dejamos así, todos creerán en él, y vendrán los romanos y destruirán nuestro lugar santo y nuestra nación.

49 Entonces Caifás,*g* uno de ellos, sumo sacerdote aquel año, les dijo:

—Vosotros no sabéis nada, **50** ni os dais cuenta de que nos conviene que un hombre muera por el pueblo, y no que toda la nación perezca.

51 Esto no lo dijo por sí mismo, sino que como era el sumo sacerdote aquel año, profetizó que Jesús había de morir por la nación; **52** y no solamente por la nación, sino también para congregar en uno a los hijos de Dios que estaban dispersos.*h* **53** Así que desde aquel día acordaron matarlo.

54 Por eso, Jesús ya no andaba abiertamente entre los judíos, sino que se alejó de allí a la región contigua al desierto, a una ciudad llamada Efraín, y se quedó allí con sus discípulos.

55 Se acercaba la Pascua de los judíos, y muchos subieron de aquella región a Jerusalén, antes de la Pascua, para purificarse. **56** Buscaban a Jesús y se preguntaban unos a otros en el Templo:

—¿Qué os parece? ¿No vendrá a la fiesta?

57 Los principales sacerdotes y los fariseos habían dado orden de que si alguno se enteraba de dónde estaba, informara de ello, para prenderlo.

Jesús es ungido en Betania
(Mt 26.6-13; Mc 14.3-9)

12 **1** Seis días antes de la Pascua fue Jesús a Betania, donde estaba Lázaro, el que había estado muerto y a quien había resucitado de los muertos.*a* **2** Y le hicieron allí una cena; Marta servía*b* y Lázaro era uno de los que estaban sentados a la mesa con él. **3** Entonces María tomó una libra*c* de perfume de nardo puro, de mucho precio, y ungió los pies*d* de Jesús y los secó con sus cabellos; y la casa se llenó del olor del perfume. **4** Dijo uno de sus discípulos, Judas Iscariote hijo de Simón, el que lo había de entregar:

5 —¿Por qué no se vendió este perfume por trescientos denarios y se les dio a los pobres?

6 Pero dijo esto, no porque se preocupara por los pobres, sino porque era ladrón y, teniendo la bolsa, sustraía de lo que se echaba en ella. **7** Entonces Jesús dijo:

—Déjala, para el día de mi sepultura ha guardado esto. **8** A los pobres siempre los tendréis con vosotros,*e* pero a mí no siempre me tendréis.

---

g **11.49** Fue sumo sacerdote entre los años 18 y 36 d.C.   *h* **11.52** Jn 10.16; cf. Is 11.12; Jer 23.3; Mc 2.12.   *a* **12.1** Jn 11.1,43-44.   *b* **12.2** Lc 10.40.   *c* **12.3** La libra romana, de aprox. 327 g.   *d* **12.3** Lc 7.37-38.   *e* **12.8** Dt 15.11.

El complot contra Lázaro

⁹ Gran multitud de los judíos supieron entonces que él estaba allí, y fueron, no solamente por causa de Jesús, sino también para ver a Lázaro, a quien había resucitado de los muertos. ¹⁰ Pero los principales sacerdotes acordaron dar muerte también a Lázaro, ¹¹ porque a causa de él muchos de los judíos se apartaban y creían en Jesús.

La entrada triunfal en Jerusalén

(Mt 21.1-11; Mc 11.1-11; Lc 19.28-40)

¹² El siguiente día, grandes multitudes que habían ido a la fiesta, al oir que Jesús llegaba a Jerusalén, ¹³ tomaron ramas de palmera y salieron a recibirlo, y clamaban:

—¡Hosana! ¡Bendito el que viene en el nombre del Señor, el Rey de Israel!ᶠ

¹⁴ Halló Jesús un asnillo y montó sobre él, como está escrito:

¹⁵ «No temas, hija de Sión;
    tu Rey viene,
    montado sobre un pollino de
        asna».ᵍ

¹⁶ Estas cosas no las entendieron sus discípulos al principio, pero cuando Jesús fue glorificado, entonces se acordaron de que estas cosas estaban escritas acerca de él, y de que se las habían hecho. ¹⁷ Y daba testimonio la gente que estaba con él cuando llamó a Lázaro del sepulcro y lo resucitó de los muertos. ¹⁸ Por lo cual también había salido la gente a recibirlo, porque había oído que él había hecho esta señal. ¹⁹ Pero los fariseos dijeron entre sí:

—Ya veis que no conseguís nada. Mirad, el mundo se va tras él.

Unos griegos buscan a Jesús

²⁰ Había ciertos griegos entre los que habían subido a adorar en la fiesta. ²¹ Estos, pues, se acercaron a Felipe, que era de Betsaida de Galilea, y le rogaron, diciendo:

—Señor, queremos ver a Jesús.

²² Felipe fue y se lo dijo a Andrés; entonces Andrés y Felipe se lo dijeron a Jesús. ²³ Jesús les respondió diciendo:

—Ha llegado la hora para que el Hijo del hombre sea glorificado. ²⁴ De cierto, de cierto os digo que si el grano de trigo que cae en la tierra no muere, queda solo, pero si muere, lleva mucho fruto. ²⁵ El que ama su vida, la perderá; y el que odia su vida en este mundo, para vida eterna la guardará.ʰ ²⁶ Si alguno me sirve, sígame; y donde yo esté, allí también estará mi servidor. Si alguno me sirve, mi Padre lo honrará.

Jesús anuncia su muerte

²⁷ »Ahora está turbada mi alma, ¿y qué diré? ¿Padre, sálvame de esta hora? Pero para esto he llegado a esta hora. ²⁸ Padre, glorifica tu nombre.

Entonces vino una voz del cielo: «Lo he glorificado, y lo glorificaré otra vez». ²⁹ Y la multitud que estaba allí y había oído la voz, decía que había sido un trueno. Otros decían:

—Un ángel le ha hablado.

³⁰ Respondió Jesús y dijo:

—No ha venido esta voz por causa mía, sino por causa de vosotros. ³¹ Ahora es el juicio de este mundo; ahora el príncipe de este mundo será echado fuera. ³² Y yo, cuando sea levantado de la tierra, a todos atraeré a mí mismo.

³³ Esto decía dando a entender de qué muerte iba a morir. ³⁴ Le respondió la gente:

—Nosotros hemos oído que, según la Ley, el Cristo permanece para siempre.ⁱ ¿Cómo, pues, dices tú que es necesario que el Hijo del hombre sea levantado? ¿Quién es este Hijo del hombre?

³⁵ Entonces Jesús les dijo:

—Aún por un poco de tiempo la luz está entre vosotros; andad entretanto que tenéis luz, para que no os sorprendan las tinieblas, porque el que anda en tinieblas no sabe a dónde va. ³⁶ Entre tanto que tenéis la luz, creed en la luz, para que seáis hijos de luz.

Incredulidad de los judíos

Habiendo dicho Jesús esto, se fue y se

ᶠ 12.13 Sal 118.25-26; cf. Lc 19.38.   ᵍ 12.15 Zac 9.9.   ʰ 12.24-25 Mt 10.38-39; 16.24-25; Mc 8.34-35; Lc 9.23-24; 14.27; 17.33.   ⁱ 12.34 Sal 89.4,36-37; 110.4; Is 9.7; Ez 37.25; Dn 7.14.

ocultó de ellos. [37] Pero a pesar de que había hecho tantas señales delante de ellos, no creían en él, [38] para que se cumpliera la palabra del profeta Isaías, que dijo:

«Señor, ¿quién ha creído a nuestro
anuncio?
¿Y a quién se ha revelado el brazo
del Señor?»[j]

[39] Por esto no podían creer, porque también dijo Isaías:

[40] «Cegó los ojos de ellos y endureció
su corazón,
para que no vean con los ojos,
ni entiendan con el corazón,
ni se conviertan, y yo los sane».[k]

[41] Isaías dijo esto cuando vio su gloria, y habló acerca de él. [42] A pesar de eso, muchos, incluso de los gobernantes, creyeron en él, pero no lo confesaban por temor a los fariseos, para no ser expulsados de la sinagoga, [43] porque amaban más la gloria de los hombres que la gloria de Dios.

Las palabras de Jesús juzgarán a los hombres

[44] Jesús clamó y dijo: «El que cree en mí, no cree en mí, sino en el que me envió; [45] y el que me ve, ve al que me envió.[l] [46] Yo, la luz, he venido al mundo, para que todo aquel que cree en mí no permanezca en tinieblas. [47] Al que oye mis palabras y no las guarda, yo no lo juzgo, porque no he venido a juzgar al mundo, sino a salvar al mundo. [48] El que me rechaza y no recibe mis palabras, tiene quien lo juzgue: la palabra que he hablado, ella lo juzgará en el día final. [49] Yo no he hablado por mi propia cuenta; el Padre, que me envió, él me dio mandamiento de lo que he de decir y de lo que he de hablar. [50] Y sé que su mandamiento es vida eterna. Así pues, lo que yo hablo, lo hablo como el Padre me lo ha dicho».

Jesús lava los pies de sus discípulos

13 [1] Antes de la fiesta de la Pascua, sabiendo Jesús que su hora había llegado para que pasara de este mundo al Padre, como había amado a los suyos que estaban en el mundo, los amó hasta el fin. [2] Y cuando cenaban, como el diablo ya había puesto en el corazón de Judas Iscariote hijo de Simón que lo entregara, [3] sabiendo Jesús que el Padre le había dado todas las cosas en las manos, y que había salido de Dios y a Dios iba, [4] se levantó de la cena, se quitó su manto y, tomando una toalla, se la ciñó. [5] Luego puso agua en una vasija y comenzó a lavar los pies de los discípulos y a secarlos con la toalla con que estaba ceñido. [6] Cuando llegó a Simón Pedro, este le dijo:

—Señor, ¿tú me lavarás los pies?

[7] Respondió Jesús y le dijo:

—Lo que yo hago, tú no lo comprendes ahora, pero lo entenderás después.

[8] Pedro le dijo:

—No me lavarás los pies jamás.

Jesús le respondió:

—Si no te lavo, no tendrás parte conmigo.

[9] Le dijo Simón Pedro:

—Señor, no solo mis pies, sino también las manos y la cabeza.

[10] Jesús le dijo:

—El que está lavado no necesita sino lavarse los pies, pues está todo limpio; y vosotros limpios estáis, aunque no todos.

[11] Él sabía quién lo iba a entregar; por eso dijo: «No estáis limpios todos».

[12] Así que, después que les lavó los pies, tomó su manto, volvió a la mesa y les dijo:

—¿Sabéis lo que os he hecho? [13] Vosotros me llamáis Maestro y Señor, y decís bien, porque lo soy. [14] Pues si yo, el Señor y el Maestro, he lavado vuestros pies, vosotros también debéis lavaros los pies los unos a los otros, [15] porque ejemplo os he dado para que, como yo os he hecho, vosotros también hagáis.[a] [16] De cierto, de cierto os digo: El siervo no es mayor que su señor,[b] ni el enviado es mayor que el que lo envió. [17] Si sabéis estas cosas, bienaventurados sois si las hacéis.

[18] »No hablo de todos vosotros; yo sé a quienes he elegido. Pero debe cumplirse la Escritura: "El que come pan conmigo

alzó el pie contra mí".[c] [19] Desde ahora os lo digo antes que suceda, para que cuando suceda creáis que yo soy. [20] De cierto, de cierto os digo: El que reciba al que yo envíe, me recibe a mí; y el que me recibe a mí, recibe al que me envió.[d]

Jesús anuncia la traición de Judas
(Mt 26.20-25; Mc 14.17-21; Lc 22.21-23)

[21] Habiendo dicho Jesús esto, se conmovió en espíritu y declaró:

—De cierto, de cierto os digo que uno de vosotros me va a entregar.

[22] Entonces los discípulos se miraron unos a otros, dudando de quién hablaba. [23] Y uno de sus discípulos, al cual Jesús amaba, estaba recostado al lado de Jesús. [24] A este, pues, hizo señas Simón Pedro para que preguntara quién era aquel de quien hablaba. [25] Él entonces, recostándose sobre el pecho de Jesús, le preguntó:

—Señor, ¿quién es?

[26] Respondió Jesús:

—A quien yo le dé el pan mojado, ese es.

Y, mojando el pan, lo dio a Judas Iscariote hijo de Simón. [27] Y después del bocado, Satanás entró en él. Entonces Jesús le dijo:

—Lo que vas a hacer, hazlo pronto.

[28] Pero ninguno de los que estaban a la mesa entendió por qué le dijo esto. [29] Algunos pensaban, puesto que Judas tenía la bolsa, que Jesús le decía: «Compra lo que necesitamos para la fiesta»; o que diera algo a los pobres. [30] Cuando él tomó el bocado, salió en seguida. Era ya de noche.

El nuevo mandamiento

[31] Entonces, cuando salió, dijo Jesús:

—Ahora es glorificado el Hijo del hombre, y Dios es glorificado en él. [32] Si Dios es glorificado en él, Dios también lo glorificará en sí mismo, y en seguida lo glorificará. [33] Hijitos, aún estaré con vosotros un poco. Me buscaréis, pero, como dije a los judíos, así os digo ahora a vosotros: A donde yo voy, vosotros no podéis ir.[e] [34] Un mandamiento nuevo os doy: Que os améis unos a otros; como yo os he amado,[f] que también os améis unos a otros. [35] En esto conocerán todos que sois mis discípulos, si tenéis amor los unos por los otros.

Jesús anuncia la negación de Pedro
(Mt 26.31-35; Mc 14.27-31; Lc 22.31-34)

[36] Le dijo Simón Pedro:

—Señor, ¿a dónde vas?

Jesús le respondió:

—A donde voy, no me puedes seguir ahora, pero me seguirás después.

[37] Le dijo Pedro:

—Señor, ¿por qué no te puedo seguir ahora? ¡Mi vida daré por ti!

[38] Jesús le respondió:

—¿Tu vida darás por mí? De cierto, de cierto te digo: No cantará el gallo sin que me hayas negado tres veces.[g]

Jesús, el camino al Padre

14 [1] »No se turbe vuestro corazón; creéis en Dios, creed también en mí. [2] En la casa de mi Padre muchas moradas hay; si así no fuera, yo os lo hubiera dicho; voy, pues, a preparar lugar para vosotros. [3] Y si me voy y os preparo lugar, vendré otra vez y os tomaré a mí mismo, para que donde yo esté, vosotros también estéis. [4] Y sabéis a dónde voy, y sabéis el camino.

[5] Le dijo Tomás:

—Señor, no sabemos a dónde vas; ¿cómo, pues, podemos saber el camino?

[6] Jesús le dijo:

—Yo soy el camino, la verdad y la vida;[a] nadie viene al Padre sino por mí. [7] Si me conocierais, también a mi Padre conoceríais; y desde ahora lo conocéis y lo habéis visto.

[8] Felipe le dijo:

—Señor, muéstranos el Padre y nos basta.

[9] Jesús le dijo:

—¿Tanto tiempo hace que estoy con vosotros y no me has conocido, Felipe? El que me ha visto a mí ha visto al Padre; ¿cómo, pues, dices tú: "Muéstranos el Padre"? [10] ¿No crees que yo soy en el Padre y el Padre en mí? Las palabras que yo os

---

[c] **13.18** Sal 41.9.   [d] **13.20** Mt 10.40; Mc 9.37; Lc 9.48; 10.16; Jn 12.44-45.   [e] **13.33** Jn 7.34; 8.21.
[f] **13.34** Jn 15.12,17; cf. 1 Jn 2.8; 3.23; 2 Jn 5.   [g] **13.38** Jn 18.17-18,25-27. Cf. Mt 26.75.   [a] **14.6** Jn 1.4; 3.16; 11.25; 17.3.

hablo, no las hablo por mi propia cuenta, sino que el Padre, que vive en mí, él hace las obras. ¹¹ Creedme que yo soy en el Padre, y el Padre en mí; de otra manera, creedme por las mismas obras.

¹² »De cierto, de cierto os digo: El que en mí cree, las obras que yo hago, él también las hará; y aun mayores hará, porque yo voy al Padre. ¹³ Todo lo que pidáis al Padre en mi nombre, lo haré, para que el Padre sea glorificado en el Hijo. ¹⁴ Si algo pedís en mi nombre, yo lo haré.

La promesa del Espíritu Santo

¹⁵ »Si me amáis, guardad mis mandamientos. ¹⁶ Y yo rogaré al Padre y os dará otro Consolador,ᵇ para que esté con vosotros para siempre: ¹⁷ el Espíritu de verdad, al cual el mundo no puede recibir, porque no lo ve ni lo conoce; pero vosotros lo conocéis, porque vive con vosotros y estará en vosotros.

¹⁸ »No os dejaré huérfanos; volveré a vosotros. ¹⁹ Todavía un poco, y el mundo no me verá más, pero vosotros me veréis; porque yo vivo, vosotros también viviréis. ²⁰ En aquel día vosotros conoceréis que yo estoy en mi Padre, y vosotros en mí y yo en vosotros. ²¹ El que tiene mis mandamientos y los guarda, ese es el que me ama; y el que me ama será amado por mi Padre, y yo lo amaré y me manifestaré a él.

²² Le dijo Judas (no el Iscariote): ᶜ

—Señor, ¿cómo es que te manifestarás a nosotros y no al mundo?

²³ Respondió Jesús y le dijo:

—El que me ama, mi palabra guardará; y mi Padre lo amará, y vendremos a él y haremos morada con él. ²⁴ El que no me ama no guarda mis palabras; y la palabra que habéis oído no es mía, sino del Padre que me envió.

²⁵ »Os he dicho estas cosas estando con vosotros. ²⁶ Pero el Consolador, el Espíritu Santo, a quien el Padre enviará en mi nombre, él os enseñará todas las cosas y os recordará todo lo que yo os he dicho.

²⁷ »La paz os dejo, mi paz os doy; yo no os la doy como el mundo la da. No se turbe vuestro corazón ni tenga miedo. ²⁸ Habéis oído que yo os he dicho: "Voy, y vuelvo a vosotros". Si me amarais, os habríais regocijado, porque he dicho que voy al Padre, porque el Padre mayor es que yo. ²⁹ Y ahora os lo he dicho antes que suceda, para que, cuando suceda, creáis. ³⁰ No hablaré ya mucho con vosotros, porque viene el príncipe de este mundo y él nada tiene en mí. ³¹ Pero para que el mundo conozca que amo al Padre, y como el Padre me mandó, así hago.ᵈ

»¡Levantaos, vámonos de aquí!

Jesús, la vid verdadera

15 ¹ »Yo soy la vid verdadera y mi Padre es el labrador. ² Todo pámpano que en mí no lleva fruto, lo quitará; y todo aquel que lleva fruto, lo limpiará, para que lleve más fruto. ³ Ya vosotros estáis limpios por la palabra que os he hablado. ⁴ Permaneced en mí, y yo en vosotros. Como el pámpano no puede llevar fruto por sí mismo, si no permanece en la vid, así tampoco vosotros, si no permanecéis en mí.

⁵ »Yo soy la vid, vosotros los pámpanos; el que permanece en mí y yo en él, este lleva mucho fruto, porque separados de mí nada podéis hacer. ⁶ El que en mí no permanece, será echado fuera como pámpano, y se secará; y los recogen, los echan en el fuego y arden.ᵃ ⁷ Si permanecéis en mí y mis palabras permanecen en vosotros,ᵇ pedid todo lo que queráis y os será hecho. ⁸ En esto es glorificado mi Padre: en que llevéis mucho fruto y seáis así mis discípulos. ⁹ Como el Padre me ha amado, así también yo os he amado; permaneced en mi amor. ¹⁰ Si guardáis mis mandamientos, permaneceréis en mi amor; así como yo he guardado los mandamientos de mi Padre y permanezco en su amor.

¹¹ »Estas cosas os he hablado para que mi gozo esté en vosotros, y vuestro gozo sea completo.

¹² »Este es mi mandamiento: Que os améis unos a otros, como yo os he amado.ᶜ ¹³ Nadie tiene mayor amor que este, que uno ponga su vida por sus amigos. ¹⁴ Vosotros sois mis amigos si hacéis lo

---

ᵇ **14.16** Gr. *parácletos* (abogado defensor), vocablo que se deriva de un verbo que también significa *consolar*.   ᶜ **14.22** Lc 6.16; Hch 1.13.   ᵈ **14.31** Mt 26.46; Mc 14.42.   ᵃ **15.6** Mt 3.10; 7.19.   ᵇ **15.7** Mt 21.22; Mc 11.24; Jn 14.13-14.   ᶜ **15.12** Jn 13.34; 15.17; 1 Jn 3.23; 2 Jn 5.

que yo os mando. [15] Ya no os llamaré siervos, porque el siervo no sabe lo que hace su señor; pero os he llamado amigos, porque todas las cosas que oí de mi Padre os las he dado a conocer. [16] No me elegisteis vosotros a mí, sino que yo os elegí a vosotros y os he puesto para que vayáis y llevéis fruto, y vuestro fruto permanezca; para que todo lo que pidáis al Padre en mi nombre, él os lo dé. [17] Esto os mando: Que os améis unos a otros.

El mundo os odia

[18] »Si el mundo os odia, sabed que a mí me ha odiado antes que a vosotros. [19] Si fuerais del mundo, el mundo amaría lo suyo; pero porque no sois del mundo, antes yo os elegí del mundo, por eso el mundo os odia. [20] Acordaos de la palabra que yo os he dicho: "El siervo no es mayor que su señor".[d] Si a mí me han perseguido, también a vosotros os perseguirán; si han guardado mi palabra, también guardarán la vuestra. [21] Pero todo esto os harán por causa de mi nombre,[e] porque no conocen al que me ha enviado.

[22] »Si yo no hubiera venido, ni les hubiera hablado, no tendrían pecado; pero ahora no tienen excusa por su pecado. [23] El que me odia a mí, también a mi Padre odia. [24] Si yo no hubiera hecho entre ellos obras que ningún otro ha hecho, no tendrían pecado; pero ahora han visto, y me han odiado a mí y a mi Padre. [25] Pero esto es para que se cumpla la palabra que está escrita en su Ley: "Sin causa me odian".[f]

[26] »Pero cuando venga el Consolador, a quien yo os enviaré del Padre, el Espíritu de verdad, el cual procede del Padre, él dará testimonio acerca de mí. [27] Y vosotros daréis testimonio también, porque habéis estado conmigo desde el principio.

16 [1] »Estas cosas os he hablado para que no tengáis tropiezo. [2] Os expulsarán de las sinagogas, y aun viene la hora cuando cualquiera que os mate pensará que rinde servicio a Dios. [3] Y harán esto porque no conocen al Padre ni a mí. [4] Pero os he dicho estas cosas para que, cuando llegue la hora, os acordéis de que ya os lo había dicho.

La obra del Espíritu Santo

»Esto no os lo dije al principio, porque yo estaba con vosotros. [5] Pero ahora voy al que me envió, y ninguno de vosotros me pregunta: "¿A dónde vas?". [6] Antes, porque os he dicho estas cosas, tristeza ha llenado vuestro corazón. [7] Pero yo os digo la verdad: Os conviene que yo me vaya, porque si no me voy, el Consolador[a] no vendrá a vosotros; pero si me voy, os lo enviaré. [8] Y cuando él venga, convencerá al mundo de pecado, de justicia y de juicio. [9] De pecado, por cuanto no creen en mí;[b] [10] de justicia, por cuanto voy al Padre y no me veréis más; [11] y de juicio, por cuanto el príncipe de este mundo ha sido ya juzgado.

[12] »Aún tengo muchas cosas que deciros, pero ahora no las podéis sobrellevar. [13] Pero cuando venga el Espíritu de verdad, él os guiará a toda la verdad, porque no hablará por su propia cuenta, sino que hablará todo lo que oiga y os hará saber las cosas que habrán de venir. [14] Él me glorificará, porque tomará de lo mío y os lo hará saber. [15] Todo lo que tiene el Padre es mío; por eso dije que tomará de lo mío y os lo hará saber.

La tristeza se convertirá en gozo

[16] »Todavía un poco y no me veréis, y de nuevo un poco y me veréis, porque yo voy al Padre.

[17] Entonces algunos de sus discípulos se decían entre sí:

—¿Qué es esto que nos dice: "Todavía un poco y no me veréis, y de nuevo un poco y me veréis"; y "porque yo voy al Padre"?

[18] Decían, pues:

—¿Qué quiere decir con: "Todavía un poco"? No entendemos lo que dice.

[19] Jesús comprendió que querían preguntarle, y les dijo:

—¿Preguntáis entre vosotros acerca de esto que dije: "Todavía un poco y no me veréis, y de nuevo un poco y me veréis"? [20] De cierto, de cierto os digo que vosotros lloraréis y lamentaréis, y en cambio el mundo se alegrará; pero aunque vosotros estéis tristes, vuestra tristeza se convertirá en gozo. [21] La mujer cuando

[d] **15.20** Jn 13.16; cf. Mt 10.24; Lc 6.40.   [e] **15.21** Mt 10.22; 24.9; cf. Hch 5.41; 1 P 4.14.
[f] **15.25** Sal 35.19; 69.4.   [a] **16.7** Jn 20.22; Hch 1.8.   [b] **16.9** Jn 3.19,36; 12.37; 15.22-24.

da a luz tiene dolor, porque ha llegado su hora; pero después que ha dado a luz a un niño, ya no se acuerda de la angustia, por el gozo de que haya nacido un hombre en el mundo. ²²También vosotros ahora tenéis tristeza, pero os volveré a ver y se gozará vuestro corazón, y nadie os quitará vuestro gozo. ²³En aquel día no me preguntaréis nada. De cierto, de cierto os digo que todo cuanto pidáis al Padre en mi nombre, os lo dará. ²⁴Hasta ahora nada habéis pedido en mi nombre; pedid, y recibiréis, para que vuestro gozo sea completo.ᶜ

Yo he vencido al mundo

²⁵»Estas cosas os he hablado en alegorías; la hora viene cuando ya no os hablaré en alegorías, sino que claramente os anunciaré acerca del Padre. ²⁶En aquel día pediréis en mi nombre, y no os digo que yo rogaré al Padre por vosotros, ²⁷pues el Padre mismo os ama, porque vosotros me habéis amado y habéis creído que yo salí de Dios. ²⁸Salí del Padre y he venido al mundo; otra vez dejo el mundo y regreso al Padre.

²⁹Le dijeron sus discípulos:

—Ahora hablas claramente y ninguna alegoría dices. ³⁰Ahora entendemos que sabes todas las cosas y no necesitas que nadie te pregunte; por esto creemos que has salido de Dios.

³¹Jesús les respondió:

—¿Ahora creéis? ³²La hora viene, y ha venido ya, en que seréis esparcidos cada uno por su lado y me dejaréis solo; pero no estoy solo, porque el Padre está conmigo. ³³Estas cosas os he hablado para que en mí tengáis paz. En el mundo tendréis aflicción, pero confiad, yo he vencido al mundo.ᵈ

Jesús ora por sus discípulosᵃ

17 ¹Estas cosas habló Jesús, y levantando los ojos al cielo, dijo:

—Padre, la hora ha llegado: glorifica a tu Hijo, para que también tu Hijo te glorifique a ti, ²pues le has dado potestad sobre toda carne para que dé vida eterna a todos los que le diste. ³Y esta es la vida eterna: que te conozcan a ti, el único Dios verdadero, y a Jesucristo, a quien has enviado.

⁴»Yo te he glorificado en la tierra; he acabado la obra que me diste que hiciera. ⁵Ahora pues, Padre, glorifícame tú al lado tuyo, con aquella gloria que tuve contigo antes que el mundo existiera.

⁶»He manifestado tu nombreᵇ a los hombres que del mundo me diste; tuyos eran, y me los diste, y han guardado tu palabra. ⁷Ahora han conocido que todas las cosas que me has dado proceden de ti, ⁸porque las palabras que me diste les he dado; y ellos las recibieron y han conocido verdaderamente que salí de ti, y han creído que tú me enviaste.

⁹»Yo ruego por ellos; no ruego por el mundo, sino por los que me diste, porque tuyos son, ¹⁰y todo lo mío es tuyo y lo tuyo mío; y he sido glorificado en ellos.

¹¹»Ya no estoy en el mundo; pero estos están en el mundo, y yo voy a ti. Padre santo, a los que me has dado, guárdalos en tu nombre, para que sean uno, así como nosotros. ¹²Cuando estaba con ellos en el mundo, yo los guardaba en tu nombre; a los que me diste, yo los guardé y ninguno de ellos se perdió, sino el hijo de perdición, para que la Escritura se cumpliera.ᶜ

¹³»Pero ahora vuelvo a ti, y hablo esto en el mundo para que tengan mi gozo completo en sí mismos.ᵈ ¹⁴Yo les he dado tu palabra, y el mundo los odió porque no son del mundo, como tampoco yo soy del mundo. ¹⁵No ruego que los quites del mundo, sino que los guardes del mal. ¹⁶No son del mundo, como tampoco yo soy del mundo. ¹⁷Santifícalos en tu verdad: tu palabra es verdad.ᵉ ¹⁸Como tú me enviaste al mundo, así yo los he enviado al mundoᶠ ¹⁹Por ellos yo me santifico a mí mismo, para que también ellos sean santificados en la verdad.

²⁰»Pero no ruego solamente por estos, sino también por los que han de creer en

---

ᶜ **16.23-24** Jn 14.13-14; cf. Mt 7.7-11; Stg 1.5-6.   ᵈ **16.33** Ro 8.35-37; 1 Jn 5.4-5; Ap 3.21; 5.5; 17.14.
ᵃ **17.1-26** Ro 8.34; Heb 7.24-27.   ᵇ **17.6** El nombre equivale a la persona misma.
ᶜ **17.12** Sal 41.9. Cf. Jn 13.18.   ᵈ **17.13** Jn 15.11; 16.24; 1 Jn 1.4; 2 Jn 12.   ᵉ **17.17** Jn 15.3.
ᶠ **17.18** Jn 20.21.

mí por la palabra de ellos, [21] para que todos sean uno; como tú, Padre, en mí y yo en ti, que también ellos sean uno en nosotros, para que el mundo crea que tú me enviaste. [22] Yo les he dado la gloria que me diste, para que sean uno, así como nosotros somos uno. [23] Yo en ellos y tú en mí, para que sean perfectos en unidad, para que el mundo conozca que tú me enviaste, y que los has amado a ellos como también a mí me has amado.

[24] »Padre, aquellos que me has dado, quiero que donde yo esté, también ellos estén conmigo,[g] para que vean mi gloria que me has dado, pues me has amado desde antes de la fundación del mundo. [25] Padre justo, el mundo no te ha conocido, pero yo te he conocido, y estos han conocido que tú me enviaste. [26] Les he dado a conocer tu nombre y lo daré a conocer aún, para que el amor con que me has amado esté en ellos y yo en ellos.

Arresto de Jesús
(Mt 26.47-56; Mc 14.43-50; Lc 22.47-53)

18 [1] Habiendo dicho Jesús estas cosas, salió con sus discípulos al otro lado del torrente Cedrón,[a] donde había un huerto en el cual entró con sus discípulos.[b] [2] Y también Judas, el que lo entregaba, conocía aquel lugar, porque muchas veces Jesús se había reunido allí con sus discípulos. [3] Judas, pues, tomando una compañía de soldados y guardias de los principales sacerdotes y de los fariseos, fue allí con linternas, antorchas y armas. [4] Pero Jesús, sabiendo todas las cosas que le habían de sobrevenir, se adelantó y les preguntó:

—¿A quién buscáis?

[5] Le respondieron:

—A Jesús nazareno.

Jesús les dijo:

—Yo soy.

Estaba también con ellos Judas, el que lo entregaba. [6] Cuando les dijo: «Yo soy», retrocedieron y cayeron a tierra. [7] Volvió, pues, a preguntarles:

—¿A quién buscáis?

Y ellos dijeron:

—A Jesús nazareno.

[8] Respondió Jesús:

—Os he dicho que yo soy. Si me buscáis a mí, dejad ir a estos.

[9] Esto dijo para que se cumpliera aquello que había dicho: «De los que me diste, no perdí ninguno».[c] [10] Entonces Simón Pedro, que tenía una espada, la desenvainó, hirió al siervo del Sumo sacerdote y le cortó la oreja derecha. El siervo se llamaba Malco. [11] Jesús entonces dijo a Pedro:

—Mete tu espada en la vaina. La copa[d] que el Padre me ha dado, ¿no la he de beber?

Jesús ante el Sumo sacerdote
(Mt 26.57-58; Mc 14.53-54; Lc 22.54)

[12] Entonces la compañía de soldados, el comandante y los guardias de los judíos prendieron a Jesús, lo ataron [13] y lo llevaron primeramente ante Anás, porque era suegro de Caifás, que era sumo sacerdote aquel año.[e] [14] Caifás fue quien explicó a los judíos que convenía que un solo hombre muriera por el pueblo[f]

Pedro en el patio de Anás
(Mt 26.69-70; Mc 14.66-68; Lc 22.55-57)

[15] Seguían a Jesús Simón Pedro y otro discípulo. Este discípulo era conocido del Sumo sacerdote, y entró con Jesús al patio del Sumo sacerdote; [16] pero Pedro estaba fuera, a la puerta. Salió, pues, el discípulo que era conocido del Sumo sacerdote, y habló a la portera e hizo entrar a Pedro. [17] Entonces la criada portera dijo a Pedro:

—¿No eres tú también de los discípulos de este hombre?

Dijo él:

—¡No lo soy!

[18] Estaban en pie los siervos y los guardias que habían encendido un fuego, porque hacía frío y se calentaban. También con ellos estaba Pedro en pie, calentándose.

Anás interroga a Jesús
(Mt 26.59-66; Mc 14.55-64; Lc 22.66-71)

[19] El Sumo sacerdote preguntó a Jesús acerca de sus discípulos y de su doctrina.

---

[g] **17.24** Jn 12.26; 14.3.   [a] **18.1** Cañada u hondonada entre Jerusalén y el Monte de los Olivos.
[b] **18.1** Mt 26.36; Mc 14.32.   [c] **18.9** Jn 6.39; 10.28-29; 17.12.   [d] **18.11** Mt 26.39; Mc 14.36; Lc 22.42; Jn 12.27.   [e] **18.13** *Anás* fue sumo sacerdote durante los años 6-15 d.C., y su yerno *Caifás*, entre 18 y 36 d.C.   [f] **18.14** Jn 11.49-51.

²⁰Jesús le respondió:

—Yo públicamente he hablado al mundo. Siempre he enseñado en la sinagoga y en el Templo,ᵍ donde se reúnen todos los judíos, y nada he hablado en oculto. ²¹¿Por qué me preguntas a mí? Pregunta, a los que han oído, de qué les he hablado; ellos saben lo que yo he dicho.

²²Cuando Jesús dijo esto, uno de los guardias que estaba allí le dio una bofetada,ʰ diciendo:

—¿Así respondes al Sumo sacerdote?

²³Jesús le respondió:

—Si he hablado mal, testifica en qué está el mal; pero si bien, ¿por qué me golpeas?

²⁴Anás entonces lo envió atado a Caifás, el sumo sacerdote.

Pedro niega a Jesús
(Mt 26.71-75; Mc 14.69-72; Lc 22.58-62)

²⁵Estaba, pues, Pedro en pie, calentándose, y le preguntaron:

—¿No eres tú de sus discípulos?

Él negó y dijo:

—¡No lo soy!

²⁶Uno de los siervos del Sumo sacerdote, pariente de aquel a quien Pedro había cortado la oreja, le dijo:

—¿No te vi yo en el huerto con él?

²⁷Negó Pedro otra vez, y en seguida cantó el gallo.ⁱ

Jesús ante Pilato
(Mt 27.1-2,11-31; Mc 15.1-20; Lc 23.1-5,13-25)

²⁸Llevaron a Jesús de casa de Caifás al pretorio. Era de mañana, y ellos no entraron en el pretorio para no contaminarse y así poder comer la Pascua.ʲ ²⁹Entonces salió Pilatoᵏ a donde ellos estaban, y les dijo:

—¿Qué acusación traéis contra este hombre?

³⁰Respondieron y le dijeron:

—Si este no fuera malhechor, no te lo habríamos entregado.

³¹Entonces les dijo Pilato:

—Tomadlo vosotros y juzgadlo según vuestra ley.

Los judíos le dijeron:

—A nosotros no nos está permitido dar muerte a nadie.

³²Dijeron esto para que se cumpliera la palabra que Jesús había dicho, dando a entender de qué muerte iba a morir.ˡ

³³Entonces Pilato volvió a entrar en el pretorio, llamó a Jesús y le dijo:

—¿Eres tú el Rey de los judíos?

³⁴Jesús le respondió:

—¿Dices tú esto por ti mismo o te lo han dicho otros de mí?

³⁵Pilato le respondió:

—¿Soy yo acaso judío? Tu nación y los principales sacerdotes te han entregado a mí. ¿Qué has hecho?

³⁶Respondió Jesús:

—Mi Reino no es de este mundo; si mi Reino fuera de este mundo, mis servidores pelearían para que yo no fuera entregado a los judíos; pero mi Reino no es de aquí.

³⁷Le dijo entonces Pilato:

—Luego, ¿eres tú rey?

Respondió Jesús:

—Tú dices que yo soy rey. Yo para esto he nacido y para esto he venido al mundo: para dar testimonio de la verdad. Todo aquel que es de la verdad, oye mi voz.

³⁸Le dijo Pilato:

—¿Qué es la verdad?

Y dicho esto, salió otra vez a donde estaban los judíos, y les dijo:

—Yo no hallo en él ningún delito. ³⁹Pero vosotros tenéis la costumbre de que os suelte a un preso en la Pascua. ¿Queréis, pues, que os suelte al Rey de los judíos?

⁴⁰Entonces todos dieron voces de nuevo, diciendo:

—¡A éste no! ¡A Barrabás! —y Barrabás era ladrón—.

19 ¹Así que tomó entonces Pilato a Jesús y lo azotó. ²Los soldados entretejieron una corona de espinas y la pusieron sobre su cabeza, y lo vistieron con un manto de púrpura, ³y le decían:

—¡Salve, Rey de los judíos! —y le daban bofetadas.

⁴Entonces Pilato salió otra vez, y les dijo:

ᵍ **18.20** Jn 6.59; 7.14; 10.23; cf. Mc 14.49; Lc 19.47; 21.37.   ʰ **18.22** Mt 26.67; Mc 14.65.
ⁱ **18.27** Jn 13.38.   ʲ **18.28** Lugar de residencia del gobernador.   ᵏ **18.29** Gobernador de Judea entre el 26 y el 36 d.C.   ˡ **18.32** Jn 3.14; 8.28; 12.32.

—Mirad, os lo traigo fuera para que entendáis que ningún delito hallo en él.[a]

[5] Y salió Jesús llevando la corona de espinas y el manto de púrpura. Pilato les dijo:

—¡Este es el hombre!

[6] Cuando lo vieron los principales sacerdotes y los guardias, dieron voces diciendo:

—¡Crucifícalo! ¡Crucifícalo!

Pilato les dijo:

—Tomadlo vosotros y crucificadlo, porque yo no hallo delito en él.

[7] Los judíos le respondieron:

—Nosotros tenemos una ley y, según nuestra ley, debe morir, porque se hizo a sí mismo Hijo de Dios.

[8] Cuando Pilato oyó decir esto, tuvo más miedo. [9] Entró otra vez en el pretorio, y dijo a Jesús:

—¿De dónde eres tú?

Pero Jesús no le respondió.[b] [10] Entonces le dijo Pilato:

—¿A mí no me hablas? ¿No sabes que tengo autoridad para crucificarte y autoridad para soltarte?

[11] Respondió Jesús:

—Ninguna autoridad tendrías contra mí si no te fuera dada de arriba; por tanto, el que a ti me ha entregado, mayor pecado tiene.

[12] Desde entonces procuraba Pilato soltarlo, pero los judíos daban voces diciendo:

—Si a este sueltas, no eres amigo de César; todo el que se hace rey, a César se opone.

[13] Entonces Pilato, oyendo esto, llevó fuera a Jesús, y se sentó en el tribunal, en el lugar llamado El Enlosado, en hebreo, Gábata. [14] Era la preparación de la Pascua y como la hora sexta.[c] Entonces dijo a los judíos:

—¡Aquí tenéis a vuestro Rey!

[15] Pero ellos gritaron:

—¡Fuera! ¡Fuera! ¡Crucifícalo!

Pilato les dijo:

—¿A vuestro Rey he de crucificar?

Respondieron los principales sacerdotes:

—¡No tenemos más rey que César!

[16] Así que entonces lo entregó a ellos para que fuera crucificado. Tomaron, pues, a Jesús y se lo llevaron.

Crucifixión y muerte de Jesús
(Mt 27.32-50; Mc 15.21-37; Lc 23.26-49)

[17] Él, cargando su cruz, salió al lugar llamado de la Calavera, en hebreo, Gólgota. [18] Allí lo crucificaron con otros dos, uno a cada lado, y Jesús en medio. [19] Escribió también Pilato un título, que puso sobre la cruz, el cual decía: «Jesús Nazareno, Rey de los judíos». [20] Muchos de los judíos leyeron este título, porque el lugar donde Jesús fue crucificado estaba cerca de la ciudad, y el título estaba escrito en hebreo, en griego y en latín. [21] Dijeron a Pilato los principales sacerdotes de los judíos:

—No escribas: "Rey de los judíos", sino: "Este dijo: Soy rey de los judíos".

[22] Respondió Pilato:

—Lo que he escrito, he escrito.

[23] Cuando los soldados crucificaron a Jesús, tomaron sus vestidos e hicieron cuatro partes, una para cada soldado. Tomaron también su túnica, la cual era sin costura, de un solo tejido de arriba abajo. [24] Entonces dijeron entre sí:

—No la partamos, sino echemos suertes sobre ella, a ver de quién será.

Esto sucedió para que se cumpliera la Escritura, que dice:

«Repartieron entre sí mis vestidos,
y sobre mi ropa echaron suertes».[d]

Y así lo hicieron los soldados. [25] Estaban junto a la cruz de Jesús su madre y la hermana de su madre, María mujer de Cleofas, y María Magdalena.[e] [26] Cuando vio Jesús a su madre y al discípulo a quien él amaba, que estaba presente, dijo a su madre:

—Mujer, he ahí tu hijo.

[27] Después dijo al discípulo:

—He ahí tu madre.

Y desde aquella hora el discípulo la recibió en su casa.

[28] Después de esto, sabiendo Jesús que

---

[a] **19.4** Lc 23.4. [b] **19.9** Mt 26.63; 27.12,14; Lc 23.9; cf. Is 53.7. [c] **19.14** Es decir, el mediodía. [d] **19.23-24** Sal 22.18; cf. Mc 15.24. [e] **19.25** Mt 27.55-56; Mc 15.40; Lc 23.49.

ya todo estaba consumado, dijo, para que la Escritura se cumpliera:[f]

—¡Tengo sed!

29 Había allí una vasija llena de vinagre; entonces ellos empaparon en vinagre una esponja y, poniéndola en un hisopo, se la acercaron a la boca. 30 Cuando Jesús tomó el vinagre, dijo:

—¡Consumado es!

E inclinando la cabeza, entregó el espíritu.

El costado de Jesús traspasado

31 Entonces los judíos, por cuanto era la preparación de la Pascua, a fin de que los cuerpos no quedaran en la cruz el sábado (pues aquel sábado era de gran solemnidad), rogaron a Pilato que se les quebraran las piernas y fueran quitados de allí. 32 Fueron, pues, los soldados y quebraron las piernas al primero y asimismo al otro que había sido crucificado con él. 33 Pero cuando llegaron a Jesús, como lo vieron ya muerto, no le quebraron las piernas. 34 Pero uno de los soldados le abrió el costado con una lanza, y al instante salió sangre y agua. 35 Y el que lo vio da testimonio, y su testimonio es verdadero; y él sabe que dice verdad, para que vosotros también creáis, 36 pues estas cosas sucedieron para que se cumpliera la Escritura: «No será quebrado hueso suyo».[g] 37 Y también otra Escritura dice: «Mirarán al que traspasaron».[h]

Jesús es sepultado
(Mt 27.57-61; Mc 15.42-47; Lc 23.50-56)

38 Después de todo esto, José de Arimatea, que era discípulo de Jesús, pero secretamente por miedo de los judíos, rogó a Pilato que le permitiera llevarse el cuerpo de Jesús; y Pilato se lo concedió. Entonces fue y se llevó el cuerpo de Jesús. 39 Vino también Nicodemo, el que antes había visitado a Jesús de noche,[i] trayendo un compuesto de mirra y de áloes, como cien libras.[j] 40 Tomaron, pues, el cuerpo de Jesús y lo envolvieron en lienzos con especias aromáticas, según la costumbre judía de sepultar. 41 En el lugar donde fue crucificado había un huerto, y en el huerto un

sepulcro nuevo,[k] en el cual aún no se había puesto a nadie. 42 Allí, pues, por causa de la preparación de la Pascua de los judíos, y porque aquel sepulcro estaba cerca, pusieron a Jesús.

La resurrección
(Mt 28.1-10; Mc 16.1-8; Lc 24.1-12)

20 1 El primer día de la semana, María Magdalena fue de mañana, siendo aún oscuro, al sepulcro, y vio quitada la piedra del sepulcro. 2 Entonces corrió y fue a Simón Pedro y al otro discípulo, aquel a quien amaba Jesús, y les dijo:

—Se han llevado del sepulcro al Señor y no sabemos dónde lo han puesto.

3 Salieron Pedro y el otro discípulo y fueron al sepulcro. 4 Corrían los dos juntos, pero el otro discípulo corrió más aprisa que Pedro y llegó primero al sepulcro. 5 Y, asomándose, vio los lienzos puestos allí, pero no entró. 6 Luego llegó Simón Pedro tras él, entró en el sepulcro y vio los lienzos puestos allí, 7 y el sudario, que había estado sobre la cabeza de Jesús, no puesto con los lienzos, sino enrollado en un lugar aparte. 8 Entonces entró también el otro discípulo que había venido primero al sepulcro; y vio, y creyó, 9 pues aún no habían entendido la Escritura: que era necesario que él resucitara de los muertos. 10 Y volvieron los discípulos a los suyos.

Jesús se aparece a María Magdalena
(Mc 16.9-11)

11 Pero María estaba fuera llorando junto al sepulcro; mientras lloraba, se inclinó para mirar dentro del sepulcro, 12 y vio a dos ángeles con vestiduras blancas, que estaban sentados el uno a la cabecera y el otro a los pies, donde el cuerpo de Jesús había sido puesto. 13 Y le dijeron:

—Mujer, ¿por qué lloras?

Les dijo:

—Porque se han llevado a mi Señor y no sé dónde lo han puesto.

14 Dicho esto, se volvió y vio a Jesús que estaba allí; pero no sabía que era Jesús. 15 Jesús le dijo:

—Mujer, ¿por qué lloras? ¿A quién buscas?

---

[f] 19.28 Sal 69.21; cf. Sal 22.15.   [g] 19.36 Sal 34.20   [h] 19.37 Zac 12.10; cf. Ap 1.7.   [i] 19.39 Jn 3.1-2.   [j] 19.39 Unos treinta kg.   [k] 19.41 Mt 27.60.

Ella, pensando que era el jardinero, le dijo:

—Señor, si tú lo has llevado, dime dónde lo has puesto y yo lo llevaré.

¹⁶ Jesús le dijo:

—¡María!

Volviéndose ella, le dijo:

—¡Raboni!—que significa: «Maestro»—.

¹⁷ Jesús le dijo:

—¡Suéltame!, porque aún no he subido a mi Padre; pero ve a mis hermanos y diles: "Subo a mi Padre y a vuestro Padre, a mi Dios y a vuestro Dios".

¹⁸ Fue entonces María Magdalena para dar a los discípulos la noticia de que había visto al Señor, y que él le había dicho estas cosas.ᵃ

Jesús se aparece a los discípulos
(Mt 28.16-20; Mc 16.14-18; Lc 24.36-49)

¹⁹ Cuando llegó la noche de aquel mismo día, el primero de la semana,ᵇ estando las puertas cerradas en el lugar donde los discípulos estaban reunidos por miedo de los judíos, llegó Jesús y, puesto en medio, les dijo:

—¡Paz a vosotros!

²⁰ Dicho esto, les mostró las manos y el costado. Y los discípulos se regocijaron viendo al Señor. ²¹ Entonces Jesús les dijo otra vez:

—¡Paz a vosotros! Como me envió el Padre, así también yo os envío.

²² Y al decir esto, sopló y les dijo:

—Recibid el Espíritu Santo. ²³ A quienes perdonéis los pecados, les serán perdonados, y a quienes se los retengáis, les serán retenidos.ᶜ

Incredulidad de Tomás

²⁴ Pero Tomás, uno de los doce, llamado Dídimo, no estaba con ellos cuando Jesús se presentó. ²⁵ Le dijeron, pues, los otros discípulos:

—¡Hemos visto al Señor!

Él les dijo:

—Si no veo en sus manos la señal de los clavos y meto mi dedo en el lugar de los clavos, y meto mi mano en su costado, no creeré.

²⁶ Ocho días después estaban otra vez sus discípulos dentro, y con ellos Tomás. Llegó Jesús, estando las puertas cerradas, se puso en medio y les dijo:

—¡Paz a vosotros!

²⁷ Luego dijo a Tomás:

—Pon aquí tu dedo y mira mis manos; acerca tu mano y métela en mi costado; y no seas incrédulo, sino creyente.

²⁸ Entonces Tomás respondió y le dijo:

—¡Señor mío y Dios mío!

²⁹ Jesús le dijo:

—Porque me has visto, Tomás, creíste; bienaventurados los que no vieron y creyeron.

El propósito del libro

³⁰ Hizo además Jesús muchas otras señales en presencia de sus discípulos, las cuales no están escritas en este libro. ³¹ Pero estas se han escrito para que creáis que Jesús es el Cristo, el Hijo de Dios, y para que, creyendo, tengáis vida en su nombre.

Jesús se aparece a siete de sus discípulos

21 ¹ Después de esto, Jesús se manifestó otra vez a sus discípulos junto al Mar de Tiberias; y se manifestó de esta manera: ² Estaban juntos Simón Pedro, Tomás, llamado el Dídimo, Natanael, el de Caná de Galilea, los hijos de Zebedeo y otros dos de sus discípulos. ³ Simón Pedro les dijo:

—Voy a pescar.ᵃ

Ellos le dijeron:

—Vamos nosotros también contigo.

Salieron, pues, y entraron en una barca; pero aquella noche no pescaron nada.

⁴ Cuando ya iba amaneciendo, se presentó Jesús en la playa, pero los discípulos no sabían que era Jesús. ⁵ Y les dijo:

—Hijitos, ¿tenéis algo de comer?

Le respondieron:

—¡No!

⁶ Él les dijo:

—Echad la red a la derecha de la barca y hallaréis.

Entonces la echaron, y ya no la podían

ᵃ **20.18** Lc 24.9-10.   ᵇ **20.19** Mt 28.1; Mc 16.2,9.   ᶜ **20.23** Mt 9.2-8; 16.19; 18.18.   ᵃ **21.3** Lc 5.5-6. Cf. Mt 4.18-22.

sacar, por la gran cantidad de peces. [7] Entonces aquel discípulo a quien Jesús amaba dijo a Pedro:

—¡Es el Señor!

Simón Pedro, cuando oyó que era el Señor, se ciñó la ropa (porque se había despojado de ella) y se tiró al mar. [8] Los otros discípulos fueron con la barca, arrastrando la red llena de peces, pues no distaban de tierra sino como doscientos codos.[b]

[9] Al descender a tierra, vieron brasas puestas y un pescado encima de ellas, y pan. [10] Jesús les dijo:

—Traed de los peces que acabáis de sacar.

[11] Subió Simón Pedro y sacó la red a tierra, llena de grandes peces, ciento cincuenta y tres; y aun siendo tantos, la red no se rompió. [12] Les dijo Jesús:

—Venid, comed.

Y ninguno de los discípulos se atrevía a preguntarle: «¿Tú, quién eres?», sabiendo que era el Señor. [13] Vino, pues, Jesús, y tomó el pan y les dio, y asimismo del pescado. [14] Esta era ya la tercera vez que Jesús se manifestaba a sus discípulos, después de haber resucitado de los muertos.

Apacienta mis ovejas

[15] Después de comer, Jesús dijo a Simón Pedro:

—Simón, hijo de Jonás, ¿me amas más que estos?

Le respondió:

—Sí, Señor; tú sabes que te quiero.

Él le dijo:

—Apacienta mis corderos.

[16] Volvió a decirle la segunda vez:

—Simón, hijo de Jonás, ¿me amas?

Pedro le respondió:

—Sí, Señor; tú sabes que te quiero.

Le dijo:

—Pastorea mis ovejas.

[17] Le dijo la tercera vez:

—Simón, hijo de Jonás, ¿me quieres?

Pedro se entristeció de que le dijera por tercera vez: «¿Me quieres?», y le respondió:

—Señor, tú lo sabes todo; tú sabes que te quiero.

Jesús le dijo:

—Apacienta mis ovejas. [18] De cierto, de cierto te digo: Cuando eras más joven, te ceñías e ibas a donde querías; pero cuando ya seas viejo, extenderás tus manos y te ceñirá otro, y te llevará a donde no quieras.

[19] Esto dijo dando a entender con qué muerte había de glorificar a Dios. Y dicho esto, añadió:

—Sígueme.

El discípulo amado

[20] Volviéndose Pedro, vio que los seguía el discípulo a quien amaba Jesús, el mismo que en la cena se había recostado al lado de él y le había dicho: «Señor, ¿quién es el que te ha de entregar?»[c] [21] Cuando Pedro lo vio, dijo a Jesús:

—Señor, ¿y qué de este?

[22] Jesús le dijo:

—Si quiero que él quede hasta que yo vuelva,[d] ¿qué a ti? Sígueme tú.

[23] Se extendió entonces entre los hermanos el rumor de que aquel discípulo no moriría. Pero Jesús no le dijo que no moriría, sino: «Si quiero que él quede hasta que yo vuelva, ¿qué a ti?»

[24] Este es el discípulo que da testimonio de estas cosas, y escribió estas cosas; y sabemos que su testimonio es verdadero.

[25] Hay también otras muchas cosas que hizo Jesús, las cuales, si se escribieran una por una, pienso que ni aun en el mundo cabrían los libros que se habrían de escribir. Amén.

---

[b] **21.8** El codo equivalía a unos 45 cm.   [c] **21.20** Jn 13.25.   [d] **21.22** Mt 16.28; 1 Ts 4.15.

HECHOS
de los Apóstoles

INTRODUCCIÓN

La única obra que en todo el NT se presenta como continuación de otra es Hechos de los Apóstoles (=Hch). Prácticamente, el libro comienza en el punto en que termina el tercer evangelio. Después de una introducción temática (1.1-3), que incluye la dedicatoria a Teófilo (cf. Lc 1.3), su autor sitúa la narración en el escenario de Betania (Lc 24.50-51), donde Jesús, «viéndolo [sus discípulos] fue alzado, y lo recibió una nube que lo ocultó a sus ojos» (Hch 1.9).

El acontecimiento de la ascensión aparece marcado para Lucas por la afirmación de Jesús «me seréis testigos» (1.8). Bajo el signo de estas palabras va a desarrollarse la historia entera de la iglesia naciente. La ascensión señala el comienzo de la actividad del Espíritu Santo en la iglesia, a la que convoca primero sobre el fundamento de la fe en Cristo, para guiarla en adelante hacia su plenitud gloriosa del nuevo pueblo de Dios. Asimismo, la actividad y los discursos de los apóstoles Pedro y Pablo son los principales centros de interés de Lucas, quien busca documentar los primeros pasos de la difusión del evangelio de Jesucristo y el modo en que el Espíritu de Dios impulsaba en aquel entonces el crecimiento de la iglesia «en Jerusalén, en Judea, en Samaria y hasta lo último de la tierra» (1.8).

Jerusalén es el lugar donde comienza la historia de la actividad apostólica; allí es donde se congrega y organiza la iglesia madre; allí se dan las primeras manifestaciones del Espíritu Santo; allí muere Esteban, protomártir de la fe cristiana; allí se escuchan los primeros mensajes evangélicos, y de allí parten los primeros enviados a anunciar fuera de los límites palestinos el mensaje de salvación. A estos acontecimientos aparece estrechamente vinculada la persona de Pedro. Pero más interesado aún se muestra Lucas en la figura de Pablo, quien fue capaz de renunciar a sus antiguos esquemas mentales y religiosos para, de todo corazón, proclamar a Jesucristo ante cuantos quisieran escucharlo (Hch 13.46). La llegada de Pablo a Roma (28.11-31), tras una serie de viajes misioneros por otras tierras de gentiles, pone punto final a un drama que arranca de la Jerusalén de pocos años antes.

Esquema del contenido

Prólogo (1.1-26)
1. Predicación del evangelio en Jerusalén (2.1—8.3)
2. Predicación del evangelio en Samaria y Judea (8.4-9.43)
3. Predicación del evangelio a los gentiles (10—28)

La promesa del Espíritu Santo

1 [1]En mi primer escrito,[a] Teófilo,[b] me referí a todas las cosas que Jesús hizo y enseñó desde el comienzo [2]hasta el día en que fue recibido arriba, después de haber dado mandamiento por el Espíritu Santo a los apóstoles que había escogido. [3]A ellos también, después de haber padecido, se presentó vivo con muchas pruebas indubitables, apareciéndoseles durante cuarenta días y hablándoles acerca del reino de Dios.[c]

[4]Y estando juntos, les ordenó:

—No salgáis de Jerusalén, sino esperad

---

[a] **1.1** Esto es, el *Evangelio según San Lucas.* [b] **1.1** Lc 1.1-4. [c] **1.3** Mt 28.16-20; Mc 16.12-19; Lc 24.13-51; Jn 20.19—21.25; 1 Co 15.5-7.

la promesa del Padre,[d,e] la cual oísteis de mí, [5] porque Juan ciertamente bautizó con agua, pero vosotros seréis bautizados con el Espíritu Santo[f] dentro de no muchos días.

La ascensión

[6] Entonces los que se habían reunido le preguntaron, diciendo:

—Señor, ¿restaurarás el reino a Israel en este tiempo?

[7] Les dijo:

—No os toca a vosotros saber los tiempos o las ocasiones[g] que el Padre puso en su sola potestad; [8] pero recibiréis poder cuando haya venido sobre vosotros el Espíritu Santo, y me seréis testigos en Jerusalén, en toda Judea, en Samaria y hasta lo último de la tierra.[h]

[9] Y habiendo dicho estas cosas, viéndolo ellos, fue alzado, y lo recibió una nube que lo ocultó de sus ojos.[i] [10] Y estando ellos con los ojos puestos en el cielo, entre tanto que él se iba, se pusieron junto a ellos dos varones con vestiduras blancas, [11] los cuales les dijeron:

—Galileos, ¿por qué estáis mirando al cielo? Este mismo Jesús, que ha sido tomado de vosotros al cielo, así vendrá como lo habéis visto ir al cielo.[j]

Elección del sucesor de Judas

[12] Entonces volvieron a Jerusalén desde el monte que se llama del Olivar, el cual está cerca de Jerusalén, camino de un sábado. [13] Cuando llegaron, subieron al aposento alto, donde se alojaban Pedro y Jacobo, Juan, Andrés, Felipe, Tomás, Bartolomé, Mateo, Jacobo hijo de Alfeo, Simón el Zelote y Judas hermano de Jacobo.[k] [14] Todos estos perseveraban unánimes en oración y ruego, con las mujeres, y con María la madre de Jesús, y con sus hermanos.

[15] En aquellos días Pedro se levantó en medio de los hermanos (los reunidos eran como ciento veinte en número), y dijo:

[16] —Hermanos,[l] era necesario que se cumpliera la Escritura[m] que el Espíritu Santo, por boca de David, había anunciado acerca de Judas, que fue guía de los que prendieron a Jesús, [17] y era contado con nosotros y tenía parte en este ministerio. [18] Este, pues, que había adquirido un campo con el salario de su iniquidad, cayó de cabeza y se reventó por la mitad, y todas sus entrañas se derramaron. [19] Y fue notorio a todos los habitantes de Jerusalén, de tal manera que aquel campo se llama en su propia lengua, Acéldama (que significa "Campo de sangre"),[n] [20] porque está escrito en el libro de los Salmos:

»"Sea hecha desierta su habitación
y no haya quien more en ella",[ñ]
»y:
»"Tome otro su oficio".[o]

[21] »Es necesario, pues, que de estos hombres que han estado juntos con nosotros todo el tiempo que el Señor Jesús entraba y salía entre nosotros, [22] comenzando desde el bautismo de Juan[p] hasta el día en que de entre nosotros fue recibido arriba,[q] uno sea hecho con nosotros testigo de su resurrección.

[23] Entonces propusieron a dos: a José, llamado Barsabás, que tenía por sobrenombre Justo, y a Matías. [24] Y orando, dijeron: «Tú, Señor, que conoces los corazones de todos, muestra cuál de estos dos has escogido, [25] para que tome la parte de este ministerio y apostolado, del cual cayó Judas por transgresión, para irse a su propio lugar».

[26] Entonces echaron suertes sobre ellos, y la suerte cayó sobre Matías; y fue contado con los once apóstoles.

La venida del Espíritu Santo

2 [1] Cuando llegó el día de Pentecostés[a] estaban todos unánimes juntos. [2] De repente vino del cielo un estruendo como de un viento recio que soplaba, el cual llenó toda la casa donde estaban; [3] y se les

---

[d] 1.4 Hch 2.33; Gl 3.14; Ef 1.13.   [e] 1.4 Lc 24.49; Jn 14.16-17; 14.26; 15.26; 16.7-15.
[f] 1.5 Mt 3.11; Mc 1.18; Lc 3.16; Jn 1.33.   [g] 1.7 Mt 24.36; Mc 13.32; 1 Ts 5.1.   [h] 1.8 Mt 28.19;
Mc 16.15; Lc 24.47-48.   [i] 1.9 Mc 16.19; Lc 24.50-51.   [j] 1.11 Dn 7.13; Mt 26.64; Mc 13.26; 14.62;
Lc 21.27; Ap 1.7.   [k] 1.13 Mt 10.2-4; Mc 3.16-19; Lc 6.14-16.   [l] 1.16 Término que usaban los
judíos al referirse a sus compatriotas (Hch 2.29; 3.17), y que los cristianos utilizaron para
expresar la relación entre ellos (Hch 6.3; 9.30; 1 Co 5.11; Ef 6.23).   [m] 1.16 Lc 22.47-48.
[n] 1.18-19 Mt 27.3-8.   [ñ] 1.20 Sal 69.25.   [o] 1.20 Sal 109.8.   [p] 1.22 Mt 3.16; Mc 1.9; Lc 3.21.
[q] 1.22 Mc 16.19; Lc 24.51.   [a] 2.1 Lv 23.15-21; Dt 16.19-11.

aparecieron lenguas repartidas, como de fuego, asentándose sobre cada uno de ellos. ⁴ Todos fueron llenos del Espíritu Santo y comenzaron a hablar en otras lenguas, según el Espíritu les daba que hablaran.

⁵ Vivían entonces en Jerusalén judíos piadosos, de todas las naciones bajo el cielo. ⁶ Al oír este estruendo, se juntó la multitud; y estaban confusos, porque cada uno los oía hablar en su propia lengua. ⁷ Estaban atónitos y admirados, diciendo:

—Mirad, ¿no son galileos todos estos que hablan? ⁸ ¿Cómo, pues, los oímos nosotros hablar cada uno en nuestra lengua en la que hemos nacido? ⁹ Partos, medos, elamitas, y los que habitamos en Mesopotamia, Judea, Capadocia, el Ponto y Asia, ¹⁰ Frigia y Panfilia, Egipto y las regiones de África más allá de Cirene, y romanos aquí residentes, tanto judíos como prosélitos, ¹¹ cretenses y árabes, los oímos hablar en nuestras lenguas las maravillas de Dios.

¹² Estaban todos atónitos y perplejos, diciéndose unos a otros:

—¿Qué quiere decir esto?

¹³ Pero otros, burlándose, decían:

—Están borrachos.[b]

Primer discurso de Pedro

¹⁴ Entonces Pedro, poniéndose en pie con los once, alzó la voz y les habló diciendo: «Judíos y todos los que habitáis en Jerusalén, esto os sea notorio, y oíd mis palabras, ¹⁵ pues estos no están borrachos, como vosotros suponéis, puesto que es la hora tercera del día.[c] ¹⁶ Pero esto es lo dicho por el profeta Joel:

¹⁷ »"En los postreros días —dice
        Dios—,
    derramaré de mi Espíritu sobre
        toda carne,
    y vuestros hijos y vuestras hijas
        profetizarán;
    vuestros jóvenes verán visiones
    y vuestros ancianos soñarán
        sueños;

¹⁸ y de cierto sobre mis siervos y sobre
        mis siervas, en aquellos días
    derramaré de mi Espíritu, y
        profetizarán.
¹⁹ Y daré prodigios arriba en el cielo
    y señales abajo en la tierra,
    sangre, fuego y vapor de humo;
²⁰ el sol se convertirá en tinieblas
    y la luna en sangre,
    antes que venga el día del Señor,
        grande y glorioso.
²¹ Y todo aquel que invoque el
        nombre del Señor, será salvo".[d]

²² »Israelitas, oíd estas palabras: Jesús nazareno, varón aprobado por Dios entre vosotros con las maravillas, prodigios y señales que Dios hizo entre vosotros por medio de él, como vosotros mismos sabéis; ²³ a este, entregado por el determinado consejo y anticipado conocimiento de Dios,[e] prendisteis y matasteis por manos de inicuos, crucificándolo.[f] ²⁴ Y Dios lo levantó,[g] sueltos los dolores de la muerte, por cuanto era imposible que fuera retenido por ella, ²⁵ pues David dice de él:

»"Veía al Señor siempre delante de
        mí;
    porque está a mi diestra, no seré
        conmovido.
²⁶ Por lo cual mi corazón se alegró y se
        gozó mi lengua,
    y aun mi carne descansará en
        esperanza,
²⁷ porque no dejarás mi alma en el
        Hades
    ni permitirás que tu Santo[h] vea
        corrupción.
²⁸ Me hiciste conocer los caminos de
        la vida;
    me llenarás de gozo con tu
        presencia".[i]

²⁹ »Hermanos, se os puede decir libremente del patriarca David, que murió y fue sepultado, y su sepulcro está con nosotros hasta el día de hoy. ³⁰ Pero siendo profeta, y sabiendo que con juramento Dios le había jurado que de su descendencia en cuanto a la carne levantaría al Cristo para

---

[b] **2.13** 1 Co 14.23.   [c] **2.15** Es decir, *las nueve de la mañana.*   [d] **2.17-21** Jl 2.28-32 (gr.).
[e] **2.23** Mc 8.31; Lc 24.46; Jn 3.14; Hch 3.18; 4.27-28; 17.3; 1 P 1.19-20.   [f] **2.23** Mt 27.1-2;
Mc 15.24; Lc 23.33; Jn 19.18.   [g] **2.24** Mt 28.5-6; Mc 16.6; Lc 24.5.   [h] **2.27** Hch 13.35.
[i] **2.25-28** Sal 16.8-11 (gr.).

que se sentara en su trono,[j] [31] viéndolo antes, habló de la resurrección de Cristo, que su alma no fue dejada en el Hades ni su carne vio corrupción. [32] A este Jesús resucitó Dios, de lo cual todos nosotros somos testigos. [33] Así que, exaltado por la diestra de Dios y habiendo recibido del Padre la promesa del Espíritu Santo, ha derramado esto que vosotros veis y oís. [34] David no subió a los cielos, pero él mismo dice:

»"Dijo el Señor a mi Señor:
'Siéntate a mi diestra
[35] hasta que ponga a tus enemigos
por estrado de tus pies' ".[k]

[36] »Sepa, pues, ciertísimamente toda la casa de Israel, que a este Jesús a quien vosotros crucificasteis, Dios lo ha hecho Señor y Cristo».

[37] Al oir esto, se compungieron de corazón y dijeron a Pedro y a los otros apóstoles:

—Hermanos, ¿qué haremos?

[38] Pedro les dijo:

—Arrepentíos y bautícese cada uno de vosotros en el nombre de Jesucristo para perdón de los pecados, y recibiréis el don del Espíritu Santo, [39] porque para vosotros es la promesa, y para vuestros hijos, y para todos los que están lejos; para cuantos el Señor nuestro Dios llame.[l]

[40] Y con otras muchas palabras testificaba y los exhortaba, diciendo:

—Sed salvos de esta perversa generación.

[41] Así que, los que recibieron su palabra fueron bautizados, y se añadieron aquel día como tres mil personas. [42] Y perseveraban en la doctrina de los apóstoles, en la comunión unos con otros, en el partimiento del pan y en las oraciones.

La vida de los primeros cristianos

[43] Sobrevino temor a toda persona, y muchas maravillas y señales eran hechas por los apóstoles. [44] Todos los que habían creído estaban juntos y tenían en común todas las cosas;[m] [45] vendían sus propiedades y sus bienes y lo repartían a todos según la necesidad de cada uno.[n] [46] Perseveraban unánimes cada día en el Templo, y partiendo el pan en las casas comían juntos con alegría y sencillez de corazón, [47] alabando a Dios y teniendo favor con todo el pueblo. Y el Señor añadía cada día a la iglesia los que habían de ser salvos.

Curación de un cojo

3 [1] Pedro y Juan subían juntos al Templo a la hora novena, que era la de la oración. [2] Había un hombre, cojo de nacimiento, que era llevado y dejado cada día a la puerta del Templo que se llama la Hermosa, para que pidiera limosna a los que entraban en el Templo. [3] Este, cuando vio a Pedro y a Juan que iban a entrar en el Templo, les rogaba que le dieran limosna. [4] Pedro, con Juan, fijando en él los ojos, le dijo:

—Míranos.

[5] Entonces él los miró atento, esperando recibir de ellos algo. [6] Pero Pedro dijo:

—No tengo plata ni oro, pero lo que tengo te doy: en el nombre de Jesucristo de Nazaret, levántate y anda.

[7] Entonces lo tomó por la mano derecha y lo levantó. Al instante se le afirmaron los pies y tobillos; [8] y saltando, se puso en pie y anduvo; y entró con ellos en el Templo, andando, saltando y alabando a Dios. [9] Todo el pueblo lo vio andar y alabar a Dios. [10] Y lo reconocían que era el que se sentaba a pedir limosna a la puerta del Templo, la Hermosa; y se llenaron de asombro y espanto por lo que le había sucedido.

Segundo discurso de Pedro

[11] Mientras el cojo que había sido sanado tenía asidos a Pedro y a Juan, todo el pueblo, atónito, concurrió a ellos al pórtico que se llama de Salomón. [12] Al ver esto Pedro, habló al pueblo: «Israelitas, ¿por qué os admiráis de esto? ¿o por qué ponéis los ojos en nosotros, como si por nuestro poder o piedad hubiéramos hecho andar a este? [13] El Dios de Abraham, de Isaac y de Jacob, el Dios de nuestros padres,[a] ha glorificado a su Hijo Jesús, a quien vosotros entregasteis y negasteis delante de Pilato, cuando este había resuelto ponerlo en libertad. [14] Pero vosotros

[j] **2.30** 2 S 7.12-13; Sal 89.3-4; 132.11-12.   [k] **2.34-35** Sal 110.1.   [l] **2.39** Is 57.19.
[m] **2.44** Hch 4.32-35.   [n] **2.45** Mt 19.21; Mc 10.21; Lc 12.33; 18.22.   [a] **3.13** Ex 3.6,15.

negasteis al Santo y al Justo, y pedisteis que se os diera un homicida,[b] [15]y matasteis al Autor de la vida, a quien Dios resucitó de los muertos, de lo cual nosotros somos testigos. [16]Por la fe en su nombre, a este, que vosotros veis y conocéis, lo ha confirmado su nombre; y la fe que es por él ha dado a este esta completa sanidad en presencia de todos vosotros.

[17]»Pero ahora, hermanos, sé que por ignorancia lo habéis hecho, como también vuestros gobernantes.[c] [18]Pero Dios ha cumplido así lo que antes había anunciado por boca de todos sus profetas: que su Cristo habría de padecer. [19]Así que, arrepentíos y convertíos para que sean borrados vuestros pecados; para que vengan de la presencia del Señor tiempos de consuelo, [20]y él envíe a Jesucristo, que os fue antes anunciado. [21]A este, ciertamente, es necesario que el cielo reciba hasta los tiempos de la restauración de todas las cosas, de que habló Dios por boca de sus santos profetas que han sido desde tiempo antiguo, [22]pues Moisés dijo a los padres: "El Señor vuestro Dios os levantará profeta de entre vuestros hermanos, como a mí; a él oiréis en todas las cosas que os hable,[d] [23]y toda alma que no oiga a aquel profeta será desarraigada del pueblo".

[24]»Y todos los profetas desde Samuel en adelante, cuantos han hablado, también han anunciado estos días. [25]Vosotros sois los hijos de los profetas y del pacto que Dios hizo con nuestros padres diciendo a Abraham: "En tu simiente serán benditas todas las familias de la tierra".[e] [26]A vosotros primeramente, Dios, habiendo levantado a su Hijo, lo envió para que os bendijera, a fin de que cada uno se convierta de su maldad».

Pedro y Juan ante el Concilio

4 [1]Mientras ellos hablaban al pueblo, vinieron sobre ellos los sacerdotes con el jefe de la guardia del Templo y los saduceos, [2]resentidos de que enseñaran al pueblo y anunciaran en Jesús la resurrección de entre los muertos. [3]Y les echaron mano y los pusieron en la cárcel hasta el día siguiente, porque era ya tarde. [4]Pero muchos de los que habían oído la palabra, creyeron; y el número de los hombres era como cinco mil.

[5]Aconteció al día siguiente, que se reunieron en Jerusalén los gobernantes, los ancianos y los escribas, [6]y el sumo sacerdote Anás, y Caifás, Juan, Alejandro y todos los que eran de la familia de los sumos sacerdotes; [7]y poniéndolos en medio, les preguntaron:

—¿Con qué potestad o en qué nombre habéis hecho vosotros esto?

[8]Entonces Pedro, lleno del Espíritu Santo, les dijo:

—Gobernantes del pueblo y ancianos de Israel: [9]Puesto que hoy se nos interroga acerca del beneficio hecho a un hombre enfermo, de qué manera este ha sido sanado, [10]sea notorio a todos vosotros y a todo el pueblo de Israel que en el nombre de Jesucristo de Nazaret, a quien vosotros crucificasteis y a quien Dios resucitó de los muertos, por él este hombre está en vuestra presencia sano. [11]Este Jesús es la piedra rechazada por vosotros los edificadores, la cual ha venido a ser cabeza del ángulo.[a] [12]Y en ningún otro hay salvación, porque no hay otro nombre bajo el cielo, dado a los hombres, en que podamos ser salvos.

[13]Entonces viendo la valentía de Pedro y de Juan, y sabiendo que eran hombres sin letras y del vulgo, se admiraban; y les reconocían que habían estado con Jesús. [14]Y viendo al hombre que había sido sanado, que estaba en pie con ellos, no podían decir nada en contra. [15]Entonces les ordenaron que salieran del Concilio; y deliberaban entre sí, [16]diciendo:

—¿Qué haremos con estos hombres? Porque, de cierto, señal evidente ha sido hecha por ellos, notoria a todos los que viven en Jerusalén, y no lo podemos negar. [17]Sin embargo, para que no se divulgue más entre el pueblo, amenacémoslos para que no hablen de aquí en adelante a hombre alguno en este nombre.

[18]Entonces los llamaron y les ordenaron que en ninguna manera hablaran ni enseñaran en el nombre de Jesús. [19]Pero Pedro y Juan respondieron diciéndoles:

---

[b] **3.14** Mt 27.15-23; Mc 15.6-14; Lc 23.13-23; Jn 19.12-15.   [c] **3.17** Lc 23.34; Hch 7.60; 1 Co 2.8.   [d] **3.22-23** Dt 18.15-19.   [e] **3.25** Gn 22.18.   [a] **4.11** Sal 118.22.

—Juzgad si es justo delante de Dios obedecer a vosotros antes que a Dios,[b] 20 porque no podemos dejar de decir lo que hemos visto y oído.[c]

21 Ellos entonces, después de amenazarlos, los soltaron, no hallando ningún modo de castigarlos, por causa del pueblo, porque todos glorificaban a Dios por lo que se había hecho, 22 ya que el hombre en quien se había hecho este milagro de sanidad tenía más de cuarenta años.

Los creyentes piden confianza y valentía

23 Al ser puestos en libertad, vinieron a los suyos y contaron todo lo que los principales sacerdotes y los ancianos les habían dicho. 24 Ellos, al oírlo, alzaron unánimes la voz a Dios y dijeron: «Soberano Señor, tú eres el Dios que hiciste el cielo y la tierra, el mar y todo lo que en ellos hay;[d] 25 que por boca de David tu siervo dijiste:

»"¿Por qué se amotinan las gentes
y los pueblos piensan cosas vanas?
26 Se reunieron los reyes de la tierra
y los príncipes se juntaron en uno
contra el Señor y contra su Cristo".[e]

27 »Y verdaderamente se unieron en esta ciudad Herodes[f] y Poncio Pilato,[g] con los gentiles y el pueblo de Israel, contra tu santo Hijo Jesús, a quien ungiste, 28 para hacer cuanto tu mano y tu consejo habían antes determinado que sucediera. 29 Y ahora, Señor, mira sus amenazas y concede a tus siervos que con toda valentía hablen tu palabra, 30 mientras extiendes tu mano para que se hagan sanidades, señales y prodigios mediante el nombre de tu santo Hijo Jesús».

31 Cuando terminaron de orar, el lugar en que estaban congregados tembló; y todos fueron llenos del Espíritu Santo y hablaban con valentía la palabra de Dios.

Todas las cosas en común

32 La multitud de los que habían creído era de un corazón y un alma. Ninguno decía ser suyo propio nada de lo que poseía, sino que tenían todas las cosas en común.[h] 33 Y con gran poder los apóstoles daban testimonio de la resurrección del Señor Jesús, y abundante gracia era sobre todos ellos. 34 Así que no había entre ellos ningún necesitado, porque todos los que poseían heredades o casas, las vendían, y traían el producto de lo vendido 35 y lo ponían a los pies de los apóstoles; y se repartía a cada uno según su necesidad.[i] 36 Entonces José, a quien los apóstoles pusieron por sobrenombre Bernabé (que significa «Hijo de consolación»), levita, natural de Chipre, 37 vendió una heredad que tenía y trajo el producto de la venta y lo puso a los pies de los apóstoles.

Ananías y Safira

5 1 Pero cierto hombre llamado Ananías, con Safira, su mujer, vendió una heredad, 2 y sustrajo parte del precio, sabiéndolo también su mujer; luego llevó solo el resto y lo puso a los pies de los apóstoles. 3 Pedro le dijo:

—Ananías, ¿por qué llenó Satanás tu corazón para que mintieras al Espíritu Santo y sustrajeras del producto de la venta de la heredad? 4 Reteniéndola, ¿no te quedaba a ti?, y vendida, ¿no estaba en tu poder? ¿Por qué pusiste esto en tu corazón? No has mentido a los hombres, sino a Dios.

5 Al oír Ananías estas palabras, cayó y expiró. Y sobrevino un gran temor sobre todos los que lo oyeron. 6 Entonces se levantaron los jóvenes, lo envolvieron, lo sacaron y lo sepultaron.

7 Pasado un lapso como de tres horas, sucedió que entró su mujer, sin saber lo que había acontecido. 8 Entonces Pedro le dijo:

—Dime, ¿vendisteis en tanto la heredad?

Y ella dijo:

—Sí, en tanto.

9 Pedro le dijo:

—¿Por qué convinisteis en tentar al Espíritu del Señor? He aquí a la puerta los pies de los que han sepultado a tu marido, y te sacarán a ti.

10 Al instante ella cayó a los pies de él, y expiró. Cuando entraron los jóvenes, la

---

[b] **4.19** Hch 5.29.   [c] **4.20** Hch 22.15; 26.16.   [d] **4.24** Ex 20.11; Neh 9.6; Sal 146.6.
[e] **4.25-26** Sal 2.1-2.   [f] **4.27** Lc 23.7-11.   [g] **4.27** Mt 27.1-2; Mc 15.1; Lc 23.1; Jn 18.28-29.
[h] **4.32** Hch 2.44-45.   [i] **4.34-35** Mt 19.21; Mc 10.21; Lc 12.33; 18.22.

hallaron muerta; la sacaron y la sepultaron junto a su marido. [11] Y sobrevino gran temor sobre toda la iglesia y sobre todos los que oyeron estas cosas.

Muchas señales y maravillas

[12] Por la mano de los apóstoles se hacían muchas señales y prodigios en el pueblo. Estaban todos unánimes en el pórtico de Salomón, [13] y de los demás ninguno se atrevía a juntarse con ellos; sin embargo, el pueblo los alababa grandemente. [14] Los que creían en el Señor aumentaban más, gran número de hombres y de mujeres; [15] tanto que sacaban los enfermos a las calles y los ponían en camas y camillas para que, al pasar Pedro, a lo menos su sombra cayera sobre alguno de ellos.[a] [16] Aun de las ciudades vecinas muchos venían a Jerusalén trayendo enfermos y atormentados de espíritus impuros; y todos eran sanados.[b]

Pedro y Juan son perseguidos

[17] Entonces, levantándose el Sumo sacerdote y todos los que estaban con él, esto es, la secta de los saduceos, se llenaron de celos; [18] y echaron mano a los apóstoles y los pusieron en la cárcel pública. [19] Pero un ángel del Señor, abriendo de noche las puertas de la cárcel y sacándolos, dijo: [20] «Id, y puestos en pie en el Templo, anunciad al pueblo todas las palabras de esta vida».

[21] Habiendo oído esto, entraron de mañana en el Templo y enseñaban. Entre tanto, vinieron el Sumo sacerdote y los que estaban con él, y convocaron al Concilio y a todos los ancianos de los hijos de Israel, y enviaron a la cárcel para que los trajeran. [22] Pero cuando llegaron los guardias no los hallaron en la cárcel; entonces volvieron y dieron aviso, [23] diciendo: «Por cierto, la cárcel hemos hallado cerrada con toda seguridad, y los guardas afuera de pie ante las puertas; pero cuando abrimos, a nadie hallamos dentro».

[24] Cuando oyeron estas palabras el Sumo sacerdote y el jefe de la guardia del Templo y los principales sacerdotes, dudaban en qué vendría a parar aquello.

[25] Pero viniendo uno, les dio esta noticia: «Los hombres que pusisteis en la cárcel están en el Templo y enseñan al pueblo».

[26] Entonces fue el jefe de la guardia con los guardias y los trajo sin violencia, porque temían ser apedreados por el pueblo. [27] Cuando los trajeron, los presentaron en el Concilio, y el Sumo sacerdote les preguntó, [28] diciendo:

—¿No os mandamos estrictamente que no enseñarais en ese nombre? Pero ahora habéis llenado Jerusalén de vuestra doctrina, y queréis echar sobre nosotros la sangre de ese hombre.[c]

[29] Respondiendo Pedro y los apóstoles, dijeron:

—Es necesario obedecer a Dios antes que a los hombres.[d] [30] El Dios de nuestros padres levantó a Jesús, a quien vosotros matasteis colgándolo en un madero. [31] A este, Dios ha exaltado con su diestra por Príncipe y Salvador, para dar a Israel arrepentimiento y perdón de pecados. [32] Nosotros somos testigos suyos de estas cosas, y también el Espíritu Santo, el cual ha dado Dios a los que lo obedecen.

[33] Ellos, oyendo esto, se enfurecían y querían matarlos. [34] Entonces levantándose en el Concilio un fariseo llamado Gamaliel, doctor de la Ley, venerado de todo el pueblo, mandó que sacaran fuera por un momento a los apóstoles, [35] y luego dijo:

—Israelitas, mirad por vosotros lo que vais a hacer respecto a estos hombres, [36] porque antes de estos días se levantó Teudas, diciendo que era alguien. A este se unió un número como de cuatrocientos hombres, pero él murió, y todos los que lo obedecían fueron dispersados y reducidos a nada. [37] Después de este se levantó Judas, el galileo, en los días del censo, y llevó en pos de sí a mucho pueblo. Pereció también él, y todos los que lo obedecían fueron dispersados. [38] Y ahora os digo: Apartaos de estos hombres y dejadlos, porque si este consejo o esta obra es de los hombres, se desvanecerá; [39] pero si es de Dios, no la podréis destruir; no seáis tal vez hallados luchando contra Dios.

[40] Estuvieron de acuerdo con él. Entonces llamaron a los apóstoles y, después de

---

[a] 5.15 Hch 19.11-12.   [b] 5.15-16 Mc 6.56; cf. Mt 4.24; 15.30; Mc 1.32-34; cf. también Mt 10.1; Mc 16.17-18.   [c] 5.28 Mt 27.25.   [d] 5.29 Hch 4.19.

azotarlos, les ordenaron que no hablaran en el nombre de Jesús; y los pusieron en libertad. [41] Ellos salieron de la presencia del Concilio, gozosos de haber sido tenidos por dignos de padecer afrenta por causa del Nombre.[e] [42] Y todos los días, en el Templo y por las casas, incesantemente, enseñaban y predicaban a Jesucristo.

Elección de siete diáconos

6 [1] En aquellos días, como crecía el número de los discípulos, hubo murmuración de los griegos contra los hebreos, que las viudas de aquellos eran desatendidas en la distribución diaria. [2] Entonces los doce convocaron a la multitud de los discípulos, y dijeron:

—No es justo que nosotros dejemos la palabra de Dios para servir a las mesas. [3] Buscad, pues, hermanos, de entre vosotros a siete hombres de buen testimonio, llenos del Espíritu Santo y de sabiduría, a quienes encarguemos de este trabajo. [4] Nosotros persistiremos en la oración y en el ministerio de la Palabra.

[5] Agradó la propuesta a toda la multitud y eligieron a Esteban, hombre lleno de fe y del Espíritu Santo, a Felipe, Prócoro, Nicanor, Timón, Parmenas y Nicolás, prosélito de Antioquía. [6] A estos presentaron ante los apóstoles, quienes, orando, les impusieron las manos.

[7] La palabra del Señor crecía y el número de los discípulos se multiplicaba grandemente en Jerusalén; también muchos de los sacerdotes obedecían a la fe.

Arresto de Esteban

[8] Esteban,[a] lleno de gracia y de poder, hacía grandes prodigios y señales entre el pueblo. [9] Entonces algunos de la sinagoga llamada «de los libertos», y los de Cirene, de Alejandría, de Cilicia y de Asia, se levantaron para discutir con Esteban. [10] Pero no podían resistir la sabiduría y el Espíritu con que hablaba. [11] Entonces sobornaron a unos para que dijeran que lo habían oído hablar palabras blasfemas contra Moisés y contra Dios.[b] [12] Y alborotaron

al pueblo, a los ancianos y a los escribas; y arremetiendo, lo arrebataron y lo trajeron al Concilio. [13] Pusieron testigos falsos que decían:

—Este hombre no cesa de hablar palabras blasfemas contra este lugar santo y contra la Ley, [14] pues le hemos oído decir que ese Jesús de Nazaret destruirá este lugar y cambiará las costumbres que nos transmitió Moisés.

[15] Entonces todos los que estaban sentados en el Concilio, al fijar los ojos en él, vieron su rostro como el rostro de un ángel.

Defensa y muerte de Esteban

7 [1] El Sumo sacerdote dijo entonces:

—¿Es esto así?

[2] Esteban dijo:

—Hermanos y padres, oíd: El Dios de la gloria se apareció a nuestro padre Abraham cuando aún estaba en Mesopotamia, antes que viviera en Harán, [3] y le dijo: "Sal de tu tierra y de tu parentela y vete a la tierra que yo te mostraré".[a] [4] Entonces salió de la tierra de los caldeos y habitó en Harán;[b] y de allí, cuando murió su padre, Dios lo trasladó a esta tierra, en la cual vosotros habitáis ahora. [5] No le dio herencia en ella ni aun para asentar un pie, pero prometió dársela en posesión a él y a su descendencia después de él,[c] aunque él aún no tenía hijo. [6] Dios le dijo que su descendencia sería extranjera en tierra ajena, y que los reducirían a servidumbre y los maltratarían por cuatrocientos años. [7] "Pero yo juzgaré" —dijo Dios— "a la nación de la cual serán siervos; y después de esto saldrán y me servirán en este lugar".[d] [8] Le dio el pacto de la circuncisión,[e] y así Abraham engendró a Isaac,[f] y lo circuncidó al octavo día; e Isaac a Jacob,[g] y Jacob a los doce patriarcas.[h]

[9] »Los patriarcas, movidos por envidia,[i] vendieron a José para Egipto;[j] pero Dios estaba con él[k] [10] y lo libró de todas sus tribulaciones, y le dio gracia y sabiduría delante del faraón, rey de Egipto, el cual lo puso por gobernador sobre Egipto y sobre toda su casa.[l]

---

[e] **5.41** Mt 5.10-12; 1 P 4.13. [a] **6.8** Primer mártir cristiano (Hch 7.54-60). [b] **6.11** Mt 26.65; Mc 14.64. [a] **7.2-3** Gn 12.1. [b] **7.4** Gn 11.31. [c] **7.5** Gn 12.7; 13.15; 15.18; 17.8. [d] **7.6-7** Gn 15.13-14. [e] **7.8** Gn 17.10-14. [f] **7.8** Gn 21.2-4. [g] **7.8** Gn 25.26. [h] **7.8** Gn 29.31—35.18. [i] **7.9** Gn 37.11. [j] **7.9** Gn 39.2,21. [k] **7.9** Gn 37.28. [l] **7.10** Gn 41.39-41.

11 »Hubo entonces hambre en toda la
tierra de Egipto y de Canaán, y gran tribulación; y nuestros padres no hallaban
alimentos.[m] 12 Cuando oyó Jacob que había trigo en Egipto, envió a nuestros padres la primera vez.[n] 13 Y en la segunda,
José se dio a conocer a sus hermanos,[ñ] y
fue manifestado al faraón el linaje de José.[o] 14 José envió a buscar a su padre Jacob[p] y a toda su familia, en número de setenta y cinco personas.[q] 15 Así descendió
Jacob a Egipto,[r] donde murió él[s] y también nuestros padres, 16 los cuales fueron
trasladados a Siquem y puestos en el sepulcro que Abraham, a precio de dinero,
había comprado a los hijos de Hamor en
Siquem.[t]

17 »Pero cuando se acercaba el tiempo
de la promesa que Dios había jurado a
Abraham, el pueblo creció y se multiplicó
en Egipto, 18 hasta que se levantó en Egipto otro rey que no conocía a José.[u] 19 Este
rey, usando de astucia con nuestro pueblo, maltrató a nuestros padres hasta obli-
garlos a que expusieran a la muerte a sus
niños para que no se propagaran.[v] 20 En
aquel mismo tiempo nació Moisés, y fue
agradable a Dios; y fue criado tres meses
en casa de su padre. 21 Pero siendo expuesto a la muerte, la hija del faraón lo recogió y lo crió como a hijo suyo.[w]
22 Moisés fue instruido en toda la sabiduría de los egipcios; y era poderoso en sus
palabras y obras.

23 »Cuando cumplió la edad de cuarenta años, le vino al corazón el visitar a
sus hermanos, los hijos de Israel.[x] 24 Y al
ver a uno que era maltratado, lo defendió,
y dando muerte al egipcio, vengó al oprimido. 25 Él pensaba que sus hermanos
comprendían que Dios les daría libertad
por mano suya, pero ellos no lo habían entendido así. 26 Al día siguiente se presentó
a unos de ellos que reñían, e intentaba ponerlos en paz, diciéndoles:[y] "Hermanos
sois, ¿por qué os maltratáis el uno al
otro?" 27 Entonces el que maltrataba a su
prójimo lo rechazó, diciendo: "¿Quién te
ha puesto por gobernante y juez sobre nosotros? 28 ¿Quieres tú matarme como mataste ayer al egipcio?" 29 Al oir esta
palabra, Moisés huyó y vivió como extranjero en tierra de Madián,[z] donde engendró dos hijos.[a]

30 »Pasados cuarenta años, un ángel se
le apareció en el desierto del monte Sinaí,
en la llama de fuego de una zarza.
31 Entonces Moisés, mirando, se maravilló de la visión; y al acercarse para observar, vino a él la voz del Señor: 32 "Yo soy el
Dios de tus padres, el Dios de Abraham,
el Dios de Isaac y el Dios de Jacob". Y
Moisés, temblando, no se atrevía a mirar.
33 Le dijo el Señor: "Quita el calzado de
tus pies, porque el lugar en que estás es
tierra santa. 34 Ciertamente he visto la
aflicción de mi pueblo que está en Egipto,
he oído su gemido y he descendido para
librarlos. Ahora, pues, ven, te enviaré a
Egipto".[b]

35 »A este Moisés, a quien habían rechazado diciendo: "¿Quién te ha puesto
por gobernante y juez?", a este envió Dios
como gobernante y libertador por mano
del ángel que se le apareció en la zarza.
36 Este los sacó, habiendo hecho prodigios
y señales en tierra de Egipto,[c] en el Mar
Rojo[d] y en el desierto por cuarenta años.[e]
37 Este Moisés es el que dijo a los hijos de
Israel: "Profeta os levantará el Señor
vuestro Dios de entre vuestros hermanos,
como a mí;[f] a él oiréis". 38 Este es aquel
Moisés que estuvo en la congregación en
el desierto con el ángel que le hablaba en el
monte Sinaí,[g] y con nuestros padres, y que
recibió palabras de vida para darnos.[h]

39 »Pero nuestros padres no quisieron
obedecer, sino que lo desecharon, y en sus
corazones se volvieron a Egipto[i] 40 cuando dijeron a Aarón: "Haznos dioses que
vayan delante de nosotros, porque a este
Moisés que nos sacó de la tierra de Egipto

[m] **7.11** Gn 41.54-57. [n] **7.12** Gn 42.1-2. [ñ] **7.13** Gn 45.1. [o] **7.13** Gn 45.16.
[p] **7.14** Gn 45.9-10, 17-18. [q] 7.14**Gn 46.27.** [r] **7.15** Gn 46.1-7. [s] **7.15** Gn 49.33.
[t] **7.16** Gn 23.3-16; 33.19; 50.7-13; Jos 24.32. [u] **7.17-18** Ex 1.7-9. [v] **7.19** Ex 1.10-11,22.
[w] **7.20-21** Ex 2.1-10. [x] **7.23** Ex 2.11. [y] **7.26-28** Ex 2.13-14. [z] **7.23-29** Ex 2.11-15.
[a] **7.29** Ex 2.15; 18.3-4. [b] **7.30-34** Ex 3.1-10. [c] **7.36** Ex 7.3. [d] **7.36** Ex 14.21.
[e] **7.36** Nm 14.32-33. [f] **7.37** Dt 18.15,18. [g] **7.38** Ex 19.1—20.17; Dt 5.1-21. [h] **7.38** Dt 8.1-3;
30.15-20; Ez 33.15; Ro 10.5; cf. Heb 4.12; 1 P 1.23. [i] **7.39** Nm 14.3-4; cf. Neh 9.17.

no sabemos qué le haya acontecido". [41] Entonces hicieron un becerro, ofrecieron sacrificio al ídolo y en las obras de sus manos se regocijaron.[j] [42] Dios se apartó de ellos y los entregó a que rindieran culto al ejército del cielo; como está escrito en el libro de los profetas:

»"¿Acaso me ofrecisteis víctimas y
    sacrificios
en el desierto por cuarenta años,
    casa de Israel?
[43] Antes bien llevasteis el tabernáculo
    de Moloc
y la estrella de vuestro dios Refán,
figuras que os hicisteis para
    adorarlas.
Os transportaré, pues, más allá de
    Babilonia".[k]

[44] »Tuvieron nuestros padres el Tabernáculo del testimonio en el desierto, como había ordenado Dios cuando dijo a Moisés que lo hiciera conforme al modelo que había visto.[l] [45] El cual, recibido a su vez por nuestros padres, lo introdujeron con Josué[m] al tomar posesión de la tierra de los gentiles, a los cuales Dios arrojó de la presencia de nuestros padres hasta los días de David. [46] Este halló gracia delante de Dios y pidió proveer tabernáculo para el Dios de Jacob.[n] [47] Pero fue Salomón quien le edificó Casa,[ñ] [48] si bien el Altísimo no habita en templos hechos de mano, como dice el profeta:

[49] »"El cielo es mi trono
y la tierra el estrado de mis pies.
¿Qué casa me edificaréis? —dice el
    Señor—;
¿O cuál es el lugar de mi reposo?
[50] ¿No hizo mi mano todas estas
    cosas?"[o]

[51] »¡Duros de cerviz![p] ¡Incircuncisos de corazón y de oídos! Vosotros resistís siempre al Espíritu Santo; como vuestros padres, así también vosotros.[q] [52] ¿A cuál de los profetas no persiguieron vuestros padres? Y mataron a los que anunciaron de antemano la venida del Justo, a quien vosotros ahora habéis entregado y matado;[r]

[53] vosotros que recibisteis la Ley por disposición de ángeles,[s] y no la guardasteis.

[54] Oyendo estas cosas, se enfurecían en sus corazones y crujían los dientes contra él. [55] Pero Esteban, lleno del Espíritu Santo,[t] puestos los ojos en el cielo, vio la gloria de Dios y a Jesús que estaba a la diestra de Dios, [56] y dijo: «Veo los cielos abiertos, y al Hijo del hombre que está a la diestra de Dios».

[57] Entonces ellos, gritando, se taparon los oídos y arremetieron a una contra él. [58] Lo echaron fuera de la ciudad y lo apedrearon. Los testigos pusieron sus ropas a los pies de un joven que se llamaba Saulo. [59] Mientras lo apedreaban, Esteban oraba y decía: «Señor Jesús, recibe mi espíritu».[u] [60] Y puesto de rodillas, clamó a gran voz: «Señor, no les tomes en cuenta este pecado».

Habiendo dicho esto, durmió.

8

[1] Y Saulo consentía en su muerte.

Saulo persigue a la iglesia

En aquel día hubo una gran persecución contra la iglesia que estaba en Jerusalén, y todos, salvo los apóstoles, fueron esparcidos por las tierras de Judea y de Samaria. [2] Unos hombres piadosos llevaron a enterrar a Esteban, e hicieron gran llanto sobre él. [3] Saulo, por su parte, asolaba la iglesia; entrando casa por casa, arrastraba a hombres y mujeres y los enviaba a la cárcel.[a]

Predicación del evangelio en Samaria

[4] Pero los que fueron esparcidos iban por todas partes anunciando el evangelio. [5] Entonces Felipe, descendiendo a la ciudad de Samaria, les predicaba a Cristo. [6] La gente, unánime, escuchaba atentamente las cosas que decía Felipe, oyendo y viendo las señales que hacía, [7] pues de muchos que tenían espíritus impuros, salían estos lanzando gritos; y muchos paralíticos y cojos eran sanados; [8] así que había gran gozo en aquella ciudad.

[9] Pero había un hombre llamado Simón,

[j] 7.40-42 Ex 32.1-6.   [k] 7.42-43 Am 5.25-27 (gr.).   [l] 7.44 Ex 25.9,40.   [m] 7.45 Jos 3.14-17.   [n] 7.46 2 S 7.1-16; 1 Cr 17.1-14.   [ñ] 7.47 1 R 6.1-38; 2 Cr 3.1-17.   [o] 7.49-50 Is 66.1-2.   [p] 7.51 Tercos (cf. Ex 32.9; 33.3,5; Dt 10.16; 31.27).   [q] 7.51 Is 63.10.   [r] 7.52 Mt 23.29-37.   [s] 7.53 Gl 3.19; Heb 2.2.   [t] 7.55 Hch 6.5.   [u] 7.59 Sal 31.5; Lc 23.46.   [a] 8.1-3 Hch 22.4-5; 26.9-11; Gl 1.13.

que antes ejercía la magia en aquella ciudad y que había engañado a la gente de Samaria haciéndose pasar por alguien importante. [10] A este oían atentamente todos, desde el más pequeño hasta el más grande, y decían: «Este es el gran poder de Dios».

[11] Estaban atentos a él, porque con sus artes mágicas los había engañado por mucho tiempo. [12] Pero cuando creyeron a Felipe, que anunciaba el evangelio del reino de Dios y el nombre de Jesucristo, se bautizaban hombres y mujeres. [13] También creyó Simón mismo, y después de bautizado estaba siempre con Felipe; y al ver las señales y grandes milagros que se hacían, estaba atónito.

[14] Cuando los apóstoles que estaban en Jerusalén oyeron que Samaria había recibido la palabra de Dios, enviaron allá a Pedro y a Juan; [15] los cuales, una vez llegados, oraron por ellos para que recibieran el Espíritu Santo, [16] pues aún no había descendido sobre ninguno de ellos, sino que solamente habían sido bautizados en el nombre de Jesús. [17] Entonces les imponían las manos[b] y recibían el Espíritu Santo.

[18] Cuando vio Simón que por la imposición de las manos de los apóstoles se daba el Espíritu Santo, les ofreció dinero, [19] diciendo:

—Dadme también a mí este poder, para que cualquiera a quien yo imponga las manos reciba el Espíritu Santo.

[20] Entonces Pedro le dijo:

—Tu dinero perezca contigo, porque has pensado que el don de Dios se obtiene con dinero. [21] No tienes tú parte ni suerte en este asunto, porque tu corazón no es recto delante de Dios.[c] [22] Arrepiéntete, pues, de esta tu maldad y ruega a Dios, si quizás te sea perdonado el pensamiento de tu corazón, [23] porque en hiel de amargura y en prisión de maldad veo que estás.

[24] Respondiendo entonces Simón, dijo:

—Rogad vosotros por mí al Señor, para que nada de esto que habéis dicho venga sobre mí.

[25] Ellos, habiendo testificado y hablado la palabra de Dios, se volvieron a Jerusalén, y en muchas poblaciones de los samaritanos anunciaron el evangelio.

Felipe y el etíope

[26] Un ángel del Señor habló a Felipe, diciendo: «Levántate y ve hacia el sur por el camino que desciende de Jerusalén a Gaza, el cual es desierto». [27] Entonces él se levantó y fue. Y sucedió que un etíope, eunuco, funcionario de Candace, reina de los etíopes, el cual estaba sobre todos sus tesoros y había venido a Jerusalén para adorar, [28] volvía sentado en su carro, leyendo al profeta Isaías.

[29] El Espíritu dijo a Felipe: «Acércate y júntate a ese carro». [30] Acudiendo Felipe, lo oyó que leía al profeta Isaías, y dijo:

—Pero ¿entiendes lo que lees?

[31] Él dijo:

—¿Y cómo podré, si alguien no me enseña?

Y rogó a Felipe que subiera y se sentara con él. [32] El pasaje de la Escritura que leía era este:

«Como oveja a la muerte fue
     llevado;
y como cordero mudo delante del
     que lo trasquila,
así no abrió su boca.
[33] En su humillación no se le hizo
     justicia;
mas su generación, ¿quién la
     contará?,
porque fue quitada de la tierra su
     vida».[d]

[34] Respondiendo el eunuco, dijo a Felipe:

—Te ruego que me digas: ¿de quién dice el profeta esto; de sí mismo o de algún otro?

[35] Entonces Felipe, abriendo su boca y comenzando desde esta escritura, le anunció el evangelio de Jesús. [36] Yendo por el camino llegaron a un lugar donde había agua, y dijo el eunuco:

—Aquí hay agua, ¿qué impide que yo sea bautizado?

[37] Felipe dijo:

—Si crees de todo corazón, bien puedes.

Él respondiendo, dijo:

—Creo que Jesucristo es el Hijo de Dios.

[38] Mandó parar el carro; y descendieron ambos al agua, Felipe y el eunuco, y lo

---

[b] 8.17 Hch 19.6.   [c] 8.21 Sal 78.37.   [d] 8.32-33 Is 53.7-8 (gr.).

bautizó. [39] Cuando subieron del agua, el Espíritu del Señor arrebató a Felipe y el eunuco no lo vio más; y siguió gozoso su camino. [40] Pero Felipe se encontró en Azoto; y, al pasar, anunciaba el evangelio en todas las ciudades hasta llegar a Cesarea.

Conversión de Saulo
(Hch 22.6-16; 26.12-18)

9 [1] Saulo,[a] respirando aún amenazas y muerte contra los discípulos del Señor, vino al Sumo sacerdote [2] y le pidió cartas para las sinagogas de Damasco, a fin de que si hallaba algunos hombres o mujeres de este Camino,[b] los trajera presos a Jerusalén. [3] Pero, yendo por el camino, aconteció que, al llegar cerca de Damasco, repentinamente lo rodeó un resplandor de luz del cielo; [4] y cayendo en tierra oyó una voz que le decía:

—Saulo, Saulo, ¿por qué me persigues?

[5] Él dijo:

—¿Quién eres, Señor?

Y le dijo:

—Yo soy Jesús, a quien tú persigues; dura cosa te es dar coces contra el aguijón.

[6] Él, temblando y temeroso, dijo:

—Señor, ¿qué quieres que yo haga?

El Señor le dijo:

—Levántate y entra en la ciudad, y allí se te dirá lo que debes hacer.

[7] Los hombres que iban con Saulo se pararon atónitos, porque, a la verdad, oían la voz, pero no veían a nadie. [8] Entonces Saulo se levantó del suelo, y abriendo los ojos no veía a nadie. Así que, llevándolo de la mano, lo metieron en Damasco, [9] donde estuvo tres días sin ver, y no comió ni bebió.

[10] Había entonces en Damasco un discípulo llamado Ananías, a quien el Señor dijo en visión:

—Ananías.

Él respondió:

—Heme aquí, Señor.

[11] El Señor le dijo:

—Levántate y ve a la calle que se llama Derecha, y busca en casa de Judas a uno llamado Saulo, de Tarso, porque él ora, [12] y ha visto en visión a un hombre llamado Ananías, que entra y pone las manos sobre él para que recobre la vista.

[13] Entonces Ananías respondió:

—Señor, he oído de muchos acerca de este hombre, cuántos males ha hecho a tus santos en Jerusalén; [14] y aun aquí tiene autoridad de los principales sacerdotes para prender a todos los que invocan tu nombre.

[15] El Señor le dijo:

—Ve, porque instrumento escogido me es este para llevar mi nombre en presencia de los gentiles, de reyes y de los hijos de Israel, [16] porque yo le mostraré cuánto le es necesario padecer por mi nombre.[c]

[17] Fue entonces Ananías y entró en la casa, y poniendo sobre él las manos, dijo:

—Hermano Saulo, el Señor Jesús, que se te apareció en el camino por donde venías, me ha enviado para que recibas la vista y seas lleno del Espíritu Santo.

[18] Al instante cayeron de sus ojos como escamas y recobró la vista. Se levantó y fue bautizado; [19] y habiendo tomado alimento, recobró las fuerzas. Y estuvo Saulo por algunos días con los discípulos que estaban en Damasco.

Saulo predica en Damasco

[20] En seguida predicaba a Cristo en las sinagogas, diciendo que este era el Hijo de Dios. [21] Y todos los que lo oían estaban atónitos, y decían:

—¿No es este el que asolaba en Jerusalén a los que invocaban este nombre, y a eso vino acá, para llevarlos presos ante los principales sacerdotes?

[22] Pero Saulo mucho más se enardecía, y confundía a los judíos que vivían en Damasco, demostrando que Jesús era el Cristo.

Saulo escapa de los judíos

[23] Pasados muchos días, los judíos resolvieron en consejo matarlo; [24] pero sus asechanzas llegaron a conocimiento de Saulo. Y ellos guardaban las puertas de día y de noche para matarlo. [25] Entonces los discípulos, tomándolo de noche, lo bajaron por el muro, descolgándolo en una canasta.[d]

a **9.1** Llamado Pablo a partir de Hch 13.9.   *b* **9.2** Nombre dado al movimiento cristiano para referirse a su forma de proceder y de vivir.   *c* **9.16** 2 Co 11.23-28.   *d* **9.23-25** 2 Co 11.32-33.

Saulo en Jerusalén

²⁶ Cuando llegó a Jerusalén, trataba de juntarse con los discípulos, pero todos le tenían miedo, no creyendo que fuera discípulo. ²⁷ Entonces Bernabé, tomándolo, lo trajo a los apóstoles y les contó cómo Saulo había visto en el camino al Señor, el cual le había hablado, y cómo en Damasco había hablado valerosamente en el nombre de Jesús. ²⁸ Y estaba con ellos en Jerusalén; entraba y salía, ²⁹ y hablaba con valentía en el nombre del Señor, y discutía con los griegos; pero estos intentaban matarlo. ³⁰ Cuando supieron esto los hermanos, lo llevaron hasta Cesarea y lo enviaron a Tarso.

³¹ Entonces las iglesias tenían paz por toda Judea, Galilea y Samaria; eran edificadas, andando en el temor del Señor, y se acrecentaban fortalecidas por el Espíritu Santo.

Curación de Eneas

³² Aconteció que Pedro, visitando a todos, vino también a los santos que habitaban en Lida. ³³ Halló allí a uno que se llamaba Eneas, que hacía ocho años que estaba en cama, pues era paralítico. ³⁴ Pedro le dijo:

—Eneas, Jesucristo te sana; levántate y haz tu cama.

Y en seguida se levantó. ³⁵ Y lo vieron todos los que habitaban en Lida y en Sarón, los cuales se convirtieron al Señor.

Dorcas es resucitada

³⁶ Había entonces en Jope una discípula llamada Tabita (que traducido es «Dorcas»). Esta abundaba en buenas obras y en limosnas que hacía. ³⁷ Aconteció que en aquellos días enfermó y murió. Después de lavada, la pusieron en una sala. ³⁸ Como Lida estaba cerca de Jope, los discípulos, oyendo que Pedro estaba allí, le enviaron dos hombres, a rogarle: «No tardes en venir a nosotros».

³⁹ Pedro se levantó entonces y fue con ellos. Cuando llegó, lo llevaron a la sala, donde lo rodearon todas las viudas llorando y mostrando las túnicas y los vestidos que Dorcas hacía cuando estaba con ellas. ⁴⁰ Entonces, sacando a todos, Pedro se puso de rodillas y oró; y volviéndose al cuerpo, dijo: «¡Tabita, levántate!»

Ella abrió los ojos y, al ver a Pedro, se incorporó. ⁴¹ Él le dio la mano y la levantó; entonces llamó a los santos y a las viudas y la presentó viva. ⁴² Esto fue notorio en toda Jope, y muchos creyeron en el Señor. ⁴³ Pedro se quedó muchos días en Jope en casa de un cierto Simón, curtidor.

Pedro y Cornelio

10 ¹ Había en Cesarea un hombre llamado Cornelio, centurión de la compañía llamada «la Italiana», ² piadoso y temeroso de Dios con toda su casa, y que hacía muchas limosnas al pueblo y oraba siempre a Dios. ³ Este vio claramente en una visión, como a la hora novena[a] del día, que un ángel de Dios entraba donde él estaba y le decía:

—¡Cornelio!

⁴ Él, mirándolo fijamente, y atemorizado, dijo:

—¿Qué es, Señor?

Le dijo:

—Tus oraciones y tus limosnas han subido para memoria delante de Dios. ⁵ Envía, pues, ahora hombres a Jope y haz venir a Simón, el que tiene por sobrenombre Pedro. ⁶ Este se hospeda en casa de cierto Simón, un curtidor que tiene su casa junto al mar; él te dirá lo que es necesario que hagas.

⁷ Cuando se marchó el ángel que hablaba con Cornelio, este llamó a dos de sus criados y un devoto soldado de los que le asistían, ⁸ a los cuales envió a Jope, después de habérselo contado todo.

⁹ Al día siguiente, mientras ellos iban por el camino y se acercaban a la ciudad, Pedro subió a la azotea para orar, cerca de la hora sexta. ¹⁰ Sintió mucha hambre y quiso comer; pero mientras le preparaban algo le sobrevino un éxtasis: ¹¹ Vio el cielo abierto, y que descendía algo semejante a un gran lienzo, que atado de las cuatro puntas era bajado a la tierra, ¹² en el cual había de todos los cuadrúpedos terrestres, reptiles y aves del cielo. ¹³ Y le vino una voz:

---

[a] **10.3** A las tres de la tarde.

—Levántate, Pedro, mata y come.

¹⁴ Entonces Pedro dijo:

—Señor, no; porque ninguna cosa común o impura he comido jamás. ¹⁵ Volvió la voz a él la segunda vez:

—Lo que Dios limpió, no lo llames tú común.ᵇ

¹⁶ Esto ocurrió tres veces; y aquel lienzo volvió a ser recogido en el cielo. ¹⁷ Mientras Pedro estaba perplejo dentro de sí sobre lo que significaría la visión que había visto, los hombres que habían sido enviados por Cornelio, habiendo preguntado por la casa de Simón, llegaron a la puerta. ¹⁸ Llamaron y preguntaron si allí se hospedaba un tal Simón que tenía por sobrenombre Pedro.

¹⁹ Y mientras Pedro pensaba en la visión, le dijo el Espíritu: «Tres hombres te buscan. ²⁰ Levántate, pues, desciende y no dudes de ir con ellos, porque yo los he enviado».

²¹ Entonces Pedro, descendiendo a donde estaban los hombres que fueron enviados por Cornelio, les dijo:

—Yo soy el que buscáis. ¿Cuál es la causa de vuestra venida?

²² Ellos dijeron:

—Cornelio el centurión, varón justo y temeroso de Dios, y que tiene buen testimonio en toda la nación de los judíos, ha recibido instrucciones de un santo ángel, de hacerte venir a su casa para oir tus palabras.

²³ Entonces, haciéndolos entrar, los hospedó. Y al día siguiente, levantándose, se fue con ellos; y lo acompañaron algunos de los hermanos de Jope.

²⁴ Al otro día entraron en Cesarea. Cornelio los estaba esperando, habiendo convocado a sus parientes y amigos más íntimos. ²⁵ Cuando Pedro entró, salió Cornelio a recibirlo y, postrándose a sus pies, lo adoró. ²⁶ Pero Pedro lo levantó, diciendo:

—Levántate, pues yo mismo también soy un hombre.

²⁷ Hablando con él, entró y halló a muchos que se habían reunido. ²⁸ Y les dijo:

—Vosotros sabéis cuán abominable es para un judío juntarse o acercarse a un extranjero, pero a mí me ha mostrado Dios que a nadie llame común o impuro. ²⁹ Por eso, al ser llamado, vine sin replicar. Así que pregunto: ¿Por qué causa me habéis hecho venir?

³⁰ Entonces Cornelio dijo:

—Hace cuatro días que a esta hora yo estaba en ayunas; y a la hora novena, mientras oraba en mi casa, vi que se puso delante de mí un varón con vestido resplandeciente, ³¹ y me dijo: "Cornelio, tu oración ha sido oída, y tus limosnas han sido recordadas delante de Dios. ³² Envía, pues, a Jope y haz venir a Simón, el que tiene por sobrenombre Pedro, el cual se hospeda en casa de Simón, un curtidor, junto al mar; cuando llegue, él te hablará". ³³ Así que luego envié por ti, y tú has hecho bien en venir. Ahora, pues, todos nosotros estamos aquí en la presencia de Dios, para oir todo lo que Dios te ha mandado.

Discurso de Pedro en casa de Cornelio

³⁴ Entonces Pedro, abriendo la boca, dijo:

—En verdad comprendo que Dios no hace acepción de personas,ᶜ ³⁵ sino que en toda nación se agrada del que lo teme y hace justicia. ³⁶ Dios envió mensaje a los hijos de Israel, anunciando el evangelio de la pazᵈ por medio de Jesucristo; este es Señor de todos. ³⁷ Vosotros sabéis lo que se divulgó por toda Judea, comenzando desde Galilea, después del bautismo que predicó Juan: ³⁸ cómo Dios ungió con el Espíritu Santo y con poder a Jesús de Nazaret, y cómo este anduvo haciendo bienes y sanando a todos los oprimidos por el diablo, porque Dios estaba con él. ³⁹ Nosotros somos testigos de todas las cosas que Jesús, a quien mataron colgándolo en un madero, hizo en la tierra de Judea y en Jerusalén. ⁴⁰ A este levantó Dios al tercer día e hizo que apareciera, ⁴¹ no a todo el pueblo, sino a los testigos que Dios había ordenado de antemano, a nosotros que comimos y bebimos con él después que resucitó de los muertos.ᵉ ⁴² Y nos mandó que predicáramos al pueblo y testificáramos que él es el que Dios ha puesto por Juez de vivos y muertos.ᶠ ⁴³ De

---

ᵇ **10.15** Mc 7.15,19.　ᶜ **10.34** Dt 10.17; Ro 2.11; Gl 2.6; Ef 6.9; Col 3.25.　ᵈ **10.36** Is 52.7; Nah 1.15.
ᵉ **10.41** Lc 24.30-34,41-43; Jn 21.4-13.　ᶠ **10.42** 2 Ti 4.1; 1 P 4.5.

este dan testimonio todos los profetas, que todos los que en él crean recibirán perdón de pecados por su nombre.*g*

Los gentiles reciben el Espíritu Santo

44 Mientras aún hablaba Pedro estas palabras, el Espíritu Santo cayó sobre todos los que oían el discurso. **45** Y los fieles de la circuncisión que habían venido con Pedro se quedaron atónitos de que también sobre los gentiles se derramara el don del Espíritu Santo, **46** porque los oían que hablaban en lenguas y que glorificaban a Dios.*h* **47** Entonces respondió Pedro:

—¿Puede acaso alguno impedir el agua, para que no sean bautizados estos que han recibido el Espíritu Santo lo mismo que nosotros?

48 Y mandó bautizarlos en el nombre del Señor Jesús. Entonces le rogaron que se quedara por algunos días.

Informe de Pedro a la iglesia de Jerusalén

11 **1** Oyeron los apóstoles y los hermanos que estaban en Judea que también los gentiles habían recibido la palabra de Dios. **2** Por eso, cuando Pedro subió a Jerusalén, discutían con él los que eran de la circuncisión, **3** diciendo:

—¿Por qué has entrado en casa de hombres incircuncisos y has comido con ellos?

4 Entonces comenzó Pedro a contarles de forma ordenada lo sucedido, diciendo:

5 —Estaba yo en la ciudad de Jope orando, y tuve en éxtasis una visión: algo semejante a un gran lienzo suspendido por las cuatro puntas, que bajaba del cielo y llegaba hasta mí. **6** Cuando fijé los ojos en él, consideré y vi cuadrúpedos terrestres, fieras, reptiles y aves del cielo. **7** Y oí una voz que me decía: "Levántate, Pedro, mata y come". **8** Yo dije: "Señor, no; porque ninguna cosa común o impura entró jamás en mi boca". **9** Entonces la voz me respondió del cielo por segunda vez: "Lo que Dios limpió, no lo llames tú común". **10** Esto se repitió tres veces, y volvió a ser llevado arriba al cielo. **11** En aquel instante llegaron tres hombres a la casa donde yo estaba, enviados a mí desde Cesarea. **12** Y el Espíritu me dijo que fuera con ellos sin dudar. Fueron también conmigo estos seis hermanos, y entramos en casa de un hombre, **13** quien nos contó cómo había visto en su casa un ángel que, puesto en pie, le dijo: "Envía hombres a Jope y haz venir a Simón, el que tiene por sobrenombre Pedro; **14** él te hablará palabras por las cuales serás salvo tú y toda tu casa". **15** Cuando comencé a hablar, cayó el Espíritu Santo sobre ellos, como también sobre nosotros al principio. **16** Entonces me acordé de lo dicho por el Señor, cuando dijo: "Juan ciertamente bautizó en agua, pero vosotros seréis bautizados con el Espíritu Santo".*a* **17** Si Dios, pues, les concedió también el mismo don que a nosotros que hemos creído en el Señor Jesucristo, ¿quién era yo que pudiera estorbar a Dios?

18 Entonces, oídas estas cosas, callaron y glorificaron a Dios, diciendo:

—¡De manera que también a los gentiles ha dado Dios arrepentimiento para vida!

La iglesia en Antioquía

19 Ahora bien, los que habían sido esparcidos a causa de la persecución que hubo con motivo de Esteban,*b* pasaron hasta Fenicia, Chipre y Antioquía, sin hablar a nadie la palabra, sino solo a los judíos. **20** Pero había entre ellos unos de Chipre y de Cirene, los cuales, cuando entraron en Antioquía, hablaron también a los griegos, anunciando el evangelio del Señor Jesús. **21** Y la mano del Señor estaba con ellos, y gran número creyó y se convirtió al Señor.

22 Llegó la noticia de estas cosas a oídos de la iglesia que estaba en Jerusalén, y enviaron a Bernabé para que fuera hasta Antioquía. **23** Este, cuando llegó y vio la gracia de Dios, se regocijó y exhortó a todos a que con propósito de corazón permanecieran fieles al Señor. **24** Era un varón bueno, lleno del Espíritu Santo y de fe. Y una gran multitud fue agregada al Señor.

25 Después fue Bernabé a Tarso en busca de Saulo; y cuando lo halló, lo llevó a

g **10.43** Is 33.24; 53.5-6; Jl 2.32.   *h* **10.46** Hch 2.4; 19.6.   *a* **11.16** Hch 1.5.   *b* **11.19** Hch 8.1-4.
c **11.28** Hch 21.10.   *d* **11.28** Emperador romano del 41 al 54 d.C.

Antioquía. ²⁶ Se congregaron allí todo un año con la iglesia, y enseñaron a mucha gente. A los discípulos se les llamó cristianos por primera vez en Antioquía.

²⁷ En aquellos días, unos profetas descendieron de Jerusalén a Antioquía. ²⁸ Y levantándose uno de ellos llamado Agabo,ᶜ daba a entender por el Espíritu que vendría una gran hambre en toda la tierra habitada; la cual sobrevino en tiempo de Claudio.ᵈ ²⁹ Entonces los discípulos, cada uno conforme a lo que tenía, determinaron enviar un socorro a los hermanos que habitaban en Judea; ³⁰ lo cual en efecto hicieron, enviándolo a los ancianos por mano de Bernabé y de Saulo.

Jacobo, muerto; Pedro, encarcelado

12 ¹ En aquel mismo tiempo, el rey Herodesᵃ echó mano a algunos de la iglesia para maltratarlos. ² Mató a espada a Jacobo,ᵇ hermano de Juan, ³ y al ver que esto había agradado a los judíos, procedió a prender también a Pedro. Eran entonces los días de los Panes sin levadura. ⁴ Tomándolo preso, lo puso en la cárcel, entregándolo a cuatro grupos de cuatro soldados cada uno, para que lo vigilaran; y se proponía sacarlo al pueblo después de la Pascua.ᶜ ⁵ Así que Pedro estaba custodiado en la cárcel, pero la iglesia hacía sin cesar oración a Dios por él.

Pedro es librado de la cárcel

⁶ Cuando Herodes lo iba a sacar, aquella misma noche estaba Pedro durmiendo entre dos soldados, sujeto con dos cadenas, y los guardas delante de la puerta custodiaban la cárcel. ⁷ Y se presentó un ángel del Señor y una luz resplandeció en la cárcel; y tocando a Pedro en el costado, lo despertó, diciendo: «Levántate pronto». Y las cadenas se le cayeron de las manos. ⁸ Le dijo el ángel: «Cíñete y átate las sandalias». Él lo hizo así. Y le dijo: «Envuélvete en tu manto y sígueme».

⁹ Pedro salió tras el ángel, sin saber si lo que el ángel hacía era realidad; más

bien pensaba que veía una visión. ¹⁰ Habiendo pasado la primera y la segunda guardia, llegaron a la puerta de hierro que daba a la ciudad, la cual se les abrió por sí misma. Salieron y pasaron una calle, y luego el ángel se apartó de él.

¹¹ Entonces Pedro, volviendo en sí, dijo: «Ahora entiendo verdaderamente que el Señor ha enviado su ángel y me ha librado de la mano de Herodes y de todo lo que el pueblo de los judíos esperaba».

¹² Al darse cuenta de esto, llegó a casa de María, la madre de Juan, el que tenía por sobrenombre Marcos. Muchos estaban allí reunidos, orando. ¹³ Cuando Pedro llamó a la puerta del patio, salió a atender una muchacha llamada Rode, ¹⁴ la cual, al reconocer la voz de Pedro, de gozo no abrió la puerta, sino que corriendo adentro dio la nueva de que Pedro estaba a la puerta. ¹⁵ Ellos le dijeron:

—¡Estás loca!

Pero ella aseguraba que así era.

Entonces ellos decían:

—¡Es su ángel!

¹⁶ Pero Pedro persistía en llamar; y cuando abrieron y le vieron, se quedaron atónitos. ¹⁷ Pero él, haciéndoles con la mano señal de que callaran, les contó cómo el Señor lo había sacado de la cárcel. Y dijo:

—Haced saber esto a Jacoboᵈ y a los hermanos.

Luego salió y se fue a otro lugar.

¹⁸ Cuando se hizo de día, se produjo entre los soldados un alboroto no pequeño sobre qué habría sido de Pedro. ¹⁹ Pero Herodes, habiéndolo buscado sin hallarlo, después de interrogar a los guardas ordenó llevarlos a la muerte. Después descendió de Judea a Cesarea y se quedó allí.

Muerte de Herodes

²⁰ Herodes estaba enojado contra los de Tiro y de Sidón, pero ellos, de común acuerdo, se presentaron ante él, y habiendo sobornado a Blasto, que era camarero mayor del rey, pedían paz, porque su

---

ᵃ **12.1** Agripa I, nieto de Herodes el Grande y padre de Herodes Agripa II, gobernó toda Palestina del 41 al 44 d.C. ᵇ **12.2** Hijo de Zebedeo (Mt 4.21) y uno de los doce apóstoles; cf. Mc 10.39. ᶜ **12.4** Ex 12.1-27. ᵈ **12.17** No el Apóstol, que ya había muerto (v. 2), sino el hermano de Jesús (Mt 13.55; Jn 7.3-5; Hch 1.14). De aquí en adelante aparece como uno de los principales dirigentes de la iglesia de Jerusalén (Hch 15.13,19; Gl 1.19; 2.9).

territorio era abastecido por el del rey.
²¹ El día señalado, Herodes, vestido de ropas reales, se sentó en el tribunal y los arengó. ²² Y el pueblo aclamaba gritando: «¡Voz de un dios, y no de un hombre!» ²³ Al momento, un ángel del Señor lo hirió, por cuanto no dio la gloria a Dios; y expiró comido de gusanos.

²⁴ Pero la palabra del Señor crecía y se multiplicaba.

²⁵ Bernabé y Saulo, cumplido su servicio, volvieron de Jerusalén, llevando también consigo a Juan, el que tenía por sobrenombre Marcos.

13 ¹ Había entonces en la iglesia que estaba en Antioquía, profetas y maestros: Bernabé, Simón el que se llamaba Níger, Lucio de Cirene, Manaén el que se había criado junto con Herodes el tetrarca,ᵃ y Saulo. ² Ministrando estos al Señor y ayunando, dijo el Espíritu Santo: «Apartadme a Bernabé y a Saulo para la obra a que los he llamado».

³ Entonces, habiendo ayunado y orado, les impusieron las manos y los despidieron.

Predicación en Chipre

⁴ Ellos, entonces, enviados por el Espíritu Santo, descendieron a Seleucia, y de allí navegaron a Chipre. ⁵ Al llegar a Salamina, anunciaban la palabra de Dios en las sinagogas de los judíos. Tenían también a Juanᵇ de ayudante.

⁶ Habiendo atravesado toda la isla hasta Pafos, hallaron a cierto mago, falso profeta, judío, llamado Barjesús, ⁷ que estaba con el procónsul Sergio Paulo, varón prudente. Este, llamando a Bernabé y a Saulo, deseaba oir la palabra de Dios. ⁸ Pero los resistía Elimas, el mago (pues así se traduce su nombre), intentando apartar de la fe al procónsul. ⁹ Entonces Saulo, que también es Pablo, lleno del Espíritu Santo, fijando en él los ojos, ¹⁰ le dijo:

—¡Lleno de todo engaño y de toda maldad, hijo del diablo, enemigo de toda justicia! ¿No cesarás de trastornar los caminos rectos del Señor? ¹¹ Ahora, pues, la mano del Señor está contra ti, y quedarás ciego y no verás el sol por algún tiempo.

Inmediatamente cayeron sobre él oscuridad y tinieblas; y andando alrededor, buscaba quien lo condujera de la mano. ¹² Entonces el procónsul, viendo lo que había sucedido, creyó, admirado de la doctrina del Señor.

Predicación en Antioquía de Pisidia

¹³ Habiendo zarpado de Pafos, Pablo y sus compañeros llegaron a Perge de Panfilia; pero Juan, apartándose de ellos, volvió a Jerusalén. ¹⁴ Ellos, pasando de Perge, llegaron a Antioquía de Pisidia; y entraron en la sinagoga un sábado y se sentaron. ¹⁵ Después de la lectura de la Ley y de los Profetas, los altos dignatarios de la sinagoga mandaron a decirles:

—Hermanos, si tenéis alguna palabra de exhortación para el pueblo, hablad.

¹⁶ Entonces Pablo se levantó y, hecha señal de silencio con la mano, dijo:

—Israelitas y los que teméis a Dios, oíd: ¹⁷ El Dios de este pueblo de Israel escogió a nuestros padres y enalteció al pueblo siendo ellos extranjeros en tierra de Egipto, y con brazo levantado los sacó de ella.ᶜ ¹⁸ Por un tiempo como de cuarenta años los soportó en el desierto,ᵈ ¹⁹ y habiendo destruido siete naciones en la tierra de Canaán,ᵉ les dio en herencia su territorio.ᶠ ²⁰ Después, como por cuatrocientos cincuenta años, les dio jueces hasta el profeta Samuel.ᵍ ²¹ Luego pidieron rey,ʰ y Dios les dio a Saúl, hijo de Cis, varón de la tribu de Benjamín,ⁱ por cuarenta años. ²² Quitado este, les levantó por rey a David, de quien dio también testimonio diciendo: "He hallado a David, hijo de Isaí, varón conforme a mi corazón, quien hará todo lo que yo quiero".ʲ ²³ De la descendencia de este, y conforme a la promesa, Dios levantó a Jesús por Salvador a Israel.ᵏ ²⁴ Antes de su venida, predicó Juan el bautismo de arrepentimientoˡ a

---

ᵃ **13.1** Herodes Antipas (Lc 3.1).   ᵇ **13.5** Juan Marcos (Hch 12.12,25; 13.13; 15.37-38), pariente de Bernabé (Col 4.10).   ᶜ **13.17** Ex 1.7; 12.51.   ᵈ **13.18** Nm 14.34; Dt 1.31.
ᵉ **13.19** Dt 7.1.   ᶠ **13.19** Jos 14.1.   ᵍ **13.20** Jue 2.16; 1 S 3.20.   ʰ **13.21** 1 S 8.4-5,19.
ⁱ **13.21** 1 S 10.20-21,24.   ʲ **13.22** 1 S 13.13-14; 16.12; Sal 89.20.   ᵏ **13.23** 2 S 7.12-16; 22.51; Sal 132.11-13,17; cf. Hch 2.30.   ˡ **13.24** Mc 1.4; Lc 3.3; Hch 19.4.

todo el pueblo de Israel. ²⁵Cuando Juan terminaba su carrera, dijo: "¿Quién pensáis que soy? Yo no soy él;^m pero viene tras mí uno de quien no soy digno de desatar el calzado de los pies".ⁿ

²⁶»Hermanos, hijos del linaje de Abraham y los que entre vosotros teméis a Dios, a vosotros es enviada la palabra de esta salvación, ²⁷porque los habitantes de Jerusalén y sus gobernantes, que no conocían a Jesús ni las palabras de los profetas que se leen todos los sábados, las cumplieron al condenarlo. ²⁸Sin hallar en él causa digna de muerte, pidieron a Pilato que se le matara.^ñ ²⁹Y cuando cumplieron todas las cosas que de él estaban escritas, lo bajaron del madero y lo pusieron en el sepulcro.^o ³⁰Pero Dios lo levantó de los muertos. ³¹Y él se apareció durante muchos días a los que habían subido juntamente con él de Galilea a Jerusalén,^p los cuales ahora son sus testigos ante el pueblo.

³²»Nosotros también os anunciamos el evangelio de aquella promesa hecha a nuestros padres, ³³la cual Dios nos ha cumplido a nosotros, sus hijos, resucitando a Jesús; como está escrito también en el salmo segundo: "Mi hijo eres tú, yo te he engendrado hoy".^q ³⁴Y en cuanto a que lo levantó de los muertos para nunca más volver a corrupción, lo dijo así: "Os daré las misericordias fieles de David".^r ³⁵Por eso dice también en otro salmo: "No permitirás que tu Santo vea corrupción".^s ³⁶Y a la verdad David, habiendo servido a su propia generación según la voluntad de Dios, durmió y fue reunido con sus padres, y vio corrupción. ³⁷Pero aquel a quien Dios levantó, no vio corrupción. ³⁸Sabed, pues, esto, hermanos: que por medio de él se os anuncia perdón de pecados, ³⁹y que de todo aquello de que no pudisteis ser justificados por la Ley de Moisés, en él es justificado todo aquel que cree.^t ⁴⁰Mirad, pues, que no venga sobre vosotros lo que está dicho en los profetas:

⁴¹»"Mirad, menospreciadores,
asombraos y desapareced,
porque yo hago una obra en
vuestros días,
obra que no creeréis, si alguien os la
cuenta".^u

⁴²Cuando salieron ellos de la sinagoga de los judíos, los gentiles les rogaron que el siguiente sábado les hablaran de estas cosas. ⁴³Y despedida la congregación, muchos de los judíos y de los prosélitos piadosos siguieron a Pablo y a Bernabé, quienes hablándoles los persuadían a que perseveraran en la gracia de Dios.

⁴⁴El siguiente sábado se juntó casi toda la ciudad para oir la palabra de Dios. ⁴⁵Pero viendo los judíos la muchedumbre, se llenaron de celos y rebatían lo que Pablo decía, contradiciendo y blasfemando. ⁴⁶Entonces Pablo y Bernabé, hablando con valentía, dijeron:

—A vosotros, a la verdad, era necesario que se os hablara primero la palabra de Dios; pero puesto que la desecháis y no os juzgáis dignos de la vida eterna, nos volvemos a los gentiles,^v ⁴⁷porque así nos ha mandado el Señor, diciendo:

»"Te he puesto para luz de los
gentiles,
a fin de que seas para salvación
hasta lo último de la tierra".^w

⁴⁸Los gentiles, oyendo esto, se regocijaban y glorificaban la palabra del Señor, y creyeron todos los que estaban ordenados para vida eterna. ⁴⁹Y la palabra del Señor se difundía por toda aquella provincia. ⁵⁰Pero los judíos instigaron a mujeres piadosas y distinguidas, y a los principales de la ciudad, y levantaron persecución contra Pablo y Bernabé, y los expulsaron de sus límites. ⁵¹Ellos, entonces, sacudiendo contra ellos el polvo de sus pies,^x llegaron a Iconio. ⁵²Y los discípulos estaban llenos de gozo y del Espíritu Santo.

^m**13.25** Jn 1.20. ⁿ**13.25** Mt 3.11; Mc 1.7; Lc 3.16; Jn 1.26-27. ^ñ**13.28** Mt 27.22-23; Mc 15.13-14; Lc 23.20-23; Jn 19.15. ^o**13.29** Mt 27.57-61; Mc 15.42-47; Lc 23.50-56; Jn 19.38-42. ^p**13.31** Hch 1.3. ^q**13.33** Sal 2.7. ^r**13.34** Is 55.3. ^s**13.35** Sal 16.10. ^t**13.38-39** Hch 10.43; Ro 4.24-25; 10.4; Heb 9.9. ^u**13.41** Hab 1.5 (gr.). ^v**13.45-46** Hch 18.6; 28.28. ^w**13.47** Is 42.6; 49.6. ^x**13.51** Mt 10.14; Mc 6.11; Lc 9.5; 10.11.

Predicación en Iconio

14 ¹Aconteció en Iconio que entraron juntos en la sinagoga de los judíos, y hablaron de tal manera que creyó una gran multitud de judíos y de griegos. ²Pero los judíos que no creían excitaron y corrompieron los ánimos de los gentiles contra los hermanos. ³Sin embargo, se detuvieron allí mucho tiempo, hablando con valentía, confiados en el Señor, el cual daba testimonio de la palabra de su gracia, concediendo que se hicieran por las manos de ellos señales y prodigios. ⁴La gente de la ciudad estaba dividida: unos estaban con los judíos, y otros con los apóstoles. ⁵Pero sucedió que los judíos y los gentiles, juntamente con sus gobernantes, se lanzaron a maltratarlos y apedrearlos; ⁶y ellos, al darse cuenta, huyeron a Listra y Derbe, ciudades de Licaonia, y a toda la región circunvecina, ⁷y allí predicaban el evangelio.

Pablo es apedreado en Listra

⁸Cierto hombre de Listra estaba sentado, imposibilitado de los pies, cojo de nacimiento, que jamás había andado. ⁹Este oyó hablar a Pablo, el cual, fijando en él sus ojos y viendo que tenía fe para ser sanado, ¹⁰dijo a gran voz:

—¡Levántate derecho sobre tus pies!

Él saltó y anduvo.

¹¹Entonces la gente, al ver lo que Pablo había hecho, alzó la voz, diciendo en lengua licaónica: «¡Dioses con la semejanza de hombres han descendido a nosotros!»

¹²A Bernabé llamaban Júpiter, y a Pablo, Mercurio,ᵃ porque este era el que llevaba la palabra. ¹³El sacerdote de Júpiter, cuyo templo estaba frente a la ciudad, trajo toros y guirnaldas delante de las puertas, y juntamente con la muchedumbre quería ofrecer sacrificios. ¹⁴Cuando lo oyeron los apóstoles Bernabé y Pablo, rasgaron sus ropas y se lanzaron entre la multitud, gritando ¹⁵y diciendo:

—¿Por qué hacéis esto? Nosotros también somos hombres semejantes a vosotros, que os anunciamos que de estas vanidades os convirtáis al Dios vivo, que hizo el cielo y la tierra, el mar y todo lo que en ellos hay. ¹⁶En las edades pasadas él ha dejado a todas las gentes andar por sus propios caminos;ᵇ ¹⁷si bien no se dejó a sí mismo sin testimonio, haciendo bien, dándonos lluvias del cielo y tiempos fructíferos, llenando de sustento y de alegría nuestros corazones.

¹⁸Pero aun diciendo estas cosas, difícilmente lograban impedir que la multitud les ofreciera sacrificio.

¹⁹Entonces vinieron unos judíos de Antioquía y de Iconio que persuadieron a la multitud; apedrearon a Pablo y lo arrastraron fuera de la ciudad, pensando que estaba muerto. ²⁰Pero estando rodeado por los discípulos, se levantó y entró en la ciudad. Al día siguiente salió con Bernabé para Derbe.

²¹Después de anunciar el evangelio a aquella ciudad y de hacer muchos discípulos, volvieron a Listra, Iconio y Antioquía, ²²confirmando los ánimos de los discípulos, exhortándolos a que permanecieran en la fe y diciéndoles: «Es necesario que a través de muchas tribulaciones entremos en el reino de Dios». ²³Constituyeron ancianos en cada iglesia y, después de orar y de ayunar, los encomendaron al Señor en quien habían creído.

Regreso a Antioquía de Siria

²⁴Pasando por Pisidia vinieron a Panfilia. ²⁵Predicaron la palabra en Perge y luego descendieron a Atalia. ²⁶De allí navegaron a Antioquía, donde habían sido encomendados a la gracia de Dios para la obra que habían cumplido. ²⁷Al llegar, reunieron a la iglesia y les refirieron cuán grandes cosas había hecho Dios con ellos y cómo había abierto la puerta de la fe a los gentiles. ²⁸Se quedaron allí mucho tiempo con los discípulos.

La asamblea en Jerusalén

15 ¹Entonces algunos que venían de Judea enseñaban a los hermanos: «Si no os circuncidáis conforme al rito de Moisésᵃ no podéis ser salvos». ²Pablo y Bernabé tuvieron una discusión y contienda no

---

ᵃ **14.12** Dioses de los griegos, llamados por los romanos *Júpiter* y *Mercurio*, respectivamente. Zeus era considerado el dios supremo, y Hermes, el mensajero o portavoz de los dioses.
ᵇ **14.16** Hch 17.30; Ro 3.25-26.   ᵃ **15.1** Lv 12.3.

pequeña con ellos. Por eso se dispuso que Pablo, Bernabé y algunos otros de ellos subieran a Jerusalén, a los apóstoles y a los ancianos, para tratar esta cuestión.

³ Ellos, pues, habiendo sido encaminados por la iglesia, pasaron por Fenicia y Samaria contando la conversión de los gentiles; y causaban gran gozo a todos los hermanos.

⁴ Al llegar a Jerusalén fueron recibidos por la iglesia, por los apóstoles y los ancianos, y refirieron todas las cosas que Dios había hecho con ellos. ⁵ Pero algunos de la secta de los fariseos, que habían creído, se levantaron diciendo:

—Es necesario circuncidarlos y mandarles que guarden la Ley de Moisés.

⁶ Entonces se reunieron los apóstoles y los ancianos para conocer de este asunto. ⁷ Después de mucha discusión, Pedro se levantó y les dijo:

—Hermanos, vosotros sabéis cómo ya hace algún tiempo Dios escogió que los gentiles oyeran por mi boca la palabra del evangelio y creyeran.ᵇ ⁸ Y Dios, que conoce los corazones, les dio testimonio, dándoles el Espíritu Santo lo mismo que a nosotros;ᶜ ⁹ y ninguna diferencia hizo entre nosotros y ellos, purificando por la fe sus corazones. ¹⁰ Ahora pues, ¿por qué tentáis a Dios, poniendo sobre la cerviz de los discípulos un yugo que ni nuestros padres ni nosotros hemos podido llevar?ᵈ ¹¹ Antes creemos que por la gracia del Señor Jesús seremos salvos, de igual modo que ellos.

¹² Entonces toda la multitud calló, y oyeron a Bernabé y a Pablo, que contaban cuán grandes señales y maravillas había hecho Dios por medio de ellos entre los gentiles. ¹³ Cuando ellos callaron, Jacobo respondió diciendo:

—Hermanos, oídme. ¹⁴ Simónᵉ ha contado cómo Dios visitó por primera vez a los gentiles para tomar de ellos pueblo para su nombre. ¹⁵ Y con esto concuerdan las palabras de los profetas, como está escrito:

¹⁶ »"Después de esto volveré
y reedificaré el tabernáculo de
David, que está caído;
y repararé sus ruinas,
y lo volveré a levantar,
¹⁷ para que el resto de los hombres
busque al Señor,
y todos los gentiles, sobre los cuales
es invocado mi nombre,
¹⁸ dice el Señor, que hace conocer
todo esto desde tiempos
antiguos"ᶠ

¹⁹ »Por lo cual yo juzgo que no se inquiete a los gentiles que se convierten a Dios, ²⁰ sino que se les escriba que se aparten de las contaminaciones de los ídolos,ᵍ de fornicación,ʰ de ahogado y de sangre,ⁱ ²¹ porque Moisés desde tiempos antiguos tiene en cada ciudad quien lo predique en las sinagogas, donde es leído cada sábado.

²² Entonces pareció bien a los apóstoles y a los ancianos, con toda la iglesia, elegir a algunos varones y enviarlos a Antioquía con Pablo y Bernabé: a Judas, que tenía por sobrenombre Barsabás, a Silas,ʲ hombres principales entre los hermanos, ²³ y escribir por conducto de ellos:

«Los apóstoles, los ancianos y los hermanos, a los hermanos de entre los gentiles que están en Antioquía, Siria y Cilicia: Salud. ²⁴ Por cuanto hemos oído que algunos que han salido de nosotros, a los cuales no dimos orden, os han inquietado con palabras, perturbando vuestras almas, mandando circuncidaros y guardar la Ley, ²⁵ nos ha parecido bien, habiendo llegado a un acuerdo, elegir varones y enviarlos a vosotros con nuestros amados Bernabé y Pablo, ²⁶ hombres que han expuesto su vida por el nombre de nuestro Señor Jesucristo. ²⁷ Así que enviamos a Judas y a Silas, los cuales también de palabra os harán saber lo mismo, ²⁸ pues ha parecido bien al Espíritu Santo y a nosotros no imponeros

ᵇ 15.7 Hch 10.1-43.   ᶜ 15.8 Hch 10.44-47; cf. Hch 2.4.   ᵈ 15.10 Mt 23.4; Lc 11.46; Gl 5.1-3.
ᵉ 15.14 Esto es, Pedro.   ᶠ 15.16-18 Am 9.11-12 (gr.).   ᵍ 15.20 Ex 34.15-17.
ʰ 15.20 Lv 18.6-23.   ⁱ 15.20 Lv 17.10-16.   ʲ 15.22 Compañero de Pablo. Probablemente, el mismo que se menciona en las cartas con el nombre latino Silvano (2 Co 1.19; 1 Ts 1.1; 2 Ts 1.1; 1 P 5.12).

ninguna carga más que estas cosas necesarias: [29] que os abstengáis de lo sacrificado a ídolos, de sangre, de ahogado y de fornicación; si os guardáis de estas cosas, bien haréis. Pasadlo bien».

[30] Así pues, los que fueron enviados descendieron a Antioquía y, reuniendo a la congregación, entregaron la carta. [31] Habiéndola leído, se regocijaron por la consolación. [32] Judas y Silas, que también eran profetas, consolaron y animaron a los hermanos con abundancia de palabras. [33] Después de pasar algún tiempo allí, fueron despedidos en paz por los hermanos para volver a aquellos que los habían enviado. [34] Sin embargo, a Silas le pareció bien quedarse allí. [35] Pablo y Bernabé continuaron en Antioquía, enseñando la palabra del Señor y anunciando el evangelio con otros muchos.

[36] Después de algunos días, Pablo dijo a Bernabé:

—Volvamos a visitar a los hermanos en todas las ciudades en que hemos anunciado la palabra del Señor, para ver cómo están.

[37] Bernabé quería que llevaran consigo a Juan, el que tenía por sobrenombre Marcos, [38] pero a Pablo no le parecía bien llevar consigo al que se había apartado de ellos desde Panfilia[k] y no había ido con ellos a la obra. [39] Hubo tal desacuerdo entre ambos, que se separaron el uno del otro; Bernabé, tomando a Marcos, navegó a Chipre, [40] y Pablo, escogiendo a Silas, salió encomendado por los hermanos a la gracia del Señor, [41] y pasó por Siria y Cilicia, animando a las iglesias.

Timoteo acompaña a Pablo y a Silas

16 [1] Después llegó a Derbe y a Listra. Había allí cierto discípulo llamado Timoteo,[a] hijo de una mujer judía creyente, pero de padre griego; [2] y daban buen testimonio de él los hermanos que estaban en Listra y en Iconio. [3] Quiso Pablo que este fuera con él; y tomándolo, lo circuncidó por causa de los judíos que había en aquellos lugares, pues todos sabían que su padre era griego. [4] Al pasar por las ciudades, les comunicaban las decisiones

que habían acordado los apóstoles y los ancianos que estaban en Jerusalén, para que las guardaran. [5] Así que las iglesias eran animadas en la fe y aumentaban en número cada día.

La visión del varón macedonio

[6] Atravesando Frigia y la provincia de Galacia, les fue prohibido por el Espíritu Santo hablar la palabra en Asia; [7] y cuando llegaron a Misia, intentaron ir a Bitinia, pero el Espíritu no se lo permitió. [8] Entonces, pasando junto a Misia, descendieron a Troas. [9] Una noche, Pablo tuvo una visión. Un varón macedonio estaba en pie, rogándole y diciendo: «Pasa a Macedonia y ayúdanos». [10] Cuando vio la visión, en seguida procuramos partir para Macedonia, dando por cierto que Dios nos llamaba para que les anunciáramos el evangelio.

Encarcelados en Filipos

[11] Zarpando, pues, de Troas, navegamos directamente a Samotracia, el día siguiente a Neápolis [12] y de allí a Filipos, que es la primera ciudad de la provincia de Macedonia, y una colonia. Estuvimos en aquella ciudad algunos días. [13] Un sábado salimos fuera de la puerta, junto al río, donde solía hacerse la oración. Nos sentamos y hablamos a las mujeres que se habían reunido. [14] Entonces una mujer llamada Lidia, vendedora de púrpura, de la ciudad de Tiatira, que adoraba a Dios, estaba oyendo. El Señor le abrió el corazón para que estuviera atenta a lo que Pablo decía, [15] y cuando fue bautizada, junto con su familia, nos rogó diciendo:

—Si habéis juzgado que yo sea fiel al Señor, hospedaos en mi casa.

Y nos obligó a quedarnos.

[16] Aconteció que mientras íbamos a la oración, nos salió al encuentro una muchacha que tenía espíritu de adivinación, la cual daba gran ganancia a sus amos, adivinando. [17] Esta, siguiendo a Pablo y a nosotros, gritaba:

—¡Estos hombres son siervos del Dios Altísimo! Ellos os anuncian el camino de salvación.

---

[k] **15.38** Hch 13.13.   [a] **16.1** Llegaría después a ser estrecho colaborador de Pablo (Ro 16.21; 1 Co 4.17; 16.10-11; Flp 2.19-24; 1 Ts 3.2-6).

[18] Esto lo hizo por muchos días, hasta que, desagradando a Pablo, se volvió él y dijo al espíritu:

—Te mando en el nombre de Jesucristo que salgas de ella.

Y salió en aquella misma hora.

[19] Pero al ver sus amos que había salido la esperanza de su ganancia, prendieron a Pablo y a Silas, y los trajeron al foro, ante las autoridades. [20] Los presentaron a los magistrados y dijeron:

—Estos hombres, siendo judíos, alborotan nuestra ciudad [21] y enseñan costumbres que no nos es lícito recibir ni hacer, pues somos romanos.

[22] Entonces se agolpó el pueblo contra ellos; y los magistrados, rasgándoles las ropas, ordenaron azotarlos con varas. [23] Después de haberlos azotado mucho, los echaron en la cárcel, mandando al carcelero que los guardara con seguridad. [24] El cual, al recibir esta orden, los metió en el calabozo de más adentro y les aseguró los pies en el cepo.

[25] Pero a medianoche, orando Pablo y Silas, cantaban himnos a Dios; y los presos los oían. [26] Entonces sobrevino de repente un gran terremoto, de tal manera que los cimientos de la cárcel se sacudían; y al instante se abrieron todas las puertas, y las cadenas de todos se soltaron. [27] Se despertó el carcelero y, al ver abiertas las puertas de la cárcel, sacó la espada y se iba a matar, pensando que los presos habían huido. [28] Pero Pablo le gritó:

—¡No te hagas ningún mal, pues todos estamos aquí!

[29] Él entonces pidió una luz, se precipitó adentro y, temblando, se postró a los pies de Pablo y de Silas. [30] Los sacó y les dijo:

—Señores, ¿qué debo hacer para ser salvo?

[31] Ellos dijeron:

—Cree en el Señor Jesucristo, y serás salvo tú y tu casa.

[32] Y le hablaron la palabra del Señor a él y a todos los que estaban en su casa. [33] Él, tomándolos en aquella misma hora de la noche, les lavó las heridas, y en seguida se bautizó con todos los suyos.

[34] Luego los llevó a su casa, les puso la mesa y se regocijó con toda su casa de haber creído a Dios.

[35] Cuando fue de día, los magistrados enviaron guardias a decir:

—Suelta a esos hombres.

[36] El carcelero hizo saber estas palabras a Pablo:

—Los magistrados han mandado a decir que se os suelte; así que ahora salid y marchaos en paz.

[37] Pero Pablo le dijo:

—Después de azotarnos públicamente sin sentencia judicial y siendo ciudadanos romanos, nos echaron en la cárcel, ¿y ahora nos liberan encubiertamente? No, por cierto, sino vengan ellos mismos a sacarnos.

[38] Los guardias hicieron saber estas palabras a los magistrados, los cuales tuvieron miedo al oir que eran romanos. [39] Fueron y se excusaron; los sacaron y les pidieron que salieran de la ciudad.[b] [40] Entonces, saliendo de la cárcel, entraron en casa de Lidia y, habiendo visto a los hermanos, los consolaron y se fueron.

El alboroto en Tesalónica

17 [1] Pasando por Anfípolis y Apolonia llegaron a Tesalónica, donde había una sinagoga de los judíos. [2] Pablo, como acostumbraba, fue a ellos, y por tres sábados discutió con ellos, [3] declarando y exponiendo por medio de las Escrituras que era necesario que el Cristo padeciera y resucitara de los muertos. Y decía: «Jesús, a quien yo os anuncio, es el Cristo».

[4] Algunos de ellos creyeron y se juntaron con Pablo y con Silas; asimismo un gran número de griegos piadosos, y mujeres nobles no pocas. [5] Celosos, entonces, los judíos que no creían, tomaron consigo algunos ociosos, hombres malos, con los que juntaron una turba y alborotaron la ciudad. Asaltaron la casa de Jasón,[a] e intentaban sacarlos al pueblo, [6] pero como no los hallaron, trajeron a Jasón y a algunos hermanos ante las autoridades de la ciudad, gritando: «Estos que trastornan el mundo entero también han venido acá,

---

[b] **16.39** 1 Ts 2.2.   [a] **17.5** Probablemente, un judío simpatizante del evangelio, en cuya casa se alojaban Pablo y Silas.

⁷ y Jasón los ha recibido. Todos ellos contravienen los decretos de César, diciendo que hay otro rey, Jesús».*ᵇ*

⁸ Al oír esto, el pueblo y las autoridades de la ciudad se alborotaron. ⁹ Pero después de obtener fianza de Jasón y de los demás, los soltaron.

Pablo y Silas en Berea

¹⁰ Inmediatamente, los hermanos enviaron de noche a Pablo y a Silas hasta Berea. En cuanto llegaron, entraron en la sinagoga de los judíos. ¹¹ Estos eran más nobles que los que estaban en Tesalónica, pues recibieron la palabra con toda solicitud, escudriñando cada día las Escrituras para ver si estas cosas eran así. ¹² Muchos de ellos creyeron, y de los griegos, mujeres distinguidas y no pocos hombres. ¹³ Cuando los judíos de Tesalónica supieron que también en Berea era anunciada la palabra de Dios por Pablo, fueron allá y también alborotaron a las multitudes. ¹⁴ Entonces los hermanos hicieron que Pablo saliera inmediatamente en dirección al mar; pero Silas y Timoteo se quedaron allí. ¹⁵ Los que se habían encargado de conducir a Pablo lo llevaron a Atenas; y habiendo recibido el encargo de que Silas y Timoteo vinieran a él lo más pronto posible, salieron.

Pablo en Atenas

¹⁶ Mientras Pablo los esperaba en Atenas, su espíritu se enardecía viendo la ciudad entregada a la idolatría. ¹⁷ Así que discutía en la sinagoga con los judíos y piadosos, y en la plaza cada día con los que concurrían. ¹⁸ Algunos filósofos de los epicúreos y de los estoicos*ᶜ* discutían con él. Unos decían:

—¿Qué querrá decir este palabrero?

Y otros:

—Parece que es predicador de nuevos dioses.

Esto decían porque les predicaba el evangelio de Jesús, y de la resurrección. ¹⁹ Lo tomaron y lo trajeron al Areópago, diciendo:

—¿Podremos saber qué es esta nueva enseñanza de que hablas?, ²⁰ pues traes a nuestros oídos cosas extrañas. Queremos, pues, saber qué quiere decir esto. ²¹ (Porque todos los atenienses y los extranjeros residentes allí, en ninguna otra cosa se interesaban sino en decir o en oír algo nuevo.)

²² Entonces Pablo, puesto en pie en medio del Areópago, dijo:

—Atenienses, en todo observo que sois muy religiosos, ²³ porque pasando y mirando vuestros santuarios, hallé también un altar en el cual estaba esta inscripción: "Al dios no conocido". Al que vosotros adoráis, pues, sin conocerlo, es a quien yo os anuncio.*ᵈ*

²⁴ »El Dios que hizo el mundo y todas las cosas que en él hay, siendo Señor del cielo y de la tierra, no habita en templos hechos por manos humanas*ᵉ* ²⁵ ni es honrado por manos de hombres, como si necesitara de algo, pues él es quien da a todos vida, aliento y todas las cosas.*ᶠ*

²⁶ »De una sangre ha hecho todo el linaje de los hombres para que habiten sobre toda la faz de la tierra; y les ha prefijado el orden de los tiempos y los límites de su habitación,*ᵍ* ²⁷ para que busquen a Dios, si en alguna manera, palpando, puedan hallarlo, aunque ciertamente no está lejos de cada uno de nosotros, ²⁸ porque en él vivimos, nos movemos y somos; como algunos de vuestros propios poetas también han dicho: "Porque linaje suyo somos". ²⁹ Siendo, pues, linaje de Dios, no debemos pensar que la Divinidad sea semejante a oro, o plata, o piedra, escultura de arte y de imaginación de hombres. ³⁰ Pero Dios, habiendo pasado por alto los tiempos de esta ignorancia, ahora manda a todos los hombres en todo lugar, que se arrepientan;*ʰ* ³¹ por cuanto ha establecido un día en el cual juzgará al mundo con justicia,*ⁱ* por aquel varón a quien designó, acreditándolo ante todos al haberlo levantado de los muertos.

³² Pero cuando oyeron lo de la resurrección de los muertos, unos se burlaban y otros decían: «Ya te oiremos acerca de esto otra vez».

³³ Entonces Pablo salió de en medio de

ᵇ **17.7** Lc 23.3; Jn 19.12.   *ᶜ* **17.18** Las dos principales corrientes filosóficas y éticas de la época.   *ᵈ* **17.23** Jn 4.22; Hch 14.15-17; Ro 2.14-16.   *ᵉ* **17.24** Hch 7.48-50.   *ᶠ* **17.24-25** Is 42.5.   *ᵍ* **17.26** Dt 32.8.   *ʰ* **17.30** Hch 14.16; Ro 3.25-26.   *ⁱ* **17.31** Sal 9.8; 96.13.

ellos. ³⁴ Pero algunos de los que se le habían juntado, creyeron; entre ellos, Dionisio el areopagita y una mujer llamada Dámaris, y otros con ellos.

Pablo en Corinto

18 ¹ Después de estas cosas, Pablo salió de Atenas y fue a Corinto. ² Y halló a un judío llamado Aquila, natural del Ponto, recién venido de Italia con Priscila, su mujer, por cuanto Claudio había mandado que todos los judíos salieran de Roma.ᵃ Fue a ellos ³ y, como era del mismo oficio, se quedó con ellos y trabajaban juntos, pues el oficio de ellos era hacer tiendas. ⁴ Y discutía en la sinagoga todos los sábados, y persuadía a judíos y a griegos.

⁵ Cuando Silas y Timoteo vinieron de Macedonia, Pablo estaba entregado por entero a la predicación de la palabra, testificando a los judíos que Jesús era el Cristo. ⁶ Pero oponiéndose y blasfemando estos, les dijo, sacudiéndose los vestidos:ᵇ

—Vuestra sangre sea sobre vuestra propia cabeza. Mi conciencia está limpia; desde ahora me iré a los gentiles.

⁷ Salió de allí y se fue a la casa de uno llamado Justo, temeroso de Dios, la cual estaba junto a la sinagoga. ⁸ Crispo, alto dignatario de la sinagoga, creyó en el Señor con toda su casa;ᶜ y muchos de los corintios al oír, creían y eran bautizados. ⁹ Entonces el Señor dijo a Pablo en visión de noche: «No temas, sino habla y no calles, ¹⁰ porque yo estoy contigo y nadie pondrá sobre ti la mano para hacerte mal, porque yo tengo mucho pueblo en esta ciudad». ¹¹ Y se detuvo allí un año y seis meses, enseñándoles la palabra de Dios.

¹² Pero siendo Galiónᵈ procónsul de Acaya, los judíos se levantaron de común acuerdo contra Pablo y lo llevaron al tribunal, ¹³ diciendo:

—Este persuade a los hombres a honrar a Dios contra la Ley.

¹⁴ Al comenzar Pablo a hablar, Galión dijo a los judíos:

—Si fuera algún agravio o algún crimen enorme, judíos, conforme a derecho yo os toleraría; ¹⁵ pero si son cuestiones de palabras, de nombres y de vuestra Ley, vedlo vosotros, porque yo no quiero ser juez de estas cosas.

¹⁶ Y los echó del tribunal. ¹⁷ Entonces todos los griegos, apoderándose de Sóstenes, alto dignatario de la sinagoga, lo golpeaban delante del tribunal. Pero Galión no hacía caso alguno.

¹⁸ Pablo permaneció allí muchos días. Luego se despidió de los hermanos y navegó a Siria, junto con Priscila y Aquila. En Cencrea se rapó la cabeza, porque tenía hecho voto.ᵉ ¹⁹ Llegó a Éfeso y los dejó allí; y entrando en la sinagoga, discutía con los judíos. ²⁰ Estos le rogaban que se quedara con ellos más tiempo, pero él no accedió, ²¹ sino que se despidió de ellos, diciendo:

—Es necesario que en todo caso yo celebre en Jerusalén la fiesta que viene; pero otra vez volveré a vosotros, si Dios quiere.

Y zarpó de Éfeso.

²² Habiendo llegado a Cesarea, subió para saludar a la iglesia y luego descendió a Antioquía. ²³ Después de estar allí algún tiempo, salió y recorrió por orden la región de Galacia y de Frigia, animando a todos los discípulos.

Apolos predica en Éfeso

²⁴ Llegó entonces a Éfeso un judío llamado Apolos, natural de Alejandría, hombre elocuente, poderoso en las Escrituras. ²⁵ Este había sido instruido en el camino del Señor; y siendo de espíritu fervoroso, hablaba y enseñaba diligentemente lo concerniente al Señor, aunque solo conocía el bautismo de Juan. ²⁶ Comenzó, pues, a hablar con valentía en la sinagoga; pero cuando lo oyeron Priscila y Aquila, lo tomaron aparte y le expusieron con más exactitud el camino de Dios. ²⁷ Cuando él quiso pasar a Acaya, los hermanos lo animaron y escribieron a los discípulos que lo recibieran. Al llegar allá, fue de gran provecho a los que por la gracia habían creído, ²⁸ porque con gran vehemencia refutaba públicamente a los judíos, demostrando por las Escrituras que Jesús era el Cristo.ᶠ

ᵃ **18.2** Promulgado alrededor del año 49 d.C.　ᵇ **18.6** Hch 13.45-46; 28.28.　ᶜ **18.8** 1 Co 1.14.
ᵈ **18.12** Gobernador romano de *Acaya* alrededor de los años 51-52 d.C.　ᵉ **18.18** Nm 6.2-18.
ᶠ **18.28** Hch 9.22; 18.5.

Pablo en Éfeso

19 ¹Aconteció que entre tanto que Apolos estaba en Corinto, Pablo, después de recorrer las regiones superiores, vino a Éfeso, y hallando a ciertos discípulos, ²les preguntó:

—¿Recibisteis el Espíritu Santo cuando creísteis?ᵃ

Ellos le dijeron:

—Ni siquiera habíamos oído que hubiera Espíritu Santo.

³Entonces dijo:

—¿En qué, pues, fuisteis bautizados?

Ellos dijeron:

—En el bautismo de Juan.ᵇ

⁴Dijo Pablo:

—Juan bautizó con bautismo de arrepentimiento, diciendo al pueblo que creyeran en aquel que vendría después de él, esto es, en Jesús el Cristo.ᶜ

⁵Cuando oyeron esto, fueron bautizados en el nombre del Señor Jesús. ⁶Y habiéndoles impuesto Pablo las manos, vino sobre ellos el Espíritu Santo; y hablaban en lenguas y profetizaban.ᵈ ⁷Eran entre todos unos doce hombres.

⁸Entrando Pablo en la sinagoga, habló con valentía por espacio de tres meses, discutiendo y persuadiendo acerca del reino de Dios. ⁹Pero como algunos se rehusaban a creer y maldecían el Camino delante de la multitud, Pablo se apartó de ellos y separó a los discípulos, discutiendo cada día en la escuela de uno llamado Tiranno. ¹⁰Así continuó por espacio de dos años, de manera que todos los que habitaban en Asia, judíos y griegos, oyeron la palabra del Señor Jesús. ¹¹Y hacía Dios milagros extraordinarios por mano de Pablo, ¹²de tal manera que hasta los pañuelos o delantales que habían tocado su cuerpo eran llevados a los enfermos, y las enfermedades se iban de ellos, y los espíritus malos salían.ᵉ

¹³Pero algunos de los judíos, exorcistas ambulantes, intentaron invocar el nombre del Señor Jesús sobre los que tenían espíritus malos, diciendo: «¡Os conjuro por Jesús, el que predica Pablo!».

¹⁴Había siete hijos de un tal Esceva,

judío, jefe de los sacerdotes, que hacían esto. ¹⁵Pero respondiendo el espíritu malo, dijo: «A Jesús conozco y sé quién es Pablo, pero vosotros, ¿quiénes sois?».

¹⁶El hombre en quien estaba el espíritu malo, saltando sobre ellos y dominándolos, pudo más que ellos, de tal manera que huyeron de aquella casa desnudos y heridos. ¹⁷Esto fue notorio a todos los que habitaban en Éfeso, así judíos como griegos; y tuvieron temor todos ellos, y era glorificado el nombre del Señor Jesús.

¹⁸Muchos de los que habían creído venían, confesando y dando cuenta de sus hechos. ¹⁹Asimismo muchos de los que habían practicado la magia trajeron los libros y los quemaron delante de todos; y hecha la cuenta de su valor, hallaron que era de cincuenta mil piezas de plata. ²⁰Así crecía y prevalecía poderosamente la palabra del Señor.

²¹Pasadas estas cosas, Pablo se propuso en su espíritu ir a Jerusalén, después de recorrer Macedonia y Acaya. Decía él: «Después que haya estado allí, me será necesario ver también Roma». ²²Envió entonces a Macedonia a dos de los que lo ayudaban, Timoteo y Erasto, y él se quedó por algún tiempo en Asia.

El alboroto en Éfeso

²³Hubo por aquel tiempo un disturbio no pequeño acerca del Camino, ²⁴porque un platero llamado Demetrio, que hacía de plata templecillos de Diana,ᶠ daba no poca ganancia a los artífices; ²⁵a los cuales, reunidos con los obreros del mismo oficio, dijo:

—Sabéis que de este oficio obtenemos nuestra riqueza; ²⁶pero veis y oís que este Pablo, no solamente en Éfeso, sino en casi toda Asia, ha apartado a mucha gente con persuasión, diciendo que no son dioses los que se hacen con las manos. ²⁷Y no solamente hay peligro de que este nuestro negocio venga a desacreditarse, sino también que el templo de la gran diosa Diana sea estimado en nada y comience a ser destruida la majestad de aquella a quien venera toda Asia y el mundo entero.

ᵃ19.2 Hch 2.38.   ᵇ19.3 Hch 18.25.   ᶜ19.4 Mt 3.11; Mc 1.4-7; Lc 3.4,16; Jn 1.26-27.
ᵈ19.6 Hch 2.4; 10.46.   ᵉ19.11-12 Hch 5.15-16; 2 Co 12.12.   ᶠ19.24-28 Diosa principal de Éfeso, llamada *Artemisa* entre los griegos.

²⁸ Cuando oyeron estas cosas se llenaron de ira, y gritaron, diciendo: «¡Grande es Diana de los efesios!»

²⁹ La ciudad se llenó de confusión, y a una se lanzaron al teatro, arrebatando a Gayo y a Aristarco, macedonios, compañeros de Pablo. ³⁰ Pablo quería salir al pueblo, pero los discípulos no lo dejaron. ³¹ También algunas de las autoridades de Asia, que eran amigos suyos, le enviaron recado rogándole que no se presentara en el teatro. ³² Unos, pues, gritaban una cosa y otros otra, porque la concurrencia estaba confusa y la mayoría no sabía por qué se habían reunido. ³³ De entre la multitud sacaron a Alejandro, empujado por los judíos. Y Alejandro, pidiendo silencio con la mano, quiso hablar en su defensa ante el pueblo. ³⁴ Pero cuando se dieron cuenta de que era judío, todos a una voz gritaron casi por dos horas: «¡Grande es Diana de los efesios!»

³⁵ Entonces el escribano, cuando apaciguó a la multitud, dijo: «Efesios, ¿y quién es el hombre que no sabe que la ciudad de los efesios es guardiana del templo de la gran diosa Diana, y de la imagen venida de Júpiter? ³⁶ Puesto que esto no puede contradecirse, es necesario que os apacigüéis, y que nada hagáis precipitadamente, ³⁷ porque habéis traído a estos hombres, que no son sacrílegos ni blasfemadores de vuestra diosa. ³⁸ Que si Demetrio y los artífices que están con él tienen pleito contra alguno, audiencias se conceden y procónsules hay; acúsense los unos a los otros. ³⁹ Y si demandáis alguna otra cosa, en legítima asamblea se puede decidir, ⁴⁰ pues hay peligro de que seamos acusados de sedición por esto de hoy, ya que no existe causa alguna por la cual podamos dar razón de este alboroto.

⁴¹ Y habiendo dicho esto, despidió la asamblea.

Viaje de Pablo a Macedonia y Grecia

20 ¹ Cuando cesó el alboroto, llamó Pablo a los discípulos y, habiéndolos exhortado y abrazado, se despidió y salió para Macedonia. ² Después de recorrer aquellas regiones, y de exhortarlos con abundancia de palabras, llegó a Grecia. ³ Al cabo de tres meses de estar allí, debido a los planes que los judíos tenían contra él cuando se embarcara para Siria, tomó la decisión de volver por Macedonia. ⁴ Lo acompañaron hasta Asia, Sópater hijo de Pirro, de Berea; Aristarco y Segundo, de Tesalónica; Gayo, de Derbe, y Timoteo; y de Asia, Tíquico y Trófimo. ⁵ Estos, habiéndose adelantado, nos esperaron en Troas. ⁶ Y nosotros, pasados los días de los Panes sin levadura, zarpamos de Filipos y en cinco días nos reunimos con ellos en Troas, donde nos quedamos siete días.

Visita de despedida de Pablo en Troas

⁷ El primer día de la semana,ᵃ reunidos los discípulos para partir el pan,ᵇ Pablo que tenía que salir al día siguiente, les enseñaba, y alargó el discurso hasta la medianoche. ⁸ Había muchas lámparas en el aposento alto donde se hallaban reunidos. ⁹ Un joven llamado Eutico estaba sentado en la ventana, y rendido de un sueño profundo por cuanto Pablo disertaba largamente, vencido del sueño cayó del tercer piso abajo, y fue levantado muerto. ¹⁰ Entonces descendió Pablo y se echó sobre él, y abrazándolo, dijo:

—No os alarméis, pues está vivo.

¹¹ Después de haber subido, partió el pan, lo comió y siguió hablando hasta el alba; y luego se fue. ¹² Llevaron vivo al joven, y fueron grandemente consolados.

Viaje de Troas a Mileto

¹³ Nosotros, adelantándonos a embarcarnos, navegamos a Asón para recoger allí a Pablo, ya que así lo había determinado, queriendo él ir por tierra. ¹⁴ Cuando se reunió con nosotros en Asón, tomándolo a bordo, vinimos a Mitilene. ¹⁵ Navegando de allí, al día siguiente llegamos delante de Quío, y al otro día tocamos puerto en Samos. Hicimos escala en Trogilio, y al día siguiente llegamos a Mileto. ¹⁶ Pablo se había propuesto pasar de largo a Éfeso,

---

ᵃ **20.7** Recordado por ser el día de la resurrección de Jesús (Mt 28.1; Mc 16.1-2,9; Lc 24.1; Jn 20.1,19).　ᵇ **20.7** Esto es, para celebrar la Cena del Señor.

para no detenerse en Asia, pues se apresuraba por estar el día de Pentecostés, si le fuera posible, en Jerusalén.

Discurso de despedida de Pablo en Mileto

17 Enviando, pues, desde Mileto a Éfeso, hizo llamar a los ancianos de la iglesia.c 18 Cuando vinieron a él, les dijo:

—Vosotros sabéis cómo me he comportado entre vosotros todo el tiempo, desde el primer día que llegué a Asia, 19 sirviendo al Señor con toda humildad, con muchas lágrimas y pruebas que me han venido por las asechanzas de los judíos; 20 y cómo nada que fuera útil he rehuido de anunciaros y enseñaros, públicamente y por las casas, 21 testificando a judíos y a gentiles acerca del arrepentimiento para con Dios y de la fe en nuestro Señor Jesucristo. 22 Ahora, ligado yo en espíritu, voy a Jerusalén sin saber lo que allá me ha de acontecer; 23 salvo que el Espíritu Santo por todas las ciudades me da testimonio de que me esperan prisiones y tribulaciones. 24 Pero de ninguna cosa hago caso ni estimo preciosa mi vida para mí mismo, con tal que acabe mi carrerad con gozo, y el ministerio que recibí del Señor Jesús, para dar testimonio del evangelio de la gracia de Dios.

25 »Y ahora, yo sé que ninguno de todos vosotros, entre quienes he pasado predicando el reino de Dios, verá más mi rostro. 26 Por tanto, yo os declaro en el día de hoy, que estoy limpio de la sangre de todos, 27 porque no he rehuido anunciaros todo el consejo de Dios. 28 Por tanto, mirad por vosotros y por todo el rebaño en que el Espíritu Santo os ha puesto por obispos para apacentar la iglesia del Señor, la cual él ganó por su propia sangre, 29 porque yo sé que después de mi partida entrarán en medio de vosotros lobos rapaces que no perdonarán al rebaño. 30 Y de entre vosotros mismos se levantarán hombres que hablarán cosas perversas para arrastrar tras sí discípulos. 31 Por tanto, velad, acordándoos de que por tres años, de noche y de día, no he cesado de amonestar con lágrimas a cada uno.

32 »Y ahora, hermanos, os encomiendo a Dios y a la palabra de su gracia, que tiene poder para sobreedificaros y daros herencia con todos los santificados. 33 Ni plata ni oro ni vestido de nadie he codiciado. 34 Antes bien vosotros sabéis que para lo que me ha sido necesario a mí y a los que están conmigo, estas manos me han servido. 35 En todo os he enseñado que, trabajando así, se debe ayudar a los necesitados,e y recordar las palabras del Señor Jesús, que dijo: "Más bienaventurado es dar que recibir"».

36 Cuando terminó de decir estas cosas, se puso de rodillas y oró con todos ellos. 37 Entonces hubo gran llanto de todos, y echándose al cuello de Pablo, lo besaban, 38 y se dolían en gran manera por la palabra que dijo de que no verían más su rostro. Y lo acompañaron al barco.

Viaje de Pablo a Jerusalén

21 1 Después de separarnos de ellos, zarpamos y fuimos con rumbo directo a Cos; al día siguiente, a Rodas, y de allí a Pátara. 2 Y hallando un barco que pasaba a Fenicia, nos embarcamos y zarpamos. 3 Al avistar Chipre, dejándola a mano izquierda, navegamos a Siria y llegamos a Tiro, porque el barco había de descargar allí. 4 Hallamos a los discípulos y nos quedamos allí siete días; y ellos, por el Espíritu, decían a Pablo que no subiera a Jerusalén. 5 Cumplidos aquellos días, salimos. Todos, con sus mujeres e hijos, nos acompañaron hasta las afueras de la ciudad, y puestos de rodillas en la playa, oramos. 6 Y abrazándonos los unos a los otros, subimos al barco y ellos se volvieron a sus casas.a

7 Nosotros completamos la navegación saliendo de Tiro y llegando a Tolemaida; saludamos a los hermanos, y nos quedamos con ellos un día. 8 Al otro día, saliendo Pablo y los que con él estábamos, fuimos a Cesarea; entramos en casa de Felipe,b el evangelista, que era uno de los siete, y nos hospedamos con él. 9 Este tenía cuatro hijas doncellas que profetizaban. 10 Mientras nosotros permanecíamos allí algunos días, descendió de Judea un

---

c 20.17 Hch 18.21.   d 20.24 2 Ti 4.6-7.   e 20.35 Ef 4.28.   a 21.6-16 Hch 9.1-19; 26.12-18.
b 21.8 Hch 6.5; 8.5.

profeta llamado Agabo,[c] [11]quien, viniendo a vernos, tomó el cinto de Pablo, se ató los pies y las manos y dijo:

—Esto dice el Espíritu Santo: "Así atarán los judíos en Jerusalén al hombre de quien es este cinto, y lo entregarán en manos de los gentiles".

[12]Al oir esto, le rogamos nosotros y los de aquel lugar que no subiera a Jerusalén. [13]Pero Pablo respondió:

—¿Qué hacéis llorando y quebrantándome el corazón?, pues yo estoy dispuesto no solo a ser atado, sino también a morir en Jerusalén por el nombre del Señor Jesús.

[14]Como no lo pudimos persuadir, desistimos, diciendo:

—Hágase la voluntad del Señor.

[15]Después de esos días, hechos ya los preparativos, subimos a Jerusalén. [16]Y vinieron también con nosotros algunos de los discípulos de Cesarea, trayendo consigo a uno llamado Mnasón, de Chipre, discípulo antiguo, con quien nos hospedaríamos.

Arresto de Pablo en el Templo

[17]Cuando llegamos a Jerusalén, los hermanos nos recibieron con gozo. [18]Al día siguiente, Pablo entró con nosotros a ver a Jacobo, y se hallaban reunidos todos los ancianos; [19]a los cuales, después de haberlos saludado, les contó una por una las cosas que Dios había hecho entre los gentiles por su ministerio. [20]Cuando ellos lo oyeron, glorificaron a Dios, y le dijeron:

—Ya ves, hermano, cuántos millares de judíos hay que han creído; y todos son celosos por la Ley. [21]Pero se les ha informado en cuanto a ti, que enseñas a todos los judíos que están entre los gentiles a apostatar de Moisés, diciéndoles que no circunciden a sus hijos ni observen las costumbres. [22]¿Qué hay, pues? La multitud se reunirá de cierto, porque oirán que has venido. [23]Haz, pues, esto que te decimos: Hay entre nosotros cuatro hombres que tienen obligación de cumplir voto. [24]Tómalos contigo, purifícate con ellos y paga sus gastos para que se rasuren la cabeza;[d] y todos comprenderán que no hay nada de lo que se les informó acerca de ti, sino que tú también andas ordenadamente, guardando la Ley. [25]Pero en cuanto a los gentiles que han creído, nosotros les hemos escrito determinando que no guarden nada de esto; solamente que se abstengan de lo sacrificado a los ídolos, de sangre, de ahogado y de fornicación.[e]

[26]Entonces Pablo tomó consigo a aquellos hombres, y al día siguiente, habiéndose purificado con ellos, entró en el Templo para anunciar el cumplimiento de los días de la purificación, cuando había de presentarse la ofrenda por cada uno de ellos.

[27]Pero cuando estaban para cumplirse los siete días, unos judíos de Asia, al verlo en el Templo, alborotaron a toda la multitud y le echaron mano, [28]gritando:

—¡Israelitas, ayudad! Este es el hombre que por todas partes enseña a todos contra el pueblo, la Ley y este lugar; y además de esto, ha metido a griegos en el Templo y ha profanado este santo lugar.

[29]Decían esto porque antes habían visto con él en la ciudad a Trófimo,[f] de Éfeso, a quien pensaban que Pablo había metido en el Templo.

[30]Toda la ciudad se alborotó, y se agolpó el pueblo. Apoderándose de Pablo, lo arrastraron fuera del Templo, e inmediatamente cerraron las puertas. [31]Intentaban ellos matarlo, cuando se le avisó al comandante de la compañía que toda la ciudad de Jerusalén estaba alborotada. [32]Este, inmediatamente tomó soldados y centuriones y corrió a ellos. Cuando ellos vieron al comandante y a los soldados, dejaron de golpear a Pablo. [33]Entonces, llegando el comandante, lo prendió y lo mandó atar con dos cadenas, y preguntó quién era y qué había hecho. [34]Pero, entre la multitud, unos gritaban una cosa y otros otra; y como no podía entender nada de cierto a causa del alboroto, lo mandó llevar a la fortaleza. [35]Al llegar a las gradas, aconteció que era llevado en peso por los soldados a causa de la violencia de la multitud, [36]porque la muchedumbre del pueblo venía detrás, gritando:

—¡Muera!

[c]**21.9-10** Hch 11.28.   [d]**21.23-24** Nm 6.13-20.   [e]**21.25** Hch 15.28-29.   [f]**21.29** Hch 20.4.

Defensa de Pablo ante el pueblo

[37] Cuando estaban a punto de meterlo en la fortaleza, Pablo dijo al comandante:

—¿Se me permite decirte algo?

Y él dijo:

—¿Sabes griego? [38] ¿No eres tú aquel egipcio que levantó una sedición antes de estos días y sacó al desierto los cuatro mil sicarios?

[39] Entonces dijo Pablo:

—Yo de cierto soy hombre judío de Tarso, ciudadano de una ciudad no insignificante de Cilicia; pero te ruego que me permitas hablar al pueblo.

[40] Cuando él se lo permitió, Pablo, de pie en las gradas, hizo señal con la mano al pueblo. Se hizo un gran silencio, y comenzó a hablar en lengua hebrea, diciendo:

22 [1] «Hermanos y padres, oíd ahora mi defensa ante vosotros».

[2] Al oir que les hablaba en lengua hebrea, guardaron más silencio. Él les dijo: [3] «Yo de cierto soy judío, nacido en Tarso de Cilicia, pero criado en esta ciudad, instruido a los pies de Gamaliel,[a] estrictamente conforme a la Ley de nuestros padres, celoso de Dios como hoy lo sois todos vosotros. [4] Perseguía yo este Camino hasta la muerte, prendiendo y entregando en cárceles a hombres y mujeres; [5] como el Sumo sacerdote también me es testigo, y todos los ancianos, de quienes también recibí cartas para los hermanos, fui a Damasco para traer presos a Jerusalén también a los que estuvieran allí, para que fueran castigados.[b]

Pablo relata su conversión[c]
(Hch 9.1-19; 26.12-18)

[6] »Pero aconteció que yendo yo, al llegar cerca de Damasco, como a mediodía, de repente me rodeó mucha luz del cielo. [7] Caí al suelo y oí una voz que me decía: "Saulo, Saulo, ¿por qué me persigues?" [8] Yo entonces respondí: "¿Quién eres, Señor?" Me dijo: "Yo soy Jesús de Nazaret, a quien tú persigues".[d] [9] Los que estaban conmigo vieron a la verdad la luz, y se espantaron, pero no entendieron la voz del que hablaba conmigo. [10] Yo dije: "¿Qué haré, Señor?" Y el Señor me dijo: "Levántate y vete a Damasco, y allí se te dirá todo lo que está ordenado que hagas". [11] Como yo no veía a causa de aquella luz resplandeciente, llegué a Damasco llevado de la mano por los que estaban conmigo.

[12] »Entonces uno llamado Ananías, hombre piadoso según la Ley, que tenía buen testimonio de todos los judíos que allí habitaban, [13] vino a mí y, acercándose, me dijo: "Hermano Saulo, recibe la vista". Y yo en aquella misma hora recobré la vista y lo miré. [14] Él dijo: "El Dios de nuestros padres te ha escogido para que conozcas su voluntad, veas al Justo y oigas la voz de su boca, [15] porque serás testigo suyo ante todos los hombres, de lo que has visto y oído. [16] Ahora, pues, ¿por qué te detienes? Levántate, bautízate y lava tus pecados invocando su nombre".

Pablo es enviado a los gentiles

[17] »Volví a Jerusalén, y mientras estaba orando en el Templo me sobrevino un éxtasis. [18] Vi al Señor, que me decía: "Date prisa y sal prontamente de Jerusalén, porque no recibirán tu testimonio acerca de mí". [19] Yo dije: "Señor, ellos saben que yo encarcelaba y azotaba en todas las sinagogas a los que creían en ti; [20] y cuando se derramaba la sangre de Esteban, tu testigo, yo mismo también estaba presente y consentía en su muerte, y guardaba las ropas de los que lo mataban".[e] [21] Pero me dijo: "Ve, porque yo te enviaré lejos, a los gentiles"».

Pablo en manos del comandante

[22] Lo oyeron hasta esta palabra; entonces alzaron la voz, diciendo:

—¡Quita de la tierra a tal hombre, porque no conviene que viva!

[23] Y como ellos gritaban, arrojaban sus ropas y lanzaban polvo al aire, [24] mandó el comandante que lo metieran en la fortaleza y ordenó que fuera azotado para que hablara, a fin de saber por qué causa gritaban así contra él. [25] Pero cuando lo ataban con correas, Pablo dijo al centurión que estaba presente:

---

[a] **22.3** Hch 5.34-39.   [b] **22.4-5** Hch 8.3; 9.1-2; 26.9-11.   [c] **22.6-16** Hch 9.1-19; 26.12-18.
[d] **22.8** Hch 9.5.   [e] **22.20** Hch 7.58; 8.1.

—¿Os está permitido azotar a un ciudadano romano sin haber sido condenado?

²⁶Cuando el centurión oyó esto, fue y dio aviso al comandante, diciendo:

—¿Qué vas a hacer? Porque este hombre es ciudadano romano.

²⁷Se acercó el comandante y le dijo:

—Dime, ¿eres tú ciudadano romano?

Él dijo:

—Sí.

²⁸Respondió el comandante:

—Yo con una gran suma adquirí esta ciudadanía.

Entonces Pablo dijo:

—Pero yo lo soy de nacimiento.

²⁹Así que, al punto se apartaron de él los que le iban a dar tormento; y aun el comandante, al saber que era ciudadano romano, también tuvo temor por haberlo atado.

Pablo ante el Concilio

³⁰Al día siguiente, queriendo saber con certeza la causa por la cual lo acusaban los judíos, lo soltó de las cadenas, y mandó venir a los principales sacerdotes y a todo el Concilio, y sacando a Pablo, lo presentó ante ellos.

23 ¹Entonces Pablo, mirando fijamente al Concilio, dijo:

—Hermanos, yo con toda buena conciencia he vivido delante de Dios hasta el día de hoy.

²El sumo sacerdote Ananías ordenó entonces a los que estaban junto a él que lo golpearan en la boca.

³Entonces Pablo le dijo:

—¡Dios te golpeará a ti, pared blanqueada!ᵃ ¿Estás tú sentado para juzgarme conforme a la Ley, y quebrantando la Ley me mandas golpear?

⁴Los que estaban presentes dijeron:

—¿Al Sumo sacerdote de Dios insultas?

⁵Pablo dijo:

—No sabía, hermanos, que fuera el Sumo sacerdote, pues escrito está: "No maldecirás a un príncipe de tu pueblo".ᵇ

⁶Entonces Pablo, notando que una parte era de saduceos y otra de fariseos, alzó la voz en el Concilio:

—Hermanos, yo soy fariseo,ᶜ hijo de fariseo; acerca de la esperanza y de la resurrección de los muertos se me juzga.

⁷Cuando dijo esto, se produjo discusión entre los fariseos y los saduceos, y la asamblea se dividió, ⁸porque los saduceos dicen que no hay resurrecciónᵈ ni ángel ni espíritu; pero los fariseos afirman que sí existen. ⁹Entonces hubo un gran vocerío y, levantándose los escribas de la parte de los fariseos, discutían diciendo:

—Ningún mal hallamos en este hombre; que si un espíritu le ha hablado, o un ángel, no resistamos a Dios.

¹⁰Como la discusión era cada vez más fuerte, el comandante, temiendo que Pablo fuera despedazado por ellos, mandó que bajaran soldados, lo arrebataran de en medio de ellos y lo llevaran a la fortaleza.

¹¹A la noche siguiente se le presentó el Señor y le dijo: «Ten ánimo, Pablo, pues como has testificado de mí en Jerusalén, así es necesario que testifiques también en Roma».

Complot contra Pablo

¹²Cuando fue de día, algunos de los judíos tramaron un complot y se juramentaron bajo maldición, diciendo que no comerían ni beberían hasta que hubieran dado muerte a Pablo. ¹³Eran más de cuarenta los que habían hecho esta conjuración, ¹⁴los cuales fueron a los principales sacerdotes y a los ancianos y dijeron:

—Nosotros nos hemos juramentado bajo maldición a no gustar nada hasta que hayamos dado muerte a Pablo. ¹⁵Ahora pues, vosotros, con el Concilio, requerid al comandante que lo traiga mañana ante vosotros, con el pretexto de que queréis indagar alguna cosa más cierta acerca de él; y nosotros estaremos listos para matarlo antes que llegue.

¹⁶Pero el hijo de la hermana de Pablo, oyendo hablar de la celada, fue y entró en la fortaleza y dio aviso a Pablo. ¹⁷Pablo, llamando a uno de los centuriones, dijo:

—Lleva a este joven ante el comandante, porque tiene cierto aviso que darle.

¹⁸Él entonces, tomándolo, lo llevó al comandante y dijo:

ᵃ**23.3** Mt 23.27-28; Lc 11.44.   ᵇ**23.5** Ex 22.28.   ᶜ**23.6** Hch 26.5; Flp 3.5.   ᵈ**23.8** Mt 22.23; Mc 12.18; Lc 20.27.

—El preso Pablo me llamó y me rogó que trajera ante ti a este joven, que tiene algo que hablarte.

¹⁹ El comandante, tomándolo de la mano y retirándose aparte, le preguntó:

—¿Qué es lo que tienes que decirme?

²⁰ Él le dijo:

—Los judíos han convenido en rogarte que mañana lleves a Pablo ante el Concilio, con el pretexto de que van a inquirir alguna cosa más cierta acerca de él. ²¹ Pero tú no los creas, porque más de cuarenta hombres de ellos lo acechan, los cuales se han juramentado bajo maldición a no comer ni beber hasta que le hayan dado muerte; y ahora están listos esperando tu promesa.

²² Entonces el comandante despidió al joven, mandándole que a nadie dijera que le había dado aviso de esto.

Pablo es enviado a Félix el gobernador

²³ Llamando a dos centuriones, mandó que prepararan para la hora tercera de la noche[e] doscientos soldados, setenta jinetes y doscientos lanceros, para que fueran hasta Cesarea; ²⁴ y que prepararan cabalgaduras en que, poniendo a Pablo, lo llevaran a salvo a Félix,[f] el gobernador. ²⁵ Y escribió una carta en estos términos:

²⁶ «Claudio Lisias al excelentísimo gobernador Félix: Salud. ²⁷ A este hombre, aprehendido por los judíos, y que iban ellos a matar, lo libré yo acudiendo con la tropa, habiendo sabido que era ciudadano romano. ²⁸ Y queriendo saber la causa por la que lo acusaban, lo llevé al Concilio de ellos; ²⁹ y hallé que lo acusaban por cuestiones de la ley de ellos, pero que ningún delito tenía digno de muerte o de prisión. ³⁰ Pero al ser avisado de asechanzas que los judíos habían tendido contra este hombre, al punto lo he enviado a ti, intimando también a los acusadores que traten delante de ti lo que tengan contra él. Pásalo bien».

³¹ Los soldados, tomando a Pablo como se les ordenó, lo llevaron de noche a Antípatris. ³² Al día siguiente, dejando a los jinetes que fueran con él, volvieron a la fortaleza. ³³ Cuando aquellos llegaron a Cesarea y dieron la carta al gobernador, presentaron también a Pablo delante de él. ³⁴ El gobernador leyó la carta, y preguntó de qué provincia era; y al saber que era de Cilicia, ³⁵ le dijo:

—Te oiré cuando vengan tus acusadores.

Y mandó que lo vigilaran en el pretorio de Herodes.

Defensa de Pablo ante Félix

24 ¹ Cinco días después, descendió el sumo sacerdote Ananías con algunos de los ancianos y un cierto orador llamado Tértulo, y comparecieron ante el gobernador contra Pablo. ² Cuando este fue llamado, Tértulo comenzó a acusarlo, diciendo:

—Como debido a ti gozamos de gran paz, y muchas cosas son bien gobernadas en el pueblo por tu prudencia, ³ excelentísimo Félix, lo recibimos en todo tiempo y en todo lugar con toda gratitud. ⁴ Pero por no molestarte más largamente, te ruego que nos oigas brevemente conforme a tu equidad. ⁵ Hemos hallado que este hombre es una plaga, promotor de sediciones entre todos los judíos por todo el mundo, y cabecilla de la secta de los nazarenos. ⁶ Intentó también profanar el Templo, así que lo prendimos y quisimos juzgarlo conforme a nuestra Ley. ⁷ Pero interviniendo el comandante Lisias, con gran violencia lo quitó de nuestras manos, ⁸ mandando a sus acusadores que vinieran a ti. Tú mismo, pues, al juzgarlo, podrás informarte de todas estas cosas de que lo acusamos.

⁹ Los judíos también confirmaban, diciendo ser así todo. ¹⁰ Habiéndole hecho señal el gobernador a Pablo para que hablara, este respondió:

—Porque sé que desde hace muchos años eres juez de esta nación, con buen ánimo haré mi defensa. ¹¹ Como tú puedes cerciorarte, no hace más de doce días que subí a adorar a Jerusalén; ¹² y no me hallaron discutiendo con nadie, ni amotinando a la multitud, ni en el Templo ni en las sinagogas ni en la ciudad; ¹³ ni te

---

e **23.23** Es decir, *las nueve de la noche.*   *f* **23.24** Procurador de Judea entre los años 52 y 60 d.C.

pueden probar las cosas de que ahora me acusan. **14** Pero esto te confieso: que, según el Camino que ellos llaman herejía, así sirvo al Dios de mis padres; creo todas las cosas que en la Ley y en los Profetas están escritas; **15** con la esperanza en Dios, la cual ellos también abrigan, de que ha de haber resurrección de los muertos, así de justos como de injustos.[a] **16** Por esto procuro tener siempre una conciencia sin ofensa ante Dios y ante los hombres.[b]

17 »Pero pasados algunos años, vine a hacer limosnas a mi nación y presentar ofrendas. **18** Estaba en ello, cuando unos judíos de Asia me hallaron purificado en el Templo, no con multitud ni con alboroto.[c] **19** Ellos debieran comparecer ante ti y acusarme, si contra mí tienen algo. **20** O digan estos mismos si hallaron en mí alguna cosa mal hecha cuando comparecí ante el Concilio, **21** a no ser que estando entre ellos prorrumpí en alta voz: "Acerca de la resurrección de los muertos soy juzgado hoy por vosotros".[d]

22 Al oír esto, Félix, como estaba bien informado de este Camino, los relegó, diciendo:

—Cuando descienda el comandante Lisias, acabaré de conocer de vuestro asunto.

23 Y mandó al centurión que se custodiara a Pablo, pero que se le concediera alguna libertad, y que no impidiera a ninguno de los suyos servirlo o venir a él.

24 Algunos días después, viniendo Félix con Drusila,[e] su mujer, que era judía, llamó a Pablo y lo oyó acerca de la fe en Jesucristo. **25** Pero al disertar Pablo acerca de la justicia, del dominio propio y del juicio venidero, Félix se espantó y dijo:

—Ahora vete, y cuando tenga oportunidad, te llamaré.

26 Esperaba también con esto que Pablo le diera dinero para que lo soltara, por lo cual muchas veces lo hacía venir y hablaba con él. **27** Pero al cabo de dos años recibió Félix por sucesor a Porcio Festo; y queriendo Félix congraciarse con los judíos, dejó preso a Pablo.

Pablo apela a César

25 **1** Llegó, pues, Festo[a] a la provincia, y a los tres días subió de Cesarea a Jerusalén. **2** Entonces los principales sacerdotes y los más influyentes de los judíos se presentaron ante él contra Pablo, y le rogaron, **3** pidiendo contra él, como gracia, que lo hiciera traer a Jerusalén. Y preparaban ellos una celada para matarlo en el camino. **4** Pero Festo respondió que Pablo estaba custodiado en Cesarea, adonde él mismo partiría en breve. **5** "Los que de vosotros puedan" —dijo—, "desciendan conmigo, y si hay algún crimen en este hombre, acúsenlo".

6 Estuvo entre ellos no más de ocho o diez días, y luego fue a Cesarea; al siguiente día se sentó en el tribunal y mandó que fuera traído Pablo. **7** Cuando este llegó, lo rodearon los judíos que habían venido de Jerusalén, presentando contra él muchas y graves acusaciones, las cuales no podían probar. **8** Pablo se defendía diciendo:

—Ni contra la Ley de los judíos, ni contra el Templo, ni contra César he pecado en nada.

9 Pero Festo, queriendo congraciarse con los judíos, le preguntó a Pablo:

—¿Quieres subir a Jerusalén y ser juzgado allá de estas cosas delante de mí?

10 Pablo dijo:

—Ante el tribunal de César estoy, donde debo ser juzgado. A los judíos no les he hecho ningún agravio, como tú sabes muy bien. **11** Porque si algún agravio, o cosa alguna digna de muerte he hecho, no rehúso morir; pero si nada hay de las cosas de que estos me acusan, nadie puede entregarme a ellos. A César apelo.

12 Entonces Festo, habiendo hablado con el consejo, respondió:

—A César has apelado; a César irás.

Pablo ante Agripa y Berenice

13 Pasados algunos días, el rey Agripa y Berenice vinieron a Cesarea para saludar a Festo. **14** Como se quedaron allí muchos

---

[a] **24.15** Dn 12.2; Jn 5.28-29; Hch 23.6; 26.6-8.   [b] **24.16** Hch 23.1.   [c] **24.17-18** Hch 21.17-28.
[d] **24.21** Hch 23.6.   [e] **24.24** Hija menor de Herodes Agripa I y hermana de Herodes Agripa II y Berenice.   [a] **25.1** Sucedió a Félix y fue procurador de Judea, probablemente del año 60 hasta su muerte en el 62 d.C.

días, Festo expuso al rey la causa de Pablo, diciendo:

—Un hombre ha sido dejado preso por Félix, [15] respecto al cual, cuando fui a Jerusalén, se me presentaron los principales sacerdotes y los ancianos de los judíos, pidiendo condenación contra él. [16] A estos respondí que no es costumbre de los romanos entregar a alguien a la muerte antes que el acusado tenga delante a sus acusadores y pueda defenderse de la acusación. [17] Así que, habiendo venido ellos juntos acá, sin ninguna dilación, al día siguiente, sentado en el tribunal, mandé traer al hombre. [18] Y estando presentes los acusadores, ningún cargo presentaron de los que yo sospechaba, [19] sino que tenían contra él ciertas cuestiones acerca de su religión y de un cierto Jesús, ya muerto, que Pablo afirma que está vivo. [20] Yo, dudando en cuestión semejante, le pregunté si quería ir a Jerusalén y allá ser juzgado de estas cosas. [21] Pero como Pablo apeló para que se le reservara para el conocimiento de Augusto, mandé que lo custodiaran hasta que lo enviara yo a César.[b]

[22] Entonces Agripa dijo a Festo:

—Yo también quisiera oir a ese hombre.

Y él le dijo:

—Mañana lo oirás.

[23] Al otro día, viniendo Agripa y Berenice con mucha pompa, y entrando en la audiencia con los comandantes y principales hombres de la ciudad, por mandato de Festo fue traído Pablo. [24] Entonces Festo dijo:

—Rey Agripa y todos los varones que estáis aquí juntos con nosotros, aquí tenéis a este hombre, respecto del cual toda la multitud de los judíos me ha demandado en Jerusalén y aquí, gritando que no debe vivir más. [25] Pero yo he hallado que ninguna cosa digna de muerte ha hecho, y como él mismo apeló a Augusto, he determinado enviarlo a él. [26] Como no tengo cosa cierta que escribir a mi señor, lo he traído a vosotros, y mayormente ante ti, rey Agripa, para que después de examinarlo tenga yo qué escribir, [27] pues me parece fuera de razón enviar un preso sin informar de los cargos que haya en su contra.

Defensa de Pablo ante Agripa

26 [1] Entonces Agripa dijo a Pablo:

—Se te permite hablar por ti mismo.

Pablo entonces, extendiendo la mano, comenzó así su defensa:

[2] —Me tengo por dichoso, rey Agripa, de que pueda defenderme hoy delante de ti de todas las cosas de que soy acusado por los judíos. [3] Mayormente porque tú conoces todas las costumbres y cuestiones que hay entre los judíos; por lo cual te ruego que me oigas con paciencia.

Vida anterior de Pablo

[4] »Mi vida, pues, desde mi juventud, la cual desde el principio pasé en mi nación, en Jerusalén, la conocen todos los judíos; [5] los cuales también saben que yo desde el principio, si quieren testificarlo, conforme a la más rigurosa secta de nuestra religión viví como fariseo.[a] [6] Ahora, por la esperanza de la promesa que hizo Dios a nuestros padres, soy llamado a juicio; [7] promesa cuyo cumplimiento esperan que han de alcanzar nuestras doce tribus, sirviendo constantemente a Dios de día y de noche. Por esta esperanza, rey Agripa, soy acusado por los judíos. [8] ¡Qué! ¿Se juzga entre vosotros cosa increíble que Dios resucite a los muertos?

Pablo el perseguidor

[9] »Yo ciertamente había creído mi deber hacer muchas cosas contra el nombre de Jesús de Nazaret; [10] lo cual también hice en Jerusalén. Yo encerré en cárceles a muchos de los santos, habiendo recibido poderes de los principales sacerdotes; y cuando los mataron, yo di mi voto. [11] Y muchas veces, castigándolos en todas las sinagogas, los forcé a blasfemar; y, enfurecido sobremanera contra ellos, los perseguí hasta en las ciudades extranjeras.[b]

Pablo relata su conversión[c]
(Hch 9.1-19; 22.6-16)

[12] »Ocupado en esto, iba yo a Damasco con poderes especiales y en comisión de

---

[b] **25.21** Nerón, emperador entre los años 54 y 68 d.C.   [a] **26.5** Hch 23.6; Flp 3.5-6.
[b] **26.9-11** Hch 8.1,3; 22.4-5,20; Gl 1.13.   [c] **26.12-18** Hch 9.1-19; 22.6-16.

los principales sacerdotes, [13] cuando a mediodía, rey, yendo por el camino, vi una luz del cielo que sobrepasaba el resplandor del sol, la cual me rodeó a mí y a los que iban conmigo. [14] Y habiendo caído todos nosotros en tierra, oí una voz que me hablaba y decía en lengua hebrea: "Saulo, Saulo, ¿por qué me persigues? Dura cosa te es dar coces contra el aguijón". [15] Yo entonces dije: "¿Quién eres, Señor?"[d] Y el Señor dijo: "Yo soy Jesús, a quien tú persigues. [16] Pero levántate y ponte sobre tus pies, porque para esto he aparecido a ti, para ponerte por ministro y testigo de las cosas que has visto y de aquellas en que me apareceré a ti, [17] librándote de tu pueblo y de los gentiles, a quienes ahora te envío [18] para que abras sus ojos, para que se conviertan de las tinieblas a la luz y de la potestad de Satanás a Dios; para que reciban, por la fe que es en mí, perdón de pecados y herencia entre los santificados".[e][f]

Pablo obedece a la visión

[19] »Por lo cual, rey Agripa, no fui rebelde a la visión celestial, [20] sino que anuncié primeramente a los que están en Damasco[g] y Jerusalén,[h] y por toda la tierra de Judea, y a los gentiles, que se arrepintieran y se convirtieran a Dios, haciendo obras dignas de arrepentimiento.[i] [21] Por causa de esto los judíos, prendiéndome en el Templo, intentaron matarme.[j] [22] Pero habiendo obtenido auxilio de Dios, persevero hasta el día de hoy dando testimonio a pequeños y a grandes, no diciendo nada fuera de las cosas que los profetas y Moisés dijeron que habían de suceder: [23] Que el Cristo había de padecer, y ser el primero de la resurrección de los muertos, para anunciar luz al pueblo y a los gentiles.[k]

Pablo insta a Agripa a que crea

[24] Diciendo él estas cosas en su defensa, Festo a gran voz dijo:

—¡Estás loco, Pablo! ¡Las muchas letras te vuelven loco!

[25] Pero él dijo:

—No estoy loco, excelentísimo Festo, sino que hablo palabras de verdad y de cordura. [26] El rey, delante de quien también hablo con toda confianza, sabe estas cosas, pues no pienso que ignora nada de esto, porque no se ha hecho esto en algún rincón. [27] ¿Crees, rey Agripa, a los profetas? Yo sé que crees.

[28] Entonces Agripa dijo a Pablo:

—Por poco me persuades a hacerme cristiano.

[29] Y Pablo dijo:

—¡Quisiera Dios que por poco o por mucho, no solamente tú, sino también todos los que hoy me oyen, fuerais hechos tales cual yo soy, excepto estas cadenas!

[30] Cuando dijo estas cosas, se levantaron el rey, el gobernador, Berenice y los que se habían sentado con ellos; [31] y cuando se retiraron aparte, hablaban entre sí, diciendo:

—Ninguna cosa digna de muerte ni de prisión ha hecho este hombre.[l]

[32] Y Agripa dijo a Festo:

—Este hombre podría ser puesto en libertad, si no hubiera apelado a César.

Pablo es enviado a Roma

27 [1] Cuando se decidió que habíamos de navegar para Italia, entregaron a Pablo y a algunos otros presos a un centurión llamado Julio, de la compañía Augusta. [2] Nos embarcamos en una nave adramitena que iba a tocar los puertos de Asia, y zarpamos. Estaba con nosotros Aristarco,[a] macedonio de Tesalónica. [3] Al otro día llegamos a Sidón; y Julio, tratando humanamente a Pablo, le permitió que fuera a los amigos para ser atendido por ellos. [4] Y haciéndonos a la vela desde allí, navegamos a sotavento de Chipre, porque los vientos eran contrarios. [5] Habiendo atravesado el mar frente a Cilicia y Panfilia, llegamos a Mira, ciudad de Licia.

[6] Allí el centurión halló una nave alejandrina que zarpaba para Italia, y nos embarcó en ella. [7] Navegamos despacio muchos días, y habiendo llegado a duras penas frente a Gnido porque nos lo impedía

---

[d] **26.15** Hch 9.5.   [e] **26.18** Is 42.6-7,16; Col 1.12-14.   [f] **26.18** Dt 33.3-4; Hch 20.32.
[g] **26.20** Hch 9.19-22,28-29.   [h] **26.20** Hch 3.19; 9.35; 14.15; 15.19; 20.21.   [i] **26.20** Mt 3.8; Ef 2.10;
Tit 2.14; 3.8.   [j] **26.21** Hch 21.30-31.   [k] **26.23** Is 42.6; 49.6.   [l] **26.31** Hch 23.29; cf. Lc 23.4; Jn 19.6.
[a] **27.2** Hch 19.29; 20.4; Col 4.10; Flm 24.

el viento, navegamos a sotavento de Creta, frente a Salmón. ⁸ Después de costearla con dificultad, llegamos a un lugar que llaman Buenos Puertos, cerca del cual estaba la ciudad de Lasea.

⁹ Como habíamos perdido mucho tiempo y era ya peligrosa la navegación por haber pasado ya el ayuno,ᵇ Pablo los amonestaba, ¹⁰ diciéndoles:

—Veo que la navegación va a ser con perjuicio y mucha pérdida, no solo del cargamento y de la nave, sino también de nuestras vidas.

¹¹ Pero el centurión daba más crédito al dueño y al capitán de la nave que a lo que Pablo decía. ¹² Y como el puerto era incómodo para invernar, la mayoría acordó zarpar de allí e intentar llegar a Fenice, puerto de Creta que mira al nordeste y sudeste, e invernar allí.

La tempestad en el mar

¹³ Y como comenzó a soplar una brisa del sur, les pareció que podían continuar el viaje. Entonces levaron anclas y fueron costeando Creta. ¹⁴ Pero no mucho después dio contra la nave un viento huracanado llamado Euroclidón. ¹⁵ La nave era arrastrada, y al no poder poner proa al viento, nos abandonamos a él y nos dejamos llevar. ¹⁶ Después de pasar a sotavento de una pequeña isla llamada Clauda, con dificultad pudimos recoger el esquife. ¹⁷ Una vez subido a bordo, usaron de refuerzos para asegurar las amarras de la nave; y por temor de dar en la Sirte, arriaron las velas y quedaron a la deriva. ¹⁸ Pero siendo combatidos por una furiosa tempestad, al siguiente día empezaron a deshacerse de la carga, ¹⁹ y al tercer día con nuestras propias manos arrojamos los aparejos de la nave. ²⁰ Al no aparecer ni sol ni estrellas por muchos días, y acosados por una tempestad no pequeña, ya habíamos perdido toda esperanza de salvarnos.

²¹ Entonces Pablo, como hacía ya mucho que no comíamos, puesto en pie en medio de ellos, dijo:

—Habría sido por cierto conveniente haberme oído, y no zarpar de Creta tan solo para recibir este perjuicio y pérdida. ²² Pero ahora os exhorto a tener buen ánimo, pues no habrá ninguna pérdida de vida entre vosotros, sino solamente de la nave, ²³ pues esta noche ha estado conmigo el ángel del Dios de quien soy y a quien sirvo, ²⁴ y me ha dicho: "Pablo, no temas; es necesario que comparezcas ante César; además, Dios te ha concedido todos los que navegan contigo". ²⁵ Por tanto, tened buen ánimo, porque yo confío en Dios que será así como se me ha dicho. ²⁶ Con todo, es necesario que demos en alguna isla.

²⁷ Al llegar la decimacuarta noche, y siendo llevados a través del mar Adriático, a la medianoche los marineros sospecharon que estaban cerca de tierra. ²⁸ Echaron la sonda y hallaron veinte brazas; y pasando un poco más adelante, volvieron a echar la sonda y hallaron quince brazas. ²⁹ Temiendo dar en escollos, echaron cuatro anclas por la popa, y ansiaban que se hiciera de día. ³⁰ Entonces los marineros procuraron huir de la nave, y echando el esquife al mar aparentaban como que querían largar las anclas de proa. ³¹ Pero Pablo dijo al centurión y a los soldados:

—Si estos no permanecen en la nave, vosotros no podéis salvaros.

³² Entonces los soldados cortaron las amarras del esquife y lo dejaron perderse.

³³ Cuando comenzó a amanecer, Pablo exhortaba a todos que comieran, diciendo:

—Este es el decimocuarto día que veláis y permanecéis en ayunas, sin comer nada. ³⁴ Por tanto, os ruego que comáis por vuestra salud, pues ni aun un cabello de la cabeza de ninguno de vosotros perecerá.

³⁵ Y dicho esto, tomó el pan y dio gracias a Dios en presencia de todos, lo partió y comenzó a comer. ³⁶ Entonces todos, teniendo ya mejor ánimo, comieron también. ³⁷ Y éramos todas las personas en la nave doscientas setenta y seis. ³⁸ Una vez satisfechos, aligeraron la nave echando el trigo al mar.

ᵇ **27.9** Es decir, *porque ya había pasado el invierno.*

El naufragio

³⁹ Cuando se hizo de día, no reconocieron el lugar, pero vieron una ensenada que tenía playa, en la cual acordaron varar la nave, si podían. ⁴⁰ Cortaron, pues, las anclas y las dejaron en el mar; aflojaron también las amarras del timón, izaron al viento la vela de proa y enfilaron hacia la playa. ⁴¹ Pero, dando en un lugar de dos aguas, hicieron encallar la nave. La proa, hincada, quedó inmóvil, y la popa se abría con la violencia del mar.

⁴² Entonces los soldados acordaron matar a los presos, para que ninguno se fugara nadando. ⁴³ Pero el centurión, queriendo salvar a Pablo, les impidió este intento, y mandó que los que supieran nadar se arrojaran al agua primero y salieran a tierra; ⁴⁴ y los demás, parte en tablas, parte en cosas de la nave. Y así aconteció que todos se salvaron saliendo a tierra.

Pablo en la isla de Malta

28 ¹ Estando ya a salvo, supimos que la isla se llamaba Malta. ² Los habitantes del lugar nos trataron con no poca humanidad, pues, encendiendo un fuego, nos recibieron a todos, a causa de la lluvia que caía, y del frío. ³ Entonces Pablo recogió algunas ramas secas y las echó al fuego; y una víbora, huyendo del calor, se le prendió en la mano. ⁴ Cuando la gente de allí vio la víbora colgando de su mano, decía:

—Ciertamente este hombre es homicida, a quien, escapado del mar, la justicia no deja vivir.

⁵ Pero él, sacudiendo la víbora en el fuego, ningún daño padeció.ᵃ ⁶ Ellos estaban esperando que él se hinchara o cayera muerto de repente; pero habiendo esperado mucho, y viendo que ningún mal le venía, cambiaron de parecer y dijeron que era un dios.ᵇ

⁷ En aquellos lugares había propiedades del hombre principal de la isla, llamado Publio, quien nos recibió y hospedó

solícitamente tres días. ⁸ Y aconteció que el padre de Publio estaba en cama, enfermo de fiebre y de disentería. Pablo entró a verlo y, después de haber orado, le impuso las manos y lo sanó. ⁹ Viendo esto, también los otros que en la isla tenían enfermedades venían, y eran sanados; ¹⁰ los cuales también nos honraron con muchas atenciones, y cuando zarpamos nos proveyeron de todo lo necesario.

Pablo llega a Roma

¹¹ Pasados tres meses nos hicimos a la vela en una nave alejandrina que había invernado en la isla, la cual tenía por enseña a Cástor y Pólux.ᶜ ¹² Llegados a Siracusa, estuvimos allí tres días. ¹³ De allí, costeando alrededor, llegamos a Regio; y al día siguiente, soplando el viento sur, llegamos al segundo día a Puteoli. ¹⁴ Allí encontramos a algunos hermanos, los cuales nos rogaron que nos quedáramos con ellos siete días. Luego fuimos a Roma, ¹⁵ de donde, oyendo de nosotros los hermanos, salieron a recibirnos hasta el Foro de Apio y las Tres Tabernas. Al verlos, Pablo dio gracias a Dios y cobró aliento. ¹⁶ Cuando llegamos a Roma, el centurión entregó los presos al prefecto militar; pero a Pablo se le permitió vivir aparte, con un soldado que lo vigilara.

Pablo predica en Roma

¹⁷ Aconteció que tres días después, Pablo convocó a los principales de los judíos, a los cuales, luego que estuvieron reunidos, les dijo:

—Yo, hermanos, no habiendo hecho nada contra el pueblo ni contra las costumbres de nuestros padres, he sido entregado preso desde Jerusalén en manos de los romanos; ¹⁸ los cuales, habiéndome examinado, me querían soltar por no haber en mí ninguna causa de muerte.ᵈ ¹⁹ Pero, oponiéndose los judíos, me vi obligado a apelar a César,ᵉ aunque no porque tenga de qué acusar a mi nación. ²⁰ Así que por esta causa os he llamado para veros y

---

ᵃ **28.5** Mc 16.18.   ᵇ **28.6** Hch 14.11-13.   ᶜ **28.11** Nombres latinos de los dioses mellizos (gr. *Dióscuros* o *hijos de Zeus*) identificados con las dos principales estrellas de la constelación Géminis y considerados protectores de los marineros.   ᵈ **28.18** Hch 23.29; 25.18; 26.31.
ᵉ **28.19** Hch 25.11.

hablaros, porque por la esperanza de Israel estoy sujeto con esta cadena.ᶠ

²¹ Entonces ellos le dijeron:

—Nosotros no hemos recibido de Judea cartas acerca de ti, ni ha venido ninguno de los hermanos que haya denunciado o hablado algún mal de ti. ²² Pero querríamos oir de ti lo que piensas, porque de esta secta nos es notorio que en todas partes se habla contra ella.

²³ Habiéndole señalado un día, vinieron a él muchos a la posada, a los cuales les declaraba y les testificaba el reino de Dios desde la mañana hasta la tarde, persuadiéndolos acerca de Jesús, tanto por la Ley de Moisés como por los Profetas. ²⁴ Algunos asentían a lo que se decía, pero otros no creían. ²⁵ Como no estaban de acuerdo entre sí, al retirarse les dijo Pablo esta palabra:

—Bien habló el Espíritu Santo por medio del profeta Isaías a nuestros padres, diciendo:

²⁶ »"Ve a este pueblo y diles:
De oído oiréis y no entenderéis;
y viendo veréis y no percibiréis,
²⁷ porque el corazón de este pueblo se
ha engrosado,
y con los oídos oyeron
pesadamente
y sus ojos han cerrado,
para que no vean con los ojos
y oigan con los oídos,
y entiendan de corazón
y se conviertan,
y yo los sane".ᵍ

²⁸ »Sabed, pues, que a los gentiles es enviada esta salvación de Dios, y ellos oirán.

²⁹ Cuando terminó de decir esto, los judíos se fueron, teniendo gran discusión entre sí.

³⁰ Pablo permaneció dos años enteros en una casa alquilada, y recibía a todos los que a él venían. ³¹ Predicaba el reino de Dios y enseñaba acerca del Señor Jesucristo, abiertamente y sin impedimento.

ᶠ28.20 Hch 23.6; 24.15; 26.6-8.　ᵍ28.26-27 Is 6.9-10 (gr.).

Epístola del Apóstol San Pablo a los
ROMANOS

INTRODUCCIÓN

Cuando Pablo redactó la Epístola a los Romanos (=Ro), la más extensa de todas las suyas, aún no se le había presentado la ocasión de visitar a los creyentes residentes en Roma (1.10-15). Pero ahora, al considerar a España como campo de su labor misionera, ve la oportunidad de realizar la anhelada visita (15.24,28). En esas circunstancias, el Apóstol pareció entender que su presencia allí contribuiría a superar algunas tensiones que se estaban presentando en la iglesia. Pasajes como 11.11-25 y 14.1—15.6 revelan que sobre la comunión fraternal se cernía un serio peligro de división, a causa de rivalidades entre creyentes de distinta procedencia: unos del judaísmo y otros del paganismo (cf. a este respecto Hch 6.1; Gl 1.7; 2.4).

Romanos fue escrita probablemente alrededor del año 55, durante una permanencia de Pablo en la ciudad de Corinto. Tanto por su contenido como por sus características literarias, se aproxima a la epístola enviada a las iglesias de Galacia. Las dos pertenecen a la misma época y revelan similares intereses doctrinales. Lo que no se sabe es cuál de ellas fue redactada primero. Como quiera que sea, ambos escritos deben considerarse desde una perspectiva común, puesto que en definitiva se trata de la transmisión de un mismo mensaje que incluye idénticos conceptos fundamentales: el dominio del pecado sobre todos los seres humanos (Ro 1.18—2.11; 3.9-19, cf. Gl 3.10-11; 5.16-21), la incapacidad de la ley de Moisés para salvar al pecador (Ro 2.12-29; 3.19-20; 7.1-25, cf. Gl 2.15-16; 3.11-13,21-26), la gracia de Dios revelada en Cristo (Ro 1.16-17; 3.21-26, cf. Gl 2.20-21; 4.4-7), la justificación por la fe (Ro 3.26,30; 4.1—5.11, cf. Gl 2.16; 3.11,22-26; 5.1-6) y los frutos del Espíritu (Ro 8.1-30, cf. Gl 5.22-26). Estos temas, teológicamente densos, los expone Pablo de un modo ameno, y hace fácil su lectura al introducir variados recursos estilísticos: diálogos, preguntas y respuestas, citas del AT, ejemplos y alegorías.

En cuanto a la estructura literaria, esta epístola se divide en dos partes principales: la primera es propiamente doctrinal (1.16—11.36); la segunda, de exhortación (12.1—15.13). Contiene además una introducción rica en conceptos teológicos (1.1-15) y una conclusión que completa el texto aportando gran número de notas de carácter personal (15.14—16.27).

Esquema del contenido

Prólogo (1.1-15)
1. *Parte doctrinal: Salvación por la fe (1.16—11.36)*
2. *Parte exhortatoria: Conducta cristiana (12.1—15.13)*
Epílogo (15.14—16.27)

Salutación

1 ¹ Pablo, siervo de Jesucristo, llamado a ser apóstol, apartado para el evangelio de Dios, ² que él había prometido antes por sus profetas en las santas Escrituras: ³ evangelio que se refiere a su Hijo, nuestro Señor Jesucristo, que era del linaje de David según la carne, ⁴ que fue declarado Hijo de Dios con poder, según el Espíritu de santidad, por su resurrección de entre los muertos.

⁵ Por medio de él recibimos la gracia y el apostolado para conducir a todas las naciones a la obediencia de la fe por amor de su nombre; ⁶ entre las cuales estáis también vosotros, llamados a ser de Jesucristo.

[7] A todos los que estáis en Roma, amados de Dios y llamados a ser santos: Gracia y paz a vosotros, de Dios nuestro Padre y del Señor Jesucristo.

Deseo de Pablo de visitar Roma

[8] Primeramente doy gracias a mi Dios, mediante Jesucristo, por todos vosotros, porque vuestra fe se divulga por todo el mundo. [9] Dios, a quien sirvo en mi espíritu anunciando el evangelio de su Hijo, me es testigo de que sin cesar hago mención de vosotros siempre en mis oraciones, [10] rogando que de alguna manera, si es la voluntad de Dios, tenga al fin un próspero viaje para ir a vosotros, [11] porque deseo veros, para comunicaros algún don espiritual, a fin de que seáis fortalecidos, [12] esto es, para ser mutuamente confortados por la fe que nos es común a vosotros y a mí.

[13] Pero no quiero, hermanos, que ignoréis que muchas veces me he propuesto ir a vosotros[a] para tener también entre vosotros algún fruto, como lo he tenido entre los demás gentiles, pero hasta ahora he sido estorbado. [14] A griegos y a no griegos, a sabios y a no sabios soy deudor. [15] Así que, en cuanto a mí, pronto estoy a anunciaros el evangelio también a vosotros que estáis en Roma.

El poder del evangelio

[16] No me avergüenzo del evangelio, porque es poder de Dios[b] para salvación de todo aquel que cree, del judío primeramente y también del griego, [17] pues en el evangelio, la justicia de Dios se revela por fe y para fe,[c] como está escrito: «Mas el justo por la fe vivirá».[d]

La culpabilidad de la humanidad

[18] La ira de Dios se revela desde el cielo contra toda impiedad e injusticia de los hombres que detienen con injusticia la verdad,[e] [19] porque lo que de Dios se conoce les es manifiesto, pues Dios se lo manifestó: [20] Lo invisible de él, su eterno poder y su deidad, se hace claramente visible desde la creación del mundo y se puede discernir por medio de las cosas hechas. Por lo tanto, no tienen excusa, [21] ya que, habiendo conocido a Dios, no lo glorificaron como a Dios, ni le dieron gracias. Al contrario, se envanecieron en sus razonamientos y su necio corazón fue entenebrecido.[f] [22] Pretendiendo ser sabios, se hicieron necios,[g] [23] y cambiaron la gloria del Dios incorruptible por imágenes de hombres corruptibles, de aves, de cuadrúpedos y de reptiles.[h]

[24] Por lo cual, también los entregó Dios a la inmundicia, en los apetitos de sus corazones,[i] de modo que deshonraron entre sí sus propios cuerpos, [25] ya que cambiaron la verdad de Dios por la mentira, honrando y dando culto a las criaturas antes que al Creador, el cual es bendito por los siglos. Amén.

[26] Por eso Dios los entregó a pasiones vergonzosas, pues aun sus mujeres cambiaron las relaciones naturales por las que van contra la naturaleza. [27] Del mismo modo también los hombres, dejando la relación natural con la mujer, se encendieron en su lascivia unos con otros, cometiendo hechos vergonzosos[j] hombres con hombres, y recibiendo en sí mismos la retribución debida a su extravío.

[28] Como ellos no quisieron tener en cuenta a Dios, Dios los entregó a una mente depravada, para hacer cosas que no deben. [29] Están atestados de toda injusticia, fornicación, perversidad, avaricia, maldad; llenos de envidia, homicidios, contiendas, engaños y perversidades. [30] Son murmuradores, calumniadores, enemigos de Dios, injuriosos, soberbios, vanidosos, inventores de males, desobedientes a los padres, [31] necios, desleales, sin afecto natural, implacables, sin misericordia. [32] Esos, aunque conocen el juicio de Dios, que los que practican tales cosas son dignos de muerte, no solo las hacen, sino que también se complacen con los que las practican.[k]

El justo juicio de Dios

2 [1] Por eso eres inexcusable, hombre, tú que juzgas, quienquiera que seas,

[a] 1.13 Hch 19.21; Ro 15.22.   [b] 1.16 1 Co 1.18.   [c] 1.17 Ro 3.28; Gl 2.16,20.   [d] 1.17 Hab 2.4.
[e] 1.18 Ef 5.6; Col 3.6.   [f] 1.21 Ef 4.17-18.   [g] 1.22 Sal 14.1; 1 Co 1.20.   [h] 1.23 Sal 106.20.
[i] 1.24 Ef 4.19; 2 Ts 2.10-12.   [j] 1.27 1 Co 6.9-10.   [k] 1.24-32 Gl 5.19-21.

porque al juzgar a otro, te condenas a ti mismo,[a] pues tú, que juzgas, haces lo mismo. [2]Pero sabemos que el juicio de Dios contra los que practican tales cosas es según la verdad. [3]Y tú, hombre, que juzgas a los que hacen tales cosas y haces lo mismo, ¿piensas que escaparás del juicio de Dios? [4]¿O menosprecias las riquezas de su benignidad, paciencia y generosidad, ignorando que su benignidad te guía al arrepentimiento? [5]Pero por tu dureza y por tu corazón no arrepentido, atesoras para ti mismo ira para el día de la ira y de la revelación del justo juicio de Dios, [6]el cual pagará a cada uno conforme a sus obras;[b] [7]vida eterna a los que, perseverando en hacer el bien, buscan gloria, honra e inmortalidad; [8]pero ira y enojo a los que son contenciosos y no obedecen a la verdad, sino que obedecen a la injusticia. [9]Tribulación y angustia sobre todo ser humano que hace lo malo, sobre el judío en primer lugar, y también sobre el griego; [10]en cambio, gloria, honra y paz a todo el que hace lo bueno: al judío en primer lugar y también al griego, [11]porque para Dios no hay acepción de personas.[c]

[12]Todos los que sin la Ley han pecado, sin la Ley también perecerán; y todos los que bajo la Ley han pecado, por la Ley serán juzgados, [13]pues no son los oidores de la Ley los justos ante Dios, sino que los que obedecen la Ley serán justificados.[d] [14]Cuando los gentiles que no tienen la Ley hacen por naturaleza lo que es de la Ley, estos, aunque no tengan la Ley, son ley para sí mismos, [15]mostrando la obra de la Ley escrita en sus corazones, dando testimonio su conciencia y acusándolos o defendiéndolos sus razonamientos [16]en el día en que Dios juzgará por medio de Jesucristo los secretos de los hombres, conforme a mi evangelio.

Los judíos y la Ley

[17]Tú te llamas judío, te apoyas en la Ley y te glorías en Dios; [18]conoces su voluntad e, instruido por la Ley, apruebas lo mejor; [19]estás convencido de que eres guía de ciegos, luz de los que están en tinieblas, [20]instructor de los ignorantes, maestro de niños y que tienes en la Ley la forma del conocimiento y de la verdad. [21]Tú, pues, que enseñas a otro, ¿no te enseñas a ti mismo? Tú que predicas que no se ha de robar, ¿robas? [22]Tú que dices que no se ha de adulterar, ¿adulteras? Tú que abominas de los ídolos, ¿cometes sacrilegio? [23]Tú que te jactas de la Ley, ¿con infracción de la Ley deshonras a Dios?, [24]pues, como está escrito: «El nombre de Dios es blasfemado entre los gentiles por causa de vosotros».[e]

[25]La circuncisión, en verdad, aprovecha si guardas la Ley; pero si eres transgresor de la Ley, tu circuncisión viene a ser incircuncisión. [26]Por tanto, si el incircunciso guarda las ordenanzas de la Ley, ¿no será considerada su incircuncisión como circuncisión?[f] [27]Y el que físicamente es incircunciso, pero guarda perfectamente la Ley, te condenará a ti, que con la letra de la Ley y la circuncisión eres transgresor de la Ley. [28]No es judío el que lo es exteriormente, ni es la circuncisión la que se hace exteriormente en la carne; [29]sino que es judío el que lo es en lo interior, y la circuncisión es la del corazón,[g] en espíritu y no según la letra. La alabanza del tal no viene de los hombres, sino de Dios.

3 [1]¿Qué ventaja tiene, pues, el judío? ¿De qué aprovecha la circuncisión? [2]De mucho, en todos los aspectos. Primero, ciertamente, porque les ha sido confiada la palabra de Dios.[a] [3]¿Pues qué, si algunos de ellos han sido incrédulos? Su incredulidad, ¿habrá hecho nula la fidelidad de Dios?[b] [4]¡De ninguna manera! Antes bien, sea Dios veraz y todo hombre mentiroso; como está escrito:

«Para que seas justificado en tus palabras,
y venzas cuando seas juzgado».[c]

[5]Y si nuestra injusticia hace resaltar la justicia de Dios, ¿qué diremos? ¿Será injusto Dios al dar el castigo? (Hablo como hombre.) [6]¡De ninguna manera! De otro modo, ¿cómo juzgaría Dios al mundo? [7]Pero si por mi mentira la verdad de Dios

[a]**2.1** Mt 7.1; Lc 6.37; Jn 8.7.   [b]**2.6** Sal 62.11-12; Jer 17.10; 2 Co 5.10.   [c]**2.11** Dt 10.17; Ef 6.9.   [d]**2.13** Mt 7.21; Stg 1.22,25.   [e]**2.24** Is 52.5 (gr.).   [f]**2.26** 1 Co 7.19; Gl 5.6; 6.15.   [g]**2.29** Ro 9.6-8; Flp 3.3.   [a]**3.2** Sal 147.19-20.   [b]**3.3** 2 Ti 2.13.   [c]**3.4** Sal 51.4 (gr.).

abundó para su gloria, ¿por qué aún soy juzgado como pecador? ⁸¿Y por qué no decir (como se nos calumnia, y como algunos, cuya condenación es justa, afirman que nosotros decimos): «Hagamos males para que vengan bienes»?

No hay justo

⁹¿Qué, pues? ¿Somos nosotros mejores que ellos? ¡De ninguna manera!, pues hemos demostrado que todos, tanto judíos como gentiles, están bajo el pecado. ¹⁰Como está escrito:

«No hay justo, ni aun uno;
¹¹ no hay quién entienda,
no hay quién busque a Dios.
¹² Todos se desviaron, a una se hicieron inútiles;
no hay quién haga lo bueno, no hay ni siquiera uno.ᵈ
¹³ Sepulcro abierto es su garganta;
con su lengua engañan.ᵉ
Veneno de víboras hay debajo de sus labios;ᶠ
¹⁴ su boca está llena de maldición y de amargura.ᵍ
¹⁵ Sus pies se apresuran para derramar sangre;
¹⁶ destrucción y miseria hay en sus caminos;
¹⁷ y no conocieron camino de paz.ʰ
¹⁸ No hay temor de Dios delante de sus ojos».ⁱ

¹⁹Pero sabemos que todo lo que la Ley dice, lo dice a los que están bajo la Ley, para que toda boca se cierre y todo el mundo quede bajo el juicio de Dios, ²⁰porque por las obras de la Ley ningún ser humano será justificado delante de él,ʲ ya que por medio de la Ley es el conocimiento del pecado.

La justicia es por medio de la fe

²¹Pero ahora, aparte de la Ley, se ha manifestado la justicia de Dios, testificada por la Ley y por los Profetas: ²²la justicia de Dios por medio de la fe en Jesucristo,ᵏ para todos los que creen en él, porque no hay diferencia, ²³por cuanto todos pecaron

y están destituidos de la gloria de Dios, ²⁴y son justificados gratuitamente por su gracia, mediante la redención que es en Cristo Jesús, ²⁵a quien Dios puso como propiciación por medio de la fe en su sangre,ˡ para manifestar su justicia, a causa de haber pasado por alto, en su paciencia, los pecados pasados, ²⁶con miras a manifestar en este tiempo su justicia, a fin de que él sea el justo y el que justifica al que es de la fe de Jesús.

²⁷¿Dónde, pues, está la jactancia? Queda excluida. ¿Por cuál ley? ¿Por la de las obras? No, sino por la ley de la fe. ²⁸Concluimos, pues, que el hombre es justificado por la fe sin las obras de la Ley.ᵐ ²⁹¿Es Dios solamente Dios de los judíos? ¿No es también Dios de los gentiles? Ciertamente, también de los gentiles, ³⁰porque Dios es uno,ⁿ y él justificará por la fe a los de la circuncisión, y por medio de la fe a los de la incircuncisión. ³¹Luego, ¿por la fe invalidamos la Ley? ¡De ninguna manera! Más bien, confirmamos la Ley.

El ejemplo de Abraham

4 ¹¿Qué, pues, diremos que halló Abraham, nuestro padre según la carne? ²Si Abraham hubiera sido justificado por las obras, tendría de qué gloriarse, pero no ante Dios, ³pues ¿qué dice la Escritura? Creyó Abraham a Dios y le fue contado por justicia.ᵃ ⁴Pero al que trabaja no se le cuenta el salario como un regalo, sino como deuda; ⁵pero al que no trabaja, sino cree en aquel que justifica al impío, su fe le es contada por justicia. ⁶Por eso también David habla de la bienaventuranza del hombre a quien Dios atribuye justicia sin obras,⁷diciendo:

«Bienaventurados aquellos cuyas iniquidades son perdonadas,
y cuyos pecados son cubiertos.
⁸ Bienaventurado el hombre a quien el Señor no culpa de pecado».ᵇ

⁹¿Es, pues, esta bienaventuranza solamente para los de la circuncisión o también para los de la incircuncisión? Porque decimos que a Abraham le fue contada la

---

ᵈ**3.10-12** Sal 14.1-3; 53.1-3.   ᵉ**3.13** Sal 5.9.   ᶠ**3.13** Sal 140.3.   ᵍ**3.14** Sal 10.7.
ʰ**3.15-17** Is 59.7-8.   ⁱ**3.18** Sal 36.1.   ʲ**3.20** Sal 143.2; cf. Gl 2.16.   ᵏ**3.22** Gl 2.16.
ˡ**3.25** Ef 1.7; 1 Jn 2.2.   ᵐ**3.28** Hch 13.39; Ro 1.17; Gl 2.16; Ef 2.8-9; 2 Ti 1.9; Tit 3.5.
ⁿ**3.30** Dt 6.4.   ᵃ**4.3** Gn 15.6; Gl 3.6.   ᵇ**4.7-8** Sal 32.1-2.

fe por justicia. [10] ¿Cómo, pues, le fue contada? ¿Estando en la circuncisión, o en la incircuncisión? No en la circuncisión, sino en la incircuncisión. [11] Y recibió la circuncisión[c] como señal, como sello de la justicia de la fe que tuvo cuando aún no había sido circuncidado, para que fuera padre de todos los creyentes no circuncidados, a fin de que también a ellos la fe les sea contada por justicia; [12] y padre de la circuncisión, para los que no solamente son de la circuncisión, sino que también siguen las pisadas de la fe que tuvo nuestro padre Abraham antes de ser circuncidado.

La promesa realizada mediante la fe

[13] La promesa de que sería heredero del mundo,[d] fue dada a Abraham o a su descendencia no por la Ley sino por la justicia de la fe, [14] porque si los que son de la Ley son los herederos, vana resulta la fe y anulada la promesa.[e] [15] La ley produce ira; pero donde no hay Ley, tampoco hay transgresión. [16] Por eso, la promesa es fe, para que sea por gracia, a fin de que sea firme para toda su descendencia, no solamente para la que es por la Ley, sino también para la que es de la fe de Abraham. Él es padre de todos nosotros,[f] [17] como está escrito: «Te he puesto por padre de muchas naciones».[g] Y lo es delante de Dios, a quien creyó, el cual da vida a los muertos y llama las cosas que no son como si fueran.

[18] Él creyó en esperanza contra esperanza, para llegar a ser padre de muchas naciones, conforme a lo que se le había dicho: «Así será tu descendencia».[h] [19] Y su fe no se debilitó al considerar su cuerpo, que estaba ya como muerto (siendo de casi cien años),[i] o la esterilidad de la matriz de Sara. [20] Tampoco dudó, por incredulidad, de la promesa de Dios, sino que se fortaleció por la fe, dando gloria a Dios, [21] plenamente convencido de que era también poderoso para hacer todo lo que había prometido. [22] Por eso, también su fe le fue contada por justicia.[j]

[23] Pero no solo con respecto a él se escribió que le fue contada, [24] sino también con respecto a nosotros a quienes igualmente ha de ser contada, es decir, a los que creemos en aquel que levantó de los muertos a Jesús, Señor nuestro, [25] el cual fue entregado por nuestras transgresiones,[k] y resucitado para nuestra justificación.

Resultados de la justificación

5 [1] Justificados, pues, por la fe, tenemos paz[a] para con Dios por medio de nuestro Señor Jesucristo, [2] por quien también tenemos entrada por la fe a esta gracia en la cual estamos firmes, y nos gloriamos en la esperanza de la gloria de Dios. [3] Y no solo esto, sino que también nos gloriamos en las tribulaciones, sabiendo que la tribulación produce paciencia;[b] [4] y la paciencia, prueba; y la prueba, esperanza; [5] y la esperanza no nos defrauda, porque el amor de Dios ha sido derramado en nuestros corazones por el Espíritu Santo que nos fue dado.

[6] Cristo, cuando aún éramos débiles, a su tiempo murió por los impíos.[c] [7] Ciertamente, apenas morirá alguno por un justo; con todo, pudiera ser que alguien tuviera el valor de morir por el bueno. [8] Pero Dios muestra su amor para con nosotros, en que siendo aún pecadores, Cristo murió por nosotros.[d] [9] Con mucha más razón, habiendo sido ya justificados en su sangre, por él seremos salvos de la ira, [10] porque, si siendo enemigos, fuimos reconciliados con Dios por la muerte de su Hijo, mucho más, estando reconciliados, seremos salvos por su vida.[e] [11] Y no solo esto, sino que también nos gloriamos en Dios por el Señor nuestro Jesucristo, por quien hemos recibido ahora la reconciliación.

Adán y Cristo

[12] Por tanto, como el pecado entró en el mundo por un hombre y por el pecado la muerte,[f] así la muerte pasó a todos los

---

[c] **4.11** Gn 17.10,23-27.   [d] **4.13** Gl 3.29.   [e] **4.14** Gl 3.18.   [f] **4.16** Gl 3.7.   [g] **4.17** Gn 17.5.
[h] **4.18** Gn 15.5.   [i] **4.19** Gn 17.17; 18.11; Heb 11.11-12.   [j] **4.22** Gn 15.6.   [k] **4.25** Ro 8.32. Cf.
1 Co 15.14.   [a] **5.1** Ef 2.14-17; cf. Jn 14.27.   [b] **5.3** Stg 1.2-3.   [c] **5.6** 1 P 3.18; cf. Co 15.3;
2 Co 5.14-15; Gl 1.4.   [d] **5.8** Jn 3.16; 1 Jn 4.10.   [e] **5.10** 2 Co 5.18-20.   [f] **5.12** Gn 2.15-17; 3.6-19;
cf. 1 Co 15.22,45-49.

hombres, por cuanto todos pecaron. [13] Antes de la Ley ya había pecado en el mundo; pero donde no hay Ley, no se inculpa de pecado.[g] [14] No obstante, reinó la muerte desde Adán hasta Moisés, aun en los que no pecaron a la manera de la transgresión de Adán, el cual es figura del que había de venir.

[15] Pero el don no fue como la transgresión, porque si por la transgresión de aquel uno muchos murieron, la gracia y el don de Dios abundaron para muchos por la gracia de un solo hombre, Jesucristo. [16] Y con el don no sucede como en el caso de aquel uno que pecó, porque, ciertamente, el juicio vino a causa de un solo pecado para condenación, pero el don vino a causa de muchas transgresiones para justificación. [17] Si por la transgresión de uno solo reinó la muerte, mucho más reinarán en vida por uno solo, Jesucristo, los que reciben la abundancia de la gracia y del don de la justicia.

[18] Así que, como por la transgresión de uno vino la condenación a todos los hombres, de la misma manera por la justicia de uno vino a todos los hombres la justificación que produce vida.[h] [19] Así como por la desobediencia de un hombre muchos fueron constituidos pecadores, así también por la obediencia de uno, muchos serán constituidos justos.

[20] La Ley, pues, se introdujo para que el pecado abundara; pero cuando el pecado abundó,[i] sobreabundó la gracia, [21] porque así como el pecado reinó para muerte, así también la gracia reinará por la justicia para vida eterna mediante Jesucristo, Señor nuestro.

Muertos al pecado

6 [1] ¿Qué, pues, diremos? ¿Perseveraremos en el pecado para que la gracia abunde? [2] ¡De ninguna manera! Porque los que hemos muerto al pecado, ¿cómo viviremos aún en él?[a] [3] ¿O no sabéis que todos los que hemos sido bautizados[b] en Cristo Jesús, hemos sido bautizados en su muerte?, [4] porque somos sepultados juntamente con él para muerte por el bautismo, a fin de que como Cristo resucitó de los muertos por la gloria del Padre, así también nosotros andemos en vida nueva.[c]

[5] Si fuimos plantados juntamente con él en la semejanza de su muerte, así también lo seremos en la de su resurrección; [6] sabiendo esto, que nuestro viejo hombre fue crucificado juntamente con él, para que el cuerpo del pecado sea destruido, a fin de que no sirvamos más al pecado,[d] [7] porque, el que ha muerto ha sido justificado del pecado.[e] [8] Y si morimos con Cristo, creemos que también viviremos con él,[f] [9] y sabemos que Cristo, habiendo resucitado de los muertos, ya no muere; la muerte no se enseñorea más de él. [10] En cuanto murió, al pecado murió una vez por todas;[g] pero en cuanto vive, para Dios vive. [11] Así también vosotros consideraos muertos al pecado, pero vivos para Dios en Cristo Jesús, Señor nuestro.

[12] No reine, pues, el pecado en vuestro cuerpo mortal, de modo que lo obedezcáis en sus apetitos; [13] ni tampoco presentéis vuestros miembros al pecado como instrumentos de iniquidad, sino presentaos vosotros mismos a Dios[h] como vivos de entre los muertos, y vuestros miembros a Dios como instrumentos de justicia. [14] El pecado no se enseñoreará de vosotros, pues no estáis bajo la Ley, sino bajo la gracia.

Siervos de la justicia

[15] ¿Qué, pues? ¿Pecaremos porque no estamos bajo la Ley, sino bajo la gracia? ¡De ninguna manera! [16] ¿No sabéis que si os sometéis a alguien como esclavos para obedecerlo, sois esclavos de aquel a quien obedecéis, sea del pecado para muerte o sea de la obediencia para justicia? [17] Pero gracias a Dios que, aunque erais esclavos del pecado, habéis obedecido de corazón a aquella forma de doctrina que os transmitieron; [18] y libertados del pecado, vinisteis a ser siervos de la justicia. [19] Hablo como humano, por vuestra humana debilidad: así como para iniquidad presentasteis

[g] **5.13** Ro 4.15.   [h] **5.18** 1 Co 15.22.   [i] **5.20** Ro 3.20; 4.15; Gl 3.19.   [a] **6.1-2** Ro 3.8.   [b] **6.3** Gl 3.27.   [c] **6.4** Col 2.12.   [d] **6.6** Gl 2.19-20; 5.24-25.   [e] **6.7** 1 P 4.1.   [f] **6.8** 2 Ti 2.11.   [g] **6.10** Heb 7.27; 9.26-28; 1 P 3.18.   [h] **6.13** Ro 12.1.

vuestros miembros para servir a la impureza y a la iniquidad, así ahora para santificación presentad vuestros miembros para servir a la justicia.

²⁰ Cuando erais esclavos del pecado, erais libres con respecto a la justicia. ²¹ ¿Pero qué fruto teníais de aquellas cosas de las cuales ahora os avergonzáis? Porque el fin de ellas es muerte. ²² Pero ahora que habéis sido libertados del pecado y hechos siervos de Dios, tenéis por vuestro fruto la santificación y, como fin, la vida eterna,ⁱ ²³ porque la paga del pecado es muerte, pero la dádiva de Dios es vida eterna en Cristo Jesús, Señor nuestro.

Analogía tomada del matrimonio

7 ¹ ¿Acaso ignoráis, hermanos (hablo con los que conocen de leyes), que la ley se enseñorea del hombre entre tanto que este vive? ² La mujer casada está sujeta por la ley al marido mientras este vive; pero si el marido muere, ella queda libre de la ley que la unía a su marido. ³ Así que, si en vida del marido se une a otro hombre, será llamada adúltera; pero si su marido muere, es libre de esa ley, de tal manera que si se une a otro marido, no será adúltera.

⁴ Así también vosotros, hermanos míos, habéis muerto a la Ley mediante el cuerpo de Cristo, para que seáis de otro, del que resucitó de entre los muertos, a fin de que llevemos fruto para Dios. ⁵ Mientras vivíamos en la carne, las pasiones pecaminosas, estimuladas por la Ley, obraban en nuestros miembros llevando fruto para muerte. ⁶ Pero ahora estamos libres de la Ley, por haber muerto para aquella a la que estábamos sujetos, de modo que sirvamos bajo el régimen nuevo del Espíritu y no bajo el régimen viejo de la letra.ᵃ

El pecado que habita en mí

⁷ ¿Qué, pues, diremos? ¿La Ley es pecado? ¡De ninguna manera! Pero yo no conocí el pecado sino por la Ley; y tampoco conocería la codicia, si la Ley no dijera: «No codiciarás».ᵇ ⁸ Pero el pecado, aprovechándose del mandamiento, produjo en mí toda codicia porque sin la Ley, el pecado está muerto.

⁹ Y yo sin la Ley vivía en un tiempo; pero al venir el mandamiento, el pecado revivió y yo morí. ¹⁰ Y hallé que el mismo mandamiento que era para vida, a mí me resultó para muerte, ¹¹ porque el pecado, aprovechándose del mandamiento, me engañó, y por él me mató.

¹² De manera que la Ley a la verdad es santa, y el mandamiento santo, justo y bueno.ᶜ ¹³ Entonces, ¿lo que es bueno vino a ser muerte para mí? ¡De ninguna manera! Más bien, el pecado, para mostrarse como pecado, produjo en mí la muerte por medio de lo que es bueno, a fin de que el pecado, por medio del mandamiento, llegara a ser extremadamente pecaminoso.

¹⁴ Sabemos que la Ley es espiritual; pero yo soy carnal, vendido al pecado. ¹⁵ Lo que hago, no lo entiendo, pues no hago lo que quiero, sino lo que detesto, eso hago.ᵈ ¹⁶ Y si lo que no quiero, esto hago, apruebo que la Ley es buena. ¹⁷ De manera que ya no soy yo quien hace aquello, sino el pecado que está en mí. ¹⁸ Y yo sé que en mí, esto es, en mi carne, no habita el bien, porque el querer el bien está en mí, pero no el hacerlo. ¹⁹ No hago el bien que quiero, sino el mal que no quiero, eso hago. ²⁰ Y si hago lo que no quiero, ya no lo hago yo, sino el pecado que está en mí.

²¹ Así que, queriendo yo hacer el bien, hallo esta ley: que el mal está en mí, ²² pues según el hombre interior, me deleito en la ley de Dios; ²³ pero veo otra ley en mis miembros, que se rebela contra la ley de mi mente, y que me lleva cautivo a la ley del pecado que está en mis miembros.

²⁴ ¡Miserable de mí! ¡Quién me librará de este cuerpo de muerte? ²⁵ ¡Gracias doy a Dios, por Jesucristo Señor nuestro! Así que, yo mismo con la mente sirvo a la ley de Dios, pero con la carne, a la ley del pecado.

Vida en el Espíritu

8 ¹ Ahora, pues, ninguna condenación hay para los que están en Cristo Jesús, los que no andan conforme a la carne,

---

ⁱ **6.21-22** Pr 12.28.   ᵃ **7.6** 2 Co 3.6.   ᵇ **7.7** Ex 20.17; Dt 5.21.   ᶜ **7.12** 1 Ti 1.8.
ᵈ **7.15** Gl 5.17.

sino conforme al Espíritu, ² porque la ley del Espíritu de vida en Cristo Jesús me ha librado de la ley del pecado y de la muerte. ³ Lo que era imposible para la Ley, por cuanto era débil por la carne, Dios, enviando a su Hijo en semejanza de carne de pecado, y a causa del pecado, condenó al pecado en la carne, ⁴ para que la justicia de la Ley se cumpliera en nosotros, que no andamos conforme a la carne, sino conforme al Espíritu.

⁵ Los que son de la carne piensan en las cosas de la carne;^a pero los que son del Espíritu, en las cosas del Espíritu. ⁶ El ocuparse de la carne es muerte, pero el ocuparse del Espíritu es vida y paz,^b ⁷ por cuanto los designios de la carne son enemistad contra Dios, porque no se sujetan a la Ley de Dios, ni tampoco pueden; ⁸ y los que viven según la carne no pueden agradar a Dios.

⁹ Pero vosotros no vivís según la carne, sino según el Espíritu, si es que el Espíritu de Dios está en vosotros.^c Y si alguno no tiene el Espíritu de Cristo, no es de él. ¹⁰ Pero si Cristo está en vosotros,^d el cuerpo en verdad está muerto a causa del pecado, pero el espíritu vive a causa de la justicia. ¹¹ Y si el Espíritu de aquel que levantó de los muertos a Jesús está en vosotros, el que levantó de los muertos a Cristo Jesús vivificará también vuestros cuerpos mortales por su Espíritu que está en vosotros.

¹² Así que, hermanos, deudores somos, no a la carne, para que vivamos conforme a la carne, ¹³ porque si vivís conforme a la carne, moriréis; pero si por el Espíritu hacéis morir las obras de la carne, viviréis.^e

¹⁴ Todos los que son guiados por el Espíritu de Dios, son hijos de Dios,^f ¹⁵ pues no habéis recibido el espíritu de esclavitud para estar otra vez en temor, sino que habéis recibido el Espíritu de adopción, por el cual clamamos: «¡Abba, Padre!»^g ¹⁶ El Espíritu mismo da testimonio a nuestro espíritu, de que somos hijos de Dios. ¹⁷ Y si hijos, también herederos;^h herederos de Dios y coherederos con Cristo, si es que padecemos juntamente con él, para que juntamente con él seamos glorificados.

¹⁸ Tengo por cierto que las aflicciones del tiempo presente no son comparables con la gloria venidera que en nosotros ha de manifestarse,ⁱ ¹⁹ porque el anhelo ardiente de la creación es el aguardar la manifestación de los hijos de Dios. ²⁰ La creación fue sujetada a vanidad, no por su propia voluntad, sino por causa del que la sujetó en esperanza. ²¹ Por tanto, también la creación misma será libertada de la esclavitud de corrupción a la libertad gloriosa de los hijos de Dios. ²² Sabemos que toda la creación gime a una, y a una está con dolores de parto hasta ahora. ²³ Y no solo ella, sino que también nosotros mismos, que tenemos las primicias del Espíritu, nosotros también gemimos dentro de nosotros mismos, esperando la adopción, la redención de nuestro cuerpo,^j ²⁴ porque en esperanza fuimos salvos; pero la esperanza que se ve, no es esperanza; ya que lo que alguno ve, ¿para qué esperarlo? ²⁵ Pero si esperamos lo que no vemos, con paciencia lo aguardamos.

²⁶ De igual manera, el Espíritu nos ayuda en nuestra debilidad, pues qué hemos de pedir como conviene, no lo sabemos, pero el Espíritu mismo intercede por nosotros con gemidos indecibles.^k ²⁷ Pero el que escudriña los corazones sabe cuál es la intención del Espíritu, porque conforme a la voluntad de Dios intercede por los santos.

Más que vencedores

²⁸ Sabemos, además, que a los que aman a Dios, todas las cosas les ayudan a bien, esto es, a los que conforme a su propósito son llamados. ²⁹ A los que antes conoció,^l también los predestinó para que fueran hechos conformes a la imagen de su Hijo,^m para que él sea el primogénito entre muchos hermanos. ³⁰ Y a los que predestinó, a estos también llamó; y a los que llamó, a estos también justificó; y a los que justificó, a estos también glorificó.

---

^a **8.5** Ro 7.14-25. ^b **8.6** Gl 5.16-25; 6.8. ^c **8.9** 1 Co 3.16; 6.19. ^d **8.10** Gl 2.19-20; Ef 3.17. ^e **8.13** Gl 5.16,24. ^f **8.14** Gl 5.18. ^g **8.15** Gl 4.6. ^h **8.15-17** Gl 3.29; 4.7; Ap 21.7. ⁱ **8.18** 2 Co 4.17. ^j **8.23** 2 Co 5.2-5; Flp 3.21. ^k **8.26** Gl 4.6. ^l **8.29** Es decir, había elegido (cf. Am 3.2). ^m **8.29** Gl 4.19; Flp 3.10; 1 Jn 3.2.

³¹ ¿Qué, pues, diremos a esto? Si Dios es por nosotros, ¿quién contra nosotros?[n] ³² El que no escatimó ni a su propio Hijo, sino que lo entregó por todos nosotros, ¿cómo no nos dará también con él todas las cosas?[ñ] ³³ ¿Quién acusará a los escogidos de Dios? Dios es el que justifica. ³⁴ ¿Quién es el que condenará? Cristo es el que murió; más aun, el que también resucitó, el que además está a la diestra de Dios, el que también intercede por nosotros. ³⁵ ¿Quién nos separará del amor de Cristo? ¿Tribulación, angustia, persecución, hambre, desnudez, peligro o espada? ³⁶ Como está escrito:

«Por causa de ti somos muertos
    todo el tiempo;
somos contados como ovejas de
    matadero».[o]

³⁷ Antes, en todas estas cosas somos más que vencedores por medio de aquel que nos amó.

³⁸ Por lo cual estoy seguro de que ni la muerte ni la vida, ni ángeles ni principados ni potestades, ni lo presente ni lo por venir, ³⁹ ni lo alto ni lo profundo, ni ninguna otra cosa creada nos podrá separar del amor de Dios, que es en Cristo Jesús, Señor nuestro.

La elección de Israel

9 ¹ Verdad digo en Cristo, no miento, y mi conciencia me da testimonio en el Espíritu Santo, ² que tengo gran tristeza y continuo dolor en mi corazón, ³ porque deseara yo mismo ser anatema, separado de Cristo, por amor a mis hermanos, los que son mis parientes según la carne; ⁴ que son israelitas, de los cuales son la adopción, la gloria, el pacto, la promulgación de la Ley, el culto y las promesas. ⁵ A ellos también pertenecen los patriarcas, de los cuales, según la carne, vino Cristo, el cual es Dios sobre todas las cosas, bendito por los siglos. Amén.

⁶ No que la palabra de Dios haya fallado, porque no todos los que descienden de Israel son israelitas, ⁷ ni por ser descendientes de Abraham, son todos hijos suyos, sino: «En Isaac te será llamada descendencia».[a]

⁸ Esto es: no son hijos de Dios los hijos según la carne, sino que son contados como descendencia los hijos según la promesa, ⁹ pues la palabra de la promesa es esta: «Por este tiempo vendré y Sara tendrá un hijo».[b]

¹⁰ Pero no solo esto, pues también Rebeca concibió de un solo hombre, de Isaac nuestro padre. ¹¹ No habían aún nacido, ni habían hecho aún ni bien ni mal (para que el propósito de Dios conforme a la elección permaneciera, no por las obras sino por el que llama), ¹² cuando Dios le dijo a Rebeca: «El mayor servirá al menor».[c] ¹³ Como está escrito: «A Jacob amé, mas a Esaú aborrecí».[d]

¹⁴ ¿Qué, pues, diremos? ¿Que hay injusticia en Dios? ¡De ninguna manera!, ¹⁵ pues a Moisés dice: «Tendré misericordia del que yo tenga misericordia y me compadeceré del que yo me compadezca».[e] ¹⁶ Así que no depende del que quiere, ni del que corre, sino de Dios que tiene misericordia, ¹⁷ porque la Escritura dice al faraón: «Para esto mismo te he levantado, para mostrar en ti mi poder y para que mi nombre sea anunciado por toda la tierra».[f] ¹⁸ De manera que de quien quiere, tiene misericordia, y al que quiere endurecer, endurece.

¹⁹ Pero me dirás: «¿Por qué, pues, inculpa? ¿Quién ha resistido a su voluntad?» ²⁰ Pero tú, hombre, ¿quién eres, para que alterques con Dios? ¿Dirá el vaso de barro al que lo formó: «Por qué me has hecho así»?[g] ²¹ ¿Acaso no tiene potestad el alfarero sobre el barro para hacer de la misma masa un vaso para honra y otro para deshonra?[h]

²² ¿Y qué, si Dios, queriendo mostrar su ira y hacer notorio su poder, soportó con mucha paciencia los vasos de ira preparados para destrucción? ²³ Él, para hacer notorias las riquezas de su gloria, las mostró para con los vasos de misericordia que había preparado de antemano para gloria. ²⁴ A estos también ha llamado, es decir, a nosotros, no solo de los judíos, sino también de los gentiles.

²⁵ Como también en Oseas dice:

---

[n] **8.31** Sal 118.6.   [ñ] **8.32** Ro 5.8-10.   [o] **8.36** Sal 44.22.   [a] **9.7** Gn 21.12.   [b] **9.9** Gn 18.10,14.
[c] **9.12** Gn 25.23.   [d] **9.13** Mal 1.2-3.   [e] **9.15** Ex 33.19.   [f] **9.17** Ex 9.16.   [g] **9.20** Is 29.16; 45.9.
[h] **9.21** Jer 18.4-6.

«Llamaré pueblo mío al que no era
mi pueblo,
y a la no amada, amada.*[i]*
²⁶ Y en el lugar donde se les dijo:
"Vosotros no sois pueblo mío",
allí serán llamados "hijos del Dios
viviente"».*[j]*
²⁷ También Isaías proclama acerca de
Israel: «Aunque el número de los hijos de
Israel fuera como la arena del mar, tan solo el remanente será salvo, ²⁸ porque el Señor ejecutará su sentencia sobre la tierra
con justicia y prontitud».*[k]* ²⁹ Y como antes
dijo Isaías:

«Si el Señor de los ejércitos no nos
hubiera dejado descendencia,
como Sodoma habríamos venido a
ser,
y a Gomorra seríamos
semejantes».*[l]*

La justicia que es por fe

³⁰ ¿Qué, pues, diremos? Que los gentiles, que no iban tras la justicia, han alcanzado la justicia, es decir, la justicia que es
por fe; ³¹ mientras Israel, que iba tras una
ley de justicia, no la alcanzó. ³² ¿Por qué?
Porque iban tras ella no por fe, sino de-
pendiendo de las obras de la Ley, de modo que tropezaron en la piedra de
tropiezo, ³³ como está escrito:

«He aquí pongo en Sión piedra de
tropiezo y roca de caída;
y el que crea en él, no será
defraudado».*[m]*

10 ¹ Hermanos, ciertamente el anhelo
de mi corazón, y mi oración a Dios
es por la salvación de Israel, ² porque yo
soy testigo de que tienen celo por Dios,
pero no conforme al verdadero conocimiento. ³ Ignorando la justicia de Dios y
procurando establecer la suya propia, no
se han sujetado a la justicia de Dios, ⁴ pues
el fin de la Ley es Cristo, para justicia a todo aquel que cree.

⁵ Moisés escribe así de la justicia que es
por la Ley: «El hombre que haga estas cosas vivirá por ellas».*[a]* ⁶ Pero de la justicia
que es por la fe, dice así: «No digas en tu

corazón: "¿Quién subirá al cielo?" (esto es,
para traer abajo a Cristo); ⁷ o, "¿quién descenderá al abismo?" (esto es, para hacer
subir a Cristo de entre los muertos)». ⁸ Pero ¿qué dice?: «Cerca de ti está la palabra,
en tu boca y en tu corazón».*[b]* Esta es la palabra de fe que predicamos: ⁹ Si confiesas
con tu boca que Jesús es el Señor y crees en
tu corazón que Dios lo levantó de entre los
muertos, serás salvo,*[c]* ¹⁰ porque con el corazón se cree para justicia, pero con la boca
se confiesa para salvación.

¹¹ La Escritura dice: «Todo aquel que en
él cree, no será defraudado»,*[d]* ¹² porque no
hay diferencia entre judío y griego, pues el
mismo que es Señor de todos, es rico para
con todos los que lo invocan;*[e]* ¹³ ya que todo aquel que invoque el nombre del Señor,
será salvo.*[f]*

¹⁴ ¿Cómo, pues, invocarán a aquel en el
cual no han creído? ¿Y cómo creerán en
aquel de quien no han oído? ¿Y cómo oirán sin haber quien les predique? ¹⁵ ¿Y cómo predicarán si no son enviados? Como
está escrito: «¡Cuán hermosos son los pies
de los que anuncian la paz, de los que
anuncian buenas nuevas!».*[g]*

¹⁶ Pero no todos obedecieron al evangelio, pues Isaías dice: «Señor, ¿quién ha creído a nuestro anuncio?»*[h]* ¹⁷ Así que la fe es
por el oír, y el oír, por la palabra de Dios.

¹⁸ Pero yo pregunto: ¿Acaso no han oído? Antes, bien,

«Por toda la tierra ha salido la voz
de ellos
y hasta los fines de la tierra sus
palabras».*[i]*

¹⁹ También pregunto: ¿No ha conocido
esto Israel? Primeramente Moisés dice:

«Yo os provocaré a celos con un
pueblo que no es pueblo;
con pueblo insensato os provocaré
a ira».*[j]*

²⁰ E Isaías dice resueltamente:

«Fui hallado por los que no me
buscaban;
me manifesté a los que no
preguntaban por mí».*[k]*

²¹ Pero acerca de Israel dice: «Todo el

---

[i] **9.25** Os 2.23.   *[j]* **9.26** Os 1.10.   *[k]* **9.27-28** Is 10.22-23.   *[l]* **9.29** Is 1.9.   *[m]* **9.33** Is 28.16.
[a] **10.5** Lv 18.5.   *[b]* **10.6-8** Dt 30.12-14.   *[c]* **10.9** Hch 16.31.   *[d]* **10.11** Is 28.16.   *[e]* **10.12** Gl 3.28;
Col 3.11.   *[f]* **10.13** Jl 2.32.   *[g]* **10.15** Is 52.7; Nah 1.15.   *[h]* **10.16** Is 53.1; Jn 12.38.   *[i]* **10.18** Sal 19.4.
[j] **10.19** Dt 32.21.   *[k]* **10.20** Is 65.1.

día extendí mis manos a un pueblo deso-
bediente y rebelde».[l]

El remanente de Israel

11 [1] Por tanto, pregunto: ¿Ha desechado Dios a su pueblo? ¡De ninguna
manera!, porque también soy israelita,
descendiente de Abraham, de la tribu de
Benjamín.[a] [2] No ha desechado Dios a su
pueblo,[b] al cual desde antes conoció. ¿O
no sabéis lo que dice la Escritura acerca
de Elías, de cómo se quejó ante Dios contra Israel, diciendo: [3] «Señor, a tus profetas han dado muerte y tus altares han
derribado; solo yo he quedado y procuran matarme»?[c] [4] Pero ¿cuál fue la divina
respuesta? «Me he reservado siete mil
hombres, que no han doblado la rodilla
delante de Baal».[d] [5] Así también aun en
este tiempo ha quedado un remanente escogido por gracia. [6] Y si es por gracia, ya
no es por obras; de otra manera la gracia
ya no sería gracia. Y si es por obras, ya no
es gracia; de otra manera la obra ya no sería obra.[e]

[7] ¿Qué, pues? Lo que buscaba Israel,
no lo ha alcanzado; pero los escogidos sí
lo han alcanzado, y los demás fueron endurecidos; [8] como está escrito: «Dios les
dio espíritu insensible, ojos que no vean y
oídos que no oigan, hasta el día de hoy».[f]
[9] Y David dice:

«Sea vuelto su banquete en trampa
    y en red,
en tropiezo y justo castigo.
[10] Sean oscurecidos sus ojos para que
    no vean,
y agóbiales la espalda para siempre».[g]

La salvación de los gentiles

[11] Pero yo pregunto: ¿Será que los israelitas, al tropezar, cayeron definitivamente? ¡De ninguna manera! Al contrario,
debido a su transgresión vino la salvación[h] a los gentiles, a fin de provocarlos a
celos. [12] Y si su transgresión ha servido
para enriquecer al mundo, y su caída, a
los gentiles, ¿cuánto más lo será su plena
restauración?
[13] Hablo a vosotros, gentiles. Por cuanto

yo soy apóstol a los gentiles, honro mi ministerio, [14] por si en alguna manera pudiera provocar a celos a los de mi sangre y
hacer salvos a algunos de ellos, [15] porque
si su exclusión es la reconciliación del
mundo, ¿qué será su admisión, sino vida
de entre los muertos?

[16] Si las primicias son santas, también
lo es la masa restante; y si la raíz es santa,
también lo son las ramas. [17] Si algunas de
las ramas fueron desgajadas y tú, siendo
olivo silvestre, has sido injertado en lugar
de ellas y has sido hecho participante de
la raíz y de la rica savia del olivo, [18] no te
jactes contra las ramas; y si te jactas, recuerda que no sustentas tú a la raíz, sino
la raíz a ti.

[19] Tal vez dirás: «Las ramas fueron desgajadas para que yo fuera injertado».
[20] Bien; por su incredulidad fueron desgajadas, pero tú por la fe estás en pie. Así
que no te jactes, sino teme, [21] porque si
Dios no perdonó a las ramas naturales, a
ti tampoco te perdonará.

[22] Mira, pues, la bondad y la severidad
de Dios: la severidad ciertamente para
con los que cayeron, pero la bondad para
contigo, si permaneces en esa bondad,
pues de otra manera tú también serás eliminado. [23] Y aun ellos, si no permanecen
en incredulidad, serán injertados, pues
poderoso es Dios para volverlos a injer-
tar. [24] Si tú fuiste cortado del que por naturaleza es olivo silvestre y contra naturaleza
fuiste injertado en el buen olivo, ¿cuánto
más estos, que son las ramas naturales,
serán injertados en su propio olivo?

La restauración de Israel

[25] No quiero, hermanos, que ignoréis
este misterio, para que no seáis arrogantes en cuanto a vosotros mismos: el endurecimiento de una parte de Israel durará
hasta que haya entrado la plenitud de los
gentiles. [26] Luego todo Israel será salvo,
como está escrito:

«Vendrá de Sión el Libertador,
    que apartará de Jacob la impiedad.
[27] Y este será mi pacto con ellos,
    cuando yo quite sus pecados».[i]

---

[l] **10.21** Is 65.2.   [a] **11.1** Flp 3.5.   [b] **11.2** Ex 19.56; Dt 4.20.   [c] **11.3** 1 R 19.10,14.   [d] **11.4** 1 R 19.18.
[e] **11.6** Gl 3.18.   [f] **11.8** Dt 29.4; Is 29.10.   [g] **11.9-10** Sal 69.22-23.   [h] **11.11** Hch 13.46; 28.24-29.
[i] **11.26-27** Is 59.20-21; cf. Is 27.9; Jer 31.33-34.

28 Así que en cuanto al evangelio, son enemigos por causa de vosotros; pero en cuanto a la elección, son amados por causa de sus padres, 29 porque irrevocables son los dones y el llamamiento de Dios.

30 Como también vosotros erais, en otro tiempo, desobedientes a Dios, pero ahora habéis alcanzado misericordia por la desobediencia de ellos, 31 así también estos ahora han sido desobedientes, para que por la misericordia concedida a vosotros, ellos también alcancen misericordia, 32 pues Dios sujetó a todos en desobediencia, para tener misericordia de todos.*j*

Himno a la sabiduría de Dios

33 ¡Profundidad de las riquezas, de la sabiduría y del conocimiento de Dios!

¡Cuán insondables son sus juicios e inescrutables sus caminos!,*k*

34 porque, ¿quién entendió la mente del Señor?

¿o quién fue su consejero?*l*

35 ¿Quién le dio a él primero, para que le fuera recompensado?,*m*

36 porque de él, por él y para él*n* son todas las cosas.

A él sea la gloria por los siglos. Amén.

La nueva vida

12 1 Por lo tanto, hermanos, os ruego por las misericordias de Dios que presentéis vuestros cuerpos como sacrificio vivo, santo, agradable a Dios, que es vuestro verdadero culto. 2 No os conforméis a este mundo,*a* sino transformaos por medio de la renovación de vuestro entendimiento, para que comprobéis cuál es la buena voluntad de Dios, agradable y perfecta.*b*

3 Digo, pues, por la gracia que me es dada, a cada cual que está entre vosotros, que no tenga más alto concepto de sí que el que

debe tener, sino que piense de sí con cordura, conforme a la medida de fe que Dios repartió a cada uno. 4 De la manera que en un cuerpo tenemos muchos miembros, pero no todos los miembros tienen la misma función, 5 así nosotros, siendo muchos, somos un cuerpo en Cristo,*c* y todos miembros los unos de los otros.

6 Tenemos, pues, diferentes dones, según la gracia que nos es dada:*d* el que tiene el don de profecía, úselo conforme a la medida de la fe; 7 el de servicio, en servir; el que enseña, en la enseñanza; 8 el que exhorta, en la exhortación; el que reparte, con generosidad; el que preside, con solicitud; el que hace misericordia, con alegría.

Deberes de la vida cristiana

9 El amor sea sin fingimiento.*e* Aborreced lo malo y seguid lo bueno.*f* 10 Amaos los unos a los otros con amor fraternal; en cuanto a honra, prefiriéndoos los unos a los otros.*g* 11 En lo que requiere diligencia, no perezosos; fervientes en espíritu, sirviendo al Señor; 12 gozosos en la esperanza, sufridos en la tribulación, constantes en la oración.*h* 13 Compartid las necesidades de los santos y practicad la hospitalidad.*i* 14 Bendecid a los que os persiguen;*j* bendecid y no maldigáis. 15 Gozaos con los que se gozan; llorad con los que lloran.*k* 16 Unánimes entre vosotros;*l* no seáis altivos, sino asociaos con los humildes. No seáis sabios en vuestra propia opinión.*m*

17 No paguéis a nadie mal por mal;*n* procurad lo bueno delante de todos los hombres.*ñ* 18 Si es posible, en cuanto dependa de vosotros, estad en paz con todos los hombres.*o* 19 No os venguéis vosotros mismos,*p* amados míos, sino dejad lugar a la ira de Dios, porque escrito está: «Mía es la venganza, yo pagaré, dice el Señor».*q* 20 Así que, si tu enemigo tiene hambre, dale de comer; si tiene sed, dale de

j 11.32 Gl 3.22.   *k* 11.33 Is 55.8-9;cf. Job 5.9.   *l* 11.34 Is 40.13; 1 Co 2.16.   *m* 11.35 Job 41.11.
n 11.36 1 Co 8.6; Ef 4.6; Col 1.16; Heb 2.10.   *a* 12.2 Ef 4.23.   *b* 12.2 Ef 5.10,17.
c 12.4-5 1 Co 12.12-31.   *d* 12.6-8 1 Co 12.4-11; 1 P 4.10-11.   *e* 12.9 1 Ti 1.5; 1 P 1.22.
f 12.9 Am 5.15.   *g* 12.10 Flp 2.3.   *h* 12.12 Ef 6.18; Flp 4.4-6.   *i* 12.13 Heb 13.2; 1 P 4.9.
j 12.14 Mt 5.44; Lc 6.28.   *k* 12.15 1 Co 12.26.   *l* 12.16 Flp 2.2.   *m* 12.16 Pr 3.7.
n 12.17 Mt 5.38-44; Lc 6.27-30; 1 Ts 5.15; 1 P 3.9.   *ñ* 12.17 2 Co 8.21.   *o* 12.18 Mt 5.9; Mc 9.50;
Heb 12.14.   *p* 12.19 Lv 19.18; Mt 5.39.   *q* 12.19 Dt 32.35; cf. Heb 10.30.
r 12.20 Pr 25.21-22.

beber, pues haciendo esto, harás que le arda la cara de vergüenza.*r*

21 No seas vencido de lo malo, sino vence con el bien el mal.

13 **1** Sométase toda persona a las autoridades superiores, porque no hay autoridad que no provenga de Dios, y las que hay, por Dios han sido establecidas.*a* **2** De modo que quien se opone a la autoridad, a lo establecido por Dios resiste; y los que resisten, acarrean condenación para sí mismos. **3** Los magistrados no están para infundir temor al que hace el bien, sino al malo. ¿Quieres, pues, no temer la autoridad? Haz lo bueno y serás alabado por ella, **4** porque está al servicio de Dios para tu bien. Pero si haces lo malo, teme, porque no en vano lleva la espada, pues está al servicio de Dios para hacer justicia y para castigar al que hace lo malo. **5** Por lo cual es necesario estarle sujetos, no solamente por razón del castigo, sino también por causa de la conciencia, **6** pues por esto pagáis también los tributos, porque las autoridades están al servicio de Dios, dedicadas continuamente a este oficio. **7** Pagad a todos lo que debéis: al que tributo, tributo; al que impuesto, impuesto; al que respeto, respeto; al que honra, honra.*b*

8 No debáis a nadie nada, sino el amaros unos a otros, pues el que ama al prójimo ha cumplido la Ley;*c* **9** porque: «No adulterarás, no matarás, no hurtarás, no dirás falso testimonio,*d* no codiciarás», y cualquier otro mandamiento, en esta sentencia se resume: «Amarás a tu prójimo como a ti mismo».*e* **10** El amor no hace mal al prójimo; así que el cumplimiento de la Ley es el amor.

11 Y esto, conociendo el tiempo, que es ya hora de levantarnos del sueño, porque ahora está más cerca de nosotros nuestra salvación que cuando creímos. **12** La noche está avanzada y se acerca el día.*f* Desechemos,*g* pues, las obras de las tinieblas y vistámonos las armas de la luz.*h,i* **13** Andemos como de día, honestamente; no en

glotonerías y borracheras, no en lujurias y libertinaje, no en contiendas y envidia.*j* **14** Al contrario, vestíos del Señor Jesucristo*k* y no satisfagáis los deseos de la carne.

Los débiles en la fe

14 **1** Recibid al débil en la fe, pero no para contender sobre opiniones. **2** Uno cree que se ha de comer de todo; otro, que es débil, solo come legumbres. **3** El que come de todo no menosprecie al que no come, y el que no come no juzgue al que come, porque Dios lo ha recibido. **4** ¿Tú quién eres, que juzgas al criado ajeno?*a* Para su propio Señor está en pie, o cae; pero estará firme, porque poderoso es el Señor para hacerlo estar firme.

5 Uno hace diferencia entre día y día, mientras que otro juzga iguales*b* todos los días. Cada uno esté plenamente convencido de lo que piensa. **6** El que distingue un día de otro, lo hace para el Señor; y el que no distingue el día, para el Señor no lo hace. El que come, para el Señor come, porque da gracias a Dios; y el que no come, para el Señor no come, y también da gracias a Dios.*c*

7 Ninguno de nosotros vive para sí y ninguno muere para sí.*d* **8** Si vivimos, para el Señor vivimos; y si morimos, para el Señor morimos. Así pues, sea que vivamos o que muramos, del Señor somos. **9** Cristo para esto murió, resucitó y volvió a vivir: para ser Señor así de los muertos como de los que viven.

10 Tú, pues ¿por qué juzgas a tu hermano? O tú también, ¿por qué menosprecias a tu hermano?, porque todos compareceremos ante el tribunal de Cristo,*e* **11** pues escrito está:

«Vivo yo, dice el Señor, que ante mí
se doblará toda rodilla,
y toda lengua confesará a Dios».*f*

12 De manera que cada uno de nosotros dará a Dios cuenta de sí.

13 Así que, ya no nos juzguemos más los unos a los otros,*g* sino más bien decidid no

---

a **13.1** Tit 3.1; 1 P 2.13-17. *b* **13.6-7** Mt 22.21; Mc 12.17; Lc 20.25. *c* **13.8** Gl 5.14; Stg 2.8.
d **13.9** Ex 20.13-17; Dt 5.17-21. *e* **13.9** Lv 19.18; Mt 22.37-40; Gl 5.14. *f* **13.11-14** 1 Ts 5.4-8.
g **13.12** Ef 4.22-25; Col 3.8-12. *h* **13.12** Ef 5.8-11. *i* **13.12** Ef 6.10-17. *j* **13.13** Lc 21.34; Ef 5.18;
1 P 4.3. *k* **13.14** Gl 3.27. *a* **14.4** Mt 7.1; Stg 4.11-12. *b* **14.1-6** Col 2.16. *c* **14.6** 1 Co 10.31;
1 Ti 4.4. *d* **14.7** 2 Co 5.15. *e* **14.10** 2 Co 5.10. *f* **14.11** Is 45.23; Flp 2.10-11.
g **14.13** Mt 7.1; Lc 6.37.

poner tropiezo u ocasión de caer al hermano. [14] Yo sé, y confío en el Señor Jesús, que nada es impuro en sí mismo;[h] pero para el que piensa que algo es impuro, para él lo es.[i] [15] Pero si por causa de la comida tu hermano es entristecido, ya no andas conforme al amor. No hagas que por causa de tu comida se pierda aquel por quien Cristo murió.[j] [16] No deis, pues, lugar a que se hable mal de vuestro bien, [17] porque el reino de Dios no es comida ni bebida, sino justicia, paz y gozo en el Espíritu Santo.[k] [18] El que de esta manera sirve a Cristo, agrada a Dios y es aprobado por los hombres.

[19] Por lo tanto, sigamos lo que contribuye a la paz y a la mutua edificación. [20] No destruyas la obra de Dios por causa de la comida. Todas las cosas a la verdad son limpias; pero lo malo es comer algo que haga tropezar a otros. [21] Mejor es no comer carne ni beber vino ni hacer nada que ofenda, debilite o haga tropezar a tu hermano. [22] ¿Tienes tú fe? Tenla para ti mismo delante de Dios. Bienaventurado el que no se condena a sí mismo en lo que aprueba.[l] [23] Pero el que duda sobre lo que come, se condena a sí mismo, porque no lo hace con fe; y todo lo que no proviene de fe, es pecado.

15 [1] Los que somos fuertes debemos soportar las flaquezas de los débiles y no agradarnos a nosotros mismos. [2] Cada uno de nosotros agrade a su prójimo en lo que es bueno, para edificación,[a] [3] porque ni aun Cristo se agradó a sí mismo; antes bien, como está escrito: «Los vituperios de los que te vituperaban cayeron sobre mí».[b] [4] Las cosas que se escribieron antes, para nuestra enseñanza[c] se escribieron, a fin de que, por la paciencia y la consolación de las Escrituras, tengamos esperanza. [5] Y el Dios de la paciencia y de la consolación os dé entre vosotros un mismo sentir según Cristo Jesús, [6] para que unánimes, a una voz, glorifiquéis al Dios y Padre de nuestro Señor Jesucristo.

El evangelio a los gentiles

[7] Por tanto, recibíos los unos a los otros, como también Cristo nos recibió, para gloria de Dios. [8] Os digo que Cristo Jesús vino a ser siervo de la circuncisión para mostrar la verdad de Dios, para confirmar las promesas hechas a los padres, [9] y para que los gentiles glorifiquen a Dios por su misericordia, como está escrito:

«Por tanto, yo te confesaré entre los
   gentiles
y cantaré a tu nombre».[d]

[10] Y otra vez dice:

«Alegraos, gentiles, con su
   pueblo».[e]

[11] Y otra vez:

«Alabad al Señor todos los gentiles
y exaltadlo todos los pueblos».[f]

[12] Y otra vez dice Isaías:

«Estará la raíz de Isaí
y el que se levantará para gobernar
   a las naciones,
las cuales esperarán en él».[g]

[13] Y el Dios de la esperanza os llene de todo gozo y paz en la fe, para que abundéis en esperanza por el poder del Espíritu Santo.

Ministerio de Pablo

[14] Estoy seguro de vosotros, hermanos míos, de que vosotros mismos estáis llenos de bondad y rebosantes de todo conocimiento, de tal manera que podéis aconsejaros unos a otros. [15] Pero os he escrito, hermanos, en parte con atrevimiento, como para haceros recordar, por la gracia que de Dios me es dada [16] para ser ministro de Jesucristo a los gentiles, ministrando el evangelio de Dios, para que los gentiles le sean como ofrenda agradable, santificada por el Espíritu Santo.[h]

[17] Tengo, pues, de qué gloriarme en Cristo Jesús en lo que a Dios se refiere, [18] porque no osaría hablar sino de lo que Cristo ha hecho por medio de mí, para conducir a los gentiles a la obediencia. Y lo he hecho de palabra y de obra, [19] con potencia de señales y prodigios, en el

[h] 14.14 Mc 7.14-19; Hch 10.15.   [i] 14.14 Tit 1.15.   [j] 14.15 1 Co 8.9-13; 10.23-24.   [k] 14.17 1 Co 8.8; Gl 5.22.   [l] 14.22 Gl 5.13; 1 Jn 3.21.   [a] 15.2 1 Co 10.24,33.   [b] 15.3 Sal 69.9.   [c] 15.4 1 Co 10.11. [d] 15.9 2 S 22.50; Sal 18.49.   [e] 15.10 Dt 32.43.   [f] 15.11 Sal 117.1.   [g] 15.12 Is 11.10. [h] 15.16 Ro 11.13; Gl 2.8.

poder del Espíritu de Dios;[i] de manera que desde Jerusalén y por los alrededores hasta Ilírico, todo lo he llenado del evangelio de Cristo. [20] Y de esta manera me esforcé en predicar el evangelio, no donde Cristo ya hubiera sido anunciado, para no edificar sobre fundamento ajeno,[j] [21] sino, como está escrito:

«Aquellos a quienes nunca les fue
anunciado acerca de él, verán;
y los que nunca han oído de él,
entenderán».[k]

Pablo se propone ir a Roma

[22] Por esta causa me he visto impedido muchas veces de ir a vosotros.[l] [23] Pero ahora, no teniendo más campo en estas regiones, y deseando desde hace muchos años ir a vosotros, [24] cuando vaya a España, iré a vosotros, pues espero veros al pasar y ser encaminado hacia allá por vosotros una vez que haya disfrutado de vuestra compañía. [25] Pero ahora voy a Jerusalén para ministrar a los santos, [26] porque Macedonia y Acaya tuvieron a bien hacer una ofrenda para los pobres que hay entre los santos que están en Jerusalén.[m] [27] Les pareció bueno hacerla, ya que son deudores a ellos, porque si los gentiles han sido hechos partícipes de sus bienes espirituales, deben también ellos ayudarlos con bienes materiales.[n] [28] Así que, cuando haya concluido esto, y les haya entregado esta ofrenda, pasaré entre vosotros rumbo a España. [29] Y sé que cuando vaya a vosotros, llegaré con abundancia de la bendición del evangelio de Cristo.

[30] Pero os ruego, hermanos, por nuestro Señor Jesucristo y por el amor del Espíritu, que me ayudéis orando por mí a Dios, [31] para que sea librado de los rebeldes que están en Judea y que la ofrenda de mi servicio a los santos en Jerusalén sea bien recibida;[ñ] [32] para que, si es la voluntad de Dios, llegue con gozo a vosotros y pueda descansar entre vosotros. [33] Que el Dios de paz sea con todos vosotros. Amén.

Saludos personales

16 [1] Os recomiendo, además, a nuestra hermana Febe, diaconisa de la iglesia en Cencrea. [2] Recibidla en el Señor, como es digno de los santos, y ayudadla en cualquier cosa en que necesite de vosotros, porque ella ha ayudado a muchos y a mí mismo.

[3] Saludad a Priscila y a Aquila,[a] mis colaboradores en Cristo Jesús, [4] que expusieron su vida por mí, a los cuales no solo yo doy las gracias, sino también todas las iglesias de los gentiles. [5] Saludad también a la iglesia que se reúne en su casa. Saludad a Epeneto, amado mío, que es el primer fruto de Acaya para Cristo. [6] Saludad a María, la cual ha trabajado mucho entre vosotros. [7] Saludad a Andrónico y a Junias, mis parientes y compañeros de prisiones. Ellos son muy estimados entre los apóstoles, y además creyeron en Cristo antes que yo. [8] Saludad a Amplias, amado mío en el Señor. [9] Saludad a Urbano, nuestro colaborador en Cristo Jesús, y a Estaquis, amado mío. [10] Saludad a Apeles, aprobado en Cristo. Saludad a los de la familia de Aristóbulo. [11] Saludad a Herodión, mi pariente. Saludad a los de la familia de Narciso, los cuales están en el Señor. [12] Saludad a Trifena y a Trifosa, que trabajan arduamente en el Señor. Saludad a la amada Pérsida, que tanto ha trabajado en el Señor. [13] Saludad a Rufo,[b] escogido en el Señor, y a su madre, que lo es también mía. [14] Saludad a Asíncrito, a Flegonte, a Hermas, a Patrobas, a Hermes y a los hermanos que están con ellos. [15] Saludad a Filólogo, a Julia, a Nereo y a su hermana, a Olimpas y a todos los santos que están con ellos.

[16] Saludaos los unos a los otros con beso santo. Os saludan todas las iglesias de Cristo.

[17] Pero os ruego, hermanos, que os fijéis en los que causan divisiones y ponen tropiezos en contra de la doctrina que vosotros habéis aprendido. Apartaos de ellos,[c] [18] porque tales personas no sirven a nuestro

---

[i] **15.19** Hch 15.12; 1 Co 2.4.   [j] **15.20** 2 Co 10.15-16.   [k] **15.21** Is 52.15.   [l] **15.22** Ro 1.13.
[m] **15.25-26** 1 Co 16.1-4; 2 Co 8—9.   [n] **15.27** 1 Co 9.11.   [ñ] **15.30-31** 2 Co 1.11.
[a] **16.3** Hch 18.2.   [b] **16.13** Mc 15.21.   [c] **16.17** 2 Ts 3.6,14-15; Tit 3.10.

Señor Jesucristo, sino a sus propios vientres,[d] y con suaves palabras y halagos engañan los corazones de los ingenuos. [19] Vuestra obediencia ha venido a ser notoria a todos, y por eso me gozo de vosotros. Pero quiero que seáis sabios para el bien e ingenuos para el mal.[e] [20] Y el Dios de paz aplastará muy pronto a Satanás bajo vuestros pies. La gracia de nuestro Señor Jesucristo sea con vosotros.

[21] Os saludan Timoteo[f] mi colaborador, y mis parientes Lucio, Jasón y Sosípater.[g]

[22] Yo Tercio, que escribí la epístola, os saludo en el Señor.

[23] Os saluda Gayo,[h] que me hospeda a mí y a toda la iglesia. Os saluda Erasto,[i] tesorero de la ciudad, y el hermano Cuarto.

[24] La gracia de nuestro Señor Jesucristo sea con todos vosotros. Amén.

Doxología final

[25] Y al que puede fortaleceros según mi evangelio y la predicación de Jesucristo, según la revelación del misterio que se ha mantenido oculto desde tiempos eternos, [26] pero se ha manifestado ahora, y que por las Escrituras de los profetas, según el mandamiento del Dios eterno, se ha dado a conocer a todas las naciones para que obedezcan a la fe, [27] al único y sabio[j] Dios, sea gloria mediante Jesucristo para siempre. Amén.

[d] **16.18** Flp 3.19. [e] **16.19** 1 Co 14.20. [f] **16.21** Hch 16.1. [g] **16.21** Hch 20.4. [h] **16.23** Hch 19.29; 1 Co 1.14. [i] **16.23** 2 Ti 4.20. [j] **16.27** 1 Ti 1.17; Jud 25.

Primera Epístola del Apóstol San Pablo a los
CORINTIOS

INTRODUCCIÓN

La ciudad de Corinto, famosa por su riqueza y cultura, lo era también por la relajación moral de sus habitantes y el libertinaje que dominaba las costumbres de la sociedad. En aquel ambiente, la existencia de una pequeña comunidad cristiana, compuesta en su mayor parte por personas sencillas, de origen gentil (1.26; 12.2) y reciente conversión, se veía sometida a fuertes tensiones espirituales y morales. Allí el anuncio del evangelio había sido bien acogido desde el principio, cuando Pablo, probablemente a comienzos de la década de los 50, llegó procedente de Atenas. Durante «un año y seis meses» (Hch 18.11) permaneció entonces en la ciudad, entregado a la proclamación de la fe en Jesucristo (Hch 18.1-18).

La Primera epístola a los Corintios (=1 Co) fue escrita mientras el Apóstol residía en Éfeso, donde le llegaron, entre los años 54 y 57, algunas consultas e informes de la difícil situación que estaban atravesando los creyentes corintios. Pablo aborda en la carta el problema de las divisiones internas, cuestiones morales, pleitos surgidos entre los creyentes y promovidos ante jueces paganos, comportamientos sexuales condenables y actitudes indignas entre los participantes en el culto, especialmente en la Cena del Señor. Junto a toda una serie de instrucciones, la carta contiene las respuestas del Apóstol a las preguntas de los corintios relacionadas con el matrimonio cristinano y el celibato, con el consumo de alimentos consagrados a los ídolos antes de su venta pública o con la diversidad y ejercicio de los dones otorgados por el Espíritu Santo.

Otros textos, relacionados con cuestiones doctrinales y de testimonio cristiano, incluyen amonestaciones en contra de la idolatría (10.1—11.1) y consideraciones sobre el atavío de las mujeres en el culto (11.2-16) y sobre la institución de la Cena del Señor (11.23-26). Notables por la belleza y profundidad de pensamiento son el poema de exaltación del amor al prójimo (12.31b—13.13) y la extensa declaración acerca de la resurrección de los muertos (cap. 15).

Esquema del contenido

Prólogo (1.1-9)
1. Pablo corrige a una iglesia dividida en facciones (1.10—6.20)
2. Sobre el matrimonio (7.1-40)
3. La libertad cristiana (8.1—11.1)
4. La vida de la iglesia (11.2-34)
5. Los dones del Espíritu Santo (12.1—14.40)
6. La resurrección de los muertos (15.1-58)
Epílogo (16.1-24)

Salutación

1 ¹ Pablo, llamado a ser apóstol de Jesucristo por la voluntad de Dios, y el hermano Sóstenes, ² a la iglesia de Dios que está en Corinto,ᵃ a los santificados en Cristo Jesús, llamados a ser santosᵇ con todos los que en cualquier lugar invocan el nombre de nuestro Señor Jesucristo, Señor de ellos y nuestro. ³ Gracia y paz a vosotros, de Dios nuestro Padre y del Señor Jesucristo.ᶜ

ᵃ **1.2** Hch 18.1. ᵇ **1.1-2** Ro 1.6-7. ᶜ **1.3** Ro 1.7.

1177

Acción de gracias por dones espirituales

4 Gracias doy a mi Dios siempre por
vosotros, por la gracia de Dios que os fue
dada en Cristo Jesús, 5 pues por medio de
él habéis sido enriquecidos en todo, en toda palabra y en todo conocimiento, 6 en la
medida en que el testimonio acerca de
Cristo ha sido confirmado entre vosotros,
7 de tal manera que nada os falta en ningún don mientras esperáis la manifestación de nuestro Señor Jesucristo;[d] 8 el cual
también os mantendrá firmes hasta el fin,
para que seáis irreprensibles en el día de
nuestro Señor Jesucristo.[e] 9 Fiel es Dios,
por el cual fuisteis llamados a la comunión
con su Hijo Jesucristo, nuestro Señor.

¿Está dividido Cristo?

10 Os ruego, pues, hermanos, por el
nombre de nuestro Señor Jesucristo, que
habléis todos una misma cosa, y que no
haya entre vosotros divisiones, sino que
estéis perfectamente unidos en una misma mente y un mismo parecer,[f] 11 porque
he sido informado acerca de vosotros,
hermanos míos, por los de Cloé, que hay
entre vosotros contiendas. 12 Quiero decir,
que cada uno de vosotros dice: «Yo soy de
Pablo», «Yo, de Apolos»,[g] «Yo, de Cefas»[h]
o «Yo, de Cristo».[i] 13 ¿Acaso está dividido
Cristo? ¿Fue crucificado Pablo por vosotros? ¿O fuisteis bautizados en el nombre
de Pablo?

14 Doy gracias a Dios de que a ninguno
de vosotros he bautizado, sino a Crispo[j] y
a Gayo,[k] 15 para que ninguno diga que fue
bautizado en mi nombre. 16 También bau-
ticé a la familia de Estéfanas,[l] pero de los
demás no recuerdo si he bautizado a algún otro. 17 No me envió Cristo a bautizar,
sino a predicar el evangelio; no con sabiduría de palabras, para que no se haga vana la cruz de Cristo.

Cristo, poder y sabiduría de Dios

18 La palabra de la cruz es locura a los
que se pierden; pero a los que se salvan,
esto es, a nosotros, es poder de Dios,[m]
19 pues está escrito:

> «Destruiré la sabiduría de los
> sabios
> y frustraré la inteligencia de los
> inteligentes».[n]

20 ¿Dónde está el sabio?[ñ] ¿Dónde está
el escriba? ¿Dónde está el que discute
asuntos de este mundo? ¿Acaso no ha enloquecido Dios la sabiduría del mundo?[o]
21 Puesto que el mundo, mediante su sabiduría, no reconoció a Dios a través de las
obras que manifiestan su sabiduría, agradó a Dios salvar a los creyentes por la locura de la predicación.[p]

22 Los judíos piden señales[q] y los griegos buscan sabiduría, 23 pero nosotros
predicamos a Cristo crucificado, para los
judíos ciertamente tropezadero, y para
los gentiles locura.

24 En cambio para los llamados, tanto
judíos como griegos, Cristo es poder y sabiduría de Dios,[r] 25 porque lo insensato
de Dios es más sabio que los hombres, y lo
débil de Dios es más fuerte que los hombres.

26 Considerad, pues, hermanos, vuestra vocación y ved que no hay muchos sabios según la carne, ni muchos poderosos,
ni muchos nobles; 27 sino que lo necio del
mundo escogió Dios para avergonzar a
los sabios; y lo débil del mundo escogió
Dios para avergonzar a lo fuerte; 28 y lo vil
del mundo y lo menospreciado escogió
Dios, y lo que no es, para deshacer lo que
es, 29 a fin de que nadie se jacte en su presencia.[s] 30 Pero por él estáis vosotros en
Cristo Jesús, el cual nos ha sido hecho por
Dios sabiduría, justificación, santificación y redención, 31 para que, como está
escrito: «El que se gloría, gloríese en el
Señor».[t]

Proclamando a Cristo crucificado

2 1 Así que, hermanos, cuando fui a vosotros para anunciaros el testimonio

[d] **1.7** 1 Co 15.23; Flp 3.20; 2 Ts 1.7. [e] **1.8** Flp 1.6; 1 Ts 3.13; 5.23. [f] **1.10** Ro 12.16; Flp 2.2.
[g] **1.12** Cristiano destacado, procedente de Alejandría, que había predicado en Corinto (Hch 18.24—19.1). [h] **1.12** Forma aramea del nombre Pedro. [i] **1.12** 1 Co 3.4. [j] **1.14** Hch 18.8.
[k] **1.14** Hch 19.29; Ro 16.23. [l] **1.16** 1 Co 16.15. [m] **1.18** Ro 1.16. [n] **1.19** Is 29.14. [ñ] **1.20** Is 19.12.
[o] **1.20** Is 44.25. [p] **1.20-21** Mt 11.25; Lc 10.21. [q] **1.22** Mt 12.38-39; 16.1-4; Jn 4.48.
[r] **1.23-24** Ro 1.16. [s] **1.29** Ro 3.27; Ef 2.9. [t] **1.31** Jer 9.23-24; cf. 2 Co 10.17.

de Dios, no fui con excelencia de palabras o de sabiduría, [2]pues me propuse no saber entre vosotros cosa alguna sino a Jesucristo, y a este crucificado.[a] [3]Y estuve entre vosotros con debilidad, y mucho temor y temblor;[b] [4]y ni mi palabra ni mi predicación fueron con palabras persuasivas de humana sabiduría, sino con demostración del Espíritu y de poder,[c] [5]para que vuestra fe no esté fundada en la sabiduría de los hombres, sino en el poder de Dios.

La revelación por el Espíritu de Dios

[6]Sin embargo, hablamos sabiduría entre los que han alcanzado madurez en la fe; no la sabiduría de este mundo ni de los poderosos de este mundo, que perecen. [7]Pero hablamos sabiduría de Dios en misterio, la sabiduría oculta que Dios predestinó antes de los siglos para nuestra gloria,[d] [8]la cual ninguno de los poderosos de este mundo conoció, porque si la hubieran conocido, nunca habrían crucificado al Señor de la gloria. [9]Antes bien, como está escrito:

«Cosas que ojo no vio ni oído oyó
ni han subido al corazón del
hombre,
son las que Dios ha preparado para
los que lo aman».[e]

[10]Pero Dios nos las reveló a nosotros por el Espíritu, porque el Espíritu todo lo escudriña, aun lo profundo de Dios, [11]porque ¿quién de entre los hombres conoce las cosas del hombre, sino el espíritu del hombre que está en él? Del mismo modo, nadie conoció las cosas de Dios, sino el Espíritu de Dios.[f] [12]Y nosotros no hemos recibido el espíritu del mundo, sino el Espíritu que proviene de Dios, para que sepamos lo que Dios nos ha concedido.[g] [13]De estas cosas hablamos, no con palabras enseñadas por la sabiduría humana, sino con las que enseña el Espíritu, acomodando lo espiritual a lo espiritual. [14]Pero el hombre natural no percibe las cosas que son del Espíritu de Dios,

porque para él son locura; y no las puede entender, porque se han de discernir espiritualmente.[h] [15]En cambio, el espiritual[i] juzga todas las cosas, sin que él sea juzgado por nadie. [16]¿Quién conoció la mente del Señor? ¿Quién lo instruirá?[j] Pues bien, nosotros tenemos la mente de Cristo.

Colaboradores de Dios

3 [1]De manera que yo, hermanos, no pude hablaros como a espirituales, sino como a carnales, como a niños en Cristo. [2]Os di a beber leche, no alimento sólido,[a] porque aún no erais capaces; ni sois capaces todavía, [3]porque aún sois carnales. En efecto, habiendo entre vosotros celos, contiendas[b] y disensiones, ¿no sois carnales y andáis como hombres? [4]Pues cuando uno dice: «Yo ciertamente soy de Pablo», y el otro: «Yo soy de Apolos»,[c] ¿no sois carnales?

[5]¿Qué, pues, es Pablo, y qué es Apolos? Servidores por medio de los cuales habéis creído; y eso según lo que a cada uno concedió el Señor. [6]Yo planté,[d] Apolos regó;[e] pero el crecimiento lo ha dado Dios. [7]Así que ni el que planta es algo ni el que riega, sino Dios que da el crecimiento. [8]Y el que planta y el que riega son una misma cosa, aunque cada uno recibirá su recompensa conforme a su labor, [9]porque nosotros somos colaboradores de Dios, y vosotros sois labranza de Dios, edificio de Dios.

[10]Conforme a la gracia de Dios que me ha sido dada, yo, como perito arquitecto, puse el fundamento, y otro edifica encima; pero cada uno mire cómo sobreedifica. [11]Nadie puede poner otro fundamento que el que está puesto, el cual es Jesucristo.[f] [12]Si alguien edifica sobre este fundamento con oro, plata y piedras preciosas, o con madera, heno y hojarasca, [13]la obra de cada uno se hará manifiesta, porque el día la pondrá al descubierto, pues por el fuego será revelada. La obra de cada uno, sea la que sea, el fuego la probará.[g] [14]Si permanece la obra de alguno que sobreedificó, él

---

[a]**2.1-2** Gl 6.14. [b]**2.3** Hch 18.9. [c]**2.4** 1 Ts 1.5. [d]**2.7** Ro 16.25; Col 1.26. [e]**2.9** Is 64.4; Jer 3.16. [f]**2.11** Mt 11.27; Lc 10.22. [g]**2.12** Jn 16.13-14. [h]**2.14** Jn 8.47; 14.17. [i]**2.15** 1 Jn 2.20. [j]**2.16** Is 40.13; cf. Ro 11.34. [a]**3.2** Heb 5.12-13. [b]**3.3** 1 Co 1.10-12. [c]**3.4** 1 Co 1.12. [d]**3.6** Hch 18.4-11. [e]**3.6** Hch 18.24-28. [f]**3.11** Is 28.16; 1 P 2.4-6. [g]**3.13** Mal 4.1.

recibirá recompensa. [15] Si la obra de alguno se quema, él sufrirá pérdida, si bien él mismo será salvo, aunque así como por fuego.

[16] ¿Acaso no sabéis que sois templo de Dios y que el Espíritu de Dios está en vosotros?[h] [17] Si alguno destruye el templo de Dios, Dios lo destruirá a él, porque el templo de Dios, el cual sois vosotros, santo es.

[18] Nadie se engañe a sí mismo; si alguno entre vosotros cree ser sabio en este mundo, hágase ignorante y así llegará a ser verdaderamente sabio.

[19] La sabiduría de este mundo es insensatez ante Dios, como está escrito: «Él prende a los sabios en la astucia de ellos».[i] [20] Y otra vez: «El Señor conoce los pensamientos de los sabios, y sabe que son vanos».[j] [21] Así que, ninguno se gloríe en los hombres, porque todo es vuestro: [22] sea Pablo, Apolos o Cefas, sea el mundo, la vida o la muerte, sea lo presente o lo por venir. Todo es vuestro, [23] y vosotros sois de Cristo y Cristo es de Dios.

El ministerio de los apóstoles

4 [1] Por tanto, que los hombres nos consideren como servidores de Cristo y administradores de los misterios[a] de Dios. [2] Ahora bien, lo que se requiere de los administradores es que cada uno sea hallado fiel. [3] En cuanto a mí, en muy poco tengo el ser juzgado por vosotros o por tribunal humano. ¡Ni aun yo mismo me juzgo! [4] Aunque de nada tengo mala conciencia, no por eso soy justificado; pero el que me juzga es el Señor.[b] [5] Así que no juzguéis nada antes de tiempo, hasta que venga el Señor, el cual aclarará también lo oculto de las tinieblas y manifestará las intenciones de los corazones. Entonces, cada uno recibirá su alabanza de Dios.

[6] Pero esto, hermanos, lo he presentado como ejemplo en mí y en Apolos por amor a vosotros, para que en nosotros aprendáis a no pensar más de lo que está escrito, no sea que por causa de uno os envanezcáis unos contra otros, [7] porque ¿quién te hace superior? ¿Y qué tienes que no hayas recibido? Y si lo recibiste,

¿por qué te glorías como si no lo hubieras recibido?

[8] Ya estáis saciados, ya sois ricos, sin nosotros reináis. ¡Y ojalá reinarais, para que nosotros reináramos también juntamente con vosotros!, [9] porque, según pienso, Dios nos ha puesto a nosotros los apóstoles en el último lugar, como a sentenciados a muerte. ¡Hemos llegado a ser un espectáculo para el mundo, para los ángeles y para los hombres! [10] Nosotros somos insensatos por causa de Cristo, y vosotros sois prudentes en Cristo; nosotros débiles, y vosotros fuertes; vosotros sois honorables, y nosotros despreciados. [11] Hasta el día de hoy padecemos hambre y tenemos sed, estamos desnudos, somos abofeteados y no tenemos lugar fijo donde vivir.[c] [12] Nos fatigamos trabajando con nuestras propias manos;[d] nos maldicen, y bendecimos;[e] padecemos persecución, y la soportamos. [13] Nos difaman, y respondemos con bondad; hemos venido a ser hasta ahora como la escoria del mundo, el desecho de todos.

[14] No escribo esto para avergonzaros, sino para amonestaros como a hijos míos amados. [15] Aunque tengáis diez mil maestros en Cristo, no tendréis muchos padres, pues en Cristo Jesús yo os engendré por medio del evangelio. [16] Por tanto, os ruego que me imitéis.[f] [17] Por esto mismo os he enviado a Timoteo, que es mi hijo amado y fiel en el Señor, el cual os recordará mi proceder en Cristo, de la manera que enseño en todas partes y en todas las iglesias.

[18] Algunos están envanecidos, como si yo nunca hubiera de ir a vosotros. [19] Pero iré pronto a visitaros, si el Señor quiere, y conoceré, no las palabras, sino el poder de los que andan envanecidos, [20] pues el reino de Dios no consiste en palabras, sino en poder. [21] ¿Qué queréis? ¿Iré a vosotros con vara, o con amor y espíritu de mansedumbre?

Un caso de inmoralidad juzgado

5 [1] Se ha sabido que hay entre vosotros fornicación, y fornicación cual ni aun

---

[h] **3.16** 1 Co 6.19; 2 Co 6.16.   [i] **3.19** Job 5.13.   [j] **3.20** Sal 94.11.   [a] **4.1** 1 Co 3.5.   [b] **4.4** 1 Jn 3.19-21.
[c] **4.11** 2 Co 11.23-27.   [d] **4.12** Hch 18.2-3; 20.34; 2 Co 11.7.   [e] **4.12** Lc 6.28; Ro 12.14.
[f] **4.16** 1 Co 11.1; Flp 3.17.

se nombra entre los gentiles; a tal extremo que alguno tiene a la mujer de su padre.[a] [2] Y vosotros estáis envanecidos. ¿No debierais más bien lamentarlo y haber quitado de en medio de vosotros al que cometió tal acción? [3] Ciertamente yo, como ausente en cuerpo pero presente en espíritu, como si estuviera presente he juzgado ya al que tal cosa ha hecho. [4] En el nombre de nuestro Señor Jesucristo, reunidos vosotros y mi espíritu, con el poder de nuestro Señor Jesucristo, [5] el tal sea entregado a Satanás para destrucción de la carne, a fin de que el espíritu sea salvo en el día del Señor Jesús.

[6] No es buena vuestra jactancia. ¿Acaso no sabéis que un poco de levadura fermenta toda la masa?[b] [7] Limpiaos, pues, de la vieja levadura, para que seáis nueva masa, como sois, sin levadura, porque nuestra Pascua,[c] que es Cristo, ya fue sacrificada por nosotros. [8] Así que celebremos la fiesta, no con la vieja levadura ni con la levadura de malicia y de maldad, sino con panes sin levadura,[d] de sinceridad y de verdad.

[9] Os he escrito por carta que no os juntéis con los fornicarios. [10] No me refiero en general a todos los fornicarios de este mundo, ni a todos los avaros, ladrones, o idólatras, pues en tal caso os sería necesario salir del mundo. [11] Más bien os escribí para que no os juntéis con ninguno que, llamándose hermano,[e] sea fornicario, avaro, idólatra, maldiciente, borracho o ladrón; con el tal ni aun comáis, [12] porque ¿qué razón tendría yo para juzgar a los que están fuera? ¿No juzgáis vosotros a los que están dentro? [13] A los que están fuera, Dios los juzgará. Quitad, pues, a ese perverso de entre vosotros.[f]

Litigios delante de los incrédulos

6 [1] ¿Se atreve alguno de vosotros, cuando tiene algo contra otro, llevar el asunto ante los injustos y no delante de los santos? [2] ¿No sabéis que los santos han de juzgar al mundo? Y si el mundo ha de ser juzgado por vosotros, ¿sois indignos de juzgar asuntos tan pequeños? [3] ¿No sabéis que hemos de juzgar a los ángeles? ¿Cuánto más las cosas de esta vida? [4] Si, pues, tenéis pleitos sobre asuntos de esta vida, ¿por qué ponéis, para juzgar, a los que son de menor estima en la iglesia? [5] Para avergonzaros lo digo. Pues qué, ¿no hay entre vosotros ni uno solo que sea sabio para poder juzgar entre sus hermanos? [6] Un hermano pleitea contra otro hermano, ¡y lo hace ante los incrédulos! [7] Ciertamente, ya es una falta en vosotros que tengáis pleitos entre vosotros mismos. ¿Por qué no sufrís más bien el agravio? ¿Por qué no sufrís más bien el ser defraudados? [8] Pero vosotros cometéis el agravio y defraudáis, ¡y esto a los hermanos!

[9] ¿No sabéis que los injustos no heredarán el reino de Dios? No os engañéis: ni los fornicarios, ni los idólatras, ni los adúlteros, ni los afeminados, ni los homosexuales, [10] ni los ladrones, ni los avaros, ni los borrachos, ni los maldicientes, ni los estafadores, heredarán el reino de Dios.[a] [11] Y esto erais algunos de vosotros, pero ya habéis sido lavados, ya habéis sido santificados, ya habéis sido justificados en el nombre del Señor Jesús y por el Espíritu de nuestro Dios.[b]

Glorificad a Dios en vuestro cuerpo

[12] Todas las cosas me son lícitas,[c] pero no todas convienen; todas las cosas me son lícitas, pero yo no me dejaré dominar por ninguna. [13] Los alimentos son para el vientre, y el vientre para los alimentos; pero tanto al uno como a los otros destruirá Dios. Pero el cuerpo no es para la fornicación, sino para el Señor y el Señor para el cuerpo.[d] [14] Y Dios, que levantó al Señor, también a nosotros nos levantará con su poder.[e]

[15] ¿No sabéis que vuestros cuerpos son miembros de Cristo? ¿Quitaré, pues, los miembros de Cristo[f] y los haré miembros de una ramera? ¡De ninguna manera! [16] ¿O no sabéis que el que se une con una ramera, es un cuerpo con ella?, porque

---

[a] **5.1** Dt 22.30.   [b] **5.6** Gl 5.9.   [c] **5.7** Ex 12.5,21; 1 P 1.19.   [d] **5.8** Ex 13.7; Dt 16.3.
[e] **5.10-11** 2 Ts 3.14.   [f] **5.12-13** Dt 13.5; 17.7; 22.21.   [a] **6.9-10** Ef 5.5.   [b] **6.11** Tit 3.3-7.
[c] **6.12** 1 Co 10.23.   [d] **6.13** 1 Co 3.23.   [e] **6.14** Ro 8.11; 1 Co 15.20-22; 2 Co 4.14.
[f] **6.15** Ro 12.5; 1 Co 12.27.

¿no dice la Escritura: «Los dos serán una sola carne»?[g] [17]Pero el que se une al Señor, un espíritu es con él.

[18]Huid de la fornicación. Cualquier otro pecado que el hombre cometa, está fuera del cuerpo; pero el que fornica, contra su propio cuerpo peca. [19]¿O ignoráis que vuestro cuerpo es templo del Espíritu Santo, el cual está en vosotros,[h] el cual habéis recibido de Dios, y que no sois vuestros?, [20]pues habéis sido comprados[i] por precio; glorificad, pues, a Dios en vuestro cuerpo y en vuestro espíritu, los cuales son de Dios.

7 [1]Acerca de lo que me habéis preguntado por escrito, digo: Bueno le sería al hombre no tocar mujer. [2]Sin embargo, por causa de las fornicaciones tenga cada uno su propia mujer, y tenga cada una su propio marido. [3]El marido debe cumplir con su mujer el deber conyugal, y asimismo la mujer con su marido. [4]La mujer no tiene dominio sobre su propio cuerpo, sino el marido; ni tampoco tiene el marido dominio sobre su propio cuerpo, sino la mujer. [5]No os neguéis el uno al otro, a no ser por algún tiempo de mutuo consentimiento, para ocuparos sosegadamente en la oración. Luego volved a juntaros en uno, para que no os tiente Satanás a causa de vuestra incontinencia.

[6]Pero esto lo digo más como concesión que como mandamiento. [7]Quisiera más bien que todos los hombres fueran como yo; pero cada uno tiene su propio don de Dios, uno a la verdad de un modo, y otro de otro.

[8]Digo, pues, a los solteros y a las viudas, que bueno les sería quedarse como yo; [9]pero si no tienen don de continencia, cásense, pues mejor es casarse que estarse quemando.

[10]A los que están unidos en matrimonio, mando, no yo, sino el Señor, que la mujer no se separe del marido; [11]y si se separa, quédese sin casar o reconcíliese con su marido; y que el marido no abandone a su mujer.[a]

[12]A los demás yo digo, no el Señor, que si algún hermano tiene una mujer que no es creyente, y ella consiente en vivir con él, no la abandone. [13]Y si una mujer tiene marido que no es creyente, y él consiente en vivir con ella, no lo abandone, [14]porque el marido no creyente es santificado por la mujer; y la mujer no creyente, por el marido. De otra manera vuestros hijos serían impuros, mientras que ahora son santos. [15]Pero si el no creyente se separa, sepárese, pues no está el hermano o la hermana sujeto a servidumbre en semejante caso, sino que a vivir en paz nos llamó Dios. [16]¿Qué sabes tú, mujer, si quizá harás salvo a tu marido? ¿O qué sabes tú, marido, si quizá harás salva a tu mujer?

[17]Pero cada uno viva según los dones que el Señor le repartió y según era cuando Dios lo llamó: esto ordeno en todas las iglesias. [18]¿Fue llamado alguno siendo circunciso? Quédese circunciso. ¿Fue llamado alguno siendo incircunciso? No se circuncide. [19]La circuncisión nada significa, y la incircuncisión nada significa; lo que importa es guardar los mandamientos de Dios.[b] [20]Cada uno debe quedarse en el estado en que fue llamado. [21]¿Fuiste llamado siendo esclavo? No te preocupes, aunque si tienes oportunidad de hacerte libre, aprovéchala, [22]porque el que en el Señor fue llamado siendo esclavo, liberto es del Señor; asimismo el que fue llamado siendo libre, esclavo es de Cristo. [23]Por precio fuisteis comprados;[c] no os hagáis esclavos de los hombres. [24]Cada uno, hermanos, en el estado en que fue llamado, así permanezca para con Dios.

[25]En cuanto a las vírgenes no tengo mandamiento del Señor, pero doy mi parecer como quien ha alcanzado misericordia del Señor para ser digno de confianza. [26]Tengo, pues, esto por bueno a causa de las dificultades del tiempo presente: que hará bien el hombre en quedarse como está. [27]¿Estás ligado a mujer? No trates de soltarte. ¿Estás libre de mujer? No trates de casarte. [28]Ahora bien, si te casas, no pecas; y si la doncella se casa, no peca; pero los que se casan tendrán aflicción de la carne, y yo os la quisiera evitar.

[29]Pero esto digo, hermanos: que el tiempo es corto. Resta, pues, que los que tienen esposa sean como si no la tuvieran; [30]los

[g]**6.16** Gn 2.24.   [h]**6.19** 1 Co 3.16; cf. 2 Co 6.16.   [i]**6.20** 1 Co 7.23; Ap 5.9.   [a]**7.10-11** Mt 5.32; 19.9; Mc 10.11-12; Lc 16.18.   [b]**7.19** Ro 2.25-26; Gl 5.6; 6.15.   [c]**7.23** 1 Co 6.20.

que lloran, como si no lloraran; los que se alegran, como si no se alegraran; los que compran, como si no poseyeran, ³¹ y los que disfrutan de este mundo, como si no lo disfrutaran, porque la apariencia de este mundo es pasajera.

³² Quisiera, pues, que estuvierais sin congoja. El soltero se preocupa por las cosas del Señor, de cómo agradar al Señor; ³³ pero el casado se preocupa por las cosas del mundo, de cómo agradar a su mujer. ³⁴ Hay asimismo diferencia entre la casada y la doncella. La doncella se preocupa por las cosas del Señor, para ser santa tanto en cuerpo como en espíritu; pero la casada se preocupa por las cosas del mundo, de cómo agradar a su marido. ³⁵ Esto lo digo para vuestro provecho; no para tenderos lazo, sino para lo honesto y decente, y para que sin impedimento os acerquéis al Señor.

³⁶ Pero si alguno piensa que es impropio que a su hija virgen se le pase la edad, y que es necesario casarla, haga lo que quiera, no peca: que se case. ³⁷ Pero el que está firme en su corazón, sin tener compromiso que lo obligue, sino que, dueño de su propia voluntad, ha resuelto en su corazón guardar virgen a su hija, bien hace. ³⁸ De manera que el que la da en casamiento hace bien, pero el que no la da en casamiento hace mejor.

³⁹ La mujer casada está ligada a su marido por la ley mientras él vive; pero si su marido muere, queda libre para casarse con quien quiera, con tal que sea en el Señor.ᵈ ⁴⁰ Pero, a mi juicio, más dichosa será si se queda así; y pienso que también yo tengo el Espíritu de Dios.

Lo sacrificado a los ídolos

8 ¹ En cuanto a lo sacrificado a los ídolos, sabemos que todos tenemos el debido conocimiento. El conocimiento envanece, pero el amor edifica. ² Y si alguno se imagina que sabe algo, aún no sabe nada como debería saberlo. ³ Pero si alguno ama a Dios, es conocido por él.ᵃ

⁴ Acerca, pues, de los alimentos que se sacrifican a los ídolos, sabemos que un ídolo nada es en el mundo,ᵇ y que no hay más que un Dios.ᶜ ⁵ Aunque haya algunos que se llamen dioses, sea en el cielo o en la tierra (como hay muchos dioses y muchos señores), ⁶ para nosotros, sin embargo, solo hay un Dios, el Padre, del cual proceden todas las cosas y para quien nosotros existimos;ᵈ y un Señor, Jesucristo, por medio del cual han sido creadas todas las cosas y por quien nosotros también existimos.ᵉ

⁷ Pero no en todos hay este conocimiento, pues algunos, habituados hasta aquí a la idolatría, comen como si el alimento fuera sacrificado a ídolos, y su conciencia, que es débil, se contamina, ⁸ si bien la vianda no nos hace más aceptos ante Dios, pues ni porque comamos seremos más, ni porque no comamos seremos menos.ᶠ ⁹ Pero procurad que esta libertad vuestra no venga a ser tropezadero para los débiles,ᵍ ¹⁰ porque si alguien te ve a ti, que tienes conocimiento, sentado a la mesa en un lugar dedicado a los ídolos, la conciencia de aquel, que es débil, ¿no será estimulada a comer de lo sacrificado a los ídolos? ¹¹ Y así, por tu conocimiento, se perderá el hermano débil por quien Cristo murió. ¹² De esta manera, pues, pecando contra los hermanos e hiriendo su débil conciencia, contra Cristo pecáis. ¹³ Por lo cual, si la comida le es a mi hermano ocasión de caer, no comeré carne jamás, para no poner tropiezo a mi hermano.ʰ

Los derechos de un apóstol

9 ¹ ¿No soy apóstol?ᵃ ¿No soy libre? ¿No he visto a Jesús el Señor nuestro?ᵇ ¿No sois vosotros mi obra en el Señor? ² Si para otros no soy apóstol, para vosotros ciertamente lo soy, porque el sello de mi apostolado sois vosotros en el Señor.

³ Contra los que me acusan, esta es mi defensa: ⁴ ¿Acaso no tenemos derecho a comer y beber? ⁵ ¿No tenemos derecho a llevar con nosotros una hermana por esposa,

---

ᵈ **7.39** Ro 7.2-3.   ᵃ **8.3** Gl 4.9.   ᵇ **8.4** 1 Co 10.19.   ᶜ **8.4** Dt 4.35,39; 6.4.   ᵈ **8.6** Mal 2.10; Ro 11.36; Ef 4.6.   ᵉ **8.6** Jn 1.3; Col 1.16; Heb 1.2.   ᶠ **8.8** Ro 14.17.   ᵍ **8.9-13** Ro 14.13-15; Gl 5.13. ʰ **8.8-13** Ro 14.20-21.   ᵃ **9.1** 1 Co 4.15-21; 2 Co 3.1-3; 10—11.   ᵇ **9.1** Hch 9.3-7,17; 1 Co 15.8.

como hacen también los otros apóstoles, los hermanos del Señor y Cefas?[c] [6] ¿O solo yo y Bernabé[d] no tenemos derecho a no trabajar? [7] ¿Quién fue jamás soldado a sus propias expensas? ¿Quién planta una viña y no come de su fruto? ¿O quién apacienta el rebaño y no toma de la leche del rebaño?

[8] ¿Digo esto solo como hombre? ¿No dice esto también la Ley? [9] En la ley de Moisés está escrito: «No pondrás bozal al buey que trilla».[e] ¿Se preocupa Dios por los bueyes [10] o lo dice enteramente por nosotros? Sí, por nosotros se escribió esto, porque con esperanza debe arar el que ara y el que trilla, con esperanza de recibir del fruto. [11] Si nosotros sembramos entre vosotros lo espiritual, ¿será mucho pedir que cosechemos de vosotros lo material?[f] [12] Si otros participan de este derecho sobre vosotros, ¿cuánto más nosotros?

Sin embargo, no hemos usado de este derecho, sino que lo soportamos todo por no poner ningún obstáculo al evangelio de Cristo. [13] ¿No sabéis que los que trabajan en las cosas sagradas, comen del Templo, y que los que sirven al altar, del altar participan?[g] [14] Así también ordenó el Señor a los que anuncian el evangelio, que vivan del evangelio.[h] [15] Pero yo de nada de esto me he aprovechado, ni tampoco he escrito esto para que se haga así conmigo, porque prefiero morir, antes que nadie me prive de esta mi gloria.

[16] Si anuncio el evangelio, no tengo por qué gloriarme, porque me es impuesta necesidad; y ¡ay de mí si no anunciara el evangelio! [17] Por eso, si lo hago de buena voluntad, recompensa tendré; pero si de mala voluntad, la comisión me ha sido encomendada. [18] ¿Cuál, pues, es mi recompensa? Que, predicando el evangelio, presente gratuitamente el evangelio de Cristo, para no abusar de mi derecho en el evangelio.

[19] Por lo cual, siendo libre de todos, me he hecho siervo de todos[i] para ganar al mayor número. [20] Me he hecho a los judíos como judío, para ganar a los judíos; a los que están sujetos a la Ley (aunque yo no esté sujeto a la Ley) como sujeto a la Ley, para ganar a los que están sujetos a la Ley; [21] a los que están sin Ley, como si yo estuviera sin Ley (aunque yo no estoy sin ley de Dios, sino bajo la ley de Cristo), para ganar a los que están sin Ley. [22] Me he hecho débil a los débiles, para ganar a los débiles; a todos me he hecho de todo, para que de todos modos salve a algunos. [23] Y esto hago por causa del evangelio, para hacerme copartícipe de él.

[24] ¿No sabéis que los que corren en el estadio, todos a la verdad corren, pero uno solo se lleva el premio? Corred de tal manera que lo obtengáis. [25] Todo aquel que lucha, de todo se abstiene;[j] ellos, a la verdad, para recibir una corona corruptible,[k] pero nosotros, una incorruptible. [26] Así que yo de esta manera corro, no como a la ventura; de esta manera peleo, no como quien golpea el aire; [27] sino que golpeo mi cuerpo y lo pongo en servidumbre, no sea que, habiendo sido heraldo para otros, yo mismo venga a ser eliminado.

Amonestaciones contra la idolatría

10 [1] No quiero, hermanos, que ignoréis que nuestros padres estuvieron todos bajo la nube,[a] y todos pasaron el mar; [2] que todos, en unión con Moisés, fueron bautizados en la nube y en el mar,[b] [3] todos comieron el mismo alimento espiritual[c] [4] y todos bebieron la misma bebida espiritual,[d] porque bebían de la roca espiritual que los seguía. Esa roca era Cristo. [5] Pero de la mayoría de ellos no se agradó Dios, por lo cual quedaron tendidos en el desierto.[e]

[6] Estas cosas sucedieron como ejemplos para nosotros, para que no codiciemos cosas malas, como ellos codiciaron.[f] [7] Ni seáis idólatras, como algunos de ellos, según está escrito: «Se sentó el pueblo a comer y a beber, y se levantó a jugar».[g] [8] Ni forniquemos, como algunos de ellos fornicaron, y cayeron en un día veintitrés mil.[h]

[c] **9.5** 1 Co 1.12.   [d] **9.6** Hch 4.36-37; 13—15.   [e] **9.9** Dt 25.4.   [f] **9.11** Ro 15.27.
[g] **9.13** Lv 6.16,26; Dt 18.1-3.   [h] **9.14** Mt 10.10; Lc 10.7.   [i] **9.25** 2 Ti 2.5.
[j] **9.25** 2 Ti 4.8; Stg 1.12; 1 P 5.4; Ap 2.10.   [a] **10.1** Ex 13.21-22; 14.19.   [b] **10.2** Ex 14.22-29.
[c] **10.3** Ex 16.35.   [d] **10.4** Ex 17.6; Nm 20.8-11.   [e] **10.5** Nm 14.16,29-30.   [f] **10.6** Nm 11.4,34.
[g] **10.7** Ex 32.6.   [h] **10.8** Nm 25.1-18.

9 Ni tentemos al Señor, como también algunos de ellos lo tentaron, y perecieron por las serpientes.[i] 10 Ni murmuréis, como algunos de ellos murmuraron, y perecieron por mano del destructor.[j]

11 Todas estas cosas les acontecieron como ejemplo, y están escritas para amonestarnos a nosotros,[k] que vivimos en estos tiempos finales. 12 Así que el que piensa estar firme, mire que no caiga. 13 No os ha sobrevenido ninguna prueba que no sea humana; pero fiel es Dios, que no os dejará ser probados más de lo que podéis resistir, sino que dará también juntamente con la prueba la salida, para que podáis soportarla.

14 Por tanto, amados míos, huid de la idolatría.[l] 15 Como a sensatos os hablo; juzgad vosotros lo que digo. 16 La copa de bendición que bendecimos, ¿no es la comunión de la sangre de Cristo? El pan que partimos, ¿no es la comunión del cuerpo de Cristo?[m] 17 Siendo uno solo el pan, nosotros, con ser muchos, somos un cuerpo, pues todos participamos de aquel mismo pan.[n]

18 Mirad a Israel según la carne: los que comen de los sacrificios, ¿no son partícipes del altar?[ñ] 19 ¿Qué digo, pues? ¿Que el ídolo es algo, o que es algo lo que se sacrifica a los ídolos?[o] 20 Antes digo que aquello que los gentiles sacrifican, a los demonios lo sacrifican y no a Dios;[p] y no quiero que vosotros os hagáis partícipes con los demonios. 21 No podéis beber la copa del Señor y la copa de los demonios; no podéis participar de la mesa del Señor y de la mesa de los demonios.[q] 22 ¿O provocaremos a celos al Señor?[r] ¿Somos acaso más fuertes que él?

Haced todo para la gloria de Dios

23 Todo me es lícito, pero no todo conviene;[s] todo me es lícito, pero no todo edifica. 24 Nadie busque su propio bien, sino el del otro.[t]

25 De todo lo que se vende en la carnicería, comed, sin preguntar nada por motivos de conciencia, 26 porque del Señor es la tierra y todo cuanto en ella hay.[u]

27 Si algún incrédulo os invita, y queréis ir, de todo lo que se os ponga delante comed, sin preguntar nada por motivos de conciencia. 28 Pero si alguien os dice: «Esto fue sacrificado a los ídolos», no lo comáis, por causa de aquel que lo declaró y por motivos de conciencia, porque del Señor es la tierra y cuanto en ella hay.[v] 29 Me refiero a la conciencia del otro, no a la tuya,[w] pues ¿por qué se ha de juzgar mi libertad por la conciencia de otro? 30 Y si yo con agradecimiento participo, ¿por qué he de ser censurado por aquello por lo cual doy gracias?

31 Si, pues, coméis o bebéis o hacéis otra cosa, hacedlo todo para la gloria de Dios.[x] 32 No seáis tropiezo ni a judíos ni a gentiles ni a la iglesia de Dios. 33 Del mismo modo, también yo en todas las cosas agrado a todos, no procurando mi propio beneficio sino el de muchos, para que sean salvos.

11 1 Sed imitadores míos,[a] así como yo lo soy de Cristo.

Atavío de las mujeres

2 Os alabo, hermanos, porque en todo os acordáis de mí y retenéis las instrucciones tal como os las entregué. 3 Pero quiero que sepáis que Cristo es la cabeza de todo varón, y el varón es la cabeza de la mujer, y Dios es la cabeza de Cristo. 4 Todo varón que ora o profetiza con la cabeza cubierta, deshonra su cabeza. 5 Pero toda mujer que ora o profetiza con la cabeza descubierta, deshonra su cabeza, porque es lo mismo que si se hubiera rapado. 6 Si la mujer no se cubre, que se corte también el cabello; y si le es vergonzoso a la mujer cortarse el cabello o raparse, que se cubra.

7 El varón no debe cubrirse la cabeza, pues él es imagen y gloria de Dios;[b] pero

---

[i] 10.9 Nm 21.5-6.　[j] 10.10 Nm 16.41-49.　[k] 10.11 Ro 15.4.　[l] 10.14 1 Jn 5.21.
[m] 10.16 Mt 26.26-28; Mc 14.22-24; Lc 22.19-20.　[n] 10.17 Ro 12.5; 1 Co 12.12; Ef 4.16; Col 3.15.
[ñ] 10.18 Lv 7.6.　[o] 10.19 1 Co 8.4.　[p] 10.20 Dt 32.17; Sal 106.37.　[q] 10.21 2 Co 6.15-16.
[r] 10.22 Ex 20.5; Dt 32.21.　[s] 10.23 1 Co 6.12.　[t] 10.24 Flp 2.4.　[u] 10.26 Sal 24.1; 50.12.
[v] 10.28 Ro 14.14-15; 1 Co 8.7.　[w] 10.28-29 1 Co 8.7-13.　[x] 10.31 Col 3.17; 1 P 4.11.
[a] 11.1 1 Co 4.16; Flp 3.17.　[b] 11.7 Gn 1.26.

la mujer es gloria del varón, [8] pues el varón no procede de la mujer, sino la mujer del varón; [9] y tampoco el varón fue creado por causa de la mujer, sino la mujer por causa del varón.[c] [10] Por lo cual la mujer debe tener señal de autoridad sobre su cabeza, por causa de los ángeles. [11] Pero en el Señor, ni el varón es sin la mujer ni la mujer sin el varón, [12] porque, así como la mujer procede del varón, también el varón nace de la mujer; pero todo procede de Dios.

[13] Juzgad vosotros mismos: ¿Es propio que la mujer ore a Dios sin cubrirse la cabeza? [14] La naturaleza misma ¿no os enseña que al varón le es deshonroso dejarse crecer el cabello? [15] Por el contrario, a la mujer dejarse crecer el cabello le es honroso, porque en lugar de velo le es dado el cabello. [16] Con todo, si alguno quiere discutir, sepa que ni nosotros ni las iglesias de Dios tenemos tal costumbre.

Abusos en la Cena del Señor

[17] Al anunciaros esto que sigue, no os alabo, porque no os congregáis para lo mejor, sino para lo peor. [18] En primer lugar, cuando os reunís como iglesia, oigo que hay entre vosotros divisiones; y en parte lo creo. [19] Es preciso que entre vosotros haya divisiones, para que se pongan de manifiesto entre vosotros los que son aprobados. [20] Cuando, pues, os reunís vosotros, eso no es comer la cena del Señor. [21] Al comer, cada uno se adelanta a tomar su propia cena; y mientras uno tiene hambre, otro se embriaga. [22] Pues qué, ¿no tenéis casas en que coméis y bebéis? ¿O menospreciáis la iglesia de Dios, y avergonzáis a los que no tienen nada? ¿Qué os diré? ¿Os alabaré? En esto no os alabo.

Institución de la Cena del Señor
(Mt 26.26-29; Mc 14.22-25; Lc 22.14-20)

[23] Yo recibí del Señor lo que también os he enseñado: Que el Señor Jesús, la noche que fue entregado, tomó pan; [24] y habiendo dado gracias, lo partió, y dijo: «Tomad, comed; esto es mi cuerpo[d] que por vosotros es partido; haced esto en memoria de mí». [25] Asimismo tomó también la copa, después de haber cenado, diciendo: «Esta copa es el nuevo pacto[e] en mi sangre;[f] haced esto todas las veces que la bebáis, en memoria de mí». [26] Así pues, todas las veces que comáis este pan y bebáis esta copa, la muerte del Señor anunciáis hasta que él venga.

Tomando la Cena indignamente

[27] De manera que cualquiera que coma este pan o beba esta copa del Señor indignamente, será culpado del cuerpo y de la sangre del Señor. [28] Por tanto, pruébese cada uno a sí mismo, y coma así del pan y beba de la copa. [29] El que come y bebe indignamente, sin discernir el cuerpo del Señor, juicio come y bebe para sí. [30] Por lo cual hay muchos enfermos y debilitados entre vosotros, y muchos han muerto. [31] Si, pues, nos examináramos a nosotros mismos, no seríamos juzgados; [32] pero siendo juzgados, somos castigados por el Señor para que no seamos condenados con el mundo.[g]

[33] Así que, hermanos míos, cuando os reunáis a comer, esperaos unos a otros. [34] Si alguno tiene hambre, que coma en su casa, para que no os reunáis para condenación. Las demás cosas las pondré en orden cuando vaya.

Dones espirituales

12 [1] No quiero, hermanos, que ignoréis acerca de los dones espirituales. [2] Sabéis que cuando erais gentiles se os extraviaba llevándoos, como se os llevaba, a los ídolos mudos. [3] Por tanto, os hago saber que nadie que hable por el Espíritu de Dios dice de Jesús: «¡Sea anatema!», como tampoco nadie puede exclamar: «¡Jesús es el Señor!», sino por el Espíritu Santo.

[4] Ahora bien, hay diversidad de dones, pero el Espíritu es el mismo. [5] Y hay diversidad de ministerios, pero el Señor es el mismo.[a] [6] Y hay diversidad de actividades, pero Dios, que hace todas las cosas en todos, es el mismo. [7] Pero a cada uno le es dada la manifestación del Espíritu para el bien de todos.[b] [8] A uno es dada por el Espíritu palabra de sabiduría; a otro,

---

[c] **11.8-9** Gn 2.18-23; cf. 1 Ti 2.13.   [d] **11.24** Mt 26.26-28.   [e] **11.25** Jer 31.31-34.   [f] **11.25** Ex 24.6-8.
[g] **11.31-32** Dt 8.5; Heb 12.5-11.   [a] **12.5** Ef 4.11.   [b] **12.7** 1 P 4.10-11.

palabra de conocimiento según el mismo Espíritu; [9] a otro, fe por el mismo Espíritu; y a otro, dones de sanidades por el mismo Espíritu. [10] A otro, el hacer milagros; a otro, profecía; a otro, discernimiento de espíritus; a otro, diversos géneros de lenguas, y a otro, interpretación de lenguas. [11] Pero todas estas cosas las hace uno y el mismo Espíritu, repartiendo a cada uno en particular como él quiere.[c,d]

[12] Así como el cuerpo es uno, y tiene muchos miembros, pero todos los miembros del cuerpo, siendo muchos, son un solo cuerpo, así también Cristo,[e] [13] porque por un solo Espíritu fuimos todos bautizados en un cuerpo, tanto judíos como griegos, tanto esclavos como libres; y a todos se nos dio a beber de un mismo Espíritu.[f]

[14] Además, el cuerpo no es un solo miembro, sino muchos. [15] Si dijera el pie: «Como no soy mano, no soy del cuerpo», ¿por eso no sería del cuerpo? [16] Y si dijera la oreja: «Porque no soy ojo, no soy del cuerpo», ¿por eso no sería del cuerpo? [17] Si todo el cuerpo fuera ojo, ¿dónde estaría el oído? Si todo fuera oído, ¿dónde estaría el olfato? [18] Pero ahora Dios ha colocado cada uno de los miembros en el cuerpo como él quiso, [19] pues si todos fueran un solo miembro, ¿dónde estaría el cuerpo? [20] Pero ahora son muchos los miembros, aunque el cuerpo es uno solo.

[21] Ni el ojo puede decir a la mano: «No te necesito», ni tampoco la cabeza a los pies: «No tengo necesidad de vosotros». [22] Al contrario, los miembros del cuerpo que parecen más débiles, son los más necesarios; [23] y a aquellos miembros del cuerpo que nos parecen menos dignos, los vestimos más dignamente; y los que en nosotros son menos decorosos, se tratan con más decoro, [24] porque los que en nosotros son más decorosos no tienen necesidad. Pero Dios ordenó el cuerpo dando más abundante honor al que menos tenía, [25] para que no haya divisiones en el cuerpo, sino que todos los miembros se preocupen los unos por los otros. [26] De manera que si un miembro padece, todos los miembros se duelen con él, y si un miembro recibe honra, todos los miembros con él se gozan.

[27] Vosotros, pues, sois el cuerpo de Cristo y miembros cada uno en particular. [28] Y a unos puso Dios en la iglesia, primeramente apóstoles, luego profetas, lo tercero maestros,[g] luego los que hacen milagros, después los que sanan, los que ayudan, los que administran, los que tienen don de lenguas. [29] ¿Son todos apóstoles? ¿Son todos profetas? ¿Son todos maestros? ¿Hacen todos milagros? [30] ¿Tienen todos dones de sanidad? ¿Hablan todos lenguas? ¿Interpretan todos? [31] Procurad, sin embargo, los dones mejores.

La preeminencia del amor

Ahora yo os muestro un camino mucho más excelente.

13 [1] Si yo hablara lenguas[a] humanas y angélicas, y no tengo amor, vengo a ser como metal que resuena o címbalo que retiñe. [2] Y si tuviera profecía, y entendiera todos los misterios y todo conocimiento, y si tuviera toda la fe, de tal manera que trasladara los montes,[b] y no tengo amor, nada soy. [3] Y si repartiera todos mis bienes para dar de comer a los pobres, y si entregara mi cuerpo para ser quemado, y no tengo amor, de nada me sirve.

[4] El amor es sufrido, es benigno;
el amor no tiene envidia;
el amor no es jactancioso, no se
envanece,
[5] no hace nada indebido, no busca lo
suyo,
no se irrita, no guarda rencor;
[6] no se goza de la injusticia,
sino que se goza de la verdad.
[7] Todo lo sufre, todo lo cree,
todo lo espera, todo lo soporta.

[8] El amor nunca deja de ser; pero las profecías se acabarán, cesarán las lenguas y el conocimiento se acabará. [9] En parte conocemos y en parte profetizamos; [10] pero cuando venga lo perfecto, entonces lo que es en parte se acabará. [11] Cuando yo era niño, hablaba como niño, pensaba como niño, juzgaba como niño; pero cuando ya fui hombre, dejé lo que era de niño.

[c] **12.4-11** Ro 12.6-8. [d] **12.11** Ef 4.7. [e] **12.12** Ro 12.4-5. [f] **12.13** Ro 10.12; 1 Co 10.1-4; Gl 3.28; Col 3.11. [g] **12.28** Ef 4.11-12. [a] **13.1** 1 Co 12.10,28-30. [b] **13.2** Mt 17.20; 21.21; Mc 11.23.

¹²Ahora vemos por espejo, oscuramente; pero entonces veremos cara a cara. Ahora conozco en parte, pero entonces conoceré como fui conocido. ¹³Ahora permanecen la fe, la esperanza y el amor,ᶜ estos tres; pero el mayor de ellos es el amor.ᵈ

El hablar en lenguas

14 ¹Seguid el amor y procurad los dones espirituales, pero sobre todo que profeticéis. ²El que habla en lenguas no habla a los hombres, sino a Dios, pues nadie lo entiende, aunque por el Espíritu habla misterios. ³Pero el que profetiza habla a los hombres para edificación, exhortación y consolación. ⁴El que habla en lengua extraña, a sí mismo se edifica; pero el que profetiza, edifica a la iglesia. ⁵Yo desearía que todos vosotros hablarais en lenguas, pero más aún que profetizarais, porque mayor es el que profetiza que el que habla en lenguas, a no ser que las interprete para que la iglesia reciba edificación.

⁶Ahora pues, hermanos, si yo voy a vosotros hablando en lenguas, ¿qué os aprovechará, si no os hablo con revelación, con conocimiento, con profecía o con doctrina? ⁷Ciertamente, las cosas inanimadas que producen sonidos, como la flauta o la cítara, si no dieran notas distintas, ¿cómo se sabría lo que se toca con la flauta o con la cítara? ⁸Y si la trompeta diera un sonido incierto, ¿quién se prepararía para la batalla? ⁹Así también vosotros, si por la lengua que habláis no dais palabra bien comprensible, ¿cómo se entenderá lo que decís?, porque sería como si hablarais al aire. ¹⁰Tantas clases de idiomas hay seguramente en el mundo, y ninguno de ellos carece de significado. ¹¹Pero si yo ignoro el significado de las palabras, seré como un extranjero para el que habla, y el que habla será como un extranjero para mí. ¹²Así pues, ya que anheláis los dones espirituales, procurad abundar en aquellos que sirvan para la edificación de la iglesia.

¹³Por lo tanto, el que habla en lengua extraña, pida en oración poder interpretarla. ¹⁴Si yo oro en lengua desconocida, mi espíritu ora, pero mi entendimiento queda sin fruto. ¹⁵¿Qué, pues? Oraré con el espíritu, pero oraré también con el entendimiento; cantaré con el espíritu, pero cantaré también con el entendimiento, ¹⁶porque si bendices solo con el espíritu, el que ocupa lugar de simple oyente, ¿cómo dirá «Amén» a tu acción de gracias?, pues no sabe lo que has dicho. ¹⁷Tú, a la verdad, bien das gracias; pero el otro no es edificado. ¹⁸Doy gracias a Dios que hablo en lenguas más que todos vosotros; ¹⁹pero en la iglesia prefiero hablar cinco palabras con mi entendimiento, para enseñar también a otros, que diez mil palabras en lengua desconocida.

²⁰Hermanos, no seáis niños en el modo de pensar, sino sed niños en cuanto a la malicia y maduros en cuanto al modo de pensar.ᵃ ²¹En la Ley está escrito: «En otras lenguas y con otros labios hablaré a este pueblo; y ni aun así me oirán, dice el Señor».ᵇ ²²Así que las lenguas son por señal, no a los creyentes, sino a los incrédulos; pero la profecía, no a los incrédulos, sino a los creyentes. ²³Si, pues, toda la iglesia se reúne en un lugar, y todos hablan en lenguas, y entran indoctos o incrédulos, ¿no dirán que estáis locos? ²⁴Pero si todos profetizan, y entra algún incrédulo o indocto, por todos es convencido, por todos es juzgado; ²⁵lo oculto de su corazón se hace manifiesto; y así, postrándose sobre el rostro, adorará a Dios, declarando que verdaderamente Dios está entre vosotros.

²⁶Entonces, hermanos, ¿qué podemos decir? Cuando os reunís, cada uno de vosotros tiene salmo, tiene doctrina, tiene lengua, tiene revelación, tiene interpretación. Hágase todo para edificación. ²⁷Si alguien habla en lengua extraña, que sean dos o a lo más tres, y por turno; y que uno interprete. ²⁸Y si no hay intérprete, calle en la iglesia, y hable para sí mismo y para Dios. ²⁹Asimismo, los profetas hablen dos o tres, y los demás juzguen lo que ellos dicen. ³⁰Y si algo le es revelado a otro que está sentado, calle el primero. ³¹Podéis profetizar todos, uno por uno, para que todos aprendan y todos sean exhortados. ³²Los espíritus de los profetas

---

ᶜ**13.13** Ro 5.1-5; Col 1.4-5; 1 Ts 1.3; 5.8; 2 Ts 1.3-4. Ef 4.14.   ᵇ**14.21** Is 28.11-12.   ᵈ**13.13** 1 Jn 4.16-18.   ᵃ**14.20** Ro 16.19;

están sujetos a los profetas, ³³pues Dios no es Dios de confusión, sino de paz.

Como en todas las iglesias de los santos, ³⁴vuestras mujeres callen en las congregaciones, porque no les es permitido hablar, sino que deben estar sujetas, como también la Ley lo dice. ³⁵Y si quieren aprender algo, pregunten en casa a sus maridos, porque es indecoroso que una mujer hable en la congregación.

³⁶¿Acaso ha salido de vosotros la palabra de Dios, o solo a vosotros ha llegado? ³⁷Si alguno se cree profeta o espiritual, reconozca que lo que os escribo son mandamientos del Señor; ³⁸pero si alguien lo ignora, que lo ignore.

³⁹Así que, hermanos, procurad profetizar y no impidáis el hablar en lenguas; ⁴⁰pero hágase todo decentemente y con orden.

15 ¹Además os declaro, hermanos, el evangelio que os he predicado, el cual también recibisteis, en el cual también perseveráis; ²por el cual asimismo, si retenéis la palabra que os he predicado, sois salvos, si no creísteis en vano.

³Primeramente os he enseñado lo que asimismo recibí: Que Cristo murió por nuestros pecados, conforme a las Escrituras;ᵃ ⁴que fue sepultado y que resucitó al tercer día, conforme a las Escrituras;ᵇ ⁵y que apareció a Cefas,ᶜ y después a los doce.ᵈ ⁶Después apareció a más de quinientos hermanos a la vez, de los cuales muchos viven aún y otros ya han muerto. ⁷Después apareció a Jacobo y después a todos los apóstoles. ⁸Por último, como a un abortivo, se me apareció a mí.ᵉ

⁹Yo soy el más pequeño de los apóstoles, y no soy digno de ser llamado apóstol, porque perseguí a la iglesia de Dios.ᶠ ¹⁰Pero por la gracia de Dios soy lo que soy; y su gracia no ha sido en vano para conmigo, antes he trabajado más que todos ellos; aunque no yo, sino la gracia de Dios que está conmigo. ¹¹Sea yo o sean ellos, así predicamos y así habéis creído.

¹²Pero si se predica que Cristo resucitó de los muertos, ¿cómo dicen algunos entre vosotros que no hay resurrección de muertos?, ¹³porque si no hay resurrección de muertos, tampoco Cristo resucitó. ¹⁴Y si Cristo no resucitó, vana es entonces nuestra predicación y vana es también vuestra fe. ¹⁵Y somos hallados falsos testigos de Dios, porque hemos testificado que Dios resucitó a Cristo,ᵍ al cual no resucitó si en verdad los muertos no resucitan. ¹⁶Si los muertos no resucitan, tampoco Cristo resucitó; ¹⁷y si Cristo no resucitó, vuestra fe es vana: aún estáis en vuestros pecados. ¹⁸Entonces también los que murieron en Cristo perecieron. ¹⁹Si solamente para esta vida esperamos en Cristo, somos los más dignos de lástima de todos los hombres.

²⁰Pero ahora Cristo ha resucitado de los muertos; primicias de los que murieron es hecho,ʰ ²¹pues por cuanto la muerte entró por un hombre, también por un hombre la resurrección de los muertos. ²²Así como en Adán todos mueren, también en Cristo todos serán vivificados.ⁱ ²³Pero cada uno en su debido orden: Cristo, las primicias; luego los que son de Cristo, en su venida.ʲ ²⁴Luego el fin, cuando entregue el Reino al Dios y Padre, cuando haya suprimido todo dominio, toda autoridad y todo poder.

²⁵Preciso es que él reine hasta que haya puesto a todos sus enemigos debajo de sus pies.ᵏ ²⁶Y el postrer enemigo que será destruido es la muerte,ˡ ²⁷porque todas las cosas las sujetó debajo de sus pies. Y cuando dice que todas las cosas han sido sujetadas a él, claramente se exceptúa aquel que sujetó a él todas las cosas.ᵐ ²⁸Pero, luego que todas las cosas le estén sujetas, entonces también el Hijo mismo se sujetará al que le sujetó a él todas las cosas, para que Dios sea todo en todos.

²⁹De otro modo, ¿qué harán los que se bautizan por los muertos, si de ninguna manera los muertos resucitan? ¿Por qué, pues, se bautizan por los muertos? ³⁰¿Y por qué nosotros nos exponemos a peligros a

---

ᵃ**15.3** Is 53.5-12.   ᵇ**15.4** Sal 16,10; Os 6.2; Mt 12.40; Hch 2.24-32.   ᶜ**15.5** Lc 24.34.
ᵈ**15.5** Mt 28.16-17; Mc 16.14; Lc 24.36; Jn 20.19.   ᵉ**15.8** Hch 9.3-6; 1 Co 9.1.   ᶠ**15.9** Hch 8.3.
ᵍ**15.15** Hch 4.33; 5.30-32.   ʰ**15.20** Col 1.18.   ⁱ**15.21-22** Ro 5.12-21; cf. Gn 3.17-19.
ʲ**15.23** 1 Ts 4.13-17.   ᵏ**15.25** Sal 110.1.   ˡ**15.26** Ap 20.14; 21.4.   ᵐ**15.27** Sal 8.6.

toda hora? [31] Os aseguro, hermanos, por la gloria que de vosotros tengo en nuestro Señor Jesucristo, que cada día muero.[n] [32] Si como hombre batallé en Éfeso contra fieras, ¿de qué me sirve? Si los muertos no resucitan, «Comamos y bebamos, porque mañana moriremos».[ñ]

[33] No os engañéis: «Las malas conversaciones corrompen las buenas costumbres». [34] Velad debidamente y no pequéis, porque algunos no conocen a Dios. Para vergüenza vuestra lo digo.

[35] Pero preguntará alguno: «¿Cómo resucitarán los muertos? ¿Con qué cuerpo vendrán?» [36] Necio, lo que tú siembras no vuelve a la vida si no muere antes. [37] Y lo que siembras no es el cuerpo que ha de salir, sino el grano desnudo, sea de trigo o de otro grano. [38] Y Dios le da el cuerpo que él quiere, y a cada semilla su propio cuerpo.

[39] No toda carne es la misma carne, sino que una carne es la de los hombres, otra carne la de las bestias, otra la de los peces y otra la de las aves. [40] Hay cuerpos celestiales y cuerpos terrenales; pero una es la hermosura de los celestiales y otra la de los terrenales. [41] Uno es el resplandor del sol, otro el de la luna y otro el de las estrellas, pues una estrella es diferente de otra en resplandor.

[42] Así también sucede con la resurrección de los muertos. Se siembra en corrupción, resucitará en incorrupción. [43] Se siembra en deshonra, resucitará en gloria; se siembra en debilidad, resucitará en poder. [44] Se siembra cuerpo animal, resucitará cuerpo espiritual. Hay cuerpo animal y hay cuerpo espiritual.

[45] Así también está escrito: «Fue hecho el primer hombre, Adán, alma viviente»;[o] el postrer Adán, espíritu que da vida. [46] Pero lo espiritual no es primero, sino lo animal; luego lo espiritual. [47] El primer hombre es de la tierra, terrenal; el segundo hombre, que es el Señor, es del cielo. [48] Conforme al terrenal, así serán los terrenales; y conforme al celestial, así serán los celestiales. [49] Y así como hemos traído la imagen del terrenal, traeremos también la imagen del celestial.

[50] Pero esto digo, hermanos: que la carne y la sangre no pueden heredar el reino de Dios, ni la corrupción hereda la incorrupción. [51] Os digo un misterio: No todos moriremos; pero todos seremos transformados, [52] en un momento, en un abrir y cerrar de ojos, a la final trompeta, porque se tocará la trompeta, y los muertos serán resucitados incorruptibles y nosotros seremos transformados,[p] [53] pues es necesario que esto corruptible se vista de incorrupción y que esto mortal se vista de inmortalidad.

[54] Cuando esto corruptible se haya vestido de incorrupción y esto mortal se haya vestido de inmortalidad, entonces se cumplirá la palabra que está escrita: «Sorbida es la muerte en victoria».[q] [55] ¿Dónde está, muerte, tu aguijón? ¿Dónde, sepulcro, tu victoria?,[r] [56] porque el aguijón de la muerte es el pecado, y el poder del pecado es la Ley. [57] Pero gracias sean dadas a Dios, que nos da la victoria por medio de nuestro Señor Jesucristo.

[58] Así que, hermanos míos amados, estad firmes y constantes, creciendo en la obra del Señor siempre, sabiendo que vuestro trabajo en el Señor no es en vano.

La ofrenda para los santos

16 [1] En cuanto a la ofrenda para los santos,[a] haced vosotros también de la manera que ordené en las iglesias de Galacia. [2] Cada primer día de la semana, cada uno de vosotros ponga aparte algo, según haya prosperado, guardándolo, para que cuando yo llegue no se recojan entonces ofrendas. [3] Y cuando haya llegado, enviaré a quienes vosotros hayáis designado por carta que lleven vuestro donativo a Jerusalén. [4] Y si es conveniente que yo también vaya, irán conmigo.

Planes de Pablo

[5] Iré a visitaros cuando haya pasado por Macedonia,[b] (pues por Macedonia tengo que pasar), [6] y puede ser que me quede con vosotros, o aun pase el invierno, para que vosotros me encaminéis a donde haya de ir. [7] No quiero veros ahora de paso, pues espero estar con vosotros

[n] **15.31** 2 Co 4.10-11.   [ñ] **15.32** Is 22.13.   [o] **15.45** Gn 2.7.   [p] **15.51-52** 1 Ts 4.13-17.
[q] **15.54** Is 25.8.   [r] **15.55** Os 13.14.   [a] **16.1** Ro 15.25-29.   [b] **16.5-6** Hch 19.21.

algún tiempo, si el Señor lo permite. [8] Pero estaré en Éfeso hasta Pentecostés,[c] [9] porque se me ha abierto una puerta grande y eficaz, aunque muchos son los adversarios.[d]

[10] Si llega Timoteo,[e] procurad que esté con vosotros con tranquilidad, porque él hace la obra del Señor lo mismo que yo. [11] Por tanto, nadie lo tenga en poco, sino encaminadlo en paz para que venga a mí, porque lo espero con los hermanos.

[12] Acerca del hermano Apolos, mucho le rogué que fuera a vosotros con los hermanos, pero de ninguna manera tuvo voluntad de ir por ahora; pero irá cuando tenga oportunidad.

Salutaciones finales

[13] Velad, estad firmes en la fe, portaos varonilmente y esforzaos. [14] Todas vuestras cosas sean hechas con amor.

[15] Hermanos, ya sabéis que la familia de Estéfanas[f] es las primicias de Acaya, y que ellos se han dedicado al servicio de los santos. [16] Os ruego que os sujetéis a personas como ellos, y a todos los que ayudan y trabajan.

[17] Me regocijo con la venida de Estéfanas, de Fortunato y de Acaico, pues ellos han suplido vuestra ausencia, [18] porque confortaron mi espíritu y el vuestro; reconoced, pues, a tales personas.

[19] Las iglesias de Asia os saludan. Aquila y Priscila,[g] con la iglesia que está en su casa, os saludan mucho en el Señor. [20] Os saludan todos los hermanos. Saludaos los unos a los otros con beso santo. [21] Yo, Pablo, os escribo esta salutación de mi propia mano.

[22] El que no ame al Señor Jesucristo, sea anatema. ¡El Señor viene![h]

[23] La gracia del Señor Jesucristo esté con vosotros. [24] Mi amor en Cristo Jesús esté con todos vosotros. Amén.

---

[c] **16.8** Lv 23.15-21; Dt 16.9-11.   [d] **16.8-9** Hch 19.8-10.   [e] **16.10** 1 Co 4.17.   [f] **16.15** 1 Co 1.16.
[g] **16.19** Hch 18.2.   [h] **16.22** Traducción de la expresión aramea *marana-ta*.

Segunda Epístola del Apóstol San Pablo a los
CORINTIOS

INTRODUCCIÓN

Una vez conjurado el riesgo de ruptura de la comunión, causa inmediata del envío de la primera carta, otros son los problemas que dan origen a la Segunda epístola a los Corintios (=2 Co). Durante una segunda y breve estancia en la capital de Acaya, que lo decepcionó y llenó de amargura, Pablo pudo comprobar que las cosas no iban bien en la iglesia de Corinto. Allí incluso se había intentado desprestigiar su ministerio y poner en tela de juicio su autoridad apostólica y la de sus colaboradores.

Luego de regresar a Éfeso, donde permaneció una larga temporada, volvió a escribir a los corintios. Se trata de una carta apropiadamente llamada «con lágrimas», que algunos comentaristas han dado por perdida sin remedio, aunque otros creen descubrirla en la sección 10.1—13.1 de 2 Corintios. Comienza la epístola con una introducción (1.1-11) que da paso al cuerpo principal, dividido en tres secciones (1.12—7.16; 8.1—9.15; 10.1—13.10), y concluye con algunas palabras de despedida y una doxología (13.11-14). En la primera sección (1.12—7.16), Pablo reflexiona sobre el estado de sus relaciones con la iglesia corintia, y expone las razones que tuvo para desistir de sus deseos de visitarla (1.12—2.17). Defiende apasionadamente su ministerio apostólico y exhorta a los creyentes a vivir limpios «de toda contaminación de carne y de espíritu» (7.1).

La segunda sección (8.1—9.15) consiste en un llamamiento a la solidaridad con los cristianos de Jerusalén, que estaban atravesando una difícil etapa de necesidades materiales (Ro 15.26). La tercera parte de la carta (10.1—13.10) sorprende por la vehemencia del tono empleado. El autor, volviendo sobre el tema del ministerio, defiende su derecho a ser considerado apóstol y a que se le respete en tal categoría. Se refiere a sus muchas tribulaciones, afirmando que en ellas se goza por amor a Cristo, pues, como dice, «cuando soy débil, entonces soy fuerte» (12.10).

Los datos de que hoy por hoy se dispone no permiten precisar el momento ni el lugar de redacción de 2 Corintios. Solo a título de probabilidad, podría sugerirse que fue escrita entre los años 54 y 57 en alguna ciudad de Macedonia, quizás en Filipos.

Esquema del contenido

Prólogo (1.1-11)
1. Pablo defiende su ministerio (1.12—7.16)
2. La ofrenda para los santos en Jerusalén (8.1—9.15)
3. Nueva defensa de Pablo (10.1—13.10)
Epílogo (13.11-14)

Salutación

1 ¹ Pablo, apóstol de Jesucristo por la voluntad de Dios,ª y el hermano Timoteo, a la iglesia de Dios que está en Corinto,ᵇ con todos los santos que están en toda Acaya: ² Gracia y paz a vosotros de Dios nuestro Padre, y del Señor Jesucristo.ᶜ

Aflicciones de Pablo

³ Bendito sea el Dios y Padre de nuestro Señor Jesucristo, Padre de misericordias y

---

ª **1.1** 1 Co 1.1; Gl 1.1.   ᵇ **1.1** Hch 18.1.   ᶜ **1.2** 1 Co 1.3.

Dios de toda consolación, ⁴el cual nos consuela en todas nuestras tribulaciones, para que podamos también nosotros consolar a los que están en cualquier tribulación, por medio de la consolación con que nosotros somos consolados por Dios. ⁵Así como abundan en nosotros las aflicciones de Cristo,ᵈ así abunda también por el mismo Cristo nuestra consolación. ⁶Pero si somos atribulados es para vuestra consolación y salvación; o si somos consolados es para vuestra consolación y salvación, la cual se realiza en el sufrir las mismas aflicciones que nosotros también padecemos. ⁷Y nuestra esperanza respecto de vosotros es firme, pues sabemos que así como sois compañeros en las aflicciones, también lo sois en la consolación.

⁸Hermanos, no queremos que ignoréis acerca de la tribulación que nos sobrevino en Asia,ᵉ pues fuimos abrumados en gran manera más allá de nuestras fuerzas, de tal modo que aun perdimos la esperanza de conservar la vida. ⁹Pero tuvimos en nosotros mismos sentencia de muerte, para que no confiáramos en nosotros mismos, sino en Dios que resucita a los muertos. ¹⁰Él nos libró y nos libra y esperamos que aun nos librará de tan grave peligro de muerte. ¹¹Para ello contamos con vuestras oraciones a nuestro favor; y así, siendo muchos los que interceden por nosotros, también serán muchos los que darán gracias por el don concedido a nosotros.

Por qué Pablo postergó su visita a Corinto

¹²Nuestro motivo de orgullo es este: el testimonio de nuestra conciencia, de que con sencillez y sinceridad de Dios (no con sabiduría humana,ᶠ sino con la gracia de Dios), nos hemos conducido en el mundo, y mucho más con vosotros. ¹³No os escribimos otras cosas de las que leéis o también entendéis; y espero que hasta el fin las entenderéis; ¹⁴como también en parte habéis entendido que somos vuestro motivo de orgullo, así como también vosotros lo seréis para nosotros en el día del Señor Jesús.

¹⁵Con esta confianza quise ir primero a vosotros para daros una doble alegría: ¹⁶de ahí pasar a Macedoniaᵍ y desde Macedonia regresar a vosotros para ser encaminado por vosotros a Judea. ¹⁷Así que, al proponerme esto, ¿actué precipitadamente? O lo que pienso hacer, ¿lo pienso según la carne, para que haya en mí «sí» y «no»? ¹⁸Pero como Dios es fiel, nuestra palabra a vosotros no es «sí» y «no», ¹⁹porque el Hijo de Dios, Jesucristo, que entre vosotros ha sido predicado por nosotros —por mí, Silvano y Timoteo—,ʰ no ha sido «sí» y «no», sino solamente «sí» en él, ²⁰porque todas las promesas de Dios son en él «sí», y en él «Amén», por medio de nosotros, para la gloria de Dios. ²¹Y el que nos confirma con vosotros en Cristo, y el que nos ungió, es Dios, ²²el cual también nos ha sellado y nos ha dado, como garantía, el Espíritu en nuestros corazones.

²³Invoco a Dios por testigo sobre mi alma, que por ser indulgente con vosotros no he pasado todavía a Corinto. ²⁴No que nos enseñoreemos de vuestra fe, sino que colaboramos para vuestro gozo porque por la fe estáis firmes.

2 ¹Determiné, pues, no haceros otra visita que os causara tristeza, ²porque si yo os causo tristeza, ¿quién será luego el que me alegre, sino aquel a quien yo entristecí? ³Por eso os escribí como lo hice, para que, cuando llegue, no tenga tristeza de parte de aquellos de quienes me debiera gozar, confiado en que mi gozo es el de todos vosotros. ⁴Por la mucha tribulación y angustia del corazón os escribí con muchas lágrimas, no para que fuerais entristecidos, sino para que supierais cuán grande es el amor que os tengo.

Pablo perdona al ofensor

⁵Si alguno me ha causado tristeza, no me la ha causado a mí solo, sino en cierto modo (por no exagerar) a todos vosotros. ⁶Le basta a tal persona esta reprensión hecha por muchos. ⁷Así que, al contrario, vosotros más bien debéis perdonarlo y consolarlo, para que no sea consumido por demasiada tristeza. ⁸Por lo cual os ruego que confirméis el amor hacia él, ⁹pues también con este propósito os escribí,

---

ᵈ**1.5** Col 1.24.   ᵉ**1.8** 1 Co 15.32.   ᶠ**1.12** 1 Co 1.17-31.   ᵍ**1.16** Hch 19.21.   ʰ**1.19** Hch 18.5.

para tener la prueba de si vosotros sois obedientes en todo. ¹⁰ Al que vosotros perdonáis, yo también, porque también yo, lo que he perdonado, si algo he perdonado, por vosotros lo he hecho en presencia de Cristo, ¹¹ para que Satanás no saque ventaja alguna sobre nosotros, pues no ignoramos sus maquinaciones.

Ansiedad de Pablo en Troas

¹² Cuando llegué a Troas para predicar el evangelio de Cristo, aunque se me abrió puerta en el Señor, ¹³ no tuve reposo en mi espíritu, por no haber hallado a mi hermano Tito. Por eso, despidiéndome de ellos, partí para Macedonia.ᵃ

Triunfantes en Cristo

¹⁴ Pero gracias a Dios, que nos lleva siempre en triunfo en Cristo Jesús, y que por medio de nosotros manifiesta en todo lugar el olor de su conocimiento, ¹⁵ porque para Dios somos grato olor de Cristo entre los que se salvan y entre los que se pierden: ¹⁶ para estos, ciertamente, olor de muerte para muerte, y para aquellos, olor de vida para vida. Y para estas cosas, ¿quién es suficiente?, ¹⁷ pues no somos como muchos que se benefician falsificando la palabra de Dios, sino que con sinceridad, como de parte de Dios, y delante de Dios, hablamos en Cristo.

Ministros del nuevo pacto

3 ¹ ¿Comenzamos otra vez a recomendarnos a nosotros mismos? ¿O tenemos necesidad, como algunos, de cartas de recomendación para vosotros o de recomendación de vosotros? ² Nuestras cartasᵃ sois vosotros, escritas en nuestros corazones, conocidas y leídas por todos los hombres. ³ Y es manifiesto que sois carta de Cristo expedida por nosotros, escrita no con tinta, sino con el Espíritu del Dios vivo; no en tablas de piedra,ᵇ sino en tablas de carne del corazón.

⁴ Esta confianza la tenemos mediante Cristo para con Dios. ⁵ No que estemos capacitados para hacer algo por nosotros mismos; al contrario, nuestra capacidad

proviene de Dios, ⁶ el cual asimismo nos capacitó para ser ministros de un nuevo pacto,ᶜ no de la letra, sino del Espíritu, porque la letra mata, pero el Espíritu da vida.

⁷ Si el ministerio de muerte grabado con letras en piedras fue con gloria, tanto que los hijos de Israel no pudieron fijar la vista en el rostro de Moisés a causa del resplandor de su rostro,ᵈ el cual desaparecería, ⁸ ¿cómo no será más bien con gloria el ministerio del Espíritu? ⁹ Si el ministerio de condenación fue con gloria, mucho más abundará en gloria el ministerio de justificación, ¹⁰ porque aun lo que fue glorioso, no es glorioso en este respecto, en comparación con la gloria más eminente. ¹¹ Si lo que perece tuvo gloria, mucho más glorioso será lo que permanece.

¹² Así que, teniendo tal esperanza, actuamos con mucha franqueza, ¹³ y no como Moisés, que ponía un velo sobre su rostroᵉ para que los hijos de Israel no fijaran la vista en el fin de aquello que había de desaparecer. ¹⁴ Pero el entendimiento de ellos se embotó, porque hasta el día de hoy, cuando leen el antiguo pacto, les queda el mismo velo sin descorrer, el cual por Cristo es quitado. ¹⁵ Y aun hasta el día de hoy, cuando se lee a Moisés, el velo está puesto sobre el corazón de ellos. ¹⁶ Pero cuando se conviertan al Señor, el velo será quitado. ¹⁷ El Señor es el Espíritu; y donde está el Espíritu del Señor, allí hay libertad.ᶠ ¹⁸ Por tanto, nosotros todos, mirando con el rostro descubierto y reflejando como en un espejo la gloria del Señor,ᵍ somos transformados de gloria en gloria en su misma imagen, por la acción del Espíritu del Señor.

4 ¹ Por lo cual, teniendo nosotros este ministerio según la misericordia que hemos recibido, no desmayamos. ² Antes bien renunciamos a lo oculto y vergonzoso, no andando con astucia, ni adulterando la palabra de Dios. Por el contrario, manifestando la verdad, nos recomendamos, delante de Dios, a toda conciencia humana. ³ Pero si nuestro evangelio está aún encubierto, entre los que se pierden está encubierto;ᵃ ⁴ esto es, entre los incrédulos,

---

a quienes el dios de este mundo[b] les cegó el entendimiento, para que no les resplandezca la luz del evangelio de la gloria de Cristo, el cual es la imagen de Dios.[c] 5 No nos predicamos a nosotros mismos, sino a Jesucristo como Señor,[d] y a nosotros como vuestros siervos por amor de Jesús, 6 porque Dios, que mandó que de las tinieblas resplandeciera la luz,[e] es el que resplandeció en nuestros corazones, para iluminación del conocimiento de la gloria de Dios en la faz de Jesucristo.

Viviendo por la fe

7 Pero tenemos este tesoro en vasos de barro, para que la excelencia del poder sea de Dios y no de nosotros, 8 que estamos atribulados en todo, pero no angustiados; en apuros, pero no desesperados; 9 perseguidos, pero no desamparados; derribados, pero no destruidos. 10 Dondequiera que vamos, llevamos siempre en el cuerpo la muerte de Jesús, para que también la vida de Jesús se manifieste en nuestros cuerpos, 11 pues nosotros, que vivimos, siempre estamos entregados a muerte por causa de Jesús,[f] para que también la vida de Jesús se manifieste en nuestra carne mortal. 12 De manera que la muerte actúa en nosotros, y en vosotros la vida.

13 Pero teniendo el mismo espíritu de fe, conforme a lo que está escrito: «Creí, por lo cual hablé»,[g] nosotros también creemos, por lo cual también hablamos. 14 Y sabemos que el que resucitó al Señor Jesús,[h] a nosotros también nos resucitará con Jesús, y nos presentará juntamente con vosotros. 15 Todas estas cosas padecemos por amor a vosotros, para que abundando la gracia por medio de muchos, la acción de gracias sobreabunde para gloria de Dios.

16 Por tanto, no desmayamos; antes, aunque este nuestro hombre exterior se va desgastando, el interior no obstante se renueva de día en día, 17 pues esta leve tribulación momentánea produce en nosotros un cada vez más excelente y eterno

peso de gloria;[i] 18 no mirando nosotros las cosas que se ven, sino las que no se ven, pues las cosas que se ven son temporales, pero las que no se ven son eternas.[j]

5 1 Sabemos que si nuestra morada terrestre, este tabernáculo, se deshace, tenemos de Dios un edificio, una casa no hecha por manos, eterna, en los cielos. 2 Y por esto también gemimos, deseando ser revestidos de aquella nuestra habitación celestial, 3 pues así seremos hallados vestidos y no desnudos. 4 Asimismo los que estamos en este tabernáculo gemimos con angustia, pues no quisiéramos ser desnudados, sino revestidos, para que lo mortal sea absorbido por la vida. 5 Pero el que nos hizo para esto mismo es Dios, quien nos ha dado el Espíritu como garantía.[a]

6 Así que vivimos confiados siempre, y sabiendo que entre tanto que estamos en el cuerpo, estamos ausentes del Señor 7 (porque por fe andamos, no por vista). 8 Pero estamos confiados, y más aún queremos estar ausentes del cuerpo y presentes al Señor. 9 Por tanto, procuramos también, o ausentes o presentes, serle agradables, 10 porque es necesario que todos nosotros comparezcamos ante el tribunal de Cristo,[b] para que cada uno reciba según lo que haya hecho mientras estaba en el cuerpo, sea bueno o sea malo.

El ministerio de la reconciliación

11 Conociendo, pues, el temor del Señor, persuadimos a los hombres; pero a Dios le es manifiesto lo que somos, y espero que también lo sea a vuestras conciencias. 12 No nos recomendamos, pues, otra vez a vosotros, sino os damos ocasión de gloriaros por nosotros, para que tengáis con qué responder a los que se glorían en las apariencias y no en el corazón. 13 Si estamos locos,[c] es para Dios; y si somos cuerdos, es para vosotros. 14 El amor de Cristo nos constriñe, pensando esto: que si uno murió por todos, luego todos murieron; 15 y él por todos murió, para que los que viven ya no vivan para

---

[b] 4.4 Jn 12.31; Ef 2.2.　[c] 4.4 Col 1.15; Heb 1.3.　[d] 4.5 Hch 2.36; cf. Ro 10.9; 1 Co 12.3; 2 Co 1.2; Flp 2.11.　[e] 4.6 Gn 1.3.　[f] 4.11 Ro 8.36; 1 Co 15.31.　[g] 4.13 Sal 116.10 (gr.).　[h] 4.14 Ro 8.11; 1 Co 6.14; 15.20.　[i] 4.17 Ro 8.18; Heb 12.11; 1 P 1.6-7.　[j] 4.18 Heb 11.1,3.　[a] 5.5 Ro 8.23; Ef 1.13.
[b] 5.10 Ro 14.10; 2 Ti 4.1.　[c] 5.13 Hch 26.24.

sí, sino para aquel que murió y resucitó por ellos.[d]

¹⁶ De manera que nosotros de aquí en adelante a nadie conocemos según la carne; y aun si a Cristo conocimos según la carne, ya no lo conocemos así. ¹⁷ De modo que si alguno está en Cristo, nueva criatura[e] es: las cosas viejas pasaron; todas son hechas nuevas. ¹⁸ Y todo esto proviene de Dios, quien nos reconcilió consigo mismo por Cristo, y nos dio el ministerio de la reconciliación: ¹⁹ Dios estaba en Cristo reconciliando consigo al mundo, no tomándoles en cuenta a los hombres sus pecados, y nos encargó a nosotros la palabra de la reconciliación. ²⁰ Así que, somos embajadores en nombre de Cristo, como si Dios rogara por medio de nosotros; os rogamos en nombre de Cristo: Reconciliaos con Dios. ²¹ Al que no conoció pecado,[f] por nosotros lo hizo pecado, para que nosotros seamos justicia de Dios en él.

6 ¹ Así, pues, nosotros, como colaboradores suyos, os exhortamos también a que no recibáis en vano la gracia de Dios, ² porque dice:

«En tiempo aceptable te he oído,
y en día de salvación te he
    socorrido».[a]

Ahora es el tiempo aceptable; ahora es el día de salvación.

³ No damos a nadie ninguna ocasión de tropiezo, para que nuestro ministerio no sea desacreditado. ⁴ Antes bien, nos recomendamos en todo como ministros de Dios, en mucha paciencia, en tribulaciones, en necesidades, en angustias, ⁵ en azotes, en cárceles,[b] en tumultos,[c] en trabajos, en desvelos, en ayunos; ⁶ en pureza, en conocimiento, en tolerancia, en bondad, en el Espíritu Santo, en amor sincero; ⁷ en palabra de verdad, en poder de Dios y con armas de justicia a diestra y a siniestra; ⁸ por honra y por deshonra, por mala fama y por buena fama; como engañadores, pero veraces; ⁹ como desconocidos, pero bien conocidos; como moribundos, pero llenos de vida; como castigados, pero no muertos; ¹⁰ como entristecidos, pero siempre gozosos; como pobres, pero enriqueciendo a muchos; como no teniendo nada, pero poseyéndolo todo.

¹¹ Os hemos hablado con franqueza, corintios; nuestro corazón os hemos abierto. ¹² No hemos sido mezquinos en nuestro amor por vosotros, pero vosotros sí lo habéis sido en vuestro propio corazón. ¹³ Para corresponder, pues, del mismo modo os hablo como a hijos, actuad también vosotros con franqueza.

Somos templo del Dios viviente

¹⁴ No os unáis en yugo desigual con los incrédulos, porque ¿qué compañerismo tiene la justicia con la injusticia? ¿Y qué comunión, la luz con las tinieblas? ¹⁵ ¿Qué armonía puede haber entre Cristo y Belial? ¿O qué parte el creyente con el incrédulo? ¹⁶ ¿Y qué acuerdo hay entre el templo de Dios y los ídolos? Y vosotros sois el templo del Dios viviente,[d] como Dios dijo:

«Habitaré y andaré entre ellos;
yo seré su Dios
y ellos serán mi pueblo».[e]

¹⁷ Por lo cual,

«Salid de en medio de ellos
y apartaos, dice el Señor,
y no toquéis lo impuro;
y yo os recibiré[f]

¹⁸ y seré para vosotros por Padre,
y vosotros me seréis hijos e hijas,
    dice el Señor Todopoderoso».[g]

7 ¹ Así que, amados, puesto que tenemos tales promesas, limpiémonos de toda contaminación de carne y de espíritu, perfeccionando la santidad en el temor de Dios.

Regocijo de Pablo al arrepentirse los corintios

² Admitidnos: a nadie hemos agraviado, a nadie hemos corrompido, a nadie hemos engañado. ³ No lo digo para condenaros, pues ya he dicho antes que estáis en nuestro corazón, para morir y para vivir juntos.

⁴ Mucha franqueza tengo con vosotros; mucho me glorío con respecto de vosotros. Estoy lleno de consuelo y sobreabundo de

---

d **5.14-15** Ro 14.7-8; 1 Ti 2.6.   *e* **5.17** Gl 6.15; Tit 3.5; 1 P 1.3,23.   *f* **5.21** Heb 4.15; 1 P 2.22; 1 Jn 3.5.
a **6.2** Is 49.8.   *b* **6.5** Hch 16.23.   *c* **6.5** Hch 13.50; 17.5; 19.23-41.   *d* **6.16** 1 Co 3.16; 6.19.
e **6.16** Lv 26.12; Jer 32.38; Ez 37.27.   *f* **6.17** Is 52.11.   *g* **6.18** 2 S 7.14; 1 Cr 17.13; Is 43.6.

gozo en medio de todas nuestras tribulaciones.

5 Cuando vinimos a Macedonia,ᵃ ciertamente ningún reposo tuvo nuestro cuerpo, sino que en todo fuimos atribulados: de fuera, conflictos, y de dentro, temores. 6 Pero Dios, que consuela a los humildes, nos consoló con la venida de Tito; 7 y no solo con su venida, sino también con la consolación con que él había sido consolado en cuanto a vosotros, haciéndonos saber vuestro gran afecto, vuestro llanto, vuestra preocupación por mí, de manera que me regocijé aún más.

8 Aunque os entristecí con la carta, no me pesa, pero sí lo lamenté entonces, pues veo que aquella carta os entristeció por algún tiempo. 9 Ahora me gozo, no porque hayáis sido entristecidos, sino porque fuisteis entristecidos para arrepentimiento, porque habéis sido entristecidos según Dios, para que ninguna pérdida padecierais por nuestra parte. 10 La tristeza que es según Dios produce arrepentimiento para salvación, de lo cual no hay que arrepentirse; pero la tristeza del mundo produce muerte. 11 Esto mismo de que hayáis sido entristecidos según Dios, ¡qué preocupación produjo en vosotros, qué defensa, qué indignación, qué temor, qué ardiente afecto, qué celo y qué vindicación! En todo os habéis mostrado limpios en el asunto. 12 Así que, aunque os escribí, no fue por causa del que cometió el agravio, ni por causa del que lo padeció, sino para que se os hiciera evidente la preocupación que tenemos por vosotros delante de Dios. 13 Por esto hemos sido consolados en vuestra consolación.

Pero mucho más nos gozamos por el gozo de Tito, que haya sido confortado su espíritu por todos vosotros. 14 Si de algo me he gloriado con él respecto de vosotros, no he sido avergonzado. Al contrario, así como en todo os hemos hablado verdad, también resultó verdad el habernos gloriado con Tito acerca de vosotros. 15 Y su cariño por vosotros es aún más abundante, cuando se acuerda de la obediencia de todos vosotros, de cómo lo recibisteis con temor y temblor. 16 Me gozo de que en todo tengo confianza en vosotros.

Razones para ofrendar

8 1 Asimismo, hermanos, os hacemos saber la gracia de Dios que se ha dado a las iglesias de Macedonia, 2 porque, en las grandes tribulaciones con que han sido probadas, la abundancia de su gozo y su profunda pobreza abundaron en riquezas de su generosidad. 3 Doy testimonio de que con agrado han dado conforme a sus fuerzas, y aun más allá de sus fuerzas, 4 pidiéndonos con muchos ruegos que les concediéramos el privilegio de participar en este servicio para los santos.ᵃ 5 Y no como lo esperábamos, sino que a sí mismos se dieron primeramente al Señor y luego a nosotros, por la voluntad de Dios; 6 de manera que exhortamos a Tito, para que tal como comenzó antes, asimismo acabe también entre vosotros esta obra de gracia. 7 Por tanto, como en todo abundáis, en fe, en palabra, en conocimiento,ᵇ en toda solicitud y en vuestro amor por nosotros, abundad también en esta gracia. 8 No hablo como quien manda, sino para poner a prueba, por medio de la diligencia de otros, también la sinceridad del amor vuestro. 9 Ya conocéis la gracia de nuestro Señor Jesucristo, que por amor a vosotros se hizo pobre siendo rico, para que vosotros con su pobreza fuerais enriquecidos.

10 En esto doy mi consejo, porque esto os conviene a vosotros, que comenzasteis antes, no solo a hacerlo, sino también a quererlo, desde el año pasado. 11 Ahora, pues, llevad también a cabo el hacerlo, para que así como estuvisteis prontos a querer, también lo estéis a cumplir conforme a lo que tengáis, 12 porque si primero está la voluntad dispuesta, será aceptado según lo que uno tiene, no según lo que no tiene. 13 No digo esto para que haya para otros holgura y para vosotros escasez, 14 sino para que en este momento, con igualdad, la abundancia vuestra supla la escasez de ellos, para que también la abundancia de ellos supla la necesidad

---

ᵃ 7.5-7 2 Co 2.13.   ᵃ 8.1-4 Ro 15.26.   ᵇ 8.7 1 Co 1.5.

vuestra, para que haya igualdad, [15] como está escrito: «El que recogió mucho no tuvo más y el que poco, no tuvo menos».[c]

Los enviados de Pablo

[16] Doy gracias a Dios que puso en el corazón de Tito la misma preocupación por vosotros, [17] pues a la verdad recibió la exhortación; pero estando también muy solícito, por su propia voluntad partió para ir a vosotros.

[18] Y enviamos juntamente con él al hermano cuya alabanza en el evangelio se oye por todas las iglesias. [19] Y no solo esto, sino que también fue designado por las iglesias como compañero de nuestra peregrinación para llevar este donativo, que es administrado por nosotros para gloria del Señor mismo y para demostrar vuestra buena voluntad. [20] Evitamos así que nadie nos censure en cuanto a esta ofrenda abundante que administramos, [21] procurando hacer las cosas honradamente, no solo delante del Señor sino también delante de los hombres.[d]

[22] Enviamos también con ellos a nuestro hermano, cuya diligencia hemos comprobado repetidas veces en muchas cosas, y ahora se muestra mucho más diligente por la mucha confianza que tiene en vosotros. [23] En cuanto a Tito, es mi compañero y colaborador para con vosotros; y en cuanto a nuestros hermanos, son mensajeros de las iglesias y gloria de Cristo. [24] Mostrad, pues, con ellos, ante las iglesias, la prueba de vuestro amor y de nuestro motivo de orgullo respecto de vosotros.

9 [1] En cuanto a la ayuda para los santos, es por demás que yo os escriba, [2] pues conozco vuestra buena voluntad, de la cual yo me glorío entre los de Macedonia, pues les he dicho que Acaya está preparada desde el año pasado; y vuestra diligencia ha estimulado a la mayoría. [3] Pero he enviado a los hermanos para que nuestro motivo de orgullo respecto de vosotros no sea vano en esta parte; para que, como lo he dicho, estéis preparados; [4] no sea que si van conmigo algunos macedonios

y os hallan desprevenidos, nos avergoncemos nosotros, por no decir vosotros, de esta nuestra confianza. [5] Por tanto, consideré necesario exhortar a los hermanos que fueran primero a vosotros y prepararan primero vuestra generosidad antes prometida, para que esté lista como muestra de generosidad y no como de exigencia nuestra.

Exhortación a la generosidad

[6] Pero esto digo: El que siembra escasamente, también segará escasamente; y el que siembra generosamente, generosamente también segará.[a] [7] Cada uno dé como propuso en su corazón: no con tristeza ni por obligación, porque Dios ama al dador alegre.[b] [8] Y poderoso es Dios para hacer que abunde en vosotros toda gracia, a fin de que, teniendo siempre en todas las cosas todo lo necesario, abundéis para toda buena obra; [9] como está escrito:

«Repartió, dio a los pobres,
su justicia permanece para
siempre».[c]

[10] Y el que da semilla al que siembra y pan al que come,[d] proveerá y multiplicará vuestra sementera y aumentará los frutos de vuestra justicia, [11] para que seáis ricos en todo para toda generosidad, la cual produce, por medio de nosotros, acción de gracias a Dios, [12] porque la entrega de este servicio no solamente suple lo que a los santos falta, sino que también abunda en muchas acciones de gracias a Dios.[e] [13] Ellos, por la experiencia de este servicio glorifican a Dios por la obediencia que profesáis al evangelio de Cristo, y por la generosidad de vuestra contribución para ellos y para todos. [14] De igual modo, en su oración a favor de vosotros, os aman a causa de la superabundante gracia de Dios en vosotros. [15] ¡Gracias a Dios por su don inefable!

Autoridad de Pablo

10 [1] Yo, Pablo, os ruego por la mansedumbre y bondad de Cristo, yo, que cuando estoy presente ciertamente

---

[c] **8.15** Ex 16.18.   [d] **8.21** Pr 3.4 (gr.).   [a] **9.6** Pr 11.24-25.   [b] **9.7** Pr 22.8a (gr.).   [c] **9.9** Sal 112.9.
[d] **9.10** Is 55.10.   [e] **9.11-12** 2 Co 1.11; 4.15.

soy humilde entre vosotros, pero que cuando estoy lejos soy atrevido con vosotros, ²os ruego, pues, que cuando esté presente, no tenga que usar de aquel atrevimiento con que estoy dispuesto a proceder resueltamente contra algunos*a* que nos tienen como si anduviéramos según la carne. ³Aunque andamos en la carne, no militamos según la carne, ⁴porque las armas de nuestra milicia no son carnales,*b* sino poderosas en Dios para la destrucción de fortalezas, ⁵derribando argumentos y toda altivez que se levanta contra el conocimiento de Dios, y llevando cautivo todo pensamiento a la obediencia a Cristo, ⁶y estando prontos a castigar toda desobediencia, cuando vuestra obediencia sea perfecta.

⁷Miráis las cosas según la apariencia. Si alguno está persuadido en sí mismo de que es de Cristo, esto también piense por sí mismo: que como él es de Cristo, así también nosotros somos de Cristo. ⁸Aunque me gloríe algo más todavía de nuestra autoridad, la cual el Señor nos dio para edificación y no para vuestra destrucción, no me avergonzaré, ⁹para que no parezca como que os quiero amedrentar por cartas. ¹⁰A la verdad, algunos dicen que las cartas son duras y fuertes, pero que la presencia corporal es débil y la palabra despreciable. ¹¹Esto tenga en cuenta tal persona, que así como somos en la palabra por cartas, estando ausentes, lo seremos también en hechos, estando presentes.

¹²No nos atrevemos a contarnos ni a compararnos con algunos que se alaban a sí mismos; pero ellos manifiestan su falta de juicio al medirse con su propia medida y al compararse consigo mismos. ¹³Pero nosotros no nos gloriaremos desmedidamente, sino conforme a la regla que Dios nos ha dado por medida al permitirnos llegar también hasta vosotros, ¹⁴porque no nos hemos extralimitado, como si no hubiéramos llegado hasta vosotros, pues fuimos los primeros en llegar hasta vosotros con el evangelio de Cristo. ¹⁵No nos

gloriamos desmedidamente en trabajos ajenos, sino que esperamos que conforme crezca vuestra fe seremos muy engrandecidos entre vosotros, conforme a nuestra regla. ¹⁶Así anunciaremos el evangelio en los lugares más allá de vosotros, sin entrar en la obra de otro para gloriarnos en lo que ya estaba preparado.*c* ¹⁷Pero el que se gloría, gloríese en el Señor.*d* ¹⁸No es aprobado el que se alaba a sí mismo, sino aquel a quien Dios alaba.*e*

Pablo y los falsos apóstoles

11 ¹¡Ojalá me toleraseis un poco de locura! Sí, toleradme, ²porque os celo con celo de Dios, pues os he desposado*a* con un solo esposo, para presentaros como una virgen pura a Cristo. ³Pero temo que, así como la serpiente con su astucia engañó a Eva,*b* vuestros sentidos sean también de alguna manera extraviados de la sincera fidelidad a Cristo, ⁴porque si viene alguno predicando a otro Jesús que el que os hemos predicado, o si recibís otro espíritu que el que habéis recibido, u otro evangelio que el que habéis aceptado, bien lo toleráis.*c* ⁵Pienso que en nada he sido inferior a aquellos «grandes apóstoles», ⁶pues aunque sea tosco en la palabra,*d* no lo soy en el conocimiento; en todo y de todas maneras os lo hemos demostrado.

⁷¿Pequé yo humillándome a mí mismo, para que vosotros fuerais enaltecidos, por cuanto os he predicado de balde el evangelio de Dios?*e* ⁸He despojado a otras iglesias, recibiendo salario para serviros a vosotros. ⁹Y cuando estaba entre vosotros y tuve necesidad, a ninguno fui carga, pues lo que me faltaba, lo suplieron los hermanos que vinieron de Macedonia,*f* y en todo me cuidé y me cuidaré de seros una carga. ¹⁰Por la verdad de Cristo que está en mí, que no se me impedirá esta mi gloria en las regiones de Acaya. ¹¹¿Por qué? ¿Porque no os amo? Dios lo sabe.

¹²Pero lo que hago, lo seguiré haciendo, con el fin de quitar la ocasión de los que la

---

a **10.2-3** 1 Co 4.21. *b* **10.4** Ef 6.11-17. *c* **10.15-16** Ro 15.20. *d* **10.17** Jer 9.24.
e **10.18** 1 Co 4.4-5. *a* **11.2** Ef 5.25-27; Ap 19.7; 21.2,9; cf. Os 2.19-20. *b* **11.3** Gn 3.1-13; 1 Ti 2.14.
c **11.4** Gl 1.8-9. *d* **11.6** 1 Co 1.17; 2.1,13. *e* **11.7** Hch 18.1-4; 20.33-35; 1 Co 9.18; 2 Co 12.13.
f **11.8-9** Flp 4.15-18.

desean para ser hallados semejantes a nosotros en aquello en que se glorían, [13] porque estos son falsos apóstoles, obreros fraudulentos, que se disfrazan de apóstoles de Cristo. [14] Y esto no es sorprendente, porque el mismo Satanás se disfraza de ángel de luz. [15] Así que, no es extraño si también sus ministros se disfrazan de ministros de justicia; cuyo fin será conforme a sus obras.

Sufrimientos de Pablo como apóstol

[16] Otra vez digo: Que nadie me tenga por loco; o de otra manera, recibidme como a loco, para que yo también me gloríe un poquito. [17] Lo que hablo, no lo hablo según el Señor, sino como si estuviera loco, con la confianza de tener de qué gloriarme. [18] Puesto que muchos se glorían según la carne, también yo me gloriaré, [19] porque de buena gana toleráis a los necios, siendo vosotros cuerdos, [20] pues toleráis si alguno os esclaviza, si alguno os devora, si alguno toma lo vuestro, si alguno se enaltece, si alguno os da de bofetadas. [21] Para vergüenza mía lo digo, para eso fuimos demasiado débiles.

Pero en lo que otro sea atrevido (hablo con locura), también yo lo sea. [22] ¿Son hebreos? Yo también. ¿Son israelitas? Yo también. ¿Son descendientes de Abraham? También yo. [23] ¿Son ministros de Cristo? (Como si estuviera loco hablo.) Yo más; en trabajos, más abundante; en azotes, sin número; en cárceles,[g] más; en peligros de muerte, muchas veces. [24] De los judíos cinco veces he recibido cuarenta azotes menos uno.[h] [25] Tres veces he sido azotado con varas;[i] una vez apedreado;[j] tres veces he padecido naufragio; una noche y un día he sido náufrago en alta mar; [26] en caminos, muchas veces; en peligros de ríos, peligros de ladrones, peligros de los de mi nación,[k] peligros de los gentiles,[l] peligros en la ciudad, peligros en el desierto, peligros en el mar, peligros entre falsos hermanos; [27] en trabajo y fatiga, en muchos desvelos, en hambre y sed, en muchos ayunos, en frío y desnudez. [28] Y además de otras cosas, lo que sobre mí se añade cada día: la preocupación por todas las iglesias. [29] ¿Quién enferma y yo no enfermo? ¿A quién se le hace tropezar y yo no me indigno?

[30] Si es necesario gloriarse, me gloriaré en lo que es de mi debilidad. [31] El Dios y Padre de nuestro Señor Jesucristo, quien es bendito por los siglos, sabe que no miento. [32] En Damasco, el gobernador de la provincia del rey Aretas puso guardias en la ciudad de los damascenos para apresarme; [33] y fui descolgado en un canasto desde una ventana del muro, y escapé de sus manos.[m]

El aguijón en la carne

12 [1] Ciertamente no me conviene gloriarme, pero me referiré a las visiones y a las revelaciones del Señor. [2] Conozco a un hombre en Cristo que hace catorce años (si en el cuerpo, no lo sé; si fuera del cuerpo, no lo sé; Dios lo sabe) fue arrebatado hasta el tercer cielo. [3] Y conozco al tal hombre (si en el cuerpo, o fuera del cuerpo, no lo sé; Dios lo sabe), [4] que fue arrebatado al paraíso, donde oyó palabras inefables que no le es dado al hombre expresar. [5] De tal hombre me gloriaré; pero de mí mismo, en nada me gloriaré sino en mis debilidades. [6] Sin embargo, si quisiera gloriarme, no sería insensato, porque diría la verdad; pero lo dejo, para que nadie piense de mí más de lo que en mí ve u oye de mí.

[7] Y para que la grandeza de las revelaciones no me exaltara, me fue dado un aguijón en mi carne, un mensajero de Satanás que me abofetea, para que no me enaltezca; [8] respecto a lo cual tres veces he rogado al Señor que lo quite de mí. [9] Y me ha dicho: «Bástate mi gracia, porque mi poder se perfecciona en la debilidad». Por tanto, de buena gana me gloriaré más bien en mis debilidades, para que repose sobre mí el poder de Cristo. [10] Por lo cual, por amor a Cristo me gozo en las debilidades, en insultos, en necesidades, en persecuciones, en angustias; porque cuando soy débil, entonces soy fuerte.[a]

[11] He sido un necio al gloriarme, pero vosotros me obligasteis a ello. Yo debía ser alabado por vosotros, porque en nada

---

he sido menos que aquellos «grandes apóstoles», aunque nada soy. [12] Con todo, las señales de apóstol han sido hechas entre vosotros en toda paciencia, señales, prodigios y milagros,[b] [13] porque ¿en qué habéis sido menos que las otras iglesias, sino en que yo mismo no os he sido carga? ¡Perdonadme este agravio!

Pablo anuncia su tercera visita

[14] Ahora, por tercera vez estoy preparado para ir a vosotros; y no os seré una carga, porque no busco lo vuestro, sino a vosotros, pues no deben atesorar los hijos para los padres, sino los padres para los hijos. [15] Y yo, con el mayor placer, gastaré lo mío, y aun yo mismo me gastaré del todo por amor de vuestras almas,[c] aunque amándoos más, sea amado menos.

[16] Pero admitamos esto: Yo no os he sido carga, sino que como soy astuto, os atrapé con engaño. [17] ¿Acaso os he engañado por medio de alguno de los que he enviado a vosotros? [18] Rogué a Tito, y envié con él al hermano. ¿Os engañó acaso Tito? ¿No hemos procedido con el mismo espíritu? ¿No hemos seguido en las mismas pisadas?

[19] ¿Acaso pensáis aún que nos disculpamos con vosotros? Delante de Dios en Cristo hablamos; y todo, muy amados, para vuestra edificación, [20] pues me temo que cuando llegue, no os halle tales como quiero, y yo sea hallado por vosotros cual no queréis. Temo que haya entre vosotros contiendas, envidias, iras, divisiones, maledicencias, murmuraciones, soberbias, desórdenes; [21] temo que cuando vuelva, me humille Dios entre vosotros, y quizá tenga que llorar por muchos de los que antes han pecado y no se han arrepentido de la impureza, fornicación y lujuria que han cometido.

13 [1] Esta es la tercera vez que voy a vosotros. Por boca de dos o de tres testigos[a] se decidirá todo asunto. [2] He dicho antes, y ahora digo otra vez como si estuviera presente, y ahora, que estoy ausente, lo escribo a los que antes pecaron, y a todos los demás, que si voy otra vez, no seré indulgente. [3] Así tendréis una prueba de que habla Cristo en mí, y él no es débil para con vosotros, sino que es poderoso en vosotros. [4] Aunque fue crucificado en debilidad, vive por el poder de Dios. Y también nosotros somos débiles en él, pero viviremos con él por el poder de Dios para con vosotros.

[5] Examinaos a vosotros mismos, para ver si estáis en la fe; probaos a vosotros mismos. ¿O no os conocéis a vosotros mismos?[b] ¿No sabéis que Jesucristo está en vosotros? ¡A menos que estéis reprobados! [6] Espero que sabréis que nosotros no estamos reprobados. [7] Y oramos a Dios que ninguna cosa mala hagáis; no para que nosotros aparezcamos aprobados, sino para que vosotros hagáis lo bueno, aunque nosotros seamos como reprobados, [8] porque nada podemos contra la verdad, sino a favor de la verdad. [9] Por lo cual nos gozamos de que seamos nosotros débiles, y que vosotros estéis fuertes; y aun oramos por vuestra perfección. [10] Por esto os escribo estando ausente, para no usar de severidad cuando esté presente, conforme a la autoridad que el Señor me ha dado para edificación, y no para destrucción.

Saludos y doxología final

[11] Por lo demás, hermanos, tened gozo, perfeccionaos, consolaos, sed de un mismo sentir y vivid en paz; y el Dios de paz y de amor estará con vosotros. [12] Saludaos unos a otros con beso santo. [13] Todos los santos os saludan.

[14] La gracia del Señor Jesucristo, el amor de Dios y la comunión del Espíritu Santo sean con todos vosotros. Amén.

---

[b] **12.12** Ro 15.17-19.   [c] **12.15** Flp 2.17.   [a] **13.1** Dt 17.6; 19.15.   [b] **13.5** 1 Co 11.28.

Epístola del Apóstol San Pablo a los
GÁLATAS

INTRODUCCIÓN

La Epístola a los Gálatas (=Gl) es una preciosa fuente de información acerca de los primeros pasos del evangelio en una región que cubría gran parte de la zona central de Asia Menor. Durante un tiempo, los creyentes de Galacia habían vivido su fe cristiana con la misma alegría y confianza con que habían acogido la presencia del Apóstol (4.13-15). Pero, no mucho después, pareció enfriarse aquel primer gozo y fervor (5.7), lo que coincidió con la aparición entre ellos de serios problemas doctrinales. Por eso, Pablo se sintió movido a escribir esta carta. En ella, por una parte, reprocha la frágil fe de los gálatas y, por otra, denuncia las actividades de ciertos «falsos hermanos que se habían introducido entre nosotros a escondidas, para espiar nuestra libertad —la que tenemos en Cristo Jesús» (2.4).

Aquellos a quienes Pablo tacha de «falsos hermanos» intentaban convencer a los gálatas de que el evangelio de Jesucristo, para ser perfecto, tenía que seguir sometido a la ley de Moisés y mantener en vigor determinadas prácticas propias del judaísmo, de manera muy especial la circuncisión (3.11-14; 5.1- 6; 6.12-13). El Apóstol advirtió lo serio del peligro que corrían las congregaciones cristianas visitadas por los judaizantes, quienes venían a perturbar el sentido del evangelio único (1.7-10) de la salvación por Cristo.

Temáticamente relacionada con Romanos, en esta epístola Pablo defiende la autenticidad del mensaje evangélico que había predicado en las iglesias de Galacia (1.11-12). De este modo reivindica la legitimidad de su labor de apóstol llamado y enviado por Dios a anunciar a Jesucristo entre los gentiles (1.15-16). También pone de relieve el valor de la fe, por la cual Dios justifica al pecador (2.15-21); se refiere a quienes habían caído en la trampa del cumplimiento externo de la Ley y menospreciaban así la gracia de Dios (3.1-5); exhorta a hacer buen uso de esa misma libertad, la cual debe configurar la vida del cristiano según la norma del amor (5.13). Esta es la ley de Cristo (6.2).

La conclusión de la epístola incluye algunas observaciones a modo de resumen (6.12-17), una nota de Pablo escrita de su propio puño y letra (6.11) y una breve bendición final (6.18).

Esquema del contenido

Prólogo (1.1-9)
1. El evangelio anunciado por Pablo (1.10—2.21)
2. Fe y libertad cristiana (3.1—5.12)
3. El uso de la libertad (5.13—6.10)
Epílogo (6.11-18)

Salutación

1 ¹ Pablo, apóstol (no por disposición de hombres ni por hombre, sino por Jesucristo y por Dios Padre que lo resucitó de los muertos), ² y todos los hermanos que están conmigo, a las iglesias de Galacia:[a] ³ Gracia y paz sean a vosotros, de Dios Padre y de nuestro Señor Jesucristo, ⁴ el cual se dio a sí mismo por nuestros pecados para librarnos del presente siglo malo,[b]

---

[a] **1.2** Región del Asia Menor, hoy perteneciente a Turquía. [b] **1.4** Gl 2.20; cf. Mt 20.28; Tit 2.14.

conforme a la voluntad de nuestro Dios y Padre, [5] a quien sea la gloria por los siglos de los siglos. Amén.

No hay otro evangelio

[6] Estoy asombrado de que tan pronto os hayáis alejado del que os llamó por la gracia de Cristo, para seguir un evangelio diferente. [7] No que haya otro, sino que hay algunos que os perturban y quieren alterar el evangelio de Cristo.[c] [8] Pero si aun nosotros, o un ángel del cielo, os anuncia un evangelio diferente del que os hemos anunciado, sea anatema. [9] Como antes hemos dicho, también ahora lo repito: Si alguien os predica un evangelio diferente del que habéis recibido, sea anatema.[d]

El ministerio de Pablo

[10] ¿Acaso busco ahora la aprobación de los hombres o la de Dios? ¿O trato de agradar a los hombres? Si todavía agradara a los hombres, no sería siervo de Cristo.[e]

[11] Pero os hago saber, hermanos, que el evangelio anunciado por mí no es invención humana, [12] pues yo ni lo recibí ni lo aprendí de hombre alguno, sino por revelación de Jesucristo.[f] [13] Ya habéis oído acerca de mi conducta en otro tiempo en el judaísmo, que perseguía sobremanera a la iglesia de Dios y la asolaba.[g] [14] En el judaísmo aventajaba a muchos de mis contemporáneos en mi nación, siendo mucho más celoso de las tradiciones de mis padres.[h] [15] Pero cuando agradó a Dios, que me apartó desde el vientre de mi madre y me llamó por su gracia, [16] revelar a su Hijo en mí,[i] para que yo lo predicara entre los gentiles, no me apresuré a consultar con carne y sangre. [17] Tampoco subí a Jerusalén para ver a los que eran apóstoles antes que yo; sino que fui a Arabia y volví de nuevo a Damasco.

[18] Después, pasados tres años, subí a Jerusalén[j] para ver a Pedro y permanecí con él quince días; [19] pero no vi a ningún otro de los apóstoles, sino a Jacobo el hermano del Señor. [20] En esto que os escribo, os aseguro delante de Dios que no miento.

[21] Después fui a las regiones de Siria y de Cilicia; [22] pero no me conocían personalmente las iglesias de Judea que están en Cristo, [23] pues solo habían oído decir: «Aquel que en otro tiempo nos perseguía, ahora predica la fe que en otro tiempo combatía». [24] Y glorificaban a Dios a causa de mí.

2 [1] Después, pasados catorce años, subí otra vez a Jerusalén[a] con Bernabé,[b] llevando también conmigo a Tito.[c] [2] Subí debido a una revelación y, para no correr o haber corrido en vano, expuse en privado a los que tenían cierta reputación, el evangelio que predico entre los gentiles. [3] Pero ni aun Tito, que estaba conmigo, con todo y ser griego, fue obligado a circuncidarse, [4] a pesar de los falsos hermanos[d] que se habían introducido entre nosotros a escondidas, para espiar nuestra libertad —la que tenemos en Cristo Jesús—, para reducirnos a esclavitud. [5] A los tales ni por un momento accedimos a someternos, para que la verdad del evangelio permaneciera con vosotros.

[6] Pero de los que tenían reputación de ser algo (lo que hayan sido en otro tiempo nada me importa; Dios no hace acepción de personas),[e] a mí, pues, los de reputación nada nuevo me comunicaron. [7] Antes por el contrario, como vieron que me había sido encomendado el evangelio de la incircuncisión,[f] como a Pedro el de la circuncisión [8] (pues el que actuó en Pedro para el apostolado de la circuncisión actuó también en mí para con los gentiles), [9] y reconociendo la gracia que me había sido dada, Jacobo, Cefas y Juan, que eran considerados como columnas, nos dieron a mí y a Bernabé la diestra en señal de compañerismo, para que nosotros fuéramos a los gentiles y ellos a los de la circuncisión. [10] Solamente nos pidieron que nos acordáramos de los pobres; lo cual también me apresuré a cumplir con diligencia.

---

[c] **1.7** Hch 15.24.   [d] **1.8-9** 1 Co 16.22 n.   [e] **1.10** 1 Ts 2.4.   [f] **1.12** Hch 9.3-6; 22.6-10; 26.13-18.   [g] **1.13** Hch 8.3; 22.4-5; 26.9-11.   [h] **1.14** Hch 22.3; Flp 3.6.   [i] **1.15-16** Hch 9.3-6; 22.6-10; 26.13-18.   [j] **1.18** Hch 9.26-30.   [a] **2.1** Hch 11.30; 15.2.   [b] **2.1** Compañero de Pablo en los primeros años de su ministerio (Hch 4.36; 13.1—15.39).   [c] **2.1** Colega y ayudante de Pablo (2 Co 7.6; 8.6,16-17; Tit 1.4).   [d] **2.4** Hch 15.1,24.   [e] **2.6** Dt 10.17.   [f] **2.7** Hch 9.15; 22.21; Ro 1.13; 15.16.

Pablo reprende a Pedro en Antioquía

¹¹ Pero cuando Pedro vino a Antioquía,⁸ lo reprendí cara a cara, porque era de condenar, ¹² pues antes que llegaran algunos de parte de Jacobo, comía con los gentiles; pero después que llegaron, se retraía y se apartaba, porque tenía miedo de los de la circuncisión ʰ. ¹³ Y en su simulación participaban también los otros judíos, de tal manera que aun Bernabé fue también arrastrado por la hipocresía de ellos. ¹⁴ Pero cuando vi que no andaban rectamente conforme a la verdad del evangelio, dije a Pedro delante de todos: «Si tú, siendo judío, vives como los gentiles y no como judío, ¿por qué obligas a los gentiles a judaizar?»

¹⁵ Nosotros —judíos de nacimiento y no pecadores de entre los gentiles—, ¹⁶ sabiendo que el hombre no es justificado por las obras de la Ley,ⁱ sino por la fe de Jesucristo,ʲ nosotros también hemos creído en Jesucristo, para ser justificados por la fe de Cristoᵏ y no por las obras de la Ley,ˡ por cuanto por las obras de la Ley nadie será justificado. ¹⁷ Ahora bien, si buscando ser justificados en Cristo, también nosotros resultamos ser pecadores, ¿es por eso Cristo ministro de pecado? ¡De ninguna manera! ¹⁸ Porque si las cosas que destruí, las mismas vuelvo a edificar, transgresor me hago. ¹⁹ Yo por la Ley morí para la Ley, a fin de vivir para Dios.ᵐ ²⁰ Con Cristo estoy juntamente crucificado, y ya no vivo yo, mas vive Cristo en mí; y lo que ahora vivo en la carne, lo vivo en la fe del Hijo de Dios, el cual me amó y se entregó a sí mismo por mí.ⁿ ²¹ No desecho la gracia de Dios, pues si por la Ley viniera la justicia, entonces en vano murió Cristo.

El Espíritu se recibe por la fe

3 ¹ ¡Gálatas insensatos!, ¿quién os fascinó para no obedecer a la verdad, a vosotros ante cuyos ojos Jesucristo fue ya presentado claramente crucificado?ᵃ ² Esto solo quiero saber de vosotros: ¿Recibisteis el Espíritu por las obras de la Ley o por el escuchar con fe? ³ ¿Tan insensatos sois? Habiendo comenzado por el Espíritu, ¿ahora vais a acabar por la carne? ⁴ ¿Tantas cosas habéis padecido en vano? Si es que realmente fue en vano. ⁵ Aquel, pues, que os da el Espíritu y hace maravillasᵇ entre vosotros, ¿lo hace por las obras de la Ley o por el oir con fe?

El pacto de Dios con Abraham

⁶ Así Abraham creyó a Dios y le fue contado por justicia.ᶜ ⁷ Sabed, por tanto, que los que tienen fe, estos son hijos de Abraham.ᵈ ⁸ Y la Escritura, previendo que Dios había de justificar por la fe a los gentiles, dio de antemano la buena nueva a Abraham, diciendo: «En ti serán benditas todas las naciones».ᵉ ⁹ De modo que los que tienen fe son bendecidos con el creyente Abraham.

¹⁰ Todos los que dependen de las obras de la Ley están bajo maldición, pues escrito está: «Maldito sea el que no permanezca en todas las cosas escritas en el libro de la Ley, para cumplirlas».ᶠ ¹¹ Y que por la Ley nadie se justifica ante Dios es evidente,⁸ porque «el justo por la fe vivirá».ʰ ¹² Pero la Ley no procede de la fe, sino que dice: «El que haga estas cosas vivirá por ellas».ⁱ

¹³ Cristo nos redimió de la maldición de la Ley, haciéndose maldición por nosotros (pues está escrito: «Maldito todo el que es colgado en un madero»)ʲ ¹⁴ para que en Cristo Jesús la bendición de Abraham alcanzara a los gentiles, a fin de que por la fe recibiéramos la promesa del Espíritu.

¹⁵ Hermanos, hablo en términos humanos: Un pacto, aunque sea hecho por un hombre, una vez ratificado, nadie lo invalida, ni le añade. ¹⁶ Ahora bien, a Abraham fueron hechas las promesas, y a su descendencia. No dice: «Y a los descendientes», como si hablara de muchos,

---

⁸ **2.11** Hch 11.19-26. ʰ **2.12** Aquellos cristianos de origen judío que insistían en que los creyentes que procedían del paganismo debían circuncidarse. ⁱ **2.16** Ro 3.20.
ʲ **2.16** Ro 3.22. ᵏ **2.16** Ro 3.19—4.5. ˡ **2.16** Ro 7.1-6,9-11. ᵐ **2.19-20** Gl 5.24; 6.14; cf. Ro 6.1-14; 8.10-11; Flp 1.21. ⁿ **2.20** Gl 1.4; Ef 5.2; 1 Ti 2.6; Tit 2.14. ᵃ **3.1** 1 Co 1.23; 2.2.
ᵇ **3.5** Ro 15.18-19; 2 Co 12.12. ᶜ **3.6** Gn 15.6; Ro 4.3. ᵈ **3.7** Ro 4.16. ᵉ **3.8** Gn 12.3.
ᶠ **3.10** Dt 27.26. ⁸ **3.11** Ro 3.20; Gl 2.16. ʰ **3.11** Hab 2.4. ⁱ **3.12** Lv 18.5. ʲ **3.13** Dt 21.23.

sino como de uno: «Y a tu descenden-cia»,[k] la cual es Cristo. [17] Esto, pues, digo: El pacto previamente ratificado por Dios en Cristo no puede ser anulado por la Ley, la cual vino cuatrocientos treinta años después;[l] eso habría invalidado la pro-mesa, [18] porque si la herencia es por la Ley, ya no es por la promesa;[m] pero Dios se la concedió a Abraham mediante la promesa.

El propósito de la Ley

[19] Entonces, ¿para qué sirve la Ley? Fue añadida a causa de las transgresio-nes,[n] hasta que viniera la descendencia a quien fue hecha la promesa; y fue dada por medio de ángeles en manos de un mediador. [20] Y el mediador no lo es de uno solo; pero Dios es uno.[ñ]

[21] Entonces, ¿la Ley contradice las pro-mesas de Dios? ¡De ninguna manera! Por-que si la Ley dada pudiera vivificar, la justicia sería verdaderamente por la Ley. [22] Pero la Escritura lo encerró todo bajo pecado, para que la promesa que es por la fe en Jesucristo fuera dada a los creyentes.

[23] Pero antes que llegara la fe, estába-mos confinados bajo la Ley, encerrados para aquella fe que iba a ser revelada. [24] De manera que la Ley ha sido nuestro guía para llevarnos a Cristo, a fin de que fuéramos justificados por la fe. [25] Pero ahora que ha venido la fe, ya no estamos bajo un guía, [26] porque todos sois hijos de Dios por la fe en Cristo Jesús, [27] pues to-dos los que habéis sido bautizados en Cristo, de Cristo estáis revestidos.[o] [28] Ya no hay judío ni griego; no hay esclavo ni libre; no hay hombre ni mujer, porque to-dos vosotros sois uno en Cristo Jesús.[p] [29] Y si vosotros sois de Cristo, ciertamente descendientes de Abraham sois, y here-deros según la promesa.[q]

4 [1] Pero también digo: Entre tanto que el heredero es niño, en nada difiere del esclavo, aunque es señor de todo, [2] sino que está bajo tutores y administradores hasta el tiempo señalado por el padre. [3] Así también nosotros, cuando éramos niños estábamos en esclavitud bajo los rudimentos del mundo. [4] Pero cuando vi-no el cumplimiento del tiempo, Dios en-vió a su Hijo, nacido de mujer y nacido bajo la Ley, [5] para redimir a los que esta-ban bajo la Ley, a fin de que recibiéramos la adopción de hijos. [6] Y por cuanto sois hijos, Dios envió a vuestros corazones el Espíritu de su Hijo, el cual clama: «¡Abba, Padre!»[a] [7] Así que ya no eres esclavo, sino hijo; y si hijo, también heredero de Dios por medio de Cristo.[b]

Exhortación contra el volver a la esclavitud

[8] Ciertamente, en otro tiempo, cuando no conocíais a Dios, servíais a los que por naturaleza no son dioses;[c] [9] pero ahora, ya que conocéis a Dios o, más bien, que sois conocidos por Dios, ¿cómo es que os volvéis de nuevo a los débiles y pobres rudimentos, a los cuales os queréis volver a esclavizar? [10] Guardáis los días, los me-ses, los tiempos y los años.[d] [11] Temo que mi trabajo en vuestro medio haya sido en vano.

[12] Os ruego, hermanos, que os hagáis como yo, porque yo también me hice co-mo vosotros. Ninguna ofensa me habéis hecho, [13] pues vosotros sabéis que a causa de una enfermedad del cuerpo os anuncié el evangelio al principio; [14] y no me des-preciasteis ni rechazasteis por la prueba que tenía en mi cuerpo. Al contrario, me recibisteis como a un ángel de Dios, como a Cristo Jesús. [15] ¿Dónde, pues, está esa satisfacción que experimentabais? Por-que os doy testimonio de que si hubierais podido, os habríais sacado vuestros pro-pios ojos para dármelos. [16] ¿Me he hecho, pues, vuestro enemigo por deciros la ver-dad?

[17] Se interesan por vosotros, pero no para vuestro bien, sino que quieren apar-taros de nosotros para que vosotros os in-tereséis por ellos. [18] Bueno es mostrar inte-rés por lo bueno siempre, y no solamente cuando estoy presente con vosotros.

[19] Hijitos míos, por quienes vuelvo a su-frir dolores de parto, hasta que Cristo sea formado en vosotros,[e] [20] quisiera estar con

[k] **3.16** Gn 12.7.   [l] **3.17** Ex 12.40.   [m] **3.18** Ro 4.14.   [n] **3.19** Ro 5.13,20; 7.7-13.   [ñ] **3.20** Dt 6.4.
[o] **3.27** Ro 6.3-5.   [p] **3.28** Ro 10.12; 1 Co 12.13; Col 3.11.   [q] **3.29** Ro 4.13.   [a] **4.5-6** Ro 8.15-17.
[b] **4.7** Ro 8.15.   [c] **4.8** Is 37.19; 1 Co 8.4-6.   [d] **4.10** Col 2.16.   [e] **4.19** Ro 8.29; 2 Co 3.18; Flp 3.10.

vosotros ahora mismo y cambiar de tono, pues estoy perplejo en cuanto a vosotros.

Alegoría de Sara y Agar

²¹ Decidme, los que queréis estar bajo la Ley: ¿no habéis oído la Ley?, ²² pues está escrito que Abraham tuvo dos hijos: uno de la esclava^f y el otro de la libre.^{g} ²³ Pero el de la esclava nació según la carne; pero el de la libre, en virtud de la promesa. ²⁴ Lo cual es una alegoría, pues estas mujeres son los dos pactos; el uno proviene del monte Sinaí, el cual da hijos para esclavitud; este es Agar, ²⁵ pues Agar es el monte Sinaí, en Arabia, y corresponde a la Jerusalén actual, ya que esta, junto con sus hijos, está en esclavitud.^{h} ²⁶ Pero la Jerusalén de arriba, la cual es madre de todos nosotros, es libre, ²⁷ pues está escrito:

«¡Regocíjate, estéril, tú que no das a luz;

grita de júbilo y clama, tú que no tienes dolores de parto!,

porque más son los hijos de la abandonada que los de la que tiene marido».^{i}

²⁸ Así que, hermanos, nosotros, como Isaac, somos hijos de la promesa.^{j} ²⁹ Pero como entonces el que había nacido según la carne perseguía al que había nacido según el Espíritu,^{k} así también ahora. ³⁰ Pero ¿qué dice la Escritura?: «Echa fuera a la esclava y a su hijo, porque no heredará el hijo de la esclava con el hijo de la libre».^{l} ³¹ De manera, hermanos, que no somos hijos de la esclava, sino de la libre.

Estad firmes en la libertad

5 ¹ Estad, pues, firmes en la libertad con que Cristo nos hizo libres y no estéis otra vez sujetos al yugo de esclavitud.^{a}

² Ciertamente, yo, Pablo os digo que si os circuncidáis, de nada os aprovechará Cristo. ³ Y otra vez testifico a todo hombre que se circuncida, que está obligado a cumplir toda la Ley. ⁴ De Cristo os desligasteis, los que por la Ley os justificáis; de la gracia habéis caído. ⁵ Nosotros, por el Espíritu, aguardamos por fe la esperanza de la justicia, ⁶ porque en Cristo Jesús ni la circuncisión vale algo ni la incircuncisión,^{b} sino la fe que obra por el amor.

⁷ Vosotros corríais bien. ¿Quién os estorbó para no obedecer a la verdad? ⁸ Esta persuasión no procede de aquel que os llama. ⁹ «Un poco de levadura fermenta toda la masa».^{c} ¹⁰ Yo confío respecto de vosotros en el Señor, que no pensaréis de otro modo; pero el que os perturba llevará la sentencia, quienquiera que sea.

¹¹ En cuanto a mí, hermanos, si aún predicara la circuncisión, ¿por qué padezco persecución todavía? En tal caso se habría quitado el escándalo de la cruz. ¹² ¡Ojalá se mutilaran los que os perturban!

¹³ Vosotros, hermanos, a libertad fuisteis llamados; solamente que no uséis la libertad como ocasión para la carne, sino servíos por amor los unos a los otros, ¹⁴ porque toda la Ley en esta sola palabra se cumple: «Amarás a tu prójimo como a ti mismo».^{d} ¹⁵ Pero si os mordéis y os coméis unos a otros, mirad que también no os destruyáis unos a otros.

Las obras de la carne y el fruto del Espíritu

¹⁶ Digo, pues: Andad en el Espíritu, y no satisfagáis los deseos de la carne, ¹⁷ porque el deseo de la carne es contra el Espíritu y el del Espíritu es contra la carne; y estos se oponen entre sí, para que no hagáis lo que quisierais.^{e} ¹⁸ Pero si sois guiados por el Espíritu, no estáis bajo la Ley.^{f} ¹⁹ Manifiestas son las obras de la carne, que son: adulterio, fornicación, inmundicia, lujuria, ²⁰ idolatría, hechicerías, enemistades, pleitos, celos, iras, contiendas, divisiones, herejías, ²¹ envidias, homicidios, borracheras, orgías, y cosas semejantes a estas. En cuanto a esto, os advierto, como ya os he dicho antes, que los que practican tales cosas no heredarán el reino de Dios.

²² Pero el fruto del Espíritu^g es amor, gozo, paz, paciencia, benignidad, bondad,

^{f} 4.22 Gn 16.15. ^{g} 4.22 Gn 21.2. ^{h} 4.25 Es decir, sometida a la Ley mosaica. ^{i} 4.27 Is 54.1. ^{j} 4.28 Ro 9.7; Gl 3.29. ^{k} 4.29 Gn 21.9. ^{l} 4.30 Gn 21.10. ^{a} 5.1 Jn 8.32-36. ^{b} 5.6 1 Co 7.19; Gl 6.15. ^{c} 5.9 1 Co 5.6. ^{d} 5.14 Lv 19.18; cf. Mt 22.39; Mc 12.31; Ro 13.9; Stg 2.8. ^{e} 5.17 Ro 7.15-23. ^{f} 5.18 Ro 6.14; 8.14. ^{g} 5.22-23 Ef 5.9; Col 3.12-15.

fe, ²³ mansedumbre, templanza; contra tales cosas no hay ley. ²⁴ Pero los que son de Cristo han crucificado la carne con sus pasiones y deseos. ²⁵ Si vivimos por el Espíritu, andemos también por el Espíritu. ²⁶ No busquemos la vanagloria, irritándonos unos a otros, envidiándonos unos a otros.ʰ

6 ¹ Hermanos, si alguno es sorprendido en alguna falta, vosotros que sois espirituales, restauradlo con espíritu de mansedumbre, considerándote a ti mismo, no sea que tú también seas tentado.ᵃ ² Sobrellevad los unos las cargas de los otros, y cumplid así la ley de Cristo.ᵇ ³ El que se cree ser algo, no siendo nada, a sí mismo se engaña. ⁴ Así que, cada uno someta a prueba su propia obra y entonces tendrá, solo en sí mismo y no en otro, motivo de gloriarse, ⁵ porque cada uno cargará con su propia responsabilidad.

⁶ El que es enseñado en la palabra haga partícipe de toda cosa buena al que lo instruye.ᶜ

⁷ No os engañéis; Dios no puede ser burlado, pues todo lo que el hombre siembre, eso también segará, ⁸ porque el que siembra para su carne, de la carne segará corrupción; pero el que siembra para el Espíritu, del Espíritu segará vida eterna.ᵈ ⁹ No nos cansemos, pues, de hacer bien, porque a su tiempo segaremos, si no desmayamos.ᵉ

¹⁰ Así que, según tengamos oportunidad, hagamos bien a todos, y especialmente a los de la familia de la fe.

Pablo se gloría en la cruz de Cristo

¹¹ Mirad con cuán grandes letras os escribo de mi propia mano. ¹² Todos los que quieren agradar en la carne, esos os obligan a que os circuncidéis, solamente para no padecer persecución a causa de la cruz de Cristo, ¹³ porque ni aun los mismos que se circuncidan guardan la Ley; pero quieren que vosotros os circuncidéis, para gloriarse en vuestra carne. ¹⁴ Pero lejos esté de mí gloriarme, sino en la cruz de nuestro Señor Jesucristo, por quien el mundo ha sido crucificado para mí y yo para el mundo,ᶠ ¹⁵ porque, en Cristo Jesús, ni la circuncisión vale nada ni la incircuncisión, sino la nueva criatura.ᵍ ¹⁶ A todos los que anden conforme a esta regla, paz y misericordia sea a ellos, y al Israel de Dios.

¹⁷ De aquí en adelante nadie me cause molestias, porque yo llevo en mi cuerpo las marcas del Señor Jesús.

Bendición final

¹⁸ Hermanos, la gracia de nuestro Señor Jesucristo sea con vuestro espíritu. Amén.

ʰ **5.26** Flp 2.3.　ᵃ **6.1** Mt 18.15; Stg 5.19-20.　ᵇ **6.2** Jn 13.34; 15.12,17; 1 Jn 3.23.　ᶜ **6.6** Ro 15.27; 1 Ti 5.17-18.　ᵈ **6.8** Gl 5.19-25; cf. Ro 8.13.　ᵉ **6.9** 2 Ts 3.13.　ᶠ **6.14** 1 Co 2.2; Gl 2.19-20. ᵍ **6.15** Gl 5.6; cf. 1 Co 7.19.

Epístola del Apóstol San Pablo a los
EFESIOS

INTRODUCCIÓN

Más que carta, la Epístola a los Efesios (=Ef) es un escrito doctrinal y exhortatorio, que pone de manifiesto fundamentales intereses pedagógicos y pastorales de su autor. Es una reflexión sobre la iglesia, vista como cuerpo de Cristo (1.22b-23; 4.15-16. Cf. Col 1.18), y una sólida enseñanza acerca de la salvación que Dios ofrece a los pecadores (2.4-9).

El libro de los Hechos hace referencia a dos visitas de Pablo a Éfeso, capital de la provincia romana de Asia y centro del culto a la diosa Diana, cuyo templo atraía peregrinos de todas partes. La primera de estas visitas fue breve (Hc 18.19-21), pero la segunda se prolongó «por tres años» (Hch 19.1—20.1,31), un período que indica la importancia de la obra misionera allí realizada.

Efesios ofrece algunas peculiaridades literarias, de vocabulario y de perspectiva teológica que la diferencian de los demás escritos paulinos, a excepción de la Epístola a los Colosenses, con la que tiene muchas afinidades en temas, conceptos y expresión. Debido a la casi total ausencia de alusiones personales, algunos piensan que se trata más bien de una especie de carta circular dirigida a diversas congregaciones. Su texto consta de dos secciones principales. La primera (1.3—3.21), de índole doctrinal, se presenta a continuación de unas palabras iniciales de saludo (1.1-2). La segunda (4.1—6.20), contiene una serie de exhortaciones a vivir de acuerdo con la vocación y la fe cristianas. Por último, un breve epílogo pone punto final a la carta (6.21-24). Particularmente importante es el pasaje 5.21-33, donde el autor establece un paralelismo entre la unidad esencial de Cristo y su iglesia y la figura del matrimonio.

El pensamiento en torno al cual se estructura la Epístola a los Efesios es la unidad de la iglesia y de toda la creación bajo el gobierno de Cristo resucitado (1.20-22a), en quien se han de «reunir todas las cosas... en la dispensación del cumplimiento de los tiempos» (1.9-10). Este es el propósito de Dios, mantenido en el secreto de su sabiduría (3.10), el cual ahora ha de ser revelado universalmente por medio de la iglesia (3.10-11).

Esquema del contenido

Prólogo: Salutación (1.1-2)
1. *La obra salvadora de Dios (1.3—3.21)*
2. *La vida cristiana (4.1—6.20)*
Epílogo: Salutaciones finales (6.21-24)

---

1 ¹ Pablo, apóstol de Jesucristo por la voluntad de Dios, a los santos y fieles en Cristo Jesús que están en Éfeso:ᵃ ² Gracia y paz a vosotros de parte de Dios, nuestro Padre, y del Señor Jesucristo.

Bendiciones espirituales en Cristo
³ Bendito sea el Dios y Padre de nuestro Señor Jesucristo,
que nos bendijo con toda bendición espiritual
en los lugares celestiales en Cristo,
⁴ según nos escogió en él antes de la fundación del mundo,
para que fuéramos santos y sin mancha delante de él.
⁵ Por su amor, nos predestinó para ser adoptados hijos suyos

ᵃ **1.1** Hch 18.19-21; 19.1.

1208

por medio de Jesucristo,[b]
según el puro afecto de su
voluntad,
[6] para alabanza de la gloria de su
gracia,
con la cual nos hizo aceptos en el
Amado.[c]
[7] En él tenemos redención por su
sangre,
el perdón de pecados[d]
según las riquezas de su gracia,
[8] que hizo sobreabundar para con
nosotros
en toda sabiduría e inteligencia.
[9] Él nos dio a conocer el misterio de
su voluntad,
según su beneplácito,
el cual se había propuesto en sí
mismo,
[10] de reunir todas las cosas en Cristo,
en el cumplimiento de los tiempos
establecidos,[e]
así las que están en los cielos como
las que están en la tierra.
[11] En él asimismo tuvimos herencia,[f]
habiendo sido predestinados
conforme al propósito del que hace
todas las cosas
según el designio de su voluntad,
[12] a fin de que seamos para alabanza
de su gloria,
nosotros los que primeramente
esperábamos en Cristo.
[13] En él también vosotros,
habiendo oído la palabra de
verdad,
el evangelio de vuestra salvación,
y habiendo creído en él,
fuisteis sellados con el Espíritu
Santo de la promesa,
[14] que es las arras de nuestra herencia
hasta la redención de la posesión
adquirida,
para alabanza de su gloria.

El espíritu de sabiduría y de revelación
[15] Por esta causa también yo, habiendo

oído de vuestra fe en el Señor Jesús y de
vuestro amor para con todos los santos,[g]
[16] no ceso de dar gracias por vosotros, haciendo memoria de vosotros en mis oraciones,[h] [17] para que el Dios de nuestro
Señor Jesucristo, el Padre de gloria, os dé
espíritu de sabiduría y de revelación en el
conocimiento de él; [18] que él alumbre los
ojos de vuestro entendimiento, para que
sepáis cuál es la esperanza a que él os ha
llamado, cuáles las riquezas de la gloria
de su herencia en los santos[i] [19] y cuál la
extraordinaria grandeza de su poder para
con nosotros los que creemos, según la acción de su fuerza poderosa. [20] Esta fuerza
operó en Cristo,[j] resucitándolo de los
muertos y sentándolo a su derecha[k] en los
lugares celestiales, [21] sobre todo principado
y autoridad, poder y señorío,[l] y sobre todo
nombre que se nombra, no solo en este siglo, sino también en el venidero. [22] Y sometió todas las cosas debajo de sus pies,[m] y lo
dio por cabeza sobre todas las cosas a la
iglesia, [23] la cual es su cuerpo,[n] la plenitud
de Aquel que todo lo llena en todo.

Salvos por gracia
2 [1] Él os dio vida a vosotros, cuando estabais muertos en vuestros delitos y
pecados,[a] [2] en los cuales anduvisteis en
otro tiempo, siguiendo la corriente de este mundo, conforme al príncipe de la potestad del aire, el espíritu que ahora opera
en los hijos de desobediencia.[b] [3] Entre
ellos vivíamos también todos nosotros en
otro tiempo, andando en los deseos de
nuestra carne, haciendo la voluntad de la
carne y de los pensamientos; y éramos
por naturaleza hijos de ira, lo mismo que
los demás. [4] Pero Dios, que es rico en misericordia, por su gran amor con que nos
amó, [5] aun estando nosotros muertos en
pecados, nos dio vida juntamente con
Cristo (por gracia sois salvos). [6] Juntamente con él nos resucitó, y asimismo nos
hizo sentar en los lugares celestiales con
Cristo Jesús,[c] [7] para mostrar en los siglos

---

[b] **1.4-5** Ro 8.29-30.   [c] **1.6** Título mesiánico; Mt 3.17; 17.5; Col 1.13.   [d] **1.7-8** Col 1.14;
Heb 9.11-14.   [e] **1.10** Col 1.16,20.   [f] **1.11** Dt 7.6; 32.9; Ro 8.17; Gl 3.29; 4.7; Ef 1.14,18.
[g] **1.15** Col 1.4.   [h] **1.16-17** Col 1.9.   [i] **1.18** Hch 20.32; Col 1.12; 3.24.   [j] **1.19-20** 2 Co 13.4;
Col 2.12.   [k] **1.20** Sal 110.1.   [l] **1.21-22** Col 1.16; 2.10; 1 P 3.21-22; cf. Ef 6.12.   [m] **1.22** Sal 8.6.
[n] **1.22-23** Col 1.18; cf. Ro 12.5; 1 Co 12.27.   [a] **2.1-5** Col 2.13.   [b] **2.2** Col 3.6-7; cf. Ef 6.11-12.
[c] **2.5-6** Col 2.12-13; cf. Ro 6.4-11; 1 P 1.3.

venideros las abundantes riquezas de su gracia en su bondad para con nosotros en Cristo Jesús, [8] porque por gracia sois salvos por medio de la fe; y esto no de vosotros, pues es don de Dios.[d] [9] No por obras, para que nadie se gloríe,[e] [10] pues somos hechura suya, creados en Cristo Jesús para buenas obras, las cuales Dios preparó de antemano para que anduviéramos en ellas.

Reconciliación por medio de la cruz

[11] Por tanto, acordaos de que en otro tiempo vosotros, los gentiles en cuanto a la carne, erais llamados incircuncisión por la llamada circuncisión hecha con mano en la carne. [12] En aquel tiempo estabais sin Cristo, alejados de la ciudadanía de Israel y ajenos a los pactos de la promesa,[f] sin esperanza y sin Dios en el mundo. [13] Pero ahora en Cristo Jesús, vosotros que en otro tiempo estabais lejos, habéis sido hechos cercanos por la sangre de Cristo.

[14] Él es nuestra paz, que de ambos pueblos hizo uno, derribando la pared intermedia de separación,[g] [15] aboliendo en su carne las enemistades (la ley de los mandamientos expresados en ordenanzas),[h] para crear en sí mismo de los dos un solo y nuevo hombre,[i] haciendo la paz, [16] y mediante la cruz reconciliar con Dios a ambos en un solo cuerpo, matando en ella las enemistades. [17] Y vino y anunció las buenas nuevas de paz a vosotros que estabais lejos y a los que estáis cerca,[j,k] [18] porque por medio de él los unos y los otros tenemos entrada por un mismo Espíritu al Padre.[l]

[19] Por eso, ya no sois extranjeros ni forasteros, sino conciudadanos de los santos y miembros de la familia de Dios, [20] edificados sobre el fundamento de los apóstoles y profetas, siendo la principal piedra del ángulo Jesucristo mismo. [21] En él todo el edificio, bien coordinado, va creciendo para ser un templo santo en el Señor; [22] en quien vosotros también sois juntamente edificados para morada de Dios en el Espíritu.[m]

Ministerio de Pablo a los gentiles

3 [1] Por esta causa yo, Pablo, prisionero de Cristo Jesús por vosotros los gentiles... [2] Seguramente habéis oído de la administración de la gracia de Dios que me fue dada[a] para con vosotros, [3] pues por revelación me fue declarado el misterio,[b] como antes lo he escrito brevemente. [4] Al leerlo podéis entender cuál sea mi conocimiento en el misterio de Cristo, [5] el cual en otras generaciones no se dio a conocer a los hijos de los hombres, como ahora es revelado a sus santos apóstoles y profetas por el Espíritu; [6] que los gentiles son coherederos y miembros del mismo cuerpo, y copartícipes de la promesa en Cristo Jesús por medio del evangelio,[c] [7] del cual yo fui hecho ministro[d] por el don de la gracia de Dios que me ha sido dado según la acción de su poder.

[8] A mí, que soy menos que el más pequeño de todos los santos,[e] me fue dada esta gracia de anunciar entre los gentiles el evangelio de las insondables riquezas de Cristo, [9] y de aclarar a todos cuál sea el plan del misterio[f] escondido desde los siglos en Dios, el creador de todas las cosas, [10] para que la multiforme sabiduría de Dios sea ahora dada a conocer por medio de la iglesia a los principados y potestades en los lugares celestiales, [11] conforme al propósito eterno que hizo en Cristo Jesús, nuestro Señor, [12] en quien tenemos seguridad y acceso con confianza por medio de la fe en él. [13] Por eso, pido que no desmayéis a causa de mis tribulaciones por vosotros, las cuales son vuestra gloria.

El amor que excede a todo conocimiento

[14] Por esta causa doblo mis rodillas ante el Padre de nuestro Señor Jesucristo [15] (de quien toma nombre toda familia en los cielos y en la tierra), [16] para que os dé, conforme a las riquezas de su gloria, el ser

---

[d] **2.8** Ro 9.16.　[e] **2.9** Ro 3.27-28; 4.2,5; Gl 2.16; 2 Ti 1.9; Tit 3.5.　[f] **2.12** Ro 9.4.　[g] **2.13-14** Jn 10.16.
[h] **2.15** Col 2.14.　[i] **2.16** Col 1.20-22; cf. Ro 5.10; 2 Co 5.18-20.　[j] **2.17** Is 52.7.　[k] **2.17** Is 57.19.
[l] **2.18** Ef 3.12; cf. 1 P 3.18.　[m] **2.21-22** 1 P 2.4-5.　[a] **3.2** Col 1.25.　[b] **3.3** Hch 9.3-4; Gl 1.12.
[c] **3.4-6** Col 1.26-27.　[d] **3.7** Col 1.23,25.　[e] **3.8** 1 Co 15.9; cf. 1 Ti 1.15.　[f] **3.9** Ef 1.9-10.

fortalecidos con poder en el hombre interior por su Espíritu; [17] que habite Cristo por la fe en vuestros corazones,[g] a fin de que, arraigados y cimentados en amor, [18] seáis plenamente capaces de comprender con todos los santos cuál sea la anchura, la longitud, la profundidad y la altura, [19] y de conocer el amor de Cristo, que excede a todo conocimiento, para que seáis llenos de toda la plenitud de Dios.[h]

[20] Y a Aquel que es poderoso para hacer todas las cosas mucho más abundantemente de lo que pedimos o entendemos, según el poder[i] que actúa en nosotros, [21] a él sea gloria en la iglesia en Cristo Jesús por todas las edades, por los siglos de los siglos. Amén.

La unidad del Espíritu

4 [1] Yo, pues, preso en el Señor, os ruego que andéis como es digno de la vocación[a] con que fuisteis llamados: [2] con toda humildad y mansedumbre, soportándoos con paciencia los unos a los otros en amor,[b] [3] procurando mantener la unidad del Espíritu en el vínculo de la paz: [4] un solo cuerpo[c] y un solo Espíritu, como fuisteis también llamados en una misma esperanza de vuestra vocación; [5] un solo Señor, una sola fe, un solo bautismo, [6] un solo Dios y Padre de todos, el cual es sobre todos y por todos y en todos.[d]

[7] Pero a cada uno de nosotros fue dada la gracia conforme a la medida del don de Cristo.[e] [8] Por lo cual dice:

«Subiendo a lo alto, llevó cautiva la
　　cautividad,
y dio dones a los hombres».[f]

[9] Y eso de que «subió», ¿qué es, sino que también había descendido primero a las partes más bajas de la tierra?[g] [10] El que descendió es el mismo que también subió por encima de todos los cielos para llenarlo todo. [11] Y él mismo constituyó a unos, apóstoles; a otros, profetas; a otros, evangelistas; a otros, pastores y maestros, [12] a fin de perfeccionar a los santos para la obra del ministerio, para la edificación del cuerpo de Cristo, [13] hasta que todos lleguemos a la unidad de la fe y del conocimiento del Hijo de Dios, al hombre perfecto, a la medida de la estatura de la plenitud de Cristo.

[14] Así ya no seremos niños fluctuantes, llevados por doquiera de todo viento de doctrina, por estratagema de hombres que para engañar emplean con astucia las artimañas del error; [15] sino que, siguiendo la verdad en amor, crezcamos en todo en aquel que es la cabeza, esto es, Cristo,[h] [16] de quien todo el cuerpo, bien concertado y unido entre sí por todas las coyunturas que se ayudan mutuamente, según la actividad propia de cada miembro, recibe su crecimiento para ir edificándose en amor.[i]

La nueva vida en Cristo

[17] Esto, pues, digo y requiero en el Señor: que ya no andéis como los otros gentiles, que andan en la vanidad de su mente, [18] teniendo el entendimiento entenebrecido, ajenos de la vida de Dios por la ignorancia que en ellos hay, por la dureza de su corazón. [19] Estos, después que perdieron toda sensibilidad, se entregaron al libertinaje para cometer con avidez toda clase de impureza.[j] [20] Pero vosotros no habéis aprendido así sobre Cristo, [21] si en verdad lo habéis oído, y habéis sido por él enseñados, conforme a la verdad que está en Jesús. [22] En cuanto a la pasada manera de vivir, despojaos del viejo hombre,[k] que está corrompido por los deseos engañosos, [23] renovaos en el espíritu de vuestra mente,[l] [24] y vestíos del nuevo hombre, creado según Dios[m] en la justicia y santidad de la verdad.

[25] Por eso, desechando la mentira, hablad verdad cada uno con su prójimo,[n] porque somos miembros los unos de los otros.[ñ]

[26] Airaos, pero no pequéis;[o] no se ponga el sol sobre vuestro enojo,[p] [27] ni deis lugar al diablo.

---

[g] **3.17** Gl 2.20.　[h] **3.19** Ef 1.23.　[i] **3.20** Col 1.29.　[a] **4.1** Flp 1.27; Col 1.10; 1 Ts 2.11-12.
[b] **4.2** Col 3.12-13.　[c] **4.4** Ef 1.23; 2.16.　[d] **4.6** 1 Co 8.6.　[e] **4.7** Ro 12.6; 1 Co 12.11.
[f] **4.8** Sal 68.18.　[g] **4.9** Jn 3.13.　[h] **4.15** Ef 1.22; 5.23; Col 1.18.　[i] **4.16** Col 2.19.
[j] **4.17-19** Ro 1.21-25.　[k] **4.22-24** Col 3.9-10.　[l] **4.23** Ro 12.2.　[m] **4.24** Gn 1.26; Col 3.10.
[n] **4.25** Zac 8.16.　[ñ] **4.25** Ro 12.5.　[o] **4.26** Sal 4.4 (gr.).　[p] **4.26** Stg 1.19-20.

28 El que robaba, no robe más, sino trabaje, haciendo con sus manos lo que es bueno, para que tenga qué compartir con el
que padece necesidad.[q] 29 Ninguna palabra
corrompida salga de vuestra boca, sino la
que sea buena para la necesaria edificación,
a fin de dar gracia a los oyentes.[r] 30 Y no entristezcáis al Espíritu Santo de Dios,[s] con el
cual fuisteis sellados para el día de la redención.

31 Quítense de vosotros toda amargura,
enojo, ira, gritería, maledicencia y toda malicia. 32 Antes sed bondadosos unos con
otros, misericordiosos, perdonándoos unos
a otros, como Dios también os perdonó a
vosotros en Cristo.[t]

Andad como hijos de luz

5 1 Sed, pues, imitadores de Dios como
hijos amados. 2 Y andad en amor, como también Cristo nos amó[a] y se entregó
a sí mismo por nosotros, ofrenda y sacrificio a Dios en olor fragante.[b]

3 Pero fornicación y toda impureza o
avaricia, ni aun se nombre entre vosotros,
como conviene a santos.[c] 4 Tampoco digáis palabras deshonestas, ni necedades,
ni groserías que no convienen, sino antes
bien acciones de gracias. 5 Sabéis esto, que
ningún fornicario o inmundo o avaro,
que es idólatra,[d] tiene herencia en el reino
de Cristo y de Dios.[e]

6 Nadie os engañe con palabras vanas,
porque por estas cosas viene la ira de Dios
sobre los hijos de desobediencia.[f] 7 No
seáis, pues, partícipes con ellos,[g] 8 porque
en otro tiempo erais tinieblas, pero ahora
sois luz en el Señor; andad como hijos de
luz[h] 9 (porque el fruto del Espíritu es en toda bondad, justicia y verdad),[i] 10 compro-
bando lo que es agradable al Señor.[j] 11 Y no
participéis en las obras infructuosas de las
tinieblas,[k] sino más bien reprendedlas,
12 porque vergonzoso es aun hablar de lo
que ellos hacen en secreto. 13 Mas todas las
cosas, cuando son puestas en evidencia
por la luz,[l] son hechas manifiestas, porque
la luz es lo que manifiesta todo. 14 Por lo
cual dice:

Despiértate, tú que duermes,
y levántate de los muertos,
y te alumbrará Cristo.

15 Mirad, pues, con diligencia cómo andéis, no como necios sino como sabios,
16 aprovechando bien el tiempo,[m] porque
los días son malos. 17 Por tanto, no seáis insensatos, sino entendidos de cuál sea la
voluntad del Señor.[n] 18 No os embriaguéis
con vino, en lo cual hay disolución; antes
bien sed llenos del Espíritu, 19 hablando
entre vosotros con salmos, con himnos y
cánticos espirituales, cantando y alabando
al Señor en vuestros corazones; 20 dando
siempre gracias por todo al Dios y Padre,
en el nombre de nuestro Señor Jesucristo.[ñ]

Someteos los unos a los otros

21 Someteos unos a otros en el temor de
Dios.

22 Las casadas estén sujetas a sus propios
maridos,[o] como al Señor, 23 porque el marido es cabeza de la mujer, así como Cristo es
cabeza de la iglesia,[p] la cual es su cuerpo, y
él es su Salvador. 24 Así que, como la iglesia
está sujeta a Cristo, así también las casadas
lo estén a sus maridos en todo.

25 Maridos, amad a vuestras mujeres,[q]
así como Cristo amó a la iglesia[r] y se entregó a sí mismo por ella, 26 para santificarla,
habiéndola purificado en el lavamiento
del agua por la palabra, 27 a fin de presen-
társela a sí mismo, una iglesia gloriosa,
que no tuviera mancha ni arruga ni cosa
semejante, sino que fuera santa y sin mancha.[s] 28 Así también los maridos deben
amar a sus mujeres como a sus mismos
cuerpos. El que ama a su mujer, a sí mismo
se ama, 29 pues nadie odió jamás a su propio cuerpo, sino que lo sustenta y lo cuida,
como también Cristo a la iglesia, 30 porque
somos miembros de su cuerpo, de su carne y de sus huesos.[t] 31 Por esto dejará el

[q] **4.28** Hch 20.35; 1 Ts 4.11; 2 Ts 3.12. [r] **4.29** Col 3.8. [s] **4.30** 1 Ts 5.19. [t] **4.32** Col 3.12-13.
[a] **5.2** Jn 13.34; 15.12; Gl 2.20. [b] **5.2** Ex 29.18. [c] **5.3** Col 3.5. [d] **5.5** Col 3.5. [e] **5.5** 1 Co 6.9-10.
[f] **5.6** Col 3.6. [g] **5.7-11** 2 Co 6.14. [h] **5.8** Jn 12.36. [i] **5.9** Gl 5.22-23. [j] **5.10** Ro 12.2.
[k] **5.11** Ro 13.12; 1 P 2.9. [l] **5.13** Jn 3.20-21. [m] **5.16** Col 4.5. [n] **5.17** Ro 12.2.
[ñ] **5.19-20** Col 3.16-17; cf. 1 Co 14.26. [o] **5.22** Col 3.18; 1 P 3.1. [p] **5.23-24** 1 Co 11.3.
[q] **5.25** Col 3.19; 1 P 3.7. [r] **5.25** 2 Co 11.2; Ap 19.7-8; 21.2,9. [s] **5.27** Cnt 4.7; Ef 1.4; Col 1.22.
[t] **5.30** Ro 12.5; 1 Co 6.15; 12.27; Col 1.18.

hombre a su padre y a su madre, se unirá a su mujer y los dos serán una sola carne.ᵘ ³²Grande es este misterio, pero yo me refiero a Cristo y a la iglesia. ³³Por lo demás, cada uno de vosotros ame también a su mujer como a sí mismo; y la mujer respete a su marido.

6 ¹Hijos, obedeced en el Señor a vuestros padres, porque esto es justo.ᵃ ²«Honra a tu padre y a tu madre» —que es el primer mandamiento con promesa—, ³para que te vaya bien y seas de larga vida sobre la tierra.ᵇ

⁴Y vosotros, padres, no provoquéis a ira a vuestros hijos,ᶜ sino criadlos en disciplina y amonestación del Señor.

⁵Esclavos, obedeced a vuestros amos terrenales con temor y temblor, con sencillez de vuestro corazón, como a Cristo; ⁶no sirviendo al ojo, como los que quieren agradar a los hombres, sino como siervos de Cristo, de corazón haciendo la voluntad de Dios. ⁷Servid de buena voluntad, como al Señor y no a los hombres, ⁸sabiendo que el bien que cada uno haga, ese recibirá del Señor, sea siervo o sea libre.ᵈ

⁹Y vosotros, amos, haced con ellos lo mismo, dejando las amenazas, sabiendo que el Señor de ellos y vuestro está en los cielos,ᵉ y que para él no hay acepción de personas.ᶠ

La armadura de Dios

¹⁰Por lo demás, hermanos míos, fortaleceos en el Señor y en su fuerza poderosa.ᵍ ¹¹Vestíos de toda la armadura de Dios,ʰ para que podáis estar firmes contra las asechanzas del diablo, ¹²porque no tenemos lucha contra sangre y carne, sino contra principados, contra potestades, contra los gobernadores de las tinieblas de este mundo, contra huestes espirituales de maldad en las regiones celestes. ¹³Por tanto, tomad toda la armadura de Dios, para que podáis resistir en el día malo y, habiendo acabado todo, estar firmes.

¹⁴Estad, pues, firmes, ceñida vuestra cintura con la verdad,ⁱ vestidos con la coraza de justiciaʲ ¹⁵y calzados los pies con el celo por anunciar el evangelio de la paz.ᵏ ¹⁶Sobre todo, tomad el escudo de la fe, con que podáis apagar todos los dardos de fuego del maligno. ¹⁷Tomad el yelmo de la salvación,ˡ y la espada del Espíritu, que es la palabra de Dios.ᵐ ¹⁸Orad en todo tiempoⁿ con toda oración y súplica en el Espíritu, y velad en ello con toda perseverancia y súplica por todos los santos ¹⁹y por mí, a fin de que al abrir mi boca me sea dada palabra para dar a conocer con denuedo el misterio del evangelio, ²⁰por el cual soy embajadorñ en cadenas, y con denuedo hable de él como debo hablar.

²¹Para que también vosotros sepáis mis asuntos y lo que hago, todo os lo hará saber Tíquico,ᵒ hermano amado y fiel ministro en el Señor, ²²el cual envié a vosotros para esto mismo, para que sepáis lo tocante a nosotros y para que consuele vuestros corazones.ᵖ

²³Paz sea a los hermanos, y amor con fe, de Dios Padre y del Señor Jesucristo. ²⁴La gracia sea con todos los que aman a nuestro Señor Jesucristo con amor inalterable. Amén.

ᵘ**5.31** Gn 2.24.   ᵃ**6.1-4** Col 3.20.   ᵇ**6.2-3** Ex 20.12; Dt 5.16.   ᶜ**6.4** Col 3.21.   ᵈ**6.5-8** Col 3.22-25.
ᵉ**6.9** Col 4.1.   ᶠ**6.9** Dt 10.17; Hch 10.34; Ro 2.11; Col 3.25.   ᵍ**6.10** Ef 3.16; Flp 4.13; Col 1.11.
ʰ**6.11** 2 Co 10.4; 1 P 4.1.   ⁱ**6.14** Is 11.5.   ʲ**6.14** Job 29.14; Is 59.17; cf. 1 Ts 5.8.   ᵏ**6.15** Is 52.7;
Ro 10.15.   ˡ**6.17** Is 59.17; 1 Ts 5.8.   ᵐ**6.17** Heb 4.12.   ⁿ**6.18-20** Col 4.2-4.   ñ**6.20** 2 Co 5.20.
ᵒ**6.21** Hch 20.4; 2 Ti 4.12.   ᵖ**6.21-22** Col 4.7-8.

Epístola del Apóstol San Pablo a los
FILIPENSES

INTRODUCCIÓN

Filipos estaba situada sobre la célebre «Via Egnatia», que comunicaba Roma con Asia Menor. Se alzaba a unos 12 km. de la costa norte del mar Egeo, junto al límite de la región macedónica con la de Tracia (Hch 6.12). Allí se predicó por primera vez el evangelio en Europa.

La Epístola a los Filipenses (=Flp), junto con la dirigida a Filemón, es la más personal de cuantas poseemos de Pablo. Más parece responder a vivos sentimientos de afecto que al propósito de ofrecer un texto bien planificado y teológicamente articulado. No obstante, hay en ella profundos pensamientos, así como consejos y enseñanzas prácticas para la vida de los cristianos y para la marcha de la iglesia.

Desde la acción de gracias inicial (1.3-11), dos notas predominan en la epístola: el gozo que caracteriza a una fe madura y el amor de Pablo a la iglesia de Filipos. El cuerpo principal de la carta (1.12—4.20) transcurre entre un prólogo lleno de expresiones entrañables (1.1-11) y un epílogo revelador de la generosidad de los filipenses (4.21-23). El texto se desarrolla en una variada sucesión de temas y motivos de reflexión:

(a) 1.12-26: Pablo da testimonio de que incluso la cárcel brinda oportunidades de anunciar el evangelio (1.12-14).

(b) 1.27—2.18: Este pasaje contiene una declaración fundamental de la fe cristiana: un himno (2.5-11) dedicado al Hijo de Dios preexistente y eterno.

(c) 2.19-30: Sigue una referencia personal a Timoteo y Epafrodito, colaboradores del Apóstol.

(d) 3.1—4.1: Parece seguro que también a Macedonia habían llegado algunos maestros judaizantes que, con su insistencia en mantener vigente la ley de Moisés y especialmente la práctica de la circuncisión, perturbaban la fe de los cristianos de origen gentil.

(e) 4.2-9: La alegría de la salvación ha de ser una constante en la vida del cristiano (4.4).

(f) 4.10-20: Insiste en manifestar su agradecimiento por la solicitud con que los filipenses lo habían atendido en diversas ocasiones.

Esquema del contenido

Introducción (1.1-11)
1. *Vivir en Cristo (1.12—2.18)*
2. *El ministerio de Pablo (2.19—3.21)*
3. *Gozo y gratitud (4.1-20)*
Salutaciones finales (4.21-23)

Salutación

1 ¹ Pablo y Timoteo, siervos de Jesucristo, a todos los santos en Cristo Jesús que están en Filipos,ª con los obisposᵇ y diáconos:ᶜ ²Gracia y paz a vosotros, de Dios nuestro Padre y del Señor Jesucristo.

ª **1.1** Ciudad de Macedonia, en el norte de Grecia, donde se estableció la primera iglesia cristiana de Europa; cf. Hch 16.12. ᵇ **1.1** *Epískopos* en griego (persona que preside o supervisa). Se refiere aquí a personas que presiden la iglesia cristiana en los aspectos religiosos y administrativos. ᶜ **1.1** Ayudantes o auxiliares.

Oración de Pablo por los creyentes

[3] Doy gracias a mi Dios siempre que me acuerdo de vosotros. [4] Siempre en todas mis oraciones ruego con gozo por todos vosotros, [5] por vuestra comunión en el evangelio desde el primer día hasta ahora, [6] estando persuadido de esto, que el que comenzó en vosotros la buena obra la perfeccionará hasta el día de Jesucristo.[d] [7] Y es justo que yo sienta esto de todos vosotros, porque os tengo en el corazón; y en mis prisiones, y en la defensa y confirmación del evangelio, todos vosotros sois participantes conmigo de la gracia. [8] Dios me es testigo de cómo os amo a todos vosotros con el entrañable amor de Jesucristo. [9] Y esto pido en oración: que vuestro amor abunde aún más y más en conocimiento y en toda comprensión, [10] para que aprobéis lo mejor,[e] a fin de que seáis sinceros e irreprochables para el día de Cristo,[f] [11] llenos de frutos de justicia[g] que son por medio de Jesucristo, para gloria y alabanza de Dios.

Para mí el vivir es Cristo

[12] Quiero que sepáis, hermanos, que las cosas que me han sucedido, han contribuido más bien al progreso del evangelio, [13] de tal manera que en todo el pretorio[h] y entre todos los demás se ha hecho evidente que estoy preso por causa de Cristo. [14] Y la mayoría de los hermanos, cobrando ánimo en el Señor con mis prisiones, se atreven mucho más a hablar la palabra sin temor.

[15] Algunos, a la verdad, predican a Cristo por envidia y rivalidad; pero otros lo hacen de buena voluntad. [16] Los unos anuncian a Cristo por rivalidad, no sinceramente, pensando añadir aflicción a mis prisiones; [17] pero los otros por amor, sabiendo que estoy puesto para la defensa del evangelio. [18] ¿Qué, pues? Que no obstante, de todas maneras, o por pretexto o por verdad, Cristo es anunciado; y en esto me gozo y me gozaré siempre, [19] porque sé que por vuestra oración y la suministración del Espíritu de Jesucristo, esto resultará en mi liberación, [20] conforme a mi anhelo y esperanza de que en nada seré avergonzado; antes bien con toda confianza, como siempre, ahora también será magnificado Cristo en mi cuerpo, tanto si vivo como si muero, [21] porque para mí el vivir es Cristo y el morir, ganancia.[i]

[22] Pero si el vivir en la carne resulta para mí en beneficio de la obra, no sé entonces qué escoger: [23] De ambas cosas estoy puesto en estrecho, teniendo deseo de partir y estar con Cristo, lo cual es muchísimo mejor;[j] [24] pero quedar en la carne es más necesario por causa de vosotros. [25] Y confiado en esto, sé que quedaré, que aún permaneceré con todos vosotros, para vuestro provecho y gozo de la fe, [26] para que abunde vuestra gloria de mí en Cristo Jesús por mi presencia otra vez entre vosotros.

[27] Solamente os ruego que os comportéis como es digno del evangelio de Cristo,[k] para que, sea que vaya a veros o que esté ausente, oiga de vosotros que estáis firmes en un mismo espíritu, combatiendo unánimes por la fe del evangelio [28] y sin dejaros intimidar por los que se oponen, que para ellos ciertamente es indicio de perdición, pero para vosotros de salvación; y esto procede de Dios. [29] A vosotros os es concedido a causa de Cristo, no solo que creáis en él, sino también que padezcáis por él, [30] teniendo el mismo conflicto que habéis visto en mí[l] y ahora oís que hay en mí.

Humillación y exaltación de Cristo

2 [1] Por tanto, si hay algún consuelo en Cristo, si algún estímulo de amor, si alguna comunión del Espíritu, si algún afecto entrañable, si alguna misericordia, [2] completad mi gozo, sintiendo lo mismo, teniendo el mismo amor, unánimes, sintiendo una misma cosa.[a] [3] Nada hagáis por rivalidad o por vanidad; antes bien, con humildad, estimando cada uno a los demás como superiores a él mismo.[b] [4] No busquéis vuestro propio provecho, sino el de los demás.[c]

---

[d] **1.6** 1 Co 1.8.   [e] **1.10** Ro 2.18; 12.2; Heb 5.14.   [f] **1.10** 1 Ts 3.13.   [g] **1.11** Am 6.12; Stg 3.18.
[h] **1.13** Hch 28.30.   [i] **1.21** Gl 2.19-20.   [j] **1.23** 2 Co 5.8.   [k] **1.27** Ef 4.1; Col 1.10; 1 Ts 2.11-12.
[l] **1.30** Hch 16.19-40; 1 Ts 2.2.   [a] **2.2** Ro 12.16; 1 Co 1.10.   [b] **2.3** Ro 12.10; Gl 5.26.
[c] **2.4** 1 Co 10.24.

⁵ Haya, pues, en vosotros este sentir que hubo también en Cristo Jesús:

⁶ Él, siendo en forma de Dios,
no estimó el ser igual a Dios^d como cosa a que aferrarse,

⁷ sino que se despojó a sí mismo,
tomó la forma de siervo
y se hizo semejante a los hombres.^e

⁸ Mas aún, hallándose en la condición de hombre,
se humilló^f a sí mismo,
haciéndose obediente hasta la muerte,
y muerte de cruz.

⁹ Por eso Dios también lo exaltó
sobre todas las cosas
y le dio un nombre que es sobre todo nombre,^g

¹⁰ para que en el nombre de Jesús
se doble toda rodilla de los que están en los cielos, en la tierra y debajo de la tierra;^h

¹¹ y toda lengua confieseⁱ que
Jesucristo es el Señor,
para gloria de Dios Padre.

Lumbreras en el mundo

¹² Por tanto, amados míos, como siempre habéis obedecido, no solamente cuando estoy presente, sino mucho más ahora que estoy ausente, ocupaos en vuestra salvación con temor y temblor, ¹³ porque Dios es el que en vosotros produce así el querer como el hacer, por su buena voluntad.

¹⁴ Haced todo sin murmuraciones ni discusiones, ¹⁵ para que seáis irreprochables y sencillos, hijos de Dios sin mancha en medio de una generación maligna y perversa,^j en medio de la cual resplandezcáis como lumbreras en el mundo, ¹⁶ asidos de la palabra de vida, para que en el día de Cristo^k yo pueda gloriarme de que no he corrido en vano,^l ni en vano he trabajado. ¹⁷ Y aunque sea derramado en libación^m sobre el sacrificio y servicio de vuestra fe, me gozo y regocijo con todos vosotros. ¹⁸ Asimismo gozaos y regocijaos también vosotros conmigo.

Timoteo y Epafrodito

¹⁹ Espero en el Señor Jesús enviaros pronto a Timoteo, para que yo también esté de buen ánimo al tener noticias vuestras, ²⁰ porque no tengo a ningún otro que comparta mis sentimientos y que tan sinceramente se interese por vosotros, ²¹ pues todos buscan sus propios intereses y no los de Cristo Jesús. ²² Pero ya conocéis los méritos de él, que como hijo a padre ha servido conmigo en el evangelio.ⁿ ²³ Así que a este espero enviaros, luego que yo vea cómo van mis asuntos; ²⁴ y confío en el Señor que yo también iré pronto a vosotros.

²⁵ Pero me pareció necesario enviaros a Epafrodito, mi hermano, colaborador y compañero de milicia, a quien vosotros enviasteis a ministrar para mis necesidades. ²⁶ Él tenía gran deseo de veros a todos vosotros, y se angustió mucho porque os habíais enterado de su enfermedad. ²⁷ En verdad estuvo enfermo, a punto de morir; pero Dios tuvo misericordia de él, y no solamente de él, sino también de mí, para que yo no tuviera tristeza sobre tristeza. ²⁸ Así que me apresuro a enviarlo, para que al verlo de nuevo, os gocéis, y yo esté con menos tristeza. ²⁹ Recibidlo, pues, en el Señor, con todo gozo, y tened en estima a los que son como él, ³⁰ porque por la obra de Cristo estuvo próximo a la muerte, exponiendo su vida para suplir lo que os faltaba en vuestro servicio por mí.

Prosigo a la meta

3 ¹ Por lo demás, hermanos, gozaos en el Señor. Para mí no es molestia el escribiros las mismas cosas, y para vosotros es útil.

² Guardaos de los perros, guardaos de los malos obreros, guardaos de los que mutilan el cuerpo. ³ Nosotros somos la circuncisión,^a los que en espíritu servimos a Dios y nos gloriamos en Cristo Jesús, no teniendo confianza en la carne, ⁴ aunque yo tengo también de qué confiar en la carne. Si alguno piensa que tiene de qué confiar en la carne, yo más: ⁵ circuncidado al

---

^d **2.6** Jn 1.1-2; 17.5.   ^e **2.7** Jn 1.14; Ro 8.3; 1 Ti 3.16.   ^f **2.8** Is 53.3-9; Hch 8.32-33.   ^g **2.9** Heb 1.4.
^h **2.10** Ef 1.21; 1 P 3.22.   ⁱ **2.10-11** Is 45.23; Ro 14.11.   ^j **2.15** Dt 32.5.   ^k **2.16** 1.6.
^l **2.16** Flp 3.12-14; 1 Co 9.24-27.   ^m **2.17** Ro 12.1; 15.16; 2 Ti 4.6.   ⁿ **2.22** 1 Co 4.17; 1 Ti 1.2;
2 Ti 1.2.   ^a **3.3** Jer 4.4; Ro 2.25-29; Col 2.11.

octavo día,[b] del linaje de Israel, de la tribu de Benjamín,[c] hebreo de hebreos;[d] en cuanto a la Ley, fariseo;[e] [6] en cuanto a celo, perseguidor de la iglesia;[f] en cuanto a la justicia que se basa en la Ley, irreprochable.[g]

[7] Pero cuantas cosas eran para mí ganancia, las he estimado como pérdida por amor de Cristo. [8] Y ciertamente, aun estimo todas las cosas como pérdida por la excelencia del conocimiento de Cristo Jesús, mi Señor. Por amor a él lo he perdido todo y lo tengo por basura, para ganar a Cristo [9] y ser hallado en él, no teniendo mi propia justicia, que se basa en la Ley, sino la que se adquiere por la fe en Cristo, la justicia que procede de Dios y se basa en la fe. [10] Quiero conocerlo a él y el poder de su resurrección, y participar de sus padecimientos hasta llegar a ser semejante a él en su muerte, [11] si es que en alguna manera logro llegar a la resurrección de entre los muertos.

[12] No que lo haya alcanzado ya, ni que ya sea perfecto; sino que prosigo, por ver si logro asir aquello para lo cual fui también asido por Cristo Jesús.[h] [13] Hermanos, yo mismo no pretendo haberlo ya alcanzado; pero una cosa hago: olvidando ciertamente lo que queda atrás y extendiéndome a lo que está delante, [14] prosigo a la meta, al premio del supremo llamamiento de Dios en Cristo Jesús.

[15] Así que, todos los que somos perfectos,[i] esto mismo sintamos; y si otra cosa sentís, esto también os lo revelará Dios. [16] Pero en aquello a que hemos llegado, sigamos una misma regla, sintamos una misma cosa.

[17] Hermanos, sed imitadores de mí[j] y mirad a los que así se conducen según el ejemplo que tenéis en nosotros, [18] porque por ahí andan muchos, de los cuales os dije muchas veces, y aun ahora lo digo llorando, que son enemigos de la cruz de Cristo. [19] El fin de ellos será la perdición. Su dios es el vientre, su gloria es aquello que debería avergonzarlos, y solo piensan

en lo terrenal. [20] Pero nuestra ciudadanía está en los cielos, de donde también esperamos al Salvador, al Señor Jesucristo.[k] [21] Él transformará nuestro cuerpo mortal en un cuerpo glorioso semejante al suyo,[l] por el poder con el cual puede también sujetar a sí mismo todas las cosas.

Regocijaos en el Señor siempre

4 [1] Así que, hermanos míos amados y deseados, gozo y corona mía, estad así firmes en el Señor, amados.

[2] Ruego a Evodia y a Síntique[a] que sean de un mismo sentir en el Señor. [3] Asimismo te ruego también a ti, compañero fiel, que ayudes a estas que combatieron juntamente conmigo en el evangelio, con Clemente también y los demás colaboradores míos, cuyos nombres están en el libro de la vida.

[4] Regocijaos en el Señor siempre. Otra vez digo: ¡Regocijaos! [5] Vuestra gentileza sea conocida de todos los hombres. El Señor está cerca.[b]

[6] Por nada estéis angustiados,[c] sino sean conocidas vuestras peticiones delante de Dios en toda oración y ruego, con acción de gracias.[d] [7] Y la paz de Dios, que sobrepasa todo entendimiento, guardará vuestros corazones y vuestros pensamientos en Cristo Jesús.[e]

En esto pensad

[8] Por lo demás, hermanos, todo lo que es verdadero, todo lo honesto, todo lo justo, todo lo puro, todo lo amable, todo lo que es de buen nombre; si hay virtud alguna, si algo digno de alabanza, en esto pensad. [9] Lo que aprendisteis, recibisteis, oísteis y visteis en mí, esto haced; y el Dios de paz estará con vosotros.

Dádivas de los filipenses

[10] En gran manera me gocé en el Señor de que ya al fin habéis revivido vuestro interés por mí; ciertamente lo teníais, pero os faltaba la oportunidad para manifestarlo. [11] No lo digo porque tenga escasez, pues

[b] 3.5 Gn 17.12; Lv 12.3; Lc 1.59.   [c] 3.5 Ro 11.1.   [d] 3.5 2 Co 11.22.   [e] 3.5 Hch 23.6; 26.5.
[f] 3.6 Hch 8.3; 22.4; 26.9-11.   [g] 3.6 Gl 1.14.   [h] 3.12 Hch 9.3-6.   [i] 3.15 1 Co 2.6.
[j] 3.17 1 Co 4.16; 11.1.   [k] 3.20 1 Co 1.7; Tit 2.13.   [l] 3.21 1 Co 15.35-37.   [a] 4.2 Mujeres de la iglesia de Filipos entre las que había algún desacuerdo.   [b] 4.5 Stg 5.8-9.   [c] 4.6 Mt 6.25; 1 P 5.7.   [d] 4.6 Ro 12.12; Ef 6.18; Col 4.2; 1 Ts 5.17-18.   [e] 4.7 Is 26.3; Jn 14.27; Col 3.15.

he aprendido a contentarme, cualquiera que sea mi situación. ¹²Sé vivir humildemente y sé tener abundancia; en todo y por todo estoy enseñado, así para estar saciado como para tener hambre, así para tener abundancia como para padecer necesidad. ¹³Todo lo puedo en Cristo que me fortalece. ¹⁴Sin embargo, bien hicisteis en participar conmigo en mi tribulación. ¹⁵Y sabéis también vosotros, filipenses, que al principio de la predicación del evangelio, cuando partí de Macedonia, ninguna iglesia participó conmigo en razón de dar y recibir, sino vosotros únicamente, ¹⁶pues aun a Tesalónica me enviasteis una y otra vez para mis necesidades.ᶠ ¹⁷No es que busque donativos,

sino que busco fruto que abunde en vuestra cuenta. ¹⁸Pero todo lo he recibido y tengo abundancia; estoy lleno, habiendo recibido de Epafrodito lo que enviasteis, olor fragante,ᵍ sacrificio acepto, agradable a Dios. ¹⁹Mi Dios, pues, suplirá todo lo que os falta conforme a sus riquezas en gloria en Cristo Jesús. ²⁰Al Dios y Padre nuestro sea gloria por los siglos de los siglos. Amén.

²¹Saludad a todos los santos en Cristo Jesús. Los hermanos que están conmigo os saludan. ²²Todos los santos os saludan, y especialmente los de la casa de César.ʰ

²³La gracia de nuestro Señor Jesucristo sea con todos vosotros. Amén.

ᶠ**4.16** Hch 17.1; 2 Co 11.9.   ᵍ**4.18** Ex 29.18; 30.7-8.   ʰ**4.22** Personas al servicio del gobierno romano con las que Pablo entró en contacto, tal vez a causa de su condición de preso.

Epístola del Apóstol San Pablo a los
COLOSENSES

INTRODUCCIÓN

Colosas se alzaba a unos 175 km. al este de Éfeso y desde el punto de vista administrativo pertenecía a la provincia romana de Asia. La iglesia colosense le era personalmente desconocida a Pablo en las fechas en que escribía esta epístola (1.4; 2.1). Un par de veces había pasado por la región de Frigia (Hch 16.6; 18.23), pero sin visitar la ciudad.

La predicación del evangelio en aquella zona de Asia Menor había sido confiada a Epafras, residente en Colosas (4.12) y quizá fundador de la iglesia.

En este documento se revela la influencia que entre los creyentes de Colosas ejercían todavía algunos hábitos residuales de sus antiguas creencias religiosas y usos paganos (2.8,14-17).

El cuerpo central de la Epístola a los Colosenses (=Col) está estructurado en tres grandes secciones, precedidas de una breve introducción (1.1-8) y seguidas de un epílogo que contiene notas personales y saludos de despedida (4.7-18).

En la primera sección (1.9-23), Pablo da gracias al Señor por la fe de los «fieles y santos hermanos en Cristo que están en Colosas» (1.2), a quienes asegura de la acción salvadora de Dios (1.9-14).

La segunda parte de la carta (1.24—2.5) se refiere al ministerio de Pablo y a su predicación del evangelio entre los gentiles. A estos el Apóstol les habla de los designios de Dios, antes secretos pero ahora revelados en Jesucristo, que es la esperanza gloriosa para cuantos creen en él (1.25-27; 2.2-3).

La tercera sección (2.6—4.6) instruye acerca de los valores del evangelio de la gracia.

El epílogo (4.7-18) incluye una relación de saludos en la que se menciona a varios colaboradores de Pablo. Entre otros, a Tíquico, portador de la carta; a Onésimo, que es «uno de vosotros» (4.9), y a Lucas, «el médico amado» (4.14).

Es probable que Colosenses y Efesios pertenezcan a la misma época (los años 60 y 61), lo cual explicaría la semejanza de los temas expuestos, la forma similar de tratarlos y los paralelos de estilo y vocabulario.

Esquema del contenido

Prólogo (1.1-8)
1. La obra salvadora de Dios (1.9-23)
2. El ministerio de Pablo (1.24—2.5)
3. La nueva vida en Cristo (2.6—4.6)
Epílogo: Salutaciones finales (4.7-18)

Salutación

1 ¹ Pablo, apóstol de Jesucristo por la voluntad de Dios, y el hermano Timoteo, ² a los santos y fieles hermanos en Cristo que están en Colosas:ª Gracia y paz sean a vosotros, de Dios nuestro Padre y del Señor Jesucristo.

Pablo pide que Dios les conceda sabiduría espiritual

³ Siempre que oramos por vosotros, damos gracias a Dios, Padre de nuestro Señor Jesucristo, ⁴ pues hemos oído de vuestra fe en Cristo Jesús y del amor que

ª **1.2** Población de la provincia romana de Asia evangelizada por Epafras (Hch 19.10; cf. Col 1.7; 4.12).

tenéis a todos los santos,[b] [5] a causa de la esperanza que os está guardada en los cielos.[c] De esta esperanza ya habéis oído por la palabra verdadera del evangelio, [6] que ha llegado hasta vosotros, así como a todo el mundo, y lleva fruto y crece también en vosotros, desde el día que oísteis y conocisteis la gracia de Dios en verdad. [7] Así lo aprendisteis de Epafras,[d] nuestro consiervo amado, que es un fiel ministro de Cristo para vosotros, [8] quien también nos ha declarado vuestro amor en el Espíritu.[e]

[9] Por lo cual también nosotros, desde el día que lo oímos, no cesamos de orar por vosotros y de pedir que seáis llenos del conocimiento de su voluntad en toda sabiduría e inteligencia espiritual. [10] Así podréis andar como es digno del Señor,[f] agradándolo en todo, llevando fruto en toda buena obra y creciendo en el conocimiento de Dios. [11] Fortalecidos con todo poder, conforme a la potencia de su gloria, obtendréis fortaleza y paciencia, [12] y, con gozo, daréis gracias al Padre que nos hizo aptos para participar de la herencia de los santos en luz.[g] [13] Él nos ha librado del poder de las tinieblas y nos ha trasladado al reino de su amado Hijo, [14] en quien tenemos redención por su sangre, el perdón de pecados.[h]

Reconciliación por medio de la muerte de Cristo

[15] Cristo es la imagen del Dios invisible,
el primogénito de toda creación,[i]
[16] porque en él fueron creadas todas las cosas,
las que hay en los cielos y las que hay en la tierra, visibles e invisibles;
sean tronos, sean dominios, sean principados, sean potestades;
todo fue creado por medio de él y para él.[j]
[17] Y él es antes que todas las cosas,
y todas las cosas en él subsisten.[k]

[18] Él es también la cabeza del cuerpo que es la iglesia,[l]
y es el principio, el primogénito de entre los muertos, para que en todo tenga la preeminencia,[m]
[19] porque al Padre agradó que en él habitara toda la plenitud,
[20] y por medio de él reconciliar consigo todas las cosas,
así las que están en la tierra como las que están en los cielos,[n]
haciendo la paz mediante la sangre de su cruz.[ñ]

[21] También a vosotros, que erais en otro tiempo extraños y enemigos por vuestros pensamientos y por vuestras malas obras, ahora os ha reconciliado [22] en su cuerpo de carne, por medio de la muerte, para presentaros santos y sin mancha e irreprochables delante de él. [23] Pero es necesario que permanezcáis fundados y firmes en la fe, sin moveros de la esperanza del evangelio que habéis oído, el cual se predica en toda la creación que está debajo del cielo y del cual yo, Pablo, fui hecho ministro.

[24] Ahora me gozo en lo que padezco por vosotros y cumplo en mi carne lo que falta de las aflicciones de Cristo[o] por su cuerpo, que es la iglesia. [25] De ella fui hecho ministro, según la administración de Dios que me fue dada para con vosotros,[p] para que anuncie cumplidamente la palabra de Dios, [26] el misterio que había estado oculto[q] desde los siglos y edades, pero que ahora ha sido manifestado a sus santos. [27] A ellos, Dios quiso dar a conocer las riquezas de la gloria de este misterio entre los gentiles, que es Cristo en vosotros,[r] esperanza de gloria.[s]

[28] Nosotros anunciamos a Cristo, amonestando a todo hombre y enseñando a todo hombre en toda sabiduría, a fin de presentar perfecto en Cristo Jesús a todo hombre. [29] Para esto también trabajo, luchando según la fuerza de él, la cual actúa poderosamente en mí.[t]

---

[b] 1.4 Ef 1.15; Flm 5.   [c] 1.5 1 P 1.4.   [d] 1.7 Col 4.12; Flm 23.   [e] 1.8 Ro 5.5.   [f] 1.10 Ef 4.1; Flp 1.27; 1 Ts 2.11-12.   [g] 1.12-14 Hch 26.18.   [h] 1.14 Ef 1.7.   [i] 1.15 Jn 1.1-2; 2 Co 4.4; Heb 1.2-4. [j] 1.16 Jn 1.3; 1 Co 8.6.   [k] 1.17 Jn 1.1-3; 8.58; Heb 1.2-3.   [l] 1.18 Ef 1.22-23; 5.23. [m] 1.18 Hch 26.23; 1 Co 15.20-23; Ap 1.5.   [n] 1.20 Ef 1.10; cf. 2 Co 5.18-19; Ro 8.19-23. [ñ] 1.20 Ef 2.16.   [o] 1.24 2 Co 1.5; 4.10; Flp 3.8-10.   [p] 1.25 Ef 3.2,7-8.   [q] 1.26-27 Ro 16.25; Ef 3.3-9; Col 2.2; 4.3.   [r] 1.27 Ro 8.10; Ef 3.17.   [s] 1.27 Ro 8.18.   [t] 1.29 Ef 3.7,20; Flp 4.13.

2 ¹Quiero pues, que sepáis cuán grande lucha sostengo por vosotros, por los que están en Laodicea[a] y por todos los que nunca han visto mi rostro. ²Lucho para que sean consolados sus corazones y para que, unidos en amor, alcancen todas las riquezas de pleno entendimiento, a fin de conocer el misterio de Dios el Padre y de Cristo,[b] ³en quien están escondidos todos los tesoros de la sabiduría y del conocimiento.[c]

⁴Esto lo digo para que nadie os engañe con palabras persuasivas, ⁵porque aunque estoy ausente en cuerpo, no obstante, en espíritu estoy con vosotros, gozándome y mirando vuestro buen orden y la firmeza de vuestra fe en Cristo.[d]

⁶Por tanto, de la manera que habéis recibido al Señor Jesucristo, andad en él, ⁷arraigados y sobreedificados en él[e] y confirmados en la fe, así como habéis sido enseñados, abundando en acciones de gracias.

Plenitud de vida en Cristo

⁸Mirad que nadie os engañe por medio de filosofías y huecas sutilezas basadas en las tradiciones de los hombres, conforme a los elementos del mundo, y no según Cristo.

⁹Porque en él habita corporalmente toda la plenitud de la divinidad,[f] ¹⁰y vosotros estáis completos en él,[g] que es la cabeza de todo principado y potestad.[h] ¹¹En él también fuisteis circuncidados con circuncisión no hecha por mano de hombre, sino por la circuncisión de Cristo, en la cual sois despojados de vuestra naturaleza pecaminosa. ¹²Con él fuisteis sepultados en el bautismo, y en él fuisteis también resucitados por la fe en el poder de Dios que lo levantó de los muertos.[i] ¹³Y a vosotros, estando muertos en pecados y en la incircuncisión de vuestra carne, os dio vida juntamente con él,[j] perdonándoos todos los pecados. ¹⁴Él anuló el acta de los decretos que había contra nosotros, que nos era contraria, y la quitó de en medio clavándola en la cruz.[k] ¹⁵Y despojó a los principados y a las autoridades y los exhibió públicamente, triunfando sobre ellos en la cruz.

¹⁶Por tanto, nadie os critique en asuntos de comida o de bebida, o en cuanto a días de fiesta, luna nueva o sábados.[l] ¹⁷Todo esto es sombra de lo que ha de venir; pero el cuerpo es de Cristo. ¹⁸Que nadie os prive de vuestro premio haciendo alarde de humildad y de dar culto a los ángeles (metiéndose en lo que no ha visto), hinchado de vanidad por su propia mente carnal, ¹⁹pero no unido a la Cabeza, en virtud de quien todo el cuerpo, nutriéndose y uniéndose por las coyunturas y ligamentos, crece con el crecimiento que da Dios.[m]

²⁰Si habéis muerto con Cristo en cuanto a los rudimentos del mundo, ¿por qué, como si vivierais en el mundo, os sometéis a preceptos ²¹tales como: «No uses», «No comas», «No toques»? ²²Todos estos preceptos son solo mandamientos y doctrinas de hombres, los cuales se destruyen con el uso. ²³Tales cosas tienen a la verdad cierta reputación de sabiduría, pues exigen cierta religiosidad, humildad y duro trato del cuerpo; pero no tienen valor alguno contra los apetitos de la carne.

3 ¹Si, pues, habéis resucitado con Cristo,[a] buscad las cosas de arriba, donde está Cristo sentado a la diestra de Dios.[b] ²Poned la mira en las cosas de arriba, no en las de la tierra, ³porque habéis muerto[c] y vuestra vida está escondida con Cristo en Dios. ⁴Cuando Cristo, vuestra vida,[d] se manifieste, entonces vosotros también seréis manifestados con él en gloria.

La vida antigua y la nueva

⁵Haced morir, pues, lo terrenal en vosotros: fornicación, impureza, pasiones desordenadas, malos deseos y avaricia, que es idolatría. ⁶Por estas cosas la ira de

---

[a] **2.1** Población situada a unos 17 km. de Colosas (Col 4.13,15-16; Ap 3.14-22). No hay indicaciones de que Pablo la hubiera visitado. [b] **2.2** Ef 3.4. [c] **2.3** 1 Co 1.24,30; Ef 3.19; cf. Pr 2.4-6; Is 45.3. [d] **2.5** 1 Co 5.3. [e] **2.7** Ef 2.20-22. [f] **2.9** Jn 1.14. [g] **2.10** Jn 1.16; Ef 3.19; 4.13. [h] **2.10** Ef 1.21-22. [i] **2.12** Ro 6.4. [j] **2.13** Ef 2.1-5. [k] **2.14** Ef 2.15-16; 1 P 2.24; cf. 2 Co 5.21; Gl 3.13. [l] **2.16** Ro 14.1-6. [m] **2.19** Ef 4.16. [a] **3.1-3** Col 2.12; cf. Ro 6.13-14. [b] **3.1** Sal 110.1. [c] **3.3** Col 2.20; cf. Ro 6.2; 2 Co 5.14-17. [d] **3.4** Gl 2.20; Flp 1.21; cf. Flp 3.21; 1 Jn 3.2.

Dios viene sobre los hijos de desobediencia, [7] en las cuales vosotros también anduvisteis en otro tiempo cuando vivíais en ellas. [8] Pero ahora dejad también vosotros todas estas cosas: ira, enojo, malicia, blasfemia, palabras deshonestas de vuestra boca.[e] [9] No mintáis los unos a los otros, habiéndoos despojado del viejo hombre[f] con sus hechos [10] y revestido del nuevo.[g] Este, conforme a la imagen del que lo creó,[h] se va renovando hasta el conocimiento pleno, [11] donde no hay griego ni judío, circuncisión ni incircuncisión, bárbaro ni extranjero, esclavo ni libre,[i] sino que Cristo es el todo y en todos.

[12] Vestíos, pues, como escogidos de Dios, santos y amados, de entrañable misericordia, de bondad, de humildad, de mansedumbre, de paciencia. [13] Soportaos unos a otros y perdonaos unos a otros,[j] si alguno tiene queja contra otro. De la manera que Cristo os perdonó, así también hacedlo vosotros. [14] Sobre todo, vestíos de amor, que es el vínculo perfecto. [15] Y la paz de Dios gobierne en vuestros corazones, a la que asimismo fuisteis llamados en un solo cuerpo. Y sed agradecidos.

[16] La palabra de Cristo habite en abundancia en vosotros. Enseñaos y exhortaos unos a otros con toda sabiduría. Cantad con gracia en vuestros corazones al Señor, con salmos, himnos y cánticos espirituales. [17] Y todo lo que hacéis, sea de palabra o de hecho, hacedlo todo en el nombre del Señor Jesús, dando gracias a Dios Padre por medio de él.[k,l]

Deberes sociales de la nueva vida[m]

[18] Casadas, estad sujetas a vuestros maridos, como conviene en el Señor. [19] Maridos, amad a vuestras mujeres y no seáis ásperos con ellas.[n] [20] Hijos, obedeced a vuestros padres en todo, porque esto agrada al Señor. [21] Padres, no exasperéis a vuestros hijos, para que no se desalienten.[ñ] [22] Esclavos, obedeced en todo a vuestros amos terrenales, no sirviendo al ojo, como los que quieren agradar a los hombres, sino con corazón sincero, temiendo a Dios. [23] Y todo lo que hagáis, hacedlo de corazón, como para el Señor y no para los hombres, [24] sabiendo que del Señor recibiréis la recompensa de la herencia, porque a Cristo el Señor servís. [25] Pero el que actúa con injusticia recibirá la injusticia que haya cometido,[o] porque no hay acepción de personas.[p]

4 [1] Amos, haced lo que es justo y recto con vuestros esclavos,[a] sabiendo que también vosotros tenéis un Amo en los cielos.[b]

[2] Perseverad en la oración,[c] velando en ella con acción de gracias. [3] Orad también al mismo tiempo por nosotros, para que el Señor nos abra puerta para la palabra, a fin de dar a conocer el misterio de Cristo, por el cual también estoy preso, [4] para que lo dé a conocer anunciándolo como es debido.[d] [5] Andad sabiamente para con los de afuera, aprovechando bien el tiempo.[e] [6] Sea vuestra palabra siempre con gracia, sazonada con sal, para que sepáis cómo debéis responder a cada uno.

[7] Todo lo que a mí se refiere, os lo hará saber Tíquico,[f] amado hermano y fiel ministro y consiervo en el Señor. [8] Os lo he enviado a vosotros para esto mismo, para que conozca lo que a vosotros se refiere y conforte vuestros corazones.[g] [9] Lo acompaña Onésimo,[h] amado y fiel hermano, que es uno de vosotros. Todo lo que acá pasa, os lo harán saber.

[10] Aristarco,[i] mi compañero de prisiones, os saluda; y también Marcos,[j] el sobrino de Bernabé, acerca del cual habéis recibido instrucciones; si va a visitaros, recibidlo. [11] También os saluda Jesús, el que es llamado Justo. Estos son los únicos de la circuncisión que me ayudan en el reino de Dios, y han sido para mí un consuelo. [12] Os saluda Epafras,[k] el cual es uno de vosotros, siervo de Cristo. Él siempre

[e] **3.8** Ef 4.29,31. [f] **3.9** Ef 4.22,25. [g] **3.10** Ef 4.22-24. [h] **3.10** Gn 1.26. [i] **3.11** Ro 10.12;
1 Co 12.13; Gl 3.28. [j] **3.12-13** Ef 4.2,32. [k] **3.16-17** Ef 5.19-20. [l] **3.17** 1 Co 10.31;
1 P 4.11. [m] **3.18—4.1** Ef 5.21—6.9; 1 P 2.18—3.7. [n] **3.18-19** Ef 5.22-33; 1 P 3.1-7.
[ñ] **3.20-21** Ef 6.1-4. [o] **3.22-25** Ef 6.5-8; 1 Ti 6.1-2; Tit 2.9-10; 1 P 2.18-25. [p] **3.25** Dt 10.17; Ef 6.9.
[a] **4.1** Lv 25.39-53. [b] **4.1** Ef 6.9. [c] **4.2** Ro 12.12; Flp 4.6; 1 Ts 5.17. [d] **4.3-4** Ef 6.19-20.
[e] **4.5** Ef 5.16. [f] **4.7** Hch 20.4; 2 Ti 4.12; Tit 3.12. [g] **4.7-8** Ef 6.21-22. [h] **4.9** Flm 10-12.
[i] **4.10** Hch 19.29; 27.2; Flm 24. [j] **4.10** Hch 12.12,25; 13.5,13; 15.37-39. [k] **4.12** Col 1.7; Flm 23.

ruega encarecidamente por vosotros en sus oraciones, para que estéis firmes, perfectos y completos en todo lo que Dios quiere. [13] De él doy testimonio de que se preocupa mucho por vosotros, por los que están en Laodicea y los que están en Hierápolis. [14] Os saluda Lucas,[l] el médico amado, y Demas.[m]

[15] Saludad a los hermanos que están en Laodicea, a Ninfas y a la iglesia que está en su casa. [16] Cuando esta carta haya sido leída entre vosotros, haced que también se lea en la iglesia de los laodicenses, y que la de Laodicea la leáis también vosotros. [17] Decid a Arquipo:[n] «Mira que cumplas el ministerio que recibiste en el Señor».

[18] Esta salutación es de mi propia mano, de Pablo. Acordaos de mis prisiones. La gracia sea con vosotros. Amén.

[l] **4.14** 2 Ti 4.11; Flm 24.　[m] **4.14** 2 Ti 4.10; Flm 24.　[n] **4.17** Flm 2.

Primera Epístola del Apóstol San Pablo a los

TESALONICENSES

INTRODUCCIÓN

En vida del apóstol Pablo, Tesalónica (la actual Salónica) era la capital de la provincia romana de Macedonia. Su numerosa población estaba formada por una mezcla de residentes nativos y extranjeros, agrupados estos últimos en colonias de las más diversas nacionalidades. Entre estas se contaba la judía, que debía de ser importante puesto que disponía de su propia sinagoga (Hch 17.1).

Pablo y sus colaboradores fueron los primeros en llevar a Europa el evangelio de Jesucristo. Habiendo zarpado del puerto de Troas, desembarcaron en Neápolis y luego se dirigieron a Filipos (Hch 16.11-12), desde donde, «pasando por Anfípolis y Apolonia, arribaron a Tesalónica» (Hch 17.1; 1 Ts 2.1-2).

La actividad del Apóstol en Tesalónica dio como fruto la conversión de algunos judíos, «de los griegos piadosos gran número, y mujeres nobles no pocas» (Hch 17.4). Pero también provocó los celos de «judíos que no creían», los cuales «alborotaron la ciudad» hasta el punto de obligar al Apóstol a abandonarla precipitadamente (Hch 17.5-10).

Desde Tesalónica, Pablo se dirigió a Berea (Hch 17.10), luego a Atenas (Hch 17.15) y finalmente a Corinto (Hch 18.1), donde alrededor del año 50 redactó la Primera epístola a los Tesalonicenses (=1 Ts), la más antigua de las que conocemos del Apóstol y, probablemente, también el documento más antiguo del NT.

La intención de Pablo era regresar pronto a Tesalónica, pero no pudo hacerlo. Así es que desde Atenas mandó a Timoteo (2.17-18; 3.2,5-6).

En términos generales, las noticias que le trajo Timoteo a su regreso eran buenas, aunque también hablaban de cierta falta de madurez entre los cristianos de Tesalónica. De todos modos, Pablo se sintió satisfecho, y no tardó en manifestarlo por escrito.

La primera de las dos secciones principales en que se divide el texto (2.1—3.13 y 4.1—5.24) está precedida de un saludo (1.1) y una acción de gracias (1.2-10). La segunda sección contiene una exhortación a vivir en paz y en fidelidad a Dios (4.1-12). El retorno del Señor, dice, es inminente; pero el momento, desconocido. Por lo tanto, es necesario estar atentos y vigilantes (4.13—5.11), puesto que su día «vendrá así como ladrón en la noche» (5.2).

La carta concluye con una invitación a todos los creyentes (5.25-28) para que cumplan con solicitud sus responsabilidades como miembros de la iglesia de Jesucristo (5.12-24).

Esquema del contenido

Prólogo (1.1-10)
1. *Ministerio de Pablo en Tesalónica (2—3)*
2. *Diversas exhortaciones (4.1—5.24)*
Epílogo: Salutaciones y bendición final (5.25-28)

Salutación

1 ¹ Pablo, Silvano y Timoteo, a la iglesia de los tesalonicenses*ᵃ* en Dios Padre y en el Señor Jesucristo: Gracia y paz sean a vosotros, de Dios nuestro Padre y del Señor Jesucristo.

Ejemplo de los tesalonicenses

² Damos siempre gracias a Dios por todos vosotros, haciendo memoria de vosotros en nuestras oraciones, ³ acordándonos sin cesar delante del Dios y Padre nuestro de la obra de vuestra fe, del trabajo de vuestro amor y de vuestra constancia en la esperanza en nuestro Señor Jesucristo.*ᵇ*

⁴ Sabemos, hermanos amados de Dios, que él os ha elegido, ⁵ pues nuestro evangelio no llegó a vosotros en palabras solamente, sino también en poder, en el Espíritu Santo*ᶜ* y en plena certidumbre. Bien sabéis cómo nos portamos entre vosotros por amor de vosotros.

⁶ Vosotros vinisteis a ser imitadores nuestros*ᵈ* y del Señor, recibiendo la palabra en medio de gran tribulación,*ᵉ* con el gozo que da el Espíritu Santo. ⁷ De esta manera habéis sido ejemplo a todos los creyentes de Macedonia y de Acaya, ⁸ porque partiendo de vosotros ha sido divulgada la palabra del Señor; y no solo en Macedonia y Acaya, sino que también en todo lugar vuestra fe en Dios se ha extendido, de modo que nosotros no tenemos necesidad de hablar nada. ⁹ Ellos mismos cuentan de nosotros cómo nos recibisteis y cómo os convertisteis de los ídolos a Dios, para servir al Dios vivo y verdadero ¹⁰ y esperar de los cielos a su Hijo, al cual resucitó de los muertos, a Jesús, quien nos libra de la ira venidera.

Recuerdos

2 ¹ Vosotros mismos sabéis, hermanos, que nuestra visita a vosotros no fue en vano, ² pues habiendo antes padecido y sido ultrajados en Filipos,*ᵃ* como sabéis, Dios nos dio valor para anunciaros su evangelio en medio de una fuerte oposición.*ᵇ* ³ Nuestra exhortación no procedió de error ni de impureza, ni fue por engaño. ⁴ Al contrario, si hablamos es porque Dios nos aprobó y nos confió el evangelio. No procuramos agradar a los hombres,*ᶜ* sino a Dios, que prueba nuestros corazones, ⁵ porque nunca usamos de palabras lisonjeras, como sabéis, ni encubrimos avaricia.*ᵈ* Dios es testigo. ⁶ Tampoco buscamos gloria de los hombres, ni de vosotros ni de otros, aunque podíamos seros carga como apóstoles de Cristo. ⁷ Antes bien, nos portamos con ternura entre vosotros, como cuida una madre con amor a sus propios hijos. ⁸ Tan grande es nuestro afecto por vosotros, que hubiéramos querido entregaros no solo el evangelio de Dios, sino también nuestras propias vidas, porque habéis llegado a sernos muy queridos. ⁹ Os acordáis, hermanos, de nuestro trabajo y fatiga; cómo, trabajando de noche y de día, para no ser gravosos a ninguno de vosotros, os predicamos el evangelio de Dios.*ᵉ*

¹⁰ Vosotros sois testigos, y Dios también, de cuán santa, justa e irreprochablemente nos comportamos con vosotros los creyentes. ¹¹ También sabéis de qué modo, como el padre a sus hijos, exhortábamos y consolábamos a cada uno de vosotros, ¹² y os encargábamos que anduvierais como es digno de Dios,*ᶠ* que os llamó a su Reino y gloria.

ᵃ **1.1** Con respecto a los comienzos de la iglesia de Tesalónica, cf. Hch 17.1-9.
ᵇ **1.3** 1 Co 13.13; Col 1.4-5; 1 Ts 5.8.   *ᶜ* **1.5** 1 Co 2.4-5.   *ᵈ* **1.6** 1 Co 4.16; 11.1; Flp 3.17.
ᵉ **1.6** Hch 17.5-9.   *ᵃ* **2.2** Hch 16.19-24.   *ᵇ* **2.1-2** Hch 17.1-9.   *ᶜ* **2.4** Gl 1.10.   *ᵈ* **2.5** Hch 20.33.
ᵉ **2.9** 2 Ts 3.8; cf. Hch 18.3; 20.34; 1 Co 4.12; 2 Co 11.7.   *ᶠ* **2.11-12** Ef 4.1; Flp 1.27; Col 1.10.

13 Por lo cual también nosotros damos gracias a Dios sin cesar, porque cuando recibisteis la palabra de Dios que oísteis de nosotros, la recibisteis no como palabra de hombres, sino según es en verdad, la palabra de Dios, la cual actúa en vosotros los creyentes.ᵍ 14 Vosotros, hermanos, vinisteis a ser imitadores de las iglesias de Dios en Cristo Jesús que están en Judea, pues habéis padecido de los de vuestra propia naciónʰ las mismas cosas que ellas padecieron de los judíos. 15 Estos mataron al Señor Jesúsⁱ y a sus propios profetas, y a nosotros nos expulsaron;ʲ no agradan a Dios y se oponen a todos los hombres, 16 impidiéndonos hablar a los gentiles para que estos se salven. De esta manera colman siempre la medida de sus pecados, pues vino sobre ellos la iraᵏ hasta el extremo.

Ausencia de Pablo de la iglesia

17 En cuanto a nosotros, hermanos, separados de vosotros por un poco de tiempo, de vista pero no de corazón, deseábamos ardientemente ver vuestro rostro. 18 Por eso quisimos ir a vosotros, yo, Pablo, ciertamente una y otra vez, pero Satanás nos estorbó, 19 pues ¿cuál es nuestra esperanza, gozo o corona de que me gloríe? ¿No lo sois vosotros, delante de nuestro Señor Jesucristo, en su venida? 20 Vosotros sois nuestra gloria y gozo.

3 1 Por eso, no pudiendo soportarlo más, acordamos quedarnos solos en Atenas,ᵃ 2 y enviamos a Timoteo, nuestro hermano, servidor de Dios y colaborador nuestro en el evangelio de Cristo, para confirmaros y exhortaros respecto a vuestra fe, 3 a fin de que nadie se inquiete por estas tribulaciones, porque vosotros mismos sabéis que para esto estamos puestos.ᵇ 4 Cuando estábamos con vosotros os predecíamos que íbamos a pasar tribulaciones; y así sucedió, como bien sabéis. 5 Por eso también yo, no pudiendo soportar más, envié para informarme de vuestra fe, pues temía que os hubiera tentado el tentador y que nuestro trabajo hubiera resultado en vano.

6 Pero cuando Timoteo regresó, nos dio buenas noticias de vuestra fe y amor, y que siempre nos recordáis con cariño, y que deseáis vernos, como también nosotros a vosotros.ᶜ 7 Por eso, hermanos, en medio de toda nuestra necesidad y aflicción fuimos consolados al saber de vuestra fe. 8 De modo que ahora hemos vuelto a vivir, sabiendo que estáis firmes en el Señor. 9 Por lo cual, ¿qué acción de gracias podremos dar a Dios por vosotros, por todo el gozo con que nos gozamos a causa de vosotros delante de nuestro Dios, 10 orando de noche y de día con gran insistencia, para que veamos vuestro rostro y completemos lo que falte a vuestra fe?

11 Pero el mismo Dios y Padre nuestro, y nuestro Señor Jesucristo, dirija nuestro camino a vosotros. 12 Y el Señor os haga crecer y abundar en amor unos para con otros y para con todos, como también lo hacemos nosotros para con vosotros. 13 Que él afirme vuestros corazones, que os haga irreprochables en santidad delante de Dios nuestro Padre, en la venida de nuestro Señor Jesucristoᵈ con todos sus santos.ᵉ

La vida que agrada a Dios

4 1 Por lo demás, hermanos, os rogamos y exhortamos en el Señor Jesús que, de la manera que aprendisteis de nosotros cómo os conviene conduciros y agradar a Dios, así abundéis más y más.

2 Ya sabéis las instrucciones que os dimos por el Señor Jesús. 3 La voluntad de Dios es vuestra santificación: que os apartéis de fornicación; 4 que cada uno de vosotros sepa tener su propia esposa en santidad y honor, 5 no en pasión desordenada, como los gentiles que no conocen a Dios; 6 que ninguno agravie ni engañe en nada a su hermano, porque, como ya os hemos dicho y testificado, el Señor es vengador de todo esto. 7 Dios no nos ha llamado a inmundicia, sino a santificación. 8 Así que, el que desecha esto, no desecha a hombre, sino a Dios,ᵃ que también nos dio su Espíritu Santo.

9 Acerca del amor fraternal no tenéis necesidad de que os escriba, porque vosotros

ᵍ **2.13** Ro 1.16; 1 Co 1.18. ʰ **2.14** Hch 17.5. ⁱ **2.15** Hch 2.23; 7.52. ʲ **2.15** Hch 13.50; 14.2,5,19; 17.5,13; 18.12. ᵏ **2.16** Mt 23.34-39.Cf. 1 Ts 1.10. ᵃ **3.1-2** Hch 17.15. ᵇ **3.3** 2 Ti 3.12. ᶜ **3.6** Hch 18.5. ᵈ **3.13** Flp 1.10. ᵉ **3.13** Zac 14.5; 2 Ts 1.7,10. ᵃ **4.8** Lc 10.16.

mismos habéis aprendido de Dios que os améis unos a otros; [10] y también lo hacéis así con todos los hermanos que están por toda Macedonia. Pero os rogamos, hermanos, que abundéis en ello más y más. [11] Procurad tener tranquilidad, ocupándoos en vuestros negocios y trabajando con vuestras manos de la manera que os hemos mandado, [12] a fin de que os conduzcáis honradamente para con los de afuera y no tengáis necesidad de nada.

La venida del Señor

[13] Tampoco queremos, hermanos, que ignoréis acerca de los que duermen, para que no os entristezcáis como los otros que no tienen esperanza. [14] Si creemos que Jesús murió y resucitó, así también traerá Dios con Jesús a los que durmieron en él.

[15] Por lo cual os decimos esto en palabra del Señor: que nosotros que vivimos, que habremos quedado hasta la venida del Señor, no precederemos a los que durmieron. [16] El Señor mismo, con voz de mando, con voz de arcángel y con trompeta de Dios, descenderá del cielo. Entonces, los muertos en Cristo resucitarán primero. [17] Luego nosotros, los que vivimos, los que hayamos quedado, seremos arrebatados juntamente con ellos en las nubes para recibir al Señor en el aire, y así estaremos siempre con el Señor.[b] [18] Por tanto, alentaos los unos a los otros con estas palabras.

5 [1] Acerca de los tiempos y de las ocasiones, no tenéis necesidad, hermanos, de que yo os escriba, [2] porque vosotros sabéis perfectamente que el día del Señor vendrá así como ladrón en la noche.[a] [3] Cuando digan: «Paz y seguridad», entonces vendrá sobre ellos destrucción repentina, como los dolores a la mujer encinta, y no escaparán.

[4] Pero vosotros, hermanos, no estáis en tinieblas, para que aquel día os sorprenda como ladrón. [5] Porque todos vosotros sois hijos de luz e hijos del día; no somos de la noche ni de las tinieblas.[b] [6] Por tanto, no durmamos como los demás, sino vigilemos

y seamos sobrios,[c] [7] pues los que duermen, de noche duermen, y los que se embriagan, de noche se embriagan.[d] [8] Pero nosotros, que somos del día, seamos sobrios, habiéndonos vestido con la coraza de la fe y del amor, y con la esperanza de salvación como casco.[e] [9] Dios no nos ha puesto para ira, sino para alcanzar salvación por medio de nuestro Señor Jesucristo, [10] quien murió por nosotros para que ya sea que vigilemos, o que durmamos, vivamos juntamente con él. [11] Por lo cual, animaos unos a otros y edificaos unos a otros,[f] así como lo estáis haciendo.

Pablo exhorta a los hermanos

[12] Os rogamos, hermanos, que reconozcáis a los que trabajan entre vosotros y os presiden en el Señor y os amonestan. [13] Tenedlos en mucha estima y amor por causa de su obra. Tened paz entre vosotros.

[14] También os rogamos, hermanos, que amonestéis a los ociosos,[g] que alentéis a los de poco ánimo, que sostengáis a los débiles, que seáis pacientes para con todos. [15] Mirad que ninguno pague a otro mal por mal,[h] antes seguid siempre lo bueno unos para con otros y para con todos.

[16] Estad siempre gozosos.[i] [17] Orad sin cesar. [18] Dad gracias en todo, porque esta es la voluntad de Dios para con vosotros en Cristo Jesús.[j] [19] No apaguéis al Espíritu.[k] [20] No menospreciéis las profecías. [21] Examinadlo todo y retened lo bueno. [22] Absteneos de toda especie de mal.

[23] Que el mismo Dios de paz os santifique por completo; y todo vuestro ser —espíritu, alma y cuerpo— sea guardado irreprochable para la venida de nuestro Señor Jesucristo. [24] Fiel es el que os llama,[l] el cual también lo hará.

[25] Hermanos, orad por nosotros.

[26] Saludad a todos los hermanos con beso santo.

[27] Os encargo encarecidamente, por el Señor, que esta carta se lea a todos los santos hermanos.

[28] La gracia de nuestro Señor Jesucristo sea con vosotros. Amén.

[b] **4.15-17** 1 Co 15.51-52.   [a] **5.2** Mt 24.43-44; Lc 12.39-40; 2 P 3.10.   [b] **5.5** Ro 13.12; Ef 5.8-9.
[c] **5.6** Mt 24.42; Ro 13.11-14; 1 P 5.8.   [d] **5.7** Mt 24.48-50; Jn 3.19-20.   [e] **5.8** Is 59.17.
[f] **5.11** Col 3.16.   [g] **5.14** 2 Ts 3.6.   [h] **5.15** Ro 12.17; 1 P 3.9; cf. Mt 5.38-39.   [i] **5.16** Flp 4.4.
[j] **5.17-18** Ro 12.12; Ef 5.20; 6.18; Col 4.2.   [k] **5.19** Ef 4.30.   [l] **5.24** 1 Co 1.9; 2 Ts 3.3.

TESALONICENSES

INTRODUCCIÓN

La Segunda epístola a los Tesalonicenses (=2 Ts) desarrolla con mayor amplitud el tema del retorno de Cristo, ya tratado en 1 Tesalonicenses. Sin embargo, el motivo inmediato de su redacción lo dio la aparición en la ciudad de algunas personas que estaban sembrando inquietudes entre los miembros de aquella iglesia fundada por Pablo.

Se trataba de gente exaltada que insistía en la inminencia del retorno de Cristo y del juicio final, y que para dar mayor peso a sus propias enseñanzas se las atribuían a Pablo, o que utilizaban algún texto paulino entendiéndolo mal y explicándolo peor (2.2). Pero el Apóstol da gracias a Dios porque, a pesar de todo, los creyentes progresan en la fe y el amor, y en la paciencia con que sobrellevan los padecimientos (1.3- 4). Su firmeza será recompensada, y quienes los persiguen recibirán el justo castigo «cuando se manifieste el Señor Jesús desde el cielo» (1.7).

La segunda venida de «nuestro Señor Jesucristo, y nuestra reunión con él» (2.1) no es un acontecimiento inmediato, sino que antes tiene que aparecer «aquel inicuo... cuyo advenimiento es por obra de Satanás» (2.9). Cierto que ese «misterio de la iniquidad» ya está actuando (2.7) y que un día llegará a ser plenamente manifiesto; pero el Señor lo destruirá (2.8) cuando traiga su juicio y su victoria sobre «todos los que no creyeron a la verdad, sino que se complacieron en la injusticia» (2.12).

Esta exposición va seguida de una acción de gracias y algunas breves exhortaciones (2.13—3.5). La carta termina con un llamamiento a mantener la disciplina y el trabajo honrado, para la mejor convivencia de todos en la congregación (3.6-15).

Es evidente que entre las dos cartas de Pablo a los tesalonicenses existen importantes analogías. El lenguaje tiene frases y expresiones afines, que tanto en uno como en otro texto pueden identificarse como paulinas.

Esquema del contenido

Prólogo (1.1-12)
Salutación (1.1-2)
Dios juzgará a los pecadores en la venida de Cristo (1.3-12)
Instrucciones (2.1—3.15)
Manifestación del hombre de pecado (2.1-12)
Escogidos para salvación (2.13-17)
Que la palabra de Dios sea glorificada (3.1-5)
El deber de trabajar (3.6-15)
Epílogo: Bendición final (3.16-18)

Salutación

1 ¹ Pablo, Silvano y Timoteo, a la iglesia de los tesalonicenses[a] en Dios nuestro Padre y en el Señor Jesucristo: ² Gracia y paz a vosotros, de Dios nuestro Padre y del Señor Jesucristo.

[a] **1.1** Hch 17.1.

Dios juzgará a los pecadores en la venida de Cristo

³ Debemos siempre dar gracias a Dios por vosotros, hermanos, como es digno, por cuanto vuestra fe va creciendo y el amor de todos y cada uno de vosotros

abunda para con los demás. ⁴ Tanto es así que nosotros mismos nos gloriamos de vosotros en las iglesias de Dios, por vuestra paciencia y fe en todas vuestras persecuciones y tribulaciones*ᵇ* que soportáis. ⁵ Esto es demostración del justo juicio de Dios, para que seáis tenidos por dignos del reino de Dios, por el cual asimismo padecéis.

⁶ Es justo delante de Dios pagar con tribulación a los que os atribulan, ⁷ mientras que a vosotros, los que sois atribulados, daros reposo junto con nosotros, cuando se manifieste el Señor Jesús desde el cielo con los ángeles de su poder, ⁸ en llama de fuego, para dar retribución a los que no conocieron a Dios ni obedecen al evangelio de nuestro Señor Jesucristo. ⁹ Estos sufrirán pena de eterna perdición, excluidos de la presencia del Señor y de la gloria de su poder,*ᶜ* ¹⁰ cuando venga en aquel día para ser glorificado en sus santos y ser admirado en todos los que creyeron; y vosotros habéis creído en nuestro testimonio.

¹¹ Por esta razón también oramos siempre por vosotros, para que nuestro Dios os tenga por dignos de su llamamiento y cumpla todo propósito de bondad y toda obra de fe con su poder. ¹² Así el nombre de nuestro Señor Jesucristo será glorificado en vosotros y vosotros en él, por la gracia de nuestro Dios y del Señor Jesucristo.

Manifestación del hombre de pecado

2 ¹ Con respecto a la venida de nuestro Señor Jesucristo y nuestra reunión con él,*ᵃ* os rogamos, hermanos, ² que no os dejéis mover fácilmente de vuestro modo de pensar, ni os conturbéis, ni por espíritu ni por palabra ni por carta como si fuera nuestra, en el sentido de que el día del Señor está cerca. ³ ¡Nadie os engañe de ninguna manera!, pues no vendrá sin que antes venga la apostasía*ᵇ* y se manifieste el hombre de pecado,*ᶜ* el hijo de perdición, ⁴ el cual se opone y se levanta contra todo lo que se llama Dios o es objeto de culto;*ᵈ* tanto, que se sienta en el templo de Dios como Dios, haciéndose pasar por Dios.

⁵ ¿No os acordáis de que cuando yo estaba todavía con vosotros os decía esto? ⁶ Y ahora vosotros sabéis lo que lo detiene, a fin de que a su debido tiempo se manifieste. ⁷ Ya está en acción el misterio de la iniquidad; solo que hay quien al presente lo detiene, hasta que él a su vez sea quitado de en medio. ⁸ Y entonces se manifestará aquel impío, a quien el Señor matará con el espíritu de su boca*ᵉ* y destruirá con el resplandor de su venida. ⁹ El advenimiento de este impío, que es obra de Satanás, irá acompañado de hechos poderosos, señales y falsos milagros*ᶠ* ¹⁰ y con todo engaño de iniquidad para los que se pierden, por cuanto no recibieron el amor de la verdad para ser salvos. ¹¹ Por esto Dios les envía un poder engañoso, para que crean en la mentira, ¹² a fin de que sean condenados todos los que no creyeron a la verdad, sino que se complacieron en la injusticia.

Escogidos para salvación

¹³ Pero nosotros debemos dar siempre gracias a Dios respecto a vosotros, hermanos amados por el Señor, de que Dios os haya escogido*ᵍ* desde el principio para salvación, mediante la santificación por el Espíritu y la fe en la verdad. ¹⁴ Para esto él os llamó por medio de nuestro evangelio: para alcanzar la gloria de nuestro Señor Jesucristo.

¹⁵ Así que, hermanos, estad firmes y retened la doctrina que habéis aprendido, sea por palabra o por carta nuestra. ¹⁶ Y el mismo Jesucristo Señor nuestro, y Dios nuestro Padre, el cual nos amó y nos dio consolación eterna y buena esperanza por gracia, ¹⁷ conforte vuestros corazones y os confirme en toda buena palabra y obra.

Que la palabra de Dios sea glorificada

3 ¹ Por lo demás, hermanos, orad por nosotros, para que la palabra del Señor corra y sea glorificada, así como lo fue entre vosotros,*ᵃ* ² y para que seamos librados de hombres perversos y malos, pues no es de todos la fe. ³ Pero fiel*ᵇ* es el Señor,

---

ᵇ **1.4** 1 Ts 2.14.   *ᶜ* **1.9** Ap 20.9-10,14-15.   *ᵃ* **2.1-12** 1 Ts 4.15-17.   *ᵇ* **2.3** Mt 24.10-12,23-24.
ᶜ **2.3** 1 Jn 2.18.   *ᵈ* **2.4** Dn 11.36.   *ᵉ* **2.8** Is 11.4.   *ᶠ* **2.9** Mt 24.24.   *ᵍ* **2.13-14** Ro 8.29-30;
Ef 1.4-5,11.   *ᵃ* **3.1** 1 Ts 1.8.   *ᵇ* **3.3** 1 Co 1.9; 1 Ts 5.24.

que os afirmará y guardará del mal. ⁴Y tenemos confianza respecto a vosotros en el Señor, en que hacéis y haréis lo que os hemos mandado. ⁵Y el Señor encamine vuestros corazones al amor de Dios y a la paciencia de Cristo.

El deber de trabajar

⁶Pero os ordenamos, hermanos, en el nombre de nuestro Señor Jesucristo, que os apartéis de todo hermano que ande desordenadamente y no según la enseñanza que recibisteis de nosotros. ⁷Vosotros mismos sabéis de qué manera debéis imitarnos, pues nosotros no anduvimos desordenadamente entre vosotros ⁸ni comimos de balde el pan de nadie. Al contrario, trabajamos con afán y fatiga día y noche, para no ser gravosos a ninguno de vosotros;ᶜ ⁹no porque no tuviéramos derecho, sino por daros nosotros mismos un ejemplo que podéis imitar.ᵈ ¹⁰Y cuando estábamos con vosotros os

ordenábamos esto:ᵉ que si alguno no quiere trabajar, tampoco coma. ¹¹Ahora oímos que algunos de entre vosotros andan desordenadamente, no trabajando en nada, sino entrometiéndose en lo ajeno.ᶠ ¹²A los tales mandamos y exhortamos por nuestro Señor Jesucristo que, trabajando sosegadamente, coman su propio pan.ᵍ

¹³Pero vosotros, hermanos, no os canséis de hacer bien.ʰ ¹⁴Si alguno no obedece a lo que decimos por medio de esta carta, a ese señaladlo y no os juntéis con él, para que se avergüence. ¹⁵Pero no lo tengáis por enemigo, sino amonestadlo como a hermano.ⁱ

¹⁶Y el mismo Señor de paz os dé siempre paz en toda manera. El Señor sea con todos vosotros.

¹⁷La salutación es de mi propia mano, de Pablo, que es el signo en toda carta mía. Así escribo.

¹⁸La gracia de nuestro Señor Jesucristo sea con todos vosotros. Amén.

ᶜ**3.8** Hch 18.3; 2 Co 11.9; 1 Ts 2.9. ᵈ**3.9** Mt 10.9-10; 1 Co 9.4-15. ᵉ**3.10** 1 Ts 4.11.
ᶠ**3.11** 1 Ti 5.13. ᵍ**3.12** Ef 4.28; 1 Ts 4.11-12. ʰ**3.13** Gl 6.9. ⁱ**3.15** 1 Ts 5.14.

Primera Epístola del Apóstol San Pablo a
TIMOTEO

INTRODUCCIÓN

Cuando Pablo llegó a Listra, Timoteo tenía unos veinte años de edad. Su madre, Eunice, era cristiana (2 Ti 1.5) de origen judío, y su padre, pagano. El Apóstol incorporó a Timoteo a aquel grupo misionero que muy pronto habría de llevar a Europa el primer anuncio del evangelio. Pasados algunos años, el joven discípulo recibiría el encargo de velar por la «sana doctrina» en Asia Menor, y de impedir posibles desviaciones hacia otras enseñanzas, falsas y destructivas (1.3-4; 4.6,9,13,16; 6.3-5), que habían comenzado a penetrar en comunidades cristianas de reciente formación (1.3-11).

La Primera epístola a Timoteo (=1 Ti) revela una seria preocupación de su autor por dotar a la iglesia de normas de vida y de conducta. Por eso, la carta contiene instrucciones sobre diversos temas: la necesidad de la oración y el buen orden en la comunidad (2.1-15), las bases para llegar a una eficiente organización de la iglesia (3.1-13), la vigilancia frente al error doctrinal (4.1-5; 6.3-5), y la atención a la administración congregacional y al ejercicio del ministerio pastoral (3.14-15; 5.1—6.2).

Mención aparte ha de hacerse del texto de 3.16, breve poema formado por tres pares de versos. El autor llama «gran misterio de la piedad» a esta hermosa afirmación de fe que viene a ser como el centro de gravedad de la teología de 1 Timoteo.

Pablo se acercaba ya al final de su vida cuando redactó esta carta, en la que se descubre una estructura eclesiástica que parece ser posterior a los primeros esfuerzos de organización en la historia del cristianismo.

Esquema del contenido

Salutación (1.1-2)
Advertencia contra falsas doctrinas (1.3-11)
El ministerio de Pablo (1.12-20)
Instrucciones sobre la oración (cap. 2)
Requisitos de los obispos (3.1-7)
Requisitos de los diáconos (3.8-13)
El misterio de la piedad (3.14-16)
Predicción de la apostasía (4.1-5)
Un buen ministro de Jesucristo (4.6-16)
Deberes hacia los demás (5.1—6.2)
Piedad y contentamiento (6.3-10)
La buena batalla de la fe (6.11-19)
Encargo final de Pablo a Timoteo (6.20-21)

Salutación

1 ¹ Pablo, apóstol de Jesucristo por mandato de Dios nuestro Salvador, y del Señor Jesucristo nuestra esperanza, ² a Timoteo,ᵃ verdadero hijo en la fe:ᵇ Gracia, misericordia y paz, de Dios nuestro Padre y de Cristo Jesús, nuestro Señor.

ᵃ **1.2** Hch 16.1. ᵇ **1.2** 1 Co 4.17; Flp 2.22; 2 Ti 1.2.

Advertencia contra falsas doctrinas

[3] Como te rogué que te quedaras en Éfeso cuando fui a Macedonia, para que mandaras a algunos que no enseñen diferente doctrina [4] ni presten atención a fábulas y genealogías interminables[c] (que acarrean discusiones más bien que edificación de Dios, que es por fe), así te encargo ahora.

[5] El propósito de este mandamiento es el amor nacido de corazón limpio, de buena conciencia y fe no fingida. [6] Algunos, desviándose de esto, se perdieron en vana palabrería. [7] Pretenden ser doctores de la Ley, cuando no entienden ni lo que hablan ni lo que afirman.[d]

[8] Pero sabemos que la Ley es buena,[e] si uno la usa legítimamente, [9] conociendo esto: que la Ley no fue dada para el justo, sino para los transgresores y desobedientes, para los impíos y pecadores, para los irreverentes y profanos, para los parricidas y matricidas, para los homicidas, [10] para los fornicarios, para los sodomitas, para los secuestradores, para los mentirosos y perjuros, y para cuanto se oponga a la sana doctrina,[f] [11] según el glorioso evangelio del Dios bienaventurado, que a mí me ha sido encomendado.

El ministerio de Pablo

[12] Doy gracias al que me fortaleció, a Cristo Jesús, nuestro Señor, porque, teniéndome por fiel, me puso en el ministerio, [13] habiendo yo sido antes blasfemo, perseguidor[g] e injuriador; pero fui recibido a misericordia porque lo hice por ignorancia, en incredulidad. [14] Y la gracia de nuestro Señor fue más abundante con la fe y el amor que es en Cristo Jesús.

[15] Palabra fiel y digna de ser recibida por todos:[h] que Cristo Jesús vino al mundo para salvar a los pecadores,[i] de los cuales yo soy el primero.[j] [16] Pero por esto fui recibido a misericordia, para que Jesucristo mostrara en mí el primero toda su clemencia, para ejemplo de los que habrían

de creer en él para vida eterna. [17] Por tanto, al Rey de los siglos, inmortal, invisible, al único y sabio Dios, sea honor y gloria por los siglos de los siglos. Amén.[k]

[18] Este mandamiento, hijo Timoteo, te encargo, para que, conforme a las profecías que se hicieron antes en cuanto a ti, milites por ellas la buena milicia,[l] [19] manteniendo la fe y buena conciencia. Por desecharla, algunos naufragaron en cuanto a la fe. [20] Entre ellos están Himeneo[m] y Alejandro, a quienes entregué a Satanás para que aprendan a no blasfemar.

Instrucciones sobre la oración

2 [1] Exhorto ante todo, a que se hagan rogativas, oraciones, peticiones y acciones de gracias por todos los hombres, [2] por los reyes y por todos los que tienen autoridad, para que vivamos quieta y reposadamente en toda piedad y honestidad. [3] Esto es bueno y agradable delante de Dios, nuestro Salvador, [4] el cual quiere que todos los hombres sean salvos y vengan al conocimiento de la verdad,[a] [5] pues hay un solo Dios, y un solo mediador entre Dios y los hombres: Jesucristo hombre,[b] [6] el cual se dio a sí mismo en rescate por todos, de lo cual se dio testimonio a su debido tiempo. [7] Para esto yo fui constituido predicador, apóstol y maestro de los gentiles en fe y verdad. Digo la verdad en Cristo, no miento.[d]

[8] Quiero, pues, que los hombres oren en todo lugar, levantando manos santas, sin ira ni contienda. [9] Asimismo, que las mujeres se atavíen de ropa decorosa, con pudor y modestia: no con peinado ostentoso, ni oro ni perlas ni vestidos costosos,[e] [10] sino con buenas obras, como corresponde a mujeres que practican la piedad. [11] La mujer aprenda en silencio, con toda sujeción. [12] No permito a la mujer enseñar, ni ejercer dominio sobre el hombre, sino estar en silencio, [13] pues Adán fue formado primero, después Eva;[f] [14] y Adán no fue

---

[c] 1.4 Tit 3.9.   [d] 1.7 Stg 3.1.   [e] 1.8 Ro 7.12-16.   [f] 1.10 1 Ti 6.3; 2 Ti 1.13; 4.3; Tit 1.9; 2.1.
[g] 1.13 Hch 8.3; 9.1-2,4-5; 1 Co 15.9; Gl 1.13.   [h] 1.15 1 Ti 3.1; 4.9; 2 Ti 2.11; Tit 3.8.
[i] 1.15 Lc 5.32.   [j] 1.15 1 Co 15.9.   [k] 1.17 Ro 16.27; 1 Ti 6.15-16; Jud 24-25.   [l] 1.18 1 Ti 6.12;
2 Ti 4.7; Jud 3.   [m] 1.20 2 Ti 2.17-18.   [a] 2.4 Jon 4.11; Jn 3.17; 2 P 3.9.   [b] 2.5 Este v. parece ser un fragmento de un antiguo credo o fórmula cúltica. Cf. Heb 8.6; 9.15; 12.24.   [c] 2.6 Mt 20.28;
Mc 10.45; cf. Gl 1.4; Tit 2.14.   [d] 2.7 2 Ti 1.11.   [e] 2.9 1 P 3.3-4.   [f] 2.13 Gn 2.7,21-22; 1 Co 11.8-12.

engañado, sino que la mujer, siendo engañada, incurrió en transgresión.[g] [15] Pero se salvará engendrando hijos, si permanece en fe, amor y santificación, con modestia.

Requisitos de los obispos

3 [1] Palabra fiel: «Si alguno anhela obispado, buena obra desea». [2] Pero es necesario que el obispo sea irreprochable, marido de una sola mujer, sobrio, prudente, decoroso, hospedador, apto para enseñar; [3] que no sea dado al vino ni amigo de peleas; que no sea codicioso de ganancias deshonestas, sino amable, apacible, no avaro; [4] que gobierne bien su casa, que tenga a sus hijos en sujeción con toda honestidad [5] (pues el que no sabe gobernar su propia casa, ¿cómo cuidará de la iglesia de Dios?); [6] que no sea un neófito, no sea que envaneciéndose caiga en la condenación del diablo. [7] También es necesario que tenga buen testimonio de los de afuera, para que no caiga en descrédito y en lazo del diablo.[a]

Requisitos de los diáconos

[8] Los diáconos asimismo deben ser honestos, sin doblez, no dados a mucho vino ni codiciosos de ganancias deshonestas; [9] que guarden el misterio de la fe[b] con limpia conciencia. [10] Y estos también sean sometidos primero a prueba, y luego, si son irreprochables, podrán ejercer el diaconado. [11] Las mujeres asimismo sean honestas, no calumniadoras, sino sobrias, fieles en todo.[c] [12] Los diáconos sean maridos de una sola mujer, y que gobiernen bien a sus hijos y sus casas, [13] porque los que ejerzan bien el diaconado, ganarán para sí un grado honroso y mucha confianza en la fe que es en Cristo Jesús.

El misterio de la piedad

[14] Esto te escribo, aunque tengo la esperanza de ir pronto a verte, [15] para que, si tardo, sepas cómo debes conducirte en la casa de Dios, que es la iglesia del Dios viviente, columna y defensa de la verdad.

[16] Indiscutiblemente, grande es el misterio de la piedad:[d]

Dios fue manifestado en carne,[e]
justificado en el Espíritu,
visto de los ángeles,
predicado en los gentiles,
creído en el mundo,
recibido arriba en gloria.

Predicción de la apostasía

4 [1] Pero el Espíritu dice claramente que, en los últimos tiempos, algunos apostatarán de la fe, escuchando a espíritus engañadores y a doctrinas de demonios,[a] [2] de hipócritas y mentirosos, cuya conciencia está cauterizada. [3] Estos prohibirán casarse y mandarán abstenerse de alimentos que Dios creó para que con acción de gracias participaran de ellos los creyentes y los que han conocido la verdad, [4] porque todo lo que Dios creó es bueno[b] y nada es de desecharse, si se toma con acción de gracias, [5] ya que por la palabra de Dios y por la oración es santificado.[c]

Un buen ministro de Jesucristo

[6] Si esto enseñas a los hermanos, serás buen ministro de Jesucristo, nutrido con las palabras de la fe y de la buena doctrina que has seguido. [7] Desecha las fábulas profanas y de viejas. Ejercítate para la piedad, [8] porque el ejercicio corporal para poco es provechoso, pero la piedad para todo aprovecha, pues tiene promesa de esta vida presente y de la venidera. [9] Palabra fiel es esta y digna de ser recibida por todos: [10] que por esto mismo trabajamos y sufrimos oprobios, porque esperamos en el Dios viviente, que es el Salvador de todos los hombres, mayormente de los que creen.

[11] Esto manda y enseña. [12] Ninguno tenga en poco tu juventud, sino sé ejemplo de los creyentes en palabra, conducta, amor, espíritu, fe y pureza. [13] Entre tanto que voy, ocúpate en la lectura,[d] la exhortación y la enseñanza. [14] No descuides el don que hay en ti, que te fue dado mediante profecía

---

[g] **2.14** Gn 3.1-6; cf. 2 Co 11.3.   [a] **3.2-7** Tit 1.6-9.   [b] **3.9** Ef 1.9; cf. 1 Co 2.7-10; Col 1.25-27; 2.2-3.
[c] **3.11** Tit 2.3.   [d] **3.16** Ef 5.32.   [e] **3.16** Jn 1.14; Flp 2.7.   [a] **4.1** Stg 3.15; 1 Jn 4.1; 2 Jn 7.
[b] **4.4** Gn 1.31.   [c] **4.4-5** Tit 1.15; cf. Mc 7.15-19; Ro 14.6,14.   [d] **4.13** Es decir, del AT. La iglesia
había mantenido en el culto muchas prácticas de la sinagoga judía, tales como la lectura pública
de las Escrituras.

con la imposición de las manos del presbiterio.[e] [15]Ocúpate en estas cosas; permanece en ellas, para que tu aprovechamiento sea manifiesto a todos. [16]Ten cuidado de ti mismo y de la doctrina; persiste en ello, pues haciendo esto te salvarás a ti mismo y a los que te escuchen.

Deberes hacia los demás

5 [1]No reprendas al anciano,[a] sino exhórtalo como a padre; a los más jóvenes, como a hermanos; [2]a las ancianas, como a madres; a las jovencitas, como a hermanas, con toda pureza.

[3]Honra a las viudas que en verdad lo son.[b] [4]Pero si alguna viuda tiene hijos o nietos, aprendan estos primero a ser piadosos para con su propia familia y a recompensar a sus padres, porque esto es lo bueno y agradable delante de Dios. [5]Pero la que en verdad es viuda y ha quedado sola, espera en Dios y es diligente en súplicas y oraciones noche y día.[c] [6]Pero la que se entrega a los placeres, viviendo está muerta. [7]Manda también esto, para que sean irreprochables, [8]porque si alguno no provee para los suyos, y mayormente para los de su casa, ha negado la fe y es peor que un incrédulo.

[9]Sea puesta en la lista solo la viuda no menor de sesenta años, que haya sido esposa de un solo marido, [10]que tenga testimonio de buenas obras: si ha criado hijos, si ha practicado la hospitalidad, si ha lavado los pies de los santos, si ha socorrido a los afligidos, si ha practicado toda buena obra. [11]Pero viudas más jóvenes no admitas, porque cuando, impulsadas por sus deseos, se rebelan contra Cristo, quieren casarse, [12]incurriendo así en condenación por haber quebrantado su primera fe. [13]Y también aprenden a ser ociosas, andando de casa en casa; y no solamente ociosas, sino también chismosas y entrometidas, hablando lo que no debieran. [14]Quiero, pues, que las viudas jóvenes se casen,[d] críen hijos, gobiernen su casa; que no den al adversario ninguna ocasión de maledicencia, [15]porque ya algunas se han apartado en pos de Satanás. [16]Si algún

creyente o alguna creyente tiene viudas, que las mantenga, y no sea gravada la iglesia, a fin de que haya lo suficiente para las que en verdad son viudas.

[17]Los ancianos que gobiernan bien, sean tenidos por dignos de doble honor, mayormente los que trabajan en predicar y enseñar, [18]pues la Escritura dice: «No pondrás bozal al buey que trilla»[e] y «Digno es el obrero de su salario».[f] [19]Contra un anciano no admitas acusación si no está apoyada por dos o tres testigos.[g]

[20]A los que persisten en pecar, repréndelos delante de todos, para que los demás también teman. [21]Te encarezco delante de Dios, del Señor Jesucristo y de sus ángeles escogidos, que guardes estas cosas sin prejuicios, no haciendo nada con parcialidad.

[22]No impongas con ligereza las manos a ninguno ni participes en pecados ajenos. Consérvate puro.

[23]Ya no bebas agua, sino usa de un poco de vino por causa de tu estómago y de tus frecuentes enfermedades.

[24]Los pecados de algunos hombres se hacen patentes antes que ellos vengan a juicio, pero a otros se les descubren después. [25]Asimismo se hacen manifiestas las buenas obras; y las que son de otra manera, no pueden permanecer ocultas.

6 [1]Todos los que están bajo el yugo de esclavitud,[a] tengan a sus amos por dignos de todo honor, para que no sea blasfemado el nombre de Dios y la doctrina. [2]Y los que tienen amos creyentes no los tengan en menos por ser hermanos, sino sírvanlos mejor, por cuanto son creyentes y amados[b] los que se benefician de su buen servicio. Esto enseña y exhorta.

Piedad y contentamiento

[3]Si alguno enseña otra cosa y no se conforma a las sanas palabras de nuestro Señor Jesucristo y a la doctrina que es conforme a la piedad, [4]está envanecido, nada sabe y delira acerca de cuestiones y contiendas de palabras, de las cuales nacen envidias, pleitos, blasfemias, malas sospechas, [5]discusiones necias de hombres

[e] 4.14 2 Ti 1.6.   [a] 5.1 Lv 19.32.   [b] 5.3 Hch 6.1.   [c] 5.5 Lc 2.36-37.   [d] 5.14 1 Co 7.8-9.
[e] 5.18 Dt 25.4; cf. 1 Co 9.9.   [f] 5.18 Lc 10.7; cf. Mt 10.9-10; 1 Co 9.14.   [g] 5.19 Dt 17.6; 19.15; cf. Mt 18.15-16; 2 Co 13.1.   [a] 6.1-2 Tit 2.9-10; 1 P 2.18; cf. Ef 6.5-9; Col 3.22—4.1.   [b] 6.2 Flm 16.

corruptos de entendimiento y privados de la verdad,^c que toman la piedad como fuente de ganancia. Apártate de los tales. ⁶ Pero gran ganancia es la piedad acompañada de contentamiento,^d ⁷ porque nada hemos traído a este mundo y, sin duda, nada podremos sacar.^e ⁸ Así que, teniendo sustento y abrigo, estemos ya satisfechos;^f ⁹ pero los que quieren enriquecerse caen en tentación y lazo, y en muchas codicias necias y dañosas que hunden a los hombres en destrucción y perdición,^g ¹⁰ porque raíz de todos los males es el amor al dinero, el cual codiciando algunos, se extraviaron de la fe y fueron atormentados con muchos dolores.

La buena batalla de la fe

¹¹ Pero tú, hombre de Dios, huye de estas cosas y sigue la justicia, la piedad, la fe, el amor, la paciencia, la mansedumbre. ¹² Pelea la buena batalla de la fe, echa mano de la vida eterna, a la cual asimismo fuiste llamado, habiendo hecho la buena profesión delante de muchos testigos. ¹³ Te mando delante de Dios, que da vida a todas las cosas, y de Jesucristo, que dio testimonio de la buena profesión delante de Poncio Pilato,^h ¹⁴ que guardes el mandamiento sin mancha ni reprensión, hasta la aparición de nuestro Señor Jesucristo.

¹⁵ Aparición que a su tiempo mostrará el bienaventurado y solo Soberano, Rey de reyes y Señor de señores,ⁱ ¹⁶ el único que tiene inmortalidad, que habita en luz inaccesible^j y a quien ninguno de los hombres ha visto ni puede ver.^k A él sea la honra y el imperio sempiterno. Amén.

¹⁷ A los ricos de este mundo manda que no sean altivos ni pongan la esperanza en las riquezas,^l las cuales son inciertas, sino en el Dios vivo, que nos da todas las cosas en abundancia para que las disfrutemos. ¹⁸ Que hagan bien, que sean ricos en buenas obras, dadivosos y generosos. ¹⁹ De este modo atesorarán para sí buen fundamento para el futuro, y alcanzarán la vida eterna.

Encargo final de Pablo a Timoteo

²⁰ Timoteo, guarda lo que se te ha encomendado, evitando las profanas pláticas^m sobre cosas vanas y los argumentos de la falsamente llamada ciencia, ²¹ la cual profesando algunos, se desviaron de la fe.ⁿ

La gracia sea contigo. Amén.

---

^c **6.5** 2 Ti 3.8; 4.4; Tit 1.14; 3.10-11.   ^d **6.6** Flp 4.11-12; Heb 13.5.   ^e **6.7** Job 1.21; Sal 49.17; Ec 5.15.   ^f **6.8** Pr 30.8.   ^g **6.9** Pr 23.4-5; 28.22.   ^h **6.13** Jn 18.37.   ⁱ **6.15-16** Dt 10.17; 1 Ti 1.17; Ap 17.14; 19.16.   ^j **6.16** Sal 104.2.   ^k **6.16** Ex 33.20; Jn 1.18.   ^l **6.17-19** Sal 62.10; Mt 6.19-21; Mc 10.21; Lc 12.20-21.   ^m **6.20** 2 Ti 2.16.   ⁿ **6.21** 1 Ti 1.6; 4.1-5; 2 Ti 2.18.

Segunda Epístola del Apóstol San Pablo a
TIMOTEO

INTRODUCCIÓN

De acuerdo con la interpretación que algunos hacen de los testimonios que encontramos en la Segunda epístola a Timoteo (=2 Ti), su redacción puede situarse en la época de Nerón, por los años 66 ó 67, durante el segundo encarcelamiento del Apóstol en Roma (2.9; cf. 1.8,16-17).

El mismo Pablo dice que las condiciones de su cautiverio eran ahora tan duras que incluso se le trataba «a modo de malhechor» (2.9), lo cual significa, entre otros males, que estaba sujeto con cadenas (1.16). Además, el término previsible de sus expectativas era el de una cercana ejecución: «... porque yo ya estoy para ser sacrificado, y el tiempo de mi partida está cercano» (4.6-8).

A la gravedad de esta situación personal del Apóstol habría que añadir una gran tristeza, causada por el mal comportamiento de algunos, como Demas y Alejandro el calderero (4.10,14), y por verse olvidado de otros en circunstancias muy difíciles y angustiosas (4.16). Esa desfavorable acumulación de circunstancias explica la insistencia con que Pablo ruega a Timoteo: «Procura venir pronto a verme» (4.9), «Procura venir antes del invierno» (4.21).

De la presente epístola, la última del Apóstol, se ha dicho que representa su testamento espiritual. En ella exhorta a su «amado hijo» Timoteo (1.2) a mantenerse fiel y a no avergonzarse de ser testigo de Jesucristo (1.6—2.13). Le encarga que anuncie con diligencia el evangelio (3.14—4.2), que amoneste con prudencia a los creyentes (2.14), que los corrija con humildad (2.24-25) y que esté dispuesto a hacer frente a las penalidades «como buen soldado de Jesucristo» (2.3. Cf. 2.9; 3.12; 4.5).

La epístola también previene a Timoteo contra conductas desviadas que algún día podrían llegar a introducirse en la iglesia, cuando gente «con apariencia de piedad» (3.5), «hombres corruptos de entendimiento, réprobos en cuanto a la fe» (3.8), se «apartarán de la verdad... y se volverán a las fábulas» (4.4).

Ante el ya visible próximo final de su vida (4.6-8), el Apóstol aconseja a su discípulo acerca del mejor cumplimiento de la responsabilidad pastoral que le había encomendado (1.6; 2.1; 4.5).

La carta concluye con una serie de instrucciones, recuerdos personales y saludos.

Esquema del contenido

Salutación (1.1-2)
Testificando de Cristo (1.3-18)
Un buen soldado de Jesucristo (2.1-13)
Un obrero aprobado (2.14-26)
Carácter de los hombres en los postreros días (cap. 3)
Predica la palabra (4.1-8)
Instrucciones personales (4.9-18)
Saludos y bendición final (4.19-22)

Salutación

1 ¹ Pablo, apóstol de Jesucristo por la voluntad de Dios, según la promesa de la vida que es en Cristo Jesús, ² a Timoteo,ᵃ amado hijo: Gracia, misericordia y paz, de Dios Padre y de Jesucristo nuestro Señor.

ᵃ **1.2** Hch 16.1; cf. 1 Ti 1.2.

Testificando de Cristo

³ Doy gracias a Dios, al cual sirvo desde mis mayores con limpia conciencia, de que sin cesar me acuerdo de ti en mis oraciones noche y día. ⁴ Al acordarme de tus lágrimas, siento deseo de verte, para llenarme de gozo, ⁵ trayendo a la memoria la fe no fingida que hay en ti, la cual habitó primero en tu abuela Loida y en tu madre*ᵇ* Eunice, y estoy seguro que en ti también.

⁶ Por eso te aconsejo que avives el fuego del don de Dios que está en ti por la imposición de mis manos, ⁷ porque no nos ha dado Dios espíritu de cobardía, sino de poder, de amor y de dominio propio.*ᶜ* ⁸ Por tanto, no te avergüences de dar testimonio de nuestro Señor, ni de mí, preso suyo, sino participa de las aflicciones por el evangelio según el poder de Dios. ⁹ Él nos salvó y llamó con llamamiento santo, no conforme a nuestras obras,*ᵈ* sino según el propósito suyo y la gracia que nos fue dada en Cristo Jesús antes de los tiempos de los siglos, ¹⁰ pero que ahora ha sido manifestada por la aparición de nuestro Salvador Jesucristo, el cual quitó la muerte*ᵉ* y sacó a luz la vida y la inmortalidad por el evangelio.

¹¹ De este evangelio yo fui constituido predicador, apóstol y maestro de los gentiles,*ᶠ* ¹² por lo cual asimismo padezco esto. Pero no me avergüenzo,*ᵍ* porque yo sé a quién he creído y estoy seguro de que es poderoso para guardar mi depósito para aquel día. ¹³ Retén la forma de las sanas palabras que de mí oíste, en la fe y amor que es en Cristo Jesús. ¹⁴ Guarda el buen depósito por el Espíritu Santo que mora en nosotros.

¹⁵ Ya sabes que me abandonaron todos los que están en Asia,*ʰ* entre ellos Figelo y Hermógenes. ¹⁶ Tenga el Señor misericordia de la casa de Onesíforo,*ⁱ* porque muchas veces me confortó y no se avergonzó de mis cadenas, ¹⁷ sino que, cuando estuvo en Roma,*ʲ* me buscó solícitamente y me halló. ¹⁸ Concédale el Señor que halle misericordia cerca del Señor en aquel día. Y cuánto nos ayudó en Éfeso, tú lo sabes mejor.

Un buen soldado de Jesucristo

2 ¹ Tú, pues, hijo mío, esfuérzate en la gracia que es en Cristo Jesús. ² Lo que has oído de mí ante muchos testigos, esto encarga a hombres fieles que sean idóneos para enseñar también a otros.

³ Tú, pues, sufre penalidades*ᵃ* como buen soldado de Jesucristo. ⁴ Ninguno que milita se enreda en los negocios de la vida, a fin de agradar a aquel que lo tomó por soldado.*ᵇ* ⁵ Y también el que lucha como atleta, no es coronado si no lucha legítimamente.*ᶜ* ⁶ El labrador, para participar de los frutos, debe trabajar primero.*ᵈ* ⁷ Considera lo que digo, y el Señor te dé entendimiento en todo.

⁸ Acuérdate de Jesucristo, descendiente de David, resucitado de los muertos conforme a mi evangelio, ⁹ en el cual sufro penalidades, hasta prisiones a modo de malhechor; pero la palabra de Dios no está presa. ¹⁰ Por tanto, todo lo soporto por amor de los escogidos, para que ellos también obtengan la salvación que es en Cristo Jesús con gloria eterna.

¹¹ Palabra fiel es esta:

Si somos muertos con él, también
　　viviremos con él;*ᵉ*
¹² si sufrimos, también reinaremos
　　con él;*ᶠ*
　　si lo negamos, él también nos
　　negará;*ᵍ*
¹³ si somos infieles, él permanece
　　fiel,*ʰ*
　　porque no puede negarse a sí
　　mismo.*ⁱ*

Un obrero aprobado

¹⁴ Recuérdales esto, exhortándolos delante del Señor a que no discutan sobre

ᵇ **1.5** Hch 16.1.　*ᶜ* **1.7** Ro 8.15.　*ᵈ* **1.9** Tit 3.5; cf. Ro 3.27-28; 4.2,5; Gl 2.16; Ef 2.8-9.
ᵉ **1.10** 1 Co 15.54-57; cf. Heb 2.14.　*ᶠ* **1.11** 1 Ti 2.7.　*ᵍ* **1.12** Ro 1.16-17; cf. Mc 8.38;
1 Co 1.18,23-24.　*ʰ* **1.15** Provincia romana situada en la parte occidental de la actual Turquía; su capital era Éfeso.　*ⁱ* **1.16-18** 2 Ti 4.19.　*ʲ* **1.16-17** Esto da a entender que la carta fue escrita en la cárcel de *Roma* (2 Ti 2.9).　*ᵃ* **2.3** 2 Ti 1.8,12; 3.12; cf. Ro 8.17; Flp 1.29; 3.10.
ᵇ **2.3-4** Flp 2.25; Flm 2.　*ᶜ* **2.5** 1 Ti 4.7-8; cf. 1 Co 9.24-27; Flp 3.12-14.　*ᵈ* **2.6** 1 Co 9.7-10.
ᵉ **2.11** Ro 6.4-8; Gl 2.19-20; Col 2.12.　*ᶠ* **2.12** Ro 8.17.　*ᵍ* **2.12** Mt 10.32-33; Mc 8.38; Lc 12.9.
ʰ **2.13** Ro 3.3-4; 1 Co 1.9.　*ⁱ* **2.13** Nm 23.19; Tit 1.2.

palabras,[j] lo cual para nada aprovecha, sino que es para perdición de los oyentes. [15] Procura con diligencia presentarte a Dios aprobado, como obrero que no tiene de qué avergonzarse, que usa bien la palabra de verdad. [16] Pero evita profanas y vanas palabrerías, porque conducirán más y más a la impiedad [17] y su palabra carcomerá como gangrena. Así aconteció con Himeneo[k] y Fileto, [18] que se desviaron de la verdad[l] diciendo que la resurrección ya se efectuó, y trastornan la fe de algunos. [19] Pero el fundamento de Dios está firme, teniendo este sello: «Conoce el Señor a los que son suyos»[m] y «Apártese de maldad todo aquel que invoca el nombre de Cristo».

[20] En una casa grande, no solamente hay utensilios de oro y de plata, sino también de madera y de barro; unos son para usos honrosos, y otros para usos comunes. [21] Así que, si alguno se limpia de estas cosas, será instrumento para honra, santificado, útil al Señor y dispuesto para toda buena obra.

[22] Huye también de las pasiones juveniles y sigue la justicia, la fe, el amor y la paz, con los que de corazón limpio invocan al Señor. [23] Pero desecha las cuestiones necias e insensatas, sabiendo que engendran contiendas, [24] porque el siervo del Señor no debe ser amigo de contiendas,[n] sino amable para con todos, apto para enseñar, sufrido. [25] Debe corregir con mansedumbre a los que se oponen, por si quizá Dios les conceda que se arrepientan para conocer la verdad [26] y escapen del lazo del diablo, en que están cautivos a voluntad de él.

Carácter de los hombres en los postreros días

3 [1] También debes saber que en los últimos días vendrán tiempos peligrosos.[a] [2] Habrá hombres amadores de sí mismos, avaros, vanidosos, soberbios, blasfemos, desobedientes a los padres, ingratos, impíos, [3] sin afecto natural, implacables, calumniadores, sin templanza, crueles, enemigos de lo bueno, [4] traidores, impetuosos, engreídos, amadores de los deleites más que de Dios, [5] que tendrán apariencia de piedad, pero negarán la eficacia de ella. A esos, evítalos.

[6] De ellos son los que se meten en las casas y llevan cautivas a las mujercillas cargadas de pecados, arrastradas por diversas pasiones. [7] Estas siempre están aprendiendo, pero nunca pueden llegar al conocimiento de la verdad. [8] Y de la manera que Janes y Jambres resistieron a Moisés,[b] así también estos resisten a la verdad; hombres corruptos de entendimiento,[c] réprobos en cuanto a la fe. [9] Pero no irán más adelante, porque su insensatez será manifiesta a todos, como también lo fue la de aquellos.

[10] Pero tú has seguido mi doctrina, conducta, propósito, fe, entereza, amor, paciencia, [11] persecuciones, padecimientos, como los que me sobrevinieron en Antioquía,[d] en Iconio,[e] en Listra;[f] persecuciones que he sufrido, pero de todas me ha librado el Señor. [12] Y también todos los que quieren vivir piadosamente en Cristo Jesús padecerán persecución; [13] pero los malos hombres y los engañadores irán de mal en peor, engañando y siendo engañados.

[14] Pero persiste tú en lo que has aprendido y te persuadiste, sabiendo de quién has aprendido [15] y que desde la niñez has sabido las Sagradas Escrituras, las cuales te pueden hacer sabio para la salvación por la fe que es en Cristo Jesús. [16] Toda la Escritura es inspirada por Dios y útil para enseñar, para redargüir, para corregir, para instruir en justicia, [17] a fin de que el hombre de Dios sea perfecto, enteramente preparado para toda buena obra.

Predica la palabra

4 [1] Te suplico encarecidamente delante de Dios y del Señor Jesucristo, que juzgará a los vivos y a los muertos[a] en su manifestación y en su Reino, [2] que prediques la palabra y que instes a tiempo y fuera de tiempo. Redarguye, reprende, exhorta con

---

[j] **2.14** 1 Ti 6.3-4,20; Tit 1.13-14; 3.9.   [k] **2.17** 1 Ti 1.20.   [l] **2.18** 1 Ti 1.6; 6.21.
[m] **2.19** Nm 16.5 (gr.); cf. Jn 10.14-15; Ro 8.29; 1 Co 8.3.   [n] **2.24** 1 Ti 3.3; Tit 1.7.
[a] **3.1** Mt 24; Mc 13; 2 Ts 2.3-12.   [b] **3.8** Ex 7.11.   [c] **3.8** 1 Ti 6.5; 2 Ti 4.4; Tit 1.14.
[d] **3.11** Hch 13.14-52.   [e] **3.11** Heb 14.1-7.   [f] **3.11** Hch 14.8-20.   [a] **4.1** Hch 10.42; 1 P 4.5.

toda paciencia y doctrina, [3] pues vendrá tiempo cuando no soportarán la sana doctrina, sino que, teniendo comezón de oir, se amontonarán maestros conforme a sus propias pasiones, [4] y apartarán de la verdad el oído y se volverán a las fábulas. [5] Pero tú sé sobrio en todo, soporta las aflicciones, haz obra de evangelista, cumple tu ministerio.

[6] Yo ya estoy próximo a ser sacrificado. El tiempo de mi partida está cercano. [7] He peleado la buena batalla, he acabado la carrera, he guardado la fe.[b] [8] Por lo demás, me está reservada la corona[c] de justicia, la cual me dará el Señor, juez justo, en aquel día; y no solo a mí, sino también a todos los que aman su venida.

Instrucciones personales

[9] Procura venir pronto a verme, [10] porque Demas[d] me ha desamparado, amando este mundo, y se ha ido a Tesalónica. Crescente fue a Galacia,[e] y Tito[f] a Dalmacia.[g] [11] Solo Lucas[h] está conmigo. Toma a Marcos[i] y tráelo contigo, porque me es útil para el ministerio. [12] A Tíquico[j] lo envié a Éfeso. [13] Trae, cuando vengas, el capote que dejé en Troas[k] en casa de Carpo,

y los libros, mayormente los pergaminos. [14] Alejandro[l] el herrero me ha causado muchos males; el Señor le pague conforme a sus hechos.[m] [15] Guárdate tú también de él, pues en gran manera se ha opuesto a nuestras palabras.

[16] En mi primera defensa ninguno estuvo a mi lado, sino que todos me desampararon; no les sea tomado esto en cuenta. [17] Pero el Señor estuvo a mi lado y me dio fuerzas, para que por mí fuera cumplida la predicación, y que todos los gentiles oyeran. Así fui librado de la boca del león. [18] Y el Señor me librará de toda obra mala y me preservará para su reino celestial. A él sea gloria por los siglos de los siglos. Amén.

Saludos y bendición final

[19] Saluda a Prisca y a Aquila[n] y a la casa de Onesíforo.[ñ] [20] Erasto[o] se quedó en Corinto, y a Trófimo[p] dejé en Mileto,[q] enfermo. [21] Procura venir antes del invierno.[r] Eubulo te saluda, y Pudente, Lino, Claudia y todos los hermanos.

[22] El Señor Jesucristo esté con tu espíritu. La gracia sea con vosotros. Amén.

---

[b] **4.7** Flp 2.16-17.   [c] **4.8** 1 Co 9.24-25; Stg 1.12; 1 P 5.4.   [d] **4.10** Col 4.14; Flm 24.
[e] **4.10** Provincia romana en Asia Menor.   [f] **4.10** 2 Co 8.23; Gl 2.3; Tit 1.4.   [g] **4.10** La parte sur de la provincia romana de Iliria (Ro 15.19).   [h] **4.11** Col 4.14; cf. Flm 24.   [i] **4.11** Hch 12.12,25; 13.13; 15.37-39; Col 4.10; Flm 24.   [j] **4.12** Hch 20.4; Ef 6.21-22; Col 4.7-8; Tit 3.12.   [k] **4.13** Puerto en el extremo oeste de Asia Menor (Hch 16.8-11; 20.5-13; 2 Co 2.12-13).   [l] **4.14** 1 Ti 1.20.
[m] **4.14** Sal 62.11-12; Pr 24.12; Ro 2.5-6.   [n] **4.19** Hch 18.2,18.   [ñ] **4.19** 2 Ti 1.16-18.
[o] **4.20** Hch 19.22; Ro 16.23.   [p] **4.20** Hch 20.4; 21.29.   [q] **4.20** Puerto del Mar Egeo, al sur de Éfeso.
[r] **4.21** Época en que ya no era posible viajar por mar.

TITO

INTRODUCCIÓN

La conversión de Tito fue resultado de la predicación de Pablo en Antioquía de Siria. A Pablo debemos también cuanto sabemos acerca del carácter, personalidad y ministerio de aquel amigo y colaborador suyo, al que llama «verdadero hijo en la común fe» (1.4). En efecto, lo menciona en tres de sus epístolas (2 Co 2.13; 7.6-7,13-14; 8.6,16,23; 12.18; Gl 2.1,3 y 2 Ti 4.10), y le dirige la presente.

Pablo le confió a Tito misiones tan delicadas como poner orden en la iglesia de Corinto (2 Co 2.13; 7.6-7,13-14; 8.6,16,23; 12.18) y organizar la vida de la comunidad cristiana de la isla de Creta (Tit 1.5). El destinatario de esta carta también visitó Dalmacia, al norte del litoral adriático (2 Ti 4.10), visita de la que no ha quedado información. Pablo, que pensaba pasar el invierno en Nicópolis, le rogó que fuera allá a estar con él (Tit 3.12).

La Epístola a Tito (=Tit), que le fue enviada cuando se hallaba en Creta, está muy relacionada con 1 Timoteo en lo que respecta a los temas que considera y al estilo literario. Después del saludo inicial (1.1-4), Pablo instruye a su discípulo acerca de las condiciones personales que han de darse en los creyentes, especialmente en los llamados a asumir responsabilidades en la iglesia. Le insta también a reprender a los «contumaces, habladores de vanidades y engañadores, mayormente los de la circuncisión» (1.10; cf. 1.14). De este modo se refiere, por una parte, a falsos maestros que con sus enseñanzas trastornan «casas enteras» (1.11) y, por otra, a las actitudes hostiles adoptadas por algunos miembros de la numerosa colonia judía de Creta (1.5-11).

Las enseñanzas sobre la justificación y la salvación por la gracia de Dios, y sobre la acción del Espíritu Santo (2.10-11,14 y 3.4-7), fundamentan la exhortación del Apóstol a que Tito se muestre firme en el gobierno y edificación espiritual de la iglesia (3.1-3,8-11).

La carta concluye con algunas instrucciones personales y una breve fórmula de bendición (3.12-15).

Esquema del contenido

Salutación (1.1-4)
Requisitos de ancianos y obispos (1.5-16)
Enseñanza de la sana doctrina (cap. 2)
Justificados por gracia (3.1-11)
Instrucciones personales (3.12-14)
Salutaciones y bendición final (3.12-15)

Salutación

1 ¹ Pablo, siervo de Dios y apóstol de Jesucristo, conforme a la fe de los escogidos de Dios y el conocimiento de la verdad que es según la piedad, ² en la esperanza de la vida eterna. Dios, que no miente,ᵃ prometió esta vida desde antes del principio de los siglos, ³ y a su debido tiempo manifestó su palabra por medio de la predicación que me fue encomendada por mandato de Dios, nuestro Salvador.ᵇ

⁴ A Tito,ᶜ verdadero hijo en la común fe: Gracia, misericordia y paz, de Dios Padre y del Señor Jesucristo, nuestro Salvador.

ᵃ **1.2** 2 Ti 2.13.   ᵇ **1.3** 1 Ti 2.6.   ᶜ **1.4** 2 Co 7.6; 8.6,16-17,23; Gl 2.1,3; 2 Ti 4.10.

Requisitos de ancianos y obispos

⁵Por esta causa te dejé en Creta,ᵈ para que corrigieras lo deficiente y establecieras ancianos en cada ciudad, así como yo te mandé. ⁶El anciano debe ser irreprochable, marido de una sola mujer, y que tenga hijos creyentes que no estén acusados de disolución ni de rebeldía. ⁷Es necesario que el obispo sea irreprochable, como administrador de Dios; no soberbio, no iracundo, no dado al vino, no amigo de contiendas, no codicioso de ganancias deshonestas. ⁸Debe ser hospedador, amante de lo bueno, sobrio, justo, santo, dueño de sí mismo, ⁹retenedor de la palabra fiel tal como ha sido enseñada, para que también pueda exhortar con sana enseñanzaᵉ y convencer a los que contradicen.ᶠ

¹⁰Hay aún muchos obstinados, habladores de vanidades y engañadores, mayormente los de la circuncisión.ᵍ ¹¹A esos es preciso tapar la boca, porque trastornan casas enteras enseñando por ganancia deshonesta lo que no conviene. ¹²Uno de ellos, su propio profeta, dijo: «Los cretenses son siempre mentirosos, malas bestias, glotones ociosos».ʰ ¹³Este testimonio es verdadero. Por eso, repréndelos duramente, para que sean sanos en la fe ¹⁴y no atiendan a fábulas judaicas ni a mandamientos de hombres que se apartan de la verdad.ⁱ

¹⁵Todas las cosas son puras para los puros, pero para los corrompidos e incrédulos nada es puro, pues hasta su mente y su conciencia están corrompidas. ¹⁶Profesan conocer a Dios, pero con los hechos lo niegan,ʲ siendo abominables y rebeldes, reprobados en cuanto a toda buena obra.

Enseñanza de la sana doctrina

2 ¹Pero tú habla lo que está de acuerdo con la sana doctrina. ²Que los ancianos sean sobrios, serios, prudentes, sanos en la fe, en el amor, en la paciencia. ³Las ancianas asimismo sean reverentes en su porte. Que no sean calumniadorasᵃ ni esclavas del vino, sino maestras del bien. ⁴Que enseñen a las mujeres jóvenes a amar a sus maridos y a sus hijos, ⁵a ser prudentes, castas, cuidadosas de su casa, buenas, sujetas a sus maridos,ᵇ para que la palabra de Dios no sea blasfemada.ᶜ

⁶Exhorta asimismo a los jóvenes a que sean prudentes. ⁷Preséntate tú en todo como ejemplo de buenas obras;ᵈ en la enseñanza, mostrando integridad, seriedad, ⁸palabra sana e irreprochable, de modo que el adversario se avergüence y no tenga nada malo que decir de vosotros.ᵉ ⁹Exhorta a los esclavos a que se sujeten a sus amos,ᶠ que agraden en todo, que no sean respondones. ¹⁰Que no roben, sino que se muestren fieles en todo, para que en todo adornen la doctrina de Dios, nuestro Salvador.

¹¹La gracia de Dios se ha manifestado para salvación a toda la humanidad, ¹²y nos enseña que, renunciando a la impiedad y a los deseos mundanos, vivamos en este siglo sobria, justa y piadosamente, ¹³mientras aguardamos la esperanza bienaventuradaᵍ y la manifestación gloriosa de nuestro gran Dios y Salvador Jesucristo.ʰ ¹⁴Él se dio a sí mismo por nosotrosⁱ para redimirnos de toda maldadʲ y purificar para sí un pueblo propio,ᵏ celoso de buenas obras.

¹⁵Esto habla, y exhorta y reprende con toda autoridad. Nadie te menosprecie.ˡ

Justificados por gracia

3 ¹Recuérdales que se sujeten a los gobernantes y autoridades, que obedezcan, que estén dispuestos a toda buena obra.ᵃ ²Que a nadie difamen, que no sean amigos de contiendas, sino amables, mostrando toda mansedumbre para con toda la humanidad.

³Nosotros también éramos en otro tiempo insensatos, rebeldes, extraviados, esclavos de placeres y deleites diversos,

---

ᵈ1.5 Isla del Mediterráneo, al sudeste de Grecia. ᵉ1.9 1 Ti 1.10. ᶠ1.6-9 1 Ti 3.2-7,8-12. ᵍ1.10 Hch 11.2. ʰ1.12 Cita de Epiménides, poeta cretense del s. VI a.C. ⁱ1.14 1 Ti 6.5; 2 Ti 3.8; 4.4. ʲ1.16 2 Ti 3.5; cf. Mt 7.21; 1 Jn 1.6; 2.4. ᵃ2.3 1 Ti 3.11. ᵇ2.5 Ef 5.22; cf. 1 Co 14.34; Col 3.18; 1 Ti 2.11-12; 1 P 3.1. ᶜ2.5 1 P 3.1-2,16. ᵈ2.7 1 Ti 4.12; 1 P 5.2-3. ᵉ2.8 1 P 2.15. ᶠ2.9-10 1 Ti 6.1-2; cf. Ef 6.5-9; Col 3.22—4.1; 1 P 2.18. ᵍ2.13 1 Co 1.7; Flp 3.20. ʰ2.13 2 P 1.1. ⁱ2.14 1 Ti 2.6; cf. Mt 20.28; Mc 10.45; Gl 1.4; 2.20. ʲ2.14 Sal 130.8; Mt 1.21. ᵏ2.14 Ex 19.5; Dt 4.20; 7.6; 14.2; Ez 37.23; 1 P 2.9. ˡ2.15 1 Ti 4.12. ᵃ3.1 Tit 3.8,14; cf. Ef 4.28.

viviendo en malicia y envidia, odiados y odiándonos unos a otros. **4** Pero cuando se manifestó la bondad de Dios, nuestro Salvador, y su amor para con la humanidad, **5** nos salvó, no por obras de justicia que nosotros hubiéramos hecho, sino por su misericordia, por el lavamiento de la regeneración[b] y por la renovación en el Espíritu Santo, **6** el cual derramó en nosotros abundantemente por Jesucristo, nuestro Salvador, **7** para que, justificados por su gracia, llegáramos a ser herederos conforme a la esperanza de la vida eterna.[c]

8 Palabra fiel es esta, y en estas cosas quiero que insistas con firmeza, para que los que creen en Dios procuren ocuparse en buenas obras. Estas cosas son buenas y útiles a los hombres. **9** Pero evita las cuestiones necias, como genealogías, contiendas y discusiones acerca de la Ley, porque son vanas y sin provecho.

10 Al que cause divisiones,[d] después de una y otra amonestación deséchalo,[e] **11** sabiendo que el tal se ha pervertido,[f] y que peca y está condenado por su propio juicio.

Instrucciones personales

12 Cuando te envíe a Artemas o a Tíquico,[g] apresúrate a venir a mí a Nicópolis, porque allí he determinado pasar el invierno. **13** A Zenas, intérprete de la Ley, y a Apolos,[h] encamínalos con solicitud, de modo que nada les falte. **14** Y aprendan también los nuestros a ocuparse en buenas obras para los casos de necesidad,[i] para que no se queden sin dar fruto.

Salutaciones y bendición final

15 Todos los que están conmigo te saludan. Saluda a los que nos aman en la fe. La gracia sea con todos vosotros. Amén.

[b] **3.5** Jn 3.3-7; 1 Co 6.11; Ef 5.25-27; 1 P 1.3,21; 3.21. [c] **3.7** Ro 3.24. [d] **3.10** Mt 18.15-17; 2 Ts 3.14. [e] **3.10** Ro 16.17; 1 Co 1.10; Jud 19. [f] **3.11** 1 Ti 6.5. [g] **3.12** Hch 20.4; Ef 6.21-22; Col 4.7-8; 2 Ti 4.12. [h] **3.13** Hch 18.24; 1 Co 3.5-6; 16.12. [i] **3.14** Hch 20.35; Ef 4.28.

Epístola del Apóstol San Pablo a
FILEMÓN

INTRODUCCIÓN

Esta epístola de Pablo a su amigo Filemón (v. 1,17) ocupa un lugar único entre los escritos del NT. Es la carta paulina más breve y, además, la única de carácter absolutamente personal.

El Apóstol, ya anciano (v. 9), está preso en alguna cárcel de Roma, Cesarea o Éfeso. Timoteo (v. 1) y otros colaboradores (v. 23-24) se encuentran a su lado, pero él, por lo delicado del asunto que va a tratar, prefiere escribir de su propio puño y letra (v. 19) en vez de dictar la carta a algún amanuense.

El destinatario de la Epístola a Filemón (=Flm) es creyente, persona generosa y de buena posición, a quien Pablo mismo, probablemente, había llevado a la fe en Jesucristo (v. 19). De las referencias hechas a Arquipo (v. 2, cf. Col 4.17) y a Onésimo (v. 10, cf. Col 4.9), ambos relacionados con Filemón o con la iglesia que se reunía en su casa (v. 2), se deduce que los tres tenían en Colosas su residencia habitual.

Onésimo, esclavo evadido, se presentó ante el Apóstol, probablemente en busca de protección y ayuda. Y Pablo, el preso, tiene ahora que plantear el problema a Filemón desde la perspectiva insólita de que este, dueño frustrado del esclavo rebelde, deberá recibirlo de nuevo en su casa, y «no ya como esclavo, sino... como hermano amado,... tanto en la carne como en el Señor» (v. 15–16).

Con la solución dada al problema, Pablo, indirectamente, se pronuncia contra la esclavitud, al considerar el caso de Onésimo desde la perspectiva de la ley del amor (cf. 2 Co 10.3-5). Esta exige, en el nombre de Cristo Jesús, que sean abatidas todas las barreras y borradas todas las diferencias de clase, causa principal de injusticia, opresión y violencia entre unos seres humanos y otros (cf. Gl 3.28).

La Epístola a Filemón, otra de las llamadas «epístolas de la prisión», muestra una gran afinidad con Colosenses, lo que sugiere que se redactó por la misma época. Aunque no ha podido precisarse el lugar ni la fecha en que ello ocurrió, tradicionalmente se ha pensado que fue escrita en Roma, alrededor del año 61.

Esquema del contenido

Salutación (1–3)
El amor y la fe de Filemón (4–7)
Pablo intercede por Onésimo (8–22)
Salutaciones y bendición final (23–25)

Salutación

1 Pablo, prisionero de Jesucristo, y el hermano Timoteo, al amado Filemón, colaborador nuestro, **2** a la amada hermana Apia, a Arquipo,[a] nuestro compañero de milicia, y a la iglesia que está en tu casa: **3** Gracia y paz a vosotros, de Dios nuestro Padre y del Señor Jesucristo.

El amor y la fe de Filemón

4 Doy gracias a mi Dios, haciendo siempre memoria de ti en mis oraciones,

---

[a] **2** Col 4.17.

⁵ porque oigo del amor y de la fe que tienes hacia el Señor Jesús y para con todos los santos,ᵇ ⁶ y pido para que la participación de tu fe sea eficaz en el conocimiento de todo el bien que está en vosotros por Cristo Jesús, ⁷ pues tenemos gran gozo y consolación en tu amor, porque por ti, hermano, han sido confortados los corazones de los santos.

Pablo intercede por Onésimo

⁸ Por eso, aunque tengo mucha libertad en Cristo para mandarte lo que conviene, ⁹ prefiero rogártelo apelando a tu amor, siendo yo, Pablo, ya anciano, y ahora, además, prisionero de Jesucristo. ¹⁰ Te ruego por mi hijo Onésimo,ᶜ a quien engendré en mis prisiones,ᵈ ¹¹ el cual en otro tiempo te fue inútil, pero ahora a ti y a mí nos es útil.ᵉ ¹² Te lo envío de nuevo. Tú, pues, recíbelo como a mí mismo.

¹³ Yo quisiera retenerlo conmigo, para que en lugar tuyo me sirviera en mis prisiones por causa del evangelio. ¹⁴ Pero nada quise hacer sin tu consentimiento, para que tu favor no fuera forzado, sino voluntario.

¹⁵ Quizá se apartó de ti por algún tiempo para que lo recibas para siempre, ¹⁶ no ya como esclavo, sino como más que esclavo, como hermano amado, mayormente para mí, pero cuánto más para ti, tanto en la carne como en el Señor.

¹⁷ Así que, si me tienes por compañero, recíbelo como a mí mismo. ¹⁸ Y si en algo te dañó, o te debe, ponlo a mi cuenta. ¹⁹ Yo, Pablo, lo escribo de mi mano: yo lo pagaré (por no decirte que aun tú mismo te me debes también). ²⁰ Sí, hermano, tenga yo algún provecho de ti en el Señor, conforta mi corazón en el Señor.

²¹ Te he escrito confiando en tu obediencia, sabiendo que harás aun más de lo que te digo. ²² Prepárame también alojamiento, porque espero que por vuestras oraciones os seré concedido.

Salutaciones y bendición final

²³ Te saludan Epafras,ᶠ mi compañero de prisiones por Cristo Jesús, ²⁴ Marcos,ᵍ Aristarco,ʰ Demasⁱ y Lucas,ʲ mis colaboradores.

²⁵ La gracia de nuestro Señor Jesucristo sea con vuestro espíritu. Amén.

ᵇ 5 Ef 1.15; Col 1.4. ᶜ 10 Col 4.9. ᵈ 10 1 Co 4.15; Gl 4.19. ᵉ 11 Posible juego de palabras con el significado del nombre *Onésimo*, que quiere decir *útil* (o *provechoso* ; cf. v.20).
ᶠ 23 Col 1.7; 4.12. ᵍ 24 Hch 12.12,25; 3.13; 15.37-39; Col 4.10. ʰ 24 Hch 19.29; 27.2; Col 4.10.
ⁱ 24 Col 4.14; 2 Ti 4.10. ʲ 24 Col 4.14; 2 Ti 4.11.

Epístola a los
HEBREOS

INTRODUCCIÓN

En el prólogo de la llamada Epístola a los Hebreos (=Heb) leemos: «Dios... [que en tiempos anteriores había hablado por medio de los profetas]... en estos últimos días nos ha hablado por el Hijo» (1.1-2). Sobre este testimonio de fe, lugar permanente de referencia para la totalidad del escrito, su autor plantea desde el propio comienzo el fundamento teológico de la exposición que va a abordar en seguida. Su objetivo es proclamar la universal supremacía de Jesucristo, la Palabra de Dios encarnada en la realidad inmediata del ser humano (cf. Jn 1.14).

De carácter exhortatorio, el autor de este texto entreteje las enseñanzas teóricas con consejos y recomendaciones prácticas, a fin de afianzar la fe de sus lectores cristianos en medio de los desalientos, temores y sufrimientos de la vida presente. Por otro lado, las exhortaciones que leemos en esta epístola sugieren que las comunidades cristianas para las que fueron originalmente redactadas enfrentaban situaciones conflictivas, y que debido a una u otra causa, algunos creyentes estaban cayendo en el desánimo y el abandono de la fe (2.1-4; 5.11—6.12; 10.23-27,32-39; 12.1-2).

El autor demuestra ser un experto conocedor del AT, cuyo texto cita siempre de la traducción griega conocida como Septuaginta o Versión de los Setenta (=LXX). Su dominio de este idioma le permitió redactar, alrededor quizá del año 70, nuestra Epístola a los Hebreos, sin duda el documento estilísticamente más depurado de todo el NT, pese a que su redacción no corresponde al género epistolar: carece de presentación del autor, no consigna destinatario y la mención «a los Hebreos», que figura exclusivamente en el título, no es parte del texto.

Esquema del contenido

Prólogo: Dios ha hablado por su Hijo (1.1-4)
1. Superioridad del Hijo (1.5—4.13)
El Hijo, superior a los ángeles (1.5—2.18)
El Hijo, superior a Moisés (3.1—4.13)
2. Jesús, el gran sumo sacerdote (4.14—10.18)
El Hijo, superior al sacerdocio de Aarón (4.14—7.28)
Jesús, mediador de un nuevo pacto (8.1—10.18)
3. Fe y fortaleza en el sufrimiento (10.19—12.29)
Exhortación a la fidelidad (10.19—11.40)
«Puestos los ojos en Jesús» (cap. 12)
4. La vida cristiana (13.1-19)
Epílogo (13.20-25)

---

1 ¹ Dios, habiendo hablado muchas veces y de muchas maneras en otro tiempo a los padres por los profetas, ² en estos últimos días nos ha hablado por el Hijo, a quien constituyó heredero de todo y por quien asimismo hizo el universo. ³ Él, que es el resplandor de su gloria, la imagen misma de su sustancia y quien sustenta todas las cosas con la palabra de su poder, habiendo efectuado la purificación de

nuestros pecados por medio de sí mismo, se sentó a la diestra de la Majestad en las alturas,[a] [4] hecho tanto superior a los ángeles cuanto que heredó más excelente nombre que ellos.

El Hijo, superior a los ángeles

[5] ¿A cuál de los ángeles dijo Dios jamás:

«Mi Hijo eres tú,
　yo te he engendrado hoy»,[b]

ni tampoco:

«Yo seré un padre para él,
　y él será un hijo para mí»?[c]

[6] Y otra vez, cuando introduce al Primogénito en el mundo, dice:

«Adórenlo todos los ángeles de Dios».[d]

[7] Y ciertamente, hablando de los ángeles dice:

«El que hace a sus ángeles espíritus,
　y a sus ministros llama de fuego».[e]

[8] Pero del Hijo dice:

«Tu trono, Dios, por los siglos de los siglos.
Cetro de equidad es el cetro de tu Reino.
[9] Has amado la justicia y odiado la maldad,
por lo cual te ungió Dios, el Dios tuyo,
con óleo de alegría más que a tus compañeros».[f]

[10] También dice:

«Tú, Señor, en el principio fundaste la tierra,
y los cielos son obra de tus manos.
[11] Ellos perecerán, mas tú permaneces.
Todos ellos se envejecerán como una vestidura;
[12] como un vestido los envolverás, y serán mudados.
Pero tú eres el mismo,
y tus años no acabarán».[g]

[13] ¿A cuál de los ángeles dijo Dios jamás:

«Siéntate a mi diestra,
hasta que ponga a tus enemigos por estrado de tus pies»?[h]

[14] ¿No son todos espíritus ministradores, enviados para servicio a favor de los que serán herederos de la salvación?

Una salvación tan grande

2 [1] Por tanto, es necesario que con más diligencia atendamos a las cosas que hemos oído, no sea que nos deslicemos. [2] Porque si la palabra dicha por medio de los ángeles fue firme y toda transgresión y desobediencia recibió justa retribución, [3] ¿cómo escaparemos nosotros, si descuidamos una salvación tan grande? La cual, habiendo sido anunciada primeramente por el Señor, nos fue confirmada por los que oyeron,[a] [4] testificando Dios juntamente con ellos, con señales, prodigios, diversos milagros y repartimientos del Espíritu Santo[b] según su voluntad.

El autor de la salvación

[5] Dios no sujetó a los ángeles el mundo venidero, acerca del cual estamos hablando. [6] Al contrario, alguien testificó en cierto lugar, diciendo:

«¿Qué es el hombre para que te acuerdes de él,
el ser humano para que lo visites?
[7] Lo hiciste un poco menor que los ángeles,
lo coronaste de gloria y de honra
y lo pusiste sobre las obras de tus manos.
[8] Todo lo sujetaste bajo sus pies».[c]

En cuanto le sujetó todas las cosas, nada dejó que no le sea sujeto, aunque todavía no vemos que todas las cosas le sean sujetas. [9] Pero vemos a aquel que fue hecho un poco menor que los ángeles, a Jesús, coronado de gloria y de honra a causa del padecimiento de la muerte, para que por la gracia de Dios experimentara la muerte por todos.[d]

[10] Convenía a aquel por cuya causa existen todas las cosas y por quien todas las cosas subsisten que, habiendo de llevar muchos hijos a la gloria, perfeccionara por medio de las aflicciones al autor de la salvación de ellos, [11] porque el que

---

[a] **1.3** Mc 14.62; Lc 22.69; Hch 2.33; cf. Sal 110.1. 　[b] **1.5** Sal 2.7. 　[c] **1.5** 2 S 7.14; 1 Cr 17.13. [d] **1.6** Dt 32.43 (gr.). 　[e] **1.7** Sal 104.4 (gr.). 　[f] **1.8-9** Sal 45.6-7. 　[g] **1.10-12** Sal 102.25-27 (gr.). [h] **1.13** Sal 110.1. 　[a] **2.3** Mc 1.14-15 y paralelos. 　[b] **2.4** 1 Co 12.4,11. 　[c] **2.6-8** Sal 8.4-6. [d] **2.9** Mt 20.28; Mc 10.45; Ef 1.7; Flp 2.6-11; 1 Ti 2.6; Tit 2.14; Heb 12.2.

santifica y los que son santificados, de uno son todos; por lo cual no se avergüenza de llamarlos hermanos,*e* 12 diciendo:

«Anunciaré a mis hermanos tu nombre,
en medio de la congregación te alabaré».*f*

13 Y otra vez dice:

«Yo confiaré en él».

Y de nuevo:

«Aquí estoy yo con los hijos que Dios me dio».*g*

14 Así que, por cuanto los hijos participaron de carne y sangre, él también participó de lo mismo para destruir por medio de la muerte al que tenía el imperio de la muerte, esto es, al diablo, 15 y librar a todos los que por el temor de la muerte estaban durante toda la vida sujetos a servidumbre. 16 Ciertamente no socorrió a los ángeles, sino que socorrió a la descendencia de Abraham. 17 Por lo cual debía ser en todo semejante a sus hermanos, para venir a ser misericordioso y fiel sumo sacerdote en lo que a Dios se refiere, para expiar los pecados del pueblo. 18 Pues en cuanto él mismo padeció siendo tentado, es poderoso para socorrer a los que son tentados.*h*

El Hijo, superior a Moisés

3 1 Por tanto, hermanos santos, participantes del llamamiento celestial, considerad al apóstol y sumo sacerdote de nuestra profesión, Cristo Jesús, 2 el cual es fiel al que lo constituyó, como también lo fue Moisés en toda la casa de Dios.*a* 3 Porque de tanta mayor gloria que Moisés es estimado digno este, cuanto mayor honra que la casa tiene el que la hizo. 4 Toda casa es hecha por alguien; pero el que hizo todas las cosas es Dios. 5 Y Moisés a la verdad fue fiel en toda la casa de Dios, como siervo, para testimonio de lo que se iba a decir; 6 pero Cristo, como hijo, sobre su casa. Y esa casa somos nosotros, con tal que retengamos firme hasta el fin la confianza y el gloriarnos en la esperanza.

El reposo del pueblo de Dios

7 Por eso, como dice el Espíritu Santo:

«Si oís hoy su voz,
8 no endurezcáis vuestros corazones como en la provocación, en el día de la tentación en el desierto,
9 donde me tentaron vuestros padres; me pusieron a prueba y vieron mis obras cuarenta años.*b*
10 Por eso me disgusté contra aquella generación
y dije: "Siempre andan vagando en su corazón
y no han conocido mis caminos".
11 Por tanto, juré en mi ira:
"No entrarán en mi reposo"».*c*

12 Mirad, hermanos, que no haya en ninguno de vosotros corazón tan malo e incrédulo que se aparte del Dios vivo. 13 Antes bien, exhortaos los unos a los otros cada día, entre tanto que se dice: «Hoy», para que ninguno de vosotros se endurezca por el engaño del pecado, 14 porque somos hechos participantes de Cristo, con tal que retengamos firme hasta el fin nuestra confianza del principio. 15 Por lo cual dice:

«Si oís hoy su voz,
no endurezcáis vuestros corazones como en la provocación».*d*

16 ¿Quiénes fueron los que, habiendo oído, lo provocaron? ¿No fueron todos los que salieron de Egipto por mano de Moisés? 17 ¿Y con quiénes estuvo él disgustado cuarenta años? ¿No fue con los que pecaron, cuyos cuerpos cayeron en el desierto? 18 ¿Y a quiénes juró que no entrarían en su reposo, sino a aquellos que desobedecieron?*e* 19 Y vemos que no pudieron entrar a causa de su incredulidad.*f*

4 1 Temamos, pues, no sea que permaneciendo aún la promesa de entrar en su reposo, alguno de vosotros parezca no haberlo alcanzado. 2 También a nosotros se nos ha anunciado la buena nueva como a ellos; a ellos de nada les sirvió haber oído la palabra, por no ir acompañada de fe en los que la oyeron. 3 Pero los que hemos creído entramos en el reposo, de la manera que dijo:

e 2.11 Mc 3.35; Jn 20.17.   *f* 2.12 Sal 22.22.   *g* 2.13 Is 8.17-18 (gr.).   *h* 2.18 Heb 4.15.
a 3.2 Nm 12.7.   *b* 3.9 Nm 14.20-35.   *c* 3.7-11 Sal 95.7-11 (gr.).   *d* 3.15 Sal 95.7-8.
e 3.16-18 Nm 14.1-35; Dt 1.26.   *f* 3.19 Nm 14.39-45; Dt 1.41-45.

«Por tanto, juré en mi ira
que no entrarían en mi reposo»,[a]
aunque las obras suyas estaban acabadas
desde la fundación del mundo, [4] pues en
cierto lugar dijo así del séptimo día:

«Y reposó Dios de todas sus obras
en el séptimo día».[b]

[5] Nuevamente dice:

«No entrarán en mi reposo».[c]

[6] Por lo tanto, puesto que falta que algunos entren en él, y aquellos a quienes primero se les anunció la buena nueva no entraron por causa de la desobediencia, [7] otra vez determina un día: «Hoy», del cual habló David mucho tiempo después, cuando dijo:

«Si oís hoy su voz,
no endurezcáis vuestros
corazones».[d]

[8] Si Josué les hubiera dado el reposo,[e] no hablaría después de otro día. [9] Por tanto, queda un reposo para el pueblo de Dios, [10] porque el que ha entrado en su reposo, también ha reposado de sus obras, como Dios de las suyas.[f] [11] Procuremos, pues, entrar en aquel reposo, para que ninguno caiga en semejante ejemplo de desobediencia.

[12] La palabra de Dios es viva, eficaz y más cortante que toda espada de dos filos: penetra hasta partir el alma y el espíritu, las coyunturas y los tuétanos, y discierne los pensamientos y las intenciones del corazón. [13] Y no hay cosa creada que no sea manifiesta en su presencia; antes bien todas las cosas están desnudas y abiertas a los ojos de aquel a quien tenemos que dar cuenta.

[14] Por tanto, teniendo un gran sumo sacerdote que traspasó los cielos,[g] Jesús el Hijo de Dios, retengamos nuestra profesión. [15] No tenemos un sumo sacerdote que no pueda compadecerse de nuestras debilidades, sino uno que fue tentado en todo según nuestra semejanza, pero sin pecado. [16] Acerquémonos, pues, confiadamente al trono de la gracia, para alcanzar misericordia y hallar gracia para el oportuno socorro.

5 [1] Porque todo sumo sacerdote es escogido de entre los hombres y constituido a favor de los hombres ante Dios, para que presente ofrendas y sacrificios por los pecados, [2] él puede mostrarse paciente con los ignorantes y extraviados, puesto que él también está rodeado de debilidad, [3] por causa de la cual debe ofrecer por los pecados, tanto por sí mismo como también por el pueblo.[a] [4] Y nadie toma para sí esta honra, sino el que es llamado por Dios, como lo fue Aarón.[b]

[5] Por eso, tampoco Cristo se glorificó a sí mismo haciéndose sumo sacerdote, sino que fue Dios quien le dijo:

«Tú eres mi Hijo,
yo te he engendrado hoy».[c]

[6] Como también dice en otro lugar:

«Tú eres sacerdote para siempre,
según el orden de Melquisedec».[d]

[7] Y Cristo, en los días de su vida terrena, ofreció ruegos y súplicas con gran clamor y lágrimas al que lo podía librar de la muerte,[e] y fue oído a causa de su temor reverente. [8] Y, aunque era Hijo, a través del sufrimiento aprendió lo que es la obediencia;[f] [9] y habiendo sido perfeccionado, vino a ser autor de eterna salvación para todos los que lo obedecen, [10] y fue declarado por Dios sumo sacerdote según el orden de Melquisedec.

Advertencia contra la apostasía

[11] Acerca de esto tenemos mucho que decir, pero es difícil de explicar, por cuanto os habéis hecho tardos para oír. [12] Debiendo ser ya maestros después de tanto tiempo, tenéis necesidad de que se os vuelva a enseñar cuáles son los primeros rudimentos de las palabras de Dios; y habéis llegado a ser tales, que tenéis necesidad de leche y no de alimento sólido. [13] Y todo aquel que participa de la leche es inexperto en la palabra de justicia, porque es niño.[g] [14] El alimento sólido es para los que han alcanzado madurez, para los que por el uso tienen los sentidos ejercitados en el discernimiento del bien y del mal.

6 [1] Por tanto, dejando ya los rudimentos de la doctrina de Cristo, vamos adelante

[a] 4.3 Sal 95.11.   [b] 4.4 Gn 2.2.   [c] 4.5 Sal 95.11.   [d] 4.7 Sal 95.7-8.   [e] 4.8 Dt 31.7; Jos 22.4.
[f] 4.10 Gn 2.2.   [g] 4.14 Ef 4.10; Heb 1.3; 8.1-2; 9.24.   [a] 5.3 Lv 9.7; 16.6; cf. Heb 7.27.   [b] 5.4 Ex 28.1.
[c] 5.5 Sal 2.7.   [d] 5.6 Sal 110.4.   [e] 5.7 Mt 26.36-46.   [f] 5.7-8 Flp 2.8; cf. Mt 26.39.
[g] 5.12-13 1 Co 3.1-2; cf. 1 P 2.2.

a la perfección, no echando otra vez el fundamento del arrepentimiento de obras muertas, de la fe en Dios, 2 de la doctrina de bautismos, de la imposición de manos,ᵃ de la resurrección de los muertos y del juicio eterno. 3 Y esto haremos, si Dios en verdad lo permite.

4 Es imposible que los que una vez fueron iluminados, gustaron del don celestial, fueron hechos partícipes del Espíritu Santo 5 y asimismo gustaron de la buena palabra de Dios y los poderes del mundo venidero, 6 y recayeron, sean otra vez renovados para arrepentimiento, crucificando de nuevo para sí mismos al Hijo de Dios y exponiéndolo a la burla. 7 La tierra que bebe la lluvia que muchas veces cae sobre ella, y produce hierba provechosa a aquellos por los cuales es labrada, recibe bendición de Dios; 8 pero la que produce espinos y abrojos es reprobada, está próxima a ser maldecidaᵇ y su fin es ser quemada.

9 Pero en cuanto a vosotros, amados, estamos persuadidos de cosas mejores, pertenecientes a la salvación, aunque hablamos así, 10 porque Dios no es injusto para olvidar vuestra obra y el trabajo de amor que habéis mostrado hacia su nombre, habiendo servido a los santos y sirviéndolos aún. 11 Pero deseamos que cada uno de vosotros muestre la misma solicitud hasta el fin, para plena certeza de la esperanza, 12 a fin de que no os hagáis perezosos, sino imitadores de aquellos que por la fe y la paciencia heredan las promesas.

13 Cuando Dios hizo la promesa a Abraham, no pudiendo jurar por otro mayor, juró por sí mismo 14 diciendo: «De cierto te bendeciré con abundancia y te multiplicaré grandemente».ᶜ 15 Y habiendo esperado con paciencia, alcanzó la promesa. 16 Los hombres ciertamente juran por uno mayor que ellos, y para ellos el fin de toda controversia es el juramento para confirmación. 17 Por lo cual, queriendo Dios mostrar más abundantemente a los herederos de la promesa la inmutabilidad de su consejo, interpuso juramento, 18 para que por dos cosas inmutables, en las cuales es imposible que Dios mienta,ᵈ tengamos un fortísimo consuelo los que

hemos acudido para asirnos de la esperanza puesta delante de nosotros. 19 La cual tenemos como segura y firme ancla del alma, y que penetra hasta dentro del velo,ᵉ 20 donde Jesús entró por nosotros como precursor, hecho sumo sacerdote para siempre según el orden de Melquisedec.ᶠ

El sacerdocio de Melquisedec

7 ¹ Este Melquisedec, rey de Salem, sacerdote del Dios Altísimo, salió a recibir a Abraham que volvía de la derrota de los reyes, y lo bendijo. 2 A él asimismo dio Abraham los diezmos de todo.ᵃ Melquisedec significa primeramente «Rey de justicia», y también «Rey de Salem», esto es, «Rey de paz». 3 Nada se sabe de su padre ni de su madre ni de sus antepasados; ni tampoco del principio y fin de su vida. Y así, a semejanza del Hijo de Dios, permanece sacerdote para siempre.

4 Considerad, pues, cuán grande era este, a quien aun Abraham el patriarca dio diezmos del botín.ᵇ 5 Ciertamente los que de entre los hijos de Leví reciben el sacerdocio, tienen mandamiento de tomar del pueblo los diezmos según la Ley,ᶜ es decir, de sus hermanos, aunque estos también sean descendientes de Abraham. 6 Pero aquel cuya genealogía no es contada de entre ellos, tomó de Abraham los diezmos y bendijo al que tenía las promesas. 7 Y, sin discusión alguna, el menor es bendecido por el mayor. 8 Y aquí ciertamente reciben los diezmos hombres mortales; pero allí, uno de quien se da testimonio de que vive. 9 Y por decirlo así, en Abraham pagó el diezmo también Leví, que recibe los diezmos, 10 porque aún estaba en las entrañas de su padre cuando Melquisedec le salió al encuentro.

11 Si, pues, la perfección fuera por el sacerdocio levítico —bajo el cual recibió el pueblo la Ley—, ¿qué necesidad habría aún de que se levantara otro sacerdote, según el orden de Melquisedec, y que no fuera llamado según el orden de Aarón?, 12 porque cambiado el sacerdocio, necesario es que haya también cambio de ley; 13 y aquel de quien se dice esto, es de otra

---

ᵃ 6.2 Hch 8.17; 19.6.   ᵇ 6.8 Gn 3.17-18.   ᶜ 6.13-14 Gn 22.16-17.   ᵈ 6.18 Nm 23.19; 1 S 15.29.
ᵉ 6.19 Lv 16.2.   ᶠ 6.20 Sal 110.4.   ᵃ 7.1-2 Gn 14.17-20.   ᵇ 7.4 Gn 14.20.   ᶜ 7.5 Nm 18.21.

tribu, de la cual nadie sirvió al altar. [14] Porque sabido es que nuestro Señor vino de la tribu de Judá, de la cual nada habló Moisés tocante al sacerdocio.

[15] Y esto es aun más evidente si a semejanza de Melquisedec se levanta un sacerdote distinto, [16] no constituido conforme a la ley meramente humana, sino según el poder de una vida indestructible, [17] pues se da testimonio de él:

«Tú eres sacerdote para siempre,
según el orden de Melquisedec».[d]

[18] Queda, pues, abrogado el mandamiento anterior a causa de su debilidad e ineficacia [19] —pues la Ley nada perfeccionó— y se introduce una mejor esperanza, por la cual nos acercamos a Dios.

[20] Y esto no fue hecho sin juramento;[e] [21] porque los otros ciertamente sin juramento fueron hechos sacerdotes; pero este, con el juramento del que le dijo:

«Juró el Señor y no se arrepentirá:
tú eres sacerdote para siempre,
según el orden de Melquisedec».[f]

[22] Por tanto, Jesús es hecho fiador de un mejor pacto. [23] Y los otros sacerdotes llegaron a ser muchos, debido a que por la muerte no podían continuar; [24] pero este, por cuanto permanece para siempre, tiene un sacerdocio inmutable. [25] Por eso puede también salvar perpetuamente a los que por él se acercan a Dios, viviendo siempre para interceder por ellos.[g]

[26] Tal sumo sacerdote nos convenía: santo, inocente, sin mancha, apartado de los pecadores y hecho más sublime que los cielos; [27] que no tiene necesidad cada día, como aquellos sumos sacerdotes, de ofrecer primero sacrificios por sus propios pecados, y luego por los del pueblo,[h] porque esto lo hizo una vez para siempre, ofreciéndose a sí mismo.[i] [28] La Ley constituye sumos sacerdotes a hombres débiles; pero la palabra del juramento, posterior a la Ley, constituye al Hijo, hecho perfecto para siempre.

El mediador de un nuevo pacto

8 [1] Ahora bien, el punto principal de lo que venimos diciendo es que tenemos tal sumo sacerdote, el cual se sentó a la diestra del trono de la Majestad en los cielos.[a] [2] Él es ministro del santuario y de aquel verdadero tabernáculo que levantó el Señor y no el hombre. [3] Todo sumo sacerdote está constituido para presentar ofrendas y sacrificios, por lo cual es necesario que también este tenga algo que ofrecer. [4] Así que, si estuviera sobre la tierra, ni siquiera sería sacerdote, habiendo aún sacerdotes que presentan las ofrendas según la Ley. [5] Estos sirven a lo que es figura y sombra de las cosas celestiales, como se le advirtió a Moisés cuando iba a erigir el Tabernáculo, diciéndole: «Mira, haz todas las cosas conforme al modelo que se te ha mostrado en el monte».[b] [6] Pero ahora tanto mejor ministerio es el suyo, cuanto es mediador de un mejor pacto, establecido sobre mejores promesas.

[7] Si aquel primer pacto hubiera sido sin defecto, ciertamente no se habría procurado lugar para el segundo, [8] pues reprendiéndolos dice:

«Vienen días —dice el Señor—
en que estableceré con la casa de
Israel y la casa de Judá un nuevo
pacto.
[9] No como el pacto que hice con sus
padres
el día que los tomé de la mano para
sacarlos de la tierra de Egipto.
Como ellos no permanecieron en
mi pacto,
yo me desentendí de ellos —dice el
Señor—.
[10] Por lo cual, este es el pacto que haré
con la casa de Israel
después de aquellos días —dice el
Señor—:
Pondré mis leyes en la mente de
ellos,
y sobre su corazón las escribiré;
y seré a ellos por Dios
y ellos me serán a mí por pueblo.
[11] Ninguno enseñará a su prójimo,
ni ninguno a su hermano, diciendo:
"Conoce al Señor",
porque todos me conocerán,

[d] **7.17** Sal 110.4.   [e] **7.20-21** Heb 6.17.   [f] **7.21** Sal 110.4.   [g] **7.25** Heb 9.24. Cf. Jn 17.20-26; Ro 8.34; 1 Jn 2.1.   [h] **7.27** Lv 9.7; 16.6.   [i] **7.27** Mc 10.45; 14.24; cf. Is 53.10.   [a] **8.1** Sal 110.1. [b] **8.5** Ex 25.40.

desde el menor hasta el mayor de
ellos,
12 porque seré propicio a sus
injusticias,
y nunca más me acordaré de sus
pecados ni de sus maldades».[c]
13 Al decir «Nuevo pacto», ha dado por
viejo al primero; y lo que se da por viejo y
se envejece está próximo a desaparecer.
9 1 Ahora bien, aun el primer pacto tenía
ordenanzas de culto y un santuario terrenal, 2 pues el Tabernáculo[a] estaba dispuesto así: en la primera parte, llamada el
Lugar santo, estaban el candelabro,[b] la
mesa y los panes de la proposición.[c] 3 Tras
el segundo velo estaba la parte del Tabernáculo llamada el Lugar santísimo.[d] 4 Allí
había un incensario de oro[e] y el Arca del
pacto cubierta de oro por todas partes,[f]
en la que había una urna de oro que contenía el maná,[g] la vara de Aarón que re-
verdeció[h] y las tablas del pacto.[i] 5 Sobre la
urna estaban los querubines de gloria que
cubrían el propiciatorio.[j] De estas cosas
no se puede ahora hablar en detalle.
6 Así dispuestas estas cosas, en la primera parte del Tabernáculo entran los sacerdotes continuamente para cumplir los
oficios del culto.[k] 7 Pero en la segunda
parte, entra solo el sumo sacerdote una
vez al año, llevando la sangre que ofrece
por sí mismo y por los pecados de ignorancia del pueblo.[l] 8 El Espíritu Santo da a
entender con esto que aún no se había
abierto el camino al Lugar santísimo, entre tanto que la primera parte del Tabernáculo estuviera en pie. 9 Lo cual es símbolo
para el tiempo presente, según el cual se
presentan ofrendas y sacrificios que no
pueden hacer perfecto, en cuanto a la conciencia, al que practica ese culto, 10 ya que
consiste solo de comidas y bebidas, de diversas purificaciones y ordenanzas acerca de la carne,[m] impuestas hasta el
tiempo de reformar las cosas.
11 Pero estando ya presente Cristo, sumo sacerdote de los bienes venideros, por
el más amplio y más perfecto tabernáculo,
no hecho de manos, es decir, no de esta
creación, 12 y no por sangre de machos cabríos ni de becerros, sino por su propia
sangre, entró una vez para siempre en el
Lugar santísimo, habiendo obtenido eterna redención. 13 Porque si la sangre de los
toros y de los machos cabríos,[n] y las cenizas de la becerra[ñ] rociadas a los impuros,
santifican para la purificación de la carne,
14 ¿cuánto más la sangre de Cristo, el cual
mediante el Espíritu eterno se ofreció a sí
mismo sin mancha a Dios, limpiará vuestras conciencias de obras muertas para
que sirváis al Dios vivo?
15 Por eso, Cristo es mediador de un
nuevo pacto,[o] para que, interviniendo
muerte para la remisión de los pecados
cometidos bajo el primer pacto, los llamados reciban la promesa de la herencia
eterna, 16 pues donde hay testamento, es
necesario que conste la muerte del testador, 17 porque el testamento con la muerte
se confirma, pues no es válido entre tanto
que el testador vive. 18 De donde ni aun el
primer pacto fue instituido sin sangre,
19 porque habiendo anunciado Moisés todos los mandamientos de la Ley a todo el
pueblo, tomó la sangre de los becerros y
de los machos cabríos, con agua, lana escarlata e hisopo, y roció el mismo libro y
también a todo el pueblo 20 diciendo:
«Esta es la sangre del pacto que Dios os ha
mandado».[p] 21 Además de esto, roció también con la sangre el Tabernáculo y todos
los vasos del ministerio.[q] 22 Y según la
Ley, casi todo es purificado con sangre; y
sin derramamiento de sangre no hay remisión.[r]

El sacrificio de Cristo quita el pecado

23 Fue, pues, necesario que las figuras
de las cosas celestiales fueran purificadas
así; pero las cosas celestiales mismas, con
mejores sacrificios que estos, 24 porque no
entró Cristo en el santuario hecho por los
hombres, figura del verdadero, sino en el

[c] **8.8-12** Jer 31.31-34; cf. Heb 10.16-17. [a] **9.2** Ex 26.1-30. [b] **9.2** Ex 25.31-40. [c] **9.2** Ex 25.23-30. [d] **9.3** Ex 26.31-33. [e] **9.4** Ex 30.1-6; 40.26-27. [f] **9.4** Ex 25.10-16. [g] **9.4** Ex 16.33. [h] **9.4** Nm 17.8-10. [i] **9.4** Ex 25.16; Dt 10.3-5. [j] **9.5** Ex 25.18-22. [k] **9.6** Nm 18.2-6. [l] **9.7** Lv 16.2-34. [m] **9.10** Lv 11; 15; Nm 19. [n] **9.13** Lv 16.15-16. [ñ] **9.13** Nm 19.9,17-19. [o] **9.15** *Pacto* y *testamento* (v. 16) traducen una sola palabra griega, que significa ambas cosas. [p] **9.19-20** Ex 24.6-8. [q] **9.21** Ex 29.12; Lv 8.15,19. [r] **9.22** Lv 5.10,16,18; 17.11.

cielo mismo, para presentarse ahora por nosotros ante Dios.[s] ²⁵Y no entró para ofrecerse muchas veces, como entra el sumo sacerdote en el Lugar santísimo cada año con sangre ajena. ²⁶De otra manera le hubiera sido necesario padecer muchas veces desde el principio del mundo; pero ahora, en la consumación de los tiempos, se presentó una vez para siempre por el sacrificio de sí mismo para quitar de en medio el pecado. ²⁷Y de la manera que está establecido para los hombres que mueran una sola vez, y después de esto el juicio, ²⁸así también Cristo fue ofrecido una sola vez para llevar los pecados de muchos;[t] y aparecerá por segunda vez, sin relación con el pecado, para salvar a los que lo esperan.

10 ¹La Ley, teniendo la sombra de los bienes venideros, no la imagen misma de las cosas, nunca puede, por los mismos sacrificios que se ofrecen continuamente cada año, hacer perfectos a los que se acercan. ²De otra manera cesarían de ofrecerse, pues los que tributan este culto, limpios una vez, no tendrían ya más conciencia de pecado. ³Pero en estos sacrificios cada año se hace memoria de los pecados, ⁴porque la sangre de los toros y de los machos cabríos no puede quitar los pecados.

⁵Por lo cual, entrando en el mundo dice:
«Sacrificio y ofrenda no quisiste,
mas me diste un cuerpo.
⁶ Holocaustos y expiaciones por el
pecado no te agradaron.
⁷ Entonces dije: "He aquí, vengo,
Dios,
para hacer tu voluntad,
como en el rollo del libro está
escrito de mí"».[a]

⁸Diciendo primero: «Sacrificio y ofrenda, holocaustos y expiaciones por el pecado no quisiste, ni te agradaron» —cosas que se ofrecen según la Ley—, ⁹y diciendo luego: «He aquí, vengo, Dios, para hacer tu voluntad», quita lo primero para establecer esto último. ¹⁰En esa voluntad somos santificados mediante la ofrenda del cuerpo de Jesucristo hecha una vez para siempre.

¹¹Ciertamente, todo sacerdote está día tras día ministrando y ofreciendo muchas veces los mismos sacrificios, que nunca pueden quitar los pecados.[b] ¹²Pero Cristo, habiendo ofrecido una vez para siempre un solo sacrificio por los pecados, se ha sentado a la diestra de Dios. ¹³Allí estará esperando hasta que sus enemigos sean puestos por estrado de sus pies.[c] ¹⁴Y así, con una sola ofrenda hizo perfectos para siempre a los santificados.

¹⁵El Espíritu Santo nos atestigua lo mismo, porque después de haber dicho:
¹⁶ «Este es el pacto que haré con ellos
después de aquellos días, dice el
Señor:
Pondré mis leyes en sus corazones,
y en sus mentes las escribiré»,
¹⁷añade:
«Y nunca más me acordaré de sus
pecados y transgresiones»,[d]
¹⁸pues donde hay remisión de estos, no hay más ofrenda por el pecado.

Exhortación a la fidelidad

¹⁹Así que, hermanos, tenemos libertad[e] para entrar en el Lugar santísimo por la sangre de Jesucristo, ²⁰por el camino nuevo y vivo que él nos abrió a través del velo, esto es, de su carne.[f] ²¹También tenemos un gran sacerdote sobre la casa de Dios. ²²Acerquémonos, pues, con corazón sincero, en plena certidumbre de fe, purificados los corazones[g] de mala conciencia y lavados los cuerpos con agua pura.[h] ²³Mantengamos firme, sin fluctuar, la profesión de nuestra esperanza, porque fiel es el que prometió. ²⁴Y considerémonos unos a otros para estimularnos al amor y a las buenas obras, ²⁵no dejando de congregarnos, como algunos tienen por costumbre, sino exhortándonos; y tanto más, cuanto veis que aquel día[i] se acerca.

Advertencia al que peca deliberadamente

²⁶Si pecamos voluntariamente después de haber recibido el conocimiento

---

[s] **9.24** Heb 7.25. Cf. Jn 17.20-26; Ro 8.34; 1 Jn 2.1.   [t] **9.28** Is 53.12; 1 P 2.24.   [a] **10.5-7** Sal 40.6-8 (gr.).
[b] **10.11** Ex 29.38.   [c] **10.12-13** Sal 110.1,4.   [d] **10.16-17** Jer 31.33-34; cf. Heb 8.8-12.
[e] **10.19** Heb 4.16; Ef 3.12.   [f] **10.20** Jn 14.6; cf. Ro 5.2; Ef 2.18.   [g] **10.22** Lv 8.30.   [h] **10.22** Lv 8.6.
[i] **10.25** Ez 30.3; Hch 2.20; 1 Ts 5.2.

de la verdad, ya no queda más sacrificio por los pecados, ²⁷ sino una horrenda expectación de juicio y de hervor de fuego que ha de devorar a los adversarios.^j ²⁸ El que viola la Ley de Moisés, por el testimonio de dos o de tres testigos muere irremisiblemente.^k ²⁹ ¿Cuánto mayor castigo pensáis que merecerá el que pisotee al Hijo de Dios, y tenga por inmunda la sangre del pacto^l en la cual fue santificado y ofenda al Espíritu de gracia? ³⁰ Pues conocemos al que dijo: «Mía es la venganza, yo daré el pago» —dice el Señor—. Y otra vez: «El Señor juzgará a su pueblo».^m ³¹ ¡Horrenda cosa es caer en manos del Dios vivo!

³² Pero traed a la memoria los días pasados, en los cuales, después de haber sido iluminados, sostuvisteis un fuerte y doloroso combate; ³³ por una parte, ciertamente, con vituperios y tribulaciones fuisteis hechos espectáculo, y por otra, llegasteis a ser compañeros de los que estaban en una situación semejante: ³⁴ porque de los presos también os compadecisteis, y el despojo de vuestros bienes sufristeis con gozo, sabiendo que tenéis en vosotros una mejor y perdurable herencia en los cielos. ³⁵ No perdáis, pues, vuestra confianza, que tiene una gran recompensa, ³⁶ pues os es necesaria la paciencia, para que, habiendo hecho la voluntad de Dios, obtengáis la promesa.

³⁷ «Porque aún un poco
y el que ha de venir vendrá, y no
tardará.

³⁸ Mas el justo vivirá por fe;
pero si retrocede, no agradará a mi
alma».ⁿ

³⁹ Pero nosotros no somos de los que retroceden para perdición, sino de los que tienen fe para preservación del alma.

La fe

11 ¹ Es, pues, la fe la certeza de lo que se espera, la convicción de lo que no se ve.^a ² Por ella alcanzaron buen testimonio los antiguos.

³ Por la fe comprendemos que el universo fue hecho por la palabra de Dios,^b de modo que lo que se ve fue hecho de lo que no se veía.

⁴ Por la fe Abel ofreció a Dios más excelente sacrificio que Caín, por lo cual alcanzó testimonio de que era justo, dando Dios testimonio de sus ofrendas; y muerto, aún habla por ella.^c

⁵ Por la fe Enoc fue traspuesto para no ver muerte, y no fue hallado, porque lo traspuso Dios; y antes que fuera traspuesto, tuvo testimonio de haber agradado a Dios.^d ⁶ Pero sin fe es imposible agradar a Dios, porque es necesario que el que se acerca a Dios crea que él existe y que recompensa a los que lo buscan.

⁷ Por la fe Noé, cuando fue advertido por Dios acerca de cosas que aún no se veían, con temor preparó el arca en que su casa se salvaría;^e y por esa fe condenó al mundo y fue hecho heredero de la justicia que viene por la fe.

⁸ Por la fe Abraham, siendo llamado, obedeció para salir al lugar que había de recibir como herencia; y salió sin saber a dónde iba.^f ⁹ Por la fe habitó como extranjero en la tierra prometida como en tierra ajena, habitando en tiendas con Isaac y Jacob, coherederos de la misma promesa,^g ¹⁰ porque esperaba la ciudad que tiene fundamentos, cuyo arquitecto y constructor es Dios.

¹¹ Por la fe también la misma Sara, siendo estéril, recibió fuerza para concebir; y dio a luz aun fuera del tiempo de la edad,^h porque creyó que era fiel quien lo había prometido. ¹² Por lo cual también, de uno, y ese ya casi muerto, salieron como las estrellas del cielo en multitud, como la arena innumerable que está a la orilla del mar.ⁱ

¹³ En la fe murieron todos estos sin haber recibido lo prometido, sino mirándolo de lejos, creyéndolo y saludándolo, y confesando que eran extranjeros y peregrinos sobre la tierra.^j ¹⁴ Los que esto dicen, claramente dan a entender que buscan

^j **10.27** Is 26.11. ^k **10.28** Dt 17.2-6; 19.15. ^l **10.29** Ex 24.8. ^m **10.30** Dt 32.35-36; cf. Ro 12.19.
ⁿ **10.37-38** Hab 2.3-4 (gr.); cf. Ro 1.17; Gl 3.11. ^a **11.1** Ro 8.24-25; 2 Co 4.18. ^b **11.3** Gn 1.1;
Sal 33.6,9; Jn 1.3. ^c **11.4** Gn 4.3-10. ^d **11.5** Gn 5.21-24. ^e **11.7** Gn 6.13-22; 7.1; 1 P 3.20.
^f **11.8** Gn 12.1-5. ^g **11.9** Gn 23.4; 26.3; 35.12,27. ^h **11.11** Gn 15.6; 17.19; 18.11-14; 21.2;
Ro 4.17-22. ⁱ **11.12** Gn 15.5; 22.17; 32.12. ^j **11.13** Gn 23.4; 1 Cr 29.15; Sal 39.12.

una patria, [15] pues si hubieran estado pensando en aquella de donde salieron, ciertamente tenían tiempo de volver. [16] Pero anhelaban una mejor, esto es, celestial;[k] por lo cual Dios no se avergüenza de llamarse Dios de ellos, porque les ha preparado una ciudad.[l]

[17] Por la fe Abraham, cuando fue probado, ofreció a Isaac: el que había recibido las promesas, ofrecía su unigénito,[m] [18] habiéndosele dicho: «En Isaac te será llamada descendencia»,[n] [19] porque pensaba que Dios es poderoso para levantar aun de entre los muertos, de donde, en sentido figurado, también lo volvió a recibir.[ñ]

[20] Por la fe bendijo Isaac a Jacob y a Esaú respecto a cosas venideras.[o]

[21] Por la fe Jacob, al morir, bendijo a cada uno de los hijos de José y adoró apoyado sobre el extremo de su bastón.[p]

[22] Por la fe José, al morir, mencionó la salida de los hijos de Israel y dio mandamiento acerca de sus huesos.[q]

[23] Por la fe Moisés, cuando nació, fue escondido por sus padres por tres meses, porque lo vieron niño hermoso y no temieron el decreto del rey.[r] [24] Por la fe Moisés, hecho ya grande, rehusó llamarse hijo de la hija del faraón,[s] [25] prefiriendo ser maltratado con el pueblo de Dios, antes que gozar de los deleites temporales del pecado, [26] teniendo por mayores riquezas el oprobio de Cristo que los tesoros de los egipcios, porque tenía puesta la mirada en la recompensa. [27] Por la fe dejó a Egipto,[t] no temiendo la ira del rey, porque se sostuvo como viendo al Invisible. [28] Por la fe celebró la Pascua y la aspersión de la sangre, para que el que destruía a los primogénitos no los tocara a ellos.[u]

[29] Por la fe pasaron el Mar Rojo como por tierra seca; e intentando los egipcios hacer lo mismo, fueron ahogados.[v]

[30] Por la fe cayeron los muros de Jericó después de rodearlos siete días.[w] [31] Por la fe Rahab la ramera no pereció juntamente con los desobedientes, porque recibió a los espías en paz.[x]

[32] ¿Y qué más digo? El tiempo me faltaría para hablar de Gedeón,[y] de Barac,[z] de Sansón,[a] de Jefté,[b] de David,[c] así como de Samuel[d] y de los profetas. [33] Todos ellos, por fe, conquistaron reinos, hicieron justicia, alcanzaron promesas, taparon bocas de leones,[e] [34] apagaron fuegos impetuosos,[f] evitaron filo de espada, sacaron fuerzas de debilidad, se hicieron fuertes en batallas, pusieron en fuga ejércitos extranjeros. [35] Hubo mujeres que recobraron con vida a sus muertos;[g] pero otros fueron atormentados, no aceptando el rescate, a fin de obtener mejor resurrección. [36] Otros experimentaron oprobios, azotes[h] y, a más de esto, prisiones y cárceles.[i] [37] Fueron apedreados,[j] aserrados, puestos a prueba, muertos a filo de espada.[k] Anduvieron de acá para allá cubiertos de pieles de ovejas y de cabras, pobres, angustiados, maltratados. [38] Estos hombres, de los cuales el mundo no era digno, anduvieron errantes por los desiertos, por los montes, por las cuevas y por las cavernas de la tierra.[l]

[39] Pero ninguno de ellos, aunque alcanzaron buen testimonio mediante la fe, recibió lo prometido, [40] porque Dios tenía reservado algo mejor para nosotros, para que no fueran ellos perfeccionados aparte de nosotros.

Puestos los ojos en Jesús

12 [1] Por tanto, nosotros también, teniendo en derredor nuestro tan grande nube de testigos, despojémonos de todo peso y del pecado que nos asedia, y corramos con paciencia la carrera que tenemos por delante, [2] puestos los ojos en Jesús, el autor y consumador de la fe, el cual por el gozo puesto delante de él

---

[k] **11.16** Flp 3.20.   [l] **11.16** Ex 3.6,15.   [m] **11.17** Gn 22.1-14.   [n] **11.18** Gn 21.12.   [ñ] **11.19** Gn 22.5,13.
[o] **11.20** Gn 27.27-29,39-40.   [p] **11.21** Gn 47.31—48.20.   [q] **11.22** Gn 50.24-25; Ex 13.19; Jos 24.32.
[r] **11.23** Ex 1.22—2.2.   [s] **11.24** Ex 2.10-12.   [t] **11.27** Puede tratarse del episodio de Ex 2.11-15 o bien de la salida de Egipto bajo la dirección de Moisés (Ex 13.17—14.30).   [u] **11.28** Ex 12.21-30.
[v] **11.29** Ex 14.21—15.21.   [w] **11.30** Jos 6.12-21.   [x] **11.31** Jos 2.1-21; 6.22-25.   [y] **11.32** Jue 6—8.
[z] **11.32** Jue 4—5.   [a] **11.32** Jue 13—16.   [b] **11.32** Jue 11—12.   [c] **11.32** 1 S 16.1—1 R 2.11.
[d] **11.32** 1 S 1.1—25.1.   [e] **11.33** Jue 14.5-6; 1 S 17.34-37; Dn 6.1-27.   [f] **11.34** Dn 3.1-30.
[g] **11.35** 1 R 17.17-24; 2 R 4.25-37.   [h] **11.36** Jer 20.2; 37.15.   [i] **11.36** 1 R 22.26-27; 2 Cr 18.25-26; Jer 20.2; 37.15; 38.6.   [j] **11.37** 2 Cr 24.20-21.   [k] **11.37** Jer 26.23.   [l] **11.38** 1 R 18.4; 19.9.

sufrió la cruz, menospreciando el oprobio, y se sentó a la diestra del trono de Dios.[a]

[3] Considerad a aquel que sufrió tal contradicción de pecadores contra sí mismo, para que vuestro ánimo no se canse hasta desmayar, [4] pues aún no habéis resistido hasta la sangre, combatiendo contra el pecado; [5] y habéis ya olvidado la exhortación que como a hijos se os dirige, diciendo:

«Hijo mío, no menosprecies la
    disciplina del Señor
ni desmayes cuando eres
    reprendido por él,
[6] porque el Señor al que ama,
    disciplina,[b]
y azota a todo el que recibe por
    hijo».[c]

[7] Si soportáis la disciplina, Dios os trata como a hijos; porque ¿qué hijo es aquel a quien el padre no disciplina? [8] Pero si se os deja sin disciplina, de la cual todos han sido participantes, entonces sois bastardos, no hijos. [9] Por otra parte, tuvimos a nuestros padres terrenales que nos disciplinaban, y los venerábamos. ¿Por qué no obedeceremos mucho mejor al Padre de los espíritus, y viviremos? [10] Y aquellos, ciertamente por pocos días nos disciplinaban como a ellos les parecía, pero este para lo que nos es provechoso, para que participemos de su santidad. [11] Es verdad que ninguna disciplina al presente parece ser causa de gozo, sino de tristeza; pero después da fruto apacible de justicia a los que por medio de ella han sido ejercitados.[d]

Los que rechazan la gracia de Dios

[12] Por eso, levantad las manos caídas y las rodillas paralizadas, [13] y haced sendas derechas para vuestros pies, para que lo cojo no se salga del camino, sino que sea sanado.[e]

[14] Seguid la paz con todos[f] y la santidad, sin la cual nadie verá al Señor.[g] [15] Mirad bien, para que ninguno deje de alcanzar la gracia de Dios, y para que no brote ninguna raíz de amargura[h] que os perturbe y contamine a muchos. [16] Que no haya ningún fornicario o profano, como Esaú, que por una sola comida vendió su primogenitura.[i] [17] Ya sabéis que aun después, deseando heredar la bendición, fue desechado, y no tuvo oportunidad para el arrepentimiento, aunque la procuró con lágrimas.[j]

[18] No os habéis acercado al monte que se podía palpar y que ardía en fuego, a la oscuridad, a las tinieblas y a la tempestad, [19] al sonido de la trompeta y a la voz que hablaba, la cual los que la oyeron rogaron que no les siguiera hablando,[k] [20] porque no podían soportar lo que se ordenaba: «Si aun una bestia toca el monte, será apedreada o asaetada».[l] [21] Tan terrible era lo que se veía, que Moisés dijo: «Estoy espantado y temblando».[m]

[22] Vosotros, en cambio, os habéis acercado al monte Sión, a la ciudad del Dios vivo, Jerusalén la celestial, a la compañía de muchos millares de ángeles, [23] a la congregación de los primogénitos que están inscritos en los cielos. Os habéis acercado a Dios, Juez de todos, a los espíritus de los justos hechos perfectos, [24] a Jesús, Mediador del nuevo pacto, y a la sangre rociada que habla mejor que la de Abel.[n]

[25] Mirad que no desechéis al que habla, pues si no escaparon aquellos que desecharon al que los amonestaba en la tierra,[ñ] mucho menos nosotros, si desechamos al que amonesta desde los cielos. [26] Su voz conmovió entonces la tierra, pero ahora ha prometido diciendo: «Una vez más conmoveré no solamente la tierra, sino también el cielo».[o] [27] Y esta frase: «Una vez más», indica la remoción de las cosas movibles, como cosas hechas, para que queden las inconmovibles. [28] Así que, recibiendo nosotros un Reino inconmovible, tengamos gratitud, y mediante ella sirvamos a Dios agradándole con temor y reverencia, [29] porque nuestro Dios es fuego consumidor.[p]

---

[a] 12.2 Sal 110.1; Ef 1.20; Flp 2.6-11; Heb 1.3; 2.9; 8.1; 10.12.   [b] 12.6 Ap 3.19.   [c] 12.5-6 Job 5.17; Pr 3.11-12 (gr.).   [d] 12.5-11 Dt 8.5; 2 S 7.14; 1 Co 11.31-32.   [e] 12.12-13 Is 35.3; Pr 4.26. [f] 12.14 Ro 12.18; 1 P 3.11; cf. Sal 34.14.   [g] 12.14 Lv 11.45; 1 P 1.15-16.   [h] 12.15 Dt 29.18 (gr.). [i] 12.16 Gn 25.29-34.   [j] 12.17 Gn 27.30-40.   [k] 12.18-19 Ex 19.16-22; 30-21; Dt 4.11-12; 5.22-27. [l] 12.20 Ex 19.12-13.   [m] 12.21 Dt 9.19.   [n] 12.24 Gn 4.10.   [ñ] 12.25 Ex 20.19.   [o] 12.26 Hag 2.6. [p] 12.29 Dt 4.24; 9.3.

13

¹Permanezca el amor fraternal. ²No os olvidéis de la hospitalidad, porque por ella algunos, sin saberlo, hospedaron ángeles.ᵃ

³Acordaos de los presos, como si estuvierais presos juntamente con ellos;ᵇ y de los maltratados, como si vosotros estuvierais en su mismo cuerpo.

⁴Honroso sea en todos el matrimonio y el lecho sin mancilla; pero a los fornicarios y a los adúlteros los juzgará Dios.ᶜ

⁵Sean vuestras costumbres sin avaricia, contentos con lo que tenéis ahora,ᵈ pues él dijo: «No te desampararé ni te dejaré».ᵉ ⁶Así que podemos decir confiadamente:

«El Señor es mi ayudador; no temeré
lo que me pueda hacer el hombre».ᶠ

⁷Acordaos de vuestros pastores, que os hablaron la palabra de Dios; considerad cuál haya sido el resultado de su conducta e imitad su fe.

⁸Jesucristo es el mismo ayer, hoy y por los siglos. ⁹No os dejéis llevar de doctrinas diversas y extrañas.ᵍ Es mejor afirmar el corazón con la gracia, no con alimentos que nunca aprovecharon a los que se han ocupado de ellos.ʰ

¹⁰Tenemos un altar, del cual no tienen derecho de comer los que sirven al Tabernáculo, ¹¹porque los cuerpos de aquellos animales cuya sangre a causa del pecado es introducida en el santuario por el sumo sacerdote, son quemados fuera del campamento.ⁱ ¹²Por lo cual también Jesús, para santificar al pueblo mediante su propia sangre, padeció fuera de la puerta. ¹³Salgamos, pues, a él, fuera del campamento, llevando su oprobio, ¹⁴porque no tenemos aquí ciudad permanente, sino que buscamos la por venir. ¹⁵Así que, ofrezcamos siempre a Dios, por medio de él, sacrificio de alabanza, es decir, fruto de labios que confiesan su nombre.ʲ ¹⁶Y de hacer el bien y de la ayuda mutua no os olvidéis, porque de tales sacrificios se agrada Dios.

¹⁷Obedeced a vuestros pastores y sujetaos a ellos, porque ellos velan por vuestras almas como quienes han de dar cuenta, para que lo hagan con alegría, sin quejarse, porque esto no os es provechoso.

¹⁸Orad por nosotros, pues confiamos en que tenemos buena conciencia, ya que deseamos conducirnos bien en todo. ¹⁹Y más os ruego que lo hagáis así, para que pueda volver a estar pronto con vosotros.

Bendición

²⁰Que el Dios de paz, que resucitó de los muertos a nuestro Señor Jesucristo, el gran pastor de las ovejas,ᵏ por la sangre del pacto eterno, ²¹os haga aptos en toda obra buena para que hagáis su voluntad, haciendo él en vosotros lo que es agradable delante de él por Jesucristo; al cual sea la gloria por los siglos de los siglos. Amén.

Salutaciones finales

²²Os ruego, hermanos, que soportéis la palabra de exhortación, pues os he escrito brevemente. ²³Sabed que está en libertad nuestro hermano Timoteo, con el cual, si viene pronto, iré a veros.

²⁴Saludad a todos vuestros pastores y a todos los santos. Los de Italia os saludan.

²⁵La gracia sea con todos vosotros. Amén.

ᵃ**13.2** Gn 18.1-8; 19.1-3. ᵇ**13.3** Mt 25.35-46. ᶜ**13.4** Gl 5.19-21; Ef 5.5. ᵈ**13.5** 1 Ti 6.6-10; cf. Flp 4.11. ᵉ**13.5** Dt 31.6-8; Jos 1.5; Flp 4.11-13. ᶠ**13.6** Sal 56.3-4,9-11; 118.6. ᵍ**13.9** Ef 4.14. ʰ**13.9** Ro 14.13-18; Col 2.16,20-23. ⁱ**13.11** Lv 16.27. ʲ**13.15** Lv 7.12; Sal 50.14,23; Os 14.2. ᵏ**13.20** Is 40.11; Ez 34; Lc 15.4-7; Jn 10.1-16; 1 P 5.4.

Epístola universal de
SANTIAGO

INTRODUCCIÓN

La Epístola de Santiago (=Stg), un escrito de carácter impersonal, no está dedicada a adoctrinar acerca de cuestiones teológicas, sino a exhortar a los creyentes a que sean «hacedores de la palabra y no tan solamente oidores» (1.22). En consecuencia, la redacción se caracteriza por el énfasis que pone en los diversos aspectos sobre los que debe basarse la conducta cristiana.

Un rasgo de la epístola es la intensidad con que en ella resuena la literatura sapiencial del AT. El tema de la sabiduría, en cuanto al don que procede de Dios, ocupa un lugar preeminente en el pensamiento de Santiago (1.5; 3.13-18), para quien ser sabio consiste en conducirse con rectitud (4.17), «en sabia mansedumbre» (3.13), de acuerdo con la voluntad de Dios.

Las exhortaciones de Santiago, pronunciadas desde una perspectiva ética de la fe personal, recuerdan las de Jesús en los sinópticos, más especialmente en Mateo, en discursos como el Sermón del Monte (Mt 5–7). Así sucede cuando Santiago se refiere a la sinceridad de la fe (1.22-25; 2.14-16; 3.13-18), a resistir las pruebas con paciencia (1.2-4,12-15; 5.7-11), a no juzgar a los demás (2.12-13; 4.11-12), a refrenar la lengua (1.26; 3.1-12), a no jurar (5.12) y a perseverar en la oración (5.13-18). Esas y otras enseñanzas del Señor se hallan en el trasfondo de la epístola, probablemente la más cercana en todo el NT a la metodología pedagógica de los maestros judíos. Evidentemente, Santiago fue un hebreo palestino, poseedor de una amplia formación helenística, y que escribió sobre todo para cristianos de origen judío que vivían en la diáspora desde la destrucción de Jerusalén en el año 70. Aunque una antigua tradición de la iglesia lo identifica con el apóstol Santiago (o Jacobo), los datos históricos conocidos no son suficientes para establecer conclusiones definitivas al respecto.

Esquema del contenido

Salutación (1.1)
La sabiduría que viene de Dios (1.2-11)
Victoria en la prueba (1.12-18)
Hacedores de la palabra (1.19-27)
Amonestación contra la parcialidad (2.1-13)
La fe sin obras está muerta (2.14-26)
La lengua (3.1-12)
La sabiduría de lo alto (3.13-18)
La amistad con el mundo (4.1-10)
¿Quién eres para que juzgues? (4.11-12)
No os gloriéis del día de mañana (4.13-17)
Contra los ricos opresores (5.1-6)
Sed pacientes y orad (5.7-20)

Salutación

1 ¹ Santiago,ᵃ siervo de Dios y del Señor Jesucristo, a las doce tribus que están en la dispersión: Salud.

ᵃ **1.1** Mt 33.55; Mc 6.3; Hch 15.13; Gl 1.19.

La sabiduría que viene de Dios

² Hermanos míos, gozaos profundamente cuando os halléis en diversas pruebas, ³ sabiendo que la prueba de vuestra

fe produce paciencia.[b] [4] Pero tenga la paciencia su obra completa, para que seáis perfectos y cabales, sin que os falte cosa alguna.

[5] Si alguno de vosotros tiene falta de sabiduría, pídala a Dios, el cual da a todos abundantemente y sin reproche, y le será dada.[c] [6] Pero pida con fe, no dudando nada,[d] porque el que duda es semejante a la onda del mar, que es arrastrada por el viento y echada de una parte a otra.[e] [7] No piense, pues, quien tal haga, que recibirá cosa alguna del Señor, [8] ya que es persona de doble ánimo e inconstante en todos sus caminos.

[9] El hermano que es de humilde condición, gloríese en su exaltación;[f] [10] pero el que es rico, en su humillación, porque él pasará como la flor de la hierba.[g] [11] Cuando sale el sol con calor abrasador, la hierba se seca,[h] su flor se cae y perece su hermosa apariencia. Así también se marchitará el rico en todas sus empresas.

Victoria en la prueba

[12] Bienaventurado el hombre que soporta la tentación, porque cuando haya resistido la prueba, recibirá la corona de vida que Dios ha prometido a los que lo aman. [13] Cuando alguno es tentado no diga que es tentado de parte de Dios, porque Dios no puede ser tentado por el mal ni él tienta a nadie; [14] sino que cada uno es tentado, cuando de su propia pasión es atraído y seducido. [15] Entonces la pasión, después que ha concebido, da a luz el pecado; y el pecado, siendo consumado, da a luz la muerte.

[16] Amados hermanos míos, no erréis. [17] Toda buena dádiva y todo don perfecto desciende de lo alto, del Padre de las luces, en el cual no hay mudanza ni sombra de variación.[i] [18] Él, de su voluntad, nos hizo nacer por la palabra de verdad,[j] para que seamos primicias de sus criaturas.

Hacedores de la palabra

[19] Por esto, mis amados hermanos, todo hombre sea pronto para oir, tardo para hablar, tardo para airarse,[k] [20] porque la ira del hombre no obra la justicia de Dios. [21] Por lo cual, desechando toda inmundicia[l] y abundancia de malicia, recibid con mansedumbre la palabra implantada, la cual puede salvar vuestras almas.

[22] Sed hacedores de la palabra[m] y no tan solamente oidores, engañándoos a vosotros mismos. [23] Si alguno es oidor de la palabra pero no hacedor de ella, ese es semejante al hombre que considera en un espejo su rostro natural; [24] él se considera a sí mismo y se va, y pronto olvida cómo era. [25] Pero el que mira atentamente en la perfecta ley, la de la libertad, y persevera en ella, no siendo oidor olvidadizo sino hacedor de la obra, este será bienaventurado en lo que hace.

[26] Si alguno se cree religioso entre vosotros, pero no refrena su lengua, sino que engaña su corazón, la religión del tal es vana. [27] La religión pura y sin mancha delante de Dios el Padre es esta: visitar a los huérfanos y a las viudas en sus tribulaciones y guardarse sin mancha del mundo.

Amonestación contra la parcialidad

2 [1] Hermanos míos, que vuestra fe en nuestro glorioso Señor Jesucristo sea sin acepción de personas.[a] [2] Si en vuestra congregación entra un hombre con anillo de oro y ropa espléndida, y también entra un pobre con vestido andrajoso, [3] y miráis con agrado al que trae la ropa espléndida y le decís: «Siéntate tú aquí, en buen lugar», y decís al pobre: «Quédate tú allí de pie», o «Siéntate aquí en el suelo», [4] ¿no hacéis distinciones entre vosotros mismos y venís a ser jueces con malos pensamientos?

[5] Hermanos míos amados, oíd: ¿No ha elegido Dios a los pobres de este mundo,[b] para que sean ricos en fe y herederos del reino que ha prometido a los que lo aman? [6] Pero vosotros habéis afrentado al pobre. ¿No os oprimen los ricos y no son ellos los mismos que os arrastran a los tribunales?

---

[b] **1.2-3** Ro 5.3-5; 1 P 1.6-7.   [c] **1.5** Stg 3.13-17; cf. 1 R 3.7-12; Pr 1–9.   [d] **1.5-6** Mc 11.24; Jn 16.23-24.   [e] **1.6** Ef 4.14.   [f] **1.9** Jer 9.23-24; Lc 6.20.   [g] **1.9-10** Pr 22—23; Am 8.4-7; Mt 5.3,5; Lc 6.20,24.   [h] **1.10-11** Is 40.6-7.   [i] **1.17** Nm 23.19; Mal 3.6.   [j] **1.18** Sal 119.43; Ef 1.13; Col 1.5; 1 P 1.23-25.   [k] **1.19** Pr 13.3; 15.1; Ec 7.9.   [l] **1.21** Col 3.8-10; 1 P 2.1.   [m] **1.22** Stg 2.14-26; cf. Esd 7.10; Mt 7.21,24-27; Lc 11.28.   [a] **2.1** Lv 19.15; Pr 28.21.   [b] **2.5** Lc 6.20.

⁷ ¿No blasfeman ellos el buen nombre que fue invocado sobre vosotros?

⁸ Si en verdad cumplís la Ley suprema, conforme a la Escritura: «Amarás a tu prójimo como a ti mismo»,ᶜ bien hacéis; ⁹ pero si hacéis acepción de personas, cometéis pecado y quedáis convictos por la Ley como transgresores,ᵈ ¹⁰ porque cualquiera que guarde toda la Ley, pero ofenda en un punto, se hace culpable de todos,ᵉ ¹¹ pues el que dijo: «No cometerás adulterio», también ha dicho: «No matarás». Ahora bien, si no cometes adulterio,ᶠ pero matas, ya te has hecho transgresor de la Ley. ¹² Así hablad y así haced, como los que habéis de ser juzgados por la ley de la libertad, ¹³ porque juicio sin misericordia se hará con aquel que no haga misericordia;ᵍ y la misericordia triunfa sobre el juicio.ʰ

La fe sin obras está muerta

¹⁴ Hermanos míos, ¿de qué aprovechará si alguno dice que tiene fe y no tiene obras? ¿Podrá la fe salvarlo?ⁱ ¹⁵ Y si un hermano o una hermana están desnudos y tienen necesidad del mantenimiento de cada día, ¹⁶ y alguno de vosotros les dice: «Id en paz, calentaos y saciaos», pero no les dais las cosas que son necesarias para el cuerpo, ¿de qué aprovecha? ¹⁷ Así también la fe, si no tiene obras, está completamente muerta.

¹⁸ Pero alguno dirá: «Tú tienes fe y yo tengo obras. Muéstrame tu fe sin tus obras y yo te mostraré mi fe por mis obras». ¹⁹ Tú crees que Dios es uno; bien haces. También los demonios creen, y tiemblan. ²⁰ ¿Pero quieres saber, hombre vano, que la fe sin obras está muerta? ²¹ ¿No fue justificado por las obras Abraham nuestro padre, cuando ofreció a su hijo Isaac sobre el altar?ʲ ²² ¿No ves que la fe actuó juntamente con sus obras y que la fe se perfeccionó por las obras? ²³ Y se cumplió la Escritura que dice: «Abraham creyó a Dios y le fue contado por justicia»,ᵏ y fue llamado amigo de Dios.ˡ

²⁴ Vosotros veis, pues, que el hombre es justificado por las obras y no solamente por la fe. ²⁵ Asimismo, Rahab, la ramera, ¿no fue acaso justificada por obras, cuando recibió a los mensajeros y los envió por otro camino?ᵐ ²⁶ Así como el cuerpo sin espíritu está muerto, también la fe sin obras está muerta.

La lengua

3 ¹ Hermanos míos, no os hagáis maestrosᵃ muchos de vosotros, sabiendo que recibiremos mayor condenación. ² Todos ofendemos muchas veces. Si alguno no ofende de palabra, es una persona perfecta, capaz también de refrenar todo el cuerpo. ³ He aquí nosotros ponemos freno en la boca de los caballos para que nos obedezcan y dirigimos así todo su cuerpo. ⁴ Mirad también las naves: aunque tan grandes y llevadas de impetuosos vientos, son gobernadas con un muy pequeño timón por donde el que las gobierna quiere. ⁵ Así también la lengua es un miembro pequeño, pero se jacta de grandes cosas. He aquí, ¡cuán grande bosque enciende un pequeño fuego! ⁶ Y la lengua es un fuego, un mundo de maldad. La lengua está puesta entre nuestros miembros, y contamina todo el cuerpo e inflama la rueda de la creación,ᵇ y ella misma es inflamada por el infierno. ⁷ Toda naturaleza de bestias, de aves, de serpientes y de seres del mar, se doma y ha sido domada por la naturaleza humana;ᶜ ⁸ pero ningún hombre puede domar la lengua, que es un mal que no puede ser refrenado, llena de veneno mortal.ᵈ ⁹ Con ella bendecimos al Dios y Padre y con ella maldecimos a los hombres, que están hechos a la semejanza de Dios.ᵉ ¹⁰ De una misma boca proceden bendición y maldición. Hermanos míos, esto no debe ser así. ¹¹ ¿Acaso alguna fuente echa por una misma abertura agua dulce y amarga? ¹² Hermanos míos, ¿puede acaso la higuera producir aceitunas, o la vid higos? Del mismo modo, ninguna fuente puede dar agua salada y dulce.ᶠ

ᶜ**2.8** Lv 19.18.   ᵈ**2.9** Dt 1.17.   ᵉ**2.10** Mt 5.19.   ᶠ**2.11** Ex 20.13-14; Dt 5.17-18; cf. Mt 5.21-22.
ᵍ**2.13** Mt 6.14-15; 18.23-35.   ʰ**2.13** Mt 5.7; 7.2.   ⁱ**2.14** Mt 7.21; Gl 5.6; 1.22.   ʲ**2.21** Gn 22.1-14;
Heb 11.17.   ᵏ**2.23** Gn 15.6; cf. Heb 11.8-11,17-19.   ˡ**2.23** 2 Cr 20.7; Is 41.8.   ᵐ**2.25** Jos 2.1-21;
6.17; cf. Heb 11.31.   ᵃ**3.1** 1 Co 12.28-29.   ᵇ**3.6** Pr 16.27.   ᶜ**3.7** Gn 1.26; 9.2.   ᵈ**3.8** Sal 140.3;
Ro 3.13.   ᵉ**3.9** Gn 1.26-27.   ᶠ**3.12** Mt 7.16-18; Lc 6.43-45.

La sabiduría de lo alto

¹³ ¿Quién es sabio y entendido entre vosotros? Muestre por la buena conducta sus obras en sabia mansedumbre. ¹⁴ Pero si tenéis celos amargos y rivalidad en vuestro corazón, no os jactéis ni mintáis contra la verdad. ¹⁵ No es esta la sabiduría que desciende de lo alto, sino que es terrenal, animal, diabólica, ¹⁶ pues donde hay celos y rivalidad, allí hay perturbación y toda obra perversa. ¹⁷ Pero la sabiduría que es de lo alto es primeramente pura, después pacífica, amable, benigna, llena de misericordia y de buenos frutos, sin incertidumbre ni hipocresía. ¹⁸ Y el fruto de justicia se siembra en paz para aquellos que hacen la paz.

La amistad con el mundo

4 ¹ ¿De dónde vienen las guerras y los pleitos entre vosotros? ¿No es de vuestras pasiones, las cuales combaten en vuestros miembros? ² Codiciáis y no tenéis; matáis y ardéis de envidia y nada podéis alcanzar; combatís y lucháis, pero no tenéis lo que deseáis, porque no pedís. ³ Pedís, pero no recibís, porque pedís mal, para gastar en vuestros deleites. ⁴ ¡Adúlteros!, ¿no sabéis que la amistad del mundo es enemistad contra Dios? Cualquiera, pues, que quiera ser amigo del mundo se constituye en enemigo de Dios. ⁵ ¿O pensáis que la Escritura dice en vano: «El Espíritu que él ha hecho habitar en nosotros nos anhela celosamente»? ⁶ Pero él da mayor gracia. Por esto dice: «Dios resiste a los soberbios y da gracia a los humildes».ᵃ ⁷ Someteos, pues, a Dios; resistid al diablo, y huirá de vosotros.ᵇ ⁸ Acercaos a Dios, y él se acercará a vosotros.ᶜ Pecadores, limpiad las manos;ᵈ y vosotros los de doble ánimo, purificad vuestros corazones. ⁹ Afligíos, lamentad y llorad. Vuestra risa se convierta en lloro y vuestro gozo en tristeza. ¹⁰ Humillaos delante del Señor y él os exaltará.

¿Quién eres para que juzgues?

¹¹ Hermanos, no murmuréis los unos de los otros. El que murmura del hermano y juzga a su hermano, murmura de la Ley y juzga a la Ley; pero si tú juzgas a la Ley, no eres hacedor de la Ley, sino juez. ¹² Uno solo es el dador de la Ley, que puede salvar y condenar; pero tú, ¿quién eres para que juzgues a otro?ᵉ

No os gloriéis del día de mañana

¹³ ¡Vamos ahora!, los que decís: «Hoy y mañana iremos a tal ciudad, estaremos allá un año, negociaremos y ganaremos», ¹⁴ cuando no sabéis lo que será mañana.ᶠ Pues ¿qué es vuestra vida? Ciertamente es neblina que se aparece por un poco de tiempo y luego se desvanece.ᵍ ¹⁵ En lugar de lo cual deberíais decir: «Si el Señor quiere, viviremos y haremos esto o aquello». ¹⁶ Pero ahora os jactáis en vuestras soberbias. Toda jactancia semejante es mala. ¹⁷ El que sabe hacer lo bueno y no lo hace, comete pecado.ʰ

Contra los ricos opresoresᵃ

5 ¹ ¡Vamos ahora, ricos! Llorad y aullad por las miserias que os vendrán. ² Vuestras riquezas están podridas y vuestras ropas, comidas de polilla. ³ Vuestro oro y plata están enmohecidos y su moho testificará contra vosotros y devorará del todo vuestros cuerpos como fuego. Habéis acumulado tesoros para los días finales.ᵇ ⁴ El jornal de los obreros que han cosechado vuestras tierras, el cual por engaño no les ha sido pagado por vosotros, clama, y los clamores de los que habían segado han llegado a los oídos del Señor de los ejércitos.ᶜ ⁵ Habéis vivido en deleites sobre la tierra y sido libertinos. Habéis engordado vuestros corazones como en día de matanza.ᵈ ⁶ Habéis condenado y dado muerte al justo, sin que él os haga resistencia.ᵉ

Sed pacientes y orad

⁷ Por tanto, hermanos, tened paciencia hasta la venida del Señor. Mirad cómo el labrador espera el precioso fruto de la tierra, aguardando con paciencia hasta que

ᵃ4.6 Pr 3.34 (gr.). ᵇ4.7 1 P 5.8-9. ᶜ4.8 Zac 1.2-3; Mal 3.7. ᵈ4.8 Sal 24.4; Is 1.15-16. ᵉ4.11-12 Mt 7.1-2; Lc 6.37-38; Ro 14.4. ᶠ4.13-14 Pr 27.1. ᵍ4.14 Job 7.7; Sal 39.5; 102.3; 144.4. ʰ4.17 Lc 12.47. ᵃ5.1-6 Is 3.14-15; 10.1-4; Jer 5.26-29; Am 2.6-7; Lc 6.24. ᵇ5.2-3 Mt 6.19. ᶜ5.4 Lv 19.13. Cf. Dt 24.14-15; Jer 22.13. ᵈ5.5 Jer 12.3; 25.34. ᵉ5.6 Pr 1.11-13.

reciba la lluvia temprana y la tardía. ⁸Tened también vosotros paciencia y afirmad vuestros corazones, porque la venida del Señor se acerca.ᶠ

⁹Hermanos, no os quejéis unos contra otros, para que no seáis condenados; el Juez ya está delante de la puerta. ¹⁰Hermanos míos, tomad como ejemplo de aflicción y de paciencia a los profetas que hablaron en nombre del Señor. ¹¹Nosotros tenemos por bienaventurados a los que sufren: Habéis oído de la paciencia de Job,ᵍ y habéis visto el fin que le dio el Señor, porque el Señor es muy misericordioso y compasivo.ʰ

¹²Sobre todo, hermanos míos, no juréis, ni por el cielo ni por la tierra ni por ningún otro juramento; sino que vuestro «sí» sea sí, y vuestro «no» sea no, para que no caigáis en condenación.ⁱ

¹³¿Está alguno entre vosotros afligido? Haga oración. ¿Está alguno alegre?

Cante alabanzas. ¹⁴¿Está alguno enfermo entre vosotros? Llame a los ancianos de la iglesia para que oren por él, ungiéndolo con aceiteʲ en el nombre del Señor. ¹⁵Y la oración de fe salvará al enfermo, y el Señor lo levantará; y si ha cometido pecados, le serán perdonados.ᵏ ¹⁶Confesaos vuestras ofensas unos a otros y orad unos por otros, para que seáis sanados. La oración eficaz del justo puede mucho.ˡ ¹⁷Elías era hombre sujeto a pasiones semejantes a las nuestras, y oró fervientemente para que no lloviera, y no llovió sobre la tierra durante tres años y seis meses.ᵐ ¹⁸Y otra vez oró, y el cielo dio lluvia y la tierra produjo su fruto.ⁿ

¹⁹Hermanos, si alguno de entre vosotros se ha extraviado de la verdad y alguno lo hace volver, ²⁰sepa que el que haga volver al pecador del error de su camino, salvará de muerte un alma y cubrirá multitud de pecados.ñ

ᶠ **5.8** Mt 24.30; 1 Ts 4.13-17.   ᵍ **5.11** Job 1.21-22; 2.10; 42.10-17.   ʰ **5.11** Ex 34.6; Sal 103.8; 111.4.
ⁱ **5.12** Mt 5.34-37.   ʲ **5.14** Mc 6.13.   ᵏ **5.15** Mc 16.18.   ˡ **5.16** Pr 28.13.   ᵐ **5.17** 1 R 17.1; 18.1;
Lc 4.25.   ⁿ **5.18** 1 R 18.42-45.   ñ **5.20** Pr 10.12; 1 P 4.8.

Primera Epístola Universal de
SAN PEDRO APÓSTOL

INTRODUCCIÓN

La iglesia, al igual que los judíos, también utilizó el nombre de Babilonia para simbolizar a la poderosa Roma imperial, que en época del general Pompeyo había conquistado Jerusalén (63 a.C.). Así se refiere Pedro a ella cuando transmite a los destinatarios de su carta el saludo de «la iglesia que está en Babilonia» (5.13). Para su redacción contó con un secretario erudito. Y dado que Silvano es la forma latina del nombre arameo Silas, cabe suponer que aquí se trata del que fue compañero de viaje y colaborador de Pablo (Hch 15.22—18.5; cf. también 2 Co 1.19; 1 Ts 1.1; 2 Ts 1.1).

El objeto principal de la Primera epístola de san Pedro (=1 P) es exhortar a sus lectores a mantener, aun en medio de quebrantos y persecuciones, una conducta limpia, digna de quienes profesan la fe en Jesucristo (1.6-7; 2.12; 3.17; 4.1,4, 12-16,19). El autor alienta a los cristianos a actuar de tal forma que en todo sean ejemplo (2.11—4.6), incluso en situaciones en que su buena conducta podría resultar incomprensible a la vista del mundo y reportarles menosprecio y hostilidad. Contiene también esta sección consejos referentes al cumplimiento del deber en los diversos casos que plantean las relaciones humanas (2.13-14,17,18; 3.1-7), y al comportamiento que corresponde a una verdadera comunión fraternal en el ámbito de la iglesia (3.8—4.6). Esta comunión tiene como base el amor, y debe ser objeto de la mayor solicitud porque «el fin de todas las cosas se acerca» (4.7).

Esquema del contenido

Salutación

1 ¹ Pedro, apóstol de Jesucristo, a los expatriados[a] de la dispersión en el Ponto, Galacia, Capadocia, Asia y Bitinia,[b] ² elegidos según el previo conocimiento de Dios Padre en santificación del Espíritu,[c] para obedecer y ser rociados con la sangre de Jesucristo: Gracia y paz os sean multiplicadas.

Una esperanza viva

³ Bendito el Dios y Padre de nuestro Señor Jesucristo, que según su gran misericordia nos hizo renacer para una esperanza viva, por la resurrección de Jesucristo de los muertos,[d] ⁴ para una herencia incorruptible, incontaminada e inmarchitable, reservada en los cielos para vosotros, ⁵ que sois guardados por el poder de Dios, mediante la fe, para alcanzar la salvación que está preparada para ser manifestada en el tiempo final.

⁶ Por lo cual vosotros os alegráis, aunque ahora por un poco de tiempo, si es necesario, tengáis que ser afligidos en diversas pruebas, ⁷ para que, sometida a prueba vuestra fe, mucho más preciosa que el oro (el cual, aunque perecedero, se prueba con fuego),[e] sea hallada en alabanza, gloria y honra cuando sea manifestado Jesucristo. ⁸ Vosotros, que lo amáis sin haberlo visto,[f] creyendo en él aunque ahora no lo veáis, os alegráis con gozo inefable y glorioso, ⁹ obteniendo el fin de vuestra fe, que es la salvación de vuestras almas.

¹⁰ Los profetas que profetizaron de la gracia destinada a vosotros inquirieron y diligentemente indagaron acerca de esta salvación,[g] ¹¹ escudriñando qué persona y qué tiempo indicaba el Espíritu de Cristo[h] que estaba en ellos, el cual anunciaba de antemano los sufrimientos de Cristo y las glorias que vendrían tras ellos. ¹² A estos se les reveló que no para sí mismos, sino para nosotros, administraban las cosas que ahora os son anunciadas por los que os han predicado el evangelio por el Espíritu Santo enviado del cielo; cosas en las cuales anhelan mirar los ángeles.

Llamamiento a una vida santa

¹³ Por tanto, ceñid los lomos de vuestro entendimiento, sed sobrios y esperad por completo en la gracia que se os traerá cuando Jesucristo sea manifestado. ¹⁴ Como hijos obedientes, no os conforméis a los deseos que antes teníais estando en vuestra ignorancia, ¹⁵ sino, así como aquel que os llamó es santo, sed también vosotros santos en toda vuestra manera de vivir, ¹⁶ porque escrito está: «Sed santos, porque yo soy santo».[i]

¹⁷ Si invocáis por Padre a aquel que sin acepción de personas[j] juzga según la obra de cada uno, conducíos en temor todo el tiempo de vuestra peregrinación, ¹⁸ pues ya sabéis que fuisteis rescatados[k] de vuestra vana manera de vivir (la cual recibisteis de vuestros padres) no con cosas corruptibles, como oro o plata, ¹⁹ sino con la sangre preciosa de Cristo, como de un cordero sin mancha y sin contaminación. ²⁰ Él estaba destinado desde antes de la fundación del mundo, pero ha sido manifestado en los últimos tiempos por amor de vosotros. ²¹ Por medio de él creéis en Dios, quien lo resucitó de los muertos y le ha dado gloria, para que vuestra fe y esperanza sean en Dios.

²² Al obedecer a la verdad, mediante el Espíritu, habéis purificado vuestras almas para el amor fraternal no fingido. Amaos unos a otros entrañablemente, de corazón puro,[l] ²³ pues habéis renacido, no de simiente corruptible, sino de incorruptible, por la palabra de Dios que vive y permanece para siempre, ²⁴ porque:

«Toda carne es como hierba
y toda la gloria del hombre como
    flor de la hierba;
la hierba se seca y la flor se cae,
²⁵ mas la palabra del Señor
    permanece para siempre».[m]

Y esta es la palabra que por el evangelio os ha sido anunciada.

ª **1.1** Flp 3.20; Heb 11.13; 13.14.   ᵇ **1.1** Provincias romanas de Asia Menor (parte de la actual Turquía).   ᶜ **1.2** Ro 8.29-30.   ᵈ **1.3** 1.23; Jn 3.3-7; Ro 6.4-13.   ᵉ **1.6-7** Ro 5.3-5; Stg 1.2-3; 1 P 4.12.   ᶠ **1.8** Jn 20.29.   ᵍ **1.10** Mt 13.17.   ʰ **1.11** Ro 8.9; Gl 4.6.   ⁱ **1.16** Lv 11.45; 19.2; cf. Mt 5.48.   ʲ **1.17** Dt 10.17; Ro 2.11; Ef 6.9; Col 3.25; cf. Hch 10.34.   ᵏ **1.18** Mt 20.28; Ro 3.24-25; 1 Ti 2.6.   ˡ **1.22** Jn 13.34; Ro 12.9-10.   ᵐ **1.24-25** Is 40.6-9; Stg 1.10-11.

2 1 Desechad, pues, toda malicia, todo
engaño, hipocresía, envidias y toda
maledicencia, 2 y desead, como niños recién nacidos, la leche espiritual no adulte-
rada, para que por ella crezcáis para
salvación, 3 ya que habéis gustado la bondad del Señor.[a]

La piedra viva

4 Acercándoos a él, piedra viva, desechada ciertamente por los hombres, pero
para Dios escogida y preciosa, 5 vosotros
también, como piedras vivas, sed edificados como casa espiritual y sacerdocio
santo, para ofrecer sacrificios espirituales
aceptables a Dios por medio de Jesucristo.[b] 6 Por lo cual también dice la Escritura:

«He aquí, pongo en Sión la
principal piedra del ángulo,
escogida, preciosa;
el que crea en él, no será
avergonzado».[c]

7 Para vosotros, pues, los que creéis, él es
precioso. En cambio para los que no creen:

«La piedra que los edificadores
desecharon
ha venido a ser la cabeza del
ángulo»[d]

8 y:

«Piedra de tropiezo y roca que hace
caer».[e]

Ellos, por su desobediencia, tropiezan
en la palabra. ¡Ese es su destino!

El pueblo de Dios

9 Pero vosotros sois linaje escogido,
real sacerdocio, nación santa,[f] pueblo adquirido por Dios,[g] para que anunciéis las
virtudes[h] de aquel que os llamó de las tinieblas a su luz admirable.[i] 10 Vosotros
que en otro tiempo no erais pueblo, ahora
sois pueblo de Dios; en otro tiempo no habíais alcanzado misericordia, ahora habéis alcanzado misericordia.[j]

Vivid como siervos de Dios

11 Amados, yo os ruego como a extranjeros y peregrinos,[k] que os abstengáis de
los deseos carnales que batallan contra el
alma. 12 Mantened buena vuestra manera
de vivir entre los gentiles, para que en lo
que murmuran de vosotros como de malhechores, glorifiquen a Dios[l] en el día de
la visitación, al considerar vuestras buenas obras.

13 Por causa del Señor someteos a toda
institución humana, ya sea al rey, como a
superior, 14 ya a los gobernadores, como
por él enviados para castigo de los malhechores y alabanza de los que hacen bien.[m]
15 Esta es la voluntad de Dios: que haciendo bien, hagáis callar la ignorancia de los
hombres insensatos. 16 Actuad como personas libres, pero no como los que tienen
la libertad como pretexto para hacer lo
malo, sino como siervos de Dios.[n] 17 Honrad a todos. Amad a los hermanos. Temed
a Dios. Honrad al rey.

18 Criados, estad sujetos con todo respeto a vuestros amos, no solamente a los
buenos y afables, sino también a los difíciles de soportar. 19 Lo que merece aprobación es que alguien, a causa de la conciencia
delante de Dios, sufra molestias pade-
ciendo injustamente, 20 pues ¿qué mérito
tiene el soportar que os abofeteen si habéis pecado? Pero si por hacer lo que es
bueno sufrís, y lo soportáis, esto ciertamente es aprobado delante de Dios.[ñ]
21 Para esto fuisteis llamados, porque
también Cristo padeció por nosotros,[o]
dejándonos ejemplo para que sigáis sus
pisadas. 22 Él no cometió pecado ni se halló engaño en su boca.[p] 23 Cuando lo maldecían, no respondía con maldición;
cuando padecía, no amenazaba, sino que
encomendaba la causa al que juzga justamente.[q] 24 Él mismo llevó nuestros pecados en su cuerpo sobre el madero, para
que nosotros, estando muertos a los pecados, vivamos a la justicia.[r] ¡Por su herida
habéis sido sanados![s] 25 Vosotros erais como ovejas descarriadas,[t] pero ahora habéis vuelto al Pastor y Obispo de vuestras
almas.

[a] **2.3** Sal 34.8. [b] **2.4-5** Ef 2.21-22. [c] **2.6** Is 28.16 (gr.). [d] **2.7** Sal 118.22. [e] **2.8** Is 8.15.
[f] **2.9** Ex 19.5-6; Ap 1.6; 5.10. [g] **2.9** Dt 4.20; 7.6; 14.2; cf. Tit 2.14. [h] **2.9** Is 43.21; Hch 2.11.
[i] **2.9** Ef 5.8. [j] **2.10** Os 1.6,9; 2.23; cf. Ro 9.25-26. [k] **2.11** Lv 25.23; Sal 39.12; 119.19; 1 P 1.1.
[l] **2.12** Mt 5.16. [m] **2.13-14** Ro 13.1-5; Tit 3.1. [n] **2.16** Gl 5.13. [ñ] **2.18-20** Ef 6.5-8; Col 3.22-25;
Tit 2.9. [o] **2.21** Is 53.4. [p] **2.22** Is 53.9. [q] **2.23** Mt 27.39-46. Cf. Is 53.7. [r] **2.24** Ro 6.2-11.
[s] **2.24** Is 53.4-5,11-12. [t] **2.25** Is 53.6.

Deberes conyugales

3 ¹Asimismo vosotras, mujeres, estad sujetas a vuestros maridos,ᵃ para que también los que no creen a la palabra sean ganados sin palabra por la conducta de sus esposas, ²al considerar vuestra conducta casta y respetuosa. ³Vuestro atavío no sea el externo de peinados ostentosos, de adornos de oro o de vestidos lujosos,ᵇ ⁴sino el interno, el del corazón, en el incorruptible adorno de un espíritu afable y apacible, que es de grande estima delante de Dios, ⁵pues así también se ataviaban en otro tiempo aquellas santas mujeres que esperaban en Dios estando sujetas a sus maridos, ⁶como Sara obedecía a Abraham, llamándolo señor.ᶜ De ella habéis venido vosotras a ser hijas, si hacéis el bien sin temer ninguna amenaza.

⁷Vosotros, maridos, igualmente, vivid con ellas sabiamente,ᵈ dando honor a la mujer como a vaso más frágil y como a coherederas de la gracia de la vida, para que vuestras oraciones no tengan estorbo.

Una buena conciencia

⁸En fin, sed todos de un mismo sentir, compasivos, amándoos fraternalmente, misericordiosos, amigables. ⁹No devolváis mal por mal, ni maldición por maldición, sino por el contrario, bendiciendo, sabiendo que fuisteis llamados a heredar bendición,ᵉ ¹⁰porque:

«El que quiere amar la vida y ver
    días buenos,
refrene su lengua de mal
y sus labios no hablen engaño;
¹¹apártese del mal y haga el bien;
busque la paz y sígala,
¹²porque los ojos del Señor están
    sobre los justos,
y sus oídos atentos a sus oraciones;
pero el rostro del Señor está contra
    aquellos que hacen el mal».ᶠ

¹³¿Quién es aquel que os podrá hacer daño, si vosotros seguís el bien? ¹⁴Pero también si alguna cosa padecéis por causa de la justicia, bienaventurados sois.ᵍ

Por tanto, no os amedrentéis por temor de ellos, ni os inquietéis. ¹⁵Al contrario, santificad a Dios el Señor en vuestros corazones,ʰ y estad siempre preparados para presentar defensa con mansedumbre y reverencia ante todo el que os demande razón de la esperanza que hay en vosotros. ¹⁶Tened buena conciencia, para que en lo que murmuran de vosotros como de malhechores, sean avergonzados los que calumnian vuestra buena conducta en Cristo. ¹⁷Mejor es que padezcáis haciendo el bien, si la voluntad de Dios así lo quiere, que haciendo el mal.

¹⁸Asimismo, Cristo padeció una sola vez por los pecados,ⁱ el justo por los injustos, para llevarnos a Dios, siendo a la verdad muerto en la carne, pero vivificado en espíritu; ¹⁹y en espíritu fue y predicó a los espíritus encarcelados, ²⁰los que en otro tiempo desobedecieron, cuando una vez esperaba la paciencia de Dios en los días de Noé, mientras se preparaba el arca, en la cual pocas personas, es decir, ocho, fueron salvadas por agua.ʲ ²¹El bautismo que corresponde a esto ahora nos salvaᵏ (no quitando las inmundicias del cuerpo, sino como la aspiración de una buena conciencia hacia Dios) mediante la resurrección de Jesucristo,ˡ ²²quien habiendo subido al cielo está a la diestra de Dios; y a él están sujetos ángeles, autoridades y poderes.

Buenos administradores de la gracia de Dios

4 ¹Puesto que Cristo ha padecido por nosotros en la carne, vosotros también armaos del mismo pensamiento, pues quien ha padecido en la carne, terminó con el pecado, ²para no vivir el tiempo que resta en la carne, conforme a las pasiones humanas, sino conforme a la voluntad de Dios.ᵃ ³Baste ya el tiempo pasado para haber hecho lo que agrada a los gentiles, andando en lascivias, placeres, borracheras, orgías, disipación y abominables idolatrías. ⁴A estos les parece

---

ᵃ**3.1** 1 Co 11.3; Ef 5.22; Col 3.18; Tit 2.5.   ᵇ**3.3-4** 1 Ti 2.9-10.   ᶜ**3.6** Gn 18.12.   ᵈ**3.7** Ef 5.25; Col 3.19; cf. 1 Ts 4.4-5.   ᵉ**3.8-9** Ro 12.16-17; Flp 2.2-4; 1 Ts 5.15; cf. Lc 6.27-28. ᶠ**3.10-12** Sal 34.12-16.   ᵍ**3.14** Mt 5.10.   ʰ**3.14-15** Is 8.12-13.   ⁱ**3.18** Ro 6.10; Heb 9.28; 10.10. ʲ**3.20** Gn 6.1—7.24; cf. 2 P 2.5.   ᵏ**3.21** Mc 16.16; Hch 2.38; Ef 5.26; Tit 3.5.   ˡ**3.21** Ro 6.3-4. ᵃ**4.2** 1 P 1.14-15.

cosa extraña que vosotros no corráis con ellos en el mismo desenfreno de disolución, y os ultrajan; [5] pero ellos darán cuenta al que está preparado para juzgar a los vivos y a los muertos,[b] [6] porque por esto también ha sido predicado el evangelio a los muertos, para que sean juzgados en carne según los hombres, pero vivan en espíritu según Dios.

El servicio a los demás

[7] El fin de todas las cosas se acerca; sed, pues, sobrios y velad en oración. [8] Y ante todo, tened entre vosotros ferviente amor, porque el amor cubrirá multitud de pecados.[c] [9] Hospedaos los unos a los otros sin murmuraciones. [10] Cada uno según el don que ha recibido, minístrelo a los otros, como buenos administradores[d] de la multiforme gracia de Dios. [11] Si alguno habla, hable conforme a las palabras de Dios; si alguno ministra, ministre conforme al poder que Dios da, para que en todo sea Dios glorificado por Jesucristo, a quien pertenecen la gloria y el imperio por los siglos de los siglos. Amén.[e]

Participación en el padecimiento de Cristo

[12] Amados, no os sorprendáis del fuego de la prueba que os ha sobrevenido, como si alguna cosa extraña os aconteciera. [13] Al contrario, gozaos por cuanto sois participantes de los padecimientos de Cristo, para que también en la revelación de su gloria os gocéis con gran alegría. [14] Si sois ultrajados por el nombre de Cristo,[f] sois bienaventurados, porque el glorioso Espíritu de Dios reposa sobre vosotros. Ciertamente, por lo que hace a ellos, él es blasfemado, pero por vosotros es glorificado. [15] Así que, ninguno de vosotros padezca como homicida, ladrón o malhechor, o por entrometerse en lo ajeno; [16] pero si alguno padece como cristiano, no se avergüence, sino glorifique a Dios por ello. [17] Es tiempo de que el juicio comience por la casa de Dios; y si primero comienza por nosotros, ¿cuál será el fin de aquellos que no obedecen al evangelio de Dios? [18] Y

«Si el justo con dificultad se salva,
¿qué pasará con el impío y el
pecador?».[g]

[19] De modo que los que padecen según la voluntad de Dios, encomienden sus almas al fiel Creador y hagan el bien.

A los ancianos

5 [1] Ruego a los ancianos que están entre vosotros, yo, anciano también con ellos y testigo de los padecimientos de Cristo, que soy también participante de la gloria que será revelada: [2] apacentad la grey de Dios[a] que está entre vosotros, cuidando de ella, no por fuerza, sino voluntariamente; no por ganancia deshonesta, sino con ánimo pronto; [3] no como teniendo señorío sobre los que están a vuestro cuidado, sino siendo ejemplos de la grey. [4] Y cuando aparezca el Príncipe de los pastores,[b] vosotros recibiréis la corona incorruptible de gloria.

A los jóvenes

[5] Igualmente, jóvenes, estad sujetos a los ancianos; y todos, sumisos unos a otros, revestíos de humildad, porque

«Dios resiste a los soberbios,
y da gracia a los humildes».[c]

[6] Humillaos, pues, bajo la poderosa mano de Dios, para que él os exalte a su debido tiempo.[d] [7] Echad toda vuestra ansiedad sobre él, porque él tiene cuidado de vosotros.[e]

[8] Sed sobrios y velad,[f] porque vuestro adversario el diablo, como león rugiente, anda alrededor buscando a quien devorar. [9] Resistidlo[g] firmes en la fe, sabiendo que los mismos padecimientos se van cumpliendo en vuestros hermanos en todo el mundo. [10] Pero el Dios de toda gracia, que nos llamó a su gloria eterna en Jesucristo, después que hayáis padecido un poco de tiempo, el mismo os perfeccione, afirme, fortalezca y establezca. [11] A él sea la gloria y el imperio por los siglos de los siglos. Amén.

---

[b] **4.5** Hch 10.42; 2 Ti 4.1.   [c] **4.8** Pr 10.12.   [d] **4.10** 1 Co 4.1-2.   [e] **4.11** Ro 12.6-7; Col 3.17.
[f] **4.14** Mt 5.11; cf. Hch 5.41; 9.16.   [g] **4.18** Pr 11.31 (gr.).   [a] **5.2** Jn 21.15-17.   [b] **5.4** Heb 13.20.
[c] **5.5** Pr 3.34 (gr.).   [d] **5.6** Mt 23.12; Lc 14.11; 18.14; Stg 4.10.   [e] **5.7** Sal 55.22; cf. Mt 6.25-34.
[f] **5.8** 1 Ts 5.6; cf. Mt 24.42; Ro 13.11.   [g] **5.9** Stg 4.7.

¹²Por conducto de Silvano,ʰ a quien tengo por hermano fiel, os he escrito brevemente, amonestándoos y testificando que esta es la verdadera gracia de Dios, en la cual estáis.

¹³La iglesia que está en Babilonia, elegida juntamente con vosotros, y Marcosⁱ mi hijo, os saludan. ¹⁴Saludaos unos a otros con un beso de amor. Paz sea con todos vosotros los que estáis en Jesucristo. Amén.

ʰ **5.12** Hch 15.22,40. ⁱ **5.13** Hch 12.12,25; 13.13; 15.37-39; Flm 24.

Segunda Epístola Universal de
SAN PEDRO APÓSTOL

INTRODUCCIÓN

La Segunda epístola de san Pedro (=2 P) fue escrita para fortalecer la fe y la esperanza de los creyentes, y para ponerlos sobre aviso contra la infiltración en la iglesia de doctrinas erróneas y actitudes destructivas. Su remitente, que se identifica como «Simón Pedro, siervo y apóstol de Jesucristo» (1.1), se declara testigo presencial de la transfiguración del Señor (1.16-18) y autor de una carta anterior a la presente (3.1). Asimismo, en ella no se registra ningún nombre de ciudad de destino, ni se menciona persona alguna a la que estuviera dirigida la carta. Por eso debe entenderse que lo fue a un conjunto de iglesias de la "diáspora", formadas probablemente por judíos y gentiles convertidos. Tradicionalmente se ha pensado que esta epístola fue escrita entre los años 65 y 68, posiblemente en Roma.

Esta carta contiene frecuentes alusiones al AT, aunque no citas directas (2 P 2.5-7, cf. Gn 6.1—7.24 y 19.1-16,24; 2 P 2.15-16, cf. Nm 22.4-35; 2 P 2.22, cf. Pr 26.11; 2 P 3.5, cf. Gn 1.6-8; 2 P 3.6, cf. Gn 7.11; 2 P 3.8, cf. Sal 90.4; 2 P 3.13, cf. Is 65.17 y 66.22).

Comienza el texto con un saludo (1.1-2) y una invitación a considerar «las preciosas y grandísimas promesas» que han sido hechas a los creyentes, para que lleguen «a ser partícipes de la naturaleza divina» (1.4). El capítulo 2, dedicado por entero al tema de las desviaciones doctrinales, parece redactado según el modelo de la Epístola de san Judas, escrita en fecha anterior. Véanse a este respecto los siguientes textos, cuyo paralelismo es evidente: 2 P 2.1, cf. Jud 4; 2 P 2.4, cf. Jud 6; 2 P 2.6, cf Jud 7; 2 P 2.10, cf. Jud 8; 2 P 2.11, cf. Jud 9; 2 P 2.12, cf. Jud 10; 2 P 2.13, cf. Jud 12; 2 P 2.17, cf. Jud 12-13; 2 P 2.18, cf. Jud 16; 2 P 3.2, cf. Jud 17; 2 P 3.3, cf. Jud 18.

En el capítulo 3 se considera un asunto que fue causa de preocupación entre los cristianos de la época: lo que les parecía ser un retraso inexplicable de la segunda venida del Señor. A fin de ayudar a las iglesias a vencer el desaliento y a recuperar la confianza, el autor recuerda a sus lectores que las medidas humanas del tiempo y de las cosas no son las mismas de Dios (3.8,10,13-14); y que Jesucristo, a quien y en quien la iglesia espera, es la clave definitiva del misterio de nuestra existencia y del plan de eterna salvación del ser humano (3.9,15a).

Esquema del contenido

Salutación (1.1-2)
Partícipes de la naturaleza divina (1.3-15)
Testigos presenciales de la gloria de Cristo (1.16-21)
Falsos profetas y falsos maestros (cap. 2)
El día del Señor vendrá (3.1-18)

Salutación

1 ¹ Simón Pedro, siervo y apóstol de Jesucristo, a los que habéis alcanzado, por la justicia de nuestro Dios y Salvador Jesucristo, una fe igualmente preciosa que la nuestra: ² Gracia y paz os sean multiplicadas, en el conocimiento de Dios y de nuestro Señor Jesús.

Partícipes de la naturaleza divina

³ Todas las cosas que pertenecen a la vida y a la piedad nos han sido dadas por su divino poder, mediante el conocimiento de aquel que nos llamó por su gloria y excelencia; ⁴ por medio de estas cosas nos ha dado preciosas y grandísimas promesas, para que por ellas lleguéis a ser partícipes de la naturaleza divina, habiendo huido de la corrupción que hay en el mundo a causa de las pasiones. ⁵ Por esto mismo, poned toda diligencia en añadir a vuestra fe virtud; a la virtud, conocimiento; ⁶ al conocimiento, dominio propio; al dominio propio, paciencia; a la paciencia, piedad; ⁷ a la piedad, afecto fraternal; y al afecto fraternal, amor.

⁸ Si tenéis estas cosas y abundan en vosotros, no os dejarán estar ociosos ni sin fruto en cuanto al conocimiento de nuestro Señor Jesucristo. ⁹ Pero el que no tiene estas cosas es muy corto de vista; está ciego, habiendo olvidado la purificación de sus antiguos pecados. ¹⁰ Por lo cual, hermanos, tanto más procurad hacer firme vuestra vocación y elección, porque haciendo estas cosas, jamás caeréis. ¹¹ De esta manera os será otorgada amplia y generosa entrada en el reino eterno de nuestro Señor y Salvador Jesucristo.

¹² Por esto, yo no dejaré de recordaros siempre estas cosas, aunque vosotros las sepáis y estéis confirmados en la verdad presente. ¹³ Tengo por justo, en tanto que estoy en este cuerpo, el despertaros con amonestación, ¹⁴ sabiendo que en breve debo abandonar el cuerpo, como nuestro Señor Jesucristo me ha declarado. ¹⁵ También yo procuraré con diligencia que, después de mi partida, vosotros podáis en todo momento tener memoria de estas cosas.

Testigos presenciales de la gloria de Cristo

¹⁶ No os hemos dado a conocer el poder y la venida de nuestro Señor Jesucristo siguiendo fábulas artificiosas, sino como habiendo visto con nuestros propios ojos su majestad, ¹⁷ pues cuando él recibió de Dios Padre honra y gloria, le fue enviada desde la magnífica gloria una voz que decía: «Este es mi Hijo amado, en el cual tengo complacencia».ᵃ ¹⁸ Y nosotros oímos esta voz enviada del cielo, cuando estábamos con él en el monte santo.ᵇ

¹⁹ Tenemos también la palabra profética más segura, a la cual hacéis bien en estar atentos como a una antorcha que alumbra en lugar oscuro, hasta que el día amanezca y el lucero de la mañana salga en vuestros corazones. ²⁰ Pero ante todo entended que ninguna profecía de la Escritura es de interpretación privada, ²¹ porque nunca la profecía fue traída por voluntad humana, sino que los santos hombres de Dios hablaron siendo inspirados por el Espíritu Santo.ᶜ

Falsos profetas y falsos maestros
(Jud 3-16)

2 ¹ Hubo también falsos profetas entre el pueblo,ᵃ como habrá entre vosotros falsos maestros que introducirán encubiertamente herejías destructoras y hasta negarán al Señor que los rescató, atrayendo sobre sí mismos destrucción repentina. ² Y muchos seguirán su libertinaje, y por causa de ellos, el camino de la verdad será blasfemado. ³ Llevados por avaricia harán mercadería de vosotros con palabras fingidas. Sobre los tales ya hace tiempo la condenación los amenaza y la perdición los espera.

⁴ Dios no perdonó a los ángeles que pecaron, sino que los arrojó al infierno y los entregó a prisiones de oscuridad, donde están reservados para el juicio. ⁵ Tampoco perdonó al mundo antiguo, sino que guardó a Noé, pregonero de justicia, con otras siete personas, y trajo el diluvio sobre el mundo de los impíos.ᵇ ⁶ También condenó por destrucción a las ciudades

---

ᵃ **1.17** Mt 3.17. ᵇ **1.17-18** Mt 17.1-5; Mc 9.2-7; Lc 9.28-35. ᶜ **1.21** 2 Ti 3.16; 1 P 1.11.
ᵃ **2.1** Dt 13.1-5; Mt 24.11. ᵇ **2.5** Gn 6.5—7.24; 8.18; 2 P 3.6. Cf. 1 P 3.20.

de Sodoma y de Gomorra, reduciéndolas a ceniza[c] y poniéndolas de ejemplo a los que habían de vivir impíamente. [7] Pero libró al justo Lot, abrumado por la conducta pervertida de los malvados,[d] [8] (pues este justo, que habitaba entre ellos, afligía cada día su alma justa viendo y oyendo los hechos inicuos de ellos).

[9] El Señor sabe librar de tentación a los piadosos, y reservar a los injustos para ser castigados en el día del juicio; [10] y mayormente a aquellos que, siguiendo la carne, andan en placeres e inmundicia, y desprecian el señorío.[e] Atrevidos y obstinados, no temen decir mal de los poderes superiores, [11] mientras que los ángeles, que son mayores en fuerza y en poder, no pronuncian juicio de maldición contra ellos delante del Señor.

[12] Esos hombres, hablando mal de cosas que no entienden, como animales irracionales nacidos para presa y destrucción, perecerán en su propia perdición,[f] [13] recibiendo la recompensa de su injusticia, ya que tienen por delicia el gozar de deleites cada día. Estos son inmundicias y manchas, quienes aun mientras comen con vosotros se recrean en sus errores. [14] Tienen los ojos llenos de adulterio, no se sacian de pecar, seducen a las almas inconstantes, tienen el corazón habituado a la codicia y son hijos de maldición. [15] Han dejado el camino recto y se han extraviado siguiendo el camino de Balaam hijo de Beor, el cual amó el premio de la maldad [16] y fue reprendido por su iniquidad, pues una muda bestia de carga, hablando con voz de hombre, refrenó la locura del profeta.[g]

[17] Esos hombres son fuentes sin agua y nubes empujadas por la tormenta, para quienes la más densa oscuridad está reservada para siempre. [18] Hablando palabras infladas y vanas, seducen con pasiones de la carne y vicios a los que verdaderamente habían huido de los que viven en error. [19] Les prometen libertad, y son ellos mismos esclavos de corrupción, pues el que es vencido por alguno es hecho esclavo del que lo venció.[h] [20] Ciertamente, si habiéndose ellos escapado de las contaminaciones del mundo por el conocimiento del Señor y Salvador Jesucristo, enredándose otra vez en ellas son vencidos, su último estado viene a ser peor que el primero.[i] [21] Mejor les hubiera sido no haber conocido el camino de la justicia que, después de haberlo conocido, volverse atrás del santo mandamiento que les fue dado. [22] Pero les ha acontecido lo que con verdad dice el proverbio: «El perro vuelve a su vómito,[j] y la puerca lavada a revolcarse en el cieno».

El día del Señor vendrá

3 [1] Amados, esta es la segunda carta que os escribo. En ambas despierto con exhortación vuestro limpio entendimiento, [2] para que tengáis memoria de las palabras que antes han sido dichas por los santos profetas, y del mandamiento del Señor y Salvador, dado por vuestros apóstoles.

[3] Sabed ante todo que en los últimos días vendrán burladores, andando según sus propias pasiones[a] [4] y diciendo: «¿Dónde está la promesa de su advenimiento? Porque desde el día en que los padres durmieron, todas las cosas permanecen así como desde el principio de la creación». [5] Estos ignoran voluntariamente que en el tiempo antiguo fueron hechos por la palabra de Dios los cielos y también la tierra, que proviene del agua y por el agua subsiste,[b] [6] por lo cual el mundo de entonces pereció anegado en agua.[c]

[7] Pero los cielos y la tierra que existen ahora están reservados por la misma palabra, guardados para el fuego en el día del juicio y de la perdición de los hombres impíos.

[8] Pero, amados, no ignoréis que, para el Señor, un día es como mil años y mil años como un día.[d] [9] El Señor no retarda su promesa, según algunos la tienen por tardanza, sino que es paciente para con nosotros, no queriendo que ninguno perezca, sino que todos procedan al arrepentimiento.[e] [10] Pero el día del Señor

---

[c] **2.6** Gn 19.24; Jud 7. [d] **2.7** Gn 19.1-16,29. [e] **2.10** Jud 8. [f] **2.12** Jud 10. [g] **2.15-16** Nm 22.4-35; Jud 11; cf. Ap 2.14. [h] **2.19** Jn 8.34; Ro 6.6,16. [i] **2.20** Mt 12.43-45. [j] **2.22** Pr 26.11.
[a] **3.3** Jud 18. Cf. 1 Ti 4.1; 2 Ti 3.1-5. [b] **3.5** Gn 1.6-8; Sal 24.2. [c] **3.6** Gn 7.11-22; 2 P 2.5.
[d] **3.8** Sal 90.4. [e] **3.9** Ez 18.23; 33.11; 1 Ti 2.4.

vendrá como ladrón en la noche.[f] Entonces los cielos pasarán con gran estruendo, los elementos ardiendo serán deshechos y la tierra y las obras que en ella hay serán quemadas.[g]

[11] Puesto que todas estas cosas han de ser deshechas, ¡cómo no debéis vosotros andar en santa y piadosa manera de vivir, [12] esperando y apresurándoos para la venida del día de Dios, en el cual los cielos, encendiéndose, serán deshechos, y los elementos, siendo quemados, se fundirán! [13] Pero nosotros esperamos, según sus promesas, cielos nuevos y tierra nueva, en los cuales mora la justicia.[h]

[14] Por eso, amados, estando en espera de estas cosas, procurad con diligencia ser hallados por él sin mancha e irreprochables, en paz.[i] [15] Y tened entendido que la paciencia de nuestro Señor es para salvación; como también nuestro amado hermano Pablo, según la sabiduría que le ha sido dada, os ha escrito [16] en casi todas sus epístolas, hablando en ellas de estas cosas; entre las cuales hay algunas difíciles de entender, las cuales los indoctos e inconstantes tuercen (como también las otras Escrituras) para su propia perdición.

[17] Así que vosotros, amados, sabiéndolo de antemano, guardaos, no sea que arrastrados por el error de los inicuos caigáis de vuestra firmeza. [18] Antes bien, creced en la gracia y el conocimiento de nuestro Señor y Salvador Jesucristo. A él sea gloria ahora y hasta el día de la eternidad. Amén.

[f] **3.10** Mt 24.43; Lc 12.39; 1 Ts 5.2,4; Ap 16.15.   [g] **3.10** Is 34.4; Ap 6.13-14.   [h] **3.13** Is 65.17; 66.22; Ap 21.1,27.   [i] **3.14** Jud 24-25.

Primera Epístola Universal de
SAN JUAN APÓSTOL

INTRODUCCIÓN

Desde un punto de vista estrictamente literario, la Primera epístola de san Juan (=1 Jn) podría clasificarse como un sermón o un discurso teológico. La razón es la ausencia en ella de toda mención de autor, destinatario, encabezamiento, saludos y despedida. Sin embargo, desde los primeros tiempos del cristianismo se ha reconocido que este documento es, si no una misiva personal propiamente dicha, sí una especie de carta pastoral dirigida al conjunto de los miembros de algunas iglesias residentes en lugares próximos unos de otros. Ya sea que se entienda como sermón o como carta, lo cierto es que 1 Juan está muy cerca del evangelio de Juan, tanto por razones de redacción como por la ternura con que también ella llega al lector, por ese acento cálido tan claramente perceptible en expresiones como «hijitos» o «hijitos míos» y en los frecuentes apuntes «os escribo» y «os escribo a vosotros».

El vocabulario y las locuciones de esta epístola evocan en el lector el lenguaje del cuarto evangelio. También se aproximan la carta y el evangelio en el uso de determinados conceptos e imágenes, presentados a menudo en forma de antítesis: luz-tinieblas (1.5-7; 2.8-11; cf. Jn 1.5; 8.12; etc.), verdad-mentira (1.6,8; 2.21; cf. Jn 8.44), vida-muerte (3.14; 5.12; cf. Jn 5.24-25), hijos de Dios-hijos del diablo (3.10; cf. Jn 8.44). Igualmente es característico de la epístola y del evangelio el uso de la palabra «verbo» para referirse al Hijo de Dios hecho hombre (1.1; cf. Jn 1.1-5,14).

La reiteración de ciertos elementos temáticos en la epístola revela uno de los motivos básicos del escrito: la inquietud del autor ante la presencia de algunas personas extrañas que en diferentes lugares estaban perturbando la fe y la comunión de los creyentes. Probablemente se trataba de algunas enseñanzas que, bajo el nombre genérico de «gnosticismo», comenzaban por entonces a infiltrarse en círculos cristianos de Asia Menor.

Contra los «anticristos», esos falsos profetas que niegan la divinidad de Jesús y su misión redentora, Juan exhorta a los cristianos a permanecer en la relación de amor y vida que es la comunión con Dios, hecha posible por Jesucristo (1.7—2.2) y concretada en la realidad inmediata del amor fraternal (2.9-11; 3.9-12; 4.7-8).

Esquema del contenido

Prólogo: El Verbo de vida (1.1-4)
1. La verdadera luz ya alumbra (1.5—2.29)
2. Somos hijos de Dios (3.1—4.6)
3. Él nos amó primero (4.7—5.12)
Epílogo: El conocimiento de la vida eterna (5.13-21)

---

1 ¹Lo que era desde el principio,ᵃ lo que hemos oído, lo que hemos visto con nuestros ojos, lo que hemos contemplado y palparon nuestras manos tocante al Verbo de vidaᵇ ²—pues la vida fue manifestada y la hemos visto,ᶜ y testificamos y os anunciamos la vida eterna, la cual estaba con el Padre y se nos manifestó—, ³lo que hemos visto y oído, eso os anunciamos, para que también vosotros tengáis comunión

ᵃ **1.1** Jn 1.1.   ᵇ **1.1** Jn 1.4; 6.68.   ᶜ **1.2** Jn 1.14,18; 14.6.

con nosotros; y nuestra comunión verdaderamente es con el Padre y con su Hijo Jesucristo. ⁴Estas cosas os escribimos para que vuestro gozo sea completo.*d*

Dios es luz

⁵Este es el mensaje que hemos oído de él y os anunciamos: Dios es luz y no hay ningunas tinieblas en él. ⁶Si decimos que tenemos comunión con él y andamos en tinieblas, mentimos y no practicamos la verdad. ⁷Pero si andamos en luz, como él está en luz,*e* tenemos comunión unos con otros y la sangre de Jesucristo, su Hijo,*f* nos limpia de todo pecado.*g*

⁸Si decimos que no tenemos pecado, nos engañamos a nosotros mismos y la verdad no está en nosotros. ⁹Si confesamos nuestros pecados,*h* él es fiel y justo para perdonar nuestros pecados y limpiarnos de toda maldad. ¹⁰Si decimos que no hemos pecado, lo hacemos a él mentiroso y su palabra no está en nosotros.*i*

Cristo, nuestro abogado

2 ¹Hijitos míos, estas cosas os escribo para que no pequéis.*a* Pero si alguno ha pecado, abogado*b* tenemos para con el Padre, a Jesucristo, el justo. ²Él es la propiciación por nuestros pecados, y no solamente por los nuestros, sino también por los de todo el mundo.

³En esto sabemos que nosotros lo conocemos,*c* si guardamos sus mandamientos. ⁴El que dice: «Yo lo conozco», pero no guarda sus mandamientos, el tal es mentiroso y la verdad no está en él. ⁵Pero el que guarda su palabra, en ese verdaderamente el amor de Dios se ha perfeccionado; por esto sabemos que estamos en él. ⁶El que dice que permanece en él, debe andar como él anduvo.*d*

El nuevo mandamiento

⁷Hermanos, no os escribo un mandamiento nuevo,*e* sino el mandamiento antiguo que habéis tenido desde el principio. Este mandamiento antiguo es la palabra

que habéis oído desde el principio. ⁸Y, sin embargo, os escribo un mandamiento nuevo, que es verdadero en él y en vosotros, porque las tinieblas van pasando y la luz verdadera ya alumbra.*f*

⁹El que dice que está en la luz y odia a su hermano, está todavía en tinieblas. ¹⁰El que ama a su hermano, permanece en la luz y en él no hay tropiezo. ¹¹Pero el que odia a su hermano está en tinieblas y anda en tinieblas, y no sabe a dónde va, porque las tinieblas le han cegado los ojos.*g*

¹² Os escribo a vosotros, hijitos,
porque vuestros pecados os han
sido perdonados por su
nombre.
¹³ Os escribo a vosotros, padres,
porque conocéis al que es desde el
principio.
Os escribo a vosotros, jóvenes,
porque habéis vencido al maligno.
Os escribo a vosotros, hijitos,
porque habéis conocido al Padre.
¹⁴ Os he escrito a vosotros, padres,
porque habéis conocido al que es
desde el principio.
Os he escrito a vosotros, jóvenes,
porque sois fuertes
y la palabra de Dios permanece en
vosotros,
y habéis vencido al maligno.

¹⁵No améis al mundo ni las cosas que están en el mundo. Si alguno ama al mundo, el amor del Padre no está en él,*h* ¹⁶porque nada de lo que hay en el mundo —los deseos de la carne, los deseos de los ojos y la vanagloria de la vida— proviene del Padre, sino del mundo. ¹⁷Y el mundo pasa, y sus deseos, pero el que hace la voluntad de Dios permanece para siempre.

El anticristo

¹⁸Hijitos, ya es el último tiempo. Según vosotros oísteis que el Anticristo viene, así ahora han surgido muchos anticristos; por esto conocemos que es el último tiempo. ¹⁹Salieron de nosotros, pero no eran de nosotros, porque si hubieran sido de nosotros,

---

*d***1.4** Jn 15.11; 16.24; 17.13. *e***1.7** Jn 12.35-36. *f***1.7** Ef 1.7; 1 P 1.2. *g***1.7** Heb 9.14; Ap 7.14. *h***1.9** Sal 32.5; Pr 28.13; Stg 5.16. *i***1.10** Pr 20.9; Ec 7.20. *a***2.1** Ro 6.11-14. *b***2.1** Ro 8.34; Heb 7.25. *c***2.3** Jn 14.15,21,23. *d***2.6** Jn 13.15; cf. 1 P 2.21. *e***2.7** Jn 13.31. *f***2.8** Jn 1.45. *g***2.10-11** Jn 11.9-10; 12.35-36. *h***2.15** Ro 8.7; Stg 4.4.

habrían permanecido con nosotros; pero salieron para que se manifestara que no todos son de nosotros.

²⁰ Vosotros tenéis la unción del Santo y conocéis todas las cosas.[i] ²¹ Os he escrito, no porque seáis ignorantes de la verdad, sino porque la conocéis, y porque ninguna mentira procede de la verdad. ²² ¿Quién es el mentiroso, sino el que niega que Jesús es el Cristo? Este es el anticristo, pues niega al Padre y al Hijo. ²³ Todo aquel que niega al Hijo, tampoco tiene al Padre. El que confiesa al Hijo tiene también al Padre.[j]

²⁴ Lo que habéis oído desde el principio, permanezca en vosotros. Si lo que habéis oído desde el principio permanece en vosotros, también vosotros permaneceréis en el Hijo y en el Padre. ²⁵ Y esta es la promesa que él nos hizo: la vida eterna.

²⁶ Os he escrito esto sobre los que os engañan. ²⁷ Pero la unción que vosotros recibisteis de él permanece en vosotros y no tenéis necesidad de que nadie os enseñe; así como la unción misma os enseña todas las cosas,[k] y es verdadera, y no es mentira, según ella os ha enseñado, permaneced en él.

²⁸ Ahora, hijitos, permaneced en él, para que cuando se manifieste, tengamos confianza, para que en su venida no nos alejemos de él avergonzados. ²⁹ Si sabéis que él es justo, sabed también que todo el que hace justicia es nacido de él.

Hijos de Dios

3 ¹ Mirad cuál amor nos ha dado el Padre, para que seamos llamados hijos de Dios;[a] por esto el mundo no nos conoce, porque no lo conoció a él.[b] ² Amados, ahora somos hijos de Dios y aún no se ha manifestado lo que hemos de ser; pero sabemos que cuando él se manifieste, seremos semejantes a él, porque lo veremos tal como él es.[c] ³ Y todo aquel que tiene esta esperanza en él, se purifica a sí mismo, así como él es puro.

⁴ Todo aquel que comete pecado, infringe también la Ley, pues el pecado es infracción de la Ley. ⁵ Y sabéis que él apareció para quitar nuestros pecados,[d] y no hay pecado en él.[e] ⁶ Todo aquel que permanece en él, no peca. Todo aquel que peca, no lo ha visto ni lo ha conocido. ⁷ Hijitos, nadie os engañe; el que hace justicia es justo, como él es justo. ⁸ El que practica el pecado es del diablo, porque el diablo peca desde el principio.[f] Para esto apareció el Hijo de Dios, para deshacer las obras del diablo.[g]

⁹ Todo aquel que es nacido de Dios no practica el pecado, porque la simiente de Dios permanece en él; y no puede pecar, porque es nacido de Dios. ¹⁰ En esto se manifiestan los hijos de Dios y los hijos del diablo: todo aquel que no hace justicia y que no ama a su hermano, no es de Dios.

¹¹ Este es el mensaje que habéis oído desde el principio: que nos amemos unos a otros.[h] ¹² No como Caín, que era del maligno y mató a su hermano.[i] ¿Y por qué causa lo mató? Porque sus obras eran malas y las de su hermano, justas.

¹³ Hermanos míos, no os extrañéis si el mundo os odia. ¹⁴ Nosotros sabemos que hemos pasado de muerte a vida,[j] porque amamos a los hermanos. El que no ama a su hermano permanece en muerte. ¹⁵ Todo aquel que odia a su hermano es homicida y sabéis que ningún homicida tiene vida eterna permanente en él. ¹⁶ En esto hemos conocido el amor, en que él puso su vida por nosotros;[k] también nosotros debemos poner nuestras vidas por los hermanos. ¹⁷ Pero el que tiene bienes de este mundo y ve a su hermano tener necesidad y cierra contra él su corazón, ¿cómo mora el amor de Dios en él? ¹⁸ Hijitos míos, no amemos de palabra ni de lengua, sino de hecho y en verdad.[l]

¹⁹ En esto conocemos que somos de la verdad, y aseguraremos nuestros corazones delante de él, ²⁰ pues si nuestro corazón nos reprende, mayor que nuestro corazón es Dios, y él sabe todas las cosas.[m] ²¹ Amados, si nuestro corazón no

[i] **2.20** 1 Co 2.10-16. [j] **2.23** Jn 5.23. [k] **2.27** Jn 14.26; 16.13. [a] **3.1** Jn 1.12-13; Gl 4.5-7.
[b] **3.1** Jn 16.3; 17.25. [c] **3.2** Col 3.4. [d] **3.5** Jn 1.29; cf. 1 P 2.24. [e] **3.5** Jn 8.46; 1 P 2.22; cf. 2 Co 5.21;
Heb 4.15; 7.26. [f] **3.8** Jn 8.44. [g] **3.8** Heb 2.14. [h] **3.11** Jn 13.34; 15.12. [i] **3.12** Gn 4.8; Heb 11.4.
[j] **3.14** Jn 5.24. [k] **3.16** Jn 10.11; 15.13; Gl 2.20. [l] **3.17-18** Dt 15.7-8; Stg 1.22; 2.14-17.
[m] **3.20** Sal 7.9; 139.1-12.

nos reprende, confianza tenemos en Dios; [22] y cualquiera cosa que pidamos la recibiremos de él, porque guardamos sus mandamientos y hacemos las cosas que son agradables delante de él.[n] [23] Y este es su mandamiento: que creamos en el nombre de su Hijo Jesucristo y nos amemos unos a otros como nos lo ha mandado.[ñ] [24] El que guarda sus mandamientos permanece en Dios, y Dios en él. Y en esto sabemos que él permanece en nosotros, por el Espíritu que nos ha dado.[o]

El Espíritu de Dios y el espíritu del anticristo

4 [1] Amados, no creáis a todo espíritu, sino probad los espíritus si son de Dios, porque muchos falsos profetas han salido por el mundo. [2] En esto conoced el Espíritu de Dios: todo espíritu que confiesa que Jesucristo ha venido en carne,[a] es de Dios; [3] y todo espíritu que no confiesa que Jesucristo ha venido en carne, no es de Dios; y este es el espíritu del Anticristo, el cual vosotros habéis oído que viene, y que ahora ya está en el mundo.[b]

[4] Hijitos, vosotros sois de Dios y los habéis vencido, porque mayor es el que está en vosotros que el que está en el mundo.[c] [5] Ellos son del mundo; por eso hablan de las cosas del mundo y el mundo los oye.[d] [6] Nosotros somos de Dios. El que conoce a Dios, nos oye;[e] el que no es de Dios, no nos oye. En esto conocemos el espíritu de verdad[f] y el espíritu de error.

Dios es amor

[7] Amados, amémonos unos a otros, porque el amor es de Dios. Todo aquel que ama es nacido de Dios y conoce a Dios. [8] El que no ama no ha conocido a Dios, porque Dios es amor. [9] En esto se mostró el amor de Dios para con nosotros: en que Dios envió a su Hijo unigénito al mundo para que vivamos por él. [10] En esto consiste el amor: no en que nosotros hayamos amado a Dios, sino en

que él nos amó a nosotros y envió a su Hijo en propiciación por nuestros pecados.[g]

[11] Amados, si Dios así nos ha amado, también debemos amarnos unos a otros. [12] Nadie ha visto jamás a Dios.[h] Si nos amamos unos a otros, Dios permanece en nosotros y su amor se ha perfeccionado en nosotros. [13] En esto conocemos que permanecemos en él y él en nosotros, en que nos ha dado de su Espíritu.[i] [14] Y nosotros hemos visto y testificamos que el Padre ha enviado al Hijo, el Salvador del mundo.[j] [15] Todo aquel que confiese que Jesús es el Hijo de Dios, Dios permanece en él y él en Dios. [16] Y nosotros hemos conocido y creído el amor que Dios tiene para con nosotros. Dios es amor, y el que permanece en amor permanece en Dios y Dios en él. [17] En esto se ha perfeccionado el amor en nosotros, para que tengamos confianza en el día del juicio, pues como él es, así somos nosotros en este mundo. [18] En el amor no hay temor,[k] sino que el perfecto amor echa fuera el temor, porque el temor lleva en sí castigo. De donde el que teme, no ha sido perfeccionado en el amor.

[19] Nosotros lo amamos a él porque él nos amó primero. [20] Si alguno dice: «Yo amo a Dios», pero odia a su hermano, es mentiroso, pues el que no ama a su hermano a quien ha visto, ¿cómo puede amar a Dios a quien no ha visto? [21] Y nosotros tenemos este mandamiento de él: «El que ama a Dios, ame también a su hermano».[l]

La fe que vence al mundo

5 [1] Todo aquel que cree que Jesús es el Cristo es nacido de Dios;[a] y todo aquel que ama al que engendró ama también al que ha sido engendrado por él. [2] En esto conocemos que amamos a los hijos de Dios, cuando amamos a Dios y guardamos sus mandamientos, [3] pues este es el amor a Dios: que guardemos sus mandamientos; y sus mandamientos[b] no son gravosos,[c] [4] porque todo lo que es nacido

[n] **3.22** Jn 14.13-14; 15.7,16; 16.23-24. [ñ] **3.23** Jn 13.34; 15.12,17. [o] **3.24** Ro 5.5; 8.14-16; 1 Co 2.10-12. [a] **4.2** Jn 1.14. [b] **4.1-3** Mt 7.15; 2 Jn 7. [c] **4.4** Es decir, el diablo. 1 Jn 3.10; cf. Jn 12.31; 14.30. [d] **4.5** Jn 15.19. [e] **4.6** Jn 8.47; 18.37. [f] **4.6** Jn 14.16-17. [g] **4.9-10** Jn 3.16-17; Ro 8.32; Gl 1.4; 2.20. [h] **4.12** Jn 1.18. [i] **4.13** Ro 8.9; 1 Jn 3.24. [j] **4.14** Jn 3.17. [k] **4.18** Ro 8.15; 2 Ti 1.7. [l] **4.21** Mt 22.37-39; Mc 12.29-31. [a] **5.1** Jn 20.31. [b] **5.3** Jn 14.15; 2 Jn 6. [c] **5.3** Mt 11.30; cf. Dt 30.11.

de Dios vence al mundo; y esta es la victoria que ha vencido al mundo, nuestra fe. ⁵ ¿Quién es el que vence al mundo, sino el que cree que Jesús es el Hijo de Dios?

El testimonio del Espíritu

⁶ Este es Jesucristo, que vino mediante agua y sangre; no mediante agua solamente, sino mediante agua y sangre. Y el Espíritu es el que da testimonio, porque el Espíritu es la verdad. ⁷ Tres son los que dan testimonio en el cielo: el Padre, el Verbo y el Espíritu Santo; y estos tres son uno. ⁸ Y tres son los que dan testimonio en la tierra: el Espíritu, el agua y la sangre; y estos tres concuerdan. ⁹ Si recibimos el testimonio de los hombres, mayor es el testimonio de Dios, porque este es el testimonio con que Dios ha testificado acerca de su Hijo. ¹⁰ El que cree en el Hijo de Dios tiene el testimonio en sí mismo; el que no cree a Dios, lo ha hecho mentiroso, porque no ha creído en el testimonio que Dios ha dado acerca de su Hijo. ¹¹ Y este es el testimonio: que Dios nos ha dado vida eterna y esta vida está en su Hijo.ᵈ ¹² El que tiene al Hijo tiene la vida; el que no tiene al Hijo de Dios no tiene la vida.ᵉ

¹³ Estas cosas os he escrito a vosotros que creéis en el nombre del Hijo de Dios, para que sepáis que tenéis vida eterna y para que creáis en el nombre del Hijo de Dios.ᶠ

¹⁴ Esta es la confianza que tenemos en él, que si pedimos alguna cosa conforme a su voluntad, él nos oye. ¹⁵ Y si sabemos que él nos oye en cualquiera cosa que pidamos, sabemos que tenemos las peticiones que le hayamos hecho.ᵍ

¹⁶ Si alguno ve a su hermano cometer pecado que no sea de muerte, pedirá, y Dios le dará vida; esto es para los que cometen pecado que no sea de muerte. Hay pecado de muerte, por el cual yo no digo que se pida. ¹⁷ Toda injusticia es pecado, pero hay pecado no de muerte.

¹⁸ Sabemos que todo aquel que ha nacido de Dios no practica el pecado, pues Aquel que fue engendrado por Dios lo guarda y el maligno no lo toca. ¹⁹ Sabemos que somos de Dios, y el mundo entero está bajo el maligno.ʰ ²⁰ Pero sabemos que el Hijo de Dios ha venido y nos ha dado entendimiento para conocer al que es verdadero; y estamos en el verdadero, en su Hijo Jesucristo. Este es el verdadero Dios y la vida eterna.ⁱ

²¹ Hijitos, guardaos de los ídolos. Amén.

ᵈ **5.11** Jn 1.4; 14.6. ᵉ **5.12** Jn 3.36. ᶠ **5.13** Jn 20.31. ᵍ **5.14-15** Mt 7.7-11; Lc 11.9-13; Jn 14.13; 15.7,16; 16.23-24; 1 Jn 3.21-22. ʰ **5.19** Jn 12.31; 14.30; 2 Co 4.4. ⁱ **5.20** Jn 17.3.

Segunda Epístola de
SAN JUAN APÓSTOL

INTRODUCCIÓN

La Segunda epístola de san Juan (=2 Jn) pertenece al género epistolar, común en el mundo grecolatino de la época. En ella se consigna quién es su remitente y quién su destinatario, y se incluyen saludos personales al comienzo y al final del texto.

Sin embargo, en el presente caso el autor prefiere silenciar su propio nombre e identificarse simplemente como «el anciano» (v. 1; cf. 3 Jn 1). Del mismo modo, sin aportar seña alguna de identidad, dirige la carta a una cierta «señora elegida y a sus hijos» (v. 1,5), designación que probablemente no corresponda a una dama y su familia en particular, sino a toda una comunidad cristiana: quizás a alguno de los pequeños núcleos surgidos no lejos de la gran ciudad de Éfeso, en la provincia romana de Asia, durante la última década del primer siglo.

El título de «anciano» («presbítero» en griego) que se da el autor de 2 Juan, puede significar tanto que tenía edad avanzada en el momento de redactarla como que era ministro o dirigente de la iglesia. En uno u otro caso, lo cierto es que en este «anciano» se ha visto tradicionalmente al apóstol Juan, a quien se ha atribuido la autoría de las tres epístolas juaninas.

El propósito de 2 Juan es prevenir a un grupo de creyentes sobre las enseñanzas de ciertos «engañadores», falsos maestros que andaban predicando doctrinas contrarias a la divinidad de Jesucristo, negando la encarnación del Hijo de Dios y haciéndose acreedores a la calificación de «anticristos» (v. 7).

Frente a la actuación de tales personas, Juan exhorta a los cristianos a permanecer firmes en la verdad y a mantenerse unidos por el vínculo del amor, que es el mandamiento dado por Dios «desde el principio» (v. 4-6). Al perseverar en la «doctrina de Cristo», el creyente «tiene al Padre y al Hijo» (v. 9), es decir, está en comunión con Dios.

Esquema del contenido

Salutación (1–3)
Permaneced en la doctrina de Cristo (4–11)
Espero ir a vosotros (12–13)

Salutación

[1] El Anciano, a la señora elegida y a sus hijos, a quienes yo amo en la verdad; y no solo yo, sino también todos los que han conocido la verdad, [2] a causa de la verdad que permanece en nosotros y estará para siempre con nosotros: [3] Sea con vosotros gracia, misericordia y paz, de Dios Padre y del Señor Jesucristo, Hijo del Padre, en verdad y en amor.

Permaneced en la doctrina de Cristo

[4] Mucho me regocijé porque he hallado a algunos de tus hijos andando en la verdad,[a] conforme al mandamiento que recibimos del Padre. [5] Y ahora te ruego, señora, no como escribiéndote un nuevo mandamiento, sino el que hemos tenido desde el principio, que nos amemos unos a otros.[b,c] [6] Y este es el amor: que andemos según sus mandamientos. Este es el mandamiento:

[a] 4 3 Jn 3.   [b] 5 Jn 13.34; 15.12,17.   [c] 5 1 Jn 2.7; 3.11.

que andéis en amor, como vosotros habéis oído desde el principio.[d]

[7] Muchos engañadores han salido por el mundo, que no confiesan que Jesucristo ha venido en carne.[e] Quien esto hace es el engañador y el anticristo. [8] Mirad por vosotros mismos, para que no perdáis el fruto de vuestro trabajo, sino que recibáis la recompensa completa.

[9] Cualquiera que se extravía y no persevera en la doctrina de Cristo,[f] no tiene a Dios; el que persevera en la doctrina de Cristo, ese sí tiene al Padre y al Hijo. [10] Si alguno viene a vosotros y no trae esta doctrina, no lo recibáis en casa ni le digáis: «¡Bienvenido!», [11] porque el que le dice: «¡Bienvenido!» participa en sus malas obras.

Espero ir a vosotros

[12] Tengo muchas cosas que escribiros, pero no he querido hacerlo por medio de papel y tinta, pues espero ir a vosotros y hablar cara a cara, para que nuestro gozo sea completo.[g]

[13] Los hijos de tu hermana, la elegida, te saludan. Amén.

[d] 6 Jn 14.15,23-24; 1 Jn 5.3.   [e] 7 1 Jn 2.18,22-23; 4.1-3; cf. Mt 7.15.   [f] 9 1 Jn 2.22-24; 4.15.
[g] 12 3 Jn 13-14.

Tercera Epístola de
SAN JUAN APÓSTOL

INTRODUCCIÓN

La Tercera epístola de san Juan (=3 Jn) está dirigida a Gayo, un cristiano de quien se elogia la hospitalidad con que recibía a los predicadores y evangelistas que visitaban la iglesia de la cual era miembro, «especialmente a los desconocidos» (v. 5-6).

No es posible asegurar que este sea el mismo Gayo mencionado por Pablo en Ro 16.23 (cf. Hch 19.29; 1 Co 1.14), pues ese nombre era entonces bastante común; pero resulta notorio que Pablo y Juan, cada uno de por sí, destaquen en alguien llamado Gayo idéntica disposición de generosidad fraternal.

También se hace referencia en la epístola a otros dos personajes: Demetrio y Diótrefes. El autor comparte el buen juicio general que merece el primero, Demetrio (v. 12). En cambio, el segundo es severamente reprochado por las actitudes soberbias y tiránicas empleadas en el ejercicio de su ministerio (v. 9-10).

La despedida (v. 13-15) es semejante a la de 2 Juan. En ambas cartas y casi con las mismas palabras, el autor manifiesta el deseo de visitar pronto a sus lectores y tener la oportunidad de conversar con ellos «cara a cara» (v. 13-14; cf. 2 Jn 12).

Lo mismo que en 2 Jn, «el anciano» que escribe a Gayo (v. 1) nos oculta su propio nombre. Pero no cabe duda de que se trata de la misma persona, identificada con el apóstol Juan por la iglesia cristiana de todos los tiempos. Posiblemente remitió esta carta desde Éfeso al final del primer siglo.

Esquema del contenido

Salutación (1-3)
Elogio de la hospitalidad de Gayo (5-8)
La oposición de Diótrefes (9-10)
Buen testimonio acerca de Demetrio (11-12)
Salutaciones finales (13-15)

Salutación

¹El Anciano a Gayo,ª el amado, a quien amo en la verdad.

²Amado, yo deseo que tú seas prosperado en todas las cosas y que tengas salud, así como prospera tu alma. ³Mucho me regocijé cuando vinieron los hermanos y dieron testimonio de tu verdad, de cómo andas en la verdad.ᵇ ⁴No tengo yo mayor gozo que oir que mis hijos andan en la verdad.

Elogio de la hospitalidad de Gayo

⁵Amado, fielmente te conduces cuando prestas algún servicio a los hermanos, especialmente a los desconocidos, ⁶los cuales han dado ante la iglesia testimonio de tu amor; y harás bien en encaminarlos como es digno de su servicio a Dios, para que continúen su viaje, ⁷pues ellos salieron por amor del nombre de Él, sin aceptar nada de los gentiles. ⁸Nosotros, pues, debemos acoger a tales personas, para que cooperemos con la verdad.

La oposición de Diótrefes

⁹Yo he escritoᶜ a la iglesia; pero Diótrefes,ᵈ al cual le gusta tener el primer lugar entre ellos, no nos recibe. ¹⁰Por esta causa, si yo voy, recordaré las obras que hace profiriendo palabras malignas contra nosotros; y no contento con estas cosas, no recibe a los hermanos, y a los que quieren recibirlos se lo prohíbe y los expulsa de la iglesia.

Buen testimonio acerca de Demetrio

¹¹Amado, no imites lo malo, sino lo bueno.ᵉ El que hace lo bueno es de Dios, pero el que hace lo malo no ha visto a Dios.ᶠ ¹²Todos dan buen testimonio de Demetrio,ᵍ y aun la verdad misma; y también nosotros damos testimonio, y vosotros sabéis que nuestro testimonio es verdadero.

Salutaciones finales

¹³Yo tenía muchas cosas que escribirte, pero no quiero escribírtelas con tinta y pluma, ¹⁴porque espero verte en breve y hablaremos cara a cara.ʰ

¹⁵La paz sea contigo. Los amigos te saludan. Saluda tú a los amigos, a cada uno en particular.

ª1 Hch 19.29; Ro 16.23; 1 Co 1.14.   ᵇ3 2 Jn 4.   ᶜ9 No se conserva la carta anterior a esta que aquí se menciona.   ᵈ9 Dirigente de la *iglesia* a la que pertenecía Gayo o de una comunidad vecina.   ᵉ11 Heb 13.7.   ᶠ11 1 Jn 2.29; 3.9-10.   ᵍ12 Se puede suponer que este haya sido el portador de la carta.   ʰ13-14 2 Jn 12.

Epístola Universal de
SAN JUDAS APÓSTOL

INTRODUCCIÓN

La Epístola de san Judas (=Jud), aunque breve, tiene un fuerte carácter polémico. Revela en el autor un ánimo resuelto de hacer frente a «algunos hombres» indeseables, que solapadamente infiltraban en la iglesia enseñanzas contrarias al evangelio (v. 3,5-7,14-15,23). Ignoramos de qué personas se trata, o si estaban relacionadas con alguna doctrina conocida del pensamiento religioso de la época. Pero está claro que el autor de este texto no se refiere a un peligro meramente potencial, procedente del mundo pagano, sino a algo que había comenzado a dañar a la iglesia (o por lo menos, a la comunidad destinataria de la epístola); o sea, Judas advierte las consecuencias de confusión espiritual y relajamiento moral a que podían arrastrar a gentes sencillas las enseñanzas y el comportamiento de los falsos maestros contra quienes escribe.

Era un daño cuya gravedad acentuaba el hecho de que quienes lo causaban se llamaban cristianos: individuos que participaban en los ágapes fraternales de la congregación (v. 12), pero que, arrastrados por su propia sensualidad (v. 19), habían caído en el desenfreno. Por eso, Judas los tacha de «impíos, que convierten en libertinaje la gracia de Dios» (v. 4). Los acusa de negar a Dios como «el único soberano, y a nuestro Señor Jesucristo» (v. 4); de rechazar la autoridad y blasfemar «de las potestades superiores» (v. 8); de causar divisiones y de no tener el Espíritu de Dios (v. 19).

Judas apoya sus palabras con figuras y escenas del AT: Sodoma y Gomorra (v. 7; cf. Gn 19.1-24); el arcángel Miguel (v. 9; cf. Dn 10.13-21; 12.1); Caín, Balaam y Coré (v. 11; cf. Gn 4.3-8; Nm 22.1-35; 16.1-35), y «Enoc, séptimo desde Adán» (v. 14; cf. Gn 5.21-24). También hace alusión a algunas tradiciones judías no bíblicas (v. 6,9,14-15).

No se conocen datos históricos precisos relativos a este escrito, aparte de que el autor se identifica a sí mismo como «hermano de Jacobo» (v. 1). Por otra parte, la opinión más generalizada es que este Jacobo (o Santiago) era hermano del Señor, y que fue el autor de la Epístola de Santiago (cf. Mt 13.55; Mc 6.3; Gl 1.19; 2.9). De ser correcta esta presunción, Judas también era hermano de Jesús.

No se mencionan los primeros destinatarios de esta carta, que, en un griego de elevado nivel literario, fue redactada probablemente entre los años 70 y 75 d. C., en medios judíos radicados fuera de Palestina.

Esquema del contenido

Salutación (1–2)
Falsas doctrinas y falsos maestros (3–16)
Amonestaciones y exhortaciones (17–23)
Doxología (24–25) _____

Salutación

[1] Judas,[a] siervo de Jesucristo y hermano de Jacobo, a los llamados, santificados en Dios Padre y guardados en Jesucristo: [2] Misericordia, paz y amor os sean multiplicados.

Falsas doctrinas y falsos maestros[b]
(2 P 2.1-17)

[3] Amados, por el gran deseo que tenía de escribiros acerca de nuestra común salvación, me ha sido necesario escribiros para

---

[a] **1** Mt 13.55; Mc 6.3.   [b] **3-16** Esta sección tiene un gran parecido con 2 P 2.1-22.

exhortaros a que contendáis ardientemente por la fe que ha sido una vez dada a los santos, [4] porque algunos hombres han entrado encubiertamente, los que desde antes habían sido destinados para esta condenación, hombres impíos, que convierten en libertinaje la gracia de nuestro Dios y niegan a Dios, el único soberano, y a nuestro Señor Jesucristo.[c]

[5] Quiero recordaros, ya que una vez lo habéis sabido, que el Señor, habiendo salvado al pueblo sacándolo de Egipto,[d] después destruyó a los que no creyeron.[e] [6] Y a los ángeles que no guardaron su dignidad, sino que abandonaron su propio hogar, los ha guardado bajo oscuridad, en prisiones eternas, para el juicio del gran día.[f] [7] También Sodoma y Gomorra y las ciudades vecinas, las cuales de la misma manera que aquellos, habiendo fornicado e ido en pos de vicios contra la naturaleza, fueron puestas por ejemplo, sufriendo el castigo del fuego eterno.[g]

[8] No obstante, de la misma manera también estos soñadores mancillan la carne, rechazan la autoridad y blasfeman de los poderes superiores.[h] [9] Pero cuando el arcángel Miguel[i] luchaba con el diablo disputándole el cuerpo de Moisés,[j] no se atrevió a proferir juicio de maldición contra él, sino que dijo: «El Señor te reprenda».[k] [10] Pero estos blasfeman de cuantas cosas no conocen; y en las que por naturaleza conocen, se corrompen como animales irracionales.[l]

[11] ¡Ay de ellos!, porque han seguido el camino de Caín,[m] se lanzaron por lucro en el error de Balaam[n] y perecieron en la contradicción de Coré.[ñ] [12] Estos son manchas en vuestros ágapes,[o] que comiendo sin vergüenza alguna[p] con vosotros, se apacientan a sí mismos; nubes sin agua, llevadas de acá para allá por los vientos; árboles otoñales, sin fruto, dos veces muertos y desarraigados. [13] Son fieras

ondas del mar, que espuman su propia vergüenza; estrellas errantes, para las cuales está reservada eternamente la oscuridad de las tinieblas.[q]

[14] De estos también profetizó Enoc, séptimo desde Adán, diciendo: «Vino el Señor con sus santas decenas de millares, [15] para hacer juicio contra todos y dejar convictos a todos los impíos de todas sus obras impías que han hecho impíamente, y de todas las cosas duras que los pecadores impíos han hablado contra él». [16] Estos son murmuradores, quejumbrosos, que andan según sus propios deseos, cuya boca habla cosas infladas, adulando a las personas para sacar provecho.

Amonestaciones y exhortaciones

[17] Pero vosotros, amados, tened memoria de las palabras que antes fueron dichas por los apóstoles de nuestro Señor Jesucristo; [18] los que os decían: «En el último tiempo habrá burladores que andarán según sus malvados deseos».[r] [19] Estos son los que causan divisiones,[s] viven sensualmente y no tienen al Espíritu.

[20] Pero vosotros, amados, edificándoos sobre vuestra santísima fe, orando en el Espíritu Santo, [21] conservaos en el amor de Dios, esperando la misericordia de nuestro Señor Jesucristo para vida eterna.

[22] A algunos que dudan, convencedlos. [23] A otros, salvadlos arrebatándolos del fuego; y de otros, tened misericordia con temor, desechando aun la ropa contaminada por su carne.

Doxología

[24] A aquel que es poderoso para guardaros sin caída y presentaros sin mancha[t] delante de su gloria con gran alegría, [25] al único y sabio Dios, nuestro Salvador, sea gloria y majestad, imperio y poder, ahora y por todos los siglos. Amén.

---

[c] 4 2 P 2.1-2. [d] 5 Ex 12.51. [e] 5 Nm 14.29-30,35; 1 Co 10.1,5. [f] 6 2 P 2.4. [g] 7 2 P 2.6. Cf. Gn 19.1-24. [h] 8 2 P 2.10. [i] 9 Dn 10.13,21; 12.1; Ap 12.7. [j] 9 Dt 34.5-6. [k] 9 Zac 3.2; 2 P 2.11. [l] 10 2 P 2.12. [m] 11 Gn 4.3-9; Heb 11.4; 1 Jn 3.12. [n] 11 Nm 22.1-35; Cf. 2 P 2.15-16. [ñ] 11 Nm 16.1-35. [o] 12 1 Co 11.20-22. [p] 12 2 P 2.13. [q] 12-13 Imágenes tomadas del libro de *Enoc* (citado en los v. 14-15), escrito que pertenece a la literatura judía, pero no forma parte de la Biblia. [r] 17-18 2 P 3.2-3. [s] 19 Ro 16.17; 1 Co 1.10; Tit 3.10. [t] 24-25 2 P 3.14.

EL APOCALIPSIS

de San Juan

INTRODUCCIÓN

El Apocalipsis (=Ap), palabra griega que significa «revelación» (1.1), es un mensaje dirigido, en primer lugar, a iglesias concretas, a comunidades cristianas contemporáneas del escritor. A ellas les anuncia que Cristo ha cumplido, en todos sus términos, el plan redentor dispuesto por Dios. Pero el valor de este mensaje va más allá de la época del profeta; tiene un alcance general: Cristo, vencedor del mal y de la muerte, asocia a su victoria a todos los creyentes, ya aquí y ahora, mientras están aún sujetos a las realidades del mundo actual.

El libro constituye un testimonio expresado en un lenguaje rico en símbolos, imágenes y visiones, elementos con los que Juan, su autor, compone una suerte de drama cuyo ámbito es el universo entero. Este lenguaje corresponde al género literario llamado «apocalíptico». Los profetas del AT, como Isaías (caps. 24–27), Joel (cap. 2), Ezequiel (caps. 1 y 40–48) y, sobre todo, Daniel (caps. 7–12) y Zacarías (caps. 1–6) utilizaron ese género literario, el cual alcanzó su mayor auge en los medios judíos a partir del s. II a.C. Al igual que la literatura apocalíptica judía, la profecía de Juan aparece en una época crítica, en este caso para los cristianos, quienes se negaban a tomar parte en las ceremonias del paganismo romano y la religión estatal, expresada en el culto al emperador divinizado. A causa de ello se les tuvo por enemigos de Roma y sufrieron persecución y muerte. El propio Juan, víctima de la persecución, posiblemente fue desterrado a «la isla llamada Patmos» (1.9), donde escribió su libro entre los años 93 y 95.

Juan se identifica a sí mismo como profeta (10.11; 22.9) y denomina «profecía» a su mensaje (1.3; 22.7,10,18-19); pero, a diferencia de los profetas del AT, lo que él proclama es la esperanza en Cristo resucitado, «el que es y que era y que ha de venir» (1.8). Su regreso señalará el principio de «un cielo nuevo y una tierra nueva» (21.1), de una nueva creación. En ella tendrá Dios su trono (20.11; 22.1,3), y «no habrá muerte, ni habrá más llanto ni clamor ni dolor» (21.4).

La primera sección (1.9—3.22), donde aparecen las cartas dirigidas a siete iglesias de la provincia romana de Asia (1.4,11), contempla la realidad de la iglesia en la perspectiva de su vida y su actividad en el mundo presente. La segunda sección (4.1—22.5) está formada por una complicada serie de visiones, cuyo argumento se desarrolla en el cielo. Un prólogo (1.1-8) y un epílogo (22.6-21) completan el texto.

Esquema del contenido

Prólogo (1.1-8)
1. *Los mensajes a las siete iglesias (1.9—3.22)*
2. *Las visiones de Juan (4.1—22.5)*
Epílogo (22.6-21)

La revelación de Jesucristo

1 ¹ La revelación de Jesucristo, que Dios le dio para manifestar a sus siervos las cosas que deben suceder pronto.ᵃ La declaró enviándola por medio de su ángel a su siervo Juan, ²el cual ha dado

---

ᵃ **1.1** Dn 2.28; Ap 4.1; 22.10.

testimonio[b] de la palabra de Dios, del testimonio de Jesucristo y de todas las cosas que ha visto. [3]Bienaventurado el que lee y los que oyen las palabras de esta profecía, y guardan las cosas en ella escritas,[c] porque el tiempo está cerca.

Salutaciones a las siete iglesias

[4]Juan, a las siete iglesias que están en Asia: Gracia y paz[d] a vosotros de parte del que es y que era y que ha de venir,[e] de los siete espíritus que están delante de su trono,[f] [5]y de Jesucristo, el testigo fiel, el primogénito de los muertos[g] y el soberano de los reyes de la tierra.[h] Al que nos ama, nos ha lavado de nuestros pecados con su sangre[i] [6]y nos hizo reyes y sacerdotes para Dios, su Padre,[j] a él sea gloria e imperio por los siglos de los siglos. Amén.

[7] He aquí que viene con las nubes:
Todo ojo lo verá, y los que lo
traspasaron;
y todos los linajes de la tierra se
lamentarán por causa de él.[k]
Sí, amén.

[8] «Yo soy el Alfa y la Omega,[l] principio y fin», dice el Señor, el que es y que era y que ha de venir,[m] el Todopoderoso.

Una visión del Hijo del hombre

[9]Yo, Juan, vuestro hermano y compañero en la tribulación, en el reino y en la perseverancia de Jesucristo, estaba en la isla llamada Patmos,[n] por causa de la palabra de Dios y del testimonio de Jesucristo. [10]Estando yo en el Espíritu en el día del Señor oí detrás de mí una gran voz, como de trompeta, [11]que decía: «Yo soy el Alfa y la Omega, el primero y el último. Escribe en un libro lo que ves y envíalo a las siete iglesias que están en Asia: a Éfeso,

Esmirna, Pérgamo, Tiatira, Sardis, Filadelfia y Laodicea».

[12]Me volví para ver la voz que hablaba conmigo. Y vuelto, vi siete candelabros de oro, [13]y en medio de los siete candelabros a uno semejante al Hijo del hombre, vestido de una ropa que llegaba hasta los pies, y tenía el pecho ceñido con un cinto de oro.[ñ] [14]Su cabeza y sus cabellos eran blancos como blanca lana, como nieve;[o] sus ojos, como llama de fuego. [15]Sus pies eran semejantes al bronce pulido,[p] refulgente como en un horno, y su voz como el estruendo de muchas aguas.[q] [16]En su diestra tenía siete estrellas; de su boca salía una espada aguda de dos filos[r] y su rostro era como el sol cuando resplandece con toda su fuerza.

[17]Cuando lo vi, caí a sus pies como muerto. Y él puso su diestra sobre mí, diciéndome: «No temas. Yo soy el primero y el último,[s] [18]el que vive. Estuve muerto, pero vivo por los siglos de los siglos, amén. Y tengo las llaves de la muerte y del Hades. [19]Escribe, pues, las cosas que has visto, las que son y las que han de ser después de estas. [20]Respecto al misterio de las siete estrellas que has visto en mi diestra, y de los siete candelabros de oro: las siete estrellas son los ángeles de las siete iglesias, y los siete candelabros que has visto son las siete iglesias.

El mensaje a Éfeso

2 [1]»Escribe al ángel de la iglesia en Éfeso:[a]

»"El que tiene las siete estrellas en su diestra, el que camina en medio de los siete candelabros de oro, dice esto: [2]»'Yo conozco tus obras, tu arduo trabajo y tu perseverancia, y que no puedes soportar a los malos, has probado a

[b]**1.2** El término castellano *mártir* procede de la palabra griega que significa *testigo*. Este vocablo se usó en los primeros siglos del cristianismo para referirse a quienes sufrían la muerte por causa de su fe. [c]**1.3** Primera de las siete «bienaventuranzas» que se encuentran en el libro de *Apocalipsis* (1.3; 14.13; 16.15; 19.9; 20.6; 22.7,14). [d]**1.4** Ro 1.7; 1 Co 1.3; Gl 1.3. [e]**1.4** Ex 3.14-15. [f]**1.4** Ap 3.1; 4.5; 5.6. [g]**1.5** Hch 26.23; Col 1.18. [h]**1.5** Sal 89.27. [i]**1.5** Ap 7.14; 12.11; cf. Ro 3.25; Heb 9.14; 1 P 1.18-19; 1 Jn 1.7. [j]**1.6** Ex 19.6; Is 61.6; 1 P 2.5,9; Ap 5.10; 20.6. [k]**1.7** Dn 7.13; Zac 12.10; Mt 24.30; Mc 13.26; Lc 21.27; Jn 19.34-37; 1 Ts 4.17. [l]**1.8** Primera y última letras del alfabeto griego. La frase equivale a decir «el principio y el fin» (Ap 1.7; 21.6; 22.13). [m]**1.8** Ex 3.14. [n]**1.9** Isla pequeña y rocosa del Mar Egeo, al sudoeste de Éfeso, a donde los romanos deportaban a algunos de sus presos políticos. [ñ]**1.13** Dn 10.5. [o]**1.14** Dn 7.9. [p]**1.15** Ez 1.24; 43.2; Ap 19.6. [q]**1.14-15** Dn 10.5-6. [r]**1.16** Is 49.2; Heb 4.12. [s]**1.17** Is 41.4; 44.6,8; 48.12; Ap 1.8; 2.8; 22.13. [a]**2.1** Hch 18.19—19.41; 20.17-38; 1 Ti 1.3-4.

los que se dicen ser apóstoles y no lo son, y los has hallado mentirosos. ³ Has sufrido, has sido perseverante, has trabajado arduamente por amor de mi nombre y no has desmayado. ⁴ Pero tengo contra ti que has dejado tu primer amor. ⁵ Recuerda, por tanto, de dónde has caído, arrepiéntete y haz las primeras obras, pues si no te arrepientes, pronto vendré a ti y quitaré tu candelabro de su lugar. ⁶ Pero tienes esto: que aborreces las obras de los nicolaítas, las cuales yo también aborrezco. ⁷ El que tiene oído, oiga lo que el Espíritu dice a las iglesias. Al vencedor le daré a comer del árbol de la vida,ᵇ que está en medio del paraíso de Dios' ".

El mensaje a Esmirna

⁸ »Escribe al ángel de la iglesia en Esmirna:

»"El primero y el postrero,ᶜ el que estuvo muerto y vivió, dice esto:

⁹ »'Yo conozco tus obras, tu tribulación, tu pobreza (aunque eres rico)ᵈ y la blasfemia de los que dicen ser judíos y no lo son, sino que son sinagoga de Satanás. ¹⁰ No temas lo que has de padecer. El diablo echará a algunos de vosotros en la cárcel para que seáis probados, y tendréis tribulación por diez días. ¡Sé fiel hasta la muerte y yo te daré la corona de la vida! ¹¹ El que tiene oído, oiga lo que el Espíritu dice a las iglesias. El vencedor no sufrirá daño de la segunda muerte' ".ᵉ

El mensaje a Pérgamo

¹² »Escribe al ángel de la iglesia en Pérgamo:ᶠ

»"El que tiene la espada aguda de dos filos dice esto:

¹³ »'Yo conozco tus obras y dónde habitas: donde está el trono de Satanás. Pero retienes mi nombre y no has negado mi fe ni aun en los días en que Antipas, mi testigo fiel, fue muerto

entre vosotros, donde habita Satanás. ¹⁴ Pero tengo unas pocas cosas contra ti: que tienes ahí a los que retienen la doctrina de Balaam,ᵍ que enseñaba a Balac a poner tropiezo ante los hijos de Israel, a comer de cosas sacrificadas a los ídolosʰ y a cometer fornicación. ¹⁵ Y también tienes a los que retienen la doctrina de los nicolaítas, la que yo aborrezco. ¹⁶ Por tanto, arrepiéntete, pues si no, vendré pronto hasta ti y pelearé contra ellos con la espada de mi boca. ¹⁷ El que tiene oído, oiga lo que el Espíritu dice a las iglesias. Al vencedor le daré de comer del maná escondido,ⁱ y le daré una piedrecita blanca y en la piedrecita un nombre nuevo escrito, el cual nadie conoce sino el que lo recibe' ".

El mensaje a Tiatira

¹⁸ »Escribe al ángel de la iglesia en Tiatira:ʲ

»"El Hijo de Dios, el que tiene ojos como llama de fuego y pies semejantes al bronce pulido, dice esto:

¹⁹ »'Yo conozco tus obras, tu amor, tu fe, tu servicio, tu perseverancia y que tus obras postreras son superiores a las primeras. ²⁰ Pero tengo contra ti que toleras que esa mujer Jezabel,ᵏ que se dice profetisa, enseñe y seduzca a mis siervos para fornicar y para comer cosas sacrificadas a los ídolos. ²¹ Yo le he dado tiempo para que se arrepienta, pero no quiere arrepentirse de su fornicación. ²² Por tanto, yo la arrojo en cama; y en gran tribulación a los que adulteran con ella, si no se arrepienten de las obras de ella. ²³ A sus hijos heriré de muerte y todas las iglesias sabrán que yo soy el que escudriña la mente y el corazón.ˡ Os daré a cada uno según vuestras obras.ᵐ ²⁴ Pero a los demás que están en Tiatira, a cuantos no tienen esa doctrina y no han conocido lo que ellos llaman 'las

---

ᵇ **2.7** Gn 2.9; 3.22-24; Ap 22.2,14.   ᶜ **2.8** Is 44.6; 48.12; Ap 1.1; 22.13.   ᵈ **2.9** Stg 2.5.
ᵉ **2.11** Ap 20.6,14; 21.8.   ᶠ **2.12** Situada al norte de Esmirna, era famosa como centro del culto dado a diversos dioses paganos, y especialmente al emperador romano.   ᵍ **2.14** Nm 25.1-3; 31.16.   ʰ **2.14** 1 Co 8.7-13; 10.20-21.   ⁱ **2.17** Ex 16.14-15.   ʲ **2.18** Ciudad situada al sudeste de Pérgamo, famosa por su comercio (Hch 16.14).   ᵏ **2.20** 1 R 16.31-33; 2 R 9.22; 30.   ˡ **2.23** Sal 7.9; Jer 17.10.   ᵐ **2.23** Sal 62.11-12; Pr 24.12; Ez 18.30; 33.20; Mt 16.27.

profundidades de Satanás', yo os digo: No os impongo otra carga; ²⁵pero lo que tenéis, retenedlo hasta que yo venga. ²⁶ Al vencedor que guarde mis obras hasta el fin, yo le daré autoridad sobre las naciones; ²⁷ las regirá con vara de hierro y serán quebradas como un vaso de alfarero;ⁿ como yo también la he recibido de mi Padre. ²⁸ Y le daré la estrella de la mañana. ²⁹ El que tiene oído, oiga lo que el Espíritu dice a las iglesias' ".

El mensaje a Sardis

3 ¹ »Escribe al ángel de la iglesia en Sardis:^a

»"El que tiene los siete espíritus de Dios y las siete estrellas dice esto:

»'Yo conozco tus obras, que tienes nombre de que vives y estás muerto. ² Sé vigilante y confirma las otras cosas que están para morir, porque no he hallado tus obras bien acabadas delante de Dios. ³ Acuérdate, pues, de lo que has recibido y oído; guárdalo y arrepiéntete, pues si no velas vendré sobre ti como ladrón y no sabrás a qué hora vendré sobre ti.^b ⁴ Pero tienes unas pocas personas en Sardis que no han manchado sus vestiduras y andarán conmigo en vestiduras blancas, porque son dignas. ⁵ El vencedor será vestido de vestiduras blancas, y no borraré su nombre del libro de la vida,^c y confesaré su nombre delante de mi Padre y delante de sus ángeles.^d ⁶ El que tiene oído, oiga lo que el Espíritu dice a las iglesias' ".

El mensaje a Filadelfia

⁷ »Escribe al ángel de la iglesia en Filadelfia:

»"Esto dice el Santo, el Verdadero, el que tiene la llave de David, el que abre y ninguno cierra, y cierra y ninguno abre:^e

⁸ »'Yo conozco tus obras. Por eso, he puesto delante de ti una puerta abierta, la cual nadie puede cerrar, pues aunque tienes poca fuerza, has guardado mi palabra y no has negado mi nombre. ⁹ De la sinagoga de Satanás, de los que dicen ser judíos y no lo son, sino que mienten, te daré algunos. Yo haré que vengan y se postren a tus pies^f reconociendo que yo te he amado. ¹⁰ Por cuanto has guardado la palabra de mi paciencia, yo también te guardaré de la hora de la prueba que ha de venir sobre el mundo entero para probar a los que habitan sobre la tierra. ¹¹ Vengo pronto; retén lo que tienes, para que ninguno tome tu corona. ¹² Al vencedor yo lo haré columna en el templo de mi Dios y nunca más saldrá de allí. Escribiré sobre él el nombre de mi Dios y el nombre de la ciudad de mi Dios, la nueva Jerusalén, la cual desciende del cielo,^g con mi Dios, y mi nombre nuevo.^h ¹³ El que tiene oído, oiga lo que el Espíritu dice a las iglesias' ".

El mensaje a Laodicea

¹⁴ »Escribe al ángel de la iglesia en Laodicea:

»"El Amén, el testigo fiel y verdadero, el Principio de la creación de Dios,ⁱ dice esto:

¹⁵ »'Yo conozco tus obras, que ni eres frío ni caliente. ¡Ojalá fueras frío o caliente! ¹⁶ Pero por cuanto eres tibio y no frío ni caliente, te vomitaré de mi boca. ¹⁷ Tú dices: Yo soy rico, me he enriquecido y de nada tengo necesidad. Pero no sabes que eres desventurado, miserable, pobre, ciego y estás desnudo.^j ¹⁸ Por tanto, yo te aconsejo que compres de mí oro refinado en el fuego para que seas rico, y vestiduras blancas para vestirte, para que no se descubra la vergüenza de tu desnudez. Y unge tus ojos con colirio para que veas. ¹⁹ Yo reprendo y castigo a todos los que amo;^k sé, pues, celoso y arrepiéntete. ²⁰ Yo estoy a la puerta y

---

ⁿ **2.26-27** Sal 2.8-9. ^a **3.1** Ciudad situada al sur de Tiatira, conocida por su riqueza.
^b **3.3** Mt 24.42-44; Lc 12.35-40; 1 Ts 5.2; 2 P 3.10; Ap 16.15 ^c **3.5** Ex 32.32-33; Sal 69.28; Dn 12.1;
Lc 10.20; Flp 4.3; Ap 13.8; 17.8; 20.12; 21.27 ^d **3.5** Mt 10.32-33; Lc 12.8-9. ^e **3.7** Is 22.22.
^f **3.9** Is 43.4; 49.23; 60.14. ^g **3.12** Ap 14.1; 22.4. ^h **3.12** Is 62.2. ⁱ **3.14** Pr 8.22-31; Jn 1.3;
Col 1.15,18. ^j **3.17** Os 12.8-9. ^k **3.19** Pr 3.12; Heb 12.6.

llamo; si alguno oye mi voz y abre la puerta, entraré a él y cenaré con él y él conmigo.[j] 21 Al vencedor le concederé que se siente conmigo en mi trono,[m] así como yo he vencido[n] y me he sentado con mi Padre en su trono. 22 El que tiene oído, oiga lo que el Espíritu dice a las iglesias' "».

La adoración celestial

4 1 Después de esto miré, y vi que había una puerta abierta en el cielo. La primera voz que oí era como de una trompeta que, hablando conmigo, dijo: «¡Sube acá y yo te mostraré las cosas que sucederán después de estas!»

2 Al instante, estando yo en el Espíritu, vi un trono establecido en el cielo, y en el trono, uno sentado. 3 La apariencia del que estaba sentado era semejante a una piedra de jaspe y de cornalina, y alrededor del trono había un arco iris semejante en su apariencia a la esmeralda.[a] 4 Alrededor del trono había veinticuatro tronos, y en los tronos vi sentados a veinticuatro ancianos vestidos de ropas blancas, con coronas de oro en sus cabezas. 5 Del trono salían relámpagos, truenos[b] y voces. Delante del trono ardían siete lámparas de fuego,[c] que son los siete espíritus de Dios.[d]

6 También delante del trono había como un mar de vidrio semejante al cristal,[e] y junto al trono y alrededor del trono había cuatro seres vivientes llenos de ojos por delante y por detrás. 7 El primer ser viviente era semejante a un león; el segundo era semejante a un becerro; el tercero tenía rostro como de hombre; y el cuarto era semejante a un águila volando.[f] 8 Los cuatro seres vivientes tenían cada uno seis alas, y alrededor y por dentro estaban llenos de ojos,[g] y día y noche, sin cesar, decían:

«¡Santo, santo, santo es el Señor
    Dios Todopoderoso,[h]
el que era, el que es y el que ha de
    venir!»

9 Cada vez que aquellos seres vivientes dan gloria y honra y acción de gracias al que está sentado en el trono, al que vive por los siglos de los siglos, 10 los veinticuatro ancianos se postran delante del que está sentado en el trono y adoran al que vive por los siglos de los siglos, y echan sus coronas delante del trono, diciendo:

11 «Señor, digno eres
de recibir la gloria, la honra y el
    poder,
porque tú creaste todas las cosas,
y por tu voluntad existen y fueron
    creadas».

El rollo y el Cordero

5 1 Vi en la mano derecha del que estaba sentado en el trono un libro escrito por dentro y por fuera,[a] sellado con siete sellos. 2 Y vi un ángel poderoso que pregonaba a gran voz: «¿Quién es digno de abrir el libro y desatar sus sellos?» 3 Pero ninguno, ni en el cielo ni en la tierra ni debajo de la tierra, podía abrir el libro, ni siquiera mirarlo. 4 Y lloraba yo mucho, porque no se hallaba a nadie que fuera digno de abrir el libro, ni siquiera de mirarlo. 5 Entonces uno de los ancianos me dijo: «No llores, porque el León de la tribu de Judá,[b] la raíz de David,[c] ha vencido para abrir el libro y desatar sus siete sellos».

6 Miré, y vi que en medio del trono y de los cuatro seres vivientes y en medio de los ancianos estaba en pie un Cordero como inmolado,[d] que tenía siete cuernos y siete ojos,[e] los cuales son los siete espíritus de Dios enviados por toda la tierra. 7 Él vino y tomó el libro de la mano derecha del que estaba sentado en el trono. 8 Cuando hubo tomado el libro, los cuatro seres vivientes y los veinticuatro ancianos se postraron delante del Cordero. Todos tenían arpas y copas de oro llenas de incienso, que son las oraciones de los santos.[f] 9 Y cantaban un cántico nuevo,[g] diciendo:

[j]3.20 Lc 22.29-30; Jn 14.23. [m]3.21 Mt 19.28; Lc 22.30. [n]3.21 Ap 5.5; 20.4; 22.5.
[a]4.2-3 Ez 1.26-28; 10.1. [b]4.5 Ex 19.16; Ez 1.4; Ap 8.5; 11.19; 16.18. [c]4.5 Ez 1.13. [d]4.5 Ap 1.4.
[e]4.6 Ez 1.22. [f]4.6-7 Ez 1.5-10; 10.14. [g]4.8 Ez 1.18; 10.12. [h]4.8 Is 6.3; 6.2-3. [a]5.1 Ez 2.9-10.
[b]5.5 Gn 49.9-10. [c]5.5 Is 11.1,10; Ap 22.16. [d]5.6 Is 53.7,10-12. [e]5.6 Zac 4.10.
[f]5.8 Sal 141.2. [g]5.9 Sal 33.3; 98.1; Is 42.10.

«Digno eres de tomar el libro
y de abrir sus sellos,
porque tú fuiste inmolado,
y con tu sangre nos has redimido
para Dios,
de todo linaje, lengua, pueblo y
nación;
[10] nos has hecho para nuestro Dios un
reino y sacerdotes,[h]
y reinaremos sobre la tierra».

[11] Miré, y oí la voz de muchos ángeles alrededor del trono, de los seres vivientes y de los ancianos. Su número era millones de millones,[i] [12] y decían a gran voz:

«El Cordero que fue inmolado
es digno de tomar el poder, las
riquezas,
la sabiduría, la fortaleza,
la honra, la gloria y la alabanza».

[13] A todo lo creado que está en el cielo, sobre la tierra, debajo de la tierra y en el mar, y a todas las cosas que hay en ellos,[j] oí decir:

«Al que está sentado en el trono
y al Cordero,
sea la alabanza, la honra,
la gloria y el poder,
por los siglos de los siglos».

[14] Los cuatro seres vivientes decían: «¡Amén!» Y los veinticuatro ancianos se postraron sobre sus rostros y adoraron al que vive por los siglos de los siglos.

Los sellos

6 [1] Entonces vi que el Cordero abrió uno de los sellos, y oí a uno de los cuatro seres vivientes decir con una voz como de trueno: «¡Ven!»

[2] Miré, y vi un caballo blanco.[a] El que lo montaba tenía un arco y le fue dada una corona, y salió venciendo y para vencer.

[3] Cuando abrió el segundo sello, oí al segundo ser viviente, que decía: «¡Ven!»

[4] Salió otro caballo, de color rojizo.[b] Al que lo montaba le fue dado poder para quitar la paz de la tierra y hacer que se mataran unos a otros. Y se le dio una espada muy grande.

[5] Cuando abrió el tercer sello, oí al tercer ser viviente, que decía: «¡Ven!»

Miré, y vi un caballo negro.[c] El que lo montaba tenía una balanza en la mano. [6] Y oí una voz de en medio de los cuatro seres vivientes, que decía: «Dos libras de trigo por un denario y seis libras de cebada por un denario, pero no dañes el aceite ni el vino».

[7] Cuando abrió el cuarto sello, oí la voz del cuarto ser viviente que decía: «¡Ven!»

[8] Miré, y vi un caballo amarillo. El que lo montaba tenía por nombre Muerte, y el Hades lo seguía: y les fue dada potestad sobre la cuarta parte de la tierra, para matar con espada, con hambre, con mortandad y con las fieras de la tierra.[d]

[9] Cuando abrió el quinto sello, vi debajo del altar las almas de los que habían muerto por causa de la palabra de Dios y del testimonio que tenían. [10] Clamaban a gran voz, diciendo: «¿Hasta cuándo Señor, santo y verdadero, vas a tardar en juzgar y vengar nuestra sangre de los que habitan sobre la tierra?». [11] Entonces se les dio vestiduras blancas y se les dijo que descansaran todavía un poco de tiempo, hasta que se completara el número de sus consiervos y sus hermanos que también habían de ser muertos como ellos.

[12] Miré cuando abrió el sexto sello, y hubo un gran terremoto.[e] El sol se puso negro como tela de luto, la luna entera se volvió toda como sangre[f] [13] y las estrellas del cielo cayeron sobre la tierra,[g] como la higuera deja caer sus higos cuando es sacudida por un fuerte viento. [14] El cielo se replegó como un pergamino que se enrolla,[h] y todo monte y toda isla fueron removidos de sus lugares.[i] [15] Los reyes de la tierra, los grandes, los ricos, los capitanes, los poderosos, todo esclavo y todo libre, se escondieron en las cuevas y entre las peñas de los montes,[j] [16] y decían a los montes y a las peñas: «Caed sobre nosotros y escondednos[k] del rostro de aquel que está sentado sobre el trono, y de la ira del Cordero, [17] porque el gran día de su

---

[h] **5.10** Ex 19.6; Is 61.6. [i] **5.11** Dn 7.10. [j] **5.13** Ro 8.20-21; Flp 2.10-11; Col 1.20. [a] **6.2** Zac 1.8; 6.3. [b] **6.4** Zac 1.8; 6.2. [c] **6.5** Zac 6.2,6. [d] **6.8** Jer 15.3; Ex 5.12,17; 14.21. [e] **6.12** Ap 11.13; 16.18. [f] **6.12** Jl 2.31; 3.15. [g] **6.12-13** Is 13.10; Ez 32.7; Jl 2.10; 2.31; 3.15; Mt 24.29; Mc 12.24-25; Lc 21-25. [h] **6.13-14** Is 34.4. [i] **6.14** Ap 16.20. [j] **6.15** Is 2.10. [k] **6.16** Os 10.8; Lc 23.30.

ira ha llegado y ¿quién podrá sostenerse en pie?».[l]

Los 144 mil sellados

7 [1] Después de esto vi cuatro ángeles de pie sobre los cuatro ángulos de la tierra, deteniendo los cuatro vientos[a] de la tierra para que no soplara viento alguno sobre la tierra ni sobre el mar ni sobre árbol alguno. [2] Vi también otro ángel, que subía desde donde sale el sol y que tenía el sello del Dios vivo. Clamó a gran voz a los cuatro ángeles a quienes se les había dado el poder de hacer daño a la tierra y al mar, [3] diciendo: «No hagáis daño a la tierra ni al mar ni a los árboles hasta que hayamos sellado en sus frentes a los siervos de nuestro Dios».[b]

[4] Y oí el número de los sellados: ciento cuarenta y cuatro mil sellados de todas las tribus de los hijos de Israel. [5] De la tribu de Judá, doce mil sellados. De la tribu de Rubén, doce mil. De la tribu de Gad, doce mil. [6] De la tribu de Aser, doce mil. De la tribu de Neftalí, doce mil. De la tribu de Manasés, doce mil. [7] De la tribu de Simeón, doce mil. De la tribu de Leví, doce mil. De la tribu de Isacar, doce mil. [8] De la tribu de Zabulón, doce mil. De la tribu de José, doce mil. De la tribu de Benjamín, doce mil sellados.

La multitud vestida de ropas blancas

[9] Después de esto miré, y vi una gran multitud, la cual nadie podía contar, de todas las naciones, tribus, pueblos y lenguas.[c] Estaban delante del trono y en la presencia del Cordero, vestidos de ropas blancas y con palmas en sus manos. [10] Clamaban a gran voz, diciendo:

«¡La salvación pertenece a nuestro Dios,
que está sentado en el trono,
y al Cordero!».

[11] Y todos los ángeles que estaban en pie alrededor del trono y de los ancianos y de los cuatro seres vivientes, se postraron sobre sus rostros delante del trono y adoraron a Dios, [12] diciendo:

«¡Amén!
La bendición, la gloria,
la sabiduría, la acción de gracias,
la honra, el poder y la fortaleza
sean a nuestro Dios
por los siglos de los siglos.
¡Amén!»

[13] Entonces uno de los ancianos habló, diciéndome: «Estos que están vestidos de ropas blancas, ¿quiénes son y de dónde han venido?» [14] Yo le dije: «Señor, tú lo sabes». Él me dijo: «Estos son los que han salido de la gran tribulación;[d] han lavado sus ropas y las han blanqueado en la sangre del Cordero. [15] Por eso están delante del trono de Dios y lo sirven día y noche en su templo. El que está sentado sobre el trono extenderá su tienda junto a ellos.

[16] »Ya no tendrán hambre ni sed, y el sol no caerá más sobre ellos, ni calor alguno,[e] [17] porque el Cordero que está en medio del trono los pastoreará y los guiará a fuentes de aguas vivas.[f] Y Dios enjugará toda lágrima de los ojos de ellos».[g]

8 [1] Cuando abrió el séptimo sello, se hizo silencio en el cielo como por media hora.

[2] Luego vi los siete ángeles que estaban de pie ante Dios, y se les dieron siete trompetas. [3] Otro ángel vino entonces y se paró ante el altar,[a] con un incensario de oro; y se le dio mucho incienso para añadirlo a las oraciones de todos los santos sobre el altar de oro que estaba delante del trono. [4] El humo del incienso con las oraciones de los santos subió de la mano del ángel a la presencia de Dios. [5] Y el ángel tomó el incensario, lo llenó del fuego del altar[b] y lo arrojó a la tierra;[c] y hubo truenos, voces, relámpagos y un terremoto.[d]

Las seis primeras trompetas

[6] Los siete ángeles que tenían las siete trompetas se dispusieron a tocarlas.

[7] El primer ángel tocó la trompeta, y hubo granizo y fuego[e] mezclados con sangre que fueron lanzados sobre la tierra. Y se quemó la tercera parte de los árboles, y toda la hierba verde fue quemada.

[l] **6.17** Is 13.6; Ez 30.2-3; Jl 1.15; 2.11; Am 5.18-20; 8.9-14; Sof 1.14-18; Mal 3.2. [a] **7.1** Jer 49.36; Dn 7.2; Zac 6.5. [b] **7.3** Ez 9.4-6. [c] **7.9** Dn 7.14. [d] **7.14** Dn 12.1; Mt 24.21; Mc 13.19.
[e] **7.16** Is 49.10. [f] **7.17** Sal 23.1-2; Is 49.10; Ez 34.23. [g] **7.17** Is 25.8. [a] **8.3** Ex 30.1-5.
[b] **8.5** Lv 16.12. [c] **8.5** Ez 10.2. [d] **8.5** Ap 11.19; 16.18; cf. Ex 19.16-18; Hch 4.31. [e] **8.7** Ex 9.23-25.

⁸ El segundo ángel tocó la trompeta, y algo como un gran monte ardiendo en fuego fue precipitado en el mar. La tercera parte del mar se convirtió en sangre, ⁹ murió la tercera parte de los seres vivientes que estaban en el mar y la tercera parte de las naves fue destruida.

¹⁰ El tercer ángel tocó la trompeta, y cayó del cielo una gran estrella ardiendo como una antorcha. Cayó sobre la tercera parte de los ríos y sobre las fuentes de las aguas. ¹¹ El nombre de la estrella es Ajenjo. La tercera parte de las aguas se convirtió en ajenjo y muchos hombres murieron a causa de esas aguas, porque se volvieron amargas.ᶠ

¹² El cuarto ángel tocó la trompeta, y fue herida la tercera parte del sol, la tercera parte de la luna y la tercera parte de las estrellas, para que se oscureciera la tercera parte de ellosᵍ y no hubiera luz en la tercera parte del día, y asimismo en la noche.

¹³ Miré, y oí un ángel que volaba en medio del cielo y decía a gran voz: «¡Ay, ay, ay de los que habitan en la tierra, a causa de los otros toques de trompeta que están para tocar los tres ángeles!»

9 ¹ El quinto ángel tocó la trompeta, y vi una estrella que cayó del cielo a la tierra. Y se le dio la llave del pozo del abismo. ² Abrió el pozo del abismo, y del pozo subió humo como humo de un gran horno, y el sol y el aire se oscurecieron por el humo del pozo. ³ Del humo salieron langostas sobre la tierra,ᵃ y se les dio poder, como el poder que tienen los escorpiones de la tierra. ⁴ Se les mandó que no dañaran la hierba de la tierra, ni cosa verde alguna ni ningún árbol, sino solamente a los hombres que no tuvieran el sello de Dios en sus frentes.ᵇ ⁵ Pero no se les permitió que los mataran, sino que los atormentaran cinco meses; y su tormento era como el tormento del escorpión cuando hiere al hombre. ⁶ En aquellos días los hombres buscarán la muerte, pero no la hallarán; ansiarán morir, pero la muerte huirá de ellos.ᶜ

⁷ El aspecto de las langostas era semejante a caballos preparados para la guerra;ᵈ en las cabezas tenían como coronas de oro, sus caras eran como caras humanas, ⁸ tenían cabello como cabello de mujer y sus dientes eran como de leones;ᵉ ⁹ tenían corazas como corazas de hierro y el ruido de sus alas era como el estruendo de muchos carrosᶠ de caballos corriendo a la batalla; ¹⁰ tenían colas como de escorpiones, y también aguijones, y en sus colas tenían poder para dañar a los hombres durante cinco meses. ¹¹ Sobre ellos tienen como rey al ángel del abismo, cuyo nombre en hebreo es Abadón, y en griego, Apolión.

¹² El primer ay pasó; pero vienen aún dos ayes después de esto.

¹³ El sexto ángel tocó la trompeta, y oí una voz de entre los cuatro cuernos del altar de oroᵍ que estaba delante de Dios, ¹⁴ la cual decía al sexto ángel que tenía la trompeta: «¡Desata a los cuatro ángeles que están atados junto al gran río Éufrates!» ¹⁵ Y fueron desatados los cuatro ángeles que estaban preparados para la hora, día, mes y año, a fin de matar la tercera parte de los hombres. ¹⁶ Y el número de los ejércitos de los jinetes era de doscientos millones. Yo oí su número. ¹⁷ Así vi en visión los caballos y sus jinetes, que tenían corazas de fuego, zafiro y azufre. Las cabezas de los caballos eran como cabezas de leones, y de sus bocas salía fuego, humo y azufre. ¹⁸ Por estas tres plagas fue muerta la tercera parte de los hombres: por el fuego, el humo y el azufre que salía de sus bocas, ¹⁹ pues el poder de los caballos estaba en sus bocas y en sus colas, porque sus colas, semejantes a serpientes, tenían cabezas y con ellas dañan.

²⁰ Los demás hombres, los que no fueron muertos con estas plagas, ni aun así se arrepintieron de las obras de sus manos ni dejaron de adorar a los demonios y a las imágenes de oro, plata, bronce, piedra y madera, las cuales no pueden ver ni oir ni andar.ʰ ²¹ No se arrepintieron de sus homicidios, ni de sus hechicerías, ni de su fornicación, ni de sus robos.

ᶠ **8.10-11** Jer 9.15; 23.15.   ᵍ **8.12** Is 13.10; Ez 32.7; Jl 2.10; 2.31; 3.15.   ᵃ **9.3** Ex 10.12-15.
ᵇ **9.4** Ez 9.4.   ᶜ **9.6** Job 3.21.   ᵈ **9.7** Jl 2.4.   ᵉ **9.8** Jl 1.6.   ᶠ **9.9** Jl 2.5.   ᵍ **9.13** Ex 30.1-3.
ʰ **9.20** Sal 115.4-7; 135.15-17; Is 44.9-20; Dn 5.4.

El ángel con el librito

10 ¹ Vi descender del cielo otro ángel fuerte, envuelto en una nube, con el arco iris sobre su cabeza. Su rostro era como el sol y sus pies como columnas de fuego. ² Tenía en su mano un librito abierto; puso su pie derecho sobre el mar y el izquierdo sobre la tierra ³ y clamó a gran voz, como ruge un león; y cuando hubo clamado, siete truenos emitieron sus voces. ⁴ Cuando los siete truenos hubieron emitido sus voces, yo iba a escribir; pero oí una voz del cielo que me decía: «Sella las cosas que los siete truenos han dicho, y no las escribas».ᵃ

⁵ El ángel que vi de pie sobre el mar y sobre la tierra levantó su mano hacia el cielo ⁶ y juró por el que vive por los siglos de los siglos, que creó el cielo y las cosas que están en él, y la tierra y las cosas que están en ella, y el mar y las cosas que están en él, que el tiempo no sería más, ⁷ sino que en los días de la voz del séptimo ángel, cuando él comience a tocar la trompeta, el misterio de Dios se consumará, como él lo anunció a sus siervos los profetas.ᵇ

⁸ La voz que oí del cielo habló otra vez conmigo, y dijo: «Ve y toma el librito que está abierto en la mano del ángel que está en pie sobre el mar y sobre la tierra».

⁹ Fui donde el ángel, diciéndole que me diera el librito. Y él me dijo: «Toma y cómelo; te amargará el vientre, pero en tu boca será dulce como la miel». ¹⁰ Entonces tomé el librito de la mano del ángel y lo comí. En mi boca era dulce como la miel, pero cuando lo hube comido amargó mi vientre.ᶜ ¹¹ Él me dijo: «Es necesario que profetices otra vez sobre muchos pueblos, naciones, lenguas y reyes».

Los dos testigos

11 ¹ Entonces me fue dada una caña semejante a una vara de medir y se me dijo: «Levántate y mide el templo de Diosᵃ y el altar y a los que adoran en él. ² Pero el patio que está fuera del templo déjalo aparte y no lo midas, porque ha sido entregado a los gentiles. Ellos hollarán la ciudad santaᵇ cuarenta y dos meses. ³ Y ordenaré a mis dos testigos que profeticen por mil doscientos sesenta días, vestidos con ropas ásperas».

⁴ Estos testigos son los dos olivos y los dos candelabros que están de pie delante del Dios de la tierra.ᶜ ⁵ Si alguno quiere dañarlos, sale fuego de la boca de ellos y devora a sus enemigos; si alguno quiere hacerles daño, debe morir de la misma manera. ⁶ Estos tienen poder para cerrar el cielo a fin de que no llueva en los días de su profecía;ᵈ y tienen poder sobre las aguas, para convertirlas en sangreᵉ y para herir la tierra con toda plaga cuantas veces quieran. ⁷ Cuando hayan acabado su testimonio, la bestia que sube del abismoᶠ hará guerra contra ellos, los venceráᵍ y los matará. ⁸ Sus cadáveres estarán en la plaza de la gran ciudad que en sentido espiritual se llama Sodomaʰ y Egipto, donde también nuestro Señor fue crucificado. ⁹ Gentes de todo pueblo, tribu, lengua y nación verán sus cadáveres por tres días y medio y no permitirán que sean sepultados. ¹⁰ Los habitantes de la tierra se regocijarán sobre ellos, se alegrarán y se enviarán regalos unos a otros, porque estos dos profetas habían atormentado a los habitantes de la tierra. ¹¹ Pero después de tres días y medio el espíritu de vida enviado por Dios entró en ellos, se levantaron sobre sus piesⁱ y cayó gran temor sobre los que los vieron. ¹² Entonces oyeron una gran voz del cielo, que les decía: «¡Subid acá!» Y subieron al cielo en una nube,ʲ y los vieron sus enemigos.

¹³ En aquella hora hubo un gran terremotoᵏ y la décima parte de la ciudad se derrumbó. Por el terremoto murieron siete mil hombres. Los demás se aterrorizaron y dieron gloria al Dios del cielo.

¹⁴ El segundo ay pasó. He aquí que el tercer ay viene pronto.

La séptima trompeta

¹⁵ El séptimo ángel tocó la trompeta, y hubo grandes voces en el cielo, que decían:

ᵃ **10.3-4** Sal 29.3-9; Ap 8.5; 11.19; 16.18.   ᵇ **10.5-7** Dn 12.7.   ᶜ **10.8-10** Ez 2.8—3.3.
ᵃ **11.1-2** Ez 40.3; Zac 2.1-2.   ᵇ **11.2** Jerusalén (Is 63.18; Dn 8.13; Lc 21.24).   ᶜ **11.4** Zac 4.1-3,11-14.
ᵈ **11.6** 1 R 17.1.   ᵉ **11.6** Ex 7.17-19.   ᶠ **11.7** Dn 7.7,21; Ap 13.1-7; 17.8.   ᵍ **11.7** Dn 7.21.
ʰ **11.8** Is 1.9-10.   ⁱ **11.11** Ez 37.5,10.   ʲ **11.12** 2 R 2.11.   ᵏ **11.13** Ap 6.12; 16.18.

«Los reinos del mundo han venido
a ser

de nuestro Señor y de su Cristo;
y él reinará
por los siglos de los siglos».[l]

16 Los veinticuatro ancianos que estaban sentados en sus tronos delante de Dios, se postraron sobre sus rostros y adoraron a Dios, **17** diciendo:

«Te damos gracias, Señor Dios
Todopoderoso,

el que eres, que eras y que has de
venir,

porque has tomado tu gran poder
y has reinado.

18 Las naciones se airaron y tu ira ha
venido:[m]

el tiempo de juzgar a los muertos,
de dar el galardón a tus siervos los
profetas,

a los santos y a los que temen tu
nombre,

a los pequeños y a los grandes,[n]
y de destruir a los que destruyen la
tierra».

19 El templo de Dios fue abierto en el cielo, y el Arca de su pacto se dejó ver en el templo. Hubo relámpagos, voces, truenos, un terremoto y granizo grande.[ñ]

La mujer y el dragón

12 **1** Apareció en el cielo una gran señal: una mujer vestida del sol, con la luna debajo de sus pies y sobre su cabeza una corona de doce estrellas.[a] **2** Estaba encinta y gritaba con dolores de parto, en la angustia del alumbramiento.[b] **3** Otra señal también apareció en el cielo: un gran dragón escarlata que tenía siete cabezas y diez cuernos,[c] y en sus cabezas tenía siete diademas. **4** Su cola arrastró la tercera parte de las estrellas del cielo y las arrojó sobre la tierra.[d] Y el dragón se paró frente a la mujer que estaba para dar a luz, a fin de devorar a su hijo tan pronto como naciera. **5** Ella dio a luz un hijo varón,[e] que va a regir a todas las naciones[f] con vara de hierro; y su hijo fue arrebatado para Dios y para su trono. **6** La mujer huyó al desierto, donde tenía un lugar preparado por Dios para ser sustentada allí por mil doscientos sesenta días.

7 Entonces hubo una guerra en el cielo: Miguel[g] y sus ángeles luchaban contra el dragón. Luchaban el dragón y sus ángeles, **8** pero no prevalecieron ni se halló ya lugar para ellos en el cielo. **9** Y fue lanzado fuera el gran dragón, la serpiente antigua,[h] que se llama Diablo y Satanás, el cual engaña al mundo entero. Fue arrojado a la tierra[i] y sus ángeles fueron arrojados con él. **10** Entonces oí una gran voz en el cielo, que decía:

«Ahora ha venido la salvación,
el poder y el reino de nuestro Dios
y la autoridad de su Cristo,
porque ha sido expulsado el
acusador

de nuestros hermanos,[j]
el que los acusaba
delante de nuestro Dios día y
noche.

11 Ellos lo han vencido
por medio de la sangre del Cordero
y de la palabra del testimonio de
ellos,

que menospreciaron sus vidas
hasta la muerte.

12 Por lo cual alegraos, cielos,
y los que moráis en ellos.
¡Ay de los moradores de la tierra y
del mar!,

porque el diablo
ha descendido a vosotros con
gran ira,

sabiendo que tiene poco tiempo».

13 Cuando el dragón vio que había sido arrojado a la tierra, persiguió a la mujer que había dado a luz al hijo varón. **14** Pero se le dieron a la mujer las dos alas de la gran águila para que volara de delante de la serpiente al desierto, a su lugar, donde es sustentada por un tiempo, tiempos y la mitad de un tiempo.[k] **15** Y la serpiente arrojó de su boca, tras la mujer, agua como un río, para que fuera arrastrada por el río. **16** Pero la tierra ayudó a la mujer, pues la tierra abrió su boca y se tragó el

[l] **11.15** Dn 2.44; 7.14,27.   [m] **11.18** Sal 2.1-6.   [n] **11.18** Sal 115.13.   [ñ] **11.19** Ap 8.5; 16.18-21.
[a] **12.1** Gn 37.9.   [b] **12.2** Miq 4.19.   [c] **12.3** Dn 7.7.   [d] **12.4** Dn 8.10.   [e] **12.5** Sal 66.7.
[f] **12.5** Sal 2.9.   [g] **12.7** Dn 10.13,21; 12.1; Jud 9.   [h] **12.9** Gn 3.1-5; Ap 20.2.   [i] **12.9** Lc 10.18;
Jn 12.31.   [j] **12.10** Job 1.9-11.   [k] **12.14** Dn 7.25; 12.17.

río que el dragón había echado de su boca. ¹⁷ Entonces el dragón se llenó de ira contra la mujer y se fue a hacer la guerra contra el resto de la descendencia de ella, contra los que guardan los mandamientos de Dios y tienen el testimonio de Jesucristo.

Las dos bestias

13 ¹ Me paré sobre la arena del mar y vi subir del mar una bestia* que tenía siete cabezas y diez cuernos: en sus cuernos tenía diez diademas, y sobre sus cabezas, nombres de blasfemia.* ² La bestia que vi era semejante a un leopardo, sus pies eran como de oso y su boca como boca de león.* El dragón le dio su poder, su trono y gran autoridad. ³ Vi una de sus cabezas como herida de muerte, pero su herida mortal fue sanada. Toda la tierra se maravilló en pos de la bestia, ⁴ y adoraron al dragón que había dado autoridad a la bestia, y adoraron a la bestia, diciendo: «¿Quién como la bestia y quién podrá luchar contra ella?»

⁵ También se le dio boca que hablaba arrogancias y blasfemias, y se le dio autoridad para actuar por cuarenta y dos meses. ⁶ Y abrió su boca para blasfemar contra Dios,* para blasfemar de su nombre, de su tabernáculo y de los que habitan en el cielo. ⁷ Se le permitió hacer guerra contra los santos, y vencerlos.* También se le dio autoridad sobre toda tribu, pueblo, lengua y nación. ⁸ La adoraron todos los habitantes de la tierra cuyos nombres no estaban escritos desde el principio del mundo en el libro de la vida* del Cordero que fue inmolado. ⁹ Si alguno tiene oído, oiga:

¹⁰ «Si alguno lleva en cautividad,*
a cautividad irá.
Si alguno mata a espada,
a espada será muerto».

Aquí está la perseverancia y la fe de los santos.

¹¹ Después vi otra bestia que subía de la tierra. Tenía dos cuernos semejantes a los de un cordero, pero hablaba como un dragón. ¹² Ejerce toda la autoridad de la primera bestia en presencia de ella, y hace que la tierra y sus habitantes adoren a la primera bestia, cuya herida mortal fue sanada. ¹³ También hace grandes señales, de tal manera que incluso hace descender fuego del cielo a la tierra delante de los hombres. ¹⁴ Engaña a los habitantes de la tierra* con las señales que se le ha permitido hacer en presencia de la bestia, diciendo a los habitantes de la tierra que le hagan una imagen a la bestia que fue herida de espada y revivió. ¹⁵ Se le permitió infundir aliento a la imagen de la bestia, para que la imagen hablara e hiciera matar a todo el que no la adorara. ¹⁶ Y hacía que a todos, pequeños y grandes, ricos y pobres, libres y esclavos, se les pusiera una marca en la mano derecha o en la frente, ¹⁷ y que ninguno pudiera comprar ni vender, sino el que tuviera la marca o el nombre de la bestia o el número de su nombre.

¹⁸ Aquí hay sabiduría. El que tiene entendimiento cuente el número de la bestia, pues es número de hombre. Y su número es seiscientos sesenta y seis.

El cántico de los 144 mil

14 ¹ Después miré, y vi que el Cordero estaba de pie sobre el monte de Sión, y con él ciento cuarenta y cuatro mil que tenían el nombre de él y el de su Padre escrito en la frente.* ² Oí una voz del cielo como el estruendo de muchas aguas y como el sonido de un gran trueno. La voz que oí era como de arpistas que tocaban sus arpas. ³ Cantaban un cántico nuevo delante del trono y delante de los cuatro seres vivientes y de los ancianos. Nadie podía aprender el cántico, sino aquellos ciento cuarenta y cuatro mil que fueron redimidos de entre los de la tierra. ⁴ Estos son los que no se han contaminado con mujeres, pues son vírgenes. Son los que siguen al Cordero por dondequiera que va. Estos fueron redimidos de entre los hombres como primicias* para Dios y para el Cordero. ⁵ En sus bocas no fue hallada mentira,* pues son sin mancha delante del trono de Dios.

* 13.1 Dn 7.3. * 13.1-2 Ap 11.7; 17.3,7-12. * 13.2 Dn 7.4-6. * 13.5-6 Dn 7.8,20,25; 11.36.
* 13.7 Dn 7.21. * 13.8 Ap 3.5; cf. Sal 69.28. * 13.10 Jer 15.2; 43.11. * 13.14 Mt 24.24;
2 Ts 2.9-10. * 14.1 Ez 9.4; Ap 3.12; 7.3-4. * 14.4 Ex 23.19; Stg 1.18. * 14.5 Sof 3.13.

El mensaje de los tres ángeles

⁶ En medio del cielo vi volar otro ángel que tenía el evangelio eterno para predicarlo a los habitantes de la tierra, a toda nación, tribu, lengua y pueblo. ⁷ Decía a gran voz: «¡Temed a Dios y dadle gloria, porque la hora de su juicio ha llegado. Adorad a aquel que hizo el cielo y la tierra, el mar y las fuentes de las aguas!»

⁸ Otro ángel lo siguió, diciendo: «Ha caído, ha caído Babilonia,*d* la gran ciudad, porque ha hecho beber a todas las naciones del vino del furor de su fornicación».*e*

⁹ Y un tercer ángel los siguió, diciendo a gran voz: «Si alguno adora a la bestia y a su imagen y recibe la marca en su frente o en su mano, ¹⁰ él también beberá del vino de la ira de Dios, que ha sido vaciado puro en el cáliz de su ira;*f* y será atormentado con fuego y azufre*g* delante de los santos ángeles y del Cordero. ¹¹ El humo de su tormento sube por los siglos de los siglos.*h* No tienen reposo de día ni de noche los que adoran a la bestia y a su imagen, ni nadie que reciba la marca de su nombre».

¹² Aquí está la perseverancia de los santos, los que guardan los mandamientos de Dios y la fe de Jesús.

¹³ Y oí una voz que me decía desde el cielo: «Escribe: "Bienaventurados de aquí en adelante los muertos que mueren en el Señor". Sí, dice el Espíritu, descansarán de sus trabajos, porque sus obras con ellos siguen».

La tierra es segada

¹⁴ Miré, y vi una nube blanca. Sentado sobre la nube, uno semejante al Hijo del hombre,*i* que llevaba en la cabeza una corona de oro y en la mano una hoz aguda. ¹⁵ Y otro ángel salió del templo gritando a gran voz al que estaba sentado sobre la nube: «¡Mete tu hoz y siega, porque la hora de segar ha llegado, pues la mies de la tierra está madura!»*j* ¹⁶ El que estaba sentado sobre la nube metió su hoz en la tierra y la tierra fue segada.

¹⁷ Otro ángel salió del templo que está en el cielo, llevando también una hoz aguda. ¹⁸ Y salió del altar otro ángel, que tenía poder sobre el fuego, y llamó a gran voz al que llevaba la hoz aguda, diciendo: «¡Mete tu hoz aguda y vendimia los racimos de la tierra, porque sus uvas están maduras!» ¹⁹ El ángel metió su hoz en la tierra, vendimió la viña de la tierra y echó las uvas en el gran lagar de la ira de Dios. ²⁰ El lagar fue pisado*k* fuera de la ciudad, y del lagar salió sangre que llegó hasta los frenos de los caballos en una extensión de mil seiscientos estadios.

Los ángeles con las siete plagas postreras

15 ¹ Vi en el cielo otra señal grande y admirable: siete ángeles con las siete plagas postreras, porque en ellas se consumaba la ira de Dios.

² También vi como un mar de vidrio mezclado con fuego, y a los que habían alcanzado la victoria sobre la bestia y su imagen, sobre su marca y el número de su nombre, de pie sobre el mar de vidrio, con las arpas de Dios. ³ Y cantan el cántico de Moisés,*a* siervo de Dios, y el cántico del Cordero, diciendo:

«Grandes y maravillosas son tus
  obras,
Señor Dios Todopoderoso;
justos y verdaderos son tus
  caminos,
Rey de los santos.
⁴ ¿Quién no te temerá, Señor,
y glorificará tu nombre?,*b*
pues solo tú eres santo;
por lo cual todas las naciones
vendrán y te adorarán,*c*
porque tus juicios se han
  manifestado».

⁵ Después de estas cosas miré, y fue abierto en el cielo el santuario del tabernáculo del testimonio.*d* ⁶ Del templo salieron los siete ángeles con las siete plagas, vestidos de lino limpio y resplandeciente y ceñidos alrededor del pecho con cintos de oro. ⁷ Uno de los cuatro seres vivientes

---

d **14.8** Is 21.9; Dn 4.30; Ap 18.2.   *e* **14.8** Jer 51.7-8; Ap 17.2; 18.2-3.   *f* **14.10** Ap 16.19; cf. Is 51.17; Jer 25.15.   *g* **14.10** Gn 19.24.   *h* **14.11** Is 34.10; Ap 19.3.   *i* **14.14** Dn 7.13.   *j* **14.15** Jl 3.13. *k* **14.20** Is 63.3; Lm 1.15; Jl 3.13; Ap 19.15.   *a* **15.3** Ex 15.1.   *b* **15.4** Jer 10.7.   *c* **15.4** Sal 86.9. *d* **15.5** Ex 40.34.

dio a los siete ángeles siete copas de oro llenas de la ira de Dios, quien vive por los siglos de los siglos. 8 Y el templo se llenó de humo*e* por causa de la gloria de Dios y por causa de su poder. Nadie podía entrar en el templo hasta que se cumplieran las siete plagas de los siete ángeles.

Las copas de ira

16 ¹ Entonces oí desde el templo una gran voz que decía a los siete ángeles: «Id y derramad sobre la tierra las siete copas de la ira de Dios».

² Fue el primero y derramó su copa sobre la tierra, y vino una úlcera maligna y pestilente*a* sobre los hombres que tenían la marca de la bestia y que adoraban su imagen.

³ El segundo ángel derramó su copa sobre el mar, y este se convirtió en sangre como de muerto, y murió todo ser viviente que había en el mar.

⁴ El tercer ángel derramó su copa sobre los ríos y sobre las fuentes de las aguas, y se convirtieron en sangre.*b* ⁵ Y oí que el ángel de las aguas decía:

«Justo eres tú, Señor,
el que eres y que eras, el Santo,
porque has juzgado estas cosas.
⁶ Por cuanto derramaron la sangre
de los santos y de los profetas,
también tú les has dado a beber
sangre,
pues se lo merecen».

⁷ También oí a otro, que desde el altar decía: «¡Ciertamente, Señor Dios Todopoderoso, tus juicios son verdaderos y justos!»

⁸ El cuarto ángel derramó su copa sobre el sol, al cual le fue permitido quemar a los hombres con fuego. ⁹ Los hombres fueron quemados con el gran calor y blasfemaron el nombre de Dios, que tiene poder sobre estas plagas, y no se arrepintieron para darle gloria.

¹⁰ El quinto ángel derramó su copa sobre el trono de la bestia, y su reino se cubrió de tinieblas.*c* La gente se mordía la lengua por causa del dolor ¹¹ y blasfemaron contra el Dios del cielo por sus dolores y por sus úlceras, y no se arrepintieron de sus obras.

¹² El sexto ángel derramó su copa sobre el gran río Éufrates, y el agua de este se secó para preparar el camino a los reyes del oriente.*d*

¹³ Vi salir de la boca del dragón, de la boca de la bestia y de la boca del falso profeta, tres espíritus inmundos semejantes a ranas.*e* ¹⁴ Son espíritus de demonios, que hacen señales y van a los reyes de la tierra en todo el mundo para reunirlos para la batalla de aquel gran día del Dios Todopoderoso.

¹⁵ «Yo vengo como ladrón.*f* Bienaventurado el que vela y guarda sus vestiduras, no sea que ande desnudo y vean su vergüenza».

¹⁶ Y los reunió en el lugar que en hebreo se llama Armagedón.*g*

¹⁷ El séptimo ángel derramó su copa por el aire. Y salió una gran voz del santuario del cielo, desde el trono, que decía: «¡Ya está hecho!» ¹⁸ Entonces hubo relámpagos, voces,*h* truenos y un gran temblor de tierra, un terremoto tan grande cual no lo hubo jamás desde que los hombres existen sobre la tierra. ¹⁹ La gran ciudad se dividió en tres partes y las ciudades de las naciones cayeron. La gran Babilonia vino en memoria delante de Dios, para darle el cáliz del vino del ardor de su ira.*i* ²⁰ Toda isla huyó y los montes ya no fueron hallados.*j* ²¹ Del cielo cayó sobre los hombres un enorme granizo,*k* como del peso de un talento. Y los hombres blasfemaron contra Dios por la plaga del granizo, porque su plaga fue sumamente grande.

Condenación de la gran ramera

17 ¹ Vino uno de los siete ángeles que tenían las siete copas y habló conmigo, diciendo: «Ven acá y te mostraré la sentencia contra la gran ramera, la que está sentada sobre muchas aguas.*a* ² Con ella han fornicado los reyes de la tierra, y

---

e **15.8** 1 R 8.10-11; 2 Cr 5.13-14; Is 6.4.   *a* **16.2** Ex 9.10.   *b* **16.4** Ex 7.17-21; Sal 78.44.
c **16.10** Ex 10.21.   *d* **16.12** Is 11.15-16; Jer 50.38.   *e* **16.13** Ex 7.25—8.14.   *f* **16.15** Mt 24.42-44;
Lc 12.39-40; Ap 3.3.   *g* **16.16** 2 R 23.29; 2 Cr 35.22.   *h* **16.18** Ap 8.5; 11.13,19.   *i* **16.19** Is 51.17;
Jer 25.15; Ap 14.10.   *j* **16.20** Ap 6.14.   *k* **16.21** Ex 9.23; Ap 11.9.   *a* **17.1** Jer 51.13.

los habitantes de la tierra se han embriagado con el vino de su fornicación».[b]

³ Me llevó en el Espíritu al desierto, y vi a una mujer sentada sobre una bestia escarlata llena de nombres de blasfemia, que tenía siete cabezas y diez cuernos.[c] ⁴ La mujer estaba vestida de púrpura y escarlata, adornada de oro, piedras preciosas y perlas,[d] y tenía en la mano un cáliz de oro[e] lleno de abominaciones y de la inmundicia de su fornicación. ⁵ En su frente tenía un nombre escrito, un misterio: «Babilonia la grande, la madre de las rameras y de las abominaciones de la tierra».

⁶ Vi a la mujer ebria de la sangre de los santos y de la sangre de los mártires de Jesús.

Cuando la vi quedé asombrado con gran asombro.

⁷ El ángel me dijo: «¿Por qué te asombras? Yo te diré el misterio de la mujer y de la bestia que la lleva, la cual tiene siete cabezas y diez cuernos. ⁸ La bestia que has visto era y no es, y está para subir del abismo[f] e ir a perdición. Los habitantes de la tierra, aquellos cuyos nombres no están escritos en el libro de la vida[g] desde la fundación del mundo, se asombrarán viendo la bestia que era y no es, y será.

⁹ »Esto, para la mente que tenga sabiduría: Las siete cabezas son siete montes sobre los cuales se sienta la mujer, ¹⁰ y son siete reyes. Cinco de ellos han caído; uno es y el otro aún no ha venido, y cuando venga deberá durar breve tiempo. ¹¹ La bestia que era y no es, es también el octavo, y es uno de los siete y va a la perdición. ¹² Los diez cuernos que has visto son diez reyes[h] que aún no han recibido reino; pero recibirán autoridad como reyes por una hora, juntamente con la bestia. ¹³ Estos tienen un mismo propósito: entregarán su poder y autoridad a la bestia. ¹⁴ Pelearán contra el Cordero, y el Cordero los vencerá, porque es Señor de señores y Rey de reyes; y los que están con él son llamados, elegidos y fieles».

¹⁵ También me dijo: «Las aguas que has visto, donde se sienta la ramera, son pueblos, muchedumbres, naciones y lenguas. ¹⁶ Y los diez cuernos que viste, y la bestia, aborrecerán a la ramera, la dejarán desolada y desnuda, devorarán sus carnes y la quemarán con fuego.[i] ¹⁷ Dios ha puesto en sus corazones el ejecutar lo que él quiso: ponerse de acuerdo y dar su reino a la bestia hasta que se hayan cumplido las palabras de Dios. ¹⁸ Y la mujer que has visto es la gran ciudad que reina sobre los reyes de la tierra».

La caída de Babilonia

18 ¹ Después de esto vi otro ángel que descendía del cielo con gran poder, y la tierra fue alumbrada con su gloria. ² Clamó con voz potente, diciendo:

«¡Ha caído, ha caído la gran
    Babilonia![a]
Se ha convertido en habitación de
    demonios,
en guarida de todo espíritu
    inmundo
y en albergue de toda ave inmunda
    y aborrecible,[b]
³ porque todas las naciones han
    bebido
del vino del furor de su
    fornicación.[c]
Los reyes de la tierra han fornicado
    con ella
y los mercaderes de la tierra se han
    enriquecido
con el poder de sus lujos
    sensuales».
⁴ Y oí otra voz del cielo, que decía:
«¡Salid de ella, pueblo mío,[d]
para que no seáis partícipes de sus
    pecados
ni recibáis parte de sus plagas!,
⁵ porque sus pecados han llegado
    hasta el cielo[e]
y Dios se ha acordado de sus
    maldades.
⁶ Dadle a ella tal como ella os ha
    dado[f]
y pagadle el doble según sus obras.

---

[b] **17.2** Jer 51.7.   [c] **17.3** Ap 13.1.   [d] **17.4** Ap 18.16.   [e] **17.4** Jer 51.7.   [f] **17.8** Dn 7.3; Ap 11.7.
[g] **17.8** Sal 69.28.   [h] **17.12** Dn 7.24.   [i] **17.16** Ez 23.25-30; Os 2.3.   [a] **18.2** Is 21.9; Jer 51.8; Ap 14.8.
[b] **18.2** Is 13.19-22; 34.11-17; Jer 50.39.   [c] **18.3** Jer 51.7.   [d] **18.4** Is 48.20; Jer 50.8; 51.6,45.
[e] **18.5** Jer 51.9.   [f] **18.6** Sal 137.8; Jer 50.29.

En el cáliz en que ella preparó
bebida,
preparadle el doble a ella.
⁷ Cuanto ella se ha glorificado
y ha vivido en deleites,
tanto dadle de tormento y llanto,
porque dice en su corazón:
"Yo estoy sentada como una reina,
no soy viuda y no veré llanto"».
⁸ Por lo cual, en un solo día
vendrán sus plagas:ᵍ
muerte, llanto y hambre,
y será quemada con fuego,
porque poderoso es Dios el Señor,
que la juzga.
⁹ Los reyes de la tierra que han fornicado con ella y con ella han vivido en deleites, llorarán y harán lamentación sobre
ella cuando vean el humo de su incendio.
¹⁰ Poniéndose lejos por el temor de su tormento, dirán:
«¡Ay, ay de la gran ciudad,
de Babilonia, la ciudad fuerte!,
porque en una sola hora vino tu
juicio».ʰ
¹¹ Los mercaderes de la tierra lloran y
hacen lamentación sobre ella, porque ninguno compra más sus mercaderías:ⁱ
¹² mercadería de oro y plata; de piedras
preciosas y perlas; de lino fino, púrpura,
seda y escarlata; de toda madera olorosa,
todo objeto de marfil y todo objeto de madera preciosa; de cobre, hierro y mármol;
¹³ canela y especias aromáticas; incienso,
mirra y olíbano; vino y aceite; flor de harina y trigo; bestias y ovejas; caballos y carros; esclavos y almas de hombres. ¹⁴ Los
frutos codiciados por tu alma se apartaron de ti, y todas las cosas exquisitas y espléndidas te han faltado y nunca más las
hallarás.
¹⁵ Los mercaderes de estas cosas, que
se han enriquecido a costa de ella, se pondrán lejos por el temor de su tormento,
llorando y lamentando,ʲ ¹⁶ diciendo:
«¡Ay, ay de la gran ciudad,
que estaba vestida de lino fino,
púrpura y escarlata,
y estaba adornada de oro,

piedras preciosas y perlas!,
¹⁷ porque en una sola hora
han sido consumidas tantas
riquezas».
Todo piloto y todos los que viajan en
naves, los marineros y todos los que trabajan en el mar, se pusieron lejos,ᵏ ¹⁸ y
viendo el humo de su incendio dieron voces, diciendo: «¿Qué ciudad era semejante a esta gran ciudad?» ¹⁹ Y echaron polvo
sobre sus cabezas y dieron voces, llorando y lamentando, diciendo:
«¡Ay, ay de la gran ciudad,
en la cual todos los que tenían
naves en el mar
se habían enriquecido de sus
riquezas!
¡En una sola hora
ha sido desolada!ˡ
²⁰ Alégrate sobre ella, cielo,ᵐ
y vosotros santos, apóstoles y
profetas,
porque Dios os ha hecho justicia en
ella».
²¹ Un ángel poderoso tomó una piedra,
como una gran piedra de molino, y la
arrojó en el mar, diciendo:
«Con el mismo ímpetu será
derribada
Babilonia, la gran ciudad,
y nunca más será hallada.ⁿ
²² Voz de arpistas, músicos,
flautistas y trompetistas
no se oirá más de ti.
Ni se hallará más en tiñ
artífice de oficio alguno,
ni ruido de molinos
se oirá más en ti.
²³ Luz de lámpara
no alumbrará más en ti,
ni voz de esposo y esposa
se oirá más en ti,ᵒ
porque tus mercaderes
eran los grandes de la tierra
y por tus hechicerías fueron
engañadas todas las naciones.
²⁴ En ella se halló la sangre de los profetas y de los santos y de todos los que
han sido muertos en la tierra».ᵖ

ᵍ **18.7-8** Is 47.7-9; Sof 2.15.   ʰ **18.9-10** Ez 26.16-17.   ⁱ **18.11** Ez 27.29-36.   ʲ **18.15** Ez 27.31,36.
ᵏ **18.17** Is 23.14; Ez 27.26-30.   ˡ **18.18-19** Ez 27.30-34.   ᵐ **18.20** Dt 32.43; Jer 51.48.
ⁿ **18.21** Jer 51.63-64; Ez 26.21.   ñ **18.22** Is 24.8; Ez 26.13.   ᵒ **18.22-23** Jer 25.10.
ᵖ **18.24** Jer 51.49; cf. Lc 11.50.

Alabanzas en el cielo

19 ¹Después de esto oí una gran voz, como de una gran multitud en el cielo, que decía:

«¡Aleluya!
Salvación, honra, gloria y poder
son del Señor Dios nuestro,
²porque sus juicios son verdaderos
y justos,
pues ha juzgado a la gran ramera
que corrompía la tierra con su
fornicación,
y ha vengado la sangre de sus
siervos
de la mano de ella».ª

³Otra vez dijeron:
«¡Aleluya!
El humo de ella ha de subir
por los siglos de los siglos».ᵇ

⁴Entonces los veinticuatro ancianos y los cuatro seres vivientes se postraron en tierra y adoraron a Dios, que estaba sentado en el trono. Decían: «¡Amén! ¡Aleluya!»⁵Y del trono salió una voz que decía:

«Alabad a nuestro Dios
todos sus siervos, y los que lo
teméis,
así pequeños como grandes».ᶜ

⁶Y oí como la voz de una gran multitud, como el estruendo de muchas aguasᵈ y como la voz de grandes truenos, que decía:

«¡Aleluya!,
porque el Señor, nuestro Dios
Todopoderoso, reina.
⁷Gocémonos, alegrémonos
y démosle gloria,
porque han llegado las bodas del
Cordero
y su esposa se ha preparado.
⁸Y a ella se le ha concedido
que se vista de lino fino,
limpio y resplandecienteᵉ
(pues el lino fino significa las
acciones justas de los santos)».

La cena de las bodas del Cordero

⁹El ángel me dijo: «Escribe: "Bienaventurados los que son llamados a la cena de las bodasᶠ del Cordero"». Y me dijo:

«Estas son palabras verdaderas de Dios».

¹⁰Yo me postré a sus pies para adorarlo, pero él me dijo: «¡Mira, no lo hagas! Yo soy consiervo tuyo y de tus hermanos que mantienen el testimonio de Jesús. ¡Adora a Dios!» (El testimonio de Jesús es el espíritu de la profecía.)

El jinete del caballo blanco

¹¹Entonces vi el cielo abierto,ᵍ y había un caballo blanco. El que lo montaba se llamaba Fiel y Verdadero, y con justicia juzga y pelea. ¹²Sus ojos eran como llama de fuego,ʰ en su cabeza tenía muchas diademas y tenía escrito un nombre que ninguno conocía sino él mismo. ¹³Estaba vestido de una ropa teñida en sangre y su nombre es: La Palabra de Dios. ¹⁴Los ejércitos celestiales, vestidos de lino finísimo, blanco y limpio, lo seguían en caballos blancos. ¹⁵De su boca sale una espada aguda para herir con ella a las naciones, y él las regirá con vara de hierro.ⁱ Él pisa el lagar del vino del furor y de la ira del Dios Todopoderoso.ʲ ¹⁶En su vestidura y en su muslo tiene escrito este nombre: Rey de reyes y Señor de señores.

¹⁷Vi un ángel que estaba de pie en el sol, y clamó a gran voz diciendo a todas las aves que vuelan en medio del cielo: «¡Venid y congregaos a la gran cena de Dios! ¹⁸Para que comáis carnes de reyes y capitanes y carnes de fuertes; carnes de caballos y de sus jinetes; carnes de todos, libres y esclavos, pequeños y grandes».ᵏ

¹⁹Vi a la bestia y a los reyes de la tierra y sus ejércitos, reunidos para guerrear contra el que montaba el caballo y contra su ejército. ²⁰La bestia fue apresada, y con ella el falso profeta que había hecho delante de ella las señales con las cuales había engañado a los que recibieron la marca de la bestia y habían adorado su imagen.ˡ Estos dos fueron lanzados vivos dentro de un lago de fuego que arde con azufre. ²¹Los demás fueron muertos con la espada que salía de la boca del que montaba el caballo, y todas las aves se saciaron de las carnes de ellos.

ª**19.2** Dt 32.43.   ᵇ**19.3** Is 34.10; Ap 14.11.   ᶜ**19.5** Ap 11.18; cf. Sal 115.13.   ᵈ**19.6** Ez 1.24; 43.2; Ap 1.15.   ᵉ**19.8** Is 52.1; Zac 3.4-5.   ᶠ**19.9** Mt 22.1-14; 25.1-13.   ᵍ**19.11** Ez 1.1.   ʰ**19.12** Dn 10.6.   ⁱ**19.15** Sal 2.9.   ʲ**19.15** Is 63.3; Jl 3.13; Ap 14.19-20.   ᵏ**19.17-18** Ez 39.17-21.   ˡ**19.20** Ap 13.1-18.

Los mil años

20 ¹ Vi un ángel que descendía del cielo con la llave del abismo y una gran cadena en la mano. ² Prendió al dragón, la serpiente antigua,ᵃ que es el Diablo y Satanás, y lo ató por mil años. ³ Lo arrojó al abismo, lo encerró y puso un sello sobre él, para que no engañara más a las naciones hasta que fueran cumplidos mil años. Después de esto debe ser desatado por un poco de tiempo.

⁴ Vi tronos, y se sentaron sobre ellos los que recibieron facultad de juzgar.ᵇ Y vi las almas de los decapitados por causa del testimonio de Jesús y por la palabra de Dios, los que no habían adorado a la bestia ni a su imagen, ni recibieron la marca en sus frentes ni en sus manos; y vivieron y reinaron con Cristo mil años. ⁵ Pero los otros muertos no volvieron a vivir hasta que se cumplieron mil años. Esta es la primera resurrección. ⁶ Bienaventurado y santo el que tiene parte en la primera resurrección; la segunda muerte no tiene poder sobre estos, sino que serán sacerdotes de Dios y de Cristo y reinarán con él mil años.

⁷ Cuando los mil años se cumplan, Satanás será suelto de su prisión ⁸ y saldrá a engañar a las naciones que están en los cuatro ángulos de la tierra, a Gog y a Magog,ᶜ a fin de reunirlos para la batalla. Su número es como la arena del mar. ⁹ Subieron por la anchura de la tierra y rodearon el campamento de los santos y la ciudad amada;ᵈ pero de Dios descendió fuego del cielo y los consumió. ¹⁰ Y el diablo, que los engañaba, fue lanzado en el lago de fuego y azufre donde estaban la bestia y el falso profeta; y serán atormentados día y noche por los siglos de los siglos.

El juicio ante el gran trono blanco

¹¹ Vi un gran trono blanco y al que estaba sentado en él, de delante del cual huyeron la tierra y el cielo y ningún lugar se halló ya para ellos. ¹² Y vi los muertos, grandes y pequeños, de pie ante Dios. Los libros fueron abiertos, y otro libro fue abierto, el cual es el libro de la vida. Y fueron juzgados los muertos por las cosas que estaban escritas en los libros, según sus obras.ᵉ ¹³ El mar entregó los muertos que había en él, y la muerte y el Hades entregaron los muertos que había en ellos, y fueron juzgados cada uno según sus obras. ¹⁴ La muerte y el Hades fueron lanzados al lago de fuego.ᶠ Esta es la muerte segunda. ¹⁵ El que no se halló inscrito en el libro de la vida, fue lanzado al lago de fuego.

Cielo nuevo y tierra nueva

21 ¹ Entonces vi un cielo nuevo y una tierra nueva,ᵃ porque el primer cielo y la primera tierra habían pasado y el mar ya no existía más. ² Y yo, Juan, vi la santa ciudad,ᵇ la nueva Jerusalén, descender del cielo, de parte de Dios,ᶜ ataviada como una esposa hermoseada para su esposo.ᵈ ³ Y oí una gran voz del cielo, que decía: «El tabernáculo de Dios está ahora con los hombres. Él morará con ellos, ellos serán su puebloᵉ y Dios mismo estará con ellos como su Dios.ᶠ ⁴ Enjugará Dios toda lágrima de los ojos de ellos; y ya no habrá más muerte,ᵍ ni habrá más llanto ni clamor ni dolor,ʰ porque las primeras cosas ya pasaron».

⁵ El que estaba sentado en el trono dijo: «Yo hago nuevas todas las cosas». Me dijo: «Escribe, porque estas palabras son fieles y verdaderas». ⁶ Y me dijo: «Hecho está. Yo soy el Alfa y la Omega, el principio y el fin. Al que tiene sed, le daré gratuitamenteⁱ de la fuente del agua de vida. ⁷ El vencedor heredará todas las cosas, y yo seré su Dios y él será mi hijo.ʲ ⁸ Pero los cobardes e incrédulos, los abominables y homicidas, los fornicarios y hechiceros, los idólatras y todos los mentirosos tendrán su parte en el lago que arde con fuego y azufre, que es la muerte segunda».

ᵃ **20.2** Gn 3.1-5.   ᵇ **20.4** Dn 7.9,22,27; Mt 19.28; Lc 22.30.   ᶜ **20.8** Ez 38.1-16.   ᵈ **20.9** Sal 78.68; 87.2.   ᵉ **20.11-12** Dn 7.9-10.   ᶠ **20.14** 1 Co 15.26.   ᵃ **21.1** Is 65.17; 66.22; 2 P 3.13. ᵇ **21.2** Is 52.1.   ᶜ **21.2** Ap 3.12; cf. Gl 4.26; Heb 12.22.   ᵈ **21.2** Is 61.10.   ᵉ **21.3** Ez 37.27. ᶠ **21.3** Is 7.14; Jer 11.4; 30.21-22; Ez 36.28; Zac 8.8.   ᵍ **21.4** Is 25.8; 1 Co 15.25-26,54-55. ʰ **21.4** Is 35.10; 65.19.   ⁱ **21.6** Is 55.1.   ʲ **21.7** 2 S 7.14; 1 Cr 17.13; Sal 89.26-27.

La nueva Jerusalén

9 Entonces vino a mí uno de los siete ángeles que tenían las siete copas llenas de las siete plagas postreras y habló conmigo, diciendo: «Ven acá, te mostraré la desposada, la esposa del Cordero».

10 Me llevó en el Espíritu a un monte grande y alto y me mostró la gran ciudad, la santa Jerusalén,^k que descendía del cielo de parte de Dios. **11** Tenía la gloria de Dios^l y su fulgor era semejante al de una piedra preciosísima, como piedra de jaspe, diáfana como el cristal. **12** Tenía un muro grande y alto, con doce puertas, y en las puertas doce ángeles, y nombres inscritos, que son los de las doce tribus de los hijos de Israel. **13** Tres puertas al oriente, tres puertas al norte, tres puertas al sur, tres puertas al occidente.^m **14** El muro de la ciudad tenía doce cimientos y sobre ellos los doce nombres de los doce apóstoles^n del Cordero.

15 El que hablaba conmigo tenía una caña de medir, de oro, para medir la ciudad, sus puertas y su muro.^ñ **16** La ciudad se halla establecida como un cuadrado: su longitud es igual a su anchura. Con la caña midió la ciudad: doce mil estadios. La longitud, la altura y la anchura de ella son iguales. **17** Y midió su muro: ciento cuarenta y cuatro codos, según medida de hombre, la cual era la del ángel. **18** El material de su muro era de jaspe, pero la ciudad era de oro puro, semejante al vidrio limpio. **19** Los cimientos del muro de la ciudad estaban adornados con toda clase de piedras preciosas. El primer cimiento era de jaspe, el segundo de zafiro, el tercero de ágata, el cuarto de esmeralda, **20** el quinto de ónice, el sexto de cornalina, el séptimo de crisólito, el octavo de berilo, el noveno de topacio, el décimo de crisopraso, el undécimo de jacinto y el duodécimo de amatista. **21** Las doce puertas eran doce perlas;^o cada una de las puertas era una perla. Y la calle de la ciudad era de oro puro, como vidrio transparente.

22 En ella no vi templo, porque el Señor Dios Todopoderoso es su templo, y el Cordero. **23** La ciudad no tiene necesidad de sol ni de luna que brillen en ella, porque la gloria de Dios la ilumina^p y el Cordero es su lumbrera.^q **24** Las naciones que hayan sido salvas andarán a la luz de ella y los reyes de la tierra traerán su gloria y su honor a ella.^r **25** Sus puertas nunca serán cerradas de día, pues allí no habrá noche. **26** Llevarán a ella la gloria y el honor de las naciones.^s **27** No entrará en ella ninguna cosa impura^t o que haga abominación y mentira, sino solamente los que están inscritos en el libro de la vida del Cordero.

22 **1** Después me mostró un río limpio, de agua de vida,^a resplandeciente como cristal, que fluía del trono de Dios y del Cordero. **2** En medio de la calle de la ciudad y a uno y otro lado del río estaba el árbol de la vida,^b que produce doce frutos, dando cada mes su fruto; y las hojas del árbol eran para la sanidad de las naciones.^c **3** Y no habrá más maldición.^d El trono de Dios y del Cordero estará en ella, sus siervos lo servirán, **4** verán su rostro^e y su nombre estará en sus frentes. **5** Allí no habrá más noche; y no tienen necesidad de luz de lámpara ni de luz del sol, porque Dios el Señor los iluminará^f y reinarán por los siglos de los siglos.^g

La venida de Cristo está cerca

6 Me dijo: «Estas palabras son fieles y verdaderas. El Señor, el Dios de los espíritus de los profetas, ha enviado su ángel para mostrar a sus siervos las cosas que deben suceder pronto.

7 »¡Vengo pronto! Bienaventurado el que guarda las palabras de la profecía de este libro».

8 Yo, Juan,^h soy el que oyó y vio estas cosas. Después que las hube oído y visto, me postré a los pies del ángel que me mostraba estas cosas, para adorarlo. **9** Pero él me dijo: «¡Mira, no lo hagas!, pues yo

^k **21.10** Ez 40.1-2.   ^l **21.11** Is 60.1-2.   ^m **21.12-13** Ez 48.30-35.   ^n **21.14** Ef 2.20.   ^ñ **21.15** Ez 40.3.
^o **21.18-21** Is 54.11-12.   ^p **21.23** Is 60.1,19-20.   ^q **21.23** Jn 8.12.   ^r **21.24** Is 2.3; 60.3-5; Ap 7.9.
^s **21.25-26** Is 60.11; Zac 14.7.   ^t **21.27** Is 52.1; Ez 44.9.   ^a **22.1** Ez 47.1; Zac 14.8.   ^b **22.2** Gn 2.9;
Ap 2.7.   ^c **22.2** Ez 47.12.   ^d **22.3** Zac 14.11.   ^e **22.4** Sal 17.15; Mt 5.8; 1 Jn 3.2.   ^f **22.5** Is 60.19-20;
Zac 14.7; Ap 21.23.   ^g **22.5** Dn 7.18.   ^h **22.8** Ap 1.1,4,9.

soy consiervo tuyo, de tus hermanos los profetas y de los que guardan las palabras de este libro. ¡Adora a Dios!»

¹⁰ Y me dijo: «No selles las palabras de la profecía de este libro, porque el tiempo está cerca. ¹¹ El que es injusto, sea injusto todavía; el que es impuro, sea impuro todavía; el que es justo, practique la justicia todavía, y el que es santo, santifíquese más todavía.[i]

¹² »¡Vengo pronto!, y mi galardón conmigo,[j] para recompensar a cada uno según sea su obra.[k] ¹³ Yo soy el Alfa y la Omega,[l] el principio y el fin, el primero y el último.

¹⁴ »Bienaventurados los que lavan sus ropas para tener derecho al árbol de la vida[m] y para entrar por las puertas de la ciudad. ¹⁵ Pero los perros estarán afuera, y los hechiceros, los fornicarios, los homicidas, los idólatras y todo aquel que ama y practica la mentira.

¹⁶ »Yo, Jesús, he enviado mi ángel para daros testimonio de estas cosas en las iglesias. Yo soy la raíz y el linaje de David,[n] la estrella resplandeciente de la mañana». ¹⁷ El Espíritu y la Esposa dicen: «¡Ven!» El que oye, diga: «¡Ven!» Y el que tiene sed, venga. El que quiera, tome gratuitamente del agua de la vida.[ñ]

¹⁸ Yo advierto a todo aquel que oye las palabras de la profecía de este libro: Si alguno añade a estas cosas, Dios traerá sobre él las plagas que están escritas en este libro. ¹⁹ Y si alguno quita de las palabras del libro de esta profecía,[o] Dios quitará su parte del libro de la vida y de la santa ciudad y de las cosas que están escritas en este libro.

²⁰ El que da testimonio de estas cosas dice: «Ciertamente vengo en breve».

¡Amén! ¡Ven, Señor Jesús![p]

²¹ La gracia de nuestro Señor Jesucristo sea con todos vosotros. Amén.

---

[i] **22.11** Dn 12.10.   [j] **22.12** Jer 17.10; Mt 16.27.   [k] **22.12** Sal 28.4.   [l] **22.13** Ap 1.8.
[m] **22.14** Gn 2.9; 3.22.   [n] **22.16** Is 11.1,10; Ap 5.5.   [ñ] **22.17** Is 55.1; Jn 4.10,14; 7.37.
[o] **22.18-19** Dt 4.2; 12.32.   [p] **22.20-21** 1 Co 16.22-23.

SANTA BIBLIA
Versión Reina-Valera, 1995

GLOSARIO

TABLA DE PESOS Y MEDIDAS

MAPAS

AYUDAS ESPECIALES PARA LOS LECTORES

GLOSARIO

ARTEMISA Diosa pagana de la fertilidad, llamada también «Diana». No debe confundirse con la Diana Cazadora de los griegos. Su culto estaba muy extendido en el Asia Menor. Tenía un templo en Éfeso que era una de las siete maravillas del mundo antiguo.

ASERA Diosa de la fertilidad, contraparte femenina de Baal. Por extensión se llamaba también así al árbol, poste o tronco sagrado asociado con su culto.

ASTARTÉ Forma griega del nombre de Astart, diosa cananea de la vegetación, la fertilidad y los cielos. Los hebreos la llamaban «Astoret», para hacer que sonara como *boset*, que en hebreo significa «oprobio» o «vergüenza». Esta palabra la usaban a menudo para referirse a un ídolo o divinidad pagana cuyo nombre les repugnaba pronunciar. Tenía varias representaciones y, por eso, en hebreo se usa a veces el plural «Astarot».

BAAL (= dueño, señor, esposo) Dios cananeo de la fertilidad, llamado también «Hadad». Su contraparte femenina era «Asera». El vocablo «Baal» forma parte de muchos nombre bíblicos de lugar y de persona.

BEELZEBÚ Nombre que en el NT se da al diablo como jefe de los espíritus malignos. Algunos creen que se trata de una adaptación de Baalzebub («señor de las moscas»), dios de Ecrón (2 R 1.2), hecha por los rabinos para que significara «señor del estiércol».

BET-EL (= casa de Dios) Originalmente llamada Luz (Gn 28.19), esta ciudad estaba situada a unos 19 km. al norte de Jerusalén. Antiguo centro de adoración (Gn 12.8) escogido por Jeroboam I para rivalizar con Jerusalén (1 R 12.26-29). Los profetas la denunciaron como lugar de culto idolátrico (Am 3.14).

CENTURIÓN Oficial romano a cargo de un pelotón de entre 60 y 100 hombres. Varios centuriones tuvieron encuentros favorables con Jesús y la iglesia (Mt 8.5; Hch 10.1).

CIRCUNCISIÓN Operación mediante la cual se corta el prepucio. Entre losisraelitas tenía un significado religioso: era la señal externa y visible del pacto de Dios con Israel (Gn 17.10-12).

CONCILIO Llamado en la literatura judía *Sanhedrín*. Tribunal supremo de los judíos, integrado por los sumos sacerdotes, los ancianos y los maestros de la Ley (estos últimos generalmente fariseos). Su presidente era el sumo Sacerdote en ejercicio.

DECÁPOLIS Federación de diez ciudades al sudeste del Mar de Galilea, fundada en el 63 a.C. (Mt 4.25; Mc 5.20).

EFOD (1) Prenda similar a un delantal que se ponía sobre el pecho del sumo sacerdote, suspendida de los hombros por dos tirantes y decorada con doce piedras preciosas (Ex 28.6-14; 39.2-7). Tenía, además, un bolsillo en el cual se guardaban el Urim y el Tumim (Ex 28.15-30; 39.8-21). (2) Cierta clase de imagen cuya forma nos es desconocida (Jue 8.27).

EPICÚREOS Se llamaba así a los seguidores del filósofo griego Epicuro, quien vivió a fines del siglo IV y principios del III a.C. Enseñaba que la felicidad, entendida como la liberación del dolor y del temor, es el supremo bien de la vida.

ESCRIBAS Personas que originalmente se dedicaban a copiar a mano el texto bíblico; con el tiempo, sin embargo, llegaron a adquirir la categoría con que se les conoce en el NT. Aquí se les llama «doctores de la Ley» (Mt 23.2-29) e «intérpretes de la Ley» (Mt 22.35). Estaban particularmente asociados con los fariseos.

FARISEOS Uno de los principales grupos religiosos judíos en tiempos de Cristo. Se caracterizaban por su legalismo, ritualismo y apego a las tradiciones. Sin embargo, en su teología daban lugar a doctrinas que los saduceos rechazaban, como la resurrección, la vida futura y la jerarquía de los ángeles(Hch 23.6-8). Algunos fariseos protegieron a Jesús (Lc 13.31).

FILACTERÍAS Pequeñas tiras de pergamino en las que estaban escritos ciertos pasajes importantes de la Ley y que se guardaban en estuches de piel de ternera. Los judíos las usaban desde los 13 años de edad: Unas se las ataban al brazo izquierdo, en dirección al corazón, y otras se las ponían en la frente. La costumbre se basa en Ex 13.9,16.

HADES Vocablo griego que designa la morada o región de los muertos, y que equivale al «Seol» hebreo.

HERODIANOS Partido judío del que no tenemos información. Aparecen junto a los fariseos como opositores de Jesús.

JEHOVÁ Nombre de Dios en el Antiguo Testamento. En el hebreo antiguo, que carecía de vocales escritas, las consonantes del nombre divino son YHVH. Por respeto dejó de pronunciarse y en su lugar se leía «Adonai» (el Señor). Para recordar esto al lector, los rabinos le añadieron las vocales e, o y a, solo como contraseña. Desde fines de la Edad Media, en el mundo cristiano empezó a leerse el nombre de Dios con estas vocales, y así surgió la forma latinizada de donde viene «Jehová». Los hebraístas han llegado al acuerdo general de que la pronunciación original debe haber sido «Yahveh». En el NT el nombre se tradujo por «Señor».

LEVIATÁN Legendario mounstruo marino, descrito a veces con los rasgos característicos del cocodrilo (Job 41.1-34).

LEVITAS Miembros de la tribu de Leví. En Nm 3.6-10 se establece una diferencia entre los levitas consagrados específicamente para el sacerdocio —Aarón y sus descendientes— y los demás, que desempeñaban más bien el oficio de ayudantes de los sacerdotes, encargándose de los servicios menores en el santuario.

LIBACIÓN Acto de ofrecer a Dios una ofrenda de cereales (Ex 29.38-42) y vino, como reconocimiento de que él es proveedor de la comida y de la bebida. El vino se vertía sobre el altar.

MAGOS (1) Practicantes de las artes mágicas. Bajo esta designación podría agruparse a los adivinos, hechiceros, astrólogos y brujos que, en una u otra forma, se mencionan en la Biblia. Sus prácticas estaban rigurosamente prohibidas por la ley mosaica (Dt 18.10,11). (2) Los llamados «magos» de Mt 2 eran probablemente sabios de los países orientales que se dedicaban al estudio de las estrellas.

MANÁ Alimento proporcionado por Dios a los israelitas durante su peregrinaje por el desierto, entre Egipto y Canaán (Ex 16). Era blanco, dulce y parecido a la semilla de culantro (Ex 16.14,31).

NAZAREO Procede, probablemente, del hebreo *nazir*, que significa «separado», «consagrado». El voto de nazareo podía hacerse por tiempo limitado, pero había personas consagradas a Dios como nazareos desde su nacimiento. Su voto de consagración era abstenerse de bebidas alcohólicas y no cortarse el cabello.

NICOLAÍTAS Secta herética primitiva de la que solo se sabe con seguridad lo indicado en Apocalipsis 2.6,15, o sea, que sus adeptos combinaban la idolatría con prácticas inmorales.

PRIMOGENITURA Privilegio que corresponde al hijo mayor de suceder a su padre como cabeza de la familia (Gn 25.31). Recibía, además, con respecto a los otros hijos, una doble porción de la propiedad (Dt 21.17).

PROPICIATORIO Cubierta o tapa de oro del Arca del Pacto que estaba en la cámara del Templo denominada Lugar Santísimo.

PROPOSICIÓN, PANES DE LA Doce panes que se hallaban siempre en presencia de Dios, colocados en dos hileras sobre una mesa en el Lugar Santísimo. Se cambiaban cada séptimo día de la semana.

PUBLICANO Recaudador de impuestos para el gobierno romano. Generalmente era un contratista que se obligaba a entregar a las autoridades determinada recaudación. Su ganancia dependía de lo que pudiera colectar por encima de la suma estipulada. Considerado un explotador y colaboracionista, era odiado por el pueblo judío, que lo clasificaba entre los delincuentes («pecadores»).

RABÍ (= mi maestro) Título de honor usado para referirse a los maestros judíos (Mt 23.7) y a Jesús (Jn 3.2), especialmente por parte de sus discípulos.

RESTO Núcleo del pueblo israelita que, en cada período, permanecía fiel al Señor (Is 17.3; Sof 2.4-7; Zac 8.1-8; Ro 9.27).

SÁBADO Día en que se suspendía el trabajo usual, para dedicarlo especialmente al culto a Dios y al descanso. La palabra hebrea se relaciona con el verbo de la misma raíz que significa «cesar», «dejar de hacer algo», «descansar». En la gran mayoría de los casos, el *sabat* era el séptimo día de la semana, y por tanto equivale a nuestro sábado (Ex 16.23,25-26,29; Mt 12.1-2,5,8,10-12). En los Diez Mandamientos se ordena su observancia en conmemoración tanto del «descanso» divino al terminar la Creación (Ex 20.8-11) como de la liberación del pueblo israelita de la esclavitud (Dt 5.12-15). Por su significado de «día en que no se trabaja», se llamaba también *sabat* a los días de gran festividad religiosa que no siempre caían en el séptimo día de la semana (Lv 16.29-31). El mismo término se aplicó a cada séptimo año en el que se dejaba descansar la tierra (Lv 25.2-7).

SADUCEOS Miembros de un grupo o partido religioso judío de mayor fuerza social que el de los fariseos. Tenían gran influencia no solo en el ámbito religioso sino también en el político. Formaban parte de la clase sacerdotal dominante y contaban entre sus miembros y partidarios a personas de la aristocracia de Jerusalén. En lo doctrinal se apegaban solamente a la ley mosaica escrita, y para interpretarla rechazaban la tradición oral en que se apoyaban los fariseos. Negaban la resurrección y no creían en ángeles ni espíritus (Hch 23.6-8). A pesar de su rivalidad con los fariseos, hicieron causa común con ellos cuando se trató de enfrentar a Jesús (Mt 16.6).

SEOL Nombre que se daba a la región o morada de los muertos, la cual los hebreos suponían que se hallaba en lo profundo de la tierra. De ahí que en algunos pasajes sea también sinónimo de sepulcro.

TABERNÁCULO Gran tienda que sirvió a los israelitas como santuario en el desierto y lugar de encuentro con Dios. El Tabernáculo fue reemplazado por el templo de Salomón. También recibe el nombre de «Tabernáculo del Testimonio».

TERAFÍN Imagen o ídolo de dioses domésticos. Los terafines eran de varios tamaños, desde figurillas que podían transportarse fácilmente, hasta imágenes del tamaño de un hombre, o quizás mayores.

TETRARCA Gobernador romano de una provincia oriental del Imperio. En el NT este término se usa solamente para referirse a Herodes Antipas (Mt 14.1).

URIM Y TUMIM Objetos sagrados que se mencionan casi siempre juntos. Los llevaba el sumo sacerdote colocados dentro del pectoral o encima de este. Es difícil precisar su forma y significado. Solo se sabe que servían para consultar a Dios y emitir fallos y decisiones, probablemente echando suertes. Su uso se menciona después de los tiempos de David, y parece que cesó en la etapa posterior al exilio (Esd 2.63).

ZELOTE Miembro de un movimiento de resistencia judío. Los zelotes eran nacionalistas para quienes el Mesías sería un caudillo político que los liberaría del yugo de Roma. Algunos creen que los «sicarios» mencionados en Hch 21.38 eran zelotes. Tomaron parte muy activa en el levantamiento contra Roma de los años 66-70 d.C. A Simón, uno de los apóstoles de Jesús, se le conocía con ese calificativo (Lc 6.15) para distinguirlo del otro Simón (Pedro).

TABLA DE PESOS Y MEDIDAS

La siguiente tabla incluye solamente los términos más comunes mencionados en la Biblia. Los equivalentes son aproximaciones generales, ya que los patrones no fueron siempre los mismos en todas partes, ni durante largos periodos de tiempo.

EN EL ANTIGUO TESTAMENTO

1. Pesos y monedas
gera.................1/20 del siclo........................0.57 gramos de plata
siclo................la unidad básica......................11.4 gramos de plata
libra de plata..........50 siclos............................570 gramos de plata
talento...como 34 kilogramos

2. Medidas lineales
palmo menor..........ancho de la mano....................7.5 centímetros
palmo*...............del pulgar al ménique...............22.5 centímetros
codo*..............del codo a la punta de los dedos.........45 centímetros
caña..cerca de 3 metros

3. Medidas de capacidad
a. para áridos
gomer..............1/10 de un efa........................3.7 litros
seah..............1/3 de un efa.........................12.3 litros
efa...............la unidad básica.......................37 litros
homer.............10 efas...............................370 litros
b. para líquidos
log...............1/12 de un hin........................0.5 litro
hin...............1/6 de un bato........................6.2 litros
bato..............igual al efa..........................37 litros
coro..............10 batos.............................370 litros

4. Tiempo
vigilia................Los hebreos tenían tres vigilias nocturnas de aproximadamente igual duración.

---

*En el libro de Ezequiel, el palmo es de 26 centímetros y el codo es de 52 centímetros.

EN EL NUEVO TESTAMENTO

1. Pesos y monedas
blanca (gr. *lepton*).......1/8 asarion
cuadrante (gr. *kodrantes*).1/4 asarion
cuarto (gr. *asarion*)......1/16 denario
denario..............representaba por lo general el salario
                     diario de un jornalero..............casi 4 gramos de plata
dracma...............aproximadamente igual al denario.......3.6 gramos de plata
siclo...............4 dracmas..........................14.4 gramos de plata
libra de plata..........100 dracmas.......................360 gramos de plata
talento............6,000 dracmas.....................21,600 gramos de plata
libra (Jn. 12.3)...327.5 gramos

2. Medidas lineales
codo..45 centímetros
braza...............4 codos..........................1.80 metros
estadio.............400 codos.........................180 metros
milla...1,480 metros
camino de un día de reposo............................como 1,080 metros

3. Medidas de capacidad
almud (gr. *modió*) (Mt. 5.15; Mr. 4.21; Lc. 11.33)...........8.75 litros
medida (gr. *sato*) (Mt. 13.33; Lc. 13.21)........................13 litros
barril (gr. *bato*) (Lc. 16.6)................................37 litros
medida (gr. *koro*) (Lc. 16.7)..............................370 litros
cántaro (gr. *metretes*) (Jn. 2.6).............................40 litros

4. Tiempo
vigilia................Cada una de las cuatro partes en que se dividía la noche. Su duración variaba con las estaciones del año.
hora.................El día se contaba desde la salida del sol hasta la puesta del mismo, y se dividía en doce horas (Jn. 11.9). De igual manera, la noche se dividía en doce horas, que se contaban desde la puesta del sol hasta su salida (Hch. 23.23). La duración de las horas variaba de acuerdo con las estaciones del año.

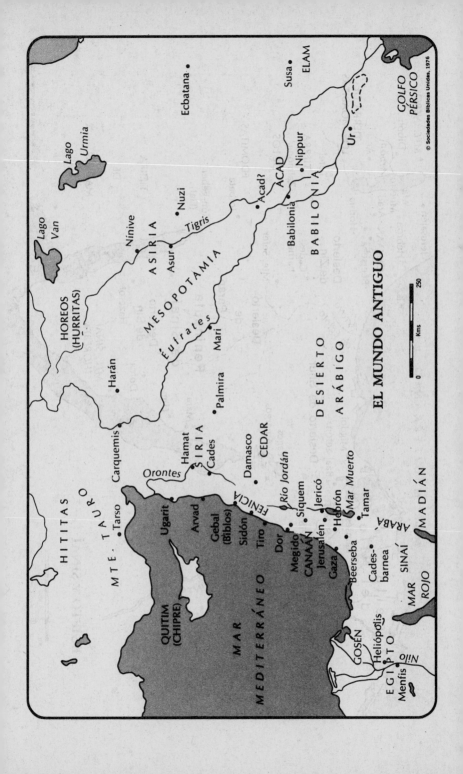

EL MUNDO ANTIGUO

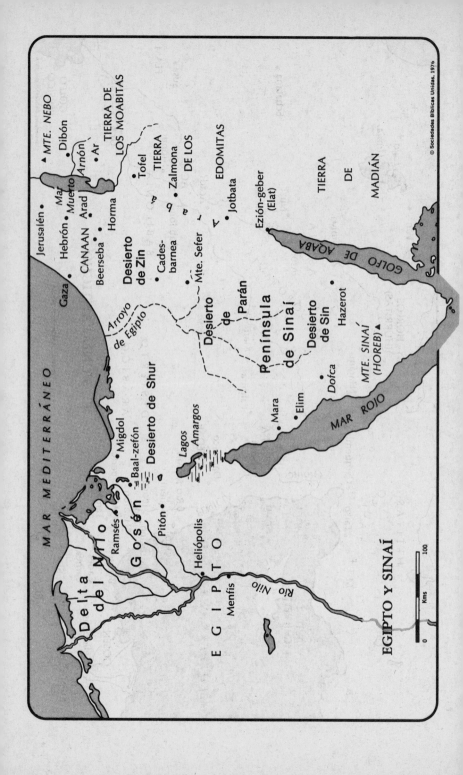

EGIPTO Y SINAÍ

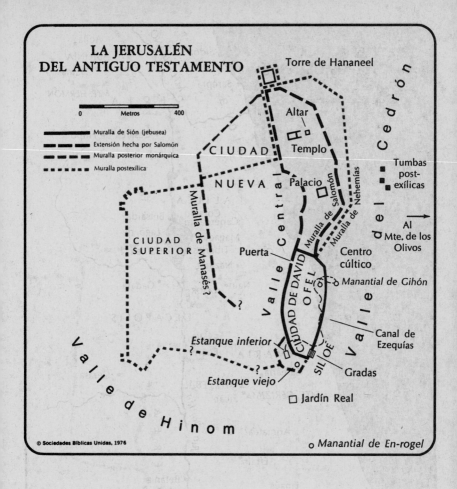

LA JERUSALÉN
DEL ANTIGUO TESTAMENTO

Torre de Hananeel

0   Metros   400

— Muralla de Sión (jebusea)
– – Extensión hecha por Salomón
· — · — Muralla posterior monárquica
· · · · · · Muralla postexílica

Altar

CIUDAD

Templo

NUEVA

Palacio

Valle del Cedrón

Tumbas
post-
exílicas

Al
Mte. de los
Olivos

Muralla de Manasés?

CIUDAD
SUPERIOR

Valle Central

Muralla de Salomón

Muralla de Nehemías

Puerta

CIUDAD DE DAVID   OFEL

Centro
cúltico

Manantial de Gihón

Valle

Estanque inferior
?

Estanque viejo

SILOÉ

Canal de
Ezequías

Gradas

□ Jardín Real

Valle de Hinom

© Sociedades Bíblicas Unidas, 1976

o Manantial de En-rogel

PALESTINA
EN TIEMPOS DE JESÚS

0   Kms   40

MAR
MEDITERRÁNEO

Sidón

Sarepta

MTE. LÍBANO

Fenicia

SIRIA

Abila

ABILINIA

Damasco

MTE. HERMÓN

Cesarea de Filipo

Tiro

GALILEA

Tolemaida

Corazín

Capernaum

Betsaida

Lago de

Magadán

Galilea

MTE. CARMELO

Caná

Tiberias

Nazaret

Naín

MTE. TABOR

Gadara

Cesarea

DECÁPOLIS

Salim

Enón

SAMARIA

Samaria

Gerasa

MTE. EBAL

MTE. GERIZIM

Sicar

Río Jordán

PEREA

Jope

Arimatea?

Efraín

Emaús

Betania

Azoto

Jerusalén

Betania

Qumrán

Ascalón

JUDEA

Belén

Gaza

Hebrón

Mar
Muerto

IDUMEA

NABATEA

© Sociedades Bíblicas Unidas, 1976

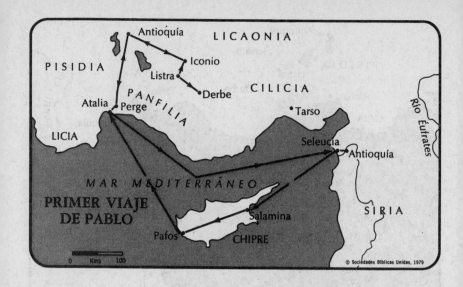

PRIMER VIAJE DE PABLO

SEGUNDO VIAJE DE PABLO

TERCER VIAJE
DE PABLO

VIAJE A
ROMA

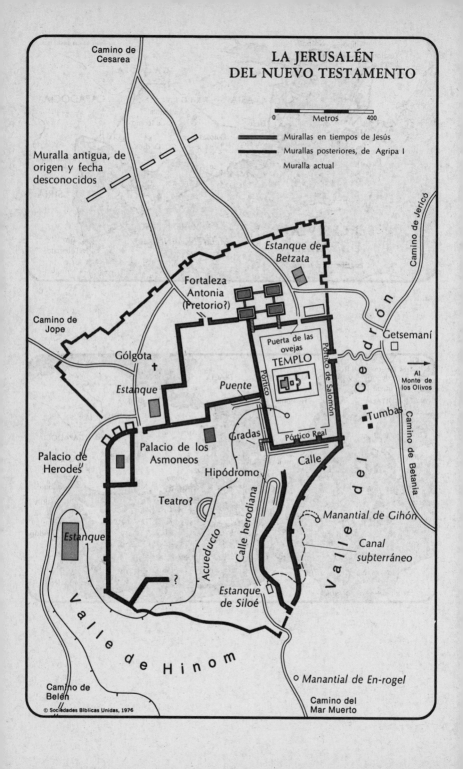

LA JERUSALÉN DEL NUEVO TESTAMENTO

Camino de Cesarea

Metros
0 — 400

Murallas en tiempos de Jesús
Murallas posteriores, de Agripa I
Muralla actual

Muralla antigua, de origen y fecha desconocidos

Camino de Jericó

Estanque de Betzata

Fortaleza Antonia (Pretorio?)

Camino de Jope

Gólgota

Estanque

Puente

Puerta de las ovejas

TEMPLO

Pórtico de Salomón

Getsemaní

Al Monte de los Olivos

Tumbas

Valle del Cedrón

Palacio de Herodes

Palacio de los Asmoneos

Gradas

Pórtico Real

Calle

Hipódromo

Teatro?

Calle herodiana

Acueducto

Estanque

?

Estanque de Siloé

Manantial de Gihón

Canal subterráneo

Valle de Hinom

Camino de Betania

Manantial de En-rogel

Camino de Belén

© Sociedades Bíblicas Unidas, 1976

Camino del Mar Muerto

¡Felicitaciones!

En tus manos tienes uno de los libros más preciados que el mundo ha visto. Es un libro lleno de profunda sabiduría y discernimiento claro acerca de la naturaleza humana y del carácter y propósito del que creó todas las cosas. A través de los siglos mucha gente de muchos países han abierto sus páginas para leer en sus propios idiomas. En él han aprendido del amor y la justicia de Dios. Grandes líderes e intelectuales han buscado y explorado sus páginas buscando sus verdades, buscando las respuestas a los problemas y retos de la vida.

Te invitamos a hacer la misma exploración. La sección que sigue, con ayudas al lector, provee la ayuda básica para emprender este viaje tan gratificante.

- *Qué se encuentra en la Biblia* da un breve resumen de cada libro y una Tabla con una vista general de los libros que componen la Biblia.
- *Cómo leer la Biblia* da sugererencias de cómo leer la Biblia para devocional y cómo hacer anotaciones de las muchas lecciones que irán aprendiendo.
- *Lee la Biblia en un año* es un plan de lectura fácil de seguir y que guiará al lector a través del Antiguo y del Nuevo Testamento en un año.
- *Lecturas para días especiales* da pasajes que quizás quieres leer en los días especiales del año como Navidad, Domingo de Resurrección, Día de las Madres o tu cumpleaños.
- *Pasajes famosos en la Biblia* te ayuda a localizar esas historias famosas de la Biblia que todos hemos oído una y otra vez, pero que quizás no hayas leído por ti mismo.
- *Encuentre ayuda en la Biblia* nos lleva a esos pasajes de la Biblia en los que podemos encontrar apoyo y ayuda cuando enfrentamos problemas difíciles o retos especiales.
- *Qué dice la Biblia sobre el perdón de Dios* te llevará a pasajes bíblicos donde puedes aprender cuánto Dios nos ama a cada uno y lo que ha hecho para reconciliarnos consigo mismo.

No importa dónde comiences a leer, lo que importa es que comiences. Usa cualquiera de estas ayudas al lector para empezar a crear tu hábito diario de leer la Biblia. Descubre por ti mismo la ayuda y la esperanza que las Escrituras ofrecen.

La Biblia

La palabra "biblia" viene del griego *biblía*, plural de *biblíon*, "libritos." Así que la Biblia es realmente, una colección o biblioteca de muchos libros. Estos libros están divididos en dos secciones: el Antiguo Testamento y el Nuevo Testamento.

Antiguo Testamento

El Antiguo Testamento cuenta la historia del pueblo de Israel. Esa historia está basada en la fe del pueblo en el Dios de Israel y su vida religiosa como pueblo de Dios. Los autores de estos libros escribieron de lo que Dios había hecho por ellos como pueblo, y en qué forma ellos debían adorarlo y obedecerlo en respuesta a su amor. La siguiente Tabla enseña gráficamente cómo están agrupados los libros que forman el Antiguo Testamento.

La Ley
Génesis · Éxodo · Levítico · Números · Deuteronomio

Históricos
Josué · Jueces · Rut · 1 Samuel · 2 Samuel · 1 Reyes · 2 Reyes · 1 Crónicas · 2 Crónicas · Esdras · Nehemías · Ester

Poéticos y de Sabiduría
Job · Salmos · Proverbios · Eclesiastés · Cantares

Profetas Mayores
Isaías · Jeremías · Lamentaciones · Ezequiel · Daniel

Profetas Menores
Oseas · Joel · Amós · Abdías · Jonás · Miqueas · Nahúm · Habacuc · Sofonías · Hageo · Zacarías · Malaquías

Nuevo Testamento

Los libros del Nuevo Testamento fueron escritos por los discípulos de Jesucristo. Ellos querían que otros oyeran de la vida nueva que es posible a través de la muerte y resurrección de Jesús. La Tabla que sigue muestra los diferentes grupos de libros que componen el Nuevo Testamento. Aunque los eruditos divergen de opinión, tradicionalmente San Pablo escribió las cartas que se le atribuyen a continuación.

Evangelios
San Mateo · San Marcos · San Lucas · San Juan

Cartas Paulinas
Romanos · 1 Corintios · 2 Corintios · Gálatas · Efesios · Filipenses · Colosenses · 1 Tesalonicenses · 2 Tesalonicenses · 1 Timoteo · 2 Timoteo · Tito · Filemón

Cartas Generales
Hebreos · Santiago · 1 Pedro · 2 Pedro · 1 Juan · 2 Juan · 3 Juan · Judas

Históricos
Hechos

Proféticos
Apocalipsis

Qué se encuentra en la Biblia

Damos a continuación resúmenes de cada uno de los libros de la Biblia. Es evidente por su brevedad, que no son descripciones completas. Sin embargo, pueden servir de referencia conveniente al contenido de la Biblia.

Antiguo Testamento

GÉNESIS: Este libro de "comienzos" hace una narración de la relación de Dios con el hombre y la promesa de Dios a Abraham y a sus descendientes.

ÉXODO: El nombre Éxodo quiere decir "salida". Este libro cuenta cómo Dios liberó a los Israelitas de una vida de penurias y esclavitud en Egipto. Dios hizo un pacto con ellos y les dio leyes para ordenar y governar sus vidas.

LEVÍTICO: El nombre del libro se deriva de una de las doce tribus de Israel. El libro da todas las leyes y regulaciones concernientes a rituales y ceremonias.

NÚMEROS: Los israelitas vagaron por el desierto cuarenta años antes de entrar a la tierra de Canaán "la tierra prometida". El nombre del libro se deriva de los dos censos tomados durante ese tiempo en el desierto.

DEUTERONOMIO: Moisés dio tres discursos de despedida poco antes de morir. En ellos repasó con el pueblo todas las leyes de Dios para los israelitas. El nombre del libro viene de ese repaso o "segunda ley".

JOSUÉ: Josué fue el líder de los ejércitos israelitas en sus victorias contra los cananeos. El libro termina con la partición de la tierra entre las doce tribus de Israel.

JUECES: Los israelitas a menudo desobedecían a Dios y caían en las manos de gobiernos opresores. Dios les enviaba jueces para librarlos de la opresión.

RUT: El amor y la dedicación de Rut a su suegra, Noemí, son el tema de este libro.

1 SAMUEL: Samuel fue el líder de Israel en el período entre el tiempo de los jueces y el tiempo de Saúl, el primer rey de Israel. Cuando el liderazgo de Saúl falló, Samuel ungió a David como rey.

2 SAMUEL: Bajo el reinado de David la nación se hizo fuerte y unificada. Pero después de los pecados de David: adulterio y asesinato, tanto la familia como la nación sufrió.

1 REYES: Este libro comienza con el reinado de Salomón en Israel. Después de su muerte, el reino se dividió en guerra civil: el norte contra el sur. El resultado fue el nacimiento de dos naciones: Israel, en el norte; y Judá en el sur.

2 REYES: Israel fue conquistada por Asiria en el 721 antes de C. Judá perdió en su guerra contra Babilonia en el 586 antes de C. Estos eventos son vistos como el castigo al pueblo por no haber seguido las leyes de Dios.

1 CRÓNICAS: Este libro comienza con la genealogía desde Adám hasta David, y luego recuenta los incidentes del reinado de David.

2 CRÓNICAS: Este libro cubre el mismo período que 2 Reyes pero con énfasis en Judá, el reino del sur, y sus governantes.

ESDRAS: Después de ser cautivos en Babilonia por algunas décadas, el pueblo de Dios retorna a Jerusalén. Uno de sus líderes era Esdras. Este libro contiene el reto que Esdras le hizo al pueblo a seguir y honrar la ley de Dios.

NEHEMÍAS: Después que el Templo fue reconstruido, la muralla protectora al rededor de Jerusalén también fue reconstruida. Nehemías fue quien dirigió esta empresa. Él también trabajó con Esdras para restaurar el fervor religioso entre el pueblo.

ESTER: Este libro relata la historia de la reina de Persia, quien era judía, y quien expuso un complot para destruir a sus compatriotas y así libró a todos los judíos en ese país de ser aniquilados.

JOB: La pregunta: "¿Porqué sufren los inocentes?" es tratada en esta historia de Job.

SALMOS: Estos 150 himnos y oraciones fueron usados por los hebreos para expresar su relación con Dios. Cubren todo el campo de emociones humanas: desde alegría hasta furia, de esperanza a desesperación.

PROVERBIOS: Este es un libro de dichos sabios, de enseñanzas éticas y de sentido común acerca de cómo vivir una vida recta.

ECLESIASTÉS: En su búsqueda de la felicidad y del sentido de la vida, este escritor, conocido sólo como "el filósofo", hace preguntas que aún están vigentes en la sociedad de hoy.

CANTAR DE CANTARES: Este poema describe el gozo y el éxtasis del amor. Simbólicamente, ha sido aplicado al amor de Dios por Israel y al amor de Cristo por la Iglesia.

ISAÍAS: El profeta Isaías trajo el mensaje del juicio de Dios a las naciones, señaló a un rey futuro, como David, y prometió una era de paz y tranquilidad.

JEREMÍAS: Mucho antes de que Babilonia destruyera a Judá, Jeremías predijo el justo juicio de Dios. Aunque su mensaje era mayormente acerca de la destrucción, también habló del nuevo pacto con Dios.

LAMENTACIONES: Tal y como Jeremías había predicho, Jerusalén cayó cautiva bajo Babilonia. Este libro registra cinco "lamentos" por la ciudad caída.

EZEQUIEL: El mensaje de Ezequiel fue dado a los judíos cautivos en Babilonia. Él usó historias y parábolas para hablar del juicio, la esperanza y la restauración de Israel.

DANIEL: Daniel se mantuvo fiel a Dios aun enfrentando muchas presiones como cautivo en Babilonia. Este libro incluye las visiones proféticas de Daniel.

OSEAS: Oseas usó la lección de su dedicación a su esposa, aún enfrentando su infidelidad, para ilustrar el adulterio que Israel había cometido contra Dios, y como el amor fiel de Dios por su pueblo nunca cambia.

JOEL: Después de una plaga de langostas, Joel amonesta al pueblo a arrepentirse.

AMÓS: Durante un tiempo de prosperidad, este profeta de Judea predicó a los ricos líderes de Israel acerca del juicio de Dios. Amós insistía en que pensaran en los pobres y oprimidos antes que en su satisfacción propia.

ABDÍAS: Abdías profetizó el juicio a Edom, un país vecino a Israel.

JONÁS: Jonás no quería predicar a la gente de Nínive, quienes eran enemigos de su propio país. Cuando finalmente los llevó el mensaje enviado por Dios, ellos se arrepintieron.

MIQUEAS: El mensaje de Miqueas a Judá era un mensaje de juicio a la vez que de perdón, esperanza y restauración. Especialmente notable es un verso en el que sumariza lo que Dios requiere de nosotros. (6.8)

NAHÚM: Nahúm anunció que Dios destruiría el pueblo de Nínive por causa de su crueldad en la guerra.

HABACUC: Este libro presenta un diálogo entre Dios y Habacuc sobre la justicia y el sufrimiento.

SOFONÍAS: Sofonías anunció el día del Señor, que traería juicio a Judá y a las otras naciones vecinas. Ese futuro día sería uno de destrucción para muchos, pero un pequeño remanente siempre fiel a Dios sobreviviría para bendecir al mundo entero.

HAGEO: Después que el pueblo volvió del exilio, Hageo les recordó darle a Dios la prioridad y reconstruir el Templo antes que sus propias casas.

ZACARÍAS: Al igual que Hageo, Zacarías instó al pueblo a reconstruir el Templo, asegurándoles la ayuda y bendiciones de Dios. Sus visiones apuntaban a un futuro brillante.

MALAQUÍAS: Después del retorno del exilio, el pueblo llegó de nuevo a descuidarse de su vida religiosa. Malaquías trató de inspirarlos de nuevo hablándoles del "día del Señor."

Nuevo Testamento

SAN MATEO: Este Evangelio cita muchos pasajes del Antiguo Testamento. De esta forma es atractivo a la audiencia judía a quien presenta a Jesús como el Mesías prometido en las Escrituras judías. San Mateo narró la historia de Jesús desde su nacimiento hasta la resurrección y pone énfasis especial en las enseñanzas del maestro.

SAN MARCOS: San Marcos escribió un Evangelio corto, conciso y lleno de acción. Su meta era profundizar la fe y la dedicación de los creyentes de la comunidad para quien escribía.

SAN LUCAS: En este Evangelio se enfatiza cuán al alcance de todos está la salvación en Jesús. El evangelista lo hace describiendo a Jesús en contacto con la gente pobre, con los necesitados y con los que viven al margen de la sociedad.

SAN JUAN: El Evangelio de San Juan, por su forma, se coloca aparte del los otros tres. San Juan organiza su mensaje enfocándolo en siete señales que apuntan a Jesús como Hijo de Dios. Su estilo de escribir es reflexivo y lleno de imágenes y figuras.

LOS HECHOS: Cuando Jesús se ausentó de sus discípulos, el Espíritu Santo vino a morar con ellos. Este libro fue escrito por San Lucas como complemento a su Evangelio y relata eventos claves en la historia y trabajo de la iglesia cristiana primitiva y como se propagó la fe en el mundo Mediterráneo de entonces.

ROMANOS: En esta importante carta, San Pablo le escribe a los Romanos acerca de la vida en el Espíritu, que es dada, por la fe, a los creyentes en Cristo. El apóstol les reitera la gran bondad de Dios y les declara que a través de Jesucristo, Dios nos acepta y nos liberta de nuestros pecados.

1 CORINTIOS: Esta carta trata específicamente los problemas que la iglesia en Corinto estaba enfrentando: disensión, inmoralidad, problemas de forma en la adoración pública y confusión acerca de los dones del Espíritu.

2 CORINTIOS: En esta carta San Pablo escribe sobre su relación con la iglesia de Corinto y los efectos que algunos falsos profetas habían tenido en su ministerio.

GÁLATAS: Esta carta expone la libertad con respecto a la ley del creyente en Cristo. Pablo declara que es solo por fe que todos los creyentes son reconciliados con Dios.

EFESIOS: El tema central de esta carta es el propósito eterno de Dios: juntar de muchas naciones y razas la iglesia universal de Jesucristo.

FILIPENSES: El énfasis de esta carta es en el gozo que el creyente en Cristo encuentra en todas las situaciones de la vida. San Pablo la escribió mientras estaba en la cárcel.

COLOSENSES: En esta carta San Pablo le dice los creyentes en Colosas que pongan a un lado sus supersticiones y que pongan a Cristo en el centro de sus vidas.

1 TESALONICENSES: En esta carta San Pablo da consejos a los cristianos de Tesalónica en cuanto al retorno de Jesús al mundo.

2 TESALONICENSES: En esta carta, como en la primera, San Pablo habla del retorno de Jesús al mundo. También trata de preparar a los creyentes para la venida del Señor.

1 TIMOTEO: Esta carta sirve como guía a Timoteo, un joven líder de la iglesia primitiva. San Pablo le da consejos sobre la adoración, el ministerio y las relaciones dentro de la iglesia.

2 TIMOTEO: Es esta la última carta escrita por San Pablo. En ella él da un último reto a sus compañeros de trabajo.

TITO: Tito estaba ministrando en Creta. En esta carta San Pablo le aconseja cómo ayudar a los nuevos cristianos.

FILEMÓN: En esta carta, Filemón es instado a perdonar a su esclavo, Onésimo, quien había tratado de escaparse; también a aceptarlo como a un amigo en Cristo.

HEBREOS: Esta carta reta a los nuevos cristianos a ir más allá de los rituales y ceremonias tradicionales y a darse cuenta de que en Cristo todos han encontrado su cumplimiento.

SANTIAGO: Santiago aconseja a los creyentes a poner en práctica sus creencias y además ofrece ideas prácticas de cómo vivir su fe.

Cómo leer la Biblia

Cada día separa un tiempo para leer tu Biblia. Trata de apartar la misma hora del día cada día. Dedica tanto tiempo como sea lógico y posible usar sin interferir con otras cosas, pues vas a dedicarlo por un tiempo más o menos largo. Antes de comenzar la lectura pide la guía y bendición de Dios. Algunas personas han descubierto que mantener un diario les ha ayudado. Usa los siguientes pasos para sacar el mayor provecho posible de tus lecturas diarias de la Biblia.

1. Selecciona un pasaje bíblico (puedes hacerlo siguiendo la guía *Lee la Biblia en un año* a continuación.)

2. Examina su contexto:

   a. ¿De qué clase de libro está tomada? (Un libro biográfico como uno de los Evangelios que da la vida de Jesús; un libro histórico como *El Segundo Libro de Samuel* que da la historia del reinado del Rey David; o una breve carta a una persona como *Las Cartas a Timoteo* o una carta a una iglesia específica como *Las Cartas de Pablo a los Corintios*.)

   b. ¿Cuál es el enfoque general del libro? (No tienes que hacer estudios extensos sobre el libro, pero siéntete libre para leer el primer o el último párrafo del libro, así como los subtítulos y las introducciones al libro si tu Biblia las tiene.)

   c. ¿Qué ocurre o es discutido en los pasajes antes y después de la lectura que has escogido?

3. Lee el pasaje completo para coger el sentido de lo que lees.

4. Identifica palabras y frases. ¿Hay alguna palabra o frase que se repite a través del pasaje? ¿Se discierne alguna relación de causa y efecto? (Las frases repetidas casi siempre están precedidas de *si, entonces, por eso, porque*, etc. ¿Hay alguna comparación hecha? ¿Se contrastan personajes, cosas o conceptos?

5. Lee el pasaje de nuevo y pregúntate cuál es la intención o propósito del pasaje. Trata de encontrar lo que el autor está tratando de decir. Debes ser honesto; no busques para encontrar sólo lo que quieres oír. La Biblia contiene muchos mensajes fuertes que pueden cambiar vidas.

6. ¿Qué has aprendido acerca de Dios en este pasaje? ¿Qué has aprendido acerca de la naturaleza humana? Pregúntate a ti mismo cómo este mensaje se aplica a tu propia vida. ¿Hay algo en tu vida que necesita cambiar para llegar a ser un mejor hijo de Dios o más amante del prójimo? Pídele a Dios que te ayude a hacer los cambios necesarios en tu vida para llegar a ser una mejor persona.

7. Lee el pasaje una vez más. ¿Hay algún versículo que quieres memorizar? ¿Por qué no lo escribes en una tarjetita y lo llevas contigo todo el día para estudiarlo?

8. Da gracias a Dios por lo que te ha mostrado y pídele su ayuda hoy, cuando tratas de aplicar la lección aprendida a tu vida.

9. Comparte lo que has aprendido con alguna otra persona.

Lee la Biblia en un año

¿Has leído alguna vez la Biblia completa? Si dedicas de veinte a treinta minutos diarios, y sigues este plan, puedes hacerlo en solo un año. Las abreviaciones de los libros están explicadas al principio de la Biblia. Si necesitas ayuda para encontrar las referencias busca *Cómo encontrar las referencias en la Biblia*. Empieza a leer tu Biblia hoy y descubre las riquezas de la Palabra de Dios.

ENERO

1 □ Lc 5.27-39 □ Gn 1-2 □ Sal 1
2 □ Lc 6.1-26 □ Gn 3-5 □ Sal 2
3 □ Lc 6.27-49 □ Gn 6-7 □ Sal 3
4 □ Lc 1.1-17 □ Gn 8-10 □ Sal 4
5 □ Lc 7.18-50 □ Gn 11 □ Sal 5
6 □ Lc 8.1-25 □ Gn 12 □ Sal 6
7 □ Lc 8.26-56 □ Gn 13-14 □ Sal 7
8 □ Lc 9.1-27 □ Gn 15 □ Sal 8
9 □ Lc 9.28-62 □ Gn 16 □ Sal 9
10 □ Lc 10.1-20 □ Gn 17 □ Sal 10
11 □ Lc 10.21-42 □ Gn 18 □ Sal 11
12 □ Lc 11.1-28 □ Gn 19 □ Sal 12
13 □ Lc 11.29-54 □ Gn 20 □ Sal 13
14 □ Lc 12.1-31 □ Gn 21 □ Sal 14
15 □ Lc 12.32-59 □ Gn 22 □ Sal 15
16 □ Lc 13.1-17 □ Gn 23 □ Sal 16
17 □ Lc 13.18-35 □ Gn 24 □ Sal 17
18 □ Lc 14.1-24 □ Gn 25 □ Sal 18
19 □ Lc 14.25-35 □ Gn 26 □ Sal 19
20 □ Lc 15 □ Gn 27.1-45 □ Sal 20
21 □ Lc 16 □ Gn 27.46-28.22 □ Sal 21
22 □ Lc 17 □ Gn 29.1-30 □ Sal 22
23 □ Lc 18.1-17 □ Gn 29.31-30.43 □ Sal 23
24 □ Lc 18.18-43 □ Gn 31 □ Sal 24
25 □ Lc 19.1-27 □ Gn 32-33 □ Sal 25
26 □ Lc 19.28-48 □ Gn 34 □ Sal 26
27 □ Lc 20.1-26 □ Gn 35-36 □ Sal 27
28 □ Lc 20.27-47 □ Gn 37 □ Sal 28
29 □ Lc 21 □ Gn 38 □ Sal 29
30 □ Lc 22.1-38 □ Gn 39 □ Sal 30
31 □ Lc 22.39-71 □ Gn 40 □ Sal 31

FEBRERO

1 □ Lc 23.1-25 □ Gn 41 □ Sal 32
2 □ Lc 23.26-56 □ Gn 42 □ Sal 33
3 □ Lc 24.1-12 □ Gn 43 □ Sal 34
4 □ Lc 24.13-53 □ Gn 44 □ Sal 35
5 □ He 1 □ Gn 45.1-46.27 □ Sal 36
6 □ He 2 □ Gn 46.28-47.31 □ Sal 37

7 □ He 3.1-4.13 □ Gn 48 □ Sal 38
8 □ He 4.14-6.12 □ Gn 49-50 □ Sal 39
9 □ He 6.13-20 □ Exod 1-2 □ Sal 40
10 □ He 7 □ Ex 3-4 □ Sal 41
11 □ He 8 □ Ex 5.1-6.27 □ Pr 1
12 □ He 9.1-22 □ Ex 6.28-8.32 □ Pr 2
13 □ He 9.23-10.18 □ Ex 9-10 □ Pr 3
14 □ He 10.19-39 □ Ex 11-12 □ Pr 4
15 □ He 11.1-21 □ Ex 13-14 □ Pr 5
16 □ He 11.22-40 □ Ex 15 □ Pr 6.1-7.5
17 □ He 12 □ Ex 16-17 □ Pr 7.6-27
18 □ He 13 □ Ex 18-19 □ Pr 8
19 □ Mt 1 □ Ex 20-21 □ Pr 9
20 □ Mt 2 □ Ex 22-23 □ Pr 10
21 □ Mt 3 □ Ex 24 □ Pr 11
22 □ Mt 4 □ Ex 25-27 □ Pr 12
23 □ Mt 5.1-20 □ Ex 28-29 □ Pr 13
24 □ Mt 5.21-48 □ Ex 30-32 □ Pr 14
25 □ Mt 6.1-18 □ Ex 33-34 □ Pr 15
26 □ Mt 6.19-34 □ Ex 35-36 □ Pr 16
27 □ Mt 7 □ Ex 37-38 □ Pr 17
28 □ Mt 8.1-13 □ Ex 39-40 □ Pr 18

MARZO

1 □ Mt 8.14-34 □ Lv 1-2 □ Pr 19
2 □ Mt 9.1-17 □ Lv 3-4 □ Pr 20
3 □ Mt 9.18-38 □ Lv 5-6 □ Pr 21
4 □ Mt 10.1-25 □ Lv 7-8 □ Pr 22
5 □ Mt 10.26-42 □ Lv 9-10 □ Pr 23
6 □ Mt 11.1-19 □ Lv 11-12 □ Pr 24
7 □ Mt 11.20-30 □ Lv 13 □ Pr 25
8 □ Mt 12.1-21 □ Lv 14 □ Pr 26
9 □ Mt 12.22-50 □ Lv 15-16 □ Pr 27
10 □ Mt 13.1-23 □ Lv 17-18 □ Pr 28
11 □ Mt 13.24-58 □ Lv 19 □ Pr 29
12 □ Mt 14.1-21 □ Lv 20-21 □ Pr 30
13 □ Mt 14.22-36 □ Lv 22-23 □ Pr 31
14 □ Mt 15.1-20 □ Lv 24-25 □ Ec 1.1-11
15 □ Mt 15.21-39 □ Lv 26-27 □ Ec 1.12-2.26
16 □ Mt 16 □ Nm 1-2 □ Ec 3.1-15

Cómo encontrar una referencia bíblica

Cada versículo en esta Biblia esta marcado con su *propio número*. Para encontrar los pasajes aquí numerados, necesitas encontrar primero, el libro, luego el número del capítulo dentro de ese libro, y luego el número o números de los versículos dentro de ese capítulo. En las listas, el número de capítulo aparece inmediatamente después del nombre del libro. Después del punto están los números de los versículos. Por ejemplo: 1 Corintios 12.1-11 es la primera carta de San Pablo a los Corintios capítulo doce, versículos del uno al once.

17 ☐ Mt 17 ☐ Nm 3-4 ☐ Ec 3.16-4.16î
18 ☐ Mt 18.1-17 ☐ Nm 5-6 ☐ Ec 5
19 ☐ Mt 18.18-35 ☐ Nm 7-8 ☐ Ec 6
20 ☐ Mt 19.1-15 ☐ Nm 9-10 ☐ Ec 7
21 ☐ Mt 19.16-30 ☐ Nm 11-12 ☐ Ec 8
22 ☐ Mt 20.1-16 ☐ Nm 13-14 ☐ Ec 9.1-12
23 ☐ Mt 20.17-34 ☐ Nm 15-16 ☐ Ec 9.13-10.20
24 ☐ Mt 21.1-27 ☐ Nm 17-18 ☐ Ec 11.1-8
25 ☐ Mt 21.28-46 ☐ Nm 19-20 ☐ Ec 11.9-12.14
26 ☐ Mt 22.1-22 ☐ Nm 21 ☐ Cnt 1.1-2.7
27 ☐ Mt 22.23-46 ☐ Nm 22.1-40 ☐ Cnt 2.8-3.5
28 ☐ Mt 23.1-12 ☐ Nm 22.41-23.26 ☐ Cnt 3.6-5.1
29 ☐ Mt 23.13-39 ☐ Nm 23.27-24.25 ☐ Cnt 5.2-6.3
30 ☐ Mt 24.1-31 ☐ Nm 25-27 ☐ Cnt 6.4-8.4
31 ☐ Mt 24.32-51 ☐ Nm 28-29 ☐ Cnt 8.5-14

ABRIL

1 ☐ Mt 25.1-30 ☐ Nm 30-31 ☐ Job 1
2 ☐ Mt 25.31-46 ☐ Nm 32-34 ☐ Job 2
3 ☐ Mt 26.1-25 ☐ Nm 35-36 ☐ Job 3
4 ☐ Mt 26.26-46 ☐ Dt 1-2 ☐ Job 4
5 ☐ Mt 26.47-75 ☐ Dt 3-4 ☐ Job 5
6 ☐ Mt 27.1-31 ☐ Dt 5-6 ☐ Job 6
7 ☐ Mt 27.32-66 ☐ Dt 7-8 ☐ Job 7
8 ☐ Mt 28 ☐ Dt 9-10 ☐ Job 8
9 ☐ Hch 1 ☐ Dt 11-12 ☐ Job 9
10 ☐ Hch 2.1-13 ☐ Dt 13-14 ☐ Job 10
11 ☐ Hch 2.14-47 ☐ Dt 15-16 ☐ Job 11
12 ☐ Hch 3 ☐ Dt 17-18 ☐ Job 12
13 ☐ Hch 4.1-22 ☐ Dt 19-20 ☐ Job 13
14 ☐ Hch 4.23-37 ☐ Dt 21-22 ☐ Job 14
15 ☐ Hch 5.1-16 ☐ Dt 23-24 ☐ Job 15
16 ☐ Hch 5.17-42 ☐ Dt 25-27 ☐ Job 16
17 ☐ Hch 6 ☐ Dt 28 ☐ Job 17
18 ☐ Hch 7.1-22 ☐ Dt 29-30 ☐ Job 18
19 ☐ Hch 7.23-8.1 ☐ Dt 31-32 ☐ Job 19
20 ☐ Hch 8.1-25 ☐ Dt 33-34 ☐ Job 20
21 ☐ Hch 8.26-40 ☐ Jos 1-2 ☐ Job 21
22 ☐ Hch 9.1-25 ☐ Jos 3.1-5.1 ☐ Job 22
23 ☐ Hch 9.26-43 ☐ Jos 5.2-6.27 ☐ Job 23
24 ☐ Hch 10.1-33 ☐ Jos 7-8 ☐ Job 24
25 ☐ Hch 10.34-48 ☐ Jos 9-10 ☐ Job 25
26 ☐ Hch 11.1-18 ☐ Jos 11-12 ☐ Job 26
27 ☐ Hch 11.19-30 ☐ Jos 13-14 ☐ Job 27
28 ☐ Hch 12 ☐ Jos 15-17 ☐ Job 28
29 ☐ Hch 13.1-25 ☐ Jos 18-19 ☐ Job 29
30 ☐ Hch 13.26-52 ☐ Jos 20-21 ☐ Job 30

MAYO

1 ☐ Hch 14 ☐ Jos 22 ☐ Job 31î
2 ☐ Hch 15.1-21 ☐ Jos 23-24 ☐ Job 32
3 ☐ Hch 15.22-41 ☐ Jue 1 ☐ Job 33
4 ☐ Hch 16.1-15 ☐ Jue 2-3 ☐ Job 34
5 ☐ Hch 16.16-40 ☐ Jue 4-5 ☐ Job 35
6 ☐ Hch 17.1-15 ☐ Jue 6 ☐ Job 36
7 ☐ Hch 17.16-34 ☐ Jue 7-8 ☐ Job 37
8 ☐ Hch 18 ☐ Jue 9 ☐ Job 38
9 ☐ Hch 19.1-20 ☐ Jue 10.1-11.33 ☐ Job 39
10 ☐ Hch 19.21-41 ☐ Jue 11.34-12.15 ☐ Job40

11 ☐ Hch 20.1-16 ☐ Jue 13 ☐ Job 41
12 ☐ Hch 20.17-38 ☐ Jue 14-15 ☐ Job 42
13 ☐ Hch 21.1-36 ☐ Jue 16 ☐ Sal 42
14 ☐ Hch 21.37-22.29 ☐ Jue 17-18 ☐ Sal 43
15 ☐ Hch 22.30-23.22 ☐ Jue 19 ☐ Sal 44
16 ☐ Hch 23.23-24.9 ☐ Jue 20 ☐ Sal 45
17 ☐ Hch 24.10-27 ☐ Jue 21 ☐ Sal 46
18 ☐ Hch 25 ☐ Rt 1-2 ☐ Sal 47
19 ☐ Hch 26.1-18 ☐ Rt 3-4 ☐ Sal 48
20 ☐ Hch 26.19-32 ☐ 1 S 1.1-2.11 ☐ Sal 49
21 ☐ Hch 27.1-12 ☐ 1 S 2.12-2.36 ☐ Sal 50
22 ☐ Hch 27.13-44 ☐ 1 S 3 ☐ Sal 51
23 ☐ Hch 28.1-15 ☐ 1 S 4-5 ☐ Sal 52
24 ☐ Hch 28.16-31 ☐ 1 S 6-7 ☐ Sal 53
25 ☐ Ro 1.1-15 ☐ 1 S 8 ☐ Sal 54
26 ☐ Ro 1.16-32 ☐ 1 S 9.1-10.16 ☐ Sal 55
27 ☐ Ro 2.1-3.8 ☐ 1 S 10.17-11.15 ☐ Sal 56
28 ☐ Ro 3.9-31 ☐ 1 S 12 ☐ Sal 57
29 ☐ Ro 4 ☐ 1 S 13 ☐ Sal 58
30 ☐ Ro 5 ☐ 1 S 14 ☐ Sal 59
31 ☐ Ro 6 ☐ 1 S 15 ☐ Sal 60

JUNIO

1 ☐ Ro 7 ☐ 1 S 16 ☐ Sal 61
2 ☐ Ro 8 ☐ 1 S 17.1-54 ☐ Sal 62
3 ☐ Ro 9.1-29 ☐ 1 S 17.55-18.30 ☐ Sal 63
4 ☐ Ro 9.30-10.21 ☐ 1 S 19 ☐ Sal 64
5 ☐ Ro 11.1-24 ☐ 1 S 20 ☐ Sal 65
6 ☐ Ro 11.25-36 ☐ 1 S 21-22 ☐ Sal 66
7 ☐ Ro 12 ☐ 1 S 23-24 ☐ Sal 67
8 ☐ Ro 13 ☐ 1 S 25 ☐ Sal 68
9 ☐ Ro 14 ☐ 1 S 26 ☐ Sal 69
10 ☐ Ro 15.1-13 ☐ 1 S 27-28 ☐ Sal 70
11 ☐ Ro 15.14-33 ☐ 1 S 29-31 ☐ Sal 71
12 ☐ Ro 16 ☐ 2 S 1 ☐ Sal 72
13 ☐ Mr 1.1-20 ☐ 2 S 2.1-3.1 ☐ Dan 1
14 ☐ Mr 1.21-45 ☐ 2 S 3.2-39 ☐ Dan 2.1-23
15 ☐ Mr 2 ☐ 2 S 4-5 ☐ Dan 2.24-49
16 ☐ Mr 3.1-19 ☐ 2 S 6 ☐ Dan 3
17 ☐ Mr 3.20-35 ☐ 2 S 7-8 ☐ Dan 4
18 ☐ Mr 4.1-20 ☐ 2 S 9-10 ☐ Dan 5î
19 ☐ Mr 4.21-41 ☐ 2 S 11-12 ☐ Dan 6
20 ☐ Mr 5.1-20 ☐ 2 S 13 ☐ Dan 7
21 ☐ Mr 5.21-43 ☐ 2 S 14 ☐ Dan 8
22 ☐ Mr 6.1-29 ☐ 2 S 15 ☐ Dan 9
23 ☐ Mr 6.30-56 ☐ 2 S 16 ☐ Dan 10.1-11.2
24 ☐ Mr 7.1-13 ☐ 2 S 17 ☐ Dan 11.2-20
25 ☐ Mr 7.14-37 ☐ 2 S 18 ☐ Dan 11.21-45
26 ☐ Mr 8.1-21 ☐ 2 S 19 ☐ Dan 12
27 ☐ Mr 8.22-9.1 ☐ 2 S 20-21 ☐ Hos 1.1-2.1
28 ☐ Mr 9.2-50 ☐ 2 S 22 ☐ Hos 2.2-23
29 ☐ Mr 10.1-31 ☐ 2 S 23 ☐ Hos 3
30 ☐ Mr 10.32-52 ☐ 2 S 24 ☐ Hos 4.1-10

JULIO

1 ☐ Mr 11.1-14 ☐ 1 R 1 ☐ Hos 4.11-5.3
2 ☐ Mr 11.15-33 ☐ 1 R 2 ☐ Hos 5.4-15
3 ☐ Mr 12.1-27 ☐ 1 R 3 ☐ Hos 6.1-7.2
4 ☐ Mr 12.28-44 ☐ 1 R 4-5 ☐ Hos 7.316

5 ☐ Mr 13.1-13 ☐ 1 R 6 ☐ Hos 8
6 ☐ Mr 13.14-37 ☐ 1 R 7 ☐ Hos 9.1-16
7 ☐ Mr 14.1-31 ☐ 1 R 8 ☐ Hos 9.17-10.15
8 ☐ Mr 14.32-72 ☐ 1 R 9 ☐ Hos 11.1-11
9 ☐ Mr 15.1-20 ☐ 1 R 10 ☐ Hos 11.12-12.14
10 ☐ Mr 15.21-47 ☐ 1 R 11 ☐ Hos 13
11 ☐ Mr 16 ☐ 1 R 12.1-31 ☐ Hos 14
12 ☐ 1 Co 1.1-17 ☐ 1 R 12.32-13.34 ☐ Jl 1
13 ☐ 1 Co 1.18-31 ☐ 1 R 14 ☐ Jl 2.1-11
14 ☐ 1 Co 2 ☐ 1 R 15.1-32 ☐ Jl 2.12-32
15 ☐ 1 Co 3 ☐ 1 R 15.33-16.34 ☐ Jl 3
16 ☐ 1 Co 4 ☐ 1 R 17 ☐ Am 1
17 ☐ 1 Co 5 ☐ 1 R 18 ☐ Am 2.1-3.2
18 ☐ 1 Co 6 ☐ 1 R 19 ☐ Am 3.3-4.3
19 ☐ 1 Co 7.1-24 ☐ 1 R 20 ☐ Am 4.4-13
20 ☐ 1 Co 7.25-40 ☐ 1 R 21 ☐ Am 5
21 ☐ 1 Co 8 ☐ 1 R 22 ☐ Am 6
22 ☐ 1 Co 9 ☐ 2 R 1-2 ☐ Am 7
23 ☐ 1 Co 10 ☐ 2 R 3 ☐ Am 8
24 ☐ 1 Co 11.1-16 ☐ 2 R 4 ☐ Am 9
25 ☐ 1 Co 11.17-34 ☐ 2 R 5 ☐ Abd
26 ☐ 1 Co 12 ☐ 2 R 6.1-7.2 ☐ Jon 1
27 ☐ 1 Co 13 ☐ 2 R 7.3-20 ☐ Jon 2
28 ☐ 1 Co 14.1-25 ☐ 2 R 8 ☐ Jon 3
29 ☐ 1 Co 14.26-40 ☐ 2 R 9 ☐ Jon 4
30 ☐ 1 Co 15.1-34 ☐ 2 R 10 ☐ Mi 1
31 ☐ 1 Co 15.35-58 ☐ 2 R 11 ☐ Mi 2

1 ☐ 1 Co 16 ☐ 2 R 12-13 ☐ Mi 3
2 ☐ 2 Co 1.1-2.4 ☐ 2 R 14 ☐ Mi 4.1-5.1î
3 ☐ 2 Co 2.5-3.18 ☐ 2 R 15-16 ☐ Mi 5.2-15
4 ☐ 2 Co 4.1-5.10 ☐ 2 R 17 ☐ Mi 6
5 ☐ 2 Co 5.11-6.13 ☐ 2 R 18 ☐ Mi 7
6 ☐ 2 Co 6.14-7.16 ☐ 2 R 19 ☐ Nah 1
7 ☐ 2 Co 8 ☐ 2 R 20-21 ☐ Nah 2
8 ☐ 2 Co 9 ☐ 2 R 22.1-23.34 ☐ Nah 3
9 ☐ 2 Co 10 ☐ 2 R 23.35-24.20 ☐ Hab 1
10 ☐ 2 Co 11 ☐ 2 R 25 ☐ Hab 2
11 ☐ 2 Co 12 ☐ 1 Cr 1-2 ☐ Hab 3
12 ☐ 2 Co 13 ☐ 1 Cr 3-4 ☐ Sof 1
13 ☐ Jn 1.1-18 ☐ 1 Cr 5-6 ☐ Sof 2
14 ☐ Jn 1.19-34 ☐ 1 Cr 7-8 ☐ Sof 3
15 ☐ Jn 1.35-51 ☐ 1 Cr 9 ☐ Hag 1-2
16 ☐ Jn 2 ☐ 1 Cr 10-11 ☐ Zac 1
17 ☐ Jn 3.1-21 ☐ 1 Cr 12 ☐ Zac 2
18 ☐ Jn 3.22-36 ☐ 1 Cr 13-14 ☐ Zac 3
19 ☐ Jn 4.1-26 ☐ 1 Cr 15.1-16.7 ☐ Zac 4
20 ☐ Jn 4.27-42 ☐ 1 Cr 16.8-43 ☐ Zac 5
21 ☐ Jn 4.43-54 ☐ 1 Cr 17 ☐ Zac 6
22 ☐ Jn 5.1-18 ☐ 1 Cr 18-19 ☐ Zec 7
23 ☐ Jn 5.19-47 ☐ 1 Cr 20.1-22.1 ☐ Zac 8
24 ☐ Jn 6.1-24 ☐ 1 Cr 22.2-23.32 ☐ Zac 9
25 ☐ Jn 6.25-59 ☐ 1 Cr 24 ☐ Zac 10
26 ☐ Jn 6.60-71 ☐ 1 Cr 25-26 ☐ Zac 11
27 ☐ Jn 7.1-24 ☐ 1 Cr 27-28 ☐ Zac 12
28 ☐ Jn 7.25-52 ☐ 1 Cr 29 ☐ Zac 13
29 ☐ Jn 8.1-20 ☐ 2 Cr 1.1-2.16 ☐ Zac 14
30 ☐ Jn 8.21-47 ☐ 2 Cr 2.17-5.1 ☐ Mal 1.1-2.9
31 ☐ Jn 8.48-59 ☐ 2 Cr 5.2-14 ☐ Mal 2.10-16

1 ☐ Jn 9.1-23 ☐ 2 Cr 6 ☐ Mal 2.17-3.18
2 ☐ Jn 9.24-41 ☐ 2 Cr 7 ☐ Mal 4
3 ☐ Jn 10.1-21 ☐ 2 Cr 8 ☐ Sal 73
4 ☐ Jn 10.22-42 ☐ 2 Cr 9 ☐ Sal 74
5 ☐ Jn 11.1-27 ☐ 2 Cr 10-11 ☐ Sal 75
6 ☐ Jn 11.28-57 ☐ 2 Cr 12-13 ☐ Sal 76
7 ☐ Jn 12.1-26 ☐ 2 Cr 14-15 ☐ Sal 77
8 ☐ Jn 12.27-50 ☐ 2 Cr 16-17 ☐ Sal 78.1-20
9 ☐ Jn 13.1-20 ☐ 2 Cr 18 ☐ Sal 78.21-37
10 ☐ Jn 13.21-38 ☐ 2 Cr 19 ☐ Sal 78.38-55
11 ☐ Jn 14.1-14 ☐ 2 Cr 20.1-21.1 ☐ Sal 78.56-72
12 ☐ Jn 14.15-31 ☐ 2 Cr 21.2-22.12 ☐ Sal 79
13 ☐ Jn 15.1-16.4 ☐ 2 Cr 23 ☐ Sal 80
14 ☐ Jn 16.4-33 ☐ 2 Cr 24 ☐ Sal 81
15 ☐ Jn 17 ☐ 2 Cr 25 ☐ Sal 82
16 ☐ Jn 18.1-18 ☐ 2 Cr 26 ☐ Sal 83
17 ☐ Jn 18.19-38 ☐ 2 Cr 27-28 ☐ Sal 84
18 ☐ Jn 18.38-19.16 ☐ 2 Cr 29 ☐ Sal 85
19 ☐ Jn 19.16-42 ☐ 2 Cr 30 ☐ Sal 86î
20 ☐ Jn 20.1-18 ☐ 2 Cr 31 ☐ Sal 87
21 ☐ Jn 20.19-31 ☐ 2 Cr 32 ☐ Sal 88
22 ☐ Jn 21 ☐ 2 Cr 33 ☐ Sal 89.1-18
23 ☐ 1 Jn 1 ☐ 2 Cr 34 ☐ Sal 89.19-37
24 ☐ 1 Jn 2 ☐ 2 Cr 35 ☐ Sal 89.38-52
25 ☐ 1 Jn 3 ☐ 2 Cr 36 ☐ Sal 90
26 ☐ 1 Jn 4 ☐ Esd 1-2 ☐ Sal 91
27 ☐ 1 Jn 5 ☐ Esd 3-4 ☐ Sal 92
28 ☐ 2 Jn ☐ Esd 5-6 ☐ Sal 93
29 ☐ 3 Jn ☐ Esd 7-8 ☐ Sal 94
30 ☐ Jud ☐ Esd 9-10 ☐ Sal 95

1 ☐ Ap 1 ☐ Neh 1-2 ☐ Sal 96
2 ☐ Ap 2 ☐ Neh 3 ☐ Sal 97
3 ☐ Ap 3 ☐ Neh 4 ☐ Sal 98
4 ☐ Ap 4 ☐ Neh 5.1-7.3 ☐ Sal 99
5 ☐ Ap 5 ☐ Neh 7.4-8.12 ☐ Sal 100
6 ☐ Ap 6 ☐ Neh 8.13-9.37 ☐ Sal 101
7 ☐ Ap 7 ☐ Neh 9.38-10.39 ☐ Sal 102
8 ☐ Ap 8 ☐ Neh 11 ☐ Sal 103
9 ☐ Ap 9 ☐ Neh 12 ☐ Sal 104.1-23
10 ☐ Ap 10 ☐ Neh 13 ☐ Sal 104.24-35
11 ☐ Ap 11 ☐ Est 1 ☐ Sal 105.1-25
12 ☐ Ap 12 ☐ Est 2 ☐ Sal 105.26-45
13 ☐ Ap 13 ☐ Est 3-4 ☐ Sal 106.1-23
14 ☐ Ap 14 ☐ Est 5.1-6.13 ☐ Sal 106.24-48
15 ☐ Ap 15 ☐ Est 6.14-8.17 ☐ Sal 107.1-22
16 ☐ Ap 16 ☐ Est 9-10 ☐ Sal 107.23-43
17 ☐ Ap 17 ☐ Is 1-2 ☐ Sal 108
18 ☐ Ap 18 ☐ Is 3-4 ☐ Sal 109.1-19
19 ☐ Ap 19 ☐ Is 5-6 ☐ Sal 109.20-31
20 ☐ Ap 20 ☐ Is 7-8 ☐ Sal 110
21 ☐ Ap 21-22 ☐ Is 9-10 ☐ Sal 111
22 ☐ 1 Ts 1 ☐ Is 11-13 ☐ Sal 112
23 ☐ 1 Ts 2.1-16 ☐ Is 14-16 ☐ Sal 113
24 ☐ 1 Ts 2.17-3.13 ☐ Is 17-19 ☐ Sal 114
25 ☐ 1 Ts 4 ☐ Is 20-22 ☐ Sal 115
26 ☐ 1 Ts 5 ☐ Is 23-24 ☐ Sal 116
27 ☐ 2 Ts 1 ☐ Is 25-26 ☐ Sal 117

NOVIEMBRE

DICIEMBRE

Cómo encontrar una referencia bíblica

Cada versículo en esta Biblia esta marcado con su *propio número*. Para encontrar los pasajes aquí numerados, necesitas encontrar primero, el libro, luego el número del capítulo dentro de ese libro, y luego el número o números de los versículos dentro de ese capítulo. En las listas, el número de capítulo aparece inmediatamente después del nombre del libro. Después del punto están los números de los versículos. Por ejemplo: 1 Corintios 12.1-11 es la primera carta de San Pablo a los Corintios capítulo doce, versículos del uno al once.

Lecturas para días especiales

Día de Año Nuevo
Colosenses 3.5-17
Epifanía
San Mateo 2.1-12
Día de Martín Lutero King, Jr
Éxodo 3.1-12
Día de San Valentín
1 Corintios 13; 1 Juan 4.7-21
Día de los Presidentes
Isaías 32.1-8
Miércoles de Ceniza
Salmo 51; Joel 2.12-19; San Mateo 6.1-6;
Santiago 1.12-18
Día de San Patricio
Isaías 52.7-12
Domingo de Ramos
San Marcos 11.1-11; San Juan 12.12-19;
Filipenses 2.1-5
Jueves Santo
San Juan 13.1-17,34; Salmo 116
Viernes Santo
San Juan 18.1-19.42; Salmo 22;
Isaías 52.13-53.12
Domingo de Resurrección
San Mateo 28; San Lucas 24; San Juan 20;
Hechos 10.34-43; Salmo 33
La Pascua
Éxodo 12
Día de las Madres
1 Samuel 1. 1-28; Proverbios 23.22-25;
Proverbios 31.10-31; San Lucas 1.26-56
Día Memorial
Isaías 26.1-19
Pentecostés
Hechos 2.1-11
Día de los Padres
Proverbios 4; Proverbios 20.7;
San Lucas 15.11-32
Día de la Independencia
Salmo 33

Día del Trabajo
Génesis 1.26-2.4
Día de Reconciliación
Jeremías 31.31-34
Día de los Abuelos
Salmo 128
Domingo de Comunión Mundial
San Juan 10.1-16
Halloween
1 Juan 3.1-10; 1 Corintios 15.51-58
Día de Todos los Santos
Hebreos 11
Día de Mayordomía Cristiana
San Mateo 25.11-29; 2 Corintios 9.1-15
Día de Elecciones
1 Pedro 2.13-17
Día de los Veteranos
Isaías 2.1-5
Domingo de la Biblia
2 Timoteo 3.10-17
Día de Gracias
Deuteronomio 8.1-10; Salmo 65; Salmo 67
Primer Domingo de Adviento
Isaías 63.16-64.9; San Mateo 24.36-44;
San Lucas 21.25-36; Salmo 25
Segundo Domingo de Adviento
Malaquías 3.1-5; San Mateo 3.1-12; Salmo 8
Tercer Domingo de Adviento
Isaías 12. 1-6; San Mateo 11.2-19;
San Lucas 3.7-18; Filipenses 4.4-9
Cuarto Domingo de Adviento
Isaías 7.10-17; Miqueas 5.1-4;
San Lucas 1.26-56; Salmo 89.1-18
Navidad
San Lucas 2.1-20; San Mateo 1.18-25;
San Juan 1.1-18; Tito 3.4-7
Cumpleaños Personal
Salmo 145

Pasajes famosos en la Biblia
Historias del Antiguo Testamento

EL COMIENZO

La creación y el pecado
Génesis 2.4-3.24
El primer asesinato
Génesis 4.1-15
Noé y el diluvio
Génesis 6.1-9.17

La Torre de Babel
Génesis 11.1-9
El llamado a Abraham
Génesis 12.1-9
La destrucción de Sodoma y Gomorra
Génesis 19.1-28

Historias del Nuevo Testamento

MILAGROS Y CURACIONES DE JESÚS

¿Qué es una parábola?

Parábola es una historia que usa situaciones de la vida real diaria para enseñar verdades. Jesús usó muchas parábolas para enseñar sobre el Reino de Dios a sus seguidores.

LAS PARÁBOLAS Y LAS ENSEÑANZAS DE JESÚS

El Sermón del Monte
San Mateo 5-7;
San Lucas 6.20-49

Las Bienaventuranzas
San Mateo 5.3-11;
San Lucas 6.20-26

El Gran Mandamiento
San Mateo 22.37-39;
San Marcos 12.29-31;
San Lucas 10.27

La Regla de Oro
San Mateo 7.12;
San Lucas 6.31

El grano de mostaza
San Mateo 13.31,32;
San Marcos 4.30-32;
San Lucas 13.18,19

La parábola del sembrador
San Mateo 13.1-23;
San Marcos 4.1-20;
San Lucas 8.4-15

La parábola de la semilla que crece
San Marcos 4.26-29

Algunas parábolas sobre el reino de los cielos
San Mateo 13.24-52

La parábola del siervo que no quiso perdonar
San Mateo 18.23-35

La parábola de los trabajadores en la viña
San Mateo 20.1-16

La parábola de los labradores malvados
San Mateo 21.33-46;
San Marcos 12.1-11;
San Lucas 20.9-18

La parábola de la fiesta de bodas
San Mateo 22.1-14;
San Lucas 14.15-24

La parábola de las diez vírgenes
San Mateo 25.1-13

La parábola de los diez siervos y el dinero
San Mateo 25.14-30;
San Lucas 19.11-27

La parábola sobre el juicio de las naciones
San Mateo 25.31-46

La parábola del buen samaritano
San Lucas 10.25-37

La parábola del buen pastor
San Juan 10.1-21

La parábola del hombre rico
San Lucas 12.16-21

La parábola del siervo vigilante
San Lucas 12.35-48

La parábola de la higuera sin fruto
San Lucas 13.6-9

La parábola de la oveja perdida
San Lucas 15.3-7;
San Mateo 18.12-14

La parábola de la moneda perdida
San Lucas 15.8-10

La parábola del hijo pródigo
San Lucas 15.11-32

La parábola del mayordomo infiel
San Lucas 16.1-13

Lázaro y el hombre rico
San Lucas 16.19-31

La parábola de la viuda y el juez
San Lucas 18.1-8

La parábola del fariseo y el cobrador de impuestos
San Lucas 18.9-14

OTRAS HISTORIAS DEL NUEVO TESTAMENTO

El nacimiento de Juan el Bautista
San Lucas 1.57-66

Juan el Bautista es ejecutado
San Mateo 14.1-12;
San Marcos 6.14-29

A Pedro le son dadas la llaves del reino
San Mateo 16.13-20

El Espíritu Santo llega en Pentecostés
Hechos 2

Esteban, el primer mártir
Hechos 6.5-15; 7.54-60

Felipe bautiza al funcionario etíope
Hechos 8.26-39

La conversión de Pablo
Hechos 9.1-31

Pedro y Cornelio
Hechos 10

Pedro en la prisión
Hechos 12.1-19

El bautismo de Lidia
Hechos 16.11-15

Pablo en la prisión
Hechos 16.16-40

El alboroto en Éfeso
Hechos 19.23-41

El viaje de Pablo a Roma
Hechos 27; 28

Otros pasajes famosos en la Biblia

Encuentra ayuda en la Biblia

Descubriendo la voluntad de Dios
Salmo 15; Miqueas 6.6-8; San Mateo 5.14-16;
San Lucas 9.21-27; Romanos 13.8-14; 2 Pedro
1.3-9; 1 Juan 4.7-21

Enfrentando un culto extraño
San Mateo 7.15-20; 2 Pedro 2;
1 Juan 4.1-6; Judas

Enfrentando la presión de los compañeros
Proverbios 1.7-19; Romanos 12.1-2;
Gálatas 6.1-5; Efesios 5.1-20

Entrando a la Universidad
Proverbios 2.1-8; Proverbios 3.1-18; Proverbios
4.1-27; Proverbios 23.12; Romanos 8.1-17;
1 Corintios 1.18-31

Entrando al servicio militar
2 Samuel 22.2-51; Salmo 91; Efesios 6.10-20;
2 Timoteo 2.1-13

Confrontando la muerte de un ser querido
Job 19.25-27; San Juan 11.25-27; San Juan
14.1-7; Romanos 8.31-39; Romanos 14.7-9;
1 Tesalonicenses 4.13-18

Confrontando enfermedad
Salmo 23; San Marcos 1.29-34; San Marcos
6.53-56; Santiago 5.14-16

Confrontando el sufrimiento y la persecución
Salmo 109; Salmo 119.153-160; San Mateo
5.3-12; San Juan 15.18-16.4; Romanos 8.18-30;
2 Corintios 4.1-15; Hebreos 12.1-11; 1 Pedro
4.12-19

Tomando una decisión difícil
1 Reyes 3; Ester 4-7; Salmo 139; Daniel 2.14-23;
Colosenses 3.12-17

Enfrentando divorcio
Salmo 25; San Mateo 19.1-9; Filipenses 3.1-11

Confrontando el desamparo
Salmo 90.1-2; Isaías 65.17-25; Lamentaciones
3.19-24; San Lucas 9.57-62; Apocalipsis 21.1-4

Enfrentando la cárcel
Lamentaciones 3.34-36; San Mateo 25.31-46;
San Lucas 4.16-21

De frente a una vida solitaria
1 Corintios 7.25-38; 1 Corintios 12.1-31

Enfrentando un desastre natural
Génesis 8-9.17; Job 36.22-37.13; Salmos 29,
124; Salmo 36.5-9; Jeremías 31.35-37; Romanos
8.31-39; 1 Pedro 1.3-12

De frente a un juicio o demanda judicial
Salmo 26; Isaías 50.4-11; San Mateo 5.25-26;
San Lucas 18.1-8

Perdiendo tu trabajo
Jeremías 29.10-14; San Lucas 16.1-13;
Filipenses 4.10-13

Perdiendo las posesiones o propiedades
Job 1.13-22; Job 42.7-17; Isaías 30.19-26;
Isaías 41.17-20; Romanos 8.18-39

Manejando el tiempo
Proverbios 12.11; Proverbios 28.19; San Marcos
13.32-37; San Lucas 21.34-36; Timoteo 4.11-16;
Tito 3.8-14

Mudándose a una nueva casa
Salmo 127.1-2; Proverbios 24.3-4; San Juan
14.1-7; Efesios 3.14-21; Apocalipsis 3.20,21

Sobreponiéndose a la adicción
Salmo 40.1-5, 11-17; Salmo 116.1-7; Proverbios
23.29-35; 2 Corintios 5.16-21; Efesios 4.22-24

Superando una rencilla
Levítico 19.17-18; San Mateo 5.23-26;
San Lucas 6.27-36; Efesios 4.25-32

Superando el prejuicio
San Mateo 7.1-5; Hechos 10.34-36; Gálatas
3.26-29; Efesios 2.11-22; Colosenses 3.5-11;
Santiago 2.1-13

Conquistando el orgullo
Salmo 131; San Marcos 9.33-37; San Lucas
14.7-11; San Lucas 18.9-14; San Lucas 22.24-27;
Romanos 12.14-16; 1 Corintios 1.18-31;
2 Corintios 12.1-10

No dejando para mañana lo que puedas hacer hoy
San Mateo 22.1-14; San Mateo 25.1-13;
2 Corintios 6.1-2

Criando niños
Proverbios 22.6; Efesios 6.4; Colosenses 3.21

Respetando la autoridad civil
San Marcos 12.13-17; Romanos 13.1-7;
Tito 3.1-2; 1 Pedro 2.13-17

Respetando a los padres
Exodus 20.12; Proverbios 23.22; Efesios 6.1-3;
Colosenses 3.20

Jubilándose de su trabajo
Números 6.24-26; Salmo 145; San Mateo
25.31-46; Romanos 12.1-2; Filipenses 3.12-21;
2 Pedro 1.2

Buscando perdón
Salmo 32.1-5; Salmo 51; Proverbios 28.13,
Joel 2.12-17; San Mateo 6.14-15; San Lucas 15;
Filemón; Hebreos 4.14-16; 1 Juan 1.5-10

Buscando la ayuda de Dios
Salmos 5, 57, 86, 121, 130; Salmo 119.169-176;
San Mateo 7.7-12

Buscando justicia
Salmos 10, 17, 75, 94; Isaías 42.1-7; Isaías
61.1-9; Amós 5.21-24; Habacuc 1.1-2.4

Buscando salvación
San Juan 3.1-21; Romanos 1.16-17; Romanos
3.21-31; Romanos 5.1-11; Romanos 10.5-13;
Efesios 1.3-14; Efesios 2.1-10

Buscando fortaleza
Salmos 46, 138; Isaías 40.27-31; Isaías 51.12-16;
Efesios 6.10-20; 2 Tesalonicenses 2.16-17

Buscando la verdad
Salmo 119.153-160; San Juan 8.31-47; San Juan 14.6-14; San Juan 16.4b-15; 1 Timoteo 2.1-7

Compartiendo tus dones
Exodus 35.20-29; Malaquías 3.6-12; San Lucas 21.1-4; Hechos 2.43-47; Hechos 4.32-37; Romanos 12.9-13; 1 Corintios 16.1-4; 2 Corintios 8.1-15; 2 Corintios 9.6-15

Comenzando un trabajo nuevo
Proverbios 11.3; Proverbios 22.29; Romanos 12.3-11; 1 Tesalonicenses 5.12-18; 2 Tesalonicenses 3.6-13; 1 Pedro 4.7-11

Entendiendo tu relación con Dios
Deuteronomio 5.1-22; Salmo 139; San Juan 15.1-17; Romanos 5.1-11; Romanos 8.1-17

Entendiendo tu relación con otros
Deuteronomio 5.16-21; Proverbios 3.27-35; San Mateo 18.15-17; San Mateo 18.21-35; Romanos 14.13- 23; Romanos 15.1-6; Gálatas 6.1-10; Colosenses 3.12-17; 1 Juan 4.7-12

Preocupándote por el futuro
Isaías 35; Isaías 60; Jeremías 29.10-14; 1 Pedro 1.3-5; Apocalipsis 21.1-8

Preocupándote por la vejez
Salmo 37.23-29; Isaías 46.3-4

Preocupándote por el dinero
Proverbios 11.7; Eclesiastée 5.10-20; San Mateo 6.24- 34; San Lucas 12.13-21; 1 Timoteo 6.6-10

Confrontando sentimientos que perturban

¿Tienes miedo?
Salmos 27, 91; Isaías 41.5-13; San Marcos 4.35-41; Hebreos 13.5-6; 1 Juan 4.13-18

¿Tienes miedo a la muerte?
Salmo 23; Salmo 63.1-8; San Juan 6.35-40; Romanos 8.18-39; 1 Corintios 15.35-57; 2 Corintios 5.1-10; 2 Timoteo 1.8-10

¿Estás enojado?
Proverbios 15.1; Romanos 12.17-21; San Mateo 5.21-24; Efesios 4.26-32; Santiago 1.19-21

¿Estás ansioso o enojado?
Salmo 25; San Mateo 6.24-34; San Mateo 10.26-31; 1 Pedro 1.3-5; 1 Pedro 5.7

¿Te sientes deprimido?
Salmos 16, 43, 130; Isaías 61.1-4; Jeremías 15.10-21; Lamentaciones 3.55-57; San Juan 3.14-17; Efesios 3.14-21

¿Te sientes frustrado o engañado?
Salmo 55; Salmo 62.1-8; Jeremías 20.7-18

¿Estás desanimado?
Salmo 34; Isaías 12.1-6; Romanos 15.13; 2 Corintios 4.16-18; Filipenses 4.10-13; Colosenses 1.9-14; Hebreos 6.9-12

¿Dudando en cuanto a tu fe en Dios?
Salmos 8, 146; Proverbios 30.5; San Mateo 7.7-12; San Lucas 17.5-6; San Juan 20.24-31; Romanos 4.13-25; Hebreos 11; 1 Juan 5.13-15

¿Estás frustrado?
Job 21.1-16; Job 24.1-17; Job 36.1-26; San Mateo 7.13-14

¿Eres impaciente?
Salmo 13; Salmo 37.1-7; Salmo 40.1-5; Eclesiastés 3.1-15; Lamentaciones 3.25-33; Hebreos 6.13-20; Santiago 5.7-11

¿Eres inseguro? ¿Te falta estima propia?
Deuteronomy 31.1-8; Salmo 73.21-26; Salmo 108; Filipenses 4.10-20; 1 Juan 3.19-24

¿Eres celoso?
Salmo 49; Proverbios 23.17; Santiago 3.13-18

¿Te sientes solo?
Salmos 22, 42; San Juan 14.15-31a

¿Te sientes abrumado? ¿Bajo tensión?
Isaías 55.1-9; San Mateo 11.25-30; San Juan 4.1-30; 2 Corintios 6.3-10; Apocalipsis 22.17

¿Te sientes rechazado?
Salmo 38; Isaías 52.13-53.12; San Mateo 9.9-3; San Lucas 4.16-30; San Juan 15.18-16.4; Efesios 1.3-14; 1 Pedro 2.1-10

¿Eres tentado?
Salmo 19.12-14; Salmo 141; San Lucas 4.1-13; Hebreos 2.11-18; Hebreos 4.14-16; Santiago 1.12-18

¿Eres tentado por el sexo?
2 Samuel 11.1-12.25; 1 Corintios 6.12-20; Gálatas 5.16.26

¿Estás cansado? ¿Exhausto?
Salmo 3.5-6; Salmo 4.4-8; Isaías 35.1-10; San Mateo 11.25-30; 2 Tesalonicenses 3.16; Hebreos 4.1-11

¿Te sientes inútil o inferior?
Isaías 6.1-8; Jeremías 1.4-10; Gálatas 1.11-24; Efesios 4.1-16; 1 Pedro 2.4-10

¿Tienes deseos de venganza?
San Mateo 5.38-42; Romanos 12.17-21

Qué dice la Biblia sobre el perdón de Dios

Todos estamos separados de Dios por causa del pecado.
>Isaías 59.1-15
>Romanos 3.9-20
>Romanos 5.12-21
>Eclesiastés 7.20
>Romanos 7.14-25

Dios siempre ha buscado tener una relación de cerca con la humanidad.
>Éxodo 19.3b-8
>Jeremías 31.31-34
>Isaías, 54.1-10
>1 Pedro 1.1-10
>1 Juan 3.1-10

Dios ha tratado de hacer contacto con nosotros de una forma personal al enviar a su hijo Jesucristo.
>Colosenses 1.15-23
>Romanos 5.1-11
>1 Pedro 2.10-25
>San Juan 3.1-21
>2 Timoteo 1.3-10
>Efesios 2.1-10

El perdón de Dios a través de su hijo Jesucristo está al alcance de todos.
>Salmos 51.1-17
>1 Juan 1.5-10
>Romanos 10. 5-13
>Salmos 32.1-11
>Romanos 8.31-39
>Romanos 3.21-26

Para vivir la "nueva vida" en Cristo es necesario vivir como Cristo vivió.
>Romanos 6.1-14
>San Mateo 20.20-28
>Efesios 4.17-32
>Gálatas 5.16-26
>1 Juan 4.7-21
>Romanos 12.1-21

COMPARTIENDO LA PALABRA DE DIOS
CON EL MUNDO

Esta Biblia representa un legado en traducción de la Palabra de Dios al idioma del pueblo —esto es a los idiomas que dan vida a las Escrituras en los corazones de quienes las leen y escuchan. La American Bible Society trabaja con eruditos de diferentes partes del mundo para traducir las Escrituras, lo más fielmente posible, a los diferentes idiomas y en formatos que hablan claramente a la mente y al corazón de quienes las reciben. Hacemos un llamado a todos para que lean la inspiradora Palabra de Dios —para que al identificarse con su mensaje experimenten una verdadera relación con Dios.

Para lograr este fin, la American Bible Society —una organización cristiana sin fines de lucro—ofrece a iglesias, a otras organizaciones bíblicas, y a individuos programas que dan a conocer la Palabra viva de Dios y, que además, dan apoyo a más de cien Sociedades Bíblicas a través del mundo. Desde su fundación en el 1816, la American Bible Society ha recibido generoso apoyo en su misión de traducir, publicar y poner al alcance de todos Escrituras de fácil comprensión y a un bajo costo.

En muchas partes del mundo, y aun en algunos lugares de los Estados Unidos de América, el costo de una Biblia representa un gasto considerable para algunas personas que ardientemente desean conocer la Palabra de Dios. Gracias a las aportaciones de individuos, iglesias y alianzas de ministerios, la American Bible Society continúa respondiendo a la necesidad de las Escrituras entre los sectores más necesitados de la sociedad. Esto se hace a través de individuos, programas efectivos y de cooperación con otros ministerios.

Le invitamos a unirse a nosotros mientras compartimos la Palabra de Dios con el mundo.

American Bible Society
1865 Broadway
New York, New York 10023-7505
www.americanbible.org
1-888-227-8262